中華人民共和國民法典
釋義及適用指南

上冊

黃薇 ◎ 主編

中 華 書 局

第一編

總則

2020 年 5 月 22 日，十三屆全國人大三次會議在北京召開。5 月 28 日下午，在第三次全體會議上，表決並高票通過了《中華人民共和國民法典》。

總則編規定民事活動必須遵循的基本原則和一般性規則，統領民法典各分編。總則編基本保持 2017 年 3 月十二屆全國人大五次會議通過的《中華人民共和國民法總則》的結構和內容不變；同時，根據法典編纂體系化要求進行了適當調整，對個別條款作了文字修改，以使法典各編的表述整體統一。總則編共十章、二百零四條，規定了民法基本原則，自然人、法人和非法人組織等民事主體，民事權利，民事法律行為和代理，民事責任和訴訟時效等基本民事制度。

第一章　基本規定

　　第一章為總則編的基本規定，共十二條，規定了民法典的立法目的和依據、民法的調整範圍，規定了民法的基本原則、民法的淵源，民事一般法與特別法的關係，以及民法典的效力範圍。

> **第一條**　為了保護民事主體的合法權益，調整民事關係，維護社會和經濟秩序，適應中國特色社會主義發展要求，弘揚社會主義核心價值觀，根據憲法，制定本法。

■ 條文主旨

　　本條是關於民法的立法目的和依據的規定。

■ 條文釋義

　　立法目的是制定法律的根本目標和宗旨。民法典的立法目的可以說是對原來各民事單行法律基本原則的歸納與概括。關於民法的立法目的包括哪些，在法律起草過程中存在不同觀點。有的意見認為，民法的立法目的只有一個，就是保障民事主體的民事權益；有的意見認為，包括調整民事關係、維護社會秩序；有的意見認為，還應包括維護人的自由和尊嚴、增進人民福祉等。民法通則第 1 條規定的立法目的包括保障公民和法人的合法的民事權益，正確調整民事關係，適應社會主義現代化建設事業發展的需要。本條根據各方面意見，在民法通則規定的立法目的基礎上，規定了五個方面的立法目的：

　　一是保護民事主體的合法權益。民事主體的合法權益包括人身權利、財產權利、兼具人身和財產性質的知識產權等權利，以及其他合法權益。保護公民的各項基本權利是憲法的基本原則和要求，保護民事主體的合法權益是民法的首要目的，也是落實和體現憲法精神的表現。可以說，民法典中的很多制度設計都是圍繞保護民事主體的合法權益而展開的，如總則編第五章民事權利就是從整體上規定了民事主體所享有的各項民事權利，而物權編則專門規定了物權，人格權編則針對民事主體的人格權益進行規定，等等。

　　二是調整民事關係。民事權益存在於特定社會關係之中，民法保護民事權利，是通過各種調整民事關係來實現的。調整社會關係是法律的基本功能。一個人無時無刻不與外界發生各種關係，其中最為重要的就是人與人之間的社會關係。社會關係有的涉及市場交換關係，有的涉及家庭生活關係，有的涉及友情關係，不論哪種關係，都需要通過一定的社會規則加以規範，否則將可能陷入混亂。調整社會關係的手段有道德、法律等不同類型，其中法律是

現代社會最為重要的調整社會關係的方式。民法調整的僅僅是民事關係，民事關係就是平等主體之間的權利和義務關係。民事關係根據權利義務內容性質的不同，可以分為人身關係、財產關係等，民法通過各種具體制度、規則調整民事主體之間的相互關係，最終的目的就是促進和實現民事主體之間生活秩序的和諧。

三是維護社會和經濟秩序。民法保護單個主體的民事權利，調整民事主體之間的關係，從而確立並維護整個社會的民事生活秩序。民法確立維護婚姻、家庭等社會秩序，使民事主體之間的社會關係處於穩定有序的狀態。同樣，民法通過調整民事主體之間的財產權關係、交易關係，實現對經濟秩序的維護，使得民事主體享有合法的財產權，進而能在此基礎上與他人開展交易，從而確保整個社會的經濟有條不紊地運行。正是從這個意義上說，民法典是國家治理體系的有機組成部分。

四是適應中國特色社會主義發展要求。法律是上層建築，其由經濟基礎決定，並與經濟基礎相適應。新中國成立以來，特別是改革開放以來，中國特色社會主義建設取得了舉世矚目的成就，中國特色社會主義法律體系也已形成。隨着改革開放的深入推進，市場經濟不斷發展，人民群眾對於提高權利保障的法治化水平的期望越來越高。編纂民法典就是為了滿足人民群眾的新法治需求，適應我國社會主要矛盾的變化。社會主義市場經濟本質上是法治經濟，通過編纂民法典不斷完善社會主義法律體系，健全市場秩序，維護交易安全，促進社會主義市場經濟持續健康發展。

五是弘揚社會主義核心價值觀。社會主義核心價值觀是民族精神和時代精神的高度凝練，是中國特色社會主義法治的價值內核，是中國特色社會主義法治建設的靈魂，是堅持中國特色社會主義法治發展道路的基本遵循。社會主義核心價值觀包括富強、民主、文明、和諧，自由、平等、公正、法治，愛國、敬業、誠信、友善。社會主義核心價值觀要融入法治建設的全過程，要將社會主義核心價值觀的基本要求融入法律，轉化為法律規範性要求，將法律法規作為踐行社會主義核心價值觀的制度載體，使法律法規更好體現國家的價值目標、社會的價值取向、公民的價值追求。編纂民法典，健全民事基本法律制度，可以強化全社會的契約精神。按照黨中央關於把社會主義核心價值觀融入法治建設的要求，應當強調在民事活動中弘揚中華優秀文化，踐行社會主義核心價值觀，大力弘揚自由、平等、公正、誠信等社會主義核心價值觀。弘揚社會主義核心價值觀，體現的是法治與德治並重的治國理念。

憲法是國家的根本法，是母法，是其他法律制定的依據。我國立法法明確規定，憲法具有最高的法律效力，一切法律、行政法規、地方性法規、自治條例和單行條例、規章都不得同憲法相牴觸。「根據憲法，制定本法」的規定明確了民法典的立法依據。憲法是民法的立法根據，民法的規定必須體現憲法精神，落實憲法的要求，不得違背憲法。民法的實體內容不僅應當落實憲法的原則和要求，民法典編纂的立法程序也必須符合憲法關於立法制度和程序的規定。

> **第二條　民法調整平等主體的自然人、法人和非法人組織之間的人身關係和財產關係。**

■ 條文主旨

本條是關於民法典調整範圍的規定。

■ 條文釋義

法律的調整範圍就是法律所規範的社會關係類型。一個國家的法律體系總是由不同的法律部門組成，不同的法律部門規制不同的社會關係。法律部門之間分工配合，從而形成有機統一的法律體系。中國特色社會主義法律體系也是如此，是由憲法及憲法相關法、民法、行政法、經濟法、社會法、刑法、訴訟與非訴訟程序法等不同的法律部門共同組成的。

在民法典的開編就明確規定調整範圍，可以讓人民群眾很直觀地知道民法典的功能和定位。民法通則第 2 條規定，中華人民共和國民法調整平等主體的公民之間、法人之間、公民和法人之間的財產關係和人身關係。總則編延續了民法通則規定民法調整範圍的做法，在本條規定，民法調整平等主體的自然人、法人和非法人組織之間的人身關係和財產關係。民法調整的這種關係進行排列組合，包括自然人之間、法人之間、非法人組織之間、自然人和法人之間、自然人和非法人組織之間、法人和非法人組織之間的人身關係和財產關係。

民事主體是民事關係的參與者、民事權利的享有者、民事義務的履行者和民事責任的承擔者。本條首先列舉了民事主體的具體類型，包括自然人、法人和非法人組織三類。關於民事主體的類型，民法總則起草過程中存在一定的不同意見。有的意見認為，民事主體只包括自然人和法人。有的意見認為，民事主體還包括其他組織、非法人團體或非法人組織。自然人作為民事主體，對此是沒有爭議的。自然人是最為重要的民事主體，民法通則用的是「公民（自然人）」，民法典直接規定為自然人，自然人就是通常意義上的人，民法上使用這個概念，主要是與法人相區別。自然人不僅包括中國公民，還包括我國領域內的外國人和無國籍人。法人就是法律上擬製的人，法人是一種社會組織，法律基於社會現實的需要，賦予符合一定條件的組織以法人資格，便於這些組織獨立從事民事活動，歸根結底是為了擴展自然人從事民事活動的廣度。民法通則僅規定了自然人和法人兩類民事主體。對於是否應當認可自然人、法人之外的第三類民事主體，認可的話第三類民事主體的名稱應當是什麼，立法過程中有不同的意見。有的意見認為，應當認可自然人、法人之外的第三類民事主體。有的意見認為，民事主體就是自然的人和法律擬製的人即法人兩類，不存在其他第三類主體。基於社會實踐和多數意見，賦予個人獨資企業、合夥企業等不具有法人資格的組織以民事主體地位，有利於其開展民事活動，促進經濟社會發展，也與其他法律的規定相銜接，民法典創設了第三類民事主體。

關於第三類民事主體的名稱，有的意見認為應稱為非法人團體，有的意見認為應稱為其

他組織，有的意見認為應稱為非法人組織。經研究，我國現行法律使用較多的術語是其他組織，其範圍不盡一致，內涵和外延都不同。在制定民法總則的過程中，對這些法律規定進行了全面研究，認為有關法律中使用的「其他組織」是適當的，但作為民事主體，統一使用「非法人組織」為宜，這與公司、基金會、協會等名稱不一樣，但在民法上與統一稱為「法人」的道理相同。民事主體首先分為自然人和非自然人（組織），非自然人的組織體再進一步劃分為法人和與法人相對應的非法人組織。

自然人、法人、非法人組織之間的社會關係多種多樣，並非所有社會關係都由民法調整。民法僅調整相互之間的民事關係，即作為平等主體之間自然人、法人、非法人組織之間發生的社會關係。例如，行政機關在從事行政管理活動時，會與自然人或法人形成行政法律關係，這種行政法律關係的雙方地位是不平等的，不屬於民法調整。行政機關從事民事活動，如因購買商品而與公司簽訂買賣合同，民法要求其必須以機關法人的身份進行，此時機關法人與其他民事主體之間的法律地位是平等的，這種買賣合同關係則由民法調整。

民法所調整的民事關係根據權利義務所涉及的內容不同可以分為兩大類，即民事主體之間的財產關係和人身關係。人身關係是指民事主體之間基於人格和身份形成的無直接物質利益因素的民事法律關係。人身關係有的與民事主體的人格利益相關，有的與民事主體的特定身份相關。如配偶之間的婚姻關係，父母子女之間的撫養和贍養關係。財產關係是指民事主體之間基於物質利益而形成的民事法律關係。財產關係包括靜態的財產支配關係，如所有權關係；還包括動態的財產流轉關係，如債權債務關係等。就財產關係所涉及的權利內容而言，財產關係包括物權關係、債權關係等。

民法通過規定基本原則、民事基本制度和具體的民事法律規範，對民事主體之間的人身性和財產性的權利義務關係予以確認、保護、規制，並賦予民事主體在權利受到侵害時相應的救濟方式，以確保各種民事法律關係穩定，維護民事生活的和諧有序。

第三條　民事主體的人身權利、財產權利以及其他合法權益受法律保護，任何組織或者個人不得侵犯。

■ 條文主旨

本條是關於民事權利及其他合法權益受法律保護的規定。

■ 條文釋義

民事權利及其他合法權益受法律保護是民法的基本精神。民事主體的民事權利及其他合法權益受法律保護的要求在我國諸多法律中都有規定。如根據憲法第 13 條規定，公民的合法的私有財產不受侵犯。國家依照法律規定保護公民的私有財產權和繼承權。民法通則第 5

條規定，公民、法人的合法的民事權益受法律保護，任何組織和個人不得侵犯。

民事權利及其他合法權益受法律保護是民法的基本精神，也是民事立法的出發點和落腳點。民法總則制定過程中，曾將本條內容規定在第 9 條中，在審議過程中，普遍認為，民事權利及其他合法權益受法律保護是民法的基本精神，統領整部民法典和各民商事特別法，應當進一步突出民事權利受法律保護的理念，將本條的內容規定在前面，以充分體現權利本位、權利導向的立法宗旨。經研究，最終將本條內容移至總則第 3 條，以突出強調民事權利及其他合法權益受法律保護的基本精神和重要地位。總則編對該條規定仍保持不變。

總則編第 109 條規定，自然人的人身自由、人格尊嚴受法律保護。總則編還規定保護民事主體的各種人身權利、財產權利以及其他合法權益。人身權利包括生命權、健康權、姓名權、肖像權、名譽權、榮譽權、隱私權、婚姻自主權、監護權等；財產權利包括所有權、用益物權、擔保物權、股權等。民法除保護人身權利和財產權利外，兼具有人身和財產性質的知識產權、繼承權等也受法律保護。除列明的民事權利外，總則編還規定保護其他合法權益，原因在於，有些民事權益法律並未明確規定，但確有必要予以保護的，法律也應當予以保護。民事權利及其他合法權益受法律保護，就要求任何組織或者個人不得侵犯。不得侵犯就是任何組織或者個人不得非法侵佔、限制、剝奪他人的民事權利及其他合法權益，也不得干涉他人正常行使民事權利及其他合法權益。當然，這並非意味着民事主體的民事權利可以毫無限制，是絕對自由的。相反，民事主體行使民事權利要受到法律、公序良俗的約束，民事主體不得濫用民事權利，且國家基於公共利益的需要，在法律權限範圍內經法定程序，在給予公平合理補償的前提下，可以對民事主體的財產予以徵收或者徵用。

民法典不僅在總則編對保護民事權利作了規定，在其他各編中也都有配套的相關規定。如物權編中規定，國家、集體、私人的物權和其他權利人的物權受法律平等保護，任何組織或者個人不得侵犯；同時在第三章專門規定了物權保護制度。如合同編規定，依法成立的合同，受法律保護。人格權編規定，民事主體的人格權受法律保護，任何組織或者個人不得侵犯。繼承編規定，國家保護自然人的繼承權。

第四條　民事主體在民事活動中的法律地位一律平等。

■ 條文主旨

本條是關於平等原則的規定。

■ 條文釋義

平等原則是指民事主體，不論是法人、自然人還是非法人組織，不論法人規模大小、經濟實力雄厚與否，不論自然人是男、女、老、少、貧、富，不論非法人組織經營什麼業務，

在從事民事活動時，他們相互之間在法律地位上都是平等的，他們的合法權益受到法律的平等保護。平等原則是民事法律關係區別於行政法律關係特有的原則，也是發展社會主義市場經濟的客觀要求。

我國憲法規定，中華人民共和國公民在法律面前一律平等。憲法規定的人人平等原則，需要在民法中加以落實。自民法通則第 3 條規定當事人在民事活動中的地位平等後，很多民商事單行法律也都規定了平等原則。如物權法第 3 條第 3 款規定，國家實行社會主義市場經濟，保障一切市場主體的平等法律地位和發展權利。合同法第 3 條規定，合同當事人的法律地位平等，一方不得將自己的意志強加給另一方。消費者權益保護法第 4 條規定，經營者與消費者進行交易應當遵循自願、平等、公平、誠實信用的原則。合夥企業法第 5 條規定，訂立合夥協議、設立合夥企業應當遵循自願、平等、公平、誠實信用原則。

總則編作為民法典各分編和民商事單行法的統率性規定，在繼承民法通則規定的基礎上，總結吸收各民商事單行法的立法經驗，在本條中規定了平等原則。在法律起草過程中，有的意見提出，應在平等原則中明確規定任何一方不得將自己的意志強加給對方。有的意見提出，應在本條中增加一款，規定法律對未成年人、老年人、殘疾人、婦女、消費者、勞動者等自然人有特別保護的，依照其規定。考慮到基本原則的法律條文表述應簡潔，突出表明基本原則的核心要義，這一條文規定的平等原則所指就是民事主體在民事活動中法律地位平等。法律地位平等包含民事主體在從事民事活動時不能將意志強加給另一方，還包括其他方面的要求，並不否定法律對特殊民事主體的權利予以特別保護，如果作上述規定反而會限制平等原則的含義。

民事主體的法律地位一律平等首先體現為自然人的權利能力一律平等。權利能力就是自然人享有民事權利、承擔民事義務的法律資格，這種法律資格，不因自然人的出身、身份、職業、性別、年齡、民族、種族等而不同，所有自然人從法律人格上而言都是平等的、沒有差別的。其次，體現為所有民事主體在從事民事活動時雙方的法律地位平等。雖然國家行政機關在從事行政管理時，作為管理者與被管理的行政相對人的地位是不平等的，存在隸屬關係或管理與被管理的關係。而當機關法人與其他民事主體包括自然人、法人或者非法人組織從事民事交易時，二者的法律地位則是平等的。同樣，如一個資產規模很大的跨國公司，在與一個資產規模很小的公司開展交易時，儘管二者經濟實力懸殊，但在法律上二者是平等的，必須在平等協商的基礎上達成交易條款，任何一方不得利用自己的優勢地位向對方施加不當壓力。民法為了維護和實現民事主體之間法律地位的平等性，確保民事主體之間能平等協商交易條款，還規定當事人一方利用優勢地位強加給另一方的不公平的「霸王條款」無效。最後，平等原則的平等還體現為所有民事主體的合法權益受到法律的平等保護。平等保護就是民事主體權利在法律上都是一視同仁受到保護的。平等保護還意味着民事主體的權利受到侵害時，在法律適用上是平等的，能夠獲得同等的法律救濟。正因如此，我國民事訴訟法規定，民事訴訟當事人有平等的訴訟權利，人民法院審理民事案件對當事人在適用法律上一律平等。

平等原則是民法的前提和基礎，是國家立法規範民事法律關係的邏輯起點。民事主體法律地位的平等是民事主體自願參與民事活動，自主決定民事活動的權利義務內容，實現意思自治的前提。只有民事活動的當事人之間的法律地位是平等的，當事人之間才能相互尊重對方的自由和意志，進而在平等對話、自由協商的基礎上達成共識，實現公平交易。總則規定平等原則就是要確認所有民事主體法律地位的這種平等性，以排除特權，防止和避免民事活動當事人一方利用某種地位上的優勢威脅、限制、壓制交易相對方。民事主體之間如果沒有平等的法律地位，就不可能有真正的自願，更遑論實現公平交易。當事人之間地位平等是民法區別於其他法律部門的最為重要的特徵。

> **第五條**　民事主體從事民事活動，應當遵循自願原則，按照自己的意思設立、變更、終止民事法律關係。

■ 條文主旨

本條是關於自願原則的規定。

■ 條文釋義

自願原則，也稱意思自治原則，就是民事主體有權根據自己的意願，自願從事民事活動，按照自己的意思自主決定民事法律關係的內容及其設立、變更和終止，自覺承受相應的法律後果。自願原則體現了民事活動最基本的特徵。

在法律起草過程中，有的意見提出，意思自治是實施民事法律行為、構建民事法律關係的核心，自願只是意思自治的一個方面，意思自治比自願原則的內涵更豐富，應該將自願原則修改為意思自治原則。有的意見提出，自願原則已經深入人心，應該繼續沿用民法通則規定的自願原則。考慮到民法通則以及其他民商事單行法規定的都是自願原則，自願原則已經為廣大人民群眾普遍認識和接受，總則繼續沿用了自願原則的用法，自願原則相當於意思自治原則。結合各方面意見，總則規定，民事主體從事民事活動，應當遵循自願原則，按照自己的意思設立、變更和終止民事法律關係，強調民事主體從事民事活動，不僅形式上要自願，在實質內容上也要自願。

自願原則，可以從以下四個方面來理解。首先，民事主體有權自願從事民事活動。民事主體參加或不參加某一民事活動由其自己根據自身意志和利益自由決定，其他民事主體不得干預，更不能強迫其參加。其次，民事主體有權自主決定民事法律關係的內容。民事主體決定參加民事活動後，可以根據自己的利益和需要，決定與誰建立民事法律關係，並決定具體的權利、義務內容，以及民事活動的行為方式。例如，甲決定給自家買一台電視機，甲可以自主選擇到哪個超市或電商選購，選購何種品牌、什麼型號和價格的電視機，任何超市或電

商都不能強迫甲必須購買其銷售的電視機。再次，民事主體有權自主決定民事法律關係的變動。民事法律關係的產生、變更、終止應由民事主體自己根據本人意志自主決定。例如，甲乙雙方簽訂買賣合同後，雙方建立了買賣合同法律關係，之後由於發生了合同解除事由，當事人即有權解除合同。最後，民事主體應當自覺承受相應法律後果。與民事主體自願參加民事活動、自主決定民事法律關係相伴的是，民事主體需要自覺承受相應法律後果。自願或者說意思自治的必然要求就是，每個人對自己的行為負責。自願原則要求民事主體在行使權利的同時自覺履行約定或法定的義務，並承擔相應的法律後果。

需要進一步說明的是，自願或者意思自治不是毫無約束的絕對的自由與放任。民事主體實現自願、自主或意思自治的前提就是民事主體之間的平等法律地位。因此，民事主體的自願是建立在相互尊重的基礎上，必須尊重其他民事主體的自主意志。民事主體的意思自治，還受到民法的公平原則、誠信原則、守法原則等基本原則的約束，這些原則要求民事主體從事民事活動，要公平合理、誠實守信，不得違反法律，不得違背公序良俗。

平等原則是民法的前提和基礎，自願原則即意思自治原則則是民法的核心。民法之所以稱為「民」法，不僅是因為民法是根據人民的集體意志制定的法律，而且根據民法確立的自願原則，民事主體在參加民事活動過程中有權根據個人意思確定民事法律關係的內容，且所決定的內容對民事活動的當事人而言具有法律約束力，是民事主體自己為自己定的「法」。可以說，不僅民法的制定要以人民的集體意志為基礎，民法的實施同樣也需要依賴於人民群眾的個體意志才能實現。正因如此，民法上的大量規定都屬於任意性規範，民事主體可以根據自己的需要而設定與法律任意性規定不同的具體權利和義務內容，民事主體根據自願原則確定的民事權利義務關係，對當事人是具有法律效力的，當事人必須執行。民法學上的民事主體，在經濟學領域被稱為理性人。理性人意味着民事主體具有認知事物及其規律並為自己利益作出理性判斷的能力，意味着民事主體具有在經濟社會生活中與他人和平共處的理性和能力。民事主體的理性意味着民事主體作為民事活動的參與者是「三位一體」的，即民事主體是民事權利的享有者、民事義務的履行者、民事責任的承擔者。

> **第六條**　民事主體從事民事活動，應當遵循公平原則，合理確定各方的權利和義務。

■ 條文主旨

本條是關於公平原則的規定。

■ 條文釋義

公平原則要求民事主體從事民事活動時要秉持公平理念，公正、平允、合理地確定各方

的權利和義務，並依法承擔相應的民事責任。公平原則體現了民法促進社會公平正義的基本價值，對規範民事主體的行為發揮着重要作用。

在民法總則起草制定過程中，曾有意見提出，公平原則是法律的最高價值目標，是所有法律的基本原則，且公平原則由於彈性過大在實踐中容易被濫用，不必在民法中規定。有的意見提出，公平原則僅適用於民事主體之間的財產關係，不適用於民事主體之間的人身關係，不宜作為民法的基本原則。公平正義是人類共同追求的基本價值，也是法律追求的基本價值，公平應當成為民法的基本原則。同時民法的各項基本原則是相互補充、相輔相成的，如果不規定公平原則，民法的基本原則就不周延。正因如此，民法通則將其規定為基本原則，合同法、勞動合同法、信託法、反不正當競爭法等諸多民商事單行法也規定公平原則為基本原則。結合各方面意見，仍將公平原則作為民法典的基本原則，規定民事主體從事民事活動，應當遵循公平原則，合理確定各方的權利和義務。

公平原則首先要求民事主體在從事民事活動時，按照公平觀念行使權利、履行義務，特別是對於雙方民事法律行為，要求一方的權利和義務應當相適應，雙方之間的權利和承擔的義務應當對等，不能一方承擔義務另一方只享有權利，也不能一方享受的權利和義務相差懸殊。公平原則的這種要求在合同編中得到充分體現。如合同編中第 496 條第 2 款規定，採用格式條款訂立合同的，提供格式條款的一方應當遵循公平原則確定當事人之間的權利和義務。根據第 497 條第 2 項規定，提供格式條款一方不合理地免除或者減輕其責任、加重對方責任、限制對方主要權利的格式條款無效。公平原則還要求民事主體合理承擔民事責任，在通常情況下適用過錯責任，要求責任與過錯的程度相適應，在特殊情況下，也可以根據公平原則合理分擔責任。如侵權責任編第 1186 條規定，受害人和行為人對損害的發生都沒有過錯的，依照法律的規定由雙方分擔損失。

公平原則作為民法的基本原則，不僅僅是民事主體從事民事活動應當遵守的基本行為準則，也是人民法院審理民事糾紛應當遵守的基本裁判準則。

■ 案例分析

在山西省長治市某副食果品有限公司與某房地產開發有限公司合作開發的房地產合同糾紛案中，由於當事人雙方在合作開發房地產項目合同中並未約定有關開放項目新增面積所得利潤的分配方式，雙方因此引發糾紛。人民法院根據公平原則，參照雙方在項目合作中最初約定分配面積比例以及在合同履行過程中實際分配面積比例變化等項目情況，確定了新增面積利潤的分配比例。

第七條　民事主體從事民事活動，應當遵循誠信原則，秉持誠實，恪守承諾。

■ 條文主旨

本條是關於誠信原則即誠實信用原則的規定。

■ 條文釋義

誠信原則要求所有民事主體在從事任何民事活動時，包括行使民事權利、履行民事義務、承擔民事責任時，都應該秉持誠實、善意，信守自己的承諾。誠實信用原則要求民事主體在行使權利、履行義務過程中，講誠實、重諾言、守信用。這對建設誠信社會、規範經濟秩序、引領社會風尚具有重要意義。

誠信原則是民法通則規定的基本原則之一。民法通則第 4 條規定，民事活動應當遵循自願、公平、等價有償、誠實信用的原則。此後，大部分民商事單行法律都將誠信原則規定為基本原則之一。誠信原則也是大多數國家和地區民法規定的基本原則，有的在總則中規定誠信原則，有的則在分則相關編章中規定誠實信用的要求。

在法律起草過程中，普遍贊同將誠信原則規定為民法的基本原則，僅在如何規定誠信原則的內容上，有少數不同看法。如有的意見提出，「從事民事活動」的表述過於寬泛，不太確定，建議修改為「行使權利、履行義務」。有的意見提出，權利不得濫用是誠信原則對權利行使的要求，將禁止權利濫用的內容規定在誠信原則中更為合適，建議規定為「民事主體從事民事活動，應當遵循誠實信用原則，不得濫用權利損害他人合法權益」。誠信原則的核心含義就是誠實不欺、善意、信守諾言。綜合各方面意見，為更好地揭示誠信原則的內涵，本條規定，民事主體從事民事活動，應當遵循誠信原則，秉持誠實，恪守承諾。

誠信原則作為民法最為重要的基本原則，被稱為民法的「帝王條款」，是各國民法公認的基本原則。通常認為，誠實信用原則要求民事主體從事民事活動應當講誠實、守信用，以善意的方式行使權利、履行義務，不詐不欺，言行一致，信守諾言。具體而言，民事主體應當從以下幾個方面遵循誠信原則：民事主體在着手與他人開展民事活動時即應當講誠實，如實告知交易各方的相關信息，表裏如一，不弄虛作假。如合同編上規定的締約過失責任，針對的就是締結合同時的不誠實的行為；民事主體在與他人建立民事法律關係後，應當信守諾言、恪守信用，按照自己作出的承諾行使權利、履行義務，言而有信；民事主體應當本着善意的原則，相互配合，保護對方的合理期待與信賴；民事主體應當尊重他人的合法權益，尊重社會公共利益；民事主體應當善意行使權利，不得濫用權利；民事主體不得規避法律，不得故意曲解合同條款，等等。誠信原則的內涵和外延都是概括性的、抽象的，因此誠信原則有很大的適用性，民事主體從事任何民事活動都應當遵守該原則，不論民事主體自己行使權利，或在與他人建立民事法律關係之前、之中、之後都必須始終貫徹誠信原則，按照誠信原則的要求善意行事。誠信原則在其他各編中也有相應的規定。如合同編第 509 條第 2 款規

定，當事人應當遵循誠信原則，根據合同的性質、目的和交易習慣履行通知、協助、保密等義務。

由於誠信原則具有高度抽象性和概括性，使得誠信原則對於民事主體從事民事活動、司法機關進行民事裁判活動都具有重要作用。誠信原則不僅為民事主體開展民事活動進行指導，是民事主體從事民事活動的行為規則，要求民事主體行使權利、履行義務都應善意不欺、恪守信用；同時，誠信原則對司法機關裁判民事糾紛也具有積極作用，在當事人沒有明確約定或法律沒有具體規定時，司法機關可以根據誠信原則填補合同漏洞、彌補法律空白，平衡民事主體之間、民事主體與社會之間的利益，進而實現社會的公平正義。

第八條　民事主體從事民事活動，不得違反法律，不得違背公序良俗。

■ 條文主旨

本條是關於守法與公序良俗原則的規定。

■ 條文釋義

公序良俗是指公共秩序和善良習俗。守法和公序良俗原則要求自然人、法人和非法人組織在從事民事活動時，不得違反各種法律的強制性規定，不得違背公共秩序和善良習俗。

守法與公序良俗原則，也是現代民法的一項重要基本原則。民法通則第 6 條規定民事活動必須遵守法律，法律沒有規定的，應當遵守國家政策；第 7 條規定民事活動應當尊重社會公德，不得損害社會公共利益，擾亂社會經濟秩序。此外，大多數單行民事法律也都規定有守法與公序良俗原則。

在法律起草過程中，曾有意見提出，應當繼續沿用民法通則的規定，即要求民事主體從事民法活動必須遵守法律，應當尊重社會公德，不得損害社會公共利益，擾亂社會經濟秩序。有的意見提出，近年來，不少地方立法在不涉及民事法律行為效力的前提下，對民事主體的部分民事活動制定了管理性規範，妥善處理了維護民事權利和保護公共利益的關係，收到了較好的實際效果，建議將「不得違反法律」修改為「不得違反法律、法規」。有的意見提出，現在思想多元、文化多元，「良俗」不好判斷，社會上很多過去認為是「良俗」的好習慣，在現代社會評判起來好像都很難，在執法過程當中不好評判，很難掌握好標準，建議對公序良俗作出界定。結合各方面所提出的意見，考慮到民法中的多數規範為任意性規範，民事主體從事民事活動不是必須遵守，但民事主體從事民事活動不得違反法律的強制性規定，故不再規定「必須遵守法律」而規定「不得違反法律」。對於民法通則規定的「尊重社會公德，不得損害社會公共利益，擾亂社會經濟秩序」這種表述，全國人大常委會的有關立法解釋中已經使用過「公序良俗」這一更為簡潔的表述，而且，公序良俗作為民法的基本原

則，是高度抽象的法律規範，具有普遍適用性。至於善良習俗的具體內涵與外延，考慮到這一規定是一種兜底性規定，目的是彌補法律規定的不足，由司法機關在個案中結合實際情況作出具體判斷更為科學合理。綜合各方面的意見，總則規定，民事主體從事民事活動，不得違反法律，不得違背公序良俗。總則編保留了這一個規定。

守法與公序良俗原則又可以細分為兩項具體要求：

一是民事主體從事民事活動不得違反法律。不得違反法律中的法律不僅包括民事法律，還包括其他部門法。所謂不得違反法律，就是要求不違反法律的強制性規定。民事主體在從事民事活動時，只要法律未明文禁止，又不違背公序良俗，就可以根據自己的利益和需要創設權利、義務內容。民事主體在從事民事活動時享有較大的自主空間，實現充分的意思自治。由於民法的基本原則之一就是意思自治，民法在通常情況下不會干預民事主體的行為自由，民法的大多數規範都是任意性規範。對於任意性規範，民事主體可以結合自身的利益需要，決定是否納入自己的意思自治範圍。但是，任何人的自由並非毫無限制的，民法同樣需要維護社會的基本的生產、生活秩序，需要維護國家的基本價值追求，法律的強制性規範就是實現這一目的而制定的，民事主體在從事民事活動時，應當遵守法律的強制性規定。

二是民事主體從事民事活動不得違背公序良俗。不得違背公序良俗原則，就是不得違背公共秩序和善良習俗。公共秩序，是指政治、經濟、文化等領域的基本秩序和根本理念，是與國家和社會整體利益相關的基礎性原則、價值和秩序，在以往的民商事立法中被稱為社會公共利益，在英美法系中也被稱為公共政策。善良習俗是指基於社會主流道德觀念的習俗，也被稱為社會公共道德，是全體社會成員所普遍認可、遵循的道德準則。善良習俗具有一定的時代性和地域性，隨着社會成員的普遍道德觀念的改變而改變。公共秩序強調的是國家和社會層面的價值理念，善良習俗突出的則是民間的道德觀念，二者相輔相成，互為補充。

守法與公序良俗原則中兩項不同要求之間，首先要求民事主體從事民事活動不得違反法律。民事主體從事任何民事活動需要遵守法律的強制性規定，對於民法的任意性規定，民事主體是否按照任意性規定從事民事活動，法律並不強制要求，民事主體可以根據自己的利益作出相應的選擇和判斷。由於民事活動複雜多樣，法律不可能預見所有損害社會公共利益、公共道德秩序的行為而作出詳盡的禁止性規定。因此，有必要輔之以公序良俗原則，並明確規定違背公序良俗的民事法律行為無效，以彌補法律禁止性規定的不足，實現對民事主體意思自治的必要限制，以弘揚社會公共道德、維護社會公共秩序，實現民事主體的個體利益與社會公共利益的平衡。

> **第九條　民事主體從事民事活動，應當有利於節約資源、保護生態環境。**

■ 條文主旨

本條是關於綠色原則的規定。

■ 條文釋義

節約資源、保護生態環境的要求，在我國憲法和許多法律中都有規定。如憲法第 9 條第 2 款規定：「國家保障自然資源的合理利用，保護珍貴的動物和植物。禁止任何組織或者個人用任何手段侵佔或者破壞自然資源。」民法通則第 124 條規定：「違反國家保護環境防止污染的規定，污染環境造成他人損害的，應當依法承擔民事責任。」侵權責任法第八章專門規定了環境污染的民事法律責任，對舉證責任分配、第三人過錯等內容進行了明確規定。環境保護法第 6 條規定：「一切單位和個人都有保護環境的義務。地方各級人民政府應當對本行政區域的環境質量負責。企業事業單位和其他生產經營者應當防止、減少環境污染和生態破壞，對所造成的損害依法承擔責任。公民應當增強環境保護意識，採取低碳、節儉的生活方式，自覺履行環境保護義務。」消費者權益保護法第 5 條規定：「國家保護消費者的合法權益不受侵害。國家採取措施，保障消費者依法行使權利，維護消費者的合法權益。國家倡導文明、健康、節約資源和保護環境的消費方式，反對浪費。」

綠色原則是貫徹憲法關於保護環境的要求，同時也是落實黨中央關於建設生態文明、實現可持續發展理念的要求，將環境資源保護上升至民法基本原則的地位，具有鮮明的時代特徵，將全面開啟環境資源保護的民法通道，有利於構建生態時代下人與自然的新型關係，順應綠色立法潮流。正如十二屆全國人大常委會副委員長李建國在民法總則草案說明中所指出的，將綠色原則確立為基本原則，規定民事主體從事民事活動，應當有利於節約資源、保護生態環境。這樣規定，既傳承了天地人和、人與自然和諧共生的我國優秀傳統文化理念，又體現了黨的十八大以來的新發展理念，與我國是人口大國、需要長期處理好人與資源生態的矛盾這樣一個國情相適應。

本條規定的綠色原則與其他原則在表述上有所不同，其他原則使用了「應當遵循」「不得違反」等表述，而本條使用的是「應當有利於」的表述。儘管有這種不同，但作為民法的基本原則，仍具有重要作用：一是確立國家立法規範民事活動的基本導向，即要以節約資源、保護生態環境作為重要的考量因素；二是要求民事主體本着有利於節約資源、保護生態環境的理念從事民事活動，樹立可持續發展的觀念；三是司法機關在審判民事案件，適用民事法律規定時，要加強對節約資源、保護生態環境的民事法律行為的保護。

綠色原則作為民法典新增的一項基本原則，在民法典各編中都得到了貫徹。如物權編第 346 條規定，設立建設用地使用權，應當符合節約資源、保護生態環境的要求，遵守法律、行政法規關於土地用途的規定，不得損害已經設立的用益物權。合同編第 509 條第 3 款規

定，當事人在履行合同過程中，應當避免浪費資源、污染環境和破壞生態；第 625 條規定，依照法律、行政法規的規定或者按照當事人的約定，標的物在有效使用年限屆滿後應予回收的，出賣人負有自行或者委託第三人對標的物予以回收的義務。特別是在侵權責任編「環境污染和生態破壞責任」一章中，更是對環境污染和生態破壞的民事法律責任作了詳細規定。

> **第十條　處理民事糾紛，應當依照法律；法律沒有規定的，可以適用習慣，但是不得違背公序良俗。**

■ 條文主旨

本條是關於處理民事糾紛的依據的規定。

■ 條文釋義

處理民事糾紛的依據就是人民法院、仲裁機構在處理民事糾紛時據以作出裁判的規則。

在法律起草過程中，關於如何規定處理民事糾紛的依據的意見比較集中，主要是圍繞處理民事糾紛的依據包括哪些，應當如何規定展開討論，其中包括：「法律」的範圍，即法律是否包括法律解釋、行政法規、地方性法規、自治條例和單行條例、規章等；是否要規定習慣作為民法的法律淵源；是否應當規定法理作為判案的依據；是否保留國家政策的規定等。

綜合各方面意見，民法總則第 10 條規定，處理民事糾紛，應當依照法律；法律沒有規定的，可以適用習慣，但是不得違背公序良俗。總則編保留了本條的規定。

本條是法律適用規則。在條文形成過程中，曾一度將「民事糾紛」修改為「處理民事關係」，最終條文又改回「民事糾紛」。這是考慮本條規定旨在為人民法院、仲裁機構等在處理民事糾紛時提供法律適用規則。至於民事主體之間處理民事法律關係，基於意思自治原則，當事人有很大的自主權，且民法規定很多為任意性規定，法律並未強制要求當事人適用。如合同法第 12 條規定合同的內容一般包括當事人的名稱或者姓名和住所，標的，數量，質量，價款或者報酬，履行期限、地點和方式，違約責任，解決爭議的方法。至於當事人是否必須在合同中全面載明這些內容，並無硬性要求，合同的內容由當事人約定。在特定交易環境下，當事人甚至可以約定交易習慣優先於法律的適用。因此，處理民事法律關係的範圍比處理民事糾紛的範圍廣闊許多，法律適用規則也不是完全一樣的。

本條規定，人民法院、仲裁機構等在處理民事糾紛時，首先應當依照法律。這裏的法律是指廣義的法律，包括全國人大及其常委會制定的法律和國務院制定的行政法規，也不排除地方性法規、自治條例和單行條例等。行政法規可以根據法律的規定或經法律的授權，針對特定領域的民事關係作出具體的細化規定。此外，有的法律授權地方性法規對某種特定的民事關係作出具體規定。如農村土地承包法第 68 條規定，各省、自治區、直轄市人民代表大

會常務委員會可以根據本法，結合本行政區域的實際情況，制定實施辦法。

本條還規定，法律沒有規定的，可以適用不違背公序良俗的習慣。習慣是指在一定地域、行業範圍內長期為一般人確信並普遍遵守的民間習慣或者商業慣例。適用習慣受到兩個方面的限制：一是適用習慣的前提是法律沒有規定。所謂法律沒有規定，就是相關的法律、行政法規、地方性法規對特定民事糾紛未作出規定。二是所適用的習慣不得違背公序良俗。因此，並非所有的習慣都可以用作處理民事糾紛的依據，只有不違背公序良俗的習慣才可以適用，當然適用習慣也不得違背法律的基本原則。

本條確認了習慣作為民事法律淵源，主要考慮在於：一是承認習慣的法源地位與我國現行立法是一致的。合同法、物權法等法律已明確規定習慣可以作為判斷當事人權利義務的根據。二是承認習慣的法源地位也符合現實需要。民事生活紛繁複雜，法律很難做到面面俱到，習慣可以在一定程度上彌補法律的不足。在商事領域和社會基層，對將習慣作為法律淵源的需求較為強烈。三是根據習慣裁判更貼近社會生活，有利於定分止爭，且在司法實踐中有時確有必要根據習慣處理民事糾紛。

在特定民事領域需要遵從和適用習慣的規定，在其他各編中也有相應的規定。如物權編第 289 條規定，法律、法規對處理相鄰關係有規定的，依照其規定；法律、法規沒有規定的，可以按照當地習慣。人格權編第 1015 條第 2 款規定，少數民族自然人的姓氏可以遵從本民族的文化傳統和風俗習慣。

第十一條　其他法律對民事關係有特別規定的，依照其規定。

■ 條文主旨

本條是關於一般法與特別法的關係的規定。

■ 條文釋義

關於一般法與特別法的關係，立法法對此有專門規定。根據立法法第 92 條規定，同一機關制定的法律，特別規定與一般規定不一致的，適用特別規定。在法律起草過程中，有的意見提出，立法法已經對特別法與一般法之間的關係作了規定，建議刪除本條。考慮到我國制定了諸多民商事單行法，對特定領域的民事法律關係作出規範。民法典出台後，將作為一般法，各民商事單行法作為特別法，根據立法法的規定，特別法的規定將優先適用。本條明確強調特別法優先的法律適用規則，也有助於減少認識上的分歧。

對於民法典的規範適用問題，需要注意的是：首先，總則編與物權編、合同編、人格權編、婚姻家庭編、繼承編、侵權責任編之間的關係，總則編也是一般性規定，其他各分編中對相同問題有特殊規定的，也應當先適用其他各分編的規定。比如關於民事法律行為的效

力問題，總則編第 153 條規定：「違反法律、行政法規的強制性規定的民事法律行為無效。但是，該強制性規定不導致該民事法律行為無效的除外。違背公序良俗的民事法律行為無效。」第 154 條規定，行為人與相對人惡意串通，損害他人合法權益的民事法律行為無效。而根據合同編第 497 條規定，有下列情形之一的，該格式條款無效：（1）具有本法第一編第六章第三節和本法第 506 條規定的無效情形；（2）提供格式條款一方不合理地免除或者減輕其責任、加重對方責任、限制對方主要權利；（3）提供格式條款一方排除對方主要權利。由於總則編第 153 條、第 154 條屬於一般規定，合同編第 497 條則屬於特別規定，對於格式合同條款的效力問題，則應當優先適用合同編第 497 條的規定。其次，物權編、合同編、人格權編、婚姻家庭編、繼承編、侵權責任編與其他民事單行法律的關係，相對於其他民事單行法律而言，民法典的各分編則屬於一般性規定，在民事單行法律有特別規定時，需要優先適用民事單行法律。比如總則編第 188 條規定，向人民法院請求保護民事權利的訴訟時效期間為 3 年。法律另有規定的，依照其規定。再次，民法典中物權編、合同編、人格權編、婚姻家庭編、繼承編、侵權責任編之間的相互關係，需要根據民法典的規定來確定適用的法律規範。比如合同編第 464 條第 2 款規定，婚姻、收養、監護等有關身份關係的協議，適用有關該身份關係的法律規定；沒有規定的，可以根據其性質參照適用本編規定。人格權編第 1001 條規定，對自然人因婚姻家庭關係等產生的身份權利的保護，適用本法第一編、第五編和其他法律的相關規定；沒有規定的，可以根據其性質參照適用本編人格權保護的有關規定。

> **第十二條** 中華人民共和國領域內的民事活動，適用中華人民共和國法律。法律另有規定的，依照其規定。

■ 條文主旨

本條是關於民法的效力範圍的規定。

■ 條文釋義

民法的地域效力範圍是指民法在什麼空間領域內適用。本條規定在中華人民共和國領域內的民事活動，適用中華人民共和國法律。中華人民共和國領域內包括中華人民共和國領土、領空、領海，以及根據國際法視為我國領域的我國駐外使館，國籍為中國的船舶、航空器等。一般來說，在中華人民共和國領域內的民事活動都得適用我國法律。

根據本條規定，法律另有規定的，依照其規定。其中最為重要的就是涉外民事關係的法律適用問題，關於涉外民事關係的法律適用，涉外民事關係法律適用法有專門的規定。除此之外，有些單行民事法律也對涉外民事關係的法律適用進行了規定。根據這些涉外民事關係

適用的特別規定，在中華人民共和國領域內的涉外民事活動，應當根據特定的民事法律關係類型不同而具體適用相應的法律規範，並非一概必須適用中國法律。在法律起草過程中，有的意見提出，應該規定在中華人民共和國領域外的民事活動，也可以適用中華人民共和國法律。對於中華人民共和國領域外的民事活動是否適用中華人民共和國法律，由於涉及國際私法的法律適用問題，各國國際私法具有相應的規定，且不同的民事法律關係所適用的法律也有不同規定，法律適用情況比較複雜。故本條未對此作出規定，但這並不意味着在中華人民共和國領域外的民事活動，就不能適用中華人民共和國法律，需要根據具體情況和所在國法律的具體規定確定。如涉外民事關係法律適用法第 3 條規定：「當事人依照法律規定可以明示選擇涉外民事關係適用的法律。」海商法第 269 條規定：「合同當事人可以選擇合同適用的法律，法律另有規定的除外。合同當事人沒有選擇的，適用與合同有最密切聯繫的國家的法律。」

第二章 自然人

　　本章規定「自然人」這一民事主體。有關自然人的規定是世界各國或地區民法的基礎和核心內容。自然人是最基本的民事主體。法律對自然人民事主體地位的確認，是自然人依法從事民事活動，享有民事權利、承擔民事義務的前提。1986 年制定的民法通則根據當時的實際情況，對自然人作了較為妥善的規定，在實踐中發揮了巨大作用。本章沿襲民法通則相關規定的基本結構和基本內容，同時根據實踐發展的需要進行修改完善，具體內容有較大擴充。

　　本章共分四節，共四十四條。第一節為民事權利能力和民事行為能力，主要規定了自然人民事權利能力平等，自然人的出生時間、死亡時間，胎兒利益的保護，無民事行為能力人、限制民事行為能力人的認定等。第二節為監護，主要規定了監護人的範圍、遺囑指定監護、協議監護、監護爭議解決程序、意定監護、監護終止等。第三節為宣告失蹤和宣告死亡，主要規定了宣告失蹤條件、失蹤宣告撤銷、宣告死亡條件、撤銷死亡宣告及其法律效果等。第四節為個體工商戶和農村承包經營戶，主要規定了個體工商戶、農村承包經營戶、農村承包經營戶的債務承擔等。

第一節　民事權利能力和民事行為能力

> 　　第十三條　自然人從出生時起到死亡時止，具有民事權利能力，依法享有民事權利，承擔民事義務。

■ 條文主旨

　　本條是關於自然人民事權利能力的規定。

■ 條文釋義

　　民事權利能力是指民事主體參與民事法律關係，享有民事權利、承擔民事義務的法律資格。法律規定了自然人的民事權利能力，也就確認了自然人的民事主體地位，這是自然人參與民事法律關係，依法享有民事權利、承擔民事義務的前提。自然人的民事權利能力既包括自然人享有民事權利的資格，也包括自然人承擔民事義務的資格。

　　通常認為，民事權利能力具有不可剝奪的特徵。民事權利能力始於出生，終於死亡。自

然人生存期間，其民事權利能力不會喪失、消滅。法律不會對自然人的民事權利能力進行限制或者剝奪。自然人受到刑事處罰、喪失民事行為能力，即使在監獄服刑，或者被判處剝奪政治權利，也並不導致民事權利能力的減損或者消滅，自然人的民事權利能力這一法律資格不受影響。

民事權利能力與民事權利是既有聯繫又有區別的兩個不同概念。第一，民事權利能力是一種法律資格，是自然人取得民事權利的前提。自然人享有民事權利能力，並不等同於取得實際的民事權利。第二，民事權利能力是法律規定的，民事權利是自然人依據民事法律行為、事實行為、法律規定的事件或者法律規定的其他方式所取得的。第三，民事權利能力與自然人不可分離。自然人一旦出生，即具有民事權利能力，死亡是自然人喪失民事權利能力的唯一法定事由，並且民事權利能力不得以任何方式予以轉讓，也不能拋棄或者繼承。根據民事權利的類型不同，自然人與民事權利之間的關係存在一定差別。對於財產方面的具體民事權利，自然人可以選擇享有、轉讓或者放棄。生命權、健康權等人身權，自然人一旦出生，即依法律規定當然享有，不可以轉讓，非依法律規定並經法定程序，不得進行限制或者剝奪。

依據本條規定，自然人的民事權利能力始於出生，終於死亡。出生是自然人脫離母體並生存的法律事實。一般認為，出生須具備兩項要件：一是胎兒與母體分離，與母體分離之前為胎兒，分離之後即成為法律上的人。二是與母體分離之際保有生命。胎兒與母體分離之際無生命的，是死體。分離之際保有生命的，即是「出生」，而不論其出生後生命延續的時間長短。如何判斷「出生」，學說上有全部露出說、斷臍帶說、初啼說、獨立呼吸說等。關於「死亡」的判斷，也存在不同的學說，有呼吸停止說、脈搏停止說、心臟跳動停止說、腦死亡說等。實踐中，具體如何判斷「出生」和「死亡」，涉及醫學理論和醫學實踐發展等問題，本法對此沒有規定統一的判斷標準。

第十四條　自然人的民事權利能力一律平等。

■ 條文主旨

本條是關於自然人民事權利能力平等的規定。

■ 條文釋義

自然人的民事權利能力一律平等，是一種法律資格的平等，指自然人的民事權利能力不因民族、種族、性別、職業、家庭出身、宗教信仰等而有差別。

自然人民事權利能力平等原則經過了漫長的歷史發展演變，是人類法律文明進步的結果。在近現代之前，並不是所有的自然人都具有民事權利能力，往往因家族血緣、性別等身

份因素的不同而存在差異，例如，女性在很多情況下沒有資格作為獨立的民事主體，不能從事締結合同等民事活動。現代國家普遍認可自然人的民事權利能力一律平等。

> **第十五條**　自然人的出生時間和死亡時間，以出生證明、死亡證明記載的時間為準；沒有出生證明、死亡證明的，以戶籍登記或者其他有效身份登記記載的時間為準。有其他證據足以推翻以上記載時間的，以該證據證明的時間為準。

■ 條文主旨

本條是關於自然人出生時間和死亡時間的規定。

■ 條文釋義

出生和死亡均是法律事件，能夠引起一定的法律關係的產生、變更或者消滅。出生時間和死亡時間的確定具有重要的法律意義。例如，被繼承人的死亡時間直接決定繼承開始的時間，影響遺產的範圍、繼承人的範圍等。

本條將出生證明、死亡證明記載的時間作為確定自然人出生時間、死亡時間的最基本依據。出生證明，即出生醫學證明，記載有新生兒的姓名、性別、出生時間、父母親姓名等。出生醫學證明由國家衛生與計劃生育部門統一印製，以省、自治區、直轄市為單位統一編號。國家衛生與計劃生育部門主管全國出生醫學證明工作，委託各級衛生行政部門負責轄區內出生醫學證明的具體事務管理工作。出生醫學證明必須由批准開展助產技術服務並依法取得母嬰保健技術服務許可證的醫療保健機構簽發，並遵循嚴格的程序規範。出生證明是記載出生時間的原始憑證，具有證明出生時間的準確性和規範性，因此本條將出生證明記載的時間作為確定自然人出生時間的最基本的依據。

死亡證明是指有關單位出具的證明自然人死亡的文書。主要包括以下幾類：公民死於醫療單位的，由醫療單位出具死亡醫學證明書；公民正常死亡但無法取得醫院出具的死亡證明的，由社區、村（居）委會或者基層衛生醫療機構出具證明；公民非正常死亡或者衛生部門不能確定是否屬於正常死亡的，由公安司法部門出具死亡證明；死亡公民已經火化的，由殯葬部門出具火化證明。死亡證明是記載死亡時間的原始憑證，具有證明死亡時間的準確性和規範性，因此本條將死亡證明記載的時間作為確定自然人死亡時間的最基本的依據。

依據本條規定，沒有出生證明、死亡證明的，以戶籍登記或者其他有效身份登記記載的時間為準。戶籍登記是國家公安機關按照國家戶籍管理法律法規，對公民的身份信息進行登記記載的制度。關於出生登記，我國戶口登記條例第 7 條第 1 款規定：「嬰兒出生後一個月以內，由戶主、親屬、撫養人或者鄰居向嬰兒常住地戶口登記機關申報出生登記。」第 2 款規定：「棄嬰，由收養人或者育嬰機關向戶口登記機關申報出生登記。」在戶主、親屬等持

嬰兒的出生醫學證明向公安機關申報出生登記後，公安機關依據出生醫學證明記載的嬰兒的姓名、出生時間等信息，進行戶籍登記。公民個人收養的嬰兒未辦理出生登記的，由收養人持民政部門出具的收養登記證向收養人常住戶口所在地的公安派出所申報出生登記。社會福利機構撫養的查找不到生父母的棄嬰、兒童，由該機構持嬰兒、兒童基本情況證明等，向該機構所在地公安派出所申報出生登記。辦理戶籍登記應當遵循嚴格的法定程序，戶籍登記記載的出生時間因此具有較強的法律效力。本條將戶籍登記記載的出生時間，作為確定自然人出生時間的重要依據，沒有出生證明的，以戶籍登記記載的出生時間為準。

關於死亡登記，根據我國戶籍管理制度，自然人死亡後，戶主、親屬等應當在規定的時間內向公安機關申報死亡登記，註銷戶口。我國戶口登記條例第 8 條規定：「公民死亡，城市在葬前，農村在一個月以內，由戶主、親屬、撫養人或者鄰居向戶口登記機關申報死亡登記，註銷戶口。公民如果在暫住地死亡，由暫住地戶口登記機關通知常住地戶口登記機關註銷戶口。」辦理戶籍登記應當遵循嚴格的法定程序，戶籍登記記載的死亡時間因此具有較強的法律效力。本條將戶籍登記記載的死亡時間，作為確定自然人死亡時間的重要依據，沒有死亡證明的，以戶籍登記記載的死亡時間為準。

本條規定的戶籍登記以外的其他有效身份登記，包括我國公民居住證、港澳同胞回鄉證、台灣居民的有效旅行證件、外國人居留證等。

出生證明、死亡證明以及戶籍登記或者其他有效身份登記記載的時間由於各種原因，也有可能出現記載錯誤的情況。如果有其他證據足以推翻出生證明、死亡證明以及戶籍登記或者其他有效身份登記記載的時間的，應以該證據證明的時間為準。

> **第十六條**　涉及遺產繼承、接受贈與等胎兒利益保護的，胎兒視為具有民事權利能力。但是，胎兒娩出時為死體的，其民事權利能力自始不存在。

■ 條文主旨

本條是關於胎兒利益保護的規定。

■ 條文釋義

自然人的民事權利能力始於出生，胎兒尚未與母體分離，不是獨立的自然人，不能依據民事權利能力的一般規定進行保護。法律有必要對胎兒利益的保護作出特別規定。

在民法典制定以前，我國只在繼承事項上對胎兒利益的保護作出規定。如繼承法第 28 條規定：「遺產分割時，應當保留胎兒的繼承份額。胎兒出生時是死體的，保留的份額按法定繼承辦理。」除了繼承事項之外，我國法律沒有對胎兒利益保護的其他規定。

一、胎兒利益保護與賦予胎兒民事權利能力

關於胎兒的利益保護與賦予胎兒民事權利能力的關係問題，國內學界存在不同的觀點。

有的觀點認為，對胎兒利益的保護並不必然以賦予胎兒民事權利能力為前提。承認胎兒民事權利能力的目的主要是解決在繼承和侵權中如何保護胎兒利益的問題。在堅持自然人的民事權利能力始於出生，不承認胎兒的民事權利能力的法律框架內，也是可以通過作出特別規定達到對胎兒利益保護的目的。第一，關於繼承中的胎兒利益保護問題，有關為胎兒保留必要份額的規定可以達到保護胎兒利益的目的。第二，胎兒在未出生之前，其健康生存的利益受到侵害的，是侵權責任問題。胎兒在母體中遭受侵害，應當區分具體情況來加以考慮：如果胎兒出生後是活體的，則可以作為主體獨立請求，有權就其受到的損害獨立提出賠償請求，但可以在時效方面作出特別規定，即在出生前訴訟時效中止；如果是死體，則由其母親提出請求，把對於胎兒的侵害視為對母親的侵害，母親可以身體健康權受到侵害為由進行主張。

有的觀點認為，胎兒利益的保護力度與是否賦予胎兒民事權利能力具有直接的關係。賦予胎兒民事權利能力，胎兒就具有了享有民事權利的法律資格，就可以成為民事權利的主體，對於受到侵害的行為，就可以通過訴訟予以救濟，有利於胎兒利益的保護。例如，如果胎兒在母親懷胎期間遭受侵害，就可以行使損害賠償請求權，向法院提起人身傷害的侵權之訴；如果在出生之前父親死亡，胎兒就可以享有繼承權，作為第一順序繼承人參與遺產分配，或者在繼承權受到侵害時，可向法院提起侵害繼承權的侵權之訴。

本條從法律上明確規定胎兒在特定情形下視為具有民事權利能力。依據本條規定，涉及遺產繼承、接受贈與等胎兒利益保護的，胎兒視為具有民事權利能力。採用「視為」一詞主要是與本法第13條的規定相對應。本法第13條規定：「自然人從出生時起到死亡時止，具有民事權利能力，依法享有民事權利，承擔民事義務。」自然人的民事權利能力始於出生，胎兒尚未出生，本不具有民事權利能力，但又有必要在一定情形下對胎兒的利益進行保護，賦予胎兒民事權利能力，因此本條採用「視為」具有民事權利能力的表述。

二、胎兒利益的保護範圍

本條將胎兒利益保護的範圍規定為「涉及遺產繼承、接受贈與等胎兒利益保護的」。在這些情形下，胎兒視為具有民事權利能力。此處的「遺產繼承」不僅包括法定繼承，也包括遺囑繼承、遺贈。胎兒是法定繼承人的，按照法定繼承取得相應的遺產份額；有遺囑的，胎兒按照遺囑繼承取得遺囑確定的份額。胎兒不是法定繼承人的，被繼承人也可以立遺囑將個人財產贈給胎兒，將來按遺贈辦理，胎兒取得遺產繼承權。「接受贈與」指贈與人可以將財產贈與胎兒，胎兒此時視為具有民事權利能力，享有接受贈與的權利。除了遺產繼承和接受贈與，實踐中還有其他涉及胎兒利益保護的情況，因此本條用了一個「等」字，沒有限定在繼承範圍以內，原則上也包括侵權等其他需要保護胎兒利益的情形。

三、胎兒享有民事權利能力的條件

關於胎兒享有民事權利能力的條件，民法理論上存在兩種不同的觀點：

其一，胎兒在母親懷胎期間，並無民事權利能力，在胎兒活着出生後，再向前追溯至懷

胎期間具有民事權利能力。

其二，胎兒在母親懷胎期間即具有民事權利能力，但是胎兒出生時為死體的，其民事權利能力則自始不存在。

本條的規定也經歷了一些變化。在民法總則草案提交全國人大常委會進行初次審議之前，曾以徵求意見稿的形式徵求意見。徵求意見稿的規定採用了上述第一種觀點。徵求意見稿第 15 條規定：「涉及胎兒利益保護，胎兒出生時為活體的，其出生前即視為具有民事權利能力。」有些意見提出，將「胎兒出生時為活體的」作為胎兒享有民事權利能力的必要條件，就要等待胎兒活着出生之後才可以向法院起訴。為了更周延地保護胎兒利益，胎兒自母親懷孕之時起就應當被視為具有民事權利能力，無須待到其出生之時，即可行使繼承權等。建議採用上述第二種觀點，規定胎兒在母親懷胎期間即具有民事權利能力，將「胎兒將來出生時為死體」作為溯及懷胎期間消滅其民事權利能力的條件。隨後提交全國人大常委會初次審議的民法總則草案在一定程度上吸收了上述建議，對徵求意見稿的規定作了修改。民法總則草案一審稿第 16 條規定：「涉及遺產繼承、接受贈與等胎兒利益的保護，胎兒視為具有民事權利能力。但是，胎兒出生時未存活的，其民事權利能力自始不存在。」此後基本維持了這一規定，只是作了相關文字修改。民法典繼續維持這一規定。

> **第十七條　十八周歲以上的自然人為成年人。不滿十八周歲的自然人為未成年人。**

■ 條文主旨

本條是關於成年人與未成年人年齡標準的規定。

■ 條文釋義

隨着年齡的增長，成年人已經具有了一定的閱歷，也積累了較豐富的社會經驗和知識，識別、判斷能力較強，並能夠充分預見到自己的行為後果，已經可以獨立生活和工作。成年人不僅意味着其可以獨立行使更多的權利，更意味着要獨立承擔更多的義務，擁有更大自主權的同時，也要對自己的行為後果獨立負責。各個國家或者地區根據人們的生理、智力發育情況和社會生活狀況等，對成年人年齡標準的規定各不相同。成年人年齡標準並不是隨意確定的，既需要考慮人們的身心發育情況，也需要考慮社會的接受度等各方面因素。我國民法通則將成年人的年齡下限確定為 18 周歲，這次仍然沿襲了民法通則的規定，將成年人年齡確定為 18 周歲。這也與我國憲法的相關規定相一致。我國憲法將選舉權和被選舉權這一重要的政治權利，賦予給年滿 18 周歲的公民。憲法第 34 條規定：「中華人民共和國年滿十八周歲的公民，不分民族、種族、性別、職業、家庭出身、宗教信仰、教育程度、財產狀況、居住期限，都有選舉權和被選舉權；但是依照法律被剝奪政治權利的人除外。」

　　與「成年人」概念相對的是「未成年人」，不滿 18 周歲的自然人為未成年人。未成年人的身體、心智發育還沒有完全成熟，各個國家或者地區均對未成年人從法律上予以特殊保護，促進其健康成長。我國為了保護未成年人的身心健康，保障未成年人的合法權益，促進未成年人在品德、智力、體質等方面全面發展，制定了一系列關於未成年人保護的法律法規，如未成年人保護法等。國家、社會、學校和家庭都有義務促進未成年人健康成長，保障未成年人的合法權益不受侵犯。

　　在民法中區分成年人與未成年人的法律意義主要有以下幾個方面：一是判斷民事法律行為的效力。成年人可以獨立實施民事法律行為，未成年人只可以獨立實施部分民事法律行為，實施其他民事法律行為要經過法定代理人的同意或者追認。二是確定婚姻家庭關係中的權利義務。本法規定了父母、祖父母、外祖父母或者兄姐等近親屬對未成年人的撫養義務。例如，第 1074 條第 1 款規定：「有負擔能力的祖父母、外祖父母，對於父母已經死亡或者父母無力撫養的未成年孫子女、外孫子女，有撫養的義務。」三是設立監護。為了保護未成年人的人身、財產權利及其他合法權益，對未成年人應當設立監護人。父母是未成年人的監護人，未成年人的父母已經死亡或者沒有監護能力的，依法由其他有監護能力的人擔任監護人。但法律只對喪失或者部分喪失民事行為能力的成年人設立監護，依法確定監護人。

> **第十八條**　成年人為完全民事行為能力人，可以獨立實施民事法律行為。
>
> 　十六周歲以上的未成年人，以自己的勞動收入為主要生活來源的，視為完全民事行為能力人。

■ 條文主旨

　　本條是關於完全民事行為能力人的規定。

■ 條文釋義

　　民事行為能力是指民事主體獨立參與民事活動，以自己的行為取得民事權利或者承擔民事義務的法律資格。民事行為能力與民事權利能力不同，民事權利能力是民事主體從事民事活動的前提，民事行為能力是民事主體從事民事活動的條件。所有的自然人都有民事權利能力，但不一定都有民事行為能力。自然人一經出生即當然享有民事權利能力，但要獨立從事民事活動，實施民事法律行為，還必須要具有相應的民事行為能力。自然人的辨識能力因年齡、智力、精神健康等因素不同而有差異。現在的規定延續了民法通則的做法，根據自然人辨識能力的不同，將自然人的民事行為能力分為完全民事行為能力、限制民事行為能力和無民事行為能力。學理上稱為「三分法」。完全民事行為能力人具有健全的辨識能力，可以獨立進行民事活動；限制民事行為能力人只能獨立進行與其辨識能力相適應的民事活動；無民

事行為能力人應當由其法定代理人代理實施民事活動。

依據本條第 1 款規定，成年人，即年滿 18 周歲的自然人，具有完全民事行為能力，為完全民事行為能力人，可以獨立實施民事法律行為，並獨立對民事法律行為的法律後果負責。例如，成年人可以獨立簽訂房屋租賃合同，行使合同約定的權利，履行合同約定的義務。但是，本條規定的成年人指辨認識別能力正常的成年人，對於辨認識別能力不足的成年人則根據具體情況的不同歸為限制民事行為能力人或者無民事行為能力人，不屬於本條規定的範圍。

依據本條第 2 款規定，16 周歲以上的未成年人，如果以自己的勞動收入為主要生活來源的，表明其已經具備成年人的辨識能力，可以獨立實施民事法律行為，獨立承擔民事法律行為的後果，因此可以視為完全民事行為能力人。

第十九條　八周歲以上的未成年人為限制民事行為能力人，實施民事法律行為由其法定代理人代理或者經其法定代理人同意、追認；但是，可以獨立實施純獲利益的民事法律行為或者與其年齡、智力相適應的民事法律行為。

■ 條文主旨

本條是關於限制民事行為能力的未成年人的規定。

■ 條文釋義

本條將限制民事行為能力的未成年人的年齡下限標準由民法通則規定的 10 周歲下調為 8 周歲。本條在起草過程中，引起了社會廣泛關注。

提交全國人大常委會審議的民法總則草案一審稿，將限制民事行為能力的未成年人的年齡下限規定為 6 周歲。在有關說明中提出，將民法通則規定的限制民事行為能力人的年齡下限標準從「十周歲」降到「六周歲」，主要考慮的是：隨着經濟社會的發展和生活教育水平的提高，未成年人生理心理的成熟程度和認知能力都有所提高，適當降低年齡有利於其從事與其年齡、智力相適應的民事活動，更好地尊重這一部分未成年人的自主意識，保護其合法權益。這一調整也與我國義務教育法關於年滿 6 周歲的兒童須接受義務教育的規定相呼應，實踐中易於掌握、執行。

一些全國人大常委會組成人員、全國人大代表、地方以及社會公眾提出不同意見，認為將限制民事行為能力人的年齡下限從 10 周歲調整為 6 周歲，要有充足的依據。建議適當上調限制民事行為能力的未成年人的年齡下限。理由包括：其一，未成年人生理心理成熟程度和認知能力都有所提高的說法，有些片面。6 周歲兒童有了一定的學習能力，開始接受義務教育，但認知能力和辨識能力仍然不足，不具備獨立實施民事法律行為的基礎。民法通則

規定為 10 周歲有一定的科學依據和實踐基礎。10 周歲的兒童一般進入小學高年級就讀，受教育的程度與獲取知識的能力有了提高，單獨接觸社會的機會相對較多，有了一定的社會閱歷，能夠初步了解自己行為的一般性質和相對後果。其二，未成年人生理、心理的承受程度和認知能力在城市和農村是存在差異的，特別是城市與那些社會環境相對封閉、教育水平相對低下的偏遠農村牧區相比較，其差異是比較大的。其三，如果把 6 周歲作為限制民事行為能力的年齡下限，可能會不利於保護 6 周歲兒童及其家庭的合法權益，也給欺詐行為留下一定的空間。其四，降低限制民事行為能力的年齡下限標準不是單純的兒童判斷力提高問題，一方面可能將來要跟刑事責任能力對應起來，另一方面調低年齡對保護未成年人的利益是有利還是不利，利多還是利少，需要評估。

有的心理學專家認為，這些年來兒童認知能力有了很大提高，6 周歲以上的兒童完全可以自主進行一定的民事活動，例如，購買一些小商品等，他們是具有相應的辨別能力的。同時，現在兒童的權利意識也都很強，將限制民事行為能力的年齡下限調整為 6 周歲，既有利於尊重他們的自主意識，又有利於促進自主能力的培養。也有的心理學家認為，10 周歲的兒童與 6 周歲的兒童在認知能力和判斷能力方面，存在一定的差距，建議對下調限制民事行為能力人的年齡標準慎重研究。

不少法學專家和有的教育學專家認為，1986 年民法通則將限制民事行為能力人的年齡下限規定為 10 周歲，應當是對當時兒童的身心發育情況進行了認真的研究論證，符合當時的實際情況。30 年來，隨着學前教育的普及、物質文化生活的極大豐富以及信息化社會的到來，兒童的身心發育情況與當年相比已經不可同日而語，兒童的認知能力、適應能力和自我承擔能力都有了很大提高。下調限制民事行為能力的年齡下限是非常必要的。贊成調整為 6 周歲，或者入學一年後的年齡即 7 周歲。

有些社會與人口學專家認為，一是 6 周歲的兒童已經開始上學接受義務教育，在一些時間內脫離了父母，有一定獨立處理日常生活事務的機會，自身也已經具有了一定的辨識能力，例如，可以用零花錢購買冰棍、一些學習用品等，應當賦予 6 周歲以上的兒童從事一定民事法律行為的資格。二是對 6 周歲的兒童從事民事法律行為應當有一定的限制，草案將其範圍限制為「與其年齡、智力相適應的民事法律行為」是合適的，從社會學角度來說，也是沒有問題的。

提交全國人大常委會審議的民法總則草案二審稿、三審稿以及最後提交全國人民代表大會審議的民法總則草案仍然維持了限制民事行為能力的未成年人的年齡下限為 6 周歲的規定。全國人大法律委員會在民法總則草案二審稿的修改情況彙報中提出，法律委員會、法制工作委員會就此聽取了部分教育學、心理學、社會學等方面專家的意見，並進一步研究了境外相關立法情況。在此基礎上，經反覆研究，建議對草案的規定暫不作修改，繼續研究。主要考慮在於：一是隨着社會的進步和教育水平的提高，兒童的認知能力、適應能力和自我承擔能力也有了很大提高，法律上適當降低限制民事行為能力的未成年人年齡下限標準，符合現代未成年人心理、生理發展特點，有利於未成年人從事與其年齡、智力相適應的民事活

動，更好地尊重未成年人的自主意識，保護其合法權益。二是符合國際上的發展趨勢。我國參加的聯合國《兒童權利公約》規定，各國要採取措施尊重和保護兒童的自我意識。一些國家和地區將限制民事行為能力人的年齡下限規定為 6 周歲或者 7 周歲；還有一些國家和地區規定未成年人均為限制民事行為能力人。三是民事行為能力不同於刑事責任能力。我國現行民法通則和刑法對民事行為能力和刑事責任能力的要求就是不同的。民事行為能力的年齡變化並不必然導致刑事責任能力的年齡變化，刑事責任能力年齡標準的調整，應當根據刑事領域的具體情況來確定。

全國人民代表大會審議民法總則草案過程中，一些代表提出，6 周歲的兒童雖然有一定的學習能力，開始接受義務教育，但認知和辨識能力仍然不足，在很大程度上還不具備實施民事法律行為的能力，建議改為 8 周歲為宜。也有的代表建議維持現行 10 周歲不變；還有的代表贊成下調為 6 周歲。全國人大法律委員會經研究，按照既積極又穩妥的要求，建議在現階段將限制民事行為能力人的年齡下限修改為 8 周歲。因此，最終將限制民事行為能力人的年齡下限修改為 8 周歲。民法典維持了這一規定。

依據本條規定，8 周歲以上的未成年人為限制民事行為能力人，心智發育仍然不夠成熟，實施民事法律行為一般應當由其法定代理人代理，或者經其法定代理人同意、追認。同意是指事前同意，即限制民事行為能力的未成年人實施民事法律行為要經法定代理人的事前同意；追認指事後追認，即限制民事行為能力的未成年人實施的民事法律行為要經過法定代理人的事後追認，才能對該未成年人發生效力。但是，8 周歲以上的未成年人已經具有一定的辨認識別能力，法律應當允許其獨立實施一定的民事法律行為。可以獨立實施的民事法律行為包括兩類：一類是純獲利益的民事法律行為，如接受贈與等。限制民事行為能力的未成年人通常不會因這類行為遭受不利益，可以獨立實施。另一類是與其年齡、智力相適應的民事法律行為，如 8 周歲的兒童購買學習用品等。限制民事行為能力的未成年人對實施這類行為有相應的認知能力，可以獨立實施。

> **第二十條**　不滿八周歲的未成年人為無民事行為能力人，由其法定代理人代理實施民事法律行為。

■ 條文主旨

本條是關於無民事行為能力的未成年人的規定。

■ 條文釋義

無民事行為能力是指不具有以自己的行為取得民事權利或者承擔民事義務的資格。8 周歲以下的未成年人，生理、心理發育仍然很不成熟，對自己行為的辨認識別能力以及行為後果的

預見能力仍然非常不夠，為了避免他們的權益受到損害，法律將其規定為無民事行為能力人。

依據本條規定，8 周歲以下的兒童不具有獨立從事民事法律行為的資格，要由其法定代理人代理實施民事法律行為。例如，兒童購買玩具行為，都需要由父母等法定代理人代理實施。

在本條起草過程中，對 8 周歲以下的兒童是否可以獨立實施純獲利益的民事法律行為，有的意見建議明確兒童可以獨立實施純獲利益的民事法律行為，在本條增加但書規定「但純獲利益的民事法律行為除外」。理由是，6 周歲以下的兒童獨立實施的純獲利益的民事法律行為，例如接受贈與、獎勵等行為，對兒童的利益並無損害，相反是增加兒童利益，法律應當予以支持。《最高人民法院關於貫徹執行〈中華人民共和國民法通則〉若干問題的意見（試行）》第 6 條規定，無民事行為能力人、限制民事行為能力人接受獎勵、贈與、報酬，他人不得以行為人無民事行為能力、限制民事行為能力為由，主張以上行為無效。

也有的意見認為，8 周歲以下的兒童辨認識別能力仍然非常欠缺，即使是純獲利益的民事法律行為，例如接受贈與的行為，也是需要對該行為以及行為後果有充分認識和判斷的。要區分接受贈與的民事法律行為與接受贈與物的行為。低齡兒童接受了別人給的玩具，可以看作事實行為，不等同於兒童實施了接受贈與的民事法律行為。此外，有些純獲利益的行為往往要等到事後根據具體情況才能判斷出來，如果所獲得的收益遠大於所承受的負擔，就屬於純獲利益。這類民事法律行為對兒童的辨識能力要求更高。如果賦予 8 周歲以下的兒童可以獨立實施這些民事法律行為，容易使這些兒童的合法權益受到侵害。從我國實踐情況來看，8 周歲以下的兒童處於父母或者其他監護人的全面保護之下，極少有獨立實施民事法律行為的機會，由法定代理人全面代理實施民事法律行為是符合我國國情的。

經反覆研究討論，從有利於保護兒童合法權益的角度出發，本條沒有規定 8 周歲以下的兒童可以獨立實施純獲利益的行為。

> 　　**第二十一條　不能辨認自己行為的成年人為無民事行為能力人，由其法定代理人代理實施民事法律行為。**
> 　　**八周歲以上的未成年人不能辨認自己行為的，適用前款規定。**

■ 條文主旨

本條是關於無民事行為能力的成年人的規定。

■ 條文釋義

有的自然人雖已年滿 18 周歲，達到成年人的年齡，但因先天、疾病等原因，辨認識別能力不足，也不能正常預見自己行為的法律後果。為了保護這些辨認識別能力不足的成年人的合法權益，法律有必要對其實施民事法律行為作出特別規定。本法根據認識判斷能力的不

同，對這些成年人給予進一步的區分，分為兩類：一是不能辨認自己行為的成年人；二是不能完全辨認自己行為的成年人。不能辨認自己行為的成年人指對普通的事物和行為欠缺基本的認識判斷能力，也不能正常預見自己行為的法律後果的成年人。不能完全辨認自己行為的成年人是指對比較複雜的行為不能作出正確的認識判斷，也不能完全預見到自己行為的法律後果的成年人。第一類成年人即為無民事行為能力人，由本條第 1 款作出規定。第二類成年人為限制民事行為能力人，由第 22 條作出規定。

需要注意的是，本條第 1 款中的「不能辨認自己行為」和第 22 條中的「不能完全辨認自己行為」，是指辨認識別能力不足處於一種持續的狀態，不能是暫行性或者短暫的狀態。例如，因酗酒、濫用麻醉用品或者精神藥品，對自己的行為暫時沒有辨認識別能力的成年人，不屬於本法所稱的無民事行為能力人或者限制民事行為能力人。

民法通則規定的無民事行為能力或者限制民事行為能力的成年人的範圍為「精神病人」。民法通則第 13 條第 1 款規定：「不能辨認自己行為的精神病人是無民事行為能力人，由他的法定代理人代理民事活動。」第 2 款規定：「不能完全辨認自己行為的精神病人是限制民事行為能力人，可以進行與他的精神健康狀況相適應的民事活動；其他民事活動由他的法定代理人代理，或者徵得他的法定代理人的同意。」《最高人民法院關於貫徹執行〈中華人民共和國民法通則〉若干問題的意見（試行）》第 5 條對此作出進一步規定：「精神病人（包括癡呆症人）如果沒有判斷能力和自我保護能力，不知其行為後果的，可以認定為不能辨認自己行為的人；對於比較複雜的事物或者比較重大的行為缺乏判斷能力和自我保護能力，並且不能預見其行為後果的，可以認定為不能完全辨認自己行為的人。」該司法解釋一方面對在司法實踐中如何判斷「不能辨認自己行為」「不能完全辨認自己行為」作了細化規定，另一方面對「精神病人」的範圍作了擴張解釋，明確將「癡呆症人」納入「精神病人」的範圍。

現實生活中，存在因一些疾病如阿爾茨海默病（老年癡呆症）等導致不能辨認或者不能完全辨認自己行為的老年人。這些老年疾病不同於精神障礙疾病。如果將無民事行為能力人或者限制民事行為能力人的範圍嚴格限制為「精神病人」，將這些因老年疾病導致不能辨認或者不能完全辨認自己行為的老年人排除在外，容易造成兩方面的不利後果：一是對這些老年人將不能依法設定監護人，不利於保護其人身、財產及其他合法權益；二是對這些老年人從事的與其辨認識別能力不符合的民事法律行為，將不能依法被撤銷或者認定為無效，損害這些老年人的合法權益。

為了回應實踐需求，同時適應我國逐步進入老齡化社會、保護老年人利益的需要，在吸收司法解釋規定的基礎上，對無民事行為能力人和限制民事行為能力人的範圍作了進一步擴張，包括了因先天、疾病等各種原因不能辨認、不能完全辨認自己行為的成年人，既包括智力障礙患者、嚴重精神障礙患者，也包括阿爾茨海默病患者等。需要注意的是，大部分精神障礙患者中，焦慮症、抑鬱症、強迫症等常見精神障礙患者一般是有民事行為能力的。只有患精神分裂症等嚴重精神障礙者，才可能喪失部分或完全喪失民事行為能力。

本條第 2 款規定的不能辨認自己行為的 8 周歲以上的未成年人，指患有智力障礙、精神

障礙或者因其他疾病等原因導致心智不能正常發育，辨識能力嚴重不足的未成年人。這些未成年人如果按照正常的年齡及心智發育程度，可以歸入限制民事行為能力人，但因其對自己行為欠缺基本的辨認識別能力，為了防止其合法權益受到侵害，本條第 2 款將其歸入無民事行為能力人的範疇。

本條第 1 款和第 2 款規定的無民事行為能力人因對普通的事物和行為欠缺基本的認識判斷能力，也不能正常預見自己行為的法律後果，不能獨立實施民事法律行為，應當由其法定代理人代理實施民事法律行為。

> **第二十二條** 不能完全辨認自己行為的成年人為限制民事行為能力人，實施民事法律行為由其法定代理人代理或者經其法定代理人同意、追認；但是，可以獨立實施純獲利益的民事法律行為或者與其智力、精神健康狀況相適應的民事法律行為。

■ 條文主旨

本條是關於限制民事行為能力的成年人的規定。

■ 條文釋義

因智力障礙、精神障礙以及其他疾病導致不能完全辨認自己行為的成年人，均為限制民事行為能力人。限制民事行為能力的成年人對普通的事物和行為有基本的認識判斷能力，但對於比較複雜的事物或者比較重大的行為缺乏判斷能力和自我保護能力，並且不能預見其行為後果。限制民事行為能力的成年人實施民事法律行為一般由其法定代理人代理或者經其法定代理人同意、追認，但也可以獨立實施一定的民事法律行為。

就可以獨立從事的民事法律行為的範圍來看，限制民事行為能力的成年人與限制民事行為能力的未成年人既有相同之處，又有不同之處。相同之處在於這兩類限制民事行為能力的自然人均可以獨立實施純獲利益的民事法律行為。不同之處在於，限制民事行為能力的未成年人可以獨立實施與其年齡、智力相適應的民事法律行為，限制民事行為能力的成年人可以獨立實施與其智力、精神健康狀況相適應的民事法律行為。未成年人的年齡直接影響着其社會閱歷和知識能力，智力仍處於正常發育階段，還沒有完全發育成熟，年齡、智力這兩個因素是影響未成年人認知能力的兩個最重要因素。與未成年人處於正常的智力發育階段不同，限制民事行為能力的成年人實施民事法律行為需要考慮的智力因素，包括先天的智力障礙，在正常的智力發育期由於各種原因導致的智力低下，以及智力發育成熟後，由於疾病、意外事故等各種原因引起的智力損傷和老年期的智力明顯衰退導致的癡呆等。限制民事行為能力的成年人實施民事法律行為需要考慮的精神健康因素主要指因精神疾病引起的認知判斷能力不足的情況，不能正常參與民事活動，從事較為複雜的民事法律行為。

關於「與其智力、精神健康狀況相適應」的認定，應當結合限制民事行為能力的成年人的智力、精神健康狀況、行為的性質、標的數額等因素綜合判斷，具體情況具體分析，沒有統一的標準。如果該成年人所從事的民事法律行為與其智力、精神健康狀況不相適應，須經其法定代理人事前同意或者事後追認；如果該成年人所從事的民事法律行為與其智力、精神健康狀況相適應，不需經其法定代理人同意或者追認，即為有效。

第二十三條　無民事行為能力人、限制民事行為能力人的監護人是其法定代理人。

■ **條文主旨**

本條是關於無民事行為能力人、限制民事行為能力人的法定代理人的規定。

■ **條文釋義**

法律對具有監護資格的人、監護人的選任、監護的設立方式、監護職責等都作出了嚴格、明確的規定。將無民事行為能力人、限制民事行為能力人的監護人規定為法定代理人，有利於保護無民事行為能力人、限制民事行為能力人的人身、財產及其他合法權益。

代理無民事行為能力人、限制民事行為能力人實施民事法律行為是監護人履行監護職責的重要內容。監護人在保護被監護人的身心健康，照顧被監護人的生活，管理和保護被監護人的財產過程中，都必不可少要代理被監護人從事一些民事法律行為，例如簽訂合同等。賦予監護人法定代理人資格，方便監護人更好地履行監護職責，同時也可以對這種代理行為按照本法關於代理的規定加以規範，更好地保護無民事行為能力人、限制民事行為能力人的利益。

第二十四條　不能辨認或者不能完全辨認自己行為的成年人，其利害關係人或者有關組織，可以向人民法院申請認定該成年人為無民事行為能力人或者限制民事行為能力人。

　　被人民法院認定為無民事行為能力人或者限制民事行為能力人的，經本人、利害關係人或者有關組織申請，人民法院可以根據其智力、精神健康恢復的狀況，認定該成年人恢復為限制民事行為能力人或者完全民事行為能力人。

　　本條規定的有關組織包括：居民委員會、村民委員會、學校、醫療機構、婦女聯合會、殘疾人聯合會、依法設立的老年人組織、民政部門等。

■ **條文主旨**

本條是關於認定或者恢復某種民事行為能力狀態相關法定程序的規定。

■ 條文釋義

一、制度設立的法律意義

本條規定針對的是不能辨認或者不能完全辨認自己行為的成年人。未成年人雖然也有無民事行為能力人或者限制民事行為能力人，但未成年人辨認識別能力不足主要是年齡的原因，隨着年齡的增長，社會閱歷和知識會不斷增加，到了 18 周歲自然就成為完全民事行為能力人。而無民事行為能力或者限制民事行為能力的成年人辨認識別能力不足，往往是因為先天因素或者疾病、事故原因造成的，短時期內難以恢復，有的甚至是不可逆轉的。將不能辨認或者不能完全辨認自己行為的成年人，認定為無民事行為能力人或者限制民事行為能力人，一是對該成年人就可以依照法定程序選任監護人，保護其人身權益、財產權益及其他合法權益；二是法定代理人可以通過主張該成年人所實施的民事法律行為無效，或者撤銷該民事法律行為，避免該成年人的權益受到損害；三是有利於保護交易安全。交易相對人可以事先決定是否與該成年人進行交易。如果在不知情的情況下進行了交易，相對人也可以通過催告法定代理人及時予以追認或者依法撤銷該民事法律行為，儘快確定民事法律行為的效力。

依據本條規定，該認定需要向法院提出申請，並需要由法院作出判決，主要原因是無民事行為能力或者限制民事行為能力的認定對成年人的權益影響重大。將成年人認定為無民事行為能力人或者限制民事行為能力人，既是對辨認識別能力不足的成年人的保護，也是對這些成年人自由實施民事法律行為的限制，因此必須通過法定程序進行。此外，這些成年人辨認識別能力缺失的程度也有所不同，一般人難以認定，宜由法院綜合各方面情況作出判斷。

二、申請主體的範圍

1. 利害關係人。利害關係人的情況比較複雜，其具體範圍無法通過立法明確規定，應當具體情況具體分析。一般而言，對於第 1 款規定的「利害關係人」的範圍，主要包括本人的近親屬、債權債務人等。對於第 2 款規定的「利害關係人」的範圍，主要包括本人的監護人、債權債務人等。但在具體案件中，這些主體是否都有資格向法院提出申請，也要在個案中根據實際情況作出判斷。認定利害關係人是否是適格的申請主體，需要看本人的民事行為能力狀況對其是否有重要意義或者影響。例如，本人的債務人如果不是為了確定民事法律行為的效力，也不得向法院申請認定其為無民事行為能力人、限制民事行為能力人。

2. 有關組織。民法通則第 19 條原來規定的申請人，只有「利害關係人」，沒有規定「有關組織」。在立法過程中，有的意見提出，在現實生活中，有些老人、有精神疾病的人可能沒有利害關係人，這就有可能會產生因沒有人提出民事行為能力認定申請而造成這部分人雖然已經處於無民事行為能力或者限制民事行為能力的狀態，但不能依法設立監護、確定監護人的情況，建議在向人民法院申請認定無民事行為能力人或者限制民事行為能力人的申請主體中也增加「有關組織」。向法院申請恢復為限制民事行為能力人或者完全民事行為能力人，有時也會存在一些主觀或者客觀困難，例如本人沒有利害關係人或者利害關係人不願提出申請，但本人仍然沒有能力獨立提出申請、參加審理程序等，由有關群團組織或者民政部門等提出申請，有利於幫助這部分成年人實現自主意願，保護這部分成年人的合法權益。因此建

議申請恢復為限制民事行為能力人或者完全民事行為能力人的申請主體中增加「有關組織」。

這些意見是很有道理的。在申請認定無民事行為能力人或者限制民事行為能力人和申請恢復為限制民事行為能力或者完全民事行為能力兩種情形中，都可能存在沒有利害關係人的情況。但申請認定為無民事行為能力人或者限制民事行為能力人和申請恢復為限制民事行為能力或者完全民事行為能力這兩種情形是有差別的。認定成年人為無民事行為能力人或者限制民事行為能力人，是對成年人意思能力和行為自由的重大限制，必須嚴格掌握申請主體的範圍。認定恢復為限制民事行為能力或者完全民事行為能力，是對成年人民事行為能力狀況的提升，在不同程度上解除了對成年人意思能力和行為自由的限制，是對成年人自主意識的尊重。在立法過程中，首先在申請恢復為限制民事行為能力或者完全民事行為能力的申請主體中增加規定了「有關組織」，以此進一步徵求意見。民法總則草案一審稿、二審稿及三審稿中，均只在第 2 款的申請主體中規定了「有關組織」。具體包括以下幾種情況：由無民事行為能力人恢復為限制民事行為能力人、由限制民事行為能力人恢復為完全民事行為能力人、由無民事行為能力人恢復為完全民事行為能力人。申請的主體不僅包括利害關係人，還有「有關組織」。第 1 款的申請主體沒有規定「有關組織」，仍然限於利害關係人。

徵求意見過程中，專家學者、社會公眾對申請恢復為限制民事行為能力人和完全民事行為能力人的申請主體增加「有關組織」是贊同的。同時，也提出申請認定成年人為無民事行為能力人或者限制民事行為能力人的申請主體也應增加「有關組織」。經過反覆研究，本條規定吸收了該意見，在第 1 款的申請主體中增加了「有關組織」。但應當注意的是，認定成年人為無民事行為能力或者限制民事行為能力，對成年人的行為自由影響重大，原則上應當由利害關係人提出，對於「有關組織」向法院提出申請宜作嚴格掌握，必須是基於保護該成年人合法權益的迫切需要。民法典繼續維持這一規定。

3. 有關組織的範圍。本條第 3 款對「有關組織」的範圍作出規定，包括居民委員會、村民委員會、學校、醫療機構、婦女聯合會、殘疾人聯合會、依法設立的老年人組織、民政部門等。這些組織往往具有向法院申請認定成年人民事行為能力狀況的意願、能力或者條件。其中，居民委員會、村民委員會是基層群眾性自治組織，負責辦理本村或者本居住地區居民的公共事務和公益事業；婦女聯合會、殘疾人聯合會是分別代表和維護婦女權益、殘疾人權益的組織；一些依法設立的老年人組織也致力於維護老年人合法權益，這些組織具有保護相關辨識能力不足的成年人合法權益的意願、能力。學校、醫療機構往往能及時發現了解學生、患者的智力、精神健康現狀，具備向法院提出申請的條件，在有些情況下，也具有向法院提出申請的意願。民政部門作為政府的重要職能部門，一個重要的職責就是負責社會救助和社會福利方面的工作，由民政部門提出申請符合其部門職責。

> **第二十五條**　自然人以戶籍登記或者其他有效身份登記記載的居所為住所；經常居所與住所不一致的，經常居所視為住所。

■ 條文主旨

本條是關於自然人住所的規定。

■ 條文釋義

住所是指民事主體進行民事活動的中心場所或者主要場所。自然人的住所一般指自然人長期居住、較為固定的居所。自然人的住所對婚姻登記、宣告失蹤、宣告死亡、債務履行地、司法管轄、訴訟送達等具有重要的法律意義。例如，甲與乙發生民間借貸糾紛，甲一般應當向乙方住所地人民法院提起訴訟，乙方住所地直接決定案件的管轄法院。居所指自然人實際居住的一定處所，其與住所的區別是，一個自然人可以同時有兩個或者多個居所，但只能有一個住所。一般的居所都是自然人臨時居住，為暫時性的，住所則為長期固定的。

依據本條規定，自然人以戶籍登記或者其他有效身份登記記載的居所為住所。戶籍登記是國家公安機關按照國家戶籍管理法律法規，對公民的身份信息進行登記記載的制度。我國戶口登記條例第 6 條規定：「公民應當在經常居住的地方登記為常住人口，一個公民只能在一個地方登記為常住人口。」依據該規定，公民應當在經常居住地的公安機關進行戶籍登記，戶籍登記記載的居所即是其長期居住、較為固定的居所。

本條中的「其他有效身份登記」主要包括居住證和外國人的有效居留證件等。隨着城鎮化推進，大量人口離開戶籍地工作、學習，這些自然人進行民事活動的中心場所發生明顯變化，經常居住地與戶籍登記地發生偏離。完全以戶籍登記記載的居所為標準判斷公民的住所，已經不符合當前實際需要。為了促進新型城鎮化的健康發展，推進城鎮基本公共服務和便利常住人口全覆蓋，保障公民合法權益，促進社會公平正義，國務院於 2015 年頒佈了《居住證暫行條例》，對居住證的申領條件、記載內容等作出規定。該條例第 2 條規定：「公民離開常住戶口所在地，到其他城市居住半年以上，符合有合法穩定就業、合法穩定住所、連續就讀條件之一的，可以依照本條例的規定申領居住證。」第 4 條規定：「居住證登載的內容包括：姓名、性別、民族、出生日期、公民身份號碼、本人相片、常住戶口所在地住址、居住地住址、證件的簽發機關和簽發日期。」依據該規定，居住證的持有人往往都在相關城市工作、生活居住半年以上。居住證記載的居住地住址也可以作為公民住所，這有利於促進公民正常從事民事活動，在出現民事糾紛時，便於公民起訴應訴。此外，對外國人、無國籍人等在中國的住所，可以根據我國主管機關遵循法定程序簽發的有效居留證件等進行判斷。

第二節　監　護

> **第二十六條**　父母對未成年子女負有撫養、教育和保護的義務。
> 成年子女對父母負有贍養、扶助和保護的義務。

■ 條文主旨

本條是關於父母子女之間法律義務的規定。

■ 條文釋義

一、關於父母子女之間法律義務

尊老愛幼是中華民族的傳統美德，本條從弘揚中華民族的傳統美德出發，根據憲法，在婚姻法、未成年人保護法、老年人權益保障法等法律有關規定的基礎上，將父母子女之間的法律義務進一步明確化、法定化，強調了家庭責任，有利於促進家庭關係的和睦，從法律上倡導和落實社會主義核心價值觀。

依據本條規定，父母對未成年子女的撫養、教育和保護義務，主要包括進行生活上的照料，保障未成年人接受義務教育，以適當的方式、方法管理和教育未成年人，保護未成年人的人身、財產不受到侵害，促進未成年人的身心健康發展等。婚姻法、未成年人保護法等對此作出了較為具體的規定。成年子女對父母的贍養、扶助和保護義務，主要包括子女對喪失勞動能力或生活困難的父母，要進行生活上的照料和經濟上的供養，從精神上慰藉父母，保護父母的人身、財產權益不受侵害。本法婚姻家庭編、老年人權益保障法等對此作出了較為具體的規定。

二、關於親權與監護的關係

父母基於身份關係對未成年人子女進行教養、保護等權利義務的總和稱作「親權」。這是大陸法系國家或者地區普遍採用的制度。親權既是父母的權利，父母作為親權人可以自主決定、處理有關保護教養子女的事項，同時，親權又是父母的法定義務，父母撫養、教育和保護未成年子女的義務不得拋棄。而監護的適用前提是親權人死亡或者親權人喪失管理權。

在立法過程中，關於是否將親權與監護分離，存在一定的爭議。有的意見認為，親權是基於親子之間的血緣關係自然產生並受到法律確認的，監護是親權制度不能發揮作用時的有效補充和延伸，親權與監護的內容並不完全相同，建議從狹義上使用監護的概念，明確將監護與親權分離。

經研究認為，在民法通則施行以來，監護的內涵已在很多法律中得以鞏固，深入社會管理和司法實踐，影響到經濟社會生活的方方面面，也已經獲得群眾的廣泛接受。在這種情況下，不宜再改變監護的含義。因此，本法規定的「監護」是一個廣義概念，既包括未成年人

的父母擔任監護人,也包括父母之外的其他人擔任監護人。親權與監護的差異,主要在於父母與子女之間的權利義務不完全等同於其他監護人與被監護人之間的權利義務,屬於親權的相關內容也規定在婚姻家庭編中。

第二十七條　父母是未成年子女的監護人。

未成年人的父母已經死亡或者沒有監護能力的,由下列有監護能力的人按順序擔任監護人:

(一)祖父母、外祖父母;

(二)兄、姐;

(三)其他願意擔任監護人的個人或者組織,但是須經未成年人住所地的居民委員會、村民委員會或者民政部門同意。

■ 條文主旨

本條是關於未成年人的監護人的規定。

■ 條文釋義

本條第 1 款規定,父母是未成年人的監護人。父母具有撫養、教育和保護未成年子女的法定義務,與未成年子女的關係最為密切,對未成年人的健康成長至關重要。基於此,父母無條件成為未成年人的法定監護人。只有在父母死亡或者沒有監護能力的情況下,才可以由其他個人或者有關組織擔任監護人。

本條第 2 款對父母之外的其他個人或者組織擔任監護人作出規定。第 2 款在民法通則相關規定的基礎上,主要從兩個方面進行了完善:一是規定父母之外具有監護能力的人「按順序」擔任監護人;二是增加規定了有關組織擔任監護人的規定。

一、關於「按順序」擔任監護人

實踐中,有些情況下具有監護資格的人互相推脫,都不願意擔任監護人,導致監護無從設立,無民事行為能力人或者限制民事行為能力人的權益得不到保護。針對以上問題,本條明確具有監護資格的人按照順序擔任監護人,主要目的在於防止具有監護資格的人之間互相推卸責任。如果兩個或者兩個以上具有監護資格的人,都願意擔任監護人,也可以按照本條規定的順序確定監護人,或者依照本法第 30 條規定進行協商;協商不成的,按照本法第 31 條規定的監護爭議解決程序處理,由居民委員會、村民委員會、民政部門或者人民法院按照最有利於被監護人的原則指定監護人,不受本條規定的「順序」的限制,但仍可作為依據。

依照本條規定的順序應當擔任監護人的個人認為自己不適合擔任監護人,或者認為其他具有監護資格的人更適合擔任監護人的,可以依照本法第 30 條規定進行協商;協商不成的,

按照本法第 31 條規定的監護爭議解決程序處理，由居民委員會、村民委員會、民政部門或者人民法院綜合各方面情況，根據最有利於被監護人的原則在依法具有監護資格的人中指定監護人。例如，未成年人的祖父母作為第一順位的監護人，認為自己年事已高，未成年人的姐姐各方面條件更好，由其姐姐擔任監護人更有利於未成年人成長，可以先與其姐姐進行協商；協商不成的，依法通過監護爭議程序解決。但在法院依法指定監護人前，未成年人的祖父母不得拒絕履行監護職責。

二、關於「願意擔任監護人的組織」擔任監護人

隨着我國公益事業的發展，有監護意願和能力的社會組織不斷增多，由社會組織擔任監護人是家庭監護的有益補充，也可以緩解國家監護的壓力。根據本條第 2 款第 3 項以及第 28 條第 4 項的規定，「願意擔任監護人的組織」均是指這類社會組織。但是，監護不同於簡單的生活照顧，還要對被監護人的財產進行管理和保護，代理被監護人實施民事法律行為，對未成年被監護人的侵權行為承擔責任等。自願擔任監護人的社會組織要具有良好信譽、有一定的財產和工作人員等，這些條件都需要在實踐中嚴格掌握，由未成年人住所地的居民委員會、村民委員會或者民政部門根據實際情況作出判斷。

本條第 2 款第 3 項將民法通則規定的自願擔任監護人的「關係密切的其他親屬、朋友」修改為願意擔任監護人的「個人」，進一步擴大了監護人的範圍，儘量避免無人擔任監護人的情況。依據本法規定，「願意擔任監護人的個人」成為監護人，也必須經過未成年人住所地的居民委員會、村民委員會或者民政部門同意，要具有監護能力，有利於未成年人健康成長。

第二十八條　無民事行為能力或者限制民事行為能力的成年人，由下列有監護能力的人按順序擔任監護人：

（一）配偶；

（二）父母、子女；

（三）其他近親屬；

（四）其他願意擔任監護人的個人或者組織，但是須經被監護人住所地的居民委員會、村民委員會或者民政部門同意。

■ 條文主旨

本條是關於無民事行為能力或者限制民事行為能力的成年人的監護人的規定。

■ 條文釋義

本條在民法通則規定的基礎上，增加了具有監護資格的人「按順序」擔任監護人、「願意擔任監護人的組織」擔任監護人的規定，並將願意擔任監護人的「關係密切的其他親屬、

朋友」修改為願意擔任監護人的「個人」，擴大了監護人的範圍。具體說明可以參見第 27 條規定的釋義。

本條規定的需要設立監護的成年人為無民事行為能力人或者限制民事行為能力人，包括因智力、精神障礙以及因年老、疾病等各種原因，導致辨識能力不足的成年人。對成年人監護，要正確區分失能與失智的區別。失能是失去生活自理能力，失智即辨識能力不足。失能的成年人未必需要監護，只有失智的成年人需要監護。此外，還應當區分長期照護（護理）和監護的區別：從對象來看，照護的對象既包括失智成年人，也包括失能成年人，監護的對象針對失智成年人；從內容上看，照護僅限於生活上的照料和安全上的保護，不涉及人身權益保護的安排、財產的管理等事項。監護是對失智成年人人身、財產等各方面權益的保護和安排。

本條規定的前三項具有監護資格的人，都是成年被監護人的近親屬。近親屬往往與被監護人具有血緣關係、密切的生活聯繫和良好的情感基礎，更有利於被監護人的身心健康，也更有利於盡職盡責地保護被監護人的合法權益，因此適宜擔任監護人。依據本條規定，具有監護資格的人有以下幾類：

一是配偶。成年男女達到法定婚齡，通過結婚登記程序，締結婚姻關係，產生法律權利義務關係。本法婚姻家庭編中第 1059 條第 1 款規定：「夫妻有相互扶養的義務。」夫妻共同生活，具有相互扶養的義務，對共同的財產享有支配權，具有良好的感情基礎，由配偶擔任監護人有利於保護被監護人的人身、財產及其他合法權益。

二是父母、子女。父母子女之間既具有天然的情感，又具有法定的撫養、贍養關係，適宜擔任監護人。

三是其他近親屬。這包括祖父母、外祖父母、孫子女、外孫子女、兄弟姐妹。本條將「其他近親屬」列為具有監護資格的範圍，主要是基於血緣關係、生活聯繫，以及情感基礎等因素，有利於保護被監護人的合法權益。

四是其他願意擔任監護人的個人或者組織，但是須經被監護人住所地的居民委員會、村民委員會或者民政部門同意。「願意擔任監護人的組織」主要指公益組織，其能否擔任監護人，在實踐中由被監護人住所地的居民委員會、村民委員會或者民政部門根據該組織的設立宗旨、社會聲譽、財產或者經費、專職工作人員等情況進行判斷。

第二十九條　被監護人的父母擔任監護人的，可以通過遺囑指定監護人。

■ 條文主旨

本條是關於遺囑監護的規定。

■ 條文釋義

父母與子女之間的血緣關係最近，情感最深厚，父母最關心子女的健康成長與權益保護，應當允許父母選擇自己最信任的、對於保護子女最有利的人擔任監護人。遺囑監護制度有助於滿足實踐中一些父母在生前為其需要監護的子女作出監護安排的要求，體現了對父母意願的尊重，也有利於更好地保護被監護人的利益，立法應當予以認可。

依據本條規定，被監護人（包括未成年人、無民事行為能力或者限制民事行為能力的成年人）的父母可以通過立遺囑的形式為被監護人指定監護人，但前提是被監護人的父母正在擔任着監護人，如果父母因喪失監護能力沒有擔任監護人，或者因侵害被監護人合法權益被撤銷監護人資格等不再擔任監護人的，父母不宜再通過立遺囑的形式為被監護人指定監護人。

本條規定的遺囑指定監護與境外立法例有相同點，也有不同點。相同點是，有權以遺囑的形式指定監護人的主體僅限於父母，其他任何人都不能以遺囑的形式指定監護人。不同之處在於，境外立法例僅限於為未成年子女指定監護人，但依據本條規定，父母既可以為未成年子女指定監護人，也可以為成年子女指定監護人。民法總則草案一審稿、二審稿均將遺囑監護限定於為未成年人指定監護人。在調研中，有的意見提出，在現實生活中，對無民事行為能力及限制民事行為能力的成年人，也存在由父母立遺囑為其指定監護人的情形和立法需求，建議擴大遺囑監護的適用範圍，允許父母通過遺囑為無民事行為能力及限制民事行為能力的成年人指定監護人。經研究，吸收了該意見。民法典繼續維持這一規定。

關於遺囑指定監護與法定監護的關係，一般來說，遺囑指定監護具有優先地位。遺囑指定監護是父母通過立遺囑選擇值得信任並對保護被監護人權益最為有利的人擔任監護人，應當優先於本法第 27 條、第 28 條規定的法定監護。遺囑指定監護，也應當不限於本法第 27 條、第 28 條規定的具有監護資格的人。但是，遺囑指定的監護人應當具有監護能力，能夠履行監護職責。如果遺囑指定後，客觀情況發生變化，遺囑指定的監護人因患病等原因喪失監護能力，或者因出國等各種原因不能履行監護職責，就不能執行遺囑指定監護，應當依法另行確定監護人。

> **第三十條　依法具有監護資格的人之間可以協議確定監護人。協議確定監護人應當尊重被監護人的真實意願。**

■ 條文主旨

本條是關於協議確定監護人的規定。

■ 條文釋義

　　協議監護是確定監護人的方式之一，具有一定的司法實踐基礎。《最高人民法院關於貫徹執行〈中華人民共和國民法通則〉若干問題的意見（試行）》第15條規定：「有監護資格的人之間協議確定監護人的，應當由協議確定的監護人對被監護人承擔監護責任。」本條在吸收司法實踐經驗的基礎上，對協議監護制度作出規定。本法第27條、第28條分別對未成年人、無民事行為能力和限制民事行為能力的成年人規定了具有監護資格的人的範圍。在法律已對具有監護資格的人作了嚴格限定的前提下，允許具有監護資格的人之間協議確定監護人，不會損害被監護人的合法權益。本法第27條、第28條規定了擔任監護人的順序，主要目的在於防止具有監護資格的監護人推卸責任，導致監護人缺位的情況出現。協議監護可以不按照第27條、第28條規定的順序確定監護人。具有監護資格的人之間可以根據各自與被監護人的生活聯繫狀況、經濟條件、能夠提供的教育條件或者生活照料措施等，在尊重被監護人意願的基礎上，經過充分協商，選擇合適的監護人。既是對具有監護資格的人共同意願的尊重，也有利於保護被監護人的合法權益。法律對協議監護制度予以認可，既是對實踐需求的回應，也有利於進一步規範協議監護制度。

　　依據本條規定，協議監護具有以下幾個特點：第一，協議主體必須是依法具有監護資格的人，即本法第27條、第28條規定的具有監護資格的人。未成年人的父母有監護能力的，不得與其他人簽訂協議，確定由其他人擔任監護人，推卸自身責任。對於未成年人，協議監護只限於父母死亡或者沒有監護能力的情況，協議的主體為：（1）祖父母、外祖父母；（2）兄、姐；（3）經未成年人住所地的居民委員會、村民委員會或者民政部門同意的其他願意擔任監護人的個人或者有關組織。對於父母喪失監護能力的，父母可以不作為協議監護的主體，但對協議確定監護人也可以提出自己的意見，具有監護資格的人在協議確定未成年人的監護人時，從有利於保護被監護人的利益出發，應當儘量予以尊重。對於無民事行為能力或者限制民事行為能力的成年人，協議的主體為：（1）配偶；（2）父母、子女；（3）其他近親屬；（4）經該成年人住所地的居民委員會、村民委員會或者民政部門同意的其他願意擔任監護人的個人或者組織。第二，協議確定的監護人必須從具有監護資格的人之間產生，不得在法律規定的具有監護資格的人之外確定監護人。在具有監護資格的人之外確定監護人的，協議監護無效。第三，協議監護是具有監護資格的人合意的結果，合意產生後，由協議確定的監護人擔任監護人，履行監護職責。監護人一旦確定，即不得擅自變更，否則要承擔相應的法律責任。

　　協議確定監護人對被監護人的利益影響重大，應當充分尊重被監護人的真實意願。被監護人都是無民事行為能力人或者限制民事行為能力人，「尊重被監護人的真實意願」不是簡單地徵求被監護人的意見，要結合多種情況進行綜合考量判斷，探求其內心真實的願望。限制民事行為能力的未成年人和成年人已經具備了一定的認知判斷能力及較強的表達能力，協議確定監護人應當直接聽取其意見，並對其意見是否反映其真實意願，結合其他一些因素，

例如是否受到脅迫等進行判斷。無民事行為能力的被監護人，不具有獨立的認知判斷能力，但這不意味着這些被監護人沒有真實意願。對於無民事行為能力的被監護人，也應當結合各種情況，例如被監護人與哪一個具有監護資格的人生活聯繫最為密切等因素，去發現並充分尊重被監護人的真實意願，這對於保護被監護人的身心健康，具有重要意義。

第三十一條　對監護人的確定有爭議的，由被監護人住所地的居民委員會、村民委員會或者民政部門指定監護人，有關當事人對指定不服的，可以向人民法院申請指定監護人；有關當事人也可以直接向人民法院申請指定監護人。

居民委員會、村民委員會、民政部門或者人民法院應當尊重被監護人的真實意願，按照最有利於被監護人的原則在依法具有監護資格的人中指定監護人。

依據本條第一款規定指定監護人前，被監護人的人身權利、財產權利以及其他合法權益處於無人保護狀態的，由被監護人住所地的居民委員會、村民委員會、法律規定的有關組織或者民政部門擔任臨時監護人。

監護人被指定後，不得擅自變更；擅自變更的，不免除被指定的監護人的責任。

■ 條文主旨

本條是關於監護爭議解決程序的規定。

■ 條文釋義

本條共四款。第 1 款規定了對監護人的確定有爭議情況下的兩種解決途徑：一是由被監護人住所地的居民委員會、村民委員會或者民政部門指定監護人。該指定並沒有終局效力。有關當事人對該指定不服的，可以向法院提出申請，由法院指定監護人。法院的指定具有終局效力，被指定的監護人應當履行監護職責，不得推卸。二是有關當事人可以不經居民委員會、村民委員會或者民政部門的指定，直接向法院提出申請，由法院指定監護人。本款規定的「對監護人的確定有爭議的」既包括爭當監護人的情況，也包括推卸拒不擔當監護人的情況，主要包括以下幾類情形：一是具有監護資格的人均認為自己適合擔任監護人，爭當監護人；二是按照本法第 27 條、第 28 條規定的順序應當擔任監護人的，認為自己沒有監護能力，無法履行監護職責或者認為其他具有監護資格的人更適宜擔任監護人的；三是後一順序具有監護資格的人要求前一順序具有監護資格的人依法履行監護職責的；四是具有監護資格的人均推卸監護職責，拒不擔當監護人的情況。對此，居民委員會、村民委員會或者民政部門應當介入，切實履行起指定監護的職責，依法指定監護人。本款中的兩處「有關當事人」指對監護人的確定有爭議的當事人。

本條相對於民法通則，增加了民政部門指定監護人的內容。開展社會救濟和社會福利工

作是民政部門的工作職責，有必要加強民政部門在監護中的職責和作用。民政部門在實際工作中，往往比較了解轄區內未成年人和喪失民事行為能力成年人的家庭關係、健康狀況等，有能力指定合適的監護人，並且權威性較高，有利於促進監護爭議的解決。

第 2 款規定了居民委員會、村民委員會、民政部門或者人民法院指定監護人的原則：一是應當尊重被監護人的真實意願；二是要按照最有利於被監護人的原則指定。「按照最有利於被監護人的原則」指定，是指居民委員會、村民委員會、民政部門或者人民法院指定監護人並不需要遵照本法第 27 條第 2 款、第 28 條規定的順序，而應當結合具有監護資格的人與被監護人的生活情感聯繫、有無利害衝突，具有監護資格的人的品行、身體狀況、經濟條件以及能夠為被監護人提供的教育水平或者生活照料措施等，綜合進行判斷，並尊重被監護人的真實意願，選擇最有利於被監護人健康成長或者健康恢復、最有利於保護被監護人合法權益的人擔任監護人。

第 3 款規定了臨時監護制度。監護爭議解決程序需要一定的時間，如果依照本條第 1 款規定指定監護人前，被監護人的人身權利、財產權利及其他合法權益處於無人保護狀態，例如具有監護資格的人互相推諉都不願擔任監護人，為了保護被監護人的合法權益，有必要設立臨時監護制度。依據本條規定，臨時監護人由被監護人住所地的居民委員會、村民委員會、法律規定的有關組織或者民政部門擔任。本款中的「依據本條第一款規定指定監護人前」應當從寬理解，不能僅限於監護爭議解決期間。從時間點上，應當包括以下兩個期間：一是監護爭議解決程序啟動之後，即居民委員會、村民委員會、民政部門開始處理監護爭議或者人民法院受理監護申請之後，至指定監護人之前的期間；二是監護爭議解決程序啟動之前，只要發現因無人履行監護職責，被監護人的合法權益處於無人保護狀態的，就由本條規定的居民委員會、村民委員會、法律規定的有關組織或者民政部門擔任臨時監護人，隨後再依法啟動監護爭議解決程序，指定監護人。

對於第 3 款規定的擔任臨時監護人的主體「法律規定的有關組織」，主要是指符合法定條件的公益組織。實踐中，有監護意願和能力的公益組織不斷增多，為了吸引更多的主體參與監護事業，更好地保護被監護人的合法權益，法律有必要為實踐的發展留下一定的空間。當被監護人的合法權益出現無人保護狀態時，臨時監護人要能及時承擔起監護職責，並充分履行好監護職責，因此有資格擔任臨時監護人的公益組織應當相對固定，並符合較高的履職條件。至於應當符合哪些具體條件，哪些公益組織有資格擔任臨時監護人，可以在將來由法律根據實踐發展情況作出規定。

第 4 款規定了指定監護的法律效力。依照監護爭議解決程序，由居民委員會、村民委員會、民政部門或者人民法院指定監護人後，被指定的監護人應當履行監護職責，不得推卸，不得擅自變更。如果擅自變更為由其他人擔任監護人的，不免除被指定的監護人的責任。被監護人侵害他人的合法權益，或者被監護人自身受到損害的，被指定的監護人仍應當承擔責任，擅自變更後的監護人也要根據過錯程度承擔相應的責任。

> **第三十二條**　沒有依法具有監護資格的人的，監護人由民政部門擔任，也可以由具備履行監護職責條件的被監護人住所地的居民委員會、村民委員會擔任。

■ 條文主旨

本條是關於民政部門或者居民委員會、村民委員會擔任監護人的規定。

■ 條文釋義

本條規定的「沒有依法具有監護資格的人的」，主要指沒有本法第 27 條、第 28 條規定的具有監護資格的人的情況，即被監護人的父母死亡或者沒有監護能力，也沒有其他近親屬，或者其他近親屬都沒有監護能力，而且還沒有符合條件的其他願意擔任監護人的個人或者組織。如果存在具有監護資格的人，但其拒絕擔任監護人的，不適用本條規定。民法通則規定，沒有依法具有監護資格的人的，由未成年人的父母所在單位、成年被監護人的所在單位或者被監護人住所地的居民委員會、村民委員會或者民政部門擔任監護人。本條對此作出調整：一是刪去了未成年人的父母所在單位、成年被監護人所在單位擔任監護人的規定；二是強化了民政部門的職責，由民政部門擔任兜底性的監護人；三是規定具備履行監護職責條件的居民委員會、村民委員會也可以擔任監護人。

在立法過程中，有的意見認為，由居民委員會、村民委員會擔任監護人在實踐中難以落實，應當取消居民委員會、村民委員會擔任監護人的職責。也有意見認為，不宜取消居民委員會、村民委員會擔任監護人的職責。

經研究認為，我國憲法、城市居民委員會組織法和村民委員會組織法規定，居民委員會、村民委員會是自我管理、自我教育、自我服務的基層群眾性自治組織，辦理本居住地區的公共事務和公益事業。居民委員會、村民委員會對居住地區的未成年人和成年被監護人的健康狀況、家庭情況等比較了解，如果具備履行監護職責條件，就可以擔任監護人。這樣規定也符合居民委員會、村民委員會的性質和職責。實踐中，居民委員會、村民委員會擔任監護人的情形比較少，但也確實有一些具備履行監護職責條件的居民委員會、村民委員會擔任監護人，對此法律上不宜「一刀切」而完全否定，因此本條在保留居民委員會、村民委員會擔任監護人的基礎上，規定沒有依法具有監護資格的人的，在主要由民政部門兜底的前提下，監護人也可以由具備履行監護職責條件的居民委員會、村民委員會擔任，作為承擔監護職責的補充主體。

在立法過程中，有不少意見提出：第一，大部分情況下，居民委員會、村民委員會現實中很難承擔監護職責，鑒於民政部門的定位及職能，建議以民政部門為主要的兜底監護人。第二，民法通則規定，由被監護人住所地的居民委員會、村民委員會或者民政部門承擔兜底性的監護責任。該規定沒有區分承擔兜底性的監護責任的主次順序，非常不利於保護被監護人的合法權益。第三，多年來，民政事業有了很大進步，民政部門有能力承擔起兜底性的監

護職責，事實上，民政部門已經承擔起未成年人的兜底性監護職責，建議進一步加強民政部門的監護職責。

實踐中，沒有依法具有監護資格的人的情況比較複雜，有的是父母死亡成為孤兒，有的是父母長期服刑或者一方死亡一方失蹤，成為事實上的孤兒，有的精神病人的父母因年老無力監護，其他近親屬因經濟條件等各種原因也無力監護，等等。隨着國家經濟實力的增強和治理能力的提高，國家作為社會救助和保障的最後一道防線，應當強化監護職能，在監護人缺位時由政府民政部門擔任兜底監護人，保證這些人的生活得到照料，使這些人的合法權益不至於受到侵害，也避免一些沒有監護人的精神障礙患者危及他人。民政部門作為負責社會救濟和社會福利的主要職能部門，應承擔起更多的職責。綜合各方面意見，經反覆研究，本條規定民政部門承擔主要的兜底性監護職責。

第三十三條　具有完全民事行為能力的成年人，可以與其近親屬、其他願意擔任監護人的個人或者組織事先協商，以書面形式確定自己的監護人，在自己喪失或者部分喪失民事行為能力時，由該監護人履行監護職責。

■ 條文主旨

本條是關於意定監護的規定。

■ 條文釋義

我國當前人口老齡化趨勢明顯，單一的法定監護制度已經難以滿足形勢發展的需要。基於我國實際情況，並借鑒境外立法例，本條規定了意定監護制度，有利於成年人基於自己的意願選任監護人。我國老年人權益保障法第 26 條第 1 款對意定監護制度作出規定：「具備完全民事行為能力的老年人，可以在近親屬或者其他與自己關係密切、願意承擔監護責任的個人、組織中協商確定自己的監護人。監護人在老年人喪失或者部分喪失民事行為能力時，依法承擔監護責任。」老年人權益保障法規定意定監護制度主要是考慮到老年人的智力有一個逐漸衰退的過程，在老年人清醒的時候，應當尊重老年人的意願，允許其為自己選擇喪失民事行為能力或者部分喪失民事行為能力時的監護人。民法典總則編在老年人權益保障法規定的基礎上，進一步擴大了適用範圍，將意定監護制度適用於具有完全民事行為能力的成年人。

意定監護是在監護領域對自願原則的貫徹落實，是具有完全民事行為能力的成年人對自己將來的監護事務，按照自己的意願事先所作的安排。依據本條規定，具有完全民事行為能力的成年人確定自己喪失或者部分喪失民事行為能力時的監護人，應當事先取得被選擇方的認可，即經雙方協商一致。意定監護對被監護人的權益影響很大，應以書面方式為宜，明確

寫明經雙方認可的內容，對於其真實性、合法性加以保障，從根源上減少意定監護糾紛。

意定監護作為一種確定監護人的方式，是相對於法定監護來說的。意定監護是對成年人完全基於自己意願選擇監護人的尊重，自己意願是起決定性作用的；法定監護是基於法律規定的條件和程序確定監護人，本法第27條至第32條對此作了規定。需要注意的是，意定監護不同於本法第30條規定的協議確定監護人，後者仍然屬於法定監護方式，協議的主體是具有監護資格的人。一般而言，意定監護優先於法定監護予以適用。法律設立意定監護制度即是要尊重成年人自己的意願，當然具有優先適用的地位。只有在意定監護協議無效或者因各種原因，例如協議確定的監護人喪失監護能力，監護協議無法履行的情況下，再適用法定監護。

本條確立了意定監護制度，但規定較為原則。在立法過程中，也有一些意見建議對意定監護監督人、如何啟動監護等作出更加具體的規定。意定監護制度作為一項較新的制度，在實踐中具體如何落實仍有必要進一步研究探索。

> **第三十四條**　監護人的職責是代理被監護人實施民事法律行為，保護被監護人的人身權利、財產權利以及其他合法權益等。
>
> 監護人依法履行監護職責產生的權利，受法律保護。
>
> 監護人不履行監護職責或者侵害被監護人合法權益的，應當承擔法律責任。
>
> 因發生突發事件等緊急情況，監護人暫時無法履行監護職責，被監護人的生活處於無人照料狀態的，被監護人住所地的居民委員會、村民委員會或者民政部門應當為被監護人安排必要的臨時生活照料措施。

■ 條文主旨

本條是關於監護職責內容及臨時生活照料的規定。

■ 條文釋義

關於監護的性質問題，學術上存在爭議，主要有「權利說」「義務或者職責說」「權利義務一致說」等。本條側重於強調監護職責，同時也要保護因履行監護職責所產生的權利。

本條第1款規定了監護人的職責。彌補被監護人民事行為能力不足是監護制度設立的重要目的，被監護人往往不能獨立實施民事法律行為，這就需要由監護人代理實施。本款將「代理被監護人實施民事法律行為」從監護職責中單列出來加以強調。監護人保護被監護人的人身權利、財產權利以及其他合法權益的職責，主要包括：保護被監護人的身心健康，促進未成年人的健康成長，對成年被監護人也要積極促進其健康狀況的恢復；照顧被監護人的生活；管理和保護被監護人的財產；對被監護人進行教育和必要的管理；在被監護人合法權

益受到侵害或者與人發生爭議時，代理其進行訴訟等。

第 2 款規定了監護人因履行監護職責所產生的權利。監護人在履行監護職責的過程中，也會因此享有一定的權利。例如，監護人為保護被監護人的人身權益，享有醫療方案的同意權；監護人為了保護被監護人財產權益，享有財產的管理和支配權；被監護人合法權益受到侵害或者與人發生爭議時，代理被監護人參加訴訟的權利等。監護人享有這些權利，是履行監護職責所需要，目的還是保護被監護人的人身、財產權利及其他合法權益。監護人行使這些權利時，其他人不得侵害或者剝奪。相關單行法也對監護人因履行監護職責所產生的權利作出規定。

第 3 款規定了監護人的責任。被監護人都是未成年人或者辨識能力不足的成年人，監護人是否能履行好監護職責，對被監護人權益影響很大。監護人如果不履行監護職責或者侵害被監護人合法權益的，應當承擔相應的責任，主要包括兩個方面：一是對被監護人的侵權行為承擔責任。本法第 1188 條規定：「無民事行為能力人、限制民事行為能力人造成他人損害的，由監護人承擔侵權責任。監護人盡到監護職責的，可以減輕其侵權責任。有財產的無民事行為能力人、限制民事行為能力人造成他人損害的，從本人財產中支付賠償費用；不足部分，由監護人賠償。」二是監護人不履行監護職責或者侵害被監護人合法權益，造成被監護人人身、財產損害的，應當承擔民事責任。本法第 179 條對承擔民事責任的主要方式作出規定，包括停止侵害、賠償損失等。

第 4 款規定了臨時生活照料。因發生疫情等突發事件的緊急情況，監護人因被隔離、治療或者其他原因，暫時無法履行監護職責，此時被監護人的生活如果處於無人照料狀態的，為了被監護人的利益，居民委員會、村民委員會或者政府部門就應當為被監護人安排必要的臨時生活照料。此次編纂民法典，在本條增加第 4 款規定：「因發生突發事件等緊急情況，監護人暫時無法履行監護職責，被監護人的生活處於無人照料狀態的，被監護人住所地的居民委員會、村民委員會或者民政部門應當為被監護人安排必要的臨時生活照料措施。」這裏的「突發事件」，是指突發事件應對法中規定的突然發生，造成或者可能造成嚴重社會危害，需要採取應急處置措施予以應對的自然災害、事故災難、公共衛生事件和社會安全事件。

安排臨時生活照料措施與民事監護中的臨時監護制度不同。兩者雖然都有臨時生活照料的內容，但臨時生活照料措施與臨時監護制度適用的前提條件和內容存在很大差別。首先，在發生疫情等突發事件的緊急情況下，比如在新冠肺炎疫情期間，監護人被集中隔離、治療，監護人還存在，其監護人的資格並沒有被剝奪，這與臨時監護制度發生的條件不同。臨時監護制度的設立前提是沒有監護人，而安排臨時生活照料措施是因為監護人被隔離、治療，只是暫時無法照料被監護人，不能履行監護職責，需要為被監護人安排必要的臨時生活照料。其次，雖然是臨時監護，臨時監護人的監護職責也有保護被監護人的人身權利、財產權利及其他合法權益等許多方面，而安排臨時生活照料措施只是安排人員照料被監護人的日常生活。再次，臨時監護屬於監護，臨時監護人涉及許多行使權利和履行義務的情況。比如，享有財產管理和支配權、代理訴訟的權利、承擔因被監護人侵權引起的法律責任，等

等。然而，進行臨時生活照料的人員是不可能享有這些權利並承擔這些義務的。

因此，臨時生活照料措施主要就是對被監護人進行生活照料，而臨時監護則除了照料生活，還有許多情況需要處理，可能涉及一些被監護人的權利義務上的重大決定，這是臨時生活照料措施解決不了的。採取臨時生活照料措施，只是臨時性生活照料，如果監護人因病去世，就應當及時確定新監護人。如果對確定新監護人發生異議難以確定，被監護人的人身、財產及其他合法權益仍處於無人保護的狀態，符合臨時監護的適用條件，應由被監護人住所地的居民委員會、村民委員會、法律規定的有關組織或者民政部門擔任臨時監護人。

> **第三十五條**　監護人應當按照最有利於被監護人的原則履行監護職責。監護人除為維護被監護人利益外，不得處分被監護人的財產。
>
> 未成年人的監護人履行監護職責，在作出與被監護人利益有關的決定時，應當根據被監護人的年齡和智力狀況，尊重被監護人的真實意願。
>
> 成年人的監護人履行監護職責，應當最大程度地尊重被監護人的真實意願，保障並協助被監護人實施與其智力、精神健康狀況相適應的民事法律行為。對被監護人有能力獨立處理的事務，監護人不得干涉。

■ 條文主旨

本條是關於履行監護職責應當遵循的原則的規定。

■ 條文釋義

監護人履行監護職責涉及被監護人人身、財產等各個方面，法律難以對所有具體履行職責的行為作出規範。通過確立監護人履行監護職責的重要原則，有利於指導監護人履行監護職責的行為，保護好被監護人的人身、財產權利及其他合法權益。本條確立了監護人履行監護職責的兩項基本原則：一是最有利於被監護人的原則；二是尊重被監護人意願的原則。

本條第 1 款確立了最有利於被監護人的原則。依據本款規定，對未成年人和成年被監護人的監護，均要遵循最有利於被監護人的原則，即監護人在保護被監護人的人身權利、財產權利及其他合法權益的過程中，要綜合各方面因素進行權衡，選擇最有利於被監護人的方案，採取最有利於被監護人的措施，使被監護人的利益最大化。例如，監護人要選擇最有利於成年被監護人健康狀況恢復的治療方案、護理措施等；在將被監護人自住以外的房產出租時，選擇合適的承租人，以市場價確定租金，並且租金收益歸被監護人所有，監護人不得據為己有。本款還規定，除為被監護人利益外，監護人不得處分被監護人的財產。對被監護人財產的處分，必須是為維護被監護人的利益，如為了被監護人的生活、教育等，並且也要符合最有利於被監護人的原則。

第 2 款規定了尊重被監護人意願的原則。聯合國《兒童權利公約》規定了對兒童自主意識的尊重。《兒童權利公約》第 12 條第 1 款規定，締約國應確保有主見能力的兒童有權對影響其本人的一切事項自由發表自己的意見，對兒童的意見應按照其年齡和成熟程度給予適當的看待。未成年人保護法落實了《兒童權利公約》的這一原則。未成年人保護法第 14 條規定，父母或者其他監護人應當根據未成年人的年齡和智力發展狀況，在作出與未成年人權益有關的決定時告知其本人，並聽取他們的意見。本款吸收了《兒童權利公約》和未成年人保護法規定的精神，將尊重未成年人的真實意願作為監護人履行監護職責的基本原則之一。依據本款規定，未成年人的監護人在作出與未成年人的利益有關的決定時，應當徵求未成年人的意見，在未成年人提出自己的意見後，再根據未成年人的年齡、社會經驗、認知能力和判斷能力等，探求、尊重被監護人的真實意願。

第 3 款規定了最大程度地尊重成年被監護人意願的原則。與第 2 款的規定有所區別，對成年被監護人的意願，要做到「最大程度地尊重」。最大程度地尊重被監護人的真實意願是成年人的監護人履行監護職責的基本原則，貫穿於履行監護職責的方方面面。如果某項民事法律行為，根據被監護人的智力、精神健康狀況，被監護人可以獨立實施，監護人不得代理實施，要創造條件保障、支持被監護人獨立實施。監護人不得干涉被監護人有能力獨立處理的事務，促進被監護人按照自己的意願獨立、正常生活。

第三十六條　監護人有下列情形之一的，人民法院根據有關個人或者組織的申請，撤銷其監護人資格，安排必要的臨時監護措施，並按照最有利於被監護人的原則依法指定監護人：

（一）實施嚴重損害被監護人身心健康的行為；

（二）怠於履行監護職責，或者無法履行監護職責且拒絕將監護職責部分或者全部委託給他人，導致被監護人處於危困狀態；

（三）實施嚴重侵害被監護人合法權益的其他行為。

本條規定的有關個人、組織包括：其他依法具有監護資格的人，居民委員會、村民委員會、學校、醫療機構、婦女聯合會、殘疾人聯合會、未成年人保護組織、依法設立的老年人組織、民政部門等。

前款規定的個人和民政部門以外的組織未及時向人民法院申請撤銷監護人資格的，民政部門應當向人民法院申請。

■ 條文主旨

本條是關於撤銷監護人資格的規定。

■ 條文釋義

　　為了更好地保護被監護人的合法權益，根據司法實踐情況，本條對撤銷監護人資格訴訟的申請主體、適用情形等內容作出明確規定，並強化了民政部門的職責。

　　實踐中，監護人嚴重侵害被監護人合法權益的行為時有發生，引起社會廣泛關注。例如，媒體披露的父母吸毒，孩子在家裏被餓死等。本條規定根據實踐情況，在民法通則、未成年人保護法、反家庭暴力法和有關司法解釋、部門規章等規定的基礎上，對撤銷監護人資格訴訟進一步作出明確的規定。

　　本條第 1 款規定了撤銷監護人資格訴訟的適用情形。一是實施嚴重損害被監護人身心健康行為的，例如性侵害、出賣、遺棄、虐待、暴力傷害被監護人等。二是怠於履行監護職責，或者無法履行監護職責且拒絕將監護職責部分或者全部委託給他人，導致被監護人處於危困狀態的。例如，父母有吸毒、賭博等惡習，怠於履行監護職責，導致兒童面臨嚴重危險等；父母外出打工，也沒有將監護職責委託給他人，留下年齡較小的兒童獨立在家生活，處於危困狀態等。三是兜底性規定，只要有嚴重侵害被監護人合法權益行為的，均可以撤銷監護人資格。例如，教唆、利用未成年人實施違法犯罪行為等。

　　撤銷監護人資格訴訟往往要持續一定的時間。在此期間內，如果被監護人的人身、財產等合法權益處於無人保護狀態的，人民法院應當安排必要的臨時監護措施。依據本法第 31 條第 3 款的規定，人民法院可以指定被監護人住所地的居民委員會、村民委員會、法律規定的有關組織或者民政部門擔任臨時監護人。

　　本條第 2 款對有權向法院申請撤銷監護人資格的主體作出規定，包括其他依法具有監護資格的人，居民委員會、村民委員會、學校、醫療機構、婦女聯合會、殘疾人聯合會、未成年人保護組織、依法設立的老年人組織、民政部門等。

　　「其他依法具有監護資格的人」主要依據本法第 27 條、第 28 條的規定確定。例如，配偶擔任監護人的，其他依法具有監護資格的人，指本法第 28 條規定的父母、子女、其他近親屬、經被監護人住所地的居民委員會、村民委員會或者民政部門同意的其他願意擔任監護人的個人或者組織。

　　居民委員會、村民委員會是基層群眾性自治組織，負責辦理本村或者本居住地區居民的公共事務和公益事業。婦女聯合會、殘疾人聯合會是分別代表和維護婦女權益、殘疾人權益的組織。未成年人保護組織成立宗旨即保護未成年人合法權益。一些依法設立的老年人組織也致力於維護老年人合法權益。以上這些組織具有保護被監護人合法權益的意願，也具有較強的提起訴訟的能力。學校、醫療機構往往能及時發現學生、患者受到侵害的情況，有些情況下也具有向法院提起訴訟的意願。民政部門作為政府重要職能部門，負責社會救助和社會福利方面的工作，具有保護未成年人及無民事行為能力人、限制民事行為能力人合法權益的職責。法律賦予這些主體提起撤銷監護人資格訴訟的職責，符合這些組織的設立宗旨或者職能定位，有利於發揮好這些組織保護被監護人權益的作用。

本條第 3 款對兜底性的申請主體作出規定。實踐中，對於一些嚴重侵害被監護人合法權益的行為，第 2 款規定的個人和民政部門以外的組織因各種原因未及時向人民法院提出撤銷監護人資格的申請，導致被監護人的合法權益無法得到保護。由於國家是社會救助和保障的最後一道防線，在這些情況下，民政部門應當承擔起向法院申請撤銷監護人資格的職責。要正確理解本款與第 2 款賦予民政部門申請主體資格的關係。民政部門只要發現具有嚴重侵害被監護人合法權益的情形，即可依據本條第 2 款規定，向法院申請撤銷監護人資格，不需要等到其他個人或者組織都不向法院申請之後再行申請。如果其他個人或者組織未及時向法院申請撤銷監護人資格，此時，民政部門應當依照第 3 款規定，主動向法院提出申請。

> **第三十七條　依法負擔被監護人撫養費、贍養費、扶養費的父母、子女、配偶等，被人民法院撤銷監護人資格後，應當繼續履行負擔的義務。**

■ 條文主旨

本條是關於法定扶養義務人繼續負擔扶養費的規定。

■ 條文釋義

實踐中，監護人往往由父母、子女、配偶等法定扶養義務人擔任。監護人被撤銷監護人資格後，就不能再繼續履行監護職責。但法定扶養義務是基於血緣等關係確立的法律義務，該義務不因監護人資格的撤銷而免除。

依據本條規定，在具有法定扶養義務的人擔任監護人的情況下，監護人資格被撤銷，不再擔任監護人後，具有法定扶養義務的人，例如配偶、父母、子女等，仍應繼續負擔撫養費、贍養費、扶養費。未成年人保護法、反家庭暴力法已經針對各自的領域作出了相同規定。未成年人保護法第 53 條規定：「父母或者其他監護人不履行監護職責或者侵害被監護的未成年人的合法權益，經教育不改的，人民法院可以根據有關人員或者有關單位的申請，撤銷其監護人的資格，依法另行指定監護人。被撤銷監護資格的父母應當依法繼續負擔撫養費用。」反家庭暴力法第 21 條規定：「監護人實施家庭暴力嚴重侵害被監護人合法權益的，人民法院可以根據被監護人的近親屬、居民委員會、村民委員會、縣級人民政府民政部門等有關人員或者單位的申請，依法撤銷其監護人資格，另行指定監護人。被撤銷監護人資格的加害人，應當繼續負擔相應的贍養、扶養、撫養費用。」與未成年人保護法、反家庭暴力法的規定相比，本條屬於一般性規定，適用於所有具有法定扶養義務的人被撤銷監護人資格的情形。只要具有法定扶養義務的人因嚴重侵害被監護人合法權益被撤銷監護人資格的，均應繼續履行負擔撫養費、贍養費、扶養費的義務。

第三十八條　被監護人的父母或者子女被人民法院撤銷監護人資格後，除對被監護人實施故意犯罪的外，確有悔改表現的，經其申請，人民法院可以在尊重被監護人真實意願的前提下，視情況恢復其監護人資格，人民法院指定的監護人與被監護人的監護關係同時終止。

■ 條文主旨

本條是關於恢復監護人資格的規定。

■ 條文釋義

實踐中，有的監護人在資格被撤銷後，確有悔改表現，有繼續擔任監護人的願望。鑒於侵害被監護人合法權益的情形較為複雜，對於是否可以恢復監護人資格，法律不宜一概否定，有必要留下一定的空間。對於未成年人的監護人資格被撤銷後的恢復，司法實踐已經進行了一定的探索。最高人民法院、最高人民檢察院、公安部、民政部《關於依法處理監護人侵害未成年人權益行為若干問題的意見》第 40 條規定：「人民法院經審理認為申請人確有悔改表現並且適宜擔任監護人的，可以判決恢復其監護人資格，原指定監護人的監護人資格終止。申請人具有下列情形之一的，一般不得判決恢復其監護人資格：（一）性侵害、出賣未成年人的；（二）虐待、遺棄未成年人六個月以上、多次遺棄未成年人，並且造成重傷以上嚴重後果的；（三）因監護侵害行為被判處五年有期徒刑以上刑罰的。」本條在認真總結司法實踐經驗的基礎上，對恢復監護人資格設定了非常嚴格的限制。

依據本條規定，恢復監護人資格必須要向法院申請，由人民法院決定是否予以恢復。父母與子女是最近的直系親屬關係，本條適用的對象僅限於被監護人的父母或者子女，其他個人或者組織的監護人資格一旦被撤銷，即不再恢復。被監護人的父母或者子女被撤銷監護人資格後，再恢復監護人資格還需要滿足以下幾個條件：一是沒有對被監護人實施故意犯罪的情形，如對被監護人實施性侵害、虐待、遺棄被監護人等構成刑事犯罪的，不得恢復監護人資格。但對因過失犯罪，例如因過失導致被監護人受到傷害等被撤銷監護人資格的，則可以根據具體情況來判斷是否恢復監護人資格。二是確有悔改表現，即被監護人的父母或者子女不但要有悔改的意願，還要有實際的悔改表現，這需要由人民法院根據具體情形予以判斷。三是要尊重被監護人的真實意願，如果被監護人不願意父母或者子女繼續擔任監護人的，則不得恢復監護人資格。四是即使符合以上條件，法院也還需要綜合考慮各方面情況，從有利於被監護人權益保護的角度，決定是否恢復監護人資格。

第三十九條　有下列情形之一的，監護關係終止：

（一）被監護人取得或者恢復完全民事行為能力；

（二）監護人喪失監護能力；

（三）被監護人或者監護人死亡；

（四）人民法院認定監護關係終止的其他情形。

監護關係終止後，被監護人仍然需要監護的，應當依法另行確定監護人。

■ 條文主旨

本條是關於監護關係終止的情形的規定。

■ 條文釋義

監護關係產生於監護的設立，較為明確。對未成年人或者無民事行為能力、限制民事行為能力的成年人確定了監護人，監護即設立，監護關係即產生。但監護關係終止的情形較為複雜，法律有必要予以明確。

本條第 1 款對監護關係的終止列舉了三類典型情形，並作了兜底性規定：

一是被監護人取得或者恢復完全民事行為能力。未成年人年滿 18 周歲，成為成年人，或者年滿 16 周歲，但以自己的勞動收入為主要生活來源，即取得完全民事行為能力。無民事行為能力或者限制民事行為能力的成年人的智力、精神健康狀況恢復正常，即恢復完全民事行為能力。被監護人取得或者恢復完全民事行為能力，監護就沒有存在的必要，監護關係即終止，監護人不再履行監護職責。

二是監護人喪失監護能力。監護人具有監護能力，是具有監護資格的必要條件，如果喪失監護能力，也就不得再擔任監護人，監護關係終止。監護人喪失監護能力的情形較為複雜，需要根據具體情況具體判斷，例如監護人因疾病成為無民事行為能力人，即喪失了監護能力。

三是被監護人或者監護人死亡。被監護人或者監護人一方死亡，監護關係即自動終止。

四是人民法院認定監護關係終止的其他情形。包括監護人資格被人民法院撤銷，有正當理由向法院申請變更監護人並得到法院許可等。

依據本條第 2 款規定，在有些監護關係終止的情形，例如，監護人死亡、喪失監護能力或者被撤銷監護人資格等，被監護人仍然需要監護的，就應當根據具體情況，依據法律的規定另行確定監護人。對於監護人死亡或者喪失監護能力等情形，可以依照本法第 27 條至第 32 條重新確定監護人。對於撤銷監護人資格的，由人民法院依照本法第 36 條的規定，按照最有利於被監護人的原則依法指定監護人。

第三節　宣告失蹤和宣告死亡

> **第四十條**　自然人下落不明滿二年的，利害關係人可以向人民法院申請宣告該自然人為失蹤人。

■ 條文主旨

本條是關於宣告失蹤的條件的規定。

■ 條文釋義

對宣告失蹤和宣告死亡問題，民法通則是在第二章公民（自然人）第三節專節規定，共有六個條文。本法延續民法通則體例，在第二章的第三節，也是專節規定宣告失蹤和宣告死亡。本節內容以民法通則規定的六條為基礎，基本制度沒有大的修改，作了補充細化。主要是對司法解釋多年來行之有效，為各方面普遍認可的內容加以修改完善，上升為法律，同時也反映了專家研究意見以及各方面意見和建議。

宣告失蹤是指自然人下落不明達到法定的期限，經利害關係人申請，人民法院依照法定程序宣告其為失蹤人的一項制度。自然人的失蹤將使與其相關的法律關係處於不確定狀態，法律設立宣告失蹤制度，就是為了調整這種不確定狀態，保護相關當事人的利益。通過設立宣告失蹤制度，由人民法院宣告自然人失蹤，以結束失蹤人財產無人管理以及其應當履行的義務不能得到及時履行的不確定狀態，保護失蹤人和利害關係人的利益，以至維護社會經濟秩序的穩定。

本條基本是民法通則相關內容的延續。民法通則第 20 條第 1 款規定：「公民下落不明滿二年的，利害關係人可以向人民法院申請宣告他為失蹤人。」本條規定的宣告失蹤的條件包含三個層次：

第一，自然人下落不明滿 2 年。所謂下落不明，是指自然人持續不間斷地沒有音訊的狀態。本法第 41 條規定，自然人下落不明的時間從其失去音訊之日起計算。戰爭期間下落不明的，下落不明的時間自戰爭結束之日或者有關機關確定的下落不明之日起計算。考慮到1986 年制定的民法通則就規定宣告失蹤須具備下落不明滿 2 年的條件，多年來司法實踐適用總體上也沒有出現問題，在立法過程中，各方面對這一規定基本也沒有提出意見。因此，本條延續了民法通則關於宣告失蹤條件的規定。

第二，利害關係人向人民法院申請。對於可以向人民法院提出申請的「利害關係人」包括哪些人，《最高人民法院關於貫徹執行〈中華人民共和國民法通則〉若干問題的意見（試行）》第 24 條規定：「申請宣告失蹤的利害關係人，包括被申請宣告失蹤人的配偶、父母、子女、兄弟姐妹、祖父母、外祖父母、孫子女、外孫子女以及其他與被申請人有民事權利義務

關係的人。」在立法過程中，各方面對最高人民法院這一司法解釋基本沒有爭議，但普遍認為，為了保持靈活性，這一規定還是繼續作為司法解釋的內容較好。司法解釋這一規定中的「包括」一詞，使用得也很妥當，民事生活紛繁複雜，這樣表述既明確了利害關係人的一般範圍，也為特殊情況留有餘地。依照民事訴訟法第 183 條的規定，公民下落不明滿 2 年，利害關係人申請宣告其失蹤的，向下落不明人住所地基層人民法院提出。申請書應當寫明失蹤的事實、時間和請求，並附有公安機關或者其他有關機關關於該公民下落不明的書面證明。

第三，由人民法院依據法定程序進行宣告。宣告失蹤在法律效果上對自然人的財產利益產生重大影響，必須由司法機關經過嚴格程序來進行。因此，宣告失蹤只能由人民法院作出，其他任何機關和個人無權作出宣告失蹤的決定。依照民事訴訟法的規定，人民法院審理宣告失蹤案件，適用特別程序。依照民事訴訟法第 185 條規定，人民法院受理宣告失蹤案件後，應當發出尋找下落不明人的公告。宣告失蹤的公告期間為 3 個月。公告期間屆滿，人民法院應當根據被宣告失蹤的事實是否得到確認，作出宣告失蹤的判決或者駁回申請的判決。《最高人民法院關於適用〈中華人民共和國民事訴訟法〉的解釋》第 347 條規定：「尋找下落不明人的公告應當記載下列內容：（一）被申請人應當在規定期間內向受理法院申報其具體地址及其聯繫方式。否則，被申請人將被宣告失蹤、宣告死亡；（二）凡知悉被申請人生存現狀的人，應當在公告期間內將其所知道情況向受理法院報告。」

> **第四十一條**　自然人下落不明的時間自其失去音訊之日起計算。戰爭期間下落不明的，下落不明的時間自戰爭結束之日或者有關機關確定的下落不明之日起計算。

■ 條文主旨

本條是關於下落不明的時間計算的規定。

■ 條文釋義

民法通則第 20 條第 1 款規定：「公民下落不明滿二年的，利害關係人可以向人民法院申請宣告他為失蹤人。」根據民法通則第 23 條第 1 款第 1 項規定，公民下落不明滿 4 年的，利害關係人可以向人民法院申請宣告他死亡。同時在第 20 條第 2 款和第 23 條第 2 款重複規定：「戰爭期間下落不明的，下落不明的時間從戰爭結束之日起計算。」但沒有規定一般情況下自然人下落不明的時間如何計算。對此，《最高人民法院關於貫徹執行〈中華人民共和國民法通則〉若干問題的意見（試行）》作出了解釋，其中第 28 條第 1 款規定：「民法通則第二十條第一款、第二十三條第一款第一項中的下落不明的起算時間，從公民音訊消失之次日起算。」考慮到下落不明的持續時間是利害關係人申請宣告自然人失蹤或者死亡的重要條件，也是人民法院審理宣告失蹤、宣告死亡案件的重要依據，其計算標準應當作為一般

規則規定在民法典中。最高人民法院對此所作的司法解釋，大體為司法實務和民法學界普遍接受。各種專家建議稿在此處與司法解釋的規定大同小異，只是具體用詞上，有的與司法解釋類似，表述為「音訊消失之次日起計算」，有的表述為「音訊消失之日起計算」，有的表述為「次日開始計算」，等等。民法通則第 154 條規定，民法所稱的期間按照公曆年、月、日、小時計算。並規定，按照日、月、年計算期間的，開始的當天不算入，從下一天開始計算。這一規定的精神應當作為我國民法表述期間起算問題的標準和傳統，本法在期間計算一章對此規定加以承繼。民法通則規定，「戰爭期間下落不明的，下落不明的時間從戰爭結束之日起計算」，也即戰爭結束的當日不算入，從下一日開始計算之意。司法解釋規定的「音訊消失之次日起算」，其意可察，唯於民法通則確立的表述傳統，易生次日亦不算入之歧義。故此，本條規定表述為「自然人下落不明的時間自其失去音訊之日起計算」，失去音訊之日作為起算日不算入，從下一日開始計算。

本條還規定，戰爭期間下落不明的，下落不明的時間自戰爭結束之日或者有關機關確定的下落不明之日起計算。戰爭期間下落不明的，由於戰爭狀態不同於平時，失蹤人的行蹤難以確定，因此應從戰爭結束時開始計算下落不明的時間。

「有關機關確定的下落不明之日」是在民法總則草案三審後加的。原來草案的條文是「戰爭期間下落不明的，下落不明的時間自戰爭結束之日起計算」，有的代表建議，將「戰爭結束之日」修改為「軍隊組織確定的下落不明之日」。在討論這條意見的過程中，有的提出，戰爭期間下落不明，如果是參加軍事行動的人員，這個意見有合理之處，但本條規定的範圍也包括戰爭期間的平民。因此，經研究將這一句修改為：「戰爭期間下落不明的，下落不明的時間自戰爭結束之日或者有關機關確定的下落不明之日起計算。」民法典維持民法總則的這一規定不變。

需要說明的是，本條關於下落不明的時間如何計算的規定，雖然規定在宣告失蹤條件的規定之後，但其不僅適用於宣告失蹤的情形，也適用於宣告死亡的情形，這是立法的本意。

第四十二條　失蹤人的財產由其配偶、成年子女、父母或者其他願意擔任財產代管人的人代管。

代管有爭議，沒有前款規定的人，或者前款規定的人無代管能力的，由人民法院指定的人代管。

■ 條文主旨

本條是關於失蹤人的財產代管人的規定。

■ 條文釋義

宣告失蹤與宣告死亡不同，自然人被宣告為失蹤人後，其民事主體資格仍然存在，尚存在返回的可能，並不產生婚姻關係解除和繼承開始等法律後果。法律設立宣告失蹤制度，主要目的就是結束失蹤人財產無人管理以及其應當履行的義務不能得到及時履行的不確定狀態，既是對失蹤人利益的保護，同時也是對失蹤人的債權人等利害關係人合法權益的保護。這首先需要明確失蹤人的財產由誰來代管。

本條規定是以民法通則第 21 條規定為基礎，加以適當修改。該條第 1 款規定：「失蹤人的財產由他的配偶、父母、成年子女或者關係密切的其他親屬、朋友代管。代管有爭議的，沒有以上規定的人或者以上規定的人無能力代管的，由人民法院指定的人代管。」

本條規定的「其他願意擔任財產代管人的人」，既包括民法通則第 21 條規定的「其他親屬、朋友」，也包括有關組織。

《最高人民法院關於貫徹執行〈中華人民共和國民法通則〉若干問題的意見（試行）》第 30 條第 1 款規定：「人民法院指定失蹤人的財產代管人，應當根據有利於保護失蹤人財產的原則指定。沒有民法通則第二十一條規定的代管人，或者他們無能力作代管人，或者不宜作代管人的，人民法院可以指定公民或者有關組織為失蹤人的財產代管人。」第 2 款規定：「無民事行為能力人、限制民事行為能力人失蹤的，其監護人即為財產代管人。」《最高人民法院關於適用〈中華人民共和國民事訴訟法〉的解釋》第 343 條規定：「宣告失蹤或者宣告死亡案件，人民法院可以根據申請人的請求，清理下落不明人的財產，並指定案件審理期間的財產管理人。公告期滿後，人民法院判決宣告失蹤的，應當同時依照民法通則第二十一條第一款的規定指定失蹤人的財產代管人。」在立法過程中，有的意見提出，可以將最高人民法院這一司法解釋的精神上升為法律，即在人民法院判決宣告失蹤的同時就指定失蹤人的財產代管人。第一，可以在不影響「配偶、成年子女、父母或者其他願意擔任財產代管人的人」自願協商的前提下，使財產代管人具體明確。第二，在邏輯上也與本法第 44 條相協調。本法第 44 條規定，財產代管人不履行代管職責、侵害失蹤人財產權益或者喪失代管能力的，失蹤人的利害關係人可以向人民法院申請變更財產代管人。同時，財產代管人有正當理由的，也可以向人民法院申請變更財產代管人。如果事先未經過人民法院指定為失蹤人的財產代管人，也無理由向人民法院申請變更。但這一意見最終未被採納。

> **第四十三條**　財產代管人應當妥善管理失蹤人的財產，維護其財產權益。
>
> 失蹤人所欠稅款、債務和應付的其他費用，由財產代管人從失蹤人的財產中支付。
>
> 財產代管人因故意或者重大過失造成失蹤人財產損失的，應當承擔賠償責任。

■ 條文主旨

本條是關於財產代管人職責的規定。

■ 條文釋義

關於財產代管人的職責，民法通則只是在第 21 條第 2 款規定：「失蹤人所欠稅款、債務和應付的其他費用，由代管人從失蹤人的財產中支付。」本條在此基礎上作了補充完善，主要參考專家建議稿的相關內容。

本條第 1 款是對財產代管人維護失蹤人權益的原則規定。法律規定財產代管人制度的目的之一就是保護失蹤人在下落不明狀態下的財產權益，因此財產代管人應當妥善保管失蹤人的財產，維護失蹤人的財產利益。財產代管人負有像對待自己事務一樣的注意義務，來管理失蹤人的財產，既包括對失蹤人財產的保管，也包括作為代理人收取失蹤人的到期債權。與其他有償的法律關係不同，財產代管人管理失蹤人的財產並非合同約定的，而是直接來自法律的規定，代管財產的目的也不是從中獲利，該種管理財產的行為通常是無償的。因此，本條對此規定得也較為原則，財產代管人管理失蹤人的財產，只要盡到善良管理人的義務，即能夠像管理自己的事務一樣管理失蹤人的財產，就滿足了法律規定的要求。

本條第 2 款是對財產代管人履行失蹤人應當履行的義務的規定。財產代管人的職責不僅僅是維護失蹤人的財產權益，還包括代失蹤人履行義務，即依照本條規定，從失蹤人的財產中支付失蹤人所欠稅款、債務和應付的其他費用。最高人民法院對此處的「其他費用」作過司法解釋。根據《最高人民法院關於貫徹執行〈中華人民共和國民法通則〉若干問題的意見（試行）》第 31 條規定，這裏的「其他費用」，包括贍養費、扶養費、撫育費和因代管財產所需的管理費等必要的費用。

本條第 3 款是對財產代管人造成失蹤人財產損失，應當承擔賠償責任的規定。代管人應當根據有利於保護失蹤人財產的原則管好失蹤人的財產，不得濫用代管權對失蹤人的財產揮霍浪費、挪用謀利或者將失蹤人的財產據為己有，侵犯失蹤人的財產權益。由於失蹤人的代管人從事的是一種無償的行為，故本條規定，只有在代管人故意或重大過失造成失蹤人的財產損害時，才應當承擔賠償責任，對於一般的過失造成的損害不承擔賠償責任。存在這種情形的，在失蹤人失蹤期間，失蹤人的利害關係人可以向人民法院請求財產代管人承擔民事責任，並可以依照本法第 44 條的規定，向人民法院申請變更財產代管人。

> **第四十四條**　財產代管人不履行代管職責、侵害失蹤人財產權益或者喪失代管能力的，失蹤人的利害關係人可以向人民法院申請變更財產代管人。
>
> 　　財產代管人有正當理由的，可以向人民法院申請變更財產代管人。
>
> 　　人民法院變更財產代管人的，變更後的財產代管人有權請求原財產代管人及時移交有關財產並報告財產代管情況。

■ 條文主旨

本條是關於財產代管人變更的規定。

■ 條文釋義

民法通則並未對財產代管人的變更問題作出規定。對此，司法解釋作了規定。本條規定是在綜合司法解釋和專家建議稿相關內容的基礎上作出的。《最高人民法院關於貫徹執行〈中華人民共和國民法通則〉若干問題的意見（試行）》第 35 條第 1 款規定：「失蹤人的財產代管人以無力履行代管職責，申請變更代管人的，人民法院比照特別程序進行審理。」第 2 款規定：「失蹤人的財產代管人不履行代管職責或者侵犯失蹤人財產權益的，失蹤人的利害關係人可以向人民法院請求財產代管人承擔民事責任。如果同時申請人民法院變更財產代管人的，變更之訴比照特別程序單獨審理。」

變更財產代管人需要有法定的事由。依照本條第 1 款的規定，如果出現財產代管人不履行代管職責、侵害失蹤人財產權益或者喪失代管能力等事由，表明該財產代管人已經不再適格，則失蹤人的利害關係人就可以向人民法院申請變更財產代管人。財產代管人不履行職責，既可以表現為不行使失蹤人權利，比如不收取失蹤人債權，也可以表現為不履行失蹤人應當履行的義務，比如清償債務、繳納稅款等。侵害失蹤人財產權益，可以表現為不當處分失蹤人的財產，濫用代管權對失蹤人的財產揮霍浪費，與他人惡意串通侵奪失蹤人的財產等。財產代管人喪失了代管能力，可以表現為財產代管人喪失了行為能力。出現上述情形，明顯對失蹤人不利，甚至會嚴重侵害失蹤人的財產利益。因此，本條規定這些情況下失蹤人的利害關係人可以向人民法院申請變更財產代管人。這裏的利害關係人既包括失蹤人的近親屬，也包括其他利害關係人，如失蹤人的債權人。

財產代管人確定後，一般情況下不得變更，如果有本條第 1 款情況的，失蹤人的利害關係人可以向人民法院申請變更財產代管人。但實踐中還會出現一種情況，就是財產代管人有正當理由，比如由於工作、學習等原因離開財產所在地，無法再繼續履行財產代管職責，此時，應當允許其向人民法院申請變更財產代管人。本條第 2 款對此作了明確規定。

《最高人民法院關於適用〈中華人民共和國民事訴訟法〉的解釋》第 344 條第 1 款規定：「失蹤人的財產代管人經人民法院指定後，代管人申請變更代管的，比照民事訴訟法特別程序的有關規定進行審理。申請理由成立的，裁定撤銷申請人的代管人身份，同時另行指定財

產代管人；申請理由不成立的，裁定駁回申請。」第 2 款規定：「失蹤人的其他利害關係人申請變更代管的，人民法院應當告知其以原指定的代管人為被告起訴，並按普通程序進行審理。」

根據本條第 1、2 款的規定，人民法院變更財產代管人後，為了方便變更後的財產代管人及時了解財產狀況，更好地管理失蹤人的財產，本條第 3 款明確規定，其有權請求原財產代管人及時移交有關財產並報告財產代管情況。

> **第四十五條**　失蹤人重新出現，經本人或者利害關係人申請，人民法院應當撤銷失蹤宣告。
>
> 失蹤人重新出現，有權請求財產代管人及時移交有關財產並報告財產代管情況。

■ 條文主旨

本條是關於失蹤宣告撤銷的規定。

■ 條文釋義

民法通則第 22 條規定：「被宣告失蹤的人重新出現或者確知他的下落，經本人或者利害關係人申請，人民法院應當撤銷對他的失蹤宣告。」本條在此基礎上進行修改補充。

本條第 1 款規定的是失蹤宣告撤銷的條件。一是失蹤人重新出現。自然人因失去音訊下落不明而被宣告失蹤，失蹤宣告的撤銷自然就要以這種狀態的消除為條件。民法通則規定的是「被宣告失蹤的人重新出現或者確知他的下落」，有的意見提出，確知失蹤人的下落，也可以理解為失蹤人重新出現。立法機關採納了這種意見。這裏失蹤人重新出現的含義，即是重新得到了失蹤人的音訊，從而消除了其下落不明的狀態。二是經本人或者利害關係人申請。這裏利害關係人的範圍應當與申請宣告失蹤的利害關係人範圍一致，包括被申請宣告失蹤人的配偶、父母、子女、兄弟姐妹、祖父母、外祖父母、孫子女、外孫子女以及其他與失蹤人有民事權利義務關係的人。申請也應當向下落不明人住所地基層人民法院提出。三是撤銷失蹤宣告應當由人民法院作出。自然人失蹤只能由人民法院依據法定程序進行宣告，因此，該宣告的撤銷也應當由人民法院通過法定程序來作出。

本條第 2 款規定的是失蹤人重新出現後的法律效果。這一規定是吸收專家建議稿的意見作出的。理由是宣告失蹤一經撤銷，原被宣告失蹤的自然人本人就應當恢復對自己財產的控制，財產代管人的代管職責應當相應結束，停止代管行為，移交代管的財產並向本人報告代管情況。

第四十六條　自然人有下列情形之一的，利害關係人可以向人民法院申請宣告該自然人死亡：

（一）下落不明滿四年；

（二）因意外事件，下落不明滿二年。

因意外事件下落不明，經有關機關證明該自然人不可能生存的，申請宣告死亡不受二年時間的限制。

■ 條文主旨

本條是關於宣告死亡的條件的規定。

■ 條文釋義

民法通則第 23 條第 1 款規定：「公民有下列情形之一的，利害關係人可以向人民法院申請宣告他死亡：（一）下落不明滿四年的；（二）因意外事故下落不明，從事故發生之日起滿二年的。」第 2 款規定：「戰爭期間下落不明的，下落不明的時間從戰爭結束之日起計算。」本條第 1 款基本延續民法通則規定的精神，略有修改。關於民法通則第 23 條第 2 款的規定，前文已述，本法第 41 條單列一條，統一規定下落不明的時間如何計算，即「自然人下落不明的時間從其失去音訊之日起計算。戰爭期間下落不明的，下落不明的時間自戰爭結束之日或者有關機關確定的下落不明之日起計算。」該規定不僅適用於宣告失蹤的情形，也適用於宣告死亡，因此，相應地在本條中不作規定。本條第 2 款是依據民事訴訟法的相關規定所作的補充。

宣告死亡是自然人下落不明達到法定期限，經利害關係人申請，人民法院經過法定程序在法律上推定失蹤人死亡的一項民事制度。自然人長期下落不明會使得與其相關的財產關係和人身關係處於不穩定狀態，通過宣告死亡制度，可以及時了結下落不明人與他人的財產關係和人身關係，從而維護正常的經濟秩序和社會秩序。宣告自然人死亡，是對自然人死亡在法律上的推定，這種推定將產生與生理死亡基本一樣的法律效果，因此，宣告死亡必須具備法律規定的條件，依照本條規定，這些條件是：

第一，自然人下落不明的時間要達到法定的長度。一般情況下，下落不明的時間要滿 4 年。如果是因意外事件而下落不明，下落不明的時間要滿 2 年。

根據本法第 40 條規定，自然人下落不明滿 2 年的，利害關係人可以向人民法院申請宣告該自然人為失蹤人。可以看出，法律規定的宣告死亡需要滿足的下落不明時間長度要求高於宣告失蹤時的要求，因為在宣告失蹤的情況下，只產生失蹤人的財產代管以及實現債權、償還債務等法律後果，但宣告死亡以後，還會發生繼承的開始、身份關係解除等。因此宣告死亡的條件應當比宣告失蹤嚴格，下落不明的時間應當比宣告失蹤時所要求的時間長。

依照本條第 1 款第 2 項的規定，自然人因意外事件下落不明滿 2 年的，利害關係人可以

向人民法院申請宣告該自然人死亡。自然人因意外事件下落不明，其生存的可能性明顯小於一般情況下的下落不明，因此這種情況下宣告死亡，法律要求的下落不明時間長度應當短於一般情況下宣告死亡。關於這一項的內容，民法通則的用語是「因意外事故下落不明，從事故發生之日起滿二年的」。立法過程中有的意見提出，意外事件比意外事故涵蓋面更廣，如地震等天災，一般語言習慣上不稱為事故，另外，「意外事件」一詞作為法律用語更加規範，且「意外」與「事故」在一定程度上存在語義重複，因此，本條採用「意外事件」的表述。還有的意見提出，有的意外事件過程並不止一天，可能在事件發生之日，當事人尚有音訊，之後才失去音訊，民法通則「事故發生之日」的規定並不妥當，還是適用下落不明的一般起算標準為好。因此，本條第 1 款第 2 項表述為「因意外事件，下落不明滿二年」。

本條第 2 款是對第 1 款第 2 項的補充規定。依照這一規定，對於因意外事件下落不明的自然人，如果與該意外事件有關的機關證明該自然人不可能生存的，利害關係人就可以據此申請宣告該自然人死亡，而不必等到下落不明滿 2 年。民法通則沒有這一規定。1991 年制定的民事訴訟法就已經對這種情形作了補充，現行民事訴訟法第 184 條第 1 款規定：「公民下落不明滿四年，或者因意外事故下落不明滿二年，或者因意外事故下落不明，經有關機關證明該公民不可能生存，利害關係人申請宣告其死亡的，向下落不明人住所地基層人民法院提出。」

第二，必須要由利害關係人提出申請。此處所說的利害關係人，可以參考宣告失蹤制度中的利害關係人範圍。總的來說，這裏的利害關係人應當是與被宣告人是生存還是死亡的法律後果有利害關係的人。依照民事訴訟法第 184 條的規定，利害關係人申請宣告其死亡的，向下落不明人住所地基層人民法院提出。申請書應當寫明下落不明的事實、時間和請求，並附有公安機關或者其他有關機關關於該公民下落不明的書面證明。

對於可以向人民法院申請宣告死亡的利害關係人，要不要有順序上的限制，《最高人民法院關於貫徹執行〈中華人民共和國民法通則〉若干問題的意見（試行）》第 25 條第 1 款規定：「申請宣告死亡的利害關係人的順序是：（一）配偶；（二）父母、子女；（三）兄弟姐妹、祖父母、外祖父母、孫子女、外孫子女；（四）其他有民事權利義務關係的人。」對於這一規定，歷來存在爭議。反對意見認為，法律不應當規定申請宣告死亡的順序，因為如果順序在先的當事人不申請，則失蹤人長期不能被宣告死亡，使得與其相關的法律關係長期不能穩定，如繼承不能發生、遺產不能分割等，對利害關係人的利益損害很大，與法律規定宣告死亡制度的初衷相悖。在立法過程中，這種意見較為普遍，因此，本章沒有規定利害關係人申請宣告死亡的順序。

第三，只能由人民法院經過法定程序，宣告自然人死亡。依照民事訴訟法的規定，人民法院審理宣告死亡案件，適用民事訴訟法關於特別程序的規定。人民法院受理宣告死亡案件後，應當發出尋找下落不明人的公告，公告期間為 1 年。因意外事故下落不明，經有關機關證明該公民不可能生存的，宣告死亡的公告期間為 3 個月。公告期間屆滿，人民法院應當根據被宣告死亡的事實是否得到確認，作出宣告死亡的判決或者駁回申請的判決。

> **第四十七條** 對同一自然人，有的利害關係人申請宣告死亡，有的利害關係人申請宣告失蹤，符合本法規定的宣告死亡條件的，人民法院應當宣告死亡。

■ 條文主旨

本條是關於宣告死亡和宣告失蹤的關係的規定。

■ 條文釋義

民法通則沒有關於本條內容的規定。《最高人民法院關於貫徹執行〈中華人民共和國民法通則〉若干問題的意見（試行）》第 29 條規定：「宣告失蹤不是宣告死亡的必經程序。公民下落不明，符合申請宣告死亡的條件，利害關係人可以不經申請宣告失蹤而直接申請宣告死亡。但利害關係人只申請宣告失蹤的，應當宣告失蹤；同一順序的利害關係人，有的申請宣告死亡，有的不同意宣告死亡，則應當宣告死亡。」宣告死亡和宣告失蹤都是基於自然人下落不明，為了維護社會經濟關係的穩定而設立的法律制度，二者都以被宣告人下落不明達到一段法定期間為前提，都需要利害關係人提出宣告申請，並且都由人民法院作出宣告的判決。但是，宣告死亡與宣告失蹤在法律後果上又存在明顯差異。一般來說，宣告死亡與自然死亡的法律效力相同，不但影響被宣告人財產的處分，而且也影響與其相關的身份關係，如夫妻關係與父母子女關係，同時，其遺產繼承開始，其遺囑也發生效力；宣告失蹤的法律後果是為其設定財產代管人，只發生財產方面的影響而不會影響到身份關係的變化。最高人民法院司法解釋表現的精神，多年來為各方面普遍接受，即宣告死亡並不以宣告失蹤為前提。

> **第四十八條** 被宣告死亡的人，人民法院宣告死亡的判決作出之日視為其死亡的日期；因意外事件下落不明宣告死亡的，意外事件發生之日視為其死亡的日期。

■ 條文主旨

本條是關於被宣告死亡的人死亡時間如何確定的規定。

■ 條文釋義

民法通則沒有關於本條內容的規定。宣告死亡是人民法院經利害關係人的申請，按照法定程序推定下落不明的公民死亡的法律制度。這種推定的一項重要內容，就是推定被宣告死亡人死亡的時間。一般來說，宣告死亡與自然死亡的法律效力相同，如何推定被宣告死亡的自然人的死亡時間涉及繼承的開始、身份關係解除等，如遺產的具體範圍、繼承人的具體範圍、遺囑效力之發生時間以及代位繼承是否發生等遺產繼承有關重大事項，具有重要的法律

意義，法律應當對此作出規定。

　　根據《最高人民法院關於貫徹執行〈中華人民共和國民法通則〉若干問題的意見（試行）》第 36 條規定：「被宣告死亡的人，判決宣告之日為其死亡的日期。」這體現了前述第二種立法模式。有的意見提出，最高人民法院司法解釋施行多年，如無重大理由，立法應當保持實務操作的延續性。而且，人民法院宣告死亡的判決具有很強的宣示性，易被接受。另外，很多情況是利害關係人多年之後才申請宣告死亡，這時如將被宣告人死亡時間推定為多年以前，物是人非，可能給相關法律關係帶來不必要的擾動。因此，本條規定，被宣告死亡的人，人民法院宣告死亡的判決作出之日視為其死亡的日期。

　　本條分號後面一句，是在十二屆全國人大五次會議審議《中華人民共和國民法總則（草案）》過程中，在建議表決稿上才增加的規定。民法總則草案三審稿第 46 條規定：「被宣告死亡的人，人民法院判決確定的日期視為其死亡的日期；判決未確定死亡日期的，判決作出之日視為其死亡的日期。」這一規定在提請十二屆全國人大五次會議審議的《中華人民共和國民法總則（草案）》中未作改動。代表審議過程中，有的代表提出，被宣告死亡的人死亡日期的推定事關重大，法律的規定應當具體明確，不應當賦予法院過大的自由裁量權，況且被申請宣告死亡的人杳無音信，法院行使自由裁量權本身也缺乏說服力。因此，在提交法律委員會審議的草案修改稿中曾提出過一個方案，刪去前面一句，直接規定「被宣告死亡的人，人民法院宣告死亡的判決作出之日視為其死亡的日期」。又有意見提出，這樣規定太過絕對，沒有一點靈活性也不好。因此，正式提出的供代表再次審議的草案修改稿又恢復了原來的規定。在審議草案修改稿過程中，有的提出，對於因意外事件下落不明宣告死亡的情形，被申請宣告死亡的人真正死亡的概率很大，這一點大家是有共識的，有一些境外立法例也規定對於這種情形，人民法院可以聯繫意外事件的發生時間來作出死亡日期的推定。2015年公佈的《最高人民法院關於適用〈中華人民共和國保險法〉若干問題的解釋（三）》第 24條規定：「投保人為被保險人訂立以死亡為給付保險金條件的保險合同，被保險人被宣告死亡後，當事人要求保險人按照保險合同約定給付保險金的，人民法院應予支持。被保險人被宣告死亡之日在保險責任期間之外，但有證據證明下落不明之日在保險責任期間之內，當事人要求保險人按照保險合同約定給付保險金的，人民法院應予支持。」這個規定在一定程度上也體現了這種精神。因此，草案建議表決稿就作出了本條的規定。最後，對是規定意外事件發生之日，還是規定意外事件結束之日曾有過討論。有的提出，一些意外事件的過程並不止一日，應當規定意外事件結束之日。有的提出，意外事件發生之日與意外事件結束之日，被申請宣告死亡的人死亡概率差別並非懸殊，如規定意外事件結束之日，對於類似「馬航事件」這種難下結論的意外事件來說，會生出何時作為意外事件結束之日的爭論。因此，最終規定意外事件發生之日視為死亡的日期。民法典維持民法總則的這一規定不變。

> **第四十九條**　自然人被宣告死亡但是並未死亡的，不影響該自然人在被宣告死亡期間實施的民事法律行為的效力。

■ 條文主旨

本條是關於被宣告死亡但並未死亡的自然人實施的民事法律行為效力的規定。

■ 條文釋義

關於本條內容，民法通則第 24 條第 2 款規定：「有民事行為能力人在被宣告死亡期間實施的民事法律行為有效。」《最高人民法院關於貫徹執行〈中華人民共和國民法通則〉若干問題的意見（試行）》第 36 條第 2 款規定：「被宣告死亡和自然死亡的時間不一致的，被宣告死亡所引起的法律後果仍然有效，但自然死亡前實施的民事法律行為與被宣告死亡引起的法律後果相牴觸的，則以其實施的民事法律行為為準。」

宣告死亡是人民法院經利害關係人的申請，按照法定程序推定下落不明的公民死亡的法律制度，因此，自然人被宣告死亡從本質上講是一種擬製的死亡，有可能本人並沒有自然死亡或者說真正死亡。這個被宣告死亡但並未真正死亡的自然人，可能被宣告死亡期間還在從事民事活動，包括吃穿住行等各種活動。如果因為其已經被宣告死亡了，就不承認其所從事的民事法律行為的效力，無疑是不合情理的，也不利於維護交易安全和社會經濟秩序。因此，本條規定：「自然人被宣告死亡但是並未死亡的，不影響該自然人在被宣告死亡期間實施的民事法律行為的效力。」

如果並未死亡的自然人從事的民事活動與被宣告死亡的法律後果不相關聯，沒有衝突的情況，則一般不會產生法律問題。比如，自然人被宣告死亡，其財產被依法繼承，而該自然人並未死亡，生活在別處，購買食物，租住房屋，這些法律關係互不相干，皆屬有效。但也有可能發生的情況相互衝突，相互牴觸。如在並未死亡的自然人被宣告死亡期間，其配偶和本人都將同一房屋或者其他財產出賣。對此，按照前述司法解釋提出的辦法，本人實施的民事法律行為與被宣告死亡引起的法律後果相牴觸的，以其實施的民事法律行為為準。在立法過程中，對於這個問題存在爭議，該問題涉及各種情況和因素比較複雜。單就本人實施的民事法律行為與被宣告死亡引起的民事法律行為相牴觸的情況來說，兩種民事法律行為是否都應當有效，如果都屬有效，哪一個優先，等等。有的還提出，在最高人民法院解決一般情況下一物二賣問題的有關司法解釋中，涉及標的物的登記或者交付、價款的支付、合同訂立的時間等多種因素，由宣告死亡引發的相關問題能否按照普通一物二賣的問題處理。鑒於對此問題爭議較大，本條對此未作具體規定，留待司法實踐繼續總結經驗。

> 第五十條　被宣告死亡的人重新出現，經本人或者利害關係人申請，人民法院應當撤銷死亡宣告。

■ 條文主旨

本條是關於撤銷死亡宣告的規定。

■ 條文釋義

宣告死亡本是基於自然人生死不明的情況，經利害關係人申請，人民法院通過法定程序確定的一種擬製狀態。被宣告死亡屬於推定的死亡，在被宣告死亡的人確定沒有死亡的情況下，宣告死亡的基礎即不存在，撤銷對其所作的死亡宣告乃當然之理。

民法通則第 24 條第 1 款即已規定：「被宣告死亡的人重新出現或者確知他沒有死亡，經本人或者利害關係人申請，人民法院應當撤銷對他的死亡宣告。」本條在此基礎上只作了文字修改。有的意見提出，「重新出現」已經包括了確知沒有死亡的情況，從立法嚴謹角度無須重複規定。根據民事訴訟法第 186 條規定，被宣告死亡的公民重新出現，經本人或者利害關係人申請，人民法院應當作出新判決，撤銷原判決。宣告死亡是人民法院經過法定程序作出的，具有宣示性和公信力，產生相應的法律後果。即使被宣告人事實沒有死亡，也不能在重新出現後當然使得與其相關的民事法律關係恢復到原來的狀態，而必須經本人或者利害關係人申請，同樣由人民法院通過法定程序作出新判決，撤銷原判決。

> 第五十一條　被宣告死亡的人的婚姻關係，自死亡宣告之日起消除。死亡宣告被撤銷的，婚姻關係自撤銷死亡宣告之日起自行恢復。但是，其配偶再婚或者向婚姻登記機關書面聲明不願意恢復的除外。

■ 條文主旨

本條是關於宣告死亡與撤銷死亡宣告對婚姻關係法律效果的規定。

■ 條文釋義

關於本條內容，民法通則未作規定。《最高人民法院關於貫徹執行〈中華人民共和國民法通則〉若干問題的意見（試行）》第 37 條規定：「被宣告死亡的人與配偶的婚姻關係，自死亡宣告之日起消滅。死亡宣告被人民法院撤銷，如果其配偶尚未再婚的，夫妻關係從撤銷死亡宣告之日起自行恢復；如果其配偶再婚後又離婚或者再婚後配偶又死亡的，則不得認定夫妻關係自行恢復。」最高人民法院這一司法解釋精神，與境外多數立法例一致，也符合情

理。少數國家如德國，規定被宣告死亡的人與配偶的婚姻關係，並不是自死亡宣告之日起消滅，而是自配偶再婚時消滅。對於死亡宣告被撤銷，而其配偶又尚未再婚的，如果不規定婚姻關係自行恢復，那麼想恢復的還要再辦理結婚手續，考慮到宣告死亡制度與婚姻之基礎並無多大關涉，而且還有尚未再婚的情形，這樣處理既不合情理，也不必要，還不如讓不想恢復的去辦理離婚手續。

民法總則草案徵求意見稿第46條基本採納司法解釋的內容，規定：「被宣告死亡的人與配偶的婚姻關係，自死亡宣告之日起消滅。死亡宣告被撤銷時，其配偶未再婚的，夫妻關係自撤銷死亡宣告之日起自行恢復；其配偶再婚的，夫妻關係不自行恢復。」其後，有的意見提出，死亡宣告被撤銷後，其配偶雖未再婚，但如果日久年深，不願意恢復婚姻關係，沒有必要一定要先恢復，再去走離婚程序。因此，提請常委會審議的一審稿第47條就修改為：「被宣告死亡的人與配偶的婚姻關係，自死亡宣告之日起消滅。死亡宣告被撤銷，其配偶未再婚的，夫妻關係自撤銷死亡宣告之日起自行恢復，任何一方不願意自行恢復的除外；其配偶再婚的，夫妻關係不自行恢復。」二審稿略作修改，第49條規定：「被宣告死亡的人的婚姻關係，自死亡宣告之日起消滅。死亡宣告被撤銷的，夫妻關係自撤銷死亡宣告之日起自行恢復，但其配偶再婚或者不願意恢復的除外。」立法過程中各方面對二審稿這條規定提出一些意見，其中包括如何認定配偶不願意恢復，很難把握，不好操作。於是三審稿第49條又修改為：「被宣告死亡的人的婚姻關係，自死亡宣告之日起消滅。死亡宣告被撤銷的，夫妻關係自撤銷死亡宣告之日起自行恢復，但是其配偶再婚或者向婚姻登記機關聲明不願意恢復的除外。」對此，又有意見提出，婚姻登記機關沒有接受這種聲明的程序，如何聲明，似缺乏可操作性。為了回應這一意見，將這一條中的「聲明」修改為「書面聲明」。民法典維持民法總則的這一規定不變。

> **第五十二條**　被宣告死亡的人在被宣告死亡期間，其子女被他人依法收養的，在死亡宣告被撤銷後，不得以未經本人同意為由主張收養行為無效。

■ 條文主旨

本條是關於撤銷死亡宣告後如何處理宣告死亡期間的收養關係的規定。

■ 條文釋義

關於本條內容，民法通則未作規定。《最高人民法院關於貫徹執行〈中華人民共和國民法通則〉若干問題的意見（試行）》第38條規定：「被宣告死亡的人在被宣告死亡期間，其子女被他人依法收養，被宣告死亡的人在死亡宣告被撤銷後，僅以未經本人同意而主張收養關係無效的，一般不應准許，但收養人和被收養人同意的除外。」本條基本上就是將該司法

解釋的內容上升為法律。

根據本法第 1111 條規定，自收養關係成立之日起，養父母與養子女間的權利義務關係，適用本法關於父母子女關係的規定；養子女與養父母的近親屬間的權利義務關係，適用本法關於子女與父母的近親屬關係的規定。養子女與生父母及其他近親屬間的權利義務關係，因收養關係的成立而消除。依法產生的收養關係受法律承認和保護，沒有法定事由不得主張無效或者擅自解除。關於收養有效或無效的認定，根據第 1113 條規定，有本法總則關於民事法律行為無效規定情形或者違反本編規定的收養行為無效。無效的收養行為自始沒有法律約束力。根據第 1097 條規定，生父母送養子女，應當雙方共同送養。據此，父母可以未經本人同意為由主張收養關係無效。被宣告死亡的人在被宣告死亡期間，在法律上與子女的親權關係已經消滅，已不存在經其同意的問題。因此，本條規定，被宣告死亡的人在死亡宣告被撤銷後，不得以未經本人同意為由主張收養關係無效。至於司法解釋規定的收養人和被收養人同意的情況，已屬於另外協商的問題。

> **第五十三條　被撤銷死亡宣告的人有權請求依照本法第六編取得其財產的民事主體返還財產；無法返還的，應當給予適當補償。**
>
> **利害關係人隱瞞真實情況，致使他人被宣告死亡而取得其財產的，除應當返還財產外，還應當對由此造成的損失承擔賠償責任。**

■ 條文主旨

本條是關於撤銷死亡宣告後返還財產的規定。

■ 條文釋義

民法通則第 25 條規定：「被撤銷死亡宣告的人有權請求返還財產。依照繼承法取得他的財產的公民或者組織，應當返還原物；原物不存在的，給予適當補償。」本條第 1 款與民法通則的規定大體一致。根據民法通則第 25 條規定，被撤銷死亡宣告的人有權請求返還財產。關於在被宣告死亡的人重新出現，死亡宣告被撤銷後，取得其財產的人是否應當返還財產，有的意見認為，撤銷死亡宣告的法律後果當然包括財產關係應當恢復原狀，不管是因為繼承、受遺贈，還是其他原因取得的財產，都應當向被撤銷死亡宣告的人返還。有的意見認為，因宣告死亡而取得財產的人並無過錯，而是依照法律規定合法取得了被宣告死亡人的財產，原則上應當以不返還為原則。比如，繼承遺產應當清償被繼承人依法應當繳納的稅款和債務，這種財產本應支付，即使死亡宣告被撤銷也無返還之理。再如，第三人從繼承人那裏合法取得原屬被宣告死亡人所有的財產的，從維護交易秩序的角度，也不應要求其返還。《最高人民法院關於貫徹執行〈中華人民共和國民法通則〉若干問題的意見（試行）》第 40

條就規定:「被撤銷死亡宣告的人請求返還財產,其原物已被第三人合法取得的,第三人可不予返還。但依繼承法取得原物的公民或者組織,應當返還原物或者給予適當補償。」規定依繼承法取得財產的人返還財產,主要是出於情理平衡雙方的利益。一方面,被宣告死亡的人重新出現,財產可以繼承的推定被推翻;另一方面,繼承人乃是無償取得財產,故而規定被撤銷死亡宣告的人有權請求其返還財產。但是,進一步來說,繼承人取得財產畢竟是因宣告死亡而發生,屬於合法取得,也自然將其作為自己的財產而使用、消費,乃至損毀,以致不能返還。如規定這種情況下繼承人應當按原值折價補償於情理不合,甚至有的意見建議此時只應當返還財產的尚存利益。因此,本條第 1 款規定:「被撤銷死亡宣告的人有權請求依照本法第六編取得其財產的民事主體返還財產;無法返還的,應當給予適當補償。」

本條第 2 款源於《最高人民法院關於貫徹執行〈中華人民共和國民法通則〉若干問題的意見(試行)》第 39 條,該條規定:「利害關係人隱瞞真實情況使他人被宣告死亡而取得其財產的,除應返還原物及孳息外,還應對造成的損失予以賠償。」鑒於前述本條第 1 款規定的理由,如果自然人被宣告死亡乃是利害關係人隱瞞真實情況所導致,並且該利害關係人還因之獲得利益,取得被宣告死亡人的財產,則該利害關係人存在過錯,其取得財產帶有非法性,不但不應受到利益上的保護,而且還應當承擔相應的責任。因此,本條第 2 款規定,利害關係人隱瞞真實情況,致使他人被宣告死亡而取得其財產的,除應當返還財產外,還應當對由此造成的損失承擔賠償責任。

第四節　個體工商戶和農村承包經營戶

> **第五十四條**　自然人從事工商業經營,經依法登記,為個體工商戶。個體工商戶可以起字號。

■ 條文主旨

本條是關於個體工商戶的規定。

■ 條文釋義

一、個體工商戶的基本情況

2019 年底,全國實有個體工商戶 8261 萬戶,其中本年新登記個體工商戶 1621.8 萬戶。自 2011 年以來,全國個體工商戶實現了戶數、從業人員和資金的持續增長。

二、個體工商戶的登記

有經營能力的自然人,經工商行政管理部門登記,領取個體工商戶營業執照,從事工商

業經營的，可以成為個體工商戶。

2011年4月16日國務院公佈的《個體工商戶條例》（2016年2月6日第二次修訂）和2011年9月30日國家工商行政管理總局公佈的《個體工商戶登記管理辦法》（2019年8月8日第二次修訂）對個體工商戶的登記作了具體規定：

1. 登記機關。市場監督管理部門是個體工商戶的登記管理機關。縣、自治縣、不設區的市、市轄區的市場監督管理部門為個體工商戶的登記機關，負責本轄區內的個體工商戶登記。登記機關可以委託其派出機構辦理個體工商戶登記。

2. 申請登記。國家對個體工商戶實行市場平等准入、公平待遇的原則。申請辦理個體工商戶登記，申請登記的經營範圍不屬於法律、行政法規禁止進入的行業的，登記機關應當依法予以登記。個體工商戶可以個人經營，也可以家庭經營。個人經營的，以經營者本人為申請人；家庭經營的，以家庭成員中主持經營者為申請人。申請登記為個體工商戶，應當向經營場所所在地登記機關申請註冊登記。申請人應當提交登記申請書、身份證明和經營場所證明。

3. 登記事項。個體工商戶登記事項包括經營者姓名和住所、組成形式、經營範圍、經營場所。個體工商戶使用名稱的，名稱作為登記事項。

經營者姓名和住所，是指申請登記為個體工商戶的公民姓名及其戶籍所在地的詳細住址。

組成形式，包括個人經營和家庭經營。家庭經營的，參加經營的家庭成員姓名應當同時備案。經營範圍，是指個體工商戶開展經營活動所屬的行業類別。登記機關根據申請人申請，參照《國民經濟行業分類》中的類別標準，登記個體工商戶的經營範圍。經營場所，是指個體工商戶營業所在地的詳細地址。個體工商戶經登記機關登記的經營場所只能為一處。申請註冊登記或者變更登記的登記事項屬於依法須取得行政許可的，應當向登記機關提交許可證明。

4. 辦理登記。登記機關對申請材料依法審查後，按照下列規定辦理：（1）申請材料齊全、符合法定形式的，當場予以登記；申請材料不齊全或者不符合法定形式要求的，當場告知申請人需要補正的全部內容。（2）需要對申請材料的實質性內容進行核實的，依法進行核查，並自受理申請之日起15日內作出是否予以登記的決定。（3）不符合個體工商戶登記條件的，不予登記並書面告知申請人，說明理由，告知申請人有權依法申請行政覆議、提起行政訴訟。予以註冊登記的，登記機關應當自登記之日起10日內發給個體工商戶營業執照。

5. 變更、註銷登記。個體工商戶登記事項變更的，應當向登記機關申請辦理變更登記。個體工商戶變更經營者的，應當在辦理註銷登記後，由新的經營者重新申請辦理註冊登記。家庭經營的個體工商戶在家庭成員間變更經營者的，依照規定辦理變更手續。個體工商戶不再從事經營活動的，應當到登記機關辦理註銷登記。

三、從事工商業經營的範圍

對個體工商戶從事「工商業經營」的範圍應當從廣義上理解。只要是不屬於法律、行政

法規禁止進入的行業，個體工商戶均可進入並開展經營活動。實踐中，個體工商戶從事經營的領域主要有：批發和零售業，住宿和餐飲業，居民服務、修理和其他服務業，交通運輸、倉儲和郵政業，租賃和商務服務業，信息傳輸、軟件和信息技術服務業，文化、體育和娛樂業，科學研究和技術服務業，衛生和社會工作，電力、熱力、燃氣及水生產和供應業，水利、環境和公共設施管理業，等等。

四、個體工商戶的名稱與字號

個體工商戶可以使用名稱，也可以不使用名稱。個體工商戶決定使用名稱的，應當向登記機關提出申請，經核准登記後方可使用。一戶個體工商戶只能使用一個名稱。

個體工商戶名稱由行政區劃、字號、行業、組織形式依次組成。個體工商戶名稱中的行政區劃是指個體工商戶所在縣（市）和市轄區名稱。行政區劃之後可以綴以個體工商戶經營場所所在地的鄉鎮、街道或者行政村、社區、市場名稱。

經營者姓名可以作為個體工商戶名稱中的字號使用。個體工商戶名稱中的行業應當反映其主要經營活動內容或者經營特點。個體工商戶名稱組織形式可以選用「廠」「店」「館」「部」「行」「中心」等字樣，但不得使用「企業」「公司」「農民專業合作社」字樣。

第五十五條　農村集體經濟組織的成員，依法取得農村土地承包經營權，從事家庭承包經營的，為農村承包經營戶。

■ 條文主旨

本條是關於農村承包經營戶的規定。

■ 條文釋義

本條規定在民法通則的基礎上，根據土地承包經營權由合同性質及債權保護強化為物權性質及物權保護的演進，作了修改完善。

實行以家庭承包經營為基礎、統分結合的雙層經營體制，是我國改革開放歷史新時期的重要標誌性舉措，是我國農村改革的重大成果，是我國憲法確立的農村基本經營制度。多年來的農村改革的實踐證明：實行家庭承包經營，符合生產關係要適應生產力發展要求的規律，使農戶獲得了充分的經營自主權，充分調動了億萬農民的生產積極性，極大地解放和發展了農村生產力，實現了我國農業的巨大發展和農村經濟的全面繁榮。

家庭承包經營是集體經濟組織內部的一個經營層次，是雙層經營體制的基礎。實行家庭承包經營，符合農業生產的特點，可以使農戶根據自然條件、市場需求和效益原則等因素，確定農業生產的品種、結構和項目，廣泛採用農業新品種、新技術，進行農業結構調整，使農民成為農業生產經營的獨立的市場主體。實行家庭承包經營，使農戶的利益與生產發展密

切相關，有效地激發了廣大農民對土地長效投入的熱情。改良土壤、興建農田水利設施和購置農機具已成為農戶的積極選擇。有效利用土地，以科學技術發展生產已成為廣大農民內在持久的動力，促進了我國農業的可持續發展。

保持農村土地承包關係穩定並長久不變，賦予農民更加充分而有保障的土地權利，關係到我國廣大農民生存和發展的權利，關係到我國農業的持續發展、農村經濟的繁榮和農村社會的和諧穩定。對於這樣一個重大問題，無疑需要由法律制度來保障。

我國對土地承包經營權保護的立法有一個發展和完善的過程。改革開放後，根據改革開放和社會經濟發展的實際情況，我國於 1986 年制定了民法通則。這部法律第一次在民事法律中作出了土地承包經營權受法律保護的規定，即公民、集體依法對集體所有的或者國家所有由集體使用的土地、森林、山嶺、草原、荒地、灘塗、水面的承包經營權，受法律保護。承包雙方的權利和義務，依照法律由承包合同規定。這一內容規定在「財產所有權和與財產所有權有關的財產權」一節中，但承包雙方的權利和義務，仍由承包合同約定。此後頒佈的土地管理法、農業法等其他法律對土地承包經營權所作的規定，也多局限於承包合同的角度。這些法律規定，對完善土地承包經營制度，規範承包關係雙方的權利義務發揮了積極作用，但也不可避免地有着歷史局限性，仍不能從根本上解決合同約束效力較低所帶來的承包經營權容易受到侵害的問題。

1993 年，黨的十四屆三中全會作出了建立社會主義市場經濟體制的決定。1998 年，黨的十五屆三中全會明確提出，「要抓緊制定確保農村土地承包關係長期穩定的法律法規，賦予農民長期而有保障的土地使用權」，為土地承包經營權保護方面的立法提供了指導方針。1999 年的憲法修正案在 1993 年修正案的基礎上進一步明確規定：「農村集體經濟組織實行家庭承包經營為基礎、統分結合的雙層經營體制。」2002 年 8 月，九屆全國人大常委會二十九次會議審議通過了農村土地承包法。這部法律遵循社會主義市場經濟的規律，按照黨的十五屆三中全會「賦予農民長期而有保障的土地使用權」的要求，以憲法為依據，從物權的角度對土地承包經營權作了規定。其內容涉及家庭承包發包方和承包方的權利和義務、承包的原則和程序、承包期限和承包合同、土地承包經營權的保護、土地承包經營權的流轉，以及其他方式的承包、爭議的解決和法律責任等方面。農村土地承包法的一系列規定，體現了土地承包經營權物權化的指導思想，但沒有明確使用「用益物權」這個概念。

2007 年 3 月 16 日，物權法經過十屆全國人大五次會議審議通過。物權法在用益物權編中專章規定了土地承包經營權，將其作為物權中的重要權利。物權法將土地承包經營權作為用益物權，土地承包經營權人依法對其承包經營的耕地、林地、草地等享有佔有、使用和收益的權利，有權從事種植業、林業、畜牧業等農業生產。土地承包經營權人在集體所有的土地上，對承包地享有佔有、使用和收益的權利，體現了用益物權的基本特徵和土地承包經營權人的基本權利。

黨的十八大以來，以習近平同志為核心的黨中央對穩定和完善農村基本經營制度、深化農村集體土地制度改革，提出一系列方針政策。2013 年 7 月，習近平總書記在武漢農村綜

合產權交易所考察時強調，深化農村改革，完善農村基本經營制度，要好好研究農村土地所有權、承包權、經營權三者之間的關係；在 2013 年的中央農村工作會議上指出，順應農民保留土地承包權、流轉土地經營權的意願，把農民土地承包經營權分為承包權和經營權，實現承包權和經營權分置並行，這是我國農村改革的又一次重大創新。隨後黨中央、國務院出台了一系列關於「三權分置」的文件。根據中央政策精神，2018 年 12 月，十三屆全國人大常委會七次會議通過了《全國人民代表大會常務委員會關於修改〈中華人民共和國土地承包法〉的決定》，在法律中體現和落實了「三權分置」改革的精神。

　　農村土地承包法第 3 條明確規定：「國家實行農村土地承包經營制度。農村土地承包採取農村集體經濟組織內部的家庭承包方式，不宜採取家庭承包方式的荒山、荒溝、荒丘、荒灘等農村土地，可以採取招標、拍賣、公開協商等方式承包。」第 5 條第 1 款規定：「農村集體經濟組織成員有權依法承包由本集體經濟組織發包的農村土地。」第 16 條第 1 款規定：「家庭承包的承包方是本集體經濟組織的農戶。」從這些規定可以看出，家庭承包方式，是指以農村集體經濟組織的每一個農戶家庭全體成員為一個生產經營單位，作為承包人與發包人建立承包關係，承包耕地、林地、草地等用於農業的土地。

　　農村土地家庭承包的承包方是本集體經濟組織的農戶。農戶是農村中以血緣和婚姻關係為基礎組成的農村最基本的社會單位。它既是獨立的生活單位，又是獨立的生產單位。作為生產單位的農戶，一般是依靠家庭成員的勞動進行農業生產與經營活動的。對農村土地實行家庭承包的，農戶成為農村集體經濟中一個獨立的經營層次，是農村從事生產經營活動的基本單位。以戶為生產經營單位，與一般的自然人個人作為民事主體有所區別，但又不同於非法人組織這類民事主體。因此法律對其單獨進行規定，即農村集體經濟組織的成員，依法取得農村土地承包經營權，從事家庭承包經營的，為農村承包經營戶。

　　承包是以「戶」為單位進行的。土地承包合同由「戶」的代表與發包方簽訂，土地承包經營權證書是按戶製作並頒發。在家庭承包的情況下，農戶是交易活動的主體，其信用建立在家庭信用的基礎上，發包方或交易相對一方也以農戶家庭為對象，與其從事交易活動。農戶也是以戶的財產承擔責任，以確保義務的履行。從這個角度來講，以戶為經營單位符合我國農村的實際情況，有利於農村經濟活動的進行。

　　需要進一步說明的是：第一，家庭承包中，是按人人有份分配承包地，按戶組成一個生產經營單位作為承包方。第二，本集體經濟組織的農戶作為承包方，主要是針對耕地、草地和林地等適宜家庭承包的土地的承包。第三，農戶內的成員分家析產的，單獨成戶的成員可以對原家庭承包的土地進行分別耕作，但承包經營權仍是一個整體，不能分割。

> 第五十六條　個體工商戶的債務，個人經營的，以個人財產承擔；家庭經營的，以家庭財產承擔；無法區分的，以家庭財產承擔。
>
> 農村承包經營戶的債務，以從事農村土地承包經營的農戶財產承擔；事實上由農戶部分成員經營的，以該部分成員的財產承擔。

■ 條文主旨

本條是關於個體工商戶、農村承包經營戶債務承擔的規定。

■ 條文釋義

一、個體工商戶的債務承擔

個體工商戶可以個人經營，也可以家庭經營。個體工商戶的債務，個人經營的，以個人財產承擔；家庭經營的，以家庭財產承擔。對於實踐中無法區分是個人經營還是家庭經營的，是個人投資還是家庭投資，是個人享用經營收益還是家庭共同享用經營收益，進而確定債務是以個人財產承擔，還是以家庭財產承擔，司法實踐中一般有以下認定標準：一是以公民個人名義申請登記的個體工商戶，用家庭共有財產投資，或者收益的主要部分供家庭成員享用的，其債務應以家庭共有財產清償；二是夫妻關係存續期間，一方從事個體經營，其收入為夫妻共有財產的，債務亦應以夫妻共有財產清償。此外，個體工商戶的債務，如以其家庭共有財產承擔責任，應當保留家庭成員的生活必需品和必要的生產工具。

二、農村承包經營戶的債務承擔

在承包期內，無論承包戶內人口發生什麼樣的變化，是增是減，只要作為承包戶的家庭還存在，承包戶就仍然是一個生產經營單位。在承包經營活動中，無論是全體家庭成員從事生產經營勞動和經營活動，還是部分家庭成員從事生產經營勞動和經營活動，另一部分家庭成員從事其他職業或者家務勞動，農戶仍然是一個對外承擔責任的主體。考慮到隨着我國城鄉經濟結構的調整和城鎮化的發展，農村剩餘勞動力向城鎮的轉移會不斷增加，有的家庭成員進城務工就業，分門立戶，已完全不參與家庭土地承包經營，也不分享承包家庭的收益，在這種情況下，可以不再承擔原所在家庭承包經營的債務。因此本條規定，「事實上由農戶部分成員經營的，以該部分成員的財產承擔」。需要指出的是，實踐中，這一規定要嚴格掌握，防止借本條規定逃避應承擔的債務。

第三章　法　人

　　法人是具有民事權利能力和民事行為能力，依法獨立享有民事權利和承擔民事義務的組織。法人制度是世界各國規範經濟秩序和整個社會秩序的一項重要法律制度。

　　本章共分四節，共四十五條。第一節為法人制度的一般規定，主要規定了法人的概念與特點，法人的成立，法人應具備的條件，法人的民事能力，法人的機關，法人的分支機構，法人的變更、終止與清算，法人的登記等。第二節為營利法人，主要規定了營利法人的定義和登記成立，登記機關頒發營業執照，營利法人制定法人章程，設立權力機構、執行機構、監督機構，營利法人出資人的有關法定權利和義務，以及營利法人從事經營活動所應承擔的道德和社會責任等。第三節為非營利法人，本節共有九條，主要規定了非營利法人的定義和範圍，事業單位法人、社會團體法人、捐助法人的定義、成立程序、組織機構，以及捐助人為維護所捐財產的安全而享有的監督權，為公益目的成立的非營利法人終止時剩餘財產的處理等。第四節為特別法人，主要規定了特別法人的範圍，機關法人的設立和終止，農村集體經濟組織、城鎮農村的合作經濟組織依法取得法人資格，以及居民委員會、村民委員會取得基層群眾性自治組織法人資格等。

第一節　一般規定

> **第五十七條**　法人是具有民事權利能力和民事行為能力，依法獨立享有民事權利和承擔民事義務的組織。

■ 條文主旨

　　本條是關於法人定義的規定。

■ 條文釋義

　　根據本條的規定，法人是具有民事權利能力和民事行為能力，依法獨立享有民事權利和承擔民事義務的組織。這就是法人的定義。

　　一、法人制度的由來

　　法人制度是世界各國規範經濟秩序和整個社會秩序的一項重要法律制度。一般認為，法人制度的雛形始於羅馬法。羅馬法有關法人人格的理念主要體現在「團體」之類的組織中，

「為了形成一個真正的團體，即具有法律人格的團體，必然有數個（至少為三人）為同一合法目標而聯合並意圖建立單一主體的人。」羅馬法中對「團體」賦予法律人格，被認為是民法理論研究和制度設計中最富有想像力和技術性的創造。

隨着資本主義的發展，從 17 世紀後期開始，對特許公司股東責任進行限定的做法開始興起和發展。1662 年，一項英國法律確認印度公司、皇家非洲公司、英國商業公司等特許公司中的股東，在公司出現虧損時，他們僅以持有股份的票面額為限，對外承擔責任。之後，股東承擔有限責任的特許公司開始大量出現。到了 19 世紀中葉，隨着英國《有限責任法》的頒佈，公司股東對公司債務承擔有限責任的制度最終得以確立，這也是法人制度在近現代社會發展的一個重要背景。通過法人制度的確立，可以使一個組織以其自己名義實施法律行為、擁有法律利益，進行訴訟與被訴訟，並擁有法律上可以獨立存在的、與其成員或任何第三人不同的人格。

我國建立法人制度相對比較晚。1986 年頒佈、1987 年施行的民法通則首次引入了法人制度，對法人制度作了專章規定，明確了法人是具有民事權利能力和民事行為能力，依法獨立享有民事權利和承擔民事義務的組織，法人的民事權利能力和民事行為能力，從法人成立時產生，到法人終止時消滅。同時，民法通則還規定了法人應當具備的四項條件，包括依法成立，有必要的財產或者經費，有自己的名稱、組織機構和場所，能夠獨立承擔民事責任等。明確了法人的法定代表人、住所、終止清算等制度，並將法人分為企業法人、機關法人、事業單位法人和社會團體法人四類。應該說，民法通則對法人制度的規定，雖然比較簡單，但有着非常重要的里程碑意義，使我國的法人制度從無到有，開始建立起來，對於促進我國經濟的發展，規範經濟社會秩序起到了積極的推動作用。經過多年的發展，我國的法人制度日益完善，本法正是在總結多年來的司法實踐經驗和法學理論研究的基礎上，從立法層面對法人制度作了進一步的發展完善。

本章的規定在民法通則的基礎上，對法人制度作了進一步完善，特別是在法人分類方面，將法人分為營利性法人、非營利性法人、特別法人三類，改變了民法通則將法人分為企業法人、機關法人、事業單位法人和社會團體法人四類的分類方式，是一個重大的進步，適應了當前我國法人制度不斷發展、類型更加多樣化的需要。

二、法人的特點

一是法人不是自然人，屬於社會組織，是一種集合體，由法律賦予該組織單獨的法律人格。法人可以是人的集合體，也可以是財產的集合體。

二是具有民事權利能力和民事行為能力。法人可以以自己的名義，通過自身的行為享有和行使民事權利，設定和承擔民事義務。法人的民事權利能力和民事行為能力，從法人成立時產生，到法人終止時消滅。

三是依法獨立享受民事權利、承擔民事義務。法人有自己獨立的民事主體地位，可以自己的名義獨立從事民事活動，享有民事權利，承擔民事義務。

四是獨立承擔民事責任。法人以其全部財產獨立承擔民事責任，能否獨立承擔民事責

任,是區別法人組織和非法人組織的重要標誌。

三、法人的分類

根據本章的規定,法人分為營利法人、非營利法人和特別法人。以取得利益分配給股東等出資人為目的成立的法人,為營利法人,包括有限責任公司、股份有限公司和其他企業法人等。為公益目的或者其他非營利目的成立,不向出資人、設立人或者會員分配所取得利潤的法人為非營利法人,包括事業單位、社會團體、基金會、社會服務機構等。機關法人、農村集體經濟組織法人、城鎮農村的合作經濟組織法人、基層群眾性自治組織法人,為特別法人。

從國際上對法人的分類情況看,大致有以下幾種:一是公法人與私法人。公法人是指以社會公共利益為目的,由國家或者公共團體依公法所設立的行使或者分擔國家權力、政府職能的法人,如機關法人、某些事業單位法人等;私法人是指以私人利益為目的,由私人依私法而設立的不擁有公共權力的法人,如企業法人等。二是社團法人與財團法人。社團法人是以社員為基礎的人的集合體,也稱人的組合,公司、行業協會等是典型的社團法人。財團法人是指為一定目的而設立的,並由專門委任的人按照規定的目的使用的各種財產,也稱財產組合,基金會、宗教活動場所、慈善組織等都是典型的財團法人。三是營利法人與非營利法人。營利法人是指以營利並將利潤分配給其成員為目的的法人,如公司等企業法人;非營利法人不以營利為設立的目的,同時所得利潤不分配給設立人或者投資人,而是繼續用於法人的發展,如事業單位法人、社會團體法人、捐助法人等。四是公益法人與非公益法人。公益法人是指以公益為其設立目的的法人,如學校、醫院、慈善組織等;非公益法人,是不以公益為其設立目的的法人,如企業法人等。

四、確立法人制度的意義

確立法人制度,可以使具備法人條件的組織取得獨立的民事主體資格,在法律上擁有獨立的人格,像自然人一樣有完全的民事權利能力和民事行為能力,從而有利於社會組織實現自己所承擔的任務。如對企業來說,通過法人制度的確立,有利於維護企業的自主權,發揮企業作為市場主體的積極作用。特別是對國有企業來說,法人制度的確立,有利於促進政企分開,使企業真正成為自主經營、自負盈虧的主體,以增強企業自身的活力,促進國有經濟的發展。

第五十八條　法人應當依法成立。

法人應當有自己的名稱、組織機構、住所、財產或者經費。法人成立的具體條件和程序,依照法律、行政法規的規定。

設立法人,法律、行政法規規定須經有關機關批准的,依照其規定。

■ 條文主旨

本條是關於法人成立的規定。

■ 條文釋義

一、法人應當依法成立

法人應當依法成立：其一，法人的成立必須合法，其設立目的和宗旨要符合國家利益和社會公共利益的要求，其組織機構、設立宗旨、經營範圍、經營方式等要符合法律、法規等的要求；其二，法人成立的條件和程序應當符合法律、行政法規的規定。

二、法人應當有自己的名稱、組織機構、住所、財產或者經費

1. 名稱。法人應該有自己的名稱，通過名稱的確定使自己與其他法人相區別。有關法律、行政法規對法人的名稱有明確的要求，如根據 1991 年國務院批准頒佈的《企業名稱登記管理規定》，企業的名稱應依次由字號（或者商號）、行業或者經營特點、組織形式組成，並冠以企業所在地省、自治區、直轄市，或者市（包括州）、縣（包括市轄區）行政區劃名稱。有一些特殊企業，經國家工商行政管理總局核准，可以不冠以企業所在地行政區劃名稱，包括全國性公司、國務院或其授權的機關批准的大型進出口企業、國務院或其授權的機關批准的大型企業集團、歷史悠久、字號馳名的企業、外商投資企業，以及國家工商行政管理總局批准的其他企業。

作為機關法人、事業單位法人、社會團體法人等非企業法人的名稱，應與其活動範圍、活動內容等相適應。這類非企業法人的名稱，有的是國家直接命名，如國家機關法人名稱；有的則應根據活動性質命名，並依法進行登記，如社會團體法人依法由民政部門登記。

2. 組織機構。法人是社會組織，法人的意思表示必須依法由法人組織機構來完成，每一個法人都應該有自己的組織機構，如股份有限公司法人的組織機構依法應由三部分組成；作為權力機構的股東大會；作為執行機構的董事會；作為監督機構的監事會。這三部分機構有機地構成公司法人的組織機構，代表公司進行相應的活動。如果沒有組織機構，就不能夠成為法人。

3. 住所。法人應有自己的住所。作為法人的住所，可以是自己所有的，也可以是租賃他人的。法人有自己的住所，主要是為了交易安全，同時也便於有關機關進行監督和管理。

4. 財產或者經費。法人作為獨立的民事主體，要獨立進行各種民事活動，並獨立承擔民事活動的後果。因此，法人應有必要的財產和經費。這是其享有民事權利和承擔民事義務的物質基礎，也是其得以獨立承擔民事責任的財產保障，否則，法人無法進行各種民事活動。所謂必要的財產或者經費，是指法人的財產或者經費應與法人的性質、規模等相適應。我國一些法律法規對有關法人的財產或者經費要求作了規定。如商業銀行法規定，設立商業銀行的註冊資本最低限額為 10 億元人民幣；城市合作商業銀行的註冊資本最低限額為 1 億元人民幣；農村合作商業銀行的註冊資本最低限額為 5000 萬元人民幣。必要的財產或者經費是法人生存和發展的基礎，也是法人獨立承擔民事責任的物質基礎。因此，法人具備必要的財產或者經費是法人應具備的最重要的基礎條件。

三、法人成立的具體條件和程序，依照法律、行政法規的規定

法人成立還需要滿足法律、行政法規規定的其他條件和程序。如公司法規定，設立有限責任公司，應當具備下列條件：一是股東符合法定人數；二是有符合公司章程規定的全體股

東認繳的出資額；三是股東共同制定公司章程；四是有公司名稱，建立符合有限責任公司要求的組織機構；五是有公司住所。股東認足公司章程規定的出資後，由全體股東指定的代表或者共同委託的代理人向公司登記機關報送公司登記申請書、公司章程等文件，申請設立登記。設立公司，應當依法向公司登記機關申請設立登記。符合本法規定的設立條件的，由公司登記機關分別登記為有限責任公司或者股份有限公司；不符合本法規定的設立條件的，不得登記為有限責任公司或者股份有限公司，等等。

四、設立法人，法律、行政法規規定須經有關機關批准的，依照其規定

設立法人，如果相關法律、行政法規規定須經有關機關批准的，應當依照其規定。這裏規定的「批准」是指行政許可。根據行政許可法的規定，行政許可是指行政機關根據公民、法人或者其他組織的申請，經依法審查，准予其從事特定活動的行為。有些法律，如食品安全法、藥品安全法規定設立食品、藥品生產經營企業應當經過食品、藥品主管部門的批准；又如民辦教育促進法規定，設立民辦學校，應當經教育主管部門批准；《醫療機構管理條例》規定，設立醫療機構應當經衛生主管部門批准，等等。應當指出的是，根據行政許可法的規定，地方性法規和省、自治區、直轄市人民政府規章，不得設定應當由國家統一確定的公民、法人或者其他組織的資格、資質的行政許可；不得設定企業或者其他組織的設立登記及其前置性行政許可。因此，本條規定，只有法律、行政法規可以對法人的設立設定行政許可。

第五十九條　法人的民事權利能力和民事行為能力，從法人成立時產生，到法人終止時消滅。

■ 條文主旨

本條是關於法人的民事權利能力和民事行為能力的規定。

■ 條文釋義

法人的民事權利能力是法律賦予的，是法人作為一個獨立的民事主體應當具備的基本資格。法人民事權利能力的獲取意味着法人作為一個獨立民事主體的成立，喪失這一權利能力則意味着法人的消滅。因而，法人的權利能力從成立時發生，至法人終止時消滅。

法人的民事行為能力是法人獨立地實施民事行為，行使民事權利、承擔民事義務的資格。法人的民事行為能力在時間上和民事權利能力相一致，始於法人成立，終於法人消滅，在法人存續期間始終存在。法人的民事行為能力和其民事權利能力在範圍上一致，法人能夠以自己的行為行使權利和承擔義務的範圍，即民事行為能力的範圍不能超出其權利能力所限定的範圍。

法人通過參與社會活動來實現一定經濟利益或者公益目的，為確保經濟秩序和交易的安

全,國家要依法通過設立登記制度賦予法人以民事權利能力和民事行為能力。例如,企業法人設立時須經過市場監管部門登記,使企業成為獨立民事主體,從而賦予其從事經營活動的能力與資格;同樣,事業單位和社會團體等非營利法人的成立也應分別經編制部門、民政部門註冊登記而具有法人資格,享有民事權利能力和民事行為能力。

作為法律上具有擬製人格的主體,法人的民事權利能力和民事行為能力與自然人有所不同:

一是在產生和消滅的時間上,自然人從出生之日起,即享有民事權利能力,但其民事行為能力會經歷不同階段的變化:8周歲以下為無民事行為能力人,8周歲到18周歲之間為限制民事行為能力人,18周歲以上為完全民事行為能力人。此外,一個完全民事行為能力的成年人,可能會因為患有精神疾病而喪失或者部分喪失民事行為能力,成為無民事行為能力人或者限制民事行為能力人。與自然人不同,法人的民事行為能力與其民事權利能力一起產生、同時消滅,兩者的開始與終止時間完全一致。

二是在範圍方面,法人的民事權利能力與民事行為能力在範圍上是一致的,不像自然人會由於年齡或者精神健康的原因而使其民事權利能力和民事行為能力在範圍上有所不同。自然人中的完全民事行為能力人,其民事權利能力的範圍與民事行為能力範圍是相一致的,但對於無民事行為能力人或者限制民事行為能力人來說,其民事行為能力範圍要小於民事權利能力範圍,是不一致的。

三是在民事行為能力的實現方面,有完全民事行為能力的自然人,可以由自身來實現其民事行為能力,無須他人代表或者代理。但法人實施民事法律行為,一般是由法定代表人來進行的。法定代表人以法人的名義依法實施民事法律行為時,法定代表人所作的意思表示,就是法人的意思表示,應由法人承受其法定代表人意思表示的效果。

第六十條　法人以其全部財產獨立承擔民事責任。

■ 條文主旨

本條是關於法人獨立承擔民事責任的規定。

■ 條文釋義

民事責任,是對民事法律責任的簡稱,是指民事主體在民事活動中,因實施了違法行為或者存在違約行為,根據民法所承擔的對其不利的民事法律後果。民事責任屬於法律責任的一種,是保障民事權利和民事義務實現的重要措施,主要是一種民事救濟手段,旨在使受害人被侵犯的民事權益得以恢復。除了民事責任,法律責任中還包括行政責任和刑事責任。

一般來說,民事責任的構成要件包括四個方面:一是損害事實的客觀存在。損害是指因

行為人的行為，包括作為或者不作為，使民事主體的人身權利或者財產權利遭受某種不利的影響。權利主體只有在受損害的情況下才能夠請求法律上的救濟。二是行為人實施了違法行為或者違約行為。三是行為人有過錯。行為人的過錯是行為人在實施違法行為或者違約行為時所具備的心理狀態，包括故意和過失，是構成民事責任的主觀要件。需要說明的是，在嚴格責任的歸責原則下，行為人即使沒有過錯，也要承擔責任。如本法侵權責任編規定的高度危險責任，即屬於嚴格責任，只要是從事高度危險作業造成他人損害的，即應當承擔侵權責任。四是行為人的違法行為或者違約行為與損害事實之間存在因果關係。作為構成民事責任要件的因果關係，是指行為人的違法行為或者違約行為與損害事實之間所存在的因果必然聯繫。

承擔民事責任的方式主要有：（1）停止侵害；（2）排除妨礙；（3）消除危險；（4）返還財產；（5）恢復原狀；（6）修理、重作、更換；（7）繼續履行；（8）賠償損失；（9）支付違約金；（10）消除影響、恢復名譽；（11）賠禮道歉。法律規定懲罰性賠償的，依照其規定。上述的承擔民事責任的方式，可以單獨適用，也可以合併適用。

承擔民事責任的主體既有自然人，也有法人、非法人組織，對於法人來說，是以其全部財產獨立承擔民事責任。這裏須強調兩點：一是全部財產。法人作為獨立的民事主體，要獨立進行民事活動，獨立承擔民事活動的後果。因此，法人應有必要的財產和經費，這是其享有民事權利和承擔民事義務的物質基礎，也是其得以獨立承擔民事責任的財產保障。法人要以其全部財產承擔民事責任，而不是只以部分財產承擔民事責任。二是獨立承擔民事責任。「獨立」的含義，即任何法人的債務只能由它自己承擔，國家、投資者和法人組織內部的成員不對法人的債務負責。如有限責任公司是由股東出資設立的，而具有法人身份的公司在民事責任方面是與股東嚴格區分的，即便是股東出錢開了這家公司，但兩者的責任也要嚴格區分，法人對外需要承擔民事責任，要以自身的財產來承擔，不能由投資設立該公司的股東以自己的財產來承擔。但是，對於合夥企業、個人獨資企業等不具備法人資格的組織，因為不能獨立承擔民事責任，當其財產不足以清償債務時，要由出資人或者設立人承擔無限責任。

> **第六十一條** 依照法律或者法人章程的規定，代表法人從事民事活動的負責人，為法人的法定代表人。
>
> 法定代表人以法人名義從事的民事活動，其法律後果由法人承受。
>
> 法人章程或者法人權力機構對法定代表人代表權的限制，不得對抗善意相對人。

■ 條文主旨

本條是關於法人的法定代表人的規定。

■ 條文釋義

一、法定代表人的定義

依照法律或者法人章程的規定，代表法人從事民事活動的負責人，為法人的法定代表人。根據這一規定，法人的法定代表人由誰擔任，是依據法律的規定或者法人章程的規定確定的。一是根據法律規定。有的法律，如公司法第13條規定了公司的法定代表人由誰擔任：「公司法定代表人依照公司章程的規定，由董事長、執行董事或者經理擔任，並依法登記。公司法定代表人變更，應當辦理變更登記。」二是如果沒有法律規定，就要根據法人章程來確定法人的法定代表人。

總的來說，法人的法定代表人是代表法人行使職權的負責人，是代表法人進行民事活動的自然人。法定代表人只能是自然人，且該自然人只有代表法人從事民事活動時才具有這種身份。

二、法定代表人以法人名義從事的民事活動，其法律後果由法人承受

法定代表人對外以法人名義進行民事活動時，其與法人之間並非代理關係，而是代表關係，且其代表職權來自法律的明確授權，故不需要有法人的授權委託書。因此，法定代表人對外的職務行為即為法人行為，其後果由法人承擔。法人對法定代表人所負的責任，也包括越權行為的責任。本法合同編規定，法人或者其他組織的法定代表人、負責人超越權限訂立的合同，除相對人知道或者應當知道其超越權限的以外，該合同對法人發生效力。需要說明的是，法人除了要對其法定代表人的職務行為承擔責任，還要對其工作人員的職務行為承擔責任。本法在侵權責任編規定，用人單位的工作人員因執行工作任務造成他人損害的，由用人單位承擔侵權責任。

三、法人章程或者法人權力機構對法定代表人代表權的限制，不得對抗善意相對人

法人不得以法人章程等對法定代表人的內部職權限制對抗善意第三人。法人章程是指法人依法制定的，規定法人的經營活動範圍、內部管理制度等重大事項的文件，是法人的自我管理規範，載明了法人組織和活動的基本準則。法人章程具有法定性、真實性、自治性和公開性的基本特徵，是法人設立和運營的基礎和依據。法人章程對法人來說非常重要，但作為法人內部的行為規範，在通常情況下不易被法人外部的人員所知道，所以在確定其外部效力方面，要考慮對善意相對人的權益保護。本條規定對法人章程的對外效力方面作了適當限制，以保護善意相對人的合法權益。

所謂「善意相對人」是指對法人章程或者法人權力機構對法定代表人代表權的限制，不知情或者不應當知情的權利人。法人章程或者法人權力機構對法定代表人的對外代表權限進行了限制，但該法定代表人超越了自己的權限與相對人簽訂了合同，或者實施了其他法律行為的，如果相對人不知道或者不應當知道該限制規定的，則法人不得以法定代表人的行為超越了其權限而主張不承擔或免除其應承擔的法律責任。

規定法人章程或者法人權力機構對法定代表人代表權的限制，不得對抗善意相對人，旨在保護交易中無過錯一方的權利，維護交易安全。這裏需要指出的是，判斷相對方是否為善

意，不僅要考量其事實上是否知道法人章程或者法人權力機構對法定代表人代表權的限制這一情況，還要考量其是否應當知道這一情況。「知道」是一種事實狀況的判定，而「應當知道」則是對當事人是否存在過錯的判定。在上述例子中，如果乙公司在訂立合同之前已經拿到了甲公司章程，章程中對甲公司法定代表人的權限作了明確的限制，但因乙公司疏忽大意而沒有認真查看甲公司的章程，則其就屬於應當知道但因過錯而沒能知道，因而不是善意相對人，其與甲公司法定代表人超越權限訂立的合同，對甲公司就不發生效力。

> **第六十二條**　法定代表人因執行職務造成他人損害的，由法人承擔民事責任。
> 　　法人承擔民事責任後，依照法律或者法人章程的規定，可以向有過錯的法定代表人追償。

■ 條文主旨

本條是關於法定代表人職務侵權行為的責任承擔的規定。

■ 條文釋義

一、法定代表人因執行職務造成他人損害的，由法人承擔民事責任

法定代表人因執行職務造成他人損害的，屬於職務侵權。法定代表人的職務侵權行為應該同時符合以下兩個要素：一是法定代表人的行為構成對第三人的侵權，包括對第三人人身權和財產權的侵害。二是該侵權行為應為法定代表人執行職務的行為。例如，甲公司的法定代表人李某駕車出差途中，發生交通事故，將行人張某撞傷，即屬於李某的職務侵權行為。由於法定代表人的職務行為是代表法人實施的，因而應由法人承擔民事責任。但是，法定代表人的行為如果與執行職務無關，則不構成職務侵權。在上述例子中，如果作為法定代表人的李某是在自己休假旅行過程中發生交通事故，將行人張某撞傷，則不構成職務侵權，甲公司無須承擔責任，要由李某本人承擔責任。

法人的法定代表人是代表法人從事民事活動的負責人，其以法人名義從事的民事活動的法律後果由法人承擔，所以法人的職務侵權行為亦應由法人來承擔民事責任。需要指出的是，法人的法定代表人的職務侵權行為與法人一般工作人員的職務侵權行為，在歸責原則上，對外都是由法人承擔責任。本法侵權責任編規定，用人單位的工作人員因執行工作任務造成他人損害的，由用人單位承擔侵權責任。用人單位承擔侵權責任後，可以向有故意或者重大過失的工作人員追償。

二、法人承擔民事責任後，依照法律或者法人章程的規定，可以向有過錯的法定代表人追償

法人對外承擔民事責任後，在對內責任方面，可以依照法律或者法人章程的規定，向有

過錯的法定代表人追償。這一規定涉及法定代表人職務侵權行為的內部職責分擔問題。在一般情況下，在職務侵權行為中，行為的法律後果完全由法人承擔，法定代表人不須承擔該行為的民事責任，但在以下兩種情況下，法人可以向有過錯的法定代表人追償：

一是根據法律規定。如果有關法律法規明文規定了法定代表人對職務侵權行為應該承擔相應的責任，那麼在此種情形下，法人可以在對外賠償後，依據法律法規規定，向有過錯的法定代表人進行追償。

二是根據法人章程規定。如果法人的章程中明確規定法定代表人對職務侵權行為應該承擔相應的責任，那麼在此種情形下，法人可以在對外賠償後，依據法人章程的規定，向有過錯的法定代表人進行追償。

需要指出的是，在法人對外承擔民事責任後，對內向責任人進行追償方面，法定代表人與一般工作人員是不同的。本法在侵權責任編規定，用人單位的工作人員因執行工作任務造成他人損害的，由用人單位承擔侵權責任。用人單位承擔侵權責任後，可以向有故意或者重大過失的工作人員追償。根據這一規定，在法人對外承擔民事責任後，對內向責任人進行追償方面，法定代表人與一般工作人員是有區別的：一是對法定代表人進行追償，必須依據有關法律的規定或者法人章程的規定，否則是不能向法定代表人進行追償的。而法人向其他工作人員追償，則不需要有法律的規定或者法人章程的規定這一前提，只要工作人員有故意或者重大過失都可以向其追償。二是法定代表人和其他工作人員承擔內部責任的過錯程度要求不同。對法定代表人來說，只要有過錯，包括故意或者過失，即便是一般過失，也要對內承擔責任，法人可以向其追償。但對其他工作人員來說，其對內部承擔責任的過錯程度要求比較高，應為故意或者重大過失，如果只是一般過失，則無須對內部承擔責任，法人也不能向其追償。

> **第六十三條**　法人以其主要辦事機構所在地為住所。依法需要辦理法人登記的，應當將主要辦事機構所在地登記為住所。

■ 條文主旨

本條是關於法人住所的規定。

■ 條文釋義

法人住所，是指法人主要辦事機構所在地。確定法人的住所，對於確定法人主要辦事機構所在地和訴訟管轄地、破產清算地等具有重要意義。此外，法人住所地的確定也可以在涉外法律關係上，決定准據法的適用。我國的涉外民事關係法律適用法明確規定：「法人及其分支機構的民事權利能力、民事行為能力、組織機構、股東權利義務等事項，適用登記地法

律。法人的主營業地與登記地不一致的，可以適用主營業地法律。法人的經常居所地，為其主營業地。」許多國家主張以法人的住所地法作為法人的屬人法。因此，在這些國家處理國際民商事糾紛時，如需要適用法人的屬人法，就適用法人的住所地法。

目前國際上確定法人的住所地主要有以下三種標準：

一是管理中心地主義，即以管理中心地為法人的住所地。法人的管理中心地，又稱為法人的主要事務所所在地或主要辦事機構所在地，一般是法人的董事會所在地。以管理中心地作為法人住所地的考慮是，法人的主事務所是法人的首腦機構，決定法人活動的大政方針，所以應該以法人的主事務所所在地為法人的住所。根據本條的規定，我國確定法人的住所即是採取這一標準確定的。

二是營業中心地主義，即以營業中心地為法人的住所地。營業中心地是法人進行生產、經營等活動的地方。以營業中心地作為法人住所的考慮是，法人進行營業活動的地方是其實現設立目的的地方，且相對來說比較穩定。但是，適用營業中心地主義的標準也面臨一些問題，一些法人的營業範圍往往涉及多個國家，因而有時難以確定其營業中心地。目前，一些發展中國家規定以營業中心所在地為法人的住所。

三是以法人章程所規定的住所地為主，管理中心地為輔。法人的章程對住所有規定的，以章程規定為準；章程沒有規定的，則以其管理中心地為其住所。

多數國家規定法人只能有一個住所，但也有少數國家，如德國規定法人可以有幾個住所。

本條規定，依法需要辦理法人登記的，應當將主要辦事機構所在地登記為住所。法人設立登記是法人依法成立，取得民事主體資格的要件。依據本法和《中華人民共和國企業法人登記管理條例》、《中華人民共和國公司登記管理條例》、《社會團體登記管理條例》、《事業單位登記管理暫行條例》和《民辦非企業單位登記管理暫行條例》等規定，企業法人、部分事業單位法人和絕大多數社會團體法人應當依法進行設立登記，登記的內容包括法人的住所一項。根據本條的規定，依法需要辦理法人登記的，都應當將主要辦事機構所在地登記為住所。

第六十四條　法人存續期間登記事項發生變化的，應當依法向登記機關申請變更登記。

■ 條文主旨

本條是關於法人變更登記的規定。

■ 條文釋義

法人變更登記是指法人存續期間登記事項發生變化的，應當依法將有關變化情況向登記機關報告，並申請辦理變更手續。因登記而取得法人資格的法人，其登記事項的變更應進行變更登記，變更登記的機關為原登記機關。對於非因登記而取得法人資格的機關法人，以及部分社會團體法人和事業單位法人，其變更則不需要登記。

一、企業法人變更登記

企業法人變更登記的事項通常包括：合併與分立，變更組織形式，增設或者撤銷分支機構及法人經營範圍，註冊資本、住所、法定代表人、經營方式的變動等。依據《中華人民共和國企業法人登記管理條例》及其實施細則的規定，企業法人改變名稱、住所、經營場所、法定代表人、經濟性質、經營範圍、經營方式、註冊資金、經營期限，以及增設或者撤銷分支機構，應當申請辦理變更登記。企業法人申請變更登記，應當在主管部門或者審批機關批准後 30 日內，向登記主管機關申請辦理變更登記。企業法人分立、合併、遷移，應當在主管部門或者審批機關批准後 30 日內，向登記主管機關申請辦理變更登記。

二、其他法人的變更登記

除了企業法人外，其他法人的登記事項需要變更的，也應當依法辦理變更登記。例如，依據《民辦非企業單位登記管理暫行條例》的規定，民辦非企業單位（即社會服務機構）的登記事項需要變更的，應當自業務主管單位審查同意之日起 30 日內，向登記管理機關申請變更登記。民辦非企業單位修改章程，應當自業務主管單位審查同意之日起 30 日內，報登記管理機關核准。

第六十五條　法人的實際情況與登記的事項不一致的，不得對抗善意相對人。

■ 條文主旨

本條是關於法人登記事項錯誤不能對抗善意相對人的規定。

■ 條文釋義

法人登記是對法人參與社會活動的一項管理制度，為保障法人的構成和運行合法，保持法人狀態的相對穩定和被社會知情，國家依法設立專門機關對法人進行登記並公示管理。依據《中華人民共和國企業法人登記管理條例》、《中華人民共和國公司登記管理條例》、《社會團體登記管理條例》、《事業單位登記管理暫行條例》和《民辦非企業單位登記管理暫行條例》及有關實施細則的規定，登記的事項包括：

一是企業法人登記事項。企業法人登記註冊的事項包括企業法人名稱、住所、經營場所、法定代表人、經濟性質、經營範圍、經營方式、註冊資金、從業人數、經營期限、分支

機構。

　　二是社會團體登記事項。社會團體登記事項包括：名稱、住所、宗旨、業務範圍、活動地域、法定代表人、活動資金和業務主管單位。

　　三是事業單位法人登記事項。事業單位法人登記事項包括名稱、住所、宗旨和業務範圍、法定代表人、經費來源（開辦資金）等。

　　四是民辦非企業單位（即社會服務機構）登記事項。民辦非企業單位登記事項包括：民辦非企業單位的名稱、住所、宗旨和業務範圍、法定代表人或者負責人、開辦資金和業務主管單位。

　　法人登記是法人確立民事權利能力和民事行為能力，變更民事權利能力和民事行為能力，以及消滅民事權利能力的要件。法人登記的目的在於保護相對人的利益，維護交易安全，同時也有利於國家職能部門掌握情況，實施監督管理。除依法不需要進行登記的法人，法人登記通常包括法人的設立登記、變更登記和註銷登記。

　　如果法人的實際情況與上述登記的事項不一致的，不得對抗善意相對人。例如，法定代表人登記事項與實際情況不符，導致在法人內部存在的運行體制與其在登記機關公示的內容不完全相符，在此種情況下，對善意相對人不發生法律效力。因為登記有一個基本的公示功能，登記事項係對相對人的事先告知，對法人和相對人同等發生效力，推定各方當事人共同認可登記內容。如果法人實際情形與登記不一致的，發生的法律後果由法人自行承擔，對相對人不發生效力。對此，《德國商法典》也作了類似的規定，賦予經公告的登記事項以公信力，如果官方的公告宣佈某一事項已在商業登記簿中進行了登記，那麼信賴這一公告的第三人將受到保護，即使官方的公告或有關的登記事項虛假不實，只要有關的相對人對此既無責任也不知情就夠了。但是，需要指出的是，如果法人在進行民事活動時主動告知相對人實際情形的，則相對人即不屬於善意相對人，不適用本條的規定。

第六十六條　登記機關應當依法及時公示法人登記的有關信息。

■ **條文主旨**

　　本條是關於法人登記公示制度的規定。

■ **條文釋義**

　　法人登記公示制度是隨着商業登記法律的產生而確立的一項制度，是商品經濟發展到一定階段的產物。德國於 1861 年頒佈的《德國商法典》，規定在地方法院設置商業登記簿，由地方法院辦理。隨後，日本及歐洲諸國，均加以仿效。日本於明治三十二年三月頒佈商法，規定商業登記由商業營業所在地的法院設置商業登記簿，辦理登記。就我國的情況來

說，1950 年頒佈了新中國成立後的第一部企業登記法規《私營企業暫行條例》，1962 年頒佈了《工商企業登記管理試行辦法》。黨的十一屆三中全會之後，又制定一系列的法人登記法規，包括《中華人民共和國企業法人登記管理條例》、《中華人民共和國公司登記管理條例》、《社會團體登記管理條例》、《事業單位登記管理暫行條例》和《民辦非企業單位登記管理暫行條例》及有關實施細則等。

法人登記事項經公示之後，即可產生兩種法律效力，包括對抗力和公信力。通過賦予公示的登記事項以對抗力來保護登記人的合法權益，同時，通過賦予公示的登記事項以公信力來保護善意第三人，從而維護交易安全。

第一，對抗力。登記事項公示之後，具有對抗力。所謂對抗力，是指對於某種權利的內容，可以向第三人主張的法律效力。凡應登記及公示的事項，而未經登記和公示，則其事實存在與否，第三人很難知悉，假如沒有特別的理由，法律上推定第三人不知情，那麼在登記公示之前，不能對抗善意第三人。在登記公示之後，登記事項對第三人發生效力，第三人應盡注意責任，否則，即使不知情，也可與之對抗。登記及公示的對抗力，在於經公示的登記事項，可以與第三人對抗。登記與公示，是對抗力的形式要件，實為向社會宣示其權利而排斥其他權利的侵害，從而保護登記人的合法權利。

第二，公信力。所謂公信力，亦稱公信原則，是指對法人登記公示的內容賦予法律上的公信力，即使該內容有瑕疵，法律對信賴該內容的第三人也將加以保護。

確立對法人登記信息的公示制度，其意義在於：一是有利於保護交易安全。法人登記公示制度對交易安全的保護，集中表現在公示的效力上，即對抗力與公信力。公示的對抗力表現為已經公示，可以對抗；未經公示，不能對抗。公示的公信力表現為一旦公示，外界即可信賴該公示的內容，即使有瑕疵，對信賴該公示的善意第三人也將加以保護。二是有利於降低社會成本。公示制度的對抗力和公信力使當事人權利義務確定化、穩定化，與之交易的第三人不必花費大量的時間和金錢去辨別公示內容的真偽。因此，公示制度大大降低了市場交易成本，即信息收集，進行談判，訂立契約並檢查，監督契約實施的費用。另外，公示制度明確了當事人的責任，無論是在登記過程中，還是在交易過程中均需盡注意義務，在使當事人謹慎從事的同時，也可以減少糾紛，降低整個社會的司法成本。

登記機關應當依法及時公示法人登記的有關信息。依據《中華人民共和國企業法人登記管理條例》、《中華人民共和國公司登記管理條例》、《社會團體登記管理條例》、《事業單位登記管理暫行條例》和《民辦非企業單位登記管理暫行條例》及有關實施細則的規定，法人的相關登記機關包括：一是市場監督管理部門，即原工商行政管理部門，是企業法人的登記機關。二是編制部門，是事業單位的登記機關。三是民政部門，是社會團體和民辦非企業單位，即社會服務機構的登記機關。

根據本條的規定，登記機關應當依法及時公示法人登記的有關信息。這裏說的「依法」主要是指《中華人民共和國企業法人登記管理條例》、《中華人民共和國公司登記管理條例》、《事業單位登記管理暫行條例》和《民辦非企業單位登記管理暫行條例》及有關實施細

則。上述這些法規、規章對登記機關公示法人登記信息作出了具體規定，包括設立登記、變更登記和註銷登記信息都要對外進行公示。

> **第六十七條**　法人合併的，其權利和義務由合併後的法人享有和承擔。
> 　　法人分立的，其權利和義務由分立後的法人享有連帶債權，承擔連帶債務，但是債權人和債務人另有約定的除外。

■ 條文主旨

本條是關於法人合併、分立後的相關權利義務的規定。

■ 條文釋義

一、法人合併的，其權利和義務由合併後的法人享有和承擔

法人合併，是指由兩個以上的法人合併為一個新法人，是法人在組織上的一種變更。法人合併分為新設合併和吸收合併。所謂新設合併，是指原法人資格隨即消滅，新法人資格隨即確立。所謂吸收合併，是指一個或多個法人歸並到一個現存的法人中去，被合併的法人資格消滅，存續法人的主體資格仍然存在。法人發生合併，它的權利義務，應當由合併後的法人享有和承擔。

法人合併，應經主管機關批准，依法應當向登記機關辦理登記並公告的，還應向登記機關進行登記，並應及時公告。法人合併的，因合併而消滅的法人辦理註銷登記，因合併而成立的法人辦理設立登記，因合併而繼續存在的法人辦理變更登記。在新設合併中，被合併的兩個法人都終止了，因此應當辦理註銷登記，而合併後的法人屬於新設，應當辦理設立登記。在吸收合併中，被吸收的法人終止了，因此辦理註銷登記，而吸收另一個法人的法人仍然繼續存在，但是發生了變更，所以應當辦理變更手續。

二、法人分立的，其權利和義務由分立後的法人享有連帶債權，承擔連帶債務，但是債權人和債務人另有約定的除外

法人分立，是指一個法人分成兩個或兩個以上的法人，是法人在組織上的一種變更。法人的分立分為新設式分立和派生式分立兩種方式。所謂新設式分立，是指原法人分立為兩個或者兩個以上新的法人，原法人不復存在。所謂派生式分立，是指原法人仍然存在，但從原法人中分立出來一個新的法人，原法人的資格不變。

法人分立，因分立而保留的企業應申請變更登記；因分立而新開辦的企業應申請開業登記。法人分立，應經主管機關批准，依法應當向登記機關辦理登記並公告的，還應當向登記機關辦理分立登記，並應及時公告。

法人發生分立，其權利和義務由分立後的法人享有連帶債權，承擔連帶債務，但是債

權人和債務人另有約定的除外。當事人分立後，不僅原有的一切債權債務依法由分立後的法人或者其他組織承擔，而且原有的財產所有權、經營權、知識產權等也都轉移給分立後的企業，因此，分立後的各法人對原債權承擔連帶債權，對原債務承擔連帶債務，但是債權人和債務人另有約定的，可以依照約定處理。

需要說明的是，關於法人合併、分立後的相關權利義務規定，公司法也作了與本條精神一致的規定：公司合併時，合併各方的債權、債務，應當由合併後存續的公司或者新設的公司承繼。公司分立前的債務由分立後的公司承擔連帶責任。但是，公司在分立前與債權人就債務清償達成的書面協議另有約定的除外。

第六十八條　有下列原因之一併依法完成清算、註銷登記的，法人終止：

（一）法人解散；

（二）法人被宣告破產；

（三）法律規定的其他原因。

法人終止，法律、行政法規規定須經有關機關批准的，依照其規定。

■ 條文主旨

本條是關於法人終止的規定。

■ 條文釋義

一、法人終止的法定條件

法人終止，是指法人權利能力的終止。本條第 1 款規定了法人終止的條件：

1. 具有法定事由，包括三種：一是法人解散。二是法人被宣告破產。法人不能清償到期債務，並且資產不足以清償全部債務或者明顯缺乏清償能力的，債權人可以向法院提出對債務人進行破產清算的申請。作為債務人的法人被法院依法宣告破產的，法人終止。從域外一些國家的立法看，也把破產作為法人終止的法定原因，如《德國民法典》規定：社團因破產開始，喪失權利能力。三是法律規定的其他原因。除了前兩項原因外，有法律規定的其他原因，法人也要終止。

2. 依法完成清算。在上述原因發生後，法人的主體資格並不立即消滅，只有經過清算，法人主體資格才歸於消滅。法人清算，是指清算組織在法人終止時，依據職權清理並消滅法人的全部財產關係的程序。清算的形式有二：一是依破產程序進行清算；二是非按破產程序，而是依民法、民事訴訟法等有關規定清算。清算一般在法人終止時進行，但在法人負債過重時，經法人機關決定，由主管部門批准，可以自動清算。人民法院也可以根據法人的債權人或其他利害關係人的申請責令法人清算。

　　清算的任務是清查法人財產，核實債權債務，編制資產負債表，依法或章程向有關部門移交財產，依法律規定的範圍和程序清償債務等。法人清算，一般由法人的董事、理事等執行機構或者決策機構的成員作為清算義務人，成立清算組進行清算。

　　3. 依法進行註銷登記。法人註銷登記是法人依法終止，消滅其民事主體資格的要件。清算終結，應由清算組織向登記機關辦理註銷登記並公告，完成註銷登記和公告，法人即告消滅。法人註銷登記機關與設立登記機關相同，法人註銷登記應提交的文件因法人種類不同而不同。

　　依據《中華人民共和國企業法人登記管理條例》的規定，企業法人歇業、被撤銷、宣告破產或者因其他原因終止營業，應當向登記主管機關辦理註銷登記。企業法人辦理註銷登記，應當提交法定代表人簽署的申請註銷登記報告、主管部門或者審批機關的批准文件、清理債務完結的證明或者清算組織負責清理債權債務的文件。經登記主管機關核准後，收繳《企業法人營業執照》、《企業法人營業執照》副本，收繳公章，並將註銷登記情況告知其開戶銀行。

　　依據《事業單位登記管理暫行條例》及其實施細則的規定，事業單位被撤銷、解散的，應當向登記管理機關辦理註銷登記或者註銷備案。事業單位辦理註銷登記前，應當在審批機關指導下成立清算組織，完成清算工作。事業單位應當自清算結束之日起 15 日內，向登記管理機關辦理註銷登記。事業單位辦理註銷登記，應當提交撤銷或者解散該事業單位的文件和清算報告；登記管理機關收繳《事業單位法人證書》和印章。

　　依據《社會團體登記管理條例》的規定，社會團體終止的，應當在業務主管單位審查同意後，向登記管理機關申請註銷登記。社會團體在辦理註銷登記前，應當在業務主管單位及其他有關機關的指導下，成立清算組織，完成清算工作。清算期間，社會團體不得開展清算以外的活動。社會團體應當自清算結束之日起 15 日內向登記管理機關辦理註銷登記。辦理註銷登記，應當提交法定代表人簽署的註銷登記申請書、業務主管單位的審查文件和清算報告書。登記管理機關准予註銷登記的，發給註銷證明文件，收繳該社會團體的登記證書、印章和財務憑證。

　　依據《民辦非企業單位登記管理暫行條例》的規定，民辦非企業單位需要註銷登記的，應當向登記管理機關辦理註銷登記。民辦非企業單位在辦理註銷登記前，應當在業務主管單位和其他有關機關的指導下，成立清算組織，完成清算工作。清算期間，民辦非企業單位不得開展清算以外的活動。民辦非企業單位法定代表人或者負責人應當自完成清算之日起 15 日內，向登記管理機關辦理註銷登記。辦理註銷登記，須提交註銷登記申請書、業務主管單位的審查文件和清算報告。登記管理機關准予註銷登記的，發給註銷證明文件，收繳登記證書、印章和財務憑證。

　　二、法人終止，法律、行政法規規定須經有關機關批准的，依照其規定

　　法人設立，法律、行政法規規定須經有關機關批准的，依照其規定。相應地，法人終止，法律、行政法規規定須經有關機關批准的，依照其規定。如《醫療機構管理條例》規

定，醫療機構歇業，必須向原登記機關辦理註銷登記。經登記機關核准後，收繳《醫療機構執業許可證》。

第六十九條　有下列情形之一的，法人解散：

（一）法人章程規定的存續期間屆滿或者法人章程規定的其他解散事由出現；

（二）法人的權力機構決議解散；

（三）因法人合併或者分立需要解散；

（四）法人依法被吊銷營業執照、登記證書，被責令關閉或者被撤銷；

（五）法律規定的其他情形。

■ 條文主旨

本條是關於法人解散的規定。

■ 條文釋義

法人解散是指已成立的法人基於一定的合法事由而使法人消滅的法律行為。本條規定了法人解散的五種情形：

一是法人章程規定的存續期間屆滿或者法人章程規定的其他解散事由出現。法人章程規定了法人的存續期間，如自成立之日起 10 年，那麼到了 10 年法人存續期滿後，該法人即可以自行解散。此外，如果法人章程規定了其他解散事由，一旦該事由出現，則法人也可以解散。

二是法人的權力機構決議解散。根據本法的規定，營利法人應當設權力機構。權力機構行使修改法人章程，選舉或者更換執行機構、監督機構成員，以及法人章程規定的其他職權。法人的權力機構，如股東大會，可以作出決議解散法人。

三是因法人合併或者分立需要解散。法人合併，兩個以上的法人合併為一個新法人，被合併的法人自然也就解散了。法人分立，一個法人分立為兩個以上的新法人，原法人自然也就解散了。

四是法人依法被吊銷營業執照、登記證書，被責令關閉或者被撤銷。在此種情況下，由於法人被依法給予行政處罰，失去了從事原活動的資格，所以法人也就被解散了。

吊銷營業執照、登記證書、責令關閉，都是行政處罰。行政處罰是指行政機關依照法定程序對公民、法人或者其他組織違反行政管理秩序的行為給予的處罰，是一種行政責任。而本條規定的吊銷營業執照、登記證書、責令關閉，屬於行為罰。所謂行為罰，是指行政機關限制或剝奪違法的行政管理相對人從事某種活動的權利或者資格的制裁形式，它是僅次於人身罰的一種較為嚴厲的行政處罰措施。

吊銷營業執照、登記證書是指行政機關依法剝奪違法者已經獲得的從事某種活動的權利或資格。吊銷營業執照、登記證書這種處罰，主要用於已經取得行政機關的許可，但其在生產經營等活動中，因為違反了法律法規的規定，被行政機關依法進行處罰，吊銷其營業執照、登記證書，從而失去了從事某種活動的合法資格。而責令關閉是指行政機關責令違法者關閉其未經批准而從事違法生產經營活動的場所。責令關閉主要用於行為人違反法律法規規定，未經許可而擅自從事某種依法應當經過行政機關的許可才可以從事的活動。如根據食品安全法的規定，企業從事食品生產經營活動要取得食品安全監管部門的許可，對未經許可從事食品生產經營的違法者，要由食品安全監管部門責令其關閉從事非法食品生產經營活動的場所等。

法人依法被撤銷，是指法人違反國家法律、法規的規定被主管部門撤銷登記。例如《社會團體登記管理條例》規定：社會團體有下列情形之一，情節嚴重的，由登記管理機構予以撤銷登記：（1）塗改、出租、出借《社會團體法人登記證書》，或者出租、出借社會團體印章的；（2）超出章程規定的宗旨和業務範圍進行活動的；（3）拒不接受或者不按照規定接受監督檢查的；（4）不按照規定辦理變更登記的；（5）違反規定設立分支機構、代表機構，或者對分支機構、代表機構疏於管理，造成嚴重後果的；（6）從事營利性的經營活動的；（7）侵佔、私分、挪用社會團體資產或者所接受的捐贈、資助的；（8）違反國家有關規定收取費用、籌集資金或者接受、使用捐贈、資助的。

五是法律規定的其他情形。這是一項兜底的規定，除了本條規定的上述四項情形外，如果符合其他法律規定的法人解散情形的，法人也應當解散。如公司法規定，公司經營管理發生嚴重困難，繼續存續會使股東利益受到重大損失，通過其他途徑不能解決的，持有公司全部股東表決權10%以上的股東，可以請求人民法院解散公司。

> **第七十條** 法人解散的，除合併或者分立的情形外，清算義務人應當及時組成清算組進行清算。
>
> 法人的董事、理事等執行機構或者決策機構的成員為清算義務人。法律、行政法規另有規定的，依照其規定。
>
> 清算義務人未及時履行清算義務，造成損害的，應當承擔民事責任；主管機關或者利害關係人可以申請人民法院指定有關人員組成清算組進行清算。

■ 條文主旨

本條是關於法人解散清算的規定。

■ 條文釋義

一、法人解散的，除合併或者分立的情形外，清算義務人應當及時組成清算組進行清算

法人清算，是指在法人解散時，清算義務人成立清算組，依據職權清理並消滅法人的全部財產關係的程序。法人除了因合併或者分立的情形而解散，不需要清算的，因其他情形而解散的，都要依法進行清算。

清算的任務是：清查法人財產，核實債權債務，編制資產負債表，依法或章程向有關部門移交財產，依法律規定的範圍和程序清償債務等。法人清算必須由清算義務人指定清算組進行。清算終結，應由清算組向登記機關辦理註銷登記並公告，完成註銷登記和公告，法人即告消滅。

二、法人的董事、理事等執行機構或者決策機構的成員為清算義務人。法律、行政法規另有規定的，依照其規定

清算義務人，是指在法人解散後，負有清算責任的主體，也稱清算人。清算義務人為法人的董事、理事等執行機構或者決策機構的成員。

1. 董事。董事，是指由法人權力機構選舉產生的法人執行機構的成員，是公司內部治理的主要力量。根據公司法的規定，董事由股東大會選舉產生，可以由股東或非股東擔任。董事的任期，一般都是在公司內部細則中予以規定，有定期和不定期兩種。定期把董事的任期限制在一定的時間內，每屆任期不得超過 3 年。不定期是指從任期那天算起，滿一定年限應當進行改選，但可連選連任。董事被解聘的原因有：任期屆滿而未能連任，違反股東大會決議，股份轉讓，本人辭職，喪失行為能力，公司破產等。公司董事為自然人。

2. 理事。理事是指在非營利法人中，由選舉產生的管理法人事務的人員，是法人內部治理的主要力量，對內管理法人事務，對外代表法人進行活動。例如，根據民辦教育促進法及其實施條例的規定，非營利民辦學校理事會或者其他形式決策機構的負責人應當品行良好，具有政治權利和完全民事行為能力。國家機關工作人員不得擔任民辦學校理事會或者其他形式決策機構的成員。民辦學校的理事會或者其他形式決策機構，每年至少召開一次會議。經1/3 以上組成人員提議，可以召開理事會或者其他形式決策機構臨時會議。

除了董事、理事為清算義務人，法律、行政法規對清算義務人另有規定的，依照其規定。如根據公司法的規定，有限責任公司的清算義務人是全體股東。根據《社會團體登記管理條例》《事業單位登記管理暫行條例》和有關實施細則的規定，社會團體的清算義務人是其業務主管單位及其他有關機關；事業單位的清算義務人是其舉辦單位和其他有關機關。

三、清算義務人未及時履行清算義務，造成損害的，應當承擔民事責任；主管機關或者利害關係人可以申請人民法院指定有關人員組成清算組進行清算

法人解散後，應當由清算義務人成立清算組。公司法規定，公司應當在解散事由出現之日起 15 日內成立清算組，開始清算。清算義務人未及時履行清算義務，逾期不成立清算組進行清算，給債權人等造成損害的，應當承擔民事責任。債權人可以申請人民法院指定有關人員組成清算組進行清算；人民法院應當受理該申請，並及時組織清算組進行清算。

> **第七十一條　法人的清算程序和清算組職權，依照有關法律的規定；沒有規定的，參照適用公司法律的有關規定。**

■ 條文主旨

本條是關於法人的清算程序和清算組職權的規定。

■ 條文釋義

關於法人的清算程序和清算組職權，本條沒有作具體規定，而是明確依照有關法律的規定。這裏的有關法律主要是指公司法和《社會團體登記管理條例》、《事業單位登記管理暫行條例》、《民辦非企業單位登記管理暫行條例》及有關實施細則等。

一、清算程序

公司法對公司法人的清算程序作出了明確的規定：法人應當在解散事由出現之日起 15 日內成立清算組，開始清算。有限責任公司的清算組由股東組成，股份有限公司的清算組由董事或者股東大會確定的人員組成。逾期不成立清算組進行清算的，債權人可以申請人民法院指定有關人員組成清算組進行清算。人民法院應當受理該申請，並及時組織清算組進行清算。清算組應當自成立之日起 10 日內通知債權人，並於 60 日內在報紙上公告。債權人應當自接到通知書之日起 30 日內，未接到通知書的自公告之日起 45 日內，向清算組申報其債權。債權人申報債權，應當說明債權的有關事項，並提供證明材料。清算組應當對債權進行登記。在申報債權期間，清算組不得對債權人進行清償。

《事業單位登記管理暫行條例實施細則》規定，清算組應當自成立之日起 10 日內通知債權人，並於 30 日內至少發佈 3 次擬申請註銷登記的公告。債權人應當自第一次公告之日起 90 日內，向清算組申報其債權。此外，《民辦非企業單位登記管理暫行條例》和《社會團體登記管理條例》規定，民辦非企業單位、社會團體在辦理註銷登記前，應當在業務主管單位和其他有關機關的指導下，成立清算組，完成清算工作。

二、清算組職權

公司法規定，清算組在清算期間行使下列職權：一是清理公司財產，分別編制資產負債表和財產清單。清算組在清理公司財產、編制資產負債表和財產清單後，應當制訂清算方案，並報股東會、股東大會或者人民法院確認。二是通知、公告債權人。三是處理與清算有關的公司未了結的業務。四是清繳所欠稅款以及清算過程中產生的稅款。五是清理債權、債務。六是處理公司清償債務後的剩餘財產。公司財產在分別支付清算費用、職工的工資、社會保險費用和法定補償金，繳納所欠稅款，清償公司債務後的剩餘財產，有限責任公司按照股東的出資比例分配，股份有限公司按照股東持有的股份比例分配。七是代表公司參與民事訴訟活動。

法律、行政法規等對公司以外的法人解散後清算的程序和清算組職權沒有規定的，可以

參照適用公司法的上述規定。本條規定的「參照適用公司法律的有關規定」，即是指參照適用公司法的有關規定。需要說明的是，參照適用不是全部適用，在適用公司法相關規定的基本原則的前提下，在一些具體規定上可以根據該類組織的特點作靈活處理，與公司法的規定不完全相同。

> **第七十二條**　清算期間法人存續，但是不得從事與清算無關的活動。
>
> 法人清算後的剩餘財產，按照法人章程的規定或者法人權力機構的決議處理。法律另有規定的，依照其規定。
>
> 清算結束並完成法人註銷登記時，法人終止；依法不需要辦理法人登記的，清算結束時，法人終止。

■ 條文主旨

本條是關於清算期間法人活動的要求，清算後剩餘財產的處理，以及法人終止的規定。

■ 條文釋義

一、清算期間法人存續，但是不得從事與清算無關的活動

清算期間，法人還繼續存在，仍然具有民事權利能力和民事行為能力，但是其民事權利能力是受到限制的，不得從事與清算無關的活動，以保護債權人和其他人的利益。如果法人在清算期間，仍然繼續從事經營活動，會產生新的債權債務關係，這勢必會影響原債權人的利益，同時在法人處於解散的狀態下，再開展業務活動，對有關相對人的權益也會造成侵害。所以，清算期間法人雖然存續，但是不得從事與清算無關的活動。公司法、《社會團體登記管理條例》、《事業單位登記管理暫行條例》及《民辦非企業單位登記管理暫行條例》等法律、行政法規，均規定法人在清算期間不得開展與清算無關的活動。對違反這一規定的，公司法還規定了相應的法律責任：公司在清算期間開展與清算無關的經營活動的，由公司登記機關予以警告，沒收違法所得。

二、法人清算後的剩餘財產，按照法人章程的規定或者法人權力機構的決議處理。法律另有規定的，依照其規定

法人清算後的剩餘財產，是指法人財產在分別支付清算費用、職工的工資、社會保險費用和法定補償金，繳納所欠稅款，清償公司債務後的剩餘財產。對法人清算後的剩餘財產，一般要根據法人章程的規定或者法人權力機構的決議來處理，但是法律另有規定的，依照其規定。如公司法規定，公司財產在分別支付清算費用、職工的工資、社會保險費用和法定補償金，繳納所欠稅款，清償公司債務後的剩餘財產，有限責任公司按照股東的出資比例分配，股份有限公司按照股東持有的股份比例分配。因此，對有限責任公司和股份有限公司法

人在清算後的剩餘財產的處理，要適用公司法的規定。此外，本法第 95 條對為公益目的成立的非營利法人剩餘財產的處理也作了專門規定：為公益目的成立的非營利法人終止時，不得向出資人、設立人或者會員分配剩餘財產。剩餘財產應當按照法人章程的規定或者權力機構的決議用於公益目的；無法按照法人章程的規定或者權力機構的決議處理的，由主管機關主持轉給宗旨相同或者相近的法人，並向社會公告。因此，為公益目的成立的非營利法人終止時剩餘財產的處理，要遵守本法第 95 條的規定。

三、清算結束並完成法人註銷登記時，法人終止；依法不需要辦理法人登記的，清算結束時，法人終止

在清算程序結束後，對經過登記設立的法人，還要再經過法人註銷登記程序，法人才終止。註銷登記是指登記主管機關依法對歇業、被撤銷、宣告破產或者因其他原因終止營業的法人，取消法人資格的行為。根據公司法、《社會團體登記管理條例》、《事業單位登記管理暫行條例》及《民辦非企業單位登記管理暫行條例》等法律、行政法規的規定，公司清算結束後，清算組應當製作清算報告，報股東會、股東大會或者人民法院確認，並報送公司登記機關，申請註銷公司登記，公告公司終止。社會團體應當自清算結束之日起 15 日內向登記管理機關辦理註銷登記。辦理註銷登記，應當提交法定代表人簽署的註銷登記申請書、業務主管單位的審查文件和清算報告書。登記管理機關准予註銷登記的，發給註銷證明文件，收繳該社會團體的登記證書、印章和財務憑證。民辦非企業單位法定代表人或者負責人應當自完成清算之日起 15 日內，向登記管理機關辦理註銷登記。辦理註銷登記，須提交註銷登記申請書、業務主管單位的審查文件和清算報告。登記管理機關准予註銷登記的，發給註銷證明文件，收繳登記證書、印章和財務憑證。

事業單位應當自清算結束之日起 15 個工作日內，向登記管理機關申請註銷登記並提交下列文件：（1）法定代表人簽署的事業單位法人註銷登記申請書；（2）撤銷或者解散的證明文件；（3）有關機關確認的清算報告；（4）發佈該單位擬申請註銷登記公告的憑證；（5）《事業單位法人證書》正、副本及單位印章；（6）登記管理機關要求提交的其他相關文件。登記管理機關核准事業單位註銷登記後，應當收繳被註銷事業單位的《事業單位法人證書》正、副本及單位印章，並發佈註銷登記公告。經登記管理機關註銷登記的事業單位，自核准註銷登記之日起事業單位法人終止。

有些法人設立是依法不需要經過登記程序的，如根據工會法的規定，工會社團法人資格的取得是由工會法直接規定的，依法不需要辦理法人登記。對這些法人在清算結束時，不需要進行註銷登記，法人即終止。

> **第七十三條　法人被宣告破產的，依法進行破產清算並完成法人註銷登記時，法人終止。**

■ 條文主旨

本條是關於法人因破產而終止的規定。

■ 條文釋義

破產，是指債務人因不能償債或者資不抵債時，由債權人或債務人訴請法院宣告破產並依破產程序償還債務的一種法律制度。狹義的破產制度僅指破產清算制度，廣義的破產制度還包括重整與和解制度。

依據本條的規定，法人被人民法院宣告破產的，依法進行破產清算並完成法人註銷登記時，法人終止。這裏的「依法」主要是指企業破產法和其他規定了法人破產清算的法律，如農民專業合作社法、民辦教育促進法等。

本條規定明確了法人因破產而終止的兩個程序性規定：

一、破產清算

破產清算制度，是對債務人宣告破產、清算還債的法律制度，即在債務人喪失清償能力時，由法院強制執行其全部財產，公平清償全體債權人的法律制度。根據企業破產法的規定，破產清算分為破產宣告、變價和分配、破產程序的終結三個環節。

一是破產宣告。企業破產法規定，人民法院宣告債務人破產的，應當自裁定作出之日起 5 日內送達債務人和管理人，自裁定作出之日起 10 日內通知已知債權人，並予以公告。債務人被宣告破產後，債務人稱為破產人，債務人財產稱為破產財產，人民法院受理破產申請時對債務人享有的債權稱為破產債權。

破產宣告前，第三人為債務人提供足額擔保或者為債務人清償全部到期債務，或者債務人已清償全部到期債務的，人民法院應當裁定終結破產程序，並予以公告。對破產人的特定財產享有擔保權的權利人，對該特定財產享有優先受償的權利。享有這一權利的債權人行使優先受償權利未能完全受償的，其未受償的債權作為普通債權；放棄優先受償權利的，其債權作為普通債權。

二是變價和分配。企業破產法規定，管理人應當及時擬訂破產財產變價方案，提交債權人會議討論。管理人應當按照債權人會議通過的或者人民法院依法裁定的破產財產變價方案，適時變價出售破產財產。變價出售破產財產應當通過拍賣進行。但是，債權人會議另有決議的除外。破產企業可以全部或者部分變價出售。企業變價出售時，可以將其中的無形資產和其他財產單獨變價出售。按照國家規定不能拍賣或者限制轉讓的財產，應當按照國家規定的方式處理。

破產財產在優先清償破產費用和共益債務後，依照下列順序清償：第一，破產人所欠職

工的工資和醫療、傷殘補助、撫恤費用，所欠應劃入職工個人賬戶的基本養老保險、基本醫療保險費用，以及法律、行政法規規定應當支付給職工的補償金；第二，破產人欠繳的除所欠職工的工資和醫療、傷殘補助、撫恤費用，所欠應劃入職工個人賬戶的基本養老保險、基本醫療保險費用，以及法律、行政法規規定應當支付給職工的補償金以外的社會保險費用和破產人所欠稅款；第三，普通破產債權。破產財產不足以清償同一順序的清償要求的，按照比例分配。破產企業的董事、監事和高級管理人員的工資按照該企業職工的平均工資計算。破產財產的分配應當以貨幣分配方式進行。但是，債權人會議另有決議的除外。管理人應當及時擬訂破產財產分配方案，提交債權人會議討論。

三是破產程序的終結。破產人無財產可供分配的，管理人應當請求人民法院裁定終結破產程序。管理人在最後分配完結後，應當及時向人民法院提交破產財產分配報告，並提請人民法院裁定終結破產程序。人民法院應當自收到管理人終結破產程序的請求之日起 15 日內作出是否終結破產程序的裁定。裁定終結的，應當予以公告。自破產程序終結之日起 2 年內，發現有依法應當追回的財產，或者破產人有應當供分配的其他財產的，債權人可以請求人民法院按照破產財產分配方案進行追加分配，但財產數量不足以支付分配費用的，不再進行追加分配，由人民法院將其上交國庫。破產人的保證人和其他連帶債務人，在破產程序終結後，對債權人依照破產清算程序未受清償的債權，依法繼續承擔清償責任。

二、註銷登記

企業破產法規定，管理人應當自破產程序終結之日起 10 日內，持人民法院終結破產程序的裁定，向破產人的原登記機關辦理註銷登記。管理人於辦理註銷登記完畢的次日終止執行職務。但是，存在訴訟或者仲裁未決情況的除外。

法人被人民法院宣告破產的，依據上述企業破產法的規定進行破產清算並完成法人註銷登記時，法人終止。

需要說明的是，企業破產法規定，其他法律規定企業法人以外的組織的清算，屬於破產清算的，參照適用本法規定的程序。目前，農民專業合作社法和民辦教育促進法已經對農民專業合作社和民辦學校的破產清算作了規定，在破產財產的清償順序上突出了對農民和受教育者的保護，具體是：

農民專業合作社法規定，農民專業合作社破產適用企業破產法的有關規定，但是破產財產在清償破產費用和共益債務後，應當優先清償破產前與農民成員已發生交易但尚未結清的款項。

民辦教育促進法規定，民辦學校終止時，應當依法進行財務清算。民辦學校自己要求終止的，由民辦學校組織清算；被審批機關依法撤銷的，由審批機關組織清算；因資不抵債無法繼續辦學而被終止的，由人民法院組織清算。對民辦學校的財產按照下列順序清償：一是應退受教育者學費、雜費和其他費用；二是應發教職工的工資及應繳納的社會保險費用；三是償還其他債務。非營利性民辦學校清償上述債務後的剩餘財產繼續用於其他非營利性學校辦學；營利性民辦學校清償上述債務後的剩餘財產，依照公司法的有關規定處理。

> **第七十四條**　法人可以依法設立分支機構。法律、行政法規規定分支機構應當登記的，依照其規定。
>
> 分支機構以自己的名義從事民事活動，產生的民事責任由法人承擔；也可以先以該分支機構管理的財產承擔，不足以承擔的，由法人承擔。

■ 條文主旨

本條是關於法人設立分支機構的規定。

■ 條文釋義

法人分支機構作為法人的組成部分，由法人依法設立，在法人主要活動地點以外的一定領域內，實現法人的全部或部分職能。分支機構以自己的名義所從事的民事活動，對法人直接產生權利義務，並構成整個法人權利義務的一部分。

法人分支機構，在性質上屬於法人的組成部分，不具有獨立責任能力，其行為的效果仍由法人承擔。公司法規定，公司可以設立分公司。設立分公司，應當向公司登記機關申請登記，領取營業執照。分公司不具有法人資格，其民事責任由所屬法人承擔。

法人的分支機構與有獨立責任能力的子公司不同，具體體現在：一是設立方式不同。子公司一般由兩個以上股東發起設立，是獨立法人，獨立承擔民事責任，在其自身經營範圍內獨立開展各種業務活動；法人分支機構由設立公司在其住所地之外依法設立，設立時不要求註冊資金，屬於總公司的分支機構，雖然也可以獨立開展業務活動，但應在公司授權範圍內進行。二是名稱和領取的營業執照不同。子公司在登記部門領取的是《企業法人營業執照》；名稱中不冠以母公司的名字；而法人分權機構則領取營業執照，名稱為總公司的分公司。三是法律責任能力不同。子公司由於是獨立法人，其從事民事活動的法律後果由其自身承擔，只能就其自身資產承擔民事責任；而分支機構雖然也可以以自己的名義從事民事活動，但其不具有法人資格，自身沒有承擔法律責任的能力，要由設立它的法人承擔，也可以先以該分支機構管理的財產承擔，不足以承擔的，由法人承擔。

法人的分支機構雖然在法人授權範圍內可以對外從事各種民事活動，但法人的分支機構屬於法人的組成部分，其承擔責任的能力有一定的限制，因此，法人的分支機構進行民事活動所承擔的責任，要由法人承擔，也可以先以該分支機構管理的財產承擔，不足以承擔的，由法人承擔。在涉及分支機構的訴訟中，可以將法人的分支機構與法人一起列為共同被告。比如，企業法人的分支機構為他人提供擔保，發生法律糾紛的，人民法院在審理過程中可以將該企業法人和分支機構列為共同被告參加訴訟。

本條規定，法人可以依法設立分支機構。這裏的「依法」主要是指依據公司法、商業銀行法、保險法、證券法、《中華人民共和國企業法人登記管理條例》、《社會團體登記管理條例》、《民辦非企業單位登記管理暫行條例》及《基金會管理條例》等法律、行政法規的

規定。例如，公司法規定，公司可以設立分公司。設立分公司，應當向公司登記機關申請登記，領取營業執照。又如，商業銀行法規定，商業銀行根據業務需要可以在中華人民共和國境內外設立分支機構。設立分支機構必須經國務院銀行業監督管理機構審查批准。在中華人民共和國境內的分支機構，不按行政區劃設立。商業銀行在中華人民共和國境內設立分支機構，應當按照規定撥付與其經營規模相適應的營運資金額。撥付各分支機構營運資金額的總和，不得超過總行資本金總額的 60%。再如，保險法規定，保險公司在中華人民共和國境內設立分支機構，應當經保險監督管理機構批准。保險公司分支機構不具有法人資格，其民事責任由保險公司承擔。保險公司在中華人民共和國境外設立子公司、分支機構，應當經國務院保險監督管理機構批准，等等。

對於非企業法人來說，依據《社會團體登記管理條例》《民辦非企業單位登記管理暫行條例》《基金會管理條例》等行政法規的規定，社會團體的分支機構是社會團體的組成部分，不具有法人資格，應當按照其所屬的社會團體的章程規定的宗旨和業務範圍，在該社會團體授權的範圍內開展活動、發展會員。社會團體的分支機構不得再設立分支機構。社會團體不得設立地域性的分支機構。民辦非企業單位不得設立分支機構。基金會可以依法設立分支機構，依據基金會的授權開展活動，不具有法人資格。

需要指出的是，法人設立分支機構是否需要登記，本條規定法律、行政法規規定分支機構應當登記的，依照其規定。根據這一規定，法人設立分支機構是否需要登記，要根據相關法律、行政法規的規定。根據《中華人民共和國企業法人登記管理條例》的規定，企業法人設立不能獨立承擔民事責任的分支機構，由該企業法人申請登記，經登記主管機關核准，領取營業執照，在核准登記的經營範圍內從事經營活動。此外，《基金會管理條例》規定，基金會擬設立分支機構的，應當向原登記管理機關提出登記申請，並提交擬設機構的名稱、住所和負責人等情況的文件。登記管理機關應當自收到前款所列全部有效文件之日起 60 日內作出准予或者不予登記的決定。准予登記的，發給《基金會分支機構登記證書》；不予登記的，應當書面說明理由。基金會分支機構的設立登記的事項包括：名稱、住所、公益活動的業務範圍和負責人。

> **第七十五條**　設立人為設立法人從事的民事活動，其法律後果由法人承受；法人未成立的，其法律後果由設立人承受，設立人為二人以上的，享有連帶債權，承擔連帶債務。
>
> 　　設立人為設立法人以自己的名義從事民事活動產生的民事責任，第三人有權選擇請求法人或者設立人承擔。

■ 條文主旨

本條是關於設立人為設立法人而從事的民事活動的法律後果的規定。

■ 條文釋義

法人的設立人是指申請設立法人，並在法人的設立過程中承擔相應民事責任的人。在公司法中，一般稱法人設立人為發起人。他們的主要民事活動是認繳、實繳出資、對出資評估作價和設立組織機構。在法人的設立過程中，設立人依法籌辦法人設立的各種事務，其在法人設立過程中的行為，直接影響到法人能不能成立，以及成立以後法人的狀況。所以設立人對設立法人應當承擔法定的責任。

一、設立人為設立法人從事的民事活動，其法律後果由法人承受

設立人在法人的設立過程中，應當履行好作為設立人的責任，使法人能夠順利地成立。法人成立後，將依法繼受設立過程中所產生的權利義務。但是，如果法人沒有成立，在設立活動期間產生的民事責任義務，要由法人的設立人承擔，因為設立中的法人還不具有民事權利能力和民事行為能力，不能承擔民事責任。本條第 1 款規定的「法人未成立的」是指設立人未能夠完成設立法人行為，法人最終沒有成立。法人無論因何種原因不能成立，設立人都應當對設立行為所產生的法律後果承擔法律責任。設立人為 2 人以上的，享有連帶債權，承擔連帶債務。

二、設立人為設立法人以自己的名義從事民事活動產生的民事責任，第三人有權選擇請求法人或者設立人承擔發起人對自己過失行為應當承擔的責任

由於信息不對稱，第三人往往不知道設立人的行為目的，不知道設立人以自己的名義所從事的民事法律行為，與之後成立的法人之間的關係。所以，為保護第三人的合法權益，本條規定，設立人為設立法人以自己的名義從事民事活動產生的民事責任，第三人有權選擇，或者請求法人承擔，或者請求設立人承擔。

除了本條的規定，公司法也對公司發起人的法律責任作了明確規定：公司不能成立時，發起人對設立行為所產生的債務和費用負連帶責任；對認股人已繳納的股款，負返還股款並加算銀行同期存款利息的連帶責任。根據這一規定，公司不能成立時，全體發起人都負有償還因設立行為所產生的債務和費用的義務，也負有償還認股人的股款及其銀行同期存款利息的義務。對此擁有權利的債權人及認股人等，可以要求發起人中的任何一個人或者幾個人予以清償、繳付、返還，被要求的發起人不得拒絕。

設立行為所產生的債務和費用原則上應由成立後的公司承擔，但當公司不能成立時，先前發生的與設立公司相關的費用及債務就失去了公司法人這一擬定的承擔主體，只能改由實施設立行為的主體即發起人來承擔。由於發起人之間的關係近似於合夥關係，因此各國公司立法一般都規定對此准用合夥的有關規定，即由發起人對設立行為所產生的費用和債務負連帶賠償責任。此外，公司法還規定，在公司設立過程中，由於發起人的過失致使公司利益受到損害的，應當對公司承擔賠償責任。實踐中，公司有權向發起人請求損害賠償的情形主要有：發起人對公司所負擔的設立費用因濫用而致使公司受損失；發起人因設立公司而得到特別利益或報酬，使公司利益減少；發起人用以抵作股款的財產估價過高而令公司受損等。

第二節　營利法人

> **第七十六條**　以取得利潤並分配給股東等出資人為目的成立的法人，為營利法人。
> 營利法人包括有限責任公司、股份有限公司和其他企業法人等。

■ 條文主旨

本條是關於營利法人定義的規定。

■ 條文釋義

本條第 1 款規定，以取得利潤並分配給股東等出資人為目的成立的法人，為營利法人。這一規定強調了營利法人的兩個特徵：一是成立的目的是為了取得利潤，即以營利性為目的。二是取得利潤後要分配給股東等出資人，即出資人取得利潤。這兩個特徵同時具備是營利法人與其他法人的根本區別所在。

本條第 2 款規定，營利法人包括有限責任公司、股份有限公司和其他企業法人等。

其一，有限責任公司，簡稱有限公司（Co., Ltd.，全拼為 Limited Liability Company）。根據公司法的規定，是指由 50 個以下的股東出資設立，每個股東以其所認繳的出資額對公司承擔有限責任，公司以其全部資產對其債務承擔責任的經濟組織。有限責任公司包括國有獨資公司及其他有限責任公司。

根據公司法的規定，有限責任公司的特點如下：一是股東僅以其出資額為限對公司承擔責任。二是有限責任公司的股東人數為 50 人以下。三是有限責任公司不能公開募集股份，不能發行股票。四是有限責任公司由參加者投入的資本組成固定資本份額，給予參加者參與公司管理的權利，並按份額得到公司的部分利潤，即分得紅利；在公司破產時，得到破產份額，即依法享有其他權利。

有限責任公司（有限公司）是我國企業實行公司制最重要的一種組織形式。其優點是設立程序比較簡單，不必發佈公告，也不必公佈賬目，尤其是公司的資產負債表一般不予公開，公司內部機構設置靈活。其缺點是由於不能公開發行股票，籌集資金範圍和規模一般都比較小，難以適應大規模生產經營活動的需要。因此，有限責任公司這種形式一般適用於中小企業。

其二，股份有限公司（Stock Corporation）。股份有限公司是指公司資本由股份所組成的公司，股東以其認購的股份為限對公司承擔責任的企業法人。股份公司產生於 18 世紀的歐洲，19 世紀後半期廣泛流行於世界各國。目前，股份公司在歐美國家佔據統治地位。公司法規定，設立股份有限公司，應當有 2 人以上 200 人以下為發起人。由於所有股份公司均須是負擔有限責任的有限公司（但並非所有有限公司都是股份公司），所以一般稱為「股份

有限公司」。公司的資本總額平分為金額相等的股份；公司可以向社會公開發行股票籌資，股票可以依法轉讓；法律對公司股東人數只有最低限制，無最高人數限定性規定。股東以其所認購股份對公司承擔有限責任，公司以其全部資產對公司債務承擔責任；每一股有一個表決權，股東以其所認購持有的股份，享受權利，承擔義務。此外，公司應當將經註冊會計師審查驗證過的會計報告公開。

股份有限公司有以下特徵：一是股份有限公司是獨立的營利法人。二是股份有限公司的股東人數不得少於法律規定的人數。三是股份有限公司的股東對公司債務負有限責任，股份有限公司的股東對公司債務僅就其認購的股份為限承擔責任，公司的債權人不得直接向公司股東提出清償債務的要求。四是股東具有廣泛性。股份有限公司通過向社會公眾廣泛地發行股票籌集資本，股份有限公司的全部資本劃分為等額的股份，任何投資者只要認購股票和支付股款，都可成為股份有限公司的股東，沒有資格限制。五是股份的公開、自由、可轉讓性。股份的公開性、自由性包括股份的發行和轉讓。股份有限公司通常都以發行股票的方式公開募集資本，這種募集方式使得股東人數眾多，分散廣泛。同時，為提高股份的融資能力和吸引投資者，股份必須有較高程度的流通性，股票必須能夠自由轉讓和交易。六是公司的公開性。股份有限公司的經營狀況不僅要向股東公開，還必須向社會公開。使社會公眾了解公司的經營狀況，這也是和有限責任公司的重要區別之一。公司賬目須向社會公開，以便於投資人了解公司情況，進行選擇。七是公司設立和解散有嚴格的法律程序，手續複雜。股份有限公司是典型的「資合公司」。一個人能否成為公司股東決定於他是否繳納了股款，購買了股票，而不取決於他與其他股東的人身關係，因此，股份有限公司能夠迅速、廣泛、大量地集中資金。證券市場上發行和流通的股票都是由股份有限公司發行的。

其三，除了有限責任公司、股份有限公司，營利法人還包括其他企業法人等。根據《中華人民共和國企業法人登記管理條例》的規定，具備法人條件的下列企業，應當依照本條例的規定辦理企業法人登記：（1）全民所有制企業；（2）集體所有制企業；（3）聯營企業；（4）在中華人民共和國境內設立的中外合資經營企業、中外合作經營企業和外資企業（現統稱為外商投資企業）；（5）私營企業；（6）依法需要辦理企業法人登記的其他企業。上述這些企業法人，如果不是按照公司法成立的公司法人，沒有採用公司法人的組織結構，則屬於本條所規定的「其他企業法人」。

第七十七條　營利法人經依法登記成立。

■ **條文主旨**

本條是關於營利法人登記成立的規定。

■ 條文釋義

營利法人經依法登記成立，所謂「依法」是指公司法、《中華人民共和國公司登記管理條例》及《中華人民共和國企業法人登記管理條例》等法律、行政法規。公司法、《中華人民共和國公司登記管理條例》及《中華人民共和國企業法人登記管理條例》對設立有限責任公司、股份有限公司和其他企業法人等營利法人的條件和登記程序等作了明確的規定。

一、設立有限責任公司的條件

根據公司法的規定，設立有限責任公司應當具備下列條件：（1）股東符合法定人數；（2）有符合公司章程規定的全體股東認繳的出資額；（3）股東共同制定公司章程；（4）有公司名稱，建立符合有限責任公司要求的組織機構；（5）有公司住所。

股東認足公司章程規定的出資後，由全體股東指定的代表或者共同委託的代理人向公司登記機關報送公司登記申請書、公司章程等文件，申請設立登記。

二、設立股份有限公司的條件

根據公司法的規定，設立股份有限公司應當具備下列條件：

其一，發起人符合法定的資格，達到法定的人數。發起人的資格是指發起人依法取得的創立股份有限公司的資格。股份有限公司的發起人可以是自然人，也可以是法人，但發起人中須有過半數的人在中國境內有住所。設立股份有限公司，必須達到法定的人數，應有 2 人以上 200 人以下的發起人。國有企業改建為股份有限公司的，發起人可以少於 5 人，但應當採取募集設立方式。規定發起人的最低限額，是設立股份有限公司的國際慣例。如果發起人的最低人數限額沒有規定，一則發起人太少難以履行發起人的義務，二則防止少數發起人損害其他股東的合法權益。對發起人的最高人數限額則無規定的必要。

其二，有符合公司章程規定的全體發起人認購的股本總額或者募集的實收股本總額。股份有限公司採取發起設立方式設立的，註冊資本為在公司登記機關登記的全體發起人認購的股本總額。在發起人認購的股份繳足前，不得向他人募集股份。股份有限公司採取募集方式設立的，註冊資本為在公司登記機關登記的實收股本總額。法律、行政法規以及國務院決定對股份有限公司註冊資本實繳、註冊資本最低限額另有規定的，從其規定。

其三，股份發行、籌辦事項符合法律規定。股份發行、籌辦事項符合法律規定，是設立股份有限公司必須遵循的原則。股份的發行是指股份有限公司在設立時為了籌集公司資本，出售和募集股份的法律行為。這裏講的「股份發行」是指設立發行，在設立公司的過程中，為了組建股份有限公司，籌集組建公司所需資本而發行股份的行為。設立階段的發行分為發起設立發行和募集設立發行兩種。發起設立發行即所有股份均由發起人認購，不得向社會公開招募。募集設立發行即發起人只認購股份的一部分，其餘部分向社會公開招募。

股份有限公司的資本劃分為股份，每一股的金額相等。公司的股份採用股票的形式。股份的發行實行公開、公平、公正的原則，且必須同股同權、同股同利。同次發行的股份、每股的發行條件、發行價格應當相同。發起設立方式設立股份有限公司的，發起人應當書面認足公司章程規定其認購的股份，並按照公司章程規定繳納出資。以募集設立方式設立股份有

限公司的，發起人認購的股份不得少於公司股份總數的 35%；但是，法律、行政法規另有規定的，從其規定。發起人向社會公開募集股份，必須公告招股說明書，並製作認股書，由依法設立的證券公司承銷，簽訂承銷協議認股書，應當同銀行簽訂代收股款協議。

其四，發起人制定公司章程，並經創立大會通過。股份有限公司的章程，是股份有限公司重要的文件，其中規定了公司最重要的事項，它不僅是設立公司的基礎，也是公司及其股東的行為準則。因此，公司章程雖然由發起人制定，但以募集設立方式設立股份有限公司的，必須召開由認股人組成的創立大會，並經創立大會決議通過。

其五，有公司名稱，建立符合公司要求的組織機構。名稱是股份有限公司作為法人必須具備的條件。公司名稱必須符合企業名稱登記管理的有關規定，股份有限公司的名稱還應標明「股份有限公司」字樣。

股份有限公司必須有一定的組織機構，對公司實行內部管理，並對外代表公司。股份有限公司的組織機構是股東大會、董事會、監事會和經理。股東大會作出決議，董事會是執行公司股東大會決議的執行機構，監事會是公司的監督機構，依法對董事、經理和公司的活動實行監督，經理是由董事會聘任，主持公司的日常生產經營管理工作，組織實施董事會決議。

其六，有公司住所。

三、設立企業法人的條件

根據《中華人民共和國企業法人登記管理條例》的規定，設立企業法人應當具備下列條件：一是名稱、組織機構和章程；二是固定的經營場所和必要的設施；三是符合國家規定並與其生產經營和服務規模相適應的資金數額和從業人員；四是能夠獨立承擔民事責任；五是符合國家法律、法規和政策規定的經營範圍。

四、設立登記程序

第一，公司的設立登記。公司法明確規定，設立公司，應當依法向公司登記機關申請設立登記。符合本法規定的設立條件的，由公司登記機關分別登記為有限責任公司或者股份有限公司；不符合本法規定的設立條件的，不得登記為有限責任公司或者股份有限公司。法律、行政法規規定設立公司必須報經批准的，應當在公司登記前依法辦理批准手續。公眾可以向公司登記機關申請查詢公司登記事項，公司登記機關應當提供查詢服務。

有關公司的設立登記程序，《中華人民共和國公司登記管理條例》作了具體規定：

一是設立有限責任公司，應當由全體股東指定的代表或者共同委託的代理人向公司登記機關申請設立登記。設立國有獨資公司，應當由國務院或者地方人民政府授權的本級人民政府國有資產監督管理機構作為申請人，申請設立登記。法律、行政法規或者國務院決定規定設立有限責任公司必須報經批准的，應當自批准之日起 90 日內向公司登記機關申請設立登記；逾期申請設立登記的，申請人應當報批准機關確認原批准文件的效力或者另行報批。

申請設立有限責任公司，應當向公司登記機關，即市場監督管理部門提交下列文件：（1）公司法定代表人簽署的設立登記申請書；（2）全體股東指定代表或者共同委託代理人的證明；（3）公司章程；（4）股東的主體資格證明或者自然人身份證明；（5）載明公司董事、監事、

經理的姓名、住所的文件以及有關委派、選舉或者聘用的證明；（6）公司法定代表人任職文件和身份證明；（7）企業名稱預先核准通知書；（8）公司住所證明；（9）國家市場監督管理總局規定要求提交的其他文件。法律、行政法規或者國務院決定規定設立有限責任公司必須報經批准的，還應當提交有關批准文件。

二是設立股份有限公司，應當由董事會向公司登記機關申請設立登記。以募集方式設立股份有限公司的，應當於創立大會結束後 30 日內向公司登記機關申請設立登記。

申請設立股份有限公司，應當向公司登記機關提交下列文件：（1）公司法定代表人簽署的設立登記申請書；（2）董事會指定代表或者共同委託代理人的證明；（3）公司章程；（4）發起人的主體資格證明或者自然人身份證明；（5）載明公司董事、監事、經理姓名、住所的文件以及有關委派、選舉或者聘用的證明；（6）公司法定代表人任職文件和身份證明；（7）企業名稱預先核准通知書；（8）公司住所證明；（9）國家工商行政管理總局（現為國家市場監督管理總局）規定要求提交的其他文件。以募集方式設立股份有限公司的，還應當提交創立大會的會議記錄以及依法設立的驗資機構出具的驗資證明；以募集方式設立股份有限公司公開發行股票的，還應當提交國務院證券監督管理機構的核准文件。法律、行政法規或者國務院決定規定設立股份有限公司必須報經批准的，還應當提交有關批准文件。

此外，在公司設立登記程序中，還有公司名稱預核准這樣一個重要的環節。根據《中華人民共和國公司登記管理條例》的規定，設立有限責任公司，應當由全體股東指定的代表或者共同委託的代理人向公司登記機關申請名稱預先核准；設立股份有限公司，應當由全體發起人指定的代表或者共同委託的代理人向公司登記機關申請名稱預先核准。

第二，其他營利法人的設立登記。除了有限公司、股份有限公司外，其他企業法人的登記適用《中華人民共和國企業法人登記管理條例》的相關規定。根據該條例的規定，企業法人辦理開業登記，應當在主管部門或者審批機關批准後 30 日內，向登記主管機關提出申請；沒有主管部門、審批機關的企業申請開業登記，由登記主管機關進行審查。登記主管機關應當在受理申請後 30 日內，作出核准登記或者不予核准登記的決定。

第七十八條　依法設立的營利法人，由登記機關發給營利法人營業執照。營業執照簽發日期為營利法人的成立日期。

■ **條文主旨**

本條是關於營利法人營業執照的規定。

■ **條文釋義**

營業執照是市場監督管理部門，即原工商行政管理部門發給企業等營利法人，准許其從

事某項生產經營活動的憑證。營業執照的格式由國家市場監督管理總局統一規定。根據公司法的規定，公司營業執照應當載明公司的名稱、住所、註冊資本、經營範圍、法定代表人姓名等事項。公司營業執照記載的事項發生變更的，公司應當依法辦理變更登記，由公司登記機關換發營業執照。營業執照分為正本和副本，二者具有相同的法律效力。正本應當置於公司住所或營業場所的醒目位置，營業執照不得偽造、塗改、出租、出借、轉讓。

根據《中華人民共和國公司法》和《中華人民共和國公司登記管理條例》、《中華人民共和國企業法人登記管理條例》及相關實施細則的規定，企業等營利法人經登記主管機關核准登記註冊，領取《企業法人營業執照》後，企業即告成立。營業執照簽發日期為營利法人的成立日期。《企業法人營業執照》是企業等營利法人取得法人資格和合法經營權的憑證。企業等營利法人憑據《企業法人營業執照》可以刻制公章、開立銀行賬戶、簽訂合同，進行經營活動。登記主管機關可以根據企業法人開展業務的需要，核發《企業法人營業執照》副本。

第七十九條　設立營利法人應當依法制定法人章程。

■ 條文主旨

本條是關於設立營利法人應當依法制定法人章程的規定。

■ 條文釋義

法人章程是指根據法人性質、任務和業務活動需要制定的關於法人的活動範圍、組織機構以及內部成員之間的權利義務等的重要文件，是法人從事生產經營活動的行為準則。法人章程的內容可以分為絕對必要記載的事項和任意記載的事項。前者是指法律規定在章程中必須具備的內容，通常包括法人名稱、住所、宗旨和經營範圍、註冊資金、投資數額、投資者的姓名和住所、投資者的權利義務、法人的組織機構和解散條件、利潤分配和虧損承擔等。章程一經登記就具有法律效力，成為法人的行為準則。

公司法規定，設立公司必須依法制定公司章程。公司章程對公司、股東、董事、監事、高級管理人員具有約束力。公司的經營範圍由公司章程規定，並依法登記。公司可以修改公司章程，改變經營範圍，但是應當辦理變更登記。

公司法規定，有限責任公司章程應當載明公司名稱和住所，公司經營範圍，公司註冊資本，股東的姓名或者名稱，股東的出資方式、出資額和出資時間，公司的機構及其產生辦法、職權、議事規則，公司法定代表人，以及股東會會議認為需要規定的其他事項，股東應當在公司章程上簽名、蓋章。修改有限責任公司的章程，必須由股東會決定。

對於股份有限公司的章程，公司法規定應當載明下列事項：公司名稱和住所，公司經營範圍，公司設立方式，公司股份總數、每股金額和註冊資本，發起人的姓名或者名稱、認購

的股份數、出資方式和出資時間，董事會的組成、職權和議事規則，公司法定代表人，監事會的組成、職權和議事規則，公司利潤分配辦法，公司的解散事由與清算辦法，公司的通知和公告辦法，股東大會會議認為需要規定的其他事項。公司章程由創立大會通過。公司法規定，發行股份的股款繳足後，必須經依法設立的驗資機構驗資並出具證明。發起人應當自股款繳足之日起 30 日內主持召開公司創立大會。創立大會由發起人、認股人組成。

> **第八十條　營利法人應當設權力機構。**
> **權力機構行使修改法人章程，選舉或者更換執行機構、監督機構成員，以及法人章程規定的其他職權。**

■ 條文主旨

本條是關於營利法人的權力機構及其職權的規定。

■ 條文釋義

一、營利法人應當設權力機構

營利法人設立權力機構是公司進行內部治理的需要，也是維護股東權益的需要。股東是公司財產的所有者，雖然他們不直接參與公司的經營管理，但對公司的經營管理，每個股東都有表達其意見的權利。股東會、股東大會就是由公司全體股東所組成的，對公司一系列重大問題發表意見，作出決議的公司最高決策機構。公司通過設立權力機構來決定公司的重大問題，包括公司的發展方向、經營規模和盈利分配等，既有利於加強對公司的內部治理，增強公司的核心競爭力，也有利於確保股東等投資人的合法權益。

根據公司法的規定，有限責任公司的權力機構是股東會，股份有限公司的權力機構是股東大會，由全體股東組成。國有獨資公司不設股東會，由國有資產監督管理機構行使股東會職權。國有資產監督管理機構可以授權公司董事會行使股東會的部分職權，決定公司的重大事項，但公司的合併、分立、解散、增加或者減少註冊資本和發行公司債券，必須由國有資產監督管理機構決定；其中，重要的國有獨資公司合併、分立、解散、申請破產的，應當由國有資產監督管理機構審核後，報本級人民政府批准。

二、權力機構的職權

根據本條第 2 款的規定，營利法人權力機構的職權有：

一是修改法人章程。一般由董事會提出修改建議。董事會是公司的執行機構，對公司經營情況以及章程的執行和變化情況較為了解，能夠對公司章程的修改提出具有積極意義的建議。根據公司法的規定，董事會召集股東（大）會。但是修改公司章程事關公司發展的大局，不得以會間的臨時動議提出。

二是選舉或者更換執行機構、監督機構成員。對於有限責任公司、股份有限公司來說，其執行機構為公司董事會，監督機構為公司監事會，不設監事會的公司，監事為公司監督機構。公司法規定，股東會選舉和更換非由職工代表擔任的董事、監事，決定有關董事、監事的報酬事項。股東大會選舉董事、監事，可以依照公司章程的規定或者股東大會的決議，實行累積投票制。累積投票制，是指股東大會選舉董事或者監事時，每一股份擁有與應選董事或者監事人數相同的表決權，股東擁有的表決權可以集中使用。

除了修改法人章程，選舉或者更換執行機構、監督機構成員，權力機構還行使法人章程規定的其他職權。例如，決定公司的經營方針和投資計劃，審議批准董事會的報告，審議批准監事會或者監事的報告，審議批准公司的年度財務預算方案、決算方案，審議批准公司的利潤分配方案和彌補虧損方案，對公司增加或者減少註冊資本作出決議，對發行公司債券作出決議，對公司合併、分立、解散、清算或者變更公司形式作出決議等。

第八十一條　營利法人應當設執行機構。

執行機構行使召集權力機構會議，決定法人的經營計劃和投資方案，決定法人內部管理機構的設置，以及法人章程規定的其他職權。

執行機構為董事會或者執行董事的，董事長、執行董事或者經理按照法人章程的規定擔任法定代表人；未設董事會或者執行董事的，法人章程規定的主要負責人為其執行機構和法定代表人。

■ 條文主旨

本條是關於營利法人的執行機構和法定代表人的規定。

■ 條文釋義

一、營利法人應當設執行機構

營利法人設立了權力機構，就必須同時設立執行機構來執行權力機構的決定，否則權力機構的決定就會落空，法人也無法正常運轉。根據本條的規定，營利法人的執行機構包括兩種模式：一是執行機構為董事會或者執行董事；二是未設董事會或者執行董事的，執行機構為法人章程規定的主要負責人。

根據公司法的規定，有限責任公司、股份有限公司的執行機構為董事會。董事會是股東會或股東大會這一權力機構的執行機構，對公司股東會或股東大會負責並報告工作。股東會或股東大會所作的決定，董事會必須執行。董事會設董事長1人，可以設副董事長。

二、執行機構的職權

執行機構行使召集權力機構會議，決定法人的經營計劃和投資方案，決定法人內部管理

機構的設置，以及法人章程規定的其他職權。

一是召集權力機構會議。根據公司法的規定，有限責任公司設立董事會的，股東會會議由董事會召集，董事長主持；董事長不能履行職務或者不履行職務的，由副董事長主持；副董事長不能履行職務或者不履行職務的，由半數以上董事共同推舉 1 名董事主持。有限責任公司不設董事會的，股東會會議由執行董事召集和主持。董事會或者執行董事不能履行或者不履行召集股東會會議職責的，由監事會或者不設監事會的公司的監事召集和主持；監事會或者監事不召集和主持的，代表 1/10 以上表決權的股東可以自行召集和主持。

二是決定法人的經營計劃和投資方案。董事會等法人執行機構，有權按照股東會或者股東大會等法人權力機構確定的法人經營的重大決策，來決定法人自身的經營計劃和對外投資方案，以實現法人的經營業績，促進法人的發展。

三是決定法人內部管理機構的設置。為加強對法人的內部管理，使法人運營更加科學、合理，董事會等執行機構有權決定法人內部管理機構的設置，如設立有關生產、銷售、人事、財務、辦公室、後勤部門等。

四是法人章程規定的其他職權。除了上述三項法定職權，執行機構還行使法人章程規定的其他職權。例如，根據公司法的規定，董事會還負責制訂公司的年度財務預算方案、決算方案，制訂公司的利潤分配方案和彌補虧損方案，制訂公司增加或者減少註冊資本以及發行公司債券的方案，制訂公司合併、分立、解散或者變更公司形式的方案，決定聘任或者解聘公司經理及其報酬事項，並根據經理的提名決定聘任或者解聘公司副經理、財務負責人及其報酬事項，以及制定公司的基本管理制度等。

三、法定代表人的擔任

一是營利法人的執行機構為董事會或者執行董事的，董事長、執行董事或者經理按照法人章程的規定擔任法定代表人。公司法規定，公司法定代表人依照公司章程的規定，由董事長、執行董事或者經理擔任，並依法登記。公司法定代表人變更，應當辦理變更登記。

二是營利法人未設董事會或者執行董事的，法人章程規定的主要負責人，既是其執行機構，也是其法定代表人。

> **第八十二條**　營利法人設監事會或者監事等監督機構的，監督機構依法行使檢查法人財務，監督執行機構成員、高級管理人員執行法人職務的行為，以及法人章程規定的其他職權。

■ 條文主旨

本條是關於營利法人的監督機構及其職權的規定。

■ 條文釋義

一、營利法人的監督機構

營利法人的監督機構為公司監事會，不設監事會的公司，監事為公司的監督機構。

營利法人設立監督機構旨在加強對法人執行機構的監督，防止公司董事會濫用權力，維護法人和股東的財產安全，是加強法人內部治理的重要機制。公司股東為防止董事會濫用職權，違反法律和公司章程、損害股東的利益，客觀上就要求對董事會的活動及其經營管理的公司業務進行監督。但是，由於股東在管理公司方面受到知識能力和時間上的限制，需要由作為公司監督機構的監事會，代表股東大會以監督公司業務執行，並對股東大會負責。

公司法規定，有限責任公司設監事會，其成員不得少於 3 人。股東人數較少或者規模較小的有限責任公司，可以設 1 至 2 名監事，不設監事會。監事會應當包括股東代表和適當比例的公司職工代表，其中職工代表的比例不得低於 1/3，具體比例由公司章程規定。監事會中的職工代表由公司職工通過職工代表大會、職工大會或者其他形式民主選舉產生。

股份有限公司設監事會，其成員不得少於 3 人。監事會應當包括股東代表和適當比例的公司職工代表，其中職工代表的比例不得低於 1/3，具體比例由公司章程規定。監事會中的職工代表由公司職工通過職工代表大會、職工大會或者其他形式民主選舉產生。

需要指出的是，營利法人設立權力機構和執行機構是法律的強制性要求，但設立監督機構不是法律強制性的規定。這主要是考慮到營利法人的範圍比較寬，除了有限責任公司、股份有限公司，還有非公司的企業法人。這些企業法人沒有實行公司的治理模式，沒有設立監督機構，所以本條沒有像前兩條一樣，規定營利法人應當設立監督機構，而是規定「營利法人設監事會或者監事等監督機構的」，監督機構依法履行相應的職責。

二、監督機構的職權

營利法人的監督機構的職權為：檢查公司財務，監督執行機構成員、高級管理人員執行法人職務的行為，以及法人章程規定的其他職權。

一是檢查公司財務。監事會、不設監事會的公司的監事發現公司經營情況異常，可以進行調查；必要時，可以聘請會計師事務所等協助其工作，費用由公司承擔。

二是對董事、高級管理人員執行公司職務的行為進行監督。監事可以列席董事會會議，並對董事會決議事項提出質詢或者建議，同時對違反法律、行政法規、公司章程或者股東會決議的董事、高級管理人員提出罷免的建議。

三是法人章程規定的其他職權，包括：當董事、高級管理人員的行為損害公司的利益時，要求董事、高級管理人員予以糾正；提議召開臨時股東會會議，在董事會不履行公司法規定的召集和主持股東會會議職責時，召集和主持股東會會議；向股東會會議提出提案；依法對董事、高級管理人員提起訴訟等。

> **第八十三條** 營利法人的出資人不得濫用出資人權利損害法人或者其他出資人的利益；濫用出資人權利造成法人或者其他出資人損失的，應當依法承擔民事責任。
>
> 營利法人的出資人不得濫用法人獨立地位和出資人有限責任損害法人債權人的利益；濫用法人獨立地位和出資人有限責任，逃避債務，嚴重損害法人債權人的利益的，應當對法人債務承擔連帶責任。

■ 條文主旨

本條是關於營利法人的出資人不得濫用權利、法人獨立地位和出資人有限責任的規定。

■ 條文釋義

一、營利法人的出資人不得濫用出資人權利損害法人或者其他出資人的利益

營利法人的出資人，對於公司法人來說，是指有限責任公司或者股份有限公司的股東。股東作為股東會或者股東大會的組成人員，應當遵守公司法等法律、行政法規和公司章程的規定，依法合理行使作為出資人的權利。根據公司法的規定，股東權利可分為兩類：財產權和參與管理權。其中，財產權是核心，是股東出資的目的所在，參與管理權則是手段，是保障股東實現其財產權的必要保障。股東權利具體包括：股東身份權、參與決策權、選擇管理者權、資產收益權、退股權、知情權、提議、召集、主持股東會臨時會議權、向侵犯公司或股東利益的人提起訴訟權、取得公司剩餘財產權、請求法院解散公司的權利等。

如果股東濫用上述法定權利，損害法人或者其他出資人，即其他股東的利益，給法人或者其他出資人造成損失的，應當依法承擔民事責任。這裏應當指出的是，股東濫用權利的構成要件包括：一是以損害法人或其他出資利益為目的的行使權利。比如控股股東通過決議向關聯公司輸送利益，這一行為的目的在於損害法人或其他出資人利益。二是法人或其他出資人遭受了實際損失。如上述控股股東通過決議向關聯公司輸送利益的行為給公司和其他股東的權益造成了損失。三是因果關係。股東濫用權利的行為與法人或者其他股東權益受損之間存在因果關係。符合上述三個要素的，行為人應當承擔民事責任。

二、營利法人的出資人不得濫用法人獨立地位和出資人有限責任損害法人債權人的利益

法人以自己的財產獨立承擔民事責任。公司法規定，公司是企業法人，有獨立的法人財產，享有法人財產權。公司以其全部財產對公司的債務承擔責任。有限責任公司的股東以其認繳的出資額為限對公司承擔責任；股份有限公司的股東以其認購的股份為限對公司承擔責任。如果公司出現經濟糾紛需要賠償，或者虧損甚至因資不抵債而破產，股東的損失僅限於投資，不涉及個人和家庭的財產，這是對出資人的保護。需要指出的是，這裏所說的出資不是實際出資，而是認繳的出資，也就是股東承諾的出資，寫在法人章程裏，是法人登記的數額，即使股東出資沒有完全到位，也要按照當初承諾認繳的數額承擔責任。

營利法人的出資人不得濫用法人獨立地位和出資人有限責任損害法人債權人的利益。濫

用法人獨立地位和出資人有限責任，逃避債務，嚴重損害法人債權人的利益的，應當對法人債務承擔連帶責任。公司法的法理基礎，就是利用法人獨立地位和出資人有限責任充分發揮其作用，提升效率，發展生產力。如果濫用法人獨立地位和出資人有限責任，則應對法人債務承擔連帶責任，這一規則被稱為「揭開公司的面紗」，又叫「法人人格否認」。這裏的否認，並非否認法人資格，而是否認其獨立地位，需要出資人承擔無限連帶責任，保護債權人利益。針對股東採用轉移公司財產、將公司財產與本人財產混同等手段，造成公司可以用於履行債務的財產減少，嚴重損害公司債權人利益的行為，「揭開公司面紗」規則便應運而生。「揭開公司面紗」是在英美國家的司法實踐中發展起來的判例規則，意為在具體案例中忽視公司的法人人格，責令背後的股東或公司的內部人員對公司債權人直接承擔責任。公司法引入了這一規則，規定公司股東應當遵守法律、行政法規和公司章程，依法行使股東權利，不得濫用公司法人獨立地位和股東有限責任損害公司債權人的利益。適用這一規則要符合以下三個要素：一是公司股東濫用公司法人獨立地位和股東有限責任，逃避債務；二是債權人的利益受到嚴重損害；三是公司股東濫用公司法人獨立地位和股東有限責任的行為與債權人的利益受到損害之間存在因果關係。符合上述三個要素的，則可認定股東濫用法人獨立地位和出資人有限責任，逃避債務，嚴重損害法人債權人的利益，應當對法人債務承擔連帶責任。

第八十四條　營利法人的控股出資人、實際控制人、董事、監事、高級管理人員不得利用其關聯關係損害法人的利益；利用關聯關係造成法人損失的，應當承擔賠償責任。

■ 條文主旨

　　本條是關於營利法人的控股出資人、實際控制人、董事、監事、高級管理人員不得利用其關聯關係損害法人利益的規定。

■ 條文釋義

　　根據公司法的規定，控股股東，是指其出資額佔有限責任公司資本總額 50% 以上或者其持有的股份佔股份有限公司股本總額 50% 以上的股東，或者出資額或者持有股份的比例雖然不足 50%，但依其出資額或者持有的股份所享有的表決權已足以對股東會、股東大會的決議產生重大影響的股東。實際控制人，是指雖不是公司的股東，但通過投資關係、協議或者其他安排，能夠實際支配公司行為的人。高級管理人員，是指公司的經理、副經理、財務負責人，上市公司董事會秘書和公司章程規定的其他人員。上述人員和作為公司權力機構成員的股東，以及作為公司監督機構成員的監事，不得利用其關聯關係損害法人的利益。

　　根據公司法的規定，關聯關係是指公司控股出資人、實際控制人、董事、監事、高級管

理人員與其直接或者間接控制的企業之間的關係，以及可能導致公司利益轉移的其他關係。但是，國家控股的企業之間不僅因為同受國家控股而具有關聯關係。公司法規定，公司的控股出資人、實際控制人、董事、監事、高級管理人員不得利用其關聯關係損害公司利益。違反這一規定，給公司造成損失的，應當承擔賠償責任。上市公司董事與董事會會議決議事項所涉及的企業有關聯關係的，不得對該項決議行使表決權，也不得代理其他董事行使表決權。該董事會會議由過半數的無關聯關係董事出席即可舉行，董事會會議所作決議須經無關聯關係董事過半數通過。出席董事會的無關聯關係董事人數不足 3 人的，應將該事項提交上市公司股東大會審議。

本條在公司法的基礎上，進一步明確所有的營利法人的控股出資人、實際控制人、董事、監事、高級管理人員利用關聯關係給法人造成損失的，應當承擔賠償責任，以維護法人的合法權益。

> **第八十五條** 營利法人的權力機構、執行機構作出決議的會議召集程序、表決方式違反法律、行政法規、法人章程，或者決議內容違反法人章程的，營利法人的出資人可以請求人民法院撤銷該決議。但是，營利法人依據該決議與善意相對人形成的民事法律關係不受影響。

■ 條文主旨

本條是關於營利法人的出資人可以請求撤銷法人權力機構、執行機構違法或者違反章程作出的決議的規定。

■ 條文釋義

營利法人的權力機構、執行機構違反法律、行政法規或者違反法人章程作出的決議包括兩種情況：一是程序違反法律、行政法規或者法人章程；二是內容違反法人章程。就第一種情況來說，又包括兩種情形：一是作出決議的會議召集程序違反法律、行政法規或者法人章程；二是作出決議的會議表決方式違反法律、行政法規或者法人章程。

一、會議召集程序違反法律、行政法規或者法人章程

公司法對作為有限責任公司、股份有限公司權力機構、執行機構的股東會、股東大會、董事會會議的召集程序作出了明確的規定。如根據公司法的規定，法律和公司章程規定公司轉讓、受讓重大資產或者對外提供擔保等事項必須經股東大會作出決議的，董事會應當及時召集股東大會會議，由股東大會就上述事項進行表決。除了公司法等法律、行政法規對股東會、股東大會、董事會的召集程序作出規定，公司的章程也可能對本公司的股東會、股東大會、董事會在召集程序方面作出一些具體的規定。如果公司的股東會、股東大會、董事會作

出決議的會議在召集程序上違反了公司法等法律、行政法規的規定，或者違反了公司章程的規定，股東作為公司的出資人可以請求人民法院撤銷該會議所作出的決議。

二、會議表決方式違反法律、行政法規或者法人章程

公司法規定，公司向其他企業投資或者為他人提供擔保，依照公司章程的規定，由董事會或者股東會、股東大會作出決議；公司章程對投資或者擔保的總額及單項投資或者擔保的數額有限額規定的，不得超過規定的限額。公司為公司股東或者實際控制人提供擔保的，必須經股東會或者股東大會決議，該股東或者實際控制人支配的股東，不得參加該事項的表決。該項表決由出席會議的其他股東所持表決權的過半數通過。股東會會議由股東按照出資比例行使表決權；但是，公司章程另有規定的除外。股東會的議事方式和表決程序，除公司法有規定的外，由公司章程規定。如果公司的股東會、股東大會、董事會作出決議的會議在表決方式上違反了公司法等法律、行政法規的規定，或者違反了公司章程的規定，股東作為公司的出資人可以請求人民法院撤銷該會議所作出的決議。

三、內容違反法人章程

法人的章程是法人的行為準則，對法人的權力機構、執行機構及其成員均具有約束力。如果股東會或者股東大會、董事會作出決議的內容違反了公司章程的規定，股東可以請求人民法院撤銷該決議。

對於股東會或者股東大會、董事會的會議召集程序、表決方式違反法律、行政法規或者公司章程，或者決議內容違反公司章程的，營利法人的出資人可以請求人民法院撤銷。公司法對此也作出了相應的規定：公司股東會或者股東大會、董事會的決議內容違反法律、行政法規的無效。股東會或者股東大會、董事會的會議召集程序、表決方式違反法律、行政法規或者公司章程，或者決議內容違反公司章程的，股東可以自決議作出之日起60日內，請求人民法院撤銷。股東向法院提起撤銷股東會或者股東大會、董事會的決議之訴的，人民法院可以應公司的請求，要求股東提供相應擔保。公司根據股東會或者股東大會、董事會決議已辦理變更登記的，人民法院宣告該決議無效或者撤銷該決議後，公司應當向公司登記機關申請撤銷變更登記。

這裏還需要指出兩點：

第一，根據本條的規定，對於營利法人的權力機構、執行機構作出決議的會議在召集程序、表決方式方面違反法律、行政法規、法人章程，或者決議內容違反法人章程的，雖然營利法人的出資人可以請求人民法院撤銷該決議，但是營利法人依據該決議與善意相對人形成的民事法律關係不受影響。這一規定旨在保護善意的、不知情的相對人。在民商事法律關係中，營利法人作為行為主體實施法律行為的過程可以分為兩個方面，一是法人內部的意思形成，通常表現為法人權力機構、執行機構，即股東會、股東大會或董事會作出決議；二是法人對外作出意思表示，通常表現為法人對外作出的簽訂合同等民事法律行為。出於保護善意相對人和維護交易安全的考慮，在法人內部意思形成過程存在瑕疵的情況下，只要對外的意思表示行為不存在無效的情形，法人就應受其表示行為的制約。如轉讓股權的股東會決議

因未經股權所有人同意而不成立，由此產生的股權轉讓屬無權處分行為。如果股權受讓人在受讓股權時盡了合理的注意義務，且支付了合理對價，則屬於善意相對人，可通過善意取得制度獲得轉讓的股權。因此，法院雖然可以撤銷法人權力、執行機構違反公司章程作出的決議，但並不意味着對法人與善意相對人形成的民事法律關係的必然否定。在營利法人的權力機構或者執行機構所作決議被人民法院的判決撤銷後，營利法人依據該決議與相對人之間形成的法律關係是否受到影響，主要看該相對人是否為善意。如果相對人在與營利法人形成法律關係時不知道或者不應當知道作出決定的會議在召集程序、表決方式方面違反法律、行政法規或者法人章程的規定，或者決議內容違反法人章程的規定，則為善意相對人，其與營利法人依據該決議形成的民事法律關係不受影響；反之，則不能成為善意相對人，無權根據本條規定主張相應的利益。

第二，在營利法人的權力機構、執行機構作出決議的內容方面，本條的規定只針對違反法人章程規定的情況，如果所作決議的內容違反了法律、行政法規的強制性規定，依據本法第 143 條、第 153 條的規定，除了該強制性規定不導致民事法律行為無效的外，屬於無效民事法律行為，不屬於本條規定的可撤銷的民事法律行為。

> **第八十六條** 營利法人從事經營活動，應當遵守商業道德，維護交易安全，接受政府和社會的監督，承擔社會責任。

■ 條文主旨

本條是關於對營利法人從事經營活動所應承擔的道德和社會責任的規定。

■ 條文釋義

本條規定了營利法人從事經營活動所應承擔的四項道德和社會責任：

一是應當遵守商業道德。商業道德是指道德規範在商業活動中的具體應用，是職業道德的一種，為人們提供了判斷商務活動是否符合道德規範的行為準則。商業道德的基本要求包括文明經商、禮貌待客、遵紀守法、貨真價實、買賣公平、誠實無欺、誠實信用、信守契約等。在商業道德中，誠實信用是市場經濟活動的一項基本商業道德準則，也是現代法治社會的一項基本法律規則。誠實信用原則要求人們在民事活動中應當嚴守信用，恪守諾言，誠實不欺，正當行使權利和履行義務，在追求自己正當利益的同時不損害他人和社會公共利益等。

二是維護交易安全。維護交易安全，保護善意的交易相對人利益是民事主體從事經營活動的基本準則。在市場經濟條件下，很多交易是在陌生人的環境中進行的。當事人幾乎沒有可能彼此進行深入的了解，相互之間的交易主要是建立在相互信賴的基礎上。對這種信賴的

保護，在法律上表現為對善意相對人利益的保護。如果善意相對人的利益不能得到很好的保護，則整個交易鏈可能就會斷裂，交易秩序就會受到損害。所以，營利法人從事經營活動，應當注重維護交易安全，不侵害與之交易的善意相對人的權利，以維護整個交易秩序。維護交易安全同時也是民事法律制度的一個重要任務，通過民事法律規範來維護交易安全，保護善意相對人的利益，形成良好的營商法治環境。

三是接受政府和社會的監督。營利法人要自覺接受政府和社會的監督。政府的監督，更多地體現在行政監管責任上，市場監督管理等有關部門要依據法定職責，對營利法人的經營行為進行監督，發現營利法人存在違法行為，侵害國家利益、社會公共利益等的，要依法進行查處。營利法人在經營活動中也要自覺接受政府的監督，對有關部門的執法活動予以積極配合。此外，營利法人還要自覺接受社會的監督，包括新聞媒體的監督、公眾的監督等。

四是承擔社會責任。作為營利法人，企業不僅僅是謀取自身利益最大化的經濟體，同時也是國家經濟發展、社會文明進步的重要推動者。企業在發展過程中，不僅要關注自身的利益，同時也要承擔好應盡的社會責任。一般來說，企業的社會責任可以表現為對消費者權益負責，注重生態環境保護，熱心公益宣傳和慈善捐助，幫助社會中需要幫助的弱勢群體，等等。特別是在國家發生自然災害、傳染病疫情等突發事件時，能積極響應政府號召，捐款捐物，積極參加救災抗疫活動等，都體現了企業等營利法人的社會責任。

總之，營利法人從事經營活動，必須遵守法律、行政法規，遵守社會公德、商業道德，誠實守信，維持交易安全，接受政府和社會公眾的監督，承擔社會責任。

第三節　非營利法人

> **第八十七條**　為公益目的或者其他非營利目的成立，不向出資人、設立人或者會員分配所取得利潤的法人，為非營利法人。
>
> 非營利法人包括事業單位、社會團體、基金會、社會服務機構等。

■ 條文主旨

本條是關於非營利法人的定義和範圍的規定。

■ 條文釋義

一、非營利法人的定義

非營利法人是為公益目的或者其他非營利目的成立，不向出資人、設立人或者會員分配所取得利潤的法人。看一個法人是否為非營利法人，取決於兩個因素：一是成立目的的非營

利性；二是不分配利潤。

一是成立目的的非營利性。非營利法人是為公益目的或者其他非營利目的成立的。公益目的，是指法人所從事的活動屬於社會公益事業。根據公益事業捐贈法的規定，公益事業是指非營利的下列事項：（1）救助災害、救濟貧困、扶助殘疾人等困難的社會群體和個人的活動；（2）教育、科學、文化、衛生、體育事業；（3）環境保護、社會公共設施建設；（4）促進社會發展和進步的其他社會公共和福利事業。

除了公益目的外，為其他非營利目的而成立的法人也屬於非營利法人。如行業協會，是社會中介組織，它的產生和發展是社會分工和市場競爭日益加劇的結果，反映了同一行業的企業自我服務、自我協調、自我監督、自我保護的意識和要求。具體說來，行業協會的成立必須以同行業的企業為主體，建立在自願原則的基礎上。行業協會的成立以謀取和增進全體會員企業的共同利益為宗旨，不屬於公益目的，但屬於本條規定的其他非營利目的，也屬於非營利法人。

二是不分配利潤。非營利法人也可以取得利潤，但是不得向出資人、設立人或者會員分配所取得利潤。這也是與這類法人設立的目的為非營利相一致的，因為出資人、設立人成立這類法人的目的本身不是為了賺錢，而是為了公益目的或者為會員服務，所以法人取得的利益是不能向出資人、設立人或者會員分配的。

二、非營利法人的範圍

非營利法人的範圍包括事業單位、社會團體、基金會、社會服務機構等。

一是事業單位。事業單位是指由政府利用國有資產設立的，從事教育、科技、文化、衛生等活動的社會服務組織，如政府舉辦的學校、醫院、科研機構等。事業單位一般是國家設置的帶有一定的公益性質的機構，但不屬於行使公權力的機構，與機關法人是不同的。根據國家事業單位分類改革精神，事業單位不再分為全額撥款事業單位、差額撥款事業單位，而分為公益一類事業單位、公益二類事業單位。

二是社會團體。社會團體是指中國公民自願組成，為實現會員共同意願，按照其章程開展活動的非營利性社會組織，包括行業協會，以及科技、文化、藝術、慈善事業等社會群眾團體。成立社會團體，應當經其業務主管單位審查同意，並依照《社會團體登記管理條例》的規定進行登記。社會團體為非營利法人，不得從事營利性經營活動。

三是基金會。基金會是指利用自然人、法人或者其他組織捐贈的財產，以從事公益事業為目的，依法成立的非營利性法人。基金會分為面向公眾募捐的基金會和不得面向公眾募捐的基金會。面向公眾募捐的基金會，即公募基金會按照募捐的地域範圍，分為全國性公募基金會和地方性公募基金會。根據《基金會管理條例》的規定，基金會應當在民政部門登記，就其性質而言是一種民間非營利組織。

四是社會服務機構。社會服務機構，也稱為民辦非企業單位，是指自然人、法人或者其他組織為了提供社會服務，利用非國有資產設立的非營利性法人，如民辦非營利學校、民辦非營利醫院等。民辦教育促進法規定，民辦學校的舉辦者可以自主選擇設立非營利性或者營

利性民辦學校，非營利性民辦學校的舉辦者不得取得辦學收益，學校的辦學結餘全部用於辦學，非營利性民辦學校即為非營利法人。成立社會服務機構，應當經其業務主管單位審查同意，並依法進行登記。社會服務機構不得從事營利性經營活動。

「社會服務機構」這一概念來自慈善法。慈善法規定，慈善組織，是指依法成立、符合本法規定，以面向社會開展慈善活動為宗旨的非營利性組織。慈善組織可以採取基金會、社會團體、社會服務機構等組織形式。與之相銜接，本法也沿用了「社會服務機構」這一概念，作為與事業單位、社會團體、基金會並列的一種非營利法人。

> **第八十八條**　具備法人條件，為適應經濟社會發展需要，提供公益服務設立的事業單位，經依法登記成立，取得事業單位法人資格；依法不需要辦理法人登記的，從成立之日起，具有事業單位法人資格。

■ 條文主旨

本條是關於事業單位法人資格取得的規定。

■ 條文釋義

事業單位是國家為了適應經濟社會發展需要，提供公益服務而設立的法人組織，由國家機關舉辦或者其他組織利用國有資產舉辦，從事教育、科研、文化、衛生、體育、新聞出版、廣播電視、社會福利、救助減災、統計調查、技術推廣與實驗、公用設施管理、物資倉儲、監測、勘探與勘察、測繪、檢驗檢測與鑒定、法律服務、資源管理事務、質量技術監督事務、經濟監督事務、知識產權事務、公證與認證、信息與諮詢、人才交流、就業服務、機關後勤服務等活動。事業單位具有如下兩個特點：

一是公益性。成立事業單位的目的在於提供教育、科學、文化、衛生等公益服務，這些服務屬於政府應當向社會提供的公共產品。政府通過設立事業單位，如學校、醫院、科研機構、文化機構等向社會提供這些領域的公益服務，以滿足社會發展和公眾的需求。

二是知識密集性。事業單位中的科研和其他專業人員比較集中，主要利用科技文化知識為社會提供公益服務，屬於知識密集性單位。

根據本條的規定，成立事業單位在程序上分為兩種：一是具備法人條件，經依法登記取得事業單位法人資格；二是具備法人條件，依法不需要辦理法人登記的，從成立之日起，具有事業單位法人資格。

一、具備法人條件，依法經登記取得事業單位法人資格

《事業單位登記管理暫行條例》及其實施細則對事業單位的設立條件、程序作出了明確的規定。事業單位經縣級以上各級人民政府及其有關主管部門批准成立後，應當依法登記或

者備案。縣級以上各級人民政府機構編制管理機關所屬的事業單位登記管理機構負責實施事業單位的登記管理工作。

申請事業單位法人登記，應當具備下列條件：（1）經審批機關批准設立；（2）有自己的名稱、組織機構和場所；（3）有與其業務活動相適應的從業人員；（4）有與其業務活動相適應的經費來源，事業單位的經費來源包括財政補助和非財政補助兩類；（5）能夠獨立承擔民事責任。

申請事業單位法人登記，應當向登記管理機關提交下列文件：（1）登記申請書；（2）審批機關的批准文件；（3）場所使用權證明；（4）經費來源證明；（5）其他有關證明文件。登記管理機關應當自收到登記申請書之日起 30 日內依照《事業單位登記管理暫行條例》的規定進行審查，作出准予登記或者不予登記的決定。准予登記的，發給《事業單位法人證書》；不予登記的，應當說明理由。事業單位的登記事項需要變更的，應當向登記管理機關辦理變更登記。

二、具備法人條件，依法不需要辦理法人登記的，從成立之日起，具有事業單位法人資格

根據《事業單位登記管理暫行條例》及其實施細則的規定，法律規定具備法人條件、自批准設立之日起即取得法人資格的事業單位，不再辦理事業單位法人登記，由有關主管部門按照分級登記管理的規定向登記管理機關備案。縣級以上各級人民政府設立的直屬事業單位直接向登記管理機關備案。對備案的事業單位，登記管理機關應當自收到備案文件之日起 30 日內發給《事業單位法人證書》。

> **第八十九條　事業單位法人設理事會的，除法律另有規定外，理事會為其決策機構。事業單位法人的法定代表人依照法律、行政法規或者法人章程的規定產生。**

■ 條文主旨

本條是關於事業單位法人組織機構的規定。

■ 條文釋義

事業單位設立理事會作為其決策機構，是建立和完善事業單位法人治理結構的重要舉措，有利於創新事業單位體制機制，實現管辦分離。本條明確了理事會作為事業單位決策機構的法律地位，有利於加強事業單位的法人治理，進一步激發事業單位的活力，促進事業單位的健康發展。

一、事業單位的決策機構

事業單位法人設理事會的，除法律另有規定，理事會為其決策機構。根據國務院辦公廳 2011 年發佈的《關於建立和完善事業單位法人治理結構的意見》，理事會一般由政府有關

部門、舉辦單位、事業單位、服務對象和其他有關方面的代表組成。直接關係人民群眾切身利益的事業單位，本單位以外人員擔任的理事要佔多數。根據事業單位的規模、職責任務和服務對象等方面特點，兼顧代表性和效率，合理確定理事會的構成和規模。要吸收事業單位外部人員參加決策層，擴大參與事業單位決策和監督的人員範圍，進一步規範事業單位的行為，確保公益目標的實現。

《關於建立和完善事業單位法人治理結構的意見》指出，面向社會提供公益服務的事業單位要探索建立和完善法人治理結構。不宜建立法人治理結構的事業單位，要繼續完善現行管理模式。根據這一精神，本條對事業單位設立理事會沒有作強制性的統一要求。根據本條的規定，不是所有事業單位的決策機構都是理事會，只有設立理事會的，除法律另有規定的外，理事會才為其決策機構。

關於理事會的職責，《關於建立和完善事業單位法人治理結構的意見》規定，理事會依照法律法規、國家有關政策和本單位章程開展工作，接受政府監管和社會監督。理事會負責本單位的發展規劃、財務預決算、重大業務、章程擬訂和修訂等決策事項，按照有關規定履行人事管理方面的職責，並監督本單位的運行。

關於理事的產生方式，《關於建立和完善事業單位法人治理結構的意見》規定，結合理事所代表的不同方面，採取相應的理事產生方式，代表政府部門或相關組織的理事一般由政府部門或相關組織委派，代表服務對象和其他利益相關方的理事原則上推選產生，事業單位行政負責人及其他有關職位的負責人可以確定為當然理事。

同時，為了加強對理事的監督，《關於建立和完善事業單位法人治理結構的意見》還規定，要明確理事的權利義務，建立理事責任追究機制，也可以探索單獨設立監事會，負責監督事業單位財務和理事、管理層人員履行職責的情況。

根據本條的規定，有的法律已經明確規定了有關事業單位的決策機構的，要依據其規定。如高等教育法規定，國家舉辦的高等學校實行中國共產黨高等學校基層委員會領導下的校長負責制。中國共產黨高等學校基層委員會按照中國共產黨章程和有關規定，統一領導學校工作，支持校長獨立負責地行使職權，其領導職責主要是：執行中國共產黨的路線、方針、政策，堅持社會主義辦學方向，領導學校的思想政治工作和德育工作，討論決定學校內部組織機構的設置和內部組織機構負責人的人選，討論決定學校的改革、發展和基本管理制度等重大事項，保證以培養人才為中心的各項任務的完成。根據這一規定，國家舉辦的高等學校的決策機構為中國共產黨高等學校基層委員會。

二、事業單位法定代表人

事業單位法定代表人依照法律、行政法規或者法人章程的規定產生。事業單位法定代表人是按照法定程序產生，代表事業單位行使民事權利、履行民事義務的責任人。事業單位法定代表人的產生，要依照有關法律、行政法規或者法人章程的規定。如高等教育法規定，高等學校的校長為高等學校的法定代表人。

第九十條　具備法人條件，基於會員共同意願，為公益目的或者會員共同利益等非營利目的設立的社會團體，經依法登記成立，取得社會團體法人資格；依法不需要辦理法人登記的，從成立之日起，具有社會團體法人資格。

■ 條文主旨

本條是關於社會團體法人資格取得的規定。

■ 條文釋義

社會團體，是指基於會員共同意願，為公益目的或者會員共同利益等非營利目的設立的社會組織。根據這一規定，社會團體包括兩種：一是為公益目的而設立的，如中國紅十字會、中華慈善總會等；二是為會員共同利益設立的，如行業協會、商會等。

根據本條的規定，社會團體在設立程序上分為兩種：一是經依法登記成立，取得法人資格；二是依法不需要辦理法人登記，一經成立即具有法人資格。

一、經依法登記成立，取得法人資格

根據《社會團體登記管理條例》的規定，社會團體應當具備法人條件。成立社會團體，應當經其業務主管單位審查同意，並依照該條例的規定進行登記。社會團體的登記機關為民政部門。

社會團體登記應當符合以下法定的條件和程序：

1. 成立條件。根據《社會團體登記管理條例》的規定，成立社會團體，應當具備下列條件：一是有 50 個以上的個人會員或者 30 個以上的單位會員；個人會員、單位會員混合組成的，會員總數不得少於 50 個；二是有規範的名稱和相應的組織機構。社會團體的名稱應當符合法律、法規的規定，不得違背社會道德風尚。社會團體的名稱應當與其業務範圍、成員分佈、活動地域相一致，準確反映其特徵。全國性的社會團體的名稱冠以「中國」「全國」「中華」等字樣的，應當按照國家有關規定經過批准，地方性的社會團體的名稱不得冠以「中國」「全國」「中華」等字樣；三是有固定的住所；四是有與其業務活動相適應的專職工作人員；五是有合法的資產和經費來源，全國性的社會團體有 10 萬元以上活動資金，地方性的社會團體和跨行政區域的社會團體有 3 萬元以上活動資金；六是有獨立承擔民事責任的能力。

2. 成立程序。根據《社會團體登記管理條例》的規定，申請成立社會團體，應當經其業務主管單位審查同意，由發起人向登記管理機關申請登記。籌備期間不得開展籌備以外的活動。申請登記社會團體，發起人應當向登記管理機關提交下列文件：（1）登記申請書；（2）業務主管單位的批准文件；（3）驗資報告、場所使用權證明；（4）發起人和擬任負責人的基本情況、身份證明；（5）章程草案。登記管理機關應當自收到上述所列全部有效文件之日起 60 日內，作出准予或者不予登記的決定。准予登記的，發給《社會團體法人登記證書》；不予登記的，應當向發起人說明理由。社會團體登記事項包括：名稱、住所、宗旨、業務範

圍、活動地域、法定代表人、活動資金、業務主管單位。社會團體的法定代表人，不得同時擔任其他社會團體的法定代表人。

經登記機關審查，發現申請登記的社會團體有下列情形之一的，登記管理機關不予登記：（1）有根據證明申請登記的社會團體的宗旨、業務範圍不符合《社會團體登記管理條例》規定的；（2）在同一行政區域內已有業務範圍相同或者相似的社會團體，沒有必要成立的；（3）發起人、擬任負責人正在或者曾經受到剝奪政治權利的刑事處罰，或者不具有完全民事行為能力的；（4）在申請登記時弄虛作假的；（5）有法律、行政法規禁止的其他情形的。

二、依法不需要辦理法人登記，一經成立即具有法人資格

對於依法不需要辦理法人登記的，從成立之日起，具有社會團體法人資格。根據《社會團體登記管理條例》的規定，兩類社會團體不需要辦理法人登記，一經成立即具有法人資格：

一是參加中國人民政治協商會議的人民團體。目前，參加中國人民政治協商會議的人民團體共有 8 個，包括中華全國總工會、中國共產主義青年團、中華全國婦女聯合會、中國科學技術協會、中華全國歸國華僑聯合會、中華全國台灣同胞聯誼會、中華全國青年聯合會、中華全國工商業聯合會。

二是由國務院機構編制管理機關核定，並經國務院批准免於登記的團體，共有 14 個，包括中國文學藝術界聯合會、中國作家協會、中華全國新聞工作者協會、中國人民對外友好協會、中國人民外交學會、中國國際貿易促進委員會、中國殘疾人聯合會、宋慶齡基金會、中國法學會、中國紅十字會、中國職工思想政治工作研究會、歐美同學會、黃埔軍校同學會、中華職業教育社。

根據《社會團體登記管理條例》的規定，自批准成立之日起即具有法人資格的社會團體，應當自批准成立之日起 60 日內向登記管理機關提交批准文件，申領《社會團體法人登記證書》。登記管理機關自收到文件之日起 30 日內發給《社會團體法人登記證書》。

需要說明三點：第一，社會團體憑據《社會團體法人登記證書》申請刻制印章，開立銀行賬戶。社會團體應當將印章式樣和銀行賬號報登記管理機關備案。第二，社會團體的分支機構、代表機構是社會團體的組成部分，不具有法人資格，應當按照其所屬的社會團體的章程規定的宗旨和業務範圍，在該社會團體授權的範圍內開展活動、發展會員。社會團體的分支機構不得再設立分支機構。第三，社會團體不得設立地域性的分支機構。

> 第九十一條　設立社會團體法人應當依法制定法人章程。
>
> 社會團體法人應當設會員大會或者會員代表大會等權力機構。
>
> 社會團體法人應當設理事會等執行機構。理事長或者會長等負責人按照法人章程的規定擔任法定代表人。

■ 條文主旨

本條是關於社會團體法人章程和組織機構的規定。

■ 條文釋義

一、社會團體法人應當制定章程

章程是設立社會團體法人的法定必備文件，是調整社會團體內部關係，規範內部成員行為，明確法人活動準則的重要依據，對於社會團體法人具有重要意義。所以，本條規定設立社會團體法人應當依法制定法人章程。

根據《社會團體登記管理條例》的規定，社會團體的章程應當包括下列事項：一是名稱、住所；二是宗旨、業務範圍和活動地域；三是會員資格及其權利、義務；四是民主的組織管理制度，執行機構的產生程序；五是負責人的條件和產生、罷免的程序；六是資產管理和使用的原則；七是章程的修改程序；八是終止程序和終止後資產的處理；九是應當由章程規定的其他事項。

二、社會團體的權力機構

社會團體法人應當設會員大會或者會員代表大會等權力機構，一般會員人數相對較少的社會團體實行會員大會制度，由全體會員組成的會員大會作為該團體的決策機構。而會員人數相對較多的社會團體則實行會員代表大會制度，由全體會員選出代表召開大會，行使會員賦予的權利，對會員負責，作為該社會團體的決策機構。

社會團體的會員大會或者會員代表大會的職責在該社會團體的章程中作出規定，一般包括選舉產生該社會團體的理事會、監事會；修改該社會團體的章程；審議批准理事會、監事會的工作報告；審議批准理事會提交的工作規劃；決定該社會團體的重大事項等。

三、社會團體的執行機構

社會團體法人應當設理事會等執行機構。理事長或者會長等負責人按照法人章程的規定擔任法定代表人，理事會在全國會員大會或者代表大會閉會期間執行其決議。理事會的任期及職責等由社會團體的章程規定。

四、社會團體的法定代表人

社會團體的理事長或者會長等負責人按照法人章程的規定擔任法定代表人。社會團體的法定代表人，不得同時擔任其他社會團體的法定代表人。

需要指出的是，在立法過程中，有的建議社會團體還應當設立監督機構，以監督理事

會等執行機構依法行使職權。經研究認為，社會團體是否設立監督機構，應屬其會員自治範疇，由社會團體法人自行決定，本法不必對此作出強制性的統一規定。

第九十二條　具備法人條件，為公益目的以捐助財產設立的基金會、社會服務機構等，經依法登記成立，取得捐助法人資格。

依法設立的宗教活動場所，具備法人條件的，可以申請法人登記，取得捐助法人資格。法律、行政法規對宗教活動場所有規定的，依照其規定。

■ 條文主旨

本條是關於捐助法人的定義和範圍的規定。

■ 條文釋義

一、捐助法人的定義和範圍

根據本條的規定，捐助法人的定義是為公益目的，以捐助財產設立的非營利法人。根據這一規定，捐助法人的特點在於，一是為公益目的設立；二是法人的財產全部來自捐助。

捐助法人的範圍主要包括基金會、社會服務機構、宗教活動場所等。

二、捐助法人登記

基金會、社會服務機構、宗教活動場所等組織具備法人條件，經依法登記，取得捐助法人資格。

其一，基金會。

1. 登記主管機關。根據《基金會管理條例》的規定，國務院民政部門和省、自治區、直轄市人民政府民政部門是基金會的登記管理機關。

2. 設立基金會的條件。根據《基金會管理條例》的規定，設立基金會應當具備下列條件：一是為特定的公益目的而設立；二是全國性公募基金會的原始基金不低於 800 萬元人民幣，地方性公募基金會的原始基金不低於 400 萬元人民幣，非公募基金會的原始基金不低於 200 萬元人民幣；原始基金必須為到賬貨幣資金；三是有規範的名稱、章程、組織機構以及與其開展活動相適應的專職工作人員；四是有固定的住所；五是能夠獨立承擔民事責任。

3. 設立登記。根據《基金會管理條例》的規定，申請設立基金會，申請人應當向登記管理機關提交有關文件，登記管理機關應當自收到全部有效文件之日起 60 日內，作出准予或者不予登記的決定。准予登記的，發給《基金會法人登記證書》；不予登記的，應當書面說明理由。基金會設立登記的事項包括：名稱、住所、類型、宗旨、公益活動的業務範圍、原始基金數額和法定代表人。

其二，社會服務機構。

社會服務機構進行法人登記，目前適用《民辦非企業單位登記管理暫行條例》的規定。該條例明確規定了社會服務機構（即民辦非企業單位）登記的管理機關，社會服務機構的設立條件和設立登記程序。

1. 登記管理機關。根據《民辦非企業單位登記管理暫行條例》的規定，國務院民政部門和縣級以上地方各級人民政府民政部門是本級人民政府的民辦非企業單位登記管理機關。

2. 設立條件。根據《民辦非企業單位登記管理暫行條例》的規定，申請登記民辦非企業單位，應當具備下列條件：一是經業務主管單位審查同意；二是有規範的名稱、必要的組織機構；三是有與其業務活動相適應的從業人員；四是有與其業務活動相適應的合法財產；五是有必要的場所。民辦非企業單位的名稱應當符合國務院民政部門的規定，不得冠以「中國」「全國」「中華」等字樣。

3. 設立登記。申請民辦非企業單位登記，舉辦者應當向登記管理機關提交有關文件，登記管理機關應當自收到成立登記申請的全部有效文件之日起 60 日內作出准予登記或者不予登記的決定。

其三，宗教活動場所。

宗教活動場是指開展宗教活動的寺院、宮觀、清真寺、教堂及其他固定處所。本條第 2 款規定，依法設立的宗教活動場所，具備法人條件的，可以申請法人登記，取得捐助法人資格。目前，關於宗教場所的規定，主要是國務院的行政法規《宗教事務條例》和國家宗教事務局制定的《宗教活動場所設立審批和登記辦法》。

根據《宗教事務條例》的規定，設立宗教活動場所，應當具備該條例規定的條件。籌備設立宗教活動場所，由宗教團體向政府宗教事務部門提出申請，經批准後，方可辦理該宗教活動場所的籌建事項。宗教活動場所經批准籌備並建設完工後，應當向所在地的縣級人民政府宗教事務部門申請登記。宗教事務部門經依法進行審核，對符合條件的予以登記，發給《宗教活動場所登記證》。宗教活動場所符合法人條件的，經所在地宗教團體同意，並報縣級人民政府宗教事務部門審查同意後，可以到民政部門辦理法人登記。宗教活動場所終止或者變更登記內容的，應當到原登記管理機關辦理相應的註銷或者變更登記手續。

本法賦予宗教活動場所以法人資格，有利於其對外從事民事活動，更好地維護其合法權益，也有利於加強其內部治理，保護正常的宗教活動。

這裏需要指出三點：

一是宗教活動場所的法人登記以具備法人條件為前提。考慮到不同宗教的做法不同，依法設立的宗教活動場所是否登記為法人，由其自行申請。

二是法律、行政法規對宗教活動場所有規定的，依照其規定。本條的規定不影響國家依法對宗教活動場所進行規範和管理。宗教活動場所從事各類活動必須符合《宗教事務條例》等法規的規定，接受宗教事務部門依法對其進行的監督檢查。

三是賦予宗教活動場所法人資格不影響其與宗教團體的關係。根據《宗教事務條例》的規定，宗教團體具有協助人民政府貫徹落實法律、法規、規章和政策，維護信教公民的合法

權益，指導宗教教務，制定規章制度並督促落實，從事宗教文化研究，闡釋宗教教義教規，開展宗教思想建設，開展宗教教育培訓，培養宗教教職人員，認定、管理宗教教職人員，以及法律、法規、規章和宗教團體章程規定的其他職能。宗教團體具備法人條件的，可以依法登記為社會團體法人。賦予宗教活動場所法人資格不影響其與宗教團體的關係。

> **第九十三條**　設立捐助法人應當依法制定法人章程。
> 捐助法人應當設理事會、民主管理組織等決策機構，並設執行機構。理事長等負責人按照法人章程的規定擔任法定代表人。
> 捐助法人應當設監事會等監督機構。

■ 條文主旨

本條是關於捐助法人章程和組織機構的規定。

■ 條文釋義

一、設立捐助法人應當依法制定法人章程

根據《中華人民共和國慈善法》《基金會管理條例》《民辦非企業單位登記管理暫行條例》《宗教事務條例》的規定，設立基金會、社會服務機構、宗教活動場所應當制定章程。

基金會的章程必須明確基金會的公益性質，不得規定使特定自然人、法人或者其他組織受益的內容。基金會章程應當載明下列事項：（1）名稱及住所；（2）設立宗旨和公益活動的業務範圍；（3）原始基金數額；（4）理事會的組成、職權和議事規則，理事的資格、產生程序和任期；（5）法定代表人的職責；（6）監事的職責、資格、產生程序和任期；（7）財務會計報告的編制、審定制度；（8）財產的管理、使用制度；（9）基金會的終止條件、程序和終止後財產的處理。

社會服務機構（即民辦非企業單位）的章程應當包括下列事項：（1）名稱、住所；（2）宗旨和業務範圍；（3）組織管理制度；（4）法定代表人或者負責人的產生、罷免的程序；（5）資產管理和使用的原則；（6）章程的修改程序；（7）終止程序和終止後資產的處理；（8）需要由章程規定的其他事項。

二、捐助法人應當設理事會、民主管理組織等決策機構，並設執行機構、監事會等監督機構

為了加強對捐助法人的內部治理，本條規定捐助法人應當設理事會、民主管理組織等決策機構，並設執行機構、監督機構。理事長等負責人按照法人章程的規定擔任法定代表人。

1. 基金會。根據《基金會管理條例》的規定，基金會設理事會，是基金會的決策機構。理事為 5 人至 25 人，理事任期由章程規定，但每屆任期不得超過 5 年。理事任期屆滿，連

選可以連任。用私人財產設立的非公募基金會，相互間有近親屬關係的基金會理事，總數不得超過理事總人數的 1/3；其他基金會，具有近親屬關係的不得同時在理事會任職。在基金會領取報酬的理事不得超過理事總人數的 1/3。理事會設理事長、副理事長和秘書長，從理事中選舉產生，理事長是基金會的法定代表人。

基金會設監事。監事任期與理事任期相同。理事、理事的近親屬和基金會財會人員不得兼任監事。監事依照章程規定的程序檢查基金會財務和會計資料，監督理事會遵守法律和章程的情況。監事列席理事會會議，有權向理事會提出質詢和建議，並應當向登記管理機關、業務主管單位以及稅務、會計主管部門反映情況。

2. 社會服務機構。目前，對社會服務機構法人的組織機構還沒有統一的法律、行政法規的規定，但有的法律、行政法規對有關社會服務機構的組織機構作出了規定，如《中華人民共和國民辦教育促進法實施條例》規定，民辦學校理事會、董事會或者其他形式決策機構的負責人應當品行良好，具有政治權利和完全民事行為能力。國家機關工作人員不得擔任民辦學校理事會、董事會或者其他形式決策機構的成員。民辦學校的理事會、董事會或者其他形式決策機構，每年至少召開一次會議。

3. 宗教活動場所。根據《宗教事務條例》的規定，宗教活動場所應當成立管理組織，實行民主管理。宗教活動場所管理組織的成員，經民主協商推選，並報該場所的登記管理機關備案。

第九十四條　捐助人有權向捐助法人查詢捐助財產的使用、管理情況，並提出意見和建議，捐助法人應當及時、如實答覆。

捐助法人的決策機構、執行機構或者法定代表人作出決定的程序違反法律、行政法規、法人章程，或者決定內容違反法人章程的，捐助人等利害關係人或者主管機關可以請求人民法院撤銷該決定。但是，捐助法人依據該決定與善意相對人形成的民事法律關係不受影響。

■ 條文主旨

本條是關於捐助人權利的規定。

■ 條文釋義

捐助人出於從事慈善活動的目的，向基金會、社會服務機構、宗教活動場所等捐助法人捐贈財產，為了保護捐助人的權益和捐助財產的安全，使捐助財產真正用於慈善事業，本條明確了捐助人對所捐助財產使用、管理情況的監督權，以及捐助法人對捐助人行使這一權利的相應配合義務。

一、捐助人的監督權

捐助人有權向捐助法人查詢捐助財產的使用、管理情況，並提出意見和建議。慈善法、《基金會管理條例》也作了類似的規定。慈善法規定，捐贈人有權查詢、複製其捐贈財產管理使用的有關資料，慈善組織應當及時主動向捐贈人反饋有關情況。慈善組織違反捐贈協議約定的用途，濫用捐贈財產的，捐贈人有權要求其改正；拒不改正的，捐贈人可以向民政部門投訴、舉報或者向人民法院提起訴訟。《基金會管理條例》規定，捐贈人有權向基金會查詢捐贈財產的使用、管理情況，並提出意見和建議。對於捐贈人的查詢，基金會應當及時如實答覆。基金會違反捐贈協議使用捐贈財產的，捐贈人有權要求基金會遵守捐贈協議或者向人民法院申請撤銷捐贈行為、解除捐贈協議。

捐贈協議屬於本法合同編規定的贈與合同。贈與合同是贈與人將自己的財產無償給予受贈人，受贈人表示接受贈與的合同。贈與可以附義務，受贈人應當按照約定履行義務。如果捐贈人在捐贈協議中對捐助財產的用途提出明確的要求，受贈的捐助法人需要嚴格按協議的規定使用捐助的財產。如果捐助法人違反協議的規定濫用捐贈財產，屬於不履行贈與合同約定義務的行為，捐助人可以向人民法院提起訴訟，要求撤銷贈與，也可以依法向有關部門投訴、舉報。

二、捐助法人對捐助人行使監督權的配合義務

對於捐助人行使對所捐財產的監督權，捐助法人應當予以積極配合：包括當捐助人查詢所捐財產的使用、管理情況時，應當積極提供有關財務資料；對於捐助人提出的有關意見、建議，應當認真聽取、研究，並及時作出解釋、回應，對合理化建議應當及時採納；對於捐助人的查詢，應當及時如實答覆，不能拖延、敷衍，更不能弄虛作假，欺騙捐助人。

三、捐助人可以請求撤銷決定的情形

一是決定程序違反法律、行政法規或者法人章程。捐助法人的決策機構、執行機構或者法定代表人作出決定的程序應當符合法律、行政法規、法人章程的規定。如根據《基金會管理條例》的規定，理事會會議須有 2/3 以上理事出席方能召開；理事會決議須經出席理事過半數通過方為有效。涉及章程的修改，選舉或者罷免理事長、副理事長、秘書長，章程規定的重大募捐、投資活動，基金會的分立、合併等重要事項的決議，須經出席理事表決，2/3 以上通過方為有效。理事會會議應當製作會議記錄，並由出席理事審閱、簽名。如果基金會的理事會所作決定違反了這一程序性規定，捐助人等利害關係人或者主管機關可以請求人民法院撤銷該決定。

二是決定內容違反法人章程的規定。捐助法人的決策機構、執行機構或者法定代表人作出決定的內容應當符合法人章程的規定。法人章程是設立法人的重要依據，也是法人應當遵循的基本準則，對法人的決策機構、執行機構或者法定代表人均具有拘束力。如果捐助法人的決策機構、執行機構或者法定代表人作出決定的內容違反了章程的規定，那麼作為捐助人等利害關係人或者法人的主管機關有權請求人民法院撤銷該決定，以維護所捐助財產的安全。

這裏需要指出兩點：

一是雖然法院依法撤銷了該捐助法人所作的違法或者違反法人章程的決定，但捐助法人依據該決定與善意相對人形成的民事法律關係不受影響，這也是保護善意相對人的權益，維護交易安全的需要。如某一捐助法人的理事會，違反法律規定的程序作出一項決定，將獲得捐助的一處房產賣掉。雖然該決定因違反法定程序而被人民法院撤銷，但是，如果買房人因為在購房時為善意，對該法人所作決定違法或者違反章程規定的事實為不知情或者不應當知情，在此情況下，該買房人為善意相對人，可以取得該房產的所有權。

二是關於捐助法人的決策機構、執行機構、法定代表人作出決定的內容方面。本條規定只針對違反法人章程規定的情況，如果所作決定的內容違反的是法律、行政法規的強制性規定的，依據本法第 143 條、第 153 條的規定，除該強制性規定不導致民事法律行為無效的外，屬於無效民事法律行為，不屬於本條規定的可撤銷的民事法律行為。

第九十五條 為公益目的成立的非營利法人終止時，不得向出資人、設立人或者會員分配剩餘財產。剩餘財產應當按照法人章程的規定或者權力機構的決議用於公益目的；無法按照法人章程的規定或者權力機構的決議處理的，由主管機關主持轉給宗旨相同或者相近的法人，並向社會公告。

■ **條文主旨**

本條是關於為公益目的成立的非營利法人終止時剩餘財產處理的規定。

■ **條文釋義**

為公益目的成立的非營利法人，包括捐助法人和事業單位法人，以及部分社會團體法人。這些法人的財產，要麼來自捐助財產，要麼來自國有資產，所以在這些法人終止時，其剩餘財產的處理是受到限制的。

一是剩餘財產不得向出資人、設立人或者會員分配。剩餘財產是指法人解散清算完成後所剩餘的法人財產。這些財產不能向出資人、設立人或者會員分配，這是營利法人與非營利法人的重要區別。對於營利法人來說，剩餘財產是可以向出資人、設立人分配的，而非營利法人，其來源是國有資產或者捐助財產，在存續期間還享受了國家在財政、稅收、土地等方面的優惠政策，所以在終止時，其財產需要繼續用於公益事業，不得向出資人、設立人或者會員分配。

二是剩餘財產應當按照法人章程的規定或者權力機構的決議用於公益目的。非營利法人的剩餘財產應當按照法人章程的規定或者理事會等權力機構的決議繼續用於公益目的。非營利法人的章程中一般會規定法人終止後剩餘財產的處理，主要是轉給其他宗旨相同或者相近

的非營利法人，如非營利性民辦學校終止後，其剩餘財產轉給其他的非營利性民辦學校。如果法人章程中沒有規定，也可以由理事會等法人權力機構作出決議，將剩餘財產繼續用於公益事業。需要說明的是，非營利法人終止後的剩餘財產只能按照法人章程的規定或者權力機構的決議用於公益事業，不能用於營利活動。

三是剩餘財產無法按照法人章程的規定或者權力機構的決議處理的，由主管機關主持轉給宗旨相同或者相近的法人，並向社會公告。如果法人終止後，其剩餘財產的處理，既沒有法人章程的規定，理事會等權力機構也沒有作出相關決議，在此情況下，要由主管機關主持轉給宗旨相同或者相近的法人，並向社會公告。如一所非營利的民營醫院終止後，其剩餘財產，可以由主管機關主持轉給另外一家非營利的民營醫院，並向社會公告。

《中華人民共和國慈善法》《中華人民共和國民辦教育促進法》《基金會管理條例》《宗教事務條例》均明確規定了這幾類非營利法人在終止後剩餘財產的處理原則。慈善法規定，慈善組織清算後的剩餘財產，應當按照慈善組織章程的規定轉給宗旨相同或者相近的慈善組織；章程未規定的，由民政部門主持轉給宗旨相同或者相近的慈善組織，並向社會公告。民辦教育促進法規定，非營利性民辦學校清償上述債務後的剩餘財產繼續用於其他非營利性學校辦學。《基金會管理條例》規定，基金會註銷後的剩餘財產應當按照章程的規定用於公益目的；無法按照章程規定處理的，由登記管理機關組織捐贈給與該基金會性質、宗旨相同的社會公益組織，並向社會公告。《宗教事務條例》規定，宗教團體、宗教院校、宗教活動場所註銷或者終止的，應當進行財產清算，清算後的剩餘財產應當用於與其宗旨相符的事業。

需要指出的是，非營利法人的範圍比較寬，包括捐助法人和事業單位法人，以及部分社會團體法人。對各類非營利法人剩餘財產的處理，如果其他法律另有規定的，要依照其規定。另外，事業單位終止後剩餘財產的處理，原則上要符合國有資產管理的有關規定。

第四節　特別法人

> **第九十六條　本節規定的機關法人、農村集體經濟組織法人、城鎮農村的合作經濟組織法人、基層群眾性自治組織法人，為特別法人。**

■ 條文主旨

本條是關於特別法人範圍的規定。

■ 條文釋義

本條規定了特別法人所包括的具體範圍：機關法人、農村集體經濟組織法人、城鎮農村

的合作經濟組織法人、基層群眾性自治組織法人這四種法人為特別法人。

機關法人、農村集體經濟組織法人、城鎮農村的合作經濟組織法人、基層群眾性自治組織法人這四種法人，既不同於營利法人，也不同於非營利法人，有其自身的特殊性，所以本節將其統歸於特別法人。

一、機關法人

機關法人是指依法行使國家權力，並因行使國家權力的需要而享有相應的民事權利能力和民事行為能力的國家機關。在進行民事活動時，國家機關以法人身份出現，與作為其相對人的自然人、法人或者非法人組織一樣是平等的民事主體，不是行政主體。

機關法人包括政黨機關、人大機關、政協機關、行政機關、監察機關、司法機關、軍事機關等，具體包括各級中國共產黨委員會及其所屬各部門，各級人民代表大會機關，各級人民政府及其所屬各工作部門，各級政治協商會議機關，各級監察機關，各級人民法院、檢察院機關，各民主黨派機關、軍事機關等。

機關法人成立的方式為依據憲法和法律的規定，為履行法定職能而特許設立，無須經專門機構核准登記。同時，機關法人的經費納入國家預算，由國家財政撥給。機關法人可以以法人資格與其他民事主體進行民事活動，如購置辦公用品等。正是由於機關法人的上述特點，使其既不是營利法人，也不是非營利法人，屬於特殊法人。在國際上，一般將機關法人稱為公法人。

二、農村集體經濟組織法人

農村集體經濟組織產生於上個世紀 50 年代初的農業合作化運動，是為實行社會主義公有制改造，在自然鄉村範圍內，由農民自願聯合，將其各自所有的生產資料（土地、較大型農具、耕畜）投入集體所有，由集體組織農業生產經營，農民進行集體勞動，各盡所能，按勞分配的農業社會主義經濟組織。農村集體經濟組織是農村集體資產經營管理的主體，依法代表農民集體行使農村集體資產所有權。農村集體經濟組織作為一類特殊的組織，既有對外的營利性，又有對內的集體利益保障性；既不同於營利法人，也不同於非營利法人，屬於特別法人。

三、城鎮農村的合作經濟組織法人

城鎮農村的合作經濟組織是按照自願互利、民主管理、協作服務原則組建的農村經濟組織，主要是指供銷合作社等。供銷合作社地位性質特殊，既體現黨和政府的政策導向，又承擔政府委託的公益性服務；既有事業單位和社團組織的特點，又履行管理社有企業的職責；既要辦成以農民為基礎的合作經濟組織，又要開展市場化經營和農業社會化服務，具有不同於營利法人、非營利法人的特殊性，屬於特別法人。

四、基層群眾性自治組織法人

基層群眾性自治組織是指在城市和農村按居民、村民的居住地區建立起來的居民委員會和村民委員會。居民委員會、村民委員會是建立在我國社會的最基層，與群眾直接聯繫的組織，是在自願的基礎上由群眾按照居住地區，自己組織起來管理自己事務的組織。基層群眾

性自治組織這一概念首次見於 1982 年憲法，規定：「城市和農村按居民居住地區設立的居民委員會或者村民委員會是基層群眾性自治組織」。根據憲法的規定，我國分別於 1989 年、1998 年制定了居民委員會組織法、村民委員會組織法。

居民委員會和村民委員會的特點在於：一是群眾性。基層群眾性自治組織不同於國家政權組織和其他政治、經濟等社會組織，是居住於一定範圍內的居民、村民基於社會生活的共同需要而建立，目的是處理居住地範圍內的公共事務、公益事業等事務，如社會治安、公共衛生等。二是自治性。基層群眾性自治組織不是國家機關，也不是國家機關的下屬或者下級組織，具有自身組織上的獨立性。三是基層性。基層群眾性自治組織只存在於居住地範圍的基層社區，所從事的工作都是居民、村民居住範圍內的公共事務和公益事業。正是因為居民委員會和村民委員會具有上述不同於其他法人的特點，所以有必要賦予其單獨的一類法人資格。

第九十七條　有獨立經費的機關和承擔行政職能的法定機構從成立之日起，具有機關法人資格，可以從事為履行職能所需要的民事活動。

■ 條文主旨

本條是關於機關法人的規定。

■ 條文釋義

根據本條的規定，機關法人包括兩類：一是有獨立經費的機關；二是有獨立經費的承擔行政職能的法定機構。

一是有獨立經費的機關。機關法人的經費來自財政撥款。機關法人的設立依據是憲法、地方各級人民代表大會和地方各級人民政府組織法、國務院組織法、監察法、人民法院組織法、人民檢察院組織法等法律，其設立的目的是代表國家行使公權力，履行法定的職責。因此，必須有獨立的經費作為機關法人履行職責和對外承擔民事責任的基礎。機關法人的獨立經費，來自國家的財政撥款。

機關法人在對外從事民事活動時必然要面臨責任承擔的問題，其享有獨立的經費就成為其對外承擔責任的基礎。機關作為預算單位享有獨立經費，確保其可以對外承擔民事法律責任。

二是有獨立經費的承擔行政職能的法定機構。行政職能是指行政管理職能，是行政主體作為國家管理的執法機關，在依法對國家政治、經濟和社會公共事務進行管理時應承擔的職責和所具有的功能，如行政許可、行政處罰等，但不涉及立法、司法和軍事等國家職能。行政職能一般由國家的行政機關行使，包括各級人民政府及其政府有關部門，均享有行政管理

職能。除了行政機關，一些法定機構，依據法律、行政法規的授權也享有行政管理職能，這些法定機構在行使法定行政職能時，也享有與行政機關相同的行政主體地位，具有機關法人資格。本條的這一規定，相比民法通則關於機關法人的規定，在範圍上作了擴大，將有獨立經費的承擔行政職能的法定機構也作為機關法人，適應了實踐的發展需要。

承擔行政職能的法定機構主要包括部分依法舉辦的事業單位，如中國證券監督管理委員會、中國銀行保險監督管理委員會等，依據證券法、商業銀行法、保險法等法律的規定，對證券期貨市場、金融、保險行業實施監督管理。這樣的機構雖然性質為事業單位，但因其履行公共管理職能，因而具有機關法人資格。

行政許可法、行政處罰法等法律均規定了法律、行政法規授權的組織享有行政許可權、行政處罰權。如行政許可法規定，法律、法規授權的具有管理公共事務職能的組織，在法定授權範圍內，以自己的名義實施行政許可。被授權的組織適用本法有關行政機關的規定。行政處罰法規定，法律、法規授權的具有管理公共事務職能的組織可以在法定授權範圍內實施行政處罰。相應而言，這些法定機構實施行政管理職能時如果違反了法律、行政法規的規定，行政相對人可以依據行政訴訟法的規定，對其提起行政訴訟。

需要指出的是，有獨立經費的機關和承擔行政職能的法定機構從成立之日起，即具有機關法人資格，不需要進行設立登記。

機關法人履行法定職能所從事的活動包括兩種：一種是公法意義的活動，如行政管理活動，另一種則是私法意義上的活動，即民事活動，如購買辦公用品等。本條規定，機關法人從其成立之日起即具有法人資格，可以從事為履行職能所需要的民事活動。換言之，如果所從事的民事活動與該機關法人的履行職能不相符，就不具有合法性，是不被允許的，如機關法人不能從事經營性的活動等。

> **第九十八條　機關法人被撤銷的，法人終止，其民事權利和義務由繼任的機關法人享有和承擔；沒有繼任的機關法人的，由作出撤銷決定的機關法人享有和承擔。**

■ 條文主旨

本條是關於機關法人終止的規定。

■ 條文釋義

機關法人被撤銷的，法人終止。機關法人成立後，可能會因為機構改革等原因而被撤銷，這樣該機關法人就在法律上終止。法人終止後，其民事權利和民事義務由繼任的機關法人享有和承擔。如根據最新的黨和國家機構改革方案，組建國家市場監督管理總局，不再保留國家工商行政管理總局、國家質量監督檢驗檢疫總局、國家食品藥品監督管理總局。那

麼，國家工商行政管理總局這一機關法人終止，其民事權利、民事義務由繼任的國家市場監督管理總局享有和承擔。如國家工商行政管理總局在被撤銷前與另一個民事主體簽訂了民事合同，其根據該合同享有的權利、義務均由繼任的國家市場監督管理總局享有和承擔。

如果機關法人被撤銷後，沒有繼任的機關法人的，則由作出撤銷決定的機關法人享有和承擔被撤銷的機關法人的民事權利、義務。

第九十九條　農村集體經濟組織依法取得法人資格。
法律、行政法規對農村集體經濟組織有規定的，依照其規定。

■ 條文主旨

本條是關於農村集體經濟組織依法取得法人資格的規定。

■ 條文釋義

農村集體經濟組織作為重要的農村社會主體，多年來一直在我國農村的改革和發展中發揮着重要作用。來自農業部的數據顯示，到 2017 年底，全國農村集體經濟組織擁有土地等資源 66.9 億畝，各類賬面資產 2.86 萬億元，總收入 4627.6 億元。

農村集體經濟組織是農村集體資產經營管理的主體，依法代表農民集體行使農村集體資產所有權。明確農村集體經濟組織的法人地位，有利於其更方便地從事民事活動，增強農村集體經濟的發展活力。

農村集體經濟組織具有自身的獨特性：一是屬於經濟組織，具有營利性。二是具有集體利益保障性。作為農村集體組織成員的村民以承包地等資產加入農村集體經濟組織，通過該組織的經營活動取得分紅等收入，所以該組織具有保障成員利益的功能和責任。三是組織成員具有相對封閉性。農村集體經濟組織的成員是該組織所覆蓋的社區的村民，這些村民以承包地等資產加入農村集體經濟組織，成為組織成員，所以集體經濟組織的成員資格與村民作為土地承包經營權人的身份密不可分，具有相對封閉性，所在社區以外的人員一般不能成為農村集體經濟組織的成員。

正是由於農村集體經濟組織的上述特點，使得其既不同於企業法人，又不同於農民專業合作組織，也不同於社會團體。例如，集體土地的所有權雖然可以被納入農村集體經濟組織的財產之中，但不能夠以其承擔民事責任。如果將集體土地的所有權用於清償債務，該集體經濟組織成員將會失去其賴以生存的根基，難以維持其基本生計，也與我國的土地制度不符。解決農村集體經濟組織的對外經營問題，只能依據農村土地承包法和本法物權編關於農村承包地「三權分置」的原則，通過土地經營權的依法流轉來實現。又如，農村集體經濟組織一般也不能破產，一旦破產，該組織即不再存在，這與設立農村集體經濟組織的初衷相

悖。因此，農村集體經濟組織雖然已經在法律上具備了市場經濟主體地位，但其只能屬於特殊的法人類型，需要專門的立法加以規定。

由於民法通則沒有明確賦予農村集體經濟組織的法人資格，使得其權利義務關係不明確，不利於其對外從事民事活動。長期以來，由於性質不清，登記五花八門，我國的農村集體經濟組織存在底數不清、權屬不明、經營不暢等多種問題。本法賦予農村集體經濟組織法人資格，有利於其以自己的名義對外從事經營等民事活動，對於發展農村經濟，提高農民收入，實現鄉村振興具有重要意義。

2016 年，《中共中央、國務院關於穩步推進農村集體產權制度改革的意見》指出：「健全適應社會主義市場經濟體制要求、以公平為核心原則的農村產權保護法律制度。抓緊研究制定農村集體經濟組織方面的法律，賦予農村集體經濟組織法人資格，明確權利義務關係，依法維護農村集體經濟組織及其成員的權益，保證農村集體經濟組織平等使用生產要素，公平參與市場競爭，同等受到法律保護。」目前，農村集體經濟組織立法已經列入十三屆全國人大常委會立法規劃的第三類項目，有關方面正在研究論證。本法作為民事基本法，明確了農村集體經濟組織的法人地位，有關農村集體經濟組織如何取得法人資格，可以通過農村集體經濟組織的專項立法作出具體規定。所以，本條規定農村集體經濟組織依法取得法人資格。此外，本條第 2 款還規定，法律、行政法規對農村集體經濟組織有規定的，依照其規定。

這裏還要指出一點，即關於農村集體經濟組織成員的資格問題。在立法過程中，有的建議對如何認定農村集體經濟組織成員資格作出具體規定，以解決實踐中各地在認定農村集體經濟組織成員資格方面做法不一的問題。但也有的意見提出，各地農村的情況差別很大，各農村集體經濟組織的歷史形成、成員構成、資產組成的情況也不相同，如果由法律統一規定成員資格的認定標準，很難適應全國各地的不同情況。經研究認為，根據中央關於農村集體產權制度改革的意見，應當按照尊重歷史、兼顧現實、程序規範、群眾認可的原則，統籌考慮戶籍關係、農村土地承包關係、對集體積累的貢獻等因素，協調平衡各方利益，確認農村集體經濟組織成員身份。目前，各地正在按照這一原則和精神進行試點。可以在試點工作結束後，在總結試點經驗的基礎上，通過農村集體經濟組織的專項立法，對農村集體經濟組織成員的資格認定問題作出具體規定。

> **第一百條　城鎮農村的合作經濟組織依法取得法人資格。**
> **法律、行政法規對城鎮農村的合作經濟組織有規定的，依照其規定。**

■ 條文主旨

本條是關於城鎮農村的合作經濟組織依法取得法人資格的規定。

■ 條文釋義

城鎮農村的合作經濟組織是按照自願互利、民主管理、協作服務原則組建的經濟組織，主要是指供銷合作社等。供銷合作社是為農服務，以農民為主體的集體所有制合作經濟組織，是黨和政府密切聯繫農民群眾的橋樑紐帶和做好農業、農村、農民工作的重要載體。

供銷合作社分為基層供銷合作社，縣級、市級、省級供銷合作社聯合社，中華全國供銷合作總社。截至 2016 年底，這五級供銷合作社共計 31700 餘個，其中基層供銷合作社 29000 個，覆蓋全國近 93% 的鄉鎮；除中華全國供銷合作總社外，全國有 32 個省級聯合社，335 個地市級聯合社，2400 餘個縣級聯合社。在供銷合作社系統中，上級社對下級社有指導、協調、監督、服務、教育培訓等職責。

近年來，黨和國家着力深化供銷社改革，把這一改革作為加強黨在農村基層執政基礎的戰略需要，也是抓好精準扶貧、實現全面小康的重要保障，是深化農業供給側結構性改革的重要舉措。2015 年 2 月頒佈的《中共中央、國務院關於深化供銷社綜合改革的決定》明確提出：「確立供銷合作社的特定法律地位。在長期的為農服務實踐中，供銷合作社形成了獨具中國特色的組織和服務體系，組織成分多元，資產構成多樣，地位性質特殊，既體現黨和政府的政策導向，又承擔政府委託的公益性服務，既有事業單位和社團組織的特點，又履行管理社有企業的職責，既要辦成以農民為基礎的合作經濟組織，又要開展市場化經營和農業社會化服務，是黨和政府以合作經濟組織形式推動『三農』工作的重要載體，是新形勢下推動農村經濟社會發展不可替代、不可或缺的重要力量。為更好發揮供銷合作社獨特優勢和重要作用，必須確立其特定法律地位，抓緊制定供銷合作社條例，適時啟動供銷合作社法立法工作。」2019 年《中共中央、國務院關於堅持農業農村優先發展做好「三農」工作的若干意見》指出，繼續深化供銷合作社綜合改革，制定供銷合作社條例。

根據上述規定精神，供銷合作社具有特殊的法律地位，既不同於企業法人等營利法人，又不同於事業單位、社會團體等非營利法人，屬於本節規定的特殊法人類型。所以，本條第 1 款規定，城鎮農村的合作經濟組織依法取得法人資格。這裏的「依法」即是指有關供銷合作社的專門立法，可以是法律，也可以是行政法規。同時，本條第 2 款還規定，法律、行政法規對城鎮農村的合作經濟組織有規定的，依照其規定。

> **第一百零一條**　居民委員會、村民委員會具有基層群眾性自治組織法人資格，可以從事為履行職能所需要的民事活動。
> 未設立村集體經濟組織的，村民委員會可以依法代行村集體經濟組織的職能。

■ 條文主旨

本條是關於居民委員會、村民委員會具有基層群眾性自治組織法人資格的規定。

■ 條文釋義

一、居民委員會

1. 居民委員會的定義。根據居民委員會組織法的規定，居民委員會是居民自我管理、自我教育、自我服務的基層群眾性自治組織。不設區的市、市轄區的人民政府或者它的派出機關對居民委員會的工作給予指導、支持和幫助。居民委員會協助不設區的市、市轄區的人民政府或者它的派出機關開展工作。

2. 居民委員會的任務。居民委員會組織法規定了居民委員會的九項任務：一是宣傳憲法、法律、法規和國家的政策，維護居民的合法權益，教育居民履行依法應盡的義務，愛護公共財產，開展多種形式的社會主義精神文明建設活動；二是辦理本居住地區居民的公共事務和公益事業；三是調解民間糾紛；四是協助維護社會治安；五是協助人民政府或者它的派出機關做好與居民利益有關的公共衛生、計劃生育、優撫救濟、青少年教育等項工作；六是向人民政府或者它的派出機關反映居民的意見、要求和提出建議；七是應當開展便民利民的社區服務活動，可以興辦有關的服務事業；八是管理本居民委員會的財產，任何部門和單位不得侵犯居民委員會的財產所有權；九是多民族居住地區的居民委員會，應當教育居民互相幫助，互相尊重，加強民族團結。

3. 居民委員會的設立和組成。居民委員會根據居民居住狀況，按照便於居民自治的原則，一般在 100 戶至 700 戶的範圍內設立。居民委員會的設立、撤銷、規模調整，由不設區的市、市轄區的人民政府決定。

居民委員會由主任、副主任和委員共 5 至 9 人組成。多民族居住地區，居民委員會中應當有人數較少的民族的成員。

二、村民委員會

1. 村民委員會的定義。根據村民委員會組織法的規定，村民委員會是村民自我管理、自我教育、自我服務的基層群眾性自治組織，實行民主選舉、民主決策、民主管理、民主監督。村民委員會辦理本村的公共事務和公益事業，調解民間糾紛，協助維護社會治安，向人民政府反映村民的意見、要求和提出建議。村民委員會向村民會議、村民代表會議負責並報告工作。

2. 村民委員會的設立和組成。根據村民委員會組織法的規定，村民居住狀況、人口多少，按照便於群眾自治，有利於經濟發展和社會管理的原則設立村民委員會。村民委員會的設立、撤銷、範圍調整，由鄉、民族鄉、鎮的人民政府提出，經村民會議討論同意，報縣級人民政府批准。村民委員會可以根據村民居住狀況、集體土地所有權關係等分設若干村民小組。

村民委員會由主任、副主任和委員共 3 至 7 人組成。村民委員會成員中，應當有婦女成員，多民族村民居住的村應當有人數較少的民族的成員。對村民委員會成員，根據工作情況，給予適當補貼。

村民委員會根據需要設人民調解、治安保衛、公共衛生與計劃生育等委員會。村民委員會成員可以兼任下屬委員會的成員。人口少的村的村民委員會可以不設下屬委員會，由村民

委員會成員分工負責人民調解、治安保衛、公共衛生與計劃生育等工作。

3.村民委員會的任務。村民委員會組織法規定了村民委員會的七項任務：一是村民委員會應當支持和組織村民依法發展各種形式的合作經濟和其他經濟，承擔本村生產的服務和協調工作，促進農村生產建設和經濟發展。二是村民委員會依照法律規定，管理本村屬於村農民集體所有的土地和其他財產，引導村民合理利用自然資源，保護和改善生態環境。三是村民委員會應當尊重並支持集體經濟組織依法獨立進行經濟活動的自主權，維護以家庭承包經營為基礎、統分結合的雙層經營體制，保障集體經濟組織和村民、承包經營戶、聯戶或者合夥的合法財產權和其他合法權益。四是村民委員會應當宣傳憲法、法律、法規和國家的政策，教育和推動村民履行法律規定的義務，愛護公共財產，維護村民的合法權益，發展文化教育，普及科技知識，促進男女平等，促進村與村之間的團結、互助，開展多種形式的社會主義精神文明建設活動。五是村民委員會應當支持服務性、公益性、互助性社會組織依法開展活動，推動農村社區建設。六是多民族村民居住的村，村民委員會應當教育和引導各民族村民增進團結、互相尊重、互相幫助。七是村民委員會及其成員應當遵守憲法、法律、法規和國家的政策，遵守並組織實施村民自治章程、村規民約，執行村民會議、村民代表會議的決定、決議，辦事公道，廉潔奉公，熱心為村民服務，接受村民監督。

三、居民委員會、村民委員會具有基層群眾性自治組織法人資格，可以從事為履行職能所需要的民事活動

關於居民委員會、村民委員會的法人地位的問題，在立法過程中，有的部門、地方和一些基層幹部群眾代表提出，居民委員會、村民委員會是基層群眾性自治組織，為履行其職能需要從事一些民事活動。現行法律沒有規定其民事主體地位，致使其在一些情況下不能順利從事民事活動，所以有必要明確賦予居民委員會、村民委員會法人資格。經研究，採納了這一意見，在本條中明確規定：居民委員會、村民委員會具有基層群眾性自治組織法人資格。

明確居民委員會、村民委員會具有法人資格，有助於進一步確定居民委員會、村民委員會的權、責、利，幫助其更好地開展民事活動，也有利於保護其成員和與其進行民事活動相對人的合法權益。居民委員會、村民委員會如果沒有法人地位，參與民事活動將十分不便，交易秩序和安全也有很大不確定性。法律明確了居民委員會、村民委員會的法人資格，有利於讓它們承擔更多的責任，更好地依法辦事，更好地履行職能，也有助於促進基層的社會治理和經濟發展。

四、未設立村集體經濟組織的，村民委員會可以依法代行村集體經濟組織的職能

農村集體經濟組織的職責主要是組織本集體成員參加生產活動，利用本經濟組織的生產資料、生產工具等從事生產經營活動。根據本條第2款的規定，未設立村集體經濟組織的，村民委員會可以依法代行村集體經濟組織的職能。這是考慮到目前還有的地方並未設立農村集體經濟組織，而是由村委會代行農村集體經濟組織職責。所以針對這一實際情況，本條第2款作此規定。

第四章 非法人組織

本章共有七條，對非法人組織的定義、範圍和非法人組織的民事責任，非法人組織代表人，非法人組織解散、清算等作了規定。對本節沒有規定的有關非法人組織的其他方面內容，可以參照適用本編第三章第一節有關法人組織的一般性規定。

> **第一百零二條** 非法人組織是不具有法人資格，但是能夠依法以自己的名義從事民事活動的組織。
>
> 非法人組織包括個人獨資企業、合夥企業、不具有法人資格的專業服務機構等。

■ 條文主旨

本條是關於非法人組織的定義和範圍的規定。

■ 條文釋義

一、非法人組織的定義

非法人組織是指不具有法人資格但可以以自己的名義進行民事活動的組織，亦稱非法人團體。非法人組織，在日本包括非法人社團和非法人財團，在我國台灣地區稱為非法人團體。

二、非法人組織的特點

一是雖然不具有法人資格，但能夠依法以自己的名義從事民事活動。這類組織沒有法人資格，不能獨立承擔民事責任，是介於自然人和法人之間的一種社會組織。但該類組織具有民事權利能力和民事行為能力，能夠以自己的名義從事民事活動。

二是依法成立。非法人組織在設立程序上須履行法定的登記手續，經有關機關核准登記，這是非法人組織的合法性要件。只有依法成立，才具有民事權利能力和民事行為能力。

三是有一定的組織機構。即擁有符合法律規定的名稱、固定的從事生產經營等業務活動的場所，以及相應的組織管理機構和負責人，使之能夠以該組織的名義對外從事相應的民事活動。

四是有一定的財產或經費。雖然非法人組織不能獨立承擔民事責任，也不要求其有獨立的財產，但由於它是經依法登記的組織，可以以自己的名義對外從事民事活動，享受民事權利、承擔民事義務，因此它應該有與其經營活動和經營規模相適應的財產或者經費，作為其參與民事活動，享受民事權利、承擔民事義務的物質基礎和財產保證。應當指出的是，非法

人組織的財產或經費，與法人的財產或者經費不同，即它不是獨立的，是其所屬法人或公民財產的組成部分，歸該法人或公民所有。

五是不具有獨立承擔民事責任的能力。由於非法人組織沒有獨立的財產或經費，因而它不具有獨立承擔民事責任的能力。該類組織與法人的最大區別，就是不能獨立承擔民事責任，當其因對外進行民事活動而需要承擔民事責任時，如其自身所擁有的財產能夠承擔責任，則由其自身承擔；如其自身所擁有的財產不足以承擔責任時，則由其出資人或設立人承擔連帶責任。

三、非法人組織的範圍

非法人組織的範圍包括個人獨資企業、合夥企業、不具有法人資格的專業服務機構等。

其一，個人獨資企業。根據個人獨資企業法的規定，個人獨資企業，是指依照該法在中國境內設立，由一個自然人投資，財產為投資人個人所有，投資人以其個人財產對企業債務承擔無限責任的經營實體。

其二，合夥企業。根據合夥企業法的規定，合夥企業是指自然人、法人和其他組織依照該法在中國境內設立的普通合夥企業和有限合夥企業。合夥企業分為普通合夥企業和有限合夥企業。普通合夥企業由普通合夥人組成，合夥人對合夥企業債務承擔無限連帶責任。法律對普通合夥人承擔責任的形式有特別規定的，從其規定。有限合夥企業由普通合夥人和有限合夥人組成，普通合夥人對合夥企業債務承擔無限連帶責任，有限合夥人以其認繳的出資額為限對合夥企業債務承擔責任。國有獨資公司、國有企業、上市公司以及公益性的事業單位、社會團體不得成為普通合夥人。合夥協議依法由全體合夥人協商一致、以書面形式訂立。

以專業知識和專門技能為客戶提供有償服務的專業服務機構，可以設立為特殊的普通合夥企業。一個合夥人或者數個合夥人在執業活動中因故意或者重大過失造成合夥企業債務的，應當承擔無限責任或者無限連帶責任，其他合夥人以其在合夥企業中的財產份額為限承擔責任。合夥人在執業活動中非因故意或者重大過失造成的合夥企業債務以及合夥企業的其他債務，由全體合夥人承擔無限連帶責任。合夥人執業活動中因故意或者重大過失造成的合夥企業債務，以合夥企業財產對外承擔責任後，該合夥人應當按照合夥協議的約定對給合夥企業造成的損失承擔賠償責任。特殊的普通合夥企業應當建立執業風險基金、辦理職業保險。執業風險基金用於償付合夥人執業活動造成的債務。執業風險基金應當單獨立戶管理。

其三，不具有法人資格的專業服務機構，主要是指律師事務所、會計師事務所等。這類事業服務機構一般多採用合夥制，不具有法人資格，所從事的活動為提供律師、會計師等專業服務。除了律師事務所、會計師事務所，法律規定從事專業服務機構的還有資產評估機構等。資產評估是指評估機構及其評估專業人員根據委託對不動產、動產、無形資產、企業價值、資產損失或者其他經濟權益進行評定、估算，並出具評估報告的專業服務行為。資產評估法規定，評估機構應當依法採用合夥或者公司形式設立。

> **第一百零三條** 非法人組織應當依照法律的規定登記。
> 設立非法人組織，法律、行政法規規定須經有關機關批准的，依照其規定。

■ 條文主旨

本條是關於非法人組織設立程序的規定。

■ 條文釋義

設立非法人組織的程序包括兩種：一是設立登記，即設立非法人組織應當依法進行登記；二是設立審批，即設立非法人組織須依法經有關機關批准。如果法律、行政法規規定應當經過批准才能設立某一非法人組織的，則依照其規定，經批准設立。如律師法、註冊會計師法均規定，設立律師事務所、會計師事務所應當分別經作為主管部門的司法部門、財政部門的批准。

個人獨資企業法、合夥企業法、律師法、註冊會計師法、資產評估法等法律對個人獨資企業、合夥企業、不具有法人資格的專業服務機構的設立程序作出了具體規定。

一、個人獨資企業的設立程序

根據個人獨資企業法的規定，設立個人獨資企業，應當向負責企業登記的市場監督管理部門進行登記。申請設立個人獨資企業，應當由投資人或者其委託的代理人向個人獨資企業所在地的登記機關提交設立申請書、投資人身份證明、生產經營場所使用證明等文件。委託代理人申請設立登記時，應當出具投資人的委託書和代理人的合法證明。個人獨資企業不得從事法律、行政法規禁止經營的業務；從事法律、行政法規規定須報經有關部門審批的業務，應當在申請設立登記時提交有關部門的批准文件。

個人獨資企業設立分支機構，應當由投資人或者其委託的代理人向分支機構所在地的登記機關申請登記，領取營業執照。分支機構經核准登記後，應將登記情況報該分支機構隸屬的個人獨資企業的登記機關備案。分支機構的民事責任由設立該分支機構的個人獨資企業承擔。

二、合夥企業的設立程序

根據合夥企業法的規定，申請設立合夥企業，應當向企業登記機關，即市場監督管理部門提交登記申請書、合夥協議書、合夥人身份證明等文件；合夥企業的經營範圍中有屬於法律、行政法規規定的，在登記前須經批准的項目的，該項經營業務應當依法經過批准，並在登記時提交批准文件。申請人提交的登記申請材料齊全、符合法定形式，企業登記機關能夠當場登記的，應予當場登記，發給營業執照。企業登記機關應當自受理申請之日起 20 日內，作出是否登記的決定。予以登記的，發給營業執照；不予登記的，應當給予書面答覆，並說明理由。合夥企業的營業執照簽發日期，為合夥企業成立日期。合夥企業領取營業執照前，合夥人不得以合夥企業名義從事合夥業務。

合夥企業設立分支機構，應當向分支機構所在地的企業登記機關申請登記，領取營業執照。合夥企業登記事項發生變更的，執行合夥事務的合夥人應當自作出變更決定或者發生變更事由之日起 15 日內，向企業登記機關申請辦理變更登記。

三、不具有法人資格的專業服務機構的設立程序

一是律師事務所。根據律師法的規定，設立律師事務所，實行行政許可，應當經過司法部門批准後才能設立。律師法規定，設立合夥律師事務所，還應當提交合夥協議。設立律師事務所，應當向設區的市級或者直轄市的區人民政府司法行政部門提出申請，受理申請的部門應當自受理之日起 20 日內予以審查，並將審查意見和全部申請材料報送省、自治區、直轄市人民政府司法行政部門。省、自治區、直轄市人民政府司法行政部門應當自收到報送材料之日起 10 日內予以審核，作出是否准予設立的決定。准予設立的，向申請人頒發律師事務所執業證書；不准予設立的，向申請人書面說明理由。

二是會計師事務所。設立會計師事務所，與設立律師事務所一樣，也實行行政許可，由國務院財政部門或者省、自治區、直轄市人民政府財政部門批准，才能設立。註冊會計師法規定，申請設立會計師事務所，申請者應當向審批機關報送法律規定的文件，審批機關應當自收到申請文件之日起 30 日內決定批准或不批准。省、自治區、直轄市人民政府財政部門批准的會計師事務所，應當報國務院財政部門備案。國務院財政部門發現批准不當的，應當自收到備案報告之日起 30 日內通知原審批機關重新審查。會計師事務所設立分支機構，須經分支機構所在地的省、自治區、直轄市人民政府部門批准。

三是資產評估機構。設立資產評估機構應當向市場監督管理部門申請辦理登記。評估機構應當自領取營業執照之日起 30 日內向有關評估行政管理部門備案。評估行政管理部門應當及時將評估機構備案情況向社會公告。

第一百零四條　非法人組織的財產不足以清償債務的，其出資人或者設立人承擔無限責任。法律另有規定的，依照其規定。

■ 條文主旨

本條是關於非法人組織承擔民事責任的規定。

■ 條文釋義

非法人組織不具有法人資格，不能獨立承擔民事責任。所以，雖然非法人組織有自己的財產，但當其財產不足以對外清償債務的，其出資人或者設立人應當以其個人或者家庭財產承擔無限責任。具體包括：

一、個人獨資企業

根據個人獨資企業法的規定，投資人以其個人財產對企業債務承擔無限責任。個人獨資企業財產不足以清償債務的，投資人應當以其個人的其他財產予以清償。個人獨資企業投資人在申請企業設立登記時明確以其家庭共有財產作為個人出資的，應當依法以家庭共有財產對企業債務承擔無限責任。

二、合夥企業

根據合夥企業法的規定，普通合夥企業的合夥人對合夥企業債務承擔無限連帶責任。合夥企業不能清償到期債務的，合夥人承擔無限連帶責任。合夥人由於承擔無限連帶責任，清償數額超過法律規定的虧損分擔比例的，有權向其他合夥人追償。所謂「虧損分擔比例」是指合夥企業的利潤分配、虧損分擔，按照合夥協議的約定辦理；合夥協議未約定或者約定不明確的，由合夥人協商決定；協商不成的，由合夥人按照實繳出資比例分配、分擔；無法確定出資比例的，由合夥人平均分配、分擔。

三、不具有法人資格的專業服務機構

律師法、註冊會計師法等法律對律師事務所、會計師事務所的民事責任承擔作了規定。

一是律師事務所。合夥律師事務所可以採用普通合夥或者特殊的普通合夥形式設立。合夥律師事務所的合夥人按照合夥形式對該律師事務所的債務依法承擔責任。

二是會計師事務所。合夥設立的會計師事務所的債務，由合夥人按照出資比例或者協議的約定，以各自的財產承擔責任。合夥人對會計師事務所的債務承擔連帶責任。

需要指出的是，對非法人組織的民事責任問題，如果其他法律另有規定的，要依照其規定，而不適用本條的規定。比如，合夥企業法對特殊的普通合夥企業的民事責任問題作了特別規定：一個合夥人或者數個合夥人在執業活動中因故意或者重大過失造成合夥企業債務的，應當承擔無限責任或者無限連帶責任，其他合夥人以其在合夥企業中的財產份額為限承擔責任。合夥人在執業活動中非因故意或者重大過失造成的合夥企業債務以及合夥企業的其他債務，由全體合夥人承擔無限連帶責任。合夥人執業活動中因故意或者重大過失造成的合夥企業債務，以合夥企業財產對外承擔責任後，該合夥人應當按照合夥協議的約定對給合夥企業造成的損失承擔賠償責任。又如，合夥企業法規定，有限合夥企業由普通合夥人和有限合夥人組成，普通合夥人對合夥企業債務承擔無限連帶責任，有限合夥人以其認繳的出資額為限對合夥企業債務承擔責任。再如，律師法規定，個人律師事務所的設立人對律師事務所的債務承擔無限責任。國家出資設立的律師事務所，依法自主開展律師業務，以該律師事務所的全部資產對其債務承擔責任。這些規定也不同於本條的規定，屬於法律的特別規定，要優先適用。

> **第一百零五條　非法人組織可以確定一人或者數人代表該組織從事民事活動。**

■ 條文主旨

本條是關於非法人組織代表人的規定。

■ 條文釋義

一、非法人組織代表人的概念

非法人組織代表人是指非法人組織根據其章程、協議或者經共同決定，來確定由其代表該組織對外從事民事活動的人。非法人組織的代表人可以是一個人，也可以是多個人。

根據合夥企業法的規定，按照合夥協議的約定或者經全體合夥人決定，可以委託一個或者數個合夥人對外代表合夥企業，執行合夥事務。作為合夥人的法人、其他組織執行合夥事務的，由其委派的代表執行。合夥企業委託一個或者數個合夥人執行合夥事務的，其他合夥人不再執行合夥事務。根據上述規定，代表合夥企業執行合夥事務的人，即為合夥企業的代表人。

二、非法人組織代表人的職責

非法人組織代表人的職責主要是對外代表非法人組織從事民事活動，並按照組織章程的規定履行報告相關情況等義務。非法人組織代表人對外從事民事活動而產生的民事權利和民事義務由非法人組織承擔。

合夥企業法規定，由一個或者數個合夥人執行合夥事務的，執行事務合夥人應當定期向其他合夥人報告事務執行情況以及合夥企業的經營和財務狀況，其執行合夥事務所產生的收益歸合夥企業，所產生的費用和虧損由合夥企業承擔。

合夥人為了解合夥企業的經營狀況和財務狀況，有權查閱合夥企業會計賬簿等財務資料。不執行合夥事務的合夥人有權監督執行事務合夥人執行合夥事務的情況。受委託執行合夥事務的合夥人不按照合夥協議或者全體合夥人的決定執行事務的，其他合夥人可以決定撤銷該委託。

三、發生爭議的處理

關於非法人組織代表人對外從事民事活動而產生爭議的處理，合夥企業法等法律作了規定。合夥企業法規定，合夥人分別執行合夥事務的，執行事務合夥人可以對其他合夥人執行的事務提出異議。提出異議時，應當暫停該項事務的執行。如果發生爭議，按照合夥協議約定的表決辦法辦理。合夥協議未約定或者約定不明確的，實行合夥人一人一票並經全體合夥人過半數通過的表決辦法。

第一百零六條 有下列情形之一的，非法人組織解散：

（一）章程規定的存續期間屆滿或者章程規定的其他解散事由出現；

（二）出資人或者設立人決定解散；

（三）法律規定的其他情形。

■ 條文主旨

本條是關於非法人組織解散的規定。

■ 條文釋義

非法人組織解散，意味着該組織民事主體資格的消滅，不再具有民事權利能力和民事行為能力。非法人組織解散的事由有以下三種：

一、章程規定的存續期間屆滿或者章程規定的其他解散事由出現

如果非法人組織在其章程中明確規定了該組織的存續期間，那麼該期間一旦屆滿，該組織沒有繼續存續的意願，即可以解散。如章程規定了非法人組織的存續期間為自成立之日起8年，那麼到了8年存續期滿後，該組織可以解散。此外，如果非法人組織的章程規定了其他解散事由，一旦該事由出現，則該組織也可以解散。

二、出資人或者設立人決定解散

非法人組織的出資人或者設立人可以根據該組織的經營情況等，自行決定解散該組織，即使非法人組織章程規定的存續期間沒有屆滿，出資人或者設立人也可以決定解散該組織。如章程規定了非法人組織的存續期間為自成立之日起8年，那麼到了第5年，其出資人或者設立人不想繼續經營了，也可以決定解散該組織。

三、法律規定的其他情形

除了上述兩項情形外，如果有關法律規定了非法人組織的解散情形的，一旦這些法定情形出現，該組織也應解散。如合夥企業法規定了合夥企業解散的法定情形，包括：（1）合夥期限屆滿，合夥人決定不再經營；（2）合夥協議約定的解散事由出現；（3）全體合夥人決定解散；（4）合夥人已不具備法定人數滿30天；（5）合夥協議約定的合夥目的已經實現或者無法實現；（6）依法被吊銷營業執照、責令關閉或者被撤銷；（7）法律、行政法規規定的其他原因。這些情形中，既有本條規定的法定解散情形，也有本條沒有規定的解散情形，如全體合夥人決定解散，合夥人已不具備法定人數滿30天，合夥協議約定的合夥目的已經實現或者無法實現，依法被吊銷營業執照、責令關閉或者被撤銷等，就屬於本條第3項規定的「法律規定的其他情形」。又如，律師法規定，律師事務所有下列情形之一的，應當終止：（1）不能保持法定設立條件，經限期整改仍不符合條件的；（2）律師事務所執業證書被依法吊銷的；（3）自行決定解散的；（4）法律、行政法規規定應當終止的其他情形。個人獨資企業法規定，個人獨資企業有下列情形之一時，應當解散；（1）投資人決定解散；（2）投資人

死亡或者被宣告死亡，無繼承人或者繼承人決定放棄繼承；（3）被依法吊銷營業執照；（4）法律、行政法規規定的其他情形。根據上述規定，這兩部法律也規定了這類非法人組織解散的其他法定情形，包括律師事務所不能保持法定設立條件，經限期整改仍不符合條件的，以及律師事務所執業證書被依法吊銷的；個人獨資企業的投資人死亡或者被宣告死亡，無繼承人或者繼承人決定放棄繼承，以及被依法吊銷營業執照等。

第一百零七條　非法人組織解散的，應當依法進行清算。

■ 條文主旨

本條是關於非法人組織解散清算的規定。

■ 條文釋義

非法人組織符合本法第 106 條規定的解散情形的，即可以解散，解散應當依法進行清算。個人獨資企業法、合夥企業法等法律對個人獨資企業、合夥企業的解散清算作了規定，本條規定的「應當依法進行清算」中的「依法」即是指依據上述這些法律的規定。

一、個人獨資企業

個人獨資企業法規定，個人獨資企業解散，由投資人自行清算或者由債權人申請人民法院指定清算人進行清算。投資人自行清算的，應當在清算前 15 日內書面通知債權人，無法通知的，應當予以公告。債權人應當在接到通知之日起 30 日內，未接到通知的應當在公告之日起 60 日內，向投資人申報其債權。個人獨資企業解散的，財產應當按照下列順序清償：（1）所欠職工工資和社會保險費用；（2）所欠稅款；（3）其他債務。

清算期間，個人獨資企業不得開展與清算目的無關的經營活動。在清償債務前，投資人不得轉移、隱匿財產。個人獨資企業清算結束後，投資人或者人民法院指定的清算人應當編制清算報告，並於 15 日內到登記機關辦理註銷登記。

二、合夥企業

合夥企業法規定，合夥企業解散，應當由清算人進行清算。清算人由全體合夥人擔任；經全體合夥人過半數同意，可以自合夥企業解散事由出現後 15 日內指定一個或者數個合夥人，或者委託第三人，擔任清算人。自合夥企業解散事由出現之日起 15 日內未確定清算人的，合夥人或者其他利害關係人可以申請人民法院指定清算人。

清算人在清算期間執行下列事務：一是清理合夥企業財產，分別編制資產負債表和財產清單；二是處理與清算有關的合夥企業未了結事務；三是清繳所欠稅款；四是清理債權、債務；五是處理合夥企業清償債務後的剩餘財產；六是代表合夥企業參加訴訟或者仲裁活動。清算期間，合夥企業存續，但不得開展與清算無關的經營活動。

清算人自被確定之日起 10 日內將合夥企業解散事項通知債權人，並於 60 日內在報紙上公告。債權人應當自接到通知書之日起 30 日內，未接到通知書的自公告之日起 45 日內，向清算人申報債權。債權人申報債權，應當說明債權的有關事項，並提供證明材料。清算人應當對債權進行登記。合夥企業財產在支付清算費用和職工工資、社會保險費用、法定補償金以及繳納所欠稅款、清償債務後的剩餘財產，依照法律規定進行分配。

清算結束，清算人應當編制清算報告，經全體合夥人簽名、蓋章後，在 15 日內向企業登記機關報送清算報告，申請辦理合夥企業註銷登記。

> **第一百零八條　非法人組織除適用本章規定外，參照適用本編第三章第一節的有關規定。**

■ 條文主旨

本條是關於非法人組織參照適用本編第三章有關法人規定的規定。

■ 條文釋義

非法人組織除了適用本節關於該類組織的專門性規定，包括設立、民事責任承擔、解散、清算等的規定，對於本節未作規定的，可以參照適用本編第三章第一節有關法人的一般規定。非法人組織相比於法人組織，最主要的區別在於沒有獨立的財產或者經費，對外不能獨立承擔民事責任，其出資人或者設立人要對非法人組織的債務承擔無限責任。有鑒於此，本節重點對非法人組織在設立、民事責任承擔、解散、清算等方面作了專門規定，對非法人組織的其他方面，由於與法人組織沒有較大的區別，所以總體上可以參照適用法人組織的一般規定，這樣處理在立法技術上比較簡捷。

這裏應當指出的是：「參照適用」不是完全適用，對於法人的一般性規定，非法人組織能夠適用的就適用；不能夠完全適用的，可以參照相關規定的原則、精神，在適用上作靈活處理。

第五章　民事權利

　　本章共二十四條，主要規定了民事主體的人格權、身份權、物權、債權、知識產權、繼承權、股權和其他投資性權利、其他民事權利和利益，對數據、網絡虛擬財產的保護，對未成年人、老年人、殘疾人、婦女、消費者等的民事權利的特別保護，民事權利的取得和行使等。

第一百零九條　自然人的人身自由、人格尊嚴受法律保護。

■ 條文主旨

　　本條是關於自然人的人身自由、人格尊嚴受法律保護的規定。

■ 條文釋義

　　人身自由，包括身體行動的自由和自主決定的自由，是自然人自主參加社會各項活動、參與各種社會關係、行使其他人身權和財產權的基本保障，是自然人行使其他一切權利的前提和基礎。人格尊嚴，包括靜態和消極的人格尊嚴，以及動態和積極的人格尊嚴。也即人格形成和人格發展，涉及姓名權、名譽權、榮譽權、肖像權、隱私權等方面。人格尊嚴不受侵犯，是自然人作為人的基本條件之一，也是社會文明進步的一個基本標誌。由於人身自由和人格尊嚴的含義非常廣泛，所以也包含通常所說的人格獨立和人格平等。所有的人格權都以人身自由和人格尊嚴為價值基礎，是這兩種價值的具體表現，以維護和實現人身自由和人格尊嚴為目的。人身自由和人格尊嚴是人格權獲得法律保護的價值依據，是自然人自主參加社會各項活動、參與各種社會關係、行使其他人身權和財產權的基本保障，是自然人行使其他一切權利的前提和基礎。我國憲法對於人身自由、人格尊嚴高度重視，專門作了規定。憲法第 37 條規定：「中華人民共和國公民的人身自由不受侵犯。任何公民，非經人民檢察院批准或者決定或者人民法院決定，並由公安機關執行，不受逮捕。禁止非法拘禁和以其他方法非法剝奪或者限制公民的人身自由，禁止非法搜查公民的身體。」憲法第 38 條規定：「中華人民共和國公民的人格尊嚴不受侵犯。禁止用任何方法對公民進行侮辱、誹謗和誣告陷害。」

　　本法典在民事權利一章第 1 條專門規定，明確「自然人的人身自由、人格尊嚴受法律保護」。以此為基礎，本法專設人格權編對人格權制度作了詳細規定，將憲法規定的人身自由、人格尊嚴在民事領域予以具體化，圍繞民事主體所享有的生命權、身體權、健康權、姓名權、名稱權、肖像權、名譽權、榮譽權、隱私權和個人信息受保護這些人格權益，以及

所產生的民事法律關係作出規定。人格權在民法典中獨立成編是我國民事立法的一個制度創新，也是我國民法典的一個亮點。人格權單獨成編可以更好地體現憲法精神，更好地落實中央的精神，對於確保公民的人身自由、人格尊嚴不受侵犯，充分體現我國在人格權保護領域所取得的進步，具有十分重要的意義。

■ 案例分析

高某曾因面部燒傷，給她的心靈和生活帶來了許多煩惱。2000 年 2 月 22 日 23 時許，高某和朋友前往「THEDEN」酒吧消費時，曾被酒吧服務員擋在門外，此後高某又先後兩次到這家酒吧消費，都遭拒絕。對此，她將酒吧上屬單位北京敦煌餐飲有限責任公司告上法庭，要求被告公開賠禮道歉，並賠償經濟損失費 403.5 元、精神損失費 5 萬元。法院審理認為，被告的行為不僅侵害了高某自主選擇服務的權利，同時對高某也是一種侮辱，使高某的內心受到傷害，人格受到貶損，侵害了其人格尊嚴。法院作出一審判決：「醜女」獲賠4403.5 元。這是京城首例因容貌歧視侵犯人權尊嚴而提起的索賠訴訟。

第一百一十條　自然人享有生命權、身體權、健康權、姓名權、肖像權、名譽權、榮譽權、隱私權、婚姻自主權等權利。

法人、非法人組織享有名稱權、名譽權和榮譽權。

■ 條文主旨

本條是關於民事主體人格權的規定。

■ 條文釋義

人格權是存在於民事主體人格上的權利，是民事主體對其特定的人格利益享有的權利，關係到每個人的人格尊嚴和人身自由，是民事主體最基本、最重要的權利。1986 年民法通則設專節規定了人身權，其中大部分內容都是關於人格權的規定。從人格權的主體看，民法通則區分了自然人的人格權和法人的人格權。本條繼承了民法通則的規定和做法，同時根據近 40 年的發展，進一步豐富了具體人格權的類型。

一、自然人的人格權

本條第 1 款是對自然人所享有的人格權種類的規定。依據本款規定，自然人主要享有以下人格權：

1. 生命權。生命權是指自然人享有的以維護生命安全和生命尊嚴為內容的權利，其以自然人的生命安全利益為內容，以生命安全和生命維持為客體，以維護人的生命活動延續為基本內容。生命權是自然人享有的最基本的人格權。

2. 身體權。身體權指自然人享有的以維護身體完整和行動自由為內容的權利，其是自然人保持其身體組織完整並支配其肢體、器官和其他身體組織的權利。

3. 健康權。健康權是指自然人享有的以維護自己的身心健康為內容的權利，其是以自然人維護其機體生理機能正常運作和功能完善發揮為內容的權利。健康是維持人體正常生命活動的基礎，健康權是自然人重要的人格權。

4. 姓名權。姓名權指自然人享有的依法決定、使用、變更或者許可他人使用自己姓名的權利。

5. 肖像權。肖像權是指自然人享有的依法製作、使用、公開或者許可他人使用自己肖像的權利，其體現在自然人對自己的精神利益和物質利益所享有的權利。

6. 名譽權。名譽權是指自然人、法人和非法人組織就其品德、聲望、才能、信用等所獲得的社會評價，所享有的保有和維護的權利，也就是說其是自然人就其自身屬性和價值所獲得的社會評價，所享有的保有和維護的權利。

7. 榮譽權。榮譽權就是民事主體對自己所獲得的榮譽及其利益所享有的保持、支配的權利。

8. 隱私權。隱私權指自然人享有的私人生活安寧與不願為他人知曉的私密空間、私密活動、私密信息等依法受到保護，不受他人刺探、侵擾、洩露和公開的權利。

9. 婚姻自主權。婚姻自主權是指自然人享有的結婚、離婚自由不受他人干涉的權利。

本法人格權編在本條規則的基礎上，對前述具體人格權的內容、權利邊界和保護方式等具體內容基本上都設專章作了較為詳細的規定。婚嫁家庭編則對婚姻自主權的具體內容作了較為詳細的規定。需要強調的是，自然人所享有的人格權種類則具有開放性，隨着社會的發展和需要，還會有新的自然人所享有的具體人格權納入其中，所以本條第 1 款在對自然人的具體人格權進行列舉後，還加了一個「等」字。這能夠回應社會發展所產生的新型人格權益保護需求，避免具體列舉人格權所產生的封閉性，有助於使得人格權益保護的體系更為完全，保護的範圍也更為周延，適應社會的不斷發展，發揮對人格權益進行兜底性保護的功能，保持人格權制度發展的開放性。

二、法人、非法人組織的人格權

本條第 2 款是對法人、非法人組織人格權的規定。依據本款規定，法人、非法人組織主要享有以下人格權：

1. 名稱權。名稱權是指法人和非法人組織享有的依法使用、變更、轉讓或者許可他人使用自己名稱的權利。

2. 名譽權。名譽權是指就其品德、聲望、才能、信用等所獲得的社會評價，所享有的保有和維護的權利。

3. 榮譽權。榮譽權是指法人、非法人組織對其獲得的榮譽及其利益所享有的保持、支配的權利。

與自然人享有的人格權益相比，法人和非法人組織不能享有生命權、身體權、健康權

等專屬於自然人的權利。此外，對自然人的人格權保護具有充分的倫理價值，而法人和非法人組織享有一定範圍的人格權，更多是基於現實的法律技術的需要，更多涉及財產利益，或者間接地保護組織背後的自然人，不是基於人身自由和人格尊嚴而產生的。因此，本法對法人、非法人組織的人格權種類是嚴格限制的，只限於本條所規定的三類情形。

> **第一百一十一條　自然人的個人信息受法律保護。任何組織或者個人需要獲取他人個人信息的，應當依法取得並確保信息安全，不得非法收集、使用、加工、傳輸他人個人信息，不得非法買賣、提供或者公開他人個人信息。**

■ 條文主旨

本條是關於自然人的個人信息受法律保護的規定。

■ 條文釋義

在信息社會，人的存在不僅涉及生物體徵方面的信息，如身高、性別等，也涉及人作為社會成員的基本社會文化信息，如姓名、職業、宗教信仰、消費傾向、生活習慣等。越來越多的人類活動都有信息形式的記錄。自然人的個人信息，是指以電子或者其他方式記錄的能夠單獨或者與其他信息結合識別自然人個人身份的各種信息，包括但不限於自然人的姓名、出生日期、身份證件號碼、個人生物識別信息、住址、電話號碼等。個人信息的主體是自然人，以電子方式或者其他方式如文字、圖表、圖像記錄，其能夠單獨或者與其他信息結合識別自然人個人身份。

我國立法機關高度重視對自然人個人信息的保護，不斷完善保護個人信息的法律規定。目前，對個人信息的保護涉及多部法律。侵權責任法從傳統民事權利的角度，明確規定了姓名權、名譽權、肖像權、隱私權屬於受法律保護的民事權利，侵犯上述民事權利的，應當依法承擔侵權責任。全國人大常委會通過關於加強網絡信息保護的決定，對互聯網上的公民信息保護作了較為系統和全面的規定，對網絡服務提供者和其他企業事業單位收集、使用公民個人電子信息應當遵循的原則、保密義務及法律責任，有關部門依法應當履行的職責作了具體規定。消費者權益保護法第 14 條規定，消費者在購買、使用商品和接受服務時，享有人格尊嚴、民族風俗習慣得到尊重的權利，享有個人信息依法得到保護的權利。第 50 條規定，經營者侵害消費者的人格尊嚴、侵犯消費者人身自由或者侵害消費者個人信息依法得到保護的權利的，應當停止侵害、恢復名譽、消除影響、賠禮道歉，並賠償損失。第 56 條對侵害消費者個人信息的經營者，除承擔民事責任外，還規定了行政責任，加大了對違法行為的懲罰力度，如警告、沒收違法所得、罰款及吊銷營業執照等。網絡安全法對網絡運營者對個人信息保護的義務和責任作了具體規定。此外，還有多部法律也有對自然人個人信息保護的規定，

如商業銀行法第 29 條規定的銀行對存款人存款信息的保護，執業醫師法第 22 條規定的醫師對患者隱私的保護，居民身份證法第 19 條規定國家機關或者有關單位不得洩露公民的個人身份信息等。這些法律及決定從不同角度對各自領域的自然人隱私權和個人信息進行保護。一方面在侵犯自然人隱私權和個人信息行為較為嚴重的領域，明確當事人各方的權利義務；另一方面規定了侵犯隱私權和個人信息的民事責任、行政責任及刑事責任，加大懲罰力度。

本條規定了其他民事主體對自然人個人信息保護的義務。根據本條規定，其他民事主體對自然人個人信息保護有以下義務：

一是任何組織和個人需要獲取他人個人信息的，有依法取得並確保信息安全的義務。民事主體在正常的生活或者經營中不可避免地會取得一些他人的個人信息，如銀行業、保險業、快遞業經營者從事的經營業務以客戶提供個人信息為前提。民事主體取得個人信息後，有義務採取技術措施和其他必要措施，確保信息安全，防止個人信息洩露、丟失。

二是不得非法收集、使用、加工、傳輸他人個人信息，不得非法買賣、提供或者公開他人個人信息。此義務既針對依法取得自然人個人信息的組織和個人，也針對非依法取得個人信息的組織和個人。沒有得到法律授權或者個人信息主體同意，任何組織和個人不得收集、使用、加工、傳輸個人信息，不得非法買賣、提供或者公開個人信息。

違反個人信息保護義務的，應當依法承擔民事責任、行政責任甚至刑事責任。其他法律對於其他民事主體對自然人個人信息保護的義務有具體規定。

■ 案例分析

2016 年高考，徐某某被南京郵電大學錄取。8 月 19 日下午 4 點 30 分左右，她接到了一個陌生電話，對方聲稱有一筆 2600 元助學金要發放給她。其曾接到過教育部門發放助學金的通知。由於前一天接到的教育部門電話是真的，所以當時他們並沒有懷疑這個電話的真偽。按照對方要求，徐某某將準備交學費的 9900 元打入了騙子提供的賬號……發現被騙後，徐某某萬分難過，當晚就和家人去派出所報了案。在回家的路上，徐某某突然暈厥，不省人事，雖經醫院全力搶救，但仍沒能挽回她 18 歲的生命。經調查，2016 年 7 月初，犯罪嫌疑人陳某某租住房屋，購買手機、手機卡、無線網卡等工具，從犯罪嫌疑人杜某某手中購買 50000 餘條山東省 2016 年高考考生信息，僱傭鄭某某、黃某某冒充教育局工作人員以發放助學金名義對高考錄取生實施電話詐騙，最終由於徐某某的個人信息被盜取而導致了悲劇的發生。

第一百一十二條　自然人因婚姻家庭關係等產生的人身權利受法律保護。

■ 條文主旨

本條是關於自然人因婚姻家庭關係等產生的人身權利受法律保護的規定。

■ 條文釋義

自然人因婚姻家庭關係等產生的人身權利主要包括以下內容：

一、自然人因婚姻關係產生的人身權利

男女雙方通過結婚形成婚姻關係，夫妻之間因為婚姻關係產生一些人身權利。如夫妻雙方的扶養權利和義務。民法典婚姻家庭編第 1059 條規定，夫妻有相互扶養的義務。需要扶養的一方，在另一方不履行扶養義務時，有要求其給付扶養費的權利。同時婚姻家庭編還規定，夫妻應當互相忠實，互相尊重，互相關愛；夫妻在婚姻家庭關係中地位平等。

二、自然人因家庭關係產生的人身權利

自然人因家庭關係產生一些人身權利。如父母對子女的親權和履行監護職責產生的權利。本法第 27 條第 1 款規定，父母是未成年子女的監護人。第 34 條第 2 款規定，監護人依法履行監護職責產生的權利，受法律保護。

三、自然人因收養關係產生的人身權利

收養是指將他人未成年子女收為自己子女的行為。收養將本無血緣關係的自然人，擬製為親子關係，因此，收養者與被收養者之間具有擬製血親關係。收養者為養父母，被收養者為養子女。收養制度是婚姻家庭制度的重要組成部分。民法典婚姻家庭編在我國收養法的基礎上，對收養的條件和程序、收養的效力等收養制度的內容作了較為詳細的規定。根據婚姻家庭編的規定，自收養關係成立之日起，養父母與養子女間的權利義務關係，適用本法關於父母子女關係的規定；養子女與養父母的近親屬間的權利義務關係，適用本法關於子女與父母的近親屬關係的規定。

第一百一十三條　民事主體的財產權利受法律平等保護。

■ 條文主旨

本條是關於民事主體的財產權利受法律平等保護的規定。

■ 條文釋義

民事主體的財產權利受法律平等保護是由民法調整的社會關係的性質決定的。本法第 2 條規定，民法調整平等主體的自然人、法人和非法人組織之間的人身關係和財產關係。第 4 條規定，民事主體在民事活動中的法律地位一律平等。平等集中反映了民事法律關係的本質屬性，是民事法律關係區別於其他法律關係的主要標誌。本條在本法規定平等原則的基礎上，單列一條規定民事主體的財產權利受法律平等保護。

本條的核心是「平等保護」。民事主體的財產權利受法律平等保護也是市場經濟的內在要求。我國憲法規定，國家實行社會主義市場經濟。公平競爭、平等保護、優勝劣汰是市場

經濟的基本法則。在社會主義市場經濟條件下，各種所有制經濟形成的市場主體都處於平等地位，享有相同權利，遵守相同規則，承擔相同責任。如果不對民事主體的財產權利平等保護，解決糾紛的辦法、承擔的法律責任不一樣，就不可能發展社會主義市場經濟，也不可能堅持和完善社會主義基本經濟制度。如對不同民事主體的財產權利不平等保護，勢必損害民事主體依法創造、積累財產的積極性，不利於民富國強、社會和諧。

本條的立法有一個變化的過程。民法總則草案三次審議稿第 112 條規定，自然人的私有財產權利受法律保護。第 116 條規定，民事主體的物權受法律平等保護，任何組織或者個人不得侵犯。在立法過程中，有的意見認為，第 112 條規定自然人私有財產權利受法律保護，與基本原則的相關規定重複，建議刪除。有的意見認為，第 116 條只規定物權受法律平等保護不妥，其他民事權利也應當受法律平等保護。經研究認為：民法的任務之一是保護我國憲法規定的基本經濟制度下民事主體的財產權，中央一再強調，對各種民事主體所享有的財產權利應當給予平等保護。黨的十八屆三中全會提出，要完善產權保護制度，公有制經濟財產權不可侵犯，非公有制經濟財產權同樣不可侵犯。國家保護各種所有制經濟的產權和合法權益，保證各種所有制經濟同等受法律保護。黨的十八屆四中全會明確提出，要實現公民權利保障的法治化。《中共中央、國務院關於完善產權保護制度依法保護產權的意見》和中央經濟工作會議明確提出，加強產權保護制度建設，平等保護各種所有制組織的財產權和自然人的財產權。民法總則落實了中央的上述要求，結合各方面意見，將三次審議稿第 112 條修改為「民事主體的財產權利受法律平等保護」，並刪除了民法總則草案三次審議稿第 116 條。民法典延續了民法總則的規定。

■ 案例分析

原審被告人張某某原系物美控股集團有限公司董事長。2009 年 3 月 30 日，原審被告人張某某因犯詐騙罪、單位行賄罪、挪用資金罪被判處有期徒刑 12 年，並處罰金人民幣 50 萬元。2016 年 10 月，張某某向最高人民法院提出申訴。最高人民法院於 2017 年 12 月 27 日作出再審決定。2018 年 5 月 31 日最高人民法院提審本案後，以認定事實和適用法律錯誤為由撤銷原審判決，改判張某某無罪，原判已執行的罰金及追繳的財產依法予以返還。

最高人民法院再審認為，物美集團在申報國債技改貼息項目時，國債技改貼息政策已有所調整，民營企業具有申報資格，且物美集團所申報的物流項目和信息化項目均屬於國債技改貼息重點支持對象，符合國家當時的經濟發展形勢和產業政策。原審被告人張某某在物美集團申報項目過程中，雖然存在違規行為，但未實施虛構事實、隱瞞真相以騙取國債技改貼息資金的詐騙行為，並無非法佔有 3190 萬元國債技改貼息資金的主觀故意，不符合詐騙罪的構成要件。故原判認定張某某的行為構成詐騙罪，屬於認定事實和適用法律錯誤，應當依法予以糾正。原審被告單位物美集團在收購國旅總社所持泰康公司股份後，給予趙某 30 萬元好處費的行為，並非為了謀取不正當利益，亦不屬於情節嚴重，不符合單位行賄罪的構成要件；物美集團在收購粵財公司所持泰康公司股份後，向李某支付 500 萬元係被索要，且不

具有為謀取不正當利益而行賄的主觀故意，亦不符合單位行賄罪的構成要件，故物美集團的行為不構成單位行賄罪，張某某作為物美集團直接負責的主管人員，對其亦不應以單位行賄罪追究刑事責任。原判認定物美集團及張某某的行為構成單位行賄罪，屬於認定事實和適用法律錯誤，應當依法予以糾正。原判認定張某某挪用資金歸個人使用、為個人謀利的事實不清、證據不足。故原判認定張某某的行為構成挪用資金罪，屬於認定事實和適用法律錯誤，應當依法予以糾正。

張某某再審案件是在全面依法治國、加強產權和企業家權益保護的大背景下，最高人民法院依法糾正涉產權和企業家冤錯案件的第一案，為糾正民營企業冤錯案件，落實產權司法保護樹立了典範和標杆。

> **第一百一十四條　民事主體依法享有物權。**
> 　　物權是權利人依法對特定的物享有直接支配和排他的權利，包括所有權、用益物權和擔保物權。

■ 條文主旨

本條是關於民事主體依法享有物權的規定。

■ 條文釋義

物權，是對物的權利。物權是一種財產權，財產權主要有物權、債權、繼承權和知識產權中的財產權。財產可分為有形財產和無形財產，物權是對有形財產的權利。

物權是民事主體依法享有的一項重要的財產權利。這種權利是權利人在法律規定的範圍內對特定的物享有的直接支配和排他的權利。由於物權是直接支配物的權利，因而物權又被稱為「絕對權」；物權的權利人享有物權，任何其他人都不得非法干預，物權的權利人以外的任何人都是物權的義務人，因此物權又被稱為「對世權」。在權利性質上，物權與債權不同。債權的權利義務限於當事人之間，如合同的權利義務限於訂立合同的各方當事人；債權是要求債務人作為或者不作為的權利，債權人也只能要求債務人作為或者不作為，不能要求與其債權債務關係無關的人作為或者不作為；債權依賴於債務人而存在，債權的行使要基於相對人的意思和行為。正因為如此，債權被稱為「相對權」「對人權」。

物權的權利人對物享有直接支配的權利，是物權的主要特徵之一。各種物權均以直接支配物作為其基本內容。「直接」即權利人實現其權利不必借助於他人，在法律規定的範圍內，完全可以按照自己的意願行使權利。「支配」有安排、利用的意思，包括佔有、使用、收益和處分的權能總合。「直接支配」指的是對於物不需要他人的協助、配合，權利人就能對物自主利用。對所有權來說，權利人可以按照自己的意願行使佔有、使用、收益和處分的

權利。直接支配還有排除他人干涉的含義，其他人負有不妨礙、不干涉物權人行使權利的義務。物權的排他性是指一物之上不能有相互衝突的物權，比如所有權，一物之上只能有一個所有權，此物是我的就不是你的（區分所有權等是特例）；即使一物之上可以設定若干個抵押權，但由於是按照抵押權設定的先後順序優先受償，其間也不存在衝突。本法物權編在本條規定的基礎上對物權中的基本規則、所有權、用益物權、擔保物權和佔有等各項具體制度作了較為詳細的規定。

物權包括所有權、用益物權和擔保物權。所有權是指權利人依法對自己的不動產和動產享有全面支配的權利。所有權具有四項權能，即佔有、使用、收益和處分。「佔有」是對於財產的實際管領或控制，擁有一個物的一般前提就是佔有，這是財產所有者直接行使所有權的表現。「使用」是權利主體對財產的運用，發揮財產的使用價值。擁有物的目的一般是為了使用。「收益」是通過財產的佔有、使用等方式取得的經濟效益。使用物並獲益是擁有物的目的之一。「處分」是指財產所有人對其財產在事實上和法律上的最終處置。民法典物權編對國家所有權、集體所有權和私人所有權的內容作了較為詳細的規定。

用益物權是權利人對他人所有的不動產或者動產，依法享有佔有、使用和收益的權利。物權編在原物權法的基礎上規定了土地承包經營權、建設用地使用權、宅基地使用權、地役權、居住權這幾種用益物權。用益物權是以對他人所有的不動產或者動產為使用、收益的目的而設立的，因而被稱作用益物權。用益物權制度是物權法律制度中一項非常重要的制度，與所有權制度、擔保物權制度一同構成了物權制度的完整體系。用益物權人對他人所有的不動產或者動產，依照法律規定享有的權利包括以下幾個方面：一是佔有的權利。用益物權作為以使用收益為目的的物權，以權利人對物的實際佔有為前提。利用他人的物為使用收益，必然要對物予以實際支配。沒有佔有就不能實現對物的直接利用。二是使用的權利。權利人可以根據物的自然屬性、法定用途或者約定的方式，對物進行實際上的利用。比如，在集體所有的宅基地上自建房屋以供居住。三是收益的權利。權利人可以通過對物的利用而獲取經濟上的收入或者其他利益。比如，在集體所有的土地上從事種植業、林業、畜牧業等農業生產，出售出產物而獲得收益；在國家所有的土地上建造商品房用以出售以取得收益等。

擔保物權是為了確保債務履行而設立的物權，當債務人不履行債務時，債權人就擔保財產依法享有優先受償的權利。擔保物權對保證債權實現、維護交易秩序、促進資金融通，具有重要作用。根據物權編的規定，我國的擔保物權包括抵押權、質權和留置權。物權編第四分編對我國的擔保物權制度作了詳細規定。抵押權是為了確保債務履行而設立的一種擔保物權，指債務人自己繼續佔有不動產或者動產，將該財產抵押給債權人，當債務人不履行債務時，債權人就抵押財產依法享有優先受償的權利。比如，以房產抵押設定的抵押權。質權包括動產質權和權利質權。動產質權是指債務人將其動產交由債權人佔有，當債務人不履行債務時，債權人就該動產依法享有優先受償的權利，如將字畫古董出質設定的質權。權利質權是指債務人將其擁有的財產權利憑證交由債權人佔有，或者通過登記制度將該權利出質給債權人，當債務人不履行債務時，債權人就該財產權利依法享有優先受償的權利。比如，以倉

單、存款單出質設立的質權。留置權是當債務人不履行債務時，債權人依法留置已經合法佔有的債務人的動產，並就該動產享有優先受償的權利。比如，存貨人不支付倉儲費，倉儲人依法有權留置倉儲物，在法定期限內存貨人仍不支付倉儲費，倉儲人有權變賣倉儲物以獲取倉儲費。

第一百一十五條　物包括不動產和動產。法律規定權利作為物權客體的，依照其規定。

■ 條文主旨

本條是關於物權客體的規定。

■ 條文釋義

法律上所指的物，主要是不動產和動產。「不動產」是不可移動的物，如土地以及房屋、林木等土地附着物。「動產」是不動產以外的可移動的物，如機動車、電視機等。不動產和動產是物權法上對物的分類，之所以進行這樣的分類，主要是便於根據不動產和動產各自的特點分別予以規範。物權法律制度上的物指有體物或者有形物，有體物或者有形物是物理上的物，包括固體、液體、氣體，也包括電等沒有形狀的物。所謂有體物或者有形物主要是與精神產品相對而言的，著作、商標、專利等是精神產品，是無體物或者無形物，精神產品通常不是物權制度規範的對象。同時，並非所有的有體物或者有形物都是物權制度規範的對象，能夠作為物權制度規範對象的還必須是人力所能控制、有利用價值的物。隨着科學技術的發展，一些原來無法控制且無法利用的物也可以控制和利用了，也就納入了物權制度的調整範圍，物權制度規範的物的範圍也在不斷擴大。

精神產品不屬於物權制度的調整範圍，但是在有些情況下，財產權利可以作為擔保物權的標的，比如可以轉讓的註冊商標專用權、專利權、著作權等知識產權中的財產權，可以出質作為擔保物權的標的，形成權利質權，由此權利也成了物權的客體。因此，本條規定，法律規定權利作為物權客體的，依照規定。

■ 案例分析

被告人陳某是個體經營者，空閒時間，常玩一款艦隊戰略類手游。經修煉升級，逐漸從新手菜鳥成為高端玩家，並在遊戲的某公會擔任會長。陳某所在的公會與另一公會經常因遊戲發生矛盾，陳某心中憤懣不平，欲為自己公會「出口氣」，打擊對方。陳某得知該公會會長楊某的遊戲賬號後，通過自己公會成員李成（化名）得到了楊某的賬號密碼，為了毀壞楊某在遊戲中的戰船、寶石等遊戲裝備，陳某特意建好微信群，將 3 名公會會員拉進群，群中部署作案計劃。陳某將楊某的兩個賬號的密碼信息發至微信群中，自己登錄楊某其中一個賬

號，由靳某登錄另一賬號，二人將楊某遊戲賬號中的戰船攻防裝備全部卸下，以裸船的方式撞擊其他戰艦，造成楊某遊戲賬號內的戰艦、寶石、道具大量損毀。上海青浦檢察院以被告人陳某故意毀壞財物罪向上海青浦人民法院提起公訴。但在審理過程中對遊戲裝備是否屬於物爭議很大。

第一百一十六條　物權的種類和內容，由法律規定。

■ 條文主旨

本條是關於物權法定原則的規定。

■ 條文釋義

物權法定是物權法律制度的基本原則之一。物權法定中的「法」，指法律，即全國人大及其常委會制定的法律，除法律明確規定可以由行政法規、地方性法規規定的外，一般不包括行政法規和地方性法規。需要說明的是，物權法定中的法律，既包括物權法，也包括其他法律，如土地管理法、城市房地產管理法、礦產資源法、草原法、森林法、海域使用管理法、漁業法、海商法、民用航空法等，這些法律中都有對物權的規定。

物權法定，有兩層含義：一是物權由法律規定，當事人不能自由創設物權；二是違背物權法定原則，所設「物權」沒有法律效力。本條規定：「物權的種類和內容，由法律規定。」其一，是設立哪些物權的種類，只能由法律規定，當事人之間不能創立。物權的大的種類分所有權、用益物權和擔保物權；用益物權中還可分為土地承包經營權、建設用地使用權、宅基地使用權和地役權；擔保物權中還可分為抵押權、質權和留置權。其二，是物權的權利內容，一般也只能由法律規定，物權的內容指物權的權利義務，如土地承包經營權的承包期多長，承包經營權何時設立，承包經營權的流轉權限，承包地的調整、收回、被徵收中的權利義務，等等。物權法的規定許多都是強制性規範，當事人應當嚴格遵守，不能由當事人約定排除，除非法律規定了「有約定的按照約定」「當事人另有約定的除外」這些例外情形。

物權是一項重要的民事權利，是一種直接支配權，被稱為「絕對權」「對世權」。指的是權利人不需要他人的協助、配合，就能對物自主利用。因此，物權關係的義務人不同於債權關係的義務人，債權的實現在多數情況下需要債務人的積極配合，而物權關係的義務人最基本的義務是不妨礙、不干涉物權人行使權利。只要義務人不妨礙、不干涉，物權人就能實現其權利，達到對物的利用並享受收益的目的。物權不同於債權，債權的權利義務發生在當事人之間，遵循自願原則，具體內容由當事人約定，比如合同是當事人之間的協議，對合同內容如何約定原則上由當事人決定。物權的權利人行使權利，對所有其他人都有約束力，物權人以外的任何人都是義務人，都有尊重物權不干涉權利人行使物權的義務。物權調整的權

利人和義務人之間的關係與合同當事人之間的權利義務關係不同，其間的權利義務不能由權利人單方面決定，也難以由某個權利人和若干個義務人決定，權利人和義務人之間的權利義務必須由法律決定，對權利人和義務人之間的規範也只能由法律規定。

> **第一百一十七條**　為了公共利益的需要，依照法律規定的權限和程序徵收、徵用不動產或者動產的，應當給予公平、合理的補償。

■ 條文主旨

本條是關於徵收、徵用的規定。

■ 條文釋義

徵收是國家以行政權取得集體、單位和個人的財產所有權的行為。徵收的主體是國家，通常是政府以行政決定的方式從集體、單位和個人手中取得土地、房屋等財產。在物權法上，徵收是物權變動的一種特殊情形，涉及所有權人的所有權喪失。徵用是國家為了搶險、救災等公共利益需要，在緊急情況下強制性地使用單位、個人的不動產或者動產。徵用的目的只在獲得使用權，徵用不導致所有權移轉，被徵用的不動產或者動產使用後，應當返還被徵用人。徵收、徵用是政府行使行政權，屬於行政關係，不屬於民事關係，但由於徵收、徵用是對所有權或者使用權的限制，同時又是國家取得所有權或者使用權的一種方式，因此民法通常都從這一民事角度對此作原則規定。

需要說明的是，徵收和徵用是兩個不同的法律概念。徵收是指為了公共利益需要，國家將他人所有的財產強制地徵歸國有；徵用是指為了公共利益需要而強制性地使用他人的財產。徵收和徵用的共同之處在於，都是為了公共利益需要，都要經過法定程序，並都要給予補償。不同之處在於，徵收主要是所有權的改變，徵用只是使用權的改變。徵收是國家從被徵收人手中直接取得所有權，其結果是所有權發生了移轉；徵用則主要是在緊急情況下對他人財產的強制使用，一旦緊急情況結束，被徵用的財產應返還原權利人。

徵收和徵用，應當遵循三個原則：

其一，公共利益需要的原則。實施徵收、徵用，必須是出於公共利益的需要，這是徵收、徵用的前提條件。公共利益通常是指全體社會成員的共同利益和社會的整體利益，是不特定多數人的利益。在實踐中判斷是否屬於社會公共利益，一要同商業利益相區別。商業利益是個人和企業獲取利潤的利益，商業利益直接服務於個人或者企業，不能為了商業利益的需要而強行徵收、徵用他人的不動產和動產。二要同部門、單位和小集體的利益相區別。部門、單位和小集體的利益，其受益人是特定的少數人，與公共利益有着本質的區別。為了謀求商業利益或者單位的利益而需要他人轉讓其不動產或動產的，應當通過平等協商、公平買

賣的辦法解決，而不是借助國家強制力來實現。

基於公共利益的需要，是徵收、徵用應當遵循的一項原則。但公共利益的界定在不同領域、不同情形下的表現是不同的，情況複雜難以劃一，對公共利益作出具體界定，宜分別由單行法律作出具體規定。為了規範國有土地上房屋徵收與補償活動，維護公共利益，保障被徵收房屋所有權人的合法權益，2011年1月21日國務院頒佈的《國有土地上房屋徵收與補償條例》第8條規定，為了保障國家安全、促進國民經濟和社會發展等公共利益的需要，有下列情形之一，確需徵收房屋的，由市、縣級人民政府作出房屋徵收決定：（1）國防和外交的需要；（2）由政府組織實施的能源、交通、水利等基礎設施建設的需要；（3）由政府組織實施的科技、教育、文化、衛生、體育、環境和資源保護、防災減災、文物保護、社會福利、市政公用等公共事業的需要；（4）由政府組織實施的保障性安居工程建設的需要；（5）由政府依照城鄉規劃法有關規定組織實施的對危房集中、基礎設施落後等地段進行舊城區改建的需要；（6）法律、行政法規規定的其他公共利益的需要。這一規定即為對公共利益的具體界定，主要適用於在城市國有土地上對單位、個人房屋的徵收。

其二，依照法定程序的原則。徵收、徵用在一定程度上限制了他人的財產權。為了防止其濫用，平衡他人財產保護和公共利益需要的關係，依法保護權利人的財產權利，徵收、徵用必須嚴格依照法律規定的程序進行。相比而言，徵收是所有權的改變，並且事先有較充分的準備，因此程序上要求比較嚴格；徵用一般都是在緊急情況下採取的措施，通常是臨時性的，程序上相對比較簡便。

依照《國有土地上房屋徵收與補償條例》的規定，國有土地上房屋的徵收與補償應當遵循決策民主、程序正當、結果公開的原則。按照以下程序進行：房屋徵收部門擬定徵收補償方案，報市、縣級人民政府。市、縣級人民政府應當組織有關部門對徵收補償方案進行論證並予以公佈，徵求公眾意見。徵求意見期限不得少於30日。市、縣級人民政府應當將徵求意見情況和根據公眾意見修改的情況及時公佈。因舊城區改建需要徵收房屋，多數被徵收人認為徵收補償方案不符合該條例規定的，市、縣級人民政府應當組織由被徵收人和公眾代表參加的聽證會，並根據聽證會情況修改方案。市、縣級人民政府作出房屋徵收決定後應當及時公告。公告應當載明徵收補償方案和行政覆議、行政訴訟權利等事項。被徵收人對市、縣級人民政府作出的房屋徵收決定不服的，可以依法申請行政覆議，也可以依法提起行政訴訟。房屋徵收部門與被徵收人依照該條例的規定，就補償方式、補償金額和支付期限、用於產權調換房屋的地點和面積、搬遷費、臨時安置費或者周轉用房、停產停業損失、搬遷期限、過渡方式和過渡期限等事項，訂立補償協議。補償協議訂立後，一方當事人不履行補償協議約定的義務的，另一方當事人可以依法提起訴訟。

其三，依法給予補償的原則。儘管徵收和徵用是為了公共利益需要，但都不能採取無償剝奪的方式，必須依法給予補償。補償的方式應視財產的類別而加以區別對待。徵收的對象一般都是不動產，並且是所有權的改變，一般都要給予金錢補償、相應的財產補償或者其他形式的補償。在徵用過程中，如果是非消耗品，使用結束後，原物還存在的，應當返還原

物，對於物的價值減少的部分要給予補償；如果是消耗品，通常要給予金錢補償。補償的原則，憲法規定的是要依照法律規定給予補償。本法原則規定要給予公平、合理的補償。至於按什麼標準補償，需要在有關法律中根據不同情況作出具體規定。此外，補償應當及時，補償延誤將給被徵收、徵用人造成損失。補償是在事前給予，還是在徵收、徵用過程中給予，或是在事後給予，需要根據具體情況確定。即便在緊急情況下的徵用，在事後給予補償，也並不意味着可以任意拖延，而應在使用後儘快給予補償。

國家對他人的財產可以實行徵收、徵用，是為了公共利益的需要；而給予補償，又是對他人財產的一種保護，有利於平衡和協調他人財產保護和公共利益需要之間的關係。

關於徵收集體土地的補償。本法對補償原則即給予公平合理的補償作了明確規定。在徵收集體土地時，對所有權人即農民集體和用益物權人即承包經營權人給予補償，應當依照土地管理法等有關法律的規定，確定具體的補償標準和補償辦法，並應當把握以下幾點：

一是徵地補償和安置補助的原則是保證被徵地農民的生活水平不因徵收土地而降低。徵收土地後通過補償和採取各項安置措施，要使被徵地農民的生活水平達到徵地前的生活水平。如果達不到，應當採取相應的措施，包括提高補償標準。

二是按照被徵收土地的原用途給予補償。原來是耕地的按耕地的標準補償，原來是林地的按林地補償，原來是草地的按草地補償。

三是徵收耕地的補償費用包括土地補償費、安置補助費、地上附着物補償費和青苗補償費。土地補償費是給予土地所有人和用益物權人（承包人）的投入及造成損失的補償，應當歸土地所有人和用益物權人所有。安置補助費用於被徵地農戶的生活安置，如果是農民自謀職業或自行安置的，應當為農民個人所有。地上附着物和青苗補償費歸地上附着物、青苗的所有人（多為承包人）所有。

四是依據前述標準支付的土地補償費和安置補助費不能保證被徵地農民的原有生活水平的，經省級人民政府批准，可以提高補償標準。根據社會、經濟發展水平，在特殊情況下，國務院可以提高徵收耕地的土地補償費和安置補助費標準。

五是徵收其他土地的土地補償費和安置補助費，是指徵收耕地以外其他土地，如林地、草地、建設用地等應當給予的補償。其具體標準由各省、自治區、直轄市參照徵收耕地的土地補償費和安置補助費的標準規定。

關於國有土地上房屋徵收的補償。因城市建設、舊城改造等而徵收房屋，應當依照《國有土地上房屋徵收與補償條例》的規定給予補償。該條例規定，為了公共利益的需要，徵收國有土地上單位、個人的房屋，應當對被徵收房屋所有權人（以下稱被徵收人）給予公平補償。作出房屋徵收決定的市、縣級人民政府對被徵收人給予的補償包括：（1）被徵收房屋價值的補償；（2）因徵收房屋造成的搬遷、臨時安置的補償；（3）因徵收房屋造成的停產停業損失的補償。對被徵收房屋價值的補償，不得低於房屋徵收決定公告之日被徵收房屋類似房地產的市場價格。被徵收房屋的價值，由具有相應資質的房地產價格評估機構按照房屋徵收評估辦法評估確定。被徵收人可以選擇貨幣補償，也可以選擇房屋產權調換。被徵收人選擇

房屋產權調換的，市、縣級人民政府應當提供用於產權調換的房屋，並與被徵收人計算、結清被徵收房屋價值與用於產權調換房屋價值的差價。因徵收房屋造成搬遷的，房屋徵收部門應當向被徵收人支付搬遷費；選擇房屋產權調換的，產權調換房屋交付前，房屋徵收部門應當向被徵收人支付臨時安置費或者提供周轉用房。房屋徵收部門與被徵收人在徵收補償方案確定的簽約期限內達不成補償協議，或者被徵收房屋所有權人不明確的，由房屋徵收部門報請作出房屋徵收決定的市、縣級人民政府依照本條例的規定，按照徵收補償方案作出補償決定，並在房屋徵收範圍內予以公告。實施房屋徵收應當先補償、後搬遷。

2016 年 11 月 4 日，《中共中央、國務院關於完善產權保護制度依法保護產權的意見》指出，完善土地、房屋等財產徵收徵用法律制度，合理界定徵收徵用適用的公共利益範圍，不將公共利益擴大化，細化規範徵收徵用法定權限和程序。遵循及時合理補償原則，完善國家補償制度，進一步明確補償的範圍、形式和標準，給予被徵收徵用者公平合理補償。本條的規定，貫徹了上述中央精神，體現了維護公共利益和對財產所有權人的保護。

■ 案例分析

2004 年，重慶南隆房地產開發有限公司與重慶智潤置業有限公司共同對九龍坡區鶴興路片區進行開發，徵收拆遷工作從 2004 年 9 月開始，該片區 280 戶均已搬遷，僅剩一戶未搬遷。這幢戶主為楊某、吳某夫妻的兩層小樓一直矗立在工地上。2004 年 10 月，吳某夫婦的房屋被斷水。2005 年 2 月房屋被斷電，施工隊進場後，房屋與外界的道路也被阻斷。2005 年 2 月，開發商向九龍坡區房管局提請拆遷行政裁決，要求裁決被拆遷人限期搬遷。九龍坡區房管局於 2007 年 1 月 11 日下達了拆遷行政裁決書，並於 2 月 1 日向九龍坡區人民法院提起了《先予強制拆遷申請書》，法院受理了此案。3 月 19 日，九龍坡區人民法院組織九龍坡區房地產管理局、吳某、重慶南隆房地產開發有限公司進行了聽證，並當庭裁定限吳某夫婦在 3 月 22 日前自動搬遷。從 3 月 21 日，法院多次組織拆遷三方進行協商，重慶智潤置業有限公司及重慶南隆房地產開發有限公司的代表和吳某參加了協商。3 月 23 日，案件進入執行程序。3 月 25 日，吳某向九龍坡區人民法院提出要求院長接待，當日法院院長和執行法官接待了吳某，吳某表示願意協商。3 月 26 日，九龍坡區人民法院組織拆遷雙方進行了協商，由於拆遷雙方存在較大分歧，協商未果。法院於當日發出執行通知，責令吳某夫婦在 3 月 29 日前自動搬遷。3 月 27 日，法院再次組織拆遷雙方進行協商，雙方分歧仍然較大，並表示拒絕繼續接觸。3 月 30 日，九龍坡區人民法院發佈公告，責令吳某夫婦在 2007 年 4 月 10 日前自動搬遷，並將九龍坡區鶴興路區 7 號房屋交重慶南隆房地產開發有限公司拆遷，否則法院將依法實施強制拆除。4 月 2 日，重慶智潤置業有限公司和吳某夫婦達成協議。吳某夫婦接受異地商品房安置，自願搬遷，並獲得 90 萬元營業損失補償。4 月 2 日下午，戶主楊某自願離開房屋，晚 7 時拆除施工開始，至當日 22 時 36 分，房屋被順利拆除。

> **第一百一十八條　民事主體依法享有債權。**
>
> **債權是因合同、侵權行為、無因管理、不當得利以及法律的其他規定，權利人請求特定義務人為或者不為一定行為的權利。**

■ 條文主旨

本條是關於民事主體依法享有債權的規定。

■ 條文釋義

債是因合同、侵權行為、無因管理、不當得利以及法律的其他規定，特定當事人之間發生的權利義務關係。首先，債是一種民事法律關係，是民事主體之間以權利義務為內容的法律關係。其次，債是特定當事人之間的法律關係。債的主體各方均為特定當事人。再次，債是特定當事人之間得請求為或者不為一定行為的法律關係。享有權利的人是債權人，負有義務的人是債務人。債是以請求權為特徵的法律關係，債權人行使債權，只能通過請求債務人為或者不為一定行為得以實現。最後，債是因合同、侵權行為、無因管理、不當得利以及法律的其他規定而發生的法律關係。本章規定的是民事權利，因此從權利角度對債作了規定。債權是因合同、侵權行為、無因管理、不當得利以及法律的其他規定，權利人請求特定義務人為或者不為一定行為的權利。債權是現代社會生活中民事主體的一項重要財產權利。根據本條規定，債的發生原因包括以下幾種情況：

一是合同。合同是民事主體之間設立、變更、終止民事法律關係的協議。合同依法成立後，即在當事人之間產生債權債務關係。基於合同所產生的債為合同之債。債權人有權按照合同約定，請求合同義務人履行合同義務。合同之債是民事主體為自己利益依自己意思自行設定的，合同之債屬於意定之債。民法典合同編對合同之債的規則作了詳細的規定。

二是侵權行為。侵權行為，是指侵害他人民事權益的行為。本法第 3 條規定，民事主體的人身權利、財產權利以及其他合法權益受法律保護，任何組織或者個人不得侵犯。在民事活動中，民事主體的合法權益受法律保護，任何人都負有不得侵害的義務。行為人侵害他人人身權利、財產權利以及其他合法權益的，應依法承擔民事責任。民事權益受到侵害的，被侵權人有權請求侵權人承擔侵權責任。因侵權行為，侵權人與被侵權人之間形成債權債務關係。侵權行為之債不是侵權人所願意發生的法律後果，法律確認侵權行為之債的目的在於，通過債權和民事責任使侵權行為人承擔其不法行為所造成的不利後果，給被侵權人救濟，從而保護民事主體的合法民事權益。民法典侵權責任編對侵權行為之債作了較為詳細的規定。

三是無因管理。無因管理，是指沒有法定的或者約定的義務，為避免他人利益受損失進行管理的行為。無因管理行為雖為干預他人事務，但是以避免他人利益受損失為目的，有利於社會的互助行為。法律為鼓勵這一行為賦予管理人請求受益人償還因管理行為支出的必要費用的權利。因無因管理產生的債稱為無因管理之債。無因管理之債並不是基於當事人的意

願設定的，而是根據法律的規定，為法定之債。

四是不當得利。不當得利，是指沒有法律根據，取得不當利益，造成他人損失的情形。在社會生活中，任何民事主體不得沒有法律根據，取得利益而致他人損害，因此，法律規定受損失的人有權請求取得不當得利的人返還不當利益。不當得利為債的發生原因，基於不當得利而產生的債稱為不當得利之債。不當得利之債既不同於合同之債，也不同於無因管理之債。不當得利不是當事人雙方間的合意，並非是當事人尋求的法律目的，也不以當事人的意志為轉移，而是法律為糾正不當得利，直接賦予當事人的權利義務，也是法定之債。民法典合同編第三分編對無因管理之債和不當得利之債的規則作了詳細的規定。

五是法律的其他規定。合同、侵權行為、無因管理、不當得利是債的發生的主要原因，除此之外，法律的其他規定也會引起債的發生，使民事主體依法享有債權。

本法合同編對合同之債作了詳細規定，同時專設準合同分編對無因管理、不當得利之債作了具體規定；侵權責任編對侵權行為之債也作了較為詳細的規定。

第一百一十九條　依法成立的合同，對當事人具有法律約束力。

■ 條文主旨

本條是關於依法成立的合同對當事人具有法律約束力的規定。

■ 條文釋義

合同是產生債權債務關係的一種重要原因。合同之債是當事人在平等基礎上自願設定的，是民事主體主動參與民事活動，積極開展各種經濟交往的法律表現。合同是最常見的債的發生原因，合同之債在社會經濟生活中佔有重要的地位。

根據自願原則，訂不訂合同、與誰訂合同、合同的內容如何等，由當事人自願約定。但是，合同依法成立以後，對當事人就具有了法律約束力。所謂法律約束力，是指當事人應當按照合同的約定履行自己的義務，非依法律規定或者取得對方同意，不得擅自變更或者解除合同。如果不履行合同義務或者履行合同義務不符合約定，應當承擔違約責任。只有依法成立的合同才能產生合同之債。本法合同編第 465 條第 1 款規定，依法成立的合同，受法律保護。如果一方當事人未取得對方當事人同意，擅自變更或者解除合同，不履行合同義務或者履行合同義務不符合約定，使對方當事人的權益受到損害，受損害方向人民法院起訴要求維護自己的權益時，法院就要依法維護，擅自變更或者解除合同的一方當事人應當承擔違約責任。

> **第一百二十條　民事權益受到侵害的，被侵權人有權請求侵權人承擔侵權責任。**

■ 條文主旨

本條是關於民事權益受到侵害的被侵權人的請求權的規定。

■ 條文釋義

侵權責任法律制度的基本作用，一是保護被侵權人，二是減少侵權行為。保護被侵權人是建立和完善侵權責任法律制度的主要目的。本章規定了民事主體的各種人身權利、財產權利及其他合法權益。本法侵權責任編對侵權責任的具體規則作了詳細規定。被侵權人在其民事權益被侵權人侵害構成侵權時，有權請求侵權人承擔侵權責任。這種權利是一種請求權，所謂請求權，是指請求他人為一定行為或不為一定行為的權利。請求權人自己不能直接取得作為該權利內容的利益，必須通過他人的特定行為間接取得。在侵權人的行為構成侵權，侵害了被侵權人的民事權益時，被侵權人有權請求侵權人承擔侵權責任。被侵權人可以直接向侵權人行使請求權，也可以向法院提起訴訟，請求法院保護自己的合法權益。

侵權法律關係中，在民事主體的合法權益受到侵害時，被侵權人有權請求侵權人承擔侵權責任，如果進行訴訟，則為原告。這裏的被侵權人指的是侵權行為損害後果的直接承受者，是因侵權行為而使民事權益受到侵害的人。被侵權人可以是所有具有民事權利能力的民事主體，只要具有實體法上的民事權利能力，又因侵權行為而使其民事權益受到侵害的人，就具有被侵權人的資格，包括自然人、法人和非法人組織。被侵權人的資格不在於其是否具有民事行為能力，但是有無民事行為能力關係到其是否可以自己行使請求侵權人承擔侵權責任的權利。有完全民事行為能力的被侵權人，可以自己行使請求權，請求侵權人承擔侵權責任；無民事行為能力或限制民事行為能力的被侵權人，自己不能行使請求權，應當由其法定代理人代其行使請求權。在被侵權人死亡時，其近親屬有權請求侵權人承擔侵權責任。侵權責任編規定，被侵權人死亡的，其近親屬有權請求侵權人承擔侵權責任。被侵權人為單位，該單位分立、合併的，承繼權利的單位有權請求侵權人承擔侵權責任。被侵權人可能是單個主體也可能是多個主體。在一個侵權行為有多個被侵權人的情況下，所有的被侵權人都享有請求侵權人承擔侵權責任的權利，都可以提起侵權之訴，被侵權人的權利相互獨立，一些被侵權人不請求不影響其他被侵權人提出請求權，被侵權人也可以提起共同訴訟。我國一些現有司法解釋對請求權的主體也有規定。《最高人民法院關於確定民事侵權精神損害賠償責任若干問題的解釋》第 7 條規定：「自然人因侵權行為致死，或者自然人死亡後其人格或者遺體遭受侵害，死者的配偶、父母和子女向人民法院起訴請求賠償精神損害的，列其配偶、父母和子女為原告；沒有配偶、父母和子女的，可以由其他近親屬提起訴訟，列其他近親屬為原告。」《最高人民法院關於審理人身損害賠償案件適用法律若干問題的解釋》第 1 條第 2 款規定：「本條所稱『賠償權利人』，是指因侵權行為或者其他致害原因直接遭受人身損害的

受害人、依法由受害人承擔扶養義務的被扶養人以及死亡受害人的近親屬。」

在侵權法律關係中，侵權人是承擔侵權責任的主體，在訴訟中為被告。《最高人民法院關於審理人身損害賠償案件適用法律若干問題的解釋》第 1 條第 3 款規定：「本條所稱『賠償義務人』，是指因自己或者他人的侵權行為以及其他致害原因依法應當承擔民事責任的自然人、法人或者其他組織。」侵權人一般是直接加害人，直接加害人是直接實施侵權行為，造成被侵權人損害的人。直接加害人分為單獨的加害人和共同的加害人，共同加害人的侵權責任根據本法共同侵權的相關規定承擔。在替代責任形式的特殊侵權責任中，直接造成損害的行為人不直接承擔侵權責任，承擔侵權責任的主體是替代責任的責任人。如侵權責任編規定，用人單位的工作人員因執行工作任務造成他人損害的，由用人單位承擔侵權責任。

侵權人承擔侵權責任有多種方式。根據本法第 179 條的規定，承擔民事責任的方式主要有：停止侵害；排除妨礙；消除危險；返還財產；恢復原狀；修理、重作、更換；繼續履行；賠償損失；支付違約金；消除影響、恢復名譽；賠禮道歉。法律規定懲罰性賠償的，依照其規定。承擔民事責任的方式，可以單獨適用，也可以合併適用。

> **第一百二十一條**　沒有法定的或者約定的義務，為避免他人利益受損失而進行管理的人，有權請求受益人償還由此支出的必要費用。

■ 條文主旨

本條是關於無因管理的規定。

■ 條文釋義

無因管理，是指沒有法定的或者約定的義務，為避免他人利益受損失而進行管理的行為。管理他人事務的人為管理人，因管理人管理其事務而受益的人為受益人。無因管理制度作為債的發生原因之一，使管理人和受益人之間產生了債權債務關係。無因管理行為雖為干預他人事務，但是以避免他人利益受損失為目的，有利於社會的互助行為。法律為鼓勵這一行為，賦予管理人請求受益人償還因管理行為而支出的必要費用的權利。因無因管理產生的債稱為無因管理之債。我國自 1986 年的民法通則就對無因管理制度作了規定，本條繼承了民法通則的規定，對無因管理作了原則性規定。本法合同編在此基礎上，還設專章對無因管理制度的具體規則作了規定。根據本法的規定，構成無因管理，有以下幾個要件：

一是管理他人事務。管理他人事務，即為他人進行管理，這是成立無因管理的首要條件。如將自己的事務誤認為他人事務進行管理，即使目的是為他人避免損失，也不能構成無因管理。

二是為避免他人利益受損失。一般來說，在既無法定義務又無約定義務的情況下，管

理他人的事務，屬於干預他人事務的範疇。而法律規定的無因管理，是為避免他人利益受損失而進行管理的行為。符合助人為樂、危難相助的道德準則的行為，應該得到鼓勵和受到保護。

三是沒有法定的或者約定的義務。無因，指沒有法定的或者約定的義務。沒有法定的或者約定的義務是無因管理成立的重要條件。如果行為人負有法定的或者約定的義務進行管理，則不能構成無因管理。

根據本條規定，符合以上三個要件，構成無因管理的，無因管理發生後，管理人依法享有請求受益人償還因管理行為支出的必要費用的權利，受益人有償還該項費用的義務。需要注意的是，符合以上三個要件的無因管理只是原則上享有費用請求權，但管理人管理事務的行為不符合受益人的真實意願的，根據本法合同編關於「無因管理」第 979 條的規定，管理人不享有前款規定的權利，除非受益人的真實意願違反法律或者違背公序良俗的除外。

第一百二十二條　因他人沒有法律根據，取得不當利益，受損失的人有權請求其返還不當利益。

■ 條文主旨

本條是關於不當得利的規定。

■ 條文釋義

不當得利，是指沒有法律根據，取得不當利益，造成他人損失的情形。不當得利制度對民事主體之間的財產流轉關係有調節作用，目的在於恢復民事主體之間在特定情形下所發生的非正常的利益變動。因不當得利產生的債稱為不當得利之債。本條規定，因他人沒有法律根據，取得不當利益，受損失的人有權請求其返還不當利益。不當得利在民法中產生的情況主要有以下幾種：一是民事法律行為不成立、無效及被撤銷所產生的不當得利。二是履行不存在的債務所引起的不當得利。三是因合同解除產生的不當得利。四是基於受益人、受害人或第三人行為而產生的不當得利。五是基於事件而產生的不當得利。

我國在 1986 年民法通則中就對不當得利制度作了原則性規定，本法繼承了民法通則的規定，於總則編中作了概括性規定，於合同編中單獨專章對該制度的具體規則作了規定。根據本法的規定，構成不當得利，有以下幾個要件：

一是民事主體一方取得利益。取得利益，是指財產利益的增加。既包括積極的增加，即財產總額的增加；也包括消極的增加，即財產總額應減少而未減少，如本應支付的費用沒有支付等。

二是民事主體他方受到損失。受到損失，是指財產利益的減少。既包括積極損失，即財

產總額的減少；也包括消費損失，即應當增加的利益沒有增加。

三是一方取得利益與他方受到損失之間有因果關係。一方取得利益與他方受到損失之間有因果關係，是指他方的損失是因一方獲得利益造成的。

四是沒有法律根據。沒有法律根據是構成不當得利的重要要件。如果一方取得利益和他方受到損失之間有法律根據，民事主體之間的關係就受到法律的認可和保護，不構成不當得利。

需要說明的是，民法通則第 92 條規定，沒有合法根據，取得不當利益，造成他人損失的，應當將取得的不當利益返還受損失的人。民法總則一審稿曾延續民法通則第 92 條的規定。在立法過程中，有的意見提出，合法根據強調是否違法性，而不當得利的適用前提是指沒有「法律的規定和當事人的約定」，建議將「合法根據」改為「法律根據」。有的意見提出，本章規定的是民事權利，應當從受損失的人有權請求返還的權利角度考慮。因此，本條最終修改為：「因他人沒有法律根據，取得不當利益，受損失的人有權請求其返還不當利益。」

第一百二十三條　民事主體依法享有知識產權。

知識產權是權利人依法就下列客體享有的專有的權利：

（一）作品；

（二）發明、實用新型、外觀設計；

（三）商標；

（四）地理標誌；

（五）商業秘密；

（六）集成電路佈圖設計；

（七）植物新品種；

（八）法律規定的其他客體。

■ 條文主旨

本條是關於民事主體依法享有知識產權的規定。

■ 條文釋義

知識產權是國際上廣泛使用的一個法律概念，是民事主體對其創造性的客體依法享有的專有權利。設立知識產權的目的在於調動人們從事智力創作和科學技術研究的積極性，從而創造出更多、更好的精神財富。民法通則將知識產權作為民事主體的基本民事權利之一予以規定，適應了我國改革開放和知識產權國際保護的需要。民法通則出台後，我國制定了多部保護知識產權的法律法規。1982 年通過商標法，1984 年通過專利法，1990 年通過著

作權法，國務院也頒佈實施了著作權法實施條例、專利法實施細則、商標法實施條例等。知識產權有以下特徵：一是知識產權是一種無形財產權。二是知識產權具有財產權和人身權的雙重屬性，如作者享有發表權、署名權、修改權等人身權。三是知識產權具有專有性。本條規定，知識產權是權利人依法就下列客體享有的專有的權利。法律規定知識產權為權利人專有，除權利人同意或法律規定外，權利人以外第三人不得享有或者使用該項權利，否則為侵害他人的知識產權。四是知識產權具有地域性，法律確認和保護的知識產權，除該國與他國條約或參加國際公約外，只在一國領域內發生法律效力。五是知識產權具有時間性，各國法律對知識產權的保護都有嚴格的時間限制。喪失效力的知識產權客體進入公有領域，成為全人類共有的財富。根據本條規定，知識產權是權利人依法就下列客體所享有的專有權利：

一、作品

對作品的知識產權保護主要規定在著作權相關法律法規中。著作權法第 3 條規定，本法所稱的作品，包括以下列形式創作的文學、藝術和自然科學、社會科學、工程技術等作品：（1）文字作品；（2）口述作品；（3）音樂、戲劇、曲藝、舞蹈、雜技藝術作品；（4）美術、建築作品；（5）攝影作品；（6）電影作品和以類似攝製電影的方法創作的作品；（7）工程設計圖、產品設計圖、地圖、示意圖等圖形作品和模型作品；（8）計算機軟件；（9）法律、行政法規規定的其他作品。

權利人依法就作品享有的專有權利是著作權。根據著作權法的規定，著作權是指著作權人對其作品享有的人身權和財產權，包括發表權、署名權、修改權、保護作品完整權、複製權、發行權、出租權、展覽權、表演權、放映權、廣播權、信息網絡傳播權、攝製權、改編權、翻譯權、彙編權和應當由著作權人享有的其他權利。

二、發明、實用新型、外觀設計

對發明、實用新型、外觀設計的知識產權保護主要規定在專利權相關法律法規中。專利法第 2 條規定，本法所稱的發明創造是指發明、實用新型和外觀設計。發明，是指對產品、方法或者其改進所提出的新的技術方案。實用新型，是指對產品的形狀、構造或者其結合所提出的適於實用的新的技術方案。外觀設計，是指對產品的形狀、圖案或者其結合以及色彩與形狀、圖案的結合所作出的富有美感並適於工業應用的新設計。

權利人依法就發明、實用新型、外觀設計享有的專有權利是專利權。專利權是指專利權人依法就發明、實用新型、外觀設計所享有的專有權利，任何組織或者個人未經專利權人許可，不得實施其專利。根據專利法第 60 條的規定，未經專利權人許可，實施其專利，即侵犯其專利權，引起糾紛的，由當事人協商解決；不願協商或者協商不成的，專利權人或者利害關係人可以向人民法院起訴，也可以請求管理專利工作的部門處理。

三、商標

對商標的知識產權保護主要規定在商標權相關法律法規中。商標法第 3 條第 1、2、3款規定，經商標局核准註冊的商標為註冊商標，包括商品商標、服務商標和集體商標、證明商標……本法所稱集體商標，是指以團體、協會或者其他組織名義註冊，供該組織成員在

商事活動中使用，以表明使用者在該組織中的成員資格的標誌。本法所稱證明商標，是指由對某種商品或者服務具有監督能力的組織所控制，而由該組織以外的單位或者個人使用於其商品或者服務，用以證明該商品或者服務的原產地、原料、製造方法、質量或者其他特定品質的標誌。

權利人依法就商標享有的專有權利是商標專用權。商標專用權是商標專用權人在核准商品上使用註冊商標的專有權利。根據商標法第 3 條規定，商標註冊人享有商標專用權，受法律保護。商標法第 57 條規定，有下列行為之一的，均屬侵犯註冊商標專用權：（1）未經商標註冊人的許可，在同一種商品上使用與其註冊商標相同的商標的；（2）未經商標註冊人的許可，在同一種商品上使用與其註冊商標近似的商標，或者在類似商品上使用與其註冊商標相同或者近似的商標，容易導致混淆的；（3）銷售侵犯註冊商標專用權的商品的；（4）偽造、擅自製造他人註冊商標標識或者銷售偽造、擅自製造的註冊商標標識的；（5）未經商標註冊人同意，更換其註冊商標並將該更換商標的商品又投入市場的；（6）故意為侵犯他人商標專用權行為提供便利條件，幫助他人實施侵犯商標專用權行為的；（7）給他人的註冊商標專用權造成其他損害的。

四、地理標誌

地理標誌，是指標示某商品來源於某地區，該商品的特定質量、信譽或者其他特徵，主要由該地區的自然因素或者人文因素所決定的標誌。權利人依法就地理標誌享有專有權。目前我國沒有專門的法律法規對權利人依法就地理標誌享有的專有權利作出規定，對地理標誌享有的專有權利分散規定在商標法、農業法、商標法實施條例等法律法規中。商標法實施條例第 4 條第 1 款規定，商標法第 16 條規定的地理標誌，可以依照商標法和本條例的規定，作為證明商標或者集體商標申請註冊。農業法第 23 條第 3 款規定，符合國家規定標準的優質農產品可以依照法律或者行政法規的規定申請使用有關的標誌。符合規定產地及生產規範要求的農產品可以依照有關法律或者行政法規的規定申請使用農產品地理標誌。農業法第 49 條第 1 款規定，國家保護植物新品種、農產品地理標誌等知識產權，鼓勵和引導農業科研、教育單位加強農業科學技術的基礎研究和應用研究，傳播和普及農業科學技術知識，加速科技成果轉化與產業化，促進農業科學技術進步。就地理標誌享有專有權利的權利人有其特殊性。由於地理標誌是標識商品產自某地區的特定質量、信譽或者其他特徵，商品符合使用該地理標誌條件的自然人、法人或者非法人組織都可以使用地理標誌。商標法第 16 條第 1 款規定，商標中有商品的地理標誌，而該商品並非來源於該標誌所標示的地區，誤導公眾的，不予註冊並禁止使用；但是，已經善意取得註冊的繼續有效。

在立法過程中，有的提出，根據商標法第 16 條和商標法實施條例第 4 條的相關規定，地理標誌可以作為證明商標或者集體商標申請註冊，地理標記已被包含在商標的範疇中。因此，建議刪除本項。有的提出，與貿易有關的知識產權協議已將地理標誌單列為知識產權的一種，即地理標記標示出某商品來源於某成員地域內，或來源於該地域中的某地區或某地方，該商品的特定質量、信譽或其他特徵，主要與該地理來源相關聯。因此，有必要在本條

中將地理標記規定為知識產權的客體之一。最後本條採納了後一種意見。

五、商業秘密

商業秘密，是指不為公眾所知悉、能為權利人帶來經濟利益、具有實用性並經權利人採取保密措施的技術信息和經營信息。權利人依法對商業秘密享有專有權。目前我國沒有專門的法律法規對權利人依法就商業秘密享有的專有權利作出規定，對商業秘密專有權利的保護分散規定在反不正當競爭法、合同法等法律中。反不正當競爭法第 9 條規定，經營者不得實施下列侵犯商業秘密的行為：（1）以盜竊、賄賂、欺詐、脅迫、電子侵入或者其他不正當手段獲取權利人的商業秘密；（2）披露、使用或者允許他人使用以前項手段獲取的權利人的商業秘密；（3）違反保密義務或者違反權利人有關保守商業秘密的要求，披露、使用或者允許他人使用其所掌握的商業秘密；（4）教唆、引誘、幫助他人違反保密義務或者違反權利人有關保守商業秘密的要求，披露、使用或者允許他人使用權利人的商業秘密。經營者以外的其他自然人、法人和非法人組織實施前款所列違法行為的，視為侵犯商業秘密。第三人明知或者應知商業秘密權利人的員工、前員工或者其他單位、個人實施本條第 1 款所列違法行為，仍獲取、披露、使用或者允許他人使用該商業秘密的，視為侵犯商業秘密。根據民法典合同編第 501 條規定，當事人在訂立合同過程中知悉的商業秘密或者其他應當保密的信息，無論合同是否成立，都不得洩露或者不正當地使用；洩露、不正當地使用該商業秘密造成對方損失的，應當承擔損害賠償責任。

六、集成電路佈圖設計

集成電路佈圖設計，是指集成電路中至少有一個是有源元件的兩個以上元件和部分或者全部互聯線路的三維配置，或者為製造集成電路而準備的上述三維配置。權利人依法對集成電路佈圖設計享有專有權。本法出台前，我國民事法律對權利人依法就集成電路佈圖設計享有的專有權利未作出規定，僅有科學技術進步法第 20 條第 1 款使用「集成電路佈圖設計專有權」。對集成電路佈圖設計專有權利的保護主要由國務院《集成電路佈圖設計保護條例》規定。《集成電路佈圖設計保護條例》第 7 條規定，佈圖設計權利人享有下列專有權：（1）對受保護的佈圖設計的全部或者其中任何具有獨創性的部分進行複製；（2）將受保護的佈圖設計、含有該佈圖設計的集成電路或者含有該集成電路的物品投入商業利用。

七、植物新品種

植物新品種，是指經過人工培育的或者對發現的野生植物加以開發，具備新穎性、特異性、一致性和穩定性並有適當命名的植物品種。對植物新品種的知識產權保護主要規定在種子法、農業法、植物新品種保護條例等相關法律法規中。種子法第 25 條規定，國家實行植物新品種保護制度。對國家植物品種保護名錄內經過人工選育或者發現的野生植物加以改良，具備新穎性、特異性、一致性、穩定性和適當命名的植物品種，由國務院農業、林業主管部門授予植物新品種權，保護植物新品種權所有人的合法權益。植物新品種權的內容和歸屬、授予條件、申請和受理、審查與批准，以及期限、終止和無效等依照本法、有關法律和行政法規規定執行。國家鼓勵和支持種業科技創新、植物新品種培育及成果轉化。取得植物

新品種權的品種得到推廣應用的,育種者依法獲得相應的經濟利益。農業法第 49 條第 1 款規定,國家保護植物新品種、農產品地理標誌等知識產權,鼓勵和引導農業科研、教育單位加強農業科學技術的基礎研究和應用研究,傳播和普及農業科學技術知識,加速科技成果轉化與產業化,促進農業科學技術進步。權利人對植物新品種依法享有的專有權是植物新品種權。種子法第 28 條規定,完成育種的單位或者個人對其授權品種,享有排他的獨佔權。任何單位或者個人未經植物新品種權所有人許可,不得生產、繁殖或者銷售該授權品種的繁殖材料,不得為商業目的將該授權品種的繁殖材料重複使用於生產另一品種的繁殖材料;但是本法、有關法律、行政法規另有規定的除外。

八、法律規定的其他客體

除了本條明確列舉的知識產權的客體,本條第 8 項規定了「法律規定的其他客體」。本項規定實際上為未來知識產權客體的發展留出了空間。

■ 案例分析

國際礦業巨頭力拓集團是中國鋼鐵企業進口鐵礦石的主要來源之一。2008 年 12 月至 2009 年 6 月,力拓公司上海首席代表、中國鐵礦石業務總經理胡某某以及王某、葛某某、劉某某 4 名員工,為掌握中國鋼鐵企業對 2009 年度國際鐵礦石價格談判的策略,以便其所屬力拓公司制定相應對策,利用該公司在鐵礦石貿易中的優勢地位,採取利誘及其他不正當手段,獲取了中國鋼鐵企業 2009 年進口鐵礦石價格談判的多項商業秘密。此外,4 名被告人還於 2005 年 4 月至 2008 年 10 月間,為力拓公司在對華鐵礦石貿易中獲取更多的銷售利潤,非法搜集了中國鋼鐵企業的多項商業秘密。被告人胡某某、王某、葛某某、劉某某的上述行為,嚴重影響和損害了中國有關鋼鐵企業的競爭利益,使其在鐵礦石進口談判中處於不利地位,並致 2009 年中國鋼鐵企業與力拓公司鐵礦石價格談判突然中止,給中國有關鋼鐵企業造成了巨大的經濟損失;其中,首鋼國貿公司、萊鋼國貿公司等 20 餘家單位多支出預付款人民幣 10.18 億元。2010 年 3 月 29 日下午,上海市第一中級人民法院對力拓案作出一審判決,認定胡某某、王某、葛某某、劉某某 4 人犯非國家工作人員受賄罪、侵犯商業秘密罪,分別判處其有期徒刑 14 年到 17 年不等。

> **第一百二十四條　自然人依法享有繼承權。**
> **自然人合法的私有財產,可以依法繼承。**

■ 條文主旨

本條是關於自然人依法享有繼承權的規定。

■ 條文釋義

繼承權是指自然人依照法律的規定或者被繼承人生前立下的合法有效的遺囑而取得被繼承人遺產的權利。繼承權是自然人的一項基本民事權利。憲法第 13 條第 2 款規定，國家依照法律規定保護公民的私有財產權和繼承權。憲法作為根本大法，確立了關於保護公民私有財產權和繼承權的原則。民法通則第 76 條規定，公民依法享有財產繼承權。根據憲法規定，為保護公民的私有財產的繼承權，1985 年我國出台了繼承法，調整繼承法律關係。我國其他法律對自然人的繼承權的保護也有所規定。物權法第 65 條第 2 款規定，國家依照法律規定保護私人的繼承權及其他合法權益。未成年人保護法第 52 條第 1 款規定，人民法院審理繼承案件，應當依法保護未成年人的繼承權和受遺贈權。婦女權益保障法第 34 條第 1 款規定，婦女享有的與男子平等的財產繼承權受法律保護。在同一順序法定繼承人中，不得歧視婦女。

本法總則編在本章單列一條，明確規定自然人依法享有繼承權。本法繼承編以本條規定為依據，在繼承法和其他法律的基礎上對繼承的具體規則作了詳細規定。對自然人繼承權的保護，是保護自然人個人財產所有權的必然要求。當自然人死亡時，將其生前個人所有的合法財產，依法轉移給他的繼承人，有利於提高自然人參加經濟建設的積極性，為社會、家庭和個人積累財富，滿足人們日益增長的物質生活和文化生活的需要。

依照我國法律規定，自然人享有繼承權，自然人可以繼承的被繼承人的財產的範圍為被繼承人合法的私有財產。本條第 2 款的規定是對自然人合法的私有財產權在繼承制度上的保護。憲法第 13 條第 1、2 款規定，公民的合法的私有財產不受侵犯。國家依照法律規定保護公民的私有財產權和繼承權。民法典物權編第 266 條規定，私人對其合法的收入、房屋、生活用品、生產工具、原材料等不動產和動產享有所有權。物權編第 267 條規定，私人合法財產受法律保護。在自然人生存時，這主要通過對其所享有的物權、債權、知識產權、股權等一系列民事權利的保護來實現。在自然人死亡後，其合法的私有財產可以作為遺產，由繼承人依法繼承，實現對自然人合法私有財產保護的目的。根據繼承法第 3 條的規定，遺產是公民死亡時遺留的個人合法財產，包括：公民的收入；公民的房屋、儲蓄和生活用品；公民的林木、牲畜和家禽；公民的文物、圖書資料；法律允許公民所有的生產資料；公民的著作權、專利權中的財產權利；公民的其他合法財產。考慮到自繼承法實施以來，社會物質財富極大豐富，老百姓所享有的財產也越來越多樣，對可繼承財產進行一一列舉已不可能，難免掛一漏萬。基於此，本法繼承編對可以繼承的財產沒有再採取列舉的方法，而是用概括規定的方式予以規定。

■ 案例分析

2006 年 11 月，張某自書遺囑「我妻今後嫁人，10 號樓歸我姪子所有」。同年 12 月，張某去世。2007 年，張某妻蔡某與他人結婚並於次年生一女且在 10 號樓為女兒舉辦「百日酒」。2012 年，張某姪起訴蔡某，要求判令張某名下 9 號樓、10 號樓歸其所有。法院認為：公民可以依法立遺囑處分個人財產。本案中張某親筆書寫遺書及簽名，註明年、月、

日，並經數名證人見證簽名，就其居住房產予以處分，故其書寫遺書為自書遺囑。公民立遺囑將個人財產贈給國家、集體或法定繼承人以外的人，為遺贈。張某姪屬法定繼承人以外的人，其訴訟主張基於遺贈法律關係而提出，故本案應為遺贈糾紛。

第一百二十五條　民事主體依法享有股權和其他投資性權利。

■ 條文主旨

本條是關於民事主體依法享有股權和其他投資性權利的規定。

■ 條文釋義

股權是指民事主體因投資於公司成為公司股東而享有的權利。股權根據行使目的和方式的不同可分為自益權和共益權兩部分。自益權是指股東基於自身利益訴求而享有的權利，可以單獨行使，包括資產收益權、剩餘財產分配請求權、股份轉讓權、新股優先認購權等；共益權是指股東基於全體股東或者公司的利益訴求而享有的權利，包括股東會表決權、股東會召集權、提案權、質詢權、公司章程及賬冊的查閱權、股東會決議撤銷請求權等。民事主體通過投資於公司成為公司股東後依法享有股權。根據本條規定，民事主體依法享有股權。公司法第 4 條規定，公司股東依法享有資產收益、參與重大決策和選擇管理者等權利。公司法還區分不同的公司形式，對民事主體投資於公司成為公司股東後的權利作了詳細規定。

其他投資性權利是指民事主體通過投資享有的權利。如民事主體通過購買證券、基金、保險等進行投資而享有的民事權利。根據本條規定，民事主體依法享有其他投資性權利。這些投資性權利的具體權利內容根據證券法等具體法律規定依法享有。

在制定民法總則時，民法總則一審稿第 91 條曾規定，民事主體依法享有股權或者其他民事權利。一審稿未規定其他投資性權利。在立法過程中，有的意見提出，民事主體購買基金和其他有價證券的權利也應受到保護，建議將「股權」修改為「投資權」。有的意見建議，將本條修改為：「民事主體依法享有的股權及其他投資性權利受法律保護。」根據各方面意見，本條最終規定：「民事主體依法享有股權和其他投資性權利。」

第一百二十六條　民事主體享有法律規定的其他民事權利和利益。

■ 條文主旨

本條是關於民事主體享有的民事權益的兜底性規定。

■ **條文釋義**

　　本章專章規定了民事主體的民事權利，具體規定了民事主體的人格權、身份權、物權、債權、知識產權、繼承權、股權和其他投資性權利。考慮到民事權利和利益多種多樣，立法中難以窮盡，而且隨着社會、經濟的發展，還會不斷地有新的民事權益納入法律的保護範圍，因此，本條對民事主體享有的民事權利和利益作了兜底性規定。

第一百二十七條　法律對數據、網絡虛擬財產的保護有規定的，依照其規定。

■ **條文主旨**

　　本條是關於數據和網絡虛擬財產的保護的規定。

■ **條文釋義**

　　隨着互聯網和大數據技術的快速發展，網絡虛擬財產、數據等各種新型財產出現。但在立法過程中，對於是否規定和如何規定數據和網絡虛擬財產，存在較大爭議。經研究，最後本條對數據和網絡虛擬財產的保護作了原則性規定，即規定「法律對數據、網絡虛擬財產的保護有規定的，依照其規定」。一方面，確立了依法保護數據和網絡虛擬財產的原則；另一方面鑒於數據和網絡虛擬財產的權利性質存在爭議，需要對數據和網絡虛擬財產的權利屬性作進一步深入研究，進一步總結理論和司法實踐的經驗，為以後立法提供堅實基礎。

　　一、關於數據

　　目前我國法律未對數據的保護作出專門規定，也未專門規定對數據庫的保護。根據現有法律，對數據可以分別情況依據著作權、商業秘密來保護。我國著作權法第 14 條規定了彙編作品。具有獨創性是作品受著作權法保護的前提，具有獨創性的數據如果構成彙編作品，受著作權法的保護。反不正當競爭法第 9 條規定了對商業秘密的保護。第 9 條第 4 款規定，本條所稱的商業秘密，是指不為公眾所知悉、具有商業價值並經權利人採取相應保密措施的技術信息、經營信息等商業信息。符合上述條件的技術信息和經營信息等數據，可以作為商業秘密保護。

　　有的意見提出，清晰的權利歸屬和權利內容是交易的前提與基礎。隨着數據產業發展和數據交易實踐的進行，數據法律屬性問題成為人們關注且必須解決的問題之一。數據法律屬性關係到以數據為客體所形成的法律關係類型及法律關係調整問題。數據法律問題，不僅關係到數據開發者的利益，也關係到社會公眾獲取信息，影響數據產業的生存和發展。但規定對數據的保護，需要規定一系列的制度，包括構成數據保護的情形、主體和客體、權利的內容、權利的限制、享有權利的期限、法律責任等。民法總則的定位和篇章結構無法對這一系列制度作系統詳細的規定，宜對數據的保護作原則性和指引性規定。此外，對數據的保護應

以保護民事主體個人信息權益為前提。在數據時代，收集利用數據信息很容易侵犯民事主體的個人信息權益。屬於他人個人信息權益範疇的信息，其權利主體為用戶個人所有，其使用和經營，須經過用戶的許可，否則為侵權。

二、關於網絡虛擬財產

網絡虛擬財產是計算機信息技術發展的產物，隨着網絡的普及發展，網絡與人們生活的聯繫越來越緊密，圍繞網絡虛擬財產權利義務的各種糾紛時有發生，網絡虛擬財產的法律屬性等問題也引起了廣泛爭論。有的意見認為，廣義的網絡虛擬財產是指一切存在於網絡虛擬空間內的虛擬財產，包括電子郵箱、網絡賬戶、虛擬貨幣、網絡遊戲中虛擬物品及裝備、經註冊的域名等。狹義的網絡虛擬財產是指網絡遊戲中存在的虛擬財產，包括遊戲賬號的等級、遊戲貨幣、遊戲人物等。網絡遊戲中，玩家投入大量時間、精力和金錢參與網絡遊戲，通過練級等個人勞動、購買遊戲卡等真實財物付出、買賣裝備等市場交易獲得網絡虛擬財產，從各種網絡虛擬財產的得失中獲得感官和精神上的享受，達到娛樂身心的目的，價值不言而喻。他們在虛擬空間從事創造的所得可以轉化為現實的財富，網上、網下進行的交易充分彰顯網絡虛擬財產的交換價值。網絡用戶通過賬號密碼設置防止他人修改、增刪自己的網絡虛擬財產，通過一定的程序買賣、使用、消費網絡虛擬財產，實現對網絡虛擬財產的佔有和處分。

隨着網絡與生活的聯繫越來越緊密，圍繞網絡虛擬財產的糾紛也越來越多。目前我國網絡虛擬財產糾紛主要有以下幾種情況：一是網絡虛擬財產被盜糾紛。深圳市南山區法院審理了國內首例網絡虛擬財產的盜竊案，該案中被告人竊取了大量 QQ 號碼的密碼保護資料並出售給他人，因此承擔了刑事責任及民事賠償責任。二是網絡虛擬財產交易糾紛。網絡遊戲中網絡虛擬財產的交易行為大量存在，有的還價值不菲，有的交易發生欺詐行為，在交易雙方間產生糾紛。三是網絡虛擬財產權屬確認糾紛。一些網絡虛擬財產幾經轉手後，歸屬關係錯綜複雜，致使玩家與運營商之間、玩家與玩家之間因網絡虛擬財產權屬確認發生糾紛。四是網絡遊戲服務合同糾紛。在北京市朝陽區法院審理的國內首例網絡虛擬財產爭議案中，原告在遊戲中積累和購買的虛擬的生物武器被另一玩家盜走，但運營商拒絕將盜號者資料交給原告。原告以運營商未履行服務義務造成他的私人財產損失為由，將運營商告上了法庭。五是因運營商對「外掛」等行為封號引發的玩家與運營商之間的糾紛。某些運營商對「私服」（私人服務器）、「外掛」（一種模擬鍵盤和鼠標運動修改客戶端內存數據的作弊程序）的玩家進行處理，未盡告知義務、擴大處理範圍或者處理不當，錯誤查封正常玩家的賬號或者刪除遊戲裝備的糾紛。

> **第一百二十八條　法律對未成年人、老年人、殘疾人、婦女、消費者等的民事權利保護有特別規定的，依照其規定。**

■ 條文主旨

本條是關於弱勢群體民事權利的特別保護的銜接性規定。

■ 條文釋義

未成年人、老年人、殘疾人、婦女、消費者等民事主體，由於其心理、生理或者市場交易地位原因，可能在民事活動中處於弱勢地位。為保護整體上處於弱勢地位的民事主體的民事合法權益，我國不少法律對未成年人、老年人、殘疾人、婦女、消費者等特殊群體所享有的民事權利有特別保護規定。如消費者權益保護法通過規定消費者的權利和經營者的義務來保護消費者的合法權益，規定消費者的知情權、選擇權等權利，規定經營者負有保障消費者安全、質量保證、告知和召回等義務。未成年人保護法、老年人權益保障法、殘疾人保障法、婦女權益保障法對未成年人、老年人、殘疾人、婦女的民事權利有特別保護規定。本條是對弱勢群體民事權利的特別保護的銜接性規定。根據本條規定，法律對未成年人、老年人、殘疾人、婦女、消費者等的民事權利有特別保護規定的，依照其規定。

> **第一百二十九條　民事權利可以依據民事法律行為、事實行為、法律規定的事件或者法律規定的其他方式取得。**

■ 條文主旨

本條是關於民事權利的取得方式的規定。

■ 條文釋義

民事權利的取得，是指民事主體依據合法的方式獲得民事權利。根據本條規定，民事權利可以依據下列方式取得：

一是民事法律行為。民事法律行為是指民事主體通過意思表示設立、變更、終止民事法律關係的行為，民法理論一般稱為法律行為。如訂立買賣合同的行為、訂立遺囑、放棄繼承權、贈與等。本法第六章專章規定了民事法律行為，對民事法律行為的概念、成立、效力等作了規定。民事法律行為以意思表示為核心要素，沒有意思表示則沒有民事法律行為。意思表示是指行為人為了產生一定民法上的效果而將其內心意思通過一定方式表達於外部的行為。根據本法第 143 條的規定，具備下列條件的民事法律行為有效：（1）行為人具有相應的民事行為能力；（2）意思表示真實；（3）不違反法律、行政法規的強制性規定，不違背公序

良俗。民事權利可以依據民事法律行為取得。如訂立合同是民事法律行為，合同一方可以通過訂立合同取得合同約定的權利。

二是事實行為。事實行為是指行為人主觀上沒有引起民事法律關係發生、變更或者消滅的意思，而依照法律的規定產生一定民事法律後果的行為。如自建房屋、拾得遺失物、無因管理行為、勞動生產等。事實行為有合法的，也有不合法的。拾得遺失物等屬於合法的事實行為，侵害他人的人身、財產的侵權行為是不合法的事實行為。民事權利可以依據事實行為取得，如民事主體因無因管理行為取得對他人的無因管理債權等。

三是法律規定的事件。法律規定的事件是指與人的意志無關而根據法律規定能引起民事法律關係變動的客觀情況，如自然人的出生、死亡，自然災害，生產事故，果實自落及時間經過等。民事權利可以依據法律規定的事件取得，如民事主體因出生取得繼承權等。

四是法律規定的其他方式。除了民事法律行為、事實行為、法律規定的事件，民事權利還可以依據法律規定的其他方式取得。如物權編第 229 條規定，因人民法院、仲裁機構的法律文書或者人民政府的徵收決定等，導致物權設立、變更、轉讓或者消滅的，自法律文書或者徵收決定等生效時發生效力。第 42 條第 1 款規定，為了公共利益的需要，依照法律規定的權限和程序可以徵收集體所有的土地和組織、個人的房屋以及其他不動產。

第一百三十條　民事主體按照自己的意願依法行使民事權利，不受干涉。

■ 條文主旨

本條是關於民事主體按照自己的意願依法行使民事權利的規定。

■ 條文釋義

本條規定是自願原則在民事權利行使中的體現。本法第 5 條規定了民法自願原則：「民事主體從事民事活動，應當遵循自願原則，按照自己的意思設立、變更、終止民事法律關係。」自願原則是民法的一項基本原則，貫徹於整個民法典之中。本條是自願原則在行使民事權利中的體現，民事主體按照自己的意願依法行使民事權利，不受干涉體現在：一是民事主體有權按照自己的意願依法行使民事權利或者不行使民事權利。二是民事主體有權按照自己的意願選擇依法行使的民事權利內容。三是民事主體有權按照自己的意願選擇依法行使民事權利的方式。民事主體按照自己的意願行使權利，任何組織和個人不得非法干涉。

我國其他法律對民事主體按照自己的意願依法行使民事權利有相關規定。例如，合同法第 4 條規定，當事人依法享有自願訂立合同的權利，任何單位和個人不得非法干預。婚姻法第 5 條規定，結婚必須男女雙方完全自願，不許任何一方對他方加以強迫或任何第三者加以干涉。民法典婚姻家庭編第 1046 條繼承了婚姻法的這一規定。

第一百三十一條　民事主體行使權利時，應當履行法律規定的和當事人約定的義務。

■ 條文主旨

本條是關於民事主體行使權利應當履行義務的規定。

■ 條文釋義

民事主體依法享有的民事權利和承擔的民事義務是民事法律關係的內容。在民事法律關係中，民事權利和民事義務是相互對立、相互聯繫的。民事權利的內容要通過相應的民事義務表現，民事義務的內容由相應的民事權利限定。在很多情況下，民事主體享有權利的同時，負擔法律規定的或者當事人約定的義務。如合同雙方當事人一般相互約定各自的權利義務，一方當事人享有合同權利的同時，也負有約定的合同義務。民事主體行使權利時，應當履行法律規定的和當事人約定的義務。

在民法總則制定過程中，民法總則草案一審稿曾將本條作為民事主體合法的民事權益受法律保護這一條的第 2 款，規定在第 1 章基本原則中，表述為「民事主體行使權利的同時，應當履行法律規定的或者當事人約定的義務，承擔相應責任」。立法過程中，有的意見提出，只有違反了義務，才會帶來不利的法律後果，才要承擔民事責任。規定行使權利、履行義務就要承擔責任，在邏輯上不通。權利與義務相對應，責任屬於違反義務的後果，三者不宜並列，因為行使權利，如果履行了義務，責任是不會發生的。建議刪掉最後一句「承擔相應責任」。草案三審稿刪除了「承擔相應責任」，規定「民事主體行使權利的同時，應當履行法律規定的或者當事人約定的義務」。又有意見提出，強調民事主體在享有權利的同時必須注重對義務的承擔，教育公民正確行使權利，誠信履行義務，對建立法治社會、踐行社會主義核心價值觀具有重要現實意義，但放在基本原則一章不合適，應作為權利行使的規則在本章進行規定。最終，將本條放在民事權利一章中，作為民事權利行使的規則進行規定。民法典維持了這一規定。

第一百三十二條　民事主體不得濫用民事權利損害國家利益、社會公共利益或者他人合法權益。

■ 條文主旨

本條是關於民事主體不得濫用民事權利的規定。

■ 條文釋義

不得濫用民事權利，指民事權利的行使不得損害國家利益、社會公共利益或者他人合法權益。每一個民事主體都有權行使自己所享有的權利，法律也鼓勵民事主體行使自己的權利，但是權利的行使，有一定界限，行使民事權利損害國家利益、社會公共利益或者他人合法權益的，為濫用民事權利。民法一方面鼓勵權利主體正當地行使權利，另一方面為權利的行使劃定了明確的界限，即不得濫用民事權利損害國家利益、社會公共利益或者他人合法權益。濫用民事權利損害國家利益、社會公共利益或者他人合法權益可構成侵權。濫用民事權利和侵權存在區別：權利濫用的前提是有正當權利存在，且是權利行使或與權利行使有關的行為，侵權行為一般事先沒有正當權利存在；權利不得濫用原則是對民事主體行使民事權利的一定限制，通過限制民事主體不得濫用權利損害國家利益、社會公共利益或者他人合法權益達到民事權利與國家利益、社會公共利益、他人合法權益的平衡，而侵權責任制度的目的是保護民事主體的權利。

我國法律對權利不得濫用原則有相關規定。憲法第 51 條規定，中華人民共和國公民在行使自由和權利的時候，不得損害國家的、社會的、集體的利益和其他公民的合法的自由和權利。權利不得濫用是憲法上的一項基本原則。合同法第 7 條規定，當事人訂立、履行合同，應當遵守法律、行政法規，尊重社會公德，不得擾亂社會經濟秩序，損害社會公共利益。本法第 7 條規定，民事主體從事民事活動，應當遵循誠信原則，秉持誠實，恪守承諾。第 8 條規定，民事主體從事民事活動，不得違反法律，不得違背公序良俗。第 9 條規定，民事主體從事民事活動，應當有利於節約資源，保護生態環境。這些規定實際上都是民事主體行使權利應當遵守的最基本原則，本條所規定的權利不得濫用規則也是這些原則的具體化。

關於不得濫用民事權利是否是民法的基本原則，在立法過程中有不同意見。有的意見認為，權利不得濫用是中國憲法上的一項基本原則，根據合憲性解釋方法，權利不得濫用也當然是民法的基本原則。禁止權利濫用原則不是對個別權利的限制性規定，而是對一切民事權利的行使給予限制的一般條款，反映了人類生存及人類社會可持續發展之根本利益高於個人自由的現代民法思想，在民法的基本價值體系中具有越來越重要的地位，將其作為基本原則更符合現代法的精神。考慮到權利不得濫用原則的重要性，且考慮到實踐中權利濫用現象，規定該原則具有現實意義，從司法實踐看，權利濫用原則也曾發揮了彌補法律漏洞的作用，需要在基本原則中規定此項原則。有的意見認為，禁止權利濫用原則僅為違反誠實信用原則的效果，是程序性、救濟性原則，為權利行使的原則，是公序良俗原則的組成部分，非民法的基本原則，不宜在基本原則中規定，但可以在民事權利一章規定作為民事權利行使規範加以規定。立法過程中，本條根據各方意見不斷進行修改完善。草案一審稿在第一章基本原則中規定一條，民事主體從事民事活動，應當遵守法律，不得違背公序良俗，不得損害他人合法權益。二審稿將這一條修改為，民事主體從事民事活動，不得違反法律，不得違背公序良俗，不得濫用權利損害他人合法權益。三審稿將權利不得濫用原則移至本章，規定民事主體

不得濫用民事權利損害他人合法權益。最終通過的民法總則規定，民事主體不得濫用民事權利損害國家利益、社會公共利益或者他人合法權益。民法典維持了這一規定。

第六章　民事法律行為

　　民事法律行為是對合同行為、婚姻行為、遺囑行為等一系列能夠產生具體權利義務關係的行為的抽象和概括，是民事主體在民事活動中實現自己意圖的一項重要民事制度。

　　本章便是關於民事法律行為的規定，共分四節，共二十八條。第一節為一般規定，主要規定了民事法律行為的定義、成立、形式和生效時間等。第二節為意思表示，主要規定了意思表示的生效、方式、撤回和解釋等。第三節為民事法律行為的效力，主要規定了民事法律行為的有效要件，具體類型的無效、可撤銷、效力待定的民事法律行為，無效的或者可撤銷的民事法律行為自始無效，部分無效的民事法律行為，民事法律行為無效、被撤銷以及確定不發生效力的後果等。第四節為民事法律行為的附條件和附期限，主要規定了附條件和附期限的民事法律行為、民事法律行為條件成就和不成就的擬製等。

第一節　一般規定

　　第一百三十三條　民事法律行為是民事主體通過意思表示設立、變更、終止民事法律關係的行為。

■ 條文主旨

　　本條是關於民事法律行為定義的規定。

■ 條文釋義

　　本條規定，民事法律行為是指自然人、法人或者非法人組織通過意思表示設立、變更、終止民事權利和民事義務關係的行為。根據本條的規定，民事法律行為具有以下幾個特徵：

　　一是民事法律行為是民事主體實施的行為。民事法律行為作為一種法律事實，其必須是由自然人、法人和非法人組織這些民事主體實施的行為，非民事主體實施的行為不是民事法律行為，如司法機關作出的裁決、行政機關作出的處罰決定等也會產生法律後果，但其不是以民事主體身份作出的行為，因而裁決和處罰決定不屬於民事法律行為。這裏需要說明的是，總則編第三章第四節特別法人中專門規定了機關法人。之所以要規定機關法人，是因為機關在履行公共管理職能過程中可能會進行一些民事活動，如行政機關購買辦公用品、修建辦公大樓等，需要賦予其在一定情況下享有民事主體資格。機關在從事這些活動時是以機關法人的民事主體進行的，其實施的行為也屬於民事法律行為。

　　二是民事法律行為應當是以發生一定的法律效果為目的的行為。民事主體在社會生產生活中會從事各種各樣的活動，但並非任何行為都是民事法律行為。根據本條的規定，只有以設立、變更、終止民事法律關係為目的的行為才是民事法律行為，其最終結果是讓民事主體具體地享受民事權利、承擔民事義務。所謂設立民事法律關係，是指民事主體通過民事法律行為形成某種法律關係，例如在合同領域，雙方當事人通過要約和承諾形成的買賣關係、租賃關係、委託關係等合同關係。所謂變更民事法律關係，是指民事主體在保持原有民事法律關係效力的基礎上，通過民事法律行為對其內容作出一些調整。這裏需要注意的是，如果民事主體改變了原有民事法律關係的效力，就不屬於這裏的變更，而是消滅了原有民事法律關係，設立了一個新的民事法律關係。所謂消滅民事法律關係，是指民事主體通過民事法律行為消滅原民事法律關係，終止其效力。這裏需要強調的是，民事法律行為雖然是民事主體期望發生一定法律效果為目的的行為，但並非任何民事法律行為都能最終產生民事主體所期望的法律效果。民事主體所從事的民事法律行為既可能是合法的，也可能是非法的，這與民法通則關於民事法律行為的規定有很大的不同。根據本章第三節關於民事法律行為的效力的規定，合法有效的民事法律行為能產生民事主體所期望發生的法律效果，但是非法的民事法律行為則不一定能產生民事主體所期望的法律效果，例如，無效的民事法律行為就確定地不發生民事主體所希望發生的法律效果；如果當事人提出撤銷的申請，可撤銷的民事法律行為也不能實現民事主體所希望的法律效果。非法的民事法律行為雖然不能實現民事主體意欲實現的法律效果，但是都可能產生一定的法律後果，例如，根據本章的規定，欺詐、脅迫等民事法律行為是非法的，可能產生民事法律行為被撤銷的法律後果；又如根據本章的規定，惡意串通損害他人合法權益的民事法律行為會產生無效的法律後果。

　　三是民事法律行為是以意思表示為核心要素的行為。意思表示是指民事主體意欲發生一定法律效果的內心意思的外在表達，是民事法律行為最為核心的內容。民事法律行為之所以能對民事主體產生法律約束力，就是因為其是民事主體按照自己的意思作出的，這也是民事法律行為與事實行為最根本的區別。民事主體在社會生活中從事的一些行為，雖然也表達於外，但由於不符合民事法律行為中意思表示的要求，所以不屬於民事法律行為。

　　第一百三十四條　民事法律行為可以基於雙方或者多方的意思表示一致成立，也可以基於單方的意思表示成立。

　　法人、非法人組織依照法律或者章程規定的議事方式和表決程序作出決議的，該決議行為成立。

■ 條文主旨

　　本條是關於民事法律行為成立的規定。

■ 條文釋義

依據不同的標準，民事法律行為可以有不同的分類。依據民事法律行為的行為人數的不同，可以分為單方民事法律行為、雙方民事法律行為和多方民事法律行為。不同的民事法律行為，其成立要件和成立時間是不同的。

本條第 1 款根據不同的民事法律行為類型對其不同的成立條件和成立時間作了規定：

第一，雙方民事法律行為。雙方民事法律行為是指雙方當事人意思表示一致才能成立的民事法律行為。雙方民事法律行為是現實社會經濟生活中存在最多、運用最廣的民事法律行為。最為典型的雙方民事法律行為是合同。雙方民事法律行為與單方民事法律行為的最大區別是行為的成立需要雙方的意思表示一致，僅憑一方的意思表示而沒有經過對方的認可或者同意不能成立。

第二，多方民事法律行為。多方民事法律行為是指根據兩個以上的民事主體的意思表示一致而成立的行為。多方民事法律行為與雙方民事法律行為的相同之處是都需要所有當事人意思表示才能成立；不同之處是雙方民事法律行為的當事人只有兩個，而多方民事法律行為的當事人有兩個以上。訂立公司章程的行為和簽訂合夥協議的行為就是較為典型的多方民事法律行為。

第三，單方民事法律行為。單方民事法律行為是指根據一方的意思表示就能夠成立的行為。與雙方民事法律行為不同，單方民事法律行為不存在相對方，其成立不需要其他人的配合或者同意，而是依據行為人自己一方的意志就可以產生自己所期望的法律效果。在現實生活中單方民事法律行為也不少，這些民事法律行為從內容上劃分，主要可以分為兩類：一是行使個人權利而實施的單方行為，如所有權人拋棄所有權的行為等，這些單方民事法律行為僅涉及個人的權利變動，不涉及他人的權利變動；二是涉及他人權利變動的單方民事法律行為，如立遺囑，授予代理權，行使撤銷權、解除權、選擇權等處分形成權的行為。

除了本條第 1 款規定的多方民事法律行為、雙方民事法律行為和單方民事法律行為，本條第 2 款還規定了一種較為特殊的民事法律行為，即決議行為。決議行為是兩個或者兩個以上的當事人基於共同的意思表示而意圖實現一定法律效果而實施的行為，其滿足民事法律行為的所有條件，是一種民事法律行為。但是與多方民事法律行為、雙方民事法律行為和單方民事法律行為相比，其又具有特殊性，這種特殊性體現在三個方面：一是雙方民事法律行為或者多方民事法律行為需要所有當事人意思表示一致才能成立，決議行為一般並不需要所有當事人意思表示一致才能成立，而是多數人意思表示一致就可以成立。二是雙方民事法律行為或者多方民事法律行為的設立過程一般不需要遵循特定的程序，而決議行為一般需要依一定的程序才能設立，根據本條的規定，決議行為的設立應當依照法律或者章程規定的議事方式和表決程序。三是雙方民事法律行為或者多方民事法律行為適用的範圍一般不受限制，而根據本條的規定，決議行為原則上僅適用於法人或者非法人組織內部的決議事項。

> **第一百三十五條　民事法律行為可以採用書面形式、口頭形式或者其他形式；法律、行政法規規定或者當事人約定採用特定形式的，應當採用特定形式。**

■ 條文主旨

本條是關於民事法律行為形式的規定。

■ 條文釋義

根據本條規定，民事法律行為可以採用書面形式、口頭形式或者其他形式。所謂書面形式，是指以文字等可以採用有形形式再現民事法律行為內容的形式。書面形式明確肯定，有據可查，對於防止爭議和解決糾紛、保障交易安全有積極意義。在現實生活中，對於重要的民事法律行為，為了避免爭議，當事人一般願意採用書面形式。書面形式的種類很多，根據本法第 469 條的規定，書面形式是合同書、信件等可以有形表現所載內容等形式。以電報、電傳、傳真、電子數據交換、電子郵件等方式能夠有形地表現所載內容，並可以隨時調取查用的數據電文，視為書面形式。隨着互聯網技術的發展，微信、QQ 等已成為人們社會交往的重要載體，也可以成為民事法律行為的載體，有的也屬於書面形式的種類。所謂口頭形式，是指當事人以面對面的談話或者以電話交流等方式形成民事法律行為的形式。口頭形式的特點是直接、簡便和快捷，在現實生活中，數額較小或者現款交易的民事法律行為通常都採用口頭形式，如在自由市場買菜、在商店買衣服等。口頭形式也是老百姓在日常生活中廣泛採用的一種形式。口頭形式雖然也可以適用於法人、非法人組織之間，但由於口頭形式沒有憑證，容易發生爭議，發生爭議後，難以取證，不易分清責任。除了書面形式和口頭形式，本條還規定民事法律行為也可以採用其他形式。這是一個兜底性規定，主要是考慮到現實生活很複雜，民事法律行為的形式也多種多樣，在有的情況下，當事人還可能採取書面形式和口頭形式之外的方式形成民事法律行為。例如在合同領域，可以根據當事人的行為或者特定情形推定合同的成立，也被稱為默示合同。此類合同是指當事人未用語言或者文字明確表示成立，而是根據當事人的行為推定合同成立。這類合同在現實生活中有很多，例如租房合同的期限屆滿後，出租人未提出讓承租人退房，承租人也未表示退房而是繼續交房租，出租人也接受了租金。根據雙方的行為，可以推定租賃合同繼續有效。再如，乘客乘上公共汽車並到達目的地時，儘管乘車人和承運人之間沒有形成書面形式或者口頭形式的合同，但可以依當事人的行為推定雙方的運輸合同成立。

對於民事法律行為是採用書面形式、口頭形式還是其他形式，由當事人自主選擇，法律原則上不干涉，但在一些特殊情況下，出於保護交易安全、避免糾紛等考慮，有的法律、行政法規會對民事法律行為提出特殊要求，或者當事人會約定民事法律行為採用特定形式，在這種情況下，應當採用特定形式。例如當事人約定民事法律行為採用公證形式的，則應當採用公證形式。對於未採用特殊形式的民事法律行為的後果問題，應當區分情況：一是如果法

律、行政法規明確規定或者當事人明確約定不採用特殊形式的後果的，則民事法律行為的後果從法律、行政法規的規定或者當事人的約定，例如當事人明確約定民事法律行為不採用公證形式就不成立的，若該民事法律行為沒有採用公證形式就不成立。二是如果法律、行政法規只明確要求或者當事人約定採用特殊形式，但沒有對不採用該形式的民事法律行為的後果作出明確規定的，則從鼓勵交易的角度出發，原則上不宜輕易否定民事法律行為的效力。

> **第一百三十六條**　民事法律行為自成立時生效，但是法律另有規定或者當事人另有約定的除外。
>
> 　　行為人非依法律規定或者未經對方同意，不得擅自變更或者解除民事法律行為。

■ 條文主旨

本條是關於民事法律行為生效時間的規定。

■ 條文釋義

民事法律行為的生效是指民事法律行為產生法律拘束力。民事法律行為生效後，其法律拘束力主要體現在以下三個方面：一是對當事人產生法律拘束力。這種效力是民事法律行為的對內效力。一旦民事法律行為生效後，當事人應當依照民事法律行為的內容，按照誠信原則正確、全面地行使權利，履行義務，不得濫用權利，違反義務。在客觀情況發生變化時，當事人必須依照法律規定或者取得對方同意後，才能變更或者終止民事法律行為。二是對當事人以外的第三人產生一定的法律拘束力，這種法律拘束力是民事法律行為的對外效力。民事法律行為一旦生效後，任何組織和個人不得侵犯當事人的權利，不得非法阻撓當事人履行義務。三是民事法律行為生效後的法律效果還表現在，當事人違反民事法律行為的，應當依法承擔民事責任，必要時人民法院也可以採取強制措施要求當事人繼續履行民事法律行為所規定的義務。這一點在合同領域體現得尤為明顯。例如本法第 577 條規定，當事人一方不履行合同義務或者履行合同義務不符合約定的，應當承擔繼續履行、採取補救措施或者賠償損失等違約責任。

民事法律行為何時生效呢？對於這個問題，民法通則第 57 條規定，民事法律行為從成立時具有法律拘束力。本條的規定繼承了民法通則的規定，明確規定，民事法律行為自成立時生效。也就是說，民事法律行為的生效時間與民事法律行為的成立原則上是一致的。那麼民事法律行為何時成立呢？根據本法第 134 條的規定，民事法律行為可以基於雙方或者多方的意思表示一致成立，也可以基於單方的意思表示成立。法人、非法人組織依照法律或者章程規定的議事方式和表決程序作出決議的，該決議行為成立。需要強調兩點：第一，成立時就生效的民事法律行為必須是具備一般有效要件的民事法律行為，就是說必須是依法成立

的民事法律行為。不具備一般有效要件的民事法律行為在成立時可能會有三種後果：一是無效，例如該民事法律行為違反法律、行政法規的強制規定的就無效；二是被撤銷，例如該民事法律行為因一方當事人欺詐或者重大誤解被撤銷的，就發生被撤銷的法律後果；三是效力待定，如限制民事行為能力人實施的超出其年齡、智力、精神健康狀況的民事法律行為在被其法定代理人追認前處於效力待定狀態。第二，一些特殊的民事法律行為即使具備一般有效要件，在成立時也不立即生效，只有滿足特殊生效要件後才生效。例如，本章第四節規定的附生效條件和附生效期限的民事法律行為在成立時並不立即生效，只有在條件成就時或者期限屆至時才生效。再如，遺囑行為只有在遺囑人死亡後才生效。根據本法第 502 條規定，法律、行政法規規定合同應當辦理批准、登記等手續生效的，依照其規定。此外，基於自願原則，當事人對民事法律行為何時生效也可以約定。基於此，本條第 1 款規定，民事法律行為自成立時生效，但是法律另有規定或者當事人另有約定的除外。這裏的「法律另有規定或者當事人另有約定的除外」就是指前面所講的各種情形。

本條第 2 款規定，行為人非依法律規定或者未經對方同意，不得擅自變更或者解除民事法律行為。本款規定表達了兩層意思：一是已成立生效的民事法律行為對當事人具有法律拘束力，這時的法律拘束力體現在當事人必須尊重該民事法律行為，並通過自己的行為全面履行民事法律行為所設定的義務。除非當事人另有約定或者法律另有規定，不允許任何一方當事人擅自解除或者變更民事法律行為。這時的法律拘束力對當事人來說既包括全面積極地履行民事法律行為所設定的義務，也包括履行不擅自解除或者變更民事法律行為的不作為義務。二是對於具備一般有效要件且成立，但還不具備特殊生效要件的民事法律行為，在特殊生效要件尚不具備前，除非當事人另有約定或者法律另有規定，任意一方當事人也不得擅自變更或者解除民事法律行為。例如，對於附條件的民事法律行為，在條件未成就前，其雖還沒有生效，但任何一方當事人也不得擅自解除或者變更。這時的法律拘束力主要體現在當事人的這種不作為義務上。但這並不妨礙要求當事人履行一些使民事法律行為完全生效的附隨義務，例如，對於具備一般生效要件，但須滿足登記這個特殊要件才能生效的民事法律行為，在未登記前雖暫未生效，但對當事人仍有一定的法律拘束力，當事人應當依誠信原則履行協助辦理登記的義務，也不得擅自解除或者變更民事法律行為。

第二節　意思表示

> **第一百三十七條**　以對話方式作出的意思表示，相對人知道其內容時生效。
>
> 以非對話方式作出的意思表示，到達相對人時生效。以非對話方式作出的採用數據電文形式的意思表示，相對人指定特定系統接收數據電文的，該數據電文進入該特定系統時生效；未指定特定系統的，相對人知道或者應當知道該數據電文進入其系統時生效。當事人對採用數據電文形式的意思表示的生效時間另有約定的，按照其約定。

■ 條文主旨

本條是關於有相對人的意思表示生效時間的規定。

■ 條文釋義

意思表示是指行為人為了產生一定民法上的效果而將其內心意思通過一定方式表達於外部的行為。意思表示中的「意思」是指設立、變更、終止民事法律關係的內心意圖，「表示」是指將內心意思以適當方式向適當對象表示出來的行為。意思表示作為民事法律行為中最為核心的要素，對於確定民事法律行為的效力具有重要作用。

意思表示的類型很多，依據是否向相對人作出，意思表示可區分為有相對人的意思表示和無相對人的意思表示。所謂有相對人的意思表示，又稱為需要受領的意思表示，是指向特定對象作出的意思表示。現實生活中這類意思表示是最普遍的，如訂立合同的要約和承諾、行使撤銷權的意思表示、行使解除權的意思表示等。有相對人的意思表示大多數是雙方或者多方民事法律行為，如合同；也有一些是單方民事法律行為，如行使撤銷權的意思表示，這些意思表示的生效雖不需要特定對象的同意，但需要該意思表示被特定對象所受領。所謂無相對人的意思表示，又稱為無須受領的意思表示，是指無須向特定對象作出的意思表示。現實生活中這類意思表示也較多，如懸賞廣告、遺囑、拋棄權利的意思表示等。

本條是對有相對人的意思表示生效時間的規定。對於此類情況，本條又根據是否採用對話方式作了不同規定：

一是以對話方式作出的意思表示。所謂以對話方式作出的意思表示，是指採取使相對方可以同步受領的方式進行的意思表示，如面對面交談、電話等方式。在以這種方式進行的意思表示中，表意人作出意思表示和相對人受領意思表示是同步進行的，沒有時間差。因此，表意人作出意思表示並使相對人知道時即發生效力。基於此，本條第 1 款規定，以對話方式作出的意思表示，相對人知道其內容時生效。

二是以非對話方式作出的意思表示。以非對話方式作出的意思表示，是表意人作出意思表示的時間與相對人受領意思表示的時間不同步，二者之間存在時間差。非對話的意思表示

在現實生活中存在的形式多樣，如傳真、信函等。對於非對話的意思表示何時生效，其他國家和地區的立法有四種立法例：表示主義、發信主義、到達主義與了解主義。表示主義和發信主義對表意人有利，對相對人不利；了解主義對相對人有利，但對表意人不利；相比較而言，到達主義兼顧了表意人和相對人的利益，所以現在大多數國家和地區的立法採用了到達主義。所謂到達主義，是指意思表示進入了相對人的實際控制範圍內，至於相對人對意思表示是否了解不影響意思表示的生效時間。我國的民事立法對意思表示的生效時間的規定也採用了到達主義的模式。合同法規定，當事人的要約和承諾到達對方當事人時生效。本條延續了合同法的做法，規定以非對話方式作出的意思表示，到達相對人時生效。需要強調的是，這裏「到達」並不意味着相對人必須親自收到，只要進入相對人通常的地址、住所或者能夠控制的地方（如信箱）即可視為到達，意思表示被相對人的代理人收到也可以視為「到達」。送達相對人時生效還意味着即使在意思表示送達相對人前相對人已經知道該意思表示內容的，該意思表示也不生效。

三是以非對話方式作出的採用數據電文形式的意思表示。隨着科學技術的發展，人們除了可以採用信件等傳統的非對話方式作出意思表示外，還可以採取數據電文的方式作出意思表示。「數據電文」係指經由電子手段、電磁手段、光學手段或類似手段生成、發送、接收或存儲的信息，這些手段包括但不限於電子數據交換、電子郵件、電報、電傳或傳真。隨着互聯網技術的發展，數據電文的範圍還在擴展，如現在廣泛應用於社會交往的文字型微信、微博等。採用數據電文方式作出的意思表示雖然也是以非對話方式進行的，但由於其發出和到達具有自動性、實時性等特點，意思表示發出即到達，其生效規則也與一般的非對話方式作出的意思表示的生效時間有所區別。那麼以數據電文作出的意思表示何時生效呢？合同法規定，要約到達受要約人時生效。採用數據電文形式訂立合同，收件人指定特定系統接收數據電文的，該數據電文進入該特定系統的時間，視為到達時間；未指定特定系統的，該數據電文進入收件人的任何系統的首次時間，視為到達時間。本條第 2 款在繼承合同法規定的基礎上作了一定的發展，分三個層次對以數據電文形式作出的意思表示的生效時間作了規定：

第一，對以非對話方式作出的採用數據電文形式的意思表示，相對人指定特定系統接收數據電文的，該數據電文進入該特定系統時生效。這一規定與合同法的規定是一致的。這針對的是相對人指定了接收意思表示的特定信息系統的情況。在這種情況下，應當以意思表示進入該特定信息系統的時間作為意思到達的時間，也即生效的時間。這裏的「特定系統」是指由某一方特別指定的接收系統。例如在合同領域，一項要約明確指定了承諾應當發回的系統。如果只是在文件中顯示了電子郵件或者傳真印件的地址，但沒有特別指定，則不應視為明確指定的一個信息系統。「進入」概念用以界定數據電文的收到時間。所謂一項數據電文進入一個信息系統，其時間是在該信息系統內可投入處理的時間。至於進入該信息系統的數據電文是否能夠為收件人所識讀或者使用則不影響該數據電文意思表示的生效時間。

第二，未指定特定系統的，相對人知道或者應當知道該數據電文進入其系統時生效。這一規定與合同法的規定不完全相同。在這種情況下，合同法規定，該數據電文進入收件人的

任何系統的首次時間，為生效時間，而不問相對人是否知道或者應當知道該數據電文進入其系統。鑒於我國新加入的《聯合國國際合同使用電子通信公約》明確規定，在這種情況下，以相對人了解到該數據電文已發送到相對人的任何系統的時間為生效時間。這裏的「了解」即知道或者應當知道。為了與公約的規定相一致，本條按照公約的規定對合同法的規定作了相應修改。在實踐中，可能存在的問題是「知道或者應當知道」的主觀性相對較大，意思表示的表意人一般很難證明相對人是否知道或者應當知道。為了平衡表意人和相對人的利益，《聯合國國際合同使用電子通信公約》規定，當數據電文抵達收件人的系統時，即應推定收件人能夠知道該數據電文。也就是說，數據電文一旦進入相對人的系統，就視為相對人知道或者應當知道該意思表示。若相對人否認的，必須要承擔自己不知道或者不應當知道的證明責任。

第三，當事人對採用數據電文形式的意思表示的生效時間另有約定的，按照其約定。這主要是為了尊重當事人對意思表示生效時間的約定，體現意思自治。在現實生活中，當事人可以約定數據電文形式意思表示的生效時間可以不是該意思表示進入特定系統的時間。有這種約定的，從其約定。

第一百三十八條　無相對人的意思表示，表示完成時生效。法律另有規定的，依照其規定。

■ 條文主旨

本條是關於無相對人的意思表示生效時間的規定。

■ 條文釋義

本條規定，無相對人的意思表示在完成時生效。這是無相對人意思表示生效的一般性規則。但有時法律對無相對人的意思表示的生效時間會作出特別規定，例如我國繼承法就明確規定，遺囑這種無相對人的意思表示自遺囑人死亡時發生效力。所以，本條還規定，法律對無相對人意思表示的生效時間另有規定的，依照其規定。

第一百三十九條　以公告方式作出的意思表示，公告發佈時生效。

■ 條文主旨

本條是關於以公告方式作出的意思表示生效時間的規定。

■ 條文釋義

實踐中，在意思表示有相對人的情況下，可能會發生意思表示的表意人不知道相對人的具體地址、相對人下落不明的情形。對表意人來說，要通過信函、郵件等方式送達相對人是困難的，其意思表示就有可能遲遲不能生效，影響其利益。例如，合同中的一方當事人根據法律或者當事人的約定行使解除權，但找不到另一方當事人，按照傳統方式就很難將意思表示送達到相對人，這就會嚴重影響該當事人行使撤銷權。對此，必須允許表意人採取特殊方式送達其意思表示。

本條借鑒民事訴訟法關於公告送達司法文書的規定，明確規定了表意人在這種情況下可以公告方式作出意思表示。本條規定，對於以公告方式作出的意思表示，公告發佈時生效。這裏的「公告方式」既可以是在有關機構的公告欄，例如人民法院的公告欄；也可以是在報紙上刊登公告的方式。以公告方式作出的意思表示，表意人一旦發出公告能夠為社會公眾所知道，就認為意思表示已經到達，即發生效力。理解本條還需要注意：本條所規定的表意人並不是在任何情況都可以採用公告方式作出意思表示，只有在表意人非因自己的過錯而不知相對人的下落或者地址的情況下才可以採用公告方式作出意思表示，否則對相對人很不公平。在表意人知道相對人下落的情況下，表意人不得採用公告方式作出意思表示，除非相對人同意。

第一百四十條　行為人可以明示或者默示作出意思表示。

沉默只有在有法律規定、當事人約定或者符合當事人之間的交易習慣時，才可以視為意思表示。

■ 條文主旨

本條是關於作出意思表示的方式的規定。

■ 條文釋義

在現實生活中，行為人作出意思表示的方式很多，歸納起來大體上可以分為兩類：一是以明示的方式作出意思表示。所謂明示的意思表示，就是行為人以作為的方式使得相對人能夠直接了解到意思表示的內容。以明示方式作出的意思表示具有直接、明確、不易產生糾紛等特徵。所以，實踐中，明示的意思表示是運用得最為廣泛的一種形式。比較典型的是表意人採用口頭、書面方式直接向相對人作出的意思表示。二是以默示方式作出的意思表示。這種方式又稱為行為默示，是指行為人雖沒有以語言或文字等明示方式作出意思表示，但以行為的方式作出了意思表示。這種方式雖不如明示方式那麼直接表達出意思表示的內容，但通過其行為可以推定出其作出一定的意思表示。在現實生活中，以默示方式作出的意思表示

也比較常見。例如，某人向自動售貨機投入貨幣的行為即可推斷其作出了購買物品的意思表示。又如某人乘坐無人售票的公交車時，其投幣行為就可以視為其具有締結運輸合同的意思表示。

意思表示原則上都需要以明示或者默示的方式作出。但是在現實生活中也會出現一種特殊情形，即行為人作出意思表示時既無語言等明示方式，也無行為等默示方式，在一定條件下仍可視為意思表示。這種情形就是以沉默的方式作出的意思表示。沉默是一種既無語言表示也無行為表示的純粹的緘默，是一種完全的不作為，從法學理論上講和境外的立法例來看，原則上純粹的不作為不能視為當事人有意思表示。也就是說，與明示和默示原則上可以作為意思表示的方式不同，沉默原則上不得作為意思表示的方式。只有在有法律規定、當事人約定或者符合當事人之間的交易習慣時，才可以視為意思表示。例如，本法第 638 條第 1款規定，試用買賣的買受人在試用期內可以購買標的物，也可以拒絕購買。試用期限屆滿，買受人對是否購買標的物未作表示的，視為購買。在這條規定中，試用期限屆滿後，買受人對是否購買標的物未作表示就是一種沉默，但這種沉默就可以視為買受人作出了購買的意思表示。再如，在買賣合同訂立的過程中，雙方當事人約定，一方向另一方發出訂立合同的要約後，只要另一方當事人在收到 3 日內沒有回覆的，就視為作出了接受要約內容的承諾，這種約定以沉默作出意思表示也是可以的。

> **第一百四十一條**　行為人可以撤回意思表示。撤回意思表示的通知應當在意思表示到達相對人前或者與意思表示同時到達相對人。

■ 條文主旨

本條是關於意思表示撤回的規定。

■ 條文釋義

意思表示的撤回，是指在意思表示作出之後但在發生法律效力之前，意思表示的行為人欲使該意思表示不發生效力而作出的意思表示。意思表示之所以可以撤回，是因為意思表示生效才能發生法律約束力，在其尚未生效之前，不會對意思表示的相對人產生任何影響，也不會對交易秩序產生任何影響。因此，在此階段應當允許行為人使未發生法律效力的意思表示不產生預期的效力，這也是對行為人意思自由的充分尊重。

本條規定，行為人可以撤回意思表示。行為人可以撤回意思表示，但不是在任何情況下都可以撤回其意思表示，而是有條件的。根據本條的規定，撤回意思表示的通知應當在意思表示到達相對人前或者與意思表示同時到達相對人。如果撤回意思表示的通知在意思表示到達相對人之後到達的，該意思表示已經生效，是否能夠使其失效，則取決於相對人是否

同意。因此，行為人若要撤回意思表示，必須選擇以快於意思表示作出的方式發出撤回的通知，使之能在意思表示到達之前到達相對人。如果意思表示的行為人作出意思表示以後又立即以比作出意思表示更快的方式發出撤回通知，按照通常情況，撤回的通知應當先於或者最遲會與意思表示同時到達相對人，但因為其他原因耽誤了，撤回的通知在意思表示到達相對人後才到達相對人。在這種情況下，相對人應當根據誠信原則及時通知意思表示的行為人，告知其撤回的通知已經遲到，意思表示已經生效；如果相對人怠於通知行為人，行為人撤回意思表示的通知視為未遲到，仍發生撤回表示的效力。

> **第一百四十二條** 有相對人的意思表示的解釋，應當按照所使用的詞句，結合相關條款、行為的性質和目的、習慣以及誠信原則，確定意思表示的含義。
>
> 無相對人的意思表示的解釋，不能完全拘泥於所使用的詞句，而應當結合相關條款、行為的性質和目的、習慣以及誠信原則，確定行為人的真實意思。

■ 條文主旨

本條是關於意思表示解釋的規定。

■ 條文釋義

任何意思表示都是通過語言、文字、行為等一定外在表現形式體現出來的，而這些外在表現形式與表意人的內心真實意思表示是否一致，常常因表意人的表達能力或者表達方式的不同而出現差異，或者意思表示不清楚、不明確。這就導致在現實生活中，對表意人作出的意思表示，不同的人可能就會產生不同理解，甚至產生爭議。為了定分止爭，在對意思表示的含義產生爭議時，就需要人民法院或者仲裁機構對意思表示進行解釋。因此，所謂意思表示的解釋，就是指因意思表示不清楚或者不明確發生爭議時，由人民法院或者仲裁機構對意思表示進行的解釋。解釋的目的就是明確意思表示的真實含義。意思表示的解釋具有以下特徵：一是意思表示解釋的對象是當事人已經表示出來的、確定的意思，而非深藏於當事人內心的意思。深藏於當事人內心的意思無法作為認識的對象，是無法解釋的。二是這裏的意思表示解釋主體是人民法院或者仲裁機構，並不是任何機構或者個人都可以對意思表示作出有權解釋。在現實生活中，其他機構或者個人自己對意思表示的解釋不是有權解釋，不會對當事人產生法律約束力，只有人民法院或者仲裁機構對意思表示作出的解釋才是有權解釋，才會對當事人產生法律約束力。三是人民法院或者仲裁機構對意思表示的解釋不是任意的主觀解釋，而是必須遵循一定的規則進行解釋，這些規則就是解釋意思表示的方法。

本條第 1 款對有相對人的意思表示的解釋規則作了規定。在實踐中，有相對人的意思表示主要存在於合同領域，所以對相對人的意思表示進行解釋大多數情況下是對合同的解釋。

根據本條第 1 款的規定，對有相對人的意思表示的解釋，應當遵循以下規則：

第一，首先要按照意思表示所使用的詞句進行解釋。法理上，這種解釋方法又被稱為文義解釋。意思表示是由詞句構成的，所以，解釋意思表示必須首先從詞句的含義入手。這些詞句是由表意人和相對人雙方形成的，對有相對人的意思表示的解釋又涉及對相對人信賴利益的保護，因此絕不能拋開詞句對意思表示進行完全的主觀解釋。對詞句的解釋應當按照一個合理人通常的理解來進行。也就是說，法官應當考慮一個合理的人在通常情況下對有爭議的意思表示用語所能理解的含義作為解釋詞句含義的標準。對於何謂「合理人」應當結合具體情況來判斷，如果是一般的民事活動，則「合理人」就是社會一般的人。例如，一個人到商場買一件衣服，對買賣合同的含義發生爭議，對該買賣合同的理解就應當按照一個普通人的理解進行解釋；如果是某種特殊交易，則「合理人」就是該領域內的人，例如，醫療器械買賣合同的解釋就應當按照醫療界的人士的理解來解釋該買賣合同的含義。

第二，如果按通常的理解對有相對人的意思表示所使用的詞句進行解釋比較困難或者不合理的，則應當結合相關條款、行為的性質和目的、習慣以及誠實信用原則，確定意思表示的含義。相關條款是意思表示的構成部分，與其他條款有着密切聯繫，因此不僅要從詞句的含義去解釋，還要結合相關條款對意思表示進行分析判斷，而不是孤立地去看待某個條款。這一點在解釋合同的含義時極為重要，對合同含義的解釋一定要整體考慮合同的上下文，根據不同條款之間的關聯性來進行解釋。根據行為的性質和目的進行解釋是指在對意思表示進行解釋時，應當根據當事人作出該意思表示所追求的目的，來對有爭議的意思表示進行解釋。按照自願原則，民事主體可以在法律規定的範圍內，為追求其目的而表達其意思，進而與相對人設立、變更、終止民事法律關係。因此，意思表示本身不過是行為人實現自己目的的手段。因此，在解釋意思表示時，應當充分考慮行為人作出該意思表示的目的。如果意思表示的詞句與當事人所明確表達的目的相違背，且行為人與相對人對該詞句的含義發生了爭議的，可以按照雙方當事人的目的進行解釋。按照習慣進行解釋是指在意思表示發生爭議以後，應當根據當事人所知悉的生活和交易習慣來對意思表示進行解釋。在運用習慣進行解釋時，雙方當事人應當對運用的習慣是否存在以及其內容進行舉證證明，在當事人未舉證的情況下，人民法院也可以主動適用習慣進行解釋。依據誠信原則解釋是指根據誠信原則對有爭議的意思表示進行解釋。本法第 7 條將誠信原則作為民事基本原則，這一基本原則貫穿於民事主體行使和履行義務的全過程，也是法官在解釋意思表示時所應遵循的主要規則。它要求法官將自己作為一個誠實守信的當事人來理解、判斷意思表示的內容，平衡雙方當事人的利益，合理地確定意思表示內容。這裏需要注意的是，誠信原則雖然很重要，但由於該原則是一個較為抽象的概念，只有在依據意思表示的詞句、相關條款、目的、性質、習慣等較為具體的解釋規則無法對意思表示進行解釋時，才可以適用誠信原則進行解釋。這是為了增進司法公信力，同時也防止濫用司法裁量權。

本條第 2 款對無相對人的意思表示的解釋規則作了規定。根據本款規定，無相對人的意思表示的解釋，不能完全拘泥於所使用的詞句，而應當結合相關條款、行為的性質和目的、

習慣以及誠實信用原則，確定行為人的真實意思。對有相對人的意思表示解釋，既需要考慮表意人的內心真實意思，即主觀想法，更要考慮相對人的信賴利益，即客觀情況，將二者結合起來考慮，學理上也稱為主客觀相結合解釋主義；與有相對人的意思表示解釋規則相比，無相對人的意思表示解釋規則最大的不同就是，無相對人的意思表示因無相對人，因此對這種意思表示的解釋就主要探究表意人的內心真實意思，對客觀情況考慮較少，學理上也稱為主觀解釋主義。因此，對有相對人的意思表示的解釋，本條強調了首先要按照意思表示所使用的詞句進行解釋，只有在按照所使用的詞句進行解釋還很困難時，才可以使用其他解釋規則，實際上要以客觀情況為主。對無相對人的意思表示的解釋，本條則強調了不能完全拘泥於所使用的詞句，而是要綜合運用所使用的詞句、相關條款、行為的性質和目的、習慣以及誠實信用原則探究表意人的內心真實意思。這裏需要強調一點，本款規定，對無相對人的意思表示的解釋，不能完全拘泥於意思表示所使用的詞句，但不是完全拋開意思表示所使用的詞句，這主要是為了防止在解釋這類意思表示時自由裁量權過大，影響當事人的利益。例如，在對遺囑進行解釋時，雖說主要是探究遺囑人立遺囑的真實意思，但也不能完全不考慮遺囑本身的詞句。

第三節　民事法律行為的效力

> **第一百四十三條　具備下列條件的民事法律行為有效：**
> **（一）行為人具有相應的民事行為能力；**
> **（二）意思表示真實；**
> **（三）不違反法律、行政法規的強制性規定，不違背公序良俗。**

■ 條文主旨

本條是關於民事法律行為有效要件的規定。

■ 條文釋義

民事法律行為效力的有效發生，是當事人實現意思自治目的的關鍵。但是，民事法律行為並不是在任何情況下都能具備完全有效的條件。民事法律行為的效力可能因民事主體的民事行為能力是否健全、意思表示是否真實、是否違法及違背公序良俗等情形而受影響。因此，民事法律行為除有效外，還包括無效、可撤銷、效力待定等其他效力形態。我國民法通則規定了民事法律行為應當具備的條件。民法通則第 55 條規定：「民事法律行為應當具備下列條件：（一）行為人具有相應的民事行為能力；（二）意思表示真實；（三）不違反法律或

者社會公共利益。」民法通則的這一規定，清楚明確地從正面規定了民事法律行為需要具備的一般要件，為當事人通過民事法律行為實現私法目的提供了指引。從民法通則頒行以來的司法實務看，法官在遇到法律對具體案件沒有特別規定的情況下，也會經常援引本條作為裁判依據。

根據本條的規定，民事法律行為應當具備的有效條件包括：

第一，行為人具有相應的民事行為能力。民事行為能力是行為人通過自己行為參與民事活動，享有權利和承擔義務的能力。與作為法律資格的民事權利能力相比，民事行為能力是行為人實施民事法律行為的相應保證。這裏的「相應」，強調行為人所實施的民事法律行為應當與其行為能力相匹配：對於完全民事行為能力人而言，可以從事一切民事法律行為，其行為能力不受限制；對於限制行為能力人而言，只能實施與其年齡、智力、精神健康狀況等相適應的民事法律行為，實施其他行為需要經過法定代理人的同意或者追認；而無行為能力人由於不具備行為能力，其實施的民事法律行為是無效的。

第二，意思表示真實。意思表示作為法律行為的核心要素，其真實性對於保證行為人正確實現行為目的至關重要。應當注意，此處的真實應作擴大解釋，實際上還包含了傳統民法理論意思表示自由的含義。例如，在因欺詐、脅迫實施民事法律行為的情形中，受欺詐人、受脅迫人的意思表示雖然從表面看是真實的，但實際上並非其內心自由意志的體現。在意思表示不真實的情況下，民事法律行為不能具備完全有效的效力。

第三，不違反法律、行政法規的強制性規定，不違背公序良俗。關於違法與行為效力的關係，民法通則、合同法的規定不盡一致。根據民法通則第 58 條第 1 款第 5 項的規定，違反法律或者社會公共利益的民事行為無效。根據合同法第 52 條第 5 項的規定，違反法律、行政法規的強制性規定的合同無效。與民法通則將一切違法行為均認定無效的規定相比，合同法將違反任意性規範的合同排除在無效範圍之外，且將民法通則中的「法律」修改為「法律、行政法規」。《最高人民法院關於適用〈中華人民共和國合同法〉若干問題的解釋（二）》在合同法規定的基礎上，進一步對「強制性規定」作了限定，其第 14 條規定：「合同法第五十二條第（五）項規定的『強制性規定』，是指效力性強制性規定。」無論從立法還是司法的角度看，法律對於民事法律行為無效的認定都越來越趨於嚴格。這實際上體現了民法尊重意思自治、鼓勵交易自由的精神。

第一百四十四條　無民事行為能力人實施的民事法律行為無效。

■ 條文主旨

本條是關於無民事行為能力人實施的民事法律行為效力的規定。

■ 條文釋義

本節是關於民事法律行為效力的規定。其中第 143 條從民事法律行為有效條件的角度作了正面規定。從本條開始的本節其他條文，則分別從不同角度規定了民事法律行為的效力瑕疵及其相應的法律後果。本條首先規定的是無民事行為能力人所實施的民事法律行為的效力問題，即無民事行為能力人實施的民事法律行為無效。

無民事行為能力人儘管在民事權利能力方面同其他民事主體一律平等，但由於其不具備自己實施民事行為的能力，因此在法律上規定由其法定代理人代理其實施民事法律行為，而將其自身實施的民事法律行為則一律規定為無效。這樣規定，符合民事法律行為有效要件中「行為人具有相應的民事行為能力」的要求，也是許多國家和地區立法例的通行做法。

關於無民事行為能力人實施的民事法律行為是否一律確認為無效，民法總則立法過程中曾有過爭論。有的意見認為，無民事行為能力人實施的民事法律行為並非全部無效，如接受他人捐贈等純獲利益的民事法律行為應當認為是有效的。有的提出，無民事行為能力人實施的行為即使純獲利益也應無效，否則會導致概念不清晰，但可考慮通過日常行為有效的規定涵蓋此類行為。經反覆研究，最終本法總則編採納了無民事行為能力人實施的民事法律行為無效的規定。主要考慮是：第一，這樣規定符合自民法通則以來的立法傳統。根據民法通則第 58 條的規定，無民事行為能力人實施的民事行為無效。本條對無民事行為能力人實施民事法律行為效力的規定沿襲了民法通則的規定。第二，將無民事行為能力人實施的民事法律行為的效力規定為無效，與自然人民事行為能力三分法的邏輯相契合，概念和體系上更加清晰。第三，純獲利益的行為在實踐中類型多樣，並非一望便知、簡單識別，總則編規定無民事行為能力人實施此種行為無效，並不妨礙其代理人代理實施這種行為，實際上是給予無民事行為能力人的一種保護。

> **第一百四十五條** 限制民事行為能力人實施的純獲利益的民事法律行為或者與其年齡、智力、精神健康狀況相適應的民事法律行為有效；實施的其他民事法律行為經法定代理人同意或者追認後有效。
>
> 相對人可以催告法定代理人自收到通知之日起三十日內予以追認。法定代理人未作表示的，視為拒絕追認。民事法律行為被追認前，善意相對人有撤銷的權利。撤銷應當以通知的方式作出。

■ 條文主旨

本條是關於限制民事行為能力人實施的民事法律行為的效力的規定。

■ 條文釋義

根據本法總則編確定的民事行為能力的三分法，自然人的民事行為能力分為完全民事行為能力、限制民事行為能力及無民事行為能力。其中，限制民事行為能力人是指不能完全辨認自己行為的人，其民事行為能力介於完全民事行為能力和無民事行為能力之間，包括 8 周歲以上的未成年人以及不能完全辨認自己行為的成年人。限制民事行為能力人由於具備一定的行為能力，因此法律上認可其從事一定民事法律行為的效力，而不像無民事行為能力人那樣一概否定其行為效力。但是，限制民事行為能力人的行為能力又不像完全民事行為能力人那樣完全、充分，因此法律又必須對其從事的民事法律行為的效力進行一定限制，這既是對限制民事行為能力人的保護，避免其因實施與行為能力不匹配的民事法律行為而利益受損，同時也有助於維護交易安全。

本條第 1 款是關於限制民事行為能力人從事的民事法律行為效力的規定，具體包括兩層含義：

第一，原則上，限制民事行為能力人所從事的民事法律行為，須經法定代理人同意或者追認才能有效。對於限制民事行為能力人而言，監護人為其法定代理人。限制民事行為能力人實施的民事法律行為要具有效力，一個重要的條件就是要經過法定代理人的同意或者追認，經過同意或者追認，民事法律行為就具有法律效力。如果沒有經過同意或者追認，民事法律行為即使成立，也並不實際生效，而處於效力待定狀態。這裏對法定代理人補正限制民事行為能力人的行為能力規定了兩種方式：一種是同意，指的是法定代理人事先對限制民事行為能力人實施某種民事法律行為予以明確認可；另一種是追認，指的是法定代理人事後明確無誤地對限制民事行為能力人實施某種民事法律行為表示同意。無論是事先的同意還是事後的追認，都是法定代理人的單方意思表示，無須行為相對人的同意即可發生效力。需要說明的是，法定代理人對限制民事行為能力人行為的同意或者追認應當採用明示的方式作出，同時應當為行為相對人所知曉才能發生效力。

第二，考慮到限制民事行為能力人並非完全沒有民事行為能力，因此除原則上規定其行為須經法定代理人同意或者追認有效之外，本條還規定了部分民事法律行為無須經法定代理人同意或者追認即可有效。這些行為主要包括兩類：一是純獲利益的民事法律行為。所謂「純獲利益」，一般是指限制民事行為能力人在某種民事法律行為中只享有權利或者利益，不承擔任何義務，如限制民事行為能力人接受贈與、獎勵、報酬等。限制民事行為能力人如果實施了此類行為，他人不得以其限制民事行為能力為由主張行為不發生效力。二是與限制民事行為能力人的年齡、智力、精神健康狀態相適應的民事法律行為，這些民事法律行為多與日常生活相關，如對於 8 周歲以上的未成年人購買價值不高的學習用品、平日出行乘坐交通工具等；對於不能完全辨認自己行為的精神病人，在其健康狀況允許時，可以實施某些民事法律行為，而不經其法定代理人追認。法律之所以認可限制民事行為能力人獨立實施純獲利益或者與其年齡、智力、精神健康狀況相適應的民事法律行為，是因為這些行為要麼屬於只給

限制民事行為能力人增利獲益的行為，要麼屬於限制民事行為能力人在其能力範圍內可以獨立實施、不致因行為能力欠缺而權益受損的行為。除此之外的其他民事法律行為，只有經過法定代理人的同意或者追認後，才能發生效力。

本條第 2 款是對法定代理人追認的有關規定。根據本款的規定，限制民事行為能力人實施民事法律行為後，與其從事民事法律行為的相對人可以催告限制民事行為能力人的法定代理人在 30 日內予以追認。法定代理人未作表示的，視為拒絕追認。所謂催告，是指民事法律行為的相對人要求法定代理人在一定期限內就是否認可限制民事行為能力人所實施民事法律行為的效力作出表示，逾期不作表示的，視為法定代理人拒絕承認行為的效力。催告在民法理論上被稱為「准法律行為」，因為儘管催告具有類似意思表示的行為外觀，但其最終效力的發生仍然來自法律規定。限制民事行為能力人在其行為能力範圍之外實施的民事法律行為屬於效力待定，此種效力不確定的狀態不應一直持續。立法賦予相對人以催告權，可以避免這種效力不確定的狀態長期持續，從而保護相對人權益，維護交易安全。在相對人催告法定代理人對行為是否予以追認的期間內，如果法定代理人不對此作出表示，意味着法定代理人對通過追認補足行為效力的態度是消極的、放任的，此時應視為其拒絕追認，因此該行為不發生效力。需要說明的是，相對人的催告應當以明示方式作出，其期間也應從法定代理人收到通知之日起算。本條確定的期間為 30 日，法定代理人超過 30 日未作表示的，視為拒絕追認。

本條第 2 款除規定相對人的催告權外，還規定了善意相對人的撤銷權，即民事法律行為被追認前，善意相對人有撤銷的權利。民法中的撤銷權有多種類型，如合同法中因債務人放棄到期債權或者無償轉讓財產，對債權人造成損害的，債權人可以請求人民法院撤銷債務人的行為；一方以欺詐、脅迫的手段或者乘人之危，使對方在違背真實意思的情況下訂立的合同，受損害方有權請求人民法院或者仲裁機構撤銷等。這裏的撤銷權，是指民事法律行為的相對人在法定代理人追認限制民事行為能力人實施的民事法律行為前，撤銷自己在該民事法律行為中所作的意思表示。對於限制民事行為能力人實施的此類民事法律行為來說，如果僅規定法定代理人的追認權，相當於肯定或否定行為效力的權利只交由法定代理人來行使，而在法定代理人對行為作出追認前，相對人無法根據自身利益對行為效力作出選擇，只能被動地接受法定代理人的追認或者否認，這對於相對人尤其是善意相對人而言是不公平的。此處的撤銷權在性質上屬於形成權，即相對人可以直接通過自己的行為而無須借助他人即可行使的權利。本條撤銷權的行使應注意以下幾點：一是相對人撤銷權的行使須在法定代理人追認之前，法定代理人一經追認，相對人不得再行使這一權利。二是僅善意相對人可行使撤銷權。所謂善意，是指相對人實施民事法律行為時並不知曉對方為限制民事行為能力人，且此種不知曉不構成重大過失。三是相對人行使撤銷權時，應當通過通知的方式作出，這種通知必須是明示的、明確的，不得通過默示的方式。

> **第一百四十六條　行為人與相對人以虛假的意思表示實施的民事法律行為無效。以虛假的意思表示隱藏的民事法律行為的效力，依照有關法律規定處理。**

■ **條文主旨**

本條是關於以虛假意思表示實施的民事法律行為的效力以及隱藏行為效力的規定。

■ **條文釋義**

本條第 1 款是對雙方以虛假意思表示作出的民事法律行為效力的規定，即行為人與相對人以虛假的意思表示實施的民事法律行為無效。這一規定的含義是：雙方通過虛假的意思表示實施的民事法律行為是無效的。之所以對通過虛偽表示實施的民事法律行為的效力予以否定，是因為這一「意思表示」所指向的法律效果並非雙方當事人的內心真意，雙方對此相互知曉，如果認定其為有效，有悖於意思自治的原則。本款雖未明確規定行為人與相對人須通謀而為虛假的意思表示，實際上雙方對虛假意思表示達成一致的結果反映出二者必須有一個意思聯絡的過程。這也是虛偽表示區別於真意保留的重要一點，真意保留的相對人並不知曉行為人表示的是虛假意思。

本條第 2 款是對隱藏行為效力的規定：行為人以虛假的意思表示隱藏的民事法律行為的效力，依照有關法律規定處理。所謂隱藏行為，又稱隱匿行為，是指在虛偽表示掩蓋之下行為人與相對人真心所欲達成的民事法律行為。根據虛偽表示與隱藏行為的對應關係，有虛偽表示，未必存在隱藏行為；但有隱藏行為，則一定存在虛偽表示。前者如以逃避債務為目的的假贈與，贈與行為是通過虛偽表示而實施的行為，但並不存在隱藏行為；後者如名為贈與實為買賣，贈與行為是通過虛偽表示實施的行為，而買賣則是掩蓋在虛偽表示之下的隱藏行為。根據本條規定，當同時存在虛偽表示與隱藏行為時，虛偽表示無效，隱藏行為並不因此無效，其效力如何，應當依據有關法律規定處理。具體來說，如果這種隱藏行為本身符合該行為的生效要件，那麼就可以生效。如在名為贈與實為買賣的行為中，贈與行為屬於雙方共同以虛假意思表示實施的民事法律行為，無效。隱藏於贈與形式之後的買賣是雙方共同的真實意思表示，其效力能否成就取決於其是否符合買賣合同有關的法律規定：如果符合買賣合同生效要件的法律規定，則為有效；反之，則無效。本款對隱藏行為的效力作出上述規定，主要考慮是：第一，實踐中當存在虛偽表示時，往往同時存在隱藏行為。如果僅規定虛偽表示的效力規則而不對隱藏行為的效力作出規定，將導致大量隱藏行為的處理沒有依據。第二，虛偽表示背後隱藏的民事法律行為，體現了雙方當事人的真實意思表示，原則上不應否定其效力。但隱藏行為的效力最終如何，仍然應當根據該行為自身的效力要件予以判斷，不宜不加限制地一律承認其效力。既體現了對雙方意思自治的充分認可，同時也對隱藏行為的效力發生施加了必要的限定，根據民事法律行為具體類型的有關規定予以判斷。

> **第一百四十七條**　基於重大誤解實施的民事法律行為，行為人有權請求人民法院或者仲裁機構予以撤銷。

■ 條文主旨

本條是關於基於重大誤解實施的民事法律行為的效力規定。

■ 條文釋義

重大誤解，是我國民法自民法通則和合同法以來一直沿用的概念。民法通則第 59 條規定：「下列民事行為，一方有權請求人民法院或者仲裁機關予以變更或者撤銷：（一）行為人對行為內容有重大誤解的；（二）顯失公平的。被撤銷的民事行為從行為開始起無效。」合同法第 54 條第 1 款規定：「下列合同，當事人一方有權請求人民法院或者仲裁機構變更或者撤銷：（一）因重大誤解訂立的；（二）在訂立合同時顯失公平的。」儘管民法通則和合同法均規定了重大誤解制度，但對於如何界定重大誤解，法律並未作出規定。

本條規定，基於重大誤解實施的民事法律行為，行為人有權請求人民法院或者仲裁機構予以撤銷。在立法過程中，關於這一規定的意見及考慮主要有：第一，是否參照大陸法系國家和地區立法例採用「錯誤」概念。有的意見提出，總則編應當與大陸法系主要國家和地區的規定保持一致，在立法中採用「錯誤」概念，並儘量明確「錯誤」內涵。經研究，重大誤解的概念自民法通則創立以來，實踐中一直沿用至今，已經為廣大司法實務人員以及人民群眾所熟知並掌握，且其內涵經司法解釋進一步闡明後已與大陸法系的「錯誤」的內涵比較接近，在裁判實務中未顯不當，可以繼續維持民法通則和合同法的規定。第二，是否在條文中詳細列舉重大誤解的情形。有的意見提出，司法解釋對如何認定重大誤解作了規定，針對性強，實踐效果不錯，應當在總則編中加以規定。我們認為，最高人民法院從法律適用的角度對民法通則中「重大誤解」的認定加以規定是可行的，能夠更加清晰地為裁判提供指引，防止自由裁量權的濫用，統一裁判尺度。但完全將目前司法解釋的規定上升為法律是否能夠涵蓋重大誤解的所有情形，仍存在疑問。隨着民事法律行為理論以及實踐類型的不斷發展，重大誤解制度的涵攝範圍會有變化，但這本質上是一個司法問題，立法可以不對其作具體限定。第三，關於重大誤解撤銷權的行使。有的意見提出，重大誤解行為人的撤銷權屬於形成權，其行使僅須行為人向相對人為之，無須採用訴訟或者仲裁的方式。經研究認為，撤銷權的行使將徹底改變民事法律行為的效力，關涉當事人的重大利益，民法通則及合同法均規定撤銷權須經訴訟或者仲裁，這樣有利於維護正常的法律秩序，妥善保護當事人雙方的合法權益。經長期實踐證明，民法通則和合同法關於撤銷權行使方式的規定符合中國實際，總則編予以維持。

> **第一百四十八條　一方以欺詐手段，使對方在違背真實意思的情況下實施的民事法律行為，受欺詐方有權請求人民法院或者仲裁機構予以撤銷。**

■ 條文主旨

本條是關於行為人以欺詐手段實施的民事法律行為的效力規定。

■ 條文釋義

民法中的欺詐，一般是指行為人故意欺騙他人，使對方陷入錯誤判斷，並基於此錯誤判斷作出意思表示的行為。欺詐的構成要件一般包括四項：一是行為人須有欺詐的故意。這種故意既包括使對方陷入錯誤判斷的故意，也包括誘使對方基於此錯誤判斷而作出意思表示的故意。二是行為人須有欺詐的行為。這種行為既可以是故意虛構虛假事實，也可以是故意隱瞞應當告知的真實情況等。三是受欺詐人因行為人的欺詐行為陷入錯誤判斷，即欺詐行為與錯誤判斷之間存在因果關係。四是受欺詐人基於錯誤判斷作出意思表示。

我國民法通則和合同法均對欺詐作了規定，但二者對欺詐的效力規範有所不同。根據民法通則第 58 條第 1 款第 3 項的規定，一方以欺詐、脅迫的手段或者乘人之危，使對方在違背真實意思的情況下所為的民事行為無效。合同法沒有將因欺詐訂立的合同一律認定無效，而是區分情況作了規定。根據合同法第 52 條第 1 項、第 54 條第 2 款的規定，一方以欺詐手段所訂立的損害國家利益的合同無效；一方以欺詐的手段，使對方在違背真實意思的情況下訂立的合同，受損害方有權請求人民法院或者仲裁機構變更或者撤銷。對於欺詐的具體含義，民法通則和合同法沒有作出規定。《最高人民法院關於貫徹執行〈中華人民共和國民法通則〉若干問題的意見（試行）》第 68 條規定：「一方當事人故意告知對方虛假情況，或者故意隱瞞真實情況，誘使對方當事人作出錯誤意思表示的，可以認定為欺詐行為。」

本條規定包括以下幾點內容：第一，欺詐系由民事法律行為的一方當事人實施，而相對人因此欺詐行為陷入錯誤判斷，並進而作出了意思表示。換言之，如果沒有行為人的欺詐行為，相對人將不會作出這種意思表示，民事法律行為不會成立。第二，欺詐的構成並不需要受欺詐人客觀上遭受損害後果的事實，只要受欺詐人因欺詐行為作出了實施民事法律行為的意思表示，即可成立欺詐。第三，欺詐的法律後果為可撤銷，享有撤銷權的是受欺詐人。關於欺詐的法律後果，民法通則規定的是無效，合同法則區分欺詐行為是否損害國家利益而分別規定，如損害國家利益，則無效；如不損害，則為可變更或者可撤銷。應當說，合同法在民法通則規定的基礎上，修正了凡欺詐一律無效的規定，考慮到了對受欺詐人意思自治的尊重和保護，是可取的。但其又區分合同是否損害國家利益將欺詐的法律後果分別規定為無效和可撤銷，這既與傳統民法理論及世界各國立法例不符，在實踐中也難以把握，甚至容易導致裁判者濫用自由裁量權隨意判定民事法律行為無效的情形，反而損害特定情形下受欺詐人對民事法律行為效力的自主選擇權，因此不宜採納。同時，將欺詐行為的法律後果規定為可

撤銷，也是立法中的多數意見，因此總則編採納這一意見，將欺詐的後果規定為可撤銷。

> **第一百四十九條**　第三人實施欺詐行為，使一方在違背真實意思的情況下實施的民事法律行為，對方知道或者應當知道該欺詐行為的，受欺詐方有權請求人民法院或者仲裁機構予以撤銷。

■ 條文主旨

本條是關於第三人欺詐的民事法律行為的效力規定。

■ 條文釋義

民法中的欺詐，一般是指行為人故意欺騙他人，使對方陷入錯誤判斷，並基於此錯誤判斷作出意思表示的行為。在這一過程中，受欺詐人一定是民事法律行為的一方當事人，其由於欺詐人的欺詐行為陷入錯誤判斷，並據此作出意思表示；但實施欺詐行為的人除民事法律行為的當事人外，還有可能是第三人。這裏的第三人，一般是指民事法律行為的雙方當事人之外、與一方存在某種關係的特定人。當事人之外的第三人對其中一方當事人實施欺詐的目的，有可能是僅僅為了幫助對方當事人達成交易，如得知買受人欲購買朋友的二手汽車，便極力勸說，儘管知道該車性能不好、出過事故，但謊稱該車性能良好，從未出過事故，買受人遂信以為真，購買了該二手汽車。第三人實施欺詐也有可能最終為實現自己的目的，如第三人為達到使 A 儘快償還所欠其債務的目的，勸說 B 購買 A 所收藏的仿真畫作，謊稱該畫作為真品，B 信以為真，購買了該畫作，A 用所得的價款償還了對第三人的債務。由於第三人欺詐的行為同樣對受欺詐人的利益造成了損害，因此本條對此加以規制。

本條主要內容包括：第一，當事人以外的第三人對一方當事人實施了欺詐行為，並致使該當事人陷入錯誤判斷且據此作出了意思表示。欺詐行為的具體形式，有可能是故意告知虛假信息，或者故意隱瞞真實情況，也可能存在其他不同形式，但其根本目的在於使受欺詐人陷入錯誤認識，作出「若了解真實情況便不會作出的」意思表示。第二，受欺詐人享有對民事法律行為的撤銷權，但該撤銷權行使須滿足一定條件。具體來說，第三人實施欺詐行為，只有在受欺詐人的相對方非屬於善意時，受欺詐人才能行使撤銷權。相對方的這種非善意表現為，對於第三人的欺詐行為，其知道或者應當知道。實踐中，對於第三人實施的欺詐行為，受欺詐人的相對方既可能知情，也可能不知情。例如，在欺詐買受人購買朋友二手車的例子中，二手車的出賣人既可能知道交易的達成係其朋友欺詐買受人的結果，也可能對此並不知情，單純認為買受人願意購買自己的二手車。法律僅賦予相對方知情時受欺詐人撤銷民事法律行為的權利，體現了對善意相對人的保護。第三，撤銷權的行使仍須通過人民法院或者仲裁機構行使。

> **第一百五十條**　一方或者第三人以脅迫手段，使對方在違背真實意思的情況下實施的民事法律行為，受脅迫方有權請求人民法院或者仲裁機構予以撤銷。

■ 條文主旨

本條是關於以脅迫手段實施的民事法律行為的效力的規定。

■ 條文釋義

所謂脅迫，是指行為人通過威脅、恐嚇等不法手段對他人思想上施加強制，由此使他人產生恐懼心理並基於恐懼心理作出意思表示的行為。在民法理論中，脅迫與欺詐一樣，都屬於意思表示不自由的情形。當事人因受脅迫而作出意思表示，其意思表示並沒有產生錯誤，受脅迫人在作出符合脅迫人要求的意思表示時，清楚地意識到自己意思表示的法律後果，只是這種意思表示的作出並非基於受脅迫人的自由意志。脅迫的構成要件一般應當包括：一是脅迫人主觀上有脅迫的故意，即故意實施脅迫行為使他人陷入恐懼以及基於此恐懼心理作出意思表示。二是脅迫人客觀上實施了脅迫的行為，即以將要實施某種加害行為威脅受脅迫人，以此使受脅迫人產生心理恐懼。這種加害既可以是對受脅迫人自身的人身、財產權益的加害，也可以是對受脅迫人的親友甚至與之有關的其他人的人身、財產權益的加害，客觀上使受脅迫人產生了恐懼心理。三是脅迫須具有不法性，包括手段或者目的的不法性，反之則脅迫不成立。例如，出租人以向法院起訴為要挾，要求承租人按合同約定及時履行交付租金的義務，此種情形便不屬於應受法律調整的脅迫行為。四是受脅迫人基於脅迫產生的恐懼心理作出意思表示。換言之，意思表示的作出與脅迫存在因果關係。此處因果關係的判斷，應以受脅迫人自身而非其他人為標準。由於脅迫侵害了被脅迫人的自由意志，法律對通過脅迫手段實施的民事法律行為加以規制。

本條規定：「一方或者第三人以脅迫手段，使對方在違背真實意思的情況下實施的民事法律行為，受脅迫方有權請求人民法院或者仲裁機構予以撤銷。」這一規定包括以下內容：第一，民事法律行為的一方當事人或者第三人實施了脅迫行為。這種行為的具體方式，既可以是威脅對受脅迫人或其親友的人身權益造成損害，如以損害受脅迫人的榮譽為要挾；也可以是威脅對受脅迫人或其親友的財產權益造成損害，如不將房子出租給脅迫人，脅迫人就燒掉房子。實施脅迫行為的主體既包括民事法律行為的一方當事人，也可以是民事法律行為之外的第三人。第二，受脅迫人基於對脅迫行為所產生的恐懼作出了意思表示。受脅迫人儘管作出的意思表示是其真實意思的外在表達，但這種意思表示的作出係受到脅迫人脅迫行為的結果。第三，受脅迫人享有對民事法律行為的撤銷權。脅迫是對受脅迫人意志自由的侵害，其效力不應得到法律的承認。從民法理論上講，脅迫行為具有不法性，且構成對受脅迫人利益的侵害，應當認定因脅迫實施的民事法律行為無效。但考慮到民事活動的複雜性以及意思自治的民事基本原則，受脅迫人在其權益受損時，有權基於自身的利益衡量對民事法律行為

的效力作出選擇。因此，本條規定採用世界多數國家和地區立法例，將因脅迫實施的民事法律行為效力規定為可撤銷，同時賦予受脅迫人以撤銷權。

> **第一百五十一條　一方利用對方處於危困狀態、缺乏判斷能力等情形，致使民事法律行為成立時顯失公平的，受損害方有權請求人民法院或者仲裁機構予以撤銷。**

■ 條文主旨

本條是關於顯失公平的民事法律行為的效力的規定。

■ 條文釋義

顯失公平這一概念在傳統民法理論及我國的現行法中均有所體現，但二者的內涵並不完全相同。傳統民法理論中的顯失公平，需要同時具備客觀和主觀兩項要件。客觀上，雙方的權利義務要達到顯失均衡的狀態；主觀上，這種權利義務失衡的狀態係由於一方利用對方缺乏經驗和判斷能力、急迫、輕率等不利的情境所最終達成的結果。這種主、客觀條件須同時具備的「顯失公平」又被稱為暴利行為，為繼受傳統民法理論的部分國家和地區的立法例所採用。

我國民法通則和合同法均對顯失公平作了規定。民法通則第 59 條第 1 款規定：「下列民事行為，一方有權請求人民法院或者仲裁機關予以變更或者撤銷：（一）行為人對行為內容有重大誤解的；（二）顯失公平的。」合同法第 54 條第 1 款規定：「下列合同，當事人一方有權請求人民法院或者仲裁機構變更或者撤銷：（一）因重大誤解訂立的；（二）在訂立合同時顯失公平的。」從民法通則和合同法的上述規定看，現行法律似乎僅從行為後果的角度界定顯失公平，並不強調傳統理論中顯失公平的主觀要件或者產生顯失公平後果的原因。《最高人民法院關於貫徹執行〈中華人民共和國民法通則〉若干問題的意見（試行）》第 72 條規定：「一方當事人利用優勢或者利用對方沒有經驗，致使雙方的權利與義務明顯違反公平、等價有償原則的，可以認定為顯失公平。」司法解釋的這一規定強調對顯失公平的認定要考慮到主觀方面的原因，即「一方當事人利用優勢或者利用對方沒有經驗」，相比民法通則和合同法的規定，界定更為清晰，也與傳統民法理論及多數立法例較為接近。與各國立法例不同，除顯失公平外，我國民法通則和合同法還同時規定了乘人之危的民事法律行為。根據民法通則第 58 條第 1 款第 3 項的規定，一方乘人之危，使對方在違背真實意思的情況下所為的民事行為無效。根據合同法第 54 條第 2 款的規定，一方乘人之危，使對方在違背真實意思的情況下訂立的合同，受損害方有權請求人民法院或者仲裁機構變更或者撤銷。《最高人民法院關於貫徹執行〈中華人民共和國民法通則〉若干問題的意見（試行）》第 70 條同樣對乘人之危的認定作了規定，即「一方當事人乘對方處於危難之機，為牟取不正當利益，迫使對方作出不真實的意思表示，嚴重損害對方利益的，可以認定為乘人之危。」與顯失公平相比，

乘人之危的概念更加強調行為人利用對方「處於危難之機」以及「牟取不正當利益」的主觀要件，這一點與傳統民法理論中顯失公平的主觀要件非常接近。因此，不少觀點認為，我國法律中所規定的顯失公平與乘人之危，事實上是傳統民法理論中暴利行為一分為二的結果。

在立法過程中，有的意見提出，民法通則和合同法將乘人之危與顯失公平分別規定，二者有不同的適用條件，總則編應延續這一做法。經研究，我們認為，民法通則和合同法規定的顯失公平與乘人之危雖各有側重，但從相關司法實踐對二者的界定來看，它們均在主觀和客觀兩方面有相類似的要求，如顯失公平中的「一方明顯違反公平、等價有償原則」，即是嚴重損害了對方利益；「利用優勢或者利用對方沒有經驗」與乘人之危的手段相近，均利用了對方的不利情境。基於此，民法總則將二者合併規定，賦予顯失公平以新的內涵，這既與通行立法例的做法一致，同時也便於司法實踐從嚴把握，防止這一制度被濫用。

第一百五十二條　有下列情形之一的，撤銷權消滅：

（一）當事人自知道或者應當知道撤銷事由之日起一年內、重大誤解的當事人自知道或者應當知道撤銷事由之日起九十日內沒有行使撤銷權；

（二）當事人受脅迫，自脅迫行為終止之日起一年內沒有行使撤銷權；

（三）當事人知道撤銷事由後明確表示或者以自己的行為表明放棄撤銷權。

當事人自民事法律行為發生之日起五年內沒有行使撤銷權的，撤銷權消滅。

■ 條文主旨

本條是關於撤銷權消滅期間的規定。

■ 條文釋義

民事法律行為因不同事由被撤銷的，其撤銷權應當在一定期間內行使。這一點是由撤銷權的性質所決定的。在民法理論上，撤銷權屬於形成權，行為人可以通過自己的行為直接行使權利，實現權利目的。但是，撤銷權的行使將使得可撤銷的民事法律行為效力終局性地歸於無效，這將對相對人的利益產生重大影響，因此，享有撤銷權的權利人必須在一定期間內決定是否行使這一權利，從而保護相對人的利益，維護交易安全。這一期間被稱為除斥期間，除斥期間經過，撤銷權終局性地歸於消滅，可撤銷的民事法律行為自此成為完全有效的民事法律行為。

由於導致民事法律行為可撤銷的事由多樣，因此不同情況下除斥期間的起算以及期間的長短也應有所不同。民法關於撤銷權除斥期間的規定，應當同時兼顧撤銷權人與相對人的利益，不應僅僅強調一方的利益保護而忽略另一方。因此，應當在規定主觀期間的同時，輔之以客觀期間補充，以此實現二者利益的平衡保護。

本條在民法通則和合同法規定的基礎上，借鑒其他國家和地區的立法例，對撤銷權的除斥期間作了以下規定：其一，撤銷權原則上應在權利人知道或者應當知道撤銷事由之日起1年內行使，但自民事法律行為發生之日起5年內沒有行使的，撤銷權消滅。將期間起算的標準規定為「當事人自知道或者應當知道撤銷事由之日」有利於撤銷權人的利益保護，防止其因不知撤銷事由存在而錯失撤銷權的行使。同時，輔之以「自民事法律行為發生之日起五年內」的客觀期間，有助於法律關係的穩定，穩定交易秩序，維護交易安全。其二，對於因重大誤解享有撤銷權的，權利人應在知道或者應當知道撤銷事由之日起90日內行使，否則撤銷權消滅。同欺詐、脅迫、顯失公平等影響意思表示自由的情形相比，重大誤解權利人的撤銷事由係自己造就，不應賦予其與其他撤銷事由同樣的除斥期間。因此，本條將重大誤解的撤銷權除斥期間單獨確定為90日，並仍以權利人知道或者應當知道撤銷事由之日起算。其三，對於因脅迫享有撤銷權的，應自脅迫行為終止之日起1年內行使，否則撤銷權消滅。同欺詐、重大誤解等其他撤銷事由相比，脅迫具有特殊性。受脅迫人在脅迫行為終止前，即使知道脅迫行為的存在，事實上仍然無法行使撤銷權。考慮到這一特殊情況，本條將因脅迫享有撤銷權的除斥期間起算規定為「自脅迫行為終止之日起」，期間仍為1年。其四，對於權利人知道撤銷事由後明確表示或者以自己的行為表明放棄撤銷權的，撤銷權消滅，不受1年期間的限制。權利人無論是明確表示還是通過行為表示對撤銷權的放棄，均屬於對自己權利的處分，依據意思自治的原則，法律予以准許。

第一百五十三條 違反法律、行政法規的強制性規定的民事法律行為無效。但是，該強制性規定不導致該民事法律行為無效的除外。

違背公序良俗的民事法律行為無效。

■ 條文主旨

本條是關於違反法律、行政法規的強制性規定以及違背公序良俗的民事法律行為的效力的規定。

■ 條文釋義

在民事法律行為有效的三項要件中，不違反法律、行政法規的強制性規定以及不違背公序良俗是其中能夠體現對個人意思自治與行為限制的一項重要條件。民事法律行為雖然是彰顯意思自治、保障權利實現的主要制度，但這種自由必須限定在不損害國家利益、社會公共利益的範圍之內。民事主體的民事法律行為一旦超越法律和道德所容許的限度，構成對國家利益、社會公共利益的侵害，其效力就必須被否定。而法律、行政法規的強制性規定以及公共秩序和善良習俗，即是對民事主體意思自治施加的限制。

　　由於強制性規定和公序良俗背後所體現的對國家利益、社會公共利益的維護，世界各國和地區的民事立法均將違反這些規定以及違背公序良俗的行為確定為無效。本法第143條規定了民事法律行為的有效要件。其中，根據該條第3項的規定，民事法律行為不得違反法律、行政法規的強制性規定，不違背公序良俗。從立法技術和邏輯來看，應當同時從反面規定違反法律、行政法規以及違背公序良俗的民事法律行為的法律後果。本條即明確規定了違反法律、行政法規以及違背公序良俗的民事法律行為無效。相比而言，第143條屬於對民事法律行為有效的一般性要求，而本條則屬於可以直接判定行為效力的裁判性規範，即當民事法律行為具有違反法律、行政法規強制性規定或者違背公序良俗情形的，法院和仲裁機構可以依據本條規定確認該行為無效。從我國以往的民事立法來看，民法通則規定的是違反法律或者社會公共利益的民事行為無效；合同法規定的是違反法律、行政法規的強制性規定以及損害社會公共利益的合同無效。這些規定均在審判、仲裁實踐中發揮了裁判性規範的作用。如果本條不對違反法律、行政法規的強制性規定以及違背公序良俗的法律後果直接作出規定，司法機關和仲裁機構就會喪失判定依據，導致裁決尺度不一，引發法律適用的混亂。

　　根據本條第1款規定，違反法律、行政法規的強制性規定的民事法律行為無效，但是，該強制性規定不導致該民事法律行為無效的除外。法律規範分為強制性規範與任意性規範。任意性規範的目的是引導、規範民事主體的行為，並不具備強制性效力，民事法律行為與任意性規範不一致的，並不影響其效力。任意性規範體現的是法律對主體實施民事法律行為的一種指引，當事人可以選擇適用，也可以選擇不適用。與任意性規範相對的是強制性規範，後者體現的是法律基於對國家利益、社會公共利益等的考量，對私人意思自治領域所施加的一種限制。民事主體在實施民事法律行為時，必須服從這種對行為自由的限制，否則會因對國家利益、社會公共利益等的侵害而被判定無效。但是，民事法律行為違反強制性規定無效有一種例外，即當該強制性規定本身並不導致民事法律行為無效時，民事法律行為並不無效。這裏實際上涉及對具體強制性規定的性質判斷問題。某些強制性規定儘管要求民事主體不得違反，但其並不導致民事法律行為無效。違反該法律規定的後果應由違法一方承擔，對沒有違法的當事人不應承受一方違法的後果。例如，一家經營水果的商店出售種子，農戶購買了該種子，該商店違法經營種子，必須承擔相應違法責任，但出於保護農戶的目的，不宜認定該買賣行為無效。

　　本條第2款規定，違背公序良俗的民事法律行為無效。公序良俗是公共秩序和善良習俗的簡稱，屬於不確定概念。民法學說一般採取類型化研究的方式，將裁判實務中依據公序良俗裁判的典型案件，區別為若干公序良俗違反的行為類型。法院或者仲裁機構在審理案件時，如果發現待決案件事實與其中某一個類型相符，即可判定行為無效。這些類型包括但不限於：（1）危害國家政治、經濟、財政、稅收、金融、治安等秩序類型；（2）危害家庭關係行為類型；（3）違反性道德行為類型；（4）違反人權和人格尊重行為類型；（5）限制經濟自由行為類型；（6）違反公正競爭行為類型；（7）違反消費者保護行為類型；（8）違反勞動者保護行為類型等。同強制性規定一樣，公序良俗也體現了國家對民事領域意思自治的一種限

制。因此，對公序良俗的違背也構成民事法律行為無效的理由。

第一百五十四條　行為人與相對人惡意串通，損害他人合法權益的民事法律行為無效。

■ 條文主旨

本條是關於惡意串通的民事法律行為的效力的規定。

■ 條文釋義

所謂惡意串通，是指行為人與相對人互相勾結，為牟取私利而實施的損害他人合法權益的民事法律行為。惡意串通的民事法律行為在主觀上要求雙方有互相串通、為滿足私利而損害他人合法權益的目的，客觀上表現為實施了一定形式的行為來達到這一目的。比如，甲公司生產的一批產品質量低劣，賣不出去，甲公司找到乙公司負責採購的業務人員向其行賄，二者相互串通訂立該產品的買賣合同，乙公司將其以合格產品買入。在該例中，甲公司與乙公司採購人員相互勾結簽訂合同，損害乙公司利益的行為就屬於惡意串通的民事法律行為。儘管民法的基本原則中包含自願原則，即當事人可以按照自己的意思設立、變更、終止民事法律關係，但民事主體卻不得濫用民事權利損害國家利益、社會公共利益或者他人合法權益。

我國民法通則和合同法都對惡意串通作了規定。根據民法通則第 58 條第 1 款第 4 項的規定，惡意串通，損害國家、集體或者第三人利益的民事行為無效。根據合同法第 52 條第 2 項的規定，惡意串通，損害國家、集體或者第三人利益的合同無效。從民法通則到合同法，儘管不少情形下的民事法律行為的效力規定發生了變化，如損害國家、集體利益，欺詐、脅迫、乘人之危等情形，民法通則規定為無效，而合同法規定為可撤銷。但對於惡意串通的民事法律行為，無論是民法通則還是合同法，始終將其規定為無效。從各項制度的設立目的看，無論是欺詐、脅迫、重大誤解還是顯失公平，大多調整的是僅涉及雙方當事人之間的利益關係，而在惡意串通的情形下，實際是雙方共同損害他人的合法權益。在這種情況下，雙方串通的直接目的就是通過損害他人來實現自己的利益，因此，法律上對這種惡意串通行為確定為無效的做法，能夠最大限度地實現對第三方合法權益的保護。

本條規定的主要考慮是：第一，行為人惡意串通損害他人合法權益的行為，多數情況下權益受損的人當時並不知情，如果不對這種行為科以無效後果，無法體現對其合法權益的有力保護。第二，民法通則、合同法規定惡意串通行為無效以來，為司法實踐提供了明確的裁判指引，本法總則編應當繼續沿用這一規定。第三，雖然總則編及其他民事法律對欺詐、無權處分等具體規則作了規定，但民事生活的複雜性決定了實踐中仍有可能出現現有具體規則無法解決的情形。保留惡意串通的規定可以在沒有具體規則可供適用時發揮規則填補的作用。

還有一個問題需要說明一下。本法第 146 條第 1 款規定了虛假表示的民事法律行為無效。有的意見提出，虛假表示和惡意串通存在重複，建議統一規定。我們認為，在虛假表示的民事法律行為中，行為人與相對人所表示出的意思均非真意，而惡意串通的雙方當事人所表達的都是內心真意，二者儘管在法律後果上相同，但不可混淆。儘管在某些情況下，雙方通謀的虛假表示也表現為主觀上的惡意，且同時損害了他人的合法權益，但二者的側重點不同，不能相互替代。

第一百五十五條　無效的或者被撤銷的民事法律行為自始沒有法律約束力。

■ **條文主旨**

本條是關於無效的或者被撤銷的民事法律行為自始無效的規定。

■ **條文釋義**

民事法律行為的效力形態包括多種，如有效、無效、可撤銷、效力待定等。對於無效和被撤銷的民事法律行為來說，必然涉及其行為效力的問題。民事法律行為無效或者被撤銷後，效力自然對將來不再發生。那麼，這種狀態是否可以溯及既往？本條即對此作出規定，無效或者被撤銷的民事法律行為自始沒有法律約束力。

我國民法通則和合同法對於無效以及被撤銷的民事法律行為效力問題都作了規定。民法通則第 58 條第 2 款規定：「無效的民事行為，從行為開始起就沒有法律約束力。」第 59 條第 2 款規定：「被撤銷的民事行為從行為開始起無效。」合同法第 56 條規定：「無效的合同或者被撤銷的合同自始沒有法律約束力。合同部分無效，不影響其他部分效力的，其他部分仍然有效。」從上述規定來看，無效和被撤銷的民事法律行為是自始無效的，具有溯及力。即使在身份行為當中，這一原則也在現行法律規定中得到了體現，如本法第 1054 條規定，無效的或者被撤銷的婚姻自始沒有法律約束力，當事人不具有夫妻的權利和義務；第 1113 條第 2 款規定，無效的收養行為自始沒有法律約束力。這種自始無效意味着，民事法律行為一旦無效或者被撤銷後，雙方的權利義務狀態應當恢復到這一行為實施之前的狀態，已經履行的，應當恢復原狀。

關於本條，還有兩點需要說明。其一，無效的民事法律行為除自始無效外，還應當是當然無效、絕對無效。所謂當然無效，是指只要民事法律行為具備無效條件，其便當然產生無效的法律後果，無須經過特定程序的確認才無效；所謂絕對無效，是指這種民事法律行為的無效是絕對而非相對的，對包括當事人在內的其他任何人而言均是無效的。其二，有的意見提出，被撤銷的民事法律行為自始無效的規定過於絕對，身份行為以及具有持續性的民事法律行為被撤銷後，其無效的效果應僅向將來發生，不應溯及既往。經研究，我國婚姻法、收

養法等法律規定已經對無效或被撤銷婚姻、無效收養等身份行為的無效溯及既往作了規定，本條應當延續這一規定，對符合無效情形以及被撤銷的此類行為，仍堅持無效溯及既往的規定。對於諸如勞動關係、合夥關係等特別領域中存在的某些持續性民事法律行為無效以及被撤銷的效力問題，可以考慮在具體單行法中作出特別規定。

第一百五十六條　民事法律行為部分無效，不影響其他部分效力的，其他部分仍然有效。

■ 條文主旨

本條是關於民事法律行為部分無效的規定。

■ 條文釋義

在傳統民法理論中，根據民事法律行為無效原因與整體行為內容之間的關係，可以將民事法律行為的無效分為全部無效及部分無效。如果無效原因及於整體的民事法律行為，則民事法律行為自然全部無效，這一點沒有問題。但是，當無效原因只及於民事法律行為的部分內容，如何處置其他部分的民事法律行為的效力問題？本條即是對此問題作出的規定。

本條對此作出規定，如果民事法律行為的部分無效不影響其他部分效力，其他部分仍然有效。具體來說，民事法律行為的無效事由既可以導致其全部無效，也可以導致部分無效。在部分無效時，如果不影響其他部分的效力，其他部分仍可有效。這意味着，只有在民事法律行為的內容效力可分且相互不影響的情況下，部分無效才不會導致其他部分同時無效。反之，當部分無效的民事法律行為會影響其他部分效力的，其他部分也應無效。

我國民法通則和合同法均對民事法律行為的部分無效作了規定。民法通則第 60 條規定：「民事行為部分無效，不影響其他部分的效力的，其他部分仍然有效。」合同法第 56 條規定：「無效的合同或者被撤銷的合同自始沒有法律約束力。合同部分無效，不影響其他部分效力的，其他部分仍然有效。」

本條所規定的「民事法律行為部分無效，不影響其他部分效力」的情形，主要包括以下幾種：一是民事法律行為的標的數量超過國家法律許可的範圍。例如，借貸合同中，雙方當事人約定的利息高於國家限定的最高標準，則超過部分無效，不受法律保護，但在國家所限定的最高標準以內的利息仍然有效。又如，遺囑繼承中，被繼承人將其全部遺產均遺贈他人，並未給胎兒保留必要的遺產份額，違反了繼承相關的法律規定。因此，在遺產的應繼份範圍內的那部分遺贈是無效的，但其他部分的遺贈仍然有效。二是民事法律行為的標的可分，其中一項或數項無效。比如，同一買賣合同的標的物有多個，其中一個或數個標的物因屬於國家禁止流通物而無效，其他標的物的買賣仍為有效。三是民事法律行為的非根本性條

款因違法或違背公序良俗而無效。例如，僱傭合同中有條款約定「工作期間發生的一切人身傷害，僱主概不負責」。這一條款因違反相關勞動法律以及公序良俗原則而無效，但僱傭合同的其他權利義務條款並不因此無效。

本條在民事法律行為無效部分與其他部分效力可分的情況下，規定部分無效在不影響其他部分效力的情況下，其他部分仍然有效。這實際上體現了民法儘可能尊重雙方意思自治、承認民事法律行為效力的原則。當然，如果無效部分屬於整體民事法律行為成立生效的必要條款，或者無效部分事實上與其他部分不可分割，那麼這種部分無效當然會同時導致其他部分的無效，進而影響整體的行為效力。

第一百五十七條　民事法律行為無效、被撤銷或者確定不發生效力後，行為人因該行為取得的財產，應當予以返還；不能返還或者沒有必要返還的，應當折價補償。有過錯的一方應當賠償對方由此所受到的損失；各方都有過錯的，應當各自承擔相應的責任。法律另有規定的，依照其規定。

■ 條文主旨

本條是關於民事法律行為無效、被撤銷以及確定不發生效力的後果的規定。

■ 條文釋義

民事法律行為無效、被撤銷以及確定不發生效力後，意味着民事法律行為的目的不能實現，應當恢復到民事法律行為成立或實施之前的狀態，就如同這一行為未曾發生一樣。這其中包括三種情況：其一，民事法律行為無效，即民事法律行為因具備無效條件而被確定為自始無效、當然無效、絕對無效。其二，民事法律行為被撤銷，是指民事法律行為因具備撤銷事由，經撤銷權人行使撤銷權而無效。民事法律行為被撤銷前屬於有效行為，撤銷以後則自始沒有法律約束力。其三，民事法律行為確定不發生效力，是指民事法律行為雖已成立，但由於生效條件確定無法具備而不能生效的情況。典型的情形包括兩種：一是法律、行政法規規定須經批准生效的民事法律行為，因未經批准而無法生效；二是附條件生效民事法律行為，生效條件確定無法具備。這兩種情形下，民事法律行為因雙方合意一致已經成立，但不能生效，屬於確定不生效。

民事法律行為無效、被撤銷以及確定不發生效力後，由於其法律效果相當於這一行為未曾實施，因此，需要恢復至各方當事人在民事法律行為實施前的狀態。已經履行或者部分履行的，各方需要承擔相應的法律後果。

本條在民法通則和合同法規定的基礎上，規定了民事法律行為無效、被撤銷或者確定不發生效力的如下幾種法律後果：

　　一是返還財產。這是指民事法律行為被確認無效、被撤銷或者確定不發生效力後，行為人因民事法律行為所取得的財產應當予以返還，相對人亦享有對已交付財產的返還請求權。民事法律行為無效、被撤銷或者確定不發生效力後，行為人對所取得的財產已沒有合法佔有的根據，雙方的財產狀況應當恢復到民事法律行為實施前的狀態。當然，返還財產主要適用於民事法律行為已經實際履行的情況，如果行為被宣告無效、被撤銷或者確定不發生效力時尚未履行，或者財產並未交付，則不適用這種方式。這裏需要說明的是，返還財產的目的在於使雙方的財產關係恢復到民事法律行為實施前的狀態，因此無論雙方是否存在過錯，都負有返還財產的義務。一方存在過錯的，相對方可以通過主張損失的賠償來維護其利益。返還財產包括單方返還和雙方返還。單方返還適用於民事法律行為的一方當事人已經履行、另一方尚未履行的情況。此時僅接受對方交付財產的當事人負有向對方返還財產的義務。雙方返還適用於民事法律行為無效、被撤銷或者確定不發生效力後，雙方均已實際履行的，應當互負返還財產的義務。比如，民事法律行為因重大誤解被撤銷的，雙方當事人應當相互返還財產。對於返還財產，還有幾點需要明確：首先，返還財產的範圍應以對方實際交付的財產數額為標準予以確定。即使當事人返還時實際的財產已經減損甚至不存在了，仍應承擔返還責任。其次，如果當事人接受交付的是實物或者貨幣，原則上應當返還原物或者貨幣，不能相互替代。最後，如果原物已經滅失，造成無法實際返還的，如果存在可以替代的種類物，則應返還同一種類物。

　　二是折價補償。本條規定，對於不能返還財產，或者沒有必要返還的，應當折價補償。民事法律行為無效、被撤銷或者確定不發生效力後，返還財產應當作為恢復原狀的原則做法。但是，在有些情況下，返還財產並不具備現實條件或者沒有必要，此時應當通過折價補償的方式來達到使財產關係恢復原狀的目的。所謂財產不能返還，包括法律上的不能返還和事實上的不能返還。法律上的不能返還主要是指財產返還受到善意取得制度的影響，即一方當事人將通過民事法律行為取得的財產轉讓給第三人，第三人取得財產時符合善意取得制度的各項要件，此時該第三人因善意取得制度成為財產的所有權人，該財產又是不可替代的。民事法律行為雖事後被確認無效、被撤銷或者確定不發生效力，當事人也不能實際返還財產，只能依當時市價折價補償給對方當事人。事實上的不能返還主要是指因標的物已經滅失，造成客觀上無法返還，且原物又是不可替代物。此時，取得該財產的當事人應當依據原物的市價進行折價補償。所謂沒有必要返還財產的，主要包括以下兩種情況：（1）如果當事人接受的財產是勞務或者利益，在性質上不能恢復原狀，應以國家規定的價格計算，以金錢返還；沒有國家規定的，按照市價或者同類勞務的報酬標準計算返還。（2）如果一方當事人是通過使用對方的知識產權獲得的利益，因知識產權屬於無形財產，此時應折價補償對方當事人。

　　三是賠償損失。根據本條規定，有過錯的一方應當賠償對方由此所受到的損失；各方都有過錯的，應當各自承擔相應的責任。民事法律行為無效、被撤銷或者確定不發生效力後，一般而言都存在損失賠償的問題。如果因無效、被撤銷或者確定不發生效力而給對方造成損失，主觀上有故意或者過失的當事人應當賠償對方的損失；雙方都有過錯的，應當各自承擔

相應的賠償責任。比如，一方以欺詐手段與對方訂立合同，合同因欺詐被撤銷後，在返還財產或者折價補償之外，受欺詐方還可能為合同的履行實際支出了其他費用，這部分損失應當由欺詐方予以賠償。需要指出的是，這裏規定的損失賠償是一種過錯責任，行為人只有主觀上對民事法律行為無效、被撤銷或者確定不發生效力的情形存在過錯時才予以承擔。

本條除規定以上內容外，還在條文最後作了「法律另有規定的，依照其規定」的除外規定。這種情況主要是指，民事法律行為效力被否定後，並非在任何情況下都存在返還財產、折價補償或者賠償損失的責任問題。如在民事法律行為因違法被宣告無效後，並不存在雙方當事人相互返還財產的問題，而是需要根據相關法律、行政法規的規定對其予以沒收、收繳等。以毒品買賣為例，雙方簽訂的買賣合同顯然因違反法律、行政法規的強制性規定而無效。但此時，雙方因毒品交易產生的非法所得則應根據禁毒法等法律的規定予以收繳，而不是返還給一方當事人。

第四節 民事法律行為的附條件和附期限

> **第一百五十八條** 民事法律行為可以附條件，但是根據其性質不得附條件的除外。附生效條件的民事法律行為，自條件成就時生效。附解除條件的民事法律行為，自條件成就時失效。

■ 條文主旨

本條是關於附條件的民事法律行為的規定。

■ 條文釋義

民事法律行為成立之後的效力問題，當事人之間可以自行約定，這也是意思自治原則的體現。民事法律行為中所附條件是指，當事人以未來客觀上不確定發生的事實，作為民事法律行為效力的附款。所附條件具有以下特點：第一，條件係當事人共同約定，並作為民事法律行為的一部分內容。條件體現的是雙方約定一致的意思，這是與法定條件最大的不同之處，後者是指由法律規定的且不由當事人意思決定並具有普遍約束力的條件。當事人不得以法定條件作為其所附條件。第二，條件是未來可能發生的事實。這意味着，已經過去的、現在的以及將來確定不會發生的事實不能作為民事法律行為的所附條件。如果是將來必然發生的事實，應當作為附期限。應當注意，這種條件事實發生的不確定性應當是客觀存在的，如果僅僅是當事人認為事實發生與否不確定，但實際上必然發生或者不發生的，也不能作為所附條件。第三，所附條件是當事人用以限定民事法律行為效力的附屬意思表示。應當將所附

條件與民事法律行為中的供貨條件、付款條件等相互區分，後者是民事法律行為自身內容的一部分而非決定效力的附屬意思表示。第四，所附條件中的事實應為合法事實，違法事實不能作為民事法律行為的附條件。如不能約定以故意傷害他人作為合同生效的條件。

以所附條件決定民事法律行為效力發生或消滅為標準，條件可以分為生效條件和解除條件。所謂生效條件，是指使民事法律行為效力發生或者不發生的條件。生效條件具備之前，民事法律行為雖已成立但未生效，其效力是否發生處於不確定狀態。條件具備，民事法律行為生效；條件不具備，民事法律行為就不生效。比如，甲、乙雙方簽訂房屋買賣合同，約定甲將所居住的房產出賣給乙，條件是甲出國定居，不在國內居住。但條件具備時，此房屋買賣合同才生效。所謂解除條件，又稱消滅條件，是指對已經生效的民事法律行為，當條件具備時，該民事法律行為失效；如果該條件確定不具備，則該民事法律行為將繼續有效。

在附條件的民事法律行為中，所附條件的出現與否將直接決定民事法律行為的效力狀態。附生效條件的民事法律行為，自條件成就時生效。附解除條件的民事法律行為，自條件成就時失效。需要特別指出的是，附條件的民事法律行為雖然在所附條件出現時才生效或失效，但在條件尚未具備時，民事法律行為對於當事人仍然具有法律約束力，當事人不得隨意變更或者撤銷。因此，可以將附條件的民事法律行為的效力分為條件成就前的效力和條件成就後的效力。對於附生效條件的民事法律行為來說，條件成就前的效力表現為當事人不得隨意變更、撤銷民事法律行為以及對於民事法律行為生效的期待權；對於附解除條件的民事法律行為來說，條件成就前的效力表現為條件具備後民事法律行為效力歸於消滅的期待權。

我國民法通則和合同法均規定了附條件的民事法律行為。民法通則第 62 條規定：「民事法律行為可以附條件，附條件的民事法律行為在符合所附條件時生效。」合同法第 45 條第 1 款規定：「當事人對合同的效力可以約定附條件。附生效條件的合同，自條件成就時生效。附解除條件的合同，自條件成就時生效。」

民事法律行為以可以附條件為原則，這是意思自治原則的體現，但對於某些行為而言，則依其性質不得附條件。這主要是指，某些民事法律行為的性質要求其應當即時、確定地發生效力，不允許效力處於不確定狀態，因此不得附條件。例如，票據行為，為保障其流通性不得附條件；撤銷權、解除權等形成權的行使，本身就是為了使不確定的法律關係儘快確定，如果允許其附條件，會使本不確定的法律關係更加不確定，因此不得附條件。

> **第一百五十九條** 附條件的民事法律行為，當事人為自己的利益不正當地阻止條件成就的，視為條件已經成就；不正當地促成條件成就的，視為條件不成就。

■ 條文主旨

本條是關於民事法律行為條件成就和不成就擬製的規定。

■ 條文釋義

在附條件的民事法律行為中，條件的成就或不成就直接關係到民事法律行為的效力狀況。對附生效條件的民事法律行為來說，條件成就，民事法律行為就開始生效；條件不成就，民事法律行為就確定不發生效力。對附解除條件的民事法律行為來說，條件成就，民事法律行為就失效，反之民事法律行為繼續有效。儘管民事法律行為成立時，當事人可以對於民事法律行為的效力共同約定附條件，但自此之後，當事人卻有可能從自己的利益出發，不正當地促成或者阻止條件成就，以達到對自己有利的結果。比如，在附生效條件的民事法律行為中，一方當事人希望行為儘快生效，就可能採取不正當手段促使條件成就；在附解除條件的民事法律行為中，一方當事人希望行為繼續其效力，就可能以不正當手段阻止條件成就。在附條件的民事法律行為中，無論是生效條件還是解除條件，條件的成就與否都具有或然性。這種或然性恰恰體現了民事法律行為當事人的意思自治，應當予以尊重。當一方當事人為了自己的利益通過不正當手段人為促成或者阻止條件成就時，不僅對意思自治原則造成了侵害，更有可能損害對方當事人的利益，因此法律應當予以規範。

本條參考合同法以及世界上大多數國家和地區的立法例，對條件成就或不成就的擬製作了規定。根據本條規定，當事人為自己的利益不正當地阻止條件成就的，視為條件已成就；不正當地促成條件成就的，視為條件不成就。對本條的把握應當注意以下幾點：第一，當事人主觀上有為自己利益人為改變條件狀態的故意。換言之，當事人從自己利益的角度考慮，主觀上具有使條件成就或者不成就的故意。第二，當事人為此實施了人為改變條件成就狀態的行為。民事法律行為中所附條件，其成就與否本不確定。當事人為自己利益實施了促成或阻止條件成就的行為。第三，該行為具有不正當性。這主要是指當事人的此種行為違反了誠信原則，不符合事先約定。例如，甲和乙約定，當甲不在 A 公司工作時，就把位於 A 公司附近的自住房產出賣給乙。乙為了儘快得到甲的房產，暗中找到 A 公司的經理，讓其辭退甲，從而使得買賣合同生效。

第一百六十條　民事法律行為可以附期限，但是根據其性質不得附期限的除外。附生效期限的民事法律行為，自期限屆至時生效。附終止期限的民事法律行為，自期限屆滿時失效。

■ 條文主旨

本條是關於附期限的民事法律行為的規定。

■ 條文釋義

當事人除可以通過附條件決定民事法律行為效力狀態之外，還可通過對民事法律行為

附期限的方式來決定民事法律行為的效力發生與終止,這同樣體現了當事人意思自治的民事基本原則。與所附條件相比,民事法律行為所附期限具有以下特點:第一,條件的發生與否屬於不確定的事實,但期限的到來則是確定發生的事實。因此,對附期限的民事法律行為來說,其生效或失效本身並不具有或然性,是將來一定能夠發生的事實。第二,附期限的民事法律行為體現了當事人對民事法律行為生效或失效的期限約定,所附期限屬於民事法律行為的附屬意思表示,體現了雙方的意思自治。第三,期限的到來是必然確定的,但到來的具體時日未必十分確定。比如,「等到下次天下雨時,我就把那批雨傘賣給你」,下次天下雨是將來必定發生的事實,但具體哪一天會下雨則不能確定。

根據所附期限決定民事法律行為的生效或失效,期限可以分為生效期限和終止期限。所謂生效期限,是指決定民事法律行為效力發生的期限。期限屆至,民事法律行為生效;期限屆至前,民事法律行為雖已成立但並未生效。例如,甲對乙說「下次天下雨時,從你那裏購買 100 把雨傘」,「下次天下雨時」是將來必定發生的事實,且期限屆至時,購買雨傘的買賣合同生效,因此這一期限屬於生效期限。所謂終止期限,是指決定民事法律行為效力消滅的期限。期限屆至,民事法律行為失效;期限屆至前,民事法律行為始終有效。例如,甲對乙說:「明年 3 月 1 日,把我租給你的房屋還給我。」在這裏,「明年 3 月 1 日」是必然到來的事實,且期限屆至時,房屋租賃合同失效。

本條根據合同法及境外立法例,對附期限的民事法律行為作了規定。根據本條,附生效期限的民事法律行為,自期限屆至時生效。附終止期限的民事法律行為,自期限屆滿時失效。關於本條,還有兩點需要說明:其一,附期限民事法律行為中的所附期限,不同於民事法律行為的履行期限。履行期限,是當事人對已生效民事法律行為的履行義務所施加的期限限制。這種情況下,民事法律行為已經生效,權利義務已經發生,只是由於履行期限尚未屆至,當事人所負義務沒有強制履行的效力。這就意味着,履行期限屆至前,義務人可以不履行義務,權利人也不得強制義務人履行義務。但是,如果義務人提前履行且權利人同意,法律不作禁止。而對於附生效期限的民事法律行為而言,在期限到來前,民事法律行為並未生效,權利義務尚未生成,當事人當然不存在義務履行的問題。其二,同附條件的民事法律行為一樣,原則上,民事法律行為均可附期限。但是,依民事法律行為的性質不得附期限的除外。這樣的行為主要包括身份上的行為,如結婚、收養等。

第七章　代　理

　　代理是指代理人代被代理人實施民事法律行為，其法律效果直接歸屬於被代理人的行為。代理制度是調整被代理人、代理人和第三人之間關係的法律制度。19世紀以來，民事活動中奉行意思自治，個人依自己的自由意思處理社會生活關係。隨着經濟發展的速度越來越快、規模越來越大、交易範圍越來越廣，再加上社會分工的精細化、市場交易的信息化等需求，民事主體親自從事民事法律行為越來越力不從心，代理制度由此應運而生，成為社會經濟生活的重要組成部分。代理制度的產生和發展，對於意思自治的實現，具有重要意義。代理的功能主要體現在以下兩個方面：一是擴張功能。有的被代理人由於時間、精力有限，很多事情難以親自進行；有的被代理人受本身知識、經驗等的限制，從事民事活動存在困難。代理制度使民事主體能夠通過代理人的行為來實現自己的利益，從而更加廣泛深入地參與民事活動。從這個意義上講，代理制度擴張了民事主體意思自治的空間。二是輔助功能。完全民事行為能力人才能獨立實施民事法律行為。對於無民事行為能力人和限制民事行為能力人來說，他們要參與民事活動，實現自己的利益，必須通過代理制度，由法定代理人來彌補其行為能力的不足。從這個意義上講，代理制度是意思自治的補充。隨着經濟社會的發展，代理活動越來越廣泛，也越來越複雜，為了保護被代理人、第三人的合法權益，維護交易安全，法律應當對代理行為予以規範。

　　本章共分三節，共十五條。第一節為一般規定，主要規定了代理的適用範圍、效力、類型，代理人不當履職的民事責任及代理人和相對人惡意串通的民事責任等。第二節為委託代理，主要規定了授權委託書、共同代理、複代理、職務代理、無權代理和表見代理等。第三節為代理終止，主要規定了委託代理和法定代理的終止情形。

第一節　一般規定

> **第一百六十一條**　民事主體可以通過代理人實施民事法律行為。
>
> 　　依照法律規定、當事人約定或者民事法律行為的性質，應當由本人親自實施的民事法律行為，不得代理。

■ 條文主旨

　　本條是關於代理適用範圍的規定。

■ 條文釋義

代理作為一項獨立的法律制度，有其特定的適用範圍，對此，民法通則作了明確規定。民法通則第 63 條第 1 款規定：「公民、法人可以通過代理人實施民事法律行為。」第 3 款規定：「依照法律規定或者按照雙方當事人約定，應當由本人實施的民事法律行為，不得代理。」本條規定在民法通則上述規定的基礎上，作了進一步的完善。

本條第 1 款規定，民事主體可以通過代理人實施民事法律行為。民事法律行為是指民事主體通過意思表示設立、變更、終止民事法律關係的行為。代理的適用範圍原則上限於民事法律行為。但一般認為，一些與合同密切相關的准民事法律行為、事實行為和程序行為，如要約邀請、要約撤回、訂約時樣品的交付和受領、辦理合同公證等，也允許代理。

不是所有民事法律行為都允許代理。根據本條第 2 款的規定，下列三類民事法律行為不得代理：一是依照法律規定應當由本人親自實施的民事法律行為。例如，根據本法婚姻家庭編第 1049 條規定，要求結婚的男女雙方應當親自到婚姻登記機關申請結婚登記。二是依照當事人約定應當由本人親自實施的民事法律行為。當事人雙方基於某種原因，約定某一民事法律行為必須由本人親自實施的，當事人自然應當遵守這一約定，不得通過代理人實施該民事法律行為。三是依照民事法律行為的性質，應當由本人親自實施的民事法律行為。這主要是指具有人身性質的身份行為，如結婚、離婚、收養、遺囑、遺贈等。這些身份行為不得代理，有的法律中已作了明確規定，如上述本法婚姻家庭編第 1049 條的規定，有的法律中沒有作出明確規定，但由於其人身性質不允許他人代理。因此，這次在民法通則的基礎上增加規定了這一類民事法律行為不得代理。

> **第一百六十二條** 代理人在代理權限內，以被代理人名義實施的民事法律行為，對被代理人發生效力。

■ 條文主旨

本條是關於代理效力的規定。

■ 條文釋義

一般民事法律行為只涉及行為人與相對人的關係。而民事主體通過代理人實施了民事法律行為，由此形成的代理法律關係則存在三個主體，即被代理人（本人）、代理人和相對人。該民事法律行為的效力就與一般民事法律行為存在區別，需要在法律中作出明確規定。根據本條規定，代理人在代理權限內，以被代理人名義實施的民事法律行為，對被代理人發生效力。這裏所說的「對被代理人發生效力」，是指民事法律行為產生的法律效果歸屬於被代理人，即代理人實施的民事法律行為所設立、變更、終止民事法律關係的一切結果都歸屬

於被代理人。一方面，代理的民事法律行為有效時，形成的權利義務應當由被代理人承受；另一方面，代理的民事法律行為無效時，引起的賠償損失等民事責任也應當由被代理人承擔。但代理人實施的民事法律行為並不都能發生代理的效力，根據本條規定，代理行為發生代理效力必須符合下列兩個條件：

一是代理人在代理權限內實施民事法律行為。代理人超越代理權限實施民事法律行為的，除符合本法第 172 條規定的表見代理的構成要件外，為無權代理，須經被代理人追認才能對被代理人產生效力。代理分為法定代理和指定代理，法定代理中代理人的代理權限由法律直接作出規定，比如本法第 34 條第 1 款規定：「監護人的職責是代理被監護人實施民事法律行為，保護被監護人的人身權利、財產權利以及其他合法權益等。」這一條就是對監護人作為法定代理人時代理權限的規定。委託代理中代理人的權限則由被代理人在授予代理人時確定，該權限的範圍原則上由被代理人自由決定。委託代理權限分為兩類，即特別代理權和概括代理權。特別代理權是指授權代理人為一項或者一類特定行為，如授權代理人轉讓或者出租某物，授權代理人在一定數額內買賣股票等。概括代理權是指授權代理人為被代理人處理一切民事法律行為。如本法合同編第 920 條規定：「委託人可以特別委託受託人處理一項或者數項事務，也可以概括委託受託人處理一切事務。」劃分特別代理權和概括代理權的意義在於，使代理人能夠明確自己可以從事哪些代理活動，也使第三人知道代理人的身份和權限，使之有目的、有選擇地與其共同實施訂立合同等民事法律行為，以防止因代理權限不明確而引起不必要的糾紛。如果發生了糾紛，也便於根據代理權限確定當事人之間的相互責任。

二是代理人必須以被代理人的名義實施民事法律行為。代理人在實施民事法律行為時，必須以被代理人的名義進行，即明確向相對人表明是替被代理人來實施該民事法律行為。

> **第一百六十三條　代理包括委託代理和法定代理。**
> **委託代理人按照被代理人的委託行使代理權。法定代理人依照法律的規定行使代理權。**

■ 條文主旨

本條是關於代理類型的規定。

■ 條文釋義

根據代理權產生依據的不同，代理可以分為委託代理和法定代理。民法通則第 64 條規定：「代理包括委託代理、法定代理和指定代理。委託代理人按照被代理人的委託行使代理權，法定代理人依照法律的規定行使代理權，指定代理人按照人民法院或者指定單位的指定

行使代理權。」可見,民法通則將代理分為委託代理、法定代理和指定代理三種類型。在立法過程中,對指定代理是否為一種單獨的代理類型,爭議較大。我們認為,指定代理只是法定代理的一種特殊形式,沒有必要單獨列為一種代理的類型,據此,本法將代理分為委託代理和法定代理兩類。

一、委託代理

本條第 2 款規定,委託代理人按照被代理人的委託行使代理權。根據這一規定,委託代理是指按照代理人的委託來行使代理權的代理,有的學者又稱為「意定代理」「授權代理」等。委託代理是代理的主要類型,本章設專節規定了委託代理。需要注意的是委託代理與委託合同的差異。一方面,委託合同所生的委託關係是委託代理的基礎法律關係,但除委託合同外,基於勞動合同等也能產生委託代理,有的情況下甚至只有單純的授權行為而無基礎關係也能產生委託代理;另一方面,委託關係並不一定產生代理權。當事人之間可能僅存在委託合同而並無委託代理關係。

二、法定代理

本條第 2 款規定,法定代理人依照法律的規定行使代理權。根據這一規定,法定代理是指依照法律的規定來行使代理權的代理。法定代理人的代理權來自法律的直接規定,無須被代理人的授權,也只有在符合法律規定條件的情況下才能取消代理人的代理權。

民法通則將代理分為委託代理、法定代理和指定代理。本法取消了指定代理這一類型,本條規定的法定代理,涵蓋了民法通則規定的法定代理和指定代理。在立法過程中,對指定代理是否為一種單獨的代理類型,爭議較大。一種意見認為,指定代理與法定代理有一定的區別,主要表現為以下幾個方面:一是指定代理人需要人民法院或者法律規定的有關單位等特定機關來選定,而法定代理是基於法律的規定自動產生的。二是在指定代理中,即使由特定機關選定,在許多情況下還需要獲得被指定人的同意或者徵求其意見。比如,本法第 31 條第 2 款規定,居民委員會、村民委員會、民政部門或者人民法院應當尊重被監護人的真實意願,按照最有利於被監護人的原則在依法具有監護資格的人中指定監護人。而法定代理卻沒有這種限制,法定代理的產生不需要被代理人的同意。三是在指定代理中,代理的事務是特別限定的,而法定代理的事務範圍卻比較寬泛。另一種意見認為,兩者只是在確定具體的代理人時存在區別,法定代理由法律直接規定,指定代理由特定機關根據法律來指定。但無論是法定代理還是指定代理,其代理權都來源於法律的直接規定,代理人都是在法律規定的代理權限內來履行代理職責。指定代理相比法定代理,僅是多了一個指定程序,完全可以納入法定代理的範疇。經研究認為,法定代理和指定代理的分類在學理上有一定的意義,畢竟它們在代理人的確定上存在不同。但是,兩者代理權的來源都是法律規定,代理人必須根據法律的規定取得代理權並行使代理職責,在法律上和實務中區別意義不大,因此,本法取消了民法通則規定的「指定代理」這一類型,將其納入法定代理的範圍中加以規範。

對委託代理,本章設專節作了規定,法定代理則沒有設專節規定,主要是考慮到法定代理的內容在本法其他章節以及其他法律中已經作了明確規定,各類法定代理其內容差異

較大，難以也沒有必要作出概括規定。根據本法和其他法律的規定，法定代理人的類型主要有：

1. 監護人。這包括未成年人的父母，無民事行為能力人、限制民事行為能力人在父母之外的監護人。本法第 23 條就明確規定：「無民事行為能力人、限制民事行為能力人的監護人是其法定代理人。」

2. 失蹤人的財產代管人。本法第 42 條規定：「失蹤人的財產由其配偶、成年子女、父母或者其他願意擔任財產代管人的人代管。代管有爭議，沒有前款規定的人，或者前款規定的人無代管能力的，由人民法院指定的人代管。」

3. 清算組。公司法第 183 條規定：「公司因本法第一百八十條第（一）項、第（二）項、第（四）項、第（五）項規定而解散的，應當在解散事由出現之日起十五日內成立清算組，開始清算。有限責任公司的清算組由股東組成，股份有限公司的清算組由董事或者股東大會確定的人員組成。逾期不成立清算組進行清算的，債權人可以申請人民法院指定有關人員組成清算組進行清算。人民法院應當受理該申請，並及時組織清算組進行清算。」

> **第一百六十四條**　代理人不履行或者不完全履行職責，造成被代理人損害的，應當承擔民事責任。
>
> 　　代理人和相對人惡意串通，損害被代理人合法權益的，代理人和相對人應當承擔連帶責任。

■ 條文主旨

本條是關於代理人不當履職的民事責任及代理人和相對人惡意串通的民事責任的規定。

■ 條文釋義

代理是意思自治的擴張和補充，代理人行使代理權，應當基於被代理人利益的考慮，忠實履行代理職責，否則，就要承擔相應的民事責任。對此，民法通則第 66 條第 2 款、第 3 款已有規定：「代理人不履行職責而給被代理人造成損害的，應當承擔民事責任。代理人和第三人串通，損害被代理人的利益的，由代理人和第三人負連帶責任。」本條在民法通則規定的基礎上作了進一步的完善。

本條第 1 款是關於代理人不當履行職責的民事責任的規定。代理人行使代理權完全是為了被代理人的利益，應當在代理權限內忠實履行代理職責，如果不履行或者不完全履行代理職責，造成被代理人損害的，應當承擔民事責任。關於代理人職責的內容，以及如何履行代理職責，在委託代理和法定代理情況下各有不同，本法沒有作出統一規定。

委託代理時，被代理人對於代理事項、權限和期限等一般都有明確授權，代理人首先應

當根據被代理人的授權來行使代理權,在授權範圍內認真維護被代理人的合法權益,想方設法完成代理事項。有時,被代理人授予代理權的範圍規定得並不十分具體明確,代理人就應當根據誠信原則來從事代理行為。法律為了保護被代理人的合法權益,還對一些濫用代理權的行為作了明確規定,代理人應當根據這些法律規定來行使代理權。比如,本法第 168 條規定:「代理人不得以被代理人的名義與自己實施民事法律行為,但是被代理人同意或者追認的除外。代理人不得以被代理人的名義與自己同時代理的其他人實施民事法律行為,但是被代理的雙方同意或者追認的除外。」第 169 條第 1 款規定:「代理人需要轉委託第三人代理的,應當取得被代理人的同意或者追認。」代理人越權行使代理權或者違反相關法律規定行使代理權,都屬於不履行或者不完全履行代理職責,造成被代理人損害的,應當承擔民事責任。

法定代理時,法律會對代理人的權限及相關職責作明確規定,代理人必須根據法律規定來行使代理權。如監護人作為法定代理人時的職責,本法第 34 條第 1 款明確規定:「監護人的職責是代理被監護人實施民事法律行為,保護被監護人的人身權利、財產權利以及其他合法權益等。」第 35 條進一步規定:「監護人應當按照最有利於被監護人的原則履行監護職責。監護人除為維護被監護人利益外,不得處分被監護人的財產。未成年人的監護人履行監護職責,在作出與被監護人利益有關的決定時,應當根據被監護人的年齡和智力狀況,尊重被監護人的真實意願。成年人的監護人履行監護職責,應當最大程度地尊重被監護人的真實意願,保障並協助被監護人實施與其智力、精神健康狀況相適應的民事法律行為。對被監護人有能力獨立處理的事務,監護人不得干涉。」

本條第 2 款是關於代理人和相對人惡意串通的民事責任的規定。代理人和相對人惡意串通,損害被代理人合法權益時,代理人的行為屬於本條第 1 款規定的範圍,自應承擔民事責任,但此時相對人也應承擔責任。法律嚴格禁止這類損害被代理人利益的行為,據此,本款規定,代理人和相對人應當承擔連帶責任。根據本款規定,代理人和相對人承擔連帶責任的前提是惡意串通。惡意是指雙方都明知或者應知其實施的行為會造成被代理人合法權益的損害還故意為之。串通是指雙方在主觀上有共同的意思聯絡。此處的惡意串通就是雙方串通在一起,共同實施某種行為來損害被代理人的合法權益。如果雙方當事人或者一方當事人不知且不應知其行為的損害後果,就不構成惡意串通,不能適用本款規定,應當根據各自的行為來承擔相應的民事責任。

第二節　委託代理

> **第一百六十五條**　委託代理授權採用書面形式的，授權委託書應當載明代理人的姓名或者名稱、代理事項、權限和期限，並由被代理人簽名或者蓋章。

■ 條文主旨

本條是關於授權委託書的規定。

■ 條文釋義

委託代理是指按照代理人的委託來行使代理權的代理。此時，代理人行使的代理權稱為委託代理權，是基於被代理人的意思而產生的。被代理人授予代理人委託代理權的行為，稱為授權行為。

關於授權行為的形式，民法通則第65條第1款規定：「民事法律行為的委託代理，可以用書面形式，也可以用口頭形式。法律規定用書面形式的，應當用書面形式。」在民法總則立法過程中，對於授予代理權的意思表示是否需要採取代理人實施民事法律行為所應採取的方式，有過不同意見。經研究認為，法律不應當強行規定授予代理權的意思表示與代理人實施民事法律行為所採取的方式相同，因為兩者的性質完全不同。只要法律、行政法規沒有明確規定或者當事人沒有專門約定，代理權的授予採取何種方式都應當是允許的。民法通則的規定是合理的，應當予以維持。之所以沒有在本條體現民法通則第65條第1款的內容，是因為授權行為也為民事法律行為，關於民事法律行為的形式本法第135條已作了規定：「民事法律行為可以採用書面形式、口頭形式或者其他形式；法律、行政法規規定或者當事人約定採用特定形式的，應當採用特定形式。」本條沒有必要再重複規定相關內容。

根據本法第135條的規定，在法律、行政法規沒有特別規定或者當事人沒有約定的情況下，委託代理授權可以採取書面形式、口頭形式或者其他形式中的任何一種。其中，書面形式是最主要的一種授權形式，稱為授權委託書。根據本條規定，授權委託書的內容包括代理人的姓名或者名稱、代理事項、代理權限、代理期限等，被代理人還應當在授權委託書上簽名或者蓋章。本條規定是對授權委託書應當包括的內容作提示性規定，目的是減少實踐中產生糾紛。

> 第一百六十六條　數人為同一代理事項的代理人的，應當共同行使代理權，但是當事人另有約定的除外。

■ 條文主旨

本條是關於共同代理的規定。

■ 條文釋義

共同代理是指數個代理人共同行使一項代理權的代理。共同代理有如下幾個特徵：一是有數個代理人。如果只有一個代理人，屬於單獨代理，而不是共同代理。二是只有一個代理權。如果數個代理人有數個代理權，屬於集合代理，而不是共同代理。例如，被代理人授權甲為其購買一台電視機、乙為其購買一台電冰箱，即為集合代理。被代理人授權甲、乙一起為其購買一台電視機和一台電冰箱，才屬於共同代理。三是共同行使代理權。共同行使是指只有經過全體代理人的共同同意才能行使代理權，即數人應當共同實施代理行為，享有共同的權利義務。任何一個代理人單獨行使代理權，均屬於無權代理。如果數個代理人對同一個代理權可以單獨行使，也屬於單獨代理，而不是共同代理。比如，被代理人授權甲、乙一起為其購買一台電視機和一台電冰箱，但誰買都可以，此種情況屬於單獨代理，而不是共同代理。

共同代理，應當由被代理人授權，但在被代理人就同一代理權指定了數個代理人，有約定的當然按約定處理，但如果沒有明確約定是共同代理還是單獨代理時，應當推定為共同代理還是單獨代理，不同國家和地區的立法態度存在差別：一是推定為共同代理。二是推定為單獨代理。三是沒有作出明確規定。我國民法通則和合同法對此都沒有作出明確規定。

為更好地保護被代理人的合法權益，減少實踐糾紛，本法採納了第一種立法例。根據本條規定，除非另有約定，被代理人就同一代理事項確定了數個代理人時，法律推定為共同代理，數個代理人應當共同行使代理權，任何一個代理人都不得擅自單獨實施代理行為。

> 第一百六十七條　代理人知道或者應當知道代理事項違法仍然實施代理行為，或者被代理人知道或者應當知道代理人的代理行為違法未作反對表示的，被代理人和代理人應當承擔連帶責任。

■ 條文主旨

本條是關於代理違法的民事責任的規定。

■ 條文釋義

　　被代理人、代理人利用委託代理關係從事的違法行為可分為兩類：一是代理事項本身違法，如委託代理人銷售假冒偽劣產品；二是代理事項不違法，但代理人實施的代理行為違法，如委託代理人銷售合法產品，代理人將該產品貼上假冒商標進行銷售。代理違法造成第三人損害的，自應承擔民事責任，但由被代理人承擔還是代理人承擔應當區分不同情形加以確定：

　　第一，代理事項違法，但代理人不知道或者不應當知道該代理事項違法，此時應由被代理人承擔民事責任。如甲將假冒偽劣產品委託乙代為銷售，但乙不知道該產品為假冒偽劣產品，則由甲承擔民事責任，乙不承擔責任。

　　第二，代理事項違法，代理人知道或者應當知道該代理事項違法仍然實施了代理行為，此時代理人與被代理人應當承擔連帶責任。如甲將假冒偽劣產品委託乙代為銷售，乙知道該產品為假冒偽劣產品仍然對外銷售，則甲和乙承擔連帶責任。

　　第三，代理事項不違法，但代理人實施了違法的代理行為，被代理人不知道或者不應當知道該行為違法，或者知道後表示反對的，此時應由代理人承擔民事責任。如甲委託乙銷售合法產品，乙將該產品貼上假冒商標進行銷售，甲對此毫不知情，則乙承擔民事責任，甲不承擔責任。

　　第四，代理事項不違法，但代理人實施了違法的代理行為，被代理人知道或者應當知道該行為違法未作反對表示的，此時被代理人應與代理人承擔連帶責任。如甲委託乙銷售合法產品，乙將該產品貼上假冒商標進行銷售，甲知道後裝作不知情，則甲和乙承擔連帶責任。

　　以上四種情形中，第一種和第三種情形下的責任承擔，與一般的違法民事法律行為沒有區別，無須再作出特別規定。第二種和第四種情形下的責任承擔，與一般的違法民事法律行為存在區別，需要在法律中作出特別規定。民法通則第 67 條對此已有規定：「代理人知道被委託代理的事項違法仍然進行代理活動的，或者被代理人知道代理人的代理行為違法不表示反對的，由被代理人和代理人負連帶責任。」本條沿用了民法通則的這一規定，在文字表述上作了一定的修改完善。

　　第一百六十八條　代理人不得以被代理人的名義與自己實施民事法律行為，但是被代理人同意或者追認的除外。

　　代理人不得以被代理人的名義與自己同時代理的其他人實施民事法律行為，但是被代理的雙方同意或者追認的除外。

■ 條文主旨

　　本條是關於禁止自己代理和雙方代理的規定。

■ 條文釋義

代理人行使代理權時，應當從被代理人的利益出發，忠實履行代理職責。但在某些特定情形下，可能會存在被代理人、代理人與相對人之間的利益衝突，代理人難免會厚己薄人或者厚此薄彼，此時，法律須作出規範，以保護被代理人的合法權益。最典型的情形就是自己代理和雙方代理。

自己代理是指代理人以被代理人的名義與自己實施民事法律行為。實踐中，自己代理主要有兩種情況：一是代理人以自己的名義向被代理人發出要約且代理人以被代理人的名義予以承諾；二是代理人以被代理人的名義向自己發出要約且以自己的名義予以承諾。比如，甲授權乙銷售一噸鋼材，乙以甲的名義將鋼材賣給自己，便構成自己代理。或者，甲授權乙購買一噸鋼材，乙以甲的名義向自己購買鋼材，也構成自己代理。

雙方代理是指代理人同時代理被代理人和相對人實施同一民事法律行為。構成雙方代理，必須符合兩個條件：一是代理人必須既獲得被代理人的委託代理授權，又獲得相對人的委託代理授權。二是代理人同時代理雙方為同一民事法律行為的當事人。比如，甲授權乙銷售一噸鋼材，丙授權乙購買一噸鋼材，乙作為兩方的代理人以甲和丙的名義簽署一份鋼材買賣合同，便構成雙方代理。

大陸法系諸多國家和地區的立法大都明文限制自己代理和雙方代理。但民法通則和合同法都沒有對自己代理和雙方代理作出規定。

在自己代理的情形，代理人自己的利益可能會與被代理人的利益發生衝突，代理人往往更會注重自己的利益，從而損害被代理人的利益。在雙方代理的情形，一個民事法律行為的雙方當事人利益難免衝突，不免會厚此薄彼，很容易損害其中一方當事人的利益。因此，法律應當對自己代理和雙方代理加以規制。根據本條規定，代理人不得以被代理人的名義與自己實施民事法律行為，也不得以被代理人的名義與自己同時代理的其他人實施民事法律行為，即原則上禁止自己代理和雙方代理。

但是，法律禁止自己代理的目的是保護被代理人的利益，如果被代理人覺得沒有損害其利益或者願意承受這種不利益，法律沒有必要強行干預。故本條第 1 款同時規定，「但是被代理人同意或者追認的除外」。即如果被代理人事先同意的，或者被代理人雖然沒有事先同意，但事後經權衡後，追認了代理人的自己代理行為，法律自然要尊重被代理人的選擇，認可自己代理行為的效力。

同理，法律禁止雙方代理的目的是保護被代理人和相對人的利益，如果這兩方都覺得沒有損害其利益或者願意承受這種不利益，法律也沒有必要強行干預。因此，根據本條第 2 款規定，禁止雙方代理，但是被代理的雙方同意或者追認的除外。

第一百六十九條　代理人需要轉委託第三人代理的，應當取得被代理人的同意或者追認。

轉委託代理經被代理人同意或者追認的，被代理人可以就代理事務直接指示轉委託的第三人，代理人僅就第三人的選任以及對第三人的指示承擔責任。

轉委託代理未經被代理人同意或者追認的，代理人應當對轉委託的第三人的行為承擔責任；但是，在緊急情況下代理人為了維護被代理人的利益需要轉委託第三人代理的除外。

■ 條文主旨

本條是關於複代理的規定。

■ 條文釋義

複代理，又稱再代理、轉代理或者次代理，是指代理人為了實施其代理權限內的行為，而以自己的名義為被代理人選任代理人的代理。與複代理相對的是本代理，或者稱原代理，是指被代理人直接選任代理人而成立的代理。在複代理關係中，存在原代理人和複代理人兩個代理人，存在原代理人對被代理人的代理和複代理人對被代理人的代理兩層代理。

一、複代理的特徵

複代理具有以下幾個特徵：

1. 以本代理的存在為前提。必須有一個本代理，才能在其基礎上產生複代理。沒有本代理，複代理就無從談起。

2. 複代理人是原代理人以自己的名義選任的代理人。原代理人以自己的名義選任複代理人是複代理的重要特徵。如果是被代理人自己選任，當然就是本代理。如果原代理人以被代理人的名義選任另一個代理人，則不屬於複代理，而是在該代理人與被代理人之間直接產生一個新的代理關係。

3. 複代理人行使的代理權是原代理人的代理權，但原代理人的代理權並不因此喪失。複代理人是由原代理人以自己名義選任的，其代理權直接來源於原代理人的代理權，而且權限範圍不得大於原代理權的權限範圍。同時，原代理人選任複代理人後，其代理權並不因此而消滅，仍然保有其代理人地位，其與被代理人之間的代理法律關係沒有發生變化。如果代理人失去其代理權，而向被代理人推介他人接替自己擔任代理人的，是向被代理人推介新代理人的行為，而不是選任複代理人的行為。

4. 複代理人是被代理人的代理人，而不是代理人的代理人。複代理人以被代理人的名義實施民事法律行為，其法律效果直接歸屬於被代理人。如果複代理人以代理人的名義實施民事法律行為，就不是複代理，而屬於一般代理了。

二、複代理的條件

在委託代理中，代理關係一般都是建立在被代理人對代理人一定的人身信任基礎上，代理人是否合適，被代理人在委託授權時都會充分考慮。如果代理人自己擅自另行選任複代理人，其選任的複代理人不一定能夠得到被代理人的信任，因此不能強加於被代理人。同時，如果代理人覺得自己不合適繼續擔任代理人，隨時可以辭任，由被代理人另行選任其他代理人，而沒有必要由代理人擅自選任複代理人。基於此，原則上應當不允許代理人選任複代理人。但在特殊情況下，允許代理人選任複代理人，有利於更好地保護被代理人的合法權益，不應一概否定複代理的存在。

我國民法通則和合同法對複代理也作了規定，民法通則第 68 條規定：「委託代理人為被代理人的利益需要轉託他人代理的，應當事先取得被代理人的同意。事先沒有取得被代理人同意的，應當在事後及時告訴被代理人，如果被代理人不同意，由代理人對自己所轉託的人的行為負民事責任，但在緊急情況下，為了保護被代理人的利益而轉託他人代理的除外。」合同法第 400 條規定：「受託人應當親自處理委託事務。經委託人同意，受託人可以轉委託。轉委託經同意的，委託人可以就委託事務直接指示轉委託的第三人，受託人僅就第三人的選任及其對第三人的指示承擔責任。轉委託未經同意的，受託人應當對轉委託的第三人的行為承擔責任，但在緊急情況下受託人為維護委託人的利益需要轉委託的除外。」本條繼承了民法通則和合同法的規定，明確只有在兩種情況下才允許複代理：

1. 被代理人允許。被代理人的允許，包括事先同意和事後追認。本條第 1 款規定：「代理人需要轉委託第三人代理的，應當取得被代理人的同意或者追認。」有的情況下，被代理人考慮到代理人獨任代理存在一些困難，准許代理人便宜行事，選任複代理人協助其實施民事法律行為；有的情況下，代理人選任複代理人的行為事先沒有徵得被代理人同意，但被代理人經考慮事後追認了複代理的行為。在這兩種情況下，被代理人基於自己利益等考慮同意複代理，法律自無再加禁止的理由。

2. 出現緊急情況。根據本條第 3 款的規定，在緊急情況下代理人為了維護被代理人利益的需要，可以轉委託第三人代理。關於「緊急情況」，《最高人民法院關於貫徹執行〈中華人民共和國民法通則〉若干問題的意見（試行）》第 80 條作了一定的界定：「由於急病、通訊聯絡中斷等特殊原因，委託代理人自己不能辦理代理事項，又不能與被代理人及時取得聯繫，如不及時轉託他人代理，會給被代理人的利益造成損失或者擴大損失的，屬於民法通則第六十八條中的『緊急情況』。」出現了緊急情況，從維護被代理人利益的需要出發，法律允許複代理的存在。

三、複代理的法律效果

對被代理人和複代理人而言，一方面，代理人經被代理人同意、追認或者緊急情況下

選任了複代理人，複代理人就成為被代理人的代理人，可以被代理人的名義實施民事法律行為，該民事法律行為直接對被代理人發生效力；另一方面，複代理人是被代理人的代理人，被代理人就代理事務可以越過原代理人直接指示複代理人，複代理人應當按照被代理人的指示實施民事法律行為。

對原代理人和複代理人而言，原代理人以自己的名義選任了複代理人，其可以基於自己的判斷指示複代理人實施民事法律行為，即複代理人需要接受被代理人和原代理人的雙重指示。當然，在被代理人和原代理人的指示不一致時，複代理人應當優先按照被代理人的指示來實施民事法律行為。

對被代理人和原代理人而言，原代理人選任了複代理人後，複代理人所實施的民事法律行為的效力直接對被代理人發生，如果出現問題造成被代理人損害的，原則上原代理人不再承擔任何責任。但根據本條第 2 款的規定，在兩種情況下原代理人仍然需要承擔責任：一是原代理人在選任複代理人時存在過錯，比如，明知複代理人的品德或者能力難以勝任代理工作仍然選任其擔任複代理人的；二是複代理人的行為是根據原代理人的指示來實施的。這兩種情況下，原代理人也需要對被代理人承擔責任。

還有一個問題需要注意。根據本條第 3 款的規定，在原代理人未經被代理人同意或者追認而選任複代理人時，複代理人實施的代理行為就構成無權代理，除非符合本法第 172 條規定的表見代理外，其行為對被代理人不發生效力，代理人應當對複代理人的行為承擔責任。

> **第一百七十條**　執行法人或者非法人組織工作任務的人員，就其職權範圍內的事項，以法人或者非法人組織的名義實施的民事法律行為，對法人或者非法人組織發生效力。
>
> 　法人或者非法人組織對執行其工作任務的人員職權範圍的限制，不得對抗善意相對人。

■ 條文主旨

本條是關於職務代理的規定。

■ 條文釋義

職務代理，顧名思義，是指根據代理人所擔任的職務而產生的代理，即執行法人或者非法人組織工作任務的人員，就其職權範圍內的事項，以法人或者非法人組織的名義實施的民事法律行為，無須法人或者非法人組織的特別授權，對法人或者非法人組織發生效力。職務代理能夠彌補商事交易中法定代表人制度的不足，滿足法人對外交易的需求，也能夠增強交易結果的確定性和可預見性，使交易相對人能夠迅速、準確地判斷代理人是否有代理權，維

護正常的交易秩序、降低交易成本、提高交易效率。我國法律中以前對職務代理沒有作出明確規定，民法通則第 43 條規定：「企業法人對它的法定代表人和其他工作人員的經營活動，承擔民事責任。」有的學者將其解釋為對職務代理人代理權限的規定。侵權責任法第 34 條則對用人單位的責任和勞務派遣單位、勞務用工單位的責任作了規定：「用人單位的工作人員因執行工作任務造成他人損害的，由用人單位承擔侵權責任。勞務派遣期間，被派遣的工作人員因執行工作任務造成他人損害的，由接受勞務派遣的用工單位承擔侵權責任；勞務派遣單位有過錯的，承擔相應的補充責任。」直至 2017 年制定民法總則時，才專門規定了職務代理。

對職務代理的法律定位，學界有幾種意見：一是將職務代理納入委託代理的範疇，視為委託代理的一種具體類型；二是將職務代理納入法定代理的範疇，因為其代理權來自法律的直接規定；三是認為應當將職務代理與委託代理、法定代理並列，作為一種獨立的代理類型。經研究認為，委託代理本質上是指基於被代理人的意思而產生的代理，這種意思既可以體現於被代理人的授權行為，也可以體現於被代理人基於其與代理人之間的僱傭、勞動關係而對代理人的默示授權。在我國法律體系下，適當拓展委託代理的範圍，將職務代理納入委託代理的範疇加以規範，不僅理論上可行，也符合實踐的需要。但職務代理與一般的委託代理相比有其特殊性，理解職務代理制度，應注意以下幾點：

一是被代理人須是法人或者非法人組織。法人是指具有民事權利能力和民事行為能力，依法獨立享有民事權利和承擔民事義務的組織。非法人組織是指不具有法人資格，但是能夠依法以自己的名義從事民事活動的組織。法人、非法人組織作為被代理人時才能適用職務代理制度。如果被代理人是自然人，只能採用一般的委託代理。

二是代理人須是執行法人或者非法人組織工作任務的人員。執行法人或者非法人組織工作任務的人員，既包括基於勞動、僱傭關係而產生的法人、非法人組織的工作人員，如工廠採購員、商店售貨員等；也包括其他執行法人或者非法人組織工作任務的人員，如勞務派遣單位派到用工單位的工作人員。

三是代理事項須是職權範圍內的事項。法人或者非法人組織對執行其工作任務的人員，一般情況下都會確定一定的職權範圍。超越職權範圍實施民事法律行為的，就構成無權代理。職權範圍有時由法律、行政法規或者規章規定，有時由法人或者非法人組織的內部規定來規定，有時法人或者非法人組織還會臨時授予工作人員一定的職權。但應注意的是，本條第 2 款明確規定，法人或者非法人組織對執行其工作任務的人員職權範圍的限制，不得對抗善意相對人。法人或者非法人組織對執行其工作的人員都賦予其一定的職權範圍，有的情況下是對社會公開的，相對人可以知悉，但有的情況下相對人難以知道該職權的具體範圍，只能依據公開信息或者交易習慣來判斷。如果相對人是善意的，即對法人或者非法人組織對執行其工作任務的人員職權範圍的限制，不知道也不應當知道，那麼法律應當對這種合理信賴予以保護，以維護其合法權益。

> 第一百七十一條　行為人沒有代理權、超越代理權或者代理權終止後，仍然實施代理行為，未經被代理人追認的，對被代理人不發生效力。
>
> 相對人可以催告被代理人自收到通知之日起三十日內予以追認。被代理人未作表示的，視為拒絕追認。行為人實施的行為被追認前，善意相對人有撤銷的權利。撤銷應當以通知的方式作出。
>
> 行為人實施的行為未被追認的，善意相對人有權請求行為人履行債務或者就其受到的損害請求行為人賠償。但是，賠償的範圍不得超過被代理人追認時相對人所能獲得的利益。
>
> 相對人知道或者應當知道行為人無權代理的，相對人和行為人按照各自的過錯承擔責任。

■ 條文主旨

本條是關於無權代理的規定。

■ 條文釋義

廣義上的無權代理，是指行為人（無權代理人）沒有代理權仍以被代理人名義實施民事法律行為。代理權的存在是代理法律關係成立的前提，行為人只有基於代理權才能以被代理人的名義從事代理行為。一般來說，行為人沒有代理權，其實施的民事法律行為對被代理人而言就不應當產生代理的效力。但實際情況錯綜複雜，無權代理發生的原因多種多樣，簡單地一概否定無權代理的效力，一方面，未必完全符合被代理人的利益；另一方面，也不能置善意地相信代理人有代理權的相對人的利益不顧，否則將對交易安全、便捷造成較大衝擊。因此，各國和地區一般都區分情況，以有無代理權表象為標準，將無權代理分為表見代理和狹義上的無權代理兩類，賦予其不同的法律效果。本條規定的就是狹義上的無權代理，即指行為人沒有代理權，也不具有使相對人有理由相信其有代理權的外部表象的代理。下文提到的無權代理，如無特別指出，都僅指狹義上的無權代理。

一、我國之前的立法

我國民法通則和合同法對無權代理都作了規定。民法通則第 66 條第 1 款規定：「沒有代理權、超越代理權或者代理權終止後的行為，只有經過被代理人的追認，被代理人才承擔民事責任。未經追認的行為，由行為人承擔民事責任。本人知道他人以本人名義實施民事行為而不作否認表示的，視為同意。」第 4 款規定：「第三人知道行為人沒有代理權、超越代理權或者代理權已終止還與行為人實施民事行為給他人造成損害的，由第三人和行為人負連帶責任。」合同法第 48 條規定：「行為人沒有代理權、超越代理權或者代理權終止後以被代理人名義訂立的合同，未經被代理人追認，對被代理人不發生效力，由行為人承擔責任。相對人可以催告被代理人在一個月內予以追認。被代理人未作表示的，視為拒絕追認。合同被追

認之前，善意相對人有撤銷的權利。撤銷應當以通知的方式作出。」本條在民法通則和合同法規定的基礎上，作了進一步的修改完善。

二、無權代理的類型

本條將無權代理分為三種類型：

1. 沒有代理權的無權代理。其是指行為人根本沒有得到被代理人的授權，就以被代理人名義從事的代理。比如，行為人偽造他人的公章、合同書或者授權委託書等，假冒他人的名義實施民事法律行為，就是典型的無權代理。

2. 超越代理權的無權代理。其是指行為人與被代理人之間有代理關係存在，行為人有一定的代理權，但其實施的代理行為超出了代理範圍的代理。例如，甲委託乙購買 300 台電視機，但是乙擅自與他人簽訂了購買 500 台電視機的合同；或者甲委託乙購買電視機，但是乙購買了電冰箱，這些都是超越代理權的無權代理。

3. 代理權終止後的無權代理。其是指行為人與被代理人之間原本有代理關係，由於法定情形的出現使得代理權終止，但是行為人仍然從事的代理。法定情形主要指本法第 173 條規定的情形，包括代理期限屆滿、代理事務完成或者被代理人取消委託等。

三、無權代理行為的效力

行為人沒有代理權卻以被代理人的名義實施民事法律行為，不符合被代理人的意願，法律效果不能直接及於被代理人，本當無效。但是，考慮到行為人實施的民事法律行為並非都是對被代理人不利，有些對被代理人可能是有利的；而且，既然代理行為已經完成，行為人有為被代理人實施民事法律行為的意思表示，相對人有意與被代理人締約，如果被代理人願意事後承認，從鼓勵交易、維護交易秩序穩定以及更好地保護各方當事人利益的角度出發，也沒有必要一概否定其效力。因此，法律規定了一定的條件，如果符合法定條件的，允許行為人實施的民事法律行為對被代理人發生效力。大陸法系各國的立法也都規定無權代理行為為效力待定的行為，即該行為是否發生效力尚未確定，有待於其他行為使之確定。我國民法通則、合同法和本法也採納了這一做法。

根據本條的規定，對於無權代理行為，被代理人可以追認該行為，使之確定地發生法律效力，也可以拒絕追認使之確定地不發生法律效力；善意相對人可以在被代理人追認前行使撤銷權使之確定地不發生效力，如果相對人希望儘早確定其效力，可以催告被代理人予以追認。

四、被代理人的追認權和拒絕權

無權代理發生後，根據本條的規定，被代理人有追認和拒絕的權利。這裏所指的「追認」，是指被代理人對無權代理行為事後予以承認的一種單方意思表示。被代理人的追認應當以明示的意思表示向相對人作出，如果僅向行為人作出意思表示，也必須使相對人知道後才能產生法律效果。追認必須在相對人催告期限尚未屆滿前以及善意相對人未行使撤銷權前行使。一旦被代理人作出追認，無權代理就變成有權代理，行為人實施的民事法律行為就從成立時起對被代理人產生法律效力。

追認權是被代理人的一項權利，被代理人既有權作出追認，也可以拒絕追認。被代理人

行使拒絕權有兩種方式：一是被代理人在知道無權代理行為後，明確地向相對人表示拒絕承認該無權代理行為；二是被代理人在收到相對人催告的通知之日起 1 個月內未作表示的，則視為拒絕追認。被代理人拒絕追認後，無權代理行為便確定無效，因無權代理而實施的民事法律行為就不能對被代理人產生法律效力，由此而產生的責任就應該由行為人自己承擔。

五、相對人的催告權和善意相對人的撤銷權

無權代理經被代理人追認即產生效力，拒絕追認便不產生效力，這是為了更好地保護被代理人的合法權益。但同時相對人的合法權益也應當予以妥善保護，基於此，法律賦予了相對人催告權和善意相對人撤銷權。

所謂催告權，是指相對人催促被代理人在一定期限內明確答覆是否承認無權代理行為。根據本條第 2 款的規定，催告權的行使一般需具備以下要件：一是要求被代理人在一定的期限內作出答覆，本條第 2 款規定的期限為 30 日；二是催告應當以通知的方式作出；三是催告的意思必須是向被代理人作出。

為了維護當事人之間的利益平衡，本條第 2 款還規定相對人享有撤銷權。這裏的撤銷權，是指相對人在被代理人未追認無權代理行為之前，可撤回其對行為人所作的意思表示。相對人撤銷權的行使必須滿足以下條件：一是必須在被代理人作出追認之前作出，如果被代理人已經對無權代理行為作出了追認，該民事法律行為就對被代理人產生了效力，相對人就不能再撤銷其意思表示了；二是相對人在行為人實施民事法律行為時必須是善意的，也就是說，相對人在作出意思表示時，並不知道對方是無權代理的。如果明知對方是無權代理而仍與對方共同實施民事法律行為，那麼相對人就無權撤銷其意思表示；三是撤銷應當以通知的方式作出。

六、行為人（無權代理人）的責任

行為人實施的行為未被被代理人追認時，則其實施的民事法律行為的效力不能對被代理人發生效力，此時，行為人對相對人應當承擔責任，但其承擔何種內容的責任存在爭議。我國民法通則和合同法對此規定「由行為人承擔責任」，至於行為人承擔何種內容的責任沒有明確，這次專門對這一問題作了規定。

根據本條第 3 款、第 4 款的規定，行為人承擔的責任基於相對人是否善意而有所區別。

1. 相對人為善意時。本條第 3 款規定：「行為人實施的行為未被追認的，善意相對人有權請求行為人履行債務或者就其受到的損害請求行為人賠償。但是，賠償的範圍不得超過被代理人追認時相對人所能獲得的利益。」根據本款的規定，行為人實施的無權代理行為未被被代理人追認時，允許相對人選擇，或者讓行為人直接承擔行為後果，或者讓行為人承擔損害賠償責任。

在立法過程中，有的意見認為，讓行為人承擔行為後果不太妥當，善意相對人並無與行為人發生法律關係的意思，而且行為人一般不具備履行相應民事法律義務的能力，讓行為人承擔行為後果，既不現實，也無必要。但是經研究認為，為了更好地保護善意相對人的合法權益，賦予其更多的選擇權未嘗不可，由善意相對人根據實際情況自己判斷採用何種方式更

符合自己的利益。

　　需要注意的是，如果善意相對人要求行為人承擔損害賠償責任，本款對賠償責任的範圍作了一定的限制，即「賠償的範圍不得超過被代理人追認時相對人所能獲得的利益」。也就是說，賠償的範圍不得超過履行利益。這主要是考慮到善意相對人對因無權代理而遭受損害也有一定的過失，不能因此而多獲利益，應當對行為人的賠償責任適當加以限制。

　　2. 相對人為惡意時。根據本條第 4 款的規定，相對人知道或者應當知道行為人無權代理的，相對人和行為人按照各自的過錯承擔責任。此時，行為人和相對人對無權代理都心知肚明，法律自無對哪一方加以保護的必要，雙方應當根據各自的過錯來確定相應的責任。

> **第一百七十二條**　行為人沒有代理權、超越代理權或者代理權終止後，仍然實施代理行為，相對人有理由相信行為人有代理權的，代理行為有效。

■ 條文主旨

　　本條是關於表見代理的規定。

■ 條文釋義

　　所謂表見代理，是指行為人雖無代理權而實施代理行為，如果相對人有理由相信其有代理權，該代理行為有效。如前所述，無權代理非經被代理人追認，不對被代理人發生效力，這是法律為了保護被代理人的合法權益，維護其意思自治，不讓其承擔不測之損害。但在某些情況下，相對人是善意的且無過失，如果完全尊重被代理人的意思，強令代理行為無效，置善意相對人的利益於不顧，勢必影響交易安全。要求相對人在任何情況下都必須詳細考察被代理人的真正意思，不僅要花費很大的成本，實際操作中也很難做到。因此，只要相對人對行為人有代理權形成了合理信賴，即使實際情況相反，也應保護這種信賴利益，在一定程度上犧牲被代理人的利益，而將無權代理的效果歸屬於被代理人，以維護交易安全。本條便是基於以上理由，規定了表見代理制度。

　　根據本條的規定，構成表見代理需要滿足以下兩個條件：

　　1. 行為人並沒有獲得被代理人的授權就以被代理人的名義與相對人實施民事法律行為。本條規定了沒有代理權、超越代理權或者代理權終止三種情形。

　　2. 相對人在主觀上必須是善意、無過失的。所謂善意，是指相對人不知道或者不應當知道行為人實際上是無權代理；所謂無過失，是指相對人的這種不知道不是因為其大意造成的。如果相對人明知或者應知行為人沒有代理權、超越代理權或者代理權已終止，而仍與行為人實施民事法律行為，那麼就不構成表見代理，而成為無權代理。

　　在本條的立法過程中，對於是否要求以被代理人的過錯作為表見代理的構成要件，有不

同意見。一種意見認為，應當以被代理人的過錯作為表見代理的要件，否則對被代理人不公平。另一種意見認為，表見代理最重要的特徵就是相對人有正當理由相信行為人有代理權，而不問被代理人是否有過錯。本法採納了第二種意見。一般來說，表見代理的產生與被代理人的過錯有關，比如，因為被代理人管理制度的混亂，導致其公章、介紹信等被他人借用或者冒用；被代理人在知道行為人以其名義與第三人實施民事法律行為而不作否認表示等。這些都表明被代理人是有過錯的。但是，設立表見代理制度的目的是保護交易的安全性，不至於使沒有過失的相對人勞而無獲。因此，相對人只要證明自己和行為人實施民事法律行為時沒有過失，至於被代理人在行為人實施民事法律行為時是否有過失，相對人很多情況下難以證明。故在本條的規定中，對於行為人沒有代理權、超越代理權或者代理權終止後，仍然以被代理人的名義實施代理行為的情況下，只要相對人有理由相信行為人有代理權的，代理行為就有效。

第三節　代理終止

> **第一百七十三條　有下列情形之一的，委託代理終止：**
> **（一）代理期限屆滿或者代理事務完成；**
> **（二）被代理人取消委託或者代理人辭去委託；**
> **（三）代理人喪失民事行為能力；**
> **（四）代理人或者被代理人死亡；**
> **（五）作為代理人或者被代理人的法人、非法人組織終止。**

■ 條文主旨

本條是關於委託代理終止的規定。

■ 條文釋義

委託代理終止，是指被代理人與代理人之間的代理關係消滅。關於哪些情況下委託代理終止，民法通則第 69 條作了列舉式規定：「有下列情形之一的，委託代理終止：（一）代理期間屆滿或者代理事務完成；（二）被代理人取消委託或者代理人辭去委託；（三）代理人死亡；（四）代理人喪失民事行為能力；（五）作為被代理人或者代理人的法人終止。」合同法對委託合同終止也作了相關規定。合同法第 410 條規定：「委託人或者受託人可以隨時解除委託合同。因解除合同給對方造成損失的，除不可歸責於該當事人的事由以外，應當賠償損失。」第 411 條規定：「委託人或者受託人死亡、喪失民事行為能力或者破產的，委託合同終止，但當事人另有約定或者根據委託事務的性質不宜終止的除外。」第 412 條規定：「因

委託人死亡、喪失民事行為能力或者破產，致使委託合同終止將損害委託人利益的，在委託人的繼承人、法定代理人或者清算組織承受委託事務之前，受託人應當繼續處理委託事務。」第413條規定：「因受託人死亡、喪失民事行為能力或者破產，致使委託合同終止的，受託人的繼承人、法定代理人或者清算組織應當及時通知委託人。因委託合同終止將損害委託人利益的，在委託人作出善後處理之前，受託人的繼承人、法定代理人或者清算組織應當採取必要措施。」本條在上述規定的基礎上，明確有下列五種情形之一的，委託代理終止：

1. 代理期限屆滿或者代理事務完成。代理期限就是委託代理授權時確定的代理權的存續期限。如果授權時明確了具體的代理期限，期限屆滿，沒有繼續授權，委託代理就應當終止。同時，代理人完成了全部代理事務，即使代理期限沒有屆滿，代理關係也已失去繼續存在的理由，也應當終止。

2. 被代理人取消委託或者代理人辭去委託。被代理人授權代理人委託代理權，該委託代理權被代理人可以依法取消，代理人也可以依法辭去，此兩種情形之下，委託代理終止。當然，如果因為被代理人取消委託或者代理人辭去委託造成損失的，行為人應當依法賠償損失。

3. 代理人喪失民事行為能力。代理人要以被代理人的名義實施民事法律行為，必須具有行為能力。如果代理人喪失民事行為能力，委託代理當然終止。

4. 代理人或者被代理人死亡。委託代理關係是建立在被代理人與代理人之間信任的基礎之上，具有嚴格的人身屬性，如果代理人或者被代理人死亡，委託代理也應終止。但應注意的是，如果被代理人突然死亡，要求代理人隨即停止所有的代理活動，客觀上有時難以做到，而且可能會損害被代理人的繼承人的利益，因此，本法第174條規定了一些例外情形，在這些情形下，代理人實施的代理行為仍然有效。

5. 作為代理人或者被代理人的法人、非法人組織終止。如果代理人或者被代理人是法人或者非法人組織的，該法人或者非法人組織由於種種原因終止，此時，委託代理也當然終止。

第一百七十四條 被代理人死亡後，有下列情形之一的，委託代理人實施的代理行為有效：

（一）代理人不知道且不應當知道被代理人死亡；

（二）被代理人的繼承人予以承認；

（三）授權中明確代理權在代理事務完成時終止；

（四）被代理人死亡前已經實施，為了被代理人的繼承人的利益繼續代理。

作為被代理人的法人、非法人組織終止的，參照適用前款規定。

■ 條文主旨

本條是關於委託代理終止例外的規定。

■ 條文釋義

本法第 173 條規定了委託代理終止的情形，其中規定被代理人死亡和作為被代理人的法人、非法人組織終止時，委託代理終止。但實踐情況較為複雜，一概規定委託代理終止不太合理。《最高人民法院關於貫徹執行〈中華人民共和國民法通則〉若干問題的意見（試行）》第 82 條對此已有規定：「被代理人死亡後有下列情況之一的，委託代理人實施的代理行為有效：（1）代理人不知道被代理人死亡的；（2）被代理人的繼承人均予承認的；（3）被代理人與代理人約定到代理事項完成時代理權終止的；（4）在被代理人死亡前已經進行、而在被代理人死亡後為了被代理人的繼承人的利益繼續完成的。」本條在借鑒司法解釋有益經驗的基礎上，對一些例外情形作了規定。

根據本條第 1 款的規定，在下列情形下，被代理人死亡的，委託代理人實施的代理行為仍然有效：

1. 代理人不知道且不應當知道被代理人死亡。被代理人突然死亡，代理人不一定能及時知道，比如此時代理人正在外地忙於代理事務，被代理人沒有繼承人，被代理人的繼承人不知道代理人的存在，被代理人的繼承人沒有及時通知代理人被代理人死亡，等等，種種原因使得代理人不知道並且不應當知道被代理人死亡的，此時代理人仍然在繼續實施代理行為。如果令代理行為無效，對代理人和相對人不甚合理。當然，如果代理人知道或者應當知道被代理人死亡的，代理關係終止，代理人就應當立刻停止實施代理行為。

2. 被代理人的繼承人予以承認。被代理人死亡，其繼承人知道代理人的存在後，對其代理人地位予以承認的，代理人可以繼續實施代理行為。

3. 授權中明確代理權在代理事務完成時終止。被代理人的委託授權中明確了代理權直到代理事務完成時才終止的，即使被代理人死亡，也應當尊重其意思，代理人可以繼續從事代理活動，其實施的代理行為仍然有效。

4. 被代理人死亡前已經實施，為了被代理人的繼承人的利益繼續代理。被代理人死亡前代理人已經實施了代理行為，被代理人死亡後，如果繼續實施該代理行為有利於被代理人的繼承人的利益，代理人應當完成該代理行為。

如果被代理人是法人、非法人組織，其終止類似於自然人的死亡，因此，本條第 2 款規定，作為被代理人的法人、非法人組織終止的，參照適用前款規定。

第一百七十五條　有下列情形之一的，法定代理終止：

（一）被代理人取得或者恢復完全民事行為能力；

（二）代理人喪失民事行為能力；

（三）代理人或者被代理人死亡；

（四）法律規定的其他情形。

■ 條文主旨

本條是關於法定代理終止的規定。

■ 條文釋義

法定代理依法律規定的情形而產生，也應依法律規定的情形而終止。民法通則第 70 條規定：「有下列情形之一的，法定代理或者指定代理終止：（一）被代理人取得或者恢復民事行為能力；（二）被代理人或者代理人死亡；（三）代理人喪失民事行為能力；（四）指定代理的人民法院或者指定單位取消指定；（五）由其他原因引起的被代理人和代理人之間的監護關係消滅。」本條在民法通則規定的基礎上，明確有下列四種情形之一的，法定代理終止：

1. 被代理人取得或者恢復完全民事行為能力。法定代理產生的一個重要原因，是被代理人為無民事行為能力人或者限制民事行為能力人，需要監護人作為其法定代理人，代理其實施民事法律行為。如果被代理人取得或者恢復完全民事行為能力，比如未成年人年滿 18 周歲，或者健康障礙患者恢復健康，法定代理就沒有存在的必要，自然終止。

2. 代理人喪失民事行為能力。代理人代理被代理人實施民事法律行為，當然必須具有行為能力。如果代理人喪失民事行為能力，法定代理當然終止。

3. 代理人或者被代理人死亡。代理人或者被代理人死亡的，法定代理當然終止。

4. 法律規定的其他情形。上述三種情形之外，法律還規定了其他一些終止情形，比如，本法第 44 條第 1 款規定，財產代管人不履行代管職責、侵害失蹤人財產權益或者喪失代管能力的，失蹤人的利害關係人可以向人民法院申請變更財產代管人。如果財產代管人變更，原來的財產代管人與失蹤人之間的代理關係自然終止。

第八章　民事責任

民事責任是保障民事權利實現的重要制度，是民法的重要組成部分。本章共十二條，主要規定了民事責任的承擔，按份責任，連帶責任，承擔民事責任的方式，不可抗力，正當防衛，緊急避險，因保護他人民事權益而使自己受到損害的責任承擔主體，因自願實施緊急救助行為造成受助人損害的不承擔民事責任，侵害英雄烈士等的姓名、肖像、名譽、榮譽，損害社會公共利益的民事責任，違約責任與侵權責任的競合，財產優先承擔民事責任等。

> **第一百七十六條　民事主體依照法律規定或者按照當事人約定，履行民事義務，承擔民事責任。**

■ 條文主旨

本條是關於民事主體依法承擔民事責任的規定。

■ 條文釋義

法律責任分為民事責任、行政責任和刑事責任。民事責任是指由於違反民事義務所應承擔的責任。違反民事義務包括違反法律規定的民事義務和違反當事人約定的民事義務。

民事責任是民法上保護民事權利的重要措施。民事主體享有廣泛的民事權利，民法典第一編總則的第五章以專章規定了自然人、法人、非法人組織享有哪些民事權利。民法保護民事主體的民事權利主要通過兩個方面予以實現：一是賦予民事主體權利，使民事主體在權利受到損害的情況下依法採取自救措施，或者請求有關部門、組織或者法院等給予保護；二是規定不依照法律規定或者當事人約定履行民事義務的民事主體承擔一定的法律後果，以恢復被損害的權利。後者就是以不履行民事義務的主體承擔民事責任的方式來保護民事權利。所以，民事責任是民事主體行使民事權利的保障，沒有民事責任，享受民事權利就是一句空話。通過承擔民事責任，使被侵害的民事權利得以恢復和賠償，從而保護民事主體的民事權利，同時也能起到對違反民事義務的行為予以懲罰的作用。

民事責任的基本特徵包括兩個方面：

1. 民事責任是民事主體違反民事義務所應承擔的責任，是以民事義務為基礎的。法律規定或者當事人約定民事主體應當做什麼和不應當做什麼，即要求應當為一定的行為或者不為一定的行為，這就是民事主體的義務。法律也同時規定了違反民事義務的後果，即應當承擔的責任，這就是民事責任。民事責任不同於民事義務，民事責任是違反民事義務的後果，而

不是民事義務本身。

本條規定民事主體依照法律規定或者當事人約定履行民事義務，根據這一規定，民事義務分為兩類：

一是法律直接規定的義務。例如，本法第 8 條規定：「民事主體從事民事活動，不得違反法律，不得違背公序良俗。」「不得違反法律，不得違背公序良俗」，就是每個民事主體的法律義務。

二是在法律允許的範圍內民事主體自行約定的義務。例如，合同當事人雙方在合同中約定的義務。本法第 464 條第 1 款規定：「合同是民事主體之間設立、變更、終止民事法律關係的協議。」第 465 條規定：「依法成立的合同，受法律保護。依法成立的合同，僅對當事人具有法律約束力，但是法律另有規定的除外。」第 509 條第 1 款規定：「當事人應當按照約定全面履行自己的義務。」民事主體無論違反哪一類義務都要依法承擔民事責任。

2. 民事責任具有強制性。強制性是法律責任的重要特徵。法律責任不同於道德責任，道德責任是社會對人們實施的不符合道德規範行為的譴責。這種譴責只能通過社會輿論和行為人自我良心的反省來實現，而不能通過國家強制力實現，因而不具有強制性。法律責任中的民事責任的強制性表現在對不履行民事義務的行為予以制裁，要求民事主體承擔民事責任。因此，本條規定：「民事主體依照法律規定或者按照當事人約定，履行民事義務，承擔民事責任。」

> **第一百七十七條**　二人以上依法承擔按份責任，能夠確定責任大小的，各自承擔相應的責任；難以確定責任大小的，平均承擔責任。

■ 條文主旨

本條是關於按份責任的規定。

■ 條文釋義

按份責任，是指責任人為多人時，各責任人按照一定的份額向權利人承擔民事責任，各責任人之間無連帶關係。也就是說，責任人各自承擔不同份額的責任，不具有連帶性，權利人只能請求屬於按份責任人的責任份額。按份責任產生的前提，是 2 人以上的民事主體不依照法律規定或者當事人約定履行民事義務產生的民事責任。

適用本條規定應當符合下列構成要件：

1. 主體的複數性。不依照法律規定或者當事人約定履行民事義務的主體應當為 2 人或者 2 人以上的民事主體，可以是自然人，也可以是法人或者非法人組織。

2. 造成同一法律後果。2 人或者 2 人以上的民事主體不依照法律規定或者當事人約定履

行民事義務產生的民事責任是同一的，性質是相同的。

根據本條規定，2 人或者 2 人以上的民事主體依法承擔按份責任。每個民事主體應當承擔的份額，又分兩種情形：

1. 能夠確定責任大小的。2 人或者 2 人以上的民事主體沒有依照法律規定或者當事人的約定履行民事義務，可以根據每個民事主體對造成損害的後果的可能性來確定責任份額。判斷這種可能性，可以綜合每個民事主體的過錯程度、未依照法律規定或者當事人約定履行義務的具體行為與法律後果之間的因果關係的緊密程度、公平原則、誠信原則等因素。有的學者將這種可能性稱為「原因力」，這是指在構成不依照法律規定或者當事人約定履行民事義務產生的共同原因中，每一個原因對於結果的發生或擴大所產生的作用力。法律不可能脫離具體案件，事先抽象出各種確定責任份額的標準，只能由人民法院、仲裁機構在具體案件中綜合考慮各種因素來確定。

2. 難以確定責任大小的。責任分配的尺度有時很難有一個可以量化的標準，在某些情形下，由於案情複雜，很難分清每一個不依照法律規定或者當事人約定履行民事義務的行為對損害後果的作用力究竟有多大。針對這種情形，本條規定，難以確定責任大小的，每個行為人平均承擔民事責任。

第一百七十八條　二人以上依法承擔連帶責任的，權利人有權請求部分或者全部連帶責任人承擔責任。

連帶責任人的責任份額根據各自責任大小確定；難以確定責任大小的，平均承擔責任。實際承擔責任超過自己責任份額的連帶責任人，有權向其他連帶責任人追償。

連帶責任，由法律規定或者當事人約定。

■ 條文主旨

本條是關於連帶責任的規定。

■ 條文釋義

連帶責任，是指依照法律規定或者當事人的約定，2 人或者 2 人以上當事人對共同產生的不履行民事義務的民事責任承擔全部責任，並因此引起內部債務關係的一種民事責任。連帶責任是一項重要的責任承擔方式。連帶責任可能基於合同產生，也可能基於侵權行為產生。司法實踐中，連帶責任是不履行義務的行為人承擔責任的一種重要方式。連帶責任的意義在於增加責任主體的數量，加強對受損害人的保護，確保受損害人獲得賠償。

連帶責任的特徵主要表現在：（1）連帶責任對於違反民事義務的主體而言是一種比較嚴厲的責任方式。連帶責任對外是一個整體的責任。連帶責任中的每個主體都需要對被損害

者承擔全部責任。被請求承擔全部責任的連帶責任主體，不得因自己的過錯程度而只承擔自己的責任。（2）連帶責任對於被損害者的保護更為充分。連帶責任給了被損害者更多的選擇權，被損害者可以請求一個或者數個連帶責任人承擔全部或者部分的賠償責任。（3）連帶責任是法定責任，連帶責任人之間不能約定改變責任的性質，對於內部責任份額的約定對外不發生效力。

近幾十年來，隨着經濟的不斷發展和保險制度的日益完善，一些國家對連帶責任制度的適用範圍進行了反思。有的學者認為，連帶責任與為自己行為負責之間可能存在矛盾，會造成連帶責任中有經濟賠償能力但過錯程度不重的人承擔較重的責任，破壞了損害者之間的利益平衡。當某一損害者沒有償還能力時，已經承擔了賠償責任的損害者就無法行使追償權，承擔了超出其過錯程度的責任。而且，連帶責任制度會鼓勵原告在訴訟中起訴「深口袋」，即以有償付能力的損害者作為被告，即使這些人只有微小過錯，僅僅因為他們比其他損害者有償付能力，就需要對全部損失承擔責任。但是，不能否認，連帶責任有利於被損害者得到充分的救濟，減輕了被損害者的舉證責任，使被損害者不必因為部分共同損害者的賠付能力而妨礙得到全額的賠償。而且，對於連帶責任而言，這種責任方式也並非不公平，不履行民事義務的每一個行為人都應當對結果的發生具有預見性，因此，有理由讓他們對結果的發生承擔責任。連帶責任內部的追償制度也能導致最終責任的公平承擔。在我國保險制度還不健全的情況下，連帶責任所具有的擔保價值，有利於充分保護被損害者的合法權益。因此，本法在現行法律和司法實踐的基礎上對連帶責任作出規定：「二人以上依法承擔連帶責任的，權利人有權請求部分或者全部連帶責任人承擔責任。」據此，對於依法應當承擔連帶責任的，權利人向一個或者數個連帶責任人請求的，被請求的連帶責任人就應當承擔全部責任。

連帶責任人對外承擔了責任後，通常需要在內部確定各自的責任。責任大小一般依據如下原則確定：一是根據各自的過錯。大多數不履行民事義務的行為以過錯為構成要件，以過錯程度確定連帶責任人之間的責任份額，能夠體現公平，這也是我國司法實踐的通常做法。確定責任份額時，應當對每個責任主體在不履行民事義務時的過錯進行比較，有故意或者有重大過失等較大過錯的，承擔的責任份額較大；過錯較小的，如只有輕微過失的，可以承擔較少的責任份額。二是對原因力進行比較。原因力是指在構成不履行義務的多個原因中，每一個原因對於結果的發生或者擴大所起的作用。原因力也是確定連帶責任人責任數額的一個方面，特別是在無過錯責任的情況下，需要對各責任主體在不履行民事義務時所起的作用進行比較，所起的作用較大的，應當承擔較大的責任份額；所起的作用較小的，應當承擔較小的責任份額。三是平均分擔責任份額。如果根據過錯和原因力難以確定連帶責任人責任大小的，可以視為各連帶責任人的過錯程度和原因力大小是相當的，在這種情況下應當由連帶責任人平均承擔責任份額。如 3 名連帶責任人承擔連帶責任，那麼每人分擔責任份額的 1/3。需要指出的是，不能簡單地、不加條件地讓連帶責任人平均分擔責任份額，本條第 2 款「難以確定責任大小的，平均承擔責任」的適用前提是，具有通過對過錯、原因力等進行比較分析後，仍難以確定責任份額的情形。

在一個或者數個連帶責任人清償了全部責任後，實際承擔責任的人有權向其他連帶責任人追償。連帶責任中的追償權在連帶責任的內部關係中處於重要地位，能保障連帶責任人內部合理分擔風險。通過行使追償權，實際承擔民事責任的連帶責任人也完成了角色的轉化，從對外以不履行民事義務人的身份承擔民事責任，轉化為對內以債權人的身份請求公平分擔責任。行使追償權的前提是連帶責任人實際承擔了超出自己責任的份額，沒有超出自己責任的份額，不得行使追償權。對此，本條第 2 款予以明確規定：「實際承擔責任超過自己責任份額的連帶責任人，有權向其他連帶責任人追償。」

在十二屆全國人大五次會議審議民法總則草案的過程中，有的代表提出，連帶責任是兩個或者兩個以上的債務人共同向債權人承擔民事責任，是一種較為嚴厲的責任方式，除當事人有約定外，宜由法律作出規定。經研究，最後在本條增加 1 款作為第 3 款：「連帶責任，由法律規定或者當事人約定。」民法典維持了這一規定。

第一百七十九條　承擔民事責任的方式主要有：

（一）停止侵害；

（二）排除妨礙；

（三）消除危險；

（四）返還財產；

（五）恢復原狀；

（六）修理、重作、更換；

（七）繼續履行；

（八）賠償損失；

（九）支付違約金；

（十）消除影響、恢復名譽；

（十一）賠禮道歉。

法律規定懲罰性賠償的，依照其規定。

本條規定的承擔民事責任的方式，可以單獨適用，也可以合併適用。

■ **條文主旨**

本條是關於承擔民事責任方式的規定。

■ **條文釋義**

民事主體應當依照法律規定或者當事人約定履行民事義務。民事主體不履行或者不完全履行民事義務的，就要承擔民事責任。承擔民事責任的方式是民事責任的具體體現，沒有承

擔民事責任的方式，民事責任就難以落實。

根據本條規定，承擔民事責任的方式主要有：

1. 停止侵害。這主要是要求行為人不實施某種侵害。這種責任方式能夠及時制止侵害，防止侵害後果的擴大。例如，某人正在散佈謠言誹謗他人，受害人有權請求其停止侵害。採用這種責任方式以不履行民事義務正在進行或者仍在延續為條件，對於未發生或者已經終止的不履行義務的情形不適用。人民法院根據受害人的請求，依據案件的具體情況，可以在審理案件之前發佈停止侵害令，或者在審理過程中發佈停止侵害令，也可以在判決中責令行為人停止侵害。

2. 排除妨礙。這是指行為人實施的行為使他人無法行使或者不能正常行使人身、財產權益，受害人可以要求行為人排除妨礙權益實施的障礙。如果行為人不排除妨礙，受害人可以請求人民法院責令其排除妨礙。例如，某人在他人家門口堆放垃圾，妨礙他人通行，同時污染了他人的居住環境，受害人有權請求行為人將垃圾清除。受害人也可以自己排除妨礙，但排除妨礙的費用由行為人承擔。

3. 消除危險。這是指行為人的行為對他人人身、財產權益造成現實威脅，他人有權要求行為人採取有效措施消除這種現實威脅。例如，某人的房屋由於受到大雨衝刷隨時有倒塌可能，危及鄰居的人身、財產安全，但房屋的所有人不採取措施。此時，鄰居可以請求該房屋的所有人採取措施消除這種危險。適用這種責任方式可以有效防止現實損害的發生，充分保護他人的人身、財產安全。適用這種責任方式必須是危險確實存在，對他人人身、財產安全造成現實威脅，但尚未發生實際損害。

4. 返還財產。返還財產責任是因行為人無權佔有他人財產而產生。沒有法律或者合同根據佔有他人財產，就構成無權佔有，侵害了他人的財產權益，行為人應當返還該財產。例如，某人借用他人的電腦到期不還據為己有，構成了無權佔有，電腦所有人有權要求無權佔有人返還電腦。根據本法規定，無權佔有不動產或者動產的，權利人可以請求返還原物。有權請求返還財產的主體一般是該財產的所有人，但該財產被他人合法佔有期間，被第三人非法佔有的，該合法佔有人也可以請求返還財產。適用返還財產責任方式的前提是該財產還存在，如果該財產已經滅失，就不可能適用該責任方式，受害人只能要求賠償損失；該財產雖然存在，但已經損壞的，權利人可以根據自己的意願，選擇返還財產、恢復原狀或者賠償損失等責任方式。

5. 恢復原狀。這是指行為人通過修理等手段使受到損壞的財產恢復到損壞發生前的狀況的一種責任方式。採取恢復原狀責任方式要符合以下條件：一是受到損壞的財產仍然存在且有恢復原狀的可能性。受到損壞的財產不存在或者恢復原狀不可能的，受害人可以請求選擇其他責任方式如賠償損失。二是恢復原狀有必要，即受害人認為恢復原狀是必要的且具有經濟上的合理性。恢復原狀若沒有經濟上的合理性，就不宜適用該責任方式。如果修理後不能或者不能完全達到受損前狀況的，義務人還應當對該財產價值貶損的部分予以賠償。

6. 修理、重作、更換。這主要是違反合同應當承擔的民事責任形式，是違反合同後所採

取的補救措施。修理包括對產品、工作成果等標的物質量瑕疵的修補，也包括對服務質量瑕疵的改善，這是最為普遍的補救方式。在存在嚴重的質量瑕疵，以致不能通過修理達到約定的或者法定的質量情形下，受損害方可以選擇更換或者重作的補救方式。例如，修建的房屋不符合要求，義務人應當無償地進行修理；加工製作的產品不符合約定，雖經修理也不能使用，義務人就應當重作。修理、重作、更換不是恢復原狀，如果將損壞的財產修理復原，則是承擔恢復原狀的責任。

7. 繼續履行。就是按照合同的約定繼續履行義務。當事人訂立合同都是追求一定的目的，這一目的直接體現在對合同標的的履行，義務人只有按照合同約定的標的履行，才能實現權利人訂立合同的目的。所以，繼續履行合同是當事人一方違反合同後應當負的一項重要的民事責任。對合同一方當事人不能自覺履行合同的，另一方當事人有權請求違約方繼續履行合同或者請求人民法院、仲裁機構強制違約當事人繼續履行合同。例如，沒有交付商品的，應當交付合同約定的商品；沒有提供勞務的，應當繼續提供合同約定的勞務。

8. 賠償損失。這是指行為人向受害人支付一定額數的金錢以彌補其損失的責任方式，是運用較為廣泛的一種責任方式。賠償的目的，最基本的是補償損害，使受到損害的權利得到救濟，使受害人能恢復到未受到損害前的狀態。

9. 支付違約金。違約金是當事人在合同中約定的或者由法律直接規定的一方違反合同時應向對方支付一定數額的金錢，這是違反合同可以採用的承擔民事責任的方式，只適用於合同當事人有違約金約定或者法律規定違反合同應支付違約金的情形。違約金的標的物通常是金錢，但是當事人也可以約定違約金標的物為金錢以外的其他財產。違約金根據產生的根據可以分為法定違約金和約定違約金。法定違約金是由法律直接規定違約的情形和應當支付違約金的數額。只要當事人一方發生法律規定的違約情況，就應當按照法律規定的數額向對方支付違約金。如果違約金是由當事人約定的，為約定違約金。約定違約金是一種合同關係，有的稱為違約金合同。約定違約金又被看成一種附條件合同，只有在違約行為發生的情況下，違約金合同才生效；違約行為不發生，違約金合同不生效。當事人約定違約金的，一方違約時，應當按照該約定支付違約金。如果約定的違約金低於造成的損失的，當事人可以請求人民法院或者仲裁機構予以增加；約定的違約金過分高於造成的損失的，當事人可以請求人民法院或者仲裁機構予以適當減少。如果當事人專門就遲延履行約定違約金的，該種違約金僅是違約方對其遲延履行所承擔的違約責任，因此，違約方支付違約金後還應當繼續履行義務。

10. 消除影響、恢復名譽。這是指人民法院根據受害人的請求，責令行為人在一定範圍內採取適當方式消除對受害人名譽的不利影響，以使其名譽得到恢復的一種責任方式。具體適用消除影響、恢復名譽，要根據侵害行為所造成的影響和受害人名譽受損的後果決定。處理的原則是，行為人應當根據造成不良影響的大小，採取程度不同的措施給受害人消除不良影響，例如在報刊上或者網絡上發表文章損害他人名譽權的，就應當在該報刊或者網站上發表書面聲明，對錯誤內容進行更正。消除影響、恢復名譽主要適用於侵害名譽權等情形，一般不適用侵犯隱私權的情形，因為消除影響、恢復名譽一般是公開進行的，如果適用於隱私

權的保護，有可能進一步披露受害人的隱私，造成進一步的影響。

11. 賠禮道歉。這是指行為人通過口頭、書面或者其他方式向受害人進行道歉，以取得諒解的一種責任方式。賠禮道歉主要適用於侵害名譽權、榮譽權、隱私權、姓名權、肖像權等人格權益的情形。賠禮道歉可以是公開的，也可以私下進行；可以口頭方式進行，也可以書面方式進行，具體採用什麼形式由法院依據案件的具體情況作出。口頭道歉是由行為人直接向受害人表示，基本不公開進行；書面道歉以文字形式進行，可以登載在報紙上，或者張貼於有關場所。行為人不賠禮道歉的，人民法院可以判決按照確定的方式進行，產生的費用由行為人承擔。

本條第 2 款規定，法律規定懲罰性賠償的，依照其規定。懲罰性賠償是指當侵權人（義務人）以惡意、故意、欺詐等的方式實施加害行為而致權利人受到損害的，權利人可以獲得實際損害賠償之外的增加賠償。其目的是通過對義務人施以懲罰，阻止其重複實施惡意行為，並警示他人不要採取類似行為。在民法總則審議中，有些意見建議，在民事責任中規定懲罰性賠償。民法典保留了本款規定。考慮到懲罰性賠償是賠償損失的一種特別賠償，因此本款規定適用懲罰性賠償應當在法律有特別規定的情況下，依照法律的規定予以適用。

本條規定了十一種承擔民事責任的方式，各有特點，可以單獨採用一種方式，也可以採用多種方式。例如，對單純的財產損失，可以單獨採用賠償損失的方式；對侵害名譽權、隱私權等人格權的，既可以單獨採用消除影響、恢復名譽的責任方式，也可以並用消除影響、恢復名譽和損害賠償的責任方式。具體適用民事責任的方式應掌握的原則是，如果一種方式不足以救濟權利人的，就應當同時適用其他方式。據此，本條第 3 款規定，本條規定的承擔民事責任的方式，可以單獨適用，也可以合併適用。

**　　第一百八十條　因不可抗力不能履行民事義務的，不承擔民事責任。法律另有規定的，依照其規定。**

**　　不可抗力是不能預見、不能避免且不能克服的客觀情況。**

■ 條文主旨

本條是關於不可抗力的規定。

■ 條文釋義

一、不可抗力的概念

本條第 2 款規定：「不可抗力是不能預見、不能避免且不能克服的客觀情況。」

對「不可抗力」的理解，應是根據現有的技術水平，一般對某事件發生沒有預知能力。人們對某事件的發生的預知能力取決於當代的科學技術水平。某些事件的發生，在過去不可

預見，但隨着科學技術水平的發展，現在就可以預見。例如，現在對天氣預報的準確率已達到了 90% 以上，人們對狂風暴雨的規避能力已大大提高。

如何認識「不能避免且不能克服」，應是指當事人已經盡到最大努力和採取一切可以採取的措施，仍不能避免某種事件的發生並不能克服事件所造成的後果。「不能避免且不能克服」表明某個事件的發生和事件所造成的後果具有必然性。

二、不可抗力情形下的民事責任

不可抗力是獨立於人的行為之外，不受當事人意志所支配的現象，是人力所不可抗拒的力量。行為人完全因為不可抗力不能履行民事義務，表明行為人的行為與不履行民事義務之間不存在因果關係，同時也表明行為人沒有過錯，如果讓行為人對自己無法控制的情形承擔責任，對行為人來說是不公平的。因此，很多國家和地區都將不可抗力作為免除行為人承擔民事責任的事由予以規定。

通常情況下，因不可抗力不能履行民事義務的，不承擔民事責任。但法律規定因不可抗力不能履行民事義務，也要承擔民事責任的則需要依法承擔民事責任。故本條第 1 款規定：「因不可抗力不能履行民事義務的，不承擔民事責任。法律另有規定的，依照其規定。」具體什麼情況下應承擔民事責任、承擔責任的程度等要依照法律的規定確定。例如，根據民用航空法第 160 條的規定，民用航空器造成他人損害的，民用航空器的經營人只有能夠證明損害是武裝衝突、騷亂造成的，或者是因受害人故意造成的，才能免除其責任。因不可抗力的自然災害造成的，不能免除民用航空器經營人的責任。舉例來說，民用飛機在空中遭雷擊墜毀，造成地面人員傷亡。航空公司不能以不可抗力為由，對受害人予以抗辯。

> **第一百八十一條　因正當防衛造成損害的，不承擔民事責任。**
>
> **正當防衛超過必要的限度，造成不應有的損害的，正當防衛人應當承擔適當的民事責任。**

■ 條文主旨

本條是關於正當防衛的規定。

■ 條文釋義

一、正當防衛的概念

正當防衛，是指本人、他人的人身權利、財產權利遭受不法侵害時，行為人所採取的一種防衛措施。正當防衛作為行為人不承擔責任和減輕責任的情形，其根據是行為的正當性、合法性，表明行為人主觀上沒有過錯。正當防衛是法律賦予當事人自衛的權利，是屬於受法律鼓勵的行為，目的是保護當事人本人、他人不受侵犯。故本條規定「因正當防衛造成損害

的，不承擔民事責任」。

二、正當防衛的要件

正當防衛應當同時具備以下六個要件：

1. 必須是為了使本人、他人的人身、財產權利免受不法侵害而實施的。本條規定基本傳承了民法通則與侵權責任法的規定，對正當防衛的內容沒有明確規定，即沒有明確規定是為了誰的利益而採取防衛行為。

我國刑法明確規定了正當防衛的內容。刑法第 20 條第 1 款規定，為了使國家、公共利益、本人或者他人的人身、財產和其他權利免受正在進行的不法侵害，而採取的制止不法侵害的行為，對不法侵害人造成損害的，屬於正當防衛，不負刑事責任。

本條雖然沒有對正當防衛的內容作出規定，但應與我國刑法的規定一致，正當防衛應是為了保護本人或者他人的人身、財產權利而實施的行為。

2. 必須有不法侵害行為發生。所謂「不法侵害行為」，是指對某種權利或者利益的侵害為法律所明文禁止，既包括犯罪行為，也包括其他違法的侵害行為。

3. 必須是正在進行的不法侵害。正當防衛的目的是制止不法侵害，避免危害結果的發生，因此，不法侵害必須是正在進行的，而不是尚未開始，或者已經實施完畢，或者實施者確已自動停止。否則，就是防衛不適時，應當承擔民事責任。

4. 必須是本人、他人的人身權利、財產權利遭受不法侵害，在來不及請求有關國家機關救助的情況下實施的防衛行為。

5. 必須是針對不法侵害者本人實行，即正當防衛行為不能對沒有實施不法侵害行為的第三者（包括不法侵害者的家屬）造成損害。

6. 不能明顯超過必要限度造成損害。正當防衛是有益於社會的合法行為，但應受一定限度的制約，即正當防衛應以足以制止不法侵害為限。

只有同時滿足以上六個要件，才能構成正當防衛，防衛人才能免予承擔民事責任。

三、正當防衛造成的損害

1. 遭受損害的主體。正當防衛一般僅指造成侵權人的損害。我國刑法第 20 條規定，正當防衛是對「不法侵害人」造成的侵害。本條第一句「因正當防衛造成損害的」，這裏的「造成損害」僅是指對侵害人造成的損害。

2. 遭受損害的客體。本條第一句「因正當防衛造成損害的」，這裏的「造成損害」既包括對侵害人人身權利的損害，也包括對侵害人財產權利的損害。例如，甲在搶劫乙的過程中，乙抓傷了甲的臉，同時也撕壞了甲的衣服，乙對甲所造成的人身損失和財產損失都免予承擔民事責任。

四、防衛過當的責任

本條規定，正當防衛超過必要的限度，造成不應有的損害的，正當防衛人應當承擔適當的民事責任。

如何確定和理解正當防衛的必要限度，學術界有各種各樣的學說。多數意見認為，從權

衡各方利益的角度考慮，既要有利於維護防衛人的權益，也要考慮到對不法行為人的合法權益的保護，防衛行為應以足以制止不法侵害為必要限度。從防衛的時間上講，對於侵害人已經被制伏或者侵害人已經自動停止侵害行為的，防衛人不得再進行攻擊行為；從防衛手段來講，能夠用較緩和的手段進行有效防衛的情況下，不允許用激烈手段進行防衛。對於沒有明顯危及人身、財產等重大利益的不法侵害行為，不允許採取造成重傷等手段對侵害人進行防衛。

正當防衛超過必要限度，造成侵害人不應有的損害的，正當防衛人應當承擔適當的民事責任。所謂「適當的民事責任」是指不對侵害人的全部損失賠償，而是根據正當防衛人過錯的程度，由正當防衛人在損失範圍內承擔一部分責任。

第一百八十二條　因緊急避險造成損害的，由引起險情發生的人承擔民事責任。

危險由自然原因引起的，緊急避險人不承擔民事責任，可以給予適當補償。

緊急避險採取措施不當或者超過必要的限度，造成不應有的損害的，緊急避險人應當承擔適當的民事責任。

■ 條文主旨

本條是關於緊急避險的規定。

■ 條文釋義

一、緊急避險的概念

緊急避險，是指為了使本人或者他人的人身、財產權利免受正在發生的危險，不得已採取的緊急避險行為，造成損害的，不承擔責任或者減輕責任的情形。危險有時來自於人的行為，有時來自自然原因。不管危險來源於哪兒，緊急避險人避讓風險、排除危險的行為都有其正當性、合法性，因此在所有國家都是作為不承擔責任和減輕責任的情形之一。故本條規定：「因緊急避險造成損害的，由引起險情發生的人承擔民事責任。危險由自然原因引起的，緊急避險人不承擔民事責任，可以給予適當補償。緊急避險採取措施不當或者超過必要的限度，造成不應有的損害的，緊急避險人應當承擔適當的民事責任。」

二、緊急避險的要件

1. 必須是為了使本人、他人的人身、財產權利免受危險的損害。本條基本沿襲了民法通則、侵權責任法的規定，對緊急避險的內容沒有明確規定，即沒有明確是為了誰的利益而採取緊急避險行為。

我國刑法第 21 條明確規定了緊急避險的內容，該條規定：「為了使國家、公共利益、本人或者他人的人身、財產和其他權利免受正在發生的危險，不得已採取的緊急避險行為，造成損害的，不負刑事責任。緊急避險超過必要限度造成不應有的損害的，應當負刑事責任，

但是應當減輕或者免除處罰。第一款中關於避免本人危險的規定，不適用於職務上、業務上負有特定責任的人。」

本條雖然沒有對緊急避險的內容作出明確規定，但是應當與我國刑法的規定相一致，緊急避險應當是使本人或者他人的人身、財產和其他權利免受正在發生的危險，不得已採取的避險行為。

2. 必須是對正在發生的危險採取的緊急避險行為。倘若危險已經消除或者尚未發生，或者雖然已經發生但不會對合法權益造成損害，則不得採取緊急避險措施。某人基於對危險狀況的誤解、臆想而採取緊急避險措施，造成他人利益損害的，應向他人承擔民事責任。

3. 必須是在不得已情況下採取避險措施。所謂不得已，是指當事人面對突然而遇的危險，不得不採取緊急避險措施，以保全更大的利益，且這個利益是法律所保護的。

4. 避險行為不能超過必要的限度。所謂不能超過必要的限度，是指在面臨緊急危險時，避險人須採取適當的措施，以儘可能小的損害保全更大的利益，即緊急避險行為所引起的損害應輕於危險所可能帶來的損害。

只有同時滿足以上四個要件，才能構成緊急避險。行為人（避險人）免予承擔民事責任。

三、緊急避險造成的損害

1. 遭受損害的主體。緊急避險行為可能造成第三人的損害。例如，甲、乙、丙是鄰居，丙的房子因雷擊失火，甲為了引消防車進入滅火，推倒了乙的院牆，使消防車進入後及時撲滅了丙家的大火。按照緊急避險的抗辯事由，甲對乙不承擔責任，應由受益人丙對乙給予適當補償。

本條規定的緊急避險行為也包括對避險人本人造成的損害。例如，甲、乙是鄰居，乙的房子因雷擊失火，甲為了引消防車進入滅火，而推倒了自己家的院牆，使消防車進入後及時撲滅了乙家的大火。按照緊急避險的抗辯事由，甲有權要求受益人乙給予補償。

2. 遭受損害的客體。本條第 1 款第一句「因緊急避險造成損害的」，這裏的「造成損害」既包括對避險者本人、第三人財產權利的損害，也包括人身權利的損害。例如，甲為了接住從樓上墜下的小孩乙，在接住乙的瞬間將同行的丙撞傷在地。甲無須對丙的損害承擔責任，而應由乙的監護人對丙給予補償。

四、緊急避險人的法律責任

1. 按照本條規定，緊急避險人造成本人或者他人損害的，由引起險情發生的人承擔責任。例如，甲因在河堤上取土致使河堤決口。乙駕駛從丙處借來的農用車正巧從此經過，迫不得已將車推進決口處，決口被成功堵塞。丙的農用車的損失，應由甲承擔賠償責任。

2. 如果危險是由自然原因引起的，緊急避險人是為了他人的利益而採取了避險行為，造成第三人利益損害的，緊急避險人免予對第三人承擔責任。例如，甲、乙、丙是鄰居，丙的房子因雷擊失火，甲為了引消防車進入滅火，推倒了乙的院牆，使消防車進入後及時撲滅了丙家的大火。按照緊急避險的抗辯事由，甲對乙不承擔責任，應由受益人丙對乙給予適當補償。

3. 如果危險是由自然原因引起的，緊急避險人是為了本人的利益而採取了避險行為，造

成第三人利益損害的，緊急避險人本人作為受益人，應當對第三人的損害給予補償。例如，甲、乙是鄰居，甲的房子因雷擊失火，甲為了引消防車進入滅火，推倒了乙的院牆，使消防車進入後及時撲滅了自己家的大火。甲作為受益人對乙不承擔責任，但應對乙給予適當補償。

4. 因緊急避險採取措施不當或者超過必要的限度，造成不應有的損害的，緊急避險人應當承擔適當的責任。「緊急避險採取措施不當」是指在當時的情況下能夠採取可能減少或者避免損害的措施而未採取，或者採取的措施並非排除險情所必需。例如，甲的汽車自燃，因燃油洩漏，火勢加大。乙在幫助滅火時，採取往燃燒的汽車上澆水的措施，由於水與燃油氣體混合，導致火勢越來越大，將丙的房屋燒毀。由於乙採取的避險措施不當，對丙的損失，乙應承擔適當的責任。

緊急避險「超過必要的限度」，是指採取緊急避險措施沒有減輕損害，或者緊急避險所造成的損害大於所保全的利益。例如，甲家因雷擊失火，甲的左鄰乙家人幫助用水滅火。在大火已基本被撲滅的情況下，乙家人未觀察火情，而是擔心火勢復燃，繼續往廢墟上澆水，導致大量污水流入甲的右鄰丙家。由於乙採取的緊急避險行為超過必要的限度，對丙的損害，乙應承擔適當的責任。

> **第一百八十三條**　因保護他人民事權益使自己受到損害的，由侵權人承擔民事責任，受益人可以給予適當補償。沒有侵權人、侵權人逃逸或者無力承擔民事責任，受害人請求補償的，受益人應當給予適當補償。

■ 條文主旨

本條是關於因保護他人民事權益而使自己受到損害的責任承擔主體的規定。

■ 條文釋義

民法通則第 109 條規定：「因防止、制止國家的、集體的財產或者他人的財產、人身遭受侵害而使自己受到損害的，由侵害人承擔賠償責任，受益人也可以給予適當的補償。」侵權責任法第 23 條規定：「因防止、制止他人民事權益被侵害而使自己受到損害的，由侵權人承擔責任。侵權人逃逸或者無力承擔責任，被侵權人請求補償的，受益人應當給予適當補償。」本條規定與上述規定精神一脈相承。《最高人民法院關於審理人身損害賠償案件適用法律若干問題的解釋》第 15 條規定：「為維護國家、集體或者他人的合法權益而使自己受到人身損害，因沒有侵權人、不能確定侵權人或者侵權人沒有賠償能力，賠償權利人請求受益人在受益範圍內予以適當補償的，人民法院應予支持。」本法規定本條的目的，在於保護見義勇為者，鼓勵見義勇為行為。在民法通則和侵權責任法規定的基礎上，本條補充規定了沒有侵權人時，受害人請求補償的，受益人應當給予適當補償的內容。

在日常生活中，為保護他人民事權益被侵害而使自己受到損害的情況為數不少。例如，為了防止被搶劫的人的人身、財產遭受損失，阻止搶劫者逃逸，被搶劫犯刺傷。又如，兒童不慎落水，見義勇為者在施救中受傷，等等。為了弘揚社會主義核心價值觀，鼓勵和支持捨己為人的高尚行為，不讓見義勇為者流血又流淚，本條規定了因保護他人民事權益而受到損害者的請求權和承擔民事責任的主體。

1. 因保護他人民事權益而使自己受到損害。這主要是指為了防止、制止國家、集體的財產或者他人的人身、財產權利遭受不法侵害而使自己受到損害。在此需要強調兩點：其一，受到損害的人不是為了自己的民事權益，而是為了他人的民事權益不受侵害而為的行為。其二，受到的損害既包括人身受到傷害，也包括財產受到損害。

2. 由侵權人承擔責任，受益者可以給予適當補償。由於受害人是為了保護他人的民事權益，防止、制止侵權人的侵權行為，因此，受害人所受到的損害，應由侵權人承擔民事責任。考慮到受益人因受害人的付出，使自己的權益免受或者少受損害，對受害人因此所受到的損害，受益人可以給予適當的補償。

3. 受益人應當給予適當補償的情形。一是侵權人逃逸或者無力承擔民事責任的情形。受害人是為了保護他人的民事權益不受非法侵害才遭受損害的，通常情況下，應當由侵權人承擔民事責任。但是，有時會發生侵權人逃逸，根本找不到侵權人；或者雖然找到了侵權人，但是侵權人根本沒有承擔民事責任的能力等情形。為了公平起見，本條規定在侵權人逃逸或者侵權人無力承擔民事責任的情況下，由受益人給受害人適當的補償。這裏需要注意以下幾點：第一，侵權人逃逸確實找不到，或者侵權人確實沒有承擔民事責任的能力。這是受害人請求補償的前提條件。如果侵權人沒有逃逸、能夠找到或者有承擔民事責任的能力，受害人則不能向受益人提出補償要求。第二，要有明確的受益人。如果沒有明確的受益人，那麼受害人就沒有提出請求的對象。第三，受害人明確提出了受益人給予適當補償的請求。補償不是賠償，賠償一般是填平原則，即損失多少賠償多少，而補償僅是其中的一部分。本條規定是「給予適當的補償」，表明是要根據受害人的受損情況和受益人的受益情況等因素確定補償的數額。

按照承擔民事責任的一般原理，受益人不是侵權責任人，對受害人而言不存在任何過錯，對受害人所受到的損害也沒有因果關係，因此不應當承擔民事責任，而應當完全由侵權人承擔民事責任。但是，如果不是為了受益人的利益，受害人也不會遭受損害。當侵權人逃逸、找不到或者侵權人根本無力承擔民事責任時，受害人如果得不到任何賠償或者補償是不公平的，更不利於助人為樂、見義勇為良好社會風尚的形成，不符合公平正義精神，因此，為了較好地平衡利益、分擔損失，讓受益人適當給予受害人補償是合情合理的。

二是沒有侵權人的情形。因保護他人民事權益使自己受到損害的，有時並無侵權人，如捨身相救落水人員使自己受傷等。在這種情況下，受害人請求受益人給予適當補償是合乎情理的，受益人給予適當補償也是理所當然的。因此，本條規定體現了社會公平。目前，一些地方設立了見義勇為基金，用於鼓勵見義勇為行為，也能在一定程度上彌補見義勇為者所受到的損害。

> **第一百八十四條　因自願實施緊急救助行為造成受助人損害的，救助人不承擔民事責任。**

■ 條文主旨

本條是關於因自願實施緊急救助行為造成受助人損害的，救助人不承擔民事責任的規定。

■ 條文釋義

本條規定，因自願實施緊急救助行為造成受助人損害的，救助人不承擔民事責任。本條規定包括以下幾個方面：

一、救助人自願實施緊急救助行為

自願實施緊急救助行為，是指一般所稱的見義勇為或者樂於助人的行為，不包括專業救助行為。本條所稱的救助人是指非專業人員，即一般所稱的見義勇為或者樂於助人的志願人員。專業救助人員通常掌握某一領域內的專業知識、專業技能，並根據其工作性質有義務救助並專門從事救助工作。專業救助人員經過專業學習或者訓練，在實施緊急救助行為時應該有知識和能力避免因救助行為造成受助人不應有的損害。因此，為與專業救助人員實施救助行為相區別，本條明確了「自願」的前提條件。

二、救助人以救助為目的實施緊急救助行為

本條所稱的救助行為應是在緊急情況下，救助人實施的救助他人的行為。救助人不承擔民事責任的條件之一是救助人需以「救助」受助人為行為的主觀目的。當受助人由於自身健康等原因處於緊急情況需要救助，救助人是以救助受助人為目的，為了受助人的利益實施的緊急救助行為。

三、受助人的損害與救助人的行為有因果關係

實踐中，雖然救助人是出於救助目的實施救助行為，但由於救助行為經常發生在受助人突發疾病等緊急狀態，救助人一般未受過專業的救助訓練，有的救助人不能很好地掌握專業救助技能，在某些情形下，可能發生因救助人的救助行為造成受助人損害的情形。適用本條規定，須受助人受到的損害與救助人的行為有因果關係，即在緊急救助過程中，因為救助人的救助行為造成受助人的損害。

四、救助人對因救助行為造成受助人的損害不承擔民事責任

根據本條的規定，在緊急狀況下，救助人自願以救助為目的實施緊急救助行為，因該行為對受助人造成損害的，救助人對該損害不承擔民事責任。

> **第一百八十五條**　侵害英雄烈士等的姓名、肖像、名譽、榮譽，損害社會公共利益的，應當承擔民事責任。

■ 條文主旨

本條是關於侵害英雄烈士等的姓名、肖像、名譽、榮譽的民事責任的規定。

■ 條文釋義

一、本條保護的對象是英雄烈士等

本條保護的對象「英雄烈士等」包括為了人民利益英勇鬥爭而犧牲，堪為楷模的人，還包括在保衛國家和國家建設中做出巨大貢獻、建立卓越功勳，已經故去的人。根據《烈士褒揚條例》第 8 條規定，公民犧牲符合下列情形之一的，評定為烈士：（1）在依法查處違法犯罪行為、執行國家安全工作任務、執行反恐怖任務和處置突發事件中犧牲的；（2）搶險救災或者其他為了搶救、保護國家財產、集體財產、公民生命財產犧牲的；（3）在執行外交任務或者國家派遣的對外援助、維持國際和平任務中犧牲的；（4）在執行武器裝備科研試驗任務中犧牲的；（5）其他犧牲情節特別突出，堪為楷模的。《軍人撫恤優待條例》第 8 條第 1 款規定，現役軍人死亡，符合下列情形之一的，批准為烈士：（1）對敵作戰死亡，或者對敵作戰負傷在醫療終結前因傷死亡的；（2）因執行任務遭敵人或者犯罪分子殺害，或者被俘、被捕後不屈遭敵人殺害或者被折磨致死的；（3）為搶救和保護國家財產、人民生命財產或者執行反恐怖任務和處置突發事件死亡的；（4）因執行軍事演習、戰備航行飛行、空降和導彈發射訓練、試航試飛任務以及參加武器裝備科研試驗死亡的；（5）在執行外交任務或者國家派遣的對外援助、維持國際和平任務中犧牲的；（6）其他死難情節特別突出，堪為楷模的。現役軍人在執行對敵作戰、邊海防執勤或者搶險救災任務中失蹤，經法定程序宣告死亡的，按照烈士對待。

二、本條是對英雄烈士等的人格利益的保護

本條的保護對象是英雄烈士等相關人格利益。民法總則出台前，我國法律未對死者人格利益的保護作出明確規定。《最高人民法院關於確定民事侵權精神損害賠償責任若干問題的解釋》第 3 條規定，自然人死亡後，其近親屬因下列侵權行為遭受精神痛苦，向人民法院起訴請求賠償精神損害的，人民法院應當依法予以受理：（1）以侮辱、誹謗、貶損、醜化或者違反社會公共利益、社會公德的其他方式，侵害死者姓名、肖像、名譽、榮譽；（2）非法披露、利用死者隱私，或者以違反社會公共利益、社會公德的其他方式侵害死者隱私；（3）非法利用、損害遺體、遺骨，或者以違反社會公共利益、社會公德的其他方式侵害遺體、遺骨。

三、侵害英雄烈士等的姓名、肖像、名譽、榮譽，損害社會公共利益的，應當承擔民事責任

根據本條規定，侵害英雄烈士等的姓名、肖像、名譽、榮譽，損害社會公共利益的，

應當承擔民事責任。司法實踐中有侵害英雄烈士等的人格權益，應當承擔民事責任的相關案例。例如，2013 年第 11 期《炎黃春秋》雜誌刊發了洪振快撰寫的《「狼牙山五壯士」的細節分歧》一文。「狼牙山五壯士」中的葛振林之子葛長生、宋學義之子宋福寶認為，《「狼牙山五壯士」的細節分歧》一文，以歷史細節考據、學術研究為幌子，以細節否定英雄，企圖達到抹黑「狼牙山五壯士」英雄形象和名譽的目的。葛長生、宋福寶分別起訴至北京市西城區人民法院，請求判決洪振快停止侵權、公開道歉、消除影響。北京市西城區人民法院經審理認為，葛振林、宋學義均是「狼牙山五壯士」這一系列英雄人物的代表人物，「狼牙山五壯士」這一稱號在全軍、全國人民中已經贏得了普遍的公眾認同，既是國家及公眾對他們作為中華民族的優秀兒女在反抗侵略、保家衛國中作出巨大犧牲的褒獎，也是他們應當獲得的個人名譽和個人榮譽。尤其是，「狼牙山五壯士」是中國共產黨領導的八路軍在抵抗日本帝國主義侵略偉大鬥爭中湧現出來的英雄群體，是中國共產黨領導的全民抗戰並取得最終勝利的重要事件載體。這一系列英雄人物及其事跡，經由廣泛傳播，在抗日戰爭時期，成為激勵無數中華兒女反抗侵略、英勇抗敵的精神動力之一；成為人民軍隊誓死捍衛國家利益、保障國家安全的軍魂來源之一；在和平年代，「狼牙山五壯士」的精神，仍然是我國公眾樹立不畏艱辛、不怕困難、為國為民奮鬥終生的精神指引。這些英雄人物及其精神，已經獲得全民族的廣泛認同，是中華民族共同記憶的一部分，是中華民族精神的內核之一，也是社會主義核心價值觀的重要內容。而民族的共同記憶、民族精神乃至社會主義核心價值觀，無論是從我國的歷史來看，還是從現行法上來看，都已經是社會公共利益的一部分。文章侵害的不僅僅是葛振林、宋學義的個人名譽和榮譽，也侵害了社會公共利益。文章雖然未使用侮辱性的語言，但作者採取的行為方式卻是通過強調與主要事實無關或者關聯不大的細節，引導讀者對「狼牙山五壯士」這一英雄人物群體及其事跡產生質疑，從而否定主要事實的真實性，進而降低他們的英勇形象和精神價值。該文章經由互聯網傳播，在全國範圍內產生了較大的影響，不僅損害了葛振林和宋學義的個人名譽和榮譽、原告的個人感情，也在一定範圍和程度上傷害了社會公眾的民族和歷史情感。由於「狼牙山五壯士」的精神價值已經內化為民族精神和社會公共利益的一部分，也損害了社會公共利益。北京市西城區人民法院判決被告構成侵權，承擔相應的民事責任。

2017 年民法總則通過後，2018 年 4 月十三屆全國人大常委會二次會議全票表決通過了英雄烈士保護法，該法第 25 條明確規定：「對侵害英雄烈士的姓名、肖像、名譽、榮譽的行為，英雄烈士的近親屬可以依法向人民法院提起訴訟。英雄烈士沒有近親屬或者近親屬不提起訴訟的，檢察機關依法對侵害英雄烈士的姓名、肖像、名譽、榮譽，損害社會公共利益的行為向人民法院提起訴訟。負責英雄烈士保護工作的部門和其他有關部門在履行職責過程中發現第一款規定的行為，需要檢察機關提起訴訟的，應當向檢察機關報告。英雄烈士近親屬依照第一款規定提起訴訟的，法律援助機構應當依法提供法律援助服務。」

第一百八十六條　因當事人一方的違約行為，損害對方人身權益、財產權益的，受損害方有權選擇請求其承擔違約責任或者侵權責任。

■ 條文主旨

本條是關於違約責任與侵權責任競合的規定。

■ 條文釋義

如果一方當事人的違約行為侵害了對方的人身、財產權益，則同時構成侵權行為，即違約方的同一行為違反了兩種法律義務。這時違約方既負有違約責任，也負有侵權責任，這就是違約責任與侵權責任的競合。違約責任與侵權責任的競合，是指義務人的違約行為既符合違約要件，又符合侵權要件，導致違約責任與侵權責任一併產生。從另一方面來說，受損害方既可以就違約責任行使請求權，也可以就侵權責任行使請求權。這就產生了兩種請求權競合的情況。在兩種請求權同時存在的情況下，如果允許受損害方同時行使雙重請求權，則使違約方承受雙重責任，這對違約方來說顯失公平；從受損害方說，受損害方獲得雙重補償，又構成受損害方不當得利，也不合理。因此，根據公平原則，本條規定，受損害方可以在兩種請求權中選擇行使一種請求權。這意味着受損害方只能行使一種請求權，如果受損害方選擇行使一種請求權並得到實現，那麼另一種請求權即告消滅。但是，如果受損害方行使一種請求權未果，而另一種請求權並未因時效而消滅，則受損害方仍可行使另一種請求權。由於合同糾紛與侵權糾紛在管轄法院和適用法律方面存在區別，允許受損害方選擇有利於自己的一種訴由提起訴訟，對受損害方比較方便，也有利於對受損害方的保護。對違約方來說，這兩種責任無論對方要求其承擔哪一種，都是合理的。

第一百八十七條　民事主體因同一行為應當承擔民事責任、行政責任和刑事責任的，承擔行政責任或者刑事責任不影響承擔民事責任；民事主體的財產不足以支付的，優先用於承擔民事責任。

■ 條文主旨

本條是關於財產優先承擔民事責任的規定。

■ 條文釋義

法律責任按照不同的標準可以作不同的分類，根據法律責任的類型，法律責任可以分為民事責任、行政責任和刑事責任。民事責任是自然人、法人或者非法人組織因違反民事法

律、違約或者因法律規定的其他事由而依法承擔的不利後果，包括侵權責任、違約責任等。行政責任是指因違反行政法律或行政法規而應當承擔的法定的不利後果。刑事責任是指因違反刑事法律而應當承擔的法定的不利後果。

一、民事責任和行政責任、刑事責任的競合

法律責任競合，是指行為人的同一行為符合兩個或兩個以上不同性質的法律責任的構成要件，依法應當承擔多種不同性質的法律責任制度。民事責任、行政責任和刑事責任雖然是三種性質不同的法律責任，卻可能因為同一法律行為而同時產生。一個行為既違反了民法又違反了行政法或者刑法，由此同時產生民事責任、行政責任或者刑事責任，即發生責任競合。例如，缺陷產品的致害行為，既可能依侵權責任法承擔民事責任，依產品質量法承擔行政責任，構成犯罪的，還要依刑法承擔刑事責任。由此，經營者的一個違法行為導致了民事、行政、刑事責任競合的情形。

二、民事主體的財產優先承擔民事責任

通常情況下，民事責任、行政責任和刑事責任獨立存在，並行不悖。但是在特定的情況下，某一責任主體的財產不足以同時滿足承擔民事賠償責任和承擔罰款、罰金及沒收財產等行政或刑事責任時，三種責任就發生了衝突，難以同時承擔，此時就產生哪一種責任優先適用的問題。民事責任優先原則就是解決這類責任競合時的法律原則，即某一責任主體的財產不足以同時滿足民事賠償責任與行政責任或者刑事責任中的罰款、罰金時，優先承擔民事賠償責任，這也是本條規定的要旨所在。例如，一個企業生產偽劣產品，造成消費者人身、財產損害，並構成生產偽劣產品罪，其需要同時承擔對消費者的民事責任以及生產偽劣產品罪的刑事責任，如果刑事責任包含罰金，其財產不足以同時支付對受害人的賠償及罰金時，對受害人的民事賠償責任優先於罰金承擔。

當然，民事責任優先原則的適用也是有條件的。第一，責任主體所承擔的民事責任須合法有效，其發生的依據或者基於法律的規定或基於約定；第二，責任主體的財產不足以同時滿足民事責任、行政責任和刑事責任，如果都能滿足，則三種責任並行不悖，責任人同時承擔三種責任，只有在財產不足以同時滿足時，才出現民事責任優先的問題。

第九章　訴訟時效

　　訴訟時效是指權利人在一定期間不行使權利，在該期間屆滿後義務人獲得抗辯權，如在訴訟中提出抗辯則可以拒絕履行其義務的法律制度。訴訟時效制度的功能主要是促使權利人及時行使權利、穩定生活秩序、維護法律秩序和交易安全。

　　本章共十二條，主要規定了普通訴訟時效期間及其起算規則、最長權利保護期間；分期履行債務訴訟時效期間的起算；無民事行為能力人或者限制民事行為能力人對其法定代理人的請求權的訴訟時效期間的起算；未成年人遭受性侵害的損害賠償請求權的訴訟時效期間的起算；訴訟時效期間屆滿的法律效果；訴訟時效的援引；訴訟時效的中止及其效力；訴訟時效的中斷及其效力；不適用訴訟時效的情形；訴訟時效的法定性及時效利益不得預先放棄；仲裁時效；除斥期間的一般規定等。

　　　　第一百八十八條　向人民法院請求保護民事權利的訴訟時效期間為三年。法律另有規定的，依照其規定。

　　　　訴訟時效期間自權利人知道或者應當知道權利受到損害以及義務人之日起計算。法律另有規定的，依照其規定。但是，自權利受到損害之日起超過二十年的，人民法院不予保護，有特殊情況的，人民法院可以根據權利人的申請決定延長。

■ 條文主旨

　　本條是關於普通訴訟時效期間及起算規則、最長權利保護期間的規定。

■ 條文釋義

一、普通訴訟時效期間

　　本條第 1 款規定了普通訴訟時效期間。在 2017 年民法總則的立法過程中，關於普通訴訟時效期間究竟規定多長比較合適，一直存在不同的觀點和認識。有的認為，為了保持法律的穩定性和持續性，建議維持民法通則第 135 條普通訴訟時效期間為 2 年的規定不變。有的認為，應當將普通訴訟時效期間延長到 10 年或者更長。經研究認為，訴訟時效是權利人在法定期間內不行使權利，該期間屆滿後，發生義務人可以拒絕履行其給付義務效果的法律制度。該制度有利於促使權利人及時行使權利，維護交易秩序和安全。任何一種法律制度都需要符合一國的傳統，考慮社會百姓的可接受程度，都要具體地、歷史地進行分析。中國社會幾千年的傳統是避訴的，當事人為了親情和友情，為了社會關係的維持，往往不願提起訴

訟，在婉轉表達的權利要求不能實現時，才提起訴訟，這樣時間上常常比較晚。此外，近年來，社會生活發生深刻變化，交易方式與類型也不斷創新，權利義務關係更趨複雜，要求權利人在 2 年的普通訴訟時效期間內行使權利，已不適應中國社會現狀與司法實踐，不利於保護債權人合法權益，不利於建立誠信社會，適當延長普通訴訟時效期間是必要的。但是，同樣應當看到，督促權利人在合理期間內行使權利，公平分配權利義務關係等都是訴訟時效制度的重要功能。訴訟時效期間過長，可能使權利人主觀上產生錯誤認識，出現「躺在權利上睡大覺」的情況。在整個社會的宏觀面上降低解決糾紛的效率，使得權利義務關係較長時間地處於不穩定狀態，對社會經濟的健康發展是不利的。

第 1 款規定的「法律另有規定的，依照其規定」，是允許特別法對訴訟時效作出不同於普通訴訟時效期間的規定。市場經濟要求加快經濟流轉，通信方式和交易方式的創新使得行使權利更加便利。在商事領域可能存在需要短於普通訴訟時效期間的情形。法律另有規定時，根據特別規定優於一般規定的原則，優先適用特別規定。

二、普通訴訟時效期間的起算

本條第 2 款規定了普通訴訟時效期間的起算。普通訴訟時效期間的起算規則，主要有兩種立法例。一種是客觀主義起算規則，即從請求權可以行使時，訴訟時效期間開始起算。另一種是主觀主義起算規則，即從權利人知道或者應當知道權利受侵害時，訴訟時效期間開始起算。

民法通則第 137 條規定，訴訟時效期間從知道或者應當知道權利被侵害時起計算。可見，民法通則採取了主觀主義的起算模式。本款規定延續了民法通則的立法模式，亦採取普通訴訟時效期間的主觀主義起算模式，主要有兩點考慮：

一是在立法技術上，訴訟時效期間與期間起算點相互影響，二者互為牽制，突出訴訟時效制度的正當性和各價值目標的平衡。客觀主義起算點可以實現訴訟時效制度追求經濟效益和社會安定性的價值目標，但在權利人不知道其權利受到損害、不知道向誰主張權利時，即開始時效的進行，不能為社會公眾所接受，也有悖於訴訟時效制度督促權利人及時行使權利的目的。主觀主義起算點權利人考慮權利人行使權利的可能性，能更好地保護權利人，但也存在權利義務雙方的關係與法律地位過多依賴權利人的擔憂，可能會削弱訴訟時效制度的可預期性與安定性。因此，各國在立法上往往採取兩種組合，即採用較長普通訴訟時效期間的，配合以客觀主義起算點；採用較短普通訴訟時效期間的，配合以主觀主義起算點。這樣能夠最大程度地實現訴訟時效制度的各項目標。在立法過程中，有的意見認為，3 年普通訴訟時效期間仍不夠長。採取主觀主義的起算模式，可以在一定程度上延長這一期間。

二是「知道或者應當知道」是一種主觀狀態，在很多情況下，當權利受到侵害時，受害人不一定能夠馬上知情。我國幅員廣闊，人口眾多，各地區社會經濟生活差異較大。立法應當從中國的實際國情出發。採取主觀主義起算點是較為公平的。因此，本款規定，訴訟時效期間自權利人知道或者應當知道權利受到損害以及義務人之日起計算。這裏「知道或者應當知道權利受到損害」和「知道或者應當知道義務人」兩個條件應當同時具備。

三、最長權利保護期間

採用較短普通訴訟時效期間並配合以主觀主義起算點的訴訟時效制度立法模式中，考慮到如果權利人知悉權利受到損害較晚，以致訴訟時效過分遲延地不能完成，會影響制度的穩定性和宗旨。在極端情況下，可能發生從權利被侵害的事實出現、到權利人知道這一事實，超過普通訴訟時效期間的情況。因此，有必要配套規定客觀主義起算點的最長權利保護期間加以限制。應當指出，這種最長權利保護期間並非一種獨立的期間類型，是制度設計上的一種補足，在性質上是不變期間。第 2 款規定的「自權利受到損害之日」即為客觀主義的起算標準。「二十年」的最長權利保護期間，在民法通則第 137 條中已經有規定。考慮到：一是民法通則頒佈實施 30 多年來，出現適用 20 年最長權利保護期間的情況極少；二是從民法典規定的普通訴訟時效期間長度、我國社會生活的實際及訴訟程序的客觀情況，規定 20 年已經足夠；三是第 2 款規定 20 年期間仍不夠用，「人民法院可以根據權利人的申請決定延長」，第 2 款仍然延續了民法通則的規定，將最長權利保護期間規定為 20 年。適用最長權利保護期間時，需要根據當事人的申請，人民法院才能決定。

第一百八十九條　當事人約定同一債務分期履行的，訴訟時效期間自最後一期履行期限屆滿之日起計算。

■ 條文主旨

本條是關於分期履行債務訴訟時效期間起算規則的特殊規定。

■ 條文釋義

民法理論界和司法實務界對當事人約定同一債務分期履行時訴訟時效期間從何時起算，一直有爭議。有的主張，從每一期債務履行期限屆滿之日起算。有的主張，從最後一期債務履行期限屆滿之日起算。我們認為，對於這個問題，應當首先明確何為「同一債務」，即對定期履行債務和分期履行債務作出明確區分。

對非一次性完成的債務，根據發生的時間和給付方式的不同，可以分為定期履行債務和分期履行債務。定期履行債務是當事人約定在履行過程中重複出現、按照固定的周期給付的債務，如當事人約定房租 3 個月支付一次、工資一個月支付一次。債務人支付的每一期租金、用人單位支付的每一個月工資，都是其在一定時期內租賃房屋、用工的對價。定期履行債務的最大特點是多個債務，各個債務都是獨立的。正是因為相互獨立，每一個債務的訴訟時效期間應當自每一期履行期限屆滿之日起分別起算。

分期履行債務是按照當事人事先約定，分批分次完成一個債務履行的情況。分期付款買賣合同是最典型的分期履行債務。例如，甲、乙簽訂合同買賣機床，約定：總價款 50 萬元；

甲先交 20 萬元後乙發貨；乙安裝調試完成後甲再交 20 萬元；甲用該機床生產出質量合格產品後，再交剩餘 10 萬元。在這個例子中，當事人雖然約定分三次繳付 50 萬元的總價款，但實際上是一個合同的完整履行。分期履行債務具有整體性和唯一性，係本條規定的「同一債務」。

對分期履行債務訴訟時效期間的起算，《最高人民法院關於審理民事案件適用訴訟時效制度若干問題的規定》第 5 條規定，當事人約定同一債務分期履行的，訴訟時效期間從最後一期履行期限屆滿之日起計算。該司法解釋在實踐中已經執行近 10 年，係最高人民法院在法律沒有明確規定又存在現實需要的情況下作出的解釋，取得了較好的司法效果，為法律相關制度的設計提供了實踐資料。本條規定吸收了司法解釋的內容，這樣規定的主要理由是：

一是由同一債務的特性決定的。整體性和唯一性是「同一債務」的根本特性。在「同一債務」的履行過程中，當事人可以約定分期履行的期限和數額，可以約定每次履行的時間節點和履行條件，但不論如何分期，都是一個債務履行，債務的內容和範圍在債務發生時就已經確定，不因分期償還而發生變化，訴訟時效期間自該「一個債務」履行期限屆滿之日起計算。

二是符合訴訟時效制度的立法目的。訴訟時效制度的立法目的在於穩定交易秩序，而不是限制甚至剝奪權利人的權利。當事人約定分期履行債務的目的在於全面履行合同約定的義務。債權人之所以同意債務人分次償還同一債務，有可能是當事人之間存在長期友好合作關係或是比較熟悉的關係，債權人為了使債務人能夠全面履行債務，給予債務人一定的寬限期；或者是債權人為了促成合同的達成與交易的順利完成，同意債務人分期履行義務。債權人沒有及時主張權利是出於與債務人之間的信賴關係，這種信賴關係能夠產生經濟利益。因此，法律應儘量維持當事人之間的債權債務關係和信任關係，促進雙方的友好合作。如果對分期履行的每筆債務分別計算訴訟時效，有可能導致債權人因為擔心債權「過期」而頻繁主張權利，不僅不利於維持當事人之間債權債務關係的穩定，還可能損害信賴利益。規定從最後一期履行期限屆滿之日起算訴訟時效期間，可以保護權利人的合理信賴利益。

三是減少訴累、實現訴訟效率。規定訴訟時效期間從最後一期履行期限屆滿之日起算，符合現實中老百姓的社會認知，也符合商事交易習慣。法律的這一規定可以避免當事人為頻繁主張權利而激化矛盾，避免頻繁起訴，有利於節約司法資源，減少訴累，實現訴訟效率。例如，當事人雙方對某一合同約定分十期履行，履行過程中第三期至第五期違約，如果法律規定每一期債務履行期限屆滿之日起分別起算訴訟時效期間，權利人在第三期違約時起訴一次、第四次違約時起訴一次、第五次違約時又起訴一次，三次起訴的事實基本相似，無疑給當事人造成訴累，也增加了法院的工作負擔，浪費了有限的司法資源。因此，法律規定從最後一期履行期限屆滿之日起，計算同一債務分期履行的訴訟時效期間，具有明顯的現實意義。

四是促進交易，增加社會財富。當事人訂立分期履行合同，目的在於全面履行合同約定的義務。現代社會合同標的額越來越大，如房屋買賣合同，買受方很難一次性付清全部合同

價款。此外，合同履行期也不斷拉長，如房屋裝修合同，因裝修複雜程度的不同，有的可能需要履行數月至一年的時間。因此，當事人約定同一債務分期履行，能夠儘可能地促成交易達成、降低交易風險和交易成本，利用分期履行的機會檢驗合同履行的情況；還能夠加快資金回籠，投入新一輪的生產中，這有利於市場交易的健康發展且加快社會財富的積累。法律對當事人約定同一債務分期履行的情況應當進行認可和保護，對其訴訟時效期間的起算作出明確規定。

> **第一百九十條　無民事行為能力人或者限制民事行為能力人對其法定代理人的請求權的訴訟時效期間，自該法定代理終止之日起計算。**

■ 條文主旨

本條是關於無民事行為能力人或者限制民事行為能力人，對其法定代理人的請求權的訴訟時效期間起算規則的特殊規定。

■ 條文釋義

本條規定實質上旨在保障無民事行為能力人或者限制民事行為能力人對其法定代理人行使請求權。無民事行為能力人或者限制民事行為能力人須由法定代理人代為實施法律行為及行使權利。例如，某未成年人父母死亡後，人民法院在其近親屬範圍內確定了一名監護人。該近親屬成為其法定代理人，在監護過程中，侵佔被監護的未成年人的父母的遺產。這時被監護人與法定代理人之間出現糾紛，根據我國法律規定，無民事行為能力人或者限制民事行為能力人無法自己進行訴訟，需要由其法定代理人代為進行。法定代理人有可能會不承認自己侵佔被代理人財產的事實，濫用代理權損害無民事行為能力人或者限制民事行為能力人的合法權益。實踐中，法定代理人與被代理人之間一般是家庭近親屬關係，如父母、祖父母、配偶或者其他監護人。他們在生活中對無民事行為能力人或者限制民事行為能力人的照管上有一定優勢，這種優勢一方面有利於無民事行為能力人或者限制民事行為能力人的生活，但另一方面也會造成權利人無法主張其所享有的權利。在法定代理關係存續期間，無民事行為能力人的全部民事法律行為或者限制民事行為能力人主張權利的行為，本質上都依賴於法定代理人的意志。但是，他們自己主張權利在實際上是不可能的。此外，以訴訟方式主張請求權會妨害家庭團結及當事人之間的信賴關係，可能出現法定代理人不繼續認真履行代理職責的情況，這對被代理人不利。當法定代理終止後開始計算訴訟時效期間不會害及無民事行為能力人或者限制民事行為能力人的利益。因此，立法有必要對這種特殊情形的請求權的訴訟時效期間起算作出特殊規定。

我國民法通則規定的訴訟時效中止制度，是時效進行過程中的中止。考慮到法律制度

的規定是否具有迫切性、我國司法實踐的發展情況以及社會公眾對法律制度的接受程度等情況，民法典並未規定訴訟時效不進行、訴訟時效不完成等複雜的制度，而是繼承了民法通則只規定訴訟時效進行過程中中止的制度。規定無民事行為能力人或者限制民事行為能力人對其法定代理人的請求權的訴訟時效期間，自該法定代理終止之日起計算，可以化複雜為簡單，能夠解決我國社會生活中存在的無民事行為能力人或者限制民事行為能力人對其法定代理人提起請求的現實問題。

本法第 175 條規定了法定代理關係終止的主要情形：被代理人取得或者恢復完全民事行為能力；代理人喪失民事行為能力；代理人或者被代理人死亡；法律規定的其他情形。認定本條規定的法定代理終止，應當依照本法第 175 條的規定。

> **第一百九十一條　未成年人遭受性侵害的損害賠償請求權的訴訟時效期間，自受害人年滿十八周歲之日起計算。**

■ 條文主旨

本條是關於未成年人遭受性侵害的損害賠償請求權的訴訟時效期間起算規則的特殊規定。

■ 條文釋義

在 2017 年民法總則的立法過程中，有的意見提出，當前社會存在一些未成年人遭受性侵害的情況。曾經出現過這樣的案例：農村一名 7 周歲的未成年少女的父母長期在外打工，該未成年少女由祖父母撫養。村裏一名一直沒有娶媳婦的單身漢，哄騙誘拐該未成年少女與其發生性關係。在有的案例中，未成年少女被性侵害之後，由於受社會傳統觀念影響，不少遭受性侵害的未成年人及其監護人有所顧忌，從未成年人名譽、健康成長、成年結婚等現實角度思考，往往不願、不敢公開尋求法律保護。受害人成年之後自己尋求法律救濟，卻往往已超過訴訟時效期間。這種情況雖然不多，但為了突出對未成年人的保護，給受性侵害的未成年人成年後提供尋求法律保護的機會，建議規定訴訟時效起算的特殊規則。為此，民法總則草案二次審議稿第 184 條增加規定，未成年人遭受性侵害的損害賠償請求權的訴訟時效期間，自受害人年滿 18 周歲之日起計算。

也有的意見提出，增加這一條規定，對於保護未成年人，特別是保護遭受性侵害的未成年人的權利確實很好。但是，單獨把性侵害列出來既不全面，也有點突兀，範圍較窄，未成年人可能遭受其他人身損害的情況。例如，實踐中有一些養父母虐待養子女的人身侵害，被收養的子女小時候並不敢講，這種情況是否也要考慮使用本條規定的訴訟時效期間的特殊起算規則。為保護未成年人的人身權利，建議把「性侵害」修改為「人身侵害」，或者把「未

成年人遭受性侵害的損害賠償請求權」修改為「未成年人遭受監護人侵害的損害賠償請求權」。

還有的意見提出，從立法本意來說，本條突出強調了對遭受性侵害的未成年人的保護，延長受害人主張權利的訴訟時效期間，能夠有效保護性犯罪受害人的民事權益。但是，本條不宜寫入民法總則，建議刪除。其理由是：第一，不符合立法定位。總則是從各分編中抽出來的、具有共通性的規則。本條規定過於具體，且僅局限於特定主體的特定情形，無法指導、運用到其他各編，不符合民法典總則應有的立法技術。第二，未能涵蓋未成年人遭受其他人身侵害的情形。第三，在實踐中舉證困難難以運用。第四，與刑事訴訟的追訴時效不一致，提起刑事附帶民事訴訟時，在程序法上無法適用。第五，我國已有未成年人保護法、侵權責任法等相關法律，建議將本條內容放在這些法律中規定。

經研究認為，一是為了保護未成年人利益，有必要對未成年人受性侵的損害賠償請求權訴訟時效期間的起算作出特殊規定。二是本條之所以限定較窄的適用範圍，規定訴訟時效期間自未成年人年滿 18 周歲之日起計算，其着眼點在實踐中未成年人遭受性侵害後，其家庭或者法定代理人「不願或者不敢」站出來主張權利，成年後脫離家庭了，或者有自主決定能力了，願意或者敢於主張權利時，訴訟時效期間卻已經完成，這是理解本條規定的核心。除了遭受性侵害，未成年人遭受的其他人身侵害，如交通事故、動物致害等情況，不會出現「不願或者不敢」主張權利的情形，未成年人遭受監護人虐待的問題，可以依照本法第 36 條的規定，撤銷其監護人資格；也可以依照本法第 190 條的規定，訴訟時效期間自法定代理關係終止之日起計算來解決。因此，不需要特別地用訴訟時效期間特殊起算規則的方式進行保護。三是本條規定是從時效制度方面加強對未成年人保護的。未成年人保護法等法律，作為特別法在保護未成年人合法權益方面發揮着重要作用。但是，法律體系是豐滿的、多層次的，可以對權利在不同層次和不同角度上進行保護，這些規定不但不衝突，相反還可以互相呼應與支持。本法第 128 條規定，法律對未成年人、老年人、殘疾人、婦女、消費者等的民事權利保護有特別規定的，依照其規定。在時效制度中專門規定對未成年人遭受性侵害的損害賠償請求權的訴訟時效期間的特殊起算規則，既貫徹了第 128 條的規定，也符合了法律邏輯。民法典維持民法總則的這一規定不變。

理解本條規定時還應注意兩點：

一是訴訟時效是權利人在法定期間內不行使權利，該期間屆滿後，義務人拒絕履行其給付義務的法律制度，即訴訟時效期間是權利人可以行使權利的「最晚」期間。在權利受到損害後、訴訟時效期間屆滿前的時間範圍內，權利人都可以主張權利。因此，未成年人遭受性侵害的，在年滿 18 周歲之前，其法定代理人當然可以代為行使請求權。此處的請求權應當認為是法定代理人代為向人民法院的請求，人民法院依法作出的生效判決具有既判力，受害人在年滿 18 周歲之後對相關處理不滿意要求再次處理的，應當符合民事訴訟法等法律的規定。如果年滿 18 周歲之前，其法定代理人選擇與侵害人「私了」的方式解決糾紛，受害人在年滿 18 周歲之後，可以依據本條的規定請求損害賠償。

二是未成年人遭受性侵害的損害賠償請求權的訴訟時效期間，自受害人年滿 18 周歲之日起計算。其具體的訴訟時效期間，適用本法第 188 條 3 年的普通訴訟時效期間的規定，即從年滿 18 周歲之日起計算 3 年；符合本法第 194 條、第 195 條訴訟時效中止、中斷情形的，可以相應中止、中斷。

第一百九十二條　訴訟時效期間屆滿的，義務人可以提出不履行義務的抗辯。

訴訟時效期間屆滿後，義務人同意履行的，不得以訴訟時效期間屆滿為由抗辯；義務人已經自願履行的，不得請求返還。

■ 條文主旨

本條是關於訴訟時效期間屆滿法律效果的規定。

■ 條文釋義

訴訟時效期間屆滿所達至法律效果的不同立法模式及其理論，是在不同歷史時期、不同的社會、不同的法律文化背景下產生的。我們還是應當進行比較分析，借鑒符合我國國情和我國理論觀念的模式。一般認為，訴權消滅主義立法模式比實體權利消滅主義的立法模式更具合理性。訴權消滅雖然使權利人的請求權喪失了法律上的救濟力，不能獲得法院的強制保護，但權利人的實體權利還存在，仍具有道德上的支持力，權利人可以運用道德力量喚醒義務人自覺履行義務的道德覺悟。必要時，甚至可以採取一些非暴力的措施使得義務人放棄時效利益。如果實體權利消失了，自然不能主張權利保護了。實際上，實體權利消滅主義只是法律規定和理論上的說法，實際司法實踐中實體權利並沒有消滅，如果義務人不提出時效抗辯，權利人的權利仍然能得到保護。當然，訴權消滅主義立法模式也有其弊端。所謂訴權消滅是指在訴訟上可能沒有機會獲得司法的保護，可能不能勝訴。但在實際的規定和執行上，也沒有消滅起訴權，如果義務人不提出時效抗辯，權利人仍然能夠勝訴。既然可以起訴，也可能勝訴，所謂訴權消滅就有些名不副實了。在理論上也很難自圓其說。

相比而言，抗辯權產生主義立法模式日漸成為學界的主流觀點和民事立法的主流模式，具有明顯優點。一是抗辯權產生主義理論嚴密、邏輯嚴謹，以抗辯權作為訴訟時效屆滿的法律後果概念清晰、精準，與我國法學界總結的勝訴權消滅有異曲同工之妙，所以很容易在理論與立法上得到認同。二是訴訟時效制度的價值目標相符。訴訟時效制度本身並非為了追求限制權利人的權利或者消滅權利，而是在於實現促進效率、督促行使權利、維護社會公共利益等多種價值。訴訟時效本身不是目的，只是達到目的的手段。是否行使該手段，應由義務人決定。訴訟時效完成後，是否援引時效抗辯取決於義務人的態度。三是緩和了法律與道德的緊張關係。時效期間屆滿，義務人取得抗辯權，可以提出不履行義務的抗辯。但基於商業

誠信或良心，有的仍然自願履行。權利人的權利雖然失去了法律的強制保護，但在客觀上仍然存在，其有權接受義務人的履行，從而使道德在法律之外有了一次調整人們行為的機會。四是體現了意思自治，平衡了權利人與義務人的利益。訴訟時效期間屆滿，義務人僅取得抗辯權，人民法院不予主動干涉，由義務人自己決定是否行使抗辯權，這符合意思自治的理念。所以，抗辯權產生主義的立法模式為大多數國家和地區所採納。

民法通則未明確規定採取何種主義。結合民法通則和有關法律的規定以及有關的司法解釋，過去我國學者認為我國採取的是勝訴權消滅主義，現在有的不少學者認為我國採取的是抗辯權產生主義。民法通則第 138 條規定，超過訴訟時效期間，當事人自願履行的，不受訴訟時效限制。根據這一規定，《最高人民法院關於貫徹執行〈中華人民共和國民法通則〉若干問題的意見（試行）》第 171 條規定，過了訴訟時效期間，義務人履行義務後，又以超過訴訟時效為由翻悔的，不予支持。《最高人民法院關於審理民事案件適用訴訟時效制度若干問題的規定》就如何適用時效規則作出規定。該司法解釋第 3 條規定，當事人未提出訴訟時效抗辯，人民法院不應主動適用訴訟時效的規定進行裁判。第 22 條規定，訴訟時效期間屆滿，當事人一方向對方當事人作出同意履行義務的意思表示或者自願履行義務後，又以訴訟時效期間屆滿為由進行抗辯的，人民法院不予支持。《最高人民法院關於適用〈中華人民共和國民事訴訟法〉的解釋》第 219 條規定：「當事人超過訴訟時效期間起訴的，人民法院應予受理。受理後對方當事人提出訴訟時效抗辯，人民法院經審理認為抗辯事由成立的，判決駁回原告的訴訟請求。」有人認為，最高人民法院的一系列司法解釋的規定，使得我國在訴訟時效期間屆滿的法律效果上，實際上已經採取了抗辯權發生主義的模式。該種立法模式意味着，如果義務人援引抗辯權，權利人的權利將轉化為自然權利，人民法院不予保護；如果義務人不援引抗辯權，權利人仍然享有完整的權利，人民法院予以保護。

在立法過程中，借鑒境外立法的經驗和考慮國內的實踐情況，也吸收了司法解釋的有關規定，本條第 1 款規定，訴訟時效期間屆滿的，義務人可以提出不履行義務的抗辯。這就意味着，權利人享有起訴權，可以向人民法院主張其已過訴訟時效之權利，人民法院應當受理。如果義務人不提出時效完成的抗辯，人民法院將以公權力維護權利人的利益；如果義務人行使抗辯權，人民法院審查後會依法保護義務人的抗辯權，不得強制義務人履行義務。但是，義務人行使時效抗辯權不得違反誠實信用原則，否則即使訴訟時效完成，義務人也不能取得時效抗辯權。例如，在訴訟時效期間屆滿前，義務人通過與權利人協商，營造其將履行義務的假象，及至時效完成後，立即援引時效抗辯拒絕履行義務。該種行為違反誠實信用，構成時效抗辯權的濫用，不受保護。

本條第 2 款規定，訴訟時效期間屆滿後，義務人同意履行的，不得以訴訟時效期間屆滿為由抗辯；義務人已自願履行的，不得請求返還。訴訟時效期間屆滿後，權利人雖不能請求法律的強制性保護，但法律並不否定其權利的存在。若義務人放棄時效利益自願履行的，權利人可以受領並保持，受領不屬於不當得利，義務人不得請求返還。訴訟時效期間屆滿後，義務人同意履行的，不得以訴訟時效期間屆滿為由抗辯。這是因為訴訟時效屆滿後，義

務人可以處分自己的時效利益。此時義務人同意履行義務，屬於對時效利益的放棄。義務人放棄時效利益的行為屬於單方法律行為，並且是處分行為，自義務人放棄時效利益的意思表示到達權利人時即發生時效利益放棄的法律效果，不以權利人同意為條件。放棄的意思表示既可以是承認的明示方式，也可以是不主張時效利益的默示方式。對於義務人已自願履行的情況，自願履行意味着義務人自願解除了債務的自然債務屬性，恢復了原本可以獲得司法強制執行的可能性，使權利人因時效完成而轉化為自然權利回升為法律權利。因此，自願履行的，不能再請求返還。

第一百九十三條　人民法院不得主動適用訴訟時效的規定。

■ 條文主旨

本條是關於訴訟時效援用的規定。

■ 條文釋義

我國民法通則未對訴訟時效由誰主張作出規定。我國司法實務界曾存在法官主動援用訴訟時效的規定進行裁判的情況。訴訟時效抗辯權本質上是義務人的一項民事權利，義務人是否行使，司法不應過多干預，這是民法意思自治原則的根本要求；義務人主張抗辯，屬於自由處分權利的範疇，司法也不應過多干涉，這是民事訴訟處分原則的應有之義。因此，遵循上述意思自治原則和處分原則，在義務人不提出訴訟時效抗辯的情形下，人民法院不應主動援用時效規則進行裁判，這也與人民法院居中裁判的地位相適應。為此，《最高人民法院關於審理民事案件適用訴訟時效制度若干問題的規定》第 3 條規定，當事人未提出訴訟時效抗辯，人民法院不應對訴訟時效問題進行釋明及主動適用訴訟時效的規定進行裁判。

本法將訴訟時效產生的法律後果明確為抗辯權，訴訟時效期間屆滿的直接效果是義務人取得抗辯權。抗辯權屬於私權的一種，可以選擇行使，也可以選擇不行使。義務人對時效利益的處分不違反法律的規定，也沒有侵犯國家、集體及他人的合法權益，人民法院不應當主動干預。在借鑒世界有關立法例的經驗和吸收最高人民法院司法解釋的基礎上，本法規定訴訟時效應由當事人自主選擇是否行使，人民法院不得主動適用訴訟時效的規定。

> **第一百九十四條**　在訴訟時效期間的最後六個月內，因下列障礙，不能行使請求權的，訴訟時效中止：
>
> （一）不可抗力；
>
> （二）無民事行為能力人或者限制民事行為能力人沒有法定代理人，或者法定代理人死亡、喪失民事行為能力、喪失代理權；
>
> （三）繼承開始後未確定繼承人或者遺產管理人；
>
> （四）權利人被義務人或者其他人控制；
>
> （五）其他導致權利人不能行使請求權的障礙。
>
> 自中止時效的原因消除之日起滿六個月，訴訟時效期間屆滿。

■ 條文主旨

本條是關於訴訟時效中止的規定。

■ 條文釋義

一、訴訟時效中止

訴訟時效中止，是因法定事由的存在使訴訟時效停止進行，待法定事由消除後繼續進行的制度。在訴訟時效進行中的某一時間內，出現了權利人主張權利的客觀障礙，導致權利人無法在訴訟時效期間內行使權利，可能產生不公平的結果，因此法律規定了訴訟時效中止制度。

訴訟時效制度的目的之一是督促權利人及時行使權利，但當事人主觀上沒有行使權利的怠慢，卻受制於客觀因素無法行使權利時，如果法律規定訴訟時效期間繼續進行，會導致權利人因時效經過而受損，產生不公平的結果，也與訴訟時效制度的目的相悖。各國民法時效上均設有時效中止的制度。民法通則第 139 條規定，在訴訟時效期間的最後 6 個月內，因不可抗力或者其他障礙不能行使請求權的，訴訟時效中止。從中止時效的原因消除之日起，訴訟時效期間繼續計算。民法通則的規定比較原則，為了在實踐中加強應用，《最高人民法院關於審理民事案件適用訴訟時效制度若干問題的規定》第 20 條規定，有下列情形之一的，應當認定為民法通則第 139 條規定的「其他障礙」，訴訟時效中止：（1）權利被侵害的無民事行為能力人、限制民事行為能力人沒有法定代理人，或者法定代理人死亡、喪失代理權、喪失行為能力；（2）繼承開始後未確定繼承人或者遺產管理人；（3）權利人被義務人或者其他人控制無法主張權利；（4）其他導致權利人不能主張權利的客觀情形。該司法解釋總結了我國司法實踐中遇到的導致訴訟時效期間中止的情況，將民法通則第 139 條「其他障礙」類型化。本條規定既延續了民法通則的精神，又吸收了司法解釋的規定。

二、中止時效的原因消除之後的訴訟時效期間補足

在立法過程中，有意見提出，民法通則規定在中止時效原因消除後，訴訟時效繼續計

算。如果剩餘時效期間過短，權利人行使權利仍然很倉促，這有礙於保護權利人的權利，建議補足一段必要長度的訴訟時效期間。

經研究認為，民法通則規定了時效中止僅在時效期間進行中的最後 6 個月才能發生。從中止時效的原因消除之日起，訴訟時效期間繼續計算，可能面臨剩餘訴訟時效期間不足以充分保證權利人行使權利時，民法通則並未規定如何處理。如果妨礙權利人行使權利的障礙消除後，剩餘的訴訟時效期間過短，例如，在極端情況下僅剩 1 天的時間，要求權利人必須在 1 天內依法主張權利，否則訴訟時效將屆滿，這對權利人未免過於苛刻。訴訟時效中止制度設立的目的是將客觀因素導致權利人無法行使權利的時間刨除在時效期間以外，從而保證權利人有足夠的時間行使權利。如果因為剩餘時效期間過短而無法行使權利，則要麼會使訴訟時效制度空置，要麼使該制度的效果打折扣。考察境外立法情況，很多立法例都規定了導致訴訟時效中止的原因消除後，補足訴訟時效期間情況。同時，考慮到我國司法實踐的情況、社會公眾的法律知識及行使權利的需要，在不違背時效制度目標的前提下，儘可能給予權利人救濟，對訴訟時效期間給予一定時間長度的補足。經過反覆研究認為，規定自中止時效的原因消除之日起滿 6 個月訴訟時效期間屆滿，是比較合適的，既能給權利人行使權力留下必要的準備時間，又不會造成訴訟的過分拖延和給義務人造成過分的負擔。

三、引起訴訟時效中止的障礙類型

根據本條第 1 款的規定，引起訴訟時效中止的障礙類型主要有：

一是不可抗力。民法通則第 139 條即規定不可抗力為引起訴訟時效中止的法定事由。不可抗力指的是不能預見、不能避免並不能克服的客觀情況，如自然災害。適用本項規定應注意，需要發生不可抗力導致權利人在客觀上不能行使權利，才能引起訴訟時效中止。雖然發生了不可抗力，但並沒有足以影響到權利人行使權利的，訴訟時效不為中止。

二是無民事行為能力人或者限制民事行為能力人沒有法定代理人，或者法定代理人死亡、喪失民事行為能力、喪失代理權。因為無民事行為能力人或者限制民事行為能力人不能獨立實施民事法律行為，法定代理人缺位會對其行使權利造成客觀障礙。境外不少立法例均規定這種情況下訴訟時效中止。《最高人民法院關於審理民事案件適用訴訟時效制度若干問題的規定》第 20 條第 1 項對此也有明確規定。為了更好地保護無民事行為能力人或者限制民事行為能力人，使其不會因時效期間屆滿而利益受損，本項在立法時參考了境外立法例和吸收了司法解釋的規定。

三是繼承開始後未確定繼承人或者遺產管理人。未確定繼承人時，繼承財產的權利主體沒有確定，無法有效地對被繼承人的債務人行使權利，被繼承人的債權人也不知道向誰主張權利，被暫時劃定在繼承財產中的他人的財產權利也無法主張。未確定遺產管理人的，遺產的權利不能分割。這些情況都屬於非因主觀原因而由於權利人、義務人不存在的客觀障礙導致權利無法行使，符合訴訟時效中止制度的要求。境外不少立法例對此均有規定。《最高人民法院關於審理民事案件適用訴訟時效制度若干問題的規定》第 20 條第 2 項對此也有明確規定。本項在立法時參考了境外立法例和吸收了司法解釋的規定。

　　四是權利人被義務人或者其他人控制。例如，權利人被義務人非法拘禁等方式限制人身自由，會導致其無法主張權利，這種障礙是客觀的。再如，義務人和權利人之間存在代表與被代表的關係，義務人是權利人的法定代表人。權利人欲提起訴訟，需要法定代表人的簽字授權或者蓋取公章，但法定代表人顯然不會允許對自己提起訴訟進行授權或者同意蓋章。又如，權利人是義務人的控股子公司。同理，子公司無法取得控股公司的訴訟授權。這些都屬於客觀障礙。《最高人民法院關於審理民事案件適用訴訟時效制度若干問題的規定》第20條第3項對此也有明確規定。本項在立法時吸收了司法解釋的規定。

　　五是其他導致權利人不能行使請求權的障礙。法律充分考慮到，由於社會生活及司法實踐的紛繁複雜，法律不可能逐一列舉需要中止時效的事由。在列舉規定類型化情形的同時，規定兜底條款，為實踐的發展留有餘地，並賦予法官以一定的自由裁量權。

　　第一百九十五條　有下列情形之一的，訴訟時效中斷，從中斷、有關程序終結時起，訴訟時效期間重新計算：

　　（一）權利人向義務人提出履行請求；
　　（二）義務人同意履行義務；
　　（三）權利人提起訴訟或者申請仲裁；
　　（四）與提起訴訟或者申請仲裁具有同等效力的其他情形。

■ 條文主旨

　　本條是關於訴訟時效中斷的規定。

■ 條文釋義

　　訴訟時效期間中斷，指訴訟時效期間進行過程中，出現了權利人積極行使權利等法定事由，從而使已經經過的訴訟時效期間歸於消滅，重新計算期間的制度。

一、訴訟時效中斷的特徵

　　權利人不行使權利是訴訟時效制度存在的事實基礎，如果在訴訟時效期間內出現了與這一基礎事實相反的事實，就必須使已經經過的時效期間歸於無效，否則就背離了訴訟時效制度的設立宗旨。訴訟時效中斷的特徵表現為：一是發生於訴訟時效的進行中，訴訟時效尚未開始計算或者已經屆滿的情況下排除其適用。二是發生了一定的法定事由導致訴訟時效存在的基礎被推翻。三是它使已經進行的訴訟時效重新起算，以前經過的期間歸於消滅。

　　民法通則規定了訴訟時效中斷制度，第140條規定：訴訟時效因提起訴訟、當事人一方提出要求或者同意履行義務而中斷。從中斷時起，訴訟時效期間重新計算。這一規定比較原則，最高人民法院在總結司法實踐經驗的基礎上，在《最高人民法院關於審理民事案件適用

訴訟時效制度若干問題的規定》第 10 條、第 13 條至第 19 條分別對民法通則第 140 條的規定進行了細化。在立法過程中，對訴訟時效中斷制度的設計，既繼承了民法通則，又借鑒了境外立法例，還吸收了司法解釋的規定。

二、引起訴訟時效中斷的情形

根據本條規定，引起訴訟時效中斷的情形主要有：

一是權利人向義務人提出履行請求。提出履行請求本身就意味着權利人在積極行使自己的權利，應當發生訴訟時效中斷的結果。請求有訴訟請求和訴外請求兩種，訴訟請求主要是起訴，訴外請求是權利人對其義務人在訴外行使權利的意思表示。這種意思表示可以表現為催促義務人履行義務，也可以表現為權利人主動抵消債權、行使同時履行抗辯權等情形。規定權利人向義務人提出履行請求作為訴訟時效中止的情形，符合我國社會避訟的法律文化傳統，契合我國熟人社會的社會實踐，能夠減輕當事人的訴累和人民法院的壓力。

二是義務人同意履行義務。這是權利人在訴訟外行使權利的一種形式。義務人同意履行義務，表明義務人知道權利人權利的存在，並且主觀上承認該權利，很多情況下是權利人向義務人主張權利時義務人作出一種承諾。這種承諾是權利人積極履行權利才能取得的結果，使得權利人與義務人之間的權利義務關係重新明確、穩定下來，義務人同意履行義務，引起權利人的信賴，權利人往往給義務人必要的時間開始準備履行義務。總之，是權利人沒有怠於行使權利，法律才規定該情形可以引起訴訟時效的中斷。不少境外立法例規定了權利人訴外行使權利可以引起訴訟時效中斷。根據《最高人民法院關於審理民事案件適用訴訟時效制度若干問題的規定》第 16 條規定：「義務人作出分期履行、部分履行、提供擔保、請求延期履行、制定清償債務計劃等承諾或者行為的，應當認定為同意履行義務。」該司法解釋對實踐中如何掌握認定義務人同意履行義務作了明確規定。

三是權利人提起訴訟或者申請仲裁。起訴是權利人在人民法院提起訴訟，請求法院強制義務人履行義務。民商事仲裁是平等主體的公民、法人和其他組織之間請求仲裁機構裁決合同糾紛和其他財產權益糾紛。勞動仲裁是當事人向勞動仲裁委員會請求裁決處理勞動爭議糾紛。農村土地承包經營糾紛仲裁是就農村土地承包經營糾紛，向農村土地承包仲裁委員會申請裁決。提起訴訟、申請仲裁是權利人行使權利最有效、最強烈的方法，足以表明權利人積極行使權利，世界上主要國家和地區均把提起訴訟作為引起訴訟時效中斷的事由進行規定。

關於在「提起訴訟」的情形下，訴訟時效期間應從何時中斷，目前存在爭議。經研究認為，我國民事訴訟法第 120 條規定，起訴應當向人民法院遞交起訴狀，並按照被告人數提出副本。書寫起訴狀確有困難的，可以口頭起訴，由人民法院記入筆錄，並告知對方當事人。權利人以提起訴訟的方式主張權利的，由於其請求保護權利的對象為人民法院，故只要提交起訴材料或者口頭起訴，就應認定其向人民法院提出了權利主張，訴訟時效即時中斷，而無須等待人民法院受理才中斷。《最高人民法院關於審理民事案件適用訴訟時效制度若干問題的規定》第 12 條規定：「當事人一方向人民法院提交起訴狀或者口頭起訴的，訴訟時效從提交起訴狀或者口頭起訴之日起中斷。」這一規定符合訴訟時效中斷制度的目的。

　　四是與提起訴訟或者申請仲裁具有同等效力的其他情形。實踐是複雜的、發展的，法律無法窮盡規定所有引起訴訟時效中斷的情形。除了本法第 195 條第 3 項規定的情形，權利人如果實施了在法律上與提起訴訟或者申請仲裁具有同樣效力的其他行為，能夠表明在積極行使權利而非怠於行使權利，也應當引起時效中止的效力。例如，調解是與提起訴訟或者申請仲裁具有同等效力的典型情形之一。《最高人民法院關於審理民事案件適用訴訟時效制度若干問題的規定》第 14 條規定：「權利人向人民調解委員會以及其他依法有權解決相關民事糾紛的國家機關、事業單位、社會團體等社會組織提出保護相應民事權利的請求，訴訟時效從提出請求之日起中斷。」該條司法解釋也認可了調解可以引起訴訟時效中斷的效力。再如，控告也是一種與提起訴訟或者申請仲裁具有同等效力的情形，可以引起訴訟時效中斷。該司法解釋第 15 條第 1 款規定：「權利人向公安機關、人民檢察院、人民法院報案或者控告，請求保護其民事權利的，訴訟時效從其報案或者控告之日起中斷。」此外，該司法解釋第 10 條第 1 款、第 13 條規定的申請仲裁，申請支付令，申請破產、申報破產債權，為主張權利而申請宣告義務人失蹤或死亡，申請訴前財產保全、訴前臨時禁令等訴前措施，申請強制執行，申請追加當事人或者被通知參加訴訟，在訴訟中主張抵銷等，都屬於與提起訴訟或者申請仲裁具有同等效力的情形，可以引起訴訟時效中斷。

三、訴訟時效期間如何重新起算

　　民法通則規定，「從中斷時起」訴訟時效期間重新計算。在立法過程中，有的意見提出，對於權利人向義務人提出履行請求、義務人同意履行等情況，民法通則的規定是可以的。但是對提起訴訟或者申請仲裁引起訴訟時效中斷的情形，該規定有些簡單。訴訟或者仲裁需要較長的時間，有些訴訟從起訴之日至終審判決作出需要數年之久。究竟是從起訴之日起訴訟時效期間重新起算，還是終審判決發生效力之日起訴訟時效期間重新起算，建議法律明確規定，以便於實踐操作。

　　經研究認為，在重新計算訴訟時效期間的起算點上，應根據不同情況區別處理。以本條第 1 項規定的「權利人向義務人提出履行請求」、第 2 項規定的「義務人同意履行義務」等方式中斷訴訟時效的，一旦履行請求到達義務人，或者義務人同意履行的意思表示到達權利人，即可以發生時效中斷的效果。因此，在這兩款規定的情況下，訴訟時效期間從中斷時起重新計算。以本條第 3 項規定的「權利人提起訴訟或者申請仲裁」、第 4 項規定的「與提起訴訟或者申請仲裁具有同等效力的其他情形」等方式中斷訴訟時效的，權利人處於依據法律程序主張權利的狀態。如果規定訴訟時效期間從起訴之日或者提起仲裁之日起重新計算，可能會因法律程序煩瑣、所耗費的時日過長，出現法律程序尚未終結而訴訟時效期間已經屆滿的情況，這在我國的司法實踐中並不少見。這一情況有違訴訟時效中斷制度的目的，為了避免制度上的缺陷，對這兩項規定的情形，法律規定從有關程序終結時起，訴訟時效期間重新計算。

> 第一百九十六條　下列請求權不適用訴訟時效的規定：
> （一）請求停止侵害、排除妨礙、消除危險；
> （二）不動產物權和登記的動產物權的權利人請求返還財產；
> （三）請求支付撫養費、贍養費或者扶養費；
> （四）依法不適用訴訟時效的其他請求權。

■ 條文主旨

本條是關於不適用訴訟時效的情形的規定。

■ 條文釋義

根據本條規定，不適用訴訟時效的請求權包括：

一、請求停止侵害、排除妨礙、消除危險

請求停止侵害，指的是所有權人或者其他物權人請求對物權造成侵害的人停止侵害行為或者侵害狀態的權利。

請求排除妨礙，指的是所有權人或者其他物權人請求妨礙人停止妨礙、去除妨礙的權利。

請求消除危險，指的是所有權人或者其他物權人請求造成危險狀態的人消除該危險的權利。

停止侵害、排除妨礙和消除危險是所有權和其他物權的功能，其目的是解決對物權權能的障礙、發揮物的效用，回覆權利人對權利客體的支配為目的。根據物權的理論，無論經過多長時間，法律不可能任侵害物權的行為取得合法性。如果請求停止侵害、排除妨礙、消除危險的權利適用訴訟時效，將會發生物權人必須容忍他人對其行使物權進行侵害的結果，這對權利人不公平，也違反物權法基本理論，不論是民法學界還是司法實務界，均認為這三種請求權不應適用訴訟時效。

二、不動產物權和登記的動產物權的權利人請求返還財產

物可以分為不動產和動產，相應地物權可以分為不動產物權和動產物權。不動產物權價值重大、事關國計民生和整個社會穩定，一般用登記作為不動產物權享有和變動的公示方法。不動產登記部門是國家設立的，不動產一經登記具有強大的公示公信力，也就意味着不動產物權的權利人請求返還財產適用訴訟時效已不可能。原因在於，不動產登記簿上的記載就顯示了物權的歸屬，任何人在與他人進行交易行為時，負有注意和謹慎義務，應關注不動產的登記情況。通常只要登記簿記載的權利人與實際佔有不符，這就會使他人對佔有人是否為真正物權人產生疑問，而且只要登記簿記載的權利人不改變，其無論經過多長時間都不會使他人對無權佔有人產生信賴，認為其是合法物權人並與之發生民事法律關係。我國不動產物權採取登記生效主義，非經登記不發生效力。本法第 209 條規定，不動產物權的設立、變

更、轉讓和消滅，經依法登記，發生效力；未經登記，不發生效力，但是法律另有規定的除外。如在不動產登記制度條件下仍規定已登記的物權人請求返還財產適用訴訟時效，則必然導致時效制度與不動產登記制度的自相矛盾，動搖不動產登記制度的權威性。民法總則草案一審稿至三審稿對本項的規定沒有變化，均規定為「登記的物權人請求返還財產」。在民法總則草案提請十二屆全國人大五次會議審議時，有的代表提出，目前，不少農村地區的房屋尚未辦理不動產登記，為更好地保護農民的房屋產權，建議將不適用訴訟時效的範圍擴大至所有不動產物權的返還請求權。法律委員會經研究，對這一項作出修改，明確不動產物權的權利人請求返還財產不適用訴訟時效。民法典維持民法總則的這一規定不變。

動產以佔有和交付為所有權享有和變動的公示方法。從理論上講，他人無權佔有動產後，動產即與所有人分離，動產物權的權利人如果長期不請求返還財產，他人基於佔有公示產生的對抗力就越來越強，第三人隨着時間推移越發相信無權佔有人就是事實上物的所有人，進而基於這種信賴與之發生一定的法律關係。信賴利益是民法上的重要利益。法律對信賴利益進行保護，對維護新產生的民事法律關係的效力及整個社會經濟秩序的穩定均有積極意義。但是，有的意見提出，如果規定動產物權的權利人請求返還財產一概不適用訴訟時效，在理論上似乎出現一個矛盾。例如，甲佔有乙價值 10 元的物，又向乙借款 100 萬元。如果規定所有的動產物權的權利人請求返還財產均不適用訴訟時效，乙對價值 10 元的物可以長期請求返還，但對於更大價值的 100 萬元債權，卻只能在普通訴訟時效期間的 3 年內主張，看似法律對價值小的法益保護更重。此外，實踐中，一律規定所有的動產物權的權利人返還財產請求權不適用訴訟時效，在操作上面臨很多困難，也沒有必要。一般動產價值小、流動大、易損耗，如果不適用訴訟時效的規定，多年後再提起訴訟，一是因年代久遠存在舉證困難，二是增加訴累，三是不利於矛盾的及時解決。綜合考慮，可以規定這類普通動產適用訴訟時效。船舶、航空器和機動車等動產，價值較大，被稱為「准不動產」，准用不動產管理的很多規則，這類動產多進行物權登記。本法第 225 條規定，船舶、航空器和機動車等物權的設立、變更、轉讓和消滅，未經登記，不得對抗善意第三人。由此可見，法律對船舶、航空器和機動車等動產的登記採取登記對抗主義。如果進行了登記，與不動產登記一樣，產生強有力的公示公信效力，登記動產物權的權利人請求返還財產不適用訴訟時效。

三、請求支付撫養費、贍養費或者扶養費

撫養費指義務人基於撫養義務所支付的費用，支付對象一般是晚輩，如子女、孫子女、外孫子女等。贍養費指義務人基於贍養義務所支付的費用，支付對象一般是長輩，如父母、祖父母、外祖父母等。扶養費指義務人基於扶養義務所支付的費用，支付對象一般是平輩，如配偶、兄弟姐妹等。

受撫養、贍養或者扶養者一般都是年幼、年老或者缺乏勞動能力的人，撫養費、贍養費或者扶養費是這些人的生活來源，若無此等費用，將嚴重影響他們的生活。因此，法律規定，請求支付撫養費、贍養費或者扶養費的請求權，不適用訴訟時效的規定。

四、依法不適用訴訟時效的其他請求權

本項屬於兜底性條款。因為無法窮盡列舉所有不適用訴訟時效的情形，法律中明確規定不適用訴訟時效的請求權，均屬於本項規定的情形。

> **第一百九十七條　訴訟時效的期間、計算方法以及中止、中斷的事由由法律規定，當事人約定無效。**
>
> **當事人對訴訟時效利益的預先放棄無效。**

■ 條文主旨

本條是關於訴訟時效法定性及時效利益不得預先放棄的規定。

■ 條文釋義

一、訴訟時效法定性

訴訟時效制度關係到法律秩序的清晰穩定，是對民事權利的法定限制，其規範目的具有公益性，以犧牲罹於時效的權利人的利益為代價，為交易關係提供安全保障，關乎社會公共利益及法律秩序的統一，這要求訴訟時效期間及其計算方法明確且為社會知曉，訴訟時效的中止、中斷的事由只能由法律作出明確規定，不能屬於當事人自行處分的事宜，權利人和義務人不可以自行約定。

訴訟時效的法定性，首先是訴訟時效的期間和計算方法法定。該期間由法律明確規定，當事人必須按照法律規定的期間執行，不得改動。訴訟時效期間可以在一般法中規定，例如，本法規定的「向人民法院請求保護民事權利的訴訟時效期間為三年」，也可以在特別法中規定。再如，本法第 594 條規定：「因國際貨物買賣合同和技術進出口合同爭議提起訴訟或者申請仲裁的時效期間為四年。」當事人不得通過約定縮短或延長訴訟時效期間。如果允許當事人約定延長，一是對義務人不利，會危及現在和將來在當事人之間形成的財產秩序。二是第三人往往不知道當事人對訴訟時效延長的約定，基於對義務人財產狀況合理的信賴而進行交易，這可能對第三人造成不可預知的潛在侵害。三是當事人約定延長訴訟時效期間，不利於督促義務人及時行使權利。因此，不應該允許當事人延長訴訟時效。如果允許當事人約定縮短，權利人可能沒有必需的準備時間來行使權利，對權利人保護不利，另外與訴訟時效制度的設計也是不相吻合的。同時需要注意的是，訴訟時效法定還意味着只能由法律對訴訟時效作出規定，法規、規章都不得對此進行規定。

訴訟時效的法定性，其次是訴訟時效中止、中斷的事由法定。訴訟時效可以通過中止、中斷進行法定變更，但相應情形由法律明確作出規定，當事人不可以創設法律沒有規定的情形，使訴訟時效擅自變更。否則，訴訟時效便失去了確定性。

訴訟時效的法定性，最後是當事人擅自約定訴訟時效的效果由法律明確規定。當事人違反本款規定，擅自對訴訟時效的期間、計算方法以及中止、中斷的事由進行約定的，則約定無效。

二、訴訟時效預先放棄無效

訴訟時效放棄可以分為兩種：一種是時效屆滿前預先放棄，另一種是訴訟時效屆滿後放棄。訴訟時效利益不得在時效期間屆滿前預先放棄。如果允許預先放棄時效利益，權利人可能會利用強勢地位，損害義務人的權利。從公平保護的角度，不應該允許當事人預先約定放棄時效利益，否則等於權利人可以無期限地行使權利，違反了訴訟時效制度的法定性，與訴訟時效制度設立的目的不相吻合，因此當事人對訴訟時效利益的預先放棄無效。但是，訴訟時效期間屆滿後，義務人取得拒絕履行義務的抗辯權。根據私法自治原則，當事人有權在法律規定的範圍內，自由處分其權利或者利益，選擇是否放棄訴訟時效利益。放棄訴訟時效是單方法律行為，自成立時發生法律效力；同時又是處分行為，須依意思表示為之。可以在訴訟中也可以在訴訟外作出；可以明示也可以默示。

基於公共利益考量，法律一方面需要強調訴訟時效的法定性，部分地限制意思自治原則；另一方面，如果過於強調訴訟時效的法定性，有可能會導致公權力對私權利的過分干預，進而破壞意思自治原則的根基。因此，需要尊重意思自治原則在民法體系中的重要地位，規定當事人不得預先放棄時效利益，但對時效期間屆滿的時效利益，是否提出訴訟時效抗辯乃是義務人的權利，可以自由處分。這種規定是立法在訴訟時效制度的法定性價值與意思自治原則的價值之間進行平衡。《最高人民法院關於審理民事案件適用訴訟時效制度若干問題的規定》第 2 條規定，當事人違反法律規定，約定延長或者縮短訴訟時效期間、預先放棄訴訟時效利益的，人民法院不予認可。本條規定借鑒了境外立法例和我國最高人民法院的司法解釋。

第一百九十八條　法律對仲裁時效有規定的，依照其規定；沒有規定的，適用訴訟時效的規定。

■ 條文主旨

本條是關於仲裁時效的規定。

■ 條文釋義

在我國，仲裁主要包括民商事仲裁、勞動仲裁和農村土地承包經營糾紛仲裁三種。民商事仲裁是平等主體的公民、法人和其他組織之間請求仲裁機構裁決合同糾紛和其他財產權益糾紛。勞動仲裁是當事人向勞動仲裁委員會請求裁決處理勞動爭議糾紛。農村土地承包經營

糾紛仲裁是就農村土地承包經營糾紛，向農村土地承包仲裁委員會申請裁決。

仲裁法第 74 條規定，法律對仲裁時效有規定的，適用該規定。法律對仲裁時效沒有規定的，適用訴訟時效的規定。關於仲裁時效的特別規定主要有：

一是勞動爭議調解仲裁法對於勞動仲裁時效有明確規定。該法第 27 條規定：「勞動爭議申請仲裁的時效期間為一年。仲裁時效期間從當事人知道或者應當知道其權利被侵害之日起計算。」「前款規定的仲裁時效，因當事人一方向對方當事人主張權利，或者向有關部門請求權利救濟，或者對方當事人同意履行義務而中斷。從中斷時起，仲裁時效期間重新計算。」「因不可抗力或者有其他正當理由，當事人不能在本條第一款規定的仲裁時效期間申請仲裁的，仲裁時效中止。從中止時效的原因消除之日起，仲裁時效期間繼續計算。」「勞動關係存續期間因拖欠勞動報酬發生爭議的，勞動者申請仲裁不受本條第一款規定的仲裁時效期間的限制；但是，勞動關係終止的，應當自勞動關係終止之日起一年內提出。」

二是本法合同編對仲裁時效有明確規定。本法第 594 條規定：「因國際貨物買賣合同和技術進出口合同爭議提起訴訟或者申請仲裁的時效期間為四年。」

三是農村土地承包經營糾紛調解仲裁法對仲裁時效有明確規定。該法第 18 條規定：「農村土地承包經營糾紛申請仲裁的時效期間為二年，自當事人知道或者應當知道其權利被侵害之日起計算。」

除了上述規定，沒有關於仲裁時效的特別規定。因此長期以來，我國仲裁時效適用民法通則有關訴訟時效期間、中止中斷等有關規定。在立法過程中，有的意見提出，這一方式在實踐中得到了檢驗，是可行的，建議繼承民法通則的立法模式。我們經過反覆研究，認為該種意見可以採納，因此明確規定，法律對仲裁時效有規定的，依照其規定；沒有規定的，適用訴訟時效的規定。這一規定既為特別法對仲裁時效作規定留有接口，也為仲裁時效准用訴訟時效的規定提供依據。

> **第一百九十九條**　法律規定或者當事人約定的撤銷權、解除權等權利的存續期間，除法律另有規定外，自權利人知道或者應當知道權利產生之日起計算，不適用有關訴訟時效中止、中斷和延長的規定。存續期間屆滿，撤銷權、解除權等權利消滅。

■ 條文主旨

本條是關於除斥期間的一般規定。

■ 條文釋義

除斥期間的起算點原則上應自權利行使無法律上的障礙時開始計算。但在權利人未必知道其權利存在的場合，法律通常規定自權利人知道其權利存在之時起開始計算。例如，

本法第 541 條的規定：「撤銷權自債權人知道或者應當知道撤銷事由之日起一年內行使。自債務人的行為發生之日起五年內沒有行使撤銷權的，該撤銷權消滅。」根據這一規定，債權人撤銷權的行使期間自撤銷權人知道或者應當知道撤銷事由時起算。與訴訟時效的法定性不同，除斥期間可以由當事人進行約定，甚至在法律允許的情況下，可以由一方向對方單方提出除斥期間。例如，本法第 564 條規定：「法律規定或者當事人約定解除權行使期限，期限屆滿當事人不行使的，該權利消滅。法律沒有規定或者當事人沒有約定解除權行使期限，自解除權人知道或者應當知道解除事由之日起一年內不行使，或者經對方催告後在合理期限內不行使的，該權利消滅。」這一規定明確了合同解除可以由法律規定除斥期間，也可以由當事人直接約定除斥期間，並允許在法律沒有規定或當事人未約定期限時由對方催告確定合理期間。

除斥期間是權利預設期間，以促使法律關係儘早確定為目標，為達制度目的，需要規定除斥期間經過後，權利人的權利即歸於消滅，要麼使原本不確定的法律關係明確固定，要麼使既有的法律關係歸於消滅，都會引起實體法上效果的變化。所以除斥期間沒有中斷的可能性，一般也不會發生中止。

除斥期間不像訴訟時效一樣可以高度抽象出共同性，因此規定比較分散。關於訴訟時效，各國一般都在法律條文中使用「訴訟時效」「消滅時效」等表述，我國民事立法一貫採用「訴訟時效」的表述；而對除斥期間，雖然在法律條文中沒有明確體現「除斥期間」的表述，但常常使用「撤銷權消滅」「作為自願放棄權益」「不行使而消滅」「視為放棄」「視為拒絕追認」「視為權利消滅」等表述。

第十章　期間計算

　　期間是一種重要的法律事實，是民事法律關係發生、變更和終止的依據，包括期日和期間兩種。期日是某特定的時間點，如 8 點、午時、6 月、2017 年。期間是某一期日至另一期日之間的時間段，如 2 小時、3 日、5 個月、3 年。

　　本章共五條，主要規定了期間的計算單位；期間的起算與結束；期間結束日的順延和期間可以法定或者約定等。

第二百條　民法所稱的期間按照公曆年、月、日、小時計算。

■ 條文主旨

　　本條是關於期間的計算單位的規定。

■ 條文釋義

　　根據本條的規定，我國民法中規定的期間計算單位共有四種，分別是年、月、日和小時。期日為不可分的特定時間點，不發生計算的問題，但期間為一定的時間段，存在計算的問題。期間計算一般採取曆法計算法和自然計算法相結合的方式。在本法規定的四種期間計算單位中，年、月採用公曆的曆法規則，這樣每年的時間差距相差不大，既符合我國的社會實際，又符合國際通用規則，便於生產生活和國際交往。日、小時採用自然計算法，一日為 24 小時。本條規定繼承自民法通則第 154 條的規定：民法所稱的期間按照公曆年、月、日、小時計算。

第二百零一條　按照年、月、日計算期間的，開始的當日不計入，自下一日開始計算。

按照小時計算期間的，自法律規定或者當事人約定的時間開始計算。

■ 條文主旨

　　本條是關於期間起算的規定。

■ 條文釋義

我國民法通則第 154 條第 1 款規定，民法所稱的期間按照公曆年、月、日、小時計算。第 2 款規定，規定按照小時計算期間的，從規定時開始計算。規定按照日、月、年計算期間的，開始的當天不算入，從下一天開始計算。本條規定在民法通則的基礎上，作了一定的補充和完善。

一、按照年、月、日計算期間的，開始的當日不計入，自下一日開始計算

按日計算期間的情況。例如，甲乙雙方 2017 年 1 月 13 日簽訂合同，約定第 30 日交貨，則簽訂合同的當日即 2017 年 1 月 13 日不算入期間，期間從 2017 年 1 月 14 日開始起算，2017 年 2 月 12 日為第 30 日，即交貨日期。同樣地，如果甲乙雙方 2017 年 2 月 13 日簽訂合同，約定第 30 日交貨，則 2017 年 3 月 15 日為交貨日。

按月計算期間的情況。例如，甲乙雙方 2017 年 1 月 13 日簽訂合同，約定 9 個月後交貨，則期間從 2017 年 1 月 14 日開始計算 9 個月，到 2017 年 10 月 13 日為交貨日。如果甲乙雙方 2017 年 12 月 31 日簽訂合同，約定 9 個月後交貨，則期間從 2018 年 1 月 1 日起計算 9 個月，到 2018 年 9 月 30 日為交貨日。

因為一年中各自然月的天數不一致，閏年與平年的 2 月份天數也不一致，所以按日計算期間的情況下，相同的期間長度在不同月份、年份可能產生不同的計算結果。

按年計算期間的情況。例如，甲乙雙方 2016 年 1 月 13 日簽訂合同，約定 3 年後交貨，則期間從 2017 年 1 月 14 日開始計算 3 年，到 2019 年 1 月 13 日為交貨日；如果約定 5 年後交貨，則到 2021 年 1 月 14 日為交貨日。如果甲乙雙方合同從 2016 年 8 月 1 日生效，約定 3 年後交貨，則期間從 2016 年 8 月 2 日開始計算，至 2019 年 8 月 1 日結束。

可見，在以年為計算單位的情況下，期間計算的結果不受一年中各自然月天數、閏年與平年的影響。

二、按照小時計算期間的，自法律規定或者當事人約定的時間開始計算

與民法通則的規定相比，本條增加了在按照小時計算期間的情況下，允許當時人約定，這是為了最大程度地尊重當事人的意思自治，尊重不同地區、不同行業的交易習慣，方便生活、促進交易。

按照小時計算期間，可以有兩種起算方法：一種是自法律規定的時間開始計算，另一種是自當事人約定的時間開始計算。前一種情況下，例如，從 8 時開始計算 3 個小時，則期間應該到 11 時結束。又如，從 8 時 30 分開始計算 26 個小時，則期間應該到第 2 日 10 時 30 分結束。後一種情況下，可以允許當時人根據商業交易習慣或者雙方都認可的方式約定期間起算方式，如整數計算法，不論期間從何時開始計算，都約定按照最近將要到達的整數時間點開始計算。8 時 38 分達成交易合同，則從 9 時開始計算期間。

> 第二百零二條　按照年、月計算期間的，到期月的對應日為期間的最後一日；沒有對應日的，月末日為期間的最後一日。

■ 條文主旨

本條是關於期間結束的規定。

■ 條文釋義

在以日定期間的情況下，算足該期間之日即為期間最後一日。在按照年、月計算期間的情況下，期間結束日根據是否按照整月計算，會有兩種不同的結果。在不按照整月計算的情況下，例如甲乙雙方於 2017 年 1 月 15 日簽訂勞務合同，約定 1 個月的履行期，則期間開始日為 2017 年 1 月 16 日，期間結束日為 2017 年 2 月 15 日。甲乙雙方於 2017 年 2 月 15 日簽訂勞務合同，約定 1 個月的履行期，則期間開始日為 2017 年 2 月 16 日，期間結束日為 2017 年 3 月 15 日。由此可見，期間最後一日總是到期月的簽訂合同的對應日。在按照整月計算的情況下，如果甲乙雙方於 2017 年 1 月 31 日簽訂勞務合同，約定 1 個月的履行期，則期間開始日為 2017 年 2 月 1 日，期間結束日為 2017 年 2 月 28 日。如果甲乙雙方於 2017 年 2 月 28 日簽訂勞務合同，約定 1 個月的履行期，則期間開始日為 2017 年 3 月 1 日，期間結束日為 2017 年 3 月 31 日。由此可見，期間最後一日總是月末日。

我國民法通則沒有關於期間結束日的規定，但是票據法第 107 條第 2 款規定，按月計算期限的，按到期月的對日計算；無對日的，月末日為到期日。本條規定，借鑒了境外立法的經驗並參考了票據法的規定。

> 第二百零三條　期間的最後一日是法定休假日的，以法定休假日結束的次日為期間的最後一日。
> 期間的最後一日的截止時間為二十四時；有業務時間的，停止業務活動的時間為截止時間。

■ 條文主旨

本條是關於期間結束日順延和期間末日結束點的規定。

■ 條文釋義

境外不少立法例對期間最後一日的延長、期間末日的結束點有明確規定。我國民法通則第 154 條第 3 款規定：「期間的最後一天是星期日或者其他法定休假日的，以休假日的次日

為期間的最後一天。」第 4 款規定：「期間的最後一天的截止時間為二十四點。有業務時間的，到停止業務活動的時間截止。」本條規定借鑒了境外立法的經驗並繼承了民法通則的成熟規定。

按照本法第 202 條的規定計算出期間最後一日，如果該日是法定休假日，對民事法律行為的產生、變更或者消滅會產生重大影響，因此法律規定期間順延到法定休假日結束後的第一日屆滿。例如，2017 年 8 月 15 日，甲承包的魚塘中的魚全部死亡。9 月 30 日，甲得知魚死亡是村裏造紙廠排放廢水造成的，其訴訟時效期間開始起算，3 年後的 2020 年 10 月 1 日訴訟時效期間屆滿。但是，10 月 1 日是國慶節假期，當年國慶節放假為 10 月 1 日至 7 日。甲的訴訟時效期間從 10 月 1 日順延到 10 月 8 日，即國慶節假期結束後的第一日屆滿。

一日共 24 個小時，24 時為一日的結束點，因此本條第 2 款規定，期間的最後一日的截止時間為 24 時。但銀行、證券交易所等均有業務時間，到達業務時間，業務停止運作，在時間聯繫點上業務結束時間更有意義，沒有必要規定到 24 時結束。因此第 2 款規定，有業務時間的，停止業務活動的時間為截止時間。這種規定是符合社會生活實際情況的。

第二百零四條　期間的計算方法依照本法的規定，但是法律另有規定或者當事人另有約定的除外。

■ 條文主旨

本條是關於期間法定或者約定的規定。

■ 條文釋義

期間的計算方法依照法律規定，目的是使得當事人按照一種方法計算期間，從而避免誤會、方便生活、促進交易，穩定法律秩序。境外立法例對此也有明確規定。

本法是民事領域的基本法，規定期間的計算單位、期間的起算與結束、期間結束日的順延等基本內容。單行法對期間的計算方法如果有不同規定的，根據特殊優於一般的法理，應當適用特別法的規定。同時，民法需要充分尊重當事人的意思自治，當事人有特定交易習慣或者對期間的計算方法能夠達成一致約定的，可以依照當事人的約定。例如，當事人可以約定採用周、半月等計算單位計算期間。

本條規定與本法第 201 條第 2 款的規定既有區別又有聯繫。第 201 條第 2 款的規定僅指在照小時計算期間的情況下，當事人可以約定期間開始的計算點。本條的規定是指當事人可以約定期間的計算方法，不僅是起算點，還有結束點。因此，在適用範圍上，本條比第 201 條第 2 款更為廣泛。

物權

物權是民事主體依法享有的重要財產權。物權法律制度調整因物的歸屬和利用而產生的民事關係，是最重要的民事基本制度之一。2007 年十屆全國人大五次會議通過了物權法。民法典第二編「物權」在現行物權法的基礎上，按照黨中央提出的完善產權保護制度，健全歸屬清晰、權責明確、保護嚴格、流轉順暢的現代產權制度的要求，結合現實需要，進一步完善了物權法律制度。物權編共五個分編、二十章、二百五十八條。

第一分編　通　則

第一章　一般規定

本章共四條，對物權編的調整範圍、基本原則作了規定。

第二百零五條　本編調整因物的歸屬和利用產生的民事關係。

■ 條文主旨

本條是關於民法典物權編調整範圍的規定。

■ 條文釋義

本條規定了物權編規範的社會關係，也就是物權編的調整範圍。物的歸屬是指物的所有人是誰，確定物的歸屬即是確定在民事上財產權屬於誰，這是對物進行利用的前提。物權編調整物的歸屬關係，就要確定物的歸屬原則，這是物權編的重要內容。所有權人對其所有物無論自己使用還是交他人使用，都是對物的利用。物的利用是對物擁有所有權的目的所在。物權編調整因物的利用而產生的相互關係，要確定對物進行利用的規則，這也是物權編的重要內容。因物的歸屬和利用而產生的民事關係都適用物權編。需要明確的是，物權編並不一般性地調整所有的物的歸屬和利用的關係，物權編只調整平等主體之間因物的歸屬和利用而產生的財產關係，也就是本條規定的「民事關係」。經濟社會管理活動中管理者與被管理者之間的縱向關係，也涉及財產的歸屬和利用問題，但此類關係主要是由行政法、經濟法調整，不屬於物權編調整的範圍。

第二百零六條　國家堅持和完善公有制為主體、多種所有制經濟共同發展，按勞分配為主體、多種分配方式並存，社會主義市場經濟體制等社會主義基本經濟制度。

國家鞏固和發展公有制經濟，鼓勵、支持和引導非公有制經濟的發展。

國家實行社會主義市場經濟，保障一切市場主體的平等法律地位和發展權利。

■ 條文主旨

本條是關於我國基本經濟制度與社會主義市場經濟原則的規定。

■ 條文釋義

黨的十九屆四中全會通過的《中共中央關於堅持和完善中國特色社會主義制度、推進國家治理體系和治理能力現代化若干重大問題的決定》提出：「公有制為主體、多種所有制經濟共同發展，按勞分配為主體、多種分配方式並存，社會主義市場經濟體制等社會主義基本經濟制度，既體現了社會主義制度優越性，又同我國社會主義初級階段社會生產力發展水平相適應，是黨和人民的偉大創造。」中國特色社會主義物權制度是由社會主義基本經濟決定的，與資本主義物權制度有本質區別。作為反映我國社會主義生產關係和維護社會主義經濟制度的物權編，必須全面、準確地體現現階段我國社會主義基本經濟制度。因此，物權編把社會主義基本經濟制度和黨的十九屆四中全會決定的有關精神作為物權編的基本原則，這一基本原則規定作為物權編的核心，貫穿並體現在整部物權編的始終。

實行社會主義市場經濟與我國基本經濟制度密切相關。發展社會主義市場經濟是堅持和完善社會主義基本經濟制度的必然要求。要鞏固和發展公有制經濟，鼓勵、支持和引導非公有制經濟的發展，就要提供一個共同發展的平台，這個平台就是社會主義市場經濟。改革開放前，我國實行公有制基礎上的計劃經濟，生產過程以及生產資料的配置主要靠計劃與調撥來完成。所有制較為單一，只有全民所有制與集體所有制兩種形式，雖然有小規模消費市場的存在，但形不成生產資料大市場，因此不是市場經濟而是計劃經濟。改革開放以來，實行以公有制為主體、多種所有制經濟共同發展的基本經濟制度，實行社會主義市場經濟。實行多種所有制經濟共同發展，就要相應採取市場經濟體制。多種所有制經濟只有在市場經濟中才能得到共同發展。市場經濟是人類創造的發展經濟的文明成果，能夠最大限度地發揮生產者的積極性，合理配置資源，創造高效率的經濟效益，促進經濟繁榮。因此，憲法規定，國家實行社會主義市場經濟。實行社會主義市場經濟最重要的一條就是要保障市場主體的平等地位和發展權利，這是實行市場經濟的前提。作為規範平等主體之間因物的歸屬和利用而產生的財產關係的物權編，物權關係的主體具有平等的法律地位是物權編調整的平等財產關係存在的前提，這也是物權編乃至民法存在的前提。沒有平等關係就沒有民法，沒有平等的財產關係就沒有物權編。因此，物權編將實行社會主義市場經濟與保障一切市場主體的平等法律地位和發展權利作為基本原則。

> **第二百零七條　國家、集體、私人的物權和其他權利人的物權受法律平等保護，任何組織或者個人不得侵犯。**

■ 條文主旨

本條是關於平等保護國家、集體和私人的物權原則的規定。

■ 條文釋義

民法是調整平等主體之間的財產關係和人身關係的法律，作為民法重要組成部分的物權編，是調整平等主體之間因物的歸屬和利用而產生的財產關係的法律。物權編平等保護各個民事主體的物權是民法調整的社會關係的性質決定的。對於民法的平等原則，總則編已有明確規定：民法調整平等主體的自然人、法人和非法人組織之間的人身關係和財產關係；民事主體的人身權利、財產權利以及其他合法權益受法律保護，任何組織或者個人不得侵犯；民事主體在民事活動中的法律地位一律平等。民事主體從事民事活動，應當遵循自願、公平、誠信的原則。因此，本條規定了對國家、集體和私人的物權平等保護的原則。

憲法規定：「國家實行社會主義市場經濟。」公平競爭、平等保護、優勝劣汰是市場經濟的基本法則。在社會主義市場經濟條件下，各種所有制經濟形成的市場主體都在統一的市場上運作並發生相互關係，各種市場主體都處於平等地位，享有相同權利，遵守相同規則，承擔相同責任。馬克思說，「商品是天生的平等派」。如果對各種市場主體不給予平等保護，解決糾紛的辦法、承擔的法律責任不一樣，那就不可能發展社會主義市場經濟，也不可能堅持和完善社會主義基本經濟制度。為適應社會主義市場經濟發展的要求，黨的十六屆三中全會明確要「保障所有市場主體的平等法律地位和發展權利」。黨的十八屆三中全會提出，要完善產權保護制度，公有制經濟財產權不可侵犯，非公有制經濟財產權同樣不可侵犯；國家保護各種所有制經濟產權和合法權益，保證各種所有制經濟同等受到法律保護。《中共中央、國務院關於完善產權保護制度依法保護產權的意見》明確提出，要堅持平等保護原則，健全以公平為核心原則的產權保護制度。即使不進入市場交易的財產，憲法也明確規定：「公民的合法的私有財產不受侵犯。」「國家依照法律規定保護公民的私有財產權和繼承權。」在財產歸屬依法確定的前提下，作為物權主體，不論是國家的、集體的物權，還是私人的物權，也都應當給予平等保護。否則，不同權利人的物權受到同樣的侵害，國家的、集體的應當多賠，私人的可以少賠，勢必損害群眾依法創造、積累財富的積極性，不利於民富國強、社會和諧。需要說明的是，平等保護不是說不同所有制經濟在國民經濟中的地位和作用是相同的。依據憲法規定，公有制經濟是主體，國有經濟是主導力量，非公有制經濟是社會主義市場經濟的重要組成部分，它們在國民經濟中的地位和作用是不同的。這主要體現在國家宏觀調控、公共資源配置、市場准入等方面，對關係國家安全和國民經濟命脈的重要行業和關鍵領域，必須確保國有經濟的控制力，而這些在經濟法、行政法中都有明確的規定。

另外還需要說明，本條規定了「其他權利人的物權」，這是由於本條是從所有制的角度

對物權主體分類規定平等保護原則的，尚有無法完全納入「國家」「集體」和「私人」的權利人，如公益性基金會等，因此規定了「其他權利人」。

第二百零八條 不動產物權的設立、變更、轉讓和消滅，應當依照法律規定登記。動產物權的設立和轉讓，應當依照法律規定交付。

■ 條文主旨

本條是關於物權公示原則的規定。

■ 條文釋義

物權公示原則說的是兩個方面的問題：第一個方面，物權人享有物權、物權的內容變更或者物權消滅以什麼方式確定。比如買房屋或者買電視，買主什麼時候擁有該房屋或者電視的所有權，以什麼方式確定？某人決定將其所有的房屋與他人共有，以什麼方式確定共有權？房屋出售什麼時候喪失所有權，以什麼方式確定？這些都是物權的設立、變更、轉讓和消滅的方式問題，稱為物權變動。第二個方面，由於物權是排他的「絕對權」「對世權」，成千上萬的義務人負有不作為的義務。因此必須讓廣大的義務人清楚地知道誰是權利人，不應該妨礙誰。而且，權利人轉讓自己的物時，也要讓買主知道他有無資格轉讓該物。這都要求以令公眾信服的特定方式確定物權變動，讓大家很容易、很明白地知道該物是誰的，以維護權利人和社會公眾的合法權益。這是物權的公信問題。

物權公示的主要方法是：不動產物權的設立、變更、轉讓和消滅經過登記發生效力，動產物權的設立、轉讓通過交付發生效力。一方面，要獲得不動產的所有權，就要進行登記；變更不動產所有權的內容，比如一人所有變為兩人所有，也要進行登記；將不動產出售，還要進行登記。登記之後不動產所有權的設立、變動或者消滅才有效。要獲得一個動產的所有權，要通過交付。比如買一台電視，就要通過交付，買主才有所有權；反之，出售一台電視，要交付給買主，賣主才失去所有權。因此，物權變動的關鍵點，不動產就是登記，動產就是交付。另一方面，要了解一項不動產屬於誰所有，就要查不動產登記簿，要了解動產屬於誰，就看誰佔有它。簡單地講，確定物的歸屬就是不動產看登記，動產看佔有。不動產不能移動，要靠不動產登記簿標明四至界限，除登記錯誤需要依法更正的外，不動產登記簿上記載的人就是該不動產的權利人。不動產登記簿是公開的，有關人員都能查閱、複製。因此，不動產登記簿的公示性是最強的，最能適應市場交易安全便捷的需要，能最大限度地滿足保護權利人的要求。動產可能頻繁移動，動產在誰的手裏，除有相反證據外，誰就是該動產的權利人。物權編有關財產歸屬的規定是人類文明的優秀成果，各國有關財產歸屬的規定大同小異，方法簡單，一目了然。如果不採取這種方法，而採取別的什麼方法，必然使經濟秩序混亂不堪，最終影響經濟的發展和社會的進步。

第二章　物權的設立、變更、轉讓和消滅

本章共二十四條，對確認物權的規則作了規定。不動產物權的設立、變更、轉讓和消滅，應當依法登記；除法律另有規定外，未經登記，不發生物權效力。動產物權的設立和轉讓，除法律另有規定外，自交付時發生效力。此外，本章第一節對不動產登記制度的一些重要內容作了規定，包括不動產統一登記原則、登記機構的職責、不動產登記的生效時間、登記資料的查詢複製、更正登記、異議登記、預告登記以及登記錯誤責任等；本章第二節對船舶、飛行器和機動車等物權的登記和動產物權生效時間的特殊情形作了規定；本章第三節對物權設立、變更、轉讓或者消滅的一些特殊情況作了規定，主要是非依法律行為而發生的物權變動問題。

第一節　不動產登記

> **第二百零九條**　不動產物權的設立、變更、轉讓和消滅，經依法登記，發生效力；未經登記，不發生效力，但是法律另有規定的除外。
>
> 依法屬於國家所有的自然資源，所有權可以不登記。

■ 條文主旨

本條是關於不動產物權登記生效以及依法屬於國家所有的自然資源，所有權可以不登記的規定。

■ 條文釋義

本編第一章規定了物權公示的基本原則，不動產物權的設立、變更、轉讓和消滅，應當依照法律規定登記。本條的規定，是對不動產公示原則的具體體現。

不動產，即土地以及房屋、林木等土地附着物，對整個社會都具有重大的政治意義、經濟意義。不動產的物權，在各國都是物權編最重要的內容。不動產物權的重要意義和作用，又與不動產登記制度有着緊密的聯繫。本條規定，除法律另有規定外，不動產物權的設立、變更、轉讓和消滅，經依法登記，發生效力；未經登記，不發生效力。這表明，原則上不動產物權登記是不動產物權的法定公示手段，是不動產物權設立、變更、轉讓和消滅的生效要件，也是不動產物權依法獲得承認和保護的依據。

關於不動產物權登記對不動產物權變動的效力，國外基本有兩種立法體例：一種是登記生效主義；另一種是登記對抗主義。所謂登記生效主義，即登記決定不動產物權的設立、變更、轉讓和消滅是否生效，亦即不動產物權的各項變動都必須登記，不登記者不生效。所謂登記對抗主義，即不動產物權的設立、變更、轉讓和消滅的生效，僅僅以當事人的法律行為作為生效的必要充分條件，登記與否不決定物權變動的效力。但是為交易安全的考慮，法律規定，不經登記的不動產物權不得對抗第三人。我國民法學界一般認為，這兩種體例相比，不論是在法理上，還是在實踐效果上，登記生效主義都更為合理。在法理上，因物權的本質特徵就是排他性，如果權利人獲得的物權不能排他，就不能認為其是物權，因此而發生的物權變動自然應該無效。因此，不動產物權變動不登記就能夠生效，不合法理。從實踐意義上講，不經登記的不動產物權變動對權利人和相對人均具有極大的風險，對交易的安全非常不利。2007 年物權法起草過程中，立法機關對這個問題廣泛徵求過意見。大多數認為應當採用不動產物權登記生效的立法體例；同時，考慮到當時我國現行有關不動產物權的法律法規也體現了這一原則，如城市房地產管理法規定，國家實行土地使用權和房屋所有權登記發證制度。房地產轉讓或者變更時，應當向縣級以上地方人民政府房產管理部門申請房產變更登記，並憑變更後的房屋所有權證書向同級人民政府土地管理部門申請土地使用權變更登記，經同級人民政府土地管理部門核實，由同級人民政府更換或者更改土地使用權證書。土地管理法規定，土地的所有權和使用權的登記，依照有關不動產登記的法律、行政法規執行。土地管理法實施條例規定，土地所有權、使用權的變更，自變更登記之日起生效。社會各方面在實踐中對這一原則也較為熟悉。因此，物權法作出了上述規定，這也有利於保持法律的連續性。民法典維持了物權法的這一規定。

不動產物權登記，最基本的效力表現為，除法律另有規定外，不動產物權的設立、變更、轉讓和消滅，經依法登記，發生效力；未經登記，不發生效力。例如，當事人訂立了合法有效的房屋買賣合同後，只有依法辦理了房屋所有權轉讓登記後，才發生房屋所有權變動的法律後果；不經登記，法律不認為發生了房屋所有權的變動。在不動產物權登記這個核心效力的基礎上，還可以派生出不動產物權登記推定真實的效力，即除有相反證據證明外，法律認為記載於不動產登記簿的人是該不動產的權利人。這既是不動產物權交易安全性和公正性的需要，也是不動產物權公示原則的必然要求。因此，對不動產登記簿記載的權利為正確權利而取得該項權利的第三人，法律認可其權利取得有效而予以保護，但對明知不動產登記簿記載的權利有瑕疵而取得該項權利的人，法律則不予以保護。正因為不動產物權登記具有這樣的效力，本章才規定異議登記的制度，在發生登記上的不動產物權和事實上的不動產物權不一致的情況下，事實上的權利人可以進行異議登記，將不動產登記可能有瑕疵的情況記入登記簿，以對抗第三人，防止自己利益受到損害。

本條規定，「未經登記，不發生效力，但是法律另有規定的除外」。這裏的「法律另有規定的除外」，主要包括三個方面的內容：一是本條第 2 款所規定的，依法屬於國家所有的自然資源，所有權可以不登記。二是本章第三節規定的物權設立、變更、轉讓或者消滅的一些

特殊情況，即主要是非依法律行為而發生的物權變動的情形：第一，因人民法院、仲裁機構的法律文書或者人民政府的徵收決定等，導致物權設立、變更、轉讓或者消滅的，自法律文書或者徵收決定等生效時發生效力。第二，因繼承取得物權的，自繼承開始時發生效力。第三，因合法建造、拆除房屋等事實行為設立或者消滅物權的，自事實行為成就時發生效力。三是考慮到現行法律的規定以及我國的實際情況尤其是農村的實際情況，本法並沒有對不動產物權的設立、變更、轉讓和消滅，一概規定必須經依法登記才發生效力。例如，在土地承包經營權一章中規定，「土地承包經營權自土地承包經營權合同生效時設立」。同時還規定，「土地承包經營權互換、轉讓的，當事人可以向登記機構申請登記；未經登記，不得對抗善意第三人」。這裏規定的是「未經登記，不得對抗善意第三人」，而不是「不發生效力」。在宅基地使用權一章，也沒有規定宅基地使用權必須登記才發生效力，只是規定，「已經登記的宅基地使用權轉讓或者消滅的，應當及時辦理變更登記或者註銷登記」。也就是說，宅基地使用權不以登記為生效要件。地役權一章規定，「地役權自地役權合同生效時設立。當事人要求登記的，可以向登記機構申請地役權登記；未經登記，不得對抗善意第三人」。

　　本條第 2 款規定，依法屬於國家所有的自然資源，所有權可以不登記。本編規定，法律規定屬於國家所有的財產，屬於國家所有即全民所有。同時，在現行法律相關內容的基礎上規定，礦藏、水流、海域屬於國家所有；城市的土地，屬於國家所有。法律規定屬於國家所有的農村和城市郊區的土地，屬於國家所有；森林、山嶺、草原、荒地、灘塗等自然資源，屬於國家所有，但是法律規定屬於集體所有的除外；法律規定屬於國家所有的野生動植物資源屬於國家所有。本款作這樣的規定，主要是出於兩個方面的考慮：第一，規定不動產物權登記生效，是物權公示原則的體現。法律明確規定哪些自然資源屬於國家所有，比權利記載於登記機構管理的不動產登記簿有着更強的公示力，也就無需再通過不動產登記來達到生效的法律效果。第二，不動產物權登記生效，針對的主要是當事人通過法律行為進行物權變動的情況。本款所規定的國家依照法律規定對自然資源享有所有權，不屬於因法律行為而產生物權變動的情況，因此也就無需進行登記來享有所有權。需要說明的是，本款只是規定依法屬於國家所有的自然資源，所有權可以不登記，至於在國家所有的土地、森林、海域等自然資源上設立用益物權、擔保物權，則需要依法登記生效。

　　關於本條第 2 款，在立法徵求意見的過程中，有一種意見認為，這樣規定不利於對國家所有的自然資源的管理，也不利於對自然資源的利用。建議將其修改為國家所有的自然資源也應登記，並具體規定由哪個部門登記、管理、開發和利用。應當指出，在實踐中，為了加強對國有自然資源的管理和有效利用，有關管理部門對國有自然資源進行了資產性登記。一些法律法規也有這方面的規定，如草原法規定，未確定使用權的國家所有的草原，由縣級以上人民政府登記造冊，並負責保護管理。但這種資產性登記，與物權編規定的作為公示方法的不動產物權登記性質上是不同的，它只是管理部門為「摸清家底」而從事的一種管理行為，並不產生物權法律制度上的效力。

> 第二百一十條　不動產登記，由不動產所在地的登記機構辦理。
>
> 國家對不動產實行統一登記制度。統一登記的範圍、登記機構和登記辦法，由法律、行政法規規定。

■ 條文主旨

本條是關於不動產登記機構和國家實行統一登記制度的規定。

■ 條文釋義

2007 年物權法立法過程中考慮到有關法律、法規的規定，不動產登記主要由不動產所在地的縣級以上人民政府的相關不動產管理部門負責。涉及的部門主要有土地管理部門、房產管理部門、農業主管部門、林業主管部門、海洋行政主管部門、地質礦產主管部門等。在物權法立法過程中，不少部門、專家認為，登記機構特別是不動產登記機構不統一，必然出現重複登記、登記資料分散、增加當事人負擔、資源浪費等弊端，不利於健全登記制度，應當統一登記機構。立法機關經研究，贊成上述意見，同時又考慮統一登記涉及行政管理體制改革，實行統一登記需要有一個過程。因此，本條第 2 款在規定「國家對不動產實行統一登記制度」的同時，又規定，「統一登記的範圍、登記機構和登記辦法，由法律、行政法規規定」。民法典維持了這一規定。

為整合不動產登記職責，規範登記行為，方便群眾申請登記，保護權利人合法權益，國務院於 2014 年制定發佈了《不動產登記暫行條例》，自 2015 年 3 月 1 日起施行。目前，不動產登記工作應當按照《不動產登記暫行條例》來執行。2018 年 9 月，十三屆全國人大常委會公佈立法規劃，其中不動產登記法被列為一類立法項目。不動產統一登記的範圍、登記機構和登記辦法將是不動產登記法的重要內容。

> 第二百一十一條　當事人申請登記，應當根據不同登記事項提供權屬證明和不動產界址、面積等必要材料。

■ 條文主旨

本條是關於當事人申請登記應當提供的必要材料的規定。

■ 條文釋義

關於申請登記需要向登記機構提供哪些材料這些問題，有些國家是由專門的不動產登記法去作規定的，如《日本不動產登記法》規定，申請登記，應提供申請書，證明登記原因的

材料，關於登記義務人權利的登記證明書，第三人許可、同意或承諾的證明，代理人權限的證明等。物權編在此只是原則性地作出一個銜接性的規定，當事人申請登記所需要提供的具體材料，還需要專門法律法規去進一步明確。比如，《不動產登記暫行條例》第16條就明確規定：「申請人應當提交下列材料，並對申請材料的真實性負責：（一）登記申請書；（二）申請人、代理人身份證明材料、授權委託書；（三）相關的不動產權屬來源證明材料、登記原因證明文件、不動產權屬證書；（四）不動產界址、空間界限、面積等材料；（五）與他人利害關係的說明材料；（六）法律、行政法規以及本條例實施細則規定的其他材料。不動產登記機構應當在辦公場所和門戶網站公開申請登記所需材料目錄和示範文本等信息。」

> 第二百一十二條　登記機構應當履行下列職責：
> （一）查驗申請人提供的權屬證明和其他必要材料；
> （二）就有關登記事項詢問申請人；
> （三）如實、及時登記有關事項；
> （四）法律、行政法規規定的其他職責。
> 申請登記的不動產的有關情況需要進一步證明的，登記機構可以要求申請人補充材料，必要時可以實地查看。

■ 條文主旨

本條是對登記機構應當履行的職責的規定。

■ 條文釋義

關於本條的意見主要集中在登記審查應當採用何種方式上，主要有形式審查和實質審查兩種意見的爭論。有的認為，登記機構應當對登記申請進行實質審查，以避免錯誤登記；有的認為，登記機構的審查主要是形式審查，實質審查是沒有能力做到的。然而，對於何謂形式審查，何謂實質審查，也存在爭論。有的學者從登記審查的範圍對此二者進行界定，認為形式審查就是登記機構不審查登記申請是否與實體法上的權利關係一致，而僅審查登記申請在登記手續、提供材料等方面是否合法、齊備；實質審查則是不僅審查登記申請在登記手續上是否合法，還要審查其是否與實體法上的權利關係一致，實體法上的權利關係是否有效。有學者則從登記機構的調查權限上界定實質審查，即登記機構接受了登記申請之後，應當對登記內容進行詢問和調查，以確保登記內容的真實性。還有的學者認為登記機構的審查權限及於不動產物權變動的原因關係的，就是實質審查；反之，就是形式審查。

本條的兩款規定，既沒有試圖界定什麼是實質審查，什麼是形式審查，更不去回答物權編要求不動產登記機構進行實質審查還是形式審查。本條的規定，是在調研我國不動產登記

實際情況並聽取各方面意見的基礎上作出的，目的是使登記機構在各自的職權範圍內，充分履行職責，儘可能地保證如實、準確、及時地登記不動產物權有關事項，避免登記錯誤。本條內容只是物權編作出的一個原則性規定，隨着行政管理體制改革和不動產統一登記制度的建立，法律還將在總結實踐經驗的基礎上對登記機構履行職責問題上作出更為具體的規定。例如，根據《不動產登記暫行條例》第18條規定，不動產登記機構應當對下列事項進行查驗：（1）不動產界址、空間界限、面積等材料與申請登記的不動產狀況是否一致；（2）有關證明材料、文件與申請登記的內容是否一致；（3）登記申請是否違反法律、行政法規規定。根據《不動產登記暫行條例》第19條規定，對下列事項不動產登記機構可以對申請登記的不動產進行實地查看：（1）房屋等建築物、構築物所有權首次登記；（2）在建建築物抵押權登記；（3）因不動產滅失導致的註銷登記；（4）不動產登記機構認為需要實地查看的其他情形。對可能存在權屬爭議，或者可能涉及他人利害關係的登記申請，不動產登記機構可以向申請人、利害關係人或者有關單位進行調查。

第二百一十三條　登記機構不得有下列行為：

（一）要求對不動產進行評估；

（二）以年檢等名義進行重複登記；

（三）超出登記職責範圍的其他行為。

■ 條文主旨

本條是關於登記機構禁止從事的行為的規定。

■ 條文釋義

在前條規定登記機構應當履行的職責的基礎上，又作出本條的規定，主要是針對在立法調研過程中發現的一些問題。一些地方的一些不動產登記機構，履行職責態度不端正，管理不嚴格，不考慮如何準確及時登記申請事項，如何為當事人提供便利，而是挖空心思，利用手中職權給當事人設置重重障礙，在為組織或者個人謀取私利上做足功夫，炮製出評估、年檢等諸多名目，收取高額費用。這些現象在抵押登記領域尤為突出，群眾的意見很大。這種情況從另一方面也反映出在不動產登記方面法律法規還有待更加完善。因此，本條作出上述規定，對這些行為予以明確禁止，在明確列舉「要求對不動產進行評估」和「以年檢等名義進行重複登記」這兩項反映較多的問題的同時，又規定了一項兜底內容，即「超出登記職責範圍的其他行為」，以防止這些登記機構再耍花樣，鑽法律的空子；同時，也為當事人在權益受到侵害時提供法律武器。

> **第二百一十四條** 不動產物權的設立、變更、轉讓和消滅，依照法律規定應當登記的，自記載於不動產登記簿時發生效力。

■ 條文主旨

本條是關於依法應當登記的不動產物權的設立、變更、轉讓和消滅何時發生效力的規定。

■ 條文釋義

本章規定，除法律另有規定外，不動產物權的設立、變更、轉讓和消滅，經依法登記，發生效力，未經登記，不發生效力，確立了不動產物權登記生效的原則。本條則具體明確了不動產物權設立、變更、轉讓和消滅登記生效的時間，即「自記載於不動產登記簿時發生效力」，也就是說，不動產物權登記，自登記機構將不動產物權有關事項記載於不動產登記簿時，始告完成。

不動產登記簿是法律規定的不動產物權登記機構管理的不動產物權登記檔案。一般認為，根據物權公示原則的要求，不動產登記簿應當具有這樣一些特徵：一是統一性，一個登記區域內的不動產登記簿只能有一個，這樣該區域內的不動產物權變動的各種情況才能準確地得到反映，物權交易的秩序才能良好建立；二是權威性，不動產登記簿是國家建立的檔案簿冊，其公信力以國家的行為為擔保，並依此為不動產物權變動的可信性提供保障；三是持久性，不動產登記簿將由登記機構長期保存，以便於當事人和利害關係人的利益獲得長期的保障；四是公開性，不動產登記簿不應是秘密檔案，登記機構不但應當允許權利人和利害關係人查閱複製，而且還要為他們的查閱複製提供便利。正因為不動產登記簿具有這些特徵，不動產物權的設立、變更、轉讓和消滅只有在記載於不動產登記簿之後，才具有了公示力和排他力，因此，本條作出了上述規定。

> **第二百一十五條** 當事人之間訂立有關設立、變更、轉讓和消滅不動產物權的合同，除法律另有規定或者當事人另有約定外，自合同成立時生效；未辦理物權登記的，不影響合同效力。

■ 條文主旨

本條是關於合同效力和物權效力區分的規定。

■ 條文釋義

本條規定的內容，在民法學中稱為物權變動與其基礎關係或者說原因關係的區分原則。

以發生物權變動為目的的基礎關係，主要是合同，它屬於債權法律關係的範疇，成立以及生效應該依據合同法來判斷。民法學將這種合同看成是物權變動的原因行為。不動產物權的變動只能在登記時生效，依法成立生效的合同也許不能發生物權變動的結果。這可能是因為物權因客觀情勢發生變遷，使得物權的變動成為不可能；也可能是物權的出讓人「一物二賣」，其中一個買受人先行進行了不動產登記，其他的買受人便不可能取得合同約定轉讓的物權。有關設立、變更、轉讓和消滅不動產物權的合同和物權的設立、變更、轉讓和消滅本身是兩個應當加以區分的情況。除非法律有特別規定，合同一經成立，只要不違反法律的強制性規定和社會公共利益，就可以發生效力。合同只是當事人之間的一種合意，並不必然與登記聯繫在一起。登記是針對民事權利的變動而設定的，它是與物權的變動聯繫在一起的，是一種物權變動的公示的方法。登記並不是針對合同行為，而是針對物權的變動所採取的一種公示方法，如果當事人之間僅就物權的變動達成合意，而沒有辦理登記，合同仍然有效。例如，當事人雙方訂立了房屋買賣合同之後，合同就已經生效，如果沒有辦理登記手續，房屋所有權不能發生移轉，但買受人基於有效合同而享有的佔有權仍然受到保護。違約的合同當事人一方應該承擔違約責任。依不同情形，買受人可以請求債務人實際履行合同，即請求出賣人辦理不動產轉讓登記，或者請求債務人賠償損失。

第二百一十六條　不動產登記簿是物權歸屬和內容的根據。

不動產登記簿由登記機構管理。

■ 條文主旨

本條是關於不動產登記簿效力以及管理機構的規定。

■ 條文釋義

前文已述不動產登記簿的幾個特徵。在確立了不動產物權登記生效的原則之後，不動產登記簿就自然應當成為不動產物權的法律根據，這是不動產物權公示原則的當然體現，也是保障物權變動安全的必要手段。本條第 1 款的規定，在民法學上一般稱為權利正確性推定原則，即在不動產登記簿上記載某人享有某項物權時，推定該人享有該項權利，其權利的內容也以不動產登記簿上的記載為準。在建立不動產登記制度的情況下，不動產登記成為不動產物權制度的基礎，不動產登記簿所記載的權利的正確性推定效力對客觀、公正的不動產交易秩序的建立有着極為重要的意義。

不動產登記簿記載的權利和事實上的權利應當是一致的，法律也要求登記機構正確履行職責，如實記載登記事項，但是由於現實經濟生活的複雜性，也會產生兩者不相符合的情形。在實際生活中，由於當事人自己的過錯或者由於登記機關的過錯，可能會出現登記的權

利和事實上的權利不一致的情況。因此，規定不動產登記簿的推定正確效力，對實現不動產物權變動中的客觀公正有十分重要的意義，正因為登記簿有此效力，第三人依據登記簿的取得才受到法律的保護，交易的安全才有了保障。由此可見，法律規定物權的歸屬和內容以不動產登記簿為根據，目的就是從國家公信力的角度對物權相對人的利益進行保護，從而建立一個能以客觀標準衡量的公正的經濟秩序，這也是物權公示原則的價值和要求。法律在為建立公正安全的交易秩序而保護相對人利益的同時，也為可能的事實權利人提供了異議登記、更正登記等救濟手段。

> **第二百一十七條**　不動產權屬證書是權利人享有該不動產物權的證明。不動產權屬證書記載的事項，應當與不動產登記簿一致；記載不一致的，除有證據證明不動產登記簿確有錯誤外，以不動產登記簿為準。

■ 條文主旨

本條是關於不動產登記簿與不動產權屬證書關係的規定。

■ 條文釋義

不動產權屬證書，即不動產的所有權證、使用權證等，是登記機關頒發給權利人作為其享有權利的證明。根據物權公示原則，完成不動產物權公示的是不動產登記，不動產物權的歸屬和內容應以不動產登記簿為根據。不動產物權證書只是不動產登記簿所記載內容的外在表現形式。在社會生活和交易過程中，不動產權利人為了證明自己的權利狀況，可以出示權屬文書。

實踐中，組織或者個人仍存在重視不動產權屬證書而輕視不動產登記簿的現象，這樣將削弱不動產物權的公示性，影響不動產交易的安全。因此，本條規定，不動產權屬證書是權利人享有該不動產物權的證明。不動產權屬證書記載的事項，應當與不動產登記簿一致；記載不一致的，除有證據證明不動產登記簿確有錯誤外，以不動產登記簿為準。

> **第二百一十八條**　權利人、利害關係人可以申請查詢、複製不動產登記資料，登記機構應當提供。

■ 條文主旨

本條是關於不動產登記資料查詢、複製的規定。

■ 條文釋義

不動產登記制度是建立和完善物權法律制度的基礎。但是，究竟哪些人可以查詢和複製登記資料。對此，有不同的觀點。有一種觀點認為，任何人都可以查詢和複製，所有的社會公眾都可以進行查詢。持這種觀點的主要基於以下三個理由：第一個理由是，物權公示的目的就是要公開登記資料，讓社會公眾都能夠知道物權歸屬的狀況。第二個理由是，如果權利人選擇進行登記，登記行為本身也就表明他並不把所要登記的內容作為個人隱私，登記的資料就是準備要公開的，因此不屬於隱私的範疇，也不屬於商業秘密。第三個理由是，如果一部分人可以進行查詢、複製，而另外一部分人不能進行查詢、複製，就需要作出一些限制性的規定，在實際操作中所需的成本比較高。還有一種觀點認為，對於享有不動產物權而不想進行交易的權利人來說，沒有必要使其不動產物權登記信息讓社會公眾都知道。對於想要受讓不動產物權的當事人來說，也無需了解所有的不動產物權登記信息，需要了解的只是對方需要出讓的不動產物權信息。因此，沒有必要規定不動產登記資料向全社會公眾開放。

物權公示本來的含義或者真正目的，不是要求全社會的人都知道特定不動產的信息。物權公示雖然是針對不特定的人，但這個不特定的人不是全社會的人。登記資料只要能夠滿足合同雙方當事人以外或者物權權利人以外的人中可能和這個物權發生聯繫的這部分人的要求，就達到了登記的目的和物權公示的目的。如果不加區別地認為所有人都可以去查詢、複製登記資料，實際上是一種誤導，做了沒有必要做的事情，甚至會帶來沒有必要的麻煩。因此，本條規定，權利人、利害關係人可以申請查詢、複製不動產登記資料，登記機構應當提供。

第二百一十九條　利害關係人不得公開、非法使用權利人的不動產登記資料。

■ 條文主旨

本條是關於利害關係人應當保護權利人個人信息的規定。

■ 條文釋義

本條是編纂民法典過程中新增加的條文。明確利害關係人不得公開、非法使用權利人不動產登記資料的義務，目的是保護權利人的個人信息。依照前條的規定，在權利人之外，只有利害關係人可以申請查詢、複製登記資料。如此規定已經表明法律不認為不動產物權登記信息屬於可以向社會公眾開放查詢的公開信息。除權利人外，登記資料只要能夠滿足與特定物權產生利害關係的人查詢、複製的需要，就達到了物權公示的目的。然而，利害關係人雖然依法有資格查詢、複製不動產登記資料，本條明確，其仍有義務保護不動產權利人的個人信息，不得公開、非法使用權利人的不動產登記資料。

我國法律高度重視對自然人個人信息的保護，不斷完善保護個人信息的法律規定。民法典總則編在民事權利一章明確規定：「自然人的個人信息受法律保護。任何組織或者個人需要獲取他人個人信息的，應當依法取得並確保信息安全，不得非法收集、使用、加工、傳輸他人個人信息，不得非法買賣、提供或者公開他人個人信息。」此外，對個人信息的保護還涉及多部法律，如消費者權益保護法、網絡安全法、商業銀行法、執業醫師法、居民身份證法以及全國人大常委會關於加強網絡信息保護的決定等。這些法律從不同角度對自然人個人信息進行保護，明確相關民事主體的權利義務，規定相應的民事責任以及行政責任、刑事責任。

> **第二百二十條**　權利人、利害關係人認為不動產登記簿記載的事項錯誤的，可以申請更正登記。不動產登記簿記載的權利人書面同意更正或者有證據證明登記確有錯誤的，登記機構應當予以更正。
>
> 　　不動產登記簿記載的權利人不同意更正的，利害關係人可以申請異議登記。登記機構予以異議登記，申請人自異議登記之日起十五日內不提起訴訟的，異議登記失效。異議登記不當，造成權利人損害的，權利人可以向申請人請求損害賠償。

■ 條文主旨

本條是關於不動產更正登記和異議登記的規定。

■ 條文釋義

更正登記與異議登記同樣是保護事實上的權利人或者真正權利人以及真正權利狀態的法律措施。與異議登記不同的是，更正登記是徹底地消除登記權利與真正權利不一致的狀態，避免第三人依據不動產登記簿取得不動產登記簿上記載的物權。因此，也可以認為更正登記是對原登記權利的塗銷登記，同時是對真正權利的初始登記。更正登記有兩種方式：一種是經權利人（包括登記上的權利人和事實上的權利人）以及利害關係人申請的登記；另一種是登記機關自己發現錯誤後作出的更正登記。

更正登記的目的是為了保護事實上的權利人的物權，許可真正的權利人或者利害關係人依據真正的權利狀態對不動產登記簿記載的內容進行更正。但是，更正的程序可能較為費時，有時申請更正的權利人與登記簿上記載的權利人之間的爭議一時難以化解，法律有必要建立異議登記制度，作為一種對真正權利人利益的臨時性保護措施。所謂異議登記，就是將事實上的權利人以及利害關係人對不動產登記簿記載的權利所提出的異議記入登記簿，異議登記的法律效力是，登記簿上所記載權利失去正確性推定的效力，第三人也不得主張依照登記的公信力而受到保護。

由此可見，異議登記雖然可以對真正權利人提供保護，但這種保護應當是臨時性的，因為它同時也給不動產物權交易造成了一種不穩定的狀態。為使得不動產物權的不穩定狀態早日恢復正常，法律必須對異議登記的有效期間作出限制。因此，本條規定，申請人在異議登記之日起 15 日內不起訴的，異議登記失效。申請人在異議登記之日起 15 日內不起訴，說明異議登記的申請人不積極行使其權利，為使登記簿上記載的權利人的利益和正常的交易秩序不致受到嚴重的影響，法律規定這時該異議登記失去其效力。

由於異議登記可以使登記簿上所記載權利失去正確性推定的效力；同時，異議登記的申請人在提出異議登記的申請時也無需充分證明其權利受到了損害，因此，如果申請人濫用異議登記制度，將可能給登記簿上記載的權利人的利益造成損害。所以，本條規定，異議登記不當，造成權利人損害的，權利人可以向申請人請求損害賠償。

> **第二百二十一條**　當事人簽訂買賣房屋的協議或者簽訂其他不動產物權的協議，為保障將來實現物權，按照約定可以向登記機構申請預告登記。預告登記後，未經預告登記的權利人同意，處分該不動產的，不發生物權效力。
>
> 預告登記後，債權消滅或者自能夠進行不動產登記之日起九十日內未申請登記的，預告登記失效。

■ 條文主旨

本條是關於預告登記的規定。

■ 條文釋義

預告登記，是指為保全一項請求權而進行的不動產登記，該項請求權所要達到的目的，是在將來發生不動產物權變動。這種登記是不動產登記的特殊類型。其他的不動產登記都是對現實的不動產物權進行登記，而預告登記所登記的，不是不動產物權，而是將來發生不動產物權變動的請求權。預告登記的本質特徵是使被登記的請求權具有物權的效力，也就是說，進行了預告登記的請求權，對後來發生的與該項請求權內容相同的不動產物權的處分行為，具有對抗的效力，這樣，所登記的請求權就得到了保護。

預告登記的功能是限制房地產開發商等債務人處分其權利，即本條規定的「預告登記後，未經預告登記的權利人同意，處分該不動產的，不發生物權效力」，以保障債權人將來實現其債權。正如有的學者所說，預告登記的實踐意義在於，權利人所期待的未來發生的物權變動對自己有極為重要的意義，非要發生這種變動不可；而法律也認可這種變動對權利人的意義，並以法律予以保障。比如，老百姓購買預售的住房，它涉及公民的基本生存權利，所以法律上承認買受人獲得指定的房屋的權利有特殊保護的必要。但是，因為購房人在與開

發商訂立預售合同後，只享有合同法上的請求權，該項權利沒有排他的效力，所以購房人無法防止開發商將房屋以更高的價格出賣給他人即「一房二賣」這種情況的發生，而只能在這種情況發生時主張開發商違約要求損害賠償，而無法獲得指定的房屋。在建立了預告登記制度的情況下，購房人如果將他的這一請求權進行預告登記，因為預告登記具有物權的排他效力，所以開發商違背預告登記內容的處分行為就不能發生法律效力。這些處分行為既包括一房二賣，也包括在已出售的房屋上設定抵押權等行為。這樣，購房者將來肯定能夠獲得約定買賣的房屋。因此，預告登記對解決類似商品房預售中一房二賣這樣的社會問題有着特殊的作用。依照本條規定，預告登記不僅可以針對當事人簽訂買賣房屋協議的情況，還包括簽訂其他不動產物權協議的情況。因而，建立預告登記制度，具有廣泛地保障債權實現的意義。

> **第二百二十二條**　當事人提供虛假材料申請登記，造成他人損害的，應當承擔賠償責任。
>
> 因登記錯誤，造成他人損害的，登記機構應當承擔賠償責任。登記機構賠償後，可以向造成登記錯誤的人追償。

■ 條文主旨

本條是關於登記錯誤賠償責任的規定。

■ 條文釋義

實踐中登記錯誤的發生主要有兩種情況：一是登記機構工作人員因疏忽、過失等原因造成錯誤；二是登記申請人等採取欺騙手段或者與登記機關的人員惡意串通造成錯誤。

立法徵求意見過程中，普遍認為，當事人提供虛假材料申請登記，給他人造成損害的，應當承擔賠償責任。對於登記錯誤登記機構應當如何承擔責任，有不同的意見。有的提出，因登記機構的過錯，致使不動產登記發生錯誤，因該錯誤登記致當事人或者利害關係人遭受損害的，登記機關應依照國家賠償法的相應規定承擔賠償責任。這種意見認為，我國國家賠償法規定，國家機關及其工作人員因執行公務的過錯給公民、法人造成損害的，應承擔國家賠償的責任。具體承擔責任的部門，包括政府、法院和檢察院等。不動產物權登記是以國家的公信力為不動產的交易提供法律基礎的行為，如果登記錯誤的原因是登記機構的過錯，而當事人或者利害關係人因該登記受到損害，登記機關應當承擔國家賠償責任。同時認為，國家賠償責任是過錯責任，如登記機關沒有過錯，則不應承擔責任。如果登記錯誤是登記機構和當事人、利害關係人的共同過錯，則他們應當承擔共同責任。有的提出，因不動產登記機構登記漏登、誤登造成他人損失的，應當由不動產登記機構賠償，但不贊同適用國家賠償法並由國家出資賠償，而是建議設立不動產登記賠償基金，在不動產登記業務中根據一定的標

準收取一定的費用，納入不動產登記賠償基金，該基金只能用於不動產登記賠償，不能挪作他用。

經研究認為，對於登記機構應當具有什麼性質還有不同意見，有待於進一步明確，目前不宜規定登記機構的國家賠償責任。不動產登記賠償基金可否設立，應當如何設立，也還可以進一步研究，即使以後規定，也宜由不動產登記的專門法律作出。民法典作為民事基本法，對於登記錯誤責任問題，在本條作出的只是原則性的規定。本條第 2 款規定，因登記錯誤，造成他人損害的，登記機構應當承擔賠償責任。這裏造成登記錯誤的原因，既包括登記機構工作人員故意以及疏忽大意等過錯，也包括當事人提供虛假材料欺騙登記機構等情形。登記錯誤的受害人處於相對弱勢的地位，這樣規定，是為了對受害人提供更加充分的保護。登記機構賠償後，可以向造成登記錯誤的人追償。本次民法典編纂對本條僅作個別文字修改。

> **第二百二十三條**　不動產登記費按件收取，不得按照不動產的面積、體積或者價款的比例收取。

■ 條文主旨

本條是關於登記收費問題的規定。

■ 條文釋義

在 2007 年物權法立法徵求意見過程中，有的提出，一段時間以來，許多地方存在着不動產登記收費過高的問題，並且無論是對不動產所有權登記，還是對不動產抵押權等所謂不動產他項權利登記，普遍地按不動產的面積作為計收登記費的標準，有的地方按照不動產轉讓或者抵押合同的標的額的相當比例收取登記費。

多數意見認為，登記機構不是營利性組織，目前我國各地的不動產登記機構，從事的登記工作一般也只是對登記申請人提供的有關材料是否符合規定的條件進行審核，在此基礎上收取登記費，不宜與不動產的面積、體積或者價款的比例等因素掛鈎，把這些作為計費的標準。建議在法律中予以明確。有的部門提出，物權法不宜對登記收費問題作規定。有的專家也認為，登記收費的問題屬於具體的程序性問題，可以由將來的不動產登記法去作規定，物權法作為民事基本法，對此可以不作規定。立法機關經研究認為，物權法關係人民群眾的切身利益，為社會各方面普遍關注，對於社會生活中反映較多，與人民群眾利益較為密切的問題，應當在物權法中作出適當的規定。據此，物權法第 22 條規定：「不動產登記費按件收取，不得按照不動產的面積、體積或者價款的比例收取。具體收費標準由國務院有關部門會同價格主管部門規定。」

在編纂民法典整合物權法過程中，有的意見提出，這一條過細，又涉及行政管理問題，

規定在民法典中有欠妥當。而且,目前登記機構實際工作中,早已做到了不動產登記費按件收取,不按照不動產的面積、體積或者價款的比例收取。建議刪去這一規定。但也有意見認為,這條規定當初就是在存在爭議的情況下,為了保護人民群眾切身利益而規定在民事基本法當中的,實踐證明發揮了很好的作用。登記機構實際工作的改進與國家大法的推動關係很大。如果去掉這一規定,可能引發不正確的解讀,不利於鞏固工作成果。編纂民法典,是要對實踐證明明顯有問題的規定或者社會生活急需,各方面意見又基本一致的規定進行修改補充,類似於本條規定這樣的內容,以不動為宜。立法機關採納了這種意見。

第二節　動產交付

> **第二百二十四條　動產物權的設立和轉讓,自交付時發生效力,但是法律另有規定的除外。**

■ 條文主旨

本條是關於動產物權的設立和轉讓何時發生效力的規定。

■ 條文釋義

本編規定了物權公示原則,以維護交易安全,為第三人利益提供切實保障。不動產物權以登記為公示手段,與此相對應,動產物權以佔有和交付為公示手段。佔有主要在靜態下,即在不發生物權變動的情況下發揮動產物權的公示作用;而交付主要是在動態下,即在發生物權變動的情況下發揮動產物權的公示作用。

依照本條規定,「動產物權的設立和轉讓,自交付時發生效力」,指的是當事人通過合同約定轉讓動產所有權和設立動產質權兩種情況。物權編上所說的交付,指的是物的直接佔有的轉移,即一方按照法律行為要求,將物的直接佔有移轉給另一方的事實。本條規定的「法律另有規定的除外」主要指的是:第一,本節對動產物權的設立和轉讓的一些特殊情況:「動產物權設立和轉讓前,權利人已經佔有該動產的,物權自民事法律行為生效時發生效力。」「動產物權設立和轉讓前,第三人佔有該動產的,負有交付義務的人可以通過轉讓請求第三人返還原物的權利代替交付。」「動產物權轉讓時,當事人又約定由出讓人繼續佔有該動產的,物權自該約定生效時發生效力。」第二,本章第三節對主要是非依法律行為而發生的物權變動問題所作的規定。第三,本法擔保物權編對動產抵押權和留置權的相關規定。

本條規定也是繼承了我國民法的有關規定。民法通則規定,按照合同或者其他合法方式取得財產的,財產所有權從財產交付時起轉移,法律另有規定或者當事人另有約定的除外。

在民法通則頒佈時，我國尚沒有不動產市場，故民法通則規定的這一原則，即是為動產所有權移轉確定的。合同法規定，標的物的所有權自標的物交付時起轉移，但法律另有規定或者當事人另有約定的除外。

> **第二百二十五條**　船舶、航空器和機動車等的物權的設立、變更、轉讓和消滅，未經登記，不得對抗善意第三人。

■ 條文主旨

本條是關於船舶、航空器和機動車等物權登記的規定。

■ 條文釋義

現行法律對船舶、航空器的物權登記效力問題已有規定。海商法規定，船舶所有權的取得、轉讓和消滅，應當向船舶登記機關登記；未經登記的，不得對抗第三人。設定船舶抵押權，由抵押權人和抵押人共同向船舶登記機關辦理抵押權登記；未經登記的，不得對抗第三人。民用航空法規定，民用航空器所有權的取得、轉讓和消滅，應當向國務院民用航空主管部門登記；未經登記的，不得對抗第三人。設定民用航空器抵押權，由抵押權人和抵押人共同向國務院民用航空主管部門辦理抵押權登記；未經登記的，不得對抗第三人。

我國的上述法律規定，為民法學界普遍認可，實踐中也沒有什麼問題，為了保持法律的穩定性，本條延續了對這類動產登記對抗主義原則的規定。民法學一般認為，船舶、飛行器和汽車因價值超過動產，在法律上被視為一種准不動產，其物權變動應當以登記為公示方法。但在登記的效力上不採用登記生效主義，這是考慮到船舶、航空器和汽車等本身具有動產的屬性，其物權變動並不是在登記時發生效力，其所有權轉移一般在交付時發生效力，其抵押權在抵押合同生效時設立。但是，法律對船舶、航空器和汽車等動產規定有登記制度，其物權的變動如果未在登記部門進行登記，就不產生社會公信力，不能對抗善意第三人。所謂善意第三人，就是指不知道也不應當知道物權發生了變動的物權關係相對人。

> **第二百二十六條**　動產物權設立和轉讓前，權利人已經佔有該動產的，物權自民事法律行為生效時發生效力。

■ 條文主旨

本條是關於動產物權受讓人先行佔有問題的規定。

■ 條文釋義

本條規定的是設立或者轉讓動產物權時的一種特殊的情形，即物權的受讓人已經取得了動產的佔有，而後又與動產的所有權人達成移轉所有權或者設定質權合同的情形。例如，承租人或者借用人，依據租賃合同或者借用合同已經取得了動產的佔有，而後又與動產的所有權人達成協議，購買該項動產或者在動產上設定質權。這種情況在實際生活中也經常發生，因此物權編需要加以規定。

本法所規定的民事法律行為是民法學上的概念。依照總則編的規定，民事法律行為是民事主體通過意思表示設立、變更、終止民事法律關係的行為。民事法律行為可以基於雙方或者多方的意思表示一致成立，也可以基於單方的意思表示成立。本條涉及的主要是前一種情況。有效的民事法律行為須具備下列條件：（1）行為人具有相應的民事行為能力；（2）意思表示真實；（3）不違反法律、行政法規的強制性規定，不違背公序良俗。民事法律行為以行為人的意思表示作為構成要素。意思表示是指行為人追求民事法律後果（民事法律關係的設立、變更或者消滅）的內心意思用一定的方式表示於外部的活動。民事法律行為是人們有目的、有意識的行為。所以，意思表示是民事法律行為的必要組成部分。每種民事法律行為都必須存在意思表示。缺少民法所確認的意思表示的行為就不是民事法律行為。意思表示是民事法律行為的構成要素，但並不等於民事法律行為。民事法律行為能夠實現行為人所預期的民事法律後果，即設立、變更或者消滅民事法律關係。民事法律行為是一種目的性行為，即以設立、變更或終止民事法律關係為目的，民事法律行為的目的與實際產生的後果是相互一致的。本條規定的民事法律行為，主要指的是動產所有權人與受讓人訂立動產轉讓的協議以及與質權人訂立動產出質協議。

在受讓人已經取得對動產的佔有又依據民事法律行為取得其物權的情況下，動產物權的公示已經在事先完成，物權受讓人已經能夠依物權的排他性行使物權。因此，物權的變動就在當事人之間的關於物權變動的協議生效時生效。

> **第二百二十七條**　動產物權設立和轉讓前，第三人佔有該動產的，負有交付義務的人可以通過轉讓請求第三人返還原物的權利代替交付。

■ 條文主旨

本條是關於動產物權指示交付的規定。

■ 條文釋義

不動產物權的變動是通過登記簿的記載而被外部識別的，而動產物權的變動，則由交付這一行為完成。民法上，交付的原意僅指現實交付，即動產佔有的現實轉移。例如，甲向

乙出售蔬菜 5 斤，蔬菜自甲手中轉至乙的菜籃裏，由乙獲得對蔬菜的直接控制和支配，此時法律意義的交付行為完成。通過交付這一行為，動產上物權的變動能夠被人們從外部加以識別。但實踐中，動產的交付並非必須是由出讓人之手直接交到受讓人之手，本條所規定的指示交付即是一種例外情形，它與現實交付具有同等效力。

關於現實交付的例外情形，除去本條所規定的指示交付外，本章還分別對簡易交付和佔有改定作了規定。在這三類例外情形中，法律關係最為複雜的當屬本條所規定的指示交付，因為它不僅涉及動產物權的讓與人與受讓人兩方主體，還牽涉一個「第三人」的問題。為了更準確地理解本條的規定，下面就指示交付的含義、適用情形以及返還請求權的性質等問題加以說明：

1. 指示交付的含義。指示交付，又稱返還請求權的讓與，是指讓與動產物權的時候，如果讓與人的動產由第三人佔有，讓與人可以將其享有的對第三人的返還請求權讓與給受讓人，以代替現實交付。舉例說明，甲將自己的自行車出租給乙使用，租期一個月，租賃期未滿之時，甲又將該自行車出售給丙，由於租期未滿，自行車尚由乙合法使用，此時為使得丙享有對該自行車的所有權，甲應當將自己享有的針對乙的返還原物請求權轉讓給丙以代替現實交付。

2. 指示交付適用的情形及「第三人」的範圍。關於本條所規定的指示交付，其邏輯上的前提是，動產物權的讓與人對其所轉讓的標的不享有物理意義上直接佔有和直接控制的可能，出讓人無法通過現實交付的方式使得動產物權得以變動，因此才有本條指示交付適用的餘地。條文中的「第三人」即指能夠對轉讓標的（動產）進行物理意義上直接佔有和直接控制的一方，例如，前例中根據租賃或者借用協議而佔有自行車的乙，或者根據保管合同、動產質押協議等而佔有動產的保管人、質權人等，都可以成為本條所規定的「第三人」。此外需要特別說明的是，在利用提單、倉單等證券進行動產物權變動時，接受貨物而簽發提單或者倉單的承運人或者倉儲保管人都可能成為本條中的「第三人」。

除去這一類基於合同等關係而產生的能夠對動產進行直接佔有和控制的「第三人」外，還有一類「第三人」也在本條的適用範圍之內，即不具備法律上的正當原因而佔有動產的無權佔有人。例如，甲將自己收藏的古董出售給乙，買賣合同達成時甲不知該古董已被丙盜去，甲此時只能向乙轉讓他對於丙的返還原物請求權來代替實際交付，而丙即是本條所指的「第三人」。

3. 讓與人所讓與的返還請求權的性質。指示交付中讓與人所讓與的返還請求權，屬於債權請求權，還是物權請求權，學術界的爭論比較激烈。因為指示交付產生的前提是，被出讓的動產不在出讓人手中，而是被第三人直接佔有和控制。而第三人對動產的佔有又可大體分為兩種：一種為基於租賃或者質權合同等關係而發生的有權佔有；另一種為沒有正當法律依據的無權佔有。因此向第三人請求返還原物的權利，也因有權佔有和無權佔有性質上的差別而有所不同。

有的意見認為，指示交付中出讓人讓與的返還請求權僅指所有人的物上請求權，而非債

權請求權;有的意見認為,在第三人基於租賃或者借用合同等而對動產進行有權佔有的情況下,出讓人轉讓給受讓人的僅是債權上的請求權。如甲借鋼筆於乙,同時又出賣鋼筆於丙,甲轉移給丙的是甲基於借用合同要求乙到期返還鋼筆的請求權,性質上屬於債權請求權;也有意見認為,指示交付中要求第三人返還原物的請求權,既包括物權的返還請求權,也包括債權的返還請求權。後一種意見漸為通說。

在第三人有權佔有的情形下,出讓人應當將其基於與第三人之間的合同關係而產生的債法上的請求權讓與給受讓人,此時讓與人在指示交付時應當將其針對第三人享有的任何合同上的返還請求權都讓與給受讓人。如果讓與人與第三人間的合同無效,出讓人還應當將自己基於不當得利的返還請求權或者基於侵權損害賠償的請求權讓與給受讓人。如果第三人對動產為無權佔有,假設第三人從出讓人處盜取該動產,出讓人無法向受讓人讓與任何基於合同等關係而產生的返還原物請求權,那麼出讓人可以將其基於所有權的返還請求權讓與給受讓人。仍引前例,甲將鋼筆借用給乙,後又出售於丙,此時丁自乙處盜走鋼筆並贈與戊,此時甲向丙轉讓的基於所有權的返還原物請求權足以使得丙取得該鋼筆的所有權,需要說明的是此項被讓與的返還請求權不僅針對現時的無權佔有人戊,對於戊將來的後手(排除善意取得的情形)也有效。

4. 指示交付的公示力。指示交付中,第三人對動產的實際佔有和控制關係並未發生改變,出讓人與受讓人之間只是發生無形的返還請求權的轉移,無論該返還請求權的轉移是否採取特定的形式(對於第三人基於租賃等合同關係而佔有動產的情形,出讓人轉讓的返還請求權性質上屬於債權請求權範疇,而根據債權轉讓的規則,出讓人應當履行通知第三人的義務;但當第三人為無權佔有的情形下,出讓人轉讓的為基於所有權的物上請求權,不涉及通知的義務),都無法向外界展現物權的變動,因此此種交付方法的公示作用較弱,但由於動產善意取得制度的存在,因此對交易安全並未有太大障礙。

第二百二十八條　動產物權轉讓時,當事人又約定由出讓人繼續佔有該動產的,物權自該約定生效時發生效力。

■ **條文主旨**

本條是關於動產物權佔有改定的規定。

■ **條文釋義**

佔有改定是指動產物權的讓與人使受讓人取得對標的物的間接佔有,以代替該動產現實移轉的交付。佔有改定的原因在於,社會生活中,出賣人雖然將其動產出賣,但是在某一段時間內仍然可能還有使用的需要;或者買受人已經取得了該動產的所有權但是需要出賣人

對該動產進行暫時的保管或者改進。在德國民法中，佔有改定已經成為讓與擔保制度的法律基礎。

佔有改定以及本章規定的指示交付作為觀念交付的主要方法，其前提是民法學理上直接佔有同間接佔有的區分，要準確地把握和理解佔有改定的概念，有必要先對學理上間接佔有的概念作一點了解。學理上，佔有作為一種對物進行控制和管領的事實狀態，可分為直接佔有和間接佔有，其中直接佔有即是不通過他人媒介而能夠對自己所有或他人之物進行直接控制和管領的事實狀態，例如，甲對手中自己所有的鋼筆，商店對於店中存放待售的貨物，承租人、受寄人等對於他人之物的直接控制和管領等，直接佔有側重的是物理意義上對物現實、直接地控制。除去直接佔有外，還有一類為間接佔有，即因他人媒介的佔有而對物享有間接的控制。間接佔有的前提是間接佔有人同媒介佔有人（直接佔有人）之間存在某種法律關係，例如，承租人、受寄人或者基於其他類似的法律關係，對於他人之物為佔有的稱為直接佔有，而該他人即出租人或者寄託人等稱為間接佔有。間接佔有側重在間接佔有人通過與直接佔有人的某種特定法律關係，而間接地對物進行控制和管領。本條所規定的佔有改定即是出讓人自己保留直接佔有，而為受讓人創設間接佔有以代替現實交付的一種變通方法。

佔有改定必須符合下列要件：第一，讓與人與受讓人達成轉移動產物權的合意，一般通過買賣或者讓與擔保的設定，使得受讓人取得動產所有權。第二，讓與人與受讓人之間還需具有某種使得受讓人取得動產間接佔有的具體法律關係，即本條所規定的由出讓人繼續佔有該動產的雙方約定。《德國民法典》中，這種具體的法律關係也被稱為佔有媒介關係。所謂佔有媒介關係，是為了保護間接佔有人和直接佔有人的利益而由法律擬製出來的一種法律關係，具體到本條規定來說，出讓人可以根據租賃關係、寄託關係以及其他類似關係為佔有改定。第三，讓與人已經對物進行了直接佔有或者間接佔有，否則不能發生佔有改定的適用。當讓與人間接佔有標的物時，讓與人可以使受讓人取得更上一級的間接佔有，這樣可能存在多層次的佔有關係。舉例來說，甲將其寄放在乙處的某物出售給丙，同時又與丙簽訂借用合同以代替交付，則乙為直接佔有人，甲、丙都為間接佔有人。

最後需要說明的一點是，除去現實已經存在的動產，佔有改定制度還適用於將來可取得的動產。例如，甲向乙購買一台尚未生產出的機器，同時雙方約定該機器生產出來後由乙暫時保管。一旦該機器生產完畢，則甲取得間接佔有以代替交付。

第三節　其他規定

物權的設立、變更、轉讓或者消滅，要發生效力就必須經由一定的方式使人們能夠從外部得以察知，這即是物權公示原則的要求。物權的公示性決定了物權的效力，本章第一節及第二節分別對不動產登記以及動產交付等公示方法及其物權效力作了規定。而本節所規定的則是以上公示原則的例外，即不依物權變動的一般公示原則，而依法律的規定直接發生物權

變動效力的情況。

> **第二百二十九條　因人民法院、仲裁機構的法律文書或者人民政府的徵收決定等，導致物權設立、變更、轉讓或者消滅的，自法律文書或者徵收決定等生效時發生效力。**

■ 條文主旨

本條是關於因人民法院、仲裁機構的法律文書或者人民政府的徵收決定等而導致物權設立、變更、轉讓或者消滅的規定。

■ 條文釋義

物權的設立、變更、轉讓或者消滅，依其發生根據可以分為依民事法律行為而進行的物權變動，以及非依民事法律行為而發生的物權變動。依民事法律行為進行的物權變動，是指以一方當事人的單方意思表示或雙方（或者多方）當事人共同的意思表示為基礎進行的物權變動。此種物權變動必須遵循物權公示的一般原則才能發生效力，例如，甲將自有的私宅出售於乙，要想使私宅的所有權由甲移轉至乙，雙方必須去不動產登記機構辦理變更登記，否則物權移轉不生效力；再如甲將收藏的古董出售於乙，要使乙獲得古董的所有權，甲必須將古董或者現實交付給乙手中，或者採取關於簡易交付、指示交付或者佔有改定等觀念交付的方法替代現實交付，而完成所有權的移轉。但無論何種情形，物權變動的效力是同公示方法密切相關的。但在本條，物權的設立、變更、轉讓或者消滅，並非基於原權利人的意思表示，而是在無原權利人甚至法律有意識排除原權利人意思表示的情況下發生的物權變動，此種變動遵循的不是一般性的物權公示原則，而是法律的直接規定。

非依民事法律行為進行的物權變動，一般有如下幾種：第一，因人民法院、仲裁機構的法律文書或者人民政府的徵收決定等而發生的物權變動；第二，因繼承而取得物權；第三，因合法建造、拆除房屋等事實行為設立和消滅物權。而本條規定的是第一種情形，即基於公權力的行使而使物權發生變動的情形：

1. 因國家司法裁判權的行使、仲裁裁決而導致物權的設立、變更、轉讓或者消滅。基於國家司法裁判權的行使、仲裁裁決而產生的生效法律文書，即人民法院的判決書、調解書以及仲裁機構的裁決書、調解書等法律文書的生效時間，就是當事人的物權設立、變動的時間。這裏需要說明兩點：第一，導致物權變動的人民法院判決或者仲裁機構的裁決等法律文書，指直接為當事人創設或者變動物權的判決書、裁決書、調解書等。例如，離婚訴訟中確定當事人一方享有某項不動產的判決、分割不動產的判決、使原所有人回覆所有權的判決即屬於本條所規定的設權、確權判決等。此類設權或者確權判決、裁決書、調解書本身，具有

與登記、交付（移轉佔有）等公示方法相同的效力，因而依據此類判決、裁決書、調解書而進行的物權變動，無需再進行一般的物權公示而直接發生效力。例如，甲乙二人向法院訴請離婚，家中電腦經判決為乙所有，那麼自法院判決生效時起，電腦的所有權歸乙，儘管此時電腦仍處於甲的佔有使用之中，未有交付（現實佔有的轉移）並不影響所有權的移轉。第二，由於法院的判決書或者仲裁機構的裁決等，所針對的只是具體當事人而非一般人，對當事人以外的第三人來說公示力和公信力較弱，因此根據本節規定，對於依照法院判決或者仲裁裁決而享有的物權，在處分時，如果法律規定需要辦理登記的，不經登記，不發生物權效力。

2. 因國家行政管理權的行使而導致物權的設立、變更、轉讓或者消滅。因國家行政管理權的行使而導致物權變動的情況，主要指因人民政府的徵收決定等而產生的物權變動。國家徵收，是國家取得財產的特殊方式，按照土地管理法的規定，國家徵收土地，縣級以上人民政府要進行公告，這已起到了公示作用，而且集體所有土地被徵收，即成為國家所有的自然資源，依照本編前述規定，依法屬於國家所有的自然資源，所有權可以不登記，因此人民政府的徵收決定生效之時即生物權變動的效力。

第二百三十條　因繼承取得物權的，自繼承開始時發生效力。

■ 條文主旨

本條是關於因繼承而取得物權的規定。

■ 條文釋義

除去因國家公權力的行使而導致的物權變動，可以不依一般的公示原則直接發生效力外，還有一類情形也導致物權的變動直接發生效力，即因繼承而取得物權的情形。繼承是導致物權變動的一個重要方式，根據繼承編的規定，繼承從被繼承人死亡時開始。因此，本條所指的「繼承開始」就是「被繼承人死亡」之時。而此所謂「死亡」既包括自然死亡，如老死、病死、意外事故致死，也包括宣告死亡。在宣告死亡的情形，自判決所確定的死亡之時繼承開始。本條所指的繼承又可分為法定繼承和遺囑繼承兩類。法定繼承指的是在被繼承人沒有對其遺產的處理立有遺囑的情況下，由法律直接規定繼承人的範圍、繼承順序、遺產分配的原則。遺囑是公民生前按照自己意願處分自己不動產物權的一種單方民事法律行為。

繼承編規定，繼承開始後，繼承人放棄繼承的，應當在遺產處理前，以書面形式作出放棄繼承的表示；沒有表示的，視為接受繼承。由此可見，自繼承開始後，所有繼承人是基於法律的直接規定而取得物權，因此取得物權的生效時間始於繼承開始。與此不同，繼承編規定，受遺贈人應當在知道受遺贈後 60 日內，作出接受或者放棄受遺贈的表示；到期沒有表示的，視為放棄受遺贈。這是因為遺贈本質上屬於贈與關係。合同編規定，贈與合同是贈與人

將自己的財產無償給予受贈人，受贈人表示接受贈與的合同。受贈人表示接受，贈與法律關係才成立。最後需要說明的是，依照本節規定，因繼承而取得物權，如果涉及的遺產為不動產，依照法律規定需要辦理登記，但繼承人未辦理登記的，對該不動產的處分行為不生效力。

> **第二百三十一條　因合法建造、拆除房屋等事實行為設立或者消滅物權的，自事實行為成就時發生效力。**

■ **條文主旨**

本條是關於因事實行為而設立或者消滅物權的規定。

■ **條文釋義**

首先，為了準確理解本條的規定，有必要對「事實行為」作進一步的解釋。要理解「事實行為」，就要從「法律事實」說起。法律事實又可分為自然事實和人的行為，其中自然事實包括兩種：一是狀態，即某種客觀情況的持續，如下落不明、權利繼續不行使、未成年人已成年等；二是事件，即某種客觀情況的發生，如人的生死、果實自落於鄰地、不可抗力事由的出現等。在法律實踐中，引起法律後果的自然事實是有限的，僅限於法律的明文規定。能夠產生法律後果的事實主要表現為人的行為，而人的行為又可分為法律行為、准法律行為和事實行為。法律行為因以意思表示為核心要素，所以又被稱之為表示行為。准法律行為雖有意思表示的外觀，但不同於法律行為中的意思表示，法律行為中的意思表示是產生法律效果的依據，而准法律行為中的意思表示只是一種事實構成要素，其法律效果的產生是基於法律的直接規定，只不過在某些方面可以准用法律行為的相關規定。事實行為不以意思表示為要素，屬於無關乎心理狀態的行為，所以又叫非表示行為。由此可見，所謂事實行為應是指不以意思表示為要素的能夠產生民事法律後果的法律事實。這一定義表明：第一，事實行為是人的行為，是人的一種有意識的活動，與自然事實有別；第二，事實行為是一種法律事實，即能夠在人與人之間產生、變更或終止民事法律關係；第三，事實行為不以意思表示為要素，即行為人是否表達了某種心理狀態，法律不予考慮，只要有某種事實行為存在，法律便直接賦予其法律效果。

其次，具體到本條的規定來說，能夠引起物權設立或者消滅的事實行為，舉例來講，如用鋼筋、水泥、磚瓦、木石建造房屋或者用佈料縫製衣服，用木料製作家具，將縫製好的衣物拋棄或者將製作好的家具燒毀等。本條規定的「自事實行為成就時發生效力」，就是指房屋建成之時、衣服製成之時、書櫃完成之時或者衣服被拋棄之時、書櫃被燒毀之時，這些物的所有權或為設立或為消滅。這些因事實行為而導致的物權的設立或者消滅，自事實行為成就時發生效力，而不需要遵循一般的物權公示方法（不動產為登記，動產為交付）即生效力。

　　最後需要說明的一點是，我國存在許多因合法建造房屋等事實行為設立物權的情況，這種情形下的建房有些雖然缺少登記行為，但不能將這種行為形成的建築物作為無主財產對待，對其所有權法律承認歸建房人所有。比如農民在宅基地上建造的住房，自建成之日起就取得該住房的所有權。但根據本節規定，此類合法建造的房屋，固然因建造完成而取得所有權，但如果按照法律規定應當辦理登記而未登記的，所有權人其後的處分行為，不發生物權效力。

> **第二百三十二條**　處分依照本節規定享有的不動產物權，依照法律規定需要辦理登記的，未經登記，不發生物權效力。

■ 條文主旨

　　本條是關於非依民事法律行為享有的不動產物權變動的規定。

■ 條文釋義

　　物權變動的公示方式，在動產一般為交付，在不動產各國立法例多採登記。通過此種方法，物權變動可以被人們從外部察知，從而保護了交易的安全。但依照本節規定，物權的變動還可因法院判決、政府徵收決定、繼承以及合法建造房屋等，直接發生效力，而不必遵循依民事法律行為而進行的物權變動應當遵循的一般公示方法，這必然可能損害到交易秩序和交易安全，尤其是涉及不動產的物權變動時更甚。

　　考慮到對交易安全的保護，本法明確，依照本節規定享有的物權，處分該不動產物權時，依照法律規定需要辦理登記的，未經登記，不發生物權效力。舉例說明，甲乙向法院訴請離婚，法院判決原甲的房屋歸乙所有，在判決生效之時，乙已經取得該房屋的所有權，但尚未去房產登記部門辦理變更登記，此時乙將房屋轉賣給丙，丙信賴乙出示的法院判決而與之交易，與此同時，甲將該房屋又轉賣於丁，丁信賴的是登記簿上甲為所有權人的登記記錄。那麼乙對丙的處分行為能否發生物權效力而由丙取得房屋的所有權呢？按照本條的規定，答案是否定的。儘管乙為真正的房屋所有權人，也有權對房屋進行處分，但未經登記，該處分行為不發生所有權轉移的效力，丙只能請求乙承擔返還價款等違約責任。

第三章　物權的保護

　　加強對物權的保護，是維護權利人合法權益的必然要求。本章共七條，針對物權受到侵害時如何保護權利人作出規定，權利人有權請求返還原物、排除妨害、消除危險，有權依法請求恢復原狀、損害賠償。

> 　　第二百三十三條　物權受到侵害的，權利人可以通過和解、調解、仲裁、訴訟等途徑解決。

■ 條文主旨

　　本條是關於物權保護爭訟程序的規定。

■ 條文釋義

　　物權受到侵害，物權人有權選擇和解、調解、仲裁、訴訟途徑救濟。和解是當事人之間在沒有第三者參加的情況下自願協商，達成協議。和解屬於當事人處分自己民事實體權利的一種民事法律行為。和解可以發生在訴訟以前，雙方當事人互相協商，達成協議，也可以發生在訴訟過程中。民事訴訟法第 50 條規定：「雙方當事人可以自行和解。」調解是通過第三人調停解決糾紛。通過調解達成的協議還可以依法申請司法確認。人民調解法第 33 條規定：「經人民調解委員會調解達成調解協議後，雙方當事人認為有必要的，可以自調解協議生效之日起三十日內共同向人民法院申請司法確認，人民法院應當及時對調解協議進行審查，依法確認調解協議的效力。人民法院依法確認調解協議有效，一方當事人拒絕履行或者未全部履行的，對方當事人可以向人民法院申請強制執行。人民法院依法確認調解協議無效的，當事人可以通過人民調解方式變更原調解協議或者達成新的調解協議，也可以向人民法院提起訴訟。」仲裁是當事人協議選擇仲裁機構，由仲裁庭裁決解決爭端。我國仲裁法是規範仲裁法律關係的專門法律。訴訟包括民事、行政、刑事三大訴訟，物權保護的訴訟主要指提起民事訴訟。

第二百三十四條　因物權的歸屬、內容發生爭議的，利害關係人可以請求確認權利。

■ **條文主旨**

本條是關於物權確認請求權的規定。

■ **條文釋義**

物權確認請求權是物權保護的一項基本權利，很多國家立法對此都有規定。

物權確認請求權是物權保護請求權的一種。物權歸屬或者內容發生爭議，物權人可以請求有關行政機關、人民法院等部門確認該物權的歸屬或者內容。

第二百三十五條　無權佔有不動產或者動產的，權利人可以請求返還原物。

■ **條文主旨**

本條是關於返還原物請求權的規定。

■ **條文釋義**

返還原物是物權請求權的一種。物權人的物被他人侵佔，物權人的對物支配權受到侵害時，物權人有權請求返還原物，使物復歸於物權人事實上的支配。

返還原物權請求權的產生，須有他人無權佔有不動產或者動產的事實。無權佔有就是沒有法律根據、沒有合法原因的佔有。一般包括兩種情形：一是佔有人從佔有之始就沒有法律根據，如佔有人佔有的物是盜竊物。二是佔有之初本來有法律根據，但是後來該根據消滅，如租賃他人之物，租賃期限屆滿而不返還。享有返還原物請求權的權利人應當是物權人，包括所有權人、用益物權人等。至於佔有人，無論其是否為有權佔有，均應依據佔有請求權行使權利，而不能依返還原物請求權行使權利。

第二百三十六條　妨害物權或者可能妨害物權的，權利人可以請求排除妨害或者消除危險。

■ **條文主旨**

本條是關於排除妨害、消除危險請求權的規定。

■ **條文釋義**

排除妨害也是一種物權請求權。妨害是指以非法的、不正當的行為，包括施加無權施加的設施，影響了特定物的權利人行使物權。例如，在他人家門口堆放物品，妨礙他人通行。排除妨害請求的目的是消除對物權的障礙或者侵害，使物權恢復圓滿狀態。需要注意的是，被排除的妨害需具有不法性，倘若物權人負有容忍義務，則物權人不享有排除妨害請求權。

消除危險也是一種物權請求權。消除危險請求權是指對於某種尚未發生但確有發生可能性的危險，物權人也可以請求有關的當事人採取預防措施加以防止。例如，某人的房屋由於受到大雨衝刷隨時有倒塌可能，危及鄰居的房屋安全，此時鄰居可以請求該房屋的所有人採取措施消除這種危險。物權人行使消除危險請求權，只需有危險存在的客觀事實，而不論有關的當事人是否具有故意或者過失的主觀過錯。

第二百三十七條　造成不動產或者動產毀損的，權利人可以依法請求修理、重作、更換或者恢復原狀。

■ **條文主旨**

本條是關於物權的權利人可以依法請求修理、重作、更換或者恢復原狀的規定。

■ **條文釋義**

物權法第 36 條規定：「造成不動產或者動產毀損的，權利人可以請求修理、重作、更換或者恢復原狀。」本條在物權法規定的基礎上，增加了「依法」二字。在民法典編纂立法過程中，不少意見提出，返還原物請求權、排除妨害、消除危險請求權屬於物權請求權。而物權法第 36 條規定的修理、重作、更換或者恢復原狀請求權，在性質上不屬於物權法律制度上的物權請求權，而屬於債權請求權。本條吸收這一意見，增加「依法」二字，以示區分。這裏的「依法」是指依照民法典侵權責任編以及其他相關法律規範的規定。這就意味着權利人行使這種權利，需要符合這些相關法律關於請求權具體要件等方面的規定。

有的意見提出，物權編應當刪除債法上的修理、重作、更換或者恢復原狀請求權。但也有意見認為，考慮到本章是關於物權保護的規定，為了體現保護的全面性，可以在適當修改完善的基礎上繼續保留。

有的意見提出，修理指物毀損時，通過一定的辦法使其恢復到毀損之前的狀態；重作指當物滅失、損毀到不能使用等情形時重新作相同性質、相同用途的物，使其達到與原物相同的價值；更換指物毀損並且有與此物相同的種類物存在時，予以更換。修理、重作、更換都屬於恢復原狀。有的意見提出，修理可看作恢復原狀的一種具體手段，將它與恢復原狀並行規定，明顯不合理。重作和更換這兩種責任方式具有獨特性，無法納入恢復原狀之中。還有

意見認為，「修理、重作、更換」不是法律概念，不具備法律概念應有的特性，也無法發揮法律概念的功能。「修理、重作、更換」不是一種獨立的請求權，不具有民事責任的強制性，可以被其他請求權所涵蓋。也有意見認為，民法通則第134條就將恢復原狀及修理、重作、更換並行規定為民事責任的方式。民法總則第179條規定了承擔民事責任的方式，因循其例，其中第5項為恢復原狀，第6項為修理、重作、更換。為保持法律的連續性、穩定性，對此以不作修改為宜。

第二百三十八條　侵害物權，造成權利人損害的，權利人可以依法請求損害賠償，也可以依法請求承擔其他民事責任。

■ 條文主旨

本條是關於物權的權利人可以依法請求侵權人承擔賠償損失等民事責任的規定。

■ 條文釋義

物權法第37條規定：「侵害物權，造成權利人損害的，權利人可以請求損害賠償，也可以請求承擔其他民事責任。」本條在物權法規定的基礎上，增加了「依法」二字。在民法典編纂立法過程中，不少意見提出，返還原物請求權、排除妨害、消除危險請求權屬於物權請求權。而物權法第37條規定的損害賠償請求權，在性質上不屬於物權法律制度上的物權請求權，而屬於債權請求權。本條吸收這一意見，增加「依法」二字，以示區分。這裏的「依法」是指依照民法典侵權責任編以及其他相關法律規範的規定。這就意味着權利人行使這種權利，需要符合這些相關法律關於請求權具體要件等方面的規定。

有的意見提出，物權編應當刪除債法上的損害賠償請求權。但也有意見認為，考慮到本章是關於物權保護的規定，為了體現保護的全面性，可以在適當修改完善的基礎上繼續保留。

賠償損失是指行為人向受害人支付一定數額的金錢以彌補其損失的責任方式，是運用較為廣泛的一種民事責任方式。賠償的目的主要是補償損害，使受到損害的權利得到救濟，使受害人能恢復到未受到損害前的狀態。除了賠償損失，民法典總則編在民法通則的基礎上，還規定了其他一些承擔民事責任的方式，包括停止侵害，排除妨礙，消除危險，返還財產，恢復原狀，修理、重作、更換，繼續履行，支付違約金，消除影響、恢復名譽，賠禮道歉。這其中有的責任方式主要適用於違約責任領域，有的主要適用於人身權侵權領域。對於物權受到侵害而言，有的責任方式本章已作規定，有的在功能上可以被物權請求權所覆蓋。賠禮道歉也是承擔民事責任的一種方式，物權受到侵犯，物權人有權請求賠禮道歉。賠禮道歉是將道德規範法律化，它不僅可以用於侵犯人身權利的責任承擔，也可以用於侵犯財產權利的

責任承擔。損壞了他人心愛的東西，侵權人賠個禮、道個歉，讓物權人消消氣，往往有利於化干戈為玉帛。

> **第二百三十九條**　本章規定的物權保護方式，可以單獨適用，也可以根據權利被侵害的情形合併適用。

■ 條文主旨

本條是關於物權保護方式的單用和並用的規定。

■ 條文釋義

物權受到侵害的，當事人可以通過請求確認權利、返還原物、排除妨害、消除危險、修理、重作、更換、損害賠償等方式保護自己的權利。上述保護方式，可以單獨適用，也可以根據權利被侵害的情形合併適用。如果一種方式不足以救濟權利人，就同時適用其他方式。

第二分編　所有權

第四章　一般規定

本章共六條，對於所有權的基本內容、國家專有、徵收徵用等作了規定。

> **第二百四十條**　所有權人對自己的不動產或者動產，依法享有佔有、使用、收益和處分的權利。

■ 條文主旨

本條是關於所有權基本內容的規定。

■ 條文釋義

民法通則第 71 條對所有權規定了四項內容：「財產所有權是指所有人依法對自己的財產享有佔有、使用、收益和處分的權利。」本條的規定與民法通則這一規定基本一致，仍沿用民法通則四項內容的規定。

所有權的上述內容在傳統理論上稱為所有權的「權能」。雖然大陸法國家在所有權概念上對所有權權能的規定各有不同，但在理論上通常都認為所有權具有四項基本權能：

1. 佔有。佔有就是對於財產的實際管領或控制。擁有一個物的一般前提就是佔有，這是財產所有者直接行使所有權的表現。所有人的佔有受法律保護，不得非法侵犯。對於動產，除非有相反證明，佔有某物即是判定佔有人享有該物所有權的標準。

2. 使用。使用是權利主體對財產的運用，以便發揮財產的使用價值。如使用機器生產產品，在土地上種植農作物。擁有物的目的一般是為了使用。

3. 收益。收益是通過財產的佔有、使用等方式取得的經濟效益。使用物並獲益是擁有物的目的之一。收益通常與使用相聯繫，但是處分財產也可以帶來收益。收益也包括孳息。孳息分為天然孳息和法定孳息。果樹結果等屬於天然孳息；存款所得的利息、出租所得租金屬於法定孳息。

4. 處分。處分是指財產所有人對其財產在事實上和法律上的最終處置。處分權一般由所有權人行使，但在某些情況下，非所有權人也可以有處分權，如運輸的貨物，如果發生緊急

情況，承運人也可以依法進行處分。

除了上述各項權能，一般認為，所有權本身具有如下一些特性：

1. 完全性。或者稱所有權為完全權，所有權是就標的物為一般支配的完全權。所有權作為一般的支配權，是用益物權、擔保物權等他物權的源泉。與所有權不同，他物權僅在使用收益上於一定範圍內有支配權。

2. 整體性。或者稱為單一性。所有權不是佔有、使用、收益和處分等各項權能量的總和，而是對標的物有統一支配力，是整體的權利，不能在內容或者時間上加以分割。所有權人可以在其物上設定他物權，即使其物的佔有、使用、收益、處分等權能分別歸他人享有，但所有權人的所有權性質不受影響。

3. 恆久性。所有權有永久性，其存在沒有存續期間，不因時效而消滅。

4. 彈力性。或者稱為「所有權彈性」「歸一力」。所有權人在其所有物上為他人設定權利，即使所有權的所有已知表徵權利均被剝奪，仍潛在地保留其完整性，這種剝奪終止後，所有權當然地重新恢復其圓滿狀態。

還需要說明的是，所有權不僅僅是民法的專有名詞，也不僅僅是民法上的權利。「所有權」一詞使用甚廣，在不同的含義上使用，也在各種政治法律關係中使用。在較廣的含義上，所有權指政治法律制度中的所有權制度，是調整財產所有關係的法律規範的總稱。我們說所有權是所有制的法律體現，就是在這個意義上使用「所有權」這一概念的。在這個意義上，所有權與所有制是個對應的概念。在較窄的含義上，所有權指所有人對特定財產所享有的佔有、使用、收益和處分的權利。所有權的基本概念通常是由民法規定的，民法的所有權是一項民事權利，屬於物權的一種。但是，所有權概念的使用卻不限於民法，而是廣泛使用於各個法律部門。或者說，規範所有權的法律不僅有民法，各個法律部門均有涉及所有權關係的法律規範。

法律調整的是人與人之間的關係，不是人與物之間的關係。權利體現的是社會關係。民法的所有權是基於所有物而產生的所有權人與他人的財產關係。民法上講所有權，不僅要講所有權人對所有物的權利，而且主要是講所有權人與他人的關係。在行政法、經濟法、刑法上也講所有權，但由於這些法律調整的社會關係與民法不同，調整的所有權關係也與民法不同。由於民法調整平等主體之間的關係，因而民法上的所有權體現了平等的民事關係。行政法、經濟法調整的是行政管理的關係，因而行政法、經濟法上的所有權體現的是行政管理的關係。比如，國家依行政權徵收集體和私人的財產，體現了行政管理的關係。

> **第二百四十一條** 所有權人有權在自己的不動產或者動產上設立用益物權和擔保物權。用益物權人、擔保物權人行使權利，不得損害所有權人的權益。

■ 條文主旨

本條是關於所有權人設定他物權的規定。

■ 條文釋義

所有權人在自己的不動產或者動產上設立用益物權和擔保物權，是所有權行使其所有權的具體體現。所有權人的各項所有權權能可以與所有權相分離。因而可以為他人設定用益物權和擔保物權。由於用益物權與擔保物權都是對他人的物享有的權利，因此都稱為「他物權」，與此相對應，所有權稱為「自物權」。現代各國民法貫徹效益原則，已逐漸放棄了傳統民法注重對物的實物支配、注重財產歸屬的做法，轉而注重財產價值形態的支配和利用。大陸法系和英美法系這兩大法系有關財產的現代法律，都充分體現了以「利用」為中心的物權觀念。傳統的以物的「所有」為中心的物權觀念，已經被以物的「利用」為中心的物權觀念所取代。

但是，所有權是他物權的本源和基礎。用益物權與擔保物權的設定，源於所有權人對其所有權的行使。讓渡對物的佔有、使用，或者以物的價值為他人設定擔保，正是所有權人對其所有權中諸項權能的行使。所有權人根據法律和合同，可以將使用權轉移給非所有權人行使，非所有權人取得使用權、行使使用權，必須依據法律與合同的規定進行。所以，非所有人享有的使用權，不過是從所有權中分離出來的權能。所有權人根據法律或者合同用自己的物為他人債務提供擔保，是對其物所有權中處分權的行使，非所有權人取得擔保物權、行使擔保物權，必須依據法律與合同的規定進行。所以，他人享有的擔保權利，同樣也是從所有權中分離出來的權能。因此，設定他物權，是所有權人行使所有權的結果。也正因如此，用益物權人、擔保物權人行使權利必須依據法律或者合同的約定進行，不得損害所有權人的權益。

設定土地承包經營權、宅基地使用權、建設用地使用權是以土地為他人設定權利。在我國，土地實行公有制，土地屬於國家或者集體所有，這與西方土地私有的情況有很大不同。對於土地承包、宅基地和建設用地，國家有大量的法律、行政法規以及地方法規和規章，要求政府部門嚴格依法辦事，不能損害國家、集體的利益。土地承包經營權人、宅基地使用權人、建設用地使用權人也要依據法律和合同行使權利，履行義務，不得損害國家、集體的利益。

用益物權中有一項是地役權。「地役權」是指，在相鄰關係以外，權利人按照合同約定處理兩個或者兩個以上不動產權利人之間在通行、通風、採光等方面產生的各種關係，以提高自己的生產或者生活水平。比如甲公司和乙公司約定，借用乙公司的道路通行，以便利甲

公司員工的出入。在我國，設立地役權的情況較為特殊。在國有土地上設定地役權的，通常是擁有土地使用權的單位而不是作為所有權人的國家，在集體土地上設定地役權的通常是承包土地的農戶而不是作為土地所有權人的集體經濟組織。

留置權為擔保物權的一種。「留置權」是法律規定為了確保債務履行而設立的一種擔保物權，當債務人不履行債務時，債權人依法留置已經合法佔有的債務人的動產，並就該動產享有優先受償的權利，比如顧客不支付洗衣費，洗衣店依法有權留置衣物，在法定期限內顧客還不支付洗衣費，洗衣店依法有權就變賣衣物的價款中獲取洗衣費。留置權是債權人留置債務人的動產，留置權的設定由債權人依法進行，而非動產的所有權人設定，但當事人約定不得留置的，債權人必須遵守約定，不得違背合同規定留置約定不得留置的債務人的動產。債權人留置債務人的動產、行使留置權必須依法進行，不得損害所有權人的權益。

第二百四十二條　法律規定專屬於國家所有的不動產和動產，任何組織或者個人不能取得所有權。

■ 條文主旨

本條是關於國家專有的規定。

■ 條文釋義

國家專有是指只能為國家所有而不能為任何其他人所擁有。國家專有的財產由於不能為他人所擁有，因此不能通過交換或者贈與等任何流通手段轉移所有權，這與非專有的國家財產的性質不同。非專有的國家財產是可以流轉的，如國家用於投資的財產。國家專有的財產範圍很寬，各項具體的專有財產由各個相關單行法律、行政法規規定，本條只作概括性規定。

國家專有的財產包括但不限於以下各項：

1. 國有土地。依據法律、行政法規的規定，屬於國家所有的土地有：城市市區的土地；農村和城市郊區已被徵收的土地；依法不屬於集體所有的森林、山嶺、草地、荒地、灘塗及其他土地等。

2. 海域。海域使用管理法規定，海域屬於國家所有。

3. 水流。憲法規定，水流屬於國家所有。

4. 礦產資源。憲法規定，礦藏屬於國家所有。礦產資源法規定，礦產資源屬於國家所有。有關法律、行政法規規定煤炭資源、石油資源、鹽資源、水晶礦產等屬於國家所有。

5. 無居民海島。海島保護法規定，無居民海島屬於國家所有。

6. 野生動物資源。野生動物保護法規定，野生動物資源屬於國家所有。

7. 無線電頻譜資源。本編第五章規定，無線電頻譜資源屬於國家所有。

國外有「公用財產」的概念，國外的公用財產指社會公眾共同使用的財產，如公共道路、公路、街道、橋樑、水庫、圖書館、港口等。有的國家規定公用財產屬於社會公有，不屬於國家所有，但國家享有主權和管理權。公用財產不能轉讓，不適用取得時效。在這一點上，與我國的國家專有財產有類似的地方。

第二百四十三條　為了公共利益的需要，依照法律規定的權限和程序可以徵收集體所有的土地和組織、個人的房屋以及其他不動產。

徵收集體所有的土地，應當依法及時足額支付土地補償費、安置補助費以及農村村民住宅、其他地上附着物和青苗等的補償費用，並安排被徵地農民的社會保障費用，保障被徵地農民的生活，維護被徵地農民的合法權益。

徵收組織、個人的房屋以及其他不動產，應當依法給予徵收補償，維護被徵收人的合法權益；徵收個人住宅的，還應當保障被徵收人的居住條件。

任何組織或者個人不得貪污、挪用、私分、截留、拖欠徵收補償費等費用。

■ 條文主旨

本條是關於徵收的規定。

■ 條文釋義

徵收是國家以行政權取得集體、組織和個人的財產所有權的行為。徵收的主體是國家，通常是政府部門，政府以行政命令的方式從集體、組織和個人取得土地、房屋等財產，集體、組織和個人必須服從。在物權法律制度上，徵收是物權變動的一種極為特殊的情形。徵收屬於政府行使行政權，屬於行政關係，不屬於民事關係，但由於徵收是所有權喪失的一種方式，是對所有權的限制，同時又是國家取得所有權的一種方式，因此外國民法通常都從這一民事角度對徵收作原則規定。

徵收導致所有權的喪失，當然對所有權人造成損害。因此，徵收雖然是被許可的行為，但通常都附有嚴格的法定條件的限制。徵收土地是世界各國政府取得土地的常用辦法，但在土地私有制國家裏，徵收土地的含義與我國有所不同，即表現為一種強制購買權，只有在正常收買無法取得土地時再動用徵收權。

在我國，由於公共建設任務繁重而徵收較多，在城市是因城市規劃拆遷而徵收居民房屋，在農村是因公共建設、城市規劃而徵收集體土地。在徵收集體所有土地和城鄉居民房屋的過程中，侵害群眾利益的問題時有發生，社會普遍關注。在民法典物權編的立法過程中，對於徵收的問題意見較多，主要集中在公共利益的目的和徵收補償兩個方面。

關於公共利益。有的認為，應當明確界定公共利益的範圍，以限制有的地方政府濫用徵收權力，侵害群眾利益。在物權法的立法過程中，曾將「為了公共利益的需要」修改為「為了發展公益事業、維護國家安全等公共利益的需要」，但有關部門和專家認為這樣規定仍不清楚。經各方面反覆研究，一致認為：在不同領域內，在不同情形下，公共利益是不同的，情況相當複雜，物權法難以對公共利益作出統一的具體界定，還是分別由土地管理法、城市房地產管理法等單行法律規定較為切合實際。現行有的法律如信託法、測繪法已經對公共利益的範圍作了一些具體界定。本條維持了物權法的規定，沒有對「公共利益」作出具體界定。

關於徵收補償。有的認為，在現實生活中，存在徵收土地的補償標準過低、補償不到位的問題，侵害群眾利益，建議對補償問題作出具體規定。有的建議規定為「相應補償」，有的建議規定為「合理補償」，有的建議規定為「充分補償」，有的建議規定「根據市場價格予以補償」。針對群眾反映較大的問題，本條第 2 款、第 3 款就補償原則和補償內容作了明確規定。考慮到各地的發展很不平衡，具體的補償標準和補償辦法，由土地管理法等有關法律依照本法規定的補償原則和補償內容，根據不同情況作出規定。在物權編的立法過程中，有的意見提出，深入推進農村集體產權制度改革，是黨中央作出的重大決策，民法典應當對農村集體所有土地的徵地補償制度予以完善。考慮到土地管理法在 2019 年修改時，對農村集體所有土地的徵收補償問題作了修改完善，本條第 2 款在物權法基礎上增加規定，徵收集體所有的土地，應當依法及時足額支付農村村民住宅的補償費用等，以與土地管理法的規定相銜接。針對現實生活中補償不到位和侵佔補償費用的行為，本條第 4 款明確規定，任何組織和個人不得貪污、挪用、私分、截留、拖欠徵收補償費等費用。

> **第二百四十四條**　國家對耕地實行特殊保護，嚴格限制農用地轉為建設用地，控制建設用地總量。不得違反法律規定的權限和程序徵收集體所有的土地。

■ 條文主旨

本條是關於保護耕地、禁止違法徵地的規定。

■ 條文釋義

我國地少人多，耕地是寶貴的資源，且後備資源貧乏，如何保護我國寶貴的耕地資源，並合理利用，關係中華民族的生存。國家歷來重視對耕地的保護，實行最嚴格的耕地保護制度，嚴格控制農用地轉為建設用地，這是保障我國長遠發展、經濟平穩、社會安定的必然要求。為了切實加強土地調控，制止違法違規用地行為，針對現實生活中濫用徵收權力、違法徵地的行為，本條作了原則規定。

根據土地管理法等法律、行政法規的有關規定，有關耕地保護的基本政策是：

1. 嚴格控制耕地轉為非耕地。國家保護耕地，嚴格控制耕地轉為非耕地。國家實行嚴格的用途管制制度。通過制定土地利用總體規劃，限定建設可以佔用土地的區域。對各項建設用地下達土地利用年度計劃，控制建設佔用土地（包括佔用耕地）。農用地轉用要報省級以上人民政府批准。通過這些措施，使各項建設佔用耕地的總量降到最低限度。

2. 國家實行佔用耕地補償制度。非農業建設經批准佔用耕地的，按照「佔多少，墾多少」的原則，由佔用耕地的單位負責開墾與所佔用耕地的數量和質量相當的耕地；沒有條件開墾或者開墾的耕地不符合要求的，應當按照省、自治區、直轄市的規定繳納耕地開墾費，專款用於開墾新的耕地。

3. 永久基本農田保護制度。國家實行永久基本農田保護制度，對於經國務院農業農村主管部門或者縣級以上地方人民政府批准確定的糧、棉、油、糖等重要農產品生產基地內的耕地；有良好的水利與水土保持設施的耕地，正在實施改造計劃以及可以改造的中、低產田和已建成的高標準農田；蔬菜生產基地；農業科研、教學試驗田以及國務院規定應當劃為永久基本農田的其他耕地，根據土地利用總體規劃劃為永久基本農田，實行嚴格保護。劃定永久基本農田主要是為了對耕地實行特殊保護。永久基本農田經依法劃定後，任何單位和個人不得擅自佔用或者改變其用途。永久基本農田涉及農用地轉用或者土地徵收的，必須經國務院批准。

4. 其他。對保護耕地還有許多規定。例如：（1）保證耕地質量。各級人民政府應當採取措施，引導因地制宜輪作休耕，改良土壤，提高地力，維護排灌工程設施，防止土地荒漠化、鹽漬化、水土流失和土壤污染。（2）非農業建設的用地原則是，必須節約使用土地，可以利用荒地的，不得佔用耕地；可以利用劣地的，不得佔用好地。禁止佔用耕地建窰、建墳或者擅自在耕地上建房、挖砂、採石、採礦、取土等。禁止佔用永久基本農田發展林果業和挖塘養魚。（3）禁止閒置、荒蕪耕地。禁止任何單位和個人閒置、荒蕪耕地。已經辦理審批手續的非農業建設佔用耕地，1年內不用而又可以耕種並收穫的，應當由原耕種該幅耕地的集體或者個人恢復耕種，也可以由用地單位組織耕種；1年以上未動工建設的，應當按照省、自治區、直轄市的規定繳納閒置費；連續2年未使用的，經原批准機關批准，由縣級以上人民政府無償收回用地單位的土地使用權；該幅土地原為農民集體所有的，應當交由原農村集體經濟組織恢復耕種。（4）開發未利用土地。國家鼓勵單位和個人按照土地利用總體規劃，在保護和改善生態環境、防止水土流失和土地荒漠化的前提下，開發未利用的土地；適宜開發為農用地的，應當優先開發成農用地。國家依法保護開發者的合法權益。（5）土地復墾。因挖損、塌陷、壓佔等造成土地破壞，用地單位和個人應當按照國家有關規定負責復墾；沒有條件復墾或者復墾不符合要求的，應當繳納土地復墾費，專項用於土地復墾。復墾的土地應當優先用於農業。

按照憲法、土地管理法等有關法律規定，徵收土地的條件與程序是：

1. 徵收土地必須是為了公共利益的需要。根據土地管理法的規定，有下列情形並且確需徵收農民集體所有的土地的，可以依法實施徵收：（1）軍事和外交需要用地的；（2）由政府

組織實施的能源、交通、水利、通信、郵政等基礎設施建設需要用地的；（3）由政府組織實施的科技、教育、文化、衛生、體育、生態環境和資源保護、防災減災、文物保護、社區綜合服務、社會福利、市政公用、優撫安置、英烈保護等公共事業需要用地的；（4）由政府組織實施的扶貧搬遷、保障性安居工程建設需要用地的；（5）在土地利用總體規劃確定的城鎮建設用地範圍內，經省級以上人民政府批准由縣級以上地方人民政府組織實施的成片開發建設需要用地的；（6）法律規定為公共利益需要可以徵收農民集體所有的土地的其他情形。

2. 徵地是一種政府行為，是政府的專有權力，其他任何單位和個人都沒有徵地權。同時，被徵地單位必須服從，不得阻撓徵地。

3. 必須依法取得批准。徵收永久基本農田、永久基本農田以外的耕地超過 35 公頃的，以及其他土地超過 70 公頃的，由國務院批准。徵收其他土地的，由省、自治區、直轄市人民政府批准。徵收農用地的，應當依照有關規定先行辦理農用地轉用審批。

4. 必須予以公告並聽取相關主體的意見。國家徵收土地依照法定程序批准後，由縣級以上地方人民政府予以公告並組織實施。縣級以上地方人民政府擬申請徵收土地的，應當開展擬徵收土地現狀調查和社會穩定風險評估，並將徵收範圍、土地現狀、徵收目的、補償標準、安置方式和社會保障等在擬徵收土地所在的鄉（鎮）和村、村民小組範圍內公告至少30 日，聽取被徵地的農村集體經濟組織及其成員、村民委員會和其他利害關係人的意見。

5. 必須依法對被徵地單位進行補償。擬徵收土地的所有權人、使用權人應當在公告規定期限內，持不動產權屬證明材料辦理補償登記。縣級以上地方人民政府應當組織有關部門測算並落實有關費用，保證足額到位，與擬徵收土地的所有權人、使用權人就補償、安置等簽訂協議。相關前期工作完成後，縣級以上地方人民政府方可申請徵收土地。徵收土地應當給予公平、合理的補償，保障被徵地農民原有生活水平不降低、長遠生計有保障。徵收土地應當依法及時足額支付土地補償費、安置補助費以及農村村民住宅、其他地上附着物和青苗等的補償費用，並安排被徵地農民的社會保障費用。

6. 徵地補償費用的情況要向集體組織成員公佈，接受監督。被徵地的農村集體經濟組織應當將徵收土地的補償費用的收支狀況向本集體經濟組織的成員公佈，接受監督。同時規定，禁止侵佔、挪用被徵收土地單位的徵地補償費用和其他有關費用。

因此，法律、行政法規對於保護耕地、徵收土地都有明確的規定。徵收農村土地，應當按照特殊保護耕地的原則，依照法律規定的權限和程序進行，切實保護耕地，保護農民利益，保障社會安定和經濟的可持續發展。

　　第二百四十五條　因搶險救災、疫情防控等緊急需要，依照法律規定的權限和程序可以徵用組織、個人的不動產或者動產。被徵用的不動產或者動產使用後，應當返還被徵用人。組織、個人的不動產或者動產被徵用或者徵用後毀損、滅失的，應當給予補償。

■ 條文主旨

　　本條是關於徵用的規定。

■ 條文釋義

　　徵用是國家強制使用組織、個人的財產。強制使用就是不必得到所有權人的同意，在國家有緊急需要時即直接使用。國家需要徵用組織、個人的不動產和動產的原因，是搶險、救災、應對突發公共衛生事件等在社會整體利益遭遇危機的情況下，需要動用一切人力、物力進行緊急處理和救助。所以，法律允許在此種情況下限制組織或者個人的財產所有權。

　　國家以行政權命令徵用財產，被徵用的組織、個人必須服從，這一點與徵收相同。但徵收是剝奪所有權，徵用只是在緊急情況下強制使用組織、個人的財產，緊急情況結束後被徵用的財產要返還給被徵用的組織、個人，因此徵用與徵收有所不同。本章規定的徵收限於不動產，本條規定的徵用的財產既包括不動產也包括動產。

　　徵用在國家出現緊急情況時採用，因此國外通常在緊急狀態法中規定，但也有的國家在民法中作了規定，如《意大利民法典》規定，「在發生公共事務、軍事、民事的重大緊急需求的情況下，可以對動產或者不動產進行徵調。對動產或者不動產的所有權人應當給予合理補償」。考慮到徵用如徵收一樣也是對所有權的限制，本法對徵用作了規定。由於徵用是對所有權的限制。並可能給所有權人造成不利的後果，因此，徵用的採用亦有嚴格的條件限制：（1）徵用的前提條件是發生緊急情況，因此徵用適用於出現緊急情況時，平時不得採用；（2）徵用應符合法律規定的權限和程序；（3）使用後應當將徵用財產返還被徵用人，並且給予補償，但通常不及於可得利益的損失。

　　徵用如徵收一樣也是較為複雜的問題，同時徵用是政府行使行政權，不是民事關係，徵用的具體問題應由相關的行政法規定。因此，本條僅從民事角度作了原則性規定。

第五章　國家所有權和集體所有權、私人所有權

本章共二十五條，規定了國家所有權和集體所有權、私人所有權。本章主要對國有財產的範圍、國家所有權的行使、對國有財產的保護、集體所有權的範圍、集體所有權的行使、對集體成員合法權益的保護、私人所有權的範圍、企業法人的財產權等作了規定。

> **第二百四十六條　法律規定屬於國家所有的財產，屬於國家所有即全民所有。**
> **國有財產由國務院代表國家行使所有權。法律另有規定的，依照其規定。**

■ 條文主旨

本條是關於國有財產範圍、國家所有的性質和國家所有權行使的規定。

■ 條文釋義

國有經濟是國民經濟中的主導力量。加大對國有資產的保護力度，切實防止國有資產流失，是鞏固和發展公有制經濟的現實要求。物權編通過明確規定國有財產的歸屬和行使主體，對國有財產的合理開發利用，侵害國有財產的民事保護方法等，加大對國有資產的保護力度，防止國有資產流失。物權編的基本原則、物權的設立和轉讓、所有權人享有的權利、用益物權、擔保物權、物權的保護等一系列規定對國有財產都是適用的，並對國有財產作出若干特別規定。

一、國有財產的範圍

本條第 1 款是對國有財產範圍的概括性規定。依據憲法、法律、行政法規，物權編明確規定礦藏、水流、海域、無居民海島、無線電頻譜資源、城市的土地、國防資產屬於國家所有。法律規定屬於國家所有的鐵路、公路、電力設施、電信設施和油氣管道等基礎設施、文物、農村和城市郊區的土地、野生動植物資源，屬於國家所有。除法律規定屬於集體所有的外，森林、山嶺、草原、荒地、灘塗等自然資源，屬於國家所有。

在立法徵求意見過程中，對於國有財產範圍的不同意見主要是，國有財產的範圍很廣，如何在物權編中確定國有財產的範圍，哪些應該明確寫，哪些不應該寫，對物的種類在文字上應該如何表述。有的認為，物權編具體列舉的國有財產不夠全面，應當增加規定空域、航道、頻道、種質資源屬於國家所有。考慮到國有財產範圍很寬，難以逐項列全，所提出的增加規定的有些內容是否屬於物權編上的物，也有爭議。因此，本條對國有財產的範圍作了概括性的規定：「法律規定屬於國家所有的財產，屬於國家所有即全民所有。」並以現行法律

的規定為依據對國家所有的財產作了列舉規定。現行法律、行政法規沒有明確規定的,根據本條,可以在制定或者修改有關法律時作出具體規定。

二、我國國家所有的性質

我國國家所有的性質是全民所有。憲法第 9 條第 1 款規定:「礦藏、水流、森林、山嶺、草原、荒地、灘塗等自然資源,都屬於國家所有,即全民所有;由法律規定屬於集體所有的森林和山嶺、草原、荒地、灘塗除外。」民法通則第 73 條第 1 款規定:「國家財產屬於全民所有。」本法根據憲法和民法通則規定,「國家所有即全民所有」,以更好地和憲法、民法通則的規定相銜接,進一步明確國家所有的性質。

三、代表國家行使國家財產所有權的主體

本條第 2 款是對代表國家行使國家財產所有權的主體的規定。在徵求意見過程中,有的認為,由「國務院代表國家行使國家所有權」可操作性不強。有的提出,國有自然資源的所有權實際上有不少是由地方人民政府具體行使的,應規定地方人民政府也有權代表國家具體行使國有自然資源的所有權。有的建議,明確實踐中行使所有權的地方各級政府同國務院之間的關係是委託還是授權。有的認為,應該由全國人大代表國家行使國家財產所有權。立法機關經研究認為,依據憲法規定,全國人大是最高國家權力機關,國務院是最高國家權力機關的執行機關。全國人大代表全國人民行使國家權力,體現在依法就關係國家全局的重大問題作出決定,而具體執行機關是國務院。我國的許多法律已經明確規定由國務院代表國家行使所有權。例如,土地管理法第 2 條第 2 款規定:「全民所有,即國家所有土地的所有權由國務院代表國家行使。」礦產資源法第 3 條第 1 款中規定:「礦產資源屬於國家所有,由國務院行使國家對礦產資源的所有權。」

由國務院代表國家行使所有權也是現行的管理體制。本法規定:「國有財產由國務院代表國家行使所有權。法律另有規定的,依照其規定。」這樣規定,既符合人民代表大會制度的特點,也體現了黨的十六大關於國家要制定法律法規,建立中央政府和地方政府分別代表國家履行出資人職責,享有所有者權益的國有資產管理體制的要求。全國人大通過立法授權國務院代表國家行使國家所有權,正體現了全國人大的性質及其行使職權的特點。當然,國務院代表國家行使所有權,應當依法對人大負責,受人大監督。

國有財產由國務院代表國家行使所有權,同時依照法律規定也可以由地方人民政府等部門行使有關權利。我國很多法律法規對此都有相應的規定,如礦產資源法第 11 條規定:「國務院地質礦產主管部門主管全國礦產資源勘查、開採的監督管理工作。國務院有關主管部門協助國務院地質礦產主管部門進行礦產資源勘查、開採的監督管理工作。省、自治區、直轄市人民政府地質礦產主管部門主管本行政區域內礦產資源勘查、開採的監督管理工作。省、自治區、直轄市人民政府有關主管部門協助同級地質礦產主管部門進行礦產資源勘查、開採的監督管理工作。」礦產資源法實施細則第 3 條第 2 款規定:「國務院代表國家行使礦產資源的所有權。國務院授權國務院地質礦產主管部門對全國礦產資源分配實施統一管理。」

> **第二百四十七條　礦藏、水流、海域屬於國家所有。**

■ 條文主旨

本條是關於礦藏、水流、海域的國家所有權的規定。

■ 條文釋義

本條規定，礦藏、水流、海域屬於國家所有。

一、礦藏屬於國家所有

礦藏，主要指礦產資源，即存在於地殼內部或者地表的，由地質作用形成的，在特定的技術條件下能夠被探明和開採利用的，呈固態、液態或氣態的自然資源。本法依據憲法規定礦藏屬於國家所有。礦藏屬於國家所有，指國家享有對礦產資源的佔有、使用、收益和處分的權利。憲法第 9 條第 1 款規定：「礦藏、水流、森林、山嶺、草原、荒地、灘塗等自然資源，都屬於國家所有，即全民所有；由法律規定屬於集體所有的森林和山嶺、草原、荒地、灘塗除外。」礦產資源是國民經濟和社會發展的重要物質基礎，只有嚴格依照憲法的規定，堅持礦藏屬於國家所有，即全民所有，才能保障我國礦產資源的合理開發、利用、節約、保護和滿足各方面對礦產資源日益增長的需求，適應國民經濟和社會發展的需要。

國家對礦藏的所有權可以有多種行使方式。民法通則第 81 條第 2 款規定：「國家所有的礦藏，可以依法由全民所有制單位和集體所有制單位開採，也可以依法由公民採挖。國家保護合法的採礦權。」礦產資源法第 3 條第 3 款中規定：「勘查、開採礦產資源，必須依法分別申請、經批准取得探礦權、採礦權，並辦理登記。」礦產資源法第 4 條第 1 款規定：「國家保障依法設立的礦山企業開採礦產資源的合法權益。」依照規定，民事主體可以依法取得開發和經營礦藏的權利，其性質為採礦權。取得該權利後，通過開發和經營礦藏取得對礦藏的所有權。民事主體取得採礦權並不影響國家的所有權。國家保護合法的採礦權。但該採礦權與對礦藏的所有權不同，前者是他物權，後者是所有權。國家保障礦產資源的合理利用。

二、水流屬於國家所有

水流，指江、河等的統稱。此處水流應包括地表水、地下水和其他形態的水資源。水是人類生存的生命線，人類因水而生存，因水而發展。然而，21 世紀人類卻面臨着嚴重的水資源問題。水資源短缺幾乎成為世界性的問題。我國是水資源貧乏的國家，人均水資源僅為世界平均水平的 1/4。同時，水資源在時間和地區分佈上很不平衡，由於所處的獨特的地理位置和氣候條件，使我國面臨水資源短缺、洪澇災害頻繁、水環境惡化三大水問題，對國民經濟和社會發展具有全局影響。

本條規定水流屬於國家所有。水流屬於國家所有，指國家享有對水流的佔有、使用、收益和處分的權利。憲法第 9 條第 1 款中規定：「礦藏、水流、森林、山嶺、草原、荒地、灘塗等自然資源，都屬於國家所有，即全民所有。」水法第 3 條中規定：「水資源屬於國家所

有。水資源的所有權由國務院代表國家行使。」在徵求意見過程中，有的建議將「水流」修改為「水資源」。考慮到憲法中的用詞是「水流」，物權編中仍然依照憲法使用「水流」一詞。水流是我國最寶貴的自然資源之一，是實現可持續發展的重要物質基礎。只有嚴格依照憲法的規定，堅持水流屬於國家所有，即全民所有，才能保障我國水資源的合理開發、利用、節約、保護和滿足各方面對水資源日益增長的需求，適應國民經濟和社會發展的需要。

三、海域屬於國家所有

海域，是指中華人民共和國內水、領海的水面、水體、海床和底土。這是一個空間資源的概念，是對傳統民法中「物」的概念的延伸與發展。內水，是指中華人民共和國領海基線向陸地一側至海岸線的海域。領海這個概念是隨公海自由原則的確立而形成的，它是指沿着國家的海岸、受國家主權支配和管轄下的一定寬度的海水帶。我國是海洋大國，擁有近300 萬平方公里的管轄海域，相當於陸地國土面積的 1/3，擁有 18000 多公里的大陸岸線，14000 多公里的島嶼岸線，蘊藏着豐富資源，包括生物資源、礦產資源、航運資源、旅遊資源等。對於豐富的資源，國家有責任實施管理，對於我國遼闊的海域，需要由國家行使管理職能。這些管理，是以海域的國家所有權為法律依據的。

本條明確規定海域屬於國家所有。海域使用管理法第 3 條第 1 款中規定：「海域屬於國家所有，國務院代表國家行使海域所有權。任何單位或者個人不得侵佔、買賣或者以其他形式非法轉讓海域。」長期以來，在海域權屬問題上存在一些模糊認識，出現了一些不正常的現象。個別地方政府或者有關部門擅自將海域的所有權確定為本地所有或者某集體經濟組織所有，用海單位在需要使用海域時直接向鄉鎮和農民集體經濟組織購買或者租用；個別鄉鎮竟然公開拍賣海域或者灘塗；有的村民認為，祖祖輩輩生活在海邊，海就是村裏的。這些認識和行為，不僅導致海域使用秩序的混亂，而且損害了國家的所有權權益。因此，物權編明確規定海域屬於國家所有。海域屬於國家所有，指國家享有對海域的佔有、使用、收益和處分的權利。這不僅能正本清源，糾正思想上的錯誤認識，而且有助於樹立海域國家所有的意識和有償使用海域的觀念，使國家的所有權權益能在經濟上得到實現。

> **第二百四十八條　無居民海島屬於國家所有，國務院代表國家行使無居民海島所有權。**

■ 條文主旨

本條是關於無居民海島的國家所有權的規定。

■ 條文釋義

本條是編纂民法典過程中在物權編中增加的條文。有的意見提出，2009 年全國人大常

委會通過的海島保護法第 2 條中規定：「本法所稱海島，是指四面環海水並在高潮時高於水面的自然形成的陸地區域，包括有居民海島和無居民海島。」海島保護法第 4 條規定：「無居民海島屬於國家所有，國務院代表國家行使無居民海島所有權。」為了更好地保護國家對無居民海島的所有權，同時也為了宣示國家對無居民海島的主權，有必要在民法典中明確規定無居民海島屬於國家所有。也有的意見認為，對於自然資源的所有權，物權編主要是從自然資源的類別角度進行規範，而非地理的自然形態。物權編已經規定了土地、礦藏、水流、森林、山嶺、野生動植物等自然資源的所有權，這些自然資源也可能存在於無居民海島上。海島保護法規定無居民海島屬於國家所有，其角度與物權編不同，不宜將這一規定照搬到民法典物權編中。經研究，採納了第一種意見。

本條規定無居民海島屬於國家所有，國務院代表國家行使無居民海島所有權。有的意見提出，本法第 246 條已經規定了「國有財產由國務院代表國家行使所有權」，因此本條不要再重複規定「國務院代表國家行使無居民海島所有權」。也有的意見認為，本法第 246 條第 2 款的規定是：「國有財產由國務院代表國家行使所有權。法律另有規定的，依照其規定。」而海島保護法第 4 條規定：「無居民海島屬於國家所有，國務院代表國家行使無居民海島所有權。」並沒有關於法律另有規定的表述。無居民海島的所有權，也應當由國務院統一代表國家行使。經研究，採納了第二種意見。

第二百四十九條　城市的土地，屬於國家所有。法律規定屬於國家所有的農村和城市郊區的土地，屬於國家所有。

■ 條文主旨

本條是關於國家所有土地範圍的規定。

■ 條文釋義

本條規定了國家所有土地的範圍，國家所有的土地包括：城市的土地；法律規定屬於國家所有的農村和城市郊區的土地。

1. 城市的土地屬於國家所有。「城市的土地，屬於國家所有」即指國家對於城市的土地享有所有權，且城市的土地所有權只屬於國家。憲法第 10 條中規定：「城市的土地屬於國家所有。」土地管理法第 9 條第 1 款中規定：「城市市區的土地屬於國家所有。」

2. 法律規定屬於國家所有的農村和城市郊區的土地屬於國家所有。憲法第 10 條中規定：「農村和城市郊區的土地，除由法律規定屬於國家所有的以外，屬於集體所有。」土地管理法第 9 條第 2 款中規定：「農村和城市郊區的土地，除由法律規定屬於國家所有的以外，屬於農民集體所有。」農村和城市郊區的土地，除法律規定屬於國家所有的以外，是屬

於農民集體所有的。但是法律規定屬於國家所有的農村和城市郊區的土地屬於國家所有。這裏所講的法律是全國人大及其常委會通過的具有法律約束力的規範性文件，包括憲法和其他法律。

第二百五十條　森林、山嶺、草原、荒地、灘塗等自然資源，屬於國家所有，但是法律規定屬於集體所有的除外。

■ 條文主旨

本條是關於屬於國家所有的森林、草原等自然資源的規定。

■ 條文釋義

本條有關森林、山嶺、草原、荒地、灘塗等自然資源所有權的規定是依據憲法作出的。憲法第 9 條第 1 款規定：「礦藏、水流、森林、山嶺、草原、荒地、灘塗等自然資源，都屬於國家所有，即全民所有；由法律規定屬於集體所有的森林和山嶺、草原、荒地、灘塗除外。」我國絕大多數自然資源都屬於國家所有，這是我國不同於資本主義國家經濟制度的基本特徵之一。物權編根據憲法和有關法律的規定，對自然資源的歸屬作出規定，對進一步保護國有自然資源，合理開發利用國有自然資源，具有重要意義。

在立法徵求意見過程中，有的建議，刪除「等自然資源」的表述。有的認為，「土地」包括「山嶺」「荒地」「灘塗」，建議刪除本條中的「山嶺」「荒地」「灘塗」。有的認為，本條中「等」表述易生歧義，建議刪除。憲法是我國的根本大法，制定法律要以憲法為依據，因此，本條在文字的表述上依據憲法作出了規定。

根據憲法，我國其他法律對自然資源的國家所有權也作出了相應的規定。森林法第 14 條第 1 款規定：「森林資源屬於國家所有，由法律規定屬於集體所有的除外。」草原法第 9 條中規定：「草原屬於國家所有，由法律規定屬於集體所有的除外。」

第二百五十一條　法律規定屬於國家所有的野生動植物資源，屬於國家所有。

■ 條文主旨

本條是關於屬於國家所有的野生動植物資源的規定。

■ 條文釋義

依據我國野生動物保護法第 2 條第 2 款的規定，野生動物，是指受保護的野生動物，即珍貴、瀕危的陸生、水生野生動物和有重要生態、科學社會價值的陸生野生動物。依據野生植物保護條例第 2 條第 2 款的規定，受保護的野生植物，是指原生地天然生長的珍貴植物和原生地天然生長並具有重要經濟、科學研究、文化價值的瀕危、稀有植物。

野生動物是我國的一項巨大自然財富。我國野生動物資源十分豐富，不僅經濟動物種類繁多，還有不少聞名世界的珍貴稀有鳥獸。野生動物作為自然生態系統的重要組成部分，是人類寶貴的自然資源，為人類的生產和生活提供了豐富的資源，對人類發展有重要的促進作用。我國也是世界上野生植物資源種類最為豐富的國家之一。野生植物是自然生態系統的重要組成部分，是人類生存和社會發展的重要物質基礎，是國家重要的資源。野生植物資源作為社會經濟發展中一種極為重要的資源，具有生態性、多樣性、遺傳性和可再生性等特點。

野生動植物是國家寶貴的種質資源，是人類生產生活的重要物質基礎，人類的衣食住行都與其密切相關。同時，它還是重要的戰略資源，保存着豐富的遺傳基因，為人類的生存與發展提供了廣闊的空間。野生動植物資源在國民經濟和社會發展中具有非常重要的地位。

因此，本條規定，法律規定屬於國家所有的野生動植物資源，屬於國家所有。這樣規定，有利於保護我國的野生動植物資源，有利於更加合理地利用野生動植物資源。

> ## 第二百五十二條　無線電頻譜資源屬於國家所有。

■ 條文主旨

本條是關於無線電頻譜資源的國家所有權的規定。

■ 條文釋義

無線電頻譜資源是有限的自然資源。為了充分、合理、有效地利用無線電頻譜，保證各種無線電業務的正常運行，防止各種無線電業務、無線電台站和系統之間的相互干擾，本條規定無線頻譜資源屬於國家所有。無線電頻譜資源屬於國家所有，是指國家對無線電頻譜資源享有佔有、使用、收益和處分的權利。無線電管理條例第 3 條規定：「無線電頻譜資源屬於國家所有。國家對無線電頻譜資源實行統一規劃、合理開發、有償使用的原則。」

在立法徵求意見過程中，有的認為，規定頻譜資源屬於國家所有，不利於新技術的開發，會產生爭議。無線電管理條例第 5 條規定：「國家鼓勵、支持對無線電頻譜資源的科學技術研究和先進技術的推廣應用，提高無線電頻譜資源的利用效率。」因此，規定無線電頻譜資源屬於國家所有並不會不利於新技術的開發，而會更有利於充分、合理、有效地利用無線電頻譜資源。

> **第二百五十三條　法律規定屬於國家所有的文物，屬於國家所有。**

■ 條文主旨

　　本條是關於屬於國家所有文物的規定。

■ 條文釋義

　　我國是一個擁有悠久歷史和燦爛文化的文明古國，擁有極為豐富的文化遺產。我們的祖先在改造自然、改造社會的長期鬥爭中，創造了燦爛輝煌的古代文化，為整個人類文明歷史作出過重要的貢獻。保存在地上地下極為豐富的祖國文物是文化遺產的重要組成部分，是中華民族歷史發展的見證。它真實地反映了我國歷史各個發展階段的政治、經濟、軍事、文化、科學和社會生活的狀況，蘊藏着各族人民的創造、智慧和崇高的愛國主義精神，蘊含着中華民族特有的精神價值、思維方式、想像力，體現着中華民族的生命力和創造力，對世世代代的中華兒女都有着強大的凝聚力和激勵作用。在建設具有中國特色的社會主義的新時期，在全國各族人民堅持四項基本原則，堅持改革開放總方針的偉大實踐中，保護和利用好文物，對於繼承和發揚中華民族的優秀文化和革命傳統，增進民族團結和維護國家統一，增強民族自信心和凝聚力，促進社會主義物質文明和精神文明建設，團結國內外同胞推進祖國統一大業，以及不斷擴大我國人民同世界各國人民的文化交流和友好往來，都具有重要的意義。

　　本條規定，法律規定屬於國家所有的文物，屬於國家所有。在此需要明確的是，並不是所有的文物都歸國家所有，而是法律規定屬於國家所有的文物，屬於國家所有。文物的所有者可以是各類民事主體，民事主體可以按照法律規定享有對文物的所有權。依照文物保護法第 5 條的規定，以下文物屬於國家所有：（1）中華人民共和國境內地下、內水和領海中遺存的一切文物，屬於國家所有。（2）古文化遺址、古墓葬、石窟寺屬於國家所有。國家指定保護的紀念建築物、古建築、石刻、壁畫、近代現代代表性建築等不可移動文物，除國家另有規定的以外，屬於國家所有。（3）下列可移動文物，屬於國家所有：①中國境內出土的文物，國家另有規定的除外；②國有文物收藏單位以及其他國家機關、部隊和國有企業、事業組織等收藏、保管的文物；③國家徵集、購買的文物；④公民、法人和其他組織捐贈給國家的文物；⑤法律規定屬於國家所有的其他文物。文物保護法第 5 條中還規定：「屬於國家所有的可移動文物的所有權不因其保管、收藏單位的終止或者變更而改變。國有文物所有權受法律保護，不容侵犯。」國家依法享有對法律規定屬於國家所有的文物的所有權，也就是國家依法享有對其所有的文物的佔有、使用、收益和處分的權利。

> 第二百五十四條　國防資產屬於國家所有。
>
> 　鐵路、公路、電力設施、電信設施和油氣管道等基礎設施，依照法律規定為國家所有的，屬於國家所有。

■ 條文主旨

本條是關於國防資產的國家所有權以及屬於國家所有的基礎設施的規定。

■ 條文釋義

本條第 1 款規定，國防資產屬於國家所有。國防是國家生存與發展的安全保障，是維護國家安全統一，確保實現全面建成小康社會目標的重要保障。建立強大鞏固的國防是中國現代化建設的戰略任務。規定國防資產的國家所有權對我國的國防建設有重大意義。

本條第 2 款規定鐵路、公路、電力設施、電信設施和油氣管道等基礎設施，依照法律規定為國家所有的，屬於國家所有。依據本款的規定，並不是所有的鐵路、公路、電力設施、電信設施和油氣管道等基礎設施，都屬於國家所有，而是依照法律規定為國家所有的基礎設施才屬於國家所有。此處的基礎設施也不僅僅是包括鐵路、公路、電力設施、電信設施和油氣管道這幾種，只要是依照法律規定為國家所有的基礎設施都被包括在本條之內。

鐵路、公路、電力設施、電信設施和油氣管道等基礎設施都是國家重要的基礎設施，建設鐵路、公路、電力設施、電信設施和油氣管道等基礎設施對方便人民生活、提高人民生活水平有重要意義，確保鐵路、公路、電力設施、電信設施和油氣管道等基礎設施的安全對於國民經濟發展和保障人民群眾生命財產安全意義重大。因此，規定鐵路、公路、電力設施、電信設施和油氣管道等基礎設施，依照法律規定為國家所有的，屬於國家所有，對於提高基礎設施的建設速度、使用效率和保障基礎設施的安全等都有重要意義。

> 第二百五十五條　國家機關對其直接支配的不動產和動產，享有佔有、使用以及依照法律和國務院的有關規定處分的權利。

■ 條文主旨

本條是關於國家機關的物權的規定。

■ 條文釋義

本條是國家機關對其直接支配的物享有的物權的規定，規定國家機關對其直接支配的不動產和動產，享有佔有、使用以及依照法律和國務院的有關規定處分的權利。國家機關的財

產也是國有資產的重要組成部分。明確國家機關對其直接支配的財產享有的權利，哪些權利必須依照法律和國務院的有關規定行使，這對保護國家機關的財產具有重要意義。民法通則第 37 條規定，法人應當具備下列條件：（1）依法成立；（2）有必要的財產或者經費；（3）有自己的名稱、組織機構和場所；（4）能夠獨立承擔民事責任。民法通則第 50 條第 1 款規定：「有獨立經費的機關從成立之日起，具有法人資格。」民法典總則編與民法通則的規定大同小異，規定法人應當依法成立。法人應當有自己的名稱、組織機構、住所、財產或者經費。法人成立的具體條件和程序，依照法律、行政法規的規定。法人以其全部財產獨立承擔民事責任。

　　保護國有財產權，防止國有財產流失，是我國的一項長期任務。除了物權編，還需要制訂國有財產管理法，進一步完善國有財產的管理制度。國有財產權作為一種物權，有關這種權利的歸屬及其內容的基本規則已經在物權編中作出規定，但也要看到，國有財產的行使及其監管又具有特殊性，因而單純依靠物權編的規定是不夠的，還需要制定國有財產管理法，區分經營性財產和非經營性財產，建立不同的管理制度。依據本條規定，國家機關應當依法對其直接支配的財產行使佔有、使用和處分的權利。國家機關對其佔用的財產的處分必須依照法律和國務院的有關規定中的限制和程序進行，不得擅自處置國有財產。本條對國家機關對其直接支配的國有財產行使佔有、使用和處分的權利作出了規定，加強了對國家機關直接佔有的國有財產的保護。

> **第二百五十六條**　國家舉辦的事業單位對其直接支配的不動產和動產，享有佔有、使用以及依照法律和國務院的有關規定收益、處分的權利。

■ 條文主旨

　　本條是關於國家舉辦的事業單位的物權的規定。

■ 條文釋義

　　國家舉辦的事業單位對其直接支配的不動產和動產，享有佔有、使用以及依照法律和國務院的有關規定收益、處分的權利。國有事業單位的財產也是國有資產的重要組成部分。明確國有事業單位對其直接支配的財產享有的權利，哪些權利必須依照法律和國務院的有關規定行使，這對保護國有事業單位的財產具有重要意義。

　　對國家舉辦的事業單位佔用的財產，要根據事業單位的類型、財產的特殊性對其收益和處分的權利分別處理：一是國家舉辦的事業單位對其佔用的財產毫無處分權利，比如故宮博物院對其佔用的某些財產；二是經過審批，國家舉辦的事業單位對其佔用的財產具有部分處分權利；三是國家舉辦的事業單位對其佔用的財產具有完全的處分權利。這就需要通過以後

制定國有財產管理法對國家舉辦的事業單位如何有效行使、如何處分其佔用的財產作出明確規定。

國家舉辦的事業單位應當依法對其直接支配的財產行使佔有、使用、收益和處分的權利，不得擅自處置國有財產。本條對國家舉辦的事業單位對其直接支配的國有財產行使佔有、使用、收益和處分的權利作出了規定，加強了對國家舉辦的事業單位直接佔有的國有財產的保護。

第二百五十七條　國家出資的企業，由國務院、地方人民政府依照法律、行政法規規定分別代表國家履行出資人職責，享有出資人權益。

■ 條文主旨

本條是關於國有出資的企業出資人制度的規定。

■ 條文釋義

本條根據黨的有關國有資產管理體制改革的政策，對國有企業出資人制度作了規定，即：「國家出資的企業，由國務院、地方人民政府依照法律、行政法規規定分別代表國家履行出資人職責，享有出資人權益。」為了更好地理解本條的含義，有以下四個問題需要解釋：

第一，什麼是國家出資的企業。國家出資的企業，不僅僅包括國家出資興辦的企業，如國有獨資公司，也包括國家控股、參股有限責任公司和股份有限公司等。當然國家出資的企業不僅僅是以公司形式，也包括未進行公司制改造的其他企業。

第二，誰來代表履行國有企業的出資人職權。本條規定了由國務院和地方人民政府分別代表國家履行出資人職責，享有出資人權益。我國是一個大國，地域遼闊，國有企業眾多，即使經過調整、改制，目前還有十幾萬戶分佈在各地。為了實現有效管理，都由中央政府直接管理這麼多企業是困難的。因此，適宜的做法就是通過資產的劃分和權利的劃分，由中央政府和地方政府分別代表國家履行出資人的職責。《企業國有資產法》第 11 條規定，國務院國有資產監督管理機構和地方人民政府按照國務院的規定設立的國有資產監督管理機構，根據本級人民政府的授權，代表本級人民政府對國家出資企業履行出資人職責。國務院和地方人民政府根據需要，可以授權其他部門、機構代表本級人民政府對國家出資企業履行出資人職責。根據《企業國有資產監督管理暫行條例》的規定，國務院和地方人民政府的具體分工是：國務院代表國家對關係國民經濟命脈和國家安全的大型國有及國有控股、國有參股企業，重要基礎設施和重要自然資源等領域的國有及國有控股、國有參股企業，履行出資人職責。國務院履行出資人職責的企業，由國務院確定、公佈。省、自治區、直轄市人民政府和設區的市、自治州級人民政府分別代表國家對由國務院履行出資人職責以外的國有及國有

控股、國有參股企業，履行出資人職責。其中，省、自治區、直轄市人民政府履行出資人職責的國有及國有控股、國有參股企業，由省、自治區、直轄市人民政府確定、公佈，並報國務院國有資產監督管理機構備案；其他由設區的市、自治州級人民政府履行出資人職責的國有及國有控股、國有參股企業，由設區的市、自治州級人民政府確定、公佈，並報省、自治區、直轄市人民政府國有資產監督管理機構備案。本條規定的目的是充分調動中央和地方兩個積極性，使社會生產力得到進一步解放。同時中央政府和地方政府合理分工分別代表國家履行出資人職責，這就界定了各級政府的管理國有資產的權利和責任，改變了過去中央統一管理，地方責、權、利不明確的弊端。這有助於強化管理上的激勵和約束機制，克服「出資人主體虛位」的現象。

需要明確的是，國家實行國有企業出資人制度的前提是國家統一所有，國家是國有企業的出資人。中央政府與地方政府都只是分別代表國家履行出資人職責，享有出資人權益。不能把國家所有與政府所有等同起來，更不能把國家所有與地方政府所有等同。

第三，履行出資人職責的法律依據。雖然中央政府和地方政府分別代表國家履行出資人職責，享有所有者權益，但它們都必須在國家統一制定法律法規的前提下行事。有關的法律主要有憲法、公司法等。行政法規主要有《企業國有資產監督管理暫行條例》。

第四，出資人職責和權益內容是什麼。簡單地說，出資人職責就是股東的職能，履行出資人職責的機構，代表本級人民政府對國家出資企業享有資產收益、重大決策和選擇管理者等出資人權益；對國有資產保值、防止國有資產流失負監管責任。需要注意的是，中央政府和地方政府代表國家履行出資人職責時，要尊重、維護國有及國有控股企業經營自主權。憲法第 16 條中規定：「國有企業在法律規定的範圍內有權自主經營。」《企業國有資產法》第14 條第 2 款規定，履行出資人職責的機構應當維護企業作為市場主體依法享有的權利，除依法履行出資人職責外，不得干預企業經營活動。根據憲法等法律和國有資產管理改革所遵循的政企分開的原則，中央政府和地方政府以及其設立的國有資產管理機構不能干預國家出資的企業依法行使自主經營權。

第二百五十八條　國家所有的財產受法律保護，禁止任何組織或者個人侵佔、哄搶、私分、截留、破壞。

■ 條文主旨

本條是關於國有財產保護的規定。

■ 條文釋義

國有財產屬全民所有，是國家經濟、政治、文化、社會發展的物質基礎。加大對國有財

產的保護力度，切實防止國有財產流失，是鞏固和發展公有制經濟的重要內容。憲法第 12 條規定：「社會主義的公共財產神聖不可侵犯。」「國家保護社會主義的公共財產。禁止任何組織或者個人用任何手段侵佔或者破壞國家的和集體的財產。」民法通則第 73 條規定：「國家財產屬於全民所有。」「國家財產神聖不可侵犯，禁止任何組織或者個人侵佔、哄搶、私分、截留、破壞。」在 2007 年物權法立法過程中，有的認為，物權法既然要體現平等保護的原則，那就不宜強調對國有財產的保護。經研究，物權法應當堅持平等保護的原則；同時，從實際情況看，目前經濟領域中受侵害最嚴重的恰恰是國有財產，物權法就加強對國有財產的保護、切實防止國有財產流失作出有針對性的規定，是必要的。因此，本條根據憲法和民法通則的規定，針對國有財產的特點，從物權的角度作出了保護國有財產的一般原則性規定，即：「國家所有的財產受法律保護，禁止任何組織或者個人侵佔、哄搶、私分、截留、破壞。」

「國家所有的財產」是指依法屬於全民所有的財產，不僅包括國家擁有所有權的財產，如礦藏、水流、海域，國有的土地以及森林、山嶺、草原、荒地、灘塗等自然資源，野生動植物資源，無線電頻譜資源，依法屬於國家所有的文物，國有的鐵路、公路、電力設施、電信設施和油氣管道等基礎設施，國家機關和國家舉辦的事業單位依法直接支配的國有財產，而且包括國家依法投入到企業的動產和不動產。此外，國家的財政收入、外匯儲備和其他國有資金也屬於國家所有的財產。

這裏的「侵佔」是指以非法佔有為目的，將其經營、管理的國有財產非法佔為己有。侵佔的客體是國有財產。侵佔的主體一般是經營、管理國有財產的單位或者個人，如國有企業、國家舉辦的事業單位等。構成侵佔，還有一個要件是侵佔主體要有主觀故意，即以非法佔有國有財產為目的。

這裏的「哄搶」是指以非法佔有為目的，組織、參與多人一起強行搶奪國有財產的行為。哄搶的客體是國有財產。哄搶的主體可以是任何的組織或者個人，並且還需具備非法佔有國有財產的主觀故意。

這裏的「私分」是指違反國家關於國有財產分配管理規定，以單位名義將國有財產按人頭分配給單位內全部或者部分職工的行為。例如，違反國家關於國有資金與企業資金的分賬比例管理制度，由單位領導班子集體決策或者由單位負責人決定並由直接責任人員經手實施，擅自將國有資金轉為企業資金，進而以單位分紅、單位發獎金、單位下發的節日慰問費等名義私分國有財產。私分的主體只是單位，一般指負有經營、管理國有財產的國家機關、國有公司、企業、事業單位、人民團體等單位。

這裏的「截留」是指違反國家關於國有資金等國有財產撥付、流轉的決定，擅自將經手的有關國有財產據為己有或者挪作他用的行為。如有的政府部門將其經手的，應當向農村集體支付的土地徵收補償費不及時支付或者留下挪作他用。截留的主體一般是指經手國有財產的單位或者相關責任人員。

這裏的「破壞」是指故意毀壞國有財產，影響其發揮正常功效的行為，如採取爆破的方式毀壞國有鐵路，影響國家正常交通運輸的行為。破壞的主體可以是任何的組織或者個人，

而且需有主觀上的毀壞國有財產的故意。

侵佔、哄搶、私分、截留、破壞國有財產的，應當承擔返還原物、恢復原狀、賠償損失等民事責任；觸犯治安管理處罰法和刑法的，還應當承擔相應的法律責任。有關組織的責任人也要依法追究行政責任甚至是刑事責任。

本次民法典編纂對本條僅作個別文字修改。

第二百五十九條　履行國有財產管理、監督職責的機構及其工作人員，應當依法加強對國有財產的管理、監督，促進國有財產保值增值，防止國有財產損失；濫用職權，玩忽職守，造成國有財產損失的，應當依法承擔法律責任。

違反國有財產管理規定，在企業改制、合併分立、關聯交易等過程中，低價轉讓、合謀私分、擅自擔保或者以其他方式造成國有財產損失的，應當依法承擔法律責任。

■ 條文主旨

本條是關於國有財產管理法律責任的規定。

■ 條文釋義

加大對國有財產的保護力度，切實防止國有財產流失，是鞏固和發展公有制經濟的重要內容。從國有財產流失的主要情形看，加大對國有財產的保護力度，切實防止國有財產流失，一方面要加強對國有財產的管理、監督；另一方面要明確規定造成國有財產流失的應承擔的法律責任。關於國有財產的管理、監督，以及造成國有財產流失的法律責任，公司法、刑法等法律以及國有財產監管的行政法規和部門規章已經有規定。物權編着重從其調整範圍對加大國有財產的保護力度，切實防止國有財產流失作出規定，並與有關國有財產監管的法律作出銜接性的規定。因此，本條第 1 款對履行國有財產管理、監督職責的機構及其工作人員切實履行職責作了規定，同時第 2 款針對現實中存在的國有財產流失的突出問題作了規定。

一、關於國有財產管理、監督機構及其工作人員的職責

根據黨的十六大和十六屆二中全會關於深化國有資產管理體制改革和設立專門國有資產管理監督機構的精神，經十屆全國人大一次會議批准，設立了國務院國有資產監督管理委員會。地方政府也組建了相應的國有資產監督管理機構。黨的十六屆三中全會決定提出：「國有資產管理機構對授權監管的國有資本依法履行出資人職責，維護所有者權益，維護企業作為市場主體依法享有的各項權利，督促企業實現國有資本保值增值，防止國有資產流失。」根據上述要求，國務院國有資產監督管理委員會除了根據國務院授權，依照公司法等法律和

行政法規履行出資人職責外，還負有以下主要職責：（1）指導推進國有企業改革和重組；對所監管企業國有資產的保值增值進行監督，加強國有資產的管理工作；推進國有企業的現代企業制度建設，完善公司治理結構；推動國有經濟結構和佈局的戰略性調整。（2）代表國家向部分大型企業派出監事會；負責監事會的日常管理工作。（3）通過法定程序對企業負責人進行任免、考核並根據其經營業績進行獎懲；建立符合社會主義市場經濟體制和現代企業制度要求的選人、用人機制，完善經營者激勵和約束制度。（4）通過統計、稽核對所監管國有資產的保值增值情況進行監管；建立和完善國有資產保值增值指標體系，擬訂考核標準；維護國有資產出資人的權益。（5）起草國有資產管理的法律、行政法規，制定有關規章制度；依法對地方國有資產管理進行指導和監督。還有三點需要注意：其一，履行國有資產管理、監督職責的機構不僅僅是中央政府和地方政府設立的國有財產監督管理委員會（局），而且包括其他機構，比如，財政部門、審計部門、水利部門、外匯管理部門等，還有國家機關和國家舉辦事業單位內部設立的國有財產管理部門等，都負有一定的國有財產管理、監督職責。其二，國有財產監督管理機構應當支持企業依法自主經營，除履行出資人職責以外，不得干預企業的生產經營活動。其三，本條強調了國有財產管理、監督職責的機構的工作人員的責任。如果濫用職權、玩忽職守，造成國有財產損失的，還要依法承擔行政責任、刑事責任等。如刑法第 397 條規定，國家機關工作人員濫用職權或者玩忽職守，致使公共財產遭受重大損失的，處 3 年以下有期徒刑或者拘役。

二、違反國有財產管理規定造成國有財產損失的法律責任

據了解，造成國有財產流失的，主要發生在國有企業改制、合併分立、關聯交易的過程中。

國有企業改制，是指國有企業通過重組、聯合、兼並、租賃、承包經營、合資、轉讓國有產權和股份制、股份合作制等多種形式，建立符合市場經濟規律的以產權為核心的現代企業制度。而今，國有企業的公司化改革已經基本完成，除了部分帶有政府職能性質或者佔據壟斷資源的機構還保留全資國有的產權結構外，絕大部分國有企業均已實現投資主體的多元化，並建立起以股東會、董事會、監事會為主要標誌的現代企業管理體系。國有企業改制過程中，必須依法進行清產核資、財務審計、資產評估、公開信息。涉及國有產權轉讓的，應當採取拍賣、招投標等競價轉讓方式以及國家法律法規規定的其他方式。

國有企業的分立是指一個國有企業法人分成兩個或者兩個以上企業法人。因分立而保留的企業應申請變更登記；因分立而新開辦的企業應申請開業登記。國有企業的合併是指兩個或兩個以上的國有企業法人，合併為一個企業法人或合併為一個新的企業法人。因合併而保留的企業，應申請變更登記，因合併而終止的企業，應申請註銷登記；因合併而新開辦的企業，應申請開業登記。企業法人分立、合併，它的權利和義務，由分立、合併後法人享有和承擔。

本條中的關聯交易，就是指企業關聯方之間的交易。根據財政部頒佈的《企業會計準則第 36 號——關聯方披露》的規定，一方控制、共同控制另一方或對另一方施加重大影響，以及兩方或兩方以上同受一方控制、共同控制或重大影響的，構成關聯方。所謂控制，是指

有權決定一個企業的財務和經營政策，並能據以從該企業的經營活動中獲取利益。所謂共同控制，是指按照合同約定對某項經濟活動所共有的控制，僅在與該項經濟活動相關的重要財務和經營決策需要分享控制權的投資方一致同意時存在。所謂重大影響，是指對一個企業的財務和經營政策有參與決策的權力，但並不能夠控制或者與其他方一起共同控制這些政策的制定。由於關聯交易方可以運用行政力量撮合交易的進行，從而有可能使交易的價格、方式等在非競爭的條件下出現不公正情況，形成對股東或部分股東權益的侵犯。

在上述的國有企業改制、合併分立、關聯交易中，造成國有資產損失的有以下常見情形：（1）低價轉讓。有的不按規定進行國有資產評估或者壓低評估價格；有的不把國家劃撥的土地計入國有股；有的對專利、商標等無形資產不作評估；有的將國有資產無償轉讓或者低價折股、低價出售給非國有單位或者個人；有的在經營活動中高價進、低價出。（2）違反財務制度，合謀私分侵佔國有資產。有的將應收賬款做成呆賬、壞賬，有的私設「小金庫」或者設立「寄生公司」，以後再提取侵佔私分。（3）擅自擔保。有的根本不認真調查被擔保人的資信情況，未經法定程序和公司章程規定，擅自向非國有單位或者個人擔保，造成國有財產損失。此外，還包括以下情形：（1）通過管理層持股非法牟利；（2）低估企業財產，虛構企業債務，以降低持股所需資金；有的實際未出資，以擬收購的企業財產作為其融資擔保；（3）貪污、挪用國有財產；虛假破產，逃避債務；（4）利用分立重組方式，把債務留在原企業，使原企業變成空殼企業，侵害銀行的國有財產；（5）直接負責的主管人員玩忽職守，造成企業破產或者嚴重虧損等。

本條第2款針對上述現實中造成國有財產流失的主要情形，規定上述違反國有財產管理的行為，應當依法承擔法律責任，包括賠償損失等民事責任，紀律處分等行政責任，構成犯罪的，依法追究刑事責任。根據《企業國有資產監督管理暫行條例》第39條的規定，對企業國有資產損失負有責任受到撤職以上紀律處分的國有及國有控股企業的企業負責人，5年內不得擔任任何國有及國有控股企業的企業負責人；造成企業國有資產重大損失或者被判處刑罰的，終身不得擔任任何國有及國有控股企業的企業負責人。

第二百六十條　集體所有的不動產和動產包括：
（一）法律規定屬於集體所有的土地和森林、山嶺、草原、荒地、灘塗；
（二）集體所有的建築物、生產設施、農田水利設施；
（三）集體所有的教育、科學、文化、衛生、體育等設施；
（四）集體所有的其他不動產和動產。

■ 條文主旨

本條是關於集體財產範圍的規定。

■ 條文釋義

憲法第 6 條規定，中華人民共和國的社會主義經濟制度的基礎是生產資料的社會主義公有制，即全民所有制和勞動群眾集體所有制。集體所有根據所有人身份不同，可以分為農村集體所有和城鎮集體所有。集體財產是廣大人民群眾多年來辛勤勞動積累的成果，是發展集體經濟和實現共同富裕的重要物質基礎。確認集體財產的範圍，對保護集體的財產權益，維護廣大集體成員的合法財產權益都具有重要意義。憲法和民法通則等法律已經對集體財產的範圍作了規定，如憲法第 9 條第 1 款規定：「礦藏、水流、森林、山嶺、草原、荒地、灘塗等自然資源，都屬於國家所有，即全民所有；由法律規定屬於集體所有的森林和山嶺、草原、荒地、灘塗除外。」第 10 條第 2 款規定：「農村和城市郊區的土地，除由法律規定屬於國家所有的以外，屬於集體所有；宅基地和自留地、自留山，也屬於集體所有。」民法通則第 74 條第 1 款規定：「勞動群眾集體組織的財產屬於勞動群眾集體所有，包括：（一）法律規定為集體所有的土地和森林、山嶺、草原、荒地、灘塗等；（二）集體經濟組織的財產；（三）集體所有的建築物、水庫、農田水利設施和教育、科學、文化、衛生、體育等設施；（四）集體所有的其他財產。」物權編保護集體所有權，首先要確定集體所有權的客體，即集體財產的範圍，這是維護我國基本經濟制度的重要內容，也是物權編的重要內容。因此，本條依據憲法和民法通則等有關法律的規定，以列舉加概括的方式，對集體所有的不動產和動產的範圍作出了規定。

一、集體是集體財產所有權的主體

在 2007 年物權法立法過程中，曾有意見認為，集體所有的財產可以適用物權法關於共有的規定。經研究，集體所有和共有是不同的。共有是兩個以上自然人、法人對一項財產享有權利，如兩人出資購買 1 輛汽車，子女共同繼承 1 棟房子等。共有人對共有的財產都享有佔有、使用、收益和處分的權利，都有權要求分割共有財產。集體所有是公有制的一部分，集體的成員不能獨自對集體財產行使權利，離開集體時不能要求分割集體財產。

二、集體所有財產主要包括的內容

1. 法律規定屬於集體所有的土地和森林、山嶺、草原、荒地、灘塗。土地是人類社會生產和生活的物質基礎。對廣大農民來說，土地是其可以利用的一切自然資源中最基本、最寶貴的資源，是其安身立命的根本。在我國，土地公有制是我國土地制度的基礎和核心，我國土地公有制的法律表現形式是國有土地所有權和集體土地所有權。憲法第 10 條第 2 款規定：「農村和城市郊區的土地，除由法律規定屬於國家所有的以外，屬於集體所有；宅基地和自留地、自留山，也屬於集體所有。」土地管理法也作了類似的規定。關於集體所有的土地，有兩點需要說明：一是集體所有的土地的所有者只有農民集體，城鎮集體沒有土地的所有權。二是集體所有的土地主要包括耕地，也包括宅基地和自留地、自留山。除了土地外，根據憲法第 9 條第 1 款規定，森林、山嶺、草原、荒地、灘塗等自然資源，根據法律規定，也可以屬於集體所有。如森林法第 14 條規定，森林資源屬於國家所有，由法律規定屬於集體所有的除外。草原法第 9 條規定，草原屬於國家所有，由法律規定屬於集體所有的除外。

2.集體所有的集體企業的廠房、倉庫等建築物；機器設備、交通運輸工具等生產設施；水庫、農田灌溉渠道等農田水利設施；以及集體所有的教育、科學、文化、衛生、體育等公益設施。需要說明的是，這裏集體所有的財產主要有兩個來源：一是集體自己出資興建、購置的財產；二是國家撥給或者捐贈給集體的財產。

3.除上述幾種常見的集體財產外，集體財產還包括集體企業所有的生產原材料、半成品和成品，村建公路、農村敬老院等，本條不可能一一列舉，因此還規定了一個兜底條款，即集體所有的其他不動產和動產，以對上述規定的補充。

第二百六十一條　農民集體所有的不動產和動產，屬於本集體成員集體所有。

下列事項應當依照法定程序經本集體成員決定：

（一）土地承包方案以及將土地發包給本集體以外的組織或者個人承包；

（二）個別土地承包經營權人之間承包地的調整；

（三）土地補償費等費用的使用、分配辦法；

（四）集體出資的企業的所有權變動等事項；

（五）法律規定的其他事項。

■ 條文主旨

本條是關於農民集體所有財產歸屬以及重大事項集體決定的規定。

■ 條文釋義

本條主要有以下幾個含義：

一、本集體成員集體所有

農民集體所有的特徵就是集體財產集體所有、集體事務集體管理、集體利益集體分享。只有本集體的成員才能享有這些權利。農村集體成員有兩個特徵：一是平等性，即不分加入集體時間長短，不分出生先後，不分貢獻大小，不分有無財產投入等，其成員資格都一律平等。二是地域性和身份性。一般來說農村集體成員往往就是當地的村民，他們所生子女，自出生後自動取得該集體成員資格。此外，也有的成員是通過婚姻或收養關係遷入本集體取得成員資格。也有的是因移民遷入本集體而取得成員資格。

因下列情形，喪失農村集體成員資格：一是死亡，包括自然死亡和宣告死亡。二是因婚姻、收養關係以及因法律或政策的規定遷出本農村集體而喪失。如出嫁城裏，取得城市戶籍而喪失原集體經濟組織成員資格。又如因被錄用為國家公務員、全家戶口遷入設區的市而喪失原集體成員資格。三是因國家整體徵收農民集體土地或者整體移民搬遷等原因，原集體失去繼續存在的條件而終止，其成員資格亦當然喪失。需要說明的是，農民只能在一個農民集

體內享有成員權利，不能同時享有兩個或者多個集體成員權利。

二、農民集體所有的不動產和動產的範圍

本條規定的農民集體所有的財產應當在上一條規定的集體財產範圍內，最主要的就是本集體所有的土地，以及法律規定屬於集體所有的森林、山嶺、草原、荒地、灘塗，集體所有的建築物、生產設施、農田水利設施以及教育、科學、文化、衛生、體育設施等不動產和動產。

三、重大事項須依法定程序經本集體成員決定

集體所有的特徵就要求了民主管理集體事務，涉及集體成員重大利益的事項，必須依照法定程序經本集體成員決定。現實中，往往發生少數村幹部擅自決定涉及全體村民利益的大事的情況，群眾對此反映十分強烈。為了維護集體成員的合法權益，促進社會的和諧與穩定，本條明確規定了須經集體成員決定的事項：

1. 土地承包方案以及將土地發包給本集體以外的組織或者個人承包。土地承包方案以及將土地發包給本集體以外的組織或者個人承包，直接關係到本集體成員的切身利益，直接關係到以家庭承包經營為基礎的雙層經營體制的長期穩定。根據農村土地承包法的規定，土地承包應當按照下列程序進行：首先，由本集體經濟組織成員的村民會議選舉產生承包工作小組；再由該承包工作小組依照法律、法規的規定擬訂並公佈承包方案；然後依法召開本集體經濟組織成員的村民會議，討論承包方案。承包方案必須經本集體經濟組織成員的村民會議 2/3 以上成員或者 2/3 以上村民代表同意。

2. 個別土地承包經營權人之間承包地的調整。原則上，在承包期內，發包方不得調整承包地。如果因自然災害嚴重毀損承包地等特殊情形需要適當調整的，按照農村土地承包法的規定，必須經本集體經濟組織成員的村民會議 2/3 以上成員或者 2/3 以上村民代表的同意，並報鄉（鎮）人民政府和縣級人民政府農村、林業和草原等主管部門批准。

3. 土地補償費等費用的使用、分配辦法。根據物權編關於徵收補償的規定，為了公共利益的需要，依照法律規定的權限和程序，可以徵收農村集體所有的土地。徵收集體所有的土地，應當支付土地補償費、安置補助費以及農村村民住宅、其他地上附着物和青苗等的補償費用。現實中，這部分費用一般支付給被徵地的農村集體經濟組織，其中大部分費用分配給本集體成員、補償受影響的土地承包經營權人。因為徵收集體土地直接影響被徵地農民的生產生活，這部分費用的使用和分配辦法必須經集體成員通過村民會議等方式決定。

4. 集體出資的企業的所有權變動等事項。實踐中，很多農村集體經濟組織都投資興辦企業，一方面實現共同致富，另一方面也解決了大量農業人口的就業問題。集體出資的企業收益屬集體成員集體所有。如果將該企業出讓或者抵押的，也要經過本集體成員討論決定，不能由該企業負責人或者本集體管理人擅自做主。

5. 法律規定的其他事項。村民委員會組織法規定，村集體經濟項目的立項、承包方案及宅基地的使用方案等涉及村民利益的事項，必須提請村民會議討論決定，方可辦理。

本次民法典編纂對本條僅作個別文字修改。

> 　　第二百六十二條　對於集體所有的土地和森林、山嶺、草原、荒地、灘塗等，依照下列規定行使所有權：
>
> 　　（一）屬於村農民集體所有的，由村集體經濟組織或者村民委員會依法代表集體行使所有權；
>
> 　　（二）分別屬於村內兩個以上農民集體所有的，由村內各該集體經濟組織或者村民小組依法代表集體行使所有權；
>
> 　　（三）屬於鄉鎮農民集體所有的，由鄉鎮集體經濟組織代表集體行使所有權。

■ 條文主旨

　　本條是關於由誰來代表農民集體行使所有權的規定。

■ 條文釋義

　　根據我國廣大農村集體所有權基本形式，本條規定相應的主體來代表集體行使所有權，這樣規定與民法通則、土地管理法、農村土地承包法等現行法律的相關規定保持一致，也使得黨在農村的政策具有連續性和穩定性，進而保護和調動廣大農民的積極性。

　　關於誰來行使集體所有權，本條的規定分為三種情況：

　　1. 屬於村農民集體所有的，由村集體經濟組織或者村民委員會代表集體行使所有權。這裏的「村」是指行政村，即設立村民委員會的村，而非自然村。該行政村農民集體所有的土地等集體財產，就由該行政村集體經濟組織或者村民委員會來代表集體行使所有權。「村民委員會」就是指村民委員會組織法中所規定的村民委員會（村委會）。村民委員會是在人民公社進行政社分開、建立鄉政權的過程中，在全國農村逐步建立起來的農村基層群眾性自治組織。農村實行家庭承包經營等責任制形式後，對以「三級所有，隊為基礎」的人民公社體制進行改革。在改革過程中，在原來生產大隊，有的在生產小隊的基礎上建立了村民委員會。1985 年 2 月，生產大隊管理體制的改革在全國全部完成，村民委員會在農村普遍建立起來。

　　還有一點需要說明，在 2007 年物權法立法過程中，曾有意見認為，村民委員會是農村基層群眾性自治組織，不能代表集體行使所有權。經研究，在實踐中，許多村沒有集體經濟組織或者不健全，難以履行集體所有土地的經營、管理等行使所有權任務，需要由行使自治權的村民委員會來代表行使集體所有權。因此，如果有以村為單位的農村集體經濟組織，就由該村集體經濟組織經營、管理；如果沒有以村為單位的農村集體經濟組織，則由村民委員會經營、管理。而且，民法通則、土地管理法和農村土地承包法都從法律上賦予了村民委員會對村集體所有土地等財產進行經營、管理的經濟職能。所以，村民委員會行使村集體所有權，不但與農村經濟發展的實際情況相適應，而且也符合多年來的法律實踐。民法典總則編規定，居民委員會、村民委員會具有基層群眾性自治組織法人資格，可以從事為履行職能所

需要的民事活動。未設立村集體經濟組織的，村民委員會可以依法代行村集體經濟組織的職能。

2. 分別屬於村內兩個以上農民集體所有的，由村內各該集體經濟組織或者村民小組代表集體行使所有權。這裏「分別屬於村內兩個以上農民集體所有」主要是指該農民集體所有的土地和其他財產在改革開放以前就分別屬於兩個以上的生產隊，現在其土地和其他集體財產仍然分別屬於相當於原生產隊的村民小組的農民集體所有。這裏的「村民小組」是指行政村內的由村民組成的自治組織。根據村民委員會組織法的規定，村民委員會可以根據居住狀況、集體土地所有權關係等分設若干個村民小組。目前，全國多數農村地區在原來的生產大隊一級設村民委員會，在原來的生產隊一級設村民小組。土地管理法和農村土地承包法都賦予了村民小組對集體土地等財產經營、管理的職能。本條也因此作了類似的規定。根據上述規定，如果村內有集體經濟組織的，就由村內的集體經濟組織行使所有權；如果沒有村內的集體經濟組織，則由村民小組來行使。

3. 屬於鄉鎮農民集體所有的，由鄉鎮集體經濟組織代表集體行使所有權。這種情況包括：一是指改革開放以前，原來以人民公社為核算單位的土地，在公社改為鄉鎮以後仍然屬於鄉鎮農民集體所有；二是在人民公社時期，公社一級掌握的集體所有的土地和其他財產仍然屬於鄉鎮農民集體所有。上述兩種情況下，由鄉鎮集體經濟組織來行使所有權。

還需要解釋的是「行使所有權」。其一，行使集體所有權的客體，不但包括集體所有的土地和森林、山嶺、草原、荒地、灘塗，也包括集體所有的建築物、生產設施、農田水利設施；集體所有的教育、科學、文化、衛生、體育等設施；以及集體所有的其他不動產和動產。其二，行使所有權的內容就是對集體所有的財產享有佔有、使用、收益和處分的權利，例如，對集體所有的土地進行發包，分配宅基地等。其三，農村集體經濟組織、村委會和村民小組不是集體財產的所有人，只是依法代表集體行使所有權，並且向所屬集體負責，接受其監督。

> **第二百六十三條　城鎮集體所有的不動產和動產，依照法律、行政法規的規定由本集體享有佔有、使用、收益和處分的權利。**

■ 條文主旨

本條是關於城鎮集體財產權利的規定。

■ 條文釋義

在物權法立法過程中，有的同志提出，物權法應當明確規定，城鎮集體財產屬於本集體成員集體所有。經反覆研究，我國的城鎮集體企業是在計劃經濟條件下逐步形成的。在幾

十年的進程中，幾經變化，有些集體企業是由國有企業為安排子女就業、知青回城設立的，有些集體企業是國有企業在改制中為分離輔業、安置富餘人員設立的。從在北京、上海、江蘇和湖南等地調研的情況看，城鎮集體企業產生的歷史背景和資金構成十分複雜，有些企業最初是由個人現金入股或者實物折價入股的，後來有的退還了原始股，有的未退原始股；有的企業的資金來源主要是借貸，國家和其他方面都沒有投資，但國家提供了政策支持。近年來，城鎮集體企業通過改制又發生了很大變化，有的改制為股份有限公司，有的改制為職工全體持股，有的實際上已經成為私人企業。目前來看，城鎮集體企業改革還在繼續深化。鑒於這種歷史和現實的情況，而且城鎮集體財產不像農村集體財產屬於本集體成員所有那樣清晰、穩定，城鎮集體企業成員也不像農村集體經濟組織成員那樣相對固定，因而難以不加區別地規定為「屬於本集體成員集體所有」。因此，物權法第 61 條從物權的角度作了原則規定，即「城鎮集體所有的不動產和動產，依照法律、行政法規的規定由本集體享有佔有、使用、收益和處分的權利」。民法典維持這一規定不變。

為了更好地理解本條的含義，有幾點需要說明：

第一，本條規定的集體財產權行使的主體是本集體。集體所有、集體管理、集體經營是集體所有制的應有之義，因此，行使城鎮集體財產權的只能是該集體，而不能由個別集體成員獨斷專行。

第二，集體財產權的客體只能是屬於該城鎮集體所有的不動產和動產。如果城鎮集體企業已經改制了，如成為有限責任公司或者股份有限公司、個人獨資企業或者合夥企業的，就不適用本條，而分別適用公司法、個人獨資企業法或者合夥企業法的有關規定。

第三，城鎮集體財產權的內容，包括對本集體所有財產所享有的佔有、使用、收益和處分的權利。作為本集體所有財產的所有人，當然享有所有權的「佔有、使用、收益和處分」四項權能，全面支配本集體所有的財產。

第四，行使財產權應當依照法律、行政法規的規定。現行法律方面主要是憲法和民法典等有關規定。行政法規目前主要是城鎮集體所有制企業條例。今後，隨着城鎮集體企業改革的不斷深入，在實踐經驗比較成熟時，還會制定或者修改相關的法律、行政法規。

> **第二百六十四條**　農村集體經濟組織或者村民委員會、村民小組應當依照法律、行政法規以及章程、村規民約向本集體成員公佈集體財產的狀況。集體成員有權查閱、複製相關資料。

■ 條文主旨

本條是關於公佈集體財產狀況的規定。

■ 條文釋義

集體所有的財產關係到每一個集體成員的切身利益，因此，每一個集體成員有權參與對集體財產的民主管理和民主監督。尊重集體成員的民主權利，保障集體成員的財產權益，才能調動勞動群眾的積極性，推動集體經濟向前發展。現實中，有的集體經濟組織的管理人為政不勤、不是盡職盡責地為集體辦事，而是以權謀私，揮霍浪費，造成了集體財產巨大的損失，損害了廣大集體成員的權益。解決這一問題的根本在於必須建立健全民主管理、監督制度，形成有效的激勵、約束、監督機制，充分調動廣大集體成員的勞動積極性和創造性，促進集體經濟的發展走上規範化和制度化的軌道。因此，本條從廣大集體勞動群眾普遍關心的和涉及群眾切身利益的實際問題入手，規定了集體經濟組織等行使集體財產所有權的組織應當向本集體成員公佈集體財產的狀況，這是完善集體事務民主監督和民主管理的基礎。

1. 本條規範的主體是行使集體財產所有權的組織，包括農村集體經濟組織、城鎮集體企業，也包括代表集體行使所有權的村民委員會、村民小組。

2. 公佈的內容是本集體的財產狀況，包括集體所有財產總量的變化（如集體財產的收支狀況、債權債務狀況），所有權變動的情況（如轉讓、抵押），集體財產使用情況（如農村集體土地承包），集體財產分配情況（徵收補償費的分配）等涉及集體成員利益的重大事項。

3. 公佈的要求。本條規定，向本集體成員公佈集體財產狀況，應當依照法律、行政法規、章程和村規民約。公佈集體財產狀況，還要做到以下幾點：一是公佈內容簡潔明了，便於集體成員了解。公佈的形式和方法可根據實際情況因地制宜、靈活多樣，如採用張榜公佈、召開集體成員大會或者代表大會等。二是公佈要做到及時。可以採取定期的形式，也可以根據集體財產重大變動事項，可以根據進展的不同階段隨時公佈。三是公佈要做到內容真實。公佈的內容要真實可靠，有憑有據，不得謊報、虛報、瞞報。

根據村民委員會組織法第 31 條的規定，村民委員會不及時公佈應當公佈的事項或者公佈的事項不真實的，村民有權向鄉、民族鄉、鎮人民政府或者縣級人民政府及其有關主管部門反映。接到反映意見的鄉鎮人民政府或者縣級人民政府及其有關主管部門，如民政局等政府機關，應當負責調查核實有關情況，責令村民委員會公佈，對於經查證核實確有弄虛作假等違法行為的，應當依法追究有關人員的責任。

4. 集體成員有權查閱、複製相關資料。物權法、村民委員會組織法規定了村民委員會實行村務公開制度，但是未明確規定集體成員是否有權主動查閱、是否有權對相關資料進行複製。為了使集體成員可以更好地監督集體財產狀況，保障集體財產的安全，本條明確規定「集體成員有權查閱、複製相關資料」。

> 第二百六十五條　集體所有的財產受法律保護，禁止任何組織或者個人侵佔、哄搶、私分、破壞。
>
> 農村集體經濟組織、村民委員會或者其負責人作出的決定侵害集體成員合法權益的，受侵害的集體成員可以請求人民法院予以撤銷。

■ 條文主旨

本條是關於集體財產權保護的規定。

■ 條文釋義

集體經濟是社會主義公有制的重要組成部分。集體所有的財產是勞動群眾集體多年來通過辛苦勞動創造、積累的物質財富，是發展集體經濟、實現共同富裕的物質基礎。近年來，集體經濟發展迅速，集體資產存量迅速增長，但由於集體資產的管理還相當薄弱等原因，造成集體資產的嚴重流失，不僅使集體經濟遭受了損失，集體生產力受到破壞，而且直接損害勞動群眾的切身利益，影響了社會的和諧發展。因此，依法保護集體財產是鞏固和發展公有制經濟的現實需要，也是物權法應有之義。憲法第 12 條規定：「社會主義的公共財產神聖不可侵犯。」「國家保護社會主義的公共財產。禁止任何組織或者個人用任何手段侵佔或者破壞國家的和集體的財產。」本條第 1 款根據集體財產保護的特點，依據憲法作了規定：「集體所有的財產受法律保護，禁止任何組織或者個人侵佔、哄搶、私分、破壞。」

本條規定的集體所有的財產，從內容上，主要是指本法所規定的集體所有的不動產和動產，包括法律規定屬於集體所有的土地和森林、山嶺、草原、荒地、灘塗；集體所有的建築物、生產設施、農田水利設施；集體所有的教育、科學、文化、衛生、體育等設施；以及集體所有的其他不動產和動產。從所有者來講，既包括農民集體所有的財產，也包括城鎮集體所有的財產。

針對損害集體財產的主要行為，本條強調了禁止任何組織或者個人侵佔、哄搶、私分、破壞集體財產。所謂的「侵佔」是指以非法佔有為目的，將其經營、管理的集體財產非法佔為己有。侵佔的客體是集體所有的資產。侵佔的主體一般是經營、管理集體資產的組織或者個人。構成侵佔，還必須有非法佔有集體財產的主觀故意。「哄搶」是指以非法佔有為目的，組織、參與多人一起強行搶奪集體財產的行為。哄搶的客體是集體財產。哄搶的主體可以是任何的組織或者個人，並且還需具備非法佔有集體財產的主觀故意。「私分」是指違反集體財產分配管理規定，擅自將集體財產按人頭分配給部分集體成員的行為，如有少數村民委員會幹部將應分配給全體村民的徵收補償款擅自分掉據為己有。「破壞」是指故意毀壞集體財產，致使其不能發揮正常功效的行為。如故意毀壞集體企業的機器設備或者農村集體所有的水利設施，影響集體經濟組織生產經營的行為。破壞的主體可以是任何的組織或者個人，而且須有毀壞集體財產的主觀故意。

侵佔、哄搶、私分、破壞集體所有財產的，應當承擔返還原物、恢復原狀、賠償損失等民事責任；觸犯治安管理處罰法和刑法的，還應當承擔相應的法律責任。有關單位的責任人也要依法承擔行政甚至是刑事責任。

本條第 2 款規定了集體成員的撤銷權。因為集體成員往往眾多，集體所有的財產一般要由集體經濟組織經營管理，在村民集體所有的情況下，村民委員會也可以代表集體經營管理村集體所有的財產。因為「集體所有」的性質，集體所有的財產應當採取民主管理的模式，涉及集體成員重大利益的事項，應當依照法定程序或者章程規定，由本集體成員（或者其代表）來共同決定。本集體成員有權參與集體經濟組織的民主管理，監督集體經濟組織的各項活動和管理人員的工作。現實中，有的集體的負責人違反法定程序或者章程規定，擅自決定或者以集體名義作出決定低價處分、私分、侵佔集體所有的財產，嚴重侵害集體成員的財產權益。針對這種情況，本條第 2 款賦予了集體成員請求人民法院撤銷農村集體經濟組織、村民委員會或者其負責人作出的不當決定的權利。關於集體成員的撤銷權，主要有以下幾個內容：其一，每個農村集體經濟組織成員都可以針對集體經濟組織（或者村民委員會）及其負責人作出的損害其權益決定，向人民法院請求撤銷該決定。其二，提起訴訟的事由，是農村集體經濟組織、村民委員會及其負責人作出的決定，侵害了該集體成員的合法財產權益。其三，行使撤銷權的期間，本條沒有規定。民法典總則編規定：「有下列情形之一的，撤銷權消滅：（一）當事人自知道或者應當知道撤銷事由之日起一年內、重大誤解的當事人自知道或者應當知道撤銷事由之日起九十日內沒有行使撤銷權；（二）當事人受脅迫，自脅迫行為終止之日起一年內沒有行使撤銷權；（三）當事人知道撤銷事由後明確表示或者以自己的行為表明放棄撤銷權。」「當事人自民事法律行為發生之日起五年內沒有行使撤銷權的，撤銷權消滅。」

第二百六十六條　私人對其合法的收入、房屋、生活用品、生產工具、原材料等不動產和動產享有所有權。

■ 條文主旨

本條是關於私有財產範圍的規定。

■ 條文釋義

改革開放以來，隨着經濟發展，人民生活水平不斷提高，私有財產日益增加，迫切要求切實保護他們通過辛勤勞動積累的合法財產。憲法第 11 條規定，在法律規定範圍內的個體經濟、私營經濟等非公有制經濟，是社會主義市場經濟的重要組成部分。國家保護個體經濟、私營經濟等非公有制經濟的合法的權利和利益。國家鼓勵、支持和引導非公有制經濟的發展，並對非公有制經濟依法實行監督和管理。憲法第 13 條規定，公民的合法的私有財產

不受侵犯。依法保護私有合法財產，既是憲法的規定和黨的主張，也是人民群眾普遍願望和迫切要求。完善保護私有財產的法律制度，首先要明確私有財產的範圍。本條依據憲法的精神，規定了：「私人對其合法的收入、房屋、生活用品、生產工具、原材料等不動產和動產享有所有權。」本條的內容主要有以下幾點：

一、所有權的主體 —— 私人

這裏的「私人」是與國家、集體相對應的物權主體，不但包括我國的公民，也包括在我國合法取得財產的外國人和無國籍人。不僅包括自然人，還包括個人獨資企業、個人合夥等非公有制企業。

二、私有財產的範圍

民法通則第 75 條第 1 款規定：「公民的個人財產，包括公民的合法收入、房屋、儲蓄、生活用品、文物、圖書資料、林木、牲畜和法律允許公民所有的生產資料以及其他合法財產。」本條根據上述規定，列舉了收入、房屋等最常見、最重要的幾類私有的不動產和動產。

1. 收入。是指人們從事各種勞動獲得的貨幣收入或者有價物。主要包括：（1）工資。指定期支付給員工的勞動報酬，包括計時工資、計件工資、職務工資、級別工資、基礎工資、工齡工資、獎金、津貼和補貼、加班加點工資和特殊情況下支付的報酬等；（2）從事智力創造和提供勞務所取得的物質權利，如稿費、專利轉讓費、講課費、諮詢費、演出費等；（3）因擁有債權、股權而取得的利息、股息、紅利；（4）出租建築物、土地使用權、機器設備、車船以及其他財產所得；（5）轉讓有價證券、股權、建築物、土地使用權、機器設備、車船以及其他財產取得的所得；（6）得獎、中獎、中彩以及其他偶然所得；（7）從事個體經營的勞動收入、從事承包土地所獲得的收益等。

2. 房屋。房屋是我國公民最主要最基本的生活資料，包括依法購買的城鎮住宅，也包括在農村宅基地上依法建造的住宅，也包括商鋪、廠房等建築物。根據我國土地管理法、城市房地產管理法以及本法的規定，房屋僅指在土地上的建築物部分，不包括其佔有的土地，城鎮房屋佔用的土地屬於國家所有，農村宅基地屬於農民集體所有。私人可以對房屋享有所有權，對該房屋佔用的土地只能依法享有建設用地使用權或者宅基地使用權。

3. 生活用品。是指用於生活方面的物品，包括家用電器、私人汽車、家具和其他用品。

4. 生產工具和原材料。生產工具是指人們在進行生產活動時所使用的器具，如機器設備、車輛、船舶等運輸工具。原材料是指生產產品所需的物質基礎材料，如礦石、木材、鋼鐵等。生產工具和原材料是重要的生產資料，是生產所必需的基礎物質。

5. 除上述外，私人財產還包括其他的不動產和動產，如圖書、個人收藏品、牲畜和家禽等。

三、合法

這裏必須強調的是，私人只能對其合法獲得的財產才能享有所有權，換句話說，民法典和其他法律只保護私人的合法財產權，以貪污、侵佔、搶奪、詐騙、盜竊、走私等方式非法獲取的財產，不但不能受到法律的保護，而且行為人還要依法承擔沒收、返還原物、賠償損

失等法律責任，構成犯罪的，還要依法追究刑事責任。

本次民法典對本條未作修改。

第二百六十七條　私人的合法財產受法律保護，禁止任何組織或者個人侵佔、哄搶、破壞。

■ 條文主旨

本條是關於私有財產保護的規定。

■ 條文釋義

改革開放以來，隨着整個國民經濟高速發展，私人的財富也相應日益增長，同時個體經濟、私營經濟等非公有制經濟也迅速發展，在社會主義市場經濟建設中發揮了重要的作用。廣大人民群眾迫切要求保護他們獲得的合法財產。

在法律上明確保護私有財產，不僅可以使財產所有人產生一種制度預期，對自己的財產產生安全感，一方面可以激勵人們依法創造財富的積極性；另一方面可以起到鼓勵交易，並形成穩定有序的市場秩序，推動市場經濟向前發展。我國 1982 年憲法第 13 條就明確規定了，國家保護公民的合法的收入、儲蓄、房屋和其他合法財產的所有權，2004 年憲法修正案將該規定作了修改，對私有財產的保護作了進一步的規定：「公民的合法的私有財產不受侵犯。」「國家依照法律規定保護公民的私有財產權和繼承權。」民法通則第 75 條也明確規定了，公民的合法財產受法律保護，禁止任何組織或者個人侵佔、哄搶、破壞或者非法查封、扣押、凍結、沒收。物權編依據憲法和民法通則的規定，根據平等保護的原則，在規定「國家所有的財產受法律保護，禁止任何組織或者個人侵佔、哄搶、私分、截留、破壞」「集體所有的財產受法律保護，禁止任何組織或者個人侵佔、哄搶、私分、破壞」的同時，按照私有財產保護的特點作了本條規定：「私人的合法財產受法律保護，禁止任何組織或者個人侵佔、哄搶、破壞。」

本條的內容主要包括以下幾個方面：

一、私有財產的範圍

這裏的私有財產，是指私人擁有所有權的財產，不但包括合法的收入、房屋、生活用品、生產工具、原材料等不動產和動產，也包括私人合法的儲蓄、投資及其收益，以及上述財產的繼承權。

二、合法

私有財產受到法律保護的前提是這些財產是合法的財產，非法取得的財產不受法律保護。例如，通過侵佔、貪污、盜竊國有、集體資產而取得財產，法律不但不予以保護，而且

還要依法追繳。行為人構成犯罪的，還要承擔刑事責任。

三、保護內容

保護私有財產的重要內容是私人的合法財產所有權不受侵犯，如非經依照法律規定的權限和程序，不得徵收個人的房屋和其他不動產，也不得非法查封、扣押、凍結、沒收私人合法的財產。任何組織或者個人不得侵佔、哄搶、破壞私人合法的財產。所謂的「侵佔」是指以非法佔有為目的，將其保管、管理的私人財產非法佔為己有。侵佔的客體是私人合法的財產。侵佔的主體一般是保管、管理他人財產的單位或者個人，並且具有非法佔有該財產的主觀故意。「哄搶」是指以非法佔有為目的，組織、參與多人一起強行搶奪他人財產的行為。哄搶的客體是他人財產。哄搶的主體可以是任何的組織或者個人，並且還需具備非法佔有他人財產的主觀故意。「破壞」是指故意毀壞他人所有的合法財產，致使其不能發揮正常功效的行為。如故意毀壞他人的車輛、毀壞他人房屋等行為。破壞的主體可以是任何的組織或者個人，而且需有主觀上有毀壞他人財產的故意。侵佔、哄搶、破壞私人合法財產的，應當承擔返還原物、恢復原狀、賠償損失等民事責任；觸犯治安管理處罰法和刑法的，還應當承擔相應的行政責任、刑事責任。

第二百六十八條　國家、集體和私人依法可以出資設立有限責任公司、股份有限公司或者其他企業。國家、集體和私人所有的不動產或者動產投到企業的，由出資人按照約定或者出資比例享有資產收益、重大決策以及選擇經營管理者等權利並履行義務。

■ 條文主旨

本條是關於企業出資人權利的規定。

■ 條文釋義

本條的含義主要有以下幾項內容：

一、出資人與出資形式

所謂出資人，就是向企業投入資本的人。在計劃經濟體制下，我國的所有制結構比較單一，即只存在兩種形式的公有制：一是國家所有制；二是集體所有制。在這種情況下，企業的出資主體只有國家和集體。同時，計劃經濟體制下的企業，投資結構也很單一，都是由國家和集體投資的獨資企業。隨着計劃經濟體制向市場經濟體制的轉變，社會投資結構發生了重大變化，由單一的國家、集體投資變為包括國家、集體、私人等多種所有制經濟的投資；對企業的投資也由獨資變為主體多元化的投資。

根據本條的規定，出資人可以是國家、集體，也可以是私人。國家作為出資人的，由國務院、地方人民政府依照法律、行政法規規定分別代表國家履行出資人的職責。《企業國

有資產監督管理暫行條例》第 5 條規定，國務院代表國家對關係國民經濟命脈和國家安全的大型國有及國有控股、國有參股企業，重要基礎設施和重要自然資源等領域的國有及國有控股、國有參股企業，履行出資人職責。省、自治區、直轄市人民政府和設區的市、自治州級人民政府分別代表國家對由國務院履行出資人職責以外的國有及國有控股、國有參股企業，履行出資人職責。以集體資產設立企業的，由本集體作為出資人。隨着國家鼓勵、支持和引導非公有制經濟的發展，私有資本也大量地投資到企業中。作為出資人，私人包括中國的公民，也包括外國的自然人和法人。

　　國家、集體和私人出資設立企業的主要形式是公司。我國改革開放以來，特別是黨的十四大提出建立社會主義市場經濟體制、十四屆三中全會提出建立現代企業制度以來，許多國有企業進行了公司制改革，由單一投資主體改組為獨資公司，多個投資主體依法改組為有限責任公司或者股份有限公司。非國有企業也相當多地採用了公司制的組織形式。根據公司法的規定，公司是企業法人，包括有限責任公司和股份有限公司。有限責任公司是指公司股東對公司以其認繳的出資額承擔有限責任的公司；股份有限公司是指公司的資本劃分為等額股份，公司股東以其認購的股份為限承擔有限責任的公司。由國家單獨出資形成的國有獨資公司也是一種有限責任公司。

　　二、出資人的權利和義務

　　出資人作為股東，按照公司法的規定，依法享有資產收益、參與重大決策和選擇經營管理者等權利，本條也從出資人的角度作了同樣的規定。

　　1. 享有資產收益，就是指出資人有權通過企業盈餘分配從中獲得紅利。獲得紅利是出資人投資的主要目的，只要出資人按照章程或者其他約定，如期、足額地履行了出資義務，就有權向企業請求分配紅利。一般而言，出資人應當按照其實繳出資比例或者股東協議、章程等約定分取紅利。

　　2. 參與重大決策。出資人通過股東會或者股東大會等作出決議的方式決定企業的重大行為。企業的重大行為包括：企業資本的變化，如增加或者減少註冊資本、利潤分配和彌補虧損、公司的預算和決算事項；企業的融資行為，如發行公司債券；企業的對外投資，向他人提供擔保、購置或者轉讓主要資產，變更主要業務等；企業的合併、分立、變更組織形式、解散、清算等；修改企業章程等。上述權利，由出資人按照章程或者法律規定的方式行使。按照公司法的規定，有限責任公司的股東會會議作出公司增加或者減少註冊資本、分立、合併、解散或者變更公司形式的決議，必須經代表 2/3 以上表決權的股東通過。企業經營管理者必須尊重和保證出資人決定重大決策的權利，如在國家出資的企業裏，國家作為出資人的，享有資產收益、重大決策以及選擇經營管理者等權利，企業經營管理者無權決定依照有關法律和企業章程的規定應當由國家作為出資人決定的事項，不得擅自處分企業財產。

　　3. 選擇經營管理者。出資人有權通過股東會或者股東大會作出決議選舉或者更換公司的董事或者監事，決定董事或者監事的薪酬，通過董事會來聘任或者解聘經理等企業高級管理人員。

　　當然以上只是出資人享有的主要權利，除此之外，出資人還享有其他權利，如根據公

司法的規定，有限責任公司的股東有權查閱本公司的章程、股東會會議記錄、董事會會議決議、財務會計報告；董事、高級管理人員違反法律、行政法規或者章程的規定，損害股東利益的，股東可以向人民法院提起訴訟。

　　作為出資人，不但享有上述權利，還要履行相應的義務。如按照約定或者章程的規定，按期、足額地繳納出資；不得濫用出資人的權利干涉企業正常的經營活動等。

　　第二百六十九條　營利法人對其不動產和動產依照法律、行政法規以及章程享有佔有、使用、收益和處分的權利。

　　營利法人以外的法人，對其不動產和動產的權利，適用有關法律、行政法規以及章程的規定。

■ 條文主旨

　　本條是關於法人財產權的規定。

■ 條文釋義

　　民法典總則編規定，法人應當依法成立。法人應當有自己的名稱、組織機構、住所、財產或者經費。法人成立的具體條件和程序，依照法律、行政法規的規定。法人以其全部財產獨立承擔民事責任。各種類型的法人中，以取得利潤並分配給股東等出資人為目的成立的法人，為營利法人。營利法人包括有限責任公司、股份有限公司和其他企業法人等。營利法人區別於非營利法人的重要特徵，不是「取得利潤」，而是「利潤分配給出資人」。是否從事經營活動並獲取利潤，與法人成立的目的沒有直接關係，也不影響到營利法人與非營利法人的分類。例如，基金會法人是非營利法人，但為了維持財產價值或者升值，也會將管理的資金用於經營活動。營利法人與非營利法人區分的關鍵在於利潤的分配上，是否歸屬出資人。如果利潤歸屬於法人，用於實現法人目的，則不是營利法人；如果利潤分配給出資人，則屬於營利法人。

　　具備法人條件的企業成為營利法人後，取得法律上獨立的民事主體資格，成為自主經營、自負盈虧的生產者和經營者。出資人將其不動產或者動產投到營利法人後，即構成了營利法人獨立的財產，營利法人享有法人財產權，即依照法律、行政法規以及章程的規定對該財產享有佔有、使用、收益和處分的權利，出資人個人不能直接對其投入的資產進行支配，這是營利法人實現自主經營、自負盈虧，獨立承擔民事責任的物質基礎。營利法人的出資人不得濫用出資人權利損害法人或者其他出資人的利益。濫用出資人權利給法人或者其他出資人造成損失的，應當依法承擔民事責任。民法典總則編規定，營利法人的出資人不得濫用法人獨立地位和出資人有限責任損害法人的債權人利益。濫用法人獨立地位和出資人有限責

任，逃避債務，嚴重損害法人的債權人利益的，應當對法人債務承擔連帶責任。

本條第 2 款規定，營利法人以外的法人對其不動產和動產權利，適用有關法律、行政法規以及章程的規定。

依照民法典總則編的規定，營利法人之外的法人包括非營利法人和特別法人。為公益目的或者其他非營利目的成立，不向出資人、設立人或者會員分配所取得利潤的法人，為非營利法人。非營利法人包括事業單位法人、社會團體法人和捐助法人。特別法人包括機關法人、農村集體經濟組織法人、城鎮農村的合作經濟組織法人、基層群眾性自治組織法人。

關於非營利法人。民法典總則編規定，具備法人條件，為適應經濟社會發展需要，提供公益服務設立的事業單位，經依法登記成立，取得事業單位法人資格；依法不需要辦理法人登記的，從成立之日起，具有事業單位法人資格。民法典總則編還規定，具備法人條件，為公益目的以捐助財產設立的基金會、社會服務機構等，經依法登記成立，取得捐助法人資格。依法設立的宗教活動場所，具備法人條件的，可以申請法人登記，取得捐助法人資格。法律、行政法規對宗教活動場所有規定的，依照其規定。基金會、社會服務機構和宗教活動場所在法人屬性上具有同質性，我國將其命名為捐助法人，境外大陸法系國家和地區一般稱其為「財團法人」，是「社團法人」的對稱。社團法人為人的組織體，其成立的基礎在人，以成員為要件。而財團法人（捐助法人）為財產的集合體，其成立的基礎在財產。捐助法人包括的範圍廣泛，除基金會、宗教活動場所外，還包括社會服務機構等，比如捐資設立的學校、醫院、孤兒院、養老院、圖書館、文化館、博物館等。民法典總則編規定，設立捐助法人，應當依法制定法人章程。捐助法人沒有會員大會等權力機構，關於捐助法人的組織管理、財產的管理使用，除了法律、行政法規的規定外，是由捐助人制定的捐助章程規定的。在捐助法人成立後，章程便成為獨立的文件，約束捐助法人及其決策機構、執行機構的成員等。由此可見，由於捐助法人沒有權力機構，相較於其他法人類型，章程的作用尤為重要，對於實現捐助人的捐助目的不可或缺。

關於特別法人。民法典總則編規定，有獨立經費的機關和承擔行政職能的法定機構從成立之日起，具有機關法人資格，可以從事為履行職能所需要的民事活動。機關法人的財產來源於國家和地方財政撥款。機關法人雖沒有自己獨立經營的財產，但是有獨立的經費。這些獨立的經費不來源於社會投資，也不源於國家投資，而是根據其工作需要，由國家和地方財政撥款形成的。因此，其最終責任承擔也來源於國家財政經費。機關法人被撤銷的，法人終止，其民事權利和義務由繼任的機關法人享有和承擔；沒有繼任的機關法人的，由作出撤銷決定的機關法人享有和承擔。本章規定，國家機關對其直接支配的不動產和動產，享有佔有、使用以及依照法律和國務院的有關規定處分的權利。民法典總則編規定，農村集體經濟組織依法取得法人資格。法律、行政法規對農村集體經濟組織有規定的，依照其規定。城鎮農村的合作經濟組織依法取得法人資格。法律、行政法規對城鎮農村的合作經濟組織有規定的，依照其規定。居民委員會、村民委員會具有基層群眾性自治組織法人資格，可以從事為履行職能所需要的民事活動。

第二百七十條 社會團體法人、捐助法人依法所有的不動產和動產,受法律保護。

■ 條文主旨

本條是關於保護社會團體法人、捐助法人依法所有的不動產和動產的規定。

■ 條文釋義

關於財產受法律保護,本章規定,國家所有的財產受法律保護,禁止任何組織或者個人侵佔、哄搶、私分、截留、破壞。集體所有的財產受法律保護,禁止任何組織或者個人侵佔、哄搶、私分、破壞。私人的合法財產受法律保護,禁止任何組織或者個人侵佔、哄搶、破壞。同時規定,國家、集體和私人依法可以出資設立有限責任公司、股份有限公司或者其他企業。國家、集體和私人所有的不動產或者動產投到企業的,由出資人按照約定或者出資比例享有資產收益等權利。本條規定,社會團體法人、捐助法人依法所有的不動產和動產,受法律保護。

社會團體法人是非營利法人。民法典總則編規定,具備法人條件,基於會員共同意願,為公益目的或者會員共同利益等非營利目的設立的社會團體,經依法登記成立,取得社會團體法人資格;依法不需要辦理法人登記的,從成立之日起,具有社會團體法人資格。社會團體法人必須擁有會員。社會團體法人包括的範圍十分廣泛,既有為公益目的設立的,也有為會員共同利益等非營利目的設立的。前者如中華慈善總會、中國紅十字會等,後者如商會、行業協會等。

捐助法人也是非營利法人。捐助法人是民法總則增加的法人類型。民法通則根據當時的經濟社會發展狀況,規定了企業法人、機關法人、事業單位法人和社會團體法人四種法人類型。隨着我國經濟社會各方面發展,這四種法人類型已不能滿足經濟社會發展的需求。基金會、社會服務機構無法納入民法通則確立的法人分類。此外,寺廟等宗教活動場所也無法人資格。民法典第 92 條規定:「具備法人條件,為公益目的以捐助財產設立的基金會、社會服務機構等,經依法登記成立,取得捐助法人資格。依法設立的宗教活動場所,具備法人條件的,可以申請法人登記,取得捐助法人資格。法律、行政法規對宗教活動場所有規定的,依照其規定。」

第六章　業主的建築物區分所有權

為解決居住問題，包括我國在內的世界各國紛紛興建高層或者多層建築物，由此產生一棟建築物存在多個所有權人的情形。對此，其他國家和地區相繼制定建築物區分所有權的法律或者修改民法典以調整不同所有權人之間的關係。對於建築物區分所有權，有些國家的民法典作了規定，一些國家有專門立法。

2007 年通過的物權法專章對業主的建築物區分所有權作了規定。民法典編纂沿用物權法規定，繼續設專章對業主的建築物區分所有權作出規定，並在物權法規定的基礎上，針對實踐中出現的新情況、新問題，對本章作了修改完善。

本章對業主的建築物區分所有權作了規定，共十七條，主要對業主對建築物區分所有權的內容，業主對專有部分行使所有權，對專有部分以外的共有部分的共有和共同管理的權利的享有與行使，車位、車庫等的歸屬，車位、車庫應當首先滿足業主需要等內容作出了規定。

> **第二百七十一條　業主對建築物內的住宅、經營性用房等專有部分享有所有權，對專有部分以外的共有部分享有共有和共同管理的權利。**

■ 條文主旨

本條是對建築物區分所有權基本內容的規定。

■ 條文釋義

業主的建築物區分所有權是物權上一項重要的不動產權利，是高層或者多層建築物產生，並在一棟建築物存在多個所有權人後出現的物權種類。建築物區分所有權一般是指數人區分一建築物而各有其專有部分，並就共有部分按其專有部分享有共有的權利。業主是指享有建築物專有部分所有權的人。

根據本條的規定，業主的建築物區分所有權包括對其專有部分的所有權、對建築區劃內的共有部分享有的共有和共同管理的權利。

一是業主對專有部分的所有權。即本條規定的，業主對建築物內的住宅、經營性用房等專有部分享有所有權，有權對專有部分佔有、使用、收益和處分。

二是業主對建築區劃內的共有部分的共有的權利。即本條規定的，業主對專有部分以外的共有部分如電梯、過道、樓梯、水箱、外牆面、水電氣的主管線等享有共有的權利。本

法規定，建築區劃內的道路，屬於業主共有，但屬於城鎮公共道路的除外。建築區劃內的綠地，屬於業主共有，但屬於城鎮公共綠地或者明示屬於個人的除外。建築區劃內的其他公共場所、公用設施和物業服務用房，屬於業主共有。佔用業主共有的道路或者其他場地用於停放汽車的車位，屬於業主共有。

三是業主對建築區劃內的共有部分的共同管理的權利。本法規定，業主可以自行管理建築物及其附屬設施，也可以委託物業服務企業或者其他管理人管理。業主可以設立業主大會，選舉業主委員會，共同決定制定和修改業主大會議事規則，制定和修改管理規約，選舉業主委員會或者更換業主委員會成員，選聘和解聘物業服務企業或者其他管理人，使用建築物及其附屬設施的維修資金，籌集建築物及其附屬設施的維修資金，改建、重建建築物及其附屬設施，改變共有部分的用途或者利用共有部分從事經營活動等。業主大會和業主委員會，對任意棄置垃圾、排放大氣污染物或者噪聲、違反規定飼養動物、違章搭建、侵佔通道、拒付物業費等損害他人合法權益的行為，有權依照法律、法規以及管理規約，要求行為人停止侵害、排除妨害、消除危險、恢復原狀、賠償損失。

第二百七十二條　業主對其建築物專有部分享有佔有、使用、收益和處分的權利。業主行使權利不得危及建築物的安全，不得損害其他業主的合法權益。

■ 條文主旨

本條是關於業主對專有部分行使所有權的規定。

■ 條文釋義

一、關於專有部分

本法第 271 條中規定，業主對建築物內的住宅、經營性用房等專有部分享有所有權。根據本法規定，專有部分是指建築物內的住宅、經營性用房等業主專有的部分。關於專有部分的界定，《最高人民法院關於審理建築物區分所有權糾紛案件具體應用法律若干問題的解釋》第 2 條規定，建築區劃內符合下列條件的房屋，以及車位、攤位等特定空間，應當認定為物權法第六章所稱的專有部分：（1）具有構造上的獨立性，能夠明確區分；（2）具有利用上的獨立性，可以排他使用；（3）能夠登記成為特定業主所有權的客體。規劃上專屬於特定房屋，且建設單位銷售時已經根據規劃列入該特定房屋買賣合同中的露台等，應當認定為物權法第六章所稱專有部分的組成部分。

二、業主對建築物專有部分的權利

業主對建築物專有部分的權利是所有權的一種。本法第 240 條規定，所有權人對自己的不動產或者動產，依法享有佔有、使用、收益和處分的權利。本條是對業主對建築物專有部

分享有所有權的具體權能的規定，即業主對其建築物專有部分享有佔有、使用、收益和處分的權利。按照這一規定，業主對建築物內屬於自己所有的住宅、經營性用房等專有部分可以直接佔有、使用，實現居住或者營業的目的；也可以依法出租，獲取收益；還可以出借，解決親朋好友居住之難；或者在自己的專有部分上依法設定負擔，例如，為保證債務的履行將屬於自己所有的住宅或者經營性用房抵押給債權人，或者抵押給金融機構以取得貸款等；還可以將住宅、經營性用房等專有部分出售給他人，對專有部分予以處分。

三、對專有部分行使權利的限制

業主的專有部分是建築物的重要組成部分，但與共有部分又不可分離，例如，沒有電梯、樓道、走廊，業主就不可能出入自己的居室、經營性用房等專有部分；沒有水箱和水、電等管線，業主就無法使用自己的居室、經營性用房等專有部分。因此，建築物的專有部分與共有部分具有一體性、不可分離性，故業主對專有部分行使專有所有權應受到一定限制，這與建築物區分所有權的特殊性是分不開的。對此，本條規定，業主行使專有部分所有權時，不得危及建築物的安全，不得損害其他業主的合法權益。

一是業主行使專有部分所有權時，不得危及建築物的安全。例如，業主在對專有部分裝修時，不得拆除房屋內的承重牆，不得在專有部分內儲藏、存放易燃易爆危險等物品，以免危及整個建築物的安全。

二是業主行使專有部分所有權時，不得損害其他業主的合法權益。本法第286條規定，業主應當遵守法律、法規以及管理規約。業主大會或者業主委員會，對任意棄置垃圾、排放污染物或者噪聲、違反規定飼養動物、違章搭建、侵佔通道、拒付物業費等損害他人合法權益的行為，有權依照法律、法規以及管理規約，請求行為人停止侵害、排除妨礙、消除危險、恢復原狀、賠償損失。第287條規定，業主對建設單位、物業服務企業或者其他管理人以及其他業主侵害自己合法權益的行為，有權請求其承擔民事責任。

第二百七十三條　業主對建築物專有部分以外的共有部分，享有權利，承擔義務；不得以放棄權利為由不履行義務。

業主轉讓建築物內的住宅、經營性用房，其對共有部分享有的共有和共同管理的權利一併轉讓。

■ 條文主旨

本條是關於業主對專有部分以外的共有部分權利義務的規定。

■ 條文釋義

一、關於共有部分

業主專有部分以外的共有部分通常是指，除建築物內的住宅、經營性用房等專有部分以外的部分，既包括建築物內的走廊、樓梯、過道、電梯、外牆面、水箱、水電氣管線等部分，也包括建築區劃內，由業主共同使用的物業管理用房、綠地、道路、公用設施以及其他公共場所等，但法律另有規定的除外。根據本法規定，建築區劃內的道路，屬於業主共有，但屬於城鎮公共道路的除外。建築區劃內的綠地，屬於業主共有，但屬於城鎮公共綠地或者明示屬於個人的除外。建築區劃內的其他公共場所、公用設施和物業服務用房，屬於業主共有。佔用業主共有的道路或者其他場地用於停放汽車的車位，屬於業主共有。

關於共有部分的界定，《最高人民法院關於審理建築物區分所有權糾紛案件具體應用法律若干問題的解釋》第 3 條規定，除法律、行政法規規定的共有部分外，建築區劃內的以下部分，也應當認定為物權法第六章所稱的共有部分：（1）建築物的基礎、承重結構、外牆、屋頂等基本結構部分，通道、樓梯、大堂等公共通行部分，消防、公共照明等附屬設施、設備，避難層、設備層或者設備間等結構部分；（2）其他不屬於業主專有部分，也不屬於市政公用部分或者其他權利人所有的場所及設施等。

二、業主對共有部分，享有權利，承擔義務；不得以放棄權利為由不履行義務

首先，業主對專有部分以外的共有部分享有權利，承擔義務。

業主對專有部分以外的共有部分的權利包括兩部分內容，即共有和共同管理的權利。一是業主對專有部分以外的共有部分享有共有的權利，即每個業主在法律對所有權未作特殊規定的情形下，對專有部分以外的走廊、樓梯、過道、電梯、外牆面、水箱、水電氣管線等共有部分，對物業管理用房、綠地、道路、公用設施以及其他公共場所等共有部分享有佔有、使用、收益或者處分的權利。但是，如何行使佔有、使用、收益或者處分的權利，還要依據本法及相關法律、法規和建築區劃管理規約的規定。例如，本法第 283 條規定，建築物及其附屬設施的費用分攤、收益分配等事項，有約定的，按照約定；沒有約定或者約定不明確的，按照業主專有部分面積所佔比例確定。業主對專有部分以外的共有部分的共有，還包括對共有部分共負義務。同樣，業主對共有部分如何承擔義務，也要依據本法及相關法律、法規和建築區劃管理規約的規定。二是業主對專有部分以外的共有部分不僅享有共有的權利，還享有共同管理的權利，有權對共用部位與公用設備設施的使用、收益、維護等事項行使管理的權利，同時對共有部分的管理也負有相應的義務。

其次，業主不得以放棄權利為由不履行義務。

由於業主對專有部分以外的共有部分既享有權利，又負有義務，有的業主就可能以放棄權利為由，不履行義務。對此，本條明確規定，業主不得以放棄權利為由不履行義務。例如，除另有約定的外，業主不得以不使用電梯為由，不交納電梯維修費用。

三、業主轉讓建築物內的住宅、經營性用房，其對共有部分享有的共有和共同管理的權利一併轉讓

業主的建築物區分所有權是一個集合權，包括對專有部分享有的所有權、對建築區劃內的共有部分享有的共有和共同管理的權利，這些權利具有不可分離性。在這些權利中，業主對專有部分的所有權佔主導地位，是業主對專有部分以外的共有部分享有共有和共同管理的權利的前提與基礎。沒有業主對專有部分的所有權，就無法產生業主對專有部分以外共有部分的共有和共同管理的權利。如果業主喪失了對專有部分的所有權，也就喪失了對共有部分的共有和共同管理的權利。因此本條規定，業主轉讓建築物內的住宅、經營性用房，其對共有部分享有的共有和共同管理的權利一併轉讓。

第二百七十四條　建築區劃內的道路，屬於業主共有，但是屬於城鎮公共道路的除外。建築區劃內的綠地，屬於業主共有，但是屬於城鎮公共綠地或者明示屬於個人的除外。建築區劃內的其他公共場所、公用設施和物業服務用房，屬於業主共有。

■ 條文主旨

本條是關於建築區劃內的道路、綠地、其他公共場所、公用設施和物業服務用房歸屬的規定。

■ 條文釋義

根據本條規定，由此可知：

一是建築區劃內的道路，屬於業主共有，但是屬於城鎮公共道路的除外。

2007 年物權法制定過程中，對如何規定建築區劃內道路的歸屬，存在着不同意見。有的認為，道路是市政設施，應當屬於國家所有，業主享有使用權。有的認為，業主購房後對所購房屋擁有的所有權包括兩部分：一部分是對建築物內住宅、經營性用房等專有部分享有的專有的、獨立的所有權；另一部分是對專有部分以外的道路、綠地、其他公共場所、公用設施和物業服務用房等共有部分以及建築物的附屬設施享有的共有和共同管理的權利。有的認為，建築區劃內的道路等，應當本着誰投資歸誰所有的原則確定。實踐中，道路有的歸業主所有，有的歸市政所有。例如，有的地方規定，建築區劃內 4 米以下寬的道路歸業主，4 米以上寬的道路歸市政。有些大的建築區，如北京的天通苑，主幹線道路產權歸政府。經認真研究，建築區劃內的道路作為建築物的附屬設施原則歸業主共有，但是屬於城鎮公共道路的除外。

二是建築區劃內的綠地，屬於業主共有，但是屬於城鎮公共綠地或者明示屬於個人的除外。

2007 年物權法制定過程中，對如何規定建築區劃內綠地的歸屬，存在着不同意見。有的認為，綠地是土地的一種使用功能，其實質就是土地，城市土地屬於國家所有，業主只有使用權，沒有所有權。有的認為，城市的土地是國有的，無論是道路還是綠地，所有權只能歸國家。有的認為，業主購房後對所購房屋擁有的所有權包括兩部分：一部分是對建築物內住宅、經營性用房等專有部分享有的專有的、獨立的所有權；另一部分是對專有部分以外的道路、綠地、其他公共場所、公用設施和物業服務用房等共有部分以及建築物的附屬設施享有的共有和共同管理的權利。經調查研究認為，建築區劃內的綠地作為建築物的附屬設施原則歸業主共有，但是屬於城鎮公共綠地或者明示屬於個人的除外。需要說明的是，本條規定的綠地、道路歸業主所有，不是說綠地、道路的土地所有權歸業主所有，而是說綠地、道路作為土地上的附着物歸業主所有。

三是建築區劃內的其他公共場所、公用設施和物業服務用房，屬於業主共有。

關於建築區劃內的其他公共場所、公用設施和物業服務用房的歸屬問題。有的認為，現實中，業主購房通常不支付物業管理用房的價款，對物業管理用房沒有權利。有的認為，業主購房後對所購房屋擁有的所有權包括兩部分：一部分是對建築物內住宅、經營性用房等專有部分享有的專有的、獨立的所有權；另一部分是對專有部分以外的道路、綠地、其他公共場所、公用設施和物業服務用房等共有部分以及建築物的附屬設施享有的共有和共同管理的權利。有的認為，建築區劃內的其他公共場所、公用設施和物業服務用房所有權的歸屬，應當本着誰投資歸誰所有的原則確定。開發商在售樓時明確將小區的綠地、道路、物業管理用房等費用分攤給買房人的，就歸業主共有。沒有分攤，歸開發商所有。經調查研究認為，建築區劃內的其他公共場所、公用設施和物業服務用房，屬於業主共有。

> 第二百七十五條　建築區劃內，規劃用於停放汽車的車位、車庫的歸屬，由當事人通過出售、附贈或者出租等方式約定。
> 佔用業主共有的道路或者其他場地用於停放汽車的車位，屬於業主共有。

■ 條文主旨

本條是關於車位、車庫歸屬的規定。

■ 條文釋義

隨着經濟社會的快速發展和人民生活水平的不斷提高，我國機動車保有量持續快速增長，其中私人轎車擁有量增速明顯。機動車保有量的迅猛增加，住宅小區機動車亂停亂放等現象日益嚴重，停車難、停車亂問題不斷突出。車位、車庫作為車輛的存放點，已成為私家車主的生活必需品。關於住宅小區車位、車庫的歸屬和停車收費的糾紛日漸增多。

在 2007 年物權法起草過程中，業主的建築物區分所有權中，如何規定車位、車庫的所有權歸屬問題涉及廣大業主的切身利益，社會普遍關注，爭議較大。在徵求意見過程中，主要有兩種意見。一種意見認為，車位、車庫應當歸業主共有。主要理由：一是車位、車庫已經攤入建築成本，開發商將其再次買賣或者出租，侵害了業主的利益。二是在房屋銷售過程中，開發商處於強勢，如果車位、車庫的所有權以有約定的按照約定的原則確定歸屬，對業主不利。另一種意見認為，車位、車庫的歸屬，業主與開發商有約定的，按照約定；沒有約定或者約定不明確的，屬於業主共有。主要理由：一是從我國目前多數地方商品房銷售的實際做法看，對車位、車庫的歸屬，在商品房買賣合同中都有約定；從其他國家和地區看，車位、車庫一般也歸業主個人所有。二是車位、車庫不像電梯、走廊、水箱、道路、綠地等應當共用，規定業主共有很難操作。三是開發商是否把車位、車庫攤入成本，和商品房銷售價格的高低沒有必然聯繫，而且，也很難證明車庫、車位的價值是否包括在建築成本之中；目前對價格管理部門是否應當公開開發商的建築成本仍有不同意見。四是對車位、車庫的建造比例和車位、車庫首先滿足小區業主需要，應當作出行政管理的強制性規定，但地下車庫和地面上的停車場，作為獨立設施，如果不允許開發商銷售或者出租，可能影響開發商建造車位、車庫的積極性，對業主不利。

經對我國房地產市場的實際做法和存在的問題進行調查研究，並借鑒國外的通常做法，屬於業主共有的財產，應是那些不可分割、不宜也不可能歸任何業主專有的財產，如電梯等公用設施、綠地等公用場所。從房地產市場的情況看，一般來說，專門用來停放汽車的車庫、車位的歸屬，是由當事人通過出售、附贈或者出租等方式約定歸業主專有或者專用的。這樣，既容易操作，也可以避免糾紛。如果規定車庫、車位歸業主共有，由於車庫、車位和住宅的配套比例不同、業主之間享有的住宅面積不同、商品房銷售的狀況不同等原因，歸業主共有很難操作，因此，本法區分不同的情況對車位、車庫的歸屬作了規定：

一是建築區劃內，規劃用於停放汽車的車位、車庫的歸屬，由當事人通過出售、附贈或者出租等方式約定。建築區劃內，規劃用於停放汽車的車位、車庫，即開發商在開發項目前，經政府核發的建設工程規劃許可證批准同意，規劃用於停放汽車的車位、車庫。此類車位、車庫，在開發商開發後，通過出售、附贈或者出租等方式，與當事人約定車位、車庫的歸屬和使用。

二是佔用業主共有的道路或者其他場地用於停放汽車的車位，屬於業主共有。規劃外的佔用業主共有的道路或者其他場地用於停放汽車的車位、車庫，由於屬於規劃外，且是佔用業主共有的道路或者其他場地建設的，較易形成屬於業主共有的共識，屬於業主共有。

關於車位、車庫的歸屬，一些地方性法規根據實踐的發展，在物權法的基礎上作出進一步的規範。如《上海市住宅物業管理規定》第 61 條第 1 款規定，物業管理區域內，建設單位所有的機動車停車位數量少於或者等於物業管理區域內房屋套數的，一戶業主只能購買或者附贈一個停車位；超出物業管理區域內房屋套數的停車位，一戶業主可以多購買或者附贈一個。第 2 款規定，佔用業主共有的道路或者其他場地用於停放機動車的車位，屬於業主共

有。第 3 款規定，建設單位所有的機動車停車位向業主、使用人出租的，其收費標準應當在前期物業合同中予以約定。業主大會成立前，收費標準不得擅自調整；業主大會成立後，需要調整的，建設單位應當與業主大會按照公平、合理的原則協商後，向區房屋行政管理部門備案。

第二百七十六條　建築區劃內，規劃用於停放汽車的車位、車庫應當首先滿足業主的需要。

■ 條文主旨

本條是關於車位、車庫應當首先滿足業主需要的規定。

■ 條文釋義

現實生活中，不少小區沒有車位、車庫或者車位、車庫嚴重不足，有的開發商將車位、車庫高價出售給小區外的人，有的小區開發商公示車位、車庫只售不租。為規範建築區劃內，規劃用於停放汽車的車位、車庫的使用，最大程度保障業主對車位、車庫的需要，本條規定，建築區劃內，規劃用於停放汽車的車位、車庫應當首先滿足業主的需要。

關於「首先滿足業主的需要」的含義，物權法和民法典物權編未作明確規定，其含義可以根據總結實踐經驗不斷完善。實踐中司法解釋和地方性法規根據實際情況的發展作出了一些規範和解釋。如《最高人民法院關於審理建築物區分所有權糾紛案件具體應用法律若干問題的解釋》第 5 條第 1 款規定，建設單位按照配置比例將車位、車庫，以出售、附贈或者出租等方式處分給業主的，應當認定其行為符合物權法第 74 條第 1 款有關「應當首先滿足業主的需要」的規定。該司法解釋第 2 款規定，前款所稱配置比例是指規劃確定的建築區劃內規劃用於停放汽車的車位、車庫與房屋套數的比例。《上海市住宅物業管理規定》第 62 條第 1 款規定，物業管理區域內的機動車停車位，應當提供給本物業管理區域內的業主、使用人使用。建設單位尚未出售的停車位，應當出租給業主、使用人停放車輛，不得以只售不租為由拒絕出租。停車位不得轉讓給物業管理區域外的單位、個人；停車位滿足業主需要後仍有空餘的，可以臨時按月出租給物業管理區域外的單位、個人。《福建省物業管理條例》第 64 條第 3 款規定，物業管理區域規劃設置的機動車車位（庫）應當首先滿足業主需要。建設單位不得將物業管理區域內規劃的車位（庫）出售給本區域以外的單位或者個人。業主要求承租尚未處置的規劃車位（庫）的，建設單位不得以只售不租為由拒絕出租。

> 第二百七十七條　業主可以設立業主大會，選舉業主委員會。業主大會、業主委員會成立的具體條件和程序，依照法律、法規的規定。
>
> 　地方人民政府有關部門、居民委員會應當對設立業主大會和選舉業主委員會給予指導和協助。

■ 條文主旨

本條是關於設立業主大會和選舉業主委員會的規定。

■ 條文釋義

一、業主可以設立業主大會，選舉業主委員會

房屋的所有權人為業主，業主是建築區劃內的主人。業主大會是業主的自治組織，是基於業主的建築物區分所有權的行使產生的，由全體業主組成，是建築區劃內建築物及其附屬設施的管理機構。因此，只要是建築區劃內的業主，就有權參加業主大會，行使專有部分以外共有部分的共有以及共同管理的權利，並對小區內的業主行使專有部分的所有權作出限制性規定，以維護建築區劃內全體業主的合法權益。故本條第 1 款首先規定，業主可以設立業主大會。《物業管理條例》第 8 條第 1 款規定，物業管理區域內全體業主組成業主大會；第 2 款規定，業主大會應當代表和維護物業管理區域內全體業主在物業管理活動中的合法權益。此外，一個物業管理區域成立一個業主大會。《物業管理條例》第 9 條第 1 款規定，一個物業管理區域成立一個業主大會；第 2 款規定，物業管理區域的劃分應當考慮物業的共用設施設備、建築物規模、社區建設等因素。具體辦法由省、自治區、直轄市制定。

如果建築區劃內業主人數眾多的，可以設立本建築物或者建築區劃內所有建築物的業主委員會，故本條第 1 款中規定，業主可以選舉業主委員會。業主委員會是本建築物或者建築區劃內所有建築物的業主大會的執行機構，按照業主大會的決定履行管理的職責。《物業管理條例》第 15 條規定，業主委員會執行業主大會的決定事項，履行下列職責：（1）召集業主大會會議，報告物業管理的實施情況；（2）代表業主與業主大會選聘的物業服務企業簽訂物業服務合同；（3）及時了解業主、物業使用人的意見和建議，監督和協助物業服務企業履行物業服務合同；（4）監督管理規約的實施；（5）業主大會賦予的其他職責。

二、業主大會、業主委員會成立的具體條件和程序，依照法律、法規的規定

在民法典物權編草案編纂過程中，有的意見提出，實踐中，業主大會和業主委員會的成立比例不高，存在業主委員會成立難的問題，建議對業主大會、業主委員會成立的具體條件和程序作出規定。經研究，業主大會、業主委員會成立的具體條件和程序，可以根據各地的實際情況作出規定，不宜由法律統一規定，因此，民法典物權編對業主大會、業主委員會成立的具體條件和程序作出原則性的指引規定，規定業主大會、業主委員會成立的具體條件和程序，依照法律、法規的規定。此處法規包括行政法規和地方性法規，各地可以根據實際情

況作出規定。2018 年 8 月審議的民法典各分編草案根據各方意見，增加了此規定。

《物業管理條例》和一些地方性法規對業主大會、業主委員會成立的具體條件和程序作了規定。《物業管理條例》第 9 條第 1 款規定，一個物業管理區域成立一個業主大會；第 2 款規定，物業管理區域的劃分應當考慮物業的共用設施設備、建築物規模、社區建設等因素。具體辦法由省、自治區、直轄市制定。

三、地方人民政府有關部門、居民委員會應當對設立業主大會和選舉業主委員會給予指導和協助

由於業主大會是業主的自治組織，其成立應由業主自行籌備，自主組建。但是，一個建築區劃內，業主從不同的地方入住，互不相識，入住的時間又有先有後，有的相差幾年，因此，成立業主大會和選舉業主委員會對於業主來說有一定的難度。業主大會的設立和業主委員會的選舉關係着業主如何行使自己的權利，維護自身的合法權益，關係到廣大業主的切身利益，關係到建築區劃內的安定團結，甚至關係到社會的穩定，對此，本條第 2 款規定，地方人民政府有關部門、居民委員會應當對設立業主大會和選舉業主委員會，給予指導和協助。地方人民政府有關部門、居民委員會應當向準備成立業主大會的業主予以指導，提供相關的法律、法規及規章，提供已成立業主大會的成立經驗，幫助成立籌備組織，提供政府部門制定的業主大會議事規則、業主管理公約等示範文本，協調業主之間的不同意見，為業主大會成立前的相關活動提供必要的活動場所，積極主動參加業主大會的成立大會等。

2018 年 8 月民法典物權編一次審議後，有的常委委員、地方、部門、法學教學研究機構和社會公眾提出，近年來，群眾普遍反映業主大會、業主委員會成立難，建議草案對此作出有針對性的規定。2019 年 4 月審議的民法典物權編二次審議稿，在物權法的基礎上增加規定：居民委員會應當對設立業主大會和選舉業主委員會給予指導和協助。

第二百七十八條　下列事項由業主共同決定：

（一）制定和修改業主大會議事規則；

（二）制定和修改管理規約；

（三）選舉業主委員會或者更換業主委員會成員；

（四）選聘和解聘物業服務企業或者其他管理人；

（五）使用建築物及其附屬設施的維修資金；

（六）籌集建築物及其附屬設施的維修資金；

（七）改建、重建建築物及其附屬設施；

（八）改變共有部分的用途或者利用共有部分從事經營活動；

（九）有關共有和共同管理權利的其他重大事項。

業主共同決定事項，應當由專有部分面積佔比三分之二以上的業主且人數佔比三分

之二以上的業主參與表決。決定前款第六項至第八項規定的事項，應當經參與表決專有部分面積四分之三以上的業主且參與表決人數四分之三以上的業主同意。決定前款其他事項，應當經參與表決專有部分面積過半數的業主且參與表決人數過半數的業主同意。

■ 條文主旨

本條是關於業主共同決定的重大事項及表決程序的規定。

■ 條文釋義

本條在 2007 年通過的物權法第 76 條基礎上作了修改完善：一是將使用建築物及其附屬設施的維修資金單列一項，並降低通過這一事項的表決要求。二是增加規定「改變共有部分的用途或者利用共有部分從事經營活動」為業主共同決定的重大事項。三是適當降低業主作出決議的門檻。

一、關於業主共同決定的重大事項

本條規定，下列事項由業主共同決定：

（一）制定和修改業主大會議事規則

業主可以共同決定制定和修改業主大會議事規則。業主大會議事規則是業主大會組織、運作的規程，是對業主大會宗旨、組織體制、活動方式、成員的權利義務等內容進行記載的業主自律性文件。業主大會通過業主大會議事規則建立大會的正常秩序，保證大會內業主集體意志和行為的統一。制定和修改業主大會議事規則屬於有關共有和共同管理權利的重大事項，需要由業主共同決定。《物業管理條例》第 18 條規定，業主大會議事規則應當就業主大會的議事方式、表決程序、業主委員會的組成和成員任期等事項作出約定。

（二）制定和修改管理規約

業主可以共同決定制定和修改管理規約。管理規約是業主自我管理、自我約束、自我規範的規則約定，規定建築區劃內有關建築物及其附屬設施的使用、維護、管理等事項，是業主對建築物及其附屬設施的一些重大事務的共同約定，涉及每個業主的切身利益，對全體業主具有約束力，屬於有關共有和共同管理權利的重大事項，應當由業主共同制定和修改。《物業管理條例》第 17 條規定，管理規約應當對有關物業的使用、維護、管理，業主的共同利益，業主應當履行的義務，違反管理規約應當承擔的責任等事項依法作出約定。管理規約應當尊重社會公德，不得違反法律、法規或者損害社會公共利益。管理規約對全體業主具有約束力。

（三）選舉業主委員會或者更換業主委員會成員

業主可以共同決定選舉業主委員會或者更換業主委員會成員。業主委員會是業主大會的執行機構，具體執行業主大會決定的事項，並就建築區劃內的一般性日常事務作出決定。業主通過業主大會選舉能夠代表和維護自己利益的業主委員會委員，成立業主委員會。對不遵

守管理規約，責任心不強，不依法履行職責的委員予以更換。選舉業主委員會或者更換業主委員會成員，屬於有關共有和共同管理權利的重大事項，應當由業主共同決定。

（四）選聘和解聘物業服務企業或者其他管理人

業主可以共同決定選聘和解聘物業服務企業或者其他管理人。本法第 284 條規定，業主可以自行管理建築物及其附屬設施，也可以委託物業服務企業或者其他管理人管理。對建設單位聘請的物業服務企業或者其他管理人，業主有權依法更換。物業服務涉及建築物及其附屬設施的使用、維護、修理、更換，公共秩序、環境衛生、小區治安等諸多方面，物業服務企業或者其他管理人的物業管理水平如何，與業主利益有直接關係。選聘和解聘物業服務企業或者其他管理人，屬於有關共有和共同管理權利的重大事項，應當由業主共同決定。本法合同編對業主與物業服務企業或者其他管理人合同解除的具體操作作了規定。

（五）使用建築物及其附屬設施的維修資金

業主可以共同決定使用建築物及其附屬設施的維修資金。《住宅專項維修資金管理辦法》第 2 條第 2 款規定，本辦法所稱住宅專項維修資金，是指專項用於住宅共用部位、共用設施設備保修期滿後的維修和更新、改造的資金。建築物及其附屬設施的維修資金主要用於業主專有部分以外的共有部分的共用部位、共用設施設備保修期滿後的維修、更新、改造、維護等，涉及業主的切身利益。《住宅專項維修資金管理辦法》第 9 條第 1 款規定，業主交存的住宅專項維修資金屬於業主所有。因此，使用建築物及其附屬設施的維修資金，屬於有關共有和共同管理權利的重大事項，應當由業主共同決定。

（六）籌集建築物及其附屬設施的維修資金

業主可以共同決定籌集建築物及其附屬設施的維修資金。《住宅專項維修資金管理辦法》對首次籌集維修資金作了規定，第 7 條規定，商品住宅的業主、非住宅的業主按照所擁有物業的建築面積交存住宅專項維修資金，每平方米建築面積交存首期住宅專項維修資金的數額為當地住宅建築安裝工程每平方米造價的 5% 至 8%。直轄市、市、縣人民政府建設（房地產）主管部門應當根據本地區情況，合理確定、公佈每平方米建築面積交存首期住宅專項維修資金的數額，並適時調整。購買了商品住宅和非住宅的業主需要按照相關規定交存專項維修資金。在專項維修資金使用部分或者全部後，為保障住宅共用部位、共用設施設備保修期滿後的維修和更新、改造，就面臨着再次籌集建築物及其附屬設施的維修資金的問題。籌集維修資金關係到業主的切身利益，是否籌集以及如何籌集，屬於有關共有和共同管理權利的重大事項，應當由業主共同決定。

（七）改建、重建建築物及其附屬設施

業主可以共同決定改建、重建建築物及其附屬設施。建築物及其附屬設施的改建、重建，涉及業主建築物區分所有權的行使，費用的負擔，事情重大，屬於有關共有和共同管理權利的重大事項，應當由業主共同決定。

（八）改變共有部分的用途或者利用共有部分從事經營活動

業主可以共同決定改變共有部分的用途或者利用共有部分從事經營活動，本項是民法典

物權編編纂過程中增加的規定。在民法典物權編編纂過程中，有的意見提出，《最高人民法院關於審理建築物區分所有權糾紛案件具體應用法律若干問題的解釋》第 7 條規定，改變共有部分的用途、利用共有部分從事經營性活動、處分共有部分，以及業主大會依法決定或者管理規約依法確定應由業主共同決定的事項，應當認定為物權法第 76 條第 1 款第 7 項規定的有關共有和共同管理權利的「其他重大事項」。這些規定擴展了常見的業主共同決定事項範圍，鑒於改變共有部分的用途或者利用共有部分從事經營活動，關涉業主的切身利益，屬於有關共有和共同管理權利的重大事項，應當由業主共同決定，建議民法典物權編在總結實踐經驗的基礎上，將其增加規定為應該由業主共同決定的重大事項。2018 年 8 月審議的民法典各分編草案在總結實踐經驗的基礎上，增加規定了本項。

（九）有關共有和共同管理權利的其他重大事項

除上述所列事項外，對建築區劃內有關共有和共同管理權利的其他重大事項，也需要由業主共同決定。例如，如何對物業服務企業的工作予以監督，如何與居民委員會協作，維護好建築區劃內的社會治安等。

二、關於業主共同決定的重大事項的表決程序

本條第 2 款規定，業主共同決定事項，應當由專有部分面積佔比 2/3 以上的業主且人數佔比 2/3 以上的業主參與表決。決定前款第 6 項至第 8 項規定的事項，應當經參與表決專有部分面積 3/4 以上的業主且參與表決人數 3/4 以上的業主同意。決定前款其他事項，應當經參與表決專有部分面積過半數的業主且參與表決人數過半數的業主同意。

根據本條第 2 款的規定，業主共同決定重大事項的表決程序如下：

一是表決程序首先要有專有部分面積佔比 2/3 以上的業主且人數佔比 2/3 以上的業主參與表決。

關於專有部分面積佔比和業主人數佔比的計算。《最高人民法院關於審理建築物區分所有權糾紛案件具體應用法律若干問題的解釋》第 8 條規定，物權法第 76 條第 2 款和第 80 條規定的專有部分面積和建築物總面積，可以按照下列方法認定：（1）專有部分面積，按照不動產登記簿記載的面積計算；尚未進行物權登記的，暫按測繪機構的實測面積計算；尚未進行實測的，暫按房屋買賣合同記載的面積計算；（2）建築物總面積，按照前項的統計總和計算。第 9 條規定，物權法第 76 條第 2 款規定的業主人數和總人數，可以按照下列方法認定：（1）業主人數，按照專有部分的數量計算，一個專有部分按一人計算。但建設單位尚未出售和雖已出售但尚未交付的部分，以及同一買受人擁有一個以上專有部分的，按一人計算。（2）總人數，按照前項的統計總和計算。第 8 條、第 9 條兩條屬於表決基數的技術規則，該規則也妥當協調了建設單位、普通業主與大業主的利益關係，有助於明晰物權法第 76 條所規定的專有部分面積和業主人數兩個表決基數規則。

因此，參與表決的業主需同時滿足兩個條件：一是參與表決的業主的專有部分面積佔比 2/3 以上，二是參與表決的業主人數佔比 2/3 以上。

二是決定前款第 6 項至第 8 項規定的事項，應當經參與表決專有部分面積 3/4 以上的業

主且參與表決人數 3/4 以上的業主同意。

即決定籌集建築物及其附屬設施的維修資金，改建、重建建築物及其附屬設施，改變共有部分的用途或者利用共有部分從事經營活動這些事項時，應當經參與表決專有部分面積 3/4 以上的業主且參與表決人數 3/4 以上的業主同意。籌集建築物及其附屬設施的維修資金，改建、重建建築物及其附屬設施，改變共有部分的用途或者利用共有部分從事經營活動是建築區劃內較為重大的事情，關係到每個業主的切身利益。為了保證對這三類事項決策的慎重，保證決策能夠獲得絕大多數業主的支持，本條第 2 款規定，決定這三類事項，應當經參與表決專有部分面積 3/4 以上的業主且參與表決人數 3/4 以上的業主同意。

根據本條規定，這三類事項決定的作出，必須同時具備兩個條件，才為有效的決定：一是經參與表決專有部分面積 3/4 以上的業主，二是參與表決人數 3/4 以上的業主同意。

三是籌集建築物及其附屬設施的維修資金，改建、重建建築物及其附屬設施，改變共有部分的用途或者利用共有部分從事經營活動外的有關共有和共同管理權利的其他重大事項，屬於建築區劃內的一般性、常規性事務，其決定的作出，應當經參與表決專有部分面積過半數的業主且參與表決人數過半數的業主同意。

根據這一規定，建築區劃內的一般性、常規性事務，必須同時符合如下兩個條件：一是經參與表決專有部分面積過半數的業主的同意；二是參與表決人數過半數的業主同意。

■ 案例分析

一個建築區劃內專有部分總面積為 9 萬平方米，業主總人數為 600 人，那麼業主共同決定重大事項，參與表決的業主首先需達到專有部分面積 6 萬平方米以上且人數 400 人以上的條件。業主共同決定重大事項，參與表決的業主首先需達到專有部分面積 6 萬平方米以上且人數 400 人以上的條件。假設參與表決的業主專有部分面積正好為 6 萬平方米，人數正好為 400 人，那此時業主共同決定籌集建築物及其附屬設施的維修資金，改建、重建建築物及其附屬設施，改變共有部分的用途或者利用共有部分從事經營活動這些事項時，需達到專有部分面積 45000 平方米以上的業主且 300 名以上的業主同意。決定除本條第 1 款第 6 至 8 項之外的重大事項的，需達到專有部分面積 3 萬平方米以上的業主且 200 名以上的業主同意。

> **第二百七十九條**　業主不得違反法律、法規以及管理規約，將住宅改變為經營性用房。業主將住宅改變為經營性用房的，除遵守法律、法規以及管理規約外，應當經有利害關係的業主一致同意。

■ 條文主旨

本條是關於將住宅改變為經營性用房的規定。

■ 條文釋義

一、業主不得違反法律、法規以及管理規約，將住宅改變為經營性用房

將住宅改變為經營性用房，使原本用於居住的房屋改為用於經營的房屋，住宅的性質、用途由居住變為商用。這一改變帶來許多弊端，危害性大，主要表現有：一是干擾業主的正常生活，造成鄰里不和，引發社會矛盾，這是當前物業小區主要矛盾之一。二是造成小區車位、電梯、水、電等公共設施使用的緊張。三是容易產生安全隱患，例如，來往小區人員過多，造成樓板的承重力過大，外來人員流動快且雜，增加了小區不安全、不安定的因素，防火防盜壓力大，隱患多。四是使城市規劃目標難以實現。本來某個地區的住宅原規劃是用來居住的，但由於將住宅大量改為經營性用房，用於商業目的，結果造成該地區交通擁堵、人滿為患。五是造成國家稅費的大量流失。因此，《物業管理條例》第49條規定，物業管理區域內按照規劃建設的公共建築和共用設施，不得改變用途。業主依法確需改變公共建築和共用設施用途的，應當在依法辦理有關手續後告知物業服務企業；物業服務企業確需改變公共建築和共用設施用途的，應當提請業主大會討論決定同意後，由業主依法辦理有關手續。隨着這方面實踐經驗的不斷積累和完善，國家有關部門還將對這一問題作出具體的規定。另外，作為業主自我管理、自我約束、自我規範的建築區劃內有關建築物及其附屬設施的管理規約也可以依法對此問題作出規定。

2007年通過的物權法，作為規範業主建築物區分所有權的基本法律，明確規定，業主不得違反法律、法規以及管理規約，將住宅改變為經營性用房。據此，業主不得隨意改變住宅的居住用途，是業主應當遵守的最基本的準則，也是業主必須承擔的一項基本義務。

二、業主將住宅改變為經營性用房的，除遵守法律、法規以及管理規約外，應當經有利害關係的業主一致同意

2007年通過的物權法規定，業主將住宅改變為經營性用房的，除遵守法律、法規以及管理規約外，應當經有利害關係的業主同意。即如果業主確實因生活需要，如因下崗無收入來源，生活困難，將住宅改變為經營性用房，一是必須遵守法律、法規以及管理規約的規定。如應要辦理相應的審批手續，要符合國家衛生、環境保護要求等。二是在遵守法律、法規以及管理規約的前提下，還必須徵得有利害關係的業主同意。這兩個條件必須同時具備，才可以將住宅改變為經營性用房，二者缺一不可。

在民法典編纂過程中，有的意見提出，《最高人民法院關於審理建築物區分所有權糾紛案件具體應用法律若干問題的解釋》第10條規定，業主將住宅改變為經營性用房，未按照物權法第77條的規定經有利害關係的業主同意，有利害關係的業主請求排除妨害、消除危險、恢復原狀或者賠償損失的，人民法院應予支持。將住宅改變為經營性用房的業主以多數有利害關係的業主同意其行為進行抗辯的，人民法院不予支持。可見，將住宅改變為經營性用房須經有利害關係業主全體一致同意，而非有利害關係業主多數同意，建議業主將住宅改變為經營性用房時應當經有利害關係的業主同意，進一步明晰為有利害關係業主「全體一致」同意。經研究，2018年8月審議的民法典各分編草案將「應當經有利害關係的業主同意」

進一步明確為「應當經有利害關係的業主一致同意」。

如何確定業主為有利害關係的業主，因改變住宅為經營性用房的用途不同，影響的範圍、程度不同，要具體情況具體分析。總之，不論是否是相鄰或者不相鄰的業主，凡是因住宅改變為經營性用房受到影響的業主，均是本條所說的有利害關係的業主。《最高人民法院關於審理建築物區分所有權糾紛案件具體應用法律若干問題的解釋》第 11 條規定，業主將住宅改變為經營性用房，本棟建築物內的其他業主，應當認定為物權法第 77 條所稱「有利害關係的業主」。建築區劃內，本棟建築物之外的業主，主張與自己有利害關係的，應證明其房屋價值、生活質量受到或者可能受到不利影響。

> **第二百八十條　業主大會或者業主委員會的決定，對業主具有法律約束力。**
>
> **業主大會或者業主委員會作出的決定侵害業主合法權益的，受侵害的業主可以請求人民法院予以撤銷。**

■ 條文主旨

本條是關於業主大會、業主委員會決定效力的規定。

■ 條文釋義

一、業主大會或者業主委員會的決定，對業主具有法律約束力

根據本法第 277 條的規定，業主可以設立業主大會，選舉業主委員會。業主大會是業主的自治組織，是基於業主的建築物區分所有權的行使產生的，由全體業主組成，是建築區劃內建築物及其附屬設施的管理機構。業主大會依據法定程序作出的決定，反映了建築區劃內絕大多數業主的意志與心聲。業主委員會是由業主大會從熱心公益事業、責任心強、具有一定組織能力的業主中選舉產生出來的，作為業主的代表履行對建築物及其附屬設施的具體管理職責，為全體業主服務的組織。業主委員會作為業主大會的執行機構，具體實施業主大會作出的決定。業主大會或者業主委員會作為自我管理的權力機關和執行機關，其作出的決定，對業主應當具有法律約束力。因此，本條第 1 款規定，業主大會或者業主委員會的決定，對業主具有法律約束力。

對業主具有約束力的業主大會或者業主委員會的決定，必須是依法設立的業主大會、業主委員會作出的，必須是業主大會、業主委員會依據法定程序作出的，必須是符合法律、法規及規章，不違背公序良俗，不損害國家、公共和他人利益的決定。《物業管理條例》第 12 條第 4 款規定，業主大會或者業主委員會的決定，對業主具有約束力。第 19 條第 2 款規定，業主大會、業主委員會作出的決定違反法律、法規的，物業所在地的區、縣人民政府房地產行政主管部門或者街道辦事處、鄉鎮人民政府，應當責令限期改正或者撤銷其決定，

並通告全體業主。業主大會、業主委員會主要對建築區劃內，業主的建築物區分所有權如何行使，業主的合法權益如何維護等事項作出決定，涉及許多方面，例如，可以對制定和修改業主大會議事規則作出決定，可以對制定和修改管理規約作出決定，可以對選舉業主委員會或者更換業主委員會成員作出決定，可以對選聘和解聘物業服務企業或者其他管理人作出決定，可以對使用建築物及其附屬設施的維修資金作出決定，可以對籌集建築物及其附屬設施的維修資金作出決定，可以對改建、重建建築物及其附屬設施作出決定，可以對改變共有部分的用途或者利用共有部分從事經營活動作出決定。業主大會或者業主委員會的決定，對業主具有法律約束力。

二、業主大會或者業主委員會作出的決定侵害業主合法權益的，受侵害的業主可以請求人民法院予以撤銷

現實中，有可能有的業主大會或者業主委員會不遵守法律、法規、管理規約，或者不依據法定程序作出某些決定，侵害業主的合法權益，針對這一情形，為了切實保護業主的合法權益，本條第 2 款規定，業主大會或者業主委員會作出的決定侵害業主合法權益的，受侵害的業主可以請求人民法院予以撤銷。這一規定，賦予了業主請求人民法院撤銷業主大會或者業主委員會作出的不當決定的權利。業主在具體行使這一權利時，還要依據本法總則編、民事訴訟法等法律的規定。例如，撤銷的請求，要向有管轄權的人民法院提出，要有明確的訴訟請求和事實、理由等。《物業管理條例》第 12 條第 5 款規定，業主大會或者業主委員會作出的決定侵害業主合法權益的，受侵害的業主可以請求人民法院予以撤銷。《最高人民法院關於審理建築物區分所有權糾紛案件具體應用法律若干問題的解釋》第 12 條規定，業主以業主大會或者業主委員會作出的決定侵害其合法權益或者違反了法律規定的程序為由，依據物權法第 78 條第 2 款的規定請求人民法院撤銷該決定的，應當在知道或者應當知道業主大會或者業主委員會作出決定之日起 1 年內行使。

第二百八十一條　建築物及其附屬設施的維修資金，屬於業主共有。經業主共同決定，可以用於電梯、屋頂、外牆、無障礙設施等共有部分的維修、更新和改造。建築物及其附屬設施的維修資金的籌集、使用情況應當定期公佈。

緊急情況下需要維修建築物及其附屬設施的，業主大會或者業主委員會可以依法申請使用建築物及其附屬設施的維修資金。

■ 條文主旨

本條是關於建築物及其附屬設施的維修基金的歸屬、用途以及籌集與使用的規定。

■ 條文釋義

隨着我國住房制度改革的不斷深入，人民群眾的生活水平不斷提高，居民個人擁有住宅的比例越來越高，住宅房屋的維修管理責任也相應地由過去的國家、單位承擔轉移到居民個人承擔。而我國的住宅多為高層或者多層的群體建築，又往往以住宅小區的形式開發建設，這樣，建築物及其附屬設施的維修問題就日益突顯出來。建築物及其附屬設施能否正常、及時、順利地維修，關係到建築物及其附屬設施能否正常使用及業主的安全，關係到全體業主的切身利益，關係到社會的和諧與穩定。因此，有必要對建築物及其附屬設施的維修資金作出規定。

一、建築物及其附屬設施的維修資金的歸屬

針對實踐中，業主疑問較多的有關建築物及其附屬設施的維修資金所有權歸屬問題，本條規定，建築物及其附屬設施的維修資金屬於業主共有。《物業管理條例》第 53 條規定，住宅物業、住宅小區內的非住宅物業或者與單幢住宅樓結構相連的非住宅物業的業主，應當按照國家有關規定交納專項維修資金。專項維修資金屬於業主所有，專項用於物業保修期滿後物業共用部位、共用設施設備的維修和更新、改造，不得挪作他用。專項維修資金收取、使用、管理的辦法由國務院建設行政主管部門會同國務院財政部門制定。2007 年，為加強對住宅專項維修資金的管理和保障住宅共用部位、共用設施設備的維修和正常使用，維護住宅專項維修資金所有者的合法權益，建設部和財政部聯合發佈《住宅專項維修資金管理辦法》，其第 7 條規定，商品住宅的業主、非住宅的業主按照所擁有物業的建築面積交存住宅專項維修資金，每平方米建築面積交存首期住宅專項維修資金的數額為當地住宅建築安裝工程每平方米造價的 5% 至 8%。直轄市、市、縣人民政府建設（房地產）主管部門應當根據本地區情況，合理確定、公佈每平方米建築面積交存首期住宅專項維修資金的數額，並適時調整。第 9 條規定，業主交存的住宅專項維修資金屬於業主所有。從公有住房售房款中提取的住宅專項維修資金屬於公有住房售房單位所有。

二、建築物及其附屬設施的維修資金的使用

住房建成後，隨着時間的推移，必然面臨着共有部分的維修、更新和改造問題，此時就需要使用建築物及其附屬設施的維修資金。關於建築物及其附屬設施的維修資金的用途以及如何使用等問題，本條規定，經業主共同決定，可以用於電梯、屋頂、外牆、無障礙設施等共有部分的維修、更新和改造。建築物及其附屬設施的維修資金的籌集、使用情況應當定期公佈。

一是建築物及其附屬設施的維修資金的使用須經業主共同決定。建築物及其附屬設施的維修資金的使用涉及共有部分、共用設施設備的維修、更新、改造等，涉及業主能否正常使用建築物及其附屬設施，關係着每個業主的切身利益，因此，本條規定建築物及其附屬設施的維修資金的使用應當經業主共同決定。至於業主如何決定建築物及其附屬設施的維修資金的使用，要依據本法第 278 條作出決定。

二是關於建築物及其附屬設施的維修資金的用途，本條規定維修資金可以用於電梯、屋頂、外牆、無障礙設施等共有部分的維修、更新和改造。至於業主專有部分以外的哪些部分為共有部分，哪些設施為建築物的附屬設施，要根據每一棟建築物、每一個建築區劃的不同情況具體分析。建設部和財政部聯合發佈的《住宅專項維修資金管理辦法》第 3 條規定，本辦法所稱住宅共用部位，是指根據法律、法規和房屋買賣合同，由單幢住宅內業主或者單幢住宅內業主及與之結構相連的非住宅業主共有的部位，一般包括：住宅的基礎、承重牆體、柱、梁、樓板、屋頂以及戶外的牆面、門廳、樓梯間、走廊通道等。本辦法所稱共用設施設備，是指根據法律、法規和房屋買賣合同，由住宅業主或者住宅業主及有關非住宅業主共有的附屬設施設備，一般包括電梯、天線、照明、消防設施、綠地、道路、路燈、溝渠、池、井、非經營性車場車庫、公益性文體設施和共用設施設備使用的房屋等。第 18 條規定，住宅專項維修資金應當專項用於住宅共用部位、共用設施設備保修期滿後的維修和更新、改造，不得挪作他用。

物權法第 79 條規定，經業主共同決定，可以用於電梯、水箱等共有部分的維修。在民法典編纂過程中，有的意見提出，根據相關行政法規，供水設施的維修費用應由供水企業承擔，按照《住宅專項維修資金管理辦法》的規定，維修資金不只限於維修，還包括更新、改造，建議將「電梯、水箱等共有部分的維修」修改為「電梯、屋頂、外牆、無障礙設施等共有部分的維修、更新和改造」。經研究，2018 年 8 月審議的民法典物權編草案作了相應修改。

三是為便於業主及時了解建築物及其附屬設施維修資金的籌集情況，依法監督維修資金的使用，本條還規定，建築物及其附屬設施的維修資金的籌集、使用情況應當定期公佈。

三、緊急情況下建築物及其附屬設施的維修資金的使用

在民法典編纂過程中，有的意見提出，建築物及其附屬設施的維修資金目前主要由住建部門的專門機構管理，在實踐中存在的突出問題有：一是收取難，特別是老舊小區存在拖欠維修資金的問題。二是簽字表決難，特別是大型小區和業主實際入住不多的小區難以形成多數意見，更難以達到經專有部分佔建築物總面積 2/3 以上的業主且佔總人數 2/3 以上的業主簽字同意。三是維修資金的使用範圍難以界定，新建電梯、維修屋頂等只和部分業主直接相關的維修可否動用全體業主的維修資金，目前有爭議。四是提取使用程序繁瑣，需要提出申請，提供符合「雙過 2/3」的業主簽字同意證明，由管理機構抽查核對等，周期太長。五是使用監管難，存在物業或者業主委員會成員浪費、挪用、侵吞維修資金的情況。六是保值增值難。實踐中，目前緊急動用維修資金的一般做法是，緊急申請，緊急公示，儘快使用維修，事後再找業主補簽同意。建議增加規定緊急情況下維修申請使用建築物及其附屬設施的維修資金的相關規定。

經了解，目前一些地方性法規已經對緊急情況下維修資金的使用作了特別規定。如《江蘇省物業管理條例》第 76 條、《安徽省物業管理條例》第 89 條、《青海省物業管理條例》第 83 條等都對緊急情況下維修資金的使用作了相關規定。

也有的地方，規定以專項維修資金的增值資金建立房屋應急解危專項資金，平衡緊急情

況需要使用資金與業主決定使用較難的矛盾。如《天津市物業管理條例》第 55 條規定，專項維修資金的管理費用由市財政部門核定，在專項維修資金的增值資金中列支。專項維修資金增值資金除核定管理費外，應當建立房屋應急解危專項資金，專項用於房屋應急解危支出。專項維修資金的具體管理辦法，由市人民政府規定。

在徵求意見過程中，針對一些地方對緊急情況下維修資金的使用作的特別規定，也有的意見提出，維修資金畢竟是業主的，應當經過大多數業主的知曉並同意，堅決反對任何組織未經業主共同決定就申請使用維修資金。如果業主們真的意識到情況緊急，那麼應該團結起來，在短時間內完成法定的投票數量要求，絕對不能不經過業主投票，一旦開了這個緊急的口子，將會造成嚴重的後果。

經研究，2019 年 4 月十三屆全國人大常委會十次會議《全國人民代表大會憲法和法律委員會關於〈民法典物權編（草案）〉修改情況的彙報》中提到，有的常委委員、地方、部門、法學教學研究機構和社會公眾提出，近年來，群眾普遍反映業主大會、業主委員會成立難，公共維修資金使用難，以及物業管理不規範、業主維權難等問題，建議草案對此作出有針對性的規定。據此，憲法和法律委員會建議對該章草案作出如下修改：…… 三是根據一些地方的實踐，在草案第 76 條中增加 1 款規定：緊急情況下需要維修建築物及其附屬設施的，業主大會或者業主委員會可以依法申請使用維修資金。據此，民法典物權編草案二次審議稿增加一款規定。根據本款規定，緊急情況下需要維修建築物及其附屬設施的，業主大會或者業主委員會可以依法申請使用維修資金。此處對緊急情況下需要維修建築物及其附屬設施使用維修資金作了指引性規定，即需「依法申請」，此處的「依法」，既包括法律，也包括行政法規、部門規章和地方性法規等。

> **第二百八十二條**　建設單位、物業服務企業或者其他管理人等利用業主的共有部分產生的收入，在扣除合理成本之後，屬於業主共有。

■ 條文主旨

本條是關於共有部分產生收益的歸屬的規定。

■ 條文釋義

本條是本次民法典編纂新增加的條文。在民法典編纂過程中，有的意見建議，吸收司法解釋的相關規定，增加規定：「建設單位、物業服務企業或者其他管理人利用共有部分進行經營性活動的，業主可以請求行為人將扣除合理成本之後的收益用於補充專項維修資金或者業主共同決定的其他用途。」《最高人民法院關於審理建築物區分所有權糾紛案件具體應用法律若干問題的解釋》第 14 條規定，建設單位或者其他行為人擅自佔用、處分業主共有部

分、改變其使用功能或者進行經營性活動，權利人請求排除妨害、恢復原狀、確認處分行為無效或者賠償損失的，人民法院應予支持。屬於前款所稱擅自進行經營性活動的情形，權利人請求行為人將扣除合理成本之後的收益用於補充專項維修資金或者業主共同決定的其他用途的，人民法院應予支持。行為人對成本的支出及其合理性承擔舉證責任。

2018 年 8 月，十三屆全國人大常委會五次會議《關於〈民法典各分編（草案）〉的說明》中提到，加強對建築物業主權利的保護。⋯⋯ 第三，明確共有部分產生的收益屬於業主共有（草案第 77 條）。民法典各分編草案第 77 條規定，建設單位、物業服務企業或者其他管理人等利用業主的共有部分產生的收益，在扣除合理成本之後，屬於業主共有。

民法典各分編草案在徵求意見過程中，有的意見提出，收益的含義本身就包含收入扣除成本的意思，為更加準確，避免實踐操作中的歧義，建議將本條中的「收益」修改為「收入」。2019 年 4 月審議的民法典物權編草案吸收了這一意見。

根據本條規定，建設單位、物業服務企業或者其他管理人等利用業主的共有部分產生的收入，在扣除合理成本之後，屬於業主共有。例如，很多小區會在業主的共有部分設置廣告，這些廣告收入，在扣除合理成本之後，應該屬於業主共有。再如，佔有業主共有的道路或者其他場地設置的車位，出租車位的租金收入，在扣除合理的成本之後，也應該屬於業主共有。《最高人民法院關於審理建築物區分所有權糾紛案件具體應用法律若干問題的解釋》第 17 條規定，本解釋所稱建設單位，包括包銷期滿，按照包銷合同約定的包銷價格購買尚未銷售的物業後，以自己名義對外銷售的包銷人。《物業管理條例》第 54 條規定，利用物業共用部位、共用設施設備進行經營的，應當在徵得相關業主、業主大會、物業服務企業的同意後，按照規定辦理有關手續。業主所得收益應當主要用於補充專項維修資金，也可以按照業主大會的決定使用。

第二百八十三條　建築物及其附屬設施的費用分攤、收益分配等事項，有約定的，按照約定；沒有約定或者約定不明確的，按照業主專有部分面積所佔比例確定。

■ 條文主旨

本條是關於建築物及其附屬設施費用分攤、收益分配的規定。

■ 條文釋義

在民法典編纂過程中，有的意見提出，物權法第 80 條中規定，沒有約定或者約定不明確的，按照業主專有部分佔建築物總面積的比例確定。其中關於建築物總面積的計算，《最高人民法院關於審理建築物區分所有權糾紛案件具體應用法律若干問題的解釋》第 8 條規定，物權法第 76 條第 2 款和第 80 條規定的專有部分面積和建築物總面積，可以按照下列

方法認定：（1）專有部分面積，按照不動產登記簿記載的面積計算；尚未進行物權登記的，暫按測繪機構的實測面積計算；尚未進行實測的，暫按房屋買賣合同記載的面積計算；（2）建築物總面積，按照前項的統計總和計算。此處「建築物總面積」應該是「建築物專有部分總面積」，建議修改。2018 年 8 月審議的民法典各分編草案吸收了這一意見，將「按照業主專有部分佔建築物總面積的比例確定」修改為「按照業主專有部分所佔比例確定」。2019 年 4 月審議的民法典物權編草案，進一步修改為「按照業主專有部分面積所佔比例確定」。

本條規定，建築物及其附屬設施的費用分攤、收益分配等事項，有約定的，按照約定；沒有約定或者約定不明確的，按照業主專有部分面積所佔比例確定。

一是建築物及其附屬設施的費用分攤，有約定的，按照約定；沒有約定或者約定不明確的，按照業主專有部分面積所佔比例確定。如果管理規約對建築物及其附屬設施的費用如何分攤有約定的，首先按照約定進行分攤。如果沒有約定或者約定不明確的，則可以按照業主專有部分面積所佔比例確定費用。例如，對業主共有的建築物及其附屬設施如公用設施和物業服務用房等進行維修，其費用問題，如果管理規約等有約定的，先按照約定，如果沒有約定或者約定不明確的，按照業主專有部分面積所佔比例確定。

二是建築物及其附屬設施的收益分配，有約定的，按照約定；沒有約定或者約定不明確的，按照業主專有部分面積所佔比例確定。建築物及其附屬設施不僅存在着養護、維修的問題，還存在着經營收益如何分配的問題。例如，業主大會決定，將建築物樓頂出租給企業做廣告，廣告收入如何分配，是居住頂層的業主多拿一些，還是業主平均分配；是作為業主大會、業主委員會的活動經費，還是作為維修資金用於建築物及其附屬設施的維修。按照本條規定，建築物及其附屬設施的收益分配，有約定的，按照約定；沒有約定或者約定不明確的，按照業主專有部分面積所佔比例確定。《物業管理條例》第 54 條規定，利用物業共用部位、共用設施設備進行經營的，應當在徵得相關業主、業主大會、物業服務企業的同意後，按照規定辦理有關手續。業主所得收益應當主要用於補充專項維修資金，也可以按照業主大會的決定使用。

如何規定業主對建築物及其附屬設施的費用負擔、收益分配的問題，在 2007 年物權法立法過程中有不同的看法。有的認為，應當按照業主所有的專有部分的面積佔建築物總面積的比例確定；有的認為，應當按照業主專有部分佔建築物的價值比例確定；還有的提出，這一比例應當考慮業主專有部分的面積、樓層、朝向、購買時的價錢等綜合因素。鑒於現實中情況複雜，各地及每個建築區劃的具體情況不同。業主如何負擔建築物及其附屬設施的費用，如何分配建築物及其附屬設施的收益，是業主行使建築物區分所有權的問題，業主可以依法處分，故本條規定，建築物及其附屬設施的費用分攤、收益分配等事項，有約定的，按照約定。對建築物及其附屬設施的費用分攤、收益分配等事項，沒有約定或者約定不明確的，本條作了原則性、指導性規定，即按照業主專有部分面積所佔比例確定。

> 第二百八十四條　業主可以自行管理建築物及其附屬設施，也可以委託物業服務企業或者其他管理人管理。
>
> 對建設單位聘請的物業服務企業或者其他管理人，業主有權依法更換。

■ 條文主旨

本條是對建築物及其附屬設施管理的規定。

■ 條文釋義

一、業主可以自行管理建築物及其附屬設施，也可以委託物業服務企業或者其他管理人管理

實踐中，對建築物及其附屬設施進行管理主要有兩種形式：一是業主委託物業服務企業或者其他管理人管理；二是業主自行管理。故本條第 1 款規定，業主可以自行管理建築物及其附屬設施，也可以委託物業服務企業或者其他管理人管理。

（一）業主可以委託物業服務企業或者其他管理人管理建築物及其附屬設施

物業服務企業通常是指符合法律規定，依法向業主提供物業服務的民事主體（市場主體），包括物業公司以及向業主提供服務的其他組織。物業公司，是指依法設立、具有獨立法人資格，從事物業服務活動的企業。《物業管理條例》第 32 條規定，從事物業管理活動的企業應當具有獨立的法人資格。

根據本條規定，業主委託物業服務企業或者其他管理人管理建築物及其附屬設施。《物業管理條例》對物業服務企業作了相關規定，如第 3 條規定，國家提倡業主通過公開、公平、公正的市場競爭機制選擇物業服務企業。第 39 條規定，物業服務企業可以將物業管理區域內的專項服務業務委託給專業性服務企業，但不得將該區域內的全部物業管理一併委託給他人。

（二）業主可以自行管理建築物及其附屬設施

對建築物及其附屬設施進行管理，並非必須委託物業服務企業或者其他管理人，除委託物業服務企業或者其他管理人外，也有業主自行管理的。根據本條規定，業主可以自行管理建築物及其附屬設施。大多發生在只有一個業主或者業主人數較少的建築區劃。隨着經濟的發展、科技的進步，建築領域不斷出現新技術、新產品，建築物及其附屬設施的科技含量也越來越高，管理更為複雜，業主自行管理有一定難度，所以還是提倡選擇專業化、市場化、社會化的物業管理公司對建築物及其附屬設施進行管理為好。《物業管理條例》第 4 條規定，國家鼓勵採用新技術、新方法，依靠科技進步提高物業管理和服務水平。

二、對建設單位聘請的物業服務企業或者其他管理人，業主有權依法更換

通常情況下，一棟樓或者一個住宅小區建好後，就要對建築物及其附屬設施進行管理，但業主們是陸陸續續遷入居住的，業主大會尚未成立，不能及時委託物業管理公司。在這種

情況下，只能由建設單位選聘物業管理公司對建築物及其附屬設施進行管理。本法第 939 條規定，建設單位依法與物業服務人訂立的前期物業服務合同，以及業主委員會與業主大會依法選聘的物業服務人訂立的物業服務合同，對業主具有法律約束力。《物業管理條例》第 3 章專章規定了前期物業管理，對前期物業服務企業的選聘等制定了一些規定。如第 24 條規定，國家提倡建設單位按照房地產開發與物業管理相分離的原則，通過招投標的方式選聘具有相應資質的物業服務企業。住宅物業的建設單位，應當通過招投標的方式選聘物業服務企業；投標人少於 3 個或者住宅規模較小的，經物業所在地的區、縣人民政府房地產行政主管部門批准，可以採用協議方式選聘物業服務企業。第 26 條規定，前期物業服務合同可以約定期限；但是，期限未滿、業主委員會與物業服務企業簽訂的物業服務合同生效的，前期物業服務合同終止。對於建設單位前期選聘的物業服務企業或者管理人，業主可能滿意，也可能不滿意，如果不滿意，業主都入住後，有權對建設單位選聘的物業服務企業或者其他管理人進行更換。故本條第 2 款規定，對建設單位聘請的物業服務企業或者其他管理人，業主有權依法更換。

> 　　**第二百八十五條　物業服務企業或者其他管理人根據業主的委託，依照本法第三編有關物業服務合同的規定管理建築區劃內的建築物及其附屬設施，接受業主的監督，並及時答覆業主對物業服務情況提出的詢問。**
>
> 　　**物業服務企業或者其他管理人應當執行政府依法實施的應急處置措施和其他管理措施，積極配合開展相關工作。**

■ 條文主旨

　　本條是關於物業服務企業或者其他管理人與業主關係以及物業服務企業或者其他管理人執行政府依法實施的管理措施的義務的規定。

■ 條文釋義

一、物業服務企業或者其他管理人與業主關係

　　本條第 1 款規定，物業服務企業或者其他管理人根據業主的委託，依照本法第三編有關物業服務合同的規定管理建築區劃內的建築物及其附屬設施，接受業主的監督，並及時答覆業主對物業服務情況提出的詢問。

　　第一，業主與物業服務企業或者其他管理人之間是一種合同關係。

　　根據本法第 284 條的規定，業主可以選擇物業服務企業或者其他管理人對建築區劃內的建築物及其附屬設施進行管理。選聘物業服務企業或者其他管理人的辦法、程序等，應當依據第 278 條的規定由業主共同決定。業主選好物業服務企業或者其他管理人後，應當簽訂物

業管理合同，將自己對建築物及其附屬設施的管理權利委託給選聘的物業服務企業或者其他管理人。《物業管理條例》第34條第1款規定，業主委員會應當與業主大會選聘的物業服務企業訂立書面的物業服務合同。因此，業主與物業服務企業或者其他管理人之間是一種合同關係。本次民法典編纂過程中，根據合同實踐的發展，在民法典合同編典型合同中，專章增加規定了物業服務合同，對物業服務合同的內涵、權利義務關係等作了規定。

在物業服務合同中，業主應當對自己委託物業服務企業或者其他管理人的權限範圍、雙方的權利義務、合同期限、違約責任等作出規定。本法第938條規定，物業服務合同的內容一般包括服務事項、服務質量、服務費用的標準和收取辦法、維修資金的使用、服務用房的管理和使用、服務期限、服務交接等條款。物業服務人公開作出的有利於業主的服務承諾，為物業服務合同的組成部分。物業服務合同應當採用書面形式。《物業管理條例》第34條第2款規定，物業服務合同應當對物業管理事項、服務質量、服務費用、雙方的權利義務、專項維修資金的管理與使用、物業管理用房、合同期限、違約責任等內容進行約定。

第二，物業服務企業或者其他管理人根據業主的委託，依照本法第三編有關物業服務合同的規定管理建築區劃內的建築物及其附屬設施。

物業服務企業或者其他管理人與業主簽訂委託合同後，應當根據業主的委託，依照本法合同編有關物業服務合同的規定和合同的約定向業主提供相應的服務。本次民法典編纂在合同編增加規定了物業服務合同一章，對物業服務合同的內容、權利義務等作出了明確規定，因此，民法典編纂過程中，在本條「管理建築區劃內的建築物及其附屬設施」前增加「依照本法第三編有關物業服務合同的規定」，對合同內容以及權利義務作出進一步的指引性規定。

本法以及行政法規總結實踐經驗，對物業服務企業或者其他管理人的管理行為作了一些規範性的規定。如本法合同編規定，物業服務人將物業服務區域內的部分專項服務事項委託給專業性服務組織或者其他第三人的，應當就該部分專項服務事項向業主負責。物業服務人不得將其應當提供的全部物業服務轉委託給第三人，或者將全部物業服務肢解後分別轉委託給第三人。物業服務人應當按照約定和物業的使用性質，妥善維修、養護、清潔、綠化和經營管理物業服務區域內的業主共有部分，維護物業服務區域內的基本秩序，採取合理措施保護業主的人身、財產安全。對物業服務區域內違反有關治安、環保、消防等法律法規的行為，物業服務人應當及時採取合理措施制止、向有關行政主管部門報告並協助處理。《物業管理條例》規定，物業服務企業應當按照物業服務合同的約定，提供相應的服務。物業服務企業未能履行物業服務合同的約定，導致業主人身、財產安全受到損害的，應當依法承擔相應的法律責任。物業服務企業可以將物業管理區域內的專項服務業務委託給專業性服務企業，但不得將該區域內的全部物業管理一併委託給他人。物業使用人在物業管理活動中的權利義務由業主和物業使用人約定，但不得違反法律、法規和管理規約的有關規定。物業服務企業可以根據業主的委託提供物業服務合同約定以外的服務項目，服務報酬由雙方約定。物業管理區域內，供水、供電、供氣、供熱、通信、有線電視等單位應當向最終用戶收取有關費用。物業服務企業接受委託代收前述有關費用的，不得向業主收取手續費等額外費用。對物

業管理區域內違反有關治安、環保、物業裝飾裝修和使用等方面法律、法規規定的行為，物業服務企業應當制止，並及時向有關行政管理部門報告。有關行政管理部門在接到物業服務企業的報告後，應當依法對違法行為予以制止或者依法處理。物業服務企業應當協助做好物業管理區域內的安全防範工作。發生安全事故時，物業服務企業在採取應急措施的同時，應當及時向有關行政管理部門報告，協助做好救助工作。物業服務企業僱請保安人員的，應當遵守國家有關規定。保安人員在維護物業管理區域內的公共秩序時，應當履行職責，不得侵害公民的合法權益。此外，本法合同編還對合同期限屆滿前後及合同終止如何處理作了規定。

第三，物業服務企業或者其他管理人管理建築區劃內的建築物及其附屬設施，接受業主的監督。

物業管理是否符合合同約定，涉及建築區劃內的建築物及其附屬設施能否正常有效的運轉，建築區劃內的治安、環保、衛生、消防等許多方面，涉及每個業主的切身利益，關係着社會的和諧與安定，因此，在履行物業服務合同的過程中，物業服務企業或者其他管理人應當接受業主的監督。《物業管理條例》規定，業主可以監督物業服務企業履行物業服務合同，對物業共用部位、共用設施設備和相關場地使用情況享有知情權和監督權。業主委員會應當及時了解業主、物業使用人的意見和建議，監督和協助物業服務企業履行物業服務合同。業主對物業服務企業或者其他管理人的監督具體可以採取如下不同形式，如對物業服務企業履行合同的情況提出批評、建議，查詢物業服務企業在履行合同中形成的有關物業管理的各種檔案材料。查詢物業服務企業的收費情況等。業主對物業服務企業的監督有利於其更好地向業主提供服務，履行好合同規定的義務。此外，本法第 943 條規定，物業服務人應當定期將服務的事項、負責人員、質量要求、收費項目、收費標準、履行情況，以及維修資金使用情況、業主共有部分的經營與收益情況等以合理方式向業主公開並向業主大會、業主委員會報告。

第四，物業服務企業或者其他管理人應當及時答覆業主對物業服務情況提出的詢問。

在民法典編纂過程中，有的意見提出，《最高人民法院關於審理建築物區分所有權糾紛案件具體應用法律若干問題的解釋》第 13 條規定，業主請求公佈、查閱下列應當向業主公開的情況和資料的，人民法院應予支持：（1）建築物及其附屬設施的維修資金的籌集、使用情況；（2）管理規約、業主大會議事規則，以及業主大會或者業主委員會的決定及會議記錄；（3）物業服務合同、共有部分的使用和收益情況；（4）建築區劃內規劃用於停放汽車的車位、車庫的處分情況；（5）其他應當向業主公開的情況和資料。建議增加業主知情權的相關規定。因此，本條第 1 款規定，業主有權對物業服務企業或者其他管理人詢問物業服務情況，業主對物業服務情況提出詢問的，物業服務企業或者其他管理人應當及時答覆。

二、物業服務企業或者其他管理人執行政府依法實施的管理措施的義務

本條第 2 款規定，物業服務企業或者其他管理人應當執行政府依法實施的應急處置措施和其他管理措施，積極配合開展相關工作。本款是 2020 年 5 月提交大會審議的民法典草案增加的內容。在新冠肺炎疫情防控中，廣大物業服務企業執行政府依法實施的防控措施，承擔了大量具體工作，得到了社會普遍認可，還在近期的有關地方立法中引發關注。在民法典

編纂過程中，有的意見提出，應該在民法典草案中增加相關規定。2020 年 5 月《關於〈中華人民共和國民法典（草案）〉的說明》中提到，結合疫情防控工作，明確物業服務企業和業主的相關責任和義務，增加規定物業服務企業或者其他管理人應當執行政府依法實施的應急處置措施和其他管理措施，積極配合開展相關工作，業主應當依法予以配合。

　　因此，本條增加一款規定，物業服務企業或者其他管理人的責任和義務，物業服務企業或者其他管理人應當執行政府依法實施的應急處置措施和其他管理措施，積極配合開展相關工作。

　　第二百八十六條　業主應當遵守法律、法規以及管理規約，相關行為應當符合節約資源、保護生態環境的要求。對於物業服務企業或者其他管理人執行政府依法實施的應急處置措施和其他管理措施，業主應當依法予以配合。

　　業主大會或者業主委員會，對任意棄置垃圾、排放污染物或者噪聲、違反規定飼養動物、違章搭建、侵佔通道、拒付物業費等損害他人合法權益的行為，有權依照法律、法規以及管理規約，請求行為人停止侵害、排除妨礙、消除危險、恢復原狀、賠償損失。

　　業主或者其他行為人拒不履行相關義務的，有關當事人可以向有關行政主管部門報告或者投訴，有關行政主管部門應當依法處理。

■ 條文主旨

　　本條是關於業主有關義務、制止損害他人合法權益行為並追究其法律責任以及向有關行政主管部門報告或者投訴的規定。

■ 條文釋義

一、業主應當遵守法律、法規和管理規約以及業主的配合義務

　　（一）業主應當遵守法律、法規以及管理規約，相關行為應當符合節約資源、保護生態環境的要求

　　遵守法律、法規以及管理規約是居住於建築區劃內的業主應當履行的最基本的義務。業主首先應當遵守法律、法規，法律、法規對業主的義務作了一些規定，如本法第 944 條規定，業主應當按照約定向物業服務人支付物業費。物業服務人已經按照約定和有關規定提供服務的，業主不得以未接受或者無需接受相關物業服務為由拒絕支付物業費。業主違反約定逾期不支付物業費的，物業服務人可以催告其在合理期限內支付；合理期限屆滿仍不支付的，物業服務人可以提起訴訟或者申請仲裁。第 272 條中規定，業主行使權利不得危及建築物的安全，不得損害其他業主的合法權益。《物業管理條例》第 7 條規定，業主在物業管理

活動中，履行下列義務：（1）遵守管理規約、業主大會議事規則；（2）遵守物業管理區域內物業共用部位和共用設施設備的使用、公共秩序和環境衛生的維護等方面的規章制度；（3）執行業主大會的決定和業主大會授權業主委員會作出的決定；（4）按照國家有關規定交納專項維修資金；（5）按時交納物業服務費用；（6）法律、法規規定的其他義務。

此外，業主還應當遵守管理規約。根據本法第 278 條規定，業主共同決定制定和修改管理規約。《物業管理條例》第 17 條規定，管理規約應當對有關物業的使用、維護、管理，業主的共同利益，業主應當履行的義務，違反管理規約應當承擔的責任等事項依法作出約定。管理規約應當尊重社會公德，不得違反法律、法規或者損害社會公共利益。管理規約對全體業主具有約束力。此外，建設單位在銷售物業之前，可以制定臨時管理規約，業主也應該遵守，如果建設單位制定的臨時管理規約侵害業主的合法權益或者業主認為不合適，可以依法修改。

（二）業主對物業服務企業或者其他管理人依法實施的應急處理措施和其他管理措施的配合義務

本條第 1 款中規定，對於物業服務企業或者其他管理人執行政府依法實施的應急處置措施和其他管理措施，業主應當依法予以配合。此規定是 2020 年 5 月提交大會審議的民法典草案增加的內容。在新冠肺炎疫情防控中，廣大物業服務企業執行政府依法實施的防控措施，承擔了大量具體工作，得到了社會普遍認可，還在近期的有關地方立法中引發關注。在民法典編纂過程中，有的意見提出，應該在民法典草案中增加相關規定。2020 年 5 月《關於〈中華人民共和國民法典（草案）〉的說明》中提到，結合疫情防控工作，明確物業服務企業和業主的相關責任和義務，增加規定物業服務企業或者其他管理人應當執行政府依法實施的應急處置措施和其他管理措施，積極配合開展相關工作，業主應當依法予以配合。

二、業主大會或者業主委員會制止損害他人合法權益行為並追究其法律責任

有的建築區劃內的個別業主，不遵守法律、法規以及管理規約的規定，任意棄置垃圾、排放污染物或者噪聲、違反規定飼養動物、違章搭建、侵佔通道、拒付物業費，損害了部分業主甚至是全體業主的合法權益，對這些侵權行為，由誰予以制止，是否可以追究其侵權的民事責任。業主大會、業主委員會是否可以提起訴訟，在哪些方面享有訴訟資格，可以成為訴訟主體。對這些問題，在 2007 年物權法研究起草過程中有着不同的看法。有的提出，對建築區劃內個別業主實施的侵權行為，業主大會、業主委員會有責任也有義務予以勸阻、制止，業主大會、業主委員會還可以提起訴訟，物權法應當賦予業主大會、業主委員會訴訟主體資格。有的提出，業主大會、業主委員會提起訴訟後，如果敗訴，訴訟後果應由全體業主承擔，這在理論上說得通，但在實踐中行不通。有的提出，業主大會、業主委員會是由業主組成的。業主大會、業主委員會對侵權行為予以處置，影響鄰里關係，容易產生矛盾，宜由物業公司或者國家有關部門予以制止。物業公司提出，物業公司根據業主的要求，對建築區劃內的違法行為予以勸阻、制止，但當事人根本不聽，物業公司也沒有辦法。物業公司是受業主委託，向業主提供服務的企業。沒有政府的授權，對這些違法行為無權管，管了也

沒用。

在物權法起草過程中，立法部門經調查研究認為，為了維護業主的共同權益，應當對業主大會、業主委員會的起訴和應訴資格作出規定，對此物權法草案三次審議稿第 87 條曾規定：「對侵害業主共同權益等行為，業主會議經三分之二以上業主同意，可以以業主會議的名義提起訴訟、申請仲裁。」對此，有的提出，這一條的規定對於切實維護業主權益是必要的，但需經 2/3 以上業主同意規定的比例過高，建議降低比例。有的提出，現實生活中維護業主共同權益的許多工作是由業主委員會承擔的，經業主授權，業主委員會也可以提起訴訟、申請仲裁。對此，立法部門將這一條修改為，「對侵害業主共同權益的行為，對物業服務機構等違反合同發生的爭議，經專有部分佔建築物總面積過半數的業主或者佔總人數過半數的業主同意，可以以業主大會或者業主委員會的名義提起訴訟、申請仲裁；業主也可以以自己的名義提起訴訟、申請仲裁」（草案四次審議稿第 86 條）。對這一修改，有的常委委員和業主委員會提出，業主大會或者業主委員會沒有獨立的財產，難以承擔敗訴後的民事責任，建議刪去這一規定。立法部門經調查研究認為，業主大會是業主的自治性組織，業主委員會是業主大會的執行機構，業主大會或者業主委員會享有的權利、承擔的義務都要落在業主身上，目前許多小區沒有成立業主大會或者業主委員會，對業主大會或者業主委員會提起訴訟、申請仲裁的權利以暫不作規定為妥；對侵害業主共同權益的糾紛，可以通過民事訴訟法規定，推選代表人進行訴訟。

對任意棄置垃圾、排放污染物或者噪聲、違反規定飼養動物、違章搭建、侵佔通道、拒付物業費等損害他人合法權益的行為如何處置，本條規定了以下幾種辦法：一是業主大會、業主委員會依照法律、法規以及管理規約的規定，要求其停止侵害、消除危險、排除妨礙、賠償損失。二是受到侵害的業主個人依據民事訴訟法等法律的規定，向人民法院提起訴訟。三是共同受到侵害的業主，推選代表人，依據民事訴訟法等法律的規定，向人民法院提起訴訟。本次民法典編纂過程中，對此未作修改。

關於「損害他人合法權益的行為」的界定，《最高人民法院關於審理建築物區分所有權糾紛案件具體應用法律若干問題的解釋》第 15 條規定，業主或者其他行為人違反法律、法規、國家相關強制性標準、管理規約，或者違反業主大會、業主委員會依法作出的決定，實施下列行為的，可以認定為物權法第 83 條第 2 款所稱的其他「損害他人合法權益的行為」：（1）損害房屋承重結構，損害或者違章使用電力、燃氣、消防設施，在建築物內放置危險、放射性物品等危及建築物安全或者妨礙建築物正常使用；（2）違反規定破壞、改變建築物外牆面的形狀、顏色等損害建築物外觀；（3）違反規定進行房屋裝飾裝修；（4）違章加建、改建，侵佔、挖掘公共通道、道路、場地或者其他共有部分。

三、業主或者其他行為人拒不履行相關義務的，有關當事人可以向有關行政主管部門報告或者投訴，有關行政主管部門應當依法處理

在民法典編纂過程中，有的意見提出，除要求行為人承擔民事責任外，有關當事人還可以向有關行政主管部門投訴，建議增加相關內容。經研究，2019 年 4 月，十三屆全國人

大常委會十次會議《全國人民代表大會憲法和法律委員會關於〈民法典物權編（草案）〉修改情況的彙報》中提到，加強對業主維權的保障，在草案第 81 條中增加 1 款規定：在建築區劃內違反規定飼養動物、違章搭建、侵佔通道等的行為人拒不履行相關義務的，有關當事人可以向有關行政主管部門投訴，有關行政主管部門應當依法處理。例如，行為人違章搭建的，有關當事人可以依法向住建部門投訴，相關部門應當依法處理。2020 年 5 月提交大會審議的民法典草案進一步將「投訴」修改為「報告或者投訴」，並將「行為人」修改為「業主或者行為人」。

> **第二百八十七條　業主對建設單位、物業服務企業或者其他管理人以及其他業主侵害自己合法權益的行為，有權請求其承擔民事責任。**

■ 條文主旨

本條是關於業主對侵害自己合法權益的行為，有權請求承擔民事責任的規定。

■ 條文釋義

本條是在 2007 年通過的物權法第 83 條第 2 款中「業主對侵害自己合法權益的行為，可以依法向人民法院提起訴訟」的規定基礎上的修改完善，將業主對侵害自己合法權益行為有權請求承擔民事責任的規定單列一條作了規定。在民法典編纂過程中，有的意見提出，物權法第 83 條規定的是業主的有關義務、業主大會和業主委員會制止損害他人合法權益行為，建議對業主對侵害自己合法權益的行為作單獨規定。2018 年 8 月審議的民法典各分編草案吸收了這一意見，單列一條並作了修改完善。

法律及行政法規等規定了一些業主的權利，如本法第 274 條規定，建築區劃內的道路，屬於業主共有，但是屬於城鎮公共道路的除外。建築區劃內的綠地，屬於業主共有，但是屬於城鎮公共綠地或者明示屬於個人的除外。建築區劃內的其他公共場所、公用設施和物業服務用房，屬於業主共有。第 275 條第 2 款規定，佔用業主共有的道路或者其他場地用於停放汽車的車位，屬於業主共有。第 280 條第 2 款規定，業主大會或者業主委員會作出的決定侵害業主合法權益的，受侵害的業主可以請求人民法院予以撤銷。第 281 條規定，建築物及其附屬設施的維修資金，屬於業主共有。第 282 條規定，建設單位、物業服務企業或者其他管理人等利用業主的共有部分產生的收入，在扣除合理成本之後，屬於業主共有。《物業管理條例》第 6 條中規定，業主在物業管理活動中，享有下列權利：（1）按照物業服務合同的約定，接受物業服務企業提供的服務；（2）提議召開業主大會會議，並就物業管理的有關事項提出建議；（3）提出制定和修改管理規約、業主大會議事規則的建議；（4）參加業主大會會議，行使投票權；（5）選舉業主委員會成員，並享有被選舉權；（6）監督業主委員會的工作；

（7）監督物業服務企業履行物業服務合同；（8）對物業共用部位、共用設施設備和相關場地使用情況享有知情權和監督權；（9）監督物業共用部位、共用設施設備專項維修資金的管理和使用；（10）法律、法規規定的其他權利。同時也規定了一些建設單位、物業服務企業或者其他管理人以及其他業主的義務。根據本條規定，業主對建設單位、物業服務企業或者其他管理人以及其他業主侵害自己合法權益的行為，有權請求其承擔民事責任。具體的民事責任，可以依據本法第 179 條的相關規定。

第七章 相鄰關係

本章共九條。對處理相鄰關係的原則、用水與排水、通行、通風、採光和日照等相鄰關係作了規定。相鄰關係是指不動產的相鄰各方因行使所有權或者用益物權而發生的權利義務關係。

> **第二百八十八條 不動產的相鄰權利人應當按照有利生產、方便生活、團結互助、公平合理的原則,正確處理相鄰關係。**

■ 條文主旨

本條是關於處理相鄰關係原則的規定。

■ 條文釋義

本條是 2007 年通過的物權法第 84 條的規定,本次民法典編纂對本條未作修改。

本條首先要回答的是「不動產的相鄰權利人」的範圍。這裏有以下幾個問題:

第一,相鄰的不動產不僅指土地,也包括附着於土地的建築物。相鄰土地權利人之間的相鄰關係的內容是非常豐富的,例如,通行、引水、排水,以及臨時佔用鄰人土地修建建築物等。但相鄰的建築物權利人之間的相鄰關係也是同樣內容豐富的,無論是在農村還是在城市,建築物之間的通風、採光等相鄰關係直接關係到人們的生活。特別是隨着城市化的進一步發展,建築物區分所有人之間的相鄰關係迫切需要法律作出調整。

第二,不動產的相鄰關係一般指相互毗鄰的不動產權利人之間的關係,但也並不盡然。例如,河流上游的權利人排水需要流經下游的土地,當事人之間儘管土地並不相互毗鄰,但行使權利是相互鄰接的。

第三,相鄰的不動產權利人,不僅包括不動產的所有人,而且包括不動產的用益物權人和佔有人。

法律設立不動產相鄰關係的目的是儘可能確保相鄰的不動產權利人之間的和睦關係,解決相鄰的兩個或者多個不動產所有人或使用人因行使權利而發生的衝突,維護不動產相鄰各方利益的平衡。在現代社會,世界各國的立法取向更加注重不動產所有權的「社會性義務」,給不動產所有權提出了更多的限制性要求。人們逐漸認識到對不動產所有權的行使不能是絕對的,為避免所有權人絕對行使權利而妨礙社會的進步和公共利益的需要,有必要對所有權的行使,特別是不動產物權的行使加以必要的限制。基於相鄰關係的規定,如果我是

一個不動產權利人，這種限制來自兩個方面：一是，我不能在我的一畝三分地內胡作非為，從而影響鄰人對其不動產的正常使用及安寧。二是，我對我的一畝三分地行使所有權時，要為鄰人對其不動產的使用提供一定的便利，即容忍鄰人在合理範圍內使用自己的不動產。

我國早在 1986 年通過的民法通則就規定了處理不動產相鄰關係的原則。民法通則第 83 條規定：「不動產的相鄰各方，應當按照有利生產、方便生活、團結互助、公平合理的精神，正確處理截水、排水、通行、通風、採光等方面的相鄰關係。給相鄰方造成妨礙或者損失的，應當停止侵害，排除妨礙，賠償損失。」雖然民法通則對相鄰關係的規定僅此一條，但卻揭示了相鄰關係的本質特徵。相鄰關係是法定的，一是體現在不動產權利人對相鄰不動產權利人的避免妨害之注意義務；二是體現在不動產權利人在非使用鄰地就不能對自己的不動產進行正常使用時，有權在對鄰地損害最小的範圍內使用鄰地，鄰地權利人不能阻攔。這就是「團結互助、公平合理」的原則要求。

處理相鄰關係的原則，不僅是人們在生產、生活中處理相鄰關係應遵從的原則，也是法官審理相鄰關係糾紛案件應遵從的原則。特別是在法律對相鄰關係的某些類型缺乏明確規定的情況下，需要法官以處理相鄰關係的一般原則評判是非。例如，我國民法典物權編對樹木根枝越界的相鄰關係問題沒有作出規定。在我國農村此類糾紛還是常見的。

■ 案例分析

例如，甲家樹木的枝蔓越界到乙家，乙家認為該越界枝蔓影響了其採光，從而起訴到法院，要求甲家砍斷越界的枝蔓。法官在審理此案時，首先要看當地的習慣對此類糾紛如何處理。如果當地也沒有相應的習慣，法官要依我國法律規定的處理相鄰關係的一般原則審理此案。法官要查證越界枝蔓是否對乙家的生活造成了嚴重影響，也要查明砍斷越界枝蔓對甲家的生產會產生多少影響，因為該樹可能是經濟價值較高的果樹。如果法官認定越界枝蔓嚴重妨害了乙家的採光，同時砍斷越界枝蔓對甲家的生產損失不大，則判決甲家砍斷越界枝蔓；反之，如果法官認定越界枝蔓對乙家的生活影響不大，但砍斷越界枝蔓可能對甲家的生產造成較大損失，可以判決保留越界枝蔓，而由甲家給乙家一定補償。

第二百八十九條　法律、法規對處理相鄰關係有規定的，依照其規定；法律、法規沒有規定的，可以按照當地習慣。

■ 條文主旨

本條是關於處理相鄰關係依據的規定。

■ 條文釋義

本條是 2007 年通過的物權法第 85 條的規定，本次民法典編纂對本條未作修改。

需要用法律調整的相鄰關係的種類很多，隨着社會經濟的發展，其範圍還在不斷擴大。因此，民法典物權編不可能對需要調整的相鄰關係一一列舉，只能擇其主要，作出原則性規定。世界各國對相鄰關係種類的規定也是有繁有簡。但是在現實生活中，基於相鄰關係發生的糾紛的種類很多，人民法院或者其他有權調解、處理的機關在處理糾紛時，又必須依據一定的規範，所以本條規定：法律、法規對處理相鄰關係有規定的，依照其規定；法律、法規沒有規定的，可以按照當地習慣。

我國有些法律、法規對處理相鄰關係作出了規定。例如，我國建築法對施工現場相鄰建築物的安全、地下管線的安全，以及周圍環境的安全都提出了要求。該法第 39 條第 2 款規定：「施工現場對毗鄰的建築物、構築物和特殊作業環境可能造成損害的，建築施工企業應當採取安全防護措施。」第 40 條規定：「建設單位應當向建築施工企業提供與施工現場相關的地下管線資料，建築施工企業應當採取措施加以保護。」第 41 條規定：「建築施工企業應當遵守有關環境保護和安全生產的法律、法規的規定，採取控制和處理施工現場的各種粉塵、廢氣、廢水、固體廢物以及噪聲、振動對環境的污染和危害的措施。」

處理民事關係，首先應當依照民事法律的規定。在民事法律未作規定的情況下，法官在處理民事糾紛時，依習慣作出判斷。本法第 10 條規定，處理民事糾紛，應當依照法律；法律沒有規定的，可以適用習慣，但是不得違背公序良俗。

平等主體之間的財產關係和人身關係的種類和內容極其廣泛和複雜，調整這些關係的民法是難以涵蓋全部的。因此，有的民事關係在沒有相應法律進行調整時，適用當地風俗習慣或者交易慣例是一種必然要求。在法治社會裏，民事主體之間發生了某種糾紛，不能說由於沒有相應法律作為依據，法院就拒絕審理，這不利於社會的和諧與穩定。

作為審案依據的「習慣」必須是當地多年實施且為當地多數人所遵從和認可的習慣，這種習慣已經具有「習慣法」的作用，在當地具有類似於法律一樣的約束力。同時，這種習慣以不違背公序良俗為限。因此，當鄰里因為不動產的使用而發生糾紛時，如果沒有相應的民事法律進行調整，在是否適用習慣作為審案的依據，以及適用何種習慣作為審案的依據問題上，法官具有自由裁量權。

在整個民法體系中，處理相鄰關係需要以習慣作為依據所佔的比例是比較大的。理由就是相鄰關係的種類繁多且內容豐富。由於本法對相鄰關係的規定比較原則和抽象，因此，更是大量需要以習慣作為標準來判決基於相鄰關係而產生的糾紛的是與非。

> 第二百九十條　不動產權利人應當為相鄰權利人用水、排水提供必要的便利。
>
> 　　對自然流水的利用，應當在不動產的相鄰權利人之間合理分配。對自然流水的排放，應當尊重自然流向。

■ 條文主旨

本條是關於用水、排水相鄰關係的規定。

■ 條文釋義

相鄰的不動產權利人基於用水、排水而發生的相鄰關係的內容非常豐富，我國水法第28條規定：「任何單位和個人引水、截（蓄）水、排水，不得損害公共利益和他人的合法權益。」根據水法並參考國外或地區立法例，關於水的相鄰關係的內容大概有以下幾項：

一、對自然流水的規定

1. 尊重自然流水的流向及低地權利人的承水、過水義務。例如，法國、意大利、瑞士、日本等國民法典和我國台灣地區「民法」規定，從高地自然流至之水，低地權利人不得妨阻。

2. 水流地權利人變更水流或者寬度的限制。例如，《日本民法典》和我國台灣地區「民法」規定，水流地權利人，如對岸的土地屬於他人時，不得變更水流或者寬度。兩岸的土地均屬於一個權利人時，該權利人可以變更水流或者寬度，但應給下游留出自然水路。當地對此有不同習慣的，從其習慣。

3. 對自然流水使用上的合理分配。我國對跨行政區域的河流實行水資源配置制度。我國水法第45條第1款規定：「調蓄徑流和分配水量，應當依據流域規劃和水中長期供求規劃，以流域為單元制定水量分配方案。」法國、意大利、瑞士等國民法典和我國台灣地區「民法」規定，自然流水為低地所必需的，高地權利人縱因其需要，也不得妨堵其全部。

二、蓄水、引水、排水設施損壞而致鄰地損害時的修繕義務

例如，《日本民法典》和我國台灣地區「民法」規定，土地因蓄水、引水、排水所設置的工作物破潰、阻塞，致損及他人的土地，或者有損害發生的危險時，土地權利人應以自己的費用進行必要的修繕、疏通和預防。但對費用的承擔另有習慣的，從其習慣。

三、排水權

《日本民法典》和我國台灣地區「民法」規定，高地權利人為使其浸水之地乾涸，或者排泄家用、農工業用水至公共排水通道時，可以使其水通過低地。但應選擇於低地損害最小的處所和方法為之。在對低地仍有損害的情況下，應給予補償。

《日本民法典》和我國台灣地區「民法」規定，水流因事變在低地阻塞時，高地權利人為保障自己的排水，有權以自己的費用在低地建造疏通流水的必要工事。但對費用的承擔另有習慣的，從其習慣。

四、土地權利人為引水或排水而使用鄰地水利設施的權利

《日本民法典》和我國台灣地區「民法」規定，土地權利人為引水或排水，可以使用鄰

地的水利設施。但應按其受益的程度，負擔該設施的設置及保存費用。

五、用水權

由於我國法律規定水資源屬於國家所有，所以我國水法第 48 條第 1 款規定：「直接從江河、湖泊或者地下取用水資源的單位和個人，應當按照國家取水許可制度和水資源有償使用制度的規定，向水行政主管部門或者流域管理機構申請領取取水許可證，並繳納水資源費，取得取水權。但是，家庭生活和零星散養、圈養畜禽飲用等少量取水的除外。」

《法國民法典》和我國台灣地區「民法」規定，河流兩岸、水井所在地等水源地的權利人有自由用水權，但公法對水資源的利用有特別規定的除外。

我國台灣地區「民法」規定，土地權利人因家用或者土地利用所必須，自己取水則費用、勞力過於巨大，可以通過支付償金的方式使用鄰地權利人的有餘之水。

六、水源地權利人的物上請求權

例如，《瑞士民法典》和我國台灣地區「民法」規定，他人因建築等行為而使水源地的水資源造成損害，如使水資源減少或受到污染，無論其出於故意還是過失，水源地權利人都可以請求損害賠償。如果該水資源屬於飲用水或者利用土地所必須的，並可以請求恢復原狀。

七、堰的設置與利用

《日本民法典》和我國台灣地區「民法」規定，水流地權利人有設堰的必要時，如對岸土地屬於他人的，可以使其堰附着於對岸。但對於因此而發生的損害，應支付償金。對岸土地的權利人，可以使用此堰，但是應當按其受益程度，負擔該堰的設置及保存費用。關於設堰，如法律另有規定或者當地另有習慣的，從其規定或習慣。

> **第二百九十一條　不動產權利人對相鄰權利人因通行等必須利用其土地的，應當提供必要的便利。**

■ 條文主旨

本條是關於相鄰關係中通行權的規定。

■ 條文釋義

不動產權利人原則上有權禁止他人進入其土地，但他人因通行等必須利用或進入其土地的，不動產權利人應當提供必要的便利。這些情形是：

第一，他人有通行權的。不動產權利人必須為相鄰「袋地」的權利人提供通行便利。「袋地」是指土地被他人土地包圍，與公路沒有適宜的聯絡，致使不能正常使用的，土地權利人可以通行周圍的土地以到達公路。但應選擇損害最小的處所及方法通行，仍有損害的，應支付償金。

袋地的形成如是因土地的分割或者一部的讓與而致不通公路時，袋地的權利人只能通行受讓人或者讓與人的土地，而且無需支付償金。

第二，依當地習慣，許可他人進入其未設圍障的土地刈取雜草，採集枯枝、枯乾，採集野生植物，或放牧牲畜等。

第三，他人物品或者動物偶然失落於其土地時，應允許他人進入其土地取回。

第二百九十二條　不動產權利人因建造、修繕建築物以及鋪設電線、電纜、水管、暖氣和燃氣管線等必須利用相鄰土地、建築物的，該土地、建築物的權利人應當提供必要的便利。

■ 條文主旨

本條是關於利用相鄰土地的規定。

■ 條文釋義

本條規定的使用鄰地包括兩種情形，一是因建造、修繕建築物而臨時使用鄰地；二是在鄰地上安設管線。

一、因建造、修繕建築物而臨時使用鄰地

土地權利人因建造、修繕建築物暫時而且有必要使用相鄰的土地、建築物的，相鄰的土地、建築物的權利人應當提供必要的便利。例如，甲要在自己的建設用地使用權範圍內建築自己的房屋，有必要將腳手架臨時搭在相鄰的乙的土地範圍內，乙不能阻攔，而應提供必要的便利。

二、在鄰地上安設管線

從建築工程學角度上講，土地權利人，非經過鄰人的土地而不能安設電線、水管、煤氣管等管線，而此等管線又為土地權利人所必需，該土地權利人有權通過鄰人土地的上下安設，但應選擇損害最小的處所及方法安設，仍有損害的，應支付償金。

第二百九十三條　建造建築物，不得違反國家有關工程建設標準，不得妨礙相鄰建築物的通風、採光和日照。

■ 條文主旨

本條是關於通風、採光和日照的規定。

■ 條文釋義

通風、採光和日照是衡量一個人居住質量的重要標準之一。隨着城市化的發展，在現代都市，建築物的通風、採光和日照問題日益成為社會關注的問題之一。由於城市土地價值的提升，導致建築物之間的距離比過去縮小，高層建築進一步普及，這些變化使得建築物之間通風、採光和日照的矛盾越來越多，因此，2007 年通過的物權法在民法通則規定的基礎上，對通風、採光和日照的問題作進一步規定。本次民法典編纂僅作個別文字修改。

由於我國地域遼闊，各地經濟發展很不平衡，所以在民法典物權編中很難規定具體的標準。又由於不同社會發展階段，對建設工程標準的要求也有所不同，因此不宜在民法典物權編中規定具體的標準。所以本條只是原則規定，「建造建築物，不得違反國家有關工程建設標準，不得妨礙相鄰建築物的通風、採光和日照。」2012 年住建部頒佈《建築採光設計標準》，2018 年住建部發佈《城市居住區規劃設計標準》。按照該規範規定，舊區改造住宅日照標準按照大寒日的日照不低於 1 小時執行。

> **第二百九十四條　不動產權利人不得違反國家規定棄置固體廢物，排放大氣污染物、水污染物、土壤污染物、噪聲、光輻射、電磁輻射等有害物質。**

■ 條文主旨

本條是關於相鄰不動產之間排放、施放污染物的規定。

■ 條文釋義

在現代社會，人們生活環境的質量日益受到社會的重視，各國政府都在加大環境保護的力度，其中重要的舉措就是加強有關環境保護方面的立法。但是保護環境不能只靠環境保護法，在與環境有關的相鄰關係，以及侵害環境的民事責任等方面，則是民法的重要任務之一。

大陸法系多數國家都把「不可稱量物質侵入」的禁止性規定作為相鄰關係一章的重要內容。所謂「不可稱量物質侵入」是指煤氣、蒸汽、熱氣、臭氣、煙氣、灰屑、喧囂、振動，以及其他類似物質侵入相鄰不動產。大陸法系多數國家或地區的民法中都規定了不可稱量物質侵入相鄰不動產時，如何調整、處理雙方的相鄰關係，只不過論述的角度有所不同。

相鄰關係中的容忍義務，即遭受來自於相鄰不動產的污染物侵害時，此種侵害如果是輕微的，或者按地方習慣認為不構成損害的，則應當容忍，不能阻止相鄰不動產排放或施放污染物。只有此種侵害超過必要的限度或者可容忍的限度時，就可以通過法律途徑要求相鄰不動產權利人停止侵害、消除危險、排除妨害，以及賠償損失。這樣規定的目的是維持相鄰不動產之間的和睦關係，因為一個人不可能生活在真空裏，來自於相鄰不動產的污染物的侵入

是不可避免的，但這種侵害不能超過一個合理的度。

本條規定的大氣污染物，主要包括燃煤的煤煙污染；廢氣、粉塵和惡臭污染；機動車船的尾氣污染等。我國大氣污染防治法第 8 條規定，國務院生態環境主管部門或者省、自治區、直轄市人民政府制定大氣環境質量標準，應當以保障公眾健康和保護生態環境為宗旨，與經濟社會發展相適應，做到科學合理。第 9 條規定，國務院生態環境主管部門或者省、自治區、直轄市人民政府制定大氣污染物排放標準，應當以大氣環境質量標準和國家經濟、技術條件為依據。第 12 條規定，大氣環境質量標準、大氣污染物排放標準的執行情況應當定期進行評估，根據評估結果對標準適時進行修訂。例如，目前我國北方城市大氣總懸浮顆粒物的 50% 來自揚塵，其中建築施工是揚塵的重要來源。如果某一居民區的旁邊是一個施工現場，該居民區的居民認為該施工現場的粉塵超過國家規定的標準的，可以要求其停止侵害、消除危險、排除妨害，以及賠償損失。

水是一種基本的環境因素，也是重要的資源。它的開發、利用和保護的情況如何，不僅直接關係到農業生產和工業生產的發展，而且直接關係到人民生活和整個國民經濟的發展。水污染是我國環境保護中的一個突出問題。隨着工業生產的增長和城市的發展，排向江河、湖泊的污水量不斷增加，特別是未經處理的工業廢水帶入大量的有毒、有害污染物質，排放到自然水體，造成了水體污染，破壞了生態平衡。我國水污染防治法對防治水污染作了相關規定。

隨着我國工業化、城市化的發展以及人民生活水平的提高，固體廢物污染防治工作面臨着許多新的情況和問題，主要表現在以下幾個方面：一是固體廢物產生量持續增長，工業固體廢物每年增長 7%，城市生活垃圾每年增長 4%；二是固體廢物處置能力明顯不足，導致工業固體廢物（很多是危險廢物）長年堆積，垃圾圍城的狀況十分嚴重；三是固體廢物處置標準不高，管理不嚴，不少工業固體廢物僅僅做到簡單堆放，城市生活垃圾無害化處置率僅達到 20% 左右；四是農村固體廢物污染問題日益突出，畜禽養殖業污染嚴重，大多數農村生活垃圾沒有得到妥善處置；五是廢棄電器產品等新型廢物不斷增長，造成新的污染。我國固體廢物污染環境防治法第 14 條規定，國務院生態環境主管部門應當會同國務院有關部門根據國家環境質量標準和國家經濟、技術條件，制定固體廢物鑒別標準。在相鄰關係中，不動產權利人不得違反國家規定的標準，向相鄰不動產傾倒、堆放、丟棄、遺撒固體廢物。

我國環境保護法第 42 條規定，排放污染物的企業事業單位和其他生產經營者，應當採取措施，防治在生產建設或者其他活動中產生的廢氣、廢水、廢渣、醫療廢物、粉塵、惡臭氣體、放射性物質以及噪聲、振動、光輻射、電磁輻射等對環境的污染和危害。

在相鄰關係中，不動產向相鄰不動產施放噪聲是難免的，但是要控制施放噪聲的分貝以及施放噪聲的時間，不得影響相鄰不動產正常的生產、生活；隨着城市化的發展，高層建築的玻璃幕牆造成的光污染，以及霓虹燈等造成的光污染越來越多。解決此類糾紛，一是要求建築單位在建築物設計上，要考慮相鄰不動產可能遭受的損害，二是要給受損害的相鄰不動產充分、合理的補償。隨着近代無線電技術的發展，電磁波污染日益受到社會的重視。我國

《廣播電視設施保護條例》第 11 條規定：「廣播電視信號發射設施的建設，應當符合國家有關電磁波防護和衛生標準；在已有發射設施的場強區內，興建機關、工廠、學校、商店、居民住宅等設施的，除應當遵守本條例有關規定外，還應當符合國家有關電磁波防護和衛生標準。」

■ **案例分析**

例如，一群人共同居住在一棟建築物，甲在裝修時釋放的噪音勢必對其鄰居造成一定的侵害，但其上下左右的鄰居為維持和睦的鄰里關係，應當負容忍義務，因為誰家都可能需要裝修，並且裝修總是能在一段時間之內完成的，此種噪音侵害並不是永久的，所以應當是可以容忍的。但是甲也應當遵守建築物的管理規約，不得在鄰居晚上休息時釋放施工噪音。

> 第二百九十五條　不動產權利人挖掘土地、建造建築物、鋪設管線以及安裝設備等，不得危及相鄰不動產的安全。

■ **條文主旨**

本條是關於維護相鄰不動產安全的規定。

■ **條文釋義**

不動產權利人有權在自己具有使用權的土地範圍內進行工程建設，但是要注意相鄰不動產的安全，避免使相鄰不動產造成不應有的損害。

所謂「不得危及相鄰不動產的安全」主要包括以下幾個方面：

第一，在自己的土地上開挖地基時，要注意避免使相鄰土地的地基發生動搖或有動搖之危險，致使相鄰土地上的建築物受到損害。

第二，在與相鄰不動產的疆界線附近處埋設水管時，要預防土沙崩潰、水或污水滲漏到相鄰不動產。

第三，不動產權利人在自己的土地範圍內種植的竹木根枝伸延，危及另一方建築物的安全和正常使用時，應當消除危險，恢復原狀。

第四，不動產權利人在相鄰土地上的建築物有倒塌的危險從而危及自己土地及建築物安全時，有權要求相鄰不動產權利人消除危險。

我國建築法對施工現場相鄰建築物的安全、地下管線的安全提出了明確要求。該法第 39 條第 2 款規定：「施工現場對毗鄰的建築物、構築物和特殊作業環境可能造成損害的，建築施工企業應當採取安全防護措施。」第 40 條規定：「建設單位應當向建築施工企業提供與施工現場相關的地下管線資料，建築施工企業應當採取措施加以保護。」

> **第二百九十六條　不動產權利人因用水、排水、通行、鋪設管線等利用相鄰不動產的，應當儘量避免對相鄰的不動產權利人造成損害。**

■ 條文主旨

本條是關於在使用相鄰不動產時避免造成損害的規定。

■ 條文釋義

在行使相鄰權的同時，也要負儘量避免對被使用的相鄰不動產的權利人造成損害的義務。

利用相鄰土地引水、排水可能無法避免給相鄰土地的權利人造成損失，但應選擇損害最小的處所或方法進行引水或者排水，仍有損害的情況下，要給予相鄰土地的權利人以補償。參照我國台灣地區「民法」的規定，關於用水、排水的補償有以下幾項：

一是高地所有人，因使浸水之地乾涸，或排泄家用、農工業用之水，以至河渠或溝道，得使其水通過低地。但應擇於低地損害最少之處所及方法為之。前項情形，高地所有人，對於低地所受之損害，應支付償金（我國台灣地區「民法」第 779 條）。

二是土地所有人，因使其土地之水通過，得使用高地或低地所有人所設之工作物。但應按其受益之程度，負擔該工作物設置及保存之費用（我國台灣地區「民法」第 780 條）。

三是水源地或井之所有人，對於他人因工事杜絕、減少或污穢其水者，得請求損害賠償。如其水為飲用，或利用土地所必要者，並得請求回覆原狀；但不能回覆原狀者，不在此限（我國台灣地區「民法」第 782 條）。

四是土地所有人因其家用或利用土地所必要，非以過巨之費用及勞力不能得水者，得支付償金，對鄰地所有人，請求給予有餘之水（我國台灣地區「民法」第 783 條）。

利用相鄰土地通行，一般都會對相鄰土地的權利人造成損害，特別是在相鄰土地上開路的情況下，損害是避免不了的，享有通行權的人必須給予補償。

關於必須利用相鄰不動產鋪設管線的，應選擇相鄰不動產損害最小之處所或方法進行，並按照損害的大小，給予補償。我國台灣地區「民法」第 786 條規定：「土地所有人，非通過他人之土地，不能安設電線、水管、煤氣管或其他筒管，或雖能安設而需費過巨者，得通過他人土地之上下而安設。但應擇其損害最少之處所及方法為之，並應支付償金。」

關於在自己的土地上進行建築活動，而有必要臨時使用相鄰土地、建築物，如有損害，應當對相鄰土地、建築物的權利人給予補償。我國台灣地區「民法」第 792 條規定：「土地所有人，因鄰地所有人在其疆界或近旁，營造或修繕建築物或其他工作物有使用其土地之必要，應許鄰地所有人使用其土地，但因而受損害者，得請求償金。」

物權法第 92 條規定，不動產權利人因用水、排水、通行、鋪設管線等利用相鄰不動產的，應當儘量避免對相鄰的不動產權利人造成損害；造成損害的，應當給予賠償。根據該條

規定，在無法避免造成損害的情況下，要給予賠償，這也是公平合理原則的體現。民法典編纂過程中，有的意見提出，造成損害的，應當給予賠償，可以由侵權責任法調整，無需在本條作出特別規定。經研究，2018 年 8 月審議的民法典各分編草案刪除了「造成損害的，應當給予賠償」的規定，刪除此規定，並非是造成損害無需賠償，而是如果造成損害，可以依據侵權責任法的規定請求損害賠償。

第八章　共　有

　　本章是關於共有的規定，共十四條。區分按份共有和共同共有，對共有物的管理及費用負擔、共有物的處分及重大修繕、共有物的分割、共有的內部關係和外部關係等內容作了規定。

> **第二百九十七條　不動產或者動產可以由兩個以上組織、個人共有。共有包括按份共有和共同共有。**

■ 條文主旨

　　本條是關於共有概念和共有形式的規定。

■ 條文釋義

一、關於共有的概念

　　共有是指多個權利主體對一物共同享有所有權。共有的主體稱為共有人，客體稱為共有財產或共有物。各共有人之間因財產共有形成的權利義務關係，稱為共有關係。

　　財產的所有形式可分為單獨所有和共有兩種形式。單獨所有是指財產所有權的主體是單一的，即一個人單獨享有對某項財產的所有權。所謂共有，是指某項財產由兩個或兩個以上的權利主體共同享有所有權，換言之，是指多個權利主體對一物共同享有所有權。例如，兩個人共同所有一艘船舶。我國海商法第 10 條規定：「船舶由兩個以上的法人或者個人共有的，應當向船舶登記機關登記；未經登記的，不得對抗第三人。」

　　在共有的概念中要區分共有與公有的關係問題。共有和公有不同。「公有」是指社會經濟制度，即公有制。就公有財產權來說，它和共有在法律性質上的不同，主要表現在：第一，共有財產的主體是多個共有人，而公有財產的主體是單一的，在我國為國家或集體組織。全民所有的財產屬於國家所有，集體所有的財產則屬於某集體組織成員集體所有。第二，公有財產已經脫離個人而存在，它既不能實際分割為個人所有，也不能由個人按照一定的份額享有財產權利。在法律上，任何個人都不能成為公有財產的權利主體。所以，有人認為集體所有是一種共同共有的觀點是不對的，集體所有是一種抽象的概念，集體所有的財產不能量化到集體經濟組織的成員。而在共有的情況下，特別是在公民個人的共有關係中，財產並沒有脫離共有人而存在。共有財產在歸屬上為共有人所有，是共有人的財產。所以，單個公民退出或加入公有組織並不影響公有財產的完整性，但是，公民退出或加入共有組織

（如合夥），就會對共有財產發生影響。

二、關於共有的形式

根據本條規定，共有包括按份共有和共同共有。按份共有和共同共有的區別在於，按份共有人對共有的不動產或者動產按照其份額享有所有權，共同共有人對共有的不動產或者動產共同享有所有權。

> **第二百九十八條　按份共有人對共有的不動產或者動產按照其份額享有所有權。**

■ 條文主旨

本條是關於按份共有的規定。

■ 條文釋義

按份共有，又稱分別共有，是與共同共有相對應的一項制度。指數人按應有份額對共有物共同享有權利和分擔義務的共有。

在按份共有中，各共有人對共有物享有不同的份額。各共有人的份額，又稱應有份，其具體數額一般是由共有人約定明確的。在按份共有中，每個共有人對共有財產享有的權利和承擔的義務，是依據其不同的份額確定的。共有人的份額決定了其權利義務的範圍。共有人對共有物持有多大的份額，就對共有物享有多大權利和承擔多大義務，份額不同，共有人對共有財產的權利義務也不同。

按份共有與分別所有是不同的。在按份共有中，各個共有人的權利不是局限在共有財產的某一部分上，或就某一具體部分單獨享有所有權，而是各共有人的權利均及於共有財產的全部。當然，在許多情況下，按份共有人的份額可以產生和單個所有權一樣的效力，如共有人有權要求轉讓其份額，但是各個份額並不是一個完整的所有權，如果各共有人分別單獨享有所有權，則共有也就不復存在了。

■ 案例分析

例如，甲、乙合購一輛汽車，甲出資 3 萬元，乙出資 2 萬元，甲、乙各按出資的份額對汽車享有權利、分擔義務。在按份共有中，各共有人的應有份必須是明確的，如果按份共有人對共有的不動產或者動產享有的份額，沒有約定或者約定不明確的，依照本法第 309 條規定，按照出資額確定；不能確定出資額的，視為等額享有。

例如，甲乙二人共同出資購買一處房屋，甲出資 6 萬元，乙出資 4 萬元。甲乙二人共同決定將該房屋出租獲取收益。在租金的分配上，甲有權獲得租金總額的 60%，乙則獲得租金總額的 40%。反之，在對該房屋維修費用的負擔上，甲應負擔 60%，而乙則承擔 40%。

> **第二百九十九條　共同共有人對共有的不動產或者動產共同享有所有權。**

■ 條文主旨

本條是關於共同共有的規定。

■ 條文釋義

共同共有是指兩個或兩個以上的民事主體，根據某種共同關係而對某項財產不分份額地共同享有權利並承擔義務。共同共有的特徵是：第一，共同共有根據共同關係而產生，以共同關係的存在為前提，例如，夫妻關係、家庭關係；第二，在共同共有關係存續期間內，共有財產不分份額。這是共同共有與按份共有的主要區別；第三，在共同共有中，各共有人平等地對共有物享受權利和承擔義務。

關於共同共有的形式，我國學界普遍認為共同共有包括「夫妻共有」「家庭共有」和「遺產分割前的共有」。

一、夫妻共有

共同共有最典型的形式就是夫妻共有。本法第 1062 條規定，夫妻在婚姻關係存續期間所得的下列財產，為夫妻的共同財產，歸夫妻共同所有：（1）工資、獎金、勞務報酬；（2）生產、經營、投資的收益；（3）知識產權的收益；（4）繼承或者受贈的財產，但是本法第 1063 條第 3 項規定的除外；（5）其他應當歸共同所有的財產。夫妻對共同財產，有平等的處理權。例如，夫妻雙方出賣、贈與屬於夫妻共有的財產，應取得一致的意見。夫妻一方明知另一方處分財產而未作否定表示的，視為同意。夫妻財產制是婚姻制度的組成部分，夫妻共有財產的範圍、夫妻共有財產權的行使、夫妻共有財產的分割等問題，均應遵守本法婚姻家庭編的相關規定。如本法第 1066 條規定，婚姻關係存續期間，有下列情形之一的，夫妻一方可以向人民法院請求分割共同財產：（1）一方有隱藏、轉移、變賣、毀損、揮霍夫妻共同財產或者偽造夫妻共同債務等嚴重損害夫妻共同財產利益的行為；（2）一方負有法定扶養義務的人患重大疾病需要醫治，另一方不同意支付相關醫療費用。

二、家庭共有

家庭共有財產是指家庭成員在家庭共同生活關係存續期間，共同創造、共同所得的財產。例如，家庭成員交給家庭的財產，家庭成員共同受贈的財產，以及在此基礎上購置和積累起來的財產等。概言之，家庭共有財產是家庭成員的共同勞動收入和所得。家庭共有財產和家庭財產的概念是不同的。家庭財產是指家庭成員共同所有和各自所有的財產的總和，包括家庭成員共同所有的財產、夫妻共有財產和夫妻個人財產、成年子女個人所有的財產、其他家庭成員各自所有的財產等。家庭共有財產則不包括家庭成員各自所有的財產。

區分家庭共有財產與家庭成員個人財產的主要意義在於：（1）本法第 1153 條第 2 款規定，遺產在家庭共有財產之中的，遺產分割時，應當先分出他人的財產。家庭共有財產的某

一共有人死亡，財產繼承開始時，必須把死者在家庭共有財產中的應有部分分出，作為遺產繼承，而不能把家庭共有財產都作為遺產繼承。（2）我國個人獨資企業法第 18 條規定，個人獨資企業投資人在申請企業設立登記時明確以其家庭共有財產作為個人出資的，應當依法以家庭共有財產對企業債務承擔無限責任。《個人獨資企業登記管理辦法》第 10 條第 2 款規定，個人獨資企業投資人以個人財產出資或者以其家庭共有財產作為個人出資的，應當在設立申請書中予以明確。

三、遺產分割前的共有

本法第 1121 條第 1 款規定，繼承從被繼承人死亡時開始。被繼承人死亡的，其遺產無論在誰的佔有之下，在法律上皆作為遺產由繼承人所有，但有數個繼承人且在遺產未分割前，理論上由其繼承人共有。因遺產分割前，不能確定各繼承人對遺產的份額，理論上認為該共有為共同共有。本法第 1151 條規定，存有遺產的人，應當妥善保管遺產，任何組織或者個人不得侵吞或者爭搶。

> **第三百條**　共有人按照約定管理共有的不動產或者動產；沒有約定或者約定不明確的，各共有人都有管理的權利和義務。

■ 條文主旨

本條是關於共有物管理的規定。

■ 條文釋義

多人共有一物的，對共有物的管理是事關各共有人的大事，所以也是關於共有的法律規範中的重要內容。

本條規定的對共有物的「管理」是一個外延寬泛的大概念。包括共有人對共有物的保存、使用方法和簡易修繕。對共有物的處分和重大修繕則不屬於對共有物管理的內容，在本章中另條規定。另外，本條沒有區分按份共有、共同共有而對共有物的管理分別作出規定，應當說按份共有人與共同共有人對共有物的管理的權利、義務上還是略有區別的。

一、按份共有人對共有物的管理

（一）按份共有人對共有物的保存

對共有物的保存是指以維持共有物的現狀為目的，保持共有物的完好狀態，通過相應的管理措施，避免共有物的毀損、滅失。

（二）按份共有人對共有物的使用方法

按份共有人對共有物的使用與按份共有人決定對共有物的使用方法是兩個性質不同的問題。按份共有人對共有物的使用及收益分配是本法第 298 條調整的內容，即各共有人按照其

份額對共有物享有所有權。而按份共有人商定對共有物的使用方法則屬於對共有物管理的內容。因為對共有物的使用方法決定着共有物的狀態及使用壽命。例如，全體共有人可以約定以下幾種對共有物的使用方法：一是各共有人對共有物分部分或者分時間使用；二是將共有物交個別共有人使用，由使用的共有人對不使用的共有人給予補償；三是將共有物出租，租金在共有人中按各自的份額分配。

（三）按份共有人對共有物的簡易修繕

對共有物的簡易修繕與對共有物的重大修繕不同。對共有物的簡易修繕是出於對共有物的保存目的，即保持共有物現有的狀態。例如，給共有的房屋破損的玻璃換上好的玻璃等。而對共有物作重大修繕，目的往往是增加共有物的效用或價值。例如，將共有居住房屋改造成商業用房出租。對共有物的重大修繕，往往需費過巨，依照本法第 301 條的規定，需要在按份共有人中間實行多數決定通過。而對共有物的簡易修繕，往往需費甚少，按本條規定，只需共有人按約定辦理。如果沒有約定或者約定不明確的，各共有人都有義務對共有物作簡易修繕。

二、共同共有人對共有物的管理

共同共有人對共有物享有共同的權利，承擔共同的義務。在對共有物的管理上，也主要體現在以下三個方面：

第一，在對共有物的保存上，有約定的按約定辦理。沒有約定或者約定不明確的，各共有人都有妥善保存的權利和義務。所謂對共有物保存的約定，主要是對共有物保存方式的約定，使共有物處於良好狀態，以至於共有物對全體共有人發揮更大的功效。例如，夫妻可以對共有的汽車商定如何保養、存放，以避免汽車毀損、滅失。有約定的依約定，沒有約定的，夫妻當中主要使用汽車的一方要妥善保存。

第二，在對共有物的使用方法上，也要遵循有約定的依約定，沒有約定的，共有人在各自使用時，要盡合理的注意義務，以避免共有物毀損。

第三，在對共有物簡易修繕問題上，共有人要商量確定。商量不通的，各共有人都有權利和義務進行修繕。因為共有物的有些小毛病如不及時修理，可能導致損失進一步擴大，對全體共有人都是不利的。

■ 案例分析

甲乙二人共購一輛出租汽車並獲得運營權。甲乙二人在共同經營這輛出租汽車時，可以就如何維護、保養這輛汽車進行約定，如該車每跑 5000 公里必須做保養；每晚停止營運後要置放於某安全地點以避免被盜等內容。甲乙二人應當遵守雙方關於保存該車的規定。如果甲乙二人沒有就該車如何保存作出約定，那麼甲和乙各自應盡自己妥善保存的義務。

甲乙二人共同出資購買一處房屋，甲出資 6 萬元，乙出資 4 萬元。甲乙二人共同決定將該房屋出租獲取收益。在租金的分配上，甲有權獲得租金總額的 60%，乙則獲得租金總額的 40%。

> 　　**第三百零一條**　處分共有的不動產或者動產以及對共有的不動產或者動產作重大
> 修繕、變更性質或者用途的，應當經佔份額三分之二以上的按份共有人或者全體共同共
> 有人同意，但是共有人之間另有約定的除外。

■ 條文主旨

　　本條是關於共有物處分或者重大修繕、變更性質或者用途的規定。

■ 條文釋義

　　在民法典編纂過程中，有的意見提出，考慮到對共有物實施轉讓、抵押等處分或者變更共有物的性質或用途，對按份共有人的利益影響巨大，建議增加相關規定。經研究，2018年 8 月審議的民法典各分編草案將本條中的「重大修繕」修改為「重大修繕、變更性質或者用途」。

　　本條區分按份共有和共同共有，對共有物的處分或者重大修繕、變更性質或者用途問題作出了不同的規定。

一、對按份共有物的處分或者重大修繕、變更性質或者用途

　　根據本條規定，處分按份共有的不動產或者動產以及對共有的不動產或者動產重大修繕、變更性質或者用途的，應當經佔份額 2/3 以上的按份共有人同意，但是共有人之間另有約定的除外。

　　（一）對按份共有物的處分

　　本法在對按份共有物的處分問題上兼顧效益原則和公平原則，實行「多數決」原則。即：佔份額 2/3 以上的按份共有人同意，即可處分共有物。傳統民法從公平原則出發，規定只有在全體按份共有人同意的前提下，才能對共有物進行處分。在 2007 年物權法起草過程中，經過對此問題深入細緻地研究，認為傳統民法的規定存在一定弊端，並不能適應新時代對物盡其用的要求。全體同意原則不僅使按份共有人間易滋生矛盾，喪失合作信心，也阻礙物之及時有效的利用。在當今社會，機會稍縱即逝，很多情況下，等到每個共有人都首肯，機會早已喪失，使物不能盡其用。因此，物權法在對按份共有的共有物處分問題上採用「多數決」的原則。但如果按份共有人約定對共有物的處分應經全體共有人一致同意，則應當依照約定行事。本次民法典編纂沿用了物權法的規定，未作修改。

　　為了提高共有物的使用效率，按份共有人可以轉讓其在共有物上的財產份額，當然可以用自己在共有物上的份額設定負擔。

　　（二）對按份共有物的重大修繕、變更性質或者用途

　　按份共有人對共有物的重大修繕，在我國台灣地區被稱為對共有物的改良。對共有物的重大修繕或改良行為，是在不改變共有物性質的前提下，提高共有物的效用或者增加共有物的價值。例如，甲乙丙兄弟三人決定將共有的房屋重建。由於對共有物的重大修繕較對共有

物的保存而言需費較大，需要各共有人按照自己所佔共有物份額的比例支付重大修繕費用，因此為維護多數共有人的利益，本法對共有物作重大修繕的行為規定實行「絕對多數決」的原則，即佔共有物 2/3 以上份額的共有人同意，才能對共有物作重大修繕。對按份共有物的變更性質或者用途對共有人的利益影響重大，也應經佔共有物 2/3 以上份額的共有人同意。

經查大陸法系有些國家或地區的立法，對共有物的改良實行「相對多數決」原則。例如，我國台灣地區「民法」第 820 條第 3 款規定：「共有物之改良，非經共有人過半數，並其應有部分合計已過半數者之同意不得為之。」由此可以看出，我國台灣地區立法對共有物的改良實行「相對多數決」原則，但是其強調不但份額過半數，共有人的人數也要過半數的前提下，才能對共有物進行改良。本條只是規定佔份額 2/3 以上共有人同意，即可對共有物進行重大修繕、變更性質或者用途。應當說這樣規定是有其合理性的。因為既能體現物盡其用的原則，又能兼顧多數共有人的利益，可以說是兼顧了效率原則與公平原則。

二、對共同共有物的處分或者重大修繕、變更性質或者用途

根據本條規定，處分共同共有的不動產或者動產以及對共有的不動產或者動產重大修繕、變更性質或者用途的，應當經全體共同共有人同意，但是共有人之間另有約定的除外。

（一）對共同共有物的處分

共同共有根據共同關係而產生，以共同關係的存在為前提。共同共有最重要的特徵之一就是各共有人平等地對共有物享受權利和承擔義務。因此，處分共有物必須經全體共同共有人同意。例如，甲乙二人為夫妻關係，甲乙二人共同共有一輛汽車。在對這輛汽車的轉讓問題上，必須在甲乙二人一致同意轉讓的前提下，才能將該車轉讓。

法律規定對共有物的處分須經全體共同共有人同意，但共有人另有約定的除外。例如，甲乙二人為夫妻關係，甲乙二人可以對共有財產約定一個各自可以處分的財產範圍，如對價值 100 元以下的共有財產的處分，可以不經過另一共有人的同意。如果雙方有此約定，則依約定行事。

（二）對共同共有物的重大修繕、變更性質或者用途

無論是夫妻共有財產，還是家庭共有財產，對共有財產作重大修繕、變更性質或者用途，特別是對價值較大的共有財產作重大修繕、變更性質或者用途，往往事關各共有人的利益，一般需要從共有財產中支付費用，還可能基於修繕而使共有人在一段時間內不能使用，或者影響共有物所創造的價值。所以本條規定，在對共有物作重大修繕、變更性質或者用途的，須經全體共同共有人一致同意，但共有人另有約定的除外。

（三）關於對共同共有物規定「一致決」的理論基礎

共同共有以法律規定的或者合同約定的共同關係為前提，而這種共有關係的當事人之間在多數情況下具有一定的人身關係，如婚姻關係或者親屬關係。家庭是社會的細胞，家庭成員之間除具有人身關係之外，還具有一定的財產關係，而共同共有則屬於家庭財產的一個常態。法律為了維護家庭關係的穩定，有必要對夫妻共有、家庭共有等共有形式的共有人之間的權利義務作出明確規定，在保護各共有人利益的同時，也維護共有人之間的和睦。

共同共有最重要的特徵之一就是各共有人平等地對共有物享受權利和承擔義務。本法第1062 條第 2 款規定：「夫妻對共同財產，有平等的處理權。」平等地對共有物行使所有權是共同共有的本質特徵。我國是一個有 2000 多年封建歷史的國家，封建的父權主義、夫權主義在一些家庭中還有所表現。在對共同共有物的處分及行使其他權利的問題上，侵害婦女或其他共有人利益的情況仍然很多。男女平等是我國婚姻法的基本原則，在對夫妻共同財產或者家庭共同財產的處分等權利方面，也必須貫徹平等的原則。

■ **案例分析**

甲乙丙兄弟三人各出資 30 萬元購置一套房屋。甲乙二人因生意缺錢，可以以二人在該房屋上的份額向銀行質押並獲得貸款 60 萬元。如果甲乙二人到期不能歸還銀行借款，丙對甲乙二人在該房屋上的份額有優先購買權，丙可以向甲乙二人各支付 30 萬元，甲乙二人在向銀行還貸的同時，也消滅了與丙的按份共有關係。

第三百零二條 共有人對共有物的管理費用以及其他負擔，有約定的，按照其約定；沒有約定或者約定不明確的，按份共有人按照其份額負擔，共同共有人共同負擔。

■ **條文主旨**

本條是關於共有物管理費用負擔的規定。

■ **條文釋義**

對共有物的管理費用主要包括以下幾項：

第一，對共有物的保存費用，即為保持共有物免於毀損、滅失，處於良好安全狀態或使用狀態而支付的費用。例如，對共有的汽車在 1 年中支付的保險費、養路費、車船使用稅、保養費、存放費等。

第二，對共有物作簡易修繕或者重大修繕所支出的費用，如修理共有的電視機所支付的修理費；裝修共有的房屋所支付的費用。

對共有物的其他負擔，例如，因為共有物對共有人以外的人造成損害，而向受害人支付的償金。如共有的房屋倒塌造成他人損害，而向受害人賠償的醫療費、誤工損失費等。

在按份共有中，對共有物的管理費用以及其他負擔，有約定的，按照約定；沒有約定或者約定不明確的，按份共有人按照其份額負擔。

在共同共有中，對共有物的管理費用以及其他負擔，原則上由共同共有人共同負擔，即由其他的共有財產，如共有的積蓄支付。但是共同共有人另有約定的，依照其約定。我國允許夫妻約定財產制，夫妻可以把家庭財產，部分約定為共同所有，部分約定為各自所有。

■ 案例分析

　　甲乙二人為夫妻，雙方在結婚之時約定婚後各自的工資收入為各自所有，獎金收入為共同共有。同時約定對家庭生活所必需的生活用品的購買實行ＡＡ制。婚後甲乙二人商定共買一輛汽車，約定雙方各出資 10 萬元，同時約定所購汽車為夫妻共同財產。在購買汽車後，在對汽車的費用支出問題上，如果甲乙二人有約定，則依約定行事。如甲乙二人約定對該車的所有管理費用支出也實行ＡＡ制，則依此約定。如果甲乙二人沒有對該車的管理費用支出作出約定，則由二人共同負擔，即從二人共有的獎金中支付該車的管理費用。

> 　　**第三百零三條　共有人約定不得分割共有的不動產或者動產，以維持共有關係的，應當按照約定，但是共有人有重大理由需要分割的，可以請求分割；沒有約定或者約定不明確的，按份共有人可以隨時請求分割，共同共有人在共有的基礎喪失或者有重大理由需要分割時可以請求分割。因分割造成其他共有人損害的，應當給予賠償。**

■ 條文主旨

　　本條是關於共有財產分割原則的規定。

■ 條文釋義

　　分割共有財產的基本原則本條規定有三：

　　一、依據共有人約定分割的原則

　　無論是按份共有，還是共同共有，共有人對共有財產的分割有約定的依其約定。共有人約定不得分割共有的不動產或者動產，以維持共有關係的，應當按照約定，但共有人有重大理由需要分割的，可以請求分割。例如，沒有經濟收入的某個共有人的父親病重，需要分割共有財產，獲得給父親看病的錢。在這種情形下，雖然共有人有不能分割共有財產的約定，但共有人的父親患病屬於本條規定的有重大理由需要分割共有財產的情形。

　　二、依法分割的原則

　　共有人對共有財產是否可以分割，在什麼情況下可以分割沒有約定，或者約定不明確的，應當依據本法的規定予以分割。即本條規定的，按份共有人可以隨時請求分割，共同共有人在共有的基礎喪失或者有重大理由需要分割時可以請求分割。

　　1. 按份共有人可以隨時請求分割。按份共有是各共有人按照確定的份額對共有財產享有權利承擔義務的共有。按份共有人對其應有份額享有相當於分別所有的權利。因此，按份共有關係存續期間，按份共有人有權請求從共有財產中分割出屬於自己的份額。這種請求不需要徵得其他共有人的同意，只要共有人提出請求，就會產生分割的後果。

　　2. 共同共有人在共有的基礎喪失或者有重大理由需要分割時可以請求分割。共同共有

是共有人對全部共有財產不分份額地享有權利承擔義務的共有。在共有關係存續期間，各共有人對共有財產沒有確定的份額，無論在權利的享有上還是在義務的負擔上都無份額比例之分。那麼，在共有人對共有財產的分割沒有約定的情況下，通常共有人只有在共同共有關係消滅時才能協商確定各自的財產份額，對共有財產予以分割。因此，本條規定共同共有人在共有的基礎喪失或者有重大理由需要分割時可以請求分割共有財產。共同共有人共有的基礎喪失，如夫妻財產的共同共有，因婚姻關係的解除而失去了共有的基礎，在這種情況下，夫或者妻一方可以請求分割共有的財產。有重大理由需要分割，如在婚姻關係存續期間，夫妻二人約定由原來的夫妻共同財產制，改變為夫妻分別財產制，在這種情況下，夫或者妻一方也可以請求分割共有的財產。本次民法典編纂還增加規定了婚姻關係存續期間，夫妻一方可以向人民法院請求分割共同財產的情形。本法第 1066 條規定，婚姻關係存續期間，有下列情形之一的，夫妻一方可以向人民法院請求分割共同財產：（1）一方有隱藏、轉移、變賣、毀損、揮霍夫妻共同財產或者偽造夫妻共同債務等嚴重損害夫妻共同財產利益的行為；（2）一方負有法定扶養義務的人患重大疾病需要醫治，另一方不同意支付相關醫療費用。在這些情形發生時，夫妻一方可以依法向人民法院請求分割共同財產。

三、損害賠償的原則

共有財產關係的客體為一項特定的統一的財產，如圖書館，其功能、作用、價值是確定的。因某些法定的特殊原因，共有人分割共有財產，會使共有財產的功能喪失或者削弱，降低它的價值，有可能給其他共有人造成損害，因此本條規定，因分割對其他共有人造成損害的，應當給予賠償。

第三百零四條　共有人可以協商確定分割方式。達不成協議，共有的不動產或者動產可以分割且不會因分割減損價值的，應當對實物予以分割；難以分割或者因分割會減損價值的，應當對折價或者拍賣、變賣取得的價款予以分割。

共有人分割所得的不動產或者動產有瑕疵的，其他共有人應當分擔損失。

■ 條文主旨

本條是關於共有物分割方式的規定。

■ 條文釋義

一、關於共有物的分割方式

分割共有的不動產或者動產，可以採取各共有人間協商確定的方式。協商的內容，由共有人自由決定，當然須得共有人全體的同意。當無法達成協議時，共有人可提請法院進行裁判分割。裁判分割應遵循本條關於實物分割、變價分割或者折價賠償的原則規定：（1）實物

分割。在不影響共有物的使用價值和特定用途時,可以對共有物進行實物分割。例如,甲乙二人共有房屋兩間,或甲乙共有糧食若干噸,即可採取實物分割的方式,每人分得一間房屋或數噸糧食。(2)變價分割。如果共有物無法進行實物分割,例如,甲乙共有一頭牛或者一輛汽車,實物分割將減損物的使用價值或者改變物的特定用途時,應當將共有物進行拍賣或者變賣,對所得價款進行分割。還有一種情形,也適用變價分割的方式,即各共有人都不願接受共有物,這時也可採取將共有物出賣,分割價金的方式。例如,甲乙二人共有奶牛50頭,實物分割是可行的,但甲乙二人都不願接受,因此只能先將50頭奶牛變賣,對所得價金進行分割。(3)折價賠償。折價賠償的分割方式主要存在於以下情形,即對於不可分割的共有物或者分割將減損其價值的,如果共有人中的一人願意取得共有物,可以由該共有人取得共有物,並由該共有人向其他共有人作價賠償。

二、共有人分割所得的不動產或者動產有瑕疵的,其他共有人應當分擔損失

本條第2款規定,共有人分割所得的不動產或者動產有瑕疵的,其他共有人應當分擔損失,即所謂瑕疵擔保責任,包括權利的瑕疵擔保責任和物的瑕疵擔保責任。前者指共有人應擔保第三人就其他共有人分得之物不得主張任何權利;後者指共有人對其他共有人應擔保其分得部分於分割前未隱含瑕疵。本款的規定是為了防止共有物分割後,共有人發現權利或者利益受到侵害而得不到賠償的情況發生。此種瑕疵擔保責任,應同於合同法中出賣人對買受人所負的瑕疵擔保責任。

> **第三百零五條** 按份共有人可以轉讓其享有的共有的不動產或者動產份額。其他共有人在同等條件下享有優先購買的權利。

■ 條文主旨

本條是關於按份共有人的優先購買權的規定。

■ 條文釋義

在按份共有關係中,因同一物之上同時存在着兩個以上共有人,為了減少共有人的人數,簡化或消除共有關係,提高共有物的利用效率,大陸法系的民事立法大都規定,在按份共有人將共有份額轉讓給第三人時,其他按份共有人有權行使優先購買權。

一、按份共有人可以轉讓其享有的共有份額

本條第一句規定了在共有關係存續期間,按份共有人有權轉讓其享有的共有的不動產或者動產份額。民法通則第78條第3款中規定,按份共有財產的每個共有人有權要求將自己的份額分出或者轉讓。

規定各共有人有權處分其份額有如下原因:一是按份共有中各共有人的所有權可劃分為份額,各共有人擁有其份額,自然有權將其份額進行處分,這是買賣自由原則的體現,也是

所有權的本質所決定的。二是我國現行法的規定也未限制共有人處分其份額的權利。

共有人轉讓共有份額後，受讓人可能繼續與其他原共有人共有，或者分割共有份額。共有人請求分割共有物的行為是一種單方法律行為，一經作出即生效力。分割共有物的方法依據當事人約定，如果當事人沒有約定或約定不明時，則按照以下方法加以分割：（1）如果共有物能夠分割，則將共有物按照共有人各自的份額加以分配；（2）如果共有物不適合分割，如分割會減少共有物的價值，則可以將共有物拍賣或變賣而分割其價金，或者共有人之一人取得共有物，向其他共有人按照各自的份額支付相應的對價。

在一般情況下，按份共有人轉讓其享有的共有份額，無需得到其他共有人同意。但各共有人不得侵害其他共有人的利益，並受法律的限制。法律有特別規定的，共有人處分其份額應遵守法律的規定。如海商法第16條第1款規定：「船舶共有人就共有船舶設定抵押權，應當取得持有三分之二以上份額的共有人的同意，共有人之間另有約定的除外。」城市房地產管理法第38條中規定，共有房地產，未經其他共有人書面同意的，不得轉讓。此外，在共有關係中有禁止共有人出讓其份額的約定的，對共有人應當具有約束力。共有人之一不按照約定處分自己應有份額的，應當無效。但是這種約定是對所有關係的特別限制，不能對抗善意第三人，如果第三人受讓其份額為善意無過失，發生共有份額所有權轉移的後果。

二、共有人轉讓其份額時其他共有人享有優先購買權

本條第二句規定了共有人轉讓其份額時其他共有人在同等條件下享有優先購買權。法律規定其他共有人優先購買權，是為了簡化共有關係，防止因外人的介入而使共有人內部關係趨於複雜。此處優先購買權是共有人相對於非共有人而言的，在共有人之間並無優先的問題。此種優先購買權僅具有債的效力，不得對抗善意第三人。而且共有人有相反的約定的，依其約定。關於共有人的優先購買權，民法通則第78條中規定，按份共有財產的每個共有人有權要求將自己的份額分出或者轉讓。但在出售時，其他共有人在同等條件下，有優先購買的權利。本法第860條第1款規定，合作開發完成的發明創造，申請專利的權利屬於合作開發的當事人共有；當事人一方轉讓其共有的專利申請權的，其他各方享有以同等條件優先受讓的權利。但是，當事人另有約定的除外。

根據本條規定，按份共有人行使優先購買權有以下條件：

首先，行使優先購買權應是在「同等條件」下。其次，行使優先購買權需作出購買的民事法律行為。此處「同等條件下」是指其他共有人就購買該份額所給出的價格等條件與欲購買該份額的非共有人相同。即當其他共有人與此外的其他人出價相同時，其他共有人有優先購買的權利。物權法出台後，《最高人民法院關於適用〈中華人民共和國物權法〉若干問題的解釋（一）》對如何判斷「同等條件」作了規定。第10條規定，物權法第101條所稱的「同等條件」，應當綜合共有份額的轉讓價格、價款履行方式及期限等因素確定。第12條第1款規定，按份共有人向共有人之外的人轉讓其份額，其他按份共有人根據法律、司法解釋規定，請求按照同等條件購買該共有份額的，應予支持。第2款規定，其他按份共有人的請求具有下列情形之一的，不予支持：（1）未在本解釋第11條規定的期間內主張優先購買，或者雖主張優先購買，但提出減少轉讓價款、增加轉讓人負擔等實質性變更要求；（2）以其

優先購買權受到侵害為由，僅請求撤銷共有份額轉讓合同或者認定該合同無效。

此外，本條僅規定按份共有人將其享有的共有的不動產或者動產份額轉讓給按份共有人之外的人時，其他共有人在同等條件下享有優先購買的權利，未規定按份共有人之間轉讓其享有的共有份額的，其他共有人是否也在同等條件下享有優先購買的權利。物權法實施後，相關司法解釋對此作了規定。《最高人民法院關於適用〈中華人民共和國物權法〉若干問題的解釋（一）》第13條規定，按份共有人之間轉讓共有份額，其他按份共有人主張根據物權法第101條規定優先購買的，不予支持，但按份共有人之間另有約定的除外。

第三百零六條　按份共有人轉讓其享有的共有的不動產或者動產份額的，應當將轉讓條件及時通知其他共有人。其他共有人應當在合理期限內行使優先購買權。

兩個以上其他共有人主張行使優先購買權的，協商確定各自的購買比例；協商不成的，按照轉讓時各自的共有份額比例行使優先購買權。

■ 條文主旨

本條是關於共有人行使優先購買權的規定。

■ 條文釋義

本條規定是編纂民法典新增加的條文，物權法未規定本條內容。在民法典編纂過程中，有的意見提出，物權法第101條規定了按份共有人的優先購買權，但對按份共有人如何行使共有權，以及如果有兩個以上共有人都主張行使優先購買權的，如何行使優先購買權問題沒有明確規定，實踐中有需求，建議增加相關規定予以明確。

雖然物權法未規定上述問題，物權法實施後，相關司法解釋對此問題作了具體規定。《最高人民法院關於適用〈中華人民共和國物權法〉若干問題的解釋（一）》第10條至第14條對按份共有人的優先購買權的實現作了明確規定。在總結司法實踐經驗的基礎上，民法典物權編增加了本條規定。

一、按份共有人優先購買權的行使

首先，按份共有人轉讓其享有的共有的不動產或者動產份額的，應當將轉讓條件及時通知其他共有人。按份共有人欲轉讓其享有的共有的不動產或者動產份額的，其他共有人決定是否行使同等條件下的優先購買權，前提是其知道欲轉讓份額的按份共有人的轉讓條件，這是按份共有人可以行使優先購買權的前提條件，因此，根據本條規定，按份共有人首先應當將轉讓條件及時通知其他共有人。

其次，其他共有人應當在合理期限內行使優先購買權。根據本條規定，其他共有人知道了轉讓條件後，應當在合理期限內行使優先購買權。因具體的行使期限情況比較複雜，本條

未規定具體的期限，只規定了其他共有人應當在「合理期限」內行使優先購買權，實踐中如何確定「合理期限」，可以參考司法解釋的相關規定。《最高人民法院關於適用〈中華人民共和國物權法〉若干問題的解釋（一）》第 11 條規定，優先購買權的行使期間，按份共有人之間有約定的，按照約定處理；沒有約定或者約定不明的，按照下列情形確定：（1）轉讓人向其他按份共有人發出的包含同等條件內容的通知中載明行使期間的，以該期間為準；（2）通知中未載明行使期間，或者載明的期間短於通知送達之日起 15 日的，為 15 日；（3）轉讓人未通知的，為其他按份共有人知道或者應當知道最終確定的同等條件之日起 15 日；（4）轉讓人未通知，且無法確定其他按份共有人知道或者應當知道最終確定的同等條件的，為共有份額權屬轉移之日起 6 個月。

二、兩個以上共有人主張行使優先購買權

如果三人以上按份共有，其中一個按份共有人欲轉讓其享有的共有的不動產或者動產份額，其他兩個以上共有人都主張行使優先購買權的，如何處理。根據本條第 2 款的規定，首先兩個以上其他共有人主張行使優先購買權的，協商確定各自的購買比例。如果協商不成的，按照轉讓時各自的共有份額比例行使優先購買權。例如，甲乙丙三人按份共有一房屋，甲佔 50%，乙佔 20%，丙佔 30%。如果甲欲轉讓其享有的共有房屋份額，乙丙都想購買，都主張行使優先購買權的，按照本條規定，先協商確定各自的購買比例，如果協商不成，就按照轉讓時各自的共有份額比例行使優先購買權，即乙可以優先購買甲的份額的 40%，丙可以優先購買甲的份額的 60%。《最高人民法院關於適用〈中華人民共和國物權法〉若干問題的解釋（一）》第 14 條規定，兩個以上按份共有人主張優先購買且協商不成時，請求按照轉讓時各自份額比例行使優先購買權的，應予支持。

> 第三百零七條　因共有的不動產或者動產產生的債權債務，在對外關係上，共有人享有連帶債權、承擔連帶債務，但是法律另有規定或者第三人知道共有人不具有連帶債權債務關係的除外；在共有人內部關係上，除共有人另有約定外，按份共有人按照份額享有債權、承擔債務，共同共有人共同享有債權、承擔債務。償還債務超過自己應當承擔份額的按份共有人，有權向其他共有人追償。

■ 條文主旨

本條是關於因共有財產產生的債權債務關係的對外以及對內效力的規定。

■ 條文釋義

一、因共有財產產生的債權債務關係的對外效力

本條第一句中規定了因共有財產產生的債權債務關係的對外效力。按照本條規定，不

論是按份共有還是共同共有，只要是因共有的不動產或者動產產生的債權債務，在對外關係上，共有人對債權債務享有連帶債權、承擔連帶債務，但法律另有規定或者第三人知道共有人不具有連帶債權債務關係的除外。連帶的方法，是共有人享有連帶債權時，任一共有人都可向第三人主張債權，共有人承擔連帶債務時，第三人可向任一共有人主張債權。合夥企業法第 38 條規定，合夥企業對其債務，應先以其全部財產進行清償。第 39 條規定，合夥企業不能清償到期債務的，合夥人承擔無限連帶責任。

本條對因共有財產產生的債權債務關係的對外效力不區分按份共有和共同共有，是為了保護善意第三人的權益，對於第三人來說，很難獲知共有人的共有關係的性質，此種情形下若不使各共有人承擔連帶義務，很容易發生共有人推託履行義務的可能，對債權人不利。在第三人不知道共有人內部關係的情況下，法律規定共有人對其享有連帶債權、承擔連帶債務，第三人即可向共有人中的任何一共有人主張其債權，保護了善意第三人的權利。

但是，當法律另有規定或者第三人知道共有人不具有連帶債權債務關係時，共有人不用承擔連帶責任而是按照約定或者共有人享有的份額各自享有債權、承擔債務。

二、因共有財產產生的債權債務關係的對內效力

本條第一句還規定了因共有財產產生的債權債務關係的對內效力。按照本條規定，因共有財產產生的債權債務關係，在共有人內部關係上，除共有人另有約定外，按份共有人按照份額享有債權、承擔債務，共同共有人共同享有債權、承擔債務。

按份共有人按照其份額對共有的物享有所有權，在內部關係上，除共有人另有約定外，按份共有人按照其份額享有權利，承擔義務。共同共有人共同對共有的物享有所有權。在內部關係上，共同共有人共同享有權利、承擔義務。

三、共有人的追償權

償還債務超過自己應當承擔份額的按份共有人，有權向其他共有人追償。這樣規定的理論基礎是按份共有人在內部關係上是按照其份額承擔義務的。合夥企業法第 40 條規定：「合夥人由於承擔無限連帶責任，清償數額超過本法第三十三條第一款規定的其虧損分擔比例的，有權向其他合夥人追償。」

第三百零八條　共有人對共有的不動產或者動產沒有約定為按份共有或者共同共有，或者約定不明確的，除共有人具有家庭關係等外，視為按份共有。

■ 條文主旨

本條是關於共有關係不明時對共有關係性質推定的規定。

■ 條文釋義

在 2007 年物權法徵求意見過程中，有的認為，按照傳統民法共有人對共有的不動產或動產沒有約定為按份共有或者共同共有，或者約定不明確的，應視為共同共有。有的建議，刪除本條「除共有人具有家庭關係等外」中的「等」字，不宜將推定的共同共有範圍擴大到家庭關係之外的其他社會關係。

共同共有是指共有人對全部共有財產不分份額地享受權利和承擔義務的共有。共同共有的共有人只有在共有關係消滅時才能協商確定各自的份額。當共有人對共有的不動產或動產沒有約定為按份共有或者共同共有，或者約定不明確的，如果推定為共同共有，共有人對共有財產的份額還是不明確的。因此，本法規定：共有人對共有的不動產或者動產沒有約定為按份共有或者共同共有，或者約定不明確的，除共有人具有家庭關係等外，視為按份共有。這樣規定，在共有人對共有的不動產或者動產沒有約定為按份共有或者共同共有，或者約定不明確時，就能很明確地確定各共有人享有的份額。

> **第三百零九條** 按份共有人對共有的不動產或者動產享有的份額，沒有約定或者約定不明確的，按照出資額確定；不能確定出資額的，視為等額享有。

■ 條文主旨

本條是關於按份共有人份額不明時份額的確定原則的規定。

■ 條文釋義

按份共有，是指數人按照各自的份額，對共有財產分享權利，分擔義務。按份共有的主體須為二人以上，稱為共有人；客體須為物，稱為共有物；共有人所享有的權利，為所有權。但此處的所有權不是數個，而是一個。即數個所有權人對一個物共同享有一個所有權。

所謂份額，即各共有人對其所有權在分量上應享有的比例。這個份額是抽象的，並不是指共有物具體的或實體的部分，它既不是對共有物在量上的劃分，也不是就共有物劃分使用部分。份額是對共有物的所有權在觀念上的劃分，只是確定各共有人行使權利的比例或者範圍而已。各按份共有人有權依其應有份額，對共有物的全部行使權利。如兩人共同出資購買了一套房屋，每人的應有份額為 1/2，並非每人對這套房屋享有所有權，而是在這套房屋上只有一個所有權，每人對這套房屋都享有 1/2 的所有權。又如 A、B 二人共有一頭羊，二者的份額相等，不能說羊頭和腿屬於 A，羊的其他部分屬於 B，只能是在對羊的利用上，二者享有同等權利，或平均分配賣羊所得的價金。

按份共有人對共有的不動產或者動產享有的份額，有約定時，按照其約定確定份額，沒有約定或者約定不明確時，首先按照出資額確定按份共有人享有的份額，在不能確定出資額

的情況下，推定為等額享有。按份共有依共有人意思而成立，共有人應有份額依共有人的約定而定；沒有特別約定，但共有關係基於有償行為而發生的，按其出資比例而確定。既然共有關係的成立是當事人意思自治的結果，那麼各共有人應有份額也應貫徹同樣原則，即由當事人約定，當事人沒有約定應有份額時則依出資比例確定共有份額，在不能確定出資額的情況下，推定為等額享有，不僅易於操作，且能簡化當事人之間的法律關係，符合社會生活中最基本的公平正義。

第三百一十條　兩個以上組織、個人共同享有用益物權、擔保物權的，參照適用本章的有關規定。

■ 條文主旨

本條是關於用益物權和擔保物權的准共有的規定。

■ 條文釋義

民法典物權編中的共有制度是專為所有權的共有而規定的，但實際生活中，並非只有所有權才能共有，其他財產權，如他物權、知識產權等財產權均可共有。比如二人以上共同享有一塊土地的建設用地使用權。此種情況就是兩個以上的主體共同享有用益物權。如甲、乙、丙三人分別借款給債務人丁，三人同時就丁所有的房屋設定一個抵押權，份額為均等，並辦理一個抵押權登記時，就發生抵押權的准共有。此種情況就是兩個以上的主體共同享有擔保物權。本條對用益物權和擔保物權的准共有作出了規定。兩個以上的主體共同享有用益物權和擔保物權的按份共有或共同共有，在性質上與對所有權的共有沒有差別，為了條文的簡約以及對實踐中這種情況的處理，本條規定兩個以上組織、個人共同享有用益物權、擔保物權的，參照本章規定。

所謂准共有是指數人按份共有或者共同共有數人共同共有所有權以外的財產權。准共有有以下特徵：（1）准共有的標的物是所有權之外的財產權，包括用益物權、擔保物權等。（2）准共有即准用共有的有關規定，各人就所有權之外的財產究竟是准用共同共有還是按份共有，應當視其共有關係而定。（3）准共有准用按份共有或共同共有的前提，是規範該財產權的法律沒有特別規定。如果有，則應首先適用該特別規定。

第九章　所有權取得的特別規定

　　所有權取得可分為一般取得和特別取得，善意取得、拾得遺失物等財產取得方式是所有權的特別取得。本章規定善意取得、拾得遺失物等所有權取得的特別方式。

　　講所有權的特別取得須先講物權的取得。物權的取得又作物權的發生，物權的取得可分為原始取得和繼受取得，原始取得指非基於他人的權利和意志取得物權，繼受取得指基於他人的權利和意志取得物權。繼受取得又分為移轉取得和創設取得，移轉取得指按原狀取得他人物權，創設取得指於他人所有權上設定用益物權。

　　物權的取得可細分為不動產物權的取得、動產物權的取得、用益物權的取得。某些法律事實能夠引起這三種物權的發生，某些法律行為僅能引起其中一種或兩種物權的發生。

　　能夠取得不動產物權、動產物權、用益物權的法律事實主要有以下行為和事實：（1）合同。通過買賣、互易、贈與取得物權。（2）善意取得。受讓人基於對不動產登記、動產佔有的信賴，以對價善意受讓不動產、動產的物權，縱使出讓人無轉讓的權利，受讓人依然能夠取得該不動產、動產的物權。（3）繼承、遺贈。自然人死亡後，繼承人、受遺贈人取得遺產的物權。自然人死亡的時間，是繼承人、受遺贈人取得遺產物權的時間。（4）賠償、補償。通過獲得賠償、補償取得物權。（5）判決、裁決。通過人民法院判決、仲裁機構裁決取得物權。判決、裁決生效的時間是當事人取得物權的時間。（6）劃撥。通過劃撥取得物權。（7）時效。通過取得時效取得物權。

　　能夠取得一種或兩種物權的法律事實主要有以下行為和事實：（1）生產。通過生產勞動取得物的所有權。產品成就的時間是當事人取得產品所有權的時間。（2）先佔。通過先佔取得動產所有權。（3）添附。通過添附取得動產所有權。（4）收歸。將無主物、無人認領的遺失物等、無人繼承又無人受遺贈的遺產收歸國有，將無人繼承又無人受遺贈的遺產收歸集體所有。（5）徵收。通過徵收稅費和政府有償徵收，取得物的所有權。（6）沒收。通過沒收從事違法活動的財產，取得物的所有權。（7）罰款。通過罰款取得金錢所有權。

　　財產權的取得還可分為合法取得和違法取得。財產權的合法取得，指財產權的取得符合法律規定。本法第 8 條規定，民事主體從事民事活動，不得違反法律，不得違背公序良俗。所有權的取得，應當符合法律規定。財產權的違法取得，指財產權的取得違反法律規定。對於違法取得的偷盜物、搶劫物、搶奪物、貪污物，偷盜人、搶劫人、搶奪人、貪污人不能取得物的所有權，這些物品的所有人不變。

> **第三百一十一條**　無處分權人將不動產或者動產轉讓給受讓人的，所有權人有權追回；除法律另有規定外，符合下列情形的，受讓人取得該不動產或者動產的所有權：
>
> （一）受讓人受讓該不動產或者動產時是善意；
>
> （二）以合理的價格轉讓；
>
> （三）轉讓的不動產或者動產依照法律規定應當登記的已經登記，不需要登記的已經交付給受讓人。
>
> 受讓人依據前款規定取得不動產或者動產的所有權的，原所有權人有權向無處分權人請求損害賠償。
>
> 當事人善意取得其他物權的，參照適用前兩款規定。
>
> 條文主旨

本條是關於善意取得的規定。

■ 條文釋義

本條是 2007 年通過的物權法第 106 條的規定，本次民法典編纂對本條僅作了個別文字修改。

善意取得，指受讓人以財產所有權轉移為目的，善意、對價受讓且佔有該財產，即使出讓人無轉移所有權的權利，受讓人仍取得其所有權。善意取得既適用於動產，又可適用於不動產。

一、善意取得制度的適用條件

根據本條第 1 款的規定，無處分權人將不動產或者動產轉讓給受讓人的，所有權人有權追回；除法律另有規定外，符合本法規定的條件的，受讓人取得該不動產或者動產的所有權。即根據本條善意取得制度的規定，即使處分物的處分人為無處分權人，其將不動產或者動產轉讓的，所有權人有權追回該不動產或者動產，但是如果符合本條規定的條件，此時，除法律另有規定的外，由受讓人取得該不動產或者動產的所有權。例如，甲將實際所有權是乙的房屋以合理的價格出賣給丙並辦理了過戶登記，丙如果對甲並非房屋所有人，沒有房屋處分權的事不知情，此時，雖然甲無權處分該房屋，但是根據本條規定，丙可以善意取得本房屋的所有權。

有的意見認為，善意取得對所有權人保護不利。善意取得對所有權人是有一定限制，但善意取得基於佔有的公信力，旨在維護交易安全，這項制度的存在是必要的。根據本條規定，產生善意取得的法律後果，須符合以下條件，三項條件必須同時具備，否則不構成善意取得：

（一）受讓人受讓該不動產或者動產時是善意

適用善意取得制度，首先受讓人受讓該不動產或者動產時須是善意的，即受讓人受讓該不動產或者動產時不知道出讓人是無處分權人，否則不構成善意取得。在上文所舉的例子中，丙在受讓該房屋時必須是不知道甲是無權處分人的。關於如何認定「善意」，《最高人民法院關於適用〈中華人民共和國物權法〉若干問題的解釋（一）》第 15 條規定，受讓人受

讓不動產或者動產時，不知道轉讓人無處分權，且無重大過失的，應當認定受讓人為善意。真實權利人主張受讓人不構成善意的，應當承擔舉證證明責任。第16條規定，具有下列情形之一的，應當認定不動產受讓人知道轉讓人無處分權：（1）登記簿上存在有效的異議登記；（2）預告登記有效期內，未經預告登記的權利人同意；（3）登記簿上已經記載司法機關或者行政機關依法裁定、決定查封或者以其他形式限制不動產權利的有關事項；（4）受讓人知道登記簿上記載的權利主體錯誤；（5）受讓人知道他人已經依法享有不動產物權。真實權利人有證據證明不動產受讓人應當知道轉讓人無處分權的，應當認定受讓人具有重大過失。第17條規定，受讓人受讓動產時，交易的對象、場所或者時機等不符合交易習慣的，應當認定受讓人具有重大過失。關於如何認定「受讓該不動產或者動產時」，《最高人民法院關於適用〈中華人民共和國物權法〉若干問題的解釋（一）》第18條規定，物權法第106條第1款第1項所稱的「受讓人受讓該不動產或者動產時」，是指依法完成不動產物權轉移登記或者動產交付之時。當事人以物權法第25條規定的方式交付動產的，轉讓動產法律行為生效時為動產交付之時；當事人以物權法第26條規定的方式交付動產的，轉讓人與受讓人之間有關轉讓返還原物請求權的協議生效時為動產交付之時。法律對不動產、動產物權的設立另有規定的，應當按照法律規定的時間認定權利人是否為善意。

（二）以合理的價格轉讓

適用善意取得制度，第二個條件是以合理的價格轉讓，即受讓人是以合理的價格，以符合一般人認知的正常的市場價格受讓該不動產或者動產。在上文所舉的例子中，丙必須以合理的價格受讓該房屋。因為建立善意取得制度的意義之一是保障正常的市場秩序，降低交易成本，善意取得制度可以通過制度保證受讓人在善意、對價受讓時取得交易物。關於如何認定「以合理的價格」，《最高人民法院關於適用〈中華人民共和國物權法〉若干問題的解釋（一）》第19條規定，物權法第106第1款第2項所稱「合理的價格」，應當根據轉讓標的物的性質、數量以及付款方式等具體情況，參考轉讓時交易地市場價格以及交易習慣等因素綜合認定。

（三）轉讓的不動產或者動產依照法律規定應當登記的已經登記，不需要登記的已經交付給受讓人

適用善意取得制度，第三個條件是轉讓的不動產或者動產依照法律規定應當登記的已經登記，不需要登記的已經交付給受讓人，即交易的不動產或者動產已經依法發生了物權變動的效力。本法第209條第1款規定，不動產物權的設立、變更、轉讓和消滅，經依法登記，發生效力；未經登記，不發生效力，但是法律另有規定的除外。第224條規定，動產物權的設立和轉讓，自交付時發生效力，但是法律另有規定的除外。《最高人民法院關於適用〈中華人民共和國物權法〉若干問題的解釋（一）》對特殊動產如何適用善意取得作了規定，第20條規定，轉讓人將物權法第24條規定的船舶、航空器和機動車等交付給受讓人的，應當認定符合物權法第106條第1款第3項規定的善意取得的條件。

此外，《最高人民法院關於適用〈中華人民共和國物權法〉若干問題的解釋（一）》對善意取得制度適用的排除作了規定，第21條規定，具有下列情形之一，受讓人主張根據物

權法第106條規定取得所有權的，不予支持：（1）轉讓合同因違反合同法第52條規定被認定無效；（2）轉讓合同因受讓人存在欺詐、脅迫或者乘人之危等法定事由被撤銷。

善意取得既適用於動產，又可適用於不動產。當事人出於善意，從無處分權人手中購買了房屋並登記過戶，善意人取得房屋所有權。善意取得制度常被認為僅適用於動產，其實不然，不動產也適用善意取得制度。

善意取得與可追認的無處分權人處分財產行為有別。善意取得制度中的出讓人與可追認的無處分權人處分財產行為中的出讓人均是無處分權人，故善意取得是無處分權人處分財產行為的特別規定。善意取得中的受讓人是善意第三人，善意取得行為自始有效，無需權利人追認。可追認的無處分權人處分財產行為中的受讓人非善意第三人，其知出讓人無處分權仍受讓財產，故該行為是可追認的行為。權利人追認的，讓與行為自始有效；權利人不追認的，讓與行為自始無效。

二、受讓人依據善意取得規定取得不動產或者動產的所有權的，原所有權人有權向無處分權人請求損害賠償

受讓人依照善意取得制度的規定取得不動產或者動產的所有權的，原所有權人會因為無權處分人的處分行為喪失不動產或者動產的所有權，那麼此時，如何處理原所有權人與無權處分人之間的關係，如何保護原所有權人的權利。本條第2款規定，受讓人依據善意取得規定取得不動產或者動產的所有權的，原所有權人有權向無處分權人請求損害賠償。例如，甲將實際所有權是乙的房屋以合理的價格出賣給丙並辦理了過戶登記，丙為善意受讓人，此時，雖然甲無權處分該房屋，但是丙根據善意取得的規定取得了本房屋的所有權，此時乙因此受到的損失，有權向甲請求損害賠償。

三、當事人善意取得其他物權的，參照適用前兩款規定

本條第3款規定，當事人善意取得其他物權的，參照適用前兩款規定。根據本條規定，當事人可以參照適用本條第1、2款的規定，善意取得其他物權。

　　第三百一十二條　所有權人或者其他權利人有權追回遺失物。該遺失物通過轉讓被他人佔有的，權利人有權向無處分權人請求損害賠償，或者自知道或者應當知道受讓人之日起二年內向受讓人請求返還原物；但是，受讓人通過拍賣或者向具有經營資格的經營者購得該遺失物的，權利人請求返還原物時應當支付受讓人所付的費用。權利人向受讓人支付所付費用後，有權向無處分權人追償。

■ **條文主旨**

本條是關於遺失物的善意取得的規定。

■ **條文釋義**

遺失物的善意取得是善意取得的特殊問題，本法規定，遺失物通過轉讓被他人佔有的，權利人有權向無外分權人請求損害賠償，或者自知道或者應當知道受讓人之日起 2 年內向受讓人請求返還原物。

動產的善意取得亦受限制。出讓人讓與的動產若是貨幣或者無記名有價證券之外的遺失物，遺失人有權向善意取得人請求返還原物。善意取得人應當返還，善意取得人返還後可以向讓與人追償。倘若該遺失物是由善意取得人在拍賣市場、公共市場或者在販賣與其物同類之物的商人處購得的，遺失人須償還其購買之價金，方能取回其物。遺失物若是貨幣或者無記名有價證券，遺失人無權向善意取得人請求返還原物，只能向出讓人請求返還同種類物或者請求其他賠償。

對善意取得的另一意見，是認為應當規定盜贓物的善意取得。本法不規定盜贓物的善意取得，立法考慮是，對被盜、被搶的財物，所有權人主要通過司法機關依照刑法、刑事訴訟法、治安管理處罰法等有關法律的規定追繳後退回。在追贓過程中，如何保護善意受讓人的權益，維護交易安全和社會經濟秩序，可以通過進一步完善有關法律規定解決，2007 年的物權法對此未作規定。本次民法典編纂對此未作修改。

> **第三百一十三條**　善意受讓人取得動產後，該動產上的原有權利消滅。但是，善意受讓人在受讓時知道或者應當知道該權利的除外。

■ **條文主旨**

本條是關於善意受讓人取得動產後，該動產上的原有權利消滅的規定。

■ **條文釋義**

善意受讓人取得動產後，該動產上的原有權利消滅。例如，該動產上有抵押的權利，抵押權消滅。但是，善意受讓人取得動產時，知道該動產已被抵押，抵押權不消滅。

> **第三百一十四條**　拾得遺失物，應當返還權利人。拾得人應當及時通知權利人領取，或者送交公安等有關部門。

■ **條文主旨**

本條是關於拾得遺失物返還的規定。

■ 條文釋義

拾得遺失物應當返還，民法通則第79條規定：所有人不明的埋藏物、隱藏物，歸國家所有。接收單位應當對上繳的單位或者個人，給予表揚或者物質獎勵。拾得遺失物、漂流物或者失散的飼養動物，應當歸還失主，因此而支出的費用由失主償還。《鐵路旅客運輸規程》第55條規定：對旅客的遺失物品應設法歸還原主。如旅客已經下車，應編制客運記錄，註明品名、件數等移交下車站。不能判明時，移交列車終點站。

遺失物是非故意拋棄而丟失的物品。遺失物與廢棄物不同，廢棄物是故意拋棄之物。丟失遺失物的人，稱遺失物丟失人。拾得遺失物，是發現並佔有遺失物。拾得遺失物的人，稱拾得人。

拾得人拾得遺失物，知道遺失物所有人的，應當及時通知其領取，或者送交遺失物。

拾得人拾得遺失物，不知道遺失物丟失人的，可以張貼招領告示，尋找遺失物丟失人。也可以將遺失物上繳公安機關或者有關單位。例如，學生將撿到的手套交給學校。

第三百一十五條　有關部門收到遺失物，知道權利人的，應當及時通知其領取；不知道的，應當及時發佈招領公告。

■ 條文主旨

本條是關於有關部門收到遺失物的處理的規定。

■ 條文釋義

有關部門收到遺失物，應當查找遺失物丟失人，請其認領。無人認領的，上繳公安機關。

公安機關收到遺失物，應當查找遺失物丟失人，請其認領。或者存放遺失物品招領處，待人認領。自公安機關收到遺失物發佈招領公告之日起1年內無人認領的，遺失物歸國家所有。公安機關可以拍賣、變賣遺失物，所得價金上繳國庫。

第三百一十六條　拾得人在遺失物送交有關部門前，有關部門在遺失物被領取前，應當妥善保管遺失物。因故意或者重大過失致使遺失物毀損、滅失的，應當承擔民事責任。

■ 條文主旨

本條是關於遺失物保管的規定。

■ 條文釋義

拾得人拾得遺失物，在返還失主或者送交有關部門前，應當妥善保管遺失物。有關部門收到遺失物後在遺失物被領取前，也應當妥善保管遺失物。拾得人或者有關部門因故意或者重大過失致使遺失物損壞滅失的，應當承擔民事責任。

遺失物不易保管或者保管費用過高的，公安機關可以及時拍賣、變賣，保存價金。拾得人和有關單位不能自行拍賣、變賣遺失物。

第三百一十七條　權利人領取遺失物時，應當向拾得人或者有關部門支付保管遺失物等支出的必要費用。

權利人懸賞尋找遺失物的，領取遺失物時應當按照承諾履行義務。

拾得人侵佔遺失物的，無權請求保管遺失物等支出的費用，也無權請求權利人按照承諾履行義務。

■ 條文主旨

本條是關於拾金不昧的規定。

■ 條文釋義

一、權利人領取遺失物時，應當向拾得人或者有關部門支付保管遺失物等支出的必要費用

拾得人拾得遺失物，有人主張拾得人應獲得報酬，遺失物所有人不支付酬金的，拾得人享有留置權。2007 年制定的物權法未採納這種意見。路不拾遺、拾金不昧是崇高的道德風尚，立法要有價值取向，弘揚中華傳統美德。拾得人因拾得遺失物、尋找遺失物丟失人、保管遺失物而實際支付的費用，可以按無因管理請求遺失物所有人償還。無人認領的，由公安機關在上繳國庫前支付。因此，本條第 1 款規定，權利人領取遺失物時，應當向拾得人或者有關部門支付保管遺失物等支出的必要費用。

二、權利人懸賞尋找遺失物的，領取遺失物時應當按照承諾履行義務

本條第 2 款規定，權利人懸賞尋找遺失物的，領取遺失物時應當按照承諾履行義務。例如，甲丟失一貴重物品，登報承諾如果有人拾得該物並歸還，願意支付人民幣 5000 元作為報酬，此時，如有人拾得該物並歸還，其應當按照承諾履行支付人民幣 5000 元的義務。本法第 499 條規定，懸賞人以公開方式聲明對完成特定行為的人支付報酬的，完成該行為的人可以請求其支付。

三、拾得人侵佔遺失物的，無權請求保管遺失物等支出的費用，也無權請求權利人按照承諾履行義務

本條第 3 款規定，拾得人侵佔遺失物的，無權請求保管遺失物等支出的費用，也無權請求權利人按照承諾履行義務。拾得人隱匿遺失物據為己有的，構成侵犯所有權。遺失物所有人可以請拾得人償還，公安機關可以責令拾得人繳出。拾得人喪失報酬和費用請求權。拾得人將數額較大的遺失物佔為己有，拒不交出的，構成犯罪，依刑法懲處。

第三百一十八條　遺失物自發佈招領公告之日起一年內無人認領的，歸國家所有。

■ 條文主旨

本條是關於無人認領的遺失物歸國家所有的規定。

■ 條文釋義

本條在 2007 年通過的物權法第 113 條的基礎上作了修改完善，將物權法第 113 條中規定的「六個月」修改為「一年」。

無人認領的遺失物歸國家所有，民事訴訟法第 192 條規定，人民法院受理申請後，經審查核實，應當發出財產認領公告。公告滿 1 年無人認領的，判決認定財產無主，收歸國家或者集體所有。海關法第 51 條規定，進出境物品所有人聲明放棄的物品、在海關規定期限內未辦理海關手續或者無人認領的物品，以及無法投遞又無法退回的進境郵遞物品，由海關依照海關法第 30 條的規定處理。第 30 條規定，進口貨物的收貨人自運輸工具申報進境之日起超過 3 個月未向海關申報的，其進口貨物由海關提取依法變賣處理，所得價款在扣除運輸、裝卸、儲存等費用和稅款後，尚有餘款的，自貨物依法變賣之日起 1 年內，經收貨人申請，予以發還；其中屬於國家對進口有限制性規定，應當提交許可證件而不能提供的，不予發還。逾期無人申請或者不予發還的，上繳國庫。確屬誤卸或者溢卸的進境貨物，經海關審定，由原運輸工具負責人或者貨物的收發貨人自該運輸工具卸貨之日起 3 個月內，辦理退運或者進口手續；必要時，經海關批准，可以延期 3 個月。逾期未辦手續的，由海關按前款規定處理。前兩款所列貨物不宜長期保存的，海關可以根據實際情況提前處理。收貨人或者貨物所有人聲明放棄的進口貨物，由海關提取依法變賣處理；所得價款在扣除運輸、裝卸、儲存等費用後，上繳國庫。郵政法第 33 條規定，郵政企業對無法投遞的郵件，應當退回寄件人。無法投遞又無法退回的信件，自郵政企業確認無法退回之日起超過 6 個月無人認領的，由郵政企業在郵政管理部門的監督下銷毀。無法投遞又無法退回的其他郵件，按照國務院郵政管理部門的規定處理；其中無法投遞又無法退回的進境國際郵遞物品，由海關依照海關法的規定處理。

公安機關收到遺失物，應當查找遺失物丟失人，請其認領。或者存放遺失物品招領處，待人認領。自公安機關收到遺失物發佈招領公告之日起 1 年內無人認領的，遺失物歸國家所有。公安機關可以拍賣、變賣遺失物，所得價金繳國庫。

物權法第 113 條規定，遺失物自發佈招領公告之日起 6 個月無人認領的，歸國家所有。在民法典編纂過程中，有的意見提出，6 個月的時間過短，不利於物歸還主，建議延長。2018 年 8 月，提交審議的民法典各分編草案將本條中的「六個月」修改為「一年」。

> **第三百一十九條　拾得漂流物、發現埋藏物或者隱藏物的，參照適用拾得遺失物的有關規定。法律另有規定的，依照其規定。**

■ 條文主旨

本條是關於拾得漂流物、發現埋藏物或者隱藏物的規定。

■ 條文釋義

關於拾得漂流物、發現埋藏物或者隱藏物的處理，我國法律法規有不少規定。民法通則第 79 條規定：所有人不明的埋藏物、隱藏物，歸國家所有。接收單位應當對上繳的單位或個人，給予表揚或者物質獎勵。《河道管理條例》第 33 條規定：在河道中流放竹木，不得影響行洪、航運和水工程安全，並服從當地河道主管機關的安全管理。在汛期，河道主管機關有權對河道上的竹木和其他漂流物進行緊急處置。刑法第 270 條規定：將代為保管的他人財物非法佔為己有，數額較大，拒不退還的，處 2 年以下有期徒刑、拘役或者罰金；數額巨大或者有其他嚴重情節的，處 2 年以上 5 年以下有期徒刑，並處罰金。將他人的遺忘物或者埋藏物非法佔為己有，數額較大，拒不交出的，依照前款的規定處罰。本條罪，告訴的才處理。

漂流物、埋藏物和隱藏物的現實問題非常複雜，應當區別情況分別處理：

1. 拾得漂流物或者失散的飼養動物，應當歸還失主，因此而支出的費用由失主償還。拾得漂流物、失散的飼養動物，可參照拾得遺失物的相關規定。漂流物是指漂流在水上的遺失物。失散的飼養動物是指走失的他人飼養的動物。

2. 發現埋藏物。埋藏物是指埋藏於地下的物品。埋藏物品的人，稱埋藏人。發現埋藏物的人，稱發現人。發現人發現埋藏物，可視情況分別處理：一是能夠判定埋藏人，且埋藏物不易為他人發現，發現人可以不挖取埋藏物，並將埋藏物繼續掩埋好，且將發現情況告知埋藏人。二是能夠判定埋藏人，且埋藏物易為他人發現，發現人可依前種情形處理，也可以將埋藏物挖出，交還埋藏人。三是不能判定埋藏人，且埋藏物不易為他人發現，發現人可以不挖取埋藏物，並將埋藏物繼續掩埋好。發現人可以將發現情況告知有關單位或者公安機關。

四是不能判定埋藏人，且埋藏物易為他人發現，發現人可依前種情形處理，也可以挖取埋藏物，按拾得不知遺失物丟失人的遺失物的辦法處理。發現人發現的埋藏物倘若是文物，應依文物保護法處理。

3. 發現隱藏物。隱藏物是隱藏於他物之中的物品，如隱藏於夾牆中的物品。隱藏物品的人，稱隱藏人，發現隱藏物的人，稱發現人。發現隱藏物適用發現埋藏物的相關規定。

4. 漂流物、埋藏物、隱藏物與文物保護法的適用。由於漂流物、埋藏物和隱藏物的概念在外延上同「文物」的概念存在交叉，在如何處理埋藏物和隱藏物的問題上，有的意見認為，埋藏物和隱藏物的問題複雜，近期的埋藏物、隱藏物可視為遺失物處理，但歷史上的埋藏物，屬於文物。根據文物保護法的規定，中華人民共和國境內地下、內水和領海中遺存的一切文物，屬於國家所有。一切考古發掘工作，必須履行報批手續；從事考古發掘的單位，應當經國務院文物行政部門批准。地下埋藏的文物，任何單位或者個人都不得私自發掘。第32條規定，在進行建設工程或者在農業生產中，任何單位或者個人發現文物，應當保護現場，立即報告當地文物行政部門，文物行政部門接到報告後，如無特殊情況，應當在24小時內趕赴現場，並在7日內提出處理意見。文物行政部門可以報請當地人民政府通知公安機關協助保護現場；發現重要文物的，應當立即上報國務院文物行政部門，國務院文物行政部門應當在接到報告後15日內提出處理意見。依照前款規定發現的文物屬於國家所有，任何單位或者個人不得哄搶、私分、藏匿。

考慮到文物保護法中對構成文物的物（包括漂流物、埋藏物和隱藏物）的權屬及處理程序作了詳細規定，因此對於文物的處理不宜籠統參照拾得遺失物的有關規定，所以本條規定但書「法律另有規定的，依照其規定」。此外，由於遺失物、漂流物、埋藏物和隱藏物的概念在外延上同「文物」的概念存在交叉，無論是遺失物、漂流物、埋藏物或者隱藏物，只要構成「文物」，文物保護法的規定將優先適用。

第三百二十條　主物轉讓的，從物隨主物轉讓，但是當事人另有約定的除外。

■ 條文主旨

本條是關於從物隨主物轉讓的規定。

■ 條文釋義

主物與從物的劃分規則，是指在兩個以上的物發生互相附着或者聚合而且在經濟上發生密切的關聯之後，當物上的權利發生變動時，為確定物的歸屬所適用的規則。物的主從關係的劃分並非人為擬製，而是經濟實踐的反映。現實中的物常常是由許多單一物結合在一起組成的物。當物上的權利發生變動時，必須考慮各部分是否也隨之發生權利的變動，因此制定

主物與從物之間的關係規則非常必要。

要準確把握本條關於主物轉讓的，從物隨主物轉讓的一般規則，需要首先對主物和從物的概念進行理解。首先，主物、從物的概念不同於物的整體與其重要成分之間的關係。物的重要成分是物的組成部分，而主物和從物在聚合之前分別為獨立的物，例如，自行車與車鎖，在聚合之前為獨立的物。在聚合之後，根據它們的作用可以決定主從關係，並決定權利的變動。但物的重要成分與物的整體本身就是一個物，例如，汽車與其發動機，如果沒有發動機的作用，汽車就不成之為汽車，也就無法發揮物的整體的效用。因此法律上的規則是，不許可在物的整體上和該物的重要成分上分設兩個獨立的權利；而主物從物之間的關係卻不同，在從物隨主物轉讓的一般規則下，均承認當事人例外約定的效力。例如，甲將自行車出售給乙，完全可以約定自行車車鎖不售仍由甲所有。

正是基於對主物、從物仍為兩物的認識，各國立法例均作出規定，許可原權利人依特別的約定對從物進行處分。這一考慮的基本原因在於：主物和從物畢竟是兩個物，從物附着於主物一般也有其可分性，從物與主物的分離並不妨礙主物的經濟效用的發揮。

最後一點需要說明的是，在主物和從物的關係中，必須有從物附着於主物的事實，即主物和從物必須發生空間上的聯繫，並且從物對主物需發揮輔助性的作用。

> **第三百二十一條** 天然孳息，由所有權人取得；既有所有權人又有用益物權人的，由用益物權人取得。當事人另有約定的，按照其約定。
>
> 法定孳息，當事人有約定的，按照約定取得；沒有約定或者約定不明確的，按照交易習慣取得。

■ 條文主旨

本條是關於天然孳息及法定孳息歸屬的規定。

■ 條文釋義

孳息是與原物相對而言的，指由原物而產生的物，包括天然孳息與法定孳息。

一、天然孳息的概念和歸屬

天然孳息是指依物的自然屬性所產生的物。天然孳息的範圍非常廣，主要來源於種植業和養殖業，如耕作土地獲得糧食和其他出產物，種植果樹產生果實，包括竹木的枝根，養殖牲畜獲得各種子畜和奶產品等。天然孳息是原物的出產物，一方面人們佔有使用原物並對其進行生產勞動，其目的就是獲得出產物、收穫物，因此法律規定天然孳息的歸屬，實際上就是對勞動的保護；另一方面，日常生活中也常發生原物在脫離所有權人的情況下而產生孳息的情形，因此確定孳息的歸屬尤顯必要。

天然孳息，自從與原物脫離後，會立即產生歸屬的問題，但是天然孳息的處理原則，民法中甚為複雜。對天然孳息，羅馬法的處理原則是「生根的植物從屬於土地」，即原物的所有權人取得孳息的權利，但是法律允許其他人提出可以對抗原物所有權人的抗辯。考察德國、日本及我國台灣地區立法例，關於天然孳息歸屬的基本規則，是在承認原物的所有權人有取得權利的大前提下，同時許可他人享有排斥原物所有權人的取得權利。他人的這一權利可以基於物權產生，例如，基於用益物權；也可因債權產生，例如，因當事人約定而取得孳息。因此，本法明確規定，天然孳息，由所有權人取得；既有所有權人又有用益物權人的，由用益物權人取得；當事人另有約定的，按照約定。

二、法定孳息的概念和歸屬

法定孳息是指依一定的法律關係由原物所生的物，是原物的所有權人進行租賃、投資等特定的民事法律活動而應當獲得的合法收益。如房屋出租所得的租金，依股本金所得的股息等。在德國民法中，法定孳息被稱為權利的孳息，確定法定孳息的歸屬，是對產生法定孳息的民事法律關係的承認和保護。

法定孳息（利息、租金等），按照一般的交易規則，利息應由債權人取得，租金應由出租人取得，但也不排除其他情形的存在。如在德國民法中還有為第三人設定的專以取得孳息為目的的物權類型，即動產（特指有價證券）的用益權。因此關於法定孳息的歸屬，原則上更為變通。本法規定，當事人有約定的，按照約定取得；沒有約定或者約定不明確的，按照交易習慣取得。

> **第三百二十二條**　因加工、附合、混合而產生的物的歸屬，有約定的，按照約定；沒有約定或者約定不明確的，依照法律規定；法律沒有規定的，按照充分發揮物的效用以及保護無過錯當事人的原則確定。因一方當事人的過錯或者確定物的歸屬造成另一方當事人損害的，應當給予賠償或者補償。

■ 條文主旨

本條是關於添附的規定。

■ 條文釋義

本條是本次民法典編纂新增加的規定。

一、添附的含義

加工、附合、混合統稱添附，是指不同所有人的物被結合、混合在一起成為一個新物，或者利用別人之物加工成為新物的事實狀態。其中附合、混合為物與物相結合，加工為勞力與他人之物相結合。添附的發生有的基於人的行為，也有的基於自然的偶然因素。添附包括

三種情況：

一是加工。加工是指將他人的物加工製造成新物。加工是一種事實行為，是勞動與動產的結合，包括勞力、知識技術與時間的投入。比如在他人的紙張上作畫成為藝術品，或將他人的樹根進行雕刻成為根雕藝術品等。值得注意的是，本條中的加工是一種事實行為，加工他人材料製造成新物，不包括存在加工承攬合同的情況。

關於加工物的歸屬問題，有材料主義與加工主義兩種觀點。材料主義認為，有材料才能加工，加工後雖形式發生改變，但材料的本質並未變化，因此應由材料所有人取得加工物的所有權。加工主義認為，加工物的形成是加工人勞動的成果，應由加工人取得所有權。其他國家和地區有兩種立法例，一種是以材料主義為原則，以加工主義為例外，如法國、日本和我國台灣地區。另一種是以加工主義為原則，以材料主義為例外，如德國和瑞士。

二是附合。附合是指不同所有人的物密切結合在一起而成為一種新物。比如誤將他人的漆刷了自己的牆。

三是混合。混合是指不同所有人的物摻合、融合在一起而成為新物。比如誤將兩人的米混在一起、誤將兩人的油混合在一起等。無法識別，或者雖有辦法識別分離，但識別分離經濟上不合理。混合和附合不同在於，混合後各所有人的原物已達不能憑視覺識別的程度。

民法典出台前，我國法律沒有關於添附制度的規定。民法典物權編草案編纂過程中，有的意見提出，添附是非常重要的所有權取得方式，物權編應該對添附制度作出規定。2018年8月，十三屆全國人大常委會五次會議審議的民法典各分編草案第117條增加了添附制度的規定，即本條規定的內容。本條內容在物權法草案三次審議稿的基礎上將「賠償」修改為「賠償或者補償」。這個修改主要是在物權編草案徵求意見稿徵求意見的過程中，有的意見提出，在雙方都無過錯的情況下，不應當進行賠償，而應當由獲得物的一方補償另一方當事人，建議將「賠償」修改為「賠償或者補償」。

二、因添附產生的物的歸屬

添附是所有權取得的一種方式，在多數國家立法例中，法律通常規定由一人取得添附物的所有權，或共有合成物，目的在於防止對物進行不經濟的分離。

（一）因添附產生的物的歸屬的確定

根據本條規定，因加工、附合、混合而產生的物的歸屬，按照以下原則確定：

首先，有約定的，按照約定。當事人之間如果就因添附產生的物的歸屬有約定的，確定因添附產生的物的歸屬時，先按照當事人的約定。

其次，沒有約定或者約定不明確的，依照法律規定。如果當事人未就因添附產生的物的歸屬事先作約定，或者事先約定了，但約定不明確的，依照法律規定確定物的歸屬。

最後，法律沒有規定的，按照充分發揮物的效用以及保護無過錯當事人的原則確定。如果當事人未就因添附產生的物的歸屬事先作出約定，也沒有相應的法律規定的，按照兩個原則確定物的歸屬：

一是充分發揮物的效用原則。法律把添附作為取得所有權的一種根據，其原因就在於添

附發生後，要回覆各物之原狀事實上已不可能，或者雖有可能但經濟上很不合理，因此有必要使添附物歸一方所有或各方共有。確定添附物的歸屬時，應以充分發揮物的效用為原則。一般情況下，加工他人的動產的，加工物的所有權屬於材料的所有權人。但是，因加工致使其價值顯著大於原材料價值的，可以由加工人取得該加工物的所有權。動產因附合而為不動產的重要成分，可以由不動產所有權人取得該動產的所有權。

二是保護無過錯當事人原則。在考慮充分發揮物的效用確定添附物的同時，還須考慮當事人是否有過錯。如一般情況下，加工他人的動產的，加工物的所有權屬於材料的所有權人。但是，因加工致使其價值顯著大於原材料價值的，可以由加工人取得該加工物的所有權。如果加工人明知被加工的物是他人之物，故意對原材料進行加工，即使加工價值顯著大於原材料價值，也可以綜合考慮充分發揮物的效用和保護無過錯當事人原則，將添附物判決由材料的所有權人所有。

（二）當事人之間的賠償或者補償

將添附物確定歸一方所有，會造成另一方的損害。根據本條規定，因一方當事人的過錯或者確定物的歸屬造成另一方當事人損害的，應當給予賠償或者補償。例如，加工的情況下，確定添附物歸加工人所有的，所有人應支付材料的原所有者相當的價款，確定添附物歸材料所有人所有的，所有人應支付給加工人其加工的勞動報酬。再如誤將他人的漆刷了房屋的牆，此種情況下，漆的所有權只能歸房屋所有人，但應支付他人漆的價款。一方當事人有過錯，造成另一方當事人損害的，應當給予賠償；一方當事人無過錯，因確定物的歸屬造成另一方當事人損害的，應當給予補償。

第三分編　用益物權

第十章　一般規定

> 第三百二十三條　用益物權人對他人所有的不動產或者動產，依法享有佔有、使用和收益的權利。

■ 條文主旨

本條是關於用益物權人享有的基本權利的規定。

■ 條文釋義

用益物權是權利人對他人所有的不動產或者動產，依法享有佔有、使用和收益的權利。用益物權是以對他人所有的物為使用、收益的目的而設立的，因而被稱作「用益」物權。用益物權制度是物權法律制度中一項非常重要的制度，與所有權制度、擔保物權制度等一同構成了物權制度的完整體系。

一、用益物權人的基本權利

依照本條規定，用益物權人對他人所有的不動產或者動產，依照法律規定享有佔有、使用和收益的權利。

1. 佔有的權利。「佔有」是對物的實際控制。用益物權作為以使用、收益為目的的物權，自當以權利人對物的實際佔有為必要。利用他人之物為使用、收益，必然要對物予以實際支配。沒有佔有就不可能實現對物的直接利用。

2. 使用、收益的權利。「使用」是依物的自然屬性、法定用途或者約定的方式，對物進行實際上的利用。「收益」是通過對物的利用而獲取經濟上的收入或者其他利益。用益物權的設立目的是對物的使用和收益。比如在他人的土地上自建房屋以供居住；在他人的土地上耕種、畜牧以供自用或出售而獲得收益；在他人土地上建造樓宇用以出售、出租以取得收益等。

二、用益物權的特徵

作為物權體系的重要組成部分，用益物權具備物權的一般特徵，同時還具有自身的特性，除了以對物的實際佔有為前提、以使用、收益為目的以外，還有以下幾個方面的特徵：

1. 用益物權是由所有權派生的物權。所有權是權利人對自己的不動產或者動產，依法享有佔有、使用、收益和處分的權利，包括在自己的財產上設立用益物權或擔保物權的權利。用益物權則是在他人所有的財產上設立的權利，即對他人的財產享有佔有、使用和收益的權利。因此，用益物權被作為「他物權」，以相對於所有權的「自物權」。

2. 用益物權是受限制的物權。相對於所有權而言，用益物權是不全面的、受一定限制的物權。因此，用益物權屬於「定限物權」，以區別於所有權的「完全物權」。其一，所有權是物權權利種類中最完全、也是最充分的權利。所有權的權利人對自己的財產，依法享有完全的直接支配力，包括佔有、使用、收益和處分。而用益物權只具有所有權權能的一部分權能，其權利人享有的是對財產佔有、使用和收益的權利。雖然權利人依法可以將其享有的用益物權予以轉讓、抵押等，但不具有對財產的所有權進行處分的權利。其二，所有權具有恆久性，只要所有物存在，所有權人對所有物便享有永久的權利。而用益物權則具有期限性。雖然設定的期限往往較長，但不是永久期限，期限屆滿時，用益物權人應將佔有、使用之物返還於所有權人。其三，用益物權人必須根據法律的規定及合同的約定正確行使權利。用益物權人應當保護和合理利用所有權人的不動產或者動產，按照設定權利時約定的用途和使用方法利用所有權人的財產，不得損害所有權人的權益。

3. 用益物權是一項獨立的物權。用益物權是對所有權有所限制的物權。用益物權雖由所有權派生，以所有權為權源，並屬於「他物權」「定限物權」，但用益物權一經設立，便具有獨立於所有權而存在的特性。所有權對物的支配力受到約束，對物佔有、使用和收益的權能由用益物權人行使，所有權人不得干涉。所有權人不得隨意收回其財產，不得妨礙用益物權人依法行使權利。用益物權具有對物的直接支配性和排他性，可以對抗所有權人的干涉。同時，用益物權的義務人包括任何第三人，用益物權可以對抗所有第三人的侵害，包括干預、佔有和使用客體物等。因此，用益物權是一項獨立的物權。

4. 用益物權一般以不動產為客體。用益物權多以不動產尤其是土地為使用收益的對象。由於不動產特別是土地的稀缺性、不可替代性且價值較高，以及土地所有權依法不可移轉性，使在土地等不動產上設立用益物權成為經濟、社會發展的必然要求。而動產的特性決定了通常可以採用購買、租用等方式獲得其所有權和使用權。

三、建立用益物權制度的意義

用益物權制度的建立，對社會、經濟發展有着重要意義。歸結起來，一是促進資源的有效利用，二是維護資源的有序利用。

1. 促進資源的有效利用。隨着社會、經濟的發展，人們對物質尤其是對土地等資源的需求不斷擴大，而土地等資源相對稀缺、不可替代。為了社會和經濟的持續發展，必然要提高對土地等資源的有效利用，充分發揮其效用。在對資源的利用過程中，通過建立對物的利用予以保障的機制，以實現資源有效、充分利用的目的，便成為物權尤其是用益物權法律制度的任務之一。用益物權法律制度，可以在不能取得土地等資源的所有權或不必取得他人之物的所有權時，使得用益物權人可以通過對他人所有之物的佔有、使用而獲得收益，同時為社

會提供財富。而對於所有人，也可以通過設定用益物權，將其所有的土地等資源交由他人使用收益，由此所有人可以不必直接使用其所有物也能獲得收益。所有權人和用益物權人都可取得相應利益，表明資源的使用價值得到了更為有效、充分的實現。對整個社會而言，社會的資源得到有效利用，社會的整體利益也就得到了最大程度的實現和滿足。

2. 維護資源的有序利用。維護資源的有序利用，有以下四層含義：

首先，通過用益物權制度，確定所有權人與用益物權人之間的權利義務，以達到權利人之間的利益平衡。用益物權制度並非是單純為維護用益物權人的利益而建立的制度，而是在維護用益物權人權利的同時，兼顧所有權人利益的制度。所以說，用益物權制度是平衡用益物權人和所有權人之間利益保障的法律制度。

其次，用益物權制度所規定的所有權人與用益物權人之間的權利義務，是法定的權利義務，當事人不得隨意變更。這樣就避免了一方利用其社會或者經濟上的優勢地位，迫使對方放棄權利，或者無端地增加本不應由對方履行的義務。以此來保障雙方權利義務關係的長久與穩定。

再次，用益物權一般需要通過登記的公示方法將土地等資源上的權利狀態昭示社會。通過公示來保障用益物權人的權利不為他人所侵害，並保障交易的安全。同時，通過對用益物權的設立目的、土地等資源的用途等進行登記，防止用益物權人任意改變土地等資源的原有用途。

最後，用益物權制度賦予了權利人對土地等資源的佔有、使用和收益的權利。同時，還要求權利人在行使權利時，應當承擔保護和合理開發利用資源的義務。這對保護和合理開發利用土地等資源，促進社會經濟的可持續發展有重要意義。

四、用益物權的權利類型

用益物權的權利類型，在不同的國家有不同的制度安排，這主要是根據一國的政治、經濟、歷史和文化的不同背景而決定的。通常來說以傳統民法上的地上權、地役權和永佃權最具代表性。我國的用益物權制度，是根據我國的社會主義基本經濟制度決定的。民法典物權編專章規定的用益物權種類有土地承包經營權、建設用地使用權、宅基地使用權、居住權和地役權。

第三百二十四條　國家所有或者國家所有由集體使用以及法律規定屬於集體所有的自然資源，組織、個人依法可以佔有、使用和收益。

■ 條文主旨

本條是關於國有和集體所有的自然資源，組織和個人可以取得用益物權的規定。

■ 條文釋義

在我國，國家對土地等資源實行公有制，它是我國生產資料社會主義公有制的重要組成部分。我國憲法第 10 條第 1 款、第 2 款規定：「城市的土地屬於國家所有。農村和城市郊區的土地，除由法律規定屬於國家所有的以外，屬於集體所有；宅基地和自留地、自留山，也屬於集體所有。」根據憲法的規定，土地公有制有兩種形式：一是國家所有；二是集體所有。城市市區的土地屬於國家所有即全民所有。隨着社會主義建設事業的不斷發展，城市作為政治、經濟和文化的中心，在國家和社會生活中具有突出作用。城市中各種形式的用地十分重要和寶貴。因此，城市的土地屬於國家所有。在農村和城市郊區，土地是從事農業生產的主要生產資料，是農村勞動群眾集體所有制的重要物質基礎。為了促進農村各項事業的發展，保障農村和城市郊區勞動者的合法權益，農村和城市郊區的土地除法律規定屬於國家所有的以外，一律屬於集體所有。宅基地和自留地、自留山，雖然由農民個人使用，但也屬於農民集體所有。

土地等自然資源的公有制，決定了組織、個人利用土地等資源，必然要在國家所有或者集體所有的土地等資源上取得用益物權。

物權制度具有較強的本土性，與一國的基本經濟制度密切相關。用益物權制度也概莫能外。從國外的法律規定看，凡實行計劃經濟體制的國家，其民法典上沒有物權法編，沒有用益物權制度，僅規定所有權制度且非常簡單。這是因為，實行計劃經濟體制的國家，一般運用行政手段組織經濟運行。國有土地的使用關係採取無償的劃撥方式，作為國有土地所有者的國家將國有土地劃撥給國有企業無償使用。農村土地則由作為所有者的集體自己使用，農戶在集體所有的土地上進行生產勞動，按勞取酬，不發生所有權與使用權的分離。無論是國有土地還是集體所有的土地的使用，都不採取設立用益物權的方式，因而不需要用益物權制度。實行市場經濟體制的國家，其民法典上都有物權法編，都規定了完備的所有權制度和用益物權制度。建立較為完備的所有權、用益物權等物權制度，也是實行社會主義市場經濟的基本法律保障。

民法典物權編上的用益物權，是不動產所有權與不動產使用權分離的法律形式。凡實行市場經濟體制的國家，均有用益物權制度。但用益物權制度所發揮的作用及其意義，又因實行土地公有制或者土地私有制，而在一定程度上有所差別。在資本主義的市場經濟國家，土地歸私人所有，土地所有者自己使用土地，是土地使用關係的主要形式；土地所有者自己不使用而交給他人使用，是土地使用關係的次要形式。我國是在土地公有制基礎上實行社會主義市場經濟，城市土地歸國家所有，農村土地歸集體所有。作為土地所有者的國家自己不使用土地而交給各類企業等使用，是國有土地使用關係的主要形式；作為土地所有者的農民集體自己不使用土地而交給農戶使用，是農村土地使用關係的主要形式。因此，用益物權制度，對於實行社會主義市場經濟的我國所具有的意義和所發揮的作用，要遠遠超過對於實行資本主義市場經濟的國家所具有的意義和所發揮的作用。

民法典物權編根據我國的基本經濟制度，以及建立和完善社會主義市場經濟體制的要求，在用益物權分編中設專章分別規定了土地承包經營權、建設用地使用權、宅基地使用權等用益物權。

土地承包經營權是指權利人依法對農民集體所有和國家所有由農民集體使用的耕地、林地、草地等享有佔有、使用和收益的權利，有權從事種植業、林業、畜牧業等農業生產。民法典物權編明確將農村土地承包經營權規定為用益物權，賦予了農民長期而有保障的土地使用權。本法對承包經營權人的基本權利、承包經營權的期限和期滿後的繼續承包、承包經營權的流轉、承包地的調整和收回、承包地被徵收的補償等作了規定。

建設用地使用權是指權利人依法對國家所有的土地享有佔有、使用和收益的權利，有權利用該土地建造建築物、構築物及其附屬設施。建設用地使用權是用益物權中的一項重要權利。建設用地使用權人通過出讓或者劃撥的方式取得對國家所有的土地使用和收益的權利，有權利用該土地建造建築物、構築物及其附屬設施。本法對建設用地使用權的取得方式、分層設立建設用地使用權、建設用地使用權的轉讓和出資或者抵押、建設用地使用權期滿後的續期等作了規定。

宅基地使用權是指權利人依法對集體所有的土地享有佔有和使用的權利，有權依法利用該土地建造住宅及其附屬設施。本法對宅基地使用權的取得、行使和轉讓等作了原則性的規定。

> **第三百二十五條　國家實行自然資源有償使用制度，但是法律另有規定的除外。**

■ 條文主旨

本條是關於我國自然資源使用制度的規定。

■ 條文釋義

對他人所有的土地等不動產的使用和收益一直是世界各國用益物權制度的主要內容。隨着社會經濟的發展，土地資源、礦產資源、水資源等自然資源的使用和收益問題日益成為用益物權制度的重要課題。

土地等自然資源一方面是整個社會賴以存續的共同物質基礎，具有社會性；另一方面又只能在具體的使用中實現價值，使用權屬必須確定。在資本主義制度下，通過用益物權制度，所有權人之外的權利人也可以就土地等自然資源進行使用和分享收益，這在一定程度上克服了私有制的狹隘局限，有利於物盡其用。我國是社會主義公有制國家，自然資源主要歸國家所有即全民所有。國家通過自然資源的有償使用制度，適應社會主義市場經濟發展的客觀要求，為合理利用資源打下了基礎。

一、我國的自然資源使用制度

我國的自然資源使用制度是建立在社會主義公有制基礎上，適應社會主義市場經濟發展的，按照土地管理法、礦產資源法、水法等法律以及國務院的有關規定，對自然資源實行有償使用為原則、無償使用為例外的制度。

（一）自然資源的有償使用制度

自然資源有償使用制度，是指國家以自然資源所有者和管理者的雙重身份，為實現所有者權益，保障自然資源的可持續利用，向使用自然資源的組織和個人收取自然資源使用費的制度。目前，法律規定了土地資源、礦產資源、水資源等自然資源的有償使用制度，例如，土地管理法第 2 條第 5 款規定：「國家依法實行國有土地有償使用制度。但是，國家在法律規定的範圍內劃撥國有土地使用權的除外。」礦產資源法第 5 條規定：「國家實行探礦權、採礦權有償取得的制度；但是，國家對探礦權、採礦權有償取得的費用，可以根據不同情況規定予以減繳、免繳。具體辦法和實施步驟由國務院規定。開採礦產資源，必須按照國家有關規定繳納資源稅和資源補償費。」水法第 7 條規定：「國家對水資源依法實行取水許可制度和有償使用制度。但是，農村集體經濟組織及其成員使用本集體經濟組織的水塘、水庫中的水的除外。國務院水行政主管部門負責全國取水許可制度和水資源有償使用制度的組織實施。」

之所以對於土地資源、礦產資源、水資源等自然資源實行有償使用制度，是因為：（1）在社會主義公有制條件下，只有實行自然資源有償使用制度，才能使自然資源所有權在經濟上更充分地得到實現，從而真正保障社會主義公有制的主體地位。自然資源是巨大的社會財富，隨着經濟和社會的發展，其價值日益上升。只有收益歸公有，才能充分體現自然資源的社會主義公有制。在自然資源使用制度改革前，國家曾長期以行政手段無償提供土地資源、水資源等自然資源給企業、事業單位使用。本應歸公有的大量資源收益留在使用者手中，國家缺乏調劑餘缺的力量，難以實現自然資源在社會化生產中的優化配置，自然資源的公有制在很大程度上被虛化。通過改革，推行自然資源的有償使用制度，國家代表全體人民掌握了自然資源的收益，就有了足夠的財力進行宏觀調控，組織社會生產。（2）在社會主義市場經濟條件下，只有實行自然資源有償使用制度，才能充分發揮市場對經濟發展的積極作用。社會主義市場經濟是一個包括了生產資料市場、消費品市場以及資金、勞動力、自然資源等生產要素使用權市場的完整體系。重要自然資源作為基本的生產要素，其使用權不進入市場流通，社會主義市場體系就不完善，難以充分發揮市場優化配置、公平競爭的作用。在過去的使用制度下，自然資源使用者既沒有壓力，也沒有動力，多佔少用，早佔晚用，佔優用劣、佔而不用甚至亂佔濫用，嚴重浪費了寶貴的自然資源。同時，佔有資源較多且質量優越的企業，與佔有較少、質量較差的企業實際上處於不平等競爭的地位。通過有償、能流動的自然資源使用制度，將自然資源的使用權作為生產要素交市場調節，才能合理配置自然資源，實現最大的資源利用效益。

（二）自然資源的無償使用

土地管理法、水法等法律同時規定了自然資源的無償使用作為有償使用基本原則的例

外。例如，土地管理法第 2 條、水法第 7 條的例外條款。

之所以在自然資源使用制度改革後仍然保留無償使用自然資源的例外情況，主要是因為：（1）通過劃撥等方式無償取得土地等自然資源的使用權的情況仍然有存在的必要性。一些公益事業、公共建設仍然需要有相應的扶持。（2）農村集體經濟組織和農民已有的使用水資源等自然資源的權益應當得到維護，以避免增加農民負擔。這也是促進農業和農村持續、穩定、健康發展，實現全面建成小康社會的目標以及構建和諧社會所必需的。

無償使用作為自然資源使用制度中的例外和補充，其適用範圍和條件是受到嚴格限制的。以劃撥取得土地使用權為例：土地管理法第 54 條，對劃撥土地明確規定為四種情形。城市房地產管理法第 40 條，對劃撥取得土地使用權的房地產的轉讓規定了限制條件。對自然資源的無償使用必須嚴格遵守法律規定的範圍和條件，發揮對自然資源有償使用制度的有益補充作用。

二、自然資源使用制度和用益物權制度的關係

以有償使用為基本原則，以無償使用為例外和補充的自然資源使用制度是民法典物權編用益物權制度的重要基礎。要準確把握自然資源使用制度和用益物權制度的關係還應當注意以下幾點：

1. 自然資源使用制度與用益物權制度的基礎是一致的。它們都建立在社會主義公有制基礎上，並且服務於社會主義市場經濟的發展。

2. 儘管自然資源使用制度和用益物權制度是相通的，但是它們各自屬於不同的法律部門，有各自獨特的領域。自然資源使用制度屬於經濟法的範疇，用益物權制度中除了與自然資源使用制度相關的權利，還有地役權這樣獨有的權利類型。自然資源使用制度和用益物權制度在各自的領域內，按照各自的內在規律發揮作用並且互相協調，才能全面調整相應的社會關係。

> **第三百二十六條** 用益物權人行使權利，應當遵守法律有關保護和合理開發利用資源、保護生態環境的規定。所有權人不得干涉用益物權人行使權利。

■ 條文主旨

本條是關於用益物權人應當保護和合理開發利用資源，以及所有權人不得干涉用益物權人行使權利的規定。

■ 條文釋義

本條分別從用益物權人和所有權人的角度，規定了兩個方面的內容。一是用益物權人行使權利，應當遵守法律有關保護和合理開發利用資源的規定；二是所有權人不得干涉用益物

權人行使權利。

一、用益物權人行使權利，應當遵守法律有關保護和合理開發利用資源的規定

用益物權是在他人所有的不動產或者動產上享有的佔有、使用和收益的權利。在我國，多為在國家所有或者集體所有的土地上設立建設用地使用權、農村土地承包經營權和宅基地使用權，以及行使對國家所有的礦產資源、水資源等自然資源開發利用的權利。用益物權人在行使權利的同時，應當履行遵守法律有關保護和合理開發利用土地等資源的規定的義務。

土地、礦產、水資源等自然資源，具有不可再生性或者稀缺匱乏性。拿土地資源來說，土地是人類可利用的一切自然資源中最基本、最寶貴的資源，是人類最基本的生產資料。我國人多地少，特別是耕地少，是我國的基本國情。我國國土總面積約 960 萬平方公里，居世界第三位。但人均佔有國土面積不到世界人均佔有量的 1/3。而在我國國土總面積中，不能或者難以利用的沙漠、戈壁等又佔去相當大一部分。我國目前的可耕地為 18.4 億畝，人均 1.4 畝。耕地資源還存在着幾個突出的問題：一是人均佔有耕地的數量少；二是耕地總體質量差，生產水平低，抗自然災害的能力差；三是耕地退化嚴重；四是耕地後備資源匱乏。我國每年因各項建設佔用以及自然災害毀損等還在造成耕地不斷減少，而我國的人口卻還在不斷增長。人增地減的趨勢已經成為我國經濟社會發展中的一個重大問題和嚴峻挑戰。因此，十分珍惜、合理利用土地和切實保護土地特別是耕地，是我國的基本國策。合理開發土地，保護土地資源是促進社會經濟可持續發展的基本要求。強化土地等資源的保護，保證對土地等資源的永續利用，是資源利用中一個特別重要的問題。因此，本條明確要求：用益物權人行使權利，應當遵守法律有關保護和合理開發利用資源的規定。

對保護和合理開發利用資源，我國相關法律都作出了明確規定。比如土地管理法規定，十分珍惜、合理利用土地和切實保護耕地是我國的基本國策。各級人民政府應當採取措施，全面規劃，嚴格管理，保護、開發土地資源，制止非法佔用土地的行為。使用土地的單位和個人必須嚴格按照土地利用總體規劃確定的用途使用土地。國家保護耕地，嚴格控制耕地轉為非耕地。非農業建設必須節約使用土地，可以利用荒地的，不得佔用耕地；可以利用劣地的，不得佔用好地。禁止佔用耕地建窯、建墳或者擅自在耕地上建房、挖砂、採石、採礦、取土等。禁止佔用永久基本農田發展林果業和挖塘養魚。

又如農村土地承包法規定，農村土地承包經營應當遵守法律、法規，保護土地資源的合理開發和可持續利用。未經依法批准不得將承包地用於非農建設。未經依法批准不得將承包地用於非農建設。國家鼓勵增加對土地的投入，培肥地力，提高農業生產能力。承包人承擔維持土地的農業用途，不得用於非農建設；依法保護和合理利用土地，不得給土地造成永久性損害的義務。

再如礦產資源法規定，國家保障礦產資源的合理開發利用。禁止任何組織或者個人用任何手段侵佔或者破壞礦產資源。各級人民政府必須加強礦產資源的保護工作。開採礦產資源，必須採取合理的開採順序、開採方法和選礦工藝。礦山企業的開採回採率、採礦貧化率和選礦回收率應當達到設計要求。在開採主要礦產的同時，對具有工業價值的共生和伴生礦

產應當統一規劃，綜合開採，綜合利用，防止浪費；對暫時不能綜合開採或者必須同時採出而暫時還不能綜合利用的礦產以及含有有用成分的尾礦，應當採取有效的保護措施，防止損失破壞。開採礦產資源，應當節約用地。耕地、草原、林地因採礦受到破壞的，礦山企業應當因地制宜地採取復墾利用、植樹種草或者其他利用措施。

作為相關的用益物權人，在享有權利的同時，應當嚴格遵守有關法律，積極保護和合理開發利用自然資源。

二、所有權人不得干涉用益物權人行使權利

所有權人不得干涉用益物權人行使權利，是由所有權與用益物權、所有權人與用益物權人之間的關係決定的。用益物權雖由所有權派生，但它是一項獨立的物權，當事人依法取得用益物權後對所有人的不動產或動產享有佔有、使用、收益和依法轉讓該用益物權的權利。用益物權具有直接支配性和排他性，可以依法直接行使權利，不受第三人的侵害和所有權人的干涉。比如農村土地承包經營權人依法享有承包地使用、收益和土地承包經營權流轉的權利，有權自主組織生產經營和處置產品。發包人應當尊重承包人的生產經營自主權，不得干涉承包人依法進行正常的生產經營活動。土地承包經營權流轉的主體是承包人，承包人有權依法自主決定土地承包經營權是否流轉和流轉的方式。承包期內發包人不得調整承包地。因自然災害嚴重毀損承包地等特殊情形，需要適當調整承包的耕地和草地的，應當依照農村土地承包法等法律規定辦理。承包期內發包人不得收回承包地。農村土地承包法等法律另有規定的依照其規定。

所有權人不得干涉用益物權人行使權利，是用益物權人正常行使權利的基本保障。當然，如果用益物權人在行使權利時存在違背法律規定、未合理利用和保護資源等損害所有權人權益的行為，所有權人有權依法制止，並要求其賠償損失。

> **第三百二十七條** 因不動產或者動產被徵收、徵用致使用益物權消滅或者影響用益物權行使的，用益物權人有權依據本法第二百四十三條、第二百四十五條的規定獲得相應補償。

■ 條文主旨

本條是關於用益物權人因徵收、徵用有權獲得補償的規定。

■ 條文釋義

用益物權是當事人依照法律規定，對他人所有的不動產享有佔有、使用和收益的權利。用益物權雖由所有權派生出來，但它是一項獨立的物權。用益物權人是對他人所有的物享有佔有、使用和收益的權利人，雖然不是物的所有權人，但也是具有獨立物權地位的權利人。

在他人的不動產或者動產被徵收、徵用，致使所有權消滅或者影響所有權行使的，應當依法給予所有權人補償。同時，因他人的不動產或者動產被徵收、徵用致使用益物權消滅或者影響用益物權行使的，用益物權人也有權依法獲得相應的補償。

我國憲法第 10 條第 3 款規定：「國家為了公共利益的需要，可以依照法律規定對土地實行徵收或者徵用並給予補償。」這一規定表明徵收和徵用，應當遵循三個原則：

一是公共利益需要的原則。實施徵收、徵用，必須是出於公共利益的需要，這是徵收、徵用的前提條件。公共利益通常是指全體社會成員的共同利益和社會的整體利益。

二是依照法定程序的原則。徵收、徵用在一定程度上限制了他人的財產權。為了防止這種手段的濫用，平衡他人財產保護和公共利益需要的關係，徵收、徵用必須嚴格依照法律規定的程序進行。

三是依法給予補償的原則。儘管徵收和徵用是為了公共利益需要，但都不能採取無償剝奪的方式，必須依法給予補償。補償的方式應視財產的類別而加以區別對待。在徵收過程中，徵收的對象一般都是不動產，並且是所有權的改變，一般都要給予金錢補償、相應的財產補償或者其他形式的補償。在徵用過程中，如果是非消耗品，使用結束後，原物還存在的，應當返還原物，對於物的價值減少的部分要給予補償；如果是消耗品，通常要給予金錢補償。

徵收主要是針對不動產，而不動產中又以徵收集體所有的土地最具代表性，因此，對徵收集體土地，如何對所有權人即農民集體和用益物權人即承包經營權人給予補償，就顯得尤為重要。

本法第 243 條第 2 款規定，徵收集體所有的土地，應當依法及時足額支付土地補償費、安置補助費以及農村村民住宅、其他地上附着物和青苗等的補償費用，並安排被徵地農民的社會保障費用，保障被徵地農民的生活，維護被徵地農民的合法權益。該款明確規定了要給予集體所有土地的用益物權人補償。而具體補償範圍和標準，則要根據土地管理法的規定辦理。在適用土地管理法第 48 條的規定時，應當把握以下幾點：

一是徵地補償和安置補助的原則是徵收土地應當給予公平、合理的補償，保障被徵地農民原有生活水平不降低、長遠生計有保障。徵收土地後通過補償和採取各項安置措施，要使被徵地農民的生活水平達到徵地前的生活水平。如果達不到，應當採取相應的措施，包括提高補償標準。

二是徵收土地應當依法及時足額支付土地補償費、安置補助費以及農村村民住宅、其他地上附着物和青苗等的補償費用，並安排被徵地農民的社會保障費用。

三是徵收農用地的土地補償費、安置補助費標準由省、自治區、直轄市通過制定公佈區片綜合地價確定。制定區片綜合地價應當綜合考慮土地原用途、土地資源條件、土地產值、土地區位、土地供求關係、人口以及經濟社會發展水平等因素，並至少每三年調整或者重新公佈一次。

四是徵收農用地以外的其他土地、地上附着物和青苗等的補償標準，由省、自治區、直

轄市制定。對其中的農村村民住宅，應當按照先補償後搬遷、居住條件有改善的原則，尊重農村村民意願，採取重新安排宅基地建房、提供安置房或者貨幣補償等方式給予公平、合理的補償，並對因徵收造成的搬遷、臨時安置等費用予以補償，保障農村村民居住的權利和合法的住房財產權益。

五是縣級以上地方人民政府應當將被徵地農民納入相應的養老等社會保障體系。被徵地農民的社會保障費用主要用於符合條件的被徵地農民的養老保險等社會保險繳費補貼。被徵地農民社會保障費用的籌集、管理和使用辦法，由省、自治區、直轄市制定。

本法第 245 條規定，因搶險救災、疫情防控等緊急需要，依照法律規定的權限和程序可以徵用組織、個人的不動產或者動產。被徵用的不動產或者動產使用後，應當返還被徵用人。組織、個人的不動產或動產被徵用或者徵用後毀損、滅失的，應當給予補償。根據這一規定，組織、個人的不動產或者動產被徵用或者徵用後毀損、滅失，致使用益物權消滅，或者影響用益物權行使的，應當對用益物權人給予補償。

第三百二十八條　依法取得的海域使用權受法律保護。

■ 條文主旨

本條是關於海域使用權的規定。

■ 條文釋義

海洋被稱為「藍色國土」，在人類文明的發展史上起着重要的作用。根據本法第 247 條的規定，海域屬於國家所有。國家是海域所有權的唯一主體。海域與土地具有相同的屬性，隨着海洋科學技術的發展，海域可以通過技術手段加以區分並進行排他性的使用，海域越來越成為被人類利用的重要資源。1993 年財政部和國家海洋局頒佈的《國家海域使用管理暫行規定》第一次規定了海域使用權制度。此後，一些沿海省市也先後出台了有關海域使用權方面的地方性政府規章。2001 年我國頒佈了海域使用管理法，從法律上確立了海域使用權制度。該法規定的海域是指我國內水、領海的水面、水體、海床和底土，範圍從海岸線開始到領海外部界線為止。我國海域的面積達 38 萬平方公里。

海域使用權是指組織或者個人依法取得對國家所有的特定海域排他性使用權。組織和個人使用海域，必須依法取得海域使用權。海域使用權取得的方式主要有三種：一是組織和個人向海洋行政主管部門申請；二是招標；三是拍賣。有關組織和個人使用海域的申請被批准或者通過招標、拍賣方式取得海域使用權後，海域使用權人應當辦理登記手續。依照法律規定屬於國務院批准用海的，由國務院海洋行政主管部門登記造冊，向海域使用權人頒發海域使用權證書；屬於地方人民政府批准用海的，由地方人民政府登記造冊，向海域使用權人頒

發海域使用權證書。根據使用海域不同的用途，海域使用權最高期限分別為：養殖用海 15年；拆船用海 20 年；旅遊、娛樂用海 25 年；鹽業、礦業用海 30 年；公益事業用海 40 年；港口、修造船廠等建設工程用海 50 年。海域作為國家重要的自然資源實行有償使用制度。組織和個人使用海域，應當按照國務院的規定繳納海域使用金。為了切實保護養殖用海漁民的利益，目前海域主管部門在實際工作中對有爭議的海域、海洋自然保護區、漁業資源保護區、傳統趕海區等涉及公共利益的海域不進行招標和拍賣。同時，對於專業漁民使用海域從事養殖生產的，可以在規定的面積內減繳或者免繳海域使用金。海域使用權作為一項重要的財產權利，可以依法轉讓、繼承。

海域使用管理法頒佈後，海域使用權制度日趨完善。海域使用權制度在維護海域使用權人的合法權益，規範海洋開發利用秩序，促進海域的合理開發和海洋產業的健康發展等方面取得了良好的效果。海域使用權已成為與建設用地使用權等性質相同的用益物權。

在 2007 年物權法起草過程中，有人提出，海域使用權應與建設用地使用權等並列為用益物權，建議專章規定海域使用權，強化海域使用權的物權特點，增加海域使用權抵押以及設立海域使用權時優先考慮漁民利益等內容。物權法沒有對海域使用權專章規定，主要是考慮到海域使用權是一個綜合性的權利，包括利用海域從事建設工程、海水養殖、海底探礦採礦、旅遊等多種活動。物權法有關用益物權的規定，是根據土地的不同用途產生的不同法律關係分別規定為土地承包經營權、建設用地使用權和宅基地使用權，沒有綜合規定為土地使用權。因此，如果將海域使用權專章規定，會造成物權法用益物權編體系的不平衡。所以，強化海域使用權的物權特點，彌補現行海域使用管理法不足的問題，還是應當留待修改海域使用管理法時一併解決。因此，本條只是對海域使用權作了原則性的規定，確立了海域使用權用益物權的屬性，任何組織和個人使用海域必須依法取得海域使用權，依法取得的海域使用權受法律保護。根據特別法優先於普通法的原則，海域使用權首先應當適用海域使用管理法的規定；海域使用管理法沒有規定的，適用物權法的有關規定。

第三百二十九條　依法取得的探礦權、採礦權、取水權和使用水域、灘塗從事養殖、捕撈的權利受法律保護。

■ 條文主旨

本條是關於探礦權、採礦權，取水權、使用水域和灘塗從事養殖、捕撈權利的規定。

■ 條文釋義

我國對自然資源實行有償使用制度。礦產資源法、水法、漁業法分別對組織和個人利用自然資源的權利作出了規定。探礦權、採礦權、取水權和從事養殖、捕撈的權利具有自身

的特點，與一般的用益物權有所不同。用益物權一般是通過合同設立，探礦權、採礦權、取水權和從事養殖、捕撈的權利是經行政主管部門許可設立。考慮到探礦權、採礦權、取水權和從事養殖、捕撈的權利主要是對國家自然資源的利用，權利人取得這些權利後，即享有佔有、使用和收益的權利，其權能與用益物權是一致的，同時也需要辦理登記並進行公示，符合物權的公示的原則。因此，2007 年制定的物權法對這些權利作了原則性、銜接性的規定。

一、探礦權、採礦權

1986 年頒佈的礦產資源法曾規定，「勘查礦產資源，必須依法登記。開採礦產資源，必須依法申請取得採礦權」，但是在當時計劃經濟體制下，探礦權人、採礦權人是無償取得探礦權和採礦權的。之後修改的礦產資源法規定國家實行探礦權、採礦權有償使用的制度。根據礦產資源法的規定，勘查、開採礦產資源，必須依法分別申請、經批准取得探礦權、採礦權，並辦理登記。礦產資源法第 5 條規定，國家實行探礦權、採礦權有償取得的制度；但是，國家對探礦權、採礦權有償取得的費用，可以根據不同情況規定予以減繳、免繳。具體辦法和實施步驟由國務院規定。開採礦產資源，必須按照國家有關規定繳納資源稅和資源補償費。

關於探礦權、採礦權的轉讓問題，1986 年頒佈的礦產資源法曾明確規定，採礦權不得買賣、出租，不得用作抵押。買賣、出租採礦權或者將採礦權用作抵押的，沒收違法所得，處以罰款，吊銷採礦許可證。修改後的礦產資源法雖然仍規定禁止將探礦權、採礦權倒賣牟利，但是已經允許探礦權、採礦權進行有條件的轉讓，探礦權、採礦權財產權的特徵得到了進一步的明確。根據礦產資源法的規定，探礦權、採礦權的轉讓應當符合以下條件：（1）探礦權人有權在劃定的勘查作業區內進行規定的勘查作業，有權優先取得勘查作業區內礦產資源的採礦權。探礦權人在完成規定的最低勘查投入後，經依法批准，可以將探礦權轉讓他人。（2）已取得採礦權的礦山企業，因企業合併、分立，與他人合資、合作經營，或者因企業資產出售以及有其他變更企業資產產權的情形而需要變更採礦權主體的，經依法批准可以將採礦權轉讓他人採礦。

二、取水權

1988 年頒佈的水法對取水權作出了規定。當時主要是從資源配置和行政管理的角度規範取水權制度的。修改後的水法，進一步明確了國家對水資源實行有償使用制度，並完善了取水許可制度。對水利用的方式主要有三種：一是直接從江河、湖泊或者地下取用水資源的組織和個人，應當按照國家取水許可制度和水資源有償使用制度的規定，向水行政主管部門或者流域管理機構申請領取取水許可證，並繳納水資源費，取得取水權。二是農村集體經濟組織及其成員使用本集體經濟組織的水塘、水庫中的水的，不需要申請取水許可。三是家庭生活和零星散養、圈養畜禽飲用等少量取水，不需要申請取水許可。國務院水行政主管部門負責全國取水許可制度和水資源有償使用制度的組織實施。

申請取水權應當按照以下程序：在建設項目立項前，應當先提出取水許可預申請，經審批後才能立項。在建設項目經批准後，再提出取水許可申請。提取地下水的，在打水前應當

提出取水許可預申請，然後根據抽水試驗，批准取水權。取水權有優先順序的規定。首先應當滿足城鄉居民生活用水，並兼顧農業、工業、生態環境用水以及航運等需要。在乾旱和半乾旱地區開發、利用水資源，應當充分考慮生態環境用水需要。取水許可證有效期限一般為5年，最長不超過10年。有效期屆滿，需要延續的，取水組織或者個人應當在有效期屆滿45日前向原審批機關提出申請，原審批機關應當在有效期屆滿前，作出是否延續的決定。

目前我國法律對取水權能否轉讓未作規定。實踐中正對取水權轉讓的問題進行研究和探索。

三、從事養殖、捕撈的權利

我國漁業法對從事養殖和捕撈的權利作出了規定。根據漁業法的規定，國家對水域利用進行統一規劃，確定可以用於養殖業的水域和灘塗。組織和個人使用國家規劃確定用於養殖業的全民所有的水域、灘塗的，使用者應當向縣級以上地方人民政府漁業行政主管部門提出申請，由本級人民政府核發養殖證，許可其使用該水域、灘塗從事養殖生產。核發養殖證的具體辦法由國務院規定。

我國對於捕撈業實行捕撈許可證制度。漁業捕撈許可證是國家批准從事捕撈生產的證書。從事捕撈生產的組織和個人，必須向縣級以上主管部門提出申請，取得漁業捕撈許可證後，方准進行作業。縣級以上漁業行政主管部門，按不同作業水域、作業類型、捕撈品種和漁船馬力大小，實行分級審批發放。捕撈許可證也有一定的期限，比如，內陸水域捕撈許可證的有效期限為5年。需要指出的是，本法規定的捕撈活動應當是發生在國家享有所有權的水域進行的，對於在公海、經濟毗連區等我國不享有國家所有權的水域從事的捕撈行為，漁業法可以對此進行調整，但不屬於本法調整的範疇。

從以上規定可以看到，礦產資源法、水法、漁業法等單行法律對相關的權利都作了較為全面的規定。但是，由於這些法律多是從行政管理的角度對權利進行規範的，這些權利的物權屬性並不明確，財產權利的內容並不完善，更缺少對這些權利相應的民事救濟措施。因此實踐中也出現了一些侵犯權利人合法權益的行為，比如內水的傳統捕撈區被改變用途後，從事捕撈的漁民無法得到相應的補償和安置。所以，民法典物權編有必要作出銜接性的規定，明確這些權利受物權以及相關法律的保護。至於進一步完善這些權利的問題，可以通過修改相關法律加以解決。根據特別法優於普通法適用的原則，探礦權、採礦權，取水權，利用水域、灘塗從事養殖、捕撈的權利，應當首先適用礦產資源法、水法和漁業法等法律的規定；礦產資源法、水法和漁業法等法律沒有規定的，適用本法的有關規定。

第十一章　土地承包經營權

　　本章共十四條，規定了農村土地承包經營權這種用益物權。物權法對土地承包經營權就作了規定。民法典作為民事基本法，物權編是關於物權的基本規則，對於涉及數億農村人口根本利益的農村土地承包經營權這一重要的用益物權，必須根據農村的新情況、農業的新發展、農民的新需求作出相應的修改，以滿足實施鄉村振興戰略的需要。在起草民法典物權編的過程中，主要是圍繞落實黨中央的改革要求，結合農村土地承包法的修改，對物權法有關農村土地承包經營權的規定作了相應的修改。

> **第三百三十條**　農村集體經濟組織實行家庭承包經營為基礎、統分結合的雙層經營體制。
>
> 　　農民集體所有和國家所有由農民集體使用的耕地、林地、草地以及其他用於農業的土地，依法實行土地承包經營制度。

■ 條文主旨

　　本條是對農村集體經濟組織實行家庭承包經營為基礎、統分結合的雙層經營體制的規定。

■ 條文釋義

一、家庭承包經營為基礎、統分結合的雙層經營體制

　　長期穩定和不斷完善以家庭承包經營為基礎、統分結合的雙層經營體制，是黨在農村的基本政策。農村集體經濟組織實行家庭承包經營為基礎、統分結合的雙層經營體制，是我國憲法確立的農村集體經濟組織的經營體制。「雙層經營」包含了兩個經營層次：一是家庭分散經營層次。家庭分散經營是指農村集體經濟組織的每一個農戶家庭全體成員為一個生產經營單位，承包集體農村土地後，以家庭為單位進行的農業生產經營。二是集體統一經營層次。集體統一經營就是農村集體經濟組織以村或者村民小組（或者鄉鎮）為生產經營單位，對集體所有的土地、房屋等集體資產享有、行使集體所有權，並組織本集體經濟組織成員開展統一的生產經營。需要注意的是，雙層經營的基礎是家庭承包，但必須統分結合，不能因為家庭經營而忽略集體經營，特別是必須強調對農村土地的集體所有權，承包方享有的僅僅是對農村土地的用益物權。

　　四十多年來的農村改革的實踐證明，實行家庭承包經營，符合生產關係要適應生產力

發展要求的規律，使農戶獲得了充分的經營自主權，充分調動了億萬農民的生產積極性，極大地解放和發展農村生產力。實現了我國農業的巨大發展和農村經濟的全面繁榮，使廣大農民的生活從溫飽邁向小康。正因如此，本條第 1 款規定，農村集體經濟組織實行家庭承包經營為基礎、統分結合的雙層經營體制。將農村集體經濟組織的雙層經營體制再一次寫入民法典中。

二、農村土地承包的方式

本條第 2 款規定，農民集體所有和國家所有由農民集體使用的耕地、林地、草地以及其他用於農業的土地，依法實行土地承包經營制度。

土地承包經營權作為一種用益物權，屬於他物權，這種他物權是針對特定對象而設定的，即是農民集體所有和國家所有由農民集體使用的農村土地。農村土地是指農民集體所有和國家所有依法由農民集體使用的耕地、林地、草地，以及其他依法用於農業的土地。因此，能夠設立土地承包經營權的土地僅僅是農村土地，排除了城市的國有建設用地。還需要說明是，這裏的農村土地與我們通常所說農民集體所有的土地不是一個概念，二者的範圍有所不同。一般所說的農民集體所有的土地是指所有權歸集體的全部土地，其中主要有農業用地、農村建設用地等。而根據農村土地承包法的規定，能夠設定土地承包經營權的土地只能是農業用地，主要包括以下幾種類型：一是農民集體所有的耕地、林地、草地。農民集體所有的耕地、林地、草地是指所有權歸集體的耕地、林地、草地。用於農業的土地中數量最多，涉及面最廣，與每一個農民利益最密切的是耕地、林地和草地，這些農村土地，多採用人人有份的家庭承包方式，集體經濟組織成員都有承包的權利。二是國家所有依法由農民集體使用的耕地、林地、草地。國家所有依法由農民集體使用的耕地、林地、草地與農民集體所有的耕地、林地、草地的區別在於所有權屬於國家，但依法由農民集體使用。三是其他依法用於農業的土地。用於農業的土地，主要有耕地、林地和草地，還有一些其他依法用於農業的土地，如養殖水面、菜地等。養殖水面主要是指用於養殖水產品的水面，養殖水面屬於農村土地不可分割的一部分，也是用於農業生產的，所以也包括在本條所稱的農村土地的範圍之中。此外，還有荒山、荒丘、荒溝、荒灘等「四荒地」，「四荒地」依法是要用於農業的，也屬於本條所稱的農村土地。

根據農村土地承包法的規定，對於不同的農村土地，應採取的承包方式是不同的。農村土地承包經營制度，包括兩種承包方式，即家庭經營方式的承包和以招標、拍賣、公開協商等方式的承包。第一種就是農村集體經濟組織內部的家庭承包方式。所謂家庭承包方式是指，以農村集體經濟組織的每一個農戶家庭為一個生產經營單位，作為承包人承包農民集體的耕地、林地、草地等農業用地，對於承包地按照本集體經濟組織成員是人人平等地享有一份的方式進行承包。其主要特點：一是集體經濟組織的每個人，不論男女老少，都平均享有承包本農民集體的農村土地的權利，除非他自己放棄這個權利。也就是說，這些農村土地對本集體經濟組織的成員來說，是人人有份的，任何組織和個人都無權剝奪他們的承包權。二是以戶為生產經營單位承包，也就是以一個農戶家庭的全體成員作為承包方，與本集體經濟

組織或者村民委員會訂立一個承包合同，享有合同中約定的權利，承擔合同中約定的義務。承包戶家庭中的成員死亡，只要這個承包戶還有其他人在，承包關係仍不變，由這個承包戶中的其他成員繼續承包。三是承包的農村土地對每一個集體經濟組織的成員是人人有份的，這主要是指耕地、林地和草地，但不限於耕地、林地、草地，凡是本集體經濟組織的成員應當人人有份的農村土地，都應當實行家庭承包的方式。第二種就是其他方式的承包。由於有些農業用地並不是本集體經濟組織成員都能均分，如菜地、養殖水面等由於數量少，在本集體經濟組織內做不到人人有份，只能由少數農戶來承包；有的「四荒地」雖多，但本集體經濟組織成員有的不願承包，有的根據自己的能力承包的數量不同。這些不宜採取家庭承包方式的農村土地，可以採取招標、拍賣、公開協商等方式承包。不論是採取哪種方式承包，都必須按照農村土地承包法規定的原則、程序和方式進行。

> **第三百三十一條** 土地承包經營權人依法對其承包經營的耕地、林地、草地等享有佔有、使用和收益的權利，有權從事種植業、林業、畜牧業等農業生產。

■ 條文主旨

本條是土地承包經營權人享有的基本權利的規定。

■ 條文釋義

本條進一步明確了土地承包經營權的物權性質，明確規定了土地承包經營權人依法對其承包經營的耕地、林地、草地等享有佔有、使用和收益的權利，有權從事種植業、林業、畜牧業等農業生產。

一、承包經營權人的基本權利

本條規定了承包人對承包地享有的佔有、使用和收益這幾項最基本、最重要的權利。

1. 依法享有對承包地佔有的權利。佔有的權利是土地承包經營權人對本集體所有的土地直接支配和排他的權利。

2. 依法享有對承包地使用的權利。農村土地承包經營權設立的目的，就在於讓承包人在集體的土地上進行耕作、養殖或者畜牧等農業生產。因此，承包人在不改變土地的農業用途的前提下，有權對其承包的土地進行合理且有效的使用。

3. 依法獲取承包地收益的權利。收益權是承包人獲取承包地上產生的收益的權利，這種收益主要是從承包地上種植的農林作物以及畜牧中所獲得的利益。例如，糧田裏產出的糧食，果樹產生的果實等。承包人還有權自由處置產品，可以自由決定農林牧產品是否賣、如何賣、賣給誰等。

二、承包經營權人的其他權利

承包經營權人的上述權利，體現了作為用益物權的承包經營權的最基本的權利，還有一些權利內容也體現了承包經營權的物權性質。這些權利有的是由物權編規定，有些則在農村土地承包法中有進一步的明確規定。主要包括以下內容：

1. 承包期及承包期屆滿後的延期。根據農村土地承包法和物權編的相關規定，耕地的承包期為 30 年，草地的承包期為 30 — 50 年，林地的承包期為 30 — 70 年。並進一步明確，耕地的承包期屆滿後可以再延長 30 年，林地、草地的承包期相應延長。

2. 依法互換、轉讓土地承包經營權。承包方承包土地後，可以行使承包經營權自己經營；也可以將承包地依法互換、轉讓。農村集體經濟組織根據本地的特點，將承包地劃分發包。各地地形地勢不同，歷史使用原因不同，與農戶居住的遠近等生活便利條件不同。農戶承包土地後，可以依法進行互換。農戶依法互換、轉讓土地承包權的，任何組織和個人不得強迫或限制，依法互換、轉讓土地承包經營權的收益歸農戶所有。

3. 依法流轉土地經營權。在農村土地承包法修改過程中，重要任務之一就是貫徹「三權分置」改革要求。所謂「三權分置」就是要堅持農村土地集體所有權，穩定農戶承包權，放活土地經營權。「三權分置」改革的核心問題是家庭承包的承包戶在經營方式上發生轉變，即由農戶自己經營，轉變為保留土地承包權，允許承包方將承包地流轉給他人經營，實現土地承包經營權和土地經營權的分離。關於「三權分置」改革的具體要求和土地經營權流轉，物權編第 339 條作了進一步的規定。

4. 承包期內，發包人不得收回承包地。農村土地承包法進一步明確規定，國家保護進城農戶的土地承包經營權。不得以退出土地承包經營權作為農戶進城落戶的條件；承包期內，承包農戶進城落戶的，引導支持其按照自願有償原則依法在本集體經濟組織內轉讓土地承包經營權或者將承包地交回發包方，也可以鼓勵其流轉土地經營權；承包期內，承包方交回承包地或者發包方依法收回承包地時，承包方對其在承包地上投入而提高土地生產能力的，有權獲得相應的補償。

5. 承包地被依法徵收、徵用、佔用的，有權依法獲得相應的補償。土地承包經營權作為一種用益物權，這種他物權是受到法律保護的。但是根據憲法和物權編及其他法律的有關規定，國家為了公共利益的需要，可以依照法律規定對土地實行徵收或者徵用並給予補償。徵收土地是國家為了社會公共利益的需要，將集體所有的土地轉變為國有土地的一項制度。徵用是國家強制使用組織、個人的財產。不論是徵收還是徵用，都必須基於公共利益的需要，按照法定程序進行，給予補償。

6. 法律、行政法規規定的其他權利。其他法律、行政法規對土地承包經營權人所享有的權利作了規定的，土地承包經營權人即享有這些權利。例如，農村土地承包法第 32 條規定，承包人應得的承包收益，依照繼承法的規定繼承。林地承包的承包人死亡，其繼承人可以在承包期內繼續承包。此外，農業法、漁業法、草原法、森林法等法律也對土地承包經營權人所享有的權利作了規定。

> 　　第三百三十二條　耕地的承包期為三十年。草地的承包期為三十年至五十年。林地的承包期為三十年至七十年。
>
> 　　前款規定的承包期限屆滿，由土地承包經營權人依照農村土地承包的法律規定繼續承包。

■ 條文主旨

　　本條是關於土地承包期限的規定。

■ 條文釋義

　　土地承包經營權是一種他物權，他物權與所有權相比的一個差別就是，他物權一般都是有期限的物權，本條規定的就是土地承包經營權的期限，即承包期限。承包期限是指農村土地承包經營權存續的期間，在這個期間內，承包方享有土地承包經營權，依照法律的規定和合同的約定，行使權利，承擔義務。承包期限是土地承包制度的一項重要內容，它關係到農民是否可以得到更加充分而有保障的土地權利，關係到以家庭承包經營為基礎、統分結合的雙層經營體制的穩定和完善，關係到農業、農村經濟發展和農村社會穩定。

　　本條規定與修改後的農村土地承包法的規定保持了一致，與物權法的規定相比，主要是刪除了第 1 款中「特殊林木的林地承包期，經國務院林業行政主管部門批准可以延長」的規定，並對第 2 款作了銜接性修改。

一、耕地、草地、林地的承包期

　　我國對土地實行用途管理制度。土地管理法按照土地的用途，將土地劃分為農用地、建設用地和未利用地，其中的農用地又包括耕地、林地、草地、農田水利用地和養殖水面等。本條第 1 款根據我國農村土地家庭承包的實際情況，對不同用途的土地的承包期限作出規定。

（一）耕地的承包期

　　耕地是指種植農作物的土地，包括灌溉水田、望天田（又稱天水田）、水澆地、旱地和菜地。我國農村實行土地承包經營制度的土地主要是耕地。

　　承包期限對於農戶的土地承包經營權而言至關重要。土地承包期限的長短，應考慮到我國農村的實際情況，根據農業生產經營的特點，農業經濟的發展趨勢以及當前的農業承包經營政策等因素確定。2002 年制定農村土地承包法時，將耕地的承包期確定為 30 年，符合當時有關法律的規定和農村的實際做法，同當時國家政策的規定也是一致的。黨的十八大以來，黨中央在諸多文件中，一再強調要「穩定承包權」，並強調「保持土地承包關係穩定並長久不變」。因此，本條第 1 款仍保留物權法、農村土地承包法的規定，繼續明確耕地的承包期為 30 年，這是同黨的十九大精神和中央有關文件的規定相一致的。

（二）草地、林地的承包期

　　對於草地、林地的承包期限，在 2002 年制定農村土地承包法之前，其他法律沒有明確

規定。2002 年制定農村土地承包法時，根據國家關於「營造林地和『四荒』地等開發性生產的承包期可以更長」的政策精神和我國農村土地承包的實際做法，在第 20 條對草地和林地的承包期作出了規定，即草地的承包期為 30 年至 50 年。林地的承包期為 30 年至 70 年；特殊林木的林地承包期，經國務院林業行政主管部門批准可以延長。

物權法也作了同樣的規定。修改後的農村土地承包法，對這一條規定沒有作出大的改動，只是刪除了「特殊林木的林地承包期，經國務院林業行政主管部門批准可以延長」。這一句話，主要是由於農村土地承包法施行十多年來，實踐中基本沒有出現國務院主管部門批准延長的情況，這一規定實際上從未真正落地過。物權編根據農村土地承包法修改情況，對物權法的規定也作了相應的修改。因此，本條第 1 款規定「耕地的承包期為三十年。草地的承包期為三十年至五十年。林地的承包期為三十年至七十年」。

二、土地承包期屆滿後的延長

第 2 款規定，前款規定的承包期限屆滿，由土地承包經營權人依照農村土地承包的法律規定繼續承包。本款規定，主要是為了與修改後的農村土地承包法相銜接。

黨的十九大提出，保持土地承包關係穩定並長久不變，第二輪土地承包到期後再延長 30 年。2019 年 11 月，《中共中央、國務院關於保持土地承包關係穩定並長久不變的意見》進一步明確規定：第二輪土地承包到期後再延長 30 年；現有承包地在第二輪土地承包到期後由農戶繼續承包，承包期再延長 30 年，以各地第二輪土地承包到期為起點計算。為了貫徹落實黨的十九大精神，保持土地承包關係穩定並長久不變，修改後的農村土地承包法增加規定「前款規定的耕地承包期屆滿後再延長三十年」，即第二輪土地承包到期後再延長 30 年。為了保持草地、林地承包關係的穩定，修改後的農村土地承包法增加規定：「草地、林地承包期屆滿後依照前款規定相應延長。」根據這一規定，草地、林地的承包期屆滿後，比照耕地承包期屆滿後再延長 30 年的規定，作相應延長。

根據物權編本款的規定，承包期限屆滿後，由土地承包經營權人依照農村土地承包的法律規定繼續承包。所謂「依照農村承包的法律規定」所指的就是農村土地承包法的有關規定，繼續承包就是承包期限的延長。

> **第三百三十三條**　土地承包經營權自土地承包經營權合同生效時設立。
> 　　登記機構應當向土地承包經營權人發放土地承包經營權證、林權證等證書，並登記造冊，確認土地承包經營權。

■ 條文主旨

本條是關於土地承包經營權設立和登記的規定。

■ 條文釋義

一、土地承包經營權的設立

本條第 1 款規定，土地承包經營權自土地承包經營權合同生效時設立。根據本款規定，土地承包經營權的設立，不以登記為生效的要件，土地經營權的設立以土地承包合同生效為準。

因此，要確定取得土地承包經營權的時間，就必須根據承包合同的生效時間判斷。根據合同法的基本原則，合同的生效必須以合同的成立為基礎。合同的成立是指訂約當事人就合同的主要內容形成合意。對於合同的成立時間，合同法及民法典合同編都有規定，一般而言，承諾生效時合同成立。合同編還對書面形式合同的成立作出了規定，即當事人採用合同書形式訂立合同的，自雙方當事人簽名、蓋章或者按印時成立。農村土地承包法明確規定土地承包合同應當採用書面形式。因此，承包合同成立的時間應當是當事人簽名、蓋章或者按印之時。農村土地承包法第 23 條規定，承包合同自成立之日起生效。

二、土地經營權的登記

物權法上的登記制度，是土地等不動產物權公示的方法。其功能是對物權的設立、變更、轉讓或者消滅產生公示作用。登記不僅可以表彰物權的設立，明確歸屬而且有助於解決物權的衝突。物權法第 127 條第 2 款規定：「縣級以上地方人民政府應當向土地承包經營權人發放土地承包經營權證、林權證、草原使用權證，並登記造冊，確認土地承包經營權。」物權編起草過程中，有的意見提出，應當根據農村土地承包法的修改情況，對物權法的規定加以修改。因此，將物權法前款規定修改為「登記機構應當向土地承包經營權人發放土地承包經營權證、林權證等證書，並登記造冊，確認土地承包經營權」。該款規定就是與農村土地承包法第 24 條第 1 款規定相銜接。

農村土地承包法第 24 條第 1 款規定，國家對耕地、林地和草地等實行統一登記，登記機構應當向承包方頒發土地承包經營權證或者林權證等證書，並登記造冊，確認土地承包經營權。土地承包經營權登記制度通過國家登記機構對土地承包經營權予以確認，有利於明確權利歸屬，穩定土地承包關係，也有利於維護農村土地承包經營權互換、轉讓和土地經營權流轉的安全。

物權編根據修改後農村土地承包法的規定，再次明確登記機構應當向承包方頒發土地承包經營權證或者林權證等證書，並登記造冊，對土地承包經營權予以確認。土地承包經營權證書、林權證等證書，是承包方享有土地承包經營權的法律憑證。承包方簽訂承包合同，取得土地承包經營權後，登記機構應當頒發土地承包經營權證或者林權證等證書，並登記造冊，將土地的使用權屬、用途、面積等情況登記在專門的簿冊上，以確認土地承包經營權。

> 第三百三十四條　土地承包經營權人依照法律規定，有權將土地承包經營權互換、轉讓。未經依法批准，不得將承包地用於非農建設。

■ 條文主旨

本條是關於土地承包經營權互換、轉讓的規定。

■ 條文釋義

根據本條規定，土地承包經營權人有權將土地承包經營權互換、轉讓，但是必須依照法律規定，且不得將承包地用於非農建設。這裏的依照法律規定，主要就是依照農村土地承包法的相關規定。農村土地承包法第 33 條、第 34 條對土地承包經營權的互換、轉讓作了明確規定。

一、土地承包經營權的互換

土地承包經營權互換，是土地承包經營權人將自己的土地承包經營權交換給他人行使，自己行使從他人處換來的土地承包經營權。互換從表面上看是地塊的交換，但從性質上看，是由交換承包的土地引起的權利本身的交換。權利交換後，原有的發包方與承包方的關係，變為發包方與互換後的承包方的關係，雙方的權利義務同時作出相應的調整。互換土地承包經營權，是農戶在自願的基礎上，在同一集體經濟組織內部，對人人有份的承包經營權進行的交換。該種交換改變了原有的權利分配，涉及承包義務的履行，因此，應當報發包方備案。由於土地承包經營權互換通常都是對等的，也未剝奪互換雙方的土地承包經營權，因此，只要不違反法律，侵害他人的合法權益，發包方就不應干涉。

二、土地承包經營權的轉讓

土地承包經營權轉讓，指土地承包經營權人將其擁有的未到期的土地承包經營權以一定的方式和條件移轉給他人的行為。農村土地承包法第 34 條規定，經發包方同意，承包方可以將全部或者部分的土地承包經營權轉讓給本集體經濟組織的其他農戶，由該農戶同發包方確立新的承包關係，原承包方與發包方在該土地上的承包關係即行終止。土地承包經營權轉讓不同於土地承包經營權互換。互換土地承包經營權，承包方與發包方的關係雖有變化，但互換土地承包經營權的雙方只不過是對土地承包經營權進行了置換，並未喪失該權利。而轉讓土地承包經營權，承包方與發包方的土地承包關係即行終止，轉讓方也不再享有土地承包經營權。根據農村土地承包法第 34 條的規定，轉讓土地承包經營權的條件是：

第一，程序上，轉讓土地承包經營權需要徵得發包方的同意。徵得發包方同意，是完全有必要的。首先，從合同原理而言，承包方轉讓土地承包經營權，意味着其與發包方所簽訂的承包合同的權利義務要一併轉移給他人，也是需要徵得相對方同意的。其次，從土地所有權的角度而言，發包方作為集體土地所有權的代表方，代表集體行使土地所有權，用益物權人發生變動，徵得其同意也是合理的。再次，從管理的角度看，為了避免轉讓方與受讓

方日後因為轉讓發生爭議，經過發包方同意確認雙方轉讓了土地承包經營權，也有助於避免糾紛。

第二，主體上，轉讓方為承包方，受讓方必須是本集體經濟組織的其他農戶。需要注意的是，與原農村土地承包法的規定有所不同。原農村土地承包法對轉讓方有一定限制的，要求轉讓方必須是「有穩定的非農職業或者有穩定的收入來源」，即不是任何承包方都可以轉讓，必須有了穩定的非農收入的承包方才可以。轉讓方根據自己的情況自主決定是否轉讓土地承包經營權，只要依法、自願，法律不再限制。原農村土地承包法規定，受讓方只要是從事農業生產經營的農戶即可。修改後的農村土地承包法規定，受讓方必須是本集體經濟組織的農戶。因此，不允許再將土地承包經營權轉讓給本集體經濟組織以外的人。

第三，後果上，受讓方與發包方成立新的承包關係，轉讓方與發包方的原承包關係終止。土地承包經營權轉讓後，意味着承包方將土地承包合同的所有權利義務轉移給受讓方，承包方與發包方之間的權利義務關係也就終止了。土地承包經營權轉讓後，出讓方的全部權利義務轉移給受讓方，在受讓方和發包方之間形成新的承包關係。需要注意的是，承包人轉讓的土地承包經營權，可以是全部也可以是部分，對於已經轉讓的，不論是全部轉讓還是部分轉讓，受讓方都應與發包人確立新的承包關係。對於未轉讓的部分，原承包人與發包人應重新確立承包關係，變更原有的承包合同。

三、未經依法批准，不得將承包地用於非農建設

土地承包經營權轉讓，應當按照土地的原有用途使用土地，不得改變承包地的原有用途。承包地應當用於種植業等農業生產，不得改變農用土地的用途，將其用於非農業建設。比如不得在承包地上建窯、建墳或者擅自在承包地上建房、挖砂、採石、取土等。

第三百三十五條　土地承包經營權互換、轉讓的，當事人可以向登記機構申請登記；未經登記，不得對抗善意第三人。

■ 條文主旨

本條是關於互換、轉讓土地承包經營權時登記的規定。

■ 條文釋義

對土地承包經營權的互換、轉讓進行登記，指互換、轉讓土地承包經營權的當事人，申請國家有關登記部門將土地承包經營權互換、轉讓的事項記載於不動產登記簿上。登記的主要目的在於將土地承包經營權變動的事實予以公示，使他人明確土地承包經營權的權利人。

登記制度是不動產物權制度的基石，具有極其重要的意義，但各國立法對於不動產登記有不同的態度：一是採登記生效主義，即不動產物權的設立、變動不登記不生效；二是採

登記對抗主義，即不登記不得對抗善意第三人。本條對於土地承包經營權的互換、轉讓採用登記對抗主義，也就是說，當事人簽訂土地承包經營權的互換、轉讓合同，並經發包方備案或者同意後，該合同即發生法律效力，不強制當事人登記。這樣規定，一方面是從中國農村的實際出發，農民承包的是本集體經濟組織所有的土地，承包方案又是經村民會議通過的，聚集而居的農戶對於自己和本集體經濟組織的其他農戶的承包地的情況應當是清楚的，實際上已經起到公示作用。另一方面，考慮到在某些情況下，土地承包經營權互換、轉讓後，如果並未將變動的事實通過登記的方式予以公示，他人比較難以了解到土地承包經營權發生了變動，會由此受到損害。因此，本法將登記的決定權交給農民，當事人要求登記的，可以登記。未經登記，不能對抗善意第三人。也就是說，不登記將產生不利於土地承包經營權受讓人的法律後果。比如承包戶Ａ將某塊土地的土地承包經營權轉讓給Ｂ，但沒有辦理變更登記。之後，Ａ又將同一塊地的土地承包經營權轉讓給Ｃ，同時辦理了變更登記。如果Ｂ與Ｃ就該塊土地的承包經營權發生糾紛，由於Ｃ取得土地承包經營權進行了登記，他的權利將受到保護。Ｂ將不能取得該地塊的土地承包經營權。因此，土地承包經營權的受讓人為更好地維護自己的權益，要求辦理登記更為可靠。

根據本條規定，土地承包經營權互換、轉讓的，當事人要求登記的，應當向登記機構申請辦理登記。申請登記時，應當提交土地變更登記申請書及相關資料，內容包括：轉讓人與受讓人的姓名、住所，土地坐落、面積、用途，土地承包合同、土地承包經營權轉讓或者互換合同、土地承包經營權證書，以及登記部門要求提供的其他文件。登記部門收到變更登記的申請及上述文件後，經調查、審核，符合變更登記規定的，變更註冊登記，更換或者更改土地承包經營權證書。

> **第三百三十六條　承包期內發包人不得調整承包地。**
> **因自然災害嚴重毀損承包地等特殊情形，需要適當調整承包的耕地和草地的，應當依照農村土地承包的法律規定辦理。**

■ 條文主旨

本條是關於承包地能否調整的規定。

■ 條文釋義

一、發包人不得調整承包地

賦予農民長期而有保障的土地使用權，保持農村土地承包關係的長期穩定，是將土地承包經營權物權化的立法宗旨和指導思想。不論是物權法，還是新舊農村土地承包法都明確規定，承包期內發包方不得調整承包地。2019 年 11 月，《中共中央國務院關於保持土地承包

關係穩定並長久不變的意見》再次明確要求，「農戶承包地要保持穩定，發包方及其他經濟組織和個人不得違法調整」。

物權編保留了此款規定，再次明確承包期內發包方不得調整承包地。在民法典中明確發包人在承包期內不得隨意調整承包地，維護了土地承包關係的長期穩定，再次給農民吃了定心丸。發包方在承包期內不得調整承包地：一是發包方不得單方要求調整承包地。發包方一般不得以任何理由要求承包方調整承包地。當然，如果承包方自己有合理理由，請求發包方適當調整，只要符合有關規定，發包方是可以調整的；二是在承包期內，發包方不得調整。這裏的承包期就包括二輪承包期，也包括根據法律規定延長後的承包期，都不得調整；三是發包方只有在符合法律規定的情形下，根據第 2 款的規定才可以適當調整承包地。

二、關於承包地的調整

考慮到在幾十年的承包期內，農村的情況會發生很大的變化，完全不允許調整承包地也難以做到。如果出現個別農戶因自然災害嚴重毀損承包地等特殊情形，仍然不允許對承包地進行小調整，將使一部分農民失去土地。在農村的社會保障制度尚不健全、實現非農就業尚有困難的情況下，使這部分農民失去最基本的生活來源，既有悖於社會公平，也不利於社會穩定。因此，在特殊情形下，應當允許按照法律規定的程序對個別農戶之間的承包地進行必要的小調整。2019 年 11 月，《中共中央國務院關於保持土地承包關係穩定並長久不變的意見》明確，第二輪土地承包到期後應堅持延包原則，不得將承包地打亂重分，確保絕大多數農戶原有承包地繼續保持穩定；對少數存在承包地因自然災害毀損等特殊情形且群眾普遍要求調地的村組，屆時可按照大穩定、小調整的原則，由農民集體民主協商，經本集體經濟組織成員的村民會議 2/3 以上成員或者 2/3 以上村民代表同意，並報鄉（鎮）政府和縣級政府農業等行政主管部門批准，可在個別農戶間作適當調整，但要依法依規從嚴掌握。

本條第 2 款規定，因自然災害嚴重毀損承包地等特殊情形，需要適當調整承包的耕地和草地的，應當依照農村土地承包的相關法律規定辦理。農村土地承包法第 28 條第 2 款規定，「承包期內，因自然災害嚴重毀損承包地等特殊情形對個別農戶之間承包的耕地和草地需要適當調整的，必須經本集體經濟組織成員的村民會議三分之二以上成員或者三分之二以上村民代表的同意，並報鄉（鎮）人民政府和縣級人民政府農業農村、林業和草原等主管部門批准。承包合同中約定不得調整的，按照其約定」。

第三百三十七條　承包期內發包人不得收回承包地。法律另有規定的，依照其規定。

■ 條文主旨

本條是關於承包地能否收回的規定。

■ 條文釋義

本條首先規定:「承包期內發包人不得收回承包地。」這一規定對保持土地承包關係穩定並長久不變具有重要意義。賦予農民長期而有保障的土地使用權,維護農村土地承包關係的長期穩定,是土地承包經營權立法的重要指導思想。其原因在於我國農村人多地少,大部分地區經濟還比較落後,第二、三產業不夠發達,大多數農民難以實現非農就業,仍然從事農業生產,農民對土地的依賴性較強,在相當長的時期內,土地仍是農民的基本生產資料和最主要的生活來源。因此,必須保持土地承包關係的長期穩定,不得隨意收回和調整承包地。在中國特色社會主義進入新時代的關鍵時期,全面貫徹黨的十九大和十九大二中、三中、四中全會精神,應保持土地承包關係穩定並長久不變,賦予農民更加充分而有保障的土地權利。繼續明確發包方不得隨意收回承包地對推動實施鄉村振興戰略、保持農村社會和諧穩定都具有重大意義。根據本條規定,除法律對承包地的收回有特別規定外,在承包期內,無論承包方發生什麼樣的變化,只要作為承包方的家庭還存在,發包方都不得收回承包地。如承包方家庭中的一人或者數人死亡的;子女升學、參軍或者在城市就業的;婦女結婚,在新居住地未取得承包地的;承包方在農村從事各種非農產業的等,只要作為承包方的農戶家庭沒有消亡,發包方都不得收回其承包地。但因家庭成員全部死亡而導致承包方消亡的,發包方應當收回承包地,另行發包。

當然,承包地並非一律不得收回,根據有關規定,在符合法律規定的情形下,也是可以收回的。農村土地承包法第 27 條第 2、3、4 款分別規定:國家保護進城農戶的土地承包經營權。不得以退出土地承包經營權作為農戶進城落戶的條件;承包期內,承包農戶進城落戶的,引導支持其按照自願有償原則依法在本集體經濟組織內轉讓土地承包經營權或者將承包地交回發包方,也可以鼓勵其流轉土地經營權;承包期內,承包方交回承包地或者發包方依法收回承包地時,承包方對其在承包地上投入而提高土地生產能力的,有權獲得相應的補償。

> **第三百三十八條　承包地被徵收的,土地承包經營權人有權依據本法第二百四十三條的規定獲得相應補償。**

■ 條文主旨

本條是關於承包地被徵收,土地承包經營權人有權獲得補償的規定。

■ 條文釋義

土地承包經營權是在集體所有的土地上派生出來的用益物權,土地承包經營權人是享有用益物權的權利人。農村土地承包法規定,承包方的權利之一就是,承包地被依法徵收、徵

用、佔用的，有權依法獲得相應的補償。因此，承包人對承包的土地依法享有在承包期內佔有、使用、收益等權利，承包地被依法徵收的，承包人有權依法獲得相應的補償。

我國憲法規定，國家為了公共利益的需要，可以依照法律規定對土地實行徵收或者徵用並給予補償。本條明確規定，承包地被徵收的，土地承包經營權人有權依據本法第 243 條的規定獲得相應補償。相應的補償包括哪些呢？這需要結合物權編第 243 條及土地管理法的相關規定判斷。物權編第 243 條第 1 款規定，為了公共利益的需要，依照法律規定的權限和程序可以徵收集體所有的土地和組織、個人的房屋以及其他不動產。第 2 款規定，徵收集體所有的土地，應當依法及時足額支付土地補償費、安置補助費以及農村村民住宅、其他地上附着物和青苗等的補償費用，並安排被徵地農民的社會保障費用，保障被徵地農民的生活，維護被徵地農民的合法權益。關於補償的標準，土地管理法有相應的規定。土地管理法第 48 條第 1 款規定，徵收土地應當給予公平、合理的補償，保障被徵地農民原有生活水平不降低、長遠生計有保障。第 2 款規定，徵收土地應當依法及時足額支付土地補償費、安置補助費以及農村村民住宅、其他地上附着物和青苗等的補償費用，並安排被徵地農民的社會保障費用。第 3 款規定，徵收農用地的土地補償費、安置補助費標準由省、自治區、直轄市通過制定公佈區片綜合地價確定。制定區片綜合地價應當綜合考慮土地原用途、土地資源條件、土地產值、土地區位、土地供求關係、人口以及經濟社會發展水平等因素，並至少每 3 年調整或者重新公佈一次。因此，徵地補償的具體標準，由各省、自治區、直轄市根據當地的具體情況制定。

> **第三百三十九條**　土地承包經營權人可以自主決定依法採取出租、入股或者其他方式向他人流轉土地經營權。

■ 條文主旨

本條是關於土地經營權流轉的規定。

■ 條文釋義

一、關於「三權分置」改革

2013 年 7 月，習近平總書記在武漢農村綜合產權交易所調研時指出，深化農村改革，完善農村基本經營制度，要好好研究農村土地所有權、承包權、經營權三者之間的關係。2014 年中央一號文件中共中央、國務院《關於全面深化農村改革加快推進農業現代化的若干意見》提出，要在落實農村土地集體所有權的基礎上，穩定農戶承包權、放活土地經營權。2016 年 10 月制定的《中共中央辦公廳、國務院辦公廳關於完善農村土地所有權承包權經營權分置辦法的意見》指出，改革開放之初，在農村實行家庭聯產承包責任制，將土地

所有權和承包經營權分設，所有權歸集體，承包經營權歸農戶，極大地調動了億萬農民積極性，有效解決了溫飽問題，農村改革取得重大成果。現階段深化農村土地制度改革，順應農民保留土地承包權、流轉土地經營權的意願，將土地承包經營權分為承包權和經營權，實行所有權、承包權、經營權「三權分置」並行，着力推進農業現代化，是繼家庭聯產承包責任制後農村改革又一重大制度創新。

根據黨中央、國務院出台的一系列關於「三權分置」的文件精神，「三權」分別是指集體所有權、農戶承包權和土地經營權，「三權分置」就是要落實集體所有權，穩定農戶承包權，放活土地經營權，充分發揮「三權」的各自功能和整體效用，形成層次分明、結構合理、平等保護的格局。「三權」中，農村土地集體所有權是土地承包經營權的前提，是農村基本經營制度的根本，必須得到充分體現和保障。農戶享有土地承包權是農村基本經營制度的基礎，是集體所有的具體實現形式，要穩定現有土地承包關係並保持長久不變。在土地流轉中，從承包方的土地承包經營權中派生出土地經營權。賦予流轉受讓方更有保障的土地經營權，是完善農村基本經營制度的關鍵。

二、「三權分置」的法律安排

「三權分置」改革的核心問題是家庭承包的承包戶在經營方式上發生轉變，即由農戶自己經營，轉變為將承包地流轉給他人經營，實現土地承包經營權和土地經營權的分離。「三權分置」是農村土地經營方式在改革過程中兩次「兩權」分離的結果：第一次「兩權」分離，農戶通過家庭承包的方式，從集體土地所有權中分離出土地承包經營權，實現了集體統一經營向承包方家庭經營的轉變；第二次「兩權」分離，承包方通過出租（轉包）、入股等方式，將承包地流轉給他人經營，從土地承包經營權中分離出土地經營權，實現了從承包方直接經營到交由他人經營的轉變。

1. 承包方享有土地承包經營權。第一次「兩權」分離後，承包方從集體土地所有權中分離獲得土地承包經營權。土地承包經營權是一種用益物權。承包方享有的土地承包經營權的具體權利包括：依法享有直接支配和排他佔有承包地的權利；依法享有承包地使用、收益的權利，有權自主組織生產經營和處置產品；依法互換、轉讓土地承包經營權；依法流轉土地經營權；等等。

2. 承包方自己經營。承包方取得土地承包經營權這種用益物權後，最直接的目的就是佔有並使用承包地，開展農業生產經營，這是最直接的經營方式，也是法律賦予其土地承包經營權這一用益物權的根本價值和目的所在。自己經營就是承包戶以家庭成員為主要勞動力，在自己所承包的農村土地上直接從事農業生產經營。這是農村土地最主要的經營方式。

3. 承包方保留土地承包權，流轉土地經營權。承包方除自己經營外，還可以通過與他人簽訂合同，將土地經營權流轉給他人，由他人經營。土地經營權是從土地承包經營權中派生出來的新的權利。從法律性質上而言，土地承包經營權人流轉土地經營權後，其所享有的土地承包經營權並未發生改變，正如在集體土地所有權上設定土地承包經營權後，集體土地所有權的性質並未發生改變一樣。因此，在經營方通過流轉取得土地經營權後，承包方享有的

土地承包經營權的法律性質並未改變，只是承包方行使土地承包經營權的方式發生了改變而已，從直接行使轉變為間接行使。需要特別說明的是，物權法規定的流轉對象為土地承包經營權，流轉的方式包括轉包、出租、互換、轉讓和其他方式。在物權編起草過程中，根據農村土地承包法的修改，相應地對「流轉」的法律性質進行了修改，流轉的對象僅限於土地經營權，不再包括土地承包經營權；流轉的方式限於轉包（出租）、入股或者其他方式，而不再包括互換和轉讓。土地承包經營權仍可以在本集體經濟組織內部互換或者轉讓。

4. 受讓方享有土地經營權。承包方採取出租（轉包）、入股或者其他方式流轉土地經營權後，受讓方即獲得土地經營權。土地經營權人有權在合同約定的期限內佔有農村土地，自主開展農業生產經營並取得收益。

三、土地經營權的設立

土地經營權作為一種新的權利類型，不是憑空產生的，需要特定主體通過一定民事法律行為，依照法律規定的原則和方式，按照法律程序設立。

1. 土地經營權設立的主體。土地經營權流轉有雙方當事人，一方是作為出讓方的土地承包經營權人，另一方是作為受讓方的土地經營權人，就是通過流轉獲得土地經營權的個人或者組織。設立土地經營權的主體就是承包方和受讓方，雙方經過協商一致以合同方式設立土地經營權。由於家庭承包是以戶為單位的，絕大多數承包戶的家庭成員都是有數人的。因此，土地經營權設立的出讓方就是承包方，而不是承包農戶的個別家庭成員。在具體設立過程中，代表出讓方的可能是承包家庭成員代表。土地經營權流轉的受讓方範圍很廣，既可以是本集體經濟組織的成員，也可以是非本集體經濟組織的成員；既可以是個人，也可以是合作社、公司等組織；既可以是法人，也可以是非法人組織。當然，土地經營權流轉的受讓方並非毫無限制，根據農村土地承包法規定，受讓方必須具有農業經營能力或者資質，特別是工商企業作為土地經營權的受讓方，還需要通過相應的資格審查。因此，承包方不是可以隨意選擇受讓方的，也需要對受讓方經營能力進行必要的審查。

2. 土地經營權設立的客體。土地經營權的客體就是農村土地。根據農村土地承包法第2條的規定，農村土地是指農民集體所有和國家所有依法由農民集體使用的耕地、林地、草地，以及其他依法用於農業的土地。土地經營權的客體包括耕地、林地、草地，以及其他依法用於農業的土地，比如養殖水面、荒山、荒丘荒溝、荒灘等。農村的建設用地，比如宅基地則不能成為土地經營權的客體。

3. 土地經營權設立的原則。土地承包經營權是設立土地經營權的前提和基礎，設立土地經營權的原則就是應當由承包方自主決定、依法設立。所謂自主決定，是指承包方是否設立土地經營權應當由其自己決定，自願參與土地經營權的流轉。土地經營權設立的時間、對價及其給付方式、設立方式、期限長短等，都應當由承包方自主決定，與受讓方協商一致後確定。集體經濟組織、基層群眾自治組織以及有關政府部門都不得干預。所謂依法設立，就是承包方設立土地經營權應當根據農村土地承包法和相關法律規定的程序、實體要求設立，不能違反法律的強制性要求。比如土地經營權的設立應當確保土地的農業用途；土地經營權的

設立應當向發包方備案等。

4. 土地經營權流轉的方式。根據本條的規定，承包方可以採取出租、入股或者其他方式向他人流轉土地經營權。具體而言，土地經營權流轉的方式主要有 3 種：

第一種是出租。出租就是承包方以與非本集體經濟組織成員的受讓方簽訂租賃合同的方式設立土地經營權，由受讓方在合同期限內佔有、使用承包地，並按照約定向承包方支付租金。

第二種是入股。入股就是承包方將土地經營權作為出資方式，投入農民專業合作社、農業公司等，並按照出資協議約定取得分紅。承包方以土地經營權入股後，即成為農民專業合作社的成員或者公司的股東，享有法律規定的合作社成員或公司股東的權利，可以參與合作社、公司的經營管理，與其他成員、股東一道共擔風險、共享收益。為了促進和規範土地經營權入股行為，農業農村部等部門 2018 年 12 月出台了《關於開展土地經營權入股發展農業產業化經營試點的指導意見》，對土地經營權入股的基本原則、入股的實現形式、運行機制、風險防範等作了詳細規定。

第三種為其他方式。其他方式就是出租、入股之外的方式，比如根據農村土地承包法第 47 條的規定，承包方可以用承包地的土地經營權向金融機構融資擔保。這也是一種設立土地經營權的方式。在當事人以土地經營權設定擔保物權時，一旦債務人未能償還到期債務，擔保物權人就有權就土地經營權優先受償。

第三百四十條　土地經營權人有權在合同約定的期限內佔有農村土地，自主開展農業生產經營並取得收益。

■ 條文主旨

本條是關於土地經營權人享有的基本權利的規定。

■ 條文釋義

一、土地經營權的含義

土地經營權是受讓方根據流轉合同的約定對承包方承包的農村土地依法佔有，利用其開展農業生產經營並取得收益的權利。

1. 權利的主體。土地經營權的權利主體就是根據土地經營權流轉合同取得土地經營權的自然人或者組織。在承包方設立土地經營權後，受讓方即成為土地經營權人。土地經營權人可以是自然人，也可以是法人；可以是本集體經濟組織的自然人，也可以是非本集體經濟組織的自然人；可以是農民專業合作社，也可以是從事農業生產經營的公司。要成為土地經營權人，還必須具備一定的條件，即具有農業經營能力或者資質。土地經營權人如果沒有農業

經營能力，獲得土地經營權後，難以充分有效利用農業用地，無疑會造成農業用地的資料浪費，不利於維護承包方的利益，也不利於農業的發展。

2. 權利的客體。土地經營權的客體就是農村土地。農村土地是指農民集體所有和國家所有依法由農民集體使用的耕地、林地、草地，以及其他依法用於農業的土地。土地經營權的客體包括耕地、林地、草地，以及其他依法用於農業的土地，比如養殖水面、荒山、荒丘、荒溝、荒灘等。

3. 權利的取得。土地經營權是由承包方通過一定的民事法律行為設立的，這種民事法律行為就是與受讓方簽訂土地經營權流轉合同。根據合同編的規定，合同的訂立需要經過要約、承諾等階段，雙方意思表示達成一致方能成立。要取得土地經營權，必須經過雙方協商一致，並簽訂書面的流轉合同。

4. 權利的期限。土地承包經營權是一種用益物權，而且是有期限物權。所謂有期限物權，是指權利的存續是有一定的期限的。根據法律的規定，耕地的承包期為 30 年，草地的承包期為 30 年至 50 年，林地的承包期為 30 年至 70 年。因此，土地承包經營權是有期限的。土地經營權作為土地承包經營權所派生的權利，也是有期限的。根據農村土地承包法的規定，土地經營權流轉的期限不得超過承包期的剩餘期限。這裏的不得超過就是最長期限，當事人可以在合同中約定設定土地經營權的期限，可以是 1 年、2 年、3 年、5 年或者 10 年等，只要不超過承包期的剩餘期限即可。

5. 權利的消滅。土地經營權是有期限的權利，因此，一旦雙方約定的流轉期限屆滿，土地經營權人的權利自然因到期而消滅。土地經營權也可能因為土地經營權流轉合同的解除、被撤銷或者宣告無效等事由而解除。如果土地經營權流轉合同存在被撤銷或者無效事由，經人民法院或者仲裁機構宣告被撤銷或者無效後，所取得的土地經營權當然隨之消滅。

二、土地經營權的權利內容

本條規定，土地經營權人有權在合同約定的期限內佔有農村土地，自主開展農業生產經營並取得收益。根據物權編及農村土地承包法等相關法律規定，土地經營權人的權利具體包括以下幾個方面：

1. 佔有權。土地經營權人取得土地經營權後，即有權佔有承包方的承包地。所謂佔有，就是對承包地享有支配權並排除他人非法干涉。土地經營權人對承包地的佔有是直接佔有，是對承包地的實際控制。土地經營權人佔有承包地是合法佔有，這項權利受到侵害時，土地經營權人有權要求侵權人承擔排除妨礙、停止侵權、賠償損失等民事責任。佔有的客體就是承包地，包括耕地、林地、草地。

2. 使用權。使用權，是指按照物的屬性和功能，不損毀或改變物的性質，對物加以生產或生活上的利用。土地經營權人對承包地享有使用權，就是利用承包地開展農業生產經營的權利。土地經營權人不得將農業用地轉為非農用地，不得用來建設房屋、工場等。對於土地經營權人的使用權，雙方當事人應當在流轉合同中依法約定土地的性質、種類和用途，確保土地經營權人依法按照合同約定使用承包地。

3. 收益權。土地經營權人佔有、使用流轉取得的承包地，最終目的就是取得農業生產經營的收益。比如利用耕地種植糧食作物、經濟作物，產出糧食等農產品；利用林地種植林木後，依法砍伐林木；利用草地放牧牛羊等。這些收益權都屬於土地經營權人，任何人不得侵害。此外，土地經營權人也有權利用農業生產設施，開展附隨性的經濟活動，比如開農家樂、果蔬採摘等商業經營獲取收益，這些收益權同樣也受法律保護。

4. 改良土壤、建設附屬設施的權利。農村土地承包法第 43 條規定，經承包方同意，受讓方可以依法投資改良土壤，建設農業生產附屬、配套設施，並按照合同約定對其投資部分獲得合理補償。因此，土地經營權人經承包方同意，可以對承包地進行改良。比如通過平整土地、培肥地力、修繕溝渠等，建設高標準農田，提升改良耕地的品質。土地經營權人還可以建設農業生產附屬、配套設施，比如安裝建設農業生產所需的大棚、自動噴灌系統等。土地經營權人進行改良土壤、建設設施的，在土地經營權到期後，還可以根據合同約定獲得合理補償，承包方應當根據約定向其支付相應的補償費。

5. 再流轉的權利。農村土地承包法第 46 條規定，經承包方書面同意，並向本集體經濟組織備案，受讓方可以再流轉土地經營權。根據此規定，土地經營權人可以再次流轉其土地經營權。這種再流轉受到幾方面限制：一是在程序上，既要徵得承包方的書面同意，還必須向發包方備案；二是再次流轉的權利義務應當與承包方所簽流轉合同約定保持一致，不能超出原合同約定的權利範圍；三是在流轉期限上，再次流轉的期限不得超過原流轉期限的剩餘期限。

6. 以土地經營權融資擔保的權利。農村土地承包法第 47 條第 1 款規定，受讓方通過流轉取得的土地經營權，經承包方書面同意並向發包方備案，可以向金融機構融資擔保。根據此規定，土地經營權人可以以土地經營權提供擔保向金融機構融資。需要注意的是，土地經營權人以土地經營權設定擔保同樣要徵得承包方的書面同意，並且向發包方備案。

7. 其他權利。土地經營權人還可以根據法律規定或者合同約定享有其他權利。比如，在流轉合同有約定的情況下，承包地被依法徵收或者徵用時，土地經營權人可以獲得相應補償等。

當然，土地經營權人依法享有權利的同時，也應當遵守法律規定和合同約定的義務，比如按照合同約定支付流轉價款、按照法律規定利用承包地等。

第三百四十一條　流轉期限為五年以上的土地經營權，自流轉合同生效時設立。當事人可以向登記機構申請土地經營權登記；未經登記，不得對抗善意第三人。

■ 條文主旨

本條是關於土地經營權設立與登記的規定。

■ 條文釋義

一、土地經營權設立的時間

土地經營權設立需要雙方就流轉事項達成一致，這種一致的意思需要通過一定的載體予以體現，即土地經營權流轉合同。土地經營權流轉合同涉及在農村土地上設定權利義務，事關重大，且大多土地經營權流轉期限較長。採用書面形式簽訂土地承包經營權流轉合同，有利於明確記載雙方的權利義務，便於事後留存證據備查，能夠有效避免因合同內容而引發的糾紛。根據農村土地承包法的有關規定，土地經營權流轉還需要報發包方備案，因此，雙方當事人簽訂土地經營權流轉合同後，還應當報送作為發包方的本集體經濟組織或者村民委員會備案。

根據本條的規定，流轉期限為 5 年以上的土地經營權，自流轉合同生效時設立。一般而言，合同成立之時即生效，因此，一旦雙方當事人簽訂的土地經營權流轉合同成立並生效，土地經營權即設立。

二、土地經營權的登記

在「三權分置」改革實踐中，不同類型的土地經營權人對於土地經營權的需求存在差異：從事經濟作物、大棚蔬菜種植的經營者，開展觀光農業、休閒農業的經營者等，由於前期基礎投入較大，獲得收益的期限較長，因此希望能長期穩定獲得土地經營權；由於水稻等糧食農作物都是一年一收，且糧食價格波動較大，從事糧食種植的經營者覺得短期獲得土地經營權是可以的。法律不宜簡單規定土地經營權的性質，應當賦予當事人選擇權：當事人希望獲得長期穩定保障的，可以就土地經營權申請登記，登記後即可以對抗善意第三人；當事人不希望獲得長期的土地經營權的，雙方根據雙方合同約定行使權利義務即可。在「兩權」抵押改革試點中，金融機構希望政府部門能建立土地經營權登記制度，這樣能夠更好地保護債權人利益。因此，本條規定，土地經營權流轉期限為 5 年以上的，當事人可以向登記機構申請土地經營權登記。

本條規定，土地經營權未經登記不得對抗善意第三人。根據本條的規定，土地經營權登記後，可以對抗任何人，包括善意第三人。所謂善意第三人就是不知道也不應當知道承包地上設有土地經營權的人。物權具有排他效力、優先效力。所謂排他效力就是在同一標的物上不得同時成立兩個以上不相容的物權。物權的優先效力就是物權優先於債權的效力，以及物權相互之間也有的優先效力。對於土地經營權而言，受讓方一旦在流轉的承包地上申請土地經營權登記後，其他人就不得再在同一地塊上申請土地經營權登記，包括土地承包經營權人本人。登記後的土地經營權相對於債權而言同樣具有優先效力。比如，甲將自己的承包地流轉給乙後，乙未申請土地經營權登記。事後，甲又與丙簽訂土地經營權流轉合同，丙對於甲已經與乙簽訂流轉合同並不知情，丙申請土地經營權登記。之後，當事人之間因為土地使用發生糾紛。此時，丙的土地經營權因申請登記具有對抗效力，因此，可以對抗乙的債權。從權利保護的角度而言，申請土地經營權登記對於土地經營權人具有更強的保護力。當然，由於土地經營權登記必然會對承包方的土地承包經營權形成更大的限制，受讓方登記土地經營

權後，由於物權排他性，這就意味着承包方自己將不能在承包地設定其他的土地經營權，承包方也就無法以該承包地的土地經營權向金融機構融資擔保。

第三百四十二條　通過招標、拍賣、公開協商等方式承包農村土地，經依法登記取得權屬證書的，可以依法採取出租、入股、抵押或者其他方式流轉土地經營權。

■ 條文主旨

本條是關於以其他方式承包取得的土地經營權流轉的規定。

■ 條文釋義

根據農村土地承包法的規定，我國的農村土地承包制度包括「農村集體經濟組織內部的家庭承包方式」和「其他方式的承包」：以家庭方式取得的承包地的承包方，可以自主決定依法採取出租、入股或者其他方式向他人流轉土地經營權；以其他方式承包農村土地的，承包方取得土地經營權。這兩種土地經營權存在諸多區別，本法在其流轉的規定方面也有較大不同。根據農村土地承包法的規定，通過家庭方式承包取得土地承包經營權後，登記機構應當向承包方頒發土地承包經營權證或者林權證等證書，並登記造冊，確認土地承包經營權。承包方在此基礎上，可以直接向他人流轉土地經營權。但是，以招標、拍賣、公開協商等方式取得的土地經營權，承包方有的與發包人是債權關係，比如承包菜地，約定承包期為 3 年，其間是一種合同關係；而承包「四荒地」，由於期限較長，投入又大，雙方需要建立一種物權關係，以便更好地得到保護。因此應當依法登記，取得權屬證書。在此前提下，土地經營權才具備流轉的基礎，承包方才可以依法向他人流轉土地經營權。須注意的是，通過其他方式承包所取得的土地經營權是通過市場化的行為並支付一定的對價獲得的，其流轉無需向發包人備案或經發包人同意。對受讓方也沒有特別限制，接受流轉的一方可以是本集體經濟組織以外的個人、農業公司等。

第三百四十三條　國家所有的農用地實行承包經營的，參照適用本編的有關規定。

■ 條文主旨

本條是關於國有農用地實行承包經營的法律適用的規定。

■ 條文釋義

我國憲法和相關法律規定，森林、山嶺、草原、荒地、灘塗等自然資源，屬於國家所有，但法律規定屬於集體所有的除外。法律規定屬於國家所有的農村和城市郊區的土地，屬於國家所有。土地管理法規定，國家所有依法用於農業的土地可以由單位或者個人承包經營，從事種植業、林業、畜牧業、漁業生產。本條規定，國家所有的農用地實行承包經營的，參照本法的有關規定。

對於國家所有用於農業的土地，有的由農民集體長期使用，實行農村土地承包經營制度；有的由單位（包括集體）或者個人承包經營；有的通過組建國有農場、林場等進行生產經營；有的還沒有完全開發利用。對交由農民集體使用以外的國有農用地實行承包經營的，可以根據實際情況，在承包方式、承包期限、承包的權利義務等方面參照本法的有關規定執行，以促進國有農用地資源的合理開發利用，維護承包人的合法權益。

第十二章　建設用地使用權

本章共十八條。主要規定了建設用地使用權設立的方式,建設用地使用權出讓合同的內容,建設用地使用權的登記,建設用地使用權轉讓、互換、出資或者贈與時當事人的權利和義務,建設用地使用權屆滿前收回建設用地的補償原則,建設用地使用權屆滿後續期以及集體土地作為建設用地的原則等內容。

> **第三百四十四條　建設用地使用權人依法對國家所有的土地享有佔有、使用和收益的權利,有權利用該土地建造建築物、構築物及其附屬設施。**

■ 條文主旨

本條是關於建設用地使用權概念的規定。

■ 條文釋義

建設用地使用權是用益物權中的一項重要權利。出讓人通過設立建設用地使用權,使建設用地使用權人對國家所有的土地享有了佔有、使用和收益的權利,建設用地使用權人可以利用該土地建造建築物、構築物及其附屬設施。建設用地包括住宅用地、公共設施用地、工礦用地、交通水利設施用地、旅遊用地、軍事設施用地等。本條中的建築物主要是指住宅、寫字樓、廠房等。構築物主要是指不具有居住或者生產經營功能的人工建造物,比如道路、橋樑、隧道、水池、水塔、紀念碑等;附屬設施主要是指附屬於建築物、構築物的一些設施。

在 2007 年物權法的起草過程中,有人建議,用「土地使用權」代替「建設用地使用權」的概念。本章沒有採用「土地使用權」的概念,是因為根據土地管理法的規定,我國的土地分為農用地、建設用地和未利用地。「土地使用權」是一個廣義的概念,包括農用地使用權、建設用地使用權等權利。如果採取「土地使用權」的概念,就需要把土地承包經營權、建設用地使用權和宅基地使用權放入一章規定,而土地承包經營權、建設用地使用權和宅基地使用權在權利的設立、利用等方面有着較大的區別,當事人的權利和義務也不盡相同,比如,建設用地使用權一般是有償取得,宅基地使用權是無償取得;建設用地使用權可以依法轉讓和抵押,宅基地使用權的轉讓和抵押有嚴格的限制。因此,物權法根據土地的用途,將土地使用權分解為土地承包經營權、建設用地使用權和宅基地使用權,並分章對這些權利作出了規定。本次民法典編纂沿用了物權法的規定,本章主要是規定當事人如何通過出讓和劃撥方式取得建設用地使用權,以及取得建設用地使用權後的權利和義務,同時也對集體土地作為

建設用地的問題作出了原則性規定。

　　建設用地使用權類似於大陸法系國家和地區民法中的地上權制度，但也有所區別。地上權主要是指在他人土地上建造建築物而取得使用該土地的權利。一些國家和地區的地上權還包括在他人土地上種植竹木的權利。我國的建設用地使用權僅包括在國家所有的土地上建造建築物、構築物和其他附屬物的權利。另外，在土地私有的國家，土地所有權可以進行流轉，設立地上權主要是以地上權人使用為目的。而我國的土地所有權不允許流轉，建設用地使用權可以流轉。

第三百四十五條　建設用地使用權可以在土地的地表、地上或者地下分別設立。

■ 條文主旨

　　本條是關於建設用地使用權分層設立的規定。

■ 條文釋義

　　土地資源具有稀缺性和不可再生性，如何充分發掘土地的價值，是各國共同面臨的課題。隨着人類社會的進步和發展，特別是現代化專業技術的進步，分層次開發土地成了土地利用的新趨勢。我國一些地區也出現利用地下空間建造地下商場、車庫等設施，利用地上空間建造空中走廊、天橋等情況。對於空間利用的問題，我國有的地方在出讓土地時也進行過探索：將建設用地使用權人對空間享有的權利通過出讓土地的四至、建築物的高度和深度加以確定，其中建築物的高度根據規劃確定；深度根據技術指標確定的建築物的基底位置確定。確定範圍之外的土地使用權仍屬於國家，國家可以再次出讓。由於我國現行法律、行政法規未對土地分層出讓的問題作出規定，實踐中，對於專門利用地下或者地上空間的權利性質仍不明確，造成一些土地登記機構無法辦理登記手續，相關設施權利人的權利得不到確認和法律上的保護。因此，2007 年制定物權法時，對土地分層次利用的權利進行規範就勢在必行。

　　如何在物權法中規定空間利用的權利，在 2007 年物權法起草過程中有不同的意見。有人建議，在用益物權一編對「空間利用權」設專章，對空間利用權的設定、期限、轉讓、抵押等問題作出規定；有人建議，空間權可分為空間基地使用權、空間農地使用權、空間鄰地利用權等，因此，應當把這些權利放入物權法相應的章節裏分別規定。

　　我國城市的土地屬於國家所有，農村的土地屬於集體所有。土地的性質決定了土地上下空間的所有權屬於國家和集體，當事人只能通過設定建設用地使用權等用益物權的方式取得對土地以及上下空間的使用。目前，集體土地需要徵收為國家所有後才能出讓，國家在出讓建設用地使用權時，只要對建築物的四至、高度、建築面積和深度作出明確的規定，那麼該建築物佔用的空間範圍是可以確定的。根據本法第 348 條第 2 款第 3 項的規定，建設用地

使用權出讓時，應當在合同中明確規定建設物、構築物以及附屬設施佔用的空間範圍。這樣建設用地使用權人對其取得的建設用地的範圍就能界定清楚。比如，同一塊土地地下 10 米至地上 70 米的建設用地使用權出讓給甲公司建寫字樓；地下 20 — 40 米的建設用地使用權出讓給乙公司建地下商場。在分層出讓建設用地使用權時，不同層次的權利人是按照同樣的規定取得土地使用權的，在法律上他們的權利和義務是相同的，只不過其使用權所佔用的空間範圍有所區別。所以，建設用地使用權的概念完全可以解決對不同空間土地的利用問題，物權法沒有引入空間利用權的概念。本次民法典編纂沿用了物權法的規定。因此，本條規定，建設用地使用權可以在土地的地表、地上或者地下分別設立。

> **第三百四十六條**　設立建設用地使用權，應當符合節約資源、保護生態環境的要求，遵守法律、行政法規關於土地用途的規定，不得損害已經設立的用益物權。

■ 條文主旨

本條是關於設立建設用地使用權的規定。

■ 條文釋義

一、設立建設用地使用權應當符合節約資源、保護生態環境的要求

在民法典編纂過程中，有的意見提出，民法總則第 9 條對綠色原則作了規定，民事主體從事民事活動，應當有利於節約資源、保護生態環境。為進一步體現綠色原則，設立建設用地使用權也應當符合節約資源、保護生態環境的要求，建議增加相關規定。經研究，2018 年 8 月審議的民法典各分編草案將物權法第 136 條第二句單列一條，並增加了相關規定。

節約資源、保護生態環境的要求，在我國憲法和許多法律中都有規定。例如，憲法第 9 條第 2 款規定，國家保障自然資源的合理利用，保護珍貴的動物和植物，禁止任何組織或者個人用任何手段侵佔或者破壞自然資源。民法通則第 124 條規定，違反國家保護環境防止污染的規定，污染環境造成他人損害的，應當依法承擔民事責任。本法侵權責任編第七章專門規定了環境污染和生態破壞的民事法律責任，對舉證責任分配、第三人過錯等內容進行了明確規定。環境保護法第 6 條規定，一切單位和個人都有保護環境的義務。地方各級人民政府應當對本行政區域的環境質量負責。企業事業單位和其他生產經營者應當防止、減少環境污染和生態破壞，對所造成的損害依法承擔責任。公民應當增強環境保護意識，採取低碳、節儉的生活方式，自覺履行環境保護義務。消費者權益保護法第 5 條中規定，國家倡導文明、健康、節約資源和保護環境的消費方式，反對浪費。

綠色原則是貫徹憲法關於保護環境的要求，同時也是落實黨中央關於建設生態文明、實現可持續發展理念的要求。在本條中增加規定設立建設用地使用權應當符合節約資源、保護

生態環境的要求也是本法總則編綠色原則的具體體現。

二、設立建設用地使用權應當遵守法律、行政法規關於土地用途的規定

我國法律、行政法規有很多關於土地用途的規定，如土地管理法第 4 條規定：「國家實行土地用途管制制度。國家編制土地利用總體規劃，規定土地用途，將土地分為農用地、建設用地和未利用地。嚴格限制農用地轉為建設用地，控制建設用地總量，對耕地實行特殊保護。前款所稱農用地是指直接用於農業生產的土地，包括耕地、林地、草地、農田水利用地、養殖水面等；建設用地是指建造建築物、構築物的土地，包括城鄉住宅和公共設施用地、工礦用地、交通水利設施用地、旅遊用地、軍事設施用地等；未利用地是指農用地和建設用地以外的土地。使用土地的組織和個人必須嚴格按照土地利用總體規劃確定的用途使用土地。」第 21 條中規定，城市建設用地規模應當符合國家規定的標準，充分利用現有建設用地，不佔或者儘量少佔農用地。因此，本條規定，設立建設用地使用權應當遵守法律、行政法規關於土地用途的規定。

三、設立建設用地使用權，不得損害已設立的用益物權

如果在同一土地上已經設立了用益物權，又要在這塊土地上設立建設用地使用權，如何調整同一塊土地不同用益物權人之間的關係呢？本法第 345 條規定，建設用地使用權可以在土地的地表、地上或者地下分別設立。根據本法的規定，不動產的權利人根據相鄰關係的規定，應當為相鄰各權利人提供必要的便利，並在其權利受到損害時，可以請求相鄰權利人補償。不動產的權利人想提高自己土地的便利和效益，可以通過設定地役權取得對他人土地的利用。以上規定完全適用於分層設立的建設用地使用權。在土地分層出讓的情況下，不同層次的建設用地使用權人之間應當適用相鄰關係的規定。如果建設用地使用權人一方需要利用另一方的建設用地，同樣可以通過設定地役權來解決。本法第 378 條規定，土地所有權人享有地役權或者負擔地役權的，設立土地承包經營權、宅基地使用權等用益物權時，該用益物權人繼續享有或者負擔已經設立的地役權。總之，本法所有適用於「橫向」不動產之間的相鄰關係和地役權等規定都適用於「縱向」不動產之間。新設立的建設用地使用權，不得損害已設立的用益物權。

第三百四十七條 設立建設用地使用權，可以採取出讓或者劃撥等方式。

工業、商業、旅遊、娛樂和商品住宅等經營性用地以及同一土地有兩個以上意向用地者的，應當採取招標、拍賣等公開競價的方式出讓。

嚴格限制以劃撥方式設立建設用地使用權。

■ **條文主旨**

本條是關於建設用地使用權出讓方式的規定。

■ 條文釋義

一、設立建設用地使用權，可以採取出讓或者劃撥等方式

建設用地使用權出讓的方式主要有兩種：有償出讓和無償劃撥。有償出讓是建設用地使用權出讓的主要方式，是指出讓人將一定期限的建設用地使用權出讓給建設用地使用權人使用，建設用地使用權人向出讓人支付一定的出讓金。有償出讓的方式主要包括拍賣、招標和協議等。劃撥是無償取得建設用地使用權的一種方式，是指縣級以上人民政府依法批准，在建設用地使用權人繳納補償、安置等費用後將該幅土地交付其使用，或者將建設用地使用權無償交付給建設用地使用權人使用的行為。劃撥土地沒有期限的規定。

我國在計劃經濟時期，土地出讓主要是採取單一的無償劃撥的方式。1988 年修改的土地管理法規定，「國家依法實行國有土地有償使用制度」。1990 年頒佈的城鎮國有土地使用權出讓和轉讓暫行條例規定，國有土地使用權實行有償出讓和轉讓制度。1994 年頒佈的城市房地產管理法和 1998 年修訂的土地管理法基本確立了國有土地的使用採取有償出讓和無償劃撥兩種方式。在物權法起草過程中，有人提出，為了保護國家的土地資源，應當取消以劃撥方式出讓建設用地，不論什麼用途，都應當採取有償出讓的方式。那麼，2007 年制定的物權法為什麼仍然將劃撥作為建設用地出讓的方式呢？因為我國土地管理法和城市房地產管理法對於採用劃撥方式設立建設用地使用權的範圍有嚴格的限制。根據土地管理法第 54 條的規定，下列建設用地，經縣級以上人民政府依法批准，可以以劃撥方式取得：（1）國家機關用地和軍事用地；（2）城市基礎設施用地和公益事業用地；（3）國家重點扶持的能源、交通、水利等基礎設施用地；（4）法律、行政法規規定的其他用地。由於國家機關用地和軍事用地等情況會長期存在，完全取消以劃撥方式設立建設用地使用權不現實，劃撥方式還會在相當長的時期存在。但是，這並不表明屬於以上劃撥範圍的用地，就當然可以採取劃撥的方式。劃撥方式應當是「確屬必需的」才能採取。通過劃撥方式取得的建設用地使用權，沒有期限的規定，但是該權利仍是一項獨立的財產權利，其性質屬於用益物權，應當適用「建設用地使用權」一章的規定。考慮到劃撥建設用地的特殊性，有關法律對劃撥建設用地的用途、轉讓條件和抵押等方面都有一些限制性規定。比如，城市房地產管理法規定，設定房地產抵押權的土地使用權是以劃撥方式取得的，依法拍賣該房地產後，應當從拍賣所得的價款中繳納相當於應繳納的土地使用權出讓金的款額後，抵押權人方可優先受償。隨着我國土地管理制度的改革和深化，劃撥建設用地的範圍和程序更趨嚴格和規範。近年來，國務院就劃撥土地的問題多次作出規定，明確要嚴格控制劃撥用地範圍，經營性基礎設施用地要逐步實行有償使用。運用價格機制抑制多佔、濫佔和浪費土地。經依法批准利用原有劃撥土地進行經營性開發建設的，應當按照市場價補繳土地出讓金。經依法批准轉讓原劃撥土地使用權的，應當在土地有形市場公開交易，按照市場價補繳土地出讓金；低於市場價交易的，政府應當行使優先購買權。為了切實加強土地調控，制止違法違規用地行為，作為民事基本法律的物權編也對劃撥建設用地的問題作出了明確規定：「嚴格限制以劃撥方式設立建設用地使用權。」

二、採取招標、拍賣等公開競價的方式出讓

本條第 2 款規定，工業、商業、旅遊、娛樂和商品住宅等經營性用地以及同一土地有 2 個以上意向用地者的，應當採取招標、拍賣等公開競價的方式出讓。

招標、拍賣等公開競價的方式，具有公開、公平和公正的特點，能夠充分體現標的物的市場價格，是市場經濟中較為活躍的交易方式。我國土地資源的稀缺性，決定了採取公開競價的方式能夠最大程度體現土地的市場價值。從保護土地資源和國家土地收益的大局看，採取公開競價的方式不僅是必要的，而且其適用範圍應當不斷擴大。城市房地產管理法第 13 條規定，土地使用權出讓，可以採取拍賣、招標或者雙方協議的方式。商業、旅遊、娛樂和豪華住宅用地，有條件的，必須採取拍賣、招標方式；沒有條件，不能採取拍賣、招標方式的，可以採取雙方協議的方式。採取雙方協議方式出讓土地使用權的出讓金不得低於按國家規定所確定的最低價。近年來，由於建設用地總量增長過快，工業用地出現的問題日益突出，低成本工業用地過度擴張，違法違規用地、濫佔耕地的現象屢禁不止。2004 年，在《國務院關於深化改革嚴格土地管理的決定》中提出，工業用地要創造條件逐步實行招標、拍賣、掛牌出讓。2006 年 8 月，在《國務院關於加強土地調控有關問題的通知》規定，國家根據土地等級、區域土地利用政策等，統一制訂並公佈各地工業用地出讓最低價標準。工業用地出讓最低價標準不得低於土地取得成本、土地前期開發成本和按規定收取的相關費用之和。工業用地必須採用招標、拍賣、掛牌方式出讓，其出讓價格不得低於公佈的最低價標準。低於最低價標準出讓土地，或以各種形式給予補貼或返還的，屬非法低價出讓國有土地使用權的行為，要依法追究有關人員的法律責任。本條根據現行法律的規定，並結合現實中土地出讓的新情況，進一步擴大了採取公開競價出讓建設用地的範圍，從「豪華住宅」擴大到「商品住宅」，並把「工業用地」納入公開競價出讓方式的範圍，同時明確對於同一土地有兩個以上意向用地者的，一律採取公開競價的方式。該規定已發展了現行城市房地產管理的規定，符合國家利用土地的政策。

建設用地使用權有償出讓的方式中招標和拍賣都屬於公開競價的方式。協議是出讓人和建設用地使用權人通過協商方式有償出讓土地使用權。協議的方式由於沒有引入競爭機制，相對缺乏公開性，現實中，一些地區和部門為了招商引資，將本來應當採取的公開競價方式改為協議方式，或者壓低協議出讓的價格，隨意減免土地出讓金，造成土地資源收益的流失，嚴重損害國家的利益。因此，有人提出，應當取消協議方式出讓土地。但是，一些需要扶持的行業和大型設施用地，仍較適宜採取協議的方式出讓，協議的出讓方式還是有存在的必要。為了防止協議出讓土地時可能滋生的腐敗行為，嚴格土地出讓秩序，城市房地產管理法規定，採取雙方協議方式出讓土地使用權的出讓金不得低於按國家規定所確定的最低價。國務院、國土資源部也曾多次頒佈相關文件，要求各級人民政府要依照基準地價制訂並公佈協議出讓土地最低價標準。協議出讓土地除必須嚴格執行規定程序外，出讓價格不得低於最低價標準。違反規定出讓土地造成國有土地資產流失的，要依法追究責任；情節嚴重的，依照刑法的規定，以非法低價出讓國有土地使用權罪追究刑事責任。2007 年制定的物權法雖

然保留了協議出讓方式，但是由於擴大了公開競價出讓方式的範圍，因此，協議出讓的適用範圍已經越來越窄，程序則更趨嚴格。本次民法典編纂對此未作修改。

有人提出，現實中除招標、拍賣的方式外，還有掛牌等公開競價出讓建設用地的方式，建議增加相關內容。掛牌出讓方式是指市、縣國土資源管理部門發佈掛牌公告，按公告規定的期限將擬出讓宗地的交易條件在指定的土地交易場所掛牌公佈，接受競買人的報價申請並更新掛牌價格，根據掛牌期限截止時的出價結果或現場競價結果確定土地使用者的行為。掛牌方式可以說是土地主管部門將拍賣和招標的特點相結合創設的一項土地出讓制度。由於現行法律還沒有對掛牌出讓方式作出規定，該方式在法律上如何定性和規範，還需要根據實踐經驗不斷完善。我國土地制度正在改革階段，今後可能還會出現一些新的公開競價的出讓方式，因此，本法僅列舉了現行法律中已作規定的拍賣和招標兩種出讓方式，沒有對現實中存在的公開競價方式一一列舉，但這並不表明出讓土地時不能採取掛牌或者其他公開競價方式。

第三百四十八條　通過招標、拍賣、協議等出讓方式設立建設用地使用權的，當事人應當採用書面形式訂立建設用地使用權出讓合同。

建設用地使用權出讓合同一般包括下列條款：

（一）當事人的名稱和住所；

（二）土地界址、面積等；

（三）建築物、構築物及其附屬設施佔用的空間；

（四）土地用途、規劃條件；

（五）建設用地使用權期限；

（六）出讓金等費用及其支付方式；

（七）解決爭議的方法。

■ 條文主旨

本條是對建設用地使用權出讓合同內容的規定。

■ 條文釋義

以出讓方式設立建設用地使用權的，不論是採取拍賣、招標等公開競價方式，還是採取協議的方式，雙方當事人應當簽訂建設用地使用權出讓合同，以明確雙方當事人的權利和義務。建設用地使用權合同屬於民事合同，雖然各級人民政府代表國家，以土地所有人的身份與建設用地使用權人簽訂出讓合同，但是該合同屬於國家以民事主體的身份與其他主體從事的交易行為。

建設用地使用權出讓合同的內容主要包括：

1.當事人的名稱和住所。當事人的名稱和住所是合同最基本的要件。如果不寫明當事人，合同由誰履行就不明確，當事人的權利和義務更無從談起。雖然出讓的土地屬於國家所有，但是在出讓合同中，國家並不列為出讓人。目前，一般是由市、縣人民政府土地行政主管部門代表國家作為出讓人。實踐中，曾出現過經濟開發區管理委員會作為出讓人的情況。根據2005年《最高人民法院關於審理涉及國有土地使用權合同糾紛案件適用法律問題的解釋》的規定，開發區管理委員會作為出讓人與受讓方簽訂的出讓合同在該司法解釋實施後是無效的。

2.土地界址、面積等。建設用地出讓合同中應當明確標明出讓建設用地的具體界址、面積等基本的用地狀況。為了準確界定建設用地的基本數據，建設用地使用權合同一般會附「出讓宗地界址圖」，標明建設用地的位置、四至範圍等，該附件須經雙方當事人確認。

3.建築物、構築物及其附屬設施佔用的空間。根據本法第345條的規定，建設用地使用權可以在土地的地表、地上或者地下分別設立。因此，在分層設立建設用地使用權的情況下，必須界定每一建設用地使用權具體佔用的空間，即標明建設用地佔用的面積和四至，建築物、構築物以及附屬設施的高度和深度，使建設用地使用權人行使權利的範圍得以確定。

4.土地用途、規劃條件。土地用途是建設用地使用權合同的重要內容。土地用途可以分為工業、商業、娛樂、住宅等用途。我國對建設用地實行途管制，不同用途的建設用地的使用期限是不同的。為了保證建設用地使用權人按照約定的用途使用建設用地，在合同期限內，建設用地使用權人不得擅自改變建設用地的用途；需要改變建設用地使用權用途的，應當徵得出讓人的同意並經土地行政主管部門和城市規劃行政主管部門批准，重新簽訂或者更改原有的建設用地使用權出讓合同，調整土地出讓金，並辦理相應的登記。2007年物權法僅規定了「土地用途」，在民法典編纂過程中，有的意見提出，實踐中還應在合同中註明規劃條件，建議增加相關內容。2018年8月，提請審議的民法典各分編草案增加規定了「規劃條件」。

5.建設用地使用權期限。以出讓方式設立的建設用地使用權都有期限的規定。比如，居住用地70年；工業用地50年；教育、科技、文化、衛生、體育用地50年；商業、旅遊、娛樂用地40年；綜合或者其他用地50年。建設用地使用權出讓的期限自出讓人向建設用地使用權人實際交付土地之日起算，原劃撥土地使用權補辦出讓手續的，出讓年限自合同簽訂之日起算。

6.出讓金等費用及其支付方式。以出讓方式取得建設用地使用權是有償的，建設用地使用權人應當按照約定支付出讓金等費用。出讓金等費用及其支付方式，土地管理法和城市房地產管理法對此都作了規定，明確規定應當按照國務院規定的標準和辦法，繳納土地使用權出讓金等土地有償使用費和其他費用後，方可使用土地。同時，也明確了合同雙方當事人的違約責任。建設用地使用權人未按照出讓合同約定支付出讓金等費用的，出讓人有權解除合同，並可以請求違約賠償。建設用地使用權人按照出讓合同約定支付出讓金的，市、縣人民政府土地行政主管部門必須按照出讓合同約定，提供出讓的土地；未按照出讓合同約定提供出讓的土地的，土地使用者有權解除合同，由土地行政主管部門返還出讓金，土地使用者並可以請求違約賠償。根據最高人民法院相關司法解釋的規定，經市、縣人民政府批准同意以

協議方式出讓的土地使用權，土地使用權出讓金低於訂立合同時當地政府按照國家規定確定的最低價的，應當認定土地使用權出讓合同約定的價格條款無效。關於出讓金的支付方式，根據城鎮國有土地使用權出讓和轉讓暫行條例的規定，土地使用者應當在簽訂出讓合同後60日內，支付全部土地使用權出讓金。不過，目前對於採取拍賣、招標等公開競價方式設立的建設用地使用權，其出讓金的支付方式可以採取一次性支付或者分期支付的辦法。逾期未全部支付的，出讓人有權解除合同，並可請求違約賠償。

7. 解決爭議的方法。因履行建設用地使用權合同發生爭議的，出讓人和建設用地使用權人可以雙方協商解決，協商不成的，提交雙方當事人指定的仲裁委員會仲裁，或者依法向人民法院起訴。

第三百四十九條　設立建設用地使用權的，應當向登記機構申請建設用地使用權登記。建設用地使用權自登記時設立。登記機構應當向建設用地使用權人發放權屬證書。

■ 條文主旨

本條是關於建設用地使用權登記的規定。

■ 條文釋義

建設用地使用權登記是指縣級以上人民政府將土地的權屬、用途、面積等基本情況登記在登記簿上，並向建設用地使用權人頒發使用權證書。設立建設用地使用權，建設用地使用權人應當向登記機構申請建設用地使用權登記。登記機構應當向建設用地使用權人發放權屬證書。建設用地使用權適用登記生效的原則，經登記生效。

以劃撥方式設立建設用地使用權的，根據目前的規定當事人不需要簽訂合同，而是通過「國有土地劃撥決定書」的形式，將建設用地使用權交給建設用地使用權人使用。劃撥土地應當按照以下規定辦理登記手續：新開工的大中型建設項目使用劃撥國有土地的，建設用地使用權人應當在接到縣級以上人民政府發給的建設用地批准書之日起30日內，持建設用地批准書申請土地預告登記，建設項目竣工驗收後，建設單位應當在該建設項目竣工驗收之日起30日內，持建設項目竣工驗收報告和其他有關文件申請建設用地使用權登記；其他項目使用劃撥國有土地的，建設用地使用權人應當在接到縣級以上人民政府批准用地文件之日起30日內，持批准用地文件申請建設用地使用權登記。

目前，我國的土地登記是以宗地為基本單元。使用2宗以上建設用地的建設用地使用權人應當分宗申請登記。2個以上建設用地使用權人共同使用一宗建設用地的，應當分別申請登記。跨縣級行政區使用土地的，應當分別向建設用地所在地縣級以上地方人民政府土地管

理部門申請登記。

> **第三百五十條　建設用地使用權人應當合理利用土地，不得改變土地用途；需要改變土地用途的，應當依法經有關行政主管部門批准。**

■ 條文主旨

本條是關於土地用途的規定。

■ 條文釋義

土地資源的重要性和稀缺性要求建設用地使用權人必須合理地利用土地。加強對土地用途的管制，是我國土地管理的重要內容。現行有關土地管理的法律、法規以及規範性文件，對土地用途有相關的規定。加強對土地用途的管制，也一直是我國土地行政主管部門對土地市場進行整治的內容之一。

我國法律對以劃撥方式使用建設用地的用途有明確的規定，建設用地使用權人應當嚴格依照土地用途使用土地。以出讓方式設立的建設用地使用權，不同的土地用途其出讓金是不同的。建設用地使用權出讓合同中對土地用途需要作出明確的規定，擅自改變約定的土地用途不僅是一種違約行為，而且也是違法行為。

建設用地使用權人以無償或者有償方式取得建設用地使用權後，確需改變土地用途的，應當向土地行政主管部門提出申請。土地行政主管部門經過審查後，認為改變的土地用途仍符合規劃，同意對土地用途作出調整的，根據目前的規定，還需要報縣、市人民政府批准，然後出讓人和建設用地使用權人應當重新簽訂建設用地使用權出讓合同或者變更合同相應的條款，並按照規定補交不同用途和容積率的土地差價。如果是將以劃撥方式取得的建設用地使用權改為有償使用方式的，在改變土地用途後，建設用地使用權人還應當補繳出讓金。以變更合同條款的形式改變土地用途的，要依法到登記機構辦理變更登記；簽訂新的建設用地使用權合同的，應辦理登記手續。

> **第三百五十一條　建設用地使用權人應當依照法律規定以及合同約定支付出讓金等費用。**

■ 條文主旨

本條是關於建設用地使用權人支付出讓金等費用的義務的規定。

■ 條文釋義

我國實行土地公有制，建設用地使用權人使用國家所有的土地，國家收取土地出讓金等費用，是國家所有權在經濟上的體現。

一、應當支付土地出讓金等費用的情形

1. 在取得建設用地使用權時，採用出讓等有償使用方式的，應當支付出讓金等費用。土地管理法第 2 條第 5 款規定：「國家依法實行國有土地有償使用制度。但是，國家在法律規定的範圍內劃撥國有土地使用權的除外。」第 55 條第 1 款規定：「以出讓等有償使用方式取得國有土地使用權的建設單位，按照國務院規定的標準和辦法，繳納土地使用權出讓金等土地有償使用費和其他費用後，方可使用土地。」根據有關規定，劃撥取得建設用地使用權的，在取得使用權時國家不收取出讓金。

2. 在建設用地使用權轉讓時，通過劃撥取得的建設用地使用權應當補繳出讓金。城市房地產管理法第 39 條規定：「以劃撥方式取得土地使用權的，轉讓房地產時，應當按照國務院規定，報有批准權的人民政府審批。有批准權的人民政府准予轉讓的，應當由受讓方辦理土地使用權出讓手續，並依照國家有關規定繳納土地使用權出讓金。」「以劃撥方式取得土地使用權的，轉讓房地產報批時，有批准權的人民政府按照國務院規定決定可以不辦理土地使用權出讓手續的，轉讓方應當按照國務院規定將轉讓房地產所獲收益中的土地收益上繳國家或者作其他處理。」此外，城市房地產管理法第 51 條規定：「設定房地產抵押權的土地使用權是以劃撥方式取得的，依法拍賣該房地產後，應當從拍賣所得的價款中繳納相當於應繳納的土地使用權出讓金的款額後，抵押權人方可優先受償。」

二、支付土地出讓金等費用的意義

出讓金等費用的本質是應當歸國家所有的土地收益。這一本質是由我國的土地有償使用制度決定的。在過去很長一段時期內，國有土地是由國家以行政手段無償交給用地單位使用的。這種土地使用制度有很多弊端：（1）土地資源配置效益差，利用效率低，土地資源浪費嚴重，國家卻缺乏調節餘缺的機制。（2）國有土地收益大量流失，土地收益留在了用地者的手中，國家的土地所有權虛置。（3）市場機制缺失，土地作為生產力要素其價值得不到正常體現，導致市場主體實際上的不平等地位。由於不同企業都從政府無償得到不同位置和數量的土地，擁有較多土地且位置優越的企業，與缺乏土地、位置較差的企業，實際上處於不平等的競爭地位。

舊體制嚴重的弊端，使實行國有土地有償使用制度，收取出讓金等費用具有了重要意義。（1）土地公有制是社會主義公有制的重要組成部分，在市場經濟條件下，實行國有土地有償使用制度，通過收取出讓金等費用取得土地收益，才能使國家對土地的所有權在經濟上得到實現，才能真正保障社會主義公有制的主體地位。（2）土地是巨大的社會財富，而且會隨着經濟和社會的發展不斷增值。國家掌握了國有土地的收益，就有足夠的財力組織社會化大生產，更好地實現社會主義國家的經濟職能。（3）土地是基本的生產要素，通過收取或者補交出讓金使土地使用權進入市場，有助於形成包括消費品市場、生產資料市場和資金、勞

動力、土地等生產要素市場的完整的社會主義市場體系。通過充分發揮市場調節的作用,合理配置土地資源,可以實現最大的土地利用效益,進而推進社會主義市場經濟的健康發展。

三、不交納出讓金等費用的法律責任

正是因為交納出讓金等費用對國家和社會意義重大,法律、行政法規對不交納出讓金等費用的行為規定了相應的法律責任。例如,城市房地產管理法第 67 條規定,違反城市房地產管理法第 40 條第 1 款的規定轉讓房地產的,由縣級以上人民政府土地管理部門責令繳納土地使用權出讓金,沒收違法所得,可以並處罰款。在有出讓合同的情況下,不支付出讓金的行為同時還是一種違約行為。因此,除行政法上的責任外,法律、行政法規還規定了相應的違約責任。例如,城市房地產管理法第 16 條規定:「土地使用者必須按照出讓合同約定,支付土地使用權出讓金;未按照出讓合同約定支付土地使用權出讓金的,土地管理部門有權解除合同,並可以請求違約賠償。」城鎮國有土地使用權出讓和轉讓暫行條例第 14 條規定:「土地使用者應當在簽訂土地使用權出讓合同後六十日內,支付全部土地使用權出讓金。逾期未全部支付的,出讓方有權解除合同,並可請求違約賠償。」

總之,通過支付出讓金等費用,向國家上繳土地收益,是國家土地有償使用制度的重要內容,也是土地管理法、城市房地產管理法等有關法律、行政法規中規定的法定義務。本法第 348 條已經將出讓金等費用及其支付方式列為建設用地使用權出讓合同的條款之一,按時、足額支付出讓金,更是建設用地使用權人的合同義務,應當秉持誠實信用原則,認真履行。

> **第三百五十二條** 建設用地使用權人建造的建築物、構築物及其附屬設施的所有權屬於建設用地使用權人,但是有相反證據證明的除外。

■ 條文主旨

本條是關於建設用地使用權人建造的建築物、構築物及其附屬設施權屬的規定。

■ 條文釋義

關於建築物、構築物及其附屬設施的歸屬,土地私有制的國家一般通過土地權利吸收地上物權利的原則來解決。例如,在德國,在地上權範圍內建造的建築物、構築物及其附屬設施被視為地上權的組成部分,在地上權消滅時,滿足法定條件,建築物、構築物及其附屬設施作為土地的添附,轉歸土地所有權人。我國是社會主義公有制國家,建築物、構築物及其附屬設施的所有權具有相對獨立性。建設用地使用權人依法取得國有土地的使用權後,就有權利用該土地建造建築物、構築物及其附屬設施。根據本法第 231 條的規定,合法建造房屋的,自事實行為成就時取得建築物的所有權。在多數情況下,建設用地使用權人建造的建築物、構築物及其附屬設施的所有權屬於建設用地使用權人。

建設用地使用權人建造的建築物、構築物及其附屬設施由建設用地使用權人所有作為通常情況，但仍然存在以下例外：目前，一部分市政公共設施，是開發商和有關部門約定，由開發商在房地產項目開發中配套建設的，但是所有權歸國家。這部分設施，其性質屬於市政公用，其歸屬就應當按照有充分的證據證明的事先約定來確定，而不是當然地歸建設用地使用權人。後續通過房地產交易成為建設用地使用權人的權利人也應當尊重這種權屬劃分。

掌握本條規定還應當注意，這裏規定的建築物、構築物及其附屬設施必須是合法建造產生的。對於非法佔地、違規搭建，土地管理法第 74 條、第 77 條、第 83 條以及其他法律法規的有關規定都明確規定了制裁措施，這種違章建築會被沒收和強制拆除，更不會產生合法的所有權，因此，並不在本條的調整範圍內。

第三百五十三條　建設用地使用權人有權將建設用地使用權轉讓、互換、出資、贈與或者抵押，但是法律另有規定的除外。

■ 條文主旨

本條是關於建設用地使用權流轉方式的規定。

■ 條文釋義

一、關於建設用地使用權流轉的法律依據

同支付出讓金等費用一樣，建設用地使用權的依法流轉，也是我國土地有償使用制度的重要內容。有關法律、行政法規對此已經有了明確的規定，例如，土地管理法第 2 條第 3 款規定：「任何單位和個人不得侵佔、買賣或者以其他形式非法轉讓土地。土地的使用權可以依法轉讓。」城市房地產管理法第 37 條規定：「房地產轉讓，是指房地產權利人通過買賣、贈與或者其他合法方式將其房地產轉移給他人的行為。」第 48 條規定：「依法取得的房屋所有權連同該房屋佔用範圍內的土地使用權，可以設定抵押權。」「以出讓方式取得的土地使用權，可以設定抵押權。」城鎮國有土地使用權出讓和轉讓暫行條例第 4 條規定：「依照本條例的規定取得土地使用權的土地使用者，其使用權在使用年限內可以轉讓、出租、抵押或者用於其他經濟活動。合法權益受國家法律保護。」第 19 條第 1 款規定：「土地使用權轉讓是指土地使用者將土地使用權再轉移的行為，包括出售、交換和贈與。」

根據這些法律、行政法規的規定，建設用地使用權可以依法轉讓、互換、出資、贈與或者抵押。

二、關於對建設用地使用權流轉的限制

法律、行政法規還規定了對建設用地使用權流轉的限制。對於劃撥取得的建設用地使用權，其流轉受到一定限制。本條規定的除外條款所指的就是這些限制性規定。

1.關於劃撥取得的建設用地的流轉。根據法律、行政法規的規定，對於劃撥取得的建設用地，其流轉要通過行政審批，並繳納相應土地出讓金或者土地收益。例如，城市房地產管理法第 40 條規定：「以劃撥方式取得土地使用權的，轉讓房地產時，應當按照國務院規定，報有批准權的人民政府審批。有批准權的人民政府准予轉讓的，應當由受讓方辦理土地使用權出讓手續，並依照國家有關規定繳納土地使用權出讓金。」「以劃撥方式取得土地使用權的，轉讓房地產報批時，有批准權的人民政府按照國務院規定決定可以不辦理土地使用權出讓手續的，轉讓方應當按照國務院規定將轉讓房地產所獲收益中的土地收益上繳國家或者作其他處理。」第 51 條規定：「設定房地產抵押權的土地使用權是以劃撥方式取得的，依法拍賣該房地產後，應當從拍賣所得的價款中繳納相當於應繳納的土地使用權出讓金的款額後，抵押權人方可優先受償。」此外，城鎮國有土地使用權出讓和轉讓暫行條例中也有相應的規定。

2.關於以出讓方式取得的建設用地使用權流轉的限制。根據法律和行政法規的規定，即便是以出讓方式取得的建設用地使用權，在有些情況下也是不能直接進入流轉的。例如，城市房地產管理法第 38 條規定：「下列房地產，不得轉讓：（一）以出讓方式取得土地使用權的，不符合本法第三十九條規定的條件的；（二）司法機關和行政機關依法裁定、決定查封或者以其他形式限制房地產權利的；（三）依法收回土地使用權的；（四）共有房地產，未經其他共有人書面同意的；（五）權屬有爭議的；（六）未依法登記領取權屬證書的；（七）法律、行政法規規定禁止轉讓的其他情形。」第 39 條規定：「以出讓方式取得土地使用權的，轉讓房地產時，應當符合下列條件：（一）按照出讓合同約定已經支付全部土地使用權出讓金，並取得土地使用權證書；（二）按照出讓合同約定進行投資開發，屬於房屋建設工程的，完成開發投資總額的百分之二十五以上，屬於成片開發土地的，形成工業用地或者其他建設用地條件。」「轉讓房地產時房屋已經建成的，還應當持有房屋所有權證書。」城鎮國有土地使用權出讓和轉讓暫行條例第 19 條第 2 款規定：「未按土地使用權出讓合同規定的期限和條件投資開發、利用土地的，土地使用權不得轉讓。」總之，建設用地使用權的流轉及其限制，在有關法律、行政法規中已經有了比較完備的規定。在本條的貫徹和執行中要注意吸取已有規定在貫徹實施中的成果和經驗，使建設用地使用權的流轉更為有序，實現地盡其利。

> **第三百五十四條** 建設用地使用權轉讓、互換、出資、贈與或者抵押的，當事人應當採用書面形式訂立相應的合同。使用期限由當事人約定，但是不得超過建設用地使用權的剩餘期限。

■ 條文主旨

本條是關於建設用地使用權人處分建設用地使用權的合同形式和期限的規定。

■ 條文釋義

一、建設用地使用權的流轉應當採用書面形式

城市房地產管理法第 15 條第 1 款規定，土地使用權出讓，應當簽訂書面出讓合同。根據城市房地產管理法第 15 條以及有關法律法規的規定，土地使用權出讓應當採用書面合同。本條規定，建設用地使用權轉讓、互換、出資、贈與或者抵押的，當事人應當採用書面形式訂立相應的合同。

在合同法理論上，必須採取書面形式的合同屬於一種要式合同，要式合同一般適用於交易複雜、涉及利益巨大的情形。建設用地使用權流轉之所以必須採用書面形式的要式合同，是因為建設用地使用權涉及對土地這種重要自然資源的利用，關係到國家、社會和用地人的重大利益，採用書面形式可以有效地明確權利、義務，避免潛在爭議。不僅我國現有法律作了這樣的規定，其他國家和地區關於土地等不動產的交易也都要求採用書面形式。本條規定不但與我國的現有規定是一致的，也符合國際通行做法。

二、建設用地使用權流轉的使用期限不得超過建設用地使用權的剩餘期限

這也是符合現有法律規定的。城市房地產管理法第 43 條規定：「以出讓方式取得土地使用權的，轉讓房地產後，其土地使用權的使用年限為原土地使用權出讓合同約定的使用年限減去原土地使用者已經使用年限後的剩餘年限。」其他國家關於地上權的規定中也有類似的時間限制。之所以作出這樣的限制，是因為，建設用地使用權本身就是一種有時限的權利，從理論上說，建設用地使用權人不能超出自己的權利範圍流轉權利。現實中也不允許用益物權人這樣擴張權利，侵害作為所有權人的國家的利益。所以在建設用地使用權期間確定的情況下，建設用地使用權的流轉必須受到該時限的限制。

第三百五十五條　建設用地使用權轉讓、互換、出資或者贈與的，應當向登記機構申請變更登記。

■ 條文主旨

本條是關於建設用地使用權流轉後變更登記的規定。

■ 條文釋義

本法第 214 條規定：「不動產物權的設立、變更、轉讓和消滅，依照法律規定應當登記的，自記載於不動產登記簿時發生效力。」建設用地使用權作為重要的用益物權，不但其取得需要登記，其流轉也需要及時變更登記。否則該流轉行為就無法發生法律效力，權利人的利益就得不到充分保障。

《土地登記規則》第 34 條至第 47 條針對國有土地使用權變更的不同情況對變更登記作

了規定，主要包括以下內容：

1. 國有土地使用權的轉讓。有下列情形之一的，土地使用權轉讓雙方當事人應當在轉讓合同或者協議簽訂後 30 日內，涉及房產變更的，在房產變更登記發證後 15 日內，申請變更登記：（1）依法轉讓土地使用權的；（2）因買賣、轉讓地上建築物、附着物等一併轉移土地使用權的。房屋所有權變更而使土地使用權變更的，在申請變更登記時，應當提交變更後的房屋所有權證書。

2. 劃撥改出讓。劃撥土地使用權依法辦理土地使用權出讓手續的，土地使用者應當在繳納土地使用權出讓金後 30 日內，申請變更登記。

3. 企業入股。企業將通過出讓或者國家入股等形式取得的國有土地使用權，再以入股方式轉讓的，轉讓雙方當事人應當在入股合同簽訂之日起 30 日內，申請變更登記。

4. 單位合併、分立。因單位合併、分立、企業兼並等原因引起土地使用權變更的，有關各方應當在合同簽訂後 30 日內或者在接到上級主管部門的批准文件後 30 日內，申請變更登記。

5. 交換、調整。因交換、調整土地而發生土地使用權、所有權變更的，交換、調整土地的各方應當在接到交換、調整協議批准文件後 30 日內，申請變更登記。

6. 因抵押而取得土地使用權。因處分抵押財產而取得土地使用權的，取得土地使用權的權利人和原抵押人應當在抵押財產處分後 30 日內，申請變更登記。

7. 因購買房改房而獲得國有土地使用權。出售公有住房，售房單位與購房職工應當在縣級以上地方人民政府房產管理部門登記房屋所有權之日起 30 日內，申請變更登記。

8. 抵押合同變更，主要是合同主體變更，而使抵押的土地使用權發生變化。土地使用權抵押期間，抵押合同發生變更的，抵押當事人應當在抵押合同發生變更後 15 日內，申請變更登記。

9. 土地使用權出租合同的變更。土地使用權出租期間，租賃合同發生變更的，出租人和承租人應當在租賃合同發生變更後 15 日內，申請變更登記。

10. 因繼承而獲得土地使用權或者土地他項權利。依法繼承土地使用權和土地他項權利的，繼承人應當在辦理繼承手續後 30 日內，申請變更登記。

11. 其他。其他形式的土地使用權和土地他項權利變更，當事人應當在發生變更之日起 30 日內，申請變更登記。

2014 年，國務院頒佈《不動產登記暫行條例》，對不動產登記作出具體規定，進一步完善建設用地使用權流轉後變更登記的規定。

> **第三百五十六條** 建設用地使用權轉讓、互換、出資或者贈與的，附着於該土地上的建築物、構築物及其附屬設施一併處分。

■ 條文主旨

本條是關於建築物、構築物及其附屬設施隨建設用地使用權的流轉而一併處分的規定。

■ 條文釋義

根據法律、行政法規的規定，建設用地使用權流轉時，其地上建築物和其他附着物同時流轉。城市房地產管理法第 32 條規定：「房地產轉讓、抵押時，房屋的所有權和該房屋佔用範圍內的土地使用權同時轉讓、抵押。」城鎮國有土地使用權出讓和轉讓暫行條例第 23 條規定：「土地使用權轉讓時，其地上建築物、其他附着物所有權隨之轉讓。」

在我國，建築物、其他附着物的歸屬雖然具有相對獨立性，但在轉讓中必須實行「房地一致」原則，以避免出現「空中樓閣」的尷尬局面。實行「房隨地走」，作為實現房地一致的方式之一，已經在法律實踐和社會生活中得到普遍接受。本條規定與已有法律制度是一致的，也符合社會生活實際。

> **第三百五十七條** 建築物、構築物及其附屬設施轉讓、互換、出資或者贈與的，該建築物、構築物及其附屬設施佔用範圍內的建設用地使用權一併處分。

■ 條文主旨

本條是關於建設用地使用權隨建築物、構築物及其附屬設施的流轉而一併處分的規定。

■ 條文釋義

根據法律和行政法規的規定，地上建築物和其他附着物所有權流轉時，其使用範圍內的建設用地使用權隨之流轉。本法第 397 條第 1 款規定：「以建築物抵押的，該建築物佔用範圍內的建設用地使用權一併抵押。以建設用地使用權抵押的，該土地上的建築物一併抵押。」第 398 條規定：「鄉鎮、村企業的建設用地使用權不得單獨抵押。以鄉鎮、村企業的廠房等建築物抵押的，其佔用範圍內的建設用地使用權一併抵押。」城鎮國有土地使用權出讓和轉讓暫行條例第 24 條規定：「地上建築物、其他附着物的所有人或者共有人，享有該建築物、附着物使用範圍內的土地使用權。」「土地使用者轉讓地上建築物、其他附着物所有權時，其使用範圍內的土地使用權隨之轉讓，但地上建築物、其他附着物作為動產轉讓的除外。」第 33 條第 2 款規定：「地上建築物、其他附着物抵押時，其使用範圍內的土地使用權隨之抵押。」

本條規定了實現「房地一致」的另一種方式「地隨房走」，這也已被法律實踐和社會生活普遍接受。在理解和適用本條規定時，要特別注意和第 356 條的銜接，這兩條實際上作為一個整體，只要建設用地使用權和地上房屋有一個發生了轉讓，另外一個就要相應轉讓。從法律後果上說，不可能也不允許，把「房」和「地」分別轉讓給不同的主體。此外，本條中所講的附屬設施佔用範圍內的建設用地使用權有可能是一宗單獨的建設用地使用權，也有可能是共同享有的建設用地使用權中的份額，特別是在建築物區分所有的情況下。轉讓佔用範圍內的建設用地使用權不可能也不應該導致對業主共同享有的建設用地使用權的分割。在這種情況下，除了本條外，還要依據業主的建築物區分所有權的有關規定，才能全面確定當事人的權利義務。

> **第三百五十八條**　建設用地使用權期限屆滿前，因公共利益需要提前收回該土地的，應當依據本法第二百四十三條的規定對該土地上的房屋以及其他不動產給予補償，並退還相應的出讓金。

■ 條文主旨

本條是建設用地使用權提前收回及其補償的規定。

■ 條文釋義

以出讓方式設立的建設用地使用權都有期限。建設用地使用權期限屆滿前，出讓人能否收回建設用地使用權？根據土地管理法第 58 條的規定，為了公共利益需要使用土地的，由有關政府自然資源主管部門報經原批准用地的人民政府或者有批准權的人民政府批准，可以收回國有土地使用權，並應當對土地使用權人給予適當補償。實踐中，當事人一般也在建設用地使用權出讓合同中對提前收回的情況作出約定。原國土資源部和原國家工商局制定的出讓合同示範文本（已失效）就有提前收回建設用地的內容：「根據社會公共利益需要提前收回土地使用權的，出讓人應當依照法定程序報批，並根據收回時地上建築物、其他附着物的價值和剩餘年期土地使用權價格給予受讓人相應的補償。」本條對提前收回的補償標準作了更細緻的規定。首先，對於建設用地上的房屋及其他不動產，應當依據徵收的規定給予補償。本法第 243 條第 1 款規定：「為了公共利益的需要，依照法律規定的權限和程序可以徵收集體所有的土地和組織、個人的房屋以及其他不動產。」第 3 款規定，「徵收組織、個人的房屋以及其他不動產，應當依法給予徵收補償，維護被徵收人的合法權益；徵收個人住宅的，還應當保障被徵收人的居住條件。」因此，有關徵收的規定是補償的依據。其次，對於房屋所佔用的建設用地，不適用徵收的規定。徵收是國家把集體所有的土地和組織、個人的不動產變為國有的財產，是一種改變所有權的法律行為。我國城市的土地屬於國家所有，建

設用地使用權人取得的是對土地使用的權利，國家收回本來就屬於自己的建設用地，不適用有關徵收的規定。但是，為了公共利益的需要，國家可以提前收回建設用地使用權。由於建設用地使用權人是按照建設用地的使用期限繳納出讓金的，因此，提前收回建設用地使用權的，出讓人還應當向建設用地使用權人退還相應的出讓金。比如，某商場的建設用地使用權期限是 40 年，該商場 30 年後被徵收，那麼對於該商場需要根據徵收的規定給予補償，同時，還應當退還該商場所有權人 10 年的出讓金。

> 　　第三百五十九條　　住宅建設用地使用權期限屆滿的，自動續期。續期費用的繳納或者減免，依照法律、行政法規的規定辦理。
>
> 　　非住宅建設用地使用權期限屆滿後的續期，依照法律規定辦理。該土地上的房屋以及其他不動產的歸屬，有約定的，按照約定；沒有約定或者約定不明確的，依照法律、行政法規的規定辦理。

■ 條文主旨

　　本條是建設用地使用權續期及土地上的房屋及其他不動產歸屬的規定。

■ 條文釋義

　　國家通過出讓的方式，使建設用地使用權人獲得一定期限內利用土地的權利。根據城鎮國有土地使用權出讓和轉讓暫行條例的規定，土地使用權出讓的最高年限為：居住用地 70 年；工業用地 50 年；教育、科技、文化、衛生、體育用地 50 年；商業、旅遊、娛樂用地 40 年；綜合或者其他用 50 年。因此，建設用地使用權期限屆滿後，面臨建設用地使用權如何續期的問題。城市房地產管理法第 22 條規定：「土地使用權出讓合同約定的使用年限屆滿，土地使用者需要繼續使用土地的，應當至遲於屆滿前一年申請續期，除根據社會公共利益需要收回該幅土地的，應當予以批准。經批准准予續期的，應當重新簽訂土地使用權出讓合同，依照規定支付土地使用權出讓金。」2007 年制定物權法草案時，曾經根據當時法律的規定，對建設用地使用權的續期作出了規定。但是，物權法草案向全社會徵求意見後，一些部門和群眾對建設用地使用權續期的規定提出了不同的意見。有人提出，一幢公寓多戶居住，建設用地使用權期間屆滿，是由住戶個人申請續期還是業主委員會統一申請續期，意見不一致時怎麼辦，需要明確。建設用地使用權續期的問題，確實和老百姓的利益息息相關，應當保障老百姓安居樂業，使有恆產者有恆心。如果規定住宅建設用地需要申請續期，要求成千上萬的住戶辦理續期手續，不僅難以操作，加重了老百姓的負擔，也增加了行政管理的成本，不利於社會的安定。在聽取各方面的意見後，物權法草案對住宅建設用地使用權和非住宅建設用地使用權的續期分別作出了規定，明確規定住宅建設用地使用權期間屆滿的，自

動續期。續期的期限、土地使用費支付的標準和辦法，由國務院規定。「住宅建設用地使用權自動續期」的規定得到了普遍的贊成。同時，有人提出，住戶買房時已經支付了土地出讓金，續期後不應再交費。有的認為，續期的應交少量的土地使用費。考慮到住宅建設用地使用權續期後是否支付土地使用費，關係到廣大群眾切身利益。絕大多數住宅建設用地使用權的期限為 70 年，如何科學地規定建設用地使用權人屆時應當承擔的義務，目前還缺少足夠的科學依據，應當對此慎重研究，物權法以不作規定為宜。而且，物權法不作規定，也不影響國務院根據實際情況作出相關規定。因此，2007 年制定的物權法對建設用地使用權期間屆滿後是否支付土地使用費的問題未作規定。

有人擔心，住宅建設用地使用權自動續期會影響城市規劃和建設。物權法第 148 條規定，建設用地使用期間屆滿前，因公共利益需要提前收回該土地的，應當依照有關徵收的規定對該土地上的房屋及其他不動產給予補償。在建設用地使用權續期後，因為公共利益需要收回的，也可以適用同樣的原則。

2018 年 8 月，十三屆全國人大常委會五次會議《關於〈民法典各分編（草案）〉的說明》中提到：關於住宅建設用地使用權期間屆滿續期問題。2016 年 11 月，《中共中央、國務院關於完善產權保護制度依法保護產權的意見》提出，要研究住宅建設用地等土地使用權到期後續期的法律安排，推動形成全社會對公民財產長久受保護的良好和穩定預期。根據黨中央批准的有關工作安排，該項工作由國務院有關部門研究，提出方案後，國務院提出法律修改議案，修改城市房地產管理法或者物權法。目前，國務院有關部門尚未正式提出方案和修法議案。物權編草案根據現行物權法第 149 條、城市房地產管理法第 22 條規定，對此先作出一個原則性規定，即：住宅建設用地使用權期限屆滿的，自動續期。續期費用的繳納或者減免，依照法律、行政法規的規定。國務院正式提出修改有關法律的議案後，再進一步做好銜接。之後，對本款作了個別文字修改。

為什麼非住宅建設用地使用權沒有採取自動續期的規定？這是因為非住宅建設用地和住宅建設用地有較大的區別。非住宅建設用地的使用期限相對比較短，使用用途也各不相同。有的建設用地使用權人僅需要在特定的期限內使用建設用地，過了該期限，就沒有使用該土地的必要。因此，不宜將自動續期作為非住宅建設用地使用權適用的一般原則，是否續期應當由建設用地使用權人自己決定。根據本條的規定，非住宅建設用地使用權的續期，按照法律規定辦理，即建設用地使用權可以在建設用地使用權期限屆滿前一年申請續期。只要建設用地使用權人提出續期的要求，出讓人就應當同意，只有在公共利益需要使用該建設用地的情況下，出讓人才有權拒絕建設用地使用權人續期的要求，收回該土地。

> **第三百六十條　建設用地使用權消滅的，出讓人應當及時辦理註銷登記。登記機構應當收回權屬證書。**

■ 條文主旨

本條是對建設用地使用權註銷登記的規定。

■ 條文釋義

建設用地使用權消滅的情況主要包括：建設用地使用權期限屆滿、建設用地使用權提前收回以及因自然災害等原因造成建設用地使用權滅失等情形。建設用地使用權消滅後，出讓人應當及時辦理註銷登記。《土地登記規則》第 54 條規定：縣級以上人民政府依法收回國有土地使用權的，土地管理部門在收回土地使用權的同時，辦理國有土地使用權註銷登記，註銷土地證書。第 55 條規定，國有土地使用權出讓或者租賃期滿，未申請續期或者續期申請未獲批准的，原土地使用者應當在期滿之日前 15 日內，持原土地證書申請國有土地使用權註銷登記。第 56 條規定，因自然災害等造成土地權利滅失的，原土地使用者或者土地所有者應當持原土地證書及有關證明材料，申請土地使用權或者土地所有權註銷登記。

考慮到出讓人全面掌握建設用地使用權消滅的情形，所以，本條規定，註銷登記由出讓人及時辦理。建設用地使用權註銷後，登記機構應當收回權屬證書。

> **第三百六十一條　集體所有的土地作為建設用地的，應當依照土地管理的法律規定辦理。**

■ 條文主旨

本條是對集體所有的土地作為建設用地法律適用的規定。

■ 條文釋義

我國 2004 年修正的土地管理法規定，農民集體所有的土地的使用權不得出讓、轉讓或者出租用於非農業建設。除耕地外，農民集體所有的土地只能用於鄉鎮村企業、鄉鎮村公共設施和公益事業以及農民住宅建設。因此，2019 年修改土地管理法前，農民集體還不能直接出讓自己的土地使用權，使集體所有的土地使用權直接進入土地一級市場。農民集體所有的土地必須經過徵收才能變為建設用地。隨着我國土地制度改革不斷深化，國務院先後出台了一系列涉及農村集體建設用地的規定。《國務院關於 2005 年深化經濟體制改革的意見》中明確指出，進一步研究探索農村集體建設用地使用權進入市場。土地行政主管部門一直將加

快集體建設用地使用制度改革作為工作的重點，在對集體建設用地進行嚴格管理的同時，也允許一些地區可以開展集體建設用地流轉方面的試點。

2007 年制定物權法時，考慮到我國土地制度改革正在深化，各地的情況差異較大，土地行政主管部門正在進行土地制度試點和研究，尚待總結實踐經驗，並在此基礎上規範和完善。而且，集體建設用地制度如何改革，還需要通過修改土地管理法等法律從根本上解決這個問題，目前物權法對此作出規定的時機還不成熟。但是，作為民事基本法律的物權法，還是有必要作出原則且靈活的規定。因此，本條對建設用地使用集體所有的土地的情況僅作了原則性規定，明確集體所有的土地作為建設用地的，應當按照土地管理的法律規定辦理。

2019 年土地管理法修改，增加了集體經營性建設用地的相關規定。該法第 23 條規定，各級人民政府應當加強土地利用計劃管理，實行建設用地總量控制。土地利用年度計劃，根據國民經濟和社會發展計劃、國家產業政策、土地利用總體規劃以及建設用地和土地利用的實際狀況編制。土地利用年度計劃應當對土地管理法第 63 條規定的集體經營性建設用地作出合理安排。土地利用年度計劃的編制審批程序與土地利用總體規劃的編制審批程序相同，一經審批下達，必須嚴格執行。第 63 條規定，土地利用總體規劃、城鄉規劃確定為工業、商業等經營性用途，並經依法登記的集體經營性建設用地，土地所有權人可以通過出讓、出租等方式交由單位或者個人使用，並應當簽訂書面合同，載明土地界址、面積、動工期限、使用期限、土地用途、規劃條件和雙方其他權利義務。前款規定的集體經營性建設用地出讓、出租等，應當經本集體經濟組織成員的村民會議 2/3 以上成員或者 2/3 以上村民代表的同意。通過出讓等方式取得的集體經營性建設用地使用權可以轉讓、互換、出資、贈與或者抵押，但法律、行政法規另有規定或者土地所有權人、土地使用權人簽訂的書面合同另有約定的除外。集體經營性建設用地的出租，集體建設用地使用權的出讓及其最高年限、轉讓、互換、出資、贈與、抵押等，參照同類用途的國有建設用地執行。具體辦法由國務院制定。

第十三章　宅基地使用權

本章共四條,規定了宅基地使用權的權利內容,宅基地使用權的取得、行使和轉讓以及宅基地滅失後的重新分配等事項。

> **第三百六十二條　宅基地使用權人依法對集體所有的土地享有佔有和使用的權利,有權依法利用該土地建造住宅及其附屬設施。**

■ 條文主旨

本條是關於宅基地使用權的權利內容的規定。

■ 條文釋義

一、宅基地歸集體所有

這是宅基地使用權能夠成為用益物權的前提。根據憲法第 10 條第 2 款的規定,宅基地和自留地、自留山一樣,屬於集體所有。土地管理法第 9 條規定,城市市區的土地屬於國家所有。農村和城市郊區的土地,除由法律規定屬於國家所有的以外,屬於農民集體所有;宅基地和自留地、自留山,屬於農民集體所有。因此,農民使用宅基地是對集體所有的土地的使用。

二、宅基地的用途是建造住宅及其附屬設施

根據土地管理法和國家的有關規定,土地的利用必須符合國家對土地的用途管制。我國人多地少,只有嚴格地管制土地用途,控制建設用地總量,保護耕地,才能有效地保護資源,實現優化配置。因此,農民取得宅基地,必須依法辦理有關手續,不得超量多佔,也不得違反有關規劃,改變土地用途。對於有的地方存在的多佔宅基地,造成土地浪費的情況應當予以糾正。

三、宅基地使用權是一種帶有社會福利性質的權利,是農民的安身之本

宅基地使用權和土地承包經營權一樣,由作為集體成員的農民無償取得,無償使用。宅基地使用權是農民基於集體成員的身份而享有的福利保障。在我國社會保障體系尚無法覆蓋廣大農村的現實下,土地承包經營權解決了農民的基本衣食來源,宅基地使用權解決了農民的基本居住問題。這兩項制度以其鮮明的福利色彩成為維護農業、農村穩定的重要制度。正是因為保障功能依然是宅基地使用權制度的首要功能,關於宅基地使用權取得、行使和轉讓的規定,必須尊重這一現實,以利於保護農民利益,構建和諧社會。

第三百六十三條　宅基地使用權的取得、行使和轉讓，適用土地管理的法律和國家有關規定。

■ 條文主旨

本條是關於宅基地使用權的取得、行使和轉讓適用法律的銜接性規定。

■ 條文釋義

一、有關宅基地使用權取得、行使和轉讓的規定

土地管理法對宅基地使用權作了規定。根據土地管理法第 62 條的規定，農村村民一戶只能擁有一處宅基地，其宅基地的面積不得超過省、自治區、直轄市規定的標準。人均土地少、不能保障一戶擁有一處宅基地的地區，縣級人民政府在充分尊重農村村民意願的基礎上，可以採取措施，按照省、自治區、直轄市規定的標準保障農村村民實現戶有所居。農村村民建住宅，應當符合鄉（鎮）土地利用總體規劃、村莊規劃，不得佔用永久基本農田，並儘量使用原有的宅基地和村內空閒地。編制鄉（鎮）土地利用總體規劃、村莊規劃應當統籌並合理安排宅基地用地，改善農村村民居住環境和條件。農村村民住宅用地，由鄉（鎮）人民政府審核批准；其中，涉及佔用農用地的，依照土地管理法第 44 條的規定辦理審批手續。農村村民出賣、出租、贈與住宅後，再申請宅基地的，不予批准。國家允許進城落戶的農村村民依法自願有償退出宅基地，鼓勵農村集體經濟組織及其成員盤活利用閒置宅基地和閒置住宅。國務院農業農村主管部門負責全國農村宅基地改革和管理有關工作。

此外，中共中央、國務院通過有關文件，多次強調農村居民建住宅要嚴格按照所在的省、自治區、直轄市規定的標準，依法取得宅基地。農村居民每戶只能有一處不超過標準的宅基地，多出的宅基地，要依法收歸集體所有。同時禁止城鎮居民在農村購置宅基地。

二、2007 年物權法本條規定的主要考慮

為準確體現國家土地管理制度的有關內容，2007 年制定的物權法關於宅基地使用權的取得和行使的規定經過了反覆研究，多次修改，立法考慮主要是：

（一）關於宅基地使用權的取得

宅基地使用權的取得主要涉及國家土地管理制度。土地管理法以及有關法規中已經對宅基地使用權的取得及其必要限制作出了明確規定。實際中遇到的問題應當依照這些規定處理。有關法律法規實施中出現的問題，可以通過國家土地管理制度的進一步發展完善，逐步解決。物權法作為調整平等主體間財產關係的民事法律，對國家土地管理制度的具體內容可以不作重複規定，只作出必要的銜接性規定即可。

（二）關於宅基地使用權的轉讓和抵押

我國地少人多，必須實行最嚴格的土地管理制度。目前，我國農村社會保障體系尚未全面建立，宅基地使用權是農民基本生活保障和安身立命之本。從全國範圍看，放開宅基地使

用權轉讓和抵押的條件尚不成熟。特別是農民一戶只有一處宅基地，這一點與城市居民是不同的。農民一旦失去住房及其宅基地，將喪失基本生存條件，影響社會穩定。為了維護現行法律和現階段國家有關農村土地政策，也為今後修改有關法律或者調整有關政策留有餘地，本法的規定應當與土地管理的法律規定保持一致。

我國的土地管理制度正在改革，有關法律法規也正在完善。對於宅基地使用權的轉讓和抵押問題，為適應未來發展的需要，給進一步深化改革留有空間，2007 年物權法對宅基地使用權的轉讓和抵押問題作出銜接性的規定是必要的。本次民法典編纂對本條僅作了個別文字修改。

第三百六十四條　宅基地因自然災害等原因滅失的，宅基地使用權消滅。對失去宅基地的村民，應當依法重新分配宅基地。

■ **條文主旨**

本條是關於宅基地滅失後重新分配問題的規定。

■ **條文釋義**

一、重新分配宅基地的客觀原因是自然災害導致宅基地的滅失

雖然從物理屬性上講，土地是不可能消滅的，但是從用途角度上說，自然災害等原因可能使土地不再適用某種用途。例如，由於河流改道，原來的住宅和宅基地有可能完全被淹沒；又如，由於山體滑坡，原來住宅所在的土地不能再建房居住。在發生這類自然災害，原有宅基地不可能再用於建設住宅的情況下，就必須對喪失居住條件的集體的成員提供新的宅基地以維持生計。

二、可以享受重新分配宅基地的權利人應當是因此而喪失宅基地的集體的成員

宅基地使用權是基於集體成員身份享有的一種保障性的權利。作為基本保障，宅基地使用權不應當流轉到集體之外，也不應當無限擴大，變相侵佔集體土地，特別是耕地。因此，因自然災害等原因重新分配宅基地時，應當按照規定的標準分配給仍然屬於本集體且喪失基本居住條件的村民。對於多佔的宅基地的情況，要予以糾正，不應當把失去多佔的宅基地的村民也納入需要重新分配宅基地的村民中。

三、重新分配宅基地應當按照國家有關規定，注意節約利用和保護耕地

根據土地管理法第 62 條和國家的有關規定，宅基地應當符合鄉（鎮）土地利用總體規劃，儘可能利用原有的宅基地和村內空閒地。儘量珍惜每一寸土地，特別是要嚴格限制對耕地的佔用。在重新分配宅基地的情況下，也要按照國家規定的原則，統籌安排，厲行節約，儘可能保證將適宜耕作的土地用於農業生產，嚴格遵守國家關於土地用途管制和耕地保護的

有關規定。

> **第三百六十五條 已經登記的宅基地使用權轉讓或者消滅的，應當及時辦理變更登記或者註銷登記。**

■ 條文主旨

本條是關於宅基地使用權的變更登記和註銷登記的規定。

■ 條文釋義

宅基地使用權涉及國家對土地資源的管理，更是一種重要的用益物權。從長遠發展上看，對宅基地使用權的設立、變更和消滅進行登記，既有利於加強土地管理，又有利於表彰物權的狀態，從而減少爭端。目前，有的地方的宅基地使用權的登記制度不夠完善，有的宅基地使用權還沒有登記。這一現狀儘管還沒有引發大的矛盾和糾紛，然而在宅基地使用權發生變動時有可能帶來風險。本條考慮到我國廣大農村的實際情況以及登記制度的現狀，雖然沒有明確要求所有宅基地使用權一旦發生變更一律登記，但是對於已經登記的宅基地使用權轉讓或者消滅的，則明確規定了應當及時辦理變更或者註銷登記。本條規定既切合了我國物權制度發展的大方向，也有利於從實際出發，未雨綢繆，防患於未然。

目前，關於宅基地使用權變更登記與註銷登記的規定，主要見於《土地登記規則》中。《土地登記規則》第 37 條規定：「有下列情形之一的，土地使用權轉讓雙方當事人應當在轉讓合同或者協議簽訂後三十日內，涉及房產變更的，在房產變更登記發證後十五日內，持轉讓合同或者協議、土地稅費繳納證明文件和原土地證書等申請變更登記：（一）依法轉讓土地使用權的；（二）因買賣、轉讓地上建築物、附着物等一併轉移土地使用權的；房屋所有權變更而使土地使用權變更的，在申請變更登記時，應當提交變更後的房屋所有權證書。」第 39 條規定：「因交換、調整土地而發生土地使用權、所有權變更的，交換、調整土地的各方應當在接到交換、調整協議批准文件後三十日內，持協議、批准文件和原土地證書共同申請變更登記。」第 56 條規定：「因自然災害等造成土地權利滅失的，原土地使用者或者土地所有者應當持原土地證書及有關證明材料，申請土地使用權或者土地所有權註銷登記。」第 58 條規定：「土地使用者、所有者和土地他項權利者未按照本規則規定申請註銷登記的，土地管理部門可以依照規定直接辦理註銷土地登記，註銷土地證書。」

本條對宅基地使用權的取得、行使和轉讓作了與其他法律和國家有關規定的銜接性規定，已經為未來宅基地使用權制度的發展完善留下了空間。本條對宅基地使用權變更登記和註銷登記的規定，將隨着我國的土地使用制度和宅基地使用權制度的發展完善，逐漸發揮其應有作用。

第十四章　居住權

本章規定了居住權制度，共六條。居住權是指居住權人對他人所有住宅的全部或者部分及其附屬設施，享有佔有、使用的權利。本章主要對居住權概念、居住權合同內容、居住權的設立、居住權的限制、居住權的消滅和以遺囑方式設立居住權等作了規定。

> **第三百六十六條　居住權人有權按照合同約定，對他人的住宅享有佔有、使用的用益物權，以滿足生活居住的需要。**

■ **條文主旨**

本條是關於居住權概念的規定。

■ **條文釋義**

居住權是大陸法系傳統的物權形態，是指居住權人對他人住宅的全部或者部分及其附屬設施，享有佔有、使用的權利。

一、居住權制度的起源

居住權制度起源於羅馬法，最早產生於古羅馬的婚姻家庭關係中，作為人役權的一種形式，其產生與當時羅馬社會家庭狀況及概括繼承制有密切聯繫，是社會發展到一定階段的產物。該制度的設立初衷，是解決家庭成員的居住和供養。

二、居住權的含義和法律特徵

本條規定，居住權人有權按照合同約定，對他人的住宅享有佔有、使用的用益物權，以滿足生活居住的需要。根據本條的規定，居住權有以下法律特徵：

（一）居住權是在他人住宅上設立的物權

居住權是在他人所有的住宅上設立的物權。設立居住權是住宅所有權人處分自己財產的一種方式，住宅所有權人根據自己的意思自由在自己所有的住宅的全部或者部分為他人設立居住權。此外，根據本條的規定，居住權只能在他人所有的住宅上設立，其他類型的房屋上不能設立居住權。

（二）居住權是一種用益物權

用益物權是以支配標的物的使用價值為內容的物權。我國的用益物權主要包括土地承包經營權、建設用地使用權、宅基地使用權、居住權和地役權等。根據本法的規定，居住權是一種用益物權，是指居住權人對他人所有的住宅的全部或者部分及其附屬設施享有佔有、使用的權利，以滿足生活居住的需要。特別應注意的是，並非所有居住他人住宅的權利均是本

條規定的居住權。如果當事人之間存在撫養、扶養、贍養、租賃、借用等關係，也同樣可能享有居住他人住宅的權利。但由此而享有的權利不具有物權的排他效力，不是本條所規定的居住權，不能適用本章的規定。

此外，2018年8月，十三屆全國人大常委會五次會議審議的民法典各分編草案第159條第1款規定，居住權人有權按照合同約定，對他人的住宅享有佔有、使用的權利，以滿足生活居住的需要。在立法過程中，有的意見提出，居住權是一種新的用益物權，雖然作為用益物權的一種規定在用益物權部分，但大多數人對居住權不熟悉，居住權與其他居住的權利的區別不明顯。為強調居住權是一種用益物權，2019年4月，十三屆全國人大常委會十次會議審議的民法典物權編草案二次審議稿第159條將「對他人的住宅享有佔有、使用的權利」修改為「對他人的住宅享有佔有、使用的用益物權」。

（三）居住權是為特定自然人設定的

居住權是住宅所有人為特定自然人的利益在自己所有的住宅上設定的權利，法人或其他組織不能享有居住權。享有居住權的主體範圍具有有限性，居住權人以外的人一般不能享有居住權，但有的國家允許居住權人的家庭成員居住，並詳細規定了可以居住的自然人的範圍。

（四）居住權是為特定自然人生活居住的需要而設定的權利

居住權人只能將享有居住權的住宅用於滿足其生活居住的需要，一般情況下，居住權人不能將其享有居住權的住宅出租，但是當事人另有約定的除外。根據本法第369條的規定，居住權不得轉讓、繼承。

（五）居住權人按照合同約定對他人的住宅享有佔有、使用的權利

一般情況下，當事人通過訂立居住權合同並對居住權進行登記後設立居住權。居住權人對他人的住宅享有的佔有、使用的具體權利義務，根據所有權人和居住權人之間訂立的居住權合同確定。居住權人為充分地使用其居住的住宅，對住宅的各種附屬設施亦有使用權。

第三百六十七條　設立居住權，當事人應當採用書面形式訂立居住權合同。

居住權合同一般包括下列條款：

（一）當事人的姓名或者名稱和住所；

（二）住宅的位置；

（三）居住的條件和要求；

（四）居住權期限；

（五）解決爭議的方法。

■ 條文主旨

本條是對居住權合同形式和內容的規定。

■ 條文釋義

一、居住權合同的形式

本條是對通過居住權合同設立居住權的合同形式和內容的規定。根據本條第 1 款的規定，設立居住權，當事人應當採用書面形式訂立居住權合同。住宅所有權人為滿足他人生活居住的需要想在自己所有的住宅上為他人設立居住權的，途徑之一就是通過住宅所有權人與他人訂立居住權合同，再按照訂立的居住權合同向登記機構申請居住權登記。因設立居住權需明確一些具體的權利義務，本條規定，設立居住權的，當事人應當採用書面形式訂立居住權合同。

二、居住權合同的內容

本條第 2 款規定是 2019 年 4 月民法典物權編草案二次審議稿增加規定的內容。2019 年 12 月民法典草案在二次審議稿的基礎上又作了修改完善。根據本條第 2 款的規定，居住權合同一般包括下列條款：

（一）當事人的姓名或者名稱和住所

當事人的姓名或者名稱和住所，是合同中最基本的要件。如果不寫明當事人，合同由誰履行就不明確，當事人的權利和義務更無從談起。居住權合同的當事人一般為住宅的所有權人和居住權人。2019 年 4 月審議的民法典物權編草案二次審議稿本項規定的是「當事人的姓名和住所」，有的意見提出，存在有的老年人以房養老，可能將住宅出售給法人或者非法人組織，購買住宅的法人或者非法人組織在住宅上給老年人設立居住權的情況，建議增加當事人的名稱的規定，2019 年 12 月審議的民法典草案將本項修改為「當事人的姓名或者名稱和住所」。

（二）住宅的位置

居住權合同中應當明確住宅的具體位置，以確定當事人設立居住權的住宅。一般情況下，合同中明確的住宅的位置應與住宅房屋產權證上的位置一致。

（三）居住的條件和要求

居住權合同中可以約定居住的條件和要求，主要包括當事人的權利義務。設立居住權的合同應當儘可能清晰地確定當事人之間的權利義務關係，避免糾紛的發生，或者在發生糾紛時有明確的規則可供遵循。在權利方面，當事人可以協商約定居住權人佔有使用的具體權利，如是否可以與其家屬共同居住，是否可以讓其所僱傭的保姆等為其生活所需的服務、護理人員居住。在義務方面，當事人可以協商約定雙方的義務，如不得改變房屋的結構、用途，保管房屋的義務，承擔房屋的日常負擔及返還房屋等。

（四）居住權期限

民法典物權編草案二次審議稿未規定本項，這是 2019 年 12 月審議的民法典草案增加規定的內容。有的意見提出，為擴大居住權的適用範圍，應該允許當事人對居住權期限進行約定。居住權制度創設初始，為達到保護居住權人的目的，賦予居住權長期性的特點，一般

持續至居住權人終生。為保障當事人設立居住權的意思自由，擴大居住權制度的適用性，根據本法的規定，當事人可以就居住權的存續期限作出約定。當事人可以根據不同情況、不同需求在居住權合同中約定居住權的期限。例如，給未成年人設立居住權的，可以約定居住權期限存續至未成年人成年之時。如果當事人未對居住權期限作出約定，根據本法的規定，居住權人死亡的，居住權消滅。

（五）解決爭議的方法

居住權合同可以就合同履行發生爭議的解決方法作出約定。因履行居住權合同發生爭議的，所有權人和居住權人可以雙方協商解決，協商不成的，提交雙方當事人指定的仲裁委員會仲裁，或者依法向人民法院起訴。

需要注意的是，本條第 2 款所規定的內容並非全部都是居住權合同必須約定的內容。當事人應當對第 1 項「當事人的姓名或者名稱和住所」、第 2 項「住宅的位置」作出明確約定，如果欠缺這兩項內容將導致居住權的主體和客體不明，不可能設立居住權。其他各項均非合同必須約定的內容，如果當事人未作約定，不影響居住權的設立。

第三百六十八條　居住權無償設立，但是當事人另有約定的除外。設立居住權的，應當向登記機構申請居住權登記。居住權自登記時設立。

■ **條文主旨**

本條是關於居住權設立的規定。

■ **條文釋義**

本條是關於居住權設立的規定，本條規定在立法過程中不斷修改完善。2018 年 8 月審議的民法典各分編草案僅規定了一款，即「設立居住權的，應當向登記機構申請居住權登記。居住權自登記時設立」。在徵求意見過程中，有的地方、法學教學研究機構和社會公眾建議進一步完善居住權制度的相關規定，明確居住權是無償設立的用益物權，並對居住權合同的內容進行規範。2019 年 4 月審議的民法典物權編草案二次審議稿將該款單列一條，並在下一條中增加規定「居住權無償設立」。有的意見提出，居住權應以無償設立為原則，但應允許當事人作例外約定。2019 年 12 月審議的民法典草案將「居住權無償設立」移至本條並修改為「居住權無償設立，但是當事人另有約定的除外」。根據本條規定：

一、居住權一般情況下無償設立

居住權制度產生初始，是房屋所有權人為與其有特定人身關係的人設立，無償性是居住權制度的特徵之一。設立居住權一般情況下帶有扶助、友善、幫助的性質。按照本條的規定，居住權無償設立，即居住權人無需向房屋的所有人支付對價。

居住權是用益物權的一種，一般情況下具有無償性，其與房屋租賃存在本質區別。主要表現在：一是保護方式存在區別。居住權是一種支配權，租賃權是一種請求權。居住權為一種獨立的用益物權，具有物權的所有特徵：對世性、絕對性、直接支配性等。租賃法律關係屬於債權，具有相對性，租賃權人只能對抗特定的債務人。儘管房屋租賃權的效力強化後，租賃權人也具有對抗第三人的效力，但與作為物權的居住權對抗效力和對抗範圍存在區別。二是設立方式存在區別。居住權需要經過登記才發生物權的效力，租賃權只需要雙方的合意就發生法律效力，其設立不以登記為條件。三是期限存在區別。租賃權的租期由合同雙方當事人約定，但不得超過 20 年，超過 20 年的部分無效，如果雙方未約定租期，為不定期租賃，對於不定期租賃，任何一方當事人都可以隨時解除合同。居住權的期限具有長期性的特點，除當事人另有約定外，通常至居住權人死亡時居住權消滅。四是取得權利支付的對價存在區別。取得居住權一般是無償的，帶有扶助、友善、幫助的性質。居住權人即便在特殊情況下需要向房屋的所有人支付費用，費用也是很少的。而租賃合同則是一種雙務、有償合同，取得租賃權，以支付租金為條件。

但是，本條規定，居住權無償設立，但是當事人另有約定的除外。根據本條的規定，居住權以無償設立為原則，當事人可以就是否無償設立作出約定。

二、設立居住權的，應當向登記機構申請居住權登記

我國物權制度有「登記生效」與「登記對抗」兩種物權變動模式。對居住權的設立，採用登記生效的物權變動模式。不動產登記簿是確定居住權的根本依據。居住權的設立登記，是指將設立居住權的事實依法記載於不動產登記簿的行為。本條規定，設立居住權的，應當向登記機構申請居住權登記。居住權自登記時設立。根據本條的規定，當事人簽訂居住權合同後，居住權並未設立，當事人需持居住權合同到不動產登記機構申請居住權登記。不動產登記機構將設立居住權的情況登記在不動產登記簿上，居住權自登記時設立。如果僅就住宅的部分設立居住權，應當在居住權合同中予以明確，並在不動產登記簿上予以明確。

第三百六十九條　居住權不得轉讓、繼承。設立居住權的住宅不得出租，但是當事人另有約定的除外。

■ 條文主旨

本條是關於居住權限制的規定。

■ 條文釋義

居住權一般為滿足特定自然人生活居住的需要設立，通常只具有佔有、使用的權能，一般情況下居住權人不得利用房屋進行收益。居住權不得轉讓、繼承，設立居住權的住宅不能

出租是居住權的權利特徵之一。因此，本條規定，居住權不得轉讓、繼承。設立居住權的住宅不得出租，但是當事人另有約定的除外。

一是居住權不得轉讓。居住權人對他人的住宅享有佔有、使用的權利，但只能由居住權人本人享有，居住權人不得將其享有的居住權轉讓。

二是居住權不得繼承。居住權人死亡的，居住權消滅，居住權人的繼承人不能繼承居住權人對住宅享有的居住權。

三是設立居住權的住宅不得出租。居住權是佔有、使用他人住宅的權利，其目的是滿足權利人生活居住的需要。因此，一般情況下，居住權人對設立居住權的住宅不享有收益權。本條規定，設立居住權的住宅不得出租，但是當事人另有約定的除外。一般情形下，居住權人不能將住宅出租給他人以收取租金，但如果當事人根據需要達成協議，也可以將設立居住權的住宅出租。

第三百七十條　居住權期限屆滿或者居住權人死亡的，居住權消滅。居住權消滅的，應當及時辦理註銷登記。

■ 條文主旨

本條是關於居住權消滅的規定。

■ 條文釋義

由於居住權制度設計的目的是保障居住權人的生活居住的需要，其期限一般具有長期性、終生性。本條規定，居住權期限屆滿或者居住權人死亡的，居住權消滅。

根據本條規定，居住權消滅主要包括兩種情形：

一是居住權期限屆滿。當事人可以根據自己的意思自由在居住權合同中約定居住權期限，居住權期限屆滿的，居住權消滅。例如，住宅所有權人給未成年人設立居住權的，可以約定居住權至居住權人成年時消滅，作出如此約定的，居住權人成年時，居住權即消滅。再如，當事人可以約定自合同簽訂之日起 20 年，居住權消滅，作出如此約定的，約定期限屆滿的，居住權消滅。居住權因期限屆滿消滅的，居住權人有返還房屋的義務。

2018 年 8 月的民法典各分編草案和 2019 年 4 月審議的民法典物權編草案二次審議稿未規定「居住權期限屆滿」。物權編草案二次審議後徵求意見過程中，有的常委委員、社會公眾建議對居住權合同的內容、居住權的設立和期間等規定予以進一步完善，以使這一制度在實踐中發揮更大的作用。2019 年 12 月審議的民法典草案在居住權合同條款中增加規定「居住權期間」，同時在本條中增加規定「居住權期間屆滿的，居住權消滅」，當事人可以根據意思自由約定居住權期間。後文文字統一為「居住權期限」。

二是居住權人死亡。當事人可以根據意思自由約定居住權期限，如果沒有約定，居住權一般至居住權人死亡時消滅。

根據本條的規定，居住權消滅的，當事人應當及時到不動產登記機構辦理註銷登記，將登記於不動產登記簿的居住權信息註銷。

第三百七十一條　以遺囑方式設立居住權的，參照適用本章的有關規定。

■ 條文主旨

本條是關於以遺囑方式設立居住權的規定。

■ 條文釋義

一、關於居住權的設立方式

根據本法的規定，設立居住權，有以下幾種方式，不同的設立方式，居住權設立的時間不同。

一是合同。當事人訂立居住權合同是設立居住權最主要的形式。通過訂立居住權合同設立居住權的，必須到登記機構申請居住權登記，居住權自登記時設立。

二是遺囑。住宅所有權人可以以遺囑的方式為他人設立居住權，即住宅所有權人在自己的遺囑裏明確為他人設立居住權。

三是法院判決。除本章規定的以合同和遺囑方式設立居住權外，居住權還可以通過法院判決的形式設立。本法第 229 條規定，因人民法院、仲裁機構的法律文書或者人民政府的徵收決定等，導致物權設立、變更、轉讓或者消滅的，自法律文書或者徵收決定等生效時發生效力。《最高人民法院關於適用〈中華人民共和國婚姻法〉若干問題的解釋（一）》第 27 條第 3 款規定，離婚時，一方以個人財產中的住房對生活困難者進行幫助的形式，可以是房屋的居住權或者房屋的所有權。司法實踐中，如離婚判決時，法官可以依法將居住權判給一些有特殊需要的人，這也是依法律規定設定居住權的一種方式。

二、以遺囑方式設立居住權的，參照適用本章的有關規定

本章第 366 條至 370 條對居住權概念、居住權合同內容、居住權的設立、居住權的限制、居住權的消滅作了規定。當事人以遺囑方式設立居住權的，本章的相關規定如居住權的限制和消滅等都參照適用。

第十五章　地役權

本章共十四條。對地役權的概念、設立地役權的形式及內容、地役權人和供役地權利人的權利義務、地役權的消滅等作出了規定。

> **第三百七十二條　地役權人有權按照合同約定，利用他人的不動產，以提高自己的不動產的效益。**
>
> **前款所稱他人的不動產為供役地，自己的不動產為需役地。**

■ 條文主旨

本條是關於地役權定義的規定。

■ 條文釋義

地役權是傳統民法用益物權中的一項重要權利，是按照合同約定利用他人的不動產，以提高自己不動產效益的權利。例如，甲乙兩工廠相鄰，甲工廠原有東門，甲為了解決本廠職工上下班通行方便，想開一個西門，但必須借用乙工廠的道路通行。於是，甲乙兩工廠約定，甲向乙支付使用費，乙工廠允許甲工廠的員工通行，為此雙方達成書面協議，在乙工廠的土地上設立了通行地役權。此時，乙地稱為供役地，甲地稱為需役地。地役權具有以下特點：

第一，地役權的主體為不動產的權利人。地役權人是為了提高自己不動產的效益而設立地役權。供役地人就是在自己的不動產上設置地役權而便利他人行使不動產權利。因此，二者都是不動產的權利人，既可以是不動產的所有權人，如集體土地所有權人、建築物的所有權人，也可以是不動產的使用權人，如土地承包經營權人、建設用地使用權人、宅基地使用權人。

第二，地役權是按照合同設立的。地役權合同是地役權人和供役地權利人之間達成的以設立地役權為目的和內容的合同。設立地役權，當事人應當採取書面形式訂立地役權合同。根據法律規定，地役權合同一般包括下列條款：（1）當事人的姓名或者名稱和住所；（2）供役地和需役地的位置；（3）利用目的和方法；（4）地役權期限；（5）費用及其支付方式；（6）解決爭議的方法。

第三，地役權是利用他人的不動產。在地役權關係中，需役地和供役地屬於不同的土地所有權人或者土地使用權人。利用他人的不動產來提高自己不動產的效益，是地役權設立

的主要目的。所謂利用他人的不動產並不以實際佔有他人不動產為要件，而是對他人的不動產設置一定的負擔。這種負擔主要表現在：一是容忍義務。如允許他人通行於自己的土地，以使自己行使土地的權利受到某種限制。二是不妨害地役權人行使權利的義務。在某些情況下，地役權人為了使用供役地便利，需要在供役地上修建必要的附屬設施，如為實現排水地役權，而要在供役地建築一個水泵。這時，供役地權利人就不得妨害地役權人行使其權利。

第四，地役權是為了提高自己不動產的效益。地役權的設立，必須是以增加需役地的利用價值和提高其效益為前提。此種「效益」既包括生活上得到的便利，也包括經營上獲得的效益，如為需役地的便利而在供役地上設立的排水、通行、鋪設管線等，也包括非財產的利益，即具有精神上或者感情上的效益，如為需役地上的視野寬廣而設定的眺望地役權等。

第五，地役權具有從屬性。地役權雖然是獨立的一種用益物權，但是與其他用益物權相比，地役權從屬於需役地，其目的是提高需役地的效益，必須與需役地相結合而存在。這種從屬性主要體現在地役權的存續以需役地的存在為前提，與需役地的所有權或者其他物權相伴相隨。本章中的許多相關規定都充分體現了地役權的從屬性，比如一般而言，地役權不得單獨轉讓，土地承包經營權、建設用地使用權等轉讓的，地役權一併轉讓。

第三百七十三條　設立地役權，當事人應當採用書面形式訂立地役權合同。

地役權合同一般包括下列條款：

（一）當事人的姓名或者名稱和住所；

（二）供役地和需役地的位置；

（三）利用目的和方法；

（四）地役權期限；

（五）費用及其支付方式；

（六）解決爭議的方法。

■ 條文主旨

本條是關於地役權合同的規定。

■ 條文釋義

本法總則編第 135 條規定，民事法律行為可以採用書面形式、口頭形式或者其他形式；法律、行政法規規定或者當事人約定採用特定形式的，應當採用特定形式。一般而言，法律對民事法律行為的形式不會有嚴格的要求，但在特殊情形下，會專門作出要求。如《瑞士民法典》第 732 條規定，關於設定地役權的契約，須用書面形式，始生效力。本條第 1 款作了同樣的規定，明確設立地役權，當事人應當採用書面形式訂立地役權合同。因此，根據本

款規定，設立地役權的民事法律行為屬於要式法律行為，必須採用書面方式這一特定形式。考慮到設立地役權事關不動產權利的行使，關係重大，為避免因權利義務內容不明確而生糾紛，法律規定地役權設立應當以合同書的形式。

本條第 2 款對於地役權合同的主要條款作了詳細規定。根據第 2 款的規定，地役權合同一般包括以下條款：

1. 當事人的姓名或者名稱和住所。當事人是合同的主體，如果不寫明當事人，就無法確定權利的享有者和義務的承擔者，發生糾紛也難以解決。按照我國的土地制度，地役權合同的雙方當事人可以是土地所有人、建設用地使用權人、宅基地使用權人和土地承包經營權人等權利人。在訂立地役權合同時，要儘量寫清楚雙方當事人的有關信息。自然人應當寫明自然人的姓名、住址、身份證號碼，法人應當寫明法人的名稱和住所，以及法定代表人的姓名等。當然，關於合同主體，還可以補充更為詳盡的信息，比如雙方的聯繫方式，法人的聯絡人等。

2. 供役地和需役地的位置。標的是合同當事人的權利義務指向的對象，標的是合同成立的必要條件，是所有合同的必備條款。沒有標的，合同不能成立，合同關係無法建立。合同標的物應當明確，地役權合同所指向的標的物都是不動產，即供役地和需役地。簽訂地役權合同，應當標明供役地和需役地的具體位置，包括如地塊名稱、地塊編碼、面積、東南西北四至等內容。地塊位置可以按照不動產權屬證書所記載的內容寫明，在條件具備的情況下，也可以用現代定位技術明確所涉地塊的精確位置，並附上測繪圖紙，這樣就能更準確地表明地役權合同標的物所在。

3. 利用目的和方法。地役權的內容表現為對供役地設定一定的負擔。這種負擔可以是積極的，即地役權人可以在供役地上為一定的行為，如通行、取水、排水、鋪設管線等。這種負擔也可以是消極的，即供役人在供役地上不得為一定的行為，如不得在自己的地塊上蓋建高樓影響需役地的採光、眺望等。地役權合同當事人應當在合同中約定所設立地役權的目的為何。如需役地一方是為了通行目的，則應在合同中明確地役權為通行而設；如需役地是為了排水而需借用領地鋪設管道，則應在合同中明確為排水所設。除在合同中明確設立地役權的目的外，實現此目的的具體方法也應當明確，因為不同的方法對供役地的影響是不同的。比如，為了通行目的而設立的地役權，實現的方法是鋪設行人過道，還是鋪設汽車馬路；如為了鋪設管線設立的地役權，是將管線架立在供役地的空中，還是鋪設在供役地的地下，鋪設在地表還是地下深層。

4. 地役權期限。地役權作為一種他物權，屬於有期限物權。因此，有必要明確地役權的存續期限，即利用供役地的具體起止時間。地役權的期限是地役權存續的依據，應有明確的約定。在地役權合同中，應當將地役權期限儘量明確，如從某年某月某日至某年某月某日。當然這種期限也可以是不確定的，比如為通行目的設立的地役權，雙方約定地役權至需役地上所建大廈竣工之日；如為鋪設管線設立的地役權，可以約定地役權期限至管線報廢之日。地役權合同如果沒有約定或者約定不明確的，地役權人可以隨時終止合同。

5. 費用及其支付方式。地役權設立可以是有償的，也可以是無償的，均由雙方當事人約

定。對於有償設立的地役權，地役權人與供役地權利人在合同中，應當明確約定費用及其支付方式。具體而言，應當約定地役權的費用金額、幣種，是分期支付還是一次性支付；分期支付的話，應當明確各期費用金額，支付的具體時間或者期限。支付方式是以現金支付，還是通過銀行轉賬支付，還是通過支票或者其他方式支付。通過轉賬支付的，還應當明確收款方的賬戶名稱、賬號。代收費用的，還應當明確代收人的名稱或者姓名、賬戶等內容。

　　6. 解決爭議的方法。解決爭議的方法指合同爭議的解決途徑和方式。雙方當事人可以通過和解、調解、仲裁、訴訟等途徑解決爭議。在簽訂地役權合同時，當事人雙方應當選擇一種雙方都接受的爭議解決方法。需要注意的是，根據我國相關法律規定，仲裁和訴訟只能選擇其中的一種方式，不能同時選擇。如果當事人選擇仲裁方式，應當明確所選擇的仲裁機構，並按照仲裁機構的要求擬定仲裁條款。如果選擇訴訟方式，應當明確管轄法院。

　　當事人簽訂合同的目的，是以在特定需役地和供役地上設立具體內容的地役權。因此，合同的條款是否齊備、準確，決定了合同能否順利地履行、實現訂立合同的目的。這裏規定的地役權內容，只是一般地役權合同應當包括的條款，但不限於這些內容，並不是說合同中缺了其中任何一項就會導致合同不成立或者無效。有關合同主要條款的規定只起到提示性與示範性的作用。

　　地役權是由雙方當事人通過約定設立的。對於地役權的內容法律不作嚴格限制，只要雙方約定的內容不違反法律的強制性規定，就尊重當事人的約定。但地役權也是受限制的，如果地役權人濫用自己的權利，那麼，供役地權利人有權解除地役權。對此，物權編還規定，地役權人違反法律規定或者合同約定，濫用地役權的，以及有償利用供役地，約定的付款期限屆滿後在合理期限內經兩次催告未支付費用的，供役地權利人都有權解除地役權合同，地役權消滅。

> **第三百七十四條**　地役權自地役權合同生效時設立。當事人要求登記的，可以向登記機構申請地役權登記；未經登記，不得對抗善意第三人。

■ 條文主旨

　　本條是關於地役權的設立與登記的規定。

■ 條文釋義

一、地役權的設立

　　根據上條規定，設立地役權必須簽訂書面地役權合同。根據本條規定，地役權自地役權合同生效時設立。要判斷地役權何時設立，必須知道地役權合同合何時生效。

　　本法總則編第 136 條第 1 款規定，民事法律行為自成立時生效，但是法律另有規定或

者當事人另有約定的除外。合同編第 490 條第 1 款規定，當事人採用合同書形式訂立合同的，自當事人均簽名、蓋章或者按指印時合同成立。在簽名、蓋章或者按指印之前，當事人一方已經履行主要義務，對方接受時，該合同成立。第 502 條第 1 款規定，依法成立的合同，自成立時生效，但是法律另有規定或者當事人另有約定的除外。

　　根據上述規定，一般而言，地役權合同的成立以雙方當事人均簽名、蓋章或者按指印之時為準，如果一方先簽名另一方後簽名的，應以後簽名的時間為成立之時。通常而言，合同成立之時即為生效之時。但是合同成立後要生效，還得具備合同生效的要件，且應排除合同無效事由的存在。因此，一般而言，地役權合同成立之時就生效，地役權即告設立。當然，當事人可以在地役權合同中附生效條件或者附生效期限。比如雙方約定，地役權合同自需役地一方當事人支付價款後方生效。在當事人有約定生效時間或者生效條件時，只有到了約定的時間或者滿足了生效的條件時，地役權合同方能生效。這就是本條規定的當事人另有約定的情形。

二、地役權的登記

　　關於地役權登記的效力，立法過程中對於是否必須登記，有不同意見。一種意見認為，地役權應當登記，如果該權利不通過登記予以公示，必然會損害第三人的利益。例如，地役權人和供役地權利人達成協議設立了地役權，這實際上是在供役地上設立了負擔，供役地的價值將因此而減少。如果供役地權利人將其土地的使用權轉讓給第三人，第三人在受讓該土地時，不知道該土地上已設立了地役權，仍然以沒有負擔的土地的價值購買，必然會蒙受損失。另一種意見認為，應將地役權登記生效作為基本原則，登記對抗作為例外。

　　一般而言，不動產物權以登記為要件。考慮到我國的實際情況，隨着我國人口的增長和工業化的發展，土地資源越來越缺乏，為了解決土地資源的有限性與人類日益增長的需要之間的矛盾，需要通過確認土地之上的各種物權實現土地的高效率利用。在我國農村，地役權 80%~90% 都是不登記的。為了方便群眾，減少成本，物權法對地役權實行登記對抗主義。

　　所謂登記對抗主義，主要指不登記不得對抗不知道也不應知道土地設有地役權，而受讓了該土地使用權的第三人。例如，甲房地產開發公司從他人手中取得位於市中心廣場附近一塊土地使用權，以「觀景」為理念設計並建造了高層觀景商品住宅樓。該地前邊有一所學校乙，為了防止乙今後建造高樓擋住自己的觀景視野，甲以每年向乙支付 10 萬元補償費為對價，與乙約定：乙在 30 年內不得在校址興建高層建築。合同簽訂後，雙方沒有辦理地役權登記。一年後學校乙遷址，將房屋全部轉讓給房地產商丙，但乙未向丙提及自己與甲之間的約定。丙購得該學校後就建起了高層住宅。甲要求丙立即停止興建，遭到丙的拒絕後，甲便向法院提起訴訟。按照本條的規定，法院不能支持甲的主張，因為本案中甲乙雙方雖然訂立了地役權合同，但沒有登記，乙轉讓土地又沒有告知丙該土地上設有地役權，因此，丙的合法權益應受保護，甲房地產開發公司只能基於合同，要求學校乙承擔違約責任，而無權要求丙房地產商停止興建高樓和承擔責任。因此，為了更好地維護自己的地役權，地役權最好進行登記。

　　需要注意的是，地役權不登記，並非意味着地役權就不能對抗第三人，未登記的地役

權，僅僅是不得對抗善意第三人。地役權屬於用益物權，與債權不同（債權為相對權，不具有排他性），物權為絕對權。因此，地役權一經設立即具有對世效力。雖然地役權未經登記，但作為物權，仍可以對抗侵權行為人，如果他人非法侵害當事人的地役權，未登記的地役權人仍可以請求排除妨礙、賠償損失。此外，未登記的地役權還可以對抗惡意第三人，所謂惡意第三人包括以不公正手段獲得地役權登記的人，或者明知該地役權已經存在的第三人。

第三百七十五條　供役地權利人應當按照合同約定，允許地役權人利用其不動產，不得妨害地役權人行使權利。

■ 條文主旨

本條是關於供役地權利人義務的規定。

■ 條文釋義

地役權作為一種用益物權，是地役權人對他人物權所享有的一種權利。要實現地役權的用益目的，提高需役地的效用，就會對供役地形成某種限制。這也就是供役地權利人的核心義務。地役權並非法定物權，法律並沒有強制規定其權利的具體內容。因此，地役權的具體內容需要借助當事人之間所簽訂的地役權合同確定。第373條第2款第3項規定，地役權合同應當包括利用目的和方法的條款。此項內容為地役權合同的核心條款，雙方當事人應該按照合同約定各自的義務，行使各自的權利。本條規定的就是供役地權利人的兩方面的主要義務。

一、允許地役權人利用其土地

供役地權利人承擔的首要義務就是允許地役權人利用其土地。在地役權人利用供役地時，多多少少會給供役地權利人帶來不便。對於供役地權利人來說，必須按照合同的約定，向地役權人提供所涉土地，並要容忍供役地上的負擔。在供役地上設定的負擔可能有不同的類型：（1）允許他人利用自己土地。比如允許地役權人在自己的土地上挖溝排水，或者鋪設管線，或者鋪路等。（2）對自己行使土地的權利進行某種限制。比如甲乙雙方設立地役權，需役地權利人乙需在甲所有的土地上架設高壓電線，雙方約定甲不得在供役地上種植樹木，僅能種植水稻等低矮糧食作物。地役權設立後，甲必須按照合同約定，限制自己所有權的行使方式，不能隨意種植作物。（3）放棄部分使用自己土地的權利。比如設定通行的地役權，地役權人在供役地上鋪設道路通行，供役地權利人就需要放棄利用該部分土地的權利。（4）容忍對供役地造成某種程度上的損害。只要地役權人按照合同約定的目的和方法行使地役權，即便在一定程度上對供役地造成損害，供役地權利人也得允許。

二、不得妨害地役權人行使權利

供役地權利人一方面得容忍地役權人使用其土地，另一方面，在地役權人利用其土地

時，也不得妨害。妨害地役權人行使地役權有不同的表現形式。可能是妨害地役權人行使主要權利，如供役地權利人甲與需役地權利人乙為了排水目的設立地役權，雙方簽訂地役權合同後，為了實現此目的，乙必須在甲的土地上鋪設水管，而甲卻阻止乙鋪設水管，此時甲就侵害了乙的地役權。妨礙地役權也可能是妨礙附屬性的權利。地役權人為利用供役地，實現地役權的內容，在權利行使的必要範圍內，有權在供役地上修建必要的附屬設施或者從事某項必要的附屬行為。這時，供役地權利人就不得妨害地役權人行使這些權利。這種妨礙可能是以積極作為的方式進行，也可能是以消極不作為的方式進行。比如，供役地權利人甲與需役地權利人乙就採光便利設定地役權，如果甲放任供役地上的林木自由生長，勢必將影響地役權人的採光權。為了實現地役權，甲有義務對林木生長予以控制。

合同編第 509 條第 1 款規定，當事人應當按照約定全面履行自己的義務。因此，除上述義務外，供役地權利人還應當按照約定全面履行自己的其他合同義務。比如甲乙雙方設定地役權，約定需役地權利人乙可以在甲所有的土地上架設輸電線路，同時約定甲應當每半年定期修葺供役地上的林木雜草，確保輸電線路安全。此時，甲就應當按照合同約定履行保障輸電線路安全的義務。此外，該條第 2 款規定，當事人應當遵循誠信原則，根據合同的性質、目的和交易習慣履行通知、協助、保密等義務。故當事人之間除應約定合同的主要義務之外，還應當履行相關的附隨義務。

對於合同特別是有償合同的當事人而言，一方的權利往往是另一方的義務，一方的義務也就是另一方的權利，權利義務都是對等的。因此，對供役地權利人的諸多約束行為，都是事先在合同中作了約定的。供役地權利人在負有容忍或者不作為義務的同時，也獲得了一定的補償。供役地權利人之所以允許地役權人利用自己的土地，在很大程度上也是為了獲取一定的費用。

還需要說明的是，如果供役地權利人未按照合同約定履行自己的義務，妨害地役權人行使地役權。此時地役權人應當如何主張自己的權利呢？總則編第 186 條規定，因當事人一方的違約行為，損害對方人身權益、財產權益的，受害方有權選擇請求其承擔違約責任或者侵權責任。因此，在供役地權利人違反合同約定，阻撓、妨害地役權人行使地役權時，其行為形成違約責任與侵權責任的競合，地役權人既可以選擇根據合同請求供役地權利人承擔違約責任，作為用益物權人也可以選擇要求對方承擔侵害地役權侵權責任。

第三百七十六條　地役權人應當按照合同約定的利用目的和方法利用供役地，盡量減少對供役地權利人物權的限制。

■ 條文主旨

本條是關於地役權人權利義務的規定。

■ 條文釋義

地役權這一用益物權，與其他用益物權有很大的不同，其他用益物權的權利內容大多由法律明確規定，物權權利人能做什麼，其他人不能做什麼，都很明確具體。而地役權則不同，地役權的核心內容都是由地役權合同設定，地役權的具體內容、地役權的行使目的和方法都是由雙方當事人約定。地役權人作為用益物權的權利人，同時又是地役權合同的當事人，其行使地役權既要按照法律規定行使，同時也得按照合同約定行使權利，履行約定的義務。

本條概括規定了地役權人行使地役權的權利和義務。

一、按照合同約定的利用目的和方法利用供役地

地役權人的主要權利就是利用供役地，以提高自己土地的效益。地役權人利用供役地的目的和方法都必須按照合同約定。一般而言，地役權的利用目的和方法有以下幾類：

1. 通行目的。需役地交通不便，需要借助供役地提供交通便利，方能實現需役地的經濟價值。當事人雙方就通行目的設立地役權。至於通行的具體方法，則需要由合同具體約定：可以是行人通行，即開設便道由人員通過；或者車輛通行，可以是鋪設簡易馬路由小客車通行，也可以是鋪設硬化道路由大貨車通行；或者是火車通行，即需要鋪設軌道供火車通過。當事人在訂立地役權合同時約定明確，地役權人在行使地役權時，就應當根據合同所約定的方法通行。

2. 通過目的。需役地因利用之需，必須從遠處輸入電力、燃氣等能源或者有線電視信號、網絡數據等，需要利用供役地實現鋪設管線的目的。比如乙開設工廠，需要以天然氣為動力能源，因而需要從天然氣公司輸入，需要借助甲的土地埋設輸氣管道，雙方即可就天然氣通過的目的設立地役權。通過的方法也是由雙方合同約定，可以是從空中地表安置管道，可以是從地下鋪設管線，也可以是在空中架設管網。地役權人必須嚴格按照合同約定行使地役權，雙方約定的實現方法為在空中架設管網，地役權人則不能在地表安置管線；雙方約定的實現方法為在地下鋪設涵管，地役權人就不能在空中架設管線。

3. 排水目的。需役地因生產或者生活排水的目的，得借助供役地挖設溝渠或者鋪設管道，確保所排出的水流安全通過。實現排水目的的方法也有多種多樣，比如可以埋設排水管道，可以開挖排水溝，可以加設水泵管道，可以修建涵洞等。

4. 通風目的。需役地權利人要求供役地權利人在一定範圍，不得修建建築物或其他障礙物，以實現需役地權利人的土地或建築物順暢通風的目的。實現通風的目的，當事人可以約定不同的方法，比如約定供役地不蓋高樓，供役地不種植超高樹木，或者供役地必須保持現狀等。

5. 採光目的。需役地權利人為了確保自己土地光照充足，要求供役地人限制供役地的利用。實現採光的目的，可以有不同的方法，比如要求供役地權利人在一定範圍內不得修建建築物或其他障礙物，供役地上修建建築物應當使用透明材料，供役地上不得修建超過多高的

建築物等。

6.取水目的。需役地權利人為了生活或者生產之需，必須在供役地上的水源取水。取水的方法，可以是地役權人在需要時，每次到供役地的水源汲取；也可以是地役權人通過渠道、水管引水。雙方當事人還應當在合同中明確約定取水的時間和取水量、取水順序等事項。地役權人在實現現取水目的時，必須按照合同約定的方法、數量和順序取水。

7.眺望目的。需役地權利人為了保持自己所有土地的開闊視野，要求供役地權利人不得在一定範圍內修建建築物或其他障礙物。實現此目的，當事人也可以在合同中約定不同的方法，比如維持現狀，不種植高大喬木等。

地役權人在行使地役權的時候，必須按照合同約定的目的和方法行使，不得超越合同約定的範圍。比如，雙方僅約定需役地權利人可以在供役地上鋪設管線，並未約定通行目的。此時，地役權人則不得通行。當然，地役權人除行使合同約定的主要權利外，還可以實施必要的附隨行為。比如對於通過目的的地役權，供役地權利人應當允許地役權人為了鋪設管線需要，臨時佔用供役地通行、架設管線。

二、儘量減少對供役地權利人物權的限制

地役權的實現，是供役地權利人為了需役地的便利而承受的負擔。因此，地役權人按照合同約定的利用目的和方法利用供役地時，應當採取對供役地損害最小的方法為之，在利用供役地的同時，不要過分損害其利益。在某些情況下，為了實現地役權設定的目的，地役權人在供役地上需要修築一些必要的附屬設施，比如為了取水權的實現，在供役地上修建水泵；或者為了通行權的實現，在供役地上設置路燈而修築電線杆等。地役權人從事這些行為必須是必要的、不得已的，不修建附屬設施，地役權就不能有效實現。儘管必要，但也要求地役權人要採取適當的方法，儘量選擇對供役地損害最少的方法行之，儘可能減少對供役地權利人物權的限制。

地役權人在行使地役權的同時，還應當履行合同約定的其他義務，比如交納使用費用等。此外，地役權人還應當履行其他相關義務，比如架設燃氣管道、高壓電線等設施後，地役權人應當確保所架設管道、電線安全，並履行維護、維修義務，確保不危及供役地權利人和第三人的安全。

第三百七十七條　地役權期限由當事人約定；但是，不得超過土地承包經營權、建設用地使用權等用益物權的剩餘期限。

■ 條文主旨

本條是關於地役權期限的規定。

■ 條文釋義

地役權作為用益物權，屬於他物權的一種。他物權與所有權的一個區別就是，所有權屬於永久物權，他物權一般而言都屬於有期限物權。地役權也是如此，地役權屬於有期限的他物權。

一、約定期限

本條首先規定，地役權期限由當事人約定。因此，雙方當事人應當在簽訂地役權合同時協商確定地役權的期限。物權編第 373 條第 2 款第 4 項也明確規定，地役權合同一般包括地役權期限條款。當事人協商確定的地役權期限，應當寫入書面合同中。根據本條規定，當事人只要協商一致，即可以設定地役權的期限。如甲乙兩村相鄰，乙村為在本村集體土地上開辦企業，需要借用甲村集體所有之土地架設高壓電線，雙方就高壓線通過目的設立地役權，並在地役權合同中約定，地役權自某年某月某日開始，至乙村企業停辦之日為止。此約定並不違反法律的相關規定，應為有效。

在地役權合同中，當事人應當儘量將地役權期限條款寫得明確具體。當事人因結合地役權設立的具體需要，視情況作出規定：（1）對於為一次性、臨時性目的設立的地役權，當事人應當儘量明確地役權行使的具體日期、時間點或者時間段。比如甲乙雙方為了臨時通行目的設立的地役權，應明確需役地權利人乙於何年何月何日幾時將從甲的供役地上通過；（2）對於長期性的地役權，當事人則應當寫明地役權行使的期限，從何時開始到何時終止；（3）對於附解除條件的地役權，所附條件不僅要合法有效，還須具體明確；（4）對於附終止期限的地役權，也應明確約定所附期限，否則將徒增糾紛。當然，當事人在合同中對地役權的期限沒有約定或者約定不明確的，可以事後作出補充協議。

二、地役權期限的限制

本條同時規定，地役權期限不得超過土地承包經營權、建設用地使用權等用益物權的剩餘期限。這是對涉及特殊類型用益物權的地役權期限作出的特別規定。用益物權屬於他物權，屬於有期限物權。地役權具有從屬性，地役權必須依附於所涉不動產權利。比如供役地屬於用益物權，所設定的地役權不能脫離該用益物權，供役地的用益物權消滅的，在其上所設的地役權自然消滅。同樣，如果需役地權利人對土地所享有的並非所有權，那麼需役地權利人所享有的權利到期終止後，為該權利所設立的地役權也就失去意義，固然應當終止。

根據我國憲法，我國的土地要麼屬於國家所有，要麼屬於集體所有。對於一般民事主體而言，只能獲得土地使用權。集體經濟組織的農戶可以通過承包集體土地獲得土地承包經營權，對於城鎮居民而言，可以通過出讓獲得國有土地使用權。而這兩種用益物權都是有期限的。因此，在有期限的用益物權上設定的地役權期限都是受到限制的。

實踐中，可能發生需役地的土地使用權與供役地的土地使用權期限不一致的情況，比如供役地的土地使用權的剩餘年限為 20 年，而需役地的土地使用權有 30 年，此種情況下地役權的期限最長為 20 年。又比如，甲公司通過出讓方式獲得了某住宅用地地塊的國有土地使用權，根據規定，其所享有的國有土地使用權為 70 年。該地塊與郊區乙村集體土地相鄰。

甲公司基於開發房地產所需，需要通過乙村集體所有土地埋設燃氣管道。此時，甲公司與乙村簽訂地役權合同，由乙村為甲公司鋪設燃氣管道提供供役地。因乙村的集體土地所有權屬於無期限物權，而甲公司享有的國有土地使用權為有期限物權，此時，地役權的期限不得超過甲公司對該國有土地使用權的剩餘期限。

> **第三百七十八條**　土地所有權人享有地役權或者負擔地役權的，設立土地承包經營權、宅基地使用權等用益物權時，該用益物權人繼續享有或者負擔已經設立的地役權。

■ 條文主旨

本條是關於在享有和負擔地役權的土地上設立承包經營權、宅基地使用權的規定。

■ 條文釋義

根據我國憲法和有關法律規定，我國農村的土地屬於農民集體所有。在農村，由於實行農村土地承包經營制度和宅基地制度，從集體所有的農業用地上可以派生出土地承包經營權這一用益物權，從集體所有的建設用地上可以派生出宅基地使用權這一用益物權。因此，由於集體所有的土地可能會依法提供給集體成員使用，此時，對涉及集體所有土地的地役權如何處理，需要立法予以明確。本條針對這種情況專門作出了規定，土地所有權人享有地役權或者負擔地役權的，設立土地承包經營權、宅基地使用權等用益物權時，該用益物權人繼續享有或者負擔已設立的地役權。

一、集體所有土地為需役地

土地所有人享有地役權，就是該土地作為需役地，在他人土地上設立了地役權。如 A 地塊和 B 地塊分別屬於甲乙兩村集體所有，且兩地相鄰，均為農業用地，因地理位置的不同，A 地缺水乾涸，B 地上有一片湖澤。甲村為了給本村 A 地進行澆灌，與乙村在 B 地上設立期限為 20 年的取水地役權，兩村簽訂書面合同並進行了登記，約定在 B 地上挖較寬的河道引水，並每年支付一定的費用。10 年後甲村將 A 地塊承包給了村民丙，丙獲得 A 地塊的土地承包經營權。根據本條規定，設立土地承包經營權等用益物權時，該用益物權人可以繼續享有地役權。丙作為 A 地塊的用益物權人，可以繼續享有地役權，丙仍可以從 B 地塊取水。如果丙的土地承包經營權期限為 30 年。根據甲村與乙村所簽訂的地役權合同，地役權期限為 20 年。丙承包 A 地塊時已過 10 年，因此，丙只能再繼續享有剩餘 10 年的地役權。再過 10 年，如果丙想繼續設立地役權，則需與乙村再行簽訂地役權合同。

集體所有的建設用地可以設立宅基地使用權。根據本條規定，集體所有的土地享有地役權。如果在該集體土地上設立宅基地使用權，宅基地使用權人作為用益物權人，也可以繼續

享有該地役權。如甲村地塊 A，交通不便，為通行目的，與乙村簽訂地役權合同，在乙村集體所有的 B 地塊鋪路通行，期限為 60 年。後甲村村民丙依法取得 A 地塊的宅基地使用權，丙欲在 A 地塊上蓋房。丙是否可以經過 B 地塊往 A 宅基地上運輸建築材料呢？根據本條規定，是可以的。因為丙作為宅基地使用權人，可以繼續享有在集體土地上享有的地役權。

二、集體所有土地為供役地

集體所有土地為供役地，就是在集體所有土地上添加了地役權負擔。土地所有人負擔地役權的，設立用益物權時，用益物權人需要繼續負擔已設立的地役權。

集體所有的農業用地在設立土地承包經營權時，已設立的地役權需要由土地承包經營人繼續負擔。集體所有的建設用地在設立宅基地使用權時，已設立的地役權需要由宅基地使用權人繼續負擔。如甲村所有的 A 地塊農業用地和乙村所有的 B 地塊建設用地相鄰，因 A 地缺水，需要從 B 地塊鋪設水管，故甲村與乙村簽訂地役權合同，約定在 B 地塊上設立地役權，供甲村取水之用。同時，因信息化建設需要，乙村需要在 A 地塊上架設光纜，故乙村與甲村簽訂了地役權合同，約定乙村享有地役權，可以在 A 地塊上架設通訊光纜。後甲村村民丙承包了 A 地塊，取得了土地承包經營權。乙村村民丁經審批獲得了 B 地塊上的宅基地使用權。根據本條規定，丙和丁需要繼續負擔已經設立的地役權，即丙仍應允許乙村在其所承包的農業用地上架設光纜，而丁則仍應繼續允許甲村在 B 地塊上鋪設取水管道。

第三百七十九條　土地上已經設立土地承包經營權、建設用地使用權、宅基地使用權等用益物權的，未經用益物權人同意，土地所有權人不得設立地役權。

■ **條文主旨**

本條是關於在已設立用益物權的土地上，土地所有權人設立地役權的規定。

■ **條文釋義**

用益物權是一種他物權，用益物權人對他人所有的不動產或者動產，依照法律享有佔有、使用和收益的權利。用益物權是一種獨立的物權，用益物權一旦設立，用益物權人便獨立地對標的物享有佔有、使用和收益的權利。用益物權人不僅對所用益的標的物享有支配的權利，而且可以排除包括土地所有權人在內的一切人的干涉，這是用益物權的本質特徵之一。根據物權編的規定，用益物權包括土地承包經營權、建設用地使用權、宅基地使用權等。

本條規定，土地上已設立土地承包經營權、建設用地使用權、宅基地使用權等用益物權的，未經用益物權人同意，土地所有權人不得設立地役權。根據本條規定，用益物權具有一定的優先效力，這種效力還可以對抗所有權人的所有權。第一，用益物權設立在先。土地所有人此前已經為他人設立了用益物權。比如國有建設用地已經出讓給他人，或者集體所

有的農業用地已經發包給村民，或者集體所有的建設用地已經劃定給村民作為宅基地使用。此時，他人在先取得用益物權。用益物權人對所涉土地即享有佔有、使用、收益的權利。這種佔有是排他性的佔有，包括排除所有權人。第二，未經在先用益物權人同意，所有權人不得設立地役權。根據本條規定，如果用益物權在先設立，土地所有權人應當尊重用益物權人的權利。如果所有權人想以所涉地塊為供役地為他人設立地役權，必須徵得用益物權人的同意。不論所有人想設立哪種地役權，這種地役權對在先用益物權影響或大或小，都必須取得用益物權人的同意。所有權人不能因為所設立的用益物權影響不大，而不徵得用益物權人的同意。比如在農田上架設通信光纜的通過權，雖然對承包者的農業生產不會造成太大的影響，仍應獲得該承包地的土地承包經營權人的同意方可設立。

> **第三百八十條** 地役權不得單獨轉讓。土地承包經營權、建設用地使用權等轉讓的，地役權一併轉讓，但是合同另有約定的除外。

■ 條文主旨

本條是關於地役權不得與需役地分離而單獨轉讓的規定。

■ 條文釋義

用益物權為獨立物權。用益物權一旦設立，用益物權人便獨立地享有對標的物的使用權、收益權，亦即該權利是獨立存在的，依當事人之間設立用益物權的行為或者法律的直接規定而發生。用益物權是一種主權利，而不是從屬於其他物權的權利。因此，作為用益物權的土地承包經營權、建設用地使用權都是一種獨立的權利，不從屬於其他權利。而地役權作為一種為了需役地的便利而產生的用益物權，與需役地的關係極為密切，由此發生了主從權利的關係，即地役權從屬於需役地的使用權。地役權不能與需役地分離而單獨轉讓，它必須隨着需役地的使用權轉移而一同轉移。當需役地的使用權發生轉讓時，地役權也應當隨之發生轉讓。

一、地役權不得單獨轉讓

由於地役權的成立必須有需役地與供役地同時存在，因此在法律屬性上地役權與其他物權不同。地役權雖然是一種獨立的用益物權，但它仍然應當與需役地的所有權或者使用權共命運，必須與需役地所有權或者使用權一同移轉，不得與需役地分離而單獨讓與，這就是地役權的從屬性，主要表現在三種情形：

第一，地役權人不得自己保留需役地的所有權或者用益物權，單獨將地役權轉讓。如需役地權利人甲與供役地權利人乙為通行目的簽訂地役權合同，約定甲可以經乙所有土地的通行。丙係甲鄰居，丙也想借乙所有的地塊通行，遂與甲商量，由甲將甲對乙享有的地役權轉

讓給丙。乙是否可以拒絕丙通行？根據本條規定，地役權不得單獨轉讓。因此，乙有權拒絕丙的通行。

第二，地役權人不得自己保留地役權，而單獨將需役地的使用權轉讓。甲享有 A、B 兩個地塊的土地承包經營權。由於 B 地塊為旱地，遂與乙簽訂地役權合同，約定甲可以從乙的 C 地塊上取水灌溉供 B 地塊使用。後甲將 B 地塊的土地承包經營權轉讓給同村村民丙。甲的 A 地塊因地理環境發生變化也需取水灌溉，此時甲是否可以從 C 地取水呢？由於地役權從屬性，甲不能單獨轉讓 B 地塊的土地承包經營權，保留對 C 地塊的地役權。故甲不得基於此前因 B 地塊享有的地役權而從 C 地取水。

第三，地役權人也不得將需役地的使用權與地役權分別讓與不同的人。這也是地役權從屬性的表現之一。如同村村民甲乙丙分別享有 A、B、C 三地塊的土地承包經營權。由於 B 地塊交通不便，故乙與甲協商，在 A 地塊上設立以通行為目的的地役權，乙可以從 A 地通過。後乙將 B 地的土地承包經營權轉讓給甲。因 C 地交通亦變得不便，故丙與乙商量，將乙對 A 地享有的地役權轉讓給自己，因乙不再承包經營 B 地塊，乙遂同意，雙方簽訂地役權轉讓合同。此時，丙是否可以經 A 地通行呢？根據本條規定，因乙將其土地承包經營權及所設地役權分別轉讓給不同的主體，這種轉讓是不允許的。因此，並不能取得該地役權。

二、地役權隨需役地上的權利一併轉讓

本條規定，土地承包經營權、建設用地使用權等轉讓的，地役權一併轉讓，但是合同另有約定的除外。首先，當設立了地役權的土地承包經營權、建設用地使用權轉讓時，以該等土地承包經營權、建設用地使用權的土地為需役地的地役權須一併轉讓。比如，甲對 A 地塊享有土地承包經營權，甲與乙簽訂地役權合同，約定甲可以在乙的 B 地塊上架設水管。後甲將 A 地塊的土地承包經營權轉讓給丙，此時甲對 B 地塊享有的地役權一併轉讓給丙，故丙也可以繼續在 B 地塊上架設水管。

其次，當事人在合同中有不同約定的，地役權並不必然一併轉讓。如果當事人在設立地役權合同時，明確約定地役權僅為特定權利主體設立，如果需役地的所有權或者使用權轉移時，地役權消滅。法律尊重當事人的意思自治。此時，如果需役地的所有權或者使用權轉移，並不會導致地役權的轉移。

第三百八十一條　地役權不得單獨抵押。土地經營權、建設用地使用權等抵押的，在實現抵押權時，地役權一併轉讓。

■ 條文主旨

本條是關於地役權不得單獨抵押的規定。

■ 條文釋義

地役權是一種財產權利，但與其他財產權不同的是，地役權不得與土地承包經營權、建設用地使用權等用益物權分離單獨存在。地役權是為了提高土地利用的便利設立的，脫離建設用地使用權、土地承包經營權等用益物權，地役權也就失去了存在的意義。對於受讓地役權的主體來說，沒有取得土地承包經營權和建設用地使用權，地役權也就無從發揮作用。地役權作為土地使用權的物上權利或者物上負擔，與土地使用權緊緊聯繫在一起，因此應一併轉讓，否則受讓的土地價值就會降低或者喪失。

一、地役權不得單獨抵押

地役權具有從屬性，是為了提升需役地的使用價值而設定的，脫離需役地，地役權一般情況下無獨立價值，地役權單獨抵押沒有現實意義。本條規定，地役權不得單獨抵押。在特殊情形下，有些地役權對於特定當事人而言有一定的經濟價值。比如甲乙丙三公司分別享有國有土地使用權的 A、B、C 三地塊毗鄰。B 地塊交通方便，A、C 兩地塊的交通受限。甲公司與乙公司商量，就經 B 地塊通行設立地役權。此地役權對於交通不便的丙公司即具經濟效用。如甲公司因向丙公司融資欲以該地役權抵押，丙公司願意接受地役權抵押作為擔保，甲公司是否可以將該地役權抵押給丙公司呢？根據本條規定，是不允許的。

需要注意的是，本條與物權法相比，僅將物權法中「土地承包經營權」修改為「土地經營權」。作此修改主要是與農村土地承包法相銜接。農村土地承包法第 47 條第 1 款規定，承包方可以用承包地的土地經營權向金融機構融資擔保，並向發包方備案。受讓方通過流轉取得的土地經營權，經承包方書面同意並向發包方備案，可以向金融機構融資擔保。根據此規定，能夠提供擔保的僅限於土地經營權，土地承包經營權不再能夠用於擔保。土地經營權融資擔保包括兩種情況：一種是承包方利用其所承包的承包地的土地經營權向金融機構融資擔保；另一種是承包方將承包地的土地經營權流轉後，土地經營權人利用土地經營權向金融機構融資擔保。

二、抵押權實現時地役權一併轉讓

本條還規定，土地經營權、建設用地使用權等抵押的，在實現抵押權時，地役權一併轉讓。可以從兩個方面來理解此規定：第一，需役地的相關權利抵押時，不需單獨再就地役權設定抵押權。如對 A 地塊享有國有土地使用權的甲公司與乙公司簽訂了地役權合同，約定甲公司可以在乙公司享有國有土地使用權的 B 地塊上鋪設燃氣管道。甲公司因為融資需要將 A 地塊的國有土地使用權抵押給丙銀行，故甲公司與丙銀行簽訂國有土地使用權抵押合同。雙方在抵押合同中無需就甲公司對 B 地塊享有的地役權作出特別約定。第二，抵押權實現時，地役權一併轉讓。上述案例中，如果甲公司到期未能償還丙銀行的債務，需要處置其抵押的 A 地塊的國有土地使用權。丙銀行遂申請法院拍賣 A 地塊的國有土地使用權，丁公司取得了該地塊的國有土地使用權。此時，根據本條的規定，甲公司對 B 地塊享有的地役權應當一併轉讓給丁公司。

> **第三百八十二條　需役地以及需役地上的土地承包經營權、建設用地使用權等部分轉讓時，轉讓部分涉及地役權的，受讓人同時享有地役權。**

■ 條文主旨

本條是關於需役地及其用益物權等部分轉讓的規定。

■ 條文釋義

地役權具有不可分性，地役權的享有和存在都及於需役地和供役地的全部，不能分割為數個不同部分或者僅僅以一部分而存在。即使供役地或者需役地被分割，地役權在被實際分割後的需役地和供役地的各個部分上仍然存在。地役權的不可分性體現在兩個不同方面：需役地部分轉讓時，地役權的權利不變；供役地部分轉讓時，地役權約束也不受影響。

本條規定的是第一種情況，即需役地以及需役地上的土地承包經營權、建設用地使用權等部分轉讓時，轉讓部分涉及地役權的，受讓人同時享有地役權。需役地以及需役地上的土地承包經營權、建設用地使用權部分轉讓，產生了分屬不同權利人的兩個或者多個用益物權時，地役權在部分轉讓後的需役地的各個部分上依然存續。這是因為地役權是為整個需役地提供便利，如果土地的用益物權已經部分轉讓為各個部分，這種為需役地的便利而使用供役地的需要與權利，也應當繼續存在於已經被部分轉讓的需役地上。所以，地役權也應當在需役地被部分轉讓後的各個部分繼續存在。

理解本條規定，需要注意以下幾個方面：

一是部分轉讓的標的。本條規定的部分轉讓包括兩種情況：第一種是需役地部分轉讓。所謂需役地部分轉讓，就是需役地的所有權部分轉讓。由於我國的土地所有權屬於國家所有或者集體所有。因此，土地所有權的轉讓應該包括集體所有的土地變為國家所有（也就是國家通過徵收方式取得土地所有權），或者不同集體之間土地所有權的轉讓。如甲村與乙村相鄰，因甲村部分土地耕種不便，遂與乙村協商，在乙村所有的 A 地塊上設立以通行為目的的地役權，期限為 50 年。10 年後，甲村的部分土地 B 地塊被依法徵收，該部分土地出讓給了開發商丙公司。丙公司在開發建設過程中，欲繼續從 A 地塊通行。乙村認為開發商丙公司並未與其簽訂有效地役權合同，也未支付費用，遂拒絕丙公司通行。丙公司是否有權通行呢？根據本條規定，甲村的 B 地塊所有權由甲村轉讓給當地政府所代表的國家，當地政府作為受讓人，可以繼續享有甲村與乙村在 A 地塊上所設立的地役權。在 B 地塊出讓後，根據第 378 條的規定，丙公司作為土地用益物權人，有權繼續享有該地塊上已設立的地役權。因此，丙公司仍可以從 A 地塊通行。第二種是需役地上的土地承包經營權、建設用地使用權等的部分轉讓。這種情況主要是在國有土地上設定了建設用地使用權，或者在集體土地上設定了土地承包經營權、宅基地使用權、土地經營權等用益物權。這些需役地上的用益物權部分轉讓時也涉及地役權的效力問題。例如，土地承包經營權人甲為取水方便，在乙的承包地上設定

了以取水為目的的地役權，後甲將自己的承包地一分為二，將土地承包經營權分別轉讓給了丙、丁，並辦理了登記。丙、丁到乙的承包地取水，遭到阻攔。根據本條規定，甲的土地承包經營權部分轉讓了，因地役權的不可分性，作為受讓人的丙、丁仍然可以在乙的承包地上行使取水地役權；乙不得阻止丙、丁行使取水地役權。

二是轉讓部分需涉及地役權。不論是土地所有權的轉讓，還是用益物權的轉讓，只有在轉讓部分涉及地役權時，才涉及地役權的效力問題。如果所轉讓的部分不涉及地役權，則不得享有地役權。例如，甲公司所有的 A、B 兩座辦公樓，其中 A 座與乙村所有的 C 地塊相鄰，甲公司為了觀海便利，即與乙村簽訂了以眺望為目的的地役權，要求乙村不得在 C 地塊上修建高層建築。後來，甲公司將 A 座辦公樓轉讓給了丙公司，B 座辦公樓轉讓給了丁公司。由於甲公司與乙村所設立的眺望權只與 A 座有關，而與 B 座無關，此時，根據本條規定，應由受讓人丙公司繼續享有 C 地塊上的地役權。

三是受讓人的權利。根據本條規定，受讓人同時享有地役權。所謂同時，即只要受讓人所受讓的土地使用權、用益物權與地役權有關，即可以享有該地役權。受讓人享有地役權是基於法律的規定享有的，並不需要當事人就此再另行簽訂協議。如甲公司對 A 地塊享有國有土地使用權，為了開發建設該地塊，與相鄰 B 地塊的國有土地使用權人乙公司簽訂地役權合同，甲公司可以經 B 地通過，並辦理了地役權登記。後甲公司將 A 地塊中的一部分轉讓給了丙公司。根據本條規定，丙公司能夠與甲公司同時享有 B 地塊上所設的地役權，而無需與乙公司另行簽訂協議。

> **第三百八十三條** 供役地以及供役地上的土地承包經營權、建設用地使用權等部分轉讓時，轉讓部分涉及地役權的，地役權對受讓人具有法律約束力。

■ 條文主旨

本條是關於供役地及其用益物權等部分轉讓的規定。

■ 條文釋義

地役權的不可分性的第二個方面就體現在供役地及其權利部分變動時，地役權約束也不受影響。本條規定，供役地以及供役地上的土地承包經營權、建設用地使用權等部分轉讓時，轉讓部分涉及地役權的，地役權對受讓人具有法律約束力。與需役地部分轉讓時，地役權可以由受讓方享有一樣，供役地部分轉讓的，地役權的約束力對受讓方也有約束力。原因就在於，地役權為整個供役地的負擔，而不僅僅只是為部分供役地的負擔。也就是說供役地部分的變化不應影響地役權的存在。

供役地的所有權部分轉讓時，轉讓部分涉及地役權的，地役權對受讓人具有法律約束

力。如甲所有的某地塊與乙村的 A 地塊相鄰，因灌溉需要，遂與乙村簽訂以取水為目的的地役權合同，約定甲村可以在 A 地塊埋設供水管道，期限為 50 年。20 年後，乙村將其所有的 A 地塊部分轉讓給了丙村，丙村欲在該地塊上建築廠房，故要求甲村拆除該地塊上的供水管道。根據本條規定，雖然乙村將供役地 A 地塊的部分所有權轉讓了，此時，受讓方仍需受地役權的約束，故丙村不得要求甲村拆除供水管道。

供役地上的土地承包經營權、國有土地使用權等部分轉讓時，地役權對受讓人有約束力。供役地上的國有土地使用權等用益物權部分轉讓時，如果所轉讓部分涉及地役權的，因地役權的不可分性，受讓人仍需要負擔地役權的義務。如甲乙兩公司享有國有土地使用權的兩地塊相鄰，甲公司為供電需要，在乙公司的地塊上設立了地役權，乙公司允許甲公司架設高壓電線，並辦理了地役權登記。後乙公司將設立了地役權的部分地塊的國有土地使用權轉讓給了丙公司。根據本條規定，丙公司仍應允許甲公司的高壓線在該地塊上通過。

供役地以及供役地上的用益物權部分轉讓時，轉讓部分不涉及地役權的，地役權對受讓人不再具有約束力。如甲承包了村裏 100 畝的農業用地，其中包括 20 畝養殖水塘。乙也是該村承包戶，因乙所承包的土地缺水，遂與甲約定，乙可以定期到甲的水塘取水灌溉，並向甲支付費用，雙方簽訂了地役權合同並辦理了登記。後甲將養殖水塘之外的 80 畝承包地的土地承包經營權轉讓給丙。因丙受讓的承包地與甲乙雙方就取水設定的地役權並無關係，故丙不受此地役權約束。

第三百八十四條　地役權人有下列情形之一的，供役地權利人有權解除地役權合同，地役權消滅：

（一）違反法律規定或者合同約定，濫用地役權；

（二）有償利用供役地，約定的付款期限屆滿後在合理期限內經兩次催告未支付費用。

■ 條文主旨

本條是關於地役權消滅的規定。

■ 條文釋義

地役權消滅就是地役權因法定事由而歸滅失。地役權與其他物權相比的一個重要區別就是地役權的權利內容是由雙方當事人通過合同約定。地役權合同是地役權的基礎，雙方當事人可以在合同中就地役權的設立、存續、消滅等作出約定。本條針對地役權合同中供役地權利人單方解除權作了特別規定，在出現法定事由時，供役地權利人有權依法行使單方解除權，使地役權歸於消滅。根據本條規定，供役地權利人行使單方解除權的法定事由包括：

　　第一，地役權人違反法律規定或者合同約定，濫用地役權。認定地役權人是否濫用地役權，可以從兩個方面進行判斷。其一是根據合同約定判斷。一般而言，地役權合同會就供役地和需役地的位置、地役權的利用目的和方法等作出約定，如果地役權人違反合同約定的目的、方法等行使地役權，即可以認定為構成濫用地役權，此時供役地權利人可以單方解除地役權合同。比如，甲對一水塘享有土地承包經營權，乙承包了一片菜地。乙由於需取水澆菜，故與甲協商，雙方就從甲承包的水塘取水設立地役權，合同明確約定乙每天最多只能取水 20 噸，以確保甲的水塘所養之魚有足夠的水源。雙方在簽訂地役權合同後，依法辦理了地役權登記。後乙因擴大種植面積，需要更多的灌溉用水，故每日偷偷從甲的水塘中取用超過合同約定最大取水量數倍的水，導致甲的水塘面臨枯水，魚塘中所養之魚大量死亡。乙的行為明顯違反合同約定的方法取水，故可以認定為濫用地役權，此時根據本條規定，甲有權行使單方解除權，使地役權歸於消滅。其二是根據法律規定判斷。根據法律判斷地役權人是否濫用地役權，所依據的法律既包括民法典，也包括其他與行使地役權相關的法律。比如，甲公司與乙村所有的集體土地相鄰，甲公司因生產需要排放廢水，故與乙村協商，欲通過乙村的土地排放廢水，雙方簽訂了以排水為目的的地役權合同，並辦理了地役權登記。後甲公司違反水污染防治法的規定，大量排放超過地方規定的水污染物排放標準的水污染物，造成乙村土地被嚴重污染。在此情況下，由於甲公司違反了水污染防治法排放污水，構成濫用地役權。故乙村可以依法單方解除地役權合同。

　　第二，有償利用供役地的，地役權人在約定的付款期限屆滿後在合理期限內經兩次催告仍未支付費用。地役權合同是否有償，由地役權人和供役地權利人約定。如果地役權為有償，那麼，地役權人必須按照合同的約定履行付款義務。如果地役權人無正當理由，在合同約定的付款期限屆滿後，仍沒有按照合同約定支付供役地權利人費用的，而且在一個合理期限內經兩次催告，地役權人仍不履行付款義務的，表明地役權人沒有履行合同的誠意，或者根本不可能再履行合同，供役地權利人可以解除地役權合同。否則，不僅對供役地權利人不公平，而且還會給其造成更大的損失。供役地權利人解除地役權合同的，地役權消滅。

　　本條規定的地役權消滅的兩項法定事由，是專門為供役地權利人設立的權利。當然，供役地權利人除可以根據本條規定的法定解除事由解除地役權合同外，還可以基於當事人的約定行使解除權。合同編第 562 條規定，當事人協商一致，可以解除合同。當事人可以約定一方解除合同的事由。解除合同的事由發生時，解除權人可以解除合同。根據合同編的此規定，地役權合同同樣可以因發生約定解除事由而解除。約定解除事由既可以是在訂立合同時雙方約定的解除事由，也可以在地役權履行過程中，雙方協商一致解除。比如，需役地權利人與供役地權利人約定，供役地權利人在特定情形下，可以行使單方解除權，解除地役權合同。如果在地役權合同履行過程中，發生了約定的特定情形，此時，供役地權利人就可以根據約定行使單方解除權。

　　地役權除因當事人行使法定解除權或者約定解除權，解除地役權合同導致消滅外，還存在其他消滅事由：第一，地役權合同消滅。比如地役權合同存在無效、可撤銷事由的，地役

權合同被撤銷或者宣告無效後，地役權即應消滅；第二，地役權期限屆滿。地役權合同的一般條款包括地役權期限。當事人雙方在地役權合同中約定的地役權期限屆滿時，地役權存在的基礎沒有了，當然應歸於消滅；第三，地役權合同中所附地役權終止期限到來。當事人可以在地役權合同中附終止期限，約定的終止期限到來時，地役權亦告消滅；第四，地役權合同中所附終止條件成就。如果地役權合同中約定附條件終止，則所附條件成就時，根據合同約定，此時地役權合同終止，地役權亦應告消滅；第五，混同。如果供役地的權利人與需役地權利人同為一人時，地役權會因混同而消滅。比如甲乙分別承包了 A、B 兩個不同地塊，甲為了灌溉之需，雙方協商後約定甲可以從乙承包的 B 地取水，雙方簽訂了地役權合同並進行了登記。後乙將 B 地的土地承包經營權轉讓給了甲，此時需役地 A 地塊的土地承包經營權人與供役地 B 地塊的土地承包經營權人同為甲，地役權因混同而無存在無必要，即應消滅。

第三百八十五條　已經登記的地役權變更、轉讓或者消滅的，應當及時辦理變更登記或者註銷登記。

■ 條文主旨

本條是關於地役權變動後登記的規定。

■ 條文釋義

不動產物權由於某種原因發生變動時，應當將其變更、轉讓或者消滅的情形記載於不動產登記簿上，以防止糾紛的發生。公示對於市場經濟秩序的建立和維護具有十分重要的意義。登記制度是市場經濟社會國家維護秩序，保障交易安全的重要法律手段。地役權變更、轉讓或者消滅都是物權變動的內容。如果地役權雖然已經發生了變動，但沒有辦理變更登記或者註銷登記，則在法律上並沒有真正完成物權的變動。從法律效果上來看，只要作為公示內容的物權現狀沒有變動，便可以視為物權變動沒有發生過。例如，當地役權人取得供役地的用益物權，因混同而導致地役權消滅時，就應當及時辦理地役權的註銷登記，使供役地負擔的變化情況及時向公眾公示。之所以要求當事人及時辦理變更登記或者註銷登記，是因為該供役地的用益物權很可能會轉讓給第三人，有負擔的不動產和沒有負擔的不動產在價值上是完全不同的。對受讓人而言，受讓了具有負擔的不動產之後，將會使受讓人的權利行使受到一定的限制，這樣對受讓人是不公平的。因此，為了維護登記簿的公示力、公信力，必須在地役權人辦理變更、轉讓或者註銷該地役權登記後，地役權變動才能生效，否則地役權仍然存在。同時，向公眾公開不動產負擔的情況，對保護受讓人的利益、防止糾紛都具有十分重要的作用。

本條規定，已經登記的地役權變更、轉讓或者消滅的，應當及時辦理變更登記或者註銷登記。可以從以下幾個方面理解本條：

第一，需要辦理變動登記的地役權範圍。物權編第 374 條規定，地役權設立不以登記為要件，登記僅具有對抗善意第三人的效力。因此，並非所有的地役權都會辦理登記。沒有辦理登記的地役權，即使變更、消滅之後，也不可能再去辦理變更、註銷登記。只有當事人自己申請辦理了登記的地役權，為了確保地役權的公示公信力，便於第三人知曉物權狀態，才有必要去辦理變更、註銷登記。

第二，變動登記的類型。本條規定，兩種情況需要辦理地役權變動登記：其一是變更登記。地役權變更、轉讓的，應當辦理變更登記。地役權的內容變更，比如地役權的期限、利用目的、利用方法發生了變更，應當辦理變更登記。地役權的主體變更，也就是地役權發生了轉讓，也需要辦理變更登記。其二是註銷登記。地役權消滅的，應當辦理註銷登記。地役權消滅可能因為地役權合同約定的期限屆滿，可能是由於供役地權利人行使單方解除權消滅，也可能是因為當事人雙方達成解除地役權合同的協議，還可能是因混同而消滅，等等。只要地役權消滅的，都應當依法辦理地役權註銷登記。

第三，辦理地役權變動登記的主體。辦理地役權變動登記，應當由地役權合同的雙方當事人共同辦理。辦理地役權登記的機構負責地役權變更和註銷登記。

第四，辦理地役權變動登記的程序。已經設定地役權的土地使用權轉移後，供役地權利人和需役地權利人應當持變更後的地役權合同及土地權利證書等相關證明材料，辦理地役權變更登記。已經登記的地役權終止的，當事人應當辦理地役權註銷登記。

第五，地役權變動登記的法律效果。根據本法第 374 條規定，地役權登記具有對抗善意第三人的效力。因此，如果地役權變更、轉讓未辦理變更登記，地役權消滅時未辦理註銷登記的，當事人不得對抗善意第三人。

第四分編　擔保物權

第十六章　一般規定

本章共八條，對擔保物權的含義、擔保物權的適用範圍及反擔保、主債權債務合同與擔保物權合同的關係、擔保物權的擔保範圍、擔保物權的物上代位性、擔保物權與保證的關係、擔保物權的消滅原因等共同規則作了規定。

> **第三百八十六條　擔保物權人在債務人不履行到期債務或者發生當事人約定的實現擔保物權的情形，依法享有就擔保財產優先受償的權利，但是法律另有規定的除外。**

■ 條文主旨

本條是關於擔保物權含義的規定。

■ 條文釋義

擔保物權是以直接支配特定財產的交換價值為內容，以確保債權實現為目的而設定的物權。擔保物權制度是現代民法的一項重要制度，在社會經濟生活中發揮着以下重要作用：

第一，確保債權的實現。債權是債權人請求債務人履行一定給付行為的請求權，而債務人是否履行給付行為，取決於債務人的信用。如果債務人的信用較差，債權人實現債權就會面臨較大風險；如果債權人沒有足夠的手段規避這種風險，債權人就只好放棄某種民事活動。因此，如何規避交易風險，強化債權效力，確保債權實現是現代民商事立法的重要任務。現代立法為此設計了兩種制度：一種是債的擔保方式（如保證）；另一種是物的擔保方式（即擔保物權）。這兩種擔保方式各有優點。擔保物權制度極大地強化了債權效力，減少了交易風險，可以有效確保債權實現。

第二，有利於促進社會的融資。由於商業風險的存在，貸款者可能因擔心貸款不能得到償還而拒絕貸款或者少貸款，這將導致融資活動的減少，也會降低經營者發展生產的能力。對貸款者來說，擔保物權制度可以減少其憂慮；對借款者來說，在其信用建立之前，通過提供擔保可以補充其信用狀況，增強融資的能力。擔保物權制度有利於社會融資活動的進行。商業銀行法規定，商業銀行貸款，借款人應當提供擔保。商業銀行應當對保證人的償還能

力，抵押物、質物的權屬和價值以及實現抵押權、質權的可行性進行嚴格審查。這裏的「抵押權和質權」就屬於擔保物權。

擔保物權具有以下特徵：

第一，擔保物權以確保債權人的債權得到完全清償為目的。這是擔保物權與其他物權的最大區別。擔保物權人與所有權人、用益物權人相比，對特定財產一般沒有直接的使用、收益和處分的權利，只有對特定財產交換價值的支配權。之所以有這些不同，最根本原因是擔保物權旨在確保債務的清償，是為確保債務的清償而設立的。因此，在擔保物權設立時，要有被擔保債權的存在，這是擔保物權的一個重要屬性：從屬性，從屬於所擔保的債權。擔保物權的從屬性不但體現在擔保物權的設立上，還體現在擔保物權的轉讓、消滅等方面，本分編的多個條文體現了擔保物權的從屬性，例如，依據本法第 388 條，設立擔保物權，應當依照本法和其他法律的規定訂立擔保合同，擔保合同是主債權債務合同的從合同。主債權債務合同無效的，擔保合同無效，但是法律另有規定的除外。第 393 條第 1 項規定，主債權消滅的，擔保物權消滅。第 407 條規定，抵押權不得與債權分離而單獨轉讓或者作為其他債權的擔保。債權轉讓的，擔保該債權的抵押權一併轉讓，但是法律另有規定或者當事人另有約定的除外。債權人在其債權無法獲得清償時，便可以要求實現擔保物權。擔保法規定，只有債務人不履行到期債務時，擔保物權人可以實現擔保物權。為保護擔保物權人的利益，同時也充分尊重當事人對實現擔保物權的條件的安排，物權法增加了擔保物權的實現條件。民法典物權編延續了物權法的規定，擔保物權人在兩種情況下可以實現擔保物權：一是債務履行期屆滿時，債務人不履行債務的；二是發生當事人約定的可以實現擔保物權的情形的。

第二，擔保物權具有優先受償的效力。優先受償性是擔保物權的最主要效力。優先受償是指在債務人到期不清償債務或者出現當事人約定的實現擔保物權的情形時，債權人可以對擔保財產進行折價或者拍賣、變賣擔保財產，以所得的價款優先實現自己的債權。擔保物權的優先受償性主要體現在兩個方面：一是優先於其他不享有擔保物權的普通債權；二是有可能優先於其他物權，如後順位的擔保物權。需要注意的是，擔保物權的優先受償性並不是絕對的，如果本法或者其他法律有特別的規定，擔保物權的優先受償效力會受到影響。例如，海商法明確規定，船舶優先權優先於擔保物權人受償。因此，本條結尾的「但是法律另有規定的除外」就是指這些特殊情形。

第三，擔保物權是在債務人或者第三人的財產上設立的權利。債務人既可以以自己的財產，也可以第三人的財產為債權設立擔保物權。根據本法的規定，可以用於擔保的財產範圍比較廣，既包括現在的財產，也包括將來的財產；既包括不動產，也包括動產。在特定情形下還可以用權利進行擔保，如本法規定的權利質權。

第四，擔保物權具有物上代位性。債權人設立擔保物權並不以使用擔保財產為目的，而是以取得該財產的交換價值為目的，因此，擔保財產即使毀損、滅失，但代替該財產的交換價值還存在，擔保物權的效力仍存在，但此時擔保物權的效力轉移到了該代替物上。這就是擔保物權的物上代位性。對此，本法第 390 條明確規定，擔保期間，擔保財產毀損、滅失或

者被徵收等，擔保物權人可以就獲得的保險金、賠償金或者補償金等優先受償。被擔保債權的履行期限未屆滿的，也可以提存該保險金、賠償金或者補償金等。

> **第三百八十七條**　債權人在借貸、買賣等民事活動中，為保障實現其債權，需要擔保的，可以依照本法和其他法律的規定設立擔保物權。
>
> 　　第三人為債務人向債權人提供擔保的，可以要求債務人提供反擔保。反擔保適用本法和其他法律的規定。

■ 條文主旨

本條是關於擔保物權適用範圍及反擔保的規定。

■ 條文釋義

擔保物權的適用範圍是指擔保物權可以適用的領域。反擔保是指替債務人提供擔保的第三人，無論該第三人是提供人的擔保還是物的擔保，為了保證自己的追償權得到實現，可以要求債務人為自己追償權的實現提供擔保。

對本條第 1 款的理解，應注意以下幾點：第一，擔保物權適用於民事活動，不適用於國家行政行為、司法行為等不平等主體之間產生的關係。擔保物權是平等民事主體之間為確保債權的實現而設定的。第二，為了引導當事人設定擔保物權，本法列舉了借貸、買賣兩種典型的可以設定擔保物權的民事活動，但可以設定擔保物權的民事活動很廣泛，並不僅限於這兩種民事活動。第三，因侵權行為產生的債權不能用事先設定擔保物權的方式加以保障，但是因侵權行為已產生的債權，屬於普通債權，可以用設定擔保物權的方式確保該債權實現。第四，本條第 1 款中的「其他法律」主要指海商法、農村土地承包法等對船舶抵押、土地經營權抵押作了規定，也為今後相關特別法規定擔保物權留下接口。

本條第 2 款對反擔保作了規定。在由第三人提供擔保物權的債權債務關係中，在債務人未清償到期債務或者出現當事人約定的可以實現擔保物權的情形時，提供擔保財產的第三人應當承擔擔保責任，債權人可以就第三人提供的擔保財產實現自己的債權。第三人基於擔保合同以及替代債務人清償債務這一法律事實，有權向債務人追償。第三人為保障自己追償權的實現，可以要求債務人向自己提供擔保，這裏的擔保可以是債務人或者其他人提供的擔保物權，也可以是其他人提供的保證。反擔保的法律性質、具體規則適用等方面與設立擔保物權一樣，因此，本款規定，反擔保適用本法和其他法律的規定。

> 　　第三百八十八條　設立擔保物權，應當依照本法和其他法律的規定訂立擔保合同。擔保合同包括抵押合同、質押合同和其他具有擔保功能的合同。擔保合同是主債權債務合同的從合同。主債權債務合同無效的，擔保合同無效，但是法律另有規定的除外。
>
> 　　擔保合同被確認無效後，債務人、擔保人、債權人有過錯的，應當根據其過錯各自承擔相應的民事責任。

■ 條文主旨

　　本條是關於擔保合同從屬性以及擔保合同無效後法律責任的規定。

■ 條文釋義

　　我國的法律和司法實踐，對於意定擔保物權的設立均要求採用書面形式訂立合同。本條規定，設立擔保物權，應當依照本法和其他法律的規定訂立擔保合同。擔保合同屬於民事合同的一種，其成立和生效應當符合合同編的有關規定。擔保合同除了包括本法規定的抵押合同、質押合同以外，還包括其他具有擔保功能的合同。

　　擔保物權的一個重要特點就是其附隨於主債權債務關係，沒有主債權債務關係的存在，擔保關係也就沒有了存在以及實現的可能和價值。體現主債權債務關係的主要是主債權債務合同，體現擔保關係的主要是擔保合同。擔保關係必須以主債權債務關係的存在為前提。從這個意義講，擔保合同是主債權債務合同的從合同。對於擔保物權的附隨性，物權法規定，擔保合同是主債權債務合同的從合同。民法典物權編繼承了物權法的規定。

　　根據本法第 155 條的規定，無效的民事法律行為自始沒有法律約束力，當事人在合同中約定的權利義務關係自然就歸於無效。在擔保物權中，主債權債務關係無效後，其約定的權利義務關係就不存在了。根據擔保關係的附隨性，作為從合同的擔保合同自然也歸於無效。本條第 1 款規定，擔保合同是主債權債務合同的從合同。主債權債務合同無效，擔保合同無效，但是法律另有規定的除外。需要指出的是，擔保合同隨主債權債務合同的無效而無效只是一般規則，並不是絕對的，在法律另有規定的情況下，擔保合同可以作為獨立合同存在，不受主債權債務合同效力的影響。例如，本法規定的最高額抵押合同就具有相對的獨立性。在連續的交易關係中，其中一筆債權債務無效，並不影響整個最高額抵押合同的效力。基於此，本條第 1 款專門規定「但是法律另有規定的除外」。

　　在主債權債務合同無效導致擔保合同無效時，雖然不存在履行擔保義務的問題，但債務人、擔保人或者債權人並非不承擔任何法律後果。根據本法第 157 條的規定，民事法律行為無效後，行為人因該行為取得的財產，應當予以返還；不能返還或者沒有必要返還的，應當折價補償。有過錯的一方應當賠償對方由此所受到的損失；各方都有過錯的，應當各自承擔相應的責任。法律另有規定的，依照其規定。同樣的道理，在主債權債務合同無效，擔保合同也無效的情況下，如果債務人、擔保人或者債權人對合同的無效有過錯的，應當根據其過

錯各自承擔相應的民事責任。這裏的「相應的民事責任」指當事人只承擔與其過錯程度相當的民事責任。例如，擔保合同無效完全是由於主債權債務合同違背公序良俗導致無效的，則過錯完全在債務人與債權人，責任應完全由債務人和債權人自己承擔。

需要強調的是，導致擔保合同無效的原因很多，主債權債務合同無效導致擔保合同無效只是原因之一。在主債權債務合同有效的情況下，擔保合同也可能無效。例如，擔保合同因違反法律、行政法規的強制性規定而無效，因擔保人為無民事行為能力人而無效，等等。也就是說，判斷擔保合同是否有效，不能僅以主債權債務合同是否有效為標準，還要看擔保合同本身是否有本法規定的合同無效情形。在主債權債務合同有效，擔保合同無效的情形下，債務人、擔保人或者債權人對擔保合同無效有過錯的，也應當各自承擔相應的民事責任。在這種情況下，如果是債務人為擔保人，主債權債務合同仍然有效，只是主債權失去擔保，其對擔保合同無效有過錯的，應當對債權人承擔過錯責任；如果第三人為擔保人的，擔保人不再承擔責任，但是擔保人對擔保合同無效有過錯的，其對債務未能履行的部分，承擔相應的過錯責任。

第三百八十九條　擔保物權的擔保範圍包括主債權及其利息、違約金、損害賠償金、保管擔保財產和實現擔保物權的費用。當事人另有約定的，按照其約定。

■ 條文主旨

本條是關於擔保物權的擔保範圍的規定。

■ 條文釋義

擔保物權的擔保範圍是指擔保人所承擔的擔保責任範圍。根據本條規定，擔保物權的擔保範圍包括：

一、主債權

主債權指債權人與債務人之間因債的法律關係所發生的原本債權，例如，金錢債權、交付貨物的債權或者提供勞務的債權。主債權是相對於利息和其他附隨債權而言，不包括利息以及其他因主債權而產生的附隨債權。

二、利息

利息指實現擔保物權時主債權所應產生的一切收益。一般來說，金錢債權都有利息，因此其當然也在擔保範圍內。利息可以按照法律規定確定，也可以由當事人自己約定，但當事人不能違反法律規定約定過高的利息，否則超過部分的利息無效。

三、違約金

違約金指按照當事人的約定，一方當事人違約時，應當根據違約情況向另一方支付的一

定數額的金錢。在擔保行為中，只有因債務人的違約行為導致產生支付違約金的義務時，違約金才可以納入擔保物權的擔保範圍。此外，當事人約定了違約金，一方違約時，應當按照該約定支付違約金。如果約定的違約金低於或者高於造成的損失時，當事人可以請求人民法院或者仲裁機構予以調整，此時在計算擔保範圍時，應當以人民法院或者仲裁機構最終確定的違約金數額為準。

四、損害賠償金

損害賠償金指一方當事人因違反合同或者因其他行為給債權人造成的財產、人身損失而給付的賠償額。損害賠償金的範圍可以由法律直接規定，或由雙方當事人約定，在法律沒有特別規定或者當事人沒有約定的情況下，應按照完全賠償原則確定具體賠償數額。賠償全部損失，既包括賠償直接損失，也包括賠償可得利益損失。直接損失指財產上的現實減少，可得利益損失指失去的可以預期取得的利益。可得利益損失的確定需要堅持客觀的原則。

五、保管擔保財產的費用

保管擔保財產的費用指債權人在佔有擔保財產期間因履行善良保管義務而支付的各種費用。在擔保期間，質權人和留置權人有妥善保管擔保財產的義務。但這並不意味着保管的費用由質權人或者留置權人負擔，相反，債務人或者第三人將擔保財產交由債權人佔有的目的是為了向債權人擔保履行債務，保管費用應當由債務人或者提供擔保的第三人承擔，否則不利於擔保活動的進行，也不利於確保債權的實現。

六、實現擔保物權的費用

實現擔保物權的費用指擔保物權人在實現擔保物權過程中所花費的各種實際費用，如對擔保財產的評估費用、拍賣或者變賣擔保財產的費用、向人民法院申請強制變賣或者拍賣的費用等。

對擔保物權所擔保的債權範圍，當事人可以依照自己的意思進行約定。本條規定的「擔保物權的擔保範圍包括主債權及其利息、違約金、損害賠償金、保管擔保財產和實現擔保物權的費用」屬於擔保物權的法定擔保範圍，當事人約定的效力優先於本條規定的擔保物權法定擔保範圍，當事人約定的擔保物權的擔保範圍可以與本條第 1 款規定的範圍不同。

　　第三百九十條　擔保期間，擔保財產毀損、滅失或者被徵收等，擔保物權人可以就獲得的保險金、賠償金或者補償金等優先受償。被擔保債權的履行期限未屆滿的，也可以提存該保險金、賠償金或者補償金等。

■ 條文主旨

本條是關於擔保物權物上代位性的規定。

■ 條文釋義

擔保物權的物上代位性指擔保物權的效力及於擔保財產因毀損、滅失所得的賠償金等代位物上，是擔保物權的重要特徵。由於擔保物權人設立擔保物權並不以佔有和使用擔保財產為目的，而是以支配擔保財產的交換價值為目的，所以，即使擔保財產本身已經毀損、滅失，只要該擔保財產交換價值的替代物還存在，該擔保物權的效力就自動轉移到了該替代物上。這種效力不但在抵押權上存在，在質權、留置權上也存在。

根據本條規定，擔保財產的代位物包括：第一，賠償金。擔保財產因第三人的侵權行為或者其他原因毀損、滅失時，擔保人所獲得的損害賠償金可以作為擔保財產的代位物。但是，如果擔保財產是由於債權人的原因導致擔保財產毀損、滅失的，例如，質權、留置權人因保管不善致使質押或者留置財產毀損、滅失的，應當承擔賠償責任，質權人、留置權人向出質人或者債務人支付的損害賠償金不能作為擔保財產的代位物。第二，保險金。擔保人為擔保財產投保的，因保險事故發生而致使擔保財產毀損、滅失時，擔保人可以請求保險人支付保險金。該保險金可以作為代位物。第三，補償金。這裏的補償金主要指擔保財產被國家徵收時，擔保人從國家得到的補償金。

擔保期間，擔保財產毀損、滅失或者被徵收等產生的法律後果就是擔保物權人可以就擔保人所得的損害賠償金、保險金或者補償金等優先受償，並且擔保物權的受償順位不受影響，各擔保物權人依照其對擔保財產的受償順位對代位物行使權利。在因擔保財產毀損、滅失或者被徵收產生代位物的時候，可能會出現兩種情況：一種情況是擔保物權人的債權已經到期或者出現當事人約定的可以實現擔保物權的情形。此時，擔保物權人可以立即在代位物上實現自己的優先受償權；另一種情況是擔保物權人的債權還沒有到期。在這種情況下，代位物雖然說是特定的，但是畢竟已經貨幣化，擔保物權人對其控制的可能性降低，其到期實現債權的可能性也會降低，為保障擔保物權人的債權得以實現，擔保物權人可以提前在代位物上實現自己的債權；如果擔保物權人還希望保留自己的期限利益，也可以不立即在代位物上實現擔保物權，而等到債權履行期限屆滿或者出現當事人約定的可以實現擔保物權的情形，再在代位物上優先受償。擔保人可以自己或者應擔保物權人的要求向提存機構提存該保險金、賠償金或者補償金等。

> **第三百九十一條　第三人提供擔保，未經其書面同意，債權人允許債務人轉移全部或者部分債務的，擔保人不再承擔相應的擔保責任。**

■ 條文主旨

本條是關於債權人未經擔保人同意允許債務人轉移債務的法律後果的規定。

■ 條文釋義

債務人將債務的全部或者部分轉移給第三人的，應當經債權人同意。在有第三人提供擔保的債權債務關係中，涉及的主體有債權人、債務人和擔保人，債務人轉移債務的，還應當經擔保人書面同意。第三人提供擔保一般是基於其與債務人之間的信任關係或者對債務人的資產、信譽有所了解。在擔保關係中，一旦未經擔保人同意，債務人擅自轉移債務的，將給擔保人帶來較大風險，因為擔保人對新的債務人可能一無所知。設立擔保物權雖然主要是為保障債權的實現，但是也要照顧擔保人利益，特別是擔保人是債務人以外的第三人時，如何平衡擔保人、擔保權人和債務人三者的利益就很重要。

正確理解本條應當注意以下幾點：一是本條只適用於第三人提供擔保財產的情況，如果擔保財產是由債務人自己提供的，除非債權人明確放棄擔保物權或者債務的受讓人明確表示願意代為提供新的擔保，否則債權人同意債務人轉移債務的行為並不意味着債務人擔保責任的免除。二是債權人允許債務人轉移債務必須要經提供擔保的第三人的書面同意。設立擔保需要書面形式，擔保人如果繼續為新的債務人擔保，這種變更也應當秉承書面的原則，否則視為不存在擔保人的同意。三是本條規定的債務轉移不但包括債務人將債務全部轉移給他人，也包括將部分債務轉移給他人。債權人許可債務人部分轉移的，原債務人並不退出債務關係，只是其所應承擔的債務額減少，新債務人與原債務人共同向債權人承擔債務。部分轉移債務的也必須經擔保人同意，否則擔保人對轉移出去的部分債務不承擔擔保責任。四是未經擔保人書面同意，債權人許可債務人轉移全部債務的，可以免除擔保人全部擔保責任；債權人許可債務人轉移部分債務的，可以免除擔保人部分的擔保責任，擔保人還要對債務人未轉移的債務承擔擔保責任。

第三百九十二條　被擔保的債權既有物的擔保又有人的擔保的，債務人不履行到期債務或者發生當事人約定的實現擔保物權的情形，債權人應當按照約定實現債權；沒有約定或者約定不明確，債務人自己提供物的擔保的，債權人應當先就該物的擔保實現債權；第三人提供物的擔保的，債權人可以就物的擔保實現債權，也可以請求保證人承擔保證責任。提供擔保的第三人承擔擔保責任後，有權向債務人追償。

■ 條文主旨

本條是關於物的擔保與人的擔保的關係的規定。

■ 條文釋義

物的擔保是以物擔保債務的履行，包括本編規定的抵押權、質權和留置權；人的擔保是以人的信譽擔保債務的履行，指本法合同編規定的保證。對於被擔保的債權上既有物的擔保

又有人的擔保的情況下，應如何處理物的擔保與人的擔保的關係問題，物權法第 176 條區分三種情況對物的擔保與人的擔保的關係作了規定，本條沿用了該規定：

1. 在當事人對物的擔保和人的擔保的關係有約定的情況下，應當尊重當事人的意思，按約定實現，這充分尊重了當事人的意思自治。

2. 在沒有約定或者約定不明確，債務人自己提供物的擔保的情況下，應當先就物的擔保實現擔保物權。因為，如果債權人先行使保證人提供的人的擔保，保證人在履行保證責任後，還需要向最終的義務人 —— 債務人進行追索。如果擔保權人先行使債務人提供的物的擔保，就可以免去保證人日後再向債務人行使追索權的煩瑣，減少債權實現的成本和費用。在債務人自己提供物的擔保的情況下，請求保證人先承擔擔保責任，對保證人也是不公平的。

3. 在沒有約定或者約定不明確，第三人提供物的擔保，又有人的擔保的情況下，應當允許當事人進行選擇。這樣規定主要是基於以下考慮：在沒有約定或者約定不明確，第三人提供物的擔保，又有人的擔保的情況下，提供物保的第三人與保證人處於擔保人的平等地位，都不是償還債務的最終義務人，債務人才是最終義務人。因此，債權人無論是先實現物的擔保還是先實現人的擔保，物的擔保人或者保證人都存在向債務人追索的問題。為保障債權人的債權得以充分實現，法律應當尊重債權人的意願，允許擔保權人享有選擇權。

第三百九十三條　有下列情形之一的，擔保物權消滅：
（一）主債權消滅；
（二）擔保物權實現；
（三）債權人放棄擔保物權；
（四）法律規定擔保物權消滅的其他情形。

■ 條文主旨

本條是關於擔保物權消滅原因的規定。

■ 條文釋義

根據本條，在下列情形下擔保物權消滅：

第一，因主債權的消滅而消滅。擔保物權是從屬於主債權的權利，主債權消滅的，擔保物權也隨之消滅。這裏的「主債權消滅」是指主債權的全部消滅，根據擔保物權的不可分性，主債權的部分消滅，擔保物權仍然存在，擔保財產仍然擔保剩餘的債權，直到債務人履行全部債務時為止。此外，這裏的「主債權消滅」指客觀效果，與因誰的清償而導致「主債權消滅」無關。債務人自己清償債務或者第三人代債務人清償債務導致主債權消滅的，擔保

物權均消滅。

第二，擔保物權實現導致擔保物權消滅。「擔保物權實現」是指債務人到期不履行債務時，債權人與擔保人約定以擔保財產折價或者拍賣、變賣擔保財產，以拍賣、變賣擔保財產所得的價款優先受償。擔保物權是為擔保債權而設定的，擔保物權實現就意味着擔保物權人權利的實現，擔保物權自然就歸於消滅。但是需要強調的是，擔保物權一旦實現，無論其所擔保的債權是否全部清償，擔保物權都消滅。

第三，債權人放棄擔保物權導致擔保物權消滅。這裏的「放棄」是指債權人的明示放棄，明示放棄主要包括兩種情形：一是債權人用書面的形式明確表示放棄擔保物權。二是債權人以行為放棄。例如，因債權人自己的行為導致擔保財產毀損、滅失的，視為債權人放棄擔保物權。

第四，法律規定的其他導致擔保物權消滅的情形。這是一個兜底性條款，主要是指本法或者其他法律規定的擔保物權消滅的特殊情形，例如，留置權人對留置財產喪失佔有或者留置權人接受債務人另行提供擔保的，留置權消滅。這是留置權消滅的特殊原因。

第十七章　抵押權

本章分兩節，共三十一條，規定了一般抵押權和最高額抵押權。第一節對抵押權基本概念、可以抵押的財產以及禁止抵押的財產、抵押合同、流押條款的效力、抵押權的設立、抵押權與其他權利的關係、抵押權的實現、抵押財產的轉讓及保全、抵押權人放棄抵押權、抵押權順位以及變更抵押權、抵押權存續期間等作出了規定。第二節對最高額抵押權的概念、最高額抵押權的轉讓、最高額抵押權有關內容的變更、最高額抵押權所擔保債權的確定事由、最高額抵押權的適用條款等作了規定。

第一節　一般抵押權

> 　　**第三百九十四條**　為擔保債務的履行，債務人或者第三人不轉移財產的佔有，將該財產抵押給債權人的，債務人不履行到期債務或者發生當事人約定的實現抵押權的情形，債權人有權就該財產優先受償。
>
> 　　前款規定的債務人或者第三人為抵押人，債權人為抵押權人，提供擔保的財產為抵押財產。

■ 條文主旨

本條是關於抵押權基本概念的規定。

■ 條文釋義

抵押權是指為擔保債務的履行，債務人或者第三人不轉移財產的佔有，將該財產抵押給債權人的，債務人不履行到期債務或者發生當事人約定的實現抵押權的情形，債權人有權就該財產優先受償。

抵押法律關係的當事人為抵押人和抵押權人，客體為抵押財產。抵押人指為擔保債務的履行而提供抵押財產的債務人或者第三人。抵押權人指接受抵押擔保的債權人。抵押財產指抵押人提供的用於擔保債務履行的特定的物。

抵押權具有以下幾個特徵：

其一，抵押權是擔保物權。抵押權以抵押財產作為債權的擔保，抵押權人對抵押財產享有的權利，可以對抗物的所有人以及第三人。這主要體現在抵押權人對抵押財產有追及、支

配的權利。所謂追及權，表現在抵押權設定後，抵押財產轉讓的，抵押權不受影響，抵押權仍存在於該抵押財產上。所謂支配權，表現在抵押權人在抵押財產擔保的債權已屆清償期而未受清償，或者發生當事人約定的實現抵押權的情形時，有權依照法律規定，以抵押財產折價或者以拍賣、變賣抵押財產的價款優先受償。

其二，抵押權是債務人或者第三人以其所有的或者有權處分的特定的財產設定的物權。作為抵押權客體的財產，必須是債務人或者第三人所有的或者依法有權處分的財產，對自己無所有權或者無處分權的財產不得設定抵押權。此外，債權人自己所有的財產也不得作為抵押權的客體。用於抵押的財產還應當是特定的。所謂特定的財產，可以是不動產，也可以是動產。抵押的財產不論是不動產還是動產，都必須是確定的或者是有具體指向的，比如，某棟房屋、某宗土地、某企業現有的及將有的產品等。傳統民法學理論認為，作為抵押權客體的物只能是不動產，而動產只能作為質權的客體。但是，隨着經濟的發展，作為擔保物權客體的一些動產，不轉移佔有比轉移佔有更有利於經濟活動的進行。因此，一些國家和地區立法，規定了動產抵押擔保。物權法規定的用於抵押的財產既可以是不動產，也可以是動產，民法典物權編沿用了這些規定。

其三，抵押權是不轉移標的物佔有的物權。抵押權設定後，抵押人不必將抵押財產轉移於抵押權人佔有，抵押人仍享有對抵押財產的佔有、使用、收益和處分的權利，這是抵押權區別於質權、留置權的特徵。抵押權無需轉移抵押財產的佔有有下列優勢：一是設定抵押權後，抵押人仍能佔有抵押財產而進行使用、收益和處分，這有利於抵押人；二是抵押權人無需承擔保管抵押財產的義務，但能獲得完全的抵押權，這有利於抵押權人；三是由於抵押財產仍然保存在抵押人處，抵押人可以對其抵押財產進行保值增值，資源可以有效利用，充分發揮物的使用價值。

其四，抵押權人有權就抵押財產優先受償。優先受償，指當債務人有多個債權人，其財產不足清償全部債權時，有抵押權的債權人，可以優先於其他無抵押權的債權人而受到清償。

實現抵押權應當具備以下條件之一：一是債務清償期限屆滿，債務人不履行義務。清償期限未屆滿，抵押權人無權就抵押財產優先受償。二是發生當事人約定的實現抵押權的情形。比如，債權人與債務人約定，貸款只能用於教學大樓的建設，改變貸款用途的，雙方的借貸法律關係終止，債務人須即刻歸還已貸出款項，不能歸還的，債權人可以拍賣債務人的抵押財產，就拍賣取得的價款優先受償。當雙方約定的實現抵押權的條件成就，即使債務清償期限沒有屆滿，抵押權人也有權就拍賣、變賣抵押財產的價款優先受償。

> **第三百九十五條　債務人或者第三人有權處分的下列財產可以抵押：**
>
> （一）建築物和其他土地附着物；
>
> （二）建設用地使用權；
>
> （三）海域使用權；
>
> （四）生產設備、原材料、半成品、產品；
>
> （五）正在建造的建築物、船舶、航空器；
>
> （六）交通運輸工具；
>
> （七）法律、行政法規未禁止抵押的其他財產。
>
> 抵押人可以將前款所列財產一併抵押。

■ **條文主旨**

本條是關於抵押財產範圍的規定。

■ **條文釋義**

根據本條規定，財產抵押必須符合兩個條件：第一，債務人或者第三人對抵押財產有處分權；第二，是本條規定的可以抵押的財產。

債務人或者第三人對抵押財產有處分權包括：（1）債務人或者第三人是抵押財產的所有權人。（2）債務人或者第三人對抵押財產享有用益物權，法律規定該用益物權可以抵押。比如城市房地產管理法第 48 條規定，依法取得的房屋所有權連同該房屋佔用範圍內的土地使用權，可以設定抵押權。以出讓方式取得的土地使用權，可以設定抵押權。（3）債務人或者第三人根據法律、行政法規的規定，或者經過政府主管部門批准，可以將其佔有、使用的財產抵押。比如《全民所有制工業企業轉換經營機制條例》第 15 條規定，企業根據生產經營的需要，對一般固定資產，可以自主決定出租、抵押或者有償轉讓。對關鍵設備、成套設備或者重要建築物，經政府主管部門批准，也可以抵押、有償轉讓。

本條規定的可以抵押的財產包括：

一、建築物和其他土地附着物

建築物包括住宅、體育館等，但並非所有的建築物都可以抵押，只有抵押人有權處分的建築物才可以抵押。城市房地產管理法第 48 條規定，依法取得的房屋所有權可以設定抵押權。按照這一規定，私人建造或者購買的住宅、商業用房；集體所有的鄉鎮企業廠房；企事業單位自建和購買的工商業用房、職工住房等，只要取得了所有權，就可以抵押。對於產權屬於全民所有的房屋，包括國家確定給國家機關、全民所有制企事業單位、軍隊等使用的全民所有的房屋，未經依法批准，使用單位不得抵押。

其他土地附着物，指附着於土地之上的除房屋以外的不動產。包括橋樑、隧道、大壩、道路等構築物，以及林木、莊稼等，比如，房前屋後屬於公民個人所有的樹木，公民個人在

自留山、自留地和荒山、荒地、荒坡上種植的林木、農作物，集體所有的用材林、經濟林、防護林、炭薪林等。

二、建設用地使用權

建設用地使用權是權利主體依法對國家所有的土地享有的佔有、使用和收益的權利。按照現行法律規定，取得建設用地使用權主要有以下幾種方式：（1）通過無償劃撥取得。即國家將國有土地依法確定給全民所有制單位、集體所有制單位或者個人使用。（2）通過出讓取得。即國家將國有土地使用權在一定年限內出讓給土地使用者，由土地使用者向國家支付土地使用權出讓金。目前，出讓國有土地使用權主要採取協議、招標、拍賣方式。（3）通過有償轉讓取得。即土地使用者，將以出讓方式獲得的國有土地使用權，依法辦理有關手續後，轉移給他人使用。建設用地使用權取得的方式不同，權利人享有的處分權也不同，建設用地使用權可否抵押，取決於法律是否賦予權利人處分的權利，對此，一些法律作了規定，比如，城市房地產管理法第 48 條規定，依法取得的房屋佔用範圍內的土地使用權，以及以出讓方式取得的土地使用權，可以設定抵押權。對於法律不允許抵押的建設用地使用權，不可以作為抵押標的物。

三、海域使用權

海域屬於國家所有，國家是海域所有權的唯一主體。單位和個人使用海域，必須依法取得海域使用權。海域使用權是一種用益物權，本法規定，依法取得的海域使用權受法律保護。根據海域使用管理法，海域使用權取得的方式主要有三種：一是單位和個人向海洋行政主管部門申請；二是招標；三是拍賣。海域作為國家重要的自然資源實行有償使用制度。單位和個人使用海域，應當按照國務院的規定繳納海域使用金。海域使用權作為一項重要的財產權利，可以依法轉讓、繼承。對於海域使用權能否抵押，海域使用管理法沒有作出規定，物權法關於可以抵押的財產範圍中也沒有明確列出海域使用權。

我國海域遼闊，海域資源豐富，充分發揮海域使用權的使用價值及交換價值有利於大力發展海洋經濟，進一步提高海洋經濟的質量和效益。《國務院關於全民所有自然資源資產有償使用制度改革的指導意見》中提出「完善海域有償使用分級、分類管理制度，適應經濟社會發展多元化需求，完善海域使用權出讓、轉讓、抵押、出租、作價出資（入股）等權能」。目前，《海域使用權管理規定》、《不動產登記暫行條例》及其實施細則也就海域使用權的抵押登記作了具體規定。物權編在吸收相關意見的基礎上在抵押財產的範圍中增加規定了海域使用權。

四、生產設備、原材料、半成品、產品

生產設備包括：工業企業的各種機床、計算機、化學實驗設備、儀器儀錶設備、通訊設備，海港、碼頭、車站的裝卸機械，拖拉機、收割機等農用機械等。

原材料指用於製造產品的原料和材料，比如用於煉鋼的鐵礦石，用於造紙的紙漿，用於生產家具的木料，用於建設工程的磚、瓦、沙、石等。

半成品指尚未全部生產完成的產品，比如尚未組裝完成的汽車，尚未縫製紐扣的服裝。

產品指生產出來的物，比如汽車、輪船等交通工具，儀錶、儀器、機床等生產設備，電視機、電冰箱等生活用品。

五、正在建造的建築物、船舶、航空器

實踐中，建設工程往往週期長、資金缺口大，以正在建造的建築物、船舶、航空器作為貸款的擔保，對於解決建設者融資難，保證在建工程順利完工具有重要作用，為此物權法規定了在建的建築物、船舶、航空器可以抵押，民法典物權編也保留了該規定。

六、交通運輸工具

交通運輸工具包括：飛機、船舶、火車、各種機動車輛等。

七、法律、行政法規未禁止抵押的其他財產

這是一項兜底性規定，以適應不斷變化的經濟生活需要。這項規定表明，以前 6 項規定以外的財產抵押，必須同時具備兩個條件：（1）不是法律、行政法規規定禁止抵押的財產；（2）債務人或者第三人對該財產有處分權。

本條第 2 款規定，抵押人可以將前款所列財產一併抵押。這是關於企業財產集合抵押的規定。根據該款規定，企業可以將企業的動產、不動產及其某些權利作為一個整體進行擔保，比如，將廠房、機器設備、庫存產成品、工業產權等財產作為總資產向銀行抵押貸款。但是，企業將財產一併抵押時，各項財產的名稱、數量等情況應當是明確的。

> **第三百九十六條** 企業、個體工商戶、農業生產經營者可以將現有的以及將有的生產設備、原材料、半成品、產品抵押，債務人不履行到期債務或者發生當事人約定的實現抵押權的情形，債權人有權就抵押財產確定時的動產優先受償。

■ 條文主旨

本條是關於浮動抵押的規定。

■ 條文釋義

浮動抵押指權利人以現有的和將有的全部財產或者部分財產為其債務提供抵押擔保。債務人不履行到期債務或者發生當事人約定的實現抵押權的情形，債權人有權就抵押財產確定時的動產優先受償。比如企業以現有的以及未來可能買進的機器設備、庫存產成品、生產原材料等動產擔保債務的履行。抵押權設定後，抵押人可以將抵押的原材料投入產品生產，可以買入新的機器設備，也可以賣出產品，抵押財產處於一種浮動的狀態。然而，抵押權人實現抵押權時，抵押財產應當是確定的，抵押財產需要從之前浮動的狀態變為固定的狀態。根據本法第 411 條的規定，當發生債務履行期限屆滿債權未實現、抵押人被宣告破產或者解散、當事人約定的實現抵押權的情形成就或者出現嚴重影響債權實現的其他情形時，抵押

財產確定，也就是說此時抵押人有什麼財產，這些財產就是抵押財產。抵押財產確定前，抵押權人對於抵押人處分的財產不能追及，抵押人新增的財產要作為抵押財產；抵押財產確定後，對於抵押人轉出的抵押財產，抵押權不受影響，仍對這些財產具有追及效力，而對於抵押人新增的財產，抵押權人不享有擔保物權。抵押人以其全部財產設定浮動抵押的，只需要在登記時註明以全部財產抵押，即對抵押財產作概括性描述，不必詳列抵押財產清單。以部分財產抵押的，則需要列明抵押的財產類別。

　　浮動抵押具有不同於固定抵押的兩個特徵：第一，浮動抵押設定後，抵押的財產不斷發生變化，直到約定或者法定的事由發生，抵押財產才確定。第二，浮動抵押期間，抵押人處分抵押財產的，抵押權人對抵押財產無追及的權利，只能就約定或者法定事由發生後確定的財產優先受償。

　　浮動抵押具有以下優點：（1）有利於企業融資，促進經濟發展。企業可以用現有的和將有的財產抵押，大大拓展了企業的融資能力，特別是對於一些發展前景較好的中小企業，用作融資擔保的不動產有限，浮動抵押制度可以為它們創造有利的發展條件。（2）有利於簡化抵押手續，降低抵押成本。設定浮動抵押時，不需要對抵押財產的名稱、數量、質量、狀況製作詳細目錄表，只需要對抵押的財產進行概括性描述；抵押期間，企業可以在經營過程中處分抵押財產，新增財產不需要辦理任何手續即成為抵押財產。（3）有利於企業正常經營。浮動抵押設定後，如果沒有約定或者法定事由，抵押人可以對抵押財產行使佔有、使用、收益和處分的權利，抵押權人不得對企業正常的經營活動進行干涉。（4）可以補充傳統抵押的不足。傳統抵押強調擔保財產的特定性、擔保財產的價值可預測性和保全性，但靈活性和融資性功能不足，而浮動抵押解決了這一問題。（5）符合國際通行做法。現在有相當多的國家實行了浮動抵押，經濟全球化的大趨勢，應當與國際做法一致。（6）實踐的需要。很多公司運用浮動抵押制度融資，特別在國際項目融資中，浮動抵押制度得到了廣泛應用。

　　按照本條以及相關規定，設立浮動抵押應當符合下列條件：

　　第一，設立浮動抵押的主體限於企業、個體工商戶、農業生產經營者。考慮到我國設立浮動抵押，主要是為了解決中小企業和農民貸款難的問題，促進中小企業以及農村經濟發展，因此，本法將設定浮動抵押的主體規定為企業、個體工商戶和農業生產經營者。企業可以是國有獨資企業、合夥企業、個人獨資企業、公司制企業等，只要註冊登記為企業的組織都可以設定浮動抵押。個體工商戶是以個人或者家庭經營為主的經濟單位，註冊登記為個體工商戶的，也都可以設立浮動抵押。農業生產經營者，主要指農村承包經營戶，也可以是其他從事農業生產的人。除了上述三項主體，非營利的法人和非法人組織、特別法人以及非從事生產經營的自然人等不可以設立浮動抵押。

　　第二，設立浮動抵押的財產限於生產設備、原材料、半成品、產品。對除此以外的動產不得設立浮動抵押，對不動產也不得設立浮動抵押。

　　第三，實現抵押權的條件是不履行到期債務或者發生當事人約定的實現抵押權的事由。

　　第四，浮動抵押優先受償的效力範圍為抵押財產確定時的動產。物權法第181條規定，

當實現浮動抵押權的條件成就時，「債權人有權就實現抵押權時的動產優先受償」。有的意見提出，「實現抵押權時」可能會被理解為當事人協議以折價、拍賣、變賣的方式實現抵押權或者請求法院拍賣、變賣抵押財產時，然而浮動抵押優先受償的效力範圍應當為浮動抵押轉化為固定抵押時所及的財產範圍，即浮動抵押確定時的財產範圍，抵押財產確定時的財產範圍與實現抵押權時的財產範圍很有可能不一致。為了避免產生歧義，本法將物權法中的「實現抵押權時」修改為「抵押財產確定時」。抵押財產如何確定，本法第411條作了明確規定，即在債務履行期限屆滿債權未實現、抵押人被宣告破產或者解散、出現當事人約定的實現抵押權的情形以及出現嚴重影響債權實現的其他情形時，抵押財產確定，抵押權人以該財產優先受償。

動產浮動抵押是特殊的動產抵押，儘管與一般的動產抵押相比具有抵押財產在確定前具有浮動性、浮動抵押期間處分的財產不受追及等特徵，但是在其他方面也適用動產抵押的一般規則。如在抵押財產的範圍、抵押合同、抵押權的設立與對抗效力、抵押權的優先受償順位等方面都適用動產抵押的一般規則。

需要注意的是，與物權法相比，本條刪除了「經當事人書面協議」的規定，這主要是因為本法第400條已明確規定，設立抵押權，當事人應當採用書面形式訂立抵押合同。為了避免重複，本條刪去了要求書面協議的規定。但是設立浮動抵押仍要用書面形式訂立抵押合同，該合同一般包括擔保債權的種類和數額、債務履行期間、抵押財產的範圍、實現抵押權的條件等。這裏所說的抵押財產的範圍並不要求詳細列明，比如以全部財產抵押的，可以寫「以現有的或者將有的全部動產抵押」；以部分財產抵押的，可以寫「以現有的和將有的魚產品、蔬菜、水果抵押」。本法不承認以口頭形式訂立的浮動抵押合同。

> **第三百九十七條**　以建築物抵押的，該建築物佔用範圍內的建設用地使用權一併抵押。以建設用地使用權抵押的，該土地上的建築物一併抵押。
> 抵押人未依據前款規定一併抵押的，未抵押的財產視為一併抵押。

■ 條文主旨

本條是關於建築物與其佔用範圍內的建設用地使用權抵押關係的規定。

■ 條文釋義

建築物所有權和建築物佔用範圍內的建設用地使用權各為獨立的不動產權利。由於房屋具有依附土地存在的天然特性，房屋所有權依法轉讓，必然產生建設用地使用權是否一併轉讓的問題；同樣，建設用地使用權依法轉讓，也會產生該土地上的建築物所有權是否一併轉讓的問題。由於房地產的不可分性，我國在處理房地產關係時的一個重要原則就是「地隨房

走或者房隨地走」。所謂「地隨房走」就是轉讓房屋的所有權時，建設用地使用權同時轉讓。所謂「房隨地走」，就是轉讓建設用地使用權時，該土地上的房屋所有權也應一併轉讓。這一原則也同樣適用於抵押，在設定抵押權時，房屋的所有權和建設用地使用權應當一併抵押，只有這樣，才能保證實現抵押權時，房屋所有權和建設用地使用權同時轉讓。

對於實踐出現的一些將房屋抵押，但不抵押建設用地使用權，或者抵押建設用地使用權，但不抵押房屋所有權的情況，本條第 2 款規定：「抵押人未依據前款規定一併抵押的，未抵押的財產視為一併抵押。」也就是說，即使抵押人只辦理了房屋所有權抵押登記，沒有辦理建設用地使用權抵押登記，實現房屋抵押權時，建設用地使用權也一併作為抵押財產。同樣，只辦理了建設用地使用權抵押登記，沒有辦理房屋所有權抵押登記的，實現建設用地使用權的抵押權時，房屋所有權也一併作為抵押財產。如果將房屋所有權和建設用地使用權分別抵押給不同的債權人，根據本條規定，前者的抵押效力及於建設用地使用權，後者的抵押效力及於房屋所有權，債權人在實現抵押權時，要以抵押登記的先後順序確定優先受償順序。

> **第三百九十八條**　鄉鎮、村企業的建設用地使用權不得單獨抵押。以鄉鎮、村企業的廠房等建築物抵押的，其佔用範圍內的建設用地使用權一併抵押。

■ 條文主旨

本條是關於鄉鎮、村企業的建築物和建設用地使用權抵押的規定。

■ 條文釋義

鄉鎮、村企業的建設用地使用權為集體所有的土地上設立的土地使用權，本法第 361 條規定，集體所有的土地作為建設用地的，應當依照土地管理的法律規定辦理。我國對耕地實行特殊保護，嚴格限制農用地轉化為建設地。在 2019 年土地管理法修改之前，除興辦鄉鎮、村企業和村民建設住宅經依法批准使用本農民集體所有的土地，或者鄉鎮、村公共設施和公益事業建設經依法批准使用農民集體所有的土地的以外，任何組織和個人進行建設，需要使用土地的，必須依法申請使用國有土地。2019 年土地管理法修改時，在集體經營性建設用地方面，創新性地改變了過去農村土地必須徵為國有土地才能進入市場的問題，允許土地利用總體規劃、城鄉規劃確定為工業、商業等經營性用途並經依法登記的集體經營性建設用地，通過出讓、出租等方式交由單位或者個人使用、建設。除法律另有規定或者當事人另有約定外，通過出讓等方式取得的集體經營性建設用地使用權可以轉讓、互換、出資、贈與或者抵押，集體經營性建設用地使用權的出租、出讓及其轉讓、互換、出資、贈與、抵押的，參照同類用途的國有建設用地執行。集體建設用地的使用者應當嚴格按照土地利用總體

規劃、城鄉規劃確定的用途使用土地。

　　鄉鎮、村企業的建設用地與入市的集體經營性建設用地在使用主體、審批程序等方面有不同。將鄉鎮、村企業的建設用地使用權抵押的，抵押權的實現可能會帶來建設用地使用權出讓的效果，即入市的效果。由於集體經營性建設用地入市有嚴格的要求，如必須符合規劃、符合用途管制、經依法登記確權、通過集體的決議程序等，如果對鄉鎮、村企業的建設用地使用權抵押不作任何限制，可能出現規避法律，以抵押為名，使不符合入市要求的集體所有的土地流入市場。為此本條規定：「鄉鎮、村企業的建設用地使用權不得單獨抵押。以鄉鎮、村企業的廠房等建築物抵押的，其佔用範圍內的建設用地使用權一併抵押。」也就是說，鄉鎮、村企業不能僅以集體所有的建設用地使用權抵押，但可以將鄉鎮、村企業的廠房等建築物抵押，以廠房等建築物抵押的，根據本法第 397 條，其佔用範圍內的建設用地使用權一併抵押。法律雖然允許鄉鎮、村企業的建設用地使用權隨廠房等建築物一併抵押，但對實現抵押權後土地的性質和用途作了限制性規定。本法第 418 條規定，以集體所有土地的使用權依法抵押的，實現抵押權後，未經法定程序，不得改變土地所有權的性質和土地用途。也就是說，即使鄉鎮、村企業的建設用地使用權隨其廠房等建築物被拍賣、變賣了，受讓的土地仍然屬於農村集體所有，如果該土地原為工業用途，買受人應當嚴格按照該用途使用土地，未經有關部門批准，買受人不能將該土地用於商業、旅遊和住宅建設。

> **第三百九十九條　下列財產不得抵押：**
>
> 　（一）土地所有權；
>
> 　（二）宅基地、自留地、自留山等集體所有土地的使用權，但是法律規定可以抵押的除外；
>
> 　（三）學校、幼兒園、醫療機構等為公益目的成立的非營利法人的教育設施、醫療衛生設施和其他公益設施；
>
> 　（四）所有權、使用權不明或者有爭議的財產；
>
> 　（五）依法被查封、扣押、監管的財產；
>
> 　（六）法律、行政法規規定不得抵押的其他財產。

■ 條文主旨

　　本條是關於禁止抵押的財產的規定。

■ 條文釋義

　　根據本條規定，下列財產不得抵押：

一、土地所有權

土地所有權包括國有土地的所有權，也包括集體所有土地的所有權。目前，我國法律沒有規定國有和集體所有的土地所有權可以抵押。如果允許土地所有權抵押，實現抵押權後，必然帶來土地所有權歸屬的改變，從而違反憲法和法律關於我國土地只能歸國家或者集體所有的規定，因此，土地所有權不得抵押。

二、宅基地、自留地、自留山等集體所有土地的使用權

近些年來，我國農村土地制度改革不斷深化，對於集體所有土地的使用權能否抵押的問題，法律和國家有關農村土地的政策經歷了一系列變化。

物權法規定：耕地、宅基地、自留地、自留山等集體所有的土地使用權不得抵押，但法律規定可以抵押的除外；鄉鎮、村企業的建設用地使用權不得單獨抵押，以鄉鎮、村企業的廠房等建築物抵押的，其佔用範圍內的建設用地使用權一併抵押；以招標、拍賣、公開協商等方式取得的荒地等土地承包經營權可以抵押。

根據物權法，集體所有土地的使用權中以招標、拍賣、公開協商等方式取得的荒地等土地承包經營權以及鄉鎮、村企業的建設用地使用權可以抵押。其他類型的集體所有土地的使用權有的與農民的人身屬性聯繫密切、有的具有基本生活保障的功能，有的屬於耕地涉及農業生產安全，為了避免集體土地的公有制性質被改變、耕地紅線被突破、農民利益受到損害，基於當時的社會發展狀況，物權法對耕地、宅基地、自留地、自留山等集體所有的土地使用權的抵押作了禁止性的規定。

由於社會實踐的發展，特別是由於我國當前處於由傳統農業向現代農業轉變的關鍵時期，禁止集體所有的土地使用權的抵押不利於盤活農民土地財產、不利於破解農村金融缺血和農民貸款難等問題。然而，集體所有的土地使用權又是農民最重要的土地財產權利，事關農民衣食所依和家人所居，對相關權利進行抵押可能會面臨農民陷入失地困境的風險，因此相關改革必須慎重穩妥。

為了落實農村土地的用益物權，賦予農民更多財產權利，深化農村金融改革創新，有效盤活農村資源、資金、資產，為穩步推進農村土地制度改革提供經驗和模式，十二屆全國人大常委會十八次會議授權在部分試點地區分別暫時調整實施物權法、擔保法關於集體所有的耕地使用權、集體所有的宅基地使用權不得抵押的規定。十二屆全國人大常委會三十一次會議又將上述授權決定的期限延長了 1 年。

經過 3 年試點，對於集體所有的耕地使用權的抵押，農村承包土地的經營權抵押已經取得顯著成效，適時修改農村土地承包法，將承包土地的經營權抵押通過立法加以確認，已經時機成熟。十三屆全國人大常委會七次會議表決通過了關於修改《中華人民共和國農村土地承包法》的決定，落實了中央關於承包地「三權分置」的改革要求，對於以家庭承包方式取得的承包地，農村土地承包法在第 47 條規定：「承包方可以用承包地的土地經營權向金融機構融資擔保，並向發包方備案。受讓方通過流轉取得的土地經營權，經承包方書面同意並向發包方備案，可以向金融機構融資擔保」。與此銜接，物權法中有關耕地使用權不得抵押

的規定在此次民法典編纂過程中作出了相應修改，民法典物權編刪除了物權法中關於耕地使用權不得抵押的規定。

對於集體所有的宅基地使用權的抵押，從試點情況看出，目前我國宅基地使用權的抵押條件尚不成熟，宅基地是農民生活的必需和賴以生存的所在，特別是農民一戶只有一處宅基地，農村居民出賣、出租住房後再申請宅基地的不予批准，這一點與城市居民是不同的。農民一旦失去住房及其宅基地，將會喪失基本生存條件，影響社會穩定。為了維護現行法律和現階段國家有關農村土地政策，民法典物權編沿襲了物權法的相關規定，禁止以宅基地使用權抵押。

自留地、自留山是農民作為生活保障的基本生產資料，帶有社會保障性質，從保護廣大農民根本利益出發，民法典物權編沿襲了物權法的相關規定，禁止以自留地、自留山的使用權抵押。

雖然宅基地、自留地、自留山等集體所有土地的使用權不得抵押，但也有一些集體所有的土地的使用權依法可以抵押，如本法以及農村土地承包法規定的以家庭承包方式取得的承包地的土地經營權，以招標、拍賣、公開協商等方式承包農村土地的土地經營權，土地管理法規定的通過出讓等方式取得的集體經營性建設用地使用權等，為此本條第 2 項規定「但是法律規定可以抵押的除外」。

三、學校、幼兒園、醫療機構等為公益目的成立的非營利法人的教育設施、醫療衛生設施和其他公益設施

物權法第 184 條規定，學校、幼兒園、醫院等以公益為目的的事業單位、社會團體的教育設施、醫療衛生設施和其他社會公益設施不得抵押。民法典物權編的立法過程中，對這一規定曾有不同意見。有的認為，隨着教育體制和醫療體制的改革，出現了越來越多的民辦學校和醫療機構，這類主體國家投資少、融資需求大，又沒有教育設施、醫療衛生設施以外的其他財產作為融資的擔保，僅靠捐助或者投資人的繼續投入等方式籌資，難以滿足要求。因此，應當將學校、幼兒園、醫療機構分為公辦或者民辦，允許民辦學校、醫療機構的教育設施、醫療衛生設施和其他公益設施抵押。有的建議規定，學校、幼兒園、醫療機構的教育設施、醫療衛生設施和其他公益設施可以抵押，但實現抵押權時，不得改變學校、醫療機構等的性質和用途。

經對上述意見反覆研究，考慮到民辦學校、民辦醫院等已經進行了分類管理改革，結合本法總則編關於法人分類的規定，本法對物權法的上述規定作了相應修改。即對於屬於非營利法人的學校、幼兒園、醫療機構等的教育設施、醫療衛生設施和其他公益設施不得抵押，主要理由為：屬於非營利法人的學校、幼兒園、醫療機構等不論是公辦的，還是民辦的，都是為社會公益目的而設立的。如果允許以學校的教育設施抵押，一旦實現抵押權，不僅辦學目的難以達到，嚴重的可能造成學生失學，影響社會安定。醫療機構是為了保證公眾健康而設立的，也是一種公益事業，醫療機構在設置的區域佈局、服務人口的數量、等級配置等方面都有統籌安排和考慮，尤其是農村，一個區域甚至只有一所醫院，如果允許以醫療衛生設

施抵押，一旦醫療機構無法償還貸款，抵押權人要求拍賣醫療衛生設施用以清償債務，就會影響公眾看病就醫，不利於保障人民的健康。需要說明的是，本條禁止抵押的，只是學校等非營利法人的教育設施和醫療衛生設施。而對於屬於營利法人的民辦學校、民辦醫療機構等，其教育設施、醫療衛生設施等可以依法抵押。

除學校、幼兒園、醫療機構以外，其他以公益為目的成立的非營利法人的社會公益設施也不得抵押，比如，不得將公共圖書館、科學技術館、博物館、少年宮、敬老院、殘疾人福利基金會等用於社會公益目的的設施抵押。

四、所有權、使用權不明或者有爭議的財產

財產所有權是權利主體依法對自己的財產佔有、使用、收益和處分的權利。財產使用權是依法對財產佔有、使用、收益的權利。如果一項財產的所有權或者使用權不明確，甚至是有爭議的，將其抵押不僅可能侵犯所有權人或者使用權人的合法權利，而且可能引起矛盾和爭議，危害交易安全。因此，所有權、使用權不明或者有爭議的財產不得抵押。

五、依法被查封、扣押、監管的財產

依法查封、扣押財產，指人民法院或者行政機關採取強制措施將財產就地貼上封條或者運到另外的處所，不准任何人佔有、使用或者處分。依法監管的財產，指行政機關依照法律規定監督、管理的財產。比如海關依照有關法律、法規，監管進出境的運輸工具、貨物、行李物品、郵遞物品和其他物品，對違反海關法和其他有關法律、法規規定的進出境貨物、物品予以扣留。依法被查封、扣押、監管的財產，其合法性處於不確定狀態，國家法律不能予以確認和保護。因此禁止以依法被查封、扣押、監管的財產抵押。

六、法律、行政法規規定不得抵押的其他財產

這是一項兜底性規定。除本條前 5 項所列不得抵押的財產外，在設定抵押權時，還要看其他法律、行政法規有無禁止抵押的規定。

第四百條　設立抵押權，當事人應當採用書面形式訂立抵押合同。

抵押合同一般包括下列條款：

（一）被擔保債權的種類和數額；

（二）債務人履行債務的期限；

（三）抵押財產的名稱、數量等情況；

（四）擔保的範圍。

■ 條文主旨

本條是關於訂立抵押合同的規定。

■ 條文釋義

設立抵押權不僅要求當事人雙方意思表示一致，還要求通過一定的法律形式表現出來，該種法律形式就是合同。合同有口頭和書面之分，對於比較重大、容易發生糾紛或者需經一段時間才能終結的民事法律行為，應當採用書面形式。抵押涉及的財產數額較大，法律關係比較複雜，而且要在一段時間內為債權擔保，因此，本條要求採用書面形式訂立抵押合同。

本條對於合同內容的要求是指導性的，而不是強制性的。根據本條規定，抵押合同一般包括以下內容：

一、被擔保債權的種類和數額

被擔保債權的種類，主要指主債權是財物之債，還是勞務之債。被擔保債權的數額，指主債權的財物金額，或者對勞動者支付的工資、勞務費的金額。

二、債務人履行債務的期限

履行債務的期限，指債務人履行債務的最終日期。超過債務履行期限債務人未履行債務的，就產生以抵押財產折價或者拍賣、變賣抵押財產償還債務的法律後果。由於履行債務的期限是抵押權人可以實現抵押權的起算點，因此，抵押合同對此應有明確規定。

三、抵押財產的名稱、數量等情況

抵押財產的名稱，指抵押的是何種標的物。數量，指抵押財產有多少。物權法規定抵押合同的條款包括「抵押財產的名稱、數量、質量、狀況、所在地、所有權歸屬或者使用權歸屬」。在民法典的立法過程中，有的意見提出，為進一步改善營商環境，賦予當事人更大自主權，建議允許擔保合同對擔保財產作概括性的描述。據此，本條簡化規定了抵押合同的一般條款，將該項修改為「抵押財產的名稱、數量等情況」。

四、擔保的範圍

抵押財產擔保的範圍包括主債權及其利息、違約金、損害賠償金和實現抵押權的費用。當事人可以在合同中約定抵押擔保的範圍只包括上述一項或者幾項，也可以約定對上述各項都承擔擔保責任。擔保範圍依當事人的約定而確定；當事人對擔保的範圍沒有約定的，抵押人應當對主債權及其利息、違約金、損害賠償金和實現擔保物權的費用承擔擔保責任。

抵押合同除包括上述 4 項內容外，當事人之間可能還有其他認為需要約定的事項，這些內容也可以在協商一致的情況下在抵押合同中進行約定。

第四百零一條　抵押權人在債務履行期限屆滿前，與抵押人約定債務人不履行到期債務時抵押財產歸債權人所有的，只能依法就抵押財產優先受償。

■ 條文主旨

本條是關於流押條款效力的規定。

■ 條文釋義

流押條款，指債權人在訂立抵押合同時與抵押人約定，債務人不履行債務時抵押財產歸債權人所有。擔保法以及物權法均禁止當事人約定流押條款，主要考慮：（1）在設立抵押權時，抵押人處於資金需求者的地位，一些抵押人出於緊急需要，可能不惜以自己價值很高的抵押財產去為價值遠低於該抵押財產的債權擔保，這不僅不利於保護抵押人的合法權益，也與民法規定的平等、公平的原則相悖。（2）禁止流押的規定也要保證對抵押權人公平，如果流押條款訂立後，因抵押財產價值縮減導致債權無法滿足，對債權人也是不公平的。抵押權的設立不是風險投資，需要公平地保障債權人和抵押人的合法權益。（3）流押條款可能損害抵押人的其他債權人的利益。（4）流押條款訂立後，當事人雙方是否依照約定履行了合同，不履行的原因是什麼，可能相當複雜，如果因抵押權人的原因造成債務不履行，抵押權人又可以將抵押財產直接轉為自己所有，可能會引發更大的麻煩，帶來當事人雙方特別是債務人的更高的成本。（5）流押條款看起來實現成本比較低，但是如果低成本不能帶來公平的、高質量的經濟社會效益，也會產生很多負面影響。

在民法典物權編的編纂過程中，一些意見提出，物權法規定當事人在債務履行期限屆滿前，不得約定債務人不履行到期債務時抵押財產歸債權人所有，但是沒有明確規定如果進行了這樣的約定該約定的效力如何。一些意見認為，應當明確規定流押條款無效，這才符合禁止流押的宗旨。另一些意見認為，如果當事人約定了流押條款，那麼當事人之間抵押擔保的法律關係的效力如何須進一步明確。可以在允許抵押權人取得抵押財產所有權的前提下，強制性地對抵押權人課以清算義務，即對於抵押財產價值超過債權部分應當返還抵押人，不足清償擔保債權的部分，仍由債務人清償。

我們研究認為，抵押權性質上屬於擔保物權，抵押權人設立抵押權的目的在於支配抵押財產的交換價值而使債權獲得清償，而不是取得抵押財產的所有權。如果承認流押條款的效力，債務人屆期不履行債務時，債權人不經過任何清算程序即可獲得抵押財產所有權，有違抵押權的擔保物權本質，應當否認抵押權人可以取得抵押財產所有權的事先約定的效力。然而，當事人之間訂立流押條款時，存在為債權進行擔保的意思表示，如果否認該抵押權的效力會使債權人的債權變成完全無擔保的普通債權，這既不符合債權人與抵押人之間的意思自治，也會造成債權人的利益失衡。在對物權編草案進行二次審議以及向社會各界徵求意見時，有的意見提出，為進一步優化營商環境，建議完善草案中有關流押條款、流質條款的效力，明確當事人事先作出此類約定的，仍享有擔保權益，但是只能依法就抵押財產或者質押財產優先受償。民法典物權編對物權法的規定進行了修改，明確了流押條款的效力，規定：抵押權人在債務履行期限屆滿前，與抵押人約定債務人不履行到期債務時抵押財產歸債權人所有的，只能依法就抵押財產優先受償。這表明當事人訂立流押條款的，發生實現抵押權的情形時，抵押財產不能直接歸債權人所有，而是應當根據本法規定的實現抵押權的方式就抵押財產優先受償。

需要注意的是，當事人之間訂有流押條款的，債權人依法就抵押財產優先受償，需要滿足抵押權設立的前提條件，即不動產抵押權經登記設立；動產抵押權經抵押合同生效設立，未登記的不得對抗善意第三人。

> **第四百零二條　以本法第三百九十五條第一款第一項至第三項規定的財產或者第五項規定的正在建造的建築物抵押的，應當辦理抵押登記。抵押權自登記時設立。**

■ 條文主旨

本條是關於不動產抵押登記的規定。

■ 條文釋義

財產抵押是重要的民事法律行為，法律除要求設立抵押權要訂立書面合同以外，還要求對某些財產辦理抵押登記，不經抵押登記，抵押權不發生法律效力。這類財產主要是不動產，本法規定，不動產物權的設立、變更、轉讓和消滅，經依法登記，發生效力；未經登記，不發生效力，但是法律另有規定的除外。根據本條規定，需要進行抵押登記的財產為：（1）建築物和其他土地附着物；（2）建設用地使用權；（3）海域使用權；（4）正在建造的建築物。抵押登記，便於債權人查看抵押財產的權屬關係以及是否負擔其他的用益物權、擔保物權等權利，以決定是否接受該財產抵押擔保；可以使得實現抵押權的順序清楚、明確，防止糾紛的發生；可以產生對抗第三人的效果，有利於保護債權人的合法權益，有利於經濟活動的正常進行。

對於抵押登記的效力，擔保法第 41 條規定：「當事人以本法第四十二條規定的財產抵押的，應當辦理抵押物登記，抵押合同自登記之日起生效。」物權法第 187 條將擔保法上述條文中的「抵押合同自登記之日起生效」修改為「抵押權自登記時設立」，主要考慮到抵押合同的訂立是發生物權變動的原因行為，屬於債權關係範疇，其成立、生效應當依據合同法確定。抵押權的效力，除了要求抵押合同合法有效這一要件以外，還必須符合物權法的公示原則。將抵押合同的效力和抵押權的效力混為一談，不利於保護抵押合同當事人的合法權益。比如某甲與某乙訂立了房屋抵押合同，但是某甲拖着不為某乙辦理抵押登記，隨後某甲又將該房屋抵押給了某丙，與某丙辦理了抵押登記。根據物權法的規定，當某甲不履行債務時，由於某丙辦理了抵押登記享有抵押權，可以優先受償，而某乙沒有辦理抵押登記，不享有抵押權。如果認為不辦理抵押登記則抵押合同不發生效力，那麼，某乙不僅不能享有抵押權，連追究某甲合同違約責任的權利都喪失了，這不僅對某乙不公平，也會助長惡意損害他人權益的行為，不利於社會經濟秩序的維護。因此，物權法區分了抵押合同效力和物權變動效力。民法典物權編沿襲了物權法第 187 條的規定，對於以本條規定的不動產設立抵押的，應

當辦理抵押登記，抵押權自登記時設立。

> **第四百零三條** 以動產抵押的，抵押權自抵押合同生效時設立；未經登記，不得對抗善意第三人。

■ 條文主旨

本條是關於動產抵押效力的規定。

■ 條文釋義

根據本法第 395 條的規定，生產設備、原材料、半成品、產品，正在建造的船舶、航空器，交通運輸工具等動產都可以成為抵押的客體。根據本法第 396 條的規定，企業、個體工商戶、農業生產經營者還可以以現有的以及將有的生產設備、原材料、半成品、產品抵押。對於動產抵押的效力，本條規定，以動產抵押的，抵押權自抵押合同生效時設立；未經登記，不得對抗善意第三人。需要說明的是，本條既適用於一般的動產抵押，也適用於浮動抵押。

抵押登記，可以使抵押財產的潛在買受人明晰財產的物上負擔，以避免交易風險，可以使債權人查看抵押財產的權屬關係以及曾否抵押過，以決定是否接受該財產抵押擔保，也可使得實現抵押權的順序清楚明確，預防糾紛發生，對於保護債權人和善意第三人的合法權益和經濟活動的正常進行具有重要意義。對於動產抵押，抵押權不以登記為生效要件，登記僅具有對抗效力，主要原因在於：第一，對於某些交通運輸工具的抵押，我國有關法律都採用了登記對抗制度。比如民用航空法、海商法規定，設定民用航空器抵押權、船舶抵押權，應當辦理抵押權登記，未經登記，不得對抗第三人。對於其他價值相對較小的動產設定抵押權，更沒有必要實行登記生效主義。第二，當事人採用對動產不轉移佔有的抵押方式擔保債權的實現往往是基於雙方的信任，如果對這些動產抵押也要求抵押登記才能生效，可能會對當事人造成不方便，也會增加抵押人的交易成本，特別是浮動抵押主要是解決中小企業、個體工商戶、農業生產經營者貸款難，他們本身缺乏資金，一些主體又處於比較偏遠的地區，辦理抵押登記會有一定困難。此外，由於動產便於移動，具有流動性強的特點，即使辦理了抵押登記，也不能保證所有權人不將已抵押的動產轉讓給他人。因此，本條對以動產抵押的沒有採用登記生效制度，當事人以這些動產抵押的，可以辦理抵押登記，也可以不辦理抵押登記，抵押權不以登記為生效條件，而是自抵押合同生效時設立。合同生效後，即使當事人沒有辦理登記，債務人不履行債務時，抵押權人仍然可以就實現抵押權的價款優先受償。

但是，辦理與不辦理抵押登記的法律後果是不同的，未辦理抵押登記的，不得對抗善意第三人。善意第三人，指不知道也不應當知道該財產已經被抵押的事實的人。所謂不得對

抗善意第三人，包括兩方面含義：一是合同簽訂後，如果抵押人將抵押財產轉讓，對於善意取得該財產的第三人，抵押權人無權追償，抵押權人將失去在該財產上的抵押權，只能要求抵押人重新提供新的擔保，或者要求債務人及時償還債務。二是抵押合同簽訂後，如果抵押人以該財產再次設定抵押或者質押，而後位抵押權人進行了抵押登記或者後位質權人因交付取得了對該動產的實際佔有，那麼，實現抵押權時，後位抵押權人以及後位質權人可以優先於前位未進行抵押登記的抵押權人受償。辦理抵押登記的，抵押權具有對抗第三人的法律效力，也就是說，抵押財產登記後，不論抵押財產轉移到誰手中，只要債務履行期限屆滿債務人沒有履行債務，抵押權就具有追及效力，抵押權人可以就該抵押財產實現抵押權。同時在受償順序上，已登記的抵押權優先於未登記的抵押權、後設立的抵押權以及質權受償。由此可見，為了切實保障自己債權的實現，抵押權人最好進行抵押登記。

第四百零四條　以動產抵押的，不得對抗正常經營活動中已經支付合理價款並取得抵押財產的買受人。

■ 條文主旨

本條是關於動產抵押不得對抗正常經營活動中的買受人的規定。

■ 條文釋義

對於正常經營活動中的買受人的保護，物權法在第 189 條規定，企業、個體工商戶、農業生產經營者以現有的以及將有的生產設備、原材料、半成品、產品抵押的，不得對抗正常經營活動中已支付合理價款並取得抵押財產的買受人。物權法規定的正常經營活動中的買受人的保護只限於在浮動抵押的情形，之所以這樣規定，主要因為：浮動抵押是現有的和將有的財產設定擔保，抵押期間抵押人可以佔有、使用、處分抵押財產，如果以全部或者部分動產抵押，又不讓抵押人處分該財產，抵押人的經營活動就無法進行了。特別是浮動抵押的標的物通常是原材料、庫存產成品，這些動產經常處於流動過程中，既然法律允許浮動抵押人在抵押期間處分抵押財產，且不必通知抵押權人，那麼對於浮動抵押財產的買受人就應當給予一定的保護。否則，所有動產的買受人為避免買受的貨物被在先設立的抵押權所追及，在每次交易前都必須查閱登記資料來看該貨物上是否設有浮動抵押，這樣將使動產交易活動變得極其滯重，也讓動產以佔有作為權利外觀的一般規則受到衝擊，不能適應現代商業的需要。為此，物權法在浮動抵押的情形中對正常經營活動中的買受人確立了特別保護規則，即無論浮動抵押是否登記，只要抵押財產的買受人為正常經營活動中已支付合理價款並取得抵押財產的買受人，其買受的財產不受抵押權的追及。

在民法典物權編的編纂過程中，有些意見提出，物權法中正常經營活動中的買受人的保

護規則僅適用於浮動抵押的情形，一般的動產抵押沒有類似的規定。但是依據物權法第 180 條第 1 款第 4 項的規定，在原材料、半成品、產品上也可以設定一般的動產抵押權，而這些財產在性質上屬於存貨，常常在正常經營活動中被賣出，如果正常經營活動中的買受人的保護規則不適用於一般的動產抵押的情形，那麼一般的動產抵押權人可以對抗正常經營活動中該抵押財產的買受人，這意味着以後所有正常經營活動中的買受人在交易之前都需要查閱所要購買的物品上是否存在抵押以及該抵押是一般的動產抵押還是浮動抵押，這既不合交易習慣，也會降低交易效率。建議將正常經營活動中的買受人的保護規則的適用範圍擴大至一般的動產抵押。在民法典物權編的立法過程中，吸收了上述意見，規定：「以動產抵押的，不得對抗正常經營活動中已支付合理價款並取得抵押財產的買受人。」將物權法中適用於動產浮動抵押的正常交易活動中的買受人的保護規則上升為動產抵押權的一般規則，適用於一般的動產抵押以及浮動抵押情形。

按照本條規定，受到保護的買受人必須符合以下條件：第一，買受人是在正常經營活動中買受了抵押財產，即出賣人出賣抵押財產是其正常的經營活動，而買受人既可以是在存貨融資中，買受出賣人在正常經營過程中出售的已設定擔保的存貨的人，也可以是市場交易中的消費者。買受人取得的標的物應當是出賣人通常銷售的動產，而出賣人也一般以銷售該類動產為業。第二，買受人必須已經支付合理價款。在判斷買受人支付價款是否合理時，應當根據轉讓標的物的性質、數量以及付款方式等具體情況，參考轉讓時交易地市場價格以及交易習慣等因素綜合認定。第三，買受人已取得抵押財產，即抵押財產的所有權已通過交付轉讓給買受人。具備這三個條件，無論該動產抵押是否登記，抵押財產的買受人可以對抗抵押權人，即買受人可以取得買受的抵押財產的所有權並且不受抵押權人的追及。

> **第四百零五條** 抵押權設立前，抵押財產已經出租並轉移佔有的，原租賃關係不受該抵押權的影響。

■ 條文主旨

本條是關於抵押權和租賃權關係的規定。

■ 條文釋義

以房屋等財產抵押的，在設定抵押權之前，有時該財產上已存在租賃法律關係，這種在抵押權設立之前事先存在的租賃關係是否繼續有效呢？從理論上講，財產租賃屬於債權的範疇，根據物權優先於債權的原則，財產所有權人將已出租的財產轉讓給第三人的，第三人取得財產的所有權的同時，承租人的租賃關係即歸於消滅。承租人可以要求出租人承擔債務不履行的違約責任，但是不能向租賃物的買受人要求繼續履行租賃合同，因為承租人與買受人

不存在租賃合同關係。但是，隨着社會經濟的發展，為了保護承租人尤其是不動產承租人的利益，維護社會穩定，現代各國民法都逐漸採取了增強租賃權效力的做法，將「買賣擊破租賃」規則轉為「買賣不破租賃」規則，即租賃關係成立後，即使出租人將租賃物轉賣給第三人，該原已存在的租賃關係仍然對買受人有效，承租人仍然可以向受讓人主張租賃權，受讓人取得的是一項有租賃關係負擔的財產所有權。本法第 725 條也規定：「租賃物在承租人按照租賃合同佔有期限內發生所有權變動的，不影響租賃合同的效力。」買賣等處分行為可以使租賃物的所有權發生變動，設定抵押也屬於處分行為，在實現抵押權時會導致租賃物所有權的變動，可能影響到事先存在的租賃關係，為了保障承租人的權利，切實落實「買賣不破租賃」原則的精神，物權法第 190 條規定，訂立抵押合同前抵押財產已出租的，原租賃關係不受該抵押權的影響。即，因實現抵押權而將抵押財產轉讓時，抵押人與承租人之間原有的租賃關係不當然終止，承租人可以在租賃合同的有效期內繼續享有承租的權利。

在民法典物權編的編纂過程中，有些意見提出，僅憑訂立抵押合同的時間與訂立租賃合同的時間來認定抵押權和租賃關係的先後，容易滋生道德風險。在實踐中存在一些當事人惡意串通，通過虛構租賃關係或者倒簽租賃合同的方式，侵害抵押權人的利益，為抵押權人實現抵押權製造障礙。同樣，當事人之間也有可能虛構抵押關係或者倒簽抵押合同，侵害承租人的利益。建議在認定抵押權和租賃關係的先後順序時規定較為嚴格的條件。民法典物權編吸收了以上意見，將物權法中的「訂立抵押合同前」修改為「抵押權設立前」，將「抵押財產已出租的」修改為「抵押財產已出租並轉移佔有的」。即在判斷租賃關係受不受抵押權的影響時，要看在抵押權設立前抵押財產是否已出租並轉移佔有。不動產抵押權在登記時設立，動產抵押權在訂立抵押合同時設立，認定抵押權設立的時間分別以登記和訂立合同的時間為準。要求已出租的抵押財產須在抵押權設立前轉移佔有，主要是考慮到保護承租人的權利要以承租人對租賃物有一定的支配利益為前提，如果承租人尚未取得對租賃物的佔有，在設定抵押時債權人沒有理由知道該租賃關係的存在，此時如果主張在先訂立的租賃關係不受抵押權的影響則對抵押權人不公平。

第四百零六條　抵押期間，抵押人可以轉讓抵押財產。當事人另有約定的，按照其約定。抵押財產轉讓的，抵押權不受影響。

抵押人轉讓抵押財產的，應當及時通知抵押權人。抵押權人能夠證明抵押財產轉讓可能損害抵押權的，可以請求抵押人將轉讓所得的價款向抵押權人提前清償債務或者提存。轉讓的價款超過債權數額的部分歸抵押人所有，不足部分由債務人清償。

■ 條文主旨

本條是關於抵押期間轉讓抵押財產的規定。

■ 條文釋義

抵押權是不轉移財產佔有的物權。傳統理論認為，抵押期間，抵押人不喪失對物的佔有、使用、收益和處分的權利。抵押人轉讓抵押財產的，抵押權人對轉讓的抵押財產具有物上追及的法律效力。比如，甲向乙借款時，為擔保借款的償還將房屋抵押給了乙，之後又將該房屋賣給了丙，如果債務履行期限屆滿甲沒有向乙歸還借款，乙有權拍賣或者變賣丙所購買的房屋，並就拍賣或者變賣所得的價款優先受償。上述理論和做法有利於加速經濟流轉，更好地發揮物的效用，但也使抵押權人和抵押財產的買受人承擔了一定的風險。比如，抵押人轉讓已抵押但沒有辦理抵押登記的汽車，買受人根據善意取得的規定取得該汽車所有權的同時，抵押權消滅，抵押權就無法實現了。又比如，轉讓負有抵押權的財產，抵押權人有權就受讓人買受的抵押財產實現抵押權，就可能出現買受人因抵押權的實現而喪失買受的抵押財產，又無法從抵押人處取回已支付的轉讓價款的情況。因此，在設計抵押期間抵押財產的轉讓規則時，既需要考慮發揮物的效用，又要維護抵押權人和抵押財產的買受人的合法權益，作出符合我國實踐情況的規定。我國民事法律中關於抵押期間抵押財產的轉讓規則經歷了以下變化：

一、物權法的有關規定

物權法在第 191 條規定：「抵押期間，抵押人經抵押權人同意轉讓抵押財產的，應當將轉讓所得的價款向抵押權人提前清償債務或者提存。轉讓的價款超過債權數額的部分歸抵押人所有，不足部分由債務人清償。」「抵押期間，抵押人未經抵押權人同意，不得轉讓抵押財產，但受讓人代為清償債務消滅抵押權的除外。」

物權法的上述規定表明：其一，抵押期間，抵押人轉讓抵押財產的，應當經抵押權人同意，同時，要將轉讓所得的價款向抵押權人提前清償債權或者提存。其二，抵押期間，未經抵押權人同意，不得轉讓抵押財產。除非受讓人替抵押人向抵押權人償還了債務消滅了抵押權。按照該條的制度設計，轉讓抵押財產，必須消除該財產上的抵押權。既然買受人取得的是沒有物上負擔的財產，也就不再有物上追及的問題。物權法這樣規定的主要理由是：第一，財產抵押實際是以物的交換價值擔保，抵押財產轉讓，交換價值已經實現。以交換所得的價款償還債務，消滅抵押權，可以減少抵押財產流轉過程中的風險，避免抵押人利用制度設計的漏洞取得不當利益，更好地保護抵押權人和買受人的合法權益。第二，抵押財產的價值是隨着市場價格波動的，與其為抵押權的實現留下不確定因素，不如在轉讓抵押財產時，就將轉讓所得的價款向抵押權人提前清償或者提存。第三，轉讓抵押財產前就取得抵押權同意，可以防止以後出現的一系列麻煩，節省經濟運行的成本，減少糾紛。

二、民法典物權編對抵押期間抵押財產轉讓規則的修改

物權法沒有規定抵押財產轉讓時抵押權的物上追及效力，而是要求將轉讓價款向抵押權人提前清償債務或者提存。在民法典物權編的立法過程中，有的意見提出，物權法的規定存在以下問題：一是抵押權是存在於抵押財產上的權利，是屬於權利人的絕對權，抵押權對抵押財產具有追及效力是其物權屬性的體現，應當予以明確規定；二是要求抵押人將轉讓抵押

財產的價款提前清償債務，違背了抵押權作為擔保物權具有的或然性特徵，設定抵押不是債務承擔或者債務替代，提前清償債務損害抵押人的期限利益，在第三人作為抵押人的情形中尤其不公正，立法只需考慮抵押人處分抵押財產時是否會損害抵押權，再賦予抵押權人相應的救濟手段；三是轉讓抵押財產，必須消除該財產上的抵押權，影響了交易實踐的發展，尤其是在房屋按揭買賣中，需要先由買受人支付部分款項，以供出賣人提前清償按揭貸款從而塗銷抵押權，再由買受人與銀行簽訂抵押貸款合同，重新辦理抵押登記，增加了交易成本。建議規定抵押期間抵押人轉讓抵押財產的，抵押權不受影響，只有在轉讓行為有可能損害抵押權時，抵押權人可以要求抵押人提前清償債務或者將轉讓價款提存。

對於上述立法建議，有的部門和單位認為，允許抵押財產不經抵押權人同意而轉讓可能有以下不利影響：一是增加了債務人的道德風險，在不清償債務或提存的情況下，允許抵押人轉讓抵押財產，轉讓後的財產所有人與債務人無直接關聯，將削弱因財產擔保對債務人產生的約束，進而影響到債務的償還。二是影響抵押權的實現，雖然該建議明確了抵押權的追及效力，但是抵押權人對因抵押財產轉讓給第三人而導致的抵押財產處置困難的情況缺乏控制力，可能增加抵押權人的權利行使成本。

我們研究認為，如果當事人設立抵押權時進行了登記，受讓人可以知悉財產上是否負擔抵押權，受讓人知道或者應當知道該財產上設有抵押權仍受讓的，應當承受相應的風險；如果當事人設立抵押權時沒有進行登記，則不能對抗善意的受讓人，受讓人將獲得沒有抵押負擔的財產所有權。隨着我國不動產統一登記制度的建立以及動產抵押登記制度的完善，抵押人轉讓抵押財產時抵押權人和抵押財產的買受人可能承擔的風險大大降低，為了充分發揮物的效用，促進交易便捷，應當允許抵押人在抵押期間轉讓抵押財產並承認抵押權的追及效力。同時，應當允許當事人對抵押期間能否轉讓抵押財產另行約定，以平衡抵押人與抵押權人之間的利益，保護抵押權人為行使抵押權而作的預先安排，尊重當事人之間的意思自治。為此，民法典各分編草案一審稿第 197 條曾規定：「抵押期間，抵押人轉讓抵押財產的，應當通知抵押權人。當事人另有約定的，按照其約定。」「抵押財產轉讓的，抵押權不受影響。抵押權人能夠證明抵押財產轉讓可能損害抵押權的，可以請求抵押人將轉讓所得的價款向抵押權人提前清償債務或者提存。轉讓的價款超過債權數額的部分歸抵押人所有，不足部分由債務人清償。」

在民法典物權編經全國人大常委會審議以及公開徵求意見的過程中，一些意見提出，草案修改了物權法中抵押期間抵押財產轉讓的相關規則，承認了抵押權的追及效力，刪除了未經抵押權人同意不得轉讓抵押財產的規定，值得肯定。但是該條文第 1 款規定的「抵押人轉讓抵押財產的，應當通知抵押權人」，通知抵押權人到底有何實際作用，是否影響抵押財產轉讓的效力，值得考慮。依追及效力規則，不管通知與否，抵押權的效力均不受影響，那麼通知便沒有太大意義。第 1 款還規定「當事人另有約定的，按照其約定」，該約定是指可以不通知，還是約定抵押財產不得轉讓，也存在疑問。經研究，提交十三屆全國人大常委會十五次會議審議的民法典草案為避免產生歧義，將抵押期間抵押財產的轉讓規則作了修改完

善，在草案第 406 條規定：「抵押期間，抵押人可以轉讓抵押財產。當事人另有約定的，按照其約定。抵押財產轉讓的，抵押權不受影響。」「抵押人轉讓抵押財產的，應當及時通知抵押權人。抵押權人能夠證明抵押財產轉讓可能損害抵押權的，可以請求抵押人將轉讓所得的價款向抵押權人提前清償債務或者提存。轉讓的價款超過債權數額的部分歸抵押人所有，不足部分由債務人清償。」該條文最終成為了民法典物權編的條文。

根據本條規定，抵押人對其所有的抵押財產享有佔有、使用、收益、處分的權利，抵押期間抵押人可以轉讓抵押財產，而不需要經過其他人的同意。如果抵押權人與抵押人在設立抵押權時約定抵押人在抵押期間不得轉讓抵押財產，那麼抵押人不能轉讓抵押財產，但是該約定不得對抗善意受讓人。抵押財產轉讓的，抵押權不受影響，即無論抵押財產轉讓到哪裏，也無論抵押財產的受讓人是誰，抵押權人對該抵押財產享有抵押權，在實現抵押權的條件成就時，可以追及該抵押財產並就抵押財產進行變價和優先受償。

由於抵押權人並不佔有、控制抵押財產，因此對於抵押財產的狀態和權屬狀況不可能隨時知悉，因此本條對抵押人規定了在轉讓抵押財產時及時通知抵押權人的義務。抵押人如果在轉讓抵押財產時未及時通知抵押權人，雖然不影響抵押權的效力，但是如果因未及時通知造成抵押權人損害的，應當承擔賠償責任。抵押人轉讓抵押財產的，抵押權人雖然對該財產具有追及效力，但是在一些情況下抵押財產的轉讓有可能損害抵押權人的利益，例如，某甲將其日常生活所用的汽車抵押給某乙並進行了登記，後來又將該汽車轉讓給某丙用於營業用途，由於汽車用途的改變會加大汽車的損耗，汽車的價值也會相應降低，儘管汽車轉讓後某乙對該汽車仍享有抵押權，但是在其實現抵押權時，汽車的價值可能已經貶損到不能完全清償其債權。在這種情況下本條規定，抵押權人能夠證明抵押財產轉讓可能損害抵押權的，可以請求抵押人將轉讓所得價款提前清償債務或者提存。

> **第四百零七條　抵押權不得與債權分離而單獨轉讓或者作為其他債權的擔保。債權轉讓的，擔保該債權的抵押權一併轉讓，但是法律另有規定或者當事人另有約定的除外。**

■ 條文主旨

本條是關於抵押權轉讓或者作為其他債權擔保的規定。

■ 條文釋義

擔保物權的一個重要特點就是其附隨於主債權債務關係，沒有主債權債務關係的存在，擔保關係也就沒有了存在以及實現的可能性和價值。作為擔保物權的一種，抵押權以其所擔保的債權存在為前提。由於抵押權不具有獨立存在的特性，因此本條中規定：「抵押權不得

與債權分離而單獨轉讓或者作為其他債權的擔保。」這一規定延續了我國擔保法、物權法的規定。根據這一規定，抵押權的轉讓或者以抵押權為其他債權設定擔保，應當與抵押權所擔保的債權一同進行。抵押權人轉讓抵押權的，抵押權應當與其所擔保的債權一同轉讓；抵押權人以抵押權向他人提供擔保的，抵押權應當與其所擔保的債權一同向他人提供擔保。單獨轉讓抵押權或者單獨以抵押權作為其他債權的擔保的行為無效。這裏所講的抵押權不得與債權分離而單獨轉讓，是指抵押權人不得將抵押權單獨讓與他人而自己保留債權。抵押權人也不得單獨將抵押權作為其他債權的擔保而自己保留債權，抵押權只有在與其所擔保的債權一同作為其他債權的擔保時才有意義。

由於抵押權具有附隨性，被擔保的債權轉讓的，抵押權應當隨被擔保債權的轉讓而移轉於受讓人，因此本條規定：「債權轉讓的，擔保該債權的抵押權一併轉讓。」需要注意的是，關於這一規定，本條還有一項但書規定：「但是法律另有規定或者當事人另有約定的除外。」「法律另有規定」是指法律規定在一些情況下，債權轉讓的，抵押權不一併轉讓，例如，本法規定，最高額抵押擔保的債權確定前，部分債權轉讓的，最高額抵押權不得轉讓。「當事人另有約定」，既可以是抵押權人在轉讓債權時，與受讓人約定，只轉讓債權而不轉讓擔保該債權的抵押權，這種情形大多發生在債權的部分轉讓時；也可以是第三人專為特定的債權人設定抵押的，該第三人與債權人約定，被擔保債權的轉讓未經其同意的，抵押權因債權的轉讓而消滅。在上述情形下，債權轉讓的，擔保該債權的抵押權不一併轉讓。

> **第四百零八條**　抵押人的行為足以使抵押財產價值減少的，抵押權人有權請求抵押人停止其行為；抵押財產價值減少的，抵押權人有權請求恢復抵押財產的價值，或者提供與減少的價值相應的擔保。抵押人不恢復抵押財產的價值，也不提供擔保的，抵押權人有權請求債務人提前清償債務。

■ 條文主旨

本條是關於抵押財產價值減少時如何處理的規定。

■ 條文釋義

抵押權設立後，抵押權人並不實際佔有抵押財產，抵押財產仍由抵押人佔有、使用、收益和處分，在抵押期間，有可能由於抵押人的行為致使抵押財產價值減少，損害抵押權人的利益。抵押人使抵押財產價值減少的行為主要包括兩個方面：一是抵押人採取積極的行為致使抵押財產價值減少，如砍伐抵押的林木、拆除抵押的房屋等；二是抵押人消極的不作為致使抵押財產價值減少，如對抵押的危舊房屋不作修繕、對抵押的機動車不進行定期的維修保養等。抵押權是為抵押權人的利益設定的，抵押權人的目的在於支配抵押財產的交換價

值而使債權獲得清償，當抵押人的行為使抵押財產價值減少從而侵害抵押權人的利益時，應當給予抵押權人保全抵押財產價值、維護抵押擔保效力的權利。因此，本條規定：抵押人的行為足以使抵押財產價值減少的，抵押權人有權請求抵押人停止其行為。如果抵押人對抵押權人的請求不予理睬、不停止其行為的，抵押權人可以請求人民法院強制抵押人停止其侵害行為。

實踐中，很多時候即使抵押人停止其行為，也已經造成抵押財產價值減少，使抵押權人的利益受到損害，對此，抵押權人有權請求抵押人恢復抵押財產的價值，如將破舊的房屋修繕好，將損壞的車輛修理好。抵押財產的價值難以恢復或者恢復的成本過高的，抵押權人也可以請求抵押人提供與減少的價值相應的擔保。經抵押權人請求，抵押人既不恢復抵押財產的價值也不提供擔保的，抵押權人為保護自己的利益，防止抵押財產的價值進一步減少，有權請求債務人提前清償債務。

需要注意的是，本條規定的抵押財產價值減少，均是由於抵押人的行為造成的，即只有在抵押人對抵押財產價值減少有過錯的，才按照本條的規定處理。對於抵押人對抵押財產價值減少無過錯時如何處理的問題，本條沒有作出規定。那麼，在抵押人無過錯的情況下，如因地震、水災等自然災害，因失火、被竊等第三人的原因致使抵押財產價值減少的，如何保護抵押權人的利益呢？對於非可歸責於抵押人的原因致使抵押財產價值減少的，如果請求抵押人恢復抵押財產的原價值或者提供與減少的價值相當的擔保，對抵押人有失公正。如果抵押人因抵押財產的毀損、滅失獲得了賠償金、保險金等，根據本法第 390 條的規定，抵押權人可以就獲得的保險金、賠償金等優先受償，被擔保債權的履行期限未屆滿的，也可以提存該保險金、賠償金等。賦予抵押權人對因擔保財產毀損滅失而獲得的保險金、賠償金等享有直接優先受償或者提存的權利，更有效地保護抵押權人的利益。當然，此時原抵押財產仍應當作為債權的擔保。對於非因抵押人的過錯致使抵押財產價值減少，抵押人又不能獲得保險金、賠償金的情形，例如，因市場的變化使得抵押的房地產價值減少的，抵押權人不能請求抵押人恢復抵押財產的價值或者提供與減少的價值相應的擔保，更不能請求債務人提前清償債務，還是應當以原抵押財產作為債權的擔保。債權人在實現抵押權時抵押財產的價值不足以償還全部債務的，可以請求債務人清償不足部分，如果該部分債權沒有其他的擔保，則變為普通債權。

> 　　**第四百零九條　抵押權人可以放棄抵押權或者抵押權的順位。抵押權人與抵押人可以協議變更抵押權順位以及被擔保的債權數額等內容。但是，抵押權的變更未經其他抵押權人書面同意的，不得對其他抵押權人產生不利影響。**
>
> 　　**債務人以自己的財產設定抵押，抵押權人放棄該抵押權、抵押權順位或者變更抵押權的，其他擔保人在抵押權人喪失優先受償權益的範圍內免除擔保責任，但是其他擔保人承諾仍然提供擔保的除外。**

■ 條文主旨

　　本條是關於抵押權人放棄抵押權、抵押權的順位以及變更抵押權的規定。

■ 條文釋義

　　抵押權作為抵押權人享有的一項權利，抵押權人可以放棄抵押權從而放棄其債權就抵押財產優先受償的權利。抵押權人不行使抵押權或者怠於行使抵押權的，不得推定抵押權人放棄抵押權。抵押權人放棄抵押權，不必經過抵押人的同意。抵押權人放棄抵押權的，抵押權消滅。

　　抵押權的順位是抵押權人優先受償的順序。抵押權的順位作為抵押權人享有的一項利益，抵押權人可以放棄其順位，即放棄優先受償的次序利益。抵押權人放棄抵押權順位的，該抵押權人將處於最後順位，所有後順位抵押權人的順位依次遞進。但是在抵押權人放棄抵押權順位之後新設定的抵押權不受該放棄的影響，其順位仍應在該抵押權人的抵押權順位之後。

　　本條規定，抵押權人與抵押人可以協議變更抵押權的順位以及被擔保的債權數額等內容。所謂抵押權順位的變更，是指將同一抵押財產上的數個抵押權的清償順序調換。抵押權的順位變更後，各抵押權人只能在其變更後的順位上行使優先受償權。對抵押權順位以及被擔保的債權數額等內容的變更，如果在同一抵押財產上還有其他抵押權人的，可能對這些抵押權人產生不利的影響。為了保護同一財產上其他抵押權人的合法利益，本條特別規定：「抵押權的變更未經其他抵押權人書面同意的，不得對其他抵押權人產生不利影響。」未經其他抵押權人書面同意變更抵押權，對其他抵押權人產生不利影響的，變更無效。如果抵押權的變更，對其他抵押權人不會產生不利影響，那麼即使未經後順位的抵押權人的書面同意，該變更有效。

　　本條第 2 款規定，債務人以自己的財產設定抵押，抵押權人放棄該抵押權、抵押權順位或者變更抵押權的，其他擔保人在抵押權人喪失優先受償權益的範圍內免除擔保責任，但是其他擔保人承諾仍然提供擔保的除外。這一規定是針對被擔保的債權既有以債務人自己的財產作抵押的抵押擔保又有其他擔保的情形而作出的特別規定。這裏的「其他擔保人」既包括為債務人擔保的保證人，也包括提供抵押、質押擔保的第三人。

　　現以同一債權既有以債務人自己的財產作抵押的抵押擔保又有第三人提供保證擔保的情

形為例，對本款的規定作一說明：本法第 392 條規定，被擔保的債權既有物的擔保又有人的擔保的，債務人不履行到期債務或者發生當事人約定的實現擔保物權的情形，債務人自己提供物的擔保的，如果沒有特別的約定，債權人應當先就債務人的物實現債權。根據這一規定，只要是債務人以自己的財產設定抵押的，無論該抵押是擔保主債權的全部還是部分，如果當事人之間沒有特別的約定，都要首先就該財產行使抵押權來實現債權。如果因行使抵押權而實現了全部債權，那麼保證人就不用承擔保證責任了；如果行使了抵押權卻只實現了部分債權，那麼保證人就只對未實現的那部分債權承擔保證責任。也就是說，在這種情形下，保證人是就債權人行使抵押權優先受償而仍不能受償的債權餘額承擔保證責任。如果抵押權人放棄該抵押權、抵押權的順位或者變更抵押權而使自己失去優先受償的權利或者減少優先受償的範圍，那麼因債權人喪失優先受償的權益而未能受償的債權，就要由保證人來承擔保證責任，這就會加大保證人的保證責任。這種因抵押權人的行為而加重保證人保證責任的現象，是不合理的。為了保護保證人等其他擔保人的合法利益，本法特別規定，其他擔保人在抵押權人喪失優先受償權益的範圍內免除擔保責任。但是如果其他擔保人承諾仍然提供擔保的，應當尊重當事人自願的意思表示，為此本條規定「但是其他擔保人承諾仍然提供擔保的除外」。

> **第四百一十條**　債務人不履行到期債務或者發生當事人約定的實現抵押權的情形，抵押權人可以與抵押人協議以抵押財產折價或者以拍賣、變賣該抵押財產所得的價款優先受償。協議損害其他債權人利益的，其他債權人可以請求人民法院撤銷該協議。
>
> 　　抵押權人與抵押人未就抵押權實現方式達成協議的，抵押權人可以請求人民法院拍賣、變賣抵押財產。
>
> 　　抵押財產折價或者變賣的，應當參照市場價格。

■ 條文主旨

　　本條是關於抵押權實現的條件、方式和程序的規定。

■ 條文釋義

　　本條第 1 款對抵押權人實現抵押權的條件作出了規定：一是債務履行期限屆滿，債務人不履行債務；二是發生了當事人約定的實現抵押權的情形。允許抵押權人與抵押人約定提前實現抵押權的條件，抵押權人就可以在抵押合同中對抵押人的某些行為進行約束，一旦抵押人違反約定從事了這些行為，滿足了約定的實現抵押權的條件，抵押權人就可以提前實現抵押權，以保障自己的債權得到清償。滿足上述任一條件，抵押權人就可以依照本條規定的方式和程序處理抵押財產以實現其債權。

　　債務人不履行到期債務或者發生當事人約定的實現抵押權的情形的，抵押權人可以與

抵押人就如何處理抵押財產進行協商，如果雙方達成協議，就可以按照協議的方式實現抵押權。本條提供了三種抵押財產的處理方式供抵押權人與抵押人協議時選擇：

一、折價方式

在實現抵押權的條件成就時，抵押權人可以與抵押人協議，以折價的方式實現抵押權。折價的方式也就是抵押權人與抵押人協議，參照市場價格確定一定的價款將抵押財產的所有權轉移給抵押權人，以實現債權。本法第401條規定：「抵押權人在債務履行期限屆滿前，與抵押人約定債務人不履行到期債務時抵押財產歸債權人所有的，只能依法就抵押財產優先受償。」這樣規定是為了避免債務履行期限屆滿前，抵押權人利用其優勢地位與抵押人約定，在債務人到期不能履行債務時，將價值高於被擔保債權的抵押財產直接轉歸抵押權人所有，以充抵債權，從而對抵押人造成不公平。上述條文所限制的只是在債務履行期限屆滿前作出這種將來轉移所有權的協議，在需要實現抵押權的時候，已不存在可能給抵押人造成不利的情勢了，這時雙方可以協議以折價的方式來清償抵押權人的債權。而且，如果雙方確定的抵押財產的價款高於被擔保的債權時，依照本法規定，超出的部分要歸抵押人所有，這樣抵押權人與抵押人雙方的權益就都得到了保護。

二、拍賣方式

拍賣是抵押權實現的最為普通的一種方式。拍賣也稱為競賣，是指以公開競爭的方法將標的物賣給出價最高的買者。拍賣又分為自願拍賣和強制拍賣兩種，自願拍賣是出賣人與拍賣機構訂立委託合同，委託拍賣機構拍賣，拍賣機構一般為拍賣行；強制拍賣是債務人的財產基於某些法定的原因由司法機關如人民法院強制性拍賣。抵押權人與抵押人協議以抵押財產拍賣來實現債權的方式屬於第一種方式，雙方達成一致意見，即可選擇拍賣機構進行拍賣。以拍賣的方式實現抵押權有很大的優點，因為拍賣是以公開競價的方式出賣標的物，拍賣的價款能夠最大限度地體現拍賣財產的價值，從而充分發揮抵押財產對債權的擔保作用。

三、變賣方式

除前述兩種方式外，本條規定雙方還可以協議以變賣的方式實現抵押權。採用變賣的方式就是以拍賣以外的生活中一般的買賣形式出讓抵押財產，以變賣抵押財產的價款來實現債權的方式。為了保障變賣的價格公允，變賣抵押財產應當參照市場價格。

抵押權人與抵押人協議處理抵押財產時，可能涉及抵押人的其他債權人的利益，如果抵押財產折價過低或者拍賣、變賣的價格遠低於市場價格，在該抵押權人就變價款優先受償後，可供後順位的抵押權人以及其他債權人實現其債權的數額就會大大減少，從而損害他們的利益。為保障其他債權人的利益，本條規定，協議損害其他債權人利益的，其他債權人可以請求人民法院撤銷該協議。

上面講的是抵押權人與抵押人達成協議而實現抵押權的情況，如果雙方未達成協議，那麼應當如何實現抵押權呢？在物權法的立法過程中，考慮到抵押權人與抵押人未就實現抵押權達成協議，主要有兩種情形：一是雙方就債務履行期限屆滿債權未受清償的事實沒有異議，只是就採用何種方式來處理抵押財產的問題達不成一致意見；二是雙方在債務是否已經

履行以及抵押權本身的問題上存在爭議，如雙方對抵押合同的有關條款或者抵押權的效力問題存在爭議，這些問題實際上是實現抵押權的前提條件，雙方對此發生爭議的，也就根本談不上協議以何種方式實現抵押權了。對於第一種情形，即抵押權人與抵押人僅就抵押權實現方式未達成協議的，為了簡便抵押權的實現程序，物權法規定，抵押權人可以直接請求人民法院拍賣、變賣抵押財產。對於第二種情形，抵押權人仍應當採取向人民法院提起訴訟的方式解決。本法保留了物權法的規定，本條規定，抵押權人與抵押人未就抵押權實現方式達成協議的，抵押權人可以請求人民法院拍賣、變賣抵押財產。

> **第四百一十一條**　依據本法第三百九十六條規定設定抵押的，抵押財產自下列情形之一發生時確定：
> （一）債務履行期限屆滿，債權未實現；
> （二）抵押人被宣告破產或者解散；
> （三）當事人約定的實現抵押權的情形；
> （四）嚴重影響債權實現的其他情形。

■ 條文主旨

本條是關於在浮動抵押中抵押財產確定的情形的規定。

■ 條文釋義

本條是專門針對浮動抵押的規定。根據本法第 396 條的規定，當事人除可以在特定的財產上設定抵押即固定抵押外，企業、個體工商戶、農業生產經營者還可以將現有的以及將有的生產設備、原材料、半成品和產品抵押，即在上述動產上設定浮動抵押，當債務人不履行到期債務或者發生當事人約定的實現抵押權的情形時，債權人有權就抵押財產確定時的動產優先受償。浮動抵押區別於固定抵押的一個重要特徵就是抵押財產的範圍不確定，浮動抵押設定後，抵押人仍然有權繼續佔有、經營管理並自由處分其財產，這樣就使抵押財產不固定，在抵押期間不斷發生變化。但是，當抵押權人需要行使抵押權時，抵押財產應當是確定的；只有抵押財產被確定，抵押權人才能將抵押財產折價或者拍賣、變賣以實現抵押權。因此，抵押財產的確定是抵押權實現的前提條件。當然，一般情況下也只有在需要實現抵押權時，才有必要確定抵押財產。抵押財產的確定是實現浮動抵押權中的一個重要問題。

那麼，在什麼情形下抵押財產能被確定呢？依照本條的規定，抵押財產確定的情形有以下四種：

第一，債務履行期限屆滿，債權未實現的，抵押財產確定。這種情況下，無論抵押權人是否向抵押人提出實現抵押權的要求，抵押財產均應確定，自債務履行期限屆滿之日起，抵

押人不得再處分抵押財產。

第二，抵押人被宣告破產或者解散的，抵押財產確定。這一規定主要適用於抵押人為法人或者非法人組織的情形。物權法第 196 條規定了浮動抵押中抵押財產確定的情形，其中第 2 項為「抵押人被宣告破產或者被撤銷」。抵押人被宣告破產或者被撤銷，即意味着抵押人停止營業，進入清算程序，由於抵押人的財產將不再發生變動，抵押財產隨之確定，抵押權人對確定下來的抵押財產享有優先受償的權利。然而，根據本法總則編的規定，法人和非法人組織終止的原因並不僅限於被宣告破產或者被撤銷。因法人解散或者法人被宣告破產並依法完成清算、註銷登記的，法人終止。而法人解散的原因有多種，本法第 69 條規定：「有下列情形之一的，法人解散：（一）法人章程規定的存續期間屆滿或者法人章程規定的其他解散事由出現；（二）法人的權力機構決議解散；（三）因法人合併或者分立需要解散；（四）法人依法被吊銷營業執照、登記證書，被責令關閉或者被撤銷；（五）法律規定的其他情形。」對於非法人組織來說，本法第 106 條規定：「有下列情形之一的，非法人組織解散：（一）章程規定的存續期間屆滿或者章程規定的其他解散事由出現；（二）出資人或者設立人決定解散；（三）法律規定的其他情形。」可見，抵押人被撤銷僅是抵押人解散的一種情形，在抵押人依照章程解散、決議解散、因合併分立解散、被吊銷營業執照、被責令關閉等情形中，抵押人也需要依法進行清算，最終終止。抵押人在終止之前，相關的權利義務關係應當確定下來並予以處理，此時應當將設定浮動抵押的抵押財產確定下來。為此，民法典物權編將物權法的「抵押人被宣告破產或者被撤銷」修改為「抵押人被宣告破產或者解散」，以涵蓋更多情形。

第三，發生當事人約定的實現抵押權的情形的，抵押財產確定。抵押權人為保障自己的債權得到清償，可以與抵押人約定提前實現抵押權的情形。當事人約定了實現抵押權的情形的，一旦發生了該情形，抵押財產即被確定，抵押權人可以要求實現抵押權。

第四，發生嚴重影響債權實現的其他情形的，抵押財產確定。嚴重影響債權實現的情形，範圍比較廣泛，既可以是因經營不善導致抵押人經營狀況惡化或者嚴重虧損；也可以是因抵押人放棄其債權、無償轉讓財產、以明顯不合理的低價轉讓財產或者以明顯不合理的高價受讓他人財產等，致使其設立浮動抵押的財產價值明顯減少；還可以是抵押人為逃避債務而隱匿、轉移財產。抵押人有上述行為，嚴重影響債權實現的，抵押權人為保全抵押財產達到一定的數額，以起到擔保其債權優先受償的作用，可以向抵押人要求確定抵押財產，以實現抵押權。抵押人對抵押權人的要求有異議的，抵押權人可以向人民法院請求確定抵押財產。需要說明的是，如果抵押人有放棄其債權、無償轉讓財產、以明顯不合理的低價轉讓財產或者以明顯不合理的高價受讓他人財產等行為，嚴重影響抵押權人債權實現的，抵押權人除可以依照本條規定要求確定抵押財產外，還可以依據本法第 408 條的規定，有權請求抵押人停止其行為，請求恢復抵押財產的價值，或者提供與減少的價值相應的擔保。如果債務人自己為抵押人的，抵押權人還可以依照合同編的有關規定向人民法院請求撤銷債務人的行為。因抵押權人行使撤銷權而追回的財產，如果原本就屬於浮動抵押財產的範圍，抵押財產

確定後，仍屬於抵押財產。

本條規定的四種情形為抵押財產確定的法定情形，發生其中任一情形的，自該情形發生時浮動抵押即轉化為固定抵押，抵押財產確定，抵押人不得再處分抵押財產，抵押權人可以依法實現抵押權。

> **第四百一十二條** 債務人不履行到期債務或者發生當事人約定的實現抵押權的情形，致使抵押財產被人民法院依法扣押的，自扣押之日起，抵押權人有權收取該抵押財產的天然孳息或者法定孳息，但是抵押權人未通知應當清償法定孳息義務人的除外。
> 前款規定的孳息應當先充抵收取孳息的費用。

■ 條文主旨

本條是關於抵押財產孳息的規定。

■ 條文釋義

抵押財產的孳息，是指由抵押財產而產生的收益。孳息分為天然孳息和法定孳息，天然孳息指物依照自然屬性產生的收益，如土地上生長的莊稼、樹木結的果實、牲畜產的幼畜；法定孳息指依照法律關係產生的收益，如出租人依合同收取的租金、貸款人依法所得的利息。抵押權設立後，抵押財產的佔有權、使用權、收益權和處分權仍由抵押人行使，因抵押財產的使用而產生的孳息應當歸抵押人所有，抵押權的效力不及於該孳息。

但是，債務人不履行到期債務或者發生當事人約定的實現抵押權的情形，因抵押權人行使抵押權致使抵押財產被人民法院依法扣押的，如果抵押財產的孳息仍為抵押人收取，則會使抵押人為收取孳息而拖延處理抵押財產，不利於保護抵押權人的利益。此時剝奪抵押人對抵押財產孳息的收取權，有利於抵押權人順利實現抵押權，也能夠充分發揮抵押財產擔保債權受償的功能。因此，本條規定，抵押財產被人民法院扣押的，抵押權的效力及於抵押財產的孳息，自扣押之日起抵押權人有權收取該抵押財產的天然孳息和法定孳息。需要說明的是，抵押權的效力及於抵押財產的孳息必須具備兩個條件：（1）必須是抵押財產被扣押後，抵押權人才能收取其孳息；（2）抵押財產被扣押後，抵押權人已經通知應當給付法定孳息的義務人。因為法定孳息如租金的取得，取決於義務人的給付行為，通常情況下義務人負有向抵押人給付孳息的義務，如果抵押權人未將扣押事實通知義務人，義務人就無法將孳息交付給抵押權人，抵押權的效力也就無法及於該孳息，因此本條規定「但是抵押權人未通知應當清償法定孳息義務人的除外」。

由於收取孳息可能要付出一些費用，如收取果實的勞務費等，這些費用應當首先得到滿足，也就是說，孳息應當先充抵收取孳息的費用，再用於清償抵押權人的債權。

> **第四百一十三條**　抵押財產折價或者拍賣、變賣後，其價款超過債權數額的部分歸抵押人所有，不足部分由債務人清償。

■ 條文主旨

本條是關於抵押財產變價款歸屬原則的規定。

■ 條文釋義

抵押權設定的目的在於確保債權獲得清償。當抵押所擔保的債權在履行期限屆滿或者發生當事人約定的實現抵押權的情形時而未受清償，抵押權人可以就抵押財產的變價款優先受償。抵押權的實現是抵押權的根本效力所在，也是抵押權人最重要的權利。

抵押權的實現就是將抵押財產的交換價值兌現，抵押權人以變價款優先受償。抵押財產價值的最初估算與最終的變價款可能並不一致，這與當事人在設定抵押權時對抵押財產價值的估值是否準確以及市場價格不斷變化有關。因此，抵押財產按照本法規定的方式和程序折價或者拍賣、變賣後，其價款可能超出其所擔保的債權數額或者不足清償債權。但是，無論抵押財產的變價款如何，設定抵押權時的主債權是清楚的，實現抵押權應當以清償抵押擔保範圍的債權為界。抵押財產作為債權的擔保，僅以最終實現債權為目的，抵押財產折價或者拍賣、變賣所得的價款如果超過債權數額，由於債權已經得到清償，超過部分應當歸抵押財產的原所有人即抵押人所有。如果抵押財產的變價款不足以清償債權，抵押權人也只能以該變價款優先受償，不能要求抵押人恢復抵押財產的價值或者提供與減少的價值相應的擔保，除非抵押財產的價值減少是由抵押人的行為造成的。在抵押權人實現抵押權後，抵押人已就其抵押財產承擔了擔保責任，抵押權因實現而消滅，但是未清償的部分債權，仍然在債權人與債務人之間存在，只是不再是抵押權擔保的債權，債務人仍然負有清償債務的義務，如果債務人與抵押人不是同一人時，抵押財產的變價款不足清償的債務由債務人承擔，抵押人不再承擔責任。

第四百一十四條 同一財產向兩個以上債權人抵押的，拍賣、變賣抵押財產所得的價款依照下列規定清償：

（一）抵押權已經登記的，按照登記的時間先後確定清償順序；

（二）抵押權已經登記的先於未登記的受償；

（三）抵押權未登記的，按照債權比例清償。

其他可以登記的擔保物權，清償順序參照適用前款規定。

■ 條文主旨

本條是關於同一財產上的多個抵押權及其他可以登記的擔保物權的清償順序的規定。

■ 條文釋義

擔保物權的設定以確保債權的實現為目的，其注重的是對擔保財產交換價值的支配，而不是對擔保財產的使用和收益，因此這使得同一擔保財產上可能存在為多個債權設定的不同的擔保物權。抵押權作為擔保物權的一種，同一個抵押財產上可以同時設定多個抵押權，但是我國民事法律對於多個抵押權存在形式的認可經歷了一個演變的過程。

擔保法第 35 條規定：「抵押人所擔保的債權不得超出其抵押物的價值。財產抵押後，該財產的價值大於所擔保債權的餘額部分，可以再次抵押，但不得超出其餘額部分。」根據這一規定，只有在抵押財產的價值大於所擔保的債權時，抵押人才可以就同一抵押財產向其他的債權人再次抵押，而且向數個債權人抵押擔保的債權總額不得超出該抵押財產的價值。

隨着我國社會主義市場經濟的不斷發展和完善，該規定也顯示出了一些局限性，主要有：（1）限制了抵押財產的充分利用，沒有充分發揮抵押財產的融資作用和擔保效益，不利於市場經濟條件下債務人對融資的需求。（2）要求被擔保債權不超出抵押財產的價值，限制了當事人設定抵押的意願。債權人是否接受抵押擔保，並不完全取決於抵押財產的價值是否大於或者與被擔保債權數額相當，債權人還要綜合考慮債務人的償還能力、信用狀況以及是否還存在其他擔保形式等諸多因素。在某些條件下，即使抵押財產的價值小於被擔保債權的數額，債權人仍然願意接受該抵押擔保。（3）在當時的實踐中，登記部門往往以擔保法規定的「抵押人所擔保的債權不得超出其抵押財產的價值」為由，在辦理抵押登記時，強制要求對抵押財產進行評估，有的甚至要求一年評估一次，借評估高收費。強制評估致使很多當事人不去辦理抵押登記。

在物權法的起草過程中，多數意見認為物權法應當將擔保法的這一規定刪去。鑒於上述情況，物權法沒有保留該規定，也就是說，物權法不再限制同一財產的重複抵押行為。以同一財產向同一債權人或者不同債權人多次抵押的，抵押人所擔保的債權可以超出其抵押財產的價值，數個抵押權依照法律規定的順序清償。是否在同一財產上設定數個抵押，由當事人根據實際情況判斷和決定。民法典物權編也沿襲了物權法的做法，沒有對重複抵押作出

限制。

　　法律允許對同一財產設定多個抵押權，就需要釐清各個抵押權之間的清償順序，以維護交易秩序，起到定分止爭的作用。關於同一財產上設定的多個抵押權的清償順序，物權法第199條規定：「同一財產向兩個以上債權人抵押的，拍賣、變賣抵押財產所得的價款依照下列規定清償：（一）抵押權已登記的，按照登記的先後順序清償；順序相同的，按照債權比例清償；（二）抵押權已登記的先於未登記的受償；（三）抵押權未登記的，按照債權比例清償。」

　　民法典物權編在規定同一財產上多個抵押權的清償順序時在物權法第199條規定的基礎上作了一些修改，主要有以下兩個方面：

　　一是將物權法第199條第1項「抵押權已登記的，按照登記的先後順序清償；順序相同的，按照債權比例清償」修改為「抵押權已經登記的，按照登記的時間先後確定清償順序」，刪去了抵押權登記順序相同的按照債權比例清償的規定。在物權法的制定過程中，不動產登記還處於分散登記的狀態，因此有可能產生當事人同一天在不同的法定登記部門辦理抵押財產登記的情形。例如，債務人甲將其房屋抵押給乙並在房產管理部門辦理了抵押登記，同一天又將該房屋佔用範圍內的土地使用權抵押給丙並在土地管理部門辦理了抵押登記，由於房地一體抵押原則，乙和丙在同一天取得了債務人甲的房屋及房屋佔用範圍內的土地使用權上的抵押權，同一天在不同的登記部門進行抵押登記很難判斷登記的先後順序，因此實踐中認為這屬於抵押權的登記順序相同的情形。隨着不動產統一登記制度的全面實行，不動產權利都經由不動產登記機構在統一的不動產登記簿上辦理登記，同一個不動產上設立的多個抵押權都登記在一個登記簿上，可以對各個抵押權登記的先後順序作出判斷。對於動產而言，當前我國的現狀是不同種類的動產抵押由不同的行政管理部門登記，在同一動產上設定多個抵押時要根據動產類別在同一個登記部門辦理抵押登記，也可以區分各個抵押權之間的先後順序。2019年10月國務院頒佈的《優化營商環境條例》規定，國家推動建立統一的動產和權利擔保登記公示系統，逐步實現市場主體在一個平台上辦理動產和權利擔保登記。根據該規定，今後如果實現了統一的動產和權利擔保登記公示系統，同一個動產上的多個抵押權不大可能出現登記順序相同的情形。為此，本法刪除了物權法中多個抵押權登記的順序相同時按照債權比例清償的規定。

　　二是增加了一款規定「其他可以登記的擔保物權，清償順序參照適用前款規定」。在民法典物權編的立法過程中，一些意見提出，明確競存的各個擔保物權的清償順序，有利於增加擔保交易的確定性，保護市場交易主體的預期，維護市場交易的秩序，物權法僅規定了多個抵押權之間以及抵押權或者質權與留置權之間的清償順序，應當補充規定其他擔保物權的清償順序。我們研究認為，權利質權有的在交付權利憑證時設立，有的在辦理出質登記時設立，以登記為公示方法的權利質權，就同一權利上多個質權之間的清償順序，可以參照適用同一財產上多個抵押權之間清償順序的規則。為此，本條增加了一款准用條款，為以登記為公示方法的擔保物權之間的清償順序提供了法律依據。

　　根據本條規定，同一財產向兩個以上債權人抵押的，拍賣、變賣抵押財產所得的價款按

照以下原則清償：

首先，抵押權已登記的，按照登記的時間先後確定清償順序。關於抵押權生效的原則，本法區分不動產和動產抵押，作了不同規定。根據本法的規定，以不動產抵押的，應當辦理抵押登記，抵押權自登記時發生效力。以動產抵押的，抵押權自抵押合同生效時發生效力；未經登記，不得對抗善意第三人。本條規定的按照抵押權登記的時間先後確定清償順序的原則，既適用於以登記為抵押權生效要件的不動產抵押，也適用於以登記為抵押權對抗要件的動產抵押，即無論是不動產抵押還是動產抵押，數個抵押權都已登記的，都按照登記的先後順序清償。以抵押權登記的先後順序為標準清償抵押擔保的債權是世界各國抵押擔保制度中的一般規則。確定抵押權登記的先後，以登記部門記載的登記時間為準。作為第一順序抵押登記的被擔保債權，就拍賣、變賣抵押財產的價款優先受償，處於第二順序的抵押權只能就變價款的剩餘部分受償，依此類准。

其次，抵押權已登記的先於未登記的受償。這一原則是針對動產抵押而言的。因為在不動產抵押中，未辦理抵押登記的，不發生抵押權的效力，也就不會發生未登記的抵押權與已登記的抵押權之間清償順序的問題。根據本法的規定，當事人以動產抵押的，可以自願辦理抵押登記，而不要求必須辦理登記。動產抵押權無論是否辦理抵押登記都自抵押合同生效時發生效力。但是，當事人是否辦理抵押登記，在法律效力上還是有差別的，辦理抵押登記的，抵押權人可以對抗第三人。這樣規定主要是因為辦理抵押登記的，其他債權人就可以通過查閱登記資料知道該財產已經設定抵押的情況，公示性較強；而沒有辦理抵押登記的，其他債權人一般很難知道該財產是否已經設定了抵押，所以法律給予已登記的抵押權以特別的保護。在清償順序的問題上，本法作出抵押權已登記的先於未登記的受償的規定。

最後，抵押權未登記的，按照債權比例清償。這一原則也是針對動產抵押而言的。動產所有人有權在同一動產上多次設定抵押，在同一抵押財產上設定數個抵押權時，各抵押權人互為第三人，為保障其清償順位應當及時進行登記。如果每一個抵押權都沒有辦理登記，那麼無論各抵押權設立先後，其相互間均不得對抗。因此，各抵押權人對抵押財產拍賣、變賣所得的價款應當享有同等的權利，按照各自的債權的比例受清償。

> **第四百一十五條** 同一財產既設立抵押權又設立質權的，拍賣、變賣該財產所得的價款按照登記、交付的時間先後確定清償順序。

■ 條文主旨

本條是關於同一財產上既有抵押權又有質權時清償順序的規定。

■ 條文釋義

抵押權可以在不動產和動產上設立，質權可以在動產和權利上設立，動產既可以成為抵押權的標的也可以成為質權的標的。關於動產抵押權，本法規定，以動產抵押的，抵押權自抵押合同生效時設立，未經登記，不得對抗善意第三人。關於動產質權，本法規定，質權自出質人交付質押財產時設立。由於動產抵押權不需要轉移標的物的佔有，且在抵押合同生效時設立，與動產質權的設立要件不同，因此同一動產上可能既設有抵押權又設有質權。

同一財產上存在數個不同類型的擔保物權，可以使市場交易主體通過擔保的方式獲得生產經營所需要的資金，充分發揮財產的交換價值，實現物盡其用，但在另一方面，同一財產上設立了兩個以上不同類型的擔保物權時，就需要確立擔保物權優先次序所應遵循的原則，理順擔保物權競合時的清償順序。民法典物權編規定對於同一財產既設立抵押權又設立質權的，拍賣、變賣該財產所得的價款按照登記、交付的時間先後確定清償順序，即以權利公示的時間先後決定清償順序。本條在具體適用時，主要有以下幾種情況：

一、先質押後抵押的情形

在動產上先設立質權後設立抵押權的，例如，甲將其所有的汽車出質給質權人乙，後來甲又將該汽車抵押給抵押權人丙，由於質權以動產的交付作為生效要件，並且交付具有公示效力，因此先設立的乙的質權應當優先受償。後設立的丙的抵押權無論是否登記都不影響在先設立的乙的質權的優先受償順序。在動產質權和動產抵押權中，交付和登記都是公示方式，本身並不存在效力的強弱之分，都具有對抗後面產生的權利的效力。動產抵押權雖然進行了登記，但是其登記對抗效力僅能向後發生，不能影響成立在先的質權。在本案例中，乙的質權因交付行為設立並取得對抗效力，丙的抵押權因抵押合同生效設立，如果進行登記則取得對抗效力，由於質權的公示時間即動產交付的時間早於丙的抵押權的設立時間，根據本條規定乙的質權優先於丙的抵押權受償。

二、先抵押後質押的情形

在動產上先設立抵押權後設立質權的，例如，甲將其所有的汽車抵押給乙，簽訂了抵押合同，由於動產抵押權不需要轉移抵押財產的佔有，甲又將該汽車繼續出質給丙，在這種情況下，乙的抵押權和丙的質權的清償順序會因先設立的抵押權是否登記而有所不同。

1. 已登記的動產抵押權與動產質權。在上例中，如果乙在簽訂了抵押合同後進行了抵押登記，該抵押權便具有了對抗第三人的效力，並且為設立在先的權利，而丙的質權是設立在後的權利，雖然動產的交付也具有公示效力，但該質權不能對抗設立在先的具有對抗效力的抵押權人。乙的抵押權的登記時間在前，丙的質權的交付時間在後，根據本條規定，乙的抵押權優先於丙的質權受償。

2. 未登記的動產抵押權與動產質權。在上例中，如果乙在簽訂了抵押合同後沒有進行抵押登記，之後丙在該汽車上取得質權，由於同一個財產上並存的抵押權和質權的清償順序取決於權利公示的時間先後，乙的抵押權沒有登記即沒有公示，丙的質權因交付行為而設立並

取得公示效力，丙的質權優先於乙的抵押權受償。抵押權人在取得動產抵押權後應當及時進行登記，否則可能會失去優先清償的順位。

第四百一十六條 動產抵押擔保的主債權是抵押物的價款，標的物交付後十日內辦理抵押登記的，該抵押權人優先於抵押物買受人的其他擔保物權人受償，但是留置權人除外。

■ 條文主旨

本條是關於買賣價款抵押權的規定。

■ 條文釋義

現代商業社會中，以賒購或者貸款方式購買生產設備、原材料、半成品、產品等動產的商業活動非常普遍，這種方式對於增加生產、促進資金融通和經濟發展有巨大作用。為了保障在上述買賣活動中提供融資的出賣人或者貸款人的債權，特別是平衡該類債權人與債務人的其他擔保物權人之間的優先受償順位，本法參考借鑒國外的相關制度，規定了買賣價款抵押權制度。買賣價款抵押權是指，為了擔保債務人買入動產時對出賣人或者貸款人支付價款的債務的履行，在買入的該動產上為出賣人或者貸款人設定的，經依法登記取得法律規定的優先受償權的抵押權。由於買賣價款抵押權人可以優先於債務人在該動產上的除留置權人以外的其他擔保物權人受償，因此在國外的相關制度以及學術理論中被稱為「超級優先權」。

一、買賣價款抵押權的設立

根據本條規定，買賣價款抵押權的設立需要符合下列條件：

一是買賣價款抵押權所擔保的主債權是抵押財產的價款。擔保物權的設立，需要有一個主債權債務關係和擔保關係，在買賣價款抵押權的設立過程中，主債權為債務人買入動產時需要支付的價款，即本條規定的「主債權是抵押財產的價款」。根據債權人主體的不同，主債權可以分為兩類：一類是動產出賣人請求動產買受人支付價款的債權；另一類是貸款人請求動產買受人返還其發放的用於支付動產價款的貸款債權，在這一類債權關係中涉及三方當事人，即動產買受人、動產出賣人和貸款人，買受人與貸款人協商，約定以貸款人發放的貸款向出賣人支付部分或者全部價款，買受人為擔保貸款人的債權，在買受的動產上為該債權設定抵押。可見，買賣價款抵押權所擔保的債權有其特殊性，必須是債務人應當支付的買受動產的價款。

二是買賣價款抵押權的客體是買受的動產。在買賣價款抵押權的設立過程中，必須以債務人買受的動產作為抵押財產，以擔保買受該動產所應支付的價款，作為抵押財產的動產要與所擔保的價款債權具有對應關係。例如，甲向乙購買了一批機器設備，約定甲享有該批

機器的所有權，為了確保甲能夠償還購買機器的價款，甲為乙設定了抵押權，如果乙想擁有本條規定的買賣價款抵押權，必須在該批機器上設定抵押權，而不是在甲或他人的其他財產上。在債權人為貸款人的情形下，買賣價款抵押權也必須在用該筆貸款購買的動產上設立。如果債務人以其固有的老設備等為貸款人設定抵押權來取得融資，並用該筆貸款購買新設備等，那麼貸款人所享有的抵押權只是一般抵押權，並不是本條規定的買賣價款抵押權。

三是買賣價款抵押權的標的物所有權須轉移給買受人。抵押權是在債務人或者第三人的財產上設立的擔保物權，在買賣價款抵押權的設立過程中，只有買受的標的物的所有權轉移於買受人即債務人時，抵押權才能有效設立。根據本法第 224 條的規定，動產物權的設立和轉讓，自交付時發生效力，但是法律另有規定的除外，因此，本條規定了買受的標的物須經交付的要求。

四是買賣價款抵押權須辦理抵押登記。由於買賣價款抵押權人對抵押財產具有優先於債務人在該動產上的除留置權人以外的其他擔保物權人受償的效力，為了向相關交易主體公示存在這樣一種超級優先權，保障交易的安全性與穩定性，本條明確了其在規定的期限內進行抵押登記的要求，如果未在動產交付後 10 日內辦理抵押登記，該抵押權僅構成一般的動產抵押權，不具有本條規定的優先受償的效力，其優先受償順序將按照本法第 414 條、第 415 條確定。本條規定，買賣價款抵押權的登記必須在標的物交付後 10 日內辦理，對抵押權的登記設置了 10 日的寬限期。寬限期的設置主要是尊重商業實踐的需要，實踐中融資交易頻繁，在買賣價款抵押權的設立過程中，要求債務人和債權人簽訂抵押合同之後立即進行登記不現實，也不符合交易習慣。

二、買賣價款抵押權的優先受償效力

對於買賣價款抵押權的優先受償效力，本條規定「該抵押權人優先於抵押物買受人的其他擔保物權人受償」。根據本法第 414 條、第 415 條的規定，買賣價款抵押權優先於在其登記之後設立的擔保物權。而根據本條規定，買賣價款抵押權具有的特殊優先受償效力還體現在其優先於在先設立的擔保物權。在債務人買受的動產上存在比買賣價款抵押權設立在先的擔保物權，主要指債務人先前為他人設定了浮動抵押的情形。本法第 396 條規定了浮動抵押制度，設定浮動抵押以後，浮動抵押權人對於抵押人現有的及將有的動產享有抵押權，抵押人嗣後取得的動產，將自動成為抵押財產的一部分。這時就產生了在先設立的浮動抵押權與在後設立的買賣價款抵押權競存的情形。例如，甲是一名機器銷售商，乙是一名機器生產商，丙是銀行，2020 年 1 月 1 日甲為取得融資以現有的及將有的機器為丙設定浮動抵押，並於當日辦理抵押登記。同年 3 月 1 日，甲向乙購買機器，但是甲沒有資金支付機器的價款，甲乙簽訂協議約定，甲擁有機器的所有權，甲在該批機器上為乙設立抵押權用以擔保購買機器的價款，該批機器於當日交付並於 3 月 7 日辦理了抵押登記。根據本條規定，3 月 7 日登記的乙的買賣價款抵押權優先於 1 月 1 日設立的丙的動產浮動抵押權，而不適用本法第 414 條規定的按照登記的時間先後確定清償順序。

賦予買賣價款抵押權特殊的優先受償效力，主要是基於以下考慮：從抵押人（債務人）

的角度來說,在先設立並登記的浮動抵押可能會減弱其他貸款人的貸款意願,如果買賣價款抵押權能夠優先受償,便能解決浮動抵押的存在給抵押人後續經營帶來的融資困境,從而為債務人擴展再融資渠道,保障其生產經營的正常進行。從買賣價款抵押權人的角度來說,買賣價款抵押權優先受償,有力地保護了買賣價款抵押權人的利益,出賣人、貸款人不需要事先調查債務人的財產上是否存在浮動抵押,降低了交易成本,促進了貨物的銷售及資金的融通。從浮動抵押權人的角度來說,浮動抵押制度的特徵在於賦予抵押人在正常經營活動中自由處分財產的權利,從而以抵押人在經營過程中取得的收益償還債權。抵押人出於生產經營的需要,以買賣價款抵押權的形式獲得融資,有利於生產經營的順利進行,為浮動抵押權人實現債權提供有力保障,並且買賣價款抵押權的優先受償效力僅及於買受的新動產,並不會妨礙浮動抵押權人在抵押人的其他財產上設立的浮動抵押權的優先順位。出於對交易公平和效率的綜合考量,本條賦予了買賣價款抵押權人優先於抵押財產買受人的除留置權人以外的其他擔保物權人受償的效力。

三、買賣價款抵押權優先受償效力的限制

買賣價款抵押權雖然被稱為「超級優先權」,但是並不代表其在任何情況下都具有最優先受償的效力,本條規定買賣價款抵押權人優先於抵押財產買受人的其他擔保物權人受償,但是留置權人除外。留置權是指當債務人不履行到期債務,債權人可以留置已經合法佔有的債務人的動產,並有權就該動產優先受償的一種法定擔保物權。本法第 456 條也規定,同一動產上已經設立抵押權或者質權,該動產又被留置的,留置權人優先受償。從理論上講,留置權屬於法定擔保物權,其直接依據法律規定而產生,而抵押權與質權均為意定擔保物權,法定擔保物權優先於意定擔保物權為公認的物權法原則。因此,在同一個動產上同時存在買賣價款抵押權和留置權時,留置權優先受償。

> **第四百一十七條** 建設用地使用權抵押後,該土地上新增的建築物不屬於抵押財產。該建設用地使用權實現抵押權時,應當將該土地上新增的建築物與建設用地使用權一併處分。但是,新增建築物所得的價款,抵押權人無權優先受償。

■ 條文主旨

本條是關於建設用地使用權抵押後新增建築物的規定。

■ 條文釋義

依照本法第 395 條和第 397 條的規定,債務人或者第三人有權處分的建設用地使用權可以抵押。以建設用地使用權抵押的,該土地上現有的建築物一併抵押;抵押人未一併抵押的,未抵押的建築物視為一併抵押。建設用地使用權抵押,是指抵押人以其依法取得的建設

用地使用權不轉移佔有的方式向抵押權人提供債務履行擔保的行為；當債務人到期不履行債務時，抵押權人有權以處分該建設用地使用權所得的價款優先受償。建設用地使用權抵押後，抵押人仍然有權依法對該土地進行開發，建造建築物。對於該土地上新增的建築物，由於其不在抵押合同約定的抵押財產的範圍內，因此不屬於抵押財產。

為了實現抵押權，需要處分抵押的建設用地使用權時，如果該土地上已存在建築物，一般來講，只有將建築物與建設用地使用權一併處分，才能實現建設用地使用權的使用價值和交換價值，這就是為什麼我們在實踐中要遵循「房隨地走」的原則。因此，本條規定，處分抵押的建設用地使用權實現抵押權時，雖然新增的建築物不屬於抵押財產，仍可以將其與建設用地使用權一併處分。但處分後，由於新增的建築物不屬於抵押財產，處分新增建築物所得的價款，抵押權人沒有優先受償的權利，只能以處分建設用地使用權所得的價款優先受償。

第四百一十八條　以集體所有土地的使用權依法抵押的，實現抵押權後，未經法定程序，不得改變土地所有權的性質和土地用途。

■ 條文主旨

本條是關於以集體所有土地的使用權抵押的，其抵押權實現的特別規定。

■ 條文釋義

根據我國法律的規定，可以依法抵押的集體所有土地的使用權有農村土地的土地經營權，鄉鎮、村企業的建設用地使用權，集體經營性建設用地使用權。對於以家庭承包方式取得的承包地的土地經營權，農村土地承包法第 47 條第 1 款規定，承包方可以用承包地的土地經營權向金融機構融資擔保，並向發包方備案。受讓方通過流轉取得的土地經營權，經承包方書面同意並向發包方備案，可以向金融機構融資擔保。對於通過招標、拍賣、公開協商等方式承包而取得的「四荒地」的土地經營權，農村土地承包法第 53 條規定，通過招標、拍賣、公開協商等方式承包農村土地，經依法登記取得權屬證書的，可以依法採取出租、入股、抵押或者其他方式流轉土地經營權。對於鄉鎮、村企業的建設用地使用權，本法第 398 條規定，鄉鎮、村企業的建設用地使用權不得單獨抵押。以鄉鎮、村企業的廠房等建築物抵押的，其佔用範圍內的建設用地使用權一併抵押。對於集體經營性建設用地使用權，土地管理法第 63 條第 3 款規定，通過出讓等方式取得的集體經營性建設用地使用權可以轉讓、互換、出資、贈與或者抵押，但法律、行政法規另有規定或者土地所有權人、土地使用權人簽訂的書面合同另有約定的除外。

以家庭承包或者其他方式承包的農村土地，屬於農民集體所有或者國家所有依法由農民

集體使用，鄉鎮、村企業的建設用地、集體經營性建設用地屬於農民集體所有。為了保護我國農村集體土地，防止農業用地的流失，促進農村經濟的發展，集體所有土地的使用權的流轉應當堅持土地所有權的性質和土地用途不變的原則。以集體所有土地的使用權抵押的，實現抵押權後，未經法定程序，土地的所有權不得轉移，仍歸國家所有或者集體所有，也不得擅自改變土地的原有用途，即對農村土地的土地經營權實現抵押權時，未經依法批准不得將承包地用於非農建設；對依照法律可以抵押的集體建設用地使用權實現抵押權時，不得改變土地利用總體規劃、城鄉規劃確定的土地用途。

> **第四百一十九條　抵押權人應當在主債權訴訟時效期間行使抵押權；未行使的，人民法院不予保護。**

■ 條文主旨

本條是關於抵押權存續期間的規定。

■ 條文釋義

根據本法第 393 條的規定，在主債權消滅、抵押權實現、債權人放棄抵押權以及法律規定抵押權消滅的其他情形下，抵押權消滅。那麼，在上述任何一種情形都沒有發生的情況下，抵押權應當一直存續下去還是應當有一定的存續期間呢？這是本條規定要解決的問題。

在民法典頒佈之前，對於這一問題，擔保法沒有作出規定。《最高人民法院關於適用〈中華人民共和國擔保法〉若干問題的解釋》第 12 條第 2 款規定，擔保物權所擔保的債權的訴訟時效結束後，擔保權人在訴訟時效結束後的 2 年內行使擔保物權的，人民法院應當予以支持。物權法第 202 條規定，抵押權人應當在主債權訴訟時效期間行使抵押權；未行使的，人民法院不予保護。民法典物權編對抵押權存續期間的問題，保留了物權法第 202 條規定，沒有作出修改。

儘管本法沿用了物權法的規定，但在民法典物權編的立法過程中，對如何規定抵押權存續期間的問題，存在不同意見。

第一種意見認為，抵押權所擔保的債權的訴訟時效期間屆滿後，抵押權人在 2 年內不行使抵押權的，抵押權應當消滅。其理由是：主債權的訴訟時效期間屆滿後，主債權並沒有消滅，而只是債權人失去了勝訴權，由於主債權的存在，其抵押權也附隨存在。但如果抵押權一直存在，可能會由於抵押權人長期怠於行使抵押權，而不利於發揮抵押財產的經濟效用，阻礙經濟的發展。因此再給抵押權人 2 年的行使期間，2 年內不行使的，抵押權消滅，是比較合理的。最高人民法院就擔保法有關問題制定的司法解釋也是這樣規定的。有的認為 2 年期間較短，不利於保護抵押權人的利益，建議改為 5 年。

第二種意見認為，抵押權人未在主債權訴訟時效期間行使抵押權的，抵押權應當消滅。主要理由是：抵押權所擔保的債權因訴訟時效期間屆滿而成為自然之債，債務人享有抗辯權，法院不能強制債務人履行，然而對於未在主債務訴訟時效期間行使的抵押權來說，因法律未明確規定抵押權消滅，已登記的抵押權仍處於登記狀態，會對抵押財產的流轉產生障礙，不利於物的充分利用，這在抵押人為第三人時對抵押人不公平。建議明確規定抵押權未在主債權訴訟時效期間行使的，會導致抵押權的消滅，為主債權超過訴訟時效期間的抵押權的塗銷登記提供法律依據。

第三種意見認為，應當在擔保物權一般規定一章中規定，主債權訴訟時效期間屆滿未行使擔保物權的，擔保物權消滅。這樣規定可以將抵押權、質權和留置權的存續期間都包含進去。

對於以上三種意見，經研究，都各有一些不妥之處，分析如下：

第一種意見提出的主債權的訴訟時效期間屆滿後，抵押權還有 2 年的存續期間，是否妥當，值得研究。在抵押人為第三人的情況下，抵押人在這 2 年期間內承擔了擔保責任後，應當有權向債務人追償。但由於主債權已過訴訟時效，債務人對抵押權人清償債務的請求享有抗辯權，這種抗辯權能否對抗抵押人的追償權？如果不能對抗，訴訟時效對債務人來說就失去了意義，債務人實際上還要履行債務；如果能夠對抗，抵押人的追償權就無法得到保障。

第二種意見為主債權的訴訟時效期間屆滿後，抵押權消滅。該意見有以下幾個方面的問題：一是主債權在訴訟時效期間屆滿後，儘管債務人取得了拒絕履行義務的抗辯權，但是債權人的債權並不消滅。擔保物權具有從屬於所擔保的債權的特徵，本法第 393 條第 1 項規定，主債權消滅的，擔保物權消滅。如果主債權的訴訟時效期間屆滿後，主債權沒有消滅而抵押權消滅的，與抵押權的從屬性特徵不符。二是在主債權的訴訟時效期間屆滿後，抵押人承擔了擔保責任，能否反悔請求債權人返還？如果規定主債權的訴訟時效期間屆滿則抵押權消滅，抵押人可以主張抵押權已消滅要求債權人返還，但是這種做法不符合誠實信用原則。第二種意見的出發點主要在於如果不規定抵押權消滅，則會對抵押財產的流轉產生障礙，但是本法對抵押財產的轉讓規則已經從物權法中的未經抵押權人同意不得轉讓抵押財產、未消除抵押權不得轉讓抵押財產轉變為抵押財產原則上可以轉讓、抵押權對抵押財產有追及效力，儘管抵押權未消滅，但是不影響抵押財產的轉讓。

第三種意見為質權和留置權也設定了存續期間。根據這一意見，主債權訴訟時效期間屆滿質權人、留置權人未行使質權、留置權的，質權、留置權消滅，質權人、留置權人應當向出質人、債務人返還質押財產、留置財產，這對已經實際佔有質押財產、留置財產的質權人、留置權人是不公平的。關於質權、留置權的問題，本法根據各自權利的特點單獨作了規定。對於質權，本法規定，出質人可以請求質權人在債務履行期限屆滿後及時行使質權；質權人不行使的，出質人可以請求人民法院拍賣、變賣質押財產。對於留置權，本法規定，債務人可以請求留置權人在債務履行期限屆滿後行使留置權；留置權人不行使的，債務人可以請求人民法院拍賣、變賣留置財產。

本法規定抵押權人未在主債權訴訟時效期間行使抵押權的，人民法院不予保護。這樣規定的主要考慮是，隨着市場經濟的快速運轉，如果允許抵押權一直存續，可能會使抵押權人怠於行使抵押權，不利於發揮抵押財產的經濟效用，制約經濟的發展。因此，規定抵押權的存續期間，能夠促使抵押權人積極行使權利，促進經濟的發展。由於抵押權是主債權的從權利，因此一些國家民法和地區將抵押權的存續期間與主債權的消滅時效或者訴訟時效掛鈎的做法，值得借鑒。需要注意的是，本條規定的是抵押權人在主債權訴訟時效期間內未行使抵押權的，人民法院不予保護。也就是說，過了主債權訴訟時效期間後，抵押權人喪失的是抵押權受人民法院保護的權利即獲得司法強制執行的權利，而抵押權本身並沒有消滅，如果抵押人自願履行擔保義務的，抵押權人仍可以行使抵押權。

第二節　最高額抵押權

第四百二十條　為擔保債務的履行，債務人或者第三人對一定期間內將要連續發生的債權提供擔保財產的，債務人不履行到期債務或者發生當事人約定的實現抵押權的情形，抵押權人有權在最高債權額限度內就該擔保財產優先受償。

最高額抵押權設立前已經存在的債權，經當事人同意，可以轉入最高額抵押擔保的債權範圍。

■ 條文主旨

本條是關於最高額抵押權的概念的規定。

■ 條文釋義

根據本條規定，最高額抵押權是指為擔保債務的履行，債務人或者第三人對一定期間內將要連續發生的債權提供抵押擔保，債務人不履行到期債務或者發生當事人約定的實現抵押權的情形的，抵押權人有權在最高債權額限度內就該擔保財產優先受償。

最高額抵押權具有以下特徵：

首先，最高額抵押權是限額抵押權。設定抵押時，抵押人與抵押權人協議約定抵押財產擔保的最高債權限額，無論將來實際發生的債權如何增減變動，抵押權人只能在最高債權額範圍內對抵押財產享有優先受償權。實際發生的債權超過最高限額的，以抵押權設定時約定的最高債權額為限優先受償；不及最高限額的，以實際發生的債權額為限優先受償。

其次，最高額抵押權是為將來發生的債權提供擔保。最高額抵押權設定時，不以主債權的存在為前提，是典型的擔保將來債權的抵押權。這裏的「將來債權」，是指設定抵押時尚

未發生，在抵押期間將要發生的債權。

　　再次，最高額抵押權所擔保的最高債權額是確定的，但實際發生額不確定。設定最高額抵押權時，債權尚未發生，為擔保將來債權的履行，抵押人和抵押權人協議確定擔保的最高數額，在此額度內對債權擔保。

　　最後，最高額抵押權是對一定期間內連續發生的債權作擔保。這裏講的一定期間，不僅指債權發生的期間，而是指抵押權擔保的期間，如對 2020 年 1 月 1 日至 12 月 31 日間發生的債權提供擔保。連續發生的債權，是指所發生的債權次數不確定，且接連發生的債權。這裏講的對一定期間內連續發生的債權作擔保，是指在擔保的最高債權額限度內，對某一確定期間內連續多次發生的債權做擔保，如最高債權額為 300 萬元，擔保期間為 1 年，那麼，在 1 年之內，無論發生多少次債權，只要債權總額不超過 300 萬元，這些債權都可以就抵押財產優先受償。

　　最高額抵押是隨着商品經濟發展而產生的一項重要的抵押擔保制度，我國擔保法、物權法適應社會主義市場經濟發展的需要，也確立了這一制度，民法典物權編在擔保法、物權法的基礎上對最高額抵押制度作了完善。最高額抵押與一般抵押相比具有一定的優越性。例如，甲向乙連續多次借款，如果採用一般財產抵押的辦法，那麼每次借款都要設定一個抵押擔保，簽訂一次抵押合同，進行一次抵押登記，手續十分煩瑣；而在借款之前設定一個最高額抵押，無論將來債權發生幾次，只要簽訂一個抵押合同、作一次抵押登記就可以了，這樣做既省時、省力，還可以加速資金的融通，促進經濟發展。

　　關於最高額抵押的適用範圍，擔保法第 60 條規定，借款合同可以附最高額抵押合同；債權人與債務人就某項商品在一定期間內連續發生交易而簽訂的合同，可以附最高額抵押合同。隨着市場經濟的不斷發展，經濟往來日益頻繁，經濟交往形式日益多樣，在現實經濟生活中，不僅當事人之間的借貸關係、商品交易關係可以利用最高額抵押的形式，其他交易關係也可能需要以最高額抵押作擔保，如票據關係、商業服務關係。因此，物權法未對最高額抵押的適用範圍進行限制，為實踐發展留出空間，民法典物權編沿襲了物權法的規定。

　　根據本條規定，最高額抵押是對將要發生的債權提供擔保，那麼，最高額抵押權設立前已經存在的債權，能否被轉入最高額抵押擔保的債權範圍內呢？對這一問題，多數意見認為，最高額抵押權的本質特徵不在於其所擔保的債權為將來的債權，而在於所擔保的債權為不特定債權，且具有最高限額。因此，只要最終實際發生的債權總額不超過雙方約定的最高債權額，即使該債權發生在最高額抵押權設立前，也應當被允許增補到最高額抵押所擔保的債權範圍內。而且是否將已經存在的債權轉入最高額抵押擔保的債權範圍，是當事人自己的權利，只要雙方協商同意，法律應當允許。為此，本條第 2 款規定，最高額抵押權設立前已經存在的債權，經當事人同意，可以轉入最高額抵押擔保的債權範圍。

> **第四百二十一條** 最高額抵押擔保的債權確定前，部分債權轉讓的，最高額抵押權不得轉讓，但是當事人另有約定的除外。

■ 條文主旨

本條是關於最高額抵押所擔保的債權以及最高額抵押權轉讓的規定。

■ 條文釋義

關於最高額抵押所擔保的債權能否轉讓的問題，擔保法第 61 條規定：「最高額抵押的主合同債權不得轉讓。」這樣規定的主要考慮是，最高額抵押是對一定期間內連續發生的債權作擔保，而不是單獨對其中的某一項債權作擔保；最高額抵押所擔保的債權在擔保期間內經常變更，處於不穩定狀態。如果允許主合同債權轉讓，就要考慮最高額抵押權是否轉讓、如何轉讓，以及如果幾個債權分別轉讓給不同的第三人時，最高額抵押權由誰行使、如何行使等問題。在當時我國市場機制尚未完善的情況下，為了防止經濟生活出現混亂局面，保障信貸和交易安全，擔保法作出最高額抵押的主合同債權不得轉讓的特別規定，是必要的。但隨着我國市場經濟的不斷發展和市場機制的不斷完善，最高額抵押擔保的債權的轉讓與否，應當按照當事人意思自治的原則，由債權人自己決定。德國、日本等一些國家的民法也規定，最高額抵押所擔保的債權可以依照債權轉讓的一般規定進行轉讓。因此，物權法不再保留擔保法的上述規定，最高額抵押所擔保的債權是可以轉讓的。本法沿襲了物權法的精神，沒有對最高額抵押所擔保的債權的轉讓作出限制。

關於最高額抵押權是否隨其所擔保的債權的轉讓而轉讓的問題，應當區別不同情況分別對待。最高額抵押所擔保的債權確定後，債權在約定的最高限額內就抵押財產優先受償，此時最高額抵押與一般抵押沒有什麼區別。因此，根據一般抵押權隨債權的轉讓而轉讓的原則，債權轉讓的，最高額抵押權一併轉讓。那麼，最高額抵押擔保的債權確定前，最高額抵押權是否隨部分債權的轉讓而轉讓呢？對此，本條主要考慮的是因為最高額抵押是對一定期間內連續發生的所有債權作擔保，而不是單獨對其中的某一個債權作擔保。因此，最高額抵押權並不從屬於特定債權，而是從屬於主合同關係。部分債權轉讓的，只是使這部分債權脫離了最高額抵押權的擔保範圍，對最高額抵押權並不發生影響，最高額抵押權還要在最高債權額限度內，對已經發生的債權和尚未發生而將來可能發生的債權作擔保。因此，最高額抵押擔保的債權確定前，部分債權轉讓的，最高額抵押權並不隨之轉讓，除非當事人另有約定。

根據本條但書的規定，當事人可以約定在最高額抵押擔保的債權確定前，最高額抵押權隨部分債權的轉讓而轉讓。當事人的約定主要有以下兩種情形：（1）部分債權轉讓的，抵押權也部分轉讓，原最高額抵押所擔保的債權額隨之相應減少。在這種情況下，轉讓的抵押權需要重新做抵押登記，原最高額抵押權需要做變更登記。（2）部分債權轉讓的，全部抵押權隨之轉讓，未轉讓的部分債權成為無擔保債權。

第四百二十二條　最高額抵押擔保的債權確定前，抵押權人與抵押人可以通過協議變更債權確定的期間、債權範圍以及最高債權額。但是，變更的內容不得對其他抵押權人產生不利影響。

■ 條文主旨

本條是關於抵押權人與抵押人協議變更最高額抵押有關內容的規定。

■ 條文釋義

最高額抵押擔保的債權確定前，抵押權人與抵押人可以通過協議變更最高額抵押的有關內容。當事人可以協議變更的內容主要包括：

一是債權確定的期間。抵押權人與抵押人一般會在最高額抵押合同中約定債權確定的期間。最高額抵押擔保的債權確定前，當事人可以協議延長最高額抵押合同中約定的確定債權的期間，也可以協議縮短該期間。

二是債權範圍。當事人可以協議變更最高額抵押權擔保的債權範圍。例如，某家電經銷商與某家電製造商簽訂一份最高額抵押合同，對一定期間內連續購進該家電製造商生產的電視機所要支付的貨款提供擔保。抵押期間，雙方可以約定在最高額抵押擔保範圍內，同時為家電製造商的電冰箱的貨款提供擔保。

三是最高債權額。當事人可以協議提高或者降低抵押財產擔保的最高債權額。

是否變更債權確定的期間、債權範圍以及最高債權額，取決於當事人的協商一致；但是在同一抵押財產上還有其他抵押權人特別是後順位的抵押權人時，變更的內容可能對他們產生一定的影響，甚至損害他們的合法權益。例如，最高額抵押合同中約定的債權確定的最後日期在後順位抵押權的債務履行期限屆滿之前，如果最高額抵押權人與抵押人協議延長債權確定的期間，將債權確定的最後日期延長至該後順位抵押權的債務履行期限屆滿之後，就會對後順位抵押權人實現其抵押權產生不利的影響。為防止抵押權人與抵押人的變更損害其他抵押權人的利益，本條以但書的形式特別規定：變更的內容不得對其他抵押權人產生不利影響。根據這一規定，抵押權人與抵押人的變更對其他抵押權人產生不利影響的，該變更無效。

第四百二十三條　有下列情形之一的，抵押權人的債權確定：

（一）約定的債權確定期間屆滿；

（二）沒有約定債權確定期間或者約定不明確，抵押權人或者抵押人自最高額抵押權設立之日起滿二年後請求確定債權；

（三）新的債權不可能發生；

（四）抵押權人知道或者應當知道抵押財產被查封、扣押；

（五）債務人、抵押人被宣告破產或者解散；

（六）法律規定債權確定的其他情形。

■ 條文主旨

本條是關於最高額抵押權所擔保的債權的確定事由的規定。

■ 條文釋義

最高額抵押權所擔保的債權的確定是指最高額抵押權所擔保的債權因一定事由而歸於固定。最高額抵押權的實現除了需要債務人不履行到期債務或者發生當事人約定的實現抵押權的情形外，還須具備其擔保債權額的確定。最高額抵押權擔保的債權額之所以需要確定：一是根據本法第 420 條的規定，最高額抵押權是對一定期間內將要連續發生的債權提供抵押擔保。最高額抵押權所擔保的最高債權額是確定的，但實際發生的債權額在抵押期間具有不確定性和變動性。但債權終需要清償，在清償的條件出現時，債務人具體應清償多少債權，應有一個確定的數額。二是最高額抵押權仍屬於抵押權的一種，抵押權人在實現優先受償權時，具體優先受償的範圍為多大，應當有一個定額。擔保法對最高額抵押權所擔保債權的確定事由沒有作具體規定，物權法對最高額抵押權所擔保債權的確定事由作了詳細規定。本法在吸收法院審判實踐經驗及借鑒國外立法例的基礎上，在物權法規定的基礎上作了一些完善。

本條規定，具有下列情形之一的，最高額抵押權所擔保的債權確定：

一、約定的債權確定期間屆滿

債權確定的期間是指確定最高額抵押權所擔保的債權實際數額的時間。實踐中，最高額抵押權人為了防止抵押人任意行使確定債權額的請求權而使自己處於不利地位，抵押人為了防止自己的抵押財產所擔保的債權長期處於不穩定的狀態，一般都願意在最高額抵押合同中對債權確定的期間進行約定。所以，對債權確定的期間進行約定是最高額抵押合同的重要內容。當事人約定的債權確定期間屆滿，最高額抵押權所擔保的債權額即自行確定。

二、沒有約定債權確定期間或者約定不明確，抵押權人或者抵押人自最高額抵押權設立之日起滿 2 年後請求確定債權

實踐中，當事人可能沒有約定債權確定的期間，或者即使有約定，但約定的期間不明確。在這種情況下，如何決定最高額抵押所擔保債權的確定時間？對這個問題，國外主要有兩種做法：一是規定抵押權人或者抵押人可以隨時要求確定最高額抵押權所擔保的債權額；二是規定一個確定債權額的法定期間。本法採納了第二種做法，明確規定，沒有約定債權確定期間或者約定不明確，抵押權人或者抵押人自最高額抵押權設立之日起滿 2 年後請求確定債權。這樣規定主要基於兩點考慮：一是設立最高額抵押權的目的主要是為了對連續性的交易提供擔保，連續性交易一般會持續一段時間，如果允許當事人隨時要求確定最高額抵押

權所擔保的債權額，就意味着一方當事人特別是抵押人有可能在很短時間內就要求確定債權額，這無疑與設立最高額抵押權的目的不相符合；二是在當事人對確定債權額的期間沒有約定或者約定不清楚的情況下，規定一個法定的確定債權額的期間，可以使最高額抵押權的地位因法定期間的存在而較為安穩，抵押權人不必時時顧慮抵押人行使債權確定請求權。這對於穩定最高額抵押關係是有好處的。本條規定的「二年」是一個固定期間，不存在中止、中斷的問題，其起算點是最高額抵押權設立之日。

三、新的債權不可能發生

在新的債權不可能發生的情況下，最高額抵押權所擔保的債權額也是確定的。這裏的「新的債權不可能發生」主要包括兩種情形：一是連續交易的終止。如果最高額抵押是對連續交易提供擔保，則連續交易的結束日期就是債權額的確定時間，即使當事人約定的債權確定期間或者本條第 2 項規定的法定確定期間還沒有屆至。二是最高額抵押關係的基礎法律關係消滅而導致新的債權不可能發生。比如在連續的借款交易中，借款人的嚴重違約致使借款合同依照合同約定或者法律規定被解除，新的借款行為自然不再發生。在這種情況下，債權額的確定時間也不受當事人約定的或者法定確定期間的影響。

四、抵押權人知道或者應當知道抵押財產被查封、扣押

在最高額抵押權存續期間，抵押財產被法院查封、扣押的，其有可能被拍賣或者變賣。抵押財產被拍賣、變賣的價格直接影響到最高額抵押權人債權利益的實現。為確保自己的利益，在抵押財產被查封、扣押時，最高額抵押權人一般都希望被擔保的債權額儘早確定。此外，查封、扣押抵押財產實際上隔斷了抵押財產與擔保債權的關係，也脫離了最高額抵押人和最高額抵押權人對抵押財產的影響和控制。因此，無論是從保護最高額抵押權人、其他債權人利益的角度，還是從穩定擔保關係的角度，都應當確定最高額抵押所擔保的債權額。為此，物權法第 206 條對最高額抵押權所擔保債權的確定事由作了規定，其中第 4 項為：「抵押財產被查封、扣押」。在民法典物權編的立法過程中，司法實務界反映對此項理解存在兩種觀點：一是主觀說，認為只有在抵押權人收到查封通知或者知道查封事實時，債權才能確定；二是客觀說，認為人民法院一旦完成查封手續，債權即確定。經研究，主觀說更為合理，理由如下：一是採納主觀說有利於保護當事人利益，由於查封、扣押財產完全取決於執行申請人及法院單方面的行為，若以法院完成查封手續作為最高額抵押權所擔保債權的確定時點，將導致最高額抵押權人因對查封事實不知情而放的款得不到抵押權的保護。二是採納主觀說有利於合理分配義務，就抵押財產被查封、扣押信息的獲取而言，法院、抵押人的通知比起抵押權人的查詢成本更低、效率更高，施以法院、抵押人通知義務比施以抵押權人審查義務更加合理。三是採納主觀說有利於節約交易成本，抵押權人不必在每次放款前都查詢抵押財產的狀態，便利了當事人的連續交易，簡化了手續。然而，物權法規定的「抵押財產被查封、扣押」，對抵押權人債權的確定，並沒有附加抵押權人收到通知或者知情等條件。為此，民法典物權編在本條第 4 項規定最高額抵押所擔保的債權的確定事由為「抵押權人知道或者應當知道抵押財產被查封、扣押」。

五、債務人、抵押人被宣告破產或者解散

在最高額抵押權存續期間，債務人、抵押人有可能被宣告破產或者解散。債務人、抵押人被宣告破產或者解散所產生的直接法律後果就是債務人、抵押人依法進行清算程序、完成註銷登記後終止。由於債務人或者抵押人的主體將要終止，有必要在主體終止前將最高額抵押所擔保的債權額確定下來，從而依法進入相關的清算程序，通過清償了結權利義務關係。因此，本條規定抵押人、債務人被宣告破產或者解散也是最高額抵押權所擔保的債權的確定事由。需要提出的是，物權法第 206 條第 5 項規定債務人、抵押人被宣告破產或者被撤銷為最高額抵押所擔保的債權的確定事由，本條第 5 項根據總則編的規定，將最高額抵押權所擔保的債權的確定事由修改為債務人、抵押人被宣告破產或者解散，擴大了債權確定事由的範圍，將導致債務人、抵押人主體終止的原因作為了最高額抵押權所擔保的債權的確定事由。

六、法律規定債權確定的其他情形

本項為保底性條款。除了本條第 1 項至第 5 項所規定的可以確定債權額的法定事由外，在本法其他條款或者其他法律中也有可能規定確定債權的其他情形。如根據本法第 420 條的規定，發生當事人約定的實現最高額抵押權的事由時，最高額抵押權人有權在最高債權額限度內就該擔保財產優先受償，而最高額抵押權人行使最高額抵押權的基礎就是擔保債權額的確定，所以出現當事人約定的實現最高額抵押權的事由就意味着擔保債權額的確定。

最高額抵押權所擔保債權額的確定將產生以下法律效力：一是最高額抵押權轉變為普通抵押權。在債務人到期不履行債務或者出現當事人約定的實現抵押權的情形時，抵押權人可以依照普通抵押權的規定行使其抵押權。二是確定被擔保債權的範圍。被擔保債權額確定時存在的主債權，不論其是否已到清償期或者是否附有條件，均屬於最高額抵押權擔保的範圍。被擔保債權確定時存在的被擔保主債權的利息、違約金、賠償金等，不論在確定時是否已經發生，也屬於被擔保債權的範圍。但是在最高額抵押權擔保的債權確定後才發生的主債權不屬於被擔保債權的範圍。三是最高額抵押權所擔保的債權確定後，一旦債權到期或者出現當事人約定的可以實現抵押權的情形，抵押權人可以就抵押財產優先受償，但優先受償的額度不得超過雙方當事人約定的最高擔保額。抵押權人實現最高額抵押權時，如果實際發生的債權額高於最高限額的，以最高額為限，超過部分不具有優先受償的效力；如果實際發生的債權額低於最高限額的，以實際發生的債權額為限對抵押財產優先受償。

第四百二十四條　最高額抵押權除適用本節規定外，適用本章第一節的有關規定。

■ 條文主旨

本條是關於最高額抵押權適用一般抵押權有關條款的規定。

■ 條文釋義

本章第一節為一般抵押權，與一般抵押權相比，最高額抵押權具有特殊性：一是最高額抵押權具有一定的獨立性。在一般抵押權中，抵押權完全從屬於主債權，隨主債權的設立、轉讓和消滅而設立、轉讓和消滅。但是最高額抵押權的設立、轉讓和消滅在一定程度上獨立於主債權。在設立上，沒有債權存在，不能設立一般抵押權；但最高額抵押權卻往往為將來的債權而設，不需要依附於現成的債權。在轉讓上，一般抵押權要求債權轉讓的，抵押權也隨之轉讓；但在最高額抵押權中，除當事人另有約定外，最高額抵押權擔保的債權確定前，部分債權轉讓的，最高額抵押權不得轉讓。在消滅上，一般抵押權要求主債權消滅的，抵押權也消滅；但是在最高額抵押權中，只要產生最高額抵押權的基礎關係還存在，部分債權的消滅不影響最高額抵押權的存在。二是最高額抵押權所擔保的債權在設立時具有不確定性。在一般抵押權設立時，其所擔保的債權在設立時就是特定的，所擔保的債權額是明確的；但是最高額抵押權設立時，其所擔保的債權額是不確定的，一直到本法規定的確定債權額的事由出現時，其所擔保的債權額才確定。三是在最高額抵押權中，當事人必須約定抵押權人得以優先受償的最高債權數額。當事人約定的享有擔保的最高債權數額並非最高額抵押權所擔保的實際債權額，因為實際債權額到底是多少，只有根據本法第 423 條的規定進行確定後才清楚。當實際發生的債權額超過最高限額時，以最高限額為準實現抵押權，超過的部分不具有優先受償的效力；實際發生的債權額低於最高限額的，以實際發生的數額為準實現抵押權。在一般抵押權中，當事人並不需要約定優先受償的最高債權數額。以上三點是一般抵押權與最高額抵押權的主要區別。但是從性質上講，最高額抵押權仍屬於抵押權的一種，與一般抵押權具有許多共性。除本節規定的條文外，本法關於一般抵押權的許多規定都可以適用於最高額抵押權。為了避免內容重複，本條規定，最高額抵押權除適用本節規定外，適用本法第二編第十七章第一節一般抵押權的有關規定。

最高額抵押權可以適用物權編第十七章第一節一般抵押權的規定主要有：一是關於抵押權設立的規定。關於最高額抵押權設立的當事人、設立的程序、可用於抵押的財產等內容與一般抵押權基本相同。本法第 395 條、第 397 條、第 398 條、第 399 條的規定均可適用於最高額抵押權。二是關於抵押權登記與生效時間的規定。最高額抵押權的登記和生效時間適用本法第 402 條、第 403 條的規定。三是關於抵押權與其他權利的關係的規定。本法第 405 條對抵押權與租賃權的關係、第 414 條對同一財產上多個抵押權的清償順序、第 415 條對同一財產上抵押權與質權的清償順序作了規定。這些規定也可用於處理最高額抵押權與租賃權或者其他擔保物權的關係。四是關於最高額抵押權的實現。最高額抵押權的實現程序和方式均可適用一般抵押權的實現程序和方式。本法第 410 條、第 412 條、第 413 條、第 417 條等條文對此作了規定。五是關於抵押財產保全的規定。本法第 406 條、第 408 條關於抵押財產保全的規定可以適用於最高額抵押權。此外第 409 條關於抵押權人放棄抵押權或者抵押權順位的規定、第 419 條關於抵押權存續期間的規定也可適用於最高額抵押權。

第十八章 質 權

本章分兩節，共二十二條，規定了動產質權和權利質權。

第一節對動產質權基本權利、禁止出質的動產、質押合同、流質條款效力、動產質權設立、孳息收取權、對質押財產處分使用的限制、質押財產的保管、質押財產保全、轉質、質權的放棄、質押財產返還及質權實現、行使質權的請求權、質押財產變價款歸屬原則及最高額質權等作了規定。第二節對可以出質的權利範圍、不同客體的權利質權的設立、出質人處分權利質權客體的限制、權利質權的適用條款等作了規定。

第一節 動產質權

> 第四百二十五條 為擔保債務的履行，債務人或者第三人將其動產出質給債權人佔有的，債務人不履行到期債務或者發生當事人約定的實現質權的情形，債權人有權就該動產優先受償。
>
> 前款規定的債務人或者第三人為出質人，債權人為質權人，交付的動產為質押財產。

■ 條文主旨

本條是關於動產質權基本權利的規定。

■ 條文釋義

債務人或者第三人將其動產移轉給債權人佔有作為債權的擔保，當債務人不履行到期債務或者當事人約定的實現質權的情形出現時，債權人享有以該動產折價或者就拍賣、變賣該動產的價款優先受償的權利。

質押法律關係的當事人為質權人和出質人，客體為質押財產。出質人指為擔保債務的履行而提供質押財產的債務人或者第三人。質權人指接受質押擔保的債權人。質押財產指出質人提供的用於擔保債務履行的特定的動產。

質權具有以下法律特徵：

一是動產質權是擔保物權。債務人或者第三人將質押財產交由債權人佔有，是為了擔保債權的實現。質權人佔有質押財產實際上是取得了質押財產上的交換價值。在一般情況下，

其只能佔有質押財產,而不能使用、收益。因此,質權人的標的不是物的使用價值,而是物的交換價值,是為了保證特定債權的實現而設定,質權附隨於債權而存在。

二是動產質權是在他人的財產上設立的物權。動產質權是在債務人或者第三人的動產上設定的擔保物權,因此屬於他物權。質權的標的可以是債務人自己的財產,也可以是第三人的財產,債權人沒有必要在自己所有的財產上為擔保自己的債權設定質權。

三是動產質權由債權人佔有質押財產為生效條件。質權是以質權人佔有質押財產為條件的,質權人只有佔有質押財產才享有質權,移轉質押財產的佔有是質權與抵押權的根本區別。因此,出質人須將質押財產交付質權人佔有,質權人才能取得質權。

四是動產質權是就質押財產價值優先受償的權利。由於動產質權的設定是以擔保特定債權的實現為目的,因此,當債務履行期限屆滿而債務人不履行債務或者出現債務人與債權人約定的實現質權的情形時,質權人有權就質押財產折價或者以拍賣、變賣該質押財產的價款優先受償。

「當事人約定的實現質權的情形」是指當事人雙方在訂立的合同中約定的實現質權的一些事由,例如,當事人一般會在擔保合同中約定債務人履行債務的義務方式等,如果債務人不按合同約定的方式等履行債務,則可能構成實現質權的情形。

第四百二十六條　法律、行政法規禁止轉讓的動產不得出質。

■ 條文主旨

本條是關於禁止出質的動產的規定。

■ 條文釋義

對於可以出質的動產的範圍,本法沒有作出逐一規定,但是這並不意味着任何動產均可以出質。可以出質的動產除了需要符合一般的物的特徵外,還必須是依法可以流通和讓與的動產,如果以法律、行政法規禁止轉讓的動產出質的,則該設立質權的民事法律行為無效。

一、依法可以轉讓的動產均可以設定動產質權

哪些財產可以作為質權標的物,各國規定不盡相同。有的國家規定,各種財產上均可以設立質權;有的國家規定,質權的標的限於動產;對於哪些動產可以設定質權,則大多不作列舉。根據民法的法理,法律不禁止的,都應當是允許的;而法律未明確規定禁止轉讓的動產,都可以作為設定質權的標的物。

合法擁有的並且依法可以轉讓的動產可以設定質權。因此,可以設定質權的動產應當是十分寬泛的,如車輛、古董字畫、珠寶首飾。但是,法律、行政法規規定禁止流通的動產不得設定質權,如毒品、管制槍支。

二、規定禁止轉讓的動產的依據應當是法律、行政法規

設定動產質權是一種民事權利，對於禁止性的限定應當是十分嚴格的。規定禁止轉讓的動產的依據只能是全國人大及其常委會制定的法律、國務院制定的行政法規。其他規範性文件，不能作為規定禁止轉讓動產的依據。

第四百二十七條　設立質權，當事人應當採用書面形式訂立質押合同。

質押合同一般包括下列條款：

（一）被擔保債權的種類和數額；

（二）債務人履行債務的期限；

（三）質押財產的名稱、數量等情況；

（四）擔保的範圍；

（五）質押財產交付的時間、方式。

■ **條文主旨**

本條是關於質押合同的規定。

■ **條文釋義**

質權是依照當事人的真實意思而創設的權利。當事人設定質權的行為是一種雙方的民事法律行為，應當通過訂立質押合同來進行。

一、訂立質押合同應當採用書面形式

設定質權的行為為要式行為，應當採用書面的形式進行。要式行為即法律、行政法規規定的要求當事人在民事法律行為中應當採用的形式或者方式。

關於動產質權的合同形式，雖然口頭合同簡單、易行，但一旦發生爭議，不易證明其存在及具體內容，不利於事實的查明和糾紛的解決，為了便於確定當事人的權利義務、民事責任等法律關係，促使當事人謹慎行使擔保物權，減少糾紛的發生，規範設定質權的行為，法律規定應當採用書面形式訂立質押合同。

對於設立動產質押合同未採用書面形式的，依據本法第 490 條第 2 款的規定，法律、行政法規規定或者當事人約定合同應當採用書面形式訂立，當事人未採用書面形式但是一方已經履行主要義務，對方接受時，該合同成立。

二、質押合同的一般內容

動產質押合同是明確質權人與出質人權利義務的協議，也是將來處理當事人之間糾紛的重要依據。因此，當事人在訂立質押合同時，對當事人之間的權利義務應盡可能約定清楚、明確。本條關於合同內容的規定，是提示性、指導性的、非要式的。合同的內容是當事人雙

方真實意思的表示，應當由當事人自己確定，如果雙方簽訂的質押合同包括的條款與本條規定不一致，不會必然導致該質押合同無效。根據本條規定，動產質押合同一般包括的內容主要有：

1. 被擔保債權的種類和數額。被擔保債權，通常被稱為主債權。擔保合同是為主債權的實現而訂立的。主債權的種類，有金錢債權、特定物給付債權、種類物給付債權以及以作為或不作為為標的的債權等。數額是指主債權是以金錢來衡量的數量；不屬於金錢債權的，可以明確債權標的額的數量、價款等。被擔保債權的種類和數額，是確定質權發生的依據，也是質權人實現質權時優先受償的範圍的確定基礎。

2. 債務人履行債務的期限。債務人履行債務的期限是指債務人償付債務的時間。質押合同訂立後，在主債權清償期限屆滿前，質權人享有的只是佔有質押財產的權利。其優先受清償的權利雖然已經成立，但此間質權人實際享有的只是與主債權價值相當的優先受償的期待權。質權人對質押財產的變價受償必須要等到債務履行期限屆滿且債務人沒有履行債務，或者出現了當事人在合同中約定的實現質權的情形實際發生，才能進行。質押合同規定債務人履行債務的期限，可以準確確定債務人清償債務的時間，明確質權人實現質權的時間，保證債權人及時實現質權。

3. 質押財產的名稱、數量等情況。質押財產是設立動產質權的關鍵所在。沒有質押財產，則不可能產生質權。動產質押合同，是為擔保質權人的債權而在債務人自己的或者第三人的財產上設定質權的擔保合同，質權最終要以質押財產的變價來實現。所以在動產質押合同中要對質押財產的相關情況有所描述，包括質押財產的名稱、數量等情況，以確定質押財產為何種物以及價值量。需要提出的是，在民法典物權編的立法過程中，有的意見提出，為進一步改善營商環境，賦予當事人更大的自主權，建議允許擔保合同對擔保財產只作概括性的描述。為此，出於簡化質押合同的一般條款，減少對質押財產具體描述的要求，本法將物權法規定的質押合同包括「質押財產的名稱、數量、質量、狀況」修改為「質押財產的名稱、數量等情況」。

4. 擔保的範圍。動產質權擔保的範圍，是指質權人實現質權時可以優先受償的範圍。質權擔保的範圍應當由當事人協商確定。但是當事人對擔保範圍未作約定或者約定不明確時，質權的擔保範圍包括主債權及其利息、違約金、損害賠償金、保管擔保財產和實現擔保物權的費用。

5. 質押財產交付的時間、方式。質押財產交付的時間是質押合同中的重要內容，質押財產的交付直接關係到質權的生效。當事人在質押合同中約定質押財產的交付時間，就可以明確出質人應當在何時將質押財產移轉給質權人，質權人在何時接受質押財產，以確定質權的效力。質押財產交付的方式除了現實交付以外，還有簡易交付、指示交付等方式，約定質押財產的交付方式可以明確質押合同的履行方式，有利於保障質權人債權的實現，維護交易安全，減少糾紛。

> **第四百二十八條　質權人在債務履行期限屆滿前，與出質人約定債務人不履行到期債務時質押財產歸債權人所有的，只能依法就質押財產優先受償。**

■ 條文主旨

本條是關於流質條款的效力的規定。

■ 條文釋義

流質條款，指債權人在訂立質押合同時與出質人約定，債務人到期不履行債務時質押財產歸債權人所有。擔保法、物權法均禁止當事人約定流質條款。這樣規定，主要考慮是債務人舉債時往往處於急窘之境，債權人可以利用債務人的這種不利境地和自己的強勢地位，迫使債務人與其簽訂流質條款，以價值高的質押財產擔保較小的債權額，在債務人到期不能清償債務時，取得質押財產的所有權，從而牟取不當利益。為了保障出質人的合法利益，法律規定禁止流質條款。當然，從現實生活與經濟發展看，債務人借債，並非都是處於弱勢地位，借債並進行質權擔保的發生原因是多樣化的。但從總體上說，為了保證擔保活動的平等、自願、公平和誠實信用，規定禁止流質條款還是十分有必要的。大多數國家和地區的立法例也一般均禁止出質人與質權人以流質條款處分質押標的物，以保證質押合同當事人之間的公平。

在民法典物權編的編纂過程中，一些意見提出，物權法規定當事人在債務履行期屆滿前，不得約定債務人不履行到期債務時質押財產歸債權人所有，但是沒有明確規定如果進行了這樣的約定該約定的效力如何。一些意見認為，應當明確規定流質條款無效，這才符合禁止流質的宗旨。另一些意見認為，如果規定當事人約定了流質條款，那麼當事人之間質押擔保的法律關係的效力如何須進一步明確。我們研究認為，質權性質上屬於擔保物權，質權人設立質權的目的在於支配質押財產的交換價值而使債權獲得清償，而不是取得質押財產的所有權。如果承認流質條款的效力，債務人屆期不履行債務時，債權人不經過任何清算程序即可獲得質押財產的所有權，有違質權的擔保物權本質，應當否認質權人可以取得質押財產所有權的事先約定的效力。然而，當事人之間訂立流質條款時，存在為債權進行擔保的意思表示，如果否認該質權的效力會使債權人的債權變成完全無擔保的普通債權，這既不符合債權人與出質人之間的意思自治，也會造成債權人的利益失衡。為此，民法典物權編對物權法的規定進行了修改，明確了流質條款的效力，規定：質權人在債務履行期限屆滿前，與出質人約定債務人不履行到期債務時質押財產歸債權人所有的，只能依法就質押財產優先受償。這表明當事人訂立流質條款的，當債務履行期限屆滿時，不發生質押財產所有權轉移的效力，而是應當根據本法規定的實現質權的方式就質押財產優先受償。需要注意的是，當事人之間訂有流質條款的，債權人依法就質押財產優先受償，需要滿足質權設立的前提條件，即存在合法有效的質押合同，並且通過交付或者登記設立了質權。如果質權沒有有效設立，質權人不能對質押財產享有優先受償權。

> **第四百二十九條　質權自出質人交付質押財產時設立。**

■ 條文主旨

本條是關於動產質權設立的規定。

■ 條文釋義

一、交付質押財產是質權的生效要件

動產質權的標的是動產。動產具有易於轉移、難以控制的特點。為了保障動產質權的實現，也為了保護善意第三人的合法權益，本條規定動產質權的設立以交付質押財產為生效要件。

二、質權自出質人交付質押財產時設立

出質人與質權人訂立動產質押合同，該合同自成立時生效。但是在移轉質押財產的佔有之前，並不發生擔保物權的效力；出質人只有將質押財產通過交付的形式實際移轉給質權人佔有時，質權才發生效力。根據本條的規定，質押財產是否移轉是質權是否生效的判斷標準：當事人沒有移轉質押財產，質權無效。其質押合同是否有效要根據本法合同編的有關規定判斷，質權無效並不當然導致合同無效，不應將質權有效與否與質押合同的效力合二為一混同判斷。

> **第四百三十條　質權人有權收取質押財產的孳息，但是合同另有約定的除外。**
> **前款規定的孳息應當先充抵收取孳息的費用。**

■ 條文主旨

本條是關於質權人孳息收取權的規定。

■ 條文釋義

根據本條的規定，除合同另有約定外，質權人有權收取質押財產所產生的孳息，質權的效力及於孳息。

一、質權人孳息收取權的依據

關於質權的效力是否當然及於孳息，各國立法並不相同。質權有佔有質權與收益質權之分：佔有質權是指質權人僅佔有質押財產而沒有使用收益的權利的質權；收益質權是指質權人對質押財產佔有並有使用收益的權利的質權。本法對質權並未作如此的劃分。較有共識的意見是，由於質權人佔有質押財產，因此由其收取質押財產所產生的孳息最為簡便可行；同

時，收取的孳息用於清償債務，對於出質人也無損害。

根據本條的規定，質權人能否收取孳息有兩種情況：其一，如果當事人在合同中明確約定質權人無權收取質押財產所產生的孳息，則質權人不能收取質押財產的孳息作為債權的擔保；其二，如果當事人對質權人能否收取孳息沒有約定或者約定不明的，質權人有權依照本條的規定收取質押財產所產生的孳息。

二、孳息的種類

質押財產所產生的孳息包括自然孳息和法定孳息。質押財產所產生的自然孳息是指質押財產因自然原因由自身分離出來的利益，如從羊身上剪下的羊毛、母畜生的幼畜；法定孳息，指依照法律規定由質押財產所產生的利益，如根據合同產生的租金、利息。

質權人依法收取孳息時，並不當然取得所有權，而是取得對孳息的質權，孳息成為質權的標的。如果孳息是金錢，質權人可以直接用於清償；如果孳息是物，可以由質權人與出質人協議以該孳息折價或者拍賣、變賣，以所得價款優先受償。

三、孳息的充抵順序

依法收取的孳息首先應當充抵收取孳息的費用，然後充抵主債權的利息和主債權。例如，以母牛作為質押財產的，如果母牛產幼畜，債務清償期限屆滿，債務人沒有清償債務，那麼質權人可以將幼畜折價或者拍賣、變賣，所得價款先充抵幼畜的接生費用等。

第四百三十一條　質權人在質權存續期間，未經出質人同意，擅自使用、處分質押財產，造成出質人損害的，應當承擔賠償責任。

■ 條文主旨

本條是關於質權人對質押財產使用處分的限制及法律責任的規定。

■ 條文釋義

非經出質人同意，質權人在質權存續期間不得擅自使用、處分質押財產；質權人違反本條規定，擅自使用或者處分質押財產的，應當承擔賠償責任。禁止質權人擅自使用、處分質押財產的規定體現了動產質權的設定目的及其特徵。

質權人不得擅自使用、處分質押財產的理由主要有：首先，當事人設定動產質權的目的在於擔保質權人的債權能夠得到清償，質權人佔有質押財產，使質押財產脫離出質人而為質權人所掌控，使質權人的擔保物權得以保障。其次，質權從其性質上看是擔保物權而非用益物權。動產質權與抵押權相比，其根本區別在於擔保物的移轉與否：設定抵押不移轉抵押財產，仍由抵押人佔有、使用；而動產質權移轉質押財產的佔有，將屬於出質人佔有的質押財產轉至質權人的控制之下。這是由於用於抵押的物大多是不動產，而用於質押的是容易移轉的

動產。質權人佔有質押財產的作用在於控制質押財產，保證債權實現。最後，無論是抵押還是質押，物的擔保在於其交換價值而非使用價值。從這個意義上說，質權人取得質押財產、控制質押財產是為了質押財產不被出質人隨意處分而使擔保落空，質權人使用、處分質押財產顯然不是設定質權的目的。因此，質權人非經出質人同意不得擅自使用、處分質押財產。

質權人未經出質人同意，擅自使用質押財產、處分質押財產，一旦造成質押財產毀損、滅失給出質人造成損害的，質權人要根據法律規定承擔民事責任。

> **第四百三十二條　質權人負有妥善保管質押財產的義務；因保管不善致使質押財產毀損、滅失的，應當承擔賠償責任。**
>
> **質權人的行為可能使質押財產毀損、滅失的，出質人可以請求質權人將質押財產提存，或者請求提前清償債務並返還質押財產。**

■ 條文主旨

本條是關於質權人妥善保管質押財產義務的規定。

■ 條文釋義

質權人在佔有質押財產的同時即產生妥善保管質押財產的義務。質權人該項義務的承擔，一是因為質押財產雖然依動產質押合同移歸質權人佔有，但是其所有權仍是出質人的，在質權人佔有質押財產期間，因質權人未盡妥善保管義務致使質押財產滅失或者毀損，是對出質人的質押財產所有權的侵害；二是因為質權人佔有質押財產是為了自己債權的實現，如果質押財產毀損、滅失，不僅侵害出質人的利益，同時影響了自己的權益。

所謂妥善保管，即以善良管理人的注意義務加以保管。善良管理人的注意義務，是指依照一般交易上的觀念，認為有相當的知識經驗及誠意的人所應負的注意義務，即以一種善良的心和應當具備的知識來保管質押財產。例如，對於字畫的保管應當注意防潮、防蟲蛀、防灰塵等。如果達不到應當注意的保管標準的，就不是妥善保管。

質權人違反保管義務造成質押財產毀損、滅失的，應當承擔賠償責任，該項賠償責任是基於出質人的所有權而產生的請求權。對質權人的民事責任承擔應當採用過錯推定原則，即出質人只要證明質押財產遭受毀損、滅失的事實即可。質權人應當舉證證明自己已經盡了妥善保管的義務，否則就應當承擔賠償責任。

如果出質人認為質權人的行為可能使質押財產毀損、滅失的，出質人可以請求質權人將質押財產提存，或者請求提前清償債務並返還質押財產。本條第 2 款的這一規定，是為了更好地保護質押財產，以保護出質人與質權人雙方的利益不受損失。「可能」即也許、或許，而不是已經發生。這種可能性是否產生，不能僅憑出質人的想像，要有一定的事實發生。如

字畫出質後，出質人發現質權人存放字畫的房屋漏雨，可能危及字畫。「提存」就是將質押財產放到出質人與質權人約定的第三人處存放。目前，我國主要是公證機構在做此類業務。提存費用應當由質權人承擔。出質人提前清償債權的，質權人應當返還質押財產。

> **第四百三十三條**　因不可歸責於質權人的事由可能使質押財產毀損或者價值明顯減少，足以危害質權人權利的，質權人有權請求出質人提供相應的擔保；出質人不提供的，質權人可以拍賣、變賣質押財產，並與出質人協議將拍賣、變賣所得的價款提前清償債務或者提存。

■ 條文主旨

本條是關於質押財產保全的規定。

■ 條文釋義

一、質押財產毀損或者價值減少的事由

因不能歸責於質權人的事由可能使質押財產毀損或者價值明顯減少，是指質押財產可能毀損或者價值明顯減少產生的原因不是由於質權人的保管不善所導致的，而是由於自然原因等導致的。這種可能使質押財產毀損和價值明顯減少的事由應當是已經發生的事實。價值減少的狀態應當是明顯的，因為一般的物都存在價值減少的可能性，尤其是隨着市場變化及其他原因導致價值減少都是很正常的事情，正常的價值減少，應當在質權人的預想之內。

二、替代擔保

當質押財產可能存在損壞或者價值明顯減少的事實足以危害質權人的利益時，質權人為保全其質權不受損害，可以要求出質人提供相應的擔保，此為質權人的替代擔保請求權，也有稱質權人的物上代位請求權。規定質押財產的替代擔保，主要是由於質押擔保是以質押財產所具有的交換價值確保債權的實現。如果質押財產的價值可能明顯減少或者質押財產毀損，將直接危害到質權人的質權，法律應當賦予質權人維護其擔保利益的救濟手段，允許質權人要求出質人提供相應的擔保。「相應的擔保」是指與可能毀損或者價值明顯減少的數額相當的擔保。

三、提前清償債務或者提存

當質押財產有可能損壞或者價值明顯減少的情況出現時，質權人請求出質人提供相應的擔保，但出質人不提供的，質權人可以拍賣或者變賣質押財產，並與出質人通過協議將拍賣或者變賣所得的價款提前清償債權，也可以將處分質押財產的價款提存。此時質權人拍賣、變賣質押財產無需經過出質人同意。拍賣、變賣所得的價款，性質上屬於質押財產的替代物，質權人不當然取得價款的所有權，出質人可以用該價款提前向質權人清償債務；如果以

該價款提存的，則要等債務履行期限屆滿，以提存的價款清償債務。無論是提前清償債權，還是提存後屆時清償，其價款超出所擔保債權的部分，應當直接歸還出質人。

> **第四百三十四條**　質權人在質權存續期間，未經出質人同意轉質，造成質押財產毀損、滅失的，應當承擔賠償責任。

■ 條文主旨

本條是關於轉質權的規定。

■ 條文釋義

質權人為擔保自己或者他人的債務，在佔有的質押財產上再次設定質權的行為稱為轉質，所成立的質權為轉質權。因轉質而取得質權的人為轉質權人。轉質既可以適用於動產質權，也可以適用於權利質權。在立法過程中對是否允許轉質有不同意見。有的認為，應當允許轉質。轉質具有融通資金和保全債權的雙重功能，質權人因質權的設定而投入的融資，有通過轉質再度流動的可能性，轉質具有促進金融流通的經濟機能。動產質權在現代社會中本身就存在着不利於發揮物的使用價值的缺陷，如果承認轉質，就可以使物再次發揮交換價值和使用價值，有助於促使物的價值實現最大化。就轉質本身而言，對債務人、質權人和轉質權人並無任何不利；有的認為，轉質引起的權利義務關係較為複雜，容易產生糾紛，允許轉質則可能損害出質人的利益。

本法不提倡轉質，也沒有禁止轉質。為了保護出質人的利益，本條規定的原則是，未經出質人同意不允許轉質，質權人擅自轉質造成質押財產毀損、滅失的要承擔賠償責任。

> **第四百三十五條**　質權人可以放棄質權。債務人以自己的財產出質，質權人放棄該質權的，其他擔保人在質權人喪失優先受償權益的範圍內免除擔保責任，但是其他擔保人承諾仍然提供擔保的除外。

■ 條文主旨

本條是關於質權放棄及其他擔保人責任承擔原則的規定。

■ 條文釋義

放棄質權是質權人對自己的權利進行處分的一種形態，其有權放棄質權。質權人放棄質

權的，會對其他擔保人的權益造成影響，因此本條對質權人放棄質權情形下其他擔保人擔保責任的承擔作了規定。

一、質權的放棄

質權人放棄質權，是指質權人放棄其因享有質權而就質押財產優先於普通債權人受清償的權利的行為。質權人有權處分自己的質權。當質權人以放棄質權的方式處分質權時，應當符合法律的規定。質權人放棄質權應當明示作出意思表示。質權人不行使質權或者怠於行使質權的，不能推定為質權人放棄質權。質權人放棄質權，原因可能是多方面的。如果是質權人單方的意思表示，無需取得出質人的同意。質權因質權人的放棄而消滅。

二、其他擔保人責任承擔原則

質權人放棄質權，不得有損於其他利害關係人的利益。有時，在同一債權上既有質權擔保又有其他擔保。在這種情況下，質權人放棄質權時，則直接影響其他擔保人的利益。為了確保其他擔保人的利益不因質權人放棄質權的行為而受到影響，本條規定，在質權人放棄質權時，如果是債務人以自己的財產出質的，其他擔保人在質權優先受償的範圍內，不再承擔擔保責任；但是其他擔保人承諾仍然承擔擔保責任的，法律並不干涉。例如，某項債權既有以債務人自己的財產質押擔保，又有第三人保證的，質權人放棄質權，必然會對保證人造成影響。根據本法第 392 條的規定，被擔保的債權既有物的擔保又有人的擔保的，在沒有約定或者約定不明確的情況下，債務人自己提供物的擔保的，債權人應當先就該物的擔保實現債權，再請求保證人承擔保證責任。在債務人不履行債務的情形下，如果質權人放棄了在債務人的財產上設定的質權，擔保責任則將由保證人全部承擔，加重了保證人的負擔。本着公平的原則，在質權擔保主債權的全部時，質權人放棄質權的，保證人免除全部保證責任；在質權擔保的是主債權的部分責任時，質權人放棄質權的，保證人在質權所擔保的債權範圍內免除擔保責任。在質權人放棄在債務人的財產上設定的質權的情形下，如果其他擔保人承諾仍然提供保證的，應當尊重當事人自願的意思表示，其他擔保人的擔保責任不予免除。

> 　　第四百三十六條　債務人履行債務或者出質人提前清償所擔保的債權的，質權人應當返還質押財產。
> 　　債務人不履行到期債務或者發生當事人約定的實現質權的情形，質權人可以與出質人協議以質押財產折價，也可以就拍賣、變賣質押財產所得的價款優先受償。
> 　　質押財產折價或者變賣的，應當參照市場價格。

■ 條文主旨

本條是關於質押財產返還及質權實現的規定。

■ 條文釋義

債務履行期限屆滿，將產生兩種情況：一是質權因其所擔保的債權受清償或者其他原因的發生而消滅；二是債務未受清償。根據這兩種不同情況本條規定了兩種不同的法律後果，即質押財產返還或者質權的實現。

一、質押財產返還

債務人於債務履行期限屆滿時履行了債務或者出質人提前清償了所擔保的債權，質權消滅，質權人對其佔有的質押財產負有返還給出質人的義務。質權人依質押合同有權佔有質押財產，但是在質權消滅時，質權人就喪失了繼續佔有質押財產的依據，應當將質押財產返還出質人。出質人因清償債務，將質押財產上存在的擔保物權負擔消滅，出質人可以依法請求質權人返還質押財產；質權人拒不返還的，應當承擔民事責任。

質權人返還質押財產的對象為出質人，因為出質人可以是債務人，也可以是第三人。當出質人不是債務人而是第三人時，債務人雖然清償了債務，但是由於用於擔保的質押財產的所有權是第三人的，所以應當返還給第三人而非債務人。

二、質權的實現

質權人實現質權，是指質權人在債權已屆清償期而債務人不履行債務或者發生當事人約定的實現質權的情形時，處分佔有的質押財產並優先受償的行為。質權人實現質權的前提條件是債務履行期限屆滿債務未受清償或者發生當事人約定的實現質權的情形。

質押擔保的目的在於確保債權的清償。當債務人不履行債務或者違約時，質權人有權將佔有的質押財產以折價、拍賣、變賣等方式變價後優先受償。

折價是指債務人在履行期限屆滿未履行其債務時，經出質人與質權人協議，按照質押財產的品質，參考市場價格等因素，把質押財產的所有權由出質人轉移給質權人，從而實現質權的一種方式。折價必須由出質人與質權人協商一致，否則只能拍賣或變賣。折價與流質不同：折價是發生在債務履行期限屆滿，債務人不履行債務，質權人實現質權時；流質是債權人在債務履行期間屆滿前與出質人約定，債務人屆期不履行債務時，質押財產歸債權人所有以抵銷債務。

拍賣是指按照拍賣程序，以公開競價的方式將質押財產賣給出價最高者的買賣。變賣是指直接將質押財產變價賣出的行為，變賣沒有公開競價等形式與程序上的限制，方便、快捷、變價成本小。質押財產的拍賣、變賣規則與抵押財產的拍賣、變賣規則有所不同。對於抵押權的實現，本法規定要求以抵押財產折價或者拍賣、變賣抵押財產需要協議，未達成協議的可以請求人民法院拍賣、變賣抵押財產。本條規定實現質權時，僅要求質押財產折價時雙方當事人達成協議，沒有要求拍賣、變賣質押財產需要協議，也沒有對拍賣、變賣質押財產的主體作出限定。在債務人不履行到期債務或者發生當事人約定的實現質權的情形時，質權人可以自行拍賣、變賣其佔有的質押財產。

與拍賣財產相比，對財產進行折價或者變賣由於沒有公開的競價模式，很可能會與財產的實際價值偏離較大。為了保護出質人的利益，避免出質人的財產以較低價格折價或者變

賣，本法規定對質押財產折價或者變賣的，應當參照市場價格。

> 　　第四百三十七條　　出質人可以請求質權人在債務履行期限屆滿後及時行使質權；質權人不行使的，出質人可以請求人民法院拍賣、變賣質押財產。
>
> 　　出質人請求質權人及時行使質權，因質權人怠於行使權利造成出質人損害的，由質權人承擔賠償責任。

■ 條文主旨

本條是關於及時行使質權請求權及怠於行使質權的責任的規定。

■ 條文釋義

為了督促擔保物權人及時行使權利，穩定交易秩序，本法對抵押權規定了存續期間，即抵押權人應當在主債權訴訟時效期間行使抵押權；未行使的，人民法院不予保護。質權同樣存在主債權到期而及時行使質權的問題。但質權與抵押權不同：一是抵押權並不移轉抵押財產，抵押財產始終在抵押人手裏控制和使用；質權移轉質押財產，質權設立後，質押財產由質權人佔有。二是主債權期限屆滿債務人不履行債務的情況出現後，抵押權人由於不佔有抵押財產，往往積極行使抵押權，以保證債權的實現；而質權人由於手中控制着質押財產，往往並不急於行使質權。對於是否與抵押權一樣規定動產質權的存續期間，有意見提出，規定抵押權未在主債權訴訟時效期間行使則法院不予保護並無不妥；而如果規定質權超過主債權訴訟時效期間未行使則法院不予保護則有失公允，因為質押財產在質權人處佔有，債務人不還債，過了主債權的訴訟時效期間依仗法律的規定，強行把質押財產從質權人手中要回，對質權人不公。

根據抵押權與質權的不同，本法未規定質權的存續期間，但是為了避免質權人濫用權利、怠於行使權利，本條賦予了出質人針對質權人的質權行使請求權以及質權人怠於行使質權的責任。

一、質權行使請求權

出質人在債務履行期限屆滿，債務人不能償還債務時，有權請求質權人及時行使質權；如果質權人經出質人請求後仍不行使的，出質人有權徑行到人民法院要求拍賣、變賣質押財產，以清償債務。

二、質權人怠於行使質權的責任

質押財產存在着意外毀損、滅失以及隨着市場風險的變化價值下跌的風險。因此，一旦債務履行期限屆滿，而債務人未清償債務的，質權人應當及時行使質權，以免給出質人造成損失，出質人也有權請求質權人行使權利。質權人怠於行使權利可能會致使質押財產價格下

跌，或者發生其他毀損、滅失等情形，質押財產無法獲得與原有價值相當的變價款。在此情形下，質權人對於出質人的損失要承擔賠償責任。需要注意的是，根據本款的規定，出質人首先要有請求質權人及時行使質權的行為；其次要有證據證明造成損害是由於質權人怠於行使質權造成的，損害的事實應當與質權人怠於行使質權有直接的因果關係。

第四百三十八條　質押財產折價或者拍賣、變賣後，其價款超過債權數額的部分歸出質人所有，不足部分由債務人清償。

■ 條文主旨

本條是關於質押財產變價款歸屬原則的規定。

■ 條文釋義

質權設定的目的在於確保債務的清償。當質押所擔保的債權於履行期限屆滿而未受清償時，質權人可以就質押財產的變價款優先受償。質權的實現是質權的根本效力所在，也是質權人最重要的權利。

質權實現就是將質押財產的交換價值兌現，質權人以變價款優先受償。質押財產價值的最初估算值與最終的變價值可能並不一致，這與當事人在設定質權時對質押財產的估算是否準確以及市場價格不斷變化有關。但是，無論質押財產的變價款如何，設定質權時的主債權是清楚的。因此，實現質權應當以清償質押擔保範圍的債權為界，質押財產折價、拍賣、變賣後，超過所擔保的債權數額的，變價款超出部分歸出質人所有；不足的部分由債務人清償。

根據本條規定的質押財產變價款歸屬原則，質權人在實現質權時，應當注意以下幾種情況：

首先，如果數個可分的質押財產為同一債權擔保時，各個質押財產都擔保債權的全部，但在實現質權時，如果質權人折價、拍賣或者變賣部分質押財產的價款足以清償質押擔保範圍的債權，則應停止折價、拍賣或者變賣其餘的質押財產。因為質押財產的所有權歸出質人，出質人只是以質押財產擔保質權人的債權，一旦債權受清償，質權也就消滅了，剩餘的質押財產應當歸還出質人。

其次，如果以一個質押財產作為債權擔保的，質押財產的變價款超出所擔保的債權的，應當將剩餘價款還給出質人，因為出質人是質押財產的所有權人。

最後，如果質押財產的變價款不足以清償所擔保的債權的，出質人以全部變價款交給質權人後，質權消滅，因為質權的標的是質押財產，質押財產因用於清償擔保債權而消滅，質權也隨之消滅。擔保債權未清償的部分，仍然在債權人與債務人之間存在，只是不再是質權擔保的債權，而是無質權擔保的普通債權，債務人仍然負有清償債務的義務。如果債務人和

出質人不是同一人時，未償還的債務由債務人承擔，出質人不再承擔責任。

> **第四百三十九條　出質人與質權人可以協議設立最高額質權。**
> **最高額質權除適用本節有關規定外，參照適用本編第十七章第二節的有關規定。**

■ 條文主旨

本條是關於最高額質權的規定。

■ 條文釋義

最高額質權是指為擔保債務的履行，債務人或者第三人對一定期間內將要連續發生的債權提供質押財產擔保的，債務人不履行到期債務或者發生當事人約定的實現質權的情形，質權人有權在最高債權額限度內就該質押財產優先受償。最高額質權制度對於配合繼續性交易的發展，擴大擔保融資，促進社會經濟的繁榮，發揮了重要的作用。規定最高額質權的目的是為了簡化設立擔保的手續，方便當事人，促進資金融通，更好地發揮質押擔保的功能。

與動產質權相比，最高額質權有自己的特徵；但就根本屬性而言，其仍屬於質權，本節關於動產質權的許多規定可以適用於最高額質權。比如最高額質權的設立、最高額質權的實現、質押財產的保全等內容都可以適用本節關於動產質權的相關規定。

最高額質權與最高額抵押權具有許多相同之處，主要體現在：一是兩者在設立、轉移和消滅上均在一定程度獨立於主債權；二是兩者擔保的債權都是不特定債權；三是兩者均有最高擔保額的限制；四是在實現擔保物權時，均需要對擔保的債權進行確定。基於以上相同點，本條規定，最高額質權可以參照適用本編第十七章第二節的有關規定，即最高額抵押權的有關規定。最高額質權所擔保債權的轉讓、最高額質權的變更以及最高額質權所擔保債權的確定可以參照本法第 421 條、第 422 條和第 423 條的規定。此外，根據本法第 420 條第 2 款的規定，最高額抵押權設立前已經存在的債權，經當事人同意，可以轉入最高額抵押擔保的債權範圍。同理，最高額質權設立前已經存在的債權，經當事人同意，可以轉入最高額質押擔保的債權範圍。基於此，本條第 2 款規定，最高額質權除適用本節有關規定外，參照適用本編第十七章第二節的有關規定。這裏之所以強調最高額質權「參照」本法關於最高額抵押權的規定，主要是考慮到最高額質權與最高額抵押權性質不同：最高額質權需要質權人佔有擔保財產，其本質屬於質權的一種；最高額抵押權不需要抵押權人佔有擔保財產，其本質屬於抵押權的一種。因此，只宜「參照」，不宜直接適用。

第二節　權利質權

> 第四百四十條　債務人或者第三人有權處分的下列權利可以出質：
>
> （一）匯票、本票、支票；
>
> （二）債券、存款單；
>
> （三）倉單、提單；
>
> （四）可以轉讓的基金份額、股權；
>
> （五）可以轉讓的註冊商標專用權、專利權、著作權等知識產權中的財產權；
>
> （六）現有的以及將有的應收賬款；
>
> （七）法律、行政法規規定可以出質的其他財產權利。

■ 條文主旨

本條是關於可以出質的權利範圍的規定。

■ 條文釋義

一、權利質權的概念

權利質權是指以出質人提供的財產權利為標的而設定的質權。權利質權具有與動產質權相同的一些特徵，都是以擔保債務履行和債權實現為目的，性質都是價值權、擔保權。但是，由於標的物不同，權利質權與動產質權相比又具有一定的特殊性。本節的內容主要就是關於權利質權的一些特殊規定；本節沒有規定的，則適用動產質權一節的有關規定。

隨着經濟高度發展，商品交易越加頻繁，商品和貨幣流通的手段也應需要而不斷發展，以票據、有價證券及其他財產憑證替代有形財產和貨幣流通越加廣泛。充分利用這些財產憑證所體現的無形財產權，對促進資金融通和商品流通、發展經濟有着重要作用。設立權利質權的目的和意義即在於此。

二、權利質權標的的要件

權利質權的標的是出質人提供的作為債權擔保的權利。但並不是所有的權利都可以作為權利質權的標的，其必須滿足下列條件：

1. 必須是財產權。財產權，是指物權、債權、無體財產權等以財產為內容，可以以金錢估價的權利。因其具有經濟價值，質權人可以從其價值中受償。而人身權，無論是人格權如生命權、身體權、健康權、名譽權等，還是身份權如親屬權、監護權等，由於不直接具有經濟價值，都不得作為權利質權的標的。

2. 必須具有讓與性。權利質權為價值權，在債務人不履行到期債務時，質權人可以以出質權利的價值優先受償。因此，其標的應有變價的可能，須具有讓與性。不具有讓與性的

財產權，不能成為權利質權的標的。比如，一些與特定權利主體密不可分的財產權，如繼承權、親屬間的扶養請求權、撫恤金領取請求權，都不得作為權利質權的標的。

3. 必須是適於設定質權的權利。有些財產權雖然具有可讓與性，但是不適於設定質權，也不得作為權利質權的標的。關於何種權利適於設定質權，何種權利不適於設定質權，各個國家和地區的規定不同。在我國，在不動產物權上設定的權利一般認定為是抵押權，因此，不動產物權不能作為權利質權的標的。至於抵押權、質權和留置權等擔保物權，由於不能與其所擔保的主債權分離，因此，也不能成為權利質權的標的。

三、權利質權標的的種類

本條對哪些權利可以出質，採取了列舉的方式；除這些權利以外，其他權利均不得出質。按照本條的規定，可以出質的權利包括：

1. 匯票、本票、支票。匯票是指出票人簽發的，委託付款人在見票時或者在指定日期無條件支付確定的金額給收款人或者持票人的票據。匯票分為銀行匯票和商業匯票。本票是指出票人簽發的，承諾自己在見票時無條件支付確定的金額給收款人或者持票人的票據。支票是指出票人簽發的，委託辦理支票存款業務的銀行或者其他金融機構在見票時無條件支付確定的金額給收款人或者持票人的票據。

2. 債券、存款單。債券是指由政府、金融機構或者企業為了籌措資金而依照法定程序向社會發行的，約定在一定期限內還本付息的有價證券，包括政府債券、金融債券和企業債券。存款單，也稱存單，是指存款人在銀行或者儲蓄機構存了一定數額的款項後，由銀行或者儲蓄機構開具的到期還本付息的債權憑證。

3. 倉單、提單。倉單是指倉儲保管人應存貨人的請求而填發的提取倉儲物的憑證。根據本法合同編的規定，存貨人交付倉儲物的，保管人應當給付倉單。保管人應當在倉單上簽字或者蓋章。倉單是提取倉儲物的憑證。存貨人或者倉單持有人在倉單上背書並經保管人簽字或者蓋章的，可以轉讓提取倉儲物的權利。提單是指用以證明海上貨物運輸合同和貨物已經由承運人接收或者裝船，以及承運人保證據以交付貨物的單證。根據海商法的規定，提單中載明的向記名人交付貨物、按照指示人的指示交付貨物或者向提單持有人交付貨物的條款，構成承運人據以交付貨物的保證。貨物由承運人接收或者裝船後，應託運人的要求，承運人應當簽發提單。提單可以由承運人授權的人簽發，提單由載貨船舶的船長簽發的視為代表承運人簽發。提單分為記名提單、指示提單和不記名提單。記名提單不得轉讓；指示提單經過記名背書或者空白背書可以轉讓；不記名提單無需背書即可轉讓。

4. 可以轉讓的基金份額、股權。基金份額是指向投資者發行的，表示持有人按其所持份額對基金財產享有收益分配權、清算後剩餘財產取得權和其他相關權利，並承擔相應義務的憑證。這裏所稱的基金，僅指證券投資基金法中規定的證券投資基金，即通過公開或者非公開募集資金設立證券投資基金，由基金管理人管理，基金託管人託管，為基金份額持有人的利益，以資產組合方式進行證券投資活動的信託契約型基金。股權是指股東因向公司直接投資而享有的權利。在我國，公司包括有限責任公司和股份有限公司。有限責任公司股東的股

權是通過公司簽發的出資證明書來體現的，股份有限公司股東的股權是通過公司簽發的股票來體現的。出資證明書，是指證明投資人已經依法履行繳付出資義務，成為有限責任公司股東的法律文件。根據公司法的規定，有限責任公司成立後，應當向股東簽發出資證明書。股票是指股份有限公司簽發的證明股東所持股份的憑證。根據公司法的規定，股票採用紙面形式或者國務院證券監督管理機構規定的其他形式。出資證明書和股票就是股東享有股權的法定憑證，股東憑此證券就可以享有相應的股權。

只有可以轉讓的基金份額和股權才可以作為權利質權的標的；有的基金份額和股權依法不得轉讓，則不能出質。比如，根據公司法的規定，發起人持有的本公司股份，自公司成立之日起 1 年內不得轉讓。公司公開發行股份前已發行的股份，自公司股票在證券交易所上市交易之日起 1 年內不得轉讓。根據證券投資基金法的規定，非公開募集基金，不得向合格投資者之外的單位和個人轉讓，在轉讓時也不得超出法律規定的投資者人數的限制。因此，這類有轉讓限制的股票和基金份額在出質時也需要遵守相應的限制。

5. 可以轉讓的註冊商標專用權、專利權、著作權等知識產權中的財產權。知識產權，是指人們對於自己的創造性智力活動成果和經營管理中的標記所依法享有的權利，包括註冊商標專用權、專利權和著作權等。知識產權主要是一種財產權利；但某些知識產權如著作權既具有人身性又具有財產性，可以將其中的權利劃分為人身權部分和財產權部分，只有財產權部分才能作為權利質權的標的。註冊商標專用權是指註冊商標所有人依法對註冊商標享有的獨佔使用權。根據商標法的規定，轉讓註冊商標的，轉讓人和受讓人應當簽訂轉讓協議，並共同向商標局提出申請。轉讓註冊商標經核准後，予以公告。受讓人自公告之日起享有商標專用權。商標註冊人可以通過簽訂商標使用許可合同，許可他人使用其註冊商標。因此，註冊商標所有人享有註冊商標轉讓權和註冊商標許可權。這兩者都是註冊商標專用權中的財產權，都可以作為權利質權的標的。專利權是指由國家專利主管機關授予專利申請人或其繼受人在一定期限內實施其發明創造的專有權，包括發明專利權、實用新型專利權及外觀設計專利權。根據專利法的規定，轉讓專利申請權或者專利權的，當事人應當訂立書面合同，並向國務院專利行政部門登記，由國務院專利行政部門予以公告。任何單位或者個人實施他人專利的，應當與專利權人訂立書面實施許可合同，向專利權人支付專利使用費。因此，專利權人享有專利轉讓權和專利實施許可權。這兩者都是專利權中的財產權，都可以作為權利質權的標的。著作權是指文學、藝術和科學作品的創作者對其創作完成的作品所享有的權利。根據著作權法的規定，著作權可分為人身權和財產權兩部分。人身權包括發表權、署名權、修改權和保護作品完整權。財產權是指著作權人對作品的使用權和獲得報酬權。其中，使用權指以各種方式使用作品的權利，是著作權人的一項主要財產權利，包括複製權、發行權、出租權、展覽權、表演權、放映權、廣播權、信息網絡傳播權、攝製權、改編權、翻譯權、彙編權和應當由著作權人享有的其他權利等；獲得報酬權指轉讓使用權或者許可他人使用而獲得報酬的權利。著作權中的人身權和著作權人有密切關係，具有人身屬性，只能專屬於著作權人，不得讓與，也不得出質；只有著作權中的財產權才可以作為權利質權的標的。

6. 現有的以及將有的應收賬款。物權法在第 223 條規定了可以出質的權利範圍，其中第 6 項為應收賬款。應收賬款實質上屬於一般債權，包括尚未產生的將來的債權，但是僅限於金錢債權。需要注意的是，物權法中應收賬款的概念包括了「公路、橋樑等收費權」。在物權法頒佈以前，《最高人民法院在關於適用〈中華人民共和國擔保法〉若干問題的解釋》中專門規定，公路橋樑、公路隧道或者公路渡口等不動產收益權可以質押。物權法曾在徵求意見稿中對可以出質的權利單獨列出「公路、橋樑等收費權」一項。在徵求意見時和常委會審議過程中，有的意見認為，收費權指權利人對將來可能產生的收益所享有的請求權，實質上是一種預期債權，可以納入應收賬款。物權法採納了這一意見，將「公路、橋樑等收費權」的概念納入「應收賬款」的概念中。

在物權法頒佈以後，中國人民銀行根據物權法的規定，制定了《應收賬款質押登記辦法》，對應收賬款的質押登記作了規範。根據 2019 年 11 月發佈的《應收賬款質押登記辦法》第 2 條的規定，該辦法所稱的應收賬款是指權利人因提供一定的貨物、服務或設施而獲得的要求義務人付款的權利以及依法享有的其他付款請求權，包括現有的和未來的金錢債權，但不包括因票據或其他有價證券而產生的付款請求權，以及法律、行政法規禁止轉讓的付款請求權。該辦法所稱的應收賬款包括下列權利：（1）銷售、出租產生的債權，包括銷售貨物，供應水、電、氣、暖，知識產權的許可使用，出租動產或不動產等；（2）提供醫療、教育、旅遊等服務或勞務產生的債權；（3）能源、交通運輸、水利、環境保護、市政工程等基礎設施和公用事業項目收益權；（4）提供貸款或其他信用活動產生的債權；（5）其他以合同為基礎的具有金錢給付內容的債權。

在民法典物權編的立法過程中，一些意見提出，儘管一些部門規章對應收賬款的定義和範圍作了規定，但是在實踐中對應收賬款還是有不同的理解，如在會計實務操作領域，應收賬款僅指已經實際發生的債權，而不包含將來尚未發生的債權，建議對「應收賬款」的表述作相應修改。還有一些建議提出，物權法關於浮動擔保的條文規定，企業等主體可以將現有的以及將有的生產設備等動產抵押，法律也應當明確規定可以以現有的以及將有的債權質押。經對上述意見的研究，本法將物權法第 223 條第 6 項「應收賬款」修改為「現有的以及將有的應收賬款」，以明確將來發生的債權可以作為質押的客體。

7. 法律、行政法規規定的可以出質的其他財產權利。這是對可以出質的權利作的保底性規定。隨着經濟社會的發展和融資需求的擴大，在平衡風險和利益的前提下，可用於擔保的財產範圍也會發生變化。立法在確定某一權利是否可以質押時，需要考慮該權利是否具備可轉讓性，是否具有可行的擔保公示方式，以及以這些權利作擔保有什麼風險等因素。本條前 6 項規定的可以出質的權利並不能涵蓋所有可以出質的權利範圍，為此本條作了一個授權性的規定，根據現實需要、權利質押的可行性、市場風險等因素，法律、行政法規可以規定其他權利可以出質；只要在法律、行政法規中明確規定可以出質的，也適用本節權利質權的有關規定。

> **第四百四十一條**　以匯票、本票、支票、債券、存款單、倉單、提單出質的，質權自權利憑證交付質權人時設立；沒有權利憑證的，質權自辦理出質登記時設立。法律另有規定的，依照其規定。

■ 條文主旨

本條是關於以匯票、本票、支票、債券、存款單、倉單、提單出質的權利質權設立的規定。

■ 條文釋義

本編第 427 條規定，設立質權，當事人應當採用書面形式訂立質押合同。以匯票、本票、支票、債券、存款單、倉單、提單出質的，雙方當事人應當訂立書面質押合同。合同內容一般包括被擔保債權的種類和數額，債務人履行債務的期限，出質權利的名稱、數額，擔保的範圍等。合同訂立後，質權並不當然設立。以匯票、本票、支票、債券、存款單、倉單、提單出質的，其質權設立的情形可以分為兩種：

首先，有權利憑證的，質權自權利憑證交付質權人時設立。

權利憑證是指記載權利內容的象徵性的證書，通常採用書面形式，如匯票、本票、支票、存款單、倉單、提單和一部分實物債券等都有權利憑證。此時出質人需要將該權利憑證交付給質權人，質權自交付時設立。

其次，沒有權利憑證的，質權自有關部門辦理出質登記時設立。

在我國，部分債券如記賬式國庫券和在證券交易所上市交易的公司債券等都已經實現無紙化，這些債券沒有權利憑證，如果要出質，就必須到法律、法規規定的有關登記部門辦理出質登記，質權自登記時設立。債券質押登記，基於不同的債券品種，以及交易所債券市場和銀行間債券市場的區分等，分別到中國證券登記結算機構、中央國債登記結算有限公司、上海清算所等登記。

在十三屆全國人大三次會議審議民法典草案的過程中，有的代表提出，票據法對匯票質押等有專門規定，建議與之相銜接。憲法和法律委員會經研究，建議採納這一意見，在本條中增加規定：法律另有規定的，依照其規定。為此，其他法律對於以匯票、本票、支票等出質的權利質權的設立有特別規定的，依照其規定。

第四百四十二條　匯票、本票、支票、債券、存款單、倉單、提單的兌現日期或者提貨日期先於主債權到期的，質權人可以兌現或者提貨，並與出質人協議將兌現的價款或者提取的貨物提前清償債務或者提存。

■ 條文主旨

本條是關於以匯票、本票、支票、債券、存款單、倉單、提單出質的權利質權人行使權利的特別規定。

■ 條文釋義

載明兌現日期或者提貨日期的匯票、本票、支票、債券、存款單、倉單、提單的兌現日期或者提貨日期屆至時，原則上必須兌現或者提貨，以免除第三債務人的債務。如果不按時兌現或者提貨，有可能會給債務人自身帶來損失，最終影響所擔保的主債權的實現。因此，本條規定，匯票、本票、支票、債券、存款單、倉單、提單的兌現日期或者提貨日期先於主債權到期的，質權人可以不經過出質人同意，有權將匯票、本票、支票、債券或者存款單上所載款項兌現，有權將倉單或者提單上所載貨物提貨。但是質權人兌現款項或者提取貨物後不能據為己有，必須通知出質人，並與出質人協商，或者用兌現的款項或提取的貨物提前清償債權，或者將兌現的款項或提取的貨物提存。提前清償債權的，質權消滅；提存的，質權繼續存在於提存的款項或者貨物上，在主債權到期時可以以該提存的款項或者貨物優先受償。出質人只能在提前清償債權和提存中選擇，不能既不同意提前清償債權也不同意提存。

第四百四十三條　以基金份額、股權出質的，質權自辦理出質登記時設立。

基金份額、股權出質後，不得轉讓，但是出質人與質權人協商同意的除外。出質人轉讓基金份額、股權所得的價款，應當向質權人提前清償債務或者提存。

■ 條文主旨

本條是關於以基金份額、股權出質的權利質權設立和出質人處分基金份額、股權的限制的規定。

■ 條文釋義

根據本編第 427 條規定，設立質權，當事人應當採用書面形式訂立質押合同。以基金份額、股權出質的，雙方當事人應當訂立書面質押合同。合同內容一般包括被擔保債權的種類和數額，債務人履行債務的期限，基金份額、股權的相關信息，擔保的範圍等。

以基金份額、股權出質的，在訂立質押合同後，質權並不當然設立。以基金份額、股權出質的，應當到有關部門辦理出質登記，質權自登記時設立。

在目前的實踐操作中，基金份額、股權質押登記差異較大、情況複雜，分別由多個登記機構進行相應的權利質押登記。以基金份額出質的，如果是證券登記結算機構登記的基金份額出質，在證券登記結算機構登記；未在證券登記結算機構登記的基金份額出質，在其他基金份額登記機構登記。以股權出質的，上市公司的股權、在全國中小企業股份轉讓系統轉讓股權的股份公司以及退市公司的股權的質押登記，在證券登記結算機構辦理；有限責任公司的股權和未在證券登記結算機構登記的股份有限公司的股權的質押登記，在市場監管機構辦理。

物權法第 226 條規定，以基金份額、證券登記結算機構登記的股權出質的，質權自證券登記結算機構辦理出質登記時設立；以其他股權出質的，質權自工商行政管理部門辦理出質登記時設立。在民法典物權編的立法過程中，一些意見建議在民法典物權編中規定動產和權利擔保統一登記制度。考慮到動產和權利擔保涉及的財產種類眾多、情況複雜，且涉及國務院各部門的工作職能，具體規則宜由國務院規定，民法典物權編未對動產和權利擔保統一登記制度作出規定，但是為了回應相關意見，民法典物權編刪除了物權法中動產抵押、權利質押有關具體登記機構的規定，為以後建立統一的動產和權利擔保登記制度留下空間。為此本條規定刪除了物權法的上述規定，在本法 441 條、第 444 條、第 445 條相應刪除了有關登記機關的規定。

本條第 2 款規定的是對出質人處分基金份額和股權的限制。基金份額和股權出質後，原則上不能轉讓。一方面，出質人的基金份額和股權雖然被出質了，但是其仍為基金份額持有人或者股東，轉讓基金份額和股權是對基金份額和股權的處分，是基金份額持有人和股東的權利，質權人無權轉讓作為債權擔保的基金份額和股權，否則構成對基金份額持有人和股東權利的侵害。另一方面，基金份額和股權雖然為出質人所有，但是其作為債權的擔保，是有負擔的權利，如果隨意轉讓可能會損害質權人的利益，不利於擔保債權的實現。所以，原則上基金份額和股權出質後，不能轉讓；但如果出質人與質權人協商一致，都同意轉讓已出質的基金份額和股權，這屬於雙方當事人對自己權利的自由處分，法律自然允許。但是轉讓基金份額和股權所得的價款，並不當然用於清償所擔保的債權；因為此時債務清償期限尚未屆至，出質人應當與質權人協商，將所得的價款提前清償所擔保的債權或者提存。提前清償債權的，質權消滅。提存的，質權繼續存在於提存的價款上，在債務履行期限屆滿時，質權人可以對該價款優先受償。出質人只能在提前清償債權和提存中選擇，不能既不同意提前清償債權，也不同意提存。

第四百四十四條　以註冊商標專用權、專利權、著作權等知識產權中的財產權出質的，質權自辦理出質登記時設立。

知識產權中的財產權出質後，出質人不得轉讓或者許可他人使用，但是出質人與質權人協商同意的除外。出質人轉讓或者許可他人使用出質的知識產權中的財產權所得的價款，應當向質權人提前清償債務或者提存。

■ 條文主旨

本條是關於以知識產權中的財產權出質的權利質權的設立和出質人處分知識產權的限制的規定。

■ 條文釋義

根據本編第 427 條規定，設立質權，當事人應當採用書面形式訂立質押合同。以註冊商標專用權、專利權、著作權等知識產權中的財產權出質的，雙方當事人應當訂立書面質押合同。合同內容一般包括被擔保債權的種類和數額，債務人履行債務的期限，知識產權的相關信息如註冊商標專用權人及其註冊商標和註冊號、專利權人及其專利號和專利權中的財產權、著作權人的姓名或者名稱及其著作權中的財產權，擔保的範圍等。

以註冊商標專用權、專利權、著作權等知識產權中的財產權出質的，訂立質押合同後，質權並不當然設立，須辦理出質登記時才能設立。這主要是因為知識產權是一種無形財產權，無法以佔有的方式來公示，所以知識產權出質必須以登記的方式來公示。從目前的實踐操作來看，以知識產權中的財產權出質的需要到有關部門辦理質押登記，具體來說，著作權質押登記在國家版權局委託的中國版權保護中心辦理，專利權和註冊商標專用權的質押登記在國家知識產權局辦理。

本條第 2 款規定的是對出質人處分知識產權的限制。以註冊商標專用權、專利權、著作權等知識產權中的財產權出質的，權利雖然仍屬於知識產權人，但由於該知識產權是有負擔的權利，因此，出質人不能自由轉讓或者許可他人使用。如果允許出質人自由轉讓或者許可他人使用其註冊商標專用權、專利權、著作權等知識產權中的財產權，則無論是有償轉讓還是無償轉讓，也無論是許可他人有償使用還是許可他人無償使用，都將損害質權人的利益。因為一方面轉讓的費用和許可他人使用的費用都要歸出質人收取，另一方面出質人有權無限制地轉讓其註冊商標專用權、專利權、著作權等知識產權中的財產權，必然導致該註冊商標專用權、專利權、著作權等知識產權中的財產權價值的下降，最終的結果必然損害質權人的利益，不利於擔保債權的實現。但是如果經出質人與質權人協商同意，可以轉讓或者許可他人使用出質的註冊商標專用權、專利權、著作權等知識產權中的財產權。因為此時轉讓，是經過質權人同意的，是否會損害質權人的利益由質權人自己判斷，法律不加干涉。

按照本條第 2 款的規定，轉讓或者許可他人使用出質的註冊商標專用權、專利權、著

作權等知識產權中的財產權所得的價款，不當然用於清償所擔保的債權。因為此時債務清償期限尚未屆至，出質人應當與質權人協商，將所得的價款提前清償所擔保的債權或者提存。提前清償債權的，質權消滅。提存的，質權繼續存在於提存的價款上，在債務履行期限屆滿時，質權人可以對該價款優先受償。出質人只能在提前清償債權和提存中選擇；不能既不同意提前清償債權，也不同意提存。

第四百四十五條　以應收賬款出質的，質權自辦理出質登記時設立。

應收賬款出質後，不得轉讓，但是出質人與質權人協商同意的除外。出質人轉讓應收賬款所得的價款，應當向質權人提前清償債務或者提存。

■ 條文主旨

本條是關於以應收賬款出質的權利質權設立和出質人轉讓應收賬款的限制的規定。

■ 條文釋義

根據本編第 427 條規定，設立質權，當事人應當採用書面形式訂立質押合同。以應收賬款出質的，雙方當事人應當訂立書面質押合同。合同內容一般包括被擔保債權的種類和數額，債務人履行債務的期限，應收賬款的名稱、數額、擔保的範圍等。

以應收賬款出質的，在訂立質押合同後，質權並不當然設立，雙方當事人還須到有關部門辦理出質登記後質權才設立。物權法規定了信貸徵信機構為應收賬款出質的登記機構。根據物權法的授權，徵信中心建成了應收賬款質押登記公示系統，面向全社會提供應收賬款質押、轉讓的登記與查詢服務；中國人民銀行發佈的《應收賬款質押登記辦法》，對應收賬款質押登記與查詢行為進行規範。目前我國應收賬款的質押登記在中國人民銀行徵信中心的應收賬款質押登記公示系統辦理。為了給以後建立統一的動產抵押和權利質押登記制度留出空間，本法刪除了具體登記機構的規定。

本條第 2 款規定的是應收賬款出質後對出質人權利的限制，即出質人不得隨意轉讓應收賬款。這主要是為了保護質權人的利益，防止出質人隨意處置應收賬款，保證其所擔保的債權的實現。出質人只有在取得質權人同意的情況下才能轉讓應收賬款。與前幾條的規定的內容類似，轉讓應收賬款所得的價款，並不當然用於清償所擔保的債權。因為此時債務清償期限尚未屆至，出質人應當與質權人協商，將所得的價款提前清償所擔保的債權或者提存。提前清償債權的，質權消滅。提存的，質權繼續存在於提存的價款上，在債務履行期限屆滿時，質權人可以對該價款優先受償。出質人只能在提前清償債權和提存中選擇；不能既不同意提前清償債權，也不同意提存。

> 第四百四十六條　權利質權除適用本節規定外，適用本章第一節的有關規定。

■ 條文主旨

本條是關於權利質權適用動產質權有關規定的規定。

■ 條文釋義

權利質權與動產質權都是以其客體的交換價值的取得為目的的擔保物權，具有由客體直接取得一定價值的權能；並不因其客體是有體物還是無體物而性質不同，兩者共同構成質權的組成部分，在很多內容上是相同的。但是權利質權的標的物為權利，而動產質權的標的物為動產，因此兩者在某些具體方面如權利的生效上還存在一定的區別。因此，本章第一節對動產質權是作為質權的一般形式加以規定的，本節對權利質權僅在某些內容上作了特殊規定，其他沒有規定的內容可以適用動產質權的規定，如本章第一節關於質押合同的訂立以及質押合同的一般條款、流質條款的效力、質權人的權利和義務、質權的保全、質權的放棄、質權的實現方式和最高額質權等。

第十九章　留置權

本章共十一條，對留置權的一般規定、留置財產與債權的關係、留置權的適用範圍、留置權人的權利與義務、留置權的實現以及留置權與抵押權、質權的競合和留置權消滅的特殊情形等內容作了規定。

> **第四百四十七條　債務人不履行到期債務，債權人可以留置已經合法佔有的債務人的動產，並有權就該動產優先受償。**
>
> **前款規定的債權人為留置權人，佔有的動產為留置財產。**

■ 條文主旨

本條是有關留置權的一般規定。

■ 條文釋義

一、留置權的定義

留置權是指在債務人不履行到期債務時，債權人有權依照法律規定留置已經合法佔有的債務人的動產，並就該動產優先受償的權利。這時，債權人便為留置權人，佔有的動產便為留置財產。

留置權是經濟生活中較為普遍存在的一種擔保形式。留置權設定的目的在於維護公平原則，督促債務人及時履行義務。物權法制定之前我國的一些法律就對留置權作了規定，如民法通則第 89 條規定，按照合同約定一方佔有對方的財產，對方不按照合同給付應付款項超過約定期限的，佔有人有權留置該財產，依照法律的規定以留置財產折價或者以變賣該財產的價款優先得到償還。擔保法則專設「留置」一章，共七條。合同法也分別規定了承攬合同、運輸合同和保管合同中債權人享有的留置權。

二、留置權成立的要件

第一，債權人已經合法佔有債務人的動產。債權人要行使留置權，必須已經合法佔有債務人的動產。此要件包含三層意思：其一，必須是動產。留置權的標的物只能是動產，債權人佔有的不動產上不能成立留置權。其二，必須債權人佔有動產。債權人的這種佔有可以是直接佔有，也可以是間接佔有。但單純的持有不能成立留置權。如佔有輔助人雖持有動產，卻並非佔有人，因此不得享有留置權。其三，必須合法佔有動產。債權人必須基於合法原因而佔有債務人動產，如基於承攬、運輸、保管合同的約定而取得動產的佔有。如果不是合法

佔有債務人的動產，不得留置，如債權人以侵權行為佔有債務人的動產。

第二，債權人佔有的動產，應當與債權屬於同一法律關係，但企業之間留置的除外。除了企業之間留置的以外，留置財產必須與債權的發生處於同一法律關係中。比如，保管合同中寄存人不按期交付保管費，保管人可以留置保管物，此時留置權成立。如果保管人對寄存人享有的是保管合同之外的其他債權而留置保管物，或者保管人留置的是債務人的其他財產，則該留置權不能成立。

第三，債務人不履行到期債務。債權人對已經合法佔有的動產，並不能當然成立留置權，留置權的成立還須以債權已屆清償期而債務人未全部履行為要件。如果債權未到期，那麼債務人仍處於自覺履行的狀態中，還不能判斷債務人到期能否履行債務，這時留置權還不能成立。只有在債務履行期限屆滿，債務人仍不履行債務時，債權人才可以將其合法佔有的債務人的動產留置。

> **第四百四十八條　債權人留置的動產，應當與債權屬於同一法律關係，但是企業之間留置的除外。**

■ 條文主旨

本條是有關留置財產與債權的關係的規定。

■ 條文釋義

一、留置財產的範圍

本條首先明確，債權人留置的動產，應當與債權屬於同一法律關係。因此，一般而言，留置財產的範圍僅限於與債權屬於同一法律關係的動產。所謂同一法律關係，就是留置財產應當債權所形成的債權債務關係屬於同一個民事法律關係。根據債法的基本原理，債通常包括合同之債，還包括侵權之債，以及不當得利、無因管理之債。同一法律關係最為常見的就是因合同產生的債權債務關係。如甲將手錶交由乙修理，手錶修理好後，甲拒絕支付修理費，乙依法可以留置該手錶。此時，因定作人甲與承攬人乙之間形成了承攬合同關係，基於此承攬關係乙佔有了甲交付的動產即手錶，甲未支付的修理費也是基於雙方的承攬關係產生的報酬，乙留置的動產與乙享有的債權（即甲所欠報酬）就屬於同一承攬合同關係。同一法律關係還可以是因侵權形成的同一債權債務關係。如甲開着貨車運輸貨物，途中由於貨物捆綁不嚴，其中一箱貨物遺落將乙砸傷，甲未向甲支付合理的醫療費用，乙遂將該箱貨物留置，要求甲支付醫療費用方肯返還。此時，乙要求支付醫療費用的侵權債權，與甲遺落的貨物（造成侵權的原因），即屬於同一侵權法律關係。

二、留置財產範圍的例外

本條還有但書的例外規定，即「但是企業之間留置的除外」。根據本條但書的內容，在一般民事主體之間留置財產與債權應屬於同一法律關係，而在企業之間行使留置權，留置財產與債權則沒有此限制，這意味着企業之間，只要債權人合法佔有債務人的動產，債務人不履行債務，債權人即可留置其動產，而不論該動產是基於何種法律關係佔有。這麼規定，主要是考慮到，在商業實踐中，企業之間相互交易頻繁，追求交易效率，講究商業信用，如果嚴格要求留置財產必須與債權的發生具有同一法律關係，則有悖交易迅捷和交易安全原則。比如，甲運輸公司與乙貿易公司經常有業務往來，因乙公司欠了甲公司一筆運費。後丙公司支付運費後委託甲公司將一批貨物運給乙公司，甲公司為了實現催要運費的目的，遂將該批貨物扣留，要求乙公司支付此前所欠運費方肯交貨。在此種情況下，雖然甲公司所承運的貨物與乙公司所欠的運費之前並不屬於同一法律關係，根據本條但書的規定，甲公司仍有權行使留置權。

> **第四百四十九條　法律規定或者當事人約定不得留置的動產，不得留置。**

■ 條文主旨

本條是關於留置權適用範圍的限制性規定。

■ 條文釋義

一、關於留置權的適用範圍

關於留置權的適用範圍，我國立法有一個逐漸變化的過程。擔保法將留置權的適用範圍限於特定合同法律關係，該法第 84 條規定：「因保管合同、運輸合同、加工承攬合同發生的債權，債務人不履行債務的，債權人有留置權。法律規定可以留置的其他合同，適用前款規定。當事人可以在合同中約定不得留置的物。」根據擔保法的此規定，留置權僅限適用於保管合同、運輸合同、加工承攬合同等法律有明確規定的合同類型中，在其他債權債務關係中，則不得行使留置權。

在物權法起草過程中，對是否保留擔保法的此規定，存在不同意見。有的意見認為，為避免濫用留置權的情況發生，應該維持擔保法的規定，即只有因保管合同、運輸合同、加工承攬合同和法律規定可以留置的其他合同發生的債權，才能適用留置權。有的意見認為，擔保法規定的留置權的適用範圍過窄，不符合經濟實踐需要，不利於保護債權人的利益，應當擴大範圍。在制定物權法的時，在總結擔保法規定的立法經驗基礎上，考慮到隨着市場經濟的發展，相關市場規則和法律制度的完善，將留置權的適用範圍擴大到因無因管理、倉儲合同及其他服務合同發生的債權中是必要和合適的。且境外留置權立法，也未逐一列舉留置權

的適用範圍。因此，物權法沒有明文列舉留置權的適用範圍，而只是對留置權的適用範圍作出限制，規定了不得留置的情形。只要不屬於不得留置的兩種情形，又符合留置權成立的條件，均可以成立留置權。

物權編保留了物權法的立法模式，在上一條中規定了留置權可以行使的財產範圍，同時在本條中規定不得留置的範圍，即法律規定或者當事人約定不得留置的動產，不得留置。

二、法律規定不得留置的動產

本條規定，法律規定不得留置的動產，不得留置。總則編第 8 條規定，民事主體從事民事活動，不得違反法律，不得違背公序良俗。根據本條和總則編的此規定，民事主體從事任何民事活動，包括行使留置權，都不能違反法律規定，也不得違背公序良俗。首先，如果法律明確有規定，對特定動產，任何人不得留置。民事主體從事民事活動時，就有義務遵守法律的此類規定，不得對此類動產行使留置權。如居民身份證法第 15 條第 3 款規定，任何組織或者個人不得扣押居民身份證。如甲委託乙辦理工商執照申領手續，故將自己的身份證交給乙，甲未及時將委託費用支付給乙，乙遂扣留甲的身份證。根據居民身份證法的規定，乙不得行使留置權，故乙必須返還甲的身份證。其次，行使留置權，也不能違反公序良俗。比如，因當地發生重大傳染病疫情，甲公司遂緊急從外地採購大量醫療物資用於本公司辦公場所防治疫情，並委託乙運輸公司將該等醫療物資運回，尚未支付運費。醫療物資運抵後，乙公司欲留置所承運的醫療物資。由於甲公司採購的醫療物資屬於防治傳染病疫情所急需的物資，如果乙公司留置該等物資，勢必影響公共衛生秩序，危及公共衛生安全，有悖公序良俗，故乙公司不得行使留置權。又比如，甲在長江中游泳，不慎溺水身亡，甲父遂委託乙幫忙打撈甲之遺體，口頭約定打撈成功支付乙報酬 1000 元。成功打撈後，乙要求甲父立即支付報酬，否則不交付甲的遺體。在此種情形下，乙行使留置遺體的行為，違背了善良風俗，也屬於本條規定的不得留置的情況。

三、當事人約定不得留置的動產

留置權屬於法定擔保物權。法律之所以規定留置權，主要是基於公平原則，為了保護債權人的利益，確保債權人債權的實現，並不涉及公共利益或者其他第三人的利益。如果債權人基於意思自治而自願放棄這種法律規定的民事權利，法律自然不會予以干涉。因此，本條同時規定，當事人約定不得留置的動產，不得留置。根據此規定，當事人已經明確約定不得留置的動產，都不能成立留置權。比如，承攬合同當事人事先在合同中約定排除留置權，則在定作人未向承攬人支付報酬或者材料費等價款時，承攬人也不得留置完成的工作成果，而應當依債權本身的效力提起追索價款及違約金的訴訟。當事人約定的方式，既可以在訂立合同之時約定，並寫入合同條款，也可以在合同履行過程中達成協議。既可以是以書面方式約定，也可以是口頭約定。當然，從利於舉證的角度而言，當事人約定限制留置權的行使條款，最好以書面方式在相關合同中明確規定。

> **第四百五十條　留置財產為可分物的，留置財產的價值應當相當於債務的金額。**

■ 條文主旨

本條是關於可分物作為留置財產的特殊規定。

■ 條文釋義

根據法律的基本原理，留置權具有不可分性，此種不可分性表現在兩個方面：一方面，留置權所擔保的是債權的全部，而不是部分，即擔保的債權具有不可分性。另一方面，留置權的效力具有不可分性，留置權及於債權人所留置的全部留置財產，留置權人可以對留置財產的全部行使留置權，而不是部分。因此，從理論上而言，只要債權人基於同一法律關係佔有了債務人的動產，就可以行使留置權，而不論留置財產價值與債權數額是否相當。但是，如果將留置權的不可分性絕對化，則可能造成立法上的不公平。

留置權的立法目的是督促債務人及時履行債務，確保債權人能夠實現自己的債權。因此，只要留置財產的價值相當於債務金額，就能夠保證其債權得到實現，沒有必要留置過多的財產。過分強調留置權的不可分性，對債務人不公平，有損其合法權益，也不利於物盡其用。因此，從公平合理地設計當事人之間的權利義務而言，在立法上有必要對留置權的不可分性作一定程度的緩和。故本條規定，留置財產為可分物的，留置財產的價值應當相當於債務的金額。但留置物為可分者，僅得依其債權與留置物價值之比例行使之。

理解本條需要從以下三個方面把握：

一、可分物與不可分物的劃分

這是從物的分割是否影響其價值或效用的角度對物進行的劃分。不可分物就是將其分割的話將影響其價值或者失去其效用的物。如一塊手錶，如果將手錶拆分成零件，將失去手錶作為計時器的功能。可分物是指經分割而不損害其經濟用途或者失去其價值的物。如一袋大米，將其分割成數小袋，大米經濟價值和作為糧食的效用並不會受到影響。正是因為可分物和不可分物在是否可以分割屬性上的差異，在行使留置權時，有必要加以區分，針對物的不同屬性，設計更為合理的權利義務結果，確保留置權的行使更加公平合理。

二、對可分物行使留置權

根據本條規定，留置財產為可分物的，留置財產的價值應當相當於債務的金額。因此，如果涉案動產為可分物。債權人在行使留置權時，就需要受到本條的限制，即行使留置權時，僅能留置與債務金額相當價值的財產，而不得超越此範圍行使留置權，否則構成權利濫用。

如何判斷留置財產的價值是否相當於債務金額。各種物品的價值差別較大，通常應當根據留置財產的正常市場價格進行判斷。所謂價值相當，不是說必須完全等值，而是留置財產的價值不能明顯超過債權金額。

三、對不可分物行使留置權

如果留置財產為不可分物，由於該物的分割會減損其價值，因此不適用本條的規定，留置權人可以留置整個物。比如，甲公司提供原材料，委託乙公司定作特製鍋爐一台，約定定作費用 50 萬元。該台鍋爐製作完成後，市場價值約 1000 萬元。因甲公司未向乙公司支付報酬，故欲留置該鍋爐。雖然加工承攬合同的標的物價值遠遠超出甲公司所欠費用，乙公司仍有權留置該鍋爐。因為鍋爐屬於不可分物，如果分割將失去其應有的效用、價值也將大大減損，因此不能適用本條的規定。對於不可分物，債權人可以將其全部留置。

> **第四百五十一條　留置權人負有妥善保管留置財產的義務；因保管不善致使留置財產毀損、滅失的，應當承擔賠償責任。**

■ 條文主旨

本條是關於留置權人保管義務的規定。

■ 條文釋義

一、留置權人的保管義務

行使留置權的前提是債權人合法佔有債務人的不動產。因此，留置財產此時已經脫離了債務人的控制，而由債權人合法控制。民事主體享有權利的同時，也應當履行法律規定或者合同約定的義務。債權人在行使留置權的同時，也是如此。留置權人佔有、控制着債務人的動產。由於留置財產的所有權仍屬於債務人，作為所有權人，債務人對留置財產享有利益。因此，法律有必要為留置權人設定義務，避免留置財產陷於滅失風險之中，危及債務人的所有權。如果留置財產毀損或者滅失，不僅損害了債權人的所有權，也不利於實現留置權。因此，本條首先規定，留置權人負有妥善保管留置財產的義務。

妥善保管留置財產，是一種消極性義務，不需要留置權人有積極的作為，留置權人對留置財產並不負有保值增值的義務。比如，留置財產為受市場影響很大的動產，即便在價格變動劇烈的情況下，留置權人也不能因行情變動而任意處分變現。留置權人只要使留置財產維持原狀或者保持其正常狀態，確保不受到侵害、毀損或者滅失即可。同樣，留置權人佔有留置財產時，原則上未經債務人同意，不得使用、出租留置財產或者擅自把留置財產作為其他債權的擔保物。但是，留置權人出於保管的需要，為使留置財產不因閒置而生損害，在必要的範圍內有適當使用留置財產的權利。比如，甲的汽車損壞了，委託乙修理廠進行修理，約定修理費用 1 萬元，後甲一直未付修理費。乙修理廠遂留置了甲的車輛。長達近一年，甲一直未履行債務。乙修理廠為了避免所留置的汽車長期不用導致故障，即可以適當啟動使用該汽車，確保該車處於正常狀態。

二、留置權人的賠償責任

為了使留置權人能夠履行其妥善保管留置財產的義務，本條還規定，留置權人因保管不善致使留置財產毀損、滅失的，應當承擔賠償責任。根據此規定，如果留置權人未保管好留置財產，是需要承擔賠償責任的。比如，甲公司從某市購買了一批糧食，委託乙運輸公司運輸，由於甲公司未按約定支付運費，乙公司遂留置了部分承運的糧食，並將留置的糧食存放在該公司倉庫。由於乙公司的倉庫並非專業糧倉，導致所留置的糧食全部發黴變質，無法再行銷售。乙公司作為專業的運輸公司，知道儲存糧食應具有相應的條件，未按照糧食的通常儲存方式存放所留置的糧食，不能說是盡到了妥善保管的義務。因此，乙公司應當賠償甲公司的損失。當然，如果留置權人盡到了妥善保管義務，因保管不善之外的其他原因造成留置財產的損失的，則不應承擔賠償責任。如，甲公司由於生產需要，購買了一台重要的生產設備備用，由於甲公司自身的倉庫無法存放，遂將該設備交付某倉儲公司保管。由於甲公司未按時支付倉儲費，乙公司遂留置了該設備，繼續存放在倉庫中。期間，因颱風來襲，乙公司倉庫遭受重創，導致乙公司所留置的設備損壞。乙公司按照正常方式保管該設備，盡到了妥善管理義務，留置財產係因颱風這一不可抗力造成損失的，故乙公司不需要承擔賠償責任。

> **第四百五十二條**　留置權人有權收取留置財產的孳息。
>
> 前款規定的孳息應當先充抵收取孳息的費用。

■ 條文主旨

本條是關於留置權人收取孳息的權利的規定。

■ 條文釋義

留置財產屬於動產，有些動產由於其自然屬性或者基於特定法律關係會產生額外的收益，這就是物的孳息。留置權人留置的物為原物，有些留置財產會產生孳息。孳息包括兩類：一類是天然孳息，就是因物自身的自然屬性或者自身變化規律即可以取得收益。比如，蘋果樹上結出的蘋果。另一類是法定孳息，就是原物由於特定的法律關係所產生的利益。比如甲的房屋因出租，因此能獲得房租收入。這種房租收入就是由於房屋的租賃法律關係而獲得收益。雖然有的留置財產會產生孳息，但是這種孳息需要有人收取，不然就可能造成孳息無法獲得。如果園中果樹的果子，如果無人收取，果子可能成熟後掉落而腐爛，造成損失。因留置財產孳息的收取可能需要承擔一定的費用，法律應當合理規定留置財產孳息的收取，才能平衡好各方的權利義務。本條第 1 款規定，留置權人有權收取留置財產的孳息。第 2 款規定，前款規定的孳息應當先充抵收取孳息的費用。

一、留置財產孳息的收取

根據本條第 1 款的規定，留置權人有權收取留置財產的孳息。之所以規定留置權人有權收取留置財產孳息，主要是考慮到留置財產由債權人控制，留置財產的孳息由其收取更為便利，更為可行。且根據法律規定，留置權人有義務妥善保管留置財產，規定由留置權人收取，也是恰當的。

首先，收取留置財產的孳息屬於留置權人的權利。既然是留置權人的權利，那麼留置權人既可以行使，也可以放棄。只有在留置權人放棄不行使時，債務人才可以自行收取留置財產的孳息。在特殊情形下，妥善收取孳息也是留置權人保管義務的內容。比如，甲留置乙所有的受孕母牛一頭，後母牛將生產小牛。為了避免母牛因生產感染致死，留置權人家應當妥善安置母牛，確保小牛順利生產下來。

其次，留置權人收取的孳息僅限於留置財產的孳息，不能超出此範圍收取。留置權人既可以授權留置財產的法定孳息，也可以收取留置財產的天然孳息。但留置權人不能收取債務人其他財物的孳息。比如，甲村民幫助乙村民修理拖拉機，因乙未支付修理費，故留置了乙的拖拉機。後甲發現乙家中的母牛在野外產仔，遂將母牛所產小牛帶回。甲的行為即不屬於本條規定收取孳息的權利，因為此小牛並非留置財產的天然孳息。

最後，留置權人的權利僅僅是收取孳息，並非直接能獲得孳息的所有權。所謂收取，就是通過事實行為或者法律行為獲得並控制留置財產的孳息。收取之後，留置財產的孳息所有權歸屬需要根據法律的規定或者當事人約定判斷。一般而言，各國物權法會對物的孳息的歸屬作出規定。物權編也對孳息的歸屬作了規定，第 321 條第 1 款規定，天然孳息，由所有權人取得；既有所有權人又有用益物權人的，由用益物權人取得。當事人另有約定的，按照其約定。第 2 款規定，法定孳息，當事人有約定的，按照約定取得；沒有約定或者約定不明確的，按照交易習慣取得。因此，除非法律另有規定或者當事人有約定外，留置財產的孳息的所有權歸屬應該根據物權編的此規定確定。如果債務人和留置權人並未就留置財產的孳息的歸屬作出明確約定，孳息的所有權應當屬於債務人。

雖然留置權人不能取得留置財產孳息的所有權，但是由於留置權具有不可分性，留置權的法律效力自然及於孳息。留置權人在收取孳息後，有權控制、佔有孳息，且此種權利可以對抗作為所有人的債務人，債務人在未履行債務之前不能要求留置權人返還留置財產的孳息。

二、留置財產孳息收取費用的負擔

本條第 2 款規定，前款規定的孳息應當先充抵收取孳息的費用。因此，如果債務人在收取留置財產時，支付了費用，此種費用應當以孳息沖抵。比如，牧民甲由於人手緊張，遂請牧民乙幫忙放牧部分羊群，雙方約定甲將支付乙勞務費 3000 元。因甲未按時支付勞務費，在甲要求返還羊群時，乙遂留置了 10 隻羊，其中母羊若干隻。期間，因數隻母羊懷孕，即將生產，為了確保母羊順利產仔，乙便請獸醫丙前來幫忙照顧，並向丙支付醫藥費 500 元。後來因甲一直未向乙支付所欠費用，乙便將所留置的羊出售，其中羊羔出售後獲利 700 元。根據本款規定，此 700 元應當先用於沖抵乙所支付給丙的醫藥費。

> **第四百五十三條**　留置權人與債務人應當約定留置財產後的債務履行期限；沒有約定或者約定不明確的，留置權人應當給債務人六十日以上履行債務的期限，但是鮮活易腐等不易保管的動產除外。債務人逾期未履行的，留置權人可以與債務人協議以留置財產折價，也可以就拍賣、變賣留置財產所得的價款優先受償。
>
> 　　留置財產折價或者變賣的，應當參照市場價格。

■ 條文主旨

本條是關於實現留置權的一般規定。

■ 條文釋義

留置權的實現是指留置權人對留置財產進行處分，以優先受償其債權的行為。

一、留置權實現的條件

根據本條的規定，留置權人實現留置權必須具備兩個條件：

第一，留置權人須給予債務人以履行債務的寬限期。債權已屆清償期債務人仍不履行債務，留置權人並不能立即實現留置權，而必須經過一定的期間後才能實現留置權。這個一定的期間，稱為寬限期。寬限期多長，涉及債權人與債務人利益的平衡問題。期限過長，不利於留置權人實現債權；期限過短，不利於債務人籌集資金，履行義務。根據實踐經驗和公平原則，本條規定，留置權人與債務人應當約定留置財產後的債務履行期間；沒有約定或者約定不明確的，留置權人應當給債務人 60 日以上履行債務的期間，但鮮活易腐等不易保管的動產除外。

首先，債務履行的寬限期可以約定。債權人和債務人約定寬限期，可以是在簽訂主債權債務合同通過留置權條款約定，也可以是在留置權人行使留置權、已經佔有留置財產後，與債務人自由協商一定的債務履行期限。當事人之間約定的寬限期可長可短，由雙方自由協商，法律並無規定必須為多長。只要這個寬限期是雙方當事人自主協商的，法律尊重當事人的意思自治。當然，如果一方當事人利用對方當事人的危困狀態，約定了寬限期很短，則可能構成顯失公平而被撤銷。

其次，留置權人與債務人對於寬限期限沒有約定或者約定不明確的，根據本條規定，留置權人可自行確定寬限期限，但一般不得少於 2 個月。在雙方當事人沒有約定或者約定不明時，留置權人對於寬限期有最終的決定權，但是這種權利受到法律的限制，即應當給予債務人 2 個月以上的寬限期，讓債務人有合理的履行債務。這裏的沒有約定，也包括雙方當事人就寬限期無法達成一致的情形。

最後，如果留置財產為不易保管的動產，寬限期可以短於 2 個月。考慮到，留置財產有特殊屬性，即屬於鮮活易腐等不易保管的動產，如果寬限期過長，留置權財產在此期限可能已經腐敗，失去經濟價值，這樣將無法實現留置權的擔保功能。因此，本條但書規定，留置

財產屬於不易保管之物時，寬限期可以短於 60 日。所謂鮮活易腐等不宜保管的動產，包括諸如海鮮、新鮮水果和蔬菜等，但不包括易保管但價格波動很大的動產。此類留置財產的寬限期長短，則應當根據所留置的動產具體情況判斷，或長或短均可。

第二，債務人於寬限期內仍不履行義務。債務人在寬限期內履行了義務，留置權歸於消滅，留置權人當然不能再實現留置權。如果債務人仍不履行義務，留置權人便可以按法律規定的方法實現留置權。債務人未履行債務，包括債務人不完全履行債務。比如債務人本應償還 100 萬元，其僅償還 80 萬元。

二、留置權實現的方法

根據本條的規定，留置權實現的方法包括折價、拍賣和變賣。留置權人可以與債務人協商採取哪種方法實現留置權。一般情況下，雙方當事人可以先協議將留置財產折價以實現其債權；如果無法達成協議，留置權人可以依法拍賣或者變賣留置財產，並以拍賣或者變賣所得的價款優先受償其債權。

第一種是折價。折價是指留置權人與債務人協議確定留置財產的價格，留置權人取得留置財產的所有權以抵銷其所擔保的債權。這種方法比較簡單，但必須雙方當事人協商一致，否則就應當採取拍賣或者變賣的方法。

第二種是拍賣。拍賣是指依照拍賣法規定的拍賣程序，於特定場所以公開競價的方式出賣留置財產的方式。拍賣的公開性和透明度都比較高，但同時費用也較高。

第三種是變賣。變賣是指以一般的買賣形式出賣留置財產的方式。由於拍賣的費用較高，有的雙方當事人不願意負擔這一費用，因此採取費用較為低廉的變賣方式。

本條第 2 款還規定，如果採取折價或者變賣方式處置留置財產的，應當參照市場價格，而不能隨意降低該留置財產的價格。

> 第四百五十四條　債務人可以請求留置權人在債務履行期限屆滿後行使留置權；留置權人不行使的，債務人可以請求人民法院拍賣、變賣留置財產。

■ 條文主旨

本條是關於債務人可以請求留置權人行使留置權的規定。

■ 條文釋義

債務人在債務履行寬限期不履行債務的，留置權人有權處置留置財產以實現自己的債權。留置權為物權，其不受所擔保的債權的訴訟時效的限制。因此，留置權人在其所擔保的債權的訴訟時效完成後，仍可以對留置財產行使留置權。理論上說，留置權可以長期不滅，其行使並無時間限制。但是，如果留置權人長期持續佔有留置財產而不實現，不符合「物盡

其用」的原則，也會對社會、經濟生活產生不利影響。而且，在有的情況下，留置財產會有自然損耗或者貶值的可能，如果長期不實現留置權，留置財產的價值會受影響，對債務人不利。因此，為避免留置權人無限期地佔有、控制留置財產而不行使留置權，有必要適當限制留置權人的權利。故本條規定，債務人可以請求留置權人在債務履行期限屆滿後行使留置權；留置權人不行使的，債務人可以請求人民法院拍賣、變賣留置財產。

根據本條規定，債務人首先有權請求留置權人行使留置權。法律賦予債務人的此項權利，也是基於對債務人對留置財產享有所有權的保護。因為留置財產的所有權仍歸屬於債務人，如果留置權人一直不行使留置權，對債務人的所有權構成威脅。比如，甲因為乙未按時支付修理費，留置了乙所有的貴重設備。該設備的價值遠遠高於應支付的修理費。乙公司已陷入經營困難，無法支付修理費。乙公司所有的設備在市場上很暢銷，如果甲不及時處置所留置的設備，可能造成該設備貶值，大大影響乙公司利用該設備變現的能力，從而導致乙公司資金損失。當然，債務人請求留置權人行使留置權必須是債務履行寬限期屆滿後。因為在債務履行寬限期，留置權人尚無法判斷債務人是否能夠履行其債務。債務人請求留置權人行使留置權後，留置權人應當在合理期間行使留置權，而不能仍遲遲不作為，損害債務人利益。

為了防止留置權人怠於行使留置權。本條進一步規定，留置權人不行使的，債務人可以請求人民法院拍賣、變賣留置財產。因此，如果留置權人不及時行使留置權，債務人可以依法請求法院實現債權人的留置權，法院即可以依法拍賣或者變賣留置財產。

> **第四百五十五條**　留置財產折價或者拍賣、變賣後，其價款超過債權數額的部分歸債務人所有，不足部分由債務人清償。

■ 條文主旨

本條是關於留置權實現的規定。

■ 條文釋義

債權人留置債務人的動產，根本目的就是要實現自己的債權。根據物權編第453條的規定，債務人逾期未履行債務的，留置權人可以與債務人協議以留置財產折價，也可以就拍賣、變賣留置財產所得的價款優先受償。根據物權編第454條的規定，債務人可以請求留置權人在債務履行期限屆滿後行使留置權；留置權人不行使的，債務人也可以請求人民法院拍賣、變賣留置財產。因此，留置權人實現留置權的目的就是通過拍賣、變賣留置財產取得對價以沖抵自己的債權，或者以折價的方式換算出相應的金額，以實現自己的債權。但是留置財產畢竟是動產，並非是現金，留置財產的價值是變動的，在留置財產被折價或者拍賣、變

賣後，可能出現三種情況：

第一種情況是，留置財產的價值與債權金額相等，即留置財產折價或者被拍賣、變賣所得的價款剛好滿足留置權人的債權，留置權的債權完全得以實現，債務人的留置權財產也因為折價或者拍賣、變賣而被處分，不存在剩餘價款返還的問題。兩者的債權債務關係以及擔保關係均告消滅。比如，甲委託乙運輸貨物，約定運費 1000 元，因甲未向乙支付應付的運費，乙即留置了部分貨物。後甲一直未付運費，乙遂要求甲在 70 天內支付運費。70 天後，甲仍不願意支付運費，並且與乙協商，以所留置的貨物折價 1000 元抵償運費，乙表示同意。此時，甲無需再向乙支付運費了，雙方的運輸合同關係消滅，同時，由於乙行使了留置權，乙的留置權消滅，雙方的留置法律關係亦終止。

第二種情況是，留置財產的價值高於債權金額，即留置財產折價或者被拍賣、變賣所得的價款超過了留置權人的債權數額，超過的部分應當歸債務人所有。如果是留置權人處分留置財產的，留置權人在扣除自己應得部分後，應當將剩餘部分返還給債務人，不得佔為己有，否則就構成不當得利。如果是人民法院根據本編第 454 條的規定對留置財產進行拍賣、變賣的，人民法院在扣除留置權人的債權額後，應當將剩餘部分及時返還給債務人。

第三種情況是，留置財產的價值低於債權金額，即留置財產折價或者被拍賣、變賣所得的價款不足以清償留置權人的債權。由於留置財產不能完全滿足留置權人的債權，所以留置權人與債務人之間的債權債務關係並不因實現留置權而完全消滅，留置權人仍可以就留置財產不足以清償的部分要求債務人償還。只不過剩餘債權就變成了無擔保物權的普通債權，留置權人也成了普通債權人，留置權人可以普通債權人的身份要求債務人償還剩餘債務；債務人拒絕償還的，其可以向人民法院起訴。

> **第四百五十六條** 同一動產上已經設立抵押權或者質權，該動產又被留置的，留置權人優先受償。

■ 條文主旨

本條是關於留置權與抵押權或者質權關係的規定。

■ 條文釋義

留置權行使的對象為動產。動產由於其可以移動性，且根據我國法律規定，動產的很多物權公示不以登記為要件。因此，難免存在同一動產上設定了相互衝突的物權。在同一動產上，可能同時存在不同性質的擔保物權，在權利相互衝突時，需要法律規則明確不同權利之間的效力關係。比如，同一動產上已設立了抵押權或者質權，該動產又被留置的，應當如何處理留置權與抵押權或者質權的關係？根據本條規定，同一動產上已設立抵押權或者質權，

該動產又被留置的，留置權人優先受償。因此，同一動產同時存在留置權與抵押權或者質權的，留置權的效力優先於抵押權或者質權。這樣規定，主要是基於以下考慮：首先，總結了我國立法經驗和司法實踐經驗。我國的一些法律已明確規定，同一標的物上同時存在抵押權與留置權的，留置權優先於抵押權。例如，我國海商法第 25 條規定，船舶優先權先於船舶留置權受償，船舶抵押權後於船舶留置權受償。前款所稱船舶留置權，是指造船人、修船人在合同另一方未履行合同時，可以留置所佔有的船舶，以保證造船費用或者修船費用得以償還的權利。人民法院的審判實踐也承認了留置權優先於抵押權這一原則。《最高人民法院關於適用〈中華人民共和國擔保法〉若干問題的解釋》中規定，同一財產上抵押權與留置權並存時，留置權人優先於抵押權人受償。其次，從法理上講，留置權屬於法定擔保物權，其直接依據法律規定而產生，而抵押權與質權均為約定擔保物權。法定擔保物權優先於約定擔保物權為公認的物權法原則。

可以從以下兩個方面理解本條：

一是留置權的效力絕對優先。在同一動產上，無論留置權是產生於抵押權或者質權之前，還是產生於抵押權或者質權之後，留置權的效力都優先於抵押權或者質權。也就是說，留置權對抵押權或者質權的優先效力不受其產生時間的影響。

二是留置權對抵押權或者質權的優先效力不受留置權人在留置動產時是善意還是惡意的影響。理論上，有的觀點認為，為了防止當事人利用留置權的優先效力，惡意在已設有抵押權的動產上行使留置權，妨礙或者排除動產上抵押權的行使，提出應當明確規定，同一動產上留置權產生於抵押權或者質權之後的，只有留置權人屬於善意時，留置權效力才優先於已存在的抵押權或者質權。需要指出的是，這裏的「善意」指留置權人對同一動產已存在的抵押權或者質權不知情；與之相對應的「惡意」指留置權人對同一動產上已存在的抵押權或者質權知情，而並非惡意串通的意思。留置權產生的基礎是公平原則，在適用留置權規則的許多情況下，留置權人一般都使被留置動產的價值得到保全，且留置權人的債權與被留置動產的價值相比往往是微不足道的。在這種情況下，僅僅以留置權人知道或者應當知道該動產上存在抵押權或者質權就否定其優先效力，對留置權人是不公平的。實踐中，留置權人留置某一動產時往往知道該動產上存在抵押權或者質權。例如，某一汽車所有人將該汽車送到某一修理廠修理，修理廠可能對該汽車上存在抵押權是知情的，但這並不妨礙修理廠在汽車所有人不支付修理費的情況下留置該汽車且以該留置權對抗存在的抵押權或者質權。基於以上考慮，本條並沒有強調留置權優先於抵押權或者質權的效力以留置權人善意作為前提。當然，如果留置權人與債務人惡意串通成立留置權，其目的就是為了排除在動產上的抵押權或者質權的，這已經超出了「惡意和善意」的範疇，屬於嚴重違反誠實信用原則的惡意串通行為。在這種情況下，不但留置權不能優先於抵押權或者質權，該留置權也應當視為不存在。

> **第四百五十七條** 留置權人對留置財產喪失佔有或者留置權人接受債務人另行提供擔保的，留置權消滅。

■ 條文主旨

本條是關於留置權消滅原因的規定。

■ 條文釋義

留置權作為一種物權，其消滅的原因是多樣的：可因物權消滅的共同原因而消滅，如因留置標的物的滅失、被徵收等原因而消滅；也可因擔保物權消滅的共同原因而消滅，如因被擔保債權的消滅、留置權的行使以及留置權被拋棄等原因而消滅。

留置權行使的前提就是債權人合法佔有了債務人的財產，如果留置權人因某種原因喪失了這種佔有，留置權是否還存在呢？同時留置權作為法定的擔保物權，當事人是否可以自己的意思表示使其消滅呢？這些問題都涉及留置權的特殊消滅事由。本條規定，留置權人對留置財產喪失佔有或者留置權人接受債務人另行提供擔保的，留置權消滅。

一、因留置權人對留置財產喪失佔有而消滅

留置權人對留置財產喪失佔有的，留置權消滅。立法這麼規定，首先符合法理。因為留置權產生的前提條件是債權人對債務人財產的合法佔有。留置權人的這種佔有應當為持續不間斷的佔有，如果喪失佔有，留置權人對留置財產不再控制則不宜再享有此權利。其次，符合我國的立法經驗和司法實踐。我國海商法第 25 條第 2 款規定，船舶留置權在造船人、修船人不再佔有所造或者所修的船舶時消滅。我國的司法實踐也承認，留置權人對留置財產喪失佔有時，留置權消滅。最後，此種做法也與不少域外立法例相似。如《日本民法典》第 302 條規定：「（因喪失佔有的留置權消滅）留置權因喪失對留置物的佔有而消滅。但依照第二百九十八條第二項的規定已經將留置物出租或者作為質押的標的時，不在此限。」

理解此規定，需注意的是，若留置權人非依自己的意願暫時喪失對留置財產佔有的，留置權消滅；但這種消滅並不是終局性的消滅，留置權人可以依佔有的返還原物之訴要求非法佔有人返還留置物而重新獲得留置權。比如，甲留置了乙的財產，但丙非法佔有了留置財產。根據佔有保護的規定，甲有返回佔有的權利，此時甲並不喪失留置權。

二、因留置權人接受債務人另行提供擔保而消滅

留置權作為一種法定擔保物權，其功能主要是通過留置權人留置合法佔有債務人的動產，促使債務人儘快償還債務。如果債務人為清償債務另行提供了相當的擔保，該擔保就構成了留置權的替代，債權人的債權受償得到了充分的保障，原留置財產上的留置權理應消滅。而且，在債務人提供相當擔保的情況下，如果留置財產上的留置權仍然存在，就對債務人的利益限制過多，妨礙了債務人對留置財產的利用，不符合誠實信用原則和公平原則。因此，本條同時規定，留置權人接受債務人另行提供擔保的，留置權消滅。

　　根據本條的規定，債務人另行提供擔保導致留置權消滅的，應當滿足以下條件：一是債務人另行提供的擔保應當被債權人接受；若債權人不接受新擔保的，留置權不消滅。二是債務人另行提供的擔保所能擔保的債權應當與債權人的債權額相當。由於留置權是以先行佔有的與債權有同一法律關係的動產為標的物，留置物的價值有可能高於被擔保的債權額，但債務人另行提供的擔保所能擔保的債權不以留置物的價值為標準，一般應與被擔保的債權額相當。當然在雙方當事人協商一致的情況下，債務人另行提供的擔保所能擔保的債權也可以低於或者高於債權人的債權額。

第五分編　佔　有

第二十章　佔　有

　　本章共五條，主要規定了佔有的調整範圍、無權佔有情形下的損害賠償責任、原物及孳息的返還以及佔有保護等。佔有，指對不動產或者動產事實上的控制與支配。它分為有權佔有和無權佔有：前者指佔有人與佔有返還請求人之間，有寄託、租賃或有其他正當法律關係時佔有人對不動產或者動產的佔有；後者指佔有人對不動產或者動產的佔有無正當的法律關係或者原法律關係被撤銷或無效時佔有人對不動產或者動產的佔有。無權佔有又分善意佔有和惡意佔有，其法律責任及法律後果存在差別。本章的最後對佔有的保護作了規定，使得在佔有物被侵奪時，佔有人可以採取請求返還原物、排除妨害、消除危險或者損害賠償等方式保護自己的佔有。

> **第四百五十八條**　基於合同關係等產生的佔有，有關不動產或者動產的使用、收益、違約責任等，按照合同約定；合同沒有約定或者約定不明確的，依照有關法律規定。

■ 條文主旨

　　本條是關於有權佔有法律適用的規定。

■ 條文釋義

　　佔有是對物的一種事實上的控制與支配。根據佔有是否具法律上的原因，可以分為有權佔有和無權佔有。有權佔有，主要指基於合同等債的關係而產生的佔有，如根據運輸或者保管合同，承運人或者保管人對託運或者寄存貨物發生的佔有；無權佔有，主要發生在佔有人對不動產或者動產的佔有無正當法律關係，或者原法律關係被撤銷或無效時佔有人對佔有物的佔有，包括誤將他人之物認為己有或者借用他人之物到期不還等。

　　兩種佔有發生的原因雖然各不相同，但法律後果的處理不外乎兩類情形：其一是在佔有過程中，被佔有的不動產或者動產的使用、收益以及損害賠償責任該如何確定；其二是當被佔有的不動產或者動產遭到第三方侵奪或者妨害時，佔有人能夠行使哪些權利保護自己對不動產或者動產的佔有。

　　第一個問題是，佔有過程中，被佔有的不動產或者動產的使用、收益以及損害賠償責任該如何確定。對此，因有權佔有和無權佔有的區別而存在差別。對於因合同等債的關係而產生的佔有，本條明確規定，有關被佔有的不動產或者動產的使用、收益、違約責任等，按照合同約定；合同沒有約定或者約定不明確的，依照合同法等有關法律的規定。比如，甲承租乙的商業房產用於經營，交付後，甲即有權佔有乙所有的房產。對於甲在經營過程中，如何使用此房產、如何獲得收益，由雙方當事人根據租賃合同約定即可。當事人如果沒有約定的，則可以根據法律規定確定。如合同編第 720 條規定，在租賃期限內因佔有、使用租賃物獲得的收益，歸承租人所有，但是當事人另有約定的除外。關於無權佔有情形下，有關不動產或者動產的使用、收益及損害賠償責任等，本編第 459 條至第 461 條作了具體規定，無權佔有是本編規定的重點。

　　第二個問題是，被佔有的不動產或者動產被侵奪的，該如何處理？對此，不因有權佔有和無權佔有的區別而有不同，它們都可適用本編第 462 條的規定，即佔有的不動產或者動產被侵佔的，佔有人有權請求返還原物；對妨害佔有的行為，佔有人有權請求排除妨害或者消除危險；因侵奪或者妨害造成損害的，佔有人還有權請求損害賠償。

第四百五十九條　佔有人因使用佔有的不動產或者動產，致使該不動產或者動產受到損害的，惡意佔有人應當承擔賠償責任。

■ 條文主旨

　　本條是關於無權佔有不動產或者動產致其損害，惡意佔有人應當承擔賠償責任的規定。

■ 條文釋義

　　佔有人佔有動產或者不動產，在使用過程中比如會發生損耗或者損害，這種風險需要在當事人之間合理分配。

　　一、有權佔有時的責任分擔

　　在有權佔有的情況下，如基於租賃或者借用等正當法律關係而佔有他人的不動產或者動產時，當事人雙方多會對因使用而導致不動產或者動產的損害責任作出約定。大多數情況下，對於因正常使用而導致不動產或者動產的損耗、折舊等，往往由所有權人負擔，因為有權佔有人所支付的對價就是對不動產或者動產因正常使用而發生損耗的補償。例如，甲公司將其小轎車出租給乙公司使用，乙公司每月支付給甲公司 5000 元錢使用費，半年後該車必然會因使用而發生損耗折舊。此時，一般情況下甲公司不能向乙公司要求額外的損害賠償，因為乙公司每月所支付的租用費即是對轎車使用價值的補償。當然，如果乙公司採取破壞性方式使用該車，致使該車提前報廢，如果雙方對此有事前約定，那麼按其約定處理。

實踐中，在有權佔有情況下，被佔有的不動產或者動產因使用而產生損害，其責任確定和解決方法並不棘手。按照一般的慣例，如果要把自己的不動產或者動產租給他人使用，應當先收取一定的押金，作為不動產或者動產被他人損壞後的擔保。此外，相關的法律也會對特定情形下佔有物損害的責任作出規定。如合同編第 784 條規定，承攬人應妥善保管定作人提供的材料以及完成的工作成果，因保管不善造成毀損、滅失的，應當承擔賠償責任。又如合同編第 832 條規定，承運人對運輸過程中貨物的毀損、滅失承擔賠償責任；但是，承運人證明貨物的毀損、滅失是因不可抗力、貨物本身的自然性質或者合理損耗以及託運人、收貨人的過錯造成的，不承擔賠償責任。

二、無權佔有時的責任承擔

對於無權佔有時，無權佔有人需要承擔何種責任，就需要根據無權佔有的具體情況判斷。根據佔有人的主觀狀態，可以分為善意佔有和惡意佔有。所謂善意佔有就是佔有人在主觀上認為自己有權佔有標的物。所謂惡意佔有，指明知或者因重大過失不知自己為無權佔有而仍然進行的佔有。

善意佔有人使用佔有物致使物遭受損害的，各國立法例一般都規定無需承擔責任，背後的立法邏輯就是，法律對於佔有賦予了幾種法律效力，其一就是權利的推定效力，佔有人於佔有物上行使的權利，推定其適法有此權利，而善意佔有人在使用佔有物時即被法律推定為物的權利人，具有佔有使用的權利。因此，對於使用被佔有的物而導致的物的損害，不應負賠償責任。

對於惡意佔有則不同，各國立法一般都明確規定，惡意佔有人應當承擔賠償責任。物權法和本條都作了相同規定，即佔有人因使用佔有的不動產或者動產，致使該不動產或者動產受到損害的，惡意佔有人應當承擔賠償責任。

第四百六十條　不動產或者動產被佔有人佔有的，權利人可以請求返還原物及其孳息；但是，應當支付善意佔有人因維護該不動產或者動產支出的必要費用。

■ 條文主旨

本條是關於無權佔有人應向權利人返還原物及其孳息並且善意佔有人享有必要費用返還請求權的規定。

■ 條文釋義

一、權利人有權請求返還原物及其孳息

本條規定，不動產或者動產被佔有人佔有的，權利人可以請求返還原物及其孳息。根據此規定：首先，不論被侵佔的標的物是動產還是不動產，權利人都有權請求返還。其次，有

返還請求權的人是權利人。這裏的權利人既可以是所有權人，也可以是依法對標的物享有佔有使用權的人。比如，留置權人佔有留置物，後被他人非法侵佔，此時，抵押權人有權要求其返還。再次，無論善意佔有人還是惡意佔有人，都有義務返還。最後，應當返還的既包括原物，也包括孳息。

關於請求佔有人返還的標的物除原物之外，是否應當包括孳息。對於惡意佔有人，理應包括孳息。而對於善意佔有人而言，是否應包括孳息，各國立法有所不同。

考慮到，既然善意佔有人被法律推定為適法享有權利的人，善意佔有人對佔有物的使用及收益得到法律的承認，對於佔有物的收益，善意佔有人有權保留。同時考慮到，國外關於善意佔有可以保留孳息的規定，是同必要費用返還請求權相關的。如果保留孳息，則善意佔有人不得向權利人請求返還其為維護該動產或者不動產而支出的必要費用。因此，本條明確規定，權利人可以請求返還原物及其孳息，但應當支付善意佔有人因維護該不動產或者動產支出的必要費用。

二、善意佔有人的費用返還請求權

根據本條規定，佔有人返還原物及其孳息之後，善意佔有人因維護該不動產或者動產而支出的必要費用，有權請求權利人支付。首先，有權請求權利人支付費用的僅限於善意佔有人，如果佔有人為惡意的，則不能要求權利人支付任何費用。再次，返還的費用限於因維護該不動產後者動產所支出。所謂維護，就是確保該標的物處於良好的狀態或者正常使用狀態。如佔有的房屋漏水了，請維修工人予以加固防漏，因此支付的修理費。最後，有權要求支付的費用也是必要的，此等費用的金額應該是合理的，而不能明顯超出正常水平。如甲合法佔有了乙的機動車，因該機動車部分零件損耗，需要更換方能正常使用。甲遂委託汽車修理廠維修，並指示修理廠作全面檢修，更換了很多本來屬於正常的零部件，支付了大量修理費。根據本條規定，甲只能要求乙支付必要的費用，即維護該車正常運行所必要的維修費用。

> **第四百六十一條**　佔有的不動產或者動產毀損、滅失，該不動產或者動產的權利人請求賠償的，佔有人應當將因毀損、滅失取得的保險金、賠償金或者補償金等返還給權利人；權利人的損害未得到足夠彌補的，惡意佔有人還應當賠償損失。

■ 條文主旨

本條是關於被佔有的不動產或者動產毀損、滅失時佔有人責任的規定。

■ 條文釋義

當佔有的不動產或者動產毀損、滅失時，如果佔有人和佔有返還請求權人之間，有寄

託、租賃等關係或者有其他正當的法律關係時（即有權佔有的情形），佔有人就被佔有的不動產或者動產所負的責任等，均各依其基礎法律關係去解決；但如果不具備寄託、租賃等此種正當法律關係或者外形上雖有此類關係但實為無效或者被撤銷時，則佔有人同佔有返還請求權人間的責任義務如何確定，不免發生問題。雖然關於這一情形，可以適用有關侵權行為或者不當得利的規定，但僅僅有此不足以充分解決問題。所以本條規定此種情形下，佔有人應當將因毀損、滅失取得的保險金、賠償金或者補償金等返還給權利人；權利人的損害未得到足夠彌補的，惡意佔有人還應當賠償損失。

可以從以下三個方面理解本條規定。

一、毀損、滅失的含義

毀損的含義易於理解，它使得被佔有的不動產或者動產的使用價值或者交換價值降低。而所謂滅失，指被佔有的不動產或者動產對於佔有人來說，不復存在，這包括物的實體消滅和喪失下落，或者被第三人善意取得而不能返還。例如，甲的自行車被乙借用到期不還，乙在自行車鏈條掉脫的情形下仍執意騎行導致自行車鏈條斷裂，即為毀損行為；如乙疏忽大意將自行車停放河灘處未採取任何固定措施，河灘漲水將自行車衝向下游無法找回；或者乙疏忽大意疏於保管致使自行車被盜無法找尋等，都稱之為滅失。

二、善意佔有人對佔有物毀損、滅失的責任

善意佔有人在佔有物上所行使的權利，被推定為其合法享有，其對被佔有物的使用被規定為佔有人的權利。但該物畢竟在法律上不屬於佔有人所有，如果造成佔有物毀損、滅失的，佔有人還應當對物的真正權利人承擔賠償責任。但法律還應當考慮減輕善意佔有人的責任，以貫徹法律對善意佔有人的保護。因此，在確定善意佔有人的責任時，應當依照不當得利的返還原則，即只有善意佔有人因物的毀損、滅失而獲得利益時，才對物的權利人承擔賠償責任；如果未獲得利益，則不必賠償。所謂因物的毀損、滅失而獲得利益，指佔有人所受積極利益，如當物的毀損滅失由第三人造成時，佔有人取得的賠償金或者替代物；而消極利益，指佔有人因物的毀損滅失而減少支出的費用，則不在此列。例如，甲誤將乙家的小羊認為己有，而村人丙打獵誤射小羊，事後丙賠償甲 500 元錢或者一隻牛犢，乙可以依據本條向甲要求返還丙所賠付的 500 元錢或者牛犢；但如果丙未對甲進行賠償，乙不能以小羊已亡甲節省了每日飼養費用為由，要求甲返還所省費用。

三、惡意佔有人對佔有物毀損、滅失的責任

惡意佔有是佔有人明知或者因重大過失不知自己為無權佔有而仍然進行的佔有。是否為惡意佔有，依佔有人取得佔有時的具體情況而進行判斷。取得時為善意，而後得知自己為無權佔有的，自其知道之時起，變為惡意佔有人。惡意佔有人明知自己無權而仍然佔有他人之物，其佔有不僅缺乏法律上的正當根據，道德上也乏善可陳，因此各國立法均對惡意佔有人苛以較重的責任。

惡意佔有人通常系由侵權行為取得佔有，因此在決定惡意佔有人責任時，應參考侵權損害賠償的原則，損失多少賠多少，除去佔有物的價值外，還包括物的權利人所失的利益。此

外，佔有物的價值，以物的實際價值為準；惡意佔有人取得佔有時的價值與物的權利人請求返還時的價值不同的，以較高價值的為準。

還需要說明的是，權利人（回覆請求權人）因被佔有物的毀損、滅失所受的損害，因權利種類的不同而有差別。當權利人為所有權人時，賠償範圍應為物的價額；當權利人為運送人、質權人或者租賃人時，對於佔有物僅有限定的利益，其賠償應以其限定的利益為限。例如，因佔有物的滅失而不能回覆所生之損害，質權人只能請求賠償質權的價額，運送人只能請求賠償與其運費相當的金額，其殘餘之額應為所有權人保留。

第四百六十二條　佔有的不動產或者動產被侵佔的，佔有人有權請求返還原物；對妨害佔有的行為，佔有人有權請求排除妨害或者消除危險；因侵佔或者妨害造成損害的，佔有人有權依法請求損害賠償。

佔有人返還原物的請求權，自侵佔發生之日起一年內未行使的，該請求權消滅。

■ 條文主旨

本條是關於佔有保護的規定。

■ 條文釋義

佔有人對於他方侵佔或者妨害自己佔有的行為，可以行使法律賦予的佔有保護請求權，如返還原物、排除妨害或者消除危險。佔有保護的理由在於，已經成立的事實狀態，不應受私力而為的擾亂，而只能通過合法的方式排除，這是一般公共利益的要求。例如，甲借用乙的自行車，到期不還構成無權佔有，乙即使作為自行車的物主也不可採取暴力搶奪的方式令甲歸還原物；而對於其他第三方的侵奪佔有或者妨害佔有的行為等，甲當然可以依據本條的規定行使佔有的保護。因此可以看出，佔有人無論是有權佔有還是無權佔有，其佔有受他人侵害，即可行使法律賦予的佔有保護請求權；而侵害人只要實施了本條所禁止的侵害行為，即應承擔相應的責任，法律不問其是否具有過失，也不問其對被佔有的不動產或者動產是否享有權利。

一、佔有保護請求權的種類

佔有保護請求權以排除對佔有的侵害為目的，因而屬於一種物權的請求權。根據佔有受侵害的不同情形，分別發生佔有物返還請求權、佔有妨害排除請求權和佔有危險消除請求權。

1. 佔有物返還請求權。佔有物返還請求權發生於佔有物被侵奪的情形。此種侵奪佔有而構成的侵佔，是指非基於佔有人的意思，採取違法的行為使其喪失對物的控制與支配。需要注意的是，非因他人的侵奪而喪失佔有的，如因受欺詐或者脅迫而交付的，不享有佔有物

返還請求權。此種情形下，原佔有人要回覆佔有，必須依法律行為的規定，主張撤銷已經成立的法律關係等去解決。此外，還需說明一點，即本條所規定佔有物返還請求權的要件之一為侵佔人的行為必須是造成佔有人喪失佔有的直接原因，否則不發生依據本條規定而產生的佔有物返還請求權。例如，遺失物之拾得人，雖然拾得人未將遺失物交送有關機關而據為己有，但此種侵佔非本條所規定的情形。拾得人將遺失物據為己有的行為，並非是失主喪失佔有的直接原因（失主最初喪失對物的佔有，可能是由於疏忽大意遺忘物品等），因此失主對於拾得人不得依佔有物返還請求權為據提起訴訟，而應依其所有權人的地位提請行使返還原物請求權。

2. 排除妨害請求權。佔有被他人妨害時，佔有人得請求妨害人除去妨害。妨害除去請求權的相對人，為妨害佔有的人。數人相繼為妨害的，以現為妨害的人為請求權的相對人；繼續妨害的，佔有人可請求相對人停止妨害；一次妨害的，佔有人可請求相對人除去妨害。排除妨害的費用應由妨害人負擔。佔有人自行除去妨害的，其費用可依無因管理的規定向相對人請求償還。

3. 消除危險請求權。消除危險請求權中的危險，應為具體的事實的危險；對於一般抽象的危險，法律不加以保護。具體的事實的危險，指其所用的方法，使外界感知對佔有的妨害。例如，違反建築規則建設高危建築、接近鄰地開掘地窖等，而產生對鄰地的危險。需要說明的是：首先，危險消除請求權中的危險，必須持續存在；請求權行使之時危險已經消失的，不得請求防止。其次，必須有客觀的產生危險的事實；被請求人有無故意或者過失，法律在所不問。

佔有雖非一種權利，但也屬法律所保護的一種財產利益，不受他人非法的任意侵害。侵害佔有的，應負侵權的損害賠償責任。侵害佔有可能發生的損害主要有：（1）使用收益的損害，即佔有人不能使用收益佔有物而生的損害；（2）支出費用的損害，即佔有人對佔有物支出費用，本可向物的權利人請求償還，卻因該物被侵奪而毀損滅失不能求償；（3）責任損害，即佔有人因佔有物被第三人侵奪而發生毀損滅失後，從而產生對物的權利人的損害賠償責任。

二、佔有人返還原物請求權的行使期間

本條最後規定了佔有保護請求權中的返還原物請求權，自侵佔發生之日起 1 年內未行使的，該請求權消滅。這裏需要說明兩個問題。

首先，佔有保護請求權中的排除妨害請求權和消除危險請求權，原則上同妨害或者危險的持續狀態緊密相連。如果妨害已經消失或者危險已經不存在，自然沒有排除妨害或者消除危險請求權提請的必要；如果此種妨害或者危險造成了實際的損害，佔有人當然可以提起損害賠償請求權，而此項損害賠償請求權應當受 3 年普通訴訟時效的限制；如果妨害或者危險持續發生，那麼此項排除妨害或者消除危險的請求權自然沒有受時效限制的道理。

其次，佔有人返還原物請求權可因一定期間內不行使而消滅。此項期間各國立法如德國、瑞士、日本民法大多規定為 1 年。該期間有的國家明定為消滅時效，有的規定為除斥期

間。但是從佔有保護制度的設立目的和實際功能上講，此項期間設為除斥期間更妥。其理由在於消滅時效可因事實而中斷或者中止，而且它以受侵害人知道或者應當知道受侵害之時開始起算，如果按照消滅時效來規定，此項期間可能遠比 1 年要長，那麼將使權利處於長期不穩定的狀態。並且通常情況下，佔有物返還請求權因除斥期間經過而未行使的，佔有人如果對物享有其他實體權利（如所有權），自然可以依照其實體權利提出返還請求，因此也沒有必要在本條中規定更長的期間進行保護。

中華人民共和國民法典
釋義及適用指南

中冊

黃薇 ◎ 主編

中 華 書 局

第三編　合　同

第一分編　通　則

第二分編　典型合同

第三編

合同

　　合同制度是社會主義市場經濟的基本法律制度。1999 年九屆全國人大二次會議通過了合同法。合同法的實施對保護當事人合法權益、促進商品和要素自由流動、實現公平交易和維護經濟秩序發揮了重要作用。貫徹全面深化改革的精神，使市場在資源配置中起決定性作用，必須堅持維護契約、平等交換、公平競爭，完善社會主義市場經濟法律制度。合同編設三個分編，共二十九章，共為五百二十六條。合同編規定了合同的調整範圍、合同解釋等一般性規定，修改完善了合同的訂立、效力、履行、保全、變更和轉讓以及違約責任等合同基本制度；在合同法規定的十五類典型合同的基礎上，增加了保證合同、保理合同、物業服務合同、合夥合同四類典型合同，共規定了十九類典型合同；對無因管理和不當得利的一般性規則作了規定。值得注意的是，民法典實施後，擔保法將不再適用，擔保法中關於擔保物權的規定已被民法典物權編所取代，而擔保法關於定金和保證的規定為民法典合同編所吸收，其中定金規則吸收進合同編第八章違約責任中，保證規則吸收進合同編第十三章保證合同中。

第一分編　通　則

　　合同編通則共八章，共為一百三十二條，對一般規定、合同的訂立、合同的效力、合同的履行、合同的保全、合同的變更和轉讓、合同的權利義務終止、違約責任等合同基本制度作了全面、系統的規定。合同編通則認真總結和吸收合同法實施 20 年來的司法實踐經驗，以問題為導向，在合同法總則的基礎上，對體例結構、具體規則等都作了進一步修改完善。尤其需要注意的是，民法典不設債法總則，為了使合同編通則在一定程度上發揮債法總則的作用，合同編通則一是明確了非合同之債的法律適用規則，即合同編第 468 條規定：「非因合同產生的債權債務關係，適用有關該債權債務關係的法律規定；沒有規定的，適用本編通則的有關規定，但是根據其性質不能適用的除外。」二是合同編通則中還加入了不少債法的一般性規則，例如合同編第 515 條至第 521 條對選擇之債、按份之債、連帶之債的基本規則作了規定，合同編第 552 條對債務加入規則作了原則性規定等。

第一章　一般規定

　　本章是關於合同編的一般性規定，共六個條文，分別對合同編的調整範圍、合同的定義和身份關係協議的法律適用規則、合同相對性原則、合同解釋規則、非典型合同及特定涉外合同的法律適用規則、非合同之債的法律適用規則等作了規定。

第四百六十三條　本編調整因合同產生的民事關係。

■ **條文主旨**

　　本條是關於合同編調整範圍的規定。

■ **條文釋義**

　　合同是民事主體之間設立、變更、終止民事法律關係的協議。合同編的調整範圍是因合同產生的民事關係。合同編第一分編「通則」從合同各方享有的民事權利、承擔的民事義

務或者責任的角度，分別對合同的訂立與效力、合同的履行、合同的保全、合同的變更和轉讓、合同的權利義務終止、違約責任等內容作了總括性、系統性規定。合同編第二分編「典型合同」，則針對十九類典型合同的各自特點，對這些典型合同各方主體享有的民事權利、承擔的民事義務或者責任作具體規定。至於合同編第三分編「準合同」，則主要是從民法典整體體例結構考慮，民法典不設債法總則，而將無因管理和不當得利這些屬於債法主要規則的內容放到合同編予以規定。

根據本條規定，可以從以下方面理解合同編調整範圍：

一是合同編的調整範圍涵蓋了所有平等民事主體之間設立、變更、終止民事權利義務關係的協議。根據合同法第 2 條規定，合同是平等主體的自然人、法人、其他組織之間設立、變更、終止民事權利義務關係的協議。民法典合同編的調整範圍延續了合同法的規定，但作了一定的技術處理，即合同編的調整範圍是由第 463 條和第 464 條第 1 款結合起來作出規定的，即先由本條明確合同編調整因合同產生的民事關係，再由第 464 條第 1 款規定，合同是民事主體之間設立、變更、終止民事法律關係的協議。合同編的調整範圍與 1999 年合同法的規定是一致的，即合同編調整平等主體的自然人、法人、其他組織之間設立、變更、終止民事法律關係的協議。合同編本條規定還有體例結構的考慮，即與民法典物權編、人格權編、婚姻家庭編、繼承編、侵權責任編相協調，採用了較為一致性的表述，開篇簡要點明該編調整範圍。比如，第二編物權編第 205 條規定，本編調整因物的歸屬和利用產生的民事關係。

二是合同編屬於民法典的一個分編，調整的是民事關係，不屬於民事關係的其他活動，不適用合同編。（1）政府對經濟的管理活動，屬於行政管理關係，不適用合同法。例如，貸款、租賃、買賣等民事關係，適用合同編；而財政撥款、徵用等，是政府行使行政管理職權，屬於行政關係，適用有關行政法，不適用合同編。（2）企業、單位內部的管理關係，是管理與被管理的關係，不是平等主體之間的關係，也不適用合同法。例如，加工承攬是民事關係，適用合同編；而工廠車間內的生產責任制，是企業的一種管理措施，不適用合同編。

> **第四百六十四條** 合同是民事主體之間設立、變更、終止民事法律關係的協議。
>
> 婚姻、收養、監護等有關身份關係的協議，適用有關該身份關係的法律規定；沒有規定的，可以根據其性質參照適用本編規定。

■ 條文主旨

本條是關於合同定義和身份關係協議法律適用的規定。

■ 條文釋義

本條第 1 款是關於合同定義的規定，是在合同法第 2 條第 1 款基礎上修改而來。本條第

1 款主要是對合同法第 2 條第 1 款作了兩處修改：

　　一是將「平等主體的自然人、法人、其他組織」修改為「民事主體」。這樣修改是基於本法總則編第 2 條已經對民法的調整範圍作了總括性規定。總則編第 2 條規定：「民法調整平等主體的自然人、法人和非法人組織之間的人身關係和財產關係。」合同編本條沒有必要再重複規定「平等主體的自然人、法人和非法人組織」，直接以「民事主體」概括即可。

　　二是將「民事權利義務關係」修改為「民事法律關係」，這樣修改也是為了與本法總則編第 5 條的表述相統一。總則編第 5 條即採用了「設立、變更、終止民事法律關係」的表述。總則編第 5 條規定：「民事主體從事民事活動，應當遵循自願原則，按照自己的意思設立、變更、終止民事法律關係。」

　　合同編所規定的「合同」是民事主體之間的協議，即平等主體的自然人、法人和非法人組織之間的協議。首先，「平等主體」是民事關係的核心特徵。從行政管理的角度，行政機關與行政相對人之間係不平等主體；從企業管理角度，企業與職工也係不平等主體，這些都不屬於「民事主體」。其次，民事主體包括自然人、法人和非法人組織三類。「自然人」就是通常意義上的人，民法上使用這個概念，主要是與法人相區別。自然人不僅包括中國公民，還包括我國領域內的外國人和無國籍人。「法人」是一種社會組織，法律基於社會現實的需要，賦予符合一定條件的組織法人資格，便於這些組織獨立從事民事活動。總則編第 57 條規定：「法人是具有民事權利能力和民事行為能力，依法獨立享有民事權利和承擔民事義務的組織。」對於自然人、法人之外的個人獨資企業、合夥企業等其他組織，是否可以作為一類獨立的民事主體，一直以來存在着爭議。在民法總則制定過程中，基於社會實踐和多數意見，考慮到賦予個人獨資企業、合夥企業等不具有法人資格的組織民事主體地位，有利於其開展民事活動，促進經濟社會發展，民法總則明確將個人獨資企業、合夥企業、不具有法人資格的專業服務機構等作為第三類民事主體「非法人組織」。本法將民法總則納入作為總則編，延續了關於非法人組織的規定。

　　本條第 2 款是關於身份關係協議參照適用合同編的規定。合同編主要調整財產關係，婚姻、收養、監護等有關身份關係的協議有其特殊性，相關法律對這些身份關係作出規定的，適用該相關法律規定；如果對這些身份關係沒有相關法律規定，可以根據婚姻、收養、監護這類身份關係協議的性質，參照適用合同編的相關規定。本款是對身份關係協議特定情況下可以參照適用合同編所作的原則性規定，對某一具體的身份關係協議是否可以以及如何參照適用合同編的相關規定，法律無法作統一性規定，只能根據該身份關係協議的性質，具體情況具體判斷。

> **第四百六十五條　依法成立的合同，受法律保護。**
> **依法成立的合同，僅對當事人具有法律約束力，但是法律另有規定的除外。**

■ 條文主旨

本條是關於依法成立的合同受法律保護以及合同相對性原則的規定。

■ 條文釋義

本條第 1 款是關於依法成立的合同受法律保護的規定。合同制度是社會主義市場經濟的基本法律制度，黨的十八屆四中全會是把編纂民法典的重大立法任務作為加強市場法律制度建設的重要內容提出的。社會財富的創造和生成離不開一個個的合同，貫徹全面深化改革的精神，使市場在資源配置中起決定性作用，必須堅持維護契約、平等交換、公平競爭。對當事人依法成立的合同予以法律保護，有利於維護契約精神，鼓勵交易，是加強市場法律制度建設的重要內容，是使市場在資源配置中起決定性作用的需要。

依法成立的合同受法律保護，包含兩個層面的意思：

一是對當事人而言，合同依法成立後，不管是否實際生效，均對當事人產生法律約束力。合同的成立時間和合同生效時間原則上是一致的。根據總則編第 136 條第 1 款規定，民事法律行為自成立時生效，但是法律另有規定或者當事人另有約定的除外。根據合同編第 502 條第 1 款規定，依法成立的合同，自成立時生效，但是法律另有規定或者當事人另有約定的除外。已成立並生效的合同對當事人具有法律約束力體現在當事人必須尊重該合同，並通過自己的行為全面履行合同所設定的義務。當事人一方不履行合同義務或者履行合同義務不符合約定的，對方當事人有權請求其承擔繼續履行、採取補救措施或者賠償損失等違約責任。除非當事人另有約定或者法律另有規定，不允許任何一方當事人擅自解除或者變更合同。這時的法律約束力對當事人來說既包括全面積極地履行合同所設定的義務，也包括負有不擅自解除或者變更合同的不作為義務。對於合同依法成立，但還不具備生效要件的合同，在生效要件尚不具備前，除非當事人另有約定或者法律另有規定，任意一方當事人也不得擅自變更或者解除民事法律行為。例如，對於附條件的民事法律行為，在條件未成就前，其雖還沒有生效，但任何一方當事人也不得擅自解除或者變更，也不得為自己的利益不正當地阻止條件成就。這時的法律約束力主要體現在當事人的這種不作為義務上。但在特定情況下，這並不妨礙要求當事人履行約定的使合同生效的義務，例如依照合同編第 502 條第 2 款規定，對於依法成立但應當辦理批准等手續才能生效的合同，合同雖因當事人未辦理批准手續而不生效，但不影響合同中履行報批等義務條款以及相關條款的效力。應當辦理申請批准等手續的當事人未履行義務的，對方可以請求其承擔違反該義務的責任。合同編第 502 條第 2 款的規定充分體現了對「依法成立的合同受法律保護」這一規定的落實。

二是對當事人之外的第三人而言，合同依法成立後，當事人之外的任何組織或者個人均

不得非法干預合同，例如非法阻止合同的正常履行、強迫當事人變更或者解除合同等。

本條第 2 款可以從合同相對性及其例外兩個方面來理解：

1. 關於合同相對性原則。本條第 2 款規定，依法成立的合同，僅對當事人具有法律約束力，該規定明確確立了合同相對性原則。合同相對性原則是指合同項下的權利與義務只由合同當事人享有或者承擔，合同僅對當事人具有法律約束力，對合同當事人之外的第三人不具有法律約束力。具體而言，對於依法成立的合同，只能由合同當事人享有合同上的權利，當事人之外的任何第三人不能向合同債務人主張合同上的權利；合同義務由合同當事人承擔，合同債權人不得要求當事人之外的第三人承擔合同義務，當事人之外的第三人也不得代為履行合同義務；合同債務人不履行合同義務或者履行合同義務不符合約定的，應當向債權人承擔違約責任，而非向當事人之外的第三人承擔違約責任。實踐中，當事人基於交易的實際情況，自願選擇訂立合同的對方當事人、自願約定合同的內容，對交易具有明確預期。法律設定合同相對性原則，使合同僅對當事人產生法律約束力，是對民法自願原則即意思自治原則的體現和保障，有利於保護並實現合同當事人的交易預期，進而達到鼓勵交易的目的。若沒有合同相對性原則，交易將處於一種不確定的狀態，極大地阻礙交易發展。

合同相對性原則在整個合同制度中具有重要的基礎地位，合同編將合同相對性原則在第一章「一般規定」中予以明確，確立了合同相對性原則在合同編中的基礎地位，並在相關制度中得到具體體現。例如，合同編第 522 條第 1 款關於不真正第三人利益合同的規定即體現了合同相對性原則。該款規定，當事人約定由債務人向第三人履行債務，債務人未向第三人履行債務或者履行債務不符合約定的，應當由債務人向債權人，而不是向第三人承擔違約責任。再如，合同編第 523 條關於由第三人履行合同的規定也體現了合同相對性原則。該條規定，當事人約定由第三人向債權人履行債務，第三人不履行債務或者履行債務不符合約定的，由債務人向債權人承擔違約責任，而不是由第三人向債權人承擔違約責任。

2. 合同相對性原則的例外。依據本條第 2 款的規定，合同相對性原則只有一個例外，即「法律另有規定」。民事活動紛繁複雜，當事人之間訂立的合同，不可避免地與第三人產生各種聯繫，合同當事人與第三人存在各式各樣的利益關係，在法律確立合同相對性原則的前提下，也有必要針對個別情形作出例外規定，允許在這些特定情形下突破合同相對性原則。目前，法律對合同相對性原則的例外規定主要有以下幾種：一是合同的保全。在現實經濟生活中，一些債務人怠於行使自己的債權或者無償、低價處分自己的財產權益等，影響債權人的債權實現，損害了債權人的利益。如果嚴守合同相對性原則，債權人無權干涉債務人不當減少自身責任財產的行為，對債權人是很不公平的。為了保護債權人的利益，合同編專門規定了合同保全制度，賦予債權人代位權和撤銷權，債權人可以在符合法定條件時介入當事人之間的合同，代位行使債務人對相對人的債權或者與該債權有關的從權利，撤銷債務人積極減少責任財產的有關行為。二是真正的利益第三人合同制度。為了在特定情形下促進合同目的的實現，保護第三人利益，合同編增加了真正的利益第三人合同制度。根據合同編第 522 條第 2 款的規定，法律規定或者當事人約定第三人可以直接請求債務人向其履行債務，第三人

未在合理期限內明確拒絕的，第三人不僅對債務人取得債務履行請求權，還可以在債務人不履行債務或者履行債務不符合約定時，請求債務人承擔違約責任。三是規定了當事人之外的第三人對履行債務具有合法利益情形時的代為履行制度。根據合同編第 524 條規定，債務人不履行債務，第三人對履行該債務具有合法利益的，第三人有權向債權人代為履行；但是，根據債務性質、按照當事人約定或者依照法律規定只能由債務人履行的除外。四是「買賣不破租賃」制度。為了保護處於弱勢地位的承租人利益，許多國家或者地區都規定了「買賣不破租賃」制度。我國合同編對此也作了規定。合同編第 725 條規定，租賃物在承租人按照租賃合同佔有期限內發生所有權變動的，不影響租賃合同的效力，即租賃合同對新的所有權人仍然具有法律約束力。

> 　　**第四百六十六條**　當事人對合同條款的理解有爭議的，應當依據本法第一百四十二條第一款的規定，確定爭議條款的含義。
>
> 　　合同文本採用兩種以上文字訂立並約定具有同等效力的，對各文本使用的詞句推定具有相同含義。各文本使用的詞句不一致的，應當根據合同的相關條款、性質、目的以及誠信原則等予以解釋。

■ 條文主旨

本條是關於合同解釋的規定。

■ 條文釋義

本條第 1 款是關於合同爭議條款解釋的規定。

合同條款是基於合同當事人意思表示一致而訂立的，但在實踐中由於種種原因，當事人可能會對合同某些條款的理解發生爭議。對爭議條款含義的確定，應當探究當事人雙方（或者多方）訂立合同時真實的意思表示。合同法第 125 條第 1 款對合同爭議條款的解釋作了專門規定，即當事人對合同條款的理解有爭議的，應當按照合同所使用的詞句、合同的有關條款、合同的目的、交易習慣以及誠實信用原則，確定該條款的真實意思。合同法第 125 條第 1 款的規定已經被吸收進本法總則編第 142 條第 1 款關於有相對人的意思表示的解釋規定中。當事人對合同條款的理解有爭議的，可以直接適用總則編第 142 條第 1 款確定爭議條款的含義，合同編沒有必要再作重複性規定，僅是予以指引。根據總則編第 142 條第 1 款規定，有相對人的意思表示的解釋，應當按照所使用的詞句，結合相關條款、行為的性質和目的、習慣以及誠信原則，確定意思表示的含義。

本條第 2 款是不同文字文本解釋的規定。依據本款規定，合同文本採用兩種以上文字訂立並約定具有同等效力的情況下，應當對各文本使用的詞句推定具有相同的含義。但在各文

本使用的詞句不一致的情況下,如何對合同文本進行解釋?根據合同法第125條第2款規定,該種情況下,應當根據合同目的予以解釋,即根據當事人訂立合同的目的予以解釋。在民法典合同編起草過程中,有的意見提出,誠信原則作為民法的基本原則,在不同文字的合同文本解釋中也應當遵循,甚至對合同目的本身的解釋,也要遵循誠信原則;合同的性質也可能直接影響到對合同文本的理解。此外,合同條款之間有着密切聯繫,因此在不同文字的合同文本解釋中也要結合合同相關條款進行分析判斷,整體考慮合同的上下文來進行解釋。因此,建議在不同文字合同文本的解釋中增加根據「合同的相關條款」、「合同的性質」以及「誠信原則」予以解釋。經研究,本條第2款採納了該意見,規定不同文字各文本使用的詞句不一致的,應當根據合同的相關條款、性質、目的以及誠信原則等予以解釋。

> **第四百六十七條**　本法或者其他法律沒有明文規定的合同,適用本編通則的規定,並可以參照適用本編或者其他法律最相類似合同的規定。
>
> 　　在中華人民共和國境內履行的中外合資經營企業合同、中外合作經營企業合同、中外合作勘探開發自然資源合同,適用中華人民共和國法律。

■ 條文主旨

本條是關於非典型合同及特定涉外合同法律適用的規定。

■ 條文釋義

本條第1款是關於非典型合同法律適用規則的規定。民事活動紛繁複雜,合同交易類型多種多樣。民法典只能將一些現實生活普遍發生並且規則較為成熟的合同類型在合同編中加以規定。合同編在第二分編「典型合同」中規定了19類典型合同。其他一些單行法律也針對某一合同類型作出專門規定,例如保險法專章規定了保險合同,對保險合同的定義、合同的訂立、合同主體、合同主體之間的權利義務、合同的履行、合同的變更與轉讓、合同的解除等作了較為全面、細緻的規定;再如,旅遊法專章規定了旅遊服務合同,對旅遊服務合同的訂立、合同主體之間的權利義務、合同的解除、違約責任等作了明確的規定。對保險合同、旅遊服務合同等這些相關單行法律作出專門規定的合同,可以直接適用這些專門規定。但現實經濟社會生活中,大量合同類型既沒有在合同編中予以規定,其他相關法律也沒有明文規定,對這些非典型合同如何適用現有法律進行約束和指導,是十分重要的。合同編通則的規定是針對所有合同的共性規定。因此,非典型合同應當適用合同編通則的規定,合同編通則對合同的訂立、合同的效力、合同的履行、合同的保全、合同的變更和轉讓、合同的權利義務終止、違約責任等所作的規定均適用於各類非典型合同。合同編第二分編規定的典型合同,雖然是對某類合同的專門性規定,但其他合同可能會與合同編規定的典型合同存在

着共同之處或者相近之處。例如，買賣合同是典型的有償合同，非典型合同中也有許多有償合同，這些有償合同可以參照適用買賣合同的有關規定。基於合同編關於買賣合同的規定在有償類合同中的指引、示範作用較強，合同編第 646 條還對此專門作了規定，即法律對其他有償合同有規定的，依照其規定；沒有規定的，參照適用買賣合同的有關規定。同樣的道理，其他非典型合同也可以參照適用本編或者其他法律最相類似合同的規定，本條對此予以明確。

本條第 2 款還對特定涉外合同的法律適用作了規定，即在中華人民共和國境內履行的中外合資經營企業合同、中外合作經營企業合同、中外合作勘探開發自然資源合同，適用中華人民共和國法律。

> **第四百六十八條　非因合同產生的債權債務關係，適用有關該債權債務關係的法律規定；沒有規定的，適用本編通則的有關規定，但是根據其性質不能適用的除外。**

■ 條文主旨

本條是關於非因合同產生的債權債務關係法律適用的規定。

■ 條文釋義

民法典不設債法總則編，為更好地規範各類債權債務關係，合同編通則在合同法總則基礎上作了相關調整，使合同編通則能夠充分發揮債法總則的作用。本條規定即是為了使合同編通則發揮債法總則作用所作的調整之一，屬於指引性規定，對非因合同產生的債權債務關係可以適用合同編通則的有關規定予以指引。對本條的規定，可以從以下三個方面理解：

1. 非因合同產生的債權債務關係，首先適用有關該債權債務關係的法律規定。本法總則編第五章「民事權利」從債權發生原因的角度，對「債權」的概念作了界定。根據總則編第 118 條規定，債權是因合同、侵權行為、無因管理、不當得利以及法律的其他規定，權利人請求特定義務人為或者不為一定行為的權利。由此，非因合同產生的債權債務關係，包括侵權之債、無因管理之債、不當得利之債以及因法律的其他規定產生的債權債務關係。對這些非因合同產生的債權債務關係，首先適用有關該債權債務關係的法律規定。具體來說，對於侵權之債，本法侵權責任編對侵權之債作了較為系統的規定，其他法律例如產品質量法、消費者權益保護法、民用航空法等，對相關領域的侵權之債也作出了相關規定。對於因侵權產生的債權債務關係首先適用本法侵權責任編和其他有關法律對侵權責任所作的規定。合同編第三分編「準合同」對無因管理和不當得利的一般性規則作了規定，對因無因管理和不當得利產生的債權債務關係，首先適用合同編第三分編「準合同」的有關規定。對於因法律的其他規定，例如上面列舉的因婚姻家庭有關的法律規定所產生的給付撫養費或者贍養費的債權

債務關係，首先適用這些法律的有關規定。

2. 對於非因合同產生的債權債務關係，有關該債權債務關係的法律規定沒有對相關內容作出特別規定的，直接適用合同編通則的有關規定。值得注意的是，本條規定的是「適用」本編通則的有關規定，而不是「參照適用」，這主要是基於合同編通則的規定，除了合同的訂立與效力、合同的解除等規則僅適用於合同外，關於合同的履行、合同的保全、合同的變更和轉讓、合同的權利義務終止的大量規則，甚至違約責任中的有關規則，都可以直接適用於侵權之債、無因管理之債和不當得利之債等其他債權債務關係，而不是再由「裁判者」斟酌具體情況「參照適用」。具體而言，合同編第四章「合同的履行」中相當一些規則可適用於非合同之債，例如，第 514 條所規定的以支付金錢為內容的債，除法律另有規定或者當事人另有約定外，債權人可以請求債務人以實際履行地的法定貨幣履行。例如，第 517 條至第 521 條關於按份之債與連帶之債的規定，均可適用於非合同之債，等等。第五章「合同的保全」是對債權人行使代位權和撤銷權的規定，也適用於非合同之債的債權人。第六章中關於合同的變更和轉讓的大部分規則也可適用於非合同之債。第七章「合同的權利義務終止」中除合同的解除僅適用於合同外，債務清償抵充規則、抵銷等規則可適用於所有債的類型。第八章「違約責任」中也有相關規則可以適用於非合同之債，例如關於替代履行的規定，根據合同編第 581 條規定，當事人一方不履行債務或者履行債務不符合約定，根據債務的性質不得強制履行的，對方可以請求其負擔由第三人替代履行的費用。該規定既可適用於合同之債，也可適用於侵權之債等其他債權債務關係。

3. 將合同編通則適用於非因合同產生的債權債務時，還應當考慮該債權債務關係的性質，因此本條還規定「根據其性質不能適用的除外」。作為意定之債，合同之債的產生與內容均由當事人雙方自主自願決定，貫徹了民法的自願原則。而侵權之債、無因管理之債、不當得利之債等法定之債的產生與內容，都是由法律予以規定。合同編通則總體上是以合同之債為中心構建的規則，合同之債是合同編通則的基準規範。在判斷合同編通則的某一法律規定是否適用於非因合同產生的債權債務關係時，要注意把握意定之債與法定之債在性質上的不同，結合該法律規定所規範的內容，根據該債權債務關係的性質作具體判斷。例如，根據法定之債的性質，關於合同訂立、合同解除的有關規則就不能適用於這些法定之債。再如，合同編通則關於違約金的規定，也不適用於法定之債。

第二章　合同的訂立

　　本章共三十三條，對合同的形式、合同的內容、要約與承諾、合同成立時間、根據國家訂貨任務或者指令性任務訂立合同、預約合同、格式條款、懸賞廣告、締約過失責任等作了規定。

> **第四百六十九條**　當事人訂立合同，可以採用書面形式、口頭形式或者其他形式。
>
> 書面形式是合同書、信件、電報、電傳、傳真等可以有形地表現所載內容的形式。
>
> 以電子數據交換、電子郵件等方式能夠有形地表現所載內容，並可以隨時調取查用的數據電文，視為書面形式。

■ 條文主旨

　　本條是關於合同形式的規定。

■ 條文釋義

　　本條第 1 款對合同形式作了原則性規定。合同基於當事人雙方意思表示一致而成立，是雙方民事法律行為。本條關於合同形式的規定，與本法總則編關於民事法律行為形式的規定保持一致，即當事人訂立合同，可以採用書面形式、口頭形式或者其他形式。同時，本法總則編 135 條對民事法律行為特定形式的要求，即法律、行政法規規定或者當事人約定採用特定形式的，應當採用特定形式，也是適用於合同的。

　　本條第 2 款對書面形式的定義作了界定。依據本條第 1 款規定，書面形式的核心特徵是可以有形地表現所載內容。合同書、信件、電報、電傳、傳真是「可以有形地表現所載內容的形式」，但也不限於這幾類。合同的書面形式有多種，凡是「可以有形地表現所載內容的形式」都可以作為合同的書面形式。合同的書面形式最典型的方式是合同書或者書面合同，其是當事人雙方對合同有關內容進行協商訂立的並由雙方簽名、蓋章或者按指印的合同文本。通常合同書中明確地記載合同的雙方當事人的權利義務、解決爭議的方法等具體內容。因此，發生爭議可以按照合同的規定進行處理，比較容易解決糾紛，擺脫了「口說無憑」的狀況。所以，最好採用簽訂合同書的形式。合同書有多種多樣，有行業協會等制定的示範性合同文本，國際上也有通行的某種行業的標準文本，也有營業者提供的由營業者制訂的格式合同文本，大量的還有雙方當事人自己簽訂的合同文本。一般來說，作為合同書應當符合如下條件：（1）必須以某種文字、符號書寫。（2）必須有雙方當事人的簽名、蓋章或者按指印。

（3）必須規定當事人的權利義務。合同也可以信件訂立，也就是平時我們所說的書信。書信有平信、郵政快件、掛號信以及特快專遞等多種形式。電報、電傳、傳真也是以有形的形式表現所載內容，也歸為書面形式。

本條第 3 款對符合書面形式的數據電文作了規定。依據該款規定，數據電文要符合書面形式，必須滿足兩個條件：一是能夠有形地表現所載內容；二是可以隨時調取查用。第一個條件是書面形式的本質特徵，不管採用哪種方式訂立合同，都要符合這一條件；第二個條件是針對數據電文所作的專門要求。如果採取的數據電文形式不能保存下來，以供隨時調取查用，就喪失了書面形式所具備的易於取證、易於分清責任的優點，也就不宜作為書面形式。將「可以隨時調取查用」作為數據電文具備書面形式的要求，也符合國際上的做法。根據《聯合國國際貿易法委員會電子商務示範法》第 6 條規定，假若一項數據電文所含信息可以調取以備日後查用，即滿足了法律對「書面形式」的要求。我國電子簽名法對此也作了規定。電子簽名法第 4 條規定：「能夠有形地表現所載內容，並可以隨時調取查用的數據電文，視為符合法律、法規要求的書面形式。」依據合同編本條第 3 款規定，不管是以電子數據交換方式，還是以電子郵件或者其他方式，如果該數據電文能夠有形地表現所載內容，並且可以隨時調取查用，均可以視為書面形式。

第四百七十條　合同的內容由當事人約定，一般包括下列條款：

（一）當事人的姓名或者名稱和住所；

（二）標的；

（三）數量；

（四）質量；

（五）價款或者報酬；

（六）履行期限、地點和方式；

（七）違約責任；

（八）解決爭議的方法。

當事人可以參照各類合同的示範文本訂立合同。

■ 條文主旨

本條是關於合同內容的規定。

■ 條文釋義

第 1 款是關於合同主要條款的規定。

合同的內容是由當事人約定的，體現為一系列合同條款。合同條款是合同中經雙方當事

人協商一致、規定雙方當事人權利義務的具體條文。合同的權利義務，除法律規定的以外，主要由合同的條款確定。合同的條款是否齊備、準確，決定了合同能否成立以及能否順利地履行、實現訂立合同的目的。合同的條款非常重要，但並不是說當事人簽訂的合同中缺了其中任何一項就會導致合同的不成立或者無效。主要條款的規定只具有提示性與示範性。合同的主要條款由當事人約定，一般包括當事人的姓名或者名稱和住所、標的、數量、質量、價款或者報酬、履行期限、履行地點和方式、違約責任、解決爭議的方法，但不限於這些條款。不同的合同，由其類型與性質決定，其主要條款或者必備條款可能是不同的。比如，買賣合同中有價格條款，而在無償合同如贈與合同中就沒有此項。

在訂立合同的過程中，如果一方當事人堅持合同的訂立以對特定事項達成協議為條件，則在這些特定事項未達成協議前，合同不成立。如果當事人各方在訂立合同時，有意將一項合同的內容留待進一步商定，則儘管這一項條款沒有確定，也不妨礙合同的成立。

現將本條第 1 款規定的 8 項內容簡述如下：

（1）當事人的名稱或者姓名和住所。這是每一個合同必須具備的條款，當事人是合同的主體。合同中如果不寫明當事人，誰與誰做交易都搞不清楚，就無法確定權利的享有和義務的承擔，發生糾紛也難以解決。

（2）標的。標的是合同當事人的權利義務指向的對象。標的是合同成立的必要條件，是一切合同的必備條款。沒有標的，合同不能成立，合同關係無法建立。

（3）數量。在大多數的合同中，數量是必備條款，沒有數量，合同是不能成立的。許多合同，只要有了標的和數量，即使對其他內容沒有規定，也不妨礙合同的成立與生效。因此，數量是合同的重要條款。

（4）質量。質量指標準、技術要求，包括性能、效用、工藝等，一般以品種、型號、規格、等級等體現出來。質量條款的重要性是毋庸諱言的，許許多多的合同糾紛由此引起。合同中應當對質量問題儘可能地規定細緻、準確和清楚。

（5）價款或者報酬。價款或者報酬，是一方當事人向對方當事人所付代價的貨幣支付。有些合同比較複雜，貨款、運費、保險費、保管費、裝卸費、報關費以及一切其他可能支出的費用，由誰支付都要規定清楚。

（6）履行期限、地點和方式。履行期限是指合同中規定的當事人履行自己的義務如交付標的物、價款或者報酬，履行勞務、完成工作的時間界限。履行地點是指當事人履行合同義務和對方當事人接受履行的地點。履行地點有時是確定運費由誰負擔、風險由誰承擔以及所有權是否轉移、何時轉移的依據。履行地點也是在發生糾紛後確定由哪一地法院管轄的依據。因此，履行地點在合同中應當規定得明確、具體。履行方式是指當事人履行合同義務的具體做法。不同的合同類型，決定了其履行方式的差異。履行方式與當事人的利益密切相關，應當從方便、快捷等方面考慮採取最為適當的履行方式，並且在合同中應當明確規定。

（7）違約責任。違約責任是促使當事人履行合同義務，使對方免受或少受損失的法律措施，也是保證合同履行的主要條款。

（8）解決爭議的方法。解決爭議的方法是指合同爭議的解決途徑以及法律適用問題等。解決爭議的途徑主要有：一是雙方通過協商和解；二是由第三人進行調解；三是通過仲裁解決；四是通過訴訟解決。當事人可以約定解決爭議的方法，如果意圖通過訴訟解決爭議是不用進行約定的，通過其他途徑解決都要事先或者事後約定。依照仲裁法的規定，如果選擇適用仲裁解決爭議，除非當事人的約定無效，是排除法院對其爭議進行管轄的。當然，如果當事人有證據證明仲裁裁決具有違反法律規定的情形的，可以依法申請法院撤銷仲裁裁決或者申請法院不予執行。當事人選擇和解、調解方式解決爭議，都不能排除法院的管轄，當事人可以提起訴訟。

此外，本條規定的 8 項合同條款僅是列舉規定，並不能涵蓋所有的合同條款。當事人在合同中特別約定的條款，雖然超出本條規定的 8 項內容，也可以作為合同的主要條款。

第 2 款是關於合同示範文本的規定。

實踐中，經濟貿易活動具有多樣性，合同的示範文本對於提示當事人在訂立合同時更好地明確各自的權利義務起到了積極作用。因此，本條第 2 款規定訂立合同可以參照各類合同的示範文本，其目的與第 1 款一樣，就是使當事人訂立合同更加認真、更加規範，儘量減少合同規定缺款少項、容易引起糾紛的情況。示範文本只是作為當事人訂立合同時的參考，並不是要強制當事人採用。

第四百七十一條　當事人訂立合同，可以採取要約、承諾方式或者其他方式。

■ 條文主旨

本條是關於合同訂立方式的規定。

■ 條文釋義

合同是當事人之間設立、變更、終止民事法律關係的協議。合同本質上是一種合意。使合同得以成立的合意是指當事人對合同必備條款達成一致意見。合同訂立方式，就是當事人達成合意的方式。依照本條規定，合同訂立方式，可以採取要約、承諾方式，也可以採取其他方式。

一、關於要約、承諾方式

要約、承諾方式是最為典型的合同訂立方式。當事人合議的過程，是對合同內容協商一致的過程，很多都是經過要約、承諾完成的。向對方提出合同條件作出簽訂合同的意思表示稱為「要約」，而另一方如果表示接受就稱為「承諾」。一般而言，一方發出要約，另一方作出承諾，合同就成立了。但是，有時要約和承諾往往難以區分。許多合同是經過了一次又一次的討價還價、反覆協商才得以達成。

二、關於合同訂立的其他方式

除了要約、承諾方式之外，傳統上還存在以下幾種合同訂立方式：一是交叉要約；二是同時表示；三是意思實現。

1. 交叉要約。交叉要約是指合同當事人各自採取非直接對話的方式，同時作出了為訂立同一內容合同的要約。如甲對乙作出為訂立合同的要約，而乙對甲也作出了同樣內容的要約。此時雙方的意思表示的內容完全一致，而且雙方均有訂立合同的意思表示，並且發出要約的時間也幾乎在同時。既然雙方有相同的意思表示，法律即可推定其必互有承諾的結果，所以認定合同成立。合同成立的時間以後一個要約到達對方當事人時為準。由於此種情況下難以認定誰是要約人誰是承諾人，因此傳統上將此種特別方式作為合同成立的方式之一。

2. 同時表示。同時表示與交叉要約本質上相同，交叉要約是在非直接對話的方式的情況下發生的，而同時表示是在對話方式的情況下發生的，指對話的當事人雙方毫無先後之別，同時向對方為同一內容的要約的意思表示。例如，買賣的條件適合當事人雙方之意時雙方同時拍手，或對於第三人所作成的合同方案，當事人同時表示同意。與交叉要約一樣，傳統上也將同時表示作為合同成立的特別方式之一。

3. 意思實現。意思實現是指按照習慣或事件的性質不需要承諾通知，或者要約人預先聲明承諾無須通知，要約人在相當時間內如有可以推斷受要約人有承諾意思的客觀事實，則可以據此成立合同。按照習慣或事件的性質不需要承諾通知的，比如訂旅館房間、訂飯店席位等，不需要表明承諾，如不承諾則需要告知。推斷受要約人有承諾的客觀事實，一般是指受要約人不進行口頭或書面承諾但按照要約人的要求履行合同義務，如受委託開始處理委託事務、將要約人欲購的貨物進行發送等。

對這三種方式，我國理論上比較多的意見認為，交叉要約、同時表示與要約、承諾方式有所不同，可以作為一種特殊締約方式，而意思實現則可以歸入要約、承諾方式的體系中。但也有意見認為，交叉要約、同時表示也可以歸入要約、承諾方式的體系中，雙方是互為要約人，互為承諾人。但從交易實踐來看，傳統意義上的交叉要約和同時表示較為少見。

在本法合同編起草過程中，有的意見提出，除了要約、承諾這一典型的合同訂立方式外，法律應當對實踐中存在的其他締約方式予以認可，不能排除在外。例如證券場內交易，每一瞬間都有大量的買方和賣方的報價發出，交易系統按照價格優先、時間優先的規則由電腦自動撮合、逐筆不斷成交，這種締約方式就有別於要約、承諾方式。經研究，對於合同訂立方式，本條在合同法規定的「要約、承諾方式」基礎上增加「其他方式」，為實踐情況及其發展留下空間。

> **第四百七十二條**　要約是希望與他人訂立合同的意思表示，該意思表示應當符合下列條件：
> （一）內容具體確定；
> （二）表明經受要約人承諾，要約人即受該意思表示約束。

■ 條文主旨

本條是關於要約條件的規定。

■ 條文釋義

要約在不同的情況下可以稱為「發盤」「發價」等，發出要約的人稱為「要約人」，接收要約的人稱為「受要約人」。本條採取的是最通常和最簡單的定義方式：要約是希望與他人訂立合同的意思表示。

一項訂約的意思表示要成為一個要約，要取得法律效力，必須具備一定的條件。如不具備這些條件，作為要約在法律上就不能成立。根據本條規定，要約應當符合下列條件：

一是要約的內容具體確定。要約的內容必須具備足以使合同成立的主要條件，這要求要約的內容必須是具體的和確定的，必須明確清楚，不能模棱兩可、產生歧義。要約的效力在於，一經受要約人承諾，合同即可成立。因此，如果一個訂約的意思表示含糊不清、內容不具備一個合同的最根本的要素，是不能構成一個要約的。即使受要約人作出承諾，也會因缺乏合同的主要條件而使合同無法成立。一項要約的內容可以很詳細，也可以較為簡明，一般法律對此並無強制性要求。只要其內容具備使合同成立的基本條件，就可以作為一項要約。但究竟怎樣才算具備了使合同成立的基本條件，如果法律有類似規定的要依據規定進行判斷，最重要的是要根據具體情況進行判斷。

二是要約必須表明經受要約人承諾，要約人即受該意思表示拘束。這一點很重要，很多類似訂約意思表示的表達實際上並不表示如果對方接受就成立了一個合同，如「我打算5000元把我的鋼琴賣掉」，儘管是特定當事人對特定當事人的陳述，也不構成一個要約。能否構成一個要約要看這種意思表示是否表達了與受要約人訂立合同的意願。這要根據特定情況和當事人所使用的語言表達來判斷。當事人在合同中一般不會採用諸如「如果承諾，合同就成立」這樣明確的詞語來表示，所謂「表明」並不是要有明確的詞語進行說明，而是整個要約的內容表明了這一點。

此外，要約人要能夠特定，也屬於要約成立的內在要求，也在本條規範的內在含義中。發出要約的目的在於訂立合同，要約人必須使接收要約的相對方能夠明白是誰發出了要約以便作出承諾。因此，發出要約的人要能夠確定，要能夠特定化。不論是自然人還是法人、非法人組織，都可以作為要約人。如果是代理人，必須取得本人的授權，還必須說明誰是被代理人。作為要約人只要能夠特定即可，並不一定需要說明要約人的具體情況。一個要約，如

果處於能夠被承諾的狀態就可以，不需要一切情況都清清楚楚。如自動售貨機，消費者不需要了解究竟是哪家公司安置，誰是真正的要約人。只要投入貨幣，作出承諾，合同即成立並完成交易。

> **第四百七十三條** 要約邀請是希望他人向自己發出要約的表示。拍賣公告、招標公告、招股說明書、債券募集辦法、基金招募說明書、商業廣告和宣傳、寄送的價目表等為要約邀請。
> 商業廣告和宣傳的內容符合要約條件的，構成要約。

■ 條文主旨

本條是關於要約邀請的規定。

■ 條文釋義

本條第 1 款對要約邀請的定義作了規定，並列舉了實踐中比較典型的要約邀請類型。

要約邀請又稱要約引誘，是邀請或者引誘他人向自己發出要約的表示，可以是向特定人發出的，也可以是向不特定的人發出的。合同法將要約邀請界定為一種「意思表示」。合同法第 15 條第 1 款規定，要約邀請是希望他人向自己發出要約的「意思表示」。經過多年來理論和實踐的發展，對要約邀請的性質和意思表示的含義有了更深入的認識，也普遍達成了共識，即要約邀請不宜歸屬於意思表示。意思表示是指行為人為了產生一定民法上的效果而將其內心意思通過一定方式表達於外部的行為。意思表示中的「意思」是指設立、變更、終止民事法律關係的內心意圖，「表示」是指將內心意思以適當方式向適當對象表現出來的行為。意思表示具有如下法律特徵：一是意思表示的表意人具有使民事法律關係發生變動的意圖；二是意思表示是一個將意思由內向外表示的過程；三是意思表示可以產生一定的法律效果。例如要約作為一種意思表示，一經對方承諾，合同即成立。而要約邀請只是邀請他人向自己發出要約，自己再視情予以承諾。要約邀請處於合同的準備階段，雖然也是一種表示行為，但本身不具有使民事法律關係發生變動的內心意圖，也不產生民法上的效果，沒有法律約束力。從性質上來說，要約邀請可以歸屬於事實行為。基於此，本條修改了合同法的規定，不再將要約邀請界定為「意思表示」，將合同法規定「要約邀請是希望他人向自己發出要約的意思表示」中的「意思表示」修改為「表示」。但要約邀請也並不是單純的建議他人與自己進行有關合同的討論，而是明確提出訂立合同的建議，只不過沒有提出合同的具體內容。雖然在理論上，要約邀請與作為意思表示的要約有很大區別，例如要約具有內容具體確定、受要約人的承諾對要約人具有拘束力等特點，但事實上在很多情況下二者往往很難區分。當事人可能原意是發出要約，但由於內容不確定只能被看作是一個要約邀請。當事人可

能原意是發出要約邀請，但由於符合了要約的條件而會被認定為是一個要約。

本條列舉了幾種比較典型的要約邀請類型：

1. 拍賣公告。拍賣是一種特殊買賣方式。一般認為，在拍賣活動中，競買人的出價為要約，拍賣人擊槌（或者以其他方式）拍定為承諾。拍賣人在拍賣前刊登或者以其他形式發出拍賣公告，對拍賣物及其價格進行宣傳介紹等，屬於要約邀請。

2. 招標公告。招標投標是一種特殊的簽訂合同的方式，廣泛應用於貨物買賣、建設工程、土地使用權出讓與轉讓、技術轉讓等領域。這種方式的好處是，能夠在最接近公平、合理的價格上達成交易、簽訂合同。對於招標公告或者招標通知，一般都認為屬於要約邀請，不是要約。而投標是要約，招標人選定中標人，為承諾。

3. 招股說明書、債券募集辦法和基金招募說明書。招股說明書是股份有限公司發起人向社會公開募集股份時或者公司經批准向社會公開發行新股時，向社會公眾公開的說明文書。按照我國公司法的規定，發起人向社會公開募集股份，必須公告招股說明書，並製作認股書。法律規定要制定招股說明書並向社會公告，其目的是讓社會公眾了解發起人或者公司的情況和認股人所享有的權利和承擔的義務。招股說明書是向社會發出的要約邀請，邀請公眾向公司發出要約，購買公司的股份。認股人認購股份，為要約，公司賣出股份，為承諾。但是，如果發起人逾期未募足股份的情況下，則依法失去承諾的權利，認股人撤回所認購的股份。

債券募集辦法與基金招募說明書是應實踐需求在合同法基礎上新增加的要約邀請類型。公司發行公司債券，應當按照規定公告公司債券募集辦法，對投資者作出投資決策有重大影響的信息予以記載並披露。投資者根據債券募集辦法記載的情況決定是否購買債券。基金招募說明書是基金發起人公開發售基金時，為基金投資者提供的對基金情況進行說明的文件。投資者根據基金招募說明書載明的情況判斷是否申購基金。

債券募集辦法和基金招募說明書，在性質上與招股說明書類似，都是具有法律意義的說明性文件，歸屬於要約邀請。

4. 商業廣告和宣傳。商業廣告是指商品經營者或者服務提供者通過一定媒介和形式直接或者間接地介紹自己所推銷的商品或者服務的廣告。實踐中，商品經營者或者服務提供者除通過商業廣告外，還通過其他一些形式對商品或者服務進行宣傳。商業廣告和宣傳的目的在於宣傳商品或者服務的優點，並以此引誘顧客購買商品或者接受服務，為要約邀請。但法律並不排除商業廣告和宣傳如果符合要約的條件也可以成為要約。

5. 寄送的價目表。寄送商品價目表是商品生產者或者銷售者推銷商品的一種方式。這種方式當然表達行為人希望訂立合同的意思，但並不表明他人表示承諾就立即達成一個合同。根據對要約條件的分析，寄送的價目表僅指明什麼商品、什麼價格，並沒有指明數量，對方不能以「是」、「對」或者「同意」等肯定詞語答覆成立合同，自然不符合要約的條件，只能視作要約邀請。

本條第 2 款規定，商業廣告和宣傳的內容符合要約條件的，構成要約。一般的商業廣告

和宣傳並不能構成一個要約，但也不排除有些內容確定的商業廣告和宣傳構成要約。依照合同編第 472 條規定，一項意思表示構成要約應當符合下列條件：一是內容具體確定；二是表明經受要約人承諾，要約人即受該意思表示約束。認定一項商業廣告或者商業宣傳是否符合要約的條件，需要根據實際情況進行判斷。例如一項商業廣告稱：「我公司現有某型號的水泥 1000 噸，每噸價格 200 元，在 10 月 1 日前保證現貨供應，欲購從速。」該商業廣告的內容具體確定，「在 10 月 1 日前保證現貨供應」的內容可能會被認定為其表明了一經承諾即受拘束的意思，從而被視為要約。

> **第四百七十四條　要約生效的時間適用本法第一百三十七條的規定。**

■ 條文主旨

本條是關於要約生效時間的規定。

■ 條文釋義

本法總則編第 137 條對有相對人的意思表示的生效時間作了專門規定。要約屬於有相對人的意思表示，要約生效的時間自然應當適用總則編第 137 條規定。總則編第 137 條區分以對話方式作出的意思表示與非對話方式作出的意思表示，對其生效時間分別作出規定，並對以非對話方式作出的採用數據電文形式的意思表示時間作了專門規定。依照總則編第 137 條的規定，要約生效的時間可以從以下幾個方面理解：

一是以對話方式發出的要約。所謂以對話方式發出的要約，是指要約人採取使相對方可以同步受領的方式進行意思表示，如面對面交談、電話等方式。在以這種方式進行的意思表示中，要約人作出意思表示和相對人受領意思表示是同步進行的，沒有時間差。因此，要約人作出意思表示，相對人知道其內容時，要約生效。

二是以非對話方式發出的要約。對於以非對話方式發出的要約，要約人作出意思表示的時間與相對人受領意思表示的時間不同步，二者之間存在時間差。非對話的意思表示在現實生活中存在的形式多樣，如傳真、信函等。根據合同法第 16 條第 1 款規定，要約到達受要約人時生效。總則編第 137 條延續了合同法的做法，規定以非對話方式作出的意思表示，到達相對人時生效。要約也屬於一種意思表示，那麼以非對話方式發出的要約，自然是到達相對人時生效。需要強調的是，這裏「到達」並不意味着相對人必須親自收到，只要進入相對人通常的地址、住所或者能夠控制的地方（如信箱）即可視為到達，意思表示被相對人的代理人收到也可以視為「到達」。送達相對人時生效還意味着即使在意思表示送達相對人前相對人已經知道該意思表示內容的，該意思表示也不生效。

三是以非對話方式作出的採用數據電文形式的要約。依照本法總則編第 137 條第 2 款

規定，可以分三個層次對以數據電文形式發出的要約的生效時間予以理解：

第一，對以非對話方式發出的採用數據電文形式的要約，相對人指定特定系統接收數據電文的，該數據電文進入該特定系統時生效。

第二，未指定特定系統的，相對人知道或者應當知道該數據電文進入其系統時生效。這一規定與合同法的規定不完全相同。在這種情況下，合同法規定，該數據電文進入收件人的任何系統的首次時間，為生效時間，而不問相對人是否知道或者應當知道該數據電文進入其系統。鑒於我國新加入的《聯合國國際合同使用電子通信公約》明確規定，在這種情況下，以相對人了解到該數據電文已發送到相對人的任何系統的時間為生效時間。總則編第137條第2款按照公約的規定對合同法的規定作了相應修改。依照該規定，未指定特定系統的，相對人知道或者應當知道該數據電文進入其系統時，要約生效。

第三，當事人對採用數據電文形式發出的要約的生效時間另有約定的，按照其約定。這是對總則編第5條自願原則的貫徹落實，體現了民事活動對當事人意願的尊重。

第四百七十五條　要約可以撤回。要約的撤回適用本法第一百四十一條的規定。

■ 條文主旨

本條是關於要約撤回的規定。

■ 條文釋義

要約的撤回，是指在要約發出之後但在要約生效以前，要約人欲使該要約不發生法律效力而作出的意思表示。要約之所以可以撤回，是因為要約尚未發生法律效力，不會對受要約人產生任何影響，也不會危害交易秩序。因此，在此階段，應當允許要約人撤回要約，使尚未生效的要約不產生預期的效力，這也是對行為人意願的充分尊重。基於此，本條規定，要約可以撤回。

行為人可以撤回意思表示，但不是在任何情況下都可以撤回其意思表示，而是有條件的。合同法第17條對要約的撤回條件作了規定，即撤回要約的通知應當在要約到達受要約人之前或者與要約同時到達受要約人。本法總則編第141條對意思表示撤回條件的規定與合同法第17條的規定是一致的。本法總則編第141條規定，撤回意思表示的通知應當在意思表示到達相對人前或者與意思表示同時到達相對人。要約屬於有相對人的意思表示，在本法總則編第141條對意思表示的撤回已經作了規定的前提下，合同編沒有必要再作重複性規定，要約的撤回直接適用總則編第141條的規定即可。據此，撤回要約的條件是撤回要約的通知在要約到達受要約人之前或者同時到達受要約人。如果撤回要約的通知在要約到達受要約人以後到達，則要約已經生效，是否能夠使要約失效，就要看是否符合撤銷的條件。因

此，要約人如欲撤回要約，必須選擇以快於要約的方式向受要約人發出撤回的通知，使之能在要約到達之前或者同時到達受要約人。

理解本條需要注意兩點：

一是根據合同編第 474 條和總則編第 137 條的規定，以對話方式作出的要約，受要約人知道其內容時生效。以非對話方式作出的要約，到達受要約人時生效。也就是說，對於以對話方式作出的要約，因為受要約人知道其內容時就生效，相當於即時生效，要約人很難作出撤回的通知，這種情況下適用撤回的規定空間比較小。以非對話方式作出的要約，是到達受要約人時生效，則要約人發出撤回要約的通知，且該通知在要約到達受要約人之前或者同時到達受要約人的，可以適用本條撤回的規定。

二是要約的撤回與要約的撤銷是不同的。根據本條和總則編第 141 條的規定，要約的撤回是在要約未生效前使其不發生效力；而要約的撤銷是指在要約作出並生效之後，要約人又作出取消其意思表示的表示。要約的撤回是使一個未發生法律效力的要約不發生法律效力，要約的撤銷是使一個已經發生法律效力的要約失去法律效力。要約撤回中僅考慮保護要約人對其意思表示的自由處分權利，因此要約撤回的通知只要在要約到達之前或與要約同時到達就發生效力。而對於要約的撤銷，由於要約在到達後已經生效，受要約人已知悉了要約的內容，甚至可能已經對該要約產生了合理的信賴，因此要約人能否在要約生效後撤銷其意思表示，需要考慮保障受要約人合理信賴的問題，要平衡要約人和受要約人的利益，不宜泛泛規定要約人可以撤銷要約。要約撤銷是否發生效力取決於該要約撤銷的意思表示是否在受要約人作出承諾之前到達受要約人或者為受要約人所知道，並且在法律規定的特定情形下，要約是不可撤銷的。

第四百七十六條　要約可以撤銷，但是有下列情形之一的除外：

（一）要約人以確定承諾期限或者其他形式明示要約不可撤銷；

（二）受要約人有理由認為要約是不可撤銷的，並已經為履行合同做了合理準備工作。

■ 條文主旨

本條是關於要約不得撤銷情形的規定。

■ 條文釋義

要約的撤銷，是指要約人在要約發生法律效力之後而受要約人作出承諾之前，欲使該要約失去法律效力的意思表示。聯合國國際貿易法委員會 1980 年通過的《聯合國國際貨物銷售合同公約》第 16 條規定，在未訂立合同之前，發價得予撤銷，如果撤銷通知於被發價

人發出接受通知之前送達被發價人。但在兩種情況下發價不得撤銷：（1）發價寫明接受發價的期限或以其他方式表示發價是不可撤銷的；（2）被發價人有理由信賴該項發價是不可撤銷的，而且被發價人已本着對該項發價的信賴行事。可見在是否可以撤銷的問題上，基本上採納了英美法系的做法，但是對撤銷的條件作了較為嚴格的限制。這種做法也是兩大法系相互妥協的產物。《國際商事合同通則》第2.1.4條作了與《聯合國國際貨物銷售合同公約》同樣的規定。根據《國際商事合同通則》第2.1.4條規定，在合同訂立之前，要約得予撤銷，如果撤銷通知在受要約人發出承諾之前送達要約人。但是，在下列情況下，要約不得撤銷：（1）要約寫明承諾的期限，或以其他方式表明要約是不可撤銷的；（2）受要約人有理由信賴該項要約是不可撤銷的，且受要約人已依賴該要約行事。

合同法第19條借鑒了《聯合國國際貨物銷售合同公約》與《國際商事合同通則》的做法，規定了不可撤銷的兩種例外情形：一是要約人確定了承諾期限或者以其他形式明示要約不可撤銷；二是受要約人有理由認為要約是不可撤銷的，並已經為履行合同作了準備工作。就第1項例外情形，要約人確定了承諾期限，是不是就等同於要約不可撤銷的明示，我國理論和實踐中有一些爭議。一般來說，確定承諾期限可以視為要約不可撤銷的明示，但在一些情況下，例如要約人可能既確定了承諾期限，又在要約中明確指出要約也是可以撤銷的，此時就不宜直接以要約確定了承諾期限為由認為要約不得撤銷。因此，即使要約人確定了承諾期限，也宜根據具體情況判斷要約人確定承諾期限是不是就表明要約不可撤銷。為了更為符合實踐情況，本條將合同法第19條規定的第1項例外情形「要約人確定了承諾期限或者以其他形式明示要約不可撤銷」修改為「要約人以確定承諾期限或者其他形式明示要約不可撤銷」。對於合同法第19條規定的第2項例外情形，受要約人所作的「準備工作」也有程度差別，為了更好平衡要約人與受要約人之間的利益，本條將合同法中的「作了準備工作」修改為「做了合理準備工作」。《國際商事合同通則》對第2.1.4條的注釋可作為理解本條的參考。

一、要約中不可撤銷的表示

《國際商事合同通則》在注釋中提出，不可撤銷的意思表示可以用不同的方式作出，最直接和最清楚的方式是由要約人在要約中作一個明確的聲明，如「這是一個確定的要約」「我們堅持我們的要約直到收到貴方的回覆」等。另外，還可以從要約人的其他表示或者行為中作出此種推斷。表明確定的承諾期限本身可以（但並非必然）構成要約不可撤銷的默示表示。這應當結合個案對要約的條款進行適當的解釋，進而作出判斷。《國際商事合同通則》在注釋中舉了例子說明這個問題。一家旅行社在其發送的小冊子中通知遊客將組織新年度假旅遊，並敦促遊客在通知後3天內預訂，否則過期將可能沒有剩餘名額。這個聲明本身不應視為在這3天內該要約不可撤銷的表示。

二、受要約人有理由認為要約不可撤銷並已依其信賴行事

《國際商事合同通則》在注釋中提出，這一例外規定是通則規定的禁止不一致行為原則的體現。受要約人的合理信賴可源於要約人的行為，比如受要約人對要約人有所了解，或者

以前在商業上就有來往等，因此相信要約人的要約不可撤銷。受要約人的信賴也可源於要約本身的性質，如對某一項要約作出承諾前需要受要約人進行廣泛的、費用昂貴的調查，或者某一要約的發出意在允許受要約人進而可以向第三方發出要約。受要約人基於對要約不可撤銷的信賴所做的行為，可以是為生產所做的準備、購買或者租用材料設備、負擔費用，等等。只要這些行為在有關的貿易中被視為是正常的，或者應是要約人所能預見或者知悉的行為。《國際商事合同通則》在注釋中舉了兩個例子說明這個問題。第一個例子是，甲是古董商，要求乙在 3 個月內修復 10 幅畫，價格不超過一具體金額。乙告知甲，為了決定是否承諾，有必要先對一幅畫進行修復，然後在 5 天內給出一個明確的答覆。甲同意。基於對甲的要約的信賴，乙馬上開始工作。甲在 5 天內不得撤銷要約。第二個例子是，乙就合作參與一個在規定的期限內定標的項目，向甲發出要約。對於乙發出的要約，甲在計算投標價格時予以了信賴。在規定的期限屆滿前且甲已投標後，乙通知甲不願意再遵守其要約。因為甲在投標時信賴了乙的要約，因此該要約在規定的期限屆滿前是不可撤銷的。

> **第四百七十七條** 撤銷要約的意思表示以對話方式作出的，該意思表示的內容應當在受要約人作出承諾之前為受要約人所知道；撤銷要約的意思表示以非對話方式作出的，應當在受要約人作出承諾之前到達受要約人。

■ 條文主旨

本條是關於撤銷要約的條件的規定。

■ 條文釋義

要約生效後，受要約人已經知悉了要約的內容，甚至可能已經基於對要約的信賴作出了某些行為。為了保障受要約人的合理信賴利益，要約人應當在受要約人作出承諾之前撤銷要約。如果受要約人已經作出承諾的，要約人不得撤銷要約。對本條規定，可以從以下兩個方面理解：

一是本條區分撤銷要約的意思表示是以對話方式作出的還是非對話方式作出的，對撤銷要約的條件分別規定。本條規定對合同法第 18 條關於要約撤銷條件的規定作了一定修改，主要是考慮到與總則編第 137 條的協調。合同法第 18 條規定，撤銷要約的通知應當在受要約人發出承諾通知之前到達受要約人，沒有區分撤銷要約的意思表示是以對話方式作出的還是以非對話方式作出的。撤銷要約的目的在於使已經生效的要約喪失法律效力，撤銷要約本身也屬於一種意思表示。撤銷要約的意思表示的生效時間自然適用總則編第 137 條的規定。總則編第 137 條對意思表示的生效時間區分意思表示是以對話方式作出的還是以非對話方式作出的分別規定，即以對話方式作出的意思表示，相對人知道其內容時生效；以非對話方

式作出的意思表示，到達相對人時生效。根據該規定，撤銷要約的意思表示的生效時間分別為：撤銷要約的意思表示以對話方式作出的，受要約人知道該意思表示的內容時生效；撤銷要約的意思表示以非對話方式作出的，該意思表示到達受要約人時生效。為了保障受要約人的合理信賴利益，要約人應當在受要約人作出承諾之前撤銷要約，也即要約人撤銷要約的意思表示的生效時間應當是在受要約人作出承諾之前。因此，本條規定，撤銷要約的意思表示以對話方式作出的，該意思表示的內容應當在受要約人作出承諾之前為受要約人所知道；撤銷要約的意思表示以非對話方式作出的，應當在受要約人作出承諾之前到達受要約人。

二是要約人應當在「受要約人作出承諾之前」撤銷要約。根據合同法第 18 條規定，要約人應當在「受要約人發出承諾通知之前」撤銷要約。本條將合同法第 18 條規定的「受要約人發出承諾通知之前」修改為「受要約人作出承諾之前」，主要是考慮到與合同編第 480 條規定相協調。依照合同編第 480 條的規定，承諾應當以通知的方式作出，但是根據交易習慣或者要約表明可以通過行為作出承諾的除外。合同編第 480 條是認可特定情形下受要約人通過行為作出承諾的。基於此，本條將合同法第 18 條規定的「受要約人發出承諾通知之前」修改為「受要約人作出承諾之前」。「受要約人作出承諾之前」既包括受要約人發出承諾通知之前，也包括受要約人根據交易習慣或者要約的要求作出承諾的行為之前。

第四百七十八條　有下列情形之一的，要約失效：

（一）要約被拒絕；

（二）要約被依法撤銷；

（三）承諾期限屆滿，受要約人未作出承諾；

（四）受要約人對要約的內容作出實質性變更。

■ **條文主旨**

本條是關於要約失效的規定。

■ **條文釋義**

要約的失效，也可以稱為要約的消滅或者要約的終止，指要約喪失法律效力，要約人與受要約人均不再受其約束。要約人不再承擔接受承諾的義務，受要約人亦不再享有通過承諾使合同得以成立的權利。本條規定了要約失效的幾種情形，分述如下：

1. 要約被拒絕。受要約人接到要約後，通知要約人不同意與之簽訂合同，則拒絕了要約。要約被拒絕的，該要約即失去法律效力。但是，受要約人的通知中，如果明確地說明拒絕要約，這當然沒有疑問。但有的通知中，既沒有說明接受要約，也沒有明確拒絕要約，也沒有明確提出反要約。這時，要根據該通知的具體內容進行判斷，搞清楚受要約人究竟是什

麼意思。比如，回覆中僅僅是詢問價格有沒有降低的可能，是否能提前幾天交貨等，這種答覆不足以證明受要約人拒絕了要約。

如果受要約人的回覆沒有作出承諾，但提出了一些條件，受要約人在規定期限內仍不作答覆，可以視為拒絕要約。按照《國際商事合同通則》的解釋，這種情形視為「默示拒絕」。《國際商事合同通則》在對第 2.1.5 條的注釋中對默示拒絕還舉了一例予以說明：甲收到了乙發出的要約，其中規定該要約 2 周內是不可撤銷的。甲通過郵件回覆提出了部分不同的條件，對此乙不予接受。儘管離期限屆滿還有幾天時間，但甲可能不再承諾原來的要約，因為通過發出反要約，甲實際上默示地拒絕了原要約。

實踐中也有這種情況，受要約人拒絕了要約，但又反悔，這時受要約人可以撤回拒絕的通知，但撤回拒絕的通知也應像撤回要約一樣，必須在拒絕的通知到達要約人之前或者同時到達要約人。

2. 要約被依法撤銷。要約被依法撤銷，當然使要約失效。要約被依法撤銷，指的是要符合撤銷要約的條件。本編第 477 條對撤銷要約的條件作了具體規定，即撤銷要約的意思表示以對話方式作出的，該意思表示的內容應當在受要約人作出承諾之前為受要約人所知道；撤銷要約的意思表示以非對話方式作出的，應當在受要約人作出承諾之前到達受要約人。如果不符合要約撤銷的條件，不發生要約被撤銷的效力。此外，如果屬於合同編第 476 條規定的要約不可撤銷的情形，即要約人以確定承諾期限或者其他形式明示要約不可撤銷，或者受要約人有理由認為要約是不可撤銷的，並已經為履行合同做了合理準備工作的，要約不可被撤銷，即使要約人作出了撤銷要約的意思表示，也不發生要約被撤銷的效力。

3. 承諾期限屆滿，受要約人未作出承諾。要約中確定了承諾期限的，表明要約人規定了要約發生法律效力的期限，受要約人超過這個期限不承諾，要約的效力當然歸於消滅。實踐中也有這樣的情形，要約中沒有規定承諾期限，受要約人也不對要約作答覆，要約什麼時候失效？這種情況下，應當按照合同編第 481 條的規定進行處理，一是要約沒有確定承諾期限，要約以對話方式作出的，受要約人應當即時作出承諾，沒有即時作出承諾的，要約失效。二是要約沒有確定承諾期限，要約以非對話方式作出的，承諾應當在合理期限內到達要約人。要約人發出要約後一段合理期限內沒有收到承諾，則要約失效。

4. 受要約人對要約的內容作出實質性變更。受要約人對一項要約的內容作出實質性變更的，為新要約。新要約使原要約失去效力，要約人即不受原要約的拘束。

第四百七十九條　承諾是受要約人同意要約的意思表示。

■ **條文主旨**

本條是關於承諾定義的規定。

■ 條文釋義

所謂承諾，是指受要約人同意接受要約的全部條件以締結合同的意思表示。從性質上來說，承諾與要約一樣，都屬於意思表示。意思表示是指行為人為了產生一定民法上的效果而將其內心意思通過一定方式表達於外部的行為，是實現當事人意思自治的工具。承諾的表意人即受要約人具有使合同得以成立的意圖。承諾應當以通知或者其他適當的方式作出，並在承諾期限內到達要約人。符合生效要件的承諾可以發生受要約人預期的法律效果，使合同得以成立。在商業交易中，與要約稱作「發盤」「發價」相對稱，承諾稱作「接受」。對承諾的定義，可以從以下幾個方面理解：

一是承諾須由受要約人作出。要約是要約人向受要約人發出的，受要約人是要約人選定的交易相對方，只有受要約人才具有作出承諾的資格，受要約人以外的第三人不具有承諾的資格。因此，第三人進行承諾不是承諾，只能視作對要約人發出了要約。如果訂約的意思表示是向不特定人發出的，並且該訂約的意思表示符合要約條件構成要約的，則不特定人中的任何人均可以作出承諾，其一旦作出承諾，受要約人即為特定。

二是承諾須向要約人作出。承諾是對要約的同意，受要約人意在與要約人訂立合同，當然要向要約人作出。如果承諾不是向要約人作出，則作出的承諾意思表示不視為承諾，不能達到與要約人訂立合同的目的。

三是承諾的內容須與要約的內容保持一致。這是承諾最核心的要件，承諾必須是對要約完全的、單純的同意。因為受要約人如想與要約人訂立合同，必須在內容上與要約的內容保持一致，否則要約人就可能拒絕受要約人而使合同不能成立。如果受要約人在承諾中對要約的內容加以擴張、限制或者變更，便不能構成承諾，並可能構成一項新的要約。判斷承諾的內容是否與要約的內容一致並非易事，受要約人對要約簡單地回答同意並不多見，因此，必須對受要約人的承諾進行分析。如果僅僅是表述的形式不同，而不是實質的不一致，則不應當否定承諾的效力。如果承諾中提出了一些新的條件，就要分析這些新的條件是否從實質上改變了要約的內容。如果沒有從實質上改變要約的內容，則應當認為是對要約的承諾。如果從實質上改變了要約的內容，則不應認為是一項承諾，而構成了一項新要約。

> **第四百八十條** 承諾應當以通知的方式作出；但是，根據交易習慣或者要約表明可以通過行為作出承諾的除外。

■ 條文主旨

本條是關於承諾方式的規定。

■ 條文釋義

　　承諾屬於一種意思表示。意思表示是一個將意思由內到外表示的過程，一個人內心可能有很多的主觀意思，但為了讓他人知曉，使內心意思產生外在的法律效果，就應當通過適當的方式表示出來。承諾方式是指受要約人將其承諾的意思表示傳達給要約人所採用的方式。對一項要約作出承諾即可使合同成立，因此承諾以何種方式作出是很重要的事情。

　　一般說來，法律並不對承諾必須採取的方式作限定，而只是一般規定承諾應當以明示或者默示的方式作出。所謂明示的方式，一般依通知。以通知的方式作出承諾可以是口頭通知，也可以是書面通知。一般說來，如果法律或要約中沒有規定必須以書面形式表示承諾，當事人就可以口頭形式表示承諾。所謂默示的方式，一般按照交易的習慣或者當事人之間的約定，受要約人儘管沒有通過書面或者口頭方式明確表達其意思，但是通過實施一定的行為和其他形式作出了承諾。

　　根據合同編本條規定，承諾應當以通知的方式作出，根據交易習慣或者要約表明也可以通過行為作出承諾。本條中「通知的方式」是典型的明示方式。「通過行為作出承諾」屬於默示的方式，這裏的「行為」通常是指履行行為，比如預付價款、裝運貨物或在工地上開始施工等。以通知方式作出承諾具有直接、明確、不易產生糾紛的特點，因此承諾一般應以通知的方式作出。但是商業實踐中往往還存在一些交易習慣，根據這些交易習慣，承諾也可以通過行為作出。這些交易習慣一般為從事該項交易的當事人所知曉，「通過行為作出承諾」的方式在要約人的預期之內，不會損害要約人的利益，因此本條對此予以認可。除了交易習慣外，如果要約人在要約中表明了可以通過行為作出承諾，那麼受要約人通過行為作出承諾的，符合要約人的意願，自然也應當予以認可。

　　值得注意的是，合同編本條規定是對承諾方式的一般性規定，原則上承諾需要以通知的方式或者通過行為作出，但並沒有排除沉默方式的承諾。沉默是一種既無語言表示也無行為表示的純粹的緘默，完全不作任何表示，是一種完全的不作為。受要約人的沉默原則上不得推斷受要約人同意要約。根據總則編第 140 條第 2 款規定，沉默只有在有法律規定、當事人約定或者符合當事人之間的交易習慣時，才可以視為意思表示。據此，沉默視為承諾的條件非常嚴格，如果沒有要約人與受要約人事先的約定，也沒有要約人與受要約人之間交易的習慣做法，在沒有法律特別規定的情況下，僅僅由要約人在要約中表明如果不答覆就視為承諾是不行的。《國際商事合同通則》在對第 2.1.6 條關於這個問題的解釋上舉了兩個例子，很能說明這個問題。其一：甲和乙之間的供酒合同將於 12 月 31 日到期，甲要求乙提出續展合同的條件。乙在其要約中規定「最晚在 11 月底以前，如果我方未收到你方的答覆，我方將推定你方同意按上述條件續展合同」。甲發現乙所提議的條件完全不可接受，因此未予答覆。這樣，當事人間未能達成新的合同，先前的合同到期失效。其二：在一項長期供酒協議中，乙慣常不經明確表示承諾而直接履行甲的訂單。11 月 15 日，甲為準備新年向乙訂一大批貨。乙既沒有答覆，也沒有按要求的時間供貨。此時乙構成違約，因為根據當事人間業已建立的習慣做法，乙的緘默視同對甲的訂單的承諾。

對於承諾的特定方式問題，有的國家的法律作了規定，如《意大利民法典》第1326條規定：「當要約人對承諾要求特定形式時，如果承諾以不同於要求的形式發出，則該承諾無效。」有些國家的法律沒有特別規定，但一般可從其對意思表示的要求中推斷出來。如果要約人在要約中規定承諾需用特定方式的，承諾人作出承諾時，必須符合要約人規定的承諾方式。即使是這種要求的方式在一般人看來是很特別的，只要不為法律所禁止或者不屬於在客觀上根本不可能，受要約人都必須遵守。例如，要約人限定承諾應以電報回答，則受要約人縱以書面回答，不生承諾的效力。但如果要約人僅僅是希望以電報回覆，受要約人則不必一定用電報回答。如果某些交易習慣上對承諾的方法有限定的，則一般應遵守交易習慣的要求，但如果要約人明確反對或者規定特定方式的，受要約人應當尊重要約人的意思，並按照要約人的要求的方式作出承諾。如果要約規定了一種承諾方式，但並沒有規定這是唯一的承諾方式，則一般來說，受要約人可以用比要約規定的方式更為迅捷的方式作出承諾。反之，受要約人如果使用比要約的規定更為遲緩的方式，則可能為無效。

第四百八十一條　承諾應當在要約確定的期限內到達要約人。

要約沒有確定承諾期限的，承諾應當依照下列規定到達：

（一）要約以對話方式作出的，應當即時作出承諾；

（二）要約以非對話方式作出的，承諾應當在合理期限內到達。

■ 條文主旨

本條是關於承諾到達時間的規定。

■ 條文釋義

本條區分要約是否確定了承諾期限，對承諾的到達時間分別作了規定。要約確定了承諾期限的，受要約人自然應當尊重要約人的意願，承諾應當在該承諾期限內到達要約人。要約沒有確定承諾期限的，根據要約是以對話方式作出還是非對話方式作出，承諾到達時間又有所不同：

一是關於要約以對話方式作出的。所謂以對話方式作出的要約，是指採取使受要約方可以同步受領的方式作出的要約，如面對面交談、電話等方式。在以這種方式作出的要約中，要約人作出要約和受要約人受領要約是同步進行的，沒有時間差，受要約人可以即時決定是否接受。依據本條規定，對於以這種方式作出的要約，如果要約本身沒有確定承諾期限，受要約人應當即時作出承諾，對話結束後再作出的承諾對要約人不具有拘束力。根據合同法第23條第2款第1項規定，要約以對話方式作出的，應當即時作出承諾，但當事人另有約定的除外。「當事人另有約定」不僅指要約人在要約中規定了承諾期限，也指事先約定好的情

況。本條刪去了合同法的「但當事人另有約定的除外」，意在使條文表述更為簡潔，如果當事人另有約定的，自然應當尊重當事人約定，無須特別強調。即使本條刪去了合同法的「但當事人另有約定的除外」，但條文規範的內涵沒變，如果要約人在要約中規定了承諾期限，或者雙方事先有約定的情況，自然應當尊重當事人意願。

二是關於要約以非對話方式作出的。要約本身沒有確定承諾期限，如果要約以非對話方式作出，則承諾應當在「合理期限內」到達要約人。史尚寬先生對於「依通常情形可期待承諾達到時期」有過解釋，可以作為參考。他解釋說，相當的期間，可分為三段：第一，要約到達於受要約人的期間；第二，為承諾所必要的期間；第三，承諾的通知達到要約人所必要的期間。第一段與第三段的期間，依通訊方式確定，如依郵寄或電報為要約或回答通常所必要的期間。如果要約及承諾的通知，途中有非常事變（火車障礙、暴風雨等）的遲延，要約人如果知道該情況的發生，應當斟酌以定其達到所必要的期間。此承諾達到所必要的期間，依其通知的方法而有不同。要約人如特別限定其承諾通知的方法，須以其方法為承諾。否則得依通常交易上所用的方法。以電報為要約時，是否必須以電報作為回答，應依要約的性質及特別的情勢確定。第二段的期間，是自要約達到時以至發送承諾通知的期間，是受要約人審查考慮是否承諾所必要的時間。這個時間可以通常人為標準確定，但依要約的內容不同有所差異，內容複雜，審查考慮的時間就長，如果還要經過法定代表人或者董事會的批准，可能時間還會更長。此三段期間為「依通常情形可期待承諾達到時期」，也就是「合理期間」。

本條關於承諾到達時間的規定，可以結合合同編第486條與第487條作一體理解，這三個條文結合起來，從承諾作出的時間層面，對承諾的效力作出了完整的規定。本條可以說是從正面對一項有效承諾應當具備的時間要件作出原則性規定，即一般而言，承諾在承諾期限內到達要約人的，才是一項有效的承諾。合同編第486條和第487條是從反面對未在承諾期限內到達要約人的承諾的效力作出規定。依據合同編第486條和第487條的規定，未在承諾期限內到達要約人的承諾原則上對要約人不具有拘束力，視為新要約，但是要約人可以及時通知受要約人該承諾有效；有的承諾雖然未在承諾期限內到達要約人，但如果該承諾是受要約人在承諾期限內發出的，按照通常情形能夠及時到達要約人，但是因其他原因遲到的，該承諾原則上仍然有效，但是要約人可以及時通知受要約人因承諾遲到而不接受該承諾。

> **第四百八十二條**　要約以信件或者電報作出的，承諾期限自信件載明的日期或者電報交發之日開始計算。信件未載明日期的，自投寄該信件的郵戳日期開始計算。要約以電話、傳真、電子郵件等快速通訊方式作出的，承諾期限自要約到達受要約人時開始計算。

■條文主旨

本條是關於承諾期限起算點的規定。

■ **條文釋義**

　　如何確定承諾期限的起算點，對受要約人是否作出承諾、何時作出承諾、以何種方式作出承諾，以及作出的承諾是否有效等具有重要意義。因此，法律有必要對承諾期限的起算點確定一個統一的標準，以儘量減少可能發生的爭議。

　　本條區分要約的作出方式，分別規定了承諾期限起算點的不同標準。一是要約以信件或者電報作出的，承諾期限自信件載明的日期或者電報交發之日開始計算。如果信件未載明日期，自投寄該信件的郵戳日期開始計算。二是要約以電話、傳真、電子郵件等快速通訊方式作出的，承諾期限自要約到達受要約人時開始計算。

　　第四百八十三條　承諾生效時合同成立，但是法律另有規定或者當事人另有約定的除外。

■ **條文主旨**

　　本條是關於採用要約、承諾方式所訂合同成立時間的規定。

■ **條文釋義**

　　合同是當事人之間設立、變更、終止民事法律關係的協議，本質上是當事人之間的合意。根據總則編第 134 條規定，民事法律行為可以基於雙方意思表示一致成立。採用要約、承諾方式訂立的合同屬於典型的雙方民事法律行為。要約人發出要約，受要約人作出承諾；承諾生效之時，要約人與受要約人之間的意思表示達成一致。所以，原則上承諾生效時，就是合同成立之時。因此，本條規定，承諾生效時合同成立，原則上將「承諾生效時」作為採用要約、承諾方式所訂合同的成立時間。

　　民事活動應當充分尊重當事人之間的意願。總則編第 5 條將自願原則作為民法的基本原則之一。根據總則編第 5 條規定，民事主體從事民事活動，應當遵循自願原則，按照自己的意思設立、變更、終止民事法律關係。據此，合同成立時間也應當允許當事人雙方另行約定。本條在原則上將「承諾生效時」作為合同成立時間的同時，還作了但書規定「法律另有規定或者當事人另有規定的除外」。這樣，既為法律另行規定留下空間，也有利於當事人根據實際情況對合同成立另行約定。比如依照法律規定，實踐性合同自實際交付標的物時成立。根據合同編第 586 條第 1 款規定，定金合同自實際交付定金時成立。根據第 679 條規定，自然人之間的借款合同，自貸款人提供借款時成立。根據第 905 條規定，倉儲合同自保管人和存貨人意思表示一致時成立。此外，要約人與受要約人也可能會對合同成立時間作出另行約定。例如，要約人與受要約人約定，承諾生效後還要製作專門的合同書，只有當事人均簽名、蓋章時合同始成立。那麼在這種情況下，就不能將承諾生效時間直接作為合同成立

時間，而是應當尊重當事人之間的約定，以當事人均簽名、蓋章時作為合同成立時間。

> **第四百八十四條　以通知方式作出的承諾，生效的時間適用本法第一百三十七條的規定。**
>
> **承諾不需要通知的，根據交易習慣或者要約的要求作出承諾的行為時生效。**

■ 條文主旨

本條是關於承諾生效時間的規定。

■ 條文釋義

承諾生效的時間即為合同成立的時間，合同一成立即對當事人雙方都產生法律約束力。承諾何時生效還直接影響承諾生效地點的確定。根據合同編第 492 條第 1 款規定，承諾生效的地點為合同成立的地點。因此，承諾何時生效與合同成立的地點也密切相關，與管轄法院的確定以及法律的選擇適用都有密切聯繫。確定承諾生效的時間非常重要。本條區分以通知方式作出的承諾與通過行為作出的承諾，對承諾的生效時間分別作了規定。

一、以通知方式作出的承諾的生效時間

根據合同法第 26 條第 1 款規定，承諾通知到達要約人時生效。本法總則編第 137 條對有相對人的意思表示的生效時間與合同法的規定略有不同。承諾是一種有相對人的意思表示，以通知方式作出的承諾自然應當適用總則編第 137 條的規定。總則編第 137 條規定區分意思表示是以對話方式作出的還是非對話方式作出的，分別對意思表示的生效時間作了規定。據此，對於以通知方式作出的承諾的生效時間，也應當區分承諾是以對話方式作出的還是以非對話方式作出的，分別對待。

1. 承諾是以對話方式作出的，即受要約人通過面對面交談、電話等方式向要約人作出承諾的，受要約人作出承諾和要約人受領承諾是同步進行的，沒有時間差。受要約人作出承諾並使要約人知道時即發生效力。

2. 承諾是以非對話方式作出的，比如受要約人通過信函、傳真、電子郵件等方式向要約人作出承諾的，受要約人作出承諾的時間與要約人受領承諾的時間不同步，二者之間存在時間差。參照總則編第 137 條規定。

二、通過行為作出承諾的生效時間

根據本條規定，承諾不需要通知的，根據交易習慣或者要約的要求作出承諾的行為時，承諾生效。該規定與《聯合國國際貨物銷售合同公約》《國際商事合同通則》的規定基本一致。根據《聯合國國際貨物銷售合同公約》第 18 條第 3 款規定，如果根據該項發價或依照當事人之間確立的習慣做法和慣例，被發價人可以作出某種行為，例如與發運貨物或支付價

款有關的行為，來表示同意，而無須向發價人發出通知，則接受於該項行為作出時生效，但該項行為必須在上一款所規定的期間內（發價人所規定的時間；如未規定時間，在一段合理的時間內）作出。根據《國際商事合同通則》第 2.1.6 條第 3 款規定，如果根據要約本身，或依照當事人之間建立的習慣做法，或依照慣例，受要約人可以通過作出某種行為來表示同意，而無須向要約人發出通知，則承諾於作出該行為時生效。《國際商事合同通則》在注釋中予以舉例說明：為建立一個數據庫，甲要求乙編寫一套專門的程序。在未給甲發出承諾通知的情況下，乙開始編寫程序，並在完成後要求甲根據要約中所開列的條件付款。這種情況下，乙無權要求付款，因為乙從未通知甲，乙對要約的所謂承諾沒有生效。但如果甲在其要約中通知乙隨後的 2 周甲不在，如果乙有意承諾該要約，為節省時間，應立即着手編寫程序。這種情況下，一旦乙開始編寫工作，合同即告成立，即便乙未將承諾立即通知甲或在以後階段通知甲。

第四百八十五條　承諾可以撤回。承諾的撤回適用本法第一百四十一條的規定。

■ 條文主旨

本條是關於承諾撤回的規定。

■ 條文釋義

承諾的撤回是指受要約人阻止承諾發生法律效力的意思表示。承諾是一種能夠產生法律效果的意思表示，承諾作出後如果要撤回必須滿足一定的條件。

根據合同法第 27 條規定，撤回承諾的通知應當在承諾通知到達要約人之前或者與承諾通知同時到達要約人。本條關於承諾的撤回條件的規定，只是基於體例的考慮，作了轉引性規定，但在實質內容上與合同法相比沒有變化。本法總則編第 141 條對意思表示的撤回條件作了規定，即撤回意思表示的通知應當在意思表示到達相對人前或者與意思表示同時到達相對人。承諾是一種意思表示，承諾的撤回條件應當適用總則編第 141 條關於意思表示撤回條件的規定。據此，承諾的撤回條件可以概括為，撤回承諾的通知應當在承諾通知到達要約人之前或者與承諾通知同時到達要約人。如果撤回承諾的通知晚於承諾通知到達要約人，則承諾已經生效，合同已經成立，受要約人撤回承諾的通知不發生效力。

> **第四百八十六條** 受要約人超過承諾期限發出承諾，或者在承諾期限內發出承諾，按照通常情形不能及時到達要約人的，為新要約；但是，要約人及時通知受要約人該承諾有效的除外。

■ 條文主旨

本條是關於逾期承諾的法律效果的規定。

■ 條文釋義

本條與本編第 481 條規定關聯較為密切。本編第 481 條是從正面對有效承諾的時間要件作出規定，即要約確定了承諾期限的，承諾應在該承諾期限內到達要約人；要約沒有確定承諾期限的，承諾應當在合理的期限內到達要約人。本條從反面對逾期承諾，即承諾到達要約人時超過承諾期限的情形予以規定，明確了逾期承諾的法律效果。

本條是在合同法第 28 條基礎上修改而來。合同法第 28 條對於逾期承諾的規定並不完整。合同法第 28 條規定，受要約人超過承諾期限發出承諾的，除要約人及時通知受要約人該承諾有效的以外，為新要約。該規定僅對受要約人超過承諾期限發出的承諾的法律效果作了規定。實踐中，逾期承諾還包括一類情形，即受要約人在承諾期限內發出承諾，按照通常情形不能及時到達要約人，並且確實也沒有在承諾期限內到達要約人的，這種承諾原則上也應視為新要約。合同編本條規定在合同法第 28 條規定的基礎上，將該類逾期承諾的情形納入。

對本條的規定可以從以下兩個層面理解：

一是逾期承諾視為新要約。本條的「承諾期限」不但指要約人在要約中確定的承諾期限，也指要約人未確定承諾期限，而根據實際情況推斷的合理期限。逾期承諾包括兩類情形：第一類情形是，受要約人超過承諾期限發出承諾。這種情況下，承諾到達要約人時肯定也已經超過承諾期限。第二類情形是，承諾雖然是在承諾期限內發出的，按照通常情形不能及時到達要約人，並且也確實沒有在承諾期限內到達要約人。合同法第 28 條僅對逾期承諾的第一類情形作了明確規定，即受要約人超過承諾期限發出承諾的，除要約人及時通知受要約人該承諾有效的以外，為新要約。當然也有的觀點認為，從解釋學的角度，合同法第 28 條也可以理解為包含第二類情形。為了統一理解，更有利於實踐運用，本條明確將第二類情形納入逾期承諾予以規定。根據本條規定，在以上兩類情形下，承諾到達要約人時，要約的承諾期限已過，受要約人發出的承諾對要約人不產生拘束力，此承諾已不能作為一項有效承諾，只能作為一項新的要約。對該項新要約，原受要約人成為新要約的要約人，原要約人成為新要約的受要約人，雙方位置互換，可以按照要約、承諾規則作新的處理。

二是雖然承諾已經遲延到達要約人，但是如果要約人及時通知受要約人該承諾有效的，該承諾仍為有效。這體現了對要約人意願的尊重，也符合受要約人的利益，有利於促進交易。何謂「及時」，要根據交易的實際情況予以判斷。

> 第四百八十七條　受要約人在承諾期限內發出承諾，按照通常情形能夠及時到達要約人，但是因其他原因致使承諾到達要約人時超過承諾期限的，除要約人及時通知受要約人因承諾超過期限不接受該承諾外，該承諾有效。

■ 條文主旨

本條是關於因傳遞遲延造成的逾期承諾法律效果的規定。

■ 條文釋義

本條針對的是在承諾期限內發出並且依通常情形可於承諾期限內到達要約人，但因傳遞過程中的原因造成承諾到達要約人時超過承諾期限。本條規定的情形再加上本編第 487 條規定的逾期承諾的一般情形，在邏輯上涵蓋了承諾超過承諾期限到達要約人的所有情形，與本編第 481 條規定可以說是正反面的關係。本編第 481 條是從正面對有效承諾的時間要件作出規定，第 487 條是關於逾期承諾的法律效果的一般性規定，本條是對因傳遞遲延造成逾期承諾的法律效果的特別規定。

合同編本條對於未遲發而逾期的承諾，按照通常情形能夠及時到達要約人，只是因其他原因造成承諾逾期，受要約人對承諾能夠及時到達要約人的預期和信賴有必要予以保護，在法律效果上應當與本編第 481 條規定的逾期承諾的一般情形區別對待。依照本條規定，受要約人在承諾期限內發出承諾，按照通常情形能夠及時到達要約人，但是因其他原因致使承諾到達要約人時超過承諾期限的，該承諾有效。同時為了保護要約人的利益，本條對此作了除外規定，允許要約人及時否定該承諾的效力，即如果要約人及時通知受要約人因承諾超過期限不接受該承諾的，則該承諾對要約人不產生拘束力。如果要約人沒有及時通知受要約人不接受該承諾的，則該承諾有效、合同成立。

> 第四百八十八條　承諾的內容應當與要約的內容一致。受要約人對要約的內容作出實質性變更的，為新要約。有關合同標的、數量、質量、價款或者報酬、履行期限、履行地點和方式、違約責任和解決爭議方法等的變更，是對要約內容的實質性變更。

■ 條文主旨

本條是關於承諾對要約內容作出實質性變更的規定。

■ 條文釋義

承諾的內容必須與要約的內容一致，不得作更改，是英美法與大陸法兩大法系一致的原

則，否則，視為新的要約。但在解釋上，也並非鐵板一塊。因為現實中的承諾往往不是簡單地回答「是」或者「同意」，承諾是否與要約一致，也是需要進行判斷的。在形式上承諾雖然對要約內容有變更，但實質上並沒有變更的，仍然可以認為與要約一致，承諾仍為有效。比如就要約的主要內容意思一致，僅就要約的附隨事項附以條件或者為其他非實質變更，承諾仍為有效。

　　要求承諾與要約的內容絕對一致，不利於合同的成立，不利於鼓勵交易。補充條款對合同作了實質性改變不構成合同的組成部分。因此，可以認為，承諾對要約的內容並非絕對不可以改變，對非實質內容可以變更，改變實質內容則是一個新要約。問題在於，什麼樣的內容是實質性或者非實質性的？

　　本條對實質性條款作了列舉，有關合同標的、數量、質量、價款或者報酬、履行期限、履行地點和方式、違約責任和解決爭議方法，為實質性條款。但是，實質性條款不限於所列這些項目，例如對合同所適用的法律的選擇一般也可以歸為實質性條款。本條對於實質性條款項目的開列具有提示性質，在實際交易的具體合同中，哪些條款內容的變更構成實質性變更，還需要就個案進行具體分析。

> **第四百八十九條**　承諾對要約的內容作出非實質性變更的，除要約人及時表示反對或者要約表明承諾不得對要約的內容作出任何變更外，該承諾有效，合同的內容以承諾的內容為準。

■ 條文主旨

　　本條是關於承諾對要約內容作非實質性變更的規定。

■ 條文釋義

　　對於要約的內容作非實質性變更的承諾是否有效，根據本條規定，如果承諾對要約的內容作出非實質性變更的，該承諾有效，合同的內容以承諾的內容為準。但是如果要約人及時表示反對或者要約表明承諾不得對要約的內容作出任何變更的，承諾對要約人不產生拘束力；如果要約人沒有及時表示反對，要約也沒有表明承諾不得對要約的內容作出任何變更的，則該承諾仍為有效承諾，合同的內容以承諾的內容為準。

> 第四百九十條　當事人採用合同書形式訂立合同的，自當事人均簽名、蓋章或者按指印時合同成立。在簽名、蓋章或者按指印之前，當事人一方已經履行主要義務，對方接受時，該合同成立。
>
> 法律、行政法規規定或者當事人約定合同應當採用書面形式訂立，當事人未採用書面形式但是一方已經履行主要義務，對方接受時，該合同成立。

■ 條文主旨

本條是關於採用書面形式訂立的合同成立時間的規定。

■ 條文釋義

書面形式是當事人訂立合同的形式之一，具體包括合同書、信件、數據電文等形式。採用合同書形式訂立合同，為民事主體之間訂立合同所經常採用。合同書記載着全部內容，當事人的姓名或者名稱和住所、當事人各方的權利義務等都在合同書中作出明確約定。採用合同書形式訂立的合同，一般來說，合同的內容比較複雜，合同條款也比較多。為了保護交易安全，有利於預防和解決糾紛，本條第 1 款對採用合同書形式所訂立合同的特別成立要件作了規定。

本條第 1 款規定，當事人採用合同書形式訂立合同的，自當事人均簽名、蓋章或者按指印時合同成立。在合同書中當事人的簽名、蓋章或者按指印是十分重要的，沒有各方當事人的簽名、蓋章或者按指印，就不能最終確認當事人對合同的內容協商一致，也就不能認定合同成立。經過各方當事人簽名、蓋章或者按指印的合同，其證據效力是最強的，在當事人發生糾紛時，合同書是判斷當事人各方權利義務、責任的最基礎證據。除法律、行政法規要求必須簽訂合同書外，當事人要求簽訂合同書的，應當在承諾生效之前提出。因為在承諾生效時，合同即成立，之後再提出簽訂合同書的，合同書只是作為合同成立的證明，合同並非從簽名、蓋章或者按指印時成立。

總則編第 5 條將自願原則作為民法的基本原則。合同成立的核心要素是雙方當事人意思表示一致。如果一個以合同書形式訂立的合同已經履行，而僅僅是沒有簽名、蓋章或者按指印，就認定合同不成立，違背了當事人的真實意願。當事人既然已經履行主要義務，對方也接受的，合同當然成立。依照本條第 1 款規定，當事人採用合同書形式訂立合同的，在簽名、蓋章或者按指印之前，當事人一方已經履行主要義務，對方接受時，應視為合同成立符合雙方當事人的共同意願，該合同成立。

法律、行政法規規定或者當事人約定合同應當採用書面形式訂立，一般來說，主要是考慮到有些合同類型各方權利義務關係比較複雜，採用書面形式訂立合同對明確各方當事人的權利義務、責任至關重要，對促進合同履行、預防和處理糾紛都具有重要意義。如果法律、行政法規規定或者當事人約定合同應當採用書面形式訂立，當事人就應當採用書面形式訂立

合同。但是，並不能反推說，當事人未採用書面形式的，合同一定不成立。本條第 2 款規定就屬於當事人未按照規定或者約定採用書面形式但合同仍成立的一種情形。即使合同沒有按照法律、行政法規規定或者當事人約定採用書面形式訂立，但是一方已經履行主要義務，對方接受時，應視為合同成立符合雙方當事人的共同意願，該合同成立。

> 　　第四百九十一條　當事人採用信件、數據電文等形式訂立合同要求簽訂確認書的，簽訂確認書時合同成立。
> 　　當事人一方通過互聯網等信息網絡發佈的商品或者服務信息符合要約條件的，對方選擇該商品或者服務並提交訂單成功時合同成立，但是當事人另有約定的除外。

■ 條文主旨

　　本條是關於簽訂確認書的合同及電子合同成立時間的規定。

■ 條文釋義

　　本條第 1 款對當事人要求簽訂確認書情形下合同的成立時間作了規定。該款規定在合同法第 33 條規定的基礎上稍作文字修改，條文含義沒變。合同法第 33 條規定，當事人採用信件、數據電文等形式訂立合同的，可以在合同成立之前要求簽訂確認書。簽訂確認書時合同成立。合同法第 33 條的規定又來源於原涉外經濟合同法的規定。原涉外經濟合同法第 7 條第 1 款規定，當事人就合同條款以書面形式達成協議並簽字，即為合同成立。通過信件、電報、電傳達成協議，一方當事人要求簽訂確認書的，簽訂確認書時，方為合同成立。原涉外經濟合同法第 7 條主要是針對當時我國對外貿易企業的習慣做法所作規定。按照當時我國對外貿易企業的習慣做法，雙方以函電方式達成協議後，中方企業往往還要提出一式兩份的銷售確認書，郵寄對方交換簽字後，才作為合同正式成立的依據。這種銷售確認書實質上是一份簡單的書面合同。當然，合同編本條第 1 款規定不局限於對外貿易領域，而是適用於所有採用信件、數據電文等形式訂立合同要求簽訂確認書的情形。

　　依照本條第 1 款規定，當事人採用信件、數據電文等形式訂立合同要求簽訂確認書的，簽訂確認書時合同成立。這一規定雖然沒有明確何時可以提出簽訂確認書的要求，但不能理解為允許當事人在承諾生效後再提出簽訂確認書的要求，因為按照本編規定的要約、承諾規則，承諾生效後合同即已成立。在合同成立後，如果一方當事人提出簽訂確認書的要求，對合同的成立不產生任何影響。

　　本條第 2 款對電子合同的成立時間作了規定。近年來信息網絡技術及其應用發展迅速，當事人通過信息網絡銷售商品或者提供服務已經較為普遍，「線上交易」成為合同交易中的重要類型。為了回應信息網絡技術的發展，適應實踐需要，本條第 2 款吸收了電子商務法的

規定，對電子合同的成立時間作了規定。根據本條規定，電子合同的成立需要具備兩個基本條件：

一是當事人一方通過互聯網等信息網絡發佈的商品或者服務信息符合要約條件。對於傳統交易，當事人往往會通過商店櫥窗展示貨物及其價格，也可能會通過商業廣告和宣傳、寄送價目表等形式發佈商品或者服務信息，當事人的這些行為一般視為要約邀請，目的在於希望他人向自己發出要約，展示或者發佈信息的人不受約束。欲與發佈信息的該當事人訂立合同，要先向發佈信息的該當事人發出要約。而對於「線上交易」，當事人發佈商品或者服務信息的信息網絡系統，往往具有互動性，相對方不僅可以瀏覽商品或者服務的價格、規格等具體信息，還可以在網上直接選擇交易標的、提交訂單，這種情況下當事人通過信息網絡發佈商品或者服務信息的行為就不能簡單地認為是要約邀請，該行為符合要約條件的，應當作為要約對待。符合要約條件是指符合合同編第 472 條規定的要約條件。根據合同編第 472 條規定，要約是希望與他人訂立合同的意思表示，該意思表示應當符合下列條件：（1）內容具體確定；（2）表明經受要約人承諾，要約人即受該意思表示約束。「內容具體確定」是指當事人通過信息網絡發佈的商品或者服務信息要達到內容具體確定的程度，比如對商品的名稱、數量、質量、規格、價格、運費等都作了明確表述。「表明經受要約人承諾，要約人即受該意思表示約束」這一要約條件需要根據實踐中的具體情況進行判斷，一般來說可以從相對方是否能夠直接選擇商品或者服務並提交訂單等情況進行綜合判斷。

二是相對方選擇該商品或者服務並提交訂單成功。當事人通過信息網絡發佈的商品或者服務信息符合要約條件的，相對方可以直接作出承諾達成交易。相對方選擇該商品或者服務並成功提交訂單，即屬於作出承諾。訂單一旦提交成功，合同即成立，訂單提交成功的時間即為合同成立的時間。合同成立後，對雙方當事人均產生了法律約束力，發佈商品或者服務信息的當事人應當按時交付商品或者提供服務。

以上是電子合同成立的一般規則。合同法奉行合同自願原則，允許當事人對此作出另外約定。實踐中，通過信息網絡發佈商品或者服務信息的當事人往往是通過設置格式條款的方式作出特別的意思表示，相對方必須勾選同意該格式條款方能提交訂單。該格式條款不得違反法律關於格式條款規制的規定，這些規定散佈在合同編、消費者權益保護法、電子商務法等法律之中。合同編第 496 條對格式條款提供方的提示、說明義務及其法律後果作了規定。合同編第 496 條第 2 款規定，採用格式條款訂立合同的，提供格式條款的一方應當遵循公平原則確定當事人之間的權利和義務，並採取合理的方式提示對方注意免除或者減輕其責任等與對方有重大利害關係的條款，按照對方的要求，對該條款予以說明。提供格式條款的一方未履行提示或者說明義務，致使對方沒有注意或者理解與其有重大利害關係的條款的，對方可以主張該條款不成為合同的內容。根據合同編第 497 條規定，提供格式條款的一方不合理地免除或者減輕其責任、加重對方責任、限制對方主要權利，或者排除對方主要權利的，該格式條款無效。根據消費者權益保護法第 26 條第 2 款、第 3 款規定，經營者不得以格式條款作出排除或者限制消費者權利、減輕或者免除經營者責任、加重消費者責任等對消費者

不公平、不合理的規定，不得利用格式條款並借助技術手段強制交易；格式條款含有該內容的，其內容無效。此外，電子商務法還專門對電子商務經營者提供的格式條款的效力問題作了規定。根據電子商務法第 49 條第 2 款規定，電子商務經營者不得以格式條款等方式約定消費者支付價款後合同不成立；格式條款等含有該內容的，其內容無效。

通過信息網絡發佈商品或者服務信息的當事人提供的格式條款是否成立、是否有效，要根據以上法律關於格式條款規制的規定，結合具體情況進行判斷。

> **第四百九十二條　承諾生效的地點為合同成立的地點。**
>
> **採用數據電文形式訂立合同的，收件人的主營業地為合同成立的地點；沒有主營業地的，其住所地為合同成立的地點。當事人另有約定的，按照其約定。**

■ 條文主旨

本條是關於合同成立地點的規定。

■ 條文釋義

本條第 1 款是關於合同成立地點的一般規定。

承諾生效時合同成立，而承諾生效地點為合同成立地點是國際上普遍認可的規則。大陸法系與英美法系因採取不同的承諾生效規則而使合同的成立時間及地點有所不同。在以信件與電報訂立合同的情況下，英美法系由於承諾生效採取發信主義，因而承諾生效的地點為發信人所在地，承諾生效的地點又是合同成立的地點，因而合同成立的地點為發信人所在地。而大陸法系由於承諾生效採用送達主義，承諾生效的地點為收件人所在地，因而合同成立的地點為收件人所在地。

一般來說，承諾生效時合同成立，承諾生效的地點為合同成立的地點。而當事人採用特定形式訂立合同的，特定形式完成地點為合同成立的地點。例如，根據本編第 493 條規定，當事人採用合同書形式訂立合同的，一般來說，當事人最後簽名、蓋章或者按指印的地點為合同成立的地點。此外，本條雖然沒有明確規定，但基於民法的自願原則，合同成立的地點也可以由雙方當事人自行約定。

本條第 2 款是關於以數據電文形式訂立的合同成立地點的規定。

對於以數據電文形式訂立的合同成立地點，難以按照承諾生效的地點為合同成立地點的一般規則予以認定。合同法關於採用數據電文形式訂立合同的成立地點的規定參考了《聯合國國際貿易法委員會電子商務示範法》。合同法第 34 條第 2 款規定，採用數據電文形式訂立合同的，收件人的主營業地為合同成立的地點；沒有主營業地的，其經常居住地為合同成立的地點。當事人另有約定的，按照其約定。合同編本條第 2 款規定基本延續了合同法的規

定，但作了一處修改，將收件人沒有營業地情形下合同成立的地點由「其經常居住地」修改為「其住所地」。這主要是為了與民法典規定的自然人、法人住所制度相協調。民法典中對民事主體已經不再使用「經常居住地」的概念，而是明確規定了自然人、法人的住所制度。根據總則編第 25 條規定，自然人以戶籍登記或者其他有效身份登記記載的居所為住所；經常居所與住所不一致的，經常居所視為住所。根據總則編第 63 條規定，法人以其主要辦事機構所在地為住所。

根據本條第 2 款規定，採用數據電文形式訂立的合同，原則上以收件人的主營業地為合同成立的地點。這裏的收件人是指要約人，即收到承諾的人。如果收件人沒有主營業地，其住所地為合同成立的地點，即收件人是自然人的，合同成立的地點以自然人的住所地為準；收件人是法人的，合同成立的地點以法人的主要辦事機構所在地為準。本條規定的「數據電文形式」與總則編第 137 條第 2 款規定的「數據電文」應作同一理解，指經由電子手段、電磁手段、光學手段或類似手段生成、發送、接收或存儲的信息，這些手段包括但不限於電子數據交換、電子郵件、電報、電傳或傳真。此外，合同成立地點的確定應當尊重當事人的意願，對於採用數據電文形式訂立的合同，也應當允許當事人對合同成立地點作另外約定。當事人作出另外約定的，按照其約定確定合同成立地點。

第四百九十三條　當事人採用合同書形式訂立合同的，最後簽名、蓋章或者按指印的地點為合同成立的地點，但是當事人另有約定的除外。

■ 條文主旨

本條是關於採用合同書形式訂立的合同成立地點的規定。

■ 條文釋義

非要式的合同，一般以承諾生效的地點為合同成立的地點。要式合同，以要式達成的地點為合同成立的地點。當事人採用合同書形式訂立合同的，以簽名、蓋章或者按指印的地點為合同成立的地點；如果各方當事人簽名、蓋章或者按指印的時間不同步，則以最後簽名、蓋章或者按指印的地點為合同成立的地點。當然，如果當事人對合同成立的地點另有約定的，則應當尊重當事人的意願，以當事人之間的約定確定合同成立的地點。如果當事人以要約與承諾達成合意後又協商簽訂合同書的，除非當事人另有約定，合同已於承諾生效時成立，承諾生效的地點為合同訂立的地點，不適用本條的規定。

第四百九十四條 國家根據搶險救災、疫情防控或者其他需要下達國家訂貨任務、指令性任務的，有關民事主體之間應當依照有關法律、行政法規規定的權利和義務訂立合同。

依照法律、行政法規的規定負有發出要約義務的當事人，應當及時發出合理的要約。

依照法律、行政法規的規定負有作出承諾義務的當事人，不得拒絕對方合理的訂立合同要求。

■ 條文主旨

本條是關於強制締約義務的規定。

■ 條文釋義

根據民法的自願原則，民事主體可以自己決定要不要訂立合同、與誰訂立合同，可以自主決定合同內容。但民法上的自願原則並不是無限制的，為了維護國家利益、社會公共利益或者照顧弱勢一方利益等政策考量，有必要在特定情形下對民法自願原則予以適當限制。民事主體的強制締約義務即屬於對民法自願原則的限制，在特定情形下，民事主體具有與相對人訂立相關合同的義務，不得以自願原則為由拒絕訂立合同。世界各個國家或者地區普遍在立法中對民事主體的強制締約義務予以規定，只不過基於不同的國情，對強制締約義務的適用情形、適用條件等規定有所不同。我國也有強制締約義務的規定，這些規定分散在不同的規範性法律文件中。在不同情形下，強制締約義務的設立需要考量的因素也不同。民法典將強制締約義務作為一項基本民事制度作總括性規定，有利於使具體情形下強制締約義務的設定有民法上的依據，強化法律制度之間的銜接，也有利於促使民事主體在特定情形下積極履行締約義務。

本條第 1 款是關於按照國家訂貨任務、指令性任務訂立合同的規定。過去，我國實行計劃經濟體制，隨着改革開放的深入和擴大，建立了社會主義市場經濟體制，國家指令性計劃管理的範圍逐步縮小，數量逐步減少，作用逐漸減弱，市場對資源配置的作用逐漸增強。我國從 1992 年起開始試行國家訂貨，其目的是在我國經濟體制改革不斷深入，國家指令性計劃的範圍和品種數量大幅度縮小的情況下，維護全國經濟和市場的穩定，保證國防軍工、重點建設以及國家戰略儲備等需要，對於國家還必須掌握的一些重要物資，將以國家訂貨方式逐步取代重要物資分配的指令性計劃管理。從當時有關部門的設想來看，國家訂貨與原有的國家指令性計劃管理的區別主要是，訂貨的價格比過去進一步放開，同時國家也不再保證生產企業的生產條件，但可以作協調工作。

從實踐情況來看，國家根據搶險救災或者疫情防控的需要也可能會下達訂貨任務或者指令性任務。國家根據搶險救災、疫情防控或者保證國防軍工、重點建設以及國家戰略儲備等

需要，下達國家訂貨任務、指令性任務的，必須予以充分保障，有關民事主體不得以合同自願為藉口而不落實國家下達的訂貨任務、指令性任務。因此，第 1 款規定，國家根據搶險救災、疫情防控或者其他需要下達國家訂貨任務、指令性任務的，有關民事主體之間應當依照有關法律、行政法規規定的權利和義務訂立合同。

本條第 2 款是關於強制發出要約義務的規定。民事主體在特定情形下負有發出要約的義務，是強制締約義務的一種類型。要約人發出要約是具有民法上法律效果的行為。要約是希望與他人訂立合同的意思表示，一經受要約人承諾，即對要約人產生法律約束力，承諾生效時，合同即成立。一般情況下，民事主體可以自行決定是否發出要約、向誰發出要約、何時發出要約，自行決定要約內容等，但在特定情形下，要約人必須發出要約，並且發出要約的時間、相對人、內容等還要受到一定限制。這種限制是對民事主體自願從事民事活動的重大干預，直接影響到民法自願原則的落實，因此本款規定了施加此種限制的法律效力位階，即「法律、行政法規」。此處的「法律」是指狹義的法律，即全國人民代表大會及其常務委員會制定的法律；「行政法規」是由國務院制定的。根據本款規定，對於負有發出要約義務的當事人來說，一是發出要約是其義務，不得拒絕；二是發出要約要「及時」；三是發出的要約內容要「合理」。至於何謂「及時」「合理」，要根據法律、行政法規的規定視具體情況進行判斷。目前我國法律、行政法規中，對發出要約義務作出規定的主要是證券法。證券法第 65 條至第 70 條、第 73 條對強制投資者、收購人向上市公司所有股東發出收購要約作了具體規定。其中，證券法第 65 條第 1 款和證券法第 73 條對強制要約收購的適用情形作了規定。根據證券法第 65 條第 1 款規定，通過證券交易所的證券交易，投資者持有或者通過協議、其他安排與他人共同持有一個上市公司已發行的有表決權股份達到 30% 時，繼續進行收購的，應當依法向該上市公司所有股東發出收購上市公司全部或者部分股份的要約。根據證券法第 73 條第 1 款規定，採取協議收購方式的，收購人收購或者通過協議、其他安排與他人共同收購一個上市公司已發行的有表決權股份達到 30% 時，繼續進行收購的，應當依法向該上市公司所有股東發出收購上市公司全部或者部分股份的要約；但是，按照國務院證券監督管理機構的規定免除發出要約的除外。證券法第 65 條第 2 款、第 66 條至第 70 條還對強制要約收購中要約內容、收購期限、不得撤銷要約、收購條件等作了具體規定。證券法設立強制要約收購制度，是對投資者、收購人從事上市公司股份收購交易的重大限制，有其特殊的政策考量，即保證收購的公平性，保護上市公司、廣大中小股東在公司併購過程中的利益，避免中小股東因持有股份份額較小、獲取的信息不對稱等原因而利益受損，使中小股東也可以分享上市公司因控制權轉移而獲得的股份溢價，為中小股東提供一個以合理價格退出上市公司的選擇。

本條第 3 款是關於強制作出承諾義務的規定。強制作出承諾義務，是強制締約義務中的典型類型。根據民法自願原則，民事主體對他人發出的要約或者提出的訂立合同的要求，有權自主決定是接受還是拒絕。但在特定情形下，例如，基於保護社會公共利益的需要，民事主體這種自主決定的權利有必要受到限制。前已述及，這種限制是對民事主體自願從事民

事活動的重大干預，與前款規定一樣，本款也規定了施加此種限制的法律效力位階，即「法律、行政法規」。根據本款規定，負有作出承諾義務的當事人，對於對方提出的合理的訂立合同要求不得拒絕。本款一方面明確了負有作出承諾義務的當事人不得拒絕作出承諾，另一方面也規定了對方提出的訂立合同的要求應當是「合理的」。何謂「合理的」，要根據法律、行政法規的規定視具體情況進行判斷。目前我國法律、行政法規中，對作出承諾義務的規定主要集中於具有公共服務屬性的行業，這些行業與社會公眾利益密切相關。例如，電力法、本法合同編對供電人、從事公共運輸的承運人作出承諾的義務作出規定。對於供電行業，根據電力法第 26 條第 1 款規定，供電營業區內的供電營業機構，對本營業區內的用戶有按照國家規定供電的義務，不得違反國家規定對其營業區內申請用電的單位和個人拒絕供電；根據合同編第 648 條第 2 款規定，向社會公眾供電的供電人，不得拒絕用電人合理的訂立合同要求。對於公共運輸行業，合同編第 810 條規定，從事公共運輸的承運人不得拒絕旅客、託運人通常、合理的運輸要求。此外，有些情形下強制締約義務的設立是為了促進行政管理制度的落實，維護社會公共利益。例如，根據《機動車交通事故責任強制保險條例》第 10 條第 1 款規定，投保人在投保時應當選擇從事機動車交通事故責任強制保險業務的保險公司，被選擇的保險公司不得拒絕或者拖延承保。

第四百九十五條 當事人約定在將來一定期限內訂立合同的認購書、訂購書、預訂書等，構成預約合同。

當事人一方不履行預約合同約定的訂立合同義務的，對方可以請求其承擔預約合同的違約責任。

■ 條文主旨

本條是關於預約合同的規定。

■ 條文釋義

隨着經濟社會的發展，預約合同在實踐中的適用越來越廣泛。最高人民法院相關司法解釋在買賣合同領域中對預約合同已經作了一定的探索。為了應對實踐需求，本條在吸收有關司法解釋規定的基礎上，明確將預約合同作為一項基本的民事制度予以規定，適用於各種交易活動。本條界定了預約合同的定義，並對預約合同的違約責任作了原則性規定。

一、關於預約合同的定義

本條第 1 款對預約合同的定義作了界定。預約合同最本質的內涵是約定將來一定期限內訂立合同。當事人就將來一定期限內訂立合同達成合意，即可構成預約合同。將來應當訂立的合同可以稱為本約或者本約合同，約定訂立本約的合同稱為預約或者預約合同。預約合同

在實踐中經常表現為認購書、訂購書、預訂書等,當然不僅僅表現為這三種形式。對本條第1款可以從以下幾個方面予以理解:

1. 預約合同是獨立的合同。在理論上,對於預約合同的法律性質,有一些不同的學說和理解,例如前契約說、從合同說、附停止條件本約說和獨立契約說等。本條將預約合同作為一項獨立的合同予以規定。預約合同的標的為將來一定期限內訂立本約,當事人就此項標的達成合意,預約合同即成立。對此,應當着重把握三點:一是預約合同的成立,必須是雙方當事人達成了合意,對雙方當事人均具有約束力。例如,甲、乙約定,甲將於2個月期滿後,把自己的房子以市場價格優先賣給乙,乙屆時應當購買。該約定不僅對甲具有約束力,對乙也有約束力,甲、乙之間的約定構成預約合同。此外,預約合同也可能是多方當事人達成的,例如,甲乙二人擬合夥經營某一共同事業,還想再邀請丙加入,為確保將來合夥合同能夠成立,該甲乙二人可以先與丙訂立預約合同,約定將來一定期限內訂立合夥合同。二是預約合同當事人合意的內容是將來訂立本約,就將來訂立本約的意思表示達成一致。如果當事人只是就將來達成某一交易進行磋商甚至已經就部分條款達成初步合意,但沒有將來訂立本約的意思表示,仍然不成立預約合同。三是將來訂立本約應當是確定的。本條規定的「在將來一定期限內訂立合同」,指當事人在約定的期限內確定要訂立合同。如果是否訂立本約並不確定,例如當事人約定2個月期滿後再「考慮」訂立本約,此種情形下將來訂立本約並沒有成為當事人的一項確定性義務,也就不構成預約合同。

2. 預約合同與本約合同有所區別。是否要另行訂立合同,是預約合同與本約合同最顯著的區別。預約合同的目的在於訂立本約合同,預約合同當事人的義務就是在一定期限內訂立本約合同,訂立本約合同是預約合同得到履行的結果。本約合同當事人可直接履行各自義務(例如一方交付貨物、另一方支付貨款),實現合同目的,無須再另行訂立合同。

3. 預約合同的本質內涵與表現形式的關係。本條第1款規定了預約合同的常見表現形式,例如認購書、訂購書、預訂書等。當事人簽訂的認購書、訂購書、預訂書並不是確定無疑一定構成預約合同,其是否構成預約合同,關鍵還是要看當事人是否對將來一定期限內訂立本約合同達成合意。如果認購書、訂購書、預訂書等不符合預約合同的這一本質內涵,就不能構成預約合同。另外,即使屬於本條沒有列舉的其他形式,例如有的意向書,只要符合預約合同的這一本質內涵,也屬於預約合同。本法合同編制定過程中,在本條關於預約合同的表現形式中也曾經列舉「意向書」,但一些意見提出,實踐中很多情況下「意向書」並不能構成預約合同,列舉了「意向書」反倒不利於引導人們對預約合同作正常理解。本條最終刪去了「意向書」,只是不把其作為預約合同的典型表現形式,但並沒有否定「意向書」也有構成預約合同的可能。

二、關於預約合同的違約責任

預約合同既然是一項以訂立本約為目的的獨立合同,當事人違反約定,不履行訂立本約的義務,也應當承擔違約責任。但違反訂立本約的義務與違反本約義務畢竟不同,預約合同的違約責任與本約合同的違約責任也有所差別。基於此,本條採用了「預約合同的違約責任」

的表述，第 2 款規定，當事人一方不履行預約合同約定的訂立合同義務的，對方可以請求其承擔預約合同的違約責任。當然，如果一方違約，符合合同編規定的解除合同條件的，非違約方也可以請求解除預約合同。依據合同編第八章關於「違約責任」的規定，違約責任的形式主要有違約金責任、定金責任、繼續履行和賠償損失等。預約合同的違約責任原則上也可以包括以上幾種責任形式。當事人就預約合同約定違約金或者定金的，當事人違反預約合同義務的，可以適用違約金責任或者定金責任，理論和實務中已經形成共識，不存在問題。但對於是否可以請求違約方繼續履行以及損害賠償的範圍仍然存在一定爭議。

一是關於繼續履行。預約合同中當事人的義務就是訂立本約合同。當事人違反合同約定，不履行訂立本約義務的，非違約方是否可以請求繼續履行呢？換言之，就是是否可以要求違約方配合訂立本約呢？

反對的理由主要有：（1）依據民法自願原則，當事人對是否訂立本約有完全的自由，不受他人的強迫。強迫當事人訂立本約違反民法自願原則。（2）訂立本約需要雙方配合，需要雙方都作出意思表示並達成一致，但如果違約方不配合，法院也無法強迫當事人配合訂立本約，因為法院無法對人的意志進行強迫，無法強迫當事人作出意思表示。根據合同法第 110 條（現在合同編第 580 條第 1 款）有三種違約方可以拒絕履行的情形：法律上或者事實上不能履行；債務標的不適於強制履行或者履行費用過高；債權人在合理期限內未請求履行。要求違約方配合訂立本約，即屬於「法律上或者事實上不能履行」的情形。（3）這種情況下，要求違約方賠償損失即可，不必強制要求訂立本約。

支持的理由主要有：（1）預約合同本身就是落實民法自願原則而成立的，是雙方當事人自願簽訂的，基於自己決定、自己負責的法理，誠信地兌現自己的承諾，本身就是為了落實其真實意願。（2）從境外一些國家的做法來看，也是支持繼續履行的。德國對於預約合同，法院可以命令違約方作出訂立本約的意思表示，債務人不作出意思表示的，視同自判決確定時已為意思表示。本約合同成立後，本約合同的債權人即有請求給付的權利，基於訴訟經濟原則，債權人可以合併請求訂立本約及履行本約。在日本，違反預約合同義務的效果與通常的違約問題相同，一方當事人不履行訂立本約的義務時，另一方可以要求強制履行，具體而言就是請求法院代替當事人作出意思表示。根據 2017 年修改前的《日本民法典》第 414 條第 2 款規定，以法律行為為標的之債務，可以通過訴訟代替債務人作出意思表示。2017 年修改後的《日本民法典》對此只是在表達上作了調整，將通過訴訟代替債務人作出意思表示歸為強制履行中的間接強制，實質上未作修改。境外這些國家的做法均認可了預約合同當事人可以請求繼續履行。（3）「繼續履行」在不借助違約方配合的情況下也是可以實現的，比如根據預約合同的內容，本約合同的當事人、標的、數量等必要條款均已具備的情況下，法院是可以據此直接認定本約合同成立的；即使必要條款並不完全具備，也可以根據誠信原則及漏洞填補規則予以補充。（4）對於有些預約合同，違約方賠償損失並不一定符合非違約方的利益，並不能取代繼續履行、訂立本約的責任形式。如果可以訂立本約，並且履行本約義務對非違約方更為有利的，也有必要支持非違約方。並且，如果可以要求繼續履行，使本

約得以成立並對本約合同中當事人的具體權利義務予以確定，將更有利於計算具體的損失賠償額。

二是關於違約損害賠償範圍。預約合同當事人不履行訂立本約的義務，非違約方是可以請求違約方賠償損失的，但違約損害賠償的範圍問題較為複雜。總體來說，比較有共識的是，預約合同的損害賠償範圍不等同於本約合同的損害賠償範圍。理由是，預約合同約定的義務是訂立本約合同，而本約合同成立與本約合同履行是兩個不同的階段，因此預約合同的履行利益與本約合同的履行利益是不同的。那麼，預約合同的違約損害賠償範圍怎麼計算呢？一種觀點認為，預約是相對於本約而言的，預約合同所處的階段，實際上是本約合同的締約階段，所以預約合同的違約責任範圍大致相當於本約合同的締約過失責任範圍，即相當於賠償本約合同的信賴利益。也有的觀點認為，預約與本約具有內在的聯繫，當事人的最終目的不在於預約合同的履行，而在於本約合同的訂立及履行，因此預約合同違約損害賠償範圍可以以本約合同的履行利益為參照，通過減輕損害、損益相抵等規則予以限縮，結果肯定要小於本約合同的違約損害賠償範圍。還有的觀點認為，相對於本約而言，違反預約合同的行為既是預約合同違約行為，也可視為本約合同的締約過失行為，此時發生締約過失責任和違反預約合同違約責任的競合，不管採用哪種方式計算，損害賠償結果應當是一致的，並且以不超過履行利益為限。

本條是在合同編通則中予以規定，廣泛適用於買賣、租賃等各種市場交易。涉及的交易形態多種多樣，即使同一交易形態，涉及的具體情況也可能差異較大，因此本條第 2 款僅是原則性規定違約方應當承擔預約合同的違約責任，使制度設計保持一定的靈活性，以便為實踐留下空間。從關於預約合同違約責任各種不同的觀點和爭議中，我們也可以有所啟發，對於預約與本約的理解，應當放在整個的交易鏈條中予以考慮，預約雖然是獨立的合同，但與本約存在着緊密的內在聯繫，應將預約放在從預約訂立到本約得到履行的整個交易鏈條中予以考慮。如果當事人在預約階段就對整個交易的主要內容通過談判達成一致，本約的內容不需要再作過多協商，那麼對於預約合同，要求當事人承擔「繼續履行」的違約責任，即訂立本約的責任也就有實現的空間。在此基礎上更進一步，如果預約合同階段在整個交易環節中的位置非常重要，預約合同的訂立及預約合同的履行（預約合同的履行即本約合同的訂立）就完成了整個交易的絕大部分，使整個交易達到比較高的成熟度，本約合同義務的履行在整個交易環節中只是佔有非常小的分量，非常容易實現，那麼對預約合同的違約損害賠償範圍就可以很接近於本約合同的違約損害賠償範圍。預約合同階段在整個交易環節中的位置，預約合同的訂立及履行使整個交易所達到的成熟度，都應當在計算預約合同違約損害賠償範圍中予以體現，不能僵化適用某一種解決思路。

> 　　**第四百九十六條**　格式條款是當事人為了重複使用而預先擬定，並在訂立合同時未與對方協商的條款。
>
> 　　採用格式條款訂立合同的，提供格式條款的一方應當遵循公平原則確定當事人之間的權利和義務，並採取合理的方式提示對方注意免除或者減輕其責任等與對方有重大利害關係的條款，按照對方的要求，對該條款予以說明。提供格式條款的一方未履行提示或者說明義務，致使對方沒有注意或者理解與其有重大利害關係的條款的，對方可以主張該條款不成為合同的內容。

■ 條文主旨

　　本條是關於格式條款的規定。

■ 條文釋義

　　格式條款是自 19 世紀以來發展起來的，是某些行業在進行頻繁的、重複性的交易過程中為了簡化合同訂立的程序而形成的。這些行業的主體一般是發展較大且具有一定規模的企業，往往具有壟斷性，如水、電、熱力、燃氣、郵電、電信、保險、鐵路、航空、公路、海運等行業。既有公用事業，也有一般的大企業。格式條款一般具有以下特點：（1）交易對象具有廣泛性，往往都是面向社會公眾發出。（2）條款具有持久性。格式條款一般是經過認真研究擬定的，在一個相當長的時期內不會改變。（3）條款具體細緻。格式條款往往內容繁複，條款甚多，具體細緻。（4）由佔有優勢的一方提出。不論是由佔有優勢的一方自行擬定或由某行業協會擬定，無論以何種形式表現，可以合同書形式、票證形式或者其他形式，甚至其條款並不在書面形式上記載，但往往是由佔有優勢的一方提出。

　　使用格式條款的好處是，簡捷、省時、方便、降低交易成本，但其弊端在於，一方往往利用其優勢地位，制定有利於自己而不利於交易對方的條款，這一點在消費者作為合同相對方時特別突出。因此，有必要在立法上予以限制。

　　此外，還需要注意兩點：一是我國當前採用的是民商合一的立法體制，合同編就交易制度所作的基本規定，是民商事領域共同的基礎性法律制度。合同編本條以及第 497 條、第 498 條這三個條文對格式條款的基本規則作了規定，這些規定不僅適用於普通的民事活動，也適用於商事交易。但商事交易與普通的民事活動畢竟存在一定差異，因此對這三個條文關於格式條款的規定應當根據交易具體情況作合理的理解。二是處理好合同編與消費者權益保護法之間的關係。就格式條款來說，合同編的規定與消費者權益保護法的規定是一般法與特別法的關係。合同編對格式條款所作的規定，也適用於經營者與消費者之間的合同，但是消費者權益保護法有特別規定的，要適用消費者權益保護法的規定。例如，消費者權益保護法對格式條款無效情形作了特別規定，就要適用該規定。對於格式條款的定義，消費者權益保護法沒有特別規定，還是要適用合同編的規定。消費者權益保護法只是規定經營者對與消費

者具有重大利害關係的內容負有提示、說明義務，但是沒有規定經營者未盡到提示、說明義務的法律後果，這就是要適用合同編的規定，對方即消費者可以主張這些與消費者具有重大利害關係的條款不成為合同的內容。

一、格式條款的定義

本條第 1 款規定了格式條款的定義。格式條款最實質的特徵在於「未與對方協商」。按照自願原則，當事人有權自主選擇與誰訂立合同、自主決定合同的內容。但格式條款的提供方為了追求交易便捷、高效等，利用自己的優勢地位，事先擬定合同，相對方往往只能選擇接受或者拒絕，不能實質上影響合同內容。相對方雖然在合同上簽字予以確認，但並一定是真正的內心意願表達。「未與對方協商」是指格式條款提供方沒有就條款內容與相對方進行實質上的磋商，相對方對條款內容並沒有進行實際修改的餘地。本條對格式條款的定義還用了「為了重複使用」，從格式條款的通常外在形貌予以描述。格式條款的提供方通常是基於重複使用進而提高交易效率的目的擬定格式條款。正是因為要重複使用，相對方往往對格式條款內容沒有進行實質磋商並修改的餘地。在本法合同編制定過程中，有的意見提出，「為了重複使用」只是格式條款的通常表現形式，並不是其本質特徵，格式條款的本質特徵在於「未與對方協商」，因此即使不是「為了重複使用」，只要相對方無法對合同條款施加影響、沒有對合同條款進行修改的餘地，都可以稱為「格式條款」。基於此，提交全國人大常委會審議的合同編草案一審稿、二審稿、三審稿在格式條款的定義中刪去了「為了重複使用」。對此，又有不同意見提出，合同法關於格式條款的定義中，將「為了重複使用」與「未與對方協商」並用，有利於將其實質特徵與外在表現較好地統一起來，判斷標準明確、易於操作。實踐中很多合同，都是一方提供、另一方簽字確認，如果刪去「為了重複使用」，就會使如何認定「未與對方協商」變得標準模糊、不易掌握。並且，如果僅是過於強調相對方對條款內容沒有修改餘地，還可能使格式條款制度與總則編關於民事法律行為成立的顯失公平制度之間的關係不易釐清。經反覆研究考慮，本條對格式條款的定義最終又恢復到了合同法的表述，保留了「為了重複使用」的表達。但此處的「為了重複使用」，不能作僵化理解，不是要當事人去證明真正實際重複使用了多次，只要格式條款提供方具有重複使用的目的，不論使用的次數多少，都可認為是「為了重複使用」。

二、關於格式條款提供方的提示、說明義務

本條第 2 款規定了格式條款提供方的提示、說明義務，並明確了違反該義務的法律效果。格式條款是優勢一方當事人單方提供的，並沒有經過與相對方的充分磋商。民事活動應當遵循公平原則，為了防止格式條款提供方利用單方擬定格式條款的機會，設計不公平的條款內容，本條明確規定，提供格式條款的一方應當遵循公平原則確定當事人之間的權利和義務。

因為格式條款未與相對方進行實際磋商，相對方對條款的內容並不充分了解，對與自己有重大利害關係的條款並不一定能注意到，即使注意到了，也不一定真正理解。為了讓相對人在締約時，能夠充分注意並理解格式條款的內容，從而對合同訂立的效果作出合理的判

斷，本條規定了格式條款提供方對與對方有重大利害關係條款的提示、說明義務。依照本條規定，格式條款提供方應當採取「合理的方式」提示對方注意免除或者減輕其責任等與對方「有重大利害關係的條款」，還要按照對方的要求，對該條款予以說明、解釋，使相對方真正理解該條款的含義。採用「合理的方式」，目的在於使相對方充分注意。例如實踐中一些格式條款採用特別的字體予以提示。對於採取「合理的方式」具體指採用什麼方式，要視具體情況而定，要能引起相對方的注意。「有重大利害關係的條款」，一般來說主要包括但不限於格式條款提供方免除或者減輕其責任、加重對方責任、限制或者排除對方主要權利等。「有重大利害關係的條款」的認定要視格式條款的具體情況而定。

對於格式條款提供方未履行提示或者說明義務，致使對方沒有注意或者理解與其有重大利害關係的條款的，會產生什麼樣的法律效果，合同法未作規定，理論和實踐中存在一定的分歧，主要有三種觀點：第一種觀點是，這種情況下該格式條款無效；第二種觀點是，對方可以申請撤銷該格式條款；第三種觀點是，對方可以主張該格式條款視為未訂入合同。如何設定格式條款提供方未履行提示或者說明義務的法律效果，至少要符合以下兩個要求：

一是從實際效果上要更有利於保護相對方。因為相對方並未實際參與格式條款的實際磋商，有必要予以傾斜性保護。對於前述第一種觀點，有的意見認為，如果規定該格式條款無效，就會出現反倒不利於相對方的情況，比如格式條款簽訂時是不利於相對方的，但隨着情況變化，可能會不利於格式條款提供方而有利於相對方，此時格式條款提供方以未盡到提示義務為由主張格式條款無效，就違背了制度設計的初衷，而如果改進一下，規定只能由相對方主張合同無效，又不符合本法關於雙方當事人原則上均可主張合同無效的整體制度設計。對於第二種觀點，即相對方申請撤銷格式條款，有的意見認為，民事法律行為的撤銷有除斥期間的限制，一般要在當事人知道或者應當知道撤銷事由之日起 1 年內提出，1 年的期限較短，不利於保護相對方。對於第三種觀點，也有一些改進意見，建議直接表述為該格式條款「不成為合同的內容」即可，相對於「視為未訂入合同」，意思更為清楚、易懂。

二是從邏輯上要更符合整個制度體系。如何設計格式條款提供方未履行提示或者說明義務的法律效果，涉及制度範疇的歸屬問題。有的意見認為，格式條款提供方未履行提示或者說明義務，即使對方對合同已經簽字確認，但基於對方沒有注意或者理解，仍然可以視為當事人雙方就這些條款並沒有真正達成意思表示一致，因此將格式條款提供方未履行提示或者說明義務的法律效果問題歸屬於合同訂立的制度範疇中比較合適。

經綜合考慮、反覆研究，對格式條款提供方未履行提示或者說明義務的法律效果，本條第 2 款規定為「對方可以主張該條款不成為合同的內容」，總體上將該制度歸屬於合同訂立的範疇。這也是本條第 2 款與合同編第 497 條相區別之處。合同編第 497 條規定的格式條款無效情形，屬於合同成立後的效力評價層面，歸屬於合同效力制度。還需要強調一點，本條第 2 款規定的「該條款不成為合同的內容」，只能由相對方主張，格式條款提供方無權主張，這也是從制度設計上對相對方所作的傾斜性保護。

> **第四百九十七條**　有下列情形之一的，該格式條款無效：
>
> （一）具有本法第一編第六章第三節和本法第五百零六條規定的無效情形；
>
> （二）提供格式條款一方不合理地免除或者減輕其責任、加重對方責任、限制對方主要權利；
>
> （三）提供格式條款一方排除對方主要權利。

■ 條文主旨

本條是關於格式條款無效的規定。

■ 條文釋義

格式條款無效情形，屬於合同成立後的效力評價層面。格式條款在哪些情形下無效，法律有必要予以規定。本條總括性地規定了格式條款無效的情形：

一是與其他民事法律行為通用的無效情形，即具有總則編第六章第三節和合同編第506條規定的無效情形。總則編第六章第三節對民事法律行為的無效情形作了總括性規定，包括無民事行為能力人實施的民事法律行為，限制民事行為能力人超出其年齡、智力、精神健康狀況實施的民事法律行為，以虛假意思表示實施的民事法律行為，違反法律、行政法規的強制性規定的民事法律行為，違背公序良俗的民事法律行為等。如果格式條款具有總則編第六章第三節規定的民事法律行為的無效情形，該格式條款也是無效的。合同編第506條是對合同中免責條款無效情形的規定，如果合同中有免除「造成對方人身傷害的」或者「因故意或者重大過失造成對方財產損失的」責任的條款，則該條款無效。如果格式條款具有第506條規定的情形，當然也是無效的。

二是格式條款特有的無效情形。格式條款是單方提供，對方並沒有就條款進行實際磋商的機會，格式條款提供方可能會恣意追求自己的單方利益，違背公平原則，不合理地分配合同交易中的風險和負擔。其中，本條第2項規定的「不合理地免除或者減輕其責任、加重對方責任、限制對方主要權利」，以及第3項規定的「提供格式條款一方排除對方主要權利」，均屬於違背公平原則的情形。格式條款具有這些情形的，該格式條款無效。該規定是在合同法的基礎上修改而來。根據合同法第40條規定，提供格式條款一方免除其責任、加重對方責任、排除對方主要權利的，該條款無效。本條規定根據實踐需求，在增加「減輕其責任」「限制對方主要權利」的同時，還對這些無效情形作了區分性規定，主要考慮是：本條規定的格式條款適用範圍較為廣泛，具體情況也較為複雜。實踐中也存在這樣的格式條款，即綜合交易的性質以及雙方當事人承擔的交易風險和負擔等各方面情況來看，雖然存在「免除或者減輕其責任、加重對方責任、限制對方主要權利」的內容，但沒有超出合理的範圍，沒有違背公平原則，這種情況下就不宜認定格式條款無效。因此本條第2項對於「免除或者減輕其責任、加重對方責任、限制對方主要權利」的情形加上了限定詞「不合理地」。

但提供格式條款一方「排除對方主要權利」的情形，本身就嚴重違背了公平原則，可以直接認定格式條款無效。

前已述及，民法典與消費者權益保護法是一般法和特別法的關係。消費者權益保護法對格式條款有特別規定的，適用該特別規定。對於格式條款無效情形，根據消費者權益保護法第 26 條第 2 款、第 3 款規定，經營者不得以格式條款作出排除或者限制消費者權利、減輕或者免除經營者責任、加重消費者責任等對消費者不公平、不合理的規定；格式條款含有這些內容的，其內容無效。消費者權益保護法第 26 條基於有利於保護消費者的考慮，對格式條款無效情形作了特別規定，這些特別規定相對於合同編的規定優先適用，即格式條款中存在的「排除或者限制消費者權利、減輕或者免除經營者責任、加重消費者責任」的內容，可以直接認為是不合理、不公平的，應當認定無效。

總則編第 156 條規定，民事法律行為部分無效，不影響其他部分效力的，其他部分仍然有效。該規定也適用於格式條款無效的情形，即格式條款無效，並不意味着含有格式條款的合同整體無效，如果格式條款無效不影響合同其他部分效力的，其他部分仍然有效。

> **第四百九十八條　對格式條款的理解發生爭議的，應當按照通常理解予以解釋。對格式條款有兩種以上解釋的，應當作出不利於提供格式條款一方的解釋。格式條款和非格式條款不一致的，應當採用非格式條款。**

■ 條文主旨

本條是關於格式條款解釋的規定。

■ 條文釋義

當事人雙方對格式條款的理解發生爭議時，就需要對格式條款進行合理的解釋，以平衡雙方利益。格式條款具有為了重複使用、單方事先擬定、對方未參與協商等特點，相對於一般合同條款有其特殊性。本條針對格式條款的特點，對格式條款規定了專門的解釋規則。

一是按照通常理解予以解釋。格式條款是為了重複使用而擬定的，因此對格式條款也應當按照通常理解予以解釋，即既不按照提供格式條款一方的理解予以解釋，也不按照個別的相對方的理解予以解釋，而是按照可能訂立該格式條款的一般人的理解予以解釋，這對保護相對方的利益是公平的。

二是不利解釋規則。對格式條款有兩種以上解釋的，應當如何處理？格式條款提供方往往處於優勢地位，相對方不能實際參與格式條款內容的擬定與磋商，無法對格式條款內容施加影響，因此在對格式條款內容有兩種以上解釋時，有必要給予相對方傾斜性的保護，即作出不利於提供格式條款一方的解釋。

合同既有格式條款，也有非格式條款的，如果格式條款和非格式條款不一致，應當如何處理？非格式條款優先採信規則已經成為國際上普遍採用的規則。格式條款是單方擬定並提供給相對方使用、相對方未實際參與協商，不能充分體現相對方的真實意願。而非格式條款是雙方當事人自由協商的結果，與格式條款相比，更能體現雙方當事人的真實意願。優先採用非格式條款更符合民法上的自願原則，對當事人也更為公平。據此，本條規定，格式條款和非格式條款不一致的，應當採用非格式條款。

> **第四百九十九條　懸賞人以公開方式聲明對完成特定行為的人支付報酬的，完成該行為的人可以請求其支付。**

■ 條文主旨

本條是關於懸賞廣告的規定。

■ 條文釋義

懸賞廣告在經濟社會中較為常見，各個國家或者地區的民法典普遍對懸賞廣告制度作了規定。我國司法實踐對於懸賞廣告也作了一定探索。根據最高人民法院 2009 年發佈的《最高人民法院關於適用〈中華人民共和國合同法〉若干問題的解釋（二）》第 3 條規定，懸賞人以公開方式聲明對完成一定行為的人支付報酬，完成特定行為的人請求懸賞人支付報酬的，人民法院依法予以支持。合同編在吸收司法實踐經驗的基礎上，對懸賞廣告制度的基本規則作了規定，為規範懸賞廣告行為、處理懸賞廣告糾紛提供了基本依據，並為懸賞廣告制度的豐富和發展奠定了民事基本法上的基礎。依據本條規定，懸賞廣告的構成要滿足以下幾個條件：一是要以公開的方式作出聲明。公開的具體方式，可以是通過廣播電視、報紙期刊或者互聯網等媒介發佈，也可以是在公眾場所發傳單、在公開的宣傳欄張貼廣告等。二是懸賞人在聲明中提出明確的要求，即要完成特定行為。聲明對於該要求，要有具體、明確的表達，不能含糊不清。三是懸賞人具有支付報酬的意思表示，即對完成特定行為的人給付一定報酬。懸賞人應當對報酬的形式、給付方式等作出明確的表達；如果報酬是給付金錢，應當明確金錢的幣種、數額等。對於滿足以上條件的懸賞廣告，完成該特定行為的人可以請求懸賞人支付報酬，懸賞人不得拒絕。

> **第五百條** 當事人在訂立合同過程中有下列情形之一，造成對方損失的，應當承擔賠償責任：
>
> （一）假借訂立合同，惡意進行磋商；
>
> （二）故意隱瞞與訂立合同有關的重要事實或者提供虛假情況；
>
> （三）有其他違背誠信原則的行為。

■ 條文主旨

本條是關於締約過失責任的規定。

■ 條文釋義

締約過失責任是指當事人在訂立合同過程中，因違背誠信原則而給對方造成損失的賠償責任。締約過失責任是以誠信原則為基礎的民事責任。誠信原則貫穿合同交易的各個環節，當事人在訂立合同過程中進行協商、談判也要遵循誠信原則，當事人負有相互協助、照顧、保護以及重要情況的告知義務等。在這個階段，合同尚未成立，但一方對另一方在協商、談判中實施的行為已經產生了合理信賴。如果當事人在這個階段實施了違背誠信原則的行為，例如隱瞞了重要事實和情況等，使對方的信賴利益受損，締約過失責任即成立。

根據本條規定，有下列情況之一，給對方當事人造成損失的，應當承擔締約過失責任：

一是假借訂立合同，惡意進行磋商。指根本沒有與對方訂立合同的目的，與對方進行談判協商只是個藉口，目的是損害對方或者第三人的利益。例如，甲知道乙有轉讓餐館的意圖，甲並不想購買該餐館，但為了阻止乙將餐館賣給競爭對手丙，卻假意與乙進行了長時間的談判。當丙買了另一家餐館後，甲中斷了談判，導致乙只能以比丙出價更低的價格將餐館予以轉讓。

二是故意隱瞞與訂立合同有關的重要事實或者提供虛假情況。這也是合同訂立過程中比較典型的違背誠信原則的行為。根據誠信原則的要求，當事人在訂立合同過程中，對有關的重要事實和情況負有告知義務。當事人故意隱瞞重要事實和情況，造成對方損失的，應當承擔締約過失責任。

三是其他違背誠信原則的行為。在合同訂立過程中，當事人依照誠信原則進行談判，有談成的，有談不成的，中途停止談判也是正常的。但如果當事人違反了誠信原則要求的互相協助、照顧、保護、通知等義務，實施了違背誠信原則的行為，造成對方損失的，就要承擔締約過失責任。比如，甲向乙保證，如果乙努力取得經驗並準備投資 15 萬美元，則向乙授予專營許可。在此後的 2 年間，乙為訂立該專營許可合同做了大量工作，且一直深信將會得到甲的專營許可。當訂立合同的一切準備工作就緒時，甲通知乙必須投資更多的金額。乙拒絕了這種要求，同時乙有權要求甲補償其為準備訂立合同所發生的費用。

在合同訂立過程中，當事人基於對對方的信賴，為合同的成立做了一些前期準備工作，

對方當事人違背誠信原則的行為損害了當事人的信賴利益，應當予以賠償。締約過失責任的賠償範圍以受損害的當事人的信賴利益的損失為限，包括直接利益的減少，如談判中發生的費用，還包括受損害的當事人因此失去與第三人訂立合同機會的損失。具體的損失額根據案件實際情況進行計算，但不得超過合同履行利益即合同成立並得到履行後所獲得的利益。

> 第五百零一條　當事人在訂立合同過程中知悉的商業秘密或者其他應當保密的信息，無論合同是否成立，不得洩露或者不正當地使用；洩露、不正當地使用該商業秘密或者信息，造成對方損失的，應當承擔賠償責任。

■ 條文主旨

本條是關於合同訂立過程中當事人保密義務的規定。

■ 條文釋義

當事人在合同訂立過程中，可能會知悉對方的商業秘密或者其他應當保密的信息，對此當事人負有保密義務。當事人在訂立合同過程中的保密義務是基於誠信原則。本條根據誠信原則，將當事人在訂立合同過程中的保密義務明確予以法定化，將其作為當事人的一項法定義務，無論合同是否成立，當事人均不得洩露或者不正當地使用應當保密的信息。

根據我國反不正當競爭法第9條第4款規定，商業秘密是指不為公眾所知悉、具有商業價值並經權利人採取相應保密措施的技術信息、經營信息等商業信息。商業秘密中的技術信息涉及有關技術數據、技術知識，表現為產品配方、工藝流程、設計圖紙等，可以給權利人帶來很大的經濟利益。商業秘密中的經營信息涵蓋廣泛，包括管理方法、銷售策略、發展規劃、客戶名單等，對其經營活動意義重大，往往是其立足市場、保持競爭力的重要基礎。當事人為達成協議，可能會將自身掌握的商業秘密告知對方，但一般也會提請對方不得洩露、使用。在這種情況下，對方當事人負有不予洩露的義務，也不能不正當使用。在有些情況下，雖然一方當事人沒有明確告知對方當事人有關信息是商業秘密，但基於此種信息的特殊性質，按照一般的常識，對方當事人也不得洩露或者不正當地使用，否則有悖誠信原則。比如，乙與丙是兩個主要的轎車生產商。甲有意與乙或者丙達成一合資企業協議。在與乙的談判過程中，甲收到了乙關於新型車設計方案的詳細資料。儘管乙沒有明確要求甲將該信息作為商業秘密予以保密，但因為這是一種新車的設計方案，甲負有不向丙披露的義務，也不能將該設計方案用於自己的生產程序。

此外，還有其他一些信息雖然不構成商業秘密，但也對當事人的經營活動具有重大意義，也屬於應當保密的信息。根據誠信原則，當事人在訂立合同過程中知悉這些信息的，無論合同是否成立，也不得洩露或者不正當地使用。當然有些情況下，當事人雙方在合同談判

的過程中交換的信息可能很有用，也很有價值，但也不一定都屬於應當保密的信息。比如當事人要購買一種機器，可以向很多生產或者出售這種機器的商家發出要約邀請，邀請他們發出要約，介紹所生產或者出售的機器的價格、性能、技術指標等基本信息。在這個過程中，當事人會了解到這些基本信息，這些基本信息對於更好地選擇商家訂立合同很有價值，但一些情況下也可能不屬於應當保密的信息。

根據本條規定，當事人洩露、不正當地使用該商業秘密或者其他應當保密的信息造成對方損失的，應當承擔賠償責任。違法洩露或者不正當地使用商業秘密的，不僅限於承擔民事賠償責任，還有可能承擔行政責任甚至刑事責任。例如，反不正當競爭法第 21 條規定，經營者以及其他自然人、法人和非法人組織違反本法規定侵犯商業秘密的，由監督檢查部門責令停止違法行為，沒收違法所得，處 10 萬元以上 100 萬元以下的罰款；情節嚴重的，處 50 萬元以上 500 萬元以下的罰款。刑法專門規定了侵犯商業秘密罪，對嚴重侵犯商業秘密的行為追究刑事責任。

第三章　合同的效力

　　本章是關於合同效力的規定，共七條。本法總則編第六章、第七章對民事法律行為和代理作了較為全面、系統的規定，這些規定也適用於合同領域，基於此，本章在合同法的基礎上，刪去了附生效條件和附生效期限的合同、效力待定合同、無效合同、可撤銷合同、無權代理和表見代理等與總則編相重複的內容。本章分別對合同的生效時間、未辦理影響合同生效的批准等手續的法律後果、無權代理的追認、超越權限所訂立合同的法律效果、超越經營範圍所訂立合同的效力、免責條款、爭議解決條款效力的獨立性等作了規定。

> 　　**第五百零二條**　依法成立的合同，自成立時生效，但是法律另有規定或者當事人另有約定的除外。
>
> 　　依照法律、行政法規的規定，合同應當辦理批准等手續的，依照其規定。未辦理批准等手續影響合同生效的，不影響合同中履行報批等義務條款以及相關條款的效力。應當辦理申請批准等手續的當事人未履行義務的，對方可以請求其承擔違反該義務的責任。
>
> 　　依照法律、行政法規的規定，合同的變更、轉讓、解除等情形應當辦理批准等手續的，適用前款規定。

■ 條文主旨

　　本條是關於合同生效時間以及未辦理影響合同生效的批准等手續的法律後果的規定。

■ 條文釋義

　　本條第 1 款是關於合同生效時間的一般規定。

　　合同依法成立後，對內而言即在當事人之間產生法律約束力，非依法律規定或者經當事人同意，任何一方當事人均不得擅自變更或者解除合同；對外而言，其他任何組織和個人均不得非法干預合同，侵犯合同當事人的權益。合同生效也具有這樣的對內與對外效果。合同生效與合同成立的區別在於，合同生效後，當事人才可以請求對方履行合同主要義務，而合同成立但未生效的，當事人不得請求對方履行合同主要義務。

　　本條第 1 款對合同的生效時間作了規定。該規定是本法總則編第 136 條第 1 款關於民事法律行為生效時間在合同領域的體現。總則編第 136 條規定，民事法律行為自成立時生效，但是法律另有規定或者當事人另有約定的除外。本條第 1 款與總則編第 136 條規定保持一致，包括兩個層面的含義：

　　一是依法成立的合同，自成立時生效。也就是說，原則上，合同的生效時間與合同的成立時間是一致的，合同依法成立的同時即生效。合同編對合同的成立時間作了明確規定。合同編第483條規定，承諾生效時合同成立，但是法律另有規定或者當事人另有約定的除外。合同編第490條對採用合同書等形式訂立合同的時間作了規定，第491條對採用信件、數據電文等形式所訂立的合同、電子合同的成立時間作了規定。合同編還對實踐性合同，包括定金合同、自然人之間的借款合同、保管合同的成立時間作了專門規定。原則上，這些合同的成立時間，也是合同的生效時間。

　　二是對合同生效時間，法律另有規定或者當事人另有約定的，依照法律規定或者當事人約定。例如，對於附生效條件和附生效期限的合同，在合同成立時並不立即生效，只有在條件成就時或者期限屆至時才生效。再如，有些合同應當依照法律、行政法規的規定辦理批准等手續。依照本條第2款規定，對於未辦理批准等手續影響合同生效的情形，當事人如果未辦理該批准等手續，合同雖然成立，但並不生效。

　　本條第2款是關於未辦理批准等手續影響合同生效情形的法律效果的規定。

　　1. 關於未辦理批准等手續影響合同生效的情形。

　　法律、行政法規對合同規定了批准等手續的，當事人應當依法辦理批准等手續。法律、行政法規對相當一些合同規定了批准等手續，但不是所有的批准等手續都能影響合同的生效。本條第2款專門對未辦理批准等手續影響合同生效的情形作了規定。「未辦理批准等手續影響合同生效」是指只有辦理了批准等手續，合同才能生效；反之，未辦理批准等手續，合同不生效。目前來看，規定合同應當辦理批准等手續的法律、行政法規較多，但明確規定必須辦理批准等手續合同才生效的，只有國務院於1998年頒佈的行政法規《探礦權採礦權轉讓管理辦法》。根據《探礦權採礦權轉讓管理辦法》第10條規定，審批管理機關批准當事人轉讓探礦權、採礦權的，轉讓合同自批准之日起生效。除該規定之外，其他的法律、行政法規僅是規定一些合同應當辦理批准等手續，但沒有明確未辦理批准等手續影響合同生效。法律、行政法規要求某些合同應當辦理批准等手續，是國家基於社會管理的需要，對特定的合同交易活動進行管理和控制的一種手段。當事人未辦理批准等手續是否影響合同生效，涉及法律、行政法規設定有關批准等手續進行社會管理的性質、目的判斷問題，需要結合具體情況，在設定批准等手續的社會管理政策與合同法保障意思自治、鼓勵交易之間作平衡性判斷。

　　依照合同法的規定，除了批准手續外，有些登記手續的辦理也會對合同生效產生影響。合同法第44條第2款規定，法律、行政法規規定應當辦理批准、登記等手續生效的，依照其規定。本條第2款刪去了合同法第44條規定中的「登記」。合同法頒佈時，還存在須經登記才能生效的合同，例如依照1995年頒佈實施的原擔保法規定，房地產等抵押合同自登記之日起才能生效。但此後，2007年頒佈實施的原物權法將合同的生效與物權變動相區分，不再將物權登記作為合同的特殊生效要件。原物權法第15條規定，當事人之間訂立有關設立、變更、轉讓和消滅不動產物權的合同，除法律另有規定或者合同另有約定外，自合

同成立時生效；未辦理物權登記的，不影響合同效力。目前來看，現行法律、行政法規已經不存在關於合同須經登記才能生效的規定，因此本條第 2 款刪去了合同法規定的「登記」，但在「批准」後保留了「等」字，規定「未辦理批准等手續」，這樣既尊重了當前的實際情況，又為將來的發展留下適用空間。

2. 未辦理批准等手續影響合同生效情形的法律效果。

對於未辦理批准等手續影響合同生效的情形，如果當事人未辦理批准等手續，該合同不生效。但此類合同中往往存在履行報批等義務條款及相關條款，這些條款對報批等義務的履行甚至違反報批義務的責任等作了專門約定。這類報批條款的履行是整個合同生效的前提和基礎，合同生效後，才能進入合同的履行環節，當事人一方才能請求對方履行合同義務。據此，因本條規定的此類合同因未辦理批准等手續整體來說不生效，當事人就無法請求相對方履行合同義務，當然也不能請求對方按照合同約定履行報批義務。這顯然不符合當事人的真實意願，也違背合同法鼓勵交易的立法目的。本條在總結司法實踐經驗的基礎上，明確將履行報批等義務條款以及相關條款作為一種特殊的條款予以獨立對待，即使合同整體因未辦理批准等手續不生效，也不影響合同中履行報批等義務條款以及相關條款的效力。也即合同中履行報批等義務條款以及相關條款的效力不受合同整體不生效的影響。

既然合同中履行報批等義務條款以及相關條款獨立生效，負有報批義務的一方當事人未履行義務的，對方也就可以單獨就違反報批義務要求其承擔責任。基於此，第 2 款規定，應當辦理申請批准等手續的當事人未履行義務的，對方可以請求其承擔違反該義務的責任。從責任形式上來說，本條「違反該義務的責任」可以參照合同違約責任，可以包括繼續履行、賠償損失等責任形式。

一是就繼續履行來說，應當辦理申請批准等手續的當事人未履行義務的，對方仍然可以請求其繼續辦理申請批准等手續。

二是就賠償損失來說，如果當事人對履行報批等義務專門約定了違約金的，該違約金條款也獨立生效，當事人可以要求按照約定支付違約金。如果當事人對於履行報批等義務沒有專門約定損害賠償責任的，損害賠償額如何確定呢？對此存在不同的觀點。有的觀點認為，當事人拒不履行報批等義務致使合同不生效，主觀歸責性明顯，損害賠償額可以參照違反合同的違約責任予以確定。也有的觀點認為，雖然履行報批義務條款相對於合同的其他條款具有獨立性，但報批義務對於已經成立但不生效的合同整體而言，只應屬於先合同義務，應按照整體合同的締約過失責任確定違反報批義務的損害賠償額。還有的觀點認為，違反報批義務的責任也可以視為整體合同的締約過失責任與違反報批義務獨立條款的違約責任的競合，採用這兩種方式的哪一種進行計算都可以，損害賠償額應當是一致的。

總體來說，根據辦理批准等手續才能生效的合同的具體情況不同，違反報批義務的損害賠償額也會有所不同。在確定損害賠償額時，要將報批義務放到交易整體中予以考慮，綜合考量辦理報批手續在整個交易中的重要性、報批後批准的難易度、報批義務履行後整個交易的完成度和成熟度等因素。如果辦理報批手續是整個交易最關鍵的環節，並且報批後予以批

准的可能性非常高，報批義務履行後當事人之間就完成了整個交易的絕大部分，整個交易就能達到很高的完成度和成熟度，那麼違反報批義務的損害賠償額就應當更高甚至可以很接近於整體合同的履行利益，但不能超過整體合同的履行利益。

根據本條第 3 款規定，依照法律、行政法規的規定，合同的變更、轉讓、解除等情形應當辦理批准等手續的，適用第 2 款規定。

第五百零三條　無權代理人以被代理人的名義訂立合同，被代理人已經開始履行合同義務或者接受相對人履行的，視為對合同的追認。

■ 條文主旨

本條是關於被代理人以默示方式追認無權代理行為的規定。

■ 條文釋義

代理權的存在是代理法律關係產生的前提，行為人只有基於代理權才能以被代理人的名義從事代理行為。但實踐中情況複雜，無權代理也並不少見。總則編對包括無權代理在內的代理制度作了較為全面、系統的規定，這些規定也當然適用於合同領域中的代理行為。本條在總結司法實踐經驗的基礎上，在總則編所規定的代理制度的框架下，針對無權代理在合同領域中反映出來的問題，對被代理人以默示方式追認無權代理行為作出了具體規定。

一、關於無權代理人以被代理人的名義訂立合同

總則編第 171 條對無權代理的三種典型表現形式作了明確規定。總則編第 171 條規定，行為人沒有代理權、超越代理權或者代理權終止後，仍然實施代理行為，未經被代理人追認的，對被代理人不發生效力。合同編本條所規定的「無權代理人以被代理人的名義訂立合同」即是指行為人沒有代理權、超越代理權或者代理權終止後，仍然以被代理人的名義與他人訂立合同的情形。

二、關於被代理人以默示的方式追認無權代理行為

無權代理行為發生後，被代理人有追認和拒絕的權利。這裏的「追認」，是指被代理人對無權代理行為事後予以承認的一種單方意思表示。總則編第 140 條第 1 款規定，行為人可以明示或者默示作出意思表示。第 2 款規定，沉默只有在有法律規定、當事人約定或者符合當事人之間的交易習慣時，才可以視為意思表示。一般情況下，被代理人實際進行追認的，都是以口頭或者書面等明示的方式作出追認的意思表示。但在一些情況下，被代理人沒有以明示的方式作出追認或者拒絕的意思表示，但已經開始履行合同義務或者接受相對人履行。被代理人開始履行合同義務或者接受相對人履行的行為，是對無權代理行為的正面反饋，屬於一種積極的作為，從意思表示的類型來說，不屬於沉默。本條在總結司法實踐經驗的基礎

上，將被代理人開始履行合同義務或者接受相對人履行的行為，歸屬於以默示的方式對無權代理行為作出追認的意思表示，對此作出明確規定，即被代理人已經開始履行合同義務或者接受相對人履行的，視為對合同的追認。

第五百零四條　法人的法定代表人或者非法人組織的負責人超越權限訂立的合同，除相對人知道或者應當知道其超越權限外，該代表行為有效，訂立的合同對法人或者非法人組織發生效力。

■ 條文主旨

本條是關於法定代表人或者負責人超越權限訂立的合同法律效果的規定。

■ 條文釋義

在日常經濟社會生活中，法人或者非法人組織的民事活動是經過其法定代表人、負責人進行的，法定代表人、負責人代表法人或者非法人組織進行談判、簽訂合同等。法律對此也予以認可。根據總則編第 61 條第 1 款規定，法人的法定代表人是指依照法律或者法人章程的規定，代表法人從事民事活動的負責人。但法人的法定代表人、非法人組織的負責人的權限不是無限制的。法人的法定代表人應當在法律規定或者法人的章程規定的權限範圍內對外從事民事活動，法人的權力機構也可能會對法定代表人的權限作一些限制。非法人組織也可能會對其負責人的權限作一定限制。但是在現實經濟社會生活中，卻存在一些法定代表人、負責人超越權限訂立合同的情形，如何對待此類合同的效力？法人的法定代表人或者其他組織的負責人是代表法人或者其他組織行使職權的，一般說來，法人的法定代表人或者其他組織的負責人本身就是法人或者其他組織的組成部分，法定代表人的行為或者其他組織負責人的行為就是法人或者其他組織的行為，因此，他們執行職務的行為所產生的法律後果都應當由法人或者其他組織承受。對此，總則編第 61 條第 2 款作了明確規定，法定代表人以法人名義從事的民事活動，其法律後果由法人承受。法人的法定代表人或者非法人組織的負責人以法人或者其他組織的名義與相對人訂立合同的，相對人一般認為法定代表人或者其他組織的負責人就是代表法人或者其他組織，相對人往往並不知道也難以知道、一般也沒有義務知道法定代表人或者其他組織負責人的權限到底有多大，法人或者其他組織的內部管理規定也不應對合同的相對人形成約束力。如果法人的法定代表人或者其他組織的負責人超越權限而訂立合同的，代表行為無效，所訂立的合同對法人或者非法人組織不發生效力，將會嚴重損害合同相對人的利益，不利於保護交易的安全，也會助長一些法人或者其他組織藉此逃避責任，謀取不當利益。因此，本條規定法人的法定代表人或者其他組織的負責人超越權限訂立合同的，一般情況下代表行為有效，所訂立的合同對法人或者非法人組織發生效力。如果

合同的相對人在訂立合同時知道或者應當知道法人的法定代表人或者其他組織的負責人的行為是超越權限的，而仍與之訂立合同，則具有惡意，此時沒有對合同的相對人加以保護的必要。本條立足於維護交易安全，應當保護的是善意相對人的利益。因此，本條在規定法定代表人、負責人超越權限訂立的合同一般對法人或者非法人組織發生效力的同時，排除了相對人知道或者應當知道其超越權限的情形。

本條是在合同法第 50 條基礎上修改而來。合同法第 50 條規定，法人或者其他組織的法定代表人、負責人超越權限訂立的合同，除相對人知道或者應當知道其超越權限的以外，該代表行為有效。本條在合同法第 50 條規定的基礎上增加「該合同對法人或者非法人組織發生效力」。對於法定代表人、負責人超越權限訂立合同的，不僅要解決代表行為的效力問題，更應當進一步明確所訂立的合同的法律效果歸屬問題，即合同權利和義務是否由法人、非法人組織承受。因此本條增加「該合同對法人或者非法人組織發生效力」，能夠更貼切、明確地表達合同法律效果歸屬問題。

本條規定與總則編第 61 條第 3 款規定存在一定的關聯。總則編第 61 條第 3 款規定，法人章程或者法人權力機構對法定代表人代表權的限制，不得對抗善意相對人。本條規定與總則編第 61 條第 3 款規定都是為了維護交易安全，保護善意相對人的利益，在立法精神上是一致的，在內在邏輯上是相互支撐和牽連的，在一定程度上可以說，總則編第 61 條第 3 款規定是本條規定的邏輯前提，本條是總則編第 61 條第 3 款規定的邏輯結果。但本條規定與總則編第 61 條第 3 款規定畢竟不能等同，不能互相取代。一是二者規範的角度不同。總則編第 61 條第 3 款規定是從對內管理的角度進行規範，本條是從對外從事民事法律行為的角度進行規範。二是嚴格來說，二者規範的範圍也不一致。總則編第 61 條第 3 款規範是法人章程或者法人權力機構對法定代表人代表權所作的限制，而本條規定的法定代表人超越權限的範圍更為廣泛，不限於超越法人章程、法人權力機構對法定代表人職權的限制，還包括超越法律對法定代表人職權的限制。三是總則編第 61 條第 3 款僅針對法人的法定代表人代表權限制問題，而本條既規範法人的法定代表人超越權限問題，也規範非法人組織的負責人超越權限問題。

> **第五百零五條** 當事人超越經營範圍訂立的合同的效力，應當依照本法第一編第六章第三節和本編的有關規定確定，不得僅以超越經營範圍確認合同無效。

■ 條文主旨

本條是關於超越經營範圍訂立的合同效力的規定。

■ 條文釋義

經營範圍是市場主體從事經營活動的業務範圍。我國在相當一段時間內對市場主體經營範圍的管控還是比較嚴格的。根據 1986 年公佈、1987 年施行的民法通則第 42 條規定，企業法人應當在核准登記的經營範圍內從事經營。根據第 49 條規定，企業法人超出登記機關核准登記的經營範圍從事非法經營的，除法人承擔責任外，對法定代表人可以給予行政處分、罰款，構成犯罪的，依法追究刑事責任。根據 1993 年頒佈的公司法第 11 條第 3 款規定，公司應當在登記的經營範圍內從事經營活動，對經營範圍的管理仍然比較嚴格。相應地，超越經營範圍而訂立的合同往往會被認定為無效合同。隨着我國社會主義市場經濟的快速發展，這種做法越來越不能適應實踐需求，不利於保障交易安全，不利於促進市場交易和激發市場活力。1999 年合同法頒佈後，司法實踐對超出經營範圍訂立的合同的效力作了進一步探索。1999 年公佈施行的《最高人民法院關於適用〈中華人民共和國合同法〉若干問題的解釋（一）》第 10 條規定：「當事人超越經營範圍訂立合同，人民法院不因此認定合同無效。但違反國家限制經營、特許經營以及法律、行政法規禁止經營規定的除外。」該規定原則上確立了當事人超越經營範圍訂立合同一般不影響合同效力。2005 年全面修訂後的公司法第 12 條第 1 款規定，公司的經營範圍由公司章程規定，並依法登記；公司可以修改公司章程，改變經營範圍，但是應當辦理變更登記。至此，我國對於公司法人的經營範圍已經基本放開。理論和實務中對於超越經營範圍訂立的合同的效力也取得了趨於一致的認識，即合同效力一般不因超越經營範圍而受到影響。本條在總結司法實踐經驗的基礎上，對當事人超越經營範圍訂立的合同的效力問題予以明確。

本法總則編第六章第三節和本編對合同的效力問題作了全面、系統的規定。對當事人超越經營範圍訂立的合同效力的判斷，應當依照這些規定確定，例如要看是否有違反法律、行政法規強制性規定的情形等，而不得僅以超越經營範圍確認合同無效。

第五百零六條　合同中的下列免責條款無效：

（一）造成對方人身損害的；

（二）因故意或者重大過失造成對方財產損失的。

■ 條文主旨

本條是關於免責條款效力的規定。

■ 條文釋義

合同中的免責條款是指合同中的雙方當事人在合同中約定的免除或者限制一方或者雙方當事人責任的條款。在現代合同發展中免責條款大量出現，免責條款一般具有以下特徵：

一是免責條款具有約定性。免責條款是當事人雙方協商同意的合同的組成部分。這是與法律規定的因不可抗力致使合同不能履行情形下免除責任是不同的。當事人可以依據意思自治的原則在合同中約定免責的內容或者範圍，比如當事人可以約定「限制賠償數額」「免除某種事故發生的責任」等。

二是免責條款的提出應當是以明示的方式作出，以默示的方式作出的免責通常是無效的。

三是合同中的免責條款具有免責性。免責條款的目的，就是排除或者限制當事人的民事責任。當然這種免責可以是部分免責（限制），也可以是全部免責（排除）。

各個國家或者地區的法律一般都規定，對於一方擬定的免責條款，應給予對方以充分注意的機會，比如免責條款印刷的方式和位置，要使對方充分注意到，或者給對方以充分的提示等。特別是在現代社會格式合同流行的情況下，對於格式合同中不合理、不公平的免責條款，出於保護弱者的考慮，法律一般都規定該條款無效。

對於免責條款的效力，各個國家或者地區的法律視不同情況採取了不同的態度。一般來說，當事人經過充分協商確定的免責條款，只要是完全建立在當事人自願的基礎上，免責條款又不違反社會公共利益，法律承認免責條款的效力。但是對於嚴重違反誠信原則和社會公共利益的免責條款，法律是禁止的，否則不但將造成免責條款的濫用，而且還會嚴重損害一方當事人的利益，也不利於保護正常的合同交易。本條規定了以下兩種免責條款無效：

一是造成對方人身傷害的條款無效。對於人身的健康和生命安全，法律是給予特殊保護的。如果允許免除一方當事人對另一方當事人人身傷害的責任，那麼就無異於縱容當事人利用合同形式對另一方當事人的生命健康進行摧殘，這與保護公民的人身權利的憲法原則是相違背的。在實踐當中，這種免責條款一般也都是與另一方當事人的真實意思相違背的。所以本條對於這類免責條款加以禁止。

二是因故意或者重大過失給對方造成財產損失的免責條款。之所以將免除因故意或者重大過失造成對方財產損失的條款確認無效，是因為這種條款嚴重違反了誠信原則，如果允許這類條款的存在，就意味着允許一方當事人利用這種條款不公平對待對方當事人，損害對方當事人的權益，這是與合同制度的設立目的相違背的。對於本項規定需要注意的有兩點：（1）對於免除因一般過失而給對方當事人造成財產損失責任的條款，可以認定為有效。（2）必須是免除因故意或者重大過失給對方當事人造成財產損失的條款無效。也就是說，對於因故意或者重大過失造成的損失限於財產損失。如果是免除造成對方人身傷害的條款，不管當事人是否有故意或者重大過失，只要是免除對人身傷害責任的條款，都應當依據本條第 1 項的規定確認無效。

> **第五百零七條**　合同不生效、無效、被撤銷或者終止的，不影響合同中有關解決
> 爭議方法的條款的效力。

■ 條文主旨

本條是關於解決爭議方法條款效力獨立性的規定。

■ 條文釋義

合同不生效、無效、被撤銷或者終止，雖不能產生當事人所預期的法律效果，但並不是不產生任何法律後果。根據總則編第 157 條規定，民事法律行為無效、被撤銷或者確定不發生效力後，行為人因該行為取得的財產，應當予以返還；不能返還或者沒有必要返還的，應當折價補償。有過錯的一方應當賠償對方由此所受到的損失；各方都有過錯的，應當各自承擔相應的責任。在合同終止的情況下，雙方當事人之間也有民事責任的存在。對於如何解決雙方之間的民事爭議，雙方當事人在合同中往往訂有解決爭議的條款，當事人希望用約定的解決爭議的方法來解決雙方之間的爭議。這些條款的效力是獨立於合同的效力的，合同的生效與否、有效與否或者終止與否都不影響解決爭議條款的效力。

「合同不生效」是相對於合同法新增加的，典型的情形包括兩種：一是依照本法第 502 條規定須辦理批准等手續生效的合同，當事人未辦理批准等手續，雖然報批等義務條款以及相關條款獨立生效，但合同整體不生效；二是附生效條件的合同，所附條件確定無法具備，合同確定不發生效力。合同不生效的情形也面臨着確定責任承擔、解決爭議的問題。

還有一點應該注意，對於未辦理批准等手續影響合同生效情形的法律效果，有的觀點稱之為「該合同未生效」。「合同未生效」通常是指合同雖已成立，但生效條件尚未具備而不能生效的情況。附生效期限的合同也會因期限未屆至而未生效。「合同未生效」的概念側重於「合同尚未生效」，需要等待條件具備後生效。而對於合同編第 502 條規定的須辦理批准等手續才能生效的合同，當事人未辦理批准等手續的，需要解決的是法律效果或者責任承擔問題，而不單是等待繼續報批使合同生效的問題，當事人可能會請求報批義務方繼續辦理報批手續，但也很可能直接要求賠償損失，不再要求繼續履行。相對於「合同未生效」，這種情況下使用「合同不生效」的概念能更準確地表達條旨。附生效條件的合同，如果所附條件確定無法具備，合同確定不發生效力，也是歸為「合同不生效」更為合適。

本條所說的有關解決爭議方法的條款包括以下幾種形式：

1. 仲裁條款。仲裁條款是仲裁協議的一種表現形式，是當事人在合同中約定的用仲裁方式解決雙方爭議的條款。我國對合同爭議採取或仲裁或訴訟的制度，仲裁條款有排除訴訟管轄的效力。如果當事人在合同中訂有仲裁條款，則當事人在發生爭議時，不能向人民法院提出訴訟。根據仲裁法第 19 條第 1 款規定，仲裁協議獨立存在，合同的變更、解除、終止或者無效，不影響仲裁協議的效力。

2. 選擇受訴法院的條款。我國民事訴訟法第 34 條規定,合同或者其他財產權益糾紛的當事人可以書面協議選擇被告住所地、合同履行地、合同簽訂地、原告住所地、標的物所在地等與爭議有實際聯繫的地點的人民法院管轄,但不得違反本法對級別管轄和專屬管轄的規定。當事人選擇受訴人民法院的條款,不受合同效力的影響。

3. 選擇檢驗、鑒定機構的條款。當事人可以在合同中約定,若對標的物質量或技術的品種發生爭議,在提交仲裁或者訴訟前,應當將標的物送交雙方認可的機構或科研單位檢驗或鑒定,這種解決爭議方法的約定出於雙方自願,不涉及合同的實體權利和義務,應當承認其效力。

4. 法律適用條款。依照我國涉外民事關係法律適用法第 41 條規定,對於具有涉外因素的合同爭議,當事人可以協議選擇合同適用的法律。當然,外國法律的適用將損害我國社會公共利益的,應當適用我國法律。當事人就法律適用條款所達成的協議的效力具有獨立性,不受合同效力的影響。

> **第五百零八條** 本編對合同的效力沒有規定的,適用本法第一編第六章的有關規定。

■ 條文主旨

本條是關於合同效力適用指引的規定。

■ 條文釋義

本法第一編總則第六章對民事法律行為的效力作了全面、系統的規定,包括民事法律行為的有效要件、無民事行為能力人和限制民事行為能力人實施的民事法律行為的效力、以虛假意思表示實施的民事法律行為的效力、基於重大誤解實施的民事法律行為的效力、以欺詐手段實施的民事法律行為的效力、以脅迫手段實施的民事法律行為的效力、顯失公平的民事法律行為的效力、撤銷權除斥期間的規定、違反法律、行政法規的強制性規定及違背公序良俗的民事法律行為的效力、惡意串通的民事法律行為的效力、無效或者被撤銷的民事法律行為自始無效、民事法律行為部分無效、民事法律行為無效、被撤銷及確定不發生效力的後果,還包括附條件和附期限民事法律行為的生效與失效規定等。合同屬於雙方或者多方民事法律行為,本編即合同編沒有規定的,自然應當適用總則編第六章的有關規定。

第四章　合同的履行

　　本章共二十六條，主要規定了合同履行原則、約定不明時合同內容的確定、電子合同的履行規則、利益第三人合同、由第三人履行的合同、同時履行抗辯權、後履行抗辯權、不安抗辯權、提前履行、部分履行、情勢變更規則、對當事人利用合同實施危害國家利益、社會公共利益行為進行監督處理等內容，同時在合同法基礎上增加了債法的一般性規則，包括選擇之債、按份之債與連帶之債、具有合法利益的第三人代為履行規則，使合同編通則能夠發揮債法總則的作用。

> **第五百零九條　當事人應當按照約定全面履行自己的義務。**
>
> **當事人應當遵循誠信原則，根據合同的性質、目的和交易習慣履行通知、協助、保密等義務。**
>
> **當事人在履行合同過程中，應當避免浪費資源、污染環境和破壞生態。**

■ 條文主旨

　　本條是關於合同履行原則的規定。

■ 條文釋義

　　本條分三款分別對全面履行原則、誠信履行原則、合同履行中的綠色原則作出規定。

一、關於全面履行原則

　　本條第 1 款是關於全面履行原則的規定。當事人在合同中都會對合同義務作出約定。依照本款規定，當事人履行合同義務，應當以全面履行為原則，即應當按照約定全面履行自己的義務。例如，買賣合同的出賣人應當按照約定的履行期限、履行地點和方式，將符合約定的數量、質量要求的標的物的所有權轉移於買受人，買受人應當按照約定的價款金額、結算方式支付價款。

　　按照全面履行原則的要求，當事人應當履行的義務不限於合同的主要義務，對於當事人約定的其他義務，當事人也應當按照約定履行。例如，房產買賣合同中，出賣人不但要履行轉移房產所有權於買受人這一合同主要義務，還要按照約定與買受人辦理物業交割手續等。二手車買賣合同中，出賣人不但要履行轉移車輛所有權於買受人這一主要義務，還要按照約定向買受人提供車輛行駛證等必要資料文件。

二、關於誠信履行的原則

本條第 2 款是關於誠信履行的原則。誠信原則被稱為民法的「帝王條款」，是各個國家或者地區民法公認的基本原則。我國民法典也明確將誠信原則作為民法的基本原則。總則編第 7 條規定，民事主體從事民事活動，應當遵循誠信原則，秉持誠實，恪守承諾。合同履行也應當遵循誠信原則，當事人應當按照誠信原則行使合同權利，履行合同義務。誠信履行原則，又導出履行的附隨義務。當事人除應當按照合同約定履行自己的義務外，也要履行合同未作約定但依照誠信原則應當履行的通知、協助、保密等義務。本款就附隨義務列舉了通知、協助、保密這三項比較典型的義務，但附帶義務的範圍不局限於此。在某一合同的履行中，當事人應當履行哪些附隨義務，應當依照誠信原則，根據該合同的性質、目的和交易習慣作具體判斷。

三、關於綠色原則

總則編第 9 條規定了綠色原則。總則編第 9 條規定，民事主體從事民事活動，應當有利於節約資源、保護生態環境。綠色原則是落實黨中央關於建設生態文明、實現可持續發展理念的要求，是貫徹憲法關於保護環境的要求。總則編將綠色原則上升至民法基本原則的地位，全面開啟了環境資源保護的民法通道，有利於構建人與自然的新型關係。本條第 3 款規定是綠色原則在合同履行中的體現。依照本款規定，當事人在履行合同過程中，應當避免浪費資源，避免污染環境和破壞生態。

> **第五百一十條**　合同生效後，當事人就質量、價款或者報酬、履行地點等內容沒有約定或者約定不明確的，可以協議補充；不能達成補充協議的，按照合同相關條款或者交易習慣確定。

■ 條文主旨

本條是關於約定不明時合同內容確定的有關規定。

■ 條文釋義

合同內容一般包括合同主體即當事人的姓名或者名稱和住所、標的、數量、質量、價款或者報酬、履行期限、履行地點和方式等。一般來說，合同的標的、數量是合同的必備條款，須由當事人明確約定。當事人對合同的標的、數量沒有約定或者約定不明確的，合同內容無法確定，合同不成立。但當事人就質量、價款或者報酬、履行期限、履行地點和方式等沒有約定或者約定不明，一般並不影響合同成立，可以就這些內容進行補充。這也體現了合同法應當儘可能鼓勵交易、促成交易達成的立法目的。

本條關於合同內容補充規定適用的前提是合同已經依法成立並生效。如果合同尚未成

立、生效，此時合同沒有進入履行階段，自然沒有進行內容補充的必要。對本條規定，可以從以下兩個方面予以理解：

一是當事人協議補充。按照民法自願原則，當事人有權自主決定合同內容。在當事人就合同有關內容沒有約定或者約定不明確時，由當事人通過協商的方式達成補充協議，是對民法自願原則的體現和落實，也是最有效地補充合同內容、保障合同得以履行的方式。

二是按照合同有關條款或者交易習慣確定。如果當事人就有關內容不能達成補充協議，則按照合同有關條款或者交易習慣確定。合同各條款都是當事人協商一致的結果，體現了當事人的真實意願。合同條款與條款之間在表達上往往存在着一定的關聯，在合同欠缺有關內容或者對有關內容約定不明確時，可以結合相關條款探尋當事人真實的意圖，進而補充所欠缺的內容或者將不明確的內容予以明確。交易習慣在一定範圍內被普遍接受和採用，或者在特定當事人之間經常使用。在合同欠缺有關內容或者對有關內容約定不明確時，交易習慣也可以用來對合同內容進行補充。

第五百一十一條　當事人就有關合同內容約定不明確，依據前條規定仍不能確定的，適用下列規定：

（一）質量要求不明確的，按照強制性國家標準履行；沒有強制性國家標準的，按照推薦性國家標準履行；沒有推薦性國家標準的，按照行業標準履行；沒有國家標準、行業標準的，按照通常標準或者符合合同目的的特定標準履行。

（二）價款或者報酬不明確的，按照訂立合同時履行地的市場價格履行；依法應當執行政府定價或者政府指導價的，依照規定履行。

（三）履行地點不明確，給付貨幣的，在接受貨幣一方所在地履行；交付不動產的，在不動產所在地履行；其他標的，在履行義務一方所在地履行。

（四）履行期限不明確的，債務人可以隨時履行，債權人也可以隨時請求履行，但是應當給對方必要的準備時間。

（五）履行方式不明確的，按照有利於實現合同目的的方式履行。

（六）履行費用的負擔不明確的，由履行義務一方負擔；因債權人原因增加的履行費用，由債權人負擔。

■ 條文主旨

本條是關於確定合同中質量、價款、履行地點等內容的規定。

■ 條文釋義

當事人在合同中對質量、價款或者報酬、履行地點、履行期限、履行方式、履行費用沒有約定或者約定不明確，既不能通過協商達成補充協議，又不能按照合同的有關條款或者交易習慣確定的，適用本條規定確定合同相關內容。

1. 質量要求不明確的。根據標準化法第 2 條的規定，標準是指農業、工業、服務業以及社會事業等領域需要統一的技術要求；標準包括國家標準、行業標準等；國家標準分為強制性國家標準和推薦性國家標準，行業標準屬於推薦性標準；強制性國家標準必須執行，國家鼓勵採用推薦性標準。根據標準化法第 10 條至第 12 條規定，對保障人身健康和生命財產安全、國家安全、生態環境安全以及滿足經濟社會管理基本需要的技術要求，應當制定強制性國家標準；對滿足基礎通用、與強制性國家標準配套、對各有關行業起引領作用等需要的技術要求，可以制定推薦性國家標準；對沒有推薦性國家標準、需要在全國某個行業範圍內統一的技術要求，可以制定行業標準。根據標準化法第 21 條規定，推薦性國家標準、行業標準的技術要求不得低於強制性國家標準的相關技術要求。一般來說，推薦性國家標準、行業標準的技術要求都是高於強制性國家標準的。國家標準、行業標準均由相關部門根據嚴格的程序制定，具有標準要求明確、認知度高、權威性的特點。根據本條規定，在當事人對作為合同重要內容的質量要求不明確，通過合同相關條款或者交易習慣均不能確定的情況下，優先按照國家標準、行業標準履行。對於國家標準、行業標準，優先按照強制性國家標準履行；沒有強制性國家標準的，按照推薦性國家標準履行；沒有推薦性國家標準的，按照行業標準履行。沒有國家標準、行業標準的，再按照同類產品或者服務的市場通常質量標準或者符合合同目的的特定標準履行。這裏講的通常標準，一般指的是同一價格的中等質量標準。

2. 價款或者報酬不明確的。除依法應當執行政府定價、政府指導價的以外，按照同類產品或者同類服務訂立合同時履行地的市場價格履行。

3. 履行地點不明確的。如果是給付貨幣，在接受給付一方的所在地履行。交付不動產的，在不動產所在地履行。其他標的，在履行義務一方所在地履行。

4. 履行期限不明確的。債務人可以隨時向債權人履行義務，債權人也可以隨時請求債務人履行義務，但都要給對方必要的準備時間。

5. 履行方式不明確的。對於不同的合同，履行方式多種多樣、差別較大，很難確定一般性的標準。合同目的是當事人雙方訂立合同所共同追求的，履行方式不明確的，就按照有利於實現合同目的的方式履行。

6. 履行費用的負擔不明確的。根據合同法規定，履行費用的負擔不明確的，由履行義務一方負擔履行費用。為了公平平衡債權人與債務人之間的利益，合同編在確立由履行義務一方負擔履行費用為原則的基礎上，增加規定，因債權人原因增加的履行費用，由債權人負擔。

第五百一十二條　通過互聯網等信息網絡訂立的電子合同的標的為交付商品並採用快遞物流方式交付的，收貨人的簽收時間為交付時間。電子合同的標的為提供服務的，生成的電子憑證或者實物憑證中載明的時間為提供服務時間；前述憑證沒有載明時間或者載明時間與實際提供服務時間不一致的，以實際提供服務的時間為準。

電子合同的標的物為採用在線傳輸方式交付的，合同標的物進入對方當事人指定的特定系統且能夠檢索識別的時間為交付時間。

電子合同當事人對交付商品或者提供服務的方式、時間另有約定的，按照其約定。

■ **條文主旨**

本條是關於電子合同交付商品或者提供服務的方式、時間的規定。

■ **條文釋義**

電子合同成立並生效後，即進入了合同履行階段。本條根據電子合同履行中的實踐情況，吸收電子商務法的有關規定，區分電子合同的標的為交付商品或者提供服務分別作出規定，並有針對性地對採用在線傳輸方式交付標的物的情形作出專門規定。

一、電子合同標的為交付商品的情形

商品的交付時間具有重要的法律意義。商品的交付時間是判斷動產所有權是否轉移的依據。物權編第 224 條規定，動產物權的設立和轉讓，自交付時發生效力，但是法律另有規定的除外。商品的交付時間也是判斷標的物毀損、滅失的風險由哪一方當事人承擔的依據。合同編第 604 條規定，標的物毀損、滅失的風險，在標的物交付之前由出賣人承擔，交付之後由買受人承擔，但是法律另有規定或者當事人另有約定的除外。

通過互聯網等信息網絡訂立的電子合同生效後，當事人負有交付商品的義務。實踐中，交付方式主要有兩種：一是門店自取；二是採用快遞物流方式交付。其中，採用快遞物流方式更為常見。門店自取的方式交付商品，屬於面對面交付，交付時間不會產生糾紛。採用快遞物流方式交付商品的，如果電子合同商品銷售方自備物流服務，以收貨人簽收時間作為交付時間也沒有爭議。但是，如果電子合同商品銷售方將物品交給第三方快遞物流公司，再由第三方快遞物流公司將商品交給購買方，商品交付時間是以銷售方將物品交給第三方快遞物流公司的時間為準，還是以第三方快遞物流公司將商品送到、收貨人簽收時間為準，存在着一定的爭議。電子商務法第 51 條採用了收貨人簽收時間為交付時間的標準。本條吸收了電子商務法的規定，明確電子合同標的為交付商品並採用快遞物流方式交付的，收貨人的簽收時間為交付時間。

二、電子合同的標的為提供服務的情形

實踐中，電子合同的標的為提供服務的情況也比較常見，涉及教育培訓、文化娛樂、交通出行等各個領域。對此，本條規定，電子合同的標的為提供服務的，原則上生成的電子憑

證或者實物憑證中載明的時間為提供服務時間。但是，實踐中有的生成的電子憑證或者實物憑證沒有載明時間，也有的電子憑證或者實物憑證載明的時間與實際提供服務時間不一致，這些情況下，以實際提供服務的時間為準。

三、採用在線傳輸方式交付標的物的情形

電子合同的有些標的物，例如一些數字產品，通常採用在線傳輸方式交付。採用在線傳輸方式交付標的物的交付時間在實踐中容易產生爭議，法律有必要對交付時間的判斷標準予以明確。電子商務法對採用在線傳輸方式交付標的物的情形，將合同標的物進入對方當事人指定的特定系統且能夠檢索識別的時間規定為交付時間。本條作出了與電子商務法一致的規定。總則編、電子簽名法對數據電文的接收問題作了規定。數據電文的接收與採用在線傳輸方式交付數字產品等標的物具有高度相似性，在規則的設置上也應當基本一致。總則編將「數據電文進入相對人指定的特定系統的時間」作為採用數據電文形式的意思表示的到達時間，也即意思表示的生效時間。根據總則編第 137 條第 2 款規定，以非對話方式作出的採用數據電文形式的意思表示，相對人指定特定系統接收數據電文的，該數據電文進入該特定系統時生效。根據電子簽名法第 11 條第 2 款規定，收件人指定特定系統接收數據電文的，數據電文進入該特定系統的時間，視為該數據電文的接收時間。從表述上看，本條關於交付時間的規定不但要求合同標的物「進入對方當事人指定的特定系統」，還要求「能夠檢索識別」，與總則編、電子簽名法的規定相比，增加了「能夠檢索識別」，目的在於使交付時間的判斷標準更明確具體，更有利於保護相對方利益，避免糾紛。如果進入相對方指定的特定系統的電子合同標的物本身不能夠檢索識別，例如，當事人發送的是已經感染病毒的標的物，則不能直接將標的物進入相對方指定的特定系統的時間作為交付時間，應當由負有交付義務的當事人承擔不利的法律後果。

本法總則編明確將自願原則作為民法的基本原則。本條第 1 款和第 2 款規定是電子合同當事人交付商品、提供服務的方式與時間的一般規則，當事人可以對交付商品或者提供服務的方式、時間另行約定。如果當事人作出另外約定的，按照其約定。

第五百一十三條 執行政府定價或者政府指導價的，在合同約定的交付期限內政府價格調整時，按照交付時的價格計價。逾期交付標的物的，遇價格上漲時，按照原價格執行；價格下降時，按照新價格執行。逾期提取標的物或者逾期付款的，遇價格上漲時，按照新價格執行；價格下降時，按照原價格執行。

■ 條文主旨

本條是關於執行政府定價、政府指導價的規定。

■ 條文釋義

價格是決定價金的重要因素，我國實行宏觀經濟調控下主要由市場形成價格的機制，價格分為市場調節價和政府指導價、政府定價。市場調節價，是指由經營者自主制定，通過市場競爭形成的價格。政府指導價，是指由政府價格主管部門或者其他有關部門按照定價權限和範圍規定基準價及其浮動幅度，指導經營者定價的價格。政府定價，是指由政府價格主管部門或者其他有關部門按照定價權限和範圍制定的價格。合同交易中，價格通常按照市場調節價由當事人共同商定。國家對合同交易規定有政府指導價的，當事人應當在指導價的幅度內商定價格。國家對合同交易規定了政府定價的，當事人均應當遵守，一方違反價格管理規定的，另一方可以請求其退還多收的價金。

合同執行政府定價、政府指導價的，如果合同約定的履行期間政府定價、政府指導價調整，則按標的物交付時的價格計價。逾期交付的，遇價格上漲時，按原價格執行；價格下降時，按新價格執行。逾期提取標的物或者逾期付款的，遇價格上漲時，按新價格執行；價格下降時，按原價格執行。

第五百一十四條　以支付金錢為內容的債，除法律另有規定或者當事人另有約定外，債權人可以請求債務人以實際履行地的法定貨幣履行。

■ 條文主旨

本條是關於以實際履行地的法定貨幣履行金錢債務的規定。

■ 條文釋義

法定貨幣依靠國家規定成為一定地域內合法流通的貨幣。根據中國人民銀行法第 16 條規定，中華人民共和國的法定貨幣是人民幣。我國香港、澳門特別行政區法定貨幣分別為港幣、澳門幣。美國法定貨幣為美元、英國法定貨幣為英鎊等。正是基於法定貨幣的特殊地位，本條規定，在合同交易中，對於以支付金錢為內容的債務，除法律另有規定或者當事人另有約定外，債權人可以請求債務人以實際履行地的法定貨幣履行。

> 第五百一十五條　標的有多項而債務人只需履行其中一項的，債務人享有選擇權；但是，法律另有規定、當事人另有約定或者另有交易習慣的除外。
> 享有選擇權的當事人在約定期限內或者履行期限屆滿未作選擇，經催告後在合理期限內仍未選擇的，選擇權轉移至對方。

■ 條文主旨

本條是關於選擇之債中選擇權歸屬的規定。

■ 條文釋義

基於本法不設債法總則編，需要將債法的一般性規則納入合同編，使合同編通則在一定程度上發揮債法總則的作用。各個國家或者地區的民法典普遍將選擇之債作為債法總則的內容予以規定。合同編借鑒境外立法例，立足我國國情，對選擇之債的基本內容作了規定，包括選擇權歸屬主體、選擇之債的標的確定等作了規定。選擇之債的這些規定雖然是在合同編中予以規定，但其不僅僅適用於合同之債，可以作為債法的一般性規則。根據合同編第 468 條的規定，非因合同產生的債權債務，包括侵權之債、不當得利之債、無因管理之債等，首先適用有關該債權債務關係的法律規定；沒有規定的，適用合同編通則的有關規定，但根據其性質不能適用的除外。

一、關於選擇權歸屬的一般原則

本條第 1 款確立了選擇權歸屬的一般原則。選擇之債的標的有多項，而債務人只需要履行其中一項，選擇之債首先要解決的問題就是哪一方當事人享有選擇權。本條採用了一般原則加除外規定的方式，對選擇權的歸屬主體作出規定。依照本條規定，標的有多項而債務人只需要履行其中一項的，原則上選擇權歸屬於債務人。將選擇權賦予債務人，有利於債務人根據自身情況作出最適宜債務履行的選擇，能夠更大程度地確保交易實現。同時，本條規定了法律另有規定、當事人另有約定或者另有交易習慣三種例外。一是法律對選擇權的歸屬主體另有規定的，應當按照該規定確定享有選擇權的主體。二是民事活動應當遵循自願原則，在當事人對選擇權的歸屬主體作出特別約定的情況下，應當尊重當事人的選擇，按照當事人的約定確定選擇權的歸屬主體。三是交易習慣在某一地域、某一領域、某一行業等範圍內被普遍接受和採用，或者在特定當事人之間經常使用。適用交易習慣確定選擇權的歸屬主體符合當事人的預期，有利於公平、合理地平衡當事人之間的利益。對於選擇之債中選擇權的歸屬主體，在法律沒有特別規定、當事人沒有約定的情況下，如果有相關交易習慣存在，即適用該交易習慣確定選擇權的歸屬主體。

二、關於選擇權轉移

本條第 2 款是關於選擇權轉移的規定。債的標的之確定，有賴於享有選擇權的當事人行使選擇權。享有選擇權的當事人不行使選擇權，債的標的就無法確定。具體來說，如果享有

選擇權的當事人是債權人，債權人不行使選擇權，因債的標的不能確定，債務人也就無法履行債務；如果享有選擇權的當事人是債務人，債務人不行使選擇權，因債的標的不能確定，債權人主張權利也會受到妨礙。在享有選擇權的當事人不行使選擇權的情況下，法律有必要通過制度設計，使債的標的得以確定，債務的履行步入正常軌道，促進交易的完成。

依照第 2 款規定，享有選擇權的當事人應當在約定期限內作出選擇；當事人未對選擇權行使約定期限的，應當在履行期限屆滿前作出選擇。同時，考慮到選擇權的行使直接關係債的標的的確定，選擇權轉移對當事人影響重大，因此本條在行使選擇權的約定期限和履行期限屆滿後，又設定了一個催告期間以作緩衝，使不及時行使選擇權的一方予以充分注意。依照第 2 款規定，享有選擇權的當事人在約定期限內或者履行期限屆滿未作選擇的，相對方可以催告其在合理期限內作出選擇。這就意味着，即使當事人對選擇權的行使期限作了約定，在約定期限屆滿未作選擇的，相對方都要先進行催告。只有當有選擇權的當事人在催告後的合理期限內仍未選擇的，選擇權才轉移至對方。

> **第五百一十六條**　當事人行使選擇權應當及時通知對方，通知到達對方時，標的確定。標的確定後不得變更，但是經對方同意的除外。
>
> 可選擇的標的發生不能履行情形的，享有選擇權的當事人不得選擇不能履行的標的，但是該不能履行的情形是由對方造成的除外。

■ 條文主旨

本條是關於選擇權行使的規定。

■ 條文釋義

本條第 1 款是關於選擇權的行使方式和法律效果的規定。

選擇之債的選擇權屬於形成權的一種。選擇權一旦經當事人行使，將直接導致民事權利義務關係的變動，債的標的得以確定，債務人應當按照確定後的標的履行義務，債權人有權按照確定後的標的請求債務人履行義務。

依照第 1 款規定，有選擇權的當事人行使選擇權應當採用通知的方式，通知到達對方時，標的即確定，不需要經過相對方同意。標的一旦確定，對雙方當事人均產生拘束力。除非經過相對方同意，享有選擇權的當事人也不得再自行變更標的。

本條第 2 款是關於標的不能履行情形選擇權行使的規定。

如果選擇之債可選擇的多項標的中有不能履行的情形，選擇權是否受到影響，當事人如何選擇標的，有必要通過立法予以明確。第 2 款從儘可能促成債務履行的角度出發，規定可選擇的標的之中發生不能履行情形的，享有選擇權的當事人不得選擇不能履行的標的，即只

能從剩餘的標的中選擇。同時為了公平、合理平衡當事人雙方之間的利益，作了除外規定即「但是該不能履行的情形是由對方造成的除外」。意思就是，如果該不能履行的情形是由相對方即無選擇權的當事人造成的，享有選擇權的當事人既可以在剩餘標的中選擇，也可以選擇該不能履行的標的進而主張相應的法律效果。例如，在一項合同交易中約定了多項可選擇的標的，如果債權人享有選擇權，標的不能履行是由債務人造成的，那麼債權人也可以選擇該不能履行的標的，進而依法主張解除合同或者要求債務人承擔違約責任。

> **第五百一十七條**　債權人為二人以上，標的可分，按照份額各自享有債權的，為按份債權；債務人為二人以上，標的可分，按照份額各自負擔債務的，為按份債務。
>
> 　　按份債權人或者按份債務人的份額難以確定的，視為份額相同。

■ 條文主旨

本條是關於按份債權和按份債務定義的規定。

■ 條文釋義

境外民法典普遍在債法總則中對按份之債和連帶之債作了規定，這些規定不僅適用於合同之債，還適用於非因合同產生的債權債務，包括侵權之債、不當得利之債、無因管理之債等。我國民法典不設債法總則編，為了使合同編通則在一定程度上發揮債法總則的作用以滿足實踐需求，合同編第 517 條至第 521 條共五個條文對按份之債和連帶之債的基本規則作了規定。

按份之債是相對於連帶之債而言的，按份之債和連帶之債都屬於複數主體債權債務，即債權人或者債務人為 2 人以上。按份債權和連帶債權是債權人為 2 人以上，按份債務和連帶債務是債務人為 2 人以上。

民法通則對按份債權與按份債務作了規定。民法通則第 86 條規定，債權人為 2 人以上的，按照確定的份額分享權利。債權人為 2 人以上的，按照確定的份額分擔義務。

本條第 1 款在總結我國立法和司法實踐經驗的基礎上，對按份債權和按份債務的定義作了界定。依照本條第 1 款規定，按份債權和按份債務的標的都是可分的，標的不可分不能成立按份債權或者按份債務。當然標的可分的債權並不都是按份債權，標的可分的債務並不都是按份債務，標的可分的債權或者債務也可依照法律規定或者當事人約定成立連帶債權或者連帶債務。依照第 1 款規定，按份債權的債權人為 2 人以上，按照份額各自享有債權，每個債權人只能就自己的份額向債務人主張債權，不得超過自己份額行使債權。按份債務的債務人為 2 人以上，按照份額各自負擔債務，每個債務人只就自己應當承擔的份額向債權人履行債務，對超過自己份額的債務有權拒絕。由此可以看出，第 1 款對按份債權和按份債務的定

義所作的界定，同時包含了按份債權和按份債務的內外部效力，即各債權人之間對內按照份額分享權利，對外按照各自份額行使權利；各債務人之間對內按照份額分擔債務，對外按照各自份額履行債務。

本條第 2 款還對份額難以確定的情形作了規定。按份債權人的份額或者按份債務人的份額，法律有規定或者當事人有約定的，依照法律規定或者當事人約定。如果法律沒有規定，當事人也沒有約定或者約定不明確，難以確定按份債權人或者按份債務人的份額的，視為份額相同，每個債權人平均分享債權，每個債務人平均分擔債務。

第五百一十八條　債權人為二人以上，部分或者全部債權人均可以請求債務人履行債務的，為連帶債權；債務人為二人以上，債權人可以請求部分或者全部債務人履行全部債務的，為連帶債務。

連帶債權或者連帶債務，由法律規定或者當事人約定。

■ 條文主旨

本條是關於連帶債權和連帶債務定義的規定。

■ 條文釋義

連帶之債是相對於按份之債而言的，與按份之債同屬於複數主體債權債務。但相對於按份之債，連帶之債的內外部關係更為複雜，境外民法典也普遍對連帶之債作了重點規定。連帶之債具體又分為連帶債權與連帶債務。連帶債務設立的目的是最大程度地保障債權人的利益，每一個債務人對全部債務均負有履行義務，實際上相當於以全體債務人的全部財產擔保債務履行。就連帶債權而言，每一個債權人均可以請求債務人履行全部債務，這就會存在某一債權人受領全部給付後並沒有按照內部份額返還其他債權人的情況，其他債權人的利益有受到損害的風險。由此可見，連帶債權對債權人而言並不有利。實踐中，連帶債務比連帶債權也更為常見。境外立法例普遍更着重對連帶債務予以規範，對連帶債權的規範較為簡略，但也必不可少。

我國民法通則也對連帶債權和連帶債務的內容作了規定。根據民法通則第 87 條規定，債權人或者債務人一方人數為 2 人以上的，依照法律的規定或者當事人的約定，享有連帶權利的每個債權人，都有權要求債務人履行義務；負有連帶義務的每個債務人，都負有清償全部債務的義務。

本條第 1 款延續了民法通則的規定，對連帶債權和連帶債務的基本內涵作了界定。連帶債權的債權人為 2 人以上，部分或者全部債權人均可以請求債務人履行債務。連帶債務的債務人為 2 人以上，不管債務人之間的內部份額如何劃分，債權人既可以請求全部債務人履行

全部債務或者部分債務，也可以請求部分債務人履行全部債務或者部分債務。全部或者部分債務人履行一部分債務的，未履行的債務部分仍然是各債務人的連帶債務，債權人有權請求全部債務人或者部分債務人履行。

　　本條第 2 款對連帶之債的成立作了規定。連帶債務的成立對債權人相當有利，但對各債務人影響重大，對其成立有必要作嚴格的限制。因此本條第 2 款規定，連帶債務由法律規定或者當事人約定。既沒有法律規定，也沒有當事人約定，不可成立連帶債務。連帶債權的各債權人共享同一債權，但可以由某一債權人單獨行使該債權，這種情況也要有法律的明確規定或者當事人之間的特別約定。

　　第五百一十九條　連帶債務人之間的份額難以確定的，視為份額相同。

　　實際承擔債務超過自己份額的連帶債務人，有權就超出部分在其他連帶債務人未履行的份額範圍內向其追償，並相應地享有債權人的權利，但是不得損害債權人的利益。其他連帶債務人對債權人的抗辯，可以向該債務人主張。

　　被追償的連帶債務人不能履行其應分擔份額的，其他連帶債務人應當在相應範圍內按比例分擔。

■ 條文主旨

　　本條是關於連帶債務人之間份額確定以及追償的規定。

■ 條文釋義

　　本條第 1 款是關於連帶債務人之間份額確定的規定。

　　債權人有權要求任一連帶債務人履行全部債務，這是就各連帶債務人與債權人之間的關係而言的。至於在連帶債務人內部關係中如何確定各自應當承擔的債務份額，有法律規定或者當事人約定的，按照法律規定或者當事人約定；如果既沒有法律規定，也沒有當事人約定，難以確定各連帶債務人的債務份額的，依照本條第 1 款規定，視為份額相同，即由各連帶債務人平均分擔債務。

　　本條第 2 款、第 3 款是關於連帶債務人追償的規定。

　　1. 追償權的成立條件和範圍。連帶債務人的追償權是指一個連帶債務人因履行債務、抵銷債務等使連帶債務人對債權人的債務在一定範圍內消滅的，該連帶債務人享有向其他連帶債務人追償的權利。大陸法系國家和地區的民法典普遍規定了連帶債務人的追償權，但在連帶債務人行使追償權的條件設置方面，做法不一，其中差別比較大的就是連帶債務人行使追償權是否要以實際承擔債務超過自己的債務份額為條件。主要有以下三種不同立法例：第一種立法例，規定連帶債務人實際承擔的債務須超過自己的債務份額，才能向其他連帶債務人

行使追償權。第二種立法例，連帶債務人行使追償權不需要以實際承擔的債務超過自己的債務份額為條件，只要債務人以自己的財產使各連帶債務人共同免責，不管數額多少，均可以向其他連帶債務人追償。第三種立法例，規定連帶債務人須清償全部債務，才能向其他連帶債務人行使追償權。

我國民法通則第 87 條對連帶債務人的追償權作了規定，即負有連帶義務的每個債務人，都負有清償全部債務的義務，履行了義務的人，有權要求其他負有連帶義務的人償付他應當承擔的份額。本法總則編第 178 條第 2 款對連帶責任人的追償權作了規定，即實際承擔責任超過自己責任份額的連帶責任人，有權向其他連帶責任人追償。

本條在總結我國立法和司法實踐經驗的基礎上，對連帶債務人追償權的成立條件採用了上述第一種做法，即連帶債務人實際承擔的債務須超過自己的債務份額，才能向其他連帶債務人行使追償權，並且行使追償權的範圍限於實際承擔債務超過自己份額的部分。連帶債務人向債權人履行債務後，債權相應消滅，連帶債務人與債權人之間的外部關係轉化為該連帶債務人與其他連帶債務人之間的內部關係。連帶債務在外部關係上表現為各債務人對債權人均負有全部清償的義務，但在內部關係上表現為各債務人按照各自的份額分擔債務。基於此，本條規定，該連帶債務人就超出部分在其他連帶債務人未履行的份額範圍內行使追償權，即只能主張其他連帶債務人各自應當承擔的債務份額內未履行的部分，而不是就該超出部分要求其他債務人承擔連帶債務。例如，債權人甲對連帶債務人乙、丙、丁享有 150 萬元的債權，乙、丙、丁約定平均分擔該筆債務，即就內部關係而言每人的債務份額為 50 萬元。現乙向甲清償了全部債務，乙就超過自己份額的部分即 100 萬元有權向丙、丁追償，就這 100 萬元丙、丁並不對乙承擔連帶債務，而是每人只承擔各自份額 50 萬元，乙也無權要求丙或者丁各自承擔超過 50 萬元的債務部分。

2. 行使追償權的連帶債務人享有債權人的權利。本條賦予行使追償權的連帶債務人享有債權人的權利。依照第 2 款規定，連帶債務人有權就超過部分在其他連帶債務人未履行的份額範圍內向其追償，並相應地享有債權人的權利。連帶債務人所享有的債權人的權利，比較典型的是債權所附的擔保等從權利。連帶債務人之一通過清償債務使債權人對連帶債務人的債權消滅的，由作出清償的連帶債務人在一定範圍內取得原債權人的地位，取得原債權人所享有的擔保權等權利。同時考慮到連帶債務規則設立的目的主要是保護債權人，合理平衡債權人與享有追償權的連帶債務人之間的利益，本條還規定，實際承擔債務的連帶債務人享有債權人的權利，但是不得損害債權人的利益。舉一例予以說明：某一債權人對連帶債務人 A、B、C 享有 100 萬元債權，連帶債務人 A、B、C 內部約定了各自份額，A 承擔 50 萬元、B 承擔 30 萬元、C 承擔 20 萬元，D 還就自己的財產為債務人 B 就連帶債務向債權人設定了抵押。現 A 向債權人清償了 70 萬元債務，B、C 未向債權人清償。依照本條規定，A 不僅享有追償權，還享有債權人的權利，即 A 就超過自己份額的部分 20 萬元有權向 B、C 追償，同時還取得了債權人對 D 提供的抵押財產所享有的抵押權。但是，本案中債權人還有 30 萬元未獲清償，依照本條規定，連帶債務人享有債權人的權利不得損害債權人的利益，

那麼債權人就未獲清償的 30 萬元債務對 D 提供的抵押財產所享有的抵押權，在順位上要優先於 A 就抵押財產所取得的抵押權。

此外，為了合理平衡享有追償權的連帶債務人與其他連帶債務人之間的利益，本條還規定，其他連帶債務人對債權人的抗辯，可以向該債務人主張。比如，其他連帶債務人對債權人的債權數額有異議的，本可以向債權人提出抗辯，現就可以向享有追償權的連帶債務人提出抗辯。再如，實際承擔債務的連帶債務人甲向其他連帶債務人乙追償，並行使債權人對連帶債務人乙所享有的抵押權時，為債權人設定抵押的連帶債務人乙認為抵押權未依法設立、已經變更或者消滅的，本可以向債權人提出抗辯，現就可以向進行追償的連帶債務人主張抗辯。

3. 特定情形下連帶債務人之間的債務份額二次分擔規則。實際承擔債務超過自己份額的連帶債務人在向其他連帶債務人進行追償時，只能要求其他連帶債務人在各自未履行的份額範圍內分擔債務。如果其他連帶債務人之一發生了破產等情形致使不能履行其應當分擔的份額的，實際承擔債務的連帶債務人的追償權就難以全部實現。本條第 3 款基於公平考慮，規定被追償的連帶債務人不能履行其應分擔份額的，其他連帶債務人應當在相應範圍內按比例分擔。該規定中的「其他連帶債務人」是指除不能履行其應分擔份額的連帶債務人之外的所有連帶債務人，包括實際承擔債務後行使追償權的連帶債務人。舉例如下：連帶債務人 A、B、C、D 對債權人 E 負 200 萬元債務，連帶債務人內部平均分擔債務，即每個連帶債務人的內部分擔份額為 50 萬元。A 向 E 清償了 200 萬元債務，使連帶債務人對債權人的債務全部消滅，A 就自己實際承擔的債務超出自己份額的部分即 150 萬元享有向 B、C、D 的追償權，B、C、D 各自向 A 分擔 50 萬元。現 B 破產，A 向 B 只追償到 20 萬元，B 應分擔的另外３０萬元份額已經不能履行。此時，依照本條規定，B 不能履行的３０萬元份額，由 A、C、D 三個連帶債務人按照比例（50：50：50）分擔，每人分擔 10 萬元份額，即 A 就 B 不能履行的 30 萬元債務，自己承擔 10 萬元，可以向 C、D 每人主張 10 萬元。

> **第五百二十條** 部分連帶債務人履行、抵銷債務或者提存標的物的，其他債務人對債權人的債務在相應範圍內消滅；該債務人可以依據前條規定向其他債務人追償。
>
> 部分連帶債務人的債務被債權人免除的，在該連帶債務人應當承擔的份額範圍內，其他債務人對債權人的債務消滅。
>
> 部分連帶債務人的債務與債權人的債權同歸於一人的，在扣除該債務人應當承擔的份額後，債權人對其他債務人的債權繼續存在。
>
> 債權人對部分連帶債務人的給付受領遲延的，對其他連帶債務人發生效力。

■ 條文主旨

本條是關於部分連帶債務人與債權人之間發生的事項對其他連帶債務人的效力的規定。

■ 條文釋義

一個連帶債務人與債權人之間發生的事項是否對其他連帶債務人發生效力是連帶債務中的基本問題。在理論上，如果一個連帶債務人與債權人之間發生的事項對其他連帶債務人也發生效力，被稱為連帶債務的絕對效力；如果一個連帶債務人與債權人之間發生的事項僅對該連帶債務人發生效力，不對其他連帶債務人發生效力，被稱為連帶債務的相對效力。關於一個連帶債務人與債權人之間發生的哪些事項具有絕對效力、哪些事項具有相對效力，世界上各個國家或者地區的立法存在一定差異，但總體上都認為，各個連帶債務人對債權人所承擔的債務具有相對獨立性，一個連帶債務人與債權人之間發生的事項原則上僅具有相對效力，只有在例外情形下才具有絕對效力。本條參考境外立法例，立足中國國情和實際，對部分連帶債務人與債權人之間可能發生的典型事項對其他債務人的效力問題作了規定。

一、關於履行、抵銷債務或者提存

本條第 1 款是關於部分連帶債務人履行、抵銷債務或者提存標的物對其他連帶債務人發生效力的規定。部分連帶債務人向債權人履行債務，或者以債權人對自己所負債務與連帶債務人對債權人所負債務相抵銷，或者提存標的物，均可使債權人的債權全部或者部分得到滿足，其他債務人對債權人的債務也就在相應範圍內消滅，即部分連帶債務人履行、抵銷債務或者提存具有絕對效力。

二、關於免除債務

本條第 2 款是關於部分連帶債務人的債務被債權人免除對其他債務人發生效力的規定。債權人向全體連帶債務人表示免除連帶債務的，自然發生連帶債務消滅的效果，這種情形較為簡單、明確，法律無須單獨規定。但是，如果債權人僅免除部分連帶債務人的債務，對其他債務人產生什麼效力，法律有必要予以明確規定。從理論上，這種情形可能產生三種效力：一是相對效力，即債權人免除一個連帶債務人的債務，僅產生債權人不向該連帶債務人請求履行的效果，對其他債務人不生效力，債權人仍可向其他連帶債務人請求履行全部債務。二是絕對效力，即債權人免除一個連帶債務人的債務，其他債務人的債務也消滅。這種做法對其他債務人有利，但會違背債權人的意思，損害債權人利益。三是限制絕對效力，即債權人免除一個連帶債務人的債務，只是在該連帶債務人應當承擔的內部份額範圍內，其他債務人對債權人的債務消滅。限制絕對效力的做法兼顧了尊重債權人意願與保護連帶債務人利益。

本條對債權人免除部分連帶債務人債務的法律效果採用了限制絕對效力的做法。根據本條規定，債權人免除其中一個或者部分連帶債務人的債務的，債權人仍可向其他債務人請求履行，但是其他債務人承擔的連帶債務數額要扣除被免除的連帶債務人應當承擔的內部份額。例如，債權人對連帶債務人甲、乙、丙享有 100 萬元債權，就連帶債務人內部而言，甲承擔 20 萬、乙承擔 30 萬元、丙承擔 50 萬元。現債權人表示免除甲的債務。此時，債權人仍可向乙、丙主張債權，但是要扣除甲承擔的份額 20 萬元，即乙、丙對債權人只承擔 80

萬元連帶債務。

三、關於混同

在發生混同時，即部分連帶債務人的債務與債權人的債權同歸於一人的，對其他債務人產生什麼效力，在立法例上主要有三種做法：第一種是產生相對效力，第二種是產生絕對效力，第三種是產生限制絕對效力。試舉一例對以上三種立法例予以說明。債權人甲對連帶債務人 A、B、C 享有債權 300 萬元，A、B、C 內部每人平均分擔 100 萬元債務，現 A 與甲發生混同。按照第一種立法例，混同對其他連帶債務人產生相對效力，混同後甲（或者 A）仍然可以債權人的地位向 B、C 請求履行連帶債務 300 萬元。假如 B 向甲（或者 A）履行了 300 萬元債務，那麼 B 就可以再向 A（或者甲）、C 進行追償，要求各承擔 100 萬元債務。這種立法例對發生混同的連帶債務人（或者債權人）較為有利，但在處理程序上相對複雜，容易產生循環求償的問題。按照第二種立法例，產生絕對效力，甲與 A 混同後，A、B、C 對甲所負的連帶債務 300 萬元消滅。此時 A（或者甲）再以使連帶債務消滅的債務人的身份向 B、C 追償，要求 B、C 各承擔 100 萬元債務。這種立法例對發生混同的債權人（或者連帶債務人）較為不利，使其他債務人對債權人所負的連帶債務變成了連帶債務人之間進行追償的按份債務，減弱了對債權實現的保障力度，降低了債權人的地位。按照第三種立法例，產生限制的絕對效力。甲與 A 混同後，扣除 A 所應當承擔的內部份額 100 萬元，B、C 對甲（或者 A）所負的連帶債務數額變為 200 萬元。這種立法例將問題作簡化處理，避免了循環求償問題，也有利於在債權人利益與連帶債務人利益之間作合理平衡。

本條立足中國國情，參考境外立法例，採取了限制絕對效力的做法。根據本款規定，部分連帶債務人的債務與債權人的債權同歸於一人的，混同後的債權人（或者發生混同的連帶債務人）仍然可以以債權人的地位，向其他連帶債務人請求承擔連帶債務，但是連帶債務的數額要扣除發生混同的連帶債務人應當承擔的內部份額。

四、關於債權人遲延受領

債權人遲延受領是指債權人無正當理由對於債務人的給付未及時受領。債權人遲延受領的，會產生一定的法律效果。例如，依照合同編第 589 條規定，債權人拒絕受領的，債務人可以請求債權人賠償增加的費用；在債權人受領遲延期間，債務人無須支付利息。依照合同編第 605 條規定，因買受人的原因致使標的物未按照約定的期限交付的，買受人應當自違反約定時起承擔標的物毀損、滅失的風險。本條第 4 款規定，債權人對部分連帶債務人的給付受領遲延的，對其他連帶債務人發生效力。例如，對於債權人受領遲延期間的利息，作出給付行為的連帶債務人有權拒絕，其他連帶債務人根據本款規定也有權拒絕。

> **第五百二十一條　連帶債權人之間的份額難以確定的，視為份額相同。**
>
> **實際受領債權的連帶債權人，應當按比例向其他連帶債權人返還。**
>
> **連帶債權參照適用本章連帶債務的有關規定。**

■ 條文主旨

本條是關於連帶債權內外部關係的規定。

■ 條文釋義

本條第 1 款是關於連帶債權人之間份額確定的規定。在連帶債權內部關係中，如何確定各連帶債權人的份額，有法律規定或者當事人約定的，按照法律規定或者當事人約定；如果既沒有法律規定，也沒有當事人約定，難以確定各連帶債權人的份額的，依照本條第 1 款規定，視為份額相同，即由各連帶債權人平均分享債權。

本條第 2 款是關於實際接受給付的連帶債權人向其他連帶債權人進行返還的規定。依照本款規定，實際受領債權的連帶債權人應當向其他連帶債權人返還，返還的數額按照連帶債權人的份額比例計算。在合同編制定過程中，本款規定經歷了一個變化的過程。合同編草案一審稿至三審稿對此均規定，實際受領超過自己份額的連帶債權人，應當按比例向其他連帶債權人返還。對此，有的意見提出，連帶債權人只有在實際受領超過自己份額時，才向其他連帶債權人返還，對其他連帶債權人是不公平的，例如，連帶債權人甲、乙、丙對債務人享有 300 萬元連帶債權，按照連帶債權人甲、乙、丙內部份額比例 5：2：3，甲的債權份額為 150 萬元。如果債務人發生破產，作為連帶債權人之一的甲對債務人主張債權，只取得了 100 萬元債權，按照合同編草案一審稿至三審稿的規定，因為甲實際受領的債權額（100 萬元）沒有超過自己的份額（150 萬元），則甲無須向同為連帶債權人的乙、丙返還，而債務人已經破產，乙、丙已無法從債務人處取得債權，這樣的結果對乙、丙是不公平的。經研究，為了合理平衡連帶債權人之間的利益，合同編對此作了進一步修改，規定實際受領債權的連帶債權人，不管受領債權的數額多少，不管實際受領是否超過自己份額，都應當按照比例向其他連帶債權人返還。還是上面的例子，按照合同編最終規定，實際受領 100 萬元債權的甲，即使受領數額沒有超過自己的份額 150 萬元，也應當按照比例 5：2：3 向連帶債權人乙、丙返還，即向乙返還 20 萬元，向丙返還 30 萬元。

本條第 3 款是關於連帶債權參照適用連帶債務的規定。本款的「參照適用」主要是就外部關係而言，就部分連帶債權人與債務人之間發生的事項對其他連帶債權人產生的效力，參照適用合同編第 520 條的規定。例如，就債務人向部分連帶債權人履行、抵銷債務或者提存標的物對其他連帶債權人產生什麼效力呢？對此，參照適用合同編第 520 條第 1 款規定，可以得出這樣的法律效果，即債務人向部分連帶債權人履行債務、債務人將自己對連帶債權人所負債務與部分連帶債權人對自己所負債務相抵銷或者債務人依法提存標的物，均可使連帶

債權全部或者部分得到滿足，其他連帶債權人對債務人的債權在相應範圍內消滅。

第五百二十二條　當事人約定由債務人向第三人履行債務，債務人未向第三人履行債務或者履行債務不符合約定的，應當向債權人承擔違約責任。

法律規定或者當事人約定第三人可以直接請求債務人向其履行債務，第三人未在合理期限內明確拒絕，債務人未向第三人履行債務或者履行債務不符合約定的，第三人可以請求債務人承擔違約責任；債務人對債權人的抗辯，可以向第三人主張。

■ **條文主旨**

本條是關於利益第三人合同的規定。

■ **條文釋義**

為了適應複雜的交易實踐需求，現代民法對涉他合同予以認可。涉他合同，又稱為涉及第三人的合同，包括利益第三人合同和由第三人履行的合同。本條規定的是利益第三人合同，本編第 523 條規定的是由第三人履行的合同。本條第 1 款是關於不真正利益第三人合同的規定，該規定延續了合同法第 64 條的規定，未作修改。依照該規定，當事人約定由債務人向第三人履行債務的，債務人未向第三人履行債務或者履行債務不符合約定的，債務人應當向債權人承擔違約責任。但對於第三人是否對債務人享有履行請求權，理論上存在着一定的爭議。一種觀點認為，合同法第 64 條是將向第三人履行作為債務履行的一種方式，合同的效力仍然限制在合同當事人之間。另一種觀點則從比較法和有利於實踐適用的角度認為，合同法第 64 條肯定了第三人對債務人的履行請求權。

實踐中涉及第三人利益的合同不斷增多，為了更好地實現合同締結方意願，加強對第三人利益的保護，本條參考境外立法例，在保留合同法第 64 條作為本條第 1 款的基礎上，增加規定了第 2 款，明確了第三人對債務人的履行請求權。這對於滿足實踐需求和消除理解分歧都具有重要意義。我們可以將本條第 1 款稱之為不真正的利益第三人合同，將第 2 款稱之為真正的利益第三人合同。不真正的利益第三人合同與真正的利益第三人合同的重要區別就是，真正的利益第三人合同的第三人取得對債務人的履行請求權，而不真正的利益第三人合同的第三人僅可以接受債務人的履行，不享有對債務人的履行請求權。

一、不真正的利益第三人合同

本條第 1 款是關於不真正的利益第三人合同的規定。本款規定堅守了合同相對性原則。所謂合同相對性原則是指合同項下的權利與義務只由合同當事人享有或者承擔，合同僅對當事人具有法律約束力，對合同當事人之外的第三人不具有法律約束力。合同相對性原則在整個合同制度中具有重要的基礎地位，本編第 465 條第 2 款對合同相對性原則作了規定，即依

法成立的合同，僅對當事人具有法律約束力，但是法律另有規定的除外。對於本款規定的不真正的利益第三人合同，由債務人向第三人履行債務，是債權人與債務人之間所作的約定，該約定不對第三人產生法律約束力。第三人不享有請求債務人履行的權利，履行請求權仍然屬於作為合同當事人的債權人。債務人未向第三人履行債務或者履行債務不符合約定的，債務人應當向債權人承擔違約責任，而不是向第三人承擔違約責任。第三人沒有享受到預期利益的，第三人可以依據其與債權人之間的約定等另作處理。

二、關於真正的利益第三人合同

本條第 2 款是關於真正的利益第三人合同的規定，對真正利益第三人合同的中第三人取得履行請求權的條件及相關法律效果作了規定。

1. 第三人取得履行請求權的條件。首先，第三人取得履行請求權要有法律規定或者當事人約定。依照本條規定，只有在法律規定或者當事人約定第三人可以直接請求債務人向其履行債務的，才構成真正的利益第三人合同，第三人才能取得履行請求權。根據合同相對性原則，合同項下的權利與義務只由合同當事人享有或者承擔，履行請求權只歸債權人享有。而真正的利益第三人合同賦予合同當事人之外的第三人履行請求權，這是對合同相對性原則的突破，自應當嚴格掌握，要以有法律規定或者當事人約定為前提。有的法律對特定的合同直接賦予第三人履行請求權，例如依據保險法的規定，對於投保人與保險人訂立的保險合同，被保險人或者受益人即使不是投保人，在保險事故發生後，也享有向保險人請求賠償或者給付保險金的權利。除了法律規定，更多情形下的真正的利益第三人合同是合同當事人雙方以合意的形式賦予第三人履行請求權。本條規定以當事人約定的方式設立真正的利益第三人合同，賦予第三人履行請求權，體現了民法的自願原則，是對當事人雙方意願的尊重。真正的利益第三人合同結構是基本合同加第三人約款。在第三人約款中，債權人與債務人特別約定，債務由債務人向第三人履行，第三人可以直接請求債務人向其履行。如果合同當事人僅是約定由債務人向第三人履行債務，沒有賦予第三人履行請求權的，不屬於本款規定的真正的利益第三人合同，可以按照本條第 1 款規定的不真正利益第三人合同處理。舉例如下，發貨人用貨車將一批貨物發送第三人，發貨人與運輸公司訂立的貨運合同為基本合同，運輸公司將貨物運至第三人、第三人享有履行請求權為第三人約款。運輸公司之所以將貨物運至第三人，是由於發貨人支付了運費。發貨人使運輸公司將貨物運至第三人，多是因發貨人與第三人有對價關係，例如發貨人與第三人訂立了買賣合同，發貨人從第三人處取得了貨物對價。

其次，利益第三人合同是為第三人的利益而設置，按照民法的自願原則，即使是為他人賦予利益，他人也有權拒絕。因此，本條對利益第三人合同還規定了第三人的拒絕權，第三人在合理期限內可以拒絕，未在合理期限內明確拒絕的，第三人就取得了直接請求債務人履行的權利，可以直接請求債務人向其履行。

2. 真正的利益第三人合同的法律效果。債務人未向第三人履行債務或者履行債務不符合約定的，第三人可以請求債務人承擔繼續履行、賠償損失等違約責任。一般認為，第三人對

債務人雖取得履行請求權，但由於其不是合同當事人，合同本身的權利，如解除權、撤銷權等，第三人不得行使。

3. 債務人的抗辯。債務人基於債務人地位對債權人所享有的抗辯，不應因向第三人履行而受到影響。因此，本條規定，債務人對債權人的抗辯，可以向第三人主張。

> **第五百二十三條　當事人約定由第三人向債權人履行債務，第三人不履行債務或者履行債務不符合約定的，債務人應當向債權人承擔違約責任。**

■ 條文主旨

本條是關於由第三人履行合同的規定。

■ 條文釋義

由第三人履行的合同，又稱第三人負擔的合同，是指雙方當事人約定債務由第三人履行的合同。例如，甲乙約定，甲欠乙的錢由丙償付，即是由第三人履行的合同；再如，某一產品的經銷商與買受人訂立買賣合同，雙方約定由該產品的生產商直接向買受人交付產品，也屬於比較典型的由第三人履行合同。實踐中，第三人之所以向債權人履行債務，多是因為債務人與第三人之間存在着其他法律關係，例如，第三人對債務人負有債務，第三人與債務人對此約定，第三人向債權人履行即可消滅第三人對債務人所負的債務等。由第三人履行的合同，往往具有減少交易環節，提高交易效率的功能。

本條根據實踐需求，對由第三人履行的合同作了規定。根據本條規定，由第三人履行的合同，具有幾個特點：

一是合同是在債權人與債務人之間訂立，以債權人、債務人為合同雙方當事人，第三人不是合同當事人。第三人向債權人履行債務的原因，可能基於第三人與債務人之間存在的法律關係（例如，第三人與債務人存在交易、委託等合同關係），也可能基於非法律關係（例如，第三人基於與債務人之間的情誼，自願向債權人履行債務）等。第三人向債權人履行債務是基於什麼原因，不屬於由第三人履行合同的問題，不影響由第三人履行合同的成立和生效。

二是合同標的是第三人向債權人的履行行為。由第三人履行的合同，不是由債務人直接向債權人履行債務，而是由第三人向債權人履行債務。根據合同相對性原則，合同僅對合同當事人產生法律約束力。對於由第三人履行的合同，雖然合同債權人與債務人約定由第三人向債權人履行債務，但是由於第三人不是合同當事人，合同對該第三人並沒有法律約束力。第三人不向債權人履行債務的，可能會向債務人承擔責任，但這是基於債務人與第三人的約定，而不是基於由第三人履行的合同。

三是第三人不履行債務的違約責任，由債務人承擔，而不是由第三人承擔。債務人是合同當事人，而不是第三人的代理人。第三人不履行債務或者履行債務不符合約定的，由債務人向債權人承擔違約責任。

由第三人履行的合同與保證合同具有一定的相似性，都是可基於他人不履行債務的行為而承擔一定的責任。由第三人履行合同的債務人因第三人不履行債務的行為承擔責任，保證合同的保證人可因主債務人不履行債務而承擔責任。但二者存在着本質的不同。保證合同是主債權債務的從合同，一般保證的保證人享有先訴抗辯權，在就債務人的財產依法強制執行仍不能履行債務前，有權拒絕承擔保證責任；連帶責任的保證人和債務人對債務承擔連帶責任。而由第三人履行的合同，是一種獨立的合同，債務人對於第三人不向債權人履行債務的行為，獨立向債權人承擔違約責任；第三人不是債務人，其只實施履行行為，不對債權人承擔違約責任。

此外，對於本條規定的由第三人履行的合同，還需要注意的是，由第三人履行的合同沒有突破合同相對性，不解決債權人是否具有直接請求第三人履行的問題。債權人是否享有直接請求第三人履行的權利，屬於真正利益第三人合同的範疇，要看債務人與第三人之間是否訂有以債權人為受益人的真正利益第三人合同。例如，某一產品的經銷商甲與買受人乙訂立買賣合同，甲乙之間約定由該產品的生產商丙直接向買受人乙交付產品，甲乙之間的該約定屬於由第三人（丙）履行的合同，乙不能依據由第三人履行的合同請求丙直接向其履行。但同時，經銷商甲又與生產商丙訂立了真正利益第三人合同，約定買受人乙可以直接請求丙向其履行的，乙取得了直接請求丙向其履行的權利，丙不履行或者履行不符合約定的，乙可以依法要求丙承擔違約責任。

　　第五百二十四條　債務人不履行債務，第三人對履行該債務具有合法利益的，第三人有權向債權人代為履行；但是，根據債務性質、按照當事人約定或者依照法律規定只能由債務人履行的除外。

　　債權人接受第三人履行後，其對債務人的債權轉讓給第三人，但是債務人和第三人另有約定的除外。

■ 條文主旨

本條是關於具有合法利益的第三人代為履行的規定。

■ 條文釋義

債具有相對性，債務本應由債務人履行，但實踐中基於各種原因，第三人履行債務的情況也比較多見。第三人履行債務，有的出於債權人與債務人的事先約定，有的基於其他

原因。

　　第三人履行債務及其法律效果屬於債法的一般性規則內容。從境外立法例來看，第三人履行債務大體上可以分為兩種情況：就債務履行有合法利益的第三人和非就債務履行有合法利益的第三人。總體上，非就債務履行有合法利益的第三人履行債務，不得違反債務人的意思和債權人的意思，這也是由債的相對性原則所決定的。在法律效果上，境外立法例一般都認可就債務履行有合法利益的第三人代為履行後，債權人的債權即移轉至該第三人。

　　我國民法典不設債法總則編，為了使合同編通則發揮債法總則的作用，有必要補充債法的一般性規則。本條參考境外立法例，就第三人對履行該債務具有合法利益而履行債務及其法律效果作了規定。為了保護就債務履行有合法利益的第三人，本條規定打破了債的相對性，賦予該第三人代為履行的權利。該第三人代為履行債務，不需要考慮是否違反債務人的意思，債權人也不得拒絕。何謂「對債務履行具有合法利益的第三人」，本條未作具體規定，需要根據實踐情況的需要和發展進行判斷並歸納總結。考慮到本條就對債務履行具有合法利益的第三人履行債務後的法律效果規定為法定的債權移轉，對第三人的利益保護較強，在具體認定是否屬於「對債務履行具有合法利益的第三人」時，也要注意考量各方利益的平衡問題。舉例來說，本條規定可能適用於租賃合同的轉租情形。合同編第 719 條的規定可以視為本條第三人代為履行制度的一個具體體現。承租人拖欠租金的，次承租人具有穩定租賃關係、繼續佔有和使用租賃物的需要，屬於對支付租金具有合法利益的第三人，享有代承租人向出租人支付租金的權利，可以代承租人支付其欠付的租金和違約金。同時為了合理平衡出租人和次承租人的利益，第 719 條還作了但書規定，即如果轉租合同對出租人不具有法律約束力，那麼次承租人就不屬於「對債務履行具有合法利益的第三人」，次承租人代為支付租金的，出租人有權拒絕。

　　當然，具有合法利益的第三人並不是在所有情況下都享有代為履行的權利，本條對此作了除外規定，即根據債務性質、按照當事人約定或者依照法律規定只能由債務人履行的，則第三人即使具有合法利益，也不能代為履行。何謂「根據債務性質」，要根據具體情況進行判斷。例如，對於育兒保姆提供的勞務，一般來說就屬於根據債務性質只能由債務人履行的情況，第三人不得代為履行。此外，自願原則是民法的基本原則，如果債權人與債務人特別約定只能由債務人履行的，應當尊重該特別規定，排除第三人的履行。法律對此作出特別規定的，依照法律規定。

　　本條第 2 款對有合法利益的第三人代為履行的法律效果作了規定，將其作為一種法定的債權移轉。有合法利益的第三人代為履行後，債權人的債權得以實現，債權人與債務人之間的債權債務關係終止。對於第三人與債務人之間的關係，根據本條規定，債權人接受第三人履行後，其對債務人的債權轉讓給第三人。

> **第五百二十五條**　當事人互負債務，沒有先後履行順序的，應當同時履行。一方在對方履行之前有權拒絕其履行請求。一方在對方履行債務不符合約定時，有權拒絕其相應的履行請求。

■ 條文主旨

本條是關於同時履行抗辯權的規定。

■ 條文釋義

一是關於同時履行抗辯權的制度功能。同時履行抗辯權是指在沒有先後履行順序的雙務合同中，一方當事人在對方當事人未為履行或者履行不符合約定的情況下，享有拒絕對待給付的權利。同時履行抗辯權針對的是當事人互負債務，但是沒有先後履行順序的情況。從公平角度考慮，這種情況下當事人應當同時履行，當事人可以同時履行抗辯權對抗對方當事人的履行請求權。同時履行抗辯權制度並非追求雙方當事人債務的同時履行，並不是非要促成當事人按照「一手交錢、一手交貨」的簡單交易方式履行債務。同時履行抗辯權是一種防禦性權利，從制度設計上來說，「防禦」不是目的，目的在於打破僵局，促使債務履行。

二是關於同時履行抗辯權的成立要件。根據本條規定，同時履行抗辯權的成立，要具備以下幾個要件：（1）須基於同一雙務合同互負債務，在履行上存在關聯性。例如，買賣合同中，賣方負有交付貨物的義務，買方負有交付貨款的義務。租賃合同中，出租人負有提供租賃物的義務，承租人負有交付租金的義務。單務合同僅一方負有債務，另一方享有權利，自然不適用同時履行抗辯權。（2）當事人的債務沒有先後履行順序。如果當事人互負債務，但是依照當事人約定等能夠確定先後履行順序的，自無同時履行抗辯權的適用餘地，可能會適用的是後履行抗辯權和不安抗辯權制度。（3）須雙方所負的債務均已屆履行期。如果一方當事人的債務尚未到期，在對方當事人請求履行時，該當事人可以主張債務履行期尚未屆至的抗辯，無須適用同時履行抗辯權制度。（4）對方當事人未履行自己所負的債務或者履行債務不符合約定仍然提出履行請求。履行債務不符合約定的情況，包括部分履行、瑕疵履行等。例如，10000噸大米的買賣合同，賣方交付了8000噸大米，尚缺2000噸，抑或賣方交付的10000噸大米的質量不符合約定，但賣方仍然要求買方支付全部貨款。再如，房屋租賃合同的出租人提供的房屋，存在屋頂漏水等嚴重問題，仍然請求承租人支付全部租金。

三是關於同時履行抗辯權的效力。對於同時履行抗辯權的效力，本條規定，對於對方不履行債務的，當事人在對方履行之前有權拒絕其履行請求。對於對方履行債務不符合約定的，當事人有權拒絕其相應的履行請求。例如，前面舉的例子，10000噸大米的買賣合同，賣方交付了8000噸大米，尚缺2000噸，買方可以只支付8000噸大米的貨款，有權拒絕支付尚缺的2000噸大米的貨款。

同時履行抗辯權屬延期的抗辯權，只是暫時阻止對方當事人請求權的行使，非永久的

抗辯權。對方當事人完全履行了合同義務，同時履行抗辯權消滅，當事人應當履行自己的義務。當事人行使同時履行抗辯權致使合同遲延履行的，該當事人不承擔違約責任。

> **第五百二十六條　當事人互負債務，有先後履行順序，應當先履行債務一方未履行的，後履行一方有權拒絕其履行請求。先履行一方履行債務不符合約定的，後履行一方有權拒絕其相應的履行請求。**

■ 條文主旨

本條是關於後履行抗辯權的規定。

■ 條文釋義

一是關於後履行抗辯權的制度定位。後履行抗辯權，是指在雙務合同中應當先履行的一方當事人未履行或者履行債務不符合約定的，後履行的一方當事人享有拒絕對方履行請求或者拒絕對方相應履行請求的權利。合同法制定過程中，就對是否規定後履行抗辯權存在不同意見。有的意見認為應當規定後履行抗辯權，因我國司法實踐中存在一方當事人因應該先履行的另一方當事人不履行而沒有履行，被法院認為違約的情況。也有的意見認為，後履行抗辯權可以包括在同時履行抗辯權制度範疇內。還有的意見認為，後履行抗辯權與同時履行抗辯權可以細分出來，可以有針對性地規定。合同法最終參考《國際商事合同通則》，在規定了同時履行抗辯權的同時，又規定了後履行抗辯權。在本法制定過程中，也有的意見認為，大陸法系傳統民法有同時履行抗辯權和不安抗辯權，沒有後履行抗辯權。後履行抗辯權制度沒有單獨規定的必要。也有的意見認為，同時履行抗辯權和後履行抗辯權二者合在一起，大致相當於德國等一些國家和地區的民法典的不履行合同抗辯權制度，但既然合同法選擇了同時履行抗辯權和後履行抗辯權分開的模式，並且也已被司法實踐廣為接受，沒有必要再作大的修改而刪除後履行抗辯權制度。經研究，合同編對此未作改動，仍然保留後履行抗辯權制度。

二是關於後履行抗辯權的成立要件。後履行抗辯權的成立，需要具備以下要件：（1）需要基於同一雙務合同。雙方當事人因同一合同互負債務，在履行上存在關聯性。後履行抗辯權不適用於單務合同。（2）當事人的債務有先後履行順序。當事人互負債務，並且能夠確定先後履行順序。這種履行順序的確立，或依法律規定，或按當事人約定，或按交易習慣。一些法律對雙務合同的履行順序作了規定。當事人在雙務合同中也可以約定履行順序，誰先履行，誰後履行。在法律未有規定、合同未有約定的情況下，雙務合同的履行順序可依交易習慣確立。例如，在飯館用餐，先吃飯後交錢。旅店住宿，先住宿後結賬。乘飛機、火車，先購票後乘坐。合同也可採用其他一些方法確立誰先履行。例如，在一項買賣合同中，誰也不

願先履行，賣方不願先交貨，怕買方收貨不交錢。在這種情況下，當事人可以約定由銀行協助雙方履行，買方先將貨款打入銀行，由銀行監管此款，賣方即行發貨，買方驗收後，銀行將款項撥付賣方。合同按此順序履行。（3）應當先履行的當事人不履行債務或者履行債務不符合約定。例如，對於應先交付租賃物再付租金的租賃合同，出租方不按時交付租賃物或者交付的租賃物不符合約定。再如，對於先供貨再付款的買賣合同，供貨方不交付商品或者交付的商品不符合約定。（4）後履行一方當事人的債務已屆履行期。如果後履行一方當事人的債務尚未到期，在對方當事人請求履行時，後履行一方當事人可以主張債務履行期尚未屆至的抗辯，無須適用後履行抗辯權制度。

符合上述條件，後履行的一方當事人可以行使後履行抗辯權，對抗應先履行債務的對方當事人的履行請求。應先履行債務的當事人不能行使後履行抗辯權。

三是關於後履行抗辯權的效力。後履行抗辯權屬延期的抗辯權，只是暫時阻止對方當事人請求權的行使，非永久的抗辯權。對方當事人履行了合同義務，後履行抗辯權消滅，當事人應當履行自己的義務。後履行一方當事人行使後履行抗辯權致使合同遲延履行的，該當事人不承擔違約責任，遲延履行的責任由對方承擔。後履行一方當事人行使後履行抗辯權，不影響追究應當先履行一方當事人的違約責任。

第五百二十七條　應當先履行債務的當事人，有確切證據證明對方有下列情形之一的，可以中止履行：

（一）經營狀況嚴重惡化；

（二）轉移財產、抽逃資金，以逃避債務；

（三）喪失商業信譽；

（四）有喪失或者可能喪失履行債務能力的其他情形。

當事人沒有確切證據中止履行的，應當承擔違約責任。

■ 條文主旨

本條是關於不安抗辯權的規定。

■ 條文釋義

不安抗辯權是指雙務合同成立後，應當先履行的當事人有確切證據證明對方不能履行義務，或者不履行合同義務的可能性較高時，在對方恢復履行能力或者提供擔保之前，有權中止履行合同義務。雙務合同中，在後履行債務一方喪失或者可能喪失債務履行能力的情況下，仍然要求應先履行債務一方先作出給付，有悖公平，因此法律設立不安抗辯權制度，賦予應先履行債務一方在這些情況下中止履行債務的權利。

依照本條規定，不安抗辯權的成立，應具備以下要件：

一是當事人需基於同一雙務合同互負債務。這也是合同編規定的三大抗辯權，即同時履行抗辯權、後履行抗辯權和不安抗辯權共同的成立要件。三大抗辯權均不適用於單務合同。

二是當事人互負的債務有先後履行順序。這也是不安抗辯權和後履行抗辯權共同的成立要件，只是不安抗辯權由應當先履行債務的一方當事人享有，後履行抗辯權由後履行債務的一方當事人享有。當事人互負的債務沒有先後履行順序的，屬於同時履行抗辯權的成立要件。

三是後履行的當事人發生了喪失或者可能喪失債務履行能力的情形。這些情形包括經營狀況嚴重惡化，轉移財產、抽逃資金以逃避債務，喪失商業信譽和其他喪失或者可能喪失履行債務能力的情形。例如，某商業銀行根據其與某企業之間的借款合同發放貸款前，由於市場驟然變化致使該企業產品難以銷售，很可能導致無力還貸，商業銀行有權行使不安抗辯權，中止發放貸款。又如，某娛樂文化公司邀請一明星歌手演唱，約定先付演出費若干，因歌手生病住院可能難以如期演唱，娛樂文化公司即可以行使不安抗辯權，不向歌手預付約定的演出費。

尤其需要注意的是，對於後履行的當事人發生了喪失或者可能喪失債務履行能力的情形，應當先履行債務的當事人必須要有確切的證據證明。如果有確切的證據證明，則屬於正當行使不安抗辯權，可以中止履行順序在先的債務；如果沒有確切的證據證明而中止履行的，則屬於違約行為，應當先履行債務的當事人要承擔違約責任。由此可以看出，有無確切的證據證明是非常關鍵的因素，直接決定中止履行行為是正當行使不安抗辯權，還是屬於違約行為。「有無確切的證據證明」，不是由先履行債務的當事人單方決定的。如果事後雙方當事人對「有無確切的證據證明」產生爭議，應當由應先履行債務的一方當事人承擔舉證責任，由仲裁機構或者法院作出最終裁斷。因此，應先履行債務的當事人要根據自己掌握的對方喪失或者可能喪失債務履行能力的證據情況謹慎為之，慎重行使不安抗辯權，不能憑空推測或憑藉主觀臆想而斷定對方喪失或者可能喪失債務履行能力，沒有確切證據證明而單方中止履行合同的，應當承擔違約責任。

在合同編制定過程中，有的意見提出，本條第 1 項「經營狀況嚴重惡化」和第 3 項「喪失商業信譽」屬於典型的不安抗辯權的適用情形，而第 2 項「轉移財產、抽逃資金，以逃避債務」則應歸屬於預期違約，建議刪去第 2 項。經研究認為，不安抗辯權和預期違約具有不同的制度功能，不安抗辯權具有中止履行的效果，而預期違約的法律後果是解除合同、要求承擔違約責任。如果發生後履行一方當事人「轉移財產、抽逃資金，以逃避債務」的情形，是適用不安抗辯權還是預期違約，可以交由當事人選擇對自己最有利的主張。如果應先履行債務的當事人還想保留繼續交易的機會，給對方當事人一個恢復履行能力或者提供擔保的機會，就可以選擇行使不安抗辯權，中止履行。另外，不安抗辯權和預期違約在適用條件上的落腳點畢竟不同，不安抗辯權落腳在「喪失或者可能喪失債務履行能力」，而預期違約，此處主要涉及的是默示預期違約，落腳在「以自己的行為表明不履行主要債務」。發生「轉移財產、抽逃資金，以逃避債務」的情形，能否直接構成默示預期違約，也要視具體情況進行

判斷。基於此，本條保留了第 2 項的表述，未作刪除或者修改。

第五百二十八條　當事人依據前條規定中止履行的，應當及時通知對方。對方提供適當擔保的，應當恢復履行。中止履行後，對方在合理期限內未恢復履行能力且未提供適當擔保的，視為以自己的行為表明不履行主要債務，中止履行的一方可以解除合同並可以請求對方承擔違約責任。

■ 條文主旨

本條是關於不安抗辯權效力的規定。

■ 條文釋義

不安抗辯權的行使，對對方當事人影響重大，應當讓對方及時知曉，以便作出相應安排。從誠信原則出發，法律有必要規定應先履行債務一方的通知義務。依照本條規定，應先履行的一方當事人行使不安抗辯權，中止履行後，應當及時通知對方當事人。

不安抗辯權具有兩個層次的效力。在第一層次上，符合不安抗辯權成立要件的，應當先履行債務的當事人可以中止履行。但不安抗辯權屬延期抗辯權，中止履行只是一個暫時的狀態。在第二層次上，當事人行使不安抗辯權中止履行後，從境外立法例來看，往往會給對方當事人一個「補救」機會，即要求對方當事人在一定期限內提供擔保。對方未提供擔保的，應當先履行債務一方可以解除合同；對方提供擔保的，應當先履行債務一方恢復履行。

本條對不安抗辯權第二層次的效力予以規定。本條根據對方是否提供擔保規定了不同的法律效果。

一是應先履行一方行使不安抗辯權，中止履行並及時通知對方後，如果對方提供了適當擔保的，消除了影響先履行債務一方當事人債權實現的情形，先履行債務一方自然應當恢復履行。何謂「適當擔保」，只能在具體案件中作具體判斷，法律無法劃定統一的標準。

二是如果對方在合理期限內未恢復履行能力並且未提供適當擔保的，發生什麼法律效果？合同法參考其他立法例，規定的是「中止履行的一方可以解除合同」。在合同法頒佈實施後，理論和實踐中發現，不安抗辯權和預期違約制度的關係如何協調，合同法並沒有規定清楚。不安抗辯權的第二層次的法律效力是「中止履行的一方可以解除合同」。合同法第 94 條（現合同編第 563 條）是關於法定解除制度的總括性規定。一些意見提出，不安抗辯權的第二層次的法律效力是「中止履行的一方可以解除合同」，該規定與法定解除制度的關係如何協調？合同法第 94 條第 1 款第 2 項規定對默示預期違約情形下的合同解除作了規定，即在履行期限屆滿之前，當事人一方以自己的行為表明不履行主要債務的，當事人可以解除合同。不安抗辯權第二層次的效力是否可以通過與默示預期違約制度相銜接納入法定解除制

度？此外，預期違約的法律效果，除了解除合同外，還有要求違約方承擔違約責任。根據合同法第 108 條（現合同編第 578 條）規定，當事人一方以自己的行為表明不履行合同義務的，對方可以在履行期限屆滿之前請求其承擔違約責任。不安抗辯權第二層次的效力，即發生對方在合理期限內未恢復履行能力並且未提供適當擔保的情形，除了解除合同外，是否可以要求對方承擔違約責任？

在合同編制定過程中，對以上這些問題進行了認真研究。不安抗辯權是大陸法系民法中的制度，預期違約是英美法系中的制度。預期違約又分為兩類，一類是明示的預期違約，即在履行期間屆滿前，當事人一方明確表示將不履行主要債務；另一類是默示的預期違約，即在履行期間屆滿前，當事人以自己的行為表明不履行主要債務。在制度適用上，與不安抗辯權存在一定聯繫的主要是默示的預期違約。合同法借鑒兩大法系，同時對不安抗辯權和預期違約制度作了規定，這是合同法的一大創造。實踐證明，這一創造是成功的，不安抗辯權和預期違約制度對保護當事人權益、穩定交易秩序都發揮出了各自的作用。基於此，合同編仍然延續了合同法的做法，對不安抗辯權和預期違約制度分別作了規定。同時，為了協調不安抗辯權與法定解除制度、預期違約制度之間的關係，本條將不安抗辯權第二層次的效力與預期違約制度相銜接，將不安抗辯權中「對方在合理期限內未恢復履行能力並且未提供適當擔保的行為」，視為默示預期違約行為，並可以主張默示預期違約的法律效果。依照本條規定，當事人行使不安抗辯權、中止履行後，對方在合理期限內未恢復履行能力並且未提供適當擔保的，視為以自己的行為表明不履行主要債務。中止履行的一方，即行使不安抗辯權的一方不但可以解除合同，還可以請求對方承擔賠償損失等違約責任。需要注意的是，本條只是將不安抗辯權第二層次的效力與預期違約制度相銜接，在不安抗辯權的成立及中止履行的第一層次效力上，兩個制度仍然獨立適用，當事人根據具體情況選擇適用不安抗辯權制度或者預期違約制度。

> **第五百二十九條　債權人分立、合併或者變更住所沒有通知債務人，致使履行債務發生困難的，債務人可以中止履行或者將標的物提存。**

■ 條文主旨

本條是關於債權人變更住所等致使債務履行困難時中止履行的規定。

■ 條文釋義

法人分立包括存續分立和新設分立。存續分立指法人分出一部分財產設立新法人，原法人不因分出財產而終止。新設分立是指一個法人分成幾個法人，原法人終止。法人合併包括新設合併和吸收合併。新設合併是指幾個法人合為一個新法人，原法人終止。吸收合併是指

一個法人將其財產移交給另一個法人，移交出財產的法人終止。

債權人分立、合併或者變更住所應當及時通知債務人，以便債務人履行債務。如果沒有通知債務人，致使債務人履行債務發生困難的，此時債務人可以中止履行或者將標的物提存。這種情形下債務人中止履行或者將標的物提存，不能算作是債務人違約。當然，如果債權人分立、合併或者變更住所沒有通知債務人，但並不會使債務履行發生困難的，此時債務人不得以此為由中止履行或者將標的物提存，否則屬於債務人違約。

> **第五百三十條**　債權人可以拒絕債務人提前履行債務，但是提前履行不損害債權人利益的除外。
>
> 債務人提前履行債務給債權人增加的費用，由債務人負擔。

■ 條文主旨

本條是關於提前履行債務的規定。

■ 條文釋義

合同編將全面履行作為合同履行的原則。合同編第 509 條第 1 款規定，當事人應當按照約定全面履行自己的義務。當事人全面履行自己的義務就包括按照約定的履行期限履行債務。履行期限是債權人和債務人雙方根據自身經濟活動的情況和需要而作出的約定，屬於合同的重要內容。債務人提前履行債務，屬於違反合同約定的行為，可能會給債權人帶來不便，甚至會損害債權人利益。例如，甲訂購了乙家具公司的沙發、桌椅用於新購住房，並約定了送貨日，現乙家具公司要提前送貨，而此時甲新購住房仍然在裝修中，乙家具公司提前履行債務的行為就會損害債權人利益。《國際商事合同通則》對提前履行債務的規則作了規定。《國際商事合同通則》第 6.1.5 條第 1 款規定，債權人可拒絕提前履行，除非債權人這樣做無合法利益。該規定確立了債權人有權拒絕提前履行的一般原則，並在注釋中舉例如下：A 同意在 10 月 15 日對 B 的辦公樓裏所有的電梯進行年檢。A 的僱員在 10 月 14 日到達 B 處，而當天該辦公樓正在舉行有許多客人參加的重要會議。在這種情況下，B 有權拒絕 A 的提前履行，因為這會對 B 造成明顯的不便。

從貫徹合同全面履行的原則和保護債權人利益考慮，本條第 1 款規定，債權人可以拒絕債務人提前履行債務。提前履行債務，是相對於合同約定的履行期限而言的。例如，合同約定 6 月 6 日履行，債務人 6 月 5 日履行即為提前履行。但如果合同約定 6 月履行，沒有具體到 6 月的哪一天履行，則債務人在 6 月的任何一天履行都不算提前履行。

如果債務人提前履行不損害債權人的利益，基於誠信原則，債權人應當接受債務人提前履行債務。《國際商事合同通則》在對第 6.1.5 條的注釋中也提出，在某些情況下，債權人對

於按時履行的合法利益並不明顯，並且債權人接受提前履行也不會對其造成任何明顯的損害；如果請求提前履行的一方當事人能夠證明存在這一點，則另一方當事人不能拒絕提前履行。

基於此，本條第 1 款在確立債權人可以拒絕債務人提前履行債務作為一般原則的同時，還作出了但書規定「但是提前履行不損害債權人利益的除外」。提前履行不損害債權人利益的舉證責任應當由請求提前履行的債務人一方承擔。

在雙務合同情形下，債權人接受了債務人提前履行，債權人是否也應當提前履行自己債務？對此，本條未作規定。依照《國際商事合同通則》第 6.1.5 條第 2 款規定，雙方的履行時間不相關聯的情況下，一方當事人接受提前履行並不影響該當事人履行自己義務的時間。例如，甲與乙在合同中約定，由乙於 3 月 15 日交付貨物，甲於 4 月 15 日支付貨款，雙方的履行時間都已經確定，互不影響。如果乙希望 3 月 8 日交付貨物，甲接受乙提前履行，並不影響甲支付貨款的時間，甲仍可於 4 月 15 日支付貨款。但是如果雙方的履行時間相互關聯，一方當事人接受提前履行是否會影響其履行自己義務的時間？《國際商事合同通則》對此也未作規定，但在對第 6.1.5 條的注釋中提出，雙方的履行時間相互關聯的情況本身可能就說明了債權人對於拒絕提前履行具有合法利益。如果因而拒絕提前履行，則債權人的履行時間不受影響。如果提前履行對債權人來說是可以接受的，他可能同時要決定是否接受對於自身義務的影響。這就意味着，債權人接受提前履行的同時，可以自主決定是否也提前履行自身債務。例如，甲與乙在合同中約定，乙於 5 月 15 日向甲交付貨物，甲收到貨物時應立即付款。如果乙於 5 月 10 日交付貨物，則甲可以視情況以未做好付款準備為由拒絕接受該提前履行，也可以接受貨物但堅持按原定的最後期限（即 5 月 15 日）支付貨款，當然也可以接受貨物並立即支付貨款。《國際商事合同通則》第 6.1.5 條第 2 款的規定及注釋，可以作為處理雙務合同情形下，債權人接受提前履行是否會影響其履行自己義務的時間的參考。

債務人提前履行可能會給債權人增加額外的費用，例如倉儲費用等。依照本條規定，債務人提前履行債務給債權人增加的費用，由債務人負擔。例如，甲與乙約定，由乙於 3 月 15 日向甲交付貨物，但乙於 3 月 10 日提前向甲交付貨物，提前交付貨物除了導致甲要支付額外的儲存費用外並不會損害甲的利益，甲接受了乙 3 月 10 日交付貨物，那麼甲因乙提前交貨而額外支付的 5 天儲存費用，要由乙承擔。

> **第五百三十一條**　債權人可以拒絕債務人部分履行債務，但是部分履行不損害債權人利益的除外。
>
> 　　債務人部分履行債務給債權人增加的費用，由債務人負擔。

■ 條文主旨

本條是關於部分履行債務的規定。

■ 條文釋義

本條規定的部分履行債務不同於分期履行。分期履行是合同約定的，由債務人分期給付，每期的給付雖然也屬於債務整體的一部分，但不屬於本條所規定的部分履行。本條所規定的部分履行是指債務的履行期限屆滿時，債務人只履行其中一部分債務，既可以是就整個債務部分履行，也可以是就分期履行中的某一期部分履行。例如，甲與乙訂立大豆買賣合同，約定由乙於 9 月 15 日向甲供應 100 噸大豆，乙請求 9 月 15 日先向甲供應 50 噸大豆，餘下的 50 噸 1 個月後再供應給甲。乙向甲供應 50 噸大豆就屬於本條規定的部分履行。再如，甲與乙訂立借款合同，乙向甲借款 100 萬元，並約定乙自 4 月 1 日起每月 1 日向甲還款 10 萬元。9 月 1 日還款日屆至，乙請求先只向甲還款 5 萬元，當期款項的其餘 5 萬元在 9 月 15 日前還清。乙於 9 月 1 日只還款 5 萬元也屬於本條規定的部分履行。

《國際商事合同通則》對部分履行債務的規則作了規定。根據《國際商事合同通則》第 6.1.3 條第 1 款規定，履行期限到來時，債權人可拒絕任何部分履行的請求，無論該請求是否附有對未履行部分的擔保，除非債權人這樣做無合法利益。該規定確立了債權人有權拒絕部分履行的一般原則，並作了例外規定「除非債權人這樣做無合法利益」。

合同編將全面履行作為合同履行的原則。合同編第 509 條規定，當事人應當按照約定全面履行自己的義務。當事人全面履行自己的義務就包括按照約定履行全部債務。債務人履行部分債務，屬於違反合同約定的行為，原則上屬於違約行為，債權人當然可以拒絕並請求債務人承擔違約責任。債權人也可以接受債務人部分履行的請求，並保留請求債務人承擔違約責任的權利。當然，債權人也可以無保留接受債務人部分履行的請求，此時債務人的部分履行不再被當作違約對待。例如，上面例子中，甲與乙的大豆買賣合同，乙請求 9 月 15 日先向甲供應 50 噸大豆，那麼甲既可以完全拒絕，也可以先接受這 50 噸大豆並保留向乙追究違約責任的權利，當然也可以無保留接受這 50 噸大豆，不將債務人的部分履行當作違約對待。

如果債務人部分履行不損害債權人的利益，基於誠信原則，債權人應當接受債務人部分履行債務，不得拒絕。《國際商事合同通則》在第 6.1.3 條的注釋中所舉的例子可以作為判斷部分履行是否損害債權人利益的參考：一家航空公司承諾在某一確定日期一次性地將 10 輛汽車從意大利運往巴西。履行期限到來時，某些情況使得該航空公司很難（儘管不是不可能）在一次航班中找到足夠的艙位。航空公司提議在 1 週內連續 2 次將這批汽車運走。有證據表明，航空公司這樣做並不會對汽車購買人造成不方便，因為在下個月之前並不需要實際使用這些汽車。在這種情況下，債權人拒絕部分履行沒有合法利益。

債權人接受債務人部分履行，可能會額外增加一些費用，這些費用由債務人負擔。例如《國際商事合同通則》中所舉的上述例子中，汽車購買人分 2 次到機場提貨承擔的額外費用，應當由航空公司承擔。

第五百三十二條　合同生效後，當事人不得因姓名、名稱的變更或者法定代表人、負責人、承辦人的變動而不履行合同義務。

■ 條文主旨

本條是關於當事人不得因姓名、名稱變更等不履行合同義務的規定。

■ 條文釋義

合同生效後，當事人的姓名變更、法人或者非法人組織的名稱變更，並沒有實質上改變合同主體。法人或者非法人組織的法定代表人、負責人、承辦人代表法人或者非法人組織從事民事活動，合同的權利義務由法人或者非法人組織承受，合同一方當事人是法人或者非法人組織，而不是其法定代表人、負責人、承辦人。基於此，本條明確規定，合同生效後，當事人不得因姓名、名稱的變更或者法定代表人、負責人、承辦人的變動而不履行合同義務。

第五百三十三條　合同成立後，合同的基礎條件發生了當事人在訂立合同時無法預見的、不屬於商業風險的重大變化，繼續履行合同對於當事人一方明顯不公平的，受不利影響的當事人可以與對方重新協商；在合理期限內協商不成的，當事人可以請求人民法院或者仲裁機構變更或者解除合同。

人民法院或者仲裁機構應當結合案件的實際情況，根據公平原則變更或者解除合同。

■ 條文主旨

本條是關於情勢變更制度的規定。

■ 條文釋義

在本法合同編草案起草過程中，對是否規定情勢變更制度也有一些爭論，但總體來看，多數意見認為有必要規定情勢變更制度。本條在總結我國司法實踐經驗的基礎上，明確規定了情勢變更制度，對情勢變更制度的適用條件及法律效果作了規定。

一、情勢變更制度的適用條件

依照本條規定，情勢變更制度的適用需要滿足以下基本條件：

一是合同成立後，合同的基礎條件發生了重大變化。（1）這種重大變化是一種客觀情況，要達到足以動搖合同基礎的程度。哪些客觀情況能稱之為該「重大變化」，要根據客觀情況本身及其對合同基礎的影響等進行具體判斷。（2）這種重大變化應發生在合同成立後至

履行完畢前的期間內。如果這種重大變化發生在履行完畢後，合同權利義務因履行完畢而終止，自然沒有調整合同權利義務的必要和可能。（3）這種重大變化應當是當事人在訂立合同時無法預見的。如果當事人在訂立合同時能夠預見或者應當預見但沒有預見到，或者雖然預見到但沒有反映到合同權利義務關係的設定上，由此產生的不利後果均由該當事人自己承受，不能適用情勢變更制度對合同關係進行調整。（4）這種重大變化不能屬於商業風險。對於合同履行過程中的商業風險，按照獨立決定、獨立負責的原則，遭受不利的當事人應當自行承擔不利後果。某一客觀情況的變化是屬於正常的商業風險，還是屬於可引起情勢變更制度適用的「重大變化」，法律無法劃定統一的標準，只能在具體個案中綜合各方面情況作具體判斷，不能單純以價格漲跌幅度大小、合同履行難易等作簡單判斷。

二是繼續履行合同對於當事人一方明顯不公平。意思自治是合同法的基石，當事人之間的合同是雙方當事人意思自治的產物，應當得到雙方當事人嚴格遵守。情勢變更制度是為了實現合同正義，對當事人意思自治所作的調整，但這種調整必須限制在非常必要的情形內。合同嚴守是原則，情勢變更制度只能是例外。只有在繼續履行合同對於一方當事人明顯不公平時，才可能適用情勢變更制度，對當事人之間的權利義務關係進行干預和調整。

二、情勢變更制度的法律效果

滿足以上情勢變更制度適用條件的，可以產生以下法律效果：

一是受不利影響的當事人有權請求與對方重新協商。對於因情勢變更造成的雙方權利義務嚴重失衡的狀態，受不利影響的當事人請求與對方協商的，對方應當積極回應，參與協商。雙方當事人應依誠信、公平原則，重新調整權利義務關係，變更或者解除合同。

二是雙方當事人在協商過程中，就合同的變更或者解除達不成一致意見，協商不成的，當事人可以請求法院或者仲裁機構作最終裁斷。人民法院或者仲裁機構應當結合案件的實際情況，判斷是否符合情勢變更制度的適用條件，對此人民法院或者仲裁機構應當嚴格掌握，避免當事人以情勢變更制度作為逃避履行合同的藉口，損害合同的效力和權威，破壞正常的交易秩序。符合情勢變更制度適用條件的，人民法院應當根據公平原則，就變更合同還是解除合同，如何變更合同、解除合同後的法律後果等作出裁斷。尤其需要注意的是，適用情勢變更制度變更或者解除合同，與當事人依照合同編第 563 條和第 564 條規定主張解除合同，存在實質不同。當事人依照合同編第 563 條和第 564 條規定分別享有的是法定解除權和約定解除權，是當事人本身所享有的民事實體權利。當事人行使合同解除權，可以直接通知對方解除，通知到達對方時，合同解除；當事人依法提起訴訟主張解除合同的，法院判決解除合同是對當事人本身所享有的合同解除權的確認，係確認之訴。而情勢變更制度是對當事人權利義務顯著失衡狀態所作的必要調整，當事人本身並不享有實體法意義上的合同解除權或者變更權，當事人僅在程序上可以向法院或者仲裁機構提出請求，僅是對變更或者解除合同存有一種可能性，最終是否變更或者解除合同，是否有必要對當事人的權利義務進行調整，如何調整，由人民法院或者仲裁機構審酌判定。

第五百三十四條　對當事人利用合同實施危害國家利益、社會公共利益行為的，市場監督管理和其他有關行政主管部門依照法律、行政法規的規定負責監督處理。

■ **條文主旨**

本條是關於對利用合同實施危害國家利益、社會公共利益行為進行監督處理的規定。

■ **條文釋義**

本條是從行政監督管理的角度，對當事人利用合同實施危害國家利益、社會公共利益行為進行監督處理。依本條規定，市場監督管理部門和其他有關行政主管部門的監督處理，應當符合下列條件：第一，監督處理的對象是當事人利用合同實施危害國家利益、社會公共利益的違法行為，不得干涉當事人依法享有的合同權利。第二，應當依照法律、行政法規規定負責監督處理。法律、行政法規對需要監督處理事項作出明確的規定，同時也對有關部門實施監督處理的具體權限和程序作出規定。有關部門應當依法行政，不得超越法定權限，不得違反法定程序。

第五章　合同的保全

　　本章共八條，對債權人代位權和撤銷權制度作了系統規定。保全，又稱責任財產的保全，指債權人行使代位權和撤銷權，防止債務人的責任財產不當減少，以確保無特別擔保的一般債權得以清償。從保全責任財產的角度，保全屬於一般擔保的手段。保全責任財產，最終使債權得以保障，從這個意義上來說，保全又為債權的保全。本章名為「合同」的保全，而不是「債權」的保全，主要是結構上的考慮，與其他各章在標題上保持連貫性，但實質內容是債權的保全，屬於債法的一般性規則，而不局限於合同領域。

　　第五百三十五條　因債務人怠於行使其債權或者與該債權有關的從權利，影響債權人的到期債權實現的，債權人可以向人民法院請求以自己的名義代位行使債務人對相對人的權利，但是該權利專屬於債務人自身的除外。

　　代位權的行使範圍以債權人的到期債權為限。債權人行使代位權的必要費用，由債務人負擔。

　　相對人對債務人的抗辯，可以向債權人主張。

■ 條文主旨

　　本條是關於代位權行使要件的規定。

■ 條文釋義

　　代位權指債務人怠於行使權利，債權人為保全債權，以自己的名義代位行使債務人對相對人的權利。代位權雖有代位訴權、間接訴權之稱，但其仍屬債權人的實體權利。1999年制定的合同法立足中國實際需要，規定了代位權制度。債權人可以通過提起代位權訴訟避免自己的債權受到損害。當然，債權人也可以不行使代位權，直接向債務人提起訴訟再申請對債務人的債權進行執行。具體通過這兩種途徑的哪一種來保護自己的債權，給了當事人選擇的自由，由債權人視具體情況而定。本法合同編對代位權制度基本上延續了合同法的規定，同時根據實踐發展作了一定修改。較重要的修改主要有兩點：

　　一是修改了代位權的客體。合同法將代位權的客體限定為「債務人的到期債權」，即債權人只能就債務人的到期債權行使代位權，不能就債務人所享有的其他權利行使代位權，比如債務人所享有的合同解除權、因意思表示瑕疵所產生的合同撤銷權等，債權人均不能代位行使。如何確定代位權的客體，在本法編纂過程中，也經歷了一個變化過程。一些意見提

出，第一，將代位權的客體限定為「債務人的債權」，範圍過於狹窄，不利於保護債權人的債權。例如，債務人怠於行使為其債權設定的擔保權利（包括擔保物權和保證），影響債權實現的，也應當納入代位權適用範圍。第二，從規定代位權制度的境外立法例來看，無論是法國、日本、意大利等國家的民法典，還是我國台灣地區「民法」，都沒有將代位權的客體限定為「債務人的債權」，只要債務人怠於行使影響其責任財產的權利，一般都可以由債權人代位行使，建議擴大我國代位權客體的範圍。本法合同編草案一審稿和二審稿吸收了這些意見，將代位權的客體規定為「債務人的權利」，即將代位權行使要件之一規定為「債務人怠於行使其權利」。在對合同編草案二審稿徵求意見的過程中，又有一些意見提出，將代位權的客體規定為「債務人的權利」，使債權人對債務人的經濟活動干預過大。尤其是債務人享有合同解除權、因意思表示瑕疵所產生的合同撤銷權等權利時，究竟是解除或者撤銷合同對債務人的整體責任財產更為有利，還是不解除或者不撤銷合同更為有利，情況比較複雜，債權人不宜直接取代債務人作出決定，建議限縮代位權的客體。當前，實踐需求最為迫切的就是將為債務人的債權所設定的擔保權利納入代位權的客體，而對合同法規定的代位權客體「債務人的債權」是否包括作為債權從權利的擔保權利，認識並不一致，本法建議予以明確。經認真研究，綜合考量，合同編本條最終將代位權的客體規定為「債權或者與該債權有關的從權利」，「與該債權有關的從權利」主要是指擔保權利（包括擔保物權和保證）。例如，債權人 A 對債務人 B 享有債權，債務人 B 對相對人 C 享有債權，D 為 B 對 C 的債權設定了抵押，也即債務人 B 對抵押人 D 享有抵押權。如果相對人 C 沒有債務清償能力，但債務人 B 怠於行使對抵押人 D 的抵押權，影響債權人 A 的債權實現的，A 依照本條規定可以代位行使 B 對 D 的抵押權。此外，還有一點需要注意，本條中的「代位行使債務人對相對人的權利」，用的是「相對人」而不是「次債務人」，主要也是與擴大代位權的客體範圍有關。因為「次債務人」指的是債務人的債務人，而不能包括為債務人的債權提供擔保的抵押人、質押人、保證人等擔保人，而使用「相對人」的概念則涵蓋範圍可以更廣。

二是將代位權的行使要件「對債權人造成損害的」修改為「影響債權人的到期債權實現的」，除了將「造成損害」修改為「影響債權實現」使表述更為精準之外，更為實質的修改是明確了應當影響「到期債權」實現。依照合同法規定，因債務人怠於行使其到期債權，對債權人造成損害的，債權人可以行使代位權。「對債權人造成損害」是否包括「未到期債權」的實現受到影響，理論和實踐中存在一定爭議。有的意見認為，一般情況下指的是影響到期債權實現，但在特定情況下也可以包括未到期債權的實現受到影響的情況，例如債權人的債權到期前，存在債務人的債權訴訟時效期間即將屆滿、債務人的相對人破產等情況，此時為了保護債權人利益，也應當允許債權人代位行使債務人的權利，作出中斷訴訟時效、申報債權等必要的行為，該行為在理論上稱之為「保存行為」。也有的意見認為，本條規定的是通過向法院提起訴訟行使代位權，而保存行為例如申報債權，並不是提起訴訟，為了中斷訴訟時效也不一定要向法院提起訴訟，也可以直接向債務人的相對人提出請求，因此將保存行為納入本條並不合適。經認真研究，將債權人的債權未到期情形下的「保存行為」單列一條予

以規定，即合同編第 536 條，而將本條的行使要件明確限定為影響債權人「到期債權」的實現，這兩個條文合起來組成完整的代位權適用範圍。

依照本條規定，債權人行使代位權應當符合以下條件：

一是債務人享有對外的債權。這是代位權存在的基礎。倘若債務人沒有對外的債權，就無所謂代位權。

二是債務人怠於行使其債權或者與該債權有關的從權利。「怠於行使」是指債務人應當行使其權利，且能夠行使而不行使。如果債務人已經行使了權利，不管行使權利的實際效果如何，債權人都不能行使代位權。代位權的客體，即債務人怠於行使的權利，不能是專屬於債務人自身的權利。專屬於債務人自身的權利，例如基於扶養關係所產生的撫養費、贍養費、扶養費請求權只能由債務人自己行使，債權人不能代位行使。

三是債務人怠於行使自己的權利，已影響債權人的到期債權實現。債務人怠於行使權利若不影響債權人的到期債權實現，則不發生代位權。例如，雖然債務人怠於行使某一債權，但債務人的其他資產充足，足以清償對債權人所負的債務，在這種情況下，債權人不得代位行使債務人的債權。

四是債務已陷於遲延履行。債務人的債務履行期限未屆滿的，債權人不能行使代位權。債務履行期限已屆滿，債務陷於遲延履行，債權人方可行使代位權。

具備上述條件，債權人即可代位行使債務人對相對人的債權或者與該債權有關的從權利。債權人行使代位權的範圍，以債務人的債權額和債權人的債權額為限，超越此範圍，債權人不能行使。例如，債權人對債務人的債權額為 200 萬元，債務人對相對人的債權額為 100 萬元，債權人只能請求債務人的相對人向債務人清償 100 萬元，而不能請求償還 200 萬元。又如，債權人對債務人的債權額為 60 萬元，債務人對相對人的債權額為 100 萬元，債權人行使代位權的請求數額只能是 60 萬元，而不能請求償還 100 萬元。

債權人行使代位權，債務人的相對人的地位不應受到影響，債務人的相對人對債務人的抗辯（不限於抗辯權），如同時履行抗辯權、後履行抗辯、時效屆滿的抗辯、虛假表示可撤銷的抗辯等，同樣可以對抗債權人。對此，本條專門增加規定「相對人對債務人的抗辯，可以向債權人主張」。

債權人行使代位權會支出一定的費用，本條第 3 款規定，債權人行使代位權的必要費用，由債務人負擔。

> 　　第五百三十六條　債權人的債權到期前，債務人的債權或者與該債權有關的從權利存在訴訟時效期間即將屆滿或者未及時申報破產債權等情形，影響債權人的債權實現的，債權人可以代位向債務人的相對人請求其向債務人履行、向破產管理人申報或者作出其他必要的行為。

■ 條文主旨

本條是關於保存行為的規定。

■ 條文釋義

債權人的債權到期的，債務人怠於行使其權利，影響債權人的債權實現的，債權人可以直接向法院提起代位權訴訟。但是債權人的債權未到期的，債務人怠於行使權利的行為也可能會影響債權人的債權將來實現，例如債務人的債權訴訟時效期間即將屆滿而債務人仍不積極主張權利、債務人的相對人破產而債務人怠於申報破產債權等。為了保護債權人的利益，即使債權人的債權未到期，也應當允許債權人代位行使債務人的權利，作出中斷訴訟時效、申報債權等必要的行為，該行為在理論上稱之為「保存行為」。

本條根據我國的實踐需求，對保存行為作了規定。本條列舉規定了保存行為的兩種典型類型，一是債權人可以代位債務人作出中斷訴訟時效的行為。針對的是債權人的債權到期前，債務人的債權或者與債權有關的從權利存在訴訟時效期間即將屆滿的情況。例如，債權人甲對債務人乙享有債權，債務人乙對丙享有債權，保證人丁為乙對丙的債權提供了保證擔保，丙自身無財產，現債務人乙對保證人丁所享有的保證債權的訴訟時效期間即將屆滿仍不積極主張權利，影響甲對乙的債權將來實現的，甲可以依照本條規定，代位向丁主張保證債權，請求丁向乙履行保證債務。二是債權人可以代位向破產管理人申報破產債權。針對的是債務人的相對人破產，債務人不積極申報破產債權，影響債權人的債權將來實現的，債權人可以代位向債務人的相對人的破產管理人申報破產債權。保存行為不限於以上兩種類型，本條在「未及時申報破產債權」後還有一個「等」字，並規定了「作出其他必要的行為」，以適應實踐發展需求。

> 　　**第五百三十七條　人民法院認定代位權成立的，由債務人的相對人向債權人履行義務，債權人接受履行後，債權人與債務人、債務人與相對人之間相應的權利義務終止。債務人對相對人的債權或者與該債權有關的從權利被採取保全、執行措施，或者債務人破產的，依照相關法律的規定處理。**

■ 條文主旨

　　本條是關於代位權行使效果的規定。

■ 條文釋義

　　債權人行使代位權，對債務人、債務人的相對人和債權人都會產生一定的法律效果。行使代位權的債權人可否優先於其他債權人受償，在理論和實踐中存在着一定爭議。傳統民法堅持「入庫規則」，即從債的平等性原則出發，債權人行使代位權應當把代位權所取得的財產「入庫」，即歸屬於債務人，然後所有債權人再從債務人處平等受償。但「入庫規則」在實踐中也產生了打擊債權人行使代位權積極性，不利於發揮制度功能等問題，因此很多意見建議要改變傳統的「入庫規則」。在本法編纂過程中，對於代位權的行使效果是採取「入庫規則」，還是採取「直接受償規則」，產生了較大的爭議。

　　支持「入庫規則」的觀點認為，債權人行使代位權只是代位行使債務人的權利，目的在於保全債務人的責任財產，充實債務人一般擔保的實力，債務人的相對人償還的財產為全體債權人的共同擔保物，故行使代位權的債權人不能因此先受償，而應當與其他債權人處於同等地位受償。如果實行「直接受償規則」，使行使代位權的債權人先於其他債權人接受清償，有違債的平等性原則。

　　支持「直接受償規則」的觀點認為，一是債的平等性原則只是從抽象意義上來說的，並不排斥「先到先得」，就像執行程序，哪個債權人先取得執行名義並先申請執行，就可以先取得債務人的財產。代位權訴訟屬於個案的普通訴訟，畢竟不是債務人清算程序或者破產程序，不需要集中一併處理所有債權人的債權問題，由提起代位權訴訟的債權人直接受償，不違背債的平等性原則。二是債權人提起代位權訴訟，既需要證明債權人對債務人享有債權的事實，還需要證明債務人對相對人享有債權並怠於行使該權利，需要花費大量的金錢、時間和精力。如果實行「入庫規則」，將代位權訴訟取得的財產利益歸屬於債務人，再由所有的債權人平等受償，這樣既不具有可操作性，也會使債權人喪失提起代位權訴訟的積極性，各債權人都希望他人提起代位權訴訟而自己「搭便車」，不利於代位權制度發揮其作用。三是如果堅持「入庫規則」，代位權訴訟取得的財產先歸屬於債務人，債務人也可能仍然拒絕清償對債權人所負的債務，此時債權人再以債務人為被告提起訴訟，徒增當事人的訴累，浪費司法資源，不符合訴訟經濟原則，甚至還可能會產生人民法院對另行提起的訴訟和代位權訴訟作出不同判決的情形。

通過總結我國司法實踐經驗，經過認真研究，反覆權衡，為了有利於調動債權人行使債權的積極性，強化對債權實現的保護力度，本條對於代位權的行使效果採納了「直接受償規則」，使代位權制度既具有防止債務人責任財產減少的保全功能，又能在一定程度上達到促成債權人的債權實現的效果。根據本條規定，債權人提起代位權訴訟，人民法院認定代位權成立的，由債務人的相對人向債權人履行義務，債權人接受履行後，債權人與債務人、債務人與相對人之間相應的權利義務終止。需要注意的是，本條規定的是「相應的」權利義務終止，即債權人與債務人、債務人與相對人之間權利義務只是就相對人向債權人履行債務的這一數額部分終止。試舉一例予以說明。債權人甲對債務人乙享有 100 萬元到期債權，債務人乙對相對人丙享有 80 萬元債權，債務人乙怠於行使對丙的債權，影響債務人乙對債權人甲的債權實現。甲依法對丙提起代位權訴訟，法院認定代位權成立，由丙向甲履行 80 萬元債務後，乙與丙之間的債權債務終止，但甲與乙之間的債權債務並沒有全部終止，只是 80 萬元部分的債權債務終止。在代位權訴訟後，甲仍可向乙另行提起訴訟，要求乙清償剩餘的 20 萬元債務。

實踐中，在債務人有多個債權人的情形下，可能有的債權人提起代位權之訴，而有的債權人直接起訴債務人並申請對債務人的債權（或與該債權有關的從權利）採取了保全措施，或者也有的債權人直接起訴債務人並取得了生效判決，已經進入執行程序，債務人的債權已經被採取了查封等執行措施。關於如何處理代位權之訴與債權保全、債權執行之間的關係問題，存在着一些觀點，認為我國的代位權行使的法律效果既然採取了「直接受償規則」，允許債務人的相對人直接向債權人履行債務，就實際上賦予了行使代位權的債權人優先受償權的性質，因此即使債務人的相對人對債務人的債權採取了保全、執行措施，行使代位權的債權人的債權仍然處於優先地位。

這種觀點實際上是對代位權行使效果的誤解。代位權行使的效果採取「直接受償規則」，規定由債務人的相對人直接向債權人履行債務，只是產生了使行使代位權的債權人先於其他債權人受清償的實際效果，目的並不是要賦予行使代位權的債權人一種類似擔保物權、建設工程價款優先受償權這樣的優先權。債務人破產的，也存在着一些誤解，認為提起代位權訴訟的債權人的債權可以排除適用企業破產法的有關規定。

為了避免這些誤解，本條明確規定，債務人對相對人的債權或者與該債權有關的從權利被採取保全、執行措施，或者債務人破產的，依照相關法律的規定處理。

1. 關於債務人對相對人的債權（或者與該債權有關的從權利）被採取保全、執行措施。代位權行使的「直接受償規則」秉持先到先得，誰先提起代位權訴訟，誰就可以直接接受相對人的履行，先實現債權，而擔保物權、建設工程價款優先權不論行使權利的時間先後，都優先於其他債權受償。再進一步講，代位權行使的「直接受償規則」使代位權制度不僅具有保全的功能，還具有了一定的債權實現功能，在這種意義上，代位權訴訟也可以理解為實現債權的一種途徑。除了這種途徑之外，一些債權人可能會選擇直接起訴債務人再申請強制執行債務人的債權的途徑，在直接起訴債務人的同時，也可能會對債務人的債權申請採取保全

措施。債權人提起代位權訴訟與直接起訴債務人，這兩種途徑並不存在優先順位問題，不能認為提起代位權訴訟的債權人要優先於直接起訴債務人的債權人受償。債權人提起代位權訴訟，不影響其他債權人直接起訴債務人。即使債權人已經提起代位權訴訟，其他債權人直接起訴債務人的，仍然可以按照民事訴訟法的規定，對債務人的債權採取保全措施；直接起訴債務人的債權人拿到生效判決的，可以執行債務人對相對人的債權。代位權訴訟勝訴，人民法院判決由債務人的相對人向債權人履行債務的，提起代位權訴訟的債權人也可以申請強制執行。提起代位權訴訟的債權人與直接起訴債務人的債權人，在執行程序中平等對待，按照有關強制執行的法律規定確定各債權人的債權受償問題。試舉一例予以說明：債權人甲和債權人乙分別對債務人丙享有 100 萬元債權，債務人丙對丁享有 100 萬元債權。債權人甲通過代位權訴訟取得了對丁的勝訴判決，判決丁向甲履行 100 萬元債務，現已進入執行程序。債權人乙直接起訴債務人丙，也取得了勝訴判決，現也進入執行程序。在執行程序中，甲的債權不能因為勝訴判決是通過代位權訴訟取得的，就優先於乙的債權受清償。甲、乙的債權在執行程序中平等對待，按照有關執行程序的法律規定處理。

2. 關於債務人破產。債務人破產情形的主要誤解是，在人民法院受理破產申請前 6 個月內，債務人的相對人已經按照代位權訴訟判決向提起代位權訴訟的債權人履行債務的，排除適用企業破產法第 32 條規定，管理人不得請求撤銷。根據企業破產法第 32 條規定，人民法院受理破產申請前 6 個月內，債務人有本法第 2 條第 1 款規定的情形，仍對個別債權人進行清償的，管理人有權請求人民法院予以撤銷。根據企業破產法第 2 條第 1 款規定，企業法人不能清償到期債務，並且資產不足以清償全部債務或者明顯缺乏清償能力的，依照本法規定清理債務。依照合同編本條規定，債權人提起代位權訴訟，債務人的相對人向債權人履行債務，債權人接受履行後，債權人的債權得到事實上的清償，雖然並不是由債務人直接向債權人履行債務使債權得到清償，但並不能排除企業破產法第 32 條的適用；符合企業破產法第 32 條規定情形的，管理人仍然可以請求人民法院撤銷債務人的相對人對債權人的清償。

第五百三十八條　債務人以放棄其債權、放棄債權擔保、無償轉讓財產等方式無償處分財產權益，或者惡意延長其到期債權的履行期限，影響債權人的債權實現的，債權人可以請求人民法院撤銷債務人的行為。

■ 條文主旨

本條是關於撤銷債務人無償行為的規定。

■ 條文釋義

撤銷權亦稱廢罷訴權，指債務人有積極減少責任財產，影響債權實現的行為，債權人

享有撤銷該行為的權利。債權人撤銷權與代位權都具有保全債務人責任財產的功能，但又有所差異。債權人行使代位權是防止債務人消極行使權利而聽任責任財產不當減少，債權人行使撤銷權是通過撤銷債務人積極減少責任財產的不當行為來達到債權保全的目的。本章將債務人積極減少責任財產的不當行為區分為兩種類型，分別對債權人撤銷權的成立要件予以規定。本條規定的是撤銷權第一種類型，主要是針對債務人無償處分財產的行為。另一種類型，主要是針對債務人有償處分財產的行為，本編第 539 條對此予以規定。

一、債務人無償處分財產情形下撤銷權的成立要件

根據本條規定，債務人無償處分財產行為的，撤銷權的成立要具備以下要件：

一是債務人要有無償處分財產的行為。本條對幾種比較典型的無償處分財產的行為予以列舉，包括債務人放棄其債權、放棄債權擔保、無償轉讓財產等。此處的「放棄其債權」「放棄債權擔保」與怠於行使債權或者怠於行使擔保權不同。「放棄其債權」「放棄債權擔保」一般要通過民事法律行為的形式作出，並且該債務人的債權可能已屆清償期，也可能未屆清償期，債權人都可以通過撤銷權制度予以撤銷。對於怠於行使債權或者怠於行使擔保權，既然稱之為「怠於」，那麼該債務人的債權應當已屆清償期，該擔保權也具備了行使條件。如果債務人沒有放棄債權、放棄債權擔保的民事法律行為，僅是怠於行使債權或者擔保權，債權人通過代位權制度保全債務人責任財產即可，無須提起撤銷權訴訟。無償轉讓財產的行為，既包括無償轉讓動產或者不動產等有形財產的行為，也包括無償轉讓股權、債權、知識產權、網絡虛擬財產等財產權益的行為；既可以是雙方民事法律行為，例如債務人通過贈與合同處分財產，也可以是單方民事法律行為。除了以上幾種比較典型的無償處分財產行為外，本條還用了一個「等」字用以涵蓋其他各種無償處分財產的行為。對於無償處分財產的行為，不問債務人的主觀動機如何，均可予以撤銷。無償處分財產的行為主要是民事法律行為，當然對於債務人作出的無效民事法律行為直接主張無效即可，無須撤銷。對於事實行為，如債務人毀損責任財產，則無從撤銷。對於債務人的身份行為，如結婚、離婚、收養等，也可能會影響到債務人的財產狀況，但不能成為撤銷權行使的對象，否則就構成了對債務人人身權利的不當限制。此外，本條還借鑒吸收司法實踐經驗，規定債權人也可以撤銷債務人惡意延長其到期債權的履行期限的行為。「惡意」是指債務人知道其延長到期債權履行期限的行為會影響債權人的債權實現仍然實施。如果債務人的債權履行期限屆滿後，債務人的相對人暫無力履行債務而與債務人就履行期限問題重新協商，債務人付出適當代價以換取履行期限延長的，則不屬於本條撤銷權行使的對象。

二是債務人的行為要影響債權人債權的實現。債務人無償處分財產等行為，要影響到債權人債權的實現，方有予以撤銷的必要。本條並不要求債務人必須要有損害債權的主觀過錯，從強化對債權實現的保護力度出發，只要是債務人的行為在客觀上影響到債權人債權的實現，就可以行使撤銷權。一般來說，債務人的不當行為要發生在債權人的債權設立後；如果債務人的不當行為發生在先、債權成立在後的，一般很難說是債務人的不當行為與影響債權人債權實現之間存在聯繫。當然也不排除個別情況下，債務人知道債權即將設立，為了損

害將來的債權提前故意作出不當行為。本條規定的是債務人的行為是無償情形下撤銷權的成立要件，也不要求利益受到影響的債務人的相對人主觀上存在過錯，不管債務人的相對人對於其與債務人之間的行為影響債權人的債權實現是否知情，都不影響撤銷權的成立。這一點與債務人的行為是有償情形下撤銷權的成立有所不同。至於如何認定「影響債權人的債權實現」要結合債權人的債權情況、債務人的責任財產狀況等在個案中予以具體判斷，不可僵化理解，既要防止對債務人行為的不當、過分干預，也要防止設定過於嚴苛的條件損害撤銷權的正常行使。撤銷權與代位權同為保全債務人責任財產的手段，但在「債務人的行為影響債權人債權的實現」這個要件上有所不同。依照本編第535條的規定，代位權的成立，以債務人怠於行使權利的行為「影響債權人的到期債權實現」為條件，即債權人的債權未到期的，除了第536條規定的中斷訴訟時效等保存行為外，債權人不得行使代位權。而對於撤銷權，不管債務人的不當行為是影響債權人的到期債權實現還是影響債權人的未到期債權將來實現的，債權人均可以行使撤銷權，對此不作限制，當然在具體認定標準的把握上可能會有所不同。

二、關於撤銷權的行使

撤銷權的行使主體是指因債務人的行為影響其債權實現的債權人。債權人有多個的，每個債權人都享有撤銷權，但多個債權人都提起撤銷權訴訟的，法院一般合併審理。債權人的撤銷權不同於合同解除等普通的形成權。享有解除權的當事人可以通知的方式解除合同，通知一般自到達對方時解除。債權人的撤銷權在學理上被稱為「形成訴權」，即只能以提起訴訟的方式行使。本條要求只能以訴訟的方式行使撤銷權，原因在於撤銷權是對債務人行為自由的干預，打破了合同相對性原則，直接影響到第三人的利益，由法院對撤銷權的行使予以審查，有利於防止撤銷權的不當使用，並有利於使各方的法律關係及時得以明確，使被打破的秩序及時穩定下來。債權人行使撤銷權也不能通過仲裁的方式行使。

第五百三十九條　債務人以明顯不合理的低價轉讓財產、以明顯不合理的高價受讓他人財產或者為他人的債務提供擔保，影響債權人的債權實現，債務人的相對人知道或者應當知道該情形的，債權人可以請求人民法院撤銷債務人的行為。

■ 條文主旨

本條是關於撤銷債務人有償行為的規定。

■ 條文釋義

若債務人的行為是有償行為，債務人的相對人取得利益也付出了代價，與債務人的行為是無償行為相比，在設計撤銷權成立要件時，需要更重視對交易安全因素的考量，需要更加嚴格適用。根據本條規定，債務人的行為是有償行為情形下撤銷權的成立要件包括：

　　一是要有以明顯不合理的低價轉讓財產、以明顯不合理的高價受讓他人財產或者為他人的債務提供擔保的行為。債務人以明顯不合理的低價轉讓財產、以明顯不合理的高價受讓他人財產的，雖然債務人的相對人也付出了一定代價，但因其明顯不合理，實際上減少了債務人的責任財產，可以成為撤銷權的行使對象。至於何謂「明顯不合理的低價」「明顯不合理的高價」，需要結合具體交易情況，在個案中作具體判斷。「為他人的債務提供擔保的行為」是在合同法基礎上增加的。「為他人的債務提供擔保的行為」，既包括為他人的債務擔任保證人，也包括為他人的債務以自己的財產設定抵押、質押等，這些行為也會對債權人的債權實現造成重大影響，因此本條將其納入撤銷權的行使對象。

　　二是債務人的行為影響債權人的債權實現。債務人以明顯不合理的低價轉讓財產、以明顯不合理的高價受讓他人財產或者為他人的債務提供擔保的行為，要在客觀上影響債權人債權的實現，方能撤銷。至於如何認定「影響債權人債權的實現」，要結合債權人的債權情況、債務人的責任財產狀況等在個案中予以具體判斷。此外，不管債務人的行為是影響債權人的到期債權實現還是影響債權人的未到期債權將來實現的，債權人均可以行使撤銷權。

　　三是債務人的相對人主觀上存在惡意。這一要件是與債務人的行為是無償行為時行使撤銷權所不同之處。對於債務人以明顯不合理的低價轉讓財產或者以明顯不合理的高價受讓他人財產，債務人的相對人畢竟付出了代價，如果僅以價格明顯不合理為由撤銷債務人的行為，將會嚴重損害交易安全。因此，本條將債務人的相對人主觀上存在惡意作為該情形下撤銷權的成立要件。對於債務人為他人的債務提供擔保，他人債務的債權人即擔保權人往往正是因為有該項擔保，而與該「他人」從事某項交易。例如，債務人甲的責任財產已不夠清償現有債權，但甲仍然為他人（乙）的債務提供擔保，以自己的財產為乙的債權人丙設定了抵押，擔保乙對丙所負 100 萬元借款債務的履行。這種情形下，從保護交易安全來說，要對債務人為他人的債務提供擔保的行為（即所舉例子中甲為乙的借款債務向丙提供擔保的行為）行使撤銷權，需要債務人的相對人，即該他人債務的債權人（丙）在主觀上存在惡意。

　　債務人的相對人在主觀上存在惡意，指債務人的相對人知道或者應當知道債務人的行為影響債權人的債權實現，該要件的舉證責任由行使撤銷權的債權人承擔。如果債務人的相對人在主觀上並不存在惡意，對債務人的有償行為或者債務人提供擔保的行為影響債權人的債權實現的情況並不知情，那麼債權人也不得撤銷債務人的行為。

> **第五百四十條**　撤銷權的行使範圍以債權人的債權為限。債權人行使撤銷權的必要費用，由債務人負擔。

■ 條文主旨

　　本條是關於撤銷權行使範圍的規定。

■ 條文釋義

債權人向人民法院提起訴訟，行使撤銷權的目的在於恢復債務人的責任財產而保全債權，這在一定程度上限制了債務人自由處分財產的權利，突破了合同相對性原則，也會對債務人的相對人的利益產生一定影響。因此，債權人行使撤銷權的範圍不宜過寬，應以自己的債權為限。例如，債權人對債務人享有 50 萬元的金錢債權，債務人無償或者低價處分財產的行為有多項，既將自己價值 50 萬元的汽車贈與他人，又將房產以低於市價 50 萬元的價格出售於他人，那麼債權人應當在債務人減少責任財產 50 萬元的額度範圍內請求撤銷債務人的行為，可以選擇撤銷債務人的汽車贈與行為或者低價出售房產的行為之一，但不得請求將汽車贈與行為和低價出售房產行為這兩項行為一併撤銷。當然，如果債務人的行為無法分割的，即使債務人減少責任財產的數額超過了債權人的債權額，債權人也可以撤銷。例如，債權人對債務人享有 50 萬元的金錢債權，債務人將房產以低於市價 100 萬元的價格出售於他人，此時債權人可以就整個低價處分房產的行為予以撤銷，而不限制在只撤銷低於市價 50 萬元的部分。兩個或者兩個以上債權人同時提起撤銷權訴訟，請求撤銷債務人的行為的，人民法院可以合併審理，以各債權人為原告，債務人為被告，此時撤銷權的行使範圍以作為原告的各債權人的債權額總和為限。如果債權人人數眾多，也可以通過代表人訴訟的形式行使撤銷權。

債權人行使撤銷權會支付一定的費用。依照本條規定，債權人行使撤銷權的必要費用，由債務人負擔。

> **第五百四十一條** 撤銷權自債權人知道或者應當知道撤銷事由之日起一年內行使。自債務人的行為發生之日起五年內沒有行使撤銷權的，該撤銷權消滅。

■ 條文主旨

本條是關於撤銷權行使期間的規定。

■ 條文釋義

債權人行使撤銷權，是對債務人行為的限制，債務人影響債權人的債權實現的行為被撤銷的，自始沒有法律約束力。因此，債權人撤銷權的行使足以改變既存秩序，也會對交易安全制度帶來一定的挑戰。為了保持社會秩序的相對穩定，應當對撤銷權的行使期間作一定的限制。

依照本條規定，撤銷權的行使期間為除斥期間。撤銷權原則上應在債權人知道或者應當知道撤銷事由之日起 1 年內行使，但自債務人的行為發生之日起 5 年內沒有行使的，該撤銷權消滅。將撤銷權行使期間起算點規定為「債權人知道或者應當知道撤銷事由之日起」有利

於保護債權人的利益，防止其因不知撤銷事由存在而錯失撤銷權的行使機會。同時規定自債務人的行為發生之日起 5 年的客觀期間，有助於穩定民事法律關係，維護交易秩序。

> **第五百四十二條　債務人影響債權人的債權實現的行為被撤銷的，自始沒有法律約束力。**

■ 條文主旨

本條是關於債務人行為被撤銷的法律效果的規定。

■ 條文釋義

依照本條規定，債權人的撤銷權成立，債務人的行為被人民法院撤銷的，債務人的行為自始沒有法律約束力。債務人放棄其債權、放棄債權擔保的行為被撤銷後，債務人的相對人仍對債務人負有債務、擔保人仍對債務人負有擔保責任。債務人無償或者低價轉讓財產的行為、高價受讓財產的行為被撤銷後，債務人尚未給付的，不得再向相對人給付，相對人也不再享有請求債務人給付的權利；債務人已經向相對人給付的或者已經互相給付的，債務人、債務人的相對人負有返還財產、恢復原狀的義務，不能返還的應當折價補償。債務人為他人的債務提供擔保的行為被撤銷後，債務人不再負有擔保責任；債務人已經承擔擔保責任的，擔保權人對債務人負有返還義務。

第六章　合同的變更和轉讓

　　本章共十四條,是關於合同的變更和轉讓的規定。本章主要對合同變更、債權轉讓、債務轉移、債務加入、合同權利和義務的一併轉讓等作出了規定。在合同法規定的基礎上,本章更為明確了債務加入的規則,完善了債權禁止轉讓特約、債務人在債權轉讓中的抵銷權等規則。

> **第五百四十三條　當事人協商一致,可以變更合同。**

■ 條文主旨

　　本條是關於當事人變更合同的規定。

■ 條文釋義

　　合同的變更是指合同成立後,當事人對合同的內容進行修改或者補充。本條規定的合同變更,不包括合同當事人或者合同主體的改變,債權人和債務人的改變,是通過本章債權轉讓、債務轉移等制度調整的。

　　合同是當事人經協商一致達成的,合同成立後,就對當事人具有法律約束力,任何一方未經對方同意,都不得改變合同的內容。但是,當事人在訂立合同時,有時無法對涉及合同的所有問題都作出明確的約定;合同訂立後,也會出現一些新的情況變化,導致合同內容需要調整。因此,當事人可以本着協商的原則,依據合同成立的規定,確定是否就變更事項達成協議。如果雙方當事人就變更事項達成了一致意見,變更後的內容就取代了原合同的內容,當事人就應當按照變更後的內容履行合同。

　　合同變更,首先要求存在已成立的有效合同關係。其次要求對合同的內容進行了變更。這些內容包括但不限於數量、履行地點、履行方式、違約責任等內容。最後要求當事人就變更事項協商一致。當事人的協商一致,可能是事先協商約定一定條件下的變更權,也可能是事後協商。

　　如果雙方當事人就變更事項達成了一致意見,變更後的內容就取代了原合同的內容,當事人就應當按照變更後的內容履行合同,合同沒有發生變更的部分對當事人仍具有法律約束力。同時,當事人之間的合同變更,未經第三人同意,不得對該第三人產生不利影響,否則對第三人不發生效力。

　　應當注意的是,合同變更與合同更新不同。所謂合同更新,又被稱為合同更改,是消滅

舊的權利義務，設定新的權利義務。其與合同變更的區別在於，合同變更沒有使得合同喪失同一性，合同更新則使得合同喪失了同一性。故在合同變更中，合同債權所附着的擔保、抗辯等利益和瑕疵繼續存在，而合同更新中，這些利益和瑕疵歸於消滅。學說上一般認為，區分變更和更新的關鍵是當事人的意思表示和訂立合同的目的，以及客觀上是債的要素變更還是非要素變更，在當事人意思表示不明的情形下，標的物的重大變化和合同性質的重大改變等原則上被推定為合同更新，而標的物數量的少量增減、履行地點的改變、履行期限的順延等原則上被推定為合同變更。合同更新仍然以當事人之間的協議為基礎，法律並不禁止。

■ 案例分析

2004 年第 6 期《中華人民共和國最高人民法院公報》刊登的「吉林冶金設備廠訴煙台冶金研究所加工承攬合同糾紛案」【最高人民法院（2002）民二提字第 16 號民事判決書】認為，協議經雙方當事人協商簽訂後，一方當事人在蓋章時對部分條款作了修改，另一方當事人對此沒有提出書面異議的，應認定同意修改後的協議，相關裁判摘要如下：1988 年 12 月 2 日，雙方經協商簽訂的補充協議，吉林設備廠在蓋章過程中將部分條款作了修改後，寄回了煙台冶金所，煙台冶金所接受了修改後的補充協議，沒有提出書面異議，因此亦應認定該補充協議有效。再審判決作出的該協議在蓋章過程中，吉林設備廠進行了單方修改，不是雙方當事人的真實意思表示，因此無效，但在調整設備價格上無爭議，應予支持的認定，將補充協議分成兩部分，前半部分認定有效，後半部分認定無效，屬認定事實不當，應予糾正。

> **第五百四十四條　當事人對合同變更的內容約定不明確的，推定為未變更。**

■ 條文主旨

本條是關於合同變更的內容約定不明確的規定。

■ 條文釋義

合同變更的過程，就是當事人協商一致的過程。因此，本法中關於要約、承諾的規定也適用於合同變更的情況。當事人在變更合同的過程中，可能出現對需要變更的內容達不成完全一致意見的情況。合同變更會改變當事人之間的權利義務，直接關係到當事人的利益，為了減少在合同變更時可能發生的糾紛，本條規定，當事人對於合同變更的內容約定不明確的，推定為未變更。即使當事人對變更形成合意，但是，在對變更的內容約定不明確的情況下，推定為未變更，除非當事人可以舉證推翻該推定。此時，當事人只需要按照原有合同的規定履行即可，任何一方不得要求對方履行變更中約定不明確的內容。如果當事人在約定合同變更時，對部分條款的變更的約定是明確的，但另一部分條款的變更約定是不明確的，如果這兩類條款在內容上可以分開，則約定明確的部分有效，而約定不明確的部分推定為未變

更；但如果這兩類條款在內容上是不可分割的，則應當認為，整個合同條款的變更約定不明確，應當推定為未變更。

■ 案例分析

2002 年第 1 期《中華人民共和國最高人民法院公報》刊登的「新疆維吾爾自治區建築木材加工總廠與中國民主同盟新疆實業發展總公司房屋租賃糾紛上訴案」【最高人民法院（2000）民終字第 115 號民事判決書】，對當事人就合同付款時間變更約定不明進行了分析，相關裁判摘要如下：1993 年 3 月，木材加工總廠與交流站簽訂的《協議書》將木材加工總廠為實業公司貸款提供擔保與實業公司向木材加工總廠提前支付 80 萬元聯繫起來，但未約定提前付款時間，參照《中華人民共和國合同法》第 78 條規定，當事人對合同變更的內容約定不明確的，推定為未變更，據此應推定原合同的履行方式未因簽訂該協議而變更。

第五百四十五條　債權人可以將債權的全部或者部分轉讓給第三人，但是有下列情形之一的除外：

（一）根據債權性質不得轉讓；

（二）按照當事人約定不得轉讓；

（三）依照法律規定不得轉讓。

當事人約定非金錢債權不得轉讓的，不得對抗善意第三人。當事人約定金錢債權不得轉讓的，不得對抗第三人。

■ 條文主旨

本條是關於債權轉讓的規定。

■ 條文釋義

債權轉讓是指不改變債權的內容，由債權人通過合同將債權轉讓給第三人。從鼓勵交易、促進市場經濟發展的目的看，法律應當允許債權人的轉讓行為，承認債權的經濟價值，使得債權具有流通性，實現擔保融資、託收、貼現、保理、資產證券化等多種交易模式的構建可能。因此，債權原則上具有可轉讓性，債權人可以轉讓其債權，無論是現有的還是將有的債權，只要債權可以被特定化。

但是，為了維護社會公共利益或者特定主體的私人利益，法律又對債權的可轉讓性進行了一定限制。為此，一些國家和地區的民法典都對不得轉讓的權利作出了規定，在吸取有關國家和地區的立法經驗和總結我國實踐經驗的基礎上，本條明確有以下情形之一的，債權人不得轉讓其權利：

1. 根據債權性質不得轉讓的權利。根據債權性質不得轉讓的權利，主要包括以下類型：（1）當事人基於信任關係訂立的委託合同、贈與合同等產生的債權。（2）債權人的變動必然導致債權內容的實質性變更，例如要求醫院進行手術或者要求律師提供諮詢的債權。（3）債權人的變動會危害債務人基於基礎關係所享有的利益，實質性地增加了債務人的負擔或風險，或實質性地損害了債務人的利益。

在債權的部分轉讓中，不可分的債權根據債權性質不得被部分轉讓。同時，債權部分轉讓如果實質性地增加了債務人的負擔或者風險的，也不得被部分轉讓。

2. 按照當事人約定不得轉讓的權利。當事人可以對債權的轉讓作出特別約定，禁止債權人將權利轉讓給第三人。這種約定只要是有效的，債權人就應當遵守該約定不得再將權利轉讓給他人，否則其行為構成違約，造成債務人利益損害的，債權人應當承擔違約責任。

3. 依照法律規定不得轉讓的權利。我國一些法律中對某些權利的轉讓作出了禁止性規定。對於這些規定，當事人應當嚴格遵守，不得違反法律的規定，擅自轉讓法律禁止轉讓的權利。

按照當事人約定不得轉讓的權利中，債權人違反約定未經債務人同意而轉讓債權的，應當依法對債務人承擔違約責任。但是，受讓人能否取得債權，對此存在不同觀點和立法例。一種觀點是受讓人不能取得債權，還有觀點認為債務人可以主張債權轉讓合同無效，也有觀點認為善意受讓人能夠取得債權。立法過程中，有意見提出，應當對此予以明確，以統一實踐。經研究，考慮到債務人利益保護和債權流通性之間的平衡，在通過民事法律行為轉讓該類債權時，如果被轉讓的債權是非金錢債權，區分受讓人的善惡意予以不同處理。在受讓人為善意時，受讓人取得債權，債務人不能對受讓人主張債權禁止轉讓的抗辯，以保護善意的受讓人並保障債權的流通價值；在受讓人為惡意時，受讓人仍然取得債權，但債務人有權向受讓人主張債權禁止轉讓的抗辯。如果被轉讓的債權是金錢債權，金錢債權的轉讓對債務人所造成的影響較小，而金錢債權的流通性價值在實踐中卻非常重要，其與融資之間的關係更為密切，實踐中的債權轉讓也主要是金錢債權的轉讓。此時，受讓人無論善意還是惡意，都能取得債權，債務人不能對受讓人主張債權禁止轉讓的抗辯，債務人因此所遭受的損失，有權請求讓與人承擔違約損害賠償責任。據此，本條增加了第 2 款。

■ 案例分析

2010 年第 5 期《中華人民共和國最高人民法院公報》刊登的「瀋陽銀勝天成投資管理有限公司與中國華融資產管理公司瀋陽辦事處債權轉讓合同糾紛案」【最高人民法院（2009）民提字第 125 號民事判決書】對不良金融債權與一般民事主體之間的債權轉讓的不同之處進行了分析，相關裁判摘要如下：金融資產管理公司收購和處置銀行不良金融債權，事關國家金融安全，具有較強的政策性，本案所涉債權轉讓協議，不能完全等同於一般民事主體之間的債權讓與行為，具有高風險、高收益，與等價交換的市場規律有較為明顯區別；不良債權交易的實物資產，不是一般資產買賣關係，而主要是一種風險與收益的轉移。

第五百四十六條　債權人轉讓債權，未通知債務人的，該轉讓對債務人不發生效力。債權轉讓的通知不得撤銷，但是經受讓人同意的除外。

■ 條文主旨

本條是關於債權轉讓通知的規定。

■ 條文釋義

債權人轉讓債權有利於債權的流通性，發揮債權的經濟價值。但是，債權人轉讓債權的行為會給債務人的利益造成一定的影響，因此，為了保護債務人的利益，本條規定了債權轉讓的通知。

關於債權人轉讓權利，不同國家的法律規定有所區別。考慮到債權流通性和債務人利益保護之間的平衡，本法在債權轉讓的問題上確立了債權轉讓只需要通知債務人的原則。

合同法第 80 條第 1 款規定：「債權人轉讓權利的，應當通知債務人。未經通知，該轉讓對債務人不發生效力。」立法過程中，有的意見認為，債權轉讓通知的效力並不清晰，債權轉讓通知是否是受讓人取得債權的條件，應當予以明確。經研究認為，債權轉讓通知的目的是保護債務人，據此，是否通知債務人不影響受讓人對轉讓債權的取得。因此，本條對合同法上述條文進行了修改，在讓與人和受讓人之間的關係上，受讓人取得轉讓債權不以通知債務人作為條件，債權轉讓合同效力不因未通知債務人而受影響。但是，為保護債務人，債權轉讓未通知債務人，該轉讓對債務人不發生效力，即使受讓人取得了債權，債務人有權拒絕受讓人的履行請求；債務人向讓與人履行債務的，債權消滅。如果債權轉讓通知了債務人，則債權轉讓對債務人發生效力，此時債務人即對受讓人負有履行義務，並且有權以此拒絕讓與人的履行請求；如果債務人仍然向讓與人履行，則不發生債權消滅的效力。

債權轉讓通知債務人後，按照有效的債權轉讓合同，為保護受讓人的利益，讓與人對受讓人負有不得撤銷轉讓通知的義務。如果讓與人在轉讓通知後有權隨意單方撤銷轉讓通知，則債務人即有權拒絕受讓人的履行請求，在債務人向讓與人作出履行後，債務人的債務消滅，此時受讓人僅能向讓與人請求，會因此而遭受訟累、承受讓與人的破產風險等不利益，不利於受讓人地位的保障和債權的流通。因此，原債權人無權撤銷轉讓權利的通知，只有在受讓人同意的情況下，債權人才能撤銷其轉讓權利的通知。

■ 案例分析

2006 年第 12 期《中華人民共和國最高人民法院公報》刊登的「大連遠東房屋開發有限公司與遼寧金利房屋實業公司、遼寧澳金利房地產開發有限公司國有土地使用權轉讓合同糾紛案」【最高人民法院（2005）民一終字第 95 號民事裁定書】，對債權轉讓無須徵得債務人的同意以及轉讓後的法律效果，作出了如下分析：依據已查明的案件事實，2002 年，金利

公司和澳金利公司向遠東公司送達《催收欠款通知書》，明確表示債權主體只有澳金利公司且此通知可作為權利轉讓之用，說明金利公司已經將其基於《聯合開發協議》享有的要求遠東公司還本付息的權利轉移給了澳金利公司。按照《中華人民共和國合同法》第 79 條、第 80 條之規定，債權人可以將合同權利全部或者部分轉讓給第三人，轉讓只需要通知到債務人即可而無須徵得債務人的同意。

第五百四十七條　債權人轉讓債權的，受讓人取得與債權有關的從權利，但是該從權利專屬於債權人自身的除外。

受讓人取得從權利不因該從權利未辦理轉移登記手續或者未轉移佔有而受到影響。

■ 條文主旨

本條是關於受讓人取得轉讓債權的從權利的規定。

■ 條文釋義

從權利是指附隨於主權利的權利。抵押權、質權、保證等擔保權利以及附屬於主債權的利息等孳息請求權，都屬於主權利的從權利。由於從權利是從主權利派生出來的，從權利從屬於主權利，這也包括轉讓上的從屬性。

根據本條第 1 款規定，債權人轉讓主權利時應當將從權利一併轉讓，受讓人在取得主權利的同時，也取得與債權有關的從權利。

考慮到有的從權利的設置是針對債權人自身的，與債權人有不可分離的關係，本條第 1 款在確立從權利隨主權利轉讓原則的同時，規定專屬於債權人自身的從權利不隨主權利的轉讓而轉讓。

抵押權、質權等從權利隨着主債權轉讓而轉讓，但受讓人對這些從權利的取得是否以辦理轉移登記手續或者轉移佔有為前提。對此，存在不同觀點，一種觀點是認為未辦理轉移登記手續或者轉移佔有，受讓人就不能取得這些從權利，否則違反物權變動公示公信的原則；另一種觀點認為無須辦理轉移登記手續或者轉移佔有，受讓人即取得從權利。合同法對此未予明確規定，立法過程中，有意見提出，應當對此予以明確。經研究，本條在合同法的基礎上增設第 2 款，並採取了後一種觀點，債權受讓人取得這些從權利是基於法律的規定，並非是基於法律行為的物權變動，並且有利於保障主債權順利實現。在債權轉讓前，這些從屬性的擔保權利已經進行了公示，公示公信的效果已經達成，因此沒有進一步地保護第三人進而維護交易安全的必要。此時，在物權權利擔保的順位上，仍是以設定擔保的公示時間為依據而確定順位。

■ 案例分析

「湖南綠興源糖業有限公司、丁興耀等與湖南綠興源糖業有限公司、丁興耀等借款合同糾紛案」【最高人民法院（2015）民申字第 2040 號民事裁定書】，肯定了抵押權作為從權利應隨債權轉讓而轉讓，不因受讓人未及時辦理抵押權變更登記手續而消滅，相關裁判摘要如下：物權法第 192 條規定：「抵押權不得與債權分離而單獨轉讓或者作為其他債權的擔保。債權轉讓的，擔保該債權的抵押權一併轉讓，但法律另有規定或者當事人另有約定的除外。」本條係關於抵押權處分從屬性的規定，抵押權作為從權利應隨債權轉讓而轉讓。債權受讓人取得的抵押權系基於法律的明確規定，並非基於新的抵押合同重新設定抵押權，故不因受讓人未及時辦理抵押權變更登記手續而消滅。

第五百四十八條　債務人接到債權轉讓通知後，債務人對讓與人的抗辯，可以向受讓人主張。

■ 條文主旨

本條是關於債權轉讓中債務人抗辯的規定。

■ 條文釋義

債權人轉讓債權，不需要經債務人同意，因此債務人的利益不應因債權人轉讓權利的行為而遭受損害，受讓人所享有的權利也不應優於讓與人曾經享有的權利，而是享有和讓與人同樣的權利；同時，受讓人較之債務人也更有能力控制由此所產生的風險。

根據本條規定，債務人接到債權轉讓通知後，債務人對讓與人的抗辯，可以向受讓人主張。首先是債務人在接到債權轉讓通知後，可以向受讓人主張債務人對讓與人的抗辯。關於該抗辯產生的時間點，存在不同的立法例。有的將該抗辯限制在債務人接到轉讓通知時可以向讓與人主張的抗辯；有的不限制抗辯產生的時間點，只要是債務人可以對讓與人主張的抗辯都可以對受讓人主張。經研究認為，如果採取前一種觀點，則可能會產生不合理的結果，例如，甲作為賣方與乙簽訂買賣合同，約定甲先交貨乙再付錢，在交貨期限屆滿之前，甲將對乙的價金債權轉讓給丙並通知了乙，在丙向乙主張債權時，乙可否對丙主張因甲未交貨所產生的抗辯。如果嚴格採取第一種方式，則因為此抗辯的產生時間是在乙接到轉讓通知之後，所以不能向丙主張，這顯然是不合理的。因此，這些立法例通常認為，並非抗辯在債務人接到債權轉讓通知後才發生，但只要在此之前已經存在抗辯發生的法律基礎或者依據即可。這與另一種立法例區別已經不大了，因此本條採取了第二種觀點。

其次是債務人可以向受讓人主張其對讓與人的抗辯。債務人接到債權轉讓通知後，可以行使抗辯來保護自己的利益，債務人的抗辯並不隨債權的轉讓而消滅，所以，在債權轉讓

的情況下，債務人可以向作為新債權人的受讓人行使該抗辯。這些抗辯包括阻止或者排斥債權的成立、存續或者行使的所有事由所產生的一切實體抗辯以及程序抗辯，包括：訴訟時效完成的抗辯，債權不發生的抗辯，債權因清償、提存、免除、抵銷等而消滅的抗辯，基於雙務合同產生的同時履行抗辯權、不安抗辯權和先履行抗辯權，先訴抗辯權以及程序上的抗辯等。債權讓與後，債務人還可能因某項事實產生新的抗辯，比如，附解除條件的合同權利轉讓後，合同規定的解除條件成就時，債務人可以向受讓人提出終止合同的抗辯。

應當指出的是，本條規定是為了保護債務人利益，從鼓勵交易的角度出發，應當允許債務人放棄相關的抗辯，而不向受讓人主張該抗辯。

■ 案例分析

「星皓娛樂有限公司與廣州市星際影業有限公司合同糾紛管轄權異議案」【廣東省高級人民法院（2016）粵民轄終 312 號民事裁定書】對債務人抗辯範圍進行了認定，相關裁判摘要如下：由於廣州市星際影業有限公司係受讓廣州市星際藝術傳播有限公司在《合約書》中約定的項目收益權而成為債權人，故根據《中華人民共和國合同法》第 82 條債務人接到債權轉讓通知後，債務人對讓與人的抗辯，可以向受讓人主張的規定，星皓娛樂有限公司可向廣州市星際影業有限公司主張其基於《合約書》對廣州市星際藝術傳播有限公司享有的抗辯權，包括實體上的抗辯和程序上的抗辯，即廣州市星際影業有限公司應受《合約書》的約束。因此，《合約書》中協議管轄條款的效力應及於廣州市星際影業有限公司。

> **第五百四十九條**　有下列情形之一的，債務人可以向受讓人主張抵銷：
>
> （一）債務人接到債權轉讓通知時，債務人對讓與人享有債權，且債務人的債權先於轉讓的債權到期或者同時到期；
>
> （二）債務人的債權與轉讓的債權是基於同一合同產生。

■ 條文主旨

本條是關於債權轉讓中債務人抵銷權的規定。

■ 條文釋義

債權人轉讓權利不需要經債務人同意，因此債務人的利益不應因債權人轉讓權利的行為而遭受損害。如果債務人對債權人也享有債權，那麼，在這種情況下，債務人可以依照法律的規定向受讓人行使抵銷權。

一些國家和地區的法律對債務人行使的抵銷權作出了規定，但構成的條件有所不同。經過研究，本法在合同法規定的基礎上區分兩種情形分別予以規定。

根據本條第 1 項規定，債務人對受讓人主張抵銷權的條件如下。首先，債務人必須對讓與人享有債權，且標的物種類、品質相同。其次，債務人對讓與人享有債權的法律原因必須在債務人接到債權轉讓通知時已經存在。再次，債務人對讓與人的債權先於轉讓的債權到期或者同時到期。

根據本條第 2 項規定，債務人對受讓人主張抵銷權的條件如下。首先，債務人必須對讓與人享有債權，且標的物種類、品質相同。其次，債務人對讓與人的債權與轉讓債權是基於同一合同產生的。由於這兩個債權是基於同一合同產生的，因此具有密切的聯繫，受讓人就應當認識到債務人對讓與人可能基於該合同享有債權，因此受讓人能夠在訂立債權轉讓合同時對這種抵銷可能性進行預先的安排。

應當注意的是，如果債務人在接到債權轉讓通知時，債務人的抵銷權依照法律規定已經產生，其可以行使抵銷權但尚未行使，即使在債權轉讓後，債務人原本可以主張抵銷的利益此時也應加以保護，因此在債務人接到轉讓通知後，仍可以向受讓人主張該抵銷。

■ 案例分析

「江九陽、江蘇金廈置業有限公司債權轉讓合同糾紛案」【最高人民法院 (2018) 最高法民申 2969 號民事裁定書】認為，債務人抵銷權的行使時間不受雙方結算時間的限制，相關裁判摘要如下：本院認為，《中華人民共和國合同法》第 83 條規定：「債務人接到債權轉讓通知時，債務人對讓與人享有債權，並且債務人的債權先於轉讓的債權到期或者同時到期的，債務人可以向受讓人主張抵銷。」該條文並未規定抵銷權須在何時行使，而是強調債務人對債權讓與人享有的抵銷權，亦可向債權受讓人主張。根據法律規定，雙方互負債務，符合法定抵銷條件或協商一致的，即可進行抵銷。具體到本案中，金廈公司根據 2013 年與殷兆平賬目明細核對結果，在原審主張對雙方互負的到期金錢之債進行抵銷，符合法律規定，亦無違反誠實信用、禁止反言原則之處，原審予以支持並無不當，江九陽的主張缺乏依據，不能成立。

> **第五百五十條　因債權轉讓增加的履行費用，由讓與人負擔。**

■ 條文主旨

本條是關於因債權轉讓增加的履行費用負擔的規定。

■ 條文釋義

立法過程中，有意見提出，債權轉讓可能會增加債務人履行債務的費用，為了保護債務人利益，應當規定增加的履行費用由讓與人最終負擔。經研究，債權轉讓後，債務人履行債

務的費用可能會有所增加，本條明確規定了因債權轉讓增加的履行費用，由讓與人負擔。具體而言，因債權轉讓而額外增加的債務人的履行費用，有約定的按約定處理；無約定的，基於保護債務人利益的考慮，當然不應由債務人自行負擔，債務人有權在受讓人要求履行時相應地依法主張抵銷或者行使履行抗辯權。債務人或者受讓人先負擔了增加的履行費用的，除另有約定外，可以要求讓與人最終負擔該增加的履行費用。

> **第五百五十一條　債務人將債務的全部或者部分轉移給第三人的，應當經債權人同意。**
>
> **債務人或者第三人可以催告債權人在合理期限內予以同意，債權人未作表示的，視為不同意。**

■ 條文主旨

本條是關於債務轉移的規定。

■ 條文釋義

債務轉移是指不改變債務的內容，債務人將債務全部或者部分地轉移給第三人。正如債權人可以全部或者部分轉讓債權一樣，債務人也可以依照法律規定將債務全部或者部分轉移給第三人。債務轉移分為以下情況：一種情況是債務的全部轉移，在這種情況下，新的債務人完全取代了原債務人，新的債務人負責全面地履行債務；另一種情況是債務的部分轉移，即原債務人和新債務人負有按份債務。

但是，尤其是在債務中最為主要的合同債務中，債權人和債務人的合同關係是產生在相互了解的基礎上，在訂立合同時，債權人一般要對債務人的資信情況和償還能力進行了解，而對於取代債務人或者加入債務人中的第三人的資信情況及履行債務的能力，債權人不可能完全清楚。所以，如果債務人不經債權人的同意就將債務轉讓給了第三人，那麼，對於債權人來說顯然是不公平的，不利於保障債權人合法利益的實現。債務人不論轉移的是全部債務還是部分債務，都需要徵得債權人同意。未經債權人同意，債務人轉移債務的行為對債權人不發生效力。轉移債務要經過債權人的同意，這也是債務轉移制度與債權轉讓制度最主要的區別。

應當指出的是，債務人轉移義務有別於約定由第三人履行債務。兩者最大的區別在於，在債務人轉移義務時，第三人作為新的債務人相應地取代債務人，因此第三人不履行債務或者履行債務不符合約定的，應當由第三人向債權人承擔責任；但在由第三人履行債務的合同中，債務人和債權人的關係繼續存在，第三人和債權人之間不存在直接的關係，因此第三人不履行債務或者履行債務不符合約定的，由債務人向債權人承擔責任。

　　同時，債務轉移也與第三人代為履行不同。兩者的區別主要有以下幾方面：（1）在債務人轉移義務時，債務人應當徵得債權人的同意。在第三人代為履行債務的情況下，符合法律規定時，第三人單方表示代替債務人清償債務或者與債務人達成代替其清償債務的協議，不必經債權人的同意；第三人對履行該債務具有合法利益的，債權人甚至無權拒絕。（2）在債務人轉移義務的情況下，第三人作為新的債務人相應地取代債務人。第三人代為履行時，不涉及債務人的變化，第三人只是履行主體而不是債務人，債權人不能把第三人作為債務人要求第三人履行債務。（3）在債務人轉移義務後，第三人相應地作為債務人，如果第三人未能履行債務，債權人可以直接請求第三人履行，而不能再要求原債務人履行。在第三人代為履行的情況下，第三人不履行或者不完全履行，債權人只能要求債務人承擔責任，而不能要求第三人承擔責任。

　　在債務轉移中，首先，要求存在債務。債務原則上具有可轉移性，但根據債務的性質、當事人的約定或者法律規定也存在不得被轉移的情形。例如，著名畫家作畫的義務。其次，要求有效的債務轉移合同。最為常見是的債務人和第三人之間簽訂債務轉移合同，該債務轉移合同適用民事法律行為和合同的一般規定。如果法律、行政法規規定應當辦理批准等手續生效的，應依法辦理這些手續。再次，按照本條第 1 款的規定，該債務轉移需要經過債權人的同意。如果債務人與第三人訂立的債務轉移合同未徵得債權人同意，則此時可以認為是由第三人代為履行債務而非債務轉移，債務人仍負有向債權人履行的義務，債權人仍有權向債務人請求履行債務，但不能請求第三人履行債務。在債務轉移經過債權人同意後，第三人向債權人履行債務時，債權人不能拒絕受領。債務人、第三人可以和債權人三方共同簽訂債務轉移合同。債權人的同意也可以事先作出，此時債務轉移僅需要通知債權人即可對債權人發生效力。債權人的同意可以採取明示或默示的方式，例如債權人未明確表示同意，但他已經將第三人作為其債務人並請求其履行，可以認為債權人已經同意債務轉移。同時，有意見提出，為了保護債權人的利益，對於債權人的單純沉默應當作出特別規定。經研究，本條在合同法規定的基礎上增加了第 2 款。

■ 案例分析

　　2012 年第 5 期《中華人民共和國最高人民法院公報》刊登的「廣東達寶物業管理有限公司與廣東中岱企業集團有限公司、廣東中岱電訊產業有限公司、廣州市中珊實業有限公司股權轉讓合作糾紛案」【最高人民法院（2010）民提字第 153 號民事判決書】對債務轉移與債務加入作出了區分，相關裁判摘要如下：合同外的第三人向合同中的債權人承諾承擔債務人義務的，如果沒有充分的證據證明債權人同意債務轉移給該第三人或者債務人退出合同關係，不宜輕易認定構成債務轉移，一般應認定為債務加入。第三人向債權人表明債務加入的意思後，即使債權人未明確表示同意，但只要其未明確表示反對或未以行為表示反對，仍應當認定為債務加入成立，債權人可以依照債務加入關係向該第三人主張權利。

第五百五十二條 第三人與債務人約定加入債務並通知債權人，或者第三人向債權人表示願意加入債務，債權人未在合理期限內明確拒絕的，債權人可以請求第三人在其願意承擔的債務範圍內和債務人承擔連帶債務。

■ **條文主旨**

本條是關於債務加入的規定。

■ **條文釋義**

債務加入，即第三人加入債務中，作為新債務人和原債務人一起向債權人負有連帶債務。債務加入與債務轉移之間的區別在於，債務轉移中，原則上原債務人不再作為債務人，而由第三人作為債務人，因此債務轉移又被稱為免責的債務轉移；但債務加入中，第三人和原債務人一起對債權人負有連帶債務，因此債務加入也被稱為並存的債務轉移。可以看出，較之債務轉移，債務加入對債權人更為有利。在究竟是債務轉移還是債務加入意思不清晰時，考慮到債權人對債務人資力和履行能力的信賴，基於保護債權人利益的價值，債務人不應輕易地從債務中擺脫，可以推定為債務加入。

同樣應當區分的是債務加入和連帶保證。兩者均增加了擔保債權實現的責任財產，但不同在於：第一，保證債務是債務人不履行債務時，保證人承擔保證責任的從屬性債務，而債務加入時第三人作為連帶債務人，沒有主從關係；第二，連帶保證具有保證期間和訴訟時效的限制，而債務加入後產生的連帶債務僅具有訴訟時效的限制；第三，連帶保證人承擔保證責任後，可以向債務人追償，而債務加入人作為連帶債務人履行債務後，是否對債務人有追償權，取決於其與債務人之間的約定。

在立法過程中，關於是否應當規定債務加入存在不同意見。分歧在於債務移轉是否包含了債務加入。經研究認為，債務加入與免責的債務轉移存在構成要件、法律效果等多方面的不同，對債務加入予以明確規定，有利於明確兩者的不同，有利於法律適用的清晰，有利於債權人權利的實現，也在一定程度上減輕了其他債務人的負擔。

在債務加入中，同樣首先要求存在債務。其次要求存在債務加入合同。該債務加入合同可以是第三人和債務人約定，也可以是第三人直接向債權人表示願意加入。是否需要債權人的同意，不同立法例存在不同觀點：有的規定同樣需要債權人的同意；有的規定無須債權人的同意；有的規定無須債權人同意，但債權人有權拒絕。考慮到債務加入一般對債權人不會造成損失，但是，任何人均有權拒絕獲利，且在例外情形中也可能對債權人增加不便，因此本條規定，債權人有權在合理期限內對此予以明確拒絕。

構成債務加入後，除另有約定外，第三人和債務人負有同一內容的債務，但債務人並不因此而免負債務，而是與第三人一起對債權人負有連帶債務，當然，連帶債務的範圍應當限制在第三人願意承擔的債務範圍內。此時，本法關於連帶債務的規定應當在債務加入中被適

用。應當指出的是，當事人也可以通過約定作出不同於連帶債務的其他選擇。

■ 案例分析

「信達公司石家莊辦事處與中阿公司等借款擔保合同糾紛案」【最高人民法院（2005）民二終字第 200 號民事判決書】對保證和債務加入進行了區分，相關裁判摘要如下：判斷一個行為究竟是保證還是並存的債務承擔，應根據具體情況確定。如承擔人承擔債務的意思表示中有較為明顯的保證含義，可以認定為保證；如果沒有，則應當從保護債權人利益的立法目的出發，認定為並存的債務承擔。

> **第五百五十三條　債務人轉移債務的，新債務人可以主張原債務人對債權人的抗辯；原債務人對債權人享有債權的，新債務人不得向債權人主張抵銷。**

■ 條文主旨

本條是關於債務轉移中新債務人抗辯和抵銷的規定。

■ 條文釋義

債務人轉移債務的，新的債務人取代了原債務人的地位，承擔其履行義務的責任。這意味着新債務人和原債務人具有相同的法律地位，因此原債務人享有的對債權人的抗辯，不因債務的轉移而消滅，新債務人可以繼續向債權人主張。

這些抗辯只要是基於債權人和原債務人之間的法律關係所產生的，阻止或者排斥債權的成立、存續或者行使的所有事由所產生的一切實體抗辯和程序抗辯，均可由新債務人向債權人主張。

在立法過程中，有意見提出，在債務轉移中，因債權人對原債務人承擔的債務而產生的抵銷權，新債務人不能行使，否則無異於承認新債務人可以處分債務人的權利。故本條新增加規定了「原債務人對債權人享有債權的，新債務人不得向債權人主張抵銷」，以凸顯債權轉讓與債務轉移之間在抵銷問題上的不同。

■ 案例分析

「吳晉明訴王茂廣等債務轉移合同糾紛案」【山東省東營市廣饒縣人民法院（2008）廣民三初字第 95 號民事判決書】認為，債務轉移中，新債務人不可向債權人主張其對原債務人的抗辯，相關裁判摘要如下：關於新債務人對協議買房者是原債務人，而實際的開發商是山東金田陽光投資有限公司，原債務人作為建築承包方，無權處分開發商的房子，事後也未取得金田公司的追認的抗辯，在合同債務轉移行為中，新債務人所享有的抗辯權利僅為原債務人對與原告買賣材料行為的抗辯。至於新債務人與原債務人房屋買賣行為與本案不屬同一

法律關係，故新債務人的抗辯理由不能成立。

> **第五百五十四條 債務人轉移債務的，新債務人應當承擔與主債務有關的從債務，但是該從債務專屬於原債務人自身的除外。**

■ 條文主旨

本條是關於債務轉移中新債務人承擔從債務的規定。

■ 條文釋義

債務人轉移主債務的，與主債務有關的從債務隨着主債務的轉移而轉移，新債務人應當承擔與主債務有關的從債務。所謂從債務，是指附隨於主債務的債務。從債務與主債務密切聯繫在一起，不能與主債務相互分離而單獨存在。所以當主債務發生移轉以後，從債務也要發生轉移，新債務人應當承擔與主債務有關的從債務，如附隨於主債務的未發生的利息債務等。但是，有的從債務是專屬於債務人本身的，這些從債務不隨主債務的轉移而轉移。例如，債務人應向債權人提供服務，以抵充利息。

應當注意的是，本條僅規定了新債務人應當承擔與主債務有關的從債務，並未規定新債務人當然享有與主債務有關的從權利。

■ 案例分析

「河北易興建築安裝工程有限公司、天津市昌億達鋼鐵貿易有限公司與河北易興建築安裝工程有限公司、海南中水龍建設工程有限公司天津分公司等買賣合同糾紛案」【最高人民法院 (2015) 民申字第 1752 號民事裁定書】，對債務轉移中新債務人承擔從債務進行了認定，相關裁判摘要如下：《付款協議》的性質為債務轉移協議，中水龍天津分公司將其基於《鋼筋買賣合同》應對昌億達公司承擔的貨款清償義務轉移給易興公司。易興公司作為案涉工程的總包方以及昌億達公司所供鋼材的實際使用人，自願承擔該筆債務，昌億達公司作為債權人對此表示認可。根據《中華人民共和國合同法》第 86 條關於債務人轉移義務的規定，新債務人應當承擔與主債務有關的從債務，但該從債務專屬於原債務人自身的除外的規定，貨款利息的給付義務一併轉移至易興公司。故易興公司關於不應承擔案涉貨款給付義務的再審申請理由，以及昌億達公司關於應由中水龍天津分公司連帶清償貨款利息的再審申請理由，均不能成立。

> **第五百五十五條**　當事人一方經對方同意，可以將自己在合同中的權利和義務一併轉讓給第三人。

■ 條文主旨

本條是關於合同權利義務一併轉讓的規定。

■ 條文釋義

合同權利義務的一併轉讓，又被稱為概括轉讓或者合同地位轉讓，是指合同關係的一方當事人將其合同權利義務一併轉移給第三人，由第三人全部地承受這些權利義務。合同權利義務的一併轉讓不同於債權轉讓、債務轉移的是，它是一方當事人對其當事人地位的轉讓，其轉讓的內容實際上包括但不限於債權轉讓和債務轉移，並非債權轉讓和債務轉移的簡單組合，而是第三人成為新的當事人，與當事人地位聯繫在一起的撤銷權、解除權等權利，也均轉移給第三人。合同權利義務的一併轉讓主要發生於雙務合同，只有雙務合同中的當事人一方才可以轉讓此種權利和義務。在單務合同中，由於一方當事人可能僅享有權利或僅承擔義務，因此不能出讓全部的權利義務，故單務合同一般不發生合同權利義務的一併轉讓。

在立法過程中，有觀點認為本條規定不應限於合同權利義務，而應包括所有的債權債務，故應當將「合同中的權利和義務」修改為「債權和債務」。經研究，債權債務除了合同權利義務之外，確實還包括其他法定的債權債務。但是，合同權利義務通過約定一併轉讓，涉及形成與當事人地位聯繫在一起的撤銷權、解除權等權利也隨之轉讓，因此有必要作出特別規定。而法定的債權債務雖然也可能通過約定而被一併轉讓，但一般不會涉及撤銷權、解除權等權利的隨之轉讓，因此可以被認為是債權轉讓和債務轉移的結合，並無像合同權利義務通過約定一併轉讓那樣強的特殊性。因此，本條仍然保留了合同法之前的規定。

根據本法規定，債權人轉讓債權應當通知債務人；債務人轉移債務必須經債權人的同意。合同權利義務的一併轉讓既包括了債權的轉讓，又包括了債務的轉移，這可能會對對方當事人產生不利，因此，當事人一方將合同權利義務一併轉讓時，應當經過對方當事人的同意。

合同權利義務的一併轉讓，除當事人另有約定外，原則上轉讓的當事人一方退出合同關係，其當事人地位被第三人所取代，第三人成為新的當事人，享有當事人的所有權利，承擔當事人的所有義務。

■ 案例分析

「浙江淘寶網絡有限公司訴李磊買賣合同糾紛案」【上海市第一中級人民法院 (2015) 滬一中民一 (民) 終字第 4045 號民事判決書】認為，網絡店鋪的轉讓須經網絡平台經營者同意方可發生法律效力，相關裁判摘要如下：姚俊旻通過與淘寶公司簽訂服務協議並經實名認

證，取得係爭淘寶店鋪之經營權。服務協議內容經雙方認可，且不存在違反法律行政法規強制性規定、損害社會公共利益等情形，故雙方間形成合法有效的合同關係。經營多年後，姚俊旻通過簽署《淘寶網店轉讓合同》，將係爭議淘寶店鋪轉讓給李磊，儘管雙方之間的轉讓合同還涉及庫存貨物、客戶資料等其他內容，但實際上係姚俊旻將其與淘寶公司間合同關係項下的權利義務一併轉讓給李磊。根據《中華人民共和國合同法》之規定，當事人一方將自己在合同中的權利和義務一併轉讓給第三方的，須經對方當事人的同意。現姚俊旻與李磊未徵得淘寶公司同意，私自轉讓爭議淘寶店鋪，該轉讓行為不發生法律效力。

> **第五百五十六條** 合同的權利和義務一併轉讓的，適用債權轉讓、債務轉移的有關規定。

■ 條文主旨

本條是關於合同權利和義務一併轉讓應當適用有關條款的規定。

■ 條文釋義

合同權利和義務一併轉讓時，應當遵守本法有關債權轉讓和債務轉移的其他規定。具體而言，在涉及債權轉讓的範圍內，適用以下規定：

1. 不得轉讓的債權的規定。（第 545 條）
2. 債權受讓人取得與債權有關的從權利的規定。（第 547 條）
3. 債務人對讓與人的抗辯可以繼續向受讓人主張的規定。（第 548 條）
4. 債務人對受讓人主張抵銷的規定。（第 549 條）
5. 債權轉讓增加的履行費用的負擔的規定。（第 550 條）
6. 債權轉讓批准的規定。（第 502 條第 3 款）

在涉及債務轉移的範圍內，適用以下規定：

1. 新債務人的抗辯和抵銷的規定。（第 553 條）
2. 新債務人承擔與主債務有關的從債務的規定。（第 554 條）
3. 債務轉移批准的規定。（第 502 條第 3 款）

第七章　合同的權利義務終止

本章共二十條,是關於合同的權利義務終止的規定。合同是平等主體的自然人、法人、其他組織之間設立、變更、終止民事權利義務關係的協議。本章規定了債權債務和合同權利義務關係終止的一般事由和後果,清償抵充,解除合同的條件、程序及解除合同後責任的承擔,抵銷的條件、程序,提存的條件、程序、後果,債務的免除,債權債務的混同等。當然,除解除規則外,其他規則也能適用於所有的債權債務,而非僅能適用於合同權利義務。在合同法的基礎上,本章增加規定了債務清償抵充規則,完善了合同解除、抵銷、提存、免除等具體規則。

第五百五十七條　有下列情形之一的,債權債務終止:

(一)債務已經履行;

(二)債務相互抵銷;

(三)債務人依法將標的物提存;

(四)債權人免除債務;

(五)債權債務同歸於一人;

(六)法律規定或者當事人約定終止的其他情形。

合同解除的,該合同的權利義務關係終止。

■ **條文主旨**

本條是關於債權債務終止情形的規定。

■ **條文釋義**

債的性質,決定了債是有期限的民事法律關係,不可能永恆存在,有着從設立到終止的過程。債權債務終止,是指有效的債權債務因具備法定情形和當事人約定的情形,使得債權、債務歸於消滅,債權人不再享有債權,債務人也不必再履行債務。按照本條第 1 款規定,有下列情形之一的,債權債務終止。

一、債務已經履行

債務已經履行,是指債務人按照債的標的、質量、數量、價款或者報酬、履行期限、履行地點和方式正確地、適當地全面履行了債務。

以下情況也屬於債務的全面履行:(1)第三人按照債權人和債務人之間的約定或者依照

法律規定履行；（2）債務人按照約定或者依照法律規定向第三人履行；（3）債權人和債務人協商一致以他種給付代替原定給付。

實踐中，也經常會出現以房抵債的情形，債務人乙欠債權人甲借款，現乙在債務履行期屆滿後無力償還，因此與甲協商一致，以價值相當的乙所有的房屋抵債，在乙將房屋交付並將房屋所有權移轉給甲之後，債務消滅。甲和乙約定不明時，為保護債權人甲的利益，不宜認定為是合同的更新，而應認為是增加了一種給付，否則，原債消滅，在乙不履行之後的以物抵債協議時，債權人甲就無法請求債務人乙履行原債務。如果乙不履行之後的以物抵債協議，則債權人與債務人之間的舊債務並未消滅，舊債務和新債務處於銜接並存的狀態；在新債務合法有效並得以履行完畢後，舊債務和新債務都歸於消滅。有時代物履行可能會有差價，按照當事人的約定支付差價後，也產生債務消滅的後果。

二、債務相互抵銷

債務相互抵銷，是指當事人互負債務、互享債權，以自己的到期債權充抵對方的債權，使自己的債務與對方的債務在等額內消滅。

抵銷制度，一方面免除了當事人雙方實際履行的行為，方便了當事人，節省了履行費用。另一方面當互負債務的當事人一方財產狀況惡化，不能履行所負債務時，通過抵銷，起到了債的擔保的作用；特別是當一方當事人破產時，對方已作出的履行將作為破產財產，而未被清償的債權卻要與破產人的其他各債權人就破產財產平均受償，顯然不利於對方當事人，而通過抵銷，可以使對方當事人的債權迅速獲得滿足。

三、債務人依法將標的物提存

提存，是指由於法律規定的原因，債務人無法向債權人交付合同標的物時，債務人將該標的物交給提存部門而消滅債務的制度。

債務的履行往往需要債權人的協助，如果債權人無正當理由而拒絕受領或者不能受領，債權人雖應承擔受領遲延的責任，但債務人的債務卻不能消滅，債務人仍得隨時準備履行，這顯然有失公平。本法明確將提存作為債權債務終止的法定原因之一，在第570條至第574條規定了提存的條件、程序和法律效力。

四、債權人免除債務

債權人免除債務，是指債權人放棄自己的債權。債權人可以免除債務的部分，也可以免除債務的全部。免除部分債務的，債權債務部分終止，免除全部債務的，債權債務全部終止。本法第575條對免除進行了具體規定。

五、債權債務同歸於一人

債權和債務同歸於一人，是指由於某種事實的發生，使原本由一方當事人享有的債權，而由另一方當事人負擔的債務，統歸於一方當事人，使得該當事人既是債權人，又是債務人。本法第576條具體規定了此種終止事由。

六、法律規定或者當事人約定終止的其他情形

除了前述債權債務終止的情形，出現了法律規定的終止的其他情形的，合同的權利義務

也可以終止。比如，根據本法第 934 條的規定；當事人也可以約定債權債務終止的情形。再比如，當事人訂立的附解除條件的合同，當解除條件成就時，債權債務關係消滅，合同的權利義務終止。

本條第 2 款規定了合同解除導致該合同的權利義務關係終止。合同的解除，是指合同成立對當事人具有法律約束力後，當具備法律規定的或者當事人約定的合同解除事由時，或者當事人協商一致時，因當事人一方或雙方的意思表示而使整體的合同關係終止。解除導致合同整體權利義務關係的終止，而非合同關係中單個債權債務的終止，並且在合同權利義務終止後，還涉及解除後的各種權利義務關係。同時，解除僅能適用於合同的權利義務關係，而不能適用於其他法定的債權債務關係。據此，本條在合同法規定的基礎上將解除單獨作為一款。合同的解除適用於已經具有法律約束力的合同。合同只有在具有法律約束力以後，才存在解除，不具有法律約束力的合同不發生解除。依法成立的合同，對當事人具有法律約束力，當事人不得隨意解除合同，只有當出現當事人約定的或者法律規定的解除合同的事由時，或者當事人協商一致時，才可以解除合同。本法第 562 至第 566 條對合同解除作出了具體的規定。

> **第五百五十八條　債權債務終止後，當事人應當遵循誠信等原則，根據交易習慣履行通知、協助、保密、舊物回收等義務。**

■ 條文主旨

本條是關於後合同義務的規定。

■ 條文釋義

後合同義務，是指合同的權利義務終止後，當事人依照法律的規定，遵循誠信等原則，根據交易習慣履行的各項義務。後合同義務對於在交易中強化誠信觀念、維護交易的正常秩序具有重要作用。因此，債權債務終止後，除了債權人應當將證明債權債務的負債字據返還、向債務人出具債務消滅的收據之外，雙方當事人還負有後合同義務。

後合同義務具有以下特點：

1. 後合同義務是合同的權利義務終止後產生的義務，合同成立前，當事人承擔的是先合同義務；合同的權利義務未終止，當事人履行的是合同義務。

2. 後合同義務主要是法律規定的義務。如果當事人在合同中約定履行某項義務，該義務為合同義務，不履行該義務，承擔違反合同的責任。後合同義務主要是法定義務，違反後合同義務要承擔損害賠償責任。

3. 後合同義務是誠信等原則派生的義務。誠信原則要求民事活動的當事人具有誠實、守

信、善意的心理狀況，不損人利己，不規避法律，秉持誠實，恪守承諾，在民事活動中維持雙方的利益平衡，以及當事人利益與社會利益的平衡。合同的權利義務終止後，當事人應當履行哪些義務，並沒有一定之規，依誠信原則應履行的義務，均應為後合同義務的範圍。當事人主觀方面的要求也可以根據誠信等原則予以確定。

4. 後合同義務的內容根據交易習慣確定。合同的內容不同，後合同義務也不同，法律不可能針對個案確定後合同義務的內容，但按照交易習慣，某類合同終止後，當事人通常的行為準則，應作為後合同義務。所謂交易習慣，一方面指一般的民商事活動應遵循的習慣，另一方面指當事人雙方長期交易關係中形成的習慣。

立法過程中，有意見提出，這些義務不僅在合同的權利義務終止後會發生，在其他法定之債的債權債務終止後，也應當存在這些義務。經研究，因無因管理等發生的法定之債中，在債權債務終止後，也同樣可能發生協助、保密等義務，因此，將合同法中的「合同的權利義務」修改為「債權債務」。

遵循誠信等原則，根據交易習慣，債權債務終止後的義務通常有以下幾方面：

1. 通知的義務。合同權利義務終止後，一方當事人應當將有關情況及時通知另一方當事人。比如，在租賃合同終止後，出租人應及時通知承租人取回物品。

2. 協助的義務。合同的權利義務終止後，當事人應當協助對方處理與原合同有關的事務。比如，合同解除後，需要恢復原狀的，對於恢復原狀給予必要的協助。

3. 保密的義務。保密是指保守國家秘密、商業秘密和合同約定不得洩露的事項。國家秘密，是指關係國家的安全和利益，依照法定程序確定，在一定時間內只限於一定範圍的人員知悉的事項。商業秘密，是指不為公眾所知悉，能為權利人帶來經濟利益，具有實用性，並經權利人採取保密措施的技術信息和經營信息。除了國家秘密和商業秘密，當事人在合同中約定保密的特定事項，合同的權利義務終止後，當事人也不得洩露。

4. 舊物回收的義務。在立法過程中，有意見認為，為促進生態文明建設，應當進一步擴充後合同義務的範圍。經研究，為進一步落實綠色原則的要求，當事人在債權債務終止後，還依法負有舊物回收的義務，本條予以增補，並根據本法第一編中第一章的有關民法原則的規定，將原合同中的「誠實信用原則」修改為「誠信等原則」。

■ 案例分析

「張曉先訴南通宏豐公司房屋買賣合同糾紛案」【江蘇省南通市中級人民法院（2005）通中民一終字第 0760 號民事判決書】認為，房屋買賣合同中的賣房人違反了特定的後合同義務，應當承擔責任，相關裁判摘要如下：本案中上訴人與被上訴人在 2001 年 3 月簽訂房屋買賣合同後，雙方均已按約履行了義務。但案涉房屋為商業用房，公安部門的消防意見書明確了案涉房屋須有消防通道並保持暢通，同時賦予了上訴人相應的義務，即租、售案涉相鄰房屋時應保證其中的消防通道始終暢通。因此，上訴人售出的 202 室房屋，實質上存在隱患瑕疵，其在銷售 201 室時，應事先安排好消防通道或在 201 室的售房合同中與購房人約定

確保 202 室消防安全門和兩室的消防通道暢通事宜，否則 202 室的隱患瑕疵將成為現實的瑕疵。上述義務應為 202 室房屋買賣合同的後合同義務。現上訴人儘管已經履行了 202 室售房合同中的約定義務，但依據合同法第 92 條的規定，其應在收到消防意見書的數月後，於銷售 201 室時亦履行上述後合同義務。

第五百五十九條　債權債務終止時，債權的從權利同時消滅，但是法律另有規定或者當事人另有約定的除外。

■ 條文主旨

本條是關於從權利隨主權利消滅而消滅的規定。

■ 條文釋義

從權利是指附隨於主權利的權利。抵押權、質權、保證等權利都屬於主權利的從權利。由於從權利是從主權利派生出來的，從權利從屬於主權利，這也包括消滅上的從屬性。當主債權債務終止時，從權利一般也就沒有了存在的價值，同時隨之消滅。

但是，法律可能作出不同的規定。例如，主債權部分消滅的，作為從權利之一的擔保物權並不在相應範圍內部分消滅，而是根據擔保物權的不可分性，主債權部分消滅，擔保物權仍然存在，擔保財產仍然擔保剩餘的債權，直到債務人履行全部債務時為止。

第五百六十條　債務人對同一債權人負擔的數項債務種類相同，債務人的給付不足以清償全部債務的，除當事人另有約定外，由債務人在清償時指定其履行的債務。

債務人未作指定的，應當優先履行已經到期的債務；數項債務均到期的，優先履行對債權人缺乏擔保或者擔保最少的債務；均無擔保或者擔保相等的，優先履行債務人負擔較重的債務；負擔相同的，按照債務到期的先後順序履行；到期時間相同的，按照債務比例履行。

■ 條文主旨

本條是關於數個債務的清償抵充順序的規定。

■ 條文釋義

清償抵充，指的是債務人對同一債權人負擔的數項債務種類相同，債務人的給付不足以

清償全部債務時，確定該給付抵充這些債務中某項或者某幾項債務；或者債務人在履行主債務外還應當支付利息和實現債權的有關費用，其給付不足以清償全部債務的，確定該給付抵充該項債務中的某個或者某幾個部分。立法過程中，有意見提出，應當增加規定關於清償抵充的規則。經研究，清償抵充的順序對於當事人的利害關係非常重要，比較法上，很多國家和地區均對此加以規定，這有利於解決當事人之間的爭議。因此，本條和下一條規定了清償抵充順序。應當注意的是，在抵銷中，也涉及抵銷抵充，此時也應參照本條和下一條規定的清償抵充順序予以確定。

本條規定了清償抵充的第一種情形，即數項債務的清償抵充。本條的適用，首先要求債務人對同一債權人負擔數項債務。如果多個債務人分別負擔債務，則應當分別清償，從而不發生抵充問題。其次要求債務人負擔的數項債務的種類相同。如果數項債務給付的種類不同，應當以給付的種類確定該給付清償的是何項債務，沒必要發生抵充問題。再次要求債務人的給付不足以清償全部債務。如果債務人的給付可能清償全部債務，也沒有必要確立清償的順序，因為所有的債務都可以得到清償。如果債務人的給付不足以清償數項債務中的某一項，則可以將本條規定和下一條規定結合適用，通過下一條確定該項債務中費用、利息和主債務履行的順序。

此時，確定清償抵充順序的基本原則是：有約定從約定，無約定從指定，無指定從法定。如果當事人就抵充的順序協商一致，這是意思自治的表現，此時，該約定應當優先。抵充既可以在清償前或者清償時約定；在清償後約定抵充或者變更原抵充約定的，在當事人之間仍然發生效力，但不能影響擔保人等有利害關係的第三人利益。

在當事人對抵充順序沒有約定時，則由債務人指定其履行的債務，但債務人的指定應在清償時作出，其生效適用本法第137條的一般規則。債務人在清償時未指定，清償後不可指定，否則在有爭議的時候，債務人可以立即指定，之後的法定抵充順序就沒有任何意義。

在當事人對抵充順序沒有約定且債務人在清償時未指定的，則直接依據法定的順序。在本條第1款已經承認了債務人指定權的情況下，法定的抵充順序應更多地考量債權人的利益，採取債權人利益優先、兼顧債務人利益的原則確定順序。依據本條第2款規定，依次依據下列方式確定抵充順序：

1. 已到期債務。如果到期的債務和未到期的債務並存，應當先抵充已到期的債務。

2. 缺乏擔保或者擔保最少的債務。如果某債務有擔保，另一債務無擔保或者缺乏擔保，則優先履行缺乏擔保的債務。在債務均存在擔保的情形下，優先履行擔保最少的債務。應當注意的是，此處的「擔保最少」並非擔保的絕對數額最少，而是對債權人而言擔保利益最少或者擔保狀況最低的，否則某些情況下容易導致和本規定目的相違背的情形。比如，50萬元的債務存在擔保50萬元，同時另外一個100萬元的債務存在同樣類型的擔保60萬元，債務人支付50萬元，優先清償哪一個債務？此時，後一項債務的擔保比例較少，因此優先抵充後一項債務中的未擔保債務，這對債權人最為有利。同時，除了上述擔保的比例之外，在判斷擔保的多少時，還可以考慮擔保的類型、擔保人的信用等因素予以綜合判斷。

3. 債務人負擔較重的債務。該規定旨在保護債務人的利益，優先清償負擔較重的債務，使得債務人因清償而獲益最多。比如，無利息的債務對比有利息的債務，前者顯然對債務人的負擔較輕。

4. 先到期的債務。此時，並非抵充最先成立的債務，而是抵充最先到期的債務。

5. 債務比例。

■ **案例分析**

「蘇孫鉗、西安特力亞空調工程有限公司民間借貸糾紛案」【最高人民法院 (2019) 最高法民申 5625 號民事裁定書】對法定抵充順序進行了說明，相關裁判摘要如下：合同法司法解釋（二）第 20 條規定：「債務人的給付不足以清償其對同一債權人所負的數筆相同種類的全部債務，應當優先抵充已到期的債務；幾項債務均到期的，優先抵充對債權人缺乏擔保或者擔保數額最少的債務；擔保數額相同的，優先抵充債務負擔較重的債務；負擔相同的，按照債務到期的先後順序抵充；到期時間相同的，按比例抵充。但是，債權人與債務人對清償的債務或者清償抵充順序有約定的除外。」經審查，本案中蘇孫鉗與劉耀輝之間發生過多筆借款，劉耀輝舊貸未清償又發生新貸，出現償還舊貸與償還新貸在時間上存在交叉重疊的情形。首先，蘇孫鉗未提交充分證據證明其與劉耀輝之間對劉耀輝每一筆還款所清償的債務或者清償抵充順序已經進行約定。其次，劉耀輝在一審代理意見中提出，即使劉耀輝主張的蘇孫鉗履行 2014 年 10 月 11 日《借款合同》所支付的借款本金不能成立，按照法定清償順序，該《借款合同》的債務已經償還完畢。據此，不能認定劉耀輝與蘇孫鉗之間對債務清償順序進行了約定。另外，本案係為了解決蘇孫鉗與劉耀輝之間的民間借貸糾紛，至於劉耀輝未能歸還部分《借款合同》約定款項的原因與本案待證事實無關。且即便劉耀輝是因銀行貸款未能審批通過或銀行放款金額低於借款金額而未足額歸還合同約定的款項，亦不能證明雙方對債務清償順序進行了約定。故原審判決依據上述規定，結合本案事實，認定 2014 年 10 月 11 日《借款合同》、2014 年 11 月 4 日《借款合同》項下借款已還清並無不當。

> **第五百六十一條**　債務人在履行主債務外還應當支付利息和實現債權的有關費用，其給付不足以清償全部債務的，除當事人另有約定外，應當按照下列順序履行：
>
> （一）實現債權的有關費用；
>
> （二）利息；
>
> （三）主債務。

■ **條文主旨**

本條是關於費用、利息和主債務的清償抵充順序的規定。

■ 條文釋義

本條的適用，首先要求債務人在履行主債務外還應當支付利息和實現債權的有關費用。其次要求債務人的給付不足以清償主債務、利息和實現費用。此時確定清償抵充順序的基本原則是：有約定按約定，無約定按法定。如果當事人就抵充的順序協商一致，這是合同自由的表現，此時，該約定應當優先。

在當事人對抵充順序沒有約定時，各個立法例與本條的規定基本一致，採取有利於債權人的立場，依次按照下列順序抵充：

1. 實現債權的有關費用。包括保管費用、訴訟費用、執行費用等。

2. 利息。利息是債權人預期應有的收益，是資金佔有的成本，應當先於主債務或者本金而抵充。

3. 主債務。

應當注意的是，本條規定更為着重於債權人利益的保護，與前條規定不同，本條排除了債務人指定的權利，否則與本條的債權人利益保護立場相違背。因此，債務人不能指定先抵充主債務，再抵充利息，以避免給債權人帶來損害。

■ 案例分析

「成都石油總公司、成都交投能源發展有限公司買賣合同糾紛案」【最高人民法院 (2019) 最高法民申 5894 民事裁定書】對費用、利息和主債務的清償抵充順序進行了說明，相關裁判摘要如下：關於已支付款項優先沖抵本金還是利息的問題。成都交投公司向成都石油總公司出具的收據載明，其收到成都石油總公司的款項分別為「油品貿易欠款」和「商業承兌匯票款」，但並未明確載明其收到的是本金還是利息。根據《最高人民法院關於適用〈中華人民共和國合同法〉若干問題的解釋（二）》第 21 條關於「債務人除主債務之外還應當支付利息和費用，當其給付不足以清償全部債務時，並且當事人沒有約定的，人民法院應當按照下列順序抵充：（一）實現債權的有關費用；（二）利息；（三）主債務」之規定，在當事人沒有明確約定債務人支付的款項係償還本金還是利息的情形下，債務人清償的部分欠款應優先沖抵利息。故成都石油總公司關於其於 2018 年 8 月 28 日和 2019 年 3 月 18 日支付的兩筆款項應當優先抵充本金的主張於法無據，本院不予支持。

> **第五百六十二條**　當事人協商一致，可以解除合同。
>
> 當事人可以約定一方解除合同的事由。解除合同的事由發生時，解除權人可以解除合同。

■ 條文主旨

本條是關於協商解除合同和約定解除權的規定。

■ 條文釋義

合同解除是對當事人進行救濟的方式之一。通過合同解除，能夠使得當事人在其合同目的不能實現的情形中擺脫現有合同權利義務關係的約束，重新獲得交易的自由。合同解除包括了當事人協商解除、行使約定解除權和行使法定解除權。本條規定了當事人協商解除合同和約定解除權。

需要注意的是，關於是否應當區分合同解除與合同終止，存在不同的觀點。有些觀點區分了是否具有溯及力，沒有溯及力的稱為終止，有溯及力的稱為解除。本法採取了廣義的終止的概念，「解除」僅是「終止」的原因之一，同時在解除的效果上區分有溯及力和沒有溯及力的解除，其中沒有溯及力的解除就相當於狹義上的「終止」。

根據自願原則，當事人在法律規定範圍內享有自願解除合同的權利。當事人約定解除合同包括三種情況：

1. 協商解除。協商解除，是指合同產生法律約束力後，當事人以解除合同為目的，經協商一致，訂立一個解除原來合同的協議。當事人可以根據自願原則，決定協商解除的具體效力，比如可以在協議中明確放棄違約損害賠償請求權。

2. 約定解除權。約定解除權，是指當事人約定，合同履行過程中出現某種情況，當事人一方或者雙方有解除合同的權利。解除權可以在訂立合同時約定，也可以在履行合同的過程中約定；可以約定一方享有解除合同的權利，也可以約定雙方享有解除合同的權利。當約定解除合同的條件出現時，享有解除權的當事人可以行使解除權解除合同，而不必再與對方當事人協商。約定解除權的功能體現在對法定解除權的要件和行使效果進行修正、緩和和補充，並使當事人在觀念上對此明確化。

協商解除和約定解除權，雖然都是基於當事人雙方的合意，但二者有區別，表現在：（1）協商解除是當事人雙方根據已經發生的情況，達成解除原合同的協議；而約定解除權是約定將來發生某種情況時，一方或雙方享有解除權。（2）協商解除不是約定解除權，而是解除現存的合同關係，並可以對解除合同後的責任分擔、損失分配達成共識；而約定解除權本身不導致合同的解除，只有在約定的解除事由發生時，通過行使解除權方可使合同歸於消滅。

同時，約定解除權和附解除條件的合同不同。兩者有區別，表現在：附解除條件的合同，條件成就時合同自然失效，不需要當事人再有另外的意思表示；而在約定解除權的情況下，雙方約定以一定的事由作為解除權的產生原因，約定的事由發生時僅產生了解除權，合同並不是自動解除，必須由解除權人主動行使解除權，才能導致合同解除。根據合同法第93條第2款規定，解除合同的條件成就時，解除權人可以解除合同，為了更清晰地顯示出約定解除權和附解除條件的不同，本條將之修改為「解除合同的事由發生時，解除權人可以解除合同」。

■ 案例分析

「桂林市全興房地產開發有限公司、中國銀行股份有限公司桂林分行與桂林市全興房地產開發有限公司、中國銀行股份有限公司桂林分行房屋買賣合同糾紛案」【最高人民法院（2016）最高法民申 213 號民事裁定書】對協議解除的要件進行了說明，相關裁判摘要如下：解除合同協議的有效成立，也必須滿足合同成立的一般要件。即，一是在合同的訂立方式上，要通過要約和承諾的方式訂立；二是在合同的內容上要具體確定，合同中不僅要有消滅既存合同關係的內容，也要包括已經履行部分是否返還、責任如何分擔等結算和清理內容。本案雖然中行桂林分行訴請解除《房屋合作開發協議書》，全興公司在訴訟中表示同意解除，但對於合同解除後的結算和清理事項並未形成一致的意思表示，故雙方當事人協商解除合同的合意並未有效成立。

第五百六十三條　有下列情形之一的，當事人可以解除合同：

（一）因不可抗力致使不能實現合同目的；

（二）在履行期限屆滿前，當事人一方明確表示或者以自己的行為表明不履行主要債務；

（三）當事人一方遲延履行主要債務，經催告後在合理期限內仍未履行；

（四）當事人一方遲延履行債務或者有其他違約行為致使不能實現合同目的；

（五）法律規定的其他情形。

以持續履行的債務為內容的不定期合同，當事人可以隨時解除合同，但是應當在合理期限之前通知對方。

■ 條文主旨

本條是關於法定解除事由的規定。

■ 條文釋義

法定解除，是指合同具有法律約束力後，當事人在法律規定的解除事由出現時，行使解除權而使合同權利義務關係終止。法定解除權的產生事由與約定解除權的產生事由既有區別又有聯繫。其區別表現在：法定解除事由是法律直接規定的；而約定解除事由是雙方通過合同約定的。其聯繫表現在：約定解除事由主要是對法定解除事由和解除效果進行修正、緩和和補充，比如，可以約定違反合同中的某項規定，不論程度如何，均可解除合同。

本條第 1 款規定的解除合同的事由有：

一、因不可抗力致使不能實現合同的目的

所謂不可抗力，本法第 180 條第 2 款設有明文規定，一般說來，以下情況被認為屬於

不可抗力：（1）自然災害。（2）戰爭。（3）社會異常事件，主要指一些偶發的阻礙合同履行的事件，罷工、騷亂。（4）政府行為，主要指合同訂立後，政府頒佈新的政策、法律，採取行政措施導致合同不能履行，如禁運、交通封鎖、人員隔離、進出境限制、停工停產等。

不可抗力事件的發生，對履行合同的影響可能有大有小，有時只是暫時影響到合同的履行，可以通過延期履行實現合同的目的，對此不能行使法定解除權。只有不可抗力致使合同目的不能實現時，當事人才可以解除合同。

應當注意的是，因不可抗力致使不能實現合同的目的的，究竟是採取合同自動終止的方式，還是採取產生法定解除權的方式，不同的立法例並不相同。經研究，本法採取了後一種方式，這有利於當事人之間的互通情況和互相配合，並積極採取救濟措施。根據此目的，應當認為此種情況下，雙方當事人都有權解除合同。

同時，本法第 533 條規定了情勢變更規則，在發生不可抗力事件時，根據對合同履行的影響，可以分別適用情勢變更和法定解除。如果不可抗力事件致使繼續履行合同對於一方當事人明顯不公平的，可以適用本法第 533 條規定；不可抗力事件的發生，致使合同目的不能實現的，可以適用本條規定。

二、在履行期限屆滿之前，當事人一方明確表示或者以自己的行為表明不履行主要債務

在合同履行期限屆滿之前，當事人一方明確表示或者以自己的行為表明不履行主要債務的，對方當事人可以解除合同。預期違約分為明示違約和默示違約。所謂明示違約，是指合同履行期到來之前，一方當事人明確肯定地向另一方當事人表示他將不履行主要債務。所謂默示違約，是指合同履行期限到來前，一方當事人有確鑿的證據證明另一方當事人在履行期限到來時明顯將不履行主要債務。

應當注意的是，該規定與不安抗辯權的相互銜接。對此，本法第 528 條設有明文規定。

三、當事人一方遲延履行主要債務，經催告後在合理期限內仍未履行

當事人一方遲延履行主要債務，經催告後在合理期限內仍未履行的，對方當事人可以解除合同。這有助於降低對方當事人證明遲延履行致使不能實現合同目的的難度。遲延履行只有符合以下條件，才可以解除合同：

1. 遲延履行主要債務。所謂主要債務，應當依照合同的個案進行判斷，一般說來，影響合同目的實現的債務，應為主要債務。如買賣合同，在履行期限內交付的標的物只佔合同約定的很少一部分，不能滿足債權人的要求，應認為遲延履行主要債務。

2. 經催告後債務人仍然不履行債務。債務人遲延履行主要債務的，債權人一般應當催告債務人履行。合同的解除將導致合同權利義務關係的終止，一旦解除將會消滅一項交易，如果允許債權人在債務人任何遲延履行主要債務的情況下都可以直接解除合同，會造成財產的不必要的損失和浪費，因此，債權人一般應當進行催告，並且指定一個確定的合理期間。

四、遲延履行債務或者有其他違約行為致使不能實現合同目的

遲延履行債務致使不能實現合同目的，是指履行期限對於債權的實現至關重要，超過了合同約定的期限履行合同，合同目的就將落空。如果遲延履行致使合同目的不能實現，則不

需要經過催告，而可以直接解除合同。通常以下情況可以認為構成根本違約的遲延履行：（1）當事人在合同中明確約定超過期限履行合同，債權人將不接受履行，而債務人履行遲延。（2）履行期限構成合同的必要因素，超過期限履行將嚴重影響訂立合同所期望的經濟利益。比如季節性、時效性較強的標的物，像中秋月餅，過了中秋節交付，就沒有了銷路。（3）繼續履行不能得到合同利益。比如由於債務人遲延時間過長，市場行情發生重大變化，繼續履行將使債權人蒙受重大損失，應允許解除合同。

致使不能實現合同目的的其他違約行為，主要指違反的義務對合同目的的實現十分重要，如一方不履行這種義務，將剝奪另一方當事人根據合同有權期待的利益。該種違約行為主要包括：（1）不能履行主要債務。（2）拒絕履行，即債務人拒絕履行合同義務，包括債務人在履行期限屆滿前明示或者默示地拒絕履行非主要債務致使不能實現合同目的，或者履行期限屆滿後拒絕履行主要債務或拒絕履行其他合同義務致使不能實現合同目的。（3）履行質量與約定嚴重不符，無法通過修理、替換、降價的方法予以補救，致使不能實現合同目的。（4）履行主要債務之外的其他合同義務不適當，致使不能實現合同目的。

這些違約行為導致法定解除權產生的前提是違約行為致使不能實現合同目的，理論上將這些違約稱為「根本違約」。違反合同義務，致使合同目的不能實現的，為根本違約。

判斷合同目的是否不能實現，首先需要區分合同目的和合同動機。其次可以考慮以下情況：第一，違約是否實質上剝奪了另一方當事人根據合同有權期待的利益，除非另一方當事人並未預見而且也不可能合理地預見到此結果。第二，對被違反義務的嚴格遵守是否是合同的實質性約定。第三，違反義務是否導致不能信賴其將來的履行，如果一方當事人分期履行義務，並且在某一次先履行中出現瑕疵，很明顯將要在整個履行中重複，儘管先期履行中的瑕疵本身並不構成解除合同的依據，另一方當事人仍然可以解除合同；當然，如果違反義務即使是故意但卻是微不足道的，仍然不能解除。第四，合同解除是否導致違反義務人因已經作出的準備或者履行而遭受不相稱的損失。

五、法律規定的其他解除情形

除了上述四種情形外，本法還規定了其他產生法定解除權的情形。比如，因行使不安抗辯權而中止履行合同，對方在合理期限內未恢復履行能力，也未提供適當擔保的，中止履行的一方可以請求解除合同。除了本法外，其他法律也規定了一些合同的法定解除權事由。例如，旅遊法第 66 條第 1 款、保險法第 15 條等。

本條第 2 款規定了以持續履行的債務為內容的不定期合同中當事人的解除權。這首先要求合同必須以持續履行的債務為內容的合同。其次要求是不定期的合同。

根據本款規定，以持續履行的債務為內容的不定期合同，當事人在合理期限之前通知對方後可以解除。首先是雙方當事人都有解除權，而非僅當事人一方享有解除權。其次是應當在合理期限之前通知對方。這是為了給予對方必要的準備時間，合理期間的確定可以考慮當事人之間合作時間和合同關係已經持續時間的長短、另一方當事人為履行合同所付出的努力和投資、尋找新的合同對方所可能需要的時間、雙方履行之間的時間間隔，等等。當事人沒

有在合理期限之前通知對方的，並非解除通知無效，而是不影響合同解除的效力，但要賠償因未在合理期限前通知對方從而給對方造成的損失，或者解除通知延至合理期限之後才發生效力。

■ 案例分析

2018 年第 2 期《中華人民共和國最高人民法院公報》刊登的「汾州裕源土特產品有限公司與陝西天寶大豆食品技術研究所技術合同糾紛案」【最高人民法院（2016）最高法民再251 號民事判決書】認為，是否致使合同目的落空是能否行使合同法定解除權的判斷標準，相關裁判摘要如下：明確是否致使合同目的落空是能否行使合同法定解除權的判斷標準。我國合同法中，法定解除的認定標準是違約後果是否足夠嚴重而非所違反的條款本身是否重要。雖然上述二者之間可能存在邏輯關聯，但強調以違約結果的嚴重性作為法定解除認定標準的落腳點，本身就是對合同法定解除權的限制。故在判斷違約行為是否足以導致合同法定解除時，不能簡單地由所違反條款的性質推斷根本違約，而必須討論這一違約是否會產生合同目的落空的結果。

> 　　**第五百六十四條**　法律規定或者當事人約定解除權行使期限，期限屆滿當事人不行使的，該權利消滅。
>
> 　　法律沒有規定或者當事人沒有約定解除權行使期限，自解除權人知道或者應當知道解除事由之日起一年內不行使，或者經對方催告後在合理期限內不行使的，該權利消滅。

■ 條文主旨

本條是關於解除權行使期限的規定。

■ 條文釋義

無論是約定解除權，還是法定解除權，解除權的行使，是法律賦予當事人的保護自己合法權益的手段，但該權利的行使不能毫無限制。解除權作為形成權，應當在一定期間內行使，以促使法律關係儘早確定為目標。該期間是解除權的行使期限、存續期間或者除斥期間。按照本條規定，行使解除權的期限分為兩種情況：

1. 按照法律規定或者當事人約定的解除權的行使期限行使。法律規定或者當事人約定解除權行使期限的，期限屆滿當事人不行使的，該權利消滅。

2. 在對方當事人催告後的合理期限內行使。法律沒有規定或者當事人沒有約定解除權行使期限的，對方當事人為明確自己義務是否還需要履行，可以催告享有解除權的當事人行使解除權，享有解除權的當事人超過合理期限不行使解除權的，解除權消滅，合同關係仍然存

在，當事人仍要按照合同約定履行義務。

3. 自解除權人知道或者應當知道解除事由之日起 1 年內不行使。法律沒有規定或者當事人沒有約定解除權行使期限的，另一方當事人未催告的，或者另一方當事人在很長時間之後才進行催告的，如果解除權長期存在，就可能在很長時間之後仍然行使解除權，這不利於合同關係的儘快確定和穩定。合同法對此未作規定，實踐中做法不一。立法過程中，有意見提出，為實現確定性，應由法律對此明確規定。經研究，考慮到其他形成權的一般除斥期間，本條明確規定，自解除權人知道或者應當知道解除事由之日起 1 年內不行使的，解除權消滅。該期間的起算期間並非解除權發生之日，而是自解除權人知道或者應當知道解除事由之日起計算，這也與本法第 199 條的規定保持了一致。但是，如果解除權人有權解除合同，但是選擇請求對方當事人在合理期限內採取修理、重作、更換等補救措施，而對方當事人置之不理的，該期間應當從補救的合理期限屆滿時起算。

另外，解除權消滅的事由除了行使期限屆滿，還包括當事人知道解除事由後明確表示或者以自己的行為表明放棄解除權。

■ 案例分析

2013 年第 10 期《中華人民共和國最高人民法院公報》刊登的「天津市濱海商貿大世界有限公司與天津市天益工貿有限公司、王錫鋒財產權屬糾紛案」【最高人民法院（2012）民再申字第 310 號民事裁定書】就商品房買賣合同之外的房屋買賣合同中的解除權行使期限應當確定的問題進行了分析，相關裁判摘要如下：根據《中華人民共和國合同法》第 95 條第 2 款的規定，法律沒有規定或者當事人沒有約定解除權行使期限，經對方催告後在合理期限內不行使的，該權利消滅。對房屋買賣合同的解除權行使期限，法律沒有規定，本案當事人在合同中亦未約定，何為合理期限，應當由人民法院結合具體案情予以認定。

第五百六十五條　當事人一方依法主張解除合同的，應當通知對方。合同自通知到達對方時解除；通知載明債務人在一定期限內不履行債務則合同自動解除，債務人在該期限內未履行債務的，合同自通知載明的期限屆滿時解除。對方對解除合同有異議的，任何一方當事人均可以請求人民法院或者仲裁機構確認解除行為的效力。

當事人一方未通知對方，直接以提起訴訟或者申請仲裁的方式依法主張解除合同，人民法院或者仲裁機構確認該主張的，合同自起訴狀副本或者仲裁申請書副本送達對方時解除。

■ 條文主旨

本條是關於解除權行使的規定。

■ 條文釋義

當事人一方依照本法 562 條第 2 款、第 563 條規定行使解除權而解除合同，應當遵守下列規定：

1. 必須享有解除權。本法第 562 條第 2 款和第 563 條對約定解除權和法定解除權作了規定。不符合上述規定，當事人即不享有解除權，自然不能行使解除權而單方解除合同，即使解除通知到達對方，對方未提出異議，也不發生合同解除的效果。

2. 行使解除權應當通知對方當事人。當事人一方行使解除合同的權利，必然引起合同的權利義務的終止。但是，解除權產生之後，並不導致合同自動解除，解除權人必須行使解除權才能使得合同解除。本條規定，當事人根據約定解除權和法定解除權主張解除合同的，應當通知對方。

同時，自解除通知到達對方當事人時，合同解除。

在實踐中，解除權產生後，解除權人為了給對方一個糾正自己違約的機會，可能會向對方發出催告，載明要求對方履行，並且在合理期限內對方仍不履行的話，合同就自動解除。因此，本條第 1 款中在合同法規定的基礎上增加此項規定。

如果一方當事人向對方當事人發出了解除通知，對方對解除合同有異議，認為解除通知的發出人不享有解除權的，為防止隨意解除合同導致對方利益受損，避免進一步爭議的發生，對方自然可以請求人民法院或者仲裁機構確認解除合同的效力。解除通知發出人為了使得爭議最終確定，也可以在向對方發出解除通知之後，再請求人民法院或者仲裁機構確認解除行為的效力，由人民法院或者仲裁機構判斷發出人是否享有解除權，如果認為發出人享有解除權，則人民法院或者仲裁機構確認合同自解除通知到達對方時解除。在一方當事人向對方當事人發出解除通知之後，對方對解除表示了異議，認為解除通知的發出人不享有解除權的，但對方不向人民法院或者仲裁機構確認解除合同效力的，此時，為了使得當事人之間的法律關係確定，解除通知的發出人也可以在收到對方的異議後，請求人民法院或者仲裁機構確認解除行為的效力。本條第 1 款對此明確規定。首先，雙方都有請求人民法院或者仲裁機構確認解除行為效力的權利；其次，對方的異議與向請求人民法院或者仲裁機構確認解除行為的效力並不等同，對方提出異議不見得必須要以請求人民法院或者仲裁機構確認解除行為的效力這種方式提出，而可以更為簡便地提出。

當然，解除權人也可以在解除權產生後，不向對方發出解除通知，而直接以提起訴訟或者申請仲裁的方式依法主張解除合同。如果人民法院或者仲裁機構確認解除權人享有解除權，則解除權人提起訴訟或者申請仲裁是解除權人意思表示的一種表達方式，只不過不是解除權人直接通知對方解除合同，而是通過法院或者仲裁機構向對方送達載明解除合同的意思表示的法律文書，均應產生合同解除的法律效果。因此，當事人一方未通知對方，而是直接以提起訴訟或者申請仲裁的方式依法主張解除合同，人民法院或者仲裁機構確認該主張的，合同自起訴狀副本或者仲裁申請書副本送達對方時解除。

■ 案例分析

「趙國富與天台縣新興經濟適用房建設有限公司房屋買賣合同糾紛案」【浙江省天台縣人民法院（2019）浙 1023 民初 1479 號民事判決書】肯定了解除權人可以向對方發出催告，載明要求對方履行，並且在合理期限內對方仍不履行的話，合同就自動解除，相關裁判摘要如下：因雙方未明確約定房屋交付時間和地點，被告在《天台報》上公告房屋交接以及辦理產權證的時間和地點後，原告應當及時前去辦理相應手續，但是原告之後並未前去辦理相應手續，應當視為其以自己的行為表明不履行合同主要義務，被告依法享有合同的法定解除權。後被告的主管部門在時隔近大半年之後再次在天台報登報公告相應的房屋交接手續的最後時間和地點並告知逾期後果（逾期不辦的，視為自動放棄購房資格，房源不予保留，另作安排，所付房款予以退還，利率按同期銀行貸款基準利率計算），被告對此並無意見，應視為被告向原告發出附條件的解除合同通知，如原告逾期不辦相關手續，雙方的合同自動解除。

> 　　第五百六十六條　合同解除後，尚未履行的，終止履行；已經履行的，根據履行情況和合同性質，當事人可以請求恢復原狀或者採取其他補救措施，並有權請求賠償損失。
>
> 　　合同因違約解除的，解除權人可以請求違約方承擔違約責任，但是當事人另有約定的除外。
>
> 　　主合同解除後，擔保人對債務人應當承擔的民事責任仍應當承擔擔保責任，但是擔保合同另有約定的除外。

■ 條文主旨

本條是關於合同解除後法律後果的規定。

■ 條文釋義

合同解除後債權債務如何處理？我國法學界有不同認識。本法第 1 款從實際出發，借鑒國外經驗，遵循經濟活動高效的原則，對合同解除的效力作了比較靈活的規定。首先是針對尚未履行的部分，由於解除終止了合同權利義務關係，因此本條第 1 款規定，尚未履行的，終止履行。

針對已經履行的部分，本條第 1 款規定，根據履行情況和合同性質，當事人可以要求恢復原狀、採取其他補救措施，並有權要求賠償損失。如果當事人互負恢復原狀或者採取其他補救措施的義務，可以行使同時履行抗辯權。

所謂根據履行情況，是指根據履行部分對債權的影響。如果債權人的利益不是必須通過

恢復原狀才能得到保護，不一定採用恢復原狀。當然如果債務人已經履行的部分，對債權人根本無意義，可以請求恢復原狀。

所謂根據合同性質，是指根據合同標的的屬性。根據合同的屬性不可能或者不容易恢復原狀的，不必恢復原狀。這類情況主要包括：（1）以持續履行的債務為內容的合同。（2）涉及第三人利益或者交易秩序的合同。

所謂恢復原狀，是指恢復到訂約前的狀態。恢復原狀時，因合同而取得的財產應當返還，財產不存在的，如果原物是種類物，可以用同一種類物返還。恢復原狀還包括：（1）返還財產所產生的利息和其他孳息；（2）返還財產方在財產佔有期間為保存或者維護該財產所花費的必要費用；（3）因返還財產所支出的必要費用。

所謂採取其他補救措施，主要指的是財產因不可歸責於債務人的原因而發生毀損、滅失、添附或者其他事由，導致不能恢復原狀的，或者受領的標的為勞務或者物的使用而無法恢復原狀的，或者雖然能夠恢復原狀但因為成本過高等原因而沒有必要恢復原狀的，應當折價補償。

合同解除後還能否請求損害賠償？對此存在不同的觀點，我國法律承認合同解除與損害賠償並存。本條第 1 款規定，合同解除後，有權要求賠償損失。這樣規定的理由是：（1）合同解除不溯及既往的，如果只是使未履行的合同不再履行，不得請求賠償損害，那麼一方當事人因另一方當事人不履行合同或者履行不符合約定受到的損害就無法補救。（2）合同解除溯及既往的，如果只是恢復原狀，那麼非違約方因為對方違約所遭受的損失就無法獲得救濟。（3）在協議解除合同的情況下，一方當事人因解除合同受了損失，如果獲利的一方不賠償對方當事人因解除合同受到的損害，不符合公平原則。（4）在因第三人的原因致使合同不能履行而解除的情況下，債權人一般不能直接向第三人主張權利，如果債務人不承擔解除合同的賠償責任，他要麼不向第三人主張權利以彌補債權人的損失，要麼自己獨享主張權利後而取得的利益，使債權人的利益得不到保障。因此，合同解除後，違約方仍然要承擔賠償責任。

本條第 2 款在合同法規定的基礎上進一步明確，合同因違約解除的，解除權人可以請求違約方承擔違約責任，但是當事人另有約定的除外。本款適用的前提是合同因違約而被解除。除當事人另有約定外，解除權人可以請求違約方承擔違約責任。這裏的違約責任並不包括繼續履行、修理、重作、更換，解除與這些違約責任形式是互斥的責任形式。但是，合同因違約而解除後，解除權人可以請求違約方承擔退貨、減少價款或者報酬、賠償損失等違約責任。

在當事人約定了一定數額的違約金、因違約產生的損失賠償額的計算方法、定金等這些違約責任條款時，合同解除後是否能夠主張這些條款，也存在不同觀點。經研究，本款規定，在合同因違約而解除的情況下，合同解除後適用這些約定條款，不僅可以體現當事人意志，而且能夠減輕當事人訴累，提高司法效率，節約訴訟成本。這也與國際上的立法和實踐趨勢相吻合。但是，約定的違約金過分高於因合同解除造成的損失的，應當適用本法第 585

條第 2 款規定的違約金調整規則。

本條第 3 款在合同法規定的基礎上明確規定，主合同解除後，擔保人對債務人應當承擔的民事責任仍應當承擔擔保責任，但是擔保合同另有約定的除外。主合同解除後，債務人對於已經履行的債務應當恢復原狀或者採取其他補救措施，對債權人利益的損失應當予以賠償，此時債權人對債務人仍然享有請求權。擔保本來就為保障主債務的履行而設立，在合同因主債務未履行而被解除的，合同解除後所產生的債務人的責任也同樣是因主債務未履行而導致的，因此擔保人對債務人應當承擔的民事責任仍應當承擔擔保責任，這也並不違反擔保人的通常意思。擔保合同中約定保證責任隨主合同的解除而免除或者變更的，基於自願原則，應承認此種約定的效力。

■ 案例分析

「李金喜、劉忠山民間借貸糾紛案」【最高人民法院（2016）最高法民終 435 號民事判決書】認為在因違約解除合同後，仍然可以請求違約損害賠償，相關裁判摘要如下：本院認為，首先，根據《中華人民共和國合同法》第 97 條的規定，在違約解除的情況下，守約方在解除合同後有權要求賠償損失，這裏的賠償損失，在性質上係違約方應承擔的違約責任。在此前提下，《最高人民法院關於審理買賣合同糾紛案件適用法律問題的解釋》第 26 條的規定，就應當理解為，合同因一方違約而被解除後，不僅僅適用賠償損失的違約責任，在當事人約定違約金條款的情況下，違約金責任亦應適用。該規定顯然不僅能夠適用於買賣合同，同時亦應適用於借款合同或者其他合同。其次，即使將上述司法解釋的規定解釋為僅適用於買賣合同並且按照李金喜在本案中所主張的將案涉合同認定為股權轉讓合同，在性質上與買賣合同相同，前述規定亦應適用。因此，一審法院以前述司法解釋的規定作為裁判依據，適用法律正確，本院予以維持。

> **第五百六十七條　合同的權利義務關係終止，不影響合同中結算和清理條款的效力。**

■ 條文主旨

本條是關於結算和清理條款不受合同終止影響的規定。

■ 條文釋義

合同權利義務關係的終止，也就是合同權利義務條款的效力也終止，但是，如果當事人事先約定了有關合同終止後的結算和清理條款，因為這些條款本身就涉及對合同終止後事務的處理，故應當尊重當事人的此種約定。本條即規定，合同的權利義務關係終止，不影響合同中結算和清理條款的效力。

結算是經濟活動中的貨幣給付行為，結算的方式主要有：（1）銀行匯票結算。（2）商業匯票結算。（3）銀行本票結算。（4）支票結算。（5）匯兌。（6）委託收款。如果當事人在合同中約定了結算方式，合同終止後，應當按照約定的方式結算。

清理指對債權債務進行清點、估價和處理。

關於違約責任的違約金和定金的約定也可以被認為是結算和清理條款。

應當注意的是，與解決爭議方法有關的仲裁、選擇適用法律、選擇管轄等條款，根據本法第 507 條，合同不生效、無效、被撤銷或者終止的，不影響合同中有關解決爭議方法的條款的效力。

■ 案例分析

「孫某某與上海某某投資諮詢有限公司委託理財合同糾紛案」【上海市嘉定區人民法院（2010）嘉民二（商）初字第 813 號民事判決書】認為，合同終止後，雙方應按照合同約定進行結算，被告違約，應承擔相應的民事責任。相關裁判摘要如下：本院認為，原、被告之間的委託理財協議係雙方真實意思表示，合法有效，雙方均應按照約定履行各自義務。合同終止後，雙方應按照合同約定進行結算。被告未與原告盤點結算，顯屬不當。根據原告提供的證據，可以確認至合同終止日原告證券賬戶的虧損情況，被告理應根據合同的約定承擔 50% 的虧損。現被告僅支付原告 3 萬元，其餘虧損未承擔，顯屬違約，應承擔相應的民事責任。原告訴請，合法有據，本院予以支持。

> **第五百六十八條** 當事人互負債務，該債務的標的物種類、品質相同的，任何一方可以將自己的債務與對方的到期債務抵銷；但是，根據債務性質、按照當事人約定或者依照法律規定不得抵銷的除外。
>
> 當事人主張抵銷的，應當通知對方。通知自到達對方時生效。抵銷不得附條件或者附期限。

■ 條文主旨

本條是關於法定抵銷的規定。

■ 條文釋義

抵銷，是指當事人雙方互負債務，各以其債權充抵債務的履行，雙方各自的債權和對應債務在對等額內消滅。抵銷因其產生的根據不同，可分為法定抵銷和約定抵銷。法定抵銷，是指法律規定抵銷的條件，具備條件時依當事人一方的意思表示即發生抵銷的效力。抵銷使得債權人無須訴訟、判決或者強制執行，即可實現債權；在未履行的情況下，當事人不必相互履行，節省雙方互相履行所發生的費用，消滅債權債務；同時也具有擔保的功能，如當事

人一方只行使自己的債權，不履行自己的債務，那麼，對方當事人就不能確保自己債權的實現，特別是在一方當事人財產狀況惡化不能履行債務時，對方當事人行使抵銷權就能夠確保自己的債權相應實現。比如，某人在銀行存款，又在同一銀行借款，這兩項債務都到期以後，如果該借款人信用不佳，則將有可能發生信用風險，此時，如果賦予銀行抵銷權，就可以擔保其債權的實現，及時地化解風險。

法定抵銷應當具備以下條件：

1. 當事人雙方互負有效的債務、互享有效的債權。抵銷發生的基礎在於當事人雙方既互負有效的債務，又互享有效的債權，只有債務而無債權或者只有債權而無債務，均不發生抵銷。其中，提出抵銷的一方所享有的債權，稱為主動債權；被抵銷的債權，稱為被動債權。當事人應當對用以抵銷的債權具有處分權。同時，附有抗辯權的債權，也不得將之作為主動債權用以抵銷，否則即為剝奪相對人的抗辯權。

2. 被抵銷一方的債務已經到期。抵銷具有相互清償的作用，因此只有在提出抵銷的一方所享有的主動債權的履行期限屆至時，才可以主張抵銷；否則，等於強制債務人提前履行債務，犧牲其期限利益。在符合其他條件的情況下，如果雙方的債務均已經到期，則雙方均可主張抵銷，合同法第 99 條第 1 款即規定了「當事人互負到期債務」。在立法過程中，有意見提出，如果主動債權對應的債務履行期限屆至，而被動債權對應的債務履行期限未屆至，應當也允許主動債權人主張抵銷。經研究，主動債權人此時應當也可以主張抵銷，這實際上是其放棄了期限利益而提前履行，只要主動債權一方提前履行不損害另一方當事人的利益，這也是根據本法第 530 條得出的結論。為明確這一點，本條第 1 款對合同法第 99 條第 1 款的規定予以修改。但在特殊情況下，未屆履行期債權可以視為到期債權，依法抵銷。對此，企業破產法第 46 條設有明文規定。

3. 債務的標的物種類、品質相同。種類相同，是指合同標的物本身的性質和特點一致。品質相同，是指標的物的質量、規格、等級無差別。債務種類品質不相同，原則上不允許抵銷，除非法律另有規定。債務的標的物種類品質相同還表明，用以抵銷的債務的標的應當是物而非行為，因為行為具有特定的人身性質，不具有可比性，很難使雙方債權在對等額內消滅。履行地點不屬於種類和品質的範疇，因此履行地點不同的同種類同品質的債務，也可以抵銷，但主張抵銷的債務人應當賠償相對人因抵銷而遭受的損失。

當事人互負債務，該債務的標的物種類、品質相同的，任何一方可以將自己的債務與對方的到期債務抵銷，但下列情況除外：

1. 根據債務性質不得抵銷的。根據債務性質不得抵銷的情形主要有：（1）必須履行的債務不得抵銷。如應當支付給下崗工人的生活保障金，不得用以抵銷工人欠企業的債務。（2）具有特定人身性質或者依賴特定技能完成的債務，以及相互提供勞務的債務，不得相互抵銷。（3）不作為債務不得相互抵銷，此種債務不經過相互實際履行，就無法實現債權的目的。（4）故意侵權所產生的債務，作為債務人的侵權人不得主張抵銷，避免債權人任意侵犯債務人的人身和財產權利，如果允許抵銷，有違公序良俗，且會誘發故意的侵權行為。

（5）約定應當向第三人履行的債務，債務人不得以自己對於對方當事人享有的債權而主張抵銷。（6）相互出資的義務不得抵銷，即使僅存在兩個出資人。

2. 按照當事人約定不得抵銷的。合同法第 99 條第 1 款並未規定此種例外，立法過程中，有意見提出，當事人約定不得抵銷的，也應當不得抵銷，司法實踐中已對此明確承認。經研究，當事人之間特別約定不得抵銷的，基於自願原則，應當承認此種約定的效力，當事人不得主張抵銷，因此本條第 1 款明確增加規定了按照當事人約定不得抵銷的例外。但是，如果當事人之一將其債權轉讓給第三人的，此種不得抵銷的特約不得對抗善意的受讓人，以保護債權善意受讓人的利益。

3. 依照法律規定不得抵銷的。法律規定不得抵銷的債務，當事人不得主張抵銷。比如，民事訴訟法第 243 條、信託法第 18 條、證券投資基金法第 6 條、企業破產法第 40 條的規定等。

在當事人雙方債權債務互為相等的情況下，抵銷產生債權債務消滅的法律後果，但如果債務的數額大於抵銷額，抵銷不能全部消滅債務，而只是在抵銷範圍內使得債務部分消滅。

■ 案例分析

2011 第 11 期《中華人民共和國最高人民法院公報》刊登的「長治市達洋電器有限公司訴博西家用電器（中國）有限公司買賣合同糾紛案」的判決認為，持票人在喪失票據權利後，依然有權依據作為票據基礎關係的合同行使抵銷權，相關裁判摘要如下：人民法院就票據作出的除權判決係對權利的重新確認，票據自除權判決公告之日起即喪失效力，持票人即喪失票據權利，使原來結合於票據中的權利人從票據中分離出來，公示催告申請人即有權依據除權判決請求票據付款人付款。但是，持票人喪失票據權利，並不意味着基礎民事權利喪失，其仍有權依據基礎合同主張民事權利，行使基礎合同履行中的債務抵銷權，並不損害基礎合同相對方的合法權益。

第五百六十九條　當事人互負債務，標的物種類、品質不相同的，經協商一致，也可以抵銷。

■ 條文主旨

本條是關於約定抵銷的規定。

■ 條文釋義

約定抵銷，是指當事人雙方協商一致，使自己的債務與對方的債務在對等額內消滅。

法定抵銷與約定抵銷都是將雙方的債務在對等額內消滅。但兩者有不同，主要表現在：

1. 抵銷的根據不同。法定抵銷是基於法律規定，只要具備法定條件，任何一方可將自己的債務與對方的債務抵銷，無須對方當事人的同意；約定抵銷，雙方必須協商一致，不能由單方決定抵銷。

2. 對抵銷的債務的要求不同。法定抵銷要求標的物的種類、品質相同；約定抵銷標的物的種類、品質可以不同。如可以約定以煤炭抵銷運輸費，以二級大米抵銷一級大米。

3. 對抵銷的債務的期限要求不同。法定抵銷要求提出抵銷的當事人一方所享有的債權也即對方的債務已經到期；約定抵銷，雙方互負的債務即使沒有到期，只要雙方當事人協商一致，願意在履行期到來前將互負的債務抵銷，也可以抵銷。

4. 程序要求不同。法定抵銷，當事人主張抵銷的應當通知對方，通知未到達對方，抵銷不生效；約定抵銷，雙方達成抵銷協議時，除雙方另有約定外，即發生抵銷的法律效力，不必履行通知義務。

■ 案例分析

「北京中億創一科技發展有限公司與信達投資有限公司等房屋買賣合同糾紛案」【最高人民法院（2014）民一終字第 58 號民事判決書】認為，約定抵銷不以雙方互負債務均已到期為必要，只要雙方協商一致，願意在履行期到來之前將互負債務抵銷，應尊重當事人的意思自治，相關裁判摘要如下：信達投資公司辯稱北大青鳥公司對其享有債權為附條件、附期限的或有債權，債權成立條件不具備不能抵銷難以成立。首先，《北京天橋北大青鳥科技股份有限公司 2008 年年度報告》載明，2008 年 5 月 19 日，中國證券登記結算有限責任公司上海分公司出具《過戶登記確認書》6000 萬股股份已過戶至信達投資公司，截至 2009 年 3 月 26 日，公司與北大青鳥公司間的資產出售對價（177536900 元）已全部收到，負債轉移工作全部完成，並已按照重組協議進行賬務處理，僅剩部分出售資產（佔全部出售資產交易價格的 7.50%）的變更手續正在辦理中。其次，根據《資產轉讓協議》5.2 條約定，應視為在信達投資公司解除合同後，信達投資公司與北大青鳥公司債權抵銷協商一致、達成合意。再次，就性質而言，信達投資公司債權與北大青鳥公司依據《協議》第 1 條對信達投資公司債權因《資產轉讓協議》5.2 條的合意，屬於約定抵銷，根據合同法第 100 條之規定，當事人互負債務，標的物種類、品質不相同的，經雙方協商一致，也可以抵銷。約定抵銷不宜雙方互負債務均以到期為必要，只要雙方協商一致，願意在履行期到來之前將互負債務抵銷，應尊重當事人的意思自治。

第五百七十條　有下列情形之一，難以履行債務的，債務人可以將標的物提存：

（一）債權人無正當理由拒絕受領；

（二）債權人下落不明；

（三）債權人死亡未確定繼承人、遺產管理人，或者喪失民事行為能力未確定監護人；

（四）法律規定的其他情形。

標的物不適於提存或者提存費用過高的，債務人依法可以拍賣或者變賣標的物，提存所得的價款。

■ 條文主旨

本條是關於提存條件的規定。

■ 條文釋義

提存，是指由於法律規定的原因導致債務人難以向債權人履行債務時，債務人將標的物交給提存部門而消滅債務的制度。本條至第 574 條的規定僅適用於清償提存。

債務的履行往往需要債權人的協助，債務人已經按照約定履行債務，應當產生債務消滅的法律效力，但債權人拒絕受領或者不能受領，在此情形下雖然因債權人受領遲延可以減輕債務人的責任，但債務不能消滅。讓債務人無期限地等待履行，並且要隨時準備履行，對物予以保管，同時為履行提供的擔保也不能消滅，承擔債權人不受領的後果，顯失公平。為此，本法將提存作為一種履行的替代，構成債權債務終止的原因之一，對提存制度作了規定。

根據本條規定，有下列情形之一，難以履行債務的，債務人可以將標的物提存：

1. 債權人無正當理由拒絕受領。債權人無正當理由拒絕受領，是指在債務履行期屆至後，債務的履行需要債權人受領時，債務人提出了履行債務的請求，債權人能夠接受履行，卻無正當理由地不予受領。構成拒絕受領的正當理由可以是：（1）債權人受到了不可抗力的影響。（2）債權人遇到了難以克服的意外情況，無法受領。如得了傳染病入院治療，又無可代為受領人。（3）債務人交付的標的物存在嚴重質量問題，甚至與合同約定根本不符。（4）債務人遲延交付致使不能實現合同目的。（5）合同被解除、被確認無效，等等。如果債權人拒絕受領提出了正當理由，債務人不能將標的物提存。

2. 債權人下落不明。債權人下落不明，是指當事人離開自己的住所、不知去向，或因為債權人地址不詳等原因無法查找。債權人下落不明，即使未被宣告失蹤，債務人也無法履行，為消滅債權債務關係，債務人可以將標的物提存。債權人下落不明也包括債權人的代理人下落不明，如果債權人下落不明但其代理人確定，此時債務人可以向其代理人履行以清償債務，不得將標的物提存。本法也明確規定了一些具體情形。

3. 債權人死亡未確定繼承人、遺產管理人或者喪失民事行為能力未確定監護人。債權人死亡或者喪失民事行為能力，並不必然導致債務人債務的消滅。當債權人死亡時，由於該債權人的繼承人可以繼承其債權，因此，債務人應當向債權人的繼承人、遺產管理人履行債務。如果債權人死亡以後其繼承人、遺產管理人未確定，造成債務人無法履行其債務的，債務人可以將標的物提存。如果債權人因為喪失民事行為能力導致其在法律上不能受領，應由其監護人代理。如果債權人的監護人未確定，造成債務人無法履行其債務的，債務人也可以將標的物提存。

4. 法律規定的其他情形。除了上述三種由於債權人的原因導致難以履行債務的事由之外，還存在法律規定的其他事由。這主要指債務人非因過失而無法確切地知道誰是債權人，也即債權人不明的其他情形。比如，債權人和債權人的受讓人之間就債權轉讓發生爭議，此時債務人無法明確誰是真正的債權人，債務人就可以提存。

具備提存的上述情形之一的，除法律另有規定外，必須是導致債務人難以履行債務的才可以提存。所謂難以履行，是指債權人不能受領給付的情形不是暫時的、無法解決的，而是不易克服的。以下情況不能認為是難以履行：（1）債權人雖然遲延受領但遲延時間很短。（2）下落不明的債權人有財產代管人可以代為接受履行。（3）債權人的繼承人、遺產管理人或者監護人很快可以確定。

提存的標的物主要是貨幣、有價證券、票據、提單、權利證書、貴重物品等適宜提存的標的物。標的物不適於提存或者提存費用過高的，債務人依法可以拍賣或者變賣標的物，提存所得的價款。所謂標的物不適於提存，是指標的物不適於長期保管或者長期保管將損害價值的，如易腐、易爛、易燃、易爆等物品等。所謂標的物提存費用過高，一般指提存費與所提存的標的的價額不成比例，如需要特殊設備或者人工照顧的動物。標的物不適於提存或者提存費用過高有悖設立提存制度的目的，但不提存債務人又達不到使得債務消滅的目的，為此，可以依照我國拍賣法等有關法律規定，拍賣或者變賣標的物，提存所得的價款。

■ 案例分析

「江蘇興亞建設工程有限公司、阜寧縣人民法院建設工程施工合同糾紛案」【江蘇省鹽城市中級人民法院（2019）蘇 09 民終 862 號民事判決書】中認為，債權人無正當理由拒絕受領時，債務人可以將標的物提存，相關裁判摘要如下：根據《中華人民共和國合同法》第 101 條第 1 款規定，債權人無正當理由拒絕受領難以履行債務的，債務人可以將標的物提存。根據合同法第 91 條規定，債務人依法將標的物提存的，合同的權利義務終止。本案中，阜寧法院並未將未付工程款進行提存，雙方之間就工程款的債權債務並未消滅，阜寧法院對興亞公司負有支付工程款的義務，故其仍須繼續承擔逾期付款的責任。

> **第五百七十一條**　債務人將標的物或者將標的物依法拍賣、變賣所得價款交付提存部門時，提存成立。
>
> 　　提存成立的，視為債務人在其提存範圍內已經交付標的物。

■ 條文主旨

本條是關於提存成立的規定。

■ 條文釋義

立法過程中，有觀點提出，合同法並未對提存成立的時間和效力作出一般性規定，應當予以彌補。經研究，提存成立的時間和效力對確定風險轉移和孳息歸屬的時間、債務人是否承擔違約責任、債權人領取提存物權利的存續期間等都具有重要意義，故結合比較立法例和我國司法實踐中的既有做法，本條對此予以明確規定。

按照提存的一般程序，債務人應當填寫申請書、提交法定的材料，提存部門在收到申請後作出受理或者不受理的決定。如果提存申請被受理的，經過法律規定的程序，例如依法製作談話筆錄、審查等，符合法律規定條件的，應當予以提存。債務人將標的物或者將標的物依法拍賣、變賣所得價款交付提存部門，提存部門應當依法驗收提存標的物並登記存檔。根據本條第 1 款規定，債務人將標的物或者將標的物依法拍賣、變賣所得價款交付提存部門時，提存就成立。這有助於確定提存的成立時間，同時也與本法第 890 條的規定保持一致。具體而言：（1）提存貨幣的，以現金、支票交付提存部門的日期或提存款劃入提存部門提存賬戶的日期為提存成立的日期。（2）提存的物品需要驗收的，以提存部門驗收合格的日期為提存成立的日期。（3）提存的有價證券、提單、權利證書或無須驗收的物品，以實際交付提存部門的日期為提存成立的日期。

■ 案例分析

「周順榮、吳安平林業承包合同糾紛案」【浙江省湖州市中級人民法院 (2019) 浙 05 民終 469 號民事判決書】對當事人提存成立時間進行了認定，相關裁判摘要如下：《最高人民法院關於適用〈中華人民共和國合同法〉若干問題的解釋（二）》第 25 條規定，「依照合同法第一百零一條的規定，債務人將合同標的物或者標的物拍賣、變賣所得價款交付提存部門時，人民法院應當認定提存成立。提存成立的，視為債務人在其提存範圍內已經履行債務」。本案中，吳安平已於 2016 年 9 月 8 日將 10000 元茶山承包金打入公證處提存賬戶，應視為其已經於當日履行了繳納案涉茶山後 10 年共 10000 元承包金的義務。

第五百七十二條　標的物提存後，債務人應當及時通知債權人或者債權人的繼承人、遺產管理人、監護人、財產代管人。

■ 條文主旨

本條是關於提存通知的規定。

■ 條文釋義

標的物提存成立後，視為債務人在其提存範圍內已經交付標的物，但債權人還未現實地獲得其債權利益。為了便於債權人領取提存物，債務人應當將提存的事實及時通知債權人或者債權人的繼承人、遺產管理人、監護人、財產代管人。

通知應當告知提存的標的、提存的地點、領取提存物的時間和方法等有關提存的事項，並且應當及時通知。合同法將「債權人下落不明」作為免除債務人及時通知義務的事由。在立法過程中，有意見提出，在債權人下落不明從而無法向其通知時，債務人仍然應當申請提存部門作出公告通知債權人，故應當刪除這一例外事由。經研究，在債權人下落不明時，如果債權人已經被宣告失蹤並被確定財產代管人的，則債務人可以向財產代管人履行，無須提存。如果沒有確定財產代管人，債務人可以提存，在確定財產代管人之後通知財產代管人，在確定財產代管人之前債務人也可以申請提存部門採取公告等方式通知。因此，本條刪除了「債權人下落不明」的例外事由。

提存通知的義務，是法律規定的義務，債務人必須履行，如怠於通知造成債權人損害，債務人應負有賠償責任。

第五百七十三條　標的物提存後，毀損、滅失的風險由債權人承擔。提存期間，標的物的孳息歸債權人所有。提存費用由債權人負擔。

■ 條文主旨

本條是關於提存期間風險、孳息和提存費用的規定。

■ 條文釋義

標的物提存後，不論債權人是否領取，都視為債務人在其提存範圍內已經交付標的物。根據本法第 604 條的規定，既然標的物提存後，即視為債務人在其提存範圍內已經交付標的物，因此，標的物毀損、滅失的風險就由債權人承擔。本法第 605 條規定，因買受人的原因致使標的物未按照約定的期限交付的，買受人應當自違反約定時起承擔標的物毀損、滅失的

風險；第 608 條規定，出賣人按照約定或者依據本法第 603 條第 2 款第 2 項的規定將標的物置於交付地點，買受人違反約定沒有收取的，標的物毀損、滅失的風險自違反約定時起由買受人承擔。本條適用於上述兩條規定情形之外的其他情形。標的物提存後，因不可抗力、標的物的自然變化、第三人的原因或者提存人保管不當，都可能引起標的物的毀壞、損失，甚至標的物不復存在。標的物毀損、滅失的風險由債權人承擔，一方面由債權人承擔因不可抗力、標的物自身性質而產生的毀損、滅失的後果。另一方面債權人有權對造成標的物毀損、滅失責任的第三人或者提存部門索賠，比如，提存期間，提存標的物因為提存部門未履行保管職責造成毀損、滅失的，提存部門負有賠償責任，由債權人向提存部門索賠。

標的物的孳息，是指由標的物產生的收益，包括自然孳息和法定孳息。自然孳息，是指依物的用法所產生的作為獨立物的收益。法定孳息，是指依法律關係產生的收益，比如金錢所產生的利息，有價證券產生的股息、紅利。債權人對提存物享有收益的權利，提存期間，標的物的孳息歸債權人所有。在提存期間，提存部門負責提存的收取。

提存費用由債權人負擔。提存費用並非債務人履行債務所必要的費用，故應由債權人負擔，除非債權人和債務人另有約定。提存費用包括：提存公證費、公告費、郵電費、保管費、評估鑒定費、代管費、拍賣變賣費、保險費，以及為保管、處理、運輸提存標的物所支出的其他費用。

> **第五百七十四條**　債權人可以隨時領取提存物。但是，債權人對債務人負有到期債務的，在債權人未履行債務或者提供擔保之前，提存部門根據債務人的要求應當拒絕其領取提存物。
>
> 　　債權人領取提存物的權利，自提存之日起五年內不行使而消滅，提存物扣除提存費用後歸國家所有。但是，債權人未履行對債務人的到期債務，或者債權人向提存部門書面表示放棄領取提存物權利的，債務人負擔提存費用後有權取回提存物。

■ 條文主旨

本條是關於債權人領取提存物的權利和債務人取回提存物的權利的規定。

■ 條文釋義

標的物提存後，視為債務人在其提存範圍內已經交付標的物。但是，債權人基於債權有權取得該標的物，此時提存可以被認為是為債權人利益的保管，債權人有權隨時領取提存物。債權人領取提存標的物時，應當提供身份證明、提存通知書或公告，以及有關債權的證明，並承擔因提存所支出的費用。

如果債權人對債務人也負有對待給付的義務，則當事人雙方均需要履行各自的義務，債

務人雖然依法將標的物提存，但與其互負到期債務的債權人並未履行對待給付的義務。為避免先行履行可能發生的風險，保證債務人債權的實現，債務人針對債權人所享有的債權可以行使的抗辯，也可以針對債權人領取提存物的權利行使。因此，債務人申辦提存時，可以列明提存物給付的條件，對提存部門給付提存物的行為附條件，即只有在債權人履行了對債務人的對待債務，或者為履行提供相應的擔保後，才能領取提存物。提存部門應根據債務人的要求，按提存人所附條件給付提存標的物。債權人未履行債務或者提供擔保而不符合所附條件的，提存部門應當拒絕債權人領取提存物。如果提存部門未按列明的給付條件而直接向債權人給付提存標的物，造成當事人造成損失的，提存部門負有賠償責任。

債權人雖然可以隨時領取提存物，但該權利長期不行使，不僅使權利長期處於不穩定狀態，也會給提存部門增加負擔，同時也不符合物的有效利用的原則。因此，本條第 2 款中規定了領取提存物的權利的存續期間，即債權人領取提存物的權利，自提存之日起 5 年內不行使而消滅。但是，即使債權人領取提存物的權利因期間屆滿已經消滅，但債務人依據本款規定行使取回權的，不適用該款前句規定。

合同法第 104 條並未規定債務人取回提存物的權利。在立法過程中，有意見提出，為維護債權人和債務人利益的平衡，應規定債務人一定條件下的取回權。經研究，完全不承認債務人的取回權，則在對債權人利益並無損害卻可能損害債務人利益的情形中，可能使得債務人無法擺脫提存關係的約束而取回提存物，不利於實現債權人和債務人利益的平衡，因此，本條第 2 款增加規定了債務人取回提存物的權利，同時明確規定了具體的條件，以避免損害債權人的利益。

根據本條第 2 款中的規定，債務人行使取回提存物權利的前提是符合以下兩種情形之一：（1）債權人未履行對債務人的到期債務，債務人取回提存物。（2）債權人領取提存物的權利也可能因為債權人向提存部門書面放棄領取提存物權利而消滅，此時，債務人享有取回提存物的權利。符合上述條件，債務人行使取回提存物的權利，取回提存物的，視為未提存。因此產生的費用由債務人承擔。同時，提存物的孳息也歸債務人所有。

> **第五百七十五條　債權人免除債務人部分或者全部債務的，債權債務部分或者全部終止，但是債務人在合理期限內拒絕的除外。**

■ 條文主旨

本條是關於免除債務的規定。

■ 條文釋義

免除，是指債權人拋棄債權，從而全部或者部分消滅債權債務。關於免除的性質有不

同的觀點，一種觀點認為，免除是合同。另一種觀點認為，免除是債權人拋棄債權的單方行為。經過研究，免除多對債務人有利，債務人一般不會反對，如果認為免除必須雙方當事人的明確同意才可，這可能是不效率的；但是，基於自願原則，債務人在合理期限內明確拒絕的，應當尊重債務人拒絕的意思，尤其是免除在一些情況下還會影響到債務人的利益。比如，債務人和投資人約定，如果債務人保持在一定的資產負債率的情況下，資產負債率不能太高也不能太低，但是債權人的免除可能影響到債務人的資產負債率，進而影響到債務人獲得投資的利益。因此，在合同法第 105 條的基礎上，本條規定，債權人免除債務人債務的，無須債務人明確同意，即可發生免除效力，但增加了但書規定「但是債務人在合理期限內拒絕的除外」，即如果債務人在合理期限內拒絕的，免除效力自始不發生。這反映了一項最基本的考慮，即給予他人好處的，無須他人同意，但他人可以拒絕。本法第 522 條第 2 款所規定的真正的利益第三人合同、第 552 條規定的債務加入都體現了此種考慮。債權人和債務人當然也可以訂立免除協議，免除債務人的義務。

免除使得債權債務消滅。債權人免除部分債務的，債權債務部分消滅；免除全部債務的，債權債務全部消滅。債權人免除全部債務，如服裝加工部向服裝定作人表明不收取服裝加工費。免除全部債務的，全部債務不必再履行，債權債務因此終止。在債務被全部免除的情況下，有債權證書的，債務人可以請求返還。

> **第五百七十六條**　債權和債務同歸於一人的，債權債務終止，但是損害第三人利益的除外。

■ 條文主旨

本條是關於債權債務混同的規定。

■ 條文釋義

債權債務的混同，是指債權人和債務人同歸於一人，致使債權債務終止。廣義的混同，是指不能並立的兩種法律關係同歸於一人而使其權利義務歸於消滅的現象。包括：（1）所有權與他物權同歸於一人；（2）債權與債務同歸於一人；（3）主債務與保證債務同歸於一人。狹義的混同，也即債權債務的混同，僅指債權與債務同歸於一人的情況。本條僅規定了債權債務的混同，混同是一種法律規定的事件，即因某些客觀事實發生而產生的債權債務同歸一人，不必由當事人為意思表示。

混同發生的原因主要有：

1. 概括承受。概括承受是發生混同的主要原因。主要有以下幾個方面：（1）合併，合併前的兩個組織之間的債權債務因同歸於合併後的組織而消滅。（2）債權人繼承債務人。

（3）債務人繼承債權人。（4）第三人繼承債權人和債務人。

2. 特定承受。特定承受主要包括：（1）債務人受讓債權人的債權。（2）債權人承受債務人的債務。

債權債務的存在，必須有債權人和債務人，債權人和債務人雙方混同，債權債務失去存在基礎，自然應當終止。

但是，如果債權消滅損害第三人利益的，例如當債權是他人權利的標的時，為保護第三人的利益，債權不能因混同而消滅。比如，甲將其對乙的債權出質給丙，此後甲乙之間的債權債務即使混同，為了保護質權人丙的利益，作為權利質權標的的債權不消滅。

■ 案例分析

「徐愛龍與劉建國房屋租賃合同糾紛案」【大連市中山區人民法院（2019）遼 0202 民初 8779 號民事判決書】認為，出租人為抵債將房屋過戶給承租人，則房屋租賃合同的債權債務由於出租人和承租人同歸一人而消滅。相關裁判摘要如下：本院認為，原告徐愛龍與被告劉建國簽訂租賃合同時，原告徐愛龍係案涉大連市中山區 ×× 兩套房屋的所有權人，庭審中，原告未提供證據證明案涉租賃合同已實際履行。從雙方提交的證據及大連市沙河口區人民法院的執行卷宗看，被告劉建國辯稱案涉租賃合同簽訂的目的係抵頂債務和保障劉建國優先購買權符合本案實際，具有可信性。2019 年 5 月 6 日，被告劉建國已取得大連市中山區 ×× 兩套房屋的所有權，成為新的所有權人，案涉租賃合同因債權和債務同歸於一人而致合同權利義務終止。

第八章　違約責任

本章共十八條，對承擔違約責任的方式、預期違約、繼續履行、採取補救措施、法定的賠償損失、違約金、定金、受領遲延、違約責任的減責和免責事由以及特殊的合同請求權訴訟時效等內容作出了規定。在合同法規定的基礎上，本章補充了定金規則，完善了繼續履行規則，增加了受領遲延、非違約方有過錯情形下的損害減輕規則等。

> **第五百七十七條**　當事人一方不履行合同義務或者履行合同義務不符合約定的，應當承擔繼續履行、採取補救措施或者賠償損失等違約責任。

■ 條文主旨

本條是關於違約責任基本規則的規定。

■ 條文釋義

一、違約責任是違反合同義務的民事責任

違約責任，即違反合同的民事責任，也就是合同當事人因違反合同義務所承擔的責任。本法將履行抗辯權規定在合同的履行之中，將解除規定在合同的權利義務終止之中，將違約責任單獨作為一章予以規定，以體現違約責任作為民事責任的一種，較之債務不履行的其他救濟措施，所具有的特殊性。

違約責任，首先要求合同義務的有效存在。不以合同義務的存在為前提所產生的民事責任，不是違約責任，這使得違約責任與侵權責任、締約過失責任區分開，後兩者都不是以合同義務的存在為必要前提。其次，要求債務人不履行合同義務或者履行合同義務不符合約定。這包括了履行不能、履行遲延和不完全履行等，還包括瑕疵擔保、違反附隨義務和債權人受領遲延等可能與合同不履行發生關聯的制度。

合同義務的違反，可以從被違反的義務角度區分為違反主給付義務、從給付義務、附隨義務和不真正義務。主給付義務，是指債的關係中所固有、必備，並以之決定債之類型的基本義務。從給付義務，是指補助主給付義務以確保債權人利益能獲得最大滿足的義務。附隨義務，是指根據誠信原則產生的顧及對方當事人法益和利益的義務。不真正義務，是指債權人的受領義務或者採取適當措施防止損害擴大的義務。例如，通過網絡交易購買一台空調，賣方交付空調並轉移空調所有權是主給付義務；賣方交付質保書、發票的義務是從給付義務；賣方不得將其所獲知的買方的個人信息洩露是附隨義務。買方在空調出現問題而漏水時儘量

採取措施減少損失擴大是不真正義務。

本條按照違約行為的具體形態，將違約行為區分為不履行合同義務和履行合同義務不符合約定。不履行合同義務，即債務人不為當為之事，包括履行不能和履行拒絕。例如，履行拒絕，即債務人能夠履行合同義務卻無正當理由拒絕履行，拒絕可以是明示的，也可以是默示的。

履行合同義務不符合約定，即債務人為不當為之事，也就是債務人雖然履行了債務，但其履行不符合約定，包括一般的瑕疵履行和加害履行。

本條以不區分債務不履行的各種類型為起點，統一採取不履行合同義務或者履行合同義務不符合約定這種合同義務違反的救濟進路予以規定，在本條之後的條文中，對合同義務違反的不同效果，如繼續履行、採取補救措施或者賠償損失，予以分別規定，而僅在具體規定中再區分債務不履行的上述各種類型。

二、違約責任的歸責原則

所謂歸責，就是將責任歸屬於某人；所謂歸責原則，就是將責任歸屬於某人的正當理由。如果將責任歸屬於某人的正當理由是該人具有過錯，需要證明該人具有過錯，這就是過錯歸責原則。如果將責任歸屬某人無須證明該人具有過錯，但該人可以通過證明自己沒有過錯而免責，這就是過錯推定。如果將責任歸屬於某人不以該人具有過錯為前提，即使該人證明自己沒有過錯仍然要承擔責任，除非其能夠證明自己具有法定的免責事由，這就是無過錯歸責原則。可以看出，過錯、過錯推定和無過錯，對於受害人越來越有利，對於行為人越來越不利。

本條借鑒了國際上的這種發展趨勢，在違約責任的一般構成中不考慮過錯，非違約方只需要證明違約方的違約行為即可，不因為違約方的無過錯而免除違約方的違約責任，這有利於減輕非違約方舉證負擔，保護非違約方的利益，方便裁判，增強當事人的守約意識。

但是，為了妥當地平衡行為人的行為自由和受害人的法益，保護這兩個價值，避免有違約方絕對承擔違約責任所導致的風險不合理分配，本法規定了一些相關的規則：

1. 違約責任的免除和減輕。比如，本法第 590 條第 1 款、第 591 條第 1 款、第 592 條的規定。同時，本法在具體的典型合同中也規定了免責或者減責事由。比如第 823 條第 1 款、第 832 條、第 893 條的規定等。

2. 具體合同類型中的特殊歸責和免責事由。本法在具體的一些典型合同中規定了特殊的歸責事由。比如，第 662 條第 2 款、第 824 條第 1 款、第 841 條、第 897 條、第 917 條、第 929 條第 1 款、第 930 條的規定等。

3. 允許當事人約定免責或限制責任。根據自願原則，本法承認當事人之間自願協商一致的免責或者限責條款的效力，僅在特殊情況下限制這些條款的效力。比如，本法第 506 條規定和第 618 條設有明文規定。

三、違約責任的形式

本條規定了違約責任的形式包括繼續履行、採取補救措施或者賠償損失等。具體而言，

包括了：（1）繼續履行；（2）修理、重作、更換；（3）採取其他補救措施，包括退貨、減少價款或者報酬等；（4）賠償損失，包括法定的賠償損失和違約金、定金等約定的賠償損失。本章對此進行了詳細的規定。本法第 179 條第 2 款、第 3 款規定：「法律規定懲罰性賠償的，依照其規定。」「本條規定的承擔民事責任的方式，可以單獨適用，也可以合併適用。」

■ 案例分析

　　2012 年第 10 期《中華人民共和國最高人民法院公報》刊登的「劉超捷訴中國移動徐州分公司電信服務合同糾紛案」的判決對電信服務合同中，電信企業如何承擔繼續履行合同的違約責任作出了分析，相關裁判摘要如下：由於被告既未在電信服務合同中約定有效期內容，亦未提供證據證實在簽訂合同時已將預付話費的有效期限制明確告知原告並釋明，所以被告不得在合同履行中以預付話費超過有效期為由對用戶進行通話限制。被告以預付費過期為由對原告暫停服務、收回號碼的行為構成違約，應當承擔繼續履行等違約責任。因此，原告主張「取消被告對原告的話費有效期的限制，繼續履行合同」的訴訟請求，符合法律規定，法院依法予以支持。

> **第五百七十八條**　當事人一方明確表示或者以自己的行為表明不履行合同義務的，對方可以在履行期限屆滿前請求其承擔違約責任。

■ 條文主旨

　　本條是關於預期違約責任的規定。

■ 條文釋義

　　按照違約行為發生的時間，可分為預期違約和屆期違約。違約行為發生於合同履行期限屆滿之前的，為預期違約，又稱為先期違約。在履行期限屆滿之前，當事人一方明確表示或者以自己的行為表明不履行合同債務，當然要求其不享有履行抗辯權等正當理由的，才構成預期違約。預期違約包括明示預期違約和默示預期違約。應當注意的是，本條規定的預期違約的違約責任，不同於本法第 563 條第 1 款第 2 項所規定的預期違約的解除，在預期違約的解除中，當事人一方明確表示或者以自己行為表明其不履行的是主要債務，一般只有主要債務的不履行才會致使不能實現合同目的，此時當事人才有法定解除權。但是，本條規定的預期違約包括當事人一方明確表示或者以自己行為表明其不履行合同義務，無論該合同義務是否是主要義務，即使是從給付義務或者附隨義務等，對方都有權請求其承擔違約責任。

　　應當注意的是，該規定與不安抗辯權的相互銜接。本法第 528 條規定了以自己的行為表明不履行合同義務的一種特殊情形。

預期違約降低了另一方享有的合同權利的價值，構成對債權人權利的侵害和對合同關係的破壞，必將影響交易的正常進行。如果在一方當事人預期違約的情況下，仍然要求另一方當事人在履行期限屆滿後才能請求違約責任，將給另一方造成損失。因此，當事人一方明確表示或者以自己的行為表明不履行合同義務的，即使在履行期限屆滿前，對方也可以請求其承擔違約責任，而無須等到履行期限屆滿後，這有利於保護守約方的合法權益。

■ 案例分析

2003 年第 4 期《中華人民共和國最高人民法院公報》刊登的「沛時投資公司訴天津市金屬工具公司中外合資合同糾紛上訴案」【最高人民法院（2002）民四終字第 3 號民事判決書】就預期違約行為的認定進行了分析，相關裁判摘要如下：工具公司已將作為出資的設備和房產交合資公司實際使用，只有少部分房產未辦理過戶手續，其履行了主要債務而不是不履行主要債務，因此，也不符合合同法第 94 條對預期違約的規定。故投資公司上訴提出其不按約投入第四期、第五期資金是一種預期違約，屬行使不安抗辯，因而可以免責的理由不能成立，本院不予支持。

第五百七十九條　當事人一方未支付價款、報酬、租金、利息，或者不履行其他金錢債務的，對方可以請求其支付。

■ 條文主旨

本條是關於金錢債務繼續履行的規定。

■ 條文釋義

所謂金錢債務，是指以債務人給付一定貨幣作為內容的債務，包括以支付價款、報酬、租金、利息，或者以履行其他金錢債務為內容的債務。當然，這裏所說的報酬指的是金錢報酬，而不包括其他形式的報酬。本條在合同法規定的基礎上進一步明確適用前提是金錢債務，以與下一條相對應。

當事人一方未按照合同約定履行金錢債務的，對方可以請求其履行。貨幣具有高度流通性和可替代性，一般不會出現法律上或者事實上不能履行，或者不適於強制履行、履行費用過高的情形，一般也不會出現因為不可抗力而完全不能繼續履行的情形，因此違約方應當繼續履行，對方可以請求其支付。本條要求金錢債務的繼續履行，這有利於強化誠信觀念，防止交易當事人以各種不正當理由拒絕繼續履行金錢債務。

■ 案例分析

「江蘇金洋造船有限公司與上海崇明港務建設投資管理有限公司船舶建造合同糾紛案」

【上海海事法院 (2013) 滬海法商初字第 1080 號】對逾期付款所造成利息損失的確定進行了分析，相關裁判摘要如下：關於逾期付款的利息計算標準，原告主張參照《中國人民銀行關於人民幣貸款利率有關問題的通知》和《最高人民法院關於審理買賣合同糾紛案件適用法律問題的解釋》的相關規定，按照貸款利率的 1.5 倍來計算被告逾期付款所造成的利息損失。本院認為，被告崇明港建公司就船舶建造款項確實存在延期支付的情形，原告的利息主張係被告逾期支付工程款的孳息損失，可予支持，但本案糾紛既非因金融機構借貸而產生的糾紛，亦非買賣合同糾紛，不符合《中國人民銀行關於人民幣貸款利率有關問題的通知》和《最高人民法院關於審理買賣合同糾紛案件適用法律問題的解釋》的適用條件，且原告金洋公司未能提供其向銀行貸款的證據，故相應利息損失應按雙方共同確定的活期存款利息標準進行計算。

第五百八十條　當事人一方不履行非金錢債務或者履行非金錢債務不符合約定的，對方可以請求履行，但是有下列情形之一的除外：

（一）法律上或者事實上不能履行；

（二）債務的標的不適於強制履行或者履行費用過高；

（三）債權人在合理期限內未請求履行。

有前款規定的除外情形之一，致使不能實現合同目的的，人民法院或者仲裁機構可以根據當事人的請求終止合同權利義務關係，但是不影響違約責任的承擔。

■ 條文主旨

本條是關於非金錢債務繼續履行的規定。

■ 條文釋義

繼續履行是違約責任的一種形式，具有國家強制性，不是單純的合同義務的履行。繼續履行能夠使得債權人儘可能實現其利益，避免了賠償損失計算的困難，強調了合同的法律約束力。

如果當事人一方不履行非金錢債務或者履行非金錢債務不符合約定，且非金錢債務能夠繼續履行，守約方可以請求違約方繼續履行，除此之外，還可以請求違約方承擔賠償損失等其他民事責任。繼續履行和其他責任形式之間的關係，在不同的立法例中是不同的，英美法系以賠償損失為原則，繼續履行為例外；大陸法系則以繼續履行為原則，賠償損失為例外。本法未對繼續履行進行嚴格限制，只要當事人一方違約，對方一般就可請求繼續履行。因此，在當事人一方違約時，一般情況下，守約方可以選擇請求繼續履行，同時請求賠償損失；也可以選擇不請求繼續履行，而僅請求賠償損失。人民法院或者仲裁機構根據守約方的

選擇予以裁判或者裁決，除非存在本條規定的例外情形。

債權人請求繼續履行，必須以非金錢債務能夠繼續履行為前提，如果非金錢債務不能繼續履行，對方就不能請求繼續履行，或者其提出繼續履行的請求，債務人能夠依據本條第1款提出抗辯。不能請求繼續履行具體包括以下情形：

1. 法律上或者事實上不能履行。所謂法律上不能履行，指的是基於法律規定而不能履行，或者履行將違反法律的強制性規定。比如，甲將其房屋賣給乙，但未交付和辦理移轉登記，之後甲又將同一個房屋賣給丙，並將房屋交付給丙，並且辦理了移轉登記，此時由於甲已經喪失了所有權，因此在法律上無處分權，無法履行甲對乙所負有的移轉房屋所有權的合同義務，這即屬於法律上不能履行，乙此時不能請求甲繼續履行，而只能請求甲賠償損失。所謂事實上不能履行，是指依據自然法則已經不能履行。比如，合同標的物是特定物，該特定物已經毀損、滅失。人民法院或者仲裁機構應當對是否存在法律上或者事實上不能履行的情形進行審查。

2. 債務的標的不適於強制履行或者履行費用過高。債務的標的不適於強制履行，是指依據債務的性質不適合強制履行，或者執行費用過高。比如：（1）基於高度的人身依賴關係而產生的合同，如委託合同、合夥合同等，如果是因高度信任對方的特殊技能、業務水平、忠誠等所產生的，並且強制債務人履行義務會破壞此種高度的人身依賴關係，則不得請求繼續履行。（2）對於許多提供服務、勞務或者不作為的合同來說，如果強制履行會危害到債務人的人身自由和人格尊嚴，或者完全屬於人身性質，比如需要藝術性或者科學性的個人技能。

履行費用過高，指履行仍然可能，但確會導致履行方負擔過重，產生不合理的過大的負擔或者過高的費用。比如，一艘油輪沉入海中，儘管將該油輪打撈出來是可能的，但油輪所有人因此支出的費用大大超過了所運石油的價值，託運人不能請求其繼續履行。在判斷履行費用是否過高時，需要對比履行的費用和債權人通過履行所可能獲得的利益、履行的費用和採取其他補救措施的費用，還需要考量守約方從其他渠道獲得履行進行替代交易的合理性和可能性。

3. 債權人在合理期限內未請求履行。履行合同義務需要債務人進行特定的準備和努力，如果履行期限已過，並且債權人未在合理期限內請求債務人繼續履行，債務人則可能會推定債權人不再堅持繼續履行。債權人在很長時間之後才請求繼續履行，如果支持債權人的繼續履行請求，會使得債務人長期處於不確定狀態之中，隨時準備履行，且會誘使債權人的投機行為。因此，如果債權人在合理期限內未請求繼續履行的，不能再請求繼續履行。

合理期限首先可以由當事人事先約定；如果沒有約定或者約定不明確，當事人可以協議補充；也無法協議補充的，按照合同有關條款或者交易習慣確定，這需要在個案中結合合同種類、性質、目的和交易習慣等因素予以具體判斷。

在債務人違約但符合本條第1款規定的情形之一，因此債權人不能請求繼續履行的情況下，合同狀況如何？例如，在特定物買賣中，特定物非因意外或者不可歸責於雙方的原因而毀損、滅失，債務人對債權人的履行義務和債權人對債務人的履行義務是否消滅？在一些繼

續性合同，比如租賃合同，合同權利義務是否終止？立法過程中，有觀點提出，在無法請求繼續履行時，應當允許司法終止合同，以終止合同權利義務關係，使得無意義的合同無須存續。也有觀點認為，此時債務人對債權人的履行義務消滅，基於雙務合同履行義務之間的對待性，債權人對債務人的對待給付義務也隨之消滅，合同自動終止，無須司法解除。在實踐中也會出現一些疑難問題，尤其在債權人未履行自己對債務人的義務，而債務人已經部分履行的情況下，債權人可能會不行使解除權而堅持請求繼續履行，如果合同不終止或者不部分終止，即使債務人願意承擔違約賠償責任，但其是否能夠在承擔賠償責任的前提下擺脫合同權利義務的約束，或者在非繼續性合同中請求返還已作出的部分給付或者就已作出的部分給付要求債權人履行對債務人的義務。例如，甲從乙那裏購買兩個特定的古董花瓶，約定待兩個花瓶都交付並轉移所有權之後甲付款，乙交付了一個花瓶並轉移其所有權後，因為自己的過錯導致另一個花瓶破碎，甲不行使解除權而主張繼續履行，但此時也符合本條第 1 款規定的事實上不能履行，此時如何處理？

經認真研究，反覆斟酌，在債權人無法請求債務人繼續履行主要債務，致使不能實現合同目的時，債權人拒絕解除合同而主張繼續履行，由於債權人已經無法請求債務人繼續履行，合同繼續存在並無實質意義。當事人均可以申請人民法院或者仲裁機構終止合同，最終由人民法院或者仲裁機構結合案件的實際情況根據公平原則決定終止合同的權利義務關係，在保障債權人合理利益的前提下，有利於使得雙方當事人重新獲得交易的自由，提高整體的經濟效益。從比較法上而言，《德國民法典》第 275 條第 1 款和第 326 條第 1 款明確規定了，此時給付義務可以被排除且對待給付消滅；《法國民法典》第 1218 條第 2 款也規定了永久不能履行時合同自動終止。合同自動終止後，債務人可被免除原給付義務，無須進行原給付，債權人的對待給付也發生消滅。但是，這可能導致合同終止的時間並不確定，這尤其在履行費用過高或者債權人在合理期限內未請求履行導致不能請求繼續履行的情形中最為明顯，並且也不利於雙方互通情況。當然，如果對方當事人行使解除權，則合同終止時間會確定，但可能會出現對方當事人不行使解除權的情形。司法終止則能夠避免上述兩個問題。據此，本條新增第 2 款規定。當然，本款規定不影響對方當事人依據法律規定或者約定所享有的法定解除權和約定解除權，對方當事人仍然可以行使解除權解除合同。

本款適用的前提，首先是對方當事人不能請求違約方繼續履行。其次是致使不能實現合同目的。這意味着如果不能請求繼續履行的僅僅是非主要的債務，則不履行一般不會導致不能實現合同目的，則無論是哪一方當事人都不能申請終止。守約方既不享有法定解除權，也不能依據本款請求人民法院或者仲裁機構申請終止；違約方本來就不享有解除權，同樣也不能依據本款請求人民法院或者仲裁機構申請終止。再次是當事人提出請求。雙方當事人均有權請求人民法院或者仲裁機構終止合同。如果當事人未提出請求，人民法院或者仲裁機構不宜依職權主動終止合同。

本款適用的法律後果如下：第一，人民法院或者仲裁機構可以終止合同權利義務關係。應當注意的是，並非當事人提出請求後，人民法院或者仲裁機構就必須終止合同，在當事人

提出終止合同的請求後，由人民法院或者仲裁機構依法判決是否終止合同。因此，當事人根據本款所享有的僅僅是申請司法終止合同的權利，而非終止合同的權利，本款並未規定當事人的終止權或者形成訴權，而是司法的終止權。人民法院或者仲裁機構有權結合案件的實際情況，根據誠信和公平原則決定是否終止合同。此時，可以考慮債務人是否已經進行了部分履行、債務人是否是惡意違約、不能繼續履行的原因、債務人是否因合同不終止而遭受了嚴重損失、債權人是否能夠以成本較低的方式獲得替代履行、債務人是否對他人有賠償請求權、債權人拒絕解除合同是否是為獲得不相當的利益而違反誠信原則、合同不終止是否會導致雙方的權利義務或者利益關係明顯失衡等因素。例如，要考慮不能繼續履行的原因，在甲乙雙方的古董花瓶和名畫的互易合同中，甲在交付古董花瓶前，因乙的過錯行為而導致古董花瓶毀損，雖然此時也構成了不能請求繼續履行的情形，但因為該不能繼續履行的原因是乙的行為，此時不宜因乙的申請而終止合同，進而免除乙交付名畫並移轉名畫所有權的義務。這類似於兩個相互關聯的合同情形中的部分終止、部分不終止。在人民法院或者仲裁機構終止合同後，法律後果可以依據本法第 566 條和第 567 條的規定予以確定。

第二，不影響違約方承擔除繼續履行之外的其他違約責任。合同被終止後，違約方自然無須繼續履行，但其仍然要依法承擔除繼續履行之外的其他違約責任，尤其是賠償損失的責任，以保障對方當事人的利益。

■ 案例分析

2006 年第 6 期《中華人民共和國最高人民法院公報》刊登的「新宇公司訴馮玉梅商鋪買賣合同糾紛案」判決認為，當違約方繼續履約所需的財力、物力超過合同雙方基於合同履行所能獲得的利益時，構成「履行費用過高」，應該允許違約方解除合同，用賠償損失來代替繼續履行。相關裁判摘要如下：合同法第 107 條規定「當事人一方不履行合同義務或者履行合同義務不符合約定的，應當承擔繼續履行、採取補救措施或者賠償損失等違約責任」。從這條規定看，當違約情況發生時，繼續履行是令違約方承擔責任的首選方式。法律之所以這樣規定，是由於繼續履行比採取補救措施、賠償損失或者支付違約金，更有利於實現合同目的。但是，當繼續履行也不能實現合同目的時，就不應再將其作為判令違約方承擔責任的方式。合同法第 110 條規定：「當事人一方不履行非金錢債務或者履行非金錢債務不符合約定的，對方可以要求履行，但有下列情形之一的除外：（一）法律上或者事實上不能履行；（二）債務的標的不適於強制履行或者履行費用過高；（三）債權人在合理期限內未要求履行。」此條規定了不適用繼續履行的幾種情形，其中第 2 項規定的「履行費用過高」，可以根據履約成本是否超過各方所獲利益來進行判斷。當違約方繼續履約所需的財力、物力超過合同雙方基於合同履行所能獲得的利益時，應該允許違約方解除合同，用賠償損失來代替繼續履行。在本案中，如果讓新宇公司繼續履行合同，則新宇公司必須以其 6 萬餘平方米的建築面積來為馮玉梅的 22.50 平方米商鋪提供服務，支付的履行費用過高；而在 6 萬餘平方米已失去經商環境和氛圍的建築中經營 22.50 平方米的商鋪，事實上也達不到馮玉梅要求繼續

履行合同的目的。一審衡平雙方當事人利益，判決解除商鋪買賣合同，符合法律規定，是正確的。馮玉梅關於繼續履行合同的上訴理由，不能成立。

> **第五百八十一條** 當事人一方不履行債務或者履行債務不符合約定，根據債務的性質不得強制履行的，對方可以請求其負擔由第三人替代履行的費用。

■ 條文主旨

本條是關於替代履行費用的規定。

■ 條文釋義

本條適用的前提是，當事人一方不履行債務或者履行債務不符合約定，並且該債務根據債務的性質不得強制履行。此時，債權人可以請求債務人負擔由第三人替代履行的費用。如果該債務是以作為標的的債務，則債權人可以請求債務人負擔由第三人替代履行的費用。對此，本法第 713 條第 1 款設有明文規定。

該請求權是實體法上的請求權，且以根據債務的性質不得強制履行為前提，同時不以進入執行程序為前提，因此，與民事訴訟法規定的執行措施不同。同時，也並非第三人先替代履行，之後才可以請求債務人負擔費用，債權人可以直接請求債務人負擔由第三人之後替代履行的費用。同時，本條的規定不妨礙債權人就其他損失請求債務人賠償。

另外，對以服務、勞務等行為為標的的債務，債務人不履行的，民事訴訟法第 252 條規定了替代執行措施。

同時，民事訴訟法還規定了一些間接強制的措施，以對債務人施加壓力促使其繼續履行債務，這適用於所有類型的債務。比如，民事訴訟法第 253 條、第 255 條規定設有明文規定。

■ 案例分析

2014 年第 8 期《中華人民共和國最高人民法院公報》刊登的「江蘇南通二建集團有限公司與吳江恆森房地產開發有限公司建設工程施工合同糾紛案」判決認為，在雙方當事人已失去合作信任的情況下，可以由發包人自行委託第三方參照修復設計方案對工程質量予以整改，並由法院判決所需費用由承包人承擔。相關裁判摘要如下：鑒於恆森公司幾經局部維修仍不能徹底解決屋面滲漏，雙方當事人亦失去信任的合作基礎，為徹底解決雙方矛盾，原審法院按照司法鑒定意見認定按全面設計方案修復，並判決由恆森公司自行委託第三方參照全面設計方案對屋面滲漏予以整改，南通二建承擔與改建相應責任有事實和法律依據，亦屬必要。故二審法院判決南通二建賠償恆森公司屋面修復費用 2877372.30 元。

第五百八十二條　履行不符合約定的，應當按照當事人的約定承擔違約責任。對違約責任沒有約定或者約定不明確，依據本法第五百一十條的規定仍不能確定的，受損害方根據標的的性質以及損失的大小，可以合理選擇請求對方承擔修理、重作、更換、退貨、減少價款或者報酬等違約責任。

■ **條文主旨**

本條是關於履行不符合約定的補救措施的規定。

■ **條文釋義**

債務人履行合同義務不符合約定的，主要是品質、數量等不符合約定，可以考慮一些補救措施，主要包括修理、重作、更換以及退貨、減少價款或者報酬。這有利於儘量維持當事人之間的合同關係。合同法第 111 條適用的前提是「質量不符合約定的」，但可能無法涵蓋採取補救措施的所有情形，故本法將之擴展為「當事人一方履行合同義務不符合約定的」。

如果債務人和債權人事先對此有約定的，應當按照當事人的約定承擔違約責任。如果當事人對違約責任沒有約定，或者雖有約定但約定不明確的，此時就當依據本法第 510 條的規定予以確定。

如果當事人對此既無約定，也無法依據本法第 510 條的規定予以確定的，則受損害方根據標的的性質以及損失的大小，可以合理選擇請求對方承擔修理、重作、更換、退貨、減少價款或者報酬等違約責任。這些方式有助於儘量維持當事人之間的合同關係。修理包括對產品、工作成果等標的物質量瑕疵的修補，也包括對服務質量瑕疵的改善，這是最為普遍的補救方式。在存在嚴重的質量瑕疵，以致不能通過修理達到約定的或者法定的質量情形下，受損害方可以選擇更換或者重作的補救方式。

本條規定，受損害方根據標的的性質以及損失的大小，可以合理選擇請求修理、重作、更換、退貨、減少價款或者報酬。修理、重作、更換同樣也適用本法第 580 條第 1 款的規定。履行瑕疵是細微和無關緊要的，而修理、重作或者更換的費用過高，則不能請求修理、重作或者更換。比如，買賣合同中，賣方交付的標的物不符合約定的原因存在設計缺陷，導致更換並無意義，修理也無法消除此種缺陷，此時債權人就不能請求修理或者更換。也有可能由於債權人時間緊迫，無法等待修理、重作或者更換，而必須儘快尋找到適合的替代物，此時要求債權人必須先請求修理、重作或者更換就是不合理的。修理、重作、更換是不可能、不合理或者沒有效果的，或者債務人拒絕或在合理期間內仍不履行的，債權人可以請求退貨、減少價款或者報酬。如果債務人在履行不符合約定後，立即提出在合理期限內自己承擔費用予以修理、重作或者更換，則債權人應當允許，除非該瑕疵履行已經致使合同目的不能實現，或者債權人有理由相信，債務人不可能在合理期限內、並在不給債權人造成顯著不便或者不給債權人的合法利益造成其他損害的前提下，實施有效的修理、重作或者更換。

債務人修理的，應當自行承擔修理費用和因修理產生的運輸費用等合理費用。如果債務人未按要求予以修理或者因情況緊急，債權人自行或者通過第三人修理標的物後，有權主張債務人負擔因此發生的合理費用。在更換或者重作的情況下，債務人有權要求債權人退回標的物，但債務人應當負擔取回的必要費用。

修理、重作、更換是不可能、不合理或者沒有效果的，或者債務人拒絕或在合理期間內仍不履行的，債權人可以請求退貨、減少價款或者報酬。

減少價款或者報酬，可以簡稱為「減價」，即債權人接受了債務人的履行，但主張相應減少價款或者報酬，其目的在於通過調整價款或者報酬使得合同重新恢復到均衡的等價關係上。價款或者報酬未支付的，債權人可以主張減少其應支付的價款或者報酬；價款或者報酬已經支付的，債權人可以主張返還減價後多出部分的價款或者報酬。

債權人主張減價，債務人對減價與否或者減價數額均認可的，按照當事人協商一致的意思表示處理；債務人對減價與否或者減價數額有異議的，可以由人民法院或者仲裁機構予以確定。當事人雙方有不同意見時，減價的標準就非常重要。不同的立法例對此有不同的規定。一種是絕對差額式；另一種是比例式。第一種方式更為簡便，第二種方式更為公平，各有道理；同時，在非標準化商品時，上述兩種計算方式都較難適用。因此，本條對減價的標準未作明確規定，留給實踐和司法予以發展。

■ 案例分析

2010 年第 11 期《中華人民共和國最高人民法院公報》刊登的「楊珺訴東台市東盛房地產開發有限公司商品房銷售合同糾紛案」判決認為，房屋質量不符合要求時，出賣人應當承擔修復義務。相關裁判摘要如下：上訴人東盛房地產公司與被上訴人楊珺簽訂房屋買賣合同，其應當保證出賣的房屋符合法律規定或者合同約定的質量，現上訴人交付給被上訴人的房屋出現牆體裂縫及滲漏問題，經專業部門鑒定，其主要原因系溫度變化時結構材料不均勻收縮所致，而屋面未作保溫層和牆體砌築質量較差導致頂部樓層溫度裂縫明顯。對此，上訴人作為房屋的出賣人，對其出售房屋存在的質量缺陷，依法應當承擔相應的修復義務，一審判決並無不當。

> **第五百八十三條**　當事人一方不履行合同義務或者履行合同義務不符合約定的，在履行義務或者採取補救措施後，對方還有其他損失的，應當賠償損失。

■ 條文主旨

本條是關於履行義務或者採取補救措施後賠償損失的規定。

■ 條文釋義

　　當事人一方不履行合同義務或者履行合同義務不符合約定，因此而承擔繼續履行或者採取補救措施的違約責任的，在其履行完畢前，債權人有權拒絕其相應的履行請求。債務人未能在約定期間或者合理期間內繼續履行的，或者不能採取有效的補救措施的，債權人可以採取任何救濟措施。儘管債務人在約定期間或者合理期間內已經繼續履行或者採取了有效的補救措施，債權人還有其他損失的，債權人仍然可以請求債務人依法賠償。這些損失主要包括：（1）債務人最初的不履行合同義務或者履行合同義務不符合約定給債權人造成的損失；（2）嗣後的不繼續履行或者繼續履行不符合約定給債權人造成的損失；（3）債務人繼續履行或者採取補救措施完畢前期間的遲延履行給債權人造成的損失；（4）補救措施本身給債權人造成的損失；（5）補救措施仍然無法彌補的債權人的損失。

　　第五百八十四條　　當事人一方不履行合同義務或者履行合同義務不符合約定，造成對方損失的，損失賠償額應當相當於因違約所造成的損失，包括合同履行後可以獲得的利益；但是，不得超過違約一方訂立合同時預見到或者應當預見到的因違約可能造成的損失。

■ 條文主旨

　　本條是關於法定的違約賠償損失的規定。

■ 條文釋義

一、一般原則

　　違約賠償損失，是指行為人違反合同約定造成對方損失時，行為人向受害人支付一定數額的金錢以彌補其損失，是運用較為廣泛的一種責任方式。賠償的目的，最基本的是補償損害，使受到損害的權利得到救濟，使受害人能恢復到未受到損害前的狀態。違約賠償損失是合同債務的轉化，與合同債務具有同一性，因此在對相應合同債權的擔保等方面，在違約賠償損失請求權上繼續存在，除非當事人另有約定。同時，違約的賠償損失包括法定的賠償損失和約定的賠償損失，本條規定的是法定的違約賠償損失。

　　承擔違約賠償損失責任的構成要件包括：一是有違約行為。二是違約行為造成了對方的損失。三是違約行為與對方損失之間有因果關係。四是無免責事由。

　　本條所規定的賠償損失，是指金錢賠償，與恢復原狀的責任方式是不同的。

　　違約賠償損失的範圍可由法律直接規定，或出雙方約定。當事人可以事先約定免除責任和限制責任的條款，在不違反法律規定的前提下，該免責或者限制責任條款是有效的。在法律沒有特別規定和當事人沒有另行約定的情況下，應按完全賠償原則，即因違約方的違約使

受害人遭受的全部損失都應當由違約方承擔賠償責任。

完全賠償意味着：第一，在因違約造成受害人損失的情況下，應當以受害人的損失作為確定賠償範圍的標準。第二，賠償不能超過受害人的損失，受害人不能因此而獲利。賠償的範圍包括受害人可以獲得的利益，而為了獲得這些利益必須付出締約成本，因此賠償了可以獲得的利益的同時一般就不得請求締約成本的賠償。第三，在賠償時，一般不應根據違約方的過錯程度來確定責任的範圍。

二、賠償的種類

按照完全賠償原則，違約損失賠償額應當相當於因違約所造成的損失，包括對實際損失和可得利益的賠償。實際損失，即所受損害，是指因違約而導致現有利益的減少，是現實利益的損失，又被稱為積極損失。例如，貨物在運輸過程中遭受到了 10000 元的損害，該損失即是實際損失。可得利益，即所失利益，受害人在合同履行後本可以獲得的，但因違約而無法獲得的利益，是未來的、期待的利益的損失，又被稱為消極損失。例如，建築公司承建一商廈遲延 10 日交付，商廈 10 日的營業純利潤額即為可得利益。

較之可得利益，實際損失一般比較容易確定。實際損失包括：（1）信賴利益的損失，包括費用的支出、喪失其他交易機會的損失以及因對方違約導致自己對第三人承擔違約賠償的損失等。（2）固有利益的損失，這體現在債務人違反保護義務的情形中，例如，債務人交付了病雞，導致債權人現有養雞場的雞也生病，此時，債務人不僅應當賠償債權人費用的支出，還應當賠償債權人現有的雞生病造成的損失。在違約賠償中，由於證明可得利益的困難性，債權人可以選擇請求債務人賠償信賴利益。但是，信賴利益的賠償一般不得大於履行利益，因為，如果信賴利益大於可得利益，表明債權人訂立的合同是虧本的，如果債務人按照約定履行了合同，反而會給債權人造成更大的損失，此時允許債權人請求賠償大於可得利益的信賴利益，無異於債權人將自己的虧損轉嫁給債務人。但是，對於固有利益的賠償可以大於可得利益。

可得利益是合同履行後債權人所能獲得的純利潤。可得利益也可能與信賴利益中的喪失其他交易機會的損失存在重合。根據交易的性質、合同的目的等因素，可得利益損失主要分為生產利潤損失、經營利潤損失和轉售利潤損失等類型。

三、違約賠償數額的限制

按照本條規定，違約賠償的數額不得超過違反合同一方訂立合同時預見到或者應當預見到的因違反合同可能造成的損失，這不僅適用於對可得利益的限制，也適用於對實際損失的限制。

對於債務人在訂立合同時無法預見到的損失，其就不可能實現採取足夠的預防措施，通過可預見性限制賠償數額，有助於雙方溝通信息，並以此為基礎評估風險採取預防措施，避免損失的發生。

根據本條規定，可預見性規則的適用應當注意以下問題。第一，預見的主體是違約方，而不是非違約方。第二，預見的標準是客觀的理性人標準，是一個正常勤勉的人處在違約方

的位置所能合理預見到的。此時，可以考慮當事人的身份或者業務能力、預期利益的告知或知曉、合同主要內容、是否是超過社會一般期待的投資行為等因素。第三，預見的時間點是訂立合同之時，而不是違約之時。第四，預見的內容是損失的類型或者種類，而無須預見到損失的具體範圍。

應當注意的是，對違約賠償數額的限制，除了可預見性規則之外，還包括其他規則。對此，本法第 591 條第 1 款和第 592 條第 2 款設有明文規定。可以扣除的利益包括：中間利息、因違約實際減少的受害人的某些稅負、商業保險金、社會保險金、以新替舊中的差額、毀損物件的殘餘價值、原應支付卻因損害事故而免於支付的費用、原本無法獲得卻因損害事故的發生而獲得的利益等。因此，對於可得利益而言，可得利益的法定損失賠償額 = 可得利益損失總額 - 不可預見的損失 - 擴大的損失 - 受害方自己過錯造成的損失 - 受害方因違約獲得的利益 - 必要的成本。

四、賠償數額的計算

在不同立法例和理論中，賠償數額計算有主觀計算方法與客觀計算方法兩種方法。主觀計算方法又稱具體計算方法，它是指根據受害人具體遭受的損失、支出的費用來計算損害額；客觀的計算方法又稱抽象計算方法，指按照當時社會的一般情況來確定損害額，而不考慮受害人的特定情況。這兩種計算方法的主要區別是是否將受害方的主觀因素加以考慮，在計算方法上以客觀方法為主，有助於計算的便利，也避免當事人因賠償數額而對交易的過分抑制，但也要適當考慮主觀方法。

在客觀計算時，首先可以考慮替代交易。其次可以考慮市場價格。當然，對於計算的時點究竟是訂立合同時、違約時、裁判時還是一審口頭辯論終結時，由司法和實踐進一步發展。再次，對於金錢債務的到期不履行，債權人有權要求支付自該筆債務到期時起至支付時止的利息。最後，還可以考慮債權人因債務人違反合同義務而導致的債權人對其他第三人所承擔的違約賠償數額。

在主觀計算時，如果合同的標的物是具有人身意義的特定物，例如具有特殊意義的照片，該標的物在普通的市場價格之外，還有精神因素和感情色彩因素，計算賠償數額時可以予以考慮。這也與本法第 1183 條第 2 款的規定精神相一致。對於以精神上滿足為目的特殊類型的合同，例如與婚禮、葬禮、旅遊等事務相關的合同，精神損害具有可預見性，計算違約賠償數額時，也可以對這些合同的特性予以考慮。

■ 案例分析

2016 年第 12 期《中華人民共和國最高人民法院公報》刊登的「李明柏訴南京金陵置業發展有限公司商品房預售合同糾紛案」的判決認為，房屋買賣合同中因出賣人所售房屋存在質量問題致購房人無法對房屋正常使用、收益且當事人對損失如何計算未作明確約定時，可以房屋同期租金作為標準計算購房人的實際損失。相關裁判摘要如下：關於損失計算標準問題，李明柏提交的房屋租賃協議雖證明涉案小區有業主出租房屋租金可達到每月 21000 元以上，但該租金價格並不具有普遍性，而江蘇省高級人民法院向南京市住建局調取的同區域

別墅租金清冊載明的價格，係綜合多方因素得出的平均租金價格，更具有普遍性，再審一審法院在雙方均不申請對案涉房屋裝修前後出租價格進行評估的基礎上，結合案涉房屋的具體情況，參考該租金清冊所確定的租金價格並無不當。李明柏要求至少按每月 21000 元標準進行補償，不予支持。

第五百八十五條　當事人可以約定一方違約時應當根據違約情況向對方支付一定數額的違約金，也可以約定因違約產生的損失賠償額的計算方法。

約定的違約金低於造成的損失的，人民法院或者仲裁機構可以根據當事人的請求予以增加；約定的違約金過分高於造成的損失的，人民法院或者仲裁機構可以根據當事人的請求予以適當減少。

當事人就遲延履行約定違約金的，違約方支付違約金後，還應當履行債務。

■ 條文主旨

本條是關於約定違約金的規定。

■ 條文釋義

一、一般界定

違約金是當事人在合同中約定的或者由法律直接規定的一方違反合同時應向對方支付一定數額的金錢，這是違反合同可以採用的承擔民事責任的方式，只適用於當事人有違約金約定或者法律規定違反合同應支付違約金的情形。違約金的標的物通常是金錢，但是當事人也可以約定違約金標的物為金錢以外的其他財產。違約金依據產生的根據，可以分為法定違約金和約定違約金。本條僅規定了約定的違約金。約定違約金主要適用於合同之債，但法定之債也不妨約定違約金。

約定違約金可能表現為不同的形式，可以約定向對方支付一定數額的違約金，也可以約定因違約產生的損失賠償額的計算方法。

根據約定違約金的目的，可以區分為賠償性的違約金、懲罰性的違約金和責任限制性違約金。當事人約定違約金，一方面是為了事先確定違約後的賠償數額，以降低法定損失的舉證成本，另一方面也可能是為了向對方施加履約壓力、督促對方守約而約定高額的違約金，還可能是為了避免責任過重而約定低額的違約金。當事人的這些意圖可能兼而有之，因此，不同性質的違約金可能在功能上有交叉和重合。本條規定的違約金以賠償性的違約金為原則，當事人無約定或者約定不明時，推定為賠償性的違約金。

二、約定違約金的調整

1.司法酌增。本規定中的「人民法院或者仲裁機構可以根據當事人的請求予以增加」，

對比合同法第 114 條中的「當事人可以請求人民法院或者仲裁機構予以增加」，更為明確了本規定確立的是司法酌增規則。本法並未採取原經濟合同法第 35 條將違約金作為違約賠償最低額的預定，因此，如果違約金數額低於損失數額，則人民法院或者仲裁機構可以予以增加，而非允許當事人在違約金之外另行請求法定的賠償損失，增加違約金之後，債權人無權請求對方賠償損失。

司法酌增適用的前提是：（1）約定的違約金低於造成的損失。此處並未如同下一分句中的司法酌減規則一樣使用了「過分」一詞，以體現對債權人或者守約方的更強保護，因此，至少酌增的標準不應比酌減的標準更為嚴苛。（2）債權人提出申請，並應當對違約金低於造成的損失予以舉證。

此時，人民法院或者仲裁機構可以增加，但並非應當增加，一般而言，增加後的違約金數額不應超過對債權人造成的損失。人民法院或者仲裁機構在判斷是否予以增加以及增加的幅度時，可以綜合斟酌考慮一些因素，例如當事人是否具有明確的限制責任的意圖、債權人是普通民事主體還是商事主體、當事人的過錯程度、合同的履行情況、預期的利益等。

2. 司法酌減。本規定中的「人民法院或者仲裁機構可以根據當事人的請求予以適當減少」，對比合同法第 114 條中的當事人可以請求人民法院或者仲裁機構予以適當減少，更為明確了本規定確立的是司法酌減規則。根據自願原則，當事人有權約定違約金，但是，如果任由當事人約定過高的違約金，在有些情況下，無異於鼓勵當事人獲得不公平的暴利，也可能促使一方為取得高額違約金而故意引誘對方違約。因此，本款規定了司法酌減規則，以在意思自治、形式自由的基礎上協調實質正義、個案公平，平衡自願原則和公平、誠信原則之間的關係。

司法酌減的前提是：（1）約定的違約金過分高於造成的損失的。約定的違約金必須「過分」高於造成的損失。這意味着，如果約定的違約金雖然高於造成的損失，但並未「過分」高於，就不應當適用司法酌減。（2）債務人提出申請，並就約定的違約金高於造成的損失予以舉證。

此時，人民法院或者仲裁機構可以適當減少違約金數額，但並非應當適當減少。在判斷約定違約金是否過高以及調低的幅度時，一般應當以對債權人造成的損失為基準。司法實踐中對此掌握的標準一般是，當事人約定的違約金超過造成損失的 30% 的，一般認定為「過分高於造成的損失」，但對此不應當機械主義，避免導致實質上的不公平。此時，可以綜合考慮辯論終結前出現的以下因素：（1）合同履行情況。如果部分履行對債權人意義甚微，則應審慎酌減違約金。（2）當事人過錯程度。債務人主觀過錯程度較小或者債權人也有過錯時，可以適當調整違約金的數額。在違約方屬於惡意違約的場合，賣方違約將貨物賣給別人而不賣給原已簽訂合同的買方，違約金的調整應當體現出對惡意違約的懲罰。在違約方違約但非違約方也有過失的場合，違約金的調整就不應過多體現懲罰色彩。（3）預期利益。預期利益實現的可能性較大時，酌減違約金應當更為審慎。此時，應考慮債權人的一切合法利益，而不僅僅是財產上的利益。（4）當事人的主體身份。如果債務人是商事主體，其對違約

風險的預見和控制能力更強。（5）其他因素。例如，債務人給付約定違約金達到了可能嚴重影響債務人的生存的程度；債務人因違約而獲利的，也可以予以考慮。

人民法院或者仲裁機構應當根據公平原則和誠實信用原則，對上述因素予以綜合權衡，避免簡單地採用固定比例等「一刀切」的做法，防止機械司法而可能造成的實質不公平。

應當注意的是，當事人關於定金的約定，適用定金罰則後也可能會出現過分高於造成的損失的情形，此時可以參照適用本款規定，從而人民法院或者仲裁機構可以根據當事人的請求予以適當減少。

三、遲延履行違約金和繼續履行之間的關係

本條第 3 款規定，當事人就遲延履行約定違約金的，違約方支付違約金後，還應當履行債務。當事人可以就遲延履行這種特定的違約行為約定違約金。

如果當事人專門就遲延履行約定違約金的，除另有約定外，該種違約金僅針對違約方對其遲延履行所承擔的賠償責任，違約方支付違約金後還應當繼續履行義務。但請求繼續履行應當是針對遲延後履行尚屬可能且對債權人有意義的情形，如果繼續履行因對債權人無意義而被拒絕，或者在履行遲延後陷於履行不能，債權人可轉而要求替代給付的賠償，該替代給付的賠償數額一般大於遲延履行的賠償數額，其作為繼續履行的轉化形態，可與遲延履行違約金並行主張。

本款規定，違約方支付遲延履行違約金後，還應當履行債務，對此不應反面解釋認為如果債權人先主張繼續履行或先行受領了繼續履行，即不得請求遲延履行違約金或者視為放棄遲延履行違約金。債權人受領了債務人遲延後的繼續履行，仍可並行主張遲延履行違約金，此並行主張不以受領給付時作特別保留為必要。

■ 案例分析

2008 年第 7 期《中華人民共和國最高人民法院公報》刊登的「史文培與甘肅皇台釀造（集團）有限責任公司、北京皇台商貿有限責任公司互易合同糾紛案」【最高人民法院（2007）民二終字第 139 號民事判決書】就違約金的性質以及如何認定約定的違約金過高，作出了如下分析：至於約定的違約金是否過高問題，合同法第 114 條規定的違約金制度已經確定違約金具有「補償和懲罰」雙重性質，合同法該條第 2 款明確規定，約定的違約金過分高於造成損失的，當事人可以請求人民法院或者仲裁機構予以適當減少，據此應當解釋為只有在「過分高於造成損失」的情形下方能適當調整違約金，而一般高於的情形並無必要調整。鑒於甘肅皇台在本案中已經構成違約，且存在惡意拖延乃至拒絕履約的嫌疑，加之沒有證據能夠證明日 4‰ 的違約金屬於過高情形，因此《易貨協議》約定的日 4‰ 的違約金不能被認為過高，甘肅皇台關於其不構成違約不應支付違約金以及違約金過高而應予減少的主張無理，本院予以駁回。

> 　　**第五百八十六條**　當事人可以約定一方向對方給付定金作為債權的擔保。定金合同自實際交付定金時成立。
>
> 　　定金的數額由當事人約定；但是，不得超過主合同標的額的百分之二十，超過部分不產生定金的效力。實際交付的定金數額多於或者少於約定數額的，視為變更約定的定金數額。

■ **條文主旨**

本條是關於違約定金的規定。

■ **條文釋義**

所謂定金，就是指當事人約定的，為保證債權的實現，由一方在履行前預先向對方給付的一定數量的貨幣或者其他代替物。原擔保法對定金作出了規定，考慮到本法生效後，擔保法被廢止，因此本法吸收了擔保法有關定金的規定。

定金是擔保的一種，由於定金是預先交付的，定金懲罰的數額在事先也是明確的，因此通過定金罰則的運用可以督促雙方自覺履行，起到擔保作用。定金與預付款不同，定金具有擔保作用，不履行債務或者履行債務不符合約定，致使不能實現合同目的的，適用定金罰則；但預付款僅僅是在標的物正常交付或者服務正常提供的情況下預付的款項，如有不足，交付預付款的一方再補交剩餘的價款即可，在交付標的物或者提供服務的一方違約時，如果交付預付款的一方解除合同，有權請求返還預付款。定金與押金也不同，一般而言，押金的數額沒有定金數額的限制，而且沒有定金罰則的適用。

實踐中定金的種類也非常多。最為常見的是違約定金，即在接受定金以後，一方當事人不履行債務或者履行債務不符合約定，致使不能實現合同目的的，應按照定金罰則予以處理。除了違約定金之外，常見的還有立約定金、成約定金、證約定金、解約定金。

定金合同是民事法律行為的一種，適用民事法律行為的一般規則，可以在合同的主文中載明，也可以單獨設立。但是，按照本條第 1 款的規定，定金合同是實踐性合同，自實際交付定金時才成立，當然定金交付的時間由雙方當事人約定。當事人訂立定金合同後，不履行交付定金的約定，不承擔違約責任。同時，定金合同是一種從合同，應參照適用本法第 682 條第 1 款和第 566 條第 2 款的規定。

按照本條第 2 款規定，定金的數額由當事人約定。但是，在能夠確定主合同標的額的前提下，約定的數額不得超過主合同標的額的 20%。如果超過，則超過的部分不產生定金的效力，應當予以返還或者按照約定抵作價款，但未超過的部分仍然產生定金效力。

■ **案例分析**

「陳鴻志與保利 (成都) 實業有限公司商品房預售合同定金糾紛上訴案」【四川省成都市中級人民法院 (2009) 成民終字第 1905 號民事判決書】對定金合同的成立進行了認定，相關

裁判摘要如下：本案二審爭議的爭點是：陳鴻志交納的 20000 元「誠意金」是否轉為立約定金，保利公司是否應當退還該 20000 元。本案中，陳鴻志與保利公司於 2008 年 10 月 4 日簽訂的《保利？公園 198 認購書》第 1 條「付款辦法」中「定金__萬元」欄被劃掉，對劃掉該定金條款的原因雙方當事人各執一詞。保利公司在陳鴻志交納的「誠意金」收據上加蓋「已轉定金不予退還」的條章，保利公司無證據證明陳鴻志認可該蓋章行為。結合《中華人民共和國擔保法》第 90 條「定金應當以書面形式約定」的規定，本院認為陳鴻志與保利公司雙方並未就定金事宜達成一致意思表示，故本案中關於定金的條款並未成立。保利公司與陳鴻志訂立正式商品房買賣合同前，以「誠意金」形式向陳鴻志收取的費用，收取後陳鴻志改變購買意願的，保利公司應當全額退還該 20000 元。

> **第五百八十七條**　債務人履行債務的，定金應當抵作價款或者收回。給付定金的一方不履行
> 債務或者履行債務不符合約定，致使不能實現合同目的的，無權請求返還定金；收受定金的一方不履行債務或者履行債務不符合約定，致使不能實現合同目的的，應當雙倍返還定金。

■ 條文主旨

本條是關於違約定金效力的規定。

■ 條文釋義

按照本條規定，債務人按照合同約定履行債務的，定金應當抵作價款或者收回。但如果債務人不履行債務或者履行債務不符合約定，致使不能實現合同目的的，違約定金最為重要的效力是定金罰則，即定金合同約定的條件成就時，進行雙倍返還定金或者扣收。

適用定金罰則的前提條件首先是按照當事人的約定和法律的規定，當法律對定金有特別規定時，應當適用特別規定；當事人另有約定時，根據自願原則，應尊重當事人的特別約定。在不存在法律另有規定或者當事人另有約定的情形中，適用定金罰則的前提條件是，當事人一方不履行債務或者履行債務不符合約定，並且該違約行為要達到致使合同目的不能實現，即根本違約的程度。

適用定金罰則的效果是，給付定金的一方無權請求返還定金，收受定金的一方應當雙倍返還定金。

■ 案例分析

「內蒙古乾坤金銀精煉股份有限公司與中國農業銀行個人業務部代銷合同糾紛上訴案」【最高人民法院 (2006) 民二終字第 226 號民事判決書】認為定金罰則也適用於部分不履行的

情況，且喪失定金的比率按照未履行的比率計算，相關裁判摘要如下：《中華人民共和國擔保法》第 89 條規定：「當事人可以約定一方向對方給付定金作為債權的擔保。債務人履行債務後，定金應當抵作價款或者收回。給付定金的一方不履行約定的債務的，無權要求返還定金；收受定金的一方不履行約定的債務的，應當雙倍返還定金。」該條款關於定金罰則的規定適用於不履行也適用於不完全履行。對擔保的對象，乾坤公司與農業銀行在《金杯代銷合同》中沒有明確約定，但根據該合同條款的內容，結合農業銀行給乾坤公司出具的三份應收賬款證明所作出的意思表示，應當認定定金擔保的對象是農業銀行銷售全部代銷商品，即農行承諾以合同定金擔保銷售全部 9999 個金杯。但至合同終止日，農行只銷售金杯 2655個，其應承擔部分不履行的擔保責任，農行無權要求乾坤公司全部返還定金 999.9 萬元。農業銀行未履行部分佔應履行部分的比率為 73.45％，故其喪失定金的比率亦為 73.45％，即農行喪失定金返還請求權的數額為 734.4266 萬元，餘款 265.4734 萬元，連同前述作為預付款處理的 500.1 萬元，共計 765.5734 萬元，沖抵已售金杯貨款。因農業銀行已支付銷售款 5.3 萬元，故農業銀行尚欠乾坤公司的貨款總計為：0.5 萬元 ×2655（個）－5.3 萬元－765.5734 萬元 =556.6266 萬元。

> **第五百八十八條**　當事人既約定違約金，又約定定金的，一方違約時，對方可以選擇適用違約金或者定金條款。
>
> 定金不足以彌補一方違約造成的損失的，對方可以請求賠償超過定金數額的損失。

■ 條文主旨

本條是關於定金與違約金、法定賠償損失之間適用關係的規定。

■ 條文釋義

本條第 1 款規定了定金和違約金之間的適用關係，合同當事人既約定了違約金，又約定了定金，在當事人不存在明確的特別約定的情況下，如果一方違約，對方當事人可以選擇適用違約金或者定金條款，即對方當事人享有選擇權，可以選擇適用違約金條款，也可以選擇適用定金條款，但二者不能並用。當然，不能並用的前提是針對同一違約行為，如果違約金和定金是針對不同的違約行為，在這些違約行為都存在的前提下，仍然存在並用的可能性，但無論如何不應超過違約行為所造成的損失總額。

本條第 2 款規定了定金和法定賠償損失之間的適用關係。與違約金不同，定金的數額不得超過主合同標的額的 20%，但是，違約行為造成的損失可能會超過適用定金罰則之後的數額；並且，對於違約金，本法 585 條第 2 款規定了司法酌增的規則，而對於定金並未明確規定類似規則。因此，本款規定，定金不足以彌補一方違約造成的損失的，對方可以請求賠償

超過定金數額的損失。據此，約定的定金不足以彌補一方違約造成的損失的，守約方既可以請求定金，同時也可以就超過定金數額的部分請求法定的賠償損失，此時，定金和損失賠償的數額總和不會高於因違約造成的損失。這既有助於對守約方利益的充分保護，但又避免了守約方獲得超過其損失的利益。

■ **案例分析**

「上海躬盛網絡科技有限公司、上海斐訊數據通信技術有限公司股權轉讓糾紛案」【最高人民法院 (2019) 最高法民終 456 號民事判決書】對當事人既請求適用定金罰則，又請求違約金的情況不予支持，相關裁判摘要如下：《中華人民共和國合同法》第 116 條規定，當事人既約定違約金，又約定定金的，一方違約時，對方可以選擇適用違約金或者定金條款。本案中，躬盛公司既主張適用定金罰則，同時又要求顧國平償付違約金 11 億元，經原審法院多次釋明，躬盛公司仍堅持同時適用定金罰則與違約金，對此，依法不予准許。鑒於躬盛公司主張的違約金數額缺乏計算依據，且已支持適用定金罰則，故對躬盛公司違約金請求，不予支持。

第五百八十九條　債務人按照約定履行債務，債權人無正當理由拒絕受領的，債務人可以請求債權人賠償增加的費用。

在債權人受領遲延期間，債務人無須支付利息。

■ **條文主旨**

本條是關於債權人無正當理由拒絕受領的法律後果的規定。

■ **條文釋義**

債權人無正當理由拒絕受領，是指債務人按照約定履行了債務或者提出了履行債務的請求，債權人無理由地不予受領或者協助。立法過程中，有意見提出，債權人無正當理由拒絕受領，會給債務人增加不利，應當對此明確規定。經研究，為了保護債務人利益，參考比較立法例，增加了本條規定。債權人無正當理由拒絕受領，構成的要件包括：（1）債務人按照約定現實履行了債務，或者提出了履行債務的請求，即債務人已經現實提出或者言辭提出。（2）債務內容的實現以債權人的受領給付或者其他協助為必要。（3）債權人拒絕受領，這裏的拒絕受領是廣義的，即不受領，包括了遲延受領或者明確或者以自己的行為表明拒絕受領等情形。（4）債權人無正當理由。債權人拒絕的正當理由，例如，債務人交付的標的物存在嚴重質量問題，致使不能實現合同目的。

債權人無正當理由拒絕受領，不影響債務人的給付義務，並不會使得債務人的給付義務

消滅。但是，債權人受領債務人的履行，既是受領人的權利，但其無正當理由不受領，會導致債務人的利益受損，因此其也是債權人的義務，但是該義務的違反一般不會導致債權人的違約責任，而一般導致減輕債務人的負擔或者責任，或者使得債權人負擔增加的費用等相應的不利後果，可被認為是不真正義務，除非法律另有規定或者當事人另有約定。本條第 1 款即規定，債權人無正當理由拒絕受領的，對於由此給債務人增加的費用，債務人可以請求債權人賠償。所謂給債務人增加的費用，包括：（1）債務人提出給付的費用，例如，貨物往返運送的費用、履行債務所支付的交通費用、通知費用等；（2）保管給付物的必要費用；（3）其他費用，例如對不宜保存的標的物的處理費用。同時，本條第 2 款規定，在債權人受領遲延期間，債務人無須支付利息。

■ 案例分析

「青海明創光電實業有限公司與西寧永信電力設備有限公司買賣合同糾紛案」【青海省西寧市城中區人民法院 (2019) 青 0103 民初 2842 號民事判決書】對受領遲延進行了分析，相關裁判摘要如下：本院認為，關於合同違約的問題。原、被告簽訂《採購合同》係雙方自願，內容合法，依法應認定有效，故上述合同對原、被告雙方均產生約束力，原、被告雙方應按約履行各自義務。合同約定了交付時間、交付地點以及合同履行的順序及付款條件。出賣人應當按照約定的地點交付標的物。出賣人交付的完成，以買受人的受領或積極協助為必要條件。2019 年 8 月起原告青海明創光電實業有限公司才要求被告送貨，顯然遠遠超過合同約定的交付時間，表明原告確有受領遲延的行為，且雙方未對變更履行期限具體時間作出明確約定。被告西寧永信電力設備有限公司作為合同約定先履行義務方，負有先履行義務，特別是在合同履行期限變更時處於變更內容約定不明確的情形下，應待符合交貨條件時積極履行先履行義務，被告在本案中履行期限不明確的情形下本可採用隨時要求履行，且如遇到原告拒絕受領貨物時法律也賦予了被告採用提存等救濟途徑，2019 年 8 月接到原告要求驗貨通知後，被告未積極交付貨物，故被告存在怠於履行的違約情形。而本案糾紛根源在於原告在合同履行期內要求被告遲延交付貨物，原告作為合同履行期限變更的要約方，合同履行期限變更發出之時應當明確履行期限，如無明確導致了合同履行期限變更時處於變更內容約定不明確的狀態，原告應承擔受領遲延的違約責任。故雙方在履行合同過程中互負過程，互有違約。鑒於發包方已對工程項目進行更改，不再需要安裝箱變。箱變係種類物，亦不存在定制，採購合同的目的已無法實現，沒有繼續履行的必要，應予解除。原告要求解除合同的訴訟請求，本院予以支持。

> **第五百九十條**　當事人一方因不可抗力不能履行合同的，根據不可抗力的影響，部分或者全部免除責任，但是法律另有規定的除外。因不可抗力不能履行合同的，應當及時通知對方，以減輕可能給對方造成的損失，並應當在合理期限內提供證明。
>
> 當事人遲延履行後發生不可抗力的，不免除其違約責任。

■ 條文主旨

本條是關於不可抗力後果的規定。

■ 條文釋義

不可抗力是獨立於人的行為之外，不受當事人意志所支配的現象，是人力所不可抗拒的力量。行為人完全因為不可抗力不能履行合同，如果讓行為人對自己無法控制的情形承擔責任，對行為人來說是不公平的。因此，很多國家和地區、國際性合同文件都將不可抗力作為免除行為人違約責任的事由予以規定。據此，本條第 1 款首先規定了當事人一方因不可抗力不能履行合同的，根據不可抗力的影響，部分或者全部免除責任，但是法律另有規定的除外。這與本法第 180 條第 1 款的規定是相同的。

據此，存在以下要求：（1）發生了不可抗力的事件。（2）債務人因不可抗力事件的發生不能履行合同。

在符合上述兩個條件下，所產生的法律後果上，要根據不可抗力的影響，部分或者全部免除債務人的責任。首先要注意的是，應當根據不可抗力對合同履行的具體影響，判斷免責的範圍和程度。在有些情況下，不可抗力會導致債務根本無法履行；但有時，不可抗力僅僅會導致遲延履行。

最後，要注意法律的特別規定。通常情況下，因不可抗力不能履行民事合同的，根據不可抗力的影響，部分或者全部免除責任。但法律規定因不可抗力不能履行合同，也要承擔責任的，則需要依法承擔責任。故本條第 1 款規定了「但是法律另有規定的除外」。具體什麼情況下應承擔民事責任、承擔責任的程度等要依照法律的規定確定。例如，郵政法第 48 條和民用航空法第 124 條對此設有明文規定。

本條第 1 款第 2 句規定，因不可抗力不能履行合同的，應當及時通知對方，以減輕可能給對方造成的損失，並應當在合理期限內提供證明。這意味着，根據誠信原則，債務人有義務在合理的期間內就不可抗力的發生以及對債務履行的影響，通知債權人，以使得債權人能夠採取措施減輕債權人可能遭受的損失。

本條第 2 款規定，當事人遲延履行後發生不可抗力的，不免除其違約責任。如果債務人沒有遲延履行，則不可抗力的發生就不會導致債務的不能履行進而發生損害，因此債務人的遲延履行與債權人的損害之間具有因果關係，債務人應當就不可抗力負責。但是，如果債務人能夠證明，即使其不遲延履行，仍不免發生債務的不能履行進而發生損害的，則債務人應

當能夠免責，此時債務人的遲延履行和債務的不能履行進而發生損害之間不存在因果關係。

■ 案例分析

「中國人民財產保險股份有限公司泉州市分公司、海口港集裝箱碼頭有限公司港口貨物保管合同糾紛案」【最高人民法院 (2017) 最高法民申 3253 號民事裁定書】認為，在判斷不可抗力的「不可預見性」時，先前已發生的類似偶發事件一般不能阻卻之後發生事件的不可預見性，否則不可預見的條件就很難得到滿足，不可抗力的制度價值即可能落空。相關裁判摘要如下：首先，關於案涉颱風「海鷗」是否構成不可抗力的問題。根據《中華人民共和國民法通則》第 153 條的規定，「不可抗力」是指不能預見、不能避免並不能克服的客觀情況。通常依據現有技術水平和一般人的認知而不可能預知為不能預見。對於颱風而言，根據現有技術手段，人類可能在一定程度上提前預知，但是無法準確、及時預見其發生的確切時間、地點、延續時間、影響範圍等。預見的範圍包括客觀情況的發生和影響範圍、影響程度，而本案中的損害結果正是由於未能準確預見的颱風影響範圍所造成的。雖然在颱風「海鷗」發生前，海南省以及海口市新聞媒體對颱風「海鷗」登陸時間和最大風力進行了預報，泉州人保公司申請再審認為，通過國家海洋預報台預報的風暴潮最大增水和《潮汐表》中的天文大潮潮高可以計算出預計將會出現的最大潮高，但是上述信息僅為一種預測，並非將要發生的颱風實際情況的準確反映，而且作為貨物損失最直接的原因 ── 海水倒灌並未在預報中有所體現。泉州人保公司還認為，剛剛發生的颱風「威馬遜」與本案颱風非常相近，海口集裝箱公司應當對此類颱風以及颱風造成的後果有更為準確的預見。本院認為，屬於不可抗力造成的損害總有重複發生，如果先前已發生的類似偶發事件可以阻卻之後發生事件的不可預見性，則不可預見的條件就很難得到滿足，不可抗力的制度價值即可能落空。綜上，原審判決認定本案颱風的發生及其影響為當事人所不能預見，並無不當。

> **第五百九十一條** 當事人一方違約後，對方應當採取適當措施防止損失的擴大；沒有採取適當措施致使損失擴大的，不得就擴大的損失請求賠償。
>
> 當事人因防止損失擴大而支出的合理費用，由違約方負擔。

■ 條文主旨

本條是關於債權人防止損失擴大的減損義務的規定。

■ 條文釋義

債務人違約的，債權人不能無動於衷，任憑損失的擴大，而應當積極採取適當的措施，防止損失的擴大，這樣有助於激勵債權人採取措施減少損失，有助於增進整體效益。據此，

本條第 1 款對此予以明確規定。但是，債權人負有的減損義務是一種強度較低的義務，學說上稱之為不真正義務，債權人違反減損義務的，債務人不得請求債權人承擔責任，而僅僅發生債權人利益的減損，即其不得就因違反減損義務而擴大的損失請求債務人賠償。

本條第 1 款進一步規定，沒有採取適當措施致使損失擴大的，不得就擴大的損失請求賠償。適用的前提包括：（1）債務人違反義務導致損失的發生；（2）債權人沒有採取適當措施，以限制損失的程度或者避免損失的增加；（3）發生的損失擴大；（4）債權人未採取適當措施與損失的擴大具有因果關係。關鍵就是債權人是否採取了防止損失擴大的適當措施。措施是否適當，主要考慮債權人是否按照誠信原則的要求盡自己的努力採取措施避免損失擴大，如果採取的措施將嚴重損害債權人自身的利益，或者有悖於商業道德，或者所支付的代價過高，不應認為債權人未採取適當的措施。措施適當還要考慮採取措施的期限是否合理。債權人所採取的適當措施根據具體的情形可能有不同的措施，例如：（1）債權人停止進一步履行。（2）合理的替代交易。（3）接受債務人變更合同的合理要約。

本條第 2 款規定，當事人因防止損失擴大而支出的合理費用，由違約方負擔。需要注意的是，違約方負擔該費用的前提是，該費用是債權人因為防止損失擴大而支出的，並且根據當時情況是合理的。

■ 案例分析

2013 年第 1 期《中華人民共和國最高人民法院公報》刊登的「河南省偃師市鑫龍建安工程有限公司與洛陽理工學院、河南省第六建築工程公司索賠及工程欠款糾紛案」【最高人民法院（2011）民提字第 292 號民事判決書】對當事人在合同履行過程中出現糾紛後，應當及時履行減損義務，不得放任損失的擴大進行了分析。相關裁判摘要如下：在 1999 年 4 月 20 日成教樓工程停工後，鑫龍公司與六建公司就停工撤場還是復工問題一直存在爭議。對此，各方當事人應當本着誠實信用的原則加以協商處理，暫時難以達成一致的，發包方對於停工、撤場應當有明確的意見，並應承擔合理的停工損失；承包方、分包方也不應盲目等待而放任停工損失的擴大，而應當採取適當措施如及時將有關停工事宜告知有關各方、自行做好人員和機械的撤離等，以減少自身的損失。而本案中，成教樓工程停工後，理工學院作為工程的發包方沒有就停工、撤場以及是否復工作出明確的指令，六建公司對工程是否還由鑫龍公司繼續施工等問題的解決組織協調不力，並且沒有採取有效措施避免鑫龍公司的停工損失，理工學院和六建公司對此應承擔一定責任。與此同時，鑫龍公司也未積極採取適當措施要求理工學院和六建公司明確停工時間以及是否需要撤出全部人員和機械，而是盲目等待近 2 年時間，從而放任了停工損失的擴大。因此，本院認為，雖然成教樓工程實際處於停工狀態近 2 年，但對於計算停工損失的停工時間則應當綜合案件事實加以合理確定。

> **第五百九十二條** 當事人都違反合同的，應當各自承擔相應的責任。
>
> 當事人一方違約造成對方損失，對方對損失的發生有過錯的，可以減少相應的損失賠償額。

■ 條文主旨

本條是關於雙方違約和與有過錯的規定。

■ 條文釋義

本條第 1 款規定了雙方違約。違約可以區分為單方違約和雙方違約。僅當事人一方違約的，稱為單方違約；雙方當事人都違約的，稱為雙方違約。在雙務合同中，有些合同義務是彼此獨立的，不具有牽連性和對價性，因此，雙方違反這些相互獨立的合同義務是可能的，並且不成立雙務合同的履行抗辯權。在雙方各自違反了相互獨立的合同義務時，實際上是兩個獨立的違約行為，因此各自都要向對方承擔相應的違約責任。據此，本條第 1 款規定，當事人都違反合同的，應當各自承擔相應的責任。

本條第 2 款規定了與有過錯。與有過錯，又稱為過錯相抵、混合過錯，指受損害一方對於損害結果的發生存在過錯的，在計算損失賠償額時應當予以相應減少。例如，甲從乙那裏購買了一輛汽車，之後甲駕駛汽車運載超重貨物，由於鋼圈破碎導致翻車。交通事故處理部分認定汽車質量不合格是導致事故的主要原因，但甲超重行駛也是造成事故的原因之一。此時，根據本款，就可以減少乙對甲的損失賠償數額。

有觀點認為，我國違約責任採取無過錯歸責原則，規定與有過錯將與無過錯的歸責原則相矛盾。經研究認為，違約責任採取無過錯歸責原則，僅僅是不依據違約方是否具有過錯使得違約方承擔違約責任，但與有過錯解決的是對方的過錯導致損失發生時，是否能夠減少違約方的損失賠償額，與無過錯歸責原則之間並不矛盾。

與有過錯與雙方違約不同，與有過錯中，僅發生一個損害，只是對該損害的發生，債權人也有過錯；而在雙方違約的情形，雙方都違反了相互獨立的合同義務，故存在兩個違約行為，由此發生兩個損害。與有過錯與本法第 591 條規定的減損義務也有不同。理論中，有的將減損義務作為與有過錯的一種，有的將兩者分開。本法分別規定了與有過錯和減損義務，其區分是根據時間階段，與有過錯解決的是損失發生的階段，而減損規則解決的是損失擴大的階段，因此兩者發揮作用的場合是不同的。

與有過錯適用的前提是：（1）債權人因債務人違約遭受損失。（2）債務人的違約行為導致了損失的發生，但是，債權人的過錯也是導致損失發生的原因。（3）債權人具有過錯。此處的並非固有意義上的過錯，而是屬於「自己對自己的過錯」，這可能是因債權人自身的行為部分導致了損害的發生。與有過錯適用的法律後果是，扣減債務人相應的損失賠償額。具體扣減的數額要結合考慮當事人的過錯程度、原因力的強弱等因素。

■ 案例分析

2015 年第 5 期《中華人民共和國最高人民法院公報》刊登的「蘭州灘尖子永昶商貿有限責任公司等與愛之泰房地產開發有限公司合作開發房地產合同糾紛案」【最高人民法院（2012）民一終字第 126 號民事判決書】對雙務合同的當事人均存在違約行為的情況下是否應當解除合同進行了分析，相關裁判摘要如下：在雙務合同中，雙方均存在違約的情況下，應根據合同義務分配情況、合同履行程度以及各方違約大小等綜合考慮合同當事人是否享有解除權。綜合全案情況看，愛之泰公司承擔了聯建項目中的主要工作，並已經履行了大部分合同義務，案涉項目主體工程已經完工，在各方均存在違約的情況下，認定永昶商貿公司和農墾機電公司享有法定解除權，無事實和法律依據，並導致合同雙方利益的顯著失衡。原判決解除合同不妥，本院予以糾正。

第五百九十三條　當事人一方因第三人的原因造成違約的，應當依法向對方承擔違約責任。當事人一方和第三人之間的糾紛，依照法律規定或者按照約定處理。

■ 條文主旨

本條是關於因第三人原因造成違約的規定。

■ 條文釋義

違約是由第三人造成的，即因第三人原因造成的違約，例如第三人遲延交貨造成一方當事人遲延履行。

但是，本法對違約責任實行無過錯責任原則，如果只要是當事人一方因第三人的原因造成違約的，不管第三人原因的具體情況，都應當向對方承擔違約責任，則由於實踐中當事人一方因第三人原因造成違約的情況較為複雜，一概要求當事人一方承擔違約責任，可能對其過於嚴苛。例如，演員甲按照約定趕赴劇場演出途中，被第三人駕車撞成重傷而無法演出，經事故認定，該第三人負全責，此時讓甲承擔責任似乎是不妥當的。因此，在合同法規則的基礎上，本法對因第三人原因造成違約所應承擔的違約責任作了適當限縮，給司法實踐留下空間，將合同法第 121 條中「應當向對方承擔違約責任」修改為「應當依法向對方承擔違約責任」。

所謂「依法」，是指依據本法第 577 條的規定。據此，債務人因第三人的原因違約而向債權人承擔違約責任的前提是債務人因第三人的原因違反了合同義務而構成違約。一般而言，因第三人的原因造成債務人違約而應當由債務人向債權人承擔違約責任的，主要包括但並不限於以下第三人：（1）履行輔助人。履行輔助人，即法定代理人和根據債務人的意思事實上從事債務履行的使用人。使用人包括委託代理人或者意定代理人，以及債務人為履行債

務而與之訂立合同的第三人。債務人的法定代表人並非履行輔助人，他的行為就是債務人自身的行為。（2）與債務人有其他合同關係的第三人。該類第三人主要包括原材料供應人、配件供應人、產品製造人、產品上游供應商、次承租人等。（3）債務人一方的上級機關。民法通則第116條規定，當事人一方由於上級機關的原因，不能履行合同義務的，應當按照合同約定向另一方賠償損失或者採取其他補救措施，再由上級機關對它因此受到的損失負責處理。雖然民法通則隨着本法的生效而被廢止，但這一規則背後的考量也可以納入本條的適用之中。

依據本條，債務人因第三人的原因造成違約時，債務人應當依法向債權人承擔違約責任。但法律有特別規定第三人也應對債權人承擔責任的，或者特別規定債務人不承擔責任的，依照該特別規定。例如，本法第791條第2款、第834條，旅遊法第71條第2款，消費者權益保護法第40條第2款的規定等。

還應當指出的是，本條與本法第1198條第2款關於安全保障義務的規定之間，應當在適用時予以協調。一般而言，這兩個規定中的「第三人」有所不同。本條規定的「第三人」主要如上述，而安全保障義務之中的第三人則主要指與安全保障義務人並無關係的第三人。

■ 案例分析

「瑞金市天元食品公司訴瑞金閩興水務公司供用水合同糾紛案」【江西省贛州市中級人民法院（2012）贛中民二終字第38號民事判決書】認為，供水公司因第三人原因未能供水的，應承擔違約責任。相關裁判摘要如下：違約責任是違反合同的民事責任的簡稱，是指合同當事人一方不履行合同義務或履行合同義務不符合合同約定所應承擔的民事責任。根據合同法第107條規定，我國合同法對違約責任採用的是無過錯原則或嚴格責任原則，即無論違約方是否存在過錯，均應對違約行為承擔違約責任，除非存在法定的免責事由。根據合同法第121條規定，當事人一方因第三人的原因造成違約的，應當向對方承擔違約責任。本案中，供水公司因第三方的原因未在公告公示的期間內恢復供水，導致用戶因為停水而不能正常營業，雖然供水公司無過錯，其也應對用戶因停水造成的合理損失承擔賠償責任。

> **第五百九十四條** 因國際貨物買賣合同和技術進出口合同爭議提起訴訟或者申請仲裁的時效期間為四年。

■ 條文主旨

本條是關於國際貨物買賣合同和技術進出口合同爭議的時效期間的規定。

■ 條文釋義

由於國際貨物買賣合同和技術進出口合同發生的爭議一般都比較複雜、涉及的標的額

也較大、主張權利也更為困難，為了更有效地保護當事人的合法權益，本法對這類合同發生爭議提起訴訟或者申請仲裁的時效期間規定為 4 年，相比國內同類案件提起訴訟或者申請仲裁的期間要長。本條規定的提起訴訟或者仲裁的 4 年時效期間，只適用於因國際貨物買賣合同和技術進出口合同發生的爭議。其他合同爭議提起訴訟或者申請仲裁的期限，不適用本條規定。

　　本條僅規定了特別的時效期間，關於時效期間的起算、屆滿後的效力、時效的中止、時效的中斷等，在法律無其他特別規定的情況下，適用本法第 188 條關於訴訟時效的一般規定。

第二分編　典型合同

本分編共十九章，對十九種典型合同作了規定。

一、命名典型合同的考慮

本分編命名為「典型合同」，原為合同法中的分則，即規定具體的合同類型。將本分編稱為「典型合同」，主要有三個考慮：一是「有名合同」的稱謂並不十分精確。有名合同通常是指法律上對其類型、內容都作出了明確規定的合同，與其相對應的叫無名合同。無名合同是指法律上尚未確定其名稱與規則的合同，但客觀上其是有名稱的。比如借用合同，雖然在我國的合同法中沒有規定，但是其客觀上是有名稱的。二是「典型合同」的稱謂更具合理性和包容性。在法律上作具體規定的合同為典型合同，未作規定的為非典型合同，這與人們的直覺相符；儘管域外民法典規定的具體合同有別，但由於生活方式和交易模式的不同，典型合同的類型存在差異是在所難免的，不會給人們的認知帶來麻煩。三是不同於域外通常將本部分稱為「各種債務關係」、「債法分則」或者「各種之債」，本分編並無規定無因管理和不當得利等法定之債的內容，純粹規定具體的合同類型，另由第三分編「準合同」規定無因管理和不當得利的具體內容。

二、增加典型合同的理由

在民法典的編纂過程中，不少意見要求增加規定典型合同的類型，主要有保證合同、保理合同、物業服務合同、合夥合同、旅遊合同、保險合同、勞務合同、互聯網合同、服務合同、特許經營合同、快遞合同、信用卡合同等。經研究，相比較於合同法規定的典型合同類型，最終增加了四類合同，分別為保證合同、保理合同、物業服務合同和合夥合同，加上原有的十五類合同，典型合同分編共規定了十九類典型合同。之所以增加上述四類合同，主要基於四個理由：一是問題導向性；二是編纂銜接性；三是適用普遍性；四是規則的可抽象性。所謂問題導向性，是指問題突出緊迫、規則特殊複雜，沒有辦法被其他典型合同的規則所涵蓋，亟須法律作出規定，比如增加的保理合同就是這種情況。所謂編纂銜接性，意指典型合同的增加必須與相關規定和法律相協調，比如之所以加上保證合同和合夥合同，是因為民法典施行後擔保法和民法通則將被廢止，保證合同和個人合夥的相關問題若不作規定，將會處於無法可依的狀態；而之所以不加旅遊合同和保險合同，是因為旅遊法和保險法已經對該兩類合同作出規定，沒有必要重複立法。所謂適用普遍性，主要是指在人們的日常生活中普遍適用，具有相當的典型性，作出規定可以在相當大的範圍內，既可提供行為規則又可提供裁判規則，物業服務合同就符合這個特徵。所謂規則的可抽象性，是指在立法過程中能夠概括出特殊的規則，不能夠泛泛而談，比如互聯網合同，由於涉及各種類型的合同，在其中無法抽取出抽象的共同規則，無法作為一個具體合同作出規定。

第九章　買賣合同

本章共五十三條，係典型合同中條文最多的合同，對買賣合同標的物所有權的轉移、標的物的交付和風險承擔、買受人檢驗標的物的期限和效力、分期付款買賣、憑樣品買賣、試用買賣等問題作了規定。

> **第五百九十五條　買賣合同是出賣人轉移標的物的所有權於買受人，買受人支付價款的合同。**

■ 條文主旨

本條是關於買賣合同概念的規定。

■ 條文釋義

買賣合同是出賣人轉移買賣標的的所有權於買受人，買受人支付價款的合同。買賣關係的主體是出賣人和買受人。轉移買賣標的物的一方為出賣人，也就是賣方；受領買賣標的，支付價款的一方是買受人，也就是買方。買賣合同是最重要的合同之一，其重要之處在於：一是買賣合同為市場經濟活動中市場主體經常運用的商品交換的基本和普遍的形式；二是買賣合同是典型的有償合同，對其他有償合同具有補充指導作用，當其他有償合同沒有法律規範時，規範買賣合同的法律規範可以參照適用。

1. 買賣合同的法律特徵。(1) 買賣合同是典型合同。買賣合同是合同法分則中明確規定的合同，因而屬於典型合同，即通常所謂的有名合同。買賣合同是最基本的典型合同。(2) 買賣合同是賣方轉移財產所有權，買方支付價款的合同。首先，買賣合同是賣方轉移財產所有權的合同。賣方不僅要將標的物交付給買方，而且要將標的物的所有權轉移給買方。轉移所有權，這使買賣合同與同樣要交付標的物的其他合同，如租賃合同、借用合同、保管合同等區分開來。其次，買賣合同是買方應支付價款的合同，並且價款是取得標的物所有權的對價。這又使買賣合同與其他轉移財產所有權的合同，如易貨交易合同、贈與合同區別開來。(3) 買賣合同是雙務合同。出賣人與買受人互為給付，雙方都享有一定的權利，又都負有相應的義務。賣方負有交付標的物並轉移其所有權於買方的義務，買方也同時負有向賣方支付價款的義務。一方的義務也正是對方的權利。因此，買賣合同是一種典型的雙務合同。(4) 買賣合同是有償合同。出賣人與買受人有對價關係，賣方取得價款是以轉移標的物的所有權為代價的，買方取得標的物的所有權是以給付價款為代價的。買賣合同的任何一方從對方取

得物質利益，都須向對方付出相應的物質利益。因此，買賣合同是典型的有償合同。(5) 買賣合同多是諾成合同。一般當事人就買賣達成合意，買賣合同即成立，而不以標的物或者價款的現實交付為成立的要件。但是，買賣合同當事人也可以在合同中作出這樣的約定，標的物或者價款交付時，買賣合同始為成立。此時的買賣合同即為實踐合同或者稱要物合同。(6) 買賣合同為要式或者不要式合同，從法律對合同形式的要求區分，既可有要式合同，又可有不要式合同，如房屋買賣須採用書面形式，是要式合同；即時清結買賣為不要式合同，法律對合同的形式一般不作要求。

2. 買賣合同的種類。買賣合同除可按合同一般標準分類外，依其特點，還可有多種分類。

(1) 一般買賣和特種買賣。按照買賣有無特殊的方式，可分為一般買賣和特種買賣。試用買賣、分期付款買賣、憑樣品買賣、買回買賣、拍賣、招標投標買賣等通過特殊方式的買賣為特種買賣，除此之外並非通過特殊方式的買賣為一般買賣。

(2) 特定物買賣與種類物買賣。按照買賣標的物是特定物還是種類物，可分為特定物買賣和種類物買賣。買賣標的物是特定物的，為特定物買賣。買賣標的物是種類物的，為種類物買賣。特定物買賣有瑕疵的，無法更換；種類物買賣有瑕疵的，可以更換。

(3) 批發買賣與零售買賣。按照銷售的數量多少可分為批發買賣和零售買賣。批發買賣簡稱批發，指批量銷售。批發可以是批發商將貨物銷售給另一批發商或者零售商，也可以是批發商或者零售商將貨物批量銷售給個人或者單位。零售買賣簡稱零售，指零散銷售，是零售商將貨物單個、少量銷售給個人或者單位。

(4) 即時買賣和非即時買賣。按照買賣能否即時清結，可分為即時買賣和非即時買賣。即時買賣是指當事人在買賣合同生效時即將買賣標的物與價款對交，即時清結。非即時買賣是指當事人在買賣合同生效時非即時清結，待日後履行。非即時買賣又有預約買賣、賒欠買賣等多種劃分。預約買賣是指買賣成立時買受人先支付預付款，出賣人日後交付貨物的買賣。這種買賣從出賣人角度稱預售，從買受人角度稱訂購。預約買賣同買賣預約不同。預約買賣的買賣關係業已成立，而買賣預約僅是一種預約，買賣合同並未成立，買受人沒有支付價款。賒欠買賣是指買賣成立時出賣人先交付買賣標的物，買受人日後一次支付價款的買賣。賒欠買賣從出賣人角度稱賒售，從買受人角度稱賒購。

(5) 一時買賣與連續交易買賣。根據當事人雙方的買賣是否以一次完結為標準，可分為一時買賣與連續交易買賣。一時買賣是指當事人雙方僅進行一次交易即結束雙方之間的買賣關係的買賣，即使雙方之間有多次交易，每次交易也都是單獨的，而無連續性。連續交易買賣是指當事人雙方於一定的期限內，賣方定期或者不定期地供給買方某種物品，買方按照一定標準支付價款的買賣，雙方之間的每次交易都是有關聯的。

(6) 自由買賣與競價買賣。按照是否採用競爭的方法進行買賣，可分為自由買賣和競價買賣。未採用競爭方法買賣的，為自由買賣。採用競爭方法買賣的，為競價買賣，如拍賣。

(7) 動產買賣與不動產買賣。根據買賣標的物是動產還是不動產，可以區分為動產買賣

和不動產買賣。動產是可以移動或者移動不影響其價值的物；不動產是動產以外的其他實物財產。動產與不動產買賣的主要區別有二：一是所有權移轉的方式不同，前者主要通過交付方式，後者通常以登記為移轉要件；二是合同的形式要件不同，前者原則上無形式要求，後者依法應採用書面形式。

（8）國內貨物買賣與國際貨物買賣。根據買賣合同的當事人、標的物所有權是否在不同國家之間轉移等的不同，可以區分為國內貨物買賣和國際貨物買賣。隨着我國「一帶一路」倡議的不斷深入和經濟實力的增長，這種分類將更突顯其價值。兩種買賣在是否具有涉外因素、適用的法律依據、時效等方面均存在明顯差異。

> **第五百九十六條**　買賣合同的內容一般包括標的物的名稱、數量、質量、價款、履行期限、履行地點和方式、包裝方式、檢驗標準和方法、結算方式、合同使用的文字及其效力等條款。

■ 條文主旨

本條是關於買賣合同條款的規定。

■ 條文釋義

在本法編纂過程中，對於合同編中典型合同有條中條規定或者列項規定的情形，均進行統一化處理。比如本條，合同法的規定模式為引述了合同編通則部分第 470 條的規定，現在進行具體化的列舉規定，不僅有利於合同編相應條文的一致性，也有利於學習了解買賣合同的主要內容。

本條規定的含義是，在買賣合同中，當事人可以根據具體合同的實際情況，約定標的物名稱、數量、質量、價款、履行期限、履行地點和方式、包裝方式、檢驗標準、檢驗方法、結算方式、合同使用的文字及其效力等條款。該條只是起到一種提示性的作用，不具有強制約束力，對於買賣合同的成立及效力，對於買賣合同當事人的具體權利義務等並無實質性的影響。

買賣合同當事人在訂立買賣合同時，通常應包括以下條款內容：

1. 標的物的名稱。標的物是買賣合同當事人權利義務指向的對象，作為對象的具體的不動產或者動產即為標的物的名稱，是買賣合同不可或缺的內容。依據本法第 595 條的規定，買賣合同的標的物應限於有體物，即具有一定的物質形體且能夠為人們所感知的物。在買賣合同中如果沒有標的物，就無法確定合同當事人的權利義務關係。

2. 標的物的數量。數量是對買賣合同標的物的計量要求，包括計量單位和計量方法。標的物的數量是指當事人約定的買賣標的物的數目，例如千克、噸、米等。數量需要由當事人

事先作出約定，否則將無法確定交易的對象。

3. 標的物的質量。質量是對買賣合同標的物標準和技術方面的要求。標的物的質量也是買賣合同中的重要條款，為了準確表示，當事人應當就標的物的品種、規格、品質等級、型號、級別等作出明確約定。沒有明確約定標的物質量的，應當適用本法第 510 條以及第 511 條第 1 項的規定。

4. 標的物的價款。標的物的價款又稱價金，是指買賣合同中買受人為了得到標的物向出賣人支付的貨幣。關於價款，國家法律有強制性規定的，應當執行強制性的規定；沒有強制性規定的，由當事人自己約定。

5. 履行期限。履行期限是指買賣合同的當事人所約定的履行合同義務的時間界限，包括交貨時間和付款時間。

6. 履行地點和方式。履行地點是指買賣合同的當事人所約定的履行合同義務的具體地點，比如合同的提貨地點、付款地點等。履行方式是指買賣合同當事人履行合同義務的具體方式，比如在交付標的物方式上是送貨式、自提式還是代辦託運式等。

7. 包裝方式。標的物的包裝，有兩種含義：一種是指盛標的物的容器，通常稱為包裝用品或者包裝物；另一種是指包裝標的物的操作過程。因此，包裝方式既可以指包裝物的材料，又可以指包裝的操作方式。包裝又分為運輸包裝和銷售包裝兩類。運輸包裝在我國一般有國家標準或者行業標準。

8. 檢驗標準和方法。標的物的檢驗是指買受人收到出賣人交付的標的物時，對其等級、質量、重量、包裝、規格等情況的查驗、測試或者鑒定。至於檢驗標準，如果當事人沒有特殊要求的，可以依據國家標準或者行業標準進行檢驗；如果有特殊要求的，則應在合同中作出明確的約定，以防止出現糾紛。關於檢驗的方法，有國家標準或者行業標準的，應當執行該標準；沒有標準或者特殊要求的，應當作出約定，以防止在合同履行過程中產生糾紛。

9. 結算方式。合同的結算是當事人之間因履行合同發生款項往來而進行的清算和了結。主要有兩種方式：一是現金結算；二是轉賬結算。法人之間款項往來的結算，除依法可以使用現金結算的情形以外，原則上應通過銀行轉賬結算。至於現金結算，無論是法人之間的現金結算，或者是法人與個體工商戶、農村承包經營戶之間的合同，不能違反國家現金管理的有關額度的相應規定。隨着我國社會主義市場經濟的不斷完善和經濟體制改革的逐步深化，合同的結算方式將可本着合同當事人自願的原則，根據實際情況加以選擇。

10. 合同使用的文字及其效力。合同使用的文字及其效力條款主要涉及涉外合同。涉外合同常用中外文兩種文字書寫，且兩種文本具有同樣的效力。鑒於文字一字多義的情況普遍，且兩種文本的表述方法也容易發生理解中的爭議。若合同在中國履行，最好明確規定「兩種文本在解釋上有爭議時，以中文文本為準」；在外國履行的合同可考慮接受以外文文本為準。這樣既公平合理又可減少爭議。

> 　　**第五百九十七條**　因出賣人未取得處分權致使標的物所有權不能轉移的，買受人可以解除合同並請求出賣人承擔違約責任。
> 　　法律、行政法規禁止或者限制轉讓的標的物，依照其規定。

■ 條文主旨

　　本條是關於出賣人無權處分行為的法律後果以及標的物本身要求的規定。

■ 條文釋義

　　無權處分是指沒有處分權而處分他人財產，無權處分行為是現代社會生活中的常見現象，在買賣交易關係中尤為普遍。依據買賣合同的定義，出賣人負有交付買賣標的物並移轉所有權的義務，因此，出賣人為保證買賣合同的履行，應當對買賣標的物具有處分權。當出賣人對買賣合同的標的物不具有處分權時，意味着買受人無法獲得標的物的所有權，也就是不能實現合同的目的，根據本法第 563 條和第 566 條的規定，買受人可以解除其與出賣人之間訂立的買賣合同並要求出賣人承擔違約責任。

　　1. 本條第 1 款規定的來源。本條第 1 款規定的內容，源自對合同法第 51 條、第 132 條第 1 款以及最高人民法院關於買賣合同司法解釋第 3 條的修改、綜合、完善。首先，合同法第 51 條在理論和實踐中就權利人未追認及出賣人未取得處分權時合同效力的狀態產生了三種觀點：合同無效、合同有效以及效力待定。基於這種爭論，導致司法實踐中極少依據該條規定進行裁判。其次，合同法第 132 條第 1 款規定不符合市場中大量存在的未來產品的交易實踐，故在實踐中大多將該條作為倡導性規定來對待。再次，原物權法第 15 條明確不動產物權效力的有無，不影響合同的效力。因此，針對上述規定，最高人民法院關於買賣合同司法解釋第 3 條在司法實踐層面認可了當事人無處分權不影響合同效力。

　　在本法編纂過程中，不少意見建議吸收司法解釋的上述規定，刪除合同法第 51 條和第 132 條第 1 款的規定。我們經研究認為：第一，規定的內容在理論和實踐中產生了不少爭議，在一定程度上導致了法律適用的不統一。第二，規定的內容與市場交易的實際情況不相吻合，尤其是就未來產品的交易方面。買賣標的可以是現實存在的物，也可以是將來產生的物。第三，規定的內容與司法實踐的處理不一致，且司法實踐依據司法解釋來處理的結果較為理想。第四，刪除兩個條款不會使善意取得制度無處銜接，善意取得制度仍按其獨立的規範體系進行判斷適用。第五，規定的內容與域外的通行規定不符，不利於對外貿易往來。最終採納這一意見，刪去合同法第 51 條和第 132 條第 1 款的規定，同時在合同編第 597 條中增加一款新的規定：因出賣人未取得處分權致使標的物所有權不能轉移的，買受人可以解除合同並請求出賣人承擔違約責任。這樣修改的結果既確保了物權人對標的物的所有權，也保護了善意買受人的權益，彰顯了合同對當事人的約束力，有利於倡導誠信價值並維護交易安全。

　　2. 處分他人之物所訂立合同的效力。儘管在本條中沒有明確出賣人處分他人之物所訂

立的合同是否為有效合同，實質上我們對此是持肯定態度的，主要理由有：第一，買賣當事人訂立的合同只要不違反法律、行政法規的強制性規定以及不違背公序良俗，原則上均屬有效，有利於交易的正常開展。第二，為保護善意買受人的利益，也應當認定處分他人之物所訂立的合同有效，從而有利於交易的安全。從善意的受讓人角度而言，認定合同有效，其可以追究相對人的違約責任，若不認定有效，則只能主張締約過失責任，不符合公平原則。第三，司法實踐中已普遍認為，處分他人之物所訂立的合同原則上為有效，且行之有效，故立法不應當與實際情況相違背。第四，物權編第 215 條從另一側面顯示出賣人對標的物沒有所有權或者處分權時所訂立的合同，原則上從合同的成立時生效。第五，域外規定通常認為處分他人之物所訂立的合同有效。

3. 與善意取得制度的銜接。在本法編纂過程中，有意見提出，認可無處分權所訂立合同的效力，可能引發不誠信或者導致犯罪行為得不到有力追究。經研究認為，首先，對於實踐中可能出現的盜賣、騙賣和誤賣等情形，構成犯罪的，應當通過刑事追贓處理，即善意取得的前提不得構成犯罪，若構成犯罪，則不能適用善意取得制度；其次，對於無權處分人的行為不構成犯罪的，依據本條第 1 款以及物權編第 311 條善意取得制度的規定，就無權處分標的物的行為，即使合同有效，標的物原所有權人和善意買受人的權利仍然可以依法受到保護：（1）買受人善意取得標的物所有權的，原權利人有權請求無權處分人承擔違約責任或者侵權責任；（2）買受人不能依據善意取得制度取得標的物所有權的，原權利人則依法取回標的物所有權，買受人可以根據實際情況，因履行不能無法達到合同目的，請求解除買賣合同，進而要求無權處分人承擔違約責任，或者直接要求無權處分人承擔違約責任。

4. 其他合同的參照適用。在本法編纂過程中，有意見提出將處分他人之物所訂立的合同有效僅僅規定在買賣合同，不適用於處分他人債權或者贈與他人財產以及無權出資等情形的問題。解決思路是，依據本法第 646 條的規定：「法律對其他有償合同有規定的，依照其規定；沒有規定的，參照適用買賣合同的有關規定。」因此，其他情形是可以參照本條進行適用的。

法律禁止流通的物不得作為買賣標的物，如淫穢書刊。法律限制流通的物，只能在限定的領域流通，如槍支的買賣。國家對槍支的買賣實行特別許可制度，未經許可，任何單位和個人不得買賣槍支。購買民用槍支，須持公安部門核發的民用槍支配購證件。出售民用槍支，應當核對配購證件，按照配購證件載明的品種、型號、數量配售。

第五百九十八條　出賣人應當履行向買受人交付標的物或者交付提取標的物的單證，並轉移標的物所有權的義務。

■ 條文主旨

本條是關於出賣人基本義務的規定。

■ 條文釋義

買賣合同的買受人的目的就是取得標的物的所有權，所以交付標的物並轉移標的物所有權是出賣人最基本的義務。這在各國或者地區的民法中都是一致的。

交付是指標的物佔有的轉移。民法理論將標的物的交付分為現實的交付和擬製的交付兩種。

現實的交付即指出賣人將標的物的佔有直接轉移於買受人，使標的物處於買受人的實際控制之下。如將出賣的商品直接交給買受人，將出賣房屋的鑰匙交給買受人等，都是現實交付。擬製的交付是指出賣人將對標的物佔有的權利轉移於買受人，以替代現實的交付。本條規定的出賣人應當履行向買受人交付「提取標的物的單證」的義務，就是一種擬製交付。這種擬製交付可以稱為指示交付，在本法物權編第 227 條有具體規定，它是指在標的物由第三人佔有時，出賣人將對於第三人的請求提取標的物的權利讓與買受人，以代替標的物的實際交付。最常見的指示交付是將倉單、提單交給買受人。交付必須是依出賣人的意思而作出的，如未經出賣人的同意，買受人自行將標的物或者提取標的物單證從出賣人處取走，則不構成交付，而是非法侵佔的行為。除指示交付外，擬製交付還有另外兩種形式：簡易交付和佔有改定。所謂簡易交付，是指出賣人在轉讓動產物權之前，買受人已經通過委託、租賃、使用借貸等方式而實際佔有了該動產，則從移轉標的物所有權的合同生效之時起，視為交付。所謂佔有改定，是指在動產物權轉讓時，如果出賣人希望繼續佔有該動產，買賣當事人可以訂立合同，特別約定由出賣人繼續佔有該動產，而買受人因此取得對標的物的間接佔有以代替標的物的實際交付。本法物權編第 228 條就佔有改定作了具體規定。

買賣合同中買受人的目的是取得標的物的所有權，不言而喻，將標的物的所有權轉移給買受人，同樣是出賣人的基本義務。標的物所有權的轉移方法，依法律的規定而定。動產以佔有為權利的公示方法，因此，除法律另有特別規定或者當事人另有約定以外，動產所有權依交付而轉移。不動產以登記為權利公示的方法，因此，其所有權的轉移須由所有權人辦理轉讓登記。無論合同是否作出約定，出賣人都應當協助買受人辦理所有權的轉讓登記手續，並將有關的產權證明文書交付買受人。前面提到的在買賣合同成立時出賣人尚未取得標的物所有權的情況下，出賣人就應當在合同訂立後取得該標的物的所有權，以將其轉移給買受人。

> **第五百九十九條　出賣人應當按照約定或者交易習慣向買受人交付提取標的物單證以外的有關單證和資料。**

■ 條文主旨

本條是關於出賣人交付有關單證和資料義務的規定。

■ 條文釋義

前條規定，出賣人應當交付標的物或者交付提取標的物單證。提取標的物的單證，主要是提單、倉單，是對標的物佔有的權利的體現，可以由出賣人交付給買受人作為擬製的交付以代替實際的交付。這種擬製的交付不需要合同作出專門的約定。

除了標的物的倉單、提單這些用於提取標的物的單證外，現實生活中關於買賣的標的物，尤其是國際貿易中的貨物，還有其他一些單證和資料，比如商業發票、產品合格證、質量保證書、使用說明書、產品檢疫書、產地證明、保修單、裝箱單等。對於這些單證和資料，如果買賣合同中明確約定了出賣人交付的義務，或者按照交易的習慣出賣人應當交付，則出賣人就有義務在履行交付標的物的義務以外，向買受人交付這些單證和資料。

結合我國的實際情況，對於何為「提取標的物單證以外的有關單證和資料」，最高人民法院關於買賣合同的司法解釋第 7 條對此作了明確，主要應當包括：保險單、保修單、普通發票、增值稅專用發票、產品合格證、質量保證書、質量鑒定書、品質檢驗證書、產品進出口檢疫書、原產地證明書、使用說明書、裝箱單等，實踐中應當據此理解執行。

從另一角度而言，出賣人向買受人交付提取標的物單證以外的有關單證和資料，有一個前提條件，即應該有合同的約定或者交易習慣的要求。也就是說，如果合同沒有約定或者交易習慣沒有要求，出賣人可以不履行這項義務。需要進一步說明的是，只要合同作了約定或者交易習慣有具體要求，出賣人就不能拒絕履行，否則就屬於違約行為，應當承擔違約責任。

至於出賣人向買受人交付提取標的物單證以外的有關單證和資料是不是具有普遍約束力的問題，如果僅是基於約定才需要交付的，則不具有普遍約束力。但如果是基於交易習慣，即通常是當事人之間因長期交易而形成的習慣做法，或者是被地區、行業公認的不言而喻的習慣做法，抑或是國際貿易中國際慣例，均是合同履行過程中誠信原則的要求，依據總則編第 10 條以及本編第 509 條第 2 款的規定，則具有普遍約束力，出賣人不能抗辯為交易習慣而拒絕履行。

第六百條　出賣具有知識產權的標的物的，除法律另有規定或者當事人另有約定外，該標的物的知識產權不屬於買受人。

■ 條文主旨

本條是關於具有知識產權的標的物買賣中知識產權歸屬的規定。

■ 條文釋義

通常而言，知識產權具有下述特徵：（1）知識產權是一種專有性的民事權利。（2）知識

產權具有嚴格的地域性，原則上沒有域外效力。（3）知識產權的客體是知識產品。（4）知識產權的內容具有雙重性，既具有人身權屬性，又具有財產權屬性。（5）知識產權具有一定的期限。

在買賣合同中，有些標的物本身可能是知識產權的載體，如計算機軟件等。本條規定的意旨在於說明作為知識產權的載體的買賣與知識產權轉讓的不同。知識產權的轉讓是權利買賣的一種。涉及權利主體轉變的合同法律關係，在有關法律中一般稱為權利的轉讓。專利權的轉讓，是指專利權人作為轉讓方，將其發明創造專利的所有權或者持有權轉移給受讓方，受讓方支付約定的價款。除了這種權利轉讓的合同，我國有關法律還規定了一種權利客體的許可使用合同。如專利法第12條規定了專利實施許可合同，它是指專利權人作為許可方許可被許可方在約定的範圍內實施其所有或者持有的專利技術，被許可方按照約定支付使用費的合同。這種合同與專利權轉讓合同的區別在於，後者是以專利所有權的轉移為目的的，而前者是以轉讓技術使用權為目的的，所以也可理解為專利技術使用權的轉讓合同，轉讓人並不因專利技術使用權的轉讓而喪失專利所有權。

在權利買賣中，當事人所追求的合同目的與一般的貨物買賣是不同的。儘管從根本上說，一般貨物買賣也是權利，即貨物所有權的轉移，但是，貨物的所有權是建立在現實的、可見的實物之上，其所有權是一個法律上的抽象概念，當事人所追求的是物的實用性。而權利的買賣或者轉讓則不同，當事人所追求的是權利本身所體現的利益。作為買賣對象的權利，儘管也有一定的載體，但買賣當事人看重的顯然不是該載體本身，而是通過它表現的一定技術以及對這一技術享有支配的權利而能帶來的利益。因此，如果一個買賣合同的標的物本身體現着一定的知識產權，除非當事人明確表明，或者法律有相關規定（如著作權法規定美術作品的展覽權隨作品原件轉移），買賣可以影響知識產權，那麼，該標的物所體現的知識產權就不轉移於買受人。另舉一例來說，某人購買了一台計算機，其中計算機內包括了各種軟件，作為買受人來講，只是對計算機這一物體享有了所有權，但是對於計算機內所包括的作為軟件的知識產權不屬於買受人，買受人只有使用權，沒有權利處分該計算機中所包含的知識產權。

在本法的編纂過程中，有意見提出，合同法第137條（即本條的原條文），出賣具有知識產權的計算機軟件等標的物的，除法律另有規定或者當事人另有約定的以外，該標的物的知識產權不屬於買受人中的「計算機軟件等」為多餘表述，影響了條文本身的邏輯，建議刪除。我們經研究認為，「計算機軟件等」的表述本意為舉例說明，隨着我國計算機使用的大眾化以及我國知識產權保護水平的不斷提高，已經沒有必要特別說明；同時，刪去「計算機軟件等」後的條文邏輯更加清晰明了。因此接受建議，刪去了原條文的「計算機軟件等」內容。

> **第六百零一條** 出賣人應當按照約定的時間交付標的物。約定交付期限的,出賣人可以在該交付期限內的任何時間交付。

■ 條文主旨

本條是關於買賣合同出賣人交付期限的規定。

■ 條文釋義

這裏出賣人具體交付標的物的時間,可以區分兩種情況:

1. 合同約定在某確定時間交付。除非對交付的時間有精確要求的合同外,一般落實到日即是合理的,出賣人應當按照約定的時間履行標的物交付義務。遲於此時間,即為遲延交付,屬於違約;早於此時間,即為提前履行,嚴格意義上也是一種違約。按照合同編通則部分的規定,買受人可以拒絕出賣人提前履行債務,但提前履行不損害買受人利益的除外。出賣人提前履行債務給債權人增加的費用,由出賣人承擔。

2. 現實生活中大量的合同是約定了一個交付的期限。交付期限通常指的是一個時間段。具體的合同紛繁複雜,這一時間段是某幾年、某幾月或者某幾天都有可能。這種情況下,依照本條規定,出賣人就可以在該交付期限內的任何時間交付,這也是符合當事人意圖的。

需要補充說明的是,出賣人按照約定的期限交付標的物,是出賣人的一項義務,期限包括具體的日期和期間。約定有具體的交付日期的,應當按照約定的具體日期交付;沒有約定具體日期而約定了交付期限的,出賣人可以在該交付期限內的任何時間交付。由於按照約定期限交付是出賣人的義務,不履行或者不正確履行這一義務須承擔違約責任。不按照合同約定的期限履行義務包括兩種情況:一是出賣人提前交付標的物,買受人接貨後,仍可按合同約定的交貨時間付款;合同約定自提的,買受人可以拒絕提貨。二是出賣人逾期交付標的物,應在發貨前與買受人協商,買受人仍需要的,出賣人應當照數補交,並負逾期交貨責任;買受人不再需要的,應當依法辦理解除合同手續。

> **第六百零二條** 當事人沒有約定標的物的交付期限或者約定不明確的,適用本法第五百一十條、第五百一十一條第四項的規定。

■ 條文主旨

本條是關於買賣合同未約定標的物交付期限或者約定不明確如何處理的規定。

■ 條文釋義

依據第 510 條的規定，合同生效後，當事人就標的物的交付期限沒有約定或者約定不明確時，當事人可以重新協商達成補充協議；不能達成補充協議的，按照合同相關條款或者交易習慣確定。如果這樣仍然不能確定，按照第 511 條第 4 項的規定，出賣人就可以隨時履行，買受人也可以隨時要求出賣人履行，但應當給出賣人必要的準備時間。為了使買受人有一個合理的準備接收標的物的時間，如準備倉庫等，出賣人應當在交付之前通知買受人。即使法律對此不作規定，這也是出賣人按照誠信原則應當履行的義務，因為通知一下對出賣人來說並不是多大的負擔，卻可以使買受人免受可能的損害。至於這段準備時間應當多長，則應當根據具體的情況合理的確定，難以一概而論。需要特別說明的是，前條規定的交付期限，是從出賣人一方的角度而言的；本條所規定的未約定或者未明確交付期限時的確定規則，是從出賣人和買受人雙方的角度來講，兩條不能按照一個邏輯來理解。

如果買賣合同當事人沒有約定交付時間，根據我國的司法實踐，通常可以依據下列情形進行判斷，具有一定的參考價值：第一種情形，如果約定由買受人自提貨物的，以出賣人通知買受人提貨時間為交付時間。但是，出賣人的通知一般應當採用書面形式，而且應當給買受人留有必要的準備時間。第二種情形，如果合同約定由出賣人送貨的，出賣人在交貨地點將標的物交付買受人實際佔有並點收完畢，即視為交付。但是，如果買受人對貨物的質量或者數量等提出異議而拒絕接受的，則不能視為交付。第三種情形，出賣人因買受人無正當理由拒絕接受而將標的物提存的，提存時間即為交付時間。第四種情形，出賣人提前交付而買受人接受的，以買受人實際接受的時間為交付時間。第五種情形，當事人約定由出賣人代辦託運或者郵寄貨物的，出賣人將貨物交給第一承運人或者郵局的時間為交付時間。

第六百零三條　出賣人應當按照約定的地點交付標的物。

當事人沒有約定交付地點或者約定不明確，依據本法第五百一十條的規定仍不能確定的，適用下列規定：

（一）標的物需要運輸的，出賣人應當將標的物交付給第一承運人以運交給買受人；

（二）標的物不需要運輸，出賣人和買受人訂立合同時知道標的物在某一地點的，出賣人應當在該地點交付標的物；不知道標的物在某一地點的，應當在出賣人訂立合同時的營業地交付標的物。

■ 條文主旨

本條是關於出賣人交付標的物的地點的規定。

■ 條文釋義

買賣合同對標的物的交付地點有約定的，出賣人應當按照約定履行交付的義務。本條所要解決的問題主要是合同對交付地點沒有約定或者約定不明確時法律應當確定怎樣的規則。

與交付期限沒有約定或者約定不明確的情形一樣，合同如果沒有約定交付地點或者約定不明確的，首先仍然要適用本法第 510 條的規定，即合同生效後，當事人可以重新協商達成補充協議，不能達成補充協議的，按照合同相關條款或者交易習慣確定交付地點。

與確定交付期限不同的是，如果這樣仍然不能確定交付地點，不是適用本法第 511 條的規定，即第 511 條第 3 項所規定的，履行地點不明確，給付貨幣的，在接受貨幣一方所在地履行；交付不動產的，在不動產所在地履行；其他標的，在履行義務一方所在地履行。而是適用本條的規定，適用於買賣合同的特別規則。這些特別的規則與第 511 條第 3 項的規定是不同的，對於買賣合同，首先要適用本條的規則。但不是說本條與第 511 條第 3 項是根本上衝突的，如本條也有在債務人所在地履行的內容。並且，對於本條所未規定的情形，由於第 511 條第 3 項屬於合同編通則的內容，所以仍要適用通則這項條款的規定，如「交付不動產的，在不動產所在地履行」這一規定也適用於買賣合同。也就是說，就買賣合同的交付地點沒有約定或者約定不明確時，首先應當適用本條第 2 款的規定；在本條第 2 款無法適用或者沒有規定時，才適用本法第 511 條第 3 項的規定。

本條所確定的規則可以從以下三個層次把握：

1. 如果買賣合同標的物需要運輸，無論運輸以及運輸工具是出賣人安排聯繫的，還是買受人安排聯繫的，出賣人的交付義務就是將標的物交付給第一承運人。即使在一批貨物需要經過兩個以上的承運人才能運到買方，出賣人也只需把貨物交給第一承運人。這時即認為出賣人已經履行了交付義務。因此，出賣人交付的地點應當是將標的物交付給第一承運人的地點。

這裏需要注意的是，不管第一承運人是由出賣人或者買受人安排聯繫的，該承運人必須是獨立於買賣雙方的運輸業經營者，而不應當是出賣人或者買受人自己的運輸工具，否則將和本條第 2 款第 2 項規定的情形重複。最高人民法院關於買賣合同司法解釋第 11 條也對此作出了明確規定。

另外需要注意的是，在有的國際貨物買賣中，合同雖然也涉及了貨物的運輸問題，但當事人採用了某種貿易術語，而該術語本身就涵蓋了交貨的地點，此時就不屬於本條規定的情況。例如，當事人在合同中約定交貨的條件是「FOB 上海」，即使貨物需要從鄭州用火車運到上海再由上海海運到西雅圖，出賣人的義務應當是把貨物交付到上海的指定船舶上，而不是把貨物交到鄭州開往上海的火車上就算完成了交付。

2. 如果標的物不需要運輸，即合同中沒有涉及運輸的事宜，這時如果出賣人和買受人訂立合同時知道標的物在某一地點的，出賣人應當在該地點交付標的物。雙方當事人知道標的物在某一地點，一般在以下情況中較為常見：買賣合同的標的物是特定物；標的物是從某批特定存貨中提取的貨物，例如指定存放在某地的小麥倉庫中提取若干噸小麥作為交付的貨

物；尚待加工生產或者製造的未經特定化的貨物，如買賣的指定貨物將在某地某家工廠加工製造。

3. 在不屬於以上兩種情況的其他情況下，出賣人的義務是在其訂立合同時的營業地把標的物交付給買受人。出賣人應當採取一切必要的行動，讓買受人能夠取得標的物，如做好交付前的準備工作，將標的物適當包裝，刷上必要的標誌，並向買受人發出通知讓其提貨等。至於本條第 2 款第 2 項中的「營業地」該如何理解，實踐中也並非沒有爭議，因為出賣人有多個「營業地」也屬正常。對此問題，根據《聯合國國際貨物銷售合同公約》第 10 條就「營業地的認定」的規定，（1）如果一方當事人有一個以上的營業地，則應該將那個與合同、合同的履行具有最密切聯繫的營業地視為其營業地；在確定最密切聯繫營業地時，應考慮到雙方當事人在訂立合同前任何時候或訂立合同時所知道或所考慮的情況；（2）如果一方當事人沒有營業地，則以其慣常居住地為準。我們經研究認為，該規定具有合理性，可以作為認定「營業地」的依據。

第六百零四條　標的物毀損、滅失的風險，在標的物交付之前由出賣人承擔，交付之後由買受人承擔，但是法律另有規定或者當事人另有約定的除外。

■ 條文主旨

本條是關於買賣標的物毀損、滅失風險承擔的基本規則的規定。

■ 條文釋義

本條也是買賣合同章最重要的條文之一。風險承擔是指買賣的標的物在合同生效後因不可歸責於當事人雙方的事由，如地震、火災、颱風等致使發生毀損、滅失時，該損失應當由哪方當事人承擔。風險承擔制度具有三個主要特點：一是風險承擔發生在雙務合同之中，單務合同沒有對待給付問題，即使可能存在標的物毀損滅失風險，但不存在價金風險的問題。二是風險承擔是因為標的物的毀損滅失而引起，不是因當事人的違約行為而引起。三是風險承擔是因為不可歸責於雙方當事人的事由而產生的損失的分配制度，風險的發生具有極大的不可預測性。風險承擔的關鍵是風險轉移的問題，也就是說如何確定風險轉移的時間。轉移的時間確定了，風險由誰來承擔也就清楚了。由於它涉及買賣雙方當事人最根本的利益，所以從來都是各國、各地區有關買賣合同法律規範中要解決的一個重要問題。

通常來講，標的物風險轉移的時間可以由雙方當事人在合同中作出約定。當事人在這方面行使合同自願的權利，法律是沒有理由干預的。這在各國法律規定中都是一致的，即在風險承擔的問題上尊重當事人的意思自治。然而，法律必須要確定一個規則，以解決合同當事人對此問題未作約定或者約定不明確時，標的物的風險從何時起轉移。各個國家的法律一般

對此都有具體規定，但各國的規定不盡一致，主要可以分為三種情況：

1. 風險自合同訂立時轉移。風險自合同訂立轉移模式，是指非因買賣當事人的原因而導致標的物毀損滅失的不利後果，自合同訂立時起移轉於買受人，即所謂的「合同訂立原則」。目前，採用該模式的主要有瑞士等國。

2. 風險隨所有權轉移。風險隨所有權轉移模式，是指標的物風險轉移的時間應當與所有權轉移的時間一致，即所謂的「物主承擔風險原則」或者「所有權原則」。這一模式最早為羅馬法所採納，目前的英國和法國就屬於此類。

3. 風險隨交付轉移。風險隨交付轉移的模式，是指把風險轉移與所有權轉移區分開來，以物的實際交付時間為標的物風險轉移的確定標誌，不論標的物所有權是否已經轉移，均由標的物實際佔有者承擔風險。即所謂的「交付原則」，最早為《德國民法典》所採納。目前，美國、德國以及《聯合國國際貨物銷售合同公約》等都是採取這種模式。

1999 年合同法起草過程中參考比較了上述三種模式，最終確定採納第三種模式作為我國處理這一問題的辦法。理由是風險轉移是一個很現實的問題，而所有權的轉移則是抽象的，因而以所有權的轉移來確定風險轉移的做法不可取。標的物的交付是一個事實問題，易於判斷，清楚明了，以它作為標準有利於明確風險的轉移。因此，本條規定，標的物毀損、滅失的風險，交付前由出賣人承擔，交付後由買受人承擔。這裏要注意一個問題，除法律另有規定或者當事人另有約定以外，本法物權編第 224 條規定了「動產物權的設立和轉讓，自交付時發生效力」的內容，而本條又規定「標的物的風險自交付時起轉移」，似乎區分風險承擔的所有權原則與交付原則沒有意義，這種看法是不對的。因為，物權編第 224 條規定的所有權自交付時起轉移是在法律沒有另外規定或者當事人沒有相關約定的情況下才發生效力的。比如，如果當事人約定自合同成立或者自標的物價款支付完畢時起所有權轉移，那麼所有權的轉移就依當事人的約定；而對於標的物風險，如果當事人沒有專門約定，則要自交付時起轉移。對於法律規定須辦理一定手續標的物所有權才能轉移的情況，與此道理相同。

另外需要說明的是，本條確立的規則屬於買賣合同風險承擔的一般性規則，如果特別法或者本法另有特別的規定，則應當適用該特別規定。

第六百零五條 因買受人的原因致使標的物未按照約定的期限交付的，買受人應當自違反約定時起承擔標的物毀損、滅失的風險。

■ 條文主旨

本條是關於買賣標的物因買受人原因致使交付遲延的情況下風險轉移的規定，也是買賣合同標的物以交付劃分風險承擔原則的例外規定。

■ 條文釋義

依據前條規定，標的物的風險自交付時起，由出賣人轉移至買受人。在合同履行中發生交付遲延的情況下，就要考慮按此規則處理是否會導致對當事人各方的不公平。如果有，就需要作出相應的補充規定。在標的物遲延交付是由買受人原因造成的情況下，如果仍然堅持標的物的風險自交付時起轉移，則顯然對出賣人是不公平的。因為他已經為標的物的交付做好了準備，標的物已處於可交付的狀態，而買受人則違反了及時接收標的物的合同義務。因此，本條規定由於買受人的原因致使出賣人不能按約定時間交付，買賣標的物自買受人違反約定時起發生風險轉移，是合情合理的，同域外的通行做法也是一致的。

對於由於買受人原因致使出賣人不能交付標的物發生與交付一樣的效果，即買受人承擔標的物毀損、滅失的風險責任的條件，簡單可以概括為四個方面：一是買受人須有原因。這裏的原因，一般來講是指買受人的過錯，該過錯應該包括故意和過失兩種情況。二是須有出賣人不能按照約定的期限交付標的物的事實存在。如果沒有這一事實的存在，也不會出現本條的情況。三是出賣人不能按照約定的期限交付標的物的事實是由於買受人引起的。也就是說，必須有因果關係。四是買受人承擔風險的期限為自約定交付之日至實際交付之時。

第六百零六條　出賣人出賣交由承運人運輸的在途標的物，除當事人另有約定外，毀損、滅失的風險自合同成立時起由買受人承擔。

■ 條文主旨

本條是關於路貨買賣中的標的物風險轉移的規定。

■ 條文釋義

路貨買賣是指標的物已在運輸途中，出賣人尋找買主，出賣在途中的標的物。它可以是出賣人先把標的物裝上開往某個目的地的運輸工具（一般是船舶）上，然後再尋找適當的買主訂立買賣合同，也可以是一個買賣合同的買受人未實際收取標的物前，再把處於運輸途中的標的物轉賣給另一個買受人。實踐中，路貨買賣以後一種形式為多，往往是在 CIF 條件下買方取得賣方交付的有關提取貨物的單證後轉賣貨物。事實上，本條規定的情形是第 604 條規定的特殊情況，而第 604 條規定的風險轉移時間點為「交付時」，本條規定的風險轉移時間點為「合同成立時」，這是因為路貨買賣的雙方當事人均無實際控制貨物，只能根據雙方當事人已經確定的合同關係來確定，即以「合同成立時」來確定最為合理。這裏需要指出的是，本條規定的情形主要發生於國際貨物買賣合同之中，因此《聯合國國際貨物銷售合同公約》第 68 條也有具體規定，對於已處在運輸途中銷售的貨物，風險自合同訂立之時起移轉至買方。但是，如果情況表明：風險應該自貨物交付給簽發包括運輸合同在內的單據的承運

人之時起轉移至買方，風險便於該時起由買方承擔。儘管如此，如果賣方在訂立合同時已知道或理應知道貨物已經損失或損壞，而他又不將這一事實告知買方，則這種遺失或損壞的風險應由賣方承擔。另外，美國以及德國等國的民法典也都就路貨買賣的風險承擔問題作出了類似公約的規定。

出賣在運輸途中的貨物，一般在合同訂立時，出賣人就應當將有關貨物所有權的憑證或者提取貨物的單證等交付買方，貨物也就處在了買方的支配之下。根據上述分析，從訂立合同時起轉移貨物的風險承擔也是合理的。但實際問題是，以合同訂立之時來劃分路貨買賣的風險承擔有時是比較困難的。因為在訂立買賣合同時，貨物已經裝在運輸工具上處於運輸的途中，在收集不到確切證據的情況下，買賣雙方都難以搞清風險的發生到底是發生在運輸途中的哪一段，是在合同訂立之前還是在之後。所以公約作出了這樣的規定，即如果情況表明有此需要，從貨物交付給簽發載有運輸合同單據的承運人時起，風險就由買方承擔。這就把風險轉移的時間提到了貨物交付承運人之時，也就是說從貨物交付運輸之時起，貨物風險就由買受人承擔了。之所以這麼處理是因為在路貨買賣中一般出賣人要轉移貨物有關單證給買受人，而貨物的保險單一般也是同時轉讓的，當貨物發生風險時，買受人就可以憑保險單向保險公司索賠。這樣就不會因此規定造成對買受人的不公平。所以，在適用「如果情況表明有此需要」的條件時，就要綜合考慮上述的情況，即是否難以確定風險發生的時間，以及買受人是否享有保險利益等。根據我國保險法第 49 條第 1 款規定：「保險標的轉讓的，保險標的的受讓人承繼被保險人的權利和義務。」第 2 款規定：「保險標的轉讓的，被保險人或者受讓人應當及時通知保險人，但貨物運輸保險合同和另有約定的合同除外。」如果買賣標的物在運輸途中發生保險事故，作為買受人享有保險利益是沒有問題的。

另外需要說明的是，本條的適用範圍：一是出賣人出賣的標的物為「運輸途中的標的物」，不是「運輸途中的標的物」不適用本條的規定；二是當事人沒有對運輸途中的標的物毀損、滅失的風險作出特別的約定，如果有特別的約定，則應適用特別的約定，不能適用本條的規定。

還有一個問題，就路貨買賣中的標的物，如果出賣人在訂立合同時已經知道或者應當知道貨物已經滅失或者損壞，而他又向買受人隱瞞這一事實，根據公平和誠信的原則，這種滅失或者損壞的責任應當由出賣人負擔，這是很合理的。最高人民法院關於買賣合同司法解釋第 13 條就此情形規定：「出賣人出賣交由承運人運輸的在途標的物，在合同成立時知道或者應當知道標的物已經毀損、滅失卻未告知買受人，買受人主張出賣人負擔標的物毀損、滅失的風險的，人民法院應予支持。」這樣的處理方式應當予以肯定。

第六百零七條　出賣人按照約定將標的物運送至買受人指定地點並交付給承運人後，標的物毀損、滅失的風險由買受人承擔。

當事人沒有約定交付地點或者約定不明確，依據本法第六百零三條第二款第一項的規定標的物需要運輸的，出賣人將標的物交付給第一承運人後，標的物毀損、滅失的風險由買受人承擔。

■ 條文主旨

本條是關於出賣人將標的物交付給第一承運人即為履行交付義務的情況下，標的物風險轉移的規定。

■ 條文釋義

本條規定是要解決標的物在運輸中的風險由誰承擔的問題。本法第 604 條只是一個原則性的規定，核心是交付確定風險承擔。但是，實際情況中有些問題難以確定「交付」界線，本條就是典型例子。為預防和減少糾紛，本條針對經常出現的運輸途中貨物的風險承擔劃分問題作出了規定，確定了法定的交付界線。

根據本法第 603 條第 2 款第 1 項規定，當事人未約定交付地點或者約定不明確，依照本法第 510 條的規定又不能確定時，如果是標的物需要運輸的，出賣人應當將標的物交付給第一承運人以運交給買受人。這項規定實際上確定了在這種情況下，出賣人將標的物交付給第一承運人就是履行了合同的交付義務。根據上述分析，本條規定在這種情況下出賣人將標的物交付給第一承運人後，標的物的風險由買受人承擔是符合邏輯的。

大量的買賣合同，尤其是國際貿易都涉及貨物的運輸，而在運輸過程中又容易發生各種風險導致標的物的毀損、滅失。所以確定貨物運輸中的風險由誰承擔是一個非常重要並且十分現實的問題，規定其風險由買方承擔的理由是買方所處的地位使他能在目的地及時檢驗貨物，在發現貨物受損時便於採取必要的措施，包括減輕損失，及時向有責任的承運人請求賠償以及向保險人索賠等。一些國際貿易慣例也確定了這樣的原則，如採取 FOB、CIF 和 CFR 條件訂立買賣合同時，都是由買方承擔貨物在運輸過程中的風險。

在本法編纂過程中，由於合同法第 145 條只規定了本條第 2 款的內容，並無第 1 款的內容。這樣一來，當出現買賣合同雙方約定出賣人應當將貨物交付到買受人指定的地點再交由承運人運輸的情形時，風險如何分擔就會出現無法可依的情況。基於此，有意見提出，最高人民法院關於買賣合同司法解釋第 12 條出賣人根據合同約定將標的物運送至買受人指定地點並交付給承運人後，標的物毀損、滅失的風險由買受人負擔，但當事人另有約定的除外的規定，正好可以填補合同法的立法缺漏。我們經研究認為，該條司法解釋規定公平合理，有助於解決實際中的問題，且與本條第 2 款在邏輯上銜接，故對該司法解釋規定作適當文字修改後吸收為本條的第 1 款。

> 第六百零八條　出賣人按照約定或者依據本法第六百零三條第二款第二項的規定將標的物置於交付地點，買受人違反約定沒有收取的，標的物毀損、滅失的風險自違反約定時起由買受人承擔。

■ 條文主旨

本條是關於買受人不履行接收標的物義務情況下，標的物毀損、滅失風險承擔的規定。

■ 條文釋義

本條規定同上一條不一樣，是要解決標的物在非運輸途中的風險由誰承擔的問題。同時，本條也是細化第 604 條規定，針對貨物的風險承擔劃分問題作出具體規定，確定法定的交付界線。

根據本法第 603 條第 2 款第 2 項規定，當事人未約定交付地點或者約定不明確，依照本法第 510 條的規定仍不能確定的，如果標的物不需要運輸，出賣人和買受人訂立合同時知道標的物在某一地點，那麼出賣人應當在該地點交付標的物；不知道標的物在某一地點的，應當在出賣人訂立合同時的營業地交付標的物。總之，這種情況就是出賣人有義務在某一地點將標的物交付給買受人。在合同約定的交付期限屆至時，如果標的物已經特定於合同項下的特定地點而且出賣人已經完成了必要的交付準備工作，讓買受人能夠取得標的物，如將標的物適當包裝，刷上必要的標誌，並向買受人發出通知讓其提貨等，標的物就處在了可以交付買受人處置的狀態，亦即出賣人已經完成了一部分的交付行為。如果這時買受人違反合同的約定沒有接收標的物，那麼按照本條的規定，買受人就從違反約定之日起承擔標的物毀損、滅失的風險。

這裏需要說明的一個問題是，第 605 條和本條規定的法律後果均是買受人應當自違反約定時起承擔標的物毀損、滅失的風險，但是兩者卻存在四點不同之處，實踐中需要正確把握：一是兩者承擔風險的適用原則不同。前者是交付轉移風險原則的例外，而本條適用交付轉移風險原則。二是買受人的主觀原因不同。前者要求買受人存在故意或者過失的原因，而本條就不管買受人是否存在故意或者過失的原因。三是出賣人履行交付義務的狀態不同。前者出賣人沒有也無法履行交付義務，而本條的出賣人已經履行了部分交付行為。四是買受人開始承擔風險責任的時間點不同。前者的時間點是出賣人交付標的物之前，本條的時間點是出賣人履行部分交付標的物的行為之後。

> **第六百零九條**　出賣人按照約定未交付有關標的物的單證和資料的，不影響標的物毀損、滅失風險的轉移。

■ 條文主旨

本條是關於出賣人交付有關標的物的單證和資料的義務與標的物毀損、滅失風險承擔的關係的規定。

■ 條文釋義

本條的內容主要包括兩個方面：一個方面的內容是，出賣人已經將標的物交付給買受人並由買受人佔有，只是按照約定沒有履行交付有關標的物的單證和資料的義務。另一個方面的內容是，沒有交付有關單證和資料，不影響標的物毀損、滅失風險的轉移，即此時的風險由買受人承擔。需要說明的是，本條中所稱的「有關標的物的單證和資料」，既可能是提取標的物的單證，也可能是提取標的物單證以外的有關單證和資料。

依據本法第 641 條第 1 款的規定，當事人可以在買賣合同中約定出賣人交付標的物後保留標的物所有權的內容，該內容可以是買受人未履行支付價款或者其他義務。在買賣標的物交付過程中，出賣人不向買受人移交有關標的物的單證或者資料，其性質可以由當事人在合同中約定，當事人可以約定這就是出賣人保留標的物所有權的表示。在合同對此沒有約定時，各國解決的辦法不盡一致。如，依據英國法律可能就認為這表明賣方保留了所有權，而依據《美國統一商法典》則認為這對賣方只是作為買方支付價款的擔保，但並不影響標的物所有權的轉移。然而，依據本法第 604 條的規定，標的物風險轉移的原則是以標的物的交付作為標準，而不與標的物的所有權相聯繫。為什麼交付標的物就轉移風險，這主要是因為佔有人已經佔有了標的物，有能力維護標的物的安全和防範標的物的風險。出賣人沒有按照約定交付有關標的物的單證和資料，並沒有影響到標的物的交付佔有。

因此，無論出賣人不交付標的物的單證是否意味着所有權的保留，都不影響標的物的風險從交付時起由出賣人轉移給買受人。這與《聯合國國際貨物銷售合同公約》第 67 條規定的賣方有權保留控制貨物處置權的單據，並不影響風險的轉移相一致。

> **第六百一十條**　因標的物不符合質量要求，致使不能實現合同目的的，買受人可以拒絕接受標的物或者解除合同。買受人拒絕接受標的物或者解除合同的，標的物毀損、滅失的風險由出賣人承擔。

■ 條文主旨

本條是關於出賣人根本違約的情況下，風險承擔的規定。

■ 條文釋義

對於買賣合同交付的標的物質量不合格而導致標的物毀損、滅失的風險由出賣人承擔，應當具備以下三個條件：

1. 出賣人交付的標的物質量不符合質量要求。比如，出賣人交付的產品不符合質量標準，或者不具備產品應當具備的使用性能等。如果當事人雖然就標的物質量發生了爭議，但是並不能確定交付的產品不符合要求，則不適用本條規定。

2. 因標的物質量不合格致使不能實現合同目的。比如出賣人向買受人交付了 1000 公斤香蕉，其中有 10 公斤變質，此時的出賣人已經構成違約，但這種違約程度是輕微的，並沒有達到不能實現合同目的的程度，買受人不能因此主張解除合同。但是，如果交付的 1000 公斤香蕉中有 900 公斤發生變質而無法食用，那麼就可以稱之為不能實現合同目的，在這種情況下，買受人當然可以拒收或者在接收後依據本法第 563 條第 4 項的規定解除合同，由此導致風險的發生，才引發風險的分擔問題。出賣人的履行不合格構成根本違約，表明出賣人的交付不構成真正的交付，由此產生的標的物毀損、滅失的風險應由出賣人承擔。

3. 買受人拒絕接受標的物或者解除合同。儘管出賣人交付的標的物不符合質量要求且已經導致買受人無法實現合同目的，也不一定會產生標的物的風險負擔問題。因為買受人可能會接受標的物而要求出賣人承擔違約責任，此時標的物毀損、滅失的風險應當由買受人承擔。但是，如果在出賣人交付的標的物質量不合格且導致買受人訂立合同目的落空時，買受人拒絕接受標的物或者解除合同，則應當視為標的物沒有交付，在此情況下所產生的標的物毀損、滅失的風險自然應當由出賣人承擔。這裏需要進一步說明的是，因出賣人交付的標的物質量無法實現合同目的，買受人拒絕接受，或者買受人接受後向出賣人發出解除合同的通知，這段期間標的物客觀上由買受人臨時代為照管，該期間的風險如何承擔可能會產生爭議。我們的意見是，由於代為保管並沒有構成真正的交付，因而也不能發生風險的轉移，出賣人仍然應當承擔風險。

另外需要指出的是，本條關於風險負擔的規則屬於任意性規範，當事人可以通過協議加以改變；如果當事人之間沒有特別約定的話，則應當適用本條的規定。

> **第六百一十一條** 標的物毀損、滅失的風險由買受人承擔的，不影響因出賣人履行義務不符合約定，買受人請求其承擔違約責任的權利。

■ 條文主旨

本條是關於買受人承擔風險與出賣人違約責任關係的規定。

■ 條文釋義

本條的規定表明，在出賣人違約的情況下，買受人雖然按照本法的規定承擔了標的物

風險，但並不影響因出賣人的違約行為，買受人請求其承擔違約責任的權利，如請求損害賠償。主要的理由在於：標的物毀損、滅失的風險由買受人承擔的根據是買受人已經收到了出賣人交付的標的物，但並不表明買受人已經認可出賣人已經完全履行了債務，也不表明出賣人沒有違約行為；如果出賣人存在違約行為，買受人自然可以要求出賣人承擔違約責任。

需要特別說明的是，本條規定確實可能與前條的規定存在交叉。比如，在出賣人向買受人交付的標的物質量不符合質量要求，致使不能實現合同目的的情況下，買受人可以依據前條的規定主張權利。即買受人既可以通過拒收標的物或者解除合同而不承擔標的物毀損、滅失風險，同時也可以進一步要求出賣人承擔相應的違約責任。

第六百一十二條　出賣人就交付的標的物，負有保證第三人對該標的物不享有任何權利的義務，但是法律另有規定的除外。

■ 條文主旨

本條是關於出賣人權利擔保義務的規定。

■ 條文釋義

買賣合同中出賣人對標的物的權利擔保義務指的是出賣人應當保證對標的物享有合法的權利，沒有侵犯任何第三人的權利，並且任何第三人就該標的物不享有任何權利。買賣合同根本上就是標的物所有權的轉讓，因此，出賣人的這項義務是他的一項最基本的義務。本條所規定的義務是買賣合同中出賣人的一項法定義務，即使合同中對其未作約定，出賣人也必須履行。

具體到本條的規定而言，出賣人的權利擔保義務包括：（1）出賣人對出賣的標的物享有合法的權利，其須對標的物具有所有權或者處分權。出賣人作為代理人替貨主出售貨物，即是出賣人具有處分權的情形。而出賣人將其合法佔有或者非法佔有的他人財產作為出賣的標的物，或者出賣自己只有部分權利的標的物，如與他人共有的財產等都是對本項義務的違反。（2）出賣人應當保證標的物上不存在他人實際享有的權利，如抵押權、租賃權等。（3）出賣人應當保證標的物沒有侵犯他人的知識產權。確定出賣人的這項義務比較複雜，需要結合有關知識產權的法律作出判斷。

出賣人未能履行權利擔保義務，使得合同訂立後標的物上的權利缺陷沒有去除，屬於出賣人不履行債務的一種情況，出賣人應當承擔相應的法律責任。首先，買受人可以依照合同編第八章違約責任的有關規定，請求出賣人承擔違約責任。其次，在標的物的部分權利屬於他人的情況下，也可以認為出賣人的行為構成根本違約，即嚴重影響了買受人訂立合同的目的，買受人可以單方解除合同。如果買受人不想解除合同，則可以請求出賣人減少標的物的

價款。

至於本條所規定的「但是法律另有規定的除外」，這裏的法律另有規定，主要包括以下三個方面：（1）如果有關專門立法對有權利缺陷標的物的買賣作出特別規定，則首先要依照其規定。例如本法第 431 條規定：「質權人在質權存續期間，未經出質人同意，擅自使用、處分質押財產，造成出質人損害的，應當承擔賠償責任。」因此，在這種情況下，即使有關質押物的買賣合同有效，作為出賣人的質權人應當向出質人承擔違約責任。（2）如果有關涉及知識產權的立法就出賣人的權利有特殊規定的，應當按該特殊規定處理。例如本法第 600 條規定：「出賣具有知識產權的標的物的，除法律另有規定或者當事人另有約定外，該標的物的知識產權不屬於買受人。」據此，買受人就不能主張享有標的物的知識產權。（3）如果買受人明知第三人對標的物享有權利的，應當受其約束。例如本法第 613 條規定：「買受人訂立合同時知道或者應當知道第三人對買賣的標的物享有權利的，出賣人不承擔前條規定的義務。」

需要指出的是，本章規定的權利擔保義務的這些條文的目的只是明確在買賣合同中當事人的權利義務關係，而不解決買賣合同對貨物所有權所產生的影響問題。因此，如果出賣人將其根本沒有所有權或者處分權的財產拿來出售，而買方並不知情出錢購買之後，一旦財產的真正所有人向買方提出索回財產時，該善意（即不知情）的買受人能否在法律上得到保護，能否取得財產的所有權而不返還給原所有人，這個問題屬於物權編第 311 條規定的善意取得制度調整的範疇，具體請參考有關該條的規定及條文釋義。

第六百一十三條　買受人訂立合同時知道或者應當知道第三人對買賣的標的物享有權利的，出賣人不承擔前條規定的義務。

■ 條文主旨

本條是關於出賣人權利擔保義務免除的規定。

■ 條文釋義

依照前條規定，買賣合同的出賣人對於買受人應當承擔權利擔保義務。但是，在訂立合同時，如果買受人已知或者應知標的物在權利上存在缺陷，除合同沒有約定相反的意思，就應當認為買受人拋棄了對出賣人的擔保權。因為買受人在訂立合同時明知這種情況就等於表示願意購買有權利缺陷的標的物。這同買受人明知貨物有質量上的瑕疵而仍願意購買的道理是一樣的。

根據本條規定，出賣人不承擔權利擔保義務須具備兩個條件：（1）買受人需了解情況。對於「買受人知道或者應當知道第三人對買賣的標的物享有權利」的規定，買受人需要了

解三點：一是買受人知道或者應當知道。也就是說，買受人訂立合同時知道或者應當知道存在權利瑕疵。二是第三人應當是買賣合同當事人以外的人。三是這裏的權利包括所有權及其與所有權有關的其他權利，比如抵押權、質權和租賃權等。（2）買受人了解情況應為訂立合同時。買受人知道或者應當知道第三人對買賣的標的物享有權利，這種知道應當在訂立合同時，包括訂立合同過程中和合同簽字之時。如果在合同訂立後，則不屬於本條所規定的情況。

另外需要注意的是，（1）如果就買受人是否知情發生爭議，出賣人如果主張買受人在訂立合同時明知標的物的權利缺陷，則對此舉證的責任在出賣人，而非買受人。（2）出賣人不承擔權利擔保義務，意味著買受人無權請求出賣人就其不能取得完整的標的物所有權承擔違約責任。（3）本條規定只是一個原則性的規定，並沒有否定當事人以協議的方式排除這一規定。也就是說，買賣合同當事人如果在合同中約定應當由出賣人承擔權利瑕疵擔保責任的，出賣人就應當承擔權利瑕疵擔保責任。

> **第六百一十四條　買受人有確切證據證明第三人對標的物享有權利的，可以中止支付相應的價款，但是出賣人提供適當擔保的除外。**

■ 條文主旨

本條是關於買受人就標的物的權利缺陷行使中止支付價款權的規定。

■ 條文釋義

本條規定的買受人可以中止支付相應價款的權利，是指暫時不支付還沒有支付的價款，等到權利瑕疵不存在時再予以支付，比如本條規定的「出賣人提供適當擔保」時就可以支付。這種情況下，買受人的權利不會受到損害。由於中止支付相應價款是買受人的權利，所以規定，在出現本案情況時，「可以」中止支付相應價款。也就是說，這項權利屬於買受人的一項選擇權，當事人可以選擇這項權利，也可以不選擇這項權利。

本條規定賦予買受人中止支付價款權，目的在於對買受人提供一種積極的保護。為什麼要賦予買受人這一權利？這主要是考慮到在買賣合同中買受人支付價款的直接對價就是取得標的物的所有權，如果標的物存在第三人享有相應權利的瑕疵，則有可能使其不能取得或者不能取得完整的所有權，此時買受人則不能取得支付價款的對價。這就需要以法律的形式即中止支付相應價款的權利來保護買受人的權利。

依據本條的規定，買受人中止支付相應價款必須符合如下條件：第一，買受人必須有確切證據，這就是說，買受人不能憑猜疑認為第三人對標的物享有權利，就中止支付價款。這裏所說的證據包括買賣標的物的所有權憑證、他項權證、租賃合同書等。第二，買受人有喪

失標的物部分權利的可能，這就是說，第三人所提供的證據或者買受人自己查到的證據，均表明第三人對標的物享有權利。合同法第 152 條規定：「買受人有確切證據證明第三人可能就標的物主張權利的，可以中止支付相應的價款，但出賣人提供適當擔保的除外。」該條規定的第三人「可能主張權利」很可能就是惡作劇，即第三人可能不是真正的權利人，如此前提下就允許買受人中止支付相應價款，對出賣人明顯不公，因此我們經研究對本條作了修改完善。第三，中止支付與受影響的標的物之間具有牽連性，這就是說，買受人中止支付的，應當是標的物的「相應」價款，並非一定是全部價款，具體要看證據所能反映的第三人就標的物享有的權利大小而定。第四，出賣人未提供適當擔保，這就是說，如果出賣人提供了相應的擔保，足以消除買受人的疑慮，那麼買受人自然不能再中止價款的支付。實踐操作中，在買受人要求提供擔保之後，出賣人拒絕提供的，買受人方可中止支付價款。至於適當擔保的程度判斷，則要依據交易的具體情形而定。

第六百一十五條　出賣人應當按照約定的質量要求交付標的物。出賣人提供有關標的物質量說明的，交付的標的物應當符合該說明的質量要求。

■ 條文主旨

本條是關於買賣標的物應當符合約定質量要求的規定。

■ 條文釋義

1. 出賣人應當按照約定的質量要求交付標的物。按照約定的質量要求交付標的物，是出賣人的一項基本義務。需要說明的是，本條規定是一個原則性的規定，究竟何為按照要求履行了義務，還需要看當事人的具體約定。只有當事人具體而又明確的約定，方能利於出賣人交付符合要求的標的物，利於買受人收到符合自己所需的標的物。為減少糾紛及方便合同的履行，建議雙方當事人在締約過程中就標的物的質量要求作出約定。

2. 交付的標的物應當符合標的物說明的質量要求。出賣人提供有關標的物質量說明的，交付的標的物應當符合該說明的質量要求。這一規定是按約定的質量要求交付標的物的進一步規定，屬於該義務的範疇。質量說明是對標的物質量的具體說明，包括規格、等級、所含主要成分的名稱和含量、有效使用期等。這裏需要強調說明的有兩點：第一，要求交付質量說明的，當事人應當交付質量說明並符合要求。具體分為兩種情形：一種情形是法律規定的商品必須有質量說明的，其標的物必須有標的物質量說明，交付標的物時也須有標的物質量說明；另一種情形是法律沒有要求有質量說明，當事人約定需要有質量說明的，交付標的物時也需要有質量說明。對上述兩種情形，當事人交付的標的物，應當符合質量說明；不符合質量說明的，屬於違約行為。但是，需要指出的是，這一要求是符合合同要求的基礎上的一

個附加的要求，不等於符合了質量說明的要求，就可以不符合合同的具體要求，其還必須符合合同的具體要求。第二，沒有要求交付質量說明的，當事人可以不交付質量說明。這是指沒有法律規定和沒有約定的情形，在這種情形下，當事人可以不交付標的物質量說明。但是交付的標的物的質量，必須符合合同的具體要求。

> **第六百一十六條　當事人對標的物的質量要求沒有約定或者約定不明確，依據本法第五百一十條的規定仍不能確定的，適用本法第五百一十一條第一項的規定。**

■ 條文主旨

本條是關於買賣合同標的物法定質量擔保義務的規定。

■ 條文釋義

本條解決的中心問題是買賣雙方如果在合同中對標的物的質量要求問題沒有約定或者約定不明確時怎麼辦。與合同的其他條款一樣，首先要依照本法第 510 條的規定予以確定。確定不了的，接着適用本法第 511 條第 1 項的有關一般性規定。即質量要求不明確的，按照強制性國家標準履行；沒有強制性國家標準的，按照推薦性國家標準履行；沒有推薦性國家標準的，按照行業標準履行；沒有國家標準、行業標準的，按照通常標準或者符合合同目的的特定標準履行。這是買賣合同中必須解決的問題，大陸法系有關的制度稱為瑕疵擔保制度，英美法系則稱為默示擔保制度。本條借鑒了以上兩種制度的合理規定，主要是以英美法系的默示擔保制度作為參考。

本條規定的出賣人法定質量擔保義務是質量要求不明確的按照強制性國家標準履行；沒有強制性國家標準的，按照推薦性國家標準履行；沒有推薦性國家標準的，按照行業標準履行；沒有國家標準、行業標準的，按照通常標準或者符合合同目的的特定標準履行。應當講，這是一種比較原則的表述。然而，由於實際生活中買賣合同的情況紛繁複雜，涉及的標的物以及合同標的額千差萬別，試圖在法律中作出具體明確的規定不僅很難做到並反而不利於調整具體的合同關係。對本條的理解，可以參考國際公約的有關規定，在實踐中的適用則要結合所遇到的個案進行具體的分析，以確定「通常標準」或者「特定標準」的內容，即在具體問題的處理過程中體現出法律規定的原則和精神。

第六百一十七條　出賣人交付的標的物不符合質量要求的，買受人可以依據本法第五百八十二條至第五百八十四條的規定請求承擔違約責任。

■ **條文主旨**

本條是關於標的物質量不符合要求時，買受人權利的規定。

■ **條文釋義**

1. 出賣人承擔標的物質量不符合要求責任的構成要件。從理論上來講，本條係出賣人交付標的物質量不符合要求應當承擔違約責任的條款，其構成應當具備以下四個構成要件：一是交付的標的物有瑕疵。認定物的瑕疵通常原則為：合同關於標的物質量有約定的，從其約定；沒有約定的，補充協商；協商不成的，依據本法第 511 條第 1 項的規定確定。有個例外，如果當事人約定的質量要求低於法定的強制性標準的，其約定無效，應以法定要求為準。二是標的物瑕疵在標的物風險轉移時存在。只要標的物在交付給買受人之時存在瑕疵，出賣人即應承擔責任，因為買受人在受領標的物時才有檢查的可能，而出賣人在標的物交付之前有機會除去瑕疵。三是買受人為善意且無重大過失。如果買受人在與出賣人達成合意時主觀明知瑕疵的存在或者當事人特定約定免除出賣人的瑕疵擔保責任，則表明出賣人的履行行為是符合約定的，不屬於不適當履行。同時，除出賣人故意隱瞞瑕疵外，如果買受人因為重大過失而忽略了對自己利益的保護，同樣不受標的物瑕疵擔保責任制度的保護。四是買受人須在異議期間內履行瑕疵的通知義務。買受人在合理期間或者法定期間未通知出賣人存在標的物瑕疵的，視為標的物不存在瑕疵。

2. 買受人有權請求出賣人對交付的不符合質量要求的標的物承擔違約責任。本條是為了保護買受人的合同權益而作出的規定，係買受人的一項權利。這裏需要說明的是，買受人行使這一權利須注意以下四點：第一，前提是買賣合同為有效合同。依據本法的有關規定，依法成立並生效的合同，對當事人具有法律約束力，受法律保護，當事人方可要求違約方承擔違約責任。如果合同為無效合同，則不存在違約責任的問題。第二，出賣人交付的標的物不符合質量要求。標的物不符合質量要求具體包括兩種情況，一種情況是不符合第 615 條規定的情況，即出賣人交付的標的物不符合合同約定的質量要求；另一種情況是不符合第 616 條規定的情況，即在沒有約定標的物質量要求的情況下，不符合標的物的法定質量要求，具體可表現為不符合國家強制性標準、行業強制性標準、通常標準或者合同目的的特定標準等。第三，買受人應當及時向出賣人提出。相應的具體法律依據有本法第 620 條和第 621 條規定的買受人及時通知義務，這就是說，買受人依據該兩條規定沒有及時向出賣人提出的，不能行使本條所規定的權利。即使行使，法律也不保護買受人的權利，這樣的處理方式才較為公平合理地解決了平等保護雙方當事人合法權益的立法目的。第四，買受人沒有處置或者使用該標的物。買受人收到標的物後，發現問題應依法及時提出質量異議，不能隨意使用或者

處置該標的物。如果隨意使用該標的物或者處置該標的物，表明其對該標的物的認可，責任應由買受人自己負擔。此種情況下，如果再追究出賣人的違約責任是不公平的。

3. 出賣人承擔違約責任的方式。合同法第 155 條規定：「出賣人交付的標的物不符合質量要求的，買受人可以依照本法第一百一十一條的規定要求承擔違約責任。」即賦予買受人的權利只有「可以合理選擇請求修理、重作、更換、退貨、減少價款或者報酬」，沒有明確表明買受人可以請求賠償損失。因此，在本法編纂過程中，有意見提出應當補充上買受人有權要求出賣人承擔賠償損失的責任，這樣的規定才稱得上完整。該意見合情合理也合法，因此我們採納了該意見，即買受人可以依據違約責任章第 582 條至第 584 條三個條文的規定要求出賣人承擔違約責任，而不是之前的買受人只能依據一個條文要求出賣人承擔違約責任。

依據本條目前的規定，出賣人交付的標的物不符合質量要求應承擔本法第 582 條至第 584 條規定的違約責任。根據第 582 條的規定：「履行不符合約定的，應當按照當事人的約定承擔違約責任。對違約責任沒有約定或者約定不明確，依據本法第五百一十條的規定仍不能確定的，受損害方根據標的的性質以及損失的大小，可以合理選擇請求對方承擔修理、重作、更換、退貨、減少價款或者報酬等違約責任。」根據第 583 條的規定：「當事人一方不履行合同義務或者履行合同義務不符合約定的，在履行義務或者採取補救措施後，對方還有其他損失的，應當賠償損失。」根據第 584 條的規定：「當事人一方不履行合同義務或者履行合同義務不符合約定，造成對方損失的，損失賠償額應當相當於因違約所造成的損失，包括合同履行後可以獲得的利益；但是，不得超過違約一方訂立合同時預見到或者應當預見到的因違約可能造成的損失。」這就是說，出賣人交付的標的物不符合質量要求時，承擔違約責任的方式有兩種：一種是當事人約定的方式。當事人可以根據本合同情況和本法關於違約責任的規定，約定出具體的違約責任。另一種情況是法定方式。即沒有約定或者重新約定不成功的情況下，按照法定的方式承擔違約責任。即買受人依據規定可以要求出賣人承擔以下一種或者幾種違約責任：修理、重作、更換、退貨、減少價款或者報酬、賠償損失。需要說明的是，第 584 條並非承擔違約責任的具體方式，它是「賠償損失」責任的計算範圍和方式，對於實踐中確定違約責任的大小非常重要。

第六百一十八條　當事人約定減輕或者免除出賣人對標的物瑕疵承擔的責任，因出賣人故意或者重大過失不告知買受人標的物瑕疵的，出賣人無權主張減輕或者免除責任。

■ 條文主旨

本條是關於出賣人對標的物瑕疵擔保責任減免特約效力的規定。

■ 條文釋義

在買賣合同訂立及履行過程中，如果出賣人和買受人作出約定，減輕或者免除出賣人對標的物瑕疵的擔保責任。按照本法第 5 條規定的自願原則，應當尊重當事人的意思自治，即應當尊重出賣人和買受人作出的約定。但是出賣人因故意或重大過失未告知買受人標的物瑕疵時，屬於隱瞞事實真相的欺詐行為，有悖誠信原則，所以不少國家或地區大多都傾向於保護買受人的利益，不支持出賣人根據免約特則減輕或者免除責任。至於出賣人是否有欺詐的目的，買受人是否因出賣人未告知標的物瑕疵而訂立合同，在所不問。我國合同法對此並無規定，在本法編纂過程中，基於此規則的重要性，參照最高人民法院關於買賣合同司法解釋，特作出本條規定。

一、特約可以減免瑕疵擔保責任的原因分析

在買賣合同中，出賣人原則上具有對標的物瑕疵的擔保義務，依據合同自願原則，合同義務來自於當事人之間的約定，瑕疵擔保義務也不例外。無論是質量瑕疵擔保義務還是權利瑕疵擔保義務，其產生根源都在於買賣雙方締結了購買與出售標的物的合意，出賣人的合同目的是獲得標的物的價款，買受人的合同目的是獲得完整可用可處分的標的物，任何一方未能達到目的，都應視為對方違反合同義務。即使合同對此沒有作出約定，依據本法第 610 條的規定，因標的物不符合質量要求，致使不能實現合同目的的，買受人可以拒絕接受標的物或者解除合同。買受人拒絕接受標的物或者解除合同的，標的物毀損、滅失的風險由出賣人承擔。據此表明出賣人具有質量瑕疵擔保義務。依據本法第 612 條的規定，出賣人就交付的標的物，負有保證第三人對該標的物不享有任何權利的義務，但是法律另有規定的除外。據此表明出賣人有權利瑕疵擔保義務。儘管如此，既然瑕疵擔保是合同義務，那麼便可以通過約定排除，否則將有悖於合同自願原則，這是特約可以減免瑕疵擔保責任的第一個原因。

同時，儘管買賣合同的雙方當事人在訂立合同時是平等的，但是雙方的締約能力可能存在差別。按照通常理解，出賣人在訂立合同時對於合同標的物的權利歸屬以及質量狀況應有充分了解，但是在某些特殊情況下，出賣人限於外界條件或者標的物自身的特殊性質，可能難以充分全面地認識到標的物的現狀，如果買受人對此表示理解，並且買受人願意承擔標的物可能存在的瑕疵風險，那麼便可依雙方的約定處理。在意思自治的前提下，買賣雙方基於各自的利益考量，通過特約免除標的物的瑕疵擔保責任，對雙方來講，既符合公平原則，也符合誠信原則，因此相關的約定對雙方均具有法律約束力。這是特約可以減免瑕疵擔保責任的第二個原因。

二、出賣人過錯導致的特約減免例外

在買賣合同的訂立和履行過程中，買賣雙方可以約定免除出賣人對標的物的瑕疵擔保責任。但在一些特殊情況下，出賣人存在主觀過錯，導致買受人對標的物的瑕疵狀況不了解，最終致使買受人收到的標的物存在瑕疵。在這種情況下，買賣合同雙方訂立合同的基礎有失公平，損害了買受人的權利，依據誠信原則以及本法第 506 條第 2 項「因故意或者重大過失

造成對方財產損失的」合同中的免責條款無效的規定，對出賣人主張減輕或者免除責任的請求，不應予以支持。

本條中的出賣人的過錯包括故意或者重大過失兩類。出賣人故意不告知買受人標的物存在瑕疵，意味着出賣人明知標的物存在瑕疵。例如：出賣人銷售的是偽劣產品，但卻告知買受人產品符合質量標準，顯然構成故意隱瞞標的物質量瑕疵。再如：出賣人將標的物一物二賣，又不告知第二個買受人實際情況，顯然構成故意隱瞞標的物權利瑕疵。在這種情形下，不免除出賣人的違約責任當無爭議。而在特約免除瑕疵擔保責任的出賣人重大過失場合，其並無故意致使買受人受損的目的，但客觀上造成了買受人利益的損害，該約定是否無效確實存有爭議。例如：出賣人委託拍賣公司拍賣一塊土地，由於疏忽導致拍賣公告中載明的土地面積大於實際面積，同時約定該土地以現狀拍賣，出賣人不擔保標的物的實際狀況及瑕疵。在買受人拍得土地後發現土地面積不對，因此就出賣人是否可以免除瑕疵擔保責任發生爭議。在這種情況下，如果允許出賣人免除瑕疵擔保責任，將使得拍賣人無須調查了解拍賣物的任何情形，競買人只能自行了解標的物，其結果不但破壞了市場的誠信，也大大增加了市場的交易成本，結合本法第506條第2項的規定，對於出賣人存在重大過失的免責約定的效力，應當持否定評價。

另外需要指出的是，在適用本條的過程中，主張出賣人存在故意或者重大過失的情形，應當由買受人承擔舉證責任。而對於特約免除瑕疵擔保責任的形式，由於該約定對雙方的權利義務都存在重大影響，因此無論採取什麼形式約定，都應當以明示的方式作出，而不能以默示的方式作出。

第六百一十九條　出賣人應當按照約定的包裝方式交付標的物。對包裝方式沒有約定或者約定不明確，依據本法第五百一十條的規定仍不能確定的，應當按照通用的方式包裝；沒有通用方式的，應當採取足以保護標的物且有利於節約資源、保護生態環境的包裝方式。

■ 條文主旨

本條是關於出賣人的標的物包裝義務的規定。

■ 條文釋義

1. 包裝方式的含義。標的物的包裝方式包括包裝材料的具體要求和包裝的具體操作方式。包裝材料和具體的操作方式，一般根據標的物的性質和運輸的方式來確定。比如，就包裝的具體操作方式來講，包括運輸包裝方式和商品的銷售包裝方式。包裝方式是否在合同中進行約定，應當根據買賣合同的具體情況來確定。需要約定包裝方式的，當事人應以條款的

形式對此作出下述具體明確的約定：包裝的規格、包裝的材料、包裝費用、包裝的標識、包裝的具體方式等。

2. 包裝方式為買賣合同的條款之一。在買賣合同中，就一些易腐、易碎、易爆、易燃、易潮以及化學物品等標的物來講，包裝方式對於標的物品質的保護具有重要的意義。對有些標的物來說，質量標準的一部分可能就是通過包裝本身來表現。因此，本章特設一條對標的物的包裝方式予以規定。

3. 出賣人不按約定的包裝方式交付標的物為違約。出賣人應當按照約定的包裝方式交付標的物，這是本條規定的出賣人的義務，如果出賣人不履行或者不正確履行這一義務，則屬於違約行為，應當依法承擔違約責任。

4. 包裝方式沒有約定或者約定不明確時的處理方式。對於包裝方式，合同中沒有約定或者約定不明確時如何履行義務，本條規定了兩種解決方案：一是按照本法第 510 條的規定確定。即由當事人協商解決重新訂立包裝條款或者按照交易習慣確定包裝方式，一經重新協商確定，則應照此執行。二是依據本條規定直接確定。依據本法第 510 條的規定不能確定的，本條直接規定了解決方案：應當採用通用的方式包裝，沒有通用的包裝方式的，應當採取足以保護標的物且有利於節約資源、保護生態環境的包裝方式。至於何為「通用的包裝方式」，一般理解為，有國家強制性標準、推薦性國家標準、行業標準的，這些標準應當理解為「通用的包裝方式」。至於何為「足以保護標的物的包裝方式」，則需要根據具體的買賣合同標的物作出判斷。至於為何加上「節約資源、保護生態環境」的內容，主要是基於我國電子商務蓬勃發展的實際情況，有大量的包裝物需要得到科學處理，為貫徹民法總則編的綠色原則，特地加上了該內容，以指引人們培養可持續發展的生活方式。

> **第六百二十條** 買受人收到標的物時應當在約定的檢驗期限內檢驗。沒有約定檢驗期限的，應當及時檢驗。

■ 條文主旨

本條是關於買受人對標的物的檢驗義務的規定。

■ 條文釋義

買賣合同的履行過程中，在出賣人交付標的物後，接着的一個重要問題就是買受人對標的物的檢驗。檢驗的目的是查明出賣人交付的標的物是否與合同的約定相符，因此它密切關係着買受人的合同利益，各國法律都賦予買受人檢驗標的物的權利。

在國際貿易中，大都採用交單付款方式。買方通常都是在賣方移交提單時支付貨款，等貨物運達目的地後再進行檢驗。在這種情況下，買方雖已按合同約定支付了貨款，但並不構

成對貨物的接受，也不影響買方檢驗的權利以及對賣方違約採取各種法律補救措施的權利。

同時，對標的物的及時檢驗，可以儘快地確定標的物的質量狀況，明確責任，及時解決糾紛，有利於加速商品的流轉。否則，就會使合同當事人之間的法律關係長期處於不穩定的狀態，不利於維護健康正常的交易秩序。所以，本條要求買受人收到標的物後應當及時進行檢驗。此處的「及時」，通常應當理解為：有法定時間的依據法定時間進行檢驗；沒有法定時間的應在收貨時或者收貨後合理時間內進行檢驗。

為何規定買受人的及時檢驗和異議通知義務，主要基於以下三點理由。第一，保護善意出賣人的利益。即使出賣人交貨有瑕疵，但是和根本沒有履行合同或者拒絕履行合同有相當區別。因為不符合約定的交貨，也表明出賣人已經交貨，只不過是交付貨物不符而已，相比拒絕履行或遲延履行而言，違約程度相對較輕，多數情形甚至屬於善意。尤其是現代社會貨物交易頻繁，有可能出賣人在交付貨物時根本就沒機會親自或者委託他人檢查其供應商所提供貨物是否存在瑕疵，是否在數量、質量或者規格上存在和合同約定不符的情形。因此，立法在着重保護買受人利益的同時，也有必要適當給予出賣人相應保護。這一保護機制為買受人應當對出賣人所交付的貨物在約定期限或者合理期限內進行檢驗，並在發現貨物不符約定時及時通知出賣人，否則喪失宣稱貨物不符合約定的權利。第二，便於出賣人及時採取補救措施。一旦出賣人交付貨物不符約定，如買受人及時通知出賣人，出賣人還可以及時採取修理、更換等補救措施。否則，在不少情況下，善意的出賣人根本無從知曉其交付的貨物存在瑕疵而產生善意合理信賴，認為其已經按照合同約定和依照法律規定全面履行了義務，並據此實施後續行為，事後再突然被通知貨物不符，將使得出賣人無法採取經濟可行的補救措施。第三，便於雙方當事人及時保存證據。因為在買賣合同中，出賣人僅須確保在風險轉移時其交付的標的物符合合同規定，如標的物在風險轉移時並無瑕疵，則出賣人無須負責。所以，買受人有必要在收到貨物後從速檢查其受領之物，確定貨物是否存在瑕疵，並及時通知出賣人。如果出賣人對貨物是否不符存在疑問，尚可對標的物進行檢查。從而，及時通知可以有效避免合同當事人發生無謂的糾紛。

為使買受人能夠正常地對標的物進行檢驗，出賣人有提供技術資料的義務。本法第599條規定：「出賣人應當按照約定或者交易習慣向買受人交付提取標的物單證以外的有關單證和資料。」其中的產品合格證、質量保證書、質量鑑定書、品質檢驗證書、產品進出口檢疫書、原產地證明書、使用說明書等，是出賣人應當向買受人提交的主要技術資料。至於具體的檢驗方法，原則上應當在合同中作出具體的約定，沒有約定的應當依據國家有關規定進行。一般來講，產品數量的計量方法，按國家或者主管部門的計量方法執行；沒有規定的，則由供需雙方約定。對某些產品，必要時應當在合同中寫明有關主管部門頒發的交貨數量的正負尾差、合理磅差和在途自然減（增）量規定及計算方法。對機電設備，必要時應當在合同中明確規定隨主機的輔機、附件、配套的產品、易損耗備品、配件和安裝修理工具等。對成套供應的產品，應當明確成套供應的範圍，並提出成套供應清單。凡原裝、原封、原標記完好無異狀，包裝內的產品品種、型號、規格、花色，由生產企業或者封裝單位負責；需要

確定負責期限的，由當事人根據不同產品的不同情況商定。凡原裝、原封、原標記完好無異狀，在當事人商定的期限內，該產品的質量由生產企業或者封裝單位負責。

> 第六百二十一條　當事人約定檢驗期限的，買受人應當在檢驗期限內將標的物的數量或者質量不符合約定的情形通知出賣人。買受人怠於通知的，視為標的物的數量或者質量符合約定。
>
> 當事人沒有約定檢驗期限的，買受人應當在發現或者應當發現標的物的數量或者質量不符合約定的合理期限內通知出賣人。買受人在合理期限內未通知或者自收到標的物之日起二年內未通知出賣人的，視為標的物的數量或者質量符合約定；但是，對標的物有質量保證期的，適用質量保證期，不適用該二年的規定。
>
> 出賣人知道或者應當知道提供的標的物不符合約定的，買受人不受前兩款規定的通知時間的限制。

■ 條文主旨

本條是關於買受人檢驗標的物的異議通知的規定。

■ 條文釋義

1. 通知義務的立法目的。買受人通過對標的物的檢驗，如果發現標的物的數量、品種、型號、規格、花色和質量不符合合同約定，應當一面對標的物妥為保管，一面向出賣人發出異議通知。賦予買受人通知義務，主要目的有二：一是及時確立交易關係，促進商品的高速流轉；二是確保出賣人的合法權益。

2. 檢驗通知的立法比較及基本考慮。關於提出異議的時間以及不在規定的時間提出異議的法律後果，1999 年起草合同法的過程中，參考借鑒了國外的有關規定，同時也對我國法律法規中一些有益的規定進行了合理的吸收修改。

3. 約定通知期限的通知義務。當事人如果約定檢驗期限，買受人就應當在檢驗期限內將標的物的數量或者質量不符合約定的情形通知出賣人。買受人怠於通知的，視為標的物的數量或者質量符合約定，即法律認可標的物的數量或者質量符合約定。這就是說，在「視為標的物的數量或者質量符合約定」的情況下，即使標的物實際上不符合合同約定，出賣人也不用承擔違約責任，其不利後果由買受人承擔。該結論的主要的理由是：買受人沒有履行通知義務，屬於違約行為。

4. 沒有約定通知期限的通知義務。對於沒有約定檢驗期限的情況，法律不去對質量違約的情形進行分類並相應地規定出買受人提出異議的期限，而是規定了買受人收取標的物開始檢驗之後發現或者應當發現標的物的質量或者數量不符合約定之日起的合理期限。這個時間

段，需要根據商業習慣和具體的標的物來確定，法律不可能也不應當具體地規定出來，而是要針對不同的買賣合同，不同的標的物，不同的質量違約情形進行個案的分析確定。買受人如果在發現或者應當發現標的物的質量或者數量不符合約定時起的合理期限內沒有向出賣人發出異議通知，依照法律規定，就視為標的物的質量或者數量符合約定，即從法律上認為買受人認可了標的物。

5. 買受人的最長異議通知期限。本條規定了買受人的 2 年最長異議通知時間。前面所講的是買受人在發現或者應當發現標的物的質量或者數量不符合約定時起的合理期限內通知，「買受人發現或者應當發現」可能是在收到標的物的當時，也可能是在之後的幾天，甚至可能是之後的幾年。而在市場經濟條件下為便捷和加快商品的流轉要求當事人之間的法律關係不應當長時間地處於不穩定的狀態。正是從這種考慮出發，本條規定，買受人自標的物收到之日起 2 年內未通知出賣人的，視為標的物的質量或者數量符合約定。也就是說，在 2 年內，無論買受人是否發現或者應當發現標的物不符合約定，只要未向出賣人提出異議，就都視為他認可接受了標的物。2 年的時間基本上是可以適用於絕大多數的買賣合同的。如果合同對標的物的質量保證期作了約定，如某啤酒在標識中註明保質期 180 天，就應當認為，這構成了當事人對最長的異議通知時間的約定。這時就不適用本條 2 年法定期限的規定。

6. 買受人的異議通知義務豁免。本條規定，「出賣人知道或者應當知道提供的標的物不符合約定的，買受人不受前兩款規定的通知時間的限制」。目的是促進和加速商品交易，但客觀上是有利於出賣人的。出賣人故意提供不符合約定的標的物屬於一種欺詐的行為，對於從事欺詐的人，不應當讓他享有這種法律規定的利益，實際上是對出賣人欺詐行為的一種懲罰，是民法的公平原則和誠信原則在買賣合同履行中的具體體現。

第六百二十二條　當事人約定的檢驗期限過短，根據標的物的性質和交易習慣，買受人在檢驗期限內難以完成全面檢驗的，該期限僅視為買受人對標的物的外觀瑕疵提出異議的期限。

約定的檢驗期限或者質量保證期短於法律、行政法規規定期限的，應當以法律、行政法規規定的期限為準。

■ 條文主旨

本條是關於約定的檢驗期限或者質量保證期過短情形的規定。

■ 條文釋義

前條規定的買受人通知義務，沒有區分消費合同和商事合同，導致實踐中，在買賣合同當事人一方為普通消費者時，經營者以格式條款方式約定了較短的檢驗期限，消費者無法在

該期限內對商品質量是否合格作出判斷，比如含有三聚氰胺奶粉等情形，消費者壓根沒有能力在短時間內對奶粉質量作出檢查鑒定。在這種情況下，如果仍然適用前條的規定，以約定的檢驗期間或者合理期間已經過去為由，認定標的物質量符合約定，顯然違背了公序良俗。因此本條規定的目的是彌補前條規定的不足。

1. 約定的過短檢驗期限視為外觀瑕疵檢驗期限。瑕疵具體包括外觀瑕疵和隱蔽瑕疵。外觀瑕疵的檢驗相對容易，而隱蔽瑕疵的檢驗則需要借助於專業的知識和設備。據此邏輯，隱蔽瑕疵的檢驗期限會長於外觀瑕疵。所以根據本條第 1 款規定，買受人根據標的物性質和交易習慣在約定檢驗期限內難以完成檢驗的，視為對外觀瑕疵的異議期限，是符合交易常態的實事求是的選擇。

2. 排除適用約定檢驗期限應當具備法定條件。判斷當事人約定的檢驗期限是否過短，我們認為應主要從三個方面加以考慮：一是應當根據標的物的性質和交易習慣，在綜合考慮的情況下，判斷約定的檢驗期限對於隱蔽瑕疵的檢驗是否過短；二是買受人是否存在怠於通知的行為。如果買受人在約定檢驗期限發現隱蔽瑕疵卻沒有及時通知出賣人的，應當視為標的物質量符合約定；三是買受人對不能及時檢驗隱蔽瑕疵是否存在過失。買受人依法應當在收貨後及時檢驗標的物，但是其沒有採取適當的措施發現隱蔽瑕疵的存在的，則不能認定檢驗期限過短。

3. 當事人約定的檢驗期限和質量保證期短於法定期限時的法律適用。在實踐中，對於檢驗期限和質量保證期，除了當事人的約定之外，還可能存在法律、行政法規或者部門規章等對此作出規定。在當事人約定的檢驗期限或者質量保證期短於法律、行政法規規定期限時，究竟以哪種期限為準，現行合同法並無規定，導致實踐中就應當採用約定期限還是法定期限產生爭議。通俗來講，質量檢驗期限所解決的是標的物在交付時是否存在質量瑕疵的問題，而質量保證期限所要解決的是標的物按照正常質量要求可以使用多長時間的問題。例如根據《建設工程質量管理條例》第 40 條第 1 款規定，在正常使用條件下，屋面防水工程、有防水要求的衛生間、房間和外牆面的防滲漏的最低保修期限為 5 年。因為涉及社會公共利益，行政法規對質量檢驗期限採取強制性的要求，一旦違反，必將承擔相應的法律後果。據此，該法定要求應當予以遵守，不能通過約定進行降低。因此，當事人約定的檢驗期限或者質量保證期短於法律、行政法規規定的期限時，應當以法定期限為準。從另一角度看，如果約定的檢驗期限或者質量保證期長於法律、行政法規規定的期限，這是出賣人自願加重義務，且不違反法律或者行政法規的規定，故應當尊重約定的期限。

另外，在當事人沒有約定質量檢驗期限但有約定或者法定質量保證期時，我們認為可以將質量保證期作為約定檢驗期限來對待。而當約定的檢驗期限和質量保證期不一致時，應當以較長的期限來作為檢驗期限對待，更加符合公平和誠信原則。

> **第六百二十三條**　當事人對檢驗期限未作約定，買受人簽收的送貨單、確認單等載明標的物數量、型號、規格的，推定買受人已經對數量和外觀瑕疵進行檢驗，但是有相關證據足以推翻的除外。

■ 條文主旨

本條是關於標的物數量和外觀瑕疵檢驗的規定。

■ 條文釋義

本條規定以問題為導向，着重為交易過程中經常發生的糾紛提供解決方案。在實踐中，因標的物數量引發的糾紛，主要包括消費者通過網購、郵購等方式進行的小額買賣，以及在中、小型建築工程上零星採購鋼材、水泥、砂石等建材這兩種情況。在這兩種情況下，如果當事人簽收的送貨單、確認單等單據上載明數量的，根據日常生活經驗法則，應當認定買受人在簽收時對數量進行了核點。對於合同當事人用肉眼觀察等通常方法即可發現的標的物外觀瑕疵，比如標的物的數量、型號、規格等屬於當事人盡到一般合理注意義務即可發現的瑕疵，如果當事人簽收的送貨單、確認單等單據上對此沒有提出異議的，應當認定買受人收到的標的物沒有外觀瑕疵。當然，如果買受人另外提供證據推翻送貨單、確認單載明的內容的，則應當以證據證實的內容為準。

1. 當事人未約定檢驗期限的，簽收載明數量、型號、規格的收貨單據即推定對數量和外觀瑕疵進行了檢驗。當事人雖未對檢驗期限進行約定，但這並非意味着買受人對收到的物品不履行驗收義務。實踐中，由於數量和外觀瑕疵的檢驗無須借助物理、化學、生物等專門的學科知識，僅憑當事人的自身能力即可實現，且從日常生活經驗出發，買受人在簽收時一般都會對標的物的數量和外觀進行核查。當前，現實生活中的買賣交易大多採用買方預付定金或者部分貨款，貨到後結清餘款的方式進行，但買受人在收到貨物後往往不能及時支付剩餘款項。在出賣人請求支付時，買受人往往以質量存在瑕疵進行抗辯，迫使出賣人降低價款，或者在訴訟中對沒有質量瑕疵或者輕微瑕疵以反訴的方式惡意拖延訴訟，以達到遲延支付價款的目的。在此種情況發生時，訴訟效率將會受到很大影響，且會形成惡意訴訟之風；但若簡單地以訴訟效率為由拒絕受理反訴，可能導致訴訟資源的浪費且不能有效保護出賣人的合法權益。針對這一情況，本條規定簽收及推定為檢驗合格的一般原則，可以避免實踐中發生一些沒有實際意義的抗辯或者反訴。

2. 有相反證據足以證明當事人沒有對數量和外觀瑕疵進行檢驗的除外。由於電子商務在我國的迅猛發展，促進了物流業的更新換代和迅猛發展。新型物流在方便群眾生活的同時，也出現了新的問題，其中電子商務中快遞公司送貨的「先簽後驗」還是「先驗後簽」之爭最為典型。網絡賣家要求消費者先拆開包裝檢驗貨物後再簽收，而快遞公司要求消費者必須先簽收才能拆開包裝驗收，兩者的要求相互衝突，進而導致消費者處於兩難的境地。作為民法

典的立法，對於「先簽後驗」還是「先驗後簽」的問題，無法做到盡善盡美的方案，從原則上引導並認可「先驗後簽」，同時容許通過反證來否定。至於詳細方案，留待以後的司法解釋逐步完善。

另外，需要明確以下幾點：一是為實現敦促買賣雙方盡快結算的宗旨，買受人負有的異議和通知義務原則上不受交付數量和約定偏離程度的影響；二是出賣人明知或者應知實際交付的標的物數量與約定不符的，買受人則不負有異議和通知義務；三是買受人對出賣人的部分履行行為可以接受或者拒絕，但是並不影響買受人可以追究出賣人的違約責任的權利。

第六百二十四條　出賣人依照買受人的指示向第三人交付標的物，出賣人和買受人約定的檢驗標準與買受人和第三人約定的檢驗標準不一致的，以出賣人和買受人約定的檢驗標準為準。

■ 條文主旨

本條是關於出賣人向第三人履行的情形下檢驗標準的規定。

■ 條文釋義

在市場交易實踐過程中，行使檢驗義務的驗貨人並非限於買受人及其代理人，在出賣人直接向買賣合同當事人以外的第三人履行的場合，如果合同沒有明確約定買受人是唯一的驗貨人，且買受人和第三人之間可能存在特殊約定，就會面臨雙重檢驗標準的問題，需要在立法上加以明確。對此，本條規定應當以出賣人和買受人之間約定的檢驗標準為準。

債權貫徹相對性原則，具體到合同領域中的涉他合同，其中向第三人履行的合同，相對於普通合同而言，內容中附加了一項「第三人約款」。也就是說，在締結向第三人履行的合同時，必然存在兩個法律行為：一是基本行為（原因行為），二是第三人約款（向第三人給付之契約）。例如，當事人在買賣合同中約定將標的物交與買受人以外的第三人，或將價款付給出賣人以外的第三人時，買賣合同就是基本行為，而向第三人給付的約定，則為第三人約款。在學理上，根據第三人在合同中的地位，即第三人是否有權直接享有履行請求權的不同，向第三人履行的合同可以分為純正的向第三人履行合同和不純正的向第三人履行合同。前者是指在第三人約款中含有合同權利直接歸屬於第三人的合同，又稱為向第三人給付之契約；後者是指合同當事人僅約定向第三人給付，而不使第三人對於債務人取得直接請求給付的權利，又稱為經由所謂被指令人而為給付。

本法第 522 條第 1 款規定，當事人約定由債務人向第三人履行債務，債務人未向第三人履行債務或者履行債務不符合約定的，應當向債權人承擔違約責任。第 2 款規定，法律規定或者當事人約定第三人可以直接請求債務人向其履行債務，第三人未在合理期限內明確拒

絕，債務人未向第三人履行債務或者履行債務不符合約定的，第三人可以請求債務人承擔違約責任；債務人對債權人的抗辯，可以向第三人主張。根據上述分析，第 1 款屬於不純正的向第三人履行合同，第 2 款屬於純正的向第三人履行合同，而第 2 款是民法編纂過程中新增加的內容，以適應實踐發展的客觀需要。

本條規定的內容，根據上述的分析，屬於經由被指令人而為交付的情形，屬於合同履行的一種常見的特殊形式，即買受人應出賣人的要求，將合同標的物向第三人交付。對於交付的標的物質量的判斷標準，有主觀標準和客觀標準兩種。主觀標準是指標的物的質量應符合當事人雙方約定的標準，如不符合則視為標的物具有瑕疵。客觀標準是指標的物應符合該物所應具備的通常性質及客觀上應有之特性，如不符合則視為標的物具有瑕疵。民法典採用的判斷標準，與各國民法典大致相同，即以主觀標準為主，客觀標準為輔的判斷標準。以買賣合同當事人之間關於標的物質量的約定作為質量判斷的首要標準，是出於對當事人意思自治的尊重。結合本法第 510 條、第 511 條、第 615 條以及第 616 條的具體規定，為當事人確立了六個層次的質量判斷標準：一看當事人約定的標的物質量標準；二看樣品或者有關質量說明；三看協商一致的標的物質量標準；四看有關條款或交易習慣所確定的標準；五看國家或者行業標準；六看通常標準或符合合同目的的特定質量標準。

結合合同履行的實際情況，需要指出的是，在經由被指令人而為交付的場合，特別是轉手買賣或連環購銷的情況下，由於存在兩個合同，一是出賣人與買受人之間的買賣合同，二是買受人與第三人之間的買賣合同，如果因兩份合同約定的檢驗標準不一致而引發爭議，則會形成同一產品的質量糾紛，買受人和第三人會分別提起訴訟，可能發生不同的裁判結果。就此問題，本條規定給出了明確答案：一是嚴守合同相對性，如果兩份合同約定的質量標準不一致，應根據主觀標準優先的原則，以出賣人和買受人之間合同約定的質量標準為依據，判斷質量標準；二是在合同就合同約定的質量標準不明確時，應當借助於其他五個層次的判斷標準，正確確定標的物是否存在質量問題。在此前提下，將能夠確保審判尺度保持統一，對於當事人權利的保護和司法秩序的維護，都有着相當重要的意義。

第六百二十五條　依照法律、行政法規的規定或者按照當事人的約定，標的物在有效使用年限屆滿後應予回收的，出賣人負有自行或者委託第三人對標的物予以回收的義務。

■ 條文主旨

本條是關於出賣人回收義務的規定。

■ **條文釋義**

本法總則編第 9 條規定了綠色原則。本條規定是該原則在買賣合同中的具體體現。出賣人對於買賣標的物在有效使用年限後的回收義務，需要基於法律、行政法規的規定和當事人的約定。本條的規定，首先是出於法律的引領作用，對普通民眾的行為規範進行指引，以實踐綠色的發展理念。其次，對於違反本條的回收義務，除當事人有明確約定外，法律、行政法規規定的回收義務，不能一概認為是民法上的義務，也有可能是公法上的義務。是否一律承擔違約責任以及如何承擔違約責任，都應基於法律的具體規定和當事人的具體約定而定，即具體情況具體分析。隨着綠色發展理念的不斷拓展和深入人心，此類規範當會越來越多，也會越來越具體明確。

　　第六百二十六條　買受人應當按照約定的數額和支付方式支付價款。對價款的數額和支付方式沒有約定或者約定不明確的，適用本法第五百一十條、第五百一十一條第二項和第五項的規定。

■ **條文主旨**

本條是關於買受人支付價款及其支付方式的一般規定。

■ **條文釋義**

1. 支付價款及其支付方式的含義。支付價款是買賣合同中買受人的最基本義務，是出賣人交付標的物並轉移其所有權的代價條件。這在各國法律規定上都是一致的。買賣合同對標的物的價款作出約定的，買受人應當依照約定履行義務，這是沒有疑問的。有時合同可能並未直接約定價款的數目，而是約定了一個如何計算價款的方法，如果該方法清晰明確，同樣屬於對價款有約定的情形。而支付方式，是指買受人完成履行價款支付義務的具體方法，與買賣雙方的權益有密切關係。支付方式不符合約定的，亦須承擔相應的違約責任。在實踐中，尤其是國際貿易中，支付方式主要有付現（通常指買方需要在賣方交貨前若干天付清全部貨款）、交貨付款（通常指買方在賣方交貨時付款）、交單付款（通常指買方在收到賣方交付合格的提取貨物憑證時付款）三種方式，細分下來還有一次總付、分期支付；現金、轉賬、信用證、票據等方式。基於價金支付方式的重要性，現實中買賣雙方通常會在合同中作出約定。

2. 未約定支付價款時的處理規則。買賣合同當事人未就價款作出約定或者約定不明確，並不導致合同不成立，但需要法律規定出解決的原則。合同中未約定價款的情況在實踐中也是時有發生的。比如，買方以電報向賣方訂購某種型號的機床若干台，要求立即裝運，但沒有提價格或計價方法。賣方收到電報後，即按其要求將機床裝運給買方。像這樣的情況如果

認定合同未成立，對買賣雙方來說就失去了一次交易的機會，擴展到整個市場交易行為，無疑阻礙了商品流轉，同時也違背了交易主體的意願。所以，就要讓這樣的合同成立，然後，就價款的問題協議補充。不能達成補充協議的，按照合同有關條款或者交易習慣確定。比如標的物的型號、質量等狀況就是決定價格多少的重要參照。如果此時仍然不能確定價款怎麼辦？國外法律在處理上存在一定的差異。如德國規定如果未約定價款則依市場價格確定，市場價格為清償時清償地的市場價格。英美等國的法律也規定應當按照交貨時的合理價格來確定。而根據《聯合國國際貨物銷售合同公約》，如果合同已有效地訂立，但沒有明示或暗示地規定價格或規定如何確定價格，在沒有任何相反表示的情況下，雙方當事人應視為已默示地引用「訂立合同時」此種貨物在有關貿易的類似情況下銷售的通常價格。本條規定是借鑒公約的規定作出的，即本法第 511 條第 2 項的規定。由法律確定價款是為了彌補當事人的訂立合同時考慮的不足，而依訂立合同時的市場價格確定是合理地反映當事人的心理狀態辦法。

3. 未約定支付方式時的處理規則。買賣合同當事人未就價款的支付方式作出約定或者約定不明確，這在實踐中是經常發生的，但是通常不會發生糾紛，因為當事人之間的補充協議或者交易慣例可以解決這類糾紛。如果交易慣例解決不了，則需要法律規定出解決的原則，以便維護交易的秩序和提高交易的效率。這與本法第 511 條第 5 項「履行方式不明確的，按照有利於實現合同目的的方式履行」的規定的內涵相一致，也與本法第 628 條的規定相協調。

> **第六百二十七條**　買受人應當按照約定的地點支付價款。對支付地點沒有約定或者約定不明確，依據本法第五百一十條的規定仍不能確定的，買受人應當在出賣人的營業地支付；但是，約定支付價款以交付標的物或者交付提取標的物單證為條件的，在交付標的物或者交付提取標的物單證的所在地支付。

■ 條文主旨

本條是關於買受人支付標的物價款的地點的規定。

■ 條文釋義

買受人應按約定的地點支付價款。按照約定地點支付價款，是買受人的一項具體義務，這義務是買受人支付價款義務中的一項內容，該內容在支付價款的義務中是必不可少的。支付地點一般分為約定的地點和約定地點以外的法律規定的地點。為避免發生糾紛，合同當事人應當對買受人的支付價款地點作出具體約定。

沒有約定支付價款地點或者約定不明確時依本法原則確定。儘管支付價款的地點很重

要，需要合同當事人作出具體的約定，但由於種種原因，當事人沒有作出具體約定或者雖有約定但約定的不明確，這種情況實踐中常有發生。為減少糾紛，確保買賣合同的正常履行，本條規定了兩種為當事人可以操作的具體原則：第一種原則，依據本法第 510 條的規定確定。依據該規定，當事人重新訂立補充條款或者買受人按照合同的有關條款、交易習慣自行確定。這一規定實際上是基於當事人的自願原則，是自願原則在支付價款義務中的具體體現。第二種原則，直接依據本條規定確定。在依據第 510 條規定不能確定支付地點的前提下，本條規定了兩種情況：一是買受人應當在出賣人的營業地支付，這與本法第 511 條第 3 項規定的給付貨幣的，在接受貨幣一方所在地履行是一致的；二是如果約定支付價款以交付標的物或者交付提取標的物單證為條件，那麼買受人應當在交付標的物或者交付提取標的物單證的所在地支付。

在國際貨物買賣中，如採用 CIF、CFR、FOB 等條件成交時，通常都是憑賣方提交裝運單據支付貨款。無論採用信用證還是跟單託收的付款方式，都是以賣方提交裝運單據作為買方付款的必要條件。所以，交單的地點就是付款的地點。按照國際貿易的通行做法，採用不同的貨款支付方式，交單的地點也是不同的。例如，採用跟單託收的支付方式，賣方應當通過託收銀行在買方的營業地點向買方交單並憑單收取貨款。而採用信用證付款，則賣方是向設在出口地，一般為賣方營業地的議付銀行提交有關的單據，並由議付銀行憑單付款。

> **第六百二十八條**　買受人應當按照約定的時間支付價款。對支付時間沒有約定或者約定不明確，依據本法第五百一十條的規定仍不能確定的，買受人應當在收到標的物或者提取標的物單證的同時支付。

■ 條文主旨

本條是關於買受人支付標的物價款的時間的規定。

■ 條文釋義

買受人應當按照約定的時間支付價款。按照約定時間支付價款，是買受人的一項具體義務，這義務是買受人支付價款義務中的一項內容，該內容在支付價款的義務中是必不可少的。支付時間一般分為合同約定的時間和約定時間以外的法律規定的時間。為避免發生糾紛，合同當事人應當對買受人的支付價款時間作出具體約定。當然，如果買受人不按時支付價款的，屬於違約行為，應當承擔相應的違約責任。

沒有約定支付價款時間或者約定不明確時依本法原則確定。儘管支付價款的時間很重要，需要合同當事人作出具體的約定，但由於種種原因，當事人沒有作出具體約定或者雖有約定但約定的不明確，這種情況實踐中常有發生。為減少糾紛，確保買賣合同的正常履行，

本條規定了兩種為當事人可以操作的具體原則：第一種原則，依據本法第510條的規定確定。依據該規定，當事人重新訂立補充條款或者買受人按照合同的有關條款、交易習慣自行確定。根據目前的規定，買受人可以隨時支付價款；出賣人也可以隨時請求買受人支付，但是應當給買受人一定的準備時間。第二種原則，直接依據本條規定確定。在依據第510條規定不能確定支付時間的前提下，本條規定了買受人應當在收到標的物或者提取標的物單證的同時支付，也就是平常所說的「一手交錢一手交貨」。

> 第六百二十九條　出賣人多交標的物的，買受人可以接收或者拒絕接收多交的部分。買受人接收多交部分的，按照約定的價格支付價款；買受人拒絕接收多交部分的，應當及時通知出賣人。

■ 條文主旨

本條是關於出賣人多交標的物如何處理的規定。

■ 條文釋義

出賣人多交標的物，在實際生活中並不鮮見。對於出賣人多交標的物的情況，在當事人有約定具體處理方法外，本條規定了兩種法定處理方法：一種方法是買受人接收多交的部分。出賣人多交，買受人接收，在一定程度而言係在原買賣合同的基礎上，就產品的數量達成了事實的補充條款。也就是說，在執行原合同其他條款的基礎上，可以收取多交的部分。由於買受人接收了多交的部分，又對多收部分價款沒有提出異議，等於同意以原價格購買該部分標的物。另一種方法是拒絕接收。對於拒絕接收的，買受人應當履行通知和保管的義務，至於通知的具體方式，可以是書面的，也可以是非書面的，比如電話通知等。如果不通知則可能會產生買受人接收的假象。因此，為了避免發生糾紛，買受人負有通知的義務。

對於出賣人多交付標的物是否屬於違約的問題，我們的看法是，按照約定數量交付標的物是出賣人的一項義務，出賣人應當嚴格履行。不履行這一義務，出賣人應當承擔相應的違約責任。需要說明的是，這種情況是針對出賣人少交付標的物來講的。至於出賣人多交付標的物是否屬於違約，該承擔什麼責任，法律不作規定，由當事人協商來解決。現實中造成出賣人多交付標的物的原因複雜，需要具體問題具體分析。

> **第六百三十條　標的物在交付之前產生的孳息，歸出賣人所有；交付之後產生的孳息，歸買受人所有。但是，當事人另有約定的除外。**

■ 條文主旨

本條是關於買賣合同標的物孳息歸屬的規定。

■ 條文主旨

孳息是「原物」的對稱，是由物或者權利而產生的收益，分為「天然孳息」和「法定孳息」。天然孳息是指物依自然規律產生的收益，如土地生長的稻麥、樹木的果實、牲畜的幼畜、擠出的牛乳、剪下的羊毛等。法定孳息是指依民事法律關係產生的收益，如有利息的借貸或租賃，出借人有權收取的利息，出租人有權收取的租金等。買賣合同中標的物涉及的孳息，一般為天然孳息。但如果買賣的不是一般的貨物，則也有可能涉及法定孳息，如買賣正被出租的房屋即是。

在買賣合同中，標的物孳息的歸屬是合同的一個很重要的問題，一般在法律上會有一個確定歸屬的原則。對此立法上有兩種主張：一種主張認為，標的物所產生的孳息屬於所有權人。即標的物所有權轉移，其孳息就轉移；標的物的所有權沒有轉移，其孳息也就沒有轉移。也就是說，孳息是和所有權聯繫在一起的。這種主張的理論基礎是所有權理論。另一種主張認為，標的物所產生的孳息根據標的物交付佔有來確定。即標的物轉移或者交付給對方，其孳息就轉移給對方；標的物沒有轉移或者交付給對方，其孳息也就沒有轉移給對方。也就是說，標的物的孳息屬於佔有方，所有權不是判斷孳息歸屬的根據。這種主張的理論基礎是和風險的歸屬聯繫在一起的，也就是風險和利益共擔。

本條規定採取的是風險和利益共擔的原則。本條規定是和本法第 604 條標的物毀損、滅失的風險，在標的物交付之前由出賣人承擔，交付之後由買受人承擔的規定相聯繫的。第604 條的規定是交付劃分風險的原則，根據這一原則，本條也將孳息和風險聯繫在一起，因此規定「標的物在交付之前產生的孳息，歸出賣人所有；交付之後產生的孳息，歸買受人所有」。從另一個角度而言，孳息之產生與原物佔有人的照料大有關係，故很多國家的買賣合同都規定孳息收益人的確定與標的物的交付相聯繫。這裏需要說明的是，本條規定的交付確定孳息歸屬是一個原則性的規定，如果當事人另有約定，根據民事權利可以依法自由處分的原則，應當按照約定執行。因此，在本法編纂過程中，根據有關方面的意見和建議，在合同法第 163 條規定的基礎上，加上了「但是，當事人另有約定的除外」的內容，最終形成了本條現在的規定。

> **第六百三十一條　因標的物的主物不符合約定而解除合同的，解除合同的效力及於從物。因標的物的從物不符合約定被解除的，解除的效力不及於主物。**

■ 條文主旨

本條是關於作為標的物的主物與從物在解除合同時的效力的規定。

■ 條文釋義

1. 物。民法上的物是指人們可以支配和利用的物質財富，一般和物權聯繫在一起。物根據其性質，有不同的分類標準：根據移動是否會影響其價值，可以分為不動產和動產；根據物的主從關係，可以分為主物和從物。主物是「從物」的對稱，是指獨立存在，與同屬於一人的它物合併使用而起主要經濟效用的物。如汽車對於附帶的必需的維修工具、自划遊船對於船槳、保險箱對於鑰匙都為主物。反之從物也是「主物」的對稱，是指獨立存在，與同屬於一人的他物合併使用而起輔助經濟效用的物。除有特別情況外，從物的歸屬依主物的歸屬而定，主物所有權轉移，從物所有權也隨其轉移。也就是說，主物能夠決定從物的命運，而從物一般不能決定主物的命運。

2. 主物和從物在解除合同時的效力的相互影響力。本條的規定分為兩個方面：一方面規定，因標的物的主物不符合約定而解除合同的，解除合同的效力及於從物。也就是說，因主物不符合約定而解除的合同，涉及從物的合同，自然也就解除，當事人不必要在從物問題上再作明確的意思表示，除非當事人和法律另有約定或者規定。這就是主物決定從物理論的具體體現。另一方面規定，因標的物的從物不符合約定被解除的，解除的效力不及於主物。也就是說，當合同標的物中涉及從物的合同被解除時，並不影響涉及主物的合同，涉及主物的合同仍然具有法律效力，當事人不能因為涉及從物不符合合同要求的合同解除，而提出解除涉及主物的合同。這就是從物不能決定主物理論的具體體現。

在本法的編纂過程中，有意見提出，從物不符合約定而被解除的，究竟是解除哪個合同？我們的看法是，主物和從物的買賣屬於一個總的買賣合同，涉及從物買賣的部分，當屬於主物買賣合同的組成部分，即使因從物不符合約定被解除，通常也不會達到不能實現合同目的的程度，因此涉及從物的解除應當只是買賣合同的部分解除。

> **第六百三十二條** 標的物為數物，其中一物不符合約定的，買受人可以就該物解除。但是，該物與他物分離使標的物的價值顯受損害的，買受人可以就數物解除合同。

■ 條文主旨

本條是關於標的物為數物中的一物時買受人解除合同的規定。

■ 條文釋義

1. 數物。本條所講的「數物」，是指主從物以外的其他相互獨立存在的物。不同的標的物中的「數物」一般是獨立存在的，和其他獨立存在的物並不互相制約。一般來講，一個物的不能使用，並不能影響其他物的使用。

2. 買受人的合同解除權。本條規定的買受人有權解除合同分為兩種情形：一種情形是，買受人解除一物不影響數物的解除。在標的物為數物的買賣合同中，出賣人交付的標的物中的一物不符合約定不被買受人接受，而出賣人交付的作為標的物的其他「物」符合要求又被買受人所接受時，買受人可以僅僅就不符合約定的「物」解除合同，但不影響到符合要求的其他「物」的解除。例如，買受人向出賣人購買大米和麵粉，買賣大米 50 袋，價款 500 元；麵粉 50 袋，價款 500 元。如果買受人發現麵粉質量不符合約定，可以就麵粉部分解除合同，而只買受大米。如果大米與麵粉是以總價款 1000 元購買的，買受人只能請求減少與麵粉相當的價款，而不能解除全部合同。另一種情形是，買受人解除一物影響到數物的解除。買受人購買了數物，其中一物的質量不符合約定，而該物又不宜與數物中的其他物分離，否則將明顯受到損害，那麼買受人可以要求就數物解除合同，即解除合同的全部。例如，買賣標的物是古對聯一副，其中一聯不符合約定的標準，顯然該副對聯就失去了懸掛的價值。這種情況下，買受人有權就整副對聯行使解除權。

3. 本條規定的解除權由買受人選擇決定。本條作為買受人的一項權利，所以使用了「可以」二字，出現依法可以解除合同的情形時，完全是由買受人自己決定。合同法第 165 條「但該物與他物分離使標的物的價值顯受損害的，當事人可以就數物解除合同」的規定，實踐中，對於「當事人」是否包括違約方有爭議。有的提出，賦予了出賣人對於合同全部的解除權，即賦予了違約方解除權，與本法第 563 條規定的只有守約方才享有合同解除權的規定不符。為了避免這種爭議，在本法編纂的過程中，將「當事人」改為了「買受人」，這樣才更加符合民法的公平原則。從另一角度而言，即使出現一物不符合約定影響數物價值的情形，拿上面的對聯為例，如果買受人出於某種考慮不願意解除整副對聯的合同，那麼出賣人也就無權解除合同。綜合上述考慮，本條規定的合同解除權只能是由買受人選擇決定。

第六百三十三條　出賣人分批交付標的物的，出賣人對其中一批標的物不交付或者交付不符合約定，致使該批標的物不能實現合同目的的，買受人可以就該批標的物解除。

出賣人不交付其中一批標的物或者交付不符合約定，致使之後其他各批標的物的交付不能實現合同目的的，買受人可以就該批以及之後其他各批標的物解除。

買受人如果就其中一批標的物解除，該批標的物與其他各批標的物相互依存的，可以就已經交付和未交付的各批標的物解除。

■ 條文主旨

本條是對長期供貨合同分批交付標的物的情況下解除合同的規定。

■ 條文釋義

出賣人不適當履行長期供貨合同的三個層次。對於長期供貨合同分批交付標的物的情況，如果出現出賣人不適當履行的情況，買受人要求解除合同的，應當受本條規定調整，表現為以下三個層次：

第一，一般情況下，出賣人不適當履行某一批標的物的交付，買受人可以針對該批標的物不適當履行的情況，要求出賣人承擔違約責任。如果出賣人對該批的不適當履行構成了根本違約，即達到了本條所規定的「出賣人對其中一批標的物不交付或者交付不符合約定，致使該批標的物不能實現合同目的的」，買受人有權以該批標的物的交付違約為由，解除長期供貨合同的該部分內容。例如買受人為釀酒與出賣人約定了 10 年期的稻穀供應合同，在執行到第 5 個年頭時，出賣人提供的稻穀由於某種原因不能達到釀酒的品質要求，導致無法達到買受人該年購買稻穀的合同目的，因此，買受人有權解除第 5 年的稻穀買賣合同。

第二，出賣人就某批標的物的交付構成根本違約，即交付的結果將導致該批以及之後其他各批標的物的交付不能實現合同目的的，買受人有權以該批標的物的交付違約為由，解除長期供貨合同該部分及之後應當交付部分的內容。法律並未明確說明屬於這類情形的具體情況，因為合同實踐是複雜的，立法只能作出一個原則性的規定，具體適用的尺度把握應當具體問題具體分析。但是需要明確指出的是，某批標的物交付的根本違約，將致使今後各批的交付也構成根本違約的情況必須是十分明顯的，才能適用這一規定。

第三，某批標的物的交付與整個長期供貨合同的其他各批標的物的交付可能是相互依存的，或者說是不可分的，否則整個合同的履行將不可能或者沒有意義，即某批標的物的不適當履行導致整個合同無法實現合同目的。在這種情況下，買受人如果依法可以對該批標的物解除，那麼他就有權解除整個長期供貨合同。例如買賣雙方約定了成套機械設備買賣合同，分三批交付。在交付第二批設備後，買受人發現該批設備存在嚴重的質量問題，結果必將導致成套機械設備的買賣無法實現設定的合同目的。因此，買受人有權就包括已經交付和未交付的機械設備在內，全部要求解除合同。

> **第六百三十四條**　分期付款的買受人未支付到期價款的數額達到全部價款的五分之一，經催告後在合理期限內仍未支付到期價款的，出賣人可以請求買受人支付全部價款或者解除合同。
>
> 　　出賣人解除合同的，可以向買受人請求支付該標的物的使用費。

■ 條文主旨

　　本條是關於分期付款買賣的規定。

■ 條文釋義

　　分期付款買賣，是指由出賣人先向買受人交付標的物，買受人將應付的總價款，在一定期限內分次向出賣人支付的買賣合同。分期付款買賣也是一種特殊買賣，其根本特徵在於買受人在接受標的物後不是一次性支付全部價款，而是將全部價款分成若干份，分不同日期支付。分期付款買賣在某種意義上也屬於一種賒購，但買受人在接受標的物之後，不是在一定期限內一次性地支付價款，而是在一定期限內分批次地支付。分期付款買賣中，當事人雙方可以自由約定付款的期限和次數，也可以約定買受人在接受標的物前先支付或者先分期支付若干價款，但在出賣人交付標的物後買受人原則上至少應當再分兩次向出賣人支付價款，否則就不屬於分期付款的買賣。分期付款買賣一般在買賣標的物價金較高，買受人一次性籌款支付有困難時適用。由於價金是陸續支付，會使買受人在心理上、履行上不感到有過重的負擔，因此分期付款買賣能促進商品房、高檔汽車等昂貴品的消費。

一、法律對分期付款出賣人避免風險的特別約定的限制

　　分期付款買賣使買受人未支付全部價金即取得買賣標的物，出賣人未得到全部價金即須移轉買賣標的物，出賣人存在不能取得全部價金的風險。因此，在分期付款買賣合同中出賣人為規避風險，往往提出一些有利於自己的合同條款。一般來說這也是合理的，是合同自願原則的體現。然而，分期付款的買受人往往是弱者，其利益容易受到損害。因此，法律為了防止出賣人提出的這些條款過於苛刻，就應當作出一定的限制，以保證買賣當事人之間利益的平衡。

　　出賣人在分期付款買賣中採取的規避風險的各種措施中，最重要的就是解除合同或者請求支付全部價款的特約。

　　為保證及時收取價款，出賣人可以在合同中提出這樣的條款，即買受人不按期支付價金，出賣人有權請求買受人一併支付未到期的價金。這種條款可以稱為期限利益喪失條款。由於分期付款買賣中的期限利益屬於買受人，為防止因特別約定致使買受人一有遲延付款的行為即喪失期限利益的不公平現象，一些國家或者地區的法律往往對因買受人遲延付款而喪失期限利益的特別約定加以限制，買受人如不按期付款達到一定程度的違約時，出賣人才能請求其加速支付未到期價金。本條借鑒這些有益的制度，規定分期付款的出賣人只有在買受

人未支付到期價款的金額達到全部價款的 1/5，且經催告後買受人在合理期限內仍未支付到期價款的，出賣人才可以請求買受人支付到期以及未到期的全部價款或者解除合同。

法律對出賣人請求支付全部價款的特別約定的上述限制，屬於法律強制性規定。當事人在合同中不得限制、排除或者違反這些限制，否則是無效的。但需要指出的是，並非只要當事人的約定與上述規定不一致就導致無效。法律作出這樣的規定，目的在於保護買受人的利益，如果當事人在合同中的約定對保護買受人的利益更加有利，則是不違反法律規定的。例如，當事人的特別約定是，出賣人只有在買受人連續三次未支付價款，並且未支付到期價款的金額達到全部價款的 1/4 的，才可以請求買受人支付到期以及未到期的全部價款或者解除合同，那麼，這樣的約定就是有效的。

除了上面講的設立期限利益喪失的特別約定以外，出賣人在分期付款買賣中還可以提出設立一些其他的特別約定，以規避其風險。其中，比較重要的就是剩餘價款的抵押擔保約定和所有權保留的特別約定。前者在本法第 416 條規定，後者在本法第 641 條規定，這些特別約定屬於合同自願範疇，各國法律對此一般少有限制。

二、有關分期付款買賣合同解除的特別規定

本編在通則部分規定了對於所有合同均適用的關於合同解除的制度。包括當事人可以在合同中約定解除合同的條件，解除合同的條件成就時，合同解除。當事人也可以事後經協商一致解除合同。當事人一方遲延履行主要債務，經催告後在合理期限內仍未履行的，對方可以解除合同。當事人一方遲延履行債務或者有其他違約行為致使不能實現合同目的的，對方可以不經催告解除合同。這些是合同解除的一般性規則，合同編典型合同部分如果針對具體合同規定了一些特殊性的規則，那麼就應適用特殊優於一般的原則。本條有關分期付款買賣合同解除的規定就是對通則有關規定的具體化。

首先，合同當事人可以在合同訂立前或者訂立後，協商設立合同解除的條件。而根據本條的規定，上面講到的對期限利益喪失特別約定的限制，同樣適用於合同的協議解除，合同的有關約定不得低於法律規定的對保護買受人有利的標準。

其次，達到法定的條件時，合同一方當事人有權單方解除合同。通則規定的這些條件中，違約行為「致使不能實現合同目的」，乃是一個核心和關鍵。但通則這一規定只是一般性的原則表述，至於什麼是不能實現合同目的，需要根據不同種類的合同以及具體的個案來判斷。按照本條的規定，在分期付款買賣合同中，買受人未支付到期價款的金額已經達到全部價款的 1/5，且經催告後在合理期限內仍未支付到期價款的，即法律規定的具體適用「致使不能實現合同目的」的標準。也就是說，只有達到了這樣的條件，分期付款買賣的出賣人才有權行使合同的單方解除權。

三、分期付款買賣合同解除的法律後果

在合同解除後，買賣當事人應當將從對方取得的財產進行返還，違約的一方並應當賠償對方因此而受到的損失。因此，有時出賣人也會考慮提出對解除合同後損害賠償進行特別約定的方式來追求自己的最大利益。因為分期付款買賣的標的物是已經交付了買受人的，所

以在因買受人原因而由出賣人解除合同時，買受人在佔有標的物期間的利益也就是出賣人的損失。出賣人可能提出自己因買受人的違約而解除合同時有權抵扣已收取的價款，或者請求買受人支付一定金額的賠償款。如果這種約定過於苛刻，就會對買受人不利。為了維持當事人之間利益的均衡，法律應當進行適當限制。除已有的違約金過高可以請求適當減少的規定外，本條第 2 款規定，出賣人解除合同的，可以向買受人請求支付該標的物的使用費。也就是說，一般情況下，出賣人因買受人的原因解除合同時，出賣人向買受人請求支付或者抵扣的金額，不得超過相當於該標的物的使用費的金額。如果標的物有毀損，那麼出賣人當然還可以請求相應的賠償。

需要特別指出的是，由於本條沒有對合同解除後買受人已經交付的價款如何處理作出規定，買賣當事人以在合同中對此問題作出約定為宜，以防止發生不必要的糾紛。若沒有約定的，原則上應當適用合同編通則關於合同解除後果的相關規定。

第六百三十五條　憑樣品買賣的當事人應當封存樣品，並可以對樣品質量予以説明。出賣人交付的標的物應當與樣品及其説明的質量相同。

■ 條文主旨

本條是關於憑樣品買賣中樣品和交付的標的物要求的規定。

■ 條文釋義

一、憑樣品買賣合同的含義

憑樣品買賣合同，又稱貨樣買賣，是指買賣雙方根據貨物樣品而訂立的由出賣人按照樣品交付標的物的合同。憑樣品買賣合同屬於一種特殊的買賣合同，其特殊性主要表現在三個方面：一是合同標的物的質量、屬性等是根據樣品確定的，並且該樣品應當是訂立合同時存在的樣品。二是當事人基於對樣品的信賴而訂約。三是交付的標的物以樣品來衡量，即當事人在合同中明確規定以樣品來確定標的物品質。需要特別說明的是，如果出賣人先向買受人提示樣品，而後雙方訂立合同時未明確表明進行的是憑樣品買賣，則雙方不成立憑樣品買賣。所以，按照商店中擺列商品購物不屬於貨樣買賣。

二、憑樣品買賣合同的樣品要求

本條對樣品的要求有兩個：一個是憑樣品買賣的當事人應當封存樣品；另一個是可以對樣品質量予以說明。

1. 封存樣品要求。樣品是憑樣品買賣的核心問題。這對於雙方當事人來講均很重要，需要高度重視，不然的話，容易引起不必要的糾紛。為此，本條規定「當事人應當封存樣品」。這一規定包括三層意思：一是樣品必須是訂立合同時的樣品；二是樣品的封存必須為

雙方所認可，包括對封存地點、數量、時間以及保存人的認可等；三是雙方當事人應當對封存的樣品蓋章或者簽字。至於封存的具體方法，當事人可以根據自己的具體情況作出具體的約定。

2. 對樣品質量予以說明的要求。這是為了進一步保證樣品的質量、減少糾紛而作出的一項具體的規定，對雙方當事人均具有約束力，雙方當事人同樣需要給予高度重視。這一規定同樣包括三層意思：一是對樣品的質量的說明應為雙方當事人所認可；二是對質量的說明應當根據樣品具體情況來確定，一般包括外觀、型號、技術要求等；三是對樣品質量國家有強制性規定的，須遵守強制性規定，不得違反，比如國家有關安全衛生的強制性的要求就必須遵守。

3. 封存樣品和對樣品質量的說明對當事人均有益處。本條規定是一項保護雙方當事人合法權益的義務性規定，雙方當事人均應執行這一規定。現實中，由於雙方當事人不注意這一問題，產生的糾紛很多，以致有理難以講清楚。對雙方當事人來講，封存了樣品，能對樣品質量進行說明，如發生了糾紛，也容易分清責任，可以減少爭執，有利於糾紛的解決，對保護雙方當事人的合法權益均有益處。不然的話，雙方當事人對這一問題均負有責任。

三、出賣人應當以符合樣品的質量交貨

憑樣品買賣合同的一個基本特點就是加強出賣人的責任，視為出賣人擔保交付的買賣標的物與樣品具有同一品質。因此，本條規定出賣人交付的標的物應當與樣品及其說明的質量相同。這是對出賣人的一項義務性的規定，出賣人必須履行這一義務。實踐過程中，為了檢驗買賣標的物是否與貨樣品質相同，通常採取封存貨樣的辦法，以待驗證；同時由出賣人對樣品質量予以說明。進而確保出賣人交付的標的物與樣品及其說明的質量相同。如果出賣人未履行這項義務，會出現下列法律後果：一是出賣人應承擔違約責任；二是因出賣人的交付行為不能使買受人實現合同目的，使得買受人有權解除合同。另外需要說明的是，根據第636 條規定：「憑樣品買賣的買受人不知道樣品有隱蔽瑕疵的，即使交付的標的物與樣品相同，出賣人交付的標的物的質量仍然應當符合同種物的通常標準。」據此可以看出，本條規定只適用於非隱蔽瑕疵即表面瑕疵的情況。

第六百三十六條　憑樣品買賣的買受人不知道樣品有隱蔽瑕疵的，即使交付的標的物與樣品相同，出賣人交付的標的物的質量仍然應當符合同種物的通常標準。

■ 條文主旨

本條是關於憑樣品買賣的出賣人應對樣品隱蔽瑕疵負責的規定。

■ 條文釋義

一、瑕疵

瑕疵分為質量瑕疵和權利瑕疵。本條指的是質量瑕疵，即出賣人交付的標的物存在不符合規定或者通用質量要求的缺陷，或者影響使用效果等方面的情況。質量瑕疵又可再分為表面瑕疵和隱蔽瑕疵。表面瑕疵是指存在於標的物表面憑一般買受人的經驗就可以發現的無須經過專門檢驗的質量缺陷。隱蔽瑕疵則是指存在於標的物內部憑一般買受人的經驗難以發現的必須經過專門檢驗的質量缺陷。由於表面瑕疵憑一般買受人的經驗就能發現，而隱蔽瑕疵憑一般買受人的經驗難以發現，所以本條專門針對隱蔽瑕疵作出了特別規定。

二、樣品存在隱蔽瑕疵屬於質量要求不明確

出賣人交付的標的物質量存在隱蔽瑕疵，而隱蔽瑕疵不為當事人所知道，因此可以理解為當事人約定的質量要求不明確。依據本法第 616 條的規定：「當事人對標的物的質量要求沒有約定或者約定不明確，依據本法第五百一十一條的規定仍不能確定的，適用本法第五百一十一條第一項的規定。」即首先應當重新協商或者依照合同的條款、交易習慣確定標的物的質量要求，仍不能確定的，則應當適用本法第 511 條第 1 項的規定。也就是說，在不能明確標的物質量要求的情況下，出賣人應當擔保標的物沒有質量瑕疵。

三、憑樣品買賣的樣品存在隱蔽瑕疵應負的責任屬於加重責任

在憑樣品買賣中，出賣人交付的標的物應當與樣品的質量相同。那麼是否在樣品存在隱蔽瑕疵的情況下，也可以適用前條的這一規定呢？答案顯然是否定的。因為在標的物存在隱蔽瑕疵情況下，出賣人存在違約行為，將可能影響到買受人無法享受購買該標的物應有的使用價值，若以出賣人交付的標的物與樣品相符而可以免責，必將違背公平和誠信原則，因此本條的規定就是為了保護買受人的利益，針對前條的規定作出的特別規定，即加重出賣人對標的物的質量擔保責任。這裏需要特別指出兩點：一是為了減少糾紛，合同中應當將買受人了解樣品的程序作出規定，特別是對於買受人所了解到的樣品存在的隱蔽瑕疵的情況規定清楚；如果合同中沒有規定，則需要由出賣人提供證據證明買受人知道該情況。二是本條所講的「同種物的通常標準」，不同於本法第 616 條的規定，首先是省去了重新協商或者依照合同的條款、交易習慣確定標的物質量要求的程序；其次是「同種物的通常標準」應理解為同種物的強制性國家標準、推薦性國家標準、行業標準履行或者同種物的通常標準、符合合同目的的特定標準履行，若出現這幾類標準競合的情況，原則上應適用對標的物質量要求更高的標準。

另外需要說明的是，對於樣品的隱蔽瑕疵，如果出賣人明知該瑕疵而故意隱瞞，則可認為對買受人的欺詐，買受人依法可以撤銷合同。從另一角度來看，對於樣品的隱蔽瑕疵，如果買受人知道樣品存在瑕疵的，則買受人不享有本條規定的權利。

> **第六百三十七條　試用買賣的當事人可以約定標的物的試用期限。對試用期限沒有約定或者約定不明確，依據本法第五百一十條的規定仍不能確定的，由出賣人確定。**

■ 條文主旨

本條是關於試用買賣合同中試用期限的規定。

■ 條文釋義

所謂試用買賣合同，也稱試驗買賣合同，是指出賣人和買受人約定，由買受人對標的物進行試用，並由買受人決定是否購買標的物的一種特殊的買賣合同。在試用買賣中，買賣當事人雙方約定由買受人使用或者試驗標的物，以買受人經過一段時間後認可標的物為合同生效條件。因此，標的物的試用期限是試用買賣合同中的重要條款，基於合同的自願原則，合同當事人可以就標的物的試用期限進行約定。所以，本條首先規定試用買賣的當事人可以約定標的物的試用期限。如果當事人在試用買賣合同中對試用期限沒有約定或者約定不明確，自然應當依據本法第510條的規定，通過重新協商或者根據合同的條款、交易習慣來確定。也就是說，當事人雙方可以協議補充；雙方不能達成補充協議的，按照試用買賣合同中的有關條款進行確定；仍然無法確定的，按照交易習慣確定。如果此時還不能確定，則由出賣人來確定試用的期限，以避免試用期限一直處於不確定的狀態。

試用買賣作為買賣的一種，故在試用買賣除法律另有規定外，應當適用一般買賣的有關規定。但是，試用買賣作為一種特殊的買賣，與一般買賣相比，其特點主要在於：

1. 試用買賣約定由買受人試用或者檢驗標的物。對於一般買賣，出賣人並無義務讓買受人試用標的物。而在試用買賣合同中，出賣人有義務在買賣合同成立前將標的物交付給買受人試用或者檢驗。如將標的物交給買受人試用或者試穿等。出賣人許可買受人試用或者檢驗標的物，是成立試用買賣合同的一個基本條件，出賣人不按約定讓買受人試用或者檢驗標的物的，買受人可以請求出賣人交付標的物由其試用或者檢驗，也可以解除合同。

2. 試用買賣以買受人認可標的物為生效條件的買賣。試用買賣合同經當事人雙方意思表示一致而成立。但該種合同對買賣權利義務關係的發生附有買受人認可標的物的生效條件，也就是說，買賣合同在買受人認可標的物時才生效。若買受人經試用或者檢驗對標的物不認可，則買賣合同不發生法律效力。可見，買受人認可標的物，為條件成就，買賣合同生效；買受人不認可標的物，則為條件不成就，買賣合同不生效。買受人的認可，完全取決於自己的意願，而不受其他條件的限制。如果當事人在合同中約定標的物非經試用或者檢驗符合一定的標準或者要求，買賣合同不生效，那麼這種合同就只是一般意義上的附條件買賣合同，而非本法所規定的試用買賣合同。

3. 買受人享有決定是否購買標的物的權利。在試用買賣中，買受人試用之後，即便其認可標的物，也可以選擇不購買。在試用階段，買受人可以隨時退還標的物。從這個意義上

說，試用買賣賦予了買受人決定是否購買標的物的選擇權。這是試用買賣不同於一般買賣之處，買受人拒絕購買的，屬於其行使合同約定的權利。

4. 標的物所有權在試用期限內並沒有發生轉移。在一般買賣中，適用交付移轉所有權的規則，一旦交付，標的物所有權就發生轉移。而在試用買賣中，標的物的交付只是使買受人享有佔有和使用的權利，而不是所有權。在試用期限內，標的物的所有權仍然屬於出賣人。一旦試用期屆滿，買受人同意購買，就發生簡易交付，即從同意購買時起所有權發生移轉。正是基於這一原因，如果當事人沒有特別約定，買受人也不需要向出賣人支付試用期限內標的物的使用費。

這裏需要指出的是，由於試用期限對買受人具有約束力，買受人在大多情況下實際佔有着標的物，為結束不確定狀態，應當儘快依約向出賣人作出是否同意購買的意思表示。對買受人而言，基本的要求是，買受人應當在約定的試用期間內作出是否同意購買標的物的意思表示。

> **第六百三十八條** 試用買賣的買受人在試用期內可以購買標的物，也可以拒絕購買。試用期限屆滿，買受人對是否購買標的物未作表示的，視為購買。
>
> 試用買賣的買受人在試用期內已經支付部分價款或者對標的物實施出賣、出租、設立擔保物權等行為的，視為同意購買。

■ 條文主旨

本條是關於試用買賣合同中買受人享有選擇權以及認可標的物的規定。

■ 條文釋義

一、試用期內買受人對是否購買標的物享有選擇權

本條規定試用買賣的買受人在試用期內可以同意購買標的物，也可以拒絕購買標的物，是為了明確試用買賣合同中買受人享有選擇權。買受人對標的物的認可，完全取決於自己的意願，而不受其他任何人的意志的干預。這裏需要說明的是，在試用買賣合同中，標的物的質量問題不完全是買受人作出決定的根據，買受人對於標的物符合合同要求的，只要是在合同約定的試用期限內也可以拒絕購買。在試用期限內，買受人是否決定購買，應當向出賣人作出意思表示，如果合同中對於意思表示有要求的，則應按照要求辦理；如果對於意思表示沒有要求的，買受人可以以口頭的形式作出，也可以以書面等形式作出。

二、超出試用期限買受人不作決定時，應當購買標的物

買受人對試用買賣合同的標的物是否認可，應當及時作出表示，以免當事人之間的法律關係過久地處於不穩定的狀態。因此，本條規定，試用期限屆滿，買受人對是否購買標的物

未作表示的，視為購買。具體到實際生活，例如，出賣人規定電視機試看 3 天，3 天後買受人既未通知出賣人接受標的物，也未通知拒絕認可標的物，並且未將電視機退還出賣人，則視為買受人認可標的物。

買受人試用標的物，可以是買受人在一定期限內一直佔有標的物，也可以是在出賣人佔有的情況下由買受人試用或者檢驗。對於出賣人未將標的物轉移於買受人佔有的情形，買受人經試用或者檢驗後未在約定的期限或者出賣人規定的期限內作出是否購買的表示時，是否也視為接受，存在不同的意見。一種意見認為，不論標的物是否交給買受人佔有，只要買受人未在期限內作出意思表示，即視為決定購買。另一種意見認為，標的物未交給買受人佔有情況下，買受人試用或者檢驗後未在期限內作出表示的，應當視為拒絕。其理由是，標的物未交給買受人佔有情況下，買受人試用後拒絕認可標的物的，不發生返還標的物的問題。而決定購買標的物的，則發生出賣人應當交付標的物的問題。因此，這種情況下，在對買受人試用後未在期限內作出表示的情形進行法律推定時，如果視為買受人以沉默的方式拒絕購買標的物，是比較經濟而適當的辦法。

三、試用期內買受人的處分行為，應當視為同意購買標的物

試用買賣自買受人試用或者檢驗標的物後表示認可時，條件才成就，合同才發生法律效力，買受人才因此支付價款。但在實際生活中，時常發生買受人在試用或者檢驗後雖未表示認可或者拒絕，但卻作出了一些類似認可的行為，比如買受人在試用期內支付了部分價款，按照日常生活經驗法則，自然可以認為買受人以支付部分價款的形式來表示對標的物認可。在另外一些情形下，買受人雖未支付價金，但對標的物從事了試用或者檢驗以外的一些行為，比如在試用期內對標的物實施出賣、出租、設立擔保物權等行為，因為買受人在試用期間對標的物並無處置的權利，其從事試用以外的出賣、出租等行為，顯然是將標的物視為自己之物，自然也可以視為其對標的物表示了認可。因此，在本法編纂過程中，增加了本條第 2 款的規定既彌補了合同法第 171 條的缺漏，也以利於實踐中統一法律的適用尺度。

第六百三十九條　試用買賣的當事人對標的物使用費沒有約定或者約定不明確的，出賣人無權請求買受人支付。

■ 條文主旨

本條是關於試用買賣使用費的規定。

■ 條文釋義

本條規定是在司法解釋的基礎上，參考《美國統一商法典》的規定而作出的。本條的基本含義是，對於試用買賣標的物使用費的支付與否，如果買賣雙方作出明確約定的，應當按

照約定處理；如果買賣雙方沒有作出約定或者約定不明確的，出賣人無權要求買受人支付標的物的使用費。

試用買賣的買受人在試用期限內明確表示拒絕購買標的物的，雙方之間不發生買賣合同的權利義務關係。但是，在買受人明確拒絕購買之前，買受人確實使用了標的物。使用了標的物卻不必支付使用費，這其中的原因究竟為何，需要從試用買賣合同的法律關係的性質說起。

前面第 637 條的條文釋義已經提到，試用買賣以買受人認可標的物為生效條件的買賣，買受人認可標的物，為條件成就，買賣合同生效；買受人不認可標的物，則為條件不成就，買賣合同不生效。即我們認為，試用買賣是附生效條件的合同，即學理上的附生效條件說。通常來講，附生效條件的合同只有在條件成就之日起合同才生效，在此之前當事人之間不存在任何的權利義務關係。但是在試用買賣過程中，儘管只有待買受人決定購買標的物時合同才生效，而之前的試用過程，也可以稱之為正式買賣合同的締約過程中，出賣人基於其特定的經營目的考慮，自願承擔將標的物交付買受人試用或者檢驗的義務，同時同意買受人不承擔支付相應使用費的責任，以便於促成雙方之間正式買賣合同的訂立。在此前提下，出賣人將標的物交付給買受人使用，買受人使用標的物自然不必支付使用費，是出賣人自願承擔的附加義務，對出賣人自身具有約束力。在買受人同意購買後，即試用買賣合同生效後，試用期間的法律關係被合同生效後的法律關係所取代或者吸收，不會發生爭議，買賣雙方按照合同的約定履行，便是雙方的真實意思表示。

在此需要特別指出的是，即使出賣人無權向買受人要求支付使用費，但是，如果買受人在試用期限內沒有盡到一般注意義務，未能按照規定的用途或者標的物通常性能進行試用，導致標的物發生毀損、滅失的，由於試用買賣採用的是附生效條件理論，當事人在試用期間並不存在權利義務關係，因此，出賣人無法向買受人主張違約責任。但是，出賣人可以依據本法侵權責任編的相關規定，在買受人的行為符合侵權責任構成要件的前提下，可以要求買受人承擔賠償損失等侵權責任。

第六百四十條　標的物在試用期內毀損、滅失的風險由出賣人承擔。

■ 條文主旨

本條是關於試用期間由出賣人承擔標的物風險的規定。

■ 條文釋義

在試用買賣合同履行過程中，試用期內的標的物是否實際交付給買受人，存在兩種情況：一種情況是標的物不實際交付給買受人，但是由買受人進行試用。這種情形的標的物發

生意外毀損滅失時，由於標的物未經交付，該風險由出賣人負擔是不言而喻的，實踐中也不會引發爭議。另一種情況是標的物已經實際交付給買受人試用，依據本條的規定，在試用過程中標的物發生意外毀損滅失的，該風險也由出賣人負擔，似乎與本法第 604 條規定的標的物風險負擔適用交付主義原則不符，因此在實踐中常常引發爭議。例如：汽車銷售公司甲與自然人乙簽訂了汽車試用買賣合同，在甲將一輛汽車交付乙試用期間，乙在開車上班過程中遇到下冰雹，結果導致車輛發生毀損，由於甲乙雙方未對該毀損的承擔進行約定，雙方都認為車輛毀損的後果應該由對方承擔，因此發生了很大的爭議。

　　本條之所以規定試用買賣標的物在試用期內發生毀損、滅失的風險由出賣人負擔，主要是出於以下幾點考慮：一是由試用買賣合同的目的決定的。因為所謂的試用買賣，是出賣人基於其特定的經營目的考慮，自願且主動地將標的物交付給買受人試用或者檢驗，同時買受人也無須承擔標的物使用費，即出賣人是放棄自身的某些利益而為了達到訂立買賣合同的最終目的，其中放棄要求由買受人承擔試用期內的風險責任，當是試用買賣合同的應有之義。二是由試用買賣合同中買受人的優勢地位決定的。結合市場實踐，在採用試用買賣合同的場合，大多是買方市場，即賣方急着賣而買方不急於買。倘若試用買賣合同的試用期內由買方來承擔標的物意外毀損滅失的風險，那麼這個合同將很難達成。三是由出賣人所實施的「交付」性質所決定的。第 604 條規定的風險隨交付時轉移，原則上是指當事人按照合同約定的義務而進行的交付，因而標的物的風險隨交付轉移。而本條中的交付，並非出賣人基於合同約定義務的交付，而是出賣人自願承擔的附加義務，對方無須支付相應對價。因此，試用買賣合同中的標的物交付不應適用本法第 604 條規定的風險負擔的交付主義原則。綜合上述三方面因素，本條最終規定，標的物在試用期內毀損、滅失的風險由出賣人承擔。

　　在此需要特別指出的是，本條的規定是原則性的規定，允許存在例外。如果買賣雙方約定標的物在試用期內毀損、滅失的風險由出賣人和買受人共同承擔，自然應當得到尊重。至於在本條規定的前提下，標的物的風險負擔何時發生轉移，我們的意見是，在買受人向出賣人作出同意購買標的物的意思表示時，標的物的風險才發生轉移。

第六百四十一條　當事人可以在買賣合同中約定買受人未履行支付價款或者其他義務的，標的物的所有權屬於出賣人。

**　　出賣人對標的物保留的所有權，未經登記，不得對抗善意第三人。**

■ 條文主旨

　　本條是關於買賣合同中標的物所有權保留條款的規定。

■ 條文釋義

1. 買賣合同的標的物所有權可以保留。通常來講，買賣合同標的物的所有權自標的物交付時起轉移，但法律另有規定或者當事人另有約定的，則應當依照法律規定或者當事人的約定確定所有權轉移的時間。本條的規定即體現了當事人另外約定的一種情形。因此，本條實際上是一個提示性的條款，當事人可以根據實際情況運用這樣的約定確定相互的權利義務關係，而這種約定是當事人根據合同自願原則確定合同內容的表現，是受法律保護的。

買賣合同中的所有權保留條款，是標的物所有權轉移問題中的重要內容。各國法律都允許當事人通過約定這樣的條款來明確標的物所有權轉移的時間，而且在合同實務中，尤其是在國際貿易中，這種條款也是很多見的。所有權保留條款是有利於出賣人的條款。它的主要功能是可以使出賣人躲避不能取得標的物價款的風險。在買受人未履行支付價款或者其他出賣人認為重要的義務以前，出賣人仍然享有標的物的所有權。這樣就可以免去在出賣人已交付標的物而買受人不履行其主要義務時，因所有權已轉移可能給自己造成的損害。

2. 登記的保留的所有權。所有權保留買賣制度是一項古老的擔保制度，通過在所有權移轉效力上附加生效條件（付清價款或者其他義務）的方式，實現擔保標的物價款債權的效果。早期觀點一般將保留的所有權當成真正的所有權看待，然而隨着實踐和理論的發展，人們逐步認識到被保留的所有權並非一個真正的所有權，在各個屬性上與擔保物權越來越接近。據此，在本法編纂過程中，增加了本條第 2 款的規定。之所以作出這一修改，是由於整個民法典所期望實現的目標之一是消滅隱形擔保。按照合同法第 134 條的規定，出賣人對買賣標的物雖然享有名義上的所有權，但是這個名義上的所有權並不對外公示，但卻可以行使真正所有權人的權利，甚至在破產中享有取回權。這種做法使得這種沒有公示的權利取得了一個最強大的效力，必然會給交易安全造成巨大的影響，尤其是在同一標的物上可能同時存在動產抵押、浮動抵押、融資租賃、所有權保留、動產質押等各種競存的擔保物權情形時。當發生以上權利衝突時，按照合同法第 134 條的規定，出賣人借助於未公示的所有權即可享有一個最強大最完整的權利，這樣就會使得其他按照現有法律規範進行真正公示的權利的當事人反而得不到保障。上述做法有違現代擔保交易的基本原理，同時也會給交易中的商人產生巨額的調查成本，對交易安全造成較大損害。

自 2020 年 1 月 1 日起施行的《優化營商環境條例》第 47 條第 2 款規定：「國家推動建立統一的動產和權利擔保登記公示系統，逐步實現市場主體在一個平台上辦理動產和權利擔保登記。納入統一登記公示系統的動產和權利範圍另行規定。」目前，已經由中國人民銀行牽頭在北京市和上海市開展動產擔保統一登記試點。同時，為了配合民法典和《優化營商環境條例》的頒佈實施，中國人民銀行也相應修改了《應收賬款質押登記辦法》，該辦法第 35 條規定：「權利人在登記公示系統辦理其他動產和權利擔保登記的，參照本辦法的規定執行。本辦法所稱動產和權利擔保包括當事人通過約定在動產和權利上設定的、為償付債務或以其他方式履行債務提供的、具有擔保性質的各類交易形式，包括但不限於融資租賃、保證金質押、存貨和倉單質押等，法律法規另有規定的除外。」上述行政法規和部門規章的頒佈實施

為逐步建立全國統一的動產與權利擔保登記系統奠定了基礎。

所以，基於實現優化營商環境、消滅隱形擔保的總目標，本條規定出賣人對標的物享有的所有權未經登記不得對抗善意第三人，明確了必須登記了才能取得對抗第三人的效力。除了上述總目標的實現以外，由於民法典已經在所有權保留買賣制度中引入了登記，所以從功能上講，保留的所有權實質上屬於「可以登記的擔保權」。基於此，所有權保留同樣可以適用本法物權編第 414 條的規定。

需要特別指出的是，最高人民法院有關買賣合同的司法解釋規定，本條關於所有權保留的內容不適於不動產，這是因為：第一，是否允許不動產所有權保留很大程度上取決於不動產物權變動模式，本法物權編確立了債權形式主義的不動產物權變動模式，即不動產物權的變動除了需要買賣雙方達成合意外，還需要進行轉移所有權的變更登記，只有變更登記完成後所有權才發生轉移。在這種模式下，原則上無不動產所有權保留之必要。第二，不動產所有權保留的制度功能可以被預告登記、不動產物權變更登記等制度所取代，沒有必要多此一舉。第三，從實踐層面來看，不動產主要是指土地和房屋，我國土地所有權屬於公有，私人間不存在土地所有權買賣，所以就土地所有權買賣設定所有權保留的空間較小；而房屋買賣中，通常採用的方式是買受人從銀行按揭貸款，銀行對房屋享有抵押權，這一制度運作順暢，也沒有必要創設房屋所有權保留的方式來保障銀行利益。綜上，我們認為司法解釋的規定具有合理性，應當繼續得到貫徹。

> **第六百四十二條**　當事人約定出賣人保留合同標的物的所有權，在標的物所有權轉移前，買受人有下列情形之一，造成出賣人損害的，除當事人另有約定外，出賣人有權取回標的物：
>
> （一）未按照約定支付價款，經催告後在合理期限內仍未支付；
>
> （二）未按照約定完成特定條件；
>
> （三）將標的物出賣、出質或者作出其他不當處分。
>
> 出賣人可以與買受人協商取回標的物；協商不成的，可以參照適用擔保物權的實現程序。

■ 條文主旨

本條是所有權保留出賣人取回權的有關規定。

■ 條文釋義

本條是參照最高人民法院買賣合同司法解釋作出的規定。所謂出賣人取回權，是指在所有權保留買賣合同中，當買受人出現違約的情形時，出賣人享有取回標的物的權利。例如，

買受人甲和出賣人乙訂立一輛大眾汽車買賣合同，雙方約定了所有權保留條款，但甲在取走汽車以後，一直不支付購車款，那麼乙有權向甲取回該輛大眾汽車。依據本條第 1 款的規定，出賣人取回權的主要內涵為：在所有權保留買賣中，標的物進行實際交付以後，標的物所有權移轉於買受人之前，因買受人未按照約定支付價款、未按照約定完成特定條件、或者將標的物作出賣或者出質等不當處分的，出賣人有權取回標的物。據此表明，出賣人若取回標的物，除當事人另有約定外，必須符合本條規定的條件才可以行使。之所以明確出賣人的取回權，是因為在所有權保留買賣中，由於買受人佔有、使用標的物，出賣人以保留的所有權來擔保其價金債權的實現，這就造成了所有權人和標的物相分離，一旦買受人不依約支付價款，或者對標的物進行處分進而使得標的物的價值降低或狀態改變，都將危害到出賣人的利益。在此前提下，當買受人未履行支付價金義務或未盡善良管理人應盡的注意義務時，出賣人應當享有一定的救濟權利，取回標的物無疑是最好的手段。對於出賣人可以行使取回權的具體條件，現分述如下：

第一，買受人未按照約定支付價款。通常情況下，出賣人在買受人未支付價款達到何種程度可以取回標的物，應當由合同約定。如果合同沒有約定，出賣人在買受人未支付價款達到何種程度可以取回，《瑞士附條件買賣法》第 226 條規定，只有在買受人連續拖欠兩期付款，且欠款達到貨款總額的 1/10 時，或者欠款達到貨款總額 1/4 時，或者拖欠最後一期付款時，出賣人才有權行使取回權。最高人民法院買賣合同司法解釋第 36 條第 1 款規定，買受人已經支付標的物總價款的 75% 以上，出賣人主張取回標的物的，人民法院不予支持。意味着如果買受人已經支付的價款達到總價款的 75% 時，出賣人無論如何不可以行使取回權。但是，該出賣人不能行使取回權所涉及的買受人已支付的法定價款比例，在已經違反當事人約定的情況下，其合理性並不充分，也和本法第 416 條的規定不相吻合。因此在本法編纂過程中，我們沒有採納上述司法解釋的內容，而是在買受人未按照約定支付價款的同時增加規定出賣人的催告程序，即出賣人在決定行使對標的物的取回權時，應當先向買受人催告，在催告期滿後買受人仍不支付價款的，出賣人才可以實施取回，以保障當事人之間的利益平衡。

第二，買受人未按照約定完成特定條件。如果汽車買賣當事人約定買受人應當在購買車輛 1 個月內更換剎車系統並購買車輛交強險及商業險，否則出賣人有權取回汽車。這個約定是公平合理的，因為涉及作為保留所有權的出賣人的權益，不完成該特定條件，可能使出賣人承擔不利後果。所以，如果在車輛交付買受人後 2 個月時出賣人仍然沒有完成上述事宜，那麼出賣人便依法享有取回汽車的權利。

第三，買受人在佔有標的物期間擅自處分標的物且標的物未被第三人善意取得。在買賣雙方未就出賣人何時可以取回標的物作出約定時，買受人就標的物實施了轉賣、出質等行為的，將嚴重侵害出賣人的所有權，故出賣人依法有權行使取回權。但是，如果第三人依據本法第 311 條的規定已經善意取得標的物所有權或者其他物權的，出賣人無權取回標的物，否則將嚴重損害交易的安全和交易的秩序。司法實踐中，根據最高人民法院買賣合同司法解釋第 36 條第 2 款也規定，在第三人基於善意取得制度取得所有權的情況，出賣人是無權行使

取回權的，結果只能是由出賣人向買受人請求賠償損失。

在符合上述出賣人可以行使取回權條件的前提下，出賣人應當以何種程序取回，將影響到出賣人取回標的物的效率。因此，本條第 2 款規定，出賣人可以與買受人協商取回標的物；協商不成的，可以參照適用擔保物權的實現程序。表明取回的程序首先尊重當事人之間的協商結果，在協商不成的前提下，為提高出賣人行使取回權的效率，出賣人也不必必須循訴訟途徑，而是可以參照民事訴訟法第十五章特別程序第七節「實現擔保物權案件」的規定行使取回權，其中第 196 條規定，申請實現擔保物權，由擔保物權人以及其他有權請求實現擔保物權的人依照物權法等法律，向擔保財產所在地或者擔保物權登記地基層人民法院提出。第 197 條規定，人民法院受理申請後，經審查，符合法律規定的，裁定拍賣、變賣擔保財產，當事人依據該裁定可以向人民法院申請執行；不符合法律規定的，裁定駁回申請，當事人可以向人民法院提起訴訟。實踐中照此操作，出賣人可以省去訴訟環節，直接向法院申請執行，達到降低交易成本提高效率的目的。

第六百四十三條　出賣人依據前條第一款的規定取回標的物後，買受人在雙方約定或者出賣人指定的合理回贖期限內，消除出賣人取回標的物的事由的，可以請求回贖標的物。

買受人在回贖期限內沒有回贖標的物，出賣人可以以合理價格將標的物出賣給第三人，出賣所得價款扣除買受人未支付的價款以及必要費用後仍有剩餘的，應當返還買受人；不足部分由買受人清償。

■ 條文主旨

本條是關於買受人回贖權及出賣人再出賣權的規定。

■ 條文釋義

本條是參照最高人民法院買賣合同司法解釋作出的規定。所謂買受人回贖權，是指所有權保留買賣中出賣人對標的物行使取回權後，在一定期間內，買受人可以通過履行支付價金義務或者完成其他條件後享有的重新佔有標的物的權利。一般來講，出賣人行使取回權後，應當賦予買受人一定的回贖期限，而不能立即處分標的物。這是因為，出賣人取回標的物，只是導致買受人佔有的喪失，並不是立即解除當事人之間的買賣合同，否則有違鼓勵交易原則，也不利於保護買受人的合法權益。例如，出賣人甲公司在買受人乙公司沒有按期支付價款時取回了之前交付的電纜設備，在雙方約定的 2 個月回贖期內，乙公司籌集資金補交了欠付的貨款，那麼乙公司就自然回贖了該批電纜設備。依據本條第 1 款的規定，出賣人取回標的物後，在回贖期內，只要買受人消除了出賣人取回標的物的事由，就可以請求回贖標的

物。其中「買受人消除了出賣人取回標的物的事由」，是指前一條所規定的出賣人可以取回標的物三種情形已通過買受人的努力得以解決，即未按照約定支付價款、未按照約定完成特定條件以及不當處分標的物的情形已不復存在，那麼買受人自然有權向出賣人行使回贖權。回贖制度的目的是盡力維護買受人的期待利益，使買受人有機會重新獲得對標的物的佔有，所以，買受人應根據自身的實際情況作出選擇：不選擇回贖，應當儘快向出賣人作出意思表示；選擇回贖，同樣應當在合理期限內向出賣人作出意思表示。然而，買受人的回贖權應當受到回贖期的限制，當然，這個回贖期必須是約定的或者是合理的，現就回贖期作如下特別說明：

回贖期是出賣人可以行使回贖權的期間，一般包括法定期間和意定期間。法定期間由法律明確規定。意定期間是當事人確定的期間，包括買賣雙方約定的期間和出賣人指定的期間，雙方約定的期間屬於當事人的自由意思表示，應當予以准許；而出賣人單方指定的期間，並未事先與買受人協商，若出賣人指定買受人應在幾十分鐘或者幾個小時內完成回贖，通常情況下，顯然有悖於公平和誠信原則，不能用來約束買受人。因此，本條規定出賣人單方指定的回贖期限必須是合理期限，即主要根據標的物性質來確定期限，應當具體情況具體分析，如果出賣人取回的標的物是即將發生腐敗變質的物品，那麼出賣人指定幾十分鐘的回贖期，也是具有合理性的。另外需要指出的是，本條第 1 款並未規定回贖的法定期間，我們的主要考慮是：第一，所有權保留制度是屬於當事人可以自由選擇的制度，具體到出賣人回贖期，也應當尊重當事人的自由意思，在立法上應賦予當事人最大的自治空間。第二，買受人回贖期的長短問題，只是影響當事人的權益，一般不會涉及或者影響第三人利益或者社會公共利益，因此法律不應主動干預。第三，從域外國家和地區的立法經驗來看，在買受人回贖期這個問題上，大多屬於當事人可以自由選擇的制度。

如果買受人在雙方約定的回贖期限內或者出賣人指定的回贖期間內沒有履行相應義務而喪失回贖期的，出賣人就取得了對標的物的再出賣權，可以再次出賣標的物。至於出賣人如何行使再出賣權，本條就出賣人的再出賣權規定，出賣人可以以合理價格出賣標的物，出賣所得價款扣除買受人未支付的價款以及必要費用後仍有剩餘的，應當返還買受人；不足部分由買受人清償。意味着出賣人可以再次出賣標的物，但必須以合理的價格賣出；賣出後所得價款在滿足出賣人自身應得價款及所需費用後，剩餘的部分應當返還買受人；出賣後所得價款無法滿足出賣人自身應得價款及所需費用的，出賣人有權繼續向買受人主張。

第六百四十四條 招標投標買賣的當事人的權利和義務以及招標投標程序等，依照有關法律、行政法規的規定。

■ 條文主旨

本條是關於招標投標買賣的規定。

■ 條文釋義

招標投標買賣是指招標人公佈買賣標的物的出賣條件，投標人參加投標競買，招標人選定中標人的買賣方式。作為招標投標買賣法律關係主體的出賣人，又可稱為招標人和競買人；作為招標投標買賣法律關係主體的買受人，又可稱為投標人和中標人。招標投標除可作為一種特種買賣形式外，還適用於承攬、建設工程、運輸、服務等合同的訂立。在涉及招投標的合同時，招標投標法有具體規定的，首先適用該法的規定；該法沒有規定的，才適用本法的相關規定。

第六百四十五條　拍賣的當事人的權利和義務以及拍賣程序等，依照有關法律、行政法規的規定。

■ 條文主旨

本條是關於拍賣的規定。

■ 條文釋義

拍賣是指以公開競價的形式，將特定物品或者財產權利轉讓給最高應價者的買賣方式。拍賣的類別，按拍賣性質可分為強制拍賣和任意拍賣。強制拍賣是依據法律規定而必須發生的拍賣，是由國家機關通過強制執行程序所進行的拍賣；而任意拍賣則是根據委託人的意願來決定，而不是通過強制執行程序進行的拍賣。在涉及拍賣時，拍賣法有具體規定的拍賣人資格、競價及拍定等，首先適用該法的規定；該法沒有規定的，才適用本法的相關規定。

第六百四十六條　法律對其他有償合同有規定的，依照其規定；沒有規定的，參照適用買賣合同的有關規定。

■ 條文主旨

本條是關於買賣合同准用於有償合同的規定。

■ 條文釋義

一、有償合同的基本含義

以當事人享有合同權利是否需要償付代價為標準，可以把合同分為有償合同和無償合同。當事人享有合同權利時必須向對方支付一定代價的合同，稱為有償合同。大多數合同都

是有償合同。如買賣合同、租賃合同、承攬合同等。當事人享有合同權利而不必向對方償付代價的合同，稱為無償合同。贈與合同是典型的無償合同，在此合同中，受贈人取得贈與物無須向贈與人支付任何代價。有些合同，既可以是有償合同，又可以是無償合同，全在於合同當事人之間是否有償付代價的約定。如委託合同、保管合同、自然人之間的借貸合同等。

二、買賣合同外有償合同的法律適用

依據本條的規定，買賣合同外其他有償合同的法律適用，分為兩種情況：第一種情況是，法律對其他有償合同有規定的，依照其規定。本條所講的法律，包括本法以及本法以外的法律。對於其他有償合同，本法和其他法律有特別規定的，適用本法和其他法律的特別規定，而不適用買賣合同章的規定。這是特別法優先適用原則在法律適用中的具體體現。第二種情況是，法律對其他有償合同沒有規定的，參照適用買賣合同的有關規定。由於買賣合同是屬於最為典型的有償合同，買賣合同的一些原則基本上能夠適用其他有償合同；同時，由於市場交易活動的紛繁複雜，各種類型的有償合同無窮無盡，合同編的典型合同部分不可能都作出規定，也無法都作出規定。因此，規定其他有償合同參照適用買賣合同的規定，在立法技術上既是科學也是可行的。合同編典型合同分編的買賣合同一章，條文結構最為完整詳細，其中的一些規定屬於有償合同的共通性規則。為避免重複立法，有關條款就不再規定於其他各有償合同的相關章節之中，而按照本條的規定，直接可以參照適用關於買賣合同的相應內容。所以本條規定，其他有償合同「沒有規定的，參照適用買賣合同的有關規定」。

第六百四十七條　當事人約定易貨交易，轉移標的物的所有權的，參照適用買賣合同的有關規定。

■ 條文主旨

本條是關於易貨交易合同的法律適用的規定。

■ 條文釋義

一、易貨交易合同的概念和種類

易貨交易合同又稱互易合同，一般是指當事人相互交換貨幣以外的標的物，轉移標的物所有權的合同。互易人包括自然人、法人或者非法人組織，互易人各自享有取得對方互易標的物的權利，負有將本人的標的物轉移交付對方的義務。因此，互易是雙務、有償合同。易貨交易合同的當事人可以是雙方，也可以是三方以上的當事人，如三角互換。易貨交易合同的當事人互為互易人。

根據當事人交換的財產是否等價，可以將易貨交易合同分為單純易貨交易合同和混合易貨交易合同。簡單來說，單純易貨是甲乙雙方以一物換一物，彼此無須再另外交付其他東

西；而混合易貨則是甲乙雙方以一物換一物外，甲另須向乙支付一定金額的款項才算完成交易。據此表明，所謂單純易貨交易合同，是指當事人之間完全以物換取物不附加支付金錢條件的合同；所謂混合易貨交易合同，是指當事人之間在互相交付標的物的基礎上，有一方還需要支付一定金錢的合同。因此，混合易貨交易合同是一種單純易貨交易合同和買賣合同相結合的合同。

二、易貨交易合同和買賣合同的區別

易貨交易合同屬於轉讓標的物所有權的合同，與買賣合同相似，具有買賣合同的一般特徵，比如該合同屬於諾成合同、雙務合同、有償合同。同時，易貨交易合同和買賣合同又具有四點明顯區別：（1）易貨交易合同以給付物為對價，而買賣合同則是以給付金錢為對價。（2）易貨交易合同是一方將自己的標的物給付對方並轉移所有權，另一方也同時將自己的標的物給付對方並轉移所有權；而買賣合同則是出賣人單方轉移標的物的所有權給買受人。（3）易貨交易合同交換的標的物不一定是完全的等價，交易過程中，當事人不僅僅考慮對方標的物的價格問題，還要考慮到自己的需要程度來最終確定是否達成交易；而買賣合同的買賣雙方則需要是等價交易，否則就無法訂立合同。（4）除混合易貨交易合同外，其他易貨交易合同的當事人負有相互對等的權利義務，且該權利義務性質相同；而買賣合同當事人的權利義務則相互對立，買方的權利為賣方的義務，買方的義務為賣方的權利。

三、易貨交易合同的法律適用

易貨交易合同是以物易物早期商品交換的合同形態，貨幣產生後，買賣合同漸居統治地位，易貨交易合同越來越少。但是，即使在當今社會易貨交易仍有存在空間，所以一般各國立法都給易貨交易合同留有一席之地。由於易貨交易合同與買賣合同最為相似，因此易貨交易合同原則上參照適用買賣合同的有關規定。

第十章 供用電、水、氣、熱力合同

本章共九條，對供用電合同的概念、內容和履行地點、供用電雙方的權利義務、違約責任以及供用水、氣、熱力合同參照適用等內容作出了規定。

> **第六百四十八條** 供用電合同是供電人向用電人供電，用電人支付電費的合同。
> 向社會公眾供電的供電人，不得拒絕用電人合理的訂立合同要求。

■ 條文主旨

本條是關於供用電合同概念以及供電人強制締約義務的規定。

■ 條文釋義

一、供用電合同的概念和種類

供用電合同是供電人與用電人訂立的，由供電人供應電力、用電人使用該電力並支付電費的合同。供用電合同是一種常見的民事合同。合同的標的，是一種特殊的商品「電」，由於其具有客觀物質性並能為人們所使用，因而屬於民法上「物」的一種。供電人將自己所有的電力供應給用電人使用，用電人支付一定數額的價款，雙方當事人之間的關係實際上是一種買賣關係，故供用電合同本質上屬於一種特殊類型的買賣合同。基於這一原因，供用電合同的適用可以依據本法第 646 條的規定：「法律對其他有償合同有規定的，依照其規定；沒有規定的，參照適用買賣合同的有關規定。」但同時必須明確，供用電合同與買賣合同存在三點明顯區別：一是供用電合同的標的物具有特殊性，即為無形的電，而買賣合同的標的物是有體物；二是供用電合同具有一定的社會公益性，而買賣合同原則上不涉及社會公共利益；三是供用電合同是持續性的合同，而買賣合同大多並不如此。由於電力供應的連續性，合同的履行方式呈持續狀態，供電人在發、供電系統正常的情況下，負有連續向用電人供電的義務；用電人在合同約定的時間內，享有連續用電的權利。因此，供用電合同作為特殊的合同類型，不能夠直接適用有關買賣合同的內容，而必須優先適用關於供用電合同的規則。

二、供用電合同的法律特徵

在社會主義市場經濟條件下，供用電雙方簽訂供用電合同，明確雙方的權利義務關係，按照合同的約定並根據市場規律供應與使用電力，是十分必要的。通常來講，供用電合同具有以下法律特徵：

1. 合同的主體是供電人和用電人。供電人，是指供電企業，其他任何單位和個人都不得

作為供電人。依據電力法第 25 條的規定，供電企業在批准的供電營業區內向用戶供電。供電營業區的劃分，應當考慮電網的結構和供電合理性等因素。一個供電營業區內只設立一個供電營業機構。供電營業區的設立、變更，由供電企業提出申請，電力管理部門依據職責和管理權限，會同同級有關部門審查批准後，發給《電力業務許可證》。供電營業區設立、變更的具體辦法，由國務院電力管理部門制定。用電人的範圍非常廣泛，自然人、法人以及非法人組織等，都有資格成為供用電合同的用電人，訂立供用電合同。

2. 合同的標的是一種無形物質 —— 電力，雖然客觀存在，卻看不見，只有在連續使用的過程中才能表現出來。

3. 供用電合同屬於持續供給合同。由於電力的供應與使用是連續的，因而合同的履行方式處於一種持續狀態。供電人在發電、供電系統正常的情況下，應當連續向用電人供電，不得中斷；用電人在合同約定的時間內，享有連續用電的權利。

4. 供用電合同一般按照格式條款訂立。電力事業是具有社會公益性的公用事業，關係整個社會的公共安全，電力這種特殊商品本身又具有網絡性和天然壟斷性，這就使供電企業對電力的供應及電網的管理具有一定的壟斷性。供電企業為了與不特定的多個用電人訂立合同而預先擬定格式條款，雙方當事人按照格式條款訂立合同。用電人對該格式條款僅有同意或不同意的權利，而不能更改其內容。對供用電方式有特殊要求的用電人，可採用非格式條款訂立合同。

5. 電力的價格實行統一定價原則。電力法第 35 條第 2 款規定：「電價實行統一政策，統一定價原則，分級管理。」第 36 條規定：「制定電價，應當合理補償成本，合理確定收益，依法計入稅金，堅持公平負擔，促進電力建設。」供電企業向用電人供應的電價，由電網經營企業提出方案，報國家有關物價行政主管部門核准。任何單位不得超越電價管理權限制定電價。供電企業應當按照國家核准的電價和用電計量裝置的記錄，向用電人收取電費。供電企業不得擅自變更電價。這樣，就有效地避免了供電企業利用其對電力供應的壟斷地位，向用電人收取過高的電價，保護處於弱者地位的用電人的合法權益。

6. 供用電合同為諾成、雙務、有償合同。供用電合同自雙方當事人達成協議時起成立並生效，而不以電力的實際供應為合同的生效要件，因而供用電合同屬於諾成性合同。供用電雙方都享有一定權利，負擔一定義務，雙方的權利義務具有對應性，所以供用電合同為雙務合同。用電人使用電力須支付電費，供電人取得電費須供應電力，因此供用電合同為有償合同。

三、供用電合同供電人的強制締約義務

供用電合同涉及千家萬戶，關係基本民生，供用電合同不僅關係當事人的利益，而且關係社會公共利益。如果作為供電人的供電企業拒絕向某個當事人提供供電服務，則用電人將很可能無法得到這些服務，進而影響到最基本的生產和生活，需要法律對此類合同作出特別規定，對供電人的自由進行適當限制。因此，法律上有必要規定強制締約義務。

所謂強制締約，是指只要一方提出訂立合同的要求，負有強制締約義務的人依法不得拒

絕，必須與之訂立合同。根據我國電力法第 26 條第 1 款規定，供電營業區內的供電營業機構，對本營業區內的用戶有按照國家規定供電的義務；不得違反國家規定對其營業區內申請用電的單位和個人拒絕供電。這就是供電人的強制締約義務。在本法編纂過程中，考慮到用電的普遍性和對民眾生活的必需性，經研究認為，有必要在電力法的基礎上，進一步在民法典中對供用電合同當事人的強制締約義務作出規定，以在更廣範圍指引社會、經濟生活。

本章從現實出發，本着合同自願訂立的原則，把供用電雙方作為平等的民事主體，着重從當事人合同關係的角度，對供用電合同的有關內容、供用電雙方的權利義務及違約責任等作出規定，以適應社會主義市場經濟體制發展和完善的需要。

> **第六百四十九條** 供用電合同的內容一般包括供電的方式、質量、時間，用電容量、地址、性質，計量方式，電價、電費的結算方式，供用電設施的維護責任等條款。

■ 條文主旨

本條是關於供用電合同內容的規定。

■ 條文釋義

供用電合同是供電人與用電人就電力的供應與使用以及電費的支付訂立的協議。當事人訂立供用電合同，應當約定哪些內容是一個十分重要的問題。為指導當事人訂立供用電合同，國家有關部門還制定了供用電合同示範文本，為當事人訂立合同應當約定哪些內容，作了詳細的規範。至於供用電合同應當包括的具體內容，除本法第 470 條規定合同內容一般應當包括的條款外，本條根據供用電合同的特點，規定供用電合同還應當包括的內容是：

1. 供電的方式、質量和時間。供電方式，是指供電人以何種方式向用電人供電，包括主供電源、備用電源、保安電源的供電方式以及委託轉供電等內容。供電質量，是指供電頻率、電壓和供電可靠性三項指標。供電時間，是指供電人供電的起止時間。

2. 用電容量、地址和性質。用電容量，是指供電人認定的用電人受電設備的總容量，以千瓦（千伏安）表示。用電地址，是指用電人使用電力的地址。用電性質包括用電人行業分類和用電分類。

3. 計量方式和電價、電費的結算方式。計量方式，是指供電人如何計算用電人使用的電量。電價即電網銷售電價，是指供電企業向用電人供應電力的價格。電費是電力資源實現商品交換的貨幣形式。供電企業應當按照國家核准的電價和用電計量裝置的記錄，向用電人計收電費；用戶應當按照國家核准的電價和用電計量裝置的記錄，按時交納電費。

4. 供用電設施的維護責任。在供用電合同中，雙方應當協商確認供用電設施運行管理責任的分界點，分界點電源側供用電設施屬於供電人，由供電人負責運行維護管理，分界點負荷側

供電設施屬於用電人，由用電人負責運行維護管理。供電人、用電人分管的供電設施，除另有約定外，未經對方同意，不得操作或改動。

供用電合同是雙方法律行為，除前四項合同應當具備的條款外，當事人還可以在協商一致的情況下在合同中約定其他認為需要的事項，如合同的有效期限、違約責任等條款。

> **第六百五十條　供用電合同的履行地點，按照當事人約定；當事人沒有約定或者約定不明確的，供電設施的產權分界處為履行地點。**

■ 條文主旨

本條是關於供用電合同履行地點的規定。

■ 條文釋義

合同的履行地點，是合同的主要條款之一，是指當事人雙方行使其權利、履行其義務的地點。履行地點往往是確定驗收地點的依據，是確定運輸費用由誰負擔、風險由誰承受的依據，也是確定標的物所有權是否轉移的依據。本條中的「供用電合同的履行地點」，具體是指供電人將電力的所有權轉移於用電人的轉移點。根據合同自願的原則，供用電雙方可以在供用電合同中約定該履行地點，供用電合同約定了履行地點的，供電人應當按照該約定履行供電義務。

如果供用電雙方對履行地點沒有約定或者約定不明確，根據本法第 510 條的規定如果仍不能確定履行地點的，應當適用本法第 511 條第 3 項的規定確定。但是，由於電力系統具有網絡性，供電人與用電人由網絡相聯結，電力的生產、供應與使用同時完成，且具有連續性，這就使供用電合同的履行地點具有一定的特殊性，很難適用本法第 511 條的規定。基於電力市場的實際情況，在電力供應與使用過程中，由於用電人參與電力設施的投資建設，電力設施投資多元化已呈發展趨勢，供用電雙方根據這一特殊性，在實踐中形成並確定了以供電設施的產權分界處作為合同的履行地點。據此，本條規定「當事人沒有約定或者約定不明確的，供電設施的產權分界處為履行地點」。供電設施的產權分界處是劃分供電設施所有權歸屬的分界點，分界點電源側的供電設施歸供電人所有，分界點負荷側的供電設施歸用電人所有。在用電人為單位時，供電設施的產權分界處通常為該單位變電設備的第一個磁瓶或開關；在用電人為散用戶時，供電設施的產權分界處通常為進戶牆的第一個接收點。上述供電設施的產權分界處為供用電合同的履行地點。

以供電設施的產權分界處作為供用電合同的履行地點，對於履行供用電合同、確定供電設施的維護管理責任，具有重要的作用。供用電雙方應當根據供電設施的產權歸屬，承擔供電設施的安裝、維護、檢修和管理責任。

> **第六百五十一條**　供電人應當按照國家規定的供電質量標準和約定安全供電。供電人未按照國家規定的供電質量標準和約定安全供電，造成用電人損失的，應當承擔賠償責任。

■ 條文主旨

本條是關於供電人的安全供電義務及其違約責任的規定。

■ 條文釋義

1. 供電人按照國家規定的供電質量標準安全供電。本條強調供電人應當正確地履行供用電合同約定的義務，按照國家規定的供電質量標準和合同的約定安全供電。《供電營業規則》對供電質量標準作了規定，供電人只有按照國家規定的供電質量標準供電，才能保證供電的安全，維護用電人的合法權益。這裏的「安全供電」，是指按照國家有關安全供電的規章制度供應電力，電壓要穩定，頻率要達到標準，輸電線路要安全暢通等。

2. 供電人按照供用電合同的約定安全供電。在供用電合同中，按照約定供電，具體是指按照供用電合同約定的數量、質量、時間和方式等要求供電。

3. 供電人違反安全供電義務的違約責任。只要供電人沒有按照國家規定的供電質量標準和約定安全供電，並造成用電人損失，就應當承擔損害賠償責任。這裏的「承擔賠償責任」，是指供電人就其違約行為賠償給用電人所造成的損失，損失包括直接損失，也包括合同履行後可以獲得的利益，但不得超過供電人訂立合同時預見到或者應當預見到的因違約可能造成的損失。

> **第六百五十二條**　供電人因供電設施計劃檢修、臨時檢修、依法限電或者用電人違法用電等原因，需要中斷供電時，應當按照國家有關規定事先通知用電人；未事先通知用電人中斷供電，造成用電人損失的，應當承擔賠償責任。

■ 條文主旨

本條是關於供電人因故中斷供電時的通知義務的規定。

■ 條文釋義

供用電合同是一種持續供給合同，供電人在發電、供電系統正常的情況下，應當連續向用電人供電，不得中斷，否則應當承擔違約責任。這是供電人連續供電的義務。但是在某些法定情形下，供電人可以中斷供電，根據本條和電力法第 29 條的規定，這些情形主要包括：

1.「供電設施檢修」。為了保障安全、及時供電，供電人應當加強對供電設施的檢修，從公平合理角度來講，檢修供電設施自然可以中斷供電。本條對「供電設施檢修」未加法定限制條件，因此，不管是計劃檢修還是臨時檢修，只要依照規定事先通知了用電人，供電人都可以根據需要中斷供電。

2.「依法限電」。是指依照有關法律、行政法規對一個地區中的一部分地區、部分用戶、用電大戶的部分用電設施中斷供電，使其用電總量減少的一種措施行為。既然是依法進行的限電，供電人根據需要中斷供電是應有之義。

3.「用電人違法用電」。具體包括違章用電、竊電、超計劃用電、不安全用電以及其他違反法律、行政法規用電的行為。根據電力法第 32 條第 1 款規定，用戶用電不得危害供電、用電安全和擾亂供電、用電秩序。其中的「危害供電、用電安全」是指用戶違反供用電安全的有關規定，故意採取不正當手段，威脅供用電安全，或由於管理、使用不當，引發電氣設施損壞事故、火災事故、人身傷亡事故、停電事故等情況。「擾亂供電、用電秩序」則主要包括違章用電行為、竊電行為、超計劃用電行為、故意衝擊供電企業、變電設施所在地行為等。供電人在上述情形下中斷供電，不承擔違約責任，但前提是應當按照國家有關規定事先通知用電人。

因供電設施計劃檢修停電，供電企業應當提前 7 天通知用戶或者進行公告；因供電設施臨時檢修停電，供電企業應當提前 24 小時通知重要用戶；因發電、供電系統發生故障需要停電、限電時，供電企業應當按照事先確定的限電序位進行停電或者限電。但限電序位應事前公告用戶。引起停電或者限電的原因消除後，供電企業應當儘快恢復供電。但是，如果因供電設施檢修、依法限電或者用戶違法用電等原因中斷供電，供電企業沒有按照國家有關規定事先通知用戶，比如遇到計劃檢修時，沒有提前 7 天通知用戶或者進行公告，依法限電時，沒有按照事先確定的限電序位進行限電，因此給用電人造成損失的，應當承擔損害賠償責任。

第六百五十三條　因自然災害等原因斷電，供電人應當按照國家有關規定及時搶修；未及時搶修，造成用電人損失的，應當承擔賠償責任。

■ 條文主旨

本條是關於因自然災害等原因斷電時供電人的搶修義務的規定。

■ 條文釋義

本條中的「自然災害等原因」，主要是指不可抗力的原因。我國法律規定不可抗力為合同的免責事由。本法第 180 條第 1 款規定：「因不可抗力不能履行民事義務的，不承擔民事

責任。法律另有規定的，依照其規定。」本法第 590 條第 1 款規定：「當事人一方因不可抗力不能履行合同的，根據不可抗力的影響，部分或者全部免除責任，但是法律另有規定的除外。因不可抗力不能履行合同的，應當及時通知對方，以減輕可能給對方造成的損失，並應當在合理期限內提供證明。」不可抗力，是指不能預見、不能避免且不能克服的客觀情況。不可抗力獨立於人的行為之外、不受當事人的意志所支配。不可抗力包括某些自然現象 (如地震、颱風、洪水) 和某些社會現象 (如戰爭)。本條所指的自然災害等原因，主要包括：(1) 自然因素造成的事故損害，如風、雪、霜、霧、空氣污染等造成的斷電。(2) 一些不能預見又不可避免的外力破壞，如鳥害。

雖然不可抗力是合同的免責事由，但在不可抗力發生以後，當事人仍應以誠實善意的態度去努力克服，最大限度地減少因不可抗力所造成的損失。這是合同誠信原則的要求。因此，因自然災害等原因斷電後，供電人應當按照國家有關規定及時搶修，盡早恢復供電，減少用電人因斷電所造成的損失。如果供電人沒有及時搶修，給用電人造成損失，供電人應當就沒有及時搶修而給用電人造成的損失部分承擔賠償責任。

至於供電人是否盡到了及時搶修的義務，則應當結合實際情況，以國家的有關規定為標準進行認定。

> **第六百五十四條**　用電人應當按照國家有關規定和當事人的約定及時支付電費。用電人逾期不支付電費的，應當按照約定支付違約金。經催告用電人在合理期限內仍不支付電費和違約金的，供電人可以按照國家規定的程序中止供電。
> 供電人依據前款規定中止供電的，應當事先通知用電人。

■ 條文主旨

本條是關於用電人支付電費的義務和逾期支付電費的違約責任的規定。

■ 條文釋義

供用電合同是供電人向用電人供給電力，用電人支付電費的合同。供用電合同實際上是一種特殊買賣合同，即用電人向供電人購買電力以供使用，同時向供電人支付該電力的價款，雙方買賣的標的物是電力。在供用電合同中，支付價款是用電人的主要義務。電力的價款即電費，是電力資源實現其商品價值的貨幣形式，是供電人出賣電力的對價，用電人只有按照國家有關規定和雙方當事人的約定履行支付電費的義務，才能實現電力的商品價值，完成一次電力資源的買賣過程。

用電人按照國家有關規定支付電費，主要是按照有關電力供應與使用的法律法規的規定履行交費的義務。電力法第 33 條第 3 款規定，用戶應當按照國家核准的電價和用電計量裝

置的記錄，按時交納電費；對供電企業查電人員和抄錶收費人員依法履行職責，應當提供方便。《電力供應與使用條例》第 27 條第 2 款規定，用戶應當按照國家批准的電價，並按照規定的期限、方式或者合同約定的辦法，交付電費。用電人按照約定交付電費，主要是按照約定的電費結算方式、交付期限等履行交費的義務。

用電人在合同約定的期限內未支付電費，應當承擔遲延支付的違約責任。如果供用電雙方就遲延交付電費約定了違約金，則用電人應當按照約定支付違約金。違約金作為一種違約責任形式，是指當事人在合同中約定的、在一方違約時生效的獨立於履行行為之外的金錢給付，約定違約金主要在於補償一方當事人因對方違約所造成的損失。有關電力供應與使用的行政法規和規章對遲延支付的違約金作出了規定。根據《電力供應與使用條例》第 39 條規定，用戶逾期未交付電費的，供電企業可以從逾期之日起，每日按照電費總額的 1‰ 至 3‰ 加收違約金，具體比例由供用電雙方在供用電合同中約定。《供電營業規則》第 98 條第 1 款規定，用戶在供電企業規定的期限內未交清電費時，應承擔電費滯納的違約責任。電費違約金從逾期之日起計算至交納日止。每日電費違約金按下列規定計算：

1. 居民用戶每日按欠費總額的 1‰ 計算；

2. 其他用戶：

(1) 當年欠費部分，每日按欠費總額的 2‰ 計算；

(2) 跨年度欠費部分，每日按欠費總額的 2‰ 計算。

通常情況下，供用電合同採用格式條款訂立，供用電雙方一般按照上述規定約定遲延支付的違約金。但是，如果供用電合同當事人沒有預先約定違約金，在這種情況下，用電人逾期不交付電費的，應當承擔逾期不交電費的違約責任，違約責任的大小應當根據本法第 584 條的規定確定，即違約責任的損失賠償額應當相當於違約所造成的損失。

如果用電人沒有依照國家有關規定和當事人的約定及時支付電費，逾期又不支付違約金，那麼，供電人可以依據本條的規定催告用電人在合理的期限內支付電費和違約金。「合理期限」為多長時間，本條未作明確規定，供電人可以根據用電人的用電量、用電時間、用電方式、未支付電費的情形和影響，以及用電人支付電費需要的準備時間等予以確定。綜上所述，本條規定的供電人中止供電應當符合下列四個條件：一是用電人未按照國家規定和當事人的約定支付電費；二是用電人逾期不按照約定支付違約金；三是經催告用電人在合理期限內仍不支付電費和違約金；四是按照國家有關規定履行批准和通知用電人的程序。上述四個條件同時具備時，供電人才可以停止供電。用電人支付電費和違約金後，供電人應當及時恢復供電。

需要特別指出的是，在本法編纂過程中，有意見提出現實生活中存在用電人未收通知而被停電的現象，給用電人造成了損失。經研究，特意增加第 2 款規定。這是對中止供電前通知程序的強化規定，具體如何通知，應當按照上文所述的「國家規定的程序」來進行。

第六百五十五條 用電人應當按照國家有關規定和當事人的約定安全、節約和計劃用電。用電人未按照國家有關規定和當事人的約定用電，造成供電人損失的，應當承擔賠償責任。

■ 條文主旨

本條是關於用電人用電義務及其違約責任的規定。

■ 條文釋義

本條原來只是規定了用電人的安全用電義務。在本法編纂過程中，有意見提出，由於供用電合同適用廣、影響大，建議把本法第 9 條規定的「民事主體從事民事活動，應當有利於節約資源、保護生態環境」，即綠色原則在供用電合同中展現出來。經研究，我們結合電力法第 24 條第 1 款「國家對電力供應和使用，實行安全用電、節約用電、計劃用電的管理原則」的規定，以及第 34 條「供電企業和用戶應當遵守國家有關規定，採取有效措施，做好安全用電、節約用電和計劃用電工作」的規定，增加了用電人的節約用電義務和計劃用電義務。

供用電合同一經成立，就對當事人產生法律效力，用電人應當按照國家有關規定和合同的約定安全用電、節約用電、計劃用電。這是因為，雖然供用電合同是供用電雙方就電力的供應與使用訂立的買賣合同，但它與一般買賣合同不同，一般買賣合同在標的物交付後，買受人取得該標的物的所有權，可以對其任意處分，出賣人無權干涉，國家也沒有必要對該物的使用作出規定。電力的供應與使用則不同，由於電力系統具有網絡性，電力的生產、供應和使用由網絡聯結，相互影響，並且同時完成，任何一個用戶能否安全、合理地使用電力，都將關係電力的運行安全，關係千千萬萬用戶的用電安全，關係整個社會的公共安全，任何一種違章、違約用電行為，都可能造成人身和財產的重大損害。因此，不僅雙方當事人有必要在供用電合同中對如何使用電力作出約定，而且應當按照國家的有關規定用電。

根據本條規定，用電人的安全用電、節約用電和計劃用電主要表現在以下兩個方面：

第一個方面，用電人應當依照國家有關規定用電。國家在這方面的規定主要是：（1）用電人應當安裝用電計量裝置。用電人使用的電力電量，以計量檢定機構依法認可的用電計量裝置的記錄為準。（2）用電人應當按照國家核准的電價和用電計量裝置的記錄，按時交納電費；對供電企業查電人員和抄錶收費人員依法履行職責，應當提供方便。（3）用電人受電裝置的設計、施工安裝和運行管理，應當符合國家標準或者電力行業標準。（4）用電人應當安全用電、節約用電和計劃用電。（5）用電人用電不得危害供電、用電安全和擾亂供電、用電秩序。具體主要是指不得擅自改變用電類別，不得擅自超過合同約定的容量用電，不得擅自超過計劃分配的用電指標，不得擅自使用已經在供電企業辦理暫停使用手續或者已被查封的電力設備，不得擅自遷移，更動或者擅自操作供電企業的各類裝置以及約定由供電企業調度

的用戶受電設備，不得擅自引入、供出電源或者將自備電源並網。（6）用電人不得竊電等。

第二個方面，用電人應當按照供用電合同的約定用電。通常主要包括：（1）用電人應當按照合同中約定的用電容量、用電地址、用電時間、用電質量、用電方式、用電類別和用電指標等約定用電。（2）用電人應當按照合同中約定的用電計量方式和電價、電費結算方式交納電費。（3）用電人應當按照合同中約定的用電人一方對供用電設施的維護責任做好對供用電設施的維護工作。

用電人違章用電，應當承擔一定的法律責任，有關電力供應與使用的法律法規對違章用電的法律責任作出了規定。根據電力法第65條規定，危害供電、用電安全或者擾亂供電、用電秩序的，由電力管理部門責令改正，給予警告；情節嚴重或者拒絕改正的，可以中止供電，可以並處5萬元以下的罰款。根據《電力供應與使用條例》第40條規定，違章用電的，供電企業可以根據違章事實和造成的後果追繳電費，並按照國務院電力管理部門的規定加收電費和國家規定的其他費用；情節嚴重的，可以按照國家規定的程序停止供電。以上規定，多是從行政管理的角度出發，給予行政處罰。從合同關係考慮，違反國家有關規定和當事人的有關約定用電，屬於違約用電行為，對此，應當承擔違約責任。故本條規定，用電人未依照國家有關規定和當事人的約定用電，造成供電人損失的，應當承擔賠償責任。具體用電人承擔哪種違約責任，承擔多大的違約責任，均由當事人根據本編通則有關違約責任的規定加以確定。通常包括採取補救措施、支付違約金、供電人中止供電等，造成供電人損失的，應當給予賠償。

> **第六百五十六條　供用水、供用氣、供用熱力合同，參照適用供用電合同的有關規定。**

■ 條文主旨

本條是關於供用水、氣、熱力合同參照適用供用電合同的規定。

■ 條文釋義

供用水、供用氣、供用熱力合同，與供用電合同一樣，是持續供給合同，且都是一種常見的民事合同。這些合同的標的，即水、氣、熱力，既是國民經濟中的重要能源，也是一種特殊的商品。其合同都是供應人向使用人供應水、氣或者熱力，使用人支付價款的合同，雙方當事人的關係都是一種買賣關係。因此，供用水、供用氣、供用熱力合同在本質上都屬於特殊類型的買賣合同。它們與供用電合同具有以下共同點：

1. 供應方是特殊主體，只能是依法取得特定營業資格的供應企業，該類企業一般為公用事業，其他任何組織或者個人都不得作為供應方。如供應水合同的供應方只能是自來水

公司。

2. 屬於持續供給合同。由於電、水、氣、熱力的供應與使用均是連續的，因此合同的履行方式都處於一種持續狀態。供應方在正常情況下，應當連續向使用方供應，不得中斷；使用方在合同約定的期限內，享有連續使用的權利。

3. 合同一般按照格式條款訂立。供用電、水、氣、熱力都是具有社會公益性的公用事業，關係千千萬萬使用者的日常生活。供應方為了適應大量交易的需要，預先擬定格式條款，雙方當事人按照格式條款訂立合同，這樣既有利於降低交易成本，又有利於供應方集中精力提高供應質量。但同時也存在如何限制供應方利用其壟斷地位產生的不公平問題。對供用方式有特殊要求的使用方，也可以採用非格式條款訂立合同。

4. 對用戶的責任都有特殊要求。由於電、水、氣、熱力系統都具有網絡性，其生產、供應與使用都由網絡連接，相互影響，任何一個用戶的使用，都可能關係整個系統的運行，關係其他用戶的利益，如一個用戶的暖氣管道發生洩漏，可能影響相鄰用戶的正常供暖。因此，要求用戶按照有關規定和約定安全、合理地使用供應的電、水、氣、熱力，並承擔相應的法律責任。

鑒於供用水、氣、熱力合同與供用電合同有許多共同點，因此本條規定：「供用水、供用氣、供用熱力合同，參照適用供用電合同的有關規定。」例如，供用水合同中供水方的責任，就可以參照本法第 651 條的規定，供水方應當按照國家規定的供水質量標準和約定供水。如果供應的水沒有達到國家規定的質量標準，給用戶的健康造成損害的，供水方應當承擔賠償責任。同時，供用水、供用氣、供用熱力合同，又各有其特性，與供用電合同並不完全相同。比如，供熱與供水、供電、供氣存在一個明顯區別，即供熱不達標或者報停仍須交納基礎費用，而供水、供電和供氣不存在這個問題。因此，本條規定的是「參照供用電合同的有關規定」，而不是完全適用。至於如何進一步體現供用水、氣、熱力合同的特殊性，還有待於相關立法的不斷細化和完善。

第十一章　贈與合同

本章共十條，對贈與合同的概念、贈與合同的成立、當事人的權利義務、瑕疵擔保責任、贈與的任意撤銷和法定撤銷、違約責任等作了規定。

> **第六百五十七條　贈與合同是贈與人將自己的財產無償給予受贈人，受贈人表示接受贈與的合同。**

■ **條文主旨**

本條是關於贈與合同概念的規定。

■ **條文釋義**

贈與合同，是指贈與人將自己的財產無償給予受贈人，受贈人願意接受贈與的合同。我們可以從贈與合同的概念中看出如下內涵：

1. 贈與是一種合意，是雙方的法律行為。贈與合同雖為單務、無償合同，也需有當事人雙方一致的意思表示才能成立。如果一方有贈與意願，而另一方無意接受該贈與的，贈與合同不能成立。在現實生活中，也會出現一方出於某種考慮而不願接受對方贈與的情形，如遇此情況，贈與合同即不成立。

2. 贈與合同是轉移財產所有權的合同。贈與合同是以贈與人將自己的財產給予受贈人為內容的合同，是贈與人轉移財產所有權於受贈人的合同。這是贈與合同與借用合同的主要區別。

3. 贈與合同為無償合同。所謂「無償合同」，是指僅由當事人一方為給付，另一方不必向對方償付相應代價的合同。在贈與合同中，僅由贈與人無償地將自己的財產給予受贈人，而受贈人取得贈與的財產，不需向贈與人償付相應的代價。這是贈與合同與買賣等有償合同的主要區別。

4. 贈與合同是單務合同。所謂「單務合同」，是指僅由當事人一方負債務，另一方不負債務，或者另一方雖負有債務但無對價關係的合同。在一般情況下，贈與合同僅由贈與人負有將自己的財產給予受贈人的義務，而受贈人並不負有義務。在附義務的贈與中，贈與人負有將其財產給予受贈人的義務，受贈人按照合同約定負擔某種義務，但受贈人所負擔的義務並非贈與人所負義務的對價，受贈人的義務通常遠遠小於贈與人的義務，其間的義務並不是相互對應的，因此贈與合同為單務合同。

5. 贈與合同為諾成合同。贈與合同是實踐合同還是諾成合同，與贈與合同自何時成立直接相關。贈與合同是否以交付標的物為成立要件，國外立法例上有不同規定，我國法學界也有不同認識。所謂「實踐合同」，又稱「要物合同」，是指除當事人之間的意思表示一致以外，還須交付標的物才能成立的合同。它以當事人的合意和交付標的物為成立要件。所謂「諾成合同」，又稱「非要物合同」，是指當事人之間意思表示一致，即能成立的合同。它以當事人的合意為成立要件。

1999 年合同法的規定表明贈與合同為諾成合同，當事人意思表示一致時即成立，而無論其是以口頭形式還是書面形式訂立的，也無論贈與的財產是否交付。同時考慮到贈與合同中，難免有贈與人因一時衝動而為之的情況，因此合同法還對贈與合同任意撤銷的適用問題作了規定。合同法施行後的 20 年間，贈與合同的諾成性得到了實踐的檢驗，因此在本法的編纂過程中，對此未作修改。

6. 贈與合同為不要式合同。贈與合同是要式合同還是不要式合同，與贈與合同是否成立也有關聯。所謂「要式合同」，是指法律要求必須採用一定的形式的合同。所謂「不要式合同」，是指法律沒有要求必須具備特定的形式的合同。不要式合同不排斥合同採用書面、公證等形式，只是合同的形式不影響合同的成立。依照本章的規定，贈與合同為不要式合同。贈與合同既可採用口頭形式，又可採用書面形式或者在合同訂立後辦理公證證明。無論採用何種形式，也無論是否經過公證，都不影響贈與合同的成立。

> **第六百五十八條**　贈與人在贈與財產的權利轉移之前可以撤銷贈與。
>
> 　　經過公證的贈與合同或者依法不得撤銷的具有救災、扶貧、助殘等公益、道德義務性質的贈與合同，不適用前款規定。

■ 條文主旨

本條是關於贈與的任意撤銷及其限制的規定。

■ 條文釋義

一、贈與的任意撤銷

贈與的任意撤銷，是指贈與合同成立後，贈與財產的權利轉移之前，贈與人可以根據自己的意思不再為贈與行為。法律規定贈與的任意撤銷，源於贈與是無償行為。即便贈與合同已經成立，也還可以允許贈與人因自身的某種事由撤銷贈與，這也是贈與合同與其他有償合同的顯著區別。尤其是有的贈與合同的訂立，是因一時情感因素而欠於考慮，如果絕對不允許贈與人撤銷，則對贈與人太過苛刻，也有失公允。因此本條第 1 款規定：「贈與人在贈與財產的權利轉移之前可以撤銷贈與。」這裏需要特別說明的是，該款用來表述贈與財產可

撤銷的時間點是「權利轉移」而不是「交付」。這是因為，「交付」僅指實物的實際交付並歸受贈人佔有，贈與物的所有權並不一定隨交付發生轉移，即受贈人不一定享有對贈與物的處分權。而「權利轉移」則是不管贈與物是否已實際交付，但其所有權已移轉於受贈人，即受贈人已享有對贈與物的處分權。兩相比較，受贈人顯然享有「權利轉移」較之「交付」的涵蓋性要寬，且更為確切，因此條文中「權利轉移」表述。舉個例子說明：贈與人甲計劃將某一房屋贈給乙，並已將房屋交付給乙實際居住，但是並未辦理房屋產權過戶登記手續，甲在這個時候反悔，由於房屋的所有權沒有發生轉移，甲依照本款規定可以任意撤銷房屋贈與合同。

二、任意撤銷贈與的限制

儘管原則上允許贈與人任意撤銷贈與，但如果對任意性不加限制，則等同於贈與合同無任何約束力，既對受贈人不公平，也違背誠信原則，對公序良俗也是一種衝擊。因此，對贈與的任意撤銷應有適當限制，故本條第 2 款對贈與的任意撤銷作了如下限制：

1. 贈與合同訂立後經公證證明的，贈與人不得任意撤銷。換句話說，可以任意撤銷的贈與合同原則上限於未經公證的贈與合同。而贈與合同訂立後，當事人交由公證部門公證，表明其贈與意願的表達已十分慎重，因此經過公證證明的贈與合同，贈與人不得任意撤銷。

2. 具有公益、道德義務性質的贈與合同，不論當事人以何種形式訂立，不論是否經過公證，也不問贈與的財產是否已轉移其權利，贈與人均不得任意撤銷。具有公益性質的贈與，主要是指為了救災、扶貧、助殘、助學等目的或為了資助公共設施建設、環境保護等公共事業所為的贈與。此類贈與的公益性和社會性，決定了贈與人不得任意撤銷贈與，否則將與贈與的目的和宗旨相悖。履行道德義務的贈與，由於當事人之間有着道義上的因素，如果允許贈與人任意撤銷，則與道義不符。因此，此類的贈與也不得由贈與人任意撤銷。

3. 依法不得任意撤銷的其他情形。我國慈善法第 41 條第 1 款規定：「捐贈人應當按照捐贈協議履行捐贈義務。捐贈人違反捐贈協議逾期未交付捐贈財產，有下列情形之一的，慈善組織或者其他接受捐贈的人可以要求交付；捐贈人拒不交付的，慈善組織和其他接受捐贈的人可以依法向人民法院申請支付令或者提起訴訟：（一）捐贈人通過廣播、電視、報刊、互聯網等媒體公開承諾捐贈的；（二）捐贈財產用於本法第三條第一項至第三項規定的慈善活動，並簽訂書面捐贈協議的。」該法第 3 條規定：「本法所稱慈善活動，是指自然人、法人和其他組織以捐贈財產或者提供服務等方式，自願開展的下列公益活動：（一）扶貧、濟困；（二）扶老、救孤、恤病、助殘、優撫；（三）救助自然災害、事故災難和公共衛生事件等突發事件造成的損害；（四）促進教育、科學、文化、衛生、體育等事業的發展；（五）防治污染和其他公害，保護和改善生態環境；（六）符合本法規定的其他公益活動。」從慈善法的規定可以看出，不得任意撤銷的規定有別於前兩項特殊之處在於，只要是「捐贈人通過廣播、電視、報刊、互聯網等媒體公開承諾捐贈的」，即通過媒體公開承諾捐贈的，不得任意撤銷。對於此種贈與，在本法編纂過程中，通過立法表述形式的改變，加以吸納，即將本條第 2 款的表述由原來的「具有救災、扶貧等社會公益、道德義務性質的贈與合同或者經過

公證的贈與合同，不適用前款規定」修改為「經過公證的贈與合同或者依法不得撤銷的具有救災、扶貧、助殘等公益、道德義務性質的贈與合同，不適用前款規定」，以包含目前以及將來立法發展的各種不同情況。

另外需要指出的是，如果贈與的財產的權利已被轉移的，贈與人自然不得任意撤銷贈與。如果贈與的財產一部分已交付並已轉移其權利，任意撤銷贈與僅限於未交付並未轉移其權利的部分，以維護贈與合同當事人權利義務關係的穩定。

> **第六百五十九條**　贈與的財產依法需要辦理登記或者其他手續的，應當辦理有關手續。

■ 條文主旨

本條是關於贈與的財產需要辦理有關法律手續的規定。

■ 條文釋義

贈與合同中，贈與財產的交付有的比較簡單，如贈與金錢可以將現金或者支票交付給受贈人即可。但是，有些贈與財產的交付除了直接交由受贈人佔有外，還須依法辦理登記等有關手續，如房屋、汽車、股權等作為贈與財產，需要到相應的部門辦理有關手續。合同當事人只有在辦理完登記等有關手續後，受贈人的受贈財產才能受到法律的充分保護。因此本條規定，贈與的財產依法需要辦理登記或者其他手續的，應當辦理有關手續。需要辦理登記等手續的規定，主要是針對特殊的贈與財產規定的，如房屋、汽車和股權等。

> **第六百六十條**　經過公證的贈與合同或者依法不得撤銷的具有救災、扶貧、助殘等公益、道德義務性質的贈與合同，贈與人不交付贈與財產的，受贈人可以請求交付。
> 依據前款規定應當交付的贈與財產因贈與人故意或者重大過失致使毀損、滅失的，贈與人應當承擔賠償責任。

■ 條文主旨

本條是關於法定不得撤銷贈與的贈與人不交付贈與財產的責任的規定。

■ 條文釋義

將贈與的財產按照贈與合同約定交付受贈人並轉移其所有權，是贈與人的義務。贈與人

不交付贈與財產是否構成違約行為，並承擔違約責任，應當依照贈與合同的性質來區分。如果是任意撤銷贈與，依據第 658 條第 1 款的規定，贈與人不交付贈與財產不構成違約，因為贈與人在轉移贈與財產的權利之前可以撤銷贈與。所以，對這類贈與合同，贈與人不給付贈與財產的，受贈人也就不能請求贈與人給付贈與的財產，贈與人不承擔違約責任。如果是法定不得撤銷贈與，依據第 658 條第 2 款的規定，贈與人不交付贈與財產的，構成違約，如果受贈人要求這類贈與人交付贈與財產，贈與人就應當交付，否則將依法應當承擔違約責任。結合本條第 1 款的規定，經過公證的贈與合同或者依法不得撤銷的具有救災、扶貧、助殘等公益、道德義務性質的贈與合同，法律規定贈與人不得任意撤銷贈與，這是因為任意撤銷有悖於誠信原則，也違背了公序良俗，更與社會主義核心價值觀不符。在贈與人遲延履行或者不履行給付贈與財產的義務時，即為違約行為，應當承擔違約責任。承擔責任的具體方式是，在受贈人要求贈與人給付贈與的財產，贈與人仍不給付的，受贈人可以向人民法院起訴要求其履行贈與義務，人民法院依法將支持受贈人的訴訟請求。

結合日常生活，眾所周知，在發生各種災情之後，民政部門會組織募捐活動，社會各界會通過各種形式捐贈款物，其中有通過電話口頭認捐的，有通過捐贈活動現場口頭確認捐贈，也有以蓋有公章的認捐書形式表示捐贈的。認捐後是否實際兌現，通常會成為爭議的話題。實踐中通常有兩種觀點，一種觀點認為，捐贈屬於贈與行為，贈與人可任意撤銷，只有捐贈方將錢物交付後，該捐贈才有意義。在款物交付之前，認捐方反悔的，最多面對道德譴責，而不必承擔法律責任。另一種觀點認為，在公開場合認捐，對某些企業來說，是擴大其知名度的一種手段。在召開新聞發佈會、舉牌子、打字幕之前，認捐單位與受贈單位多訂有捐贈協議或由認捐單位出具認捐函，其意思表示不可謂不慎重。捐贈方認捐後不兌現，有的是有能力履行卻故意拖延；有的是其經營狀況本來就不好，還欠着很多債，為的是藉此宣傳自己。對訂有捐贈協議、出具了認捐書或者向社會公示表示捐贈的，如果不實際捐贈，既是對社會公眾的欺騙，從法律上講也違背了誠信原則。對此，在 1999 年制定合同法的過程中，就明確規定，具有救災等公益、道德義務性質的贈與合同，贈與人不交付贈與財產的，受贈人可以要求交付。但從另一角度而言，贈與合同為單務合同，僅由贈與人單方承擔義務，當贈與人不履行交付贈與財產的義務時，其責任也應當有所限制，而不像雙務合同那樣，在履行給付義務時還應當支付遲延利息或者賠償其他損失。本條規定的贈與人不交付贈與的財產的，受贈人可以請求交付，但是不包括遲延利息和其他損害賠償，而僅限於贈與財產本身。

需要特別指出的是，在本法編纂過程中，有意見提出在助殘活動，時常出現虛假助殘的現象，需要對此進行糾正和規範。經研究，助殘活動屬於公益性質，作出承諾理當履行，因此在「救災、扶貧」之後增加了「助殘」類型，目的在於規範和引領贈與人的助殘行為。另有意見提出，合同法第 189 條規定：「因贈與人故意或者重大過失致使贈與的財產毀損、滅失的，贈與人應當承擔損害賠償責任。」這和通常的贈與人在贈與物權利移轉之前可以任意撤銷的規定存在衝突，應當僅限於法定不得任意撤銷的情形。經研究認為，合同法第 189 條的本意應當是適用於具有公益和道德義務性質的贈與合同，但是單獨一條規定在立法本意上

顯得不清晰，故決定將合同法第 189 條作為本條的第 2 款，並修改為，依據前款規定應當交付的贈與財產因贈與人故意或者重大過失致使毀損、滅失的，贈與人應當承擔賠償責任。意味着具有救災、扶貧、助殘等公益、道德義務性質的贈與合同，在贈與財產的權利移轉給受贈人之前，由於贈與人的故意或者重大過失致使贈與財產發生毀損、滅失，因而無法實際交付贈與財產的，贈與人應當向受贈人賠償因其故意或者重大過失所造成的損失。

> **第六百六十一條　贈與可以附義務。**
> **贈與附義務的，受贈人應當按照約定履行義務。**

■ **條文主旨**

　　本條是關於附義務贈與的規定。

■ **條文釋義**

一、附義務贈與的概念及其特徵

　　附義務的贈與，也稱附負擔的贈與，是指以受贈人對贈與人或者第三人為一定給付為條件的贈與，也即使受贈人接受贈與後負擔一定義務的贈與。例如，某企業家向某大學捐款，要求所捐款項用於修建圖書館和體育場館。附義務的贈與不同於一般的贈與，而屬一種特殊的贈與。其特殊性在於：（1）一般的贈與，受贈人僅享有取得贈與財產的權利，不承擔任何義務。而附義務的贈與，贈與人對其贈與附加一定的條件，使受贈人承擔一定的義務。（2）附義務的贈與，其所附義務不是贈與的對價，即所附義務不能大於或者等於受贈人所獲得的利益，通常是低於贈與財產的價值。（3）除當事人另有約定外，通常情況下，在贈與人履行了贈與義務後，才發生受贈人義務的履行問題。例如，某捐款人應當先將捐款實際交付某大學，該大學拿到捐款後才開始動工建造捐款人希望建造的圖書館和體育場館。（4）贈與所附義務，可以約定向贈與人履行，也可以約定向第三人履行，還可以約定向不特定的多數人履行。例如，甲出國前將其房屋贈給乙，要求乙幫忙妥善保管室內的物品，受益人是贈與人甲本人；如果甲要求乙照顧某孤寡老人，受益人則是第三人；如果甲要求乙將贈給乙的房屋作為中學的閱覽室，受益人則是不特定的多數人。（5）履行贈與所負的義務，依照當事人的約定，可以是作為，也可以是不作為。例如，甲將出租給丙的房屋贈給乙，但約定乙不得解除與丙的租賃合同，受贈人乙應履行的義務就是不作為義務。如果甲將自己的房屋在出國前贈給乙，要求乙在甲出國期間妥善保管該房屋內的物品，那麼乙應履行的義務就是作為義務。（6）贈與所附義務，是贈與合同的組成部分，而不是另外的獨立合同。（7）附義務的贈與，其義務不能違反法律或者違背公序良俗，如贈與人提出受贈人只能用贈款去還賭債，這個附義務的贈與就是不合法的，因為賭債是不合法的債務。

二、附義務贈與的效力

1. 受贈人應當按照合同約定履行義務。贈與人向受贈人給付贈與財產後，受贈人應依約履行其義務。受贈人不履行的，贈與人有權要求受贈人履行義務或者撤銷贈與。贈與人撤銷贈與的，受贈人應將取得的贈與財產返還贈與人。

2. 受贈人僅在贈與財產的價值限度內有履行其義務的責任。贈與本為無償合同，其目的在於使受贈人獲益。所附義務如果超出贈與財產的價值，則使受贈人蒙受不利，也與贈與的本旨不相符合。因而如果贈與的財產不足以抵償其所附義務的，受贈人僅就贈與財產的價值限度內，有履行其義務的責任。換句話說，如果贈與所附義務超過贈與財產的價值，受贈人對超過贈與財產價值部分的義務沒有履行的責任。

3. 在附義務的贈與中，贈與的財產如有瑕疵，贈與人在贈與所附義務的限度內，應當承擔與出賣人相同的瑕疵擔保責任（詳見下一條叙述）。

第六百六十二條　贈與的財產有瑕疵的，贈與人不承擔責任。附義務的贈與，贈與的財產有瑕疵的，贈與人在附義務的限度內承擔與出賣人相同的責任。

贈與人故意不告知瑕疵或者保證無瑕疵，造成受贈人損失的，應當承擔賠償責任。

■ 條文主旨

本條是關於贈與人對贈與財產的瑕疵擔保責任的規定。

■ 條文釋義

由於贈與合同為無償合同，贈與是為了受贈人的利益而為的行為，因而贈與人對贈與財產的瑕疵擔保責任，與有償合同有所不同。本條的內涵有三個方面：

第一個方面，贈與的財產有瑕疵的，贈與人原則上不承擔責任。這是因為在贈與合同中，受贈人是純獲利益的，贈與人與受贈人雙方當事人之間不是雙務合同的對待給付關係，因而贈與人對贈與財產的瑕疵，原則上不承擔贈與財產物的瑕疵和權利瑕疵的擔保責任。例如，甲送給乙一台筆記本電腦，該電腦的鍵盤反應不是很靈敏，對此，甲對該筆記本電腦沒有維修的義務，也不負擔修理費等其他責任。

第二個方面，在附義務的贈與中，贈與的財產如有瑕疵，贈與人需在受贈人所附義務的限度內承擔與出賣人相同的責任。就一般的贈與而言，贈與人原則上不承擔瑕疵擔保責任。但對於附義務的贈與，受贈人雖受有利益，但又需要履行約定的義務。如贈與的財產有瑕疵，必然導致受贈人所受利益有所減損，這便與贈與合同約定的權利與義務不相對應，使受贈人遭受損失。為保護受贈人的利益，並求公允，應由贈與人承擔瑕疵擔保責任。就受贈人履行的義務而言，有如買賣合同中買受人的地位，因此，贈與人應在受贈人所附義務的限度

內，承擔與買賣合同中的出賣人同一的瑕疵擔保責任。至於出賣人在買賣合同中的瑕疵擔保責任，具體請見本法第 612 條至第 619 條的相關規定。

第三個方面，贈與人故意不告知瑕疵或者保證無瑕疵，並且造成受贈人損失的，應當承擔損害賠償責任。贈與人故意不告知贈與的財產有瑕疵的，是有主觀上的惡意，也有違誠信原則。因贈與財產的瑕疵給受贈人造成其他財產損失或者人身傷害的，應負賠償責任。如果贈與人故意不告知瑕疵，但沒有給受贈人造成損失，則不承擔賠償責任。贈與人保證贈與物無瑕疵，給受贈人造成損失的，也應承擔賠償責任。

第六百六十三條　受贈人有下列情形之一的，贈與人可以撤銷贈與：

（一）嚴重侵害贈與人或者贈與人近親屬的合法權益；

（二）對贈與人有扶養義務而不履行；

（三）不履行贈與合同約定的義務。

贈與人的撤銷權，自知道或者應當知道撤銷事由之日起一年內行使。

■ 條文主旨

本條是關於贈與人的法定撤銷情形及撤銷權行使期間的規定。

■ 條文釋義

贈與合同的法定撤銷，是指贈與合同成立後，在具備法律規定的情形時，撤銷權人可以撤銷贈與。贈與的法定撤銷與任意撤銷的不同之處在於：第一，撤銷贈與須依法律規定的事由；第二，只要具備法定事由，不論贈與合同以何種形式訂立以至經過公證證明，不論贈與的財產是否已經交付或已發生權利轉移，也不論贈與是否屬於社會公益或者道德義務性質，享有撤銷權的贈與人均可以撤銷贈與。

贈與本是使受贈人取得利益的行為，如果受贈人對贈與人有加害行為或者其他忘恩負義行為的，法律應賦予贈與人有撤銷贈與的權利，這樣才符合本法的公平和誠信原則，也有利於弘揚社會主義核心價值觀。贈與合同的法定撤銷情形，均為受贈人的違法行為或者違反贈與合同約定的行為。贈與人依法撤銷贈與的權利，是法律對贈與人加以保護的重要內容。

依本條規定，贈與人可以撤銷贈與的應當是具有以下三種法定情形之一：

第一種情形，受贈人嚴重侵害贈與人或者贈與人的近親屬。其要點：一是受贈人實施的是嚴重侵害行為，而不是輕微的、一般的侵害行為。二是受贈人侵害的是贈與人本人或其近親屬，近親屬的範圍應當適用本法第 1045 條第 2 款「配偶、父母、子女、兄弟姐妹、祖父母、外祖父母、孫子女、外孫子女為近親屬」的規定，如果侵害的是其他親友則不在此列。

至於受贈人的侵害行為是否必須出於故意，是否須達到構成犯罪的程度，依據本條的規

定，我們認為，只要受贈人嚴重侵害了贈與人或者贈與人的近親屬，贈與人即可撤銷贈與，即主要考慮受贈人侵害行為的結果，而不是主要考慮受贈人故意或者過失的主觀狀態。

第二種情形，受贈人對贈與人有扶養義務而不履行。其要點在於：一是受贈人對贈與人有扶養義務；二是受贈人對贈與人有扶養能力，而不履行對贈與人的扶養義務。如果受贈人沒有扶養義務或者喪失了扶養能力的，則不產生贈與人撤銷贈與的權利。需要特別指出的是，這裏的「扶養」應當作廣義解釋，不應當僅僅理解為本法第 1059 條規定的「夫妻有相互扶養的義務」等同輩之間的照顧義務，也包括對長輩的「贍養」以及對晚輩的「撫養」等關係的照顧義務。

第三種情形，受贈人不履行贈與合同約定的義務。其要點在於：一是贈與合同約定了受贈人負有一定的義務。二是贈與人已將贈與的財產交付於受贈人。三是受贈人不履行贈與合同約定的義務。在附義務的贈與中，受贈人應當依約定履行其所負義務。在贈與人向受贈人交付了贈與的財產後，受贈人如果不依約履行其義務，贈與人可以撤銷贈與。

贈與人的法定撤銷權屬於形成權，撤銷權一經贈與人行使即發生效力，雙方當事人的贈與關係即歸於消滅。為了維護社會關係的穩定，儘快確定贈與的法律關係，撤銷權人應當依法及時行使撤銷權。贈與人行使撤銷權的期間為 1 年，自知道或者應當知道撤銷原因之日起計算。這一期間屬於除斥期間，即法律對某種權利所預定的行使期間，不存在中止、中斷和延長的問題。撤銷權人如在法律規定的期間內不行使撤銷權的，其撤銷權即歸於消滅。當然，依據本法第 152 條第 2 款的規定：「當事人自民事法律行為發生之日起五年內沒有行使撤銷權的，撤銷權消滅。」因此，贈與人的法定撤銷權應受該 5 年期間的限制。

> **第六百六十四條**　因受贈人的違法行為致使贈與人死亡或者喪失民事行為能力的，贈與人的繼承人或者法定代理人可以撤銷贈與。
>
> 　　贈與人的繼承人或者法定代理人的撤銷權，自知道或者應當知道撤銷事由之日起六個月內行使。

■ 條文主旨

本條是關於贈與人的繼承人或者法定代理人的法定撤銷情形及撤銷權行使期間的規定。

■ 條文釋義

贈與的撤銷權本應屬於贈與人，但因受贈人的違法行為致贈與人死亡或使其喪失民事行為能力時，贈與人的撤銷權事實上已無法行使。而由贈與人的繼承人或法定代理人行使撤銷權，才能實現贈與人撤銷贈與的權利與意願。同時，也只有在贈與人不能行使其撤銷權時，贈與人的繼承人或法定代理人才有撤銷贈與的權利。因而贈與人的繼承人或法定代理人撤銷

贈與必須基於贈與人因受贈人的違法行為而致死亡或者喪失民事行為能力這一法定情形。

贈與人的繼承人或法定代理人行使撤銷權的期間為 6 個月，自知道或者應當知道撤銷原因之日起計算。其主要目的是維護社會關係的穩定，相對於贈與人本人的撤銷權而言，需要更快地確定贈與法律關係，故撤銷權人應當依法及時行使撤銷權。當然，依據本法第 152 條第 2 款的規定：「當事人自民事法律行為發生之日起五年內沒有行使撤銷權的，撤銷權消滅。」因此，贈與人的繼承人或者法定代理人的法定撤銷權應受該 5 年期間的限制。

第六百六十五條　撤銷權人撤銷贈與的，可以向受贈人請求返還贈與的財產。

■ 條文主旨

本條是關於撤銷權的行使效力的規定。

■ 條文釋義

贈與的法定撤銷權應為形成權，一經撤銷權人依據前兩條的規定行使撤銷權即發生效力，使贈與人與受贈人的贈與關係自始解除。贈與的法定撤銷權的效力主要表現在以下幾種情形：

第一種情形，贈與的財產未交付給受贈人，也未轉移財產所有權之前撤銷贈與的，贈與一經撤銷即自始無效，贈與人不再負有贈與的義務。第二種情形，贈與的財產已經交付給受贈人，但並未轉移財產所有權時撤銷贈與的。第三種情形，贈與的財產已經交付給受贈人，並且已經轉移財產所有權於受贈人時撤銷贈與的。

本條所規定的是指後兩種情形，贈與財產的所有權或者贈與財產的實物已經轉移到受贈人，而贈與被撤銷後，贈與合同便自始沒有法律效力，受贈人取得的贈與財產便失去合法依據。因此，本條規定，撤銷權人撤銷贈與的，可以向受贈人請求返還贈與的財產。這實質是依據本法第 122 條和本編第二十九章「不當得利」的法律規定，請求受贈人返還贈與人的財產。同時，本條的規定與本法第 157 條和第 566 條規定的邏輯結果是相同的。

第六百六十六條　贈與人的經濟狀況顯著惡化，嚴重影響其生產經營或者家庭生活的，可以不再履行贈與義務。

■ 條文主旨

本條是關於贈與人可以不再履行贈與義務的法定情形的規定。

■ 條文釋義

本條在理論上稱為「窮困抗辯權」，其是指在贈與合同成立後，因贈與人的經濟狀況嚴重惡化，如果繼續履行贈與合同將造成贈與人生產經營或家庭生活受到嚴重的影響，贈與人因此享有拒絕履行贈與義務的權利。本條的規定表明，在贈與合同訂立後或者贈與人已經部分履行贈與義務後，贈與人的經濟狀況顯著惡化，嚴重影響其生產經營或者家庭生活的，贈與人可以不再履行贈與合同約定的贈與義務或者不再履行贈與合同約定的但尚未履行的部分贈與義務。該規定與我國慈善法的有關內容相似，彼此規定之間相互銜接。

根據本條的規定，贈與人不再履行贈與義務，應當符合三個條件：一是贈與合同已經成立，但是贈與財產的權利尚未完全轉移。贈與合同沒有成立的，對贈與人沒有約束力，自然無須履行任何贈與義務；本條規定的「可以不再履行贈與義務」，表明合同已經成立並已部分履行，只是沒有全部履行。如果贈與人已經轉移了贈與物的全部權利，則贈與行為已經完成，贈與人也就無法反悔自己的行為，否則會嚴重影響到受贈人的生產生活，也不利於社會財產關係的穩定。二是贈與人的經濟狀況顯著惡化。所謂顯著惡化，是指在贈與合同成立之後，贈與人的經濟狀況出現明顯惡化的狀態。狀態惡化的時間應當是在贈與合同成立之後，而不是成立之前。如果自身的經濟狀況本已十分不好，仍向他人表示贈與意思，實際上其贈與的意思表示多無誠意，贈與合同也無履行基礎。三是經濟狀況顯著惡化達到嚴重影響其生產經營或者家庭生活的程度。比如，經濟狀況惡化致使嚴重影響贈與人企業的生產經營，若強制履行贈與義務，將無法繼續正常經營；或者經濟狀況顯著惡化使贈與人的家庭生活發生困難，不能維持自己的正常生計，不能履行扶養義務等。符合上述條件的，不論贈與合同以何種方式訂立，不論贈與的目的性質如何，贈與人可以不再履行尚未履行的贈與義務。

與本條規定相關，現實生活中出現的突出問題是，在救災、扶貧等社會公益活動中，某些企業在公開場合明確表示或以認捐書的形式認捐後，又以企業經營狀況不好為由，拒絕兌現認捐的款物。對此，有關企業是否可以不再履行贈與義務？如果該企業在認捐之後其經濟狀況才發生顯著惡化，並嚴重影響其生產經營的，可以不再履行贈與義務，否則應當繼續履行其贈與義務。而對於那些本無經濟能力捐贈，甚至瀕臨破產的企業，純粹為了商業目的宣傳自身形象，認捐後又稱企業經濟狀況不好不能履行贈與義務的，我們認為，不能簡單地適用「可以不再履行贈與義務」的規定，如果給受贈人造成損失，應當承擔損害賠償責任，賠償給受贈方造成的損失。

第十二章　借款合同

　　本章共十四條，主要調整金融機構與自然人、法人、非法人組織，以及法人、非法人、自然人相互之間的借款合同關係。對借款合同的概念、形式及內容、合同的擔保、貸款人和借款人雙方的權利義務以及當事人違反合同的責任等內容作出規定。

> **第六百六十七條　借款合同是借款人向貸款人借款，到期返還借款並支付利息的合同。**

■ **條文主旨**

　　本條是關於借款合同定義的規定。

■ **條文釋義**

一、借款合同相關概念的定義及分類

　　借款合同，是指貸款人向借款人提供借款，借款人到期返還借款，並向貸款人支付利息的合同。

　　借款合同和傳統民法借貸合同的概念有所區別。借貸合同是貸與人交付金錢或者其他種類物並轉移其所有權供借用人消耗使用，借用人向貸與人返還種類、質量、數量相同的種類物的合同，一般分為使用借貸和消費借貸。其中，使用借貸是指當事人約定，當事人一方將物品借給對方使用，對方無償使用後將物品返還的合同，又稱為借用合同。消費借貸是指當事人約定，當事人一方有償地將金錢或者其他代替物的所有權轉移給對方，對方以相同物品返還的合同。本法並無對使用借貸作出規定，本章的借款合同，僅指消費借貸中的金錢借貸的內容。

　　為什麼不對使用借貸作出規定，這是因為實際生活中的使用借貸（即借用合同）一般是當事人關係不錯，相互之間較為信任而訂立的合同，實踐中多為口頭合同，並且由於是無償性的合同，實踐中問題不多，即使出現問題，合同編通則部分也足夠能解決，故對使用借貸沒有作出規定。至於為什麼沒有就消費借貸中的物品借貸作出規定，主要基於三點考慮：一是由於 1982 年開始施行的經濟合同法就只規定了借款合同，沒有對物品借貸作出規定，多年的實踐說明，只規定借款合同是可行夠用的；二是借款之外的物品借貸在實踐中很少產生問題，即使產生問題，也可以參照借款合同的有關規定予以解決；三是借款合同一詞使用多年，已被廣大群眾普遍接受，目前沒有充分的理由再引入「消費借貸」這個新的合同概念，

也不宜於大家掌握使用。因此，在本章中以借款合同為名就金錢借貸作出規定。

二、借款合同的適用範圍

本章借款合同適用的範圍較之於合同法有所擴大。合同法借款合同僅適用於金融借款合同和自然人之間的借款合同；目前本章的借款合同適用於金融機構與自然人、法人、非法人組織之間的借款，也適用於自然人、法人、非法人組織相互之間的借款。因此，目前借款合同主要調整兩部分內容：一部分是金融機構與自然人、法人和非法人組織的金融借款合同關係；另一部分是指自然人、法人、非法人組織相互之間的借款合同關係。以金融機構與自然人、法人和非法人組織之間的合同關係為主。

三、借款合同的法律特徵

1. 借款合同的主體是貸款人和借款人。貸款人也稱出借人，是指將金錢貸與借款人的人，借款人是指接受貸款人貸款的人。貸款人包括兩類：一類是在中國境內設立的經營貸款業務的金融機構，包括政策性銀行、商業銀行、農村信用合作銀行和外資銀行等，原則上必須經人民銀行或者銀監部門批准經營貸款業務，持《金融機構法人許可證》或《金融機構營業許可證》，並經市場監管部門核准登記；二類是以自有資金出借但並非以出借款項為業的自然人、法人或者非法人組織。借款合同的借款人可以是自然人、法人或者非法人組織。

2. 借款合同的標的是貨幣，包括可流通的各種貨幣。由於貨幣是種類物，因此，借款人在合同到期後返還相同數額的貨幣並支付約定的利息即可。

3. 借款合同是轉移標的物所有權的合同。貨幣一經借出，所有權即轉移於借款人。借款合同訂立的目的，在於以貨幣供對方消費，任何消費都意味着原物的不再存在。例如借出的紙幣，一經消費，原物便不可復得，也沒有必要復得。所以借款合同的履行，必然會發生所有權轉移的法律後果。

4. 借款合同可以是單務、無償合同，也可以是雙務、有償合同。在借款合同中，如果當事人之間沒有約定利息或者自然人之間約定的利息不清晰，那麼就是沒有利息，即借款人無須向貸款人支付利息，故此類借款合同是單務、無償合同。如果借款合同當事人之間明確約定了支付利息，那麼支付利息便是借款人向貸款人貸款的對價，雙方當事人在合同中都享有一定的權利，又都負有相應的義務，故該類借款合同是雙務、有償合同。

5. 借款合同可以是諾成合同，也可以是實踐合同。所謂諾成合同，是指當事人意思表示一致即成立的合同。所謂實踐合同，是指除當事人之間的意思表示一致外，還須實際交付標的物才能成立的合同。根據本法第 679 條的規定：「自然人之間的借款合同，自貸款人提供借款時成立。」意味着，自然人之間成立借款合同，不僅要當事人意思表示一致，還必須由貸款人實際向借款人交付借款，因此自然人之間的借款合同是實踐合同。此外，本章規定的其他當事人之間的借款合同，無須以借款的實際交付為成立要件，故為諾成合同。

6. 借款合同可以是要式合同，也可以是不要式合同。所謂要式合同，是指法律對合同訂立的形式有一定的要求，法律規定符合特定方式才能成立的合同，為要式合同；無須以特定方式合同即可成立的，為不要式合同。本法第 668 條規定第 1 款規定：「借款合同應當採用

書面形式，但是自然人之間借款另有約定的除外。」據此表明，採用書面形式的借款合同為要式合同，自然人之間的借款如果未採用書面形式的，為不要式合同。

在本法編纂過程中，有意見提出將本章的借款合同分為金融借款合同和民間借貸合同，或者分為生活性借款合同和營利性借款合同。經研究認為，儘管金融借款合同和民間借貸合同在放貸主體、監管、利率等方面存在明顯區別，但該區別主要還是存在於行政監管領域，而在民事權利義務的立法內容方面，兩者之間不應當有明顯區別，否則將有悖於平等原則；同時，民間借貸與政策聯繫緊密，政策變動性強，與民法典要求的穩定性不符。因此本章未區分金融借款合同和民間借貸合同。另外，因生活性借款和營利性借款在實踐中很難區分，區分的意義也不是很明確，同樣，本章未區分生活性借款和營利性借款。

> **第六百六十八條** 借款合同應當採用書面形式，但是自然人之間借款另有約定的除外。
>
> 借款合同的內容一般包括借款種類、幣種、用途、數額、利率、期限和還款方式等條款。

■ 條文主旨

本條是關於借款合同形式和內容的規定。

■ 條文釋義

一、借款合同的形式

合同的形式，是指合同當事人之間確定相互權利義務關係的表現方式。主要包括口頭合同和書面合同兩種形式。口頭合同簡便易行，但容易發生誤解和遺忘，發生糾紛後難以取證。書面合同內容明確、責任清楚，有利於合同的履行，便於檢查，發生糾紛後容易舉證。在實踐中，金融借款合同通常採用書面形式，既有利於合同的履行，避免當事人之間發生糾紛，也便於發生合同糾紛後容易舉證，及時解決糾紛。而對於實踐中時常出現自然人之間的小額短期借款，大多當事人之間較為熟悉，沒有必要強制採用書面形式訂立合同。因此，本條第 1 款規定，借款合同應當採用書面形式，但是自然人之間借款另有約定的除外。該款係針對借款合同實際情況作出的實事求是的規定。

對於金融借款合同，我國的商業銀行法第 37 條規定：「商業銀行貸款，應當與借款人訂立書面合同。合同應當約定貸款種類、借款用途、金額、利率、還款期限、還款方式、違約責任和雙方認為需要約定的其他事項。」據此表明，訂立借款合同已成為金融機構貸款業務的必經程序。其目的是明確金融機構與借款人的權利和義務，保障金融機構信貸資金的安全。對於自然人之間的借款合同，既可以採用書面形式，也可以採用口頭形式，當事人可以

根據合同是否有償等具體情況選擇訂立合同的形式。從立法的本意考慮，自然人之間的借款合同雖然可以採取口頭形式，但是為了規範合同的訂立，便於當事人履行合同，減少糾紛，故主要還是提倡當事人最好採用書面形式訂立合同。

二、借款合同的內容

當事人訂立借款合同，應當約定哪些內容是一個十分重要的問題。因為訂立合同就是要設立、變更、終止民事權利義務關係，涉及各方當事人享有哪些權利，應當履行哪些義務等對當事人切身利益相關的問題。本法第 470 條第 1 款規定：「合同的內容由當事人約定，一般包括下列條款：（一）當事人的姓名或者名稱和住所；（二）標的；（三）數量；（四）質量；（五）價款或者報酬；（六）履行期限、地點和方式；（七）違約責任；（八）解決爭議的方法。」這些內容是借款合同的當然主要內容，考慮到借款合同的特殊性質，主要內容還應當包括以下幾個方面：

1. 借款種類。借款種類是指金融機構作為貸款人的情況下，根據國家有關規定和資金市場的需求創設的貨幣商品種類。借款人可以根據自己的需要向貸款人申請某種特定形式的貸款。貸款根據不同的標準可分為不同的種類。根據貸款的性質可分為自營貸款、委託貸款和特定貸款。根據貸款期限的不同，可將貸款分為短期貸款、中期貸款和長期貸款。根據貸款的風險不同，可將貸款分為信用貸款、擔保貸款和票據貼現貸款。根據資金的投向和用途可將貸款分為流動資金貸款、固定資金貸款和農業貸款。根據貸款的幣種不同可將貸款分為人民幣貸款和外匯貸款。

2. 幣種。幣種是指借款合同標的是哪一種貨幣，是人民幣還是其他國家或地區的貨幣。

3. 用途。用途是指借款使用的目的和範圍。為了落實國家產業政策，保證信貸資金的安全，國家和各金融機構根據不同種類的貸款，規定了不同的條件和監督措施，借款人可以根據不同的用途申請不同種類的貸款。貸款人根據貸款用途來確定貸與不貸，貸多貸少，並選定貸款期限和利率。我國商業銀行法第 35 條規定：「商業銀行貸款，應當對借款人的借款用途、償還能力、還款方式等情況進行嚴格審查。」「商業銀行貸款，應當實行審貸分離、分級審批的制度。」據此表明，金融借款應當專款專用。在借款合同中明確借款用途，有利於國家產業政策的落實，有利於借款合同的履行，有利於金融機構信貸資金的安全，以保證借款在金融機構的監督下及時收回。

4. 數額。數額是指借款數量的多少。數額是借款合同的重要內容，是確定資金的撥付和計算利息的依據，是借貸雙方當事人權利義務的重要標誌。在訂立借款合同時，沒有數額或者數額不清，合同便不能成立。因此，當事人應當在合同中明確借款的總金額以及在分批支付借款時，每一次支付借款的金額，以便於合同的具體履行。

5. 利率。利率是指借款人和貸款人約定的應當收的利息的數額與所借出資金的比率。利率的高低直接決定利息金額的大小。按照不同的標準，利率可以分為：年利率、月利率和日利率；法定利率和市場利率；短期利率和中長期利率；固定利率和浮動利率；名義利率和實際利率。在我國，國務院批准和授權中國人民銀行制定的各種利率為法定利率，法定利率具

有法定效力，其他任何單位和個人均無權制定和變動，法定利率的公佈、實施由中國人民銀行總行負責。中國人民銀行是利率管理的主管機關，代表國家統一行使利率管理權，其他任何單位和個人不得干預中國人民銀行的利率管理工作。

6. 期限。期限是指借款人在合同中約定能使用借款的時間。當事人一般根據借款人的生產經營週期、還款能力和貸款人的資金供給能力等，約定借款期限。根據中國人民銀行1996年頒佈的《貸款通則》的規定，自營貸款期限最長一般不超過10年，超過10年的應當報中國人民銀行備案。票據貼現期限最長不得超過6個月，貼現期限為從貼現之日起到承兌票據到期日止。非金融借款合同的期限由當事人自行約定。

7. 還款方式。還款方式是指貸款人和借款人約定以什麼結算方式償還借款給貸款人。例如，是到期一次還本付息還是分期返還；是逐期先還息到期一次還本，還是以其他方式還本付息等。

以上所列舉的合同內容是具有借款合同明顯特點的條款，除以上七項內容外，借款合同的當事人還可以對其他內容作出約定。在此需要特別說明的是，借款的擔保也是合同的重要內容，合同法第198條規定：「訂立借款合同，貸款人可以要求借款人提供擔保。擔保依照《中華人民共和國擔保法》的規定。」在本法編纂過程中，由於擔保法的內容全部納入本法物權編和合同編的規定，該條內容已經在相關條文中體現，比如本法第387條等，因此合同法的該條內容沒有必要再作規定，故在編纂過程中刪去。

> **第六百六十九條　訂立借款合同，借款人應當按照貸款人的要求提供與借款有關的業務活動和財務狀況的真實情況。**

■ 條文主旨

本條是關於借款人應當提供真實情況義務的規定。

■ 條文釋義

依據本條規定，借款人在提出借款申請的同時，應當按照借款人的要求如實提供以下三個方面資料：

一是與借款人資格有關的基本情況。比如，作為法人、非法人組織和個體工商戶的借款人是否經工商行政管理機關核准登記；借款人是自然人的，是否具有完全民事行為能力等。對於貸款人所要求提供的用於貸款審查的有關情況，借款人應當全面提供，並且應當保證所提供資料的合法性、真實性和有效性。

二是與借款有關的業務活動的真實情況。比如金融機構作為貸款人時，借款人應當提供有關近期生產經營狀況，生產經營的效益，產品的產、供、銷情況，內部經營管理和生產條

件的情況，以及與借款用途直接相關的經濟效益的情況等。如果借款用於固定資產，應當提供固定資產投資項目建議書和可行性研究報告等。通過了解這些情況，以便於貸款人確定借款人生產的產品是否具有市場、生產經營是否有效益，能否做到不挪用所借資金等。

三是借款人財務狀況的真實情況。借款人應當按照貸款人的要求，如實提供所有的開戶行、賬號及存貸款餘額情況，使貸款人全面充分地了解借款人實際賬面資金的運作情況，以便貸款人能判斷借款人償還借款的能力。借款人還應當提供財政部門或會計師事務所核准的上年度財務報告，使貸款人了解即期的生產經營情況和財務狀況，從而在總體上把握借款人的經營和資信狀況，保障借款的安全。

需要說明的是，對於非金融機構的法人、非法人組織和自然人之間的借款合同，借款人應當向貸款人提供哪些情況，由當事人協商確定，不一定必須提供本條所規定的「與借款有關的業務活動和財產狀況的真實情況」。

第六百七十條　借款的利息不得預先在本金中扣除。利息預先在本金中扣除的，應當按照實際借款數額返還借款並計算利息。

■ 條文主旨

本條是關於借款利息不得預先扣除的規定。

■ 條文釋義

支付借款利息，是借款人獲取、使用借款的對價，也是貸款人將錢款借給借款人的重要目的之一。因此，借款的數額和利息是借款合同需要規定的主要內容，當事人在訂立借款合同時一般要對借款數額和利息的多少及支付期限作出明確的約定。一般來說，借款利息是在借款期限屆滿時或者合同履行期間按照約定分批償付給貸款人。但是，現實中有的貸款人為了確保利息的收回，在提供借款時就將利息從本金中扣除，造成借款人借到的本金實質上為扣除利息後的數額。比如，借款人向貸款人借款 200 萬元，借期 1 年，年利率為 5%，到期應當向貸款人支付的利息為 10 萬元，貸款人在提供借款時就直接將利息扣除，僅向借款人支付 190 萬元借款，這實際上是將 200 萬元視為出借本金，並按年利率 5% 收取了利息。這種做法一方面使貸款人的利息提前收回，減少了借款的風險；另一方面卻損害了借款人的合法利益，使借款人實際上得到的借款少於合同約定的借款數額，影響其資金的正常使用，加重了借款人的負擔，也容易引起借款合同雙方當事人的糾紛。為了解決借款實踐中經常出現的問題，體現合同當事人的公平原則，防止貸款人利用優勢地位確定不平等的合同內容，本條明確規定，貸款人在提供借款時不得預先將利息從本金中扣除。如果貸款人違反法律規定，仍在提供借款時將利息從本金中扣除的，那麼，借款人只需要按照實際借款

數額返還借款並計算利息。比如，上面例子中的借款人實際只得到了190萬元的借款，那麼，其借款數額即為190萬元，借款人只需要在借款期限屆滿時，向貸款人返還本金190萬元並支付按照年利率5%計算利息，即貸款人應當向借款人返還本金190萬元，支付利息190×5%=9.5萬元，合共190+9.5=199.5萬元。

就本條規定，在司法實踐中，貸款人持有的借款人向其出具的借據等證據，通常沒有反映貸款人在出借款項時就已收取了利息，使得在發生糾紛時，借款人通常處於不利境地。針對此情況，《最高人民法院關於審理民間借貸案件適用法律若干問題的規定》第27條規定，借據、收據、欠條等債權憑證載明的借款金額，一般認定為本金。預先在本金中扣除利息的，人民法院應當將實際出借的金額認定為本金。據此，在借款人對貸款人在出借款項時即已收取利息的事實提出證據後，法院便不會以借據等證據載明的借款金額為本金，而會以該本金減去貸款人已收取的利息後的數額為本金。作為借款人，在這一類事情發生中，最需要切記的，便是在向貸款人預先支付利息時，獲得貸款人簽名加日期的利息收條。

> **第六百七十一條**　貸款人未按照約定的日期、數額提供借款，造成借款人損失的，應當賠償損失。
>
> 借款人未按照約定的日期、數額收取借款的，應當按照約定的日期、數額支付利息。

■ 條文主旨

本條是關於貸款人未按照約定提供借款及借款人未按照約定支取借款責任的規定。

■ 條文釋義

借款合同依法成立後，即對當事人具有法律約束力。貸款人和借款人都應當全面、正確、及時履行合同約定的義務，任何一方不得擅自變更或者解除合同。借貸雙方訂立借款合同，建立信貸關係的目的是滿足各自生產、經營的需要，實現各自的經濟目標。因此，只有合同當事人按照約定履行義務，才能實現各自訂立合同的目的。如果有一方當事人不履行或者不正確履行合同義務，就會影響另一方當事人正常的資金周轉和生產經營活動，既不能實現當事人訂立借款合同的目的，也給社會經濟活動造成不利的影響。因此，借貸雙方當事人在合同訂立後，應當切實履行合同約定的義務。

對於貸款人來說，自借款合同成立後，按照約定的日期、數額向借款人提供借款，是其主要的合同義務。但是，貸款人由於資金周轉或者其他原因，可能不能按照約定的日期提供借款，或者不能按照約定的數額提供借款。貸款人的這種違約行為會造成兩個方面的重大影響：首先，貸款人逾期放貸會直接影響借款人對借款的使用，損害借款人的合法利益，給借款人造成損失。因為，貸款人按照約定的期限提供借款的，借款人就能將所得的資金按照

計劃投入正常的生產或者經營中，保證資金得到正常運轉。貸款人不能在約定的期間內提供借款的，就會打亂借款人的資金使用計劃，直接影響到借款人的生產或者其他經營活動，甚至會出現因借款人資金不到位侵犯第三人的合法權益，引發三角債或者其他糾紛的發生，影響整個資金的良性周轉和循環。其次，貸款人的逾期放貸行為也容易影響貸款人按期收回借款。由於借款人的借款期間往往就是其生產、經營活動對資金的正常需求時間，如果貸款人事先就違約，使借款人在約定的日期得不到借款，那麼，借款人就容易出現在得到借款後拖延還款的情況，這樣貸款人在合同約定的借款期間屆滿後就收不回借款。因此，貸款人的這種不按照合同約定的期間提供借款的行為，不僅損害了借款人的利益，而且也增加了自己經營的風險。所以本條第 1 款規定，貸款人未按照約定的日期、數額提供借款，造成借款人損失的，貸款人應當賠償借款人的損失。這是在總結借款合同實踐經驗的基礎上，對貸款人不按照合同約定發放貸款的違約責任作出明確規定，以督促貸款人遵守約定，及時放貸。根據該規定，貸款人的違約責任，可以在借款合同中約定；如果沒有約定，貸款人又違約逾期放款造成借款人損失的，那麼貸款人應當賠償損失，損失賠償額應當相當於因其違約所造成的損失，包括合同履行後可以獲得的利益，但不得超過違反合同一方訂立合同時預見到或者應當預見到的因違反合同可能造成的損失。

對於借款人來說，自借款合同成立後，應當按照約定的日期和數額收取借款，也是其主要的合同義務。借款人在訂立借款合同後，生產經營可能會發生一些變化，或者借款人從其他渠道得到了所需的資金，因而借款人在合同約定的收取借款的日期，出現不需要或者暫時不需要借款或者合同約定的借款數額的情況。這種情況的發生主要是因為借款人在貸款人處沒有開立賬戶，如果開立了賬戶，借款合同生效後，貸款人就會自動按照借款合同的約定，將借款人所借資金劃入其賬戶。但是，當借款人沒有在貸款人處開立賬戶時，貸款人為了履行合同約定的放貸義務，就要為借款人備足所借資金。那麼，借款人不按合同約定的日期、數額收取借款，就會對貸款人的資金利用及資金使用的效率帶來影響。因為貸款人主要是通過收取利息來營利的，所以，貸款人對自己的資金使用狀況都有統一的安排和完整的計劃，借款人如果未按約定的日期、數額收取借款的，必然會影響貸款人資金的安排、計劃的執行以及資金的正常周轉，損害貸款人的合法利益。基於貸款人所受到的損失主要就是利息的損失，因此，本條第 2 款明確規定，借款人未按照約定的日期、數額收取借款的，應當按照約定的日期、數額支付利息。這樣一來，不論借款人是否按照約定的日期及數額收取借款，都必須按照合同約定向貸款人支付利息。有利於促使借款人按照約定收取借款，確保借款合同得到切實的履行。

需要特別指出的是，本條的規定，主要是針對金融機構作為貸款人的情況。由於自然人之間借款是以貸款人實際交付借款時，借款合同才成立，所以自然人之間借款的，不適用本條的規定。

第六百七十二條 貸款人按照約定可以檢查、監督借款的使用情況。借款人應當按照約定向貸款人定期提供有關財務會計報表或者其他資料。

■ 條文主旨

本條是關於貸款人對借款使用情況的監督權利以及借款人應當協助貸款人監督的規定。

■ 條文釋義

為了保證貸款資金的合理使用和按期收回，減少甚至防止貸款資金的風險，借款人向貸款人申請貸款時，應當向貸款人提供與借款有關的業務活動和財務狀況的資料，以便貸款人了解借款人的基本情況特別是資信情況，以判斷借款人是否具有償還借款能力，決定是否向借款人貸款。因此，本法第 669 條規定，訂立借款合同，借款人應當按照貸款人的要求提供與借款有關的業務活動和財務狀況的真實情況。但是，該規定是要求借款人訂立合同時履行的義務，現實中，借款人的財務狀況不可能總處於訂立合同時的狀態，其經營狀況會隨着市場供求、經濟環境等因素不斷變化，而這種變化又會直接影響到其財務狀況的好壞。所以，為了保證貸款人按照合同約定收回借款，借款合同成立後，貸款人也需要對借款的使用情況行使一定的監督權。金融機構還需要對所提供的借款進行跟蹤檢查，以防止借款人出現違反合同的行為。因此，本條規定，貸款人和借款人可以在合同中約定，貸款人有權檢查、監督貸款的使用情況。這樣貸款人就能及時了解借款人的生產經營情況，確定其借款的使用是否盈利，償還借款的能力是否受到影響，以保證借款的合理使用和良性循環。此外，貸款人還可以協助借款人發現借款使用中存在的問題，提高借款的使用效益。但是，貸款人對借款人貸款資金的使用情況進行監督、檢查，應當嚴格在合同約定的範圍內進行，不得干預借款人正常的生產經營活動，不得干涉借款人的內容經營管理等。

在貸款人按照合同約定主動對借款人進行檢查、監督的同時，借款人應當按照約定向貸款人定期提供有關的財務會計報表等資料。在具體的實踐過程中，借款人主動應當向貸款人提供的主要資料包括：資產負債表、損益表、財務狀況變動表、現金流量表、附表及會計報表附注和財務狀況說明書等。這些資料能真實地反映借款人現階段的生產經營及財務資信狀況，有助於貸款人正確、全面地了解貸出資金的使用情況，確定貸款的使用是否盈利，借款人償還借款的能力是否受到影響，借貸的資金是否安全等，以利於保護自己的合法權益。

> **第六百七十三條　借款人未按照約定的借款用途使用借款的，貸款人可以停止發放借款、提前收回借款或者解除合同。**

■ 條文主旨

本條是關於貸款人在借款人違約使用借款時享有相關權利的規定。

■ 條文釋義

借款用途是借款人使用借款的目的。雖然從表面上看，貸款人借款的最終目的是收取利息和收回本金，借款人的使用借款的用途似乎和貸款人的利益並無直接的關係，但是，借款用途一直作為借款合同當事人需要約定的重要內容，特別是金融機構作為貸款人的情況下，借款用途更是合同中不可缺少的條款。借款用途之所以是借款合同的主要內容，是因為借款用途與借款人能否按期償還借款有很直接的關係。借款人擅自改變借款用途，就會使原先當事人共同預期的收益變得不確定，增加了貸款人的借款風險，最終導致借款難以收回。比如，借款人將取得的基本建設貸款用於炒股，嚴重改變了借款的用途，雖然也有獲利的可能，但使得貸款人的貸款風險急劇加大，一旦發生股災，很可能使貸款人蒙受重大損失。另外，金融機構作為貸款人的，有些借款還是依據國家的宏觀經濟政策、國家的信貸政策和產業政策發放的，其借款用途和國家的經濟政策有着直接的關係。如果不按借款用途使用借款，還會造成資金的使用不符合國家政策的情況。因此，貸款人對借款除加強監督檢查外，對於借款人違約使用借款的，應當採取相應的風險防範措施。

我國法律、行政法規中一直將借款用途作為金融機構借款合同的主要內容作出規定。本條再次明確借款人應當按照約定的用途使用借款，同時規定，借款人違反合同約定的借款用途使用借款的，貸款人可以採取以下三種措施：

1. 停止發放借款。即貸款人對尚未發出的貸款暫停發放。這主要是針對分期提供貸款或者資金使用進度提供貸款而採取的措施。如果借款合同約定貸款是分期貸出，或者是根據貸款資金使用進度提供貸款，貸款人一旦發現借款人未將先期已經貸出的款項用於合同約定的用途，就可以停止發放尚未發出的借款，實際上也就是停止履行合同中約定的尚未履行完畢的義務。

2. 提前收回借款。這種做法在貸款業務中稱為「加速到期條款」，這是金融機構的通行做法。即貸款人將款項貸出後，發現借款人沒有按照合同約定的用途使用借款，危及自己的合法權益時，可以將已經貸出的借款提前收回。也就是說，貸款人不必等到借款合同約定的還款日期，就有權要求借款人提前履行還款的義務。在本法編纂過程中，有意見提出本條的「提前收回借款」措施是「解除合同」的應有之義，已經包含在「解除合同」之中，建議刪去「提前收回借款」。經研究，我們的意見是，沒有按照約定的用途使用借款，不是任何時候都可以採取「解除合同」的措施，只有當違約情況嚴重致使借款合同不能實現合同目的時

才可以採取。而「提前收回借款」的措施，只要存在沒有按照約定用途使用借款的情況，不管程度如何，貸款人便可以採取。同時，單獨保留「提前收回借款」的措施，可以增加貸款人選擇的自由度，同時有利於合同的保持。因此，我們決定保留「提前收回借款」的規定。

3. 解除合同。借款人不按照合同約定的用途使用借款，構成違約；當違約情況嚴重，致使借款合同不能實現其目的時，則構成根本違約。根據本法第 563 條第 1 款第 4 項對根本違約的法律後果的規定是，當事人一方遲延履行債務或者有其他違約行為致使不能實現合同目的的，另一方當事人有權解除合同。因此，借款人不按照合同的約定使用借款，構成根本違約時，貸款人有權解除借款合同。本法第 566 條第 1 款規定：「合同解除後，尚未履行的，終止履行；已經履行的，根據履行情況和合同性質，當事人可以請求恢復原狀或者採取其他補救措施，並有權請求賠償損失。」該條第 2 款規定：「合同因違約解除的，解除權人可以請求違約方承擔違約責任，但是當事人另有約定的除外。」據此，一旦解除借款合同，貸款人可以對尚未履行的貸款終止履行（即停止發放借款），對已經履行的貸款要求恢復原狀（即收回已經貸出的借款），而且還可以要求借款人承擔相應的違約責任。

另外，非金融借款合同的當事人，比如是自然人之間借款的，對借款用途作出約定的，借款人也應當按照約定的用途使用借款。因改變借款用途造成貸款人損失的，貸款人依法可以採取相應的措施來保護自己的權利。

> 　　第六百七十四條　借款人應當按照約定的期限支付利息。對支付利息的期限沒有約定或者約定不明確，依據本法第五百一十條的規定仍不能確定，借款期間不滿一年的，應當在返還借款時一併支付；借款期間一年以上的，應當在每屆滿一年時支付，剩餘期間不滿一年的，應當在返還借款時一併支付。

■ 條文主旨

本條是關於借款人支付利息期限的規定。

■ 條文釋義

借款合同到期後，貸款人收回貸款並按照合同約定的利率收取利息是貸款人的主要權利，也是貸款人與借款人訂立借款合同的主要目的之一。借款人支付的利息是貸款人取得貸款的效益及利益所在，因此，向貸款人支付利息是借款人的主要義務，借款人不僅應當按照約定的數額支付利息，而且還應當在約定的期限向貸款人支付。支付利息期限的方式有多種，當事人既可以約定在借款期限屆滿時和本金一併支付，也可以約定在借款期間內分批向貸款人支付。為了避免就利息支付問題發生糾紛，建議在借款合同中就如何支付利息作出明確的約定。

如果當事人對支付利息的期限沒有約定，或者雖然約定卻約定得不明確，那麼，借款人按照什麼期限向貸款人支付利息呢？根據本條的規定，在當事人對支付利息的期限沒有約定或者約定不明確的，首先應當依據本法第 510 條的規定來確定，即當事人可以就支付利息的期限進行協議補充；不能達成協議的，則依據合同其他條款或者雙方當事人之間的交易習慣來確定。如果依據以上原則仍不能確定支付利息的期限，那麼，借款人按照以下規定的期限向貸款人支付利息：（1）借款合同在 1 年以內的，在返還借款時一併支付，即利息在借款合同期限屆滿時和本金一併支付。比如，甲向乙借款 100 萬元，借款期間為 6 個月，未約定支付利息的期限。那麼，甲向乙支付利息的時間為合同期間屆滿時和本金一起支付。（2）借款在 1 年以上的，在每屆滿 1 年時支付，剩餘期間不滿 1 年的，在返還借款時一併支付。比如，甲向乙借款 100 萬元，借款期間為 2.5 年，未約定支付利息的期限。那麼，甲應當分三批向乙支付利息，第一次支付利息的時間為借款期間 1 年屆滿時。第二次支付利息的時間為借款期間 2 年屆滿時。由於合同的履行期間剩下的時間不足 1 年，所以，第三次支付利息的時間為合同期間屆滿時和本金一起支付。

> **第六百七十五條**　借款人應當按照約定的期限返還借款。對借款期限沒有約定或者約定不明確，依據本法第五百一十條的規定仍不能確定的，借款人可以隨時返還；貸款人可以催告借款人在合理期限內返還。

■ 條文主旨

本條是關於還款期限的規定。

■ 條文釋義

在借款合同中，按照合同的約定期限返還借款是借款人的主要義務，也是借款合同最主要的內容。貸款人之所以能夠與借款人訂立借款合同並將錢借給借款人，其中很重要的原因是信任借款人能夠到期返還借款並支付利息，否則貸款人在通常情況下是不會將錢借給沒有償還能力或者不守信譽的人的。為了防範借款人到期不能返還借款的事情發生，在訂立借款合同時，借貸雙方都會將還款期限、還款方式等在合同中作出明確規定。

但是，在當事人對借款期限沒有約定或者約定不明確的情況下，借款人何時返還借款，實踐中容易發生糾紛。根據本條的規定，當事人未約定還款期限的，第一，應當依據本法第510 條的規定來確定，即當事人可以就還款期限一事進行協商，達成補充協議，確定還款期限；第二，對於不能達成補充協議的，可以按照合同有關條款或者當事人之間的交易習慣來確定還款期限；第三，如果當事人既不能達成補充協議，也不能按照合同有關條款或者交易習慣確定還款期限，那麼，依據本法第 511 條第 4 項的規定：「履行期限不明確的，債務人

可以隨時履行，債權人也可以隨時請求履行，但是應當給對方必要的準備時間。」借款人可以隨時返還借款，貸款人也有權向借款人發出催告，要求其在合理期限內返還借款。本條對貸款人催告借款人還款的「合理期限」未作出明確的規定，主要的考慮是：金融機構和其他民事主體作為貸款人時，對借款的返還期限的要求是不同的，規定統一的還款期限不能適應不同的情況。因此，該合理期限由貸款人根據具體情況來確定。在發生糾紛時，司法機關亦可以根據具體的情況來判定該期限是否合理。

> **第六百七十六條　借款人未按照約定的期限返還借款的，應當按照約定或者國家有關規定支付逾期利息。**

■ 條文主旨

本條是關於借款人未按照約定的期限返還借款責任的規定。

■ 條文釋義

借款人的主要義務就是還款付息，未按期返還借款的，是一種嚴重違約行為，會給債權人的合法權益造成嚴重損害。特別是金融機構作為貸款人的情況下，其出借資金的主要來源是存款，金融機構就是通過收回借款的本息來保證資金的正常周轉的。如果借款人不按期返還借款，就會使貸款人無法保證存款的按期支付，造成存貸收支不平衡的局面，引發「三角債」等多種糾紛，影響國家經濟的良性循環。因此，借款人應當對其違約行為承擔相應的法律責任。

明確逾期借款的借款人的法律責任，是各個國家或者地區在借款合同中着重解決的問題。一些國家及國際金融機構都在其借款合同中明確規定，逾期還款的，貸款人可以加收利息。就金融借款的逾期利息問題，我國商業銀行法第 42 條第 1 款規定，借款人應當按期歸還貸款的本金和利息。第 2 款規定，借款人到期不歸還擔保貸款的，商業銀行依法享有要求保證人歸還貸款本金和利息或者就該擔保物優先受償的權利。商業銀行因行使抵押權、質權而取得的不動產或者股權，應當自取得之日起 2 年內予以處分。第 3 款規定，借款人到期不歸還信用貸款的，應當按照合同約定承擔責任。2003 年 12 月 10 日中國人民銀行下發的《中國人民銀行關於人民幣貸款利率有關問題的通知》第 3 條第 1 款規定，關於罰息利率問題。逾期貸款（借款人未按合同約定日期還款的借款）罰息利率由現行按日 2.1‰ 計收利息，改為在借款合同載明的貸款利率水平上加收 30% — 50%；借款人未按合同約定用途使用借款的罰息利率，由現行按日 5‰ 計收利息，改為在借款合同載明的貸款利率水平上加收 50% — 100%。第 2 款規定，對逾期或未按合同約定用途使用借款的貸款，從逾期或未按合同約定用途使用貸款之日起，按罰息利率計收利息，直至清償本息為止。對不能按時

支付的利息,按罰息利率計收複利。就民間借貸的逾期利息問題,《最高人民法院關於審理民間借貸案件適用法律若干問題的規定》第 29 條第 1 款規定,借貸雙方對逾期利率有約定的,從其約定,但以不超過年利率 24% 為限。第 2 款規定,未約定逾期利率或者約定不明的,人民法院可以區分不同情況處理:(1)既未約定借期內的利率,也未約定逾期利率,出借人主張借款人自逾期還款之日起按照年利率 6% 支付資金佔用期間利息的,人民法院應予支持;(2)約定了借期內的利率但未約定逾期利率,出借人主張借款人自逾期還款之日起按照借期內的利率支付資金佔用期間利息的,人民法院應予支持。該規定第 30 條規定,出借人與借款人既約定了逾期利率,又約定了違約金或者其他費用,出借人可以選擇主張逾期利息、違約金或者其他費用,也可以一併主張,但總計超過年利率 24% 的部分,人民法院不予支持。最高人民法院司法解釋規定的上述民間借貸逾期利率標準因中國人民銀行的最新規定可能會發生變化。中國人民銀行在 2019 年 8 月 17 日發佈公告,決定改革完善貸款市場報價利率(LPR)形成機制,從 2019 年 8 月 20 日起,中國人民銀行授權全國銀行間同業拆借中心於每月 20 日 9 時 30 分公佈貸款市場報價利率;之後於 2019 年 10 月 28 日,中國人民銀行再發佈公告,要求自 2020 年 1 月 1 日起,各金融機構不得簽訂參考貸款基準利率定價的浮動利率貸款合同。據了解,為與此利率改革政策相協調,最高人民法院正在進行修訂民間借貸司法解釋的有關工作,有的意見提出,建議將司法解釋中的 24% 和 6% 分別修訂為合同訂立時 1 年期貸款市場報價利率的 4 倍(即 4LPR)和合同訂立時 1 年期貸款市場報價利率。

考慮到實踐中金融機構對逾期借款主要是通過加收利息的辦法來追究借款人的違約責任的,本條規定借款人逾期返還借款的,應當按照約定或者國家規定支付逾期利息。根據該規定,當事人可以在合同中對逾期利息的問題作出約定,這種約定既可以是自然人之間對是否收取逾期利息或者逾期利率為多少的約定,也可以是金融機構與借款人在國家規定的幅度內對逾期利率的確定。如果金融機構借款時,沒有對逾期利率作出約定的,那麼,金融機構按照國家有關規定的利率向借款人收取逾期利息。

另外需要說明的是,借款人支付的逾期利息為何大於合同約定的借款期間的利息,就金融借款合同而言,主要是基於兩方面原因:一是為了懲罰借款人的違約行為,維護金融秩序。二是貸款人為了擺脫借款人不能按期返還借款所造成的資金周轉困難,通常需要進行同業拆借,以解決資金調度問題。而拆借市場上的拆息一般高於貸款利息,為此,貸款人要求借款人對逾期借款支付逾期利息大於借款期間的利息,是彌補其拆息成本的措施之一,既可以減少資金風險,又可以減少自己的損失。

> **第六百七十七條**　借款人提前返還借款的，除當事人另有約定外，應當按照實際借款的期間計算利息。

■ 條文主旨

本條是關於借款人提前返還借款的規定。

■ 條文釋義

在借款合同中，一般對返還借款的時間都有明確的規定，這一期限是貸款人與借款人根據借款人的生產週期、還款能力和貸款人的資金供給能力等情況，由借貸雙方共同商議後確定的，借款人應當按照合同約定的期限返還借款。但是在有的情況下，因生產經營狀況或者其他情況發生了變化，借款人在合同履行期間不需要所借的資金，出現借款人提前返還借款的情況。

1999 年合同法起草時，針對提前還款是否經貸款人同意及利息如何計算這兩個問題，出現了不同的意見：一種意見認為，我國當時借款人的返還能力較差，許多借款人到期不能返還借款，而借款的提前返還有利於將資金用於短缺的項目中，對於貸款人並無損害，也有利於國家的經濟建設。同時，借款合同中的還款期限原本是為了借款人而設定的，借款人提前還款，實際上是借款人放棄了自己的期限利益，法律不能限制當事人放棄自己的利益，只要該放棄行為不損害公共利益和他人利益。所以，法律上應當作出鼓勵借款人提前還款的規定，不應當再給提前還款的借款人增加過重的負擔，提前還款可以不經貸款人的同意，利息按照實際借款的期間計算即可。另一種意見認為，提前還款實質上是一種不按照合同約定履行的違約行為。貸款人特別是金融機構對每一筆貸款的發放都有一定的安排，如果提前還款不需要經貸款人的同意並按照實際借款的期間計算利息，會打亂貸款人的資金安排計劃，使本來應當收取的利息得不到收取，影響貸款人的經濟效益和資金的流動。特別是在借款利率下調的情況下，會造成借款人利用提前還款的辦法來逃避合同約定的利率，使貸款人合法利益受到損失。因此，提前還款應當經貸款人的同意，同時按原借款期限計算利息。還有意見認為，借款人提前還款，只要提前 10 天至 20 天通知貸款人，給貸款人一定的準備時間就可以，不必經貸款人的同意。

對借款人提前返還借款需要考慮的問題主要是，一方面，如果借款人提前還款可以不經貸款人同意，並按實際借款期間支付利息，那麼，會使貸款人無法收到預期該收的利息，進而損害貸款人的合法權益。另一方面，貸款人為了保障能夠盈利，對貸款的收回和再發放都有時間上的安排。如果借款人可以不經貸款人同意就提前還款，讓貸款人自己承擔因資金閒置造成的損失，既損害了貸款人的利益，對貸款人也不公平。如果規定借款人提前還款可以不經貸款人同意，並按實際借款期間支付利息，還與本法第 530 條規定的基本精神相違背。該條規定，債權人可以拒絕債務人提前履行債務，但是提前履行不損害債權人利益的除外。

該條規定的基本含義是：債務人應當按照合同約定的期限履行債務，債務人提前履行債務損害債權人利益的，債權人可以拒絕債務人的履行。債務人提前履行債務不損害債權人利益的，債權人應當接受債務人的履行，而不應當拒絕債務人的履行。債務人提前履行債務未損害債權人利益但被拒絕的，債務人依法可以採取提存等方式履行。從另一角度來講，如果借款人提前還款一律按原合同約定的期間計算利息，讓借款人承擔其不應當承擔的義務，對借款人既不公平，也會打擊借款人提前還款的積極性。

根據本條規定，對於提前還款應當按照以下原則確定雙方的權利和義務：首先，當事人可以在借款合同中對提前還款問題作出約定，按照約定確定是否經貸款人同意及利息如何計算等問題。實際履行中發生提前還款的，按照約定執行。其次，當事人在合同中對提前還款沒有約定的，提前還款不損害貸款人利益的，可以不經貸款人同意，利息按照實際借款期間計算；提前還款損害貸款人利益的，貸款人有權拒絕借款人提前還款的要求。貸款人同意提前還款的，等於貸款人同意變更合同的履行期，因此，借款人應當按照變更後的期間向貸款人支付利息。在此前提下，需要特別指出兩點，第一，借款人的提前還款行為不屬於違約行為。這是因為還款期限原則上屬於借款人的利益，提前還款是借款人放棄自己部分利益的行為，應當予以肯定。第二，如果提前還款損害了貸款人的利益，該利益不應當僅僅是指剩餘借款期間的利息，而主要是指對貸款人經營秩序破壞超過利息損失的內容。剩餘借款期間的利息損失可以由提前還款的借款人進行適當賠償，而賠償利息的多少，可以由人民法院或者仲裁機構根據具體情況按照公平原則確定。

> **第六百七十八條　借款人可以在還款期限屆滿前向貸款人申請展期；貸款人同意的，可以展期。**

■ 條文主旨

本條是關於借款展期的規定。

■ 條文釋義

在借款合同履行過程中，借款人的經營情況可能發生變化，導致不能按照合同約定的期限返還借款，這就產生了借款人是否可以延長借款期限的問題，即本條所稱的借款展期問題。借款展期，是指借款人在合同約定的借款期限不能償還借款，在徵得貸款人同意的情況下，延長原借款的期限，使借款人能夠繼續使用借款。借款展期實際上是對原合同的履行期限的變更，因此，借款展期應當遵循合同變更的有關規定。

合同的變更是指合同成立後，當事人在原合同的基礎上對合同的內容進行修改和補充。合同的變更可能是合同標的的變更，也可能是合同標的的數量、履行方式、履行地點、履行

期限、違約責任等的變更。無論變更合同的哪一項內容，都必須由合同當事人協商一致確定。這是因為，合同是當事人通過要約、承諾的方式，經協商一致達成的。合同成立後，當事人應當按照合同的約定履行。任何一方未經對方同意，不得改變合同的內容。但是，當事人在訂立合同時，有時不可能對涉及合同的所有問題都作出明確的約定；合同訂立後，當事人在履行前或者履行過程中會出現一些新的情況，需要對雙方的權利義務重新進行調整和約定。因此，需要當事人對合同內容重新修改或補充。由於合同是當事人協商一致的產物，所以，當事人在變更合同內容時，也應當本着協商一致的原則進行。如果雙方當事人就變更事項達成了一致的意見，變更後的內容就取代了原合同的內容，當事人就應當按照變更後的內容履行合同。一方當事人未經對方當事人同意任意改變合同的內容，變更後的內容不僅對另一方當事人沒有約束力，而且這種擅自改變合同的做法也是一種違約行為，當事人應當承擔違約責任。因此，借款人延長借款期限必須與貸款人協商，經貸款人同意，才能遲於原合同約定的期限返還借款。

本條中的申請展期，是指借款人在借款合同約定的還款期限不能履行還款義務，向貸款人申請變更原合同約定的借款期限的行為。本條特別明確規定，借款人申請展期的，應當在還款期限屆滿之前向貸款人提出申請。因為貸款人尤其是金融機構作為貸款人，對每一筆貸款的發放都有一定的安排。如果借款人擅自延長還款期限，就會打亂貸款人的資金安排，影響資金流動和貸款人的效益。借款人在還款期限屆滿之前向貸款人申請展期，可以給貸款人作出是否同意展期決定留有充分準備和考慮的時間，以便貸款人根據申請，對借款人不能按期償還借款的情況進行調查和了解，更改原有的資金安排。因此，本條沒有強制規定貸款人必須同意展期申請，而是允許貸款人根據自己的情況，有權自行決定是否同意借款人延長借款期間。貸款人同意的，借款人才可以延期向貸款人返還借款。

在借款人有保證人提供擔保的情況下，貸款人如果要求保證人繼續承擔保證責任，還應當徵得保證人的同意。因為根據本法第 695 條第 2 款的規定：「債權人和債務人變更主債權債務合同的履行期限，未經保證人書面同意的，保證期間不受影響。」由於借款展期使原合同的履行期間延長，因此只有經保證人同意，保證人才對展期後的借款承擔保證責任。貸款人如果為了減少借款的風險，要求保證人繼續承擔保證責任的，就應當取得保證人的同意；否則，保證人可能對延期後的債務不再承擔保證責任。

根據中國人民銀行的有關規定，商業銀行借款中的展期應當按照以下規定辦理：短期借款的展期的期限累計不得超過原借款期限；中期借款展期的期限累計不得超過原借款期限的一半；長期借款展期的期限累計不得超過 3 年。國家另有規定的除外。借款人未申請展期或申請展期未得到批准，其貸款從到期日次日起，轉入逾期貸款賬戶。金融機構借款時，應當按照以上規定確定展期後的合同期限。

第六百七十九條　自然人之間的借款合同，自貸款人提供借款時成立。

■ 條文主旨

本條是關於自然人之間的借款合同成立的規定。

■ 條文釋義

在實踐中，自然人之間借款的情況經常出現。比如，某人因家中出現困難向同事借錢；某人因為要籌辦一個公司向親戚朋友籌備資金等，都屬於自然人借款的情形。由於該情形的普遍性，需要法律對此作出相應的規定。

本條系將合同法第210條「自然人之間的借款合同，自貸款人提供借款時生效」中的「生效」修改為「成立」的結果。之所以作此修改，主要考慮為：一是避免產生自然人之間借款合同是實踐合同還是諾成合同的爭議。實踐合同是指除當事人間的意思表示一致以外，還需要交付標的物才能成立的合同，它以當事人的合意和交付標的物為成立要件。而諾成合同是指當事人之間意思表示一致即能成立的合同，無須標的物的實際交付，它以當事人的合意為成立要件。由於立法的本意是將自然人之間的借款合同確定為實踐合同，而合同法第210條中「生效」的表述，又容易使人產生系諾成合同的誤解，故作出修改完善。二是與本法中定金合同和無償保管合同條文的表述保持一致，統一表述為自實際交付時「成立」。三是可以給司法實踐提供正確指引，即使均為自然人的貸款人與借款人簽訂了借款合同，借款人也無權申請強制執行，更不能要求對方承擔違約責任。

在此需要特別說明的是，自然人之間的借款合同與金融機構作為主體的借款合同有所區別，其中最主要的一點就是金融借款合同是諾成合同，而自然人之間的借款合同為實踐合同，主要理由有：（1）自然人之間的借款合同往往數額有限，內容也簡單，而且當事人之間往往具有親戚、同事、朋友等特別的關係；（2）自然人之間的借款合同也不存在金融借款合同中所必需的複雜程序；（3）自然人通常不是專業機構的人士，確立自然人之間的借款合同為實踐性合同，可以給貸款人一定的思考時間，在實際提供借款之前，貸款人可以有反悔的機會；（4）自然人之間借款一般屬於互助性質，無償的情況也有不少，對合同的形式並不太注意，往往是一手交錢，一手寫借條，應結合實際考慮當事人的真實意思表示，不宜給當事人賦予更重的責任。所以，本條規定，自然人之間借款的，自貸款人交付借款時成立。這樣有利於確定當事人之間的權利和義務，進而預防或減少糾紛的發生。

另外需要指出的是，本條規定的是自然人之間的借款，是指借貸雙方均為自然人的情況，如果有一方當事人並非自然人的，則不適用本條的規定。

第六百八十條　禁止高利放貸，借款的利率不得違反國家有關規定。

借款合同對支付利息沒有約定的，視為沒有利息。

借款合同對支付利息約定不明確，當事人不能達成補充協議的，按照當地或者當事人的交易方式、交易習慣、市場利率等因素確定利息；自然人之間借款的，視為沒有利息。

■ 條文主旨

本條是關於借款利率和利息的規定。

■ 條文釋義

一、本條的由來

本條的規定，系在合同法第 211 條規定的基礎上修改而來，該條原規定：「自然人之間的借款合同對支付利息沒有約定或者約定不明確的，視為不支付利息。自然人之間的借款合同約定支付利息的，借款的利率不得違反國家有關限制借款利率的規定。」為解決民間借貸領域存在的突出問題，維護正常金融秩序，避免經濟脫實向虛，本條第 1 款明確規定禁止高利放貸，借款的利率不得違反國家有關規定。

二、禁止高利放貸，借款的利率不得違反國家有關規定

法律能承認、法院能保護的借貸利息必須從嚴控制，不得違反國家有關規定。《中國人民銀行關於取締地下錢莊及打擊高利貸行為的通知》第 2 條規定：「嚴格規範民間借貸行為。民間個人借貸活動必須嚴格遵守國家法律、行政法規的有關規定，遵循自願互助、誠實信用的原則。民間個人借貸中，出借人的資金必須是屬於其合法收入的自有貨幣資金，禁止吸收他人資金轉手放款。民間個人借貸利率由借貸雙方協商確定，但雙方協商的利率不得超過中國人民銀行公佈的金融機構同期、同檔次貸款利率（不含浮動）的 4 倍。超過上述標準的，應界定為高利借貸行為。」

合同法第 204 條規定：「辦理貸款業務的金融機構貸款的利率，應當按照中國人民銀行規定的貸款利率的上下限確定。」在 1999 年頒佈施行合同法時，中國人民銀行根據市場經濟的發展及資金供求關係，一般在一定時期內對金融機構的貸款利率作出規定。根據中國人民銀行的有關規定，國務院批准和國務院授權中國人民銀行制定的各種利率為法定利率，其他任何單位和個人均無權變動。法定利率的公佈、實施由中國人民銀行總行負責。金融機構在中國人民銀行總行規定的浮動幅度內，以法定利率為基礎自行確定的利率為浮動利率。金融機構確定浮動利率後，須報轄區中國人民銀行備案。金融機構可以對逾期貸款和被擠佔挪用的貸款在原利率的基礎上加收利息；對於加收利息的幅度、範圍和條件，由中國人民銀行總行確定。但是，由於目前中國人民銀行正在推進利率市場化改革，所謂貸款利率的上限和下限，已經不復存在，該條已經沒有實際價值，故在本法編纂過程中，刪去了合同法第 204

條的規定。

就「借款利率的國家規定」，依據《中華人民共和國中國人民銀行法》第 5 條第 1 款規定：「中國人民銀行就年度貨幣供應量、利率、匯率和國務院規定的其他重要事項作出的決定，報國務院批准後執行。」因此，利率標準的制定，原則上是中國人民銀行的職責。實踐中，中國人民銀行制定的有關利率標準，均是與金融借款有關的利率，而與金融機構無關的借貸活動，中國人民銀行並無相關規定。這樣一來，最高人民法院每年審理的大量民間借貸糾紛案件，無法從中國人民銀行制定的相關利率規定中找到裁量利率紛爭的依據。為解決辦理案件的實際需要，最高人民法院在 1991 年頒佈了《關於人民法院審理借貸案件的若干意見》2015 年發佈了《最高人民法院關於審理民間借貸案件適用法律若干問題的規定》，其中第 26 條規定了民間借貸利率的「兩線三區」標準，作為近年來的裁判依據：「借貸雙方約定的利率未超過年利率 24%，出借人請求借款人按照約定的利率支付利息的，人民法院應予支持。」「借貸雙方約定的利率超過年利率 36%，超過部分的利息約定無效。借款人請求出借人返還已支付的超過年利率 36% 部分的利息的，人民法院應予支持。」目前，有不少意見提出該標準過高，建議最高人民法院修訂該標準。

因此就目前的實際情況而言，金融借款領域執行的是中國人民銀行公佈的貸款市場報價利率標準，民間借貸領域執行的是司法解釋規定的標準。在本法編纂過程中，不少意見提出在本條第 1 款直接規定最高利率的具體標準，比如不超過年利率 12%、16% 等，由於民法典作為基本法需要保持穩定性和兼容性，不適宜規定具體的利率標準。從借貸領域的規範角度而言，鑒於利率問題的重要性，應當由國家有關主管部門對借款的利率作出明確的規定。

三、借款合同未約定利息的處理規則

本條第 2 款規定，借款合同對支付利息沒有約定的，視為沒有利息。相對於合同法的規定而言，有了較大突破。合同法只是規定自然人之間沒有約定利息的，視為沒有利息；而目前將沒有約定支付利息的借貸情形，拓展到了所有借貸領域，即所有類型或者當事人之間訂立的借貸合同，只要沒有約定支付利息，就一律視為沒有利息。之所以作出這樣規定，主要理由有：一是從日常生活經驗來看，通常情況下利息的計付是借款合同的核心內容，當事人之間不會不對此進行協商，在此前提下，若合同沒有約定支付利息，原則上可推理為當事人協商確定無須計付利息。二是從糾紛處理的角度來看，有的借款合同沒有約定利息確實是當事人協商確定無須支付，有的借款合同沒有約定利息可能真的未經協商，兩種情形下，不僅糾紛的事實難以完全查清，而且可以參照的利率標準也難以確定，很難作出相對統一的裁決。故法律擬製規定為沒有利息，不僅有利於指引當事人的行為，也有利於統一裁決結果，最終有利於維護社會和經濟秩序。

四、借款合同利息約定不明時的處理規則

在借款合同實踐中，支付利息約定不明確的問題，確實常有發生。究竟原因，一是由於當事人之間過於熟悉親密，因而對利的支付約定草草了事；二是由於當事人之間的專業素養的欠缺，對支付利息的相關內容不能作出精確的約定。因此，本條第 3 款規定，借款合同

對支付利息約定不明確，當事人不能達成補充協議的，按照當地或者當事人的交易方式、交易習慣、市場利率等因素確定利息；自然人之間借款的，視為沒有利息。

對於借款合同當事人就支付利息約定不明確時的處理規則，首先，應當允許當事人就支付利息問題進行重新協商，經重新協商能夠達成補充協議的，當按補充協議的內容執行。其次，如果借款合同當事人就支付利息問題不能達成補充協議的，依據本法第 142 條第 1 款以及第 510 條的規定，應當根據借款合同所使用的詞句，結合合同的相關條款確定利息約定不明條款的含義，如果通過合同的文義解釋和整體解釋能夠確定利息的，可據此確定的利息標準執行。再者，如果通過上述兩種方式均無法確定借款合同的利息標準，可以按照合同履行地或者當事人之間的交易方式、交易習慣補充確定利息。根據《最高人民法院關於適用〈中華人民共和國合同法〉若干問題的解釋（二）》第 7 條的規定，下列情形，不違反法律、行政法規強制性規定的，人民法院可以認定為合同法所稱「交易習慣」：（1）在交易行為當地或者某一領域、某一行業通常採用並為交易對方訂立合同時所知道或者應當知道的做法；（2）當事人雙方經常使用的習慣做法。對於交易習慣，由提出主張的一方當事人承擔舉證責任。廣泛運用交易習慣確定當事人的真實意思表示，是合同規範的一個重要特色，可以在客觀上達到當事人之間權利義務平衡的目的。但是，利用交易方式、交易習慣確定利息標準，必須接受四個限制：一是從客觀條件而言，應為交易行為當地或者行業通常採用的做法；二是從主觀條件而言，為交易對方知道或者應當知道，以加強對不了解當地習慣或者缺乏業內經驗的相對人的保護；三是從交易習慣的時間節點來看，應為訂立合同時知道或者應當知道的習慣做法；四是交易習慣本身不得違反法律、行政法規的強制性規定或者公序良俗，否則將影響借款合同本身的效力。最後，如果按照上述三種方法仍然無法確定利息標準的，應當依據本法第 511 條第 2 項的規定，價款或者報酬不明確的，按照訂立合同時履行地的市場價格履行；依法應當執行政府定價或者政府指導價的，依照規定履行。最終確定借款合同的利息計付標準。實踐中，法院或者仲裁機構在當事人就利息問題約定不明時，可以以訂立借款合同時合同履行地的商業銀行同期同類貸款利率計算利息。

至於自然人之間的借款，是否支付利息原則上系由當事人自願協商約定，加上自然人之間的借款數額通常不大，且大多屬於臨時性借用，故很少約定利息或者約定不明確；若少數自然人之間進行大額借貸的，根據日常生活經驗法則，原則上均會對支付利息作出明確約定。根據實踐情況，因此在第 3 款中規定，「自然人之間借款的，視為沒有利息」。

第十三章　保證合同

本章共二十二條，主要是對保證合同的概念及性質、保證人、保證合同的內容、保證的方式、保證責任的範圍、保證期間、保證債務的訴訟時效、保證債務的變更、共同保證、保證人的權利等問題作出了規定。

第一節　一般規定

> **第六百八十一條**　保證合同是為保障債權的實現，保證人和債權人約定，當債務人不履行到期債務或者發生當事人約定的情形時，保證人履行債務或者承擔責任的合同。

■ 條文主旨

本條是關於保證合同概念的規定。

■ 條文釋義

1. 保證的界定。保證是指法人、非法人組織和公民以其信譽和不特定的財產為他們的債務提供擔保，當債務人不履行其債務時，該第三人按照約定履行債務或者承擔責任的擔保方式。這裏的第三人叫作保證人，保證人必須是主合同以外的第三人。債務人不得為自己的債務作保證，且保證人應當具有清償債務的能力，必須具有足以承擔保證責任的財產，具有代為清償能力是保證人應當具備的條件。這裏的債權人既是主合同等主債的債權人，又是保證合同中的債權人，「保證人履行債務或者承擔合同」成立保證債務或保證責任。保證屬於人的擔保範疇，而不同於抵押、質押、留置等物的擔保形式。保證不是用具體的財產提供擔保，而是以保證人的信譽和不特定的財產為他人的債務提供擔保。

2. 保證合同的概念分析。保證合同是單務合同、無償合同、諾成合同、附從性合同。在保證合同中，只有保證人承擔債務，債權人不負對待給付義務，故而保證合同為單務合同。在保證合同中，保證人對債權人承擔保證債務，債權人對此不提供相應代價，所以保證合同為無償合同。保證合同因保證人和債權人協商一致而成立，不需要另交標的物，所以它為諾成合同。除涉外的不可撤銷的保函等獨立保證以外，主合同有效成立或將要成立，保證合同才發生效力。所以，主合同無效，不論什麼原因使然，保證合同均為無效，從而表現出附從性。正因為這種主從關係，保證合同無效，並不必然導致主合同無效，但當事人另有約定

的，依其約定。

　　3. 保證合同的當事人。關於保證合同的當事人的界定主要有兩種觀點。一種觀點認為，保證是保證人和債權人之間的合同關係。另一種觀點則認為，保證是保證人、債權人和債務人之間的法律關係，是主合同、委託合同及保證合同三組關係的總和。此處採用通說觀點，即第一種觀點。理由在於，雖然保證一般是由主債務人委託保證人承保而產生的，但不能因此而改變保證關係的性質。主債務人和保證人之間的關係，一般屬於委託合同關係，在個別情況下為無因管理關係，然而無論何者都不會是保證合同關係。主債務人和債權人是通過主合同相連接的，它們之間可能是買賣合同關係，也可能是借款合同關係等。主債務和保證債務之間的聯繫在於，主債務的不履行是保證債務履行的法律事實，但它們分屬於不同的合同關係，屬於不同的因果鏈條，不能依據這種聯繫就把主債務人視為保證合同的當事人。只不過債權人既是主合同的債務人，又是保證合同的債權人；主債務人既是主合同的債務人，又是委託合同的委託人，或是無因管理中的管理人。這種重疊和聯繫正反映了複雜的社會關係中人的角色的多重性，但多重性角色只能表明社會關係的複雜性，卻證明不了幾種合同關係變為一種合同關係。即證明不了主合同關係、委託合同關係變成保證合同關係。解決保證合同糾紛，應當適用保證合同規範，不應適用法律關於委託合同、無因管理等的規定。只有在處理保證人和主債務人之間的關係時，若有委託合同，才適用法律關於委託合同的規定；若無委託合同，則適用法律關於無因管理的規定，也可能適用本法侵權責任編的規定。

　　第六百八十二條　保證合同是主債權債務合同的從合同。主債權債務合同無效的，保證合同無效，但是法律另有規定的除外。

　　保證合同被確認無效後，債務人、保證人、債權人有過錯的，應當根據其過錯各自承擔相應的民事責任。

■ 條文主旨

　　本條是對保證合同的附從性以及保證合同被確認無效後的民事責任分配的規定。

■ 條文釋義

　　1. 保證合同的附從性。保證合同是主債權債務合同的從合同，保證合同具有附從性。保證債務以主合同的存在或將來可能存在為前提，隨主合同的消滅而消滅。其範圍不得超過主合同中的債務，不得與主合同債務分離而移轉，其具體表現在以下幾個方面：

　　首先，成立上的附從性。保證合同以主合同的成立為前提。保證雖對於將來或者附條件的合同也可成立，但這並非附從性原則的例外。

　　其次，範圍和強度上的附從性。由保證合同的目的決定，保證合同的範圍和強度原則上

與主合同債務相同，不得大於或強於主合同債務。保證債務與主合同債務分屬於兩個債務，範圍和強度可以有差異，但保證債務的附從性決定其不得超過主合同債務的範圍和強度，如有超過，應隨着主合同債務額的降低而降低。

再次，移轉上的附從性。在保證期間，債權人依法將主債權轉讓給第三人的，保證人在原保擔保的範圍內繼續承擔保證責任。保證合同另有約定的，按照約定。在保證期間，債權人許可債務人轉讓部分債務，保證人書面同意的，應當對此承擔保證責任；未經保證人書面同意的，保證人對未經其同意轉讓的部分債務，不再承擔保證責任。但保證人仍應對未轉讓部分的債務承擔保證責任。

最後，變更、消滅上的附從性。在主合同債務消滅時，保證債務也隨之消滅。例如，在主債務因主合同解除而消滅、因適當履行而消滅時，保證債務也隨之消滅。在主合同變更時，保證債務一般隨之變更，但不得增加其範圍和強度。

2. 獨立保證的相關問題。「主債權債務合同無效，保證合同無效」規定了保證合同的效力的從屬性，「但是法律另有規定的除外」的但書條款涉及是否應當承認獨立保證的立法爭議問題。獨立保證常在國際貿易中運用，又被稱為「見索即付的保函」「獨立保函」等，其獨立於主債關係，不因主債的不成立、無效、被撤銷等而歸於消滅，保證人不享有和無權行使債務人對債權人所擁有的抗辯權，債權人許可債務人轉讓債務，以及債權人和債務人修改主合同，不構成保證人不負保證責任的原因。

是否承認獨立保證在學界和司法實踐中爭議較大。1998 年最高人民法院在「（1998）經終字第 184 號上訴人湖南機械進出口（集團）公司、海南國際租賃公司與被上訴人寧波東方投資有限公司代理進出口合同糾紛」一案中表明「擔保合同中雖然有本擔保函不因委託人的原因導致代理進口協議無效而失去擔保責任的約定，但在國內民事活動中不應採取此種獨立保函方式，因此該約定無效」，這意味着當時最高人民法院對獨立保證的態度是：區分國內和國際兩種情形，承認獨立保證在對外擔保和外國銀行、機構對國內機構擔保上的效力，認為獨立保證在國際上是當事人意思自治的領域，對於國內企業、銀行之間的獨立保證採取否定的態度，不承認當事人對獨立保證的約定的法律效力。但 2016 年最高人民法院發佈《最高人民法院關於審理獨立保函糾紛案件若干問題的規定》改變了之前的規定，明確了在國內交易中也允許銀行或非銀行金融機構有資格開具獨立保函。

在本法編纂過程中存在是否徹底放開獨立保證的爭議，即是否所有的民事主體都有資格出具獨立保證。立法過程中基於以下考慮作出了維持現狀的選擇：第一，為了防止普通民事主體利用主債權債務合同無效但保證合同有效的法律空間來進行非法交易。實踐中，主債權債務合同無效的原因往往是違反法律、行政法規的規定或違反公序良俗，如果徹底放開開具獨立保證的資格，在主債權債務合同無效的情況下，保證合同仍然有效，則可能存在當事人可以通過獨立保證的形式使得某些違法交易的利益固定化的風險。目前，僅允許銀行和非銀行金融機構具有出具獨立保證的資格，是考慮到金融行業具有比較嚴格的金融監管秩序，金融機構一般不會為違法交易做背書，如果徹底放開則不得不考慮由此可能帶來的風險。第

二，為了儘可能避免國際交易中因各國法律規定不同導致當事人權利受損的情形。例如，在國際貿易中他國法律所允許的情形，但在我國法律中可能被規定為違法行為，故為了避免出現因對他國法律的不夠了解使得某種交易無效，從而導致當事人的權利得不到保障的風險，同時也為了避免因法律體系不同帶來的風險，國際交易中有必要存在着大量的獨立保證以保障當事人權利的實現。此外，獨立保證內部仍然可能存在欺詐，國際貿易中一項重要的風險防範就是防止獨立保證中的各種商業欺詐，如果放開國內貿易中獨立保證的開具主體會使得欺詐的風險大大增加，故這一問題仍然存在討論空間。基於以上原因，本法最終選擇了一個比較穩妥的方案，仍然沒有徹底放開開具獨立保證的主體資格，只在法律另有規定時除外。值得一提的是，此處的「法律」採廣義理解，包含法律、行政法規、司法解釋等，所以最高人民法院發佈的《最高人民法院關於審理獨立保函糾紛案件若干問題的規定》可以作為此處「法律另有規定除外」的「另有規定」的內容，從而保持我國現有的格局不變。對於是否有必要徹底放開獨立保證的問題，可以根據未來形勢的進一步變化再展開研究。

3. 保證合同無效後的民事責任分配。本條第 2 款是對保證合同無效後責任分配的規定。根據本款規定，保證合同被確認無效後，債務人、保證人、債權人有過錯的，應當根據其過錯各自承擔相應的民事責任。關於各個主體應當承擔責任的具體份額，可以參照《最高人民法院關於適用〈中華人民共和國擔保法〉若干問題的解釋》第 7 條至第 10 條的規定，債權人、擔保人有過錯的，擔保人承擔民事責任的部分，不應超過債務人不能清償部分的 1/2；主合同無效而導致擔保合同無效，擔保人無過錯的，擔保人不承擔民事責任；擔保人有過錯的，擔保人承擔民事責任的部分，不應超過債務人不能清償部分的 1/3；擔保人因無效擔保合同向債權人承擔賠償責任後，可以向債務人追償，或者在承擔賠償責任的範圍內，要求有過錯的反擔保人承擔賠償責任。擔保人可以根據承擔賠償責任的事實對債務人或者反擔保人另行提起訴訟；主合同解除後，擔保人對債務人應當承擔的民事責任仍應承擔擔保責任。但是，擔保合同另有約定的除外。

> **第六百八十三條　機關法人不得為保證人，但是經國務院批准為使用外國政府或者國際經濟組織貸款進行轉貸的除外。**
>
> **以公益為目的的非營利法人、非法人組織不得為保證人。**

■ 條文主旨

本條是保證人的資格的規定。

■ 條文釋義

總體而言，市場化主體才能成為保證人。機關法人等非以營利為目的的法人以及以公益

為目的非營利法人並不是市場上的主體，不適合作為保證人，具體包括以下幾點原因：

第一，國家機關主要從事國家活動（包括立法活動，行政活動、司法活動等），其財產和經費來源於國家財政和地方財政的撥款，並主要用於符合其設立宗旨的公務活動。雖然國家機關也進行一些民事活動，如購置辦公用品、興建或購買公務員住宅等，但仍以必要和可能為前提。因此，國家機關的財產和經費若用於清償保證債務，則不僅與其活動宗旨不符，也會影響其職能的正常發揮。此外，國家機關對外代表國家從事管理活動，所欠債務由國家承擔責任；以機關法人名義從事民事活動，以財政所撥預算經費為限，而預算經費為其擔負的國家職能活動所必需，在經費緊張的今日，一般無剩餘可言。故國家機關一般不具有代償能力，由其作為保證人並不能保證債權的實現。國家機關不得為保證人，但經國務院批准為使用外國政府或者國際經濟組織貸款進行轉貸的除外。外國政府貸款和國際經濟組織貸款一般由國家有關主管機關負責借入，然後按有關規定轉貸給國內有關單位。在轉貸時，一般要求國內借款單位提供還款擔保，這種擔保得由國家機關提供。如外國政府貸款的轉貸，就要求借款單位提交省、直轄市、自治區或計劃單列市的還款擔保。故國際機關作保證人應當同時符合以下兩個條件：首先，接受的貸款應當是外國政府或者國際經濟組織提供。只有接受外國政府或者世界銀行、亞洲銀行、國際貨幣基金組織等國際經濟組織貸款，在轉貸過程中需要國家機關擔保的，國家機關才能作保證人。對於商業銀行對地方政府的貸款，包括外國銀行的商業性貸款，國家機關仍然不得作保證人。其次，需要經國務院批准。只有經國務院批准後，國家機關才可以在轉貸過程中作保證人。法律規定需經國務院批准，主要是為了嚴格控制國家機關作保證人的情況，防止地方政府或者有關部門擅自作保證。

第二，以公益為目的的事業單位、社會團體也不得作保證人。公益是不特定之多數人的利益，一般是非經濟利益。如果允許上述機構為債權人提供擔保，那麼這極有可能減損其用於公益目的的財產，無疑有違公益法人的宗旨。因此，法律不允許它們作保證人。但應看到，在實踐中，有些事業單位利用本單位所擁有的技術或知識，向社會提供有償服務，取得了一定的報酬。這些單位除了國家或地方的財政撥款外，尚有自己的經濟收入。有些事業單位實行了企業化管理，自負盈虧；還有些事業單位按照有關規定既從事國家核撥經費的工作，又從事經營活動。因而，對事業單位法人可否充任保證人，不可一概而論。對那些領取《企業法人營業執照》或國家政策允許從事經營活動的事業單位法人，應當認為其有從事保證活動的權利能力，可以充任保證人，如無其他導致保證合同無效的情況，所簽訂的保證合同應當認定為有效。

需要注意的是，在《中華人民共和國擔保法》中規定了企業法人的分支機構、職能部門不得作為保證人的情形，但本法中刪除了這一規定，其目的主要是與本法相銜接。本法總則編第 74 條規定：「法人可以依法設立分支機構。法律、行政法規規定分支機構應當登記的，依照其規定。分支機構以自己的名義從事民事活動，產生的民事責任由法人承擔；也可以先以該分支機構管理的財產承擔，不足以承擔的，由法人承擔。」該條確立了法人的分支機構可以以自己的名義從事民事活動的規則，故法人的分支機構也可以以自己的名義擔任保證

人。但由於分支機構不是獨立的法人主體，故不能獨立承擔責任，分支機構的責任最終仍由法人來承擔。所以，沒有必要依《中華人民共和國擔保法》的規定使得法人的分支機構不能以自己的名義成為保證人。

> **第六百八十四條** 保證合同的內容一般包括被保證的主債權的種類、數額，債務人履行債務的期限，保證的方式、範圍和期間等條款。

■ 條文主旨

本條是對保證合同中的一般內容的規定。

■ 條文釋義

保證合同的內容是指保證人承擔的保證債務（保證責任）和享有的抗辯權、債權人享有的請求保證人承擔保證債務的債權。因為這些權利義務主要通過保證合同的條款來體現和固定（未通過合同條款體現的權利義務由法律規範直接規定或由法官補充），所以保證合同的內容也可指保證合同的條款。保證合同的內容或條款包含以下幾點：

1. 保證的主債權種類和數額。被保證的主債權種類，如借款合同中的還本付息債權、買賣合同中的請求交付標的物或支付價款的債權等均屬此類。此處還有專屬性的問題需要討論。與被擔保債權相對應者為被擔保的債務，對於該債務是否有非專屬性的限制需要討論。在我國法律中，連帶責任保證雖然包括保證人與債務人承擔連帶債務和保證人就主債務承擔連帶民事責任兩種形式，但最終均可歸結為承擔連帶民事責任的方式。由於連帶民事責任不存在專屬性問題，在連帶責任保證中，主債務既可以是非專屬性的債務，也可以是專屬性的債務。在一般保證方式中，我國法律未明確指出被擔保的債務不得為專屬性的債務。從《最高人民法院關於適用〈中華人民共和國擔保法〉若干問題的解釋》第 13 條關於「保證合同中約定保證人代為履行非金錢債務的，如果保證人不能實際代為履行，對債權人因此造成的損失，保證人應當承擔賠償責任」的規定來看，允許被擔保的債務為專屬性的債務。因債務人不履行專屬性的債務可轉化為賠償責任，故保證人可承擔該責任。

自然債務是否可以為保證的對象，應分兩種情形而定：其一，在保證成立後主債務變為自然債務的，例如，在主債務因時效完成而變為自然債務時，保證雖不因此而失效，但保證人得主張主債務人的時效完成的抗辯，即使債務人放棄該抗辯權，保證人也有權主張；其二，對時效已經完成的自然債務進行保證，其保證仍為有效，對此情形不得主張主債務的時效已經完成的抗辯（《最高人民法院關於適用〈中華人民共和國擔保法〉若干問題的解釋》第 35 條）。但有學者認為，保證人不知時效完成的事實且無重大過失的，應有權抗辯。

被擔保的債權，也可以是將來可能發生的債權。本法第 690 條第 1 款規定，保證人與債權人可以協商訂立最高額保證合同，約定在最高債權額限度內就一定期間連續發生的債權提供保證。這就是所謂「最高額保證」。

保證擔保的數額，保證合同有約定時依其約定，無約定時，本法第 691 條的規定有適用的餘地，另外可以結合個案案情予以確定。

2. 債務人履行債務的期限。債務人履行債務的期限是衡量債務人是否違約的標準之一，也是保證人是否實際承擔保證責任的因素之一，因為債務人在合同規定的履行期限內不能履行債務時，保證人依據保證方式的不同承擔保證責任，因而應該明確規定。它有兩種情形：一為期日，二為期間。

3. 保證的方式。保證的方式是保證人如何承擔保證責任的重要問題，包括一般保證方式和連帶責任保證方式。不同的保證方式對當事人的利益有較大影響，應予明確規定。當事人對保障等方式沒有約定或者約定不明確的，保證人按照一般保證承擔責任。

4. 保證擔保的範圍。保證擔保的範圍是指保證人對哪些債務承擔保證責任。當事人可以在保證合同中的約定，無約定或約定不明確時，應當按照本法第 691 條的規定處理，即包括主債權及利息、違約金、損害賠償金和實現債權的費用。

5. 保證期間。保證期間為保證人承擔保證責任的期間，事關保證人和債權人之間的債權債務能否行使或履行，也是確定保證債務和訴訟時效關係的依據，保證合同應明確約定。無此約定或約定不明確的，應當按照本法第 692 條第 2 款的規定處理，債權人與保證人約定的保證期間早於主債務履行期限或者與主債務履行期限同時屆滿的，視為沒有約定；沒有約定或者約定不明確的，保證期間為主債務履行期限屆滿之日起 6 個月。最高額保證合同對保證期間沒有約定或約定不明的，如最高額保證合同約定有保證人清償債務期限的，由主從關係決定，此類約定大多無法律拘束力，於是，保證期間應當確定為自主債務履行期限屆滿之日起 6 個月。沒有約定債務清償期的，保證期間為自最高額保證終止之日或自債權人收到保證人終止保證合同的書面通知之日起 6 個月。

6. 雙方認為需要約定的其他事項。保證合同中除了可以對被保證的主債務種類、數額，債務人履行債務的期限以及保證的方式、範圍、期間等內容作出規定外，保證人和債權人還可以就雙方認為需要約定的其他事項，作出約定，主要指賠償損失的範圍及計算方法、是否設立反擔保等。

在一個具體的保證合同中，沒有完全具備上述條款的，尚可補正，不影響保證合同的效力。保證人和債權人在保證合同訂立後，可以根據具體情況協議增加有關內容，對訂立保證合同時沒有規定的內容加以補充。

> 　　**第六百八十五條**　保證合同可以是單獨訂立的書面合同，也可以是主債權債務合同中的保證條款。
>
> 　　第三人單方以書面形式向債權人作出保證，債權人接收且未提出異議的，保證合同成立。

■ 條文主旨

本條是對保證合同訂立的具體方式的規定。

■ 條文釋義

保證合同為要式合同。此要式為書面形式，即保證合同既可以是單獨訂立的書面合同，也可以是書面訂立的主債權債務合同中的保證條款。而保證合同的成立方式也可以有所變通，債權人和保證人可以協議約定保證合同的成立方式和時間。但當第三人單方以書面形式向債權人作出保證時，只要債權人接收第三人的保證書或主債權債務中的保證條款且未提出異議的，保證合同也可成立，此時法律推定債權人默示同意，因為此時債權人無附加義務而增加了權利，對債權人只會有利。

值得注意的是，本法物權編第 388 條第 1 款對於「擔保合同」的一般規定沒有要求書面形式，設立擔保物權，應當依照本法和其他法律的規定訂立擔保合同。擔保合同包括抵押合同、質押合同和其他具有擔保功能的合同。當然這並不代表着具有擔保功能的合同都不要求書面形式。從物權編和合同編規定的各種擔保物權以及具有擔保功能的制度來看，抵押合同要求書面形式（第 400 條第 1 款），質押合同要求書面形式（第 427 條第 1 款），融資租賃合同要求書面形式（第 736 條第 2 款），法律明文規定的具有擔保功能的制度中，只有所有權保留（第 641 條）沒有強制要求書面形式。

> 　　**第六百八十六條**　保證的方式包括一般保證和連帶責任保證。
>
> 　　當事人在保證合同中對保證方式沒有約定或者約定不明確的，按照一般保證承擔保證責任。

■ 條文主旨

本條是對保證方式的規定。

■ 條文釋義

保證的方式被分為一般保證和連帶責任保證。一般保證是指當事人在保證合同中約定，

在債務人不能履行債務時，保證人承擔保證責任的保證。連帶責任保證是指當事人在保證合同中約定保證人與債務人對債務承擔連帶責任的保證。這兩種保證之間最大的區別在於保證人是否享有先訴抗辯權。在一般保證的情況下，保證人享有先訴抗辯權，即一般保證的保證人在就債務人的財產依法強制執行仍不能履行債務前，對債權人可以拒絕承擔保證責任。而在連帶責任保證的情況下，保證人不享有先訴抗辯權，即連帶責任保證的債務人在主合同規定的債務履行期屆滿沒有履行債務的，債權人可以要求債務人履行債務，也可以要求保證人在其保證範圍內承擔保證責任。

　　上述情況表明，保證人在不同的保證方式中所處的地位不同，其利益受到法律保護的程度也有差異。一般而言，保證人在一般保證中的地位較為優越，往往並不實際承擔任何責任，債務人是債務履行的第一順序人，保證人則是債務履行的第二順序人，保證人在債務人履行不能或者不能完全承擔責任時，對債務承擔補充責任。保證人在連帶責任保證中的地位不太有利，只要連帶責任保證的債務人在主合同規定的履行期屆滿沒有履行債務的，債權人既可以要求債務人履行債務，也可以要求保證人在其保證範圍內承擔保證責任。於此情形，法律對保證人和債務人同等要求。既然如此，保證人承擔何種方式的保證責任就顯得十分重要，須認真對待，最好是在保證合同中明確約定。但當事人對保證方式沒有約定或者約定不明確的，按照一般保證承擔保證責任。

　　根據《中華人民共和國擔保法》第 19 條規定，保證合同中對保證方式沒有約定或者約定不明確的，按照連帶責任保證承擔保證責任的方式。本法徹底修改了這一規定，主要原因有二：第一，從比較法上來看，在承認一般保證和連帶責任保證區分的立法例中，絕大部分國家均規定在沒有約定或者約定不明確時，按照一般保證承擔保證責任。即承認保證人有先訴抗辯權是常態，而優先選擇連帶責任保證的立法例較為少見。第二，沒有約定或者約定不明確的按照連帶責任保證承擔保證責任的方式在司法實踐中已經引發一定程度的混亂。實踐中，尤其是在民間借貸的案件中，很多當事人是出於人情關係為他人的借款提供保證，但因為債權人實現自己的債權時首先考慮的是債務人還是保證人的財產更有利於執行的問題，所以很可能出現主債務人下落不明或有財產但不便執行時，債權人往往直接請求保證人履行保證責任而非請求債務人履行債務的情況，這樣導致保證人本來只是基於人情關係為他人提供保證，但最終主債務人的財產未被執行而保證人的財產先被執行，這樣使得保證人可能落入一個相當不利的境地。另外，當保證人承擔保證責任之後，又需要保證人向主債務人追償，很可能導致保證人與主債務人之間人情關係破裂。沒有如此強的履行債務必要性的保證人履行了債務的主要部分，同時又惡化了保證人與主債務人之間的關係，引發了很多現實中的混亂。第三，連帶責任是一種加重責任，對於承擔連帶保證責任的當事人較為嚴厲，對於這種加重責任，原則上應當由當事人約定或者基於極為特殊的考慮，否則動輒讓當事人承擔連帶保證責任也是不公平的。第四，從現實情況看，推定為保證人承擔連帶責任，對於實體經濟影響較大，實踐中因推定連帶保證責任，導致連環債，三角債較多，一家企業倒閉導致多家企業倒閉的現象不斷現出，對企業正常的生產經營和整體經濟造成了較大負面影響。

　　基於上述原因，本法最終選擇回歸民法傳統，當事人之間沒有特別約定或者約定不明時，以一般保證來處理。同時，本條是任意性規範，如果當事人選擇加強對債權實現的保護時，可以特別約定保證人的保證方式為連帶責任保證。連帶責任保證需要特別約定，相當於是否承擔連帶責任保證需要經過保證人同意，避免保證人因不懂法律而使自己落入一個相當不利的境地;而精通法律的商事主體沒有這一問題，如有需求，自然會約定為連帶責任保證。

　　第六百八十七條　當事人在保證合同中約定，債務人不能履行債務時，由保證人承擔保證責任的，為一般保證。

　　一般保證的保證人在主合同糾紛未經審判或者仲裁，並就債務人財產依法強制執行仍不能履行債務前，有權拒絕向債權人承擔保證責任，但是有下列情形之一的除外：

　　（一）債務人下落不明，且無財產可供執行；

　　（二）人民法院已經受理債務人破產案件；

　　（三）債權人有證據證明債務人的財產不足以履行全部債務或者喪失履行債務能力；

　　（四）保證人書面表示放棄本款規定的權利。

■ 條文主旨

　　本條是對一般保證及先訴抗辯權的相關規定。

■ 條文釋義

　　一般保證是指當事人在保證合同中約定，在債務人不能履行債務時，保證人承擔保證責任的保證。一般保證與連帶責任保證之間最大的區別在於保證人是否享有先訴抗辯權。在一般保證的情況下，保證人享有先訴抗辯權，又稱為檢索抗辯權，是指一般保證的保證人在就債務人的財產依法強制執行仍不能履行債務前，對債權人可以拒絕承擔保證責任的權利。如果保證人不行使先訴抗辯權，那麼債權人可以對主債務人和保證人有效地行使兩個請求權，並可以同時或先後請求其為全部履行或一部分履行。當然，在任何一方為一部分或全部清償時，其債務（責任）因而縮減或消滅。

　　由於金錢債務沒有不能履行，種類債務也大多不構成不能履行，所以在種類之債及金錢之債中，一般保證會名存實亡，先訴抗辯權變成無條件的、永不消失的權利，這違背立法目的，故此處的「不能履行」應當解釋為就債務人財產依法強制執行無效果前，對債權人可以拒絕承擔保證責任。所謂依法「強制執行無效果」，包括執行結果不能清償債務或不足清償債務等情形。例如，拍賣主債務人的財產無人應買，或拍賣所得價款僅能清償一部分債務，或主債務人雖有財產卻不知其所在等。不能清償應指對債務人的存款、現金、有價證券、成品、半成品、原材料、交通工具等可以執行的動產和其他方便執行的財產執行完畢後，債務

仍未能得到清償的狀態。

先訴抗辯權既可以通過訴訟方式行使，也可以在訴訟外行使。但按照本條第 2 款的規定，在下列四種情況下不得行使：第一，債務人下落不明，且無財產可供執行。債務人下落不明致債權人請求主債務人履行債務發生重大困難，而對於重大困難的判斷，應綜合訴訟及執行的難易程度、債務人的財產狀況等客觀情況進行。第二，人民法院受理債務人破產案件。債權人和債務人的糾紛經人民法院審理或者仲裁機構仲裁後，依法進入了執行程序。在執行期間，由於債務人不能清償到期債務的，債權人或者債務人向人民法院申請債務人破產。人民法院受理了債務人的破產案件後，應當依法中止執行程序，在這種情況下，債務人的財產實際上處於凍結狀況，債權人在此期間不能從主債務人處實現其債權，並將來也極有可能如此，只有保證人實際承擔保證責任才會實現債權，故法律不允許保證人行使先訴抗辯權，如果破產的債務人有保證人提供保證的，債權人可以不向破產組織申報債權，而直接要求保證人承擔保證責任。為了保護保證人的利益，保證人可以在債權人未向人民法院申報債權的情況下，向人民法院申報債權，直接參加破產財產的分配，預先行使追償權。第三，債權人有證據證明債務人的財產不足以履行全部債務或者喪失履行債務能力。此情況下，債權人在一定期間內無法從主債務人處實現債權，故只能要求保證人承擔保證責任。第四，保證人書面放棄本款規定的權利。既然保證人放棄權利，則法律沒必要對其特別保護，故而不允許其再主張先訴抗辯權。先訴抗辯權的放棄應當以書面形式作出，主要是為了證明保證人確實放棄該權利，同時也可以防止債權人和保證人在先訴抗辯權是否放棄問題上發生爭議。

> **第六百八十八條**　當事人在保證合同中約定保證人和債務人對債務承擔連帶責任的，為連帶責任保證。
>
> 連帶責任保證的債務人不履行到期債務或者發生當事人約定的情形時，債權人可以請求債務人履行債務，也可以請求保證人在其保證範圍內承擔保證責任。

■ 條文主旨

本條是對連帶責任保證的規定。

■ 條文釋義

連帶責任保證是指當事人在保證合同中約定保證人與債務人對債務承擔連帶責任的保證。債務履行期屆滿債務人沒有履行債務的，債權人既可以要求債務人履行債務，也可以要求保證人在其保證範圍內履行債務。故在連帶責任保證中，保證責任已屆承擔期，債權人請求保證人實際承擔保證責任的，保證人沒有先訴抗辯權，但有主債務已適當履行或相應責任已經承擔的抗辯權。連帶責任保證一方面對於保證人來說承擔了較重的責任，另一方面有利

於保護債權人的權益。

值得注意的是，本條的連帶責任保證（理論上簡稱為「連帶保證」）要與第 699 條規定的共同保證中的多個保證人之間承擔連帶責任的情形（理論上簡稱為「保證連帶」）進行區分。本條解決的是保證人和債務人之間的關係是否是連帶責任的問題；第 699 條解決的是多個保證人之間是否是連帶責任的問題。因此，實際上在共同保證的情形，結合本條和第 699 條，可能會出現四種不同的責任形態的排列組合：按份共同一般保證、按份共同連帶保證、連帶共同一般保證、連帶共同連帶保證。共同保證時，本法出台前的默認規則是連帶共同連帶保證，本法出台後的默認規則是連帶共同一般保證。

> ## 第六百八十九條　保證人可以要求債務人提供反擔保。

■ 條文主旨

本條是關於保證人與債務人之間反擔保的規定。

■ 條文釋義

所謂反擔保，是指在商品貿易、工程承包和資金借貸等經濟往來中，為了換取擔保人提供保證、抵押或質押等擔保方式，由債務人或第三人向該擔保人新設擔保，以擔保該擔保人在承擔了擔保責任後易於實現其追償權的制度。除了此條關於保證中的反擔保規定外，本法第 387 條第 2 款對反擔保亦有規定。

關於反擔保提供者的範圍，無論是本條還是物權編第 387 條第 2 款，都僅僅規定債務人為反擔保的提供者，忽視了債務人委託第三人向原擔保人提供反擔保的情形。按本條側重保護原擔保人的合法權益、換取原擔保人立保的立法目的和基本思想衡量，法條文本涵蓋的反擔保提供者的範圍過於狹窄，不足以貫徹其立法目的，構成法律漏洞。對該漏洞的彌補應採取目的性擴張解釋方式，將第三人提供反擔保的情形納入本條的適用範圍。《最高人民法院關於適用〈中華人民共和國擔保法〉若干問題的解釋》第 2 條第 1 款對反擔保提供者作出了這樣的規定：「反擔保人可以是債務人，也可以是債務人之外的其他人。」這一解釋值得肯定。本法實施後，對於反擔保提供者的範圍，是否沿用原來的解釋有待進一步研究。

關於反擔保的方式，並不是所有擔保常見的五種方式均可作為反擔保的方式。首先，留置權不能為反擔保方式。按本條規定，反擔保產生於約定，而留置權卻發生於法定。留置權在現行法上一律以動產為客體，價值相對較小，在主債額和原擔保額均為巨大的場合，把留置權作為反擔保的方式實在不足以保護原擔保人的合法權益。其次，定金雖然在理論上可以作為反擔保的方式，但是因為支付定金會進一步削弱債務人向債權人支付價款或酬金的能力，加之往往形成原擔保和反擔保不成比例的局面，所以在實踐中極少採用。在實踐中運

用較多的反擔保形式是保證、抵押權，然後是質權。不過，在債務人親自向原擔保人提供反擔保的場合，保證就不得作為反擔保的方式。因為這會形成債務人既向原擔保人負償付因履行原擔保而生之必要費用的義務，又向原擔保人承擔保證債務，債務人和保證人合二而一的局面，起不到反擔保的作用。只有債務人以其特定財產設立抵押權、質權，作為反擔保的方式，才會實際起到保護原擔保人的合法權益的作用。但反擔保的擔保方式是抵押或質押的話，抵押人或者質押人一般是第三人，若主債務人自己為擔保人提供抵押或質押，是否會對遭到「既然債務人可以用自己的財產為擔保人設定抵押或質押，為什麼不直接就此向主債權人設定擔保呢」這樣的詰問？其實不會，因為被擔保人認可的抵押或者質押未必就會被主債權人認可；還有，本擔保設定時主債務人可能沒有可供抵押的財產，爾後取得了一些財產，自然只能在本擔保設立後再向擔保人設立反擔保了。

至於實際採用何種反擔保的方式，取決於債務人和原擔保人之間的約定。在第三人充任反擔保人的場合，抵押權、質權、保證均可採用，究竟採取何者，取決於該第三人（反擔保人）和原擔保人之間的約定。

設立反擔保的行為是法律行為，必須符合本法總則編關於民事法律行為有效條件的規定。而每種反擔保的方式又各有其特定的成立條件，因此尚須符合本法物權編和合同編相應條款規定的特定成立要件。此外，依反擔保設立的目的要求，反擔保的實行，應於原擔保實行之後。

> **第六百九十條**　保證人與債權人可以協商訂立最高額保證的合同，約定在最高債權額限度內就一定期間連續發生的債權提供保證。
>
> 最高額保證除適用本章規定外，參照適用本法第二編最高額抵押權的有關規定。

■ 條文主旨

本條是關於最高額保證的規定。

■ 條文釋義

最高額保證，是指保證人和債權人簽訂一個總的保證合同，為一定期限內連續發生的借款合同或同種類其他債權提供保證，只要債權人和債務人在保證合同約定的期限且債權額限度內進行交易，保證人則依法承擔保證責任的保證行為。最高額保證基於保證人與債務人雙方約定而產生，屬於人的擔保中保證的一種特殊形式，是在最高債權額限度內對一定期間連續發生的不特定同種類債權提供的保證，為現實經濟活動中，特別是銀行融資業務中一種較為常用的擔保方式。

最高額保證的適用範圍具有特定性，即可實行最高額保證擔保的主債權較之普通保證具

有一定的特殊性，這也是最高額保證區別於普通保證的重要特徵之一。其特徵具體體現為以下幾個方面：

1. 不特定性。在普通保證中，被擔保的主債務是現實存在的債務，且保證合同的成立，須以主債務的存在為前提。而對未來債權為保證可謂是最高額保證的基本特徵之一，對於未來之債務，無須於保證債務發生時既已現實的發生，將來有發生之可能性即可。即最高額保證所擔保的是尚未特定化的債權，不僅在保證合同成立之時尚未發生，而且在將來能否發生也不確定。從保證合同生效之時至被擔保的債權確定時，該債權不斷發生、消滅，因此具有變動性、代替性。因此，最高額保證擔保的並非全部是尚未發生的債權，但至少有部分或全部是將來可能發生的債權，只要其所擔保的債權在決算日前是不確定的即可。

2. 連續性。普通保證中，主債務的發生通常是基於一個合同，而最高額保證所擔保的是連續發生的一系列債務。最高額保證所擔保的主合同債權是由幾個連續發生的合同債權組成，各個債權之間既具備內在的聯繫，又可以相互獨立存在。

3. 期間性。根據債法基本原理，債務人承擔債務的前提是債務的內容具有特定性。債務的內容由當事人協商確定，或者由法律規定。每一個具體的債務，都有具體和確定的標的及其質量、數量、履行期限等內容，使之特定化。由於最高額保證擔保的主債務屬於未來的、連續性債務，具有不確定性，基於保證債務的從屬性，如果不限制主債務的發生期間，不僅無法使保證債務特定化，也使得保證人好比被套上無期限的「法鎖」，無法預知何時方能解脫，既不利於債權人獲得清償，也對保證人不利。因而最高額保證所擔保的債權，須為規定期間內發生。

4. 同質性。最高額保證擔保的債權系列並非多個任意債權的組合，它們必須是同種類債權，產生於同一性質的法律關係，在該法律關係中債務人對債權人承擔同一性質的給付義務。

值得注意的是最高額保證與最高額抵押權的區別。本法物權編第 420 條至第 424 條對最高額抵押權有具體的規定，最高額抵押是指為擔保債務的履行，債務人或者第三人對一定期間內將要連續發生的債權提供擔保財產的，債務人不履行到期債務或者發生當事人約定的實現抵押權的情形，抵押權人有權在最高債權額限度內就該擔保財產優先受償的情形。本條的第 2 款規定最高額保證合同除適用本章規定外，參照適用物權編最高額抵押權的有關規定，也就是說最高額保證的債權的範圍、確定、轉讓等方面的規定與最高額抵押權保持一致。

第二節　保證責任

> **第六百九十一條**　保證的範圍包括主債權及其利息、違約金、損害賠償金和實現債權的費用。當事人另有約定的，按照其約定。

■ 條文主旨

本條是關於保證責任範圍的規定。

■ 條文釋義

保證責任範圍是指保證人所擔保的債權範圍，也是保證人承擔保證責任的範圍。本條內容包括以下兩層含義：

1. 保證範圍的一般界定（法定保證範圍）。保證範圍一般包括：主債權及其利息、違約金、損害賠償金和實現債權的費用。主債權即主合同所確立的債權，這是保證範圍的主要部分，當事人設立保證合同，就是為了擔保主債權的實現。一方面，主債權首先屬於保證人擔保責任的範圍，因此，在主債務人不履行債務的情況下，保證人首先應當代主債務人履行債務。但這並不意味着，保證責任僅限於代主債務人履行債務，在債務人不履行債務的情況下，由保證人代主債務人賠償債權人全部期待利益的損失，足以代替實際履行，也可以達到代主債務人履行債務的目的。另一方面，將保證人的責任僅限於代主債務人履行債務，可能會過分加重保證人的負擔，也可能會增加各種履行費用和不必要的開支，也不利於法院的執行。因此，保證人的責任是擔保主債權的實現，而主債權的實現方式可以是多樣的，除一些必須履行是必要的情況以外，不必強制要求保證人代主債務人實際履行債務。

利息即主債權所產生的利息，有法定利息和約定利息兩種。法定利息是法律直接規定的利息，如遲延履行所生之利息，它由主債權所派生，當屬保證範圍之內；約定利息是當事人專門約定的利息，它也從屬於主債權，並以主債權作為計息基礎，當事人雖然可以自行約定利率，但是該利率必須符合法律規定，超過法律規定部分的利息無效，對於超出法定幅度的高利貸，法律不能予以保護，也不能成為保證的對象。

違約金是指由當事人通過協商預先確定的、在違約後一方向另一方支付一定數額的金錢。違約金具有從合同的性質，它以主合同的生效為前提條件，違約金是違反有效合同所產生的責任，在合同根本不存在的情況下，自然談不上違約金的適用問題，也不應使保證人承擔此種責任。通常而言，合同當事人都會對違約金作出約定，違約金納入保證擔保的範圍之內，這也是普通保證人可以預見到的。所以，在沒有約定違約金的情況下，也應當推定保證人要對違約金負責。但是，當事人亦可在保證合同中將其排除在保證責任的範圍之外。

損害賠償金是指一方違約時應當向另一方承擔的損害賠償責任。在擔保關係中，擔保的

對象也包括損害賠償金。因為損害賠償金是在違約情況下對非違約方的重要補救方式，故而也應當將其納入擔保的範圍。如果保證人是對侵權之債提供保證，則侵權損害賠償金屬於主債權的範疇，並不屬於本條所規定的「損害賠償金」。

實現債權的費用包括訴訟費用，申請扣押、執行等的費用。實現債權的費用與主債權之間存在密切聯繫，而且是實現主債權過程中通常會產生的必要支出，所以，要求保證人對該費用負責並不會對保證人造成過重的負擔。

2. 保證合同對保證範圍另有約定者，從其約定。保證範圍是保證合同的一項內容，保證人可以隨意約定保證範圍，約定範圍既可大於上述法定範圍，也可等於或小於上述法定範圍。約定範圍與法定範圍不一致的，適用約定範圍，也即約定範圍優於法定範圍。

> **第六百九十二條** 保證期間是確定保證人承擔保證責任的期間，不發生中止、中斷和延長。
>
> 債權人與保證人可以約定保證期間，但是約定的保證期間早於主債務履行期限或者與主債務履行期限同時屆滿的，視為沒有約定；沒有約定或者約定不明確的，保證期間為主債務履行期限屆滿之日起六個月。
>
> 債權人與債務人對主債務履行期限沒有約定或者約定不明確的，保證期間自債權人請求債務人履行債務的寬限期屆滿之日起計算。

■ 條文主旨

本條是關於保證期間的規定。

■ 條文釋義

保證期間為確定保證人承擔保證責任的期間，事關保證人和債權人之間的債權債務能否行使或履行，也是確定保證債務和訴訟時效關係的依據。保證期間可以是法定期間，也可以是約定期間。如果債權人請求保證人承擔保證責任超過該期間，則保證人無須再承擔保證責任。如果當事人沒有就保證期間作出特別約定，則可以適用法定期間。保證合同中之所以要規定保證期間，是因為保證期間可以起到督促債權人主張權利、限制保證人責任的作用。

保證期間具有如下特徵：第一，保證期間是就保證責任的承擔所設定的期間。從性質上說，保證期間是確定保證人承擔保證責任的期間，它既非保證合同的有效期間，也非附期限合同中的期限，而僅僅是針對保證責任的承擔所設定的期限。第二，保證期間由當事人約定或法律規定。保證期間可以由法律作出明確規定，也可以由當事人通過特別約定確定，在當事人沒有約定或約定不明時，才適用法律規定的保證期間。保證期間設立的目的在於限制保證人的責任、保障保證人的利益，當事人可以就保證期間作出特別約定，按照私法自治的原

則，此種約定應當有效。第三，保證期間是保證合同的組成部分。保證合同的當事人可以就保證期間作出約定，只要此種約定不違反法律的強制性規定，該約定就是有效的，其應當成為保證合同的重要組成部分。

關於保證期間的法律性質，理論界存在爭議，目前存在訴訟時效期間說、除斥期間說、失權期間說、或有期間說。

主流學說意見認為保證期間不是訴訟時效期間，理由如下：（1）按照法律的規定，保證期間允許當事人約定，並且首先按約定，只有在當事人沒有約定，或約定的保證期間早於或等於主債務的履行期限時，才採用法律規定的保證期間。而訴訟時效期間一律由法律規定，不允許當事人約定。（2）按照本條規定，保證期間不發生中止、中斷和延長。而訴訟時效存在中止、中斷的情形。（3）在保證期間內，債權人請求保證人承擔保證責任，只要保證人無抗辯事由，保證期間就功成身退，讓位於訴訟時效期間。這一現象本身就表明保證期間不是訴訟時效期間，因為如果它是訴訟時效期間，就不會存在前述現象。（4）保證合同約定有保證期間的，保證期間的起算點為當事人約定的開始時日。保證合同無此約定的，保證期間的起算點為主債務履行期屆滿的次日。而訴訟時效的起算則有所不同，按照本法規定，一般保證的債權人在保證期間屆滿前對債務人提起訴訟或者申請仲裁的，從保證人拒絕承擔保證責任的權利消滅之日起，開始計算保證債務的訴訟時效。連帶責任保證的債權人在保證期間屆滿前請求保證人承擔保證責任的，從債權人請求保證人承擔保證責任之日起，開始計算保證債務的訴訟時效。

同時，保證期間也不是除斥期間。第一，保證期間允許甚至倡導約定，而除斥期間是法定期間；第二，保證期間屆滿，消滅的是債權及其有關的從權利、從義務，而除斥期間屆滿，消滅的是形成權；第三，在保證期間內，債權人請求保證人承擔保證債務的，如果保證人未行使抗辯權，保證期間就功成身退，訴訟時效期間取而代之，除斥期間不存在這個現象；第四，保證期間的起算點的確定如同上述，除斥期間的起算點則因立法者對不同類型的除斥期間持有不盡相同的價值取向和利益衡量而形形色色。

在否定了保證期間屬於除斥期間或訴訟時效期間之後，有學者提出保證期間是不同於訴訟時效、除斥期間的期間，具有自己的獨立地位和價值，因為它具有消滅債權本體的效力，可以稱其為失權期間。亦有學者將其定性為或有期間，或有期間是決定當事人能否獲得特定類型請求權的期間。一旦當事人在或有期間未依據法律的規定或者當事人之間的約定為一定行為，其即不能獲得相應類型的請求權，我國法律現行民事立法中比較典型的或有期間為保證期間，或有期間最終限制了當事人特定類型的請求權，而且一旦當事人在或有期間內依據法律的規定或者當事人之間的約定為一定行為，從而取得了特定類型的債權請求權之後，該債權請求權就存在適用訴訟時效期間的問題。

在本法立法過程中，是否應當保留保證期間制度是一個爭議問題。基於以下考慮，最終選擇保留現有的保證期間制度：第一，保證期間可以限制保證人的責任。保證期間確定了保證人承擔責任的期限，這不僅有利於明確保證人的責任範圍，而且有助於合理限制保證人的

責任，從而避免保證人無限期地承擔責任。第二，督促主債權人行使權利。保證期間直接關係保證責任的承擔，即保證人只需要在保證期間內負保證責任，而債權人也只能在保證期間內請求保證人承擔保證責任。保證期間經過，則債權人無權向保證人提出請求，債權人沒有在該期間主張權利，則保證人不再承擔責任。

此外，根據《最高人民法院關於適用〈中華人民共和國擔保法〉若干問題的解釋》第32 條的規定，保證合同約定的保證期間早於或者等於主債務履行期限的，視為沒有約定，保證期間為主債務履行期屆滿之日起 6 個月。保證合同約定保證人承擔保證責任直至主債務本息還清時為止等類似內容的，視為約定不明，保證期間為主債務履行期屆滿之日起 2 年。本法修正了這一規定，對於約定的保證期間早於主債務履行期限或者與主債務履行期限同時屆滿的「視為沒有約定」情形與「約定不明確」的情形作了統一處理，兩種情況下保證期間均為主債務履行期限屆滿之日起 6 個月。

本條第 3 款規定了主債務履行期限沒有約定或約定不明確的情況下保證期間的起算問題，此時保證期間自債權人請求債務人履行債務的寬限期屆滿之日起計算。

第六百九十三條 一般保證的債權人未在保證期間對債務人提起訴訟或者申請仲裁的，保證人不再承擔保證責任。

連帶責任保證的債權人未在保證期間請求保證人承擔保證責任的，保證人不再承擔保證責任。

■ 條文主旨

本條是關於保證期間屆滿的法律效果的規定。

■ 條文釋義

保證期間屆滿的法律效果是指在保證期間內，如果債權人沒有向保證人或者主債務人主張權利，將導致保證責任消滅，債權人無權請求保證人承擔保證責任。但保證期間屆滿要產生此種效果，其前提是債權人沒有在該期間內請求保證人承擔保證責任，在此需要區分一般保證和連帶責任保證。

對於一般保證而言，由於保證人依法享有先訴抗辯權，因而法律將債權人在保證期間內要求債務人償債（提起訴訟或者申請仲裁）作為要求保證人承擔保證責任的法定方式。如果債權人在合同約定的保證期間內或沒有約定及約定不明時在 6 個月內不向主債務人提起訴訟或者申請仲裁，則保證人的保證責任免除。

而對於連帶責任保證而言，本條規定連帶責任保證的債權人未在保證期間對保證人主張承擔保證責任的，保證人不再承擔保證責任。這是由於在連帶責任保證中，在主債務履行

期間屆滿後，債權人可以直接請求保證人承擔保證責任，保證人也必須承擔保證責任，因而在連帶責任保證期間以內，債權人未對保證人提出請求，保證期間經過的，保證責任將發生消滅。

保證期間屆滿後，將導致保證責任消滅。在此情形下，儘管主債務依然存在，但債權人只能向主債務人請求清償債務，而不能請求保證人承擔保證責任。由此可見，保證期間和訴訟時效的區別在於，保證期間的屆滿會導致權利本身的消滅，不僅僅只是導致抗辯權的產生；而時效屆滿的後果僅僅是義務人可以據此提出抗辯。無論是一般保證或是連帶責任保證，保證期間的經過都發生保證責任消滅的後果。

> 　　第六百九十四條　一般保證的債權人在保證期間屆滿前對債務人提起訴訟或者申請仲裁的，從保證人拒絕承擔保證責任的權利消滅之日起，開始計算保證債務的訴訟時效。
> 　　連帶責任保證的債權人在保證期間屆滿前請求保證人承擔保證責任的，從債權人請求保證人承擔保證責任之日起，開始計算保證債務的訴訟時效。

■ 條文主旨

本條是關於保證債務訴訟時效的規定。

■ 條文釋義

保證債務的訴訟時效是指當債權人請求保證人履行保證債務，經過法定的時效期間即喪失獲得法院強制執行保證人承擔保證責任的權利。該時效期間適用本法總則編關於訴訟時效的規定。在本條中確認保證債務的訴訟時效的意義在於：債權人在保證期間內向主債務人或保證人主張權利後，保證期間即失去意義，保證人不能主張保證期間的抗辯，但在此情況下，保證債務也不能一直存續，否則將使保證人承擔過重的責任，因此，法律上確認保證債務可適用單獨的訴訟時效。從法理上而言，保證期間是債權人選擇是否要求保證人承擔保證責任的期間，如果債權人要求保證人承擔保證責任，則會導致保證之債的出現，保證之債與普通的債務無異，理應存在時效問題。

保證合同訴訟時效的設立，使保證人享有兩種期限利益：一是保證期間利益；二是時效利益。如果債權人未在保證期間內向主債務人或保證人主張權利，保證人可以免責。如果債權人在保證期間內主張了權利，但在此後訴訟時效期間內未向保證人要求承擔保證責任，則訴訟時效屆滿，保證人也可以行使保證合同時效抗辯權而無須承擔責任。保證期間與保證合同訴訟時效雖然都是權利行使的期限，但兩者之間存在以下區別：

第一，是否可以由當事人自由約定不同。保證期間既可以是約定的，也可以是法定的，如果當事人約定了保證期間，則該期間為約定期間，將優先於法定期間而適用；而訴訟時效

是法定的，當事人不能另行約定。

第二，期限長短不同。訴訟時效期間一般是 3 年，而法定保證期間是 6 個月，當事人也可以自由約定保證期間。因為保證期間過長，對保證人也是極為不利的。保證期間短於時效期限，可以督促債權人向保證人及時主張權利，一旦債權人怠於行使權利，則保證人將被免責，這顯然對保證人是有利的。

第三，期限是否可以變更不同。訴訟時效可能因為法定事由的存在而出現中止、中斷的情形，而保證期間不發生中止、中斷和延長。

第四，起算點不同。一般保證的債權人在保證期間屆滿前對債務人提起訴訟或者申請仲裁的，從保證人拒絕承擔保證責任的權利消滅之日起起算保證債務的訴訟時效。連帶責任保證的債權人在保證期間屆滿前請求保證人承擔保證責任的，從債權人請求保證人承擔保證責任之日起起算保證債務的訴訟時效。與保證之債訴訟時效的起算方式不同，法定保證期間自主債務履行期屆滿之日起計算，如果主債務履行期沒有約定或約定不明的，保證期間自債權人請求債務人履行債務的寬限期屆滿之日起計算。

第五，期限屆滿的後果不同。保證期間屆滿，債權人未在該期間內主張權利，保證責任消滅；而訴訟時效屆滿，如果債權人向保證人提出承擔保證責任的請求，保證人有權提出時效抗辯。

需要注意的是，本條第 1 款對《最高人民法院關於適用〈中華人民共和國擔保法〉若干問題的解釋》第 36 條進行修正，根據該條規定，一般保證中，主債務訴訟時效中斷，保證債務訴訟時效中斷，這一規定具有邏輯錯誤，在主債務訴訟時效中斷的時候，保證債務的訴訟時效尚未計算，所以保證債務的訴訟時效中斷一說無從談起。

本條第 2 款是對連帶責任保證的保證債務訴訟時效起算的規定。不同於一般保證，連帶責任保證中債權人對債務人或保證人主張債權並無先後次序之分，債權人可以要求債務人履行主債務，也可以要求保證人履行其保證責任，保證人不能以債權人尚未對債務人主張債務而拒絕履行保證責任。所以在連帶責任保證中，債權人在保證期間屆滿前要求保證人履行保證責任之時，才系保證責任的訴訟時效開始之日。但此處有兩點值得注意：第一，債權人要求保證人履行保證責任的方式，並不僅限於訴訟與仲裁，還包括其他的非司法途徑，比如口頭催告、書面告知等，但實務中一般採用書面的方式請求保證人履行保證責任，因為書面的方式更加易於舉證；第二，債權人需要向保證人要求履行保證責任，才構成保證債務訴訟時效的開始，而債權人向債務人要求履行債務，並不構成保證債務訴訟時效的開始。

第六百九十五條　債權人和債務人未經保證人書面同意，協商變更主債權債務合同內容，減輕債務的，保證人仍對變更後的債務承擔保證責任；加重債務的，保證人對加重的部分不承擔保證責任。

債權人和債務人變更主債權債務合同的履行期限，未經保證人書面同意的，保證期間不受影響。

■ 條文主旨

本條是關於主債權債務合同變更對保證人保證責任影響的規定。

■ 條文釋義

合同變更，是債的變更的主要形式，它有廣義和狹義兩種含義。廣義的合同變更是指合同的內容和主體發生變化。合同內容的變更是指在合同的主體保持不變的情況下，合同的內容發生變更。具體來說，是指在合同成立以後，尚未履行或尚未完全履行之前，當事人就合同的內容達成修改和補充的協議，或者依據法律規定請求法院或者仲裁機構變更合同內容。本法所採納的合同變更是狹義上的合同變更，即合同內容的變更。本法合同編第六章嚴格區分了合同的變更和轉讓，當事人的變更屬於合同轉讓的範疇，而合同內容的變更屬於合同的變更。合同內容的變更具有如下特點：

第一，合同的當事人不變，而合同內容發生了變化。合同的變更實質上是在原有合同的基礎上進行修改、補充，變更後的關係與變更前的關係在性質上相同，學說上稱為具有「同一性」。這就是說，合同的變更是指在保留原合同的實質內容的基礎上使合同內容發生變化，它僅僅是在變更的範圍內使原債權債務關係消滅，而變更內容之外的債權債務關係仍繼續生效。從這個意義上講，合同變更是使原合同關係相對消滅。合同的變更，也會產生新的債權債務內容。當事人在變更合同以後，需要增加新的內容或改變合同的某些內容。因此，合同變更以後應當按變更後的權利義務關係來履行。

第二，合同的變更必須是合同的非實質性變更。一般來說，以下幾種情況屬於合同的實質性變更：一是合同標的的改變，例如交付大米變更為交付鋼材；承租甲屋改為承租乙屋；二是履行數量的巨大變化，例如交付 50 噸鋼材改為交付 500 噸；三是價款的重大變化；四是合同性質的變更，例如承攬債務變更為支付一定貨幣的債務，買賣改為贈與。所謂非實質性的變更，是指對原合同關係的內容作某處修改和補充，而不是對合同內容的全部變更。例如標的數量增減，改變交貨地點、時間、價款或結算方式，利息、違約金、擔保等從給付的變更，履行期、履行地或履行方式的變更等，這些均屬於合同的變更。如果合同內容已全部發生變化，則實際上已導致原合同關係的消滅，產生了一個新的合同。凡是未從根本上改變合同的內容和性質的，都可以稱為非實質性的變更，標的物數量的變更等就屬於此類。在非實質性變更的情況下，合同沒有發生實質性的變化，變更後的合同關係與原有合同關係屬於

同一法律關係。

　　第三，合同的變更必須依據法院或者仲裁機構的裁決，或者當事人的約定。從實踐來看，一般所說的合同變更都是指後一種變更，本法合同編所稱的合同變更以及本條規定實際上均是指約定的變更。

　　主債權債務合同變更後，原由保證人承擔的保證範圍可能發生變化，由此可能加大保證人的責任，這於保證人而言是十分不利的。因此，法律要求債權人與債務人協議變更主債權債務合同時需要取得保證人的書面同意。保證人書面同意，意味着他願意為變更後的合同內容提供保證。否則，在未取得保證人書面同意的情況下減輕債務的，保證人仍對變更後的債務承擔保證責任，而加重債務的，保證人對加重的部分不承擔保證責任。這改變了《中華人民共和國擔保法》第 24 條協議變更主合同未經保證人書面同意的，保證人不再承擔保證責任的規定，更加符合維護保證人利益的原則。

　　本條第 2 款規定亦是對於保證人利益的維護。根據本法第 692 條第 2 款的規定，保證期間與主債務履行期限密切相關。保證期間可以由當事人自主約定，但約定的保證期間如早於主債務履行期限或者與主債務履行期限同時屆滿的，視為沒有約定；沒有約定或者約定不明確的，保證期間為主債務履行期限屆滿之日起 6 個月。如果債權人和債務人在未經保證人書面同意的情況下變更主債權債務合同的履行期間，可能會對保證人的保證期間利益帶來不利影響，因此作出了上述規定。但需要特別指出的是，未經保證人書面同意的主債權債務合同履行期限變更未必一定給保證人帶來保證期間上的不利影響，但本款規定未像第 1 款規定作出有利變更則有效，不利變更則無效的規定。

　　　第六百九十六條　債權人轉讓全部或者部分債權，未通知保證人的，該轉讓對保證人不發生效力。

　　保證人與債權人約定禁止債權轉讓，債權人未經保證人書面同意轉讓債權的，保證人對受讓人不再承擔保證責任。

■ 條文主旨

　　本條是關於債權轉讓對保證責任影響的規定。

■ 條文釋義

　　按照民法一般原理，合同當事人有權將合同的權利轉讓給第三人。合同的權利全部轉讓給第三人的，該第三人取代原當事人在合同中的法律地位。合同的權利部分轉讓給第三人的，該第三人相應取代原當事人在合同中的法律地位。

　　保證合同是主合同的從合同。保證人提供的保證是對主債權的擔保。主合同當事人轉讓

債權不因保證人提供保證而受影響。本法第 547 條第 1 款規定：「債權人轉讓債權的，受讓人取得與債權有關的從權利，但是該從權利專屬於債權人自身的除外。」本條第 1 款規定債權人將全部或者部分債權轉讓給第三人，通知保證人後，保證人對受讓人承擔相應的保證責任。保證人對受讓人所承擔的保證責任，應該是在原保證範圍內，除非保證人與受讓人有另外的約定。這表明，債權人依法轉讓主債權的法律行為不影響保證人保證責任的承擔。這是因為保證的法律效果是擔保主債權的實現，而並非保證人專為特定主債權人作擔保。原來的主債權人將債權轉讓給了第三人，雖然由該第三人全部或者部分地承受了原主債權人的法律地位，但是保證人所擔保實現的主債權並未發生改變，債權的轉讓並不影響主債務人履行原有的債務，同時，保證人的保證責任也並未因此而加重。

但債權轉讓不影響保證責任的承擔也並非沒有限制。首先，主債權人向第三人轉讓債權的行為必須是在保證期間屆滿前作出的，否則，保證期間已經屆滿，保證人的保證責任也就歸於消滅；其次，債權轉讓後，保證人是在原保證範圍內繼續承擔保證責任。主債權轉讓時對主債權及其從屬權利所作的改變，應遵守本法合同編第 695 條的規定；最後，參照本法合同編第 546 條第 1 款規定，債權人轉讓債權未通知債務人的，該轉讓對債務人不發生效力。債權人轉讓債權必須通知保證人，保證人接到轉讓通知後才能夠向受讓人承擔保證責任。若未通知，保證人並不知道作為新的債權人的受讓人的存在，對其當然不承擔保證責任。

但本條規定並不排除保證合同當事人之間對此進行另外的約定，如本條的第 2 款即規定，保證人可以與債權人約定僅對特定的債權人承擔保證責任或者禁止債權轉讓等。當保證人與債權人有這些約定時，債權人就要受到該意思自治的約束。「受意思自治的約束」並不意味着債權人不能轉讓主債權。債權人仍然可以將自己的債權轉讓給他人，只是這種行為違反了保證合同的約定，是對保證人的違約，若未能徵得保證人的書面同意，其後果是保證人不再承擔保證責任。本款同時也是本法第 547 條第 1 款，債權人轉讓債權的，受讓人取得與債權有關的從權利，但是該從權利專屬於債權人自身的除外中但書部分的具體化情形。

> **第六百九十七條**　債權人未經保證人書面同意，允許債務人轉移全部或者部分債務，保證人對未經其同意轉移的債務不再承擔保證責任，但是債權人和保證人另有約定的除外。
> 　　第三人加入債務的，保證人的保證責任不受影響。

■ 條文主旨

本條是關於債務承擔對保證責任影響的規定。

■ 條文釋義

債務承擔，是指在不改變債務內容的情況下移轉債務，由第三人承擔了原債務人的債務。債務承擔可以分為免責的債務承擔和並存的債務承擔。一是免責的債務承擔，即第三人代替原債務人成為新債務人，原債務人的債務消滅。二是並存的債務承擔，即第三人成為連帶債務人，與原債務人共同承擔債務。兩種債務承擔都會對保證人的責任產生影響，本條第 1 款規定免責的債務承擔對保證責任的影響，第 2 款規定並存的債務承擔對保證責任的影響。

此條源自《中華人民共和國擔保法》第 23 條規定：「保證期間，債權人許可債務人轉讓債務的，應當取得保證人書面同意，保證人對未經其同意轉讓的債務，不再承擔保證責任。」第三人提供擔保財產一般是基於其與債務人之間的特殊信任關係或者對債務人的資產、信譽有所了解。所以，在擔保關係中，一旦未經保證人同意，債務人擅自轉移債務的，將給保證人帶來較大風險，因為提供擔保財產的第三人對新的債務人可能一無所知。設立擔保物權雖主要是為保障債權的實現，但也要照顧到保證人的利益，特別是當保證人是債務人以外的第三人時，如何平衡保證人、擔保物權人和債務人三者的利益就很重要。本條對債權人的權利行使進行了限制，明確規定，未經保證人書面同意，債權人允許債務人轉移全部或者部分債務的，保證人對未經其同意轉移的債務不再承擔保證責任。這種限制不但是對保證人利益的保護，同時也是對債權人利益的保護。本規定較好地平衡了保證人、債務人和債權人的利益。

正確理解本條應當注意以下幾點：一是債權人允許債務人轉移債務必須要經保證人的書面同意。如果不是書面形式，而是其他形式，視為不存在保證人的同意。根據法律規定，書面形式是指合同書、信件和數據電文（包括電傳、電報、傳真、電子數據交換和電子郵件）等可以有形地表現所載內容的形式。二是本條規定的債務轉移不但包括債務人將債務全部轉移給他人，也包括將部分債務轉移給他人。債權人許可債務人部分轉移的，原債務人並不退出債務關係，只是其所應承擔的債務額發生減少，新債務人與原債務人共同向債權人承擔債務。部分轉移債務的也必須經擔保人同意，否則擔保人對轉移出去的部分債務不承擔擔保責任。三是未經擔保人書面同意，債權人許可債務人轉移全部債務的，可以免除擔保人全部擔保責任；債權人許可債務人轉移部分債務的，可以免除擔保人部分的擔保責任，擔保人不得要求免除全部擔保責任。

不同於債權讓與，在債權讓與中只規定債務加重需要經過保證人書面同意，這是由於除了人身專屬性的特別情形，對於保證人來說，對哪個債權人來承擔保證責任，其實是沒有那麼重要的，因為債務人無法履行債務才是最關鍵的事情。但是在免責債務承擔的情形下，債務轉出的部分若要保證人繼續承擔保證責任需要經過保證人的書面同意，因為債務承擔會影響保證人的權益，債務轉讓導致更換相應部分債務人，而債務人的償債能力會影響保證人的權益。債務人的責任承擔能力，對於保證人是否會承擔保證責任以及最後的追償權能否實

現，都是極其重要的。

本條第 2 款應結合第 552 條進行解釋，第三人加入債務，債務人的整體責任承擔能力只會增加而不會有所減損，對保證人的權益不會有影響，只會更有利於保證人，因此不需要保證人書面同意，保證人按照原來的規定繼續承擔保證責任。

> **第六百九十八條　一般保證的保證人在主債務履行期限屆滿後，向債權人提供債務人可供執行財產的真實情況，債權人放棄或者怠於行使權利致使該財產不能被執行的，保證人在其提供可供執行財產的價值範圍內不再承擔保證責任。**

■ 條文主旨

本條是關於保證人免責的相關規定。

■ 條文釋義

本條規定在保證人向債權人提供債務人可供執行財產的真實情況時，債權人放棄或怠於行使其債權，導致債務人財產無法執行時，保證人可以在相應範圍內免責。此條是對保證人權利的重要保護，源自《最高人民法院關於適用〈中華人民共和國擔保法〉若干問題的解釋》第 24 條，該條規定，一般保證的保證人在主債權履行期間屆滿後，向債權人提供了債務人可供執行財產的真實情況的，債權人放棄或者怠於行使權利致使該財產不能被執行，保證人可以請求人民法院在其提供可供執行財產的實際價值範圍內免除保證責任。

此條適用於一般保證的情形。所謂一般保證，是指當事人在保證合同中約定，在債務人不能履行債務時，保證人承擔保證責任的保證。區別於連帶保證，一般保證情況下保證人享有先訴抗辯權，即一般保證的保證人在主合同糾紛未經審判或者仲裁，並就債務人財產依法強制執行仍不能履行債務前，對債權人可以拒絕承擔保證責任。

一般保證情形下，債權人需要在對債務人財產執行不能之後，才能主張保證人承擔保證責任，也就是說債務人財產執行不能時，保證人有承擔責任的義務。本條規定如果是因為債權人自己放棄或者怠於行使權利致使債務人相應財產執行不能時，此時由於是債權人自己的原因導致對債務人財產執行不能，因此保證人可以在相應範圍免責。

連帶保證是指當事人在保證合同中約定保證人與債務人對債務承擔連帶責任的保證。在連帶保證中，由於債權人對債務人和保證人請求承擔責任的主張沒有先後順序，債權人可自主決定請求債務人或是連帶保證人承擔全部或部分責任，因此本條規定不適用於連帶保證的情形。

> 　　**第六百九十九條　同一債務有兩個以上保證人的，保證人應當按照保證合同約定的保證份額，承擔保證責任；沒有約定保證份額的，債權人可以請求任何一個保證人在其保證範圍內承擔保證責任。**

■ 條文主旨

　　本條是關於共同保證的規定。

■ 條文釋義

　　共同保證，是指兩個或兩個以上的保證人為同一債務而向債權人所提供的擔保。共同保證是相對於一人保證而言的，它是指數人為一人擔保。例如，甲乙丙三人共同為債務人的借款提供擔保。由於在共同保證中，有多個保證人為主債權提供擔保，因而能夠為債權的實現提供更有力的保障。具體來說，其特點主要表現在：第一，數個保證人為主債務人提供擔保。共同保證的主要特點是保證人為數人，共同為同一債務提供保證。第二，數個保證人必須為同一債務提供擔保。一方面，共同保證所擔保的債務必須具有同一性，如果數個保證人雖然為同一債務人作保，但保證的債務不同，則仍然屬於分別的保證。另一方面，共同保證強調債務的同一性，就債務人而言，既可以是單個的債務人，也可以是數個債務人，但債務應當是同一債務。第三，共同保證人的責任可以是連帶的，也可以是按份的。共同保證既可以是按份共同保證，也可以是連帶共同保證。這兩種保證的主要區別在於：在債務人不履行債務時，債權人的選擇權是否受到限制。如果採取連帶責任保證，則債權人既可以選擇向債務人行使權利，也可以向各個保證人行使權利。

　　此條所規定的共同保證，不管是按份共同保證還是連帶共同保證，和一般保證、連帶責任保證是完全不同的概念。一般保證和連帶責任保證定義的是保證人和主債務人之間的關係，而本條所涉及的共同保證是保證人之間的相互關係。一般保證的情形下，保證人享有先訴抗辯權，一般保證的保證人在主合同糾紛未經審判或者仲裁，並就債務人財產依法強制執行仍不能履行債務前，對債權人可以拒絕承擔保證責任；連帶責任保證情形下，保證人和主債務人是連帶關係，債權人可以任意選擇向主債務人或者保證人請求承擔責任，保證人不享有先訴抗辯權。

　　此條所涉及的按份共同保證和連帶共同保證定義的是多個保證人之間的關係，因此對於共同保證來說，多個保證人之間的關係有按份和連帶兩種可能。多個保證人之間的關係，結合保證人和主債務人之間的兩種關係，首先會產生四種保證責任承擔方式。

　　第一，連帶共同連帶保證。債務人和保證人之間的關係為連帶責任保證，多個保證人之間也為連帶共同保證，因此債務履行期限屆滿時，債權人既可以請求債務人承擔全部或部分責任，也可以請求多個保證人中任何一個保證人承擔全部或部分責任。

　　第二，連帶共同一般保證。債務人和保證人之間為一般保證關係，保證人享有先訴抗辯

權，因此債務履行期限屆滿時，債權人需要先請求債務人承擔責任，在債務人財產執行不能時，可請求保證人承擔責任，由於多個保證人之間的關係為連帶共同保證，此時債權人可選擇請求其中任意一個保證人承擔全部或者部分責任。

第三，按份共同連帶保證。債務人和保證人之間的關係為連帶責任保證，多個保證人之間為按份共同保證，債務履行期限屆滿時，債權人可選擇請求債務人或者保證人承擔全部或者部分責任，但在請求多個保證人承擔責任時，由於多個保證人之間為按份共同保證，債權人需要按照約定的份額請求保證人承擔責任。

第四，按份共同一般保證。債務人和保證人之間為一般保證關係，保證人享有先訴抗辯權，多個保證人之間為按份共同保證。因此債務履行期限屆滿時，債權人需要先請求債務人承擔責任，在債務人財產執行不能時，可請求保證人承擔責任，且債權人需要按照約定的份額請求多個保證人按份額承擔責任。

但是，連帶共同保證的情形存在兩種可能性，真正連帶和不真正連帶，兩者區別在於多個保證人之間是否有相互追償權，此處應和物權編關於混合共同擔保相關規則作一體化解釋。本法立法過程中，關於混合共同擔保人之間是否有追償權存在爭議，也即提供物的擔保的第三人和保證人之間是否有相互追償權。比如一個擔保人以房屋提供物的擔保，另一個擔保人提供人保，債權人請求其中任何一個擔保人承擔全部責任之後，提供物的擔保的第三人是否可以向保證人追償，反之亦然。物權法制定的時候，原則上就確定了混合共同擔保人之間沒有相互追償權的規則。此次民法典編纂中曾經嘗試在混合共同擔保的多個保證人之間引入追償權，但最終綜合考慮，仍然延續了混合共同擔保人之間沒有相互追償權的規則。

那麼在此條所涉及的人的擔保中，多個保證人之間有無相互追償權應與混合共同擔保作體系化解釋，人保中的多個保證人之間也不應該有相互追償權，除非當事人特別約定。如何界定當事人之間的特別約定，可以結合本法第 519 條關於多數人之債的規定，該條第 1 款、第 2 款規定：「連帶債務人之間的份額難以確定的，視為份額相同。實際承擔債務超過自己份額的連帶債務人，有權就超出部分在其他連帶債務人未履行的份額範圍內向其追償，並相應地享有債權人的權利，但是不得損害債權人的利益。其他連帶債務人對債權人的抗辯，可以向該債務人主張。」這樣，在連帶共同保證情形下，若多個保證人之間明確約定為連帶共同保證的時候，可以參照適用第 519 條關於連帶債務的規定，保證人相互之間有追償權；若當事人之間沒有約定，則按照第 699 條的規定，沒有約定保證份額的，債權人可以請求任何一個保證人在其保證範圍內承擔保證責任，此時為不真正連帶，保證人之間不可相互追償。也即若當事人之間明確約定為連帶共同保證，才能適用關於連帶債務追償權的規則，若當事人之間未特別約定成連帶共同保證，此時由於是不真正連帶，保證人相互之間就沒有追償權。如此規定的原因在於：若多個保證人之間沒有特別的意思聯絡，意味着他們之間偶然性共同為債權人提供擔保，在相互之間沒有特別意思聯絡的情況下，保證人之間相互追償缺乏法律上的請求權基礎。

故多個保證人之間的關係，實際上是三種情形：明確約定為按份共同保證；明確約定為

連帶共同保證，此時為真正連帶；沒有約定保證份額，但適用第 699 條的不真正連帶共同保證，債權人可以請求任何一個保證人要求其承擔全部保證責任，保證人承擔保證責任之後可以找債務人追償，但是多個保證人之間沒有相互追償權。

> **第七百條　保證人承擔保證責任後，除當事人另有約定外，有權在其承擔保證責任的範圍內向債務人追償，享有債權人對債務人的權利，但是不得損害債權人的利益。**

■ 條文主旨

本條是關於保證人對債務人追償權及相關權利的規定。

■ 條文釋義

一、保證人追償權的概念和要件

保證人的追償權，又稱保證人的求償權，是指保證人在承擔保證責任後，可以向主債務人請求償還的權利。保證人承擔保證責任，對債權人與保證人之間的關係來說，形式上屬於清償自己的債務，但對主債務人和保證人之間的關係而言，實質上仍然屬於清償他人（主債務人）的債務。於是，自然有保證人承擔保證責任後向債務人追償的必要。

保證人行使追償權必須具備以下幾項要件：

1. 必須是保證人已經對債權人承擔了保證責任。所謂對債權人承擔了保證責任，包括保證人代債務人向債權人為主債關係中的給付義務的清償，或向債權人承擔損害賠償責任，保證人向債權人為代物清償或以物抵債，或抵銷，或提存。保證人的追償，必須限於自己有所給付，致使有償地消滅主債務人對於債權人的責任。假如自己毫無給付，僅因其盡力致使主債務消滅，如說服債權人，使債權人免除主債務人的債務，則不得向主債務人追償。

2. 必須是主債務人對債權人因保證而免責。如果主債務人的免責不是由保證人承擔保證責任的行為引起的，那麼保證人就沒有追償權。再者，在保證人的給付額高於主債務人的免責額時，如以價值超過主債務數額之物抵債或者代物清償，保證人只能就免責額追償，在保證人的給付額低於主債務人的免責額時，保證人只能就給付額追償。

3. 必須是保證人沒有贈與的意思。這是保證人的追償權的消極要件，保證人在行使追償權時不必就此舉證。

二、保證人追償權的效力

1. 在保證人受主債務人的委託而為保證的效力。如果保證人係基於主債務人的委託而產生的，那麼保證人和主債務人之間的關係屬於委託合同關係，應適用委託合同規範處理。具體而言，保證人為受託人，他承擔保證責任而使主債務人（委託人）免去對債權人的責任，屬於處理委託事務。於是，保證人承擔保證人責任所支付的成本、利息和必要費用均可向主

債務人追償；保證人承擔保證責任因不可歸責於自己的事由，遭到損害的，可向主債務人請求損害賠償。不過，保證人不得基於委託合同關係，請求主債務人預付承擔保證責任所需必要費用，因為這與保證的目的不合。

保證人接受委託而為保證，基於受託人的地位，承擔保證責任應當顧及主債務人的利益，故於其知悉主債務人有權利不發生、權利已經消滅或拒絕給付等各種抗辯或抗辯權時，自應對債權人行使；若不行使，而對債權人承擔保證責任的，該項付出不構成委託合同中的必要費用，不得向主債務人追償。至於保證人不知主債務人享有這些抗辯或抗辯權，向債權人承擔保證責任的，仍可認為該項付出係因處理委託事務而支出的必要費用，保證人有權向債務人追償。不過，保證人如因過失而不知主債務人享有上述抗辯或抗辯權的，以致向債權人承擔保證責任的，則應對主債務人因此遭受的損失承擔賠償責任。再者，保證人在向債權人承擔保證責任後，怠於通知主債務人，致主債務人因不知其情事而再向債權人為清償的，應當解釋為保證人喪失對主債務人的追償權。

2. 保證人未受主債務人委託而保證。如果保證人和主債務人之間為無因管理關係，保證人承擔保證責任符合法律規定、社會常理及主債務人的正確意見，那麼，保證人就此支付的本金、利息和必要費用可請求主債務人償還，如有損害尚可請求賠償。加入保證人承擔保證責任違反法律規定、社會常理、主債務人的正確意見，那麼，保證人就此支付的本金、利息和必要費用雖可向債務人追償，但也只能在主債務人獲得利益的限度內主張。

三、「享有債權人對債務人的權利」的範圍

「享有債權人對債務人的權利」的範圍主要包括對債務人財產的抵押權等擔保物權、遲延利息或者違約金。遲延利息或違約金可以作為保證人享有的債權人對債務人的權利進行主張。第一是因為「債權人對債務人享有的權利」中本身就包含遲延利息和違約金；第二是因為資金佔有具有成本，保證人向債權人承擔責任後，其資金成本被佔用，在沒有違反高利貸等強制性規定的情形下，保證人當然可以向債務人主張資金佔用成本，也即遲延利息或違約金。

第七百零一條　保證人可以主張債務人對債權人的抗辯。債務人放棄抗辯的，保證人仍有權向債權人主張抗辯。

■ 條文主旨

本條是關於保證人享有債務人對債權人抗辯權的規定。

■ 條文釋義

保證人享有主債務人所享有的抗辯權，是指在主債權人請求保證人承擔保證責任時，保

證人有權主張主債務人對債權人享有的各項抗辯權，這也是保證從屬性的重要體現。

依據本條規定，凡是主債務人所享有的抗辯權，保證人都能主張，這些抗辯包括：主合同未生效的抗辯、主合同無效的抗辯、主合同已經終止的抗辯、主合同已過訴訟時效的抗辯、抵銷抗辯以及主債務人享有的各類抗辯權（包括同時履行抗辯權、不安抗辯權和先履行抗辯權）。例如，如果保證所擔保的主合同的債權人與債務人之間符合法定的抵銷條件，或者雙方經過約定形成抵銷的合意，則債務人對債權人享有抵銷權。在發生抵銷的情形時，保證人有權向主債權人主張僅就剩餘的債權承擔保證責任。

應當指出的是，即使主債務人放棄這些抗辯權，保證人仍然可以主張。這是因為，這些抗辯權既是主債務人享有的抗辯權，也是法律賦予保證人的抗辯權，主債務人放棄此類抗辯權不應當對保證人的抗辯權產生影響。同時，保證人只有通過行使債務人的抗辯權，才能依法保護自己的權益。

第七百零二條　債務人對債權人享有抵銷權或者撤銷權的，保證人可以在相應範圍內拒絕承擔保證責任。

■ **條文主旨**

本條是關於保證人享有債務人對債權人的抵銷權或撤銷權的相關規定。

■ **條文釋義**

債務人享有對債權人的抵銷權或者撤銷權，保證人也可以在相應範圍內免責。這是保證人所享有的權利之一。本條應與第 701 條作體系解釋，都是對保證人權利的具體規定。

保證合同是單務、無償的合同，保證人對債權人不享有請求給付的權利，所享有的是抗辯權或其他防禦性權利，包括如下幾種類型：

1. 主張債務人權利的權利。保證具有附從性，因而主債務人對於債權人所有的抗辯或其他類似的權利，保證人均可以主張。（1）關於主債務人的抗辯權。該抗辯權主要有三類：第一，權利未發生的抗辯權。例如，主合同未成立，保證人對此不知情，於此場合，保證人可對債權人主張主債權未成立的抗辯。第二，權利已消滅的抗辯權。例如，主債權因適當履行而消滅。保證人可對債權人主張權利已消滅，拒絕債權人的履行請求。第三，拒絕履行的抗辯權。例如，時效完成的抗辯權、同時履行抗辯權、不安抗辯、先履行抗辯權等。即使債務人放棄上述抗辯權，保證人也有權主張，因為保證人主張主債務人的抗辯權並非代為主張，而是基於保證人的地位而獨立行使。（2）關於主債務人的其他類似權利。這裏的其他類似權利包括撤銷權和抵銷權，在撤銷權方面，例如，在主債務人對其主合同有抵銷權時，保證人對債權人可以拒絕履行，也就是保證人可以把主債務人的撤銷權作為自己抗辯的事由。

　　2. 基於保證人的地位而特有的抗辯權。基於保證人的地位而特有的抗辯權，在實體法上即先訴抗辯權，一般保證的保證人享有此權。在第 687 條部分對先訴抗辯權有詳細闡釋，此處不再贅述。

　　3. 基於一般債務人的地位應有的權利。在保證關係中，保證人是債務人，因而一般債務人應有的權利，保證人也應享有。例如，在保證債務已經單獨消滅時，保證人有權主張；在保證債務未屆清償期，保證人有權抗辯；在保證合同不成立、無效或被撤銷致使保證債務不存在時，保證人有權拒絕履行保證債務；在保證債務罹於訴訟時效時，保證人亦可拒絕負責。

第十四章 租賃合同

本章共三十二條，主要對租賃合同的概念、租賃合同的主要條款、租賃合同的期限、租賃合同的形式、出租人交付租賃物、對租賃物的維修以及對租賃物的質量和權利的瑕疵擔保義務、承租人妥善保管租賃物、按時交納租金的義務等問題作出了規定。

> **第七百零三條** 租賃合同是出租人將租賃物交付承租人使用、收益，承租人支付租金的合同。

■ 條文主旨

本條是關於租賃合同的概念的規定。

■ 條文釋義

本條規定，租賃合同是出租人將租賃物交付承租人使用、收益，承租人支付租金的合同。從這條規定中可以看出，租賃合同有以下特徵：

1. 租賃合同是轉移財產使用權的合同。租賃合同是一方當事人（出租人）將租賃物有限期地交給另一方當事人（承租人）使用，承租人按照約定使用該租賃物並獲得收益。在租賃的有效期內，承租人可以對租賃物佔有、使用、收益，而不能任意處分租賃物。當租賃合同期滿，承租人要將租賃物返還出租人。因此，租賃合同只是將租賃物的使用權轉讓給承租人，而租賃物的所有權或處分權仍屬於出租人。租賃合同的這一特徵區別於買賣合同和贈與合同。買賣合同是出賣人轉移標的物的所有權於買受人的合同。贈與合同是贈與人將自己的財產給予受贈人。這兩類合同都是以轉移財產的所有權為基本特徵的。

2. 承租人取得租賃物的使用權是以支付租金為代價。承租人使用租賃物是為了滿足自己的生產或生活需要的，出租人出租租賃物是為了使租賃物的價值得以實現，取得一定的收益。承租人要取得使用權不是無償的，是要向出租人支付租金的。支付租金是租賃合同的本質特徵。這一特徵區別於借用合同，借用合同中雖然借用人取得了借用物的使用權，但是借用是無償的，不須付出任何代價。同時這一特徵也區別於借款合同，雖然兩者都是有償的，但借款合同支付的是利息。利息不同於租金，租金雙方當事人可以約定，利息在很多情況下是法定的，當事人是不能約定的，即使是自然人之間的借款利息也有一個上限要求，不能放高利貸；租金可以不按租期的時間長短來計算，利息往往是根據借款時間的長短來計算。

3. 租賃合同的標的物是有體物、非消耗物。租賃物必須是有形的財產，這是租賃合同的

特徵之一。租賃可以是動產，如汽車、機械設備、計算機等，也可以是不動產，如房屋。但無論是動產還是不動產，它們都是有形的，都是能以一定的物質形式表現出來的。無形的財產不能作為租賃的標的物。這是與租賃合同中承租人佔有、使用租賃物的特徵緊密聯繫的。非消耗物是指能夠多次使用而不改變其形態和基本價值的物。一次性使用的物品或很快就消耗掉的物品不能作為租賃物，如洗滌用品、糧食等，因為這些物品一經使用，就已喪失其自身的價值，甚至物本身已經消失了，根本不可能再要求出租人返還。因此，消耗物不能作為租賃合同的標的物。

4. 租賃合同是雙務、有償的合同。在租賃合同中，出租人和承租人均享有權利和承擔義務，出租人須將租賃物交付承租人，並保證租賃物符合約定的使用狀態。承租人負有妥善保管租賃物並按約定按期向出租人支付租金。任何一方當事人在享有權利的同時都是以履行一定義務為代價的。因此，租賃合同是雙務有償的合同。它區別於贈與合同，贈與合同在通常情況下一般是單務合同，贈與人向受贈人贈與財物並不以對方承擔一定義務為條件。

5. 租賃合同具有臨時性。租賃合同是出租人將其財產的使用、收益權能在一定期限內轉讓給承租人，因為不是所有權的轉移，因此，承租人不可能對租賃物永久地使用，物的使用價值也是有一定期限的。各國法律一般都對租賃期限的最長時間有所限制。我國合同法規定，租賃期限最長不能超過 20 年。租賃合同根據租賃的不同可分為動產租賃和不動產租賃，不動產租賃在我國主要指房屋租賃。根據租賃合同是否約定期限可分為定期租賃和不定期租賃。定期租賃關係到租金的交付日期、租賃物返還的日期、合同終止的時間等問題。不定期租賃賦予合同當事人隨時解除合同的權利。

租賃合同是在人們的經濟生活和日常生活中經常使用的一種合同。它可以在自然人、法人之間調劑餘缺，充分發揮物的使用功能，最大限度地使用其價值。通過租賃，承租人與出租人雙方的利益可以同時得到滿足，因此，租賃是現實經濟生活中較為重要的一種經濟形式。

目前在我國的經濟生活中，有些交易行為，如土地使用權的出讓和轉讓、農村的土地承包經營權、土地使用權的租賃、企業承包租賃經營等形式，是否用本法關於租賃合同的規定加以調整有不同意見。有的人認為，上述幾種經營形式從實質上講是租賃，應該由租賃合同調整；也有人認為要根據不同情況來分析，土地使用權的出讓和轉讓，農村土地承包經營權更多的是對土地的使用權的取得，土地使用權的使用年限最高可達到 70 年，土地承包經營權 30 年不變，它是一種用益物權，各國一般都將這種土地使用權通過物權法來調整。本章規定不適用於土地使用權的出讓、轉讓和農村土地承包經營權。對於國有土地使用權的出租問題，目前我國法律還沒有具體規定，只是在少數地區進行試點，它是為了便於各級政府進一步盤活存量用地的一項措施，它還有待於在試行中不斷總結經驗。

企業的租賃經營合同與本章規定的租賃合同是不同的，表現在：一是企業租賃的當事人一方是企業的所有人或管理人，另一方則是本企業的職工，他們之間本來就有一個內部管理的關係；二是合同訂立是以公開招標的形式進行的，有時還須由有關部門批准；三是租賃的

標的是整個企業，而不是某一特定的財產，是人財物、產供銷、資金、技術、經營等多種因素的綜合體，承租人獲得的不僅是對財產的使用權，而是一種經營權；四是承租人須以自己的財產向企業提供擔保；五是按照合同的要求，合同終止時，企業的價值須大於租賃時的價值。從上述特徵中可以看出，本章規定的租賃合同不適用於企業的租賃經營活動。

> **第七百零四條　租賃合同的內容一般包括租賃物的名稱、數量、用途、租賃期限、租金及其支付期限和方式、租賃物維修等條款。**

■ 條文主旨

本條是關於租賃合同的主要內容的規定。

■ 條文釋義

租賃合同的內容是指在租賃合同中應當約定哪些條款。由於租賃合同的標的物不同或者租賃期限、租賃方式不同，合同的內容可能也不同，但一些主要條款都是應該具備的。本條的規定是一個指導性條款，是指在一般情況下，租賃合同應當具備的主要條款，包括如下事項：

1. 有關租賃物的條款。租賃物是租賃合同的標的物。租賃合同的當事人訂立租賃合同的目的就是要使用租賃物或從他人使用租賃物中獲取一定的利益，因此，租賃物是租賃合同的主要條款。有關租賃物的條款涉及這樣幾個方面：

（1）租賃物的名稱。租賃物應以明確的語言加以確定，如汽車，是小轎車還是貨車，要約定清楚。對租賃物本身的要求，租賃物應是有體物，非消耗物；應是流通物而不是禁止流通物，禁止流通物不能作為租賃物。如槍支是禁止製造、買賣、銷售的，也是不能出租的。租賃物可以是種類物，也可以是特定物，對於種類物，一旦承租人對其選擇完畢就已特定化。例如，承租人要租賃一輛汽車，他在出租人處指定了一輛車號為 B93468 白色桑塔納轎車，這時此輛轎車已特定化，出租人只能將該轎車向承租人交付。租賃物約定明確關係租賃物的交付、合同期限屆滿承租人返還租賃物、第三人對租賃物主張權利等問題。

（2）租賃物的數量。明確數量，出租人才能準確地履行交付租賃物的義務，它也是租賃期限屆滿時，承租人返還租賃物時的依據。

（3）租賃物的用途。租賃物的用途關係到承租人如何使用該租賃物，因為承租人負有按照約定使用租賃物的義務，租賃物的用途就必須約定清楚，否則當租賃物損壞時，出租人就難以行使其請求權。租賃物的用途應當根據租賃物本身的性質特徵來確定。例如，用於載貨的汽車不能用於載人，用於製造精密器件的車床不能用於製造一般的器件。約定租賃物的用途也可以明確承租人對租賃物使用過程中的消耗的責任歸屬問題。

2. 有關租賃期限的條款。租賃期限關係承租人使用租賃物的時間的長短、支付租金的時間、交還租賃物的時間等。如合同當事人對支付租金的期限沒有約定時，可根據租賃期限來確定支付租金的期限。租賃期限的長短由當事人自行約定，但不能超過本章規定的最高期限。租賃期限可以年、月、日、小時計算，要根據承租人的需要來確定。如果當事人對租賃期限沒有約定或者約定不明確的，可按照合同法的有關規定來確定。

3. 有關租金的條款。出租人出租租賃物的目的就是收取租金，租金同租賃物一樣是租賃合同中必不可少的條款，支付租金是承租人的主要義務，收取租金是出租人的主要權利。租金的多少、租金支付的方式；是人民幣支付還是以外匯支付；是現金支付還是支票支付；是直接支付還是郵寄支付；是按月支付還是按年支付；是一次支付，還是分次支付；是預先支付還是事後支付，這些問題都應當在訂立合同時約定明確，以避免事後發生爭議。同時，這些約定也是合同當事人履行義務和行使權利的依據。

4. 有關租賃物維修的條款。承租人租賃的目的是使用收益，這就要求租賃物的狀態必須符合使用的目的，同時，在使用租賃物時必然會有正常的消耗，這就有一個對租賃物的維修問題。對租賃物的維修義務應當由出租人承擔，這是出租人在租賃合同中的主要義務。但並不排除在有些租賃合同中承租人負有維修義務。一般有幾種情況：一是有些租賃合同，法律就規定承租人負有維修義務。例如，海商法規定，光船租賃由承租人負責維修、保養。有時為了能夠對租賃物及時、更好地進行維護，保持其正常的使用功能，合同雙方可以約定，維修義務由承租人負責。二是根據商業習慣，租賃物的維修義務由承租人負責。例如，在汽車租賃中，一般都是由承租人負責汽車的維修。三是根據民間習俗，如在我國西南地區的房屋租賃中就有「大修為主，小修為客」的說法和習慣。

除了上述條款外，當事人還可以根據需要訂立某些條款，如違約責任、解決爭議的方式以及解除合同的條件等都是合同中的重要的條款。

> **第七百零五條　租賃期限不得超過二十年。超過二十年的，超過部分無效。**
>
> **租賃期限屆滿，當事人可以續訂租賃合同；但是，約定的租賃期限自續訂之日起不得超過二十年。**

■ 條文主旨

本條是關於租賃期限的最高限制的規定。

■ 條文釋義

租賃期限是租賃合同的存續期間，在性質上屬於民事法律行為所附的終期。租賃期限一旦屆滿，租賃合同將失去效力。因此，租賃期限直接關係租賃物的使用和返還時間、租金的

收取期限，對合同雙方當事人意義重大。

租賃轉讓的是租賃物的使用權，承租人使用租賃物是為了滿足自己生活或經營的需要。承租人一般來說並不想長期佔用租賃物，因為這種使用權是以支付租金為代價的，當承租人達到使用收益的目的後，需要將租賃物返還出租人。這裏就有個租賃期限的問題。租賃期限的長短由當事人根據其使用租賃物的目的和租賃物的性質自主決定。應當說租賃期太長並不利於當事人權利的實現。因為客觀情況總是在不斷變化的，特別是不動產，其價格可能會因一個國家的經濟形勢變化而大起大落。但對此在本法編纂過程中有不同觀點認為，租賃期限的最高限制規定阻礙了商業實踐的發展和長租交易的進行問題。但若對最長租賃期不加限制，可能會產生如下問題：其一，租賃時間太長，會阻礙對租賃物的改善，不利於資源的有效利用，也對公共利益產生不利影響；其二，超長期租賃容易對租賃物的返還狀態問題產生爭議，使租賃物使用價值完全喪失；其三，還可能產生租賃權的金融化問題。例如，在城市房地產領域，由於「買賣不破租賃」「抵押不破租賃」制度的存在，租賃權被賦予了物權化的效力。超長期租賃關係某種程度上接近於買賣關係。通過這種超長期租賃可能會產生規避限購政策的行為，導致房源集中於大型中介企業，使得租賃市場金融化，不利於對普通承租人利益的保護。考慮到我國經濟發展很快，變化也很快，為了更有效地保護租賃合同雙方當事人的權益，對租賃期限的最高期限有所限制是有必要的。因此，本法作出了租賃合同的期限最長不得超過 20 年的規定。

通常情況下，當事人在確定租賃期限長短時，總是要根據租賃物的性質和承租人的使用目的來確定的。在動產租賃中，租賃期限是比較短的，一般都是臨時使用。例如，租賃汽車，按照國家有關規定，汽車的使用壽命是 10 年，雙方當事人不可能約定一個租賃期為 20 年的租賃合同。租賃期限較長的是不動產租賃即房屋租賃。在房屋租賃中，用於承租人居住需要和用於商業性租賃是不一樣的。一般來講，用於居住租賃的承租人希望租期長一些，使這種租賃關係相對穩定一些。商業租賃中，在訂立合同時房屋的租價比較低的情況下，承租人就希望將租賃期限訂得長一些，租金固定下來；在房屋的租價偏高的時候，出租人就希望租期訂得長一些，這樣就能保證其得到更多的租金。當雙方當事人不能自己尋找一個公平的交點時，法律總是要在利益雙方中找出平衡點的。這也是規定最高租賃期限的一個目的。

20 年實際上並不是一個絕對的最高限，因為如果租賃合同雙方當事人在 20 年期滿時，仍然希望保持租賃關係，可以採取兩個辦法：一是並不終止原租賃合同，承租人仍然使用租賃物，出租人也不提出任何異議。這時法律規定視為原租賃合同繼續有效，但租賃期限為不定期，即雙方當事人又形成了一個不定期租賃的關係，如果一方當事人想解除合同隨時都可以為之，這種情況被稱為合同的「法定更新」。二是雙方當事人根據原合同確定的內容再續簽一個租賃合同，如果需要較長的租期，當事人仍然可以再訂一個租期為 20 年的合同，這種情況被稱為「約定更新」。

需要指出的是，本法物權編中土地經營權的出租期限不受本條最長期限的限制，而應受剩餘承包期的影響。對土地經營權進行出租流轉在性質上與本條中的租賃有所不同。出租的

對象並非是作為物的範疇內的土地，不是所有人對其所有物的處分行為，而是承包經營權人對其享有的部分權利的限期轉讓。由土地承包經營權人從集體所有的土地中獲得土地的經營使用權，在此基礎上出租行為的期限應當受到土地承包期限的約束。土地承包經營權的客體是耕地、林地、草地，其利用方式和特點決定了需要較長期限才能實現使用收益的目的。規模化經營也可以在更大程度上發揮土地資源的價值。本法第 332 條針對不同性質土地的承包經營權做了不同的最高期限限制，出租土地經營權的最長期限即應由該條規定的範圍內剩餘承包期來約束。若不加區別地按照 20 年來限制，沒有考慮土地性質與利用的特性，將限制土地經營權發揮經濟效益，也違背了制度設立的目的。此外，我國農村土地承包法也直接規定農村土地承包經營權可以依法出租，出租的最長期限為承包期的剩餘期限，該剩餘期限完全可能長於 20 年。依特別法優先於普通法的原則，農村土地承包經營權最長租賃期限也應受農村土地承包法的限制。

> **第七百零六條　當事人未依照法律、行政法規規定辦理租賃合同登記備案手續的，不影響合同的效力。**

■ 條文主旨

本條是關於租賃合同登記對合同效力影響的規定。

■ 條文釋義

本條規定中的「法律、行政法規」是指全國人大及其常委會制定的法律和國務院制定的行政法規。對租賃合同進行登記的規定主要體現在房屋租賃關係中，即當事人訂立、變更、終止房屋租賃合同，應當向房屋所在地直轄市、市、縣人民政府建設（房地產）主管部門辦理登記備案。房屋租賃登記的對象是租賃合同的內容及變動情況。

房屋租賃登記的效力影響如何在過去存在爭議。城市房地產管理法中規定了房屋租賃需要進行登記備案的要求，但未明確登記的效力影響問題。城市房屋租賃管理辦法，曾將「房屋租賃證」作為租賃行為合法有效憑證。但該法僅屬於部門規章，且已隨新法的出台而廢止。《商品房屋租賃管理辦法》進一步具體規定登記備案的時間、內容等具體要求及違反規定的相應責任，但仍未就登記對合同效力影響問題作明確規定。租賃權因當事人意思表示而產生，承租人只有請求使用房屋的權利，沒有支配的權利，因而具有債權的性質。然而租賃權也具有某些物權特性。買賣、抵押不破租賃制度，賦予租賃權一定的對抗力；承租人在一定條件下可處分租賃權；基於租賃權請求排除妨礙、損害賠償及承租人享有的優先購買權等。儘管房屋租賃權被賦予物權化的效力，但關於其性質界定問題，自羅馬法以來即被認為屬於債權。登記主要為不動產物權變動的公示制度，在我國採納登記要件主義為原則，登記

對抗主義為例外，因此登記在物權變動中或為變動的生效要件，或僅對抗第三人的效力。而債權一般是不需要登記的，在租賃合同中要求進行登記備案，其法理依據、制度目的及必要性有進一步明確的空間。

房屋租賃合同的登記制度是為了保障租賃權的穩定性、保護承租人的利益、賦予國家有關部門對房屋租賃行為實施的一種行政管理職能。其設立之初的目的是便於行政機關履行行政許可、行政徵收職能，隨着社會發展該制度的作用逐漸轉變為進行社會管理的手段。除了滿足對城市流動人口管理的需要，政府還可以通過租賃登記掌握租賃市場的狀況。登記機關對合同的審查，主要是審查合同的主客體是否合法、合同內容是否合法、是否按規定繳納了稅費等。因此登記備案是行政機關的事後審查行為，為了維護公共利益，行政權力採取宏觀干預、參與、調控等基本手段以引導民事關係的發展方向是極為必要的，但若將其作為合同生效的要件，則會導致實踐中大量租賃合同無效，嚴重影響交易安全及經濟效益。只要租賃合同滿足法律規定的合同生效要件，即可產生租賃權。本條規定否認了登記備案作為租賃合同生效要件的觀點，確認未登記不影響合同效力。這不僅出於對合同當事人意思自治的尊重，同時也與租賃權的債權性質保持一致。

最高人民法院相關司法解釋中規定，法律、行政法規未規定合同登記後生效的，當事人未辦理登記手續不影響合同效力。本條即是登記非要件觀點在租賃合同範圍的具體確認。我國沒有將登記備案作為賦予租賃權對抗力的要件。雖然未經登記對買賣不破租賃是會產生一定影響的，但買受人明知或應當知道承租人的存在時，這一規則仍然適用。這主要是因為我國當前關於租賃合同登記備案制度還不完善，為了保障社會弱勢群體的基本居住權利，避免因疏於登記導致相對處於弱勢一方承租人的租賃權處於不穩定狀態。而在商事領域，承租人租賃房屋的目的不是居住而是經營，不存在保護居住權的問題，該領域內的租賃合同以登記為賦予對抗力的要件更具合理性。儘管在地區的司法實踐中，有對登記備案的影響做擴大化規定的趨勢，但依據本條法律規定，租賃權物權化的對抗力應當也不受未登記的影響。

然而規定登記備案不影響合同的效力也會造成一系列問題，造成制度實施困境，不利於制度設立目的實現。由於登記備案的行政許可作用消失，不合理的行政收費被取消，其行政監管目的本身已逐步減退。加上不對合同效力有實質影響，實踐中當事人缺乏積極登記的動力，除了需要開具發票報銷的情況，個人出租房屋進行備案的很少。即使承租人出於抵扣稅費的目的要求出租人進行登記，出租人也可能會將其多付出的稅費和成本通過租金轉嫁於承租人，因此雙方進行利益衡量，稅費抵扣對促進登記備案的作用有限，行政徵稅難以起到預期效果。租賃合同的登記備案制度的實施仍存在困境。

> **第七百零七條**　租賃期限六個月以上的，應當採用書面形式。當事人未採用書面形式，無法確定租賃期限的，視為不定期租賃。

■ 條文主旨

本條是關於租賃合同形式的規定。

■ 條文釋義

關於合同形式本法合同編通則部分已作出規定，即當事人訂立合同有書面形式、口頭形式和其他形式。法律並不特別要求合同當事人採用何種形式訂立合同是有效的，但是法律、行政法規規定採用書面形式的，應當採用書面形式。這裏的法律不僅指有關的專門的法律，而且也包括合同編分則中規定的對特定合同的特定的書面要求。書面形式可以是合同書、信件等有形表現所載內容的形式，也可以是能隨時調查取用的數據電文，如電報、傳真、電子郵件等形式。不定期租賃合同最主要指的是在沒有約定租賃期限或者租賃期限約定不明，而且在事後也不能夠確定租賃期限的租賃合同。不定期租賃應是對雙方意思表示不明情形下糾紛解決的一種法律擬製。但此處在租賃合同中的規定，並非必須存在期限不明的情況，而是根據租賃合同的特點，附條件地承認當事人約定的租賃期限。

如前所述，租賃合同需要採取何種形式訂立，租賃合同的基本特徵是規定本條內容的依據。租賃合同是轉讓租賃物使用權的合同，出租人轉讓租賃物的使用權就負有將租賃物交付承租人使用的義務，同時承租人負有在租賃期限屆滿時返還租賃物的義務，返還的租賃物要符合原狀。承租人在使用租賃物時應當按照約定使用，如果對租賃物造成損害要視不同情況承擔相應的責任，這些權利義務關係應當明確、具體。在租賃合同中，採用口頭形式訂立合同有其一定的便利性，如在一些臨時使用租賃物的交易中，一名天津的遊客到北京臨時租一輛自行車遊玩，租一架照相機照相，在公園裏租遊船等，這種臨時性使用時間很短，涉及的租金也較少，就不必非要採用書面形式訂立合同。但是租賃合同畢竟是出租人所有的或可支配的財產交付於承租人手中，承租人對其佔有使用，對出租人來說有喪失租賃物的風險，如果沒有採用書面形式訂立合同，一旦發生爭議，口說無憑，當事人的權利很難得到保護。

本條所稱的超過或低於6個月的租賃期限，應指當事人所約定的租賃期限。同一性質的租賃合同，出於當事人的不同目的和需求，訂立的期限可能差異較大。若按照合同對象性質不同而進行劃分，則一方面可能與當事人的意思相差甚遠，造成過於刻板和僵化的判決，另一方面也無法窮盡各類租賃合同的具體情況。為了既便利交易又保證交易安全，本條對租賃合同的形式作了幾個層次的規定：

第一，租賃期限不滿6個月的租賃合同，可以採用口頭形式也可以採用書面形式。這是因為租賃期限較短的合同一般來說租賃物價值不大（當然不排除大型的機械設備），租賃物使用後變化也不大，租金也較少，租賃關係結束的快，證據不易失散。一旦發生糾紛容易分

清責任，因此，不必要求當事人非以書面形式訂立合同。但對於房屋租賃合同即使租賃期限不滿6個月，因房屋的價值較高、租金多，按照我國城市房地產管理法規定，房屋租賃，出租人和承租人應當簽訂書面租賃合同，並向房產管理部門登記備案。此項規定可以一定程度上彌補短期租賃涉及金額較大情況下形式要件對交易安全的保護問題。

第二，租賃期限在6個月以上的應當採用書面形式。以租賃期限長短來劃分是否應當採用書面形式，是考慮到租期長短與合同當事人雙方的利益有直接關係，因為租期長的合同往往是租賃物價值較高，租金較多，對租賃物的使用消耗也多一些，如果以書面形式將雙方的權利義務規定清楚，在將來發生爭議時就有據可查，易於解決糾紛，保護當事人的合法權益。

第三，租賃期限6個月以上的，當事人沒有採用書面形式，並非導致合同無效，而是產生約定的期限不予承認的效果。一般規定形式要件的條款，是為了提醒當事人盡到審慎義務，重視合同的訂立。因而在法律規定需要以書面形式訂立的合同，未採用書面形式的，合同無效。但本條降低了書面形式作為生效要件的影響，無論合同成立後，雙方是否履行了主要義務，都承認合同效力。但未採用書面形式的，雙方可以隨時解除合同。該條的立法的目的是解決長期租賃情形下對期限爭議的問題，若否定非書面形式的長期租賃合同的效力，則違背立法初衷。以不定期租賃作為不採用書面形式的後果，促使欲保持交易的穩定性的當事人注重滿足訂立合同的形式要件。同時，對欲保持交易狀態靈活性的當事人給予從合同中擺脫的可能性。

但租賃期6個月以上的合同，若能確定租賃期的應當視為定期合同。在本法制定前，並未規定「無法確定租賃期」的情形下才能視為不定期租賃，因而不採用書面形式的，法律是否應一律將其視為不定期租賃存在爭議。對租賃期限的約定，應當由當事人協商。法律一般不應干涉當事人對期限的約定。定期租賃和不定期租賃，其合同的形式和效力等，其在法律規定上有所不同，若一律視為不定期租賃，則過於僵化，有違於合同自由的原則，也不符合民法的誠實信用原則和公平原則。因此，本法作出相應修改。在本條規定中，即使應採用書面形式而未採用，也有可以視為定期租賃的情況。其一，如果租賃合同雖未採用書面形式，但雙方當事人對租賃期限無爭議的，應為定期租賃。其二，即使雙方當事人對租賃期限有爭議，但一方如果能舉證證明約定有確切的租賃期限的，應為定期租賃。其三，若雙方對租賃期限有爭議，可以參照510條確定租賃期限，也適用本法第730條關於租賃期限「沒有約定或約定不明」情形下的規定。「無法確定」的表述意味着，不僅當事人自身可以對約定期限情況的進行舉證證明，司法機關也可以依據法律規定的關於合同約定不明情況下，交易習慣、行業標準等規進行推定。體現了充分保障當事人意思自治，增加了認定為定期合同的可能性，維護交易的穩定性。

> **第七百零八條　出租人應當按照約定將租賃物交付承租人，並在租賃期限內保持租賃物符合約定的用途。**

■ 條文主旨

本條是關於出租人交付租賃物的義務和對租賃物的瑕疵擔保責任。

■ 條文釋義

本條規定的是出租人的兩項義務：一是交付義務，二是對租賃物的瑕疵擔保責任。這兩項義務是出租人的重要義務。其他義務如維修義務、出賣租賃物的通知義務等是由這兩個義務派生而來。

1. 出租人的交付義務。本條規定，出租人應當按照約定將租賃物交付承租人。所謂交付是將租賃物的轉移佔有至承租人。因為承租人要取得租賃物的使用權就必須對該租賃物佔有，佔有是能夠使用的前提。因此，承租人有權要求出租人按照約定向其交付租賃物。所謂按照約定交付租賃物，包括按照約定的租賃物的名稱、數量、交付方式、時間和地點向承租人交付租賃物。如果租賃物分主物和從物時，在交付主物的同時應將從物一併交付承租人。例如，交付的租賃物為汽車時，在交付汽車的同時應將汽車鑰匙一併交給承租人。交付的地點可以是承租人所在地，也可以是出租人所在地。這由合同的履行地點來決定，如一建築企業租賃塔吊，出租人可將塔吊送到建築工地，也可以由承租人到出租人處將塔吊拉走。出租人交付的租賃物必須符合合同約定的使用目的。

在交付方式上，根據動產與不動產而有所不同。動產的交付方式包括現實交付與觀念交付，若當事人以指示交付或佔有改定的形式進行交付，實際上在完成交付時承租人並未取得實際的佔有。因此根據立法目的以及租賃合同的特性，即以使用收益為主要目的，此處應做限縮解釋，認為若未對交付方式做特別約定，應將動產的佔有實際轉移才算完成義務。從法條的協調性來看，其後規定瑕疵擔保的責任，也是強調在承租人直接佔有後可能發生問題的情形，故而不應承認間接佔有完成即完成交付義務。但當事人若特別約定，同意出租人以觀念交付的任意一種形式完成交付，則應尊重意思自治下當事人的選擇。而不動產的交付，如租賃房屋的情形下，考慮到租賃合同的交付主要為滿足承租人的使用收益需要，因此應當是出租人為承租人能進行入住所應完成的相應義務。如騰房、交付鑰匙等系列行為。

2. 出租人對租賃物的瑕疵擔保責任。瑕疵擔保責任是買賣合同中的一個重要的法定責任，它是指出賣人就出賣的標的物的瑕疵應承擔的責任。包括物的瑕疵擔保和權利的瑕疵擔保。租賃合同與買賣合同在性質上都屬於有償合同，其合同標的都是特定的物，存在一定的共性。依據本法第 646 條，法律對其他有償合同沒有規定的，可參照買賣合同的有關規定，因此租賃合同可適用買賣合同的相關規定，出租人就租賃標的物負有權利瑕疵擔保義務和物的瑕疵擔保義務。由於租賃合同轉移的是租賃物的使用權，而承租人租賃財產是為了使用和

收益，因此，在租賃合同中的物的瑕疵擔保責任主要是物的效用的瑕疵擔保，同樣也存在租賃物存在權利瑕疵影響承租人權利的情形。且實務中將標的物受公法限制認定為物的瑕疵。如租賃房屋為辦公之用，但其後得知該房只能用於居住需要，無法獲得營業執照，即認為標的物存在瑕疵。

約定的用途，不僅包括租賃物本身的使用功能性用途，同時也應包含依據不同的合同具體目的，當事人所約定的租賃物功能性以外的其他用途。首先出租人應保證租賃物具備應有的使用價值。例如，電腦能夠正常地設定程序、進行文字編輯和處理以及上網使用；電冰箱能夠正常地製冷起到儲藏作用等。其次，若雙方約定了租賃物特殊使用目的下的用途，出租人也應盡到相應的瑕疵擔保義務。如租賃房屋來存放珍貴藝術品，則若雙方有相關約定，則出租人需要對房屋的儲存條件如濕度等盡到維護義務。因此在標的物存在輕微瑕疵影響租賃物的使用功能時，可請求出租人進行維修補救等履行修繕義務。同時，由於標的物的用途與合同的訂立目的緊密聯繫，因此對於保持租賃物符合約定用途的語義也未排除標的物，使得租賃物無法滿足約定用途，以至於無法實現合同目的。在此種情形中，承租人可適用關於瑕疵擔保責任的相關規定請求出租人承擔違約責任。一般來講，承租人訂立合同時，知道租賃物有瑕疵的，出租人不負瑕疵擔保責任，承租人無權要求出租人進行維修，減少租金或解除合同。我國司法實踐中亦承認出租人應對租賃標的在功能上的特別限制負有告知的義務。在特殊情況下，即使承租人知道租賃物有瑕疵，出租人也要負有瑕疵擔保責任。即本法第 731 條的規定，租賃物危及承租人的安全或者健康的，即使承租人訂立合同時明知該租賃物質量不合格，承租人仍然可以隨時解除合同。

本條規定出租人對租賃物的瑕疵擔保責任在合同履行的兩個階段都有要求：一是在租賃物交付時保證交付的租賃物符合約定的用途，具有品質完整的使用價值，使承租人能夠正常使用。二是在租賃期限內保持租賃物符合約定的用途。在租賃期限如果租賃物本身出現問題，承租人請求出租人進行維修時，出租人應對其進行及時的維修，以保證承租人的正常使用。出租人如不能及時予以維修，承租人可以自行維修，維修的費用應由出租人負擔。因維修租賃物影響承租人使用時，承租人有權請求減少租金或延長租期。

> **第七百零九條** 承租人應當按照約定的方法使用租賃物。對租賃物的使用方法沒有約定或者約定不明確，依據本法第五百一十條的規定仍不能確定的，應當根據租賃物的性質使用。

■ 條文主旨

本條是關於承租人對租賃物進行使用的義務性規定。

■ 條文釋義

　　承租人按約定使用租賃物是承租人的一項義務。承租人租賃該物並佔有其主要目的就是使用收益。使用租賃物是承租人在租賃合同中的一項基本權利，但由於承租人對租賃物只是獲得使用權和收益權，而並沒有所有權，最終還應當將租賃物返還給出租人。因而承租人就有保證租賃物自始至終符合其本身的品質和效用的義務。即該條款在一定程度上限制承租人對租賃物的過度和任意使用，降低出租人轉讓使用權可能對物造成的風險。由於在物的用途和使用方法上，出租人可以通過與承租人進行事前的商議加以約束，故而體現出所有權的處分效能和支配效能，雖然租賃合同會使所有權人暫時性轉讓其對所有物的部分權利，但其仍有可以在事前就他人對其物的利用的方式和程度加以限制，以保持所有物的功能效用，同時也體現對當事人的意思自治的尊重。然而租賃物經過使用會產生正常消耗，並且不斷折舊，最後喪失其價值。且不同的物因其性質和使用方法的不同其折舊率也不同，因而需要規定承租人應當按照約定的方法或租賃物性質合理使用租賃物的義務。

　　承租人履行此項義務的條件是：第一，租賃物已由出租人按約定交付承租人，承租人對租賃物已實際佔有，因此取得了對該租賃物的使用權。即該項義務產生的前提是承租人已經對租賃物享有實際控制權。第二，出租人交付的租賃物符合約定中的質量、數量、用途的要求，不存在瑕疵。如出租人交付的租賃物本身質量就有問題，即使承租人按照約定使用也會損壞該租賃物，就不能要求承租人對此負責。第三，雙方當事人能夠約定租賃物的使用方法或者根據租賃物的性質可以確定其使用方法。如果難以確定其使用方法，很難要求承租人履行此項義務。根據租賃物的性質不同，其使用方法的明確性也有較大差異。若租賃物沒有較為穩定一致的使用方法，且無法推知當事人是否就利用方式用途有所約定，則承租人的該項義務落實較為困難。

　　按約定的方法使用租賃物，首先體現在如果約定租賃物用途的，必須按約定的用途使用租賃物。如合同約定租賃房屋為居住的，承租人就應自己和親屬居住，而不能將該房屋用於商業性使用，如開飯店、開商店。若承租人租賃的用途並非依據租賃物的通常使用性能，則應當在合同中加以約定。本條對約定用途沒有範圍上的限制，符合法定要求，不違背公序良俗之前提下，當事人如何使用該物屬於意思自治的範圍之內。如果合同對用途沒有作出約定，承租人也不能任意使用。承租人應當同出租人對此再進行協商，如果仍然協商不成，按交易習慣仍不能確定的，就應當按照租賃物的性質使用。所謂租賃物的性質是指租賃物本身的屬性，如汽車是用來交通運輸的，就不能作為居住場所；挖掘機是用來挖土的，就不能作為交通工具進行客運。也就是該租賃物的核心和本質功能，為通常情形下理性第三人租賃該物可能的用途。物的用途具有多樣性，不同的角度可產生不同的用途。具體可按照物的特點分物理特性、功能特性、外觀特性等方面，因而具有不同的使用價值。租賃一把小提琴，從使用功能看可用來演奏，從外觀特性看也可用於展示、用於畫作的對象等。但一般而言，可以明確某一類型的物品最核心和主要的用途。然而此處對其利用性質的解釋也不應過於狹窄，在結合核心用途的基礎上，也應考慮該用途對租賃物的損耗及出租人的意願來進行判斷。

　　其次，約定使用方法，還應包含對具體利用方式的約束。也就是在按照約定的用途進行使用情形下，當事人還可就具體的利用方式、利用手段等作出約定限制。如房屋租賃中，承租人按照約定將房屋用於生活居住，但雙方還可約定是否對入住人數加以限制、能否對房屋進行裝飾裝修、是否允許對房屋轉租等利用方式的具體內容。租賃車床加工機器零件，就要按約定的使用方法進行。如果合同中沒有約定使用方法，也沒有約定租賃物的用途時，承租人不能擅自任意使用。承租人如果違反了按約定使用租賃物的義務就要承擔相應的違約責任。如租賃物受到損害，就要對出租人賠償損失，有約定違約金的應當支付違約金，出租人還有權解除合同。

　　第七百一十條　承租人按照約定的方法或者根據租賃物的性質使用租賃物，致使租賃物受到損耗的，不承擔賠償責任。

■ 條文主旨

　　本條是關於前條承租人義務的延伸規定。

■ 條文釋義

　　前條規定承租人應當按照約定的方法或者租賃物的性質使用租賃物，這就要求當事人在訂立租賃合同時或者在合同成立後儘量將租賃物的使用方法明確下來，以規範承租人對租賃物的使用。如果承租人按照約定的方法或者租賃物的性質正常使用租賃物，租賃物因使用受到的損耗是一種合理的情況，因為任何物品隨着它的使用，其價值都會逐漸變小，只要使用就會有一定的磨損和損耗。例如，一台彩電的顯像管的壽命是 1 萬個小時，就意味着只要一開電視，隨着時間的運行，彩電的顯像管的壽命就會逐漸縮短，直到全部喪失。出租人在出租他的物品時，應當知道其正常損耗的情況，在合同中訂立了使用方法，就意味着出租人認可了這種正常的損耗，並且實際上，出租人已把這種折舊的價值打入了租金中，因此，只要承租人按照約定的方法使用租賃物，對租賃物的正常損耗、價值的減少是不承擔責任的。

　　據此對租賃物的使用可能分兩種不同具體情況：其一，雙方約定的使用方法符合租賃物性質或依據租賃物性質使用租賃物，據此該租賃物的損耗乃正常使用不可避免。即該損耗不因承租人的不同而有所改變增減。這往往是租賃物本身功能性質所導致，即使是耐用品也會有使用壽命限制，因此造成的損耗不可歸咎於承租人。其二，當事人約定的使用方法非依據租賃物性質的方法。由於尊重意思自治，則雙方可以約定不依據租賃物的性質使用租賃物。儘管此種情況為少數例外，但允許根據當事人意思多樣化利用租賃物乃是其物所有人的自由處分權，也是合同的應有之義。在該種情況下，可能會造成租賃物非按照通常使用方式下的額外損耗。但依據本條，應此種損耗依然是按照約定的方法進行所必然產生，則出租人已經

允許以該種方式進行，就需要承擔額外損耗的後果。

本條所稱的「損耗」應當與「損失、損毀」相區分。從語義理解上，損耗應當不包括嚴重損毀以致毀滅的程度。因此該條與租賃物在租賃期內毀損滅失情形下責任承擔與賠償的問題應當有所區分。其一，租賃物毀損滅失的損害賠償責任，重點在於因承租人原因造成較大程度的損毀，既包括使用功能的降低、滅失，也包括租賃物本身物理結構的破壞、毀滅。而本條中的消耗，更多強調的是功能價值的減弱、減小。即一般不會對租賃物的存在本身有嚴重威脅，對合同目的實現的影響也較小。且本條在原來合同法的表述中刪去「損害」一詞，更體現出本條所稱的損耗不包含在損害的範圍之內。其二，租賃物毀損滅失的損害賠償責任往往為過錯責任，是由於承租人未盡到妥善保管等注意義務造成的。這種情形下包括因第三人行為造成租賃為的損毀情況。而本條規定中造成租賃物損耗的原因應當是「使用行為」。即在使用租賃物過程中造成的價值減損並非因沒盡到其他義務或其他行為導致的。其三，本條所稱損耗更強調自然性、合理性。導致租賃物價值減損的情形除不具有程度上的嚴重性外，也一般不會有發生上的意外性。如果在按約定或依據租賃物性質使用時，發生意外情況導致的價值減損，不應適用本條來討論是否存在賠償的問題。

在存在過失造成毀損滅失的情況下，考慮承擔賠償責任的範圍問題時，需要將本條所稱的損耗予以排除。即由於租賃合同為持續性合同，其簽訂後往往要保持租賃物由承租人實際佔有一段時間。若毀損滅失的發生時在合同簽訂後較長一段時間，則租賃物已經會產生積累合理損耗。此時，對於過失造成的毀損滅失進行賠償，則自然合理損耗應當為出租人取得租金所應承擔的合理損失，不應包含在賠償範圍內。但由於租賃物毀損、滅失後，租賃物最終停留在非正常損耗的狀態之下，因此如何計算相應時間內的合理損耗，還需要結合租賃物的性質、交易習慣、合同約定的適用方式、合同目的等各方面因素予以確定。

第七百一十一條　承租人未按照約定的方法或者未根據租賃物的性質使用租賃物，致使租賃物受到損失的，出租人可以解除合同並請求賠償損失。

■ 條文主旨

本條是關於承租人沒有履行按約定方法使用租賃物的義務的法律後果的規定。

■ 條文釋義

本條是與前條相反的規定，前條是承租人按照約定或者租賃物的性質使用租賃物致使租賃物受到正常損耗的，承租人不承擔責任。本條所要解決的問題是，承租人違反約定的方法使用租賃物，使租賃物受到損失的承租人的責任。

未按照約定的方法，既包括合同有約定情形下，未按照租賃合同約定的用途使用租賃

物、未按照雙方約定的具體使用方式使用租賃物；也包括合同未約定，或約定不明的情形下，未按照依據本法510條確定的使用方法使用租賃物，及無法確定情形下未依據租賃物本身性質使用租賃物的情況。具備其中的情形，即認為承租人對租賃物的損失具有過錯，對造成的損失負有賠償損失的責任。

承租人沒有按照約定或者租賃物的性質使用租賃物，使租賃物減少了價值，是一種損失，而不是損耗。損耗是合法的、正常的；損失是非正常的，是由於違約行為造成的。例如，承租人租賃了某一機械設備，按合同約定，該設備在使用了6個小時後，必須關機休息2小時，但承租人為了趕工程進度，或者為了謀取不正當的利益，在使用該設備時連續使用了10個小時，最後該機械設備因使用過度而損壞。這就是一種因違約行為造成的損失，而不是損耗。因為如果按照合同的約定使用6小時，該機械設備是不會發生損害後果的。本條規定的承租人的行為是一種違反義務的行為，由於其違約的行為造成的損害，承租人應當承擔相應的賠償責任。

承租人不按約定的方法使用租賃物，是一種根本違約的行為。按約定或依據租賃物性質進行使用是承租人的一項基本義務，同時對租賃物的使用又是承租人的一項基本權利，權利與義務是相對應的，當事人享權利的同時就相應承擔一定的義務。承租人不僅對於自己的違約行為承擔違約責任，而且對其允許的同居人和第三人的原因造成的租賃物的損失亦應當承擔賠償責任。因為在承租人未按照約定或依據性質使用租賃物的情形下，具備了承擔責任的過錯，第三人造成損害的這種情況下，承租人對損害的發生具有可歸責的理由。此處的「致使」損失發生，指的是未按約定或依據性質使用租賃物的行為對損失的產生具有因果關係。損失並非必須承租人直接行為導致的。如當事人約定不可轉租，但承租人違反該關於使用方法的約定，轉租給第三人，第三人造成了房屋的損失，則承租人對此承擔損害賠償責任。

此處的損失應當包括直接損失和間接損失。直接損失就是指承租人不按約定或未依據租賃物性質使用的行為造成租賃物本身價值減少、滅失或損毀，以及出租人因此所需要增加的支出。間接損失，是指因承租人的行為造成出租人就該租賃物既得利益的減少。承租人造成租賃物滅失的情況下不可逆，但租賃物毀損並非完全不可逆。造成毀損的方式和程度不同，也可能可以先履行一定的修繕義務進行補救。承租人在租賃期限未按照約定或依據租賃物性質使用租賃物，如果在租賃期滿前，承租人及時修復，且未對出租人將租賃物正常對外出租造成影響的，出租人不存在租金損失的問題。但是，如果承租人在租賃期滿後，仍然拒絕修復租賃物，影響出租人將租賃物正常對外出租的，承租人應當賠償出租人對租賃物進行維修期間的租金損失。此外，出租人應當在承租人拒絕對租賃物進行修復後的合理期限內及時對租賃物進行修復，如果出租人未在合理期限內及時修復的，無權就因其自身原因導致擴大的租金損失要求承租人賠償，即出租人的租金損失賠償範圍受到法律規定的減損規則的限制。

本條還規定了出租人對承租人違約行為的救濟手段，即可以解除合同並請求賠償損失。若承租人未履行善用義務，導致損害發生的情況下，根據造成損失的時間點不同，可採取不同救濟方式。在租賃期限尚未屆滿時，出租人有權解除合同並要求承租人賠償損失；在租賃

期限屆滿時，出租人無須解除合同，可直接要求承租人賠償損失。這裏規定的是出租人可以行使解除權，賦予出租人自主決定的權利。如果出租人還願意使該租賃合同繼續下去，並且承租人的違約行為對租賃物造成的損失並不大，可以採取措施予以挽回，那麼出租人可以先阻止承租人的違約行為，承租人予以及時改正的，又對損失進行了及時補救的，出租人也可以不解除合同。但已經造成的損失，承租人應當賠償。如果承租人經出租人勸阻仍不加改正的，出租人可以單方解除合同，對承租人給出租人造成的損失，出租人可以請求其損害賠償。

第七百一十二條　出租人應當履行租賃物的維修義務，但是當事人另有約定的除外。

■ 條文主旨

本條是關於出租人的維修義務的規定。

■ 條文釋義

出租人的維修義務是出租人對物的瑕疵擔保責任中派生的義務。維修義務是指在租賃物出現不符合約定的使用狀態時，出租人須對該租賃物進行修理和維護，以保證承租人能夠正常使用該租賃物。維修義務也包括對租賃物的正常保養。從性質來看，維修義務既有義務屬性也有權利屬性。作為租賃物的所有人，儘管租賃期內並未直接佔有，出租人對其所有物進行維修以保持其良好狀態是應有的一項義務。同時，出租人負有按約定交付租賃物、維持租賃物用途的主給付義務。維修則是其派生的附隨義務。但由於其並非主給付義務，所以產生該義務不必然意味着違約責任的產生。之所以原則上由出租人承擔維修義務，主要是因為出租人負有使租賃物在租賃期限內保持其約定用途的主給付義務。當租賃物產生需要維修的情形時，承租人也可能主張損害賠償或解除合同來尋求救濟。

承租人使用租賃物就是要使租賃物發揮其效用，以滿足自己的需要，這就要求租賃物本身應保持一個良好的狀態，具備它本身的性能，發揮它本身的效能，當該租賃物出現妨礙使用的情況時，就要對其進行維修。法律將維修的義務加諸出租人是從租賃合同的特點出發的，一是租賃物的所有人在絕大多數情況下是出租人，出租人要對自己的財產負責，要延長租賃物的使用期，對租賃物進行正常的養護和維修，維護的是自己的利益；二是出租人出租租賃物是為了收取租金，承租人支付出租金是為了使用租賃物，如果租賃物不能使用了，承租人訂立合同的目的就不能實現，再讓他支付租金是不公平的。因此，各國法律都把對租賃物的維修義務歸於出租人一方。出租人的維修義務並不是絕對的、無限的，應當滿足如下要件：

其一，有維修的正當理由，即限於租賃物本身的缺陷造成，對承租人增添於租賃物的缺陷無維修的義務。出租人的維修義務一般是在承租人按約定正常使用租賃物的情況下出現的租賃物的損耗或者是由租賃物的性質所要求的對租賃物的正常的維護，如果是因為承租人的

保管使用不善，造成租賃物損壞時，出租人不負有維修的義務。如承租人租賃一架塔吊，因自己安裝不符合要求出現了問題，不能使用，就要由承租人自己負責重新進行安裝。

其二，須租賃物有維修的必要。有維修的必要是指租賃物已出現影響正常使用、發揮效用的情況，不進行維修就不能使用，出租人應對租賃物進行及時的維修，以保證其正常使用。

其三，須租賃物有維修的可能。有維修的可能是指租賃物損壞後能夠將其修好以恢復或達到損壞前的狀態。維修不能，包括事實不能與經濟不能。前者是指維修在技術上或物理上不可能，如承租人承租的房屋倒塌；後者是指維修在事實上雖然可能，但在經濟上則耗費過大，致使維修幾乎等同於重建或者無法期待出租人維修。經濟不能最直觀的表現就是，維修所獲效果顯然不足以彌補修繕費用。無論事實不能還是經濟不能出租人皆無維修義務。此時出租人的維修義務就轉化為承擔一定的民事責任的義務，如減少租金等。

其四，當事人無相反的約定。基於租賃合同債權相對性，尊重當事人意思自治，允許當事人對維修義務的分配作出約定，即另有約定時也存在承租人承擔維修義務的情況。

出租人的維修義務是需要承租人的協助來履行的。由於租賃期內，租賃物往往由承租人實際佔有，其對租賃物的狀況最為了解。當需要維修的情形出現，承租人需要將相關情形通知出租人。若承租人未進行通知，則出租人的維修義務難以實施。

法律雖然規定了在一般情況下出租人負有維修義務。但並非在所有的情況下維修的義務都由出租人承擔。排除出租人維修義務的情況有幾種：其一，法律、行政法規規定，由承租人承擔維修義務的。如我國海商法規定，在光船租賃中，由承租人負責維修保養。有的國家的法律規定，在房屋租賃中，有些小的維修義務由承租人承擔，如《法國民法典》就規定在房屋租賃中，承租人應當負擔的修繕義務有：房間內的一部分破碎地磚的修補、窗戶玻璃的修補、門鎖的修繕等。《意大利民法典》規定，由房客負擔的小修繕是屬於因使用所引起的損壞。其二，雙方約定維修義務由承租人負擔。其三，依當地習慣或商業習慣。如在汽車租賃中對汽車的維修義務一般都由承租人負擔。再如前面曾提到的在我國民間實行的房屋租賃「大修為主，小修為客」的習俗。

> **第七百一十三條** 承租人在租賃物需要維修時可以請求出租人在合理期限內維修。出租人未履行維修義務的，承租人可以自行維修，維修費用由出租人負擔。因維修租賃物影響承租人使用的，應當相應減少租金或者延長租期。
>
> 因承租人的過錯致使租賃物需要維修的，出租人不承擔前款規定的維修義務。

■ 條文主旨

本條是關於出租人維修義務的補充規定。

■ **條文釋義**

　　出租人負有保持租賃物適於使用、收益狀態的義務，在租賃物存在瑕疵或被毀損的情況下，出租人應當承擔維修義務，但是當事人另有約定的除外。出租人履行維修義務，可以由出租人主動作出，也可以由承租人提出。承租人請求出租人履行維修義務的，以租賃物有維修的必要及維修的可能為要件。租賃物有維修的必要是指租賃物發生毀損等情事，如不維修將致使承租人對租賃物不能為使用、收益或不能圓滿地為使用、收益，如出租的房屋因時日長久，遇雨滲漏，承租人無法居住等情形。並非一切與交付時不一致的狀態都有維修的必要，租賃物雖有瑕疵，但不妨礙使用、收益的，則無維修的必要。租賃物是否具有維修的可能，不僅應以物理上或技術上是否可能作為判斷標準，還應以社會一般觀念或經濟上的意義加以決定。因此，事實上不能維修；雖能維修，但維修已不能使租賃物恢復至適用於合同約定的使用、收益狀態；雖能維修，但維修本身耗費過巨，而效果顯然不足以彌補維修費用；維修無異於新造或重大改造等情形，均可視為維修不能。租賃物有維修的必要及可能時，承租人可以向出租人發出維修的請求，催告出租人在合理的期限內對租賃物進行維修。該合理期限應當根據租賃物的損壞程度、承租人需要維修的緊迫程度以及出租人的維修能力等具體情況確定。出租人應當在承租人提出的合理期限內履行對租賃物的維修義務，以滿足承租人使用租賃物的需求。

　　出租人無正當理由在催告確定的合理期限內沒有對租賃物進行維修的，構成不履行維修義務，承租人可以自行修理。由於維修租賃物是出租人的義務，出租人未盡其義務，由承租人代為履行的，由此支出的費用應當由出租人負擔，承租人已經墊付的，有權要求出租人償還，或要求抵扣租金。同時，出租人不履行維修義務，任憑租賃物部分或全部毀損、滅失，致使承租人無法實現合同目的，構成根本違約，承租人可依據本法的有關規定，解除合同並請求出租人承擔違約責任。

> **第七百一十四條　承租人應當妥善保管租賃物，因保管不善造成租賃物毀損、滅失的，應當承擔賠償責任。**

■ **條文主旨**

　　本條是關於承租人妥善保管租賃物的義務的規定。

■ **條文釋義**

　　妥善保管租賃物也是承租人的主要義務之一。保管的義務源自於承租人對租賃物享有的佔有和使用權，租賃物的所有權並不歸屬於承租人，出租人的財產在承租人的佔有、使用之下，由此產生了承租人的保管義務。一方面，妥善保管租賃物有利於承租人在租賃期限對租

賃物的充分使用，另一方面，承租人在使用完畢後要將租賃物返還出租人，返還時的租賃物應當符合租賃物在使用前的狀態或者性能。承租人的保管義務應包括以下幾個內容：

1. 按照約定的方式或者租賃物的性質所要求的方法保管租賃物。如租的是機器設備，就應將其放置在廠房裏，而不應露天擺放。租賃物是電腦的，在使用後關掉電源開關等。

2. 按照租賃物的使用狀況進行正常的維護。很多租賃物需要對其經常進行保養維護，如果不進行經常的維護，就難以保證正常的運轉。例如，汽車應當經常加機油，經常進行保養，才能保證正常使用。對於租賃物正常維護的費用有兩類：一是為維護租賃物的使用收益能力所支付的費用，如機器設備上的潤滑油，汽車使用的汽油、機油等，這部分費用一般應由承租人負擔；二是為了維持租賃物使用收益狀態所支出的費用，如房屋的維修費用、汽車換胎的費用、機器設備更換零部件的費用等，應當由出租人負擔。

3. 通知和協助。租賃期限內，租賃物有瑕疵並影響承租人正常使用時，承租人應及時通知出租人，並採取積極措施防止損壞的擴大。有時租賃物發生故障來不及要求出租人維修，如果承租人有能力，也有可能先行對其進行維修，承租人應當先行維修，維修的費用由承租人先墊付，之後可向出租人追償或者在租金裏扣除。承租人絕不能因維修義務應由出租人負擔，就對租賃物坐視不管，這樣就沒有盡到善良管理人的義務。

承租人如果沒有對租賃物盡到上述妥善保管的義務，造成租賃物毀損、滅失的，應當承擔損害賠償責任。

與承租人共同生活或經承租人允許而對租賃物進行使用、收益的第三人，對租賃物同樣應以善良管理人的注意承擔保管義務，違反該項義務致使租賃物毀損、滅失的，應當承擔侵權責任。不過，由於此類第三人使用、收益租賃物的行為是基於承租人的允許而進行，承租人對此應當負責，承擔違約責任。從出租人的角度觀察，此時構成人的請求權競合；對承租人而言，此時承擔不真正連帶債務，損壞租賃物的第三人為終局責任人。承租人就第三人毀損、滅失租賃物而向出租人承擔違約責任後，有權向該第三人追償。

第七百一十五條　承租人經出租人同意，可以對租賃物進行改善或者增設他物。

承租人未經出租人同意，對租賃物進行改善或者增設他物的，出租人可以請求承租人恢復原狀或者賠償損失。

■ 條文主旨

本條是關於承租人對租賃物進行改善或增設他物的規定。

■ 條文釋義

所謂改善是指對租賃物並不改變其外觀形狀，而是對其性能進行改良。如租用的汽車由

原來的化油器改裝為電噴的，使汽車的性能更符合環保的要求。所謂增設他物，也叫添附，是指在原有的租賃物上又添加另外的物，如在汽車上安裝音響設備、在房屋裏安裝空調等就是添附。

有時，承租人為了使租賃物充分有效地發揮作用，需要對租賃物進行改善或者添附，但承租人對租賃物只是享有佔有、使用的權利，而不具有處分權，因此，他不能擅自在租賃物上進行拆改或者添附。承租人需要對租賃物進行改善或者添附時，須先同出租人協商，在徵得出租人的同意後方能對租賃物進行改善或添附。如對租賃的房屋進行裝修、為租用的汽車安裝防盜器等。

承租人在徵得出租人同意後對租賃物進行改善或者增設他物的，使其使用效用和本身的價值增加了，在租賃的有效期限內是不成問題的，但如果租賃期限屆滿，承租人須將租賃物返還出租人時就有一個與原租賃物的狀況發生變化如何處理的問題，一般應遵循這樣的規則：

1. 可以要求出租人償還由於改善或增設他物使租賃物的價值增加的那部分費用。但僅限於合同終止時租賃物增加的價值額，而不能以承租人實際支付的數額為準。

2. 對於增設他物的，如果可以拆除並不影響租賃物的原狀，承租人最好拆除，承租人也有權拆除。一般來說，出租人不希望承租人對租賃物進行添附，因為這種添附增加了價值，出租人是要有所付出的。因此，增設物能拆除的，承租人儘量拆除。例如，承租人在租賃房屋內安裝的空調，就可以拆除，但拆除後應當將安裝處修復至原來的狀態。如果出租人對增加物表示可以不拆除並願意支付增加的費用的，也可以不必拆除。

承租人未經出租人同意對租賃物進行改善、增設他物的，承租人不但不能要求出租人返還所支付的費用，反過來出租人可以要求承租人恢復原狀或者賠償損失。

第七百一十六條　承租人經出租人同意，可以將租賃物轉租給第三人。承租人轉租的，承租人與出租人之間的租賃合同繼續有效；第三人造成租賃物損失的，承租人應當賠償損失。

承租人未經出租人同意轉租的，出租人可以解除合同。

■ 條文主旨

本條是關於承租人對租賃物的轉租的規定。

■ 條文釋義

轉租，是指承租人將租賃物轉讓給第三人使用、收益，承租人與第三人形成新的租賃合同關係，而承租人與出租人的租賃關係繼續合法有效的一種交易形式。承租人是否有對租賃

物的轉租的權利，大致有三種類型：第一種類型是未經出租人同意不得將租賃物轉租給第三人。採取這種規定的理由是，租賃物的所有權不屬於承租人，承租人無權處分租賃物，如果他要處分須經有處分權的人同意，這是交易的最基本的條件，也是為了保護交易安全。因為無處分權的民事行為是一種效力待定的行為，它的效力是不確定的，一旦有處分權人予以否認，該行為立即歸於無效，因此，允許承租人隨意轉租，既不利於保護出租人的利益，也不利於保護第三人的利益。第二種類型是承租人能否轉租，因區分動產租賃和不動產租賃而不同，動產租賃的轉租須經出租人同意，不動產租賃則另有規定。採用這一規定的理由是，動產租賃中的轉讓須經出租人同意是因為動產有流動性，一旦轉移於他人之處，出租人無法對其了解和控制。而不動產租賃中，不動產是不能移動的，能夠在出租人的視線範圍內，出租人可以根據次承租人對租賃物使用的狀況進行監督，所以可以不經出租人同意。第三種類型是規定除了當事人有不得轉租的權利，但租賃契約有禁止的約定者，不在此限。採用這種規定的理由是，租賃合同並不以轉移標的物所有權為內容，也並不以出租人對租賃物有所有權為必要。所以承租人可以將租賃物轉租他人，除非當事人事先約定不准轉租。

本法採用的是第一種類型，這是因為在我國實踐中，尤其是在房屋租賃市場，有人為了牟取暴利，將租來的房屋層層轉租，致使住房的租金過高，侵害了房屋所有人的利益，也不符合習近平總書記在黨的十九大報告中所強調的「房子是用來住的，不是用來炒的」這一定位。為了規範上述現象，本條規定，承租人將租賃物轉租他人的，必須經出租人同意。

轉租包括經出租人同意和未經出租人同意兩種情況：

1. 經出租人同意的轉租。經出租人同意的轉租包括兩種情形：一是在租賃合同訂立時明確約定承租人有權出租租賃物；二是在租賃期限內承租人徵得出租人同意將租賃物轉租。根據本法第 718 條的規定，承租人事前未經出租人同意，事後出租人知道或者應當知道，但是在 6 個月內未提出異議的，也可以視為經出租人同意的轉租。

經出租人同意的轉租是有效的，但由於在同一租賃物上出現了三個當事人、兩個合同關係，即出租人、承租人、第三人也可稱為次承租人，這三人之間的法律關係必須明確。按照本條的規定經過轉租的租賃合同關係當事人的關係應為：第一，出租人與承租人之間的關係不因轉租而受影響，繼續有效，承租人仍然應向出租人承擔支付租金、在租賃期限屆滿時返還租賃物的義務。因次承租人的行為造成租賃物損失的，承租人仍然要對出租人負責。第二，雖然次承租人與出租人之間沒有合同關係，次承租人可以直接向出租人支付租金，出租人不得拒絕。第三，在租賃合同終止或者被解除時，承租人與次承租人之間的租賃關係也隨之終止。因為這個次承租合同的訂立是以前一個租賃合同為基礎的。

2. 未經出租人同意的轉租。本條規定，未經出租人同意轉租的，出租人可以解除合同。因為承租人未經出租人同意擅自將租賃物轉租他人，直接破壞了出租人對承租人的信任，也直接損害了出租人對租賃物的所有權或處分權，同時造成多層次的對租賃物的佔有關係，增加了出租人要求返還租賃物的困難或使出租物的毀損程度加重，所以出租人有權解除合同。

> 　　**第七百一十七條　承租人經出租人同意將租賃物轉租給第三人，轉租期限超過承租人剩餘租賃期限的，超過部分的約定對出租人不具有法律約束力，但是出租人與承租人另有約定的除外。**

■ **條文主旨**

　　本條是關於轉租期限的規定。

■ **條文釋義**

　　承租人經出租人同意將租賃物轉租給第三人後，出租人與承租人的原租賃合同仍然有效，承租人同樣需要承擔原租賃合同中約定的權利義務；轉租人（承租人）與次承租人之間的按照新租賃合同中的約定行使自己的權利義務。原則上，根據「一方不能把自己不享有的權利轉給第三方」的法理，轉租合同中對次承租人權利的約定不能超過原租賃合同中的承租人所享有的權利。

　　轉租合同中，對於超過原租賃合同權利的部分是否有效，學界大致存在兩種觀點：絕對無效說和相對無效說。絕對無效說認為超過承租人所享有的權利進行違法轉租的合同無效或部分無效，認為違法轉租行為違背了出租人的利益，客觀上加大了出租人的監督成本，因此在法律上規定違法轉租的合同無效有利於實現對承租人的震懾和對出租人利益的保護。

　　本條規定採用相對無效說，規定轉租合同中約定的轉租期限超過承租人剩餘租賃期限的，該約定只要不存在本法規定的無效事由即為有效，次承租人也因此取得相應權利，但該權利僅對出租人不產生法律約束力。原租賃合同期限屆滿後，出租人可以要求次承租人限期返還租賃物，次承租人則可依據轉租合同的約定向承租人主張違約責任。

> 　　**第七百一十八條　出租人知道或者應當知道承租人轉租，但是在六個月內未提出異議的，視為出租人同意轉租。**

■ **條文主旨**

　　本條是關於出租人同意轉租的規定。

■ **條文釋義**

　　出租人同意承租人轉租後，將對出租人、承租人和次承租人都產生一定的法律後果，因此出租人將該同意的意思表示於外的行為，屬於意思表示。根據本法第 140 條的規定，行為人可以明示或者默示作出意思表示。沉默只有在有法律規定、當事人約定或者符合當事人之

間的交易習慣時，才可以視為意思表示。所謂明示的意思表示，就是行為人以作為的方式使得相對人能夠直接了解到意思表示的內容。以明示方式作出的意思表示具有直接、明確、不易產生糾紛等特徵。所以實踐中，明示的意思表示是運用得最為廣泛的一種形式。比較典型的是表意人採用口頭、書面方式直接向相對人作出的意思表示。所謂默示的意思表示，是指行為人雖沒有以語言或文字等明示方式作出意思表示，但以行為的方式作出了意思表示。這種方式雖不如明示方式那麼直接表達出意思表示的內容，但通過其行為可以推定出其作出一定的意思表示。例如，某人向自動售貨機投入貨幣的行為即可推斷其作出了購買物品的意思表示。又比如某人乘坐無人售票的公交車時，其投幣行為就可以視為其具有締結運輸合同的意思表示。意思表示原則上都需要以明示或者默示的方式作出。但是在現實生活中也會出現一種特殊情形，即行為人作出意思表示時既無語言等明示方式，也無行為等默示方式，在一定條件下仍可視為意思表示。這種情形就是以沉默的方式作出的意思表示。沉默是一種既無語言表示也無行為表示的純粹的緘默，是一種完全的不作為，從法學理論上講和比較法上來看，原則上純粹的不作為不能視為當事人有意思表示，只有在有法律規定、當事人約定或者符合當事人之間的交易習慣時，才可以視為意思表示。本條規定的出租人明知承租人轉租，但在 6 個月內不提出任何異議的不作為，就是一項法律關於沉默的意思表示的特殊規定。

在房屋租賃關係的基礎是出租人對承租人的了解和信任。如果承租人擅自轉租，不僅會破壞出租對承租人的信任，而且還將減弱出租人對租賃物的控制，增加租賃物被毀損以及不能收取租金的風險，因此本法規定承租人轉租應當經過出租人的同意或追認。但是，如果出租人明知承租人轉租的事實，卻不明確表示追認或提出異議，將使承租人和次承租人的利益長期陷入不穩定狀態，不利於社會的和諧、穩定和發展。同時也要考慮到，租賃物在租賃期限內完全處於承租人的實際控制下，出租人往往難以及時發現租賃物被違法轉租的事實。對於價值較高的租賃物，出租人往往還需要考察次承租人的資質、能力和背景等方能作出是否同意轉租的決定。基於此，本條規定賦予了出租人一定的期限，即自知道或應當知道承租人轉租的事實之日起 6 個月。在 6 個月內未提出異議的，視為出租人同意轉租。

第七百一十九條 承租人拖欠租金的，次承租人可以代承租人支付其欠付的租金和違約金，但是轉租合同對出租人不具有法律約束力的除外。

次承租人代為支付的租金和違約金，可以充抵次承租人應當向承租人支付的租金；超出其應付的租金數額的，可以向承租人追償。

■ 條文主旨

本條是關於次承租人的代為清償權的規定。

■ 條文釋義

　　承租人經出租人同意轉租的，承租人與次承租人之間形成新的租賃關係，而出租人與承租人之間的原租賃關係不受影響，繼續合法有效。根據嚴格的合同的相對性原則，承租人向出租人承擔支付租金的義務，次承租人向承租人承擔支付租金的義務。次承租人與出租人之間不存在合同關係，故而次承租人本不應向出租人支付租金。但是，本法第 524 條第 1 款規定：「債務人不履行債務，第三人對履行該債務具有合法利益的，第三人有權向債權人代為履行；但是，根據債務性質、按照當事人約定或者法律規定只能由債務人履行的除外。」也就是說，第三人對債之履行有利害關係時，無須債務人或債權人的同意即可代為履行債務，債權人不得拒絕。這一規定是由債權的財產性決定的，債權人要滿足其債權，沒有必要必須限於債務人本人作出履行，只要給付可以滿足債權的財產價值即可。

　　由於在承租人無正當理由未支付或者延遲支付租金時，出租人享有法定解除合同的權利，因此次承租人對租賃物的佔有、使用和收益的權利是否能夠得到保障完全取決於承租人對出租人義務的履行，此時次承租人承擔着過大的風險。承租人是否向出租人履行支付租金的義務，直接關係着次承租人對租賃物的佔有、使用和收益，出租人因承租人未支付租金而解除與承租人訂立的租賃合同後，要求收回租賃房屋，這對次承租人於佔有物的繼續使用造成了障礙，也妨礙了合同目的的實現。出租人解除合同後收回租賃房屋對次承租人有權佔有並使用該租賃房屋形成了利害關係，即次承租人對該債務的履行具有「合法利益」，應解釋於第三人清償範圍內。並且租金屬於金錢之債，不具有只能由承租人履行的性質，因此次承租人有權向出租人代為履行，出租人不得拒絕。因此，次承租人代為支付承租人拖欠的租金和違約金的行為，屬於第三人清償之債的具體類型。

　　實際上，法定解除權的設置主要在於維護出租人在租賃合同中的重大利益，即保障出租人能夠如約收取租金，因而本條規定由完全具備支付能力的次承租人代為支付，不僅可以增加次承租人權利的穩定性，增強對出租人收取租金的權利的保障，還可以防止出租人和承租人惡意串通損害次承租人的利益。

　　根據本法第 524 條第 2 款的規定，債權人接受第三人履行後，其對債務人的債權轉讓給第三人，但是債務人和第三人另有約定的除外。次承租人代向出租人支付承租人拖欠租金和違約金後，依據債權轉讓規則，出租人對承租人的租金債權轉讓給次承租人，次承租人應當通知承租人，次承租人可以要求承租人減少租金、在承租人的剩餘租賃期限內延長租期或要求承租人償還該租金和違約金。

　　當然，未經出租人同意轉租的，在租賃合同未解除的情況下，轉租合同對出租人不具有法律約束力。第三人對租賃物的佔有屬於無權佔有，作為所有權人的出租人有權隨時要求該第三人返還租賃物，故該第三人對租賃物並不具有合法權利，對該租金債務的履行不具有「合法利益」，出租人有權拒絕其代為履行的請求。

> **第七百二十條**　在租賃期限內因佔有、使用租賃物獲得的收益，歸承租人所有，但是當事人另有約定的除外。

■ 條文主旨

本條是關於租賃物的收益歸屬的規定。

■ 條文釋義

本條中的收益是指承租人因佔有、使用租賃物而獲得的效益。收益包括兩類：一類是因為佔有租賃物而產生的收益；另一類是使用租賃物而產生的收益，如承租人從房屋租賃的轉租中收取的超額租金，承租人租用汽車經營貨物運輸獲得的收益等。除當事人在合同中另有約定外，租賃期限內承租人佔有使用租賃物獲得的收益歸承租人所有。這樣規定是由租賃合同的性質決定的。租賃合同是出租人將租賃物交付承租人使用、收益，承租人支付租金的合同，承租人不僅享有租賃物的使用權，還包括收益權。在有些情況下，承租人重視的是租賃物的使用價值，租賃本身並不產生收益，如承租人為居住而租賃房屋、家具等；但在有些情況下，承租人租賃的直接目的就在於收益，如為生產經營租賃機器設備、租賃房屋等。在意大利民法中專門規定了一類叫作產生孳息的物品租賃，即是以動產或不動產生孳息的物品為租賃的標的物的。承租人對租賃物的使用是以支付租金為代價的，所以就其租賃物的佔有、使用而獲得的收益，應當享有所有權。

> **第七百二十一條**　承租人應當按照約定的期限支付租金。對支付租金的期限沒有約定或者約定不明確，依據本法第五百一十條的規定仍不能確定，租賃期限不滿一年的，應當在租賃期限屆滿時支付；租賃期限一年以上的，應當在每屆滿一年時支付，剩餘期限不滿一年的，應當在租賃期限屆滿時支付。

■ 條文主旨

本條是關於租金支付期限的規定。

■ 條文釋義

支付租金是承租人的主要義務。租金支付期限是出租人能夠及時收取租金的依據。為避免合同履行中發生糾紛，一般租賃合同中應明確約定租金支付期限。租金的支付期限是合同的主要條款，關係租金支付的時間，當事人在合同中應當儘量約定明確。租金的支付期限可以按年、月、日計算，也可以按小時計算。租金的支付可以是一次支付，也可以是分期支

付；一次支付可以是事前支付，也可以在租賃期限屆滿之後一次支付，這些都由雙方當事人在合同中約定。當事人應當嚴格按照合同約定的期限支付租金。

在實際生活中，一些當事人在訂立合同時由於種種原因，未約定租金支付期限或約定得不明確，給合同的履行帶來了一定的困難，這就需要當事人進行進一步的協商，如果能夠達成補充協議，承租人應當按照補充協議中約定的支付期限支付租金。如果不能達成補充協議，且依據合同的有關條款和交易習慣也不能確定的，按照本條的規定可依據下述方法確定支付期限：

1. 租賃期限不滿 1 年的，租金應當在租賃期限屆滿時支付。如當事人在租賃合同中約定租期為 6 個月，則承租人應當在 6 個月屆滿時支付全部租金。

2. 租賃期限 1 年以上的，應當在每屆滿 1 年時支付，剩餘期限不滿 1 年的，應當在租賃期限屆滿時支付。如當事人在 2005 年 5 月訂立了一個房屋租賃合同，租期為 4 年 6 個月，承租人就應在今後 4 年的每年 5 月向出租人支付租金，到 2009 年 5 月為第 4 年時，租期還有 6 個月，最後一次租金的支付時間應為 2009 年 11 月。

> **第七百二十二條　承租人無正當理由未支付或者遲延支付租金的，出租人可以請求承租人在合理期限內支付；承租人逾期不支付的，出租人可以解除合同。**

■ 條文主旨

本條是關於承租人違反支付租金義務的法律後果的規定。

■ 條文釋義

承租人應當按照合同約定的時間、金額、方式向出租人支付租金，這是因為承租人取得租賃物的使用權是以支付租金為代價的。出租人出租租賃物的目的就是收取租金，承租人能按時足額支付租金，出租人通過讓渡財產使用權而獲得租金收入的合法權利才能得到保障。

本條規定，承租人在租賃期限內無正當理由不得拒付和遲延支付租金。所謂正當理由包括幾種情況：一是不可抗力或意外事件，使租賃物部分或者全部毀損、滅失的，承租人已無法對租賃物使用、收益，承租人可以請求不支付租金；二是因出租人沒有履行義務，如交付的租賃物不符合約定的使用要求；在租賃期限內租賃物出現質量問題，出租人不盡維修義務的；三是因承租人本身發生一些意外事件致使其暫時無力支付租金。例如，用於居住的房屋租賃的承租人因生重病住院，經濟上出現暫時困難，無力支付到期租金。在這種情況下，可以請求出租人適當延緩交付。

承租人無正當理由未支付或遲延支付租金的是一種違約行為，當然要承擔一定的違約責任。承租人不支付租金雖然是一種根本違約行為，但出租人並不一定要馬上解除合同，為

了保持合同的穩定性，可以給承租人對違約的補救機會。因此，本條規定，出租人通知承租人，要求其在合理的期限內支付。該合理期限應當根據到期租金的數額、承租人的支付能力以及出租人的經濟狀況等因素來確定。承租人經催告後在合理的期限內仍不支付租金的，出租人可以解除合同。對遲延交付租金的，各國法律一般都規定出租人的一個催告時間，在經催告後承租人仍不交付的，出租人可以解除合同。

租賃合同被解除後，租賃期限尚未屆滿的，合同終止履行，承租人應返還租賃物，承租人欠付的租金以及對出租人造成的損害，應當進行清算。

> **第七百二十三條** 因第三人主張權利，致使承租人不能對租賃物使用、收益的，承租人可以請求減少租金或者不支付租金。
>
> 第三人主張權利的，承租人應當及時通知出租人。

■ 條文主旨

本條是關於出租人的權利瑕疵擔保責任的規定。

■ 條文釋義

所謂出租人的權利瑕疵擔保，是指出租人擔保第三人不能就租賃物主張任何權利。權利瑕疵擔保責任是指當第三人對租賃物主張權利時，出租人所應承擔的責任。權利瑕疵擔保責任的構成要件為：第一，權利瑕疵在合同成立時已存在；第二，相對人不知有權利瑕疵的存在，如果在訂立合同時相對人明知行為人對該物無處分權而與之訂立合同，相對人不能作為善意相對人而享受對對方權利的瑕疵擔保的要求；第三，權利瑕疵在合同成立後仍未能排除，如果在合同成立時，雖有權利瑕疵，但在合同成立後，行為人取得了該物的處分權，則應視為權利瑕疵已經除去。

出租人承擔權利瑕疵擔保責任的條件為：

1. 因第三人向承租人主張權利。第三人主張權利可以是第三人作為租賃物的所有人主張出租人對租賃物無處分權，該租賃合同無效；也可以是作為租賃物的抵押權人，在義務人不履行義務，要求實現其抵押權。在這種情況下，勢必影響承租人對租賃物的使用、收益。

2. 第三人主張權利妨礙承租人對租賃物的使用和收益。如第三人主張抵押權的實現時，因其涉及對租賃物實體的處置，則會妨礙承租人對租賃物的使用。

3. 承租人在訂立合同時不知有權利瑕疵，如承租人在訂立合同時明知出租人對該租賃物沒有處分權，而自願承擔第三人主張權利的風險，出租人不負瑕疵擔保責任。

在第三人主張權利時，除出租人已經知道第三人主張權利外，承租人應當及時通知出租人，如承租人怠於通知致使出租人能夠救濟而未能及時救濟的，則出租人對承租人的損失不

負賠償責任。承租人及時通知出租人，出租人對第三人主張權利不能排除的，承租人事實上對租賃物已無法使用、收益，這時，承租人有權請求減少租金或不支付租金。

> 　　**第七百二十四條**　有下列情形之一，非因承租人原因致使租賃物無法使用的，承租人可以解除合同：
>
> 　　（一）租賃物被司法機關或者行政機關依法查封、扣押；
> 　　（二）租賃物權屬有爭議；
> 　　（三）租賃物具有違反法律、行政法規關於使用條件的強制性規定情形。

■ 條文主旨

本條是關於非因承租人原因致使租賃物無法使用時承租人的請求權的規定。

■ 條文釋義

根據解除權行使主體不同分為承租人享有法定解除權和出租人享有法定解除權的情形，本條規定的是承租人享有法定解除權的情形。綜合本法的相關規定，承租人享有法定解除的情形如下：一是因不可抗力致使不能實現合同目的的；二是出租人未按約定交付租賃物，經承租人催告在合理期限內仍拒不交付租賃物的；三是因不可歸責於承租人的事由致使租賃物部分或全部毀損、滅失，致使合同目的不能實現的；四是不定期租賃，承租人有權隨時解除合同；五是租賃物危及承租人安全或健康的，即使承租人訂立合同時明知該租賃物質量不合格，承租人仍有權隨時解除合同；六是司法機關或者行政機關依法查封租賃房屋導致承租人不能使用的；七是租賃物權屬有爭議導致承租人不能使用的；八是不符合建築法、消防法等法律關於房屋使用條件的強制性規定並導致承租人不能使用的；九是一物數租之有效合同不能實際履行的。

在出現租賃房屋被司法機關或者行政機關依法查封、權屬有爭議，或者具有違反法律、行政法規（主要包括違反建築法、消防法等）關於房屋使用條件強制性規定情況任何一種情形時，承租人的合同解除權並非任意的，還須具備一個必要前提，即該情形的出現導致「租賃房屋無法使用」。所謂「無法使用」是指無法按照租賃房屋的約定用途使用，或者無法按照租賃房屋的性質使用。

當租賃物是房屋時，司法機關對房屋的查封，實務中有「活封」和「死封」之分，其中「死封」是指房屋被查封後不僅其處分權受到限制，而且喪失了使用、管理權，權利人只有妥善保管的義務；而「活封」則相反，房屋被查封後，權利人仍享有對房屋的使用、管理和收益權，僅處分權受限。實踐中，租賃房屋被查封，如果是由於出租人的原因，承租人在要求解除合同的同時也可要求出租人賠償損失；如果是由於承租人的原因，出租人因此遭受

損失的，出租人除了可以提起反訴要求承租人賠償損失以外，也可另行起訴要求承租人賠償損失。當租賃物是動產時，查封、扣押動產的，人民法院可以直接控制該項財產。人民法院將查封、扣押的動產交付其他人控制的，應當在該動產上加貼封條或者採取其他足以公示查封、扣押的適當方式。

當租賃物的權屬存在爭議時，意味着出租人可能不是租賃物的所有權人，即使租賃合同可以拘束名義上的出租人，但是無法拘束真正的所有權人。儘管也存在可能出租人是真正的所有權人，但是也許承租人不想冒這個險，因此法律上應允許其合理規避風險，解除合同。

> **第七百二十五條** 租賃物在承租人按照租賃合同佔有期限內發生所有權變動的，不影響租賃合同的效力。

■ 條文主旨

本條是關於買賣不破租賃的規定。

■ 條文釋義

本條的規定體現了租賃權的物權化。所謂物權化，是指在承租人依據租賃合同佔有租賃物期限內，承租人對租賃物的佔有使用可以對抗第三人，即使是該租賃物所有權人或享有其他物權的人也不例外。

本條主要規定的是租賃物的所有權發生變動時，租賃合同的效力問題。在租賃合同中有一個基本的制度叫「買賣不破租賃」。買賣不破租賃，是指當出租人在租賃合同有效期內將租賃物的所有權轉讓給第三人時，租賃合同對新所有人有效。

合同法第 229 條中對買賣不破租賃作出規定：「租賃物在租賃期間發生所有權變動的，不影響租賃合同的效力。」但該條規定存在一個重大問題，即租賃合同的真實簽訂時間難以確定，司法實踐中出現了大量的倒簽租賃合同去損害房屋買受人（所有權人）利益的情形，所以以租賃合同簽訂的時間點來確認承租人和所有權人的權利何者優先會存在極大的道德風險，引發司法實踐中的諸多問題。

所以為了避免這一問題的發生，本法對這一問題進行了修改，修改的核心在於使買賣不破租賃規則中租賃的時間點顯形化，必須是一個有對外公示可能性的時間點。但在處理這一問題時候引發了爭議，爭議點在於租賃合同對外公示的時間點到底以何種規則確定，立法過程中存在兩種觀點：第一種方案是以承租人佔有使用租賃物的時間點作為租賃合同對外公示的起算點，第二種方案是以我國正在推行中的房屋租賃備案登記為起算點。這兩種方法都能解決前述問題，第二種方案更便於確認時間點，相比第一種方案來說登記的時點更易於確認。但假如採用第二種方案會使得我國司法實踐面臨難題，即現階段我國絕大部分房屋租賃

都未進行備案登記。如果在本法中直接採用第二種方案將會導致我國現階段絕大部分承租人不再受「買賣不破租賃」規則的保護，如此則擔心引發社會問題。雖然本法為了優化營商環境，在融資租賃、所有權保留等環節中都引入了登記，但那些環節中要求進行登記的主體都是商人，如果在「買賣不破租賃」規則中也引入登記，可能會對普通百姓造成過重的負擔。經過平衡取捨後，選擇了相對折中的方案，即前述第一種方案。

這一改動實際上也間接對房屋買受人提出了一個新的要求，即在簽訂買賣合同之前實地調查房屋的實際佔有使用狀況，否則其權利就有可能被在先佔有適用的租賃期所限制。這一選擇固然增加了買受人的調查成本，但也表現出房屋更強的住宅屬性，而非金融屬性，這和「房子是用來住的，不是用來炒的」的定位也是相符的。

買賣不破租賃並不限於出租人出售租賃物的行為，還應包括贈與以及遺贈、互易甚至將租賃物作為合夥投資等情況，上述情況都會涉及租賃物的所有權變動問題。本條規定中「不影響租賃合同的效力」是指承租人依據租賃合同佔有期限內發生所有權變動後，其設定在該租賃物上的租賃權仍然存在，承租人與受讓人之間無須另行訂立租賃合同，受讓人在受讓該租賃物的所有權時就與承租人產生了租賃合同關係，成為一個新的出租人，繼承原出租人的權利和義務，受讓人要受該租賃合同的約束。如果出租人沒有將所有權變動的事項通知承租人，承租人向原出租人支付的租金效力及於受讓人。

特別需要指出的是，本條規定與物權編第 405 條「抵押不破租賃」規則形成呼應，兩者按同一思路修改。

　　第七百二十六條　出租人出賣租賃房屋的，應當在出賣之前的合理期限內通知承租人，承租人享有以同等條件優先購買的權利；但是，房屋按份共有人行使優先購買權或者出租人將房屋出賣給近親屬的除外。

　　出租人履行通知義務後，承租人在十五日內未明確表示購買的，視為承租人放棄優先購買權。

■ 條文主旨

本條是關於房屋租賃的承租人對租賃的房屋行使優先購買權的規定。

■ 條文釋義

優先購買權，是指民事主體在特定買賣的同等條件下，依法享有優先於他人購買財產的權利。實踐中其主要包括以下幾種類型，共有人的優先購買權、專利委託人及合作人的優先購買權、公司股東的優先購買權以及房屋承租人優先購買權等。由此可見，房屋承租人優先購買權是優先購買權中的一種。承租人的優先購買權則是指承租人在出租人出賣租賃物時，

在同等條件下優先購買該租賃物的權利。根據本條規定，明確表明了房屋承租人優先購買權的權利主體是特定的人，即租賃了房屋的承租人，權利客體是承租人所租賃的房屋，行使權利的時間是在承租人知道出租人向外出售其所租賃的房屋之時。

優先購買權的基本特徵是：第一，房屋承租人享有的優先購買權具有法定性。房屋承租人優先購買權是本條賦予房屋承租人在一定條件下通過主張該權利來實現在同等條件下優先購買該租賃房屋的利益，是一項法定的權利，由法律直接規定的。第二，它是承租人所享有的對出租人出賣房屋的請求權，因此，出租人出賣租賃的房屋時必須及時通知承租人。這種請求權是一種請求債權，不是直接對物享有權利，也不能直接對抗第三人，優先權行使前不影響出賣人與其他人進行協商。第三，其行使對象具有特定性：其一，房屋承租人只能針對其所租賃的房屋行使優先購買權，不延伸至出租人出租的其他房屋；其二，房屋承租人只能向房屋租賃關係中相對方，即房屋出租人主張該項權利，且不能對抗已經取得該租賃房屋所有權的善意第三人；其三，它是專屬於承租人的權利，這種優先權不能通過轉讓或者繼承轉移至他人。第四，房屋承租人優先購買權是一種具有限制性的權利。在民事法律關係中，權利與義務兩者對立統一、不可分離，在房屋租賃關係中亦不例外。優先購買權在賦予房屋承租人權利的同時，也給房屋出租人設定了義務，也即對其在同等條件下選擇房屋買受人的自由進行了限制。另外，為了均衡保護房屋承租人的合法利益，房屋承租人須在同等條件下以及一定期限內行使優先購買權。

承租人優先購買權的適用條件包括以下幾個方面：

1. 存在合法有效的房屋租賃合同關係。也即兩者之間的房屋租賃合同依法成立並生效。根據本法對合同成立的相關規定，房屋租賃合同依法成立並生效一般需要滿足以下幾個條件：其一，房屋租賃合同簽訂時，房屋出租人與承租人均屬於完全民事行為能力人；其二，房屋出租人有權出租該房屋，且該房屋不屬於未經政府建設行政相關機關部門批准或未按照其批准範圍所建設的臨時建築、不屬於未取得建設工程規劃許可證或未按照該許可證規劃而建立的房屋，如果房屋出租人在法院一審庭審辯論之前能夠補正上述批准、獲得或者變更建設許可證，則仍然將該房屋視為可出租房屋；其三，房屋租賃合同的內容係房屋出租人及承租人真實的意思表示，且合同內容不屬於本法規定的無效情形。在審查房屋租賃合同是否成立並有效時，除了對房屋租賃合同進行外觀形式審查之外，還需要對雙方當事人之間是否存在房屋租賃意思表示進行審查，雙方當事人之間並不存在真實的房屋租賃意思表示，則雙方之間不存在房屋租賃關係，此種情形下房屋租賃合同中的承租人並不當然享有在同等條件下對該租賃房屋的優先購買權。此外，實踐中存在房屋出租人與多個承租人簽訂房屋租賃合同的「一房數簽」情況。在此種情況下，只要不存在合同無效的情形，房屋出租人與承租人之間房屋租賃合同均有效。但並非所有承租人均享有出租人出售房屋時以同等條件優先購買的權利，承租人優先購買權應由實際房屋承租人享有，而不能取得租賃房屋的承租人要求房屋出租人按照租賃合同約定承擔違約損害賠償責任，而不得主張優先購買權。

2. 在同等條件下行使。所謂同等條件，是指承租人與其他購買人在買賣條件上等同，要

綜合考慮價格的多少、付款期限的長短、一次付清還是分期付款、有無擔保等因素。在非同等條件下，承租人不能享有優先購買權。房屋承租人優先購買權制度的初衷是在不損害房屋出租人實質利益的情況下，維護承租人居住或生產經營的穩定。

3. 必須在一定期限內行使。如果出租人通知承租人將要出賣租賃的房屋，並提出了一定的期限，而承租人在合理期限內沒有購買的意思表示，優先購買權喪失。這說明承租人並不想購買該房屋，也就沒有保護的必要了。對承租人優先購買權的行使期限加以限制是基於促進經濟正常運轉、交易安全的同時，以保護出租人和承租人雙方各自利益為考慮。

同時，本條也規定了房屋承租人優先購買權行使的限制情形：

1. 共有人的優先購買權與承租人優先購買權行使的競合。共有分為按份共有和共同共有，在共同共有關係中，房屋出租人未經全體共有人同意不得出售該共有房屋，共同共有人無行使優先購買權的必要。而在按份共有關係中，若房屋出租人所佔份額超過 2/3，則其有權決定出售該共有房屋，此時必然會對其他按份共有人的利益造成一定影響。同時，依據本法物權編第 305 條規定，按份共有人在同等條件下也享有優先購買權。從表面上看，似乎有可能出現同一標的物上承租人的優先購買權和按份共有人的優先購買權的衝突。但是仔細分析會發現，兩種優先購買權針對的標的物是不同的。按份共有人的優先購買權針對的是其他共有人的共有份額；而承租人的優先購買權針對的是租賃標的物本身。所以實際上，二者並不會真正發生衝突。當涉及按份共有人的優先購買權時，此時討論的是份額買賣問題，根本就不會觸發承租人的優先購買權。當然，僅從結果上看，確實是按份共有人的優先購買權可以優先行使。本條將按份共有人行使優先購買權作為承租人行使優先購買權的例外，直接在條文文字層面點明此點，從而避免實踐中引發不必要的爭議。

2. 近親屬之間的房屋買賣具有濃厚的人情色彩，與純粹的買賣關係有很大區別。我國是親情和人情關係極為濃厚的熟人社會，在社會主義市場經濟往來中，人們既注重經濟效益，也注重人與人之間的情感關係，出租人將租賃房屋出售給近親屬時同樣也會夾雜這種情感關係，其與純粹意義上的買賣關係之間存在區別，主要體現在低於正常價格出售房屋、延長交易付款期限等，其無法作為承租人優先購買權行使的同等條件。故本條確認出租人將租賃房屋出賣給近親屬的，承租人不得主張優先購買權。

承租人享有優先購買權就要求出租人在出賣租賃房屋時應當在出賣之前的合理期限內通知承租人，給承租人考慮是否購買該房屋的時間。承租人在接到通知後應及時答覆，若承租人接到通知後 15 日內未明確表示購買的，則自動喪失優先購買權，這是基於不動產交易秩序和交易安全所作的考慮。

> **第七百二十七條　出租人委託拍賣人拍賣租賃房屋的，應當在拍賣五日前通知承租人。承租人未參加拍賣的，視為放棄優先購買權。**

■ 條文主旨

本條是關於承租人優先購買權程序性保障的規定。

■ 條文釋義

拍賣的特質導致其與承租人的優先購買權存在一定衝突，由於優先購買權，有一定的優先效力，在拍賣程序亦不例外。《最高人民法院關於人民法院民事執行中拍賣、變賣財產的規定》第 16 條第 1 款規定：「拍賣過程中，有最高應價時，優先購買權人可以表示以該最高價買受，如無更高應價，則拍歸優先購買權人；如有更高應價，而優先購買權人不作表示的，則拍歸該應價最高的競買人。」此所謂「跟價法」。

在拍賣負擔有優先購買權的租賃房屋時一般遵循如下程序：

1. 拍賣通知，出租人在拍賣 5 日前以書面或者其他能夠確認收悉的適當方式，通知優先購買權人於拍賣日到場。

2. 優先購買權人應按照拍賣通知或拍賣公告的要求，與其他競買人一樣進行競買登記、繳納競買保證金，在拍賣日到場參加競拍。

3. 舉牌應價，若優先購買權人在出現最高應價時表示以該最高價買受，如無更高應價，則拍歸優先購買權人；若優先購買權人未作出以該價格購買的意思表示，則拍賣房屋由最高應價人購買。

本條規定一方面對承租人優先購買權進行程序性保障，保證其在房屋拍賣的情況下正常行使優先購買權，同時又通過對承租人優先購買權的限制以避免因承租人怠於行使優先購買權而降低房屋交易的效率，同時能夠減少或避免房價波動給出租人造成的損失。

> **第七百二十八條　出租人未通知承租人或者有其他妨害承租人行使優先購買權情形的，承租人可以請求出租人承擔賠償責任。但是，出租人與第三人訂立的房屋買賣合同的效力不受影響。**

■ 條文主旨

本條是關於出租人妨害承租人行使優先購買權的法律後果的規定。

■ 條文釋義

關於優先購買權性質的認定，理論上一直存在分歧。主要有以下四種觀點：第一，附條

件的形成權說。該說認為優先權就其性質來說屬於形成權。優先購買權無論是法定還是約定的，性質上都屬於形成權，權利人可以依單方之意思表示，形成與義務人將租賃房屋出賣給第三人的以同樣條件為內容的合同，而無須義務人（出賣人）的承諾。但該項形成權附有停止條件，即只有在義務人出賣租賃房屋於第三人時，權利人才行使。第二，期待權說。該說認為，在出租人未出賣租賃房屋時，優先購買權人的權利尚未現實化，只處於期待權狀態。但若出租人出賣租賃房屋於第三人時，優先購買權人可以行使權利，期待權即可獲得實現。第三，請求權說。請求權說認為優先購買權是權利人對出賣人享有的買賣合同訂立請求權。在權利人行使優先購買權時，買賣合同的成立尚須出賣人的承諾。有觀點進一步將請求權說概括為附強制締約義務的請求權。該說認為，在出賣人違反義務將租賃房屋出賣給第三人時，承租人可以訴請公權力介入，強迫該出賣人對其作出承諾的意思表示。換言之，出租人對於承租人購買租賃房屋的請求負有強制承諾的義務。第四，在德國民法理論上，部分學者主張將依優先購買權形成的合同解釋為附雙重條件的買賣合同。具體而言，第一個條件是出賣人與第三人締結買賣合同；第二個條件是優先購買權人表示行使權利。還有學者認為，優先購買權行使是對起初內容並不確定的、長期並且附條件的買賣要約的承諾，換言之，優先購買權人借行使該權利，對出賣人的要約予以承諾。

本條採納了請求權說的觀點，理由在於：第一，承租人所享有的對抗第三人的效力是有限的，因為其畢竟不是物權，不能直接產生對抗第三人的效力。尤其是在第三人是善意的情況下，採形成權說對於第三人的保護極為不利。第二，如果認可其為形成權，則實際上給出賣人強加了一種就合同的內容必須作出承諾的義務，這和強制締約沒有本質差異。此種觀點顯然給出租人施加了不合理的義務，且與出租人所享有的所有權存在衝突，如此甚至將導致優先購買權具有優於所有權的效力。第三，從我國司法實踐經驗來看，並沒有承認其為形成權，侵害優先購買權的後果只是賠償損失，而不是要直接在出租人和承租人之間形成合同關係。所以，優先購買權的實質就是法律賦予承租人享有的、在出租人出賣房屋時優先於其他人定約的請求權。第四，承租人已經享有本法第 725 條賦予的「買賣不破租賃」的權利以及第 734 條優先承租權，此時若再設立一個物權性的優先購買權會導致出租人和承租人之間保護的失衡。

而在侵害優先購買權的情況下，究竟應當產生何種效力，理論上也存在兩種不同的觀點：一是無效說，此種觀點認為，承租人可以請求轉讓合同無效，要求將已經轉讓出去的應有份額歸於自己。根據《最高人民法院關於貫徹執行〈中華人民共和國民法通則〉若干問題的意見（試行）》第 118 條（已失效）規定：「……出租人未按此規定出賣房屋的，承租人可以請求人民法院宣告該房屋買賣無效。」顯然，該意見採納無效說。二是損害賠償說，此種觀點認為，在優先購買權受到侵害的情況下，不應當確定轉讓合同無效，而應當由優先購買權人請求出租人承擔損害賠償責任。但關於優先購買權人請求賠償的依據和範圍，存在不同的看法。有人認為，應基於締約過失責任，賠償優先購買權人的費用損失。也有人認為，應當基於違約責任，賠償優先購買權人的利潤損失。

本條規定採納了損害賠償說，理由主要在於：一方面，無效說增加了交易成本。房屋所有人已經與第三人就房屋買賣達成了協議，並支出了交易成本，如果宣告合同無效，可能導致財富的浪費。另一方面，無效說不符合鼓勵交易原則。如果認定買賣合同無效，就導致恢復原狀等後果，不符合效率原則，也與合同法鼓勵交易的宗旨不符。從房屋買賣市場看，只要承租人可以證明損失存在，通過賠償其損失，就足以保障其權益，而不必使其獲得特定的房屋。不過，如果承租人確有足夠證據證明買受人與出租人惡意串通，則可以按照合同無效的相關規定主張合同無效。另外，此處所說的賠償的範圍是實際損失，即優先購買權人要獲得類似房屋所多支出的價款損失，以及在購買房屋過程中支出的費用損失。這些損失都是因為出租人侵害承租人優先購買權而造成的，所以出租人應當賠償。

> **第七百二十九條**　因不可歸責於承租人的事由，致使租賃物部分或者全部毀損、滅失的，承租人可以請求減少租金或者不支付租金；因租賃物部分或者全部毀損、滅失，致使不能實現合同目的的，承租人可以解除合同。

■ 條文主旨

本條是關於租賃物發生毀損、滅失時承租人的請求權的規定。

■ 條文釋義

本條規定的是在承租人已盡了善良管理人的義務的情況下，由於其他原因，造成租賃物的毀損、滅失的，承租人享有何種權利。

不可歸責於承租人的事由有下列幾種情況：

1. 因不可抗力的原因造成租賃物毀損、滅失的。不可抗力的條件是不能預見、不能避免，並且不能克服。如承租人租賃房屋的，由於發生洪水，大水沖進房屋，使屋內的牆皮脫落，這種損壞是承租人難以克服的。按照本法的規定，不可抗力是免責的事由，因此，在出現不可抗力時，租賃物毀損、滅失，承租人不承擔責任。

2. 因意外事件造成租賃物毀損滅失的。例如，承租人租用汽車在路上正常行駛，被一輛違反交通規則的汽車撞壞，經過認定承租人本人無過錯，汽車的損害是由於第三人的違反交通規則的行為造成的。

3. 因出租人不履行義務造成租賃物毀損滅失的。例如，承租人租賃的房屋，由於雨季下雨太多出現屋頂漏雨，承租人要求出租人進行維修，但出租人遲遲不予維修，最後導致房屋倒塌。倒塌的原因就是出租人沒有對房屋進行及時的維修。

上述前兩種情況，不可抗力和意外事件都是租賃合同雙方當事人都無過錯，既不可歸責於承租人，也不可歸責於出租人，而出現了租賃物毀損、滅失的情況。在這種情況下，應當

維護哪一方當事人的利益,是法律所要解決的問題。按照民法上的一般原則,對物的風險責任是以誰享有所有權為標準的,即所有權人承擔對物的毀損、滅失的風險。本法在買賣合同中規定了買賣合同標的物的風險責任交付後轉移至買受人的一般原則。在租賃合同中,多數情況下,出租人是租賃物的所有人至少是可以支配租賃物的人,當發生不可歸責於雙方當事人的事由的情況,租賃物毀損、滅失,這個風險責任應當由出租人來承擔。

在第三種情況下,由於出租人有過錯,造成租賃物的毀損、滅失,當然應當由其承擔損失的責任。

在上述三種情況下,由於承租人對租賃物已不能使用或使用的效能受到了影響,本條規定承租人可行使以下權利:

1. 要求減少租金或不支付租金。減少租金一般適用於租賃物部分毀損,但還能夠使用,或者是承租人已經支付了部分租金,租賃物全部毀損、滅失,已支付的租金不再返還,未支付的租金不再支付。不支付租金一般是指租賃物雖然部分毀損,但已失去其效用或者租賃物全部毀損、滅失,承租人已不能使用該租賃物,當然可以要求不支付租金。不支付租金的法律後果實際上是合同已不可能履行,當承租人不支付租金時,如果出租人同意,合同實際上是協議解除,合同終止。

2. 解除合同。解除合同的條件是不能實現合同目的。這裏規定的解除條件比本法第 563 條規定的「因不可抗力致使不能實現合同目的」的範圍要寬。即使不是不可抗力,只要承租人沒有過錯,租賃物毀損、滅失,實際上已經不可能再履行合同了,這時承租人可以行使解除權。這種解除權不同於上面所說的協議解除,它是法定解除,也不是請求權,而是一種形成權,即承租人主張解除合同的,只要通知到達出租人,合同即行解除,如果出租人對此有異議,提請訴訟或仲裁,人民法院或者仲裁機構也只是對承租人行使解除權的效力進行確認。

第七百三十條　當事人對租賃期限沒有約定或者約定不明確,依據本法第五百一十條的規定仍不能確定的,視為不定期租賃;當事人可以隨時解除合同,但是應當在合理期限之前通知對方。

■ 條文主旨

本條是關於租賃期限沒有約定或者約定不明確時的法律後果的規定。

■ 條文釋義

租賃合同是出租人與承租人之間定期或者不定期地轉移租賃物的佔有權、使用權的合同。從是否約定了租賃期限來看,租賃合同分為定期租賃合同和不定期租賃合同兩種。定期

租賃合同的當事人在合同中約定了租賃期限，合同於約定的租賃期限屆滿時終止。一般租賃合同都要明確規定租賃期限，以便確定租賃價值的回收、租金構成等問題。

租賃合同當事人也可以不約定期限，這就是不定期租賃合同。與約定有期限的租賃合同相比，未約定期限或者約定期限不明確的合同在履行時有一定困難，容易釀成糾紛。根據本條規定，當事人對租賃期限沒有約定或者約定不明確時，應首先依照本法第 510 條的規定進行協議補充，即由出租人和承租人就租賃期限進行再磋商，如果能夠達成協議，合同即按照補充協議的期限履行。仍不能達成補充協議的，則依照合同有關條款或者交易習慣加以確定。如果合同雙方當事人既不能就租賃期限達成補充協議，又不能根據合同條款或者交易習慣加以確定，只要出租人沒有收回租賃物的意思，同時也沒有收回行為並且繼續收取租金的，就表明租賃關係仍然存在，但這時的租賃視為不定期租賃，雙方當事人可以隨時解除合同。如果承租人在使用租賃物後已達到了其預期目的，同時履行了其義務，可以提出終止合同的履行；如果出租人對租賃物有客觀原因需要利用，而非出於其他惡意，可以在保障承租人利益不受損害的情況下，收回租賃物。但出租人解除合同時，應依誠信原則，在一個合理期限之前通知承租人。

> **第七百三十一條**　租賃物危及承租人的安全或者健康的，即使承租人訂立合同時明知該租賃物質量不合格，承租人仍然可以隨時解除合同。

■ 條文主旨

本條是關於租賃物質量不合格時承租人的解除權的規定。

■ 條文釋義

租賃合同為有償合同，在各國法上一般都規定，對於租賃合同准用買賣合同的有關規定，租賃合同的出租人如同買賣合同的出賣人一樣，對租賃物負有瑕疵擔保責任。出租人的瑕疵擔保責任包括物的瑕疵擔保責任（也稱質量瑕疵擔保責任）和權利瑕疵擔保責任。出租人的權利瑕疵擔保，是指出租人應擔保不因第三人對承租人主張權利而使承租人不能為使用收益。出租人的物的瑕疵擔保是指出租人應擔保所交付的租賃物能夠為承租人依約正常使用收益。構成出租人的物的瑕疵擔保責任的條件有兩個：

1. 租賃物有瑕疵。租賃物有瑕疵亦即標的物的品質或者數量不符合約定的標準，或者不符合標的物的通常使用狀態。租賃物無論是在交付前還是於交付後發生瑕疵的，出租人均負有瑕疵擔保責任。

2. 承租人於合同訂立時不知租賃物有瑕疵，也不存在可以免除出租人責任的情形。

但是，為保證承租人一方的人身安全或者健康，許多國家和地區的法律規定第 2 項條件

不適用於房屋租賃。之所以這樣規定，是因為房屋為重要的不動產，各國立法對不動產租賃都有特別規定。同時，由於房屋是一種非常特殊的商品，尤其是住房，它用於滿足公民「住」這一基本生活需要。對於住房租賃予以特別的法律調整，有利於穩定社會秩序和安定人民生活。因此，在住房租賃中，出租人對於房屋的質量應負嚴格的產品責任，也就是說，只要房屋的質量不合格，危及承租人的人身安全或者健康時，無論承租人在訂立合同時知道與否，承租人均有權隨時解除合同。我國在制定合同法時，擴大了這一原則的適用範圍。該原則不僅適用於房屋租賃，還適用於所有租賃物。根據本條規定，租賃物危及承租人的安全或者健康的，即使承租人訂立合同時明知該租賃物質量不合格，承租人仍然可以隨時解除合同。

> **第七百三十二條　承租人在房屋租賃期限內死亡的，與其生前共同居住的人或者共同經營人可以按照原租賃合同租賃該房屋。**

■ 條文主旨

本條是關於房屋承租人死亡時的法律後果的規定。

■ 條文釋義

房屋租賃合同是以房屋為租賃物的租賃合同，是指出租人和承租人之間關於出租人將房屋交付承租人使用，承租人支付租金並於合同終止時將租用的房屋返還出租人的協議。

房屋為重要的不動產，它既可以作為生產資料，又可以作為生活資料。作為生活資料，房屋是滿足公民「住」這一基本生活需要的物質條件，從而住房租賃也就成為解決公民居住條件的重要法律手段。「住」一般是以戶為單位的，所以，雖然承租人為一人，也會有其他共同居住人的利益。因此在調整租賃關係時，不能不考慮承租人死亡後其他共同居住人的居住利益。在住房租賃中，承租人取得的只是房屋使用權，原則上其承租權不得繼承。承租人死亡後，生前未與其共同生活的親屬或者法定繼承人，如果確須繼續租用住房的，享有優先承租權，可以與出租人另行簽訂房屋租賃合同。但是，在租賃期限內，與承租人共同居住的人有在租賃的房屋內居住的權利，出租人不得干涉。承租人死亡後，生前與承租人共同居住的人可以繼續租賃原住房，但應與出租人辦理續租手續，變更承租人。承租人死亡後無共同居住之人的，租賃關係終止。原共同居住之人另有住房的，也可以終止租賃關係。

> **第七百三十三條 租賃期限屆滿，承租人應當返還租賃物。返還的租賃物應當符合按照約定或者根據租賃物的性質使用後的狀態。**

■ 條文主旨

本條是關於租賃期限屆滿承租人返還租賃物的規定。

■ 條文釋義

租賃期限屆滿，承租人應向出租人返還租賃物，這是租賃合同中承租人的一項主要義務，它主要包括以下三方面的內容：

1. 承租人應於租賃關係終止時向出租人返還租賃物。租賃關係終止的原因多種多樣。一般情況下，租賃期限屆滿，租賃關係即終止。但也可因當事人一方行使解除或者終止合同的權利，或者因其他原因而終止。在租賃關係終止時，只要租賃物還存在，承租人就應當返還原租賃物；只有當租賃物不存在時，承租人才不負返還義務。例如，在租賃物滅失的情況下，租賃關係也當然終止，但承租人無返還租賃物的義務。如果租賃物係承租人的原因而滅失的，承租人應負損害賠償責任；租賃物非因承租人的原因滅失的，承租人不負責任。

2. 承租人返還的租賃物應當符合按照約定或者租賃物的性質使用後的狀態。由於租賃合同是轉讓財產使用權的合同，標的物所有權並不發生轉移，承租人於租賃期限屆滿須返還原租賃物，從本質上講，承租人應在不消費租賃物的條件下達到使用目的，所以租賃物應當是有體物、非消費物。所謂有體物，一般是指有一定形狀，能夠為人們視覺、感覺所認知的物，而且應是不易腐爛、變質、消化、消滅其價值的非消費物。只有這樣，才能體現其作為租賃物的價值，否則，看不見、摸不着或者一經使用就消失殆盡的物，將無以體現財產租賃合同的使用權轉讓屬性。但在特殊情況下，消費物也可以成為租賃物，但以承租人以非消費方式使用租賃物為限，如租賃食品供展覽之用。因此，原則上講，只要承租人返還的租賃物符合合同約定狀態，或者符合承租人正常使用收益後合理損耗的狀態，其返還義務的履行就是適當的。承租人未經出租人同意對租賃物改建、改裝或者增加附着物的，於返還租賃物時應當恢復原狀；如果承租人的行為是經出租人同意的，承租人可以不恢復原狀，並可以在現有增加價值的範圍內向出租人請求償還費用。

3. 租賃期限屆滿，承租人應當及時向出租人返還租賃物。合同期限屆滿，雙方當事人的權利義務關係即告終止，承租人即無權再繼續使用租賃物，故應及時返還租賃物。承租人不及時返還租賃物，應負違約責任，出租人既可以基於租賃關係要求承租人返還，也可以基於所有權要求承租人返還，因為租賃關係終止後，承租人已沒有佔有租賃物的合法依據。承租人不僅應當支付逾期返還租賃物的租金，償還違約金或賠償損失，還應承擔租賃物逾期返還期間意外滅失的風險。

> **第七百三十四條**　租賃期限屆滿，承租人繼續使用租賃物，出租人沒有提出異議的，原租賃合同繼續有效，但是租賃期限為不定期。
>
> 租賃期限屆滿，房屋承租人享有以同等條件優先承租的權利。

■ 條文主旨

本條是關於租賃期限屆滿承租人繼續使用租賃物以及優先承租權的相關規定。

■ 條文釋義

從是否約定了租賃期限看，租賃可分為定期租賃和不定期租賃。在不定期租賃中，當事人在合同中未約定租賃期限，因此任何一方當事人均可以隨時解除合同。定期租賃合同的當事人在合同中約定了租賃期限，合同於租賃期限屆滿即告終止。但是當事人於合同約定的期限屆滿時也可以續訂合同。續訂合同又稱為期限更新，它不同於一般合同中履行期限的變更。前者是兩個合同關係，後者只是一個合同關係。租賃合同期限更新只能發生於租賃期限（約定或者法定的期限）屆滿之時。

租賃合同雙方當事人更新期限續訂合同有兩種方式：約定更新和法定更新。約定更新，又稱明示更新，是指合同當事人於租賃期限屆滿後另訂一合同，約定延長租賃期限。法定更新又稱默示更新，是指租賃期限屆滿後，合同當事人的行為表明其租賃關係繼續存在。本條即是對法定更新的規定。根據本條規定，租賃期限屆滿，承租人仍繼續對租賃物為使用收益，出租人亦不反對；承租人繼續支付租金，而出租人也接受了。當事人有此行為即可以推定雙方有繼續租賃關係的意向，租賃期限視為更新。但在這種情況下，當事人之間的定期租賃更改為不定期租賃，任何一方當事人均可以隨時解除合同。

本條第 2 款是關於承租人的優先承租權的規定。優先承租權是指承租人依法或者依約享有的，在租賃期屆滿後的同等條件下優先承租原租賃物的權利。對於優先承租權的性質，理論界觀點主要有兩種：一部分學者持「法定權利說」，認為法律應當直接規定承租人享有優先承租權，而不以當事人的約定為存在前提；而另一部分學者堅持「立法留白說」，認為優先承租權並非承租人的法定權利，承租人對優先承租權的享有及其行使，取決於出租人與承租人之間的約定，立法無須進行干涉。本條的優先承租權應該理解為一種形成權，是在保護弱勢群體的理念之上對於承租人優先承租權利的強化，一般是指在租賃期屆滿之後，出租人未與承租人續租，卻與第三人簽訂了租賃合同，那麼在相同的條件下，承租人可以直接與出租人成立一個相同的租賃合同，要求出租人直接將房子繼續出租給自己。優先承租權的確立，對承租人的權益進行了一定程度的保護，防止出租人隨意變更租賃關係從而影響承租人的生活經營，有效防範糾紛的產生。長遠來看，對於社會市場秩序的穩定發展，優先承租權制度具有一定積極意義。

法定優先承租權的行使條件包括以下幾個要件：

　　1. 存在合法有效的租賃關係。租賃關係是優先承租權產生的前提，一方面，沒有租賃關係或租賃合同並沒有實際履行，則承租人無法就使用租賃房屋產生收益，通過優先承租權保護其利益也就無從談起。另一方面，優先承租權是基於租賃權產生的權利，廣義上屬於租賃權的一部分，沒有合法有效的租賃關係，則承租人不享有租賃權，也不能享有優先承租權。對於轉租而言，基於合同的相對性，次承租人僅與承租人存在租賃關係，因此只能向承租人而非出租人主張優先承租權。

　　2. 出租人繼續出租房屋。法定優先承租權的實質是法定的優先締約權，即當出租人繼續出租房屋時，承租人享有以同等條件優先締結租賃協議以實現續租的權利，若出租人主觀或客觀上不繼續出租房屋，如出租人收回房屋自用、房屋長時間無人承租等情況，出租人將不會與第三人締結租賃協議，優先締約權則無從談起。另外，承租人享有的優先承租權不能損害出租人的權益，這只有在出租人繼續出租房屋的情況下才能成立，若出租人需要自用房屋或自租賃期限屆滿後房屋已長期無人承租，承租人主張優先承租權將損害或過分限制出租人對房屋的物權。我國已有地方法規明確規定該條件為優先承租權的前提。但是，可以參考國外經驗對出租人收回房屋自用、房屋長期無人承租等情況進行明確限制，以防止法定優先承租權制度形同虛設。

　　3. 滿足同等條件。為了保障相對人的利益，優先權必須在同等條件下才能被行使，法定優先承租權也不例外。承租人行使該權利時續租的租賃條件應當與第三人的同等，這也是不影響出租人應有權益的保障。但對於「同等條件」涵蓋的內容，有的學者認為，應當參照優先購買權的司法實踐，將「同等條件」認定為「同等價格」，有學者認為「同等條件」除了租金還包括租賃期限和用途等。優先承租權與優先購買權在目標與結果上存在根本差異，不宜直接參照優先購買權的司法實踐來定義優先承租權中的「同等條件」。「同等條件」作為承租人行使優先承租權的重要條件，需要對其進行明確規定，以保障優先承租權的有效適用。

　　4. 在合理期限內主張。法定優先承租權的行使理應存在時間限制，否則涉及租賃物的新的租賃法律關係將無法產生及確定，法律關係長期懸而未決會導致更多的法律糾紛，也侵害了出租人和第三人的合法權益，不符合法定優先承租權設立的前提，此外，為保障承租人在合理期限內能夠主張權利，出租人應當承擔通知義務。

第十五章　融資租賃合同

本章是關於融資租賃合同的規定，共二十六條。主要內容包括融資租賃合同的定義、融資租賃合同的內容、融資租賃合同中出租人的主要權利和義務、承租人的主要權利和義務、融資租賃交易中融資租賃合同與買賣合同的關係、融資租賃合同中租金的構成、租賃期限屆滿租賃物的歸屬等。

> **第七百三十五條　融資租賃合同是出租人根據承租人對出賣人、租賃物的選擇，向出賣人購買租賃物，提供給承租人使用，承租人支付租金的合同。**

■ 條文主旨

本條是關於融資租賃合同概念的規定。

■ 條文釋義

融資租賃這一名稱是從英文 finance lease 翻譯過來的。finance 一詞意為財政、金融，也可譯為籌集資金、提供資金。因此，finance lease 通常譯為融資租賃，也有的譯為金融租賃。融資租賃是一種新興的租賃形式，自 20 世紀 50 年代首先在美國出現至今，已有 70 餘年的發展歷史。20 世紀 80 年代初，融資租賃在我國的經濟生活中開始出現。1981 年，我國成立了第一批專業租賃公司，包括中國東方租賃有限公司和中國租賃有限公司等。

融資租賃是一種貿易與信貸相結合，融資與融物為一體的綜合性交易。鑒於其複雜的法律關係，不同國家和地區對融資租賃有着不同的理解和定義。一般來說，融資租賃要有三方當事人（出租人、承租人和出賣人）參與，通常由兩個合同（融資租賃合同、買賣合同）或者兩個以上的合同構成，其內容是融資，表現形式是融物。我國在借鑒《國際融資租賃公約》和其他國家對融資租賃的定義的基礎上，結合我國融資租賃界對融資租賃比較一致的看法後，對融資租賃作出規定。典型的融資租賃合同具有以下三方面的含義：

第一，出租人須根據承租人對出賣人和租賃物的選擇出資購買租賃物。這是融資租賃合同不同於租賃合同的一個重要特點。租賃合同的出租人是以自己現有的財物出租，或者根據自己的意願購買財物用於出租。而融資租賃合同是出租人按照承租人的要求，主要是對出賣人和租賃物的選擇，出資購買出租的財物，使承租人不必付出租賃物的價值，即可取得租賃物的使用收益，從而達到融資的效果。正是從這一意義上，這種合同被冠以「融資」的稱號。

第二，出租人須將購買的租賃物交付承租人使用收益。在融資租賃合同中，出租人雖

然需向第三人購買標的物，但其購買的直接目的是交付承租人使用收益，而不是自己使用收益。這是融資租賃合同中出租人的買賣行為不同於買賣合同之處。

第三，承租人需向出租人支付租金。融資租賃合同的承租人對出租人購買租賃物為使用收益，並須支付租金。也正是在這種意義上，該種合同的名稱中含有「租賃」一詞。

比較法上的新趨勢是將融資租賃視為保留所有權交易的一種，從而納入動產擔保體系之中。融資租賃交易在法律結構上雖與傳統的所有權擔保方式存在一些差異，但其經濟作用與傳統的所有權擔保方式並無差別，屬於所有權擔保方式的現代形式，融資租賃中的標的物在相當程度上承擔的是擔保的功能。

> **第七百三十六條　融資租賃合同的內容一般包括租賃物的名稱、數量、規格、技術性能、檢驗方法，租賃期限，租金構成及其支付期限和方式、幣種，租賃期限屆滿租賃物的歸屬等條款。**
>
> **融資租賃合同應當採用書面形式。**

■ 條文主旨

本條是關於融資租賃合同內容的規定。

■ 條文釋義

典型的融資租賃交易涉及三方當事人（出租人、承租人、出賣人）和兩個合同（融資租賃合同和買賣合同）。在簽訂合同時，通行的做法是：當某個企業需要某種設備又缺少所需資金時，可以向租賃公司提出，要求租賃公司出資購買並租給其使用，雙方達成一個租賃意向。租賃公司根據承租人對設備和出賣人的要求，與出賣人簽訂一個買賣合同，由出賣人將設備直接送交承租人，由承租人驗收。出租人憑承租人的驗收合格通知書向出賣人支付貨款。出租人付款前，與承租人正式簽訂一份融資租賃合同。由此可以看出，融資租賃交易行為所包含的融資租賃合同和買賣合同是相互聯繫、相互影響的，各自雖具有獨立性，但又並不完全獨立，而是在一定意義上以對方的存在為條件。

在實踐中，由於租賃方式的不同，融資租賃合同的內容往往也不同，本條是對典型的融資租賃合同內容的規定，主要包括以下幾方面內容：

1. 有關租賃物的條款。融資租賃合同的標的物是承租人要求出租人購買的設備，是合同當事人雙方權利和義務指向的對象，因此，融資租賃合同首先應就租賃物作出明確約定。此條款應寫明租賃物的名稱、質量、數量、規格、型號、技術性能、檢驗方法等。由於關於租賃物的說明多涉及工程技術內容，專業性很強，而且繁雜具體，所以，一般只在合同正文中作簡明規定，另附表詳細說明，該附表為合同不可缺少的附件。

2.有關租金的條款。租金是合同的主要內容之一。合同對租金的規定包括租金總額、租金構成、租金支付方式、支付地點和次數、租金支付期限、每期租金額、租金計算方法、租金幣種等。

3.有關租賃期限的條款。租賃期限一般根據租賃物的經濟壽命、使用及利用設備所產生的效益，由雙方當事人商定。此條款應當明確租賃起止日期。租賃期限對於明確租賃雙方權利義務的存續期間具有非常重要的法律意義，由於融資租賃合同的一個很重要的特性就是合同的不可中途解約性，因此，此條款應當明確規定，在合同有效期內，當事人雙方無正當、充分的理由，不得單方要求解約或退租。

4.有關租賃期限屆滿租賃物的歸屬的條款。租賃期限屆滿，租賃物的所有權歸出租人享有。租賃期限屆滿，承租人一般有三種選擇權，即留購、續租或退租。在留購情況下，承租人取得租賃物的所有權。在續租和退租情況下，租賃物仍歸出租人所有。

除上述條款外，融資租賃合同一般還應包括租賃物的交付、使用、保養、維修和保險、擔保、違約責任、合同發生爭議時的解決方法、合同簽訂日期和地點等條款。

融資租賃合同採用書面形式的原因在於：第一，當事人人數較多。在融資租賃合同中，一般會涉及三方當事人。第二，法律關係較為複雜。融資租賃合同是兩個合同的結合，既有買賣，又有租賃，法律關係較為複雜，因此需要以書面形式訂立合同來明確各方的權利義務關係。第三，履行期限較長。在履行期限屆滿後，涉及租賃物的歸屬問題，對當事人的權利義務影響重大，因此應以書面形式加以確定。第四，可能具有涉外因素。有些融資租賃合同可能涉及外國產品，有些可能涉及外方當事人，因此，融資租賃合同經常具有涉外因素，如果不採用書面形式，將難以明確各方的權利義務關係。

第七百三十七條　當事人以虛構租賃物方式訂立的融資租賃合同無效。

■ 條文主旨

本條是關於融資租賃通謀虛偽表示的規定。

■ 條文釋義

該條款是總則編通謀虛偽表示規定的具體化，根據本法總則編第146條，行為人與相對人以虛假的意思表示實施的民事法律行為無效。以虛假的意思表示隱藏的民事法律行為的效力，依照有關法律規定處理。在交易實踐中，當事人可能會為了逃脫金融監管，比如某些不符合金融放貸資質的金融機構以融資租賃的名義來進行金融放貸，或者貸款的利息違反了利率管制的要求，從而選擇以虛構租賃物的形式進行貸款，所以這是以虛假的意思表示實施的民事法律行為。正確認識虛構租賃物之「融資租賃合同」，應從法律關係定性、法律關係效

力、擔保效力、當事人權利義務關係四個角度進行分析。

第一，法律關係定性是指法院通過查明合同主要條款、履行情況、交易背景等案件事實，依法歸納案涉法律關係性質的司法裁判方法。虛構租賃物，不構成融資租賃法律關係，應定性為借款合同，因此融資租賃合同無效。

第二，法律關係定性與法律效力相互獨立，定性不會影響效力。「名為融資租賃實為借貸」如無特別情形，不違反法律、行政法規強制性規定，一般屬於有效的民事法律關係，涉及借貸等問題按照相應的法律法規處理。

第三，法律關係定性不會影響被擔保債務的同一性。如有人為融資租賃的債權提供保證時，若無特別約定，保證人不能僅以法律關係另行定性為由，要求免除己方之保證責任。保證人締約時不知道案涉法律關係性質的，除「融資租賃合同」當事人串通騙保、債務人欺詐、脅迫保證人且債權人明知該事實以及債權人欺詐、脅迫保證人外，保證人不能因此免除其責任。

第四，「名為融資租賃實為借貸」不能產生融資租賃的法律效果，法院應適用借款合同的相關法律規定，依法認定借款本金與利率。「名為融資租賃實為借貸」中約定收取保證金、首付款等的，如該款項不構成法定金錢質押的，應當在借款本金中扣除。在「名為融資租賃實為借貸」中，當事人對借款總額以及還款總額達成了一致的意思表示，法院應根據相關合同條款和法律規定，參考租賃利率或內部收益率等標準，結合案件的具體情況，判定借款利率。關於借款期限，應當平衡出借人的可得利益與借款人的期限利益，結合當事人的過錯，綜合予以認定。

> **第七百三十八條　依照法律、行政法規的規定，對於租賃物的經營使用應當取得行政許可的，出租人未取得行政許可不影響融資租賃合同的效力。**

■ 條文主旨

本條是關於融資租賃承租人取得行政許可的規定。

■ 條文釋義

本條規定體現了融資租賃合同的融資性特點。融資租賃具有融資功能，在設立融資租賃時，出租人（通常是專業的融資租賃公司或者金融公司）支付了標的物的全額價款，應承租人的要求購買標的物。實際上，這相當於是出租人貸款給承租人，用以購買後者所需要的租賃物，出租人擁有租賃物的所有權事實上形成了一種擔保。

在傳統租賃中，對租賃物的經營使用需要取得行政許可的，應由出租人取得行政許可，即法律、法規要求的是租賃物的所有權人即出租人取得行政許可，方可進行相關經營使用行

為。而在融資租賃中，租賃物的所有權和使用權幾乎是永久性地分離，出租人表面上是租賃物的所有權人，實質上只是滿足承租人融資的需要，只享有觀念上的所有權，但對租賃物的支配色彩已經非常淡化，而承租人是租賃物的佔有、使用、收益人，租賃物主要發揮的是擔保功能。出租人實質上是為承租人購買租賃物提供資金，真正的經營使用者是承租人，因此，法律法規限制租賃物的經營使用活動的主體應該是承租人，承租人對於租賃物的經營使用應當依法獲得行政許可。對於出租人來說，租賃物的經營使用與其沒有直接關係，出租人只需要具備相應的融資租賃資質即可。只要承租人依法取得行政許可，就可以達到監管租賃物經營使用的目的。因此，出租人未取得行政許可不影響融資租賃合同的效力。

第七百三十九條　出租人根據承租人對出賣人、租賃物的選擇訂立的買賣合同，出賣人應當按照約定向承租人交付標的物，承租人享有與受領標的物有關的買受人的權利。

■ 條文主旨

本條是關於融資租賃標的物交付的規定。

■ 條文釋義

出賣人按照約定向承租人交付標的物，承租人享有與受領標的物有關的買受人的權利，是融資租賃與傳統租賃的一個重要區別。在傳統租賃中，出租人是將自己現有的物或者根據自己的意願購買的物出租給承租人，承租人與出賣人之間不存在任何法律關係，出租人對租賃物負有瑕疵擔保責任。而在融資租賃中，融資租賃合同的租賃物即是買賣合同的標的物。融資租賃合同最重要的法律特徵就是融資與融物相結合，融資為融物服務。買賣合同是出租人根據承租人對出賣人和租賃物的選擇訂立的，作為買受人的出租人只負支付貨款的義務，而承租人是租賃物的佔有、使用、收益人，且了解租賃物。出租人實質上是為承租人購買租賃物提供資金，真正的買賣雙方是承租人和出賣人，因此，出賣人應直接向承租人交付標的物。

出賣人不僅應向承租人直接交付標的物，而且應承擔租賃物的瑕疵擔保責任。這是因為之所以會有租賃物的質量問題，根本原因是出賣人沒有按照合同約定的內容履行交付符合國家規定或者當事人約定的質量標準的標的物的義務。因此，在融資租賃合同中，出租人一般不負瑕疵擔保責任，也不負遲延履行的責任。

承租人應當按照合同約定的時間、地點、驗收方法接收標的物。接收標的物，既是承租人的權利，也是承租人的義務。作為義務，承租人無正當理由不接收的，構成受領遲延；作為權利，承租人有權接收標的物，出賣人不得拒絕將標的物交付給承租人。

第七百四十條　出賣人違反向承租人交付標的物的義務，有下列情形之一的，承租人可以拒絕受領出賣人向其交付的標的物：

（一）標的物嚴重不符合約定；

（二）未按照約定交付標的物，經承租人或者出租人催告後在合理期限內仍未交付。

承租人拒絕受領標的物的，應當及時通知出租人。

■ 條文主旨

本條是關於承租人的拒絕受領權的規定。

■ 條文釋義

承租人對於租賃物存在瑕疵或租賃物的交付存在瑕疵時擁有拒絕受領權。在融資租賃中，存在兩個合同和三方當事人，即出賣人與出租人之間的買賣合同、出租人與承租人之間的融資租賃合同。在融資租賃合同中，承租人與出賣人之間並沒有直接的法律關係。當租賃物出現嚴重不符合約定的情況或者租賃物未按約定交付的時候，依照合同相對性原則，由於出賣人與承租人之間並沒有直接的合同關係，承租人只能按照合同請求出租人向出賣人行使拒絕受領的權利，而無權直接向出賣人拒絕受領租賃物。但由於融資租賃合同的特殊性，在買賣合同中，作為買受人的出租人的主要義務就是支付價款，而租賃物是由承租人指定購買的，對其性能和生產要求等，出租人往往缺乏了解，很難對出賣人提供的租賃物作檢驗和判斷，同時，租賃物的用益權也屬於承租人，為了保證租賃物符合要求，便於解決租賃物的使用中出現的問題，在實踐中，出租人往往將選擇由誰來提供何種品質、規格的租賃物的決定權賦予承租人，由承租人與出賣人之間就租賃物直接進行交流，由承租人負責收貨驗收。出租人往往關心的是如何以租金的形式收回全部投資並獲得相應利潤，並不想參與承租人與出賣人之間就租賃物產生的糾紛。因此，對由於租賃物的質量瑕疵或交付瑕疵，如租賃物質量不合格或者遲延供貨的原因，需要對租賃物行使拒絕受領權的，由承租人行使更為合適。

因此，本條規定賦予承租人直接向出賣人拒絕受領瑕疵給付或者遲延給付的權利，使出賣人與承租人之間建立法律上的關係，故而本條規定突破了合同相對性的約束，屬於本法第465條第2款所述的法律另有規定的情形。

承租人依照本條規定拒絕受領租賃物的，應當及時通知出租人。承租人遲延通知或無正當理由拒絕受領租賃物造成出租人損失的，出租人有權請求承租人承擔損害賠償責任。

> **第七百四十一條　出租人、出賣人、承租人可以約定，出賣人不履行買賣合同義務的，由承租人行使索賠的權利。承租人行使索賠權利的，出租人應當協助。**

■ 條文主旨

本條是關於行使索賠權的規定。

■ 條文釋義

所謂索賠權，是指當義務人不履行義務而給權利人造成損失時，權利人依法享有向義務人索賠因此而造成的損失的權利。

法律作出此種規定的主要原因在於：第一，因承租人受領標的物，並對標的物進行驗收，因此，承租人對於標的物是否符合合同約定的情況最為了解，應當由承租人行使索賠的權利；第二，因承租人對標的物進行實際使用，如果標的物存在瑕疵或功能上的缺陷，承租人持有第一手資料，只有其才能夠提出不合格的證據，而出租人一般是融資租賃公司，對於標的物的具體性能、使用方法、操作規範等情況並不了解，因此出租人應當協助承租人行使索賠的權利；第三，有利於簡化索賠權的行使程序。因為按照合同相對性規則，此種索賠的權利應當由出租人行使，如果不移轉索賠權，則需要形成兩個訴訟，即首先由承租人向出租人主張權利，然後再由出租人起訴出賣人。而如果法律直接允許承租人起訴出賣人，則極大地簡化了索賠權的行使程序，節約了權利行使的成本。因此，出租人、出賣人、承租人三方可以在買賣合同和融資租賃合同中明確規定，出賣人不履行買賣合同義務的，由承租人行使索賠的權利，直接向出賣人索賠。承租人行使索賠權的，出租人應協助承租人索賠。

承租人直接向出賣人行使索賠權的內容主要有以下兩種：

1. 出賣人交付的標的物質量不符合約定時，承租人可以要求：

（1）減少價金。如果出賣人交付的標的物雖不符合合同約定，但不影響使用，而承租人也願意繼續使用的，可以按質論價，要求出賣人減少價金。

（2）修理、調換。當出賣人交付的標的物不能利用時，根據標的物的具體情況，承租人可以請求出賣人負責修理或者另行交付無瑕疵的標的物，並承擔因修理、調換而支付的實際費用。

（3）支付違約金。在出賣人交付的標的物不符合質量要求時，承租人可以請求出賣人支付約定的或者法定的違約金。在違約金不足以抵償損失時，承租人還可以要求出賣人支付損害賠償金。

（4）解除合同並賠償損失。當出賣人交付的標的物由於質量問題無法使用時，承租人不僅可以要求解除合同，而且可以要求賠償損失。

2. 出賣人未交付或者遲延交付標的物的，承租人可以請求出賣人繼續履行交付義務，並請求因遲延履行導致的損害賠償，構成本法第 563 條第 1 款的情形之一的，可以解除合同並請求替代履行的損害賠償。

> **第七百四十二條** 承租人對出賣人行使索賠權利，不影響其履行支付租金的義務。但是，承租人依賴出租人的技能確定租賃物或者出租人干預選擇租賃物的，承租人可以請求減免相應租金。

■ 條文主旨

本條是關於承租人行使索賠權利時租金支付義務的規定。

■ 條文釋義

根據本法第 741 條的規定，出租人、出賣人、承租人可以約定，出賣人不履行買賣合同義務的，由承租人行使索賠的權利。承租人依據合同的約定對出賣人行使索賠權，不影響承租人向出租人承擔支付租金的義務。這是因為，與一般的租賃不同，在融資租賃中，租金並非融物的對價而是融資的對價。在實踐中，融資租賃的出租人對於出賣人和租賃物一般沒有選擇權，而是依賴於承租人自行選擇，出租人主要承擔提供資金的功能，因此不負租賃物的瑕疵擔保義務，在承租人佔有租賃物期限內，租賃物的毀損或者滅失的風險由承租人負擔。既然風險應當由承租人負擔，出租人有權要求承租人繼續履行合同義務。也就是說，在租賃物存在瑕疵時，承租人可以依照約定向出賣人請求其承擔瑕疵擔保責任，但即使因租賃物有瑕疵致使承租人不能為使用、收益，也不影響承租人向出租人承擔支付租金的義務，承租人仍應按照約定支付租金。因此，承租人對出賣人行使索賠權，並不影響其履行融資租賃合同項下支付租金的義務。

但是，在例外情形下，即承租人依賴出租人的技能確定租賃物或者出租人干預選擇租賃物時，承租人有權主張減輕或者免除相應的租金支付義務。具體來說，在出租人存在以下情形時，承租人可以請求減免相應租金：

1. 在承租人選擇出賣人、租賃物時，出租人利用自己的專業技能、經驗判斷對承租人提供幫助，並對租賃物的選定起決定作用的。

2. 出租人直接干預或要求承租人按照出租人意願選擇出賣人或者租賃物的。

3. 出租人擅自變更承租人已經選定的出賣人或者租賃物的。

在承租人依賴出租人的技能確定租賃物或出租人干預選擇租賃物的情況下，租賃物不符合約定或不符合使用目的的，出租人承擔瑕疵擔保責任，因此承租人得請求減免相應租金。但是，出租人根據承租人的要求，提供與供應商、租賃物有關的信息，但未對相關信息進行篩選或未給承租人選定供應商、租賃物提供意見，承租人無權要求減免相應租金。

對於承租人依賴出租人的技能確定租賃物或出租人干預選擇租賃物的事實，由承租人負舉證責任。

> **第七百四十三條**　出租人有下列情形之一，致使承租人對出賣人行使索賠權利失敗的，承租人有權請求出租人承擔相應的責任：
>
> （一）明知租賃物有質量瑕疵而不告知承租人；
>
> （二）承租人行使索賠權利時，未及時提供必要協助。
>
> 出租人怠於行使只能由其對出賣人行使的索賠權利，造成承租人損失的，承租人有權請求出租人承擔賠償責任。

■ 條文主旨

本條是關於出租人影響索賠權行使時承擔相應責任的規定。

■ 條文釋義

出租人有以下情形之一，致使承租人對出賣人行使索賠權利失敗的，承租人有權請求出租人承擔相應的責任：

1. 明知租賃物有質量瑕疵而不告知出租人。在融資租賃關係存續期間，承租人的權利的行使都有賴於出租人的協助，這實際上是基於誠實信用原則所產生的附隨義務。依據本法第747條的規定，出租人原則上不承擔租賃物的瑕疵擔保責任，但是，如果出租人明知租賃物有質量瑕疵，而沒有告知承租人，則違反了附隨義務，因此致使承租人對出賣人行使索賠權利失敗的，承租人有權請求出租人承擔相應的責任。

2. 承租人行使索賠權利時，未及時提供必要協助。在融資租賃關係存續期間，如果承租人按照約定向出賣人行使索賠權，出租人應當協助，如出租人提供買賣合同的文本、提供出賣人的地址和聯繫方式等。本法第741條規定，出租人、出賣人、承租人可以約定，出賣人不履行買賣合同義務的，由承租人行使索賠的權利。承租人行使索賠權利的，出租人應當協助。依據這一規定，當事人之間可以通過約定的方式確定由承租人行使索賠的權利。為了保證承租人能夠行使該項權利，承租人行使索賠權利的，出租人應當協助。此處的「協助」主要包括如下幾個方面的內容：一是幫助尋找出賣人。在一些融資租賃中，出賣人是承租人指定的，承租人很容易找到；而在另一些融資租賃中，承租人只是確定了租賃物，而沒有確定出賣人，由出租人具體確定出賣人，在發生爭議後，出租人就應當幫助承租人尋找出賣人；二是幫助提供證據。在買賣合同的簽約過程中，主要是出租人和出賣人之間磋商談判，所以，出租人應當提供合同文本、訂約資料等證據材料；三是訴訟過程中的協助義務，例如，出租人要出庭作證等。承租人行使索賠權時，出租人未及時提供必要的協助，導致承租人損失的，承租人有權請求出租人承擔相應的責任。

3. 怠於行使融資租賃合同或買賣合同中約定的只能由出租人行使對出賣人的索賠權的。依據本法第741條的規定，對出賣人的索賠權可由承租人主張，但如果當事人未作出由承租人行使索賠權的約定，或約定相關的索賠權只能由出租人主張而出租人怠於主張索賠，則按

照合同相對性原則，出賣人可以拒絕承租人主張的索賠權利，承租人因而無法直接向出賣人主張索賠權。規定出租人怠於行使只能由其行使的索賠權時應承擔賠償責任，可以促使出租人積極配合承租人主張基於租賃物的索賠權利，同時賦予承租人對出租人怠於行使索賠權利造成損害的求償權。因此，本條第 2 款規定，出租人怠於行使只能由其對出賣人行使的索賠權利，造成承租人損失的，承租人有權請求出租人承擔賠償責任。

> **第七百四十四條　出租人根據承租人對出賣人、租賃物的選擇訂立的買賣合同，未經承租人同意，出租人不得變更與承租人有關的合同內容。**

■ 條文主旨

本條是關於出租人不得擅自變更買賣合同內容的規定。

■ 條文釋義

融資租賃本身是由融資租賃合同與買賣合同兩部分構成的，因此，為融資租賃而訂立的融資租賃合同和買賣合同，均不同於傳統的租賃合同與買賣合同。此處的融資租賃合同與買賣合同是融資租賃交易中相互聯繫、相互影響的兩部分，各自具有獨立性，但又不完全獨立，而是在一定意義上以對方的存在為條件的。就租賃與買賣的關係而言，租賃合同自當事人雙方簽訂合同之日起成立，但合同自承租人收到出賣人交付的標的物時起生效。因此，若買賣合同不成立、無效或者解除，則融資租賃合同也就因標的物的履行不能而解除。同時，買賣合同雖由出租人與出賣人訂立，但關於買賣的條件卻是由承租人指定的，買賣的標的物是出租人用於租賃的物，因此，買賣合同在標的物交付前，若租賃合同不成立、無效或者解除，買賣合同可以解除，但在當事人協議變更、解除買賣合同時，除合同另有約定外，須出租人、承租人及出賣人三方當事人同意。

在融資租賃交易中，先簽訂的買賣合同是租賃物的依據，後簽訂的融資租賃合同是買賣合同成立的前提。兩者缺一不可，構成聯立聯動關係。出租人與承租人和出賣人均形成正式合同關係，出賣人與承租人之間形成準合同關係。買賣合同雖是由出租人與出賣人訂立的，在買賣合同未履行或者未完全履行前，出租人與出賣人只要協商一致，就可以對合同進行修改、補充。但由於買賣合同與融資租賃合同關係密切，出租人訂立買賣合同的目的是承租人，而且買賣合同的條款往往是經承租人確認的，出租人和出賣人在變更買賣合同時，不得損害承租人的利益。未經承租人同意，出租人不得擅自變更與承租人有關的買賣合同的內容。

與承租人有關的買賣合同的內容的變更主要涉及以下幾個方面：

1. 主體的變更。買賣合同的主體是出租人與出賣人。由於出賣人是由承租人預先選擇的，是承租人在融資租賃合同中指定的，因此，未經承租人同意，出租人不得擅自變更買賣

合同的另一方當事人。

2. 標的物的變更。由於買賣合同的標的物是融資租賃合同的租賃物，兩者是一致的，它也是由承租人預先選擇並在融資租賃合同中約定的，它必須合於承租人指定的條件，因此，未經承租人同意，出租人不得擅自變更買賣合同的標的物。

3. 標的物的交付。由於買賣合同的標的物是由出賣人直接交付於承租人的，如果出租人與出賣人協商變更標的物的交付時間、地點和方式的，應當徵得承租人的同意。如果因此而增加承租人的費用的，應由出租人和出賣人協商分擔。

出租人按照承租人要求與出賣人訂立的買賣合同，未經承租人同意擅自變更與承租人有關的合同內容的，即構成對承租人的違約，承租人首先可以要求出租人支付違約金。其次承租人還可以拒收租賃物，並通知出租人解除合同。如果因此給承租人造成損失的，承租人還有權要求出租人賠償損失。

第七百四十五條　出租人對租賃物享有的所有權，未經登記，不得對抗善意第三人。

■ 條文主旨

本條是關於出租人對租賃物所有權的規定。

■ 條文釋義

本條規定是融資租賃合同一章在本法編纂過程中修訂的重點條文。合同法第 242 條規定，出租人享有租賃物的所有權。承租人破產的，租賃物不屬於破產財產。之所以對出租人對租賃物所有權的規定作出這一修改，是由於整個民法典所期望實現的目標之一是消滅隱形擔保。融資租賃合同表面上是一個有關租賃的合同，但實際上承擔着擔保的功能。按照合同法第 242 條，出租人對租賃物雖然享有名義上的所有權，但是這個名義上的所有權卻產生了一個真正所有權的效果，使得出租人在承租人破產的時候可以行使取回權。這種設計構造所引發一個最大的問題是，出租人對租賃物享有的所有權並不對外公示，但卻可以行使真正所有權人的權利，甚至在破產中享有取回權。這種做法使得這種沒有公示的權利取得了一個最強大的效力，必然會給交易安全造成巨大的影響，尤其是在同一標的物上可能同時存在動產抵押，浮動抵押，融資租賃，所有權保留，動產質押等各種競存的擔保物權情形時。當發生以上權利衝突時，按照合同法第 242 條的規定，出租人借助於未公示的所有權即可享有一個最強大最完整的權利，這樣就會使得其他按照現有法律規範進行真正公示的權利的當事人反而得不到保障。上述做法有違現代擔保交易的基本原理，同時也會給交易中的商人產生巨額的調查成本。

自 2020 年 1 月 1 日起施行的《優化營商環境條例》第 47 條第 2 款規定：「國家推動建立統一的動產和權利擔保登記公示系統，逐步實現市場主體在一個平台上辦理動產和權利擔

保登記。納入統一登記公示系統的動產和權利範圍另行規定。」目前，已經由中國人民銀行牽頭在北京市和上海市開展動產擔保統一登記試點。同時，為了配合本法和《優化營商環境條例》的頒佈實施，中國人民銀行也相應修改了《應收賬款質押登記辦法》，該辦法第35條規定：「權利人在登記公示系統辦理其他動產和權利擔保登記的，參照本辦法的規定執行。本辦法所稱的動產和權利擔保包括當事人通過約定在動產和權利上設定的、為償付債務或以其他方式履行債務提供的、具有擔保性質的各類交易形式，包括但不限於融資租賃、保證金質押、存貨和倉單質押等，法律法規另有規定的除外。」上述行政法規和部門規章的頒佈實施為逐步建立全國統一的動產與權利擔保登記系統奠定了基礎。

所以，基於實現優化營商環境、消滅隱形擔保的總目標，本條規定出租人對租賃物享有的所有權未經登記不得對抗善意第三人，明確了必須登記了才能取得對抗第三人的效力。除了上述總目標的實現以外，由於民法典已經確立了融資租賃中出租人的所有權本質上起到了擔保的作用，事實上是擔保的具體形式之一，所以，對於融資租賃同樣也要適用本法物權編第414條規定，該條規定：「同一財產向兩個以上債權人抵押的，拍賣、變賣抵押財產所得的價款依照下列規定清償：（一）抵押權已登記的，按照登記的時間先後確定清償順序；（二）抵押權已登記的先於未登記的受償；（三）抵押權未登記的，按照債權比例清償。其他可以登記的擔保物權，清償順序參照適用前款規定。」故對於融資租賃而言，不論是同一標的物上存在多個融資租賃，或者出現融資租賃與抵押權的競存，這些情形都要適用本法物權編第414條之規定處理清償順序問題。

> **第七百四十六條**　融資租賃合同的租金，除當事人另有約定外，應當根據購買租賃物的大部分或者全部成本以及出租人的合理利潤確定。

■ 條文主旨

本條是關於融資租賃合同租金構成的規定。

■ 條文釋義

租金是融資租賃合同中一項非常重要的內容。由於租賃雙方均以營利為目的，而租金又直接影響到利潤，所以租金的確定是融資租賃交易中至關重要的問題。

在融資租賃交易中，承租人負有支付租金的義務。但因其為「融資」租賃，所以承租人支付的代價並非是租賃物為使用收益的代價，而是融資的代價，因此，融資租賃合同中租金標準的確定，與租賃合同中租金的確定標準是不同的，它高於傳統租賃中的租金。

與商品價格概念相對應，租金以出租人消耗在租賃物上的價值為基礎，同時依據租賃物的供求關係而波動。通常情況下，出租人消耗在租賃物上的價值包括三部分，即租賃物的成

本、為購買租賃物向銀行貸款而支付的利息、為租賃業務而支付的營業費用。

1. 租賃物的成本。租賃物成本是構成租金的主要部分。出租人購買租賃物所支付的資金，將在租賃業務成交後，從租金中得以補償。同時，在購置過程中，出租人所支付的運輸費、保險費、調試安裝費等也要計入租賃物成本中，一起從租金中分期收回。所以，租賃物成本包括租賃物購買價款及其運輸費、保險費等，也稱租賃物總成本。

2. 利息。出租人為購買租賃物向銀行貸款而支付的利息，是租金構成的又一重要因素。利息按租賃業務成交時的銀行貸款利率計算且一般以複利率來計算。

3. 營業費用。營業費用是指出租人經營租賃過程中所支出的費用，包括業務人員工資、辦公費、差旅費和必要的盈利。

通常情況下，融資租賃合同的租金應根據購買租賃物的大部分或者全部成本以及出租人的合理利潤來確定，但目前國際和國內融資租賃領域，除保留傳統的固定租金方式外，已越來越多地採用靈活的、多形式的、非固定的租金支付方式，以適應日趨複雜的融資租賃關係和當事人雙方的需要。在融資租賃交易中，當事人經常根據承租人對租賃物的使用或者通過使用租賃物所獲得的收益來確定支付租金的大小和方式，也可以按承租人現金收益的情況確定一個計算公式來確定租金，或由當事人約定並在融資租賃合同中規定以其他方式來確定租金。

第七百四十七條　租賃物不符合約定或者不符合使用目的的，出租人不承擔責任。但是，承租人依賴出租人的技能確定租賃物或者出租人干預選擇租賃物的除外。

■ 條文主旨

本條是關於租賃物質量瑕疵擔保責任的規定。

■ 條文釋義

租賃物瑕疵分為物的瑕疵（也稱質量瑕疵）和權利瑕疵兩種。對於租賃物質量瑕疵，確定其擔保責任的承擔主體是至關重要的，因為它直接關係融資租賃交易本質特徵能否體現，關係融資租賃與傳統租賃能否明確區分。在傳統租賃中，出租人與買賣合同中的出賣人一樣負有質量瑕疵擔保責任，須使租賃物合於合同約定的使用收益的狀態。而在融資租賃合同中，一般都明確規定，出賣人遲延交付租賃物或者租賃物的規格、式樣、性能等不符合合同約定或者不符合使用目的的，出租人不承擔責任，由承租人直接向出賣人索賠，並承擔索賠不成時的損害後果。此即所謂出租人瑕疵擔保的免責特約。這種約定既符合融資租賃交易的理論和實踐，同時也不違背現行法律的規定。其理由如下：

1. 雖然根據傳統的民法理論，所有權人應對其貨物承擔質量瑕疵擔保責任，但民法對瑕疵擔保責任的規定為任意性規範，允許合同雙方當事人以特約予以變更。因此，出租人與承

租人在合同中約定免除出租人的質量瑕疵擔保責任是有效的。

2. 融資租賃的經濟意義在於出租人以融物的方式向承租人提供融資，具有金融的性質。出租人的主要義務就是支付購買租賃物的貨款，其權利是收取租金從而收回投資，並取得利潤。除此之外，幾乎所有關於購買租賃物的權利義務均應由承租人承受，出租人只擁有名義上的所有權，不承擔包括質量瑕疵擔保責任在內的任何實體義務和責任。

3. 在融資租賃合同中，通常情況下，承租人完全基於自己的知識和經驗選定租賃物的製造商、租賃物的種類、數量、規格等，由出租人按照承租人的指定出資購買租賃物。承租人作為買賣合同標的物的選擇權人，自然應對行使選擇權的不利後果承擔責任。

4. 作為出租人的租賃公司，其機能僅在向承租人提供融資購買租賃物，不可能對所有承租人選定的租賃物都有充分的了解。如果由出租人承擔風險責任，必然導致出租人聘請專家檢驗，這就意味着增加費用。而所增加的費用最後必然通過租金的形式由承租人負擔。而作為租賃物的最終用戶，承租人對租賃物具有專門的知識。為避免增加成本，減少承租人的負擔，應由承租人承擔質量瑕疵責任。

5. 融資租賃合同一般在規定出租人瑕疵擔保免責的同時，往往含有索賠權轉讓條款，即在租賃物實際使用中，如發生質量問題，承租人可以向出賣人提出賠償請求。這就保證了出租人和承租人之間權利義務的平衡。也只有這樣，融資租賃交易才是公平的。

當然，並不是在任何情況下，出租人都能免除其質量瑕疵擔保責任。當承租人完全依賴出租人的技能和判斷選擇租賃物，或者出租人干預選擇租賃物時，如出租人為承租人確定租賃物或者擅自變更承租人已選定的租賃物的，出租人應承擔全部或者部分租賃物的質量瑕疵擔保責任。此外，在以下幾種特殊情況下，租賃物的質量瑕疵擔保責任也應由出租人負擔：

（1）出租人明知租賃物有瑕疵而未告知或者因重大過失不知有瑕疵的；

（2）出租人與出賣人有密切關係的；

（3）承租人無法或者不能直接向出賣人索賠的。

第七百四十八條　出租人應當保證承租人對租賃物的佔有和使用。

出租人有下列情形之一的，承租人有權請求其賠償損失：

（一）無正當理由收回租賃物；

（二）無正當理由妨礙、干擾承租人對租賃物的佔有和使用；

（三）因出租人的原因致使第三人對租賃物主張權利；

（四）不當影響承租人對租賃物佔有和使用的其他情形。

■ 條文主旨

本條是關於出租人保證承租人佔有和使用租賃物的規定。

■ 條文釋義

出租人負有保證承租人對租賃物的佔有和使用的義務，此項義務也被稱為保障承租人和平佔有的義務。也就是說，在出賣人將租賃物交付給承租人後，出租人應當保障承租人能夠持續、和平地佔有和使用租賃物。具體而言，應當包括以下幾個方面：

1.出租人不得妨礙承租人依照融資租賃合同所擁有的承租權，也不得擅自變更原承租條件。

2.承租人在租賃期限內，對租賃物擁有獨佔使用權。在融資租賃合同中，雖然承租人是通過租賃公司融通資金的，但承租人訂立融資租賃合同的根本目的是要取得租賃物的使用權。所以、承租人在接受出賣人交付的標的物後，在租賃期限內，承租人對租賃物享有獨佔使用權，對使用租賃物所取得的收益可以獨立處分。從買賣的角度看，出租人為買受人，出賣人雖將標的物直接交付給承租人，但標的物的所有權屬於出租人，承租人則取得標的物的佔有權、使用權和收益權。

3.出租人應保證承租人在租賃期限內對租賃物的佔有和使用，不受第三人的干擾。例如，出租人轉讓租賃物所有權的，融資租賃合同對新的所有權人繼續有效，新所有權人不得解除合同，取回租賃物。此即所謂「買賣不破租賃」原則。出租人將租賃物設定抵押時，出租人的抵押行為不得影響承租人的使用收益權。承租人的使用收益權可以對抗抵押權人的抵押權。

當然，如果在融資租賃合同期間出現本條第2款列舉的因出租人原因不當影響承租人對租賃物佔有和使用的情形，承租人有權請求出租人賠償損失。

第七百四十九條　承租人佔有租賃物期間，租賃物造成第三人人身損害或者財產損失的，出租人不承擔責任。

■ 條文主旨

本條是關於出租人不負租賃物使用對第三人侵權責任的規定。

■ 條文釋義

依據本條規定，承租人應當承擔租賃物造成第三人損害的賠償責任。其構成要件包括以下幾個方面：

第一，租賃物造成了第三人的損害。這種損害既包括人身損害，也包括財產損害。嚴格地說，租賃物造成的損害包括兩類情況：一是租賃物在正常使用過程中對第三人造成了損害，例如，承租人租賃汽車，因為交通事故造成他人損害，在此種情況下應當由承租人承擔責任。二是租賃物自身固有的缺陷造成了第三人的損害，在此情況下，如果租賃物的缺陷是

製造者造成的,那麼承租人在承擔責任後還可以向製造者追償。對租賃物屬於高度危險作業設備而導致第三人損害的情形,出租人不負損害賠償責任。無論是何種情形,都屬於本條中所說的租賃物造成第三人的損害。

第二,租賃物造成損害發生於承租人佔有租賃物期間。通常來說,它是指租賃物自交付承租人之日起至租賃期限屆滿租賃物被返還給出租人之日止。承租人的佔有既包括直接佔有,也包括間接佔有。

第三,租賃物造成第三人損害,此種損害包括人身或財產損害兩種類型,但如果租賃物是因為第三人原因造成損害(如有人擅自將承租人的汽車開走撞傷他人),則應由第三人負責。

> **第七百五十條　承租人應當妥善保管、使用租賃物。**
> **承租人應當履行佔有租賃物期間的維修義務。**

■ 條文主旨

本條是關於承租人對租賃物所負保管、維修義務的規定。

■ 條文釋義

本條第 1 款是關於承租人妥善保管和使用義務的規定。作出此種規定的原因是:承租人不享有標的物的所有權,而只是享有佔有和使用租賃物的權利,在租賃期屆滿以後,其原則上應當返還租賃物。所以,承租人應當妥善保管和合理使用標的物,避免因保管不善而損害承租人的權益。所謂「妥善」保管,是指應當根據善良管理人的標準來進行保管,它要求比處理自己的事務更為謹慎。例如,承租人沒有按照慣例將其租賃的船舶停靠在港口進行必要的維護,就是沒有盡到其妥善保管的義務。所謂合理使用,是指承租人應當按照租賃物的性質和通常方法進行使用。例如,租賃他人的載人小轎車,不能用於貨物運輸。如果標的物在租賃期限內毀損、滅失,應當由承租人承擔損失,且不能免除其支付租金的義務。

本條第 2 款是關於承租人維修義務的規定。在一般的租賃合同中,出租人負有維修的義務,應當負有保證承租人對租賃物使用的義務。但是,在融資租賃合同之中,出租人並不負有維修義務,而應當由承租人承擔該義務。法律上作出此種規定的原因在於:一方面,融資租賃中承租人享有實質意義上的所有人權益,與此相適應,其也應當負有維修租賃物的義務。另一方面,承租人對標的物和出賣人進行了選擇,而且具有專業技術,因此承租人才最有能力對標的物進行維修。此外,由承租人負擔此種義務,有利於促使其妥善保管和使用標的物,從而更能達到融資租賃合同的締約目的。依據上述規定,承租人的維修義務限於佔有租賃物期間,這就意味着,只有在佔有租賃物期間,承租人才負有此種義務,而在租賃物交

付之前以及租賃物返還給出租人之後，承租人不負有此種義務。而且，如果在租賃期限內，租賃物被出租人取回或因其他原因而喪失佔有，承租人也不再負有維修義務。

> **第七百五十一條**　承租人佔有租賃物期間，租賃物毀損、滅失的，出租人有權請求承租人繼續支付租金，但是法律另有規定或者當事人另有約定的除外。

■ 條文主旨

本條是關於融資租賃中的風險負擔規則的規定。

■ 條文釋義

所謂融資租賃中的風險負擔，是指租賃物意外毀損、滅失的風險應當由何人承擔的問題。對這一問題，首先應當考慮當事人是否通過合同作出約定，如果作出了約定，就應當尊重當事人的約定。在當事人沒有約定，而在租賃期限內發生租賃物意外毀損、滅失的情況下，承租人仍然負有繼續支付租金的義務。

法律作出此種考慮的主要理由在於：第一，出租人享有的所有權主要具有擔保功能，不能因此要求其承受標的物毀損、滅失的風險。融資租賃合同具有融資的功能，出租人所享有的所有權主要具有擔保功能，因此，不能簡單地認為，出租人享有所有權，其就應當負擔標的物毀損、滅失的風險。在這一點上，融資租賃合同與租賃合同是不同的，不能類推適用租賃合同的一般規則。

第二，承租人佔有標的物，並對其進行了實際控制。在融資租賃關係存續期間，標的物置於承租人的佔有、控制和管領之下，承租人更容易知悉標的物所面臨的風險，以及如何消除此種危險。由承租人負擔風險規則，從效率的角度來看，有利於減少事故預防的成本，例如，承租人可以通過投保防範風險。此外，由承租人負擔標的物毀損、滅失的風險，也有利於避免和防範承租人的道德風險。如果承租人佔有、使用標的物，卻又不必負擔標的物毀損、滅失的風險，則極易引發承租人惡意導致標的物毀損、滅失的道德風險。

第三，雖然從原則上說，物的風險由所有人負擔，但是在融資租賃的情形，承租人實際上享有了相對於所有人的權益，僅僅是缺少名義上的所有權。因此，要求承租人承擔風險，符合權利義務對等的原則。

既然風險應當由承租人負擔，那麼，在承租人佔有租賃物期間，租賃物毀損或者滅失，出租人有權要求承租人繼續履行合同義務。也就是說，在租賃期限內，租賃物毀損或者滅失的風險應由承租人承擔。租賃物毀損或者滅失的，不影響承租人按照融資租賃合同承擔應承擔的義務，即其仍然應當繼續支付租金。

> **第七百五十二條**　承租人應當按照約定支付租金。承租人經催告後在合理期限內仍不支付租金的，出租人可以請求支付全部租金；也可以解除合同，收回租賃物。

■ 條文主旨

本條是關於承租人支付租金義務的規定。

■ 條文釋義

在租賃期限內，承租人應當按照合同約定向出租人支付租金，這是承租人的基本義務。由於融資租賃合同中的租金並非租賃物的對價，而是融資的對價，所以當租賃物存在瑕疵時，承租人不得以此為理由拒付租金。

承租人未按照約定支付租金時，出租人可以規定一個合理期限，要求承租人支付。經出租人催告，承租人在規定的期限內仍不支付租金的，即構成違約，出租人可以採取以下兩種救濟措施：

1. 要求承租人支付全部租金。所謂全部租金，是指融資租賃合同中所規定的全部已到期而承租人未支付的租金，以及其他依約定未到期的租金。在融資租賃合同規定的每期租金支付期限到期之前，出租人無權請求承租人支付。但在融資租賃合同中往往規定，承租人不支付租金或者有其他違約行為時，出租人有權要求承租人付清全部租金。此即所謂期限利益喪失約款。出租人之所以要在合同中規定期限利益喪失約款，是因為在融資租賃合同中，租賃物是為了承租人的特殊需要，由承租人選定，出租人出資購買的，此類租賃物專用性較強，在承租人不支付租金時，出租人即使收回租賃物，也難以通過重新轉讓或出租收回所投資金。同時，在融資租賃交易中，出租人與承租人互負的義務並非是同時履行的，而是有先後層次的，出租人支付租賃物價款的義務履行在先，承租人支付租金的義務履行在後，出租人的利益缺乏一種相互制衡或者保障。由於一般情況下，承租人在遲延支付一期租金時，很有可能也無力支付剩餘未到期的租金，所以此時出租人如果不能一次性主張全部租金或者不能收回租賃物，將使自己處於漠視損失擴大卻無能為力的被動局面。因此，在承租人違約不支付租金時，出租人有權要求承租人支付全部租金，這有利於保護出租人的利益，同時，承租人喪失了期限利益，也是對承租人違約行為的一種懲罰，有利於促使承租人更好地履行自己的義務。

2. 解除合同，收回租賃物，並請求賠償損失。出租人不選擇要求承租人支付全部租金的，可以解除合同，收回租賃物。因為出租人對租賃物享有所有權，這一所有權具有擔保其租金債權的功能，所以當承租人違約，出租人解除合同時，出租人可以收回租賃物。

> **第七百五十三條　承租人未經出租人同意，將租賃物轉讓、抵押、質押、投資入股或者以其他方式處分的，出租人可以解除融資租賃合同。**

■ **條文主旨**

本條是關於承租人違約出租人可以解除融資租賃合同的規定。

■ **條文釋義**

本條規定出租人一方可以解除融資租賃合同的情形，以承租人違約作為解約的前提條件，針對承租人擅自處分租賃物的行為，這類行為對出租人的租賃物所有權和租金債權的實現均構成嚴重威脅，屬於承租人的嚴重違約。

出租人對租賃物名義上享有所有權，而本質上這種所有權起到的是擔保作用。在出租人與承租人的內部關係上，中途不可解約性是融資租賃合同的一個重要特徵。由於租賃物係承租人選定或為承租人定制，如果允許承租人中途解約，即使將租賃物返還給出租人，一般也難以再次轉讓並彌補出租人的損失；而租賃物一般價值較大，係承租人長期使用的資產，如允許出租人任意解約，也將給承租人的生產經營帶來不利影響，因此，各國一般均規定融資租賃合同不得中途解約。同時，由於融資租賃合同這一特殊性，在合同條款中通常也會明確規定在合同有效期內，當事人雙方無正當、充分的理由，不得單方要求解約或退租；而融資租賃的交易形式又使得承租人通常具有權利外觀，因此承租人無權處分租賃物的風險始終存在。融資租賃合同租賃期限屆滿之前租賃物由承租人佔有、使用，並且實踐中為了便於承租人賬務處理或獲得一定的稅收優惠，出租人購買租賃物時往往讓出賣人出具以承租人為購買人的稅務發票，或將一些融資租賃資產登記在承租人名下。在此情況下，承租人可能憑藉其對租賃物的實際控制和相關證明材料，在未經出租人同意的情況下，將租賃物轉讓、轉租、抵押、質押、投資入股或者以其他方式處分。由於融資租賃合同租賃期限屆滿之前，租賃物歸出租人所有，承租人的上述行為顯然構成無權處分。

承租人未經出租人同意，將租賃物轉讓、抵押、質押、投資入股或者以其他方式處分的，侵犯了出租人對租賃物的所有權，符合本法第 563 條第 1 款第 4 項「有其他違約行為致使不能實現合同目的」當事人可以解除合同的規定，出租人有權解除合同。

而在對外關係上，為了消滅隱形擔保物權，優化營商環境。依照本法第 745 條，出租人對租賃物享有的所有權，未經登記，不得對抗善意第三人。即在融資租賃合同下，承租人無權處分租賃物的應當依照本法第 414 條關於擔保領域權利競合的清償順序的規定依次實現權利：首先，租賃物上已登記的所有權及其他擔保物權，按照登記的時間先後確定清償順序；其次，租賃物上已登記的所有權及其他擔保物權優先於未登記的受償；再次，租賃物上的所有權及其他擔保物權未登記的，按照債權比例清償。

> **第七百五十四條**　有下列情形之一的，出租人或者承租人可以解除融資租賃合同：
> 　（一）出租人與出賣人訂立的買賣合同解除、被確認無效或者被撤銷，且未能重新訂立買賣合同；
> 　（二）租賃物因不可歸責於當事人的原因毀損、滅失，且不能修復或者確定替代物；
> 　（三）因出賣人的原因致使融資租賃合同的目的不能實現。

■ 條文主旨

本條是關於出租人和承租人均可解除融資租賃合同的情形的規定。

■ 條文釋義

本法第 562 條和第 563 條分別規定了合同約定解除和合同法定解除的一般情形，本條是基於第 563 條法定解除的情形針對融資租賃合同作出的特別規定。

與一般租賃合同一樣，融資租賃合同也得基於特定的原因解除。但基於交易模式的特殊性，融資租賃合同的一個很重要的特性就是合同的不可中途解約性，因此，合同條款通常約定當事人雙方無正當、充分的理由，不得單方要求解約或退租。作為合同雙方均可解約的情形，本條規定並未考慮出租人或承租人是否存在違約行為或主觀上的過錯，而是以融資租賃合同客觀上的履行不能作為解除的前提。第 1 項、第 2 項情形均以承租人無法繼續佔有、使用租賃物作為合同解除的條件，至於合同解除後的返還及賠償責任則可以依雙方的過錯由人民法院作出裁決。第 3 項是將出賣人的原因納入雙方均可解約的情形，理由有兩個：一是融資租賃的合同目的無法實現，客觀履行不能；二是在因出賣人的原因導致融資租賃合同無法繼續履行時，給承租人以解除融資租賃合同的方式進行救濟的權利，避免因出租人不解除買賣合同，導致承租人非因自身過錯仍要持續負擔融資租賃合同義務的情形。以上三種情形具體分析如下：

1. 出租人與出賣人訂立的買賣合同解除、被確認無效或者被撤銷，且未能重新訂立買賣合同。一般來說，融資租賃要有三方當事人（出租人、承租人和出賣人）參與，通常由兩個合同（融資租賃合同、買賣合同）或者兩個以上的合同構成。由此產生了融資租賃交易中因買賣合同中產生的訴爭及損失是否可以通過融資租賃合同予以救濟，以及如何救濟的問題。融資租賃合同和買賣合同是相互聯繫、相互影響的，各自雖具有獨立性，但又並不完全獨立，而是在一定意義上以對方的存在為條件。在典型的融資租賃交易中，買賣合同係為融資租賃合同而訂立，融資租賃合同是買賣合同訂立的前提，因此，買賣合同與融資租賃合同的效力、履行與解除必然互相影響。一方面，融資租賃交易中涉及買賣合同的訴爭應當依據本法買賣合同章及買賣合同司法解釋的規定予以解決。另一方面，若出租人與出賣人訂立的買賣合同被解除、確認無效或者被撤銷，承租人與出租人間的融資租賃合同可能即因此喪失履行的基礎和意義，因此，出租人與承租人均可解除融資租賃合同。

2. 租賃物因不可歸責於當事人的原因毀損、滅失，且不能修復或者確定替代物。在融資租賃中，融資租賃合同的租賃物即是買賣合同的標的物。融資租賃合同最重要的法律特徵就是融資與融物相結合，目的為融資，形式為融物，融資為融物服務。因此，當租賃物毀損、滅失，且不能修復或者確定替代物時，融資租賃合同不再具有履行的可能性及意義；在上述毀損、滅失不可歸責於當事人時，承租人及出租人均可解除融資租賃合同。

不可歸責於當事人的事由有下列幾種情況：第一，因不可抗力的原因造成租賃物毀損、滅失的。不可抗力的條件是不能預見、不能避免，並且不能克服。如承租人租賃生產設備的，由於發生洪水，大水沖進設備致使設備損壞，這種損壞是當事人雙方難以克服的。第二，因意外事件造成租賃物毀損滅失的。例如，承租人租賃飛機正常航行，被一飛鳥撞毀，經過認定承租人本人無過錯，飛機的損害是由飛鳥撞擊的意外事件造成的。

3. 因出賣人的原因致使融資租賃合同的目的不能實現。因出賣人的原因致使融資租賃合同的目的不能實現，與不可歸責於融資租賃合同當事人的不可抗力、意外事件致使不能實現合同目的的合同解除事由系依照相似事務相同處理的原則進行規定。一方面，出賣人因其過失或其他原因導致提供的租賃物不符合融資租賃合同的要求或者無法實現融資租賃合同目的，而融資租賃合同最重要的法律特徵就是融資與融物相結合，目的為融資，形式為融物，融資為融物服務；另一方面，對於融資租賃合同而言，出賣人的原因屬於不能歸責於融資租賃合同雙方當事人的事由。因此出租人和承租人均可解除融資租賃合同。

> **第七百五十五條** 融資租賃合同因買賣合同解除、被確認無效或者被撤銷而解除，出賣人、租賃物系由承租人選擇的，出租人有權請求承租人賠償相應損失；但是，因出租人原因致使買賣合同解除、被確認無效或者被撤銷的除外。
>
> 出租人的損失已經在買賣合同解除、被確認無效或者被撤銷時獲得賠償的，承租人不再承擔相應的賠償責任。

■ 條文主旨

本條是對融資租賃合同因買賣合同解除、被確認無效或者被撤銷而解除後的損失賠償問題的規定。

■ 條文釋義

融資租賃合同因買賣合同解除、被確認無效或者被撤銷而解除的，屬於因融資租賃合同當事人以外的原因導致合同解除，承租人雖無違約行為，但如果買賣合同的出賣人、租賃物系由承租人選擇，承租人亦應當對選擇的後果負責，即對由此而給出租人造成的損失承擔賠償責任。需要注意的是，買賣合同如因出租人的過錯而被解除、被撤銷或被確認無效的，承

租人對融資租賃合同的解除不承擔損失賠償責任，出租人應自擔其責。

由於融資租賃合同解除對出租人造成的損失與買賣合同被解除、被撤銷或被確認無效對出租人造成的損失往往存在一定的交叉和重合，為保護承租人的合法權益，避免出租人通過在不同法律關係中分別求償而獲得雙重利益，本條規定出租人在買賣合同中已經獲得賠償的，應在融資租賃合同的索賠中相應予以扣減。

本條在適用過程中應當注意以下問題：第一，出租人求償的適用條件。出租人主張損失賠償的前提是其對買賣合同的無效、被撤銷或被解除均不具有可歸責事由，否則，如出租人因其行為或過錯導致買賣合同存在瑕疵並進而導致融資租賃合同被解除，其不享有求償權。實踐當中，出租人存在可歸責事由的情形包括：出租人不履行價款支付義務，導致買賣合同被解除的；因出租人單獨或與出賣人的共同過錯，導致買賣合同無效或被撤銷的；出租人干預選擇出賣人、租賃物，或承租人依賴出租人的技能確定租賃物，等等。上述情形下，出租人或者對買賣合同的締結施加了影響，或者對買賣合同的無效、被撤銷、被解除存在過錯，自然應承擔由此產生的不利後果，而不應再轉嫁風險，向承租人主張賠償。

第二，出租人賠償損失的抵扣。出租人作為買賣合同的買受人，如其因買賣合同導致的損失已經通過買賣合同的救濟得到補償，則此部分受償金額應當在其以此為由再向承租人主張時予以抵減，以免造成出租人因同一損失而雙重賠償。

> **第七百五十六條**　融資租賃合同因租賃物交付承租人後意外毀損、滅失等不可歸責於當事人的原因解除的，出租人可以請求承租人按照租賃物折舊情況給予補償。

■ 條文主旨

本條規定了因租賃物意外毀損、滅失導致融資租賃合同解除時的法律後果。

■ 條文釋義

本法第 751 條規定了租賃物意外毀損、滅失時的風險負擔規則，同時又在第 754 條規定了租賃物意外毀損、滅失時的合同解除權，從體例上看，這延續了我國合同法時期關於風險負擔規則和合同解除的二元立法體例，因此，同樣會產生風險負擔與合同解除競合的問題。當二者競合時，是依據風險負擔規則進行處理，由承租人繼續向出租人支付租金，還是根據合同解除制度對合同關係進行處理？

租賃物意外毀損、滅失，當事人均不具有可歸責性，不存在違約損失賠償問題，故風險負擔規則與合同解除相競合時，需要平衡和協調的關鍵問題是租賃物的所有者 —— 出租人可以獲得多大範圍的利益補償：按風險負擔的一般原則，融資租賃合同中的風險由承租人負擔，出租人可以主張全部租金利益（包括了租賃物本身的價值和利潤）；但若解除合同，則

只能根據本法第 566 條的規定，對合同解除的後果進行清理。因融資租賃合同為持續性合同，合同解除不具有溯及力，故當事人已經履行的不再返還和恢復原狀，但尚未履行的可以終止履行。對出租人而言，尚未支付的租金可以不再支付，相應地，承租人對租賃物也無權繼續佔有，應返還給出租人。因租賃物已經毀損、滅失，造成了客觀上的返還不能，所以承租人應承擔代物返還義務，將租賃物折價後的價值金額返還給出租人，即此時出租人能夠獲得的僅為租賃物自身的價值。由此可見，適用風險負擔規則還是合同解除制度，主要差異在於對出租人的利潤損失是否予以補償。

對於出租人的利益補償標準的差異，法律應如何取捨始終存在兩種理論意見：一種觀點認為融資租賃合同中的風險即為租金風險，既然風險由承租人負擔，則承租人應對出租人的全部損失予以補償，包括租金在內的可得利益損失均屬補償範圍，這是風險負擔原則的應有之義。這種觀點實際上是主張二者競合時應適用風險負擔制度；第二種觀點認為，承租人對租賃物損毀、滅失並無過錯，讓承租人承擔出租人的全部租金損失，相當於使承租人負擔了與嚴重違約而解除合同時相同的損失賠償法律後果，這樣既不利於公平分配雙方損失，也不利於引導當事人誠信守約。因此，兩者競合時應按照合同解除的後果進行處理，承租人僅需補償出租人的實際損失即可。

經權衡研究，最終採納了第二種意見，根據利益平衡原則，對規範競合時的法律適用和出租人利益如何補償問題作出了規定，以其統一司法尺度。作出此種選擇的主要考慮是：（1）風險負擔和合同解除競合時，如何選擇和適用規則，涉及價值衡量問題，需要考量在融資租賃這種特殊的交易形式下，適用哪一項制度更有利於保障和實現公平。從規則設立的初衷考察，風險負擔規則和合同解除制度無疑都體現了公平的價值，都具有制度上的合理性，但在具體適用於融資租賃交易時，二者確實存在程度上的差異。風險負擔規則體現的是風險與利益相一致原則，但在出租人和承租人雙方均無歸責事由的情況下，如無特殊約定，讓承租人承擔全部租金風險，則其不但要承受租賃物自身的損失，而且還要負擔出租人的利潤損失，而出租人卻不承擔租賃物意外損毀、滅失的任何不利後果，這對承租人不免過於嚴苛，負擔過重。如果適用合同解除制度，承租人承擔的是返還原物義務，因返還不能而代之以折價補償，利潤損失則由出租人合理分擔，兼顧平衡了雙方的利益，避免了風險負擔規則下，對出租人完全保護、承租人完全負擔損失的極端處理方式。因此，二者相比，適用合同解除制度更能體現公平原則。（2）租賃物意外毀損、滅失而導致合同目的落空時，如果採用風險負擔規則，由承租人承擔租金損失，實際上是支持了出租人的全部可得利益，這與承租人違約而解除合同時，承租人應承擔的可得利益損失賠償範圍完全一致，即無論承租人是否違約、是否具有可歸責事由，其承擔的損失後果卻是完全相同的，這顯然不利於引導人們誠實守信，因而不合理、不公平。故對於融資租賃合同而言，兩者競合時，按照合同解除制度進行處理更具有合理性。

綜上，通盤考慮本法相關規定可知，當租賃物意外毀損、滅失時，融資租賃合同可以解除時，法律賦予當事人可以自由選擇的兩種處理方式：如果當事人不行使解除權，則按風險

負擔規則處理，承租人應當繼續支付租金，實際上是承擔了租金的風險，但卻可以避免合同解除後一次性補償出租人的資金壓力，從而獲得分期支付的期限利益；如果當事人行使解除權，則風險負擔規則不再適用，而代之以合同解除制度的登場，承租人應承擔返還租賃物的義務，並承擔返還不能時的代物清償義務，即按租賃物的價值對出租人給予補償。

合同解除時，承租人補償出租人的租賃物價值中包含了剩餘租賃期限內租賃物的價值和租賃期屆滿後租賃物的殘值兩部分，如果融資租賃合同事先約定租賃期滿後租賃物的殘值屬於承租人所有，則承租人可以在支付的補償金額中扣除應屬於自己的殘值部分。

> **第七百五十七條**　出租人和承租人可以約定租賃期限屆滿租賃物的歸屬；對租賃物的歸屬沒有約定或者約定不明確，依據本法第五百一十條的規定仍不能確定的，租賃物的所有權歸出租人。

■ 條文主旨

本條是關於租賃期限屆滿租賃物歸屬的一般規定。

■ 條文釋義

在傳統租賃中，承租人的一項主要義務就是於租賃期限屆滿時，將租賃物返還給出租人。而在融資租賃中，租賃期限屆滿，承租人一般可以有三種選擇權：留購、續租或退租。留購是指租期屆滿，承租人支付給出租人一筆雙方商定的設備殘值（名義貨價），取得租賃物的所有權。續租是指租期屆滿，承租人與出租人更新合同，繼續承租租賃物，承租人按新合同支付租金；或者承租人未退回租賃物，出租人同意合同繼續有效至承租人退回租賃物或者留購租賃物，承租人按原合同支付租金，直至合同終止。退租是指租期屆滿，承租人負責將處於良好工作狀態的租賃物按出租人要求的運輸方式運至出租人指定的地點。由此而產生的一切支出，如包裝、運輸、途中保險等費用均由承租人承擔。在這三種租賃物的處理方式中，出租人更願意選擇留購這一處理方式。實踐中，出租人關心的是如何收回其投入以及盈利，而對租賃物的使用價值沒有多大興趣，大多數融資租賃交易均把承租人留購租賃物作為交易的必要條件。如果選擇另外兩種方式處理租賃物，仍面臨着租賃物的最終處理問題，出租人並不希望保留租賃設備。

如果當事人雙方對於租賃物的歸屬沒有約定或者約定不明確時，可以依照本法第 510 條的規定協議補充；不能達補充協議時，應依照合同有關條款或者交易習慣加以確定。如果合同雙方當事人既不能就租賃物的歸屬達成補充協議，又不能根據合同有關條款或者交易習慣確定時，租賃物的所有權歸出租人享有。這是因為，融資租賃與傳統租賃一樣，在租賃期限內，租賃物的所有權歸出租人。租賃期限屆滿時，如果承租人未支付名義貨價，即使名義貨

價只值 1 分錢，承租人也不能取得租賃物所有權，租賃物所有權仍歸出租人享有。

> **第七百五十八條**　當事人約定租賃期限屆滿租賃物歸承租人所有，承租人已經支付大部分租金，但是無力支付剩餘租金，出租人因此解除合同收回租賃物，收回的租賃物的價值超過承租人欠付的租金以及其他費用的，承租人可以請求相應返還。
>
> 　　當事人約定租賃期限屆滿租賃物歸出租人所有，因租賃物毀損、滅失或者附合、混合於他物致使承租人不能返還的，出租人有權請求承租人給予合理補償。

■ 條文主旨

本條是關於承租人請求部分返還租賃物價值的規定。

■ 條文釋義

根據本法第 752 條的規定，承租人不支付租金時，出租人有權解除合同，收回租賃物，這是由出租人享有的租賃物所有權所決定的。但是出租人所有權是一項受其租金債權嚴格制約的權利，在融資租賃交易中，與租賃物所有權有關的風險與收益實質上都轉移給承租人了，出租人的所有權僅具擔保的意義。因此，當承租人違約時，出租人有權解除合同，收回租賃物，並要求承租人賠償損失。即在融資租賃實踐與擔保相同，融資租賃中租金的本質為還本付息，進而贖回租賃物實現擔保物權，因此禁止流質流押情形的發生。但鑒於出租人對租賃人物享有的權利實質為擔保物權，僅在形式上表現為所有權，出租人於承租人不能支付租金的情形下，解除融資租賃合同收回租賃物無須經過人民法院同意，但應當進行強制清算。租賃物的價值超過剩餘欠款的，出租人應當予以返還。因為在融資租賃實踐中，損害賠償金是以相當於殘存租金額或者以殘存租金額減去中間利息計算的。這樣出租人不僅收回了租賃物，而且可以獲得一筆相當於殘存租金額的損害賠償金。而在融資租賃合同完全履行時，出租人僅可取得全部租金及期滿後取得租賃物的殘餘價值。由此可以看出，如果不進行強制清算，出租人中途解約取得的利益，比合同全部履行本應得到的利益還要多。這不僅不公平，而且由於利益驅動，會使出租人儘量使用解除合同的辦法，不利於融資租賃合同關係的穩定。

為了解決上述問題，本條規定，當事人約定租賃期限屆滿租賃物歸承租人所有，承租人已經支付大部分租金，但無力支付剩餘租金，出租人因此解除合同收回租賃物的，收回的租賃物的價值超過承租人欠付的租金以及其他費用的，承租人可以請求部分返還。也就是說，出租人因收回租賃物而所得，無論按所評估的公允價值，還是按公開拍賣的實際所得，都不直接歸出租人所有。這一所得必須與出租人這時的租金債權，即承租人尚未付清的租金及其他費用作比較。只有出租人收回租賃物的所得等於出租人的租金債權的部分時，才歸出租人

所有，超出租金債權部分，是出租人多得的利益，應返還給承租人，或者充作承租人支付的損害賠償金，不足部分仍應由承租人清償。

當事人約定了租期屆滿租賃物歸屬於出租人的，租賃物在承租人處因毀損、滅失或者附合、混合於他物致使承租人不能返還的，因為風險應該由承租人負擔，所以承租人應該向出租人補償租賃物的殘值。

> **第七百五十九條　當事人約定租賃期限屆滿，承租人僅需向出租人支付象徵性價款的，視為約定的租金義務履行完畢後租賃物的所有權歸承租人。**

■ 條文主旨

本條是關於支付象徵性價款時租賃物歸屬的規定。

■ 條文釋義

在傳統租賃中，承租人的一項主要義務就是於租賃期限屆滿時，將租賃物返還給出租人。而在融資租賃中，鑒於租賃物對於出租人和承租人的價值不同，合同雙方通常會約定租賃期限屆滿租賃物的歸屬。合同雙方未約定的，承租人一般可以有三種選擇權：留購、續租或退租。其中留購即指租期屆滿，承租人支付給出租人象徵性價款，於租賃義務履行完畢後取得租賃物的所有權。一方面，在上述三種租賃物的處理方式中，出租人更願意選擇留購這一處理方式。實踐中，出租人關心的是如何收回其投入以及盈利，而對租賃物的使用價值興趣不大，大多數融資租賃交易均把承租人留購租賃物作為交易的必要條件。如果選擇另外兩種方式處理租賃物，仍面臨着租賃物的最終處理問題，出租人並不希望保留租賃設備；另一方面，融資租賃的域外實踐中，通常採取約定支付象徵性價款的方式確定租賃期限屆滿租賃物歸屬的方式。在我國融資租賃業務發展的初期對此有所借鑒，也因此保留、發展成為實踐中融資租賃合同的通常條款。所以，這種租賃期限屆滿，承租人僅須向出租人支付象徵性價款的約定，實際上使得在租賃物歸屬約定不明的情形下，在依照本法第 757 條規定判斷順序之前，承租人即通過支付象徵性價款的方式於租金義務履行完畢後取得租賃物的所有權。因此，本條兼顧法律邏輯與融資租賃實際業態作出明確規定。

第七百六十條　融資租賃合同無效，當事人就該情形下租賃物的歸屬有約定的，按照其約定；沒有約定或者約定不明確的，租賃物應當返還出租人。但是，因承租人原因致使合同無效，出租人不請求返還或者返還後會顯著降低租賃物效用的，租賃物的所有權歸承租人，由承租人給予出租人合理補償。

■ 條文主旨

本條是融資租賃合同無效時租賃物歸屬的規定。

■ 條文釋義

合同法規範在本質上屬於任意性、補充性的規範，合同法也更多地體現出了約定優先的指導思想。商人是自身利益的最好判斷者，融資租賃合同是平等市場主體之間簽訂的合同，合同條款的約定本身就包含了出租人和承租人雙方對履約成本、履約收益和履約風險的判斷。因此，鼓勵融資租賃雙方當事人以市場化的方式對合同的履行和解除、租賃物的風險負擔、租賃物清算等問題作出約定，以減少訴訟風險和損失的不確定性。融資租賃合同無效的，應當依照當事人間就租賃物歸屬的約定履行。當事人沒有約定或約定不明的，出租人作為租賃物的所有權人應當收回租賃物。但是實踐中，租賃物通常為承租人所選，且為承租人生產經營所需，租賃物在出租人手中不能發揮其效用，不利於租賃物價值的實現和承租人、出租人利益的最大化。因此，在融資租賃合同無效的事由係承租人導致的情形下，可以由承租人取得租賃物的所有權，並由承租人根據合同履行情況和租金支付情況就租賃物向出租人作出經濟補償。

第十六章　保理合同

　　保理合同是應收賬款的債權人將應收賬款轉讓給保理人，保理人提供資金支持以及應收賬款管理、催收、付款擔保等服務的合同。在立法過程中，有的意見認為，保理業務可以為實體企業提供綜合性金融服務，特別是可以為中小型企業拓寬融資渠道。當前我國保理業務發展迅猛、體量龐大，保理合同糾紛在司法實踐中亦處於增長態勢。但也存在一些問題，時常發生糾紛，亟須立法加以規範。有的意見則認為，保理業務雖然重要，但民法典應當從法理邏輯和法典體系出發，不應僅僅着眼於具體問題的解決。保理業務在交易實踐和司法實踐中，最為急需的規則不是保理合同的特殊規則，而是債權轉讓的一般規則，而保理所涉及的資金融通、應收賬款管理和催收、付款擔保等服務均有對應的或者類似的合同類型。因此，無須增設保理合同作為典型合同，而應解決債權轉讓的一般規則。

　　經研究，保理業務作為企業融資的一種手段，在權利義務設置、對外效力等方面具有典型性。對保理合同作出明確規定，提供清晰的交易規則和司法裁判規則，一方面針對保理合同的特殊問題予以規定，另一方面補充債權轉讓的一般性規則。這有利於促進保理業務的發展，緩解中小企業融資難、融資貴的問題，也有利於對保理業務進行規範，規制保理業務當前出現的一些問題，使得保理業務能夠健康地、有序地發展，進而促進我國實體經濟發展。在具體規定中，規定的重點是債權轉讓一般規則的補充。保理所涉及的資金融通、應收賬款管理和催收、付款擔保等均有對應的或者類似的合同類型，足以供保理合同參照適用。

　　本章共九條，對保理合同的概念、內容和形式、虛構應收賬款的保理、保理人發出轉讓通知、保理後變更或者終止基礎交易合同、有追索權保理、無追索權保理和多重保理等作了規定。

> **第七百六十一條**　保理合同是應收賬款債權人將現有的或者將有的應收賬款轉讓給保理人，保理人提供資金融通、應收賬款管理或者催收、應收賬款債務人付款擔保等服務的合同。

■ 條文主旨

　　本條是關於保理合同概念的規定。

■ 條文釋義

　　保理合同，是以債權人轉讓其應收賬款為前提，集資金融通、應收賬款催收或者管理、

付款擔保等服務於一體的綜合性金融服務合同。保理目前在我國區分為銀行業保理和商業保理。

保理法律關係，涉及保理商與債權人、保理商與債務人之間不同的法律關係，債權人與債務人之間的基礎交易合同是成立保理的前提，而債權人與保理商之間的應收賬款債權轉讓則是保理關係的核心。這與單純的借款合同有顯著區別，故不應將保理合同簡單視為借款合同。

按照本條規定，保理合同必須具備的要素是應收賬款債權的轉讓，沒有應收賬款的轉讓就不能構成保理合同。所謂應收賬款，是指權利人因提供一定的貨物、服務或設施而獲得的要求債務人付款的權利以及依法享有的其他付款請求權，包括現有的和未來的金錢債權，但不包括因票據或其他有價證券而產生的付款請求權以及法律、行政法規禁止轉讓的付款請求權。

除了必須具備的應收賬款轉讓之外，保理合同還需要保理人提供資金融通、應收賬款管理或者催收、應收賬款債務人付款擔保等服務。資金融通，是指保理人應債權人的申請，在債權人將應收賬款轉讓給保理人後，為債權人提供的資金融通，包括貸款和應收賬款轉讓預付款。應收賬款催收，是指保理人根據應收賬款賬期，主動或應債權人要求，採取電話、函件、上門等方式直至運用法律手段等對債務人進行催收。應收賬款管理，又稱為銷售分戶賬管理，是指保理人根據債權人的要求，定期或不定期向其提供關於應收賬款的回收情況、逾期賬款情況、對賬單等財務和統計報表，協助其進行應收賬款管理。付款擔保，是指保理人與債權人簽訂保理合同後，為債務人核定信用額度，並在核准額度內，對債權人無商業糾紛的應收賬款，提供約定的付款擔保。除了這些服務之外，保理合同中，保理人提供的服務通常還包括資信調查與評估、信用風險控制等其他可認定為保理性質的金融服務。這些服務均有對應的或者類似的合同類型供參照適用，例如，如果保理人提供應收賬款債權的管理和催收服務，則保理人負有相當於一般委託合同受託人或者信託合同受託人的義務，在管理和催收債權時應當盡到注意義務，如應當及時催收訴訟時效期間即將屆滿的債權；就付款擔保而言，提供擔保的保理人居於擔保人的地位，可參照擔保的一般規則處理。

保理合同必備的要素是應收賬款轉讓，除此之外，構成保理合同，還要保理人提供資金融通、應收賬款管理或者催收、應收賬款債務人付款擔保等服務，但是保理人並非必須提供上述所有各項的服務，僅要求提供一項即可。無論如何，無應收賬款轉讓的，不構成保理合同；但是，僅僅只是應收賬款轉讓的，也同樣不構成保理合同。保理人提供哪些服務，取決於保理人和應收賬款債權人之間的約定。

■ 案例分析

「航天科工哈爾濱風華有限公司、平安銀行股份有限公司天津分行合同糾紛案」【最高人民法院 (2019) 最高法民申 848 號民事裁定書】對當事人成立保理法律關係進行了認定。相關裁判摘要如下：本院經審查認為，根據原審查明事實，平安銀行與金能量公司簽訂的《保

理合同》《貸款合同》均係雙方當事人的真實意思表示，合法有效。依據上述合同，金能量公司將其在相關基礎合同項下對風華公司享有的應收賬款債權轉讓給平安銀行，並向平安銀行申請保理融資，且風華公司向平安銀行出具《應收賬款轉讓通知確認書》表示知悉並同意應收賬款轉讓事項和應收賬款到期日，確認對該應收賬款無異議，平安銀行與金能量公司就前述應收賬款轉讓事項在人民銀行進行了應收賬款轉讓登記，故平安銀行與金能量公司、風華公司間形成保理法律關係。根據《保理合同》約定，金能量公司向平安銀行提供保理融資的方式為單筆保理授信，具體授信方式包括貸款，並約定回款賬戶為金能量公司保理回款專戶，且《貸款合同》中約定的回款賬戶也與《保理合同》項下的保理專戶一致。隨後，平安銀行依約發放兩筆保理融資款。因此，風華公司關於本案中兩筆貸款不是保理貸款而是普通貸款，本案案由不是保理合同糾紛的主張，與在案證據證明的事實不符，本院不予支持。

> 第七百六十二條　保理合同的內容一般包括業務類型、服務範圍、服務期限、基礎交易合同情況、應收賬款信息、保理融資款或者服務報酬及其支付方式等條款。
>
> 保理合同應當採用書面形式。

■ 條文主旨

本條是關於保理合同內容和形式的規定。

■ 條文釋義

本條第 1 款規定了保理合同中所一般包含的內容。保理合同的內容一般包括業務類型、服務範圍、服務期限、基礎交易合同情況、應收賬款信息、保理融資款或者服務報酬及其支付方式等條款。保理合同的具體內容由保理人和應收賬款債權人具體約定，本款僅僅是倡導性的規定，僅是對保理合同通常所包含內容的總結。

需要具體說明的是其中的業務類型。保理業務按照不同的標準可以被區分為不同的類型。按照保理人在債務人破產、無理拖欠或無法償付應收賬款時，是否可以向債權人反轉讓應收賬款，或者要求債權人回購應收賬款、歸還融資，可以區分為有追索權保理和無追索權保理。該分類是保理業務的基礎性分類，本法第 766 條和第 767 條分別規定了有追索權保理和無追索權保理。按照是否將應收賬款轉讓的事實通知債務人，可分為公開型保理和隱蔽型保理。按照基礎交易的性質和債權人、債務人所在地，保理可分為國際保理和國內保理。

另外還需要說明的是基礎交易合同。基礎交易合同，是應收賬款債權人與債務人簽訂的據以產生應收賬款的有關銷售貨物、提供服務或出租資產等的交易合同及其全部補充或者修改文件。基礎交易合同的存在是保理合同訂立的前提，雖然兩者有關權利義務關係的約定存有牽連，但兩者並非主從合同關係，而是相對獨立的兩個合同。

本條第 2 款明確規定了保理合同應當採用書面形式。由於口頭形式沒有憑證，容易發生爭議，發生爭議後，難以取證，不易分清責任，而保理合同較為複雜，出於保護交易安全、避免糾紛的需要，保理合同應當採用書面形式。

> **第七百六十三條　應收賬款債權人與債務人虛構應收賬款作為轉讓標的，與保理人訂立保理合同的，應收賬款債務人不得以應收賬款不存在為由對抗保理人，但是保理人明知虛構的除外。**

■ 條文主旨

本條是關於保理中虛構應收賬款的規定。

■ 條文釋義

應收賬款虛假，是保理實踐中的突出問題。此時，債權轉讓合同或者保理合同並非因此當然無效，但保理人有權依法以欺詐為由請求撤銷其與債權人之間的合同，同時依據本法第157 條的規定，有權請求債權人承擔撤銷後的返還財產、賠償損失責任。但是，債務人是否以及如何向保理人承擔責任，在實踐中爭議較大，因此本條對此予以明確規定。當然，這個問題不僅在保理中存在，在其他債權轉讓中也同樣存在，在其他債權轉讓中如果出現類似的問題，可以參照適用本條予以處理。

針對此種情形，其他各國家和地區的法律存在不同的規定方式。無論採取哪一種立法方式，共識是此種情形中，債務人應當向受讓人（保理人）承擔責任，區別在於所承擔的責任是債務人不得以債權不存在為由對受讓人提出抗辯，而必須履行本不存在的債權所對應的債務，還是對受讓人承擔侵權賠償責任，但是最終的結果並無實質區別。經研究，對此種情形明確予以規定，並採取債務人不得以債權不存在為由對受讓人提出抗辯的方式，有助於實踐中債務人承擔責任的數額的確定，能夠對受讓人（保理人）的利益予以充分保護。

本條適用的前提，首先是作為轉讓標的的應收賬款不存在。其次是應收賬款不存在是因為應收賬款債權人與債務人虛構。虛構的方式是多樣的，可能是：（1）應收賬款債權人與債務人通謀以虛假的意思表示製造了虛假應收賬款的外觀。（2）債務人向保理人確認應收賬款的真實性，製造了虛假應收賬款的外觀。雖然債權一般不具有權利外觀，原則上不適用善意取得，但是，在本條所針對的情形中，債權在例外情況下具有一定的權利外觀，對據此產生信賴的債權受讓人（保理人）應當予以保護。最後是保理人因此對應收賬款存在產生了合理的信賴，從而簽訂了保理合同。保理人必須因應收賬款債權人與債務人的虛構對應收賬款存在產生了合理的信賴，在受讓人未對此有所信賴的情形，受讓人並未因信賴而蒙受不利益。同時，保理人的信賴必須是合理的。本條中的應收賬款不包括因票據或其他有價證券而產生

的付款請求權，而僅僅是普通的債權。普通債權與票據等證券化債權不同，保理人本來就沒有充分理由僅依據債權存在的外觀而信賴債權的真實存在，而負有必要的調查核實的義務。保理人調查核實債權真實性有時成本較高，例如在債權打包轉讓的情形中，涉及大量債權，保理人單獨對涉及這些債權的發票或者合同逐一核實，審查難度較大。因此，在實踐中，保理人通常會向債務人調查核實。如果債務人確認了債權的真實性，雖然不應因此而完全免除保理人的調查核實義務，但此時，保理人一般能夠相信債務人不存在債權真實性的抗辯，這會使得保理人對債權真實性的審核義務降低，保理人的合理信賴更容易構成。因此，本條規定了在保理人明知債權不存在的情形下，保理人就不存在合理信賴，不能適用本條予以保護。這一方面，考慮到了在債務人確認的情形中，受讓人對債權真實性的審核義務較低，僅限於保理人「明知」債權不存在的情形中才不適用本條規定，這有助於避免過分增加受讓人的審核義務。另一方面，保理人也不能因為債務人的確認而完全不對債權進行任何的調查核實，在保理人完全可以通過成本較低的審核措施就能夠發現債權不存在的情形中，就有理由認為保理人對債權不存在是明知的。

本條適用的法律後果是，應收賬款債務人不得以應收賬款不存在為由對抗保理人。這意味着，在債務人虛構或者確認債權的範圍內，保理人仍有權請求債務人履行如同債權存在時相對應的債務，債務人不得以應收賬款實際上不存在為由對保理人提出抗辯。

■ 案例分析

「中國江蘇國際經濟技術合作集團有限公司、中國建設銀行股份有限公司上海楊浦支行合同糾紛案」【最高人民法院 (2019) 最高法民申 2994 號民事裁定書】認為應收賬款虛假時，在保理人不知情的情況下，債務人不得以此對抗保理人，相關裁判摘要如下：本院經審查認為，保理為基於應收賬款債權讓與的綜合性金融服務，案涉《保理合同》為包含金融借貸、債權讓與在內的混合合同。邦豐實業與中江集團間的基礎合同雖係虛假，但無證據證明建行楊浦支行明知基礎合同為虛假而與邦豐實業簽訂案涉《保理合同》，故在案涉《保理合同》未經撤銷的情況下，仍具有法律拘束力。在應收賬款債權讓與過程中，中江集團明知基礎合同為虛假，仍向建行楊浦支行出具系列《付款承諾書》及回執，註明應付賬款的數額、到期時間，以書面形式確認應收賬款債權的真實性和有效性，並在《付款承諾書》中承諾不以任何包括上述商務合同執行中的爭議等為理由向建行楊浦支行拒付。因此，中江集團不得以案涉基礎合同無效對抗不知情的建行楊浦支行，其仍應依照《保理合同》、系列《付款承諾書》及回執，以所確認的債務金額為限向建行楊浦支行承擔付款責任。

> **第七百六十四條　保理人向應收賬款債務人發出應收賬款轉讓通知的，應當表明保理人身份並附有必要憑證。**

■ 條文主旨

本條是關於保理人發出轉讓通知的規定。

■ 條文釋義

保理合同的核心是應收賬款債權轉讓，在此應當適用本法關於債權轉讓的一般規則，即債權人轉讓債權，未通知債務人的，該轉讓對債務人不發生效力。

但是，問題是保理人是否有權單獨向債務人發出轉讓通知。在一般的債權轉讓中，轉讓通知的發出主體，不同的立法例有不同的規定。經研究，不同立法例存在的共識是，讓與人可以發出轉讓通知，因為此時債務人無須對債權是否轉讓予以審核，不會增加債務人的負擔；而受讓人發出轉讓通知的，債務人並無充分理由予以相信。因此，允許受讓人發出轉讓通知的觀點和立法例，往往同時認為此時應當提出受讓人已經取得債權的必要憑證。但真正的問題在於何為必要憑證以及債務人對這些憑證的審核義務程度。對於債務人而言，過高或者過低的審核義務都會導致價值權衡上的進退維谷無法避免。因此，在一般的債權轉讓中，發出轉讓通知的主體原則上應當僅限於讓與人。

在保理合同中，實踐中的大多數情形都是保理人發出通知，因為其對此具有重大利益，以避免債務人在轉讓發生後仍向債權人履行債務，故保理人更有動力主動發出通知。因此，本條規定，保理人向應收賬款債務人發出應收賬款轉讓通知的，應當表明保理人身份並附有必要憑證。基於前述避免增加債務人審核負擔的考慮，此時最為重要的是對必要憑證的認定，對此應當採取較為嚴格的認定方式。

■ 案例分析

「中國工商銀行股份有限公司上海市青浦支行與上海康虹紡織品有限公司、上海大潤發有限公司、施某某、楊乙、楊甲合同糾紛上訴案」【上海市第二中級人民法院 (2012) 滬二中民六 (商) 終字第 147 號民事判決書】認為，應收賬款轉讓登記不能免除應收賬款轉讓通知義務。相關裁判摘要如下：關於債權轉讓登記於央行登記系統是否可以免除債權轉讓通知義務的問題，本院認為：首先，央行登記系統根據《中華人民共和國物權法》等規範性法律文件，為應收賬款質押登記而設。《中華人民共和國物權法》第 228 條第 1 款規定：「以應收賬款出質的，當事人應當訂立書面合同。質權自信貸徵信機構辦理出質登記時設立。」根據中國人民銀行《應收賬款質押登記辦法》第 4 條規定，中國人民銀行徵信中心是應收賬款質押的登記機構。徵信中心建立應收賬款質押登記公示系統，辦理應收賬款質押登記，並為社會公眾提供查詢服務。上述規定明確了央行登記系統對應收賬款質押登記的法律效力。其次，保理業務中債權轉讓登記無法律法規賦予其法律效力。唯一可參照的依據是《中國人民銀行

徵信中心應收賬款質押登記操作規則》附則的規定。根據附則部分規定，登記系統為保理業務中的應收賬款轉讓提供權利公示服務。從表述看，央行登記系統對債權轉讓登記的定位為「公示服務」，且央行登記系統對債權轉讓登記並不作實質性審查，故與應收賬款質押登記不同，債權轉讓登記於央行登記系統不發生強制性排他對抗效力。最後，合同法明確規定債權轉讓對債務人發生法律效力的前提是通知，法律、司法解釋或相關規範性法律文件未賦權任何形式的登記以債權轉讓通知的法律效力。因此，即便債權轉讓在係爭登記系統中進行了登記，也不能免除合同法確定的債權轉讓通知義務。

> **第七百六十五條**　應收賬款債務人接到應收賬款轉讓通知後，應收賬款債權人與債務人無正當理由協商變更或者終止基礎交易合同，對保理人產生不利影響的，對保理人不發生效力。

■ 條文主旨

本條是關於基礎交易合同協商變更或者終止對保理人效力的規定。

■ 條文釋義

依據保理合同，為保障保理人地位，應收賬款債權人負有不減損該應收賬款債權價值的義務，因此，債權人不能通過與債務人協商，作出任何使得轉讓的應收賬款債權價值落空或者減損的行為，債權人違反該義務時，保理人有權依法解除保理合同並請求債權人承擔違約責任。但問題是，這些行為是否對保理人發生效力。為保護保理人的利益，借鑒國外立法例，本條對此作出明確規定。

本條適用的前提首先是應收賬款債權人和債務人協商作出了有關轉讓債權的民事法律行為。該民事法律行為必須是關於轉讓債權的，如果不涉及轉讓債權，不會對保理人發生影響，就不適用本條。其次，該民事法律行為對保理人產生不利影響。這裏意味着債權人和債務人通過協商使得應收賬款債權的價值落空或者減損，而對保理人產生不利影響。再次，該民事法律行為發生在債務人接到債權轉讓通知後。債務人接到債權轉讓通知前，由於債權轉讓對債務人不發生效力，債務人有權主張債權人仍然對債權有處分權，此時債權人和債務人協商一致作出的民事法律行為，即使導致保理人利益受損，該行為仍然對保理人發生效力，保理人所取得的債權發生相應變動，保理人僅能依法解除保理合同並請求債權人承擔違約責任。最後，對保理人產生不利影響的民事法律行為無正當理由。這裏所謂的正當理由，一是指經過了保理人的同意。二是指該民事法律行為符合誠信原則且保理人並無合理理由反對的情形，具體可能包括：（1）基礎交易合同已約定可變更或者終止的情形。（2）政府合同和複雜的合同安排中，尤其對於數額尚未最終確定的債權。例如，建築商將對業主的付款請求權

轉讓給保理人並且通知之後，建築商和業主變更約定業主向建築商預付款項，以使得建築商有能力支付工資、購買原料等，從而繼續進行建築工程，如果此種預付是必要的，建築商可能就會資金鏈斷裂，這就會涉及更換建築商，交易無法進行，而業主也會拒絕付款，對轉讓債權的實現最終也會發生不利影響，則應當允許如此變更；如果涉及無法合理預料的工程量增減，也同樣應當允許變更。當然，即使該等行為對保理人發生效力，也不影響債權人依照法律規定或者按照約定對保理人承擔違約責任。

本條的法律後果是，該民事法律行為對保理人不發生效力。這意味着，保理人仍然可以根據該民事法律行為成立之前的債權狀況請求債務人履行支付應收債款的債務。

應當注意的是，在其他債權轉讓中出現類似的問題，也可以參照適用本條予以處理。

■ 案例分析

「烽火通信科技股份有限公司、深圳市華嶸商業保理有限公司合同糾紛案」【湖北省高級人民法院 (2017) 鄂民終 3301 號民事判決書】認為，基礎合同變更對保理人未產生不利影響的，該變更可以對抗保理人。相關裁判摘要如下：折讓未獲華嶸保理公司同意，能否對抗華嶸保理公司。折讓協議係對基礎合同項下單筆階段性待付貨款的金額及期限進行協商變更，本質係基礎合同雙方協商變更合同。從鼓勵交易角度，在不損害第三人利益的前提下當然應允許當事人自願協商修改合同。在保理業務所涉債權轉讓關係背景下，基礎合同雙方協商變更合同，還須考慮平衡保理商、債權人、債務人間利益問題，尤其需要平衡無直接合同關係的保理商和債務人間的利益，故應對基礎合同雙方協商變更合同限定一定的前提和條件。本院認為，為平衡保理商對受讓債權原狀的信賴利益和債務人對基礎合同協商變更或履行變更權益，並適應包括轉讓未來債權在內的多種保理業務類型，協商變更基礎合同應遵循如下限定條件：（1）原則上，轉讓通知到達債務人後的基礎合同變更不對保理商產生約束力；（2）如基礎合同的變更不會從根本上影響保理合同目的實現，保理商因基礎合同修改所受損失有向債權人的求償權，該變更亦不屬於債權人與債務人惡意串通損害保理商利益的情況，則該變更可對抗保理商。本案中，折讓協議的簽訂目的在於中天信公司以付出銀行承兌匯票貼現利息的成本獲得貨款提前回款利益，減讓的折扣即為由銀行承兌匯票付款變更為現金付款所獲得的貼息補償，故該折讓優惠符合比例合理、等價有償的交易原則。折讓協議不涉及變更賬款回款賬戶，且烽火通信公司折後款項均早於原付款時間匯入保理合同指定專戶。依上述事實，折讓協議對基礎合同履行作出的修改，既未從根本影響保理合同目的的實現，亦不存在雙方惡意串通損害華嶸保理公司利益的情況，相反有利於應收賬款的提前回款，也有利於此後供貨及保理業務的順利持續開展。故該變更有效，可產生減少相應應付款額的法律後果。

> 　　第七百六十六條　當事人約定有追索權保理的，保理人可以向應收賬款債權人主張返還保理融資款本息或者回購應收賬款債權，也可以向應收賬款債務人主張應收賬款債權。保理人向應收賬款債務人主張應收賬款債權，在扣除保理融資款本息和相關費用後有剩餘的，剩餘部分應當返還給應收賬款債權人。

■ 條文主旨

　　本條是關於有追索權保理的規定。

■ 條文釋義

　　有追索權保理，是指保理人不承擔為債務人核定信用額度和提供壞賬擔保的義務，僅提供包括融資在內的其他金融服務，有追索權保理在應收賬款到期無法從債務人處收回時，保理人可以向債權人反轉讓應收賬款，或要求債權人回購應收賬款或歸還融資，又稱為回購型保理。

　　基於保理業務的通常實踐，避免當事人通過約定排除法定規則的交易成本，以及對保理人負擔越大者越需要保理人的明確同意這種解釋原則，同時基於基礎交易合同關係和保理合同關係的關聯性，便於查明事實，減輕當事人訟累，提高審判效率，在保理人和債權人無特別約定或者約定不明確時，本條規定，保理人可以向應收賬款債權人主張返還保理融資款本息或者回購應收賬款債權，也可以向應收賬款債務人主張應收賬款債權。

　　按照本條規定，在追索權保理中，在當事人無特別約定或者約定不明確時，保理人有權選擇向應收賬款債權人主張返還保理融資款本息或者回購應收賬款債權，或者向應收賬款債務人主張應收賬款債權。

　　同時，在有追索權保理中，保理人向應收賬款債務人主張應收賬款債權的，在獲得債務人的履行後，首先應當扣除保理融資款本息和相關費用，具體包括：保理融資款本息、保理商未受清償的應收賬款融資額度承諾費、保理手續費、保理首付款使用費以及其他債權人到期未付款等。在扣除後仍有剩餘的這部分保理餘款，應當返還給應收賬款債權人。

■ 案例分析

　　「中國華融資產管理股份有限公司河南省分公司、馬俊偉金融借款合同糾紛案」【最高人民法院 (2018) 最高法民再 192 號民事判決書】認為，關於保理類型，金鷹公司與中行新區支行簽訂的《國內商業發票貼現協議》第 22 條約定：「如已貼現融資的應收賬款至發票到期日後 30 天仍無法收回，保理商有權立即收回融資本息，並有權從賣方賬戶主動扣款或採取其他辦法主動收款，直至收回融資本息。」金鷹公司向中行新區支行出具的《國內商業發票貼現融資申請書》第 6 條第 3 款約定：「…… 貴行保留一切必要措施向我司追索融資本息的權利 …… 」據此應當認為，本案屬於有追索權的保理。對於有追索權的保理，保理商在債權未獲清償的情況下，不僅有權請求基礎合同的債務人向其清償債務，同時有權向基礎合

同應收賬款債權的讓與人追索。本案中，中行新區支行即是同時向金鷹公司主張了追索權，又向天惠公司、華樂公司主張了應收賬款債權。雖然中行新區支行基於不同的法律關係分別向多個債務人同時主張，但均在保理法律關係範圍之內，目的只有一個，即追回向金鷹公司提供的保理融資款項。因此，本案應當合併審理，並根據各方法律關係認定各債務人的責任順序和範圍。二審法院在一審已經全案審理的情況下，以借款擔保合同糾紛與債權轉讓糾紛並非基於同一法律事實、同一法律關係，不能合併審理為由，駁回中行新區支行對於天惠公司、華樂公司的起訴、華樂公司對中行新區支行的反訴，該處理不符合保理法律關係特徵，割裂了多種法律關係之間的內在聯繫，增加了當事人的訴累，不利於糾紛一體化解決，本院予以糾正。

> **第七百六十七條**　當事人約定無追索權保理的，保理人應當向應收賬款債務人主張應收賬款債權，保理人取得超過保理融資款本息和相關費用的部分，無需向應收賬款債權人返還。

■ 條文主旨

本條是關於無追索權保理的規定。

■ 條文釋義

無追索權保理，指保理人根據債權人提供的債務人核准信用額度，在信用額度內承購債權人對債務人的應收賬款並提供壞賬擔保責任，債務人因發生信用風險未按基礎合同約定按時足額支付應收賬款時，保理人不能向債權人追索，又稱為買斷型保理。無追索權保理在性質上屬於應收賬款債權買賣，保理人受讓債權並享有債權的全部清償利益、負擔債權不能受償的風險，作為債權轉讓對價的融資款實際上是通過買賣取得債權的價款。

按照本條規定，當事人約定無追索權保理的，保理人應當向應收賬款債務人主張應收賬款債權，而不能向應收賬款債權人主張返還保理融資款本息或者回購應收賬款債權。這適用於債務人發生了信用風險的情形，即債務人未按照基礎交易合同約定履行債務或者履行債務不符合約定，包括債務人破產、無正當理由不按照約定履行債務等。應當注意的是，無追索權保理並非意味着在任何情形下保理人對債權人均無追索權，一旦發生債務人未及時全額付款，保理人需要根據債務人違約的具體原因來判斷追索對象，保理人不再追索應收賬款債權人是具有一定前提的，即債務人未及時全額付款系源於其自身信用風險，而非其他原因。如果債務人因不可抗力而無法支付，或者債務人依法主張基礎交易合同所產生的抗辯、抵銷權或者依法解除基礎交易合同而拒絕付款，則保理人仍有權對債權人追索，向應收賬款債權人主張返還保理融資款本息或者回購應收賬款債權。例如，債權人和債務人簽訂了貨物買賣合

同，債權人就其對債務人的應收賬款債權與保理人簽訂了保理合同，在保理人向債務人主張應收賬款債權時，債務人因債權人出賣的貨物有嚴重的質量瑕疵而依法解除貨物買賣合同，並拒絕保理人的履行請求，此時，由於這並非債務人的信用風險，因此，保理人仍然有權按照約定向應收賬款債權人主張返還保理融資款本息或者回購應收賬款債權。在實踐中，針對非債務人信用風險的情形，保理人和債權人可以約定特定情形下的反轉讓權。這種約定與無追索權保理作為債權買賣並不衝突，其性質可以認為是賣回權，是債權買賣中特別約定的條款，這種條款在其他買賣中也可以約定。這種特別約定正是無追索權保理有別於一般債權買賣之處，也是保理交易的特色。

同時，在無追索權保理中，保理人向應收賬款債務人主張應收賬款債權，在獲得債務人的履行後，對保理人的超過保理融資款本息和相關費用的這部分保理餘款的歸屬，首先由保理人和債權人在保理合同中約定；保理合同對此無約定或者約定不明確時，基於無追索權保理在性質上屬於應收賬款債權買賣，因此與有追索權保理不同，本條規定了另外的默認規則，即這部分保理餘款應當歸屬於保理人，無須向應收賬款債權人返還。該默認規則符合無追索權保理的特性，且在無追索權保理中，較之有追索權保理，保理人的風險更高，因此將這部分保理餘款歸屬於保理人，也符合風險與收益相一致的基本原理。

■ 案例分析

「中國工商銀行股份有限公司大連青泥窪橋支行與大連阿爾濱集團有限公司、中國融資租賃有限公司合同糾紛案」【遼寧省大連市中級人民法院 (2016) 遼 02 民終 6057 號民事判決書】對無追索權保理中當事人責任承擔問題進行了認定。相關裁判摘要如下：關於第二個焦點，上訴人與被上訴人融資租賃公司之間的保理業務系無追索權保理業務，根據應收租賃款保理業務協議，無追索權保理業務是指若阿爾濱集團因資信原因在約定期限內不能足額償付應收租賃款，上訴人無權向融資租賃公司追索未償融資款。由於應收租賃款保理業務協議的履行過程中，被上訴人融資租賃公司不存在違約行為，被上訴人融資租賃公司並不對上訴人負有給付案涉款項的義務。對於上訴人主張依據被上訴人融資租賃公司向其出具的函件，故被上訴人融資租賃公司應承擔共同還款責任一節，首先該函件的內容並不存在被上訴人融資租賃公司表示以案涉租賃物承擔共同還款責任的內容；其次，根據融資租賃合同，被上訴人融資租賃公司系案涉租賃物的所有權人，庭審中被上訴人阿爾濱集團對此亦予以認可，根據 2015 年 7 月 1 日被上訴人融資租賃公司向上訴人出具函的內容，可以說明被上訴人融資租賃公司已向上訴人表達了將案涉租賃物的處分權轉讓給上訴人的意思表示，上訴人亦接受了該函件，庭審中融資租賃公司又明確其已經將案涉租賃物轉讓給了上訴人，該轉讓行為在本案的審理過程中阿爾濱集團也已經獲知，因案涉租賃物實際由被上訴人阿爾濱集團佔有，在此情況下，根據《中華人民共和國物權法》第 26 條的規定「動產物權設立和轉讓前，第三人依法佔有該動產的，負有交付義務的人可以通過轉讓請求第三人返還原物的權利代替交付」，故案涉租賃物已經通過上述法律規定的形式完成向上訴人的交付，上訴人在此情況下

要求被上訴人融資租賃公司就案涉租賃物對本案債務承擔共同還款責任既無實際意義，也缺乏事實及法律依據，一審法院對上訴人此項訴訟請求不予支持，並無不當。

第七百六十八條　應收賬款債權人就同一應收賬款訂立多個保理合同，致使多個保理人主張權利的，已經登記的先於未登記的取得應收賬款；均已經登記的，按照登記時間的先後順序取得應收賬款；均未登記的，由最先到達應收賬款債務人的轉讓通知中載明的保理人取得應收賬款；既未登記也未通知的，按照保理融資款或者服務報酬的比例取得應收賬款。

■ 條文主旨

本條是關於保理中應收賬款債權重複轉讓的規定。

■ 條文釋義

在實踐中，經常會出現應收賬款債權人就同一應收賬款訂立多個保理合同，致使多個保理人主張應收賬款主張債權的情形。經研究，以何種方式確定多個保理人之間的優先順位，取決於哪種方式能夠使得債權交易的公示成本、事先的調查成本、事中的監督防範成本、事後的債權實現的執行成本等各種成本更低，對第三人和社會整體的外部成本也更低。

在上述三種方式中，採取登記在先的方式，保理人調查成本、監督防範成本、實現債權的執行成本都是最低的，並且有助於防止債權人和其他人串通損害保理人的道德風險，提高債權的流通和擔保價值，最終降低債權人的融資成本。同時，同一債權向多個保理人多重轉讓的情形，在利益衡量上類似於同一財產向兩個以上債權人抵押的情形，對後一種情形，本法第 414 條第 1 款第 1 項、第 2 項規定，抵押權已經登記的，按照登記的時間先後確定清償順序；抵押權已經登記的先於未登記的受償。同時在第 2 款中規定，其他可以登記的擔保物權，清償順序參照適用前款規定。因此，為了提升營商環境，保護交易安全，便利融資，在利益結構相似的情形中保持規則的一致，提高裁判的統一性，本條首先採取了登記在先的方式確定多個保理人之間的優先順位。

對於保理人都未進行債權轉讓登記的情形，考慮到通知在先雖然較之登記在先社會成本要高，但較之合同成立時間仍然成本要低，因此，此時採取通知在先的順位確定方式，最先到達債務人的轉讓通知中載明的受讓人順位在先。

對於保理人既未登記也未通知債務人的情形，有些立法例採取了以合同成立時間的先後確定優先順位，本條則規定，既未登記也未通知的，按照保理融資款或者服務報酬的比例取得應收賬款。這與本法第 414 條第 2 款第 3 項在最後採取的按照所擔保的債權比例清償的方式一致，同時區分了擔保性的保理和非擔保性的其他服務性保理。在擔保性的保理中，涉

及保理融資款，此時按照保理融資款的比例取得應收賬款；而在服務性的保理中，並不涉及保理融資款，此時按照服務報酬的比例取得應收賬款。

■ 案例分析

「中國建設銀行股份有限公司南京大行宮支行（以下簡稱建行大行宮支行）與鄧自強、南通建工集團股份有限公司債權轉讓合同糾紛案」【江蘇省南京市中級人民法院 (2015) 寧商終字第 636 號民事判決書】認為，應收賬款重複轉讓的，在多份轉讓合同均有效的前提下，先通知債務人債權轉讓事實的受讓人可優先於後通知的受讓人從債務人處獲得清償。相關裁判摘要如下：如前所述，在案涉債權轉讓均有效的條件下，爭議債權歸屬於鄧自強還是建行大行宮支行，取決於各債權讓與通知，誰先到達債務人南通建工集團。首先，從現有證據看，2013 年 1 月 7 日的受讓人為建行大行宮支行的債權轉讓通知，經公證以郵寄方式向債務人南通建工集團送達，而受讓人為鄧自強的債權轉讓通知於 2013 年 2 月 1 日以郵寄方式送達，後者晚於前者。受讓人為建行大行宮支行的債權轉讓通知先於受讓人為鄧自強的債權轉讓通知，到達債務人南通建工集團，且建行大行宮支行送達債權轉讓的通知屬經公證的書證，具有較高的證明力，屬優勢證據，故本院應予採信。其次，南通建工集團二審中雖稱鄧自強曾於 2012 年 12 月口頭通知其債權受讓事宜，以及其未收到 2013 年 1 月 7 日的債權轉讓通知，但在此前其他案件中，建工集團曾書面向法院確認案涉爭議債權屬於建行大行宮支行，並於 2012 年 1 月 7 日收到建行大行宮支行為受讓人的債權轉讓通知，該前後不一致的陳述，有悖當事人在訴訟活動中應誠實守信，如實陳述的相關規定。根據民事訴訟法「人民法院對當事人陳述，應當結合本案的其他證據，審查確定能否作為認定事實的根據」的規定，鄧自強及南通建工集團關於口頭通知債權讓與的陳述，在缺乏其他補強證據的情況下，尚不能作為認定本案待證事實的依據。據此，本院認定爭議債權應歸屬於建行大行宮支行，南通建工集團應向其清償債務。

> **第七百六十九條　本章沒有規定的，適用本編第六章債權轉讓的有關規定。**

■ 條文主旨

本條是關於保理適用債權轉讓規則的規定。

■ 條文釋義

保理必須具備的要素是應收賬款債權的轉讓，沒有應收賬款的轉讓就不能構成保理合同，而應收賬款是債權的一種，應收賬款債權轉讓屬於債權轉讓，應收賬款債權人就是債權轉讓中的讓與人，保理人就是債權轉讓中的受讓人，應收賬款債務人就是債權轉讓中的債務人。因此，在本章沒有特別規定的情形中，應當適用本法合同編第六章關於債權轉讓的一般

規定。具體而言,在涉及債權轉讓的範圍內,適用以下規定:(1)不得轉讓的債權的規定。(2)關於債權轉讓通知的效力和撤銷的規定。(3)債權受讓人取得與債權有關的從權利的規定。(4)債務人對讓與人的抗辯可以繼續向受讓人主張的規定。(5)債務人對受讓人主張抵銷權的規定。(6)債權轉讓增加的履行費用的負擔的規定。

當然,本編第六章債權轉讓中未規定,而在本法其他地方對債權轉讓有規定的,也要在保理中予以適用,例如,本法第502條第3款中關於債權轉讓批准的規定。

應當注意的是,在非因保理合同發生的債權轉讓的情形中,按照本法第467條,本法或者其他法律沒有明文規定的合同,適用本編通則的規定,並可以參照適用本編或者其他法律最相類似合同的規定。因此,對於非因保理合同發生的債權轉讓,首先,適用本法或者其他法律中明確的特別規定;其次,適用本法合同編通則第六章關於債權轉讓的一般規定,同時參照適用最相類似的合同。因此,在對這些債權轉讓沒有明確規定時,本章涉及保理中的應收賬款債權轉讓的規則,可以參照適用於非因保理合同發生的債權轉讓。所涉及的本章規則主要包括:(1)允許將有債權轉讓的規定。(2)虛構轉讓債權的法律後果的規定。(3)受讓人發出轉讓通知的限制性條件的規定。(4)讓與人和債務人實施協商一致影響轉讓債權價值的行為對受讓人效力的規定。(5)債權多重轉讓時優先順位的規定。

第十七章　承攬合同

本章共十八條，對承攬合同的方式、材料的提供、履行期限、支付報酬、保管責任、留置權等承攬人與定作人之間的權利義務等作了規定。

> **第七百七十條　承攬合同是承攬人按照定作人的要求完成工作，交付工作成果，定作人支付報酬的合同。**
>
> **承攬包括加工、定作、修理、複製、測試、檢驗等工作。**

■ 條文主旨

本條規定了承攬合同的定義和承攬合同的主要種類。

■ 條文釋義

承攬合同是承攬人按照定作人的要求完成一定的工作，並將工作成果交付給定作人，定作人接受該工作成果並按照約定向承攬人支付報酬的合同。承攬合同的主體是承攬人和定作人。承攬人就是按照定作人指示完成特定工作並向定作人交付該工作成果的人；定作人是要求承攬人完成承攬工作並接受承攬工作成果、支付報酬的人。承攬人和定作人可以是法人或者非法人組織，也可以是自然人。承攬合同的客體是完成特定的工作。承攬合同的對象為承攬標的，承攬標的是有體物的，合同的標的物又可以稱為承攬物或者定作物。承攬工作具有特定性，如修理汽車、裁剪製作衣服等。承攬人完成的承攬工作需有承攬工作成果，該工作成果可以是有形的，如加工的零部件、印刷的圖書、錄製的磁帶、檢驗的結論，也可以是無形的，如測試儀器的運行。

本條規定的承攬合同具有下列特徵：第一，承攬合同以完成一定工作為目的。承攬合同中的承攬人必須按照定作人的要求完成一定的工作，定作人訂立合同的目的是取得承攬人完成的一定工作成果。在承攬合同中，定作人所需要的不是承攬人的單純勞務，而是其物化的勞務成果。也就是說，承攬人完成工作的勞務只有體現在其完成的工作成果上，只有與工作成果相結合，才能滿足定作人的需要。第二，承攬合同的標的具有特定性。承攬合同的標的是定作人所要求的，由承攬人所完成的工作成果。該工作成果既可以是體力勞動成果，也可以是腦力勞動成果；可以是物，也可以是其他財產。但其必須具有特定性，是按照定作人特定要求，只能由承攬人為滿足定作人特殊需求通過自己與眾不同的勞動技能而完成的。第三，承攬合同的承攬人應以自己的風險獨立完成工作。承攬合同的定作人需要的是具有特定

性的標的物。這種特定的標的物只能通過承攬人完成的工作來取得。因此，定作人是根據承攬人的條件認定承攬人能夠完成工作來選擇承攬人的，定作人注重的是特定承攬人的工作條件和技能，承攬人應當以自己的勞力、設備和技術，獨立完成承攬工作，經定作人同意將承攬工作的一部分轉由第三人完成的，承攬人對第三人的工作向定作人承擔責任。承攬人應承擔取得工作成果的風險，對工作成果的完成負全部責任。承攬人不能完成工作而取得定作人所指定的工作成果，就不能向定作人要求報酬。

承攬合同是一大類合同的總稱，傳統民法中承攬合同包括加工承攬合同和建設工程合同兩大類。由於建設工程合同在發展中形成了許多獨特的行業特點，經濟合同法將建設工程合同獨立於加工承攬合同加以規定，因此本章所指的承攬合同主要是指加工承攬合同而不包括建設工程合同。根據本條第 2 款的規定，承攬合同的形式包括加工、定作、修理、複製、測試、檢驗等多種形式。（1）加工。所謂加工就是指承攬人以自己的技能、設備和勞力，按照定作人的要求，將定作人提供的原材料加工為成品，定作人接受該成品並支付報酬的合同。加工合同是實踐中大量存在的合同，它既有生產性，比如一個企業將另一個企業提供的材料加工成特定的設備；也有生活性，如服裝店用顧客提供的佈料為其裁縫衣服。還可能具有一些藝術性，如畫廊為他人裝裱圖畫等。在國際經濟活動中，來料加工是一種重要的外貿形式。（2）定作。定作就是承攬人根據定作人的要求，以自己的技能、設備和勞力，用自己的材料為定作人製作成品，定作人接受該特別製作的成品並支付報酬的合同。定作合同在日常生活中也很常見，如家具廠為顧客定作家具，服裝廠為某學校定作校服等。定作與加工的區別在於定作中承攬人需自備材料，而不是由定作人提供的。（3）修理。修理既包括承攬人為定作人修復損壞的動產，如修理汽車、修理手錶、修理電器、修理自行車、修理鞋等；也包括對不動產的修繕，如檢修房屋屋頂的防水層。（4）複製。複製是指承攬人按照定作人的要求，根據定作人提供的樣品，重新製作類似的成品，定作人接受複製品並支付報酬的合同。複製包括複印文稿，也包括複製其他物品，如文物部門要求承攬人複製一文物用以展覽。（5）測試。測試是指承攬人根據定作人的要求，利用自己的技術和設備為定作人完成某一項目的性能測試，定作人接受測試成果並支付報酬的合同。（6）檢驗。檢驗是指承攬人以自己的技術和儀器、設備等為定作人提供的特定事物的性能、問題、質量等進行檢查化驗，定作人接受檢驗成果，並支付報酬的合同。

> **第七百七十一條**　承攬合同的內容一般包括承攬的標的、數量、質量、報酬，承攬方式，材料的提供，履行期限，驗收標準和方法等條款。

■ 條文主旨

本條規定了承攬合同一般包含的主要條款。

■ 條文釋義

本條規定的是承攬合同中一般所包含的條款，也就是說，承攬合同不是一定要具備這些條款，當事人可以根據合同性質和雙方的需要對本條規定的條款進行增減。這些內容包括承攬標的、數量、質量、報酬、承攬方式、材料提供、履行期限、驗收標準和方法等。

所謂承攬的標的，是指承攬合同權利義務所指向的對象，也就是承攬人按照定作人要求所應進行的承攬工作。如甲與乙服裝廠簽約定作一套禮服合同，合同的標的就是製作完成甲所要求的禮服。承攬合同雙方當事人必須在合同中明確標的的名稱，以使標的特定化，明確雙方當事人權利義務的對象。承攬合同的標的是合同的必要條款，合同不規定標的，就會失去目的，因此，雙方當事人未約定承攬標的或者約定不明確，承攬合同不成立。

數量與質量是確定合同標的的具體條件，是該合同標的區別於同類另一標的的具體特徵。當事人應當明確規定標的的數量，選擇好雙方共同接受的計算單位，確定雙方認可的計算方法，還可以規定合理的磅差或者尾差。數量是承攬合同的必備條件之一，當事人未明確標的數量的，承攬合同不成立。標的質量需訂得詳細具體，如標的的技術指標、質量要求、規格、型號等都要明確。一般來說標的質量包括五個方面：一是標的的物理和化學成分。如定作服裝就要明確面料的種類，製作家具需明確材料的質地等。二是標的的規格，通常是用度、量、衡來確定標的物的質量，例如定作一書桌時，就應當明確書桌的高度、長度、寬度等規格。這種規格就反映了標的質量。三是標的的性能，如強度、硬度、彈性、延度、抗蝕性、耐水性、耐熱性、傳導性、牢固性等。四是標的的款式，主要是指標的的色澤、圖案、式樣、時尚等特性。五是標的感覺要素，主要指標的的味道、觸感、音質、新鮮度等。當事人在簽訂合同時，應當詳盡寫明質量要求，其可以以樣貨標準確定，可以以標準市貨確定，可以約定特定標準，可以以貨物平均品質為根據確定，可以以說明書的標準確定。

報酬主要是指定作人應當支付承攬人進行承攬工作所付出的技能、勞務的酬金。報酬是承攬合同中的主要條款，當事人在訂立合同時應當明確報酬。當事人可以約定報酬的具體數額，也可以約定報酬的計算方法。如果在合同生效後，當事人就報酬沒有約定或者約定不明確的，當事人可以協議補充；不能達成補充協議的，按照合同有關條款、合同性質、合同目的或者交易習慣確定；仍不能確定的，按照訂立合同時履行地的市場價格履行；依法應當執行政府定價或者政府指導價的，依照規定履行。除報酬外，承攬人提供材料的，定作人應當根據承攬人提供的發票向承攬人支付材料費，沒有發票的，按訂立合同時的市場價格確定。當事人可以約定材料費支付的時間，未約定或者約定不明確的，應當在支付報酬的同時支付。

材料是指完成承攬工作所需的原料。當事人應當約定由哪一方提供材料，並且應當明確提供材料的時間、地點、材料的數量和質量等。如果當事人未約定由哪一方提供材料或者約定不明的，當事人可以補充協議；不能達成補充協議的，按照合同有關條款、合同性質、合同目的或者交易習慣確定，仍不能確定的，一般由承攬人提供，承攬人根據定作人對工作的要求和合同性質，合理地按質按量選用材料，定作人應當支付材料費。在確定材料提供方的

基礎上，如果未明確材料提供的時間，由承攬人提供材料的，承攬人根據履行期限合理地準備材料；如果由定作人提供材料的，承攬人可以根據履行期限，要求定作人及時提供。交付材料地點不明確的，一般在承攬人工作地點交付。材料數量不明確的，由當事人根據承攬工作的要求合理提供。材料質量不明確的，由當事人根據承攬工作的性質確定。

承攬合同中的履行期限主要是指雙方當事人履行義務的時間，對承攬人而言，是指承攬人完成工作，交付工作成果的時間；對定作人而言，是指定作人支付報酬或者其他價款的時間。如果當事人在合同生效後未約定工作成果交付時間或者約定不明確的，當事人可以協議補充，不能達成補充協議的，應當按照合同有關條款、合同性質、合同目的或者交易習慣確定承攬人交付工作成果的時間。根據承攬工作的性質，不需要特別交付的，如粉刷牆壁，以完成工作成果的時間為交付時間。如果當事人在合同生效後未約定作人支付報酬的時間或者約定不明確的，當事人可以補充協議；達不成協議的，應當按照合同有關條款、合同性質、合同目的或者交易習慣確定；根據合同有關條款、合同性質、合同目的或者交易習慣仍不能確定支付期限的，承攬人交付工作成果的時間為定作人支付報酬的時間。由定作人支付材料費或者其他費用的期限，當事人未約定或者約定不明確的，以支付報酬的時間為支付材料費或者其他費用的時間。

當事人在承攬合同中可以約定驗收標準和方法。驗收的標準是指檢驗材料、承攬工作質量的標準。驗收標準未約定或者約定不明確的，當事人可以協議補充確定。不能達成補充協議的，可以按照合同有關條款、合同性質、合同目的或者交易習慣確定。既不能通過協商達成補充協議，又不能按照合同有關條款、合同性質、合同目的或者交易習慣確定的，按照同類產品或者同類服務的市場通常質量標準驗收。

> 　　**第七百七十二條　承攬人應當以自己的設備、技術和勞力，完成主要工作，但是當事人另有約定的除外。**
>
> 　　**承攬人將其承攬的主要工作交由第三人完成的，應當就該第三人完成的工作成果向定作人負責；未經定作人同意的，定作人也可以解除合同。**

■ 條文主旨

本條是關於承攬人獨立完成主要工作的規定。

■ 條文釋義

承攬合同的標的是定作人所要求的、由承攬人所完成的工作成果。該工作成果既可以是體力勞動成果，也可以是腦力勞動成果；可以是物，也可以是其他財產。但其必須具有特定性，是按照定作人的特定要求，只能由承攬人為滿足定作人特殊需求通過自己與眾不同的勞

動技能而完成的。如果定作人所需的標的能夠從市場上任意買到，定作人就不必通過訂立承攬合同要求承攬人來完成。因此，承攬合同的本質特點決定了該合同是建立在對承攬人的工作能力信任的基礎上的，承攬人應當以自己的設備、技術和勞力完成承攬的主要工作。原經濟合同法第 19 條規定，除合同另有規定的以外，承攬方必須以自己的設備、技術和勞力，完成加工、定作、修繕任務的主要部分，不經定作方同意，不得把接受的任務轉讓給第三方。本條堅持了經濟合同法的規定，並確立了一個原則，承攬人應當完成承攬工作的主要部分，不僅僅只是加工、定作，其他承攬工作都應當遵循這個原則。

承攬人設備、技術和勞力是決定其工作能力的重要因素，也是定作人選擇該承攬人完成工作的決定性因素。所謂的設備，是指承攬人進行工作所使用的工具。所謂的技術是承攬人進行工作所需的技能，包括專業知識、經驗等。所謂的勞力指承攬人完成工作所付出的勞動力。這裏的「主要工作」，一般是指對工作成果的質量起決定性作用的工作，也可以說是技術要求高的那部分工作；如訂制服裝，量體裁剪和整體裁制是其主要工作。主要工作的質量、數量將決定工作成果是否符合定作人的要求，因此，承攬人作為定作人選擇的對象，應當以自己的設備、技術和勞力完成主要工作，否則會影響定作人訂立合同的目的。

從尊重當事人意思自治原則出發，當事人如果約定，承攬人必須完成所有的承攬工作的，承攬人不僅應當親自完成主要工作，其他工作也要由承攬人本人完成。如果當事人約定或經定作人同意，承攬人可以將工作的主要部分交由第三人完成的，承攬人可以將所承攬的工作交由第三人完成，但承攬人應當對第三人的工作對定作人負責。如甲向船舶工業公司定作一艘萬噸郵輪，船舶工業公司作為專業的外貿公司，本身不從事造船工作，因此可以在合同中約定該型號的郵輪由船舶工業公司選擇造船廠製造，船舶工業公司對該郵輪的質量負責。

承攬合同是基於定作人對承攬人有特別的人身信任，如果該承攬人不親自履行合同，就無法實現定作人訂約的目的，承攬人應當以自己的設備、技術和勞力完成主要的承攬工作。合同中約定，承攬人必須親自完成工作的，承攬人未經定作人同意，不得將承攬人工作的主要部分交由第三人完成。承攬人擅自將工作交由第三人完成的，將構成根本違約，此時，定作人可以選擇兩種方式要求承攬人承擔合同責任。一種是定作人要求承攬人對第三人完成的工作成果向定作人負責。比如，定作人對承攬人設備、技術和勞力無特別要求，只要求工作成果按時按量完成的情況下，承攬人擅自將承攬工作交由第三人完成，定作人認為工作成果的質量、數量、交付時間等能夠接受，可以不解除合同。定作人不解除合同的，第三人完成工作的，由承攬人對第三人的工作向定作人負責。當工作成果質量不符合合同約定的質量要求的，定作人有權要求承攬人承擔重作、修理、更換和賠償損失等違約責任。工作成果數量不符合約定的，定作人有權要求承攬人在合理的期限內補齊，造成定作人損失的，承攬人承擔損害賠償責任。工作成果交付遲延的，承攬人應當承擔遲延交付的違約責任，並賠償定作人的損失。另一種是通知承攬人解除合同。因解除合同給定作人造成損失的，定作人可以要求承攬人承擔損害賠償責任。如甲到著名的乙服裝公司定作一批西裝，乙公司將該批服裝

交由其他服裝公司製作，雖然服裝的質量上與乙的產品無太大差別，但名氣無法與乙公司相比，在這種情況下，甲就可以解除合同。

第七百七十三條　承攬人可以將其承攬的輔助工作交由第三人完成。承攬人將其承攬的輔助工作交由第三人完成的，應當就該第三人完成的工作成果向定作人負責。

■ 條文主旨

本條是關於承攬人對輔助性工作的責任。

■ 條文釋義

根據本法第 772 條的規定，承攬合同中，承攬人應當以自己的設備、技術和勞力完成承攬工作的主要部分，如果將主要工作交由第三人完成的，必須經過定作人的同意，否則，承攬人應當承擔違約責任。根據本條規定，與承攬的主要工作不同，承攬人可以將承攬的輔助工作交由第三人完成，並且可以不經定作人同意。但是，如果承攬人將承攬的輔助工作交由第三人完成，那麼必須就第三人完成的工作成果向定作人負責。

本條中的「輔助工作」，是指承攬工作中主要工作之外的部分，是相對於「主要工作」而言的。「主要工作」一般是指對工作成果的質量起決定性作用的工作，也可以說是技術要求高的那部分工作。主要工作之外的工作就可以理解為輔助性工作。如訂制服裝合同，量體裁剪和整體縫製是承攬人的主要工作，縫扣子、熨燙是其輔助性工作。對於輔助工作，承攬人是可以交由第三人完成而不必經過定作人的同意，承攬人的這種行為實際上是將其部分工作義務轉由第三人完成，根據合同編通則關於合同的變更和轉讓的規定，債務人轉移債務的，原則上應當經債權人同意。但在承攬工作中，考慮到輔助工作對工作成果的整體質量沒有太大的影響，因此承攬人將輔助工作交由第三人完成的，可以不經定作人同意，這樣規定符合承攬工作的交易習慣，也有助於提升承攬工作的效率。同時，儘管承攬人可以根據工作需要，自行決定將輔助工作交由第三人完成，但是承攬人應當根據誠實信用原則，認真考察第三人的工作能力，合理地選擇第三人。確定第三人後，如果第三人同意完成該部分工作的，承攬人應當將定作人對工作的要求或者是合同中的質量、數量、交付期限的約定如實告知第三人，第三人應當根據承攬人提供的情況，按質按量，按時完成工作。承攬人應當保證第三人完成的工作成果符合定作人的要求。

根據承攬合同的性質，承攬人應當在約定的期限內提供符合定作人要求的工作成果，也就是說，承攬人對工作的完成承擔全部的責任，即使承攬人根據本條規定將輔助性工作交由第三人完成，也要對整個的工作負責，如果第三人完成的工作不符合定作人的要求，承攬人應當向定作人承擔違約責任。這一點，也是承攬人與定作人之間承攬合同相對性的要求。實

踐中，第三人的工作不符合要求主要表現為未及時完成承攬人交給的輔助性工作、完成的質量和數量不符合定作人的要求或者合同的約定。第三人未及時完成工作致使工作成果遲延交付的，承攬人應當承擔遲延交付的違約責任；第三人完成的工作質量不符合要求的，承攬人應當負責重作、修理、退換，並賠償因此給定作人造成的損失；第三人完成的工作數量不足的，由承攬人負責補齊，並賠償因此給定作人造成的損失；由於第三人的工作給定作人造成其他損失的，由承攬人承擔損害賠償責任。

從尊重當事人的意思自治出發，合同編允許承攬合同的當事人對輔助工作的完成作出與本條不同的約定。具體說來，關於輔助性工作的責任，當事人的約定一般有三種情況：一是如果當事人有約定，承攬工作必須全部由承攬人獨自完成的，承攬人不得將工作轉由第三人完成，即使輔助工作也不例外，承攬人違反約定將輔助工作交由第三人完成的，承攬人應當承擔違約責任，賠償定作人損失。二是如果承攬合同中約定，承攬人將輔助性工作交由第三人完成的，承攬人僅對其完成的主要工作負責，第三人對其完成的輔助工作負責。在此情況下，如果承攬人將輔助性工作交由第三人完成的，應當通知定作人並取得定作人同意。第三人工作不符合約定的，定作人只能要求第三人承擔責任，承攬人根據約定對此不承擔責任。三是承攬合同中約定，承攬人將輔助性工作交由第三人完成的，承攬人與第三人對由第三人完成的輔助工作向定作人承擔連帶責任。承攬人將輔助工作交由第三人完成的，應當與第三人約定，就該輔助工作向定作人承擔連帶責任。承攬人與第三人未作此約定的，仍由承攬人對第三人的工作向定作人承擔責任。

第七百七十四條　承攬人提供材料的，應當按照約定選用材料，並接受定作人檢驗。

■ 條文主旨

本條規定了承攬人提供材料時的主要義務。

■ 條文釋義

承攬合同的本質在於承攬人根據定作人要求提供工作成果，定作人支付報酬。在雙方關係中，定作人通過支付報酬，取得讓自己滿意的工作成果；承攬人則按照定作人對工作成果的要求，最終提供出這一成果，從而獲得報酬。因此，承攬人的勞務自始至終都應符合定作人的要求，在承攬人提供材料的情形下，必須按照合同的事先約定或者雙方事後達成的補充協議提供材料。

根據本條規定，如果當事人在承攬合同中約定由承攬人提供材料，並約定了提供材料的時間、材料的數量和質量的，承攬人應當按照約定準備材料。如果合同中未明確由哪一方提供材料的，但根據合同條款或者通過補充協議、交易習慣等方式確定應當由承攬人提供材料

的，合同中如果約定了材料提供的時間、數量和質量的，承攬人應當按照約定提供材料。承攬人準備材料時，還應當備齊有關的資料，如發票、質量說明書等說明文件。

如果明確由承攬人提供材料，但是合同中未約定材料提供的時間、數量和質量的，事後又未就此達成補充協議的，承攬人應當根據承攬工作的性質和定作人對交付工作成果的要求，及時準備材料。數量不明確的，承攬人應當根據通常情況下完成該類工作成果所需的工作量，合理地確定材料的數量。質量不明確的，承攬人應當根據定作人對工作成果的質量要求，合理選用適合該工作成果的材料，定作人對工作成果的質量未有特別要求的，承攬人應當根據價款數額的大小以及工作性質，合理確定質量標準，合理選用材料。根據以上條件仍不能確定材料質量的，承攬人應當按照通常標準準備材料。

承攬人準備好材料後，應當及時通知定作人檢驗，並如實提供發票以及數量和質量的說明文件。定作人接到通知後，應當及時檢驗該材料，認真查看承攬人提供的材料以及有關文件。定作人認為承攬人選用的材料符合約定的，應當告知承攬人，或者根據承攬人的要求以書面形式確認。經檢驗，定作人發現材料數量缺少的，應當及時通知承攬人補齊；數量超出的，應當及時通知承攬人超出的數額。定作人發現材料質量不符合約定的，應當及時通知承攬人更換，因此發生的費用，由承攬人承擔。如果合同中未約定材料數量、質量的，如果定作人檢驗後，表示認可的，應當告知承攬人，或者根據承攬人的要求以書面形式確認。如果定作人認為材料不適合的，應當通知承攬人，並且還應當通知承攬人其對材料數量、質量的要求。承攬人接到通知後，應當及時選用符合定作人要求的材料。

經定作人檢驗後，承攬人應當以定作人確認後的材料完成工作。承攬人以次充好或者故意隱瞞材料瑕疵而造成工作成果質量不符合約定的，定作人有權要求重作、修理、減少價款或者解除合同。定作人未及時檢驗的，應當順延工期，並賠償承攬人因此受到的損失。定作人在接到檢驗通知後，在合理期限內，未作檢驗的，視為承攬人提供的材料符合要求，定作人不得再對該材料提出質量異議。

> **第七百七十五條**　定作人提供材料的，應當按照約定提供材料。承攬人對定作人提供的材料應當及時檢驗，發現不符合約定時，應當及時通知定作人更換、補齊或者採取其他補救措施。
>
> 　承攬人不得擅自更換定作人提供的材料，不得更換不需要修理的零部件。

■ 條文主旨

本條規定了由定作人提供材料時，雙方當事人的義務。

■ 條文釋義

　　承攬合同中，根據承攬工作性質或者交易習慣，雙方當事人可以約定由定作人提供材料，並且應當約定提供材料的時間、數量和質量。定作人應當按合同約定的時間向承攬人提供符合約定數量和質量的材料。該材料主要指承攬工作所必需的原材料，如製作家具的木材，製作衣服的面料等。承攬工作的對象（亦稱為工作基底），如修理電視合同中的電視，印刷合同中的原稿等，也屬於材料範圍。

　　根據本條規定，當定作人按約定提供原材料後，承攬人應當立即檢驗原材料。檢驗的內容主要包括原材料的數量是否符合合同約定，原材料的質量是否達到合同約定的質量要求。如果經承攬人檢驗，定作人提供的原材料符合約定，承攬人應當確認並通知定作人；如果經檢驗，定作人提供的原材料不足的，承攬人應當通知定作人補齊；定作人提供的原材料質量不符合約定的，承攬人應當及時通知定作人更換以達到合同要求。因承攬人原因，未及時通知定作人原材料不符合約定，進而影響完成工作時間的，承攬人應當承擔違約責任。承攬人發現定作人提供的原材料不符合約定而未通知定作人的，視為原材料符合約定，因該原材料數量、質量原因造成承攬工作不符合約定的，由承攬人承擔違約責任，定作人有權要求承攬人修理、更換、減少報酬或者解除合同，造成定作人損失的，承攬人應當賠償損失。這裏需要特別強調的是，承攬人所負的檢驗及通知義務必須及時履行，這樣可以最大程度地提高承攬合同的履行效率，節約履約成本，符合合同雙方當事人的利益。

　　承攬人經對定作人提供的材料檢驗之後，如果發現材料不符合約定，應當及時通知定作人。定作人在接到原材料不符合約定的通知後，應當及時採取措施，補齊或者更換原材料使其達到合同約定的要求。因定作人遲延補齊、更換的，工期順延；定作人未採取措施補齊、更換的，承攬人有權解除合同，因此造成承攬人損失的，由定作人承擔損害賠償責任。如果經承攬人檢驗，定作人提供的原材料符合約定的，承攬人應當妥善保管該原材料，因承攬人保管不善，造成原材料損失的，由承攬人承擔賠償責任。

　　根據本條第 2 款規定，定作人提供的原材料符合約定的，承攬人在工作中應當以該原材料完成工作，不得擅自更換原材料。如因承攬人擅自更換材料致使工作成果不符合約定質量的，定作人有權要求承攬人修理、更換、減少報酬或者解除合同；造成定作人損失的，承攬人承擔賠償責任。承攬人使用定作人提供的原材料應當符合合同中約定的或者合理的損耗量，由於承攬人的原因造成材料浪費的，承攬人應當進行賠償；造成材料短缺的，由承攬人負責補齊。如果完成承攬工作後，定作人提供的材料有剩餘的，承攬人應當返還給定作人。此外，對於由定作人提供工作基底的，承攬人應當妥善保管。在修理合同中，承攬人應當按照約定修理物品損壞的部分，並保持其他部分的完整性，不得更換不需要修理部分的零部件。如定作人將損壞的進口照相機交承攬人修理，承攬人經檢查後，發現是一個齒輪磨損的，承攬人應當更換該磨損的齒輪而不得以次充好，更換其餘的齒輪。承攬人更換應修理以外的零部件，承攬人應當恢復原狀並承擔賠償責任。

> **第七百七十六條**　承攬人發現定作人提供的圖紙或者技術要求不合理的，應當及時通知定作人。因定作人怠於答覆等原因造成承攬人損失的，應當賠償損失。

■ 條文主旨

本條規定了定作人要求不合理時雙方當事人的義務。

■ 條文釋義

承攬工作的性質就是承攬人按照定作人的要求進行工作，定作人一般通過提供圖紙或者技術要求的方式對承攬人的工作提出要求。承攬人應當嚴格按照定作人的要求進行工作。如果承攬人在工作之前或者工作之中發現定作人提供的圖紙或者技術要求不合理，即按此圖紙或者技術要求難以產生符合合同約定的工作成果，在此情況下，承攬人應當及時將該情況通知定作人。承攬人未及時通知定作人的，怠於通知期間的誤工損失由承攬人自己承擔，造成工期拖延、給定作人造成損失的，承攬人應當賠償定作人損失。如果承攬人發現定作人提供的圖紙或者技術要求不合理而未通知定作人，仍然按照原圖紙或者技術要求進行工作致使工作成果不符合合同約定的，由承攬人承擔違約責任，定作人有權要求承攬人修理、更換、減少價款或者解除合同。造成定作人損失的，承攬人應當賠償損失。

根據本條規定，定作人在接到承攬人關於圖紙或者技術要求不合理的通知後，應當立即採取措施，修改圖紙和技術要求。修改完成後，定作人應當及時答覆承攬人，並提出修改意見。在承攬人發出通知至收到定作人答覆期間，承攬人可以停止工作，工期順延，定作人還應當賠償承攬人在此期間的誤工以及其他損失。如果定作人在接到通知後，未能及時答覆承攬人並提出修改意見的，承攬人有權要求定作人賠償其誤工等損失；定作人怠於答覆的，承攬人可以催告定作人在合理期限內予以答覆並提出修改意見，在合理期限內承攬人仍未收到定作人答覆的，承攬人有權解除合同，並通知定作人，因此造成的損失，由定作人賠償。

> **第七百七十七條**　定作人中途變更承攬工作的要求，造成承攬人損失的，應當賠償損失。

■ 條文主旨

本條規定了定作人中途變更工作要求的法律責任。

■ 條文釋義

承攬工作的性質是承攬人按照定作人的要求進行工作，提供符合定作人特殊需要的工

作成果。定作人對承攬工作的要求通過提供圖紙、技術要求或者通過對承攬工作數量、質量的特別約定，在合同中體現自己對承攬工作的要求。承攬人只有嚴格按照合同約定的工作要求完成工作，才能滿足定作人訂立合同的目的。如果定作人在承攬人工作期間認為按照原先的要求，不能滿足自己的需要，可以中途變更承攬工作的要求。這也是承攬工作的性質決定的，承攬工作的目的就是滿足定作人的特殊需要，如果承攬工作的成果不能滿足定作人的需要，承攬合同就不會實現定作人訂立合同時所期望的利益，因此，定作人可以根據自己的需要，隨時變更對合同的要求。這裏的變更與一般合同的變更不同，一般情況下，合同的變更需經當事人雙方協商一致，一方提出變更要求，如果對方不同意，則不發生變更，當事人仍然按照原合同履行。在承攬合同中，承攬人應當按照定作人的要求進行工作，如果定作人中途變更對承攬工作的要求的，如修改設計圖紙，提出新的質量要求等，承攬人應當按照定作人的新要求工作。承攬人認為定作人提出的新要求不合理的，應當及時通知定作人，定作人接到通知後，應當及時答覆承攬人並提出修改意見。定作人不予修改的，承攬人不應當按照原要求履行，否則會導致損失的擴大，在此情況下，承攬人可以解除合同。

根據本條規定，定作人可以中途變更承攬工作的要求，但根據公平原則，定作人中途變更對承攬工作的要求，造成承攬人損失的，應當賠償承攬人的損失。承攬人按照原要求完成部分工作的，定作人應當支付該部分工作的報酬。由承攬人提供材料的，定作人應當支付完成該部分工作所耗費的材料的價款和保管費。按照新要求，需增加材料的，由定作人負擔費用。新要求使原承攬工作質量、難度提高的，定作人應當相應增加報酬。因定作人中途變更合同，使工期順延，因此造成承攬人誤工損失的，由定作人賠償損失。

> **第七百七十八條** 承攬工作需要定作人協助的，定作人有協助的義務。定作人不履行協助義務致使承攬工作不能完成的，承攬人可以催告定作人在合理期限內履行義務，並可以順延履行期限；定作人逾期不履行的，承攬人可以解除合同。

■ 條文主旨

本條是關於定作人協助義務的規定。

■ 條文釋義

依據承攬工作的性質、交易習慣或者誠實信用原則，定作人有協助義務的，定作人應當協助承攬人完成工作。例如，應當由定作人提供工作場所的，定作人應當及時提供適於工作的工作場所；應當由定作人提供承攬人完成工作所需生活條件和工作環境的，定作人應當及時提供符合完成工作所要求的生活條件和工作環境。定作人的協助，是承攬合同適當履行的保障。在有的情形之下，定作人不協助承攬人進行工作，承攬合同將不能順利履行，甚至無

法履行，雙方當事人訂立合同的目的難以實現。因此，如果承攬合同需要定作人協助的，即使合同未明確規定定作人協助的，定作人也應當履行協助義務。

根據本條規定，如果定作人的協助義務是完成承攬合同的前提條件，定作人不履行的，承攬人應當催告定作人在合理期限內履行，並可以順延完成工作的期限。如果在合理期限內定作人仍未履行協助義務，將構成本條所稱的逾期不履行，定作人的逾期不履行將導致合同不能繼續履行，承攬工作無法按約完成，合同目的無法實現，此時，承攬人可以解除合同。承攬人解除合同的，應當通知定作人，通知到達定作人時，解除生效。解除合同能恢復原狀的，雙方當事人應當恢復原狀。當然，合同的解除並不能免除定作人不履行協助義務的責任，由此給承攬人造成損失的，定作人應當賠償損失。

第七百七十九條　承攬人在工作期間，應當接受定作人必要的監督檢驗。定作人不得因監督檢驗妨礙承攬人的正常工作。

■ 條文主旨

本條是關於定作人監督檢驗承攬工作的規定。

■ 條文釋義

根據承攬工作的性質，承攬人是按照定作人的特定要求完成一定工作的，因此，定作人有權在工作期間對承攬的工作進行必要的監督檢驗，這也是保證工作質量，預防工作成果瑕疵的必要措施。監督檢驗主要是針對進度、材料的使用、技術要求等方面是否符合合同約定和定作人的要求。

根據本條規定，定作人在承攬人工作期間享有監督檢驗權，但定作人行使這一權利需符合以下兩個條件：一是，定作人的監督檢驗必須是必要的。這裏「必要」的含義是指，如果合同中已經約定定作人監督檢驗的範圍的，定作人應當按照約定的內容按時進行檢驗；如果合同中未約定監督檢驗範圍的，定作人應當根據承攬工作的性質，對承攬工作質量進行檢驗，如承攬人是否使用符合約定的材料、承攬人是否按照定作人提供的圖紙或者技術要求工作等。如果定作人發現承攬人的工作不符合約定，可以要求承攬人返工、修理或者更換。二是，定作人的監督檢驗行為不得妨礙承攬人的正常工作。定作人有權對承攬工作進行監督檢驗，但根據公平原則，定作人的監督檢驗行為不得給承攬人帶來不合理的負擔，不得影響承攬人正常的工作秩序。具體而言，承攬合同中約定監督檢驗時間的，定作人應當按照約定的時間進行檢驗；合同中未約定監督檢驗的，定作人在監督檢驗承攬工作前應當與承攬人協商確定監督檢驗的方式、時間和內容；未達成協議的，定作人在檢驗前，應當通知承攬人監督檢驗的時間和內容，以便於承攬人對自身工作作出適當的安排。定作人的監督檢驗行為妨礙

承攬人正常工作的，承攬人可以拒絕定作人的監督檢驗；定作人的監督檢驗行為給承攬人造成損失的，應當承擔損害賠償責任。

考慮到承攬合同獨特的合同性質與特點，本條專門規定了承攬人接受定作人監督檢驗的法定義務。承攬人不得以合同對此未作約定而予以拒絕。承攬人應當為定作人的監督檢驗提供方便和條件，並應當如實地向定作人反映工作情況，不得故意隱瞞工作中存在的問題。對於定作人在監督檢驗過程中提出的合理建議和指示，承攬人應當及時採納，以改進自己的工作，更好實現合同目的。

> **第七百八十條** 承攬人完成工作的，應當向定作人交付工作成果，並提交必要的技術資料和有關質量證明。定作人應當驗收該工作成果。

■ 條文主旨

本條是關於工作成果交付的規定。

■ 條文釋義

在承攬合同中，承攬人一般有兩個主要義務，即按照定作人的要求完成一定工作，並且在工作完成時將工作成果交付給定作人。工作成果的所有權屬於定作人，而事實上往往在工作完成時，承攬人實際佔有工作成果，只有將工作成果轉移於定作人佔有，才能保證定作人對工作成果行使所有權，實現定作人訂立承攬合同的經濟目的。此時，定作人應當對工作成果進行驗收。

根據本條規定，承攬人交付工作成果包括兩方面內容：一是將工作成果交給定作人；二是向定作人提交必要的技術資料和有關質量證明。承攬人按照合同約定的時間完成工作後，應當按照合同約定的時間、地點和方式將工作成果交給定作人佔有。合同約定由定作人自提的，承攬人應當在工作完成後，通知定作人提貨，在工作完成的地點或者定作人指定的地點，將工作成果交給定作人佔有，承攬人完成工作的地點或者定作人指定的地點為交付地點，承攬人通知定作人提貨的日期為交付日期，但承攬人在發出提取工作成果的通知中，應當給定作人留下必要的準備時間和在途時間；合同約定由承攬人送交的，承攬人在工作完成後，自備運輸工具，將工作成果送到定作人指定的地點並通知定作人驗收。定作人指定的地點為交付地點，定作人實際接受的日期為交付日期；約定由運輸部門或者郵政部門代為運送的，承攬人應當在工作完成後，將工作成果交到運輸部門或者郵政部門，辦理運輸手續。運輸部門或者郵政部門收貨的地點為交付地點，運輸部門或者郵政部門接受工作成果的日期為交付日期。如果合同中未約定交付的時間、地點和方式的，承攬人可以與定作人協議補充；不能達成補充協議的，承攬人按照合同有關條款、合同性質、合同目的或者交易習慣交付。

按照合同有關條款、合同性質、合同目的或者交易習慣仍不能確定交付時間、地點、方式的，承攬人應當在工作完成時，通知定作人取貨。承攬人通知取貨的地點為交付地點，承攬人確定的合理取貨時間為交付時間。根據承攬合同性質，承攬工作無須特別交付的，例如粉刷一面牆，承攬人完成工作即為交付，完成工作的時間為交付時間。如果承攬人履行交付義務時，定作人遲延驗收的、定作人下落不明的或者定作人死亡或者喪失行為能力而未確定繼承人或者監護人時，承攬人可以依法將工作成果提存，定作人未支付報酬、材料費等費用的，承攬人可以留置該工作成果。工作成果附有所有權憑證的，承攬人應當在交付工作成果時，一同交付所有權憑證。

根據本條規定，為了便於定作人的驗收和檢驗，承攬人在交付工作成果的同時，還應當提交必要的技術資料和有關質量證明。技術資料主要包括使用說明書、結構圖紙、有關技術數據。質量證明包括有關部門出具的質量合格證書以及其他能夠證明工作成果質量的數據、鑒定證明等。承攬人在交付工作成果、必要的技術資料和質量證明外，還應當交付工作成果的附從物，如工作成果必備的備件、配件、特殊的維護工具等。如果定作人提供的材料尚有剩餘，承攬人也應當退還定作人。

承攬人交付工作成果的，定作人應當積極配合，由承攬人運送工作成果的，定作人應為承攬人的交付創造條件，提供方便。需要定作人自提的，定作人應當按照合同的約定和承攬人的通知，及時提取工作成果。根據工作性質無須承攬人實際交付的，定作人應當對承攬人完成的工作作出承認。定作人無正當理由拒絕接收工作成果的，承攬人可以催告定作人接收工作成果並進行驗收。定作人超過合理期限受領工作成果的，承攬人可以按照本法的規定提存或者留置工作成果，並有權要求定作人支付未付的報酬、材料費以及保管費等費用，並可以要求其承擔違約責任。定作人拒絕受領後，應當承擔工作成果毀損、滅失的風險。

根據本條規定，定作人在接收承攬人交付，也就是在定作人實際收到工作成果時，應當對工作成果及時進行驗收。驗收的目的主要是檢驗工作成果的質量、數量是否符合合同約定或者定作人的要求。驗收往往是雙方當事人進行結算、定作人支付報酬等費用的前提條件，因此，根據公平和誠實信用原則，定作人在接到工作成果時，應當及時進行驗收。驗收一般包括三個步驟：一是確認交付時間和地點；二是查點工作成果的數量；三是查驗工作成果的質量以及有關技術資料和質量證明。經驗收，定作人認為承攬人交付的工作成果合格的，定作人應當接受工作成果，並按照合同的約定或者交易習慣支付報酬以及其他應付費用。如果經檢驗，工作成果有質量問題或者數量短缺的，定作人應當取得有關部門出具的證明。經檢驗，工作成果有嚴重的質量缺陷的，定作人可以拒收並通知承攬人。定作人在檢驗中發現定作物的數量或者質量不符合要求的，應當在合同約定的期限內通知承攬人，沒有約定或者約定不明確的，定作人在發現數量或者質量不符合要求時，應當在合理期間內通知承攬人。驗收時，如果雙方當事人對工作成果的質量或者數量等發生爭議，可由國家法定的檢驗機構進行鑒定。定作人未及時檢驗，或者在檢驗發現問題後怠於通知，或者在收到工作成果之日起2年內未通知承攬人的，視為工作成果的數量或者質量符合要求。

> **第七百八十一條**　承攬人交付的工作成果不符合質量要求的，定作人可以合理選擇請求承攬人承擔修理、重作、減少報酬、賠償損失等違約責任。

■ **條文主旨**

本條是關於承攬人因工作成果質量不符合要求所承擔違約責任的規定。

■ **條文釋義**

承攬合同中，承攬人的主要義務之一就是遵守合同約定和定作人的要求，按質按量地完成工作成果。也就是說，承攬人應當保證其完成的工作成果符合合同約定，在質量上要達到合同約定的標準。承攬人所交付的工作成果不符合質量標準的，承攬人應當對工作成果負瑕疵擔保責任，定作人有權要求承攬人承擔相應的違約責任。

根據本條規定以及本章的有關規定，承攬人承擔瑕疵擔保責任，應具備兩個條件：

一是承攬人交付的工作成果不符合質量要求。承攬合同中當事人約定了質量標準和要求的，承攬人交付的工作成果質量不符合該約定的，即可認定工作成果不符合質量要求。如果當事人未約定質量標準或者約定不明確的，則工作成果應當符合根據合同有關條款、合同性質、合同目的或者交易習慣所確定的質量標準；不符合的，則可認定工作成果不符合質量要求。如果根據合同有關條款、合同性質、合同目的或者交易習慣難以確定質量標準的，工作成果應當具備通常使用的效用；如果不具備，則可認定工作成果不符合質量要求。導致工作成果不符合質量要求的原因可以來自多個方面，如可能是承攬人偷工減料，以次充好，不按照合同約定的圖紙、技術要求或者技術條件進行工作，或者違反國家法律規定的技術工作規程進行工作等；也可能是材料瑕疵的原因，比如在承攬人提供材料的情況下，承攬人故意隱瞞瑕疵；也可能是定作人提供的材料不符合約定時，承攬人未檢驗或者檢驗後未通知定作人調換；還可能是定作人提供的圖紙、技術要求不合理，承攬人發現後未通知定作人更改等。無論出於何種原因，由於承攬合同中按照約定完成工作並交付工作成果是承攬人的法定義務，承攬人有義務為工作成果的品質負責，保證工作成果的質量符合要求，否則承攬人就應當承擔違約責任。

二是定作人在合理的期限內提出質量異議。承攬人交付工作成果後，定作人應當及時進行驗收，檢驗工作成果是否符合質量要求。如經驗收發現工作成果不符合約定，定作人應當在約定的期限內通知承攬人；當事人未約定異議期限的，定作人應當在收到工作成果後的合理期間內將工作成果不符合質量要求的情況及時通知承攬人。定作人未及時檢驗，或者在檢驗發現問題後怠於通知，或者在收到工作成果之日起 2 年內未通知承攬人的，視為工作成果的數量或者質量符合要求，即使事實上工作成果不符合質量要求，定作人也無權向承攬人主張違約責任。

承攬人提供的工作成果不符合質量要求，定作人在合理期限內提出質量異議的，定作人

可以請求承攬人承擔違約責任。違約責任的類型主要包括：（1）修理。工作成果有輕微瑕疵的，定作人可以要求承攬人進行修整、修補，使工作成果符合質量標準。因修理造成工作成果遲延交付的，承攬人仍應承擔逾期交付的違約責任。（2）重作。工作成果有嚴重瑕疵的，定作人可以拒收，要求承攬人返工重新製作或者調換。因重作造成工作成果遲延交付的，承攬人仍應承擔逾期交付的違約責任。（3）減少報酬。工作成果有瑕疵，而定作人同意利用的，可以按質論價，相應地減少所應付的報酬。（4）賠償損失。由於工作成果不符合質量標準，給定作人造成人身傷害或者財產損失的，定作人有權要求承攬人賠償因此造成的損失。除上述四種類型的違約責任外，定作人可以根據合同約定要求承攬人承擔其他類型的違約責任。如合同中約定違約金的，承攬人應當向定作人支付違約金；承攬人按約向定作人支付定金的，工作成果不符合質量標準的，定作人有權不返還定金；定作人向承攬人支付定金的，工作成果不符合質量標準的，定作人有權要求承攬人雙倍返還所付的定金等。

> **第七百八十二條**　定作人應當按照約定的期限支付報酬。對支付報酬的期限沒有約定或者約定不明確，依據本法第五百一十條的規定仍不能確定的，定作人應當在承攬人交付工作成果時支付；工作成果部分交付的，定作人應當相應支付。

■ 條文主旨

本條是關於定作人支付報酬期限的規定。

■ 條文釋義

承攬人從事工作，其主要目的在於獲取報酬。這裏的「報酬」是指定作人通過承攬合同獲得承攬人技術、勞務所應當支付的對價，一般指金錢。向承攬人支付報酬是定作人最基本的義務。定作人支付報酬的前提是承攬人交付的工作成果符合合同約定的質量和數量，不符合質量、數量要求的，定作人可以不支付報酬或者相應減少報酬。定作人應當按照合同約定的期限，以合同約定的幣種、數額，向承攬人支付報酬。

根據本條規定，如果承攬合同對支付報酬的期限沒有約定或者約定不明確的，依照本法第 510 條的規定，當事人可以協議補充約定報酬支付期限，定作人按照補充約定的期限向承攬人支付報酬。當事人不能達成補充協議的，定作人按照合同有關條款、合同性質、合同目的或者交易習慣確定的支付期限，向承攬人支付報酬。如果合同對報酬支付期限未作約定，根據本法第 510 條仍不能確定的，定作人應當在承攬人交付工作成果的同時支付，也就是承攬人將其完成的工作成果交給定作人佔有的時間，為定作人支付報酬的時間。合同約定由定作人自提的，承攬人應當在工作完成後，通知定作人提貨，在工作完成的地點或者定作人指定的地點，將工作成果交給定作人佔有，承攬人通知定作人提貨的日期為交付日期，定作人

應當在該日期支付報酬。合同約定由承攬人送交的，承攬人在工作完成後，自備運輸工具，將工作成果送到定作人指定的地點並通知定作人驗收。定作人實際接受的日期為交付日期，定作人在接受工作成果時支付報酬。約定由運輸部門或者郵政部門代為運送的，承攬人應當在工作完成後，將工作成果交到運輸部門或者郵政部門，辦理運輸手續。運輸部門或者郵政部門接受工作成果的日期為交付日期。承攬人將運輸部門或者郵政部門收運的日期通知定作人，定作人在收到該通知時，支付報酬。

如果合同中未約定交付內容，承攬人可以與定作人協議補充；不能達成補充協議的，承攬人按照合同有關條款、合同性質、合同目的或者交易習慣交付。按照合同有關條款、合同性質、合同目的或者交易習慣仍不能確定交付時間的，承攬人應當在工作完成時，通知定作人取貨。承攬人確定的合理取貨時間為交付時間，定作人應當在收到取貨通知時支付報酬。根據承攬合同性質，承攬工作無須特別交付的，例如粉刷一面牆，承攬人完成工作即為交付，完成工作的時間為交付時間，定作人在承攬人完成工作時，支付報酬。

根據本條規定，如果工作成果部分交付的，定作人驗收該部分工作成果，並根據已交付部分的工作，向承攬人支付報酬。如甲與乙約定，由乙為甲製作三套沙發，總價 900 元。乙每完成一套沙發，就交付一套。甲每驗收一套，則應當向承攬人支付 300 元。此外，如果承攬人提供材料的，定作人應當向承攬人支付材料費。定作人支付材料費，也適用本條的規定。定作人支付報酬以及材料費等費用時，承攬人下落不明、承攬人死亡或者喪失行為能力而未確定繼承人或者監護人的，定作人可以將報酬等價款提存。

第七百八十三條　定作人未向承攬人支付報酬或者材料費等價款的，承攬人對完成的工作成果享有留置權或者有權拒絕交付，但是當事人另有約定的除外。

■ 條文主旨

本條是關於承攬人留置權及同時履行抗辯權的規定。

■ 條文釋義

定作人應當按照約定支付報酬，這是承攬合同中定作人的一項基本義務。如果由承攬人提供材料完成工作成果的，定作人還應當向承攬人支付材料費。在報酬及材料費之外，承攬人為完成工作而墊付的其他費用，定作人同樣應當償還。如果定作人無正當理由不履行支付報酬、材料費等價款義務的，承攬人對完成的工作成果享有留置權或者有權拒絕交付。

根據本條規定，定作人未向承攬人支付報酬或者材料費等價款的，承攬人首先可以對工作成果享有留置權。所謂留置權，根據本法第 447 條的規定，是指債務人不履行到期債務時，債權人可以留置已經合法佔有的債務人的動產，並就該動產優先受償的權利。留置權

具有以下幾個特徵：第一，留置權以擔保債權實現為目的；第二，留置權人有權從留置的債務人的財產的價值中優先受償；第三，留置權是一種法定擔保方式，它依法律規定而發生，非依當事人之間的協議成立。付款期限屆滿時，定作人未向承攬人支付報酬或者材料等價款的，承攬人有權留置工作成果，並通知定作人在不少於2個月的期限內支付報酬以及其他應付價款，定作人逾期仍不履行的，承攬人可以與債務人協議將留置的工作成果折價，也可以依法拍賣、變賣該工作成果，以所得價款優先受償。受償的範圍包括定作人未付的報酬及利息、承攬人提供材料的費用、工作成果的保管費、合同中約定的違約金以及承攬人的其他損失，等等。工作成果折價或者拍賣、變賣後，其價款超過定作人應付款項數額的，歸定作人所有，不足部分由定作人清償。

根據本條以及本法關於留置權的規定，承攬人行使留置權應當符合以下兩個前提條件：第一，定作人無正當理由不履行支付報酬、材料費等費用。支付報酬是定作人的基本義務。由承攬人提供材料的，定作人在支付報酬外還應當向承攬人支付材料費。雖然承攬人享有工作成果的留置權，但只有在支付期限屆滿時，定作人仍未支付報酬、材料費等費用的，承攬人才能留置工作成果。承攬合同約定支付期限的，定作人應當在合同約定的期限內向承攬人支付報酬以及材料費等其他費用。合同未約定支付期限的，如果承攬合同對支付報酬的期限沒有約定或者約定不明確的，當事人可以協議補充約定報酬支付期限，定作人按照補充約定的期限向承攬人支付報酬。當事人不能達成補充協議的，定作人按照合同有關條款、合同性質、合同目的或者交易習慣確定的支付期限，向承攬人支付報酬。如果合同對報酬支付期限未約定，按照合同有關條款、合同性質、合同目的或者交易習慣仍不能確定的，定作人應當在承攬人交付工作成果的同時支付，也就是承攬人將其完成的工作成果交給定作人佔有的時間，為定作人支付報酬的時間。根據承攬合同性質，承攬工作無須特別交付的，例如粉刷一面牆，承攬人完成工作即為交付，完成工作的時間為交付時間，定作人在承攬人完成工作時，支付報酬。在上述期限內，定作人未履行支付報酬、材料費等費用的，承攬人可以留置該工作成果。第二，承攬人合法佔有本承攬合同的工作成果。根據本法關於留置權的規定，留置的財產是債權人合法佔有的債務人的動產。因此，承攬人留置的工作成果應當是根據本承攬合同而合法佔有的定作人的動產。如果承攬人已經將工作成果交付給定作人，也就是說，該工作成果已由定作人佔有，承攬人就無法實現留置權；如果工作成果不是動產，承攬人也無法實現留置權；如果定作人同承攬人訂有數個承攬合同，定作人未支付其中一個合同的報酬的，承攬人只能留置定作人未付報酬的那個合同的工作成果。如甲與乙服裝店約定，由乙服裝店為甲製作一套西裝，之後甲又與乙約定，由乙再為甲製作一件風衣。如果甲支付了製作風衣的報酬而未支付乙製作西裝的報酬的，乙只能留置該西裝而不能留置風衣。如果乙已經將西裝交付給甲的，乙只能要求甲支付報酬而不能留置風衣。如果承攬人佔有定作人的其他財產，當定作人無正當理由不支付報酬、材料費等費用的，承攬人不能留置該其他財產。如甲配件廠租用乙公司的汽車，乙和甲約定，由甲為乙加工一批汽車配件。如果乙未按照約定支付甲加工配件的報酬，甲只能留置汽車配件而不能留置汽車。此外，根據當事人的

意思自治原則，如果當事人約定承攬人不能留置工作成果的，承攬人不得留置工作成果，工作完成後，承攬人應當按照約定向定作人交付工作成果。如果定作人未能按照約定支付報酬或者材料費的，承攬人只能要求定作人支付報酬或者材料費以及承擔約定的違約責任。

需要說明的是，本條與合同法的規定相比，增加了承攬人對完成的工作成果「有權拒絕交付」的規定。之所以增加這一規定，主要基於兩點考慮：其一，在承攬人提供所有工作材料完成工作成果的情況下，由於工作材料及在此基礎上完成的工作成果在交付前很難作為「定作人的動產」由承攬人佔有，因此在這種情況下，嚴格來說並不符合行使留置權的條件。此時，為保證承攬人的合法權益，本條增加規定了定作人未支付報酬或者材料費等價款的，承攬人可以拒絕交付工作成果。其二，增加這一規定，意味着承攬人在定作人到期未支付報酬或者材料費等價款時，享有同時履行抗辯權。根據本法第 525 條規定，當事人互負債務，沒有先後履行順序的，應當同時履行。一方在對方履行之前有權拒絕其履行請求。定作人未依約履行支付報酬或者材料費等價款時，承攬人享有拒絕交付工作成果的權利，這是同時履行抗辯權在承攬合同中的體現。

> **第七百八十四條　承攬人應當妥善保管定作人提供的材料以及完成的工作成果，因保管不善造成毀損、滅失的，應當承擔賠償責任。**

■ 條文主旨

本條是關於承攬人對材料和工作成果保管責任的規定。

■ 條文釋義

承攬合同約定由定作人提供材料的，定作人應當按照約定的質量和數量提供。定作人按照約定提供材料後，該材料處在承攬人的佔有之下，因此承攬人有義務妥善保管定作人提供的材料，保持材料的質量狀態，防止材料非正常損耗，從而保證工作成果的質量。

本條所謂的「妥善保管」，是指承攬人在沒有特別約定的情況下，須按照本行業的一般要求，根據物品的性質選擇合理的場地、採用適當的保管方式加以保管，防止物品毀損和滅失。在具體的保管方式上，承攬人可以自己保管材料，也可以將材料交由第三人保管。承攬人將材料交由第三人保管的，不得給定作人增加不合理的費用。由於承攬人未盡妥善保管義務，致使材料毀損、滅失的，承攬人應當承擔賠償責任，自負費用補齊、更換與定作人提供材料同質同量的材料，因此造成定作人損失的，應當賠償損失；造成遲延交付的，應當承擔違約責任。如果材料屬於不可替代物，由於承攬人的原因致使材料毀損、滅失的，承攬人應當賠償定作人材料損失，並承擔違約責任；材料交給第三人保管的，承攬人對第三人的保管行為向定作人負責；材料因自身性質產生自然損耗的，承攬人如果已盡妥善保管責任的，不

承擔損害賠償責任。定作人隱瞞材料瑕疵的，承攬人在盡妥善保管義務的前提下，對材料的毀損、滅失以及因材料產生的工作成果的瑕疵不承擔責任；材料因為不可抗力而發生毀損、滅失的，承攬人已盡妥善保管責任的，承攬人不承擔損害賠償責任。

　　根據本條規定，承攬人妥善保管的對象除定作人提供的材料外，還包括已經完成的工作成果。在承攬合同中，承攬人的主要義務是完成並交付工作成果。在交付前，工作成果處於承攬人的佔有之下，承攬人應當妥善保管工作成果，保證工作成果如期交付。工作成果須實際交付的，交付前，承攬人應當妥善保管工作成果。如果承攬人未盡妥善保管義務，造成工作成果毀損、滅失的，承攬人應當自負費用準備材料，重新完成工作並交付工作成果；因重作而遲延交付的，承攬人應當承擔遲延履行的違約責任並賠償因此給定作人造成的損失。如果工作完成後，承攬人按照約定交付工作成果而定作人遲延受領的，定作人承擔遲延受領期間工作成果毀損、滅失的風險，即在承攬人交付至定作人實際受領期間，工作成果發生毀損、滅失的，定作人仍有義務按照約定向承攬人支付報酬及其他費用。

　　需要強調的是，本條規範的是承攬人對於定作人提供材料以及所完成工作成果的妥善保管義務。這主要是考慮到定作人向承攬人交付材料以及承攬人根據材料完成工作成果後，承攬人實際佔有控制材料及工作成果，處於保管財產的最佳地位。無論從合同的誠信原則還是從節約資源、避免浪費的角度出發，承攬人都應對材料及工作成果妥善保管。如果沒有盡到妥善保管義務，即承攬人在保管過程中未以善良管理人的標準要求自己，造成了材料及工作成果的毀損、滅失的，承攬人需要承擔相應的賠償責任。反之，如果承攬人已經盡了妥善保管材料及工作成果的義務，就不能根據本條要求承攬人承擔責任。此時，如果導致材料及工作成果毀損、滅失的結果係由於意外或者不可抗力所致，則應根據本編有關合同風險負擔的規則予以處理，這不屬於本條的調整範圍，承攬人也不構成違約。

第七百八十五條　承攬人應當按照定作人的要求保守秘密，未經定作人許可，不得留存複製品或者技術資料。

■ 條文主旨

　　本條是關於承攬人保密的規定。

■ 條文釋義

　　根據本條的規定，承攬人有保密的義務。承攬人的保密義務體現在不同方面，比如，承攬人在訂立合同過程中知悉的定作人的商業秘密，定作人要求保密的，承攬人應當保密，不得洩露或者不正當地使用。這一點本法已經作了規定。本法第 501 條規定，當事人在訂立合同過程中知悉的商業秘密或者其他應當保密的信息，無論合同是否成立，不得洩露或者不正

當地使用。洩露、不正當地使用該商業秘密或者信息造成對方損失的，應當承擔賠償責任。再如，承攬合同成立後，定作人要求承攬人對承攬工作保密的，承攬人應當在進行承攬工作中保守秘密；在工作完成後，應當將涉密的圖紙、技術資料等一併返還定作人。未經定作人的許可，承攬人不得留存複製品或者技術資料。關於締約過程中的保密義務，本法第 501 條已經作了規定，本條的規定主要側重於在承攬合同成立後，承攬人在工作中以及工作完成後的保密義務。

承攬合同成立後，承攬人的主要義務就是按照定作人的要求完成工作。定作人可以要求承攬人對承攬的工作保密。定作人保密的要求可以通過合同約定，也可以在合同履行期間，要求承攬人保守秘密。定作人應當明確承攬人保密的內容、期限。保密的內容包括技術秘密也包括商業秘密，如具有創造性的圖紙、技術數據，或者是專利技術的工作成果，也包括其他定作人不願他人知曉的信息，如定作人的名稱、工作成果的名稱等。保密的期限不限於承攬合同履行期間，在承攬合同終止後的一段期間內，承攬人仍應當保守有關秘密。

承攬人在工作中，應當妥善保管有關圖紙、技術資料及其他應保密的信息，不得將秘密洩露給他人，也不得不正當地利用保密信息，如承攬人在履行合同中知悉技術秘密的，不得擅自將該技術秘密以自己的名義申請專利。定作人提供圖紙、技術資料、樣品的情況下，承攬人未經定作人許可不得擅自複製工作成果。如定作人與承攬人訂立加工承攬合同，要求承攬人根據圖紙加工出一台定作人設計的新型汽車發動機的樣機，承攬人不得根據圖紙多加工幾台以便研究或者投放市場。此外，非經定作人許可，承攬人不得保留技術資料和複製品。承攬工作完成後，承攬人在交付工作成果的同時，也應當把定作人提供的圖紙、技術資料返還定作人。如果承攬人根據定作人的要求，在工作中自己製作出的圖紙、技術資料、模具等，是否可以留存，有約定，按照約定；無約定，則視情況而定。如定作人要求承攬人生產某一型號車床，該車床型號公開的，並且屬於承攬人產品系列，這種情況下，承攬合同類似於買賣，承攬人可以留存該車床的生產技術資料而不必承擔保密義務。如果定作人要求承攬人生產一特大車床，該車床以前沒有生產過，承攬人根據定作人提出的要求設計、生產，其費用由定作人負責的，承攬人就應當在完成工作後，將圖紙及有關技術資料交給定作人，並不得留存複製品。

承攬人未盡保密義務，洩露秘密，給定作人造成損失的，承攬人承擔損害賠償責任。如果定作人已經公開秘密，承攬人可以不再承擔保密義務，但不能不正當地利用已公開的秘密。如定作人將其工作成果申請專利的，承攬人不得未經定作人許可，擅自生產與工作成果同樣的產品。

> **第七百八十六條　共同承攬人對定作人承擔連帶責任，但是當事人另有約定的除外。**

■ 條文主旨

本條是關於共同承攬人連帶責任的規定。

■ 條文釋義

共同承攬是指由 2 個或者 2 個以上的人共同完成承攬工作的合同。共同完成承攬工作的人稱共同承攬人。共同承攬可以由共同承攬人與定作人共同訂立承攬合同，也可以根據承攬人的約定由其中一個承攬人代表所有共同承攬人與定作人訂立承攬合同。立法需要對共同承攬行為作出規定。

根據共同承攬的性質，本條規定共同承攬人對定作人承擔連帶責任。共同承攬人應當按照約定完成工作，將工作成果交付給定作人。每一個共同承攬人都應當對承攬的全部工作向定作人負責。如果交付的工作成果不符合要求，定作人可以要求共同承攬中的任何一個承攬人承擔違約責任，任何一個共同承攬人都應當無條件承擔違約責任。承擔責任的共同承攬人，可以向其他共同承攬人追償超出其實際應承擔的責任份額，也就是說，任何一個共同承攬人向定作人承擔責任後，共同承攬人再根據約定或者過錯大小承擔相應責任。例如，甲、乙二人共同與丙訂立一個大型船舶建造合同，約定由甲、乙共同完成，2 年後交貨，並約定遲延交付的，每天向定作人交納違約金 1000 美元。如果由於甲的工作遲延致使交付比約定晚了 30 天，丙可以要求甲或乙承擔遲延交付的違約責任，如果丙要求乙支付 3 萬美元違約金的，乙應當向丙如數支付，支付後再向甲追償。

根據權利義務相對等的原則，共同承攬人對定作人承擔連帶責任，也意味着共同承攬人對定作人也享有連帶權利，任何一個共同承攬人都可以根據法律規定或者合同約定向定作人主張權利，再根據約定或者工作比例分享。例如甲與乙共同承攬製作一部大型車床，如果定作人未按照約定支付報酬和材料費，甲或乙都有權留置該車床，以折價或者變賣、拍賣獲取價款，取得價款後，再根據約定或者各自工作份額優先受償。

本條從尊重當事人意思自治出發，規定了當事人可以約定共同承攬的責任承擔。如定作人與共同承攬人約定，共同承攬人各自承擔責任；也可以約定，指定其中一個承攬人承擔合同責任。有當事人約定，共同承攬人根據約定向定作人承擔責任；無約定或者約定不明確的，共同承攬人承擔連帶責任。

準確理解和適用本條，還需要注意以下兩點：其一，共同承攬與轉承攬不同。轉承攬是承攬人將自己承攬的部分工作交由第三人完成。雖然共同承攬與轉承攬都是由多個人完成工作，但共同承攬人都是承攬合同的當事人，就是說參與工作的都是承攬人，都是合同當事人，而轉承攬中的第三人雖然參與完成工作，但不是承攬合同的當事人，只是轉承攬合同中的當事人。共同承攬人對定作人承擔連帶責任，即每一個共同承攬人都對全部工作向定作

人負責，定作人可以要求任何一個參與工作的人承擔合同責任。轉承攬中，參與完成工作的第三人向承攬人負責，承攬人向定作人承擔全部工作責任。當工作成果不符合約定時，即使是第三人工作造成的，承攬人也要向定作人承擔違約責任，這是合同相對性的體現。其二，本條規定共同承攬人對定作人承擔連帶責任，這屬於法定責任，但是當事人可以通過約定排除。根據本法總則編第178條的規定，連帶責任應當由法律規定或者當事人約定。本條有關連帶責任須法定的規定與總則編的規定保持了一致。當然，從尊重當事人意思自治的角度出發，定作人可以約定不對共同承攬人主張連帶責任，這屬於定作人自己對其權利的處分，應當得到認可。

> **第七百八十七條　定作人在承攬人完成工作前可以隨時解除合同，造成承攬人損失的，應當賠償損失。**

■ 條文主旨

本條是關於定作人任意解除權的規定。

■ 條文釋義

根據本條規定，定作人在承攬人完成工作前可以隨時解除合同。解除合同是指在合同成立後，因當事人一方或者雙方的意思表示而使合同關係消滅的行為。根據本法合同編的有關規定，雙方當事人可以協商解除合同；當事人一方解除合同的，只限於兩種情況：一是發生不可抗力致使合同目的無法實現；二是對方當事人嚴重違約，包括在履行期限屆滿之前，當事人一方明確表示或者以自己的行為表明不履行其主要債務；當事人一方遲延履行主要債務，經催告後在合理期限內仍未履行的；對方當事人遲延履行債務或者有其他違約行為致使不能實現合同目的等。除這些法定解除權外，當事人擅自解除合同的，應當承擔違約責任。但在承攬合同中，定作人除了享有合同編所規定的合同解除權外，還享有在承攬人完成工作前隨時解除合同的權利，這是承攬合同的一大特點，也是由承攬合同的性質所決定的。承攬合同是定作人為了滿足其特殊需求而訂立的，承攬人根據定作人的指示進行工作，如果定作人於合同成立後由於各種原因不再需要承攬人完成工作，則應當允許定作人解除合同。

根據本條規定，定作人解除合同的前提是賠償承攬人的損失。這樣處理，既可以避免給定作人造成更大的浪費，也不會給承攬人造成不利。定作人依據本條行使隨時解除權的，應當符合以下要求：第一，定作人應當在承攬人完成工作前提出解除合同。與合同法的規定相比，本條對於定作人的任意解除權增加了「在承攬人完成工作前」的限制。即雖然本條規定的是定作人的任意解除權，定作人可以隨時解除合同，但「隨時」實際是指合同成立生效後，承攬人完成工作前的任何時間。之所以增加這一規定，主要是考慮到承攬合同往往具

有較強的專屬性，承攬人工作的展開及成果的交付都需要按照定作人的要求進行。如果允許定作人在承攬人完成工作以後仍然可以解除合同，則很可能由於定作成果的專屬性而造成浪費，承攬人很難再將原本為定作人完成的工作成果進行處置，這與民法典所倡導的綠色原則、充分發揮物的效用的理念都不相符。因此，通過將定作人解除合同的時點限制在「承攬人完成工作前」，可以在定作人的任意解除權與避免資源浪費、踐行綠色原則之間取得平衡，是較為妥當的做法。第二，定作人根據本條解除合同的，應當通知承攬人。解除通知到達承攬人時，解除生效，合同終止，承攬人可以不再進行承攬工作。這也與本法第 565 條有關合同解除須通知對方的規定保持一致。第三，定作人根據本條解除承攬合同造成承攬人損失的，應當賠償損失。這些損失主要包括承攬人已完成的工作部分所應當獲得的報酬、承攬人為完成這部分工作所支出的材料費以及承攬人因合同解除而受到的其他損失。

合同解除後，承攬人應當將已完成的部分工作交付定作人。定作人提供材料的，如有剩餘，也應當返還定作人。定作人預先支付報酬的，在扣除已完成部分的報酬外，承攬人也應當將剩餘價款返還定作人。

第十八章 建設工程合同

本章共二十一條，對建設工程合同的定義、訂立、禁止違法分包與轉包、建設工程合同的內容、竣工驗收、支付價款，以及發包人與承包人的其他權利義務作了規定。

> **第七百八十八條　建設工程合同是承包人進行工程建設，發包人支付價款的合同。建設工程合同包括工程勘察、設計、施工合同。**

■ 條文主旨

本條是關於建設工程合同定義和種類的規定。

■ 條文釋義

建設工程合同是指承包人進行工程建設，發包人支付價款的合同。建設工程合同的客體是工程。這裏的工程是指土木建築工程和建築業範圍內的線路、管道、設備安裝工程的新建、擴建、改建及大型的建築裝修裝飾活動，主要包括房屋、鐵路、公路、機場、港口、橋樑、礦井、水庫、電站、通訊線路等。建設工程的主體是發包人和承包人。發包人，一般為建設工程的建設單位，即投資建設該項工程的單位，通常也稱作「業主」。建設工程實行總承包的，總承包單位經發包人同意，在法律規定的範圍內對部分工程項目進行分包的，工程總承包單位即成為分包工程的發包人。建設工程的承包人，即實施建設工程的勘察、設計、施工等業務的單位，包括對建設工程實行總承包的單位、勘察承包單位、設計承包單位、施工承包單位和承包分包工程的單位。

本條第 1 款規定的建設工程合同的定義，體現了合同雙方當事人即發包人和承包人的基本義務。承包人的基本義務就是按質按期地進行工程建設，包括工程勘察、設計和施工。發包人的基本義務就是按照約定支付價款。

本條第 2 款規定了建設工程合同的主要類別。一項工程一般包括勘察、設計和施工等一系列過程，因此建設工程合同通常包括工程勘察、設計、施工合同。

勘察合同，是指發包人與勘察人就完成建設工程地理、地質狀況的調查研究工作而達成的協議。建設工程勘察，通常需要根據建設工程的要求，查明、分析、評價建設場地的地質地理環境特徵和岩土工程條件，並編制建設工程勘察文件。勘察合同就是反映並調整發包人與受託地質工程單位之間權利義務關係的依據。

設計合同，是指發包人與設計人就完成建設工程設計工作而達成的協議。建設工程設

計，通常需要根據建設工程的要求，對建設工程所需的技術、經濟、資源、環境等條件進行綜合分析、論證，並編制建設工程設計文件。建設工程設計一般涉及方案設計、初步設計以及施工圖設計，它們之間還具有一定的關聯性。按照國務院《建設工程勘察設計管理條例》的規定，編制的方案設計文件，應當滿足編制初步設計文件和控制概算的需要。編制的初步設計文件，應當滿足編制施工招標文件、主要設備材料訂貨和編制施工圖設計文件的需要。編制的施工圖設計文件，應當滿足設備材料採購、非標準設備製作和施工的需要，並註明建設工程合理使用年限。

施工合同，是指發包人與施工單位就完成建設工程的一定施工活動而達成協議。施工合同主要包括建築和安裝兩方面內容，這裏的建築是指對工程進行營造的行為，安裝主要是指與工程有關的線路、管道、設備等設施的裝配。建設工程施工合同是工程建設質量控制、進度控制、投資控制的主要依據。

工程勘察、設計、施工是專業性很強的工作，所以一般應當由專門的具有相應資質的工程單位來完成。按照建築法的規定，施工企業、勘察單位、設計單位按照其各自擁有的註冊資本、專業技術人員、技術裝備和已完成的建築工程業績等資質條件，劃分為不同的資質等級，經資質審查合格，取得相應等級的資質證書，並應在其資質等級許可的範圍內從事工程勘察、設計、施工活動。

第七百八十九條　建設工程合同應當採用書面形式。

■ 條文主旨

本條是關於建設工程合同形式的規定。

■ 條文釋義

依據本條的規定，建設工程合同除雙方當事人意思表示達成一致外，還應當採用書面形式明確雙方的權利義務。

合同按照其訂立方式可分為口頭合同、書面合同以及採用其他方式訂立的合同。凡當事人的意思表示採用口頭形式而訂立的合同，稱為口頭合同；凡當事人的意思表示採用書面形式而訂立的合同，稱為書面合同。書面形式的合同對當事人之間約定的權利義務有明確的文字記載，能夠提示當事人適時地正確地履行合同義務，當發生合同糾紛時，也便於分清責任，正確、及時地解決糾紛。建設工程合同一般具有合同標的額大，合同內容複雜、履行期較長等特點，為慎重起見，更應當採用書面形式。此外，建設工程的質量涉及社會上不特定第三人的人身和財產安全，採用書面形式，也便於建設工程相關監督管理工作的開展。為此本條明確規定建設工程合同應當採用書面形式。

依照本法規定，書面形式是合同書、信件等可以有形地表現所載內容的形式。在實踐中，較大的工程建設一般採用合同書的形式訂立合同。

> **第七百九十條　建設工程的招標投標活動，應當依照有關法律的規定公開、公平、公正進行。**

■ 條文主旨

本條是關於工程招標投標要求的規定。

■ 條文釋義

招標投標是市場經濟條件下進行大宗貨物買賣或者建設工程發包與承包時通常採用的競爭交易方式。採用招標投標方式進行建設工程的發包與承包，其最顯著的特徵是將競爭機制引入建設工程的發包與承包活動之中，與採用「一對一」談判的辦法進行的建設工程的發包與承包相比，具有明顯的優越性，這主要表現在以下兩點：第一，招標方通過對各投標競爭者的報價和其他條件進行綜合比較，從中選擇報價低、技術力量強、質量保障體系可靠、具有良好信譽的承包人作為中標者，與之簽訂建設工程合同，這顯然有利於保證工程質量、縮短工期、降低工程造價、提高投資效益；第二，招標投標活動要求依照法定程序公開進行，有利於堵住建設工程發包與承包活動中行賄受賄等腐敗和不正當競爭行為的「黑洞」。正因為招標投標具有明顯的優越性，符合市場競爭的要求，也就成為我國建設工程發包與承包活動中大力推廣的主要方式，尤其是對於使用國有資金建設的工程項目。

我國建築法規定建築工程應當依法實行招標發包，對不適於招標發包的才可以直接發包。因而，依據建築法和其他法律、行政法規的規定，工程建設需要採取招標投標的方式訂立合同的，當事人必須採用招標投標方式訂立合同。法律沒有規定的，發包人可以採取招標投標方式進行發包，也可以直接發包。依據我國招標投標法的規定，需要進行招標的項目主要包括：（1）大型基礎設施、公用事業等關係社會公共利益、公眾安全的項目；（2）全部或者部分使用國有資金投資或者國家融資的項目；（3）使用國際組織或者外國政府貸款、援助資金的項目；（4）法律或者國務院規定的其他必須招標的項目。招標投標法及其實施條例還對可以不進行招標的特殊情形進行了規定。必須進行招標的是工程建設項目的勘察、設計、施工、監理以及與工程建設有關的重要設備、材料等的採購等都必須進行招標。

招標分為公開招標和邀請招標。公開招標，是指招標人以招標公告的方式邀請不特定的法人或者非法人組織投標。邀請招標，是指招標人以投標邀請書的方式邀請特定的法人或者非法人組織投標。法律、行政法規規定必須進行公開招標的項目還必須進行公開招標。

依據本條的規定，建設工程的招標投標應當按照公開、公平和公正的原則進行。所謂的

公開，是指進行招標投標活動的有關信息要公開，招標方應當通過在新聞媒體上刊發廣告或者以其他適當形式，發佈建設工程招標信息，並在公開提供的招標文件中，載明招標工程的主要技術要求以及投標人的資格要求等內容，使所有符合條件的承包商都能有機會參與投標競爭。同時，招標投標的程序要公開，包括領取招標文件的時間、地點，投標的截止日期，開標的時間、地點以及評標與定標的標準、方法等，都應當公開透明，以便各方面監督，不允許進行「暗箱操作」。所謂的公平，就是指招標方要平等地對待每一份投標，投標方也要以正當手段進行競爭，不得向投標方及其工作人員行賄、提供回扣等不正當競爭行為，以保證競爭的平等。所謂的公正，是指招標方在招標過程中要嚴格按照公開的招標文件和程序辦事，嚴格按照既定的評標標準評標和定標，公平地對待每一個投標者，不得厚此薄彼、遠近親疏。

> **第七百九十一條**　發包人可以與總承包人訂立建設工程合同，也可以分別與勘察人、設計人、施工人訂立勘察、設計、施工承包合同。發包人不得將應當由一個承包人完成的建設工程支解成若干部分發包給數個承包人。
>
> 　　總承包人或者勘察、設計、施工承包人經發包人同意，可以將自己承包的部分工作交由第三人完成。第三人就其完成的工作成果與總承包人或者勘察、設計、施工承包人向發包人承擔連帶責任。承包人不得將其承包的全部建設工程轉包給第三人或者將其承包的全部建設工程支解以後以分包的名義分別轉包給第三人。
>
> 　　禁止承包人將工程分包給不具備相應資質條件的單位。禁止分包單位將其承包的工程再分包。建設工程主體結構的施工必須由承包人自行完成。

■ 條文主旨

本條是關於建設工程合同發包、承包和分包的規定。

■ 條文釋義

建設工程合同發包承包根據訂約雙方的不同，可以分為直接承包和分包兩大類。直接承包是指發包人直接將工程承包給承包人，包括工程總承包和單項工程承包兩種方式。分包是指總承包人、勘察、設計、施工承包人經發包人同意，可以將自己承包的部分工作交由第三人完成。

建設工程的總承包，又稱為「交鑰匙承包」，是指建設工程任務的總承包，即發包人將建設工程的勘察、設計、施工等工程建設的全部任務一併發包給一個具備相應的總承包資質條件的承包人，由該承包人負責工程的全部建設工作，直至工程竣工，向發包人交付經驗收合格符合發包人要求的建設工程的發包承包方式。

與總承包方式相對應的，是單項任務的承包，即發包人將建設工程中的勘察、設計、施工等不同工作任務，分別發包給勘察人、設計人、施工人，與其簽訂相應的承包合同。

建設工程的發包承包是採取總承包方式還是單項工程承包方式，可以由發包人根據實際情況自行確定。但是不論發包人採取何種方式與承包人簽訂合同，都應當遵守本條的規定，不得將建設工程支解發包，即不得將應當由一個承包人完成的建設工程支解成若干部分發包給數個承包人。至於如何確定是否應當由一個承包人完成的建設工程，需要由國務院有關主管部門根據實際情況作出具體規定。如對一幢房屋的供水管線的安裝，發包人就不應將其分成若干部分發包給幾個承包單位。如對一幢房屋中的供水管線和空調設備的安裝，儘管都屬於同一建築的設備安裝，但因各有較強的專業性，發包人可以將其分別發包給不同的承包人。

所謂建設工程的分包，是指工程總承包人、勘察承包人、設計承包人、施工承包人承包建設工程後，將其承包的某一部分工程或某幾部分工程，再發包給其他承包人，與其簽訂承包合同項下的分包合同的發包承包方式。總承包人、勘察、設計、施工承包人在分包合同中即成為分包合同的發包人。總承包人、勘察、設計、施工承包人分包建設工程的，應當符合以下條件：（1）總承包人、勘察、設計、施工承包人只能將部分工程分包給具有相應資質條件的分包人；（2）為防止總承包人、勘察、設計、施工承包人擅自將應當由自己完成的工程分包出去或者將工程分包給發包人所不信任的第三人，分包工程的，必須經過發包人的同意。

在承包與分包相結合的承包形式中，存在承包合同與分包合同兩個不同的合同關係。承包合同是發包人與總承包人或者勘察人、設計人、施工人之間訂立的合同，總承包人、勘察、設計、施工承包人應當就承包合同的履行向發包人承擔全部的責任，即使總承包人、勘察、設計、施工承包人根據合同約定或者經發包人的同意將承包合同範圍內的部分建設項目分包給他人，總承包人、勘察、設計、施工承包人也得對分包的工程向發包人負責。分包合同是承包合同中的總承包人或者勘察、設計、施工承包人與分包人之間訂立的合同，通常來說，分包人僅就分包合同的履行向總承包人、勘察、設計、施工承包人負責，並不直接向發包人承擔責任，但為了維護發包人的利益，保證工程的質量，本條適當地加重了分包人的責任，即第三人（分包人）就其完成的工作成果與總承包人或者勘察、設計、施工承包人向發包人承擔連帶責任。分包的工程出現問題，發包人既可以要求總承包人、勘察、設計、施工承包人承擔責任，也可以直接要求分包人承擔責任。

所謂轉包，是指建設工程的承包人將其承包的建設工程倒手轉讓給第三人，使該第三人實際上成為該建設工程新的承包人的行為。轉包與分包的根本區別在於：轉包行為中，原承包人將其工程全部倒手轉給他人，自己並不實際履行合同約定的義務；而在分包行為中，承包人只是將其承包工程的某一部分或幾部分再分包給其他承包人，承包人仍然要就承包合同約定的全部義務的履行向發包人負責。依照本法和其他法律規定，承包人經發包人同意將其部分工程分包給他人的行為是允許的，但承包人的轉包行為是禁止的。本條明確規定承包人

不得將其承包的全部建設工程轉包給第三人或者將其承包的全部建設工程支解以後以分包的名義分別轉包給第三人。

為了保證工程的質量，防止某些承包單位在拿到工程項目後以分包的名義倒手轉包，損害發包人的利益，破壞建築市場秩序，本條第 3 款規定，禁止承包人將工程分包給不具備相應資質條件的單位。禁止分包單位將其承包的工程再分包。依據本款規定，工程的分包人必須具備相應的資質條件。依照我國有關法律的規定，從事建設活動的勘察人、設計人和施工人必須具備以下資質條件：（1）有符合國家規定的註冊資本；（2）有與其從事的建設活動相適應的具有法定執業資格的專業技術人員；（3）有從事相關建設活動所應有的技術裝備；（4）法律、行政法規規定的其他條件。從事工程建設活動的勘察人、設計人和施工人，按照其擁有的註冊資本、專業技術人員、技術裝備和已完成的建設工程業績等資質條件，劃分為不同的資質等級，經資質審查合格，取得相應等級的資質證書後，方可在其資質等級許可的範圍內從事建設活動。承包人在將工程分包時，應當審查分包人是否具備承包該部分工程建設的資質條件。承包人將工程分包給不具備相應資質條件的分包人的，該分包合同無效。為避免因層層分包造成責任不清以及因中間環節過多造成實際用於工程的費用減少的問題，依據本款的規定，分包人不得將其承包的工程再分包，即對工程建設項目只能實行一次分包。實行施工承包的，建設工程的主體結構必須由承包人自行完成，不得分包，即承包人承包工程全部施工任務的，該工程的主體結構必須由承包人自行完成，即使經發包人同意，也不得將主體工程的施工再分包給第三人，承包人違反本款規定，將工程主體部分的施工任務分包給第三人的，該分包合同無效。

第七百九十二條　國家重大建設工程合同，應當按照國家規定的程序和國家批准的投資計劃、可行性研究報告等文件訂立。

■ 條文主旨

本條是關於國家重大建設工程合同訂立程序的規定。

■ 條文釋義

為了規範國家重大工程的建設，保證國家投資計劃得以實現，保證質量，避免資源浪費，保證投資效益，減少投資風險，本條對國家重大建設工程合同的訂立提出了更嚴格的依據，即國家重大建設工程合同，應當按照國家規定的程序和國家批准的投資計劃、可行性研究報告等文件訂立。

哪些建設工程屬於國家重大建設工程，法律並沒有具體規定，在實踐中，並不是政府投資的項目都屬於國家重大建設工程，一般列入國家重點投資計劃而且投資額巨大，建設周期

特別長，由中央政府全部投資或者參與投資的工程，往往屬於國家重大建設工程，如三峽工程。有些雖然未列入國家重點投資計劃，投資額不算巨大，但影響很大的工程項目，也屬於國家重大建設工程項目，如國家大劇院工程。也有些工程，雖然屬於地方政府投資，但投資巨大、影響廣泛的工程項目，也屬於國家重大建設工程項目。例如，亞運工程建設項目，雖然是主要由北京市政府投資的工程項目，但是其投資計劃是經過國家批准，也屬於國家重大建設工程項目。

　　依據本條規定，國家重大建設工程合同，應當按照國家規定的程序和國家批准的投資計劃、可行性研究報告等文件訂立。一般在實踐中，國家重大建設工程在事先應當進行可行性研究，對工程的投資規模、建設效益進行論證分析，並編制可行性研究報告，然後到申請立項。立項批准後，再根據立項制定投資計劃並報國家有關主管部門批准，投資計劃批准後，有關建設單位根據工程的可行性研究報告和國家批准的投資計劃，遵照國家規定的程序進行發包，與承包人訂立建設工程合同。這裏規定的國家規定的程序是指建築法等有關法律、法規規定的重大工程建設項目訂立的程序。國家重大建設工程合同一般必須實行公開招標發包，必須進行公開招標的，發包人應當按照法定的程序和方式進行招標。國家重大工程建設項目一般都屬於國家強制監理的建設工程，發包人應當委託具有相應資質條件的工程監理單位對工程建設進行監理。

　　第七百九十三條　建設工程施工合同無效，但是建設工程經驗收合格的，可以參照合同關於工程價款的約定折價補償承包人。

　　建設工程施工合同無效，且建設工程經驗收不合格的，按照以下情形處理：

　　（一）修復後的建設工程經驗收合格的，發包人可以請求承包人承擔修復費用；

　　（二）修復後的建設工程經驗收不合格的，承包人無權請求參照合同關於工程價款的約定折價補償。

　　發包人對因建設工程不合格造成的損失有過錯的，應當承擔相應的責任。

■ 條文主旨

　　本條是關於建設工程施工合同無效時對承包人的補償的相關規定。

■ 條文釋義

　　建設工程施工合同具有投資數額大、建設周期長、建設完工後不宜輕易恢復原狀等特點，加之，特定情形下還涉及農民工等弱勢群體利益保護。因而，有必要結合建設工程施工合同的特點，在一般合同無效的處理規則之外，對建設工程施工合同無效時的特殊處理規則進行細化規定。

本法第 157 條規定，民事法律行為無效、被撤銷或者確定不發生效力後，行為人因該行為取得的財產，應當予以返還；不能返還或者沒有必要返還的，應當折價補償。有過錯的一方應當賠償對方由此所受到的損失；各方都有過錯的，應當各自承擔相應的責任。法律另有規定的，依照其規定。依據該規定，合同無效後，對於因該行為取得的財產應當返還或折價補償，因自己的過錯給對方造成損失的，應當賠償由此給對方所造成的損失。這是合同無效時的一般處理規則，在建設工程施工合同領域也應當適用。但是，建設工程施工合同的履行過程就是承包人將勞務及建築材料物化到建設工程的過程，建設工程施工過程完成會有建築物等不動產的產生。基於這一特殊性，合同無效時，發包人既無法向承包人返還建設工程，也無法向承包人返還已經付出的勞務和使用的建築材料，因此，只能折價補償。

折價補償的前提是建設工程本身具有價值。本法第 799 條規定，建設工程竣工經驗收合格後，方可交付使用；未經驗收或者驗收不合格的，不得交付使用。建築法第 61 條也有類似規定。建設工程質量是建設工程的生命。建設工程質量不合格便無使用價值，甚至會危害人民群眾生命安全。對發包人來說建設工程質量不合格不僅沒有價值，甚至可能還有危害，需要拆除重建，給發包人帶來損失。因此，建設工程施工合同無效後，對承包人進行折價補償的前提是建設工程經驗收合格。對於經驗收不合格，但是具有修復可能的建設工程，基於節約社會資源原則和當事人之間的公平，應當在確保工程質量安全的前提下，充分科學評估建設工程在技術上和經濟上是否具有修復可能或者修復必要。如果可以通過修復使建設工程重新達到驗收合格的，應當提倡進行修復，並由承包人承擔修復費用，不宜一概要求恢復原狀推倒重建，造成社會資源的浪費。如果從技術和經濟上判斷確屬沒有可能修復或修復成本明顯過高，進行修復顯著不經濟、不合理的，則沒有必要要求必須進行修復，徒增不合理的負擔和成本。因此，本條第 2 款規定，建設工程施工合同無效，且建設工程經驗收不合格，修復後經驗收合格的，發包人可以請求承包人承擔修復費用。修復後仍不能驗收合格的，則無須對承包人進行折價補償。本條內容來自我國司法實踐經驗的積累，在以往司法實踐中各種觀點和做法很不統一。一種觀點認為，按照合同法、建築法的規定，建設工程必須經竣工驗收合格方能交付使用，否則便不能使用，因此，合同無效，建設工程經竣工驗收不合格或者未經竣工驗收，承包人要求支付工程款的，人民法院應依據原合同法等法律關於建設工程必須經竣工驗收合格方能交付使用的規定，駁回承包人的請求。另一種觀點認為，按照合同法規定的合同無效處理的一般規則，合同無效，無論工程是否竣工，是否經驗收合格，建設工程都要歸發包人，因此，發包人應對承包人予以折價補償。對於第一種觀點，反對的意見認為，如按第一種觀點處理，將會導致發包人不用支付對價即可接受建設工程，如果建設工程具有利用價值，發包人將依據無效合同取得利益，而承包人則不能依據其投入得到相應報酬，雙方利益不平衡，不符合民法公平原則，案件審理的社會效果不好。對於第二種觀點，反對的意見認為，無論建設工程是否經驗收合格，均要求建設工程歸發包人，並要求發包人就接受的建設工程支付承包人工程款，如果建設工程確屬無法修復，沒有實際使用價值的情況，則會導致合同無效時建設工程不合格的風險和損失完全由發包人承擔，這不符合公平原

則。因此，最高人民法院結合我國建築市場實際，從統一司法裁判標準和提高案件處理社會效果出發，最終在《最高人民法院關於審理建設工程施工合同糾紛案件適用法律問題的解釋》中規定，以經竣工驗收合格作為承包人請求折價補償的前提條件，經修復後驗收合格的，承包人可以請求折價補償工程款，但發包人可以請求承包人承擔修復費用，否則，承包人請求折價補償工程款的，人民法院不予支付。這一規定在司法實踐中已經適用 10 餘年，具有一定的實踐基礎，基於確保建設工程質量安全、合同當事人之間公平和節約社會資源等價值考量，本條規定吸收了司法實踐的成果。

關於折價的標準。在我國以往的司法實踐中存在不同的觀點。第一種意見認為，建設工程施工合同無效，建設工程經竣工驗收合格的，發包人應當向承包人返還建設工程的造價成本。造價成本與合同價款的差額為損失，按照過錯責任原則承擔責任。第二種意見認為，建設工程施工合同無效，建設工程經竣工驗收合格，承包人可以請求參照合同約定支付工程款。對於發包人應當向承包人返還建設工程的造價成本的觀點，司法實踐認為，該觀點存在造價成本計算的難題。對造價成本的計算也有不同的觀點。一種觀點認為，造價成本應按照建築行政主管部門頒佈的當年適用的工程定額標準由鑒定機構計算；一種觀點認為，建築行政主管部門頒佈的工程定額標準跟不上市場價格變化，造價成本應按照建築行政主管部門發佈的市場價格信息計算；還有觀點認為，造價成本為合同約定的工程款中的直接費與間接費，不包含利潤與稅金。對於以上三種關於造價成本計算的觀點，司法實踐認為，在我國建築市場屬於發包人市場的背景下，發包人在簽訂合同時往往會把工程款壓得很低，常常低於當年適用的工程定額標準和政府公佈的市場價格信息標準，如果合同無效時按照當年適用的工程定額標準和政府公佈的市場價格信息計算，可能會出現最終計算出的折價數額超出合同約定的價款的不合理結果，使承包人不合理地獲得超出合同有效時應得的利益，給承包人帶來負面激勵。同時，採用當年適用的工程定額標準和政府公佈的市場價格信息標準，還需要進行鑒定，會增加鑒定成本，導致訴訟時間和費用成本增加，因此，不宜採用這兩種計算造價成本的方式進行計算。對於按照合同約定的直接費和間接費計算造價成本的觀點，司法實踐認為，承包人將不能主張利潤與稅金，該計算方式在最終結果上也可能會出現從整個建設過程和最終清算結果來看發包人獲得了不當利益的現象，這也不符合當事人不應從無效合同中獲得不當利益的精神。因而，司法實踐結合建築市場的實際情況，總結司法實踐經驗，採用了第二種意見，即建設工程施工合同無效，建設工程經竣工驗收合格的，承包人可以請求參照合同約定支付工程款。司法實踐認為，第二種意見有利於保證工程質量，符合當事人真實意思，平衡了當事人雙方之間的利益，且可以適當簡化程序，減少當事人訟累，便於法院掌握施行，從實踐經驗來看取得了良好的社會效果。建設工程施工具有一定的周期性和複雜性，當事人雙方在合同中的約定一定程度上代表了當事人雙方對於合同簽訂和履行的合理預期以及對於相關合同風險的預先安排，在建設工程施工合同無效，沒有更加科學、合理、簡便有效的折價補償標準的情況下，參照建設工程合同關於工程價款的約定折價補償承包人具有一定的合理性。此種確定折價補償的方式可以在保證建設工程質量的前提下，確保雙方

當事人均不能從無效合同中獲得超出合同有效時的利益，符合當事人預期和我國建築市場實際，且有助於提升案件的社會效果。結合各方面意見以及我國建築市場的實際情況，考慮到建設工程施工合同無效時，折價補償問題的複雜性，本條規定吸收了司法實踐的成果。但是，同時也需要指出的是，本條規定的建設工程施工合同無效，建設工程經驗收合格的，可以參照建設工程合同關於工程價款的約定折價補償承包人的規定，只是規定了一種相對易於掌握和施行的折價補償參照標準，即參照合同關於工程價款的約定折價補償。對於工程建設中大規模改變設計，施工合同的約定卻未進行相應變更等無法參照建設工程合同關於工程價款的約定進行折價補償的情況，仍需要法院根據實際情況來認定。此外，需要強調的是，建設工程施工合同無效，雖然依據本條規定可以對承包人參照建設工程合同關於工程價款的約定折價補償，但是，折價補償並不影響承包人承擔違反法律的行政法律責任和其他法律責任。

法律行為無效後，對於因該行為取得的財產應當返還或折價補償，因自己的過錯給對方造成損失的，應當賠償由此給對方所造成的損失。建設工程施工合同無效時，當事人有過錯的也應賠償因此給對方造成的損失。建設工程施工合同無效，建設工程經驗收不合格，修復後，建設工程經驗收仍不合格的，承包人不能請求參照合同關於工程價款的約定補償，但是，發包人對因建設工程不合格造成的損失也有過錯的，也應根據其過錯承擔相應的責任。例如發包人提供有瑕疵的設計、提供不合格的材料等，在具體案件中人民法院應當根據發包人的過錯程度判定其責任承擔。

第七百九十四條　勘察、設計合同的內容一般包括提交有關基礎資料和概預算等文件的期限、質量要求、費用以及其他協作條件等條款。

■ 條文主旨

本條是關於勘察、設計合同主要內容的規定。

■ 條文釋義

勘察、設計合同是指勘察人、設計人完成工程勘察、設計任務，發包人支付勘察、設計費的協議。勘察、設計合同明確了發包人與勘察、設計人之間的權利義務關係。為了規範勘察、設計合同，本條規定了勘察、設計合同的主要內容。

提交有關勘察或者設計基礎資料和文件是發包人的義務，勘察或者設計的基礎資料是指勘察人、設計人進行勘察、設計工作所依據的基礎文件和情況。勘察基礎資料包括可行性報告，工程需要勘察的地點、內容，勘察技術要求及附圖等。設計的基礎資料包括工程的選址報告等勘察資料以及原料（或者經過批准的資源報告），燃料、水、電、運輸等方面的協議文件，需要經過科研取得的技術資料等。為了保證勘察、設計工作的順利進行，合同中應當

明確提交有關基礎資料的期限。

提交勘察、設計文件（包括概預算）是勘察、設計人的基本義務。勘察文件一般包括對工程選址的測量數據、地質數據和水文數據等。勘察文件往往是進行工程設計的基礎資料，勘察文件的交付進度能夠影響設計工作的進度，因此，當事人應當在勘察合同中明確勘察文件的交付期限。設計文件的期限是指設計人完成設計工作，交付設計文件的期限。設計文件主要包括建設設計圖紙及說明，材料設備清單和工程的概預算等。設計文件是工程建設的依據，工程必須按照設計文件進行施工，因此，設計文件的交付期限會直接影響工程建設的期限。當事人在設計合同中應當明確設計文件的交付期限。

這裏的質量要求主要是指發包人對勘察、設計工作提出的標準。勘察人和設計人應當按照確定的質量要求進行勘察、設計，按時提交符合質量要求的勘察、設計文件。勘察、設計質量要求條款明確了勘察、設計成果的質量，也是確定勘察人、設計人工作責任的重要依據。

這裏的費用是指勘察人、設計人完成勘察、設計工作的報酬。支付勘察、設計費是發包人在勘察、設計合同中的主要義務，因此，在勘察、設計費用條款中應當明確勘察、設計費用的數額或者計算方法，勘察、設計費用的支付方式、地點、期限等內容。

其他協作條件是指雙方當事人為了保證勘察、設計工作順利完成所應當履行的相互協助的義務。發包人的主要協作義務是在勘察、設計人員入場工作時，為勘察、設計人員提供必要的工作條件和生活條件，以保證其正常開展工作。勘察、設計人的主要協作義務是配合工程建設的施工，進行設計交底，解決施工中的有關設計問題，負責設計變更和修改預算，參加試車考核和工程驗收等。對於大中型工業項目和複雜的民用工程應當派現場設計，並參加隱蔽工程的驗收等。

當然，勘察、設計合同不只是包括這些條款，當事人的名稱或者姓名和住所、履行地點和方式、勘察、設計工作的範圍與進度、違約責任、解決爭議的方法等條款，也是勘察、設計合同所應當具備的條款。此外，根據合同的性質和具體情況，當事人還可以協商確定其他必要的條款。本條規定的內容是建議性的，本條規定只是根據勘察、設計合同的性質作出的一般性規定，當事人簽訂的勘察、設計合同中不具備上述內容的，並不因本條規定導致該合同的無效。

第七百九十五條　施工合同的內容一般包括工程範圍、建設工期、中間交工工程的開工和竣工時間、工程質量、工程造價、技術資料交付時間、材料和設備供應責任、撥款和結算、竣工驗收、質量保修範圍和質量保證期、相互協作等條款。

■ **條文主旨**

本條是關於施工合同主要內容的規定。

■ 條文釋義

施工主要是指工程的建築與安裝。施工合同主要是指施工人完成工程的建築、安裝工作，發包人驗收後，接收該工程並支付價款的合同。本條為了規範施工合同，根據工程施工的一般特點，規定了施工合同中一些主要內容。

工程範圍是指施工的界區，是施工人進行施工的工作範圍。工程範圍是施工合同的必備條款。

建設工期是指施工人完成施工任務的期限。每個工程根據性質的不同，所需要的建設工期也各不相同。建設工期能否合理確定往往會影響到工程質量的好壞。實踐中，有的發包人由於種種原因，常常要求縮短工期，施工人為了趕進度，只好偷工減料，倉促施工，結果導致出現嚴重的工程質量問題。為了保證工程質量，雙方當事人應當在施工合同中確定合理的建設工期。

中間交工工程是指施工過程中的階段性工程。為了保證工程各階段的交接，順利完成工程建設，當事人應當明確中間交工工程的開工和竣工時間。

工程質量是指工程的等級要求，是施工合同中的核心內容。工程質量往往通過設計圖紙和施工說明書、施工技術標準加以確定。工程質量條款是明確對施工人的施工要求，確定施工人責任的依據，是施工合同的必備條款。工程質量必須符合國家有關建設工程安全標準的要求，發包人不得以任何理由，要求施工人在施工中違反法律、行政法規以及建設工程質量、安全的標準，降低工程質量。

工程造價是指施工建設該工程所需的費用，包括材料費、施工成本等費用。當事人應根據工程質量要求，根據工程的概預算，合理地確定工程造價。實踐中，有的發包人為了獲得更多的利益，往往會壓低工程造價，施工人為了盈利，則不得不偷工減料，以次充好，結果導致出現工程質量不合格的現象，甚至還會導致嚴重的工程質量事故的發生。因此，為了保證工程質量，雙方當事人應當合理地確定工程造價。

技術資料主要是指勘察、設計文件以及其他施工人據以施工所必需的基礎資料。技術資料的交付是否及時往往會影響到施工的進度，因此，當事人應當在施工合同中明確技術資料的交付時間。

材料和設備供應責任是指由哪一方當事人提供工程建設所必需的原材料以及設備。材料一般包括水泥、磚瓦石料、鋼筋、木料、玻璃等建築材料和構配件。設備一般包括供水、供電管線和設備、消防設施、空調設備等。在實踐中，材料和設備有的由發包人負責提供，有的則由施工人負責採購。材料和設備的供應責任由雙方當事人在合同中作出明確約定。合同中如果約定由承包人（施工人）負責採購建築材料、構配件和設備，則施工人完成採購任務，既是施工人應當履行的義務，也是施工人應當享有的權利。發包人有權對施工人提供的材料和設備進行檢驗，發現材料或設備不合格的，有權要求施工人調換或者補齊。但是，發包人不得利用自己有利的合同地位，指定施工人購入建築材料、構配件或設備，包括不得要求施工人必須向其指定的生產廠家或供應商購買建築材料、構配件或設備。因為，由發包人

指定供應廠商，容易導致發包人與供應廠商之間出現腐敗行為，此外，在建設工程造價固定的情況下，發包人如指定施工人購買高價的建築材料、構配件或設備，也會損害到施工人的利益。

撥款是指工程款的撥付。結算是指工程交工後，計算工程的實際造價以及其與已撥付工程款之間的差額。撥款和結算條款是施工人請求發包人支付工程款和報酬的依據。一般來說，除「交鑰匙工程」外，施工人只負責建築、安裝等施工工作，由發包人提供工程進度所需款項，保證施工順利進行。現實中，發包人往往利用自己在合同中的有利地位，要求施工人墊款施工。施工人墊款完成施工任務後，發包人卻常常不及時進行結算，拖延支付工程款以及施工人所墊付的款項，這是實踐中欠付工程款中常見的現象，因此，當事人在合同中應明確相應的撥款和結算條件，並避免在合同中約定墊款施工。

竣工驗收是工程交付使用前的必經程序，也是發包人支付價款的前提。竣工驗收條款一般包括驗收的範圍和內容、驗收的標準和依據、驗收人員的組成、驗收方式和日期等內容。建設工程竣工後，發包人應當根據施工圖紙及說明書、國家頒佈的施工驗收規範和質量檢驗標準及時進行驗收。

建設工程的保修範圍通常包括地基基礎工程、主體結構工程、屋面防水工程和其他工程，以及電氣管線、上下水管線的安裝工程，供熱、供冷工程等項目。質量保證期是指工程各部分正常使用的期限，在實踐中也稱質量保修期。質量保證期應當與工程的性質相適應。當事人應當按照保證工程在合理壽命年限內的正常使用，維護使用者合法權益的原則確定質量保證期，但是，當事人確定的質量保證期不得低於國家規定的最低保證期限。

雙方相互協作條款一般包括雙方當事人在施工前以及施工過程中應當相互提供的必要協助。雙方當事人的協作是施工過程的重要組成部分，是工程順利施工的重要保證。

> **第七百九十六條** 建設工程實行監理的，發包人應當與監理人採用書面形式訂立委託監理合同。發包人與監理人的權利和義務以及法律責任，應當依照本編委託合同以及其他有關法律、行政法規的規定。

■ 條文主旨

本條是關於建設工程監理的規定。

■ 條文釋義

本條所稱的建設工程監理，是指由具有法定資質條件的工程監理單位，根據發包人的委託，依照法律、行政法規以及有關的建設工程技術標準、設計文件和建設工程合同，代表發包人對工程建設過程實施監督的專門活動。工程監理單位通常需要代表發包人對承包人在施

工質量、建設工期和建設資金使用等方面進行監督。

　　建設工程監理是建設項目的發包人為了保證工程質量、控制工程造價和工期，維護自身利益而採取的監督措施，因此，對建設工程是否實行監理，原則上應由發包人自行決定。但是，為了加強對項目建設的監督，保證投資效益，維護國家利益和公共利益，國家對於特定的項目規定了強制監理，明確了強制監理的範圍。例如，按照國務院 2000 年頒佈的《建設工程質量管理條例》的規定，國家重點建設工程、大中型公用事業工程、成片開發建設的住宅小區工程、利用外國政府或者國際組織貸款、援助資金的工程以及其他國家規定必須實行監理的工程必須實行監理。屬於實行強制監理的工程，發包人必須依法委託工程監理單位實施監理，對於其他建設工程，發包人則可自行決定是否實行工程監理。對需要實行工程監理的，發包人應當委託具有相應資質條件的工程監理單位進行監理。受委託的監理單位應在其資質等級許可的監理範圍內，承擔工程監理業務。發包人與其委託的工程監理人應當訂立書面委託監理合同。監理合同是工程監理人對工程建設實施監督的依據。發包人與工程監理人之間的關係在性質上是平等主體之間的委託合同關係，工程監理人是代表發包人，在發包人授予的監理權限範圍內行使監理職責，因此，發包人與監理人的權利和義務關係以及法律責任，應當依照委託合同以及建築法等其他法律、行政法規的有關規定確定。

　　實施工程監理的，在進行工程監理前，發包人應當將委託的監理人的名稱、資質等級、監理人員、監理內容及監理權限，書面通知被監理的建設工程的承包人。建設工程監理人應當依照法律、行政法規及有關的技術標準、設計文件和建設工程合同，對承包人在工程建設質量、建設工期和建設資金使用等方面，代表發包人對工程建設進行監督。工程監理人員發現工程設計不符合建設工程質量標準或者合同約定的質量要求的，應當報告發包人要求設計人改正；工程監理人員認為工程施工不符合工程設計要求、施工技術標準和合同約定的，有權要求施工人改正。工程監理人在監理過程中，應當遵守客觀、公正的執業準則，不得與承包人串通，為承包人謀取非法利益。工程監理單位與被監理工程的承包單位或與建築材料、建築構配件和設備的供應單位不得有隸屬關係或者其他利害關係。

　　工程監理人不按照委託監理合同的約定履行監理義務，對應當監督檢查的項目不檢查或者不按照法律、行政法規和有關技術標準、設計文件和建設工程合同規定的要求和檢查方法規定進行檢查，給發包人造成損失的，應當承擔相應的賠償責任。工程建設質量不合格，通常既與承包人不按照要求施工有關，也與監理人不按照合同約定履行監理義務有關，在這種情況下，如造成發包人損失的，承包人與監理人都應當承擔各自的賠償責任。至於如何確定監理人相應的賠償責任，應當由人民法院或者仲裁機構根據案件具體情況予以確定。工程監理人與承包人串通，為承包人謀取非法利益，給發包人造成損失的，應當與承包人承擔連帶賠償責任。

第七百九十七條　發包人在不妨礙承包人正常作業的情況下，可以隨時對作業進度、質量進行檢查。

■ **條文主旨**

本條是關於發包人檢查權的規定。

■ **條文釋義**

為了提高工程的建設水平，保證施工進度和質量，充分發揮投資效益，保障建設工程承包合同的履行，保護發包人的利益，本條規定了發包人可以隨時對工程作業的進度和質量進行檢查。

發包人對工程作業的檢查一般通過兩種方式。一種是委派具體管理人員作為工地代表。另一種是發包人委託監理人實施對工程建設過程的檢查。國家規定強制監理的工程，發包人應當委託監理人對工程實施監理。除此之外，發包人也可以自願委託監理人對工程進行監理。

依據本條的規定，發包人可以隨時對工程作業的進度和質量進行檢查。工地代表、監理人在檢查過程中發現工程設計不符合建設工程質量要求的，應當報告發包人要求設計人改正。如果發現工程的施工不符合工程設計要求、施工技術標準和合同約定的，工地代表和監理人有權要求承包人改正。承包人應當接受發包人的檢查，為工地代表和監理人的工作提供方便和協助，並應發包人的要求，及時向發包人提供月份作業計劃、月份施工統計報表、施工進度報告表、工程事故報告等文件。如果承包人的勘察、設計、施工等工作不符合工程質量的要求，當發包人或工地代表、監理人提出改正要求時，承包人應當立即改正，不得拒絕。

發包人有權對承包人的工程作業進行檢查，但是，另一方面發包人的檢查行為要合理，不能因此妨礙承包人的正常作業。因此，本條規定了「發包人在不妨礙承包人正常作業的情況下」這個前提。如果，因為發包人或者工地代表、監理人的不當行為致使承包人無法進行正常作業，承包人有權要求順延工期，造成承包人停工、返工、窩工等損失的，承包人還有權要求發包人承擔損害賠償責任。

第七百九十八條　隱蔽工程在隱蔽以前，承包人應當通知發包人檢查。發包人沒有及時檢查的，承包人可以順延工程日期，並有權請求賠償停工、窩工等損失。

■ **條文主旨**

本條是關於隱蔽工程的規定。

■ 條文釋義

隱蔽工程是指地基、電氣管線、供水、供熱管線等需要覆蓋、掩蓋的工程。由於隱蔽工程在隱蔽後，如果發生質量問題，還得重新覆蓋和掩蓋，會造成返工等非常大的損失，為了避免資源的浪費和當事人雙方的損失，保證工程的質量和工程順利完成，本條規定了承包人在隱蔽工程隱蔽以前，應當通知發包人檢查，發包人檢查合格的，方可進行隱蔽工程。實踐中，當工程具備覆蓋、掩蓋條件時，承包人應當先進行自檢，自檢合格後，在隱蔽工程進行隱蔽前及時通知發包人或發包人派駐的工地代表對隱蔽工程的條件進行檢查並參加隱蔽工程的作業。通知包括承包人的自檢記錄、隱蔽的內容、檢查時間和地點。發包人或其派駐的工地代表接到通知後，應當在要求的時間內到達隱蔽現場，對隱蔽工程的條件進行檢查，檢查合格的，發包人或者其派駐的工地代表在檢查記錄上簽字，經檢查合格後，承包人方可進行隱蔽施工。發包人檢查發現隱蔽工程條件不合格的，有權要求承包人在一定期限內完善工程條件。隱蔽工程條件符合規範要求，發包人檢查合格後，發包人或者其派駐工地代表拒絕在檢查記錄上簽字的，在實踐中可視為發包人已經批准，承包人可以進行隱蔽工程施工。

發包人不進行檢查，承包人就無法進行隱蔽施工，因此，工程具備覆蓋、掩蓋條件，承包人通知發包人檢查，而發包人未能及時進行檢查的，承包人有權暫停施工，承包人可以順延工期，並要求發包人賠償因此造成的停工、窩工、材料和構件積壓等損失。

如果承包人未通知發包人檢查而自行隱蔽工程的，事後，發包人有權要求對已隱蔽的工程進行檢查，承包人應當按照要求進行剝露，並在檢查後重新隱蔽，需要修復的，在修復後重新隱蔽。如果經檢查隱蔽工程不符合要求的，承包人應當返工，並於返工經驗收合格後重新進行隱蔽。在這種情況下，檢查隱蔽工程所發生的費用，如檢查費用、返工費用、材料費用等費用應由承包人負擔，承包人還應承擔因此出現的工期延誤的違約責任。

> **第七百九十九條　建設工程竣工後，發包人應當根據施工圖紙及說明書、國家頒發的施工驗收規範和質量檢驗標準及時進行驗收。驗收合格的，發包人應當按照約定支付價款，並接收該建設工程。**
>
> **建設工程竣工經驗收合格後，方可交付使用；未經驗收或者驗收不合格的，不得交付使用。**

■ 條文主旨

本條是關於竣工驗收的規定。

■ 條文釋義

建設工程的竣工驗收，是指建設工程已按照設計要求完成全部工作任務，準備交付給發

包人投入使用前，由發包人或者有關主管部門依照國家關於建設工程竣工驗收制度的規定，對該項工程是否合乎設計要求和工程質量標準所進行的檢查、考核工作。建設工程的竣工驗收是工程建設全過程的最後一道程序，是對工程質量實行控制的最後一個重要環節。

實踐中，建設工程竣工後，承包人應當按照國家工程竣工驗收有關規定，向發包人提供完整的竣工資料和竣工驗收報告，並按照合同約定的日期和份數向發包人提交竣工圖。

發包人接到竣工驗收報告後，應當根據施工圖紙及說明書、國家頒發的施工驗收規範和質量檢驗標準及時組織有關部門對工程進行驗收。驗收的內容主要是：第一，工程是否符合規定的建設工程質量標準。建設工程的質量標準包括依照法律、行政法規的有關規定制定的保證建設工程質量和安全的強制性國家標準和行業標準以及國家頒發的施工驗收規範，建設工程合同中約定的對該項建設工程特殊的質量要求，以及為體現法律、行政法規規定的質量標準和建設工程合同約定的質量要求而在工程設計文件、施工圖紙和說明書中提出的有關工程質量的具體指標和技術要求。按照國務院 2000 年頒佈的《建設工程質量管理條例》的規定，質量驗收合格的，還應當有勘察、設計、施工、工程監理等單位分別簽署的質量合格文件。第二，承包人是否提供了完整的工程技術經濟資料。這裏的工程技術經濟資料，一般應包括建設工程合同、建設用地的批准文件、工程的設計圖紙及其他有關設計文件、工程所用主要建築材料、建築構配件和設備的進場試驗報告，申請竣工驗收的報告書及有關工程建設的技術檔案，完整的施工管理資料等。第三，承包人是否有建設工程質量檢驗書等憑證。工程竣工交付使用後，承包人應當對其施工的建設工程質量在一定期限內承擔保修責任，以維護使用者的合法權益。為此，承包人應當按規定提供建設工程質量保修證書，作為其向用戶承諾承擔質量保修責任的書面憑證。第四，工程是否具備國家規定的其他竣工條件。例如，按照國務院建設行政主管部門的規定，城市住宅小區竣工綜合驗收，還應做到住宅及公共配套設施、市政公用基礎設施等單項工程全部驗收合格，驗收資料齊全；各類建築物的平面位置、立面造型、裝飾色調等符合批准的規劃設計要求；施工工具、暫設工程、建築殘土、剩餘構件全部拆除運走，達到場清地平；有綠化要求的已按綠化設計全部完成，達到樹活草青等。

發包人應在驗收後及時批准或者提出修改意見。承包人應當按照發包人提出的修改意見進行相應修理或者改建，並承擔因自身原因增加的修理、改建費用。為防止發包人為了拖延支付工程款而遲延進行驗收，在實踐中，如發包人在收到承包人送交的竣工驗收報告後，無正當理由不組織驗收，或者在驗收後的合理期間內既不批准又不提出修改意見的，應視為發包人已批准竣工驗收報告，承包人可以要求發包人辦理結算手續，支付工程款。這只是為了防止發包人為了拖延支付工程款而遲延進行驗收，雖然承包人在這種情況下可以要求發包人辦理結算手續，但是，這並不能免除工程質量存在問題時承包人應當承擔的責任。發包人未能按照合同約定的期限對工程進行驗收的，應從合同約定的期限的最後一天的次日起承擔保管費用。

竣工驗收合格後，發包人應當按照約定支付價款。在工程建設實踐中，竣工報告批准

後，承包人應當按照國家有關規定或合同約定的時間、方式向發包人提出結算報告，辦理竣工結算。發包人在收到結算報告後，應當及時給予批准或者提出修改意見，在合同約定的時間內將撥款通知送經辦銀行，由經辦銀行支付工程款，並將副本送承包人。承包人在收到工程款後將竣工的工程交付發包人，發包人接收該工程。現實中有的發包人為了拖延支付工程款，在驗收後遲遲不進行工程結算。發包人無正當理由在收到結算報告後遲延辦理結算的，應當承擔相應的違約責任。

建設工程必須竣工經驗收合格後，方可交付使用；沒有經過竣工驗收或者經過竣工驗收確定為不合格的建設工程的，不得交付使用。建設工程質量不僅是關係發包人和承包人雙方利益的事情，還關係到不特定第三人的利益和安全，因而，建設工程必須竣工經驗收合格後，方可交付使用。建設工程施工質量原則上應由承包人負責，但是，如果發包人在竣工驗收前，擅自使用工程，發生質量問題的，發包人也應承擔相應的責任。此外，除了民事責任，按照國務院 2000 年頒佈的《建設工程質量管理條例》的規定，未組織竣工驗收，擅自交付使用、驗收不合格，擅自交付使用、對不合格的建設工程按照合格工程驗收的，建設單位還會受到相應行政處罰。

第八百條　勘察、設計的質量不符合要求或者未按照期限提交勘察、設計文件拖延工期，造成發包人損失的，勘察人、設計人應當繼續完善勘察、設計，減收或者免收勘察、設計費並賠償損失。

■ 條文主旨

本條是關於勘察、設計人對勘察、設計質量責任的規定。

■ 條文釋義

建設工程的勘察，擔負着為工程建設提供地質資料的任務，建設工程的勘察人應當按照現行的標準、規範、規程和技術條例，開展工程測量、勘測工程地質和水文地質等工作，並按照合同約定的進度及時提交符合質量要求的勘察成果。建設工程的設計，是直接為工程施工提供據以遵循的技術依據的工作。建設工程的設計人應當根據設計技術經濟協議文件、設計標準、技術規範、規程、定額等提出勘察技術要求和進行設計，並按照合同約定的進度及時提交符合質量要求的設計文件（包括概預算文件、材料設備清單）。

勘察、設計的質量是整個建設工程質量的基礎，如果勘察、設計的質量存在問題，整個建設工程質量也就沒有保障，因此，工程的勘察、設計必須符合質量要求。依據本法及其他有關法律的規定，建設工程的勘察人、設計人必須對其勘察、設計的質量負責，其所提交的建設工程的勘察、設計文件應當符合以下要求：

1. 符合有關法律、行政法規的規定。這裏講的符合法律、行政法規的規定，既包括要符合本法的規定，也包括要符合建築法、城市規劃法、土地管理法、環境保護法以及其他相關的法律、行政法規的規定。

2. 符合建設工程質量、安全標準。這裏的建設工程質量、安全標準是指依照標準化法及有關行政法規的規定制定的保證建設工程質量和安全的技術標準。按照標準化法的規定，對保障人身健康和生命財產安全、國家安全、生態環境安全以及滿足經濟社會管理基本需要的技術要求，應當制定強制性國家標準。強制性國家標準必須執行。建設工程涉及保障人身、財產的安全、生態環境安全，勘察人、設計人的勘察、設計必須符合國家有關建設工程安全標準的要求，保證其勘察、設計的質量。國務院 2000 年頒佈的《建設工程質量管理條例》第 19 條第 1 款規定：「勘察、設計單位必須按照工程建設強制性標準進行勘察、設計，並對其勘察、設計的質量負責。」第 22 條第 1 款規定：「設計單位在設計文件中選用的建築材料、建築構配件和設備，應當註明規格、型號、性能等技術指標，其質量要求必須符合國家規定的標準。」

3. 符合建設工程勘察、設計的技術規範。建設工程勘察、設計的技術規範，通常是以標準的形式制定、發佈的。對有關建設工程勘察、設計規範的強制性標準，勘察、設計人必須遵照執行。建設工程的勘察文件應當反映工程的地質、地形地貌、水文地質狀況，符合規範、規程，做到勘察方案合理、評價準確、數據可靠。建設工程設計文件的深度應當滿足相應設計階段的技術要求，施工圖應當配套，細節點應當交待清楚，標注說明應當清晰、完整。

4. 符合合同的約定。勘察、設計文件在符合法律、行政法規的規定和有關質量、安全標準的前提下，還應當符合勘察、設計合同約定的特殊質量要求。

勘察人、設計人提交的勘察、設計文件不符合上述要求的，根據本條的規定，發包人可以請求勘察人、設計人承擔以下違約責任：繼續完善勘察、設計，減收或者免收勘察、設計費，賠償損失。需要指出的是，如果勘察、設計質量只有輕微的質量瑕疵，則發包人可以請求勘察人、設計人繼續完善勘察、設計。如果勘察人、設計人不具備完成符合要求的勘察、設計工作的能力或者提交的勘察、設計質量嚴重不符合約定的，則發包人可以解除合同，重新委託其他勘察人、設計人完成勘察、設計工作。如果勘察、設計不符合約定導致出現工程質量問題或者給發包人造成其他損失的，勘察人、設計人還應當承擔相應的賠償責任。

勘察人、設計人未按照合同約定的期限提交勘察、設計文件的，發包人可以催告勘察人、設計人儘快提交勘察、設計文件。如果勘察、設計文件的遲延致使工期拖延給發包人造成了損失，發包人可以請求勘察人、設計人賠償損失。如果勘察人、設計人在催告後的合理期限內仍未能提交勘察、設計文件，嚴重影響工程進度的，發包人可以解除合同，並委託其他勘察人、設計人完成勘察、設計工作。

本條是關於勘察、設計人責任的規定。主要是規定因勘察、設計人的原因導致勘察、設計的質量不符合要求或者未按照期限提交勘察、設計文件導致工期延誤產生的責任。當然，

勘察、設計合同的履行也離不開建設單位相應的協助和配合，如果是因為建設單位未及時提供與建設工程相關的原始資料或其他相應應提供的協作條件而影響勘察、設計工作的進行，勘察、設計人可以相應順延期限，並要求發包人承擔相應責任。本法第 805 條對發包人的相關責任進行了規定。

> **第八百零一條**　因施工人的原因致使建設工程質量不符合約定的，發包人有權請求施工人在合理期限內無償修理或者返工、改建。經過修理或者返工、改建後，造成逾期交付的，施工人應當承擔違約責任。

■ 條文主旨

本條是關於施工人的建設工程質量責任的規定。

■ 條文釋義

建設工程的施工是指根據工程的設計文件和施工圖紙的要求，通過施工作業最終形成建設工程實體的建設活動。在建設勘察、設計的質量沒有問題的情況下，整個建設工程的質量狀況最終取決於施工質量。這裏所說的施工質量既包括各類工程中土建工程的質量，也包括與其配套的線路、管道和設備安裝工程的質量。依據本條規定，建設工程的施工人對工程的施工質量負責。在現實中，不少建設工程的質量問題都與建設工程的施工有關。小的施工問題，如屋面漏水、牆面開裂、管道阻塞，會給用戶帶來很大的生活不便；大的質量問題，則可能還會導致惡性事故的發生，造成人身傷亡和重大財產損失。因此，建設工程的施工人必須以對國家和人民人身、財產安全高度負責的態度，嚴格按照工程設計文件和技術標準進行施工，嚴把質量關，做好工程施工的各項質量控制與管理工作。

建設工程的施工人為保證工程的施工質量，必須做到嚴格按照工程設計圖紙和施工技術標準施工，不得偷工減料。工程設計圖紙是建設設計單位根據工程的功能、質量等方面的要求所完成的設計工作的最終成果，其中的施工圖是對建設工程的建築物、設備、管線等工程對象的尺寸、佈置、選用材料、構造、相互關係、施工及安裝質量要求的詳細圖紙和說明，是指導施工的直接依據。進行建設工程的各項施工活動，包括土建工程的施工、給排水系統的施工、供熱、供暖系統的施工等，都必須按照相應的施工圖紙的要求進行。工程設計的修改應由原設計單位負責，建築施工企業不得擅自修改工程設計。施工單位在施工過程中發現設計文件和圖紙有差錯的，應當及時提出意見和建議。建設工程施工人除必須嚴格按照工程設計圖紙施工外，還必須按照建設工程施工的技術標準的要求進行施工。施工技術標準是施工作業人員進行每一項施工操作的技術依據，包括對各項施工準備、施工操作工藝流程和應達到的質量要求的規定。施工人除需嚴格按照工程設計圖紙和施工技術標準施工外，在施工

中還不得偷工減料。按照我國相關法律規定，建築施工企業必須按照工程設計要求、施工技術標準和合同的約定，對建築材料、建築構配件和設備進行檢驗，不合格的不得使用。建設單位不得明示或者暗示施工單位使用不合格的建築材料、建築構配件和設備。對於建設單位提出的違反法律、行政法規和建築工程質量、安全標準，降低工程質量的要求，建設工程施工企業應當予以拒絕。

凡是因施工原因造成的工程質量問題，都要由施工人承擔責任。這些責任包括由施工人對存在質量問題的工程進行修理、返工或改建並承擔賠償損失責任等民事責任；由有關行政機關對違法施工人依法給予行政處罰的行政法律責任；以及對造成重大質量事故、構成犯罪的，由司法機關依照刑法的規定追究刑事責任的刑事法律責任。本條則是規定了施工人因施工質量不符合約定所應承擔的民事責任。如果因施工人的原因導致工程質量不符合約定的，發包人可以請求施工人在合理期限內無償對工程進行修理或者返工、改建以使工程達到約定的質量要求。如果經過修理或者返工、改建，工程遲延交付的，施工人應當承擔逾期交付的違約責任。這裏的違約責任包括發包人可以要求承包人賠償因逾期交付所受到的損失，要求按照約定支付違約金，要求減少價款，要求執行定金罰則等。發包人可以根據施工人的違約程度和自己的損失大小，按照合同約定及法律規定合理選擇請求施工人承擔相應的違約責任。

第八百零二條　因承包人的原因致使建設工程在合理使用期限內造成人身損害和財產損失的，承包人應當承擔賠償責任。

■ 條文主旨

本條是關於承包人在建設工程合理使用期限內的質量保證責任的規定。

■ 條文釋義

根據本章的規定，承包人對整個工程質量負責，當然也應當對建設工程在合理使用期限內的質量安全承擔責任。根據本條的規定，承包人承擔損害賠償責任應當具備以下條件：

1. 因承包人的原因引起的建設工程對他人人身、財產的損害。建設工程的承包人應當按照法律的規定認真履行工程質量保證義務。建設工程的勘察人應當為建設工程提供準確的有關工程的地質資料；建設工程的設計人應當按照有關保證工程質量安全的法律、法規和設計規範的規定進行設計，保證建設工程的設計安全可靠；建設工程的施工人必須嚴格按照工程設計和施工技術標準進行施工，不得使用不合格的建築材料，不得有任何偷工減料的行為。不履行法定質量保證義務，造成工程質量安全問題的，承包人應當承擔法律責任。如果不屬於承包人的原因，例如，是因用戶使用不當等原因造成人身、財產損害的，承包人不承擔責

任。現實中，有的發包人違法發包，如非法壓價、收受回扣選擇不具備相應資質的承包人，如因此引起的質量事故，造成他人人身、財產損害的，發包人也應當承擔相應的責任。

2. 人身、財產損害是發生在建設工程合理使用期限內。建設工程，一旦建成，一般都將長期使用，這就要求在建設工程合理使用期限內，不能有危及使用安全的質量問題，否則，將會對使用人等的人身和財產安全構成威脅，在合理使用期限內造成人身和財產損害的，承包人應當承擔損害賠償責任。為此，首先需要確定「合理使用期限」即建設工程的承包人對其建設產品承擔質量責任的責任期限。該合理期限一般自交付發包人時起算。關於合理使用期限是多少，本法未作具體規定。這需要根據各類建設工程的不同情況，如建築物結構、使用功能、所處的自然環境等因素，由有關技術部門作出判斷。按照國務院有關主管部門制定的標準進行認定。如果該建設工程已過合理使用期限的，原則上不允許繼續使用，用戶繼續使用後，因該建設工程造成人身、財產損害的，承包人不承擔損害賠償責任。

3. 造成人身和財產損害。這裏的受損害方不僅指建設工程合同的對方當事人即發包人，也包括建設工程的最終用戶以及因該建設工程而受到損害的其他人。

依據本條規定，在合理使用期限內，因承包人原因發生建設工程質量事故，造成人身、財產損害的，承包人應當承擔賠償責任。如果是造成發包人的人身或者財產損害的，發包人可以選擇請求承包人承擔違約責任或者侵權責任。

第八百零三條　發包人未按照約定的時間和要求提供原材料、設備、場地、資金、技術資料的，承包人可以順延工程日期，並有權請求賠償停工、窩工等損失。

■ 條文主旨

本條是關於發包人未按約定的時間和要求提供原材料、設備、場地、資金、技術資料的違約責任的規定。

■ 條文釋義

如果工程承包合同中約定由發包人提供原材料、設備的，發包人應當按照約定的原材料、設備的種類、規格、數量、單價、質量等級和提供的時間、地點的要求，向承包人提供建設所需的原材料、設備及其產品合格證明。承包人與發包人一起對原材料、設備進行檢驗、驗收後，由承包人妥善保管，發包人支付相應的保管費用。對於必須經過試驗才能使用的材料，承包人應當按照約定進行測燃等測試。不具備測試條件的，可以委託專業機構進行測試，費用由發包人承擔。如果經檢驗發包人提供的原材料、設備的種類、規格、型號、質量等級與約定不符，承包人有權拒絕接收，並可以要求發包人運出施工現場予以更換。如果發包人未按照約定時間提供原材料、設備的，承包人可以中止施工並順延工期，因此造成承

包人停工、窩工損失的，由發包人承擔賠償責任。

由發包人提供場地的，發包人應當按照合同約定向承包人提供承包人施工、操作、運輸、堆放材料設備的場地以及建設工作涉及的周圍場地（包括一切通道）。具體工作包括：（1）發包人應當在承包人工作前及時辦理有關批件、證件和臨時用地等的申報手續，包括工程地址和臨時設施範圍內的土地徵用、租用，申請施工許可證和佔道、爆破及臨時鐵道專用岔線許可證。（2）確定建設工程及有關道路、線路、上下水道的定位標樁、水準點和坐標控制點。（3）發包人在提供場地前，應當清除施工現場內一切影響承包人施工的障礙，並向承包人提供施工所需水、電、熱力、電訊等管道線路，保證承包人施工期間的需要。發包人未能提供符合約定、適合工作的場地致使承包人無法開展工作的，承包人有權要求發包人排除障礙、順延工期，並可以暫停工作，因此造成承包人停工、窩工損失的，承包人可以要求發包人承擔賠償責任。

由發包人提供工程建設所需資金的，發包人應當按照約定的時間和數額向承包人支付（這裏的資金一般是指工程款）。在現實中，由發包人提供的工程款包括預付工程款和按工程進度支付的工程款兩種，具體可由雙方當事人在建設工程合同中約定。如果建設工程合同約定由發包人預付工程款的，發包人應當按照約定的時間和數額向承包人預付工程款，開工後按合同約定的時間和比例逐次扣回。發包人未按照合同約定預付工程款的，承包人可以向發包人發出預付工程款的通知，發包人在收到通知後仍不按照約定預付工程款的，承包人可以停止工作並順延工期，發包人應當從應付之日起向承包人支付應付款的利息，並賠償因此給承包人造成的停工、窩工損失。如果建設工程合同約定發包人按工程進度付款的，發包人應當按照合同約定的進度支付工程款。實踐中，完成約定的工程部分後，由發包人確認工程量，以構成合同價款相應項目的單價和取費標準計算出工程價款，經發包人簽字後支付。發包人在計算結果簽字後的合理期限內不按照約定支付工程款的，承包人可以向發包人發出支付工程款的通知，發包人在收到通知後仍不按照約定支付工程款的，承包人可以停止工作並順延工期，發包人應當從應付之日起向承包人支付應付價款的利息，並賠償因此給承包人造成的停工、窩工損失。

由發包人提供有關工程建設的技術資料的，發包人應當按照合同約定的時間和份數向承包人提供符合約定要求的技術資料。這裏的技術資料主要包括勘察數據、設計文件、施工圖紙以及說明書等。因為根據法律、行政法規的規定，承包人必須按照國家規定的質量標準、技術規程和設計圖紙、施工圖等技術資料進行施工，如果發包人未能按照約定提供技術資料，承包人就不能正常進行工作，在這種情況下，承包人可以要求發包人在合理期限內提供建設工作所必需的技術資料並有權暫停工作，順延工期，因此給承包人造成損失的，承包人還有權要求發包人承擔因停工、窩工所造成的損失。

第八百零四條　因發包人的原因致使工程中途停建、緩建的，發包人應當採取措施彌補或者減少損失，賠償承包人因此造成的停工、窩工、倒運、機械設備調遷、材料和構件積壓等損失和實際費用。

■ **條文主旨**

本條是關於因發包人原因造成工程停建、緩建所應承擔的責任的規定。

■ **條文釋義**

在工程建設過程中，發包人應當按照合同約定履行自己的義務，為承包人的建設工作提供必要的條件，保證工程建設順利進行。如果因發包人的原因致使工程建設無法按照約定的進度進行，承包人可以停建或者緩建。這裏的「因為發包人的原因」在實踐中一般指下列情況：（1）發包人變更工程量；（2）發包人提供的設計文件等技術資料有錯誤或者因發包人原因變更設計文件；（3）發包人未能按照約定及時提供建築材料、設備或者工程進度款；（4）發包人未能及時進行中間工程和隱蔽工程條件的驗收並辦理有關交工手續；（5）發包人不能按照合同的約定保障建設工作所需的工作條件致使建設工作無法正常進行，等等。在發生上述原因，致使工程建設無法正常進行的情況下，承包人可以停建、緩建、順延工期，並及時通知發包人。承包人在停建、緩建期間應當採取合理措施減少和避免損失，妥善保護好已完成工程和做好已購材料、設備的保護和移交工作，將自有機械和人員撤出施工現場，發包人應當為承包人的撤出提供必要的條件。承包人應當就停建、緩建過程中發生的經濟支出和實際發生的其他費用向發包人提出報告。

發包人因自身原因致使工程停建、緩建的，發包人應當承擔違約責任。首先，發包人應當採取必要措施，彌補或者減少損失，同時應當排除障礙，使承包人儘快恢復建設工作。如承包人在施工中發現設計有錯誤和不合理之處，應當及時通知發包人，發包人在接到通知後，應當及時同設計人等有關單位研究確定修改意見或者變更設計，並及時將修訂後的設計文件送交承包人。其次，發包人還應當賠償因停建、緩建給承包人造成的損失，包括停工、窩工、倒運、機械設備調遷、材料和構件積壓所造成的損失和實際發生的費用。

第八百零五條　因發包人變更計劃，提供的資料不準確，或者未按照期限提供必需的勘察、設計工作條件而造成勘察、設計的返工、停工或者修改設計，發包人應當按照勘察人、設計人實際消耗的工作量增付費用。

■ **條文主旨**

本條是關於因發包人原因造成勘察、設計的返工、停工或者修改設計的責任的規定。

■ 條文釋義

在工程勘察、設計合同中，發包人應當按照合同約定向勘察人、設計人提供開展勘察、設計工作所需要的基礎資料、技術要求並對提供的時間、進度和資料的可靠性負責。

委託勘察的，在勘察工作開展前，發包人應當向勘察人明確技術要求和勘察階段，按時提供勘察工作所需要的勘察基礎資料和附圖並滿足勘察人編寫綱要和編制工程預算的基本要求。在勘察前，發包人應當根據勘察人提出的用料計劃，按時準備好各種材料，並承擔費用。發包人應當為勘察人開展工作提供必要的條件，包括派員協助勘察人與有關部門的工作聯繫。及時為勘察人創造勘察現場所需的條件並排除存在的障礙，如徵購土地、拆除障礙物、平整施工現場、修好通行道路、接通電源、水源等，並承擔其費用。按照合同為勘察人員準備好食宿、辦公等生活工作條件等。

委託設計的，發包人應當按照合同的約定向設計人提供設計的基礎資料、設計的技術要求。在初步設計前，發包人應當向設計人提供經過批准的可行性研究報告、選址報告以及原料（或經過批准的資源報告）、燃料、水、電、運輸等方面的協議文件和能滿足初步設計要求的勘察資料、需要經過科研取得的技術資料等；在施工設計前，發包人應當提供經過批准的初步設計文件和能滿足施工圖設計要求的勘察資料、施工條件以及有關設備的技術資料等。同時，發包人在設計人員入場工作時，還應當為其提供必要的工作條件和生活條件，以保證其正常開展工作。

發包人向勘察人、設計人提供有關技術資料的，發包人應當對該技術資料的質量和準確性負責。

發包人變更勘察、設計項目、規模、條件需要重新進行勘察、設計的，應當及時通知勘察人、設計人，勘察人、設計人在接到通知後，應當返工或者修改設計，並有權順延工期。發包人應當按照勘察人、設計人返工或修改設計後實際消耗的工作量增加支付勘察費、設計費。

勘察人、設計人在工作中發現發包人提供的技術資料不準確的，勘察人、設計人應當通知發包人修改技術資料，在合理期限內提供準確的技術資料。如果該技術資料有嚴重錯誤致使勘察、設計工作無法正常進行的，在發包人重新提供技術資料前，勘察人、設計人有權停工、順延工期，停工的損失應當由發包人承擔。發包人重新提供的技術資料有重大修改，需要勘察人、設計人返工、修改設計的，勘察人、設計人應當按照新的技術資料進行勘察、設計工作，發包人應當按照勘察人、設計人實際消耗的工作量相應增加支付勘察費、設計費。

發包人未能按照合同約定提供勘察、設計工作所需的工作條件的，勘察人、設計人應當通知發包人在合理期限內提供，如果發包人未提供必要的工作條件致使勘察、設計工作無法正常進行，勘察人、設計人有權停工、順延工期，並要求發包人承擔勘察人、設計人停工期間的損失。

> **第八百零六條　承包人將建設工程轉包、違法分包的，發包人可以解除合同。**
>
> 發包人提供的主要建築材料、建築構配件和設備不符合強制性標準或者不履行協助義務，致使承包人無法施工，經催告後在合理期限內仍未履行相應義務的，承包人可以解除合同。
>
> 合同解除後，已經完成的建設工程質量合格的，發包人應當按照約定支付相應的工程價款；已經完成的建設工程質量不合格的，參照本法第七百九十三條的規定處理。

■ 條文主旨

本條是關於建設工程合同法定解除的規定。

■ 條文釋義

建設工程合同一般具有標的額大、交易安排複雜、權利義務關係複雜等特點，甚至還會涉及建築工人等弱勢群體權利的保護，維護交易的穩定性顯得更為重要。因此，本條對特定情況下建設工程合同的法定解除進行了細化規定，以期在給予建設工程合同守約方當事人必要救濟，賦予當事人必要的合同解除權的同時，盡力維護建設工程合同法律關係的穩定性。

本法第791條第2款規定，承包人不得將其承包的全部建設工程轉包給第三人或者將其承包的全部建設工程支解以後以分包的名義分別轉包給第三人。第3款規定，禁止承包人將工程分包給不具備相應資質條件的單位。禁止分包單位將其承包的工程再分包。建設工程主體結構的施工必須由承包人自行完成。建築法也禁止承包人將建設工程轉包、違法分包。建設工程轉包、違法分包不僅違反了法律的禁止性規定，影響承包人與接受轉包方和接受違法分包方的利益，也違反了發包人與承包人之間的合同，損害發包人利益，承包人對發包人構成重大違約。發包人將建設工程發包給承包人，一般是基於對承包人技術和能力的信賴，承包人應當自行履行建設工程合同約定的義務。承包人轉包和違法分包，不僅使當事人之間的信賴喪失，而且，還有可能會影響建設工程的質量，使建設工程合同的目的落空。因此，承包人轉包、違法分包的，有必要賦予發包人法定解除權，允許發包人解除合同。

根據我國建築法的規定，建築施工企業對工程的施工質量負責。建設單位不得以任何理由，要求建築設計單位或者建築施工企業在工程設計或者施工作業中，違反法律、行政法規和建築工程質量、安全標準，降低工程質量。建築設計單位和建築施工企業對建設單位違反前款規定提出的降低工程質量的要求，應當予以拒絕。建築施工企業必須按照工程設計要求、施工技術標準和合同的約定，對建築材料、建築構配件和設備進行檢驗，不合格的不得使用。如果合同約定由發包人提供建設工程所需的建築材料、建築構配件和設備，而發包人提供的主要建築材料、建築構配件和設備不符合強制性標準的，承包人將無法使用，影響工程施工的正常進行。在建設工程施工合同中，根據合同約定及建設工程施工本身的需要，施工人進行施工有時需要發包人進行協助，例如，需要發包人辦理臨時停水、停電、爆破作

業、臨時佔用規劃批准範圍以外的場地等的審批手續，需要發包人提供所需的相關資料、圖紙等，發包人不履行協助義務，將影響承包人施工的正常開展。如果發包人提供的主要建築材料、建築構配件和設備不符合強制性標準或者不履行協助義務，致使承包人無法施工，經承包人催告，在合理期限內發包人仍未履行相應義務，無法施工的狀態將一直持續。雖然，此時承包人可以要求順延工期，主張因此造成的停工、窩工損失，但是，在已經給予發包人合理寬限期後，繼續強制要求承包人維持履行無望的合同關係，不能從已無履行可能的合同中解脫出來，對承包人過於苛刻，因此，本條規定賦予了承包人在此情形下的合同解除權。

根據本法第 566 條規定，合同解除後，尚未履行的，終止履行；已經履行的，根據履行情況和合同性質，當事人可以請求恢復原狀或者採取其他補救措施，並有權請求賠償損失。合同因違約解除的，解除權人可以請求違約方承擔違約責任，但是當事人另有約定的除外。建設工程施工合同解除後，尚未履行的，雙方終止履行。對於已經履行的，前面第 793 條已經述及，建設工程由於其特殊性，在有使用價值的情況下，一概要求恢復原狀，一方面將導致已經完成的建設工程被推倒重建，造成巨大的人力、物力、財力等社會資源的浪費；另一方面，還會帶來各種複雜的責任認定和賠償計算問題，因此，基於建設工程施工合同的特殊性以及物盡其用、節約社會資源的原則和價值導向，本條第 3 款特別作出規定，合同解除後，已經完成的建設工程質量合格的，發包人應當按照約定支付相應的工程價款。已經完成的建設工程質量不合格的，包括經修復後可以達到質量合格以及經修復後仍不能達到質量合格兩種情況，相應地參照本法第 793 條的規定處理。這是法律基於建設工程施工合同的特殊性，就建設工程合同解除時建設工程的處理作出的特殊規定。除本條第 3 款明確規定的特殊情況外，本條第 3 款對於建設工程合同解除的法律後果沒有規定的，仍應根據其性質適用一般合同解除的相關規定。

> **第八百零七條** 發包人未按照約定支付價款的，承包人可以催告發包人在合理期限內支付價款。發包人逾期不支付的，除根據建設工程的性質不宜折價、拍賣外，承包人可以與發包人協議將該工程折價，也可以請求人民法院將該工程依法拍賣。建設工程的價款就該工程折價或者拍賣的價款優先受償。

■ 條文主旨

本條是關於發包人未支付工程價款的責任的規定。

■ 條文釋義

發包人在工程建設完成後，對竣工驗收合格的工程應當按照合同約定的方式和期限進行工程決算，支付價款，在向承包人支付價款後接收工程。發包人未按照約定支付價款的，承

包人可以催告發包人在合理期限內支付價款並承擔逾期付款的違約責任。

從 20 世紀 90 年代初到現在，隨着固定資產投資規模的增長，拖欠工程款的現象一直存在，並成為廣受關注的社會問題。不少地區的工程款拖欠數額龐大，有的工程拖欠付款期限很長，問題相當突出，不僅嚴重地影響建設企業的生產經營，制約了建設企業的發展，也影響了工程建設進度，制約了投資效益的提高。為了切實解決拖欠工程款的問題，保障承包人價款債權的實現，本條規定了發包人未按照約定支付價款的，承包人可以催告發包人在合理期限內支付價款。發包人逾期不支付的，除根據建設工程的性質不宜折價、拍賣外，承包人可以與發包人協議將該工程折價，也可以請求人民法院將該工程依法拍賣。建設工程的價款就該工程折價或者拍賣的價款優先受償。承包人按照本條規定行使優先受償權，應當注意以下幾點：

1. 應當達到付款條件。本條適用的前提是，按照合同約定已經達到付款條件。如果是出現了建設工程質量不合格或者其他承包人違約的情形，發包人依法主張抗辯不進行付款或者有其他未達到合同約定的付款條件的情況的，則發包人本身即無立即付款的義務，更不可能有優先受償權的存在空間。

2. 發包人不支付價款的，承包人不能立即將該工程折價、拍賣，而是應當催告發包人在合理期限內支付價款。如果在該期限內，發包人已經支付了價款，則承包人只能要求發包人承擔支付約定的違約金或者支付逾期的利息、賠償其他損失等違約責任。如果在催告後的合理期限內，發包人仍不支付價款的，承包人才能與發包人協商將該工程折價或者請求人民法院將該建設工程拍賣以優先受償。

3. 承包人對工程依法折價或者拍賣的，應當遵循一定的程序。承包人對工程折價的，應當與發包人達成協議，參照市場價格確定一定的價款把該工程的所有權由發包人轉移給承包人，從而使承包人的價款債權得以實現。承包人因與發包人達不成折價協議而採取拍賣方式的，應當請求人民法院依法將該工程予以拍賣。承包人不得委託拍賣公司或者自行將建設工程予以拍賣。

4. 建設工程折價或者拍賣後所得的價款如果超出發包人應付的價款數額的，該超過的部分應當歸發包人所有；如果折價或者拍賣所得的價款還不足以清償承包人的價款債權的，承包人可以請求發包人支付不足部分。在確定優先受償時，應注意區分建設工程處置的價款與建設用地使用權處置的價款。雖然按照我國法律規定，建設用地使用權應當與建築物一併處置，但是在處置後建設工程價款和建設用地使用權處置價款仍應區分開來。承包人有權就折價、拍賣的建設工程處置價款優先受償，但卻不應及於建設用地使用權一併處置的價款部分。否則，將損及發包人其他債權人的利益。

5. 根據本條規定，按照工程的性質不宜折價、拍賣的，承包人不能將該工程折價或者拍賣。如國家重點工程、具有特定用途的工程等不宜折價或者拍賣。應當拆除的違章建築，無法折價或者拍賣。建設工程價款的優先受償權本質上是一種變價的優先受償權，所以，建設工程折價、拍賣的前提是按照法律規定和建設工程性質，其本身可以轉讓。

我國建築市場具有特殊性，建設工程合同糾紛涉及複雜的利益關係，建設工程具有不宜恢復原狀的特點，建設工程合同糾紛處理中還存在着價款計算等一系列具體操作難題，這些因素交織在一起導致建設工程合同領域的許多問題仍存在較大爭議。基於慎重考慮，此次立法未對相關爭議問題作出簡單規定。相關問題還需要理論的繼續深入研究和司法實踐經驗的積累。目前爭議較多的問題主要有：

1. 建設工程價款優先受償權的性質。一種觀點認為，建設工程價款的優先受償權為留置權。該觀點認為，承包人為工程建設投入了人力、物力、財力，在發包人未按照約定支付工程款時，建設工程承包人通常會拒絕交付工程，並實際控制建築物，這與承攬合同中承攬人對工作成果的留置權類似，因此，建設工程價款的優先受償權為類似留置權的權利。建設工程合同在傳統民法上屬於承攬合同，在我國法律的規定中建設工程合同雖然從承攬合同中分離出來，但在建設工程價款的優先受償上，其優先受償權的性質與承攬人的留置權性質仍類似。該觀點因不符合留置權不適用於不動產的法律制度精神而受到批評。一種觀點認為，建設工程價款的優先受償權是一種法定抵押權。該觀點認為，德國、日本、我國台灣地區的法律制度或司法實踐均傾向於認定建設工程價款優先受償權是一種法定抵押權。發包人未按照約定支付價款的，承包人可以與發包人協議將該工程折價，也可以請求人民法院將該工程依法拍賣。建設工程的價款就該工程折價或者拍賣的價款優先受償。這符合不動產抵押權的特性，因而，建設工程價款的優先受償權是一種法定抵押權。反對的觀點認為，在我國物權制度中只存在當事人按照約定設立的抵押權，不存在法定抵押權這一抵押權類型，不動產物權需要以登記為公示要件，建設工程價款的優先受償權並未進行公示，不符合抵押權這一權利特徵。日本、我國台灣地區建設工程價款的優先受償均強調應進行登記，在本法制定過程中，也曾研究過對建設工程價款優先受償權的登記進行規定，但因未能達成共識，而未作出規定。一種觀點認為，建設工程價款的優先受償權是一種法定優先權。該觀點認為，建設工程價款的優先受償權類似於船舶優先權、航空器優先權，是特殊主體基於法定原因在建設工程上的優先權，是法律規定的一種優先權，可以不經登記公示，優先於其他擔保物權和債權受償。反對的觀點認為，與船舶優先權、航空器優先權等在實踐中已經獲得廣泛認可不同，許多人並不認可其是一種與船舶優先權、航空器優先權類似的在建築工程上的優先權，這只是一種理論上的類比。

2. 建設工程價款優先受償權的主體。監理合同屬於委託合同，不屬於建設工程合同，因此，監理人對其報酬無優先受償權沒有疑問。建設工程的承包人包括建設工程勘察人、設計人、施工人。施工人又分為總承包人、分包人。在建設工程違法分包、轉包時，還可能存在實際從事工程建設，卻與發包人不存在合同關係的施工人。對於哪些主體可以主張優先受償權，實踐中仍存在分歧。就勘察人、設計人而言，一種觀點認為，在有些情況下建設工程的價款往往包括勘察、設計費用，尤其是在工程總承包中，合同約定的設計費等已包含在工程款中，與一般意義的施工工程款同時結算、同時支付，在出現糾紛時強行分離計算既不符合市場邏輯，也存在分離計算的難題，既不合理，又不經濟，因此，勘察費、設計費也應

當可以優先受償。另一種觀點認為，勘察、設計的成果是勘察文件、設計文件，勘察、設計只產生文件，報告不產生建設工程，只有施工才產生建設工程，因而，勘察人、設計人不能通過主張其報酬屬於建設工程價款而享有優先受償的權利。同時，勘察、設計通常發生在建設工程施工之前，至少是發生在建設工程完工之前，其與建設工程施工款相比數額較小，而且勘察人、設計人完全可以以不交付工作成果的方式對抗發包人，其並不是需要法律進行傾斜保護的弱勢群體，無須特殊保護。就施工人而言，通常認為基於合同的相對性原理只有與建設工程發包人直接簽署合同的承包人才能享有建設工程價款的優先受償權。違法分包人、轉包後實際從事工程建設的實際施工人等主體因與建設工程發包人無合同關係，不能依據建設工程合同向發包人直接主張建設工程價款，因而，他們不應當享有建設工程價款的優先受償權。反對的觀點認為，嚴格固守合同相對性原理，可能對建築工人等弱勢群體的利益保護不周。

3. 優先受償的範圍。首先，關於建設工程價款的優先受償權是僅及於價款還是也及於利息、違約金、損害賠償金以及實現建設工程價款優先受償權的費用，存在不同的觀點。一種觀點認為，擔保物權的擔保範圍包括主債權及其利息、違約金、損害賠償金、保管擔保財產和實現擔保物權的費用，建設工程價款的優先受償權是一種法定抵押權，因此，優先受償的範圍應當及於利息、違約金、損害賠償金和實現建設工程價款優先受償權的費用。反對的觀點認為，建設工程價款的優先受償權，不是抵押權，而是法律規定的特殊傾斜保護，法律為了保護建築工人等弱勢群體的特殊利益已經對建設工程價款進行了優先保護，已經屬於傾斜保護，不宜再使其優先保護的範圍過分擴大，否則，對發包人的其他債權人將不夠公平。其次，對於建設工程價款的哪些部分可以優先受償也存在不同觀點。有觀點認為，建設工程價款的優先受償權保護的是建築工人的利益，優先受償的範圍應限於工人的勞務成本，而建設工程價款中的利潤等與其他債權相比並無特殊性，沒有特殊保護的必要。也有觀點認為，承認建設工程價款的優先受償權，是因為承包人的投入已經不可逆轉的形成了建設工程，這一建設工程是因承包人的建設才產生，因此，承包人應當獲得優先保護，除了勞務成本，原材料也應當予以優先保護。不優先保護原材料費用、機械使用費等成本，會危及建築企業的生存，進而最終危及建築工人的利益。也有觀點認為，建設工程價款的優先受償權保護的應當是扣除利潤之後的建設工程價款，價款中除利潤之外都是承包人在工程建設中需要投入的成本。還有觀點認為，建設工程價款優先受償權是對建築工人的間接保護，通過保護建設工程價款來保護建築工人利益，建築行業屬於薄利行業，建築行業吸納了大量城鄉剩餘勞動力，對於促進社會穩定和發展發揮了重要作用，而且，在實踐中從工程價款中扣除利潤也存在計算上的困難，因此，認為建設工程價款的優先受償權範圍應當是包括利潤的整個價款。再次，對於墊資款是否應當優先受償也存在不同觀點。有觀點認為，墊資是我國建築市場客觀存在的特殊現象，承包人在工程承包中處於弱勢地位，不墊資可能就無法承攬到工程，墊資與其他成本一樣，也投入到了工程建設中，不對墊資進行優先受償保護對承包人不公平，而且，不優先保護墊資款可能會導致承包人資金鏈斷裂，危害建築行業發展，因此，應當對墊

資款進行優先受償保護。反對的觀點認為，墊資建設曾被我國行政主管部門明令禁止，不宜鼓勵此類行為，應避免形成不良社會導向，因此，不宜對墊資款進行優先受償保護。最後，建設工程價款的優先受償的範圍是否應當以登記為準。有觀點認為，雖然農民工等建築工人的利益應當予以優先保護，但是，建設工程價款在已經獲得優先受償順位的前提下卻不進行登記，對於發包人的其他債權人來說存在不確定性風險，不利於發包人融資，不利於發包人和其債權人事先進行交易安排以降低交易風險，也不利於交易的安全和其他債權人的保護，因此，應當對建設工程價款優先受償的數額進行登記。反對的觀點認為，雖然登記對第三人的預期和交易安全保護較為有利，但是登記之後建設工程因實際情況發生變化當事人未進行變更登記或者出現在登記前發包人的其他抵押權人實現抵押權等情形時，承包人的工程價款優先受償權將會落空，不符合優先保護建築工人利益的目的，因而並不可行。此外，也有觀點明確提出，應當對建設工程價款優先受償的範圍進行進一步嚴格限制，不應使優先受償的範圍過寬，以平衡保護建築工人和發包人的其他債權人的利益。

4. 未竣工工程價款的優先受償權。工程竣工經驗收合格後，發包人未按照約定支付工程價款，承包人享有工程價款優先受償權，沒有疑問。司法實踐中有疑問的是，未經竣工驗收的工程的工程價款是否應當享有優先受償的權利。贊同的觀點認為，未完工的工程在許多情形下已經具備一定的價值，甚至有些已經可以作為在建工程進行抵押，建設工程的價值已經顯現，承包人的投入應當獲得承認。工程未竣工的原因複雜，既可能為承包人的原因，也有可能為發包人的原因，如發包人因資金鏈斷裂導致工程「爛尾」，在這類情形中，如因為工程未經竣工驗收便否認承包人的建設工程價款優先受償權，對承包人不公平且不符合保護建築工人利益的初衷。因此，即便工程未經竣工驗收，也應當承認承包人的工程價款優先受償權。此觀點中，根據承包人對未竣工驗收是否有過錯又分為兩種觀點。一種觀點認為，因承包人過錯導致工程未竣工驗收的，承包人不享有建設工程價款優先受償的權利。一種觀點認為，無論承包人對工程未竣工驗收是否存在過錯，只要未竣工驗收工程的質量合格承包人就可享有建設工程價款優先受償權。在贊同的觀點中，關於何時承包人可以主張建設工程價款的優先受償權，也沒有一致的意見，有的觀點認為，只有待後續建設的單位在實現建設工程價款優先受償時，原承包人才能就其建設的部分主張優先受償權，有些觀點則認為，只有待工程建設完工後，原承包人才能就其建設的建設工程部分主張建設工程價款優先受償權，也有觀點認為，只要承包人與發包人之間關於該工程建設的合作終局的終止，承包人即可主張建設工程價款的優先受償權。反對未經竣工驗收情形下承包人的建設工程價款優先受償權的觀點認為，只有在建設工程竣工經驗收合格後，工程質量才真正符合要求，發包人的發包目的才能實現，承包人才完成合同義務，發包人才有支付工程價款的義務，承包人才能享有建設工程價款優先受償的權利。在工程未竣工驗收時，工程是否符合要求處於不確定狀態，承包人並未交付合格的工作成果，承包人不應享有建設工程價款的優先受償權利。同時，在工程未完工情況下主張建設工程價款優先受償權還存在主張權利的時間點不好確定等問題，籠統規定並無可操作性。

5. 優先受償的權利順位。建設工程價款的優先受償權在實現時，可能會影響到其他權利主體的權利，如何合理地平衡各類主體之間的權利保護涉及權利的順位問題。有的觀點認為，建設工程價款具有優先受償的特性，當事人之間設定的抵押權也具有優先受償的特性，應當明確二者之間的權利順位。建築工人、商品房買受人、拆遷安置戶等均屬於需要特殊保護的主體，也有必要明確各自的權利順位。最高人民法院 2002 年 6 月出台的《最高人民法院關於建設工程價款優先受償權問題的批覆》規定：「人民法院在審理房地產糾紛案件和辦理執行案件中，應當依照《中華人民共和國合同法》第二百八十六條的規定，認定建築工程的承包人的優受償權優於抵押權和其他債權。」「消費者交付購買商品房的全部或者大部分款項後，承包人就該商品房享有的工程價款優先受償權不得對抗買受人。」關於建設工程價款優先受償的權利優先於抵押權，批評的觀點認為，未登記的建設工程價款優先受償權優先於抵押權和其他債權受償，會損害交易安全和第三人的交易預期，應當以登記作為權利順位的確定原則。關於建設工程價款的優先受償權不得對抗房屋買受人，批評的觀點認為，購房人的權利雖然應當得到保護，但是，可能其他弱勢債權人也值得保護，如要保護，不應單獨保護購房人，購房人的權利是一種債權，優先於順位在屬於物權的抵押權之前的建設工程價款優先受償，存在債權優先於物權性權利的問題，沒有依據。如優先保護，應當對購房人的權利也進行預告登記，以登記為準確定順位。對於以登記確定權利順位問題，有觀點也提出，建設工程價款的數額確定時間具有不確定性，在確定建設工程價款數額後進行登記，可能存在建設工程價款登記晚於抵押權等登記的問題，使其優先保護落空，進行預定數額的預先登記，又存在實際數額超出預定數額時不能得到保護的問題，也有一定的問題，對以登記作為權利保護順位的確定依據問題應當進一步研究。

6. 優先受償權的預先放棄或限制。法律規定了建設工程價款的優先受償權，實踐中出現了當事人通過約定預先放棄建設工程價款優先受償權或者限制建設工程價款的優先受償權的現象。對於建設工程價款優先受償權是否可以預先放棄或者限制存在不同的觀點。主張可以放棄或限制的觀點認為，建設工程價款的優先受償權是一種民事權利，而且是一種財產權，應當允許當事人自由處分，只有如此，才符合其財產性權利的特徵。同時，只有允許對其預先放棄或者限制，當事人雙方才能夠真正按照自己的真實意願去進行協商，作出真正符合市場狀況的選擇。反對的觀點認為，在建築市場上，承包人通常處於弱勢地位，承包人有可能為了承包到工程被迫放棄優先受償權，發包方可能通過在格式合同中約定相關放棄或者限制建設工程價款優先受權的條款的方式，或者以將放棄或者限制建設工程價款優先受償權作為談判條件的方式迫使承包人就範，最終使承包人的建設工程價款優先受償權形同虛設。這是一種形式上的自由處分，實質上的不對等談判。因而，在雙方市場地位嚴重不對等的情況下，不應由當事人雙方對法律規定的優先受償權進行處分。同時，建設工程價款的優先受償權，一定程度上是為了保護建築工人等弱勢群體的利益而設，在既沒有對建築工人的利益提供有效的保護措施，也不是由建築工人自己作出放棄決定的情況下，由承包方做出放棄或限制的選擇，也不符合建設工程價款優先受償權制度的設立初衷。因而，不應當允許發包人與

承包人對建設工程價款優先受償權進行處分。

7. 優先受償權的行使期限。實踐中，有觀點認為，建設工程價款的優先受償權涉及抵押權人等第三人利益，而且無須以登記等方式進行公示，權利人長期不行使權利將使抵押權人以及其他權利人的權利受到影響，使大量社會關係處於長期不確定狀態，危害第三人利益及交易安全，因此，應當對其權利存續規定固定的期限，例如 6 個月或者 1 年，在該期限內權利人不行使權利，則權利滅失。反對的觀點認為，優先受償權是法律對弱勢群體利益的傾斜保護，建設工程價款的優先受償權又是對建築工人利益的間接保護、反射保護，建築工人自己無法積極行使，需要依賴於承包人去行使權利，設定特定的權利行使期限，將會出現建設工程價款優先受償權動輒落空的現象，對建築工人的利益可能保護不周。此外，規定建設工程價款優先受償權的行使期限，必然會涉及權利行使的起算點問題，此問題在實踐中一向複雜，在相關實踐經驗成熟前，不宜在立法上「一刀切」地簡單作出規定。

8. 建設工程價款優先受償權存在的必要性。在立法過程中，多數觀點對建設工程價款優先受償權持支持的態度，並提出了相應的完善建議。但是，也有觀點主張，應當刪除關於建設工程價款優先受償權的規定。該觀點認為，建設工程價款優先受償權對建築工人利益的保護是一種間接保護、反射保護，其保護作用並不直接，完全可以通過加強行政監管、設立建築工人工資專用賬戶等更為直接有效的方式實現對建築工人利益的保護。建設工程價款優先受償權是一種對弱勢群體利益的傾斜保護，但是，其間接保護的特徵，又使其在實踐中為了實現傾斜保護的目的在優先保護的範圍上有被不斷擴大適用的傾向，可能會帶來過分不當地限制抵押權人和發包人其他債權人的權利的問題。此外，該制度還因沒有公示不利於交易安全、在具體適用上存在各種複雜問題等受到詬病，該制度的保護作用小於其帶來的問題。因而，認為，如果能夠通過其他方式實現對建築工人利益的直接保護，則應刪除關於建設工程價款優先受償權的規定。

第八百零八條　本章沒有規定的，適用承攬合同的有關規定。

■ **條文主旨**

本條是關於適用承攬合同的規定。

■ **條文釋義**

建設工程合同在性質上屬於完成工作的合同。完成工作的合同是在傳統民法的承攬合同的基礎上發展起來的一大類合同，一般包括承攬合同、技術服務和技術開發合同。傳統的承攬合同一般包括承攬和建設工程合同，一些國家的民法典中都專章規定了承攬，並把建設工程納入規範。我國原經濟合同法第 18 條和第 19 條分別規定了建設工程承包合同、加工承

攬合同。在合同法起草時，考慮到經濟合同法、涉外經濟合同法和技術合同法三法合一，經濟合同法中規定的有名合同應當保留並專章予以規定，我國原經濟合同法已將建設工程合同作為不同於承攬合同的一類新的合同。同時又考慮到建設工程不同於其他工作的完成，具有與一般承攬合同不同的一些特點。因此，在合同法第十五章規定了承攬合同，在第十六章規定了建設工程合同。在本法起草時，繼續保留了合同法的這種區分，第十七章規定了承攬合同，第十八章規定了建設工程合同。按照本法的規定，承攬合同是承攬人按照定作人的要求完成工作，交付工作成果，定作人支付報酬的合同。承攬包括加工、定作、修理、複製、測試、檢驗等工作。建設工程合同是承包人進行工程建設，發包人支付價款的合同。建設工程合同的主體是發包人和承包人。建設工程合同的客體是建設工程，包括建設房屋、公路、鐵路、橋樑、隧洞、水庫等工程。建設工程合同原為承攬合同中的一種，屬於承攬完成不動產工程項目的合同。建設工程合同也具有一些與一般承攬合同相同的特徵：如都是諾成合同、雙務合同、有償合同，都以完成一定工作為目的，標的都具有特定性。因此，本條規定，本章沒有規定而承攬合同一章有規定的，可以根據建設工程合同的性質適用承攬合同中的有關規定。

　　本條規定在適用時，首先，應當注意的是，只有在本章無規定時才可適用承攬合同的有關規定。其次，還應注意，只有在根據建設工程合同的性質可以適用承攬合同的相關規定時，才可適用承攬合同的相關規定。本法第796條規定：「建設工程實行監理的，發包人應當與監理人採用書面形式訂立委託監理合同。發包人與監理人的權利和義務以及法律責任，應當依照本編委託合同以及其他有關法律、行政法規的規定。」第796條是關於監理合同的特殊規定，其已經明確規定發包人與監理人的權利和義務以及法律責任，應當依照本編委託合同以及其他有關法律、行政法規的規定，便不能依據本條規定援引適用承攬合同的相關規定。

第十九章　運輸合同

　　本章共四節，共三十四條。在綜合各專門運輸法的規定和借鑒國際公約、各國運輸合同立法中的有益經驗的基礎上，規定了本章的運輸合同。本章共分為四節：第一節一般規定。主要規定了運輸合同的一般規則。第二節客運合同，主要規定了客運合同的主要內容。第三節貨運合同，主要規定了貨運合同的主要內容。第四節多式聯運合同，主要規定了多式聯運合同的特殊內容。

第一節　一般規定

> **第八百零九條　運輸合同是承運人將旅客或者貨物從起運地點運輸到約定地點，旅客、託運人或者收貨人支付票款或者運輸費用的合同。**

■ 條文主旨

　　本條是關於運輸合同定義的規定。

■ 條文釋義

　　運輸合同又稱運送合同，本條規定是對運輸合同所作的定義。在合同法之前，其他特別法對於運輸或者運輸合同有的作了規定，比如海商法第 41 條規定，海上貨物運輸合同，是指承運人收取運費，負責將託運人託運的貨物經海路由一港運至另一港的合同；鐵路法第 11 條第 1 款規定，鐵路運輸合同是明確鐵路運輸企業與旅客、託運人之間權利義務關係的協議。

　　根據本條規定，運輸合同的定義包含了以下幾方面的內容：

　　1. 運輸合同的主體是承運人和旅客、託運人。運輸合同主體是運輸合同權利義務的承擔者，即運輸合同的當事人。根據運輸合同是雙務合同的特性，當事人一方是享受收取運費或者票款權利承擔運送義務的承運人，另一方是享受運送權利並支付運費的旅客和託運人，雙方當事人的數目視具體合同關係而定。在運輸合同中，承運人作為一方當事人，可以是一人或者為數人，如在相繼運輸中承運人可分為締約承運人和實際承運人，在多式聯運合同中有多式聯運經營人和各區段承運人。承運人多為法人或者組織，但也可以是個人。託運人是指與承運人訂立貨物運輸合同的一方當事人。在旅客運輸合同中，旅客具有雙重身份，其既是運輸合同的一方當事人，又是運輸合同權利義務所指向的對象。

2. 運輸合同中的託運人有時就是收貨人，但在多數情況下，另有收貨人，此時，收貨人不是運輸合同的一方當事人。外國法和國際公約一般都規定，貨物送達目的地後，承運人有通知收貨人的義務，經收貨人請求交付後，取得託運人因運輸合同所產生的權利。在存在收貨人的情況下，託運人與承運人訂立運輸合同是為了收貨人的利益，承運人應當依照運輸合同向收貨人交付，但收貨人的權利產生於請求交付之時，而非運輸合同訂立時，收貨人是運輸合同的第三人，也是運輸合同中重要的關係人。

3. 運輸合同的主要內容是承運人將旅客或者貨物運輸到約定地點。由此可見，運輸合同的客體是承運人的運送行為，不是貨物和旅客。

4. 在運輸合同中，承運人的義務是將旅客或者貨物運輸到約定地點，權利是收取票款或者運費；而旅客、託運人的權利和義務與其對應，權利是要求承運人將其運輸到約定地點，義務是向承運人支付票款或者運費。這裏的票款是指在旅客運輸合同中，旅客向承運人支付的報酬；這裏的運費是指在貨物運輸合同中，託運人向承運人支付的報酬。

運輸合同種類很多，根據不同的標準可以作出不同的分類：

1. 客運合同和貨運合同。以運輸合同的標的劃分，可以分為客運合同和貨運合同。客運合同是指將旅客送達目的地，旅客支付票款的合同。貨運合同是指將特定的貨物運送至約定地點，由託運人或者收貨人支付費用的合同。這種分類基本概括了運輸合同的兩種類型，也是本法採納的分類方法。

2. 單一承運人的運輸合同和聯運合同。從承運人人數劃分，可以分為單一承運人的運輸合同和聯運合同。單一承運人的運輸合同，是指僅由單一的承運人負擔運輸義務的合同。聯運合同，是指兩個以上的承運人採用相同或者不同的運輸工具進行運輸的合同，又可以劃分為單式聯運合同和多式聯運合同。單式聯運合同，是指有多個承運人，託運人與第一承運人訂立運輸合同後，由第一承運人與其他承運人以相同運輸方式完成同一貨物運輸的合同。多式聯運合同，是指由兩個或者兩個以上不同運輸方式的承運人結為承運人一方，與託運人訂立的合同。

3. 鐵路、公路、水上、航空運輸合同。根據不同的運輸工具，可以分為鐵路運輸合同、公路運輸合同、水上運輸合同和航空運輸合同。

第八百一十條　從事公共運輸的承運人不得拒絕旅客、託運人通常、合理的運輸要求。

■ 條文主旨

本條是關於從事公共運輸的承運人強制締約義務的規定。

■ 條文釋義

公共運輸，是指面向社會公眾的，由取得營運資格的營運人所從事的商業運輸的行為，主要包括班輪、班機和班車運輸，還包括其他以對外公佈的固定路線、固定時間、固定價格進行商業性運輸的運輸行為。公共運輸一般具有以下特徵：

1. 公共運輸的服務對象具有不特定性。公共運輸的服務對象並不是特定的某些人，而是社會公眾。因此，公共運輸直接關係到人民的日常工作和生活，具有公益性的一面。

2. 公共運輸的承運人要有專門的運輸許可。根據相關法律規定，我國對從事公共運輸的經營人要求取得特許資格，否則，不得從事公共運輸業務。

3. 從事公共運輸的承運人一般都制定了固定的路線、固定的時間、固定的價格，這是公共運輸最為顯著的特徵。從法律的意義上講，從事公共運輸的承運人與旅客或者託運人之間的合同的內容確定化了。這種合同的基本內容不是由具體合同當事人雙方協商確定的，而是由公共運輸的承運人單方制定的，當然公共運輸的承運人對外公佈的固定的價格不是隨便制定的，而是在遵守有關法律如價格法、鐵路法、民用航空法等的前提下，考慮到我國的實際收入狀況而制定的，並且還要經過有關主管部門的同意。

4. 從事公共運輸的承運人與旅客或者託運人之間的運輸合同的形式一般都是格式化的。公共運輸合同的格式化產生的原因是由於公共運輸的承運人一般都具有壟斷性質，以及運輸事務的頻繁發生。這就決定了具體合同雙方協商在事實上的不可能。但是只有公平合理的，並且依照法律的具體規定而產生的格式化合同才更符合旅客或者託運人的利益。為了防止公共運輸合同內容的不平等，保護和促進運輸經濟的發展，公共運輸合同一般都要經過國家運輸主管部門的審查批准。所以一般來說對於從事公共運輸的承運人，我國的國務院或者行政主管部門都制定了行政法規或者行政規章等加以規範。

合同自由是合同法上的基本原則，本來不允許強制締約，但是，由於公共運輸的特殊性，本條規定明確了從事公共運輸的承運人的強制締約義務，即從事公共運輸的承運人不得拒絕旅客、託運人通常、合理的運輸要求。本條強調的是不得拒絕旅客或者託運人「通常、合理」的運輸要求，對這裏的「通常、合理」要有一個正確的理解，首先，在不同情況下，其內涵是不同的，如在海上旅客運輸中，旅客坐的是頭等艙，旅客要求提供空調服務就是「通常、合理」，而對散艙的旅客來說，要求提供空調就不是「通常、合理」的；其次，判斷是否為「通常、合理」，不是依單個旅客或者託運人的判斷，而是依一般旅客或者託運人的判斷；最後，這裏的「通常、合理」意味着從事公共運輸的承運人不得對旅客或者託運人實行差別待遇，如同為乘坐普通艙位的旅客，承運人就不能對其中的一些旅客提供免費餐，而對另一些旅客不提供。

如果旅客、託運人的運輸要求不是「通常、合理」的，則承運人有權拒絕。如果從事公共運輸的承運人有正當理由的，也可以免除其強制締約義務，比如，在運輸工具已滿載的情況下，從事公共運輸的承運人可以拒絕旅客的乘坐要求；又如，由於不可抗力導致不能正

常運輸的情況下，從事公共運輸的承運人也可以拒絕旅客或者託運人要求按時到達目的地的要求。

第八百一十一條　承運人應當在約定期限或者合理期限內將旅客、貨物安全運輸到約定地點。

■ 條文主旨

本條是關於承運人及時安全送達義務的規定。

■ 條文釋義

按照約定時間進行安全運輸是承運人的一項主要義務。運輸合同是承運人與旅客或者託運人就運輸事宜所作的一致的意思表示，一般都會對運輸時間、到達地點和運輸的安全等作出約定，承運人據此進行運輸，否則就要承擔違約責任。本條所規定的承運人及時安全送達義務主要包含了以下三層意思：

1. 承運人應當在約定的期限內或者合理的期限內進行運輸。如果合同對運輸期限有明確規定的，應當在合同約定的期限內進行運輸；如果合同沒有規定明確期限，則應當在合理期限內進行運輸。承運人應當在約定期限或者合理期限內，將旅客或者託運人託運的貨物運到目的地。如果由於承運人的原因造成旅客或者貨物不能按時到達目的地的，承運人就要承擔運輸遲延的違約責任。

2. 承運人在運輸過程中，應當保證旅客或者貨物的安全。運輸行為是一項帶有危險性的活動，特別是航空運輸更是高風險的行業，它直接關係到人民的生命和財產的安全，因此強調運輸活動的安全性是運輸行業的一項基本原則，也是運輸合同立法的基本原則。安全運輸就是承運人要確保被運輸的旅客和貨物以及所使用的運輸設備完好無損。有關法律對此也都有專門規定，如鐵路法第 10 條等。

3. 承運人應當將旅客或者貨物運到約定的地點。正如前面所述，運輸合同實質上是旅客或者貨物從一個地點到另一個地點的位移，旅客或者託運人與承運人訂立合同的目的就是希望承運人把旅客或者貨物運到約定地點。如果承運人不按合同約定的地點運輸，將旅客或者貨物錯運到另一個地點，如運輸合同中約定承運人應當將旅客或者貨物運到上海，承運人卻將旅客或者貨物運到了南京，承運人就應當承擔違約責任。

> **第八百一十二條** 承運人應當按照約定的或者通常的運輸路線將旅客、貨物運輸到約定地點。

■ 條文主旨

本條是關於承運人按照約定或者通常運輸路線運輸的義務的規定。

■ 條文釋義

運輸是從起運地點到目的地的位移，所以承運人運輸時都要按照約定的或者通常的運輸路線進行運輸，這也是承運人的一項義務。其他特別法對此也有類似規定，比如海商法第49條第1款規定，承運人應當按照約定的或者習慣的或者地理上的航線將貨物運往卸貨港。

根據本條規定，在運輸中，承運人首先應當按照合同約定的運輸路線進行運輸。約定的運輸路線，是指運輸合同當事人在合同中明確約定的運輸路線。只要是雙方約定好的路線，即使是捨近求遠的路線，承運人也應當按照這一路線進行運輸，否則就要承擔違約責任。如果當事人沒有約定運輸路線的，承運人應當按通常的運輸路線進行運輸，不得無故繞行。通常的運輸路線，是指一般的、慣常運輸的路線。之所以要規定承運人要按照通常的運輸路線進行運輸，主要是為了規避一些危險。我們知道通常的運輸路線一般都是經過多次運輸行為的檢驗，並被證明是很安全的，如果不按通常的運輸路線進行運輸，就有可能給運輸活動帶來危險，對旅客或者貨物帶來危害。例如，在民用航空運輸中，航空運輸路線一般都是經過精心測航的，選擇的路線一般都是比較安全的（如少風暴、少強氣流等惡劣天氣出現），在國際民用航空運輸中，通常的運輸一般還要經過航線所經國家的特別准許，如果民用航空運輸承運人不按通常的運輸路線運輸，就有可能對旅客的生命安全造成危害。

在有的情況下，承運人不按通常的運輸路線運輸，進行合理的繞行也是准許的，一般不按違約處理。這主要包括以下幾種情況：一是由於運輸合同中列明的一些具體的事由出現而發生的繞行。例如合同中明確約定，在出現風暴的情況下，航空承運人可以繞行。二是法律規定的情形下，承運人也可以繞行。例如，海商法第49條第2款規定，船舶在海上為救助或者企圖救助人命或財產而發生的繞航或者其他合理繞航，不屬於違反前款規定的行為。三是在運輸中遇到危險，為了運輸工具、旅客或者貨物的安全，承運人也可不按通常的運輸路線進行運輸，可以進行繞行。即使這種危險是運輸前承運人沒有做到謹慎處理使運輸工具處於適運的狀態所致，承運人運輸必須繞行，這種繞行也是合理的。四是因不可抗力的原因致使承運人不能按照通常的運輸路線進行運輸的，承運人也可以合理繞行。

承運人如果不按照本條規定履行其義務，應當依法承擔違約責任。根據本法第813條規定，承運人未按照約定路線或者通常路線運輸增加票款或者運輸費用的，旅客、託運人或者收貨人可以拒絕支付增加部分的票款或者運輸費用。

> **第八百一十三條　旅客、託運人或者收貨人應當支付票款或者運輸費用。承運人未按照約定路線或者通常路線運輸增加票款或者運輸費用的，旅客、託運人或者收貨人可以拒絕支付增加部分的票款或者運輸費用。**

■ 條文主旨

本條是關於旅客、託運人或者收貨人支付票款或者運輸費用的義務的規定。

■ 條文釋義

支付票款或者運費是旅客、託運人或者收貨人的主要義務。承運人履行完成運輸行為的義務，相應地，旅客、託運人或者收貨人應當完成相應的支付票款或者運輸費用的義務。在客運合同中，旅客支付票款的義務一般是在購買旅客運輸票證時履行，旅客沒有支付票款一般是不能取得運輸票證的。在貨運合同中，一般由託運人支付運輸費用，如果是由收貨人支付運費的，則應當在運輸單證上載明，比如，海商法第 69 條就明確規定：「託運人應當按照約定向承運人支付運費。託運人與承運人可以約定運費由收貨人支付；但是，此項約定應當在運輸單證中載明。」如果在運輸單證中沒有載明應由收貨人支付運費，收貨人一般可以拒絕支付運費。

在貨運合同中，按運費的支付時間可以分為「運費預付」和「運費到付」兩種。「運費預付」是指承運人在簽發單據之前就已經收到運費。這種支付方式是受承運人歡迎的，因為他們無須承擔運費的風險，但不可抗力滅失的除外。「運費到付」就是在貨物到達目的地後，承運人才能收到運費。這種支付方式對於承運人來講，承擔的風險比較大，但是這種支付方式在運輸中時常出現，例如海上的國際貨物運輸中，在 FOB 價格條件下，買方才是真正的託運人，所以就有可能採用運費到付的方式，但此時，應當在運輸單證中註明，運費由收貨人支付。

本條規定旅客、託運人或者收貨人有向承運人支付票款或者運費的義務，同時也規定，承運人未按照約定路線或者合理路線運輸而增加票款或者運費的，旅客、託運人或者收貨人可以拒絕支付增加部分的票款或者運費。本法第 812 條明確規定：「承運人應當按照約定的或者通常的運輸路線將旅客、貨物運輸到約定地點。」但在日常的生活和經濟活動中，常常出現這樣一些情況，承運人不按照運輸合同中約定的運輸路線或者合理的運輸路線進行運輸，向旅客要求增加票款，向貨物的託運人或者收貨人要求增加運費。承運人沒有正當理由不按照約定的路線或者合理的路線進行運輸，是其自己的過錯，旅客、託運人或者收貨人沒有任何過錯，因此在此種情況下，旅客、託運人或者收貨人可以拒絕支付增加部分的票款或者運費。

第二節　客運合同

> **第八百一十四條**　客運合同自承運人向旅客出具客票時成立，但是當事人另有約定或者另有交易習慣的除外。

■ 條文主旨

本條是關於客運合同成立時間的規定。

■ 條文釋義

客運合同是指將旅客送達目的地，旅客支付票款的合同。客運合同和貨運合同是運輸合同最主要的分類，兩者之間的區別主要在於運輸對象的不同。在客運合同中，承運人運輸的通常是旅客本身。而在貨運合同中，承運人運輸的對象則是託運人所交付的貨物。由於客運合同運輸對象的特殊性，涉及旅客生命健康安全，所以在具體規則適用上與貨運合同存在很大的不同。比如本法第 822 條明確規定：「承運人在運輸過程中，應當盡力救助患有急病、分娩、遇險的旅客。」而貨運合同對於承運人就沒有這樣的要求。

客運合同的成立時間和地點，涉及合同當事人受合同約束的開始時間和案件管轄問題，而國際客運合同的成立往往還涉及法律適用問題。客運合同的成立時間與普通民事合同不同，本條明確規定：「客運合同自承運人向旅客出具客票時成立，但是當事人另有約定或者另有交易習慣的除外。」在普通情況下，客票是客運合同成立的憑據，也就是說，承運人向旅客簽發的客票證明承運人和旅客之間訂立了合同。所以客運合同的成立時間一般是旅客客票的取得時間，即承運人向旅客交付客票時成立。合同法第 293 條就是這樣規定的。但隨着互聯網技術的發展，傳統的購票方式發生了很大變化，客票的無紙化成為普遍趨勢。旅客在客運合同訂立過程中，可以通過網上購票的方式與承運人達成出行日期、票價等事項的合意，一旦意思表示一致，承運人出具電子票據合同即宣告成立，有時甚至旅客都不需要接收電子票據，出示身份證件即可乘坐。因此，本條將合同法規定的「交付客票時成立」修改為「出具客票時成立」。

但是，在運輸合同的當事人另有約定的情況下，旅客運輸合同的成立時間可以不是在承運人出具客票時成立，例如，在航空運輸中，旅客與承運人約定航空運輸合同從旅客登上飛機時成立，則該航空運輸合同的成立時間即為旅客登上飛機那一刻。本條還規定，在另有交易習慣的情況下，客運合同的成立時間也可以不在出具客票時成立，例如在出租車運輸中，客票的交付時間一般在運輸行為完成後，按出租車運輸的交易習慣，該運輸合同在旅客登上出租車時就成立。

第八百一十五條　旅客應當按照有效客票記載的時間、班次和座位號乘坐。旅客無票乘坐、超程乘坐、越級乘坐或者持不符合減價條件的優惠客票乘坐的，應當補交票款，承運人可以按照規定加收票款；旅客不支付票款的，承運人可以拒絕運輸。

實名制客運合同的旅客丟失客票的，可以請求承運人掛失補辦，承運人不得再次收取票款和其他不合理費用。

■ 條文主旨

本條是關於旅客按有效客票記載內容乘坐義務的規定。

■ 條文釋義

客票是客運合同的證明，旅客持有的客票一般也就意味着其與承運人之間有運輸關係的存在，旅客憑客票就可以要求承運人履行運輸的義務，但是由於客票具有流通性和一次性的特點，如鐵路運輸中的火車票，所以旅客也必須履行持有效的客票進行乘運的義務。因此，合同法第 294 條曾對此作了明確規定，即旅客應當持有效客票乘運。近年來，客運合同領域出現不少新問題，旅客「霸座」頻頻在各種媒體上曝光，引發社會各界廣泛關注。針對這一問題，本條專門規定：「旅客應當按照有效客票記載的時間、班次和座位號乘坐。」

在旅客運輸中還常常出現旅客無票進行乘坐、越級乘坐、超程乘坐或者持不符合減價條件的優惠客票進行乘坐的現象。所謂越級乘運就是指旅客自行乘坐超過客票指定的等級席位，如在海上旅客運輸合同中，旅客買的是四等艙的客票，但他在船上自行佔了三等艙的席位。所謂超程乘運就是旅客自行乘運的到達地超過了客票指定的目的地，例如在鐵路運輸中，旅客購買的客票上的目的地是長沙，而該旅客卻持該客票坐到了廣州。持不符合減價條件的優惠客票乘運是指旅客不符合國家規定或者承運人確定的可以以優惠價格購買客票的減價條件，仍持該客票乘運。比如旅客已經不是學生，仍借用別人的學生證或者持已過期的學生證購買學生票。

對於旅客無票乘坐、超程乘坐、越級乘坐或者持不符合減價條件的優惠客票乘坐的行為，應當如何處理？鐵路法第 14 條規定，旅客乘車應當持有效車票。對無票乘車或者持失效車票乘車的，應當補收票款，並按照規定加收票款；拒不交付的，鐵路運輸企業可以責令下車。海商法第 112 條規定，旅客無票乘船、越級乘船或者超程乘船，應當按照規定補足票款，承運人可以按照規定加收票款；拒不交付的，船長有權在適當地點令其離船，承運人有權向其追償。參考這些立法例和實際情況，本條第 1 款規定，承運人對旅客這種行為的處理可以分為兩個層次。首先，旅客無票乘坐、超程乘坐、越級乘坐或者持不符合減價條件的優惠客票乘坐的，應當向承運人補交票款。同時根據本條的規定承運人或者有關主管部門有權頒佈規定，旅客無票乘運、超程乘運、越級乘運或者持不符合減價條件的優惠客票乘運的，承運人可以按規定加收票款。補足票款是乘客的義務，所以本條用了「應當」，至於是否按

規定向乘客加收票款，則由承運人自己酌情處理，所以用了「可以」二字。其次，旅客不支付票款的，承運人可以拒絕運輸。這裏的拒絕運輸是指承運人有權在適當的地點令其離開運輸工具。當然在旅客拒不支付票款，承運人在適當地點令其離開運輸工具後，承運人仍有權向旅客追償。

這次民法典編纂過程中，有一些意見還提出，實踐中客運合同很多已經實行了實名制，這些購買了實名制客票的旅客由於一些原因丟失客票的，申請掛失補辦客票時，有的承運人卻再次收取票款或者要求繳納高額手續費等不合理費用，建議民法典對此作出明確規定，維護旅客合法權益。基於此，本條第 2 款新增規定：「實名制客運合同的旅客丟失客票的，可以請求承運人掛失補辦，承運人不得再次收取票款和其他不合理費用。」根據這一規定，客運合同如果是實名制的，旅客丟失客票時，憑自己的有關身份證件可以向承運人申請掛失補辦，承運人在確認旅客的真實身份後，也應當為其辦理掛失補辦手續，在辦理這些手續時，不得乘機再次收取票款或者高額手續費等不合理費用。

> **第八百一十六條** 旅客因自己的原因不能按照客票記載的時間乘坐的，應當在約定的期限內辦理退票或者變更手續；逾期辦理的，承運人可以不退票款，並不再承擔運輸義務。

■ 條文主旨

本條是關於旅客辦理退票或者變更乘運手續的規定。

■ 條文釋義

客票是旅客運輸合同的憑證，在客票上通常都載明了班次、運輸開始的時間、客位的等級和座位號、票價等內容。承運人應當按照客票記載的時間進行乘運，並且要保證旅客在載明的時間內到達目的地。但是旅客自己也應當在客票載明的時間內乘坐。如果旅客因自己的原因不能按照客票記載的時間進行乘坐的，一般都允許旅客在一定的時間內退票或者變更客票。本條就是對旅客辦理退票或者變更乘運手續的規定。

根據本條規定，客運合同成立後，旅客可以辦理退票或者變更手續。所謂退票，是指旅客解除客運合同；所謂變更，是指旅客變更合同的內容，如由坐席改為臥鋪，由公務艙改為經濟艙，或者由上午 9 點的票改為下午 3 點的票等。在客票載明的乘坐時間前，承運人或者有關部門規定一般都給予了旅客單方解除運輸合同或者單方變更運輸合同的權利。但要注意的是，本條規定的旅客可以辦理退票或者變更手續的適用是有條件的：第一，必須是旅客因自己的原因不能按照客票記載的時間乘坐。「因自己的原因」是指旅客因自身的健康狀況，計劃變動等原因造成的不能按照約定時間乘坐，是旅客自己主動終止或者變更運輸合同。如

果旅客不能按照客票的時間乘坐的原因是由於承運人造成的，則應當適用本法第 820 條的規定，即承運人應當及時告知和提醒旅客，採取必要的安置措施，並根據旅客的要求安排改乘其他班次或者退票；由此造成旅客損失的，承運人應當承擔賠償責任，但是不可歸責於承運人的除外。第二，必須在約定的時間內辦理。旅客辦理退票或者變更手續的這種權利是有時間限制的，如果旅客在約定的時間內不辦理退票或者變更手續，則超過該時間後，承運人可以不退票款，並且也不再承擔運輸旅客的義務。實踐中，一般在客運合同中對於辦理退票或者變更手續的時間都有明確規定，而且，在不同的時間辦理退票或者變更手續所需要支付的手續費等也是不一樣的。

> **第八百一十七條　旅客隨身攜帶行李應當符合約定的限量和品類要求；超過限量或者違反品類要求攜帶行李的，應當辦理託運手續。**

■ 條文主旨

本條是關於旅客攜帶行李的規定。

■ 條文釋義

旅客運輸合同中，承運人的主要義務是將旅客從起運地運到目的地，而不是為了專門運輸行李。但一般情況下，旅客有權攜帶必備的行李。為了旅客乘運途中的方便，承運人或者有關部門一般也允許旅客隨身攜帶一定品種、數量、質量和重量的行李。至於旅客在乘運過程中可以隨身攜帶多少數量以及重量、何種品類的行李，旅客與承運人一般在運輸合同中都有約定。如果旅客所攜帶的行李超過合同約定的，則會加重承運人的運輸負擔，對承運人履行運輸合同造成一定的不便。對旅客隨身攜帶的行李進行限制，並不違背客運合同的目的。因此，本條明確規定，旅客隨身攜帶行李應當符合約定的限量和品類要求。例如，在航空旅客運輸中，航空承運人一般規定每位旅客隨身攜帶的行李數量不得超過幾件、重量不得超過多少公斤等。不同的運輸方式、不同的承運人，乃至不同等級的客票，所能攜帶的行李要求都可能不一樣。對於旅客超過限量或者違反品類要求攜帶行李怎麼處理，本條明確規定應當辦理託運手續。如果旅客拒不辦理託運手續，一定要隨身攜帶的，承運人可以拒絕運輸。

要注意的是，對於旅客隨身攜帶的行李和託運的行李，承運人所應承擔的責任是有所區別的，本法第 824 條對此有明確規定：「在運輸過程中旅客隨身攜帶物品毀損、滅失，承運人有過錯的，應當承擔賠償責任。旅客託運的行李毀損、滅失的，適用貨物運輸的有關規定。」

> **第八百一十八條** 旅客不得隨身攜帶或者在行李中夾帶易燃、易爆、有毒、有腐蝕性、有放射性以及可能危及運輸工具上人身和財產安全的危險物品或者違禁物品。
>
> 旅客違反前款規定的，承運人可以將危險物品或者違禁物品卸下、銷毀或者送交有關部門。旅客堅持攜帶或者夾帶危險物品或者違禁物品的，承運人應當拒絕運輸。

■ 條文主旨

本條是關於旅客不得攜帶危險物品或者違禁物品的規定。

■ 條文釋義

安全對於旅客運輸有着特別重要的意義。在旅客運送過程中，承運人對於旅客的生命財產安全負有義務；同時，旅客在旅行過程中自身亦負有安全注意義務，最典型的就是本條規定的不得攜帶危險物品或者違禁物品的義務。在旅客運輸活動中，因為旅客隨身攜帶或者在行李中夾帶違禁物品或者易燃、易爆、有毒、有腐蝕性等危險品而導致出現嚴重後果的例子並不少見。特別是在鐵路運輸中，由於旅客隨身攜帶危險物品而造成人身傷害和財產損害的事件屢屢出現。這裏所指的危險物品是指危及人身安全和財產安全的物品，具體所指的就是本條提到的易燃、易爆、有毒等物品，如煙花爆竹、炸藥等。這裏所指的違禁物品就是指有可能對國家利益和整個社會的利益造成影響的物品，如槍支、毒品等。承運人所進行的客運多具有公共運輸的性質，旅客攜帶危險物品或者違禁物品不僅會對旅客自身的生命健康安全造成威脅，還會對承運人的運輸安全以及其他旅客的生命健康安全造成威脅。因此，本條規定所設立的這一義務是對旅客規定的強制性義務，是旅客不得違反的法定義務。其他特別法對此也有明確規定，比如，鐵路法第28條規定，託運、承運貨物、包裹、行李，必須遵守國家關於禁止或者限制運輸物品的規定。

在旅客運輸中，旅客在登上運輸工具之前，承運人一般都要對旅客進行安全檢查，以防止旅客把危險物品或者違禁物品帶上運輸工具。但是在有的情況下，還是有旅客違反本條第1款的規定把危險物品或者違禁物品帶上了運輸工具，對於此種情況應當如何處理？根據本條第2款的規定，旅客違反前款規定的，承運人可以將危險物品或者違禁物品卸下、銷毀或者送交有關部門。例如，在海上旅客運輸中，旅客隨身攜帶煙花爆竹上船，在航行途中被承運人發現，為了航行的安全，承運人有權將煙花爆竹拋棄投入海中。在承運人將危險物品或者違禁物品卸下、銷毀或者送交有關部門的情況下，承運人可以不負賠償責任。同時如果旅客由於違反本條第1款的規定對其他旅客的人身和財產或者對承運人的財產造成損害的，旅客還應當負賠償責任。本條第2款還規定，如果旅客堅持要攜帶或者夾帶危險物品或者違禁物品的，承運人應當拒絕運輸。這裏用的是「應當」二字，與本法第828條的貨物運輸安全的規定不一樣，這主要是由於在旅客運輸中，對人身安全的保護要採取更為嚴格的措施。

> **第八百一十九條** 承運人應當嚴格履行安全運輸義務，及時告知旅客安全運輸應
> 當注意的事項。旅客對承運人為安全運輸所作的合理安排應當積極協助和配合。

■ 條文主旨

本條是關於承運人告知義務和旅客協助配合義務的規定。

■ 條文釋義

承運人在運輸過程中，應當保證旅客的安全。運輸行為是一項帶有危險性的活動，特別是航空運輸更是高風險的行業，它直接關係到人民的生命和財產的安全，因此強調運輸活動的安全性是運輸行業的一項基本原則，也是運輸合同立法的基本原則。在客運合同中，安全運輸就是承運人要確保被運輸的旅客完好無損，本條再次強調承運人應當嚴格履行安全運輸義務。為更好地履行安全運輸義務，承運人在運輸過程中很重要的一項義務就是告知義務，即及時告知旅客安全運輸應當注意的事項。

如前所述運輸活動是一項比較危險的活動，保證運輸的安全是承運人最大的義務。旅客作為一個個體，對於運輸當中的安全乘運知識可能了解不多，為了讓旅客安全乘坐，安全到達目的地，作為具有這方面專業知識的承運人就應當向旅客及時告知安全運輸應當注意的事項。例如，在民用航空運輸中，航空承運人就應當在起飛前向乘客告知繫上安全帶、如何保持正確的乘姿、在發生緊急情況下如何使用氧氣袋和安全艙梯等知識。如果由於承運人的過錯沒有告知旅客安全運輸應當注意的事項，造成旅客的人身或者財產損害的，承運人應當負賠償責任。

還需要注意的是，承運人應當「及時」告知旅客安全運輸應當注意的事項。這裏的「及時」是一個彈性要求，應當視具體情況來判斷承運人的告知是否及時，例如在前面所舉的民用航空運輸中，航空承運人在起飛前告知乘客有關安全運輸應當注意的情況就為「及時」；如果在起飛後，才告知這些情況就為不及時。

近年來，客運合同領域出現不少新問題，不時發生一些強搶方向盤、不配合承運人採取安全運輸措施等嚴重干擾運輸秩序和危害運輸安全的惡劣行為，不少意見建議對此作出有針對性的規定。這次編纂民法典，特意在本條明確了旅客的協助配合義務，即「旅客對承運人為安全運輸所作的合理安排應當積極協助和配合」。承運人為了安全運輸會根據有關規定和實際情況作出一些合理安排，旅客對於這些合理安排應當積極協助和配合，否則要依照有關法律規定予以處理，直至對其予以行政處罰乃至追究其刑事責任。

> **第八百二十條**　承運人應當按照有效客票記載的時間、班次和座位號運輸旅客。承運人遲延運輸或者有其他不能正常運輸情形的，應當及時告知和提醒旅客，採取必要的安置措施，並根據旅客的要求安排改乘其他班次或者退票；由此造成旅客損失的，承運人應當承擔賠償責任，但是不可歸責於承運人的除外。

■ 條文主旨

本條是關於承運人遲延運輸或者有其他不能正常運輸情形的規定。

■ 條文釋義

客票是承運人與旅客之間訂立運輸合同的憑證，同時客票上也對合同的很多內容作了記載，如運輸時間、運輸班次等，旅客購買了客票後，旅客運輸合同也就成立。承運人按照有效客票記載的時間、班次和座位號對旅客進行運輸是其義務，否則就是對運輸合同的違反。比如，鐵路法第 12 條規定，鐵路運輸企業應當保證旅客按車票載明的日期、車次乘車，並到達目的站。因鐵路運輸企業的責任造成旅客不能按照車票載明的日期、車次乘車的，鐵路運輸企業應當按照旅客的要求，退還全部票款或者安排改乘到達相同目的站的其他列車。

遲延運輸或者出現不能正常運輸的情形是旅客運輸中的一個較為普遍的現象。在旅客運輸中，常常會出現一些異常情況導致運輸行為不能正常進行，例如，發生不可抗力致使承運人不能將旅客按時運到目的地；還比如在運輸途中，運輸工具突然發生故障，致使運輸行為不能進行等。在這些造成遲延運輸或者不能正常運輸的重要事由中，有的是承運人過錯造成的，有的則不是承運人過錯造成的，而是由於不可抗力、意外事件或者第三人的原因造成的。不可抗力等原因雖然不是承運人造成的，但考慮到旅客在突然降臨的自然災害等原因面前被迫停止乘運，承運人應履行一定的責任。對於這種現象，本條明確規定，承運人遲延運輸或者有其他不能正常運輸情形的，應當及時告知和提醒旅客，採取必要的安置措施，並根據旅客的要求安排改乘其他班次或者退票；由此造成旅客損失的，承運人應當承擔賠償責任，但是不可歸責於承運人的除外。根據這一規定，承運人應當履行以下義務：

1. 告知和提醒。一旦遲延運輸或者有其他不能正常運輸的情形發生，承運人首先都應當向旅客告知有關具體事宜，提醒旅客作出出行準備或者修改出行方案等。

2. 採取必要的安置措施。比如，由於天氣、突發事件、空中交通管制、安檢以及旅客等原因，造成航班延誤或者取消的，承運人應當採取各種必要的安置措施，包括協助旅客安排餐食和住宿等。

3. 根據旅客的要求安排改乘其他班次或者退票。在承運人遲延運輸的情況下，如何處理的選擇權在旅客手中。旅客可以要求退票，同時，如果旅客還要求繼續乘坐運輸工具的，承運人應當根據旅客的要求安排旅客改乘其他班次以到達目的地。

4. 由此造成旅客損失的，承運人應當承擔賠償責任，但是不可歸責於承運人的除外。如

果由於承運人遲延運輸，造成旅客損失的，承運人應當依法承擔相應的賠償責任。當然，如果造成遲延運輸的原因不能歸責於承運人的，比如由於地震等不可抗力造成的，那麼承運人可以不承擔賠償責任。

> **第八百二十一條　承運人擅自降低服務標準的，應當根據旅客的請求退票或者減收票款；提高服務標準的，不得加收票款。**

■ 條文主旨

本條是關於承運人變更服務標準的規定。

■ 條文釋義

在旅客運輸中，承運人應當按照客運合同中約定的服務標準來提供服務。實踐中最典型的就是擅自變更運輸工具進行運輸。比如，在汽車運輸中，承運人在運輸合同中承諾用豪華公共汽車運輸旅客，但在實際運輸中卻用一般公共汽車進行運輸；還例如承運人將旅客運到中途，卻要求旅客換乘到另一輛公共汽車上。承運人這種擅自降低服務標準的行為，沒有經過旅客的同意，違背了旅客的意志，是對運輸合同的違反，有時會對旅客的利益造成損害。承運人擅自降低服務標準的行為實質上是對旅客要求按合同的約定獲得相應服務權利的侵害，所以在這種情況下，應當尊重旅客的選擇權，旅客要求退票的，承運人應當退還旅客的全部票款；旅客要求減收票款的，承運人應當按照旅客的要求減收票款。但在有的情況下，承運人提高了對旅客的服務標準，例如，在汽車運輸中，承運人在合同中承諾用一般的公共汽車進行運輸，但在實際運輸中，卻用豪華客車進行了運輸，這無疑提高了對旅客的服務標準。在這種情況下，雖然承運人提高了旅客的服務標準，但是沒有經過旅客的同意，所以即使提高了服務標準，承運人也不應當加收旅客的票款。

> **第八百二十二條　承運人在運輸過程中，應當盡力救助患有急病、分娩、遇險的旅客。**

■ 條文主旨

本條是關於承運人盡力救助義務的規定。

■ 條文釋義

在承運人與旅客的運輸合同中，運送是承運人的主要義務，承運人應當將旅客安全運輸到約定地點。在此之外，承運人還負有衍生於誠信原則的一些附隨義務，本條規定的盡力救助的義務就是其中之一。根據本條規定，在運輸過程中，對於患有急病、分娩、遇險的旅客，承運人應當盡力救助。對於患有急病、分娩、遇險的旅客，其生命健康受到威脅，迫切需要得到救助，作為承運人，很多情況下具有提供必要救助服務的條件，如果其有能力對旅客的急病、分娩、遇險等情況進行救助，而對旅客的安危採取不聞不問的態度，這是有悖於一般的善良道德風俗的，也是與合同的基本原則 —— 誠信原則相違背。所以本條規定，承運人在運輸過程中，應當對患有急病、分娩、遇險的旅客盡力採取措施救助。這是承運人在運輸過程所應承擔的道德義務，也是法律規定的法定義務。如果未盡此義務，要承擔責任。

當然，承運人需要負擔的是「盡力」救助的義務，所謂「盡力」，是指承運人盡到自己最大的努力，採取各種合理措施，以幫助、照顧旅客或者對旅客進行救援等。承運人的救助義務並不是無限的，而是在自己的最大能力範圍內來救助旅客，超出承運人的能力範圍，承運人可以免責。

> **第八百二十三條** 承運人應當對運輸過程中旅客的傷亡承擔賠償責任；但是，傷亡是旅客自身健康原因造成的或者承運人證明傷亡是旅客故意、重大過失造成的除外。
>
> 前款規定適用於按照規定免票、持優待票或者經承運人許可搭乘的無票旅客。

■ 條文主旨

本條是關於承運人對旅客傷亡應負賠償責任的規定。

■ 條文釋義

運輸行為的需求在於高速和安全，當代運輸雖然安全程度越來越高，但社會經濟發展要求的速度越來越高，在速度和安全之間，存在對立統一的關係。現代任何一種運輸生產活動都存在與其他社會經濟活動不同的風險，保障旅客在運輸途中的安全也就成了承運人最大的義務。承運人未盡到對旅客的安全運輸義務造成旅客傷亡的，就應當承擔相應的賠償責任。本條就是關於承運人對旅客傷亡的賠償責任的規定。理解本條規定，要注意以下三方面的內容：

一、歸責原則

在客運合同中，造成旅客人身傷亡的，對承運人的賠償責任應當採取什麼樣的歸責原則，有一定的爭議。有的認為應當實行過錯責任制度，即承運人只有在具有過錯造成旅客人身傷亡的情況下，才承擔損害賠償責任。但根據本條規定，在旅客運輸活動中實行無過錯責

任制度，即承運人即使在沒有過錯的情況下，也應當承擔損害賠償責任。這是基於以下幾點原因：

1. 在整個旅客運輸活動中，旅客所受到的大多數損害，一般都與承運人的運輸行為有關，或者由承運人的作為或不作為造成，或者由承運人未盡管理職責而間接造成。在有些情況下，並不因是承運人違約或者侵權而造成旅客傷害，如旅客乘火車旅行途中被車外人擲石頭擊傷。此時承運人仍應當承擔賠償責任，這是法律為保護旅客人身安全利益而賦予承運人的一項責任或義務。

2. 在旅客運輸中，應當強調對旅客人身生命的特別保護，對承運人實行無過錯責任制度。這樣，可以有效地保護旅客的人身安全，促使承運人採取各種措施去保護旅客的安全。

3. 在現代運輸業中，運輸活動的公用性和獨佔特點以及國家的全面干預，要求承運人實行無過錯責任制度。同時由於運輸保險業的發展，運輸風險大為分散，這就為承運人實行無過錯責任制度奠定了基礎。

4. 各國運輸法對承運人責任制度的規定各不相同，但在現代經濟條件下，無過錯責任制度已成為旅客運輸合同中的基本取向。究其原因，仍在於前面所述的國家對旅客運輸行為的嚴格管理，承運人的獨佔性和公用性以及由此產生的國家對旅客的嚴加保護。就是我國的運輸立法也在向無過錯責任制度靠攏。我國民用航空法第 124 條規定，因發生在民用航空器上或者在旅客上、下民用航空器過程中的事件，造成旅客人身傷亡的，承運人應當承擔責任；但是，旅客的人身傷亡完全是由於旅客本人的健康狀況造成的，承運人不承擔責任。可見航空旅客運輸中也是實行無過錯責任原則。

二、免責事由

法律在對旅客實行嚴格保護的同時，也明確規定了承運人的免責事由。根據本條規定，在兩種情況下承運人可以免除責任：

1. 旅客自身健康原因造成的傷亡。如旅客在運輸途中突發重病而死亡的。

2. 承運人證明傷亡是旅客故意、重大過失造成的。如旅客自尋短見從火車上跳車自殺的，承運人就不承擔賠償責任。需要注意的是，只有旅客有重大過失的情況下，承運人才可以免責。如果旅客對傷亡的造成只有一般過失，承運人仍應當承擔賠償責任。

在上述兩種情形下，承運人對於旅客的傷亡不承擔賠償責任。

三、本條規定的適用範圍

持有有效客票的旅客在運輸過程中傷亡的，承運人當然須依法承擔賠償責任，但實踐中還存在一些特殊情況，為了避免爭議，本條第 2 款明確規定：「前款規定適用於按照規定免票、持優待票或者經承運人許可搭乘的無票旅客。」即這三類旅客享有與普通旅客相同的權利，其在運輸過程中傷亡的，承運人應當承擔賠償責任。

要特別注意的是，由於運輸方式的不同，風險的程度也不一樣，所以各專門法對旅客運輸中承運人的免責事由的規定有所不同。根據特別法優於普通法的原則，特別法有不同的規定時，應當適用特別法的規定。例如，民用航空法第 124 條規定的免責事由只有旅客的健康

原因。同樣,各專門運輸法對承運人的賠償數額基本上都作了限制性規定,如海商法第117條規定了旅客人身傷亡的,除法定情形外,每名旅客的賠償責任限額不超過46666計算單位,承運人和旅客可以書面約定高於這一賠償責任限額。

> **第八百二十四條** 在運輸過程中旅客隨身攜帶物品毀損、滅失,承運人有過錯的,應當承擔賠償責任。
> 旅客託運的行李毀損、滅失的,適用貨物運輸的有關規定。

■ 條文主旨

本條是關於承運人對旅客隨身攜帶物品和託運的行李毀損、滅失應負賠償責任的規定。

■ 條文釋義

在旅客運輸中,旅客一般都會有行李,分為隨身攜帶物品和託運行李兩類。對於這些行李,承運人都負有妥善保管、注意其安全的義務,行李毀損、滅失的,承運人依法負有賠償責任。根據本條規定,這種賠償責任因為攜帶物品和託運行李的不同而有所區別:

根據本條第1款規定,對於旅客隨身攜帶物品,如果其毀損、滅失,承運人有過錯的,應當承擔賠償責任。這對承運人實行的是過錯責任原則,也就是說,在發生旅客自帶物品毀損、滅失的情況下,承運人對物品的毀損、滅失有過錯時,才承擔賠償責任。這主要是因為旅客隨身攜帶物品處於旅客的直接控制之下,而不是處於承運人的保管之下,旅客也應對其隨身攜帶的物品負有一定的保管責任,其也應當盡足夠的注意保護這些物品,因而承運人對旅客隨身攜帶物品負有相對較輕的注意保管義務。

根據本條第2款規定,對於旅客託運的行李,其毀損、滅失的,適用貨物運輸的有關規定。主要是適用本法第832條的規定:「承運人對運輸過程中貨物的毀損、滅失承擔賠償責任。但是,承運人證明貨物的毀損、滅失是因不可抗力、貨物本身的自然性質或者合理損耗以及託運人、收貨人的過錯造成的,不承擔賠償責任。」對承運人實行的是無過錯責任原則。這是因為託運的行李不是旅客隨身攜帶的,其從實質上講,是貨物運輸合同,所以應當適用貨物運輸的有關規定,對承運人的要求要高於旅客隨身攜帶物品。

第三節　貨運合同

> **第八百二十五條**　託運人辦理貨物運輸,應當向承運人準確表明收貨人的姓名、名稱或者憑指示的收貨人,貨物的名稱、性質、重量、數量,收貨地點等有關貨物運輸的必要情況。
>
> 因託運人申報不實或者遺漏重要情況,造成承運人損失的,託運人應當承擔賠償責任。

■ 條文主旨

本條是關於託運人如實申報情況義務的規定。

■ 條文釋義

貨運合同是指將特定的貨物運送至約定地點,由託運人或者收貨人支付費用的合同。貨運合同與客運合同的最大區別在於運輸對象的不同,其效力與客運合同有很大差異。

在承運人託運貨物之前,往往需要託運人在辦理貨物運輸之時向承運人準確地表明一些運輸當中必要的情況,以便於承運人準確、安全地進行運輸。在貨物運輸業務中,一般都是採用由託運人填寫運單的方式來進行申報的,而承運人一般也是憑藉託運人填寫的內容來了解貨物的情況,並且採取相應的措施對貨物進行運輸中的保護;同時承運人也是根據運單上填寫的收貨人的名稱或者地址,向收貨人交貨。如果託運人不向承運人準確、全面地表明這些運輸必要的情況,就有可能造成承運人無法正確地進行運輸,甚至有可能對承運人造成損失。為了避免這種情況的出現,本條強調了託運人在辦理貨物運輸時,應當準確地向承運人表明有關貨物運輸的必要情況。在民用航空法等專門法中,對託運人的這項義務也作了規定。

根據本條第 1 款的規定,託運人辦理貨物運輸,一般應當向承運人準確表明以下內容:（1）收貨人的姓名、名稱或者憑指示的收貨人。這在貨物運輸合同中是很重要的,因為在運輸合同中簽訂合同的一方託運人很多時候不是貨物的接收方,接收方往往是與承運人並不相識的第三方,為了便於承運人及時交貨,就需要託運人在運輸開始之前向承運人在運單上或者以其他方式表明收貨人的姓名或者名稱。本條還規定,託運人在有的情況下,還應當向承運人表明「憑指示的收貨人」的意思。這主要是針對在海上貨物運輸的情況下,託運人在交付貨物進行運輸時,還沒有確定貨物給誰時,就在提單上寫明「憑指示交付」的字樣,也就是承運人憑託運人的指示交付或者提單持有人的指示交付貨物。

（2）貨物的名稱、性質、重量、數量等內容。這些因素都涉及貨物本身的情況。一方面,託運人必須向承運人告知貨物的具體情況,才能使承運人採取適當的措施,確保貨物在

運輸過程中不發生意外。另一方面，承運人收取運費、裝卸貨物的方式等都依賴於託運人所表明的貨物的具體情況。

（3）收貨地點。這對承運人的正確運輸也是非常重要的，如果承運人不知道收貨人的收貨地點，也就無法在某個確定的地點進行交付貨物，也就無法完成運輸任務。

（4）有關貨物運輸的其他必要情況。除了上面列舉的幾種情況外，託運人還應當向承運人準確提供貨物運輸必要的其他情況，如貨物的表面情況、包裝情況等。

託運人應當向承運人準確表明以上內容。如果託運人申報不實，（即託運人所提供的情況與實際情況不符合），或者託運人遺漏重要的情況，（即託運人應當向承運人提供一些有關運輸的重要情況，卻沒有提供），往往會造成兩種結果：

一是因為託運人申報不實或者遺漏重要情況，致使承運人按照託運人申報的情況進行運輸，結果給託運人造成損失。對於這種情況，應當如何處理？向承運人準確、全面地表明運輸必要的情況是託運人的義務，如果因為託運人不履行這項義務或者履行這項義務不符合合同的約定給自己造成損失的，證明託運人對損失的產生是有過錯的，所以理應由託運人自己承擔損失，承運人可以不負任何責任。

二是因為託運人的申報不實或者遺漏重要情況給承運人造成損失的，對於這種情況，本條第 2 款明確規定，因託運人申報不實或者遺漏重要情況，造成承運人損失的，託運人應當承擔損害賠償責任。比如，託運人把 5 噸重的貨物誤報為 3 噸，承運人的起重機負荷僅為 3 噸，造成機毀貨損，損及承運人船舶，對此，託運人應當承擔損害賠償責任。

> **第八百二十六條　貨物運輸需要辦理審批、檢驗等手續的，託運人應當將辦理完有關手續的文件提交承運人。**

■ 條文主旨

本條是關於託運人辦理審批、檢驗等手續的義務的規定。

■ 條文釋義

貨物的運輸往往會涉及各種手續，如國際貨物運輸合同，就必須向海關辦理出口貨物的報關，同時還必須為出口的貨物辦妥檢疫、檢驗等手續；有些貨物的運輸還必須經過有關政府主管部門審批和同意。貨物運輸中所涉及的各種手續是運輸所必需的，如果沒有這些手續，承運人不能進行正常運輸。所以在運輸前，承運人一般都要求託運人辦理這些手續，並且應當將辦理完這些手續的文件提交給承運人，以便於承運人運輸。我國的各專門法基本上都強調了託運人的這項義務，比如民用航空法第 123 條第 1 款規定，託運人應當提供必要的資料和文件，以便在貨物交付收貨人前完成法律、行政法規規定的有關手續；因沒有此種資

料、文件，或者此種資料、文件不充足或者不符合規定造成的損失，除由於承運人或者其受僱人、代理人的過錯造成的外，託運人應當對承運人承擔責任。

本條對託運人應當辦理的手續列舉了審批、檢驗兩種，但是託運人在貨物運輸前應當辦理的手續不限於這兩種，一般還包括檢疫、港口准入等，在進行危險品的運輸時，還包括危險品運輸的許可手續。託運人一般應當在承運人進行貨物運輸前向承運人及時提供這些手續，如果不及時向承運人提供這些手續，就有可能造成運輸的遲延，或者對承運人造成損失。對於託運人沒有向承運人提供這些手續或者提供的手續不完備或者沒有及時提供這些手續，給承運人造成損失的，託運人應當賠償損失。

> **第八百二十七條　託運人應當按照約定的方式包裝貨物。對包裝方式沒有約定或者約定不明確的，適用本法第六百一十九條的規定。**
> **託運人違反前款規定的，承運人可以拒絕運輸。**

■ 條文主旨

本條是關於託運人包裝貨物義務的規定。

■ 條文釋義

在貨物運輸中，對貨物進行包裝是很重要的，我們知道，貨物的運輸實際上就是貨物在兩地之間的位移，其一般都要經過長時間的移動，而移動的過程中可能遇到各種地形、氣候以及運輸工具本身的影響，而這種影響可能對貨物的安全構成威脅。例如，對於易腐爛變質的貨物，如不對其進行包裝，在運輸過程中就可能腐爛變質。當然並不是說，任何貨物的運輸都必須進行包裝，貨物是否需要包裝要根據貨物本身的特性、運輸路程的情況以及所使用的運輸工具來決定。如果，運輸的貨物是硬貨，並且運輸的路程很短，不包裝對貨物的安全不構成任何問題，此時不包裝也是可以的。提出貨物包裝要求的一般是承運人或者主管運輸的部門，運輸合同的當事人一般在運輸合同中對包裝的方式也會作出約定。

運輸合同的當事人對貨物的包裝標準可以進行約定，但是當事人對包裝的約定不得違反國家對包裝標準的強制性規定。在當事人對包裝約定的標準不違反國家規定的強制性標準的情況下，託運人應當按照約定的包裝標準對貨物進行包裝。但是在有的情況下，託運人與承運人對包裝的方式並沒有進行約定或者雖有約定，但約定得不清楚，在這種情況下，本條第1款規定，對包裝方式沒有約定或者約定不明確的，適用本法第619條的規定。本法第619條規定：「出賣人應當按照約定的包裝方式交付標的物。對包裝方式沒有約定或者約定不明確，依據本法第五百一十條的規定仍不能確定的，應當按照通用的方式包裝；沒有通用方式的，應當採取足以保護標的物且有利於節約資源、保護生態環境的包裝方式。」該條中的足

以保護標的物的包裝方式，在運輸合同中是指託運人根據貨物的性質、重量、運輸方式、運輸距離、氣候條件及運輸工具的裝載條件，使用符合運輸要求，便於裝卸和保證貨物安全的包裝。

根據本條第 2 款的規定，如果按照規定貨物需要包裝，而託運人違反本條第 1 款的規定沒有進行包裝或者包裝不符合約定或者運輸安全需要的，承運人可以拒絕運輸。這是因為包裝託運貨物是託運人的義務，如果其不願包裝或者包裝不符合約定，就是託運人不願履行自己的義務，承運人當然有拒絕履行運輸義務的權利。對於因此給託運人造成的損失，承運人不負賠償責任；對於因此給承運人造成損失的，託運人應當向承運人賠償損失。

> 第八百二十八條　託運人託運易燃、易爆、有毒、有腐蝕性、有放射性等危險物品的，應當按照國家有關危險物品運輸的規定對危險物品妥善包裝，做出危險物品標誌和標籤，並將有關危險物品的名稱、性質和防範措施的書面材料提交承運人。
>
> 託運人違反前款規定的，承運人可以拒絕運輸，也可以採取相應措施以避免損失的發生，因此產生的費用由託運人負擔。

■ 條文主旨

本條是關於託運人託運危險物品應履行義務的規定。

■ 條文釋義

在貨物運輸中，託運人往往會託運一些易燃、易爆、有毒、有腐蝕性、有放射性等危險物品。在運輸這些危險物品時往往涉及安全問題，如果在運輸過程中對這些危險物品不進行妥善處理，就有可能對貨物、運輸工具等財產或者人身安全造成極大的威脅，所以對危險物品的安全運輸作出強制性規定就顯得極為重要。也正因為這樣，各專門運輸法律對危險物品的運輸基本上都作了特別規定。本條正是在借鑒各專門運輸法律規定的基礎上對危險貨物的運輸作出的規定，在本條第 1 款的規定中，對託運人規定了三項義務：

（1）對危險物品進行妥善包裝。這裏的妥善包裝應當按照有關危險物品運輸的規定進行，這些規定在國務院的行政法規或者運輸主管部門的規章中都有規定，例如國務院制定的《鐵路貨物運輸合同實施細則》《水路貨物運輸合同實施細則》等。海上危險貨物運輸的包裝則應符合聯合國國際海事組織所頒佈的危險品運輸規則的有關規定。

（2）託運人應當在危險物品上做出標誌和標籤。例如，在易爆的物品上標上「危險物品，請注意」的標籤；在易燃的物品上貼上「火」的標誌。在危險物品上做出標誌和標籤的目的是便於人們識別、提請人們加強警惕，防止發生安全事故。

（3）託運人還應當將有關危險物品的名稱、性質和防範措施的書面材料提交承運人。要

求託運人提供這些材料的目的是便於承運人採取措施進行安全運輸，同時也是為了讓承運人了解危險物品後，決定是否進行運輸。託運人不得將危險物品報成非危險物品，否則就要承擔責任。

　　根據本條第 2 款規定，如果託運人沒有對危險物品妥善進行包裝或者沒有對危險物品做出標誌和標籤，或者沒有將有關危險物品的名稱、性質和防範措施的書面材料及時提交承運人的，承運人可以拒絕進行運輸；如果是在運輸過程中發現了託運人託運的是危險物品的，承運人也可以採取各種措施避免損失的發生，這些措施包括承運人可以在任何地點、任何時間根據情況將貨物卸下、銷毀或者使之不能為害。如果因為承運人採取的措施對託運人造成損失的，承運人可以不負賠償責任。但如果因此而給承運人造成損失的，託運人應當向承運人負賠償責任，同時承運人因為採取措施而產生的各種費用也應當由託運人承擔。這裏需要強調的是，即使託運人沒有違反本條第 1 款規定的義務，承運人也知道危險物品的性質並且同意運輸的，但在運輸過程中該危險貨物對於運輸工具、人員的安全和其他貨物造成危險時，承運人仍可以採取各種相應的措施以避免損失的發生。在這種情況下，即使給託運人造成損失，承運人也可以不承擔損害賠償責任。

> **第八百二十九條　在承運人將貨物交付收貨人之前，託運人可以要求承運人中止運輸、返還貨物、變更到達地或者將貨物交給其他收貨人，但是應當賠償承運人因此受到的損失。**

■ 條文主旨

　　本條是關於託運人變更或者解除運輸合同權利的規定。

■ 條文釋義

　　所謂託運人的變更或者解除權，就是運輸合同成立後，託運人有權變更或者解除合同，這種變更或者解除可以不經過承運人同意，承運人無權過問對方變更和解除合同的原因，只要託運人提出變更或者解除合同，均應予以變更或者解除。其他專門法對此也有明確規定。

　　根據本條規定，在承運人將貨物交付收貨人之前，託運人享有如下權利：（1）中止運輸、返還貨物。中止運輸，是指託運人要求承運人立即停止運輸託運的貨物；返還貨物，是指託運人要求承運人將已經辦理託運手續的貨物返還給託運人或者提貨憑證持有人。這實際上就是解除貨運合同。（2）變更到達地。變更到達地，是指託運人在貨物交付給收貨人之前，改變原來約定的到達地，承運人不得拒絕變更。（3）將貨物交給其他收貨人。這實際上就是變更收貨人。在承運人將貨物交付收貨人之前，託運人享有以上權利，承運人不得拒絕變更後的運輸義務，應當按照託運人的要求中止運輸、返還貨物，或者按照託運人變更後的

要求將貨物安全、及時地運送至新的到達地或者交給新的收貨人。當然，如果因為託運人單方變更或者解除合同給承運人造成損失的，應當賠償其損失，包括承擔因變更或者解除合同而產生的各種費用等。

但是這裏需要注意的是，在提單運輸中（主要在海上貨物運輸中），由於提單具有物權憑證、可以轉讓的性質，託運人的權利義務等全部內容一併轉移到了提單持有人。所以在提單運輸中，在貨物已經起運後，託運人如果已經轉讓了提單，託運人就沒有權利單方變更或者解除合同。但是在這種情況下，提單持有者可以單方變更或者解除合同。

理解本條還需要注意以下幾點：（1）如果託運人或者提單持有人的指示不能執行的，承運人應當立即通知託運人或者提單持有人。（2）託運人或者提單持有人的這種單方變更或者解除權只能在貨物交付收貨人之前行使，如果貨物已經交付給收貨人，則託運人或者提單持有人的這種變更或者解除合同的權利就即告終止。但是收貨人拒絕接受貨物的，或者承運人無法同收貨人聯繫的，託運人或者提單持有人可以恢復行使這種權利。（3）本條的單方變更或者解除權只能由託運人或者提單持有人享有，承運人在運輸合同成立後，不得單方變更或者解除合同，除非對方嚴重違約或者發生不可抗力。

> **第八百三十條**　貨物運輸到達後，承運人知道收貨人的，應當及時通知收貨人，收貨人應當及時提貨。收貨人逾期提貨的，應當向承運人支付保管費等費用。

■ 條文主旨

本條是關於提貨的規定。

■ 條文釋義

承運人將貨物安全運到目的地後，並沒有完成所有的運輸義務，其還應當按照約定將貨物交付收貨人。這是承運人的一項主要義務。承運人將貨物安全運到目的地後，如果知道收貨人的，應當及時通知收貨人，以便於收貨人及時提貨。但是在有的情況下，貨物到達目的地後，承運人並不知道收貨人是誰，而託運人又沒有及時告知承運人，在此時，承運人就沒有及時通知收貨人的義務。例如，在海上貨物運輸中，託運人並沒有告訴承運人收貨人是誰，而只是在單證上寫明「憑提示交付貨物」，則承運人將貨物運到目的地後，就可能不知道收貨人是誰。所以本條才強調「承運人知道收貨人的，應當及時通知收貨人」。在貨物到達目的地後，如果承運人不知道收貨人是誰時，承運人應當通知託運人在合理期限內就運輸的貨物的處分作出指示。

一旦收貨人接到承運人的通知，應當及時提貨。這是收貨人的主要義務。如果收貨人在收到承運人的提貨通知後的規定時間內或者沒有規定時間而在合理時間內沒有提取貨物，

逾期提貨的，應當向承運人支付逾期的保管費用；如果因為逾期提貨給承運人造成損失的，收貨人應當承擔損失。如果在逾期期間，貨物因發生不可抗力而毀損滅失的，承運人不負賠償責任。收貨人提貨時，應當將提單或者其他提貨憑證交還承運人，承運人一般也只有在收貨人出示了提貨憑證後，才能向收貨人交付貨物。如果按照運輸合同的規定或者提貨憑證的規定，應當由收貨人交付全部或者部分運費的，收貨人還應當向承運人履行交付運費的義務後，才有權提取貨物。

> **第八百三十一條**　收貨人提貨時應當按照約定的期限檢驗貨物。對檢驗貨物的期限沒有約定或者約定不明確，依據本法第五百一十條的規定仍不能確定的，應當在合理期限內檢驗貨物。收貨人在約定的期限或者合理期限內對貨物的數量、毀損等未提出異議的，視為承運人已經按照運輸單證的記載交付的初步證據。

■ 條文主旨

本條是關於收貨人檢驗貨物的規定。

■ 條文釋義

在貨物運輸合同中，承運人交付貨物，收貨人提貨時，一個重要的問題就是收貨人對貨物的檢驗。貨物經過運輸後，其質量和數量很有可能發生變化，檢驗的目的是查明承運人交付的貨物是否完好，是否與合同的約定相符合，因此對貨物進行檢驗密切關係着收貨人的利益。同時對貨物進行檢驗，可以儘快地確定貨物的質量狀況和數量情況，明確責任，及時解決糾紛，有利於加速商品的流轉。否則就會使當事人的法律關係長期處於不穩定的狀態，不利於維護健康正常的合同秩序。所以本條強調收貨人在提貨時應當及時對貨物進行檢驗。這是收貨人的權利也是其義務。

對於收貨人的檢驗時間，如果運輸合同對檢驗時間有約定的，根據本條的規定，收貨人應當在約定的期限內對貨物進行檢驗。如果對檢驗貨物的時間沒有約定或者約定不明確的，應當依據本法第510條的規定來確定，即：「合同生效後，當事人就質量、價款或者報酬、履行地點等內容沒有約定或者約定不明確的，可以協議補充；不能達成補充協議的，按照合同相關條款或者交易習慣確定。」如果依據第510條的規定仍不能確定的，則應當在合理期限內檢驗貨物。這裏的「合理期限」是一個彈性規定，應當視實際情況確定具體的時間。例如，如果貨物是易腐爛變質的，收貨人就應當在極短的時間內對貨物進行檢驗。

如果收貨人未在約定的期限內或者未在合理的期限內對貨物的數量、毀損等未提出異議時，其法律後果為何，制定合同法時曾有兩種不同的意見：一種意見認為，收貨人未在約定的期限內或未在合理的期限內對貨物的數量、毀損等提出異議的，應當視為承運人交付的貨

物與運輸單證上記載的完全一樣，承運人就不承擔責任。另一種意見認為，收貨人未在約定的期限內或者合理的期限內對貨物的毀損、數量等提出異議的，只能視為承運人已經按照運輸單證的記載交付的初步證據。最終合同法基本上是採納了第二種意見，民法典繼續維持這一規定未變。其他專門法對此也有類似規定，比如民用航空法第 134 條中規定，旅客或者收貨人收受託運行李或者貨物而未提出異議，為託運行李或者貨物已經完好交付並與運輸憑證相符的初步證據。海商法第 81 條第 1 款規定，收貨人未將貨物滅失或者損壞的情況書面通知承運人的，此項交付視為承運人已經按照運輸單證的記載交付以及貨物狀況良好的初步證據。根據這一規定，收貨人即使未在約定或者合理的期間內提出異議，但以後他仍可以提出據以異議和索賠的相反的證據，一旦有證據證明貨物的毀損、滅失是發生在運輸期間的，承運人仍應當賠償。

> **第八百三十二條** 承運人對運輸過程中貨物的毀損、滅失承擔賠償責任。但是，承運人證明貨物的毀損、滅失是因不可抗力、貨物本身的自然性質或者合理損耗以及託運人、收貨人的過錯造成的，不承擔賠償責任。

■ 條文主旨

本條是關於承運人對於貨損的賠償責任的規定。

■ 條文釋義

在貨物運輸中，承運人應當將貨物安全運輸到目的地，因此，承運人應當對自接受貨物時起至交付貨物時止所發生的貨物的毀損、滅失承擔損害賠償責任。這裏的「毀損」是指運輸過程中的貨物因損壞而價值減少；「滅失」是指承運人無法將貨物交付給收貨人，既包括貨物物質上的滅失，也包括佔有的更新喪失及法律上不能回覆佔有的各種情形。本條明確規定，承運人對運輸過程中貨物的毀損、滅失承擔賠償責任。根據這一規定，承運人應當對運輸過程中貨物的毀損、滅失承擔無過錯的賠償責任，即該賠償責任的成立，不以承運人在運輸過程中存在過錯為前提條件。

運輸行為是風險作業，同時在運輸過程中損害的發生原因也是極其複雜的，法律在強調對託運人或者收貨人利益保護的同時，也必須對承運人的利益作適當的保護，以體現公平的原則。法律對承運人的保護就體現在免責事由上。

根據本條規定，承運人可以免除賠償責任的三種情況是：

1. 不可抗力。根據本法第 180 條的規定，不可抗力是指當事人不能預見、不能避免且不能克服的客觀情況，包括地震、颱風、洪水等自然災害，也包括戰爭等社會現象。如果貨物的毀損、滅失是因不可抗力造成的，承運人不承擔賠償責任。

2. 貨物本身的自然性質或者合理損耗。貨物本身的自然性質，主要是指貨物的物理屬性和化學屬性，例如運輸的貨物是氣體，而氣體的自然屬性就是易揮發。如果由於揮發造成的損失，承運人就不承擔損失。貨物的合理損耗，主要是指一些貨物在長時間的運輸過程中，必然會有一部分損失，對於這一部分損失，承運人也不負賠償責任。

3. 託運人、收貨人的過錯。這主要是指由於託運人或者收貨人自身的原因造成的貨物損失。根據本章的規定，包括以下幾種情況：(1) 由於託運人對貨物包裝的缺陷，而承運人在驗收貨物時又無從發現的；(2) 託運人自己裝上運輸工具的貨物，加固材料不符合規定的條件或者違反裝載規定，交付貨物時，承運人無法從外部發現的；(3) 押運人應當採取保證貨物安全措施而未採取的；(4) 收貨人負責卸貨造成的；(5) 託運人應當如實申報，而沒有如實申報造成損失，導致承運人沒有採取相應的保護措施造成的；等等。

承運人要求免除賠償責任的，其應當負舉證責任。如果承運人自己不能證明有不可抗力、貨物本身的自然性質或者合理損耗以及託運人、收貨人的過錯的情形存在，其就要承擔損害賠償責任。

第八百三十三條　貨物的毀損、滅失的賠償額，當事人有約定的，按照其約定；沒有約定或者約定不明確，依據本法第五百一十條的規定仍不能確定的，按照交付或者應當交付時貨物到達地的市場價格計算。法律、行政法規對賠償額的計算方法和賠償限額另有規定的，依照其規定。

■ 條文主旨

本條是關於如何確定貨物賠償額的規定。

■ 條文釋義

在貨物發生毀損、滅失的情況下，對於如何確定貨物的賠償額，本條作了明確規定。具體說來，應當根據以下規則來確定貨物的損害賠償額：

1. 當事人對貨物毀損、滅失的賠償額有約定的，應當按約定數額進行賠償。當事人在合同中可能規定了一個總的賠償數額，也有可能規定了一個賠償額的計算方法。但有的情況下，當事人辦理了保價運輸，實際上這也是對賠償額的一種約定。但是，要注意在保價運輸的情況下，貨物受損的賠償。所謂保價運輸就是承運人處理託運人、收貨人提出賠償要求的一種方式，即託運人在辦理託運貨物的手續時或者與承運人簽訂合同時，向承運人要求進行保價運輸，聲明貨物的價格，並支付保價費。這實際上是當事人之間對貨物損害賠償額的一種約定。一般情況下，保價額相當於貨物的價值。託運人辦理保價運輸的，承運人應當按照實際損失進行賠償，但最高不得超過保價額。實際損失低於保價額的，按照實際損失進行賠

償。比如，鐵路法第 17 條對貨物的保價運輸進行了規定，該條規定，鐵路運輸企業應當對承運的貨物、包裹、行李自接受承運時起到交付時止發生的滅失、短少、變質、污染或者損壞，承擔賠償責任；託運人或者旅客根據自願申請輸保價運輸的，按照實際損失賠償，但最高不超過保價額。

2. 當事人對賠償額沒有約定或者約定不明確的，則承運人賠償的數額應當依照本法第 510 條的規定進行確定。本法第 510 條規定：「合同生效後，當事人就質量、價款或者報酬、履行地點等內容沒有約定或者約定不明確的，可以協議補充；不能達成補充協議的，按照合同相關條款或者交易習慣確定。」

3. 如果依照本法第 510 條的規定仍不能確定的，則按照交付或者應當交付時貨物到達地的市場價格計算。本條之所以要規定此時以交付時或者應當交付時貨物到達地的市場價格來計算貨物的賠償額，目的在於使託運人或者收貨人獲得與貨物安全及時到達並按合同交付時所應獲得的利益，有利於保護託運人或者收貨人的利益。這裏的「交付時」是指貨物按時到達了目的地，但是貨物有毀損的情況下，計算市場價格的起算時間；「應當交付時」是指貨物沒有按時到達，而貨物有毀損的或者貨物根本就滅失，不存在了的情況下，市場價格的起算時間。

4. 法律、行政法規對賠償額的計算方法和賠償限額另有規定的，應當依照其規定進行賠償。我國各專門法對承運人的賠償責任範圍基本上都作了規定，如鐵路法第 17 條第 1 款第 2 項規定，未按保價運輸承運的，按照實際損失賠償，但最高不超過國務院鐵路主管部門規定的賠償限額。民用航空法第 129 條第 2 款規定，對託運行李或者貨物的賠償責任限額，每公斤為 17 計算單位。海商法第 56 條規定，承運人對貨物的滅失或者損壞的賠償限額，按照貨物件數或者其他貨運單位計算，每件或者每個其他貨運單位為 666.67 計算單位，或者按照貨物毛重計算，每公斤為 2 計算單位，以二者中賠償限額較高的為準。對於法律、行政法規的這些規定，應當在計算承運人的賠償額時予以遵守。

對於本條需要注意的是，如果託運人在託運貨物時自願辦理了貨物運輸保險的，在發生貨物的毀損、滅失等保險事故時，根據保險合同向保險人索賠。但保險人給付保險賠償金後取得對承運人的賠償金的代位求償權。

第八百三十四條　兩個以上承運人以同一運輸方式聯運的，與託運人訂立合同的承運人應當對全程運輸承擔責任；損失發生在某一運輸區段的，與託運人訂立合同的承運人和該區段的承運人承擔連帶責任。

■ 條文主旨

本條是關於相繼運輸責任承擔的規定。

■ 條文釋義

所謂相繼運輸，又稱「連續運輸」，就是多個承運人以同一種運輸方式共同完成貨物運輸的一種運輸方式。在相繼運輸中，託運人只與數個承運人中的某一個承運人簽訂運輸合同。在實踐中，主要是與第一承運人簽訂運輸合同。相繼運輸中，一方面，同一運輸方式的運輸路線分為不同的運輸區段，而完成這一運輸過程必須經過若干運輸區段，由不同運輸區段的承運人完成；另一方面，運輸關係要求特定的貨物運輸從起點到終點具有連續性、不能中斷、不可分割的特性。在運輸活動中，普遍存在的轉車、轉機、轉船就是典型的相繼運輸，其主要特徵就是「一票到底」，利用人只要與第一承運人簽訂運輸合同，就可以享受全程所有區段的運輸。

相繼運輸所發生的特殊的運輸合同關係，我國的海商法和民用航空法都作了詳細規定。比如，民用航空法第 136 條規定：「由幾個航空承運人辦理的連續運輸，接受旅客、行李或者貨物的每一個承運人應當受本法規定的約束，並就其根據合同辦理的運輸區段作為運輸合同的訂約一方。對前款規定的連續運輸，除合同明文約定第一承運人應當對全程運輸承擔責任外，旅客或者其繼承人只能對發生事故或者延誤的運輸區段的承運人提起訴訟。託運行李或者貨物的毀滅、遺失、損壞或者延誤，旅客或者託運人有權對第一承運人提起訴訟，旅客或者收貨人有權對最後承運人提起訴訟，旅客、託運人和收貨人均可以對發生毀滅、遺失、損壞或者延誤的運輸區段的承運人提起訴訟。上述承運人應當對旅客、託運人或者收貨人承擔連帶責任。」

相繼運輸中，承運人的責任制度是立法中的一個難點，也是一個重點。有的認為，應當規定在相繼運輸中，各承運人應當承擔連帶責任。有的認為，應當規定由簽訂運輸合同的第一承運人對運輸的全程負責。我們認為，在簽訂合同時，除非承運人明確與託運人約定，各承運人是一個合夥關係，否則託運人無從知道各承運人之間的關係，一旦發生責任，託運人一般只找與之簽訂運輸合同的承運人，由簽訂運輸合同的承運人承擔責任，有運輸合同作為依據，可以便於索賠。從這個角度來講，規定由與託運人簽訂合同的承運人應當對全程運輸承擔責任較為合理。簽訂合同的承運人對託運人承擔責任後，其可以向其他承運人追償。

第八百三十五條　貨物在運輸過程中因不可抗力滅失，未收取運費的，承運人不得請求支付運費；已經收取運費的，託運人可以請求返還。法律另有規定的，依照其規定。

■ 條文主旨

本條是關於貨物因不可抗力而滅失時運費如何處理的規定。

■ 條文釋義

在運輸活動中，常常出現這樣一種情況，即託運的貨物在運輸過程中因不可抗力滅失了，貨物的這種滅失不是因為承運人的原因造成的，也不是因為託運人、收貨人的過錯造成的。在這種情況下，對於貨物滅失的風險根據本法第 832 條的規定，承運人不承擔貨物的損害賠償責任，但是對於運費的支付風險應當如何處理呢？對此，我國海商法第 90 條規定：「船舶在裝貨港開航前，因不可抗力或者其他不能歸責於承運人和託運人的原因致使合同不能履行的，雙方均可以解除合同，並互相不負賠償責任。除合同另有約定外，運費已經支付的，承運人應當將運費退還給託運人；貨物已經裝船的，託運人應當承擔裝卸費用……」我國台灣地區「民法」第 645 條規定：「運送物於運送途中因不可抗力而喪失者，運送人不得請求運費。其因運送而已受領之數額，應返還之。」本條的規定是在參考海商法的規定和借鑒我國台灣地區「民法」規定的基礎上作出的。

根據本條規定，運費的風險應當由承運人負擔。即貨物在運輸過程中因不可抗力滅失，未收取運費的，承運人不得請求支付運費；已收取運費的，託運人可以請求返還。在立法過程中，對此曾有一定爭議，有的認為，已經收取運費的，由於承運人已經運輸了一段時間，所以承運人可以不返還運費。我們認為，託運人已經因貨物的滅失而遭受了極大的損失，如果其還要負擔運費，就意味着要承擔雙重損失，從公平和誠實信用的角度來講，法律應當允許託運人請求承運人返還已支付的運費，使風險得以合理分擔。所以本條規定，已收取的運費，託運人可以請求返還。當然，如果其他法律對於運費的處理另有特別規定的，依照其規定處理。

> **第八百三十六條　託運人或者收貨人不支付運費、保管費或者其他費用的，承運人對相應的運輸貨物享有留置權，但是當事人另有約定的除外。**

■ 條文主旨

本條是關於承運人留置權的規定。

■ 條文釋義

收取運費、保管費以及其他運輸費用（如承運人為託運人或者收貨人墊付的報關費等）是承運人的主要權利。但是在託運人或者收貨人不交付運費、保管費以及其他運輸費用時，承運人可以採取什麼措施保護自己的權利呢？對此本條明確規定，託運人或者收貨人不支付運費、保管費或者其他費用的，承運人對相應的運輸貨物享有留置權。

承運人在行使留置權時，應當注意下列事項：

1. 除法律另有規定外，承運人可以自行留置貨物，不必通過法定程序留置貨物。

2. 本條所指的對「相應的運輸貨物」有留置權包括兩層含義：（1）對於可分的貨物，承運人留置的貨物應當合理和適當，其價值應包括未支付的運費、保管費或者其他運輸費用加上可能因訴訟產生的費用，而不能留置過多的貨物。當然如果承運人根本就沒有獲得任何費用，他也可以對全部貨物行使留置權。（2）對於不可分的貨物，承運人可以對全部貨物進行留置，即使承運人已取得了大部分運費、保管費以及其他運輸費用。

3. 本條還規定「但是當事人另有約定的除外」，此句包含了兩層意思：第一是指當事人如果在合同中約定即使在運費、保管費以及其他運輸費用沒有付清的情況下，承運人也不能留置貨物的，承運人就不能留置貨物。第二是指如果託運人或者收貨人提供了適當的擔保，則承運人也不能留置貨物。

第八百三十七條　收貨人不明或者收貨人無正當理由拒絕受領貨物的，承運人依法可以提存貨物。

■ 條文主旨

本條是關於收貨人不明或者收貨人無正當理由拒絕受領貨物的情況下，如何處理的規定。

■ 條文釋義

在實際運輸業務中，常因貿易合同糾紛或者其他原因，造成承運人將貨物運輸到目的地後，無法向收貨人交貨的情況，在這時應當如何處理？其他專門法對此有規定，比如鐵路法第 22 條第 1 款規定，自鐵路運輸企業發出領取貨物通知之日起滿 30 日仍無人領取的貨物，或者收貨人書面通知鐵路運輸企業拒絕領取的貨物，鐵路運輸企業應當通知託運人，託運人自接到通知之日起滿 30 日未作答覆的，由鐵路運輸企業變賣；所得價款在扣除保管等費用後尚有餘款的，應當退還託運人，無法退還、自變賣之日起 180 日內託運人又未領回的，上繳國庫。鐵路法是把此貨物當作無主物來處理的。海商法第 86 條規定，在卸貨港無人提取貨物或者收貨人遲延、拒絕提取貨物的，船長可以將貨物卸在倉庫或者其他適當場所，由此產生的費用和風險由收貨人承擔。參考這些立法例，本條規定：「收貨人不明或者收貨人無正當理由拒絕受領貨物的，承運人依法可以提存貨物。」本條中的「收貨人不明」既包括收貨人下落不明，還包括在貨物運輸終止時，託運人並沒有向承運人指明收貨人是誰，承運人向託運人通知請求其作出指示，而託運人逾期沒有作出指示的情況，例如在海上貨物運輸中，託運人有時在提單上註明「憑指示交付」的字樣，而沒有具體寫明收貨人是誰。

對於本條應當注意以下幾點：（1）如果運輸的貨物不適於提存或者提存費用過高的，承運人可以依法拍賣或者變賣貨物，然後提存所得的價款。例如貨物是易於腐爛的食品，承運

人就不能直接提存該食品。（2）在貨物被提存後，承運人應當及時通知託運人，在收貨人明確的情況下，應當及時通知收貨人。（3）如果貨物在提存後毀損、滅失的，則承運人不承擔該貨物毀損、滅失的風險。（4）如果承運人應得的運費、保管費以及其他費用加上提存的費用沒有付清的，承運人可以依照規定留置該貨物，以該貨物拍賣或者折價後，從中扣除運費和其他各種費用後，再提存剩餘的價款或者沒有被留置的相應貨物。

第四節　多式聯運合同

隨着國際貿易中越來越多地使用集裝箱運送貨物，出現了一種新的運輸方式 —— 貨物的多式聯運。多式聯運是以至少以兩種不同的運輸方式將貨物從接管的地點運至指定地點交付。與傳統的單一運輸方式相比，多式聯運，特別是在成組運輸的情況下，大大簡化和加速了貨物的裝卸、搬運程序，運輸服務以過去的港到港一直延伸到了門至門，減少了貨損貨差，減少了成本和費用，為貿易提供了一個更為理想、暢通、安全、經濟、便利的運輸方式。

以多式聯運方式進行貨物的運輸在我國的貿易實踐中已經大量出現，並且隨着社會主義市場的發展，以多式聯運的方式進行運輸的行為會越來越普遍。這就需要有關多式聯運合同方面的法律來對多式聯運行為進行規範，海商法第四章第八節對多式聯運合同雖然作了規定，但其在第 102 條明確規定，該法有關多式聯運合同的規定只針對其中一種必須是海上運輸方式的多式聯運合同，對其他不涉及海上運輸方式的多式聯運合同並不適用。同時多式聯運合同與其他一般運輸合同相比有着許多特殊之處。為了適應運輸貿易發展的需要和規範多式聯運合同關係，本法在運輸合同一章專門設置了本節 —— 多式聯運合同。

第八百三十八條　多式聯運經營人負責履行或者組織履行多式聯運合同，對全程運輸享有承運人的權利，承擔承運人的義務。

■ 條文主旨

本條是關於多式聯運經營人應當負責履行或者組織履行合同的規定。

■ 條文釋義

本法所稱的多式聯運合同，是指多式聯運經營人以兩種以上的不同運輸方式，負責將貨物從接收地運至目的地交付收貨人，並收取全程運費的合同。可見以兩種以上的不同運輸方式進行運輸是多式聯運合同區別於傳統運輸合同的最大特徵。

在多式聯運合同中，多式聯運經營人處於一個比較特殊的位置。本條所指的多式聯運經營人，是指本人或者委託他人以本人名義與託運人訂立多式聯運合同的人。他是事主，而不是託運人的代理人或者代表人，也不是參加多式聯運的各承運人的代理人或者代表人。從本條的規定可知，多式聯運經營人要根據多式聯運合同履行運輸義務或者組織承運人履行運輸義務。多式聯運經營人可分為兩種類型：第一種就是多式聯運經營人自己擁有運輸工具，並且直接參加了運輸合同的履行。第二種就是多式聯運經營人自己不擁有運輸工具或者不經營運輸工具，也不直接從事運輸活動，而是在簽訂多式聯運合同後，通過雙邊合同與各運輸方式承運人又單獨簽訂各區段運輸合同，組織其他承運人進行運輸。但是不管多式聯運經營人是屬於哪一種情形，根據本條的規定，多式聯運經營人都要對與之簽訂合同的託運人或者收貨人承擔全程運輸的義務，同時根據本章的規定，多式聯運經營人要承擔全程運輸所發生的責任和風險。當然，他也享有作為全程運輸承運人的權利，例如有向託運人或者收貨人要求運輸費用的權利等。

> **第八百三十九條**　多式聯運經營人可以與參加多式聯運的各區段承運人就多式聯運合同的各區段運輸約定相互之間的責任；但是，該約定不影響多式聯運經營人對全程運輸承擔的義務。

■ 條文主旨

本條是關於多式聯運經營人責任承擔的規定。

■ 條文釋義

多式聯運應當規定什麼樣的責任制度？一種意見認為，在多式聯運中，應當實行分散責任制度，也就是說，多式聯運經營人無須對全程運輸負責，有關責任由發生責任的區段上的實際承運人負責並適用該區段的相應法律。另一種意見認為，多式聯運運輸中應當實行統一責任制度，即多式聯運經營人對全程運輸負責，多式聯運經營人與實際承運人之間可另以合同約定相互之間的責任。分散責任制度不利於保護託運人或者收貨人的利益，不利於託運人或者收貨人索賠。同時託運人只與多式聯運經營人簽訂合同，其一般不知道也不須知道貨物的運輸會由其他承運人來進行，從承擔責任的依據上講，在多式聯運運輸中實行統一責任制度更合理。海商法第104條第2款就規定，多式聯運經營人與參加多式聯運的各區段承運人，可以就多式聯運合同的各區段運輸，另以合同約定相互之間的責任。但是，此項合同不得影響多式聯運經營人對全程運輸所承擔的責任。《聯合國國際貨物多式聯運公約》第14條規定，本公約規定的多式聯運經營人對於貨物的責任期間，自其接管貨物之時起到交付貨物時為止。參考以上立法例，本條規定，多式聯運經營人可以與參加多式聯運的各區段承運人

就多式聯運合同的各區段運輸約定相互之間的責任；但是，該約定不影響多式聯運經營人對全程運輸承擔的義務。也就是說，多式聯運經營人對全程運輸中所發生的責任，對託運人或者收貨人負全責，但是多式聯運經營人可以與參加多式聯運的各區段運輸約定相互之間的責任，例如在一個海陸空的多式聯運合同中，多式聯運經營人與海上運輸區段的承運人、陸路運輸區段的承運人、航空運輸區段的承運人分別對每一段的運輸責任約定，在多式聯運經營人對託運人或者收貨人負全程的運輸責任後，可以依據其與每一區段的運輸承運人簽訂的合同，向其他承運人追償。

第八百四十條 多式聯運經營人收到託運人交付的貨物時，應當簽發多式聯運單據。按照託運人的要求，多式聯運單據可以是可轉讓單據，也可以是不可轉讓單據。

■ 條文主旨

本條是關於多式聯運單據的規定。

■ 條文釋義

在多式聯運中，當多式聯運經營人收到託運人交付的貨物時，應當向託運人簽發多式聯運單據。所謂多式聯運單據就是證明多式聯運合同存在及多式聯運經營人接管貨物並按合同條款提交貨物的證據。多式聯運單據應當由多式聯運經營人或者經他授權的人簽字，這種簽字可以是手簽、蓋章，符號或者用任何其他機械或者電子儀器打出。

多式聯運單據一般包括以下十五項內容：（1）貨物品類、標誌、危險特徵的聲明、包數或者件數、重量；（2）貨物的外表狀況；（3）多式聯運經營人的名稱與主要營業地；（4）託運人名稱；（5）收貨人的名稱；（6）多式聯運經營人接管貨物的時間、地點；（7）交貨地點；（8）交貨日期或者期間；（9）多式聯運單據可轉讓或者不可轉讓的聲明；（10）多式聯運單據簽發的時間、地點；（11）多式聯運經營人或其授權人的簽字；（12）每種運輸方式的運費、用於支付的貨幣、運費由收貨人支付的聲明等；（13）航線、運輸方式和轉運地點；（14）關於多式聯運遵守本公約的規定的聲明；（15）雙方商定的其他事項。但是以上一項或者多項內容的缺乏，不影響單據作為多式聯運單據的性質。如果多式聯運經營人知道或者有合理的根據懷疑多式聯運單據所列的貨物品類、標誌、包數或者數量、重量等沒有準確地表明實際接管貨物的狀況，或者無適當方法進行核對的，多式聯運經營人應在多式聯運單據上作出保留，註明不符合之處及懷疑根據或無適當核對方法。如果不加批註，則應視為已在多式聯運單據上註明貨物外表狀況的良好。

根據本條的規定，多式聯運單據依託運人的要求，可以是可轉讓的單據，也可以是不可轉讓的單據。在實踐中，只有單據的簽發人（即多式聯運經營人）承擔全程責任時，多式聯

運單據才有可能作成為可轉讓的單據。此時，多式聯運單據具有物權憑證的性質和作用。在做成可轉讓的多式聯運單據時，應當列明按指示或者向持票人交付。如果是憑指示交付貨物的單據，則該單據經背書才可轉讓；如果是向持票人交付的單據，則該單據無須背書即可以轉讓。當簽發一份以上可轉讓多式聯運單據正本時，應當註明正本份數，收貨人只有提交可轉讓多式聯運單據時才能提取貨物，多式聯運經營人按其中一份正本交貨後，即履行了交貨人的義務；如果簽發副本，則應當註明「不可轉讓副本」字樣。如果多式聯運經營人按託運人的要求簽發了不可轉讓多式聯運單據，則應當指明記名的收貨人，多式聯運承運人將貨物交給不可轉讓單據所指明的記名收貨人才算履行了交貨的義務。

第八百四十一條　因託運人託運貨物時的過錯造成多式聯運經營人損失的，即使託運人已經轉讓多式聯運單據，託運人仍然應當承擔賠償責任。

■ 條文主旨

本條是關於託運人應當向承運人承擔過錯責任的規定。

■ 條文釋義

在多式聯運中，託運人一般應當承擔以下三方面的責任：

1. 保證責任。即在多式聯運經營人接管貨物時，發貨人應視為已經向多式聯運經營人保證他在多式聯運單據中所提供的貨物品類、標誌、件數、重量、數量及危險特性的陳述的準確無誤，並應對違反這項保證造成的損失負賠償責任。

2. 對凡是因為託運人或者其受僱人或者代理人在受僱範圍內行事時的過失或者大意而給多式聯運經營人造成損失的，託運人應當向多式聯運經營人賠償責任。

3. 運送危險物品的特殊責任。託運人將危險品交多式聯運經營人時，應當告知多式聯運經營人危險物品的危險特性，必要時應告之應採取的預防措施。否則其要對多式聯運經營人因運送這類貨物所遭受的損失負賠償責任。

在多式聯運中，即使託運人已經轉讓多式聯運單據，但如果託運人因自己的過錯給多式聯運經營人造成損失的，託運人仍然應當承擔損害賠償責任。也就是說，託運人賠償多式聯運經營人的損失不受多式聯運單據是否轉讓的影響，只要因託運人的過錯造成多式聯運經營人損失，不管多式聯運單據在誰手中，多式聯運經營人都可向託運人要求賠償，而不能向持票人或者收貨人要求賠償。

第八百四十二條　貨物的毀損、滅失發生於多式聯運的某一運輸區段的，多式聯運經營人的賠償責任和責任限額，適用調整該區段運輸方式的有關法律規定；貨物毀損、滅失發生的運輸區段不能確定的，依照本章規定承擔賠償責任。

■ 條文主旨

本條是關於多式聯運經營人承擔賠償責任所適用法律的規定。

■ 條文釋義

在傳統的單一運輸方式中，對於承運人的賠償問題基本上都有專門的運輸法或者行政法規作了規定。但在多式聯運中，由於其最大的特點就是用不同的運輸方式進行運輸，而我國的各專門運輸法或者行政法規對不同的運輸方式中的賠償責任和賠償限額的規定是不相同的，所以就存在一個問題，即一旦貨物發生毀損、滅失的，多式聯運經營人根據什麼法律或者行政法規承擔賠償責任和確定賠償限額？

本條規定就此確立了兩個規則：

1. 如果貨物發生毀損滅失的區段是確定的，多式聯運經營人的賠償責任和責任限額，適用調整該區段運輸方式的有關法律的規定。該原則體現了目前國際通行的多式聯運經營人的「網狀責任制」。例如，託運人與多式聯運經營人簽訂了一份從北京至紐約的多式聯運合同。全程運輸分為三個區段，首先是從北京至天津的公路運輸，其次是天津到舊金山的國際海運，最後是從舊金山到紐約的鐵路運輸，如果貨物的毀損、滅失能夠確定發生在中國的公路運輸區段，則多式聯運經營人的賠償責任和責任限額就按中國的公路運輸方面的法律或者行政法規進行辦理；如果發生在國際海運區段則按我國海商法的有關規定進行賠償；如果發生在美國的鐵路運輸區段，就應按照美國的鐵路法的規定進行辦理。本條規定的網狀制度的主要缺點是責任制度不確定，隨發生損失的區段而定，事先難以把握。它的優點是多式聯運經營人承擔的賠償責任與發生損壞區段承運人所負責任相同，使組織多式聯運的經營人不承擔不同責任的風險，便利了多式聯運的組織工作和多式聯運的發展。這也是國際上通行此項責任制度的主要原因。

2. 對於貨物發生毀損、滅失的運輸區段不能確定的，多式聯運經營人應當依照本章的規定承擔損害賠償責任。在多式聯運中，貨損發生的運輸區段有時不易查清，網狀責任制通常用「隱蔽損害一般原則」規定多式聯運經營人的責任，即對這一類貨損採用某項統一的規定的辦法確定經營人的責任。本條規定，對於隱蔽貨損，即貨損發生區段不能確定時，多式聯運經營人應當按照本章關於承運人賠償責任和責任限額的規定負賠償責任。

本條沒有規定涉及多式聯運經營人如何向各區段承運人追償此項賠償金額問題。在貨損區段能夠確定時，多式聯運經營人可以向其承運人追償。如果是隱蔽貨損，除合同另有約定外，多式聯運經營人是無法向任何人追償的。因此，如果多式聯運經營人要擺脫這種損失，

唯一的辦法就是通過與參加多式聯運的各區段承運人之間訂立的運輸合同得到適當解決。對此本法第 839 條作了規定，即多式聯運經營人可以與參加多式聯運的各區段承運人約定相互之間的責任。

第二十章　技術合同

本章分為四節，共四十五條。主要規定了技術合同的概念，訂立技術合同應當遵循的基本原則和目的，技術合同的內容，技術合同的價款、報酬和使用費支付方式，職務技術成果及職務技術成果財產權歸屬，非職務技術成果財產權歸屬，技術成果人身權，技術合同的無效，技術開發合同、技術轉讓合同、技術許可合同、技術諮詢合同和技術服務合同的概念，合同當事人的權利義務，合同的履行，違約責任等內容。

第一節　一般規定

> 　　第八百四十三條　技術合同是當事人就技術開發、轉讓、許可、諮詢或者服務訂立的確立相互之間權利和義務的合同。

■ 條文主旨

本條是關於技術合同定義的規定。

■ 條文釋義

根據本條規定，技術合同是當事人就技術開發、轉讓、許可、諮詢或者服務訂立確立相互之間權利和義務的合同。根據本條規定，技術合同具有以下特徵：

1. 技術合同屬於民法典規定的一種有名合同，具有合同的一般特徵。

2. 技術合同的主體是平等主體的自然人、法人、非法人組織。技術合同是上述主體之間設立、變更、終止民事權利義務關係的合同。

3. 技術合同的標的是技術開發、技術轉讓、技術許可、技術諮詢、技術服務。技術合同的標的是凝聚着人類智慧的創造性的勞動成果，或者是利用勞動成果為社會提供的服務。技術合同的標的是既可以是物，也可以是行為。

4. 技術合同的內容是當事人就技術開發、技術轉讓、技術許可、技術諮詢、技術服務所確立的相互之間權利和義務關係。這種權利義務關係，有自己的特殊性，比如，技術合同履行過程中常常出現相關權利（發明權、專利權、非專利權使用權等）的歸屬問題；又如，技術合同的標的多數是無形的，特別是技術轉讓合同的一方當事人允許他方使用自己的技術多數是無形的；還有，使用技術合同標的的主體可以是一個主體，也可以是多個主體；而在我

們實際生活中，合同的標的多為有形物，標的為多個主體同時佔有使用的也很少。另外，由於技術是一種知識性的商品，該產品的價款沒有統一的、現成的標準，技術商品如何計價就突顯其複雜性。

5. 技術合同是雙務、有償合同。在技術合同中，當事人雙方都承擔着自己相應的義務和所享有的權利，一方當事人權利的取得，需要以履行自己的義務為代價。

6. 技術合同是技術商品生產和消費之間的一個媒介。技術成果不被運用難以體現其自身的價值，技術成果的持有者只有與需求方聯合才可以將技術成果轉化為現實的生產力，而這種聯合往往是通過技術合同這種形式實現的。

在民法典編纂徵求意見時，許多意見提出，現實生活中，對技術的使用不僅僅是開發、轉讓、諮詢或者提供技術服務，更多的是許可他人使用技術。合同法第 322 條對技術合同的定義中沒有規定技術許可合同，導致實踐中當事人就技術許可訂立合同沒有法律依據，產生的糾紛不好解決，建議補充這一內容。持這一意見的還提出，現行許多法律特別涉及知識產權的法律已明確規定當事人對自己擁有的技術、或者享有的知識產權的智力成果可以許可他人使用。考慮到技術許可與技術轉讓具有不同的法律含義，立法部門決定將技術許可的內容在技術合同一章單獨作出規定，對此，本條也在保留合同法第 322 條內容的基礎上，增加技術合同包括當事人就技術許可確立相互之間權利和義務的合同這一內容。

> **第八百四十四條　訂立技術合同，應當有利於知識產權的保護和科學技術的進步，促進科學技術成果的研發、轉化、應用和推廣。**

■ 條文主旨

本條是關於訂立技術合同應當遵循的原則的規定。

■ 條文釋義

科學技術是第一生產力，是經濟和社會發展的首要推動力量，是國家強盛的決定性因素。當今世界蓬勃發展的新科技革命，使科學技術空前廣泛地滲透到人類社會的各個領域，不僅促使社會生產力的巨大飛躍，而且引起世界格局的深刻變化。各國經濟和社會的發展對科技進步的依賴程度越來越高。基礎研究、應用研究與技術開發之間出了疊合和交叉，技術成果轉化為商品生產的周期不斷縮短，科技、教育和生產之間的聯繫更加密切。由於科學技術具有上述巨大作用，我們必須充分利用科學技術，而科學技術利用的媒介之一就是要通過訂立技術合同來完成，為此本條規定了訂立技術合同應當遵循的原則。

1. 遵循有利於知識產權保護的原則。知識產權是指人們就其智力勞動成果所依法享有的專有權利，通常國家賦予創造者對其智力成果在一定時期內享有的專有權或獨佔。知識產權

制度是國家以法定程序和條件授予智力成果完成人在一定期間內擁有一定的獨佔權，並以法律手段保障這一權利不受侵犯的法律制度。知識產權制度通過對智力成果完成人民事權利的保護，體現了國家發展科技、鼓勵創新、促進產業發展，保持國家競爭力的政策意志和戰略目標。隨着當代科學技術日新月異，高新技術及其產業迅猛發展，世界範圍內的經濟競爭呈現信息化、知識化趨勢，知識產權保護在國家經濟、社會發展和科技進步中的戰略地位進一步增強，成為國家技術創新體系的重要組成部分，故本次編纂民法典將訂立技術合同，應當有利於保護知識產權作出明確規定，以適應加強知識產權保護的需要。

2. 遵循有利於科學技術的進步，促進科學技術成果的研發、轉化、應用和推廣的原則。技術合同是技術成果商品化的法律形式，實行技術合同的目的，是將技術成果推向市場，創造更大的經濟效益和社會效益。因此，當事人在訂立技術合同時，應當從推動科學技術進步，促進科技與經濟發展出發，確定權利義務，努力研究開發新技術、新產品、新工藝、新材料及其系統，促進先進適用的科技成果在生產實踐中獲得應用，使科學技術更好地為社會主義現代化建設服務。規定這一原則的目的，在於鼓勵和引導當事人正確運用技術合同這一有效的法律形式，在科研和生產之間架起一座橋樑，促使技術成果儘快向生產領域轉移，形成新的生產力。

第八百四十五條　技術合同的內容一般包括項目的名稱，標的的內容、範圍和要求，履行的計劃、地點和方式，技術信息和資料的保密，技術成果的歸屬和收益的分配辦法，驗收標準和方法，名詞和術語的解釋等條款。

與履行合同有關的技術背景資料、可行性論證和技術評價報告、項目任務書和計劃書、技術標準、技術規範、原始設計和工藝文件，以及其他技術文檔，按照當事人的約定可以作為合同的組成部分。

技術合同涉及專利的，應當註明發明創造的名稱、專利申請人和專利權人、申請日期、申請號、專利號以及專利權的有效期限。

■ 條文主旨

本條是關於技術合同條款的內容的規定。

■ 條文釋義

訂立技術合同的當事人應當在平等、自願的基礎上，協商確定合同內容。技術合同的內容即合同條款是當事人權利和義務的體現，也是當事人履行合同、判明違約責任的主要依據。技術合同條款一般由合同雙方當事人協商約定，不需要由法律作出具體規定。但是，考慮到我國法律知識尚不普及，技術合同的內容比較複雜，有必要在法律中作一些規定，以指

導當事人訂立技術合同。

通常來說，技術合同的一般包括以下內容：

1. 項目名稱。一般指技術合同標的涉及項目的名稱，當事人應當準確約定。

2. 標的的內容、範圍和要求。合同標的，是合同法律關係的客體，是合同當事人雙方權利和義務共同指向的對象。不同的技術合同標的，有着不同的技術範圍和技術指標要求。因此，當事人在訂立技術合同時，不僅要明確技術合同標的，而且還要根據不同標的的要求，明確該標的的技術範圍和技術指標要求。

3. 履行的計劃、進度、期限、地點、地域和方式。履行的地點是指合同的履行地。履行地域是指履行技術合同所涉及的區域範圍。如利用受讓的技術生產商品銷售的範圍。履行方式是指當事人採用什麼樣的方式和手段履行合同規定的義務。履行方式根據合同的內容不同而有所不同。對履行方式的具體要求應當在合同中明確規定。

4. 技術情報和資料的保密。有些技術合同的內容涉及國家安全或者當事人的重大利益，需要對技術情報和資料加以保密，對此，雙方當事人應當在合同中對保密事項、保密範圍、保密期限以及違反保密責任等加以規定。

5. 風險責任的承擔。技術合同中約定的內容可能得不到完全實現，甚至完全不能實現，這就是風險。特別是技術開發合同作為一種探索未知的創造性活動，既有成功的可能，也存在失敗的風險。因此，技術合同應當約定風險條款，明確當事人所應承擔的風險責任。

6. 技術成果的歸屬和收益的分成辦法。技術合同履行的結果可能創造出一項或幾項技術成果，當事人應當在合同中約定其所有權和使用權的歸屬、分享以及由此產生的利益分成辦法。

7. 驗收標準和方法。技術合同的履行是否符合合同的約定，需要驗收後予以確定。因此，當事人應當在合同中約定技術合同的驗收項目、驗收標準及驗收辦法。

8. 價款、報酬或者使用費及其支付方式。技術合同的價款、報酬和使用費，由當事人根據技術成果的經濟效益和社會效益、研究開發技術的成本、技術成果的工業化開發程度、當事人享有的權益和承擔的責任，協商議定。價款、報酬和使用費的支付方式由當事人約定，可以採取一次總付、分期支付，或者提成支付等方式。

9. 違約金或者損失賠償的計算方法。違約金是合同一方當事人違反合同約定，向另一方當事人支付的金錢。技術合同的當事人有可能違反合同的約定，給另一方當事人造成損失。因此，當事人應當在合同中約定違約金、違反合同的損害賠償的計算辦法以及違約金與損害賠償的關係。

10. 解決爭議的方法。當事人雙方應當約定合同發生爭議時的解決方式，如採取仲裁方式解決，就需要在合同中訂明仲裁條款或者簽訂仲裁協議。

11. 名詞和術語的解釋。技術合同的內容具有很強的專業性，在合同文本中要使用一些專業名詞術語和簡化符號，為防止因理解不同而發生爭議，對關鍵性術語和簡化符號，需經雙方協商作出明確無疑義的解釋。

上述技術合同的內容是指導性條款，不要求訂立技術合同的當事人必須採用，也不限制當事人在合同中約定其他權利義務，如當事人可以約定對技術合同的擔保等。與履行合同有關的技術背景資料、可行性論證和技術評價報告、項目任務書和計劃書、技術標準、技術規範、原始設計和工藝文件，以及其他技術文檔，按照當事人的約定可以作為合同的組成部分。這裏的技術文檔，是指與履行技術合同相關的自然語言或者形式化語言所編寫的文字資料和圖表、照片，用來描述程序的內容、組成、設計、功能規格、開發情況、測試結果及使用方法，如程序設計說明書、流程圖、用戶手冊等。

技術合同涉及專利的，還應當遵守專利法的有關規定，合同中應當註明發明創造的名稱、專利申請人和專利權人、申請日期、申請號、專利號以及專利權的有效期限。本條第 3 款的規定是一個義務性規定，對雙方當事人具有一定的約束力，如果當事人訂立技術合同時，合同標的涉及專利的，就應當按照本款的規定執行。

> **第八百四十六條** 技術合同價款、報酬或者使用費的支付方式由當事人約定，可以採取一次總算、一次總付或者一次總算、分期支付，也可以採取提成支付或者提成支付附加預付入門費的方式。
>
> 約定提成支付的，可以按照產品價格、實施專利和使用技術秘密後新增的產值、利潤或者產品銷售額的一定比例提成，也可以按照約定的其他方式計算。提成支付的比例可以採取固定比例、逐年遞增比例或者逐年遞減比例。
>
> 約定提成支付的，當事人可以約定查閱有關會計賬目的辦法。

■ 條文主旨

本條是關於技術合同價款、報酬和使用費支付方式的規定。

■ 條文釋義

價款、報酬和使用費是技術作為技術合同標的的價金，也是一方當事人獲取、使用技術所應支付的代價。通常這種代價，在技術轉讓合同中稱為價款，在技術開發合同、技術服務合同中稱為報酬，在技術轉讓合同（如專利技術轉讓合同）中，稱為使用費。價款、報酬和使用費是技術作為知識形態的商品價值的貨幣表現形式，也是技術作為商品進行等價交換的結果。

由於技術在形成過程中所耗費的人類勞動、使用的資金、運用的科技知識、信息、經驗、技能和研究方法的不同，以及技術產生的經濟效益和社會效益的不同，技術沒有統一的市場價格，也不能由國家根據經濟理論和價格政策確定，所以技術合同的價款、報酬和使用費由當事人協商確定。當事人應當根據技術成果的經濟效益和社會效益、研究開發技術的成

本、技術成果的工業化開發程度、當事人享有的權益和承擔的責任等，在訂立合同時協商議定。當事人除在合同中約定技術合同價款、報酬或者使用費外還應當約定技術合同價款、報酬或者使用費的支付方式。

一、技術合同價款、報酬和使用費的支付方式

本條第 1 款規定，技術合同價款、報酬或者使用費的支付方式由當事人約定，可以採取一次總算、一次總付或者一次總算、分期支付，也可以採取提成支付或者提成支付附加預付入門費的方式。具體如下：

1. 一次總算、一次總付。這種方式是技術合同的一方當事人在合同成立後，將合同約定的全部價款、報酬或者使用費向另一方當事人一次付清。

2. 一次總算、分期支付。這種方式是技術合同的當事人將技術合同的價款、報酬、使用費在合同中一次算清，一方當事人在合同成立後，分幾次付清合同約定的價款、報酬或者使用費。

3. 提成支付。這種方式是技術合同的一方當事人在接受技術成果或者其他智力勞動成果後，從付諸實施的技術成果或者技術服務後所獲得的收益中，按照約定的比例提取部分收入交付另一方當事人作為技術合同的價款、報酬或者使用費。這種方式的價款、報酬、使用費取決於實施方實際取得的收益，較為科學合理，在實踐中較為普遍適用。

4. 提成支付附加預付入門費。這種方式是指接受技術的技術合同的一方當事人在合同成立後或者在取得技術成果後先向另一方當事人支付部分價款、報酬或者使用費（稱為入門費或初付費），其餘部分按照合同約定的比例提成，並按照合同約定的時間支付。這筆入門費將來抵作技術合同的價款、報酬或者使用費的一部分。實踐中這筆入門費通常佔技術合同的價款、報酬或者使用費的 10% 到 20%。

二、提成支付的計算方式

本條第 2 款規定，當事人約定提成支付的，可以按照產品價格、實施專利和使用技術秘密後新增的產值、利潤或者產品銷售額的一定比例提成，也可以按照約定的其他方式計算。具體如下：

1. 按照產品的價格提成。是指按照已經利用的技術成果或者技術服務生產的產品的售價的一定比例作為技術合同的價款、報酬或者使用費。

2. 按照新增產值提成。是指按照已經利用的技術成果或者技術服務後新增加的產值的一定比例作為技術合同的價款、報酬或者使用費。

3. 按照新增利潤提成。是指按照已經利用的技術成果或者技術服務後新增加的利潤的一定比例作為技術合同的價款、報酬或者使用費。

4. 按照產品銷售額提成。是指按照已經利用的技術成果或者技術服務後產生的銷售額的一定比例作為技術合同的價款、報酬或者使用費。

5. 按照其他方式提成。例如，最低提成費，即支付方每年支付的提成不得低於某一個固定的金額。

提成支付的比例可以採取固定比例，也可採取逐年遞增比例或者逐年遞減比例確定。

三、提成支付時，接受價款、報酬或者使用費的一方當事人有權查閱賬目

當事人約定提成支付的，由於這種支付方式存在計算、監督、檢查複雜等問題，因此，本條第 3 款規定，約定提成支付的，當事人可以約定查閱有關會計賬目的辦法。這一規定是為了保護提成支付方式中接受價款、報酬或者使用費一方當事人的合法權益而作出的規定。這一規定對於接受價款、報酬或者使用費一方當事人是一項權利，對於支付價款、報酬或者使用費一方當事人是一項義務。

第八百四十七條 職務技術成果的使用權、轉讓權屬於法人或者非法人組織的，法人或者非法人組織可以就該項職務技術成果訂立技術合同。法人或者非法人組織訂立技術合同轉讓職務技術成果時，職務技術成果的完成人享有以同等條件優先受讓的權利。

職務技術成果是執行法人或者非法人組織的工作任務，或者主要是利用法人或者非法人組織的物質技術條件所完成的技術成果。

■ 條文主旨

本條是關於職務技術成果及職務技術成果財產權歸屬的規定。

■ 條文釋義

技術成果，是指利用科學技術知識、信息和經驗作出的產品、工藝、材料及其改進等技術方案。包括專利、專利申請、技術秘密、計算機軟件、集成電路佈圖設計、植物新品種等。因技術成果所產生的權益屬於知識產權。知識產權包括人身權和財產權。人身權，是指與人身相聯繫或者密不可分的沒有直接財產內容的權利。財產權是人身權的對稱，指具有經濟利益的權利。

技術成果的財產權，即使用和轉讓技術成果的權利。技術成果財產權的歸屬要根據技術成果是職務技術成果還是非職務技術成果來決定。

一項技術成果，根據完成技術成果個人的研究開發活動與崗位職責及法人或者非法人組織的物質技術投入的關係，可以劃分為職務技術成果和非職務技術成果。

職務技術成果是執行法人或者非法人組織的工作任務或者主要是利用法人或者非法人組織的物質技術條件所完成的技術成果。依據這一規定，確認職務技術成果的標準有兩條：一是執行法人或者非法人組織的工作任務；二是主要是利用法人或者非法人組織的物質技術條件。

執行法人或者非法人組織的任務，主要是指承擔法人或者非法人組織的科學研究和技術開發課題或者履行本崗位的職責。利用法人或者非法人組織的物質技術條件，是指法人或其

非法人組織提供的資金、設備、器材、未公開的技術情報和資料。但是利用法人或者非法人組織提供的物質技術條件，按照事先約定，返還資金或交納使用費的不在此限。調動工作的人員既執行了原法人或者非法人組織的任務，又利用了所在法人或者非法人組織的物質技術條件所完成的技術成果，由其原法人或者非法人組織和所在法人或者非法人組織合理分享。確認技術成果是否是職務技術成果，並不要求同時具備上述兩個條件，只要具備一個條件就可以認定是職務技術成果。

職務技術成果的使用權、轉讓權屬於法人或者非法人組織，法人或者非法人組織可以就該項職務技術成果訂立技術合同。個人未經法人或者非法人組織同意，擅自以生產經營為目的使用、轉讓法人或者非法人組織的職務技術成果，是侵犯法人或者非法人組織技術權益的侵權行為。

第八百四十八條　非職務技術成果的使用權、轉讓權屬於完成技術成果的個人，完成技術成果的個人可以就該項非職務技術成果訂立技術合同。

■ 條文主旨

本條是關於非職務技術成果財產權歸屬的規定。

■ 條文釋義

未執行法人或者非法人組織的工作任務，也未利用法人或非法人組織的物質技術條件所完成的技術成果，是非職務技術成果。

非職務技術成果的財產權即非職務技術成果的使用權、轉讓權屬於完成技術成果的個人。完成技術成果的個人有權就該項非職務技術訂立技術合同，轉讓或者許可他人使用非職務技術成果，有權獲得因使用或者轉讓該項技術成果所取得的收益。本條規定對非職務技術成果的完成人訂立合同使用、轉讓技術成果的權利給予充分的法律保護，對於調動人們從事科學技術的研發、轉化、運用和推廣的積極性，促進科學技術的進步，具有重要意義。非職務技術成果如何使用、或者如何轉讓完全由完成該項非職務技術成果的個人依法自行支配，法人或者非法人組織不得干涉。

法人或者非法人組織擅自以生產經營目的使用或者轉讓屬於個人的非職務技術成果，是侵犯個人合法權益的行為。

第八百四十九條 完成技術成果的個人享有在有關技術成果文件上寫明自己是技術成果完成者的權利和取得榮譽證書、獎勵的權利。

■ 條文主旨

本條是關於技術成果人身權的規定。

■ 條文釋義

技術成果的人身權,即在有關技術成果文件上署名以及取得國家榮譽證書、獎章和其他獎勵的權利。這一權利與完成技術成果的完成者人身緊密相連,因此,這一權利應當屬於對完成技術成果作出了創造性貢獻的個人。因技術成果產生的人身權利專屬於完成該項技術成果的個人,其他任何人無權分享。故本條規定完成技術成果的個人享有在有關技術成果文件上寫明自己是技術成果完成者的權利和取得榮譽證書、獎勵的權利。例如,專利法第 17 條規定,發明人或者設計人有在專利文件中寫明自己是發明人或者設計人的權利。專利權人有權在其專利產品或者該產品的包裝上標明專利標識。

第八百五十條 非法壟斷技術或者侵害他人技術成果的技術合同無效。

■ 條文主旨

本條是關於技術合同無效情形的規定。

■ 條文釋義

合同的無效,是指合同雖然已經成立,但因其違反法律、行政法規或社會公共利益而被確認為不具有法律效力。訂立合同是當事人的一種民事法律行為。民法典在總則第六章民事法律行為第三節對民事法律行為的效力和合同編第三章對合同的效力都作了詳細規定,當事人在訂立技術合同時當然也應當遵循這些規定,以避免所簽訂的技術合同無效。

除此之外,本條根據技術合同的特點明確了技術合同無效的兩種情形,即非法壟斷技術或者侵害他人技術成果的技術合同無效。

非法壟斷技術,是指合同的一方當事人通過合同條款限制另一方當事人在合同標的技術的基礎上進行新的研究開發,限制另一方當事人從其他渠道吸收技術,或者阻礙另一方根據市場的需求,按照合理的方式充分實施專利和使用技術秘密。非法壟斷技術條款與正常的合同中約定限制對方當事人不得為某些行為的條款不同,在符合法律規定的情況下,當事人可以約定技術情報資料的保密義務,約定實施專利或者使用非專利技術的範圍,也可以採取限

定的幾種許可形式實施技術。

第二節　技術開發合同

> **第八百五十一條　技術開發合同是當事人之間就新技術、新產品、新工藝、新品種或者新材料及其系統的研究開發所訂立的合同。**
>
> **技術開發合同包括委託開發合同和合作開發合同。**
>
> **技術開發合同應當採用書面形式。**
>
> **當事人之間就具有實用價值的科技成果實施轉化訂立的合同，參照適用技術開發合同的有關規定。**

■ 條文主旨

本條是關於技術開發合同定義和種類的規定。

■ 條文釋義

一、技術開發合同的概念和特點

技術開發合同是當事人之間就新技術、新產品、新工藝、新品種或者新材料及其系統的研究開發所訂立的合同。技術開發合同具有以下特點：

1. 技術開發合同通常是雙務合同、有償合同。在技術開發合同中雙方當事人均有義務，同時一方當事人在取得權利的同時必須向另一方支付一定的費用，付出相應的義務。

2. 技術開發合同是一種要式合同，與其他合同相比，技術開發合同的內容較多，如研究開發經費及利用研究開發經費購置的財產及權屬、技術成果的歸屬等；技術開發合同是一項探索性活動，履行期長，涉及風險責任的承擔；技術開發合同標的比較複雜，涉及研究開發行為及研究開發行為的對象，因此，本條第 3 款規定當事人訂立技術開發合同應當採用書面形式，便於將多且複雜的合同內容固定下來，有利於合同當事人認真遵循，履行好合同。

3. 技術開發合同的標的（新技術、新產品、新工藝、新品種或者新材料）應有相對新的特點。新技術、新產品、新工藝、新產品或者新材料及其系統，一般是指當事人在訂立技術合同時尚未掌握的產品、工藝、品種、材料及其系統等技術方案，但是在技術上沒有創新的現有產品改型、工藝變更、品種更新、材料配方調整以及技術成果的檢驗、測試和使用的除外。本條中所講的新技術、新產品、新工藝、新材料及其系統，依據《最高人民法院關於審理技術合同糾紛案件適用法律若干問題的解釋》第 17 條的規定，包括當事人在訂立技術合同時尚未掌握的產品、工藝、材料及其系統等技術方案，但對技術上沒有創新的現有產品的

改型、工藝變更、材料配方調整以及對技術成果的驗證、測試和使用除外。這次編纂民法典為鼓勵推出技術新品種，研究開發新品種，增加「新品種」為技術開發合同的標的。

4. 技術開發合同風險性較大。由於技術開發是一項探索未知的活動，受各方面條件的限制，可能雙方盡了很大的努力，也難以達到訂立合同的目的，因此訂立技術開發合同必須依據本法的有關規定，明確合同各方的責任和所承擔的風險。訂立技術開發合同，應當有必要的研究開發經費、基礎設施、技術情報資料等條件。當事人在訂立合同前應當進行必要的、全面細緻的可行性論證，廣泛收集有關的技術信息，選擇適當的研究開發方案，儘量避免重複研究和開發。就列入國家計劃的科技項目訂立技術開發合同，必須符合計劃和項目任務書的要求；就其他項目訂立的技術開發合同，應當符合有關技術政策。

二、技術開發合同的種類

根據本條第 2 款的規定，技術開發合同包括委託開發合同和合作開發合同。

委託開發合同，是指當事人一方委託另一方進行研究開發所訂立的合同。即委託人向研究開發人提供研究開發經費和報酬，研究開發人完成研究開發工作並向委託人交付研究成果。委託開發合同的特徵是研究開發人以自己的名義、技術和勞務獨立完成研究開發工作，委託人不得非法干涉。

合作開發合同，是指當事人各方就共同進行研究開發所訂立的合同。即當事人各方共同投資、共同參與研究開發活動、共同承擔研究開發風險、共享研究開發成果。合作開發合同的各方以共同參加研究開發中的工作為前提，可以共同進行全部研究開發工作，也可以約定分工，分別承擔相應的部分。當事人一方僅提供資金、設備、材料等物質條件或者承擔輔助協作事項，由另一方進行研究開發工作的合同，是委託開發合同。

三、技術開發合同的內容

技術開發合同的內容由雙方當事人在平等、自願的基礎上協商確定。合同的內容一般應當具備下列條款：（1）項目名稱；（2）標的技術的內容、形式和要求；（3）研究開發計劃；（4）研究開發經費或者項目投資的數額及其支付、結算方式；（5）利用研究開發經費購置的設備、器材、資料的財產權屬；（6）履行的期限、地點和方式；（7）風險責任的承擔；（8）技術成果的歸屬和分享；（9）驗收的標準和方法；（10）報酬的計算和支付方式；（11）違約金或者損失賠償額的計算方法；（12）技術協作和技術指導的內容；（13）爭議的解決辦法；（14）名詞和術語的解釋。列入國家計劃的科技項目訂立的合同，應當附具計劃書、任務書以及主管機關的批准文件。與其他合同相比，技術開發合同的內容較多，如研究開發經費及利用研究開發經費購置的財產及權屬、技術成果的歸屬等；技術開發合同是一項探索性活動，履行期長，涉及風險責任的承擔；技術開發合同標的比較複雜，涉及研究開發行為及研究開發行為的對象，因此，本條第 3 款規定當事人訂立技術開發合同應當採用書面形式。

四、科技成果實施轉化合同參照適用技術開發合同

當事人之間就具有實用價值的科技成果實施轉化訂立的合同，是指當事人之間就具有實用價值但尚未實現工業化應用的科技成果包括階段性技術成果，以實現該科技成果工業化應

用為目標，約定後續試驗、開發和應用等內容的合同。實踐中，當事人就科技成果實施轉化訂立的合同逐漸增多，為適應技術創新和科技產業化的需要，本條第 4 款規定這些合同參照適用技術開發合同的有關規定。

> **第八百五十二條　委託開發合同的委託人應當按照約定支付研究開發經費和報酬，提供技術資料，提出研究開發要求，完成協作事項，接受研究開發成果。**

■ 條文主旨

本條是關於委託開發合同的委託人的主要義務的規定。

■ 條文釋義

根據本條規定，委託開發合同的委託人主要義務有：

一、支付研究開發經費和報酬

研究開發經費，是指完成研究開發工作所需要的成本。除合同另有約定，委託人應當提供全部研究開發工作所需要的經費，包括購買研究必需的設備儀器、研究資料、試驗材料、能源、試製、安裝以及情報資料等費用。研究開發經費是委託開發合同履行所必需的費用，一般應當在合同成立後，研究工作開始前支付，也可以根據研究的進度分期支付，但不得影響研究開發工作的正常進行。當事人應當在合同中約定研究開發經費的結算辦法。合同約定按照實際支付的，研究開發經費不足時，委託人應當補充支付；研究開發經費剩餘時，研究開發人應當如數返還。如果合同中約定研究開發經費包乾使用，那麼結餘經費應當歸研究開發人所有，不足的經費由研究開發人自行解決。如果合同中沒有約定研究開發經費結算方式，可以按照包乾使用的方式，處理使用研究開發經費。

委託人向研究開發人支付的報酬，是指研究開發成果的使用費和研究開發人員的科研補貼。與研究開發經費不同，它是研究開發人獲得的勞動收入。合同約定研究開發經費的一定比例作為使用費和科研補貼的，可以不單列報酬。

二、提供技術資料

委託開發工作是研究開發人根據委託人的要求進行的，只有委託人提供完備的技術資料以及研究開發人所要求的必要的技術背景資料，研究開發人的研究開發才能更好地滿足其要求、研究開發工作才能順利地進行。因此，合同成立後，委託人負有按照合同約定提供研究開發工作必要的技術資料的義務。在研究開發過程中，委託人還應當及時應研究開發人的要求，補充必要的背景資料，但應以研究開發人為履行合同所需要的範圍為限。

三、提出研究開發要求

委託開發合同，是委託人有研發新技術、新產品、新工藝、新品種、新材料的要求，委

託給開發人進行研究開發。開發人必須按照委託的要求，開展研究開發工作，只有這樣完成的開發工作成果才能符合委託人的預期。因此，委託開發合同的委託人應當明確具體地提出研究開發要求，提出對研究開發的具體願望是什麼，目標是什麼，希望研究開發工作成果是什麼樣子，達到什麼的標準，符合什麼條件等，技術要求、時間要求、質量要求等是什麼。委託人提出的研究開發要求要有可操作性。

四、完成協作事項

委託開發合同是研究開發方按照委託人的要求進行研究開發工作的，為了保證研究開發工作的順利進行，取得預期的成果，委託方除了按照合同的約定支付研究開發經費和報酬，提供技術資料外，還必須配合委託方的研究開發工作，做好必要的協助工作，即委託人負有完成委託開發合同的協作義務。但是，委託人完成協作事項，只是為研究開發工作提供的輔助性勞動，不能因此認為是參加了開發研究，將委託開發合同變為合作開發合同。研究開發人需要委託人提供哪些協作、輔助事項，最好在委託開發合同中作出明確的約定，合同一旦約定，委託人必須履行。

五、接受研究開發成果

委託開發合同履行後，委託人享有接受該項研究開發成果的權利。這也是委託人的義務。委託人應當按期接受這一成果。當事人可以在合同中約定委託人接受研究開發成果的方式、時間或者期限，便於合同及時履行。

技術開發成果通常體現在一定的載體上，技術合同認定規則規定申請認定登記的技術合同，當事人約定提交有關技術成果的載體，不得超出合理的數量範圍。

> **第八百五十三條**　委託開發合同的研究開發人應當按照約定制定和實施研究開發計劃，合理使用研究開發經費，按期完成研究開發工作，交付研究開發成果，提供有關的技術資料和必要的技術指導，幫助委託人掌握研究開發成果。

■ 條文主旨

本條是關於委託開發合同的研究開發人主要義務的規定。

■ 條文釋義

根據本條規定，委託開發合同的研究開發人的主要義務有：

一、制定和實施研究開發計劃

委託開發合同是委託人委託研究開發人進行研究開發的一種合同。為保證研究開發成果符合委託人的要求，研究開發人應當按照委託人的要求、合同的約定制定和實施研究開發計劃。研究開發計劃是委託開發合同的研究開發人就合同標的的研究開發而事先擬定的需要經

過委託人同意的研究開發工作的具體步驟、具體內容、具體程序等,是指導研究開發工作的基本文件,是完成開發工作的前提,對保證研究開發工作的順利完成具有根本性的作用。研究開發計劃一般包括研究開發的基本目標、研究開發的方法與方案、研究開發的速度、研究開發的試驗方法等。為保證研究開發成果符合委託人的要求,研究開發人應當進行必要的可行性論證,在此前提下,雙方當事人應當對研究開發計劃的內容根據委託開發合同的情況進行具體的約定,並根據合同的要求,選擇適當的研究開發方案,制定切實可行的計劃,並積極組織實施。當事人還應當約定提交研究開發計劃的期限、接受對實施研究開發計劃的監督等內容。研究開發計劃制定後,研究開發方應當積極組織實施執行,接受委託人的監督。在研究開發過程中,如有變化,應當及時與委託人研究協商變更研究開發計劃。

二、合理使用研究開發經費

研究開發經費是委託人支付給研究開發人專為研究開發工作使用的、用於研究開發合同標的所需要的費用。該費用通常是在委託開發合同中約定使用範圍的。因此,研究開發人應當按照合同的約定,本着專款專用的原則,根據開發項目的實際需要,合理有效地使用委託人支付的研究開發經費,不應浪費,不得擅自挪作他用。委託人有權檢查研究開發經費的使用情況,但不能妨礙研究開發人的正常工作。當事人可以在合同中約定研究開發經費使用、檢查等有關事項。

三、按期完成研究開發工作,交付研究開發成果

交付研究開發成果,是訂立委託開發合同的根本目的,也是研究開發人最基本的義務。因此,研究開發人應當按照合同的約定,按期完成研究開發工作,並及時將研究開發成果交付委託人。

四、提供有關的技術資料和必要的技術指導,幫助委託人掌握研究開發成果

研究開發人按照合同約定,完成研究開發工作並交付工作成果時,還應當向委託人提供有關的技術資料,並給予必要的技術指導,幫助委託人掌握該技術成果,使之儘快在生產實踐中應用。為了減少糾紛,當事人雙方應當在合同中約定技術資料和技術指導的範圍。如果合同中沒有約定或者約定不明確,則應當按照同行業一般專業技術人員能夠掌握研究開發成果所需要的技術資料和技術服務履行。

第八百五十四條　委託開發合同的當事人違反約定造成研究開發工作停滯、延誤或者失敗的,應當承擔違約責任。

■ 條文主旨

本條是關於委託開發合同的當事人違約責任的規定。

■ 條文釋義

本條源自合同法第 333 條、第 334 條的規定。合同法用兩個法律條文，分別規定了委託人、研究開發人違反委託開發合同的約定應當承擔違約責任。此次編纂民法典將這兩條規定合併為一條，統一規定委託開發合同的當事人違反委託開發合同應當承擔違約責任。

一、委託人違反委託開發合同的違約責任

委託人違反約定造成研究開發工作停滯、延誤或者失敗的，應當承擔違約責任：

委託人遲延支付研究開發經費，造成研究開發工作停滯、延誤的，研究開發人不承擔責任。委託人逾期不支付研究開發經費或者報酬的，研究開發人有權解除合同，返還技術資料；委託人應當補交應付的報酬，賠償因此給研究開發人造成的損失。

委託人按照合同約定提供技術資料和協作事項或者所提供的技術資料和協作事項有重大缺陷，導致研究開發工作停滯、延誤、失敗的，委託人應當承擔責任，委託人逾期不提供技術資料和協作事項的，研究開發人有權解除合同，委託人應當賠償因此給研究開發人造成的損失。

委託人逾期不接受研究開發成果的，研究開發人有權處分研究開發成果。所獲得的收益在扣除約定的報酬、違約金和保管費後，退還委託人。所得收益不足以抵償有關報酬、違約金和保管費的，有權請求委託人賠償損失。

二、研究開發人違反委託開發合同的違約責任

研究開發人違反約定，造成研究開發工作停滯、延誤或者失敗的，應當承擔違約責任：

研究開發人未按計劃實施研究開發工作的，委託人有權要求其實施研究開發計劃並採取補救措施。研究開發人逾期不實施研究開發計劃的，委託人有權解除合同。研究開發人應當返還研究開發經費，賠償因此給委託人造成的損失。

研究開發人將研究開發經費用於履行合同以外的目的的，委託人有權制止並要求其退還相應的經費用於研究開發工作。因此，造成研究開發工作停滯、延誤或者失敗的，研究開發人應當支付違約金或者賠償損失。經委託人催告後，研究開發人逾期未退還經費用於研究開發工作的，委託人有權解除合同。研究開發人應當返還研究開發經費，賠償因此給委託人造成的損失。

由於研究開發人的過錯，造成研究開發成果不符合合同約定條件的，研究開發人應當支付違約金或者賠償損失；造成研究開發工作失敗的，研究開發人應當返還部分或者全部研究開發經費，支付違約金或者賠償損失。

> **第八百五十五條**　合作開發合同的當事人應當按照約定進行投資，包括以技術進行投資，分工參與研究開發工作，協作配合研究開發工作。

■ 條文主旨

本條是關於合作開發合同當事人主要義務的規定。

■ 條文釋義

根據本條規定，在合作開發合同中，當事人各方的主要義務是：

一、進行投資，包括以技術進行投資

共同投資是合作開發合同的重要特徵，也是合作開發合同各方當事人的主要義務。合同當事人各方應當依照合同的約定投資。這裏的投資，是指合作開發合同當事人以資金、設備、材料、場地、試驗條件、技術情報資料、專利權、技術秘密成果等方式對研究開發項目所作的投入。採取資金以外的形式進行投資的，應當折算成相應的金額，明確當事人在投資中所佔的比例。雙方當事人應當在合同中約定投資的具體形式，並將投資比例約定清楚。

二、分工參與研究開發工作

合作開發合同的各方當事人雖然都要出錢，進行投資，但各方還必須出人直接參與研究開發工作。所以按照合同約定的分工參與研究開發工作是合作開發合同的特徵。參與研究開發工作，包括按照約定的計劃和分工共同進行或者分別承擔設計、工藝、試驗、試製等研究開發工作。雙方當事人如何分工參與研究開發工作應當在合同中規定清楚。

三、協作配合研究開發工作

合作開發是以雙方的共同投資和共同勞動為基礎的，各方在合作研究中的配合是取得研究開發成果的關鍵。因此，合作各方可以在合同中約定成立由雙方代表組成的指導機構，對研究開發工作中的重大問題進行決策、協調和組織研究開發活動，保證研究開發工作的順利進行。

> **第八百五十六條**　合作開發合同的當事人違反約定造成研究開發工作停滯、延誤或者失敗的，應當承擔違約責任。

■ 條文主旨

本條是關於合作開發合同當事人違約責任的規定。

■ **條文釋義**

一、違反約定的情形

本條中所講「合作開發合同的當事人違反約定」的情形，主要是指違反本法第 855 條所約定的情形，即不按照約定進行投資，包括不以技術進行投資；不按照約定分工參與研究開發工作；不按照約定協作配合研究開發工作。除此之外，還包括當事人違反合作開發合同中約定的其他情形，例如，當事人在合同中約定，合作開發合同的委託方應當按照合同確定的時間和要求，提供符合國家要求的技術開發成果的驗收標準，委託方未按照合同約定提供驗收標準，致使技術開發合同不繼續進行下去。

二、承擔違反約定責任的前提條件

依據本條的規定，合作開發合同的當事人違反約定承擔違約責任的條件有二：第一個是合作開發合同的當事人存在違約行為；第二個是由於違約行為造成研究開發工作停滯、延誤或者失敗。研究開發工作停滯，主要是指由於當事人的違約行為使研究開發工作受到阻礙，不能順利地進行或繼續下去。研究開發工作延誤，是指由於當事人的違約行為使研究開發工作緩慢前行或行動，不能按照預料的進度、時間進行，或使預料的工作停下有可能不能完成。研究開發工作失敗：是指由於當事人的違約行為使研究開發工作根本不能繼續開展下去，研究開發工作沒有達到預期的目的

三、承擔違約責任的方式

本條規定，合作開發合同的當事人違反約定造成研究開發工作停滯、延誤或者失敗的，應當承擔違約責任。那麼違約方承擔什麼樣的違約責任，承擔幾種違約責任，本條沒有明確的規定。通常當事人應當在訂立合同時約定違約責任及其違約責任的承擔方式，本法也有相關規定。

> **第八百五十七條** 作為技術開發合同標的的技術已經由他人公開，致使技術開發合同的履行沒有意義的，當事人可以解除合同。

■ **條文主旨**

本條是關於解除技術開發合同條件的規定。

■ **條文釋義**

合同的解除，是指合同有效成立後，當具備合同解除條件時，因當事人一方或者雙方的意思表示而使合同關係消滅的一種行為。合同的解除分為約定解除和法定解除。本法合同編第七章合同的權利義務終止中對合同解除作了較為詳細具體的規定。根據技術開發合同的特點，民法典合同編又在本條規定了技術開發合同可以解除的另一種情形，即作為技術開發合同標的的技術已經由他人公開，致使履行技術開發合同沒有意義，當事人可以解除合同。

在法律起草時，許多科研部門及有關同志提出，技術開發合同的標的雖然已經公開，但合同訂立後，技術研究開發人已經有所投入並付出了一定的勞動，在這種情況下，合同可以解除，但應當明確規定賠償技術研究開發人已經付出的有關費用。還有的同志建議，從實際情況出發，對合同訂立後，技術開發合同的標的已經由他人公開的兩種不同情況分別規定賠償責任。第一，合同訂立後立即發現技術開發合同的標的已經公開；對此，合同的另一方當事人可以不賠或者少賠研究開發人的損失。第二，技術開發人在實施技術開發工作過程中，技術開發合同的標的被公開，對此，合同的另一方當事人應當根據研究開發人的實際損失進行賠償。考慮到合同解除後產生的不僅僅是賠償問題，還有解除權的行使等問題，本法合同編對合同解除後產生的問題已有明確規定，故對此不再在技術合同一章中重複規定。

第八百五十八條　技術開發合同履行過程中，因出現無法克服的技術困難，致使研究開發失敗或者部分失敗的，該風險由當事人約定；沒有約定或者約定不明確，依據本法第五百一十條的規定仍不能確定的，風險由當事人合理分擔。

當事人一方發現前款規定的可能致使研究開發失敗或者部分失敗的情形時，應當及時通知另一方並採取適當措施減少損失；沒有及時通知並採取適當措施，致使損失擴大的，應當就擴大的損失承擔責任。

■ 條文主旨

本條是關於技術開發合同風險責任的規定。

■ 條文釋義

技術開發是一項探索性活動，蘊藏着開發不出來的風險。在技術研究開發過程中，如果當事人一方或者雙方已盡了最大努力，仍然由於現有的科技知識、知識水平、技術水平或者試驗條件等客觀因素的限制，出現無法克服的技術困難，導致研究開發全部或者部分失敗，未能實現合同約定的預期目的，即為技術開發合同的風險。

由於技術開發存在風險，風險一旦出現，將使技術開發合同無法履行，給當事人造成損失。因此，當事人應當在訂立合同時明確約定風險責任的承擔。合同標的的質量、價款或者報酬、履行地點、風險責任的分擔等通常是合同的主要內容，當事人在訂立合同時應當對合同的這些內容作出明確的約定。但是有的時候，當事人在訂立合同時沒有對合同中的主要內容進行約定或者約定不明確，風險承擔不明，責任不清，導致合同的履行發生困難。如果當事人對風險責任的承擔等合同的主要內容在訂立合同時沒有約定或者約定不明確，那麼在合同生效後甚至在合同履行開始後可以依據本法第 510 條的規定，確定風險責任。按照本法第 510 條的規定，當事人首先應當在原有合同約定的基礎上進行協商，作出補充規定，也可以

廢除原有合同的約定重新作出約定。當事人在合同生效後或者在合同履行開始後達成的補充協議，與原合同條款具有同等的效力，當事人應當遵守履行。如果在合同生效後或者在合同履行開始後通過協商仍不能達成補充協議，那麼依據本法第 510 條的規定，可以按照合同相關條款或者交易習慣確定風險責任。

為避免技術開發風險出現後損失的擴大，本條第 2 款規定了防止損失擴大的義務，即當事人一方發現可能導致研究開發失敗或者部分失敗的情況時，應當及時通知另一方並採取適當措施減少損失。有的國家將這一義務稱為減輕損失的義務。這一款的規定確定了技術開發合同的一方當事人的義務有二：一是通知的義務。即一方當事人發現有可能導致研究開發失敗或者部分失敗的情況時，應當立即通知對方，通知可以是口頭形式的，也可以是書面形式的，為減少糾紛宜以書面形式通知為佳。二是採取適當措施減少損失的義務。具體是什麼措施，如果當事人在合同中已經有約定，就按照合同中約定的措施實施，例如當事人在合同中約定，如果出現本條第 2 款規定的風險情形，可以立即停止試驗。如果合同中沒有事先約定減少風險損失的措施，則由當事人一方視具體情況決定採取減少損失的措施。如果一方當事人未能及時通知對方當事人，也未能及時採取措施，制止損失的擴大或者減少損失，那麼應當就擴大的損失承擔責任。這裏需要注意的是，一方當事人採取減少損失的措施應當是適當的和合理的。不能採取耗費過高費用和過多時間的措施。如果採取的措施所耗費的費用超過了可以減輕的損失，則此種措施就是無益的，不可取的。規定本款的目的是，防止技術合同的一方當事人發現有可能致使研究開發失敗或者部分失敗的情形時，消極等待，而不去採取積極措施，以避免或減少本來可以避免或者減少的損失。

> **第八百五十九條** 委託開發完成的發明創造，除法律另有規定或者當事人另有約定外，申請專利的權利屬於研究開發人。研究開發人取得專利權的，委託人可以依法實施該專利。
>
> 研究開發人轉讓專利申請權的，委託人享有以同等條件優先受讓的權利。

■ 條文主旨

本條是關於履行委託開發合同完成的發明創造的歸屬和分享的規定。

■ 條文釋義

本條對委託開發完成的發明創造的技術成果的歸屬與分享作了明確規定：

1. 法律沒有規定或者當事人沒有約定時，發明創造的專利申請權屬於研究開發人。本條所講的屬於研究開發人，是指在沒有法律另有規定或者當事人另外約定的情況下，委託開發完成的發明創造只有研究開發人才有申請專利的權利。這一規定與專利法的規定也是一致

的。專利法第 8 條規定，兩個以上單位或者個人合作完成的發明創造、一個單位或者個人接受其他單位或者個人委託所完成的發明創造，除另有協議的以外，申請專利的權利屬於完成或者共同完成的單位或者個人。在這種情況下，根據公平原則，研究開發人取得專利權後應當對委託人實行以下兩項優惠：一項是研究開發人取得專利權的，委託人可以依法實施該專利；另一項是研究開發人轉讓專利申請權的，委託人享有以同等條件優先受讓的權利。據此，本條在第 2 款中規定，研究開發人可以轉讓專利申請權。轉讓後，受讓人成為新的專利申請權人，繼受取得原專利申請權人的全部權利和義務。這裏需要說明的是，後一項優惠有一個前提條件，即同等條件，如果條件不同即低於其他人的條件，委託人則沒有優先受讓的權利。

2. 另有約定時，委託開發完成的發明創造的專利申請權依照約定履行。也就是說，雙方當事人可以約定專利申請權不屬於研究開發人，比如，可以約定專利申請權屬於委託人或者委託人與研究開發人共有。

3. 法律另有規定的，專利申請權依照法律規定履行。比如，專利法第 6 條第 3 款規定，利用本單位的物質技術條件所完成的發明創造，單位與發明人或者設計人訂有合同，對申請專利的權利和專利權的歸屬作出約定的，從其約定。

　　第八百六十條　合作開發完成的發明創造，申請專利的權利屬於合作開發的當事人共有；當事人一方轉讓其共有的專利申請權的，其他各方享有以同等條件優先受讓的權利。但是，當事人另有約定的除外。

　　合作開發的當事人一方聲明放棄其共有的專利申請權的，除當事人另有約定外，可以由另一方單獨申請或者由其他各方共同申請。申請人取得專利權的，放棄專利申請權的一方可以免費實施該專利。

　　合作開發的當事人一方不同意申請專利的，另一方或者其他各方不得申請專利。

■ 條文主旨

本條是關於履行合作開發合同完成的發明創造專利申請權的歸屬和分享的規定。

■ 條文釋義

一、合作開發完成的發明創造專利申請權原則上屬於合作開發合同的各方當事人共有

在技術開發過程中技術成果的取得，是合作各方當事人共同進行研究開發的結果，合作各方都為技術的完成付出了自己的努力，因此，本條規定合作開發完成的發明創造，除當事人另有約定外，申請專利的權利屬於合作開發的當事人共有。

二、對共有的申請專利權的處分原則

根據公平原則，本條在規定合作開發完成的發明創造申請專利的權利屬於合作開發的當

事人共有的情況下，還規定了三項處分原則：

1. 當事人一方轉讓其共有的專利申請權的，其他各方享有以同等條件優先受讓的權利。通常情況下，當事人一方轉讓其共有的專利申請權的，無須得到其他共有人的同意，但是該轉讓不得損害其他共有人的利益。當事人一方轉讓其共有的專利申請權的，其他各方享有以同等條件優先受讓的權利。

2. 合作開發的當事人一方聲明放棄其共有的專利申請權的，可以由另一方單獨申請或者由其他各方共同申請。申請人取得專利權的，放棄專利申請權的一方可以免費實施該專利。

3. 合作開發的當事人一方不同意申請專利的，另一方或者其他各方不得申請專利。

三、當事人可以約定合作開發完成的發明創造的專利申請權的歸屬與享有

也就是說，合作開發的雙方當事人可以在合同中約定合作開發完成的發明創造的專利申請權不屬於當事人共有，約定只屬於合同的一方當事人所有。如果當事人在合同明確約定完成發明創造的專利申請權只歸一方所有，那麼當事人就要按照約定履行，不能再援用本條共有的規定。如果當事人在合同中沒有約定或者約定不明確，那麼，合作開發完成的發明創造，申請專利的權利屬於合作開發的當事人共有。本條第 2 款還規定，合作開發的當事人可以約定放棄其共有的專利申請權等內容。

> **第八百六十一條** 委託開發或者合作開發完成的技術秘密成果的使用權、轉讓權以及收益的分配辦法，由當事人約定；沒有約定或者約定不明確，依據本法第五百一十條的規定仍不能確定的，在沒有相同技術方案被授予專利權前，當事人均有使用和轉讓的權利。但是，委託開發的研究開發人不得在向委託人交付研究開發成果之前，將研究開發成果轉讓給第三人。

■ **條文主旨**

本條是關於技術秘密成果的使用權、轉讓權以及利益的分配辦法的規定。

■ **條文釋義**

一、技術秘密成果的使用權、轉讓權以及利益的分配辦法

本條規定了如下三種分配辦法：

1. 當事人自行約定解決。委託開發合同的當事人或者合作開發合同的當事人自行協商，在合同中明確約定技術秘密成果的使用權、轉讓權以及利益的分配辦法。這是最基本、最行之有效、矛盾最少的分配法。當事人自行確定技術秘密成果的使用權、轉讓權以及利益的分配辦法，避免以後產生不必要的糾紛。

2. 依據本法第 510 條的規定解決。這種解決辦法是當事人對技術秘密成果的使用權、

轉讓權以及利益的分配辦法沒有約定或者約定不明確的情況下的解決辦法，即本條中規定的，沒有確定或者約定不明確，依據本法第510條的規定確定。按照本法第510條的規定，當事人首先應當在原有合同約定的基礎上進行協商，作出補充規定，也可以廢除原有合同的約定重新作出約定。當事人在合同生效後或者在合同履行開始後達成的補充協議，與原合同條款具有同等的效力，當事人應當遵守履行。如果在合同生效後或者在合同履行開始後通過協商仍不能達成補充協議，那麼依據本法第510條的規定，可以按照合同有關條款或者交易習慣確定技術秘密成果的使用權、轉讓權以及利益的分配辦法。

3. 依據本條確定的原則解決。這種解決辦法是當事人對技術秘密成果的使用權、轉讓權以及利益的分配辦法沒有約定或者約定不明確，依據本法第510條的規定仍不能確定的情況下的一種解決方式。即本條規定的，在沒有相同技術方案被授予專利前當事人均有使用和轉讓技術秘密成果的權利，包括當事人均有不經對方同意而自己使用或者以普通使用許可的方式許可他人使用技術秘密，並獨佔由此所獲利益的權利。當事人一方將技術秘密成果的轉讓權讓與他人，或者以獨佔或者排他使用許可的方式許可他人使用技術秘密，未經對方當事人同意或者追認的，應當認定該讓與或者許可行為無效。

二、對委託開發完成的技術秘密成果轉讓的特別規定

在委託開發中，由於技術秘密的成果是由委託人出資委託研究開發人開發的，所以本條規定，委託開發的研究開發人不得在向委託人交付研究開發成果之前，將研究開發成果轉讓給第三人。也就是說，研究開發人如果轉讓委託人委託開發的技術秘密成果，必須是在向委託人交付該項成果之後進行。

第三節　技術轉讓合同和技術許可合同

> 第八百六十二條　技術轉讓合同是合法擁有技術的權利人，將現有特定的專利、專利申請、技術秘密的相關權利讓與他人所訂立的合同。
>
> 技術許可合同是合法擁有技術的權利人，將現有特定的專利、技術秘密的相關權利許可他人實施、使用所訂立的合同。
>
> 技術轉讓合同和技術許可合同中關於提供實施技術的專用設備、原材料或者提供有關的技術諮詢、技術服務的約定，屬於合同的組成部分。

■ 條文主旨

關於技術轉讓合同和技術許可合同定義的規定。

■ **條文釋義**

本條是這次編纂民法典時新增加的條文。

根據本條規定，技術轉讓合同是合法擁有技術的權利人，將現有特定的專利、專利申請、技術秘密的相關權利讓與他人所訂立的合同。技術許可合同，是合法擁有技術的權利人，將現有特定的專利、技術秘密的相關權利許可他人實施、使用所訂立的合同。

技術轉讓合同和技術許可合同具有如下特點：

1. 標的的特點。一是必須是特定的完整的技術內容。該內容構成一項產品、工藝、材料及其系統等技術方案；該方案須有特定的名稱、技術指標、功能和適用範圍。如果標的僅為一般的商業秘密和數據，不構成一項完整的技術方案，或者標的為依靠個人技能和經驗掌握的技術訣竅，無法認定其內容的，不屬於技術合同轉讓和許可的標的。二是轉讓和許可的標的應當是當事人已經掌握的、特定的、現有的技術成果，包括專利權、專利申請權、技術秘密使用權和轉讓權，不包括尚待研究開發的技術成果或者不涉及專利或者技術秘密的知識、技術、經驗和信息。

2. 當事人應當對轉讓和許可標的擁有權屬。技術的轉讓和許可是技術權利的轉讓和許可，轉讓人和許可人應當保證自己是所提供的技術的合法擁有者，否則該技術不屬於技術轉讓和許可合同可以轉讓的標的。例如，當事人享有的專利權已經終止，則不能轉讓了。

3. 技術商品不同於一般的商品，可以多次轉讓和許可。編纂民法典應當遵循的指導思想和基本原則是，既要堅持問題導向，着力解決社會生活中紛繁複雜的問題，又要着重立法規律，講法理、講體系；既要尊重民事立法的歷史的延續性，又要適應當前經濟發展的客觀要求。在分編編纂過程中，要深入分析現行民事法律的實施情況，系統梳理、科學整理現行民事法律規範，對實踐證明正確、可行的民事規範，能保留的儘量保留，可適用的繼續適用。本着這一立法指導思想，本條第 3 款將《最高人民法院關於審理技術合同糾紛案件適用法律若干問題的解釋》第 22 條第 2 款的內容，吸收進本法，上升為法律，規定「技術轉讓合同和技術許可合同中關於提供實施技術的專用設備、原材料或者提供有關的技術諮詢、技術服務的約定，屬於合同的組成部分」。

第八百六十三條 技術轉讓合同包括專利權轉讓、專利申請權轉讓、技術秘密轉讓等合同。

技術許可合同包括專利實施許可、技術秘密使用許可等合同。

技術轉讓合同和技術許可合同應當採用書面形式。

■ **條文主旨**

本條是關於技術轉讓合同與技術許可合同種類及合同要件的規定。

■ 條文釋義

一、技術轉讓合同的種類

本條第 1 款規定，技術轉讓合同包括專利權轉讓、專利申請權轉讓、技術秘密轉讓等合同：

1. 專利權轉讓合同，是指專利權人作為讓與人將其發明創造專利的所有權或者持有權移交受讓人，受讓人支付約定價款所訂立的合同。

2. 專利申請權轉讓合同，是指讓與人將其就特定的發明創造申請專利的權利移交給受讓人，受讓人支付約定價款所訂立的合同。

3. 技術秘密轉讓合同，是指讓與人將擁有的技術秘密成果提供給受讓人，明確相互之間技術秘密成果使用權、轉讓權，受讓人支付約定使用費所訂立的合同。

二、技術許可合同的種類

本條第 2 款規定，技術許可合同包括專利實施許可、技術秘密使用許可等合同。

1. 專利實施許可合同，是指專利權人或者其授權的人作為讓與人許可受讓人在約定的範圍內實施專利，受讓人支付約定使用費所訂立的合同。

2. 技術秘密使用許可合同，是指讓與人將擁有的技術秘密成果提供給受讓人，明確相互之間技術秘密成果使用權、轉讓權，受讓人支付約定使用費所訂立的合同。

三、技術轉讓合同與技術許可合同的形式要件

技術轉讓合同、技術許可合同的內容複雜，涉及轉讓技術、許可技術的範圍，轉讓、許可的對象，受讓人與許可使用人使用轉讓、許可技術的範圍和方式，技術的保密，使用費、轉讓費的支付，以及對使用技術產生的新的技術成果的歸屬等，技術轉讓合同、技術許可合同涉及專利的，還要明確專利申請日、申請號、專利號和專利權的有效期限。因此，本條第 3 款規定，技術轉讓合同和技術許可合同應當採用書面形式。據此當事人訂立技術轉讓合同、技術許可合同必須採用書面形式。

> **第八百六十四條　技術轉讓合同和技術許可合同可以約定實施專利或者使用技術秘密的範圍，但是不得限制技術競爭和技術發展。**

■ 條文主旨

本條是關於技術轉讓和技術許可合同限制性條款的規定。

■ 條文釋義

依據本條的規定，技術轉讓合同和技術許可合同可以約定讓與人和受讓人實施專利或者使用技術秘密的範圍。實施專利或者使用技術秘密的範圍，是指實施專利的期限、實施專利

或者技術秘密的地區和方式。根據《最高人民法院關於審理技術合同糾紛案件適用法律若干問題的解釋》第 28 條規定，實施專利或者使用技術秘密的範圍，包括實施專利或者使用技術秘密的期限、地域、方式以及接觸技術秘密的人員等。當事人對實施專利或者使用技術秘密的期限沒有約定或者約定不明確的，受讓人實施專利或者使用技術秘密不受期限限制。

在允許當事人約定實施專利或者使用技術秘密範圍的同時，本條還對這種約定作了限制規定，即不得限制技術競爭和技術發展。技術轉讓合同的當事人不得以合同條款限制技術競爭和技術發展，主要包括：（1）不得通過合同條款限制另一方在合同標的技術的基礎上進行新的研究開發；（2）不得通過合同條款限制另一方從其他渠道吸收技術，或者阻礙另一方根據市場的需求，按照合同的方式充分實施專利和使用技術秘密。這一規定是強制性規定，當事人訂立技術轉讓合同時必須遵守這一規定，如不遵守這一規定，在合同中約定了這些內容，也屬於無效條款，不發生法律效力。同樣技術許可合同也應當遵循這一規定，不得在合同中約定限制技術競爭和技術發展的條款。

第八百六十五條 專利實施許可合同僅在該專利權的存續期限內有效。專利權有效期限屆滿或者專利權被宣告無效的，專利權人不得就該專利與他人訂立專利實施許可合同。

■ 條文主旨

本條是關於專利實施許可合同有效期限的規定。

■ 條文釋義

專利權是指依法取得的在法律規定的有效期限內享有的獨佔利益的權利。專利權的有效期間是指法律規定的保護該專利權的期間。專利權只有在法定的期間內才能獲得法律的保護。超過法定期間，或者因法定情形失去專利權後，法律就不予保護，專利權人就失去了法律所保護的獨佔利益的權利。該技術也就成為公開的任何人均可以免費使用的技術。專利實施許可合同也只在該項專利權的存續期間內有效。根據專利法的規定，發明專利權的期限為 20 年，實用新型專利權和外觀設計專利權的期限為 10 年，均自申請之日起計算。在專利權有效期限終止或者專利權宣佈無效後，專利權人不得就該項專利與他人訂立專利實施許可合同。

由於專利實施許可合同的標的是專利，該標的有效，由此訂立的合同自然受到法律的保護；該標的無效，由此訂立的合同自然也會失去效力，不能受到法律的保護。專利權有效期屆滿或者專利權被宣告無效時，專利權就不受法律保護了，因此本條規定：專利權人不得就該專利與他人訂立專利實施許可合同。這一規定屬於強制性規定，訂立專利實施許可合同

的當事人必須執行。如果專利權人違反這一規定，給他人造成損失的，應當承擔相應的法律責任。

專利實施許可合同的讓與人應當在合同有效期內維持專利的有效性。在合同有效期內，專利權被終止的，合同同時終止，讓與人應當支付違約金或者賠償損失。專利權被宣佈無效的，讓與人應當賠償由此給受讓人造成的損失。

> 第八百六十六條　專利實施許可合同的許可人應當按照約定許可被許可人實施專利，交付實施專利有關的技術資料，提供必要的技術指導。

■ 條文主旨

本條是關於專利實施許可合同許可人主要義務的規定。

■ 條文釋義

專利實施許可合同的許可人應當允許被許可人根據合同約定的期限、地域、條件和方式實施專利技術，許可人必須遵守合同的約定，不得干涉被許可人使用該專利，不得侵害被許可人的專利實施權。因此，專利實施許可合同許可人的主要義務是：

1. 保證自己是所提供的專利技術的合法擁有人，並且保證所提供的專利技術完整、無誤、有效，能夠達到合同約定的目的。

2. 按照合同的約定，許可被許可人實施專利，交付實施專利有關的技術資料，提供必要的技術指導，使被許可人的專業人員能夠掌握、實施該專利技術。

3. 排他實施許可合同的許可人不得在已經許可被許可人實施專利的範圍內，就同一專利與第三人訂立專利實施許可合同。獨佔實施許可合同的許可人不得在已經許可被許可人實施專利的範圍內實施該專利。獨佔實施許可，即許可人將在一定地域或期限內實施專利技術的權利授予被許可人後，自己不再享有在該範圍、該期限內實施專利技術的權利，不再享有向第三人發放實施許可該項專利技術的權利。排他實施許可，即許可人在授予被許可人實施專利技術的範圍、期限內，同時保留自己實施該項專利技術的權利。

4. 依法繳納專利年費和應對他人提出宣告專利權無效的請求。《最高人民法院關於審理技術合同糾紛案件適用法律若干問題的解釋》第 26 條規定，專利實施許可合同讓與人負有在合同有效期內維持專利權有效的義務，包括依法繳納專利年費和積極應對他人提出宣告專利權無效的請求，但當事人另有約定的除外。

第八百六十七條　專利實施許可合同的被許可人應當按照約定實施專利，不得許可約定以外的第三人實施該專利，並按照約定支付使用費。

■ **條文主旨**

本條是關於專利實施許可合同被許可人主要義務的規定。

■ **條文釋義**

根據本條和有關規定，專利實施許可合同被許可人的主要義務是：

1. 按照約定實施專利。即專利實施許可合同的被許可人應當按照約定的範圍、方式、期限等實施專利技術，並按照約定支付使用費。

2. 按照合同的約定，不得許可合同約定以外的第三人實施該項專利技術。這裏所講的，不得許可合同約定以外的第三人實施該項專利技術，是指被許可人無權允許合同以外的第三人實施該專利技術，例如，如果合同沒有約定被許可人的子公司可以實施該項專利技術，被許可人則無權將該專利技術交給自己的子公司實施使用。如果被許可人需要將該項專利技術交給合同以外的第三人實施，則必須經過專利實施許可合同的許可人同意，未經許可人同意，將合同約定的專利技術許可給第三人使用，要承擔違約責任。

3. 按照合同的約定，支付使用費。即被許可人按照合同約定的數額、期限、支付方式、支付地點等支付實施專利的使用費。

4. 承擔合同約定的其他義務以及民法典合同編規定的法律義務。如本法第 509 條規定，當事人應當按照約定全面履行自己的義務。當事人應當遵循誠信原則，根據合同的性質、目的和交易習慣履行通知、協助、保密等義務。當事人在履行合同過程中，應當避免浪費資源、污染環境和破壞生態。

第八百六十八條　技術秘密轉讓合同的讓與人和技術秘密使用許可合同的許可人應當按照約定提供技術資料，進行技術指導，保證技術的實用性、可靠性，承擔保密義務。

前款規定的保密義務，不限制許可人申請專利，但是當事人另有約定的除外。

■ **條文主旨**

本條是關於技術秘密讓與人和許可人主要義務的規定。

■ **條文釋義**

根據本條的規定，技術秘密轉讓合同的讓與人和技術秘密使用許可合同的許可人的主要

義務是：（1）保證自己是所提供技術的合法擁有者，並且保證所提供的技術完整、無誤、有效，能夠達到合同約定的目標；（2）按照合同的約定，提供技術資料，進行技術指導，保證技術的實用性、可靠性；（3）承擔保密義務；（4）承擔受讓人按照約定使用技術秘密侵害他人合法權益的責任；（5）使用技術秘密不得超出約定的範圍；（6）不得擅自許可第三人使用該項技術秘密。

> **第八百六十九條　技術秘密轉讓合同的受讓人和技術秘密使用許可合同的被許可人應當按照約定使用技術，支付轉讓費、使用費，承擔保密義務。**

■ 條文主旨

本條是關於技術秘密轉讓合同受讓人和技術秘密使用許可合同的被許可人主要義務的規定。

■ 條文釋義

根據本條的規定，技術秘密轉讓合同受讓人的主要義務是：（1）按照合同的約定使用技術，即按照合同約定的期限、約定的時間、約定的方式、約定的方法、約定的條件等實施、使用技術秘密。（2）按照合同的約定支付使用費，即按照合同約定的期限、約定的時間、約定的支付方式、約定的幣種，約定的支付次數等支付技術秘密的使用費。（3）承擔保密義務。保密是指不得將技術秘密中的技術資料、數據、樣品、相關文件等洩露給第三人。（4）使用技術秘密不得超越合同約定的範圍。（5）未經讓與人同意，不得擅自許可第三人使用該項技術秘密。

技術秘密使用許可合同的被許可人的主要義務是：（1）按照合同的約定使用技術，即按照合同約定的期限、約定的時間、約定的方式、約定的方法、約定的條件等實施技術秘密。（2）按照合同的約定支付使用費，即按照合同約定的期限、約定的時間、約定的支付方式、約定的幣種，約定的支付次數等支付技術秘密的使用費。（3）承擔保密義務。保密是指不得將技術秘密中的技術資料、數據、樣品、相關文件等洩露給第三人。（4）使用技術秘密不得超越合同約定的範圍。（5）未經讓與人同意，不得擅自許可第三人使用該項技術秘密。

> **第八百七十條**　技術轉讓合同的讓與人和技術許可合同的許可人應當保證自己是所提供的技術的合法擁有者，並保證所提供的技術完整、無誤、有效，能夠達到約定的目標。

■ 條文主旨

本條是關於技術轉讓合同讓與人和技術許可合同的許可人保證義務的規定。

■ 條文釋義

根據本條的規定，技術轉讓合同讓與人的保證義務主要是：

一、保證自己是所提供的技術的合法擁有者

技術轉讓合同的基本特徵之一是，技術轉讓合同讓與人通過訂立技術轉讓合同轉讓技術，收取報酬。向受讓人轉讓技術是技術轉讓合同讓與人的基本義務。這種轉讓導致技術權屬在讓與人和受讓人之間變動，而這種變動必須是以讓與人對技術的合法擁有為前提，也就是說，只有是對技術合法的所有人或者持有人才有權轉讓技術，因此，讓與人轉讓的技術必須是自己合法擁有的，也就是說，讓與人應當保證自己是所提供技術的合法擁有者，或者保證自己有權轉讓或者有權許可、使用、實施該項技術。否則為非法轉讓，屬於無效行為。由此訂立的合同也是無效合同，為保證受讓人得到合法的技術，本條規定技術轉讓合同的讓與人應當保證自己是所提供的技術的合法擁有者。還需要注意的是，讓與人轉讓的技術也不能是剽竊、冒充、仿造的。

二、保證所提供的技術完整、無誤、有效

訂立技術轉讓合同的目的就是受讓人能夠得到可應用的技術，為此本條規定，技術轉讓合同的讓與人應當保證所提供的技術完整、無誤、有效，能夠達到約定的目標。這裏講的技術完整，是指一個產品、工藝、材料及其系統或者改進的技術的一整套方案或者一整套文件資料。這裏講的技術無誤，是轉讓給受讓方一個產品、工藝、材料及其系統或者改進的技術應當準確，沒有誤差。這裏講的技術有效，是轉讓給受讓方一個產品、工藝、材料及其系統或者改進的技術不存在爭議，受讓方可以依據合同進行操作，能夠解決受讓方的技術問題，能夠達到訂立合同預期的目標。

受讓人使用讓與人轉讓或者許可的技術生產或者銷售產品，如果被第三人指控侵權，應當由受讓人應訴；並承擔責任。如果被第三人指控的侵權成立，受讓人的經濟損失由讓與人負責賠償。

民法典草案在徵求意見時，有意見反映，技術許可合同的許可人也應當承擔保證義務。考慮到技術許可合同許可人的保證義務與技術轉讓合同的讓與人的保證義務是一致的，故本條在合同法第 349 條規定的基礎上增加了技術許可合同許可人保證義務的規定。

第八百七十一條　技術轉讓合同的受讓人和技術許可合同的被許可人應當按照約定的範圍和期限，對讓與人、許可人提供的技術中尚未公開的秘密部分，承擔保密義務。

■ 條文主旨

本條是關於技術轉讓合同受讓人和技術許可合同的被許可人保密義務的規定。

■ 條文釋義

技術轉讓合同的讓與人對受讓人轉讓的技術，有的是處於保密狀態的技術，有的技術雖已公開，但是相關的背景材料、技術參數等未曾公開，這些技術及相關材料有可能涉及國家利益或者讓與人的重大經濟利益。因此，受讓人對讓與人提供或者傳授的技術和有關技術資料，應當按照合同約定的範圍和期限承擔保密義務。對超過合同約定範圍和期限仍需保密的技術，受讓人應當遵循誠實信用的原則，履行合同保密的附隨義務。

民法典草案在徵求意見時，有意見反映，技術許可合同的被許可人也應當承擔保密義務。考慮到技術許可合同被許可人的保密義務與技術轉讓合同的讓與人的保密義務是一致的，故本條在合同法第 350 條規定的基礎上增加了技術許可合同被許可人保密義務的規定。

第八百七十二條　許可人未按照約定許可技術的，應當返還部分或者全部使用費，並應當承擔違約責任；實施專利或者使用技術秘密超越約定的範圍的，違反約定擅自許可第三人實施該項專利或者使用該項技術秘密的，應當停止違約行為，承擔違約責任；違反約定的保密義務的，應當承擔違約責任。

讓與人承擔違約責任，參照適用前款規定。

■ 條文主旨

本條是關於技術許可合同的許可人與技術轉讓合同的讓與人違約責任的規定。

■ 條文釋義

根據本條規定，技術許可合同中許可人的違約責任主要是：

1. 違反專利權許可合同的責任。許可人不履行合同義務，遲延辦理專利權移交手續，未提供有關的技術資料，許可的專利不是許可人合法擁有的專利或者違反保密義務的，應當返還部分或者全部使用費，並且應當承擔違約責任。

2. 違反專利申請權許可合同的責任。許可人不履行合同，遲延提供技術情報和資料的，

或者所提供的技術情報和資料沒有達到使該領域一般專業技術人員能夠實施發明創造的程度的，應當承擔違約責任。違反保密義務的，應當承擔違約責任。

3.違反專利實施許可合同的責任。許可人未按照約定許可實施專利技術，應當返還部分或者全部使用費，並且承擔違約責任；使用專利技術超越約定的範圍，違反約定擅自許可第三人使用該項專利技術，應當停止違約行為，承擔違約責任；違反保密義務的，承擔違約責任；承擔被許可人按照約定使用專利技術侵害他人合法權益的責任。

4.違反技術秘密許可合同的責任。許可人未按照合同約定許可人他使用技術秘密的，應當返還部分或者全部使用費，並且承擔違約責任；使用技術秘密超越合同約定的範圍，違反約定擅自許可第三人使用該項技術秘密，應當停止違約行為，承擔違約責任；技術秘密成果達不到合同約定的技術指標，承擔違約責任。違反保密義務，洩露技術秘密，使被許可人遭受損失的，承擔違約責任。承擔被許可人按照約定使用技術秘密侵害他人合法權益的責任。

技術讓與合同讓與人的違約責任，參照適用本條第1款技術許可合同許可人違約責任的規定。

第八百七十三條　被許可人未按照約定支付使用費的，應當補交使用費並按照約定支付違約金；不補交使用費或者支付違約金的，應當停止實施專利或者使用技術秘密，交還技術資料，承擔違約責任；實施專利或者使用技術秘密超越約定的範圍的，未經許可人同意擅自許可第三人實施該專利或者使用該技術秘密的，應當停止違約行為，承擔違約責任；違反約定的保密義務的，應當承擔違約責任。

受讓人承擔違約責任，參照適用前款規定。

■ 條文主旨

本條是關於技術許可合同的被許可人和技術轉讓合同的受讓人違約責任的規定。

■ 條文釋義

根據本條規定，技術許可合同被許可人違約責任主要是：

1.違反專利權許可合同的責任。被許可人未按照約定支付價款，應當補交並按照約定支付違約金，不補交價款或者支付違約金的，應當停止實施專利，交還技術資料，承擔違約責任；違反保密義務的，承擔違約責任。

2.違反專利申請權許可合同的責任。被許可人不履行合同，遲延支付價款的，承擔違約責任。未按照約定支付價款，應當補交並承擔違約責任；不補交價款或者不支付違約金的，應當返還專利申請權，交還技術資料，並承擔違約責任。違反保密義務的，承擔違約責任。

3.違反專利實施許可合同的責任。被許可人未按照約定支付使用費，應當補交使用費並

按照約定支付違約金；不補交使用費或者支付違約金的，應當停止使用專利技術，交還技術資料，承擔違約責任；使用專利技術超出約定範圍，未經許可人同意擅自許可第三人使用該專利技術的，應當停止違約行為，承擔違約責任；違反保密義務的，應當承擔違約責任。

4. 違反技術秘密許可合同的責任。被許可人不按照合同約定支付使用費的，應當補交使用費並按照約定支付違約金；不補交使用費或者支付違約金的，應當停止使用技術秘密，交還技術資料，承擔違約責任；使用技術秘密超越約定的範圍，未經許可人同意擅自許可第三人實施使用該技術秘密的，應當停止違約行為，承擔違約責任；違反保密義務，洩露技術秘密，給許可人造成損失的，應當承擔違約責任。

技術轉讓合同中受讓人的違約責任，參照適用本條第 1 款技術許可合同中被許可人違約責任的規定。

> **第八百七十四條**　受讓人或者被許可人按照約定實施專利、使用技術秘密侵害他人合法權益的，由讓與人或者許可人承擔責任，但是當事人另有約定的除外。

■ 條文主旨

本條是關於實施專利、使用技術秘密侵害他人合法權益責任承擔的規定。

■ 條文釋義

技術轉讓合同的實質是科學技術知識、信息和生產實踐經驗在不同法律關係主體之間的傳遞和擴展。這種傳遞和擴展同時也是技術權益的轉移，即採用合同形式把專利權、專利申請權、專利使用權和技術秘密的使用權轉移給受讓人或者許可給被許可人。讓與人轉讓的或者許可人許可的是某一項技術成果，不是利用公知的技術知識為對方提供諮詢服務，因此，轉讓人或者許可人有義務保證受讓人或者被許可人按照合同約定實施專利、使用技術秘密不會侵害他人的合法權益。如果受讓人或者被許可人按照合同約定實施專利、使用技術秘密引起侵害他人合法權益的，該侵權責任則應當由讓與人或者許可人承擔，但是合同當事人另有約定的除外。本條之所以規定由讓與人或者許可人承擔侵權責任，是因為讓與人讓與或者許可人許可受讓人或者被許可人使用的專利、技術秘密具有不合法性，而受讓人、被許可人並不了解此情況，就一般的知識及通常掌握的技能也不能判斷其所接受的專利、技術秘密具有不合法性，為善意受讓人、善意被許可人。此時由讓與人或者許可人承擔侵權責任是合情、合法、合理的。需要說明的是，根據本條的規定，如果當事人作出了由受讓人、被許可人承擔責任或者由受讓人與出讓人、被許可人與許可人共同承擔責任的約定，那麼，在受讓人或者被許可人按照約定實施專利、使用技術秘密侵害他人合法權益的情況下，侵權責任的承擔則要按照當事人的約定。即當事人的約定優於法律規定。

第八百七十五條　當事人可以按照互利的原則，在合同中約定實施專利、使用技術秘密後續改進的技術成果的分享辦法；沒有約定或者約定不明確，依據本法第五百一十條的規定仍不能確定的，一方後續改進的技術成果，其他各方無權分享。

■ 條文主旨

本條是關於技術轉讓合同、技術許可合同中後續改進技術成果分享辦法的規定。

■ 條文釋義

一、技術成果的後續改進

本條中所講的後續改進，是指在技術轉讓合同、技術許可合同的有效期內，一方或雙方對作為合同標的的專利技術或者技術秘密成果所作的革新和改良。技術轉讓合同或者技術許可合同的訂立和履行，不僅實現了現有技術的轉移、推廣和應用，而且也是當事人進行改良、革新和進行新的研究開發的基礎。合同訂立後，當事人一方或者雙方在技術轉讓合同標的技術或者技術許可合同標的技術基礎上作出創新和改良是常見的現象。這種創新和改良推動了科學技術迅速發展。

二、後續改進的技術成果的分享原則

後續改進的技術成果的分享原則為互利的原則，這一原則表明當事人可以在合同中約定實施專利、使用技術秘密後續改進的技術成果的分享辦法及其歸屬，但是這一約定應當對雙方當事人是有利的，一方利益的取得不得以損害對方利益為代價，雙方當事人在約定中必須注意這一原則。例如，可以約定彼此免費有償提供後續改進的技術成果的情報、資料和信息，按優惠條件或者最優惠的價格許可或者轉讓給另一方實施或者使用等。

三、後續改進的技術成果的分享方式

1. 在合同中約定。依據本條的規定，技術轉讓合同的當事人或者技術許可合同的當事人雙方可以按照互利的原則，在合同中約定實施專利、使用技術秘密後續改進的技術成果的分享辦法。可以約定雙方當事人共同享有所有權，也可以約定由合同的一方當事人享有所有權。

2. 協商研究、補充確定。如果技術轉讓合同的當事人或者技術許可合同的當事人沒有在合同中約定實施專利、使用技術秘密後續改進的技術成果的分享辦法，那麼依據本條的規定，可以按照本法第 510 條的規定確定後續改進的技術成果的權屬與分享辦法。

3. 法律明確規定權屬。如果當事人沒有按照互利的原則，在合同中約定實施專利、使用技術秘密後續改進的技術成果的權屬與分享辦法，或者約定不明，在合同生效或者合同履行後，依據本法第 510 條的規定通過協商，或依據合同有關條款、交易習慣確定仍不能確定的，對此本條則明確規定，實施專利、使用技術秘密後續改進的技術成果，歸完成該項後續改進技術成果的一方，其他各方無權分享。

> **第八百七十六條　集成電路佈圖設計專有權、植物新品種權、計算機軟件著作權等其他知識產權的轉讓和許可，參照適用本節的有關規定。**

■ 條文主旨

其他知識產權的轉讓和許可的規定。

■ 條文釋義

本條是這次編纂民法典新增加的新條文。

民法典草案技術合同一章對技術成果中的專利、專利申請、技術秘密的轉讓與許可作了專節規定，但對計算機軟件、集成電路佈圖設計、植物新品種的轉讓與許可沒有作出規定。對此，在民法典編纂草案徵求意見中，社會公眾、一些部門提出意見認為，2017 年公佈實施的民法總則第 123 條規定：「民事主體依法享有知識產權。知識產權是權利人依法就下列客體享有的專有的權利：（一）作品；（二）發明、實用新型、外觀設計；（三）商標；（四）地理標誌；（五）商業秘密；（六）集成電路佈圖設計；（七）植物新品種；（八）法律規定的其他客體。」民法總則已經明確規定了民事主體對一些新出現的知識產權如集成電路佈圖設計、植物新品種等享有知識產權。專利、專利申請、技術秘密是知識產權，技術合同一章對專利、專利申請、技術秘密的轉讓與許可作了規範，計算機軟件、集成電路佈圖設計、植物新品種也是知識產權，隨着科學技術的發展，這些新類型的知識產權會越來越多，技術合同一章也應當對計算機軟件、集成電路佈圖設計、植物新品種等的轉讓與許可作出規定，以促進科學技術成果的研發、轉化、應用和推廣，促進科學技術的進步，保護知識產權。司法實踐部門的同志也反映，在實際生活中，簽訂計算機軟件、集成電路佈圖設計、植物新品種的轉讓與許可的合同日益增多，由此引發的糾紛也明顯增多，對此情形法律不作明文規定，不利於人民法院或者仲裁機構審理裁判這類糾紛，也不利於知識產權的保護，建議在技術合同一章對計算機軟件、集成電路佈圖設計、植物新品種等的轉讓與許可作出規定，或者在法律中作原則指引性規定，以便於對人民法院、仲裁機構適用法律提供明確的指導。立法部門經過深入的調查研究，廣泛聽取了各方面的意見，在本條中規定，集成電路佈圖設計專有權、植物新品種權、計算機軟件著作權等其他知識產權的轉讓和許可，參照適用本節的有關規定。

> **第八百七十七條　法律、行政法規對技術進出口合同或者專利、專利申請合同另有規定的，依照其規定。**

■ 條文主旨

本條是關於技術進出口合同或者專利、專利申請合同的特殊規定。

■ 條文釋義

一、技術進出口合同

我國境內的自然人、法人或者非法人組織從國外引進或者向國外輸出技術與技術輸出國或者技術引進國的當事人訂立的合同，稱為技術進出口合同。

近幾年，隨着我國對外科學技術交流的發展，我國的自然人、法人或者非法人組織不僅從國外引進技術，也向國外輸出技術。其所借助的法律形式是訂立技術進出口合同。因此，在法律起草中，有的人提出，隨着改革開放的不斷深入，技術進出口越來越多，為了適應這一形勢的需要，國家有關部門制定了技術引進合同管理條例等規定，這次編纂民法典合同編，應當把技術進出口合同作為技術轉讓合同的內容加以規定。對此，草案曾將技術進出口合同的內容作出規定，在對草案廣泛徵求意見後，許多部門和同志認為，技術進出口的情況比較複雜。訂立技術進出口合同，雖然是市場主體的自主行為，但對涉及產業發展或者國計民生的重大技術進出口合同，還要經有關主管部門審批。須由國家有關部門制定相關的法律法規對此加以規範。技術進出口實質上是技術轉讓，當事人在訂立技術進出口合同時，對涉及技術轉讓的問題，可以依據民法典合同編中技術轉讓合同的有關規定辦理，對涉及技術進出口的管理問題，可以依據其他法律或者行政法規的規定。因此，本條規定法律、行政法規對技術進出口合同另有規定的，依照其規定。

二、專利、專利申請合同

專利權轉讓、專利申請權轉讓涉及專利問題，因此，當事人訂立專利權轉讓合同或者專利申請權轉讓合同，不僅要遵守本章的有關規定，還要遵守專利法等其他法律、法規的規定。例如，專利法第 10 條規定，專利申請權和專利權可以轉讓。中國單位或者個人向外國人、外國企業或者外國其他組織轉讓專利申請權或者專利權的，應當依照有關法律、行政法規的規定辦理。轉讓專利申請權或者專利權的，當事人應當訂立書面合同，並向國務院專利行政部門登記，由國務院專利行政部門予以公告。專利申請權或者專利權的轉讓自登記之日起生效。因此，本條規定法律、行政法規對專利、專利申請合同另有規定的，依照其規定。

第四節　技術諮詢合同和技術服務合同

> **第八百七十八條**　技術諮詢合同是當事人一方以技術知識為對方就特定技術項目提供可行性論證、技術預測、專題技術調查、分析評價報告等所訂立的合同。
>
> 技術服務合同是當事人一方以技術知識為對方解決特定技術問題所訂立的合同，不包括承攬合同和建設工程合同。

■ 條文主旨

本條是關於技術諮詢合同和技術服務合同定義的規定。

■ 條文釋義

一、技術諮詢合同

技術諮詢合同，是指一方當事人通常是科技人員作為受託人運用自己的技術知識，對委託人提出的特定技術項目進行可行性論證、技術預測、專題技術調查、分析評價等所訂立的合同。技術諮詢合同的基本特點有：

1. 技術諮詢合同的一方當事人即受託人必須擁有一定的技術知識。受託人要具有一定的技術知識是這次民法典編纂時新增加的內容，目的是強調提供技術諮詢的一方應當有一定資質。

2. 技術諮詢合同的標的是對技術項目的諮詢。這裏所講的諮詢，是指對技術項目的可行性論證、技術預測、專題技術調查、分析評價報告。可行性論證，是指對特定技術項目的經濟效果、技術效果和社會效果所進行的綜合分析和研究的工作。技術預測，是指對特定技術項目實施後的發展前景及其生命力所進行的判斷。專題技術調查，包括技術難題、技術障礙和技術事故的諮詢，是指根據委託人的要求所進行的資料、數據的考察收集工作。分析評價報告，包括工程技術項目的可行性論證，科學技術規劃的可行性論證和知識產權戰略實施的可行性論證，是指通過對特定技術項目的分析、比較得出的書面報告。

3. 技術諮詢的範圍是與技術有關的項目。這裏的項目較為廣泛，主要分三類：（1）有關科學技術與經濟、社會協調發展的軟科學研究項目。（2）促進科技進步和管理現代化，提高經濟效益和社會效益的技術項目。（3）其他專業性技術項目。

4. 技術諮詢合同履行的結果是由提供諮詢的一方（受託方）向委託方提供尚待實踐檢驗的報告或者意見。這一報告或者意見不是其他技術合同所要求的某一技術成果。需要注意的是，當事人一方委託另一方就解決特定技術問題提出實施方案、進行實施指導所訂立的合同，是技術服務合同，不適用有關技術諮詢合同的規定。

5. 技術諮詢合同風險責任的承擔有其特殊性。對這種合同，除合同另有約定外，因委託人實施諮詢報告或者意見而造成的風險，受託方不承擔風險。這與技術開發、技術轉讓合同

的風險責任的承擔有所不同。

二、技術服務合同

技術服務合同，是指當事人一方以技術知識為另一方解決特定技術問題所訂立的合同，不包括建設工程合同和承攬合同。這裏所講的特定技術問題，是指需要運用科學技術知識解決專業技術工作中有關改進產品結構、改良工藝流程、提高產品質量、降低產品成本、節約資源能耗、保護資源環境、實現安全操作、提高經濟效益和社會效益等問題。

本條規定技術服務合同不包括承攬合同和建設工程合同。這就是說，建設工程的勘察、設計、施工合同和以常規手段或者為生產經營目的進行一般加工、定作、修理、修繕、廣告、印刷、測繪、標準化測試等訂立的加工承攬合同，不屬於技術服務合同。但是以非常規技術手段解決複雜、特殊技術問題而單獨訂立的合同除外。本法之所以將承攬合同和建設工程合同排除在技術服務合同之外，是為了劃清它們的界線，避免在法律適用上的衝突。

第八百七十九條　技術諮詢合同的委託人應當按照約定闡明諮詢的問題，提供技術背景材料及有關技術資料，接受受託人的工作成果，支付報酬。

■ 條文主旨

本條是關於技術諮詢合同的委託人主要義務的規定。

■ 條文釋義

技術諮詢合同的委託人應當全面履行合同約定的各項義務：

一、闡明諮詢問題

這項義務是保證受託人完成諮詢任務的條件之一。本條所講的闡明諮詢問題，是指委託人按照合同的約定向受託人講清所要諮詢的技術問題的基本要求、基本要點等。

二、提供技術背景材料及有關技術資料

這項義務也是保證受託人完成諮詢任務必不可少的條件。本條所講的提供技術背景材料及有關技術資料，是指受託人完成諮詢任務所需要的合同中約定的有關技術背景、技術材料、技術資料等，還包括應受託人的要求在諮詢過程中及時補充的有關材料、資料等。

三、接受受託人的工作成果

取得工作成果是委託人的權利，接受工作成果是委託人義務。本條中所講的工作成果，是指受託人根據委託人的要求完成的諮詢報告或者意見。

四、支付報酬

這是為順利完成諮詢合同，委託人必須履行的最基本的義務，也是受託人完成諮詢合同的主要目的。本條中所講的支付報酬，是指委託人按照合同約定的報酬的計算方法、支付方

式、支付期間、支付地點、支付幣種等。給付受託人履行完諮詢合同的勞動對價。

第八百八十條 技術諮詢合同的受託人應當按照約定的期限完成諮詢報告或者解答問題，提出的諮詢報告應當達到約定的要求。

■ 條文主旨

本條是關於技術諮詢合同的受託人主要義務的規定。

■ 條文釋義

技術諮詢合同的受託人應當全面履行合同約定的各項義務，主要有：

一、按照約定的期限完成諮詢報告或者解答問題

受託人訂立技術諮詢合同後，應當利用自己的技術知識、技術手段和人才優勢，按照合同的約定完成諮詢報告或者解答問題。按照約定的期限完成委託任務，這是技術諮詢合同中受託人應當履行好的最基本的最主要的義務。這裏所講的「完成」，實際上是一個交付義務。即受託人利用自己的專業知識、技術技能、技術手段、人才優勢等按照合同約定的時間完成諮詢報告或者提供諮詢意見或者解答問題等，並交給委託人。

二、提出的諮詢報告應當達到約定的要求

這一義務的核心是諮詢報告要達到要求。即保證諮詢報告和意見符合合同約定的要求。這裏所講的要求，實際上是質量要求。該質量要求應當是屬於合同所約定的、並被受託人所接受的、先進的、具有可操作性、具有極大的參考價值的諮詢報告或者對問題的解答。

第八百八十一條 技術諮詢合同的委託人未按照約定提供必要的資料，影響工作進度和質量，不接受或者逾期接受工作成果的，支付的報酬不得追回，未支付的報酬應當支付。

技術諮詢合同的受託人未按期提出諮詢報告或者提出的諮詢報告不符合約定的，應當承擔減收或者免收報酬等違約責任。

技術諮詢合同的委託人按照受託人符合約定要求的諮詢報告和意見作出決策所造成的損失，由委託人承擔，但是當事人另有約定的除外。

■ 條文主旨

本條是關於技術諮詢合同當事人違約責任和涉及決策風險責任的規定。

■ 條文釋義

一、違約責任

技術諮詢合同的當事人違反合同約定，應當依照合同約定的違約條款以及民法典合同編有關違約責任的規定，承擔違約責任。

其一，委託人違反技術諮詢合同。

1. 委託人違反技術諮詢合同的違約行為。本條規定了委託人的兩種違約行為：（1）未按照合同約定提供必要的資料。這一違約行為包括以下幾種情況，一是委託人根本沒有提供必要的資料；二是委託人遲延提供必要的資料；三是委託人提供的必要資料不足；四是委託人提供的必要資料有嚴重缺陷等。委託人未按照合同約定提供必要的資料，應當導致影響了受託人的技術諮詢，影響了工作進度和質量。（2）不接受或者逾期接受工作成果。不接受工作成果，是指受託人按照合同的約定提出諮詢報告、諮詢意見或者對問題進行了解答，對此，委託人在沒有符合法律規定的理由下拒絕接受；逾期接受工作成果，是指委託人超過合同約定的時間接受受託人交付的諮詢報告、諮詢意見或者對問題作出的解答。

2. 委託人違反技術諮詢合同的違約責任。委託人未按期支付報酬的，應當補交報酬，並承擔違約責任；未按照約定提供必要的資料，或者所提供的資料有嚴重缺陷，影響工作進度和質量的，已支付的報酬不得追回，未支付的報酬應當支付。給受託人造成損失的，應當承擔違約責任。委託人逾期不提供或者不補充有關技術資料和工作條件，導致受託人無法開展工作的，受託人有權解除合同，委託人承擔違約責任。但合同另有約定的除外。委託人不接受或者逾期不接受工作成果的，向受託人支付的報酬不得追回，未支付的報酬應當支付，並且還應當支付受託人因保管工作成果所支出的費用。

其二，受託人違反技術諮詢合同。

1. 受託人違反技術諮詢合同的違約行為。根據本條規定，受託人違反技術諮詢合同的違約行為有二：（1）未按照合同約定的期限提出諮詢報告。受託人訂立技術諮詢合同後，應當利用自己的技術知識、技術手段和人才優勢，按照合同約定的期限完成諮詢報告或者解答問題。按照期限完成委託任務，這是技術諮詢合同中受託人應當履行好的最基本的最主要的義務。（2）提出的諮詢報告不符合合同約定。受託人提出的諮詢報告、諮詢意見或者對問題的解答應當符合合同的約定。這是受託人在技術諮詢合同中必須承擔的核心義務，是對受託人的最基本的要求。如果受託人提出的諮詢報告和意見不符合合同約定的要求，則為典型的違約行為。

2. 受託人違反技術諮詢合同的違約責任。受託人遲延提交諮詢報告和意見的，應當減收或者免收報酬，並承擔違約責任；提供的諮詢報告和意見不符合合同約定條件的，應當減收或者免收報酬，並承擔違約責任；不提交諮詢報告和意見，或者所提交的諮詢報告和意見水平低劣，無參考價值的，應當免收報酬，並承擔違約責任；受託人在接到委託人提交的技術資料和數據後，不進行調查論證，委託人有權解除合同，受託人應當返還委託人已付的報酬，並承擔違約責任，但是合同另有約定的除外。

二、技術諮詢合同涉及的決策風險責任

當事人可以在技術諮詢合同中約定對諮詢報告和意見的驗收或者評價辦法。合同沒有約定的，按照合乎實用的一般要求組織鑒定。諮詢報告和意見經驗收合格後，合同即告終止。委託人是否採納以及如何採納受託人作出的諮詢報告或者意見，由委託人自行決策。受託人對委託人實施諮詢報告或意見所受到的損失，不負賠償責任，除非合同另有約定。這就是技術諮詢合同涉及的決策風險責任。

本條關於技術諮詢合同涉及的決策責任的規定，目的是鼓勵受託人積極向委託人提供諮詢意見，但是受託人不能因此對委託人委託的技術項目不作調查研究，對諮詢報告和意見不負責。如果受託人提供的諮詢報告和意見沒有科學依據，或者有明顯的缺陷甚至錯誤，應當承擔違約責任。

> **第八百八十二條　技術服務合同的委託人應當按照約定提供工作條件，完成配合事項，接受工作成果並支付報酬。**

■ 條文主旨

本條是關於技術服務合同的委託人主要義務的規定。

■ 條文釋義

技術服務合同的委託人應當全面履行合同約定的義務，主要有：

一、按照合同的約定提供工作條件，完成配合事項

本條之所以規定，技術服務合同的委託人應當按照約定提供工作條件，完成配合事項，是因為技術服務合同的受託人解決的是委託人要求的特定的技術問題，而這一特定的技術問題是由委託人根據自己的特定情況提出的，委託人本身了解一些情況，因此需要委託人根據其所了解的情況，為受託人提供工作條件，只有雙方互相配合，才能保證合同的順利完成。本條所講的提供工作條件，不僅僅是通常、大眾所理解的物質條件，還應當包括提供下述具體條件或者具體事項：相關數據、圖紙、資料；樣品、場地等，以及技術進展或者已經完成的情況，這些條件都應當根據履行合同的需要在合同中約定清楚。合同一經約定，委託人就應當積極配合受託人完成。

二、接受工作成果

受託人完成的工作成果是根據委託人的要求作出的，因此，在合同履行過程中，受託人當然有義務接受受託方已經完成的部分工作成果，在合同全部履行完畢後，接受全部所有的工作成果。如果委託人不接受工作成果，在一定程度上會加重受託人的保管義務。故本條特別規定了委託人的接受工作成果這一義務。

三、支付報酬

受託人接受委託人委託的主要目的是，通過自己的勞動獲得相應的報酬。這是市場經濟條件下商品交換的基本規律，是從事市場經濟活動的基本準則。為此本條規定，委託人應當按照約定支付報酬。本條中所講的支付報酬，是指委託人按照合同約定的報酬的計算方法、支付方式、支付期間、支付地點、支付幣種等，給付受託人履行完合同的勞動對價。

第八百八十三條　技術服務合同的受託人應當按照約定完成服務項目，解決技術問題，保證工作質量，並傳授解決技術問題的知識。

■ 條文主旨

本條是關於技術服務合同的受託人主要義務的規定。

■ 條文釋義

技術服務合同的受託人應當全面履行合同約定的義務，主要有：

一、按照約定完成服務項目，解決技術問題，保證工作質量

受託人應當向委託人提供真正解決問題的技術。什麼是真正解決問題的技術，這就需要雙方當事人在合同中作出明確的約定。合同一經約定，受託人就應當按照合同約定的時間、數量、質量等要求完成委託人交付的工作，使委託人的技術問題得以解決。

二、傳授解決技術問題的知識

委託人訂立合同的目的是要得到技術，而這一技術是運用科學技術知識完成的特定的技術工作，這一工作的成果，有的表現為數據、圖紙、軟件、光盤等可以體現在一定載體上的信息，有的則表現為一種特殊的技能，需要口傳心述，委託人才能掌握運用，如果沒有受託人的傳授，委託人難以掌握、應用。因此，本條規定受託人應當按照約定完成服務項目，並傳授解決技術問題的知識。什麼是傳授？如何傳授？為避免不必要的糾紛，也便於合同的履行，當事人應當在合同中作出具體、詳細的約定。

> **第八百八十四條**　技術服務合同的委託人不履行合同義務或者履行合同義務不符合約定，影響工作進度和質量，不接受或者逾期接受工作成果的，支付的報酬不得追回，未支付的報酬應當支付。
>
> 技術服務合同的受託人未按照約定完成服務工作的，應當承擔免收報酬等違約責任。

■ 條文主旨

本條是關於技術服務合同的當事人違約責任的規定。

■ 條文釋義

技術服務合同的當事人違反合同約定，應當承擔違約責任。

一、委託人的違約責任

委託人不履行合同義務或者履行合同義務不符合約定，影響工作進度和質量，不接受或者逾期接受工作成果的，支付的報酬不得追回，未支付的報酬應當支付。具體講：

委託人未按照合同約定提供有關技術資料、數據、樣品和工作條件，影響工作質量和進度的，應當如實支付報酬。委託人逾期不提供約定的物質技術條件的，受託人有權解除合同，委託人應當支付違約金或者賠償由此給受託人造成的損失。

委託人逾期不支付報酬或者違約金的，應當交還工作成果，補交報酬，支付違約金或者賠償損失。

委託人遲延接受工作成果的，應當支付違約金和保管費。委託人逾期不領取工作成果的，受託人有權處分工作成果，從所獲得的收益中扣除報酬、違約金和保管費後剩餘部分返還委託人，所獲得的收益不足以抵償報酬、違約金和保管費的，有權請求委託人賠償損失。

此外，委託人還應當承擔在接到受託人關於提供的技術資料、數據、樣品、材料或者工作條件不符合合同約定的通知後，未能在約定的期限內補充、修改、更換或者不按期作出答覆的責任；承擔在履行合同期間，接到受託人因發現繼續工作將會對材料、樣品或者設備等有發生損壞危險而中止工作或者處理建議的通知後，未在約定的期限內作出答覆的責任；承擔違反保密義務，洩露受託人完成的需要保密的工作成果的責任。

二、受託人的違約責任

技術服務合同的受託人未按照合同約定完成服務工作的，應當承擔免收報酬等違約責任。具體講：

受託人遲延交付工作成果的，應當支付違約金。受託人逾期不交付工作成果的，委託人有權解除合同，受託人應當交還技術資料和樣品，返還委託人已付的報酬，支付違約金或者賠償損失。

受託人的工作成果、服務質量有缺陷，委託人同意利用的，受託人應當減收報酬並採取適當補救措施；工作成果、服務質量有嚴重缺陷，沒有解決合同約定的技術問題的，受託人

應當免收報酬，支付違約金或者賠償損失。

受託人對委託人交付的樣品、技術資料保管不善，造成滅失、缺少、變質、污染或者損壞的，應當支付違約金或者賠償損失。

此外，受託人還應當承擔發現委託人提供的技術資料、數據、樣品、材料或者工作條件不符合合同約定，未能及時通知委託人的相應責任；承擔在履行合同期間，發現繼續工作會對材料、樣品或者設備等有損壞危險而中止工作後，不及時通知委託人並未採取適當措施的相應責任；承擔違反保密義務，洩露委託人提供的需要保密的技術資料、數據、樣品的相應責任。

> **第八百八十五條** 技術諮詢合同、技術服務合同履行過程中，受託人利用委託人提供的技術資料和工作條件完成的新的技術成果，屬於受託人。委託人利用受託人的工作成果完成的新的技術成果，屬於委託人。當事人另有約定的，按照其約定。

■ 條文主旨

本條是關於技術諮詢、技術服務合同履行過程中產生的技術成果的歸屬和分享的規定。

■ 條文釋義

技術諮詢合同履行過程中，受託人在對委託人提供的數據、資料和背景材料進行研究分析、論證時，可能會產生新的技術成果；委託人根據受託人提供的諮詢報告，在分析、論證的基礎上，也可能會開發出新的技術成果。同樣，技術服務合同的受託人有時會基於委託人提供的有關背景材料、技術資料、數據、樣品和工作條件等派生出新的技術成果。委託人也可能在取得受託人的技術服務成果後，進行後續研究開發，利用所掌握的知識，創造出新的技術成果。

新的技術成果，是指技術諮詢合同或者技術服務合同的當事人在履行合同義務之外派生完成的或者後續發展的技術成果。新的技術成果中不僅包含着受託人的技術知識，技術技能，智慧智力、勞動心血等，也包含着委託人提供的一些數據、資料、樣品、背景材料、支付的費用，有的還可能提供了一些場地、建議、觀點等，由此產生的新的技術成果，可以講雙方當事人都有貢獻，為此，如果對新的技術成果沒有約定或者約定不明確，就會產生權屬糾紛。為了減少糾紛，本條對技術諮詢、技術服務合同履行過程中產生的技術成果的歸屬和分享作了明確的規定。

處理這類技術成果的歸屬和分享的基本原則是：第一，誰完成誰擁有；第二，允許當事人作特別約定。故本條規定，技術諮詢合同、技術服務合同履行過程中，受託人利用委託人提供的技術資料和工作條件完成的新的技術成果，屬於受託人。委託人利用受託人的工作成

果完成的新的技術成果，屬於委託人。當事人另有約定的，按照其約定。

依據這一規定，當事人可以在技術諮詢合同或者技術服務中約定這種可能產生的技術成果的歸屬和分享辦法。當事人對履行技術諮詢合同、技術服務合同所產生的新的技術成果的歸屬和分享辦法的特別約定，優於法律的一般原則規定。如果當事人在合同中對新產生的技術成果的歸屬和分享辦法沒有約定，或者約定不明確，那麼，受託人利用委託人提供的技術資料和工作條件完成的新的技術成果，屬於受託人。委託人利用受託人的工作成果完成的新的技術成果，屬於委託人。另一方無權參與分享新的技術成果。

第八百八十六條　技術諮詢合同和技術服務合同對受託人正常開展工作所需費用的負擔沒有約定或者約定不明確的，由受託人負擔。

■ 條文主旨

本條是對技術諮詢合同和技術服務合同中受託人履行合同費用負擔的規定。

■ 條文釋義

民法典對當事人訂立技術合同特別是技術諮詢合同和技術服務合同，當事人需要在合同中約定的事項已經作出了明確的規定和指引。在民法典合同編草案徵求意見中，許多意見反映，特別是司法實務部門的同志反映，在實際生活中，當事人在簽訂技術諮詢合同或者技術服務合同時，往往遺漏約定受託人開展正常工作所需要的費用由誰負擔的問題，這類糾紛還很多，為解決這一問題，對人民法院適用法律提供明確的指導，《最高人民法院關於審理技術合同糾紛案件適用法律若干問題的解釋》對此作了規定，該解釋第 31 第 1 款規定，當事人對技術諮詢合同受託人進行調查研究、分析論證、試驗測定等所需費用的負擔沒有約定或者約定不明確的，由受託人承擔。第 35 條第 1 款規定，當事人對技術服務合同受託人提供服務所需費用的負擔沒有約定或者約定不明確的，由受託人承擔。建議立法部門將最高人民法院的這一司法解釋規定，上升為法律作出規定。立法部門採納了這一建議在本條規定，技術諮詢合同和技術服務合同對受託人正常開展工作所需費用的負擔沒有約定或者約定不明確的，由受託人負擔。

> **第八百八十七條** 法律、行政法規對技術中介合同、技術培訓合同另有規定的，依照其規定。

■ 條文主旨

本條是關於技術中介合同和技術培訓合同法律適用的規定。

■ 條文釋義

技術中介合同，是指當事人一方以知識、技術、經驗和信息為另一方與第三方訂立技術合同進行聯繫、介紹、組織工業化開發並對履行合同提供服務所訂立的合同。技術培訓合同，是指當事人一方委託另一方對指定的專業技術人員進行特定項目的技術指導和專業訓練所訂立的合同，不包括職業培訓、文化學習和按照行業、單位的計劃進行的職工業餘教育。

考慮到技術培訓合同、技術中介合同與技術服務合同的內容大體相似，對技術培訓合同與技術中介合同的特殊性問題還需進一步研究，故本條規定，法律、行政法規對技術中介合同、技術培訓合同另有規定的，依照其規定。這一規定包括兩個含義，一是本法之外的法律、行政法規對技術中介合同、技術培訓合同另外有規定的，應當優先適應該規定。二是本法之外的其他法律、行政法規對技術中介合同、技術培訓合同沒有作出規定的，適用本章的有關規定。

第二十一章　保管合同

　　本章共十六條，對保管合同的定義、視為保管的情形、保管合同的成立、有償與無償、保管憑證、保管人的權利義務、寄存人的權利義務、貴重物品的寄存以及消費保管等作了規定。

> **第八百八十八條　保管合同是保管人保管寄存人交付的保管物，並返還該物的合同。**
>
> **寄存人到保管人處從事購物、就餐、住宿等活動，將物品存放在指定場所的，視為保管，但是當事人另有約定或者另有交易習慣的除外。**

■ 條文主旨

　　本條是關於保管合同定義的規定。

■ 條文釋義

　　保管合同又稱寄託合同或者寄存合同，是指雙方當事人約定一方將物交付他方保管，爾後他方返還保管物的合同。保管物品的一方稱為保管人，或者稱為受寄人，其所保管的物品稱為保管物，或者稱為寄託物，交付物品保管的一方稱為寄存人，或者稱為寄託人。

　　保管合同是一種重要的典型合同，在比較法上，大多數國家的民法典中都規定了保管合同。保管合同始於羅馬法，在羅馬法上被稱為寄託。羅馬法把寄託分為通常寄託與變例寄託。通常寄託，是指受寄人應於合同期滿後將受託保管的原物返還寄託人，而變例寄託是指受寄人得返還同種類、品質、數量之物，包括金錢寄託、訟爭物寄託及危難寄託。蘇聯民法不稱寄託而稱保管，其第 422 條規定：「依照保管合同，一方應當保管另一方交給他的財產，並完好地返還該財產。」

　　保管合同的標的物，即保管合同所指向的對象。保管物是否限於動產，總體上來說有以下幾種立法例：第一，以德國、意大利為代表的，在民法典中明確規定寄託物以動產為限。如《德國民法典》第 688 條規定：「因寄託合同，受寄人有義務保管由寄託人交付給自己的動產。」《意大利民法典》第 1760 條對寄託下的定義為：「寄託是一方接受他方的某個動產，負責保管並返還的契約。」《瑞士債務法》第 472 條、《比利時民法典》第 1918 條也有類似規定。《歐洲合同法原則》也規定，保管合同的標的物是動產或者有體物；無形財產如果沒有載體，則不能採用保管合同；對有價證券採用特殊規則。第二，以日本和我國台灣地區為

代表的，在對寄託下的定義中，不明確寄託物為動產或為不動產。如《日本民法典》第 657 條規定：「寄託，因當事人一方約定為相對人保管而受取某物，而發生效力。」郭明瑞、王軼所著的《合同法新論·分則》中認為，「日本民法一般寄託中的標的物即包括動產也包括不動產，這是日本法的一個特點」。又例如我國台灣地區「民法」第 589 條規定：「稱寄託者，謂當事人一方以物交付他方，他方允為保管之契約。」我國台灣地區劉發鋆著的《民法債編分則實用》中對寄託標的物所作的解釋是，「寄託標的物以物為限，無論為動產或不動產，為代替物或不代替物，均無不可」。可見我國台灣地區「民法」與日本民法對此規定是一脈相承的。第三，以我國澳門特區為代表的，在法律對寄託的定義中明確寄託物包括動產和不動產。澳門民法典第 1111 條規定，「寄託係指一方將動產或不動產交付他方保管，而他方於被要求返還時將之返還之合同」。

我國合同法第 365 條對保管合同下的定義中，也沒有規定保管物以動產為限，民法典第 888 條關於保管合同定義沿用了合同法的規定。現實中保管不動產的例子是很多的，房屋、果園、池塘等都可以成為保管的對象。隨着城鎮化的不斷發展，現在農村的很多年輕人都到城鎮發展，自己在農村的房屋很多都空置着，為了防止自己的房屋遭到破壞，並得到必要的修繕維護，很多人都將房屋等交給自己的親戚朋友進行保管。因此，法律有必要調整因委託他人保管不動產而形成的權利義務關係。

在理論上和實踐中，對在購物中心、飯店、賓館存放車輛等物品的法律性質以及這些物品丟失的賠償責任，有不同的看法，分歧的焦點集中在購物中心、飯店、賓館的購物、就餐、住宿中對存放的車輛是否有管護義務，以及這種管護義務的性質是什麼上。主要的有以下幾種看法：

第一種意見認為，消費者存放物品就與購物中心、飯店和賓館成立了保管合同關係，雙方為合同的當事人。如果支付費用就是有償保管，沒有支付費用就是無償保管。對於發生的爭議，應當按照合同的約定處理；沒有明確約定的，則應當按照民法典合同編中關於保管合同的規定處理。

第二種意見認為，該管護義務為消費服務合同的義務。有的認為該管護義務本身就是購物、就餐、住店的消費服務合同的具體內容，屬於從給付義務的範疇，為合同條款的重要組成部分；也有的認為是基於該消費服務合同而產生的附隨義務。存放的物品丟失，屬於購物中心、飯店、賓館一方未盡合同義務，構成違約，應當承擔違約責任。

第三種意見認為，該管護義務屬於依照消費者權益保護法產生的法定管護義務。依照這種法定義務，購物中心、飯店、賓館有責任為客人管護寄存物品，發生丟失，即為違反法定義務，構成侵權，應當按照侵權責任予以損害賠償。

第四種意見認為，應當根據具體情況來確定購物中心、飯店、賓館對車輛等物品的管護是有義務或者無義務，負的義務是什麼義務，是否應當賠償以及怎樣賠償。例如，如果是購物中心、飯店、賓館自己的停車場，客人的車輛停在這種內部停車場，而且支付了一定的費用，就是成立了單獨的保管合同，應當按照保管合同處理。不屬於內部停車場、沒有交納

費用的，不產生保管責任，不應當予以賠償。

相對於合同法而言，對此問題本條增加了第 2 款規定：「寄存人到保管人處從事購物、就餐、住宿等活動，將物品存放在指定場所的，視為保管，但是當事人另有約定或者另有交易習慣的除外。」相比於德國和法國的規定，我國民法典將這種保管義務擴大到以購物、就餐和住宿等活動為業的經營者。現實生活中，保管合同主要是社會成員之間相互提供幫助，或者服務部門、公共場所向社會提供服務的一種方式，比如商場、車站、飯店、賓館等場所，都設置了供人們寄存物品的特定場所，現在已經非常普遍。在這些場合，當事人之間往往沒有達成書面的甚至是口頭的合同，如果沒有當事人特別約定或者存在交易習慣，一般認為當事人之間訂立了保管合同。

此處規定的視為保管的情形需要具備兩個條件：一是需要到購物中心、飯店、賓館等場所從事購物、就餐、住宿等活動。二是需要將物品存放在指定的場所。購物中心、飯店、賓館等，對於存放車輛或者其他物品，往往都設置了專門的停車場、寄存櫃等設施，只有將車停放在其指定的停車場，或者將物品寄存在指定的寄存櫃中，才能構成保管合同。如果擅自存放在其他區域，例如，飯店有內部停車場供就餐人員停車，亦要求來就餐的人員將車輛停放在該停車場，該停車場仍有停車位供客戶使用時，客人未將車輛停放在該停車場內，而是為圖方便停在飯店門口，此種情形下，雙方之間不成立保管合同，即使車輛丟失，車輛所有人不能以雙方存在保管合同為由主張飯店承擔賠償責任。

保管合同的主要法律特徵有：

1. 保管合同為有償合同或者無償合同。根據本法第 889 條的規定，保管合同可以是有償合同，也可以是無償合同，由保管人和寄存人自行約定。當寄存人和保管人沒有就是否支付報酬作出約定，或者約定不明確的，雙方可以協議補充；不能達成補充協議的，按照合同相關條款或者交易習慣確定。

2. 保管合同為單務合同或者雙務合同。關於保管合同究竟是單務合同還是雙務合同，過去存在一定爭議。有的認為應是單務合同，保管合同原則上為無償合同，保管人負有保管義務，而寄存人不承擔對應的義務。有的認為保管合同是雙務合同，寄存人和保管人的權利義務是對應的，即使是無償的保管合同，寄存人也有支付必要費用的義務。第三種觀點認為，無償的保管合同為單務合同，有償的保管合同為雙務合同。因為雙務合同是指雙方當事人互負具有對價意義的債的合同，即雙方當事人均負有一定義務，且雙方的義務形成對待給付義務。無償的保管合同中，寄存人向保管人支付保管所支出的必要費用，並非向保管人支付報酬，不構成對待給付，故應為單務合同。

3. 保管合同為要物合同。本法第 890 條規定：「保管合同自保管物交付時成立，但是當事人另有約定的除外。」根據該規定，保管合同原則上為要物合同。

4. 保管合同為不要式合同。本章並未對保管合同的訂立形式作出規定，並不要求當事人必須以何種形式訂立合同。訂立保管合同可以是口頭形式，也可以是書面形式，為不要式合同。

5. 保管合同為繼續性合同。繼續性合同，是指合同的內容，並非一次性給付可以完結，而是繼續地實現。在保管合同中，保管人要持續地履行其保管義務，並不是一次履行即告完結，具有繼續性的特點。作為繼續性合同的保管合同解除的效果不同於非繼續性合同，保管合同的解除僅向將來發生效力。

第八百八十九條　寄存人應當按照約定向保管人支付保管費。

當事人對保管費沒有約定或者約定不明確，依據本法第五百一十條的規定仍不能確定的，視為無償保管。

■ 條文主旨

本條是關於保管合同的報酬的規定。

■ 條文釋義

保管合同可以是有償合同，也可以是無償合同。寄存人和保管人可以約定保管是有償的，也可以約定保管是無償的。如果約定保管是有償的，寄存人應當按照約定的數額、期限、地點向保管人支付報酬，否則承擔違約責任。有償保管中，保管費是保管人所提供的保管服務的對價，支付保管費是寄存人的主要義務。在無償保管合同中，寄存人不負有支付保管費的義務。

寄存人和保管人沒有就是否支付報酬作出約定，或者約定不明確的，雙方可以協議補充；不能達成補充協議的，按照合同相關條款或者交易習慣確定。所謂沒有約定，是指在合同中完全沒有提及保管費事宜。所謂約定不明確，是指雖然在保管合同中對保管費的問題有所涉及，但是並沒有確定費用的具體數額或者計算方法等內容，導致無法確定具體的費用。所謂按照合同相關條款或者交易習慣確定，要考慮的問題主要有以下幾點：一是當事人之間是否存在交易習慣或者慣例。例如，甲每個月都要出差一次，擔心出差期間心愛的摩托車被盜，都要將其摩托車託付給鄰居乙保管，乙表示需要收取一定的報酬。一年中，1月至11月雙方都口頭約定由甲向乙支付 100 元報酬並實際按此約定執行，而在 12 月雙方並未作出支付保管費的約定，甲又將其摩托車交給乙保管，此時可以依據雙方之間的交易習慣推定甲應向乙支付保管費，乙可以根據以往的交易習慣向其主張 100 元的報酬。二是根據保管人是否從事保管這個職業。如果雙方沒有約定報酬或者約定不明確，但是能夠確定保管人就是從事保管這個職業的，如保管人是小件寄存的業主，依此應當推定該合同是有償合同。三是依其他情形應當推定保管是有償的。如就保管物的性質、保管的時間、地點和方式而言，一般人的判斷都是有償的，則應推定保管是有償的。如果推定保管是有償的，寄存人應當向保管人支付報酬。

當事人可以在合同中明確約定保管是無償的。除此之外，在當事人未約定保管費的情況下，依照本法第 510 條的規定仍不能確定是有償的，則保管是無償的。即當事人未約定保管是有償的或者是無償的，按照合同相關條款或者交易習慣不能確定保管是有償的情況下，就應推定是無償的。確定保管合同的有償與無償，是保管合同的重要問題。我國民法典處理這個問題的基本原則就是依雙方當事人意思自治。即雙方當事人可以在合同中明確約定保管是有償的或者是無償的，在沒有約定保管是否支付報酬的情況下，允許雙方當事人協議補充，這也是當事人意思自治原則的體現。在不能達成補充協議的情況下，即雙方當事人在履行合同時就此問題發生糾紛，人民法院或者仲裁機構可以依據合同中的相關條款或者交易習慣確定。確定的結果有兩個：一是有償的，二是無償的。例如，甲在火車站將行李寄存在乙開的小件寄存處，雙方就是否支付保管費發生爭議，按乙是以此為業這個情形，甲應當向乙支付報酬。再如，甲到某超市購物，進入市場前將隨身攜帶的挎包存放在超市的寄存處。甲購物後去提取挎包時，寄存處管理人員要求甲支付保管費，甲拒絕支付。在此案中，法院應當支持甲的主張，因為按照一般交易習慣，超市的寄存處是不應當收費的。有的保管合同中也可以約定有條件地收取保管費。例如，有的停車場規定，車輛進入該停車場停放的前 10 分鐘是無償的，超過 10 分鐘開始收費。如果車輛只是臨時停放，沒有超過 10 分鐘即開走，那麼寄存人無需支付保管費；如果停放時間超過了 10 分鐘，則寄存人需要按照約定支付保管費。

從傳統上看，羅馬法將保管合同規定為無償合同。羅馬法認為，受寄人如收取報酬，可以理解為受僱人收取報酬而為他人提供保管的勞務，將成為勞務租賃合同。在近現代西方國家的民事立法上一般也規定保管合同以無償為原則，以有償為補充。例如，《法國民法典》第 1917 條規定，「本義上的寄託本質上是一種無償契約」。《日本民法典》第 1917 條亦規定，「通常寄存，本質上為無償契約」。除西方國家外，我國台灣地區「民法」第 589 條第 2 款也規定，「受寄人除契約另有訂定，或依情形，非受報酬……」這樣規定的理由主要是：保管合同主要是社會成員之間相互提供幫助或服務部門向社會提供服務的一種方式，在現實生活中多是無償的。我國強調的是保管合同是否有償由當事人約定，在沒有約定的情況下，依合同有關條款或者交易習慣不能確定是有償的，則推定保管合同是無償的。

第八百九十條　保管合同自保管物交付時成立，但是當事人另有約定的除外。

■ 條文主旨

本條是關於保管合同何時成立的規定。

■ 條文釋義

保管合同原則上為要物合同，即實踐合同。保管合同的成立，不僅須有當事人雙方意思

表示一致，而且須有寄存人將保管物交付給保管人，即寄存人交付保管物是保管合同成立的要件。因此，保管合同是實踐合同而非諾成合同。

從我國合同法第 367 條規定來看，我國保管合同的成立以保管物的交付為要件，即保管合同自保管物交付時成立。保管合同與倉儲合同的性質基本上是一樣的，但二者也有許多重要的區別，區別之一就是保管合同為實踐合同，而倉儲合同為諾成合同。因為倉儲合同是專門從事保管業務的保管人（倉庫）與存貨人訂立的合同，雙方為實現各自的經濟利益，基於誠實信用的原則，要求雙方訂立的合同為諾成合同，即從雙方意思表示一致時起，合同成立，雙方即受合同約束。而保管合同多為無償，多數國家更以保管合同以無償為原則在立法中予以體現，從符合社會傳統和社會習慣的要求來看，應當規定保管合同為實踐合同。例如甲和乙係鄰居，甲和乙口頭訂立一合同，甲將一輛自行車委託乙代為保管，在甲未交付自行車給乙保管前，合同不成立。假如在這個階段，甲決定不再把自行車交給乙保管，乙也不能追究甲的違約責任，反之，如果乙拒絕為甲保管自行車，也無需承擔違約責任。

近幾十年來，對在法律上是否應當規定實踐合同，一直存在爭議。一些學者認為，實踐合同是法制史上的殘留物，不具有實質意義，且要物性的要求不利於鼓勵交易，因此，現代合同法不應當規定實踐合同。另外，對實踐合同而言，一方當事人在作出意思表示後卻要待履行後才能發生效力，因此，在雙方達成合意後至履行前一方毀約的，因為合同尚未生效，並不能追究其違約責任，只能通過締約過失責任加以補救，這既不利於對善意一方當事人的保護，也不利於促使當事人履行諾言。

保管合同原則上是實踐合同，其成立既要有雙方為保管的要約和承諾，還要求寄存人有實際交付保管物的行為。在羅馬法中，實踐合同也被稱為要物合同。將保管作為實踐合同是與其所具有的無償性聯繫在一起的。在 19 世紀和 20 世紀的立法中，這種制度仍然被保留，在這一時期，保管合同仍然被稱為「物的合同」。

我國合同法第 367 條規定：「保管合同自保管物交付時成立，但當事人另有約定的除外。」民法典延續了合同法的規定，根據本條規定，保管合同原則上屬於要物合同，當事人意思表示一致，合同也不能成立，必須交付標的物保管合同才能成立。具體來說，第一，雙方當事人達成合意，但還沒有交付保管物，此時仍處於締約階段。所以，在形成合意之後，如果一方當事人反悔，並不承擔違約責任，僅可能承擔締約過失責任。第二，寄存人將保管物交付給保管人。此處說的交付應當限於現實交付，而且應當交付給保管人。保管物的交付屬於合同成立的要件，如果沒有交付，應當認定合同不成立。第三，如果當事人有特別約定，自雙方當事人達成合意時合同成立並生效，則該合同可以成為諾成合同。此時，保管物的交付就成為合同規定的義務。

保管合同儘管以保管物的交付為成立要件，但當事人另有約定的除外。例如當事人在合同中明確約定「自雙方在合同上簽名時合同成立」「自合同簽名之日起即生效力」，如果有這樣的約定，則雙方當事人自合同簽名之日起即受合同約束，雙方應當按照合同的約定履行自己的義務，不得擅自變更或者解除合同，否則承擔違約責任。雙方當事人在合同中作這樣的

約定，多是由於保管是有償的，特別是保管人為了實現獲得保管費的目的而訂立的。當寄存人不交付保管物時，保管人就可以依法追究寄存人的違約責任。

第八百九十一條　寄存人向保管人交付保管物的，保管人應當出具保管憑證，但是另有交易習慣的除外。

■ 條文主旨

本條是關於保管人向寄存人出具保管憑證的義務的規定。

■ 條文釋義

寄存人向保管人交付保管物後，保管合同成立。保管人應當向寄存人出具保管憑證。出具保管憑證不是保管合同成立的形式要件，如果當事人另有約定或者依交易習慣無須出具保管憑證的，也可以不出具保管憑證，不影響保管合同的成立。

關於保管憑證與保管合同的關係，有的學者主張，在有保管憑證的保管中，保管人出具保管憑證後，保管合同始為成立。在無保管憑證的保管中，保管合同自寄存人交付保管物時起成立。這種觀點的前提還是承認保管合同是實踐合同，只是在有保管憑證的保管合同成立的時間上提出了不同的主張。這種觀點沒有解決在有保管憑證的保管合同中，在寄存人交付保管物後，一旦保管人應當出具而未出具保管憑證，合同是否成立的問題。所以不能把出具保管憑證作為合同成立的形式要件，而是以寄存人交付保管物作為合同成立的形式要件，只要寄存人交付了保管物，即使保管人應當出具保管憑證而未出具，也應當認定保管合同成立，否則極不利於保護寄存人的利益。

從原則上講，寄存人向保管人交付保管物後，保管人就應當出具保管憑證，但當事人另有約定或者依交易習慣無須出具的除外。例如，在車站、碼頭等設立的小件寄存處，一般的交易習慣是出具保管憑證。而在某些商場外的停車場，按照交易習慣就不出具保管憑證，只要有車位就可以停車，只是出來時需付款，保管人出具付款憑證。

現實生活中，人們為了互相協助而發生的保管行為，多是無須出具保管憑證的，因為這是基於寄存人與保管人之間互相信任。但是出具保管憑證在現實社會生活和經濟生活中具有重要意義。保管合同為不要式合同，多數情況下只有口頭形式沒有書面形式，因此保管憑證對確定保管人與寄存人、保管物的性質和數量、保管的時間和地點等具有重要作用。一旦雙方發生糾紛，保管憑證將是最重要的證據。

> **第八百九十二條　保管人應當妥善保管保管物。**
>
> **當事人可以約定保管場所或者方法。除緊急情況或者為維護寄存人利益外，不得擅自改變保管場所或者方法。**

■ 條文主旨

本條是關於保管人對保管物盡妥善保管義務的規定。

■ 條文釋義

保管人負有返還保管物的義務，即保管合同只是轉移物的佔有而不轉移物的所有權。保管合同的目的是為寄存人保管保管物，即維持保管物的現狀並予以返還。因此，保管人為返還保管物並實現合同目的，應當妥善保管保管物，這是保管人應負的主要義務之一。

所謂「妥善保管」，是指保管人應當按照法律規定和當事人約定，並根據保管物的性質，提供適當的保管場所，採取適當的保管方法，使保管物處於完好狀態。具體來說，「妥善保管」應當包括以下幾個方面的內容：（1）提供適當的保管場所。這就是說，保管人所提供的場地，應當符合當事人的約定。如果合同沒有約定，保管人應當根據保管物的性質，提供適於保管該物品的場所。如果保管物具有特殊的性質，保管人應當提供相應的保管條件。例如，保管人保管冰凍的海鮮產品，應當提供能夠達到冷凍所要求的低溫之冷庫，用於存放該海鮮產品。（2）採取適當的保管方法。在保管過程中，保管人要根據保管物的性質、特點等，採取適當的保管方法。而且，保管人應當掌握相關的保管技術，從而實現妥善保管。例如，寄存人所寄存的是鮮活的魚蝦等海鮮，那麼保管人不僅需要提供相應的場所，還需要掌握相關技術，採取適當方法，使魚蝦等海鮮得以存活，實現保管之目的。（3）除緊急情況或者為了維護寄存人利益外，不得擅自改變保管場所或者方法。在保管合同中，當事人為了實現保管的目的通常會就保管場所或者方法進行約定，除了出現緊急情況，或者為了維護寄存人的利益之外，保管人不得擅自變更合同約定的保管場所或者方法。而且，即使是在緊急情況下或者為了維護寄存人之利益而改變保管場所或者方法的，也應當及時通知寄存人。例如，因地震導致倉庫即將坍塌的，保管人可以將保管物轉移至安全地帶。（4）保管人應當採取合理的預防措施，防止保管物的毀損、滅失。保管人要按合同約定的要求、保管物的性質等，採取積極妥當的措施，維護保管物的良好狀態。因保管不善導致保管物毀損、滅失的，保管人應承擔賠償責任。例如，寄存的保管物為煙花爆竹等易燃易爆物品的，應當避免高溫、明火環境，還應當設置明顯標識，提示該保管物為易燃易爆物品，並嚴禁煙火，以防止發生爆炸。（5）當出現不利於保管物之保管的情事，可能導致合同目的不能實現時，應當採取必要合理之措施，避免保管物受到損害，或者將損害降低到最低限度。例如，當保管人發現存放保管物的倉庫着火時，應當第一時間予以撲滅；當發現存放易燃易爆物品的倉庫中有人吸煙時，應當立即進行制止。

依據本條第 2 款的規定，當事人可以約定保管場所或者保管方法。當事人已經約定的，應當從其約定；當事人無約定的，保管人應當依保管物的性質、合同目的以及誠實信用原則，妥善保管保管物。當事人約定了保管場所或者保管方法的，除緊急情況或者為了維護寄存人利益的以外，不得擅自改變保管場所或者方法。所謂緊急情況，如保管物因第三人的原因或者因自然原因，可能發生毀損、滅失的危險時，保管人除應當及時通知寄存人外，為了維護寄存人的利益，可以改變原來約定的保管場所或者保管方法。

寄存人寄存金錢、有價證券、珠寶或者其他貴重物品的，保管人應當按照貴重物品保管要求保管寄存的貴重物品。例如，將寄存的貴重物品存放到保險箱中，以防止丟失或者被盜。

第八百九十三條　寄存人交付的保管物有瑕疵或者根據保管物的性質需要採取特殊保管措施的，寄存人應當將有關情況告知保管人。寄存人未告知，致使保管物受損失的，保管人不承擔賠償責任；保管人因此受損失的，除保管人知道或者應當知道且未採取補救措施外，寄存人應當承擔賠償責任。

■ 條文主旨

本條是關於寄存人的告知義務的規定。

■ 條文釋義

寄存人對保管人負有告知的義務，包括以下兩種情況：（1）如果保管物有瑕疵的，應當將真實情況如實告知保管人。此處所說的瑕疵，不同於買賣合同中的瑕疵，主要是指保管物自身存在的、可能造成保管物自身或者其他物品毀損、滅失的缺陷。由於保管物自身存在的缺陷，需要採取必要措施，否則既可能導致保管物自身的損害，也可能導致其他的損害。例如，寄存人發現存放的食用油等液體包裝有瑕疵，可能導致洩露，造成保管物損失及其他物品污損的，應當及時告知保管人，採取重新包裝或者改善包裝等必要措施，以免造成保管物或者其他物品的損害。

（2）按照保管物的性質需要採取特殊保管措施的，寄存人應當告知保管人。所謂「保管物的性質」，如保管物屬於易燃、易爆、有毒、有腐蝕性、有放射性等危險物品或者易變質物品。例如，存放某種容易腐壞變質的食物，如果不及時採取冷藏或者冷凍等措施，不僅可能導致該食物自身腐壞變質，而且還可能損害其他物品。之所以要對這類物品進行特殊保管，一方面，是因為這些保管物的性質決定了必須對其進行特殊的保管，否則將會造成這些保管物自身受損甚至滅失。例如，對於需要保持乾燥的物品，就必須進行防潮防濕處理，保存在乾燥的環境中。另一方面，對於這些物品的特殊保管，也是為了避免這些物品因保管不善造成其他物品的損害。例如，對於煙花爆竹等易燃易爆危險物品的保管，必須避免高溫和

明火。對於此類危險物品的保管，如果因為沒有事先告知而未採取適當的保管方式，不僅可能導致保管物或者其他物品的損害，甚至可能導致保管人的生命安全或者健康受到損害。

寄存人違反前兩項義務，使保管物本身遭受損失的，保管人不承擔賠償責任，即寄存人未履行相應的告知義務的，將使保管人免責。此處所說的免責，僅指因為寄存人未履行告知義務而造成保管財產自身損毀、滅失的，保管人對此免於承擔賠償責任。例如，對於易揮發的物品，由於寄存人未告知其特性，保管人未將該物品密封保存，導致保管物揮發殆盡，則保管人在沒有其他過錯的情況下，對此損失不承擔賠償責任。

寄存人違反前兩項義務，使保管人的人身、財產遭受損失的，寄存人應當承擔賠償責任。例如，寄存人寄存易燃易爆危險物品未告知保管人，導致該保管物在保管過程中發生爆炸，造成保管人人身及財產損失的，寄存人應當對保管人承擔相應的賠償責任。但保管人知道或者應當知道並且未採取補救措施的，寄存人不承擔賠償責任。所謂「知道或者應當知道」，是指對保管物存在瑕疵或者需要採取特殊保管措施的情況，寄存人已事先明確告知，或者寄存人雖未明確告知，但在保管物上以明顯的警示標識等顯著方式提示保管人，又或者保管人根據雙方的交易慣例以及以往的經驗來看應當知道，等等。例如，寄存人寄存物品為玻璃酒杯，雖未明確告知保管人，但是在包裝盒上已標注所裝物品為玻璃酒杯，且在包裝盒上設置了「易碎物品，輕拿輕放」的明顯標識，則可推定保管人應當知道保管物為易碎物品的情況。所謂「保管人知道或者應當知道並且不採取補救措施」，是指保管人在接受寄存人交付的保管物時或者在保管期間，儘管寄存人違反了告知義務而沒有告知，但保管人已經發現了保管物存在瑕疵、不合理的危險或者易變質等情況，沒有將發現的情況及時通知寄存人並要求寄存人取回，或者主動採取一些特殊的保管措施，以避免損失的發生或擴大。法律規定在這種情況下保管人無權要求寄存人承擔賠償責任。例如在上述案例中，如果寄存人寄存易燃易爆危險物品，且已事先將該情況告知保管人，但是保管人沒有採取適當的保管措施，如將該危險物品存放於高溫場所，或者發現危險後未及時採取必要措施，如發現其工作人員在該危險物品存放的倉庫抽煙未及時制止，導致危險物品發生爆炸，造成保管人人身、財產損失的，保管人不得請求寄存人承擔賠償責任。

第八百九十四條 保管人不得將保管物轉交第三人保管，但是當事人另有約定的除外。

保管人違反前款規定，將保管物轉交第三人保管，造成保管物損失的，應當承擔賠償責任。

■ 條文主旨

本條是關於保管人負有親自保管保管物的義務的規定。

■ 條文釋義

在合同沒有特別約定的情況下，保管人都應當親自保管保管物。在保管合同的履行過程中，按照誠實信用的原則和本法第 551 條的規定，保管人在未徵得寄存人同意的前提下，不得將保管物轉交第三人保管，即應當親自保管保管物。當事人另有約定的，不在此限。例如，雙方當事人約定，當保管人因患病而不能親自保管時，可以不經寄存人同意而將保管物轉交第三人保管。

法律要求保管人親自保管，對社會生活及交易的安全、穩定具有重要意義。對於為什麼應當由保管人親自保管，學界一般認為有以下幾個原因：第一，在自然人之間因為相互協助而訂立的保管合同，基本上是基於彼此之間相互信任的關係而訂立的。正是基於此種信任，寄存人才將保管物交給保管人進行保管。保管人如果擅自將保管物交給第三人保管，就破壞了這種信任關係。或者說，保管合同是基於雙方當事人之間的信賴關係成立的，這就決定了其具有一定的人身屬性。例如，甲委託乙保管一個存摺，主要是基於甲對乙的信任。甲如果對乙不信任，不會輕易將存摺交給乙保管。正是由於甲對乙的信任，即甲確信他的存摺由乙保管即安全、可靠，又能如期歸還，所以才將存摺交給乙保管。如果乙擅自將存摺轉交第三人保管，就辜負了甲對他的信任，並且可能給甲帶來損失。第二，保管人常常可能有特殊的條件，具有可以妥善保管特定物品的技術或者設施等，從而能夠實現保管合同的目的。這也是寄存人選擇保管人的重要原因。如果保管物被交給第三人，可能因為缺乏相應的技術、設施等等，無法妥善保管標的物。例如，寄存人需要寄存的物品是需要冷凍保存的食物，那麼其必然要選取具備相應冷凍條件的保管人來訂立保管合同。如果保管人擅自將該保管物交給第三人保管，則寄存人無法確定該第三人是否具備相應的保管條件，由第三人保管可能會損害該保管物，給寄存人帶來損失。第三，寄存人可能需要知道保管物實際上是由誰來保管。例如，在即時供貨中，寄存人需要迅速將保管物取回，從而實現即時銷售貨物的目的。如果保管人未經寄存人同意，將保管物交給第三人保管，寄存人可能無法知道其貨物的實際保管人，以至於無法及時提取貨物並進行銷售。此外，寄存人的保險費之中可能並不包括轉保管。所以，從維護寄存人利益的角度考慮，保管人應當負有親自保管的義務。

親自保管義務包括兩個方面的內容：一方面，保管人應當按照合同的約定，為實現合同目的而親自保管保管物。親自保管不僅包括保管人自己保管，也包括保管人使用輔助人進行保管。當然，保管人要對其選擇的輔助人向寄存人負責，即如果因輔助人的行為導致沒有實現保管的目的，保管人亦應當對此負責。

另一方面，未經寄存人的同意，保管人不得將保管物交給第三人保管。保管人將保管物交由第三人保管，在學說上一般稱為「轉保管」，該第三人可稱為「次保管人」。在比較法上，許多國家的法律都禁止轉保管。本條規定，「保管人不得將保管物轉交第三人保管，但是當事人另有約定的除外」。從字面意思理解，只有經過寄存人同意，保管人才能轉保管。對此，有的學者提出，應當作出例外規定。因為在緊急情況下，為了寄存人的利益需要轉保管，但又無法與寄存人取得聯繫，應當允許保管人將保管物交給第三人保管。例如，保管人

發現貨物腐爛、變質，其並不具備必要的保管條件，此時又無法及時與寄存人取得聯繫的，應當允許保管人轉保管。此觀點不無道理。根據保管合同雙方當事人之間的信任關係，原則上確實不允許保管人擅自進行轉保管，主要是考慮擅自轉保管可能損害寄存人的利益，如果保管人隨意轉保管，自己從中漁利，那麼次保管人所獲得之報酬自然低於寄存人支付保管人之報酬，可能降低保管的條件，使其不能妥善保管該保管物，導致保管物的毀損、滅失，造成寄存人的損失。但是，在理解本條規定時，還應當結合其他條款以及保管合同之性質、目的來理解。本法第 892 條規定，保管人應當妥善保管保管物。當事人可以約定保管場所或者方法。除緊急情況或者為維護寄存人利益外，不得擅自改變保管場所或者方法。根據該規定，保管人有妥善保管的義務，保管人有義務盡其能力促成保管合同目的之實現。在緊急情況下，如不轉保管將導致保管物毀損、滅失，又無法及時聯繫寄存人徵得其同意的，此時，為了維護寄存人之利益，實現保管合同之目的，保管人將保管物交給具有相應保管能力和條件的次保管人代為保管，不僅是履行其妥善保管義務的要求，符合合同目的，亦符合誠信原則和公平原則之要求。

保管人違反該義務，擅自將保管物轉交第三人保管，使保管物因此造成損害，保管人應當承擔賠償責任。對保管物造成的損害強調的是基於保管人轉保管的過錯造成的損害。即如果保管人不將保管物轉交第三人保管，而是自己親自保管，就不會發生這種損害。在沒有徵得寄存人同意的情況下，第三人也即次保管人只是與保管人之間形成了合同關係，如果因次保管人的過錯造成了保管物毀損、滅失，次保管人應當對保管人負責，而保管人應當對寄存人負責。責任的根據主要是違約，即沒有取得寄存人的同意而進行轉保管，應當由保管人承擔違約責任。本條規定並未要求保管人或者次保管人在承擔責任時必須具有過錯。不論保管人是否經寄存人同意而進行轉保管，亦不論保管人或者次保管人是否具有過錯，只要沒有實現合同之目的而出現違約，保管人都要承擔相應的賠償責任。

> **第八百九十五條** 保管人不得使用或者許可第三人使用保管物，但是當事人另有約定的除外。

■ 條文主旨

本條是關於保管人不得使用或者許可第三人使用保管物義務的規定。

■ 條文釋義

保管合同，寄存人只轉移保管物的佔有給保管人，而不轉移使用權和收益權，更不轉移處分權，即保管人只有權佔有保管物，而不能利用保管過程中佔有之便，擅自使用保管物。這是保管合同的一般原則。特殊保管合同，即消費保管則另當別論（消費保管是保管人

保管貨幣或者其他可替代物，保管人在接受貨幣或者其他可替代物後，依雙方的約定，該貨幣或者其他可替代物的所有權移轉給保管人，保管人當然享有對該物的使用權、收益權和處分權，而只需以同種類、品質、數量的物返還即可。消費保管是一種特殊的保管，與普通保管具有諸多區別，普通保管的某些規則對消費保管來說不一定適用。對消費保管將在本法第901條中詳細論述）。

本條規定，保管人不得使用或者許可第三人使用保管物，但是當事人另有約定的除外。保管人不得使用或者許可他人使用保管物的規定，為任意性規定，當事人可以通過約定排除其適用。此規定有利於保護寄存人的利益。保管合同的目的是為寄存人保管保管物，一般要求是維持保管物的現狀，保管人雖然沒有使保管物升值的義務，但負有儘量避免減損其價值的義務。如果允許保管人隨意使用保管物，則容易造成保管物的折舊甚至毀損、滅失，從而損害寄存人的利益。因此，法律規定禁止保管人使用或者許可第三人使用保管物。當事人另有約定的不在此限。例如，甲、乙係鄰居，甲要出國很長時間，於是委託乙保管電視機。雙方約定，為避免電視機長期閒置而造成損壞，乙可以對電視機適當使用。以上事例還是出於保管的目的。如果甲、乙雙方約定，乙可以任意使用，也無須向甲支付報酬，這實際和借用合同無異，而不再是保管合同。因為保管合同的目的還是使保管物保持原狀並予以返還。在某些特殊情況下，如果保管人是為寄存人的利益或者妥善保管保管物的需要，未來得及徵得寄存人同意，或者因為特殊原因不能及時與寄存人取得聯繫的，可以不經寄存人同意而使用保管物。例如在上述案例中，甲委託乙保管電視機，未約定乙可以使用，但是甲出國時間很長，如果長期不使用，電視機將會受到損壞。而甲到了國外後與乙失去聯繫，在這種情況下，為了避免該電視機因長期不使用而受損壞，乙可以偶爾打開電視機進行使用。這種情況下保管人未經委託人而使用保管物，不僅是為了寄存人的利益，也是保管人履行妥善保管保管物的義務的體現。

當事人沒有在合同中預先約定保管人可以使用保管物，或者保管人未經寄存人同意而擅自使用或者許可第三人使用保管物，造成保管物損壞的，保管人應當承擔賠償責任。有些國家還規定，即使沒有造成保管物損壞的，也應當按照保管物的使用之價值，對寄存人給付相當之報酬補償。

第八百九十六條　第三人對保管物主張權利的，除依法對保管物採取保全或者執行措施外，保管人應當履行向寄存人返還保管物的義務。

第三人對保管人提起訴訟或者對保管物申請扣押的，保管人應當及時通知寄存人。

■ 條文主旨

本條是關於保管人返還保管物的義務及危險通知義務的規定。

■ 條文釋義

保管人返還保管物是保管人的一項基本義務。依據本法第 899 條規定，無論當事人是否約定保管期間，寄存人均享有隨時領取保管物的權利，保管人需應寄存人的請求隨時負有返還保管物的義務。

保管人保管貨幣的，應當返還相同種類、數量的貨幣。保管其他可替代物的，應當按照約定返還相同種類、品質、數量的物品。

保管人負有返還保管物的義務，但由於第三人的原因而使履行返還義務發生危險時，保管人應當及時通知寄存人。按照本條第 2 款之規定，第三人對保管物主張權利而對保管人提起訴訟或者對保管物申請扣押的，保管人應當及時通知寄存人。這是法律規定在此種情形之下保管人的通知義務，有的學者將其稱為保管人的危險通知義務。通知的目的在於使寄存人及時參加訴訟，以維護自己的合法權益。保管人可以請求法院更換寄存人為被告，因為保管人根本不是所有權人，這是第三人與寄存人之間的爭議。如果第三人向法院申請對保管物採取財產保全措施，例如第三人在訴訟前向法院申請財產保全，請求扣押保管物，法院在扣押保管物後，保管人應當及時通知寄存人，以便寄存人及時向法院交涉，或者提供擔保以解除保全措施。

法律之所以規定保管人的危險通知義務，主要是因為：一方面，保管人的危險通知義務是與其返還義務相關的，因為危險的發生可能會導致保管人不能返還保管物。另一方面，要求保管人進行危險通知，也有利於維護寄存人的利益。在第三人對保管物提起訴訟或者對保管物申請扣押時，寄存人並不實際佔有該保管物，其可能不知曉或者無法知曉該情況，如果保管人及時通知寄存人，則可以使寄存人及時採取相應的措施維護自身的合法利益，使其免受損害。如果保管人沒有及時通知寄存人，造成寄存人損失的，應當承擔相應責任。

第三人對保管物主張權利，除保管物已經被法院採取財產保全措施或者已經被法院強制執行而不能返還的以外，保管人仍應當履行向寄存人返還保管物的義務。這一規定明確了在第三人對保管物主張權利時，保管人應當將保管物返還給寄存人而不是第三人。

「第三人對保管物主張權利」，是指第三人主張保管物並非屬於寄存人所有等可能引發保管物的權屬爭議的情形，包括第三人認為該保管物是屬於他所有而被他人非法佔有時，向人民法院起訴，請求法院依法強令不法佔有人返還原物。財產保全，是指人民法院在案件受理前或者訴訟過程中，為保證將來生效判決的順利執行，對當事人的財產或者爭議的標的物採取的強制措施。我國民事訴訟法第 100 條和第 101 條對訴訟財產保全和訴前財產保全規定了應當具備的條件。財產保全限於給付之訴，目的是防止因當事人一方的不當行為（如出賣、轉移、隱匿、毀損爭議標的物等行為）使判決不能執行或者難以執行。財產保全的措施有查封、扣押、凍結或法律規定的其他方法。執行，是指人民法院的執行組織依照法律規定的程序，對發生法律效力的法律文書確定的給付內容，運用國家的強制力依法採取執行措施，強制義務人履行義務的行為。執行的措施就保管合同的保管物而言，主要是強令交付，即強令將保管物交付所有權人，或者先由法院採取扣押的措施，再轉交給所有權人。例如

甲非法佔有乙的財物，乙起訴到法院要求甲返還，法院判決甲向乙返還原物。但甲為對抗法院的判決，而將該財物存放在丙處，由丙保管。這時法院即可對由丙保管的財物採取執行措施，強令丙將財物返還給乙。此後丙當然不再負有向甲返還保管物的義務。

> **第八百九十七條**　保管期內，因保管人保管不善造成保管物毀損、滅失的，保管人應當承擔賠償責任。但是，無償保管人證明自己沒有故意或者重大過失的，不承擔賠償責任。

■ 條文主旨

本條是關於保管物在毀損、滅失的情況下，保管人責任的規定。

■ 條文釋義

保管人應當對保管物盡到妥善保管的義務。保管期間，因保管人保管不善造成保管物毀損、滅失的，原則上保管人都應當承擔賠償責任。保管在有償與無償的情況下，保管人責任的大小（或者輕重）應有所區別。

通過區分有償和無償的保管合同，分別確定保管人不同的注意義務是合理的，符合權利義務對等的原則，也符合一般的生活常識。據此，本條規定亦區分了無償保管和有償保管中保管人的責任承擔。

根據本條規定，保管是有償的，保管人應當對保管期間保管物的毀損、滅失承擔賠償責任，但是保管人能夠證明自己沒有過錯的除外。所謂「保管人能夠證明自己沒有過錯」，是指保管人能夠證明已經盡到了妥善保管義務。此外，保管物的毀損、滅失是由於保管物自身的性質或者包裝不符合約定造成的，保管人也不承擔責任。例如，因寄存人的過錯，對保管物包裝不良，致使寄存的汽油揮發的，保管人不承擔賠償責任。

保管是無償的，保管人僅對其故意或者重大過失造成保管物毀損、滅失的情形承擔賠償責任。保管人故意造成保管物毀損、滅失的，儘管保管是無償的，保管人承擔賠償責任也是理所應當的。此外，在保管是無償的情況下，保管人對因重大過失造成保管物毀損、滅失的後果也應當承擔賠償責任。所謂「重大過失」，是指保管人對保管物明知可能造成毀損、滅失而輕率地作為或者不作為。沒有故意或者重大過失的舉證責任在於保管人一方。如其能證明自己無故意或者重大過失的，即可認為已盡到妥善保管之義務，對保管物之損失可以免責。

總的來說，無償保管與有償保管的區別是：在有償的情況下，無論保管人是故意還是過失，保管人都應對保管物的毀損、滅失負責；在無償的情況下，保管人只對故意或者重大過失造成保管物毀損、滅失的後果負責，一般輕微過失不負責。二者的相同點是：凡是因不可歸責於保管人的事由造成保管物毀損、滅失的，保管人都不承擔賠償責任。

第八百九十八條　寄存人寄存貨幣、有價證券或者其他貴重物品的，應當向保管人聲明，由保管人驗收或者封存；寄存人未聲明的，該物品毀損、滅失後，保管人可以按照一般物品予以賠償。

■ **條文主旨**

本條是關於寄存貴重物品的規定。

■ **條文釋義**

寄存人對貨幣等貴重物品的寄存應當負有聲明義務。實踐中，人們寄存的物品品類各異、價值不一，一般而言，寄存人不必將其寄存的物品一一向保管人進行告知，不僅費時費事，保管人可能也並不關心寄存物品的具體內容。然而，當寄存人寄存的是貴重物品時，寄存人負有向保管人聲明的義務。寄存人單就貨幣、有價證券或者如珠寶等貴重物品進行寄存的，應當向保管人聲明，聲明的內容是保管物的性質及數量，保管人在驗收後進行保管，或者以封存的方式進行保管。這主要是因為：第一，對寄存貴重物品收取的保管費可能不同。對不同物品的寄存，保管人可能會收取不同的保管費。如果寄存的是貴重物品，保管人將承擔更高的風險，不僅要採取更加嚴密的保管措施，而且還需要更加謹慎的態度，承擔更高的注意義務，因此也理應獲得更高的收益。如果寄存人不聲明保管物是貴重物品，則保管人對此並不知情，可能僅按照一般保管物來收取保管費。第二，保管人對其承擔的風險和責任有合理預期。保管的貴重物品一旦遺失或者受損，保管人需要承擔巨額的賠償責任。如果寄存人不聲明貴重保管物品的性質，則保管人對於保管物品的保管風險以及賠償責任等，難以產生相應的預期，而此時讓其承擔高額的賠償責任顯然是不公平的。第三，妥當保管貴重物品的需要。聲明了保管財產的性質之後，對於貴重物品，保管人要進行驗收或者封存，並且採取合適的方式進行保管。保管人會對貴重物品這類特殊的保管物盡到特別的注意，以更好地履行保管義務。如果寄存人沒有聲明，則保管人不知情而只能按一般保管物進行保管，採用的保管方式可能不妥當。例如，如果寄存人聲明所寄存的物品為貴重的珠寶首飾，則保管人可能需要使用保險櫃來進行保管。

本條規定的保管需要明確兩個問題：第一，本條規定的寄存貨幣不屬於消費保管，而是要求保管人返還原物的合同。如客人將金錢交由旅店保管，旅店之主人驗收後予以封存，並負返還原物的義務。第二，寄存貨幣、有價證券、珠寶等貴重物品而形成的保管合同與商業銀行的保管箱業務或者飯店提供的保險箱服務不同。

如果寄存人履行了這種聲明義務，寄存的貴重物品損毀、滅失的，保管人應當承擔全部賠償責任；如果寄存人違反了寄存貴重物品的聲明義務，保管人可以只按照一般物品予以賠償。寄存人將貨幣、有價證券或者其他貴重物品夾雜於其他物品之中，按一般物品寄存，且在寄存時未聲明其中有貴重物品並經保管人驗收或者封存的，如果貨幣、有價證券或者其他

貴重物品與一般物品一併毀損、滅失，保管人不承擔貨幣、有價證券或者其他貴重物品損、滅失的賠償責任，只按照一般物品予以賠償。此處所說的「一般物品」，應當結合具體案情進行考慮，如考慮當事人的實際情況、保管的場所等因素。

> **第八百九十九條　寄存人可以隨時領取保管物。**
>
> **當事人對保管期限沒有約定或者約定不明確的，保管人可以隨時請求寄存人領取保管物；約定保管期限的，保管人無特別事由，不得請求寄存人提前領取保管物。**

■ 條文主旨

本條是關於寄存人領取保管物的規定。

■ 條文釋義

保管合同未約定保管期限的，寄存人可以隨時領取保管物；保管合同約定了保管期限的，寄存人也可以隨時領取保管物。這是寄存人的權利，同時又是保管人的義務，即保管人得應寄存人的請求，隨時返還保管物。這樣規定的理由是：保管的目的是為寄存人保管財物，當寄存人認為保管的目的已經實現時，儘管約定的保管期間還未屆滿，為了寄存人的利益，寄存人可以提前領取保管物。而且寄存人隨時領取保管物，也不問保管為有償或無償。保管是無償的，寄存人提前領取保管物，可以提早解除保管人的義務，對保管人實為有利；保管是有償的，只要寄存人認為已實現保管目的而要求提前領取的，保管人也無阻礙之理。

在這一點上，保管合同與倉儲合同不同。在倉儲合同中，只有在對倉儲期限沒有約定或者約定不明確的情況下，寄存人才能隨時提取。對於保管合同而言，則不存在這種限制。但這並不意味着期限的規定毫無意義。期限的主要意義在於：一方面，保管期限對保管人具有約束力，在保管期限屆滿前，保管人無特別事由，不得違反期限的約定，要求寄存人提前領取保管物。但是如果保管合同對保管期間沒有約定或者約定不明確的，保管人可以隨時要求寄存人提取保管物。另一方面，超過約定的保管期限後，保管人有權要求寄存人提取保管物。如果沒有規定期限，保管人可以隨時要求寄存人提取保管物。如果寄存人不及時領取，需要支付額外的費用。此外，在保管合同規定了保管期間的情況下，如果寄存人提前領取保管物的，則應當支付相應的費用，這種費用的計算要考慮到保管人需要支付的人力、物力等成本。

當事人未約定保管期限的，根據本法第 511 條的規定，當事人不能達成補充協議，且按照合同相關條款或者交易習慣仍不能確定的，保管合同自然可以隨時終止。不但寄存人可以隨時領取保管物而終止合同，保管人也可以隨時請求寄存人領取保管物而終止合同，但是保管人應當給予寄存人必要的準備時間。

當事人約定保管期限的，保管人在保管期間屆滿後，應當按時返還保管物。寄存人如未及時領取保管物的，保管人應當通知寄存人領取。領取時間依合同約定，領取地點一般為保管物所在地。保管期限主要是為了寄存人的利益而設立的，而且有償保管的保管人收取了與保管期限相應的保管費，即便是無償保管的保管人，基於誠信原則，如果保管人沒有特別事由，亦不得請求寄存人提前領取保管物。所謂「特別事由」，主要是指因不可抗力，或者保管人的原因，導致其難以繼續履行保管義務，如因地震導致保管庫房部分坍塌，不再具備相應的保管條件，或者保管人患病、喪失行為能力等。

> **第九百條**　保管期限屆滿或者寄存人提前領取保管物的，保管人應當將原物及其孳息歸還寄存人。

■ 條文主旨

本條是關於保管人返還保管物及其孳息的規定。

■ 條文釋義

保管期間屆滿保管人返還保管物，或者應寄存人的要求隨時返還保管物，是保管人的一項基本義務。在一般的保管合同中，保管人並不取得保管物的所有權，因此，在保管期限屆滿或者寄存人提前領取保管物時，保管人應當將保管物予以返還。保管人返還保管物的原則是使保管物維持其交付時的狀態，另外在返還原物的同時要返還孳息。

就保管人返還原物的義務而言，主要針對的是一般保管合同。在一般保管合同中，保管物具有特定性，保管人所返還的應當是寄存人所交付的原物，而不應是相同種類、數量、品質的物。但是，在特殊保管合同即消費保管中，則不要求保管人必須返還原物，對消費保管將在本法第 901 條中詳細論述。

但是保管人還應當將保管物的孳息一併返還寄存人。孳息是指原物產生的額外利益，包括天然孳息和法定孳息。天然孳息是原物根據自然規律產生的物，如幼畜。法定孳息是原物根據法律規定產生的物，如存款利息、股利、租金等。根據物權的一般原則，除法律或合同另有約定外，孳息歸原物所有人所有。在保管合同中，保管物僅是轉移了佔有，保管人並不享有保管物的所有權，所有權仍歸寄存人享有，保管期間保管物所生孳息的所有權亦歸屬於寄存人。因此，保管人除返還保管物外，如果保管物有孳息的，還應一併返還孳息。例如，甲為乙保管一頭母牛，如果在保管期間母牛產出小牛的，保管人甲應當將母牛及其幼畜一併返還寄存人乙。當然，本條規定是任意性規定，如果當事人對保管期間保管物孳息的歸屬另有約定的，應當按照其約定。如在上述案例中，甲乙約定小牛作為保管的報酬歸甲所有，這樣保管人甲就不在承擔返還孳息的義務。

> 　　**第九百零一條**　保管人保管貨幣的，可以返還相同種類、數量的貨幣；保管其他可替代物的，可以按照約定返還相同種類、品質、數量的物品。

■ 條文主旨

　　本條是關於消費保管的規定。

■ 條文釋義

　　消費保管也稱為不規則保管，是指保管物為可替代物時，如約定將保管物的所有權移轉於保管人，保管期間屆滿由保管人以同種類、品質、數量的物返還的保管而言。

　　消費保管合同與一般保管合同有以下幾點不同：

　　1. 消費保管合同的保管物必須為可替代物，即種類物。種類物是相對於特定物而言的，是指以品種、質量、規格或度量衡確定，不需具體指定的轉讓物，如標號相同的水泥，相同品牌、規格的電視機等。貨幣是一種特殊的種類物。消費保管合同的保管物只能是種類物，而不能是特定物。特定物是指具有獨立特徵或被權利人指定，不能以他物替代的轉讓物，包括獨一無二的物和從一類物中指定而特定化的物，如齊白石的畫、從一批解放牌汽車中挑選出來的某一輛。寄存人就特定物寄存，保管人只能返還原物。

　　2. 並不是所有種類物的寄存都屬於消費保管合同。例如本法第 898 條規定的寄存貨幣的情形，就屬於需返還原貨幣的一般保管合同，而不屬於消費保管合同。消費保管合同必須是當事人約定將保管物的所有權移轉於保管人，保管人在接受保管物後享有佔有、使用、收益和處分的權利。不過，在保管物為貨幣的情況下，則不需要特別約定將貨幣所有權轉移給保管人，因為貨幣作為特殊種類物，具有高度可替代性，一般適用「佔有即所有」的原則。寄存人將貨幣交付給保管人，貨幣的所有權也就自然轉移給保管人。而一般的保管合同，保管人只是在保管期間佔有保管物，原則上不轉移保管物所有權，保管人也不能使用保管物，這是消費保管與一般保管的重要區別之一。對於種類物的寄存，寄存人與保管人可以選擇一般保管或者消費保管。如果寄存人和保管人特別約定轉移保管物的所有權，則屬於消費保管，保管人取得保管物所有權，返還相同種類、品質、數量的物品即可。寄存人也可能並不希望保管人進行使用、收益，而且寄存的種類物價格也在不斷變化，保管人能否按期如數返還，也難以確定。所以寄存人可能不會訂立消費保管合同而選擇一般保管。在沒有特別約定的情況下，應當認為貨幣的保管為消費保管，其他可替代物的保管則是普通保管。

　　3. 既然保管物的所有權轉移至保管人，因此從寄存人交付時起，保管人就享有該物的利益，並承擔該物的風險。在一般保管中，保管物的所有權不發生轉移，該物的利益如孳息由寄存人享有，風險由寄存人承擔，即保管物在保管期間因意外發生損毀、滅失的風險由寄存人承擔。

　　4. 消費保管的保管人僅須以同種類、品質、數量的物返還即可。而一般保管的保管人須

返還原保管物。當保管人不履行返還義務時，一般保管的寄存人可以行使返還原物請求權，而消費保管的寄存人則只能請求保管人承擔違約責任。

寄存貨幣的消費保管合同與儲蓄合同非常相似。這兩種合同的標的物都是貨幣這種種類物，無論是消費保管還是借款合同，在標的物交付之後，都發生所有權的轉移。因此有些學者認為儲蓄合同就是消費保管合同。但是二者是不同的。寄存貨幣的消費保管合同的目的側重於為寄存人保管貨幣，一般不向寄存人支付利息。而儲蓄合同中的存款人的目的除有保管貨幣的目的外，還有獲取利息的目的。在我國，儲蓄合同實際上是一種借款合同，借款合同是獨立的有名合同，因此將儲蓄合同歸入消費保管合同實無必要，而且不利於保護存款人的利益和金融業務的需要。

寄存貨幣的消費保管合同與民間借貸有着本質上的區別。民間借貸合同是從借款人借款的角度來規定雙方的權利義務關係，而寄存貨幣的消費保管主要是從寄存人寄存貨幣的角度來規定雙方的權利義務關係。當事人訂立民間借貸合同的目的是借貸，當事人之間形成債權債務關係，貸款人享有的是金錢債權，借款人的義務主要是按期償還所借款項和利息，在合同期限屆滿時，不僅要返還所借貸的本金，還要支付約定的利息。而當事人訂立貨幣的消費保管合同的目的是對保管物的保管，當事人之間形成保管合同關係，寄存人享有請求返還相同種類、數量的貨幣的權利，保管人只需返還相同種類、數量的貨幣即可，不用返還孳息或者支付利息。而且保管合同的寄存人可以隨時領取保管物，在民間借貸等借款合同中，借款人應按約定的期限返還，即便是對借款期限沒有約定或者約定不明確，依據本法第 510 條的規定仍不能確定的，貸款人也只能催告借款人在合理期限內返還，借款合同的貸款人不能隨時要求借款人返還借款。所以，二者有許多不同之處，不能用同一種法律規範來調整。

> **第九百零二條** 有償的保管合同，寄存人應當按照約定的期限向保管人支付保管費。
> 　　當事人對支付期限沒有約定或者約定不明確，依據本法第五百一十條的規定仍不能確定的，應當在領取保管物的同時支付。

■ 條文主旨

本條是關於保管費支付期限的規定。

■ 條文釋義

在有償的保管合同中，支付保管費是寄存人的基本義務，寄存人應當按照約定的期限向保管人支付保管費。有關保管費的支付標準、支付時間、支付地點等都應當遵守合同的約定。合同約定了保管費的具體數額，寄存人就應當按照合同約定進行支付。合同約定一次性支付，就不能分期支付。例如倉儲合同中可以約定，存貨人在提取倉儲物後 5 日內支付倉儲

費。但是在一般的保管合同中，寄存人一般應於保管關係終止時支付保管費。無論寄存人是在保管期間屆滿領取保管物，還是提前領取保管物而終止保管合同，寄存人都應當在領取保管物的同時支付保管費。

當事人訂立的分期保管的保管合同，寄存人應當按照約定的期限向保管人支付保管費。例如，甲與其住宅區的存車處簽訂了1年存放自行車的合同，即屬於分期保管的合同。分期保管合同，就是約定了明確的保管期間，在此期間內，寄存人可以多次提取和存放保管物。而一次性的保管合同，寄存人提取保管物後，保管合同即可終止。這是分期保管合同與一般保管合同的根本區別。甲在與存車處的合同中約定，保管費每月5元，於每月的1—4日內到存車處交付。甲即需按照合同約定的期限按時交付存車費。

倉儲合同或者分期保管合同中對支付期限沒有約定或者約定不明確的，當事人可以協議補充，不能達成補充協議的，按照合同相關條款或者交易習慣確定。例如甲與存車處的合同中沒有約定保管費的支付期限，但是按照存車處與其他寄存人的合同約定的支付期限都是每月的1—4日，這就是交易習慣，甲也應在每月的1—4日內交費。

如果依據本法第510條的規定仍然無法確定保管費支付的期限，則應當在領取保管物的同時支付。因為在一般情況下，保管人都是先提供服務，寄存人後支付保管費。在這點上，保管和買賣存在區別。從比較法上來看，大多認為應當在保管到期時支付保管費。當然，當事人可以就保管費用支付的時間作出特別約定。

第九百零三條　寄存人未按照約定支付保管費或者其他費用的，保管人對保管物享有留置權，但是當事人另有約定的除外。

■ 條文主旨

本條是關於保管人留置權的規定。

■ 條文釋義

依據本法第889條的規定，當事人可以在合同中約定寄存人向保管人給付報酬，以及給付報酬的數額、方式、地點等。當事人有此約定的，寄存人應當按照約定向保管人支付報酬，即保管費。

所謂「其他費用」，是指保管人為保管保管物而實際支出的必要費用。必要費用，是保管人為了實現物的保管目的，以維持保管物之原狀而支出的費用。必要費用不同於保管費，保管費是指寄存人應當支付給保管人的報酬，只存在於有償保管中；而必要費用則指保管人為實現保管合同的目的，在保管過程中所支付的必要的花銷，如保管人支付的電費、場地費用、交通運輸費用等。這些費用即便是在無償保管的過程中也會產生。

　　法律沒有明確規定必要費用的負擔者，首先應當尊重當事人的意思自治，有約定的從其約定。具體來說，對必要費用的處理應當區分有償保管和無償保管，主要有以下幾種情況：第一，當事人約定是有償保管，保管人為保管保管物而實際支出的費用往往已經包含於報酬（保管費）之內，當然當事人也可以約定在支付保管費之外，另行支付必要費用；第二，當事人約定是無償保管，但可以約定寄存人應當支付為保管而支出的實際費用。如有此約定，寄存人應依約定行事。即使無此約定，按照公平原則，寄存人也應當支付為保管而支出的實際費用。在此情形下，當寄存人不支付必要費用時，無償保管的保管人亦可以請求寄存人承擔違約責任。

　　寄存人違反約定不支付保管費或者其他費用的，保管人對保管物享有留置權，即以該財產折價或者以拍賣、變賣該財產的價款優先受償的權利。但需要注意的是，依照本法物權編第十九章留置權中的規定，保管人在留置保管物後，應當與債務人約定留置財產後債務履行期限，沒有約定或者約定不明確的，應當給予寄存人不少於 2 個月的期限履行債務，鮮活易腐等不易保管的動產除外。如果寄存人逾期仍不履行債務，保管人才可以處理留置的財產。而且在這段時間內，保管人仍負有妥善保管留置物的義務，如果保管不善致使留置物毀、滅失的，保管人應當承擔相應的民事責任。當事人另有約定的，也可以不行使留置權。因保管合同發生的債權，債權人享有的留置權雖然是法定的留置權，但是當事人可以約定不行使留置權。例如寄存人寄存的手錶是寄存人祖傳的，對寄存人具有特殊意義，可以與保管人在合同中約定，即使寄存人未按照約定支付保管費，保管人也不得對該手錶進行留置。

　　依據本條規定，在寄存人沒有按期支付保管費或者其他費用的情況下，保管人對保管物享有留置權，以此作為因保管產生的保管費和其他費用的擔保。保管人享有留置權必須符合如下要件：（1）寄存人到期未支付保管費及其他費用。根據本法第 902 條的規定，寄存人應當按照約定的期限支付保管費，沒有約定或者約定不明確，依據本法第 510 條的規定仍不能確定保管費支付期限的，應當在領取保管物的同時支付。如果在這些期限屆滿時，寄存人未支付保管費，則保管人有權留置保管物。（2）保管人佔有保管物。留置權的發生要求權利人合法佔有留置物，因此，在保管合同中，如果保管人將保管物交付給寄存人，則無法取得對保管物的留置權。（3）寄存人與保管人沒有事先約定不得留置保管物。保管人的留置權雖然是法定的擔保物權，但是當事人仍然可以通過合同約定排除可以留置的財產。本法第 449 條亦規定：「法律規定或者當事人約定不得留置的動產，不得留置。」本條關於保管人留置權的規定屬於任意性規定，當事人可以通過約定排除其適用。保管人對保管物的留置權，亦適用本法第二編物權編第十九章關於留置權的規定。

第二十二章　倉儲合同

本章共十五條，對倉儲合同的定義、成立、危險物品的儲存、倉儲物的驗收、倉單的性質和作用以及存貨人和保管人的權利義務等作了規定。

> **第九百零四條　倉儲合同是保管人儲存存貨人交付的倉儲物，存貨人支付倉儲費的合同。**

■ **條文主旨**

本條是關於倉儲合同定義的規定。

■ **條文釋義**

倉儲合同，是指當事人雙方約定由保管人（又稱倉管人或倉庫營業人）為存貨人保管儲存的貨物，存貨人支付倉儲費的合同。倉儲合同具有以下特徵：

1. 保管人必須是具有倉庫營業資質的人，即具有倉儲設施、倉儲設備，專事倉儲保管業務的人。這是倉儲合同主體上的重要特徵。主要是考慮到倉儲往往涉及特種標的物的保管，例如，易燃、易爆、具有腐蝕性或者放射性的、需要進行冷藏或者冷凍保存的貨物等，都對保管人的資質具有特殊的要求，一般的民事主體不能完成這種倉儲工作。而保管合同的主體可以為一般民事主體，因此法律對保管合同的保管人沒有資質上的特別要求。

2. 倉儲合同的對象僅為動產，不動產不可能成為倉儲合同的對象。因為倉儲人主要是利用自己的倉庫為存貨人儲存貨物，不動產無法儲存到倉庫中。保管合同的標的物包括動產和不動產。與保管合同相比，存貨人儲存的倉儲物一般為大宗商品，儲存量比較大，而保管物則可大可小。

3. 倉儲合同為諾成合同。倉儲合同自保管人和存貨人意思表示一致時成立。保管合同是實踐合同，也稱為要物合同。保管合同除雙方當事人達成合意外，還必須有寄存人交付保管物，合同從保管物交付時起成立。這是倉儲合同與保管合同的重要區別之一。

4. 倉儲合同為不要式合同，可以是書面形式，也可以是口頭形式。保管合同對合同訂立的形式也沒有特別要求，同樣是不要式合同。

5. 倉儲合同為雙務、有償合同。保管人提供儲存、保管的義務，存貨人承擔支付倉儲費的義務。保管合同可以為雙務、有償合同，也可以是單務、無償合同。

6. 倉單是倉儲合同的重要特徵。

倉儲合同的定義確定了保管人和存貨人的主要義務。保管人的主要義務是儲存存貨人交付的倉儲物，而存貨人的主要義務是支付倉儲費。

儲存存貨人交付的倉儲物是保管人的主要義務，換言之，就是要妥善保管倉儲物。這種義務主要包括以下幾個方面的內容：（1）保管人應當具備儲存倉儲物的相應資質，並能提供符合約定的保管條件。本法第 906 條第 3 款規定：「保管人儲存易燃、易爆、有毒、有腐蝕性、有放射性等危險物品的，應當具備相應的保管條件。」（2）保管人應當親自保管，不得擅自轉交他人保管。存貨人之所以選擇特定的保管人進行保管，是基於對保管人的設備、技能和專業經驗的信賴，如果保管人將倉儲物交由他人保管，也會使存貨人的這種信賴落空，從而有損存貨人的利益。倉儲合同的保管人資質可能有特別的要求，如果允許保管人委託他人保管，受託人可能不具備相應的保管資質。將倉儲物交由第三人保管，可能會加大倉儲物毀損、滅失的風險，同時也可能導致保險公司拒絕賠付，這就不利於維護存貨人的利益。（3）保管人應當盡到善良管理人的義務。保管人對倉儲物有妥善保管的義務，保管人應當按照有關規定和保管合同中約定的保管條件和保管要求妥善進行保管。倉儲合同的保管人應當採取一定的措施，防止倉儲物的毀損、滅失或者貶值。對於危險物品和易變質物品等，必須按照有關規定和合同約定進行保管。保管人應當經常對儲存設施和儲存設備進行維修和保養。還應當經常對倉儲物進行巡視和檢查，注意防火防盜。此外，為了存貨人的利益，保管人在符合約定的保管條件和保管要求的情況下，發現倉儲物變質、損壞，或者有變質、損壞的危險時，及時通知存貨人或者倉單持有人，這其中包括對臨近失效期的倉儲物，如果倉儲物的變質或者損壞可能危及其他倉儲物的安全和正常保管，還應當及時通知存貨人或者倉單持有人作出必要處置。在倉儲物遭受損害之後，無論損害是由保管人還是第三人造成的，保管人都應當儘量避免損害的擴大，採取合理措施避免和減少不必要的損失。

支付倉儲費是存貨人的主要義務。本章雖然沒有對倉儲費的支付時間進行明確規定，根據本法第 918 條的規定，可以適用前一章「保管合同」的有關規定，即本法第 902 條的規定。也就是說，存貨人應當按照約定的期限向保管人支付倉儲費。當事人對支付期限沒有約定或者約定不明確，依據本法第 510 條的規定仍不能確定的，應當在提取倉儲物的同時支付。如果存貨人拒絕支付倉儲費，則保管人有權留置倉儲物。本法第 903 條規定：「寄存人未按照約定支付保管費或者其他費用的，保管人對保管物享有留置權，但是當事人另有約定的除外。」該規定也適用於倉儲合同，故當存貨人未按時支付倉儲費時，保管人亦有權留置存貨人的倉儲物。

第九百零五條　倉儲合同自保管人和存貨人意思表示一致時成立。

■ 條文主旨

本條是關於倉儲合同何時成立的規定。

■ 條文釋義

合同法第 382 條規定：「倉儲合同自成立時生效。」該條規定了倉儲合同生效的時間，至於倉儲合同何時成立，沒有作出明確規定。學界對倉儲合同是實踐合同還是諾成合同一直存在爭議。有的學者主張倉儲合同為實踐合同。這種主張不利於交易的安全和穩定。因為倉儲合同是雙務有償合同。無論是存貨人還是保管人都有商業營利的需要，特別是保管人就是以替他人儲存、保管貨物為業的。保管人接受倉儲物予以儲存，存貨人支付倉儲費，雙方就是一種交易行為，如果規定倉儲合同為實踐合同，則不利於這種交易的安全和穩定。多數學者則認為倉儲合同是諾成合同。

本條規定明確了倉儲合同是諾成合同。諾成合同，又稱為不要物合同，即雙方當事人意思表示一致就可成立、生效的合同。而保管合同是實踐合同，或稱為要物合同。保管合同除雙方當事人達成合意外，寄存人還應當交付保管物，合同從保管物交付時起成立。這是倉儲合同與保管合同的重要區別之一。

倉儲合同為諾成合同，有利於保護保管人的利益。因為在倉儲合同訂立後，存貨人交付倉儲物前，保管人往往要做很多的準備工作，例如採購相應的設施設備，準備可供儲存相應倉儲物的倉庫，搜集倉儲物相關資料，招聘特定的保管人員以及對保管人員進行技術培訓等，需要付出大量的人力物力財力。如果倉儲合同訂立後，存貨人在交付倉儲物前反悔，保管人無法就前期準備工作的費用向存貨人主張，可能遭受較大的損失。這種損失不僅包括前期準備工作的費用，還包括因為與存貨人訂立倉儲合同而放棄或者喪失與其他人訂立合同的機會。如果存貨人在訂立倉儲合同後交付倉儲物前可以隨時反悔使合同不成立，對於保管人顯然是不公平的，也不符合誠信原則的要求。而倉儲合同為諾成合同，也有利於保護存貨人的利益。在倉儲合同中，存貨人存放的一般都是大宗商品。在交付時，如果保管人反悔，或者不能提供足夠的儲存場所，可能使存貨人的貨物因無處存放而毀損、滅失，給存貨人造成巨大損失。如果倉儲合同為實踐合同，則存貨人交付貨物前合同尚未成立。只有在保管人實際接收了貨物以後，倉儲合同才成立，保管人才要對存貨人負責，對於其反悔或者不能提供足夠儲存場所，導致貨物不能入庫發生毀損、滅失，造成存貨人的損失，保管人無須承擔責任，這對於存貨人來說顯然也是不公平的。如果倉儲合同為諾成合同，一方面，保管人在倉儲合同簽訂後，可以安心地為履約開展各種準備工作，以保證能夠提供足夠的儲存場所，提供相應的保管條件，無需擔心存貨人屆時不交付貨物。如果保管人已經做好充分準備，而存貨人卻不交付貨物，即構成違約，保管人可以就其損失向存貨人主張賠償。另一方面，存

貨人也無需擔心在合同簽訂後、交付貨物前，擔心保管人是否開始做好充分準備，以在交付時能夠提供足夠的儲存場所和相應的保管條件，是否有能力對其貨物進行妥善保管。如果交付貨物時保管人不能提供必要的儲存場所，或者提供的場所等條件不符合約定，給存貨人造成損失，存貨人可以請求保管人承擔違約責任。可見，倉儲合同為諾成合同，不僅有利於保護存貨人和保管人的合法權益，也有利於維護交易安全和穩定。在民法典編纂過程中，有的意見提出，應當明確規定倉儲合同為諾成合同。經認真研究，採納了這一建議。因此本條規定：「倉儲合同自保管人和存貨人意思表示一致時成立。」倉儲合同只需要雙方當事人意思表示一致即可成立，不以存貨人交付貨物為要件。

> **第九百零六條** 儲存易燃、易爆、有毒、有腐蝕性、有放射性等危險物品或者易變質物品的，存貨人應當說明該物品的性質，提供有關資料。
>
> 存貨人違反前款規定的，保管人可以拒收倉儲物，也可以採取相應措施以避免損失的發生，因此產生的費用由存貨人負擔。
>
> 保管人儲存易燃、易爆、有毒、有腐蝕性、有放射性等危險物品的，應當具備相應的保管條件。

■ 條文主旨

本條是關於儲存危險物品和易變質物品的規定。

■ 條文釋義

存貨人儲存易燃、易爆、有毒、有腐蝕性、有放射性等危險物品或者易變質物品，負有向保管人說明的義務，即應當向保管人說明該物的性質。所謂「說明」，應當是在合同訂立時予以說明，並在合同中註明。這是誠實信用原則的必然要求。如果存貨人在訂立合同後或者在交付倉儲物時才予以說明，那麼保管人根據自身的保管條件和技術能力，如果不能保管的，則可以拒收倉儲物或者解除合同。無論當事人是否在合同中約定，存貨人都負有這種說明義務。主要是考慮到倉儲物如果是易燃易爆等危險物品或者易變質物品，如果不採取特殊的保管措施，提供相應的保管條件，不僅會造成倉儲物本身的損害，而且其具有的巨大危險性可能還會導致人身傷亡或者重大財產損害等嚴重的後果。因此在比較法上，大多數國家都規定了存貨人負有這種說明義務，應當向保管人說明倉儲物的特殊性質。

存貨人除應當對需要儲存的危險物品及易變質物品的性質作出說明外，還應當提供有關資料，以便保管人進一步了解該危險物品的性質，為儲存該危險物品作必要的準備。提供的資料主要是關於倉儲物本身的性質特點，以及保管該倉儲物的注意事項。

存貨人沒有說明所儲存的貨物是危險物品或易變質物品，也沒有提供有關資料，保管人

在入庫驗收時，發現是危險物品或易變質物品的，保管人可以拒收倉儲物。保管人在接收倉儲物後發現是危險物品或易變質物品的，除及時通知存貨人外，也可以採取相應措施，以避免損害的發生，因此產生的費用由存貨人承擔，例如將危險物品搬出倉庫轉移至安全地帶。如果存貨人沒有對倉儲物的性質作出說明並提供有關資料，導致倉儲物毀損、滅失的，保管人不承擔賠償責任。而如果存貨人沒有對危險物品的性質作出說明並提供有關資料，從而給保管人的財產或者其他存貨人的貨物造成損害的，存貨人還應當承擔賠償責任。例如，存貨人未向保管人說明其交付的倉儲物是易燃易爆物品並提供相關材料，導致倉儲物發生爆炸，造成保管人倉庫及其他倉儲物受到損害的，存貨人應當承擔賠償責任。

保管人儲存易燃、易爆、有毒、有腐蝕性、有放射性等危險物品的，應當具備相應的保管條件。如果保管人不具備相應的保管條件，就對上述危險物品予以儲存，對自身造成的損害，存貨人不負賠償責任。

> **第九百零七條　保管人應當按照約定對入庫倉儲物進行驗收。保管人驗收時發現入庫倉儲物與約定不符合的，應當及時通知存貨人。保管人驗收後，發生倉儲物的品種、數量、質量不符合約定的，保管人應當承擔賠償責任。**

■ 條文主旨

本條是關於倉儲物驗收的規定。

■ 條文釋義

本條確立了保管人入庫驗收的義務。驗收就是指保管人對倉儲物的數量、規格、品質等進行檢驗，以確定是否屬於合同約定的倉儲物。保管人驗收倉儲物有利於其妥善保管倉儲物，還具有保存證據的作用。驗收是接收的前提，只有在驗收之後，保管人才能決定是否接收倉儲物。保管人驗收之後，同意接收貨物的，保管人就應當開始對倉儲物進行妥善保管。

保管人和存貨人應當在合同中對入庫貨物的驗收問題作出約定。驗收問題的主要內容有三項：一是驗收項目；二是驗收方法；三是驗收期限。

1. 保管人的正常驗收項目為：貨物的品名、規格、數量、外包裝狀況，以及無須開箱拆捆直觀可見可辨的質量情況。包裝內的貨物品名、規格、數量，以外包裝或貨物上的標記為準；外包裝或貨物上無標記的，以供貨方提供的驗收資料為準。散裝貨物按國家有關規定或合同規定驗收。

2. 驗收方法為：全部驗收和按比例驗收。

3. 驗收期限：驗收期限自貨物和驗收資料全部送達保管人之日起，至驗收報告送出之日止。

保管人應當按照合同約定的驗收項目、驗收方法和驗收期限進行驗收。保管人驗收時發現入庫的倉儲物與約定不符的，如發現入庫的倉儲物的品名、規格、數量、外包裝狀況與合同中的約定不一致的，應當及時通知存貨人。由存貨人作出解釋，或者修改合同，或者將不符合約定的貨物予以退回。

保管人驗收後發生倉儲物的品種、數量、質量不符合約定的，保管人應當承擔賠償責任。驗收之後，保管人接收貨物，已經實際佔有倉儲物，開始承擔保管義務。如果發生倉儲物的品種、數量、質量不符合約定的情況，則可以推定保管人未盡到妥善保管義務，由其承擔相應的賠償責任。在理解本條保管人的賠償責任時，品種、數量不符合約定，應當承擔賠償責任較為明確；質量問題的賠償責任，要注意以下兩點：（1）這裏講的是質量不符合約定。對不同條件、不同性質的倉儲物的質量，可以按照交易習慣和當事人的特別約定來確定。（2）如果約定不明確，發生質量問題是否由保管人承擔賠償責任，依照本法第 917 條的規定，因倉儲物的性質、包裝不符合約定等造成變質、損壞的，保管人不負賠償責任。

第九百零八條 存貨人交付倉儲物的，保管人應當出具倉單、入庫單等憑證。

■ 條文主旨

本條是關於保管人出具倉單、入庫單等憑證的義務的規定。

■ 條文釋義

倉單或者入庫單是保管人收到倉儲物後給存貨人開具的表示其收到倉儲物的憑證，也是存貨人提取倉儲物的憑證。保管人在驗收完畢之後，應當及時向存貨人出具倉單或者入庫單等憑證。保管人向存貨人出具倉單或者入庫單等憑證，就表明其已經接收了貨物。如果保管人在檢驗貨物時發現與合同約定不符合的，應當及時通知存貨人。

倉單、入庫單等憑證的作用表現在以下幾點：

1. 倉單、入庫單等憑證可以證明保管人已收到倉儲物，以及保管人和存貨人之間倉儲關係的存在。

2. 倉單、入庫單等是提取倉儲物的憑證。存貨人或者倉單持有人應當憑倉單、入庫單等憑證提取倉儲物。

此外，倉單還是有價證券的一種，其性質為記名的物權證券。物權證券是以物權為證券權利內容的證券。倉單是提取倉儲物的憑證，也是存貨人對倉儲物享有所有權的憑證。倉單發生轉移，倉儲物的所有權也發生轉移。存貨人在倉單上背書並經保管人簽名或者蓋章，可以轉讓提取倉儲物的權利。倉單作為一種有價證券、權利憑證，根據本法第 440 條的規定，倉單可以出質。倉單持有人既可以通過背書轉讓倉單項下貨物的所有權，也可以將倉單出

質。而入庫單沒有背書轉讓或者出質的功能。這是倉單和入庫單等其他憑證的重要區別。

　　關於倉單與倉儲合同的關係：倉單不能代替倉儲合同。無論當事人採用書面形式還是採用口頭形式，當事人訂立合同後即受合同約束。存貨人交付倉儲物是履行合同，而保管人出具倉單也是履行合同。儘管倉單中記載了倉儲合同中的主要內容，但倉單不是倉儲合同，只是作為倉儲合同的憑證。倉單與倉儲合同的關係如同提單與海上貨物運輸合同的關係一樣，依據我國海商法第 44 條規定，提單是作為海上貨物運輸合同的憑證。

　　倉單作為一種有價證券，有的國家的立法採兩券主義，即保管人在收到倉儲物後應同時填發兩張倉單：一為提取倉單，作為提取倉儲物和通過背書轉讓倉儲物之用；另一為出質倉單，以供倉儲物出質之用。我國民法典合同編採一券主義，即保管人只填發一張倉單，該倉單除作為已收取倉儲物的憑證和提取倉儲物的憑證外，既可以通過背書轉讓倉單項下貨物的所有權，也可以用於出質。本法第 910 條規定，倉單是提取倉儲物的憑證。存貨人或者倉單持有人在倉單上背書並經保管人簽名或者蓋章的，可以轉讓提取倉儲物的權利。本法第 440 條明確規定，倉單可以出質。第 441 條中規定，以倉單出質的，質權自倉單交付質權人時設立。

第九百零九條　保管人應當在倉單上簽名或者蓋章。倉單包括下列事項：

（一）存貨人的姓名或者名稱和住所；

（二）倉儲物的品種、數量、質量、包裝及其件數和標記；

（三）倉儲物的損耗標準；

（四）儲存場所；

（五）儲存期限；

（六）倉儲費；

（七）倉儲物已經辦理保險的，其保險金額、期間以及保險人的名稱；

（八）填發人、填發地和填發日期。

■ 條文主旨

　　本條是關於倉單應記載事項的規定。

■ 條文釋義

　　倉單是收取倉儲物的憑證和提取倉儲物的憑證，倉單還可以通過背書轉讓或出質，因此倉單應當具備一定的形式。

　　無論倉單是轉讓還是出質，受讓人和質權人並不了解存貨人和保管人之間的合同的具體內容，因此法律規定了倉單應當記載的事項，以便受讓人或質權人明確自己的權利和行使自

己的權利。

1. 倉單上必須有保管人的簽名或者蓋章，否則不生倉單應有之效力。保管人的簽名或者蓋章，是倉單發生效力的必備條件，其簽名和蓋章才能表明保管人認可存貨人已經交付了倉儲物的事實，也表明其已經驗收並接收了符合約定的倉儲物。這有利於保證倉單的真實性，保護保管人的合法權益。

2. 倉單是記名證券，因此倉單上應當記載存貨人的名稱或者姓名及住所，否則不符合記名證券的本質特徵。

3. 倉單可經背書而產生物權移轉之效力，因此對倉儲物詳細情況的記載是必須的，倉單上應明確記載倉儲物的品種、數量、質量、包裝、件數和標記。

4. 倉單上應記載倉儲物的損耗標準。倉儲物可能在儲存的過程中發生自然損耗，確定自然損耗的標準可以區分於因保管人保管不善所導致的倉儲物的損失。這對提取倉儲物和轉讓倉儲物是至關重要的，可以避免很多糾紛的發生。

5. 倉單上應記載儲存場所，如果倉單經背書轉讓，則倉單持有人就可以明確倉儲物的儲存場所。儲存場所不僅是保管人實際儲存倉儲物的地點，也是存貨人或者倉單持有人提取倉儲物的地點，對於確定合同履行地具有重要意義。

6. 倉單上應記載儲存期間。儲存期間屆滿時，存貨人或者倉單持有人應當提取倉儲物。如果倉單經背書轉讓，則倉單持有人就可以明確應在多長時間內提取倉儲物。當事人對儲存期間沒有約定或者約定不明確，並不會影響倉儲合同和倉單的效力，只是存貨人或者倉單持有人可以隨時提取倉儲物，保管人也可以隨時請求存貨人或者倉單持有人提取倉儲物。

7. 倉單上應記載倉儲費。支付倉儲費是存貨人的主要義務。如果當事人約定提取倉儲物時支付倉儲費，倉單經背書而轉讓，則倉單持有人在提取倉儲物時應支付倉儲費。

8. 倉儲物已經辦理保險的，其保險金額、期間以及保險公司的名稱應在倉單上註明。倉儲物已經辦理保險的，如果存貨人轉讓倉儲物，則保險費可以計入成本。轉讓以後，受讓人享受保險利益，一旦發生保險合同中約定的保險事故，受讓人可以找保險公司索賠。因此倉單上記載上述事項是非常必要的。

9. 倉單上應記載填發人、填發地和填發日期。這是任何物權證券的基本要求，提單也是如此。

> 第九百一十條　倉單是提取倉儲物的憑證。存貨人或者倉單持有人在倉單上背書並經保管人簽名或者蓋章的，可以轉讓提取倉儲物的權利。

■ 條文主旨

本條是關於倉單轉讓和出質的規定。

■ 條文釋義

我國民法典對倉單採一券主義，倉單既可以依法轉讓，也可以依法出質。

倉單作為有價證券，所以可以流通。流通的形式有兩種：一是轉讓倉單，即轉讓倉單項下倉儲物的所有權；二是以倉單出質，質權人即享有提取倉單項下倉儲物的權利，倉單轉讓的，倉單持有人即成為所有權人，可以依法提取倉儲物。以倉單出質的，適用民法典物權編中關於質權的規定。依據本法第 442 條規定，倉單上載明提貨日期的，如果提貨日期先於債務履行期到期的，質權人可以在債務履行期屆滿前提貨，並與出質人協議將提取的貨物用於提前清償所擔保的債權或者向與出質人約定的第三人提存。

無論是倉單轉讓還是倉單出質，都應當通過法定的形式才能生效。倉單的轉讓或者出質，必須由存貨人或者倉單持有人在倉單上背書。所謂「背書」，是指存貨人在倉單的背面或者粘單上記載被背書人（受讓人）的名稱或姓名、住所等有關事項的行為。因為倉單是有價證券，其轉讓應當符合有價證券轉讓的一般要求，即需要進行背書。而且，多次轉讓倉單的，背書還要有連續性。背書的連續性主要是為了保證每個背書人都是有權轉讓倉單項下權利的人。有權利提取倉儲物的權利人是最後一個被背書人即最終的受讓人或者質權人。

存貨人轉讓倉單不僅需要在倉單上背書，還要經保管人簽名或者蓋章始生效力。如果只在倉單上背書但未經保管人簽名或者蓋章，即使交付了倉單，轉讓行為也不發生效力。為什麼要經保管人簽名或者蓋章呢？因為保管人是倉儲物的合法佔有人，而倉儲物的所有權仍歸存貨人，為保護存貨人的所有權，防止其他人以不法途徑獲得倉單，從而損害存貨人的利益，也使保管人自己免予承擔不應有的責任，因此存貨人轉讓倉單的，除存貨人應當在倉單上背書外，還應當由保管人在倉單上簽名或者蓋章，倉單轉讓的行為才發生效力。

存貨人以倉單出質的，應當與質權人簽訂質押合同，在倉單上背書並經保管人簽名或者蓋章，並將倉單交付質權人，質權才能設立。因為一旦債務人不能在債務履行期間屆滿前履行債務，質權人就享有提取倉儲物的權利。因此，如果沒有存貨人（出質人）在倉單上背書和保管人在倉單上簽名或者蓋章，質權人就不能提取倉儲物，同樣，也只有存貨人（出質人）在倉單上背書和保管人的簽名或者蓋章，才有助於保護存貨人的所有權和保管人的合法佔有。

第九百一十一條　保管人根據存貨人或者倉單持有人的要求，應當同意其檢查倉儲物或者提取樣品。

■ 條文主旨

本條是關於倉單持有人有權檢查倉儲物或者提取樣品的規定。

■ 條文釋義

存貨人將貨物存置於倉庫，存貨人為了了解倉庫堆藏及保管的安全程度與保管行為，保管人因存貨人的請求，應允許其進入倉庫檢查倉儲物或者提取樣品。存貨人或者倉單持有人提出檢查倉儲物或者提取樣品的要求，應當在必要的限度和適當的時間內進行，不應不當地增加保管人的管理成本。

由於倉單是物權證券，存貨人可以轉讓倉單項下倉儲物的所有權，也可以對倉單項下的倉儲物設定擔保物權，即出質。倉單經背書並經保管人簽名或者蓋章而轉讓或出質的，倉單受讓人或質權人即成為倉單持有人。無論是轉讓倉單還是出質倉單，倉單持有人與存貨人一樣，都有檢查倉儲物或者提取樣品的權利。

第九百一十二條　保管人發現入庫倉儲物有變質或者其他損壞的，應當及時通知存貨人或者倉單持有人。

■ 條文主旨

本條是關於保管人在倉儲物變質或者其他損壞情況下的通知義務的規定。

■ 條文釋義

保管人對倉儲物有妥善保管的義務，保管人應當按照保管合同中約定的保管條件和保管要求妥善進行保管。保管人因保管不善造成倉儲物變質或者其他損壞的，應當承擔賠償責任。例如，保管條件已不符合原來的約定，如合同約定用冷藏庫儲存水果，但冷藏庫的製冷設施發生故障，保管人不採取及時修理等補救措施，致使水果腐爛變質的，保管人應承擔賠償責任。

保管人在符合合同約定的保管條件和保管要求進行保管的情況下，因倉儲物的性質、包裝不符合約定或者超過有效儲存期，造成倉儲物變質、損壞的，儘管保管人不承擔責任，但是保管人應當及時將此種情況通知存貨人或者倉單持有人。即使倉儲物沒有變質或其他損壞，但有發生變質或其他損壞的危險時，存貨人也應當及時通知存貨人或者倉單持有人。這是對保管人的更進一步要求。

本法第 509 條第 1 款和第 2 款規定：「當事人應當按照約定全面履行自己的義務。當事人應當遵循誠信原則，根據合同的性質、目的和交易習慣履行通知、協助、保密等義務。」也就是說，當事人除按合同約定履行自己的義務以外，還應當按照誠信原則及合同的性質、目的和交易習慣履行合同中沒有約定的通知、協助、保密等義務。本條的規定就是本法第509 條規定的精神的具體化。保管人應當按照誠信原則，根據倉儲合同的性質、目的及交易習慣，在倉儲物有變質、損壞或者有變質、損壞的危險時，及時通知存貨人或者倉單持

有人。

保管人在儲存倉儲物的過程中，發現倉儲物有變質或者其他損壞，或者有發生變質、損壞的危險時，應當及時通知存貨人或者倉單持有人，使其儘快採取相應措施，避免發生更大的損失。如果倉儲物的變質、損壞或者可能導致倉儲物變質、損壞的危險是由於保管人未盡到妥善保管之義務，則其不僅要承擔相應的賠償責任，還應當及時採取必要合理的補救措施防止損失的擴大。即便倉儲物的變質、損壞或者可能導致倉儲物變質、損壞的危險並非由於可歸責於保管人的原因，例如是由於倉儲物的性質、包裝不符合約定，保管人發現倉儲物的變質、損壞或者可能導致倉儲物變質、損壞的危險時，基於善良管理人之義務，亦應當及時通知存貨人或者倉單持有人，並採取必要措施以防止損失的擴大。

此種通知義務，主要適用於保管人發現倉儲物有變質或者其他損壞時，亦可以包括發現倉儲物有變質或者其他損壞的危險時，如保管人發現貨物包裝破損可能造成倉儲物的變質或者其他損壞。

第九百一十三條　保管人發現入庫倉儲物有變質或者其他損壞，危及其他倉儲物的安全和正常保管的，應當催告存貨人或者倉單持有人作出必要的處置。因情況緊急，保管人可以作出必要的處置；但是，事後應當將該情況及時通知存貨人或者倉單持有人。

■ 條文主旨

本條是關於保管人對有變質或者其他損壞的倉儲物如何處理的規定。

■ 條文釋義

依據本法第 912 條的規定，保管人對入庫倉儲物發現有變質或者其他損壞，不論是否可歸責於保管人，保管人均應及時通知存貨人或者倉單持有人。保管人發現入庫倉儲物有變質或者其他損壞，這種變質或損壞是非可歸責於保管人的原因造成的，例如是因倉儲物的性質、包裝不符合約定造成倉儲物本身的變質或損壞，保管人除及時通知存貨人或者倉單持有人外，如果該倉儲物已經危及其他倉儲物的安全和正常保管的，那就不只是通知的問題了，還應當催告存貨人或者倉單持有人作出必要的處置。因情況緊急，保管人可以做出必要的處置，但事後應當將該情況及時通知存貨人或者倉單持有人。保管人承擔催告義務的條件，一是保管人發現入庫倉儲物有變質或者其他損壞；二是倉儲物的變質或者其他損壞已經危及其他倉儲物的安全和正常保管。如果只是輕微的變質或者損壞，保管人可以自行處理，也就無須通知存貨人或者倉單持有人。如果倉儲物的變質或者損壞比較嚴重，可能危及到其他倉儲物的安全和正常保管時，就必須及時催告存貨人或者倉單持有人作出必要處置，以避免給其他倉儲物或者保管人造成損失。催告必須是針對存貨人或者倉單持有人，催告的內容是要求

存貨人或者倉單持有人對倉儲物作出必要的處置。

存貨人或者倉單持有人在接到保管人的通知或催告後，應當及時對變質的倉儲物進行處置，這是存貨人應盡的義務。因為變質或損壞的倉儲物已經危及其他倉儲物的安全和正常保管。如果存貨人不盡此義務，由此給其他倉儲物或者保管人的財產造成損害的，存貨人應當承擔賠償責任。

保管人發現入庫倉儲物有變質或者其他損壞，危及其他倉儲物的安全和正常保管的，一般都應當先催告存貨人或者倉單持有人作出必要的處置。但是如果情況緊急，保管人來不及催告存貨人或者倉單持有人進行處置的，保管人可以作出必要的處置，事後還是應當將該情況及時通知存貨人或者倉單持有人。

保管人對變質貨物的這種緊急處置權，類似於對危險貨物的緊急處置權。存貨人儲存危險貨物沒有向保管人說明並提供有關資料，保管人在接收後發現的，可以對該倉儲物進行緊急處置，由此產生的費用由存貨人承擔。因此，保管人緊急處置變質或者其他損壞的倉儲物，由此產生的費用也應該由存貨人承擔。無論是危險貨物還是變質貨物，都是在危及其他倉儲物的安全和正常保管，保管人已來不及通知存貨人或者倉單持有人進行處置的情況下，或者存貨人對保管人的通知置之不理的情況下，保管人才可以對該倉儲物進行緊急處置。並且在事後應當將該情況及時通知存貨人或者倉單持有人。因此保管人的緊急處置權不是隨意行使的，而是為了其他倉儲物的安全和正常的保管秩序，在不得已的情況下才能行使。

> **第九百一十四條** 當事人對儲存期限沒有約定或者約定不明確的，存貨人或者倉單持有人可以隨時提取倉儲物，保管人也可以隨時請求存貨人或者倉單持有人提取倉儲物，但是應當給予必要的準備時間。

■ 條文主旨

本條是關於儲存期間約定不明確時如何提取倉儲物的規定。

■ 條文釋義

當事人對儲存期間沒約定或者約定不明確的，存貨人或者倉單持有人可以隨時提取倉儲物。在這種情況下，存貨人或者倉單持有人可以根據自己的意願確定提取倉儲物的時間。保管人根據自己的儲存能力和業務需要，也可以隨時要求存貨人或者倉單持有人提取倉儲物，但應當給予必要的準備時間。所謂「給予必要的準備時間」，是指保管人預先通知提貨，然後確定一個合理的期限，以給存貨人或者倉單持有人留出必要的準備時間，在期限屆至前提貨即可，並不是在通知的當時就必須提取倉儲物。因為倉儲物往往為大宗貨物，存貨人或者倉單持有人提取後需要相應的場所來進行存放，或者找買家將倉儲物進行處分，這都需要一

定的時間。例如，保管人甲和存貨人乙沒有約定儲存期間，但約定每天收取倉儲費１００
元。在這種情況下，乙可以隨時提取倉儲物，倉儲費按實際的儲存日期確定。甲也可以隨時
請求乙提取倉儲物，但應當給乙必要的準備時間，倉儲費也是按實際的儲存日期計算。

> **第九百一十五條**　儲存期限屆滿，存貨人或者倉單持有人應當憑倉單、入庫單等
> 提取倉儲物。存貨人或者倉單持有人逾期提取的，應當加收倉儲費；提前提取的，不減
> 收倉儲費。

■ 條文主旨

本條是關於儲存期限有明確約定時如何提取倉儲物，以及逾期提取倉儲物或者提前提取
倉儲物時如何收取倉儲費的規定。

■ 條文釋義

如前所述，倉單、入庫單等的主要特徵或重要職能之一就是作為提取倉儲物的憑證。因
此存貨人或者倉單持有人應當憑倉單或者入庫單等憑證提取倉儲物。

當事人在合同中約定儲存期間的，存貨人或者倉單持有人應當在儲存期間屆滿憑倉單、
入庫單等憑證提取倉儲物，並按約定支付倉儲費；存貨人或者倉單持有人也可以提前提取倉
儲物，但是不減收倉儲費；存貨人或者倉單持有人逾期提取倉儲物的，應當加收倉儲費。當
事人約定儲存期間的，在儲存期間內，如果存貨人或者倉單持有人要求提前提取倉儲物，一
般不會造成保管人的損失，可以允許其提前提取。但是保管人已經做好了約定的儲存期間的
準備，提前提取不僅不符合當事人之間的約定，還有可能打亂保管人的經營計劃，還可能因
此喪失其他交易機會，因此存貨人或者倉單持有人提前提取倉儲物的，不減收倉儲費。如果
存貨人或者倉單持有人逾期不提取，將會增加保管人的保管成本，甚至因為該倉儲物擠佔保
管人的倉儲空間，打亂保管人正常的經營計劃，所以保管人對於逾期不提取倉儲物的存貨人
或者倉單持有人，有權加收倉儲費。

當事人在倉儲合同中明確約定儲存期間的，在儲存期間屆滿前，保管人不得要求存貨人
或者倉單持有人提取倉儲物，法律另有規定或者當事人另有約定的除外。例如，依據本法第
906 條的規定，存貨人存放危險品而未將危險品的性質如實告知保管人並提供有關材料的，
保管人可以拒收倉儲物，也可以在儲存期間屆滿前要求存貨人提取倉儲物，而終止合同。

> 第九百一十六條　儲存期限屆滿，存貨人或者倉單持有人不提取倉儲物的，保管人可以催告其在合理期限內提取；逾期不提取的，保管人可以提存倉儲物。

■ 條文主旨

本條是關於倉單持有人不提取倉儲物時如何處理的規定。

■ 條文釋義

儲存期間屆滿，存貨人或者倉單持有人提取倉儲物，既是存貨人或者倉單持有人的權利，也是存貨人或者倉單持有人的義務。如果在儲存期間屆滿，存貨人或者倉單持有人不能或者拒絕提取倉儲物，保管人可以確定一個合理的期限，催告存貨人或者倉單持有人在此期限內提取。如果逾期仍不提取的，保管人可以依照本法第 570 條的規定將倉儲物提存。保管人將倉儲物提存後，如果存貨人或者倉單持有人未支付倉儲費的，依照本法第 577 條的規定，可以請求其支付倉儲費。存貨人或者倉單持有人遲延給付的，還可以按照約定要求存貨人或者倉單持有人給付違約金。沒有約定違約金的，可以要求支付遲延給付的逾期利息。

在存貨人或者倉單持有人逾期未提取倉儲物的情況下，保管人有權提存倉儲物，終止倉儲合同，這有利於督促存貨人或者倉單持有人及時提取倉儲物。保管人將倉儲物提存應當具備較為嚴格的條件。一是儲存期間屆滿。只有在倉儲合同期間屆滿後，存貨人才負有提取倉儲物的義務。儲存期間屆滿前，保管人不得要求存貨人提取倉儲物，更不能提存倉儲物。二是儲存期間屆滿存貨人或者倉單持有人不提取倉儲物。三是保管人催告存貨人或者倉單持有人在一定期限內提取。一般來說，保管人在提存倉儲物前都要催告存貨人，再給予一定時間進行提取，因為存貨人或者倉單持有人不及時提取可能出於某種原因，可能是由於不可抗力，也可能只是疏忽忘記提取。四是催告的期限屆滿後存貨人或者倉單持有人仍不提取倉儲物。如果在保管人催告的期限屆滿，存貨人或者倉單持有人還是不提取，此時保管人就可以將倉儲物提存。

> 第九百一十七條　儲存期內，因保管不善造成倉儲物毀損、滅失的，保管人應當承擔賠償責任。因倉儲物本身的自然性質、包裝不符合約定或者超過有效儲存期造成倉儲物變質、損壞的，保管人不承擔賠償責任。

■ 條文主旨

本條是關於保管人賠償責任的規定。

■ 條文釋義

儲存期間，保管人負有妥善保管倉儲物的義務。所謂「妥善保管」，主要應當是按照倉儲合同中約定的保管條件和保管要求進行保管。保管條件和保管要求是雙方約定的，大多數情況下是存貨人根據貨物的性質、狀況提出保管的條件和要求。只要是雙方約定的，保管人就應當按照約定的保管條件和保管要求進行保管。沒有按照約定的保管條件和保管要求進行保管，造成倉儲物毀損、滅失的，保管人應當承擔賠償責任。一些法律法規還對危險物品等特殊倉儲物的保管作出了規定，保管人也應當遵守法律法規的相關規定。例如，在防火防盜方面，保管人必須依據相關法律法規的規定，準備有關的設備設施。

保管人對倉儲物有妥善保管的義務，應當按照有關規定和保管合同中約定的保管條件和保管要求妥善進行保管。保管人因保管不善造成倉儲物變質或者其他損壞的，應當承擔賠償責任。例如，保管條件已不符合原來的約定，如合同約定用冷藏庫儲存水果，但冷藏庫的製冷設施發生故障，保管人不採取及時修理等補救措施，致使水果腐爛變質的，保管人應承擔賠償責任。

保管人除應當按照約定的保管條件和保管要求進行保管外，還應當盡到善良管理人的義務。在一般保管合同中，區分有償保管和無償保管的注意義務，對有償保管合同，保管人應當盡到善良管理人的注意義務。倉儲合同是特殊的有償保管合同，其保管人亦應當盡善良管理人的義務。甚至有的觀點認為，倉儲合同中的保管人所從事的保管活動具有專業性、營利性，倉儲合同的存貨人要支付倉儲費，且倉儲費的標準往往高於一般保管的保管費，因此倉儲合同的保管人應盡的注意義務應當高於有償保管合同中保管人的注意義務。

倉儲合同的保管人應當採取一定的措施，防止倉儲物的毀損、滅失或者貶值。對於危險物品和易變質物品等，必須按照有關規定和合同約定進行保管。保管人應當經常對儲存設施和儲存設備進行維修和保養。還應當經常對倉儲物進行巡視和檢查，注意防火防盜。此外，為了存貨人的利益，保管人在符合約定的保管條件和保管要求的情況下，發現倉儲物變質、損壞，或者有變質、損壞的危險時，及時通知存貨人或者倉單持有人，這其中包括對臨近失效期的倉儲物，也應當及時通知存貨人或者倉單持有人作出處置。在倉儲物遭受損害之後，無論損害是由保管人還是第三人造成的，保管人都應當儘量避免損害的擴大，採取合理措施避免和減少不必要的損失，如果保管人未採取必要措施防止損害擴大的，應當對擴大的損失承擔賠償責任。這是誠實信用原則的要求。

倉儲物在毀損、滅失的情況下，如果是保管人保管不善的原因，保管人就應當承擔賠償責任。所謂「保管不善」，就是指保管人沒有盡到上述的妥善保管義務，沒有按照有關規定和當事人約定，提供相應的保管條件和設備，沒有採取相應的保管措施，沒有盡到善良管理人的義務。保管人保管不善的行為導致了倉儲物的毀損、滅失，二者之間需要存在因果關係，保管人才應承擔賠償責任。如果保管人能夠證明倉儲物的毀損、滅失是因倉儲物本身性質、包裝不符合約定、倉儲物超過有效儲存期造成的，保管人不承擔賠償責任。也就是說，

對於非可歸責於保管人的原因導致倉儲物毀損、滅失，可以免責。另外，保管人還可以基於法定的免責事由或者合同約定的其他免責事由而免除責任。如因地震、颱風等不可抗力造成倉儲物毀損、滅失，或者因存貨人的行為導致倉儲物的毀損、滅失，等等。

保管人在符合合同約定的保管條件和保管要求進行保管的情況下，因倉儲物的性質、包裝不符合約定或者超過有效儲存期，造成倉儲物變質、損壞的，儘管保管人不承擔責任，但是根據本法第 912 條的規定，保管人應當及時將此種情況通知存貨人或者倉單持有人。即使倉儲物沒有變質或其他損壞，但有發生變質或其他損壞的危險時，存貨人也應當及時通知存貨人或者倉單持有人。

第九百一十八條　本章沒有規定的，適用保管合同的有關規定。

■ 條文主旨

本條是關於適用保管合同的規定。

■ 條文釋義

儘管倉儲合同與保管合同有幾項重要區別，如保管合同是實踐合同，而倉儲合同為諾成合同；保管合同是否有償由當事人約定，而倉儲合同均為有償契約等。但倉儲合同與保管合同的本質是一樣的，即都是為他人保管財物。有些學者認為，倉儲合同就是特殊的保管合同。因此，在本章中沒有特別規定的，適用保管合同的有關規定。

例如，倉儲合同的保管人負有親自保管的義務。在一般的保管合同中，要求保管人應當親自保管，不得擅自將保管物交給第三人。倉儲合同同樣要求保管人親自保管。因為一方面，將倉儲物交由第三人保管，可能會加大倉儲物毀損、滅失的風險，同時也可能導致保險公司拒絕賠付，這就不利於維護存貨人的利益。另一方面，倉儲合同的保管人資質可能有特別的要求，如果允許保管人委託他人保管，受託人可能不具備相應的保管資質。此外，存貨人之所以選擇特定的保管人進行保管，是基於對保管人的設備、技能和專業經驗的信賴，如果保管人將倉儲物交由他人保管，也會使存貨人的這種信賴落空，從而有損存貨人的利益。因此，未經存貨人的同意，保管人不得將倉儲物轉交他人保管。

第二十三章　委託合同

本章共十八條，主要內容包括：委託合同的概念，特別委託與概括委託，受託人的報告義務，受託人親自處理事務的義務，受託人的報酬請求權，委託人支付報酬的義務，請求賠償的權利，貿易代理、委託合同解除的規定等。

> **第九百一十九條　委託合同是委託人和受託人約定，由受託人處理委託人事務的合同。**

■ **條文主旨**

本條是關於委託合同概念的規定。

■ **條文釋義**

委託合同又稱委任合同，是指當事人雙方約定一方委託他人處理事務，他人同意為其處理事務的協議。在委託合同關係中，委託他人為自己處理事務的人稱委託人，接受委託的人稱受託人。

一、委託合同的特徵

1. 委託合同的標的是勞務。委託人和受託人訂立委託合同的目的，在於通過受託人辦理委託事務來實現委託人追求的結果，因此，該合同的客體是受託人處理委託事務的行為。委託事務的範圍十分廣泛，凡是與人們生活有關的事務，除依法不得委託他人處理的事務外，都可以委託他人處理。

2. 委託合同是諾成、非要式合同。委託人與受託人在訂立委託合同時不僅要有委託人的委託意思表示，而且還要有受託人接受委託的承諾，即承諾與否決定着委託合同是否成立。委託合同自承諾之時起成立，無須以履行合同的行為或者物的交付作為委託合同成立的條件。換言之，委託合同自當事人意思表示一致時成立。

委託合同是非要式合同，法律並未對委託合同的形式提出特別要求，即口頭、書面等方式都可以。

3. 委託合同可以是有償的，也可以是無償的。委託合同是建立在雙方當事人彼此信任的基礎上。委託人之所以選擇特定的受託人處理其事務，是基於對受託人的能力、資格、品行等方面的信任。委託合同是否有償，應當尊重當事人的意願，由當事人雙方根據委託事務的性質與難易程度協商決定，因此我國民法典對此不作強制規定，即委託合同可以是有償的，

也可以是無償的。

4. 委託合同可以是雙務合同，也可以是單務合同。委託合同經要約承諾後成立，無論合同是否有償，委託人與受託人都要承擔相應的義務。一方面，對受託人來說，有向委託人報告委託事務、親自處理委託事務、轉交委託事務所取得財產等義務。另一方面，對委託人來說，如果是無償委託，委託人無需支付受託人報酬，甚至可能並不涉及向受託人支付處理委託事務的費用（委託事務不產生相關費用），這種情況下的無償委託合同自然屬於單務合同。例如，甲委託乙向丙贈與一些生活用品。即便委託人有向受託人支付處理委託事務費用的義務，但是委託人的這種義務與受託人的義務並不構成對待給付義務。所以在無償委託合同中，委託人可能要向受託人支付處理委託事務的相關費用，但是一般仍屬於單務合同。例如，甲委託乙到樓下便利店幫其購買一包香煙，類似例子在生活中極為常見，儘管甲要向乙支付香煙的費用，但是一般情況下乙接受其委託是無償的，甲與乙之間的委託合同就屬於單務合同。而當委託合同為有償合同時，委託人還負有支付受託人報酬的義務，受託人有請求獲得報酬的權利。委託人支付報酬的義務與受託人處理委託事務等義務構成對待給付，屬於雙務合同。因此，委託合同可以是雙務合同，也可以是單務合同。

二、關於委託事務的範圍

委託合同的目的在於受託人處理委託人的事務。本條雖然未對受託人辦理事務的內容作具體解釋，但只要能夠產生民事權利義務關係的任何事務，委託人均可請受託人辦理，既包括實體法規定的買賣、租賃等事項，也包括程序法規定的辦理登記、批准等事項，還包括代理訴訟等活動。但委託人所委託的事務不得違反法律的有關規定，如委託他人代為銷售、運輸毒品、淫穢物品等，或者按照事務的性質不能委託他人代理的事務，如與人身密切聯繫的婚姻登記、立遺囑、收養子女等。

三、受託人以誰的名義處理委託事務

在合同法起草過程中，對於委託合同是否要以委託人的名義處理委託事務，有不同的看法。一種觀點認為，委託合同應當規定受託人以委託人而非自己的名義進行活動，這樣，也能夠劃清和行紀合同的關係。另一種觀點認為，委託合同不應規定受託人以誰的名義處理委託事務。委託只涉及委託人與受託人之間的法律關係，不涉及第三人；代理則涉及代理人、被代理人及第三人三方的法律關係。委託是產生一切委託事務的基礎，如代理、行紀、居間等均由委託而產生。委託合同是一基礎合同，法律應予專門規定。合同法基本採納了後一種觀點，側重解決委託人和受託人之間的權利義務問題。在民法典的編纂過程中，對這一問題沒有爭議，故本條沒有作出修改。依據本法第 925 條和第 926 條的規定可知，受託人也可以以自己的名義處理委託事務。

四、處理委託事務是受託人的主要合同義務

根據委託合同的定義，受託人要按照約定處理委託事務，這是受託人的主要義務。委託人和受託人應當在合同中明確約定委託事項，委託人還應當就委託事務中應該注意的問題向受託人告知說明。受託人處理委託事務過程中，也有很多需要盡到的義務。受託人應當按照

合同約定和委託人的指示處理委託事務，需要變更委託人指示的，應當經委託人同意。受託人應當親自處理委託事務，須經委託人同意才可以進行轉委託，不得擅自將委託事務轉委託給第三人。受託人應當按照委託人的要求報告委託事務的處理情況，在委託合同終止時向委託人報告委託事務的結果。受託人處理委託事務取得的財產，應當轉交給委託人。受託人處理委託事務不得超越權限，超越權限造成委託人損失的應當進行賠償。受託人在處理委託事務過程中，還應當盡到一定的注意義務，例如在需要變更委託人指示，又因情況緊急難以和委託人取得聯繫的，應當妥善處理委託事務，事後再將該情況及時向委託人報告。

> **第九百二十條　委託人可以特別委託受託人處理一項或者數項事務，也可以概括委託受託人處理一切事務。**

■ 條文主旨

本條是關於委託權限的規定。

■ 條文釋義

受託人在處理委託事務時，應以委託人指示的委託事務範圍為準。以受託人處理委託事務的範圍為標準把委託劃分為兩大類，即特別委託和概括委託，前者是指僅將一項或者數項事務委託給受託人，後者則指將所有事務一併委託給受託人來處理。

劃分特別委託與概括委託的意義在於，使受託人能夠明確自己可以從事哪些活動，也使第三人知道受託人的身份和權限，使之有目的、有選擇地訂立民事合同，以防止因委託權限不明確而引起不必要的糾紛，如果發生了糾紛，也便於根據委託權限確定當事人之間的相互責任。委託人可以根據自己的需要選擇特別委託還是概括委託。委託人選擇特別委託來委託他人處理一項或者數項事務，更有針對性，也可以防止受託人權限過大而損害委託人利益。委託人也可以選擇概括委託他人處理其一切事務。

特別委託是指雙方當事人約定受託人為委託人處理一項或者數項事務的委託。特別委託一般有以下幾種情況：（1）不動產出售、出租或者就不動產設定抵押權。（2）贈與。由於贈與屬於無償行為，所以需要有委託人的特別授權。（3）和解。在發生糾紛後，有關人員在處理問題時需要雙方當事人彼此作出一定的妥協與讓步，以終止爭執或者防止爭執的擴大，它包括民法上的和解或者訴訟法上的和解，以及破產法上的和解。（4）訴訟。當事人就有關事宜向法院提起訴訟，請求法院依照法定程序進行審判的行為。（5）仲裁。仲裁是指當事人發生爭執時，不訴請法院判決，而是提請仲裁機構裁判，其效力同法院的判決一樣。受託人接受特別委託時，對於委託事務的處理，可以採取一切為維護委託人的合法權益而必要的合法行為。

　　概括委託是指雙方當事人約定受託人為委託人處理某個方面或者範圍內的一切事務的合同。例如，委託人委託受託人處理其買賣業務或租賃業務的所有事宜，即概括委託。

> **第九百二十一條　委託人應當預付處理委託事務的費用。受託人為處理委託事務墊付的必要費用，委託人應當償還該費用並支付利息。**

■ 條文主旨

　　本條是關於委託人應當預付費用及償還費用、支付利息的規定。

■ 條文釋義

　　受託人在處理事務過程中往往需要花費一定的費用，如交通費、通訊費等，無論委託合同是否有償，委託人都有義務事先提供處理委託事務的費用和補償受託人為處理委託事務所墊付的必要的費用。委託人要麼先預付處理委託事務的費用，要麼在受託人墊付有關費用後再予以償還費用及利息，也就是說，如果沒有特別約定，委託人負有支付處理委託事務之費用的義務。而且，不論委託事務是否完成，因處理委託事務而支出的費用，委託人都應當支付。

　　1. 委託人預付費用的義務。由於委託合同的特點是受託人用委託人的費用處理委託事務，因此，受託人對於費用沒有墊付的義務，預付費用可以說是委託人的義務。受託人處理委託事務，如委託律師向法院提起訴訟，就應當先預付訴訟費。因為費用是為了委託人的利益而需要支出的，它與合同約定的報酬不是一個概念。如果委託人未預付處理委託事務的費用，受託人要先墊付相關費用，當委託人無力償還這些費用時，受託人的利益可能難以得到保障。

　　2. 委託人償還受託人支出必要費用的義務。由於受託人處理委託事務應當由委託人事先預付費用，受託人就沒有墊付費用的義務，當然受託人可以自願為委託人墊付相關費用，或者在委託人預付的費用不足以處理委託事務時先墊付不足的部分。如果受託人墊付了，則有請求償還的權利，即受託人為處理委託事務所墊付費用，委託人應當償還。應當把委託人支付報酬與償還處理委託事務所應負擔的費用相區別。償還處理委託事務的費用不是對價關係，與受託人履行處理委託事務的義務不構成對待給付。所謂必要費用，是指完成委託事務必須支付的費用，如差旅費用、有關財產的運輸費、倉儲費、交通費、郵費等。受託人處理事務所支出的費用，不僅會有金錢支出，有時也會有物的消耗。至於判斷費用的支出是否必須，應當依據所委託事務的性質及處理時的具體情況來定。何為「必要」？其標準是什麼？我們認為，支出費用的合理原則應從以下三個方面考慮：其一，直接性原則。受託人支出的費用應與所處理的事務有直接聯繫。其二，有益性原則。受託人支出的必要費用應有利於委

託人，目的是讓委託人受益。其三，經濟性原則。受託人在直接支出費用時，應盡善良管理人的義務，採用儘量節約、適當的方法處理事務。也就是說，必須是客觀上確有必要，才可以請求償還，以防其濫用。不能以受託人主觀上是否認為支出為必要為標準，而應以受託人實施行為時的客觀狀態作為標準。

3. 委託人償還利息的義務。償還費用還應包括自受託人暫付費用之日起的利息。如果雙方當事人在訂立合同時對利率有約定的，事後就應按其約定，如果對利率沒有約定或者約定的不明確時，就應當依照法定利率計算。例如，甲因出國數年將自己的房屋委託乙看管並出租。數年後甲回國，乙應將房屋及其歷年的房屋出租費交付給甲，但甲應當將乙為管理該房屋支出的維修等必要費用，連同自乙支付時起的利息，償還給乙。對於委託人償還利息的理論基礎，學界主要有兩種觀點。一種是借款說，認為受託人墊付的必要費用相當於委託人向受託人的借款，因此委託人應當返還借款的本金及利息。另一種是不當得利說，認為受託人墊付的費用對於委託人來說屬於不當得利，委託人不僅需要返還受託人墊付的費用，還需要返還相應的利息。不論基於何種理論，委託人償還的範圍，應當包括相應的利息。因為該費用本應由委託人預付，而受託人為委託人的利益先行墊付，受託人為此將損失墊付費用可以產生的利息，對此委託人應當予以補償。

> **第九百二十二條**　受託人應當按照委託人的指示處理委託事務。需要變更委託人指示的，應當經委託人同意；因情況緊急，難以和委託人取得聯繫的，受託人應當妥善處理委託事務，但是事後應當將該情況及時報告委託人。

■ 條文主旨

本條是關於受託人應當按照委託人的指示處理委託事務的規定。

■ 條文釋義

受託人按照委託人的指示處理委託事務，這是受託人首要的義務。委託合同是受託人接受委託人的委託而訂立的，因此，受託人應當一絲不苟地按照委託人的指示，在委託人授權的範圍內認真維護委託人的合法權益，想方設法完成委託事務。委託人的指示主要是委託人就委託事務的處理方式方法或者欲達到的效果等提出的具體要求。委託合同訂立的目的是為委託人的利益，委託人選擇受託人是基於對受託人的信任。在委託事務的處理過程中，具體應當如何處理，取得何種結果才最符合委託人的利益，委託人有權決定，自然也有權對受託人發出相關指示。例如委託人委託受託人銷售家電，有權指示受託人以特定的價格出售家電。受託人原則上不得變更委託人的指示，如果受託人在處理委託事務的過程中，因客觀情況發生變化，為了維護委託人的利益而需要變更委託人的指示時，法律規定應當經委託人同

意。這樣可以防止受託人得到授權後任意行事，損害委託人的利益。如當委託人指示受託人以特定價格出售家電的，受託人不得擅自改變商品價格。如果該類家電的市場價格出現上漲或者下跌，受託人不能擅自做主進行漲價或降價出售，需經委託人的同意才可以為之。即使受託人認為委託人的指示明顯不符合委託人之利益時，原則上亦不得不經委託人同意而擅自變更委託人的指示。

受託人只有在具備以下條件的情況下才可以不按這些指示辦事：（1）因情況緊急，需要立即採取新的措施；（2）由於客觀上的原因，難以和委託人取得聯繫；（3）依據情況這樣辦是為了委託人的利益所必須。例如，甲委託乙為其出售股票，明確指示了某日以後再拋出，但突然股票價格驟跌，如果等到甲指示的某日再出售，股票價格將低落不堪；委託人又外出辦事，短時間難以取得聯繫。在這種情況下，乙推定如果委託人知道此情況，也會變更其指示，受託人就有變更指示的權利，應當機立斷妥善處理。如果受託人在不應該變更指示的時候變更了，就應當負賠償責任。再如，甲在市場售賣鮮活魚蝦，因臨時有事委託旁邊攤位賣菜的商戶乙進行售賣，並指示乙以特定價格出售。乙發現很多魚蝦已奄奄一息，若不降價促銷，將導致大量魚蝦死亡，給甲造成重大損失，而此時又難以和甲取得聯繫，乙推定這種情況下甲會採取降價的方式促銷，則可以立即採取降價方式將魚蝦出售，以將委託人甲的損失降到最低限度，事後應當將該情況及時向甲報告。受託人乙在緊急情況下，為了委託人甲的利益而採取了降價措施出售魚蝦，無須承擔變更委託人指示的責任。在緊急情況下，受託人難以和委託人取得聯繫，為了委託人的利益，受託人立即採取妥善處理委託事務的相應措施的，事後也應當及時向委託人報告相關情況。

第九百二十三條 受託人應當親自處理委託事務。經委託人同意，受託人可以轉委託。轉委託經同意或者追認的，委託人可以就委託事務直接指示轉委託的第三人，受託人僅就第三人的選任及其對第三人的指示承擔責任。轉委託未經同意或者追認的，受託人應當對轉委託的第三人的行為承擔責任；但是，在緊急情況下受託人為了維護委託人的利益需要轉委託第三人的除外。

■ 條文主旨

本條是關於受託人有義務親自處理委託事務的規定。

■ 條文釋義

委託合同的訂立和履行是以當事人雙方之間的相互信任為基礎，委託人選擇受託人是以對其能力（業務能力、專門知識）和信譽的信賴為前提，該合同的訂立，既體現了委託人對於受託人的辦事能力和信譽的信任，也表明受託人了解委託人和願意為其辦理委託事務的意

志。這種彼此信任是委託合同賴以訂立和存續的基礎。受託人往往具有處理委託事務所需要的能力，或者有一定的資質要求，尤其是受託人為從事某方面事務的專業人士時，更需要受託人親自處理委託事務。若受託人擅自轉委託給第三人，第三人可能並不具有處理委託事務的相應資質或者能力，從而導致委託事務不能完成或者影響委託事務的完成質量、效果，損害委託人的利益。例如，當事人甲了解到律師乙是婚姻家庭法方面的博士，具有扎實的婚姻家庭法知識，且從事20年的離婚訴訟案件代理工作，具有豐富的實踐經驗，於是委託乙作為其離婚訴訟的代理人，並支付了高額的律師費，這種情況下乙不能擅自將該案件轉委託給剛拿到律師執業證入所的年輕律師丙，否則將損害委託人甲的利益。因此，委託合同強調當事人的人身屬性。這就要求受託人應當親自辦理委託事務，不得擅自將自己受託的事務轉託他人處理。

但是在特殊情況下受託人還是可以進行轉委託，如受託人經過委託人的同意轉委託，或者在緊急情況下，為了維護委託人的利益而進行的轉委託。實踐中，受託人可能由於各種情況的變化，或者發現自己缺乏處理委託事務的能力，不能完成委託事務，此時，為了保護委託人的利益，經過委託人的同意，受託人將委託事務轉委託給合適的第三人來處理，也不失為一個好的選擇。例如，當事人甲委託律師乙代理某一個案件，而乙因為家中老父親病逝，要回老家，不能繼續代理該案件，遂和甲商議將該案件轉委託給在這方面案件具有豐富經驗的律師丙，甲同意後，由丙繼續接手處理該案件，可以較好地維護甲的利益。

民法典對於轉委託的情況作了如下規定：第一，轉委託須事先取得委託人的同意。法律上之所以不許任意轉委託，是為防止損害委託人的利益。但如果委託人同意轉委託時，則法律就沒有禁止的必要，因為合同是以雙方當事人自願為原則，當事人意思表示一致，受託人才可以再委託第三人代為處理委託事務。委託人同意轉委託，是基於其認為轉委託是符合其利益才作出的決定，對於委託事務的處理自然是有利的。委託人對於轉委託的同意也包括追認，追認具有與事先同意一樣的法律效果。第二，在緊急情況下受託人為了維護委託人的利益，也可以進行轉委託。例如，委託人臨時患急病，不能前去處理，又不能及時與委託人取得聯繫，由於情況緊急，如果不立即轉託第三人代為處理，就會使委託人受到很大的損失。

受託人將委託事務轉委託是否經過委託人的同意或者追認，其法律效果以及受託人所負擔的義務和承擔的責任是不一樣的。轉委託經委託人同意或者追認的，委託人可以就委託事務直接指示轉委託的第三人，受託人只要就第三人的選任及其對第三人的指示承擔責任。也就是說，委託人可以跳過受託人，直接對接受轉委託的第三人（學理上又稱為「次受託人」）下達指示。受託人如果在選任接受轉委託的第三人上沒有過錯，選擇了具有處理委託事務相應能力的第三人，且對第三人的指示也都是恰當合適的，那麼受託人對第三人的行為造成委託人的損失，不承擔賠償責任。

轉委託未經委託人同意或者追認的，受託人應當對轉委託的第三人的行為承擔責任。也就是說，如果轉委託未經同意或者追認，儘管受託人就轉委託的第三人之選任，以及對第三人下達的指示，都是合理恰當的，也要對第三人的所有行為負責。但是有一種例外情況，即

在緊急情況下，受託人為了委託人的利益而進行的轉委託。需要注意的是，這種情況下，受託人可以不經委託人同意而轉委託，但是仍然要對轉委託的第三人之選任，以及對第三人的指示向委託人負責，如果因選任或者指示不當造成委託人損失的，依然要承擔相應責任。

> **第九百二十四條** 受託人應當按照委託人的要求，報告委託事務的處理情況。委託合同終止時，受託人應當報告委託事務的結果。

■ 條文主旨

本條是關於受託人負有報告義務的規定。

■ 條文釋義

委託合同是委託人委託受託人處理委託事務的合同，受託人處理委託事務是為了委託人的利益，因此委託人有權了解委託事務的處理情況，而受託人則負有向委託人報告有關事項的義務。受託人在辦理委託事務的過程中，應當根據委託人的要求，向委託人報告事務處理的進展情況、存在的問題和應對措施等，以使委託人及時了解事務的狀況。如果委託合同約定了報告的時間，受託人應按時進行報告。受託人在辦理委託事務的過程中向委託人報告處理情況，委託人才能了解委託事務的具體情況，並根據最新的具體情況調整原來的指示、作出新的指示。

委託合同終止，不論委託事務是否完成，委託合同的目的是否實現，委託人都有權全面了解有關委託合同的所有情況，不論委託人是否提出受託人進行報告的要求，受託人都負有報告的義務。委託合同終止時，受託人應就辦理委託事務的情況，向委託人全面報告辦理經過和結果，如處理委託事務的始末、各種賬目、收支計算等，並要提交必要的書面材料和證明文件。

> **第九百二十五條** 受託人以自己的名義，在委託人的授權範圍內與第三人訂立的合同，第三人在訂立合同時知道受託人與委託人之間的代理關係的，該合同直接約束委託人和第三人；但是，有確切證據證明該合同只約束受託人和第三人的除外。

■ 條文主旨

本條是關於受託人以自己的名義和第三人訂立合同，第三人知道代理關係的，該合同直接約束委託人與第三人的規定。

■ 條文釋義

　　代理與委託合同關係十分密切，主要表現在：一方面，本法第163條規定，代理包括委託代理和法定代理。委託代理人按照被代理人的委託行使代理權。法定代理人依照法律的規定行使代理權。在委託代理中，被代理人常常通過委託合同授予代理人以代理權。通過委託合同，當事人之間可以形成代理關係、行紀關係等，實現民事主體假手他人以從事民事活動。也就是說，委託合同是基礎合同，委託合同可以產生代理關係。本法第173條還規定了被代理人取消代理或者代理人辭去委託，則委託代理關係終止。委託合同還可以產生行紀關係。屬於大陸法系的有的國家或者地區，一般在民法的債編中對行紀合同作出規定，行紀人接受委託後以自己的名義從事活動，活動的直接後果由行紀人承擔，並按照行紀合同解決行紀人與委託人之間的權利義務問題。另一方面，在代理中，代理人在代理權限範圍內，以被代理人的名義從事行為，由此產生的法律效果，直接由被代理人承擔。而在委託合同中，受託人根據委託人的授權，與第三人進行的民事活動，其後果最終也是由委託人承擔。從這個角度上看，代理人和受託人都只是扮演了中間人的角色。根據本條規定，如果受託人以自己的名義，在委託人的授權範圍內與第三人訂立合同，第三人在訂立合同時知道受託人與委託人的代理關係的，則該委託合同直接約束委託人和第三人。根據本法第926條規定，受託人以自己的名義與第三人訂立合同，第三人不知道受託人與委託人之間的代理關係，受託人因第三人的原因不履行義務的，委託人可以行使介入權，即行使受託人對第三人的權利；或者受託人因委託人的原因不履行義務，第三人可以選擇委託人作為相對人，直接向委託人主張其權利。受託人以自己名義處理委託事務，在這些情況下，和直接代理產生的效果是一樣的。

　　雖然委託合同和代理關係密切，但是兩者之間還是存在區別。在區分代理和委託的國家，如大陸法系的一些國家，有關代理的規定一般是在民法總則中作出的，而委託合同則往往規定在民法債編或者商法中。我國民法典總則編第七章是關於代理的規定，包括委託代理和法定代理，該章僅規定了學說上的直接代理即顯名代理。有的觀點認為，本條和民法典第926條的規定設立了間接代理。代理和委託合同的區別主要體現在以下幾個方面：第一，委託只涉及委託人與受託人之間的法律關係，不涉及第三人；代理則涉及代理人、被代理人及第三人三方的法律關係。委託是產生一切委託事務的基礎，如代理、行紀、居間等均由委託而產生。委託合同是代理關係發生的一種基礎合同，但是並不等同於代理關係。第二，代理包括委託代理和法定代理。代理權的產生可以基於當事人約定，也可以基於法律的規定。委託合同是一基礎合同，委託合同可以產生代理關係。但是代理關係的產生，除了基於委託合同外，還可以基於勞動合同、合夥合同、身份關係等。簡單地說，委託合同並不必然產生代理關係，代理關係的產生也不一定基於委託合同。第三，在代理關係中，代理人須以被代理人的名義處理代理事務，否則不構成直接代理。而委託合同的受託人，既可以以委託人的名義，也可以以受託人的名義處理委託事務。受託人無論是以委託人還是受託人的名義處理委託事務，均不影響委託合同的性質。另外，有的學者認為，代理和委託合同還有一個區別在

於代理事務和委託事務的範圍不同。根據本法第 161 條的規定,代理的範圍限於民事法律行為,即民事主體通過意思表示設立、變更、終止民事法律關係的行為。而委託合同中的委託人委託受託人處理的事務,既可以是民事法律行為,也可以是事實行為。

行紀合同的有關規定可以適用經濟貿易中的特殊情況,但不能適用受託人以自己的名義從事活動的所有情況。英美法系有關間接代理的規定,以及大陸法系有關商事代理的規定,都允許在一定的條件下,受託人以自己的名義從事的活動,其活動後果直接由委託人承擔。我國在對外開放過程中,因外貿經營權以及其他原因,也出現受託人以自己的名義從事貿易代理活動。根據代理制度的原理,適應經濟貿易中有關代理的不同要求,兼顧委託人、受託人以及第三人的合法權益,我國合同法借鑒《國際貨物銷售代理公約》等有關規定,對間接代理以及委託人的介入權、第三人的選擇權作出了規定。民法典沿襲了合同法的規定。

依照本條的規定,在下列條件下,受託人以自己的名義與第三人訂立的合同,該合同不是直接約束受託人和第三人,而是直接約束委託人和第三人:第一,委託人和受託人之間應當存在代理關係,這是前提。從代理的角度看,受託人是委託人的代理人,則受託人基於代理權與第三人訂立的合同,法律效果直接由委託人承擔。第二,受託人與第三人訂立合同,必須在委託人的授權範圍內。例如,甲委託乙購買 100 台洗衣機,丙亦知曉此事,儘管丙知道甲和乙之間存在代理關係,但是如果乙向丙購買 100 台電視機,並表示其受甲之委託購買該批電視機,丙與乙訂立電視機的買賣合同,因為超越了乙的代理權限,該買賣合同不能直接約束甲和丙。第三,第三人清楚地知道受託人與委託人之間的代理關係,也就是說第三人知道受託人是委託人的代理人,也知道委託人即被代理人具體是誰。這是受託人與第三人訂立的合同可以產生直接約束委託人與第三人之法律效力、突破合同相對性原則的關鍵。本法第 465 條第 2 款規定,「依法成立的合同,僅對當事人具有法律約束力,但是法律另有規定的除外」。第三人知道委託人與受託人之代理關係,仍然選擇與受託人訂立合同,表明其實際上亦認可與委託人締約。第四,第三人「知道」應當以訂立合同時間為準,即第三人是在訂立合同時就知道受託人與委託人之間的代理關係,如果是訂立合同的當時不知道,而是事後知道,不適用本條的規定。例如,甲委託乙向丙購買 100 台洗衣機,乙在和丙簽訂的合同中已註明「乙受甲之委託購買 100 台洗衣機」,則丙在訂立合同時就知道了委託人和受託人之間的代理關係。在訂立合同時,第三人就知道委託人與受託人之間的代理關係,表明其實際上接受了以委託人為合同相對人,而不是受託人,所以第三人與受託人簽訂的合同才能直接約束委託人和第三人。第五,如果有確切證據證明該合同只約束受託人與第三人的,則不能適用本條的一般規定。這裏講的有證據證明該合同只約束受託人與第三人的情形,比如,受託人與第三人明確約定該合同只約束第三人與受託人,不涉及其他人;受託人與第三人雖未明確約定該合同只約束受託人與第三人,但是根據合同解釋規則明顯可以得到這種結論的;有交易習慣表明該合同只約束受託人與第三人,如行紀合同;有證據證明如果委託人作為該合同的當事人,第三人就不會訂立該合同等。

本條規定的「該合同直接約束委託人和第三人」,主要是指委託人介入受託人與第三人

的合同關係，取代受託人在該合同中的地位，委託人可以直接向第三人行使（受託人對第三人的）權利，第三人也可以直接向委託人行使（第三人對受託人的）權利。

> 第九百二十六條　受託人以自己的名義與第三人訂立合同時，第三人不知道受託人與委託人之間的代理關係的，受託人因第三人的原因對委託人不履行義務，受託人應當向委託人披露第三人，委託人因此可以行使受託人對第三人的權利。但是，第三人與受託人訂立合同時如果知道該委託人就不會訂立合同的除外。
>
> 　受託人因委託人的原因對第三人不履行義務，受託人應當向第三人披露委託人，第三人因此可以選擇受託人或者委託人作為相對人主張其權利，但是第三人不得變更選定的相對人。
>
> 　委託人行使受託人對第三人的權利的，第三人可以向委託人主張其對受託人的抗辯。第三人選定委託人作為其相對人的，委託人可以向第三人主張其對受託人的抗辯以及受託人對第三人的抗辯。

■ 條文主旨

本條是關於委託人的介入權、第三人的選擇權的規定。

■ 條文釋義

委託人的介入權指的是在受託人與第三人的合同關係中，委託人取代受託人的地位，介入原本是受託人與第三人的合同關係中。委託人行使介入權的條件是：第一，受託人以自己的名義與第三人訂立合同。如果受託人以委託人的名義與第三人訂立合同，則該合同本來就直接約束委託人與第三人，不適用本條規定。第二，第三人不知道受託人與委託人之間的代理關係，也就是說受託人與第三人是該合同的當事人，該合同對受託人與第三人具有約束力。如果第三人知道受託人與委託人之間的代理關係，則適用本法第 925 條的規定，合同可以直接約束委託人和第三人。第三，當第三人不履行合同義務，導致受託人也不能履行完成委託事務的義務，間接影響到委託人的利益，這時受託人應當向委託人披露第三人。受託人對委託人不履行義務是因為第三人不按約定履行義務。如果是因為受託人自身的原因對委託人不履行義務，則委託人只能向受託人主張權利，而不能向第三人主張。第四，因受託人的披露，委託人可以行使介入權。委託人行使介入權的，應當通知受託人與第三人。第三人接到通知後，除第三人與受託人訂立合同時如果知道該委託人就不會訂立合同的以外，委託人取代受託人的地位，該合同對委託人與第三人具有約束力。實踐中，可能存在第三人與受託人訂立合同時如果知道該委託人就不會訂立合同的情況，例如，甲與丙一直關係交惡，甲明知丙不會和自己訂立合同，遂委託乙與丙訂立合同，並叮囑乙不告知丙他們之間存在代理

關係。如果乙因為丙的原因對甲不履行義務，向甲披露第三人為丙（事實上甲已知道該第三人）且因丙的原因導致其不履行義務，此時甲也不能行使乙對丙的權利，因為甲和丙心裏都很清楚，如果丙與乙訂立合同時，知道甲為乙的委託人，則不會與乙訂立該合同。另外，因受託人的披露，委託人也可以選擇不行使介入權，仍然由受託人處理因第三人違約而產生的問題，此時，委託人只能向受託人主張權利，而不能直接向第三人主張權利。

第三人的選擇權指的是在受託人與第三人的合同關係中，因委託人的原因造成受託人不履行義務，受託人應當向第三人披露委託人，第三人因此可以選擇受託人或者委託人作為相對人主張其權利，即第三人可以選擇請求委託人承擔違約責任，也可以請求仍然由受託人承擔違約責任。但第三人只能選擇其一，而且選定後不得變更。第三人行使選擇權的條件有：第一，受託人以自己的名義與第三人訂立合同。第二，第三人不知道受託人與委託人之間的代理關係。第三，受託人對第三人不履行合同義務，是基於委託人的原因，此時受託人應當向第三人披露委託人。如果是因為受託人自身的原因對第三人不履行義務，則第三人只能向受託人主張權利，而不能向委託人主張權利。第四，受託人向第三人披露後，第三人可以行使選擇權。如果受託人不向第三人披露委託人，第三人只能向受託人主張其權利。受託人披露委託人後，第三人作出選擇的，應當作出明確表示，並通知受託人與委託人。第三人既可以選擇向受託人主張權利，也可以選擇向委託人主張權利，但是二者只能選其一，選定後被選擇的委託人或者受託人就是第三人的相對人，第三人不得變更，即使該相對人無力承擔責任，第三人亦不得變更其選擇。

規定委託人的介入權、第三人的選擇權，有利於更好地保護委託人或者第三人的合法權益，有利於解決因代理產生的合同糾紛，有利於貿易代理制度更好地為經濟建設服務，但委託人的介入權、第三人的選擇權是有條件的，不能濫用。

委託人行使介入權或者第三人行使選擇權後，權利義務的相對人發生變化，也就會產生相應的法律效果。委託人行使介入權的，委託人取代受託人的地位，成為第三人的相對人，產生的效果除了委託人可以行使受託人對第三人的權利外，第三人自然也可以向委託人主張其對受託人的抗辯。第三人行使選擇權，選擇委託人作為其相對人的，委託人取代受託人的地位，則第三人可以向委託人主張權利，而委託人也可以向第三人主張其對受託人的抗辯以及受託人對第三人的抗辯。委託人對受託人的抗辯權，是基於雙方之間的委託合同；受託人對第三人的抗辯，是基於受託人與第三人之間的合同關係。

第九百二十七條　受託人處理委託事務取得的財產，應當轉交給委託人。

■ 條文主旨

本條是關於受託人轉移利益的規定。

■ 條文釋義

受託人應當將自己因處理委託事務而取得的各種利益及時轉交給委託人。這是受託人的義務。這裏所說的「取得的財產」，包括取得的金錢、實物、金錢與實物所生的孳息，以及其他財產權利。例如，受託人因出售委託人的物品而取得的價金，或為委託人出租房屋所取得的租金等。因為受託人在處理委託事務的過程中，不論其是否以自己的名義從事活動取得的財產，權利人都是委託人，受託人應當將該財產轉交給委託人。受託人轉移利益的義務，不僅適用於受託人，還適用於轉委託的第三人。

第九百二十八條　受託人完成委託事務的，委託人應當按照約定向其支付報酬。

因不可歸責於受託人的事由，委託合同解除或者委託事務不能完成的，委託人應當向受託人支付相應的報酬。當事人另有約定的，按照其約定。

■ 條文主旨

本條是關於委託人支付報酬的規定。

■ 條文釋義

委託合同可以是有償合同，也可以是無償合同。如果當事人在合同中約定了處理委託事務的報酬，在委託事務完成後，委託人應當按照約定向受託人支付報酬。即使是委託合同中並沒有約定報酬的，但依據習慣或者依據委託事務的性質應該由委託人給付報酬的，委託人仍然有支付受託人報酬的義務。在有償委託中，按照約定向受託人支付報酬，是委託人的主要義務。在所有關於有償合同的立法例中，委託人都負有此種義務。

一般處理事務完畢，委託關係才終止。但在委託事務未全部完畢之前合同提前終止的情況也很多，可能是因為委託人的原因，也可能因為受託人的原因，還有可能因為不可抗力等不可歸責於任何一方的原因。因不可歸責於受託人的事由導致委託合同解除或者委託事務不能完成，其原因主要來自以下兩個方面：第一，是因委託人的原因，如委託人有本法第 563 條規定的情形，受託人依法解除合同的；或者委託人不給付處理事務的費用，致使事務無法進行的。第二，由於客觀原因，如發生不可抗力，或者委託人死亡、破產，委託合同終止的，或者受託人死亡、喪失行為能力無法使委託事務完成的等。

上述事由都不是因受託人的過錯造成的，不能歸責於受託人，委託人應當履行向受託人支付報酬的義務。本條第 2 款中規定，「因不可歸責於受託人的事由，委託合同解除或者委託事務不能完成的，委託人應當向受託人支付相應的報酬」，根據該規定，在這種情況下，委託人並不需要向受託人支付約定的所有報酬，而只需要支付「相應的報酬」，具體來說就是根據受託人處理委託事務所付出的工作時間的長短或者所處理事務的大小及完成情況，向

受託人支付相應的報酬。不過上述規定是任意性規定，當事人可以另行約定這種情況下受託人的報酬請求權，如當事人可以約定，因不可歸責於受託人的原因，委託合同解除或者委託事務不能完成的，委託人依然向受託人支付事先約定的所有報酬。但是，如果是因可歸責於受託人的原因導致委託合同解除或者委託事務不能完成的，受託人可能喪失報酬請求權。因此造成委託人損失的，受託人甚至還可能要承擔相應的賠償責任。

> **第九百二十九條** 有償的委託合同，因受託人的過錯造成委託人損失的，委託人可以請求賠償損失。無償的委託合同，因受託人的故意或者重大過失造成委託人損失的，委託人可以請求賠償損失。
>
> 受託人超越權限造成委託人損失的，應當賠償損失。

■ 條文主旨

本條是關於受託人過錯致委託人損失的責任的規定。

■ 條文釋義

受託人在處理委託事務的過程中，要盡到必要的注意義務，否則可能需要承擔相應的責任。受託人的注意義務，還因為委託合同是有償還是無償而有所不同，在無償委託合同中，受託人僅負有一般的注意義務。而在有償合同中，受託人可以從委託人處獲取一定的報酬，按照權利義務對等原則，其所負有的注意義務要比一般注意義務高，有的學者認為有償合同的受託人應盡到善良管理人的義務。對有償委託和無償委託中受託人注意義務的區分，類似於有償保管和無償保管中保管人的注意義務。

在有償的委託合同中，受託人負有較高的注意義務，受託人在處理委託事務時只要有過錯，即存在故意、重大過失或者一般過失，並給委託人造成損失，就要承擔賠償責任。在無償的委託合同中，受託人在一般過失下並不承擔賠償責任，只有在故意和重大過失的情況下，才對損害承擔賠償責任。所謂故意是指受託人明知或者應當知道損失可能發生，並主動促使或者放縱損失的發生。所謂重大過失是指一般人對該行為所產生的損害後果都能預見到，而行為人卻因疏忽大意沒有預見到，致使損害後果發生。由於無償委託合同中受託人沒有報酬，因此，其承擔責任相比有償委託合同要輕一些。

受託人享有處理委託人之委託事務的權利，這種權利來自委託人的授權，也是為了委託人的利益。所以，受託人必須按照委託人的指示處理委託事務，在委託人的委託範圍內處理事務，不得擅自超越權限。所謂「超越權限」包括沒有相應的權限、超出委託人的授權以及權限終止後繼續處理委託事務。受託人超越權限給委託人造成損失的，無論委託合同是否有償，都應當賠償損失。

> **第九百三十條　受託人處理委託事務時，因不可歸責於自己的事由受到損失的，可以向委託人請求賠償損失。**

■ **條文主旨**

本條是關於委託人對受託人的損失承擔責任的規定。

■ **條文釋義**

受託人在委託權限範圍內認真處理委託事務，在自己毫無過錯和過失的情況下，使自己的財產或者人身造成損害的，有向委託人請求賠償的權利。

受託人在處理委託事務過程中因不可歸責於自己的事由遭受損害的情況有很多，例如，委託人在受託人無過錯的情況下，解除委託合同的；委託人未經受託人同意，又委託第三人處理同一事務致使受託人報酬減少的等。

本條規定的受託人的損失，不僅包括上述可歸責於委託人的事由，還應當包括因為意外事故等不可規則於受託人的原因而導致受託人受到損害的情形。因為委託人在享受委託事務所帶來的利益的同時，也應當承擔相應的風險。受託人是為委託人處理事務，受託人的損失是在處理委託事務的過程中造成的，與處理委託事務具有關聯性，按照利益風險一致的原則，應當由委託人承擔相應責任。而且，如果委託人並未委託受託人處理事務，而是親自處理委託事務，受到損失的可能就是委託人自己。

受託人向委託人請求賠償其損失，需要具備以下條件：一是受託人受到損失。受託人在按照委託人指示處理委託事務時遭受了損害，包括人身損害和財產損害。例如，律師代理當事人出庭應訴，在去法庭的路上遇到山體滑坡，導致律師身體受傷、車輛受損。二是受託人的損失基於不可歸責於受託人的原因。不可歸責於受託人主要是指受託人對於損失的發生沒有過錯，不存在主觀上的故意或者過失。如果損失的發生是由於可歸責於受託人的事由，則受託人不享有向委託人主張賠償的權利。例如，律師代理當事人出庭應訴，在去法庭的過程中，該律師不遵守交通規則，闖紅燈造成交通事故，負交通事故的全部責任的，對於律師在交通事故中受到的人身和財產損失，委託人均無須賠償。三是受託人的損失發生在處理委託事務的過程中。因為在處理委託事務時，受託人才按照委託人的指示進行活動，才實際以「受託人」之身份行事，與委託事務及委託人產生直接關聯。所以受託人的賠償請求權是以其損失發生在處理委託事務過程中為要件。如果受託人受到損失，並非發生在處理委託事務的過程中，也並非由於可歸責於委託人的事由，則與委託人無關，受託人無權向委託人請求賠償。例如當事人的代理律師，並非在出庭應訴當事人之案件的路上，而是在去超市購買生活用品的路上遇到山體滑坡，造成人身和財產的損害，則不能向委託人請求賠償。

> 第九百三十一條　委託人經受託人同意，可以在受託人之外委託第三人處理委託事務。因此造成受託人損失的，受託人可以向委託人請求賠償損失。

■ 條文主旨

本條是關於委託人另行委託他人處理事務的規定。

■ 條文釋義

相互信任是委託合同雙方當事人訂立合同的基礎，它具有嚴格的人身屬性，委託合同訂立後，受託人就已經開始着手處理委託事務，為此付出人力物力財力，如果委託人擅自委託他人，不僅可能增加受託人處理委託事務的成本，甚至可能給受託人造成損失。因此，委託人如果要把委託事務再委託他人處理，需要徵得受託人的同意。如果受託人不同意，委託人或者受託人都可以解除合同，因解除合同給對方造成損失的需要承擔相應的賠償責任。當然，如果委託人未經受託人同意，擅自將委託事務重複委託給第三人，不僅需要向受託人支付全部報酬，如果給受託人造成損失的，受託人亦可以向委託人請求賠償。

需要注意的是，本條規定的委託人在受託人之外委託第三人處理的委託事務，應當與受託人處理的委託事務內容相同，也就是委託人將同一事項先後委託兩個受託人，存在兩個委託合同。有的學者將這種情況稱為「重複委託」。如果受託人和第三人處理的委託事務不同，則委託人委託第三人處理事務，與受託人並無直接關係，無須經過受託人的同意。例如，甲委託乙在某商場銷售電視機，後來又委託丙在該商場銷售洗衣機，兩項委託事務並不相同，則甲對丙的委託無須經乙同意。

重複委託不同於本法第 932 條規定的共同委託。共同委託是委託人將委託事務同時委託給兩個以上的受託人，由受託人共同處理委託事務，委託人和受託人之間只有一個委託合同。而重複委託則是委託人將相同的委託事務先後委託給不同的受託人，各受託人分別處理委託事務，存在兩個以上的委託合同。

委託人另行委託第三人處理委託事務，可能給受託人造成損失，如報酬減少。委託人重複委託造成受託人損失的，受託人可以向委託人請求賠償損失。

> 第九百三十二條　兩個以上的受託人共同處理委託事務的，對委託人承擔連帶責任。

■ 條文主旨

本條是關於共同委託的規定。

■ 條文釋義

共同委託是指委託人委託兩個以上的受託人共同行使代理權處理事務。但是，如果委託人為兩個以上，而受託人只有一個人時，則不是共同委託。因為有的委託事務，一個受託人可能無法處理或者不能較好地完成，為了提高委託事務的處理效率，提高委託事務的完成質量，有時就需要委託給兩個以上的受託人。例如有的複雜疑難案件，當事人可能委託給兩個以上的律師甚至是一個律師團隊來進行處理。

共同委託的特點：

1. 共同委託的代理權必須是由數個受託人共同行使的。所謂共同行使，是指數個受託人享有共同的權利義務，即平等享有、共同享有的代理權，處理事務時只有經過全體受託人的共同同意，才能行使代理權。並不是一個委託人同時委託了兩個以上受託人，都產生共同委託的問題，如委託人在受託人之外另行委託他人處理委託事務的情況。又如，有時受託人雖然為數人，卻不能認定是共同委託。只有委託人同時委託兩個以上的受託人，共同處理同一項或者數項委託事務，才構成共同委託。

2. 受託人承擔連帶責任。共同委託中的一個受託人與其他受託人協商後或者數個受託人共同協商後，單獨或者共同實施的委託行為，其實施的委託行為應該被認為是全體受託人的共同行為，由此造成損失的，若干個受託人依法應當對委託合同的履行承擔連帶責任。如果共同受託人中的一個受託人或者數個受託人沒有經過協商而擅自單獨行使代理權的，由此造成的損失，各受託人仍然承擔連帶責任。當然，委託人與各受託人事先約定了按份責任的除外，即合同中無特別規定，他們應對委託人承擔連帶責任。也就是說，不論委託人的損失是出於哪個受託人的過錯，也不論各個受託人內部是否約定了對委託事務的處理權限和責任承擔，除委託人與受託人有特別約定外，所有受託人都應當對委託人承擔連帶責任。各受託人在承擔連帶責任後，可以按照受託人之間的約定、各受託人的過錯來處理內部關係。

> **第九百三十三條**　委託人或者受託人可以隨時解除委託合同。因解除合同造成對方損失的，除不可歸責於該當事人的事由外，無償委託合同的解除方應當賠償因解除時間不當造成的直接損失，有償委託合同的解除方應當賠償對方的直接損失和合同履行後可以獲得的利益。

■ 條文主旨

本條是關於解除委託合同的規定。

■ 條文釋義

本條規定賦予了委託人和受託人對委託合同的任意解除權，以及因解除合同給對方造成

損失的責任承擔。

委託合同是以雙方信任為存在的條件，如果一方不守信用，失信於另一方，繼續履行合同已無必要，法律賦予了雙方當事人的權利，即只要一方想終止合同，就可以隨時解除合同，而且無需任何的理由。

1. 委託人可以隨時撤銷委託。如果互相沒有信任或者已不再需要辦理委託的事項，委託人即可單方解除委託合同，無須徵得受託人的同意即可發生效力。但是受託人可以就其損失要求委託人承擔相應的賠償責任。

2. 受託人可以隨時辭去委託。委託合同的成立既需要委託人對受託人的了解和信任，也需要受託人對委託人的信任。如果受託人不願意辦理受委託的事務，受託人無需表明任何理由，即可解除合同。

委託合同的一方當事人在不利於對方當事人的時期解除委託合同而造成對方損失的，應當承擔賠償責任。這是對任意解除權的一種限制。如果當事人可以任意解除委託而無需賠償對方損失，顯然是不公平的。所謂不利於對方當事人的時期，就不利於委託人方面而言，當受託人在未完成委託事務的情況下解除合同時，委託人自己不可能親自處理該項事務，而且又不能及時找到合適的受託人代他處理該委託事務而發生損害的情形；就不利於受託人方面而言，是指由於委託人在受託人處理委託事務尚未完成前解除了合同，使受託人因不能繼續履行義務而少獲的報酬。委託人除對受託人已履行的部分給付報酬外，對在不可歸責於受託人的情況下，因解除委託合同給委託人造成的報酬減少承擔賠償責任。

但是受託人未盡注意義務，怠於委託事務的處理，委託人無奈而解除委託合同，雖會給受託人造成一定損失，但因解除合同事由不可歸責於委託人或者不能完全歸責於委託人，委託人對受託人因合同終止而遭受的損失不予賠償或者只賠償其部分損失。

我國合同法第 410 條規定了委託合同的任意解除權，即委託人或者受託人可以隨時解除合同。關於委託合同的任意解除權，爭議較大的有兩個問題：

其一，是否對委託合同的任意解除權作適當限制。有的意見提出，委託合同的任意解除權在司法實踐中存在被濫用的情況，損害合同相對方的利益，建議區分有償委託合同與無償委託合同作不同的規定，對於無償委託合同，可以隨時解除合同，而對於有償委託合同則允許當事人通過約定排除任意解除權的適用。但是這與委託合同的基礎不相符合。委託合同的基礎在於合同一方對相對方的信任，如果信任基礎喪失，就應當允許解除合同。因此民法典延續了合同法的規定，對委託合同的任意解除權沒有作限制。

其二，如何合理確定合同一方行使任意解除權後的賠償範圍。合同法第 410 條只是籠統規定，合同一方行使任意解除權的，除不可歸責於當事人的事由外，應當賠償對方損失。一方當事人任意解除委託合同，給對方造成的直接損失，解除方應當進行賠償，這點應無疑義。但是，對於任意解除委託合同給對方造成的間接損失即合同履行後可以獲得的利益，解除方是否應當賠償，學界還有爭議。有的學者認為，不論是有償委託還是無償委託，因為一方任意解除給對方造成損失的，都應當對其直接損失和間接損失進行賠償。在編纂民法典的

過程中，有的意見提出，應當區分有償委託和無償委託中，一方當事人任意解除委託合同給對方造成損失的賠償責任。在有些委託合同尤其是在有償的商事委託合同中，如果委託人在受託人處理事務快完畢時，行使任意解除權，受託人起訴要求委託人賠償時，法院往往依據合同法第 410 條判決委託人僅賠償受託人處理事務的費用，不足以彌補受託人損失。有償委託大多是商事委託，受託人一般都是專門從事委託事務的人，受託人處理委託事務可以得到一定的報酬。如果一方當事人可以隨意解除委託合同，可能給對方造成較大的損失，也不利於合同的穩定性。無償委託往往都是基於個人之間的信任以及幫助，委託他人處理的一般也都是較小的事務，一方當事人任意解除合同給對方造成的損失也比較小。所以，有償委託的當事人隨意地解除委託合同，給對方造成損失的，應該承擔更加嚴苛的責任。

　　據此，民法典對合同法的有關規定作出了修改完善，區分無償委託合同與有償委託合同，對賠償範圍作出不同的規定。本條規定，「無償委託合同的解除方應當賠償因解除時間不當造成的直接損失，有償委託合同的解除方應當賠償對方的直接損失和合同履行後可以獲得的利益」。一方當事人在行使任意解除權時，給對方造成損失的，除不可歸責於解除一方的事由外，所要承擔的賠償責任範圍，在有償委託和無償委託中是不同的。在無償委託中，解除方的責任範圍僅限於直接損失，而在有償委託中，解除方的責任範圍不僅包括直接損失，還包括間接損失，即可以獲得的利益。一般來說，可以獲得的利益，不得超過解除方可以預見到或者應當預見到的因解除合同可能造成的損失。例如，甲和乙訂立委託合同，甲委託乙在 1 個月內購買某種生產設備，向乙支付了相關費用以及報酬，計劃於 1 個月後即投入生產，並在訂立合同時明確將其生產經營計劃寫入委託合同中。乙在即將滿 1 個月的最後 1 天，沒有不可歸責於乙的事由，通知甲解除委託合同。在這種情況下，乙應向甲賠償的損失，不僅包括直接損失，如乙已經花費的部分委託費用等，還應當包括甲的間接損失，如因為乙解除合同導致甲未能在計劃時間安裝好生產設備並投入正常生產期間內可以獲得的經濟利益。因為在訂立委託合同時，甲已經將其拿到委託乙購入的生產設備後立即投入生產使用的計劃明確告知乙，乙仍然選擇與甲訂立合同，乙可以預見也應當預見到其在最後期限突然行使任意解除權解除委託合同，將導致甲無法按時開展生產經營活動，進而喪失進行生產經營可以獲得的利益。

第九百三十四條　委託人死亡、終止或者受託人死亡、喪失民事行為能力、終止的，委託合同終止；但是，當事人另有約定或者根據委託事務的性質不宜終止的除外。

■ 條文主旨

　　本條是關於委託合同終止的規定。

■ 條文釋義

委託合同的成立，是以雙方信任為基礎，如果當事人一方死亡、喪失行為能力或者終止，其繼承人、遺產管理人、法定代理人或者清算人與合同的另一方當事人能否取得互相的信任還是未知數，為了避免不必要的糾紛出現，法律規定在這些情況下，委託合同可以終止。「死亡」「喪失民事行為能力」是對自然人而言，「終止」則是對法人和非法人組織而言。

本條將合同法第 411 條中的委託人或者受託人「破產」改為「終止」，因為破產只是法人或者非法人組織終止的原因之一，法人或者非法人組織終止的原因還有解散等。而且，委託人或者受託人進入解散清算或者破產清算階段，並不必然導致委託合同終止。而當委託人或者受託人終止的，委託合同原則上應當終止。

本條規定的委託合同終止的原因從當事人的角度可以分為兩類：第一，委託人死亡或者終止。與合同法第 411 條相比，刪除了委託人「喪失民事行為能力」的情形。第二，受託人死亡、喪失民事行為能力或者終止。之所以對委託人和受託人作出不同規定，是因為受託人一旦死亡、喪失民事行為能力或者終止，就無法再繼續處理委託事項，委託關係只能終止。如果受託人的繼承人或者法定代理人等願意也有能力繼續處理該委託事項，可以與委託人協商，雙方訂立新的委託合同。而委託人喪失民事行為能力，一般情況下並不影響受託人繼續處理委託事務，受託人依然可以完成委託事務。而且，依據本法第 173 條的規定，委託代理因代理人喪失民事行為能力而終止，並不因被代理人喪失民事行為能力而當然終止。

根據本條規定，委託人死亡、終止或者受託人死亡、喪失民事行為能力、終止這幾種法定事由發生時合同應當終止，但也有例外情況：

1. 合同另有約定時除外。當事人可以另行約定即使有委託人死亡、終止或者受託人死亡、喪失行為能力、終止的情況發生，委託關係仍不消滅，有此約定的，當然依照其約定。

2. 因委託事務的性質不宜終止的。在一些特殊的委託合同中，根據委託事務的性質，不能因以上事由之發生而終止，受託人或者其繼承人、遺產管理人、法定代理人應當繼續處理委託事務。例如，甲委託乙企業生產醫療物資，用於某地抗擊新冠肺炎疫情，情況十分緊急。如果此時委託人甲因感染新冠肺炎不幸逝世，由於委託事務是生產抗擊疫情急需的醫療物資，性質十分特殊，在這種情況下，這批醫療物資不能停止生產，委託合同不能因委託人甲的死亡而終止。

委託合同終止後，可能也會因為特殊事由，要求受託人或者其繼承人等履行繼續處理委託事務或者採取必要措施的義務。本法第 935 條和第 936 條對此作出了相應規定。

> **第九百三十五條**　因委託人死亡或者被宣告破產、解散，致使委託合同終止將損害委託人利益的，在委託人的繼承人、遺產管理人或者清算人承受委託事務之前，受託人應當繼續處理委託事務。

■ 條文主旨

本條是關於因委託人死亡或者被宣告破產、解散致使委託合同終止，受託人負有繼續處理委託義務的規定。

■ 條文釋義

委託人發生死亡或者被宣告破產、解散的事由時，一般來說，委託關係終止。但是，如果出現了本條規定的情況，即發生上述法定事由，致使委託合同終止將損害到委託人的利益時，委託合同不能終止，受託人還應當負有繼續處理委託事務的義務，應當採取必要的措施保護對方當事人的利益，直至委託人的繼承人、遺產管理人或者清算人承受了委託事務為止。

相比合同法第 412 條的規定，本條增加了「遺產管理人」。因為在委託人死亡後，可能先由遺產管理人暫時承受被繼承人的權利義務。遺產管理人的職責包括清理遺產、處理被繼承人的債權債務等與管理遺產有關的行為。

受託人繼續處理事務，如果委託合同是有償的，則受託人仍得向委託人的繼承人、遺產管理人或者清算人請求報酬。因此，對委託人來說，並未增加負擔，對受託人的利益則起到防止損害發生的作用。

受託人負有繼續處理委託事務的義務，但是，繼續處理委託事務應到何時為止？一般認為，應繼續到委託人的繼承人、遺產管理人、清算人能接受時為止。例如，委託人死亡，委託人的繼承人有時因遠在外國，一時不能趕回來，如果受託人不繼續處理其事務，勢必使委託人的繼承人發生損害。受託人應繼續處理至委託人的繼承人能夠接受時為止。

> **第九百三十六條**　因受託人死亡、喪失民事行為能力或者被宣告破產、解散，致使委託合同終止的，受託人的繼承人、遺產管理人、法定代理人或者清算人應當及時通知委託人。因委託合同終止將損害委託人利益的，在委託人作出善後處理之前，受託人的繼承人、遺產管理人、法定代理人或者清算人應當採取必要措施。

■ 條文主旨

本條是關於因受託人死亡等原因致使委託合同終止，其繼承人等負有通知和採取必要措

施義務的規定。

■ 條文釋義

　　因受託人死亡、喪失民事行為能力或者被宣告破產、解散，致使委託合同終止的，受託人的繼承人、遺產管理人、法定代理人或者清算人負有兩項義務：一是及時通知委託人的義務。因受託人死亡、喪失民事行為能力或者被宣告破產、解散，導致委託合同終止的，委託人可能對委託終止的事由並不知情，如果不將該情況及時告知委託人，可能給委託人造成損失。二是在委託合同終止將損害委託人利益的情況下，受託人的繼承人、遺產管理人、法定代理人或者清算人不僅應當及時告知委託人，還應當採取必要的措施保護委託人的利益。例如，保存好委託事務有關的單證和資料；保管好委託事務的財產，以便交付給委託人。需要注意的是，本條規定的「採取必要措施」與本法第935條規定的「繼續處理委託事務」不同，只是採取必要的措施以維護委託人的利益，減少委託人因委託合同終止產生的損失，實際上委託已經終止，受託人的繼承人等沒有義務繼續處理委託事務。法律規定受託人的繼承人、遺產管理人、法定代理人或者清算人承擔上述通知義務和採取必要措施的義務，是因為受託人死亡後，繼承人有繼承其財產的權利，在遺產分割前由遺產管理人接管相關財產、處理被繼承人的債權債務；受託人喪失民事行為能力後，由法定代理人代理其民事活動；法人被宣告破產或者解散後，由清算人接管，對財產清理、保管、估價、處理和分配，清算人可以進行必要的民事活動。繼承人、遺產管理人、法定代理人、清算人，在承受受託人遺產或者處理受託人事務時，應當遵循誠實信用的原則，將受託人的有關事宜妥善處理。

　　採取必要措施的義務應到何時為止？一直處理到委託人作出善後處理時為止。委託人在知道受託人死亡、喪失民事行為能力或者被宣告破產、解散，需要有一段時間進行善後處理，如需要找新的受託人代替前一受託人的工作，尋找的過程需要時間等，在委託人處理好以前，受託人的繼承人、遺產管理人、法定代理人或者清算人有義務採取必要的、有效的措施，以維護委託人的利益。

第二十四章　物業服務合同

　　本章共十四條，主要規定了物業服務合同的定義、主體、內容，前期物業服務合同的效力，前期物業服務合同的終止，物業服務事項的轉委託和不得一併轉委託，物業服務人的主要義務、重要事項的公開及報告義務，業主的主要義務及告知義務，物業服務合同的解除和續訂，物業服務合同終止後物業服務人的交接義務和交接期間的物業費請求權等。

　　相比合同法，本章是新增的一章。近年來，我國城市建設和房地產業高速發展，物業服務行業也迅速發展壯大，一方面加速了住宅小區服務、管理方式的專業化和現代化，另一方面也由此引發了一些糾紛。為規範物業服務行業的健康發展，指導司法實踐對物業服務糾紛進行處理，民法典將物業服務合同規定為一章。目前，其他國家和地區的法律沒有將物業服務合同明確作為有名合同加以規定，設立專章規定物業服務合同可以說是我國民法典的創新之舉。

　　第九百三十七條　物業服務合同是物業服務人在物業服務區域內，為業主提供建築物及其附屬設施的維修養護、環境衛生和相關秩序的管理維護等物業服務，業主支付物業費的合同。

　　物業服務人包括物業服務企業和其他管理人。

■ 條文主旨

　　本條是關於物業服務合同的定義和主體的規定。

■ 條文釋義

一、關於物業服務合同的定義

　　學界上對物業服務合同的定義有廣義和狹義之分。廣義的物業服務合同，主要可以分成兩類，即前期由建設單位與物業服務人訂立的前期物業服務合同，以及後期業主通過業主委員會或者業主大會與物業服務人訂立的物業服務合同。狹義的物業服務合同僅指後者，也可稱為普通物業服務合同。所謂前期物業服務合同，是指在物業服務區域內的業主、業主大會選聘物業服務人之前，由房地產建設單位與物業服務人簽訂的，由物業服務人提供物業服務的合同。普通物業服務合同，是指在業主與物業服務人之間簽訂的物業服務合同。《物業管理條例》第 2 條規定：「本條例所稱物業管理，是指業主通過選聘物業服務企業，由業主和物業服務企業按照物業服務合同約定，對房屋及配套的設施設備和相關場地進行維修、養

護、管理，維護物業管理區域內的環境衛生和相關秩序的活動。」該條所規定的物業服務合同就是狹義上的物業服務合同。本條規定的物業服務合同是指廣義上的物業服務合同，本章的規定一般也都適用於前期物業服務合同。

民法典通過以前，關於物業服務（物業管理）領域的規定，主要集中於行政法規、部門規章及司法解釋中，物權法中也有所涉及。為了規範物業管理活動，維護業主和物業服務企業的合法權益，改善人民群眾的生活和工作環境，國務院於 2003 年制定了《物業管理條例》，該條例於 2007 年物權法通過後作出修改，並於 2016 年和 2018 年分別進行再次修改。2004 年，建設部發佈了《物業管理企業資質管理辦法》，目的是「為了加強對物業管理活動的監督管理，規範物業管理市場秩序，提高物業管理服務水平」，該辦法於 2007 年更名為《物業服務企業資質管理辦法》並作修改，此後進行多次修改，並最終於 2018 年被住建部廢止。2007 年，十屆全國人大五次會議通過了《中華人民共和國物權法》，但並沒有專門規定物業服務（合同），只是在其第六章「業主的建築物區分所有權」對物業服務（合同）有所涉及。2009 年，最高人民法院通過了《最高人民法院關於審理物業服務糾紛案件具體應用法律若干問題的解釋》（以下簡稱《物業服務糾紛司法解釋》），以指導司法實踐中出現的物業服務糾紛案件的處理，維護當事人的合法權益。

長期以來，「物業服務（合同）」一直被稱為「物業管理（合同）」。2003 年出台的《物業管理條例》中雖然採用了「物業服務合同」，但是合同主體還是用「物業管理企業」的名稱，其提供的服務為「物業管理服務」。2007 年頒佈的物權法不再使用「物業管理企業」，而採用了「物業服務企業」的概念，也不再使用「物業管理」一詞。物權法通過後，國務院也對《物業管理條例》進行了相應修改，將「物業管理企業」修改為「物業服務企業」。很多學者認為，從「物業管理（合同）」到「物業服務（合同）」的轉變，不僅讓此類合同回歸了服務性合同而非管理性合同的本質，也體現了物業服務理念的轉變和業主權利意識的提高。

傳統合同法理論中並沒有物業服務合同這種合同類型，我國合同法也沒有對該合同作出規定。雖然我國合同法未規定物業服務合同，但是有的觀點認為，物權法、《物業管理條例》和物業服務糾紛司法解釋等有關法律、行政法規、司法解釋都規定了物業服務合同，因而它已經是特別法所規定的有名合同。也有觀點認為，物業服務合同屬於委託合同、勞務合同，或者是混合合同，並非獨立的有名合同。民法典合同編將物業服務合同明確規定為一種典型合同。

二、關於物業服務合同的性質

關於物業服務合同的性質，學界觀點各異，能夠達成共識的問題不多，這與我國房地產市場的起步、發展較晚，規範化、現代化的物業服務業剛剛開始，關於物業服務糾紛近年來才開始大量出現，實踐中缺乏足夠實例供研究和佐證等因素不無關係。因此，有人認為，物業服務企業在本建築區劃內對小區享有的是管理權，業主無權干涉和監督，這種觀點使得物業服務人以主人身份從事管理行為，侵害了業主的權利。

物業服務合同的性質到底是什麼，學理上的看法很多，概括起來主要有如下觀點：

1. 委託合同說。目前，委託合同說比較受歡迎，認為物業服務合同的客體與委託合同相同，都是提供勞務。物業服務人接受業主的委託，辦理物業服務事務，主要是為業主提供勞務，是實現合同目的的必要手段。物業服務合同是有償合同，而民事委託以無償為原則，以有償為例外，商事委託以有償為原則。物業服務合同以營利為目的，為商事合同，屬於有償的委託合同。因此，物業服務合同是一種委託合同。

2. 服務合同說。該觀點認為，作為物業服務合同當事人的業主、業主委員會和物業服務人，在法律地位上是平等的，因此雙方所簽合同的性質，應當定位於服務合同而非委託合同。

3. 混合合同說。該觀點認為，物業服務合同不是單純的某類有名合同，而是複合性的，其包含了委託合同、代理合同、承攬合同、服務合同等多種合同類型的特徵，或者叫「複合性合同」。業主群體把其共有部分、共用設施設備管理、安全秩序維持以及清潔、園林綠化等事務交給物業服務人完成，具有委託的性質；物業服務人把部分專項服務事項交給專業性服務組織承擔，具有承攬的性質；而物業服務人在履行合同的過程中，很大程度上是以勞務付出或者提供服務的形式進行的，因而具有勞務性質和服務性質。物業服務給付具有綜合性，整個物業服務的過程具有整體、連續的特徵，單一服務之提供都不能被稱為物業服務合同。

4. 獨立合同說。該觀點認為，物業服務提供的是一種複雜的綜合性服務，與傳統合同類型的客體都有所不同，所以物業服務合同不屬於合同法所規定的任何一種合同類型，是一種獨立的合同。

除了以上幾種主要觀點，還有僱傭合同說、承攬合同說等。僱傭合同說認為，物業服務合同是業主出錢僱傭物業服務人對物業服務區域內的相關事務進行管理，類似於過去的「管家」角色，應當屬於僱傭合同。承攬合同說認為，物業服務合同中，物業服務人是按照業主的要求完成工作，在物業服務商達到了業主要求，給小區居民提供了一個優美安逸的生活環境，可以說是交付承攬的勞動成果。

物業服務合同具有其自己的特徵無法完全歸入某種類型的合同而適用其規定。據此，我國民法典將物業服務合同作為一種新的有名合同，設立專章對其加以規定，以更好地規範物業服務行業的發展，更好地解決實踐中出現的物業服務糾紛。

三、關於物業服務合同的特徵

物業服務合同的主要特徵有：

1. 是平等主體之間的民事合同。物業服務合同是一種民事合同，毫無疑義，這本無需強調。但是，「物業服務合同」的前身為「物業管理合同」，在我國長期被稱為「物業管理合同」，具有強烈的行政管理色彩。「物業服務」含義區別於「物業管理」，物業管理是我國計劃經濟時代行政管理的稱謂的延續，其理念強調是物業公司按照類似行政命令的方式對物業進行管理，顯然不符合現代物業服務合同主體的平等理念。從「物業管理」到「物業服務」，

體現了物業管理理念的轉變，強調的是物業服務人與業主之間是平等的關係。物業服務合同回歸了「服務」的本質，體現了合同主體之間是平等地位，突出了物業服務合同的服務性而非管理性。

業主聘用物業服務人的目的是為了獲取其提供的物業服務，而不是對自己進行管理。實踐中，物業服務人可能會根據法律的規定或者接受社區居委會或街道辦事處的委託從事一定的管理活動。本法第 285 條第 2 款規定，物業服務企業或者其他管理人應當執行政府依法實施的應急處置措施和其他管理措施，積極配合開展相關工作。例如，在新冠肺炎疫情期間，各小區都要按照疫情防控的有關規定和要求，對進出小區的人員進行管控，測量體溫等，小區物業服務人應當配合街道、社區實施各種防控措施。再如，現在全國很多地方都開始進行垃圾分類，物業服務人也需要配合當地政府做好小區內的垃圾分類工作。本法第 942 條第 2 款還規定，對物業服務區域內有關治安、環保、消防等法律法規的行為，物業服務人應當及時採取合理措施制止、向有關行政主管部門報告並協助處理。但是，物業服務人的這些管理活動實質上並非基於物業服務合同對業主進行管理，而是基於法律的規定或者社區的委託，在某些特殊情況或者特定場合對政府予以配合，但其本質依然是向業主提供物業服務。

而物業服務人的服務對象是業主，物業服務人是基於與業主之間的約定，對物業服務區域內的建築物和附屬設施等進行管理。物業服務合同與委託合同等提供服務的合同具有相似性，業主和物業服務人之間是平等的主體關係。物業服務人「管理」的對象為物業，而非業主。即使物業服務人對物業的管理，包括對小區或者建築物內的人員進行管理，本質上也是一種提供服務的行為，雙方當事人處於平等地位，這與一般民事合同沒有本質區別。

2. 合同主體具有特殊性。物業服務合同的當事人為業主和物業服務人。根據本條第 2 款的規定，物業服務人又包括物業服務企業和其他物業管理人。

對於物業服務合同的另一方當事人，學界一直存在爭議。有的認為是業主大會，有的認為是業主委員會，還有的認為是單個業主。業主大會說認為，業主大會是代表和維護全體業主合法權益的自治組織，業主委員會只是業主大會的執行機構，應當由業主大會代表全體業主簽訂物業服務合同。業主委員會說認為，根據司法實踐和物業服務糾紛司法解釋的規定，業主委員會具有訴訟主體資格，可以參與物業服務合同糾紛案件的訴訟。業主委員會也可以與業主大會依法選聘的物業服務人訂立物業服務合同。因此，業主委員會應當為物業服務合同的當事人。單個業主說則認為，雖然單個的業主並沒有直接與物業服務人簽訂物業服務合同，但是每個業主都是實質上的合同當事人，因為每個業主都實際享有合同權利並承擔合同義務，每個業主都是物業服務人的服務對象，都需要向物業服務人繳納物業費。

就業主大會而言，它不具有民事主體資格，也不具有訴訟主體資格。業主大會不是常設的機構或者組織，亦沒有財產，不能對外獨立承擔責任，不能成為合同當事人而享有權利承擔義務。所以，業主大會不是物業服務合同的主體。業主委員會雖然常常直接與物業服務人簽訂合同，且在實踐中具有訴訟主體的資格，但是業主委員會並非獨立的民事主體，沒有自己的財產，不能獨立對外承擔責任，不具有民事權利能力，不能享有權利承擔義務，也不能

成為合同當事人。業主委員會只是接受業主大會的授權,與業主大會依法選聘的物業服務人簽訂物業服務合同,其代表的是全體業主的利益。

物業服務合同的主體應當是業主,而且是全體業主。雖然與物業服務人簽訂物業服務合同的可能是業主,也可能是業主委員會甚至是建設單位,但是物業服務合同的當事人是全體業主,由全體業主享有物業服務合同的權利,承擔合同義務。當獨門獨棟的業主自己聘請物業服務人時,業主直接與物業服務人簽訂物業服務合同,這是極少數的。但是,現在的住宅小區往往不止一棟樓房,而且每棟樓房裏面又有很多住戶,整個小區業主人數眾多,具有集合性的特點。

3. 客體是物業服務人提供的物業服務行為。物業服務合同的客體是物業服務人提供的物業服務,物業服務合同與委託合同、行紀合同、中介合同等類似,所給付的內容都不是具體的標的物,而是行為,而且提供服務的行為還具有持續性和重複性的特點,比如檢修建築物內的電梯,做好小區保潔工作維護環境衛生等。物業服務合同注重彼此之間的人身信任關係,一旦此種信任關係不存在,合同的履行將會面臨困難,這也可能成為當事人解除合同的法定事由。

4. 服務內容的綜合性和專業性。相比於一般的民事合同,物業服務人提供物業服務的內容較為複雜,物業服務人既要管理物業服務區域內的建築物及其附屬設施等物,也要管理進出小區以及建築物內的人員。物業服務的內容十分龐雜,既包括物的管理,也包括人的管理。物業服務的具體內容視小區具體情況不同而有所差異,但是都勢必包括衛生、環保、安全、消防等方方面面,具有綜合性和全面性。根據本法第937條和第942條的規定,物業服務人是業主提供建築物及其附屬設施的維修養護、環境衛生和相關秩序的管理維護等物業服務,具體來說,包括妥善維修、養護、清潔、綠化和經營管理物業服務區域內的業主共有部分,維護物業服務區域內的基本秩序,採取合理措施保護業主的人身、財產安全,等等。而就物業服務的每項具體內容來說,又都具有一定的專業性。例如,電梯檢修需要專業的技術人員才能進行,供暖設備的維修工作也只能由專業人員才能實施。

5. 訂立程序的特殊性。如前所述,物業服務合同的一方當事人為全體業主,具有集合性的特點。如果由物業服務人與業主逐一簽訂合同,不僅效率極低,而且無法實現。為了提高訂約效率、避免發生糾紛,在物業服務合同的訂立方面,需要設置一定的程序性要求,也就是物業服務合同的訂立需要遵循法定的程序,業主需要通過一定的方式來作出決定。根據本法物權編第278條的規定,選聘和解聘物業服務企業或者其他管理人時,應當由專有部分面積佔比 2/3 以上的業主且人數佔比 2/3 以上的業主參與表決,並且經參與表決專有部分面積過半數的業主且參與表決人數過半數的業主同意;同時,經過業主大會的選聘之後,由業主委員會代表全體業主與物業服務人簽訂物業服務合同。

6. 屬於雙務、有償、要式、繼續性合同。物業服務人的主要義務是按照物業服務合同之約定向全體業主提供物業服務,而全體業主的主要義務是向物業服務人支付報酬,雙方所負義務屬於給付與對待給付的關係,因此物業服務合同是一種雙務合同。

根據物業服務合同的定義，業主負有向物業服務人支付報酬的義務。物業服務人一般都是專門從事物業服務的物業服務企業，是為了獲取報酬才為業主提供專業的服務，因此物業服務合同是有償合同。

物業服務合同是要式合同。本法第 938 條第 3 款規定，物業服務合同應當採用書面形式。之所以規定物業服務合同應當採用書面形式，主要是因為物業服務合同的內容往往十分複雜，為了明確物業服務人與業主之間的具體權利義務關係，同時也有利於避免糾紛的發生，需要以書面的形式來確定當事人的權利義務。

物業服務人應當按照物業服務合同的要求，向全體業主提供物業服務。通常情況下，物業服務並不是一次性完成的，而需要持續一定的時間，物業服務人應當在合同約定的期間內不間斷地提供物業服務。因此，物業服務合同是繼續性合同。

> **第九百三十八條** 物業服務合同的內容一般包括服務事項、服務質量、服務費用的標準和收取辦法、維修資金的使用、服務用房的管理和使用、服務期限、服務交接等條款。
>
> 物業服務人公開作出的有利於業主的服務承諾，為物業服務合同的組成部分。
>
> 物業服務合同應當採用書面形式。

■ 條文主旨

本條是關於物業服務合同的內容和形式的規定。

■ 條文釋義

一、物業服務合同的內容

合同的內容從形式上看是合同的條款，其實質則是當事人之間的權利義務。物業服務合同來源於當事人約定、法律規定以及交易習慣等，主要來源是當事人的約定。當事人的約定只要不違反法律法規的強制性規定，不違背公序良俗，就為有效的約定，雙方當事人都要遵守約定，享有合同權利，履行合同義務。

（一）物業服務合同的主要條款

為了規範物業服務合同，對當事人訂立物業服務合同提供指引，本條規定了物業服務合同一般包括的條款，以供當事人訂立合同時參考。本條第 1 款規定，「物業服務合同的內容一般包括服務事項、服務質量、服務費用的標準和收取辦法、維修資金的使用、服務用房的管理和使用、服務期限、服務交接等條款。」物業服務合同的主要條款包括：

1. 物業服務事項。本法第 942 條規定，「物業服務人應當按照約定和物業的使用性質，妥善維修、養護、清潔、綠化和經營管理物業服務區域內的業主共有部分，維護物業服務區

域內的基本秩序，採取合理措施保護業主的人身、財產安全。對物業服務區域內違反有關治安、環保、消防等法律法規的行為，物業服務人應當及時採取合理措施制止、向有關行政主管部門報告並協助處理。」該條規定僅列舉了一些主要的、基本的物業服務事項，當事人可以在合同中對這些事項作出更為具體、細化的約定，例如每半年或者一年對小區住宅樓內的電梯進行檢修維護、小區內保安每天至少巡邏三次等。而且，當事人可以在物業服務合同中明確約定的具體物業服務事項，不限於上述列舉的服務事項，例如當事人可以約定由物業服務人對區分建築物的業主專有部分進行維修和管理（如約定物業服務人應當負責維修業主家中的電燈）。此外，業主甚至可以委託物業服務人提供一般物業服務事項以外的服務項目，服務報酬由雙方約定。不過，如果只是單個業主委託物業服務人提供額外服務，並不能成為物業服務合同的內容，而是該業主與物業服務人之間成立了委託合同等關係。例如，業主可以與物業服務人約定由物業服務人向業主有償提供代收代寄快遞服務等。

2. 服務質量。服務質量的標準因人而異，人們可能會有不同的理解和要求，法律難以作出明確界定，一般都是由當事人在合同中作出特別約定。服務質量的標準往往還因不同的服務費用標準而有所區別，高檔小區收取高額物業費，自然對其服務質量也提出了高於一般小區的要求。服務質量比較抽象，當事人應當對物業服務事項的質量進行具體約定，有利於明確雙方的權利義務，避免產生不必要的糾紛。有些服務事項的質量可以通過量化來確定標準，例如，合同約定物業服務人每年須對小區內的電梯進行一次檢修，小區門口必須每天24 小時有兩名以上保安值守，等等。

3. 服務費用的標準和收取辦法。服務費用也稱物業費，是業主對物業服務人提供服務所支付的報酬。物業費一般由物業服務的成本和利潤兩部分構成。物業服務的成本一般包括管理服務人員的工資、社會保險，物業服務區域內的建築物及其附屬設施日常運行、維護費用，物業服務區域的清潔衛生費用、綠化養護費用、秩序維護費用，等等。物業費的收取主要有兩種方式，即包乾制和酬金制。包乾制指業主向物業服務人支付固定費用，物業服務人自負盈虧，具體繳費標準一般由業主和物業服務人根據政府指導價自行約定。物業服務人為專門提供物業服務的專業機構或者人員，以物業服務為業，以經濟利益為目的，對成本會進行預估，一般來說不至於出現虧損。而酬金制指物業服務人會在預收的物業服務資金中按約定比例或者約定數額提取酬金，其餘部分則用於物業服務合同約定的支出，多退少補。物業服務人不得違反法律、法規和部門規章的規定，擅自提高收費標準或者重複收費，否則都構成違規收費。

4. 維修資金的使用。維修資金，也可稱為「公共維修資金」或者「專項維修資金」，是指由業主繳納的，專項用於物業服務區域內建築物的共用部分、共用設施設備保修期滿後的維修和更新、改造的資金，如電梯、單元門等共有部分的維修費用。維修資金是由業主共同出資形成的，屬於業主共有，且只能用於特定的目的，不能用於物業服務過程中的其他各項支出。業主委員會與物業服務人訂立物業服務合同時，可以就專項維修資金申請使用的具體事項作出約定。實踐中，專項維修資金一般登記在以業主或者業主委員會名義開設的專用賬

戶下，通常由有關部門指導、監督其使用。維修資金是全體業主的共同財產，關係到業主們的切身利益，所以維修資金的籌集和使用都要具備嚴格的條件，應當由業主按照法定的程序共同決定。物業服務人還應當定期向業主大會、業主委員會報告維修資金的使用情況。民法典物權編中有關於維修資金的專門規定。

5. 服務用房的管理和使用。物業服務用房，是指物業服務人為業主提供物業服務而使用的房屋。物業服務用房是向小區提供物業服務所必需的。沒有物業服務用房，物業服務人就無法為業主提供必要的物業服務。依據本法第 274 條的規定，物業服務用房屬於業主共有。在物業服務人開始為業主提供物業服務時，就可以使用物業服務用房。但是，物業服務用房的用途是特定的，物業服務人不得擅自改變用途。《物業管理條例》第 37 條規定：「物業管理用房的所有權依法屬於業主。未經業主大會同意，物業服務企業不得改變物業管理用房的用途。」物業服務用房只限用於物業服務，不得擅自改變其用途，如出租給商戶用於開設餐館等，但是經過業主大會同意的除外。

6. 服務期限。服務期限，是指雙方當事人在物業服務合同中約定的由物業服務人提供物業服務的期限。業主與物業服務人應當在合同中約定確定的物業服務期限，或者約定為不定期合同。如果對服務期限沒有約定或者約定不明確的，雙方當事人可以協議補充；不能達成補充協議的，應當視為不定期合同，當事人可以隨時解除該合同，但在解除合同前應當給對方必要的準備時間。服務期限屆滿後，物業服務合同終止，物業服務人應當在一定期限內退出物業服務區域，並做好有關交接工作。但在新物業服務人或者業主自己接管前，物業服務人還是應當繼續處理物業服務事項。合同期限屆滿後，如果當事人沒有續約，也沒有選聘其他物業服務人，物業服務人繼續提供物業服務的，應當視為物業服務合同繼續有效，但是服務期限變為不定期。

7. 服務交接。因為物業服務合同涉及的服務事項較多，是繼續性合同，一般服務期限較長，原物業服務人不僅長期佔有物業服務用房，而且還掌握了小區內相關設施、物業服務的很多相關資料，這些物業服務用房及相關資料應當交還給業主委員會、決定自行管理的業主或者其指定的人；如果已經選定了新物業服務人，原物業服務人還應當配合新物業服務人做好交接工作，如實告知物業的使用和管理情況。具體如何進行交接，雙方可以在物業服務合同中進行約定。

（二）物業服務人公開作出的有利於業主的服務承諾為物業服務合同的組成部分

物業服務承諾，是指物業服務人為保證物業服務的質量和效益，向全體業主公開作出的有關物業服務內容和標準的單方意思表示。實踐中，物業服務人會在其宣傳中公開作出某種服務承諾，以吸引業主選聘其作為物業服務人，或者在提供物業服務的過程中作出某種承諾，以提高服務質量和業主滿意度，這事實上經常成為業主選聘物業服務人的重要依據。為了規範物業服務人的行為，充分保護業主的利益，本條第 2 款將「物業服務人公開作出的有利於業主的服務承諾」作為物業服務合同的組成部分，即也屬於物業服務合同的內容。這是對物業服務人義務範圍的合理擴充，對實踐中處理好此類糾紛案件具有重要的指導意義。

（三）其他內容

物業服務合同的內容，除了物業服務合同中明確約定的內容，以及物業服務人公開作出的有利於業主的服務承諾，還應當包括如下幾個方面的內容：第一，法律法規的規定。一些法律、行政法規對物業服務人和業主的權利義務作出了規定。例如，根據本法第 282 條的規定，物業服務人利用業主的共有部分產生的收入，在扣除合理成本之後，屬於業主共有，物業服務人就應當在扣除成本後將剩餘部分轉交給業主。根據本法第 285 條的規定，業主有權監督物業服務企業，即使當事人沒有在合同中約定該監督權，業主的監督權也應當成為合同的內容。再如，《物業管理條例》第 49 條第 1 款規定，物業管理區域內按照規劃建設的公共建築和共用設施，不得改變用途。第 50 條第 1 款規定，業主、物業服務企業不得擅自佔用、挖掘物業管理區域內的道路、場地，損害業主的共同利益。第二，地方性規定。有的地方性法規、地方政府規章等對物業服務人及業主的權利義務作出了規定。第三，物業服務人的服務細則。有的觀點認為，物業服務人的服務細則也應成為合同的組成部分。服務細則是指物業服務人依據《物業管理條例》等規定單方面制定的用於指導物業服務活動的細則，是否可以作為合同內容的組成部分，還應當視細則中規定的具體內容而定，一般來說，服務細則中違反法律法規、政府規章的規定無效，例如規定在小區內吸煙或者亂丟垃圾的罰款 500 元；通過服務細則擅自改變物業服務合同約定、加重業主的義務或者責任的規定無效，例如物業服務合同約定每年年底一次性繳納物業費，或者每月最後一天繳納當月物業費，服務細則卻規定每月物業服務費用的具體繳納時間為當月第一天。服務細則中如有有利於業主的物業服務承諾的規定，可以成為物業服務合同的內容。

三、物業服務合同是要式合同

本條第 3 款規定：「物業服務合同應當採用書面形式。」之所以規定物業服務合同應當採用書面形式，主要是為了明確物業服務人與業主之間的具體權利義務關係，同時也有利於避免糾紛的發生，因為物業服務合同為雙務有償合同，涉及物業費的收取範圍、標準和辦法，而且合同內容較為複雜，服務事項和服務質量等都需要當事人作出明確約定。

第九百三十九條　建設單位依法與物業服務人訂立的前期物業服務合同，以及業主委員會與業主大會依法選聘的物業服務人訂立的物業服務合同，對業主具有法律約束力。

■ 條文主旨

本條是關於建設單位與物業服務人訂立的前期物業服務合同、業主委員會與物業服務人訂立的物業服務合同對業主具有法律約束力的規定。

■ 條文釋義

廣義的物業服務合同，包括建設單位與物業服務人訂立的前期物業服務合同，也包括業主或者業主委員會與物業服務人訂立的物業服務合同。

前期物業服務合同與普通物業服務合同有如下區別：第一，合同簽訂主體不同。前期物業服務合同不是業主與物業服務人簽訂的，而是由建設單位與物業服務人簽訂的。因為在只有少數業主入住時，業主大會及業主委員會尚未成立，此時也需要物業服務人來提供服務，只能由房地產建設單位與物業服務人簽訂合同。而普通物業服務合同的簽訂主體則是業主或者業主委員會與物業服務人。第二，合同簽訂時間不同。一般而言，前期物業服務合同是在物業開發過程中或者房屋建好後但是只有少數業主入住時簽訂的，而普通物業服務合同一般是在房屋已經建好、大部分業主已經入住並且能夠召開業主大會的情況下簽訂的。第三，合同的內容不同。前期物業服務合同的內容受限制，主要側重於對建築物建成初期的養護、安全保障以及配合建設單位為未來入住的業主提供服務等，普通物業服務合同側重於對建築規劃內建築物的維護、環境及居住條件的保障等，目的係為業主正常的日常生活提供服務。第四，服務期限不同。前期物業服務合同具有過渡性質，其期限較短，通常只是從合同訂立到普通物業服務合同生效之時。本法第 940 條規定：「建設單位依法與物業服務人訂立的前期物業服務合同約定的服務期限屆滿前，業主委員會或者業主與新物業服務人訂立的物業服務合同生效的，前期物業服務合同終止。」據此，前期物業服務合同終止的原因包括：一是雙方當事人約定的服務期限屆滿；二是前期物業服務合同的服務期限尚未屆滿，但是全體業主通過召開業主大會，選聘新的物業服務人並訂立新的物業服務合同，該合同生效時前期物業服務合同終止。普通物業服務合同的服務期限可由合同簽訂雙方進行具體約定，如果沒有發生業主按照法定程序決定解聘物業服務人解除物業服務合同的情形，通常是在服務期限屆滿之後，合同效力才終止。

一、關於建設單位依法與物業服務人訂立的前期物業服務合同

前期物業服務合同，是指在物業區域內的業主或者業主大會選聘物業服務人之前，由房地產開發建設單位與物業服務人之間訂立的，雙方約定由物業服務人提供物業服務，對前期的物業服務事項進行處理的合同。從建設單位開發建設好房屋及其附屬設施、開始銷售商品房，到召開業主大會選聘物業服務人，需要一段時間。在這段時間內，入住的業主人數較少，還不能召開業主大會並進而成立業主委員會，因而只能先由建設單位與物業服務人訂立前期物業服務合同，以滿足業主的生活需要，保護全體業主的利益。在物業開發建設完成後，開發建設單位將房屋銷售給業主，逐步地將物業交給業主和物業服務人，自己則退出該物業服務區域。

前期物業服務合同是由建設單位與物業服務人簽訂的，在業主入住之前，建設單位作為合同的一方當事人，應當受到合同的約束。在業主入住之前，建設單位按照前期物業服務合同的約定享有合同權利，也應當履行相應的義務，特別是支付物業費的義務。但是在一部

分業主入住,房屋交付給業主後,物業費由誰負擔,仍有爭議。一般認為,房屋出售且交付給業主後,業主就應當負擔相應的物業費,未交付房屋的物業費,仍由建設單位負擔。而物業服務人是前期物業服務合同的一方當事人,毫無疑問其應當受到合同的約束。物業服務人有權依據前期物業服務合同主張權利,並履行相應義務。物業服務人在履行義務的同時,也享有按照約定收取物業費的權利。物業服務人應當依據前期物業服務合同對業主提供物業服務,不得違規收費,也不得任意解除合同。前期物業服務合同約定的服務期限屆滿,業主經過合法程序繼續選聘前期物業服務人與其訂立物業服務合同的,物業服務人應當繼續為業主提供物業服務;如果業主決定選聘其他物業服務人的,原物業服務人應當與新物業服務人進行交接。在前期物業服務合同約定的服務期限屆滿前,業主委員會或者業主與新物業服務人訂立的物業服務合同生效的,前期物業服務合同終止,前期物業服務人則應當退出物業服務區域,並按照約定和有關規定完成交接工作。

　　根據本條規定,建設單位依法與物業服務人訂立的前期物業服務合同,對業主具有法律約束力。雖然前期物業服務合同是由建設單位與建設單位所選定的物業服務人訂立的合同,業主並不能選擇物業服務人,也無法決定物業服務合同的內容,但是前期物業服務合同對業主也具有法律約束力,業主不得以其未參加合同的訂立或者未認可為由而否定合同的效力。所謂「對業主具有法律約束力」,是指業主享有合同權利,並承擔合同義務。不論是訂立前期物業服務合同時已經入住的業主,還是在前期物業服務合同訂立後、業主或者業主委員會與物業服務人訂立物業服務合同前入住的業主,都應當受到前期物業服務合同的約束。

　　合法有效的前期物業服務合同,對業主具有法律約束力。這主要是因為,業主與建設單位之間有關於受前期物業服務合同約束的合意。從形式上看,前期物業服務合同簽訂主體是建設單位與物業服務人,業主並不是合同主體。從合同的相對性原理出發,建設單位同物業服務人簽訂的合同不能對業主產生法律約束力。如果由建設單位承擔物業費,而業主只享受前期物業服務合同中的相應權利,對建設單位來說顯然是不公平的。按照權利義務相一致的原則,在業主成為物業所有人後,開始享受物業服務人提供的物業服務,就應當履行相對的義務,主要是支付相應的物業費。

二、關於業主委員會與業主大會依法選聘的物業服務人訂立的物業服務合同

　　實踐中,通常是由業主委員會與物業服務人訂立物業服務合同。但是,業主委員會並不是合同當事人,只是因為業主無法一一與物業服務人訂立合同而代表全體業主訂立物業服務合同而已。就業主委員會而言,其不應成為物業服務合同的當事人。

　　物業服務合同的當事人是物業服務人和業主。而物業服務合同中的「業主」往往是以「全體業主」的形式出現的。全體業主作為合同主體的主要理由在於:第一,物業服務合同的內容涉及全體業主的共同利益。物業服務合同訂立的目的就是為業主提供物業服務,為的是全體業主的共同利益。物業服務人所處理的事務是全體業主的事務,物業服務人管理的財產是全體業主的共同財產。第二,全體業主是物業服務合同實質上的權利享有者和義務承擔者。業主依據物業服務合同享有權利並承擔義務。實踐中,業主委員會具有訴訟主體的資

格，可以成為訴訟的原告或者被告，但是訴訟的結果依然是由全體業主來承擔。第三，承認全體業主的當事人地位，全體業主便可以享有合同約定的權利，同時須履行合同約定的義務，這樣才能保證物業服務合同的履行。物業服務人所提供的服務涉及全體業主的共有部分和共同利益。單個業主不能夠代表全體業主與物業服務人訂立物業服務合同，也無法完全履行整個物業服務合同中全體業主的義務。

　　雖然物業服務合同是業主委員會與物業服務人簽訂的，合同的當事人往往表現為「全體業主」，但是這並不妨礙每個業主也都是物業服務合同的當事人。換言之，物業服務合同的當事人，既可以是全體業主，也可以是單個業主。業主委員會與物業服務人訂立的物業服務合同，對全體業主具有法律約束力，即對每個業主都具有法律約束力。因為歸根結底，「全體業主」是一個抽象的集合的概念，最終還是由每個業主來享有合同權利，履行合同義務，並承擔違約產生的責任。

　　基於上述理由，本條規定，業主委員會與業主大會依法選聘的物業服務人訂立的物業服務合同，對業主具有法律約束力。為什麼業主委員會根據業主大會依法作出的決定，與物業服務人訂立物業服務合同，業主並沒有實際參與物業服務合同的簽訂，卻要受到合同的約束？這是由業主大會和業主委員會作為業主自治的權力機關和執行機關的法律地位所決定的。根據本法第 278 條的規定，業主大會有權決定選聘物業服務人。業主委員會代表業主與業主大會依法選聘的物業服務人簽訂物業服務合同，是業主自治權行使的結果，全體業主都應當遵守。本法第 280 條對業主大會、業主委員會決定的效力問題作出明確規定，即業主大會或者業主委員會的決定對業主具有法律約束力。

三、關於物業服務合同對業主具有法律約束力的具體表現

　　不論是前期物業服務合同還是普通物業服務合同，都對業主具有法律約束力，這種法律約束力主要體現在，業主基於物業服務合同享有合同中約定的相關權利，同時也要履行合同約定的相關義務。業主享有的主要合同權利是享受物業服務人提供的物業服務，並對物業服務人提供的服務進行監督。

　　物業服務合同對業主具有法律約束力，業主就不能以不是合同當事人為由提出抗辯，也不能僅以未享受或者無需接受相關物業服務作為拒絕繳納物業費的抗辯理由。在實踐中，有些業主以不是合同當事人為由，不願接受物業服務合同的約束，拒絕接受物業服務人的服務和管理，並拒絕履行相應義務，從而引發物業服務糾紛。業主雖非物業服務合同形式上的當事人，但業主是物業服務合同項下的權利享有者和義務承擔者，是物業服務合同的實質上的當事人。因此，業主不得以其並非合同當事人為由，拒絕履行其合同義務。當業主違約時，物業服務人有權直接向違約的業主提出請求權。

> 第九百四十條　建設單位依法與物業服務人訂立的前期物業服務合同約定的服務期限屆滿前，業主委員會或者業主與新物業服務人訂立的物業服務合同生效的，前期物業服務合同終止。

■ 條文主旨

本條是關於前期物業服務合同因物業服務合同生效而終止的規定。

■ 條文釋義

為了便於物業服務企業統籌安排工作，降低交易成本，防範經營風險，維護物業管理秩序，前期物業服務合同可以約定期限。但是，前期物業服務合同具有過渡性質，一般來說約定的服務期限較短。前期物業服務合同約定的服務期限屆滿後，如果雙方當事人沒有訂立新的物業服務合同或者通過約定延長物業服務合同的服務期限，則前期物業服務合同終止，物業服務人應當退出物業服務區域，並和新的物業服務人或者決定自行管理的業主進行交接。

有的學者認為，前期物業服務合同是一種附終止條件的合同，即以物業服務合同生效為其停止條件的合同。雖然前期物業服務合同期限未滿，一旦業主選聘新物業服務人，或者業主組成業主大會，並按照法定程序選聘了物業服務人，進入了正常的物業服務階段，前期物業服務合同就沒有存在的必要，自動終止。

前期物業服務合同終止的原因包括：一是雙方當事人約定的服務期限屆滿；二是前期物業服務合同的服務期限雖然未屆滿，但是全體業主通過召開業主大會，選聘新的物業服務人並訂立新的物業服務合同，該合同生效時前期物業服務合同終止。

> 第九百四十一條　物業服務人將物業服務區域內的部分專項服務事項委託給專業性服務組織或者其他第三人的，應當就該部分專項服務事項向業主負責。
>
> 物業服務人不得將其應當提供的全部物業服務轉委託給第三人，或者將全部物業服務支解後分別轉委託給第三人。

■ 條文主旨

本條是關於物業服務轉委託的規定。

■ 條文釋義

本條規定物業服務人可以將物業服務區域內的部分專項服務事項委託給專業性服務組織或者其他第三人。物業服務區域內的建築物及其附屬設施的正常有效運轉，離不開良好的物

業服務。物業服務涉及每個業主的切身利益，關係到業主居住環境的安寧與和諧。基於物業服務內容的綜合性和專業性，物業服務人難以應對如此龐大、複雜而又專業的工作，所有服務事項難以都由物業服務人自己親自完成，而且也無法保障物業服務的質量。此時，物業服務人將某些服務事項，交給其他更具專業性的機構或者人員來進行服務，也是為了維護業主的利益，本質上受益的是業主。實踐中，物業服務人為了保證服務質量，也經常會結合自己的人員配備情況，酌情將部分服務事項轉委託給更為專業的機構或者人員來完成。

但是，物業服務人將物業服務區域內的部分專項服務事項委託給專業性服務組織或者其他第三人的，應當就該部分專項服務事項向業主負責。依法成立並生效的物業服務合同對物業服務人具有法律約束力，物業服務人應當按照約定履行義務。物業服務人應當按照物業服務合同的約定，向業主提供物業服務。物業服務人將部分專項物業服務事項轉委託第三人，由於第三人的原因導致物業服務人違反物業服務合同之約定的，物業服務人依然要向業主承擔違約責任。物業服務合同的當事人依然為業主與物業服務人，而且根據合同相對性的原則，物業服務人與第三人之間訂立的轉委託合同，對業主沒有法律約束力，業主與第三人之間沒有直接的法律關係。即便物業服務人與第三人約定，因第三人之原因導致物業服務人未能履行物業服務合同義務而違約的，應當由第三人向業主賠償，該約定亦對業主不發生效力。當物業服務人因轉委託的第三人的原因違約時，業主可以向物業服務人主張違約責任，物業服務人再向第三人請求賠償。

物業服務人可以將管理區域內的專項服務事項委託給第三人，但不得將全部物業服務轉委託給第三人，或者支解後分別轉委託給第三人。之所以如此規定，主要目的是保護業主的合法權益，並促進物業服務行業的健康發展。允許對部分專項服務服務轉委託，是基於上述考慮，禁止全部轉委託，也是由於此原因。這類似於建設工程合同中，為禁止承包方違法轉包給第三人從中牟取非法利益，法律規定承包人不得將其承包的全部建設工程轉包給第三人，或者將其承包的全部建設工程肢解以後以分包的名義分別轉包給第三人。通過轉包非法漁利的合同，在司法實踐中通常被認定為無效合同。

而規定物業服務人不得將全部物業服務支解後分別轉委託給第三人，也是考慮到如果物業服務人只為從中謀取利益，自己不親自處理任何事務，將導致業主對物業服務人的信任落空，無法保障物業服務質量，最終損害全體業主的共同利益，不能實現物業服務合同的目的和初衷。

如果物業服務人擅自將全部物業服務轉委託給第三人，或者將全部物業服務支解後分別轉委託給第三人，業主可以依照法定程序解聘物業服務人，解除物業服務合同。物業服務人因此給業主造成損失的，業主可以請求物業服務人承擔違約責任。

> 第九百四十二條　物業服務人應當按照約定和物業的使用性質，妥善維修、養護、清潔、綠化和經營管理物業服務區域內的業主共有部分，維護物業服務區域內的基本秩序，採取合理措施保護業主的人身、財產安全。
>
> 　對物業服務區域內違反有關治安、環保、消防等法律法規的行為，物業服務人應當及時採取合理措施制止、向有關行政主管部門報告並協助處理。

■ 條文主旨

本條是關於物業服務人主要義務的規定。

■ 條文釋義

物業服務人的主要義務，即物業服務人按照合同的約定、法律法規的規定和物業的使用性質，為業主提供物業服務。具體來說物業服務人的主要義務包括以下內容：

1. 對業主共有部分的管理和維護。物業服務人的義務首先就是對物業服務區域內的建築物及其附屬設施等共有財產進行管理和維護，這是物業服務人最重要的合同義務之一，也是保障業主正常生活、改善業主生活品質的重要基礎。學界常把物業服務人的服務管理區分為對物的管理和對人的管理。物業服務人的此項義務主要涉及對物的管理，即管理物業服務區域內的業主的共有財產，主要包括小區內的道路、綠地、廣場等公共場所，電梯、消防設施、公共照明設施和共有的車位車庫等公共設施，以及物業服務用房等。

2. 維護物業服務區域內的基本秩序。物業服務區域內的基本秩序，是業主正常生活的重要方面。物業服務人應當負有維護小區內共同生活秩序的義務，該項義務主要涉及對人的管理。例如，對外來人員的管理、對小區內停車位使用的管理等。為了維護物業服務區域內的基本秩序，可能會對業主的權利進行一定的限制，業主有義務配合物業服務人的管理。而當業主損害其他業主的利益時，物業服務人還應當對其行為進行制止。

3. 保護業主的人身、財產安全。保護業主的人身和財產安全，是物業服務合同對物業服務人的基本要求，可以說是最為重要的內容。具體來說，此項義務主要包括兩個方面的內容：一是物業服務人應當採取合理措施保護業主的人身及財產安全，消除安全隱患，預防損害的發生。例如，以醒目的方式告知業主 24 小時有保安在崗的值班室以及附近派出所的聯繫電話，在重要部位如地下停車場、單元樓門口等安裝監控探頭，按照約定和有關規定對電梯進行安全檢修，等等。二是如果出現可能危害或者已經危害到業主人身、財產安全的情形時，物業服務人應當及時制止相關行為，並且視情況採取必要措施以儘量保障業主的人身、財產安全。例如，發現小區單元樓發生高空拋物的行為，或者有人劃傷在小區內停放的車輛時，物業服務人應當及時制止；發現小區內窨井蓋破損時，物業服務人應當及時維修、更換，以免業主掉落窨井，導致人身、財產受到損害。

如果物業服務人沒有盡到其安全保障義務，導致業主的人身、財產安全受到侵害的，物

業服務人應當承擔相應的違約責任。當物業服務人的行為符合侵權責任之要件時，亦構成侵權，物業服務人須承擔相應的侵權責任，此時發生違約責任與侵權責任之競合，受到損害的業主可以向物業服務人請求其承擔違約責任或者侵權責任。

4. 對違法行為的制止、報告義務。本條第 2 款規定，對物業服務區域內違反有關治安、環保、消防等法律法規的行為，物業服務人應當及時採取合理措施制止、向有關行政主管部門報告並協助處理。作出該規定主要還是為了更好地為業主提供物業服務，履行前述的幾項基本義務，妥善管理、維護物業服務區域內的相關設施，維護物業服務區域內的基本秩序，保護業主的人身、財產安全。

> **第九百四十三條**　物業服務人應當定期將服務的事項、負責人員、質量要求、收費項目、收費標準、履行情況，以及維修資金使用情況、業主共有部分的經營與收益情況等以合理方式向業主公開並向業主大會、業主委員會報告。

■ 條文主旨

本條是關於物業服務人關於重要事項的公開及報告義務的規定。

■ 條文釋義

物業服務人應當將與物業服務有關的服務事項等情況定期向業主公開，並向業主大會、業主委員會報告，這些情況主要包括服務的事項、負責人員、質量要求、收費項目、收費標準、履行情況，以及維修資金使用情況、業主共有部分的經營與收益情況等。

有關物業服務人公開及報告的具體內容、範圍、方式、時間等，當事人可以在物業服務合同中加以約定。業主要對常規事項進行定期公開，向業主大會或者業主委員會進行報告，並接受業主的監督，特別是有關維修資金的使用情況、業主共有部分的經營與收益等財務情況，應當定期公佈。本法第 282 條規定，建設單位、物業服務企業或者其他管理人等利用業主的共有部分產生的收入，在扣除合理成本之後，屬於業主共有。然而在實踐中，業主往往無從知曉這些情況，而物業服務人常常擅自利用業主共有部分來進行謀利，如在電梯張貼商業廣告或者安裝廣告顯示屏，或者將車位對外出租等，損害業主的利益，對此，應當要求物業服務人公開、報告相關情況。除了對常規事項定期公開，涉及業主共同財產或者共同利益的重要情況，物業服務人也應當及時向業主公開，向業主大會或者業主委員會報告，依法應當由業主決定的，由業主按照法定程序作出決定。例如，物業服務人打算利用物業服務區域內部分空地規劃建設停車位，需要及時向業主進行公示，並向業主大會或者業主委員會報告，這涉及改變共有部分的用途，依據本法第 278 條的規定，應當由業主共同決定。另外，根據本法第 285 條的規定，物業服務人應當接受業主的監督，並及時答覆業主對物業服務情

況提出的詢問。因此，業主也有權就上述事項向物業服務人提出詢問，物業服務人應當及時予以答覆。物業服務人違反上述公開及報告義務，給業主造成損失的，應當承擔相應的違約責任。

> **第九百四十四條**　業主應當按照約定向物業服務人支付物業費。物業服務人已經按照約定和有關規定提供服務的，業主不得以未接受或者無需接受相關物業服務為由拒絕支付物業費。
>
> 　　業主違反約定逾期不支付物業費的，物業服務人可以催告其在合理期限內支付；合理期限屆滿仍不支付的，物業服務人可以提起訴訟或者申請仲裁。
>
> 　　物業服務人不得採取停止供電、供水、供熱、供燃氣等方式催交物業費。

■ 條文主旨

本條是關於業主支付物業費的義務的規定。

■ 條文釋義

一、關於業主應當按照約定支付物業費的義務

物業費，即物業服務費用，是指物業服務人按照物業服務合同的約定，對物業服務區域內的建築物及其附屬設施、相關場地進行維修、養護、管理，維護相關區域內的環境衛生和秩序，而向業主收取的報酬。物業服務合同是有償合同，業主與物業服務人應當在物業服務合同中對業主支付物業費作出約定。業主應當按照物業服務合同的約定向物業服務人支付物業費，是其最基本也最核心的合同義務。業主違反該義務的，應當承擔相應的法律責任。

物業費的繳納和收取需要注意以下幾點，這些同時也是實踐中比較容易產生物業費糾紛的問題。

1. 物業費的繳納主體。對於前期物業服務合同，物業費的繳納義務人應當是建設單位或者業主。對於普通物業服務合同，物業費的繳納義務人是業主。一般認為，不論是前期物業服務合同還是普通物業服務合同，都應當以房屋交付作為業主開始承擔物業費的時間點。

2. 物業費收取的範圍、標準和辦法。物業費的收費範圍、收費標準和收取辦法通常應當在物業服務合同中作出約定。收費範圍，也即物業費中所包含的收費項目，一般包括建築物及其附屬設施的維修養護、小區環境的清潔綠化等有關費用，如電梯使用費、車輛管理費、垃圾清運費等。收費標準，即應當繳納的物業費數額的計算標準。根據本法第 283 條的規定，建築物及其附屬設施的費用分攤、收益分配等事項，有約定的，按照約定；沒有約定或者約定不明確的，按照業主專有部分面積所佔比例確定。實踐中，物業費的收取往往也是按業主房屋的建築面積計算的，如按建築面積收取每平方米 30 元的物業費。物業費的收取辦

法，也即物業費的繳納方式，具體包括物業費的支付時間、付款方式等，可以約定一次性繳納，也可以約定分期繳納。

3. 物業服務人不得違規收費。物業服務人有權依據合同約定收取物業服務費用，但物業服務人不僅應當按照合同約定收取物業費，還應當符合法律法規、部門規章的規定。當事人應當在物業服務合同中對物業服務收費範圍、收取標準和收取辦法作出明確約定。物業費的收取範圍、標準必須合理，物業服務人不得擅自單方不合理定價。物業服務人違規收費的行為包括：（1）擅自擴大收費範圍，即物業服務人違反合同約定、法律法規的規定收取額外費用。（2）擅自提高收費標準，即物業服務人違反法律、行政法規、部門規章等關於物業費收取的有關規定或者行業標準收取高額物業費。（3）重複收費，即物業服務人收取的物業費中原本就已經包含了有關項目的費用，但物業服務人又針對該項目向業主另行收費。

4. 物業服務合同終止後物業費的繳納。由於種種原因，物業服務期限屆滿後，或者物業服務合同被解除，導致物業服務合同終止的，物業服務人可能還繼續為業主提供物業服務。此時，物業服務人是否有權主張業主繳納物業費，應當根據具體情況來進行判斷。如果物業服務合同終止後，物業服務人應當退出物業服務區域而拒絕退出的，按照本法第 949 條的規定，物業服務人不得請求物業服務合同終止後的物業費，而且如果物業服務人給業主造成損失的，還應當賠償業主的損失。根據本法第 950 條的規定，在物業服務合同終止後，在業主或者業主大會選聘的新物業服務人或者決定自行管理的業主接管之前，物業服務人繼續提供物業服務的，業主也繼續接受物業服務的，即使當事人在此期間沒有訂立正式的物業服務合同，業主仍有義務支付相應的報酬。就其法理基礎，有的觀點認為，此時雙方當事人實際上形成一種事實合同關係；也有觀點認為，物業服務人繼續服務的行為構成無因管理；還有觀點認為，雙方當事人是以默示的方式變更了物業服務合同，延長了物業服務期限。

二、業主違反約定逾期不支付物業費的違約責任

業主應當按照合同約定繳納物業費，業主無正當理由逾期不支付物業費構成違約的，應當承擔相應的違約責任。實踐中，業主拖欠物業費的現象較為普遍。業主拖欠物業費的行為構成違約的要件主要有：第一，業主逾期沒有支付物業費。第二，業主欠缺正當理由。

但是，業主不得以未接受或者無需接受相關物業服務為抗辯的理由拒絕向物業服務人支付物業費。（1）業主不得以「未接受」為理由提出抗辯。如前所述，從房屋交付業主的時間起，業主就應當承擔繳納物業費的義務。即使在房屋交付後，業主未實際入住房屋的，依然應當繳納物業費。房屋交付後，業主實際佔有，不論其是否入住，物業服務人都要按照約定提供服務，業主不能以自己未實際入住作為拒絕繳納物業費的理由。實踐中，一人同時為多套房屋之業主的情況也較為多見，並不能因為其房屋空置而免除其繳納物業費的義務。（2）業主不得以無需相關物業服務為抗辯理由。業主不能放棄基於區分所有權產生的共有關係，不能以不需要物業服務人提供的全部或者某項服務為由，拒絕繳納相應的物業費。例如，業主不能以其不產生生活垃圾，或者將生活垃圾帶離小區後丟棄到小區外馬路旁邊的垃圾桶為由，拒絕繳納物業服務合同約定的物業費中所包含的垃圾清運費。業主對物業服務合同中約

定的物業服務事項以及相應的費用，並沒有選擇的餘地。只要物業服務人為全體業主提供了相應的服務，業主就應當支付相應的物業費。

業主不能以無需接受相關物業服務為由拒絕支付物業費，主要理由在於，建築物區分所有權具有整體性，不同於普通的所有權，建築物區分所有權包括專有權、共有權和成員權三個方面的內容，並不是單個業主的絕對支配權。共有部分的利用和管理，與每個業主的利益息息相關，應當由全體業主共同作出決定，而非單個業主可以決定。本法第278條也規定，選聘和解聘物業服務企業或者其他管理人由業主共同決定。第280條規定，業主大會或者業主委員會的決定，對業主具有法律約束力。根據我國區分所有權制度的安排，全體業主通過業主大會作出決定，由業主委員會來執行。業主委員會與業主大會依法選聘的物業服務人訂立的物業服務合同，對業主具有法律約束力，業主應當按照合同約定履行義務。因此，只要物業服務合同是由業主委員會根據業主大會依法通過的決議，與物業服務人簽訂的，即對所有業主具有法律約束力，這在上述第939條的釋義中已經闡明。物業服務人對業主共有部分進行管理，就是在為全部業主提供物業服務，每個業主都可以實際享受相應的利益，並不因業主主觀上是否需要而受影響。如果允許業主以「無需接受相關物業服務」為由拒絕支付物業費，恐怕支付物業費的業主將寥寥無幾，甚至無人再支付物業費，這將使得物業服務人無法正常提供物業服務，無法實現物業服務合同的目的，反而損害了全體業主的共同利益。

第三，物業服務人進行了催告。業主違反約定逾期不支付物業費的，物業服務人可以催告其在合理期限內支付。一般情況下，在業主逾期未支付物業費時，物業服務人都要先進行催告，而不是直接起訴業主。實踐中，業主可能基於種種理由而沒有按照合同約定的期限繳納物業費。例如，業主因為疫情原因正在隔離而無法繳納，或者忘記繳納物業費的期限，等等。物業服務人進行催告，給予業主合理的寬限期，可以提醒督促業主及時繳納，提高效率，降低成本。如果直接進行訴訟，不僅可能需要投入大量的時間和精力，造成效率低下，而且還會導致司法資源的浪費。物業服務人進行催告，可以單獨向單個業主作出。當拖欠物業費的業主較多時，物業服務人也可以採取在小區進行公告的形式，向全體拖欠物業費的業主作出催告。

在物業服務人催告的合理期限屆滿後，業主仍不支付物業費的，物業服務人可以通過訴訟或者仲裁的方式，請求業主支付物業費。業主應當按照合同約定承擔逾期繳納物業費的違約責任；如果合同對此沒有作出約定，業主須承擔違約責任的範圍，不僅包括其所拖欠的物業費，還應當包括相應的遲延支付利息。

三、物業服務人不得採取停止供電、供水、供熱、供燃氣等方式催交物業費

在審議民法典的過程中，有的代表提出，實踐中，有的物業服務人採取斷水、斷電等方式催交物業費，對業主的基本生活造成嚴重影響，建議予以規範。為了規範物業服務人的行為，保護業主的合法權益，本條第3款規定，物業服務人不得採取停止供電、供水、供熱、供燃氣等方式催交物業費。業主逾期不支付物業費的，物業服務人可以通過訴訟或者仲裁等合法途徑主張權利，但是無權採取停止供電、供水等措施。如果物業服務人為催交物業費，

採取停止向業主供電、供水、供熱、供燃氣等措施，造成業主損失的，應當承擔相應的賠償責任。

第九百四十五條 業主裝飾裝修房屋的，應當事先告知物業服務人，遵守物業服務人提示的合理注意事項，並配合其進行必要的現場檢查。

業主轉讓、出租物業專有部分、設立居住權或者依法改變共有部分用途的，應當及時將相關情況告知物業服務人。

■ **條文主旨**

本條是關於業主負有就有關重要事項告知物業服務人的義務的規定。

■ **條文釋義**

業主作為區分所有權人，對其專有部分享有專有權，可以行使對其專有部分的佔有、使用、收益和處分的權利，自然就包括對自己房屋進行裝飾裝修的權利，他人無權干涉。但是由於業主的專有部分與其他業主的專有部分以及全體業主的共有部分緊密結合或者相鄰，業主在進行裝飾裝修的過程中，會影響到其他業主的利益甚至是全體業主的共同利益。因為對房屋進行裝飾裝修，往往可能會發出噪音，產生大量的裝修垃圾，造成管道堵塞、地面滲水等情況，可能改變建築物的主體結構或者承重結構，甚至造成房屋倒塌等嚴重後果，影響全體業主的人身和財產安全。因此，本條規定，業主裝修房屋的，應當事先告知物業服務人。

業主裝飾裝修房屋，不僅應當在動工前告知物業服務人，而且應當遵守物業服務人提示的合理注意事項，並配合其進行必要的現場檢查。這主要是因為物業服務人比較了解物業的實際情況，可能向業主提供必要的信息，並提示合理的注意事項，以免業主在裝飾裝修的過程中對建築物尤其是建築物的共有部分造成損害，造成其他業主的損失，且在損害發生時，物業服務人能夠第一時間掌握相關情況並採取措施進行補救。例如，在需要進行裝飾裝修的業主事先告知物業服務人後，物業服務人可以將物業的相關信息告知業主，比如建築物的承重牆、管道及電線線路等，以免業主因不知情錯把承重牆拆除，破壞建築物結構，或者破壞管道線路等，引起一定的安全隱患，影響全體業主正常的生產、生活秩序，造成其他業主的損失。當損害發生時，如破壞自來水管道導致業主不能正常用水時，物業服務人能夠第一時間發現並安排人員進行搶修，將損失降低到最小。

業主裝飾裝修房屋，除了應當遵守合同有關約定，還應當遵守法律、行政法規、部門規章等有關規定。根據建設部 2002 年出台的《住宅室內裝飾裝修管理辦法》，住宅室內裝飾裝修活動，禁止下列行為：（1）未經原設計單位或者具有相應資質等級的設計單位提出設計方案，變動建築主體和承重結構；（2）將沒有防水要求的房間或者陽台改為衛生間、廚房間；

（3）擴大承重牆上原有的門窗尺寸，拆除連接陽台的磚、混凝土牆體；（4）損害房屋原有節能設施，降低節能效果；（5）其他影響建築結構和使用安全的行為。裝修人從事住宅室內裝飾裝修行為，未經批准，不得有下列行為：（1）搭建建築物、構築物；（2）改變住宅外立面，在非承重外牆上開門、窗；（3）拆改供暖管道和設施；（4）拆改燃氣管道和設施。

業主轉讓、出租物業專有部分，設立居住權或者依法改變共有部分用途的，也應當及時將相關情況告知物業服務人。業主轉讓其房屋的，原業主將退出物業服務合同，由新業主替代原業主成為物業服務合同的當事人，享受合同權利，履行合同義務。如果原業主不將轉讓的情況告知物業服務人，將導致物業服務人不知新業主為新的合同相對人，不了解房屋的權利歸屬，不便於物業服務人的服務和管理，也可能使物業費的收取難以進行，損害全體業主的利益。而業主將其物業專有部分出租、設立居住權的，將導致物業使用人和物業所有人不一致的情況，會導致物業服務人不了解物業使用情況，給物業服務人的服務和管理帶來不便。如果物業所有人與物業使用人約定由物業使用人繳納物業費，物業使用人沒有按時繳納的情況下，將使物業服務人收取物業費變得更加困難，因為物業所有人並不在小區居住，而物業使用人與物業服務人之間又沒有直接的合同關係，不能直接向物業使用人請求支付物業費。業主改變共有部分的用途，應當由全體業主依照法律規定的程序共同作出決定，並及時將情況告知物業服務人。這主要還是為了便於物業服務人及時掌握物業服務區域內的情況，便於物業服務人對小區的服務和管理，維護全體業主的共同利益。例如，業主依法共同決定將小區內一塊空地改做停車場的，應當及時通知物業服務人，方便物業服務人對停車場及小區內車輛進行管理。

> **第九百四十六條**　業主依照法定程序共同決定解聘物業服務人的，可以解除物業服務合同。決定解聘的，應當提前六十日書面通知物業服務人，但是合同對通知期限另有約定的除外。
>
> 　　依據前款規定解除合同造成物業服務人損失的，除不可歸責於業主的事由外，業主應當賠償損失。

■ 條文主旨

本條是關於業主可以依法共同決定解除物業服務合同的規定。

■ 條文釋義

任意解除權並不是所有民事合同當事人都享有的，必須在有法律明確規定或者當事人特別約定的情況下，合同當事人才能享有任意解除權。物業服務合同的當事人是否應當享有任意解除權，各個國家和地區的法律規定差異較大，學界也存在不同觀點。

對於業主是否可以隨時解除物業服務合同，學界有兩種觀點。第一種觀點認為，應當賦予業主對物業服務合同的任意解除權。第二種觀點認為，不應當規定業主對物業服務合同的任意解除權。

在編纂民法典的過程中，對於是否規定業主的任意解除權，起初也有不同意見。有的意見認為，應當優先保護業主的利益，僅將任意解除權賦予業主，不允許物業服務人任意解除合同；有的意見認為，如果允許業主任意解除物業服務合同，對物業服務人不公平，也可能會反過來損害業主的整體利益。為了保護業主的合法權益，構建和諧物業服務關係，民法典作出本條規定，賦予業主一方任意解除權。

所謂業主一方的任意解除權，此處的「業主」並非單個業主，而是指全體業主。單個業主是不能行使這種任意解除權的，必須由全體業主「依照法定程序共同決定解聘物業服務人」，才能解除物業服務合同。根據本法第 278 條的規定，解聘物業服務企業或者其他管理人由業主共同決定。而該「法定程序」，也就是通過業主大會的形式，而且對參與表決和同意的業主數量有所要求，即應當由專有部分面積佔比 2/3 以上的業主且人數佔比 2/3 以上的業主參與表決，經參與表決專有部分面積過半數的業主且參與表決人數過半數的業主同意。

此外，業主最終決定解聘的，還應當提前 60 日書面通知物業服務人，但是合同對通知期限另有約定的除外。因為在業主決定解聘物業服務人後，物業服務人退出物業服務用房、交接物業及其相關資料都需要一定的時間，應當給予其一定的合理期限，做好退出、交接工作。

不過，業主行使任意解除權解除合同造成物業服務人損失的，除不可歸責於業主的事由外，應當賠償物業服務人的損失。物業服務合同成立之後，物業服務人為了提供約定的物業服務，通常要進行大量的準備工作，投入大量的人力、財力、物力，而且可能和其他主體訂立一系列涉及物業服務的合同。業主行使任意解除權，可能會給物業服務人造成較大損失。如果不對受到損失的物業服務人進行賠償，則有失公允。當然，如該損失之發生是因為不可歸責於業主的事由，例如是因為不可抗力，或者物業服務人自己違約導致合同被解除，則業主不需要賠償該損失。

此外，還有觀點認為，也應當賦予物業服務人任意解除權。從比較法上看，多數國家都只規定業主一方的任意解除權，沒有規定物業服務人的任意解除權。物業服務人作為專門提供物業服務的經營者，掌握信息優勢，處於合同的有利地位，在服務期限屆滿前，都應當盡到善良管理人之職責，按照約定為業主提供物業服務。因此，民法典未賦予物業服務人任意解除權。

> 　　**第九百四十七條**　物業服務期限屆滿前，業主依法共同決定續聘的，應當與原物業服務人在合同期限屆滿前續訂物業服務合同。
>
> 　　物業服務期限屆滿前，物業服務人不同意續聘的，應當在合同期限屆滿前九十日書面通知業主或者業主委員會，但是合同對通知期限另有約定的除外。

■ 條文主旨

　　本條是關於業主續聘物業服務人的規定。

■ 條文釋義

　　物業服務期限屆滿前，業主將面臨一個選擇，即續聘物業服務人，或者重新選聘其他物業服務人。物業服務期限屆滿前，如果業主選擇續聘物業服務人的，應當與其續訂物業服務合同。需要注意的是，續聘也應當由業主依法共同決定，即根據本法第 278 條的規定，由專有部分面積佔比 2/3 以上的業主且人數佔比 2/3 以上的業主參與表決，還應當經參與表決專有部分面積過半數的業主且參與表決人數過半數的業主同意。另外，業主與物業服務人應當在合同期限屆滿前進行續訂，這樣續訂的物業服務合同可以與原物業服務合同銜接，不會出現物業服務的真空期，以免產生不必要的糾紛，損害業主或者物業服務人的合法權益。如果物業服務期限屆滿後，業主沒有依法作出續聘或者另聘物業服務人的決定，物業服務人繼續提供物業服務的，依據本法第 948 條的規定，原物業服務合同繼續有效，但是服務期限為不定期。

　　當然，在物業服務期限屆滿前，物業服務人同樣也面臨兩個選擇，即同意業主的續聘或者不同意續聘。如果物業服務人願意接受續聘，業主也依法共同決定續聘的，雙方應當在合同期限屆滿前續訂物業服務合同；業主在物業服務期限屆滿前沒有依法作出續聘決定，或者選聘其他物業服務人的，物業服務期限屆滿時，物業服務合同即終止。如果物業服務人不同意業主續聘的，應當合同期限屆滿前 90 日書面通知業主或者業主委員會。之所以這樣規定，主要是因為如果物業服務人不同意續聘，業主就需要重新選聘新的物業服務人。物業服務人的選擇關係到全體業主的共同利益，業主需要多方考察對比，選擇值得信任、服務到位、收費合理的物業服務人，而且還要通過法定的程序作出選聘的決定，這往往需要較長的一段時間。因此，原物業服務人如果不願意接受續聘，就應當在服務期限屆滿前給予業主充分的時間重新選擇新的物業服務人。本條規定物業服務人應當在合同期限屆滿前 90 日內通知業主或者業主委員會，而且應當以書面的形式明確告知。

第九百四十八條　物業服務期限屆滿後，業主沒有依法作出續聘或者另聘物業服務人的決定，物業服務人繼續提供物業服務的，原物業服務合同繼續有效，但是服務期限為不定期。

當事人可以隨時解除不定期物業服務合同，但是應當提前六十日書面通知對方。

■ 條文主旨

本條是關於物業服務期限屆滿後，業主沒有依法作出續聘或者另聘物業服務人的決定，物業服務人繼續提供物業服務的，原物業服務合同繼續有效的規定。

■ 條文釋義

物業服務合同約定的服務期限屆滿後，如果當事人沒有訂立新的物業服務合同或者通過約定延長原物業服務合同的服務期限，該物業服務合同終止。但是，如果業主沒有依法作出續聘或者另聘物業服務人的決定，那麼小區的物業將處於無人管理的狀態，將影響到全體業主的正常生活，損害全體業主的共同利益，此時物業服務人基於誠信原則，從保護全體業主共同利益的角度出發，繼續為業主提供物業服務的，原物業服務合同繼續有效，只是服務期限變為不定期。此時，雙方當事人都可以隨時解除物業服務合同，只要需要提前 60 日書面通知對方。業主在此期間解除合同的，提前 60 日告知對方，可以讓物業服務人有足夠的時間做好退出的準備；物業服務人決定解除合同的，提前 60 日告知對方，可以讓業主利用這段時間去重新尋找合適的其他物業服務人。所以規定在此期間當事人解除不定期物業服務合同須提前 60 日通知對方是很有必要的。

第九百四十九條　物業服務合同終止的，原物業服務人應當在約定期限或者合理期限內退出物業服務區域，將物業服務用房、相關設施、物業服務所必需的相關資料等交還給業主委員會、決定自行管理的業主或者其指定的人，配合新物業服務人做好交接工作，並如實告知物業的使用和管理狀況。

原物業服務人違反前款規定的，不得請求業主支付物業服務合同終止後的物業費；造成業主損失的，應當賠償損失。

■ 條文主旨

本條是關於物業服務合同終止後物業服務人負有退出物業服務區域等義務的規定。

■ 條文釋義

物業服務合同終止後，物業服務人沒有繼續留在物業服務區域進行服務和管理的正當理由的，就應當及時退出物業服務區域。但是在實踐中，物業服務合同終止後，物業服務人無正當理由，拒絕退出物業服務區域，拒絕移交物業服務用房等相關設施設備以及物業服務所必需的相關資料，或者不配合新物業服務人做好交接工作的現象也時有發生，導致新物業服務人無法進場或者決定自行管理的業主無法接管，不僅影響業主的正常生產生活，損害業主的共同利益，嚴重的甚至可能引發群體性事件。物業服務人之所以拒絕退出或者拒絕配合移交和交接，可能是因為業主對物業服務人提供的物業服務不滿意，依法共同決定解聘物業服務人，提前解除物業服務合同；也可能是因為物業服務合同期限屆滿，業主沒有續聘物業服務人，而是選聘新的物業服務人；還有可能是因為仍有部分業主拖欠物業費。

物業服務合同終止後，當事人仍然負有一定的後合同義務。所謂後合同義務，屬於附隨義務的一種，是指在合同關係終止後，當事人依據法律法規的規定，以及誠實信用原則的要求對另一方負有保密、協助等義務。本法第 558 條規定：「債權債務終止後，當事人應當遵循誠信等原則，根據交易習慣履行通知、協助、保密、舊物回收等義務。」因為物業服務合同涉及的內容方方面面，十分複雜，物業服務人對該物業服務區域內的業主情況、物業使用和管理情況都了解和掌握，基於誠實信用原則，為了保護全體業主的共同利益，實現物業的順利交接，本條規定了物業服務人的一些後合同義務。物業服務人在合同終止後所應承擔的後合同義務主要包括以下內容：第一，在約定期限或者合理期限內退出物業服務區域。第二，妥善交接義務，包括移交物業服務用房和相關設施，以及物業服務所必需的相關資料，配合新物業服務人做好交接工作。第三，如實告知物業的使用和管理狀況。

物業服務人違反上述義務，不僅不得請求業主支付物業服務合同終止後的物業費；造成業主損失的，還應當賠償損失。需要特別說明的是，此處規定的「物業服務合同終止後的物業費」，並非其履行上述後合同義務的額外報酬，應是在他人接管相關物業前，原物業服務人繼續為全體業主提供物業服務期間所應收取的物業費。本法第 950 條規定：「物業服務合同終止後，在業主或者業主大會選聘的新物業服務人或者決定自行管理的業主接管之前，原物業服務人應當繼續處理物業服務事項，並可以請求業主支付該期間的物業費。」物業服務合同終止後，物業服務人仍佔用物業服務用房及相關設施，拒絕向業主委員會選聘的新物業服務人移交物業服務所必需的相關資料，導致新物業服務人不能入場為業主提供物業服務的，即使其仍在繼續提供物業服務，也是對業主權利的侵犯，不僅不能請求物業服務合同終止後繼續服務期間的物業費，如果給業主造成損失，還要賠償相應的損失。例如，物業服務合同終止後，由於物業服務人拒不退出物業服務區域，不配合新物業服務人交接，導致小區處於無人服務和管理的狀態，如果小區內電梯出現故障導致業主人身受到傷害，此時雖然物業服務人與業主的權利義務關係已經終止，但是對於該業主的損失，物業服務人依然要予以賠償。

> **第九百五十條** 物業服務合同終止後，在業主或者業主大會選聘的新物業服務人或者決定自行管理的業主接管之前，原物業服務人應當繼續處理物業服務事項，並可以請求業主支付該期間的物業費。

■ 條文主旨

本條是關於物業服務合同終止後、他人接管物業前，原物業服務人應當繼續提供物業服務並可以請求業主支付相應物業費的規定。

■ 條文釋義

在物業服務合同期限屆滿或者被解除，物業服務合同終止後，在業主或者業主大會選聘的新物業服務人或者決定自行管理的業主接管之前，應當繼續為業主提供物業服務。之所以作出該規定，主要有以下幾個理由：一是出於保護業主利益的考慮。物業服務合同終止後，如果在業主或者業主大會選聘的新物業服務人或者決定自行管理的業主接管之前，原物業服務人就已完全退出，這將導致該物業服務區域陷入無人服務和管理的境地，如小區內無人進行保潔工作使得垃圾成山，影響全體業主的日常生活，損害全體業主的共同利益。二是基於誠信原則。物業服務人與業主之間存在合同關係，由物業服務人為業主提供物業服務，當合同終止後，他人接管之前，物業服務人也應當按照誠信原則的要求，繼續為業主處理物業服務事項，這屬於物業服務人的後合同義務。三是符合公平與效率。在物業服務合同終止後，物業服務人交給他人接管前，顯然由物業服務人繼續為業主提供服務是最為簡便快捷的做法，而且物業服務人可以請求業主支付相應的報酬，也符合公平的原則。

在這種情況下，物業服務人可以請求業主支付在其繼續為業主提供物業服務期間的物業費。在物業服務人繼續處理物業服務事項，業主實際接受物業服務人所提供的服務的情形下，即使當事人沒有訂立正式的書面的物業服務合同，業主應當向物業服務人支付相應的報酬。物業服務人之所以可以請求該期間的報酬，主要有以下幾種觀點：第一種觀點認為此時雙方當事人之間成立事實上的物業服務合同關係。物業服務合同終止後，如果物業服務人繼續提供物業服務，而業主也繼續接受物業服務的，雙方實際上存在一種事實合同關係，應當按照原物業服務合同約定的標準支付物業費。雖然依據法律規定，物業服務合同屬於法定的書面合同，但是依據本法第 490 條的規定，物業服務人已經履行其主要義務，業主接受時，物業服務合同就已經成立。不過，因為當事人沒有對服務期限作出約定，所以該物業服務合同已經轉變為不定期合同，雙方可以隨時終止該合同。第二種觀點認為，物業服務人繼續處理物業服務事項的行為構成無因管理，物業服務人可以基於無因管理請求業主支付必要的費用。第三種觀點認為，雙方當事人是以默示的方式變更了物業服務合同，延長了物業服務期限，使得原物業服務合同繼續有效，但是服務期限為不定期，因此物業服務人可以請求業主支付該期間的物業費。對於第一種觀點，物業服務人繼續提供服務、業主繼續接受其服務的

時間較短，根據雙方的事實合同關係，物業服務人可以請求該期間的物業費，對物業服務人和業主來說都是公平的。對於第二種觀點，物業服務人繼續為業主提供服務，並非完全沒有法定或者約定的義務，是基於物業服務人與業主之間原來存在的物業服務合同關係，而且如果將物業服務人的行為認定為無因管理，物業服務人就只能請求業主償還因管理事務而支出的必要費用，也就是其提供物業服務的成本，對物業服務人來說是不公平的。對於第三種觀點，如果物業服務人與業主是以默示的方式延長了物業服務期限，將物業服務合同變更為不定期合同，那麼雙方將需要通過行使解除權來終止合同，而且需要在合理期限內通知對方以解除合同。如果是業主行使解除權，還需要依照法定程序作出決定。

第二十五章　行紀合同

本章共十條，主要內容有：行紀合同的概念，行紀人享有介入權、處置權、留置權，以及承擔自負費用的義務、妥善保管的義務，委託人享有指示權及承擔支付報酬、及時受領的義務等。

> **第九百五十一條　行紀合同是行紀人以自己的名義為委託人從事貿易活動，委託人支付報酬的合同。**

■ 條文主旨

本條是關於行紀合同概念的規定。

■ 條文釋義

行紀合同是指行紀人接受委託人的委託，以自己的名義，為委託人從事貿易活動，委託人支付報酬的合同。接受委託的一方為行紀人，另一方則為委託人。例如，某配件廠（甲方）委託某銷售公司（乙方）代銷產品，乙接受甲的委託並以自己的名義代甲銷售，代銷價款歸甲方，乙方收取代銷費。在這個關係中，甲為委託人，乙為行紀人。

改革開放前我國受計劃經濟的限制，行紀業很不發達，只有一些國營和集體的信託商店、舊貨寄售商店和貿易貨棧等，主要是公民的寄售業務。改革開放後，全國各地相繼恢復和新建許多貿易信託、行紀等機構，包括房地產中介機構獨家銷售公司等。行紀人往往在一定領域內從事專門性行紀活動，比較了解行情，熟悉業務和供求關係，且手段簡便、靈活，可以為委託人提供有效的服務，對擴大商品流通、促進貿易發展起着重要的作用。

行紀合同具有以下特徵：

1. 行紀人從事貿易行為。根據行紀合同的定義，行紀人從事的活動限於貿易行為，這是行紀合同和委託合同的重要區別。就行紀合同的適用範圍來說，如何界定「貿易行為」是關鍵。傳統的「貿易」主要是指商品買賣、交易。有的觀點認為，貿易的客體應當是商品，不包括不動產，也不包括知識產權等無形財產。新中國成立以來，尤其是改革開放以來，我國經濟迅速發展。隨着經濟社會的不斷發展，貿易的範圍或者客體也在不斷擴大。現代社會的貿易已經不再限於動產的商品交易，行紀活動也不應當再限於傳統的商品貿易，而是可以包括更多財產權益的管理、處分，例如房地產買賣、證券交易、期貨交易和信託等。

2. 行紀人應當具有相應的資質。在現代社會，行紀被廣泛運用於各種商業活動中，行紀

人從事的某種貿易行為具有專業性的特點，往往需要具備相應的資質。行紀人一般專門從事貿易活動，其開業和經營往往需要經過國家有關部門的審批或者登記，並不是所有民事主體都可以無條件地成為行紀人從事行紀業務。例如，從事證券資產管理業務的證券公司，必須符合條件並依法設立。2019 年新修訂的證券法第 118 條規定了設立證券公司應當具備的條件，並經國務院證券監督管理機構批准。未經國務院證券監督管理機構批准，任何單位和個人不得以證券公司名義開展證券業務活動。

3. 行紀人的行為是以自己的名義。根據行紀的定義，行紀人必須以自己的名義為委託人從事貿易行為，而非委託人的名義。這也是行紀人和受託人、代理人的重要區別。受託人可以委託人的名義進行民事活動，也可以自己的名義。代理人則只能以被代理人的名義進行民事法律行為，其在代理權限內從事的代理行為的法律後果直接由被代理人承擔。行紀人從事的貿易行為法律效果由行紀人承擔，委託人可能不知道行紀人的相對人是誰，相對人也可能不知道委託人是誰，委託人和行紀人的相對人之間並不發生直接的法律關係。在行紀中一般存在兩個法律關係，即委託人和行紀人之間的行紀關係，以及行紀人與第三人之間的合同關係。

4. 行紀合同為諾成合同、不要式合同、有償合同、雙務合同。行紀合同是諾成合同，只要委託人和行紀人意思表示一致即可成立；是不要式合同，可以採用口頭形式、書面形式或者其他形式；是有償合同，委託人負有向行紀人支付報酬的義務；也是雙務合同，行紀人受委託人之委託從事貿易行為，委託人需要向行紀人支付相應的報酬。

根據行紀合同的定義可知，行紀人的主要義務是以自己的名義為委託人的利益從事貿易活動，行紀人與第三人訂立合同，行紀人是當事人即權利義務主體，委託人與第三人不發生直接的法律關係。委託人的主要義務則是向行紀人支付報酬。

第九百五十二條　行紀人處理委託事務支出的費用，由行紀人負擔，但是當事人另有約定的除外。

■ 條文主旨

本條是關於行紀人的費用負擔的義務。

■ 條文釋義

本條確定了行紀人負有承擔行紀費用的義務。行紀人是專門經營行紀業務的人，既然是經營，就必然會有商業風險。就行紀合同來說，所謂風險反映在行紀人在為委託人處理委託事務，不僅需要盡職盡力，而且行紀的活動經費還需要行紀人自己負擔，如交通費、差旅費等。行紀人所支出的這些費用，應該說是處理委託事務的成本。只有當行紀合同履行完畢，

才能由委託人支付報酬，報酬包括成本與利潤。行紀人作為從事為委託人處理委託事務的專業機構或者人員，是可以預估處理委託事務所需費用的。所以一般來說，雙方約定由委託人支付的報酬肯定是超過行紀人處理委託事務支出的費用也就是成本的，只有這樣行紀人才有為委託人進行貿易活動的動力。另外，規定由行紀人負擔處理委託事務的費用，還可以促使行紀人節省費用，降低成本，以提高自己在行紀活動中可以獲得的利潤。如果行紀人沒有處理好委託事務，他所付出的代價，即支出的成本費用，也就算商業風險，由其自己負擔了。但是也有例外情形，如委託人與行紀人事先有約定，不論事情成功與否，行紀人為此支出的活動費用，都由委託人償還。行紀人處理委託事務的費用由行紀人自己負擔也是行紀合同與委託合同的不同之處。

> **第九百五十三條　行紀人佔有委託物的，應當妥善保管委託物。**

■ 條文主旨

本條是關於行紀人保管義務的規定。

■ 條文釋義

在行紀中，有的委託人自行保管委託物，也有的委託人將委託物交由行紀人保管。行紀合同的性質決定了其為有償合同，行紀人妥善保管自己佔有的為委託人購進或者出售的物品等委託物，應當是行紀人的一項重要義務。佔有委託物是行紀人負有妥善保管義務的前提，只有行紀人實際佔有委託物，行紀人才負有該項義務。本條規定的「委託物」不僅包括一般意義上的物，還應當包括委託人交付給行紀人的金錢和權利憑證等。行紀人應選擇對委託人最有利的條件，採取最有利於委託物的措施，並應當盡到善良管理人的注意義務來進行保管。例如，行紀人接受委託進行理財的，對委託人的財產一般都要求設立獨立的賬戶進行管理，以和自己的財產嚴格區分，不得隨意挪用委託人的財產，而且應當以善良管理人的標準來盡力管理、處分委託人的財產。

寄售商品通常以積壓商品、舊物品等居多，由此行紀人有義務盡心盡力盡職地妥善保管好這些物品，如果因保管不善造成物品損壞滅失、缺少、變質、污染，造成委託物的價值貶損，甚至導致委託物無法出售的，行紀人應承擔賠償責任。除非行紀人能證明已經盡了善良管理人的注意。對於滅失、毀損的財物，如果是由於不可抗力或物品本身的自然損耗等不可歸責於行紀人的事由造成損失，行紀人可以免除責任，由委託人自己承擔損失。如果委託人對財物的管理有特別指示，如委託人支付投保費，請行紀人代委託人投保財物保險，行紀人沒有投保保險的，損失的責任理應由行紀人承擔。但行紀人在既無約定又無指示的情況下，對其佔有的財物投保保險，如果投保是為了委託人的利益且不違反委託人明示或可推定的意

思，有權請求委託人支付保險費及自支出時起的利息。

> **第九百五十四條　委託物交付給行紀人時有瑕疵或者容易腐爛、變質的，經委託人同意，行紀人可以處分該物；不能與委託人及時取得聯繫的，行紀人可以合理處分。**

■ 條文主旨

本條是關於行紀人處置委託物義務的規定。

■ 條文釋義

行紀人是為了滿足委託人所追求的經濟利益而為其處理事務的，所以行紀人應當按照委託人的指示，從維護委託人利益的角度出發，選擇最有利於委託人的條件完成行紀事務。行紀合同的目的決定了行紀人應當遵從委託人指示的義務。委託人指示行紀人處分委託物的，行紀人應當及時處分；如果委託人沒有作出處分委託物的指示，則行紀人不得擅自處分。在行紀合同的履行過程中，委託出賣的物品，在委託人交付給行紀人的時候，行紀人應當對委託物進行檢查，已表現出瑕疵或者根據物品的性質是屬於容易腐爛、變質的，行紀人為了保護委託人的利益，有義務及時通知委託人，在徵得委託人同意的前提下，行紀人可以按照委託人的指示對委託物進行處置，如拍賣、變賣。如果行紀人發現委託物有瑕疵或者容易腐爛、變質，未經委託人同意就自行處置，其決定可能違背委託人的意志，給委託人造成損失，引起糾紛。例如，在交付委託物時行紀人發現委託物有瑕疵，但是可能並不影響委託物出售，如果行紀人此時未經委託人同意即擅自決定低價處理，則會給委託人造成損失。

一般情況下，行紀人不得擅自改變委託人的指示辦理行紀事務。但是在緊急情況下，如果委託物在交付時有瑕疵將造成委託物毀損、滅失，或者快要腐爛、變質了，行紀人又無法與委託人取得聯絡，如通訊中斷、委託人遠行等，致使行紀人不可能徵得委託人的同意。在這種時候，如果不及時合理處置，就會使委託人的利益遭受更大的損失。緊急情況下行紀人進行合理處分需要具備幾個要件：第一，發現委託物有瑕疵，或者容易腐爛、變質的。委託物的瑕疵應該是可能影響委託物價值，或者將導致委託物毀損、滅失的瑕疵。第二，應當是委託物交付給行紀人時就存在的瑕疵，或者委託物容易腐爛、變質，而不是在交付後出現的情況。第三，行紀人欲通知委託人作出指示，但是不能及時和委託人取得聯繫。在這種情況下，為了保護委託人的利益，法律賦予行紀人以合理的方式來處置委託物的權利。所謂「合理」，即應以善良管理人的標準來衡量，根據委託物的實際情況決定處分的價格和方式等，儘量減少委託人的損失，維護委託人的利益，而不能隨意處分。

第九百五十五條 行紀人低於委託人指定的價格賣出或者高於委託人指定的價格買入的，應當經委託人同意；未經委託人同意，行紀人補償其差額的，該買賣對委託人發生效力。

行紀人高於委託人指定的價格賣出或者低於委託人指定的價格買入的，可以按照約定增加報酬；沒有約定或者約定不明確，依據本法第五百一十條的規定仍不能確定的，該利益屬於委託人。

委託人對價格有特別指示的，行紀人不得違背該指示賣出或者買入。

■ 條文主旨

本條是關於行紀人按照委託人指定價格買賣的規定。

■ 條文釋義

行紀人應當遵照委託人的指示從事行紀活動，尤其是按照委託人的指示買入或者賣出委託物。行紀人接受委託人的委託，為委託人的利益從事貿易活動，不論行紀活動是買入還是賣出，都應當按照委託人的指示進行交易。行紀人應當依照委託人已明確指定的價格操作，行紀人違反委託人指示的交易而進行買賣的，委託人可以拒絕承受，因此而造成的損害，由行紀人賠償。

行紀人不按指示價格處理事務無非有以下兩種情況：

1. 行紀人以低於指示價格賣出或者以高於指示價格買入。商場如戰場，風雲變化莫測，價格此一時彼一時，行情不利於委託人時，行紀人為了避免損失的進一步擴大，以劣於委託人的指示從事行紀活動的，即以低於委託人指定的價格賣出或者高於指定的價格買入時，將會減少委託人的利潤甚至造成虧損，或者提高委託人購買委託物的成本，給委託人造成損失，應當及時取得委託人的同意；在沒有徵得委託人同意的情況下，行紀人擅自做主變更指示而作的，行紀人賣出或者買入委託物的行為對委託人不發生效力，對於違背委託人利益而帶來的後果，委託人有權拒絕接受對其不利的法律後果，並有權要求行紀人賠償損失。但是未經委託人同意而以低於指示價格賣出或者以高於指示價格買入的行為也並不都是無效的。行紀人把損失的差額部分補足時，應認為行紀人的行為對委託人發生法律效力，委託人不得以違反指示為由拒絕接受。因為當行紀人把差額補足時，委託人並未因行紀人擅自改變價格賣出或者買入而受有損失，相當於行紀人已經按委託人指示的價格買入或者賣出，委託人應當予以接受。

2. 當執行委託任務的結果比合同規定的條件更為優越時，即行紀人以高於委託人的指示賣出或者以低於指定價格買入，使委託人增加了收入或者節約了開支，其增加的利益（高價賣出多出的價款或低價買入結餘的價款），應當歸屬於委託人，但行紀人可以按照約定要求增加報酬。行紀合同沒有約定或者約定不清楚的，雙方可以協商解決；如果還不能達成補充

協議的，按照合同有關條款、合同性質或者按照商業交易的習慣確定，還不能確定的，利益歸委託人，行紀人不能取得額外報酬。

　　一般情況下，行紀人低於委託人指定的價格賣出或者高於委託人指定的價格買入的，將給委託人帶來損失，委託人不會同意。而如果行紀人以高於委託人指定的價格賣出或者低於委託人指定的價格買入，如無特別約定，額外獲得的利益歸屬於委託人，委託人自然願意接受。但是，在委託人對價格有特別指示時，行紀人就不得違背委託人的指示賣出或者買入。

　　第九百五十六條　行紀人賣出或者買入具有市場定價的商品，除委託人有相反的意思表示外，行紀人自己可以作為買受人或者出賣人。

　　行紀人有前款規定情形的，仍然可以請求委託人支付報酬。

■ 條文主旨

　　本條是關於行紀人介入權的規定。

■ 條文釋義

　　行紀人可以作為出賣人或者買受人，賣出或者購買委託人的委託物。這就是通常說的行紀人的介入權，即行紀人按照委託人的指示實施行紀行為時，有權以自己作為買受人或者出賣人與委託人進行交易活動。行紀人的介入權由商業習慣發展而來，最早出現於德國商法，此後，日本商法等紛紛效仿。

　　行紀人行使介入權，實際上就是行紀人自己作為買受人或出賣人與委託人之間直接訂立買賣合同。買賣合同的雙方當事人是委託人和行紀人。一般認為介入是實施行紀行為的一種特殊方法，行紀人雖然實施介入到買賣合同中來，但依然是行紀人。此時存在兩個獨立的合同關係，委託人同時也是出賣人或者買受人，與之對應，行紀人同時也是買受人或者出賣人。

　　行紀合同的委託物必須是有市場價格的商品，這是介入權構成的要件。這一要件既是行紀人產生介入權的要件，又是判定行紀人是否在對委託人不利時實施介入以及行紀人實施介入對委託人不利時賠償的標準。行紀人所依據的價格應當明確，以便能公平地行使介入權。

　　既然行紀人仍然是行紀合同的一方當事人，委託人就應當按照行紀合同約定的報酬支付給行紀人，而不能以行紀人是買賣合同的買受人或者出賣人為由，拒絕支付報酬。因為這是買賣合同和行紀合同兩個合同關係，就應當分別由這兩個合同關係的法律調整，不能混合。例如，甲委託乙購買一部汽車。乙正好有一輛車是同型號同質量的新車，便按照委託人指定的價格，自己以出賣人的身份把該輛汽車賣給甲。這時乙既是買賣合同的出賣人，又是行紀合同的行紀人。甲不僅要向乙支付買車的價款，還應向乙支付行紀合同所約定的報酬。

但是，如果在訂立行紀合同或者行紀人在履行義務時告之委託人自己想作為買受人或者出賣人時，委託人明確表示不同意的，行紀人便不能實施該行為。

自己是否可以作為交易的相對人，是行紀人和代理人的區別之一。本法第 168 條第 1 款規定，代理人不得以被代理人的名義與自己實施民事法律行為，但是被代理人同意或者追認的除外。法律禁止自己代理，如果不經被代理人同意或者追認，代理人不能以自己作為合同相對人。而在行紀合同中，除了委託人明確表示反對外，行紀人自己可以作為買受人或者出賣人。

> 第九百五十七條　行紀人按照約定買入委託物，委託人應當及時受領。經行紀人催告，委託人無正當理由拒絕受領的，行紀人依法可以提存委託物。
>
> 委託物不能賣出或者委託人撤回出賣，經行紀人催告，委託人不取回或者不處分該物的，行紀人依法可以提存委託物。

■ **條文主旨**

本條是關於委託人受領、取回義務和行紀人提存的規定。

■ **條文釋義**

一、委託人無正當理由拒絕受領買入商品時，行紀人的提存權

行紀人按照委託人的指示和要求為其購買的委託物，委託人應當及時受領，並支付報酬，從而終止委託合同。如果委託人不及時受領，將會加重行紀人保管委託物的負擔，不論是其自行保管需要增加的成本，還是交給他人保管要支付相應的保管費，甚至還可能導致委託物毀損、滅失，如發生腐爛、變質等，造成委託人的損失。因此一旦行紀人按照約定或者委託人的指示買入了委託物，委託人就應當及時受領。委託人在受領委託物時，應當對委託物進行檢查驗收，以免日後因委託物不符合雙方約定而發生糾紛。

行紀人行使提存權的條件是：第一，行紀人應當催告委託人在一定期限內受領，催告期應當與委託人進行約定，或者行紀人根據委託物的性質決定催告期的時間，如為易腐爛、變質的委託物，應當催告委託人在較短的時間內受領。催告是提存的前置程序，如果沒有進行催告，不得直接將委託物提存。因為委託人沒有及時受領可能存在很多種的原因，例如在外地一時無法趕回，或者發生不可抗力的事由，或者委託人一時疏忽忘記。第二，委託人無正當理由逾期仍拒絕受領買入物的。如果行紀人沒有按照約定買入委託物，違反委託人的指示，買入的委託物不符合約定的，委託人可以拒絕受領。如果委託人有正當理由一時無法受領，比如身在國外一時無法回國，或者發生地震、颱風等不可抗力的事由，則可以與行紀人協商受領的期限，受領前由行紀人暫時代為保管，不論行紀人自行保管還是交給他人保管，

相關費用都應當由委託人負擔。第三，行紀人應當依法提存買入物，主要是按照本法合同編通則中關於提存的規定行使提存權。例如，委託人委託行紀人購入一批水果，行紀人按照委託人的指示購入後，委託人拒絕受領，經行紀人催告後仍不受領，行紀人擔心該批水果將腐爛、變質，可以依照法律規定予以提存，將該批水果交給有關部門進行提存以妥善保管。行紀人提存委託物的，提存費用由委託人負擔。

二、委託人不處分、不取回不能出賣的委託物時，行紀人的提存權

不能賣出，主要是指因委託人定價過高、市場供過於求等因素導致委託物在約定時間內沒有賣出。在行紀人賣出委託物之前，委託人有權隨時作出新的指示撤回出賣委託物。在不能賣出或者撤回出賣的情況下，委託人負有取回委託物的義務，或者對委託物另行處分。委託行紀人出賣的委託物，如果不能賣出或者委託人撤回出賣委託物，行紀人應當通知委託人取回，行紀人雖然可以暫時代為保管，但行紀人沒有繼續保管委託物的義務。行紀人代為保管期間產生的相關費用應當由委託人負擔。委託人取回委託物，可以減輕行紀人的保管負擔，委託人自己也可以繼續利用委託物，或者對委託物作出其他處分。經過行紀人的催告，在合理期限內委託人逾期仍不取回或者不處分委託物的，行紀人可以依法行使提存權。

三、行紀人享有拍賣權

拍賣權是指委託人無故拒絕受領或者不取回出賣物時，法律賦予行紀人依照法定程序將委託物予以拍賣的權利，並可以優先受償，即就拍賣後的價款中扣除委託人應付的報酬、償付的費用以及賠償金等，如果還有剩餘，行紀人應當交給有關部門進行提存。

第九百五十八條　行紀人與第三人訂立合同的，行紀人對該合同直接享有權利、承擔義務。

第三人不履行義務致使委託人受到損害的，行紀人應當承擔賠償責任，但是行紀人與委託人另有約定的除外。

■ 條文主旨

本條是關於行紀人的直接履行義務的規定。

■ 條文釋義

行紀合同的法律關係較之其他要複雜一些，這當中有兩層法律關係，既有行紀人與委託人之間的行紀合同關係，又有行紀人與第三人之間的買賣合同關係；同時涉及三方主體，即委託人和行紀人與第三人之間的法律關係。而在行紀人與第三人訂立的買賣合同中，行紀人是作為合同一方的當事人為委託人的利益而與第三人訂立的合同。既然行紀人是合同的當事人，就必須自己直接對合同享有權利承擔義務。在從事買賣事務時，不論行紀人是否告訴第

三人自己是行紀人的身份，或者第三人是否知道委託人的姓名，都不影響行紀人以自己的名義參與的買賣合同的法律效力。由於委託人與第三人之間不產生直接的法律關係，委託人無權對行紀人與第三人之間的買賣關係提出自己的異議。

行紀人是為委託人的利益，受委託人的委託以自己的名義與第三人訂立合同，委託人與第三人並不發生直接的法律關係。如果第三人不履行義務，將導致行紀人不能完成委託事務，違背行紀人與委託人訂立的行紀合同；而委託人不履行行紀合同的義務，如不按約定交付委託物，也會導致行紀人不能履行與第三人的買賣合同的義務。在因委託人的原因發生合同違約行為、追究違約責任時，第三人不得直接對委託人主張賠償請求權，而只能向行紀人主張權利，行紀人也不得以自己沒有過錯為由而拒絕承擔違約責任，行紀人只能先承擔責任後，再向委託人行使追償權。同樣的，如果第三人違約，委託人不得直接對第三人行使請求權，而只能向行紀人主張權利，行紀人此時也不得以自己無過錯為由而拒絕承擔自己的責任。行紀人承擔責任向委託人履行後，再行使向第三人的追償權。

> **第九百五十九條** 行紀人完成或者部分完成委託事務的，委託人應當向其支付相應的報酬。委託人逾期不支付報酬的，行紀人對委託物享有留置權，但是當事人另有約定的除外。

■ 條文主旨

本條是關於委託人支付報酬的義務以及行紀人對委託物享有留置權的規定。

■ 條文釋義

一、請求報酬的權利

行紀合同是雙務有償合同，行紀人負有完成委託事務的義務，與之相對應，委託人則負有向行紀人支付相應報酬的義務。行紀人就自己處理委託事務的不同情況，可以按照合同的約定請求委託人支付報酬。一般而言，有以下幾種情況：(1) 行紀人按照委託人的指示和要求履行了全部合同的義務，有權請求全部報酬；(2) 因委託人的過錯使得合同義務部分或者全部不能履行而使委託合同提前終止的，行紀人可以請求支付全部報酬；(3) 行紀人部分完成委託事務的，可以就已履行的部分的比例請求給付報酬。委託人和行紀人也可以另行約定，比如雙方約定，只要因非可歸責於行紀人的原因導致委託事務不能完成的，委託人都應當支付全部報酬。

報酬數額以及支付報酬的時間和方式，一般由合同雙方事先約定，如有國家規定，則應當按照國家規定執行。原則上委託人應當於委託事務完成之後支付報酬，但是完成委託事務後支付報酬的規定屬於任意性規定，當事人可以另行約定報酬的支付時間和方式。當事人約

定預先支付或分期支付的也可以按約定執行，如果寄售物品獲得比原約定更高的價金，或者代購物品所付費用比原約定低，也可以約定按比例增加報酬。

二、行紀人享有留置權

委託人不按照約定支付報酬時，行紀人對其佔有的委託物可以行使留置權。留置期屆滿後，以留置物折價或者從變賣留置物所得價款中優先受償。行紀人留置委託物需具備以下幾個條件：

1. 已合法佔有委託物。行紀人行使留置權，必須是行紀人已經合法佔有委託物，非法佔有委託物的不得行使留置權。

2. 委託人無正當理由拒絕支付報酬。行紀人行使留置權，必須具有委託人不能按照約定支付報酬的事實存在。

3. 委託合同中沒有事先約定不得留置的條款。如果委託人與行紀人在行紀合同訂立時已經約定，不得將委託物進行留置的，行紀人就不得留置委託物，但是，行紀人可以要求委託人提供其他擔保。

委託人向行紀人支付報酬超過了合同約定的履行期限的，應當承擔逾期不支付報酬的責任，此時行紀人對佔有委託物品享有留置權。

第九百六十條　本章沒有規定的，參照適用委託合同的有關規定。

■ 條文主旨

本條是關於參照適用委託合同的規定。

■ 條文釋義

行紀合同與委託合同有許多共同點，行紀關係中委託人與行紀人的關係就是委託關係，只不過委託的事項特殊固定，但是，如前所述，行紀合同與委託合同又有諸多不同之處，在本章沒有規定的情況下，也不能一概直接適用委託合同的有關規定，應視具體情況而定。所以，本條規定，本章沒有規定的，參照適用委託合同的有關規定。

例如，行紀人應當按照委託人的指示處理委託事務。行紀合同可以參照本法第 922 條的規定，在行紀合同中，行紀人也應當按照委託人的指示處理委託事務。需要變更委託人指示的，行紀人應當經過委託人的同意。如果因為情況緊急，行紀人難以和委託人取得聯繫的，行紀人應當妥善處理委託事務，而且在事後還應當將所有情況及時向委託人報告。行紀人應當按照委託人指定的價格賣出或者買入委託物，不得擅自改變價格賣出或者買入，損害委託人的利益。

第二十六章　中介合同

　　本章共六條，規定了中介合同的概念、中介人的報告義務、委託人支付報酬的義務、中介費用的負擔和委託人繞開中介直接訂立合同應當向中介人支付報酬等內容。

　　合同法第二十三章規定了「居間合同」。為便於人民群眾理解，民法典將「居間合同」的名稱改為「中介合同」。

> **第九百六十一條　中介合同是中介人向委託人報告訂立合同的機會或者提供訂立合同的媒介服務，委託人支付報酬的合同。**

■ 條文主旨

　　本條是關於中介合同概念的規定。

■ 條文釋義

一、中介合同的概念

　　中介合同，傳統理論一般將其稱為居間合同，是指當事人雙方約定一方接受他方的委託，並按照他方的指示要求，為他方報告訂立合同的機會或者為訂約提供媒介服務，委託人給付報酬的合同。在中介合同中，接受委託報告訂立合同機會或者提供交易媒介的一方為中介人，也稱為居間人，給付報酬的一方為委託人。在中介合同中，中介人的主要義務就是提供中介服務以促成委託人和第三人訂立合同，包括提供訂約信息、據實報告的義務等；而委託人的主要義務是在其與第三人的合同因中介人提供的中介服務而成立後向中介人支付約定的報酬。

　　中介的宗旨是中介人把同一商品的買賣雙方聯繫在一起，以促成交易後取得合理傭金的服務。無論何種中介，中介人都不是委託人的代理人，而只是居於交易雙方當事人之間起介紹、協助作用的中間人。中介人是獨立的民事主體，是完全民事行為能力人，可以自己作出意思表示，實施民事法律行為，中介人可以與委託人訂立中介合同，成為中介合同的當事人。但是在中介人促成的交易中，中介人不是合同的當事人，也不是任何一方的代理人，不代表任何一方向對方作出意思表示或者實施民事法律行為，只是為委託人提供訂約的機會，或者在雙方之間進行周旋，為他們提供媒介服務，努力促成雙方的交易。

　　中介合同的主體是委託人和中介人（居間人）。委託人可以是任何自然人、法人或者非法人組織。關於居間人的主體資格有無限制，我國學者有不同的看法。我國民法典並沒有對

居間人的資格進行限制，自然人也可以進行中介服務，但是中介合同較多地運用在商業交易中，一般都是專業的中介服務機構作為中介人。但是對特定行業的居間活動，可能由特別法、行政法規或者部門規章作出詳細規定。對於商業上的中介服務，法律、行政法規或者部門規章可能會作出特別規定，要求中介機構或者中介人員具有從事某種中介業務的資質，經過有關部門的審批或者登記，並具有相應的專業能力和知識等。例如，根據保險法的規定，保險經紀人是基於投保人的利益，為投保人與保險人訂立保險合同提供中介服務，並依法收取傭金的機構。保險法還詳細規定了保險經紀人、保險經紀人的經紀從業人員應當具備的資格條件，如保險法第 119 條、第 121 條和第 122 條等。在比較法上，居間也多是用於商業經營中，從事某種專業的中介服務工作，具有很強的專業性。

中介業務根據中介人所接受委託內容的不同，既可以是只為委託人提供訂約機會的報告中介，也可以是為促成委託人與第三人訂立合同進行介紹或提供機會的媒介中介，也還可以是報告中介與媒介中介兼而有之的中介活動。

關於居間的定義，不同國家和地區從不同的角度進行了規定，綜合起來主要有兩種：一種是從契約的角度進行規定，也就是把居間活動視為一種合同關係，如我國台灣地區「民法」第 565 條規定：「稱居間者，謂當事人約定，一方為他方報告訂約之機會，或為訂約之媒介，他方給付報酬之契約。」《瑞士債法典》第 412 條規定：「居間合同是指居間人為委託人提供訂立合同的機會或者為訂立合同之媒介，並取得傭金的協議。」這些都屬於從合同關係的角度來定義。另一種是從主體的角度進行規範，即把居間人視為商主體的一種，例如《意大利民法典》第 1754 條規定：「為締約事宜將兩個或兩個以上的當事人聯繫在一起，同時又與當事人中的任何一方沒有合作、隸屬或代理關係的是居間人。」《日本商法典》第 543 條規定：「居間人，是指以充任他人之間商行為的媒介為業的人。」我國 1999 年制定的合同法也設立了專章對居間合同進行了規定。我國合同法關於中介合同定義的規定屬於第一種，是從契約的角度來進行闡述的。民法典基本延續了合同法的規定，並在合同法規定的基礎上，增加了兩條內容，另外將「居間合同」修改為「中介合同」。在本章內容中，「中介」與「居間」、「中介合同」與「居間合同」、「中介人」與「居間人」為同義詞。

二、中介合同的法律特徵

1. 中介合同以促成委託人與第三人訂立合同為目的。在中介合同中，中介人是為委託人提供服務的，這種服務表現為報告訂約的機會或為訂約的媒介。中介合同的標的是中介人進行中介活動的結果，其目的在於通過中介活動獲取報酬。不論報告中介還是媒介中介，其目的都是促成委託人和第三人訂立合同。中介人的活動只有促成委託人與第三人之間建立起有效的合同關係才有意義。

2. 中介人在合同關係中處於介紹人的地位。中介合同的客體是中介人依照合同的約定實施中介服務的行為。無論何種中介，中介人都不是委託人的代理人或當事人一方，中介人只是按照委託人的指示，為委託人報告有關可以與委託人訂立合同的第三人，給委託人提供訂立合同的機會，或者在當事人之間充當「牽線搭橋」的媒介作用，並不參加委託人與第三人

之間具體的訂立合同的過程，他的角色只是一個中介服務人，只是在交易雙方當事人之間起介紹、協助作用。

3. 中介合同具有諾成性、雙務性和不要式性。中介合同的諾成性，是指只要委託人與中介人意思表示一致，中介人就負有依委託人的指示進行中介的義務，而一旦中介人的活動取得結果，委託人就應支付報酬，合同即成立，而無須以實物的交付作為合同成立的要件。

中介合同的雙務性，是指中介合同一經成立，當事人雙方均需承擔一定的義務，而且雙方承擔的義務具有對待給付性。就中介人而言，中介人有提供中介服務以促成委託人和第三人訂立合同的義務，包括提供訂約信息、據實報告的義務等；對委託人而言，合同因中介而成立後他有支付報酬的義務。

中介合同的不要式性，是指當事人可以採取口頭或者書面形式等合同形式，中介合同的成立無須採用特定的形式。如果約定不明確，應當遵循交易慣例。以提供中介服務為業的中介服務機構或者人員，往往都會有相應的格式合同，為委託人提供更加專業、高效、便捷的服務。

4. 中介合同具有有償性。中介人以收取報酬為業，中介人促成合同成立後，委託人當然要向中介人支付報酬，作為對中介人活動的報償。不要報酬促進他人訂立合同的行為，不是中介合同，而是一種服務性活動，行為人不承擔中介合同中的權利義務。

> **第九百六十二條　中介人應當就有關訂立合同的事項向委託人如實報告。**
>
> **中介人故意隱瞞與訂立合同有關的重要事實或者提供虛假情況，損害委託人利益的，不得請求支付報酬並應當承擔賠償責任。**

■ 條文主旨

本條是關於中介人報告義務的規定。

■ 條文釋義

一、關於中介人的報告義務

中介人的報告義務是中介人在中介合同中承擔的主要義務，中介人應依誠實信用原則履行此項義務。

訂立合同的有關事項，包括相對人的資信狀況、生產能力、產品質量以及履約能力等與訂立合同有關事項。訂立合同的有關事項根據不同的合同還有許多不同的事項。對居間人來說，不可能具體了解，只需就其所知道的情況如實報告委託人就可以了。但居間人應當儘可能掌握更多的情況，提供給委託人，以供其選擇。依德國的有關判例和學說，依照誠實信用原則，居間人就一般對訂約有影響的事項雖不負有積極的調查義務，然就所知事項負有報

告於委託人的義務。此意思與我國民法典的規定是一致的。當然，委託人可以與中介人就報告義務作出特別約定要求中介人報告特別的事項，例如雙方約定中介人應當按照委託人的指示，調查了解潛在交易對象的某方面情況，如潛在交易對象的為人品行，或者近期與哪些人訂立過合同，以及這些合同的履約情況等，並向委託人如實報告。

所謂「如實報告」，就是中介人所報告的情況應當是客觀真實的。這就要求中介人儘可能了解更多的情況，必要時可能還要進行深入的調查，對了解到的信息進行核實，再將掌握的實際情況向委託人進行報告，以便委託人作出判斷是否訂立合同。所謂中介人提供的情況應當是「有關訂立合同的事項」，也就是提供的信息要與委託人將訂立的合同具有一定的關聯性，可能影響到委託人合同的訂立以及履行的情況，如相對人的資信狀況、生產能力、產品質量以及履約能力等。

中介人報告義務的履行對象是委託人。不論是報告中介還是媒介中介，中介人都負有如實報告的義務。如果是媒介中介，中介人在委託人和第三人之間斡旋，除了要向委託人報告第三人的情況，可能還需要向第三人報告有關情況。如果委託人不止一人，中介人應當向每個委託人都進行報告。中介人還可能同時接受交易雙方的委託提供中介服務，以促成雙方訂立合同，此時，兩個委託人互為相對人，中介人應當就交易的具體類型向雙方如實報告對方與訂立合同有關的情況。例如，在房屋租賃市場，房屋中介往往既接受房主的委託尋找租客，也接受租客的委託尋找合適的房屋，房屋中介就雙方的條件和提出的要求，促成房屋租賃合同的訂立，並從出租和承租人處獲得一定的報酬。在這個過程中，房屋中介既要向房主如實報告承租人的情況，如租賃房屋的用途、計劃居住人數等，也要向承租人如實報告房屋及房主的有關情況，如房屋的具體位置、面積、戶型等。

二、故意隱瞞有關事實或者提供虛假情況的後果

居間人有如實報告的義務，如果居間人故意隱瞞與訂立合同有關的重要事實或者提供虛假情況，損害委託人利益的，不得要求支付報酬並應當承擔相應的賠償責任。本條第 2 款規定應當從以下幾個方面理解：第一，居間人主觀上具有故意。就是居間人明知與訂立合同有關的重要事實或者其他真實情況，但是有意進行隱瞞或者提供虛假情況。至於因為居間人的過失給委託人造成損失的，並不適用本條規定，居間人是否需要承擔責任，可以適用民法典合同編通則部分的規定進行判斷，如果居間人的行為構成侵權的，委託人還可以基於居間人的侵權行為向居間人主張賠償。第二，居間人客觀上沒有將與訂立合同有關的重要事實向委託人報告，或者提供了虛假的情況。並非與訂立合同有關的所有事項都是重要的，所謂「重要事實」就是能夠直接影響委託人作出是否訂立合同之決定的事實，這種事實因訂立合同類型的不同而不同。例如，委託人想購買一套房屋用於自住，委託房產中介尋找合適的房屋，該房產中介向委託人提供了房屋的具體位置等相關信息，賣家明確告知房產中介該房屋為凶宅，如果委託人知曉該房屋為凶宅，是不可能與之訂立房屋買賣合同的。但是房屋中介卻故意隱瞞該重要事實，或者當委託人詢問是否為凶宅時提供虛假情況，告知委託人該房屋不是凶宅。第三，居間人隱瞞重要事實或者提供虛假情況的行為損害了委託人的利益，給委託人

造成了損失。第四，居間人違反如實報告義務，損害委託人利益的，會產生兩個法律後果，一是居間人喪失居間的報酬請求權；二是居間人應當就委託人的損失承擔相應的賠償責任。上述案例中，如果委託人與房主訂立了房屋買賣合同，並實際入住，已經向居間人支付了居間行為的報酬，其利益受到損害，不僅可以請求返還支付給居間人的報酬，還可以向居間人主張賠償損失。

　　第九百六十三條　中介人促成合同成立的，委託人應當按照約定支付報酬。對中介人的報酬沒有約定或者約定不明確，依據本法第五百一十條的規定仍不能確定的，根據中介人的勞務合理確定。因中介人提供訂立合同的媒介服務而促成合同成立的，由該合同的當事人平均負擔中介人的報酬。
　　中介人促成合同成立的，中介活動的費用，由中介人負擔。

■ 條文主旨

　　本條是關於中介人的報酬的規定。

■ 條文釋義

　　在中介合同中，向中介人支付報酬是委託人的主要義務。中介人的報酬，通常也被稱為「傭金」或者「居間費」，是中介人完成中介服務後委託人向中介人支付的酬勞。中介合同是有償合同，中介人是以提供中介服務賺取報酬為業的營業者，其為委託人提供訂約機會或者媒介服務的目的就是獲取報酬。所以，委託人和中介人應當在中介合同中約定報酬的數額和支付方式等。當中介人促成委託人與第三人之間的合同成立，委託人就應當按照約定向中介人支付報酬。

　　在以提供服務或者勞務為內容的各種合同中，一般都規定了當事人的報酬請求權，例如承攬合同的承攬人、委託合同的受託人、行紀合同的行紀人等，均有權請求按照合同約定支付報酬，但是都是在完成一定事項後才有權請求報酬。中介合同的特殊性在於，中介合同中委託人的給付義務是附條件的。給付義務，有的是針對給付行為，有的是針對給付效果（結果）。在中介合同中，中介人的給付內容是給付效果，即促成委託人與第三人合同締結，而委託人給付義務的主要內容是支付報酬，該義務的履行以中介人促成交易為前提，是附條件的。

　　由於居間是以報告訂約機會或提供訂立合同的媒介服務為內容，所以居間人是否促成委託人與他人之間成立交易，就是委託人支付報酬與否的明確標準。可見居間人是就其「勞務的結果」而非「勞務的給付」而享受報酬請求權。這是居間合同與其他勞務合同的不同之處。中介人取得報酬必須具備三個要件：第一，所介紹的合同必須成立；第二，合同的成立與居

間人的介紹有因果關係，是由中介人的中介活動促成的；第三，居間人促成的契約必須與居間合同中的約定具有同一性。只有三者同時具備，委託人才負有支付報酬的義務。如果委託人與第三人沒有訂立合同，或者合同並非因中介人的活動而成立，或者中介人最終促成的合同並非中介合同約定之合同，中介人都不能請求委託人支付報酬。

一、關於居間人的報酬

1. 報酬支付的前提，須是居間人促成委託人與第三人的合同成立。委託人支付報酬是以居間人已為委託人提供了訂約機會或經介紹完成了居間活動，並促成了合同的成立為前提條件。對此，應該從以下幾個方面去理解：第一，委託人與第三人之間的合同成立，是指合同合法、有效成立，如果所促成的合同屬無效合同，或者屬於可撤銷的合同而被撤銷的，不能視為促成合同成立，居間人仍不能請求支付報酬。第二，委託人與第三人之間合同成立，是由中介人促成的，也就是與中介人的中介服務具有因果關係。第三，居間人得以主張報酬請求權，還需要具備一個要件，居間人促成的契約必須與居間合同中的約定具有同一性，也就是說，居間人委託人與第三人最終訂立的合同，應當是委託人委託中介人時欲訂立的合同。

委託人是否給付居間人報酬及其支付數額，原則上應按照居間合同約定。這裏合同的約定，可以是以書面形式或者口頭形式明確的。居間人的報酬數額由當事人自主約定，雖然符合合同自由原則，但是在有些情況下可能會導致顯失公平的結果，因此有的國家和地區規定了「報酬數額酌減制度」。例如，《德國民法典》第 655 條和我國台灣地區「民法」第 572 條中都規定了，在當事人約定的居間報酬過高的情況下，可以因報酬支付義務人的申請而酌減居間報酬的數額。但是如果報酬已經給付的，不得要求返還。我國民法典沒有在居間報酬數額中規定「數額的酌減」，基於合同自由原則，對居間報酬的數額法律一般不應干涉。但是如果報酬數額畸高，存在可撤銷的情形時，委託人可以依據民法典總則編的規定申請撤銷。

如果委託人和中介人對報酬沒有約定，或者約定不明確的，中介人是否享有報酬請求權，存在兩種立法例，一是當事人沒有約定或者約定不明確的，在符合法律規定的條件下，中介人可以取得報酬請求權。例如，《德國民法典》第 653 條第 1 款規定，「根據情事，只能期待僅憑着受報酬才履行託付給居間人的給付的，視為已默示地約定居間傭金。」二是當事人沒有約定或者約定不明確，只要中介人促成合同成立的，就可以向委託人請求支付報酬。《意大利民法典》和我國民法典（以及合同法）都屬於這種立法例。根據我國民法典的規定，只要中介人促成合同成立，原則上就可以向委託人請求支付報酬。如果居間合同中對居間人的報酬沒有約定或者約定的不明確，委託人和居間人可以協議補充；如果仍然達不成補充協議的，應當按照合同的相關條款或者商業交易習慣來確定；如果還是解決不了，可以根據居間人的勞務合理確定，所謂合理應考慮諸多原因，如居間人所付出的時間、精力、人力、財力、物力、居間事務的難易程度以及居間人的行為對於合同成立所起到的作用等因素，根據公平原則來合理確定。

2. 受益的當事人平均負擔報酬的義務。支付報酬以居間事務的不同而有不同的標準。報

告居間，因居間人僅向委託人報告訂約機會，中介人不與委託人的相對人發生關係，因此，居間人的報酬應當由委託人給付。在媒介居間合同中，居間人不僅向委託人提供報告訂約機會，而且還要找第三人促成合同訂立。由於有了居間人的中介活動，使得委託人與第三人雙方發生了法律關係，委託人與第三人都因此而受益，因此，一般情況下，除合同另有約定或另有交易習慣外，居間人的報酬原則上應由因媒介居間而訂立合同的委託人與第三人雙方平均負擔。實踐中，房屋中介在其提供的房屋買賣或者房屋租賃的中介服務中，一般都是從出賣人和買受人、出租人和承租人雙方收取傭金的，雙方各擔一半。

二、關於居間活動的費用

中介活動的費用，主要是指中介人為從事中介行為而支出的一些費用，如交通費、住宿費等。居間人促成合同成立的，居間活動的費用由居間人負擔。中介人促成合同成立的，可以向委託人請求支付報酬，中介人的報酬中就包括了成本和利潤。因為中介活動的費用已作為成本計算在報酬之內，所以居間人不得再另外請求委託人負擔費用。和行紀人一樣，中介人一般都是專門從事中介業務的經營者，作為專業機構或者人員，是可以預估從事中介行為所需費用的。所以一般來說，雙方約定由委託人支付的報酬肯定是超過中介活動的費用也就是成本的，這也是中介人從事中介業務的根本動力。而且，規定由中介人負擔中介活動的費用，還可以促使中介人節省費用，降低成本，以提高自己可以獲得的利潤。

中介人未促成合同成立的，則可以按照約定請求委託人支付從事中介活動支出的必要費用。如果沒有特別約定，則由中介人自行負擔從事中介活動的費用。

> **第九百六十四條** 中介人未促成合同成立的，不得請求支付報酬；但是，可以按照約定請求委託人支付從事中介活動支出的必要費用。

■ 條文主旨

本條是關於居間人的居間費用的規定。

■ 條文釋義

本法第 963 條第 2 款對中介人促成合同成立時中介活動的費用負擔作出了規定，沿用了合同法第 426 條的規定。對於中介人未促成合同成立時，中介活動的費用由誰負擔，合同法第 427 條規定：「居間人未促成合同成立的，不得要求支付報酬，但可以要求委託人支付從事居間活動支出的必要費用。」居間活動費用是居間人在促使合同成立的活動中支出的必要費用，與報酬不是一個概念。因此，有時居間人雖然為促成合同成立付出了勞務和費用，但合同未促成，仍不能請求支付報酬，但是依據合同法第 427 條的規定，中介人可以請求委託人支付從事居間活動支出的必要費用，如居間活動中支出的交通費等。也就是說，中介人

未促成合同成立，委託人雖然不承擔支付報酬的義務，但是應當承擔返還或者償還中介人為中介活動支出的必要費用的義務。

相比合同法第 427 條的規定，本條規定增加了「按照約定」。所謂「按照約定」，就是在合同未成立的情況下，中介人向委託人請求支付從事居間活動的必要費用，須以中介人和委託人之間存在合同未成立中介人亦享有費用請求權的約定為前提。反過來理解，在委託人與中介人沒有約定委託人與第三人合同未成立而中介人仍可以主張返還從事中介活動的必要費用的情況下，中介人無權向委託人請求返還，委託人也沒有義務向中介人支付該費用。結合本條規定和本法第 963 條第 2 款的規定可知，中介活動的費用原則上由中介人自己負擔。在沒有特別約定的情況下，不論中介人是否促成合同成立，中介人都要自己負擔從事中介活動的費用。這和行紀合同由行紀人負擔處理委託事務的費用是相似的。因為中介人和行紀人都是以營利為目的的經營者，中介人是專門從事提供中介服務的人。既然是經營，就必然會有商業風險。就中介合同來說，只有當中介人促成合同成立的，才能向委託人請求支付報酬。如果中介人沒有促成交易，不得請求報酬，他所付出的代價，即支出的成本費用，也就算商業風險，由其自己負擔了。

第九百六十五條　委託人在接受中介人的服務後，利用中介人提供的交易機會或者媒介服務，繞開中介人直接訂立合同的，應當向中介人支付報酬。

■ 條文主旨

本條是關於委託人接受中介人的服務後，繞開中介人直接訂立合同應當向中介人支付報酬的規定。

■ 條文釋義

本條規定的是委託人實施「跳單」行為須承擔向中介人支付報酬的法律後果。本條規定的「跳單」，是指委託人接受中介人的服務後，利用居間人提供的訂約信息或者媒介服務，繞開中介人直接與第三人簽訂合同的行為，其目的是規避向中介人支付報酬義務。學界對中介合同的研究也多集中在「跳單」行為，但是學界所探討的「跳單」不僅包括本條規定的行為，還包括委託人接受中介人服務後，繞過中介人，另行委託他人提供中介服務的行為。有的學者將「跳單」分為可歸責的「跳單」和不可歸責的「跳單」。在編纂民法典的過程中，有的意見建議，明確規定禁止「跳單」以及「跳單」行為的法律後果。實踐中，「跳單」現象頻繁發生，已經成為居間合同糾紛案件中的一種常見糾紛類型。「跳單」行為違背誠信和公平原則，嚴重損害中介人的利益，擾亂市場秩序，阻礙中介行業的健康發展。經過認真研究，採納了這一建議，在民法典中增加了本條規定。「跳單」行為中，委託人實質上利用了

中介人提供的訂約信息或者機會，但是在訂立合同時卻避開中介人，自行與第三人訂立合同，以此來逃避向中介人支付報酬的義務。對於「跳單」行為，司法實踐一般認為，委託人與第三人訂立合同，只要委託人實質上利用了中介人提供的勞動，即中介人通過中介行為向委託人提供的訂約信息或者媒介服務，就應當認定該交易是由中介人促成的，委託人就應當向中介人支付約定的報酬。如果委託人並未利用中介人提供的訂約信息或者機會，則中介人無權主張報酬請求權。

委託人的行為構成本條規定的「跳單」應當具備以下要件：第一，委託人接受了中介服務。中介人接受委託後，履行了向委託人報告訂約機會或者提供媒介服務的義務，委託人接受了中介人提供的服務，這是中介人獲取報酬的權利來源。中介合同是雙務有償合同，委託人支付報酬須以中介人提供約定的、有價值的中介服務為對價。第二，委託人繞開中介人直接與第三人訂立合同。委託人與第三人私下訂立合同，並未通過中介人，或者委託人在中介人之外，又委託其他人從事中介服務，通過其他中介人與第三人訂立了合同。也就是說，客觀上，委託人實施了「跳」過中介人的行為。「跳」的形式有兩種，一是委託人直接與第三人私下訂立合同，二是委託人通過其他中介人與第三人訂立合同。第三，委託人與第三人合同的訂立，主要是由於委託人利用了中介人提供的交易機會或者媒介服務，或者說合同訂立與中介人的中介服務具有因果關係。這是判斷委託人的行為構成「跳單」並應當向中介人支付報酬的關鍵。不論委託人是私下與第三人直接訂立合同，還是通過其他中介人與第三人訂立合同，只要委託人利用了中介人提供的交易機會或者媒介服務，就構成「跳單」，是否存在其他中介人並不是關鍵因素。一般而言，只要委託人實際接受了中介人的中介服務，又與第三人訂立了合同，就可以推定該合同之成立與中介人提供的服務有因果關係。如果委託人認為其沒有利用中介人的交易機會或者媒介服務，應當承擔舉證責任。實踐中，委託人可能自己事先也通過各種渠道搜集了一些信息，知曉第三人的情況，而中介人又向委託人重複報告了該第三人的情況，例如中介人提供的信息是公開的、委託人可以輕易獲得的信息，中介人的報告對委託人來說可能是毫無價值的，委託人與第三人訂立合同，就不能認為利用了中介人提供的交易機會或者媒介服務。但是，委託人要對其在中介人提供訂約信息前就已知曉第三人有關情況，並未利用中介人提供的交易機會或者媒介服務承擔舉證責任。

實踐中還存在一種情況，委託人委託多個中介人從事中介活動，多個中介人為其提供交易信息或者媒介服務，委託人最後選擇其中一個中介人，通過其與第三人訂立合同。此時對其他中介人來說，並不構成「跳單」，因為委託人具有選擇最滿意、最合適的中介人的優質服務並通過其與第三人訂立合同的權利。這就和買東西一樣，消費者有自主選擇的權利，很多時候都是貨比三家之後才決定在哪一家商店購買。這也需要委託人證明，其與第三人訂立合同，並非利用中介人提供的交易機會或者媒介服務，而是通過其他中介人提供的服務使得合同得以成立。

第九百六十六條　本章沒有規定的，參照適用委託合同的有關規定。

■ 條文主旨

本條是關於參照適用委託合同的規定。

■ 條文釋義

中介合同與委託合同都屬於服務合同，都是當事人接受委託人委託從事一定事務的合同，只不過中介合同委託的事項特殊固定。中介合同和委託合同有很多共同之處。有的觀點認為，中介合同就是一種特殊的委託合同。在本章沒有規定的情況下，可以參照適用委託合同的有關規定。例如，中介人應當親自處理中介事務，不得擅自將中介事務交給他人處理；兩個以上的中介人共同處理委託事務的，對委託人承擔連帶責任等。

需要特別說明的是，中介合同可以參照適用委託合同任意解除權的規定，但並不是完全適用。中介合同的委託人享有任意解除權，應無疑義。一般認為，委託合同中委託人的任意解除權，其法理基礎在於委託合同是基於特殊信賴而成立的合同。另外，就委託人一方來說，委託事項可能隨時發生變化，這就產生了隨時解除的需求。以上觀點也可應用於中介合同。類似於委託合同，中介合同的委託人委託中介人從事一定的中介事務，在中介事務完成之前，情況發生變化，委託人又不再需要中介人的中介服務的，可以隨時解除中介合同。居間合同委託人的任意解除權還有更多的理由。如前所述，類似於消費者，中介合同的委託人有權選擇更優的服務，這同時也避免了依附現象的弊端。而且，委託人沒有與第三人締約的義務，委託人不締約的實際效果，與行使任意解除權是相同的。而行使任意解除權，反而使中介人得到了通知，能避免其進一步為完成中介事務繼續付出人力、財力和物力，還能向委託人請求相應的賠償。報告居間的任意解除，是在委託人獲得信息之前，之後就沒有解除的必要了。媒介居間的任意解除，是在委託人與第三人的合同成立之前。如果委託人與第三人之間成立的合同是附生效條件（停止條件）的合同，在條件成就之前，居間人不得請求報酬，但在合同成立之時，委託人的任意解除權終止。中介合同中委託人的任意解除權更接近於承攬合同中定作人的隨時解除權。本法第 787 條規定：「定作人在承攬人完成工作前可以隨時解除合同，造成承攬人損失的，應當賠償損失。」中介合同是有償合同，委託人解除合同給中介人造成損失的，除不可歸責於委託人的事由外，委託人還是應當賠償中介人的損失。至於中介人是否應當享有任意解除權，學界還存在不同認識。

中介合同有許多區別於委託合同的特點，所以委託合同的規定，有的也不適用於中介合同。例如，本法第 931 條規定，委託人經受託人同意，可以在受託人之外委託第三人處理委託事務。因此造成受託人損失的，受託人可以向委託人請求賠償損失。一般認為，委託人在中介人之外又委託第三人處理中介事務的，無須經過中介人的同意。實踐中，很多打算出售房屋的房主，都是委託多個房屋中介機構來尋找買家的，哪個房屋中介機構能夠實際促成交

易，房主就向其支付中介的報酬。委託人和中介人訂立中介合同後，委託人再委託他人如果須經過中介人同意，中介人基於自己的利益考慮，都想成為獨家中介，一般而言是不會同意的，這樣委託人就喪失了自由選擇的權利，對委託人來說是不公平的，委託人的利益將受到損害。

第二十七章　合夥合同

本章共十二條，主要內容有：合夥合同的定義，合夥人的出資義務，合夥財產，合夥事務的執行，執行合夥事務不得請求報酬，合夥的利潤分配和虧損分擔，合夥人的連帶責任，合夥人對外轉讓財產，合夥人的債權人之代位權的行使，合夥期限，合夥合同的終止及終止後的處理等。

相對於合同法，本章是新增的一章。在民法典編纂過程中，不少意見提出，我國 1997 年通過並於 2006 年修訂的合夥企業法規定了商事合夥，1999 年制定的合同法沒有規定合夥合同的內容，而民法典總則編刪去了民法通則中規定的個人合夥有關內容，合同編有必要將合夥合同作為獨立的合同類型。經研究，採納了這一建議，將合夥合同作為一種典型合同單獨成章，規定在民法典合同編中。

第九百六十七條　合夥合同是兩個以上合夥人為了共同的事業目的，訂立的共享利益、共擔風險的協議。

■ **條文主旨**

本條是關於合夥合同的定義的規定。

■ **條文釋義**

一、發展過程

早在羅馬法時期，合夥契約就已經是一種重要的契約形式。在現代社會，合夥合同也是各國規定的重要的典型合同，大陸法系各國或者地區的民法典（或者商法典）中都對合夥合同作出了規定。在民法典通過以前，我國的法律中沒有對合夥合同作出專門規定。1986 年制定的民法通則從民事主體的角度，在第二章第五節對公民（自然人）之間的「個人合夥」和第三章第四節對企業之間或者企業、事業單位之間聯營（其中民法通則第 52 條規定了合夥型聯營）作了簡單規定。1997 年制定合夥企業法，對合夥企業作出了專門規定。合夥企業法旨在規範以合夥協議為基礎成立的合夥企業，屬於典型的商事主體法，在適用範圍上受到嚴格限制。各個民事主體之間為持續的或者臨時的共同事業而未成立企業的合夥，則被排除在合夥企業法之外。在制定合同法時，試擬稿、徵求意見稿均規定了合夥合同，但合同法草案以合夥企業法對合夥組織體及合夥協議都作了比較詳細的規定為由刪除了合夥合同類型，最終通過的合同法中沒有規定合夥合同的內容。2017 年制定民法總則時，刪除了民

法通則關於「個人合夥」和「聯營」的內容，主要是考慮作為商事主體的合夥企業由合夥企業法進行調整，而未成立合夥企業的民事合夥，則可以由民法典合同編進行規定。實踐中，大量存在當事人簽訂合夥合同而成立的、沒有設立合夥企業的合夥，需要通過法律的規定來進行規範，以保護合夥人的合法權益，促進經濟社會的發展。因此，民法典合同編設立專章規定了「合夥合同」，確立合夥合同的基本規則，使得我國關於合夥的法律規定更加科學和完善。

二、合夥合同的定義

合夥合同，是指兩個以上合夥人為了共同的事業目的，訂立的共享利益、共擔風險的協議。合夥合同，是以共同出資為基礎，以共同事業為目的，以共享利益、共擔風險為本質的協議。

三、合夥合同的特徵

作為一種新增的典型合同，合夥合同與其他類型的合同有很多不同之處。合夥合同主要有以下幾個特徵：

1. 對合夥人有所限制。根據合夥合同的定義，合夥合同的主體為兩個以上的合夥人。合夥人的數量要求兩個以上，只有一個則無法成立合夥。當因合夥人死亡、喪失民事行為能力、終止等原因，合夥人數量減少到一個時，合夥合同終止。作為合夥合同主體的合夥人，可以是自然人、法人或者非法人組織。但是，合夥人並不是沒有完全限制，不是所有民事主體都可以成為合夥人。合夥企業法第 3 條規定，「國有獨資公司、國有企業、上市公司以及公益性的事業單位、社會團體不得成為普通合夥人。」普通合夥人是對合夥企業債務承擔無限連帶責任的合夥人。而合夥合同中的合夥人，對合夥債務承擔無限連帶責任。國有獨資公司、國有企業、上市公司如果成為合夥人，就要以其全部財產對合夥債務承擔責任，這不利於保護國有資產和上市公司股東的利益。從事公益性活動的事業單位、社會團體，因其從事的活動涉及公共利益，其自身財產也不宜對外承擔無限連帶責任。因此，國有獨資公司、國有企業、上市公司以及公益性的事業單位、社會團體不得成為合夥企業的普通合夥人，原則上也不得與他人訂立合夥合同成為合夥人。

2. 為了共同目的或者共同利益。合夥人訂立合夥合同是為了達到共同的事業目的，實現共同的利益，這是合夥合同最重要的特徵，也是合夥合同與其他類型的合同最重要的區別之一。所謂「共同的事業目的」，可以是營利性的目的，也可以是非營利性的目的，如公益目的。「共同的利益」，可以是物質上、經濟上的利益，也可以是其他方面的利益。就一般的合同而言，雖然合同的雙方或者多方當事人總體目標是一致的，都是為了實現合同目的，例如買賣合同中的出賣人和買受人都希望交易達成。但是，從當事人的角度出發，他們的目的或者權利義務又可能是不一致甚至是完全相對的。出賣人的目的是以標的物的所有權換取相應的價款，其權利是獲取買受人支付的價款，義務是交付標的物轉移所有權；而買受人的目的是以一定的價款換取標的物的所有權，權利是取得標的物所有權，義務是支付標的物的價款。雙方的目的或者權利義務是相對的關係，當事人之間處於對立或者競爭的關係。而合

夥合同中,所有合夥人的目的具有一致性,權利義務的內容或者說方向也具有一致性,都是為了實現共同的事業目的,原則上都享有表決權、執行權、監督權等權利,都負有出資等義務,都要對合夥債務承擔連帶責任,完全是一種合作關係而非對立關係。通俗地說,一般合同當事人之間的權利義務是「此消彼長」的關係,而合夥合同的所有合夥人之間則是「共消共長」的關係。

3. 共享利益、共擔風險。如前所述,合夥合同的所有合夥人之間具有共同的事業目的,是合作共贏的關係。因此,所有合夥人就應當共享合夥經營之利益,共擔合夥經營之風險。可以說,合夥合同中的全體合夥人是「一榮俱榮,一損俱損」的關係。目的的共同性決定了所有合夥人共享利益、共擔風險,不能只由部分合夥人享受利益或者承擔風險,否則有違合夥合同之目的。

4. 合夥具有較強的人合性和一定的組織性。合夥合同的成立是基於合夥人之間的互相信任,合夥人之間可以互為代理人,且全體合夥人對合夥債務承擔連帶責任。合夥人具有共同的事業目的,共享利益,共擔風險。因此,合夥具有較強的人合性。這決定了合夥人不得擅自處分自己在合夥財產中的份額,以及合夥人的債權人不得代位行使合夥人對合夥的權利等。

基於本章規定的合夥合同形成的合夥,具有一定的組織性,但又不是完全獨立的組織體,不具有民事主體資格。這是基於本章規定的合夥合同成立的合夥與合夥企業的重要區別。合夥企業具有民事主體資格,屬於民法典總則編中規定的非法人組織,具有民事權利能力和民事行為能力,可以依法享有民事權利和承擔民事義務。合夥企業包括依照合夥企業法在中國境內設立的普通合夥企業和有限合夥企業,有普通合夥人和有限合夥人之分。合夥企業是完全獨立的、組織嚴密的組織體。合夥企業有自己的財產,合夥企業對其債務應先以其全部財產進行清償;當合夥企業的財產不足以清償到期債務時,再由合夥人承擔無限連帶責任。而本章規定的契約型合夥,具有一定的組織性,但是其組織性相對於合夥企業來說較為鬆散,即使基於合夥人的出資和合夥事務可以形成合夥財產,也並不是必須先由合夥財產承擔合夥債務,合夥的債權人可以對所有合夥人的所有財產(包括合夥財產以內和以外的財產)提出請求權。一些學者將合夥企業稱為「企業型合夥」或者「組織型合夥」,將基於合夥合同成立的未形成組織的合夥稱為「契約型合夥」或者「協議型合夥」。

5. 不要式合同、繼續性合同。民法典對合夥合同的訂立形式沒有作出特別要求,可以是口頭形式,也可以是書面形式或者其他形式。合夥合同為不要式合同。

合夥合同是繼續性合同。不論合夥合同的共同事業目的是持續性的還是臨時性的,都不影響合夥合同為繼續性合同。合夥人履行義務的行為不是一次性的,只要共同目的仍未實現,所有合夥人都應持續履行其義務。作為繼續性合同,合夥合同在解除等方面也與非繼續性合同有所不同,例如合同的解除不具有溯及力,僅向將來發生效力。

> **第九百六十八條　合夥人應當按照約定的出資方式、數額和繳付期限，履行出資義務。**

■ 條文主旨

本條是關於合夥人應當按照約定履行出資義務的規定。

■ 條文釋義

合夥人的出資是指合夥人基於合夥合同，為了實現共同事業目的而進行投資。合夥人的出資是合夥得以形成和正常經營的基礎。

合夥合同應當對合夥人的出資方式、數額和繳付期限等作出約定。所有合夥人都應當按照合同的約定履行出資義務。按約定履行出資義務是指合夥人按照合夥合同約定的出資方式、數額與繳付期限進行出資。出資義務是合夥人的根本義務，也是合夥得以成立的前提。

一、出資方式

合夥人的出資方式是合夥人向合夥投入資本的具體形式，合夥人的出資可以是貨幣形式，也可以是非貨幣形式。非貨幣形式包括除貨幣外的各種有形財產和無形財產，如實物、股權、土地使用權、知識產權等，還可以包括勞務。具體來說，合夥人的出資方式主要包括以下幾類：（1）貨幣；（2）實物；（3）知識產權，主要包括商標權、專利權、著作權（版權）以及技術秘密等；（4）土地使用權；（5）勞務；（6）其他出資方式。

二、出資數額

出資數額，即用以出資的財產的價值額，以非貨幣資產出資的要按商定的或者法定評估機構進行評估的價值來計算並約定數額。各合夥人的出資數額，由所有合夥人進行協商決定。合夥人的出資數額決定了合夥人之間的出資比例，合夥人之間的出資比例往往決定了合夥的利潤分配和虧損分擔。所以，合夥人的出資數額和出資比例，應當由所有合夥人自行約定。一般來說，這是合夥合同最重要的事項之一，合夥合同應當作出規定。

三、繳付期限

繳付期限，即合夥人對用於出資的資產進行繳付的期限。對於合夥的出資，並不要求必須一次性完全繳付。合夥人可以採取實際繳付或者認繳的方式進行繳付。所謂認繳，就是合夥人承諾向合夥進行的出資。法律允許出資人對其出資實行承諾制，分期繳付，分批到位，通過協議明確各類出資的期限。合夥合同應當對合夥人出資的繳付期限作出規定，所有合夥人都應當按照合夥合同中約定的繳付期限進行繳付。

四、不按約定履行出資義務的責任

合夥人不按合夥合同的約定履行出資義務的，首先應當按照合同的約定承擔責任，合同對此沒有約定的，再依照法律的規定承擔相應的違約責任。未按約定履行出資義務的合夥人，應當賠償其給其他合夥人造成的損失，該損失可以包括合夥人遲延繳付的利息。

> **第九百六十九條　合夥人的出資、因合夥事務依法取得的收益和其他財產，屬於合夥財產。**
>
> **合夥合同終止前，合夥人不得請求分割合夥財產。**

■ 條文主旨

本條是對合夥財產的規定。

■ 條文釋義

一、合夥財產的範圍

合夥財產包括兩個部分：一是合夥人對合夥的出資，也就是合夥的原始財產；二是所有因合夥事務依法取得的收益和其他財產，例如合夥經營的收入、債權、因他人違約或者侵權向合夥作出的賠償或者補償等。

二、合夥財產的歸屬

合夥財產是合夥賴以存在和發展的基礎。契約型合夥具有一定的組織性，但是不具有獨立的民事主體資格，不能成為合夥財產的所有權人。因此，合夥財產的所有權人應當為全體合夥人，需要登記的合夥財產應當登記在全體合夥人名下。這與合夥企業不同。依法成立的合夥企業，屬於民法典總則編中規定的非法人組織，具有民事主體資格，可以獨立地享有民事權利、承擔民事義務，當然也就可以成為合夥企業財產的所有權人。成立合夥企業後，合夥人的出資等財產都歸合夥企業所有，需要登記的財產，應當登記在合夥企業名下。

合夥財產應當歸全體合夥人共有，對此應無疑義。各國法律一般都規定合夥財產歸全體合夥人共有。對合夥財產的所有權應當區分內部關係和外部關係分析。於內部關係而言，對於合夥財產，全體合夥人之間是共同共有關係，還是按份共有關係？對此學界存在不同觀點。有的認為應當是共同共有，有的認為是按份共有。合夥合同的訂立是為了共同的事業目的，全體合夥人共享利益、共擔風險，且對合夥債務承擔連帶責任。合夥具有高度的人合性，合夥人之間互相信任才使合夥得以成立。全體合夥人共同經營，共同管理合夥財產，共同對所有合夥財產享有佔有、使用、收益和處分的權利。對於合夥財產的處分，應當按照合夥合同的約定，或者全體合夥人的共同決定，才能得以進行。因此，全體合夥人對合夥財產享有共同共有權。

從外部關係來看，合夥財產由全體合夥人共有，只有根據合夥合同的約定或者所有合夥人同意才可以對合夥財產進行處分。但是合夥人之間對處分合夥財產的內部約定不能對抗善意第三人。合夥財產中的某個具體財產可能實際為某個合夥人佔有，或者僅登記在某個合夥人名下。此時如果該合夥人將該財產轉讓給並不知曉該財產為合夥財產的善意第三人，第三人可以依據本法第 311 條的規定取得財產的所有權。

三、合夥財產在合夥終止前不得分割

合夥財產是合夥得以成立和存續、發展的重要條件，因此必須保證合夥財產的穩定性。契約型合夥雖然不是獨立的民事主體，但是也具有一定的組織性，財產一旦進入合夥財產的範圍，就與合夥人相對分離，歸全體合夥人共同共有。在共有關係終止前，合夥人不得分割合夥財產。合夥人一旦按照約定繳付了出資，就不得隨意予以抽回。任何一個合夥人抽走或分割其財產份額，都會直接導致合夥財產數量的減少，給正常進行的生產經營活動造成消極影響；以合夥名義取得的收益和依法取得的其他財產，也具有同樣的性質。合夥人在合夥合同終止前分割合夥財產，往往會影響到合夥的正常經營，甚至可能導致共同目的的落空。為避免這種現象的發生，維護合夥的正常經營和全體合夥人的利益，本條第 2 款規定，「合夥合同終止前，合夥人不得請求分割合夥財產」。

此外，任何合夥人不得私自轉移或者處分合夥財產。在合夥經營中，由於每一個合夥人都有執行合夥事務、對外代表合夥的權利。在代表合夥對外從事活動的過程中，當合夥人佔有的合夥財產中的動產或者合夥財產中的不動產、機動車等登記在合夥人名下時，各合夥人都有獨自處分某些財產的機會，不排除該合夥人為了自己的私利私自轉移或處分合夥財產的情況，如私自出售經營設備，將定購的原材料、設備移轉他處或將出售產品的收入佔為己有等。發生此類情況，合夥不得以此對抗善意第三人，主要是為了保護善意第三人的利益，維護正常的交易的安全。

合夥人執行合夥事務將應當歸合夥的利益據為己有的，或者採取其他手段侵佔合夥財產的，應當將該利益和財產退還合夥；給合夥或者其他合夥人造成損失的，應當依法承擔賠償責任。合夥人私自轉移或者處分合夥財產的，一是應將轉移財產的收入收歸合夥，如轉移財產行為尚未實際執行，可與第三人協商解除合同，由此造成的損失由該合夥人承擔；二是由於轉移或處分財產的行為給其他合夥人造成損失的，由該合夥人賠償。

第九百七十條　合夥人就合夥事務作出決定的，除合夥合同另有約定外，應當經全體合夥人一致同意。

合夥事務由全體合夥人共同執行。按照合夥合同的約定或者全體合夥人的決定，可以委託一個或者數個合夥人執行合夥事務；其他合夥人不再執行合夥事務，但是有權監督執行情況。

合夥人分別執行合夥事務的，執行事務合夥人可以對其他合夥人執行的事務提出異議；提出異議後，其他合夥人應當暫停該項事務的執行。

■ 條文主旨

本條是關於合夥事務的決定和執行，以及合夥人的監督權和異議權的規定。

■ 條文釋義

一、關於合夥事務的決定

本條第 1 款規定，合夥人就合夥事務作出決定的，除合夥合同另有約定外，應當經全體合夥人一致同意。由於合夥事務關係到全體合夥人的共同利益，原則上應當由全體合夥人共同決定，尤其是關於合夥事務或者合夥財產的重要事項，例如，改變合夥的事業目的或者經營範圍，轉讓、處分合夥財產中的不動產等，必須由全體合夥人一致同意才能進行，不能由部分合夥人或者執行事務合夥人自行決定，也不能適用少數服從多數的原則。

當然，合夥合同可以對此作出特別約定。合夥人之間存在相互信任關係，合夥事務的表決應當更多地體現合夥人意思自治的原則和協商原則。合夥合同相當於合夥的章程，所有合夥人都應當按照合夥合同的約定享有權利，承擔義務。一般而言，所有合夥人應當在合夥合同中對合夥事務的決定進行約定，對不同的合夥事務可以約定不同的參與和表決程序，例如，對合夥事務中的重要事項約定由所有合夥人參與表決並一致同意，對一般事項僅須半數以上合夥人同意即可。全體合夥人在訂立合夥合同時，應儘可能細地就合夥事務的表決方式，包括是按出資份額，還是按合夥人人數，或是兩者相結合的表決方式，以及就表決決定的計票辦法等作出明確規定。

實踐中，關於合夥事務的一切事項都由所有合夥人共同決定且一致同意，可能難以實現，對一般事項而言也實在沒有必要。而且，隨着市場經濟的發展，商業機會的時效性強，要求合夥的決策應更加及時、快速。為了提高合夥的決策經營效率，應當允許合夥合同對合夥事務的決定作出更加靈活的規定，如規定某些事項可以採用普通多數決或特別多數決的辦法作出決定。

二、關於合夥事務的執行

合夥不僅由各合夥人共同出資而設立，還通常由合夥人共同進行經營和管理。合夥人通常人數較少，相互十分信任，其從事經營活動具有法律上的相互代理關係，因此無須和公司法人一樣設立嚴密的組織管理機構。靈活性是合夥的優點之一，可以在很大程度上提高合夥的決策效率和經營效率。合夥人對執行合夥事務享有同等的權利，即每一個合夥人對企業的經營管理和其他事務的執行不但有參與權，而且權利平等。無論出資多少，出資方式是否相同，都不影響這一法定權利，不影響各合夥人在執行合夥事務時的平等資格。據此，本條第 2 款規定，合夥事務由全體合夥人共同執行。

需要注意的是，一般的法人和非法人組織也可以成為合夥人，由於法人和非法人組織不是自然人，有自己的組織機構，所以作為合夥人的法人和非法人組織應當由其委派的代表，即特定的自然人執行合夥事務。

但是，如果所有合夥事務都由全體合夥人共同執行，則程序將變得十分繁瑣，容易導致經營效率低下，不利於合夥事務的執行、處理。因此，合夥人可以在合夥合同中約定，或者在訂立合夥合同後由全體合夥人共同決定，委託一個或者數個合夥人來執行合夥事務。合夥人分工協作，不僅有利於發揮各個合夥人的專長，也有利於提高合夥的決策和經營效率，促

進合夥經營的發展。合夥事務重要程度不同，一般來說，合夥合同應當對合夥事務的決定作出具體約定，比如涉及重要事務必須由全體合夥人一致同意，合夥人在執行合夥事務時必須按照合夥人一致同意的決定行事。執行合夥事務既可以由全體合夥人共同執行，也可以按照合同約定或者全體合夥人的決定，委託個別合夥人單獨執行。全體合夥人共同執行合夥事務是指根據合夥合同的約定，各合夥人都可以對內負責管理事務，對外分別代表合夥，以合夥的名義從事經營活動。由於誰來執行合夥事務對內關係到合夥生產經營的安排，對外涉及誰來代表合夥對外發生聯繫，對維護交易安全有一定的影響。因此，法律要求委託部分合夥人執行合夥事務須由全體合夥人共同決定。據此，本條第 2 款中規定，按照合夥合同的約定或者全體合夥人的決定，可以委託一個或者數個合夥人執行合夥事務。

在合夥合同約定或者全體合夥人共同決定了執行事務合夥人的情況下，其他合夥人是否可以代表合夥對外開展活動？一般來說，在確定了執行事務合夥人的情況下，就應當由執行事務合夥人來代表合夥進行經營活動。但是在實際經營活動中，有時也會需要不執行事務的合夥人就某一事項對外代表合夥，這種特殊情況應有合夥合同的約定或全體合夥人的授權。沒有按照約定或者未經合夥人授權擅自對外代表合夥的，其行為對外不能對抗不知情的善意相對人，對內則應當賠償給其他合夥人造成的損失。

三、關於非執行事務合夥人的監督權

不執行合夥事務的合夥人雖然不直接參與合夥日常事務的經營管理，但是仍然享有對合夥重大事務的參與權和決定權，如參加合夥人會議，對重大事務行使表決權等。

合夥事務執行權委託給一個或者數個合夥人代為行使後，其他合夥人因不負責事務執行，難以了解合夥的經營情況。但是作為合夥的投資者和受益者，他們應當享有了解所投資金的運用情況、合夥財產的具體情況以及合夥的經營效益的基本權利。同時，如果沒有必要的監督和制約，執行事務合夥人可能會濫用權力，損害合夥及其他合夥人的合法權益。因此，本條第 2 款還賦予了非執行事務合夥人對合夥事務執行人執行合夥事務的監督權。該監督權的內容主要包括：執行事務的合夥人要向不執行事務的合夥人報告業務經營情況；必要時不執行事務合夥人有權查閱企業的有關會計賬冊，查看合夥財產的實際狀況；等等。

四、關於合夥人對其他合夥人執行事務的異議權

合夥人分別執行合夥事務，使合夥生產經營活動變得靈活而有效，但不可避免地會發生執行事務合夥人考慮問題不周，執行事務不當的情況，還可能出現個別合夥人不盡忠誠義務和勤勉義務，甚至損害其他合夥人的利益，牟取自身利益的情況。對這些行為，不執行合夥事務的合夥人難以在經營過程中隨時發現並予糾正，而由執行事務合夥人互相監督，是保證合夥正常經營、防止權利濫用的較好的方式。從這個角度上來說，各執行事務合夥人既是事務執行人，也是他人執行事務的監督人。他們都既有義務認真盡職地將自己負責的業務執行好，也有權利和義務對他人執行企業事務中的情況進行監督。如果執行事務合夥人的行為有損合夥的利益、不當或有錯誤，其他執行事務的合夥人可以提出異議。一旦提出異議，就應暫停該項事務的執行。

執行事務合夥人受全體合夥人委託執行合夥事務，根據代理法律關係，執行事務合夥人必須按照合夥協議或全體合夥人的決定執合夥事務，不得超越規定的權限執行合夥事務，不得利用執行合夥事務的便利損害合夥或其他合夥人的利益，否則，屬於不按合夥合同或者全體合夥人的決定執行事務的行為，對此，其他合夥人可以決定撤銷該委託。如果因此造成其他合夥人損失的，該執行事務合夥人還應當進行賠償。

第九百七十一條　合夥人不得因執行合夥事務而請求支付報酬，但是合夥合同另有約定的除外。

■ 條文主旨

本條是關於合夥人不得請求執行合夥事務之報酬的規定。

■ 條文釋義

合夥事務的執行，是指合夥的經營管理及對內對外關係中的事務處理等活動。按照合夥合同的約定或者全體合夥人的決定，可以委託一個或者數個合夥人執行合夥事務，其他合夥人不再執行合夥事務。合夥人執行合夥事務，既是其權利，也是其義務。合夥人既是合夥的投資者也是經營者，有權參與合夥事務的執行。合夥人應當共同執行合夥事務，處理合夥事務也是其作為合夥人應盡的義務。合夥人執行合夥事務也就是在處理自己的事務，因此，原則上合夥人不得以執行合夥事務為由請求支付報酬。

但是，在合夥事務委託給一個或者數個合夥人執行的情況下，有的合夥人可以不直接參與合夥的經營管理。執行合夥事務不僅需要付出大量的時間、精力，還需要一些專業技能和管理才能等。如果不對執行事務合夥人的付出進行補償或者獎勵，可能是不公平的，這也將影響其執行事務的積極性，可能影響合夥經營的效率和質量，進而損害全體合夥人的共同利益，不利於合夥共同事業目的的實現。為了體現公平原則，保護對合夥作出更多貢獻的合夥人的積極性及合法權益，應當允許其從合夥經營利潤中獲得補償。合夥合同可以約定在委託部分合夥人執行合夥事務的情況下，對執行事務合夥人的報酬或者獎勵辦法，這種報酬或者獎勵通常應與其勞務提供量、業績和難易程度掛鈎。對執行事務合夥人的報酬或者獎勵，也可以由全體合夥人共同作出決定。如果合夥合同對此沒有規定，也沒有全體合夥人的決定，則合夥人無權以合夥事務的執行為由而要求報酬。

> **第九百七十二條**　合夥的利潤分配和虧損分擔，按照合夥合同的約定辦理；合夥合同沒有約定或者約定不明確的，由合夥人協商決定；協商不成的，由合夥人按照實繳出資比例分配、分擔；無法確定出資比例的，由合夥人平均分配、分擔。

■ 條文主旨

本條是對合夥的利潤分配與虧損分擔的規定。

■ 條文釋義

合夥的利潤分配，指合夥的生產經營獲得的收入，在扣除成本後所得的利潤，在各合夥人之間進行的分配。合夥的虧損分擔，是指合夥經營過程中發生的在一定時期內各種收入減去各項費用後出現負差額即發生虧損時，就這種虧損在各合夥人之間進行的分別承擔。合夥經營既可能為投資者帶來收益，也可能因經營等多方面原因而產生虧損。

本條規定了合夥的利潤分配和虧損分擔的方法，具體來說是：首先，合夥的利潤分配、虧損分擔，應當按照合夥合同的約定辦理。合夥合同是合夥的章程，是合夥從事經營活動的準則和合夥人據以享受權利、承擔義務的重要依據。而合夥的利潤分配和虧損分擔是合夥人重要的權利義務，理應由合夥合同作出約定，因此，本條確認了合夥合同約定優先的原則。其次，合夥合同對此沒有約定或者約定不明確時，還是應當尊重合夥人的意思，盡量由合夥人共同協商作出決定，充分體現意思自治原則。再次，如果合夥人經過協商仍未能作出決定的，則應當按照各合夥人的實繳出資比例進行分配、分擔。需要注意的是，這裏的出資比例應當是實繳出資的比例，合夥人承諾出資或者應當出資而未實際繳付的，以實際繳付的出資為準。最後，合夥人之間的出資比例也無法確定的，只能由各合夥人平均分配和分擔。這裏需要指出的是，前兩種程序是合夥人之間協議、協商解決，後兩種程序是由法律直接規定的一般原則。

在未約定損益分配比例的情況下，以合夥人的出資比例來確定利益分配和虧損分擔，符合人們對於合夥經營、對於投資的期待，符合常理，也符合公平原則。據此，本條也規定在合夥人沒有約定且協商不成時，以出資比例來確定利潤分配和虧損分擔的比例。

確定合夥的利益分配和虧損分擔辦法，最重要的是應當體現公平。合夥的一個重要特徵是合夥人共享收益，共擔風險。每一個合夥人無論出資多少，以何種方式出資，都有分配利潤的權利，也有分擔虧損的義務。雖然合夥合同可以自行約定利潤分配和虧損分擔的辦法，自主調節相互間的利益關係，但行使這一權利必須遵循公平的原則，不能明顯有失公允。因此，一般來說，合夥的利潤分配和虧損分擔，應當由全體合夥人共同決定，但是合夥合同不得約定將全部利潤分配給部分合夥人或者由部分合夥人承擔全部虧損。對此，一些國家的法律明確禁止剝奪部分合夥人權利或者向其強加義務等不公平的「獅子合夥」。

> **第九百七十三條　合夥人對合夥債務承擔連帶責任。清償合夥債務超過自己應當承擔份額的合夥人，有權向其他合夥人追償。**

■ 條文主旨

本條是關於合夥人對合夥債務承擔連帶責任，合夥人承擔的責任超過應承擔的份額後有權向其他合夥人進行追償的規定。

■ 條文釋義

合夥從事生產經營，對外從事民事活動，與他人發生權利義務關係，就會產生各種債權債務。合夥債務，是指合夥事業經營過程中產生的應當由合夥承擔的債務。合夥的債務不同於合夥人的債務，合夥財產由全體合夥人所有，合夥債務也應當由合夥人共同承擔。

本條規定，合夥人對合夥債務承擔連帶責任。這是對合夥人的外部關係作出的規定。合夥人對合夥債務承擔連帶責任，是指全體合夥人以自己的所有財產向債權人承擔連帶責任，債權人可以請求任何一個或者數個合夥人清償所有合夥債務。之所以如此規定，主要是由合夥合同的性質和目的所決定的。合夥合同的訂立是為了實現共同事業目的，共享利益、共擔風險。對合夥人來說，合夥具有很強的人合性，合夥人之間互相信任，共同投資，共同經營管理，對合夥財產共同共有。規定合夥人的連帶責任雖然增大了合夥人的風險，但同時也增加了合夥的對外信譽，使合夥獲得了更強的償債能力。合夥雖然具有一定的組織性，但是並不具有民事主體資格，合夥人之間可以互為代理人，這對債權人來說意味着較大的交易風險，而規定合夥人承擔連帶責任，可以擴大合夥人對合夥債務的履行擔保，有利於實現債權人的債權，保護債權人的利益。因此由合夥人對合夥債務承擔連帶責任，對合夥人和債權人來說都是公平合理的。

關於合夥財產和合夥人的個人財產清償合夥債務的順序，本條規定的合夥與合夥企業是不同的。合夥企業法第 38 條規定，合夥企業對其債務，應先以其全部財產進行清償。第 39 條規定，合夥企業不能清償到期債務的，合夥人承擔無限連帶責任。由此可見，合夥企業中的合夥人，對合夥企業的債務承擔「無限」連帶責任。也就是說，合夥企業必須先以合夥企業的財產清償合夥企業債務，當合夥企業的財產不足以清償到期債務時，再由合夥人以其所有的其他財產來進行清償。無限連帶責任，實際是無限責任與連帶責任的結合。所謂無限責任即在合夥財產不足以清償債務時，合夥人要以自己的其他財產償付自己承擔的債務份額，直到清償完畢為止；所謂連帶責任即指當債權人追究各合夥人的無限責任，某一合夥人無力承擔這種責任時，其他合夥人有連帶承擔其償付債務的義務。因此，當合夥企業財產不足以清償債務時，債權人即可向任何一個普通合夥人主張權利，要求其償付債務。該合夥人負有代合夥企業償付債務的責任，這種責任既包括他自己應承擔的債務份額，也包括其他合夥人應承擔部分。而本章規定的契約型合夥，雖然具有一定的組織性，卻是鬆散型的合夥，並不

具有獨立的民事主體資格,其財產還是由全體合夥人共有,合夥財產與合夥人的其他財產難以釐清,因此,並不要求對合夥債務先以合夥財產進行清償,債權人可以直接請求所有合夥人以包括合夥財產在內的所有財產來履行合夥債務。這是契約型合夥與企業型合夥的重要區別之一。

對於經營利潤的分配和虧損的分擔,本法第 972 條已明確規定,這是對合夥人內部責任劃分的依據。合夥債務在合夥人之間的劃分應當按照虧損分擔的方法。如果合夥合同約定了具體的虧損分擔或者債務承擔辦法,或者全體合夥人協商確定的,應當按照合夥合同的約定或者合夥人協商確定的辦法承擔合夥債務。如果未約定且協商不成的,應當按實繳出資比例分擔債務,將所有合夥債務按出資比例分成若干份額,各合夥人按其比例所分擔的份額以其合夥財產中的份額以及其他個人財產償付債務。如果連出資比例也無法確定的,應將合夥債務按合夥人人數平均分為若干份額,每個合夥人分別承擔自己的債務份額。簡單地說,合夥人對合夥債務的承擔應由合夥合同約定,或者按出資比例分擔或者平均分擔。無論按何種方式,合夥人所承擔的都只是全部債務的一部分。需要注意的是,合夥人之間對合夥債務承擔、虧損分擔的內部約定,不能對抗債權人,對合夥的債權人不具有法律約束力,全體合夥人對外還是應當承擔連帶責任。

各合夥人因各自的經濟實力不同,承擔債務的能力也有區別。在合夥人按一定比例分擔合夥債務的情況下,就可能發生有的合夥人因財力所限,一時難以承擔債務償付份額的情況。對此情況,任何合夥人都要對合夥債務承擔連帶責任,即除對自己分擔的債務份額承擔責任外,還應對其他合夥人應承擔而無力承擔的部分進行清償。當合夥人實際償付的合夥債務超過其應承擔的份額時,就該超過部分,應當允許其向其他合夥人進行追償。據此,本條規定,清償合夥債務超過自己應當承擔份額的合夥人,有權向其他合夥人追償。

> **第九百七十四條** 除合夥合同另有約定外,合夥人向合夥人以外的人轉讓其全部或者部分財產份額的,須經其他合夥人一致同意。

■ 條文主旨

本條是對合夥人轉讓其財產份額的規定。

■ 條文釋義

合夥財產屬於全體合夥人共同共有,對合夥財產的處分應當按照合夥合同約定,或者經過全體合夥人同意。而不論是對所有合夥財產,還是對合夥財產中每個具體的財產,從內部關係上看,每個合夥人都佔有一定的份額。

實踐中由於各種原因,合夥人可能需要將其投在合夥中的財產份額變現。為此,合夥人

有權將其持有的合夥財產份額轉讓。該轉讓包括向合夥內部的其他合夥人轉讓和向合夥人以外的人轉讓。但是合夥人轉讓其財產份額並不可以任意為之。合夥具有很強的人合性，是基於合夥人之間的相互信任才得以成立的。合夥人的數量一般不多，而且彼此間互相信任和了解，每個合夥人都有對外代表合夥的權利，各合夥人之間可以互相代理。這種合夥的人合性決定了合夥人的加入和退出都必須受到嚴格的限制。合夥人將其合夥財產中的全部或者部分份額向合夥人以外的人轉讓，實際上就相當於合夥人的地位全部或者部分被合夥人以外的人所取代，發生該財產份額的受讓者加入合夥成為新的合夥人的效果。而且，基於共同共有的理論，合夥人轉讓共同共有的合夥財產中的份額，自然也需經過其他共有人的同意。因此，一般來說，合夥財產份額的轉讓必須經其他合夥人一致同意。

不過，合夥人可以向其他合夥人轉讓自己的財產份額，也就是合夥人可以將自己持有的合夥財產份額，部分或全部轉讓給合夥中的一個或數個其他合夥人。由於這種轉讓屬內部關係，只關聯到各合夥人財產份額的變化，既沒有新的合夥人加入，也不影響合夥財產總額的變化，因此一般來說，不需徵得其他合夥人的同意，也沒有其他事前程序，只需通知他們知曉即可。

需要注意的是，本條中所說的合夥人轉讓其合夥財產中的份額，並不等同於轉讓合夥財產中具體的某個財產，而是將所有合夥財產看成一個抽象的整體，合夥人將其所佔的份額全部或者部分轉讓給他人。如果是轉讓給合夥人以外的人，受讓人就得以加入該合夥。如果合夥人將其全部財產份額轉讓給他人，那麼該合夥人就退出合夥。當然，任何合夥人都不得私自轉移或者處分合夥財產，但是合夥人處分合夥財產的，不能對抗善意相對人，這在前文第969條釋義中已經有所闡述。如果沒有特別約定，合夥人將其全部或者部分合夥財產份額轉讓給合夥人以外的人，必須經過其他合夥人一致同意，並不存在善意相對人可以善意取得的問題。

第九百七十五條　合夥人的債權人不得代位行使合夥人依照本章規定和合夥合同享有的權利，但是合夥人享有的利益分配請求權除外。

■ 條文主旨

本條是關於合夥人債權人代位行使權利的限制的規定。

■ 條文釋義

合夥人在合夥以外以自己名義，為自己的目的所從事的經營或交易等民事活動產生的有關債務，屬於其個人債務，與合夥無關，應由合夥人自行償還。如前所述，合夥具有很強的人合性，是基於合夥人之間的相互信任才得以成立的。合夥人的數量一般不多，彼此間互相

信任和了解，每個合夥人都有對外代表合夥的權利，各合夥人之間可以互相代理。這種合夥的人合性也決定了合夥人不得隨意將合夥的權利轉讓給合夥人以外的人，合夥人的債權人一般不得主張合夥人對合夥或者合夥財產的權利。例如，《日本民法典》第 677 條規定，合夥人的債權人不得對合夥財產行使其權利。但是，對合夥人自身的債權人來說，其債權應予實現，債務也需清償，在合夥人自身無其他財產可供清償債務的情況下，可以要求該合夥人依法轉讓其合夥財產的份額，也可以等待合夥人取得合夥收益後清償，還可以申請法院強制執行該合夥人在合夥中的財產份額。

那麼，合夥人的債權人是否可以代位行使合夥人對合夥的權利？代位權，是指債權人以自己的名義依法代替債務人行使債務人之權利的權利。代位權是保全債權的方法之一。當債務人享有對第三人的權利而怠於行使，使債務人的收益或財產遭受損失，從而損害債權人利益時，債權人便可代位行使債務人應行使的權利，以保護債權的實現。依據本法第 535 條的規定，代位權的行使應當符合以下條件：債權人享有對債務人的到期債權；債務人須享有對第三人的財產權利，包括但不限於債權；債務人怠於行使該權利；債務人遲延履行其債務；等等。

合夥人在合夥中不僅享有財產性質的利益分配請求權，還包括其在合夥中的表決權等身份權及合夥事務執行權、監督權等其他權利。合夥人的債權人要求合夥人償還債務，只能通過與合夥人簽訂合同或通過訴訟的方式，獲得對合夥人在合夥中利益分配的請求權或者分割其在合夥財產中的份額以實現債權，而對合夥人的其他具有人身屬性的權利，如合夥事務執行權、重大事務表決權、對合夥的監督權等均沒有請求權。此外，合夥還具有一定的組織性，合夥人一旦出資就成為合夥財產，合夥人的出資和其他因合夥取得的財產都是合夥財產，屬於所有合夥人共同共有。基於共同共有的理論，在合夥合同終止前，合夥人不得請求分割合夥財產，也不得隨意處分合夥財產以及合夥人在合夥財產中的份額。如果允許合夥人的債權人代位行使合夥人對合夥的權利，那就相當於變相分割或者處分了合夥財產。基於以上理由，本條規定合夥人的債權人原則上不得代位行使合夥人在合夥中的權利。

但是，當合夥人的自有財產不足清償其債務時，還是可以以基於合夥產生的其他財產性權利來進行清償。合夥財產是由合夥人投入合夥的原始出資、出資收益及其他財產收益形成的。合夥人將其出資投入合夥即變成合夥財產，是合夥經營的必要條件，如允許合夥人以這部分財產清償自身債務就意味着要對這種財產進行處分，勢必要求對合夥財產進行分割，並按份額予以減出，其結果必然對合夥經營造成負面影響，因此不允許合夥人直接以其在合夥財產中的份額清償自身債務。合夥人對合夥享有的權利，既包括具有人身屬性的權利，也包括財產權利，如利益分配請求權。為了既維護合夥的利益，又考慮到合夥人的債權人實現債權的要求，本條規定允許合夥人的債權人代位行使該合夥人基於合夥享有的利益分配請求權。債權人行使合夥人的利益分配請求權，並不影響合夥的人合性和組織性，也不減少合夥財產，對合夥經營來說並無害處，應當允許。

另外，需要注意的是，當合夥人的債權人同時是合夥的債務人時，這兩個債是否可以通

過某種方式抵銷呢？在現實生活中，合夥人自身債務的債權人除與該合夥人具有債權債務關係外，可能與合夥也進行過交易而產生債權債務關係。當其作為合夥人自身的債權人時，可能又是合夥的債務人，由於合夥與合夥人的經濟聯繫，使其很容易產生錯誤認識，主張將其對合夥人自身的債權與其對合夥所負債務相抵銷。合夥具有一定的組織性，合夥人存在於合夥的財產份額，已經形成合夥財產，合夥人只能以從合夥分紅等方式取得後再轉而償付債權人。本法第 568 條規定，當事人互負債務，該債務的標的物種類、品質相同的，任何一方可以將自己的債務與對方的到期債務抵銷；但是，根據債務性質、按照當事人約定或者依照法律規定不得抵銷的除外。第 569 條規定，當事人互負債務，標的物種類、品質不相同的，經協商一致，也可以抵銷。根據合同編通則中這兩條關於抵銷權的規定，可知當事人享有和行使抵銷權的前提是「當事人互負債務」，也即互負債務的當事人必須只有兩個主體，且兩個主體之間互為債權人和債務人。合夥人的債權人僅對該合夥人享有債權，而該債權人同時又是合夥的債務人，也就是全體合夥人對該第三人享有連帶債權，而不是該負有債務的合夥人享有全部債權，因此不符合「當事人互負債務」的條件，不能行使抵銷權。故合夥人的債權人不得以其債權抵銷其對合夥的債務。

> **第九百七十六條**　合夥人對合夥期限沒有約定或者約定不明確，依據本法第五百一十條的規定仍不能確定的，視為不定期合夥。
>
> 合夥期限屆滿，合夥人繼續執行合夥事務，其他合夥人沒有提出異議的，原合夥合同繼續有效，但是合夥期限為不定期。
>
> 合夥人可以隨時解除不定期合夥合同，但是應當在合理期限之前通知其他合夥人。

■ 條文主旨

本條是對合夥協議未約定合夥期限時合夥人自願退夥情形的規定。

■ 條文釋義

合夥期限，即合夥合同的存續期限。合夥合同應當對合夥期限作出約定，例如約定合夥期限為 3 年、5 年，或者約定為不定期合夥。合夥期限屆滿後，合夥合同也就終止了。

實踐中，基於各種原因，合夥合同可能對合夥期限並沒有作出約定或者約定不明確。對於這種情況，合夥人可以補充協議；不能達成補充協議的，則按照合同相關條款或者交易習慣確定。例如，合夥人之間已經連續多次簽訂合夥期限為 2 年的合夥合同，最後一次訂立合夥合同時，沒有對合夥期限作出約定。在這種情況下，即便合夥合同對合夥期限沒有作出約定，也可以推定該合夥合同的合夥期限仍是 2 年。按照合同相關條款或者交易習慣仍無法確定的，視為不定期合夥。

本條第 2 款規定，合夥期限屆滿，合夥人繼續執行合夥事務，其他合夥人沒有提出異議的，原合夥合同繼續有效，但是合夥期限為不定期。一般來說，合夥期限屆滿，合夥合同即告終止。但是，如果合夥人在合夥期限屆滿後，仍繼續執行合夥事務，且其他合夥人也沒有提出異議的，可以推定全體合夥人均具有使合夥繼續存續的意思，因此法律規定這種情況下視為原合夥合同繼續有效。但是由於約定的合夥期限已經屆滿，合夥人都沒有約定新的合夥期限或者延長的期限，此時合夥合同的期限變為不定期。

合夥合同是繼續性合同，對於不定期的合夥合同，合夥人均有任意解除權。本法第 563 條第 2 款規定：「以持續履行的債務為內容的不定期合同，當事人可以隨時解除合同，但是應當在合理期限之前通知對方。」與不定期的物業服務合同一樣，不定期合夥的合夥人也有任意解除權。但是，合夥人解除合同，應當儘量不損害合夥及其他合夥人的利益，給予其他合夥人必要的準備時間，以便對合夥事務及時作出安排和調整。據此，本條第 3 款規定，合夥人可以隨時解除不定期合夥合同，但是應當在合理期限之前通知其他合夥人。合夥人解除合夥合同後，合夥關係終止。合夥合同為繼續性合同，其解除僅向將來發生效力。

本條規定與合夥企業法的規定有所不同。合夥企業法第 46 條規定，「合夥協議未約定合夥期限的，合夥人在不給合夥企業事務執行造成不利影響的情況下，可以退夥，但應當提前三十日通知其他合夥人。」合夥企業是獨立的民事主體，對於不定期限的合夥企業，一般也不宜隨意終止，但是可以允許合夥人在不影響合夥企業事務執行的情況下自行退夥。而本章規定的契約型合夥，本身就是鬆散型的合夥，如果是不定期合夥，應當允許合夥人行使任意解除權解除合夥合同。當然，合夥合同終止後，如果其他合夥人仍有意繼續原合夥事業的，可以繼續訂立新的合夥合同。

第九百七十七條　合夥人死亡、喪失民事行為能力或者終止的，合夥合同終止；但是，合夥合同另有約定或者根據合夥事務的性質不宜終止的除外。

■ 條文主旨

本條是關於因合夥人死亡、喪失民事行為能力或者終止導致合夥合同終止的規定。

■ 條文釋義

合夥合同的當事人可以是自然人、法人或者非法人組織等民事主體。一般來說，作為合夥人的自然人，應當具有完全民事行為能力。因為合夥合同的成立是為了共同的事業目的，對於合夥事務合夥人應當共同決定、共同執行，因此合夥人應當具有符合進行合夥經營之要求的相應能力。合夥具有很強的人合性，全體合夥人共享利益、共擔風險，對合夥債務承擔連帶責任，這就要求合夥人具有一定的財產或者償債能力。

　　本條規定也與合夥企業法不同。因為合夥企業是獨立的民事主體，是組織型合夥，屬於依法成立的非法人組織，成立和終止都應當具備較為嚴格的條件，不到迫不得已不宜隨意終止。因此法律對合夥企業區分了退夥和終止的規定，當某合夥人出現死亡、喪失民事行為能力等事由時，僅發生該合夥人退出合夥企業的法律效果，合夥企業則繼續存續。根據合夥企業法第 48 條的規定，作為合夥人的自然人死亡或者作為合夥人的法人、其他組織由於依法被吊銷營業執照、責令關閉、撤銷，或者被宣告破產等原因終止的，該合夥人退夥。如果合夥人被依法認定為無民事行為能力人或者限制民事行為能力人，經其他合夥人一致同意，可以依法轉為有限合夥人，普通合夥企業依法轉為有限合夥企業；其他合夥人未能一致同意的，該無民事行為能力或者限制民事行為能力的合夥人退夥。與合夥企業不同，契約型合夥不具有獨立的民事主體資格，是鬆散型的合夥，具有很強的人合性，全體合夥人都要對合夥債務承擔連帶責任，因此對契約型合夥則不區分退夥和終止。當作為自然人的合夥人死亡、喪失民事行為能力，或者作為合夥人的法人、非法人終止的，合夥合同也應當終止。據此，本條規定，合夥人死亡、喪失民事行為能力或者終止的，合夥合同終止。當然，如果其他合夥人仍有意繼續合夥事業，也可以訂立新的合夥合同。

　　需要說明的是，合夥合同對此有所約定的，應當按照約定。例如，合夥合同可以特別約定此種情況下不終止合夥合同，而是由承受死亡、喪失民事行為能力或者終止的合夥人權利義務的民事主體，如繼承人、法定代理人等，作為新的合夥人，也可以約定該合夥人退出合夥關係，其他合夥人之間的合夥關係繼續存續。此外，如果根據合夥事務的性質不宜終止的，發生合夥人死亡、喪失民事行為能力或者終止時，合夥也並不當然終止，這類似於本法第 934 條關於委託合同的規定。

　　當合夥人死亡、喪失民事行為能力或者出現被宣告破產、解散等法定終止原因時，為了最大程度地保護全體合夥人的利益，合夥人的繼承人、遺產管理人、法定代理人或者清算人應當及時通知其他合夥人，如果合夥事務的執行不宜停止，或者停止將給合夥人造成不可彌補之損失，在通知後或者一時無法通知其他合夥人的情況下，還應當繼續執行原合夥人未完成的有關事務。

　　合夥合同的終止原因，除合夥人死亡、喪失民事行為能力或者終止以外，還包括以下幾種原因：一是合夥期限屆滿。合夥合同確定的合夥期限屆滿，合夥合同自然終止。二是合夥合同約定的終止事由發生。三是全體合夥人的同意。全體合夥人一致同意終止合夥的，合夥合同終止。四是合夥人依法解除合夥合同。如不定期合夥的合夥人行使任意解除權解除合夥合同。五是合夥的共同事業目的已經實現或者不可能實現。

　　當發生合夥合同終止的原因時，合夥合同是否立即終止？一般認為，原則上合夥合同立即終止，但是由於某些特殊原因也可能還需要暫時維持合夥關係，如為了全體合夥人的利益而暫時不得終止的情形。此外，在終止原因發生後清算結束前，或者執行事務合夥人在並不知曉的情況下繼續執行合夥事務時，合夥還可以在必要的範圍內存續。

> **第九百七十八條** 合夥合同終止後，合夥財產在支付因終止而產生的費用以及清償合夥債務後有剩餘的，依據本法第九百七十二條的規定進行分配。

■ 條文主旨

本條是對合夥財產支付因終止而產生的費用和清償合夥債務後剩餘財產分配的規定。

■ 條文釋義

合夥合同因各種原因終止後，應當對合夥財產以及因合夥產生的所有債權債務進行結算，先是清償各項費用和合夥債務，清償後有剩餘財產的才能分配給合夥人。而如果合夥財產不足以清償有關費用和合夥債務，合夥人應當對不足部分承擔連帶責任，以所有合夥人的個人財產進行清償。

本條規定，合夥合同終止後，合夥財產在支付因終止而產生的費用以及清償合夥債務後有剩餘的，依據本法第972條的規定進行分配。合夥合同終止，不論合夥財產有多少，是否足以清償有關費用和合夥債務，應當按照以下順序處理：一是支付因終止產生的費用。因終止產生的費用，包括合夥財產的評估、保管、變賣等所需要的費用，以及有關的律師費用、訴訟費用、仲裁費用等。二是清償合夥債務。在支付完因終止產生的費用後，應當對合夥債務進行清償，以保護合夥的債權人的利益。

支付因終止產生的費用和清償合夥債務後，如果有剩餘財產，才能在全體合夥人之間進行分配。合夥的一切債權都應當優先於合夥人的分配財產請求權，只有上述所有債權都得到清償後，才可以分配剩餘的合夥財產。雖然合夥人要對合夥債務承擔連帶責任，但是，如果合夥人在清償合夥債務之前分配合夥財產，再由合夥的債權人向合夥人請求償還，不僅不符合效率原則，而且可能使債權人的債權難以實現。從實際情況來看，如允許合夥人先分配合夥財產，更便利了合夥人分配完合夥財產後潛逃或者轉移、隱匿財產，使債權人無從追索。因此，本條規定了「先償債，後分配」的原則。

對於剩餘財產，應按照本法第972條的規定的利益分配規則進行分配，即首先按照合夥合同的約定辦理；合夥合同沒有約定或者約定不明確的，由合夥人協商決定；協商不成的，由合夥人按照實繳出資比例分配；無法確定出資比例的，由合夥人平均分配。

需要注意的是，合夥人將自己的財產交由全體合夥人共同使用，並非作為實物出資的，在支付因終止而產生的費用和清償合夥債務之前，合夥人有權取回。因為該財產並不屬於合夥財產，合夥人可以基於所有權要求返還。

本條規定也與合夥企業法不同。合夥企業法第89條規定：「合夥企業財產在支付清算費用和職工工資、社會保險費用、法定補償金以及繳納所欠稅款、清償債務後的剩餘財產，依照本法第三十三條第一款的規定進行分配。」合夥企業通過清理合夥企業財產、編制資產負債表和財產清單後，確認合夥企業現有的財產大於合夥企業所欠的債務，並能夠清償全部債

務的時候，應當按照以下順序進行清償：（1）支付清算費用。（2）支付職工工資、勞動保險費用和法定補償金。（3）繳納稅款。（4）償還合夥企業的其他債務。以上各項都清償完畢之後，才能將合夥企業的剩餘財產分配給合夥人。本章規定的契約型合夥，沒有專門的清算程序，但是因合夥合同終止而產生的費用，和合夥企業的清算費用具有相同的性質，應當優先支付。合夥人一般人數不多，也不一定僱傭他人，因此沒有規定支付職工的工資等。契約型合夥不具有獨立的民事主體資格，不是獨立的納稅主體，而是由各合夥人自己分別納稅，故不存在由合夥繳納稅款的問題。

第三分編 準合同

　　本法總則編第 121 條、第 122 條分別對無因管理和不當得利制度作了原則性規定。但是無因管理、不當得利之債的具體規則較為複雜，現實生活中關於無因管理、不當得利的糾紛也越來越多，僅有總則編的兩條原則性規定是遠遠不夠的，需要對無因管理和不當得利制度作出更為詳細具體的規定。但在不設置單獨的債權編，以合同編通則代行債權編功能，且侵權行為之債主要納入民法典侵權責任編的前提下，就需要考慮無因管理和不當得利這兩種債的具體規則如何安放的問題。對於這個問題，不少意見提出，無因管理和不當得利雖與侵權行為同為債的產生原因，但不宜納入民法典的侵權責任編，一方面，侵權行為是法律所否定的行為，但無因管理之債，其本質上是法律所鼓勵的行為，將其規定在侵權責任編，可能產生價值上的衝突。即便就不當得利而言，雖然也可能因侵權而產生，但侵權型不當得利只是不當得利的一小部分，大量的不當得利是因合同而產生，難以完全參照適用侵權責任規則。另一方面，與合同編相比，侵權責任編的規則與無因管理、不當得利之債的關係差異更大，如侵權責任的歸責原則、免責事由等，具有較強的特殊性。從比較法角度看，不設置債法總則編的國家大都將其他債的關係規定在合同編之中，稱為「準合同」。在不設置單獨的債權編的情況下，可以借鑒法國等部分大陸法系國家和英美法系國家將無因管理和不當得利作為準合同對待的經驗，將無因管理和不當得利制度作為準合同規定於合同編較為合適的。本法在編纂過程中，考慮到不設置單獨的債編，又要解決無因管理和不當得利之債的具體規則問題，借鑒國外的立法例，特在合同編中設置了單獨的準合同分編，規定無因管理和不當得利制度的具體規則。需要強調的是，將無因管理和不當得利作為準合同對待，除了立法技術的考慮，還因為無因管理和不當得利制度與合同制度都具有密切聯繫，例如適當的無因管理需要管理人具有管理他人事務的意思，且還須符合於本人的真實意思，這兩種意思並存於適當的無因管理制度中，事實上具有合同之基礎，但因兩人的意思並非通過本編通則規定的要約和承諾的過程達成的一致，而是由法律擬製而成，可以作為準合同關係對待。還例如多數的不當得利都是因為合同無效、被撤銷、不成立而產生，或者因非債清償而產生，這些不當得利與合同也關有相當大的關聯，納入「準合同」這一分編也是可行的。

第二十八章　無因管理

本章共六條，對無因管理的概念、管理人的權利、不真正的無因管理以及管理人的適當管理義務、通知義務、報告義務等內容作了規定。

> **第九百七十九條**　管理人沒有法定的或者約定的義務，為避免他人利益受損失而管理他人事務的，可以請求受益人償還因管理事務而支出的必要費用；管理人因管理事務受到損失的，可以請求受益人給予適當補償。
>
> 　　管理事務不符合受益人真實意思的，管理人不享有前款規定的權利；但是，受益人的真實意思違反法律或者違背公序良俗的除外。

■ 條文主旨

本條是關於無因管理構成要件及管理人主要權利的規定。

■ 條文釋義

無因管理制度作為債的主要發生原因之一，是一種重要的民事制度。該制度的歷史淵源流長，早在古羅馬法中就規定了該制度。設立該制度的主要目的，一是鼓勵人們見義勇為、互助互幫，促進社會中助人為樂的傳統道德觀念；二是為合法干涉他人事務的行為確立評價標準，明確管理人與本人之間的權利義務關係，有利於維護和保障良好社會關係的形成，有利於維護社會公平與正義。所以，無因管理制度是立法為了鼓勵助人為樂、危難相助和見義勇為行為的產物，它釐清了管理人的哪些行為屬於合法的無因管理，哪些屬於侵權行為或者不當得利。正是因為無因管理制度所具有的獨特功能和價值，不少國家和地區的民法典都規定了該制度，將其作為債的重要發生原因。我國 1986 年的民法通則就明確規定了無因得制度，民法通則第 93 條規定，沒有法定的或者約定的義務，為避免他人利益受損失進行管理或者服務的，可以要求本人償付因此支付的必要費用。2017 年通過的民法總則繼承了民法通則的規定。考慮到無因管理制度所具有的功能和價值符合社會主義核心價值觀，對於形成良好的社會道德風尚具有重要意義，本法總則編延續了民法總則的規定，本法第 121 條明確規定，沒有法定的或者約定的義務，為避免他人利益受損失進行管理的人，可有權請求受益人償還因此支出的必要費用。本章關於無因管理的規定是對總則編規定的進一步具體化，確立了我國無因管理制度的基本規則。本章中的「管理他人事務」既包括對他人事項的管理，也包括為了他人利益為其提供服務的管理；管理事務的當事人被稱為管理人，事務被管理的

一方當事人被稱為本人，因本人一般從管理事務中受益，所以本章中本人又被稱為受益人。

無因管理雖是法律所鼓勵的合法行為，但畢竟具有干涉他人事務的特徵，為了避免被濫用，應當對其構成要件作出明確規定，讓其在社會觀念許可的限度和範圍內發揮積極作用。根據本條的規定，無因管理應當滿足以下要件：

首先，管理人對所管理的事務沒有法定或者約定的義務。管理人對管理他人事務是否有法定或者約定義務，是認定是否構成無因管理的前提條件。這裏的法定義務是指法律法規直接規定的義務，不限於本法規定的義務，例如婚姻家庭編規定的撫養義務，還包括其他法律行政法規規定的義務。約定的義務是指因當事人之間約定而產生的義務，例如合同編中的委託合同、運輸合同、保管合同等典型合同中約定的義務。管理人管理事務不論是履行法定義務，還是履行約定義務，均不構成無因管理。無因管理制度是一種民事制度，只調整平等民事主體之間的關係，不調整公法上的義務，對於行政機關履行行政法等公法上的義務，例如公安機關救人就是履行公法上的義務，雖客觀上是管理他人事務，但不構成無因管理行為。管理人在進行管理時沒有法定或者約定義務，既包括在開始管理時沒有任何法定或者約定義務，也包括在管理過程中沒有法定或者約定義務。例如在開始管理前無義務的，則可成立無因管理。在開始管理時有義務，但根據義務進行管理中義務消失的，則從義務消失時開始構成無因管理。需要特別強調的是，本條中的「管理人沒有法定的或者約定的義務」是指管理人既沒有法定的義務，也沒有約定的義務，而非二者居其一。也就是說，管理人沒有約定義務，但依據法定義務應管理他人事務的不構成無因管理；管理人沒有法定義務，但依據約定義務應管理他人事務的也不構成無因管理；只有在既沒有法定義務，也沒有約定義務的情況下對他人事務進行的管理才構成本法所規定的無因管理。

其次，管理人管理他人的事務。這裏的他人事務是指有關人們生活利益並能成為債務目的一切事項，既可是涉及他人經濟利益的事項，也可是涉及他人非經濟利益的事項，既可以是管理財產的事項，也可以是提供服務的事項。對於管理屬於自己的事務或者不適宜由他人管理的事務，不得為無因管理的事項。一般情況下，下列事項不宜作為無因管理的事項：一是違法行為，如為他人銷贓等；二是必須經本人授權、同意或者必須由本人親為的行為，如股東的投票權，演員親自表演節目等；三是違反公序良俗的行為；四是單純屬於管理人自己的事項。本規定中的「管理」是指處理事務的行為，是廣義的，既包括對財產的保管、利用、改良或者處分行為，也包括提供勞務服務等行為。至於管理他人事務的目的是否最終達到，不影響無因管理的成立。也就是說，即使本人未因管理人的管理行為而獲得利益，或者甚至因此還受到損失，也不影響無因管理的成立。這裏的「事務」應當是他人事務。如果不是為他人事務或者誤信為他人事務，則不構成真正的無因管理，但管理人在管理他人事務中可以同時兼顧自己的利益。在合同無效、被撤銷或者不成立的情形下，雙方當事人之前互為的行為因都自認為是履行約定的義務，而非為管理他人事務，所以不構成無因管理，但屬於不當得利的，雙方當事人可以根據不當得利制度處理各自的權利義務關係。好意施恩惠的行為雖表面具有管理他人事務的行為，但因管理人沒有受約束的意思，例如實踐中的好意同乘

行為、代某人投信等行為，屬於社會應酬行為，原則上受道德規範，不納入無因管理範圍。

最後，管理人具有管理他人事務的意思，即管理人有為他人謀取利益的意思或者有使管理行為所生的利益歸於他人的意思。無因管理制度中的管理人客觀上干涉了他人事務，若其主觀上沒有為他人利益進行管理的意思，必將損害他人權益，管理人也有可能從中獲得利益，這違背了無因管理制度的設立目的，所以管理人有無管理意思是區分無因管理與侵權行為、不當得利的重要標準。管理人的這種意思無須明確表示出來，只要其認識到所管理的事務屬於他人事務，並且沒有將其作為自己事務進行管理的想法和意思，就可以認定為具有管理他人事務的意思。管理人是否具有管理意思，可以從管理人是否具有「為避免本人利益受損害」的目的、效果等因素綜合判斷。管理人要具有管理他人事務的意思，並不意味着要明確知道他人具體是誰，即使不知道他人具體是誰，也不影響無因管理的成立。但是，若管理人與本人就是否具有管理意思產生爭議時，原則上應當由管理人承擔舉證責任。

根據本條第 1 款的規定，是否符合本人的意願雖不影響無因管理的構成，但是自願原則是民法的基本原則，根據該原則，應當充分尊重民事主體處分自己權利的意願，只要該處分行為不損害公共利益或者第三人利益。無因管理本質是為他人謀利的行為，但若管理行為完全違背了本人的意願，例如違背本人的意願替本人償還自然債務等，則損害了本人處理自己事務的自由和權利，構成對本人事務的不當干預，若認可其正當性，將會給任何人提供任意干涉他人事務的理由和藉口，對民法的自願原則造成衝擊，故不少國家和地區的立法例都不認可管理人有要求本人償還費用和賠償的權利。所以，雖然管理人的管理行為構成前述三個要件，但如果管理行為違背了本人的真實意思，且管理人知道或者應當知道本人的真實意願的，則其管理行為就構成不適當的無因管理，其不享有向本人請求償還必要費用和請求損害補償的權利。本人的真實意願可以是明示的，這種明示可以向管理人直接作出，也可以不是直接向管理人作出，但管理人可以通過其他途徑了解或者知道這種意思即可。本人的真實意願也可以是默示的，即可以推定的意思，就是依據一般社會觀念或者根據一般人處於同樣的情形都可以判斷出管理行為是符合本人意願或者有利於保護本人利益的。需要注意的是，管理人的行為雖違背本人的意願，但其管理的事務是為本人履行公益性或者法定義務的，即使不符合本人的意願，仍享有請求本人償還管理事務所支付的必要費用的權利；因管理事務受到損失的，也可以請求受益人給予適當補償。因此，本條第 2 款規定，管理事務不符合受益人真實意願的，管理人不享有本條第 1 款規定的權利，但是受益人的真實意願違反法律或者違背公序良俗的除外。需要強調的是，管理人管理事務的行為雖不符合受益人的真實意思，其雖不享有向本人請求償還必要費用和請求損害補償的權利，但是根據本法第 980 條的規定，本人最終享有管理利益的，則其應當在獲得的利益範圍內向管理人承擔償還必要費用和補償損失的義務。所以，對本款的含義，不應孤立進行理解，而應結合本條第 1 款和本章的其他條款整體進行理解。

根據本條的規定，對於滿足前述條件的適當的無因管理，管理人享有以下權利：一是請求本人償還必要費用的權利。管理人為管理本人事務支出的必要費用及其利息，有權請求本

人償還。這裏所謂的必要費用是指一個理性的管理人在完成管理事務時所支出的合理費用。對於管理事務無益的支出費用，管理人無權請求本人償還。本人償還必要費用及其利息，並不以本人是否獲得管理利益為前提條件，即使本人沒有因管理人的管理事務而獲得管理收益，但只要管理人為管理其事務盡到了合理義務，且沒有違背本人真實意願的，本人也應當向管理人償還必要的費用支出。如果管理人在管理事務過程中，因管理事務的必要而對外所欠債務，也可以請求本人償還。這種費用支出可以是管理人以自己名義對外所負擔的，也可以是以本人名義對外所負擔的。在以本人名義對外所負擔的情況下，其可以要求債權人直接請求本人償還，但這時可能面臨無因管理制度與無權代理或者表見代理制度之間的競合，這時可依無權代理或者表見代理制度處理本人與第三人之間的關係，依無因管理制度處理本人與管理人之間的關係。二是補償管理人因此所受到的損失。管理人為管理本人事務而受到損害的，如損害的發生與其管理行為之間具有因果關係，管理人有權向本人請求給予賠償。管理人對損害的發生有過錯的，應當適當減輕本人的賠償責任，這就要求管理人在管理他人事務時要衡量自己的狀況和能力，量力而行。但這種賠償是完全賠償還是補償有不同意見，通說認為應當是補償。本條採納了通說的觀點，也即本人對管理人的損害賠償不以過錯為要件，即使本人對損害的發生沒有過錯，也要承擔補償性的賠償責任。這主要是因為管理人是為了本人的利益而受到的損害，於情於理，本人都應當承擔一定的賠償義務。只要管理人管理行為的過程和方法是適當的，管理人就享這種損害補償請求權，至於是否給本人帶來實際的效果和利益則在所不問。但需要注意的是，管理人在管理事務過程中因第三人的原因受到損害的，管理人原則上得向第三人請求損害賠償，只有在第三人逃逸或者無力承擔責任，受害人請求補償的，受益人才應當給予適當補償。本法總則編第 183 條規定，因保護他人民事權益而使自己受到損害的，由侵權人承擔責任受益人可以給予適當補償。沒有侵權人、侵權人逃逸或者無力承擔民事責任，受害人請求補償的，受益人應當給予適當補償。理論界和實務界對於無因管理的管理人能否向本人請求報酬有爭議，但主流觀點認為，無因管理是社會善良行為，法律規定無因管理制度的目的是鼓勵大家互幫互助，有利於弘揚社會主義核心價值觀，但若鼓勵管理人通過無因管理為自己謀取報酬，就與設置無因管理的目的相違背。

> **第九百八十條** 管理人管理事務不屬於前條規定的情形，但是受益人享有管理利益的，受益人應當在其獲得的利益範圍內向管理人承擔前條第一款規定的義務。

■ 條文主旨

本條是關於不適當無因管理制度的規定。

■ 條文釋義

根據管理人的管理行為是否符合本人的真實意願，本章所規定的無因管理可以分為適當的無因管理和不適當的無因管理兩類。所謂適當的無因管理就是管理人沒有法定的或者約定的義務，為避免他人利益受損失而管理他人事務，並且符合受益人真實意思的管理行為。根據本法第 979 條的規定，適當的無因管理的管理人享有請求受益人償還必要費用和補償損失的權利。所謂不適當的無因管理就是管理人沒有法定的或者約定的義務，為避免他人利益受損失而管理他人事務，但不符合受益人真實意思的管理行為。例如某自然人代朋友保管一古董花瓶，其朋友明確告之該花瓶為傳家寶，屬於非賣品，但該自然人在保管期間發現該花瓶在古董市場的價格有可能下跌，為了朋友的利益不受損，將花瓶及時賣掉。對於不適當無因管理的後果，根據本法第 979 條第 2 款的規定，除受益人的真實意願違反法律或者違背公序良俗的外，不適當無因管理的管理人原則上不享有請求受益人償還必要費用和補償損失的權利。然而，現實生活是複雜的，實踐中，不適當無因管理的管理行為雖不符合本人的真實意思，但是本人事實上卻享有了管理人在管理過程中所獲得的管理利益。從公平的角度講，考慮到這種管理的管理人仍有為本人利益進行管理的意願，本人在享受管理利益的同時也有義務償還管理人在管理事務中所支付的必要費用；管理人因管理事務受到損失的，也可以請求本人給予適當補償。但是，受益人向管理人償還的費用和補償的損失不超過其在管理中獲得的利益，對超出所得利益範圍的費用和損失，其不承擔償還和補償責任。基於此，本條規定：「管理人管理事務不屬於前條規定的情形，但是受益人享有管理利益的，受益人應當在其獲得的利益範圍內向管理人承擔前條第一款規定的義務。」

第九百八十一條　管理人管理他人事務，應當採取有利於受益人的方法。中斷管理對受益人不利的，無正當理由不得中斷。

■ 條文主旨

本條是關於管理人在管理事務中履行善意或者適當管理義務的規定。

■ 條文釋義

管理人在管理他人事務時，應當履行一定的義務，其中最主要的是按照善良管理人的注意義務管理他人事務，這主要體現在兩個方面：一是管理人依本人明示的或者可推知的意思進行管理。這裏的明示的或者可推知的意思表示並非對管理人的意思，而是對如何管理事務的意思。實踐中，通常是依平常人或者一般人的經驗得以推知本人的意思。二是管理人應當以利於本人的方法進行管理。是否有利於本人應當以客觀上能否避免本人利益受損為標準，一般都認為管理人應當以像管理自己的事務一樣進行管理。管理人未以善良管理人的身份盡

到恰當管理義務造成本人損害的，原則上要承擔過錯的損害賠償責任，但是若管理人為本人管理的是公共利益上的事務或者緊急事務的，僅就其故意或者重大過失管理行為承擔損害賠償責任，例如為本人履行法定撫養義務；還例如為了使本人的財產免受緊迫的損害而進行的管理行為等。因為管理人管理事務是為了公共利益或者緊急事務，所以其管理人需要履行的注意義務要低於管理一般事務需要履行的注意義務，否則不利於鼓勵人們從事這類有利於公共利益的無因管理行為，或者有可能貽誤時機不利於保護本人的利益。本法總則編第184條也特別規定，因自願實施緊急救助行為造成受助人損害的，救助人不承擔民事責任。三是管理人還應當履行繼續管理義務。根據本法第980條的規定，無因管理應當符合受益人的意願，如果受益人可以自己管理其事務時，管理人仍繼續管理他人事務，將很有可能與受益人的意願相衝突。因此，原則上講，管理人在受益人自己能進行管理時，可以停止管理行為，並將管理事務移交給受益人，但是管理人在開始管理後，如其中途停止管理行為較不管理對本人更為不利的，若放任管理人中止管理事務，既與設立無因管理制度的目的不符，也不符合本法總則編規定的誠信原則，所以在這種情況下，管理人不得中斷對事務的管理，應當繼續管理事務。管理人違反該義務的導致受益人的利益受到損害的，管理人應當承擔損害賠償責任。

> **第九百八十二條**　管理人管理他人事務，能夠通知受益人的，應當及時通知受益人。管理的事務不需要緊急處理的，應當等待受益人的指示。

■ 條文主旨

本條是關於管理人在管理事務時履行通知義務的規定。

■ 條文釋義

根據本條的規定，管理人在管理事務時對受益人有通知的義務。之所以規定管理人的通知義務，一方面是考慮到管理人如果不將管理的事實通知本人，有可能漠視本人的存在，對於履行善良管理人的義務是不利的；另一方面是考慮到如果管理人不通知受益人，受益人就很有可能不知道自己的事務被管理人管理的事實，也就很有可能造成管理人管理事務不符合受益人的本意。因此，為了促使管理人更好地履行管理中的義務，更好地保護受益人的利益，管理人在開始管理時，若有可能和必要的情況下應當通知本人。在實踐中，通知是認定管理人有為他人管理事務意思的重要方式。在可能和必要的情況下，管理人沒有履行通知義務的，有可能承擔過錯損害賠償責任。但如果管理人因客觀原因沒有可能或者沒有必要通知的，則管理人沒有通知義務，例如管理人雖為他人管理事務，但並不知道他人具體是誰，或者根據不知道他人的具體地址和聯繫方式的，管理人可以不履行通知義務；還例如本人在已

經知道管理人管理其事務的情況下，管理人就沒有必要通知本人。管理人通知的事項主要是開始管理的事實，通知的方式既可以是書面方式，也可以是口頭或者其他方式。

管理人發出通知後應當中止管理行為，等待受益人的指示。本人指示同意管理人管理其事務的，管理人可以繼續管理；管理人沒有指示或者雖有指示但拒絕其管理的，管理人不得再繼續管理。但是如果管理人管理的事務屬於緊急事務，例如管理人管理的事務是處置受益人所有的即將變質的海鮮食品，若不繼續管理可能對受益人的利益造成現實的重大損害，因此，管理人可在收到受益人指示前繼續管理事務。

> **第九百八十三條　管理結束後，管理人應當向受益人報告管理事務的情況。管理人管理事務取得的財產，應當及時轉交給受益人。**

■ 條文主旨

本條是關於管理人履行報告及移交財產義務的規定。

■ 條文釋義

管理人在管理事務結束後，如果不將管理事務的結果或者狀況告知本人，本人將無法知道管理人是否履行了管理中應當履行的各項義務，無法知道管理人管理的結果如何。對於管理人來說，如果其不向本人報告管理的後果和狀況，其也無法向本人請求必要費用的償還，也無法請求本人補償其在管理事務中受到的損失。因此，為了更好地保護本人及管理人自己的利益，避免發生不必要的爭議，管理人應當在管理事務結束後向本人報告管理情況，並向本人提供涉及管理的相關資料。

根據本條的規定，管理人報告管理事務情況的時間原則上是在管理事務結束後，但在管理人中斷管理事務或者本人提出請求時，也應當將中斷前管理事務的情況報告給本人。管理人向本人報告管理事務時，可以採用書面形式，也可以採用口頭形式或者其他方式。報告的內容原則上應當包括管理的過程、結果等，且報告的內容應當真實，不得欺瞞本人，否則管理人應當承擔責任。此外，管理人在履行報告義務時，還應當將其持有的與管理事務相關的所有資料交付給本人，以確保本人全面了解管理的過程和結果。對於管理人因履行報告義務而產生的必要費用，屬於管理人有權請求本人償還的必要費用的組成部分，本人應當償還。管理人履行報告義務的前提是管理人可以確定受益人的情況，管理不知道受益人具體是誰或者不知道受益人的聯繫方式的，管理人可以暫不履行該義務，而將因管理他人事務而獲得的收益予以提存。一旦知道了具體受益人及其聯繫方式，管理人仍應向受益人報告管理情況。

無因管理制度的設立目的就是鼓勵民事主體為他人利益而從事，因此，管理人不得因無因管理而獲取利益，而應將因管理事務而獲得的利益返還給他人。因此，在管理事務結束

後，管理人除了要履行報告義務外，還應當將因管理事務所收取的金錢、物品及其孳息等財產，返還給受益人；管理人以自己的名義為本人所取得的權利，也應當轉移給受益人。管理人在為本人管理事務期間，第三人所給付的所有財產，包括物、權利、金錢等，只要應當歸屬於本人的，管理人都應當移交給本人。管理人拒絕移交的，本人可以根據本法第 29 條規定的不當得利制度要求管理人返還；管理人因拒絕移交給本人造成損害的，應當承擔損害賠償責任。如果管理人在管理事務期間為了自己的利益使用了應交付於本人的金錢的，應當自使用之日起支付利息，如果有損害的還應當賠償損失。基於此，本條明確規定，管理人管理事務取得的財產，應當及時轉交給受益人。

> **第九百八十四條** 管理人管理事務經受益人事後追認的，從管理事務開始時起，適用委託合同的有關規定，但是管理人另有意思表示的除外。

■ 條文主旨

本條是關於本人對管理事務進行追認的規定。

■ 條文釋義

在管理人進行管理的過程中，本人可以通過追認方式對管理人管理自己的事務予以追認。這種追認原則上應當以明示方式進行，在一定情況下也可以用默示方式進行，但本人請求管理人返還因管理所獲得利益的行為本身不構成追認。對於適當的無因管理行為而言，本人通過追認行為，不但表明了其認可管理人的管理行為符合自己的意願，而且通過追認，事實上授權管理人對自己的事務繼續進行管理。對於不適當的無因管理行為而言，本人通過追認，補正了管理人的行為不符合本人真實意願這個不足，使不適當的無因管理成為了適當的無因管理；同時，通過追認也事實上正式授權管理人對自己的事務繼續進行管理。不真正的無因管理本質上不屬於本章調整的無因管理的範圍，本人追認與否及效果如何不適用本章的規定，應當適用於本法的其他相關規定。

對於追認的範圍是限於管理行為，還是包括管理結果，各國和地區的規定也是不相同的，有的國家認為追認是對管理行為的追認，不是對管理結果的追認，若管理人的管理對本人造成損害，本人仍可以要求管理人賠償；有的國家則認為追認既是對管理行為的追認，也是對管理結果的追認，因此，對管理人採取的管理方法不適當造成的損害，本人追認後就無權要求管理人承擔損害賠償責任。學者對這一問題也是見仁見智。經研究認為，本人的追認是對管理人管理行為的追認，這一點應無疑問，但是否當然包括對管理結果的追認則不能一概而論，應根據具體情形來進行判斷。在本人追認時有特別聲明的，則要按聲明中意思來確定追認的範圍。在本人追認時沒有特別聲明的情況下，則要看管理人管理結果的嚴重程度和

過錯程度來判斷追認的範圍，若損害結果是管理人故意或者重大過失行為導致的，則不宜當然將本人的追認視為對這種管理結果的承認。

至於本人對管理人的管理事務進行追認後產生什麼樣的效力，根據本條的規定，適用委託合同的有關規定。也就是說，管理人管理事務開始後，一旦本人追認，管理人與本人之間的權利義務法律關係就由無因管理制度調整為由委託合同制度來調整，雙方均應按本編委託合同的規定履行各自的義務，享受各自的權利。本人的追認具有溯及既往的效力，即一旦本人事後對管理人的管理事務進行追認，從管理人開始管理事務時起，雙方當事人就應當按照委託合同的規定行事。所以本條規定，管理人管理事務經受益人事後追認的，從管理事務開始時起，適用委託合同的有關規定。但是根據本編委託合同的規定，受託人履行的注意義務程度要高於無因管理制度中管理人的注意義務程度，受託人的損害賠償責任要高於無因管理制度中管理人的損害賠償責任，一旦追認後按委託合同調整本人與管理人的關係，會讓管理人處於更為不利的地位，因此，管理人有可能並不願意本人追認後依照委託合同處理其與本人的關係。在這種情況下，應當尊重管理人的意願。基於此，本條還規定，管理人另有意思表示的除外。也就是說，本人事後對管理人的管理事務進行了追認，但管理人用書面或者口頭等方式表明自己不願意按照委託合同調整其與本人的權利義務關係時，仍應當按照無因管理制度調整二者之間的關係。

第二十九章　不當得利

　　本章共四條，主要對不當得利的效力、不得請求返還的不當得利、善意受領人的返還責任、惡意受領人的返還責任以及第三人的返還義務作出了規定。

> 　　**第九百八十五條**　得利人沒有法律根據取得不當利益的，受損失的人可以請求得利人返還取得的利益，但是有下列情形之一的除外：
> 　　（一）為履行道德義務進行的給付；
> 　　（二）債務到期之前的清償；
> 　　（三）明知無給付義務而進行的債務清償。

■ 條文主旨

　　本條是關於不當得利效力及不得請求返還的不當得利的規定。

■ 條文釋義

　　不當得利，是指沒有法律根據，取得不當利益，造成他人損失的情形。不當得利制度對民事主體之間的財產流轉關係有調節作用，目的在於恢復民事主體之間在特定情形下所發生的非正常的利益變動。因不當得利產生的債稱為不當得利之債。本條規定，因得利人沒有法律根據，取得不當利益，受損失的人有權請求其返還不當利益。關於不當得利的類型存在不同的認識，理論上一般區分為給付型不當得利和非給付型不當得利。雖然這兩種不當得利在構成要件的表述上沒有區別，請求權基礎都是相同的法條，但是在構成要件的解釋上存在差異。

　　1.給付型不當得利，是指基於給付而產生的不當得利。構成給付型不當得利，有以下幾個要件：

　　一是基於給付而取得利益。所謂給付，是指有意識地基於一定目的而增加他人的財產。如果一方當事人取得利益並非出於他人的意思，不構成給付不當得利，可能成立非給付不當得利。例如，甲誤將乙的房屋作為自己的而修繕，因無增加乙的財產的意思，所以甲不能根據給付不當得利請求返還，只能基於非給付不當得利請求返還。基於給付而取得的利益表現為以下形態：（1）財產權的取得。具有財產價值的權利，可成為給付不當得利的客體，如所有權、定限物權、知識產權、債權、期待權、票據上的請求權、擔保物權的順位。（2）佔有或登記。佔有、登記具有財產價值，也可以成為不當得利的客體。例如，乙無權佔有了甲

的自行車，甲既可以向乙主張物的返還請求權，也可以基於佔有的不當得利請求返還該自行車，因為乙對該自行車佔有的本身即構成利益。（3）債務消滅。債務免除，對於債務人來說顯然受有利益。第三人清償，債務人所負的債務因之消滅，同樣受有利益。（4）勞務的提供。勞務的提供，使相對人受益。在合同無效或被撤銷等場合，勞務的提供者無法基於合同請求相對人支付酬金，可依據不當得利請求受益人返還該項利益。（5）物的使用。使用物而取得利益，在該使用喪失合同依據時，該利益可構成不當得利中的獲益。

在對利益進行個別具體的判斷時，可不必在任何情況下都固守「利益」必須是個別具體財產利益的理論，在一定情況下承認就受領人整個財產狀態抽象計算的觀點，承認在一個債的關係中兩種給付的差額即為利益，可按利益變形理論，成立不當得利。例如，在合同解除無溯及力的場合，受領人取得給付物的所有權具有合法根據，那就是解除生效之前的合同關係及其債權，但他因未為對待給付或未為完全的對待給付而取得的利益，沒有法律根據，構成不當得利。

二是他方當事人受有損失。在損害賠償制度中，損失（損害）是指權利或利益受到侵害時所發生的不利益，即行為發生前的財產狀態和行為發生後的財產狀態兩相比較，受害人所受的不利益，即為損失（損害）之所在。此類損失（損害）有積極損失（損害）和消極損失（損害）所失利益和所受損害的問題。與此有別，不當得利制度的目的及功能，不在於填補損害，而在於使受領人返還沒有合法根據而取得的利益，所以，構成不當得利的受損失，不具有損害賠償制度上的損失（損害）的意義，而是另有所指。它不以積極損失（損害）和消極損失（損害）為要件。在給付不當得利類型中，一方當事人因他方當事人為給付而取得利益，就是他方當事人的損失。例如，甲出售 A 車給乙，並依約交付了，乙所取得的利益，是甲的給付，即 A 車的所有權。

三是具有因果關係。構成不當得利，需要一方當事人取得的利益與他方當事人受到的損失之間具有因果關係，以決定誰向誰主張不當得利。構成不當得利所需要的因果關係，在學說上有直接因果關係說和非直接因果關係說的分歧。德國的傳統見解為了適當限制不當得利當事人請求權的範圍，使受害人不得對於間接獲利的第三人請求返還其所受的利益，而採取直接因果關係說，主張構成不當得利所需要的因果關係必須是直接的。該因果關係是否直接存在，應當以受益的原因事實與受損的原因事實是否同一為判斷。我國台灣地區的通說和判例也予以接受。

在給付不當得利中，因果關係的要件已由給付關係取而代之，即以給付人為不當得利的請求權人（債權人），以受領人為債務人。給付人無權處分第三人的物品場合，也是如此認定。例如，甲擅自將乙借閱的 A 書出賣給善意的丙，並依交付而移轉了所有權。在該買賣合同無效的場合，應由甲（給付人）對丙（受領人）請求返還 A 書。在丙將 A 書所有權移轉返還給甲時，該書的所有權當然復歸於乙。直接因果關係的類型包括雙重瑕疵、間接代理、處分基於合同受領的給付三種類型。屬於雙重瑕疵類型的，如甲出售 A 車給乙，乙將之轉售於丙，並依約定交付了。在甲和乙之間、乙和丙之間的買賣合同均不成立、無效或被撤銷的情

況下，甲不得向丙主張不當得利請求權，因甲已將 A 車所有權移轉給乙了，丙取得 A 車所有權的利益，來自乙的財產及其交付，與甲所受損失沒有直接的因果關係。屬於間接代理類型的，如丙委託乙，以乙的名義向甲購書，乙取得該書所有權後，再移轉給丙。在買賣合同不成立、無效或者被撤銷的情況下，甲也不得向丙主張不當得利的返還，因甲已將該書的所有權移轉給乙了，丙所受有該書所有權的利益，來自乙的財產，與甲的受損失並無直接因果關係。屬於處分基於合同受領的給付類型的，如乙向甲購買水泥修繕丙的房屋，在乙無力支付價款時，甲仍不得向丙主張不當得利的返還，因為甲已將水泥的所有權移轉給乙了，丙所受利益來自乙的財產，與甲所受損失並無直接因果關係。

非直接因果關係說認為，一方當事人若無法律上的原因而受利益，致他方因之受有損失，則對於因果關係存在與否的判斷，也應當基於公平理念，依社會上的一般觀念加以決定。如損益之間有第三人行為介入，若該財產價值的移動，依社會觀念認為不當時，應當適用不當得利的規定，使之返還。例如，甲從乙處騙取 1000 元，用以向丙為非債清償。若依直接因果關係說，則乙只能向甲主張不當得利返還，而不能向丙直接行使不當得利返還請求權，亦即丙對乙無返還其利益的義務。若果真如此，在甲逃亡時，乙就徒受損失，而丙卻坐享其利益，顯失公平。如果採取非直接因果關係說，則會使丙承擔返還不當得利的義務，方為合理。對給付不當得利是否應適用直接因果關係的問題，理論探討不多，究竟是固守直接因果關係說，還是兼採非直接因果關係說，需要繼續研究。在個別類型中採取非直接因果關係說可能有助於問題的適當解決。

四是沒有法律根據。即欠缺給付目的，其內容即給付目的的內容，為給付所關聯的債的關係及其緣由。此處所謂緣由，是指給付人和欲將其給付與哪個債的關係發生關聯的緣由，主要指履行目的。該履行目的，乃由給付人的目的表示一方確定，明示的或默示的均可，但須彰顯給付所欲履行的債的關係。給付目的的內容，一般說來，除給付人主觀上的目的以外，尚須客觀上為一定的表示，才發生法律上的效力。給付目的主要有兩類：(1) 清償債務。此處所謂債務，或為法定債務，如因侵權行為而產生的損害賠償；或為因基礎行為而產生的債務，如基於買賣合同所產生的交付買賣物的債務。(2) 直接創立一種債的關係。例如，沒有約定的或法定的義務而為他人修繕房屋，以成立無因管理。給付目的通常基於當事人的合意，但在單獨行為的場合，可由給付人一方為意思表示為之。當事人一方本於一定目的而為給付時，其目的在客觀上即為給付行為的原因，從而給付如欠缺其原因時，他方當事人受領給付即無法律上的原因，應成立不當得利。

給付行為欠缺目的，分為自始無給付目的、給付目的嗣後不存在和給付目的不達三種，相應地，給付行為因欠缺目的而構成的不當得利也分為三類。

（1）自始無給付目的。給付自始欠缺給付目的的不當得利，主要有兩種：一是狹義的非債清償，如不知所欠之債業已清償仍為履行；二是作為給付的原因行為未成立無效或被撤銷，如買賣交付買賣物，但買賣合同卻未成立。

（2）給付目的嗣後不存在。其一，合同所附解除條件成就，該合同消滅，基於該合同所

為的給付可構成不當得利。例如，甲贈 A 車給乙，約定乙移民他國時，贈與合同失其效力。如今，乙已經移民加拿大，所受 A 車的原因即失其效力。於此場合，在德國民法和我國台灣地區的「民法」上，構成利益為 A 車所有權的不當得利，也成立利益為佔有 A 車的不當得利；在我國大陸的民法上，只能成立利益為佔有 A 車的不當得利，以及所有物返還請求權。其二，合同所附終期屆至，該合同消滅，基於該合同所為的給付，可構成不當得利。其道理如同合同所附解除條件成就，不再贅述。其三，依當事人一方的意思表示，撤銷或不追認合同，基於該合同所為的給付，可構成不當得利。例如，某國土資源管理部門將 A 宗建設用地使用權出讓給甲，並辦理完畢過戶登記 (變更登記)，後依欺詐或重大誤解等理由將該出讓合同撤銷。於此場合，該建設用地使用權的登記即為不當得利構成要件中的利益，該國土資源管理部門可基於不當得利制度請求甲註銷該項登記。其四，合同解除，基於該合同所為的給付，可構成不當得利。在合同解除無溯及力的場合，受領人取得給付物的所有權具有合法根據，那就是解除生效之前的合同關係及其債權，在德國民法和我國台灣地區的「民法」中，受領人所受領的給付具有法律上的原因，不成立不當得利。但是，這在不成立違約責任的情況下，顯失公平，不如改採如下的觀點：他因未為對待給付或未為完全的對待給付而取得的利益，沒有合法根據，構成不當得利。其五，為證明債務而交付證書，其後債務因清償或其他事由而消滅，導致失去證明目的。於此場合，成立利益表現為佔有的不當得利。

(3) 給付目的不達。擬實現將來某種目的而為給付，但日後並未達成其目的，屬於給付目的不達。例如，附停止條件的債務，預期條件能夠成就而先行交付標的物，結果是條件並未成就。在德國民法和我國台灣地區的「民法」上，認為成立不當得利，但給付人若違反誠實信用原則而妨礙目的的達成的，不得依不當得利的規定請求返還。在我國大陸民法上，可成立佔有的不當得利請求權，也產生所有物返還請求權，給付人可選擇其一而行使。

2. 非給付型不當得利是因給付以外的事由而發生的類型。其事由包括受益人的行為，受害人的行為，第三人的行為，自然事件以及法律的直接規定。

一是基於受益人的行為而生的不當得利。有以下幾個要件：

（1）因侵害他人的權益而取得利益。基於受益人的行為而生的不當得利，以侵害他人的權益而取得利益為基本要件。無權出賣他人之物而取得價款，出租他人之物而收取租金，佔用消費他人之物等為其典型表現。

（2）使他人受損失。基於受益人的行為而生的不當得利，其構成所要求的「使他人受損失」，只要因侵害應歸屬於他人的權益而取得利益，就可認為基於同一原因事實「使他人受損失」，不以有財產移轉為必要。例如，甲擅自在乙的屋頂設置廣告牌時，因使用乙的屋頂而取得利益，使乙受到損失，至於乙有無使用計劃或其屋頂是否受到毀壞，在所不問。甲和乙之間雖無財產的移動，但不影響不當得利的成立。

（3）沒有法律根據。在德國，侵害應歸屬於他人的權益範疇而取得利益，使他人受損失，欠缺正當性，就構成無法律上的原因；在我國民法上，應構成沒有法律根據。

二是基於受害人的行為而生的不當得利。基於受害人的行為而生的不當得利，有的是給

付型不當得利，有的是非給付型不當得利，究竟如何，需要根據個案予以確定。這種類型的不當得利主要有如下兩種類型。

（1）支出費用的不當得利。例如，甲誤將乙的奶牛認為是自己的而飼養，甲可向乙請求返還不當得利。在這種類型的不當得利領域，可能發生「強迫得利」，即對他人之物支出費用，增加其價值，但違反受益人的意思，不符合其計劃的情形。例如，不知他人的圍牆即將拆除而加以裝修。解決強迫得利，存在着不同意見。主觀說認為，就受益人的整個財產，依其經濟上的計劃認定應償還的價值額。例如，油漆他人即將拆除的圍牆，其應償還的價值額為零，不必返還。反對說則主張，不宜為解決這種特殊問題而將價值額的計算主觀化。強迫得利應如何返還，屬於所受利益是否存在的問題。就油漆圍牆而言，因該圍牆預定拆除，在整個財產上並無存留的利益，善意的受領人免負返還或償還價值額的責任。

（2）因清償他人的債務而發生的所謂「求償不當得利請求權」。例如，甲向乙購買 A 車，分期付款，約定在價款付清前由乙保留對 A 車的所有權。在履行過程中，甲的債權人丙對 A 車請求強制執行，是為自己的利益而代甲清償後幾期的價款，消滅 A 車買賣合同關係。於此場合，丙對甲可主張「求償不當得利請求權」。

三是基於第三人的行為而生的不當得利。基於第三人的行為而生的不當得利，是指受益人因第三人的行為取得應當歸屬於他人 (受害人) 的利益，而成立的不當得利。其主要類型有：（1）第三人以受害人的飼料飼養受益人的家禽；（2）債務人善意地向收據持有人為清償，導致債權人喪失其債權；（3）債務人善意地向準佔有人 (如負債字據的持有人) 為清償；（4）法院在拍賣程序中將價款分配於無權利接受分配的人；（5）債務人在收到債權讓與通知之前向債權人為給付，其清償有效，致使債權消滅，債權受讓人因此遭受損失；（6）登記部門在辦理登記時，誤將抵押權的順序顛倒，致使後順序的抵押權所擔保的債權優先取得清償。

四是基於法律規定而生的不當得利。基於法律的直接規定而生的不當得利，其中的法律規定應從廣義上理解，指法律秩序，包括法院的判決和行政處分。如果法律規定的目的是在使受益人終局地實質地保有利益，以維護財產狀態的新秩序為目的，則不成立不當得利；反之，該法律規定的目的僅僅在技術上謀取方便，形式上使該項利益歸屬於某人，實質上並不使其終局地保有該項利益時，則可成立不當得利。基於法律規定而生的不當得利，主要發生在添附、善意取得等場合：

（1）添附與不當得利。在添附制度中，法律使原物的所有權人中的一人取得因添附而發生新物的所有權，是為避免社會經濟的不利，保全物的使用價值，以及防止共有的不便，於是，一方面使該新物取得人終局地取得所有權，另一方面不允許新物取得人終局地、實質地保有其價值利益，使因添附喪失所有權而受損失的動產所有權人，可基於不當得利請求新物所有權人予以返還。

（2）善意取得與不當得利。甲將乙的 A 車擅自出賣與丙，丙善意取得 A 車，甲對乙負有不當得利返還車款的義務，或承擔損害賠償責任。至於丙是否承擔不當得利返還的義務，在德國民法和我國台灣地區「民法」中，一種理論認為，丙善意取得 A 車係基於甲的給付，

具有法律上的原因，不構成不當得利；換個角度說，善意取得制度為保護交易安全而設，有使受讓人終局地保有其取得的權利，因此，丙取得 A 車不成立不當得利。在我國民法上，丙善意取得場合，他（它）和甲之間的買賣合同有效，不成立不當得利；在該買賣合同無效時，丙仍負不當得利返還的義務，只是返還的利益是 A 車的所有權或佔有，還是差價款，存在爭議。如果徹底貫徹善意取得制度使受讓人終局地保有其取得的權利這種立法目的，則不應使丙返還 A 車，而應返還差價款，即採用差額說返還不當得利；假如沿襲德國關於給付不當得利的規則，丙就必須依不當得利制度返還 A 車，甲向丙返還（全部或部分的）車款。前者更加合理。

（3）終局確定判決與不當得利。債權人基於法院的確定判決，請求對債務人的財產為強制執行，取得了錢款，該確定判決如未經其後的確定判決予以廢棄，縱使該確定判決的內容不當，亦非無法律上的原因而取得利益。不過，在該確定判決被其後的確定判決撤銷時，則債權人依據該確定判決取得的該筆錢款喪失法律根據，債務人可基於不當得利請求債權人予以返還。

五是基於自然事件而生的不當得利。取得利益出於自然事件的結果，可成立不當得利。例如，甲放養的羊群進入乙承包的牧場，乙取得佔有利益，甲可基於佔有的不當得利請求乙返還該羊群。當然，在甲能夠證明哪些羊屬於他所有的情況下，也可以基於物的返還請求權請求乙返還。

3. 給付型不當得利請求權與非給付型不當得利請求權的關係。

（1）排除非給付型不當得利。如果認定當事人之間存在給付關係，就概念而言，當然排除非給付關係。只有在當事人之間沒有給付關係時，才發生非給付不當得利請求權。例如，甲受僱餵養乙的馬，僱用合同無效時，甲對乙有給付不當得利請求權。如果甲和乙之間沒有僱用關係，甲誤認乙的馬為自己的馬而餵養，因無給付關係，應成立非給付型不當得利。

（2）非給付型不當得利的成立。需要注意的是，第三人介入損益變動過程而與受益人或受害人具有給付關係時，受益人和第三人之間的關係中可能欠缺法律上的原因（法律根據），該財產損益變動被賦予「不當性」的特徵，因而成立非給付不當得利。例如，承攬人將其所盜油漆用於為定作人完成的工作物上，在該承攬合同關係中，承攬人對定作人的給付和定作人取得該工作物所有權的同時一併取得該油漆的所有權，均有法律上的原因（法律根據），無「不當性」可言。但另一方面，定作人取得油漆所有權的利益係直接出自油漆原所有權人的財產，並且定作人對該油漆原所有權人而言，乃係違反法律上權益歸屬而取得油漆所有權的利益，因而，在定作人和該油漆原所有權人的關係中，定作人取得油漆所有權的利益即無法律上的原因（法律根據），構成不當得利。

（3）給付不當得利返還請求權原則上優先。第三人介入損益變動過程而與受益人或受害人具有給付關係時，基本上可以採取給付不當得利返還請求權優先性作為判斷的出發點，即因給付而取得利益時，對第三人原則上不成立非給付型不當得利，給付關係不成立、無效或被撤銷時，僅須對給付人負不當得利返還義務。此外，還應參酌各個法律規定的規範目的

（如民法關於善意取得的規定），作為判斷依據。

4. 不當得利請求權的客體。

（1）原物返還。不當得利的返還方法，以返還所受利益的原狀（學說稱作「原物返還」）為原則，以價值額償還為例外。原物返還，包括所受利益，以及本於該利益更有所取得。

所受的利益，是指受領人因給付或非給付所取得的權利、物的佔有、不動產的登記、債務免除等財產上的利益。關於返還的方法，對於權利，應按照各個權利的移轉方法，將其權利移轉於受害人（債權人）。例如，對於物的佔有，應依交付的方法為之；對於不動產的登記，可請求移轉登記（變更登記）的途徑予以返還；經設立的物權（用益物權或擔保物權）應予廢止；經廢止的物權應予復原。經成立的債權應予免除；經拋棄的債權應予回覆。

本於該利益更有所取得，可分為三類：一是原物的用益，是指原物所得的孳息（天然孳息和法定孳息）和使用利益（如房屋的使用）；二是基於權利的所得，如原物為債權的，所受到的清償；三是原物的代償物，如原物因毀損而從第三人處取得的損害賠償金或保險金。

（2）價值額償還。取得的利益依其性質或其他情形不能返還的，應償還其價值額。所謂依其性質，如取得的利益為勞務、物的使用或消費、免除他人的債務等。所謂其他情形，主要有取得利益本身（如花瓶）的滅失、被盜或遺失，受領人將受領的標的物出售、贈與或與他人之物互易而移轉其所有權等。還有，受領之物部分毀損時，也屬於不能返還原物，就其毀損部分也應以價值額償還。對此類不能原物返還的情形，受領人有無過失，在所不問。受領的利益為代替物的，應予返還的，仍為價值額，而非其他代替物。

關於價值額的計算，客觀說認為，所謂價值額，應依客觀交易的價值予以確定。主觀說則主張，所謂價值額，應就受益人的財產加以判斷，在財產總額上有所增加的，皆應予以返還。例如，受領人的利益為 A 花瓶的所有權，市場價格為 5 萬元，受益人將之出售於他人時，不能將 A 花瓶返還，應償還其價值額。按照客觀說，無論其價款多少，受領人應償還的均為 5 萬元；依主觀說，受領人應償還的為所得價款，若所得價款為 6 萬元，應償還 6 萬元；若所得價款為 4 萬元，應償還 4 萬元。客觀說為通說。

在受領的利益為勞務時，所應償還的，為取得該項勞務的相當報酬。消費他人之物時，所應償還的，係該物的市場價格。在使用他人之物的情形，為「物的使用」本身。

在無權使用他人著作權、專利權等情況下，所獲利益不能原物返還，應償還其價值額。該項價值額應按照使用該項權利通常必須支付的報酬加以計算。問題在於，債權人可否進一步請求債務人返還超過該項客觀價值額的獲利？換句話說，債務人所應返還的，究竟為價值額還是取得的利益？這涉及不當得利制度的功能，侵權損害賠償和無因管理制度的適用，係民法上一項重要的爭論問題。通說認為，損失大於利益時，應以利益為準，利益大於損失時，則應以損失為準。所以，在侵害他人著作權或專利權時，僅應償還其客觀價值額，在無權處分他人之物時，亦然。其理由在於，若返還超過損失的利益，則受害人反而取得不當得利。不過，不法侵害他人權利，能有侵害的取得利益，不合事理，亦非妥當，於是，通說又主張受害人可類推適用無因管理的規定，向受益人請求返還不法管理他人事務所得的利益。

5. 不當得利請求權的排除。

該條第 2 款是關於不得請求返還的不當得利的規定。從前述理論構成看，主要針對的是給付型不當得利。

第 1 項排除事由不當給付是為履行道德上義務而為之。這一項規定在於調和法律與道德的關係，使法律規定符合一般道德觀念。所謂道德上的義務應該以社會觀念加以認定，例如：（1）對無撫養義務的親屬。比如姪子女對叔伯父，以為有撫養義務而進行撫養，但實際上沒有撫養義務。這種撫養行為雖然導致叔伯父沒有法律根據而獲利，但是也不會構成不當得利，因為這是為了履行道德上的義務，這種行為我們應該加以鼓勵。（2）對於救助其生命的無因管理人給予報酬，我們知道依據無因管理，本來是沒有報酬請求權的，所以本來是不用對其給予報酬的，但是他為了履行道德上的義務而對他支付了報酬，那麼管理人取得報酬，本身雖然欠缺法律上的原因，是對於此行為，我們也沒有必要否認它的效力，因此這也成了排除不當得利的事由。

第 2 項排除事由是債務到期之前的清償。債務到期之前的清償，因為債務並非不存在，所以債權人受領給付，不能稱之為缺乏法律上的原因。並且因為債務因清償而消滅，所以債權人也沒有什麼得利可言。因此從本質上來說，該項並不是不當得利請求權的例外，而是不當得利請求權不發生的問題。但是為了避免實踐中發生異議，所以此處特別規定此時也不能請求返還。

當然有爭議的問題是，在有償的借款合同當中，原本提前清償和按期清償之間應該會有一個利息差，但是假如債務人誤以為到期而進行了提前清償，並且支付了合同約定的全部利息，那麼債權人多取得的那一部分利息是否屬於不當得利應該返還呢？債權人取得了提前清償，那麼本來他不應該取得到期的全部利息，從這個意義上來說，多出來的這一部分利息缺乏法律根據的；但是從另一個角度來看，如果將這部分多出來的利息都認定為不當得利，那麼也就意味着債務人可以通過單方面提前清償的方式，迫使債權人放棄一部分利息，從而達到單方面變更合同的效果。正因如此，對此問題比較法上也無統一解決方案：日本法中以債務人的清償係出於錯誤為限，債務人可以向債權人請求返還中間利息；但是德國民法則明定不能請求返還。此問題還值得未來解釋論進一步研究。我國民法典第 677 條規定：借款人提前返還借款的，除當事人另有約定外，應當按照實際借款的期間計算利息。

第 3 項排除事由是明知無給付義務而進行的債務清償。非債清償屬於典型的不當得利，本來是可以請求返還的，但是法律對於明知無債務而進行的清償，特別設置了本項這個例外。這一例外的設置的理論根據在於禁反言原則，也就是說明知沒有給付義務而進行的給付，再請求返還，則構成了前後矛盾，有違誠信原則，所以不允許。關於此項的構成，要件有三，以下詳述：

（1）無債務存在。受領人和清償人之間必須沒有債務存在，如果有債務存在，則根本不可能構成非債清償，也就沒有不當得利的問題了。判斷有無債務存在的時間點為給付的時候。值得注意的是，當債務具有撤銷原因的時候，在撤銷前債務存在，但一經撤銷債務關係

就溯及既往地失其效力，債務也就溯及既往地不存在。因此如果明知撤銷原因的存在而繼續進行的給付，也屬於明知無債務而進行的清償。這種情況下通常可以認為，承認了可以撤銷的法律行為，所以喪失了撤銷權。

（2）因清償債務而進行了給付。需要注意的是，這裏的給付必須是徹底的給付，如果債務人在進行給付的時候有所保留，那麼，不當得利返還請求權並不因為本項而被排除。比如說，債務人雖然明知已經清償了債務，本來這個時候沒有清償的義務，但是因為找不到收據，債權人又來催收，所以債務人不得已進行了給付，但是同時表示：如果我找到了清償收據的時候那麼這次的給付應該返還給我。在這一情況之下雖然債務人在清償債務的時候是明知債務不存在的，但是因為他在清償的時候做出了保留，明確說了如果找到收據的時候應該返還，於是就不適用本項，並不構成返還請求權的排除。

（3）給付時明知無給付義務。對於有無債務，如果屬於心存懷疑而進行的給付，最後發現卻無債務，原則上仍然應該允許其返還。此外需注意的是，這裏的主觀要件是明知，也就是說因過失而不知並不包含在內。這是一項非常嚴格的主觀要件，也就是說只有明確違反禁反言原則的行為，才受此項的約束。實踐中常見的匯錯款的行為，即使匯款的人有重大的過失，也不能認為構成了此項的明知無給付義務而進行的給付。

第九百八十六條　得利人不知道且不應當知道取得的利益沒有法律根據，取得的利益已經不存在的，不承擔返還該利益的義務。

■ 條文主旨

本條是關於善意得利人的返還責任的規定。

■ 條文釋義

受領人為善意時，僅負返還現存利益的義務，如果該利益已不存在，則不必返還原物或償還價值額。之所以如此，是因為法律使善意受領人的財產狀態不致因發生不當得利而受不利的影響。這裏的「善意」，是指受領人非因過失不知（不知且不應知）沒有法律根據（無法律上的原因）。

特別需要說明的是，這裏的「取得的利益」有無的判斷，不同於不當得利中的個別判斷標準，應抽象概括地就受領人的整個財產加以判斷，以取得利益的過程而產生的現有財產總額與若無其事實應有財產的總額比較，而決定有無利益的存在。這種按照經濟考察方法認定的利益概念，學說上稱為差額說，不當得利過程中出現的利益（積極項目）與不利益（消極項目）均應納入計算，以其結算的餘額，作為應返還的利益。

關於利益不存在的認定，存在以下幾種情形：

1. 受領標的本身不存在。就受領標的物而言，所謂利益不存在，可就若干典型案例加以說明：

（1）原來取得利益（如 A 車所有權）因毀損、滅失、被盜或其他事由不能返還時，取得相應的損害賠償金、補償金或保險金等補償，屬於因為該利益而取得的利益，應予返還；若未取得此類補償，就構成利益不存在，受領人免負返還義務或償還價值額的責任。

（2）受領人就取得的利益（如 A 車所有權）為法律行為上的交易，所取得的對價（如價款或互易物），屬於原物不能返還，應負返還價值額的責任。例如，受領人將時值 10 萬元的 A 車以 9 萬元出賣，其財產總額的增加現在尚存的，為 9 萬元，所以，善意受領人僅負 9 萬元的返還責任。如果受領人將 A 車贈與他人，實際上所獲財產並未增加，取得的利益不存在，免負返還義務或價值額償還的責任。

（3）取得的利益為金錢時，因金錢具有高度的可代替性和普遍使用性，只要移入受領人的財產，就難以識別，原則上無法判斷其存在與否。但受領人若能證明確實以該項金錢贈與他人，可主張取得的利益不存在。

（4）使用消費他人之物，如甲、乙二人同名同姓同日生同住於 A 宿舍，各有姓名相同的女友丙、丁。甲生日，其女友寄來蛋糕，乙誤以為是其女友丁所送，舉行慶祝會，與其他同學共同享受。設乙家境清貧，一向沒有食用生日蛋糕的習慣和支出該項費用的計劃，則其使用消費的利益並未曾留存於財產上，按照差額說，可主張取得的利益不存在。

2. 受領人其他財產上的損失。在差額說的理論架構中，通說強調，與取得利益的事實有因果關係的損失，均可列入扣除的範圍；就該扣除的數額，受領人可主張利益不存在。其道理在於，受領人只能於受益的限度內將該利益還盡為止，不能因返還更受損失。同時應強調受領人可主張扣除的，限於其因信賴取得利益具有法律依據而遭受的損失。其理由有二：一是因果關係說過於廣泛，應作適當限制；二是惡意受領人之所以應負加重責任，乃因其必須計及受領利益的返還，善意受領人之所以得減輕其責任，乃基於信賴其受利益具有法律上的原因，法律旨在保護善意受領人的信賴，從而他得主張扣除的，亦應以信賴損失為限。依此見解，受領人就其財產上損失可以主張扣除的，有如下幾種：其一，因取得該利益所支出的費用，如運費、關稅等；其二，對受領物所支出的必要費用和有益費用，如動物的飼料費用；其三，受領人的權利因該項利益的受領而消滅，或其價值減少所產生的損失，如第三人丙因其錯誤向債權人甲清償乙的債務，甲誤信該清償為有效而受領，導致毀損了債權證書，拋棄擔保時，其原有債權受損害，也可主張扣除。當然在此情形下，為了平衡丙的利益，應該由甲保留受領的給付，而以甲對乙的債權讓與丙。

第九百八十七條　得利人知道或者應當知道取得的利益沒有法律根據的，受損失的人可以請求得利人返還其取得的利益並依法賠償損失。

■ 條文主旨

本條是關於惡意得利人的返還責任的規定。

■ 條文釋義

此處所說的惡意，是指受領人明知沒有法律根據（無法律上的原因），包括受領時明知和其後明知，以及因過失而不知曉的情形。由於認定是否知道或者應當知道有沒有法律根據（欠缺法律原因的認識）較為困難，受領人依其對事實的認識和法律上的判斷知曉或者應當知曉其欠缺保有所獲利益的正當根據（依據常識判斷即可）時，就足夠了，不以確實了解或者應當了解整個法律關係為必要。受領人為法人機關時，該機關的明知或者應知即為法人的明知或者應知。代理人的明知或者應知，應歸被代理人負責。受領人為限制行為能力人的，應依其法定代理人的明知或者應知加以認定。

一、自始惡意的受領人的返還責任

1. 加重的返還責任。惡意受領人應將受領時取得的利益，附加利息，一併返還。

一是受領時取得的利益。受領時取得的利益，不僅包括該利益的本體，還包括本於該利益更有所取得。受領時取得的利益依其性質或其他情形而不能返還時，應償還其價值額。惡意受領人不得主張所取得的利益不存在而免負返還責任。

二是就取得的利益附加利息。受領的利益為金錢時，應附加利息。受領的利益為金錢以外的形態時，可轉變為損害賠償。

三是損害賠償。惡意受領人返還取得的利益（含利息），若仍不能填補受害人的損失，就其不足部分，應另負損害賠償責任。該種損害賠償，請求權系不當得利制度上的制度，而非侵權責任法上的損害賠償，不以受害人對損失的發生具有過錯為要件。

2. 受領人的支出費用請求權。惡意受領人不得主張所取得的利益不存在，故因取得利益所支出的費用，如運費、稅費等，不得主張扣除。

二、嗣後惡意的受領人的返還責任

受領人如果是嗣後知道或者應當知道欠缺法律上的根據，那麼在知道或者應當知道欠缺法律上的根據之前，依據本法第 986 條的規定，僅就現存利益負返還義務，若所取得的利益不存在，亦可主張，不負返還責任；在知道或者應當知道欠缺法律上的根據之後，才開始承擔本條的加重責任。

> **第九百八十八條**　得利人已經將取得的利益無償轉讓給第三人的，受損失的人可以請求第三人在相應範圍內承擔返還義務。

■ 條文主旨

本條是關於第三人的返還義務的規定。

■ 條文釋義

第三人所受利益，來自於得利人，並未導致受損人受損害，不成立 985 條所規定的不當得利。但是對當事人的利益加以衡量，一方面受領人免負返還義務，另一方面第三人無償取得利益，不合情理且顯失公平。為了達到保護債權人的利益的目的，該條規定得利人將所取得的利益無償轉讓給第三人時，第三人於受領人免負返還義務的限度內，承擔返還義務。

需要注意的是「受損失的人」的解釋，如果請求權人已經依據本法第 986 條或者第 987 條規定取得了完全的不當得利返還，那麼就不是這裏的「受損失的人」；只有沒有依據第 986 條或者第 987 條規定取得完全的不當得利返還（或者沒有選擇第 986 條或者第 987 條，這裏允許請求權的選擇），才屬於這裏「受損失的人」。也即是說「受損失」這一要件排除了不當得利請求權人多重獲利的可能性。

關於「無償轉讓給第三人」，應該注意：（1）須為無償轉讓，如贈與或遺贈。只要是有償轉讓，不論是否支付合理對價，都不能夠要求第三人承擔返還義務。在半賣半送的廉價買賣（混合贈與）中，贈與部分仍可要求第三人承擔返還義務。（2）須為原受領人所應返還的贈與物，包括所受利益以及基於該利益更有所得者。例如，受領人佔有的 A 物品被他人毀損，他人以 B 物品代償，善意受領人將 B 物品贈與第三人時，第三人對受損人仍負有返還 B 物品的義務。

中華人民共和國民法典
釋義及適用指南

下冊

黃薇 ◎ 主編

中華書局

附　則

第四編

人格權

本編堅持以人民為中心，順應人民群眾對人格權保護的迫切需求，在現行有關法律法規和司法解釋的基礎上，對人格權的一般規定以及各種具體人格權作了較為詳細的規定，為人格權保護奠定和提供了充分的規範基礎。

　　在立法過程中，對民法典是否單獨設立人格權編，一直有不同的爭論觀點。從總體情況看，各方面都贊成通過立法加強人格權的保護，但對立法形式有不同意見。絕大多數意見認為，人格權獨立成編，既能夠體現立法對人格權制度的高度重視，彰顯人格權制度的重要性，也可以適應人格權制度的發展，回應社會對加強人格權保護的呼聲，有利於解決人格權保護領域出現的新情況和新問題；採用獨立成編的立法形式，既符合民法調整人身關係和財產關係這種體系結構的內在邏輯，也是對我國自民法通則以來的民事立法經驗的繼承和發展。但也有的意見認為，從國外的立法看，在民法典中專編規定人格權的國家和地區並不多，不贊成人格權獨立成編，建議在第一編總則和第七編侵權責任中完善人格權制度。經認真研究後認為，人格權是民事主體對其特定的人格利益享有的權利，關係到每個人的人格尊嚴，是民事主體最基本、最重要的權利。保護人格權、維護人格尊嚴，是我國法治建設的重要任務。近年來，加強人格權保護的呼聲和期待較多。為了貫徹黨的十九大和十九屆二中全會關於「保護人民人身權、財產權、人格權」的精神，落實憲法關於「公民的人格尊嚴不受侵犯」的要求，堅持以人民為中心，回應社會關切，順應人民群眾對人格權保護的迫切需要，滿足人民日益增長的對人格權保護的需求，為司法實踐提供較為明確的裁判依據，實現民法典的體系化，綜合考慮各方面意見，在現行有關法律法規和司法解釋基礎上，總結我國現有人格權保護的實踐經驗，在民法典中增加人格權編是較為妥當、可取的。通過專編規定人格權，也有助於將本法總則編所規定的人格權予以細化，而且使得民法典的體系與其調整對象吻合，體例更完善，邏輯更嚴密。同時，可以使現行法律中關於人格權的分散規定集中展現，對不夠具體的加以具體化，對社會生活中亟須規範而沒有規範的予以明確，還可以將法規、規章、司法解釋已作規定，並經實踐檢驗行之有效，但尚未上升到法律的規定納入民法典，這也與民法典編纂的時代性和對現行民事法律規範進行系統整合的立法目標相契合。通過專編規定人格權，對人格權予以具體詳細的規定，有助於使得民事主體了解自己所享有的各項人格權，具有人格權宣示的作用，意義重大。民法通則也在民事權利這一章中專節規定了人身權，這是我國民事立法的重大成就，凸顯了對人格權的尊重和保護，影響深遠，本法應當繼承這一做法。本編對於人格權的規定，主要是從民事法律規範的角度規定自然人和其他民事主體人格權的內容、邊界和保護方式，不涉及公民政治、社會等方面權利。

　　本編分為六章，共五十一條，規定了自然人所享有的人格權和法人、非法人組織享有的人格權，包括人格權的一般規定（第一章）以及各項人格權的具體規定（第二章至第六章）。

第一章　一般規定

本章共十三條，對人格權編的調整範圍、人格權的範圍、人格權的許可使用、死者的人格保護、人格保護的動態考量因素、人格權的特殊保護方式等作出了規定。

第九百八十九條　本編調整因人格權的享有和保護產生的民事關係。

■ 條文主旨

本條是關於人格權編調整範圍的規定。

■ 條文釋義

人格權的概念在民法中的確立經歷了較長的過程。羅馬法中並不存在現代的人格權概念，但其在「侵辱之訴」中包括了對身體、名譽和尊嚴的保護。近代的民法典也多以財產法為中心構建，對人格權的保護是不足的。但是，隨着社會的發展和技術的創新，人格權保護領域出現了很多新情況、新問題，突出表現在以下幾個方面：一是人格權的類型越來越多樣。在傳統的生命權、身體權、健康權、姓名權、名稱權、肖像權、名譽權、榮譽權等具體人格權之外，出現了隱私權、個人信息等需要保護的新型人格權。二是人格權保護涉及的法律關係越來越複雜，對人格權的保護往往需要平衡不同利益主體的利益訴求。例如，對個人信息的保護需要明確個人信息的保護範圍，處理者的具體義務，個人信息保護和數據資產化之間的關係等問題。三是侵害人格權的方式越來越多樣，後果越來越嚴重。所有這些促使了人格權概念的形成和發展。

在我國，民法通則在民事權利這一章中專節規定了人身權，規定了生命健康權、姓名權、名稱權、肖像權、名譽權、榮譽權、婚姻自主權等人格權。本法總則編延續了這一方式。第 109 條、第 110 條、第 111 條對於民事主體的人格權予以一般性規定。據此，本條明確規定，本編調整因人格權的享有和保護產生的民事關係。

首先，本編的調整範圍與人格權有關。所謂人格權，一般認為，是指民事主體對其特定的人格利益所享有的排除他人侵害，以維護和實現人身自由、人格尊嚴為目的的權利。

應當注意的是，本編調整範圍所涉及的是人格權而非人格。人格，是指民事主體享有民事權利、承擔民事義務的法律資格。我國自民法通則以來，就嚴格區分了人格與人格權的概念，與人格相對應的概念是民事權利能力，而人格權是民事權利的一種。權利主體是具有民事權利能力的民事主體，不具有民事權利能力，就不享有人格權；但人格權所涉及的是人格

利益而非作為民事權利能力的人格。

其次，本編所涉及的是人格權的享有和保護。人格權是與生俱來的，而法律對民事主體享有人格權予以確認，並對其予以保護，有助於通過法律手段加強對人格權的保障。本編所涉及的是人格權的享有和保護，並非意味着人格權的享有和保護僅能通過本編實現。本法總則編第 109 條至第 111 條和侵權責任編，也涉及人格權的保護。但是，人格權編與侵權責任編的功能和定位不同。人格權編主要規定了人格權的類型、權利內容、權利邊界、與其他價值之間的協調、行為人的義務和特殊保護方式等規則，侵權責任編主要着眼於對人格權的事後救濟。同時，鑒於侵權責任編對侵害民事權利的一般救濟規則已作了較為詳細的規定，人格權編只規定了保護人格權的特殊救濟方式。因此，在體系上，人格權編與侵權責任編既各有分工，又能夠相互銜接，共同實現對人格權的保護。

最後，本編調整的是因人格權的享有和保護產生的民事關係。這意味着：第一，民事關係是法律調整的對象，民事法律關係是法律調整之後的結果；第二，調整的是民事關係，而非其他關係。人格權的享有和保護涉及多個法律部門的共同調整，有憲法、民法、行政法、刑法等，本編僅涉及其中的民事關係。

應當注意的是，在人格權問題上的憲法和民法之間的關係。我國憲法確立了保障公民人身權利的原則。憲法第 33 條第 3 款、第 37 條、第 38 條、第 39 條和第 40 條對於人格權保護作了較為原則性的規定。

憲法的這些規定，首先，強調了國家對公民的這些基本權利的保障義務，國家要通過各種方式實現對這些基本權利的保障，通過立法予以保障是實現國家保障義務的重要方式之一，憲法的這些規定應當通過法律的具體規定予以落實。其次，憲法的規定不僅調整國家和公民之間的關係，其作為客觀價值秩序，對於公民和公民之間的私法關係也發生重要的價值輻射作用。因此，本法人格權編的具體規定，體現了憲法這些規範的上述兩種功能。據此，憲法規範具有根本的、最高的規範層級，是國家的根本大法，是其他法律制定的依據，憲法中的這些規範構成了本法人格權編具體規定的規範基礎，為人格權制度提供了合法性來源以及發展和完善的動力。本法人格權編的具體規定是對憲法這些規定的落實和具體化，體現了憲法的精神，落實了憲法的要求。這也是本法第 1 條中所強調的「根據憲法」的含義。為了確保憲法規定能夠落到實處，民事法律需要將憲法規定的人格尊嚴予以細化，使之具有可訴性和可操作性，為人民法院保護當事人的人格尊嚴提供裁判依據。同時，本法對人格權的具體規定，涉及人格權的類型、權利內容、權利邊界、與其他價值之間的協調、行為人的義務和特殊保護方式等規則，有助於將憲法的要求具體化，充實憲法的各項具體規範要求，協調憲法多種價值和規範之間的關係，有助於全面推進依法治國。

因此，本法對於人格權的規定，將憲法規定的人格尊嚴在民事領域予以具體化，圍繞民事主體所享有的生命權、身體權、健康權、姓名權、名稱權、肖像權、名譽權、榮譽權、隱私權和個人信息等人格權益，以及所產生的民事法律關係作出規定，可以更好體現憲法精神，這對於確保公民的人格尊嚴不受侵犯，體現我國在人格權保護領域所取得的進步具有十

分重要的意義，有助於憲法和民法之間交互影響和雙向互動關係的良性發展。但是，本編對人格權的規定並不包含憲法所規定的公民的所有基本權利，而主要是公民所享有的關於人格的民事權利，是從民事法律規範的角度規定自然人和其他民事主體人格權的內容、邊界和保護方式，不涉及公民政治、社會等方面的基本權利。

> **第九百九十條**　人格權是民事主體享有的生命權、身體權、健康權、姓名權、名稱權、肖像權、名譽權、榮譽權、隱私權等權利。
>
> 　　除前款規定的人格權外，自然人享有基於人身自由、人格尊嚴產生的其他人格權益。

■ 條文主旨

本條是關於人格權類型的規定。

■ 條文釋義

一、人格權具體類型的列舉

本條第 1 款列舉了民事主體所享有的人格權的具體類型。本法第 110 條規定，自然人享有生命權、身體權、健康權、姓名權、肖像權、名譽權、榮譽權、隱私權、婚姻自主權等權利。法人、非法人組織享有名稱權、名譽權和榮譽權。據此，本款予以總結，規定了民事主體所享有的人格權的具體法定類型包括：

1. 生命權：指自然人享有的以生命安全和生命尊嚴為內容的權利。

2. 身體權：指自然人享有的以身體完整和行動自由為內容的權利。

3. 健康權：指自然人享有的以身心健康為內容的權利。

4. 姓名權：指自然人享有的依法決定、使用、變更或者許可他人使用自己姓名的權利。

5. 名稱權：指法人和非法人組織享有的依法使用、變更、轉讓或者許可他人使用自己名稱的權利。

6. 肖像權：指自然人享有的依法製作、使用、公開或者許可他人使用自己肖像的權利。

7. 名譽權：指自然人、法人和非法人組織就其品德、聲望、才能、信用等所獲得的社會評價，所享有的保有和維護的權利。

8. 榮譽權：指自然人、法人和非法人組織對其獲得的榮譽及其利益所享有的保持、自主決定的權利。

9. 隱私權：指自然人享有的私人生活安寧與不願為他人知曉的私密空間、私密活動、私密信息等依法受到保護，不受他人刺探、侵擾、洩露和公開的權利。

關於人格權的主體，自然人當然享有人格權，關於法人和非法人組織是否享有人格權，理論界存在不同觀點。經研究，法人、非法人組織所享有的名稱權、名譽權和榮譽權具有保

護的現實必要性，民法通則也規定了其享有名稱權、名譽權和榮譽權，本法第110條第2款作出了同樣的規定。但是，應當注意的是，法人和非法人組織不能享有生命權、身體權、健康權等專屬於自然人的權利；對自然人的人格權保護具有充分的倫理價值，而法人和非法人組織享有一定範圍的人格權，更多是基於現實的法律技術的需要，更多涉及財產利益，或者間接地保護組織背後的自然人。人格權最為重要的目的是維護自然人的人身自由和人格尊嚴，是以自然人的人格權為規範的重心。

關於信用權，從實踐情況來看，通過對名譽權的保護進而對信用進行保護，可以滿足現實需要。基於此，本條沒有明確規定信用權，而是將其置於名譽權中予以保護。

關於環境權，目前理論界和實務界對環境權是否屬於人格權甚至民事權利存在很大爭議。本條最終沒有明確規定環境權。

二、人格權益的一般條款

本條第1款僅是對民事主體所享有的人格權利的具體類型進行了列舉，而並未對人格權作出概括式的定義。理論界對人格權的概括式定義存在多種觀點。就人格權的客體而言，存在不同的觀點。經研究，不同的觀點都指出了人格權的一個側面，但都難免掛一漏萬；同時，對人格權下定義是法學但並非立法的任務。因此，本條第1款未對人格權採取概括定義的方式，而僅僅是對人格權的具體類型進行了不全面的列舉。

對於人格權類型的具體列舉，通過法律明確人格權的類型、保護對象、內容等，有助於法律適用的統一和便利。但是，隨着社會的發展，自然人的人格權保護需求必然會更為多元化，立法中難以窮盡，不斷會有新的人格權益納入法律的保護範圍，具體的列舉必然會導致人格權保護的漏洞，即使不斷根據實踐需求，將值得法律保護的新的人格權益，通過擴張，納入已經明確列舉的人格權的類型和內容中，仍然可能會不敷其用。

從比較法角度觀察，即使不同規範前提下採取的法律技術不同，但不斷擴張人格權益的保護範圍這一點是比較法的共識和趨勢。

本法第3條和第126條規定的目的都是避免法律保護可能出現的漏洞。據此，本條第2款規定，除前款規定的人格權外，自然人享有基於人身自由、人格尊嚴產生的其他人格權益。這能夠回應社會發展所產生的新型人格權益的保護需求，避免具體列舉人格權所產生的封閉性，有助於使得人格權益保護的體系更為健全，保護的範圍也更為周延，適應社會的不斷發展，發揮對人格權益進行兜底性保護的功能，保持人格權制度發展的開放性。

本條第2款適用的前提：首先，被侵犯的人格權益沒有法律的明確規定，並且無法納入具體列舉的人格權的保護範圍。該款規定是為了彌補法律規定和人格權的具體列舉所出現的不足。因此，當法律對此有明確規定時，應當首先適用法律的明確規定；雖然法律沒有明確規定，但可以適用具體列舉的人格權予以保護時，則應當適用具體的規定。例如，本法第1023條第2款規定，對自然人聲音的保護，參照適用肖像權保護的有關規定。

其次，被侵犯的人格權益是基於人身自由、人格尊嚴產生的，因此是需要法律保護的。人身自由，包括身體行動的自由和自主決定的自由，是自然人自主參加社會各項活動、參與

各種社會關係、行使其他人身權和財產權的基本保障，是自然人行使其他一切權利的前提和基礎。人格尊嚴，包括靜態和消極的人格尊嚴，以及動態和積極的人格尊嚴也即人格形成和人格發展。人格尊嚴不受侵犯，是自然人作為人的基本條件之一，也是社會文明進步的一個基本標誌。由於人身自由和人格尊嚴的含義非常廣泛，所以也能夠包含通常所說的人格獨立和人格平等。所有的人格權都以人身自由和人格尊嚴為價值基礎，是這兩種價值的具體表現，是以維護和實現人身自由和人格尊嚴為目的。人身自由和人格尊嚴是人格權獲得法律保護的價值依據，也是認定新型人格權益的根本標準。因此，對人格權益而言，人身自由和人格尊嚴具有權利創設、價值指引和兜底保護等多重功能。

當然，人身自由和人格尊嚴必須與其他價值相協調，因此，本款是框架性的、有待價值填充的、不確定的一般條款。被侵犯的人格權益在個案中是否值得保護，必須通過在個案中顧及所有情況，並通過以比例原則為導引的利益權衡予以確定。在此，本法第998條可以提供一般性的指引。

最後，只有自然人的人格權益才能通過本款予以保護，法人和非法人組織不能適用本款。

■ 案例分析

2014年第9期《中華人民共和國最高人民法院公報》刊登的「汪毓蘭訴武漢漢福超市有限公司光谷分公司名譽權糾紛案」【湖北省武漢東湖新技術開發區人民法院(2012)鄂武東開民一初字第00028號民事判決書】認為，消費者購物時，被商家作為「竊嫌人員」而遭受人格侮辱並導致嚴重精神損害的，商家應承擔精神損害賠償責任。相關裁判摘要如下：受訴法院經審理認為，公民的人格尊嚴受法律保護。漢福公司最終認可4袋麥片為贈品，卻在汪毓蘭並不知情的情況下，在其簽名的表格中認定其為秘密實施的偷竊行為，將其列入「竊嫌姓名」名單，註明「教育釋放」，並將表格置於進入辦公地點任何人可以隨手翻看的地方。漢福公司的上述行為侵犯了汪毓蘭的人格尊嚴，客觀上造成一定範圍內對汪毓蘭社會評價的降低，損害了汪毓蘭的名譽。對汪毓蘭要求漢福公司書面賠禮道歉並在營業場所張貼道歉函的訴訟請求，該院予以支持。該院遂依法判決漢福公司向汪毓蘭書面賠禮道歉，在其經營的家樂福光谷店內張貼向汪毓蘭的道歉信，並向汪毓蘭賠付精神撫慰金5000元。

第九百九十一條　民事主體的人格權受法律保護，任何組織或者個人不得侵害。

■ 條文主旨

本條是關於人格權受法律保護的規定。

■ **條文釋義**

民事權利及其他合法權益受法律保護是民法的基本精神，是民事立法的出發點和落腳點。本法第 3 條對此予以明確規定。人格權作為民事權利及其他合法權益的一種，自然也是如此，因此，民事主體的人格權受法律保護。

不得侵犯就是任何組織或者個人不得非法侵害、限制、剝奪他人的人格權，也不得干涉他人合法行使人格權，否則就要依據本法承擔民事責任。民事主體按照自己的意願依法保護和行使人格權，不受干涉。當然，這並非意味着民事主體的人格權可以毫無限制，是絕對自由的。對人格權的限制，或者是基於法律的明確規定，或者是基於其他價值而在合理範圍內予以限制，不得隨意為之。例如，本法第 130 條至第 132 條對民事權利的行使進行了一般性規定。

> ## 第九百九十二條　人格權不得放棄、轉讓或者繼承。

■ **條文主旨**

本條是關於人格權不得放棄、轉讓或者繼承的規定。

■ **條文釋義**

人格權只能為特定的權利人所享有，與權利主體不可分離。人格權，尤其是自然人所享有的人格權，是與生俱來的，因出生而當然發生，僅因死亡而當然消滅，因此，是一種固有權利。人格權具有人身專屬性，是人格權與財產權的重要區別；財產權通常具有非人身專屬性，可以與權利主體發生分離。

首先，人格權不得放棄。作為專屬於權利人享有的權利，人格權始終由權利主體享有，禁止權利主體隨意加以放棄。如果人格權被一般性地、概括地放棄，人格必然受損。對某項人格權的一般性放棄，例如，放棄生命權，意味着他人可以任意剝奪其生命，這也是違背公序良俗的。

其次，人格權不得轉讓。人格權作為整體必須由權利人享有，而不能轉讓給他人。人格權不得轉讓，需要與許可他人使用姓名、名稱、肖像等相區分。許可他人使用自己的姓名、名稱、肖像等，人格權仍然屬於權利主體，被許可使用的也僅僅是自己的姓名、名稱和肖像等特定的人格要素或者人格標識，而非人格權的整體轉讓。

最後，人格權不得繼承。能夠被繼承的只能是個人的合法財產，而不能是人格權。本法第 994 條規定的死者人格利益保護，僅僅是死者的近親屬有權保護死者的姓名、肖像、名譽、榮譽、隱私、遺體等不被他人侵害，而並非人格權的繼承。

> **第九百九十三條** 民事主體可以將自己的姓名、名稱、肖像等許可他人使用，但是依照法律規定或者根據其性質不得許可的除外。

■ 條文主旨

本條是關於姓名、名稱、肖像等的許可使用的規定。

■ 條文釋義

人格權本質上是非財產權，但是，隨着經濟社會的發展、科技進步以及大眾傳媒、廣告行業的興起，一些人格權已經不只是消極防禦性的權利，對民事主體的姓名、名稱和肖像等的許可使用已經成為現實和可能，現實中也有大量需求。例如，肖像權人允許公司使用其肖像做廣告，姓名權人允許公司以自己的姓名作為公司名稱。此種許可使用的現象日益增多，產生的糾紛也越來越多。隨着人格權制度的發展，對於此種社會現實，存在不同的觀點。

經認真研究，本條對姓名、名稱、肖像等的許可使用作出了明確規定，其目的在於回應社會發展需要、提升對人格尊嚴的保護水平和遏制對許可使用的不良現象，並且這一規定也符合比較法的共識和我國的司法實踐經驗。

在本條的適用中，首先要注意的是，許可他人使用，是許可他人在商品、商標或者服務等方面使用，因此，不包括他人正當使用別人的姓名等情形，姓名本身就是讓他人使用的，否則無法發揮區別於他人的目的。同時，許可他人不僅僅限於以營利為目的的使用，也包括非以營利為目的的使用。是否以營利為目的，更多的是在賠償損失的數額中予以考量；不僅僅限於重複性使用，也包括一次性使用等多種使用方式。

其次要注意的是，許可使用也是民事法律行為的一種，應當適用本法有關民事法律行為的一般性規定。

最後要注意的是，依照法律規定或者根據其性質不得許可使用的限制。本條基於人格尊嚴保護的要求，規定了對許可使用的限制，這為許可使用設置了界限，更有利於推進對人格尊嚴的保護，避免因許可使用而損害人格尊嚴。這些限制主要如下：（1）依照法律規定不得許可使用。例如，代孕所涉及的人體器官的許可使用就是不允許的。（2）根據其性質不得許可使用。這主要指的是人格尊嚴以及公序良俗的限制。許可使用的目的是更好地保護人格尊嚴，但是如果許可使用損及了人的存在，就背離了上述目的，不應當被允許，這主要指的是生命權、身體權和健康權等物質性的人格權，同時也包括名譽權等純粹精神性的人格權。

■ 案例分析

「管順球與上海文化廣播影視集團有限公司、真實傳媒有限公司等名譽權糾紛案」【上海市第二中級人民法院 (2016) 滬 02 民終 3972 號民事判決書】對肖像許可使用協議的效力進行了認定。相關裁判摘要如下：關於管順球就肖像權提出的訴訟請求，本院認為，文廣集團公司、真實傳媒公司、蘇州傳視公司提供了《肖像許可使用協議》，管順球對其曾簽訂該《肖

像許可使用協議》不持異議，但認為其簽訂後即反悔，因而要求收回該協議，並認定該協議無效，然管順球作為具有完全民事行為能力的成年人，其應當知道簽訂《肖像許可使用協議》將產生相應的民事權利和義務，且本案中亦無證據證明存有合同無效的法定情形，管順球之前亦未主張撤銷《肖像許可使用協議》，故本院認為《肖像許可使用協議》係管順球的真實意思表示、合法有效，管順球認為係爭紀錄片擅自使用其肖像的訴稱不能成立。

> **第九百九十四條　死者的姓名、肖像、名譽、榮譽、隱私、遺體等受到侵害的，其配偶、子女、父母有權依法請求行為人承擔民事責任；死者沒有配偶、子女且父母已經死亡的，其他近親屬有權依法請求行為人承擔民事責任。**

■ 條文主旨

本條是關於死者人格利益保護的規定。

■ 條文釋義

根據本法第 13 條的規定，自然人在死亡後就不再具有民事權利能力，自然也就不再享有人格權。但是，在現實生活中，侵犯死者人格利益的現象屢見不鮮，例如，故意冒用已故畫家的姓名作畫銷售。司法實踐中這類糾紛也層出不窮，對此人民法院有大量的案例，並公佈了一系列司法解釋，取得了良好的社會效果。雖然對死者人格利益保護的觀點不同，但對死者人格利益應當予以保護是存在共識的。據此，經認真研究，為回應社會現實，本條借鑒既有的司法經驗，參酌比較法，對死者的人格利益保護進行了明確規定。

本條適用的前提：第一，被侵害者已經死亡。如果被侵害者並未死亡，而是成為了喪失民事行為能力的人，就不應適用本條。因為他們仍然具有民事權利能力，有權依法請求侵權人承擔民事責任，如果不具有民事行為能力，可以由監護人代理請求。第二，死者的姓名、肖像、名譽、榮譽、隱私、遺體等受到侵害。這包括但不限於以下情形：（1）未經許可而擅自使用死者的姓名、肖像等；（2）以侮辱、誹謗、貶損、醜化等方式，侵害死者的名譽、榮譽；（3）以非法披露、利用等方式侵害死者的隱私和個人信息；（4）以非法利用、損害等方式侵害死者的遺體等。

本條適用的法律後果：第一，有權提出請求的主體是近親屬。對於何為近親屬，第 1045 條第 2 款設有明文規定。如果對請求主體不加以限制，過於泛化，不利於社會關係的穩定。一般而言，近親屬與死者具有在共同生活中形成的感情、親情或者特定的身份關係，最關心死者人格利益保護的問題，死者人格利益被侵害時受到的傷害最大，感到的痛苦最深，最需要慰藉和賠償。因此，本條將請求主體限於近親屬。

第二，近親屬提出請求具有順位限制。配偶、子女、父母是第一順位，如果死者的配偶、

子女或者父母存在的，則由配偶、子女和父母提出請求。在死者沒有配偶、子女且父母已經死亡的情形中，其他近親屬有權提出請求。該請求順位的規定與本法第 1127 條第 1 款所規定的法定繼承順位大致類似，區別僅在於本條所規定的第二請求順位中還包括孫子女和外孫子女。

第三，近親屬依法請求行為人承擔民事責任。首先，「依法」意味着本條並非完全規範，近親屬請求行為人承擔民事責任要符合法律規定的責任構成要件和責任後果。例如，請求行為人賠償財產損失的，一般要符合本法第 1165 條第 1 款的規定。其次，「民事責任」包括所有的民事責任。

應當注意的是，一些人格權益中可能包含有財產利益，例如姓名、名稱、肖像等，未經許可而被他人使用。此時，就涉及這些財產利益可否由其繼承人繼承，受託人許可他人使用的問題，對此存在爭議。但明確的是，在不存在受託人、遺囑繼承和遺贈等的情形中，本條規定仍然可以適用，以保護這些財產利益，避免近親屬遭受財產損失，而保護的期限也可以認為是所有近親屬的生存年限，除非法律另有規定。即使保護期限已過，對死者的姓名、名稱、肖像等的使用，也不得違法和違背公序良俗。

■ 案例分析

「周海嬰訴梁華計算機網絡域名侵權案」【北京市高級人民法院 (2011) 高民終字第 76 號民事判決書】認為，利用死者姓名註冊域名並用於商業活動，以違反社會公共利益方式侵害死者姓名權的，死者近親屬可提侵權之訴。相關裁判摘要如下：魯迅先生是中國著名文學家、思想家和革命家，在中國歷史上具有重要地位。周海嬰作為魯迅近親屬有權維護基於魯迅姓名所形成的人格利益。梁華將含有「魯迅」的爭議域名用於商業用途，以及將相關域名出售或出租列表的行為，屬於以違反社會公共利益、社會公德的其他方式侵害死者姓名的行為，構成侵權。《最高人民法院關於審理涉及計算機網絡域名民事糾紛案件適用法律若干問題的解釋》第 8 條規定，人民法院認定域名註冊、使用等行為構成侵權的，可以判令被告停止侵權、註銷域名，或者依原告的請求判令由原告註冊使用該域名；給權利人造成實際損害的，可以判令被告賠償損失，故梁華應就其前述涉案行為承擔相應的停止侵權、賠償損失的民事法律責任。判決梁華立即停止使用訴爭域名，並賠償周海嬰訴訟合理支出 6000 元。

> **第九百九十五條**　人格權受到侵害的，受害人有權依照本法和其他法律的規定請求行為人承擔民事責任。受害人的停止侵害、排除妨礙、消除危險、消除影響、恢復名譽、賠禮道歉請求權，不適用訴訟時效的規定。

■ 條文主旨

本條是關於人格權保護和損害賠償請求權之外的其他請求權不適用訴訟時效的規定。

■ 條文釋義

本條第一句規定，人格權受到侵害的，受害人有權依照本法和其他法律的規定請求行為人承擔民事責任。但是，具體的責任構成要件和責任後果由本法和其他法律規定。本法所規定的違約責任、侵權責任等都涉及對人格權的保護，當人格權受到侵害時，受害人有權依照本法的這些規定請求行為人承擔相應的民事責任。

其他法律也對於侵犯人格權的具體責任構成要件和責任後果作出了明確規定。例如，道路交通安全法、鐵路法、民用航空法對交通事故責任作了規定。

應當注意的是，人格權編主要規定了人格權的類型、權利內容、權利邊界、與其他價值之間的協調、行為人的義務和特殊保護方式等規則，這些規則有助於確定合同義務的範圍，進而確定違約責任的前提，有助於明確侵權責任中所侵犯權利的具體類型、具體內容以及行為人違反的具體義務。因此，本編中有一些規定應當和本法的其他規定、其他法律中的規定結合適用。這種結合適用是司法適用的常態，不僅在人格權受侵害時如此，在物權等其他權益受侵害時也是如此。例如，在侵害物權的情形中，也可能要將物權編的規定和侵權責任編的規定結合予以適用。

侵害人格權的民事責任具體承擔方式，按照本法第 179 條第 1 款的規定，包括了多種，其中最主要的是恢復原狀、賠償損失和支付違約金等損害賠償責任。為了進一步加強對人格權的保護，侵害人格權的民事責任承擔方式還包括了停止侵害、排除妨礙、消除危險等防禦性的責任方式。這些防禦性的請求權與侵權損害賠償請求權不同，目的存在差別，在構成上不要求過錯和損害。

根據本條第二句的規定，受害人因人格權受侵害而提出的停止侵害、排除妨礙、消除危險、消除影響、恢復名譽、賠禮道歉請求權，不適用訴訟時效的規定。

本法總則編第九章規定了訴訟時效，在侵害人格權的情形中，損害賠償請求權應當適用訴訟時效。但是，本法第 196 條第 1 項規定了請求停止侵害、排除妨礙、消除危險不適用訴訟時效的情況。侵害人格權、物權等權益所產生的這三類請求權，其構成都要求現實存在對權益的妨害和危險，行為或狀態處於現實持續之中，對這種現實存在的妨害和危險無須考慮之前的事實狀況。在侵害人格權的情形中，這三類請求權對於維持人格完整性至關重要，故本款據此進一步明確規定，因人格權受侵害而提出的停止侵害、排除妨礙、消除危險請求權，不適用訴訟時效的規定。關於消除影響、恢復名譽、賠禮道歉請求權，有很多意見認為不適用訴訟時效的規定，但也有意見認為應當適用訴訟時效的規定。經認真研究，吸收了多數人的意見，規定消除影響、恢復名譽、賠禮道歉請求權，也不適用訴訟時效的規定。對很長時間之前發生的侵害人格權行為，如受害人認為對自身仍然有影響，有消除影響和恢復名譽的必要，可以不受訴訟時效期間的限制提出消除影響、恢復名譽、賠禮道歉請求權，以加強對人格權的保護。

■ 案例分析

「金華麗聲網信網絡科技有限公司、廣州千清絲化妝品有限公司網絡侵權責任糾紛案」【廣東省廣州市中級人民法院 (2020) 粵 01 民終 2868 號民事判決書】對賠禮道歉的責任承擔方式予以肯定。相關裁判摘要如下：《最高人民法院關於審理名譽權案件若干問題的解答》第 10 條第 1、2、3 款規定：「人民法院依照《中華人民共和國民法通則》第一百二十條和第一百三十四條的規定，可以責令侵權人停止侵害、恢復名譽、消除影響、賠禮道歉、賠償損失。恢復名譽、消除影響、賠禮道歉可以書面或口頭的方式進行，內容須事先經人民法院審查。恢復名譽、消除影響的範圍，一般應與侵權所造成不良影響的範圍相當。」《最高人民法院關於審理利用信息網絡侵害人身權益民事糾紛案件適用法律若干問題的規定》第 16 條規定：「人民法院判決侵權人承擔賠禮道歉、消除影響或者恢復名譽等責任形式的，應當與侵權的具體方式和所造成的影響範圍相當。侵權人拒不履行的，人民法院可以採取在網絡上發佈公告或者公佈裁判文書等合理的方式執行，由此產生的費用由侵權人承擔。」千清絲公司要求金華麗聲公司刪除標題為《阿道夫險被「山寨」，偽品牌已被工商局做出無效宣告和不予註冊》的文章，因侵權內容已被刪除，該項請求原審法院不再予以支持。千清絲公司要求金華麗聲公司在網站「C2CC 傳媒」公開向千清絲公司賠禮道歉，為千清絲公司消除影響、恢復名譽，依法有據，原審法院予以支持。結合本案實際，道歉文章保留時間不得少於 30 天，內容須經原審法院審查。

> **第九百九十六條　因當事人一方的違約行為，損害對方人格權並造成嚴重精神損害，受損害方選擇請求其承擔違約責任的，不影響受損害方請求精神損害賠償。**

■ 條文主旨

本條是關於損害人格權責任競合情形下精神損害賠償的規定。

■ 條文釋義

精神損害賠償是受害人因人格利益或身份利益受到損害或者遭受精神痛苦而獲得的金錢賠償。侵害人格權的情形中，經常會產生違約責任和侵權責任的競合，受害人因此遭受到嚴重的精神損害，這尤其經常發生在加害給付中。

合同義務中也包括了對當事人的人格權這種固有利益予以保護的義務，不履行此種合同義務，就應當承擔對此的違約責任，但也可能會同時要承擔侵權責任。本法第 186 條規定了違約和侵權競合的處理原則。但對於精神損害，如果受損害方選擇請求違約方承擔違約責任，其無法請求精神損害賠償；相反，如果受損害方選擇請求違約方承擔侵權責任，雖然可以請求精神損害賠償，但受損害方必須放棄主張違約責任的種種實益，例如，違約金、定

金條款的主張以及舉證責任的便利等，不利於保護人格權受害人的利益。但是，損害賠償的基本宗旨在於填補當事人遭受的損害，其中也包括精神損害，畢竟是同一行為導致了精神損害，受損害方不同的選擇不應導致結果上的不同，並且這會導致受損害方必須要在對其都有所不利的請求權中選擇，難以獲得周全的救濟，不利於受損害方的人格權保護。基於此，比較法上多承認受損害方在違約之訴中主張精神損害賠償。

經認真研究，反覆斟酌，在違約責任與侵權責任存在競合的情形中，允許受損害方請求行為人承擔違約責任時，可以在違約責任請求中請求精神損害賠償，有利於為受害人提供不同救濟渠道的選擇，拓展在此類情形下精神損害的救濟方法，符合加強人格權保護的比較法發展趨勢，是一個重要的進步。

本條適用的前提：首先是損害人格權的違約責任和侵權責任的競合。這要求當事人一方的違約行為同時構成了損害對方人格權的侵權行為。

其次是因當事人一方的違約行為損害對方自然人的人格權並造成嚴重精神損害。本條的適用要符合本法第 1183 條第 1 款的規定。

最後是受損害方選擇請求違約方承擔違約責任。責任競合的情形中，依據本法第 186 條的規定，受損害方有權選擇請求其承擔違約責任或者侵權責任。只有在受損害方選擇請求違約方承擔違約責任時，才有本條的適用。如果受損害方選擇請求違約方承擔侵權責任，則可以直接依據本法第 1183 條第 1 款的規定，請求精神損害賠償，無須適用本條。

適用本條的法律後果是不影響受損害方請求精神損害賠償。這意味着受損害方請求行為人承擔違約責任時，可以請求違約方承擔精神損害賠償責任。

> **第九百九十七條　民事主體有證據證明行為人正在實施或者即將實施侵害其人格權的違法行為，不及時制止將使其合法權益受到難以彌補的損害的，有權依法向人民法院申請採取責令行為人停止有關行為的措施。**

■ 條文主旨

本條是關於申請人民法院責令行為人停止有關行為的規定。

■ 條文釋義

侵害人格權的一些行為，如果無法被及時制止，無法為權利人提供及時的救濟，尤其是當前的網絡時代，其損害後果不可逆轉，甚至會造成難以彌補的損害。例如，一旦將自然人的裸照放到網上，單純的損害賠償就不足夠了。比較法中，瑞士法對此作出了較為完善的規定。

在侵害知識產權的情形中，我國專利法第 66 條、商標法第 65 條、著作權法第 50 條已經規定了知識產權人符合法定條件的，可以在起訴前向人民法院申請採取責令停止有關行為

的措施。民事訴訟法第 100 條也規定了伴隨訴訟程序的行為保全，第 101 條規定了訴前的行為保全。反家庭暴力法在第四章中更是進一步規定了不必然伴隨訴訟程序、獨立於民事訴訟法所規定的行為保全之外的「人身安全保護令」。

本條適用的前提：首先是行為人正在實施或者即將實施侵害其人格權的違法行為。例如，法院可依法禁止侵害他人名譽權的文章刊載。

其次是不及時制止將使權利人的合法權益受到難以彌補的損害的。這主要是指不及時制止行為人正在實施或者即將實施侵害其人格權的行為，則權利人的合法權益受到的損害具有不可逆性，難以通過其他方式予以彌補，事後的恢復已經不可能或者極為困難。

再次是民事主體有證據證明。民事主體必須提出相關的證據，證明已經具備了申請責令停止有關行為的前提條件，即行為人正在實施或者即將實施侵害其人格權的行為，不及時制止將使其合法權益受到難以彌補的損害。

本條適用的法律效果是權利人有權依法向人民法院申請採取責令行為人停止有關行為的措施。首先，權利人必須是向人民法院提出申請，申請的內容也必須具體明確，包括明確的對方當事人、申請採取的具體措施等。其次，申請的程序要依照法律的規定。本條規定的是通過除請求人民法院判決之外的其他程序，申請人民法院採取責令行為人停止有關行為的措施，且僅規定了此種申請的實體法基礎。如何通過程序而具體實現，其他法律對此有規定的，應當適用其他法律的規定。例如，民事訴訟法第 100 條、第 101 條的規定。

應當注意的是，人民法院採取的措施應當符合比例原則，即根據所要追求的合法目的，採取合理的措施。

第九百九十八條 認定行為人承擔侵害除生命權、身體權和健康權外的人格權的民事責任，應當考慮行為人和受害人的職業、影響範圍、過錯程度，以及行為的目的、方式、後果等因素。

■ 條文主旨

本條是關於認定行為人承擔責任時的考量因素的規定。

■ 條文釋義

保護人格權是尊重和保護人格尊嚴的要求。但是，如果對人格權的保護過於絕對和寬泛，則難免會產生與其他權利，如新聞報道權等的衝突。人格權保護的價值並非在所有情形中，總是一般性地、抽象地高於其他價值，而必須在個案和具體情形中對所有這些價值進行綜合權衡。但是，即使承認個案中權衡的必要性，仍然會出現如何對個案權衡進行合理限制，以實現同等情況同等對待的裁判統一性的要求。

　　在人格權保護中，比較法多採取動態系統理論，即通過立法劃出尋求合理解決方案時的相關考量因素，在個案適用時則需要對各個考量因素進行綜合考量，具體結果取決於各個考量因素相比較後的綜合權衡，此時，擺脫了僵硬的全有或者全無的方式，從而實現了彈性而非固定、開放而非封閉的方式。由此，既承認了個案的衡量，又能夠顧及不同案件的不同情況，並適應社會發展。但又要通過立法者對考量因素的劃定，實現對個案裁量的限制，個案衡量時要在立法者所劃定的考量因素範圍內進行論證和說明。

　　經研究，為更好平衡人格權保護和其他權利之間的關係，本條規定了認定行為人承擔侵害人格權責任時的考量因素。具體而言：

　　首先，人格權的類型。生命權、身體權和健康權是自然人賴以生存的最基本的人格權，具有特殊性和最重要性，對這些權利應當進行最高程度的保護，據此，本條排除了在認定侵害生命權、身體權和健康權是否需要承擔民事責任時的權衡，體現了對此類人格權的特殊保護。但是，對生命權、身體權和健康權之外的人格權的保護，有必要進行妥當的權衡。

　　其次，主體方面的因素。本條所規定的「行為人和受害人的職業、影響範圍」就是關於主體方面因素的一些列舉。在行為人方面，如果行為人從事新聞報道和輿論監督的職業，則必須協調新聞報道、輿論監督與人格權保護之間的關係，認定行為人構成侵害人格權，需要更為謹慎的權衡。如果行為人是具有較大社會影響力的人物，其行為應當比普通行為人更為謹慎一些。

　　受害人方面的因素，則更為複雜：（1）受害人是自然人還是法人或者非法人組織。（2）法人或者非法人組織的不同類型。對營利性、非營利性和特別法人類型以及每種類型內更具體的類型，要予以更為細緻的考量。（3）是否是公眾人物以及何種類型的公眾人物。（4）特殊主體。例如，未成年人、殘疾人這些特殊主體。

　　再次，主觀的過錯程度。主觀過錯程度越高，例如，故意或者重大過失，則越可能構成侵害人格權而承擔民事責任。但在主觀過錯程度較低的情況下，要更為謹慎，例如，未經朋友同意將其電話號碼發給特定人，導致朋友被詐騙，此時行為人的主觀過錯程度較低，認定時要更為謹慎。

　　最後，行為方面的因素。本條所規定的「行為的目的、方式、後果」是對行為方面因素的列舉，這包括諸多可以被考量的因素。例如：（1）目的。行為的目的是新聞報道或者輿論監督，涉及公共性的議題，則應受到更多的保護。如果是以娛樂消遣為目的，追求轟動效應，吸引公眾眼球，滿足部分人的窺探慾望，無涉公共議題，則受到保護的程度要低一些，更為注重對人格權的保護。如果是商業目的性行為，較之非商業目的性行為，該行為受到保護的程度也可以適度降低。（2）方式。如果採取了較為惡劣的方式，例如，暴力侮辱、惡意跟蹤等，構成侵權的可能性就更大。是自己創作還是轉載，是主動提供新聞材料還是被動採訪而提供新聞材料，是創作新聞作品、批評作品還是文學作品，在認定中都要採取不同的標準。行為人發表的言論是屬於對特定事實的陳述，還是對個人意見的表達，認定時也要採取不同的標準。（3）後果。造成人格權受侵害的程度越高，人格權受保護的強度就越大。

　　在認定行為人承擔侵害人格權的民事責任時，無論是關於責任構成，還是責任後果，都

需要對上述因素進行綜合考量，各個具體因素之間也會強度互補。例如，是否需要採取責令停止有關行為的措施，也要進行利益的權衡。這種考量不具有整體的確定性，不能脫離個案中的情形，要讓相互衝突的價值都能發揮最佳的功效，通過充分對比衝突價值在具體情境中的各自權重，而使所有的價值都能獲得最妥善的衡平。在此，需要考慮比例原則，考慮目的是否妥當、手段是否有助於實現目的、手段是否是最小限制、手段的效益是否大於成本，避免在運用時過分機械和僵化。本條的規定仍然是較為抽象的，需要在實踐和個案中積累和提煉更為具體的基準和規則，但是，本條規定有助於實踐之後的發展，為下一步的案例類型化和更具體的規則提供了規範基礎。

為了在具體情形中進一步明確，本法也據此作出了一些更為具體的規定。例如，本法第1000條第1款、第1020條和第1026條的規定。此時，有具體規定的，應當首先適用具體的規定，避免繞開直接的法律規定進入背後的利益評價而導致適用的不確定。

■ 案例分析

「濟南曹博士美容整形醫院有限公司與孟倩名譽權糾紛案」【江蘇省蘇州市中級人民法院(2020) 蘇 05 民終 410 號民事判決書】對承擔責任時考量的因素進行了說明。相關裁判摘要如下：本院認為，當事人對自己提出的訴訟請求所依據的事實或者反駁對方訴訟請求所依據的事實有責任提供證據加以證明。沒有證據或者證據不足以證明當事人的事實主張的，由負有舉證責任的當事人承擔不利後果。本案中，孟倩已提交其身份材料並在關聯案件中到庭由法院核實身份，亦提交其新浪博客中的照片及利用搜狗識圖進行搜索顯示為孟倩的照片，該照片與案涉文章中使用的配圖照片相同，故一審判決認定曹博士美容醫院未經孟倩同意將孟倩的照片使用在其實際運營的網站的文章中，侵犯了孟倩的肖像權，於法有據。曹博士美容醫院主張孟倩沒有證據證明曹博士美容醫院使用的照片是孟倩本人的照片，曹博士美容醫院不應承擔賠償責任，沒有事實及法律依據，本院不予採信。關於曹博士美容醫院因侵犯孟倩肖像權應賠償的損失數額。一審判決根據孟倩的知名度、曹博士美容醫院的過錯程度、侵權行為的時間、範圍、影響等因素，結合孟倩維權可能支出的必要費用，酌定曹博士美容醫院應當賠償孟倩經濟損失 60000 元，尚屬合理範圍，本院予以維持。

> **第九百九十九條**　為公共利益實施新聞報道、輿論監督等行為的，可以合理使用民事主體的姓名、名稱、肖像、個人信息等；使用不合理侵害民事主體人格權的，應當依法承擔民事責任。

■ 條文主旨

本條是關於實施新聞報道、輿論監督等行為時使用民事主體特定人格利益的規定。

■ 條文釋義

憲法對新聞報道和輿論監督作出了明確的規定。這集中體現在憲法第 35 條、第 41 條第 1 款的規定中。新聞報道、輿論監督有助於保障人民的知情權，有助於自上而下的組織監督和自下而上的民主監督的貫通。

本條首先規定，為公共利益實施新聞報道、輿論監督等行為的，可以合理使用民事主體的姓名、名稱、肖像、個人信息等。新聞報道是新聞單位對新近發生的事實的報道，包括有關政治、經濟、軍事、外交等社會公共事務的報道以及有關社會突發事件的報道。輿論監督是社會公眾運用各種傳播媒介對社會運行過程中出現的現象表達信念、意見和態度，從而進行監督的活動。輿論監督與新聞報道有密切的關係，但兩者存在不同。新聞不一定是輿論，新聞報道只是傳播意見進而形成輿論的工具；新聞單位通過報道進行的監督僅是輿論監督的一種，輿論只是借助於傳播工具實現其監督的目的。在新聞報道和輿論監督中，為了保障人民的知情權、維護國家利益和社會公共利益，可以合理使用民事主體的姓名、名稱、肖像、個人信息等，無須民事主體的同意。據此，本法也作出了一些具體的規定。例如，本法第 1020 條第 2 項、第 5 項和第 1036 條第 3 項的規定。

本條同時明確，實施新聞報道、輿論監督等行為的，對民事主體的姓名、名稱、肖像、個人信息等使用不合理侵害民事主體人格權的，應當依法承擔民事責任。雖然在新聞報道和輿論監督中，可以不經民事主體的同意，使用其姓名、名稱、肖像、個人信息等，但是，為了保護民事主體的人格權，這種使用必須是合理的。此時，應當依據本法第 998 條的規定，綜合考量權衡多種因素。如果經判斷認為使用是不合理的，則應當依法承擔民事責任。

■ 案例分析

「王小英、王小亞一般人格權糾紛」【安徽省蕪湖市中級人民法院 (2019) 皖 02 民終 1045 號民事判決書】對肖像權的合理使用進行了認定。相關裁判摘要如下：如上所述，死者的姓名權、肖像權受法律保護，對死者肖像的使用通常應經得對該肖像享有特定精神利益和財產利益的近親屬的同意，未經近親屬同意使用死者肖像，造成近親屬特定利益損害的，近親屬有權主張損害賠償。然而，當存在某些可能被認為係對肖像的合理使用情形時，如因新聞報道、科學研究、文化教育等為社會公共利益或是為滿足社會公眾知情權而使用領袖人物、著名科學家、歷史名人等死者肖像的，雖未經近親屬事先同意，亦因具備了某種違法性阻卻事由而可以免責。本案中，吳瓊創作該劇，事先已與王冠亞、王小英、王小亞溝通，並取得三人的同意，故王小英、王小亞主張吳瓊侵害嚴鳳英姓名權的訴訟請求不能成立。嚴鳳英作為我國著名的黃梅戲藝術家，其肖像不僅是其個人所有，更具有社會公共價值，是公眾了解和研究嚴鳳英的重要資源。舞台劇《嚴鳳英》創作初衷正是為弘揚嚴鳳英，傳播黃梅戲，故在該劇演出過程中使用嚴鳳英的肖像應屬於對其肖像的合理使用，王小英、王小亞提出的吳瓊侵害嚴鳳英肖像權的訴訟請求不能成立。

> **第一千條** 行為人因侵害人格權承擔消除影響、恢復名譽、賠禮道歉等民事責任的，應當與行為的具體方式和造成的影響範圍相當。
>
> 行為人拒不承擔前款規定的民事責任的，人民法院可以採取在報刊、網絡等媒體上發佈公告或者公佈生效裁判文書等方式執行，產生的費用由行為人負擔。

■ 條文主旨

本條是關於消除影響、恢復名譽、賠禮道歉責任方式的規定。

■ 條文釋義

侵害人格權也可能會通過消除影響、恢復名譽、賠禮道歉責任方式予以救濟。消除影響、恢復名譽，這是指人民法院根據受害人的請求，責令行為人在一定範圍內採取適當方式消除對受害人名譽的不利影響，以使其名譽得到恢復的一種責任方式。具體適用消除影響、恢復名譽，要根據侵害行為所造成的影響和受害人名譽受損的後果決定。處理的原則是行為人應當根據造成不良影響的大小，採取程度不同的措施給受害人消除不良影響，例如，在報刊上或者網絡上發表文章損害他人名譽權的，就應當在該報刊或者網站上發表書面聲明，對錯誤內容進行更正。消除影響、恢復名譽主要適用於侵害名譽權等情形，一般不適用侵犯隱私權的情形，因為消除影響、恢復名譽一般是公開進行的，如果適用於隱私權的保護，有可能進一步披露受害人的隱私，造成更大的影響。賠禮道歉，是指行為人通過口頭、書面或者其他方式向受害人進行道歉，以取得諒解的一種責任方式。賠禮道歉主要適用於侵害名譽權、榮譽權、隱私權、姓名權、肖像權等人格權的情形。賠禮道歉可以是公開的，也可以私下進行；可以口頭方式進行，也可以書面方式進行，具體採用什麼形式由法院依據案件的具體情況決定。

比較法中，對此存在類似措施。經研究，消除影響、恢復名譽、賠禮道歉，能夠防止財產損失、精神損害的擴大或者進一步發生，彌補受害人所遭受的精神痛苦，類似於精神上的恢復原狀，符合我國的傳統文化，連接了法律與道德。多年來，無論在立法上還是在司法實踐中，均被證明是行之有效的針對人格權侵害的救濟形式，實踐中被廣泛採用。

對此，本條第 1 款首先明確了行為人因侵害人格權承擔消除影響、恢復名譽、賠禮道歉等民事責任的，應當與行為的具體方式和造成的影響範圍相當。這意味着，首先，在是否適用這些民事責任時，應當考慮到侵害人格權行為的具體方式和造成的影響範圍。同時，在考慮行為的具體方式和造成的影響範圍時，還應當將被侵權人的心理感受及所受煎熬、痛苦的程度納入考慮範圍。其次，這些民事責任的具體方式也應當考量行為的具體方式和造成的影響範圍。在通常情況下，如果是在特定單位內傳播侵害人格權的信息的，應當在特定單位內予以消除影響、恢復名譽、賠禮道歉。如果是在特定網絡媒體上傳播侵權信息的，應當在該網絡媒體上予以澄清事實。

　　但是，當人民法院作出判決後，行為人拒不消除影響、恢復名譽、賠禮道歉的，依然存在如何執行的問題。目前，對於消除影響和恢復名譽而言，執行並不是難題。民事訴訟法第252條和第255條對此規定了替代執行措施。

　　但是，賠禮道歉則與行為人的自由有着密切關係。賠禮道歉當然可以緩解人格權被侵犯主體的精神痛苦，具有彌補損害的功能。但應該看到，賠禮道歉包含認錯並向對方表示歉意的內涵，這涉及行為人內在的精神自由，也涉及純粹消極層面的不表達的自由。對於受害人或者法院以被告名義擬定道歉啟事並予以公佈這種道歉廣告或者道歉啟事方式是否符合比例原則存在不同觀點。

　　就我國的司法實踐而言，《最高人民法院關於審理名譽權案件若干問題的解答》和《最高人民法院關於審理利用信息網絡侵害人身權益民事糾紛案件適用法律若干問題的規定》明確規定通過公佈裁判文書這種方式達到賠禮道歉的效果。此時，並非採取受害人或者法院以被告名義擬定道歉啟事並予以公佈這種道歉廣告或者道歉啟事方式，而是採取在報刊、網絡等媒體上發佈公告或者公佈生效裁判文書這種替代方式。這種替代方式將對行為人內在精神自由和不表達自由的限制轉變為了對行為人財產權的限制，符合最小損害的比例原則精神，有助於實現消除影響、恢復名譽的客觀效果。比較法中，德國和法國均有將判決書載報紙上進行全文或者摘要刊登的規定。據此，本條第2款予以明確規定。根據本款規定，首先，行為人拒不承擔消除影響、恢復名譽、賠禮道歉的民事責任。其次，執行的方式是在報刊、網絡等媒體上發佈公告或者公佈生效裁判文書等方式。最後，人民法院是「可以」而非「應當」採取。鑒於侵害人格權的情形較為複雜，有時發佈公告或者公佈裁判文書可能會導致後續的損害，因此賦予人民法院根據情況加以酌定處理的必要。如果人民法院經過審理認為，侵權行為已經停止，且相關侵權信息已經刪除，此時人民法院再發佈公告或者公佈裁判文書，則有可能將侵權結果再次擴大。此時，人民法院可以徵詢被侵權人的意見，在被侵權人不同意的情況下，人民法院也可以不採取發佈公告或者公佈裁判文書的方式執行，而通過其他方式予以執行。

■ 案例分析

　　「北京微夢創科網絡技術有限公司、齊春雷網絡侵權責任糾紛案」【江西省高級人民法院(2015)贛民申字第288號民事裁定書】對承擔賠禮道歉、消除影響或者恢復名譽等責任形式的範圍進行了分析。相關裁判摘要如下：關於一、二審判決微夢網絡公司在新浪首頁連續刊登道歉聲明是否適當的問題。根據《最高人民法院關於審理利用信息網絡侵害人身權益民事糾紛案件適用法律若干問題的規定》第16條之規定：「人民法院判決侵權人承擔賠禮道歉、消除影響或者恢復名譽等責任形式的，應當與侵權的具體方式和所造成的影響範圍相當……」根據一、二審查明，齊春雷係上海越劇院的越劇表演專業二級演員，曾多次獲得全國及省市級的各類獎項和榮譽稱號。一、二審根據齊春雷在該領域所做貢獻及其所享有的知名度，判令微夢網絡公司在新浪首頁刊登道歉聲明具有事實及法律依據。

> 第一千零一條　對自然人因婚姻家庭關係等產生的身份權利的保護，適用本法第一編、第五編和其他法律的相關規定；沒有規定的，可以根據其性質參照適用本編人格權保護的有關規定。

■ 條文主旨

本條是關於身份權利保護參照適用人格權保護規則的規定。

■ 條文釋義

因婚姻家庭關係等產生的身份權利，包括自然人因婚姻關係產生的身份權利和因家庭關係產生的身份權利。前者是夫妻之間的身份權利，後者是因家庭關係產生的身份權利，例如，父母對子女的親權和履行監護職責產生的權利。

立法過程中，有觀點提出，自然人因婚姻家庭關係產生的身份權利，與人格權在保護上具有一定相似性。對這些身份權利的保護，除了適用婚姻家庭編的規定外，還應當參照適用人格權保護的相關規定。經研究，身份權利和人格權利雖然不同，但是兩者存在密切的關係。建立和維持與他人之間的身份關係，本身就是人格發展的必要條件，保護身份權利往往同時就是保護個人利益。兩種權利都不可轉讓，具有極強的道德性等相似的屬性。據此，為完善身份權利的保護，體現民法典編纂的體系性，本條規定，對自然人因婚姻家庭關係等產生的身份權利的保護，適用本法第一編、第五編和其他法律的相關規定；沒有規定的，可以根據其性質參照適用本編人格權保護的有關規定。

對自然人因婚姻家庭關係等產生的身份權利的保護，首先，應當適用本法總則編、婚姻家庭編和其他法律的相關規定。

其次，沒有特別規定的，本編人格權保護的有關規定可以被參照適用於身份權利的保護。在對身份權利的保護沒有明確的特殊規定時，可以根據其性質參照適用人格權保護的規定以彌補保護的漏洞，這有助於通過人格權保護的規定補充完善身份權利的保護。例如，本法第 990 條第 2 款、第 995 條第 2 款、第 996 條、第 997 條、第 998 條和第 1000 條，在一定情形下都可以參照適用。

再次，能夠被參照適用於身份權利保護的只能是本編人格權保護的有關規定。例如，本法第 993 條規定的人格權許可使用規則，在身份權利中，就不存在參照適用的可能性。

最後，人格權保護的規定是被參照適用於而非直接適用於身份權利的保護。

第二章 生命權、身體權和健康權

本章共十條，對生命權、身體權和健康權這些自然人賴以生存的最基本人格權作出了規定，包括生命權、身體權和健康權的基本規定和法定救助義務、人體捐獻、人體臨床試驗、基因胚胎研究、性騷擾和行動自由等內容。

> **第一千零二條** 自然人享有生命權。自然人的生命安全和生命尊嚴受法律保護。任何組織或者個人不得侵害他人的生命權。

■ 條文主旨

本條是關於生命權的規定。

■ 條文釋義

生命權，是指自然人享有的以維護生命安全和生命尊嚴為內容的權利。但是，因為生命權和健康權在權利內容上存在區別，並且生命的喪失不可逆轉，因此侵權責任法第 2 條第 2 款已經將生命權和健康權區分為兩種不同的民事權利予以規定。本法延續了侵權責任法的規定，區分規定生命權和健康權。

首先，本條明確自然人享有生命權。自然人只有享有生命權，才能作為一個主體在社會中生存並與他人交往，追求自己存在的價值。生命權是自然人最為重要的人格權，是其他人格權和其他權利的前提，是從事民事活動和其他一切活動的前提和基本要求。

其次，本條規定，生命權的內容是生命安全和生命尊嚴受法律保護。在自然人的生命權遭受侵害或者面臨危險時，權利人可以依法採取相應的保護措施，以維護自己的生命安全。生命尊嚴受法律保護，是指自然人有權基於人格尊嚴，在消極意義上禁止他人侵害自己作為生命主體者的尊嚴，在積極意義上要求自己作為生命主體者的尊嚴獲得應有的尊重，提升生命的尊嚴和品質。生命尊嚴使得生命權的保障在生命安全之外，擴展到生命過程中生命主體者的尊嚴獲得應有的尊重。

基本醫療衛生與健康促進法第 33 條第 1 款也規定，公民接受醫療衛生服務，應當受到尊重。醫療衛生機構、醫療衛生人員應當關心愛護、平等對待患者，尊重患者人格尊嚴，保護患者隱私。有自我決定能力的自然人，可以積極地明確表達不同意採取某些特定的治療手段的意思。如果自然人基於自己真實無誤的個人意願明確表達了此種拒絕，則此時應當尊重自然人的意願，應該採取緩和的基礎醫療服務。同時，對體外受精胚胎這種未來有發展成為

生命的特殊存在物的具體處置，都要考慮到生命尊嚴的價值。

應當注意的是，本條所規定的生命權，僅是一種民事權利，不涉及政治權利。同時，本條僅規定了生命安全和生命尊嚴受法律保護，但並未承認決定自己生命的權利，任意地決定自己的生命是違背公序良俗的。

最後，本條從反面進一步規定了任何組織或者個人不得侵害他人的生命權。不能把自然人的生命作為實現其他目的的手段，任何人都不得非法剝奪他人的生命。

> **第一千零三條　自然人享有身體權。自然人的身體完整和行動自由受法律保護。任何組織或者個人不得侵害他人的身體權。**

■ 條文主旨

本條是關於身體權的規定。

■ 條文釋義

身體權，是指自然人享有的以身體完整和行動自由受法律保護為內容的權利。本法總則編第 110 條第 1 款將身體權作為獨立的人格權。身體權與生命權、健康權密切相關，侵害自然人的身體往往導致對自然人健康的損害，甚至剝奪自然人的生命。但生命權、健康權和身體權所保護的自然人的具體人格利益有區別，生命權以保護自然人生命的延續為內容之一，健康權以保護身體各組織及整體功能正常為內容之一，而身體權以保護身體組織的完整為內容之一。

依照本條規定，身體權的內容是身體完整和行動自由受法律保護。任何組織或者個人不得侵害他人的身體權。侵害身體權的行為是多樣的。身體包括頭頸、軀幹、四肢、器官以及毛髮指甲等各種人體細胞、人體組織、人體器官等，例如，剪掉頭髮或者眉毛，構成了對身體權的侵害。固定於身體成為身體組成部分，與其他組成部分結合一起發揮功能而不能自由卸取的人工附加部分，例如，假肢、義齒、義眼、心臟起搏器等，或者身體的某組成部分脫離身體後仍然要與身體結合的身體組成脫離部分，對這些部分的侵害，也可以被認為構成侵害身體權，造成嚴重精神損害的，可以依法請求精神損害賠償。

應當注意的是，雖然自然人死亡之後就不再享有身體權，但是，自然人死亡後的遺體、遺骨和骨灰也應當受到尊重。

第一千零四條　自然人享有健康權。自然人的身心健康受法律保護。任何組織或者個人不得侵害他人的健康權。

■ 條文主旨

本條是關於健康權的規定。

■ 條文釋義

健康權是自然人享有的以身心健康受法律保護為內容的權利。健康是維持人體正常生命活動的基礎，健康權是自然人重要的人格權。本條規定的健康權是民事權利。國家對於公民健康，在公法意義上的保護義務是通過其他法律予以實現的。例如，基本醫療衛生與健康促進法第 4 條、第 5 條。

本條首先明確健康權的內容是身心健康受法律保護。身心健康包括身體健康和心理健康。健康，是指一個人在身體和心理等方面都處於良好的狀態，相應地包括身體健康和心理健康，但不包括一個人在社會適應方面的良好狀態以及道德健康等。作為身心統一體的人，身體和心理是緊密依存的兩個方面，身體健康和心理健康具有密切的聯繫。

本條從反面進一步規定了任何組織或者個人不得侵害他人的健康權。因此，任何組織或者個人不得以毆打、推搡、撞擊、撕咬、肉體折磨、威嚇、精神折磨或者不作為等方式侵害他人的健康權。

第一千零五條　自然人的生命權、身體權、健康權受到侵害或者處於其他危難情形的，負有法定救助義務的組織或者個人應當及時施救。

■ 條文主旨

本條是關於法定救助義務的規定。

■ 條文釋義

為了保護自然人的生命權、身體權和健康權，弘揚社會主義核心價值觀，在自然人的生命權、身體權、健康權受到侵害或者處於其他危難情形中，法律應當鼓勵和支持對自然人的適當救助。這種鼓勵和支持體現在兩個層面：第一，對不負有法定救助義務的救助人的保護。一方面，在救助人造成受助人損害情形下，救助人責任應予以限制或者免除，對此，本法第 184 條予以明確規定。另一方面，救助人因救助而自己受到損害時享有請求權，對此本法第 183 條予以明確規定。同時，本法關於無因管理的條文也為救助者提供了一定的保護。

第二，規定特定主體在特定情況下的積極的救助義務。本條即規定了在自然人的生命權、身體權、健康權受到侵害或者處於其他危難情形中特定主體的救助義務。

本條適用的前提：首先是自然人的生命權、身體權、健康權受到侵害或者處於其他危難情形的。

其次是特定的組織或者個人負有法定的救助義務。積極的救助義務，在比較法中規定的前提範圍是不同的。

經認真研究，為避免道德義務和法律義務的混淆而提出過高的行為要求，本條將負有救助義務限定在法律規定的前提下。法律對救助義務的規定，包括兩種：第一種是條文中明確規定了救助義務。例如，本法第 822 條、海商法第 174 條、道路交通安全法第 70 條第 1 款的規定等。第二種是法律雖然沒有明確規定救助義務，但規定中包含了救助義務。例如，本法第 942 條第 1 款、第 1198 條等。

本條適用的法律效果是負有法定救助義務的組織或者個人應當及時施救。首先，應當是及時施救，不得以未付費等為由拒絕或者拖延救助。其次，施救的措施包括親自救助或者通過聯繫國家機關、急救機構等方式。

　　第一千零六條　完全民事行為能力人有權依法自主決定無償捐獻其人體細胞、人體組織、人體器官、遺體。任何組織或者個人不得強迫、欺騙、利誘其捐獻。

　　完全民事行為能力人依據前款規定同意捐獻的，應當採用書面形式，也可以訂立遺囑。

　　自然人生前未表示不同意捐獻的，該自然人死亡後，其配偶、成年子女、父母可以共同決定捐獻，決定捐獻應當採用書面形式。

■ 條文主旨

本條是關於人體捐獻的規定。

■ 條文釋義

人體捐獻包括人體細胞捐獻、人體組織捐獻、人體器官捐獻、遺體捐獻等。人體由有機質和無機質構成細胞，由細胞與細胞間質組成組織，由組織構成器官。人體細胞捐獻，是指將身體內有活力的細胞群捐獻出去，例如，造血幹細胞、精子等的捐獻。人體組織捐獻，是指將身體的部分組織捐獻出去，包括皮膚、角膜、骨骼、肌腱、血管、骨髓、神經等的捐獻。人體器官捐獻，是指將身體的某個仍然保持活力的器官捐獻出去，包括心臟、肺臟、肝臟、腎臟或者胰腺等的捐獻。

經研究，考慮到遺體捐獻有利於醫學研究和救治他人，應當予以鼓勵。為了給人體捐獻

和移植提供一個有序的、符合倫理標準並且可接受的框架，規範人體捐獻，保證醫療質量，保障人體健康，發揚人道主義精神，引導民眾移風易俗，促進社會主義物質文明和精神文明建設，促進移植臨床救治和醫學的發展，為目前的有關規定提供效力層級較高的規範基礎，在綜合考慮多方面意見的基礎上，本法吸收了人體器官移植條例的相關內容，借鑒比較法，對人體捐獻予以規定，並設定了嚴格的條件。考慮到獲得同意是所有醫學干預措施的倫理和法律基石，也是人體捐獻必須具備的前提，體現了自然人對人體捐獻的自決權。因此，本法對人體捐獻的規定，僅着眼於人體捐獻應當獲得的同意和對同意的限制，而不涉及其他更為細緻的管理規定。

本條規定的主要內容如下：

第一，自然人享有捐獻或者不捐獻人體細胞、人體組織、人體器官和遺體的自主決定權。人體捐獻與自然人的人格尊嚴密切相關，獲得人體捐贈者的同意是人體捐贈最為重要的前提。

第二，人體捐獻的意願必須真實合法，任何組織或者個人不得強迫、欺騙、利誘捐獻。人體捐獻意願必須是捐獻人的真實意願，捐獻意願不是因強迫、欺騙、利誘而作出的。同時，人體捐獻的意願也必須是合法的，不得違反法律規定和違背公序良俗。例如，基於醫學倫理原則，捐獻不得危及捐獻人自身的生命或者嚴重損害捐獻人自身的健康，以防止出現職業捐獻者群體和變相的買賣，這是從維護捐獻者的人格尊嚴和身體健康出發，對其捐獻行為的限制。

第三，完全民事行為能力人才有權依法自主決定。人體捐贈者必須對捐贈行為具有充分的判斷和辨認能力，這要求捐贈者必須具備完全的民事行為能力。對於未成年人以及不能完全辨認自己行為的成年人這些限制民事行為能力人和無民事行為能力人，不能作出人體捐獻的有效同意。

第四，完全民事行為能力人依據前款規定同意捐獻的，應當採用書面形式，也可以訂立遺囑。捐獻可能對人體造成損害，涉及生命權、身體權、健康權等最基本的人格權利，同時要確定捐獻的意願是真實的，因此，應當對同意捐獻的形式作嚴格限制。

第五，自然人生前未表示不同意捐獻的，該自然人死亡後，其配偶、成年子女、父母可以共同決定捐獻，決定捐獻應當採用書面形式。關於死體捐獻有兩種方式：一種方式是明確同意方式，即死者必須在生前依法表示了同意捐獻的意願。另一種方式是推測同意方式，即只要死者沒有在生前表示不同意捐獻的意願，其配偶、成年子女、父母就可以捐獻。我國的人體器官捐贈條例採取了後一種方式，條例第8條第2款對此予以明確規定。經研究，死體捐獻不會對捐獻者的生命或者健康造成嚴重損害，且能夠發揚人道主義精神，引導民眾移風易俗，促進社會主義物質文明和精神文明建設，有利於移植臨床救治和醫學的發展，本條延續了現有的規定採取了推測同意方式。

據此，如果自然人生前表示了不同意捐獻的意願，應當尊重自然人的自主決定權，其他任何人（包括配偶、成年子女、父母）都不能在自然人死亡後同意捐獻。但是，如果自然人

生前未表示不同意捐獻，該自然人死亡後，其配偶、成年子女、父母可以共同決定捐獻。共同決定捐獻需要滿足的條件：（1）該自然人死亡後。在其死亡前，其仍有權決定是否捐獻，其他人不能代為決定。（2）有權決定捐獻的主體是死者的配偶、成年子女和父母。決定捐獻者必須具備完全行為能力。同時，死者沒有配偶、成年子女或者父母也已經死亡的，其他近親屬等都不能決定捐獻。（3）死者的配偶、成年子女和父母共同決定。如果其中任何一個人反對捐獻，捐獻也無法繼續進行。在實踐中，即使死者生前同意捐獻，通常也要徵得近親屬的同意，在死者生前未表示不同意捐獻的情形中就更是如此，死者的配偶、成年子女和父母中的任何一個人不同意捐獻的，都不能捐獻。（4）決定捐獻應當採用書面形式。

應當注意的是，死體捐獻和活體捐獻在很多問題上都是不同的。活體捐獻要受到嚴格的限制，死體捐獻受的限制相比較而言要少一些。

■ 案例分析

「王某訴王某兄侵害人格權糾紛案」【北京二中院 (2009) 二民終字第 13951 號民事判決書】認為，在父母生前明確表示同意捐獻的情況下，部分子女在其他子女未到場情況下按父母生前意願捐獻父母遺體，雖有不妥之處，但尚不構成對未到場子女侵權。相關裁判摘要如下：王某父生前領取了《志願捐獻遺體申請登記表》，親自填寫了申請人詳細情況，並將捐獻遺體意願告知子女。根據王某父上述行為，並結合王某父生前所寫字條內容，可認定捐獻遺體係王某父真實意思表示。王某父去世後，王某兄將父親遺體捐獻給有關部門，該行為符合父親生前意願，其在辦理遺體捐獻手續時在申請表上代填父親姓名，並不影響父親捐獻遺體意願真實性。王某兄在王某未到場情況下捐獻父親遺體，雖有不妥之處，但屬於處理家庭成員內部關係不當，尚不構成對王某人格權侵害。無償捐獻遺體係有益於社會公共利益的善舉，亦無損社會公德和善良風俗，捐獻者及其親屬均應得到全社會理解和支持。祭奠並非單純對遺體的告別，更應是對死者精神追悼，王某認為王某兄侵犯了其祭奠等權利缺乏事實依據，判決駁回王某訴請。

第一千零七條　禁止以任何形式買賣人體細胞、人體組織、人體器官、遺體。
違反前款規定的買賣行為無效。

■ 條文主旨

本條是關於禁止買賣人體細胞、人體組織、人體器官、遺體的規定。

■ 條文釋義

基於人格尊嚴的理念，每一個自然人的身體應當受到尊重，避免僅僅將人體組成部分作為客體；同時，在實踐中，人體的買賣很可能會不公平地利用最貧窮和最脆弱的群體，導致

牟取暴利和販賣人口。據此，本條也對禁止人體買賣作出規定。

　　本條首先明確，人體捐贈只能是無償的，禁止以任何形式買賣人體細胞、人體組織、人體器官、遺體。買賣人體的形式在實踐中多種多樣，任何形式只要構成實質上的買賣，都應當被禁止。

　　本條進一步明確，違反前款規定的買賣行為無效。本法第 153 條規定，違反法律、行政法規的強制性規定的民事法律行為無效。但是，該強制性規定不導致該民事法律行為無效的除外。違背公序良俗的民事法律行為無效。據此，本條進一步明確，上述買賣行為是無效的，違反第 1 款的規定必然導致民事法律行為無效。如果買賣行為無效，買方無權請求賣方承擔違約責任。如果買賣的人體組成部分已經被移植，此時就屬於本法第 157 條中規定的不能返還的情形，這並不影響行為人依據法律的規定承擔行政責任和刑事責任。

　　但是，應當注意的是，要將人體買賣和依據法律規定對捐贈人或者其近親屬的補償或者救助、各種成本的補償區分開。

　　第一千零八條　為研製新藥、醫療器械或者發展新的預防和治療方法，需要進行臨床試驗的，應當依法經相關主管部門批准並經倫理委員會審查同意，向受試者或者受試者的監護人告知試驗目的、用途和可能產生的風險等詳細情況，並經其書面同意。

　　進行臨床試驗的，不得向受試者收取試驗費用。

■ 條文主旨

　　本條是關於人體臨床試驗的規定。

■ 條文釋義

　　人體臨床試驗，又稱為人體試驗，是指在病人或健康志願者等受試者的人體上進行系統性研究，以了解新藥、醫療器械或者發展新的預防和治療方法的療效與安全性。為研製新藥、醫療器械或者發展新的預防和治療方法，在研發階段時，通常會先進行動物試驗，動物試驗通過之後進行人體試驗。人體試驗是確保其有效性和安全性必不可少的環節，對促進醫療科研事業的發展意義重大，因此，允許開展人體試驗活動是必要的。但是，人體試驗關係到受試者的生命健康，涉及其人格尊嚴，要符合倫理要求，有必要對此設定較為嚴格的條件。我國對此有相關的規範。例如，基本醫療衛生與健康促進法第 32 條第 3 款、疫苗管理法第 16 條至第 18 條、藥品管理法第 18 條至第 23 條都對此作出了規定。

　　經研究，為了保護人的生命和健康，維護受試者的人格尊嚴，尊重和保護受試者的合法權益，促進人體臨床試驗的規範開展，在綜合考慮多方面意見的基礎上，本法吸收了相關規定內容，對人體試驗予以規定。人體試驗的倫理原則是公正、尊重人格、力求使受試者最大

程度受益和儘可能避免傷害，具體包括知情同意、控制風險、免費和補償、保護隱私、依法賠償、特殊保護等，而其中的基礎和首要前提是受試者的知情同意，體現了受試者對人體試驗的自決權。

本條規定的主要內容如下：

第一，人體臨床試驗應當依法經相關主管部門批准並經倫理委員會審查同意。例如，疫苗管理法第 16 條第 1 款規定：「開展疫苗臨床試驗，應當經國務院藥品監督管理部門依法批准。」

第二，受試者享有是否參加試驗的自主決定權。基於受試者的人格尊嚴，尊重和保護受試者的合法權益，應當尊重和保障受試者是否參加研究的自主決定權。

第三，受試者同意參加臨床試驗的意願必須真實合法。這首先意味着任何組織或者個人不得使用欺騙、利誘、脅迫等手段使受試者同意參加研究。其次意味着，應當依法告知試驗目的、用途和可能產生的風險等詳細情況，以使得受試者充分了解後再表達同意的意願。

第四，知情同意權由受試者或者其監護人依法行使。如果受試者是完全民事行為能力人，能夠單獨有效地行使知情同意權。但是，在受試者不具備完全的民事行為能力時，情況比較複雜，本法僅作出了原則性規定，具體由特別法進一步規定。

第五，知情同意必須是書面形式。這也是我國現行有關規範的共識。

第六，進行臨床試驗的，不得向受試者收取試驗費用。這是總結了我國現行的相關規範而作出的規定。

■ 案例分析

「龍燕萍等與中國醫學科學院阜外心血管病醫院醫療損害責任糾紛案」【北京市西城區人民法院 (2018) 京 0102 民初 5790 號民事判決書】認為，在受試者明確簽訂臨床試驗知情同意書的情況下，意味着應當接受不能預判的風險，並放棄經典治療方案的安全性，在此情況下，試驗者對受試者死亡的責任不應過大。相關裁判摘要如下：一方面，對於患者及家屬而言，採用先進的、創傷小的、癒後好的新技術治療病情是其所期望，但 TAVR 並非傳統治療方案，而是處於臨床試驗階段，其針對的患者是「老年重度主動脈瓣鈣化性狹窄，心功能 II 級以上且有外科手術高危或禁忌」等情況。換言之，TAVR 適應症的患者是心臟病情相當嚴重且無法耐受外科手術老年病患。無論採取外科手術或者介入治療，發生併發症的風險均存在，甚至其幾率幾乎相同。中國逐漸步入老年社會，高齡人口的增加，老年人對於生活質量要求提高，而技術進步所對應的診療方案要有所突破。如果我們從更高的層次評估，TAVR 技術最終能在臨床廣泛應用，終將是更多數老年患者的福祉。循證醫學就是不停試錯的過程，在實踐中積累數據，任何醫療決策應建立在最佳科學研究證據基礎上得以完善。受試患者不存在已知禁忌症情況下，醫方實施實驗性治療方案就在不斷嘗試和突破。中國人特有的 BAV 患者比例高於歐美受試者，意味着 TAVR 臨床應用風險難以借助既往研究成果量化，所以臨床研究需要採集更多的病例樣本進行分析研究。患者參與該試驗性治療，意味着應當接

受不能預判的風險，並放棄經典治療方案的安全性。因此，臨床試驗階段告知義務以及試驗者的責任，並不等同於臨床應用診療方案。特別是手術風險的原因以及應對方案，正是該階段所要重點分析解決的。而對於失敗病例的分析總結，則於技術進步更有價值。如果我們過於強調手術風險評估和絕對適應症，則失去了試驗的價值和意義。司法鑒定認定醫方承擔共同因果關係的意見，過於加重臨床試驗者的責任。綜上，本院調整責任分擔，醫方對於患者死亡存在告知不足，承擔次要責任，責任比例為 40%。

> **第一千零九條**　從事與人體基因、人體胚胎等有關的醫學和科研活動，應當遵守法律、行政法規和國家有關規定，不得危害人體健康，不得違背倫理道德，不得損害公共利益。

■ 條文主旨

本條是關於與人體基因、人體胚胎等有關的醫學和科研活動的規定。

■ 條文釋義

與人體基因有關的醫學和科研活動，包括基因鑒定、基因製藥、基因診斷、基因治療、基因編輯、基因克隆等。與人體胚胎有關的醫學和科研活動，包括與人體胚胎幹細胞等有關的治療性研究和生殖性研究。與人體基因、人體胚胎等有關的醫學和科研活動是生命科學研究的重要組成部分，將極大地改變人類生命和生活的面貌，為改善個人和全人類的健康狀況開闢廣闊的前景。但是，這些活動可能帶來人體生命健康安全和倫理道德方面的風險，甚至對人類產生重大的潛在危險。

本條規定，從事與人體基因、人體胚胎等有關的醫學和科研活動，應當遵守法律、行政法規和國家有關規定，不得危害人體健康，不得違背倫理道德，不得損害公共利益。主要包括了以下內容：

第一，尊重人格尊嚴。從事與人體基因、人體胚胎等有關的醫學和科研活動，必須建立在尊重人格尊嚴的基礎上，具體包括：一是禁止基於個人遺傳特徵的歧視；二是禁止對自然狀態下的人類基因組或者胚胎進行商業化利用；三是要求人類基因數據等在使用時，不得用於意在侵犯或造成侵犯某一個人的人權、基本自由或人類尊嚴的歧視的目的或導致對某一個人、家庭、群體或社區造成任何侮辱的目的；四是強調個人的利益和福祉應高於單純的科學利益或者社會利益等。

這同時意味着應當禁止違背人格尊嚴、生命保護的一切行為。從事與人體基因、人體胚胎等有關的醫學和科研活動，應當以治療疾病和提升人類福祉為目的，不得危及特定人員和全人類的健康利益。禁止生殖性克隆等違背人格尊嚴的遺傳工程技術的研究和應用。禁止買

賣人類遺傳資源、配子、受精卵、胚胎或胎兒組織等行為。反對生殖性研究。禁止非醫學需要的胎兒性別鑒定和選擇性別的人工終止妊娠。

第二，尊重知情同意權。從事與人體基因、人體胚胎等有關的醫學和科研活動，應當尊重人們在負責並尊重他人自主權的前提下自己作出決定的自主權，事先徵得有關人員自願、知情和明確表示的同意，向其提供清楚、公正、充分和適當的信息。對沒有能力行使自主權的人應採取特殊措施保護他們的權益。當事人可以在任何時候、以任何理由撤銷其同意。

第三，尊重當事人的隱私，保護相關的個人信息。從事相關活動時，應尊重當事人的隱私，對與個人有關的遺傳信息應加以保密。

第四，正當程序等保障。只有為了維護公眾安全，為了對刑事犯罪進行調查、偵查和提出起訴，為了保護公眾健康或者保護其他人的權利和自由，在法律規定了特定權限和特定程序的情況下，才可對上述原則加以限制。

第一千零一十條 違背他人意願，以言語、文字、圖像、肢體行為等方式對他人實施性騷擾的，受害人有權依法請求行為人承擔民事責任。

機關、企業、學校等單位應當採取合理的預防、受理投訴、調查處置等措施，防止和制止利用職權、從屬關係等實施性騷擾。

■ 條文主旨

本條是關於性騷擾的規定。

■ 條文釋義

性騷擾行為會影響受騷擾者的學習、工作和生活，侵害人格尊嚴、自由，損害其形象和自尊，嚴重的性騷擾甚至會造成被騷擾者的恐懼、自閉和盲目依賴，還可能涉及社會中的性別歧視，引起社會的較大關注。各個國家和地區都對性騷擾予以規定。有些國家和地區制定了反性騷擾的特別立法；有的針對工作場合的性騷擾予以特別規定；有的在其他特別法中予以規定。在我國，婦女權益保障法第 40 條、治安管理處罰法第 42 條第 5 項和第 44 條、女職工勞動保護特別規定第 11 條也對此進行了相應的規定。最高人民法院也在 2018 年將「性騷擾責任糾紛」作為新增加的民事案件案由，在司法實踐中提高受害人訴訟的可能性和力度。

經研究，對性騷擾行為，需要各個領域和各個層次的法律共同形成相互協調、相互補充的多層次綜合治理機制。在民法典中進行規定能夠為防止性騷擾奠定堅實的法律基礎，為受害人提供民法上的救濟。據此，本法在總結既有立法和司法實踐經驗的基礎上，對性騷擾問題予以回應，明確了性騷擾的認定標準，並規定了相應單位的行為義務。

性騷擾行為可能採取觸碰受害人身體私密部位的行為方式，這會涉及身體權；也可能採

取言語、文字、圖像等方式，影響受害人心理健康甚至身體健康，這會涉及健康權。立法過程中，對性騷擾行為侵害的是受害人的何種權利存在爭論。但是，不同觀點的共識在於性騷擾的侵害行為侵害了他人的人格尊嚴，構成了侵害人格權的行為。因此，本法是從性騷擾行為的角度予以規定。

首先，本條第 1 款規定了性騷擾的一般性構成。考慮到民法典是民事基本法，為了適應社會的發展變化，本款僅對性騷擾規定了一般性的構成要件，但未對何為性騷擾作具體的界定，這些可以留給特別法和司法實踐處理。根據實踐的情形，構成性騷擾一般包括以下條件：

1. 性騷擾中受害人是所有的自然人。實踐中，性騷擾的受害人多為女性，婦女權益保障法第 40 條也僅規定了禁止對婦女實施性騷擾。但是，本款所規定的性騷擾不區分性別、年齡，無論是男性還是女性、成年人還是未成年人都可能成為性騷擾的受害人，也不區分行為人與受害人是同性還是異性。

2. 行為與性有關。行為人具有性意圖，以獲取性方面的生理或者心理滿足為目的。一些國家和地區的性騷擾還涉及性別歧視。雖然很多性騷擾行為是基於性別歧視的觀念作出的，但是，考慮到反對性別歧視屬於憲法第 48 條所規定的男女平等以及本法所規定的人格尊嚴保護的內容，因此，本款的適用強調性騷擾行為與性有關。在實踐中，具體的方式是多種多樣的，包括言語、文字、圖像、肢體行為等。

3. 性騷擾構成的核心是違背他人意願。性騷擾與兩廂情願的調情、約會等區分，是因為此類行為違背了他人意願。針對對受害人有職權控制關係的領導、上司、老師等的行為，受害人迫於某種壓力往往採取隱忍或者以委婉的方式拒絕，甚至是屈從而在行為上表現為「自願」，但主觀上對該行為是不歡迎或者反感的，此時也可以認定為違背他人意願。

4. 行為一般具有明確的針對性。性騷擾行為所針對的對象一般是具體的、明確的，此時才可能會承擔民事責任。無論是長時間還是短時間的性騷擾，均是針對某個具體的對象。

5. 行為人主觀上一般是故意的。因錯寫手機號碼或者郵件地址，將包含兩性內容的短信或郵件誤發他人，不構成性騷擾。

其次，本條第 1 款同時規定，如果行為人實施性騷擾行為，受害人有權依法請求行為人承擔民事責任。受害人有權依法請求行為人承擔民事責任，這意味着如果本法和其他法律的規定對行為人承擔民事責任，要求具備其他的責任構成要件，或者進一步對責任後果予以細緻規定的，應當依照其規定。

本條第 1 款是對性騷擾的一般性規定。但是，在實踐中，利用職權、從屬關係的性騷擾的情形較多，此種性騷擾並非只能發生於工作場所，也可能發生在工作場所之外。行為方式也是多樣的，比較典型的方式，例如，利用職務、從屬關係以明示或者暗示方式對他人施加壓力，向他人索取性服務，或者以錄用、晉升、獎勵等利益作為交換條件，誘使他人提供性方面的回報。因此，本條第 2 款針對此種情形，特別規定了機關、企業、學校等單位的義務。依照本款規定，這些單位負有為防止和制止利用職權、從屬關係等實施性騷擾而採取措

施的義務。

最後，這些單位應當採取合理的預防、受理投訴、調查處置等措施。這些措施涵蓋了事前的預防、事中的受理投訴和事後的調查處置各個層面。

應當注意的是，單位除了應當負有採取合理措施防止和制止利用職權、從屬關係等實施性騷擾而採取措施的義務，也負有採取合理措施防止和制止其他性騷擾的義務。例如，單位的客戶到單位對單位的工作人員實施性騷擾，單位也負有採取合理措施的義務。

■ 案例分析

「廣東邦達實業有限公司與林順沅勞動合同糾紛案」【廣東省中山市中級人民法院（2015）中中法民六終字第 235 號民事判決書】對勞動場所的性騷擾行為進行了認定。相關裁判摘要如下：首先，林順沅的行為是否認定為性騷擾行為的問題。《中華人民共和國婦女權益保障法》第 40 條規定：「禁止對婦女實施性騷擾。受害婦女有權向單位和有關機關投訴。」而《廣東省實施〈中華人民共和國婦女權益保障法〉辦法》第 29 條第 1 款規定：「禁止違反婦女意志以帶有性內容或者與性有關的行為、語言、文字、圖片、圖像、電子信息等任何形式故意對其實施性騷擾。」上述法律條文明確禁止特別是在勞動場所進行性騷擾。本院認為，勞動場所的性騷擾行為一般包含三方面：一是此行為帶性色彩；二是此行為對承受方而言是不受歡迎的，是有損於其人格和尊嚴的；三是這種行為可導致承受人在工作場所中產生一種脅迫、敵視、羞辱性的工作環境。本案中，林順沅利用電腦軟件在照片上添加對白文字和主題，該文字和主題以公司女同事為對象，帶有明顯的與性有關的文字故意對照片中的女同事實施上述行為，且從女同事向公司領導投訴和哭訴的事實能夠確認林順沅的行為造成行為對象的羞辱和不適，明顯違背了女同事的意志，造成女同事精神上的壓力，上述行為應認定為性騷擾行為。

> **第一千零一十一條**　以非法拘禁等方式剝奪、限制他人的行動自由，或者非法搜查他人身體的，受害人有權依法請求行為人承擔民事責任。

■ 條文主旨

本條是關於非法剝奪、限制他人行動自由和非法搜查他人身體的規定。

■ 條文釋義

為進一步落實憲法的規定和精神，加強對自然人人身自由的保護，協調與其他法律相關規定之間的關係，本條規定了非法剝奪、限制他人行動自由和非法搜查他人身體的，受害人有權依法請求行為人承擔民事責任。

　　首先是非法剝奪、限制他人行動自由。本條所謂的行動自由，指的是身體行動的自由，不包括意志的自由或者精神活動的自由。非法剝奪、限制他人行動自由在實踐中的方法多種多樣，如非法拘禁、非法逮捕、拘留、非法強制住院治療等。

　　其次是非法搜查他人身體。實踐中，發生了超市、商場等非法搜查他人身體的行為，這些行為往往以限制行動自由為前提，同時涉及自然人對自己身體的權利，侵害了自然人的人格尊嚴。

　　本條進一步規定，以非法拘禁等方式剝奪、限制他人的行動自由，或者非法搜查他人身體的，受害人有權依法請求行為人承擔民事責任。這意味着如果本法和其他法律的規定對行為人承擔民事責任，要求具備其他的責任構成要件，或者進一步對責任後果予以細緻規定的，應當依照其規定。

■ 案例分析

　　「錢某訴某超市名譽權糾紛案」【上海市第二中級人民法院 (1998) 滬二中民終字第 2300 號民事判決書】認為，經營者將未實施偷竊行為的顧客扣留並進行搜身檢查，構成對顧客人格權侵犯，應承擔精神損害撫慰金賠償責任。相關裁判摘要如下：超市將錢某滯留店中做檢查，不僅時間長達近兩小時，期間還出現錢某解扣脫褲接受檢查事實。超市行為違反了憲法和民法通則有關規定，侵犯了錢某人格權，對此，應向錢某賠禮道歉。錢某要求超市對其精神損害進行賠償，理由正當，應予支持。

第三章　姓名權和名稱權

本章共六條，對自然人姓名權和法人、非法人組織名稱權的內容，自然人取姓的規則，對姓名權和名稱權的保護，對藝名、筆名、譯名和商號的保護等內容作了規定。

> **第一千零一十二條**　自然人享有姓名權，有權依法決定、使用、變更或者許可他人使用自己的姓名，但是不得違背公序良俗。

■ 條文主旨

本條是關於姓名權內容的規定。

■ 條文釋義

姓名是一個自然人在社會中區別於其他人的標誌和符號。姓名的產生是與社會的形成密不可分的，人作為社會中的一員，需要與社會中的其他成員進行社會交往，產生各種各樣的關係，進行社會交往就需要讓成員之間能相互區別開來，姓名就是為了適應這種社會交往而產生的。

姓名對於社會中的自然人來說意義極為重大：一是社會生活的需要。在姓名出現前，人們在社會交往中要進行個體識別較為困難，而姓名的出現則解決了這一難題，方便了人們的交往。二是姓名具有一定身份定位的功能。姓名由姓氏和名字組成。姓氏在早期代表了某一自然人的血緣和家族的歸屬，現在仍是特定群體遺傳關係的重要記號之一，而名字則既是家族成員輩份的體現，也是該自然人的個人符號。在早期，姓名的身份定位功能極強，例如，封建社會中帝王貴族的姓氏就是身份的象徵，普通百姓不能隨意使用這樣的姓氏。隨着封建社會的滅亡和社會的發展，姓名的這種具有極強身份屬性的功能逐漸減弱。但是，姓名的身份定位功能在家族和親屬之間仍在一定程度上存在和體現。因此，從這個意義上講，姓名是一個家族成員的共同紐帶，有利於維護家族成員的精神情感和身份認同。三是具有重要的法律意義。從民法的角度看，一個自然人擁有姓名後以姓名為標記，使自己與社會中的其他成員相區別，享受權利、承擔義務，使自己的尊嚴得到更好的彰顯，個性得到更好的發展，個人的名譽得到更好的維護，等等。從公法的角度看，由於姓名具有極強的表徵功能，每一個姓名就代表着一個自然人，因此，姓名的出現可以使國家對社會的管理更方便，現在戶籍管理制度、身份證管理制度和人事檔案制度等管理制度都是建立在姓名基礎上的。

民法典在繼承民法通則規定的基礎上明確將姓名權作為一種重要的具體人格權納入人格

權編，並明確規定，自然人享有姓名權。該規定有以下幾層含義：一是姓名權的主體只能是自然人。根據本法總則編的規定，我國的民事主體包括自然人、法人和非法人組織三類。法人或者非法人組織享有的是名稱權，不享有姓名權，姓名權專屬於自然人。二是任何一個自然人都享有姓名權。每個自然人自出生之時就享有這種權利，有權依法決定、使用、變更或者許可他人使用自己的姓名，任何組織和個人都無權剝奪自然人這種權利，也不得以干涉、盜用、假冒等方式侵害自然人這種姓名權。三是任何一個自然人都平等地享有姓名權。自然人對姓名權的享有不因民族、性別、年齡等因素的不同而有差別，也不因民族、性別、年齡等因素的不同而受到不同保護。

　　民法通則第 99 條第 1 款明確規定，公民享有姓名權，有權決定、使用和依照規定改變自己的姓名，禁止他人干涉、盜用、假冒。從實踐情況看，這種定義方式符合我國的現實，也符合司法實踐的需要。本次民法典編纂中繼承和延續了這種方式，明確規定自然人有權依法決定、使用、變更或者許可他人使用自己的姓名。但是，與民法通則的規定相比，有兩個變化：一是增加了一種姓名權的權能，即自然人有權依法許可他人使用自己的姓名。二是民法通則只強調了改變自己姓名需要依照規定，而本次編纂中考慮到本法第 1015 條的規定以及居民身份證法等法律法規對姓名的決定、使用、變更或者許可都有一定規範，所以本條強調，自然人雖然有權決定、使用、變更或者許可他人使用自己的姓名，但都應當依法進行。這裏強調的「依法」決定、使用、變更或者許可主要針對正式姓名而言的，即國家居民身份證、戶口登記、檔案等法定文件或者記錄中的姓名。對於非正式姓名，例如，筆名、藝名等非正式姓名則不需要遵循本法和其他法律法規所規定的強制性規則，例如，一個人的筆名不需要隨父姓或者母姓，也不需要到戶口登記機關進行登記。根據本條的規定，姓名權的內容主要包括四項權能：

　　1. 決定姓名的權能。一個自然人有權決定自己的姓名是姓名權最為基本的內容，是自然人人格發展和自我決定的重要表現形式，也是其變更、使用或者許可他人使用自己姓名的前提和基礎，任何組織或者個人不得非法干預。需要強調的是，自然人有權決定自己的姓名，但這種決定權應當依法進行。「依法」體現在以下幾個方面：一是對姓氏的選擇應當依法進行。本法第 1015 條對姓氏的選取規則作了明確規定。根據該條規定，自然人應當隨父姓或者母姓，但是有下列情形之一的，可以在父姓和母姓之外選取姓氏：（1）選取其他直系長輩血親的姓氏；（2）因由法定扶養人以外的人扶養而選取扶養人姓氏；（3）有不違背公序良俗的其他正當理由。少數民族自然人的姓氏可以遵從本民族的文化傳統和風俗習慣。二是姓名的選取應當遵循一定的程序。根據本法第 1016 條規定，自然人決定、變更自己的姓名的，應當依法向有關機關辦理登記手續。根據我國戶口登記條例的規定，嬰兒出生後 1 個月以內，由戶主、親屬、撫養人或者鄰居向嬰兒常住地戶口登記機關申報出生登記。因此，嬰兒的姓名決定權由其監護人行使。這並非對姓名決定權能的否定，而是考慮到嬰兒為無民事行為能力人，其無法親自行使這項權能，根據本法總則編的相關規定，嬰兒等無民事行為能力人，由其法定代理人代為從事民事法律行為，嬰兒的法定代理人是其父母等監護人。所以，

嬰兒的父母代為行使姓名決定權能是監護權和親權的體現。

2. 使用姓名的權能。使用自己的姓名是自然人享有姓名權的重要內容，也是姓名權的本質特徵。姓名權人有權按照自己意志決定自己的姓名如何使用，在何處使用自己的姓名，例如，可以允許商業公司以自己的姓名冠名某一場活動，或者冠名某一公司，任何組織或者個人不得干涉或者妨礙，也不得盜用或者假冒姓名權人的姓名。

3. 變更姓名的權能。自然人有權變更自己的姓名是其姓名權的應有之義。自然人出生後，由於其為無民事行為能力人，其姓名由監護人決定，本人在具備完全民事行為能力後，有權對自己的姓名進行變更。但是，自然人對姓名的變更權能不是任意行使的。一般情況下，權利人行使自己的權利只要不違反法律的強制性規定和違背社會的公序良俗即可。但是，自然人的姓名絕不僅僅是社會交往的符號，其與傳統文化、婚姻形態、風俗習慣、價值觀念、倫理道德等密切相關，還承載着代表個體、表明登記身份、規範婚姻和家庭秩序、文化傳承、社會管理等諸多社會功能，自然人變更自己的姓名不但會影響自己的權利義務關係，也會對國家管理以及社會公共利益造成影響。正因為基於對公共利益的考慮，我國居民身份證法等法律法規都對自然人變更姓名作了一定限制，要求自然人變更姓名要遵循一定的程序；民法通則第 99 條也專門規定，變更姓名應當「依照規定」進行。根據本法第 1016 條規定，自然人決定、變更自己的姓名的，應當依法向有關機關辦理登記手續。同行使姓名權的決定權能一樣，變更姓氏同樣需要遵循本法第 1015 條的規定，即自然人原則上應當隨父姓或者母姓。從法律效力看，民事主體變更姓名、名稱的，變更前實施的民事法律行為對其具有法律約束力。

4. 許可他人使用姓名的權能。本法第 992 條規定，人格權不得放棄、轉讓或者繼承。姓名權作為一種重要的人格權，與自然人密不可分，它本身不具有直接的財產內容，其確實不得被轉讓、贈與或者繼承。但是，隨着社會的發展，姓名商業利用問題日益突出，一些自然人姓名中的財產利益凸顯，例如，姚明作為著名的運動員，其姓名具有巨大的廣告效應和商業價值。姓名權人在一定程度上可以對自己的姓名進行商業利用，允許他人使用自己的姓名並取得一定的經濟收益，實踐中這樣的案件已有很多，例如，袁隆平作為著名的科學家，許可一家上市公司「隆平高科」使用自己的姓名作為公司名稱的一部分。這裏需要強調幾點：一是姓名權人許可他人使用自己的姓名不是轉讓姓名權。姓名權作為一種人格權，本身與姓名權人不可分割，不可被轉讓。姓名權人許可他人使用的是姓名中的非人格利益。二是許可他人使用並不是指姓名在社會交往中的正常使用。對於人與人之間進行正常的社會交往使用他人的姓名，不需要取得姓名權人的許可就可以使用。例如，日常交往中稱呼他人的姓名，會議舉辦方將與會人員的姓名打印成桌籤等。法條中的姓名權人許可他人使用是指超出正常社會交往中的使用，例如，使用他人的姓名打廣告、促銷，借用他人的名義召開會議等。

自然人雖享有姓名權，有權依法決定、使用、變更或者許可他人使用自己的姓名，但是，自然人行使自己的姓名權不是絕對的，不是沒有任何限制的。自然人在決定、變更、使用或者許可他人使用姓名的過程中，不得違反法律、行政法規的相關規定，不得違背公序良俗。

第一千零一十三條　法人、非法人組織享有名稱權，有權依法決定、使用、變更、轉讓或者許可他人使用自己的名稱。

■ 條文主旨

本條是關於法人、非法人組織名稱權內容的規定。

■ 條文釋義

名稱是法人或者非法人組織在社會活動中用以代表自己並區別於其他法人或者非法人組織的文字符號和標記。其功能與意義和自然人的姓名類似，是法人或者非法人組織區別於其他民事主體的重要標識，是法人或者非法人組織從事民事活動的前提和基礎。任何合法設立的法人或者非法人組織都享有名稱權。

本條規定，法人、非法人組織享有名稱權，有權依法決定、使用、變更、轉讓或者許可他人使用自己的名稱。根據該規定，名稱權的內容包括五個方面：

一是決定名稱的權能。法人、非法人組織對名稱的權利首先體現為名稱的決定權，即其有權決定本組織取什麼樣的名稱。法人或者非法人組織通過決定名稱對外表徵其行業、組織形式等相關信息。但是，法人或者非法人組織決定名稱的權利是否不受任何限制呢？對於這個問題，一般有兩種不同的做法：一種是真實主義，即法人選定的名稱必須與經營內容和業務範圍相一致，否則不予承認；另一種是自由主義，即法人名稱如何確定，完全由當事人自由選擇，法律不加限制，即使名稱與法人的營業內容和業務範圍沒有關係也是允許的。這兩種做法各有利弊。從目前的規定看，我國原則上採納的是真實主義模式。例如，根據《基金會名稱管理規定》的規定，基金會名稱應當反映公益活動的業務範圍。基金會的名稱應當依次包括字號、公益活動的業務範圍，並以「基金會」字樣結束。公募基金會的名稱可以不使用字號。根據《企業名稱登記管理規定》的規定，企業應當根據其主營業務，依照國家行業分類標準劃分的類別，在企業名稱中標明所屬行業或者經營特點。我國公司法、合夥企業法等法律對公司、合夥企業的名稱設定也有相應的要求。即便如此，法人或者非法人組織在法律規定的範圍內仍有較大的自由選擇空間。

二是使用名稱的權能。法人或者非法人組織對自己享有的名稱享有獨佔使用的權利，任何組織或者個人都不得非法干涉其使用。與自然人對自己姓名的使用不完全相同。在同一地區，法律並不禁止自然人取與其他自然人相同的姓名，但在同一地區，法律原則上不允許法人或者非法人在同行業取相同的名稱。需要強調的是，法人或者非法人組織對自己名稱的獨佔使用，並不排除不同行業使用這一名稱，但是使用時必須標明行業。

三是變更名稱的權能。法人或者非法人組織在使用名稱過程中，有權按照自己的意願變更自己的名稱，任何組織或者個人不得非法干預。但是，除了法律、行政法規另有規定外，變更名稱必須依照法定程序進行變更登記。例如，我國公司登記管理條例規定，公司變更登

記事項，應當向原公司登記機關申請變更登記。未經變更登記，公司不得擅自改變登記事項。名稱屬於公司的登記事項，公司變更名稱的，應當辦理變更登記。變更登記後，原名稱就被依法撤銷，法人或者非法人應當在從事各項民事活動中使用新的名稱，不得再繼續使用原名稱從事民事活動。

四是轉讓名稱的權能。法人或者非法人組織對其名稱享有轉讓的權能，這是名稱權與姓名權的重要區別。法人或者非法人組織可以將其對名稱享有的權利全部轉讓給其他法人或者非法人組織，受讓人成為該名稱權的主體，轉讓人則對名稱喪失名稱權。需要指出的是，並非所有法人或者非法人組織的名稱權都可以轉讓，原則上只有營利性法人或者營利性非法人組織的名稱權可以轉讓。對於營利性法人或者營利性非法人組織而言，名稱權具有較強的財產性，其可以通過轉讓名稱權獲得轉讓費。對於名稱權的轉讓，由於在我國採取絕對轉讓主義，即法人或者非法人組織轉讓名稱時得將營業一併轉讓，所以就會產生轉讓人的債權債務在名稱轉讓後如何處理的問題。從理論上講，受讓人受讓該名稱時實際上同時也就成為了轉讓人營業的新主體，其在受讓名稱時，應當就轉讓人的債權債務與轉讓人進行約定處理，有約定的，依照其約定；沒有約定的，受讓人在受讓名稱時，也應當一併承受債權債務。即使在有約定的情況下，若沒有以通知或者登記等方式告知於債權人，為了保護債權人的利益，債權人也可以請求受讓人承擔轉讓人的債務。

五是許可使用的權能。法人或者非法人組織享有在一定範圍和期限內允許其他法人或者非法人組織使用自己名稱的權利。法人或者非法人組織許可他人使用自己名稱的同時，自己仍可以繼續使用該名稱，在沒有特別約定的情況下，還可以允許多家主體使用該名稱，這是許可使用名稱與轉讓名稱最大的區別。許可使用名稱這種情形主要是針對營利性法人或者營利性非法人組織而言的。名稱權人可以有償許可他人使用，也可以無償許可他人使用。法人或者非法人組織許可他人使用自己的名稱一般都要簽訂名稱使用合同，對使用的期限、範圍、報酬等事項作出約定。

需要強調的是，我國現行法律、行政法規和部門規章對名稱權的決定、使用、變更、轉讓或者許可他人使用都作了不少規定，且對於不同性質的法人和非法人組織其名稱權的決定、使用、變更、轉讓或者許可他人使用的規則也不完全相同。例如，本法第 1016 條規定，法人、非法人組織決定、變更、轉讓名稱的，應當依法向有關機關辦理登記手續，但是法律另有規定的除外。民事主體變更名稱的，變更前實施的民事法律行為對其具有法律約束力。名稱權人決定、使用、變更、轉讓或者許可他人使用名稱均不得違反這些規定。

> **第一千零一十四條　任何組織或者個人不得以干涉、盜用、假冒等方式侵害他人的姓名權或者名稱權。**

■ **條文主旨**

本條是關於禁止以干涉、盜用、假冒等方式侵害他人的姓名權或者名稱權的規定。

■ **條文釋義**

自然人對自己的姓名享有姓名權，法人、非法人組織對自己的名稱享有名稱權。自然人享有的姓名權除了體現在對姓名有權依法決定、使用、變更或者許可他人使用方面外，學理上稱之為姓名權的積極權能；還體現在任何組織或者個人不得以干涉、盜用、假冒等方式侵害自己的姓名權，學理上稱之為姓名權的消極權能。同理，法人、非法人組織享有的名稱權也體現在這兩個方面。本章在前兩條分別對姓名權和名稱權的積極權能作了規定，為了更好地保護姓名權人和名稱權人的權益，本條對姓名權和名稱權的消極權能也作了規定，本規定延續了我國現行法律和司法解釋的規定。民法通則第 99 條規定，禁止他人干涉、盜用、假冒公民的姓名權。《最高人民法院關於貫徹執行〈中華人民共和國民法通則〉若干問題的意見（試行）》第 141 條規定，盜用、假冒他人姓名、名稱造成損害的，應當認定為侵犯姓名權、名稱權的行為。

實踐中，侵害姓名權、名稱權的方式很多，本條列舉了幾種較為典型的侵害方式：

一是非法干涉，即無正當理由干涉他人對姓名的決定、使用、變更或者許可他人使用的權利，無正當理由干涉法人或者非法人組織對其名稱的決定、使用、變更、轉讓或者許可他人使用的權利。例如，子女成年後，其父母沒有正當理由不允許其變更姓名；養父母沒有正當理由不允許養子女隨其生父母的姓；等等。

二是盜用，即未經姓名權人、名稱權人同意或者授權，擅自以姓名權人、名稱權人的姓名或者名稱實施有害於他人或者社會的行為。例如，打着經過某著名人士同意或者授權的幌子，以該著名人士的名義開辦會所。這種侵害方式的核心是侵權人的行為讓他人誤以為姓名權人、名稱權人同意或者授權侵權人以其名義從事民事活動，但並沒有宣稱其就是該姓名權人或者名稱權人。

三是假冒，即侵權人假冒姓名權人或者名稱權人之名進行活動，表現為民事主體從事民事活動時不用自己的姓名或者名稱而使用他人姓名或者名稱。實踐中，已出現了不少假冒他人姓名或者名稱的冒名頂替案。需要注意的是，實踐中存在同名同姓的情況，這是國家法律法規允許的，僅僅因為登記的姓名與他人相同，不構成假冒侵權行為。但是，某民事主體的行為足以使他人誤認或者混淆的，則有可能構成侵權。例如，某人與籃球界的姚明同名同姓，都叫「姚明」，若其在正常生活中使用「姚明」，不構成假冒，但若其對外宣稱自己是籃球界的姚明，並以此從事各種民事活動，就很可能構成假冒侵權。

以上三種是實踐中較為典型的侵害姓名權或者名稱權的行為，但侵害姓名權或者名稱權的行為不僅限於這三種，例如，將他人的姓名作為商品名稱或者作為某一動物的名稱等不正當使用姓名的行為。正是基於此，本條在非法干涉、盜用、假冒外加上了「等方式」。

第一千零一十五條 自然人應當隨父姓或者母姓，但是有下列情形之一的，可以在父姓和母姓之外選取姓氏：

（一）選取其他直系長輩血親的姓氏；

（二）因由法定扶養人以外的人扶養而選取扶養人姓氏；

（三）有不違背公序良俗的其他正當理由。

少數民族自然人的姓氏可以遵從本民族的文化傳統和風俗習慣。

■ **條文主旨**

本條是關於自然人姓氏選取規則的規定。

■ **條文釋義**

關於子女姓氏如何選取的問題，1980 年婚姻法第 16 條規定，「子女可以隨父姓，也可以隨母姓」。2001 年修改婚姻法時刪去了該條中的「也」字。這是為了進一步貫徹男女平等和夫妻家庭地位平等的原則，避免因「也」字表達的語氣對條文內容產生影響。關於姓名權，民法通則第 99 條第 1 款規定：「公民享有姓名權，有權決定、使用和依照規定改變自己的姓名，禁止他人干涉、盜用、假冒。」根據上述規定，公民有權決定自己的姓名，但改變姓名需要「依照規定」進行。根據戶口登記條例第 18 條規定，公民變更姓名，依照下列規定辦理：（1）未滿 18 周歲的人需要變更姓名的時候，由本人或者父母、收養人向戶口登記機關申請變更登記；（2）18 周歲以上的人需要變更姓名的時候，由本人向戶口登記機關申請變更登記。該條例對公民改變姓名時的申請程序作了規定，未對公民改變姓名進行限制。

近年來，司法機關、有關行政部門和一些社會公眾反映，民法通則和婚姻法的上述規定較為原則，對於公民能否在父姓和母姓之外選取姓氏，實踐中有關部門和當事人存在理解不一致的情況；且相關法律制定較早，不能有效應對當前公民創姓、改姓等新情況、新問題。同時，鑒於姓氏選取問題不僅涉及現代社會的公民私權與國家公權、個人自由與社會秩序，還關乎中華民族的文化傳統、倫理觀念和社會主義核心價值觀，問題重大，有必要作出專門的規定，以指導實踐。為此，2014 年十二屆全國人大常委會十一次會議通過《全國人民代表大會常務委員會關於〈中華人民共和國民法通則〉第九十九條第一款、〈中華人民共和國婚姻法〉第二十二條的解釋》。該立法解釋明確規定，公民原則上應當隨父姓或者母姓。有下列情形之一的，可以在父姓和母姓之外選取姓氏：（1）選取其他直系長輩血親的姓氏；（2）

因由法定扶養人以外的人扶養而選取扶養人姓氏；（3）有不違反公序良俗的其他正當理由。少數民族公民的姓氏可以從本民族的文化傳統和風俗習慣。該立法解釋這樣規定的主要理由是：姓氏文化是中華傳統文化的重要組成部分。中華文明源遠流長，姓氏文化在中華五千多年連綿不斷的文明史中佔有重要地位。世界上的很多國家都通過立法明確子女應當從父姓或者母姓。通過立法解釋，明確公民原則上應當在父姓或者母姓中選取姓氏，對於維護中華民族的文化傳統、倫理觀念和社會主義核心價值觀至關重要。從婚姻法當初的立法本意看，婚姻法第 22 條的規定主要為了突出父母對子女姓氏決定權的平等，進一步體現男女平等和夫妻家庭地位平等的原則，不涉及公民是否可以在父姓、母姓之外選取其他姓氏的問題。社會各方面普遍認為，子女承父姓、母姓在我國有深厚的傳統文化倫理基礎，社會普遍遵循。現實生活中，隨意取姓的現象比較少見，老百姓一般也難以接受。姓氏選取不能毫無限制，應當依照規定。同時，鑒於社會生活和民事活動的複雜性以及各民族因歷史文化傳統、民族習慣和宗教信仰等體現的姓氏文化差異性，法律應當考慮一些公民在父姓和母姓之外選取姓氏的合理需求以及不同民族的風俗習慣，力求找到最佳平衡點，作出既符合多數人利益，又能兼顧少數人利益的解決方案，使法律規則既保持穩定性，又富有靈活性。自該立法解釋正式實施以來，從實踐情況看，較好地平衡了尊重自然人的自由決定或者變更姓名權利與尊重中國優秀傳統文化以及倫理道德之間的關係，也得到了多數人的認同，有利於解決現實中的爭議。基於此，本法完全繼承和吸收了該立法解釋的規定。

> **第一千零一十六條**　自然人決定、變更姓名，或者法人、非法人組織決定、變更、轉讓名稱的，應當依法向有關機關辦理登記手續，但是法律另有規定的除外。
>
> 民事主體變更姓名、名稱的，變更前實施的民事法律行為對其具有法律約束力。

■ 條文主旨

本條是關於民事主體決定、變更姓名、名稱或者轉讓自己名稱應當遵守的法定程序以及產生的法律效力。

■ 條文釋義

根據本法第 1012 條、第 1013 條的規定，自然人有權決定、變更自己的姓名，法人或者非法人組織有權決定、變更或者轉讓自己的名稱。這兩條規定的姓名和名稱都是指法定姓名或者名稱，是自然人或者法人、非法人組織法定人格和身份的體現，對內對外都會產生一定的法律效果，因此其決定、變更等都必須依法進行。

自然人的姓名的決定關係到該自然人參與社會經濟生活，特別是涉及從事民事法律行為的問題，因此自然人決定姓名除了需要以有民事行為能力為前提外，還需要遵循法定的程

序，辦理法定的手續。根據戶口登記條例第 7 條第 1 款的規定，嬰兒出生後 1 個月以內，由戶主、親屬、撫養人或者鄰居向嬰兒常住地戶口登記機關申報出生登記。自然人在確定姓名後，可能出於各種原因而需要變更自己的姓名。但由於其已經使用原姓名進行了各種民事活動，參加了不同的民事法律關係，其改變自己的姓名必然會影響到他人的利益和社會公共利益，因此自然人變更姓名也必須遵守相關法律法規規定，遵循法定程序進行，不得擅自變更。根據戶口登記條例的規定，公民變更自己的姓名必須到戶口登記機關申請變更登記。當然這裏的姓名指的是法定姓名（即正式姓名）的決定或者變更，並不包括本法第 1017 條規定的筆名、藝名等的決定或者變更，筆名、藝名等非法定姓名的決定或者變更並不需要進行登記。

考慮到法人或者非法人組織對社會的影響較大，任何一個國家都會對法人或者非法人組織進行管理。為了維護正常的社會秩序和健康的市場經濟秩序，我國法律法規以及規章對法人、非法人組織的設定、變更或者轉讓也作了不少規定，設定了一定的程序，特別是登記程序。原則上法人或者非法人組織變更自己的名稱或者轉讓自己的名稱權都需要進行變更或者轉讓登記。需要指出的是，根據我國相關法律法規的規定，並非所有法人或者非法人組織變更或者轉讓自己的名稱都需要登記，例如，本法總則編規定的機關法人的決定或者變更就不需要辦理登記手續。因此，本條特別規定「但是法律另有規定的除外」。

自然人的姓名，法人、非法人組織的名稱，是民事主體的外在標識，姓名權人或者名稱權人以其參與各種民事活動，為自己設定權利義務，對自己、對他人都有重大影響。自然人變更自己的姓名，法人、非法人變更自己的名稱，都是其外在標識改變，其實質並沒有發生改變，其權利義務的歸屬也不應發生改變，否則會對他人甚至社會公共利益產生重大影響。而現實生活中，卻不時發生債務人通過變更姓名或者名稱的方式逃避債務的現象，損害了社會經濟秩序。為了防止這種「新人不理舊賬」的現象出現，保護原法律關係的相對方的權益，本條第 2 款特別規定，民事主體變更姓名、名稱的，變更前實施的民事法律行為對其具有法律約束力。

> 　　**第一千零一十七條**　具有一定社會知名度，被他人使用足以造成公眾混淆的筆名、藝名、網名、譯名、字號、姓名和名稱的簡稱等，參照適用姓名權和名稱權保護的有關規定。

■ 條文主旨

本條是關於保護筆名、藝名、網名、字號等的規定。

■ 條文釋義

廣義上的姓名和名稱除了包括正式姓名和正式名稱外，還包括姓名和名稱的簡稱、筆名、藝名、網名、字號等。一些文學家、藝術家常常用筆名、藝名代替本名，這些筆名、藝名甚至比其本名更為社會和公眾所熟知，例如，著名作家莫言的本名叫管謨業，莫言只是其筆名，但多數讀者只知其筆名莫言，並不知道其本名。除筆名、藝名外，根據我國的傳統，一些自然人還喜歡給自己起「字」或者「號」，例如，唐代大詩人李白，字太白，號青蓮居士，現在仍有一些人繼承了這一傳統。隨着現代網絡社會的發展，不少自然人在網絡世界裏給自己起了網名，在網絡世界裏很多情況下網民之間只知道網名，並不知道其真實的本名。還有的外國人在中國，或者中國人在外國都會面臨譯名是否保護的問題。對於法人或者非法人組織來說，也存在類似的情況，例如，在日常的民事活動中，除了使用在登記機關登記的正式名稱外，有時也會使用名稱的簡稱或者字號，例如，阿里巴巴（中國）網絡技術有限公司是登記的名稱，其簡稱為阿里巴巴或者阿里巴巴集團。在本法編纂過程中，對於是否保護姓名和名稱簡稱、筆名、網名、藝名、譯名、字號等有不同意見。有的意見認為，只宜保護經過登記的正式姓名和名稱，不宜保護姓名和名稱簡稱、筆名、網名、藝名、譯名、字號等，否則有可能限制他人的行為自由。經研究認為，姓名和名稱簡稱、筆名、網名、藝名、譯名、字號等雖沒有經過法定機關登記，不屬於正式的姓名或者名稱，但是在不少情況下，這些姓名和名稱簡稱、筆名、網名、藝名、譯名、字號等也能夠起到確定和代表某一自然人或者法人、非法人組織的作用，能夠體現民事主體的人格特徵。這些姓名和名稱簡稱、筆名、網名、藝名、字號等若被他人濫用或者導致他人混淆，也會對該民事主體造成重大損害。因此，保護姓名和名稱簡稱、筆名、網名、藝名、譯名、字號等，有利於更好地保護民事主體的人格利益。但是，姓名和名稱簡稱、筆名、網名、藝名、譯名、字號等畢竟不是登記的正式姓名或者名稱，並非任何姓名和名稱簡稱、筆名、網名、藝名、字號等都應當受到保護，只有滿足一定條件的姓名和名稱的簡稱、筆名、藝名、網名、譯名、字號等才受法律保護：一是具有一定社會知名度或者為相關公眾所知悉；二是被他人使用足以致使公眾混淆的。基於此，本條規定，具有一定社會知名度，被他人使用足以造成公眾混淆的筆名、藝名、網名、譯名、字號、姓名和名稱的簡稱等，參照適用姓名權和名稱權保護的有關規定。

與對正式姓名或者名稱的保護相比，對姓名和名稱的簡稱、筆名、藝名、網名、字號等的保護既有相同點，也具有不同點。相同點：一是二者都不得違反法律、行政法規的強制性規定，不得違背公序良俗。二是任何組織或者個人都不得以非法干涉、盜用或者假冒等方式侵害。不同點：一是對正式姓名或者名稱的保護，不需要具有一定社會知名度、為相關公眾所知悉、被他人使用足以致使公眾混淆等條件的限制，也就是說，自然人或者法人、非法人組織經過登記的正式姓名或者名稱都受法律保護，任何組織或者個人都不得非法干涉、盜用或者假冒。對姓名和名稱的簡稱、筆名、藝名、網名、字號等的保護，則需要受具有一定社會知名度、為相關公眾所知悉、被他人使用足以致使公眾混淆等條件的限制。二是自然人

決定、變更正式姓名，法人或者非法人組織變更、轉讓名稱，都需要登記；而自然人決定、變更自己的筆名、藝名、網名等，法人或者非法人組織變更名稱，原則上不需要經過登記。正因為姓名和名稱的簡稱、筆名、藝名、網名、譯名、字號等，與正式姓名、名稱有上述區別，對其的保護就不能完全依照正式姓名、名稱的規則進行，所以本條規定，對姓名和名稱的簡稱、筆名、藝名、網名、字號等的保護是「參照」適用姓名、名稱的保護規定。

第四章　肖像權

本章共六條，對肖像的定義和肖像權的權能、禁止侵害肖像權、合理使用肖像權的情形、肖像許可使用合同、聲音的保護等內容作了規定。

> **第一千零一十八條**　自然人享有肖像權，有權依法製作、使用、公開或者許可他人使用自己的肖像。
>
> 　　肖像是通過影像、雕塑、繪畫等方式在一定載體上所反映的特定自然人可以被識別的外部形象。

■ 條文主旨

本條是關於肖像權的權能和肖像概念的規定。

■ 條文釋義

肖像與姓名和名稱一樣，都是民事主體的外在表徵，彰顯民事主體的社會存在。從理論上劃分，肖像權與姓名權和名稱權也一樣，都屬於標表型人格權，是民事主體不可缺少的一種具體人格權。隨着社會的發展和科學技術的進步，特別是手機攝影技術、傳播技術和名人現象的發展，肖像越來越容易被獲取，其具有的商業價值也越來越巨大（特別是公眾人物的肖像就更是如此），肖像被他人以非法利用等手段進行侵害的情形越來越多，因此而產生的糾紛也越來越多。因此，進一步加強對肖像權保護的立法也越來越迫切。近現代以來，不少國家和地區的法律都對肖像權作了規定。我國自 20 世紀 80 年代開始就高度重視對肖像權的保護。1986 年的民法通則第 100 條規定，公民享有肖像權，未經本人同意，不得以營利為目的使用公民的肖像。婦女權益保障法第 42 條第 1 款規定，婦女的名譽權、榮譽權、隱私權、肖像權等人格權受法律保護。侵權責任法和民法總則更是明確將肖像權作為一種重要的民事權利加以明確規定。根據司法實踐的需要，最高人民法院還出台了一系列與肖像權保護有關的司法解釋。為了更好地保護自然人的肖像權，人格權編在我國現有法律和司法解釋的基礎上，借鑒國外立法經驗，專設本章對肖像權的內容和保護作了規定。

本條第 1 款規定，自然人享有肖像權，有權依法製作、使用、公開或者許可他人使用自己的肖像。根據該規定，任何自然人都享有肖像權，肖像權的內容包括四個方面：

一是依法製作自己肖像的權能。製作肖像權能又稱形象再現權能，即自然人有權自己或者許可他人通過造型藝術形式或者其他形式再現自己的外部形象。這項權能是肖像權的基

本權能，也是肖像權中的其他權能的基礎和前提。根據本條第 2 款的規定，肖像只有再現在一定載體上才具有法律意義。但是否製作自己的肖像是肖像權人的權利，肖像權人有權根據自己的需要或者他人的需要，自己或者許可他人通過影像、雕塑、繪畫等方式製作自己的肖像，任何組織或者個人都不得干涉或者侵犯。這裏需要注意兩點：（1）本條只強調有權製作自己的肖像是肖像權人的權利，但如果該權利人從未製作過自己的肖像，只是表明其從未行使過這項權能，並不影響其享有這項權能，其在以後任何時候都可以行使這項權能。（2）根據本條第 2 款的規定，肖像需要以一定的物質載體體現出來，但肖像本身並不等同於該物質載體。

二是依法使用肖像的權能。肖像權人有權利用自己的肖像用於任何合法的目的，這種目的既可以是精神上的愉悅，也可以是獲得一定的財產利益。肖像權人使用肖像的方式可以是多樣的，既可以用複製、展示的方式使用，也可以以銷售的方式使用。需要強調的是，肖像權雖然是一種重要的具體人格權，但其肖像使用權能體現了一定的財產利益並可以與肖像權人相分離。根據本條的規定，他人利用肖像權人的肖像應當獲得肖像權人的同意或者許可。

三是依法公開肖像的權能。肖像權人對於已經製作的肖像，可以自己對外公開或者許可他人公開，禁止他人擅自公開。例如，將自己拍攝或者他人拍攝的照片公開等。需要注意的是，從實質上講，公開肖像應當屬於廣義上的使用權能的內容。但是考慮到公開肖像這種形式對於肖像權的重要性，肖像公開與否對肖像權人的影響是極大的，所以本條特別將其從廣義上的使用權能中分離出來加以單獨規定。

四是許可他人使用肖像的權能。正如前所述，肖像權人對於自己的肖像是否使用、如何使用享有完全的權利，其可以通過授權或者同意等方式許可他人使用自己的肖像。這是肖像權人對自己肖像的自主決定權的重要體現。這種許可使用可以是有償的，也可以是無償的。但其他人無論是有償使用還是無償使用肖像權人的肖像，都必須經過肖像權人的許可同意，任何組織或者個人未經肖像權人的許可擅自使用其肖像都構成侵權。

何為肖像？這是規定肖像權的首要問題。在本法編纂過程中，各方對如何界定肖像，認識是不完全一致的。經研究認為，首先，肖像的範圍不應限於自然人的面部特徵。肖像是一個自然人形象的標誌，除面部特徵外，任何足以反映或者可以識別特定自然人的外部形象若不納入肖像權的保護範圍，都很有可能對該自然人的人格尊嚴造成威脅。肖像的範圍過小，不利於保護肖像權的利益。例如，著名籃球運動員姚明的形象極具特色，其雖未露出面部，但整體形象具有極強的識別性，多數人不看其面部，就可以識別其是姚明；某一模特的手具有極強的識別性，很多人都可識別出，則該模特的手部形象也可以納入肖像的範圍。其次，肖像是指通過一定載體所能夠客觀真實地反映出的自然人外部形象，這種載體可以是藝術作品，藝術作品是典型的形式，但並不限於藝術作品，任何可以反映自然人外部形象的物質手段都可以納入這種載體，可以體現為圖片、照片、繪畫、雕塑等任何形式。最後，肖像應當具有較為清晰的可識別性。法律保護自然人肖像的目的是保護其外部形象不被他人混淆從而貶損或者濫用，因此，通過一定載體所呈現出的外部形象應當具有較為清晰的指向性和識別

性，如果通過載體呈現出的外部形象無法指向或者識別出特定自然人則不應納入肖像的範圍。也就是說，肖像由自然人外部形象、外部形象載體和可識別性三個要件構成。基於此，本條第 2 款規定，本法所稱肖像是通過影像、雕塑、繪畫等方式在一定載體上所反映的特定自然人可以被識別的外部形象。

> **第一千零一十九條**　任何組織或者個人不得以醜化、污損，或者利用信息技術手段偽造等方式侵害他人的肖像權。未經肖像權人同意，不得製作、使用、公開肖像權人的肖像，但是法律另有規定的除外。
>
> 　　未經肖像權人同意，肖像作品權利人不得以發表、複製、發行、出租、展覽等方式使用或者公開肖像權人的肖像。

■ 條文主旨

本條是關於禁止任何組織或個人侵犯他人肖像權的規定。

■ 條文釋義

肖像權作為自然人享有的一種重要人格權，其具有人格權共有的絕對性、專屬性、排他性等特徵，肖像權人對其肖像既享有依法製作、使用、公開或者許可他人使用的權利，也享有排除他人侵害的權利。任何組織或者個人都不得以任何形式侵害肖像權人的肖像權。本條從三個方面對禁止任何組織或者個人侵犯他人肖像權的情形作了規定：

一是明確規定，任何組織或者個人不得以醜化、污損，或者利用信息技術手段偽造等方式侵害他人的肖像權。肖像權涉及肖像權人的人格尊嚴，是具有極強精神屬性的權利，以醜化、污損，或者利用信息技術手段偽造等方式侵害他人的肖像權，都有可能對肖像權人的精神造成嚴重損害，必須禁止。這裏的「醜化」指通過藝術加工或者改造的方法，對他人的肖像加以歪曲、誣衊、貶低，例如，在他人的肖像上畫上鬍鬚等；「污損」是指將他人的肖像損害且搞髒，例如，往他人的照片上潑墨水或者焚燒、撕扯他人的照片等行為；「利用信息技術手段偽造」是指利用信息技術手段編造或者捏造他人肖像，以假亂真，以達到利用不存在的事物來謀取非法利益，例如，利用現在的人工智能技術將他人的肖像深度偽造到特定場景中或者移花接木到其他人的身體上以達到非法目的。本規定只列舉了比較典型的、有可能會對肖像權人造成嚴重後果的幾種侵害肖像權的情形，但現實生活中侵害肖像權的形式多種多樣，遠不止這幾種，例如，倒掛他人的照片等。

二是明確規定，未經肖像權人同意，不得製作、使用、公開肖像權人的肖像，但是法律另有規定的除外。根據本法第 1018 條的規定，自然人享有肖像權，有權依法製作、使用、公開或者許可他人使用自己的肖像。也就是說，製作、使用、公開肖像是肖像權人的專屬

性權利，其他任何組織或者個人未經肖像權人的同意都不得擅自製作、使用、公開他人肖像。在立法過程中，有的意見提出，某一組織或者個人製作、使用、公開他人肖像，雖未經肖像權人同意，但並沒有醜化、污損，或者利用信息技術手段偽造他人的肖像，因此，不構成侵害他人肖像。這種觀點是不正確的。根據本條的規定，除了法律另有規定外，製作、使用、公開他人肖像都必須經過權利人同意。即使是經過肖像權人的同意，可以製作、使用、公開其肖像，但是構成醜化、污損，或者利用信息技術手段偽造肖像等情形的，同樣構成侵害他人肖像權，也是本法所不允許的。本條還規定，在法律另有規定的情況，可以不經肖像權人同意，製作、使用、公開肖像權人的肖像。本條中的「法律另有規定」主要是指本法第1020條規定的幾種可以合理使用的情形。

三是明確規定，未經肖像權人同意，肖像作品權利人不得以發表、複製、發行、出租、展覽等方式使用或者公開肖像權人的肖像。正如前所述，肖像權人的肖像往往都是通過一定的載體表現出來的，這種載體在多數情況下都構成藝術作品，例如，為他人拍攝的藝術照，為模特畫的藝術像等。從著作權的角度看，這些藝術作品也都構成著作權法上的肖像作品。在現實生活中，這些肖像作品的權利人有時與肖像權人是合一的，但有時卻是不同的民事主體。若肖像權人與肖像作品權利人並非同一主體時，肖像作品權利人雖享有肖像作品的著作權，但未經肖像權人同意，也不得以發表、複製、發行、出租、展覽等方式使用或者公開肖像權人的肖像。這樣規定，既強化了對肖像權的保護，也明確了肖像權與肖像作品著作權的關係。

> **第一千零二十條**　合理實施下列行為的，可以不經肖像權人同意：
>
> （一）為個人學習、藝術欣賞、課堂教學或者科學研究，在必要範圍內使用肖像權人已經公開的肖像；
>
> （二）為實施新聞報道，不可避免地製作、使用、公開肖像權人的肖像；
>
> （三）為依法履行職責，國家機關在必要範圍內製作、使用、公開肖像權人的肖像；
>
> （四）為展示特定公共環境，不可避免地製作、使用、公開肖像權人的肖像；
>
> （五）為維護公共利益或者肖像權人合法權益，製作、使用、公開肖像權人的肖像的其他行為。

■ 條文主旨

本條是關於合理使用肖像的情形的規定。

■ 條文釋義

肖像權是自然人享有的一項重要人格權。但同其他民事權利一樣，這項人格權並非絕對

的權利。肖像不僅對本人意義重大，對他人甚至對全社會都具有重大價值，一些正常的社會活動都離不開對他人肖像的合理使用，如果任何製作、使用、公開肖像的行為都需要經過權利人同意，會給正常的社會活動帶來影響，甚至影響到公共利益。因此，法律應當在保護個人肖像權和保護社會公共利益間進行平衡和協調。本法在強調加強對肖像權保護的同時，也設置了肖像權保護的例外情形。在這些例外情形下，製作、使用、公開肖像權人的肖像並不會構成侵權。這些例外情形除了本法總則編民事責任一章和侵權責任編規定的正當防衛、緊急避險、自助行為、不可抗力、當事人同意等一般的免責事由外，還有本條規定的幾類特殊免責事由，也可以說是合理使用情形。規定這幾類合理使用情形，既是基於肖像權人本身利益的需要，也是基於保護社會公共利益的需要。根據本條的規定，實施以下幾種行為的，不需要肖像權人的同意：

一是為個人學習、藝術欣賞、課堂教學或者科學研究，在必要範圍內使用肖像權人已經公開的肖像。為了個人學習、藝術欣賞的目的使用他人已經公開的肖像，是個人從事的正常社會活動，且這種使用並不會對權利人的肖像權造成損害。若不允許民事主體在個人學習、藝術欣賞時使用他人已經公開的肖像，必然對個體的自由造成嚴重的妨礙，對於提升個人的文化修養水平也是很不利的。同理，課堂教學和科學研究對於促進社會進步和文化發展具有重大意義，特別是對於將我國建設成為一個文化強國、科技強國更是必不可少的。因此，為了課堂教學和科學研究合理使用他人的肖像是基於社會公共利益對肖像權所作的合理限制。例如，為了課堂教學的需要，在課堂上使用了某一著名科學家的肖像；為了科學研究的需要，對某一特定群體進行攝影錄像。但是，需要強調的是，即便為個人學習、藝術欣賞、課堂教學或者科學研究目的使用肖像權人的肖像，也不得濫用。例如，不得以科學研究為幌子，對肖像權人的生活造成嚴重影響；更不得以從事藝術欣賞為名，將他人的肖像用於營利目的。基於此，本條第 1 項明確規定了兩個限制條件：（1）為個人學習、藝術欣賞、課堂教學或者科學研究，只能在必要範圍內使用他人肖像，超出必要範圍使用的，也造成侵權。（2）為個人學習、藝術欣賞、課堂教學或者科學研究，只能使用他人已經公開的肖像；權利人尚未公開的肖像，即使使用人是出於個人學習、藝術欣賞、課堂教學或者科學研究的目的，且在必要範圍內使用，也是不允許的。

二是為實施新聞報道，不可避免地製作、使用、公開肖像權人的肖像。實施新聞報道就是對新近發生的客觀事實進行報道和傳播。新聞報道的主要功能是報道新聞信息、反映和引導輿論，具有極強的社會公共利益性質，是一個社會文明發展和進步所必不可少的。基於此，本法第 999 條規定，為公共利益實施新聞報道、輿論監督等行為的，可以合理使用民事主體的姓名、名稱、肖像、個人信息等；使用不合理侵害民事主體人格權的，應當承擔民事責任。本項規定實際上是對該條規定的進一步落實和細化。從法理上講，新聞報道的一般都是集會、慶典等公開性的活動和事件，而這些活動和事件一般都具有較強的新聞價值，自然人參加這類些活動或者參與到這些事件中，就應當意識到這些活動或者事件有可能被記載或者被公開報道，就意味着在一定程度上自願處分了自己的肖像權，是用行為體現的一種默

示同意，因此，這種新聞報道從本質上講也沒有違背肖像權人的真實意願。當然，在現實中也存在肖像權人在公開場合被新聞報道「被動入鏡」的情形，可能肖像權人本身並不願意入鏡，更不願意被報道，但考慮到新聞報道本身的及時性和真實性，更為了社會公共利益的考慮，新聞報道者也可以不經肖像權人同意而製作、使用、公開肖像權人的肖像。這是多數國家和地區的普遍做法。但因新聞報道而製作、使用、公開肖像權人的肖像，必須是不可避免的，或者在新聞報道中完全可以避免使用、公開他人的肖像，就應當避免使用、公開他人的肖像，否則也有可能構成侵犯他人的肖像權。

三是為依法履行職責，國家機關在必要範圍內製作、使用、公開肖像權人的肖像。國家機關依法履行職責屬於行使公權力，履行公權力要麼是為了維護社會秩序，要麼是為了保護公眾安全，要麼是為了維護其他國家利益和社會公共利益，例如，為了調查具有高度傳染性的傳染病患者、通緝罪犯等行為。為了維護國家利益和社會公共利益，國家機關在依法履行職責的過程中，可以在必要範圍內製作、使用、公開肖像權人的肖像。但是，國家機關也不得濫用這種權力，對肖像權的使用應當符合行政行為的比例原則。本項明確規定了兩個限制條件：（1）國家機關必須是在依法履行職責時，若履行職責沒有明確的法律依據，則不得製作、使用、公開肖像權人的肖像。（2）國家機關必須在必要範圍內製作、使用、公開肖像權人的肖像，超出必要範圍的，即使是依法履行職責，也構成對肖像權的侵犯。

四是為展示特定公共環境，不可避免地製作、使用、公開肖像權人的肖像。這種合理使用的情形較為特殊，但也是民事主體進行社會活動所必不可少的。這種情形要取得肖像權人的同意才可以製作、使用、公開其肖像，是不可行的，否則將限制人們的行動自由。例如，將某人在公共場所實施不文明的形象拍攝下來；某人在一個公開場所（如景點）照相時，剛好另一遊客闖入其鏡頭；遊客拍攝某一著名旅遊景點的景色時，就有可能將一些遊客攝入其中。這些情形都是為了展示特定公共環境，不可避免地製作、使用了肖像權人的肖像。但是，這種合理使用也有嚴格的條件限制。根據本條的規定：第一，製作、使用、公開肖像權人的肖像的目的是展示特定的公共環境。第二，即使是為了展示特定公共環境，也必須是「不可避免」地製作、使用、公開肖像權人的肖像，若在展示特定公共環境中可以避免製作、使用、公開肖像權人的肖像，則不構成合理使用。

五是為維護公共利益或者肖像權人的合法權益，製作、使用、公開肖像權人的肖像的其他行為。本項規定實際上是一個兜底條款。因為在現實中，涉及公共利益和肖像權人本人利益的事項有可能不僅限於前四種情形。例如，對先進人物的照片進行展覽；當事人在訴訟過程中，確有必要為主張自己的權利或者證明案件的事實，而在舉證中使用、公開他人的肖像；為了尋找下落不明的人而在尋人啟事上使用其肖像；等等。本項規定為司法實踐的發展留出了一定的空間。但需要特別強調的是，本項規定並不等於法院可以隨意自由裁量，法院更不得濫用本項規定或者將本項規定泛化。根據本條規定，要適用本項規定的情形，應當符合以下條件：第一，必須是為了公共利益或者為了肖像權人本人的利益。第二，必須是在必要範圍內使用、公開，例如，尋人啟事上的肖像只得用於尋人之用，不得用於商業促銷。

最後，還需要強調的是，即使構成本條規定的五種情形之一，也必須合理實施製作、使用、公開他人肖像的行為。因此，本條開宗明義就規定，合理實施下列行為的，才可以不經肖像權人同意。

　　第一千零二十一條　當事人對肖像許可使用合同中關於肖像使用條款的理解有爭議的，應當作出有利於肖像權人的解釋。

　　第一千零二十二條　當事人對肖像許可使用期限沒有約定或者約定不明確的，任何一方當事人可以隨時解除肖像許可使用合同，但是應當在合理期限之前通知對方。

　　當事人對肖像許可使用期限有明確約定，肖像權人有正當理由的，可以解除肖像許可使用合同，但是應當在合理期限之前通知對方。因解除合同造成對方損失的，除不可歸責於肖像權人的事由外，應當賠償損失。

■ 條文主旨

　　這兩條是關於肖像許可使用合同的規定。

■ 條文釋義

　　前述兩條規定的都是肖像許可使用合同，但實際上都涉及對肖像的經濟利用問題。在本法編纂過程中，對是否允許權利人許可他人對肖像權、姓名權、名稱權等標表型人格權進行經濟利用，有不同意見。有的意見認為，人格權不可以被經濟利用，否則是對人格權保護的矮化。另一種意見則認為，對肖像權、姓名權、名稱權等標表型人格權進行經濟利用是現實發展的需要，也是新型人格權發展的需要，規定這些內容恰恰是為了更好地規範這個問題。本法採納了第二種觀點，之所以採納第二種觀點，主要基於以下幾點考慮：一是現實的需要。實踐中不少自然人特別是名人都在許可他人使用自己的肖像，例如，商家將明顯的肖像用於廣告促銷，這不但產生了巨大的經濟價值，而且這種使用也不違背公序良俗。二是立法的延續和傳承。2009 年通過的侵權責任法第 20 條就明確規定，侵害他人人身權益造成財產損失的，按照被侵權人因此受到的損失賠償；被侵權人的損失難以確定，侵權人因此獲得利益的，按照其獲得的利益賠償；侵權人因此獲得的利益難以確定，被侵權人和侵權人就賠償數額協商不一致，向人民法院提起訴訟的，由人民法院根據實際情況確定賠償數額。該規定實際上明確認可了肖像權等標表型人格權可以被許可使用產生經濟收益。三是借鑒了國外的經驗。近現代以來，無論是英美法系還是大陸法系，基本上都認可對肖像進行經濟利用。大陸法系國家和地區採取了人格利益商品化的方法；英美法系中的美國則採用了「公開權」的模式認可了對肖像的經濟利用。基於此，本法第 993 條規定，民事主體可以將自己的姓名、名稱、肖像等許可他人使用，但是依照法律規定或者根據其性質不得許可的除外。本法第

1018 條第 1 款也明確規定，自然人享有肖像權，有權依法製作、使用、公開或者許可他人使用自己的肖像。肖像權人可以許可他人使用自己的肖像，是指肖像權這種人格權可以附帶產生經濟利益，並沒有改變肖像權的人格權基本性質。本章關於肖像權許可合同的這兩條規定就是建立在這個基礎之上的。需要特別注意的是，許可使用合同中的「許可」，是許可他人在商品、商標或者服務等上面使用肖像，不包括以區別於他人的目的正當使用肖像。

肖像許可使用合同是肖像權人許可他人使用自己肖像的最為典型的同意方式，是指肖像權人與他人通過簽訂合同的方式約定他人在特定期限、特定範圍以特定方式使用自己的肖像。這種合同可以是有償的，也可以是無償的。肖像許可使用合同作為一種合同，與本法合同編規定的其他合同具有不少共同點，也需要適用總則編和合同編規定的一些基本原則和基本規則，如合同自願原則、公序良俗原則、誠信原則、民事法律行為無效情形等。例如，根據本法 153 條第 2 款的規定，違背公序良俗的民事法律行為無效。權利人如果簽訂合同許可他人將其肖像製成色情圖片或者視頻予以銷售，則這種合同因違反公序良俗，應當無效。但是，與一般的合同相比，這種合同又具有一些特殊的地方，最為特殊的地方就是肖像許可使用合同涉及肖像權人的人格利益。因此，在許可使用中，就會涉及人格利益和財產利益的衝突，尤其在許可使用合同的解釋、解除等問題上，合同編的既有體系無法完全容納這些內容，人格權編有必要對此作出特殊規定，以更好地平衡人格利益和財產利益的衝突，加強對人格利益的保護。前述兩條規定就是關於肖像許可使用合同特殊規則的規定。根據本法第 1021 條的規定，當事人對肖像許可使用合同中關於肖像使用條款的理解有爭議的，應當作出有利於肖像權人的解釋。這與一般合同的解釋規則是不同的。根據本法第 466 條的規定，當事人對合同條款的理解有爭議的，應當按照所使用的詞句，結合相關條款、行為的性質和目的、習慣以及誠信原則，確定爭議條款的含義。而根據本法第 1021 條的規定，對肖像許可使用條款的理解產生爭議的，則不需要考慮本法第 466 條所規定的因素，原則上應當直接作出有利於肖像權人的解釋，除非這種解釋嚴重不公平。之所以這樣規定，是為了加強對肖像權的保護。本條中規定的「關於肖像使用條款的理解有爭議」是指因合同條款的內容模糊不清等原因導致雙方理解不一、發生爭議的情況，並非當然是指對肖像許可的範圍、方式等約定不明確。相關內容沒有約定或者約定不明確的情況下，只要雙方當事人同意，仍可以適用本法第 510 條、第 511 條的規定確定相關內容，且根據本法第 1022 條第 1 款的規定，當事人對肖像許可使用期限沒有約定或者約定不明確的，任何一方當事人可以隨時解除肖像許可使用合同，但是應當在合理期限之前通知對方。

本法第 1022 條針對肖像許可使用合同的使用期限問題作了特別規定。根據該條第 1 款的規定，當事人對肖像許可使用期限沒有約定或者約定不明確的，任何一方當事人可以隨時解除肖像許可使用合同，但是應當在合理期限之前通知對方。這實際上賦予了雙方當事人在肖像許可使用合同對許可使用期限沒有約定或者約定不明確的情況下任意解除合同的權利，但任何一方當事人在行使這種任意解除權，應當在合理期限之前通知對方當事人，至於「合理期限」有多長，應當根據個案處理。這與一般合同的期限約定不明或者沒有約定的情況下

的處理規則不完全相同，根據本法第 510 條、第 511 條的規定，一般合同生效後，當事人就合同內容沒有約定或者約定不明確的，可以協議補充；不能達成補充協議的，按照合同相關條款或者交易習慣確定。仍不能確定履行期限的，債務人可以隨時履行，債權人也可以隨時請求履行，但是應當給對方必要的準備時間。當然，本條只是賦予了雙方當事人在沒有約定期限或者約定不明的情況下享有任意解除權，但雙方當事人並非一定要解除合同，若願意放棄這種權利，繼續履行合同的，仍可以依據本法第 510 條、第 511 條的規定對合同進行補充。

根據本法第 1022 條第 2 款的規定，當事人對肖像許可使用期限有明確約定，肖像權人有正當理由的，可以解除肖像許可使用合同。這實際上賦予了肖像權人在許可使用期限即使約定明確的情況下，也可以享有單方解除肖像許可使用合同的權利。賦予肖像權人單方解除權也是為了更好地保護肖像權人的人格利益。但肖像權人行使這種單方解除權是有條件限制的：一是要有正當理由，這種正當理由可以是本法合同編第 563 條規定的情形，也可以是第 563 條規定情形之外的其他正當理由，例如，被許可使用人的違約行為即使不構成第 563 條所需要的重大違約，只是一般違約，肖像權人也可以單方解除合同。二是肖像權人行使單方解除權應當在合理期限之前通知對方，以讓對方當事人有一定的準備和緩衝時間。三是肖像權人因解除合同造成對方損失的，除不可歸責於肖像權人的事由外，應當賠償損失。

> **第一千零二十三條　對姓名等的許可使用，參照適用肖像許可使用的有關規定。**
> **對自然人聲音的保護，參照適用肖像權保護的有關規定。**

■ 條文主旨

本條是關於姓名的許可使用和對聲音保護的規定。

■ 條文釋義

姓名、名稱與肖像一樣都是民事主體的外在標識和特徵，從理論上講，都屬於標表型人格權。這些標表型人格權的客體都具有一定的經濟價值，可以被許可使用。近現代的不少國家和地區基本上都允許這幾種標表型人格權的客體被許可使用。根據本法第 993 條的規定，民事主體可以將自己的姓名、名稱、肖像等許可他人使用，但是依照法律規定或者根據其性質不得許可的除外。本法第 1012 條、第 1013 條更是明確規定，自然人有權依法許可他人使用自己的姓名；法人、非法人組織有權依法許可他人使用自己的名稱。本編第三章「姓名權和名稱權」並沒有對姓名、名稱被許可使用的規則作出具體規定，考慮到姓名、名稱與肖像被許可使用的相似性，所以本條第 1 款規定，對姓名等的許可使用，參照適用肖像許可使用的有關規定。之所以在「姓名」後加個「等」，主要是考慮到還有名稱等也可以被許可使

用；之所以規定「參照」適用肖像許可使用的有關規定，而非直接適用肖像許可適用的有關規定，主要是考慮到姓名、名稱與肖像雖都可以被許可使用，但畢竟是不同的人格權，還存在不同之處。例如，姓名具有較強的倫理和身份性，但肖像卻不具有這些特徵，因此，還不能完全適用肖像許可使用的相關規定，只能「參照」適用。從本章的規定看，姓名等的許可使用，可以參照適用的肖像許可使用規則主要是指本法第 1021 條和第 1022 條的規定，即肖像許可使用合同中關於肖像使用條款的理解有爭議的，應當作出有利於肖像權人的解釋。當事人對肖像許可使用期限沒有約定或者約定不明確的，任何一方當事人可以隨時解除肖像許可使用合同，但是應當在合理期限之前通知對方。當事人對肖像許可使用期限有明確約定，肖像權人有正當理由的，可以解除肖像許可使用合同，但是應當在合理期限之前通知對方。因解除合同造成對方損失的，除不可歸責於肖像權人的事由外，應當賠償損失。

在本編的編纂過程中，對於是否將肖像權的保護延伸到對聲音的保護有不同意見。有的認為，聲音的識別性不是很明顯，還不足以構成一種具體人格權的客體，不宜將肖像權的保護延伸到聲音上，否則容易被濫用，對他人的行動自由和表達自由產生影響。但不少意見認為，聲音表示一個自然人的人格特徵，特別是對於一些聲音特殊的配音演員、播音員等自然人來說，聲音更是彰顯了其人格特徵，如播音員趙忠祥、評書表演藝術家單田芳的聲音等。對這些具有一定識別性的聲音若不加以保護，就有可能對該自然人的人格尊嚴造成損害。經研究認為，聲音雖還不足以構成一種具體的人格權，但若對聲音一概不予保護，任由他人隨意複製、模仿、偽造特定自然人的聲音，確有可能對該自然人的人格尊嚴造成較大的損害，特別是隨着人工智能技術和大數據技術的發展，利用信息技術手段「深度偽造」他人聲音的情形不但會嚴重損害該自然人的人格尊嚴，而且還具有極大的社會危害性。基於此，本條第 2 款規定，對自然人聲音的保護，參照適用肖像權保護的有關規定。根據該規定，對自然人的聲音應當加以保護，但受到保護的聲音應當足以識別到特定自然人，且考慮到聲音畢竟還不能構成一種具體人格權，所以只能參照適用肖像的保護規則，不能完全適用肖像的保護規則。單純模仿他人的聲音並不構成侵權，例如，現在不少電視節目舉辦的聲音「模仿秀」原則上就不構成侵權，不宜適用肖像的保護規則，否則會對一般人的行為自由和表達意願帶來嚴重的限制。但是，若以侮辱性或者其他違背公序良俗的方式模仿或者偽造他人的聲音的，則可以適用肖像權保護的相關規定，予以禁止。

第五章　名譽權和榮譽權

本章共八條，對名譽的定義、如何處理好新聞報道與名譽權保護的關係、判斷新聞媒體是否履行審核義務應當考慮的因素、作品真實性例外規則、名譽權人的更正請求權、信用評價、榮譽權的保護等內容作了規定。

> **第一千零二十四條　民事主體享有名譽權。任何組織或者個人不得以侮辱、誹謗等方式侵害他人的名譽權。**
>
> **名譽是對民事主體的品德、聲望、才能、信用等的社會評價。**

■ 條文主旨

本條是關於名譽權的內容及名譽定義的規定。

■ 條文釋義

名譽權是民事主體所享有的一種重要人格權，其關係到一個民事主體在社會經濟生活中所處的地位以及應受到的信賴和受到尊重的程度，是民事主體進行民事活動，乃至其他社會活動的基本條件。對於自然人而言，名譽權更是關乎其人格尊嚴；對於法人、非法人組織而言，名譽權關乎其社會信譽，這種信譽是法人、非法人組織在比較長的時間內，在它的整個活動中逐步形成的，特別是企業法人、非法人組織的名譽，反映了社會對它在生產經營等方面表現的總的評價，往往會對其生產經營和經濟效益產生重大的影響。因此，對於民事主體而言，名譽權的地位極為重要。自改革開放以來，我國就相當重視名譽權的保護，憲法第38條規定，中華人民共和國公民的人格尊嚴不受侵犯。禁止用任何方法對公民進行侮辱、誹謗和誣告陷害。這為保護名譽權提供了憲法依據。1986年的民法通則第101條規定，公民、法人享有名譽權，公民的人格尊嚴受到法律保護，禁止用侮辱、誹謗等方式損害公民、法人的名譽。2009年的侵權責任法第2條更是強調了名譽權作為一種重要民事權利的地位。2017年的民法總則第110條則明確了名譽權的人格權地位。此外，我國還有不少的單行法律對名譽權的保護作了規定，例如，根據婦女權益保障法第42條規定，婦女的名譽權等人格權受法律保護。禁止用侮辱、誹謗等方式損害婦女的人格尊嚴。本條第1款在吸收和借鑒我國現行法律規定以及借鑒國外立法經驗的基礎上，明確規定民事主體享有名譽權。任何組織或者個人不得以侮辱、誹謗等方式侵害他人的名譽權。

實踐中，侵害名譽權的行為主要表現為侮辱、誹謗行為。侮辱行為是指公然以暴力、

謾罵等方式公開貶損他人名譽的行為。侮辱行為既包括行為方式，例如，強令受害人吃自己的糞便；也包括語言方式，例如，以口頭語言對他人進行嘲笑；還包括文字方式，例如，以文字或者圖畫形式辱罵他人。誹謗行為是指以散佈捏造或者誇大的事實故意損害他人名譽的行為。誹謗既可以是口頭誹謗，也可以是文字誹謗。侮辱、誹謗是比較典型且較惡劣的侵害名譽權的行為，但實踐中侵害名譽權的行為並不限於這兩種，例如，過失地誤將他人視為罪犯並將該信息予以公開等。基於此，本條第 1 款規定，任何組織或者個人不得以侮辱、誹謗等方式侵害他人的名譽權。在判斷某一行為是否構成侵害名譽權時，需要注意幾點：一是受害人的社會評價是否降低。沒有受害人社會評價的降低就不存在名譽權受損害的問題。受害人社會評價是否降低應當以社會一般人的評價為標準進行判斷，不能僅以受害人自己的主觀感受為標準。本條所強調的「任何組織或者個人不得以侮辱、誹謗等方式侵害他人的名譽權」，其目的就是保護自然人的名譽不受他人貶損，社會評價不被降低。只有當其社會評價降低時才能通過名譽權制度獲得救濟。二是如果行為人發佈的信息或者所作的陳述真實客觀，且沒有包含侮辱性的內容，即使受害人認為自己的名譽受到了損害，也不構成名譽權侵權。三是行為人侵害他人名譽權的行為需要受害人以外的人知悉。正如本條第 2 款所規定，名譽是對民事主體的社會評價，也就是社會公眾對民事主體的評價。如果行為人的侵害行為沒有被受害人以外的人所知悉，其社會評價就不存在降低或者受損的問題，自然也就不存在名譽權受損害的問題。需要注意的是，傳播了虛假的事實，造成受害人的社會評價降低是構成名譽權侵權必須具備的兩個要件。否則，雖然傳播了虛假事實，並未因此導致社會評價降低的，不構成侵害名譽權的侵權行為。四是行為人的行為具有過錯。名譽權侵權屬於一般侵權行為，因此，行為人的過錯也是其侵權的構成要件，這種過錯既表現為故意，也表現為過失。最後，需要強調的是，在判斷是否構成名譽權侵權以及承擔損害賠償責任的程度時，除了要考慮前述要件外，還需要考慮多種因素。根據本法第 998 條的規定，認定行為人承擔侵害除生命權、身體權和健康權外的人格權的民事責任，應當考慮行為人和受害人的職業、影響範圍、過錯程度，以及行為的目的、方式、後果等因素。如果行為人採取了較為惡劣的方式，例如，暴力侮辱等方式，構成名譽權侵權的可能性就更大。再如，行為人檢舉、控告，導致他人名譽貶損的，一般不構成侵害名譽權，但是借檢舉、控告之名侮辱、誹謗他人，造成他人名譽貶損的，可能會構成侵害名譽權。

確定名譽的內涵是保護名譽權的前提和基礎。本條第 2 款明確規定，名譽是對民事主體的品德、聲望、才能、信用等的社會評價。根據本款規定，自然人的名譽感是一種內心的主觀感受，不屬於社會評價，不納入名譽權的保護範圍。如果自然人認為自己的名譽感受到了他人的侵害，且有證據證明他人的行為有過錯、過錯行為與自己名譽感受損之間存在因果關係的，可以以自己的人格尊嚴受到侵害為由，要求對方承擔民事責任。

第一千零二十五條　行為人為公共利益實施新聞報道、輿論監督等行為，影響他人名譽的，不承擔民事責任，但是有下列情形之一的除外：

（一）捏造、歪曲事實；

（二）對他人提供的嚴重失實內容未盡到合理核實義務；

（三）使用侮辱性言辭等貶損他人名譽。

■ 條文主旨

本條是關於如何處理好實施新聞報道、輿論監督等行為與保護名譽權關係問題的規定。

■ 條文釋義

新聞報道是指報紙、刊物、廣播、電視等大眾傳媒及時將新聞事實予以公開和傳播的行為，其是新聞單位對新近發生的事實的報道，這些事實包括有關政治、經濟、軍事、外交等社會公共事務以及有關社會突發事件。輿論監督是指社會公眾運用各種傳播媒介對社會運行過程中出現的現象表達信念、意見和態度，對各種違法違紀行為所進行的揭露、報道、評論或者抨擊的行為。實施新聞報道、輿論監督等行為，是保障媒體監督權、公民知情權和維護社會公平正義的重要手段和方式，對於公民參政議政、推進我國的民主法治建設以及推進國家治理體系和治理能力現代化具有重要意義。現代社會和現代國家均強調新聞報道、輿論監督的重要性，並從立法的角度加以保障。我國憲法也對此作了明確規定，根據憲法第 35 條規定，中華人民共和國公民有言論、出版等自由。根據憲法第 41 條規定，公民對於國家機關及其工作人員有批評監督權。但是，行為人在實施新聞報道、輿論監督等行為時，常常不可避免地會影響到他人的名譽。在人格權編的立法中，特別是在本章的立法中，如何處理好實施新聞報道、輿論監督等行為與保護名譽權的關係是一個重點難點問題。經過反覆研究，本條規定，行為人為公共利益實施新聞報道、輿論監督等行為，影響他人名譽的，不承擔民事責任。也就是說，行為人實施新聞報道、輿論監督等行為，影響他人名譽的，原則上不承擔民事責任。之所以這樣規定，主要考慮是：新聞報道涉及社會利益與公眾利益，關係到黨和國家新聞事業、新聞媒體社會責任以及新聞工作者的權利，關係到言論自由等憲法權利，還關係到人民的知情權。並且新聞報道具有激濁揚清、針砭時弊等非常重要的社會功能。國家對新聞報道的要求、法律對新聞報道的要求，就是內容的真實性和客觀性。黨和國家一向強調，要把黨內監督、法律監督和群眾監督結合起來，發揮輿論監督的作用。因此，對新聞報道、輿論監督侵害名譽權案件，不能按照一般的侵權案件處理，除了應當在權衡加害人與被害人的權益之外，還須特別考慮到新聞報道、輿論監督等行為是促進和保護公共利益的行為，對於維護一個社會的公正正義，保障公民知情權必不可少，若動輒讓從事新聞報道、輿論監督等行為的行為人承擔民事責任，有可能產生「寒蟬效應」，對國家和社會的發展和進步是極為不利的。

　　需要特別強調的是，本條雖對實施新聞報道、輿論監督等行為規定了特別保護條款，但是實施新聞報道、輿論監督等行為並非在任何情況下都不承擔民事責任。根據本條的規定，有下列情形之一的，實施新聞報道、輿論監督等行為的行為人仍應當承擔民事責任：

　　一是捏造、歪曲事實。客觀真實是對新聞報道、輿論監督最基本的要求，行為人在從事新聞報道、輿論監督中應當力求所報道的情況，所反映或者檢舉控告的情況客觀真實。但是，若行為人在新聞報道、輿論監督中捏造或者歪曲事實，不但是對新聞報道、輿論監督最基本要求的違反，而且為假借新聞報道、輿論監督之名行誣告、陷害之實打開了方便之門，會對他人的名譽造成損害，實際上是濫用新聞報道、輿論監督的行為。對於捏造、歪曲事實這種主觀惡意大，後果一般都較為嚴重的侵權行為，法律必須禁止，行為人也必須承擔法律責任。

　　二是對他人提供的嚴重失實內容未盡到合理核實義務。理論上將言論分為對事實的描述和對意見的陳述。對事實的陳述是對客觀發生的事實進行的具體描述，其判斷的標準是「真實性」；對意見的陳述是對已經發生事實的性質、價值、意義等方面的主觀評論，其無所謂真實不真實，原則上不會構成侵權。對於從事新聞報道、輿論監督等行為的行為人而言，對於事實的報道和反映應當通過實地採訪或者充分核實等方式力求客觀真實。對於他人提供的情況，特別是二手材料，更應當進行核實，絕不能道聽途說，否則行為人就應當對因嚴重錯誤或者失實的報道損害他人名譽的行為承擔民事責任。基於此，本條規定，實施新聞報道、輿論監督等行為的行為人，對他人提供的嚴重失實內容未盡到合理審查義務損害他人名譽的，應當承擔民事責任。

　　三是使用侮辱性言辭等貶損他人名譽。如前所言，新聞報道、輿論監督的內容應當儘量真實，評論也應當儘量客觀公正，原則上滿足了這個要求，行為人就不構成侵權。但是，在現實生活中，行為人從事新聞報道、輿論監督時，報道或者反映的情況雖然都是真實的，但是在陳述該事實時卻使用了侮辱性的言語。例如，某媒體在報道某女明星作為第三者破壞他人婚姻這一事實時，對該女明星用了「蕩婦」「破鞋」等具有侮辱性的言辭，報道的事實雖是真實的，但所用言辭貶損了該女明星的名譽，該媒體也應當承擔民事責任。

> **第一千零二十六條**　認定行為人是否盡到前條第二項規定的合理核實義務，應當考慮下列因素：
>
> （一）內容來源的可信度；
>
> （二）對明顯可能引發爭議的內容是否進行了必要的調查；
>
> （三）內容的時限性；
>
> （四）內容與公序良俗的關聯性；
>
> （五）受害人名譽受貶損的可能性；
>
> （六）核實能力和核實成本。

■ 條文主旨

本條是關於如何判斷行為人是否履行了合理審核義務的規定。

■ 條文釋義

根據前條的規定，行為人實施新聞報道、輿論監督等行為時，對他人提供的基本內容應當履行合理核實義務；若對他人提供的嚴重失實內容未盡到合理核實義務，則可能會承擔民事責任。可見，對他人提供的信息盡合理核實義務是從事新聞報道等行為的行為人的職業道德和法定義務。從司法實踐看，新聞報道、輿論監督的內容嚴重失實基本上都是因為行為人未盡到合理審核義務導致的。例如，新聞媒體的工作人員單方信任他人提供的信息，未對該信息內容作必要的審核，使得報道的基本內容脫離實際或者完全與事實相背離，從而造成名譽權侵權。但是在實踐中如何判斷行為人是否履行了合理審核義務卻是一個難點，為了有利於實務操作，本條借鑒國外的立法經驗，規定了判斷行為人是否履行合理審核義務可以考慮的若干因素。根據本條規定，可以考慮以下因素：

一是內容來源的可信度。若提供信息內容的來源可信度高，行為人審核的義務就低；若提供信息內容的來源可信度低，行為人審核的義務就高。例如，若信息內容來源於國家機關依職權製作的公開文書和實施的公開職權行為，則新聞媒體對這些信息內容履行的審核義務就很低，因為國家機關依職權製作的公開文書和實施的公開職權行為具有較高的公信力，新聞媒體不需要再履行很高的審核義務；但若信息內容由社會上的一個普通人或者與信息內容有關的利害關係人所提供，則新聞媒體在報告這些內容前應當慎重，應當進行反覆核實。

二是對明顯可能引發爭議的內容是否進行了必要的調查。從事新聞報道的媒體或者從事輿論監督的行為人接收到他人提供的信息後，應當對該信息內容進行分析判斷，若發現該內容明顯可能引發爭議時，就應當進行必要的調查以核實該內容是否屬實。若明知該內容很可能引發爭議卻不進行必要的調查就進行報道，就可認定該行為人未盡到合理審核義務。例如，新聞媒體收到他人提供的關於某學者學術造假的信息內容，該內容明顯可能引發爭議，新聞媒體在正式報道前應當對此進行必要的調查，如親自採訪相關人員，或者對提供的信息

內容親自進行核對等。

三是內容的時限性。新聞報道一般都講究時效性。如果他人提供的信息內容需要及時予以報道，來不及親自實地採訪或者核實情況，行為人的審核義務就較低。在新聞報道中，時效性越強，對事實的核實義務就越低。例如，對公眾人物的人格權的限制，也要考慮時間因素，如果經過長久的時間，所涉及的公共事件不再受公眾關注，此時對他們人格權的保護，就應當恢復到一般人的水平。報道已經判決過的案件和正在審理中的案件，也會存在不同的要求。例如，對於突發性的公共安全事件的報道，由於時效性相當強，媒體在根據他人提供的信息內容進行報道時審核義務就相對低些。

四是內容與公序良俗的關聯性。若他人提供的信息內容與公序良俗密切相關，則新聞媒體等行為人承擔的核實義務就低一些；若與公序良俗不相關，則新聞媒體等行為人承擔的核實義務就相對高一些。

五是受害人名譽受貶損的可能性。若他人提供的信息內容對第三人的名譽造成損害的可能性很大，新聞媒體等行為人就要承擔相對較高的核實義務；反之，承擔的核實義務就相對較低。例如，他人提供的信息涉及某學者學術造假，這些信息內容涉及學者的重大聲譽，對該學者的名譽造成貶損的可能性較高，新聞媒體對該信息內容應當承擔較高的核實義務。

六是核實能力和核實成本。不同的行為人對他人提供的信息內容進行核實的能力是不同的，所花的核實成本也是不同的。例如，新聞媒體的核實能力就明顯高於個體，對於信息內容進行核實的成本也要明顯低於個體進行核實的成本。因核實能力和核實成本的不同，不同行為人承擔的核實義務也不完全相同。

對如何判斷行為人是否履行了合理核實義務，本條列舉了前述六項應當考慮的因素，但在實踐中進行判斷時並非要考慮所有因素，至於到底要考慮幾項因素以及哪幾項因素，應當根據具體情況來決定。此外，本條規定的因素仍然是較為抽象的，需要在個案中結合具體情況進行判斷，同時，本條規定的六項因素也為實踐中的案例類型化和司法實踐提煉更具體的規則提供了依據和基礎。

> **第一千零二十七條**　行為人發表的文學、藝術作品以真人真事或者特定人為描述對象，含有侮辱、誹謗內容，侵害他人名譽權的，受害人有權依法請求該行為人承擔民事責任。
>
> 　　行為人發表的文學、藝術作品不以特定人為描述對象，僅其中的情節與該特定人的情況相似的，不承擔民事責任。

■ 條文主旨

本條是關於文學、藝術作品創作可能產生的名譽侵權問題的規定。

■ 條文釋義

文學藝術創作對於提高人民文化水平，繁榮我國文化，堅定文化自信具有重要意義。從事文學藝術創作是公民的一項權利，我國憲法第 47 條規定，中華人民共和國公民有進行科學研究、文學藝術創作和其他文化活動的自由。國家對於從事教育、科學、技術、文學、藝術和其他文化事業的公民的有益於人民的創造性工作，給以鼓勵和幫助。文學藝術作品來源於生活，依託於現實，但往往又高於生活，具有一定的虛構性。例如，文學作品的種類多樣，包括小說、紀實文學、報告文學等多種形式。紀實文學作品往往是以事實為基礎的，虛構性的成分較少；報告文學一般介於虛和實之間，既有現實的內容也有虛構的內容；小說則基本上以虛構為主。正是由於文學藝術作品這種來源於生活同時又具有虛構性的特徵，作者創作的文學藝術作品就有可能會對他人名譽造成侵害。在實踐中，因文學藝術創作而產生的名譽權侵權糾紛日益增多。作者的創作自由需要保護，但這種自由不能被濫用，特別是不能放任這種自由嚴重損害他人的名譽權。因此，如何在保護作者創作自由和名譽權保護之間劃定一個界限是本編立法需要面對的問題。本條區分兩種情況作了規定：

一是行為人發表的文學、藝術作品以真人真事或者特定人為描述對象的情形。這主要是針對依賴於原型人物和現有事實創作出來的紀實類作品。由於這類作品是以真人真事或者特定人為描述對象，所以只要作品的描述以事實為基礎，原則上不會構成名譽權侵權，但是，若行為人發表的文學、藝術作品雖以真人真事或者特定人為描述對象，使用的也是被描述對象的真實姓名、真實地址，卻以謠言和捏造的事實為基礎，對被描述對象進行侮辱、誹謗，從而造成其社會評價降低的，行為人也應當依法承擔民事責任。基於此，本條第 1 款規定，行為人發表的文學、藝術作品以真人真事或者特定人為描述對象，含有侮辱、誹謗內容，侵害他人名譽權的，受害人有權依法請求該行為人承擔民事責任。這裏需要強調的是，行為人發表的文學、藝術作品雖以真人真事或者特定人為描述對象，但並未向第三人公開該作品的情形下，由於該作品無法為第三人所知悉，所以即使該作品含有侮辱、誹謗內容，也不會降低被描述對象的社會評價，自然也不會損害其名譽權。所以適用本條第 1 款規定的前提條件是該作品已被公開。

二是行為人發表的文學、藝術作品不以特定人為描述對象。這主要是針對行為人創作的以想像虛構為主的小說等文學藝術類作品。由於這類作品是以想像虛構的內容為基礎創作的，沒有使用真人真姓，並不是以特定人為描述對象，所以就很難對某人的名譽權造成侵害，即使是該作品中的情節與某特定人的情況相似，也不構成侵害名譽權。也就是說，行為人發表的文學、藝術作品不以特定人為描述對象，僅是其中的情節與某人相似的情況下，不宜「對號入座」，不構成名譽權侵害。基於此，本條第 2 款規定，行為人發表的文學、藝術作品不以特定人為描述對象，僅其中的情節與該特定人的情況相似的，不承擔民事責任。現實生活是複雜多樣的，作品創作也是如此，有的作品雖沒有指名道姓，但一般讀者通過閱讀不可避免地會將作品中的人物與現實中的某一特定人「對號入座」的，此時就不構成本款所規定的「不以特定人為描述對象」條件，這種情形不應適用本款的規定，而應適用本條第 1

款的規定。因此，判斷某一作品是否不以特定人為描述對象，關鍵不在於該作品是否指名道姓，而要從實質上認定該作品所描述的對象是否合理地指向現實中的真實人物。

第一千零二十八條　民事主體有證據證明報刊、網絡等媒體報道的內容失實，侵害其名譽權的，有權請求該媒體及時採取更正或者刪除等必要措施。

■ 條文主旨

本條是關於名譽權人所享有的更正權的規定。

■ 條文釋義

報刊、網絡等媒體的報道具有傳播速度快、傳播範圍廣、影響傳播大等特點，再加上報刊、網絡等媒體進行新聞報道時往往又要追求時效性、爆炸性等效果，因此，其報道的內容一旦失實，造成的後果將是十分嚴重的，對涉及的民事主體的名譽影響也是十分巨大的。因此，發現報刊、網絡等媒體的報道失實後，採取措施及時切斷這些失實報道內容的傳播就極為必要。實踐中，報刊、網絡等媒體自己發現報道內容失實，自己及時採取措施進行更正當然是天經地義的，若自己發現報道失實後，還不採取措施更正的，就是明知報道失實還繼續報道，構成了惡意，對他人名譽造成損害的，應當承擔侵權責任。此時，報刊、網絡等媒體不可再援引本法第 1025 條的規定進行抗辯。若名譽權人發現報刊、網絡等媒體報道的內容失實，能否直接要求報刊、網絡等媒體更正呢？對於這個問題，從國外的立法看，瑞士等一些國家明確規定，名譽權人發現報刊、網絡等媒體報道的內容失實的，有權要求媒體予以更正。我國的《出版管理條例》第 27 條規定，出版物的內容不真實或者不公正，致使公民、法人或者其他組織的合法權益受到侵害的，其出版單位應當公開更正，消除影響，並依法承擔其他民事責任。報紙、期刊發表的作品內容不真實或者不公正，致使公民、法人或者其他組織的合法權益受到侵害的，當事人有權要求有關出版單位更正或者答辯，有關出版單位應當在其近期出版的報紙、期刊上予以發表；拒絕發表的，當事人可以向人民法院提起訴訟。在立法過程中，不少意見也提出，考慮到媒體報道本身具有的特點，在不實報道發生後，如果賦予受害人請求媒體及時更正的權利，將在最大程度減少損害，具有很強的可操作性。因此，建議借鑒國外立法經驗和我國《出版管理條例》的規定，明確賦予名譽權人的更正權。本法採納了這一意見，明確規定民事主體有證據證明報刊、網絡等媒體報道的內容失實，侵害其名譽權的，有權請求該媒體及時採取更正或者刪除等必要措施。

根據本條的規定，名譽權人有權請求媒體對不實報道內容進行更正，但前提是其有證據證明該媒體報道的內容是失實的。若名譽權人沒有確切的證據證明媒體的報道失實，其無權要求媒體進行更正。之所以強調這一點，是因為更正權是名譽權人未經過法院的訴訟程序直

接向媒體提出的一種權利，若允許其沒有確切證據就可以行使這一權利，將對報刊、網絡等媒體的正常報道行為造成嚴重干擾，影響媒體正常功能的發揮。名譽權人向媒體提供了確切證據足以證明媒體的報道不實的，媒體應當及時予以更正。媒體仍拒不採取更正措施的，就是明知報道失實還繼續報道，構成了惡意，對他人名譽造成損害的，應當承擔侵權責任。此時，媒體無權再援引本法第1025條的規定進行抗辯。對於名譽權人而言，其有確切證據證明媒體的報道失實，要求媒體更正，但媒體拒不更正的，其還有權請求人民法院責令該媒體限期更正。需要注意的是，名譽權人要求媒體更正並非其請求人民法院責令該媒體限期更正的前置程序。名譽權人在有確切證據證明媒體報道失實的情況下，也可以直接請求人民法院責令該媒體限期更正。所以，本條規定實際上也是本法第997條規定的特別禁令制度在本章的具體化。

> **第一千零二十九條　民事主體可以依法查詢自己的信用評價；發現信用評價不當的，有權提出異議並請求採取更正、刪除等必要措施。信用評價人應當及時核查，經核查屬實的，應當及時採取必要措施。**

■ 條文主旨

本條是關於信用評價的規定。

■ 條文釋義

信用是指對一個民事主體履行義務能力，特別是經濟能力的一種社會評價。根據本法第1024條的規定，信用是名譽的重要組成部分。市場經濟既是法治經濟，也是信用經濟。只有在誠信的基礎上，市場主體才能坦誠地進行交易，交易安全才有保障，才有利於促進商品流通，推動經濟和社會的發展進步。建立良好的信用環境和信用制度，對於促進我國社會主義市場經濟健康有序發展極為重要。我國當前的社會信用環境還存在不少問題，例如，信用意識不強，信用失範現象時有發生等，亟須建立和完善相關的信用制度。信用評估制度就是提高信用環境的一種重要制度。所謂信用評估是銀行等信用評估機構對借款人等民事主體的信用情況進行評估的一種活動。例如，銀行貸款的最基本條件是信用，信用好就容易取得銀行貸款支持，信用差就難以取得銀行貸款支持。而借款人信用是由多種因素構成的，包括借款人資產負債狀況、經營管理水平、產品經濟效益及市場發展趨勢等。為了對借款人信用狀況有一個統一的、基本的、正確的估量，以便正確發放銀行貸款，就必須對借款人信用狀況進行評估。在信用評估中，依法成立的信用評估機構，收集有關民事主體的償債能力、責任財產、過往還債記錄和市場聲譽的資料，按照規定的信用評級制度，對相關民事主體的信用情況評級，並為進行投資和交易等民事活動的民事主體提供信用報告、公佈信用等級。如果

信用評估機構對被評估對象的信用狀況作出了消極評價，則該被評估對象從事民事活動特別是從事經濟活動就會受到極大制約，例如，出行受限、消費受限、借款受限等。有時信用評估甚至可以決定一個市場主體的經濟命運，例如，一個企業信用級別的高低，不但影響其融資渠道、規模和成本，更反映了企業在社會上的形象和生存與發展的機會，是企業綜合經濟實力的反映，是企業在經濟活動中的「身份證」。正因為信用評估對一個民事主體的名譽影響巨大，信用評估機構在進行信用評估時應當履行高度的注意義務，審慎、盡責、客觀、公正地進行信用評估，否則就應當對民事主體的名譽權造成損害承擔民事責任。信用評估機構在評估中盡到了高度注意義務的，則可以免責。

正因為信用評估會對一個民事主體的名譽造成重大影響，因此，信用評估機構只能依照法律、行政法規規定或者經信用評估結果涉及的民事主體同意，才能向其他機構和部門出示信用評估結果。民事主體也有權依法查詢自己的信用評價結果，信用評估機構不得拒絕該民事主體查詢自己的信用評估結果的要求。民事主體通過自己查詢等方法發現信用評價與事實不符或者明顯不當的，有權向信用評估機構提出異議並要求採取更正、刪除等必要措施。當然，民事主體請求信用主體機構採取更正、刪除等必要措施時，應當提供相應的證據證明該信用評估結果與事實不符或者明顯不當。信用評估機構接到民事主體的異議和更正、刪除等請求後，信用評價人應當及時對民事主體提供的證據進行核查，經核查屬實的，應當及時採取更正、刪除等必要措施。若信用評估機構接到民事主體的請求後，不進行核查，或者經核查屬實後並未採取更正、刪除等必要措施的，就構成過錯，應當對民事主體承擔侵害名譽權的民事責任。對於信用評估機構採取更正、刪除等必要措施前對民事主體造成的名譽權損害，其是否承擔民事責任，關鍵是看信用評估機構對形成與事實不符或者得出明顯不當的信用評估是否有過錯，原則上講，信用評估機構有過錯的，其就應當對損害後果承擔民事責任。

需要說明的是，並非任何組織或者個人都可以對民事主體的信用狀況進行評估，本條中的信用評估人必須是依法成立的機構。目前，我國的信用評估人主要是依法成立的徵信機構，根據《徵信業管理條例》的規定，徵信機構是指依法設立，主要經營徵信業務的機構。

第一千零三十條 民事主體與徵信機構等信用信息處理者之間的關係，適用本編有關個人信息保護的規定和其他法律、行政法規的有關規定。

■ **條文主旨**

本條是關於處理信用信息所應遵循的規則的規定。

■ 條文釋義

正如前條所言，名譽權人的信用是社會公眾對其經濟能力的評價和信賴，其對於名譽權人的影響極為重大。正因為如此，信用評估應當具有客觀性和公正性，不應帶有任何偏見。要確保信用評估的客觀性和公正性，信用評估就必須建立在真實的信用信息基礎上。因此，信用評估人在對某民事主體進行信用評估前應當儘量全面準確地掌握該民事主體的資產狀況、還債記錄等信用信息，這是進行信用評估的前提和基礎。

信用信息屬於民事主體的個人信息。考慮到個人信息在現代社會對於個人的重要性和易受侵害性，我國加強了對個人信息的保護，本編第六章和網絡安全法、消費者權益保護法、電子商務法、《徵信業管理條例》等多部法律法規對個人信息的保護問題作了規定。徵信機構等信用信息處理者在處理信用信息時，也應當遵守這些規則。基於此，本條規定，民事主體與徵信機構等信用信息處理者之間的關係，適用本編有關個人信息的規定和其他法律、行政法規的有關規定。

> 第一千零三十一條　民事主體享有榮譽權。任何組織或者個人不得非法剝奪他人的榮譽稱號，不得詆毀、貶損他人的榮譽。
>
> 獲得的榮譽稱號應當記載而沒有記載的，民事主體可以請求記載；獲得的榮譽稱號記載錯誤的，民事主體可以請求更正。

■ 條文主旨

本條是關於榮譽權的規定。

■ 條文釋義

榮譽是國家和社會對在社會生產生活中作出突出貢獻或者有突出表現的民事主體所給予的積極的正式評價。榮譽的外在表現形式可以是物質獎勵，如獎金、獎盃、獎牌等；也可以是精神獎勵，如光榮稱號等。授予榮譽的主體可以是政府，也可以是單位，還可以是社會組織。榮譽權就是民事主體對自己所獲得的榮譽及其利益所享有的保持、支配的權利。

實踐中，侵犯榮譽權的形式多種多樣，最為典型的是非法剝奪他人的榮譽稱號或者詆毀、貶損他人的榮譽。正如前所言，榮譽是政府、單位或者社會組織依據一定程序授予民事主體的一種正式評價，若沒有正當理由且沒有通過嚴格的程序，這種正式評價不能被隨意剝奪。任何組織或者個人若對某民事主體所獲得的榮譽有異議，都應當通過一定程序向榮譽授予機關提出，由授予機關通過嚴格程序作出是否撤銷或者剝奪該民事主體所獲榮譽的決定。除此之外，任何組織或者個人都不得非法剝奪他人的榮譽稱號。任何組織或者個人詆毀、貶損他人榮譽的，應當依法承擔民事責任。此外，榮譽權不僅包括精神利益，還附隨着一定的

物質利益，如獎金、獎品等。民事主體有權獲得因其榮譽所產生的物質利益，禁止任何組織或者個人非法剝奪民事主體因其榮譽產生的物質利益。此外，實踐中，還存在兩種損害民事主體榮譽權的特殊情形：一是民事主體獲得的榮譽稱號應當記載而沒有記載的情形。榮譽稱號是民事主體享有榮譽權的主要表現形式和載體。榮譽稱號應當被相關單位記載入民事主體的檔案等正式材料中，這是對民事主體榮譽的承認，對其榮譽權的尊重。但是，實踐中，民事主體的榮譽稱號常有沒有被記載的情形發生，這實際上變相剝奪了民事主體的榮譽稱號，實質上損害了民事主體的榮譽權。基於此，本條第 2 款特別強調，民事主體獲得的榮譽應當記載而沒有記載的，其有權請求記載。二是民事主體獲得的榮譽稱號被記載錯誤的情形。正如前所述，榮譽稱號是榮譽權的重要體現，若被錯誤記載，將對榮譽權的榮譽造成貶損，損害民事主體的榮譽權。因此，相關單位有義務準確記載民事主體的榮譽稱號。榮譽權人發現自己的榮譽稱號被錯誤記載的，其也有權請求義務人予以更正。

第六章　隱私權和個人信息保護

　　本章共八條，對隱私權的內容、隱私的定義、禁止侵害隱私的典型行為等內容作了規定，還對個人信息的定義，收集、處理個人信息所應遵循的規則，信息主體對自己的個人信息所享有的權利，收集、處理個人信息的免責情形等內容作了規定。

　　第一千零三十二條　自然人享有隱私權。任何組織或者個人不得以刺探、侵擾、洩露、公開等方式侵害他人的隱私權。

　　隱私是自然人的私人生活安寧和不願為他人知曉的私密空間、私密活動、私密信息。

■ 條文主旨

　　本條是關於隱私權內容以及隱私定義的規定。

■ 條文釋義

　　隱私權是一種重要的人格權。隱私的觀念從人類產生之日起便存在，它根源於人天生的羞恥本能，從用樹葉、獸皮蔽體到穿衣服遮身，再到將臥室設置在房中最隱秘的位置，這種因羞恥本能而產生的行為說明對隱私保護的渴望是人的本能和社會交往的需要。但隱私權真正成為一種民事權利則是隨着近代傳媒業的發展才產生。隱私權的概念最早於 1890 年在美國提出。自該概念被正式提出後，隱私權保護就在美國蓬勃發展起來，在世界各國也呈同樣的發展趨勢。隱私權制度之所以受到各國的高度重視，主要基於兩方面的原因：一是隱私權制度本身具有的功能和價值。理論界普遍認為，隱私權制度具有維護人格尊嚴、維護個人安寧、提高個人安全感、保護個人自由等功能和作用。隱私權制度所具有的這些功能和價值，對於促進人的全面發展，促進社會的和諧穩定具有重要意義。二是現實方面的需要。在現代社會，一方面，隨着人類文明的發展，個人意識在不斷加強，個人主義也在加強，人們通過加強隱私保護來保護個人自由的意識也在不斷加強；另一方面，隨着科技的發展、大眾傳媒的發展、公共權力的膨脹以及消費主義的盛行，人們的隱私受到侵犯的風險越來越大，以至於有的學者提出，在現代社會，我們每個人都是一個「透明人」，「無私可隱」。現實狀況進一步凸顯了加強隱私權保護的重要性。隱私權制度在我國出現比較晚，直到 2005 年修改後的婦女權益保障法才正式承認了隱私權制度，2009 年侵權責任法才首次將隱私權作為一種民事權利加以規定，但是司法實踐很早就開始將隱私納入名譽的範圍內，以名譽權的名義加以保護。例如，1988 年《最高人民法院關於貫徹執行〈中華人民共和國民法通則〉若干問

題的意見（試行）》就明確規定，以書面、口頭等形式宣揚他人的隱私，或者捏造事實公然醜化他人人格，以及用侮辱、誹謗等方式損害他人名譽，造成一定影響的，應當認定為侵害公民名譽權的行為。1993 年《最高人民法院關於審理名譽權案件若干問題的解答》規定，對未經他人同意，擅自公佈他人的隱私材料或以書面、口頭形式宣揚他人隱私，致使他人名譽受到損害的，按照侵害他人名譽權處理。本條在現行法律和司法解釋的基礎上，借鑒國外立法經驗，明確規定自然人享有隱私權。任何組織或者個人不得以刺探、侵擾、洩露、公開等方式侵害他人的隱私權。

本條從兩個層面對隱私權作了規定。第 1 款明確確認了任何一個自然人均享有隱私權。自然人對隱私的權利，主要體現在以下幾個方面：一是隱私享有權，即自然人有權對自己的私密信息、私密活動和私密空間進行隱匿，有權享有生活安寧狀態，有權保護自己的隱私不受他人的非法披露和公開，禁止任何個人和組織非法披露、公開。當然，這種隱私享有權會受到公共利益的限制。例如，公安機關為偵查犯罪的需要，可以根據法律的明確授權對犯罪嫌疑人的活動進行跟蹤或者監聽。二是隱私維護權，即自然人維護自己的隱私不受侵犯的權利。在自己的隱私權受到侵害後，有權直接請求行為人停止侵害、排除妨礙，也有權請求司法機關予以保護。三是隱私公開權，即自然人在法律和公序良俗所允許的範圍內有權公開自己的隱私。公開的方式可以是親自公開，也可以允許他人公開，但需要強調的是，根據本法第 1033 條的規定，他人公開自然人的隱私，必須經權利人明確同意。對於是否允許對隱私進行商業化利用，在立法過程中，各方對此有不同意見，但主流觀點認為，隱私權不完全同於肖像權、姓名權等標表型人格權，其具有相當的倫理性和情感性，不宜鼓勵自然人將自己的隱私用於商業目的。本法基本贊同這一觀點。

本條第 2 款對隱私的定義進行了界定。界定隱私是規定隱私權的前提和基礎。本條第 2 款規定，隱私是自然人的私人生活安寧和不願為他人知曉的私密空間、私密活動、私密信息。根據這一規定，隱私包括四部分內容：

一是私人生活安寧。私人生活的安定寧靜是個人獲得自尊心和安全感的前提和基礎，自然人有權排除他人對其正常生活的騷擾。將私人生活安寧納入隱私的範圍，對於保護自然人的人格尊嚴極為重要。有的學者將侵擾私人生活安寧的範圍界定得很寬，將侵入他人住宅、竊聽私人電話、拆閱他人信件、跟蹤他人、偷窺他人行動等一切足以干擾他人的行為都納入其中。考慮到語言習慣和多數人的普遍認知，從立法技術和易於理解的角度，本條所規定的侵擾私人生活安寧並非這種寬泛意義上的概念，而是將私人生活安寧與不願為他人所知的私密空間、私密活動和私密信息並列規定，所以本法所規定的私人生活安寧是狹義概念，侵犯私人生活安寧的行為主要指本法第 1033 條規定的「以短信、電話、即時通訊工具、電子郵件、傳單等方式侵擾他人的私人生活安寧」的行為。例如，向他人發送垃圾郵件、垃圾微信或者進行電話騷擾；在民事主體明確拒絕的情況下，還反覆向他人發送小廣告、散發傳單等。

二是私密空間。私密空間是指個人的隱秘範圍，包括個人居所、私家車、日記、個人郵箱、個人的衣服口袋、身體的隱私部位以及旅客居住的賓館客房等。自然人有權排除他人

對自己私密空間的侵入。私人住宅是最為典型的私密空間，有的學者將之稱為每個人的「城堡」，根據我國憲法第 39 條的規定，中華人民共和國公民的住宅不受侵犯。禁止非法搜查或者非法侵入公民的住宅。本條規定將憲法的規定以隱私權的方式予以落實，不但強調了公民的住宅作為一種物權應當受到保護，更強調了對公民住宅的保護是對自然人人格權的保護。這裏需要強調的是本條所規定的「私密空間」不僅包括住宅等物理意義上的特定空間，還包括電子郵箱等虛擬空間。根據本法第 1033 條的規定，除經權利人同意外，任何組織或者個人不得進入、拍攝、窺視他人的住宅、賓館房間等私密空間；不得拍攝、窺視他人身體的私密部位。

三是私密活動。私密活動是指自然人所進行的與公共利益無關的個人活動，如日常生活、家庭活動、婚姻活動、男女之間的性生活等活動。每個自然人都享有私密活動不受他人侵擾的權利。自然人的私密活動是一種動態隱私，具有一個產生發展和變化的過程，有的私密活動隨着時間的發展可能會變成非隱私，有的非隱私活動也有可能隨着時間的發展成為私密活動。自然人的私密活動受法律保護，根據本法第 1033 條的規定，除經權利人同意外，任何組織或者個人不得拍攝、窺視、竊聽、公開他人的私密活動。婚外戀和婚外性生活，從道德上應當受到譴責，也可能受到黨紀政紀的處分，但除了法律另有規定或者當事人同意外，也屬於私密活動，不得向社會公佈。

四是私密信息。私密信息是指通過特定形式體現出來的有關自然人的病歷、財產狀況、身體缺陷、遺傳特徵、檔案材料、生理識別信息、行蹤信息等個人情況。這些個人情況是自然人不願為他人所知曉的信息。自然人的私密信息受法律保護，根據本法第 1033 條的規定，除經權利人同意外，任何組織或者個人不得處理他人的私密信息。私密信息與本法第 1034 條規定的個人信息有區別也有聯繫，聯繫是私密信息對特定自然人具有極強的識別性，所以私密信息也屬於個人信息；區別是個人信息既包括私密信息，也包括非私密信息，範圍大於私密信息。此外，私密信息與本條中的私密活動也有一定聯繫。私密活動是種動態的隱私，但若其以靜態的形式體現出來，則變成了私密信息。例如，記錄某一自然人在某賓館房間與另一人約會是私密活動，但若其用手機將約會的過程記錄留存下來，則手機上留存的記錄就變成了私密信息，而非私密活動；某人的通信行為為私密活動，但通信記錄則為私密信息。

第一千零三十三條　除法律另有規定或者權利人明確同意外，任何組織或者個人不得實施下列行為：

（一）以電話、短信、即時通訊工具、電子郵件、傳單等方式侵擾他人的私人生活安寧；

（二）進入、拍攝、窺視他人的住宅、賓館房間等私密空間；

（三）拍攝、窺視、竊聽、公開他人的私密活動；

（四）拍攝、窺視他人身體的私密部位；

（五）處理他人的私密信息；

（六）以其他方式侵害他人的隱私權。

■ 條文主旨

本條是關於禁止從事的侵害他人隱私權的主要行為的規定。

■ 條文釋義

隱私權是一種重要的人格權，根據本法第 1032 條的規定，自然人享有隱私權，任何組織或者個人不得以刺探、侵擾、洩露、公開等方式侵害他人的隱私權。本條在前條規定的基礎上，為了進一步加強對隱私權的保護，明確規定除法律另有規定或者權利人明確同意外，任何組織或者個人不得實施下列行為：

一是以電話、短信、即時通訊工具、電子郵件、傳單等方式侵擾他人的生活安寧。這是對前條所規定的隱私中私人生活安寧的保護。實踐中，對自然人生活安寧的侵擾主要是以短信、電話、即時通訊工具、電子郵件、傳單等方式進行的，如向他人發送垃圾短信、垃圾微信、垃圾郵件，散發傳單等。這裏的即時通訊工具主要是微信、微博等社交媒體工具。這些侵擾方式看似普通，但實際上有可能會對一個人的生活造成極大的滋擾，讓權利人不勝其煩。若一個人長期被垃圾電話、微信等侵擾，還有可能導致此人精神崩潰等嚴重後果，這種案例在現實生活中已多次出現。

二是進入、拍攝、窺視他人的住宅、賓館房間等私密空間。住宅、賓館房間等私密空間是自然人隱私的核心部分。實踐中，進入、窺視、拍攝他人的住宅、賓館房間等私密空間是三種最為典型的侵犯隱私的行為。這裏的「進入」是指未經權利人同意或者沒有法律授權擅自闖入他人住宅或者他人居住的賓館房間。這裏的「窺視」是指非法暗中觀察、偷看他人的住宅或者賓館房間。這裏的「拍攝」是指非法通過手機、相機或者通過在住宅或者賓館房間安裝攝像頭等設備將他人住宅或者他人所居住的賓館內的人、物、佈局、擺設等記錄下來。非法進入、窺視、拍攝他人的住宅、賓館房間等私密空間，會對自然人的隱私權造成較為嚴重的侵害，也會對社會秩序造成較大破壞。

三是拍攝、窺視、竊聽、公開他人的私密活動。在現實生活中，每個人每天都會從事各種各樣的社會活動，其中不少社會活動都是其不願為他人所知曉的私密活動，特別是有的私密活動一旦被他人窺視、竊聽，其將處於恐懼當中，個人人格尊嚴也將受到嚴重侵害。所以在現代社會，每一個人都有權依法進行各種各樣的社會活動，國家也有責任保證每個公民的私密活動不受非法侵擾，這既是個人自由權的體現，也是現代文明的標誌。基於此，本條明確規定任何組織或者個人都不得非法拍攝、窺視、竊聽、公開他人的私密活動。

四是拍攝、窺視他人身體的私密部位。自然人身體的私密部位屬於其私密空間的範圍，

身體的私密部位對於自然人來講都是極為敏感，一旦被暴露於外，將是對自然人的極大羞辱。隱私的觀念根源於人天生的羞恥本能，而這種羞恥本能又來自於對身體私密部位的保護，人類在發展過程中要從用樹葉、獸皮蔽體到穿衣服遮身，對自然人身體私密部位的保護就是人類的這種「知羞恥、掩外陰」觀念發展起來的。惡意拍攝、窺視自然人身體的私密部位，是一種嚴重侵犯他人隱私權的行為，所以本條明確規定任何組織或者個人都不得拍攝、窺視他人身體的私密部位。

五是處理他人的私密信息。每個自然人都擁有不少私密信息，這些私密信息可能涉及該自然人的財產狀況、社交狀況、生理狀況、身世經歷等。這些私密信息都是自然人不願公開或者不願為他人所知曉的信息。違背當事人意願處理其私密信息構成對隱私權的侵犯，如擅自公開患者的病歷、擅自收集他人的聊天記錄等都是對權利人隱私權的侵犯。所以，本條規定任何組織或者個人都不得非法處理他人的私密信息。這裏「處理」與第 1035 條中的「處理」含義相同，包括對私密信息的收集、存儲、使用、加工、傳輸、提供、公開等行為。與對個人信息的保護相比，處理他人的私密信息要想獲得合法性，除了法律的明確授權外，必須要經過權利人明確同意，而處理非私密個人信息則可以是默示同意，而不一定需要明示同意。

六是以其他方式侵害他人的隱私權。本條規定的前述五項情形只是可能侵犯自然人隱私權的典型方式，現實生活中，可能侵犯隱私權的方式多種多樣，遠不止這五種情形。特別是隨着現代科技的發展，不少新型的侵犯隱私權的方式不斷出現，如利用定位軟件對他人的行蹤進行跟蹤，又如利用高精度、高分辨率的儀器對人體的私密部位進行掃描等。為了避免掛一漏萬，本條規定了這一兜底條款。

最後還需要強調一點，除了權利人明確同意外，經過法律的明確授權，也可以對自然人的隱私權作一定限制。例如，公安機關根據刑法、刑事訴訟法等相關法律的規定，可以對犯罪嫌疑人的行蹤進行跟蹤，也可以對犯罪嫌疑人的住宅進行搜查等，醫院根據傳染病防治法等相關法律的規定，可以處理相關患者的醫療信息等。

第一千零三十四條　自然人的個人信息受法律保護。

個人信息是以電子或者其他方式記錄的能夠單獨或者與其他信息結合識別特定自然人的各種信息，包括自然人的姓名、出生日期、身份證件號碼、生物識別信息、住址、電話號碼、電子郵箱、健康信息、行蹤信息等。

個人信息中的私密信息，適用有關隱私權的規定；沒有規定的，適用有關個人信息保護的規定。

■ 條文主旨

本條是關於個人信息的規定。

■ 條文釋義

信息社會，人的存在不僅涉及生物體徵方面的信息（如身高、性別等），也涉及人作為社會成員的基本社會文化信息（如姓名、職業、宗教信仰、消費傾向、生活習慣等）。有的專家提出，幾乎所有的人類活動都具有信息形式的記錄，當個人信息累積到一定程度，就構成與實際人格相似的「信息人格」或者「數據人格」。近年來，網絡技術、信息技術的發展和經濟全球化的趨勢一定程度上改變了傳統的營銷方式和消費方式。傳統條件下，由於信息搜集技術的限制，經營者無法有效獲取消費者有關消費需求、消費傾向等方面的信息，其商品或者服務的提供帶有很大的盲目性。而在當前信息技術發達、個人信息流通便捷的情況下，經營者可以低成本、高效率地利用各種信息搜集方式獲取並分析消費者的消費習慣、消費傾向，從而有效為特定消費者提供個性化服務，進而取得市場競爭優勢。例如，某公司推行的最典型的個性化服務方式是直郵，即收集明確同意接收公司營銷信息的消費者名單，向其郵寄優惠券和產品樣品，這類方式也被稱為目標廣告。這種個性化服務方式不僅避免了盲目投放廣告帶來的資源浪費，而且為經營者發展更多忠誠的消費者群體進而大幅提升其銷售額提供了可能。個人信息在金融領域發揮的作用更為巨大。通過掌握個人信用信息，使用個人信用評分技術，銀行業可以更加有的放矢地發放貸款。對個人信息的有效利用，不僅給經營者帶來了利益，對消費者也帶來了諸多便利：消費傾向和消費興趣被商家掌握的消費者，在選擇商品和服務時可以節省更多搜索成本；經營者對消費信息的有效掌握可以使其不再向沒有該類消費傾向的消費者濫發郵件，減少眾多消費者收到垃圾郵件的數量；有良好信用記錄的消費者可以更方便得取得貸款。個人信息的利用節約社會發展成本，固然能為經濟社會帶來巨大的利益，但如果對其不作任何限制，利用技術手段濫用個人信息侵犯個人利益的事件必然增多。

近年來，我國高度重視個人信息相關立法，從民事、行政、刑事各方面，加強個人信息保護，保障個人信息安全。2012 年全國人大常委會通過的關於加強網絡信息保護的決定、2013 修正的消費者權益保護法、2016 年通過的網絡安全法和 2018 通過的電子商務法等法律，確立了個人信息保護的規則及網絡運營者保障個人信息安全的義務與責任，明確了個人對其信息收集、使用的知情權、刪除權、更正權。2017 年通過的民法總則，將個人信息受法律保護作為民事權利的重要內容予以規定，並對數據作為財產權的客體作出原則性規定。關於個人信息的刑事保護，刑法第 285 條規定了非法獲取計算機信息系統數據罪、非法控制計算機信息系統罪，第 253 條之一規定了侵犯公民個人信息罪，總的來看，刑法現有規定能夠滿足打擊獲取數據犯罪行為的實踐需要。制定個人信息保護法也已列入十三屆全國人大常委會立法規劃和 2020 年度立法工作計劃。立法機關正在抓緊開展個人信息保護法的研究起草工作。此外，一些司法解釋和規範性文件對個人信息保護問題作了規定。在本法編纂過程中，各方提出，隨着信息技術的快速發展，非法獲取、非法公開或者非法向他人提供個人信息的違法行為氾濫，社會危害嚴重，加強對個人信息的保護對於保護公民的人格尊嚴，使公民免受非法侵擾，維護正常的社會秩序具有重要的現實意義。建議在人格權編中確立個人信

息民事保護的基本規則，以進一步加強對個人信息的保護。經研究認為，個人信息權利是自然人在現代信息中的重要權益，明確對個人信息的保護對於保護自然人的人格尊嚴，使自然人免受非法滋擾，維護社會的正常秩序意義重大。基於此，在我國現有規定的基礎上，借鑒國際上的立法經驗，本法總則編第 111 條對個人信息保護作了原則性規定。本章在總則編規定的基礎上確立了個人信息保護的基本原則和規則。本條第 1 款即開宗明義地規定，自然人的個人信息受法律保護。就民法典與單行立法在個人信息保護上的關係問題而言，既要有分工，又要有銜接協調。民法典人格權編本章關於個人信息保護的規定是立足於現行法律法規所進行的修改完善。同時，考慮到將來還有專門的個人信息保護法，所以就民法典這一長期穩定適用的民事基本立法而言，不能作出太多細緻具體的規定，而只需要作出基礎性、原則性的規定。這樣一來，既可以對其他的立法有所指引，又為將來的發展留有空間。

本法採用了「個人信息」的表述，主要是基於以下幾點考慮：一是與已有的立法保持一致。無論是我國的網絡安全法、電子商務法、消費者權益保護法、刑法等相關法律，還是國務院的行政法規、部門規章以及司法解釋，基本都使用「個人信息」的表述。二是「個人信息」的表述更為準確。個人數據只是個人信息內容的載體，就個人信息保護的實質而言，法律保護的並非數據這個載體，而是載體所承載的內容，用「個人信息」的表述更能準確反映個人信息保護的本質。雖然歐盟以及一些國家使用了「個人數據」的表述，但是從歐盟及這些國家的相關規定看，其實質保護的是個人數據的內容，即個人信息，並非數據這個載體。

本條第 2 款規定，個人信息是以電子或者其他方式記錄的能夠單獨或者與其他信息結合識別特定自然人的各種信息，包括自然人的姓名、出生日期、身份證件號碼、生物識別信息、住址、電話號碼、電子郵箱、健康信息、行蹤信息等。根據本款的規定，構成個人信息要滿足三個要件：一是具有識別性，這是核心要件。所謂識別就是通過該信息可以直接或者間接地將某一自然人「認出來」。識別包括直接識別和間接識別。所謂直接識別，是指通過該信息可以直接確認某一自然人的身份，無須其他信息的輔助，如某人的身份證號、基因信息等；所謂間接識別，是指通過該信息雖不能直接確定某人的身份，但可以借助其他信息確定某人的身份。任何可以直接或者間接識別特定自然人的信息都是個人信息。二是要有一定的載體，這是個人信息的形式要件。個人信息必須要以電子或者其他方式記錄下來。沒有以一定載體記錄的信息不是個人信息。三是個人信息的主體只能是自然人，法人或者非法人組織不是個人信息的主體。個人信息類型眾多，包括但不限於自然人的身份信息、生理信息、社會信息、財產信息等，本款列舉的具體個人信息只是最為典型也最為常見的類型，現實生活中的具體個人信息遠不止列舉的類型。與網絡安全法列舉的個人信息的情形相比，本條增加了電子郵箱、行蹤信息等類型，這是為了讓個人信息的定義能夠更加適應互聯網時代和大數據時代的發展需要。對於判斷某一類本款沒有列舉到的信息是否為個人信息時，可以根據前述三個要件進行判斷。

在立法過程中，有的意見提出，隱私比個人信息範圍更寬，包括隱私信息、隱私活動和隱私空間，建議以隱私權的保護涵蓋對個人信息的保護。經反覆研究認為，個人信息與隱

私確實有緊密聯繫，如隱私中的私密信息就屬於個人信息。侵犯個人信息和侵犯隱私權的最主要方式都是非法洩露或者公開，也正是因為隱私與個人信息的聯繫較為緊密，本編將二者放在同一章加以規定。但是，二者的區別也非常明顯，尤其是考慮到民法典作為民事基本法律，既需要保護個人信息中體現的人格利益，又要促進信息作為信息社會一種重要資源的合理流通，因此，本法並未採取傳統民法以姓名權、肖像權及隱私權為框架的保護個人信息的方式，而是明確將個人信息保護的權利在隱私權等具體人格權外單獨加以規定，主要基於以下幾點考慮：第一，二者的構成要件不同，隱私強調私密性，而個人信息強調識別性。第二，「隱私」與「個人信息」二者的範圍有重合（重合部分可以稱為隱私信息，即權利主體不願為他人知曉的個人信息，如病史、犯罪記錄等），但「個人信息」不僅包括不願為外人知曉的「隱私信息」，還包括可以公開的「非隱私信息」（如姓名、性別等）。並且，「隱私」帶有主觀色彩，如身高、住址、電話號碼等個人信息，有些人視為隱私，有些人視為可公開信息。我國現有法律制度中涉及的「隱私權」，是與「生命權、健康權、姓名權、名譽權、榮譽權、肖像權」等並列的概念，範圍比美國法規定的範圍窄得多。美國法中的「隱私權」範圍極廣，幾乎囊括了私人活動的各個領域，而不僅局限於私生活秘密，有學者認為該權利在美國已經發展為一般人格權。但是，在我國現有法律制度中的隱私權，範圍要窄得多。一些侵犯個人信息的行為，未必構成侵犯「隱私」：如自然人的「姓名」，當然屬於個人信息，但卻不是「隱私權」的保護客體；如肖像也屬於個人信息，但不當利用他人肖像，構成對「肖像權」而非「隱私權」的侵害；如不當刪除、不完整記錄或者錯誤記錄他人信息，或者根據不實信息對他人信用作出錯誤評級等，這些都屬於侵犯他人個人信息的行為，但一般不涉及侵犯隱私。第三，法律既要保護自然人對其個人信息享有的人格權益，又要兼顧社會對個人信息的合理利用。鑒於信息自由流通具有的巨大社會效益和經濟效益，民法典對個人信息權利的規定，應當兼顧自然人個人信息權益和信息資源有效利用的雙重目的。而隱私權的保護，一般多着眼於權利主體的人格權益，更傾向於限制個人信息的搜集與利用。因此，「個人信息」比「隱私」更適宜現代信息社會民法所要調整的法律關係。第四，從權利內容和救濟方式而言，隱私權作為一種私生活受尊重的權利，多表現為消極被動和防禦性的特點，它以侵害行為或侵害可能為前提，以維護人格尊嚴為目的，一般不具有財產利益。而個人信息得到保護的權利，從世界主要國家的立法來看，表現為一種積極主動的請求權，不僅包括個人信息不受非法處理的內容，還包括權利主體對其個人信息的積極控制：如權利人有權決定其個人信息能否被他人收集、處理和利用以及如何利用，有權要求信息處理者修改不正確、不完整的個人信息以保證信息質量，有權針對商業目的的個人信息利用獲取報酬等。從德國、日本等主要國家在有關個人信息保護立法方面的發展趨勢來看，「個人信息得到保護的權利」兼顧權利人的人格尊嚴與信息資源的有效利用，比「隱私權」更符合現代信息社會的發展需求。第五，是對二者的保護程度不同。對隱私權的保護程度要高於對個人信息的保護程度。基於此，本章雖將個人信息保護與隱私權放在同一章，但仍將二者作為兩種不同的制度加以規定。需要注意的是，私密信息既是隱私的重要組成部分，也是個人信息的重要組成

部分，個人信息保護與隱私權等的保護範圍具有一定的重合之處。個人信息受保護的權利並非要替代隱私權對私密信息的保護，而是對其保護的補充。原則上，若個人信息可以為隱私權、名譽權、姓名權、肖像權等具體權所保護時，可以優先適用這些人格權的規則；這些具體人格權沒有規定的情況下，可以適用個人信息的相關規定。但隱私權中的私密信息與信息主體的人格尊嚴聯繫更為緊密，所以本法對隱私權的保護更高一些，對私密信息的處理要求更高一些，根據本法第 1033 條的規定，處理他人的私密信息需要獲得隱私權人的明確同意。基於此，本條第 3 款規定，個人信息中的私密信息，適用有關隱私權的規定；沒有規定的，適用有關個人信息保護的規定。

> **第一千零三十五條**　處理個人信息的，應當遵循合法、正當、必要原則，不得過度處理，並符合下列條件：
> （一）徵得該自然人或者其監護人同意，但是法律、行政法規另有規定的除外；
> （二）公開處理信息的規則；
> （三）明示處理信息的目的、方式和範圍；
> （四）不違反法律、行政法規的規定和雙方的約定。
> 個人信息的處理包括個人信息的收集、存儲、使用、加工、傳輸、提供、公開等。

■ 條文主旨

本條是關於處理個人信息應當遵循的原則的規定。

■ 條文釋義

對於個人信息的處理直接關係到信息主體的人格尊嚴，本法第 1034 條明確規定，自然人的個人信息受法律保護。「自然人的個人信息受法律保護」主要體現在兩個方面：一方面，自然人對自己的個人信息享有一系列權能，如本章規定的知情同意權、查閱複製權、更正刪除權等；另一方面，處理他人個人信息的主體應當履行相應的義務，遵循一些基本原則和規則。對於處理個人信息應當遵循的基本原則和應當滿足的條件，我國網絡安全法第 41 條規定，網絡運營者收集、使用個人信息，應當遵循合法、正當、必要的原則，公開收集、使用規則，明示收集、使用信息的目的、方式和範圍，並經被收集者同意。網絡運營者不得收集與其提供的服務無關的個人信息，不得違反法律、行政法規的規定和雙方的約定收集、使用個人信息，並應當依照法律、行政法規的規定和與用戶的約定，處理其保存的個人信息。消費者權益保護法和我國的一些司法解釋和規範性文件也對處理個人信息應當遵循的原則和條件作了一些規定。本條在我國現行有關法律法規和個人信息保護實踐的基礎上，借鑒吸收國際上的通行規定，對處理個人信息應當遵循的基本原則並應當滿足的條件作了規定。本條規

定是關於個人信息保護的核心內容。根據本條規定，處理個人信息應當遵循以下原則：

一是合法原則，即信息處理者處理個人信息必須要有合法的依據，且處理的方法應當符合法律的規定。合法的依據主要來自兩個方面：第一，法律法規的明確規定。除本章的相關規定，目前我國還有網絡安全法、消費者權益保護法、電子商務法等多部法律和行政法規，都對處理個人信息作了相關規定。相關主管部門也依法制定了一些部門規章，例如，工業和信息化部制定的《電信和互聯網用戶個人信息保護規定》。信息收集者、信息控制者應當嚴格遵守這些規定，不得違反。立法機關正在起草的個人信息保護法也將對此作出規定。所以，本條第 1 款第 4 項明確規定，處理個人信息不得違反法律、行政法規的規定和雙方的約定。該項規定是對合法原則的具體化。對於處理個人信息，法律法規未作規定的事項，信息處理者還應當遵守相關行業規範，目前一些行業組織已制定了相關的個人信息保護自律規範。第二，信息主體的同意。收集、處理個人信息取得信息主體的同意是個人信息保護的核心原則。根據本條第 1 款第 1 項的規定，除法律、行政法規另有規定外，收集、處理個人信息原則上應當徵得該自然人或者其監護人同意。本項規定將自然人或者其監護人的知情同意作為合法處理個人信息的主要合法性前提，充分體現了信息主體在個人信息處理中的主導地位，可以有效保障信息主體對自身個人信息的控制。本項中的「其監護人同意」是指自然人因年齡、精神等原因為無民事行為能力或者限制民事行為能力人時，由其監護人決定是否同意他人處理其個人信息。這突出強調了對未成年人等行為能力欠缺者的特別保護。信息主體同意的方式多樣，可以是通過與信息處理者簽訂協議的方式，也可以是單方授權的方式，還可以是其他方式。但是，針對個人信息敏感度的不同，對同意的要求程度不同，處理某些個人信息應當取得信息主體明示同意。例如，對於信息主體敏感度較高的信息或者隱私信息，根據本法第 1033 條第 5 項的規定，任何組織或者個人未取得權利人明確同意，不得處理他人的私密信息。本條第 1 款第 1 項中的「但是法律、行政法規另有規定的除外」是指收集、處理個人信息可以不取得信息主體同意的例外情形，但這些例外情形必須由法律、行政法規作出明確規定。例如，本法第 1037 條規定的情形既是處理他人個人信息可以免除民事責任的情形，實際上也是處理他人個人信息無須取得信息主體同意的情形。此外，我國正在制定中的個人信息保護法也可以對處理個人信息無須取得信息主體同意的具體情形作出更為詳細的規定。

二是正當原則。所謂正當原則是指處理個人信息除了要遵循合法原則外，信息處理的目的和手段還要正當，應當尊重公序良俗和遵守誠實信用原則，並且要儘量滿足透明的要求，以便當事人能夠充分了解情況，自主行使自己的權利。這就要求信息處理者對處理個人信息的行為進行自我管理，確保處理個人信息行為的正當性。特別是在收集、處理個人信息過程中不得強迫用戶授權，或者以捆綁服務、強制停止使用等不正當手段變相誘導、脅迫用戶提供個人信息，更不得欺騙、竊取或者以其他非法手段處理他人的個人信息。實踐中的「大數據殺熟」就是一種典型的違反正當原則的行為。

三是必要原則。所謂必要原則是指處理個人信息的目的應當特定，處理應當受限制。處理個人信息應當有特定目的，並且應當依據該特定的、明確的目的進行，通常不得超出目

的範圍處理個人信息，與實現所涉目的無關的個人信息不得處理。例如，醫療機構收集患者的疾病信息目的是用於分析患者病情或者分析疾病之用，不得將其用於非醫療目的；電商承諾只將收集到的消費者個人信息用於研究分析消費發展趨勢目的的，就不得將其用於其他目的。此外，必要原則還包括即使按照特定目的收集、處理個人信息，也應當按照對信息主體影響最小的方式進行，應當在必要的限度內進行。這就要求信息處理者在收集信息時不應當收集對提供服務沒有必要的個人信息，只有那些對開展相關服務而言非收集不可或者不收集就無法滿足用戶服務需要的信息，才可被收集。在處理個人信息時，處理的內容和範圍不應過於寬泛，只有在不得不處理時才可以處理個人信息。不得過度處理個人信息本應是必要原則的應有之義，但是在立法過程中，不少意見提出，針對實踐中不少網絡服務提供商，特別是一些手機軟件應用服務提供商過度收集處理個人信息的現象比較普遍，嚴重損害了信息主體的權益，建議明確規定，不得過度處理個人信息。本條採納了這一意見，特別強調不得「過度處理」個人信息。這一規定針對性是較強的。

四是公開透明原則。所謂公開透明原則是指信息處理者在處理個人信息時應當公開處理信息的規則，並明示處理信息的目的、方式和範圍，確保信息主體享有知情權。公開透明原則極為重要，其是確保信息主體知情同意的前提。只有讓信息主體充分知悉和了解處理個人信息的規則、目的、方式和範圍，了解個人信息被處理的後果和可能的影響，才可以保護信息主體的意思判斷是自主、真實和合理的。這裏的公開透明並非指個人信息內容公開，而是指處理個人信息的過程和規則應當公開。這就要求信息處理者在處理個人信息時要主動增強透明度，用通俗易懂、簡潔明了的語言說明處理個人信息的目的、方式和範圍，並將處理個人信息的規則予以公開。由於這些規則是由個人信息處理者單方制定的，屬於格式條款，因此，應當受本法合同編和其他相關法律關於格式條款規定的規範。

需要說明的是，本章中的個人信息處理內涵極為豐富，並不限於使用行為，還包括個人信息的收集、存儲、使用、加工、傳輸、提供、公開等行為。本條第 2 款之所以這樣規定，主要是為了表述上的方便，與國際上通行的做法也能基本保持一致。

第一千零三十六條　處理個人信息，有下列情形之一的，行為人不承擔民事責任：

（一）在該自然人或者其監護人同意的範圍內合理實施的行為；

（二）合理處理該自然人自行公開的或者其他已經合法公開的信息，但是該自然人明確拒絕或者處理該信息侵害其重大利益的除外；

（三）為維護公共利益或者該自然人合法權益，合理實施的其他行為。

■ 條文主旨

本條是關於處理個人信息可以免責情形的規定。

■ 條文釋義

　　任何權利的行使都是有其界限的，自然人對個人信息所享有的權益也不例外，特別是在信息時代，信息的自由流通十分重要。信息時代給人類社會所創造的巨大價值就是建立在信息的自由流通基礎上的。如果信息處理者對於任何信息進行任何處理都要花費不合理的成本來確定是否侵害他人的個人信息權益，或者允許信息主體頻頻打斷信息的流通和傳播，將嚴重阻礙信息產業的發展，整個社會也將會付出高昂的代價。因此，在個人信息保護立法中，一定要處理好保護個人信息與促進信息自由流通之間的關係，在進一步加強對個人信息保護的同時，也要高度重視信息的自由流通問題。為了處理好這二者之間的關係，本條明確規定了行為人處理個人信息無須承擔民事責任的三種情形：

　　一是在該自然人或者其監護人同意的範圍內合理實施的行為。自然人或者其監護人同意是處理個人信息行為獲得合法性的重要依據，也是自然人處分自己個人信息權益的重要方式。自然人或者其監護人的同意，實際上就是允許他人處理自己的個人信息。因此，行為人在自然人或者其監護人同意的範圍內實施的行為即使對該自然人的權益造成了影響，也是符合信息主體意願的，行為人無須承擔民事責任。但是，行為人在自然人或者其監護人同意的範圍內實施的行為應當合理。例如，消費者允許電商處理自己的消費記錄並向自己發送精準廣告，但電商在處理該消費者的消費記錄後，卻頻頻向該消費者推送各種商品廣告，對其生活造成了極大干擾，這種行為雖是在該消費者同意的範圍內實施的行為，但不合理，並不能完全免除電商的民事責任。

　　二是合理處理該自然人自行公開的或者其他已經合法公開的信息，但是該自然人明確拒絕或者處理該信息侵害其重大利益的除外。「自然人自行公開」自己的個人信息就是自然人主動將自己的某些個人信息向社會公開。例如，患者主動向社會公開自己的生病經歷；某人主動向社會公開自己的性取向或者宗教信仰。自然人自行公開自己的個人信息意味着其在一定程度上同意他人對這些個人信息的處理。「其他已經合法公開」的個人信息是指除自然人自行公開的以外，以其他合法形式公開的個人信息。例如，媒體在新聞報道中依法公開的個人信息；國家機關依法公開的個人信息。合理處理這些已經公開的個人信息，即使對某自然人造成了影響，行為人原則上也不承擔民事責任。但是有兩種例外情形：第一，該自然人明確拒絕他人處理自己公開的個人信息。個人信息雖然是自然人自己主動公開或者被以其他方式合法公開，但若該自然人明確表示拒絕他人處理這些個人信息的，應當尊重該自然人的意願，行為人不得擅自處理，除非有明確的法律法規授權。第二，處理該信息侵害自然人重大利益的。在有的情況下，自然人的個人信息雖然是自己主動公開或者是通過其他合法方式公開的，但若處理這些個人信息的行為損害該自然人重大利益的，行為人仍不能免除責任。例如，某人對外公開了自己的電話號碼，但行為人卻利用這些電話號碼頻頻向某人發送垃圾短信或者撥打垃圾電話，嚴重滋擾了某人的生活安寧，此時，行為人仍應承擔民事責任。本項的「但書」規定是公開使用的例外情形，保證了信息主體的最終決定權，並體現了權利行使的比例原則。

三是為維護公共利益或者該自然人的合法權益，合理實施的其他行為。這是一個兜底性的規定。公共利益涉及國家利益和不特定多數人的利益，任何國家和地區一般都規定，基於公共利益，可以對權利的行使進行限制。自然人對個人信息享有的權益也不例外。我國憲法第 51 條規定，中華人民共和國公民在行使自由和權利的時候，不得損害國家的、社會的、集體的利益和其他公民的合法的自由和權利。基於此，本條規定，行為人為了維護公共利益，在必要範圍內可以合理處理自然人的個人信息。但由於公共利益是一個彈性極大的概念，為避免被濫用，應當嚴格適用，如為了公眾的健康安全或者為了追查犯罪行為可以作為公共利益。此外，為了該自然人自己的合法權益，也可以在必要範圍內處理其個人信息，如在患者處於病重昏迷狀態時，醫院為了該患者的生命安全，處理該患者的個人健康信息。需要強調一點，無論是為了維護公共利益還是為了維護自然人的合法權益，行為人在必要範圍內實施的收集、處理個人信息行為都應當是合理的，不能借維護公共利益之名，行侵害自然人合法權益之實，否則仍不能免除侵權責任。

> **第一千零三十七條**　自然人可以依法向信息處理者查閱或者複製其個人信息；發現信息有錯誤的，有權提出異議並請求及時採取更正等必要措施。
>
> 　　自然人發現信息處理者違反法律、行政法規的規定或者雙方的約定處理其個人信息的，有權請求信息處理者及時刪除。

■ 條文主旨

本條是關於信息主體查閱複製權和更正刪除權的規定。

■ 條文釋義

個人信息涉及自然人的人格尊嚴，根據本章的規定，自然人的個人信息受法律保護。自然人對自己的個人信息享有一系列權能，包括知情同意權、查閱複製權、更正刪除權、受保護權等內容。本法第 1035 條規定了自然人的知情同意權，第 1038 條規定了自然人的受保護權，本條則對自然人的查閱複製權和更正刪除權作了規定。

自然人對個人信息的查閱複製權是指信息主體有權查閱其個人信息被處理的情況，並有權對處理的個人信息進行複製的權利。查閱複製權在個人信息保護體系中的地位很重要。自然人要行使自己對個人信息的其他權利，必須首先了解自己的哪些個人信息被處理，以及被處理的情況如何，特別是要能了解在此過程中其個人信息是否完整準確。只有這樣，才能判斷信息處理者的處理活動是否符合信息主體的預期，信息主體也才能夠決定是否有必要對相關信息進行更正、刪除。所以，信息查閱複製權是確保自然人能夠實現這些權利的重要內容，任何組織或者個人都不得非法剝奪。基於此，本條第 1 款規定，自然人可以依法向信息

處理者查閱或者複製其個人信息。

個人信息更正權,簡稱更正權,是指信息主體有權請求信息處理主體對不正確、不全面的個人信息進行改正與補充的權利。更正權具體包括:個人信息錯誤更正權,即對於錯誤的個人信息本人有更正的權利;個人信息補充權,即對於遺漏或新發生的個人信息,本人有補充的權利;個人信息更新權,是本人要求對於過時的個人信息及時更新的權利。確保個人信息的準確性、完整性和及時更新,信息處理者才能確保提供服務的質量,才能有效維護信息主體的合法權益。賦予信息主體更正權是國際上的通行做法,我國網絡安全法第 43 條規定,個人發現網格運營者收集、存儲的其個人信息有錯誤的,有權要求網絡運營者予以更正。網絡運營者應當採取措施予以刪除或者更正。因此,本條規定,自然人發現信息有錯誤的,有權提出異議並要求及時採取更正等必要措施。

個人信息刪除權,簡稱刪除權,是指信息主體在法定或約定的事由出現時,有權請求信息控制者刪除其個人信息的權利。我國網絡安全法第 43 條規定,個人發現網絡運營者違反法律、行政法規的規定或者雙方的約定收集、使用其個人信息的,有權要求網絡運營者刪除其個人信息。本條在網絡安全法規定的基礎上規定,自然人發現信息處理者違反法律、行政法規的規定或者雙方的約定處理其個人信息的,有權請求信息持有者及時刪除。根據本條的規定,信息主體一般在下列情形下可以請求刪除個人信息:一是處理個人信息的行為不合法。例如,信息處理者處理個人信息未取得信息主體的同意,並且也沒有法律法規的明確授權;信息處理者的處理行為超出了法定或者約定的範圍。二是信息處理者處理個人信息的目的已不存在,其沒有必要再保存個人信息。三是信息主體與信息處理者約定的處理個人信息的期限已屆滿,根據約定,信息主體有權要求刪除。需要強調的是,本條規定的個人信息刪除權並非歐盟《一般數據保護條例》規定的所謂「個人信息被遺忘權」。目前各方對是否規定「個人信息被遺忘權」爭議極大,對這一問題宜繼續研究,因此,本法對此未作規定。

第一千零三十八條 信息處理者不得洩露或者篡改其收集、存儲的個人信息;未經自然人同意,不得向他人非法提供其個人信息,但是經過加工無法識別特定個人且不能復原的除外。

信息處理者應當採取技術措施和其他必要措施,確保其收集、存儲的個人信息安全,防止信息洩露、篡改、丟失;發生或者可能發生個人信息洩露、篡改、丟失的,應當及時採取補救措施,按照規定告知自然人並向有關主管部門報告。

■ 條文主旨

本條是關於信息處理者對個人信息安全保護義務的規定。

■ 條文釋義

　　信息處理者對處理的個人信息負有安全保護義務是確保個人信息安全的重要保障。隨着人工智能、大數據技術、拍照技術等科學技術的快速發展，個人信息被洩露、被複製、被竊取的風險越來越大，特別是隨着互聯網應用的普及和人們對互聯網的依賴，互聯網的安全問題也日益凸顯。黑客攻擊和大規模的個人信息竊取案件頻發，大量網民因個人信息被竊取導致的人身財產損害後果嚴重。此外，目前網站攻擊與技術竊取個人信息的行為正在向批量化、規模化方向發展，用戶個人信息權益遭到侵害，特別是一些重要數據信息甚至流向他國，信息安全威脅已經上升至國家安全層面。實踐中，因信息處理者未履行對個人信息的安全義務，導致自然人的個人信息被大規模洩露的事件時有發生，如美國臉書公司洩露眾多客戶個人信息案。如果信息處理者不採取有力措施保護個人信息，會對個人信息主體造成嚴重滋擾，嚴重損害其人格尊嚴，對社會秩序也會造成嚴重衝擊。因此，明確信息處理者對個人信息的安全義務對於個人信息保護至關重要。世界各國和相關地區的個人信息保護立法均強調信息處理者對個人信息負有安全保護義務。例如，歐盟《一般數據保護條例》規定，數據處理應當採用適當的技術措施和組織措施，確保數據安全。我國網絡安全法、電子商務法、消費權益保護法等法律和多部行政法規均對個人信息的安全保護義務作了規定。本條在現行法律法規的基礎上，從三個方面對信息處理者應當履行的安全保護義務作了規定：

　　一是信息處理者不得洩露或者篡改其收集、存儲的個人信息；未經自然人同意，不得向他人非法提供其個人信息，但是經過加工無法識別特定個人且不能復原的除外。這是對信息處理者自身不得洩露、篡改、非法提供個人信息的要求。信息處理者自己主動洩露、篡改或者非法提供個人信息的行為是極為嚴重地違反安全保護義務的行為，也是一種故意侵犯個人信息權益的行為，不但要承擔民事責任，造成嚴重後果的，還有可能承擔刑事責任。本法第1035條明確規定，除法律、行政法規另有規定外，處理個人信息的，應當徵得該自然人或者其監護人同意。根據這一規定的邏輯，信息處理者未經信息主體的同意就向他人提供個人信息，就屬於洩露個人信息的具體情形。根據本法第1035條第2款的規定，本章中的「處理」包括向他人提供個人信息的行為，因此，信息處理者向他人提供個人信息必須經信息主體同意，否則將承擔侵權責任。當然，本條同時也規定，個人信息經過加工無法識別特定個人且不能復原的，信息處理者可以不經信息主體同意向他人提供。經過加工無法識別特定個人且不能復原的信息就是經過匿名化處理的信息。隨着大數據時代、人工智能時代的到來，海量的個人信息數據成為了具有重大價值的資產，若對這些信息資產利用得當，必將產生巨大的社會效益，必將有力地推動經濟的發展。而通過匿名化技術消除個人信息的信息主體身份特徵後加以利用，成為利用這些信息數據的重要手段。個人信息通過匿名化處理後，信息主體很難再被識別出來，對其人格尊嚴也就不會產生損害，此時的匿名化信息已失去了個人信息最本質的特徵，已不再屬於個人信息，因此，也就不需要適用個人信息保護的相關規則，信息處理者自然也就可以不經信息主體同意就向他人提供這些匿名化的信息。由於本法

屬於民事基本法，對於判斷「無法識別特定個人且不能復原的」信息的具體規則和要求，本法並未作規定，這可以由將來的個人信息保護法等特別法或者專門的行政法規、部門規章作出規定。

二是信息處理者應當採取技術措施和其他必要措施，確保其收集、存儲的個人信息安全，防止信息洩露、篡改、丟失。信息收集者、控制者除了自己不得主動不得洩露、篡改、非法提供其收集、存儲的個人信息外，還要積極採取措施確保其收集、存儲的個人信息安全。這要求信息處理者要為個人信息的儲存提供必要的安全環境。雖然本條並沒有將這些具體措施作具體化的規定，但原則上要求信息處理者在合理限度內採取必要措施保證信息安全。這些措施主要是技術手段，如設置多重密碼、設置防火牆以防止病毒入侵等。在確定具體採取哪些必要措施時，可以結合安全措施的成本和個人信息的性質內容來決定和判斷。

三是發生或者可能發生個人信息洩露、篡改、丟失的，應當及時採取補救措施，按照規定告知自然人並向有關主管部門報告。如果信息處理者沒有採取措施或者採取的措施不力，導致發生或者可能發生個人信息洩露、毀損、丟失的情況的，其既有及時採取補救措施的義務，同時還有按照規定告知自然人並向有關主管部門報告的義務，以防止個人信息進一步被洩露、篡改、丟失，避免損害的進一步擴大。判斷是否構成本款規定的「及時」，要結合個人信息被處理和傳播的速度，是否能使損害最小化。本款規定的補救措施，可以是本法侵權責任編關於防止網絡侵權的刪除、斷開連接、屏蔽措施，還包括其他可以減少損害的所有合理措施。本款所規定的「告知」和「報告」義務，必須是將相關的危險情況以可以理解的方式，清晰、明確、全面地告知當事人。

第一千零三十九條　國家機關、承擔行政職能的法定機構及其工作人員對於履行職責過程中知悉的自然人的隱私和個人信息，應當予以保密，不得洩露或者向他人非法提供。

■ 條文主旨

本條是關於國家機關、承擔行政職能的法定機構及其工作人員對個人信息的保密義務的規定。

■ 條文釋義

國家機關、承擔行政職能的法定機構及其工作人員在依法履行職責的過程中常常會接觸到自然人的隱私和個人信息，這可以體現在兩個方面：一是根據法律、行政法規的授權，國家機關、承擔行政職能的法定機構及其工作人員主動處理他人的個人信息，或者進入、搜查、監視他人的私密場所，跟蹤他人的私密活動等，如公安機關對犯罪嫌疑人進行監視或

者跟蹤等。二是國家機關及其工作人員在履行職責過程中被動地、不可避免地知悉或者了解到他人的隱私和個人信息，如公安機關在對犯罪嫌疑人進行監視或者跟蹤時會不可避免地知悉或者了解到與犯罪嫌疑人相關的其他自然人的一些隱私和個人信息。無論是根據法律、行政法規授權主動知悉的隱私和個人信息，還是在履行職責過程中被動知悉的隱私和個人信息，國家機關及其工作人員都必須予以保密，這是其應遵守的基本法定義務。之所以強調這一點：一是從現實情況看，國家機關及其工作人員在履行職責過程中知悉的隱私和個人信息量多面廣。據統計，國家機關知悉或者掌握的自然人隱私和個人信息量遠超一般的企業等商事主體。二是國家機關、承擔行政職能的法定機構及其工作人員在履行職責過程中知悉或者掌握的自然人隱私和個人信息一般都是私密程度較高或者敏感度較大。若國家機關、承擔行政職能的法定機構及其工作人員沒有強烈的保密意識，導致這些隱私和個人信息被洩露或者公開，有可能對相關自然人的權益造成極大的損害，社會後果也是極為嚴重的。基於此，本條明確規定，國家機關、承擔行政職能的法定機構及其工作人員對於履行職責過程中知悉的自然人的隱私和個人信息，應當予以保密，不得洩露或者向他人非法提供。這就要求國家機關、承擔行政職能的法定機構及其工作人員對履行職責中知悉的隱私和個人信息不但要有強烈的保密意識，自己不主動洩露、公開或者非法提供這些隱私和個人信息，還要採取有力的措施確保這些隱私和個人信息不被洩露、不被公開。除了本條規定，我國的一些單行法對此已作了相關規定，例如，我國監察法第 18 條第 2 款規定了監察機關及其工作人員對履行職責過程中掌握的信息負有保密義務。

這裏需要說明的是，民法典主要調整的是作為平等主體的自然人、法人、非法人組織之間的人身關係和財產關係。人格權編作為民法典的一部分主要調整的也是平等主體之間因人格權的享有和保護產生的民事關係。本章對於個人信息保護的規範也主要限於平等主體之間。所以，從嚴格意義上講，本條關於國家機關、承擔行政職能的法定機構及其工作人員在履行職責過程中承擔對自然人的隱私或者個人信息保密義務的規定不屬於民法典規定的內容。但由於國家機關、承擔行政職能的法定機構及其工作人員在履行職責過程中掌握了大量個人的隱私和個人信息，且多數為敏感重要的個人信息，一旦被洩露，將對個人造成嚴重損害，後果也將極為嚴重。所以，這個問題對於個人信息的保護極為重要，本章從強調的角度對此作了規定。若國家機關、承擔行政職能的法定機構或者其工作人員在履行職責過程中違反保密義務，侵害了自然人的權益，權利人可以根據國家賠償法或者其他相關法律的規定要求國家機關、承擔行政職能的法定機構承擔法律責任。

第五編

婚姻家庭

家庭生活關係在民法上稱作婚姻家庭關係或親屬關係，調整婚姻家庭關係或親屬關係的民法規範稱作婚姻家庭法或親屬法，屬於身份法。婚姻家庭法或親屬法規範的婚姻家庭關係是基於兩性關係、血緣關係和扶養關係而形成的人與人之間的關係。血緣關係也包括法律擬製血緣關係，這是家庭生活中自然血緣關係的必要補充。

我國的婚姻家庭制度是具有中國特色的社會主義婚姻家庭制度。婚姻家庭立法作為規範婚姻家庭關係的基本準則，涉及家家戶戶的利益。新中國成立以後，1950 年中央人民政府委員會第七次會議通過婚姻法，1980 年五屆全國人大三次會議通過新的婚姻法，2001 年作了修改。1991 年全國人大常委會通過了收養法，1998 年作了修改。婚姻法、收養法實施以來，對於維護平等、和睦、文明的婚姻家庭關係，保護合法的收養關係發揮了重要作用。

隨着經濟社會文化的發展，社會主要矛盾的變化，我國進入新的歷史時期，婚姻觀念、家庭關係也發生了很大變化，婚姻家庭領域也出現了一些新情況。為進一步弘揚夫妻互敬、孝老愛親、家庭和睦的中華民族傳統美德，體現社會主義核心價值觀，促進婚姻家庭關係和諧穩定，婚姻家庭編以婚姻法和收養法為基礎，在堅持婚姻自由、男女平等、一夫一妻等基本原則和特別保護婦女、未成年人和老年人權益的前提下，結合社會發展的需要，修改了部分規定，並增加了一些新規定。婚姻家庭編共五章、七十九條。

第一章　一般規定

本章為「一般規定」，亦為本編的總則篇。本章共六條，對婚姻家庭編的調整範圍、婚姻家庭關係基本原則、婚姻家庭中禁止行為、婚姻家庭道德規範的規定、收養原則以及親屬、近親屬、家庭成員等作了規定。

第一千零四十條　本編調整因婚姻家庭產生的民事關係。

■ 條文主旨

本條是關於婚姻家庭編調整範圍的規定。

■ 條文釋義

婚姻家庭法，或稱親屬法，是調整婚姻、親屬間權利義務關係的法律。它主要規定婚姻、親屬間身份關係的產生、變更和消滅，以及基於這種關係而產生的民事權利和義務。婚姻家庭法涉及家家戶戶，關係每一位公民的切身利益。

婚姻是男女兩性的結合，這種結合形成當時社會制度所確認的夫妻關係。婚姻從不同角度，有多種分類。例如，依婚姻史，分為亂婚、群婚、對偶婚和一夫一妻制婚。依結婚是否為要式行為，分為法律婚、宗教婚和事實婚。依結婚是否出於當事人的意願，分為自主婚和買賣婚、包辦婚、脅迫婚、搶奪婚。依男娶女嫁還是男到女家，分為聘娶婚和贅婚。依婚姻當事人之間有無親屬關係，分為中表婚、遠親婚和非親婚。依當事人結婚時的年齡，分為童婚、早婚和晚婚。依結婚的次數，分為初婚和再婚。依當事人是否同時具有數個婚姻關係，分為單婚和重婚。依婚姻是否具有法律效力，分為有效婚和無效婚。依婚姻是否為男女異性間的行為，分為兩性婚和同性婚。

家庭，或可稱家，為以永久共同生活為目的而同居的親屬團體。在氏族社會，個人和家族無獨立人格，只有氏族才具有人格，氏族是以共同祖先而結合的血緣團體。進入階級國家時代，氏族消失代之以宗族，進入宗法時代。宗族的特徵是父系父權父治、族外婚、長子繼承制。雖然宗族內也有家族，但家族無人格，只是消費團體。封建崩潰，宗法時代結束，宗族漸變為大家族制度。大家族制度，家族為獨立經濟主體，家長統家政。大家族制度之下，農戶雖依附家族，但獨立為戶，有編戶制度。隨着經濟社會的發展，大家族制崩潰，進入小家族制，農戶通常已不再依附於家族而成為獨立家庭。在封建時代，中西方普遍存在家長制。進入資本主義時代之後，社會生活和家庭結構發生重大變化，家長制逐漸消失，在大陸

法系國家舊民法中仍有家長制的相關規定，現在的新民法基本上已沒有相關規定。

現代家庭多是以父母子女為中心的「核心家庭」。家長制已不存在。現代家庭男女平等、夫妻平等，「家長」一詞通常是指小孩子的父母。每戶有「戶主」，通常只用於戶口登記。過去的四世同堂、五世同堂的大家庭現在已很少有。「家」與「家庭」概念的異同在現代漢語已與過去不同。「家」通常與居所戶籍相連，一人亦可成家。「家庭」則是指家庭成員的團體。通常來說，婚姻是家庭成立的基礎前提，因此，「家庭」也稱「婚姻家庭」。因婚姻產生「婚姻關係」，因家庭產生「家庭關係」，合稱「婚姻家庭關係」。「婚姻家庭關係」是民事關係，受民法調整。本條表述為：「本編調整因婚姻家庭產生的民事關係。」家庭成員之間是親屬，所以「婚姻家庭關係」也可稱為「親屬關係」，為夫妻關係、父母子女關係和其他親屬關係。

> 第一千零四十一條　婚姻家庭受國家保護。
> 實行婚姻自由、一夫一妻、男女平等的婚姻制度。
> 保護婦女、未成年人、老年人、殘疾人的合法權益。

■ **條文主旨**

本條是關於婚姻家庭關係基本原則的規定。

■ **條文釋義**

本條規定了婚姻家庭關係的幾個基本原則，包括婚姻家庭受國家保護的原則、婚姻自由原則、一夫一妻制原則、男女平等原則和保護婦女、未成年人、老年人、殘疾人合法權益的原則。

一、婚姻家庭受國家保護的原則

婚姻家庭受國家保護，首先是一項憲法原則。我國憲法第 49 條第 1 款規定：「婚姻、家庭、母親和兒童受國家的保護。」民法要落實這一憲法原則。民法通則第 104 條第 1 款規定：「婚姻、家庭、老人、母親和兒童受法律保護。」民法總則第 112 條規定：「自然人因婚姻、家庭關係等產生的人身權利受法律保護。」這些規定都是憲法原則的具體化表述。我國的婚姻法是婚姻家庭的專門立法，更是憲法原則的具體化。婚姻法第 2 條第 2 款規定：「保護婦女、兒童和老人的合法權益。」不少意見認為，婚姻法應當更為明確地規定體現憲法保護婚姻家庭的原則。這次民法典的制定過程中，有些代表提出，民法典草案物權編、合同編、人格權編、繼承編都在「一般規定」一章中規定了物權、合同、人格權、繼承權受國家或者法律保護的內容，建議在婚姻家庭編的「一般規定」一章也增加類似規定，既有利於體現國家對婚姻家庭的重視和保護，也有利於各編體例的統一。經研究採納這一意見，依據憲

法的規定，在本條中增加一款作為第 1 款規定：「婚姻家庭受國家保護。」

二、婚姻自由原則

婚姻自由又稱婚姻自主，是指婚姻當事人享有自主地決定自己的婚姻的權利。婚姻當事人按照法律規定，有權基於本人的意志，自主自願地決定自己的婚姻問題，不受他人的干涉和強制。

婚姻自由包括結婚自由和離婚自由。結婚自由，就是結婚須男女雙方本人完全自願，禁止任何一方對他方加以強迫，禁止任何組織或者個人加以干涉。保障婚姻自由，是為使男女雙方能夠依照婚姻家庭編的規定，基於自己的意願結成共同生活的伴侶，建立幸福美滿的家庭。所謂離婚自由，是指婚姻當事人有權自主地處理離婚問題。雙方自願離婚的，可以協商離婚。一方要求離婚的，可以訴至法院解決。保障離婚自由，是為使無法維持的婚姻關係得以解除，當事人免受婚姻名存實亡的痛苦。結婚自由和離婚自由是統一的，二者相互結合缺一不可。

婚姻自由既與包辦、買賣婚姻相對立，又與輕率地對待婚事毫無共同之處。實行婚姻自由，並不是一個人在自己的婚姻問題上可以隨心所欲，放任自流，想結就結，想離就離，而是必須依照法律的規定處理婚姻大事。每一個自然人都應當在法律規定的範疇內正確行使婚姻自由的權利。

三、一夫一妻制原則

一夫一妻制是一男一女結為夫妻的婚姻制度。也就是說，一個男人只能娶一個妻子，一個女人只能嫁一個丈夫，不能同時與兩個以上的人締結婚姻。一夫一妻制是社會主義婚姻制度的基本原則，是在婚姻關係上實現男女平等的必要條件，也是男女真心相愛、建立美滿婚姻的要求。

婚姻為男女的結合。在婚姻家庭編徵求意見的過程中，有意見提出在婚姻家庭編中規定同性婚姻。我國實行的一夫一妻制是一男一女結合為夫妻的婚姻制度，這是整個婚姻制度的基石，是千百年來傳承下來的，是符合我國文化傳統和現實國情的。同性婚姻難以被廣大社會公眾接受和認可。目前世界上絕大多數國家都不承認同性婚姻的合法性。因此，本編維持婚姻法一夫一妻制的規定。

四、男女平等原則

男女平等，是指婦女在政治、經濟、文化、社會和家庭生活各個方面，有同男子平等的權利和義務。男女平等是婚姻家庭編的一項基本原則，根據這個原則，男女兩性在婚姻關係和家庭生活的各個方面，均平等享有權利，平等承擔義務。婚姻家庭編中男女平等原則在內容上很廣泛，它包括：男女雙方在結婚、離婚問題上的權利義務是平等的，夫妻雙方在家庭中的地位是平等的，其他男女家庭成員之間的權利義務也是平等的。夫妻間、其他家庭成員間的平等關係，是我國男女兩性法律地位平等在婚姻家庭領域中的體現，它是建立美滿的婚姻關係和發展和睦的家庭生活的重要保障。

五、保護婦女、未成年人、老年人、殘疾人合法權益的原則

保護婦女、未成年人、老年人、殘疾人的合法權益，是婚姻家庭編的一項重要原則。

保護婦女的合法權益和實行男女平等是一致的。社會主義制度使婦女獲得了同男子平等的權利，但重男輕女的舊習俗不可能在短時期內完全消除。因此，法律不僅要規定男女平等，還要根據生活的實際情況，對婦女的合法權益給予特殊的保護。本編中規定保護婦女的內容十分廣泛。如本編特別規定「女方在懷孕期間、分娩後一年內或者終止妊娠後六個月內，男方不得提出離婚」。特別保護婦女合法權益，對於促進婦女的徹底解放，發揮她們在現代化建設中的「半邊天」作用，有着重要意義。

保護未成年人，就是保護國家的未來。為了孩子們的健康成長，本法規定：父母對未成年子女負有撫養、教育和保護的義務。離婚後，父母對於子女仍有撫養、教育和保護的義務。保障婚生子女、非婚生子女、養子女、繼子女的權益，禁止溺嬰、棄嬰和其他殘害嬰兒的行為。禁止借收養名義買賣未成年人。總則編為未成年人設立監護制度。這些都是對未成年人的法律保護。撫育子女，是父母不可推諉的天職。父母要關心子女的身心健康，履行撫養職責，使子女在德智體美諸方面全面發展。民法典還規定了對未成年人的特別保護。本編規定，收養應當遵循最有利於被收養人的原則。還規定，對離婚後子女的撫養，父母雙方協議不成的，由人民法院按照最有利於未成年子女的原則判決。這些規定體現了未成年人利益最大化原則。

保護老年人的合法權益，是社會主義家庭的重要任務。贍養老年人，是我國人民的美德。父母為了子女的健康成長，長期付出了辛勤的勞動，盡了自己的職責。當他們年老多病，喪失勞動能力或生活困難的時候，子女就要承擔起贍養的義務。社會主義社會的贍養與封建的孝道，有着本質的不同。在社會主義制度下，對老年人的生活照顧，首先是由國家、集體承擔的，但國家、集體的物質幫助，不能取代家庭成員對老年人的贍養責任。作為子女要自覺履行贍養義務，尊老養老，使老年人安度晚年。

這次編纂民法典，特別增加規定了保護殘疾人的原則。保護殘疾人歷來是我國憲法、法律的一個基本原則。憲法第45條第1款、第3款規定：「中華人民共和國公民在年老、疾病或者喪失勞動能力的情況下，有從國家和社會獲得物質幫助的權利。國家發展為公民享受這些權利所需要的社會保險、社會救濟和醫療衛生事業。」「國家和社會幫助安排盲、聾、啞和其他有殘疾的公民的勞動、生活和教育。」殘疾人保障法第3條第1款規定：「殘疾人在政治、經濟、文化、社會和家庭生活等方面享有同其他公民平等的權利。」第9條規定：「殘疾人的扶養人必須對殘疾人履行扶養義務。殘疾人的監護人必須履行監護職責，尊重被監護人的意願，維護被監護人的合法權益。殘疾人的親屬、監護人應當鼓勵和幫助殘疾人增強自立能力。禁止對殘疾人實施家庭暴力，禁止虐待、遺棄殘疾人。」我國有四五十部法律在相關條款中規定了保護殘疾人權益的內容。保護殘疾人也是民事法律的一個基本原則。民法通則第104條第2款規定：「殘疾人的合法權益受法律保護。」民法典總則編規定了適用於對殘疾人保護的監護制度，第128條還特別規定：「法律對未成年人、老年人、殘疾人、婦女、

消費者等的民事權利保護有特別規定的，依照其規定。」民法典婚姻家庭編作為家庭生活的基本規範，也應當突出對殘疾人權益的特別保護。保護殘疾人權益符合婚姻家庭規範的特點和立法目的，體現了婚姻家庭的功能。保護殘疾人婚姻家庭權益，能夠促進家庭和諧安定，也體現了公平和正義。家庭是人的主要生活場所，是人生的避風港，更是殘疾人的主要生活場所和避風港。家庭對殘疾人的關愛、關照和保護是一切社會福利政策不能取代的。因此，本條增加規定特殊保護殘疾人的合法權益。

> **第一千零四十二條　禁止包辦、買賣婚姻和其他干涉婚姻自由的行為。禁止借婚姻索取財物。**
>
> **禁止重婚。禁止有配偶者與他人同居。**
>
> **禁止家庭暴力。禁止家庭成員間的虐待和遺棄。**

■ 條文主旨

本條是關於婚姻家庭中禁止行為的規定。

■ 條文釋義

本條規定明確禁止婚姻家庭中的下列行為：

一、禁止包辦、買賣婚姻和其他干涉婚姻自由的行為，禁止借婚姻索取財物

堅持婚姻自由原則，就要反對包辦婚姻和買賣婚姻等，禁止借婚姻索取財物。

包辦婚姻，是指第三人違反婚姻自主的原則，包辦強迫他人婚姻的違法行為。買賣婚姻，是指第三人以索取大量財物為目的，強迫他人婚姻的違法行為。買賣婚姻往往表現為第三人向男方要嫁女的身價以及販賣婦女與人為妻。借婚姻索取財物，是指除買賣婚姻以外的其他以索取對方財物為結婚條件的違法行為。

包辦婚姻和買賣婚姻都是違反婚姻自由的原則、強迫他人婚姻的行為。它們的區別在於是否以索取錢財為目的。包辦婚姻、買賣婚姻是和社會主義婚姻制度根本不相容的，必須堅決禁止。其他干涉婚姻自由的行為也在法律禁止之列。對於以暴力干涉他人婚姻自由的人和拐賣婦女的人販子，要嚴加懲辦。

買賣婚姻和借婚姻索取財物都是以索取一定數量的財物為結婚的條件，二者的區別是：買賣婚姻是把婦女的人身當做商品，索取嫁女的身價或者販賣婦女，包辦強迫他人的婚姻；借婚姻索取財物，則不存在包辦強迫他人婚姻的問題。借婚姻索取財物有多種表現，譬如，雙方婚事基本上是自願的，但女方認為不要彩禮就降低了「身價」，於是就向男方要許多東西。又如，有的女方父母向男方索取一定財物，作為同意女兒出嫁的條件。借婚姻索取財物的行為往往給當事人的婚姻和婚後生活帶來困難，也腐蝕了人們的思想，敗壞了社會風氣，

故亦為婚姻法所禁止。至於父母、親友或者男女雙方出於自願的幫助、贈與，則不能認為是買賣婚姻和借婚姻索取財物的行為，因為這種贈與不是婚姻成立的條件。

二、禁止重婚

實行一夫一妻制就必須反對重婚。刑法第258條規定：「有配偶而重婚的，或者明知他人有配偶而與之結婚的，處二年以下有期徒刑或者拘役。」所謂重婚，是指有配偶的人又與他人結婚的違法行為，或者明知他人有配偶而與他人登記結婚的違法行為。有配偶的人，未辦理離婚手續又與他人登記結婚，即是重婚；雖未登記結婚，但事實上與他人以夫妻名義而公開同居生活的，亦構成重婚。明知他人有配偶而與之登記結婚，或者雖未登記結婚，但事實上與他人以夫妻名義同居生活，也構成重婚。不以夫妻名義共同生活的姘居關係，不能認為是重婚。法律明令禁止重婚，對於重婚的，不僅要解除其重婚關係，還應追究犯罪者的刑事責任。

三、禁止有配偶者與他人同居

除重婚外，其他有配偶者與他人同居的行為也在禁止之列。其他有配偶者與他人同居的行為指有配偶者與第三人未以夫妻名義共同生活，如姘居關係。在有些地方「包二奶」、養情人現象呈增多趨勢，已嚴重破壞一夫一妻的婚姻制度，嚴重違背社會主義道德風尚，敗壞社會風氣，導致家庭破裂，甚至發生情殺、仇殺、自殺事件，嚴重影響社會安定。2001年修改婚姻法時，增加規定禁止有配偶者與他人同居，同時增加規定有配偶者與他人同居導致離婚的，無過錯方有權請求損害賠償。對於其他違反一夫一妻制的行為，由於情況比較複雜，還應當通過黨紀、政紀、道德、教育等多種手段、多種渠道予以解決。這樣規定，有利於加大對上述現象的遏制力度，更好地保護受害人的合法權益，切實維護一夫一妻的婚姻制度。

四、禁止家庭暴力、禁止家庭成員間的虐待和遺棄

建立和維護平等、和睦、文明的婚姻家庭關係，就必須禁止家庭成員間的虐待和遺棄，禁止一切形式的家庭暴力。

家庭成員間的虐待，是指用打罵、凍餓、有病不給治療等方法摧殘、折磨家庭成員，使他們在肉體上、精神上遭受痛苦的行為。虐待家庭成員，破壞了家庭的和睦生活，違背了社會主義道德準則，亦為法律所不容。虐待家庭成員，情節惡劣的，即構成虐待罪，要受刑法所制裁。

除禁止家庭成員的虐待外，也要禁止其他形式的家庭暴力。將家庭暴力含於虐待中禁止，還是禁止一切形式的家庭暴力，曾是立法過程中有爭議的問題。考慮到虐待和家庭暴力雖有重合之處，但虐待不能包括所有的家庭暴力行為，如夫妻之間吵架，丈夫一怒之下失手打死妻子，像這種行為，屬於家庭暴力，但不屬於虐待，在刑法上適用過失殺人罪，不適用虐待罪。因此，單獨規定禁止家庭暴力。

家庭成員間的遺棄，是指對於年老、年幼、患病或其他沒有獨立生活能力的人，負有贍養、撫養或扶養義務的人不履行其義務的行為。家庭成員間的遺棄，主要包括子女不履行贍

養義務而遺棄老人，父母不履行撫養義務而遺棄子女，丈夫不履行扶養義務而遺棄妻子或者妻子不履行扶養義務而遺棄丈夫等行為。遺棄家庭成員是極端個人主義思想的反映，是違反社會公德的可恥行為。遺棄家庭成員情節惡劣構成遺棄罪的，要依法承擔刑事責任。

第一千零四十三條 家庭應當樹立優良家風，弘揚家庭美德，重視家庭文明建設。夫妻應當互相忠實，互相尊重，互相關愛；家庭成員應當敬老愛幼，互相幫助，維護平等、和睦、文明的婚姻家庭關係。

■ 條文主旨

本條是關於婚姻家庭道德規範的規定。

■ 條文釋義

本法總則編第 1 條規定了「弘揚社會主義核心價值觀」。這是社會主義核心價值觀與現代民法精神相輔相成、相得益彰的重要體現，也是新時代推進「德法共治」建設的具體舉措。在民法領域一要貫徹法治，二要貫徹德治。在婚姻家庭領域，調整婚姻家庭關係，要特別強調弘揚社會主義核心價值觀，特別強調法治和德治的結合，兩者相輔相成、相互促進、缺一不可。

婚姻家庭關係十分複雜，涉及保障自然人人身權、財產權，維護社會主義秩序等問題應當依靠法治的權威性和強制性手段來規範人們的行為；涉及思想品行、生活習俗等問題應當依靠德治的感召力和勸導力提高人們的思想認識和道德覺悟來解決。樹立正確的世界觀、人生觀、價值觀，實行繼承優良傳統與弘揚時代精神相結合，遵行社會主義核心價值觀。尊重個人合法權益與承擔社會責任相統一，努力形成健康和諧、積極向上的思想道德規範。大力倡導樹立優良家風，弘揚家庭美德，加強家庭文明建設，如倡導尊老愛幼、男女平等、夫妻和睦、勤儉持家、鄰里團結等優良家風和家庭美德，建立文明家庭。這些對於建立和維護平等、和睦、文明的婚姻家庭關係是至關重要的，也是法治所不能包辦代替的。因此，婚姻家庭編必須弘揚社會主義核心價值觀，堅持法治和德治相結合。

編纂民法典婚姻家庭編，就要把弘揚社會主義核心價值觀融入其中。民法典婚姻家庭編作為調整因婚姻家庭產生的民事關係的專編，必須大力弘揚社會主義核心價值觀，大力弘揚夫妻互敬、孝老愛親、家庭和睦的中華民族傳統家庭美德，建立和維護平等、和睦、文明的婚姻家庭關係。在立法過程中，也有很多意見認為，為更好地貫徹落實習近平總書記關於加強家庭文明建設的講話精神，更好地體現社會主義核心價值觀，應當增加有關樹立良好家風、弘揚家庭美德和建設文明家庭的規定。所以本條第 1 款規定：「家庭應當樹立優良家風，弘揚家庭美德，重視家庭文明建設。」

家風作為一個家庭的風氣、風格與風尚,為家庭成員樹立了無形的卻又無處不在的價值準則。優良的家風支撐着家庭的和諧與平安,塑造着家庭成員的高尚品格和良好行為。傳承和弘揚中華民族傳統家庭美德,為家庭文明建設注入新的時代精神。家風同樣是社會風氣的重要組成部分,家風正則民風淳,好家風促進社會好風氣。近年來,不少被查處領導幹部的違紀違法問題都是因為不重視家風建設,對配偶子女失管失教。所以,家風建設意義重大。作為調整婚姻家庭關係的民法典婚姻家庭編,就要旗幟鮮明地倡導優良家風建設、文明家庭建設,使婚姻家庭道德規範法律化。

婚姻法第 4 條規定:「夫妻應當互相忠實,互相尊重;家庭成員應當敬老愛幼,互相幫助,維護平等、和睦、文明的婚姻家庭關係。」有的意見認為,夫妻之間除應互相忠實、互相尊重外,還應當互相關愛。經研究,採納了這一意見,在表述中增加「互相關愛」,作為本條第 2 款,修改為:「夫妻應當互相忠實,互相尊重,互相關愛;家庭成員應當敬老愛幼,互相幫助,維護平等、和睦、文明的婚姻家庭關係。」樹立優良家風,弘揚家庭美德,重視家庭文明建設,不是一句空話,夫妻之間,家庭成員之間都必須遵守我國的基本道德規範,堅持社會主義核心價值觀。這一規定對於樹立優良家風,弘揚家庭美德,建立和維護平等、和睦、文明的婚姻家庭關係具有強有力的推動作用。婚姻以夫妻共同生活為目的,夫妻雙方應當互相忠實,互相尊重,互相關愛。家庭成員之間應當敬老愛幼,互相幫助。家庭是社會的細胞,家庭和睦是社會安定的重要基礎。要提倡文明婚俗,勤儉持家,互愛互助,鄰里團結,共同建立和維護平等、和睦、文明的婚姻家庭關係。

第一千零四十四條　收養應當遵循最有利於被收養人的原則,保障被收養人和收養人的合法權益。

禁止借收養名義買賣未成年人。

■ 條文主旨

本條是關於收養原則的規定。

■ 條文釋義

我國收養法強調被收養的未成年人的權利,收養法規定「收養應當有利於被收養的未成年人的撫養、成長」,本條規定「收養應當遵循最有利於被收養人的原則」。這一原則是貫穿於整個收養規定之中的。如本法第 1093 條規定喪失父母的孤兒、查找不到生父母的未成年人(包括棄嬰)和生父母有特殊困難無力撫養的子女這三種未成年人可以被收養,這些兒童若不被收養,可能影響他們的健康成長。又如本法第 1100 條規定,收養孤兒、殘疾未成年人或者兒童福利機構撫養的查找不到生父母的未成年人,不受收養人「無子女或者只有一

名子女」條件的限制。本法第 1107 條規定：「孤兒或者生父母無力撫養的子女，可以由生父母的親屬、朋友撫養；撫養人與被撫養人的關係不適用本章規定。」這是以法律形式對我國扶助幼孤的優良傳統予以肯定，以適應社會上多種情形的需要。孩子的父母雙亡，或者父母有特殊困難無力撫養子女，父母的親屬、朋友就可以撫養這些孩子，使他們得到家的溫暖。這種撫養關係不產生收養關係的權利義務。撫養人與被撫養人的關係稱謂不變，不產生父母子女間的權利義務關係。

婚姻家庭編的收養規定在突出保護被收養的未成年人的同時，也兼顧保護收養人的利益。所以本條規定「保障被收養人和收養人的合法權益」。收養關係的當事人主要包括收養人、被收養人。除保護被收養人外，收養人的權利也要維護。國家設立收養制度，可以使某些無父無母的孤兒，以及出於某種原因不能隨父母生活的兒童，得到家的溫暖，在養父母的撫育下健康成長。同時，也滿足某些無子女的人希望得到子女的合理願望，他們通過收養子女，得到生活上的安慰，並在年老時有所依靠。被收養人和收養人的權利義務是統一的，收養人撫育被收養人，使之幼有所育；收養人年邁時，被收養人就應當盡贍養義務，使之老有所養。收養法維護被收養人和收養人雙方的利益，但重在保護被收養人的權利。最有利於被收養的未成年人的原則與有利於收養人的原則在收養關係中並不是並行的，前者為主，後者為輔。

被收養的兒童不是商品，不容買賣。借收養名義買賣兒童，實質是買賣而不是收養，必須旗幟鮮明地反對並予以禁止。所以本條第 2 款規定：「禁止借收養名義買賣未成年人。」收養法第 31 條第 3 款中還規定：「出賣親生子女的，由公安部門沒收非法所得，並處以罰款；構成犯罪的，依法追究刑事責任。」買賣兒童的行為是嚴重的犯罪行為，不是民事行為，我國已有相關刑事法律的規定，可依這些法律予以制裁。民事法律不宜重複規定刑事規範，收養法第 31 條的上述內容本編沒有規定。

第一千零四十五條　親屬包括配偶、血親和姻親。
配偶、父母、子女、兄弟姐妹、祖父母、外祖父母、孫子女、外孫子女為近親屬。
配偶、父母、子女和其他共同生活的近親屬為家庭成員。

■ **條文主旨**

本條是關於親屬、近親屬及家庭成員的規定。

■ **條文釋義**

一、親屬及其種類

親屬為有血緣關係或者婚姻關係的人。血緣關係中包括法律擬製的血緣關係，如收養形

成的父母子女關係。在有些國家，如德國、瑞士、意大利，「親屬」一詞不包括配偶，僅指血親和姻親，配偶是單獨一種。如德國民法在「婚姻」一章規定配偶，在「親屬」一章規定其他親屬。在學術上，親屬有廣義和狹義之分。我國與日本、韓國等國家和地區一致，都採取廣義的親屬概念，包括配偶、血親和姻親。但在對配偶的分類上，學術上有分歧，其中一種意見認為，配偶不能成為親屬的單獨一類，配偶應屬於姻親。研究認為，現代親屬法以男女平等為原則，男女結婚後人格獨立，平等享有權利、承擔義務。配偶在親屬關係中處於核心地位，位居首位。因此，配偶應作為單獨一類而且作為首位與血親、姻親並列。本條第 1 款明確規定：「親屬包括配偶、血親和姻親。」

1. 配偶。男女因結婚互稱配偶。配偶，亦即夫妻，是男女因結婚而形成的親屬關係。配偶在親屬關係中具有重要的特殊地位。與血親、姻親相比，配偶之間無親系、親等之說。沒有男女結婚及夫妻生育的事實，便不能形成血親關係。沒有婚姻的中介，也不能形成姻親關係。配偶是產生血親和姻親的基礎，是親屬的獨立類型。結婚是發生配偶關係的法律事實。結婚必須是一男一女結婚，同性之間不能結婚。

2. 血親。血親是指因自然的血緣關係而產生的親屬關係，也包括因法律擬製而產生的血親關係。有自然血緣聯繫的親屬，稱為自然血親；因法律擬製的撫養關係而形成的親屬，稱為擬製血親。

親生父母子女、祖孫、曾祖孫等之間，為直系血親。養父母子女、有撫養關係的繼父母子女之間，為擬製直系血親。

同胞、半同胞兄弟姐妹，堂、表兄弟姐妹，伯、叔、姑、舅、姨與姪、甥之間為旁系血親。擬製直系血親關係的一方與對方的旁系血親之間，為擬製旁系血親。

自然血親關係因出生而發生，因死亡而終止。擬製血親關係因收養或者繼父母與繼子女形成撫養關係而發生，因一方死亡或者養父母子女關係、繼父母子女關係依法解除而終止。「直系」「旁系」的「系」指親系，親系指親屬間的聯繫脈絡。除配偶外，在血親和姻親之間都有一定的親系可循。姻親的親系准用配偶一方與其血親的親系。親屬法根據親屬血緣聯繫的直接與否，將血親的親等分為直系血親和旁系血親。直系血親，是指彼此之間有着直接血緣聯繫的血親，己身所出和己身所從出的親屬，即生育自己和自己所生育的上下各代親屬，如父母子女、祖父母與孫子女、外祖父母與外孫子女。旁系血親，是指與自己有着共同血緣，但彼此之間沒有直接生育關係的血親，如同胞兄弟姐妹之間、堂表兄弟姐妹之間、伯叔姑與姪之間、舅姨與甥之間。血親是根據自然生殖，以出生的事實引起的存在遺傳上的血緣關係的親屬。但法律意義上的血親，還包括擬製血親。擬製血親指養父母子女關係、有撫養關係的繼父母子女關係，以及非親生子女與父母其他血親的關係。擬製血親是社會的需要，其與自然血親的社會關係屬性幾無差別，所以需要法律的認可與規範。

3. 姻親。姻親是因婚姻為中介形成的親屬，但不包括己身的配偶。一類是配偶的血親，如岳父母、公婆。另一類是血親的配偶，如兒媳、女婿、嫂、弟媳、姐夫、妹夫。姻親也有親等計算問題。己身與配偶的血親的親等，依己身從配偶與其血親的親等；己身與血親的配

偶的親等，依己身與血親的親等。換句話說，配偶的血親的親等與配偶同，血親的配偶的親等與血親同。如父母與子女是一親等的直系血親，兒媳、女婿是一親等的直系姻親。兄弟姐妹是二親等的旁系血親，嫂、弟媳、姐夫、妹夫是二親等的旁系姻親。

姻親關係因婚姻而產生，亦因婚姻關係的解除而終止。離婚和婚姻被撤銷，是姻親關係終止原因。在這個問題上有兩種主義：一是消滅主義；二是不消滅主義。我國存在喪偶兒媳、女婿繼續贍養公婆、岳父母，為其養老送終的情況，也存在兒媳「離婚不離家」，離婚後繼續伺候公婆並為其養老送終的情況。我國繼承法第 12 條和本法第 1129 條都規定了喪偶兒媳對公婆、喪偶女婿對岳父母盡了贍養義務，作為繼承人繼承財產的規定。可以肯定，在我國，婚姻當事人一方死亡，則姻親關係不終止。離婚或婚姻被撤銷，姻親關係終止。對於兒媳「離婚不離家」的情況，應從保護婦女利益出發，從權利義務相一致和公平的角度，特殊情況特殊處理。

二、近親屬

我國許多法律都使用「近親屬」的概念。如在刑事類法律中規定，刑事自訴案件的自訴人可以委託其近親屬為代理人參加訴訟，在致人死亡的人身侵權損害賠償案件中，其近親屬有權要求賠償。在訴訟迴避制度中，近親屬關係可以成為訴訟中迴避的理由等。法院的司法解釋也經常使用近親屬的概念。但不同的法律或者司法解釋對其範圍界定寬窄不同。所以，有必要界定其範圍。本條規定，配偶、父母、子女、兄弟姐妹、祖父母、外祖父母、孫子女、外孫子女為近親屬。

近親屬的範圍在立法過程中是有爭議的。配偶作為近親屬沒有爭議。直系血親劃到哪個範圍，就有爭議。有的建議不劃範圍，凡直系血親即屬近親屬，有的認為應當劃定在四親等，即在高祖父母與玄孫的範圍。旁系血親劃到哪個範圍，也有爭議。有的建議劃定在二親等，即兄弟姐妹；有的建議劃到四親等，即堂表兄弟姐妹。本條確定的範圍，彼此間是有權利義務關係的。這個範圍內的親屬屬於近親屬，大家都是認同的。其他國家和地區規定近親屬的不多，但從有的規定看，基本上也是本條規定的這個範圍。

三、家庭成員

「家庭成員」在日常生活中使用廣泛，我國的法律法規經常出現這一概念，但對家庭成員的範圍卻沒有統一認識。因此，許多意見建議在婚姻家庭編確定家庭成員範圍。但是，家庭成員的範圍究竟包括哪些親屬，有不同的意見。有的建議規定家庭成員為共同生活的近親屬。有的建議規定配偶、子女和其他共同生活的近親屬為家庭成員。有的認為，家庭成員除了配偶、父母、子女還應當包括兄弟姐妹、祖父母、外祖父母。有的認為還應當包括伯、叔、姑、舅、姨與姪、甥。其他國家和地區的立法例較少，有的規定的範圍較窄，有的規定的範圍較寬。

經過認真研究，本條規定，配偶、父母、子女和其他共同生活的近親屬為家庭成員。家庭成員應是近親屬。有的近親屬如配偶、父母、子女，當然是家庭成員，即使已經不再在一起共同生活，仍是家庭成員。比如，自己成家後不再與父母一起生活，但與父母的權利義

務關係不斷，贍養父母的義務不斷，所以仍應是家庭成員。自己與子女也是這個道理，所以自己的子女也應是家庭成員。其他近親屬，如兄弟姐妹、祖父母、外祖父母、孫子女、外孫子女，如在一個家庭中共同生活，應當屬於家庭成員；如不在一起共同生活，就不屬於家庭成員。這個「共同生活」，應是長久同居在一起的共同生活，而不是短期的、臨時性的共同生活。

第二章　結　婚

本章共九條，對結婚自願、法定結婚年齡、禁止結婚的情形、結婚程序、男女結婚後組成家庭、無效婚姻、因脅迫的可撤銷婚姻、因隱瞞重大疾病的可撤銷婚姻、無效或者被撤銷婚姻法律後果等作了規定。

> **第一千零四十六條**　結婚應當男女雙方完全自願，禁止任何一方對另一方加以強迫，禁止任何組織或者個人加以干涉。

■ **條文主旨**

本條是關於結婚自願的規定。

■ **條文釋義**

婚姻是男女雙方以永久共同生活為目的，以夫妻的權利義務為內容的結合。婚姻關係是一種身份關係，夫妻雙方在財產上的權利義務是附隨於人身上的權利義務的。創設夫妻關係的婚姻行為是身份法上的行為。男女須有結婚的合意，但婚姻的成立條件與程序，婚姻的效力及解除都是法定的，而不是當事人意定的。因此，將婚姻視為合同是不相宜的。婚姻行為是民事法律行為，與其他民事法律行為具有共同點，但各種民事法律行為又有各自不同的本質屬性，婚姻行為與合同行為中雖都要求有合意，但婚姻行為卻不能也無法適用合同行為規則。

根據本條規定，結婚應當男女雙方完全自願，這是婚姻自由原則在結婚上的具體體現。該規定的核心是，男女雙方是否結婚、與誰結婚，應當由當事者本人決定。它包括兩層含義：第一，應當是雙方自願，而不是一廂情願。婚姻應以互愛為前提，任何一方都不得強迫對方成婚。第二，應當是當事人自願，而不是父母等第三人採用包辦、買賣等方式強迫男女雙方結為夫妻。任何組織和個人都不得強迫當事人結婚或者不結婚。結婚是男女之間以建立家庭、互為配偶為目的的兩性結合，這種結合從本質上講，是以愛情為基礎的，而愛情只能產生於當事人自身，其他人決定男女情感的命運是違背婚姻本質的。當然，法律要求本人自願，並不排斥男女雙方就個人的婚事徵求父母、親友的意見，也不排斥父母、親友等第三人出於對當事人的關心和愛護對他們的婚姻提出看法和建議。

> **第一千零四十七條　結婚年齡，男不得早於二十二周歲，女不得早於二十周歲。**

■ 條文主旨

本條是關於法定結婚年齡的規定。

■ 條文釋義

婚姻的自然屬性和社會屬性要求，結婚只有達到一定的年齡，才能具備適合的生理條件和心理條件，也才能履行夫妻義務，承擔家庭和社會的責任。所以，儘管我國法律賦予每個公民結婚的權利能力，但並非所有公民都可以成為婚姻法律關係的主體，只有達到法律規定的結婚年齡的人，才享有結婚的權利。

法定婚齡的確定，一方面要考慮自然因素，即人的身體發育和智力成熟情況，另一方面要考慮社會因素，即政治、經濟、文化及人口發展等情況。因此，各國關於法定婚齡的規定有所不同。根據學者對 193 個國家和地區的法定結婚年齡的統計分析，明確規定男性結婚年齡的國家和地區有 187 個。男性法定結婚年齡最高的為 22 歲，多數國家和地區處於 18 歲至 22 歲之間。其中，採用 18 歲標準的有 130 個，佔 69.5%。明確規定女性結婚年齡的國家和地區有 185 個。女性法定結婚年齡最高的為 21 歲，多數國家和地區處於 18 歲至 21 歲之間。其中，採用 18 歲標準的有 121 個，佔 65.4%。

我國 1950 年婚姻法規定的法定婚齡為男 20 歲，女 18 歲。這與當時的政治、經濟、文化發展水平以及人民群眾的接受能力是相適應的。1980 年修改婚姻法時，一方面考慮適當提高法定婚齡有利於廣大青年的身心健康、工作和學習，以及計劃生育工作；另一方面也注意到法定婚齡過高，不符合自然規律的要求，也脫離群眾、脫離農村實際。因此，規定「男不得早於二十二周歲，女不得早於二十周歲」。2001 年修改婚姻法時，有的意見建議將男女的結婚年齡統一為一個標準，或均為 22 周歲，或均為 20 周歲。也有意見建議降低法定婚齡。考慮到 1980 年確定的婚齡執行情況基本是可行的，因此沒有作出修改。在這次編纂婚姻家庭編徵求意見的過程中，多數意見同意維持婚姻法規定的法定婚齡，也有少數意見認為應統一結婚年齡、適當降低法定婚齡。立法部門就此問題專門徵求了有關部門意見，同時還委託國家統計局對公民結婚意向年齡開展了調查。從調查情況看，我國老百姓的實際平均結婚年齡和意向結婚年齡都高於法定婚齡。在上述工作的基礎上，進行了認真研究，綜合考慮各方面因素，仍維持婚姻法規定的法定婚齡不變。

本法關於婚齡的規定，不是必婚年齡，也不是最佳婚齡，而是結婚的最低年齡，是劃分違法婚姻與合法婚姻的年齡界限，只有達到了法定婚齡才能結婚，否則就是違法。法定婚齡不妨礙男女在自願基礎上，根據本人情況確定結婚時間。本法規定的婚齡具有普遍適用性，但特殊情況下，法律也允許對婚齡作例外規定。比如，考慮到我國多民族的特點，婚姻法第 50 條中規定：「民族自治地方的人民代表大會有權結合當地民族婚姻家庭的具體情況，制定

變通規定 ……」這一條本編沒有規定，因為立法法第 75 條統一規定了民族自治地方對法律和行政法規的變通規定問題，本法不需要再作規定。目前，我國一些民族自治地方的立法機關對婚姻法中的法定婚齡作了變通規定。比如，新疆、內蒙古、西藏等自治區和一些自治州、自治縣，均以男 20 周歲，女 18 周歲作為本地區的最低婚齡。但這些變通規定僅適用於少數民族，不適用於生活在該地區的漢族。

第一千零四十八條　直系血親或者三代以內的旁系血親禁止結婚。

■ 條文主旨

本條是關於禁止結婚的情形的規定。

■ 條文釋義

血親主要指出於同一祖先，有血緣關係的親屬，即自然血親；也包括法律擬製的血親，即雖無血緣聯繫，但法律確認其與自然血親有同等的權利義務的親屬，比如，養父母與養子女，繼父母與受其撫養教育的繼子女。

禁止血親結婚是優生的要求。人類兩性關係的發展證明，血緣過近的親屬間通婚，容易把雙方生理上的缺陷遺傳給後代，影響家庭幸福，危害民族健康。而沒有血緣親屬關係的氏族之間的婚姻，能創造出在體質上和智力上都更加強健的人種。因此，各國法律都禁止一定範圍內的血親結婚。新中國成立後，1950 年婚姻法除禁止直系血親、同胞兄弟姊妹，同父異母或同母異父兄弟姊妹結婚外，對其他五代以內的旁系血親間禁止結婚的問題，作了從習慣的規定。1980 年婚姻法即修改為現在的規定：直系血親和三代以內的旁系血親禁止結婚。禁止結婚的血親有兩類：

1. 直系血親。包括父母子女間，祖父母、外祖父母與孫子女、外孫子女間。即父親不能娶女兒為妻，母親不能嫁給兒子。爺爺（姥爺）不能與孫女（外孫女）婚配，奶奶（姥姥）不能與孫子（外孫子）結合。

2. 三代以內的旁系血親。包括：(1) 同源於父母的兄弟姊妹（含同父異母、同母異父的兄弟姊妹）。即同一父母的子女之間不能結婚。(2) 不同輩的叔、伯、姑、舅、姨與姪（女）、甥（女）。即叔叔（伯伯）不能和兄（弟）的女兒結婚；姑姑不能和兄弟的兒子結婚；舅舅不能和姊妹的女兒結婚；姨媽不能和姊妹的兒子結婚。

> 第一千零四十九條　要求結婚的男女雙方應當親自到婚姻登記機關申請結婚登記。符合本法規定的，予以登記，發給結婚證。完成結婚登記，即確立婚姻關係。未辦理結婚登記的，應當補辦登記。

■ 條文主旨

本條是關於結婚程序的規定。

■ 條文釋義

結婚除必須符合法律規定的條件外，還必須履行法定的程序。根據本條規定，結婚登記是結婚的必經程序。

結婚登記是國家對婚姻關係的建立進行監督和管理的制度。登記制度，可以保障婚姻自由、一夫一妻原則的貫徹實施，避免違法婚姻，預防婚姻家庭糾紛的發生，同時也是在婚姻問題上進行法制宣傳的重要環節。認真執行關於結婚登記的各項規定，對於鞏固和發展社會主義婚姻家庭制度具有重要意義。

一、婚姻登記機關

根據《婚姻登記條例》的規定，內地居民辦理婚姻登記的機關是縣級人民政府民政部門或者鄉（鎮）人民政府，省、自治區、直轄市人民政府可以按照便民原則確定農村居民辦理婚姻登記的具體機關。中國公民同外國人，內地居民同香港特別行政區居民（以下簡稱香港居民）、澳門特別行政區居民（以下簡稱澳門居民）、台灣地區居民（以下簡稱台灣居民）、華僑辦理婚姻登記的機關是省、自治區、直轄市人民政府民政部門或者省、自治區、直轄市人民政府民政部門確定的機關。中國公民同外國人在中國內地結婚的，內地居民同香港居民、澳門居民、台灣居民、華僑在中國內地結婚的，男女雙方應當共同到內地居民常住戶口所在地的婚姻登記機關辦理結婚登記。

《婚姻登記條例》第 19 條規定：「中華人民共和國駐外使（領）館可以依照本條例的有關規定，為男女雙方均居住於駐在國的中國公民辦理婚姻登記。」

二、結婚登記程序

結婚登記大致可分為申請、審查和登記三個環節。

（一）申請

1. 中國公民在中國境內申請結婚。內地居民結婚，男女雙方應當共同到一方當事人常住戶口所在地的婚姻登記機關辦理結婚登記。辦理結婚登記的內地居民應當出具下列證件和證明材料：（1）本人的戶口簿、身份證。（2）本人無配偶以及與對方當事人沒有直系血親和三代以內旁系血親關係的簽字聲明。

離過婚的，還應當持離婚證。離婚的當事人恢復夫妻關係的，必須雙方親自到一方戶口所在地的婚姻登記機關申請復婚登記。

2. 香港居民、澳門居民、台灣居民在中國境內申請結婚。辦理結婚登記的香港居民、澳門居民、台灣居民應當出具下列證件和證明材料：（1）本人的有效通行證、身份證。（2）經居住地公證機構公證的本人無配偶以及與對方當事人沒有直系血親和三代以內旁系血親關係的聲明。

3. 華僑在中國境內申請結婚。辦理結婚登記的華僑應當出具下列證件和證明材料：（1）本人的有效護照。（2）居住國公證機構或者有權機關出具的、經中華人民共和國駐該國使（領）館認證的本人無配偶以及與對方當事人沒有直系血親和三代以內旁系血親關係的證明，或者中華人民共和國駐該國使（領）館出具的本人無配偶以及與對方當事人沒有直系血親和三代以內旁系血親關係的證明。

4. 外國人在中國境內申請結婚。辦理結婚登記的外國人應當出具下列證件和證明材料：（1）本人的有效護照或者其他有效的國際旅行證件。（2）所在國公證機構或者有權機關出具的、經中華人民共和國駐該國使（領）館認證或者該國駐華使（領）館認證的本人無配偶的證明，或者所在國駐華使（領）館出具的本人無配偶的證明。

申請婚姻登記的當事人，應當如實向婚姻登記機關提供規定的有關證件和證明，不得隱瞞真實情況。

（二）審查

婚姻登記機關應當對結婚登記當事人出具的證件、證明材料進行審查並詢問相關情況。對當事人符合結婚條件的，應當當場予以登記，發給結婚證；對當事人不符合結婚條件不予登記的，應當向當事人說明理由。

（三）登記

1. 予以登記。婚姻登記機關對符合結婚條件的，應當即時予以登記，發給結婚證；對離過婚的，應註銷其離婚證。

2. 不予登記。申請人有下列情形之一的，婚姻登記機關不予登記：（1）未到法定結婚年齡的；（2）非自願的；（3）已有配偶的；（4）屬於直系血親或者三代以內旁系血親的。

婚姻登記機關對當事人的婚姻登記申請不予登記的，應當以書面的形式說明理由。當事人認為符合婚姻登記條件而婚姻登記機關不予登記的，可以依法申請行政覆議，對覆議不服的，可以依法提起行政訴訟，也可以直接提起行政訴訟。

三、事實婚姻問題

事實婚姻，指沒有配偶的男女，未進行結婚登記，便以夫妻關係同居生活，群眾也認為是夫妻關係的兩性結合。

事實婚在我國長期大量存在，在廣大農村特別是邊遠地區，事實婚甚至佔當地婚姻總數的百分之六七十。造成這一狀況的原因主要有：（1）傳統習俗的影響。我國民間流行儀式婚，許多人認為，只要舉行了婚禮，親朋好友認可，就是夫妻了，沒有必要再履行法律手續。（2）婚姻登記不方便。根據《婚姻登記條例》的規定，婚姻登記管理機關在城市是街道辦事處或者市轄區、不設區的市人民政府的民政部門，在農村是鄉、民族鄉、鎮人民政府。

而我國幅員遼闊，對於地理位置偏遠、交通不便的地區，進行結婚登記有一定困難。（3）登記制度不健全。比如，有的當事人到了婚姻登記機關，因辦事人員不在等原因不能登記。有的擅自提高法定婚齡，使當事人的合法權利不能得到實現。（4）婚姻登記搭車收費。比如，有的要收戶口遷移保證金等。（5）法制宣傳不夠。人們的法制觀念淡薄，對婚姻登記的重要性缺乏認識。有的人不具備法律規定的結婚條件，為逃避國家對婚姻的管理和監督，故意不登記，造成事實婚姻狀態。

事實婚姻的效力，歷來是法學界爭論的重要問題。有的人認為，承認事實婚，必然破壞婚姻登記制度，因此，凡不登記結婚的，應一律明確規定為無效婚姻。最高人民法院頒佈的《關於人民法院審理未辦結婚登記而以夫妻名義同居生活案件的若干意見》規定：「1986 年 3 月 15 日《婚姻登記辦法》施行之前，未辦結婚登記手續即以夫妻名義同居生活，群眾也認為是夫妻關係的，一方向人民法院起訴『離婚』，如起訴時雙方均符合結婚的法定條件，可認定為事實婚姻關係；如起訴時一方或者雙方不符合結婚的法定條件，應認定非法同居關係。」「自民政部新的婚姻登記管理條例施行之日起，未辦結婚登記即以夫妻名義同居生活，按非法同居關係對待。」不登記「結婚」的人不少，未辦理登記的原因很複雜，有的是不符合結婚條件，更多的是符合結婚條件，因收費過高或登記不便利造成的。對沒有進行結婚登記的，應區別情況分別處理。對違反結婚實質條件的，本法已規定為無效婚姻；對符合結婚實質要件，只是沒有辦理登記手續的，一律簡單宣佈為無效婚姻，對保護婦女的權益不利，應當通過加強法制宣傳和完善登記制度等工作，採取補辦登記等辦法解決。因此，本條規定，「符合本法規定的」「未辦理結婚登記的，應當補辦登記」。這一規定從積極角度重申了辦理結婚登記的必要性，那些符合本法規定的結婚條件，舉行了結婚儀式或已經以夫妻名義共同生活，但未辦理結婚登記的男女，應儘早補辦登記，以使自己的婚姻行為合法化。

> **第一千零五十條　登記結婚後，按照男女雙方約定，女方可以成為男方家庭的成員，男方可以成為女方家庭的成員。**

■ 條文主旨

本條是關於男女結婚後組成家庭的規定。

■ 條文釋義

通常，結婚登記後，舉辦了婚禮，男女雙方就開始了共同生活。根據雙方的約定，男女可以到自己的住所，建立小家庭；或者一方到另一方家庭中去，成為其家庭成員。即女方可以到男方家去落戶，男方也可以到女方家去落戶。

在舊中國的婚姻制度下，一般是男娶女嫁，女到男家，男方雖然也有到女家的，但往往

受到歧視，稱男到女家為入贅，男方被社會看不起，上門贅婿往往還立有「小子無能，自願入贅，改名換姓，一切聽從」的字據，死後墓碑上常有「趙本王」「李本楊」等字樣，本上之姓乃妻家姓。新中國男女平等，男到女家不應受到歧視，應改變舊風俗。因此，1980年婚姻法規定：「登記結婚後，根據男女雙方約定，女方可以成為男方家庭的成員，男方也可以成為女方家庭的成員。」這一規定體現了男女平等的原則，是對舊的婚姻習俗的改革，其立法精神是提倡男到女家落戶的婚姻。這條的規定，對破除封建思想和舊習俗，十分有利。2001年婚姻法修改時，根據有的常委委員的審議意見，刪去了1980年婚姻法規定的「男方也可以成為女方家庭的成員」中的「也」字，進一步體現男女平等的婚姻家庭原則。這次編纂民法典，保持原規定不變。

第一千零五十一條　有下列情形之一的，婚姻無效：

（一）重婚；

（二）有禁止結婚的親屬關係；

（三）未到法定婚齡。

■ 條文主旨

本條是關於無效婚姻的規定。

■ 條文釋義

無效婚姻，是指欠缺婚姻成立的法定條件而不發生法律效力的男女兩性的結合。

一、為什麼要確立無效婚姻制度

結婚應當符合一定的條件，如結婚必須男女雙方完全自願；結婚年齡，男不得早於22周歲，女不得早於20周歲；直系血親和三代以內旁系血親不得結婚等。

但現實生活中，由於當事人弄虛作假、欺騙婚姻登記機關或者婚姻登記機關不依法履行職責等原因，使某些不符合結婚條件的男女當事人也經婚姻登記機關辦理了結婚登記手續成為夫妻。對這些不符合本法規定的婚姻，當然不能承認其具有法律上的婚姻效力。因此，從完備我國婚姻家庭法律制度的角度出發，婚姻家庭編對無效婚姻作出明確規定。

二、無效婚姻的情形

本條規定，有下列情形之一的，婚姻無效：一是重婚；二是有禁止結婚的親屬關係；三是未到法定婚齡。

1. 重婚。我國實行一夫一妻的婚姻制度。因此，一夫一妻制是我國婚姻家庭的基本制度。一夫一妻制是一男一女結為夫妻的婚姻制度。也就是說，一個男人只能娶一個妻子，一個女人只能嫁一個丈夫。一個人不能同時與兩個或兩個以上的人締結婚姻。換句話說，任何

人都只能有一個配偶，不能同時有兩個或更多的配偶。一夫一妻制是社會主義婚姻家庭制度的基本原則，是在婚姻關係上實現男女平等的必要條件，也是男女真心相愛、建立美滿婚姻的要求。實行一夫一妻制就必須反對重婚。

所謂重婚，是指有配偶的人又與他人登記結婚的違法行為，或者明知他人有配偶而與他人登記結婚的違法行為。由於重婚違反了我國一夫一妻的婚姻家庭制度，嚴重違背了社會主義道德風尚，影響家庭穩定和社會安定，導致腐敗，敗壞黨風，因此，本條明確規定重婚（即指重婚者的第二個婚姻）是無效婚姻。

2. 有禁止結婚的親屬關係。禁止近親結婚，是人類長期生活經驗的結晶，是人類婚姻的總結。男女近親結婚，很容易把雙方精神上和肉體上的弱點和缺點集中起來，遺傳給下一代，有損於下一代的健康，不僅不利於下一代在社會中生活，也給國家、民族的興旺和社會的發展帶來不利的後果。因此，禁止近親結婚是古今中外法律的通例。

近親結婚對社會具有一定的危害性。因此，將有禁止結婚的親屬關係的婚姻規定為無效婚姻。本條中規定的「有禁止結婚的親屬關係」，是指有本法第 1048 條第規定的禁止結婚的情形，即結婚的男女雙方是直系血親或者是三代以內的旁系血親。

3. 未到法定婚齡。本法第 1047 條規定：「結婚年齡，男不得早於二十二周歲，女不得早於二十周歲。」男 22 周歲，女 20 周歲，是男女可以結婚的法定年齡。法定結婚年齡是指法律規定的男女雙方可以結婚的最低年齡，也就是說，男女雙方不到這個年齡就不能結婚，只有達到或高於這個年齡才能結婚。男女當事人結婚，未達到法定結婚年齡，違反了法定結婚年齡的規定，因此，將其規定為無效婚姻。

> **第一千零五十二條** 因脅迫結婚的，受脅迫的一方可以向人民法院請求撤銷婚姻。請求撤銷婚姻的，應當自脅迫行為終止之日起一年內提出。
>
> 被非法限制人身自由的當事人請求撤銷婚姻的，應當自恢復人身自由之日起一年內提出。

■ 條文主旨

本條是關於因脅迫的可撤銷婚姻的規定。

■ 條文釋義

可撤銷婚姻，是指當事人因意思表示不真實而成立的婚姻，或者當事人成立的婚姻在結婚的要件上有欠缺，通過有撤銷權的當事人行使撤銷權，使已經發生法律效力的婚姻關係失去法律效力。

在 2001 年婚姻法修改時，對不符合婚姻法規定的結婚條件的婚姻，是都規定為無效婚

姻，還是分別規定為無效婚姻、可撤銷的婚姻，存在很大分歧。有一種意見認為，不宜將不符合結婚條件的婚姻分為無效婚姻和可撤銷婚姻兩種情形，應當統一規定為無效婚姻。主要理由是：（1）我國實行的是結婚登記制度，要求結婚的男女在符合婚姻法規定的結婚應當具備的實質條件的情況下，還應當到婚姻登記機關履行結婚登記手續，婚姻登記管理機關對當事人要求結婚的申請進行審查，符合婚姻法規定的，予以登記，發給結婚證。取得結婚證，才確立了夫妻關係。即使因結婚的男女當事人弄虛作假、欺騙婚姻登記機關或者婚姻登記機關不依法履行職責等，使某些欠缺結婚實質要件的男女當事人經婚姻登記機關辦理了結婚登記手續，成為夫妻，那麼，否認或者撤銷這種婚姻關係的法律效力，必須由國家行使。因此，對不符合法定結婚條件的婚姻只有規定為無效婚姻，國家才能有權干預。（2）可撤銷婚姻與法理相悖。和誰戀愛結婚是當事人的私事，而結婚登記則是一種行政法律行為，行政行為沒有民事行為中那種無效與可撤銷的區分，不能套用民事法律行為的規則。

　　經研究認為，結婚雖須國家認可，但結婚的行為是民事行為，當然適用民事行為的規則。結婚中的違法行為很複雜，需要根據不同的情形作出不同的處理。違法行為雖然複雜，但大致可以分為兩類：一類是必須認定其無效的；還有一類是撤銷與否可交當事人處理的。將侵犯當事人利益行為的撤銷權交與當事人，是許多國家地區的通行做法。無效婚姻與可撤銷婚姻是有區別的。無效婚姻多是違反公序良俗的，對此種婚姻，國家應當主動干預。可撤銷婚姻多是違反私人利益的，對此只有當事人和法律規定的有請求權的特定人才能請求撤銷婚姻關係。因此，上述決定了這兩類行為在處理方式上有許多不同點。比如，申請的當事人不同。可撤銷婚姻必須由具有撤銷權的當事人提出；無效婚姻除了當事人可以提出婚姻無效的申請外，國家有關部門或利害關係人也可以依職權或者依據法律的規定，提出某一婚姻關係為無效婚姻的申請。再如，申請的時間也不同。可撤銷婚姻當事人提出撤銷婚姻效力的申請必須在法律賦予其行使撤銷權的期間內提出，超過該期間，撤銷權消滅；提出婚姻無效的申請，往往以客觀是否存在着法定無效婚姻的情形為準。本條規定的因脅迫而結婚的情形，有的當事人在婚後建立了感情，家庭和睦。是否撤銷，宜由當事人決定，所以屬於可撤銷的婚姻。因此，2001 年婚姻法規定了無效婚姻，也規定了可撤銷婚姻。民法典維持了這一做法。

　　因脅迫而結婚，主要是指婚姻關係中的一方當事人或者婚姻關係之外的第三人，對婚姻關係中的另一方當事人，予以威脅或者強迫，使婚姻中的另一方當事人違背自己的意願而締結婚姻關係的婚姻。脅迫婚姻違反了結婚須男女雙方完全自願的原則，是違法婚姻，考慮到被脅迫的一方，在結婚時，雖然是違背了自己的意願與他人締結了婚姻關係，但在和他人結婚後，組建了家庭，經過一段時間生活，有可能與對方建立了一定的感情，婚姻關係還不錯，特別是在有了孩子的情況下，與對方、與孩子更有一種難以割捨的關係，在這種情況下，法律明確規定脅迫婚姻為無效婚姻，不一定適當，所以將因脅迫而締結的婚姻，規定為可撤銷婚姻，把是否否認其婚姻效力的申請請求權交給受脅迫方。如果受脅迫方不想維持因脅迫而締結的婚姻，可以向人民法院請求撤銷該婚姻，法院經審查核實，宣告該婚姻沒有法

律效力；如果當事人最初受脅迫，但後來願意共同生活，則可以放棄申請撤銷婚姻效力的請求權，人民法院不能主動撤銷當事人的婚姻關係。

本條對提出請求撤銷婚姻效力的申請規定如下：

1. 提出撤銷婚姻效力的請求權人。有權提出撤銷婚姻效力的申請人只能是因脅迫結婚的被脅迫人。這是由於因脅迫而締結的婚姻，受脅迫方在締結婚姻關係時，不能真實表達自己的意願，婚姻關係違背受脅迫方的意志。為了貫徹執行婚姻自由的基本原則，保護當事人的合法權益，讓受脅迫方能充分地表達自己的婚姻意志，本法規定儘管脅迫的婚姻已經成立，但是受脅迫方仍可以在脅迫的婚姻成立後向人民法院提出撤銷其婚姻效力的申請。由於脅迫婚姻的另一方當事人在締結婚姻關係時，並沒有違背自己真實的婚姻意思，換句話說，當事人一方在結婚時已經明確知道自己將與被脅迫方結婚，且願意與其結婚，因此，脅迫婚姻的這方當事人在婚姻關係成立後，沒有提出撤銷婚姻效力的請求權。

2. 提出撤銷婚姻效力申請的時間。因脅迫而結婚的，受脅迫方雖然具有撤銷該婚姻效力的請求權，但是，這一請求權的行使不是沒有任何限制的。本條規定，受脅迫的一方撤銷婚姻的請求，應當自脅迫行為終止之日起一年內提出。被非法限制人身自由的當事人請求撤銷婚姻的，應當自恢復人身自由之日起一年內提出。這個規定表明，受脅迫方必須在法律規定的時間內行使撤銷其婚姻效力的請求權。這是因為，因脅迫而締結的婚姻往往是受脅迫方違背了自己的意願而締結的婚姻，如果結婚後受脅迫方自願接受了已經成立的婚姻關係，那麼法律就會讓這個婚姻關係繼續有效。如果結婚後受脅迫方不願維持已經成立的婚姻關係，就可以請求人民法院撤銷其婚姻效力，使已經締結的婚姻關係失效。然而，如果受脅迫方長期不行使這個權利，不主張撤銷婚姻的效力，就會使得這一婚姻關係長期處於一種不穩定的狀態，不利於保護婚姻雙方當事人的合法權益，特別是雙方當事人所生子女的利益，也不利於家庭、社會的穩定。同時，還可能使人民法院在判斷是否撤銷當事人婚姻效力時，由於時間太長而無法作出準確的判斷。因此，規定受脅迫方提出撤銷婚姻效力的請求權必須在法律規定的時間內行使，如果超過了法律規定的期限還不行使，受脅迫方就失去了請求撤銷婚姻效力的權利，其所締結的婚姻為合法有效的婚姻，受脅迫方不得再以相同的理由申請撤銷該婚姻。

依據本條的規定，受脅迫方行使請求撤銷婚姻效力的請求權的期限是一年，也就是說在這一年期限內，受脅迫方必須決定是否提出請求撤銷婚姻效力的申請，否則，受脅迫方就失去了提出申請撤銷婚姻效力的權利。那麼，這一年的期限從何時起算呢？本條規定的這一年期限的起算時間有兩種情形：第一，自受脅迫方脅迫行為終止之日起算，即受脅迫方應當在脅迫行為終止之日起一年內決定是否申請撤銷其婚姻的效力。這裏需要說明的是，婚姻法第11條規定的是「自結婚登記之日起一年內提出」，本條修改為「自脅迫行為終止之日起一年內提出」。因為脅迫行為可能延續到結婚登記後一年之後，由「結婚登記之日起」改作「脅迫行為終止之日起」更為合理。第二，自受脅迫方恢復人身自由之日起算，即受脅迫方自恢復人身自由之日起一年內決定是否申請撤銷其婚姻的效力。這種情況主要考慮到在脅迫的婚

姻中，有的受脅迫方是被非法限制人身自由的，如被綁架、拐賣的婦女被迫與他人締結婚姻關係，這些婦女在被他人限制人身自由，有關部門未解救前，是無法提出撤銷婚姻效力的申請的，故被非法限制人身自由的受脅迫方提出撤銷婚姻效力的申請時間必須待其恢復人身自由之日起算。

3. 有權撤銷婚姻效力的機關。根據本條規定，有權撤銷婚姻關係的機關為人民法院，這與婚姻法的規定不同。根據婚姻法第 11 條規定，因脅迫結婚的，受脅迫的一方可以向婚姻登記機關或者人民法院請求撤銷該婚姻。這次編纂民法典，只保留了向人民法院請求撤銷婚姻的規定，刪除了向婚姻登記機關請求撤銷婚姻的規定。這是因為，因受脅迫撤銷婚姻的問題非常複雜，是否存在脅迫，撤銷婚姻後如何處理雙方的財產關係和可能的子女撫養問題，都是需要經過審理才能弄清楚和作出合理裁判的。這個工作由婚姻登記機關進行不合適，應當由人民法院處理。在立法過程中，許多學者和一些地方、單位提出，可撤銷婚姻應當由人民法院處理，而不應再由婚姻登記機關處理。有關主管部門也提出，行政部門處理可撤銷婚姻難度很大，特別是如果涉及財產關係處理和子女撫養，雙方很難達成協議，最後還得由人民法院處理，所以不應再規定可撤銷婚姻由婚姻登記機關處理，而應只規定由人民法院處理。從國外的情況看，可撤銷婚姻基本上也是由法院處理。因此，經過認真研究，決定刪除有關受脅迫一方向婚姻登記機關請求撤銷婚姻的規定，此類可撤銷婚姻的糾紛由人民法院處理。

> **第一千零五十三條**　一方患有重大疾病的，應當在結婚登記前如實告知另一方；不如實告知的，另一方可以向人民法院請求撤銷婚姻。
>
> 　　請求撤銷婚姻的，應當自知道或者應當知道撤銷事由之日起一年內提出。

■ 條文主旨

本條是關於因隱瞞重大疾病的可撤銷婚姻的規定。

■ 條文釋義

本條修改自規定禁婚條件的婚姻法第 7 條。婚姻法第 7 條規定的禁止結婚的情形第 2 項是「患有醫學上認為不應當結婚的疾病」。這次編纂民法典婚姻家庭編沒有保留此項禁止結婚的條件，將「隱瞞重大疾病」作為撤銷婚姻的條件作了專門規定。

男女結婚組成家庭後，不僅開始了兩個人的共同生活，夫妻互相依存、互相幫助、互相扶養，而且還承擔着養育子女的義務。如果婚前患有醫學上認為不應當結婚的疾病，結婚後則可能傳染給對方或者傳染、遺傳給下一代，不利於家庭的和睦、幸福。因此，為了配偶和子女的身體健康，如果婚前患有重大疾病，就不能隱瞞，應當在結婚登記前如實告知另一

方；結婚登記前不如實告知的，結婚登記後另一方可以向人民法院請求撤銷婚姻。

本條規定，請求撤銷婚姻的，應當自知道或者應當知道撤銷事由之日起一年內向人民法院提出。所謂「知道」，是指有直接和充分的證據證明當事人知道對方患病。「應當知道」，是指雖然沒有直接和充分的證據證明當事人知道，但是根據生活經驗、相關事實和證據，按照一般人的普遍認知能力，運用邏輯推理可以推斷當事人知道對方患病。如果不能在知道或者應當知道撤銷事由之日起一年內提出，就只能通過協議離婚或者訴訟離婚的程序解除婚姻關係。

構成「隱瞞重大疾病」：在主觀方面，結婚時關於疾病的事項，如不因被隱瞞而發生錯誤認知，如果知道疾病事項，就一定不會結婚。即從隱瞞到錯誤認識再到結婚是一連串的因果關係。如果沒有隱瞞就沒有結婚。隱瞞的疾病事項對婚姻有着決定性影響。在客觀方面，也必須相當重大或重要。有的解釋為涉及「婚姻要素」，有的解釋為涉及「婚姻本質」。如本條規定的「重大疾病」，《瑞士民法典》規定的「嚴重危害其或其後代的健康的疾病」，而不是一般的感冒發燒等小病症。當然，主觀方面和客觀方面是相聯繫的。

在立法過程中，有的意見認為，應當明確規定隱瞞了哪些重大疾病才作為撤銷婚姻的事由。1950 年婚姻法規定了「花柳病」「精神失常未經治癒」「患麻風」為禁婚條件。1980 年婚姻法規定「麻風病」為禁婚條件。2001 年婚姻法規定的禁婚條件沒有具體列舉疾病名稱。母嬰保健法規定了婚前醫學檢查的「嚴重遺傳性疾病」「指定傳染病」「有關精神病」三類疾病。本條沒有具體列明哪些疾病屬於「重大疾病」，主要是考慮到技術在進步，醫療水平在提高。在不同的歷史時期，認定的重大疾病完全可能是不同的。重大疾病具體是什麼病，或者某種疾病是不是重大疾病，需要司法機關和有關的部門、單位在司法實踐中進行認定。

第一千零五十四條 無效的或者被撤銷的婚姻自始沒有法律約束力，當事人不具有夫妻的權利和義務。同居期間所得的財產，由當事人協議處理；協議不成的，由人民法院根據照顧無過錯方的原則判決。對重婚導致的無效婚姻的財產處理，不得侵害合法婚姻當事人的財產權益。當事人所生的子女，適用本法關於父母子女的規定。

婚姻無效或者被撤銷的，無過錯方有權請求損害賠償。

■ 條文主旨

本條是關於無效或者被撤銷婚姻法律後果的規定。

■ 條文釋義

本條對無效或者被撤銷的婚姻的法律後果作了規定，即無效或者被撤銷的婚姻，自始沒有法律約束力。子女和財產處理規則相同。無效婚姻和可撤銷婚姻雖然在法律後果上是一

致的，但無效婚姻和可撤銷婚姻還是有些不同點：（1）無效婚姻是違反禁止結婚條件的，當事人或是已有配偶，或是有不能結婚的親屬關係，或是不到法定年齡。可撤銷婚姻是因為脅迫，本不自願，或者因為受隱瞞重大疾病使認識錯誤，如果知道就不會結婚。（2）對於無效婚姻，當事人、利害關係人和相關組織都可以申請無效，人民法院可依法宣告無效。受脅迫和受隱瞞重大疾病的兩類可撤銷婚姻，只有當事人可以申請撤銷，人民法院必須依當事人的申請撤銷。（3）無效婚姻的宣告沒有時間上的限制，人民法院根據實際情況裁判是否宣告無效。可撤銷婚姻必須由當事人在規定的時間內提出，超出規定的時間則不能再提出撤銷申請，如要解除婚姻關係只能走離婚的程序。

按照本條規定，無效或者被撤銷的婚姻，婚姻關係自始不發生法律約束力。即從當事人結婚之時，婚姻就沒有法律效力。即使當事人騙取婚姻登記，該婚姻也是自始無效，而不是從人民法院宣告之時起婚姻才沒有法律效力。這種婚姻關係不論結婚的事實是否發生，結婚時間是否長久，婚姻關係被法律確認自始不存在，不受法律保護。

無效或者被撤銷的婚姻，當事人之間不具有夫妻的權利和義務。本法規定，夫妻有互相扶養的義務。一方不履行扶養義務時，需要扶養的一方，有要求對方給付扶養費的權利。夫妻有相互繼承遺產的權利。夫妻一方因撫育子女、照料老人、協助另一方工作等負擔較多義務的，離婚時有權向另一方請求補償。另一方應當給予補償。離婚時，如一方生活困難，有負擔能力的另一方應當給予適當幫助。因一方重婚或者與他人同居、實施家庭暴力、虐待、遺棄家庭成員或者其他重大過錯而導致離婚的，無過錯方有權請求損害賠償。本法有關夫妻權利義務的規定，前提是合法婚姻，是有效婚姻。由於無效婚姻、可撤銷婚姻欠缺婚姻成立的法定條件，是不合法婚姻，有關夫妻權利義務的規定對無效婚姻、被撤銷婚姻的當事人都不適用。

無效或者被撤銷的婚姻，當事人所生子女的權利義務關係適用本法有關父母子女間的權利義務的規定。無效婚姻、可撤銷婚姻不具有法律效力，但由於男女當事人的同居關係，可能產生生兒育女的事實，隨之而來的是對無效婚姻、可撤銷婚姻所生子女法律地位的確定。從邏輯上講，由於無效婚姻、可撤銷婚姻的男女雙方沒有合法的夫妻關係，他們在共同生活期間所生的子女應為非婚生子女，但從世界各國的立法規定及司法實踐看，許多國家都從保護子女利益出發，對無效婚姻、可撤銷婚姻當事人共同生活期間所生的子女，採取保護的原則，承認其子女的合法地位。我國婚姻家庭編確立的基本原則之一是保護婦女、未成年人、老年人、殘疾人的合法權益。本法第 1071 條第 1 款規定，非婚生子女享有與婚生子女同等的權利，任何組織或者個人不得加以危害和歧視。因此，在規定無效婚姻、可撤銷婚姻當事人所生子女的法律地位時，堅持並貫徹了這一基本原則，規定無效或者被撤銷的婚姻當事人所生子女的權利義務，與合法婚姻當事人所生子女的權利義務一樣。如父母對未成年子女有撫養、教育和保護的義務，成年子女對父母有贍養、扶助和保護的義務。父母不履行撫養義務的，未成年子女或者不能獨立生活的成年子女，有要求父母給付撫養費的權利。成年子女不履行贍養義務的，缺乏勞動能力或者生活困難的父母，有要求成年子女給付贍養費的權

利。父母有教育、保護未成年子女的權利和義務，未成年子女造成他人損害的，父母應當依法承擔民事責任。婚姻關係被確認為無效或者被撤銷後，父母對子女仍有撫養和教育的權利和義務，一方撫養子女，另一方應負擔部分或者全部撫養費。不直接撫養子女的父或母，有探望子女的權利，另一方有協助的義務。

無效或者被撤銷的婚姻，當事人同居期間所得的財產，由當事人協議處理；協議不成的，由人民法院根據照顧無過錯方的原則判決。對重婚導致的無效婚姻的財產處理，不得侵害合法婚姻當事人的財產權益。

在2001年婚姻法修改過程中，對如何規定無效婚姻、可撤銷婚姻當事人同居期間所得財產的處理原則，存在着不同的看法。一種意見認為，無效婚姻、可撤銷婚姻是違法婚姻，在解除其違法婚姻關係時，對當事人同居期間所得財產的處理應當與解除合法婚姻關係時財產處理的原則有所區別。處理無效或者被撤銷婚姻當事人同居期間所得財產的原則應當是：（1）雙方當事人同居期間各自的收入，認定為個人財產。雙方各自繼承和受贈的財產，按照個人財產對待。無效婚姻、可撤銷婚姻被解除時，當事人一方個人的財產歸個人所有。（2）同居期間當事人雙方共同所得的收入和購置的財產，按照按份共有處理。婚姻被確認為無效或婚姻關係被撤銷後，雙方當事人都有權請求從共有財產中分割出屬於自己的份額。（3）對同居期間為共同生產、生活而形成的債權、債務，債權按照按份共有處理，債務由雙方協議償還，協議不成時由人民法院依法判決，雙方對債務互負連帶責任。

另一種意見認為，無效婚姻、可撤銷婚姻雖然不符合法定的結婚條件，當事人之間不是合法的夫妻關係，但是，對當事人同居期間所得財產的處理原則，不宜完全按照民法通則按份共有的原則分割。對於無效婚姻或者可撤銷婚姻，當事人在同居期間，如果一方收入比另一方多，按照按份共有分割當事人同居期間所得的財產，那麼，收入多的一方分得的財產必定比另一方多，而另一方雖然收入少，但在撫育子女、照料老人等家務上付出了大量的勞動，有的還協助另一方工作，並承擔較多的義務。因此，在分割當事人同居期間所得財產時，不能按照按份共有的原則分割，否則不利於保護婦女、兒童、老年人、殘疾人的合法權益。

在廣泛聽取各方面意見的基礎上，經過認真研究，多次修改，婚姻法規定無效的或者被撤銷的婚姻，當事人同居期間所得的財產，在婚姻被確認無效或者婚姻關係被依法撤銷時，由當事人協議處理。如果無效婚姻或者可撤銷婚姻當事人在同居期間對財產的歸屬有約定的，要依據當事人的約定分割當事人同居期間的財產。如果當事人對同居期間財產的歸屬沒有約定，又達不成協議時，人民法院對當事人同居期間所得的財產，根據照顧無過錯方的原則予以分割。即對無效婚姻或者可撤銷婚姻的無過錯一方當事人可以多分財產。但是，對因重婚導致婚姻無效的財產的處理，不得侵害合法婚姻當事人的財產權益，即多分重婚導致的無效婚姻當事人同居期間所得財產給無過錯方，不得侵害重婚一方合法婚姻的配偶一方當事人的財產權益。例如，甲有配偶又與乙登記結婚，人民法院根據照顧無過錯方的原則，分割甲乙在無效婚姻期間所得財產時，不能將本應是甲第一個合法婚姻的夫妻共同財產分給乙。

民法典繼續維持了這一規定。

在立法過程中，有的常委委員、地方、專家學者和社會公眾提出，無效婚姻和可撤銷婚姻給無過錯的當事人帶來極大傷害，僅規定根據照顧無過錯方的原則分配財產是遠遠不夠的。受到傷害就應有權請求賠償，傷害他人就得承擔賠償責任。婚姻無效和被撤銷的，還應當賦予無過錯方請求損害賠償的權利，這樣有利於保護無過錯方的權益。經研究採納了這一意見。本條第 2 款規定：「婚姻無效或者被撤銷的，無過錯方有權請求損害賠償。」

第三章　家庭關係

本章分兩節，共二十一條。第一節為夫妻關係，對夫妻地位、夫妻姓名權、夫妻人身自由權、對子女的權利義務、相互扶養義務、日常家事代理權、相互遺產繼承權，以及夫妻共同財產、個人財產、共同債務的界定、約定財產制、婚內析產等作了規定；第二節為父母子女關係和其他近親屬關係，對父母與子女之間的權利和義務、非婚生子女、繼父母與繼子女、親子關係異議之訴以及祖父母、外祖父母與孫子女、外孫子女之間撫養和贍養義務以及兄弟姐妹間扶養義務等作了規定。

第一節　夫妻關係

第一千零五十五條　夫妻在婚姻家庭中地位平等。

■ **條文主旨**

本條是關於夫妻地位平等的規定。

■ **條文釋義**

對本條規定，可以從以下幾個方面理解：

第一，夫妻在婚姻家庭中地位平等的規定，是處理夫妻關係的指導原則，是確定夫妻之間各項權利義務的基礎。夫妻地位平等意味着夫妻在共同生活中平等地行使法律規定的權利，平等地履行法律規定的義務，共同承擔對婚姻、家庭和社會的責任。在家庭關係一章規定夫妻地位平等，也是婚姻家庭編總則一章中規定的男女平等原則在婚姻家庭關係中的具體體現。夫妻地位平等作為家庭關係一章的第 1 條，也是家庭關係一章其他各條的指導原則，家庭關係一章中其他各條都要貫徹這一原則。家庭關係一章共計只有二十一條，而現實生活是複雜的，涉及婚姻家庭關係會出現各種各樣的情況，在司法實踐中，要解決矛盾、解決糾紛，要依法作出裁判。在法律沒有具體規定的情況下，對夫妻關係的處理，就要依據夫妻在婚姻家庭中地位平等這一規定作出判斷。因此，本條規定也為司法實踐中處理夫妻之間的權利義務糾紛提供了依據。

第二，規定夫妻在婚姻家庭中地位平等，主要意義在於強調夫妻在人格上的平等以及權利義務上的平等。夫妻雙方應當互相尊重對方的人格獨立，不得剝奪對方享有的權利，夫妻

任何一方不得只享有權利不盡義務，只盡義務而不享有權利。特別是要強調保護婦女，保護妻子在家庭中的人格獨立，禁止歧視婦女，禁止家庭暴力，禁止對妻子的虐待和遺棄。重點是要保護婦女在家庭中的各項權益。

第三，規定夫妻在婚姻家庭中地位平等，不是指夫妻的權利義務一一對等，更不是指夫妻要平均承擔家庭勞務等。平等不是平均，權利義務可以合理分配和承擔，家庭勞務也可以合理分擔。對於婚姻家庭事務，夫妻雙方均有權發表意見，應當協商作出決定，一方不應獨斷專行。

第一千零五十六條　夫妻雙方都有各自使用自己姓名的權利。

■ 條文主旨

本條是關於夫妻姓名權的規定。

■ 條文釋義

一、姓名權

姓名權是指自然人依法享有的決定、使用、變更或者許可他人使用自己的姓名並排除他人干涉或者非法使用的權利。姓名權是自然人的一項重要人格權，是自然人獨立人格的重要標誌。

二、夫妻的姓名權

夫或者妻有無獨立的姓名權是夫或者妻在婚姻家庭中有無獨立人格的重要標誌。在古代和資本主義社會初期，無論是中國還是西方，大都要求婦女從夫姓，這顯然是夫權婚姻的產物。我國古代婚姻大多為男娶女嫁，結婚後女方要冠以夫姓，即將丈夫的姓放在自己的姓之前。有些婦女往往只有小名，有的甚至沒有自己的名，如「張王氏」，謂姓王的嫁給姓張的做妻子。

新中國成立後，1950 年婚姻法第 11 條規定：「夫妻有各用自己姓名的權利。」廢除在姓名問題上歧視婦女的舊法，代之以夫妻在姓名權上完全平等的規定。1980 年和 2001 年修改的婚姻法重申了這一規定。這次編纂民法典，對這一條僅作了文字上的修改，實質內容沒有變化。根據本條規定，自然人的姓名權不受婚姻的影響，男女雙方結婚後，其婚前姓名無須改變，婦女結婚後仍然有權使用自己的姓名。這對於保障已婚婦女的獨立人格，促進夫妻在婚姻家庭關係中地位平等，具有積極意義。

> **第一千零五十七條　夫妻雙方都有參加生產、工作、學習和社會活動的自由，一方不得對另一方加以限制或者干涉。**

■ 條文主旨

本條是關於夫妻人身自由權的規定。

■ 條文釋義

人身自由權是每個自然人最基本的權利，夫妻的人身自由權是自然人人身自由權的具體體現，是夫妻在婚姻家庭關係中地位平等的重要標誌。夫妻的人身自由權是指夫妻雙方從事社會職業、參加社會活動和進行社會交往的權利和自由，強調自然人的人身自由權不因結婚而受限制。這一權利對男女雙方都適用，但實際上重點是保障婦女在婚後仍然享有獨立人格、具有獨立身份，能夠按照自己的意願從事社會職業、參加社會活動和進行社會交往，禁止丈夫或者其他人對妻子人身自由權利的干涉。

根據本條規定，夫妻人身自由權主要包括以下三個方面的內容：

一、夫妻雙方都有參加生產、工作的權利

所謂生產、工作是指一切從事的社會職業和社會勞動。我國婦女參加生產、工作非常積極，國家與社會也提供了有力的保障，婦女權益保障法中對保護婦女的勞動權益作了詳盡規定。婦女享有參加生產、工作的自由權而不受干涉，是婦女享有與丈夫平等地位的前提。

二、夫妻雙方都有參加學習的權利

這裏的學習，不僅包括正規的在校學習，也包括掃盲學習、職業培訓以及其他各種形式的專業知識與專業技能的學習。保證婦女學習的自由權，對於提高婦女的文化素質、提高婦女的就業率，進而保障婦女在家庭中與丈夫的平等地位都是必不可少的。而且，保證婦女學習的自由權，對於子女的培養、對於全民族文化素質的提高，也具有重要意義。

三、夫妻雙方都有參加社會活動的權利

所謂社會活動，包括參政、議政活動，科學、技術、文學、藝術和其他文化活動，各種群眾組織、社會團體的活動，以及各種形式的公益活動等。參加社會活動的自由權來自於公民依法享有的民主權利，是社會主義條件下對夫妻關係的要求。婚姻法對夫妻參與社會活動自由權的規定主要是保護婦女的。舊中國婦女被排斥在社會生活之外，新中國成立以後，婦女全面參與國家和社會事務管理，在政治、經濟、教育、科技、文化、體育、衛生等社會生活的各個方面都取得了令人矚目的發展。明確婦女參與社會活動的自由，是夫妻人格獨立，享有人身自由的重要體現。

但要注意的是，本條規定了夫妻的人身自由權，並不意味着夫妻可以不顧家庭、為所欲為。夫妻行使人身自由的權利，必須符合法律與社會主義道德的要求，不得濫用權利損害家庭和他人的合法權益。自然人婚前與婚後截然不同，對配偶、子女、家庭有不可推卸的義

務和責任。夫妻任何一方在行使自己的人身自由權的同時，還必須履行自己對家庭應承擔的義務和責任，兩者應當協調統一起來。夫妻有參加社會活動的自由，但是夫妻也有相互扶養的義務，有撫養、教育子女的義務，有贍養老人的義務。如果夫妻一方對家庭、子女漠不關心，不顧一切地參加各種社會活動，與本條的立法精神是不相符合的。夫妻之間應當互相尊重、互諒互讓、互相協商，處理好參加生產、工作、學習和社會活動與盡到家庭責任之間的關係。只有這樣，家庭才能幸福和睦。

> **第一千零五十八條　夫妻雙方平等享有對未成年子女撫養、教育和保護的權利，共同承擔對未成年子女撫養、教育和保護的義務。**

■ 條文主旨

本條是關於夫妻雙方平等享有和共同承擔對未成年子女撫養、教育和保護的權利和義務的規定。

■ 條文釋義

本法總則編第 26 條第 1 款規定：「父母對未成年子女負有撫養、教育和保護的義務。」撫養，是指父母撫育子女的成長，並為他們的生活、學習提供一定的物質條件。教育，是指父母要按照法律和道德要求，採取正確的方法，對其未成年子女進行教導，並對其行為進行必要的約束，其目的是保障未成年子女的身心健康。保護，是指父母應當保護其未成年子女的人身安全和合法權益，預防和排除來自外界的危害，使其未成年子女的身心處於安全狀態。撫養、教育和保護子女既是父母應盡的義務，也是父母應有的權利。

要強調的是，父母對子女的撫養、教育和保護的權利和義務，由父母雙方平等享有、共同承擔，而非一方的單方權利和義務。這是現代各國幾乎都確立的父母共同親權原則。

共同親權原則實際上是男女平等原則的體現。根據本條規定，對未成年子女撫養、教育和保護的權利由該子女的父母即夫妻雙方平等享有，如何行使這一權利，夫妻雙方應當共同決定，不允許任何一方剝奪對方的這一權利。同樣，對未成年子女撫養、教育和保護的義務由夫妻雙方共同承擔，不允許任何一方不履行這一義務。

> **第一千零五十九條** 夫妻有相互扶養的義務。
>
> 需要扶養的一方，在另一方不履行扶養義務時，有要求其給付扶養費的權利。

■ 條文主旨

本條是關於夫妻相互扶養義務的規定。

■ 條文釋義

夫妻相互扶養義務是指夫妻之間相互供養和扶助的法定義務，對保障夫妻正常生活，維護婚姻家庭關係的穩定，具有重要意義。夫妻相互扶養義務與夫妻人身關係密不可分，夫妻之間接受對方扶養的權利和履行扶養對方的義務是基於夫妻間的配偶身份關係的產生而產生的，也會隨着夫妻間的配偶身份關係的消滅而消滅。即這一義務始於婚姻關係確立之日，終止於婚姻關係解除之日。

夫妻之間的相互扶養既是權利又是義務，而且這種權利義務是相互對應和平等的，夫妻互為權利主體和義務主體。也就是說，丈夫有扶養其妻子的義務，妻子也有扶養其丈夫的義務；反之，夫妻任何一方均享有受對方扶養的權利。夫妻相互扶養義務與夫妻地位平等是相適應的。

夫妻互相扶養義務是法定義務，具有強制性，夫妻之間不得以約定形式改變這一法定義務。有扶養能力的一方，對於因失業、殘疾、患病、年老等原因沒有固定收入，缺乏生活來源的另一方，必須主動履行扶養義務。即使是根據本法第 1065 條規定，有的夫妻實行分別財產制，約定各自的工資或者收入歸各自所有時，也不意味着夫或妻只負擔各自的生活費用而不承擔扶養對方的義務，如當一方患有重病時，另一方仍有義務盡力照顧，並提供有關治療費用。目前，在我國的一些家庭中，夫妻雙方的經濟收入還有一定差距，往往是丈夫收入多於妻子，在扶養問題上，丈夫應多承擔一些義務。在司法實踐中，在處理夫妻互相扶養問題上，也更注重保護女方的合法權益。

但在實踐生活中，有的人對於自己的配偶，在生活困難時不主動履行扶養義務，甚至無情地拋棄對方。因此，為了保障夫妻相互扶養義務的履行，本條第 2 款明確規定了對不履行扶養義務的一方，另一方有追索扶養費的請求權。當夫或妻一方不履行扶養義務時，需要扶養的一方可以根據本條第 2 款的規定，要求對方給付扶養費。應當給付扶養費的一方拒絕給付或者雙方就扶養費數額、支付方式等具體內容產生爭議的，需要扶養的另一方可以直接向人民法院提起訴訟，或者向人民調解組織提出調解申請，要求獲得扶養費。如果夫或妻一方患病或者沒有獨立生活能力，有扶養義務的配偶拒絕扶養，情節惡劣，構成遺棄罪的，還應當承擔刑事責任。

> 　　**第一千零六十條　夫妻一方因家庭日常生活需要而實施的民事法律行為，對夫妻雙方發生效力，但是夫妻一方與相對人另有約定的除外。**
>
> 　　**夫妻之間對一方可以實施的民事法律行為範圍的限制，不得對抗善意相對人。**

■ 條文主旨

　　本條是關於夫妻日常家事代理權的規定。

■ 條文釋義

　　夫妻日常家事代理權，是指夫妻一方因家庭日常生活需要而與第三方為一定民事法律行為時互為代理的權利。夫妻一方在日常家庭事務範圍內，與第三方所實施的一定民事法律行為，視為依夫妻雙方的意思表示所為的民事法律行為，另一方也應承擔因此而產生的法律後果。

　　在日常生活中，夫妻需要處理的家庭事務很多，參與社會經濟生活非常頻繁，需要實施不少民事法律行為。這些民事法律行為由夫妻雙方共同處理當然更能充分體現其共同意願，但如果要求所有民事法律行為都必須由夫妻雙方共同實施，必然加大婚姻生活成本，加大社會經濟活動成本，客觀上是不必要甚至是不可能的。為了方便經濟交往和婚姻家庭生活，保護夫妻雙方和相對人的合法權益，維護社會交易安全，有必要賦予夫妻雙方日常家事代理權。

　　理解本條規定，需要注意以下幾個方面的問題：

　　第一，夫妻日常家事代理權的權利主體。法律設立夫妻日常家事代理權這一權利的目的在於擴張夫妻雙方的意思自治，使得夫妻雙方在日常家庭事務的處理中無須事必躬親，從而突破夫妻各自在時間、精力上的局限性，滿足夫妻共同生活的需要。因此，夫妻日常家事代理權為夫妻雙方同等享有，夫妻雙方在處理日常家庭事務中互相為代理人，各自都可以行使夫妻日常家事代理權。

　　第二，夫妻日常家事代理權的存續期間。夫妻日常家事代理權由法律直接規定，以夫妻身份的存在為前提。因此，夫妻日常家事代理權只存在於具有合法婚姻關係的配偶之間，始於婚姻關係的確立，終於婚姻關係的解除。在婚姻關係存續期間，夫妻日常家事代理權始終存在。

　　第三，夫妻日常家事代理權的行使方式。夫妻日常家事代理權的行使方式與一般代理不同。本法總則編規定的代理包括委託代理和法定代理，代理人都必須以被代理人的名義實施民事法律行為。而對於夫妻日常家事代理權，夫妻任何一方在日常家事範圍內與第三人為民事法律行為時，不必明確其代理權，可直接以自己名義、另一方名義或者雙方名義為之。

　　第四，夫妻日常家事代理權的行使範圍。夫妻日常家事代理權的行使範圍僅限於「因家庭日常生活需要而實施的民事法律行為」，通說概括為「日常家庭事務」或者「日常家事」。

日常家事，是指為滿足正常夫妻共同生活和家庭生活所必需的，非屬人身性的一切事務，比如，購買食物、衣服等生活用品，正常的娛樂、保健、醫療費用，通常的子女教育費用等。國家統計局有關統計資料顯示，我國城鎮居民家庭消費種類主要分為八大類，分別是食品、衣着、家庭設備用品及維修服務、醫療保健、交通通信、文娛教育及服務、居住、其他商品和服務。對「家庭日常生活需要」的範圍，我們認為，可以參考上述八大類家庭消費的分類，根據夫妻共同生活的狀態（如雙方的職業、身份、資產、收入、興趣、家庭人數等）和當地一般社會生活習慣予以認定。鑒於我國東、中、西部經濟發展不平衡，城鄉差異巨大，家庭日常生活需要的範圍在不同地區、不同家庭有很大差異，目前還難以確定一個統一的具體標準。

需要強調的是，家庭日常生活需要的支出，是指通常情況下必要的家庭日常消費，主要包括正常的衣食消費、日用品購買、子女撫養教育、老人贍養等各項費用，是維繫一個家庭正常生活所必需的開支，立足點在於「必要」。隨着我國經濟社會和人們家庭觀念、家庭生活方式的不斷發展變化，在認定是否屬於家庭日常生活需要支出時，也要隨着社會的發展變化而不斷變化。

第五，夫妻日常家事代理權的行使限制。通常情況下，夫妻任何一方都可以在日常家事的範圍內行使日常家事代理權。但在實際生活中，基於種種考慮，如一方時間、精力、知識、能力上的原因，一方濫用代理權的原因等，有時候夫妻雙方會對一方可以實施的民事法律行為有所限制。這種限制在夫妻雙方之間是有效的，法律無須加以規制，但為了保護正常交易安全，保護第三人的合法權益，法律明確規定這種限制不能對抗善意相對人。所謂「善意」，是指相對人不知道或者不應當知道夫妻之間對一方可以實施的民事法律行為的限制。比如，妻子與丈夫約定，丈夫不得購買一條以上的香煙，結果丈夫到小賣部購買了兩條香煙，小賣部無從知曉夫妻雙方對於購買香煙的約定，則該買賣行為是有效的。

第六，夫妻日常家事代理權的法律效力。夫妻任何一方行使夫妻日常家事代理權所實施的民事法律行為，對夫妻雙方都發生效力，即該民事法律行為所產生的法律效果歸屬於夫妻雙方。夫妻任何一方基於夫妻日常家事代理權所實施的民事法律行為所設立、變更、終止民事法律關係的一切結果都歸屬於夫妻雙方，取得的權利由夫妻雙方共同享有，產生的義務也由夫妻雙方共同承擔。但是，如果夫妻一方在行使夫妻日常家事代理權的同時，與相對人就該民事法律行為另有約定的，則法律效力依照該約定。比如，丈夫在購買家具時，與家具商約定，該家具購買合同只約束自己，不涉及妻子，則該家具合同所產生的債權債務關係僅在家具商與丈夫之間有效。

第一千零六十一條　夫妻有相互繼承遺產的權利。

■ 條文主旨

本條是關於夫妻相互遺產繼承權的規定。

■ 條文釋義

夫妻互相享有遺產繼承權，是夫妻雙方在婚姻家庭關係中地位平等的一個重要標誌。根據本法的規定，理解夫妻相互遺產繼承權，應注意把握以下問題：

第一，夫妻相互遺產繼承權以合法的夫妻關係為前提。夫妻間的繼承權是基於婚姻的法律效力產生的，只有具備合法婚姻關係的夫妻雙方，才能以配偶身份繼承對方的遺產。如雙方屬於婚外姘居的，如「包二奶」的情況下，雙方就不享有法定的相互遺產繼承權。只有在婚姻關係確立之日起至婚姻關係解除之日止，配偶一方死亡，另一方才享有繼承權。

第二，夫妻互為第一順序的法定繼承人。根據本法繼承編第 1127 條的規定，第一順序的法定繼承人包括配偶、子女、父母。除了本法繼承編第 1125 條規定的喪失繼承權等情形外，不得以任何理由剝奪、限制或者干涉生存一方對死亡配偶所享有的繼承權。

第三，要正確確定繼承遺產的範圍，不得侵害生存配偶的合法財產權。夫或妻一方死亡時，繼承開始，首先要確定哪些財產屬於被繼承人的遺產。被繼承人的財產一般包括在夫妻共同財產中的份額以及其個人財產。本法繼承編第 1153 條第 1 款規定：「夫妻共同所有的財產，除有約定的外，遺產分割時，應當先將共同所有的財產的一半分出為配偶所有，其餘的為被繼承人的遺產。」也就是說，對於婚姻關係存續期間所得的夫妻共同財產，除夫妻雙方另有約定外，在配偶一方死亡時，應當先對夫妻共同財產進行認定和分割，並分出一半為生存配偶所有，一半作為死者遺產進行繼承。要嚴格防止將夫妻共同財產都作為遺產繼承，侵犯生存配偶的合法財產權益。被繼承人的個人財產和共同財產的一半為其所有遺產，如果死者生前沒有立遺囑，其生存配偶與其他第一順序的繼承人，包括被繼承人的子女、父母按照法定繼承均分其遺產。

第四，注意保障生存配偶對分得遺產的所有權。夫妻一方死亡後，生存的另一方依法繼承死者遺產後，就取得了該財產的所有權，有權根據自己的意願和利益在法律允許的範圍內佔有、使用和處理該財產。如果再婚，有權帶走或處分其繼承的財產。實踐中，有的寡婦因再婚離開原家庭時，將其繼承其亡夫的財產帶走的，有時會受到個別近親屬的阻擾，引發各種糾紛。對此，本法繼承編第 1157 條也作了明確規定：「夫妻一方死亡後另一方再婚的，有權處分所繼承的財產，任何組織或者個人不得干涉。」

第一千零六十二條　夫妻在婚姻關係存續期間所得的下列財產，為夫妻的共同財產，歸夫妻共同所有：

（一）工資、獎金、勞務報酬；

（二）生產、經營、投資的收益；

（三）知識產權的收益；

（四）繼承或者受贈的財產，但是本法第一千零六十三條第三項規定的除外；

（五）其他應當歸共同所有的財產。

夫妻對共同財產，有平等的處理權。

■ **條文主旨**

本條是關於夫妻共同財產的規定。

■ **條文釋義**

本條第 1 款規定，夫妻在婚姻關係存續期間所得的財產，如工資和獎金、從事生產、經營的收益等，為夫妻的共同財產，歸夫妻共同所有。這一規定表明，我國的夫妻共同財產制採用的是婚後所得共同制，即在婚姻關係存續期間，除個人特有財產和夫妻另有約定外，夫妻雙方或者一方所得的財產，均歸夫妻共同所有，夫妻雙方享有平等的佔有、使用、收益和處分權的財產制度。這裏的共同所有指的是共同共有，不是按份共有。

根據本條的規定，我國的夫妻共同財產具有以下特徵：

1. 夫妻共同財產的主體，是具有婚姻關係的夫妻。未形成婚姻關係的男女兩性，如未婚同居、婚外同居等，以及無效或者被撤銷婚姻的男女雙方，不能成為夫妻共同財產的主體。

2. 夫妻共同財產，是在婚姻關係存續期間取得的財產。夫妻任何一方的婚前財產不屬於夫妻共同財產。婚姻關係存續期間，自合法婚姻締結之日起，至夫妻一方死亡或者離婚生效之日止。

3. 夫妻共同財產的來源，為夫妻雙方或者一方所得的財產，既包括夫妻通過勞動所得的財產，也包括其他非勞動所得的合法財產，當然，法律直接規定為個人特有財產的和夫妻約定為個人財產的除外。這裏講的「所得」，是指對財產權利的取得，而不要求對財產實際佔有，如果一方在婚前獲得某項財產（如稿費），但並未實際取得，而是在婚後出版社才支付稿費，此時這筆稿費不屬於夫妻共同財產。同理，如果在婚後出版社答應支付一筆稿費，但直到婚姻關係終止前也沒有得到這筆稿費，那麼這筆稿費也屬於夫妻共同財產。

4. 夫妻對共同財產享有平等的所有權，雙方享有同等的權利，承擔同等的義務。夫妻對共同所有的財產，有平等的處理權。特別是夫妻一方對共同財產的處分，除另有約定外，應當取得對方的同意。

關於夫妻共同財產的範圍，本條第 1 款作了列舉式的規定：

1. 工資、獎金、勞務報酬。即勞動者的勞動收入，既包括工資、獎金，也包括各種津貼、補貼等勞務報酬。

2. 生產、經營、投資的收益。這包括夫妻一方或者雙方從事生產、經營所得的各種收入和投資所得的收入，如農村中的農業生產和城市裏的工業生產以及第三產業等各行各業的生產經營投資收益，有勞動收入，也有資本收益，如股票債券收入、股份、股權等資本利得，亦是夫妻共同財產的一種形式。

3. 知識產權的收益。知識產權是一種智力成果權，它既是一種財產權，也是一種人身權，具有很強的人身性，與人身不可分離，婚後一方取得的知識產權權利本身歸一方專有，權利也僅歸權利人行使，比如，作者的配偶無權在其著作中署名，也不能決定作品是否發表。但是，由知識產權取得的經濟利益，則屬於夫妻共同財產，如因發表作品取得的稿費，因轉讓專利獲得的轉讓費等，歸夫妻共同所有。

4. 繼承或者受贈的財產，但遺囑或者贈與合同中確定只歸一方的財產除外。夫妻任何一方繼承或者受贈的財產屬於夫妻共同財產，但如果遺囑或者贈與合同中指明財產歸夫妻一方所有的，是遺囑人或者贈與人根據自己意願處分財產的表現，基於意思自治，應當尊重其對財產的處分權，該財產歸一方所有。

5. 其他應當歸共同所有的財產。這項規定屬於概括性規定。隨着社會經濟的發展和人們生活水平的提高，夫妻共同財產的範圍在不斷地擴大，共同財產的種類在不斷地增加，目前，夫妻共同財產已由原來簡單的生活用品發展到汽車、房產、股票、債券乃至整個公司、企業等，今後還將出現一些新的財產類型。上述四項只是列舉了現已較為明確的共同財產的範圍，但難以列舉齊全，因此，作了這項概括性規定。

本條第 2 款規定：「夫妻對共同財產，有平等的處理權。」這是關於夫妻如何對共同財產行使所有權的規定。如前所述，夫妻共同財產的性質是共同共有，不是按份共有，因此，夫妻對全部共同財產，應當不分份額地享有同等的權利，承擔同等的義務。不能根據夫妻雙方經濟收入的多少來確定其享有共同財產所有權的多少。夫妻雙方對共同財產享有平等的佔有、使用、收益和處分的權利。夫妻一方對共同財產的使用、處分，除另有約定外，應當在取得對方的同意之後進行。尤其是重大財產問題，未經對方同意，任何一方不得擅自處分。夫妻一方在處分共同財產時，另一方明知其行為而不作否認表示的，視為同意，事後不得以自己未參加處分為由否認處分的法律效力。夫妻一方未經對方同意擅自處分共同財產的，對方有權請求宣告該處分行為無效，但不得對抗善意第三人，即如果第三人不知道也無從知道夫妻一方的行為屬於擅自處分行為的，該處分行為有效，以保護第三人的利益，維護交易安全。

> **第一千零六十三條　下列財產為夫妻一方的個人財產：**
> （一）一方的婚前財產；
> （二）一方因受到人身損害獲得的賠償或者補償；
> （三）遺囑或者贈與合同中確定只歸一方的財產；
> （四）一方專用的生活用品；
> （五）其他應當歸一方的財產。

■ 條文主旨

本條是關於夫妻個人財產的規定。

■ 條文釋義

所謂夫妻個人財產，又稱夫妻特有財產、夫妻保留財產，是指夫妻在實行共同財產制的同時，依照法律規定或者夫妻約定，夫妻各自保留的一定範圍的個人所有財產。根據產生的原因不同，個人財產可分為法定的個人財產和約定的個人財產。法定的個人財產，是指依照法律規定所確認的夫妻雙方各自保留的個人財產，本條即屬於法定個人財產的規定。

個人財產是夫妻在婚姻關係存續期間分別保留的獨立於夫妻共同財產之外的財產，夫妻雙方對各自的個人財產，享有獨立的管理、使用、收益和處分權利，他人不得干涉。夫妻可以約定將各自的個人財產交由一方管理；夫妻一方也可以將自己的個人財產委託對方代為管理。對家庭生活費用的負擔，在夫妻共同財產不足以負擔家庭生活費用時，夫妻應當以各自的個人財產分擔。

規定夫妻個人財產的意義在於，它彌補了共同財產制對個人權利和意願關注不夠的缺陷，防止共同財產範圍的無限延伸，有利於保護個人財產權利。關於我國夫妻個人財產的範圍，本條作了列舉式的規定，下面逐一進行介紹：

1. 一方的婚前財產。婚前財產是指夫妻在結婚之前各自所有的財產，包括婚前個人勞動所得財產、繼承或者受贈的財產以及其他合法財產。婚前財產歸各自所有，不屬於夫妻共同財產。

2. 一方因受到人身損害獲得的賠償或者補償。這些財產是指與生命健康直接相關的財產，具有人身專屬性，對於保護個人權利具有重要意義，因此，應當專屬於個人所有，而不能成為共同財產。這樣有利於維護受害人的合法權益，保證受害人的身體康復和生活需要。

3. 遺囑或者贈與合同中確定只歸一方的財產。根據本法第 1062 條第 4 項的規定，因繼承或者受贈的財產，屬於夫妻共同財產。但為了尊重遺囑人或者贈與人的個人意願，保護個人對其財產的自由處分權，如果遺囑人或者贈與人在遺囑或者贈與合同中明確指出，該財產只遺贈或者贈與夫妻一方，另一方無權享用，那麼，該財產就屬於夫妻個人財產，歸一方個人所有。這樣規定的另一個意義在於，防止夫妻另一方濫用遺產或者受贈的財產，如妻子的

朋友贈送一筆錢資助孩子上學，而丈夫有酗酒惡習，如果這筆錢屬於夫妻共同財產，丈夫就有可能利用它買酒，在這種情況下，贈與人可以在贈與時確定這筆現金只贈送給妻子，屬於妻子個人所有，丈夫就無權將其用來酗酒了。

4. 一方專用的生活用品。一方專用的生活用品具有專屬於個人使用的特點，如個人的衣服、鞋帽等，應當屬於夫妻個人財產。我國司法實踐中，在處理離婚財產分割時，一般也將個人專用的生活物品，作為個人財產處理。在編纂民法典過程中，有一種意見認為，用夫妻共同財產購買的且價值較大的生活用品，如貴重的首飾等，即使為一方專用，也應當屬於夫妻共同財產。這一意見未被採納。價值較大的生活用品，因其具有個人專用性，仍應當歸個人所有，這也符合夫妻雙方購買該物時的意願。況且，夫妻對共同財產有平等的處理權，多數情況下，夫妻雙方都有價值較大的生活用品。當然，不同經濟狀況的家庭，「價值較大」的含義不同。

5. 其他應當歸一方的財產。這項規定屬於概括性規定。夫妻個人財產除前四項的規定外，還包括其他一些財產和財產權利。隨着社會經濟的發展、新的財產類型的出現以及個人獨立意識的增強，夫妻個人財產的範圍也將有所增加。

> 第一千零六十四條　夫妻雙方共同簽名或者夫妻一方事後追認等共同意思表示所負的債務，以及夫妻一方在婚姻關係存續期間以個人名義為家庭日常生活需要所負的債務，屬於夫妻共同債務。
>
> 夫妻一方在婚姻關係存續期間以個人名義超出家庭日常生活需要所負的債務，不屬於夫妻共同債務；但是，債權人能夠證明該債務用於夫妻共同生活、共同生產經營或者基於夫妻雙方共同意思表示的除外。

■ 條文主旨

本條是關於夫妻共同債務的規定。

■ 條文釋義

夫妻共同債務問題，事關夫妻雙方特別是未舉債一方和債權人合法權益的保護，事關婚姻家庭穩定和市場交易安全的維護，可以說是民法典編纂過程中各方面較為關注，爭議也較大的問題。

本條分兩款，規定了三類比較重要的夫妻共同債務，即基於共同意思表示所負的夫妻共同債務、為家庭日常生活需要所負的夫妻共同債務、債權人能夠證明的夫妻共同債務。

一、基於共同意思表示所負的夫妻共同債務

本條第 1 款明確規定，「夫妻雙方共同簽名或者夫妻一方事後追認等共同意思表示所負

的債務」，屬於夫妻共同債務。這就是俗稱的「共債共簽」「共簽共債」。多個民事主體等基於共同簽字等共同意思表示所形成的債務屬於共同債務，這不存在任何爭議，本條規定對這一內容加以強調意在引導債權人在形成債務尤其是大額債務時，為避免事後引發不必要的紛爭，加強事前風險防範，儘可能要求夫妻共同簽名。這種制度安排，一方面，有利於保障夫妻另一方的知情權和同意權，可以從債務形成源頭上儘可能杜絕夫妻一方「被負債」現象發生；另一方面，也可以有效避免債權人因事後無法舉證證明債務屬於夫妻共同債務而遭受不必要的損失，對於保障交易安全和夫妻一方合法權益，具有積極意義。實踐中，很多商業銀行在辦理貸款業務時，對已婚者一般都要求夫妻雙方共同到場簽名。一方確有特殊原因無法親自到場，也必須提交經過公證的授權委託書，否則不予貸款，這種操作方式最大限度地降低了債務不能清償的風險，保障了債權人的合法權益，也不會造成對夫妻一方權益的損害。

雖然要求夫妻「共債共簽」可能會使交易效率受到一定影響，但在債權債務關係形成，增加一定交易成本和夫妻一方的知情權、同意權產生衝突時，因夫妻一方的知情權、同意權，關係到地位平等、意思自治等基本法律原則和公民基本財產權利、人格權利，故應優先考慮。事實上，適當增加交易成本不僅有利於保障交易安全，還可以減少事後紛爭，從根本上提高交易效率。

二、為家庭日常生活需要所負的夫妻共同債務

本條第 1 款規定，「夫妻一方在婚姻關係存續期間以個人名義為家庭日常生活需要所負的債務」，屬於夫妻共同債務。也就是基於夫妻日常家事代理權所生的債務屬於夫妻共同債務。

夫妻日常家事代理權，是指夫妻一方因家庭日常生活需要而與第三方為一定民事法律行為時互為代理的權利。夫妻一方在日常家庭事務範圍內，與第三方所實施的一定民事法律行為，視為依夫妻雙方的意思表示所為的民事法律行為，另一方也應承擔因此而產生的法律後果。本法第 1060 條明確規定：「夫妻一方因家庭日常生活需要而實施的民事法律行為，對夫妻雙方發生效力，但是夫妻一方與相對人另有約定的除外。夫妻之間對一方可以實施的民事法律行為範圍的限制，不得對抗善意相對人。」根據這一規定，夫妻任何一方行使夫妻日常家事代理權所實施的民事法律行為，對夫妻雙方都發生效力，即該民事法律行為所產生的法律效果歸屬於夫妻雙方。夫妻任何一方基於夫妻日常家事代理權所實施的民事法律行為所設立、變更、終止民事法律關係的一切結果都歸屬於夫妻雙方，取得的權利由夫妻雙方共同享有，產生的義務包括債務也由夫妻雙方共同承擔。當然，如果夫妻一方在行使夫妻日常家事代理權的同時，與相對人就該民事法律行為另有約定的，則法律效力依照該約定。

本條第 1 款規定「夫妻一方在婚姻關係存續期間以個人名義為家庭日常生活需要所負的債務」屬於夫妻共同債務，實際上已經包括在本法第 1060 條規定的內容之中，這裏是再次加以強調。如何認定為家庭日常生活需要等，可以參考前述條文的釋義，這裏不再贅述。

三、債權人能夠證明的夫妻共同債務

本條第 2 款規定，夫妻一方在婚姻關係存續期間以個人名義超出家庭日常生活需要所負

的債務，不屬於夫妻共同債務；但是，債權人能夠證明該債務用於夫妻共同生活、共同生產經營或者基於夫妻雙方共同意思表示的除外。這一類夫妻共同債務情形最為複雜，實踐中如何認定爭議最大。

夫妻雙方共同簽名或者夫妻一方事後追認等共同意思表示所負的債務，以及夫妻一方在婚姻關係存續期間以個人名義為家庭日常生活需要所負的債務，屬於夫妻共同債務。那如果不是基於夫妻共同意思表示、夫妻一方以個人名義所負的超出家庭日常生活需要所負的債務，是否就不屬於夫妻共同債務呢？根據本條第 2 款規定，如果債權人能夠證明該債務用於夫妻共同生活、共同生產經營的，那該債務也屬於夫妻共同債務。

用於夫妻共同生活、共同生活經營的債務屬於夫妻共同債務，這個爭議不大，主要問題在於怎麼認定，即由誰來舉證證明。

隨着我國經濟社會的發展，城鄉居民家庭財產結構、類型、數量、形態以及理財模式等發生了很大變化，人們的生活水平不斷提高，生活消費日趨多元，很多夫妻的共同生活支出不再局限於以前傳統的家庭日常生活消費開支，還包括大量超出家庭日常生活範圍的支出。這些支出係夫妻雙方共同消費支配，或者用於形成夫妻共同財產，或者基於夫妻共同利益管理共同財產產生的支出，性質上均屬於夫妻共同生活的範圍。夫妻共同生活包括但不限於家庭日常生活，本條第 2 款所指的需要債權人舉證證明的夫妻共同生活的範圍，指的就是超出家庭日常生活需要的部分。

夫妻共同生產經營的情形非常複雜，主要是指由夫妻雙方共同決定生產經營事項，或者雖由一方決定但另一方進行了授權的情形。判斷生產經營活動是否屬於夫妻共同生產經營，要根據經營活動的性質以及夫妻雙方在其中的地位作用等綜合認定。夫妻共同生產經營所負的債務一般包括雙方共同從事工商業、共同投資以及購買生產資料等所負的債務。

夫妻一方在婚姻關係存續期間以個人名義超出家庭日常生活需要所負的債務，如果債權人能夠證明該債務用於夫妻共同生活、共同生產經營或者基於夫妻雙方共同意思表示的，就屬於夫妻共同債務，否則，不屬於夫妻共同債務，應當屬於舉債一方的個人債務。這裏強調債權人的舉證證明責任，能夠促進債權人盡到謹慎注意義務，引導相關主體對於大額債權債務實行「共債共簽」，體現從源頭控制糾紛、更加注重交易安全的價值取向，也有利於強化公眾的市場風險意識，從而平衡保護債權人和未舉債夫妻一方的利益。

要注意的是，本條只規定了三類比較重要的夫妻共同債務，但在實踐中還存在依據法律規定產生的其他種類的夫妻共同債務。比如，本法第 1168 條規定：「二人以上共同實施侵權行為，造成他人損害的，應當承擔連帶責任。」因此，夫妻因共同侵權所負的債務也屬於夫妻共同債務。本法第 1188 條第 1 款規定：「無民事行為能力人、限制民事行為能力人造成他人損害的，由監護人承擔侵權責任⋯⋯」因此，夫妻因被監護人侵權所負的債務，也屬於夫妻共同債務。

> 第一千零六十五條　男女雙方可以約定婚姻關係存續期間所得的財產以及婚前財產歸各自所有、共同所有或者部分各自所有、部分共同所有。約定應當採用書面形式。沒有約定或者約定不明確的，適用本法第一千零六十二條、第一千零六十三條的規定。
>
> 　　夫妻對婚姻關係存續期間所得的財產以及婚前財產的約定，對雙方具有法律約束力。
>
> 　　夫妻對婚姻關係存續期間所得的財產約定歸各自所有，夫或者妻一方對外所負的債務，相對人知道該約定的，以夫或者妻一方的個人財產清償。

■ 條文主旨

本條是關於夫妻約定財產制的規定。

■ 條文釋義

所謂約定財產制，是指法律允許夫妻用協議的方式，對夫妻在婚前和婚姻關係存續期間所得財產的所有權的歸屬、管理、使用、收益、處分以及對第三人債務的清償、婚姻解除時財產的分割等事項作出約定，從而排除或者部分排除夫妻法定財產制適用的制度。約定財產制是相對於法定財產制而言的，它是夫妻以契約的方式依法選擇適用的財產制，而法定財產制是依照法律直接規定而適用的財產制。約定財產制是法律對婚姻關係雙方當事人就雙方之間的財產關係進行約定的意思自治的尊重，約定財產制具有優先於法定財產制適用的效力，只有在當事人未就夫妻財產作出約定，或者所作約定不明確，或者所作約定無效時，才適用夫妻法定財產制。

約定財產制與法定財產制相比較而言，其靈活性更強，更能適應複雜多樣的夫妻財產關係，更能適應現代社會豐富多樣的生活方式，也更能體現當事人的真實意願和個性化的需要。目前世界大多數國家和地區都在法律中明文規定，夫妻雙方可以在婚前或者婚姻關係存續期間，約定採用某種財產制來支配他們之間的財產關係。

根據本條的規定，我國夫妻約定財產制的內容主要包括以下幾個方面：

一、約定的條件

夫妻對財產關係進行約定是一種雙方民事法律行為，它不僅要符合民事法律行為的一般要件，還要符合婚姻法的有關規定，因為該約定是基於配偶這一特殊身份發生的。夫妻對財產關係的約定需要符合下列要件：（1）締約雙方必須具有合法的夫妻身份，未婚同居、婚外同居者對他們之間財產關係的約定，不屬於夫妻財產約定。（2）締約雙方必須具有完全民事行為能力。（3）約定必須雙方自願。夫妻對財產的約定必須出於真實的意思表示，以欺詐、脅迫等手段使對方在違背真實意思的情況下作出的約定，對方有權請求撤銷。（4）約定的內容必須合法，不得違反法律、行政性法規的強制性規定，不得違背公序良俗，不得利用約定惡意串通、損害他人合法權益，約定的內容不得超出夫妻財產的範圍，如不得將其他家庭成員的財產列入約定財產的範圍，不得利用約定逃避對第三人的債務以及其他法定義務。

二、約定的方式

關於約定的方式，本條第 1 款明確規定「約定應當採用書面形式」。這樣規定的目的，在於更好地維護夫妻雙方的合法權益以及第三人的利益，維護交易安全，避免發生糾紛。當然如果夫妻以口頭形式作出約定，事後對約定沒有爭議的，該約定也有效。夫妻以書面形式對其財產作出約定後，可以進行公證。

三、約定的時間

本條對約定的時間未作規定。根據我國的實際情況，對約定的時間不必作更多的限制。約定可以在婚前進行也可以在婚後進行。約定生效後，因夫妻一方或者雙方的情況發生，只要雙方合意，也可以隨時變更或者撤銷原約定。

四、約定的內容

關於約定的內容，本條第 1 款規定「男女雙方可以約定婚姻關係存續期間所得的財產以及婚前財產歸各自所有、共同所有或部分各自所有、部分共同所有」。這一規定的範圍是比較寬的，根據這一規定，夫妻既可以對婚姻關係存續期間所得的財產進行約定，也可以對婚前財產進行約定；既可以對全部夫妻財產進行約定，也可以對部分夫妻財產進行約定；既可以概括地約定採用某種夫妻財產制，也可以具體地對某一項夫妻財產進行約定；既可以約定財產所有權的歸屬或者使用權、管理權、收益權、處分權的行使，也可以約定家庭生活費用的負擔、債務清償責任、婚姻關係終止時財產的分割等事項。關於當事人可以約定採用哪種夫妻財產制，本條未作規定，即沒有對當事人可以選擇的財產制進行限制。

五、約定的效力

約定的效力，分為優先效力、對內效力和對外效力。

1. 關於優先效力。約定財產制的優先效力，是指約定財產制的效力優先於法定財產制。本條第 1 款規定：「沒有約定或者約定不明確的，適用本法第一千零六十二條、第一千零六十三條的規定。」根據這一規定，約定財產制具有優先於法定財產制適用的效力，只有在當事人未就夫妻財產作出約定，或者所作約定不明確，或者所作約定無效時，才適用夫妻法定財產制。

2. 關於對內效力。約定財產制的對內效力，是指夫妻財產約定對婚姻關係當事人的效力。本條第 2 款規定：「夫妻對婚姻關係存續期間所得的財產以及婚前財產的約定，對雙方具有法律約束力。」夫妻對財產關係的約定，對雙方具有法律約束力，雙方按照約定享有財產所有權以及管理權等其他權利，並承擔相應的義務。

3. 關於對外效力。約定財產制的對外效力，是指夫妻財產約定對婚姻關係當事人以外的第三人即相對人的效力。主要考慮的是在夫妻對財產進行約定，保護夫妻財產權的同時，要保障相對人的利益，維護交易安全。夫妻之間對財產關係的約定，如何對相對人產生效力？如前所述，目前我國沒有建立夫妻財產登記制度，為了保障相對人的利益不因夫妻財產約定而受到損害，本條第 3 款規定：「夫妻對婚姻關係存續期間所得的財產約定歸各自所有，夫或者妻一方對外所負的債務，相對人知道該約定的，以夫或者妻一方的個人財產清償。」

這一規定以「相對人知道該約定」為條件，即在相對人與夫妻一方發生債權債務關係時，如果相對人知道其夫妻財產已經約定歸各自所有的，就以其一方的財產清償；相對人不知道該約定的，該約定對相對人不生效力，夫妻一方對相對人所負的債務，按照在夫妻共同財產制下的清償原則進行償還。關於相對人如何知道該約定，既可以是夫妻一方或雙方告知，也可以為相對人曾經是夫妻財產約定時的見證人或者知情人。如何判斷相對人是否知道該約定，夫妻一方或者雙方負有舉證責任，夫妻應當證明在發生債權債務關係時，相對人確已知道該約定。本款中的「夫或者妻一方對外所負的債務」，是指夫妻一方以自己的名義與相對人之間產生的債務，至於是為夫妻共同生活所負的債務，還是個人債務，在所不問，即無論是為子女教育所負的債務，或者個人從事經營所負的債務，還是擅自資助個人親友所負的債務，都適用本款的規定。

第一千零六十六條　婚姻關係存續期間，有下列情形之一的，夫妻一方可以向人民法院請求分割共同財產：

（一）一方有隱藏、轉移、變賣、毀損、揮霍夫妻共同財產或者偽造夫妻共同債務等嚴重損害夫妻共同財產利益的行為；

（二）一方負有法定扶養義務的人患重大疾病需要醫治，另一方不同意支付相關醫療費用。

■ 條文主旨

本條是關於婚姻關係存續期間分割夫妻共同財產的規定。

■ 條文釋義

民法典婚姻家庭編實行的是以法定財產制為主、約定財產制為輔的夫妻財產制度。約定財產制具有優先於法定財產制適用的效力。夫妻雙方根據實際情況，可以在婚前或者婚姻存續任意時間約定婚姻關係存續期間所得的財產以及婚前財產歸各自所有、共同所有或者部分各自所有、部分共同所有。只要雙方合意，也可以隨時變更或者撤銷原約定。如果夫妻雙方未就夫妻財產作出約定，或者所作約定不明確，或者所作約定無效時，就適用夫妻法定財產制。在夫妻法定財產制下，夫妻雙方對於夫妻共同財產享有共同所有權，即對夫妻共同財產不分份額地共同享有權利並承擔義務。

夫妻共同財產制有利於保障夫妻中經濟能力較弱一方的權益，有利於實現真正的夫妻地位平等，符合我國文化傳統和當前絕大多數人對夫妻財產制的要求，有利於維繫更加平等、和睦的家庭關係。但在現實生活中，存在一些夫妻一方通過各種手段侵害另一方的共有財產權益的情況，這時，如果夫妻雙方離婚，進而分割共同財產，徹底解決問題，當然是最好

的。可由於種種原因，夫妻雙方或者一方不願意離婚，只是要求人民法院解決財產問題，此時應如何處理，是否允許夫妻分割共同財產，是這次編纂民法典婚姻家庭編中的一個爭議較大的問題。

根據本條規定，婚姻關係存續期間，夫妻雙方一般不得請求分割共同財產，只有在法定情形下，夫妻一方才可以向人民法院請求分割共同財產，法定情形有兩項：

一種情形是一方有隱藏、轉移、變賣、毀損、揮霍夫妻共同財產或者偽造夫妻共同債務等嚴重損害夫妻共同財產利益的行為。

夫妻共同財產主要指夫妻雙方在婚姻關係存續期間所得的財產，根據本法第 1062 條的規定，夫妻共同財產包括工資、獎金和勞務報酬；生產、經營、投資的收益；知識產權的收益；繼承或者受贈的財產，但是遺囑或者贈與合同中確定只歸一方的財產的除外；其他應當歸共同所有的財產。夫妻共同財產從性質上說，屬於共同共有。夫妻在婚姻關係存續期間，無論屬於雙方或者一方的收入，無論各自收入的數量多少，也無論其中一方有無收入，夫妻作為共同生活的伴侶，對共同財產享有平等的所有權。對共同財產，夫妻雙方均有依法佔有、使用、收益和處分的權利。本法第 1062 條就明確規定，夫妻對共同財產，有平等的處理權。夫妻在處分共同財產時，應當平等協商，取得一致意見，任何一方不得違背他方的意志，擅自處理。特別是對共有財產作較大的變動時，如出賣、贈與等，更應徵得他方的同意，否則就侵犯了另一方對共有財產的所有權。實踐中，比較典型的就是夫妻一方隱藏、轉移、變賣、毀損、揮霍夫妻共同財產或者偽造夫妻共同債務等行為，這些都屬於嚴重損害了夫妻共同財產利益的行為。隱藏，是指將財產藏匿起來，不讓他人發現，使另一方無法獲知財產的所在從而無法控制。轉移，是指私自將財產移往他處，或者將資金取出移往其他賬戶，脫離另一方的掌握。變賣，是指將財產折價賣給他人。毀損，是指採用打碎、拆卸、塗抹等破壞性手段使物品失去原貌，失去或者部分失去原來具有的使用價值和價值。揮霍，是指超出合理範圍任意處置、浪費夫妻共同財產。偽造夫妻共同債務，是指製造內容虛假的債務憑證，包括合同、欠條等，意圖侵佔另一方財產。上述違法行為，在主觀上只能是故意，不包括過失行為，如因不慎將某些共同財產毀壞，只要沒有故意，不屬於本條規定之列。

另一種情形是一方負有法定扶養義務的人患重大疾病需要醫治，另一方不同意支付相關醫療費用。

這裏所指的扶養是廣義上的扶養，即一定範圍的親屬之間互相供養和扶助的法律關係。廣義的扶養包括撫養、贍養和狹義的扶養。撫養是就長輩對晚輩而言，主要指父母對未成年子女，祖父母對孫子女，外祖父母對外孫子女的供養；贍養是就晚輩對長輩而言，主要指子女對父母，孫子女對祖父母、外孫子女對外祖父母的供養；扶養是就平輩而言，主要是夫妻之間和兄弟姐妹之間的供養。

扶養還可以分為法定扶養、協議扶養和遺囑扶養。法定扶養是指基於法律強制性規定的扶養；協議扶養是指基於合同而產生的扶養；遺囑扶養是指基於遺囑產生的扶養。本條規定明確僅指法定扶養。本法對法定扶養義務作了明確規定。第 1059 條規定：「夫妻有相互扶養

的義務。需要扶養的一方，在另一方不履行扶養義務時，有要求其給付扶養費的權利。」第1067條規定：「父母不履行撫養義務的，未成年子女或者不能獨立生活的成年子女，有要求父母給付撫養費的權利。成年子女不履行贍養義務的，缺乏勞動能力或者生活困難的父母，有要求成年子女給付贍養費的權利。」第1071條第2款規定：「不直接撫養非婚生子女的生父或者生母，應當負擔未成年子女或者不能獨立生活的成年子女的撫養費。」第1072條第2款規定：「繼父或者繼母和受其撫養教育的繼子女間的權利義務關係，適用本法關於父母子女關係的規定。」第1074條規定：「有負擔能力的祖父母、外祖父母，對於父母已經死亡或者父母無力撫養的未成年孫子女、外孫子女，有撫養的義務。有負擔能力的孫子女、外孫子女，對於子女已經死亡或者子女無力贍養的祖父母、外祖父母，有贍養的義務。」第1075條規定：「有負擔能力的兄、姐，對於父母已經死亡或者父母無力撫養的未成年弟、妹，有扶養的義務。由兄、姐扶養長大的有負擔能力的弟、妹，對於缺乏勞動能力又缺乏生活來源的兄、姐，有扶養的義務。」應當根據這些法律規定來確定夫妻一方是否負有法定扶養義務。

關於「重大疾病」，本條沒有作出明確界定，疾病是否認定為重大，在司法實踐中應當參照醫學上的認定，借鑒保險行業中對重大疾病的劃定範圍，一般認為，某些需要長期治療、花費較高的疾病，如糖尿病、腫瘤、脊髓灰質炎等，或者直接涉及生命安全的疾病屬於重大疾病。「相關醫療費用」主要指為治療疾病需要的必要、合理費用，不應包括營養、陪護等費用。

夫妻一方負有法定扶養義務的人患有重大疾病需要醫治，如果另一方不同意支付相關醫療費用的，一方可以請求人民法院分割夫妻共同財產。

第二節　父母子女關係和其他近親屬關係

> **第一千零六十七條　父母不履行撫養義務的，未成年子女或者不能獨立生活的成年子女，有要求父母給付撫養費的權利。**
>
> **成年子女不履行贍養義務的，缺乏勞動能力或者生活困難的父母，有要求成年子女給付贍養費的權利。**

■ 條文主旨

本條是關於父母與子女之間撫養和贍養義務的規定。

■ 條文釋義

父母對未成年子女的撫養、教育和保護義務，主要包括進行生活上的照料，保障未成年

人接受義務教育，以適當的方式、方法管理和教育未成年人，保護未成年人的人身、財產不受到侵害，促進未成年人的身心健康發展等。成年子女對父母的贍養、扶助和保護義務，主要包括子女對喪失勞動能力或者生活困難的父母，要進行生活上的照料和經濟上供養，從精神上慰藉父母，保護父母的人身、財產權益不受侵害。

本法總則編第 26 條是對父母子女之間法律義務的一般性規定。民法典婚姻家庭編以及未成年人保護法、老年人權益保障法等對此作出了更為具體的規定。本條規定就是對第 26 條中有關父母與子女之間撫養和贍養義務的細化規定。

一、父母對子女的撫養義務

撫養子女既是父母應盡的義務，也是子女應享有的權利。撫養是指父母撫育子女的成長，並為他們的生活、學習提供一定的物質條件。憲法第 49 條就明確規定，父母有撫養教育未成年子女的義務。父母對未成年子女的撫養是無條件的，在任何情況下都不能免除；即使父母已經離婚，對未成年的子女仍應依法履行撫養的義務。父母對成年子女的撫養是有條件的，在成年子女沒有勞動能力或者出於某種原因不能獨立生活時，父母也要根據需要和可能，負擔其生活費用或者給予一定的幫助。對有獨立生活能力的成年子女，父母自願給予經濟幫助，法律並不干預。

既是法定義務，父母作為義務人就應當積極主動履行此項義務。但實踐中由於種種原因有的父母沒有履行撫養義務，基於此，本條第 1 款明確規定：「父母不履行撫養義務的，未成年子女或者不能獨立生活的成年子女，有要求父母給付撫養費的權利。」因父母不履行撫養義務而引起的糾紛，可由有關部門調解或者向人民法院提出追索撫養費的訴訟。人民法院應根據子女的需要和父母的撫養能力，通過調解或者判決，確定撫養費的數額、給付的期限和方法。對拒不履行撫養義務，惡意遺棄未成年子女已構成犯罪的，還應當根據我國刑法的有關規定追究其刑事責任。

二、子女對父母的贍養義務

父母對子女有撫養的義務，同時子女對父母也有贍養的義務。贍養，是指子女在物質上和經濟上為父母提供必要的生活條件。父母撫養教育了子女，也為社會創造了財富，為民族培養了後代，他們理應得到社會和家庭的尊敬和照顧。根據憲法第 45 條規定，中華人民共和國公民在年老的情況下，有從國家和社會獲得物質幫助的權利。根據該規定，老年職工可以按照國家的規定領取退休金，沒有親屬供養的老人可以享受國家和集體提供的福利。老年人權益保障法第 4 條第 2 款規定，國家和社會應當採取措施，健全保障老年人權益的各項制度，逐步改善保障老年人生活、健康、安全以及參與社會發展的條件，實現老有所養、老有所醫、老有所為、老有所學、老有所樂。老年人有從國家和社會獲得物質幫助的權利。但是，在我國發展的現階段，贍養老人還是家庭的一項重要職能。國家和社會對老年人的物質幫助，還不能完全取代家庭在這方面的作用。子女對父母履行贍養扶助義務，是對家庭和社會應盡的責任。憲法第 49 條中明確規定，成年子女有贍養扶助父母的義務。老年人權益保障法第 13 條進一步規定，老年人養老以居家為基礎，家庭成員應當尊重、關心和照料老

年人。子女作為贍養人，應當履行對老年人經濟上供養、生活上照料和精神上慰藉的義務，照顧老年人的特殊需要。兒子和女兒都有義務贍養父母，已婚婦女也有贍養其父母的義務和權利。

一切有經濟能力的子女，對喪失勞動能力，無法維持生活的父母，都應予以贍養。對不在一起生活的父母，應根據父母的實際生活需要和子女的負擔能力，給付一定的贍養費用。贍養費用一般不低於子女本人或者當地的普通生活水平，有兩個以上子女的，可依據不同的經濟條件，共同負擔贍養費用。經濟條件較好的子女應當自覺、主動地承擔較大的責任。贍養人之間也可以就履行贍養義務簽訂協議，但不得違反法律的規定和老年人的意願。基層群眾性自治組織、老年人組織或者贍養人所在單位監督協議的履行。

如果子女不履行贍養義務，需要贍養的父母可以通過有關部門進行調解或者向人民法院提起訴訟。人民法院在處理贍養糾紛時，應當堅持保護老年人的合法權益的原則，通過調解或者判決使子女依法履行贍養義務。本條第 2 款就專門對贍養費作出規定：「成年子女不履行贍養義務的，缺乏勞動能力或者生活困難的父母，有要求成年子女給付贍養費的權利。」對負有贍養義務而拒絕贍養，情節惡劣構成遺棄罪的，還應當承擔刑事責任。

適用本條時，應當注意本條適用於婚生父母子女之間、非婚生父母子女之間、構成撫養教育關係的繼父母子女之間和養父母子女之間的關係。

第一千零六十八條　父母有教育、保護未成年子女的權利和義務。未成年子女造成他人損害的，父母應當依法承擔民事責任。

■ 條文主旨

本條是關於父母教育、保護未成年子女的權利和義務的規定。

■ 條文釋義

本法總則編第 26 條規定：「父母對未成年子女負有撫養、教育和保護的義務。成年子女對父母負有贍養、扶助和保護的義務。」對未成年子女的教育和保護是父母的重要職責。

所謂教育，是指父母要按照法律和道德要求，採取正確的方法，對其未成年子女進行教導，並對其行為進行必要的約束，其目的是保障未成年子女的身心健康。未成年子女是未滿 18 周歲的人，不論在生理上還是在心理上，都處在未完全成熟時期，他們的人生觀、世界觀也尚未完全形成，辨別是非的能力和控制自己行為的能力都很弱。在這個時期，他們極易接受外界的不良影響，養成不良習慣，實施不良行為。因此，父母應當加強對其未成年子女的教育，提高他們的心理素質，培養他們的良好品行，增強他們辨別是非的能力，保證他們的心理健康。對未成年子女的管教，應當從小抓起。兒童時期正是開始學知識、長見識的時

期，也正是思想活躍，但是非觀念模糊的時期，容易接受好的東西，也容易接受壞的東西。從這個時期開始對未成年子女進行理想、道德、法治、愛國主義、集體主義、社會主義教育，這樣就可以用好的、美的、正確的思想觀念，去充實他們的內心世界，保障他們身心健康地成長。當前，在社會上仍然存在不少妨害未成年人勤學向上、健康成長的消極因素。如一些企業和場所違法經營，渲染暴力、淫穢、色情內容的非法出版物屢禁不止，吸毒、賣淫等社會醜惡現象沉渣泛起等。這些醜惡社會現象，不僅嚴重地污染了社會風氣，危害了未成年人的心理健康，也為未成年人誤入歧途，走上犯罪道路，提供了不良土壤。父母應當就不良行為的性質、範圍、危害等對未成年子女進行專門教育，使其樹立防範意識；對於已有不良行為的未成年子女，則應當加強教育約束，制止和糾正其不良行為。對未成年子女的管教應當尊重其人格尊嚴，根據適應未成年人身心發展的特點，通過多種形式進行教育和管束。雖然在管教過程中，父母可以對未成年子女使用適當的懲戒手段，但不得對其使用暴力或以其他形式進行虐待。

父母對子女有教育義務。教育子女是家庭的一項重要職能，家庭教育對子女的成長有很大的影響。父母子女間的親密關係，為教育子女提供了有利的條件。因此，教育好子女是父母雙方在法律上應盡的義務，也是社會道德的必然要求。那種對子女只撫養不教育，或者只顧眼前利益讓子女「棄學務農」「棄學從商」的做法，是不符合民法典婚姻家庭編的精神的，同時也是違反義務教育法和未成年人保護法等法律規定，應當承擔相應的法律責任。

所謂保護，是指父母應當保護其未成年子女的人身安全和合法權益，預防和排除來自外界的危害，使其未成年子女的身心處於安全狀態。本法總則編第 34 條第 1 款規定：「監護人的職責是代理被監護人實施民事法律行為，保護被監護人的人身權利、財產權利以及其他合法權益等。」根據該規定，父母對其未成年子女的保護主要包括人身保護和財產保護。對未成年子女的人身保護主要包括：照顧未成年子女的生活，保護其身體健康；保護未成年子女的人身不受侵害；為未成年子女提供住所等。對未成年子女的財產保護主要指為未成年子女的利益，管理和保護其財產權益，除為未成年子女的利益外，不得處理屬於該未成年子女的財產。如果父母未履行監護職責或者侵害未成年子女合法權益，造成未成年子女損失的，應當賠償損失。父母對未成年子女的保護還體現在，父母代理其未成年子女實施民事法律行為。當未成年子女的權益受到侵害時，其父母有權以法定代理人身份提起訴訟，維護未成年子女的合法權益。

需要注意的是，父母作為未成年子女的法定代理人和監護人，其對未成年子女的教育和保護既是權利又是義務，本法總則編第 34 條第 2 款就明確規定：「監護人依法履行監護職責產生的權利，受法律保護。」

本條還明確規定：「未成年子女造成他人損害的，父母應當依法承擔民事責任。」這是為了充分保護受害一方的合法權益，增強父母對其未成年子女教育的責任感。至於承擔民事責任的條件、方法等，應當適用相關法律規定。本法侵權責任編第 1188 條對此作了明確規定：「無民事行為能力人、限制民事行為能力人造成他人損害的，由監護人承擔侵權責任。

監護人盡到監護職責的，可以減輕其侵權責任。有財產的無民事行為能力人、限制民事行為能力人造成他人損害的，從本人財產中支付賠償費用；不足部分，由監護人賠償。」第1189條規定：「無民事行為能力人、限制民事行為能力人造成他人損害，監護人將監護職責委託給他人的，監護人應當承擔侵權責任；受託人有過錯的，承擔相應的責任。」

第一千零六十九條　子女應當尊重父母的婚姻權利，不得干涉父母離婚、再婚以及婚後的生活。子女對父母的贍養義務，不因父母的婚姻關係變化而終止。

■ 條文主旨

本條是關於保障老年人婚姻權利的規定。

■ 條文釋義

本法第1041條規定的「婚姻自由」是我國婚姻家庭制度中的首要內容。婚姻自由既包含了年輕人的婚姻自由，自然也包括老年人的婚姻自由，這一內涵本來是不言而喻的。然而，現實生活中反映出的突出問題是，喪偶或者離異的老人不在少數，而老年人再婚是障礙多、麻煩大、難上難。因此，本條專門作出有針對性的規定，進一步使「婚姻自由」在老年人婚姻問題上有具體的體現，以達到保障老年人再婚自由的目的。

本條規定：「子女應當尊重父母的婚姻權利，不得干涉父母離婚、再婚以及婚後的生活。子女對父母的贍養義務，不因父母的婚姻關係變化而終止。」從這一規定來看，主要強調了兩個方面的內容：

第一，老年人的婚姻自由受法律保護，子女應當尊重父母的婚姻權利，包括離婚和再婚的自主權利，尤其是不得因一己私利和世俗偏見阻撓干涉父母再婚。父母是否再婚，與誰結婚應由其自主決定。父母再婚後，子女不得干涉父母婚後的生活，比如，子女不得干涉父母選擇居所或者依法處分個人財產。

第二，子女對父母的贍養義務，不因父母的婚姻關係變化而終止。本法總則編第26條第2款規定，成年子女對父母負有贍養、扶助和保護的義務。本法第1067條規定，成年子女不履行贍養義務的，缺乏勞動能力或者生活困難的父母，有要求成年子女給付贍養費的權利。子女對父母的贍養義務，包括對老年人經濟上的供養、生活上的照料和精神上的慰藉義務，並應當照顧老年人的特殊需要。比如，提供生活費或實物、體力上給予幫助和精神上予以尊敬、關懷等，對患病的老年人還應當提供醫療費用和進行護理。子女對父母的贍養義務是無期限的，只要父母需要贍養，子女就應當履行這一義務。父母婚姻關係的變化不導致子女贍養義務的解除，子女不能因父母再婚而對父母不聞不問，相互推諉，不盡贍養義務。在有贍養能力的子女不履行贍養義務時，沒有勞動能力或生活困難的父母，有要求子女給付贍

養費的權利。父母可以直接向子女索要贍養費，也可以請求有關組織，如子女所在單位、居民委員會、村民委員會調解，還可以直接向人民法院起訴要求給付贍養費。

第一千零七十條　父母和子女有相互繼承遺產的權利。

■ 條文主旨

本條是關於父母子女之間相互遺產繼承權的規定。

■ 條文釋義

根據本條的規定，子女可以繼承其父母的遺產，父母可以繼承其子女的遺產。也可以理解為，父母與子女之間相互有繼承權。這種權利是以雙方之間的身份為依據的。父母、子女都是被繼承人的最近的直系血親，他們之間有極為密切的人身關係和財產關係。根據本法繼承編第 1127 條的規定，子女、父母都是第一順序的繼承人。

一、父母

這裏享有繼承權的父母，包括生父母、養父母和有撫養關係的繼父母。被繼承人的父和母，繼承其死亡子女的財產的權利是平等的。

親生父母與子女之間的關係，是自然血親關係。親生父母有對其子女的繼承權。父母之間的婚姻的離異和變化，不影響親生父母與子女之間的關係，父母即使離婚，也可以繼承其親生子女的財產。如父母有撫養能力和撫養條件，但未盡撫養子女的義務，在分配子女的遺產時，應當不分或者少分。

養父母，是指收養他人子女為自己子女的人。養父母與養子女雖不是己身所出的血親，但基於收養關係的確立並對子女盡了撫養義務，是擬製血親，與親生父母處於同等的繼承地位。養父母對養子女而言，只要他們之間的收養關係沒有中斷，權利義務依然存在。養父母離婚的，雙方仍然對養子女進行撫養的，仍可以繼承其養子女的財產。如果養父母離婚，養子女歸一方撫養，未盡撫養義務的另一方不能繼承養子女的財產。

繼父母如果盡了撫養義務，與繼子女之間產生一種特殊的擬製血親。盡了撫養義務的繼父母在繼承上與親生父母處於相同的法律地位。如果繼父與生母離婚，繼子女隨生母生活，繼父與繼子女之間的撫養關係中斷，繼父與繼子女之間的血親關係消滅，繼父不享有繼子女的財產繼承權。反之繼母與生父離婚，繼子女隨生父生活，繼母與繼子女之間的撫養關係中斷，繼母與繼子女之間的血親關係消滅，繼母不享有繼子女的財產繼承權。

二、子女

享有繼承權的子女，包括親生子女、養子女和有撫養關係的繼子女。

親生子女包括婚生子女和非婚生子女。不論婚生子女，還是非婚生子女，都有同等的繼

承權。成年子女有贍養能力和贍養條件，但未盡贍養義務，在分配父母遺產時，應當不分或者少分。

養子女，是指被收養的子女。收養他人子女為自己子女的人為養父母。收養關係一經確立，養子女取得與親生子女同等的法律地位，同時養子女與生父母之間的權利義務關係消除。這樣養子女可以繼承養父母的財產，但不能繼承其生父母的財產。如果撫養關係解除，養父母與養子女之間的撫養關係中斷，原養子女就享有對生父母財產的繼承權。

繼子女是夫妻一方對另一方與其前夫或前妻所生子女而言。繼子女與繼父或者繼母之間形成了撫養和贍養關係，繼子女對繼父或者繼母的財產有繼承權。如果繼父與生母或繼母與生父離婚，繼父母不再撫養繼子女，原繼子女也不再贍養原繼父母，原繼子女不享有對原繼父母財產的繼承權。還有一點要注意，因為親生父母子女之間的天然血親關係不因父母離婚而消滅，因此，有撫養和贍養關係的繼子女在繼承繼父母遺產的同時，仍然有權繼承自己生父母的遺產。但是，如果有贍養能力和贍養條件的繼子女對其生父或者生母未盡贍養義務，在遺產分割上，就應當少分或不分。

作為繼承人的子女，不論性別，不論已婚還是未婚，都平等地享有繼承權。在我國現實生活中，特別是在廣大農村地區，女兒出嫁後，由於一些重男輕女的封建思想，如女兒不能傳宗接代，出嫁後，不能在娘家頂門立戶等，存在着忽視或取消已婚女兒繼承權的現象。按照本條和本法繼承編的有關規定，這種做法是錯誤的。法律保護已婚女兒合法的繼承權利。如果女兒出嫁後，贍養其父母的義務主要由她的兄弟們承擔。在這種情況下，已婚女兒往往就不提繼承父母財產的要求了，這可以視為其放棄繼承權。這種情況，既符合繼承法中權利義務相一致的原則，也符合一般情況和不少地區的風俗習慣。

第一千零七十一條　非婚生子女享有與婚生子女同等的權利，任何組織或者個人不得加以危害和歧視。

不直接撫養非婚生子女的生父或者生母，應當負擔未成年子女或者不能獨立生活的成年子女的撫養費。

■ 條文主旨

本條是關於非婚生子女和父母的權利和義務的規定。

■ 條文釋義

非婚生子女，是指沒有婚姻關係的男女所生的子女，包括未婚男女雙方所生的子女或者已婚男女與婚外第三人發生兩性關係所生的子女。對於無效婚姻或者被撤銷婚姻的當事人所生子女，有的國家將其視為非婚生子女，有的國家則基於保護子女權益的需要仍然規定其為

婚生子女。

　　根據本法的規定，對非婚生子女的保護主要有以下幾個方面：

一、對非婚生子女不得加以歧視和危害

　　對於非婚生子女的歧視和危害主要有兩個方面：一方面是來自家庭內部的歧視和危害。當非婚生子女的生母或者生父與第三方結婚，非婚生子女一般也會隨父親或者母親來到新的家庭。由於非婚生子女的加入涉及家庭財產的分割等若干利益衝突，非婚生子女往往受到新家庭成員的歧視和虐待。另一方面是來自社會各方面的歧視和危害。雖然近些年來人們對非婚生子女的認識有了很大的改變，但仍然有一些人還是將對非婚生子女生父母行為的異議和鄙視，發洩在非婚生子女身上，致使一些非婚生子女的身心受到了極大的傷害。因此，對於非婚生子女而言，其所在的幼兒園、學校、工作單位及住所地對其成長都會產生很大的影響，各方面不僅不得歧視和迫害非婚生子女，還應當認識到非婚生子女是無辜的，他們的身份不是自己所選擇的，社會各界應當對於當事人的隱私給予應有的尊重和保護，給非婚生子女更多的關愛，以彌補他們在家庭生活中的缺憾。總之，給非婚生子女一個健康的生存環境，應當成為社會文明程度的標誌。

二、非婚生子女的生父、生母都應當負擔子女的撫養費

　　1980 年婚姻法僅規定非婚生子女的生父應當負擔其子女生活費和教育費的一部分或全部。這主要是由於當時非婚生子女一般都是隨生母生活，因此，法律上需要強調生父應當承擔的責任。但是，社會生活中有不少非婚生子女隨生父生活的情況，這就要求法律對這種情況作出規定，明確其生母在此情況下應當承擔的責任，否則，會造成非婚生子女父母雙方法律地位的不平等，無法充分保障非婚生子女的健康成長。因此，2001 年修改婚姻法時對此問題作出了修改，明確只要不與非婚生子女生活在一起，未直接撫養非婚生子女的，不論是生父還是生母，都應當負擔子女的生活費和教育費，直到該子女獨立生活時為止。本次編纂民法典，對這一規定作了進一步的完善，明確不直接撫養非婚生子女的生父或者生母，應當負擔未成年子女或者不能獨立生活的成年子女的撫養費。如果不與非婚生子女生活在一起的一方拒絕履行該撫養義務的，那麼，非婚生子女有權向人民法院起訴要求其承擔相應的義務。

三、非婚生子女與生父母間有相互繼承遺產的權利

　　本法繼承編第 1127 條規定：「遺產按照下列順序繼承：（一）第一順序：配偶、子女、父母；（二）第二順序：兄弟姐妹、祖父母、外祖父母。繼承開始後，由第一順序繼承人繼承，第二順序繼承人不繼承；沒有第一順序繼承人繼承的，由第二順序繼承人繼承。本編所稱子女，包括婚生子女、非婚生子女、養子女和有扶養關係的繼子女。本編所稱父母，包括生父母、養父母和有扶養關係的繼父母。本編所稱兄弟姐妹，包括同父母的兄弟姐妹、同父異母或者同母異父的兄弟姐妹、養兄弟姐妹、有扶養關係的繼兄弟姐妹。」繼承編的這一規定，使我國的非婚生子女在繼承時與婚生子女完全享有相同的權利和義務，使非婚生子女不會因為其出生問題受到不公平的待遇，在繼承財產時不分或者少分。同樣，在非婚生子女的父母繼承非婚生子女的財產時，他們之間的權利和義務也完全等同於父母子女之間的權利和義務。

> **第一千零七十二條**　繼父母與繼子女間，不得虐待或者歧視。
>
> 　　繼父或者繼母和受其撫養教育的繼子女間的權利義務關係，適用本法關於父母子女關係的規定。

■ 條文主旨

本條是關於繼父母與繼子女的權利義務的規定。

■ 條文釋義

繼父母，是指子女母親或者父親再婚的配偶；繼子女，是指夫或者妻一方與前配偶所生的子女。繼父母和繼子女的關係是因子女的生父或者生母再婚而形成的，即生父母一方死亡，另一方再婚，或者生父母離婚，生父或者生母再婚。

我國法律對繼父母子女關係一直給予了足夠的重視。1950年婚姻法第16條規定，夫對於妻所撫養的與前夫所生的子女或妻對其夫所撫養的與前妻所生的子女，不得虐待和歧視。該條雖然沒有使用「繼子女」的概念，但在立法中第一次確定繼子女的法律地位。1980年婚姻法明確規定了繼父母繼子女的權利和義務，並且規定繼父母和繼子女之間不得虐待和歧視，繼父或繼母和受其撫養教育的繼子女間的權利義務，適用法律中父母子女關係的有關規定。1985年繼承法明確規定，法定繼承人範圍中的子女包括有扶養關係的繼子女、父母包括有扶養關係的繼父母、兄弟姐妹包括有扶養關係的繼兄弟姐妹。多年的實踐證明，我國法律中有關繼父母繼子女的規定是行之有效的，所以，這次編纂民法典沒有對現行法律中有關繼父母和繼子女的規定作出改動。

一、繼父母和繼子女之間不能相互虐待或者歧視

本條第1款明確規定：「繼父母與繼子女間，不得虐待或者歧視。」由於我國長期處於封建社會，所以，繼子女的社會地位一直很低下，他們受到家庭和社會的虐待和歧視的情況比比皆是。雖然新中國成立以來，對繼子女權利的保護有了充分的法律依據，但封建殘餘思想仍影響着一些人。有的繼父母不僅在生活上不給繼子女提供應有的保障，而且還以種種理由剝奪了繼子女受教育的權利；有的繼父母對繼子女採取打罵、體罰等手段從各方面來折磨和摧殘繼子女。而反過來，繼子女長大後或者一些成年的繼子女，出於報復等心理又對繼父母進行打罵和虐待，使一些繼父母晚年的生活極為不幸，得不到繼子女的贍養。因此，一方面應當加大對繼子女的保護力度，使他們不能因為父母婚姻狀況的改變而受到不公正的待遇；另一方面也應當重視對繼父母權利的保護，保障他們能老有所養。繼父母和繼子女之間不能相互虐待和歧視的條款，不僅適用於因生父母與繼父母結婚而形成的單純的姻親關係，而且也包括已形成撫養關係的繼父母與繼子女。

二、繼父母子女之間的權利義務關係

我國法律中的父母子女關係可分為婚生父母子女關係、非婚生父母子女關係、養父母子

女關係和繼父母子女關係四種。前三種父母子女關係都適用民法典關於父母子女關係權利義務的有關規定，只有繼父母子女關係不能一概適用，而是有條件地適用父母子女關係權利義務的規定。

根據第 2 款的規定，繼父母與接受其撫養教育的繼子女之間，屬於法律上的擬製血親關係，產生父母子女間的權利義務關係，而未形成撫養關係的繼父母和繼子女之間則不發生父母子女的權利義務關係。但這種擬製血親關係又和繼父母收養繼子女有所不同，它不以解除繼子女與其生父母間的權利和義務關係為前提。繼父或者繼母和受其撫養教育的繼子女間的權利義務關係，適用本法關於父母子女關係的有關規定，主要包括以下幾層含義：一是繼父母對繼子女有撫養和教育的義務。繼父母不僅要保證繼子女的生活所需，而且要保證繼子女能接受正常的教育。對於不履行撫養義務的繼父母，未成年的繼子女或者不能獨立生活的繼子女，有要求給付撫養費的權利。二是繼子女對繼父母有贍養和扶助的義務。在通常情況下，受繼父母撫養成人並獨立生活的繼子女，應當承擔贍養繼父母的義務。繼子女不履行贍養義務時，缺乏勞動能力或者生活困難的繼父母，有要求繼子女支付贍養費的權利。三是繼父母和繼子女之間有相互繼承財產的權利。本法繼承編第 1127 條規定：「遺產按照下列順序繼承：（一）第一順序：配偶、子女、父母；（二）第二順序：兄弟姐妹、祖父母、外祖父母。…… 本編所稱子女，包括婚生子女、非婚生子女、養子女和有扶養關係的繼子女。本編所稱父母，包括生父母、養父母和有扶養關係的繼父母 …… 」四是繼父母有教育、保護未成年繼子女的權利和義務。在未成年繼子女造成他人損害的，繼父母應當依法承擔民事責任。

> **第一千零七十三條** 對親子關係有異議且有正當理由的，父或者母可以向人民法院提起訴訟，請求確認或者否認親子關係。
>
> 對親子關係有異議且有正當理由的，成年子女可以向人民法院提起訴訟，請求確認親子關係。

■ 條文主旨

本條是關於親子關係異議之訴的規定。

■ 條文釋義

親子關係確立制度，是指有關子女與父母之間是否確立親子關係的制度，傳統的親子關係確立制度包括親子關係的推定、否認、認領和非婚生子女的准正等。不同國家和地區的親子關係確立制度基於社會經濟狀況、文化傳統、宗教道德、社會習慣等的不同而有一定的差異。在親子關係確立制度上，各國都根據自己國家的國情等實際情況來構建具體制度。

　　本條規定分為兩款，根據提起訴訟主體的不同，分別規定了父或者母作為提起訴訟主體的親子關係異議之訴和成年子女作為提起訴訟主體的親子關係異議之訴。

　　本條第 1 款規定：「對親子關係有異議且有正當理由的，父或者母可以向人民法院提起訴訟，請求確認或者否認親子關係。」理解本款規定，注意以下幾個問題：

　　第一，關於提起訴訟的主體。本款規定的提起訴訟的主體限於「父或者母」。

　　第二，關於訴訟請求。根據本款規定，父或者母向人民法院提起的訴訟請求為「確認或者否認親子關係」。

　　第三，關於提起訴訟的條件。根據本款規定，父或者母向人民法院請求確認或者否認親子關係的訴訟請求，必須滿足「對親子關係有異議且有正當理由」的條件。「對親子關係有異議」是指父或者母認為現存的親子關係是錯誤的，自己不是或者應是他人生物學意義上的父或者母。對親子關係有異議，進而請求人民法院確認或者否認親子關係，這是當然之義。親子關係對婚姻家庭關係影響巨大，更可能涉及未成年人合法權益的保護，如果任憑當事人的懷疑或者猜測就允許其提起親子關係之訴，不利於夫妻關係和社會秩序的穩定，不利於構建和諧社會的總體要求。父或者母對親子關係有異議時，還需要舉證證明其「有正當理由」，才能提起親子關係之訴。如何認定「有正當理由」，本款沒有作出具體界定，實踐中應當由人民法院根據案件的具體情況來作出判斷。比如，當事人應當提供初步證據證明其提出的確認或者否認親子關係的主張，如丈夫提供的醫院開具其無生殖能力的證明，又如有權機構開具的其與某人不存在親子關係的親子鑒定書等。人民法院根據當事人提供的初步證據，經審查符合「有正當理由」的條件的，對其提起的親子關係異議之訴才能予以受理。

　　本條第 2 款規定：「對親子關係有異議且有正當理由的，成年子女可以向人民法院提起訴訟，請求確認親子關係。」理解本款規定，注意以下幾個問題：

　　第一，關於提起訴訟的主體。本款規定的提起訴訟的主體限於「成年子女」。這裏的「子女」僅指生子女，即不包括養子女和繼子女。

　　第二，關於訴訟請求。根據本款規定，成年子女向人民法院提起的訴訟請求為「確認親子關係」。與第 1 款規定不同的是，成年子女不能請求人民法院否認親子關係。這主要是因為在審議過程中，有的地方、部門和專家學者提出，允許成年子女提起親子關係否認之訴，可能會導致其逃避對父母的贍養義務，建議對成年子女提起此種訴訟予以限制。從調研的情況來看，實踐中，成年子女提起否認親子關係之訴，主要的目的是逃避法律規定的對父母的贍養義務，即使被否認的「父母」已對其盡到撫養義務，這不符合社會主義核心價值觀的要求，因此，本款規定對這種情形作了限制，不允許成年子女提起否認親子關係之訴。

　　第三，關於提起訴訟的條件。根據本款規定，成年子女向人民法院請求確認親子關係的訴訟請求，必須滿足「對親子關係有異議且有正當理由」的條件。這與第 1 款的規定相同，不再贅述。

> **第一千零七十四條**　有負擔能力的祖父母、外祖父母，對於父母已經死亡或者父母無力撫養的未成年孫子女、外孫子女，有撫養的義務。
>
> 　有負擔能力的孫子女、外孫子女，對於子女已經死亡或者子女無力贍養的祖父母、外祖父母，有贍養的義務。

■ 條文主旨

本條是關於祖父母、外祖父母與孫子女、外孫子女之間撫養和贍養義務的規定。

■ 條文釋義

祖父母、外祖父母與孫子女和外孫子女是隔代的直系血親關係，他們之間在具備法律條件的情況下，可以形成撫養和贍養關係。就我國目前情況看，雖然三代同居家庭的數量在逐步減少，但由於我國人口基數較大，所以三代同居的家庭仍佔着不小的比例。隨着經濟的發展，人的壽命在普遍延長，人口的老齡化已成為一個不容忽視的社會性問題。我國的社會保障體系雖然逐步完善，但僅靠社會的力量還不能完全承擔對老年人的贍養。同樣，對於父母已經死亡或者無力撫養的孫子女、外孫子女，社會福利機構也沒有能力完全承擔起撫養的義務。因此，隔代撫養可以說是我國在相當長的時間內將面臨的一個問題，扶老育幼不僅是中華民族需要發揚光大的優良傳統，而且也需要法律對此問題作出明確的規定。根據本條的規定，祖孫之間撫養或者贍養關係的形成應當具備以下條件：

一、被撫養、贍養人的父母、子女死亡或者無撫養、贍養能力

此條件主要包括兩種情況：（1）子女在未成年時父母雙亡，或者父母喪失撫養能力；（2）子女在成年後死亡或者喪失扶養能力，無法贍養其父母。

二、被撫養、贍養人確實有困難需要被撫養、贍養

祖孫之間撫養贍養關係的形成必須建立在一方確實有困難的基礎上，如果被扶養人有一定的經濟收入或者經濟來源，完全能負擔自身的生活所需，那麼，就不能要求祖父母、外祖父母或者孫子女、外孫子女來承擔其撫養或者贍養義務。當然，我國有着尊老愛幼的優良傳統，如果祖孫之間完全基於親情，在對方沒有困難的情況下仍願承擔一定的撫養或者贍養義務，是一種值得發揚和提倡的美德。

三、承擔撫養、贍養義務的人有一定的撫養、贍養能力

如果法律意義上的撫養、贍養義務人沒有一定的撫養、贍養能力，那麼就不能再要求其承擔相應的法律責任。比如，一個 8 歲的女孩，其父母在一場車禍中喪生，只有奶奶在世，奶奶沒有工作，一直靠社會福利金生活，那麼，在這種情況下就不能要求女孩的奶奶承擔撫養其孫女的義務。此外，如果撫養或者贍養義務人有多個人時，比如，被贍養人既有孫子又有外孫女，那麼需要當事人協商決定其應當承擔的義務。同樣，如果撫養或者贍養權利人有多個人時，在撫養或者贍養義務人的經濟能力不足以承擔全部撫養或者贍養義務時，那麼，

對於經濟狀況和身體狀況最差者應當優先被撫養或者被贍養。

關於撫養或者贍養的方式，民法典對此沒有作出專門規定，只規定對不履行撫養或者贍養義務的人，權利人有要求其履行義務的權利。實踐中撫養或者贍養的方式主要有以下兩種，當事人可以根據自身的情況來選擇：一是共同生活撫養或者贍養，即被撫養或者贍養人與撫養或者贍養義務人共同居住在一起，進行直接的撫養或者贍養；二是通過給付撫養或者贍養費、探視、扶助等方式完成扶養義務。

撫養或者贍養義務人在履行撫養或者贍養義務時，往往需要和被撫養或者贍養人就撫養或者贍養義務的程序、撫養或者贍養的具體方式等內容進行協商，達成對當事人均具有約束力的撫養或贍養協議。如果當事人之間達不成協議，那麼，可以請求人民法院通過判決來確定權利和義務。

撫養或者贍養協議達成後或者人民法院的判決生效後，當事人的經濟和生活狀況往往會出現一些新的變化，如果仍然要求當事人按照原有的撫養或者贍養協議或者判決來執行，可能會使一方當事人利益受到損害，因此，當事人需要通過一定的途徑來變更撫養或者贍養權。所謂變更撫養或者贍養權，是指撫養或者贍養義務人、撫養或者贍養權利人以及撫養或者贍養程序和方法的變更。在撫養或者贍養當事人一方或者雙方在經濟和生活狀況發生變化時，撫養或者贍養權利人和撫養或者贍養義務人都有權要求變更原撫養或者贍養協議或者有關撫養或者贍養的判決。當事人首先可以在自願、平等的基礎上進行協商，協商不成時，可以向人民法院起訴，來重新確定雙方的權利和義務。

> 　　**第一千零七十五條**　有負擔能力的兄、姐，對於父母已經死亡或者父母無力撫養的未成年弟、妹，有扶養的義務。
> 　　由兄、姐扶養長大的有負擔能力的弟、妹，對於缺乏勞動能力又缺乏生活來源的兄、姐，有扶養的義務。

■ 條文主旨

本條是關於兄弟姐妹間扶養義務的規定。

■ 條文釋義

一、兄弟姐妹間的扶養關係在法律規定上的發展變化

我國 1950 年婚姻法沒有對兄弟姐妹間的扶養關係作出規定，但在實際生活中，兄、姐扶養教育弟、妹卻是常見的現象。1980 年的婚姻法第 23 條規定：「有負擔能力的兄、姊，對於父母已經死亡或父母無力撫養的未成年的弟、妹，有撫養的義務。」2001 年婚姻法把在實際生活中和司法實踐中認為是可行的做法以法律形式加以規範，補充規定：「由兄、姐

扶養長大的有負擔能力的弟、妹，對於缺乏勞動能力又缺乏生活來源的兄、姐，有扶養的義務。」這次編纂民法典，維持了 2001 年婚姻法的這一規定。

二、形成兄弟姐妹間扶養義務的條件

（一）負有扶養義務的兄弟姐妹的範圍

兄弟姐妹包括同胞兄弟姐妹、同父異母或同母異父兄弟姐妹、養兄弟姐妹和繼兄弟姐妹。在一般情況下，兄弟姐妹應由他們的父母撫養，因而他們相互之間不發生扶養與被扶養的權利義務關係。但是在特定條件和特定情況下，兄、姐與弟、妹之間會產生有條件的扶養義務。當然，法律對兄弟姐妹間扶養義務的規定，主要是從同胞兄弟姐妹之間的關係來確定的，因為他們是血緣關係最密切的旁系同輩血親。對於半血緣的同父異母或者同母異父兄弟姐妹，以及沒有血緣關係的養兄弟姐妹和繼兄弟姐妹，如果符合法律規定的條件和情形，其相互之間也將產生扶養與被扶養的權利義務關係。

（二）兄弟姐妹形成扶養義務的條件

兄、姐扶養弟、妹，或者弟、妹扶養兄、姐不是必然發生的法定義務，而是有條件的。簡而言之，就是應盡撫養或贍養或扶養義務的父母、子女或者配偶不能盡其撫養或贍養或扶養義務時，由有能力的兄弟姐妹來承擔扶養義務。兄弟姐妹間的扶養義務是第二順序的，具有遞補性質。但兄弟姐妹間一旦形成扶養義務，那麼該義務又是不可推卸的法定義務，義務人應當自覺履行。

1. 兄、姐扶養弟、妹需要具備的條件。產生兄、姐對弟、妹的扶養義務，應當同時具備下述三個條件：

第一，弟、妹須為未成年人，即不滿 18 周歲。如果弟、妹已經成年，雖無獨立生活能力，兄、姐亦無法定扶養義務。

第二，父母已經死亡或者父母無力撫養。這裏包含了兩種情況：一是父母均已經死亡，沒有了父母這第一順序的撫養義務人。如果父母一方尚在且有撫養能力，仍應由尚在的父或母承擔撫養義務。二是父母均尚在或者一方尚在但都沒有撫養能力，比如，父母在意外事故中致殘沒有了勞動能力和生活來源，便產生了由有負擔能力的兄、姐扶養弟、妹的義務。

第三，兄、姐有負擔能力。在前述兩項條件具備時，兄、姐對弟、妹的扶養義務並不必然發生，只有兄、姐有負擔能力時，才產生扶養弟、妹的義務。

2. 弟、妹扶養兄、姐需要具備的條件。產生弟、妹對兄、姐的扶養義務，亦應當具備下述三個條件：

第一，兄、姐缺乏勞動能力又缺乏生活來源。如果兄、姐雖缺乏勞動能力但並不缺少經濟來源，比如，受到他人經濟上的捐助或自己有可供生活的積蓄的，則不產生弟、妹的扶養義務。同時，如果兄、姐雖缺少生活來源，但有勞動能力，兄、姐可通過自己的勞動換取生活來源，在此情況下，弟、妹亦無扶養兄、姐的義務。

第二，兄、姐沒有第一順序的扶養義務人，或者第一順序的扶養義務人沒有扶養能力。比如，兄、姐沒有配偶、子女，或兄、姐的配偶、子女已經死亡或者配偶、子女沒有扶養能

力。如果兄、姐的配偶尚在或者有子女且有扶養能力，應由這些第一順序的扶養義務人承擔扶養義務。

第三，弟、妹由兄、姐扶養長大且有負擔能力。這裏包含兩個方面的因素：一是弟、妹是由兄、姐扶養長大的。這表明在弟、妹未成年時，父母已經死亡或父母無撫養能力，兄、姐對弟、妹的成長盡了扶養義務。按照權利義務對等原則，弟、妹應承擔兄、姐的扶養責任。二是弟、妹有負擔能力。若無負擔能力則不負扶養義務。

第四章 離 婚

本章共十七條，對協議離婚、判決離婚、婚姻關係解除時間、現役軍人離婚特別規定、男方離婚請求權的限制、復婚、離婚對父母子女關係的影響、離婚後子女撫養及撫養費的負擔、父母一方探望子女的權利、離婚時夫妻共同財產的分割、離婚經濟補償、夫妻共同債務清償、離婚經濟幫助、離婚損害賠償、對夫妻一方擅自處分共同財產或偽造債務侵佔他方財產的法律責任等作了明確規定。

> **第一千零七十六條** 夫妻雙方自願離婚的，應當簽訂書面離婚協議，並親自到婚姻登記機關申請離婚登記。
>
> 離婚協議應當載明雙方自願離婚的意思表示和對子女撫養、財產以及債務處理等事項協商一致的意見。

■ 條文主旨

本條是關於協議離婚的規定。

■ 條文釋義

婚姻法對協議離婚只有一條規定，即第 31 條的規定：「男女雙方自願離婚的，准予離婚。雙方必須到婚姻登記機關申請離婚。婚姻登記機關查明雙方確實是自願並對子女和財產問題已有適當處理時，發給離婚證。」民法典婚姻家庭編，對協議離婚增加了兩條規定，進一步完善了協議離婚制度，本條是對協議離婚的基本規定。

一、協議離婚制度的含義和意義

我國的離婚制度，分為協議離婚和訴訟離婚兩種。由於婚姻關係當事人對離婚所持的態度不同，在處理程序上也不大相同。

協議離婚也叫「雙方自願離婚」，是指婚姻關係當事人達成離婚合意並通過婚姻登記程序解除婚姻關係的法律制度。其主要特徵：一是當事人雙方在離婚以及子女和財產問題上意願一致，達成協議；二是按照婚姻登記程序辦理離婚登記，取得離婚證，即解除婚姻關係。

二、協議離婚的條件

根據本條規定，只有符合下列條件的，才能協議離婚：

（一）協議離婚的當事人雙方應當具有合法夫妻身份

以協議離婚方式辦理離婚的，僅限於依法辦理了結婚登記的婚姻關係當事人，不包括未

婚同居和有配偶者與他人同居的男女雙方，也不包括未辦理結婚登記的「事實婚姻」中的男女雙方。

（二）協議離婚的當事人雙方均應當具有完全的民事行為能力

只有完全民事行為能力人才能獨立自主地處理自己的婚姻問題。一方或者雙方當事人為限制民事行為能力或者無民事行為能力的，例如，精神病患者、癡呆症患者，不適用協議離婚程序，只能適用訴訟程序處理離婚問題，以維護沒有完全民事行為能力當事人的合法權益。

（三）協議離婚當事人雙方必須具有離婚的共同意願

「雙方自願」是協議離婚的基本條件，協議離婚的當事人應當有一致的離婚意願。這一意願必須是真實而非虛假的；必須是自主作出的而不是受對方或第三方欺詐、脅迫或因重大誤解而形成的；必須是一致的而不是有分歧的。對此，本條規定「夫妻雙方自願離婚」，對於僅有一方要求離婚的申請，婚姻登記機關不予受理，當事人只能通過訴訟離婚解決爭議。

（四）雙方要簽訂書面離婚協議

根據《婚姻登記條例》第 12 條第 1 項規定，辦理離婚登記的當事人未達成離婚協議的，婚姻登記機關不予受理。本條第 2 款對雙方書面離婚協議的具體內容作了明確要求，即離婚協議應當載明雙方自願離婚的意思表示和對子女撫養、財產及債務處理等事項協商一致的意見。據此，離婚協議應當具有如下內容：

1. 有雙方自願離婚的意思表示。雙方自願離婚的意思必須要以文字的形式體現在離婚協議上。

2. 有對子女撫養、財產及債務處理等事項協商一致的意見。「對子女撫養、財產及債務處理等事項協商一致的意見」是協議離婚的必備內容。如果婚姻關係當事人不能對子女撫養、財產及債務處理等事項達成一致意見的話，則不能通過婚姻登記程序離婚，而只能通過訴訟程序離婚。

第一，子女撫養等事項。雙方離婚後有關子女撫養、教育、探望等問題，在有利於保護子女合法權益的原則下應當作合理的、妥當的安排，包括子女由哪一方直接撫養，子女的撫養費和教育費如何負擔、如何給付等。由於父母與子女的關係不因父母離婚而消除，協議中最好約定不直接撫育方對子女探望權利行使的內容，包括探望的方式、時間、地點等。

第二，財產及債務處理等事項。主要包括：（1）在不侵害任何一方合法權益的前提下，對夫妻共同財產作合理分割，對給予生活困難的另一方以經濟幫助作妥善安排，特別是切實解決好雙方離婚後的住房問題；（2）在不侵害他人利益的前提下，對共同債務的清償作出清晰、明確、負責的處理。

（五）雙方應當親自到婚姻登記機關申請離婚

申請離婚的當事人雙方，必須親自到婚姻登記機關辦理離婚登記手續，是我國的一貫做法。

符合以上協議離婚條件的，婚姻登記機關才受理當事人協議離婚的申請。這只是協議離

婚的第一步，最終是否可以通過協議達到離婚的目的，還要看是否符合本法第 1077 條、第
1078 條的規定。

> 　　**第一千零七十七條**　自婚姻登記機關收到離婚登記申請之日起三十日內，任何一
> 方不願意離婚的，可以向婚姻登記機關撤回離婚登記申請。
> 　　前款規定期限屆滿後三十日內，雙方應當親自到婚姻登記機關申請發給離婚證；未
> 申請的，視為撤回離婚登記申請。

■ 條文主旨

本條是關於離婚冷靜期的規定。

■ 條文釋義

離婚冷靜期是指夫妻協議離婚時，政府給要求離婚的雙方當事人一段時間，強制當事人
暫時擱置離婚糾紛，在法定期限內冷靜思考離婚問題，考慮清楚後再行決定是否離婚。法律
規定當事人冷靜思考離婚問題的期限為離婚冷靜期。

在編纂民法典過程中，有些意見反映，自 2001 年婚姻法修正案頒佈實施以來，我國的
協議離婚問題突出，主要表現有：一是離婚率呈持續上升趨勢。二是協議離婚比例逐漸提
高。三是離婚當事人婚齡短，衝動型、輕率、草率型離婚屢見不鮮，數量增加。2003 年《婚
姻登記條例》的修改，進一步簡化了當事人在民政部門辦理離婚登記的條件和審查程序，婚
姻登記部門缺乏必要的調解和限制措施，導致衝動型、輕率、草率型離婚的數量增加，由此
出現新中國成立以來第三次離婚高峰。

為防止輕率離婚，幾屆全國人大代表、全國政協委員紛紛提出議案、建議或者提案建議
全國人大修改法律，對此問題予以解決。社會各界呼聲也很高。對此全國人大立法部門十分
重視，對此問題進行了深入的調查，開展了廣泛的論證研究。在形成民法典婚姻家庭編徵求
意見稿時，就增加了離婚冷靜期的規定。這一規定，在徵求意見中得到了多數贊成。這一內
容經過草案的幾次修改更加完善。本條就是關於離婚冷靜期的具體規定。

依據本條規定，申請協議離婚的當事人自向婚姻登記機關申請離婚之日起 30 日內，應
當冷靜、理智地對自己的婚姻狀況和今後的生活進行充分的考慮，重新考慮是否以離婚方式
解決夫妻矛盾，考慮離婚對自身、對子女、對雙方家庭、對社會的利與弊，避免衝動行為。
本條中規定的 30 日即為離婚冷靜期，在此期間，任何一方或者雙方不願意離婚的，可以向
婚姻登記機關撤回離婚登記申請。國外許多國家有離婚冷靜期的規定，只是名稱有所不同：
英國叫離婚反省期；法國叫離婚考慮期；韓國叫離婚熟慮期；美國叫離婚等候期。其目的是
對離婚進行干預，降低離婚率，這對婚姻的瓦解起到了一個緩衝的作用。在冷靜期間，婚姻

登記機關並不是坐視不理，可以為當事人提供心理諮詢，談心談話，了解當事人的婚姻實際狀況，判定是否為危急婚姻，哪方責任大，過錯在誰等。通過積極調解，既可以促使雙方當事人平息怨恨、減少敵對，珍惜自己與配偶的婚姻關係，也為以後審查當事人提交的離婚協議作了充分的準備。

依據本條規定，在 30 日離婚冷靜期內，任何一方不願意離婚的，應當在該期間內到婚姻登記機關撤回離婚申請。婚姻登記機關應當立即終止登記離婚程序。如果離婚冷靜期屆滿，當事人仍堅持離婚，雙方應當在離婚冷靜期屆滿後的 30 日內，親自到婚姻登記機關申請發給離婚證。婚姻登記機關查明雙方確實是自願離婚，並已對子女撫養、財產及債務處理等事項協商一致的，予以登記，發給離婚證。如果在離婚冷靜期屆滿後的 30 日內，當事人雙方沒有親自到婚姻登記機關申請發給離婚證，則視為撤回離婚申請。

> **第一千零七十八條　婚姻登記機關查明雙方確實是自願離婚，並已經對子女撫養、財產以及債務處理等事項協商一致的，予以登記，發給離婚證。**

■ 條文主旨

本條是關於婚姻登記機關對協議離婚查明的規定。

■ 條文釋義

自願離婚的夫妻雙方向婚姻登記機關提交離婚協議後 30 日內，未向婚姻登記機關申請撤回離婚協議，並在提交離婚協議 30 日後的 30 日內，親自到婚姻登記機關申請發給離婚證，對此，婚姻登記機關應當對當事人提交的離婚協議進行查明：

一是查明當事人雙方是否是自願離婚，是否是真實而非虛假的離婚，查明離婚是否存在被脅迫的情形；查明是否因重大誤解而導致的離婚。

二是查明要求離婚的雙方當事人是不是對子女撫養問題已協商一致。例如，審查雙方對離婚後有關子女撫養、教育、探望等問題是如何規定的，包括子女由哪一方直接撫養，子女的撫養費和教育費如何負擔、如何給付等；對不直接撫養子女一方對子女探望權利如何行使，探望的方式、時間、地點等是否協商確定等。

三是審查對財產及債務處理的事項是否協商一致。例如，審查當事人雙方在不侵害任何一方合法權益的前提下，對夫妻共同財產是如何作出了合理分割的；對有生活困難的一方當事人另一方當事人是否給予了必要的經濟幫助，是如何落實的；查明雙方離婚後各自的住房等問題；對債務問題，則可以審查雙方當事人是否在不損害他人利益的前提下，對共同債務的清償作出清晰、明確、負責的處理。

經婚姻登記機關查明雙方確實是自願離婚，並已對子女撫養、財產及債務處理等事項協

商一致的，應當進行離婚登記，發給離婚證。

　　第一千零七十九條　夫妻一方要求離婚的，可以由有關組織進行調解或者直接向人民法院提起離婚訴訟。

　　人民法院審理離婚案件，應當進行調解；如果感情確已破裂，調解無效的，應當准予離婚。

　　有下列情形之一，調解無效的，應當准予離婚：

　　（一）重婚或者與他人同居；

　　（二）實施家庭暴力或者虐待、遺棄家庭成員；

　　（三）有賭博、吸毒等惡習屢教不改；

　　（四）因感情不和分居滿二年；

　　（五）其他導致夫妻感情破裂的情形。

　　一方被宣告失蹤，另一方提起離婚訴訟的，應當准予離婚。

　　經人民法院判決不准離婚後，雙方又分居滿一年，一方再次提起離婚訴訟的，應當准予離婚。

■ 條文主旨

　　本條是關於訴訟離婚的規定。

■ 條文釋義

一、訴訟外調解

　　訴訟外調解，其依據來源於本條規定的「夫妻一方要求離婚的，可以由有關組織進行調解」。這種調解屬於民間性質。「有關組織」在實踐中一般是當事人所在單位、群眾團體、基層調解組織等。由這些部門進行調解，符合當事人的非訟心理和社會生活中的傳統習慣，易為被當事人認可和接受。調解人一般對當事人的情況比較了解，便於做好思想開導工作，緩解夫妻間的矛盾，有助於妥善、及時地化解離婚爭議。

　　對於離婚糾紛，訴訟外調解並不是當事人要求離婚的必經程序，也不是訴訟前的必經程序。當事人可以直接向人民法院起訴，也可以在接受調解後隨時退出調解。調解前不能「強拉硬拽」，調解中也不能「強加於人」。

二、訴訟離婚

（一）訴訟離婚的概念

　　訴訟離婚，是婚姻當事人向人民法院提出離婚請求，由人民法院調解或判決而解除其婚姻關係的一項離婚制度。訴訟離婚制度，適用於當事人雙方對離婚有分歧的情況，包括一方

要求離婚而另一方不同意離婚而發生的離婚糾紛；或者雙方雖然同意離婚，但在子女撫養、財產及債務處理等事項不能達成一致意見、作出適當處理的情況。

（二）訴訟中的調解和判決

1. 訴訟中的調解。本條第 2 款中規定，「人民法院審理離婚案件，應當進行調解」。這表明調解是人民法院審理離婚案件的必經程序。適用調解程序，其目的在於防止當事人草率離婚，以及在雙方當事人不能和解時，有助於平和、妥善地處理離婚所涉及的方方面面的問題。當然，通過調解達成協議，必須當事人雙方自願，不得強迫。調解也不是無原則的，而應當本着合法的原則進行，調解協議的內容不得違反法律規定。

2. 判決。調解不能久調不決，對於調解無效的案件，人民法院應當依法判決。判決應當根據當事人的婚姻狀況，判決准予離婚或者判決不准離婚。

（三）訴訟離婚的條件

本條第 2 款中規定，「如果感情確已破裂，調解無效的，應當准予離婚」。根據這一規定，「感情確已破裂」成為訴訟離婚的基本條件和司法尺度，是准予或者不准予離婚的原則界限。夫妻感情是婚姻關係的基礎，離婚爭議的產生，歸根到底是感情的變化。如果感情確已破裂，婚姻已經「名存實亡」，就應當依法予以解除。准予或不准予離婚，只能以夫妻的感情狀況為客觀依據。社會主義制度下夫妻間的婚姻是要以感情為基礎的，如果夫妻感情確實已經難以彌合，那麼，解除婚姻關係對於雙方、對於社會都會成為一種幸事。感情確已破裂應准予離婚，是婚姻自由的重要內容，充分體現了當事人離婚自由的權利。如果用法律手段強行維持感情確已破裂的婚姻關係，與婚姻自由的原則不相符合。將感情確已破裂，作為准予離婚的法定條件，表明人民法院准予當事人離婚，並不以當事人有無違背夫妻義務或導致夫妻關係解體的特定過錯為標準，而是看婚姻關係有無繼續維繫的可能。不能將不准離婚作為對過錯一方的懲罰手段，而且以判決不准離婚來維持已破裂的婚姻，實際上使無過錯方也付出了代價。

（四）調解無效，判決准予離婚的主要情形

根據本條規定，調解無效，判決准予離婚的主要情形具體是：

1. 重婚或者與他人同居。重婚是指有配偶者又與他人結婚的違法行為。其表現為法律上的重婚和事實上的重婚。前者是指有配偶又與他人登記結婚。後者是指有配偶者又與他人以夫妻名義同居生活。有配偶者與他人同居，也稱姘居，是指有配偶的人與他人過着隱蔽的同居生活，不以夫妻名義，也無永久共同生活目的的行為。重婚和有配偶者與他人同居的行為，嚴重違反了我國一夫一妻制的婚姻制度，嚴重傷害夫妻感情，是導致離婚的情形之一。

2. 實施家庭暴力或者虐待、遺棄家庭成員。家庭暴力和虐待，是指發生在家庭成員之間，以毆打、捆綁、殘害身體、禁閉、凍餓、凌辱人格、精神恐嚇、性暴虐等手段，對家庭成員從肉體上、精神上進行傷害、摧殘、折磨的行為。遺棄是指對於需要扶養的家庭成員，負有扶養義務而拒絕扶養的行為，表現為經濟上不供養，生活上不照顧，使被扶養人的正常生活不能維持，甚至生命和健康得不到保障。近年來，因家庭暴力、虐待和遺棄家庭成員而

導致離婚的案件增多，甚至發生毀容、殺夫殺妻等惡性案件。

人民法院處理因家庭暴力或者虐待、遺棄家庭成員而導致的離婚案件，應當查明夫妻及其他家庭成員之間的感情狀況，實施暴力、虐待和遺棄行為的事實和情節。如平時感情不好，實施上述行為是經常的、一貫的、惡劣的，已嚴重傷害了夫妻感情，調解無效的，應准予離婚。如果平時感情尚好，上述行為是一時而為之且情節不嚴重的，應當責其改過並着重進行調解，化解糾紛。

3. 有賭博、吸毒等惡習屢教不改。因有賭博、吸毒等惡習而導致的離婚案件不在少數。沾染上這些惡習的人好逸惡勞，不務正業，不但不履行家庭義務，反而常常引發家庭暴力，消耗家庭的經濟積蓄，使家庭的安寧、正常的生活難以為繼。身染惡習，屢教不改，夫妻不堪同居生活。

對於這類案件，人民法院應當查明有賭博、吸毒等行為一方的一貫表現和事實情況。對情節較輕，有真誠悔改表現，對方也能諒解的，應着眼於調解和好。對於惡習難改，一貫不履行家庭義務，夫妻感情難以重建，夫妻難以共同生活的，經調解無效，應准予離婚。

4. 因感情不和分居滿 2 年。夫妻因感情不和分居滿 2 年，一般來說可以構成夫妻感情破裂的事實證明。「分居」是指夫妻間不再共同生活，不再互相履行夫妻義務，包括停止性生活，生活上不再互相關心、互相扶助等。具有分居 2 年的情形，說明夫妻關係已徒具形式，名存實亡。當事人以此事由訴請人民法院離婚的，如經調解無效，應准予當事人離婚。

5. 其他導致夫妻感情破裂的情形。導致夫妻感情破裂的原因複雜多樣，比如，一方犯有強姦罪、姦淫幼女罪、侮辱婦女罪等罪行，嚴重傷害夫妻感情的。再比如，一方婚後患嚴重的精神疾病，久治不癒，夫妻生活無法維持的。這些情形在婚姻法中難以逐一列舉，人民法院應當本着保障離婚自由、防止輕率離婚的原則，根據本法的立法精神和案件的具體情況，作出正確判定。

在此需要重申的是，上述所列舉的准予離婚的幾種主要情形，並非判決當事人訴訟離婚的必備條件、法定情形。婚姻當事人在婚姻生活中，如無以上情況發生，但有其他因素導致夫妻感情破裂、調解無效的，人民法院亦應判決准予離婚。當然，即使有上述情形發生，但未導致夫妻感情破裂，或雖給夫妻感情造成裂痕，但可以經過調解和好的，人民法院則不能判決解除婚姻關係。

（五）一方被宣告失蹤的離婚

本條第 4 款規定：「一方被宣告失蹤，另一方提起離婚訴訟的，應當准予離婚。」

本法第 40 條規定：「自然人下落不明滿二年的，利害關係人可以向人民法院申請宣告該自然人為失蹤人。」民事訴訟法第 183 條第 1 款規定：「公民下落不明滿二年，利害關係人申請宣告其失蹤的，向下落不明人住所地基層人民法院提出。」按照本法和民事訴訟法的規定，自然人下落不明滿 2 年的，即該自然人離開自己居住的地方，杳無音訊，已持續達到 2 年的，其配偶、父母、子女等利害關係人可以向下落不明人的住所地基層人民法院申請宣告他為失蹤人。人民法院受理宣告失蹤案件後，應當發出尋找下落不明人的公告，公告期間

為 3 個月。公告期間屆滿，宣告失蹤的事實如果得到確認，人民法院應當作出宣告失蹤的判決。在夫妻一方被宣告失蹤的情形下，婚姻關係已名存實亡，當事人已經不能達到婚姻的目的，對此如果另一方提出離婚請求，人民法院即應判決准予離婚。

（六）判決不准離婚後又分居 1 年的離婚

在編纂民法典徵求意見過程中，司法部門普遍反映，在審判實踐中，經法院判決不准離婚後再次起訴離婚的現象比較普遍，建議將法院判決不准離婚後的分居情況作為認定可否離婚的依據之一在法律中作出規定。立法部門經過深入調研，反覆論證，吸收了這一建議，在本條第 5 款規定：經人民法院判決不准離婚後，雙方又分居滿 1 年，一方再次提起離婚訴訟的，應當准予離婚。這一規定，可操作性比較強，有利於審判實踐工作的展開，可以解決現實生活中久拖不決的離婚案件。

第一千零八十條　完成離婚登記，或者離婚判決書、調解書生效，即解除婚姻關係。

■ 條文主旨

本條是關於婚姻關係解除時間的規定。

■ 條文釋義

本法第 1049 條規定，完成結婚登記，即確立婚姻關係。那麼，婚姻關係什麼時候解除，婚姻法沒有作出明確規定。這次編纂民法典，新增了本條規定：完成離婚登記，或者離婚判決書、調解書生效，即解除婚姻關係。根據本條的規定，解除婚姻關係的時間是：

第一，完成離婚登記時。登記離婚，又稱協議離婚，是我國法定的一種離婚形式。即婚姻關係當事人達成離婚合意並通過婚姻登記程序解除婚姻關係。按照本法的有關規定，夫妻雙方自願離婚的，應當訂立書面離婚協議，並親自到婚姻登記機關申請離婚登記。離婚協議應當載明雙方自願離婚的意思表示和對子女撫養、財產及債務處理等事項協商一致的意見。自婚姻登記機關收到離婚登記申請之日起 30 日內，任何一方不願意離婚的，可以向婚姻登記機關撤回離婚登記申請。該 30 日屆滿後，夫妻雙方仍然堅持離婚的，應當在該期間屆滿後的 30 日內，雙方親自到婚姻登記機關申請發給離婚證。婚姻登記機關查明雙方確實是自願離婚，並已對子女撫養、財產及債務處理等事項協商一致的，予以登記，發給離婚證。完成離婚登記，取得離婚證的當事人基於配偶身份而產生的人身關係和財產關係即行終止。至此，離婚的一方當事人才可以重新選擇對象登記結婚。如果雙方當事人又想以婚姻的形式生活在一起，那麼需要辦理復婚登記。

第二，離婚調解書、判決書生效時。訴訟離婚是我國法定的另一種離婚形式。即婚姻關係當事人向人民法院提出離婚請求，由人民法院調解或判決而解除其婚姻關係的一種離婚

方式。本法第 1079 條第 2 款規定，人民法院審理離婚案件，應當進行調解。這表明調解是人民法院審理離婚案件的必經程序。由法院進行調解，可以促使雙方當事人平息怨恨、減少敵對，對自己的婚姻狀況和今後的生活進行充分的考慮，珍惜自己與配偶的婚姻關係。人民法院的調解有可能促成雙方和好。即使調解和好不成，雙方還是堅持離婚的，也可以調解離婚。對調解離婚的，人民法院應當製作調解書。調解書應當寫明訴訟請求、案件事實和調解結果。調解書由審判人員、書記員署名，加蓋人民法院印章，送達雙方當事人；經雙方當事人簽收後，即具有法律效力，男女雙方的婚姻關係隨即解除。

人民法院對審理的離婚案件，經調解無效的，應當依法作出判決。判決應當根據當事人的婚姻狀況，判決准予離婚或者判決不准離婚。一審判決離婚的，當事人不服有權依法提出上訴。雙方當事人在 15 天的上訴期內均不上訴的，判決書發生法律效力。當事人在一審判決發生法律效力前不得另行結婚。二審人民法院審理上訴案件可以進行調解。經調解雙方達成協議的，自調解書送達時起原審判決即視為撤銷。二審人民法院作出的判決是終審判決。訴訟離婚的當事人在接到發生法律效力的離婚判決書後，雙方的婚姻關係隨即解除。

登記離婚或者判決離婚生效後，當事人解除婚姻關係，雙方基於配偶產生的身份關係消滅，基於配偶身份而產生的人身關係和財產關係即行終止。

本條規定的意義在於明確離婚在夫妻雙方人身和財產方面的效力，有助於雙方當事人依據法律規定，處理離婚後的人身關係和財產關係，進而維護當事人的合法權益。

> **第一千零八十一條　現役軍人的配偶要求離婚，應當徵得軍人同意，但是軍人一方有重大過錯的除外。**

■ 條文主旨

本條是關於現役軍人離婚的特別規定。

■ 條文釋義

一、對軍人婚姻特別保護的意義

軍隊是執行國家政治任務的武裝集團，軍人是從事軍事工作的特殊人員，他（她）們擔負着保衛社會主義革命和建設，保衛國家主權、領土完整，防禦外來侵略和防止國家顛覆的艱巨任務，為了祖國和人民的安寧日夜戰鬥在國防崗位上。對軍人婚姻實行特別保護是維護軍隊穩定的需要，有利於維護部隊廣大官兵的切身利益，有利於維護軍隊的穩定，符合我國的國情和軍情，對於消除軍人的後顧之憂，激發保家衛國的熱情，增強部隊戰鬥力起到了十分積極的作用。同時，也是擁軍優屬工作的一項重要內容。從 1950 年婚姻法的制定，到 1980 年、2001 年的修改，我國的婚姻法都對現役軍人的婚姻問題作了特殊規定。這種特別

規定，體現了軍人婚姻歷來受到黨和國家的高度重視和特別保護。

對軍人婚姻實行特別保護並不違背婚姻自由的原則。實行婚姻自由，是我國婚姻法確立的一項基本原則。同時，由於軍隊擔負的特殊任務和軍人職業特點，國家對軍人婚姻，又有一些特殊的法律規定和政策，它既體現在「現役軍人配偶要求離婚，應當徵得軍人同意」，也體現在軍人擇偶必須遵守國家和軍隊的有關規定，軍人配偶也享受國家和社會給予軍婚家庭的優待和照顧。

二、適用本條規定應注意的問題

（一）本條適用的主體

本規定適用的主體是現役軍人和現役軍人的配偶。

1. 現役軍人，指有軍籍的人，包括在中國人民解放軍服現役、具有軍籍和軍銜的軍官、士兵。

2. 現役軍人的配偶，指同現役軍人履行了結婚登記手續，並領取結婚證的非軍人一方，也是本條適用的主體。

（二）不適用本條規定的兩類軍人離婚案件

1. 如果雙方都是現役軍人，則不是該條調整的對象。本條的立法意圖，是以一定方式限制軍人配偶的離婚請求實現權，從而對軍人一方的意願予以特別支持。如果雙方都是現役軍人，不管由誰首先提出離婚訴訟，若要適用本條的規定，則必然會妨害另一方軍人的利益。這與該條特殊保護軍人婚姻的立法意圖不相符。

2. 現役軍人向非軍人主動提出離婚的，不適用本條的規定，應按一般離婚糾紛處理。

（三）現役軍人的配偶提出離婚，現役軍人不同意的處理

如果婚姻基礎和婚後感情都比較好，人民法院應配合現役軍人所在單位對軍人的配偶進行說服教育，勸其珍惜與軍人的婚姻關係，正確對待婚姻問題，儘量調解和好或判決不予離婚。但是，如果感情確已破裂，確實無法繼續維持夫妻關係，經調解無效，人民法院應當通過軍人所在單位的政治機關，向軍人做好工作，經其同意後，始得准予離婚。

（四）應當徵得軍人同意的例外情況

「但是軍人一方有重大過錯的除外」，是針對「應當徵得軍人同意」而說。「應當徵得軍人同意」不是絕對的，如果夫妻感情破裂是由於軍人一方的重大過錯造成的，非軍人配偶一方也可以提出離婚，但過錯限定在重大過錯而非一般的過錯。

三、本條規定與離婚法定理由的關係

本法第 1079 條第 2 款規定：「……如果感情確已破裂，調解無效的，應當准予離婚。」這一規定的法律意義在於：夫妻感情是否確已破裂，是判決准予或不准予離婚的原則界限。法定離婚理由屬於普通條款的範疇，這一原則界限廣泛適用於一般的離婚案件，人民法院應準確地區分和認定夫妻感情是否確已破裂，從而在調解無效的情況下，通過判決的形式決定是否准予離婚。而本條是只適用於「現役軍人的配偶要求離婚」案件的特別條款，是從維護軍隊穩定的大局出發，作出的對軍人婚姻的特殊保護的規定，在處理非軍人要求與軍人離婚

的訴訟案件中，應首先適用本條的規定。

　　第一千零八十二條　女方在懷孕期間、分娩後一年內或者終止妊娠後六個月內，男方不得提出離婚；但是，女方提出離婚或者人民法院認為確有必要受理男方離婚請求的除外。

■ 條文主旨

　　本條是關於男方離婚請求權的限制性規定。

■ 條文釋義

　　本條規定是對保護婦女、兒童身心健康的特別規定，它在一定條件下限制了男方提出離婚的請求權。女方懷孕期間和分娩後 1 年內或者終止妊娠後 6 個月內，身心都處在康復、調理、休養期，為特殊時期，屬於特殊情況。一方面胎兒或嬰兒正處在發育階段，正需要父母的合力撫育；另一方面婦女也需要身心的康復，如果此時男方提出離婚請求，對婦女的精神刺激過重，既影響婦女的身體健康，也不利於胎兒或嬰兒的保育。在上述期間內禁止男方提出離婚，不僅出於事實上的需要，也是社會主義道德的要求。法律不僅要保護胎兒和嬰兒，同時也要保護婦女的權益。為了保護胎兒、嬰兒和婦女的身心健康、維護婦女和子女的正當利益，法律禁止男方在女方懷孕期間、分娩後 1 年內或者終止妊娠後 6 個月內提出離婚請求是完全必要的。故本條規定女方在懷孕期間、分娩後 1 年內或者終止妊娠後 6 個月內，男方不得提出離婚；但是，女方提出離婚或者人民法院認為確有必要受理男方離婚請求的除外。

　　本條規定限制的主體是男方，而不是女方；限制的是男方在一定期限內的起訴權，而不是否定和剝奪男方的起訴權，只是推遲了男方提出離婚的時間，並不涉及准予離婚與不准予離婚的實體性問題。也就是說，只是對男方離婚請求權暫時性的限制，超過法律規定的期限，不再適用此規定。但是，男方在此期間並不是絕對的沒有離婚請求權，法律還有例外規定，即人民法院認為「確有必要」的，也可以根據具體情況受理男方的離婚請求。所謂「確有必要」，一般是指比本條特別保護利益更為重要的利益需要關注的情形。「確有必要」受理男方離婚請求的案例是非常少的，哪些情形「確有必要」受理，由人民法院認定。

　　在本條中，法律還規定了另一種例外情形，即在此期間，女方提出離婚的，不受此規定的限制。女方自願放棄法律對其的特殊保護，說明其本人對離婚已有思想準備，對此，法院應當根據當事人婚姻的實際情況判定是否准予離婚。

> **第一千零八十三條**　離婚後,男女雙方自願恢復婚姻關係的,應當到婚姻登記機關重新進行結婚登記。

■ 條文主旨

本條是關於復婚的規定。

■ 條文釋義

復婚,是指離了婚的男女重新和好,再次登記結婚,恢復婚姻關係。男女雙方離婚後又自願復婚,可以通過辦理恢復結婚登記,重新恢復夫妻關係。《婚姻登記條例》第 14 條規定,離婚的男女雙方自願恢復夫妻關係的,應當到婚姻登記機關辦理復婚登記。復婚登記適用本條例結婚登記的規定。即復婚登記手續與結婚登記手續一致,男女雙方應當親自到一方戶籍所在地的婚姻登記機關申請復婚登記。在辦理復婚登記時,應提交離婚證,以備婚姻登記機關審查。婚姻登記機關按照結婚登記程序辦理復婚登記。在辦理復婚登記時,應當收回雙方當事人的離婚證後,重新發給結婚證。收回離婚證的目的,是防止當事人重婚。對於復婚的當事人一般不再要求進行婚前健康檢查。

> **第一千零八十四條**　父母與子女間的關係,不因父母離婚而消除。離婚後,子女無論由父或者母直接撫養,仍是父母雙方的子女。
> 　　離婚後,父母對於子女仍有撫養、教育、保護的權利和義務。
> 　　離婚後,不滿兩周歲的子女,以由母親直接撫養為原則。已滿兩周歲的子女,父母雙方對撫養問題協議不成的,由人民法院根據雙方的具體情況,按照最有利於未成年子女的原則判決。子女已滿八周歲的,應當尊重其真實意願。

■ 條文主旨

本條是關於離婚對父母子女關係的影響及離婚後的子女撫養的規定。

■ 條文釋義

一、離婚後父母與子女的關係

婚姻關係的解除,只是夫妻雙方的基於婚姻而存在的人身關係和財產關係歸於消滅,但父母與子女之間存有的血親關係不因父母離婚而消除。為了子女的合法利益,不致因父母離婚而受到損害,本條第 1 款規定:「父母與子女間的關係,不因父母離婚而消除。離婚後,子女無論由父或者母直接撫養,仍是父母雙方的子女。」這是離婚後父母子女身份關係在法

律上的基本界定。

夫妻關係和父母子女關係是兩種不同性質的關係。夫妻關係是男女兩性基於自願而結成的婚姻關係，可依法律程序而成立，亦可依法律行為而消除；而父母子女關係是基於出生事實而形成的自然血親關係，不能人為解除。離婚後，子女無論隨父母哪一方生活，仍是父母雙方的子女，本法關於父母子女權利義務的規定仍然適用，不能因父母離婚而受到影響。

二、離婚後父母對女子的權利義務

父母離婚後，父母與子女間的關係，不因父母離婚而消除，子女仍是父母雙方的子女。那麼，離婚後父母對子女有哪些權利與義務呢？對此本條第 2 款作了規定「離婚後，父母對於子女仍有撫養、教育、保護的權利和義務」。依據本款規定，離婚後父母對未成年子女有撫養、教育和保護的權利與義務，主要包括進行生活上的照料，保障未成年人接受義務教育，以適當的方式、方法管理和教育未成年人，保護未成年人的人身、財產不受到侵害，促進未成年人的身心健康發展等。實際生活中，父母還可以按照本法婚姻家庭編的有關規定、未成年人保護法等法律的有關規定行使對子女的撫養、教育、保護的權利，履行對撫養、教育、保護的義務。

三、離婚後父母對子女的直接撫養

離婚雖然不能消除父母與子女之間的關係，但父母對子女的撫養方式卻會因離婚而發生變化，即由父母雙方共同撫養子女變成由父或者母一方直接撫養子女。現實中，離婚時「爭養」或「推養」子女撫養的糾紛比較多。有的夫或妻把子女當成「命根子」，非要直接撫養子女不可，並以此作為離婚的前提條件；有的則把直接撫養子女作為「包袱」或再婚的障礙，都不願撫養，由此而鬧得你死我活，甚至出現有的當事人把子女丟在法院或留在雙方的單位、有關組織暫時代養等情況。為便於確定夫妻離婚後子女由哪方直接撫養，本條第 3 款規定：「離婚後，不滿兩周歲的子女，以由母親直接撫養為原則。已滿兩周歲的子女，父母雙方對撫養問題協議不成的，由人民法院根據雙方的具體情況，按照最有利於未成年子女的原則判決。子女已滿八周歲的，應當尊重其真實意願。」這一規定是從有利於保護未成年人權益、保障子女合法權益角度出發，有利於子女身心健康，結合父母雙方的撫養能力和撫養條件，結合審判實踐等具體情況，對離婚後的子女直接撫養問題作出的具體規定。

（一）確定子女直接撫養主體的基本考量

有利於子女身心健康，保障子女合法權益，兒童利益最大化的原則，是貫穿於本法的基本原則，也是處理離婚後子女直接撫養歸屬問題的出發點。在此前提下，再結合父母雙方的撫養能力和撫養條件等具體情況妥善解決。對離婚後的子女直接撫養問題要考慮以下幾個方面情況：

1. 應考慮父母雙方的個人素質、對子女的責任感、家庭環境、父母與子女的感情等因素。

2. 應考慮不能生育和再婚有困難的父或母的合理要求。

3. 在雙方的各種條件都基本相同的情況下，原則上由經濟能力較強的一方撫養。

（二）確定子女撫養的具體辦法

1. 對不滿兩周歲子女的撫養。本條規定，「離婚後，不滿兩周歲的子女，以由母親直接撫養為原則」。這是因為不滿兩周歲的子女多數還在母乳餵養期。用母乳哺養，對嬰兒的生長發育最為有利。從嬰兒的生長發育的利益考慮，夫妻離婚後，凡是正處於用母乳餵養階段的子女，應由母親直接撫養。現實生活中，也有一些孩子出生後，是不用母乳餵養的；還有一些孩子由於各種原因很早就斷了母乳餵養。對於這樣的情況，當夫妻離婚時，如何判定孩子的撫養歸屬？司法實踐中審判人員通常掌握的標準是以兩周歲為界線。兩周歲以下的子女，一般裁決隨母親生活，由母親直接撫養。因為兩周歲以下的子女年紀太小，撫養起來較為複雜、麻煩，宜由細心、耐心的人直接撫養比較好；兩周歲以下的子女表達能力很差，而孩子是從母親體內生出，母親與孩子有着一種天然的聯繫與感覺，此時期孩子由母親直接撫養為宜。立法部門在廣泛聽取了各方面意見的基礎上，充分借鑒了司法實踐的經驗，作出了「離婚後，不滿兩周歲的子女，以由母親直接撫養為原則」的規定。但是，這一原則也不是一成不變的，實際生活中如果母親有下列情形之一的，也可以由父親直接撫養：一是母親患有久治不癒的傳染性疾病或其他嚴重疾病，子女不宜與其共同生活的；二是母親有撫養條件不盡撫養義務，而父親要求子女隨其生活，並對子女健康成長沒有不利影響的；三是因其他原因，子女確無法隨母方生活的，如母親的經濟能力及生活環境對撫養子女明顯不利的，或母親的品行不端不利於子女成長的，或因違法犯罪被判服刑不可能撫養子女的等。

2. 兩周歲以上未成年子女的撫養。本條規定，「已滿兩周歲的子女，父母雙方對撫養問題協議不成的，由人民法院根據雙方的具體情況，按照最有利於未成年子女的原則判決」。夫妻離婚後，對兩周歲以上的未成年子女，由父親還是母親直接撫養，首先應由父母雙方協議決定。當父母雙方對由誰直接撫養未成年子女發生爭議時，法院應當進行調解，盡可能爭取當事人以協議方式解決。在當事人雙方自願、合法的前提下，協商決定：未成年子女由父親直接撫養，或者由母方直接撫養，或者在有利於保護子女利益的前提下，由父母雙方輪流撫養。對上述幾種撫養方式，法院都是准許的。

如果當事人雙方因子女撫養問題達不成協議時，法院應結合父母雙方的撫養能力和撫養條件等具體情況，按照最有利於未成年子女的原則和最有利於子女健康成長的原則妥善地作出裁決。

3. 已滿八周歲子女的撫養。本條規定：「子女已滿八周歲的，應當尊重其真實意願。」聯合國《兒童權利公約》規定了對兒童自主意識的尊重，其第 12 條第 1 款規定，締約國應確保有主見能力的兒童有權對影響到其本人的一切事項自由發表自己的意見，對兒童的意見應按照其年齡和成熟程度給以適當的看待。未成年人保護法落實了《兒童權利公約》的這一原則。未成年人保護法第 14 條規定，父母或者其他監護人應當根據未成年人的年齡和智力發展狀況，在作出與未成年人權益有關的決定時告知其本人，並聽取他們的意見。本法總則編第 35 條第 2 款吸收了《兒童權利公約》和未成年人保護法規定的精神，將尊重未成年人的真實意願作為監護人履行監護職責的基本原則之一。該款明確規定：「未成年人的監護

人履行監護職責，在作出與被監護人利益有關的決定時，應當根據被監護人的年齡和智力狀況，尊重被監護人的真實意願。」未成年人撫養權的確定，與其自身權益密切相關，在實踐中確定由誰來撫養子女，更應當尊重子女的真實意願，以更有利於未成年人的健康成長。已滿八周歲的子女屬於限制民事行為能力人，已有一定的自主意識和認知能力，因此，本條明確規定子女已滿八周歲的，應當尊重其真實意願。在離婚時，不管是父母協商確定由誰撫養，還是人民法院判決決定，都要事先聽取八周歲以上子女的意見，在子女提出自己的意見後，再根據其年齡、社會經驗、認知能力和判斷能力等，探求、尊重其真實的意願。

> **第一千零八十五條**　離婚後，子女由一方直接撫養的，另一方應當負擔部分或者全部撫養費。負擔費用的多少和期限的長短，由雙方協議；協議不成的，由人民法院判決。
>
> 前款規定的協議或者判決，不妨礙子女在必要時向父母任何一方提出超過協議或者判決原定數額的合理要求。

■ 條文主旨

本條是關於離婚後子女撫養費負擔的規定。

■ 條文釋義

夫妻離婚後，父母與子女間的關係，不因父母離婚而消除，父母對於子女仍有撫養、教育的權利和義務。因此，離婚後的夫妻雙方都有平等地負擔子女生活費和教育費的經濟責任。這是法律規定父母對未成年子女的撫養和撫養費負擔的強制性的、無條件的、雙方平等的義務，當事人都應當自覺遵照執行。至於其經濟負擔數額和期限等問題，應從子女的實際需要和父母雙方所能負擔的能力量力而定，合理解決。

一、撫養費的範圍

撫養費應當包括：生活費、教育費和醫療費等。子女無論由母親還是由父親撫養，另一方都應負擔必要的撫養費。《最高人民法院關於適用〈中華人民共和國婚姻法〉若干問題的解釋（一）》第 21 條規定，撫養費包括子女生活費、教育費、醫療費等費用。

二、撫養費給付的一般原則

撫養費如何給付應當首先由父母雙方協議，或者經人民法院調解，當事人達成協議的，按照協議確定。但人民法院對於父母雙方協議約定子女隨一方生活並由撫養方負擔子女全部撫養費的，應當進行審查。如經查實，撫養方的撫養能力明顯不能保障子女所需費用，可能影響子女健康成長的，應不予准許此項協議。現實中有的夫妻為了達成離婚的目的，有的為了爭取子女由自己撫養，往往不惜在子女撫養費方面向對方作出讓步。但是，父母承擔子女的撫養費，這是父母的義務，是子女的權利。父母一方在子女撫養費問題上向另一方作出不

適當讓步，損害的是子女的合法權益。人民法院為保護子女的合法權益，對於此種損害子女合法權益的協議，自然不能准許。

離婚的夫妻對子女的撫養費數額達不成協議的，由法院判決，無論是協議還是判決，既要考慮子女的實際需要，也要考慮父或母給付的實際能力。至於實際需要的數額，一般應參照當地群眾的生活水平，居住在城市的子女的撫養費，一般應比居住在農村的高一些。具體問題的解決，實踐中應當掌握以下幾個問題：

（一）撫養費的數額

子女撫養費的數額，可根據子女的實際需要、父母雙方的負擔能力和當地的實際生活水平確定。

（二）撫養費的給付方法

可依父母的職業情況而定，原則上應定期給付。通常，有工資收入的，應按月或定期給付現金，農民可按收益季度或年度給付現金、實物。有條件的也可以一次性給付，但對於一方要求一次性給付的要慎重處理，確有必要採取一次性給付的，要注意掌握條件。

（三）撫養費的給付期限

父母撫養費的給付截止到什麼時間？是到孩子 18 周歲成人為止呢，還是到子女獨立生活？獨立生活的界限如何掌握？本法總則編中規定，18 周歲以上的自然人為成年人。成年人為完全民事行為能力人，可以獨立實施民事法律行為。不滿 18 周歲的自然人為未成年人。16 周歲以上未成年人，以自己的勞動收入為主要生活來源的，視為完全民事行為能力人。本法第 26 條第 1 款規定：「父母對未成年子女負有撫養、教育和保護的義務。」第 1067 條第 1 款規定：「父母不履行撫養義務的，未成年子女或者不能獨立生活的成年子女，有要求父母給付撫養費的權利。」義務教育法規定，國家、社會、家長必須為未成年人完成九年義務教育負有責任，至於九年以後的教育，父母就沒有必然的義務支付學費。《最高人民法院關於適用〈中華人民共和國婚姻法〉若干問題的解釋（一）》第 20 條規定，不能獨立生活的子女，是指尚在校接受高中及其以下學歷教育，或者喪失或未完全喪失勞動能力等非主觀原因而無法維持正常生活的成年子女。《最高人民法院關於人民法院審理離婚案件處理子女撫養問題的若干具體意見》還規定：(1)16 周歲以上不滿 18 周歲，以其勞動收入為主要生活來源，並能維持當地一般生活水平的，父母可停止給付撫養費。(2) 尚未獨立生活的成年子女有下列情形之一，父母又有給付能力的，仍應負擔必要的撫養費：①喪失勞動能力或雖未完全喪失勞動能力，但其收入不足以維持生活的；②尚在校就讀的；③確無獨立生活能力和條件的。

法律沒有對撫養費的給付期限作硬性規定，實踐中應根據具體情況個案處理。法院可依據上述法律和司法解釋的規定酌情確定。

（四）撫養費的變更

無論是登記離婚還是判決離婚，其給付子女撫養費的數額，一般是根據父母離婚的當時，子女所需的必要費用和給付者的經濟能力而確定的。但隨着社會經濟的發展以及人們的

具體情況的不斷變化，不僅每個人的經濟狀況有時會隨着社會的變化而變化，而且，隨着人們對物質生活要求的提高，以及消費水平的增長，子女在各方面的需求，使得原撫養費的數額也要隨之有所變化。因此，法律賦予子女可根據實際情況向父母任何一方提出超過原定數額的要求，也就是撫養費數額在一定條件下是可以變更的。子女生活費和教育費無論是在協議離婚時達成的還是由法院判決的，都不妨礙子女在必要時向父母任何一方提出增加數額的合理要求。至於費用是否增加，增加多少，不能僅憑子女單方面的要求而確定，應經相應的程序予以解決。其程序可由子女與父母協議解決，協議不成的，可由法院依訴訟程序處理。對此，本條第 2 款作了明確規定，關於子女撫養費的協議或者判決，不妨礙子女在必要時向父母任何一方提出超過協議或者判決原定數額的合理要求。

> **第一千零八十六條**　離婚後，不直接撫養子女的父或者母，有探望子女的權利，另一方有協助的義務。
>
> 　行使探望權利的方式、時間由當事人協議；協議不成的，由人民法院判決。
>
> 　父或者母探望子女，不利於子女身心健康的，由人民法院依法中止探望；中止的事由消失後，應當恢復探望。

■ 條文主旨

本條是關於離婚後不直接撫養子女的父母一方探望子女權利的規定。

■ 條文釋義

探望子女的權利是親權的一項內容。婚姻家庭中的親權是以主體間特定的親屬身份為發生依據的，父母婚姻關係的終結並不改變父母與子女的血緣身份關係。對此，本法第 1084 條規定：「父母與子女間的關係，不因父母離婚而消除。離婚後，子女無論由父或者母直接撫養，仍是父母雙方的子女。離婚後，父母對於子女仍有撫養、教育、保護的權利和義務。離婚後，不滿兩周歲的子女，以由母親直接撫養為原則。已滿兩周歲的子女，父母雙方對撫養問題協議不成的，由人民法院根據雙方的具體情況，按照最有利於未成年子女的原則判決……」這一規定明確了父母與子女間的關係，不因父母離婚而消除。離婚後，子女無論由父或母直接撫養，仍是父母雙方的子女。離婚後父母對於子女仍有撫養、教育和保護的權利和義務。

為了便於離婚後不直接撫養子女的父或者母行使對子女撫養、教育、保護的權利，履行對子女撫養、教育和保護的義務，本條第 1 款賦予了父或者母對子女探望的權利，即離婚後，不直接撫養子女的父或者母，有探望子女的權利。通常情況下，探望權在夫妻協議離婚或者訴訟離婚時一併解決確定。如果夫妻在離婚時對探望權未作明確約定，或者法院沒有明

確作出判決，那麼，當事人可以就探望權問題單獨提起訴訟。對此，《最高人民法院關於適用〈中華人民共和國婚姻法〉若干問題的解釋（一）》第24條規定，人民法院作出的生效的離婚判決中未涉及探望權，當事人就探望權問題單獨提起訴訟的，人民法院應予受理。為了保證不直接撫養子女的父或者母行使好探望子女的權利，本條第1款同時還規定另一方有協助的義務。例如，法院判決不直接撫養子女的一方每週六下午陪伴子女。那麼，直接撫養子女的一方則有義務在規定的時間內，將子女安全地送到雙方指定或者法院判決確定的地點，交由不直接撫養子女的一方照看半天，由此實現不直接撫養子女的一方對子女的探望。

行使探望權利的方式、時間、地點等通常宜由當事人協議確定。雙方不應圍於夫妻離異後的衝突紛爭，應從有利於子女健康成長的角度出發，對探望的時間、探望的方式、探望的地點、探望期間雙方對子女的安排等作出協商。當雙方無法就諸上事宜達成一致時，尤其在直接撫養子女的一方無故拒絕不直接撫養子女的一方探望子女時，享有探望權的一方可依民事訴訟法的有關規定提起訴訟，請求人民法院作出判決。對此，本條第2款規定行使探望權利的方式、時間由當事人協議；協議不成的，由人民法院判決。在草案徵求意見中，有意見認為由人民法院對探望糾紛作出判決，在司法實踐中難以執行；提出的建議是，如果直接撫養子女的一方不允許非直接撫養子女的一方探望子女，非直接撫養子女的一方可以申請法院變更撫養關係。反對意見認為，直接撫養子女的一方不允許非直接撫養子女的一方探望子女並不能當然導致直接撫養關係的變更。探望權的設立是兼顧了父母和子女雙方的權利，直接撫養權的判決則主要考慮的是子女身心健康的發展和未成年人合法權益的保障，它強調的是父母的義務而非權利。如果不存在直接撫養子女的一方無力撫養子女，或判其直接撫養子女會不利於子女身心健康發展的情形，即使直接撫養子女的一方拒不履行協助義務令對方不能探望子女，法院也不能當然判決直接撫養關係的變更，因為直接撫養關係變更的出發點不是父母權利的滿足而是子女合法權益的保障。對拒不執行探望子女等判決或裁定的如何處理，婚姻法第48條作出明確規定，對拒不執行有關扶養費、撫養費、贍養費、財產分割、遺產繼承、探望子女等判決或裁定的，由人民法院依法強制執行。有關個人和單位應負協助執行的責任。編纂民法典時考慮這一內容主要涉及的是執行問題，是對民事判決的執行，不是婚姻家庭編調整的對象，屬於程序法調整的內容，故在民法典中沒有規定。

本條第3款規定了對探望權的限制。父或者母探望子女，不利於子女身心健康的，由人民法院依法中止探望。不直接撫養子女的父母一方的探望權，只有在特殊的情況下才能被加以限制。這種特殊情況主要是指探望有可能不利於子女的身心健康，如父母一方患精神疾病、傳染性疾病，有吸毒等行為或對子女有暴力行為、騷擾行為等。當一方以探望子女為由，教唆、脅迫、引誘未成年子女實施不良行為則足以構成不利於子女身心健康的要件，可由人民法院依法中止其探望的權利。當不利於子女身心健康的情形消除後，非直接撫養子女的一方原享有的探望權利應可恢復。對此本條第3款規定，中止的事由消失後，應當恢復探望。無論是探望權利的中止或者恢復，都應由權利人主張，具體程序由人民法院根據民事訴訟法的相關規定處理。《最高人民法院關於適用〈中華人民共和國婚姻法〉若干問題的解釋

（一）》第 25 條規定，當事人在履行生效判決、裁定或者調解書的過程中，請求中止行使探望權的，人民法院在徵詢雙方當事人意見後，認為需要中止行使探望權的，依法作出裁定。中止探望的情形消失後，人民法院應當根據當事人的申請通知其恢復探望權的行使。第 26 條規定，未成年子女、直接撫養子女的父或母及其他對未成年子女負擔撫養、教育義務的法定監護人，有權向人民法院提出中止探望權的請求。

> **第一千零八十七條　離婚時，夫妻的共同財產由雙方協議處理；協議不成的，由人民法院根據財產的具體情況，按照照顧子女、女方和無過錯方權益的原則判決。**
>
> **對夫或者妻在家庭土地承包經營中享有的權益等，應當依法予以保護。**

■ 條文主旨

本條是有關離婚時對夫妻共同財產分割的規定。

■ 條文釋義

離婚時對夫妻的共同財產進行分割是離婚所產生的法律後果之一。法律允許夫妻雙方在離婚時就財產問題自行協商處理。對於不能協商或者未達成協議的，本條規定由法院根據財產的具體情況，按照照顧子女、女方和無過錯方權益的原則判決。法院按這一原則判決夫妻財產的前提是財產是夫妻共同所有的財產。如果財產分別是夫妻的個人財產，則不能用本條的規定進行分割，作出判決。不同財產制下共同財產的範圍不同，在分割、判決前首先應對財產的性質作出界定。

在分清個人財產、夫妻共同財產的前提下，法院應根據財產的具體情況，按照照顧子女、女方和無過錯方權益的原則，公平公正地分割夫妻共同財產。

在大多數情況下，夫妻離婚，家庭成員中未成年子女是不幸婚姻的最大受害者。因此，本條在規定分割夫妻共同財產時，特別強調了對子女權益的保障，將其作為分割夫妻共同財產時優先考慮的因素，將按照照顧子女權益的原則進行判決放在了首位。

在分割夫妻共同財產時，是否要考慮照顧無過錯方的利益呢？《最高人民法院關於人民法院審理離婚案件處理財產分割問題的若干具體意見》中規定，人民法院審理離婚案件對夫妻共同財產的處理，應堅持照顧無過錯方的原則。2001 年修改婚姻法時，沒有對分割夫妻共同財產按照照顧無過錯方的原則進行判決作出規定。這主要是由於在 2001 年修改婚姻法時，為了保護婚姻關係中的無過錯方，新增加了離婚損害賠償制度，即婚姻法第 46 條的規定：有下列情形之一，導致離婚的，無過錯方有權請求損害賠償：（1）重婚的；（2）有配偶者與他人同居的；（3）實施家庭暴力的；（4）虐待、遺棄家庭成員的。離婚過錯賠償方式通常分為兩類：一是在夫妻共同財產分割中，向無過錯方多分財產；二是在夫妻財產歸各自所

有，或共有財產不足以補償的情況下，過錯方以自己的財產向無過錯方作出補償。2001年修改婚姻法時，考慮到已經新增加了後一種離婚過錯賠償方式，加重了對婚姻中無過錯方的保護，在分割夫妻共同財產時，可以暫先不考慮增加照顧無過錯方利益的原則。

在民法典編纂徵求意見中，有的意見提出，現實生活中因過錯方導致的離婚情況較為突出。婚姻解體給家庭、子女、社會都帶來不利的影響，建議加大對婚姻中過錯方的懲罰力度，除規定離婚過錯方的賠償外，在判決分割夫妻共同財產時還應加大對無過錯方的保護，這也是當前審判實踐的做法。立法部門採納了這一建議，將婚姻法規定的「離婚時，夫妻的共同財產由雙方協議處理；協議不成時，由人民法院根據財產的具體情況，照顧子女和女方權益的原則判決」修改為「離婚時，夫妻的共同財產由雙方協議處理；協議不成的，由人民法院根據財產的具體情況，按照照顧子女、女方和無過錯方權益的原則判決」，增加了按照照顧無過錯方權益的原則分割判決夫妻共同財產。

根據本條的規定，人民法院在分割夫妻共同財產時，既要考慮照顧子女權益和女方權益，也要兼顧照顧無過錯方的權益，三者缺一不可。司法實踐中，多數女方權益與無過錯權益是一致的，但是也有不一致的情況，法官要具體問題具體分析判決。

在農村，夫妻共同財產的分割主要涉及房屋、承包的土地、果園等。婦女權益保障法第32條規定，婦女在農村土地承包經營、集體經濟組織收益分配、土地徵收或者徵用補償費使用以及宅基地使用等方面，享有與男子平等的權利。第33條第1款規定，任何組織和個人不得以婦女未婚、結婚、離婚、喪偶等為由，侵害婦女在農村集體經濟組織中的各項權益。農村地區，土地、果園大部分實行家庭聯產承包責任制，每個家庭承包的面積是根據家庭人口按本村人均面積分配的，因此，女方在土地承包上同樣享有承包經營權。但是，中國的婚姻習俗多數是女方落戶到男方，承包土地多數以男方為戶主名義承包，雙方一旦離婚，女方的承包經營權難以保障。因此本條第2款規定，對夫或者妻在家庭土地承包經營中享有的權益等，應當依法予以保護。

> **第一千零八十八條** 夫妻一方因撫育子女、照料老年人、協助另一方工作等負擔較多義務的，離婚時有權向另一方請求補償，另一方應當給予補償。具體辦法由雙方協議；協議不成的，由人民法院判決。

■ 條文主旨

本條是對承擔較多家務勞動的一方在離婚時享有經濟補償權利的規定。

■ 條文釋義

本條的規定實質上是對家務勞動價值的認可，使經濟地位較弱而承擔較多家務勞動的一

方（大多為女性）在離婚時享有經濟上的補償。

本條規定是遵循權利和義務對等的原則作出的。只有在一方為婚姻共同體盡了較多義務，如撫養子女、照料老人、協助另一方工作的情況下才可向對方請求補償。夫妻離婚時，一方對承擔較多家務勞動的另一方給予經濟補償，首先應當由要求離婚的夫妻自行協商確定，這種協商可以是在協議離婚時確定，也可以在訴訟離婚中確定。如果在協議離婚時雙方達成了一致的協議，則可以向婚姻登記部門提交。婚姻登記部門查明確屬自願，且不違反法律規定的，給予離婚登記，雙方應自覺履行協議。在訴訟離婚中，雙方對離婚補償達成一致意見，交由法院以調解書或者判決書的形式予以確認。如果雙方達不成協議，人民法院則依據本條的規定進行判決確定。

> **第一千零八十九條　離婚時，夫妻共同債務應當共同償還。共同財產不足清償或者財產歸各自所有的，由雙方協議清償；協議不成的，由人民法院判決。**

■ 條文主旨

本條是有關離婚時夫妻共同債務清償的規定。

■ 條文釋義

本法第 1064 條對夫妻共同債務的認定作出了明確規定。夫妻共同債務屬於連帶債務，對外夫妻雙方應當依法對債權人承擔連帶清償責任，但在內部夫妻雙方應當如何確定清償責任，本條對此作了明確規定。

根據本條規定，首先婚姻關係終結時，夫妻共同債務清償應當遵循的原則是共同債務共同清償。依法屬於夫妻共同債務的，夫妻應當以共同財產共同償還，這是一個基本原則。但是，如果夫妻共同財產不足致使不能清償的，或者雙方約定財產歸各自所有的沒有共同財產清償的，夫妻雙方對共同債務如何償還以及清償比例等，可以由雙方當事人協商確定。如果雙方協商不能達成一致意見的，由人民法院考慮雙方當事人的具體情況依法判決確定。需要注意的是，不論是雙方當事人協商確定，還是人民法院判決確定的清償方式、清償比例等內容，僅在離婚的雙方當事人之間有效，對債權人是沒有法律效力的，債權人可以依照本法第 178 條第 1 款「二人以上依法承擔連帶責任的，權利人有權請求部分或者全部連帶責任人承擔責任」的規定來要求雙方履行其債務。

第一千零九十條　離婚時，如果一方生活困難，有負擔能力的另一方應當給予適當幫助。具體辦法由雙方協議；協議不成的，由人民法院判決。

■ 條文主旨

本條是有關離婚後，一方對生活困難的另一方給予適當經濟幫助的規定。

■ 條文釋義

婚姻關係存續期間，夫妻雙方有互相扶養的義務，一方不履行扶養義務時，需要扶養的一方有要求對方給付扶養費的權利。婚姻關係終結後，法律明確要求一方對生活困難的另一方從其個人財產中給予適當的幫助，實質是夫妻間扶養義務的延續。在傳統的普通法制度中，結婚後，妻子在法律上的權利能力被剝奪而轉移至丈夫身上，作為交換，丈夫有扶養和保護妻子的義務，妻子具有從事家務勞動以及為丈夫提供服務的義務。婚姻關係終結時，丈夫仍要對妻子盡扶養義務，這源於早期的普通法在離婚問題上採用過錯原則，即離婚是由於一方犯了法律列舉的異乎尋常的婚姻錯誤，要對無過錯方進行法律救濟，因此，妻子要求丈夫繼續給付扶養費的條件是離婚是由丈夫的過錯所致，且妻子為無過錯一方。現代普通法制度中，多採用無過錯離婚原則，扶養費的過錯作用已經降低，是否給付扶養費考慮最多的不再是給付方的過錯，而是接受方的需要和給付方的支付能力。在婚姻關係終結時，除去財產分割外，給予生活困難的一方以金錢或財物的幫助，是對前配偶一方的扶助或資助。現代的配偶扶養是雙向的，丈夫在妻子生活困難時有幫助的義務，妻子在丈夫需要時同樣也有給付的義務，但實際上由於婦女的經濟能力大多低於男性，尤其在農村，這種差距更為明顯，因此離婚時要求對方給予幫助的女性比例要遠遠大於男性。

當一個婚姻關係終結時（無論是協議離婚還是法院判決離婚），婚姻關係一經解除，丈夫和妻子在法律上相互扶助的權利義務已經消滅，雙方沒有互相扶養的義務，也沒有共享婚姻財產的權利，除去可能因子女撫養而涉及子女生活費、教育費的給付以及探望權利的行使外，雙方在法律上已無任何特殊的聯繫。但是，法律卻規定在一方生活困難的情況下，有負擔能力的另一方應當對另一方給予適當幫助，要求原本不承擔義務的一方負擔義務，原因何在呢？當一對男女結為合法夫妻，法律推定雙方建立了一種相互信賴、相互扶助的特殊社會關係，夫妻關係存續期間，雙方都為維持這個婚姻共同體作了努力，這其中包括個人的自我損失和自我犧牲；當婚姻關係終結時，若一方生活困難，法律則要求另一方盡到扶助的責任，將道德上的義務上升為法律，因為我們不能排除一方的生活困難可能是其在婚姻關係存續期間為了家庭利益而放棄個人發展機會所造成的。當然在這種情況下，離婚時，為家庭付出較多義務的一方可以依據本法第 1088 條的規定，請求另一方給予補償。但是，離婚時的補償與本條規定的困難幫助的內容有很大區別。離婚經濟補償只有當一方對婚姻承擔了較多義務時，才有權提請。而本條關於困難幫助的適用條件則是無論夫妻哪一方是否對婚姻共同

體盡了較多義務，作了較大貢獻，只要在離婚時本人存在生活困難的情況，就可以向對方請求經濟幫助。

當然，本條只是原則性規定，法院在判決時，還應考慮到以下幾個問題：(1) 生活困難的界定：一般認為，若一方離婚後分得的財產不足以維持其合理的生活需要，或者不能通過從事適當的工作維持其生活需要等，均可認為是生活困難的體現。(2) 給予幫助的方式，法院應考慮雙方的收入和財產，雙方就業能力、子女撫養，婚姻期間的生活水平等因素，合理確定扶助的數額和方式。(3) 需要說明的一點是，婚姻關係中的過錯不應在考慮之列，意味着有過錯的一方若存在生活困難的情形，也可要求無過錯方給予適當經濟幫助。《最高人民法院關於適用〈中華人民共和國婚姻法〉若干問題的解釋（一）》第 27 條規定，婚姻法第 42 條所稱「一方生活困難」，是指依靠個人財產和離婚時分得的財產無法維持當地基本生活水平。一方離婚後沒有住處的，屬於生活困難。離婚時，一方以個人財產中的住房對生活困難者進行幫助的形式，可以是房屋的居住權或者房屋的所有權。

第一千零九十一條　有下列情形之一，導致離婚的，無過錯方有權請求損害賠償：

（一）重婚；

（二）與他人同居；

（三）實施家庭暴力；

（四）虐待、遺棄家庭成員；

（五）有其他重大過錯。

■ 條文主旨

本條是關於離婚時過錯賠償制度的規定。

■ 條文釋義

一、可以提起離婚損害賠償的情形

因夫妻一方的過錯致使婚姻關係破裂的，無過錯方可以提起離婚損害賠償的情形，婚姻法規定了四種情形：一是重婚；二是有配偶者與他人同居；三是實施家庭暴力；四是虐待、遺棄家庭成員。

在民法典婚姻家庭編徵求意見時，有的意見提出，鑒於目前我國因過錯方導致家庭破裂的離婚案件的增多，婚姻關係中的過錯行為遠不止上面所列舉的幾種情形，法律應當擴大離婚損害賠償的情形，更好地發揮離婚損害賠償制度的制裁、預防作用，促進婚姻關係的穩定；建議採取列舉性規定與概括性規定相結合的立法方式規定離婚損害賠償制度。對此，立法部門採納了這一建議，在本條中增加了離婚損害賠償的兜底條款，即第 5 項有其他重大過

錯的情形，將其他一些確實給對方造成嚴重損害的情形納入損害賠償範圍，完善了離婚賠償制度。

二、法院不能依職權判決離婚損害

本條雖然規定了離婚損害賠償制度，但並不是說法院在審理離婚案件時必須審理及判決過錯方對無過錯方予以賠償的。在離婚案件中無過錯方對確實有過錯的另一方是否行使賠償請求權，由受損害的無過錯方自行決定，法院不能主動判決離婚損害賠償。

三、離婚損害賠償的範圍

離婚損害賠償既應當包括過錯方給無過錯方造成的財產損害的賠償，也應當包括過錯方給無過錯方造成的人身損害、精神損害的賠償。人民法院應當根據過錯方對無過錯造成的損害程度以及婚姻當事人的經濟狀況等判定賠償數額。《最高人民法院關於適用〈中華人民共和國婚姻法〉若干問題的解釋（一）》第 28 條規定，婚姻法第 46 條規定的「損害賠償」，包括物質損害賠償和精神損害賠償。涉及精神損害賠償的，適用最高人民法院《關於確定民事侵權精神損害賠償責任若干問題的解釋》的有關規定。

第一千零九十二條　夫妻一方隱藏、轉移、變賣、毀損、揮霍夫妻共同財產，或者偽造夫妻共同債務企圖侵佔另一方財產的，在離婚分割夫妻共同財產時，對該方可以少分或者不分。離婚後，另一方發現有上述行為的，可以向人民法院提起訴訟，請求再次分割夫妻共同財產。

■ 條文主旨

本條是對夫妻一方擅自處分共同財產或偽造債務侵佔另一方財產的法律責任的規定。

■ 條文釋義

實踐中，夫妻一方有的實施了侵害夫妻共同財產或者侵佔另一方財產的違法行為，對於這些違法行為，法律嚴格加以禁止。為保護另一方的合法權益，本條規定對其法律後果作了明確規定。

根據本條規定，夫妻一方實施的違法行為主要是兩類。

一、侵害夫妻共同財產

夫妻共同財產從性質上說，屬於共同共有。夫妻在婚姻關係存續期間，無論屬於雙方或一方的收入，無論各自收入的數量多少，也無論其中一方有無收入，夫妻作為共同生活的伴侶，對共同財產享有平等的所有權。對共同財產，夫妻雙方均有依法佔有、使用、收益和處分的權利。例如，婦女權益保障法就規定，婦女對依照法律規定的夫妻共同財產享有與其配偶平等的佔有、使用、收益和處分的權利，不受雙方收入狀況的影響。在共有關係消滅之

前，財產權利是一個整體，只有在婚姻關係消滅（離婚或一方死亡）或雙方有特別約定時，才能對共同財產進行分割。

　　處分權是所有權的最高表現，如果沒有平等的處分權，平等的所有權就是一句空話。所以，本法第 1062 條第 2 款規定，夫妻對共同財產，有平等的處理權。所謂平等的處理權，依照民法關於共同共有的原理，是指夫妻在處分共同財產時，應當平等協商，取得一致意見，任何一方不得違背他方的意志，擅自處理。特別是對共有財產作較大的變動時，如出賣、贈與等，更應徵得他方的同意，否則就侵犯了另一方對共有財產的所有權。根據有關司法解釋的規定，在共同共有關係存續期間，部分共有人擅自處分共有財產的，一般認定無效。如果對其他共有人造成損失，由擅自處分共有財產的人賠償。

　　隱藏、轉移、變賣、毀損、揮霍夫妻共同財產是侵害夫妻共同財產的客觀表現。隱藏，是指將財產藏匿起來，不讓他人發現，使另一方無法獲知財產的所在從而無法控制。轉移，是指私自將財產移往他處，或將資金取出移往其他賬戶，脫離另一方的掌握。變賣，是指將財產折價賣給他人。毀損，是指採用打碎、拆卸、塗抹等破壞性手段使物品失去原貌，失去或者部分失去原來具有的使用價值和價值。揮霍，是指對夫妻共有的財產沒有目的的，不符合常理的耗費致使其不存在或者價值減損。上述違法行為，在主觀上只能是故意的，不包括過失行為，如因不慎將某些共同財產毀壞，只要沒有故意，不屬於本條規定之列。夫妻一方如果實施了上述行為，就屬於對夫妻共同財產的侵害。

　　二、侵佔另一方財產

　　夫妻一方對屬於自己個人的財產享有佔有、使用、支配的權利。在不違背法律規定的情況下，可以依據自己個人的意願處分自己的財產。但是本法第 1089 條規定，離婚時，夫妻共同債務應當共同償還。共同財產不足清償或者財產歸各自所有的，由雙方協議清償；協議不成的，由人民法院判決。這一規定，意味着夫妻在離婚時，如果共同財產不足以清償共同債務時，有可能以夫妻一方的個人財產來承擔夫妻共同債務，具體數額由人民法院判決確定。對此，有的夫妻一方就有可能利用這一法律規定，偽造夫妻共同債務，企圖侵佔另一方財產。偽造債務，是指製造內容虛假的債務憑證，包括合同、欠條等。偽造債務是違法行為的客觀表現。在主觀上是故意，不是過失行為，是以侵佔夫妻另一方財產為目的。只要夫妻一方實施偽造夫妻共同債務的行為，就屬於對另一方財產的侵害。

　　對通過實施隱藏、轉移、變賣、毀損、揮霍手段侵害夫妻共同財產的違法行為，對偽造夫妻共同債務企圖侵佔另一方財產的違法行為，本條規定，在離婚分割夫妻共同財產時，對該方可以少分或者不分。本條所講的在離婚分割夫妻共同財產時，是指在離婚訴訟期間。

　　夫妻共同財產屬於夫妻共同共有，依照民法共同共有的理論，原則上，在共同體解體時，對共同共有的財產應當均等分割。但是，由於夫妻中的一方存在有以隱藏、轉移、變賣、毀損、揮霍手段侵害夫妻共同財產的違法行為，存在有偽造夫妻共同債務企圖侵佔另一方財產的違法行為，所以本條規定對實施上述違法行為的一方，在分割夫妻共同財產時，可以少分或不分。對他們少分或不分夫妻共同財產，是違法行為實施者理應承擔的法律責任。

需要說明的是，本條對少分的具體份額或比例以及在何種情況下可以不分、少分，沒有作出明確規定，只是規定了「可以」少分或者不分。法院在審判實踐中，應當根據違法行為的情節和案件的具體情況作出處理。該規定同本法規定的在分割共同財產時按照照顧子女、女方和無過錯方權益的原則判決是否矛盾呢？照顧子女和女方權益原則的確定，是由我國目前廣大婦女的經濟能力和男子仍有一定差距的國情決定的，同時也是憲法關於保護婦女、兒童合法權益原則和我國社會主義制度優越性在婚姻法上的具體體現。在婚姻家庭生活中，無過錯一方遵守法律規定，對另一方配偶尊重、關愛、忠實，對家庭成員關心幫助，尊老愛幼，為維護平等、和睦、文明的婚姻家庭作出了自己的努力和貢獻。對這種合法的民事法律行為的主體法律必須要給予保護。當然，在現實生活中，也不排除有女方、無過錯方實施本條所列舉的違法行為的可能；如果出現，也應當依照本法、本條的規定處理。兩者沒有矛盾，並行不悖。

　　本條還對離婚後，即離婚案件已審理終結，人民法院對離婚雙方有關財產分割的調解書、判決書已發生法律效力後，又發現一方有隱藏、轉移、變賣、毀損、揮霍夫妻共同財產或者偽造夫妻共同債務侵佔另一方財產行為的處理作了規定。即離婚後，另一方發現夫妻一方有上述違法行為的，可以向人民法院提起訴訟，請求再次分割夫妻共同財產。在離婚案件審理過程中，這部分共同財產由於被一方隱藏、轉移、變賣、毀損、揮霍，或偽造債務所侵佔而未能發現，因而法院也未能將其作為夫妻共同財產予以分割。夫妻共同財產是共同共有財產，任何一方未經另一方同意而擅自予以隱藏、轉移、變賣、毀損、揮霍，或通過偽造債務等非法手段據為己有的，都是對另一方財產所有權的侵害，是一種民事侵權行為。另一方可以依據本條規定，向人民法院起訴，請求對這一部分財產進行再次分割。在分割時，關於對隱藏、轉移、變賣、毀損、揮霍夫妻共同財產或偽造夫妻共同債務侵佔另一方財產的可以少分或者不分的原則仍應適用。

第五章 收 養

　　本章是關於收養的規定。收養是自然人依法領養他人子女為自己子女的法律行為。通過收養行為，原本沒有父母子女關係的收養人與被收養人形成了法律上擬製的父母子女關係，被收養人與生父母及其親屬之間的關係則相應終止。收養作為形成父母子女關係的一種法律行為，本質上屬於婚姻家庭制度的重要組成部分。但在本次民法典編纂之前，收養法一直以與婚姻法獨立的單行法的形式存在着。現行收養法是 1991 年 12 月 29 日由七屆全國人大常委會二十三次會議審議通過，並於 1992 年 4 月 1 日起施行的。1998 年 11 月 4 日，九屆全國人大常委會五次會議對收養法作了修改。收養法施行以來，對於保護合法收養關係，維護收養關係當事人權利，保障被收養人的合法權益等發揮了重要作用。同時，隨着收養實踐的不斷發展，收養法中的一些規定已經不能完全適應形勢發展的要求，需要根據新情況、新問題對收養制度作出相應的修改完善。民法典編纂工作啟動以來，根據法典編纂的統一要求，在婚姻法、收養法的基礎上形成了婚姻家庭編，作為調整婚姻家庭關係的基本準則。編纂不是制定全新的法律，也不是簡單的法律彙編，需要在現行法的基礎上進行系統梳理，刪除不合時宜的規定，根據實踐發展的需要增加針對性的規定。因此，收養一章的主要內容仍以收養法為基礎，但同時結合收養實踐的發展需要，修改了部分規定，增加了一些新規定。主要的修改包括：進一步擴大了被收養人的範圍；適當放寬了收養人條件及收養人數的要求；完善了無配偶者收養異性子女的年齡差限制等。這些修改體現了對收養發展趨勢的回應，進一步彰顯了遵循被收養人利益最大化的原則。與收養法六章、三十四條的體例、內容相比，婚姻家庭編收養一章保留了收養關係的成立、收養的效力及收養關係的解除三節，刪除了總則、法律責任和附則三部分內容，條文數也調整為二十六條。儘管在條文數量上相比收養法有所減少，但在總條文數為七十九條的婚姻家庭編中，收養法的體量已頗為可觀，其重要性不因條文的減少而下降。

第一節　收養關係的成立

> **第一千零九十三條　下列未成年人，可以被收養：**
> **（一）喪失父母的孤兒；**
> **（二）查找不到生父母的未成年人；**
> **（三）生父母有特殊困難無力撫養的子女。**

■ 條文主旨

本條是關於被收養人條件的規定。

■ 條文釋義

收養是自然人領養他人子女為自己子女的一種法律行為，能夠起到依法變更親子關係、轉移親子間權利義務關係的法律效力。作為家庭制度的必要補充，養父母子女關係也屬於親子關係的重要類型之一。基於收養這一要式法律行為的獨特特點及其能夠產生的獨特法律效力，各國立法均對收養關係的成立有着程序及實體上的明確要求。這其中，被收養人與收養人應當具備哪些條件，無疑是最為重要的收養成立要件之一。不符合條件的被收養人與收養人，會導致收養行為的無效。

本次民法典編纂，將收養制度整體納入婚姻家庭編之中作專章規定，基本保留了收養法的框架結構及主要內容。在被收養人條件方面，與收養法相比，最大的變化來自於對其年齡的限制，即由原來的被收養人應當不滿 14 周歲，修改為未滿 18 周歲的未成年人，符合相應條件均可被收養。事實上，對於是否應當對被收養人的年齡施加限制，無論是比較法上，還是理論界和實務界，自收養法頒佈以來就一直存在爭議。反對的理由主要有：第一，從我國的實際情況來看，絕大多數 14 周歲到 18 周歲的未成年人客觀上依然不具備獨立生活的能力，也需要一定程度的撫養。如果將被收養人的年齡嚴格限制在 14 周歲以下，對於一些孤兒、棄兒，一旦其年滿 14 周歲，則無法按照收養法律的規定被收養，就不能獲得來自於穩定家庭環境之中的父母親情的慰藉，而只能通過代養或者寄養的方式加以替代，這顯然不利於收養目的的實現及被收養人利益的保護。第二，對被收養人年齡施加限制，也不利於實現特定人群的養老需求。隨着老齡化社會的到來，養老作為一大社會問題日益凸顯。一些人群因為不同原因失去子女，渴望通過收養子女甚至成年子女來保障其養老需求。如果被收養人的年齡只能在 14 周歲以下，則這些人群通過收養實現養老的目的就難以實現。

根據各方面意見，本條將被收養人的年齡限制由 14 周歲放寬到 18 周歲，即符合相關條件的未成年人都可以作為被收養人。主要理由是：第一，收養法施行以來，對於規範收養關係，保護收養人與被收養人合法權益發揮了重要作用。但收養實踐中也不斷出現因對被收

養人年齡限制過嚴而導致部分有被收養需求的被收養人無法被收養的情況，這大大限制了收養制度功能的發揮。適當放寬被收養人的年齡限制，能夠更好地實現收養目的，使更多符合相關條件的人可以被收養。第二，放寬被收養人的年齡限制，並不必然會影響家庭關係的穩定。第三，把握和遵循收養的本質目的，被收養人仍限於未成年人，不擴及成年人收養。

除年齡限制的變化之外，收養一章對於被收養人條件的規定基本沿襲了收養法的規定，未作大的修改。即包括了喪失父母的孤兒、查找不到生父母的未成年人以及生父母有特殊困難無力撫養的子女。（1）喪失父母的孤兒。此處的「喪失」應指被收養人的父母已經死亡或者被宣告死亡。「父母」不僅包括生父母，還包括養父母以及有扶養關係的繼父母，從而儘可能擴大本項的適用範圍。（2）查找不到生父母的未成年人。關於本項需要注意：①本項與收養法的規定相比，將收養法規定的「棄嬰和兒童」修改為「未成年人」。國家一直高度重視被拐兒童解救安置工作，但在實踐工作中，對於被拐兒童能否被收養各方面有不同意見。我們認為，收養法對於被收養主體範圍的規定，沒有將被拐兒童排除在外。收養法第 4 條第 2 項「查找不到生父母的棄嬰和兒童」中的「兒童」應理解為既包括棄兒，也包括被拐兒童、走失兒童。這次編纂民法典，為避免實踐中的誤解，專門將「棄嬰和兒童」修改為「未成年人」，明確拐賣被解救後無法找到生父母的未成年人也屬於被收養人範圍，以使他們能通過收養途徑更好地得到安置。②本項規定的「查找不到」是指通過各種方式均無法找到。雖然本條未對「查找不到」附加時間上的限制，但從維護收養關係穩定的角度，在操作方面應當有一個合理期間的限制，個人或者有關機關經過一定期間仍查找不到的未成年人，可以作為被收養人。（3）生父母有特殊困難無力撫養的子女。與前兩項相比，該項當中可作為被收養人的主體並非喪失父母或者父母查找不到，而是由於生父母自身不具備撫養子女的能力，從而產生被收養的需要。

> **第一千零九十四條** 下列個人、組織可以作送養人：
>
> （一）孤兒的監護人；
>
> （二）兒童福利機構；
>
> （三）有特殊困難無力撫養子女的生父母。

■ 條文主旨

本條是關於送養人條件的規定。

■ 條文釋義

在收養法律關係中，何種主體可以作為送養人，是一個非常重要的問題。一般認為，送養人適格是收養法律關係成立的實質要件，即只有送養人符合相關條件，收養才能有效成

立。總的來看，本條對於送養人條件的確定意義重大。首先，收養涉及送養人、收養人、被收養人等多方主體，收養關係的最終成立也導致不同主體間發生法律關係的根本變化。只有明確了送養人條件，收養關係的合法有效成立才成為可能。其次，有利於進一步規範收養法律關係。本條採用集中規定的方式明確了哪些主體可以作為送養人，只要送養人符合本條規定，在符合收養法律關係成立的其他條件下，相應的收養關係即受到法律保護。最後，送養人的條件確定後，圍繞不同類型的送養主體制定具體規則便具備了可能。事實上，收養涉及多方主體，法律關係較為複雜。在宏觀方面確定好送養人條件後，才可以在微觀層面針對不同的送養主體制定具體規則。

本條與收養法的規定相比，實質內容沒有變化，包括三項：（1）孤兒的監護人；（2）兒童福利機構；（3）有特殊困難無力撫養子女的生父母。

關於「孤兒的監護人」。所謂孤兒，根據 1992 年發佈的《民政部關於在辦理收養登記中嚴格區分孤兒與查找不到生父母的棄嬰的通知》的規定，孤兒是指其父母死亡或人民法院宣告其父母死亡的不滿 14 周歲的未成年人。但是，由於被收養人的年齡限制已經擴展到 18 周歲，與此相應，此處的「孤兒」，是指其父母死亡或人民法院宣告其父母死亡的未成年人。

關於「兒童福利機構」。收養法規定的第 2 項可以作送養人的主體是「社會福利機構」。所謂社會福利機構，是指國家設立的對於孤兒、棄兒等進行監管看護的機構。從實踐情況看，我國的社會福利機構主要是指各地民政部門主管的收容、養育孤兒和查找不到生父母的未成年人的社會福利院。

關於「有特殊困難無力撫養子女的生父母」。本項是將特定情形下的生父母作為送養人的規定。生父母作為子女的法定監護人，在一般情況下都要履行作為父母的監護人職責，不得隨意將應由自己承擔的責任轉由他人承擔。但在特殊情況下，生父母因存在特殊困難無力承擔這一責任時，從有利於未成年人健康成長的角度，可以由生父母將未成年人送養，從而為其創造更有利於成長的家庭環境，這也符合本次收養領域確立的最有利於被收養人的原則要求。

第一千零九十五條　未成年人的父母均不具備完全民事行為能力且可能嚴重危害該未成年人的，該未成年人的監護人可以將其送養。

■ 條文主旨

本條是關於未成年人的監護人可以送養的規定。

■ 條文釋義

根據本法總則編的規定，通常情況下，未成年人的父母是其法定監護人。但是，在父母已經死亡或者沒有監護能力的情況下，為保護未成年子女的利益，需要由其他主體擔任監護

人，實現對未成年子女的監護，保護其人身和財產權益。這些主體包括祖父母、外祖父母、兄、姐以及其他願意擔任監護人的個人或者組織。那麼，在這些主體擔任監護人的情形下，是否一概有權決定送養未成年人呢？從收養法的規定看，未成年人在其父母均不具備完全民事行為能力時，即父母雙方均為限制民事行為能力人或者無民事行為能力人時，原則上其監護人也不得將未成年人送養，除非父母對該未成年人存在嚴重危害可能。收養法之所以這樣規定，主要是考慮到，子女對於無民事行為能力或者限制民事行為能力的父母往往具有更為重要的意義：一方面子女可以在精神上陪伴父母，在有的情況下這種陪伴和慰藉是其他方式所不可替代的；另一方面，子女如果不被送養，其與生父母的親子關係仍然存在，在其成年後需要對生父母履行贍養義務，這有助於對無民事行為能力或者限制民事行為能力的父母的權益保護。當然，從收養法的規定看，也並沒有完全禁止在此種情形下一概不得送養未成年人。如果未成年人的父母對子女存在嚴重危害可能，從保護未成年人的角度考慮，是允許監護人送養未成年人的。這樣規定，可以在保護生父母與未成年子女的利益之間達到平衡。

與收養法的規定相比，本條關於監護人送養未成年人的表述發生了變化，規定為：「未成年人的父母均不具備完全民事行為能力且可能嚴重危害該未成年人的，該未成年人的監護人可以將其送養。」理解本條需要把握以下幾點：第一，本條的規範重點放在了「可以送養」，即重點強調未成年人的監護人在何種情況下可以送養該未成年人。民法典婚姻家庭編在一般規定中新增了「收養應當遵循最有利於被收養人」的原則，這實際上是收養法律關係中最為重要、最能體現收養制度價值與功能的原則。任何有關收養的規則設計，都應當體現這一原則。將本條的規範重點由「原則上不得送養」調整為「何種情況下可以送養」，儘管在最終的規範效果上沒有實質變化，但傳遞出的理念變化是明確的，即首先要保障未成年人的利益。當未成年人父母均不具備完全民事行為能力且對可能嚴重危害該未成年人的，監護人就可以送養未成年人。第二，在父母尚存的情況下，對於監護人送養未成年人的條件要求是非常嚴格的。首先，要求未成年人的父母雙方均不具備完全民事行為能力。根據本法總則編對民事行為能力的分類，自然人可以分為完全民事行為能力人、限制民事行為能力人以及無民事行為能力人。如果未成年人的父母任何一方屬於完全民事行為能力人，一般情況下意味着其具有撫養、教育未成年人的能力，在這種情況下，監護人不得將未成年人送養。只有未成年人的父母雙方均不具備完全民事行為能力，即其雙方均為限制民事行為能力或者無民事行為能力人時，監護人才有可能被允許將未成年人送養。其次，未成年人的父母必須存在可能嚴重危害該未成年人的情形時，監護人才可將其送養。所謂可能嚴重危害該未成年人，主要是指其父母存在危害該未成年人的現實危險，且達到嚴重程度的情形，比如，父母雙方均為嚴重的精神分裂症，存在暴力威脅甚至毆打未成年人的情形。在這種情況下，即使危害行為尚未實際發生，從保護未成年人利益的角度出發，也允許監護人將其送養。第三，此種情況下的送養主體，只能是該未成年人的監護人。根據本法第 1094 條的規定，可以擔任送養人的主體原則上只包括三類，即孤兒的監護人、兒童福利機構以及有特殊困難無力撫養子女的生父母。而在未成年人的父母均不具備完全民事行為能力且可能嚴重危害該未成年

時，上述三類主體均無法成為適格的送養主體。此時，根據本條規定，能夠成為送養主體的，是該未成年人的監護人。監護人作為實際承擔監護職責的人，對於該未成年人的情況最為熟悉，由其擔任送養人與收養人成立收養法律關係，較為合適。

> **第一千零九十六條　監護人送養孤兒的，應當徵得有撫養義務的人同意。有撫養義務的人不同意送養、監護人不願意繼續履行監護職責的，應當依照本法第一編的規定另行確定監護人。**

■ 條文主旨

本條是關於監護人送養孤兒的限制以及變更監護人的規定。

■ 條文釋義

根據本法第 1094 條的規定，監護人可以作為送養人對孤兒進行送養。孤兒因其父母死亡或者被宣告死亡，需要由其他法定主體擔任監護人對其人身和財產權益進行保護。根據本法總則編第 27 條的規定，未成年人的父母已經死亡或者沒有監護能力的，由下列有監護能力的人按順序擔任監護人：（1）祖父母、外祖父母；（2）兄、姐；（3）其他願意擔任監護人的個人或者組織，但是須經未成年人住所地的居民委員會、村民委員會或者民政部門同意。父母之外的其他主體擔任監護人時，由於主客觀方面的不同原因，可能會產生不想再履行監護職責並將被監護人送養的想法。比如，監護人承擔監護職責一段時間後，生活發生變故，不想繼續擔任孤兒的監護人。此時，如果監護人送養未成年人，有何限制？

根據本條規定，監護人送養孤兒的，應當徵得有撫養義務的人同意。這裏的「有撫養義務的人」，是指孤兒的有負擔能力的祖父母、外祖父母、兄、姐。本法第 1074 條第 1 款規定，有負擔能力的祖父母、外祖父母，對於父母已經死亡或者父母無力撫養的未成年孫子女、外孫子女，有撫養的義務。本法第 1075 條第 1 款規定，有負擔能力的兄、姐，對於父母已經死亡或者父母無力撫養的未成年弟、妹，有扶養的義務。如果上述主體不同意監護人對孤兒進行送養，而監護人又不願意繼續履行監護職責的，為使被監護人不致處於無人監護的狀態，應當依照本法總則編的規定另行確定監護人。比如，父母都死亡後，成年的兄、姐是未成年弟、妹的法定監護人，作為監護人的哥哥不能違背姐姐的意願而自己決定將被監護的弟妹送養。再如，有負擔能力的祖父母、外祖父母對於父母均已死亡的未成年孫子女、外孫子女有撫養義務。當祖父母擔任監護人時，其送養孫子女的行為應當徵得外祖父母的同意，外祖父母不同意收養而祖父母又不願意繼續履行監護職責的，應當按照有關規定變更監護人，由外祖父母擔任監護人。

> **第一千零九十七條** 生父母送養子女，應當雙方共同送養。生父母一方不明或者查找不到的，可以單方送養。

■ 條文主旨

本條是關於生父母送養子女的原則要求與例外規定。

■ 條文釋義

根據本法第 1094 條的規定，有特殊困難無力撫養子女的生父母可以作為送養人，送養其子女。一般而言，生父母作為未成年子女的法定監護人，不應輕易轉嫁本應由其承擔的監護職責。但在其確因特殊困難無力撫養子女時，允許其送養未成年子女，更有利於未成年子女在良好的家庭環境中健康成長，體現出對未成年子女利益的保護。生父母送養子女，原則上要求雙方共同送養，只有在生父母一方不明或者查找不到的情形下，才可以由生父或者生母單方送養。無論國外多數國家立法例，還是我國收養法的規定，都將生父母送養子女時應雙方共同送養作為原則。這主要是考慮到，收養關係一旦成立，雖然在客觀上不能改變生父母與其子女的血親關係，但是生父母卻不能繼續撫養子女。尤其是在我國只承認完全收養的制度背景下，收養關係成立後，生父母與其子女的親子關係將因收養而消除。如果生父或者生母一方未經其配偶同意即送養子女，無異於剝奪了其配偶對於子女的親權，顯然對不知情的配偶一方是不公平的。當然，在生父母一方不明或者查找不到時，則允許另一方單方收養，這主要是為了更好地保護未成年子女的利益。

根據本條可知：第一，生父母送養子女應當雙方共同送養，這是原則要求。基於父母雙方對於撫養子女的平等地位，送養應當雙方共同進行。在實踐操作層面，可以雙方共同表示送養的意思，也可以由一方表達出送養意願，另一方表示同意。在後一種情況下，這種同意的表示應是明確的、具體的。第二，生父母送養子女可以單方送養，這是例外規定，應當嚴格限於法律規定的兩種情形，即生父母一方不明或者查找不到。所謂生父母一方不明，是指不能確認被收養人的生父或者生母為誰的情況。比如，生母曾因自身的特殊經歷，不知其所生子女的生父是誰。在這種情況下，如果生母無力撫養所生子女，應當允許其送養該子女，給子女提供一個更好的成長環境。所謂查找不到，是指經過一定期間，無法查找到生父或者生母的情況。例如，未成年子女的生母無故離家出走，經過有關機關在一定期間查找仍查找不到，此時，為儘快使未成年子女獲得穩定、良好的成長環境，應當允許無力獨自撫養子女的生父送養。

> **第一千零九十八條　收養人應當同時具備下列條件：**
> （一）無子女或者只有一名子女；
> （二）有撫養、教育和保護被收養人的能力；
> （三）未患有在醫學上認為不應當收養子女的疾病；
> （四）無不利於被收養人健康成長的違法犯罪記錄；
> （五）年滿三十周歲。

■ 條文主旨

本條是關於收養人條件的規定。

■ 條文釋義

收養是在收養人與被收養人之間建立擬製親子關係的一種法律制度，其核心是為了更好地促使被收養人健康成長，同時也滿足收養人的收養需求。由於收養制度的這一定位，使得保障被收養人利益成為收養制度需要遵循的首要原則。本法第 1044 條規定，收養應當遵循最有利於被收養人的原則，保障被收養人和收養人的合法權益。在這一原則的要求下，需要對收養人設定必要的條件要求，以確保收養制度功能的實現，保障被收養人的合法權益。本條即是對一般情況下收養人應當具備的條件的規定。

本條關於收養人年齡的規定與收養法第 6 條第 4 項規定保持一致，仍然要求收養人須年滿 30 周歲。收養人只有達到一定年齡，才可能在經濟能力、心智完善程度方面滿足一定標準，從而具備承擔撫養被收養人的義務，更好保障被收養人的利益。當然，此處關於收養人年齡的規定僅是收養人條件中的一項，其即使滿足了這一要求，也並不意味着必然具備撫養、教育被收養人的能力，還需要同時滿足本條關於收養人條件的其他要求，才可擔任收養人。同時，本條僅是對於一般收養條件下收養人最低年齡的規定，對於特殊情形下的收養，則要視情況予以放寬這一限制或者增加其他年齡方面的限制等。比如，根據本法第 1103 條的規定，繼父或者繼母經繼子女的生父母同意，可以收養繼子女，其可以不受收養人須年滿 30 周歲的限制。而根據本法第 1102 條的規定，無配偶者收養異性子女，收養人與被收養人的年齡還應當相差 40 周歲以上。

除須年滿 30 周歲外，按照本條規定，收養人還須同時具備其他四項條件，即無子女或者只有一名子女；有撫養、教育和保護被收養人的能力；未患有在醫學上認為不應當收養子女的疾病；無不利於被收養人健康成長的違法犯罪記錄。

關於收養人無子女或者只有一名子女。本項與收養法的規定相比，將原來的「無子女」修改為「無子女或者只有一名子女」。收養法制定之時，根據我國憲法和婚姻法有關計劃生育政策的規定，為防止一些收養人借收養之機達到多子女的目的，法律要求收養人必須無子女的，才可以收養。這與修改前的人口與計劃生育法中「提倡一對夫妻生育一個子女」的規

定精神是一致的。此處的「無子女」包括多種情況，主要是指夫妻雙方或者一方因不願生育或不能生育而無子女，或者因所生子女死亡而失去子女，或者指收養人因無配偶而沒有子女的情況，即收養人沒有親生子女，同時也沒有養子女及形成撫養教育關係的繼子女。需要強調的是，這裏的「無子女」不能簡單地理解為沒有生育能力，如果此前生育過子女，但子女因故死亡，也屬於「無子女」。2015 年 10 月，黨的十八屆五中全會召開，會議對我國人口和計劃生育政策作出了重大調整。同年 12 月 27 日，十二屆全國人大常委會十八次會議對人口與計劃生育法作了修改，明確規定了「國家提倡一對夫妻生育兩個子女」。與此相對應，本項關於收養人無子女的要求也相應作了調整，收養人不再需要受到「無子女」的嚴格限制，在收養人只有一名子女的情形下，依然可以作為收養人再收養其他子女。相應地，在收養人數的規定方面，本法第 1100 條也作了修改，即無子女的收養人可以收養兩名子女；有子女的收養人只能收養一名子女。

關於有撫養、教育和保護被收養人的能力。收養人具備撫養、教育和保護被收養人的能力，這是收養人必須要有的基本條件。此處的「撫養、教育和保護被收養人的能力」，主要是指收養人應當具有完全民事行為能力，在身體、智力、經濟、道德品行以及教育子女等各個方面均有能力實現對未成年子女的撫養、教育和保護，能夠履行父母對子女應盡的義務。

關於未患有在醫學上認為不應當收養子女的疾病。收養人不應患有相關疾病，這是對收養人在身體方面的特別要求。如果收養人患有這些疾病，將對被收養人的健康成長產生重大影響。在適用「未患有在醫學上認為不應當收養子女的疾病」這一規定處理具體問題時，要特別注意須有充分科學的依據，必要時通過專門的醫學鑒定加以確定，切不可隨意適用該項條件拒絕特定主體的收養要求。一般而言，患有一些精神類疾病和傳染性疾病可以被認為不適宜收養。例如，精神分裂症、躁狂抑鬱型精神病、艾滋病、淋病、梅毒等。在判定某種疾病是否屬於不應當收養子女的疾病時，除考慮疾病本身的嚴重性之外，重點還要考慮此種疾病對於收養關係的影響、對於被收養人可能存在的影響等，綜合以上因素，謹慎認定。

關於無不利於被收養人健康成長的違法犯罪記錄。這是本次編纂新增加的內容，收養法沒有類似規定。近些年來，一些侵害未成年人的違法犯罪案件屢屢見諸報端，令人痛心又憤怒。這其中，也有相當數量的案件屬於收養人借收養之名侵害被收養人人身、財產利益的情況。這些情況的出現，本質上是對收養目的的根本違背，嚴重損害了未成年人的利益。需要指出的是，並非有任何違法犯罪記錄的人都不能擔任收養人，本項還是強調「無不利於被收養人健康成長的違法犯罪記錄」，即收養人從事過與未成年人健康成長有關的違法犯罪的，才會因該違法犯罪記錄而被限制收養。

> **第一千零九十九條**　收養三代以內旁系同輩血親的子女，可以不受本法第一千零九十三條第三項、第一千零九十四條第三項和第一千一百零二條規定的限制。
>
> 　　華僑收養三代以內旁系同輩血親的子女，還可以不受本法第一千零九十八條第一項規定的限制。

■ **條文主旨**

本條是對收養三代以內旁系同輩血親的子女以及華僑收養三代以內旁系同輩血親的子女的條件的放寬規定。

■ **條文釋義**

本章一開始即對收養關係成立的基本條件作了規定，具體來說，第 1093 條是對被收養人條件的規定，第 1094 條是對送養人條件的規定，第 1098 條是對收養人條件的規定。這些有關收養關係成立基本條件的規定，均是對收養關係當事人所作的一般性規定，也就是說，如果收養關係要有效成立，各方當事人原則上需要具備這些基本條件。然而，收養關係涉及收養人、送養人、被收養人等多方當事人，法律關係較為複雜，而且收養涉及各方主體之間的情感聯繫及未成年人的利益保護，如果在任何情形下均嚴格適用收養的一般性條件來判定收養行為的效力，可能並不有利於收養制度功能的發揮。因此，有必要在收養的基本條件之外，針對特殊情形作出特別規定。基於此，本條針對收養三代以內旁系同輩血親的子女以及華僑收養三代以內旁系同輩血親的子女的條件作了特別規定，主要是在收養一般條件的基礎上，作了放寬規定。

根據本款規定，如果收養三代以內旁系同輩血親的子女，可以在收養基本條件的基礎上，不受以下幾項條件的限制：一是被收養人生父母有特殊困難無力撫養子女。根據本法第 1093 條的規定，除喪失父母的孤兒以及查找不到生父母的未成年人外，只有生父母有特殊困難無力撫養未成年子女時，該子女才能被納入被收養人的範圍。而根據本條規定，收養人如果收養的是三代以內旁系同輩血親的子女，可以不受這一限制，即便被收養人的父母並未因特殊困難喪失撫養能力，其仍可以成為被收養的對象。二是有特殊困難無力撫養子女的生父母。根據本法第 1094 條規定，除孤兒的監護人、兒童福利機構外，未成年人的生父母只有在有特殊困難無力撫養子女時，才能成為送養人。而根據本條規定，收養三代以內旁系同輩血親的子女，即使未成年人的生父母並未因特殊困難而喪失撫養能力，其仍可以成為適格的送養人，因此，成立的收養關係仍然有效。三是無配偶者收養異性子女的，收養人與被收養人的年齡應當相差 40 周歲以上。根據本法第 1102 條的規定，無配偶者收養異性子女的，需要受到收養人與被收養人 40 周歲年齡差的限制。而根據本條規定，收養三代以內旁系同輩血親的子女，即使收養人與被收養人的年齡相差不到 40 周歲，依然可以成立有效的收養關係。當然，被收養人依然要受到收養關係一般條件的限制，即須為未滿 18 周歲的未

成年人。

　　本條第 2 款是對華僑收養三代以內旁系同輩血親子女的條件規定，即在一般主體收養三代以內同輩血親子女放寬條件的基礎上，對於華僑收養，進一步放寬了關於收養人子女數量的限制。根據第 2 款規定，華僑收養三代以內旁系同輩血親的子女，還可以不受本法第 1098 條第 1 項規定的限制。理解本款要注意以下兩點：一是華僑收養三代以內旁系同輩血親的子女，首先與一般主體收養三代以內旁系同輩血親的子女的要求一致，即被收養人可以不受生父母有特殊困難無力撫養的子女限制、送養人可以不受有特殊困難無力撫養子女的限制以及無配偶者收養異性子女須與被收養人存在 40 周歲年齡差的限制。二是在上述基礎上，對於華僑收養，本法進一步放寬限制，還可以不受收養人須無子女或者只有一名子女的限制。也就是說，對於已擁有兩名及以上子女的華僑而言，其還可以通過收養這一方式形成與三代以內旁系同輩血親的子女之間的親子關係。

> **第一千一百條**　無子女的收養人可以收養兩名子女；有子女的收養人只能收養一名子女。
>
> 　　收養孤兒、殘疾未成年人或者兒童福利機構撫養的查找不到生父母的未成年人，可以不受前款和本法第一千零九十八條第一項規定的限制。

■ 條文主旨

　　本條是關於收養人收養子女數量的規定。

■ 條文釋義

　　收養法第 8 條第 1 款規定，收養人只能收養一名子女。該規定對於收養人收養子女的數量作了限制性規定，即收養人原則上只能收養一名子女。收養法對於收養子女數量的限制，主要基於兩方面考慮：一是從保障被收養人的利益出發，收養人收養的子女數量越多，其所能夠提供的撫養條件就相對越差。因此，原則上允許收養人收養一名子女，可以更加確保被收養人的生活條件，有利於其成長。二是收養法制定之時，從計劃生育的角度出發，規定收養人原則上只能收養一名子女也與計劃生育的政策要求相一致。收養法第 3 條規定，收養不得違背計劃生育的法律、法規。

　　本條規定與收養法的規定相比，在收養子女數量方面，作了重大修改。根據本條第 1 款規定，無子女的收養人可以收養兩名子女；有子女的收養人只能收養一名子女。換言之，如果收養人無子女，其可以收養子女的數量已經不再限於一名，最多可以收養兩名；對於已有子女的收養人而言，只能再收養一名子女。本條作出修改的主要理由，同收養人條件放寬對收養人子女數量的限制一樣，也是基於我國人口生育政策的重大變化，即從「提倡一對夫妻

生育一個子女」到「國家提倡一對夫妻生育兩個子女」。這裏的「無子女」包括自己沒有生育子女、已生育但子女死亡等不同情況。這樣一來，無論是無子女的收養人，還是已經有子女的收養人，都可以基於自身情況進行收養。

在上述原則規定的基礎上，對於那些屬於特殊群體的被收養人，是否可以不受收養人數的特定限制呢？本條第 2 款對此作了規定。根據本條第 2 款規定，收養孤兒、殘疾未成年人或者兒童福利機構查找不到生父母的未成年人，可以不受前款和本法第 1098 條第 1 項規定的限制。根據本款規定，對於被收養人屬於孤兒、殘疾未成年人以及兒童福利機構撫養的查找不到生父母的未成年人這三類之一的被收養人：首先，可以不受第一款的限制，即「無子女的收養人可以收養兩名子女；有子女的收養人只能收養一名子女」。也就是說，如果收養人收養的是孤兒、殘疾未成年人或者兒童福利機構撫養的查找不到生父母的未成年人的，無子女的收養人可以收養兩名以上，有子女的收養人可以收養一名以上。其次，收養這三類群體中的任何一類，還可以不受本法第 1098 條第 1 項規定的限制，即可以不受收養人無子女或者只有一名子女的限制。也就是說，如果收養人意圖收養的對象是孤兒、殘疾未成年人或者兒童福利機構撫養的查找不到生父母的未成年人，即使收養人自己有子女或者子女數量超過一名，依然可以進行有效的收養行為。由此可見，對於收養人收養三類特定群體的被收養人，本條從收養人子女數量、可以收養的被收養人數量兩方面均作了放寬規定。之所以這樣規定，主要是體現對於這三類群體的特別保護。首先是孤兒，所謂孤兒，是指父母均死亡或者被宣告死亡的未成年人。比如，在災難事故中失去雙親的兒童。這類群體由於突然變故導致失去雙親，瞬間由正常家庭的孩子成為孤兒，通過放寬收養人子女數量條件及收養人數的限制，可以使其儘快回歸正常家庭，重新得到家庭關愛。其次是殘疾未成年人，這裏的殘疾，既包括身體的殘疾，也包括精神方面的殘疾，如患有精神分裂症的孩子等。無論是身體殘疾，還是精神殘疾，為鼓勵對此類群體的收養，體現對殘疾人群體的關愛，放寬相關收養條件的限制，也是很有必要的。最後是兒童福利機構撫養的查找不到生父母的未成年人。這類由兒童福利機構撫養的查找不到生父母的未成年人，來源不一，有的是因自身存在某些疾病而被生父母遺棄，後被兒童福利機構撫養；有的可能是因打拐被解救後查找不到生父母而由兒童福利機構撫養。無論何種情況，通過放寬收養條件使得此類未成年人群體儘快被收養，都是極為必要的，也符合未成年人利益最大化的要求。從近些年的收養實踐看，那些身心健康的未成年人，從來都不需要擔心無人收養，甚至其數量遠遠滿足不了收養人的收養需求，而許多孤兒、殘疾兒童等，則因為自身的特殊情況，很難通過收養手段重新回歸家庭。本條對於一般收養關係中收養子女數量的規定以及特殊群體收養數量的放寬，能夠體現在收養方面的傾斜保護，有助於此類群體權益的保護，更好發揮收養制度的功能。

> **第一千一百零一條　有配偶者收養子女，應當夫妻共同收養。**

■ 條文主旨

本條是關於有配偶者收養子女應當共同收養的規定。

■ 條文釋義

收養在收養人與被收養人之間建立了法律擬製的父母子女關係。收養關係有效成立後，收養人與被收養人之間的親子關係成立，被收養人與其生父母的親子關係消除。由於收養所帶來的這種親子關係的根本變化，在收養人有配偶的情況下，收養是否需要取得配偶的同意而共同為收養行為，就成為立法必須回應的問題。

收養法第 10 條第 2 款規定，有配偶者收養子女，須夫妻共同收養。本條與收養法的規定相比，基本未作修改，即有配偶者收養子女，應當夫妻共同收養。從本條規定看，我國對於有配偶者收養所採取的原則，同世界上多數國家和地區的立法相似，即要求夫妻共同收養。這裏的「共同收養」，既可以是夫妻雙方共同為收養的意思表示，也可以是一方有收養子女的意思表示，另一方對此表示明確同意。這樣規定，體現了雙方對於收養行為共同的合意，在形成有效的收養關係後，也有助於共同履行撫養子女的義務，創造和睦、溫暖的家庭環境，從而促進被收養人的健康成長。立法過程中，有的意見認為，本條在收養法規定的基礎上，應當增加夫妻共同收養的除外情形，即在特定情形下，有配偶者也可以單方收養。比如，在配偶一方為無民事行為能力人或者查找不到時，應當允許另一方單獨收養。我們經反覆研究、慎重考慮後，沒有在本條增加上述除外規定。理由是：第一，收養應當體現配偶雙方合意，這是夫妻進行收養的基本原則。在配偶一方為無民事行為能力人的情況下，如果允許另一方單獨為收養行為，親子關係成立後，被收養人有可能在成年後承擔較重的贍養義務，尤其是對於無民事行為能力的父或母的贍養義務，這顯然對其不利。第二，在配偶一方查找不到的情況下，由於這種事實狀態並不確定，如果允許另一方單獨收養，配偶重新出現後可能對收養行為並不同意，這顯然不利於被收養人的成長。因此，本條維持了收養法的規定，對於有配偶者收養子女的，仍然要求夫妻雙方共同收養。

> **第一千一百零二條　無配偶者收養異性子女的，收養人與被收養人的年齡應當相差四十周歲以上。**

■ 條文主旨

本條是關於無配偶者收養異性子女應當具備一定年齡差的規定。

■ 條文釋義

收養在收養人與被收養人之間成立了擬製的親子關係。對於有配偶者，本法第1101條規定了應當夫妻共同收養。那麼，對於無配偶者，是否允許其收養？如果允許，需要受到何種約束和限制？本條即是對無配偶者收養異性子女時，須與被收養人具備一定年齡差的規定。

收養法第9條規定，無配偶的男性收養女性的，收養人與被收養人的年齡應當相差40周歲以上。收養法作出這一規定，主要是考慮到，收養作為成立擬製血親關係的一種方式，無配偶男性收養女性時，有可能出現在兩性關係方面侵害被收養人的情況。也就是說，收養人實施收養的目的並非單純出於撫育被收養人，而是借收養之名行侵害之實。在這種情況下，收養不僅不能發揮其原有的有利於未成年人健康成長的制度功能，反而可能淪為不法分子侵害未成年人權益的工具。因此，有必要對於無配偶男性收養女性規定一定的年齡差，以儘可能在客觀上消除這種侵害情況的發生。據此，收養法規定了無配偶的男性收養女性的，收養人與被收養人的年齡應當相差40周歲以上。這裏的「無配偶的男性」，既包括該男性一直未婚單身的情況，也包括離異、喪偶等導致沒有配偶的情況。關於這一規定，在收養法實施多年以來，經常被提出的問題是：無配偶的女性收養男性時，二者的年齡差是否需要相差40周歲以上呢？有的意見認為，無配偶的女性收養男性的，二者的年齡差也應當在40周歲以上，否則有違男女平等原則，也不符合我國的實際情況，因為從實踐來看，並沒有證據表明被收養人在兩性方面遭受無配偶的收養人侵犯只限於被收養人為女性、收養人為男性這一情形，因此，基於男女平等原則，應當對收養法的這一規定作出修改，將40周歲以上年齡差的限制擴展規定到一切無配偶者收養異性子女的情況。

根據本條規定，首先，在無配偶者收養子女的情況下，收養人與被收養人須有40周歲以上年齡差的限制已經不僅限於收養人為男性、被收養人為女性的情況。在收養人為無配偶女性、被收養人為男性的情況下，同樣應當受到收養人與被收養人須年齡相差40周歲以上的限制。這一規定體現了男女平等的原則，也使得實踐中可能出現的無配偶女性侵害被收養男性的情況得到遏制。其次，在年齡差方面，雖然有的意見認為，無配偶女性收養男性，是否需要與無配偶男性收養女性時的年齡差保持一致還值得研究，但本條從男女平等的角度出發，依然保持了40周歲的年齡差。最後，無論是無配偶男性收養女性，還是無配偶女性收養男性，40周歲以上的年齡差是否合適？從本條的規範意旨看，主要是通過劃定一定的年齡差，避免無配偶者收養異性子女時對子女的性侵害。從這個規範目的來看，40周歲的年齡差是合適的。然而，在符合這一標準的前提下，收養人往往年齡也相對較大，能否很好地承擔起對未成年子女的撫養、教育和保護義務，也值得考慮。假設被收養的子女13周歲，在符合40周歲年齡差的前提下，無配偶的收養人至少已經53周歲了，此時其能否獨自一人負擔起監護職責？儘管我們在收養人條件中規定了收養人必須具有撫養、教育和保護被收養人的能力，但不容否認的是，收養人年齡較大勢必會在一定程度上影響其監護職責的承擔。對於是否應當適當降低年齡差，在保護未成年人的合法權益與保證收養人的撫養教育能力之

間，還應取得平衡與兼顧。本條儘管維持了收養法原來的規定，但其最終的效果如何，還要經受實踐的檢驗。

> **第一千一百零三條**　繼父或者繼母經繼子女的生父母同意，可以收養繼子女，並可以不受本法第一千零九十三條第三項、第一千零九十四條第三項、第一千零九十八條和第一千一百條第一款規定的限制。

■ 條文主旨

本條是關於繼父或者繼母與繼子女收養條件的規定。

■ 條文釋義

在收養關係中，存在一類特殊主體之間的收養，即繼父母對於繼子女的收養。子女跟隨生父或生母再婚時，即使沒有經過收養程序，子女與生父或生母的再婚配偶之間，也會因為再婚事實的存在而可能形成撫養教育關係。在這種情況下，就既存在着子女與共同生活一方的生父或生母之間的父母子女關係，又存在着子女與共同生活一方的生父或生母的再婚配偶之間的繼父母子女關係。當然，根據本法第1084條規定，父母與子女間的關係，不因父母離婚而消除。離婚後，子女無論由父或者母直接撫養，仍是父母雙方的子女。因此，子女與未共同生活的生母或者生父之間的父母子女關係，也並未因生父母離婚的事實而消除。同時，根據本法第1072條第2款規定，繼父或者繼母和受其撫養教育的繼子女間的權利義務關係，適用本法關於父母子女關係的規定。因此，如果繼父或者繼母與繼子女間形成了撫養教育關係，也要適用本法關於父母子女關係的規定。在這種情況下，子女與繼父或者繼母以及與其自己的生父母間就會形成雙重的父母子女關係，很容易在實踐中因為這種雙重權利義務的界限不明確而發生糾紛。在此前提下，繼父或者繼母則可以通過收養繼子女，在雙方之間形成養父母子女關係，同時因收養關係的成立，子女與生父母之間的親子關係得以消除。這樣一來，收養便使得繼父或者繼母與繼子女之間的雙重關係簡單化，權利義務更為清晰。正是基於這方面考慮，立法對於繼父母收養繼子女，規定了較為寬鬆的收養條件。

根據本條規定，繼父或者繼母收養繼子女的，應當滿足以下條件：一是必須經過繼子女的生父母同意。繼父或者繼母收養繼子女的，一般而言，與繼子女共同生活的生母或者生父會表示同意。因為無論最終收養是否成立，繼子女與其共同生活的生母或者生父之間的父母子女關係是始終存在的。在這種情況下，與子女共同生活的生母或者生父如果同意其再婚配偶收養自己的子女，有利於在法律上儘快確定子女與其配偶之間的養父母子女關係，從而進一步穩定再婚後的家庭關係，使子女得到家庭關愛。相對而言，未與繼子女共同生活的生父或者生母對於收養的意見更為重要，因為一旦繼父或者繼母與繼子女之間的收養關係成立，

就同時意味着子女與未共同生活的生父或者生母之間的父母子女關係消除，雙方儘管在血緣上仍是親子，但在法律上的父母子女關係將不復存在。因此，收養關係若要成立，必須首先得到生父母的同意。二是鑒於繼父母收養繼子女能夠使親子關係更為清晰，因此，立法對於這種情況下的收養，同其他類型的特殊收養一樣，在許多方面放寬了收養條件的限制。包括：（1）可以不受本法第 1093 條第 3 項的限制。即繼父或者繼母收養繼子女的，繼子女不必屬於生父母有特殊困難無力撫養的子女。根據被收養人範圍的一般要求，只有喪失父母的孤兒、查找不到生父母的未成年人以及生父母有特殊困難無力撫養的子女可以被收養，但在繼父母收養繼子女的情況下，繼子女不必屬於生父母有特殊困難無力撫養的子女。這相當於放寬了對於生父母經濟或身體條件方面的要求，無論是否存在特殊困難，只要其主觀上同意送養，都可以成立有效的收養關係。（2）可以不受本法第 1094 條第 3 項的限制。即生父母作為送養人時不必屬於有特殊困難無力撫養子女的情形。同第 1 項放寬條件相似，本項限制的放寬是從送養人角度作出的規定。一般而言，擔任送養人的主體包括三類，即孤兒的監護人、兒童福利機構以及有特殊困難無力撫養子女的生父母。在繼父母收養繼子女的情況下，生父母作為送養人，即使不屬於有特殊困難無力撫養的情形，根據本項規定，依然可以送養子女，成立其與繼父或者繼母之間的收養關係。（3）可以不受第 1098 條規定的限制。本法第 1098 條是對收養人應當具備的條件的規定，包括子女數量、撫養能力、疾病情況、違法犯罪記錄以及年齡等多個方面。在繼父母收養繼子女的情況下，可以不受這些條件的限制。客觀而言，這一項條件的放寬的意義是非常重大的，但考慮到繼父母收養繼子女後，畢竟尚有生父或者生母一方與其共同生活，同時亦有未共同生活一方生母或者生父的同意，因此，這種條件的放寬，我們認為是可以接受的，也有助於鼓勵更多的繼父母與繼子女間形成收養關係，儘快穩定家庭關係。（4）可以不受第 1100 條第 1 款規定的限制。本法第 1100 條第 1 款是對收養人收養子女數量的規定，即無子女的收養人可以收養兩名子女；有子女的收養人只能收養一名子女。在繼父母收養繼子女的情況下，可以不受這種數量的限制。放寬收養子女數量的限制，有助於所有與生父或生母共同生活的子女同時被繼母或者繼父收養，使得這些子女同在一個家庭成長，更有助於其身心健康。

> **第一千一百零四條　收養人收養與送養人送養，應當雙方自願。收養八周歲以上未成年人的，應當徵得被收養人的同意。**

■ 條文主旨

本條是關於收養自願以及須徵得一定年齡被收養人同意的規定。

■ 條文釋義

　　收養是在收養人與被收養人之間成立擬製父母子女關係的法律制度，其牽涉送養人、收養人、被收養人等多方主體的權益。從本質上看，收養屬於民事法律行為，需要體現當事人的意思自治，最大程度遵從當事人的自願。根據本法有關收養制度的規定，這種意思自治須體現在送養人、收養人以及被收養人等各方主體是否同意收養的主觀意志方面。本法第1093條、第1094條、第1098條分別對被收養人、送養人及收養人的範圍或條件作了規定。這些主體在成立有效的收養關係時，必須真實、明確地表達收養意願，如果這種意願的表達並非出於內心真意，則會影響收養關係的效力。

　　本條與收養法的規定相比，僅在被收養人自己同意的年齡標準方面作了修改，其他未作實質修改。根據本條規定，收養人收養與送養人送養，應當雙方自願。收養八周歲以上未成年人的，應當徵得被收養人的同意。理解本條，需要注意以下幾點：一是成立有效的收養關係，首先需要收養人有真實、自願的收養意思表示。關於這一點，應該是不言自明的道理。作為收養人而言，如果其沒有作出收養的意思表示，就不會有後續行為的形成及生效。從本章關於收養程序的規定看，如果沒有收養人最初的收養意願，就不可能有這些程序的啟動。這裏需要強調的是，收養人收養意願的作出必須是真實、自願的，如果這種收養意思表示是受脅迫、欺詐等作出的，就不會產生有效的收養關係，也必將有損被收養人的合法權益。當然，如果有關主體借收養之名行牟利之實，是被嚴格禁止的，要依法承擔相應的法律責任。二是成立有效的收養關係，還需要送養人同意送養的真實意願。根據本法第1094條規定，可以擔任送養人的個人和組織包括孤兒的監護人、兒童福利機構以及有特殊困難無力撫養子女的生父母。這些主體在依法送養未成年人時，必須要有同意送養的真實意思表示。以孤兒的監護人為例，即使孤兒的監護人喪失了監護能力，也不得強制其送養未成年人，此時可以通過變更監護人的方式實現對未成年人合法權益的保護。對於送養人同意送養意願的強調，也再次彰顯了對法律行為本質的尊重。三是如果被收養人屬於八周歲以上的未成年人，還必須徵得被收養人的同意才可收養。首先，本法總則編第19條規定，八周歲以上的未成年人為限制民事行為能力人，實施民事法律行為由其法定代理人代理或者經其法定代理人同意、追認；但是，可以獨立實施純獲利益的民事法律行為或者與其年齡、智力相適應的民事法律行為。本條根據總則的這一規定，修改了收養法「收養年滿十周歲以上未成年人的，應當徵得被收養人的同意」這一規定，將「同意」的年齡標準由十周歲修改為八周歲。其次，收養的未成年人如果在八周歲以上，則其同意是收養能夠有效成立的前提條件。換言之，即使送養人與收養人達成了收養合意，如果被收養人不同意被收養，則不得進行收養。之所以對限制民事行為能力的未成年人收養附加「同意」要件，主要是考慮到這一年齡段的未成年人相較於無民事行為能力的未成年人而言，已經有了比較成熟的自我意識，尤其是在涉及人身關係的變動方面，能夠表達自己的真實意願，作出符合自己內心真實意思的判斷，這也是收養應當最有利於被收養人利益原則的體現。

> 第一千一百零五條　收養應當向縣級以上人民政府民政部門登記。收養關係自登記之日起成立。
>
> 收養查找不到生父母的未成年人的，辦理登記的民政部門應當在登記前予以公告。
>
> 收養關係當事人願意簽訂收養協議的，可以簽訂收養協議。
>
> 收養關係當事人各方或者一方要求辦理收養公證的，應當辦理收養公證。
>
> 縣級以上人民政府民政部門應當依法進行收養評估。

■ 條文主旨

本條是關於收養登記、收養協議、收養公證以及收養評估的規定。

■ 條文釋義

所謂收養登記，是國家通過主管部門對申請建立收養關係的當事人，依照收養法規定的收養條件進行審查，對符合法定收養條件的准予登記，收養關係隨之成立的一項制度。它是中國公民收養查找不到生父母的未成年人以及兒童福利機構撫養的孤兒和外國人收養中國兒童取得合法收養關係的必經程序。從這一規定看，收養登記屬於一種行政確認行為，行政機關只負責對當事人遵循平等自願原則所建立收養關係的合法性及其結果進行審查確認。國家建立收養登記制度意義重大，通過這一制度，國家能夠對收養關係的建立進行監督，及時發現和糾正違反收養制度的行為，依法保護收養關係當事人尤其是被收養人的合法權益，促進家庭和睦和社會穩定。國家要求對收養關係進行登記，還體現了國家對公民收養子女的關心，通過收養登記，亦可對公民進行有關收養的法治宣傳，防止違反收養法律規定的行為發生。

本條第 1 款首先對收養登記作出規定。根據本款規定，收養應當向縣級以上人民政府民政部門登記。收養關係自登記之日起成立。負責代表國家進行收養登記的職能部門是民政部門，且在部門層級上必須是縣級以上人民政府的民政部門。因此，辦理收養登記的法定機關是縣級以上人民政府的民政部門。由於被收養人的情況不一，針對不同類型的被收養人，承擔具體登記職責的民政部門也有所不同。

本條第 2 款規定，收養查找不到生父母的未成年人的，辦理登記的民政部門應當在登記前予以公告。本款是 1998 年修改收養法新增加的條款，是對於收養查找不到生父母的未成年人的登記程序的特殊要求。對於查找不到生父母的未成年人而言，儘管在送養人提交申請文件及材料環節已經要求其提交相關的原始記錄、報案證明等，但為了在正式辦理登記前再次確認該未成年人確屬查找不到生父母的狀況，本款對於辦理登記的民政部門附加了應予公告的義務，其目的在於最大限度地查找未成年人的生父母，儘可能使未成年人回歸原始家庭，以最大程度保護其合法權益。根據《中國公民收養子女登記辦法》第 7 條第 2 款規定，收養查找不到生父母的棄嬰、兒童的，收養登記機關應當在登記前公告查找其生父母；自公

告之日起滿 60 日，棄嬰、兒童的生父母或者其他監護人未認領的，視為查找不到生父母的棄嬰、兒童。公告期間不計算在登記辦理期限內。因此，對於查找不到生父母的未成年人的收養程序的辦理，除遵從一般的程序性要求外，還必須按要求進行公告。

本條第 3 款是關於收養協議的規定，即收養關係當事人願意簽訂收養協議的，可以簽訂收養協議。與收養登記不同，本法對於收養協議的簽訂並非強制性規定，而是可以由當事人根據具體情況自願選擇是否簽訂。鑒於收養是變更身份的民事法律行為，如果當事人選擇簽訂收養協議，必須由收養人與送養人雙方親自進行，不得由他人代理。收養協議中，無論是收養人、送養人還是被收養人，必須符合法律規定的條件要求，其內容也必須符合相關的規定。如果被收養人已年滿 8 周歲，收養協議中還必須包含被收養人同意收養的意思表示。從形式上講，收養協議應當採用書面形式，雙方當事人各執一份，協議自雙方當事人簽字蓋章之日起生效。

本條第 4 款是關於收養公證的規定，即收養關係當事人各方或者一方要求辦理收養公證的，應當辦理收養公證。從這一規定看，收養公證並非收養的必經程序，只有收養關係的各方當事人或者一方當事人提出辦理收養公證的要求時，才依法予以辦理。從辦理順序上看，公證一般應當在簽訂收養協議並且辦理收養登記後進行；如果尚未辦理收養登記，僅就收養協議進行公證，只能證明協議是真實合法的，並不能證明收養關係已經成立。根據《司法部關於貫徹執行〈中華人民共和國收養法〉若干問題的意見》的規定，新收養法施行後，收養關係的成立和協議解除收養關係以登記為準。公證機構辦理收養協議或解除收養關係協議公證時，應告知當事人有關辦理登記的法律規定並記錄在卷，但已經登記的除外。因此，要牢牢把握收養關係成立以登記為準的原則，避免以收養公證代替收養登記來認定收養關係的成立。

本條第 5 款是關於收養評估的規定，即縣級以上人民政府民政部門應當依法進行收養評估。本法第 1044 條確立了收養應當遵循最有利於被收養人的原則，第 1098 條規定了收養人應當具備的條件。通過收養評估，能夠更加準確、客觀地確定收養人所具備的撫養教育被收養未成年人的能力，使更符合條件、更具備能力的主體成為收養人，能夠從程序和實體兩方面保障被收養人的利益，體現最有利於被收養人的收養原則。從世界上其他國家和地區的立法看，美國、加拿大、西班牙、荷蘭、法國、挪威等國家都有對收養人能力的調查了解程序，我國香港特別行政區、澳門特別行政區、台灣地區也均在收養工作中建立了收養能力評估機制。我國民政部已分兩批啟動開展了收養能力評估試點工作。從實踐情況看，絕大多數試點地區均引入了專業社工力量，使用了社會工作方法，收養評估的內容包括收養動機、家庭狀況、品德品行等方面，評估結果更具科學性和可行性。考慮到收養評估所具有的重要意義，結合各地已經較為成熟的試點經驗情況，本款對收養評估作了規定。根據這一規定，收養評估由縣級以上人民政府民政部門負責實施，且應當依法進行。關於收養評估的標準、程序、條件等，可由國務院有關部門根據本款的規定制定具體的實施辦法。

> **第一千一百零六條　收養關係成立後，公安機關應當按照國家有關規定為被收養人辦理戶口登記。**

■ 條文主旨

本條是關於為被收養人辦理戶口登記的規定。

■ 條文釋義

收養關係成立後，收養人與被收養人之間就成立了擬製的父母子女關係，適用一切同父母子女關係有關的規定。從戶籍管理的角度，既然在法律上被收養人已經成為收養人的子女，理應將被收養人納入收養人的戶籍之中。根據《中國公民收養子女登記辦法》第8條的規定，收養關係成立後，需要為被收養人辦理戶口登記或者遷移手續的，由收養人持收養登記證到戶口登記機關按照國家有關規定辦理。

圍繞本條，需要明確以下幾點：第一，為被收養人辦理戶口登記的前提是必須成立收養關係。根據本法第1105條的規定，收養關係自登記之日起成立。只有通過合法的收養登記成立收養關係後，收養人才能申請公安機關為被收養人辦理有關的戶口登記。第二，辦理登記的職能部門是公安機關。這一點是由我國的戶籍管理體制所決定的，無須多言。第三，根據被收養人的不同情況，需要辦理的戶口登記類型既包括原始的戶口登記，也包括戶口遷移。比如，在為孤兒、生父母有特殊困難無力撫養的子女辦理戶口手續時，因其戶籍原來可能已落在其生父母或者其他監護人處，因此，需要辦理的是戶口的遷移手續；而如果是為兒童福利機構撫養的查找不到生父母的未成年人辦理戶口手續，因本就無法查知其生父母原來的戶籍所在地，此時需要為被收養人辦理的就是原始的戶籍登記手續。第四，為被收養人辦理戶口登記，需要依照國家有關規定進行。我國有不少關於戶口登記的管理制度，這些制度對於規範公眾的戶口關係，提升戶籍管理水平發揮了重要作用，為被收養人辦理戶口登記時，應當按照這些規定的要求，依法辦理。尤其是隨着近些年城鎮化進程的加快，大城市「落戶難」的情況日益突出。如果對於被收養人不加區別地一律准予在收養人所在地落戶，可能會出現與收養人所在城市、省份戶籍管理政策相牴牾的現象，不利於當地的人口管理。甚至在個別的一些地方，會出現借收養達到落戶的目的等。在這種情況下，嚴格依照有關規定辦理被收養人的戶口登記，就顯得尤為重要。

> **第一千一百零七條　孤兒或者生父母無力撫養的子女，可以由生父母的親屬、朋友撫養；撫養人與被撫養人的關係不適用本章規定。**

■ 條文主旨

本條是關於生父母的親屬或者朋友撫養其子女不適用收養的規定。

■ 條文釋義

本法第 1093 條規定了被收養人的範圍，包括喪失父母的孤兒、查找不到生父母的未成年人以及生父母有特殊困難無力撫養的子女。也就是說，這三類主體可以通過收養制度來實現權益保護的目的。那麼，除了適用收養制度之外，是否還可以通過別的方式來對該類主體的權益保護呢？根據本條規定，通過撫養的方式，我們也可以實現對於孤兒以及生父母無力撫養的子女的照顧養育，只是撫養人與被撫養人之間的關係不適用本章關於收養的規定。

所謂撫養，是指無民事行為能力或者限制民事行為能力的未成年人的親屬或者其他主體對未成年人所承擔的撫養、保護和教育的責任。一般來說，引起撫養權變更的原因大致包括以下幾點：一是與未成年子女共同生活並負有撫養義務的一方患有嚴重疾病或因傷殘等喪失繼續撫養未成年子女的條件。二是與未成年子女共同生活的一方未盡到撫養義務或者在共同生活期間有虐待行為的發生，對未成年子女的身心健康產生了不利的影響。三是共同生活的未成年子女在滿 8 周歲以後，要求並願意與另一方生活的。根據本法規定，撫養包括的範圍較廣：首先，父母對子女有撫養的義務。本法總則編第 26 條規定，父母對未成年子女負有撫養、教育和保護的義務。其次，祖父母、外祖父母在一定情形下對孫子女、外孫子女也負有撫養義務。本法第 1074 條規定，有負擔能力的祖父母、外祖父母，對於父母已經死亡或者父母無力撫養的未成年孫子女、外孫子女，有撫養的義務。最後，兄姐與弟妹在一定條件下，也相互負有扶養的義務。本法第 1075 條規定，有負擔能力的兄、姐，對於父母已經死亡或者父母無力撫養的未成年弟、妹，有扶養的義務；由兄、姐扶養長大的有負擔能力的弟、妹，對於缺乏勞動能力又缺乏生活來源的兄、姐，有扶養的義務。與撫養的適用範圍較廣不同，收養只能是在收養人與被收養人之間成立父母子女關係，且收養成立後，被收養人與其生父母及其近親屬之間的權利義務關係因收養的成立而消除。本條最主要的規範目的，即在於說明撫養關係與收養關係的不同以及撫養不能適用收養的有關規定。

根據本條規定，當孤兒或者生父母有特殊困難無力撫養的子女沒有通過收養重新確立父母子女關係時，生父母的親屬、朋友可以通過撫養未成年人來實現對其權益的保護，其實質是未成年人的撫養權發生了變更。這不僅涉及未成年人今後的生活環境及成長條件的改變，而且關係到各方面關係人的撫養權問題。首先，撫養權的變更，受影響最為直接的是未成年人本人。基於未成年人利益最大化的原則，當原先的撫養人死亡或者喪失撫養條件時，變更撫養權能夠有效維護未成年人良好的成長環境。其次，允許生父母的親屬、朋友在有撫養能

力及撫養意願時承擔撫養未成年人的義務，充分考慮到了生父母與其親屬、朋友之間的情感聯繫，也在實現未成年人利益保護的同時，避免了有可能出現的法律衝突。最後，生父母的親屬、朋友撫養未成年人時，不受本章有關收養規定的限制。因此，本章有關收養條件、收養人數、收養登記等一系列規定，均不適用於生父母的親屬、朋友撫養未成年人的情形。當然，這裏需要指出的是，如果生父母的親屬、朋友在承擔了對未成年人的撫養義務之後，因為各種原因出現了無力承擔撫養教育未成年人的情形時，從保護未成年人利益的角度考慮，應當及時、再次變更撫養權人，以確保未成年人的利益不致受到損害。

> **第一千一百零八條　配偶一方死亡，另一方送養未成年子女的，死亡一方的父母有優先撫養的權利。**

■ 條文主旨

本條是關於祖父母、外祖父母優先撫養權的規定。

■ 條文釋義

根據本法第 1094 條的規定，生父母在因特殊困難無力撫養子女時，可以作為送養人，將子女送給他人收養。同時，本法第 1097 條對於生父母送養子女的原則性要求作了規定，即生父母送養子女的，應當雙方共同送養。那麼，在配偶一方死亡的情形之下，另一方可能因存在特殊困難無力撫養子女而有送養子女的需求，此時，這種送養行為是否應當受到一定限制呢？這裏首先需要指出的是，對於監護人送養孤兒的，本法第 1096 條是作出了限制性規定的。根據該條，監護人送養孤兒的，應當徵得有撫養義務的人同意。有撫養義務的人不同意送養、監護人不願意繼續履行監護職責的，應當依照有關規定另行確定監護人。那麼，對於配偶一方死亡，另一方決定送養未成年子女的，會受到何種限制性要求呢？本條即對此作出了規定。

根據本條規定，配偶一方死亡，另一方送養未成年子女的，死亡一方的父母有優先撫養的權利。在我國的國情下，一般而言，祖父母、外祖父母對於自己的孫子女、外孫子女都疼愛有加，所謂「隔代親」即指此義。尤其是當自己的子女死亡後，無論是基於對孫子女、外孫子女的疼愛，還是基於對自己子女情感的延續，祖父母、外祖父母一般都願意承擔起撫養孫子女、外孫子女的責任。在這一背景下，本條賦予他們在未成年人被送養時優先撫養的權利，這對於未成年人而言，無疑是有利的，也尊重了老人對自己子女、孫子女、外孫子女的情感需求。依據本條，如父親死亡，母親因特殊困難送養未成年子女的，祖父母可以不同意送養，而主張由自己撫養孫子女。同樣，母親死亡，父親因特殊困難送養未成年子女的，外祖父母也可以不同意送養，表示由自己撫養外孫子女。本條賦予祖父母、外祖父母對於孫子

女、外孫子女優先撫養的權利，能夠使未成年人在充滿關愛的熟悉環境中健康成長，有助於保護未成年人的利益。

> 第一千一百零九條　外國人依法可以在中華人民共和國收養子女。
>
> 　外國人在中華人民共和國收養子女，應當經其所在國主管機關依照該國法律審查同意。收養人應當提供由其所在國有權機構出具的有關其年齡、婚姻、職業、財產、健康、有無受過刑事處罰等狀況的證明材料，並與送養人簽訂書面協議，親自向省、自治區、直轄市人民政府民政部門登記。
>
> 　前款規定的證明材料應當經收養人所在國外交機關或者外交機關授權的機構認證，並經中華人民共和國駐該國使領館認證，但是國家另有規定的除外。

■ 條文主旨

本條是關於外國人在中國收養子女的規定。

■ 條文釋義

本條第 1 款規定，外國人依法可以在中華人民共和國收養子女。這裏的「依法」是指依照我國有關收養的法律法規進行收養行為。從這一表述看，外國人在我國為收養行為，在法律適用方面採取的是屬地主義，即必須依照中國有關收養的法律法規進行。同時，該條第 2 款規定，外國人在中華人民共和國收養子女，應當經其所在國主管機關依照該國法律審查同意。這說明，除了遵守我國的法律之外，外國人在中國收養子女的，還需要遵守所在國的法律規定。按照本章有關被收養人、送養人以及收養人條件的規定，外國人在我國收養子女的，必須符合這些實質性條件的要求：（1）被收養人方面：喪失父母的孤兒、查找不到生父母的未成年人以及生父母有特殊困難無力撫養的子女這三類主體，均可以作為涉外收養的被收養人由外國人收養。當然，由於我國的收養僅限於未成年人收養，因此，成年人收養並不在涉外收養的範圍之列。（2）送養人方面：根據本法第 1094 條規定，孤兒的監護人、兒童福利機構以及有特殊困難無力撫養子女的生父母，均可以作為送養人送養未成年人。（3）收養人條件方面：本法第 1098 條規定了收養人應當同時具備的條件，包括無子女或者只有一名子女，有撫養、教育和保護被收養人的能力，未患有在醫學上認為不應當收養子女的疾病，無不利於被收養人健康成長的違法犯罪記錄，年滿 30 周歲等。當然，在有的情形下，個別條件允許適當放寬。比如，華僑收養三代以內旁系同輩血親的子女，可以不受收養人無子女或者只有一名子女的限制；外國人原則上最多只能收養兩名子女，但是，如果收養的是孤兒、殘疾未成年人或者兒童福利機構撫養的查找不到生父母的未成年人，可以不受收養人數及收養人子女數量的限制。

本條第 2 款主要是對外國人收養的形式要件的規定。根據規定，收養人應當提供由其所在國有權機構出具的有關其年齡、婚姻、職業、財產、健康、有無受過刑事處罰等狀況的證明材料，並與送養人訂立書面協議，親自向省、自治區、直轄市人民政府民政部門登記。截至目前，與我國建立收養合作關係的國家有 17 個，包括美國、加拿大、英國、法國、西班牙、意大利、荷蘭、比利時、丹麥、挪威、瑞典、芬蘭、冰島、愛爾蘭、澳大利亞、新西蘭、新加坡。這些國家的公民在中國收養子女的基本程序如下：（1）遞交申請。依照《外國人在中華人民共和國收養子女登記辦法》規定，提交收養申請和證明文件，具體包括：①跨國收養申請書；②出生證明；③婚姻狀況證明；④職業、經濟收入和財產狀況證明；⑤身體健康檢查證明；⑥有無受過刑事處罰的證明；⑦收養人所在國主管機關同意其跨國收養子女的證明；⑧家庭情況報告，包括收養人的身份、收養的合格性和適當性、家庭狀況和病史、收養動機以及適合於照顧兒童的特點等。上述八種證明文件，原則上需要由收養人所在國有權機構出具，經其所在國外交機關或者外交機關授權的機構認證，並經中華人民共和國駐該國使領館認證。（2）受理登記。中國收養中心對申請進行登記，並通知相關外國中央機關或收養組織。（3）審核選配。根據外國收養人的條件和意願並結合中國收養中心登記備案的兒童信息，為收養人選擇合適的被收養兒童，同時通知外國中央機關或收養組織以徵求收養人的意見。（4）簽發通知。徵得收養國中央機關和收養人同意後，中國收養中心簽發《來華收養子女通知書》，並通知被收養人所在地的省級民政部門。（5）親自來華。外國收養人接到《來華收養子女通知書》後，須持通知書原件親自來華，到被收養人常住戶口所在地的省級民政部門辦理收養登記手續。（6）辦理登記。省級民政部門對符合法律規定的收養關係當事人辦理收養登記，頒發《收養登記證》，出具《跨國收養合格證明》，收養關係自登記之日起成立。從上述具體程序看，我國的涉外收養手續還是較為複雜的，這能夠有力保障被收養兒童的合法權益。

根據本條第 3 款規定，上述證明材料應當經收養人所在國外交機關或者外交機關授權的機構認證，並經中華人民共和國駐該國使領館認證，國家另有規定的除外。與收養法的規定相比，本條增加了「但是國家另有規定的除外」的規定。這主要是考慮到，目前我國正在認真考慮、積極推動加入《關於取消外國公文書認證的公約》，增加除外規定能夠為將來加入該公約、履行條約義務留下空間。該公約主要目的是「願意取消外國公文書需經外交或領事的認證」。

第一千一百一十條　收養人、送養人要求保守收養秘密的，其他人應當尊重其意願，不得洩露。

■ 條文主旨

本條是關於保守收養秘密的規定。

■ **條文釋義**

收養在收養人與被收養人之間成立了擬製的父母子女關係，涉及送養人、收養人、被收養人等多方主體。收養的成立，勢必會對收養家庭、原生家庭以及被收養人本身產生影響。從當事人的角度考慮，在收養成立、家庭關係重新穩定之後，可能會希望保守有關收養的秘密。這裏既包括被收養人被收養的事實應予保密，也包括收養家庭、原生家庭的情況的保密。相較於原生家庭父母子女之間的親子關係，收養所形成的擬製父母子女關係更容易受到外界的影響。實踐中，有很多原本相處和諧融洽的養父母與養子女，在收養事實被披露後，心生隔閡，關係淡化，甚至最終導致收養關係的解除。本條即對保守收養秘密作出了規定。

根據本條規定，在收養人、送養人要求保守收養秘密時，其他人應當尊重其意願，不得洩露。對於被收養人而言，保守收養秘密有助於穩定收養關係，避免對其心理產生影響，從而有利於被收養人的健康成長；對於收養家庭而言，保守收養秘密可以使其免受原生家庭的干擾，維護收養家庭與被收養人之間和睦穩定的家庭關係；對於原生家庭而言，也有助於維護其隱私，使生父母徹底與過去告別，開始新生活，避免被收養人對生父母現有生活的打擾。

第二節　收養的效力

> **第一千一百一十一條**　自收養關係成立之日起，養父母與養子女間的權利義務關係，適用本法關於父母子女關係的規定；養子女與養父母的近親屬間的權利義務關係，適用本法關於子女與父母的近親屬關係的規定。
>
> 養子女與生父母以及其他近親屬間的權利義務關係，因收養關係的成立而消除。

■ **條文主旨**

本條是關於收養擬製效力的規定。

■ **條文釋義**

收養在收養人與被收養人之間成立了擬製的父母子女關係。收養關係成立後，這種後天通過法律擬製形成的父母子女關係，是否與自然形成的父母子女關係同樣適用法律？養子女與養父母的近親屬之間的權利義務關係，應當如何確定？收養關係成立後，養子女與生父母及其他近親屬之間的權利義務關係，是繼續維持還是自此消除？這些屬於本條的規範內容。

首先，關於養父母與養子女間的權利義務關係。根據本條規定，自收養關係成立之日起，養父母與養子女間的權利義務關係，適用本法關於父母子女關係的規定。本法關於父母子女關係的規定主要集中在總則編及婚姻家庭編。比如，本法總則編第 26 條規定，父母對

未成年子女負有撫養、教育和保護的義務。本法第1067條規定，父母不履行撫養義務的，未成年子女或者不能獨立生活的成年子女，有要求父母給付撫養費的權利。第1070條規定，父母和子女有相互繼承遺產的權利。這些規範父母子女權利義務關係的規定，都可在收養關係成立後，適用於養父母子女之間。換言之，儘管收養形成的是擬製血親，但在法律適用方面，其與自然血親之間並無差別。

其次，關於養子女與養父母的近親屬間的權利義務關係。由於收養關係成立後，養父母子女之間同自然形成的父母子女關係並無二致，因此，在養子女與養父母近親屬關係方面，也同樣適用本法關於子女與父母的近親屬之間關係的規定。比如，根據本法第1074條規定，有負擔能力的祖父母、外祖父母，對於父母已經死亡或者父母無力撫養的未成年孫子女、外孫子女，有撫養的義務。假如養父母與養子女形成收養關係後，養父母雙雙死亡或者喪失撫養能力，那麼養父母的父母作為其近親屬，應當在有負擔能力的情況下，承擔起對於孫子女、外孫子女的撫養義務，儘管孫子女、外孫子女系其子女通過收養而來。

最後，本條第2款規定了收養關係成立後，養子女與生父母以及其他近親屬間的權利義務關係相應得以消除。收養關係成立後，養父母與養子女間形成了擬製的父母子女關係。此時，如果養子女與生父母的關係繼續維持，則會出現雙重的父母子女關係，這將使得親子關係變得較為複雜，也與人們的普遍認知不符。因此，本條作了上述規定。只要收養關係成立，養子女與生父母及其他近親屬間的權利義務關係就得以消除。許多國家和地區的立法對此作了類似規定。關於本款，有的意見認為，應當參照有關國家的規定，增加繼父母收養繼子女時，對於該款所規定親子關係解消效力的部分阻卻效果。經研究，我們認為，在繼父母收養繼子女的情形下，即使不規定親子關係解消效力的阻卻效果，與子女共同生活的生父母與子女之間的關係亦會因收養關係的成立而繼續適用本法有關父母子女關係的規定。從實質效果來看，規定阻卻效果與否並不影響最終親子關係的法律適用。因此，本條對此未作規定。

第一千一百一十二條　養子女可以隨養父或者養母的姓氏，經當事人協商一致，也可以保留原姓氏。

■ 條文主旨

本條是關於養子女姓氏選取的規定。

■ 條文釋義

根據本法第1106條的規定，收養關係成立後，公安機關應當依照國家有關規定為被收養人辦理戶口登記。在辦理登記的過程中，養子女的姓氏選取應當如何確定，是一個值得思考的問題。是沿用自己原來的姓氏，還是隨養父或者養母的姓氏？是尊重當事人意願，還是

由國家作出統一規定？本條即對此問題作了規定。

本條對此確定的原則是，養子女可以隨養父或者養母的姓氏，經當事人協商一致，也可以保留原姓氏。從這一規定看，在收養關係成立後養子女姓氏的選取方面，立法還是充分尊重了各方當事人的意願。

本條規定養子女可以隨養父或者養母的姓氏，這與本法人格權編有關子女姓氏選取的規定也是一致的。本法人格權編第 1015 條規定，自然人的姓氏應當隨父姓或者母姓，但是有下列情形之一的，可以在父姓和母姓之外選取姓氏：（1）選取其他直系長輩血親的姓氏；（2）因由法定扶養人以外的人扶養而選取扶養人姓氏；（3）有不違背公序良俗的其他正當理由。收養關係成立後，養父母與養子女間成立了法律擬製的父母子女關係，允許養子女選取養父或者養母的姓氏，既有助於增強養子女與養父或者養母之間相互的情感認同，便於其更好更快融入收養家庭，也有利於對他人保守收養秘密，維護當事人的隱私權。當然，從另一方面來說，送養人與收養人在收養關係成立時也可能早已約定好未成年子女的姓氏問題，如果雙方協商一致，法律也並不禁止未成年人保留原姓氏。比如，在生父母因特殊困難無力撫養而送養子女時，基於情感方面的考慮，生父母可能希望子女在被他人收養之後仍保留原姓氏。此時，如果收養人對此不持異議，當然是允許的。這充分體現了對於收養關係當事人意思自治的尊重，在實踐中也不會有操作上的困難。

第一千一百一十三條　有本法第一編關於民事法律行為無效規定情形或者違反本編規定的收養行為無效。

無效的收養行為自始沒有法律約束力。

■ 條文主旨

本條是關於收養行為無效的規定。

■ 條文釋義

收養關係成立之後，在一般情形下，是有效的收養。那麼，在哪些情形下收養行為有可能被認定無效，實際上體現了公權力對於收養行為的干預。這其中的原因在於，儘管收養是一種具有人身性質的民事法律行為，其核心是當事人的合意，但作為民事法律行為，收養還必須受到民事法律行為效力判斷一般原則的約束，同時也要接受國家在收養領域的一些強制性干預，以確保行為自身的合法性、正當性。本條基於以上考慮，對於無效收養行為作了規定，即有本法總則編關於民事法律行為無效規定情形或者違反本編規定的收養行為無效。

本條對於收養效力問題，採取了與收養法一致的做法，只規定了收養行為的無效。根據本條規定，在兩種情形之下，收養行為將被認定為無效。第一，有本法總則編關於民事法律

行為無效規定的情形。本法總則編第六章民事法律行為專設第三節規定了民事法律行為的效力。本法第143條首先從正面規定了民事法律行為有效應當具備的條件，包括行為人具有相應的民事行為能力、意思表示真實以及不違反法律、行政法規的強制性規定、不違背公序良俗。在此基礎上，如果不具備或者不完全具備這些條件的民事法律行為，其效力將受到影響，具體可導致無效、可撤銷、效力待定等多種效力形態。其中，屬於無效民事法律行為的情形包括：（1）無民事行為能力人實施的民事法律行為無效。（2）行為人與相對人以虛假的意思表示實施的民事法律行為無效。（3）違反法律、行政法規的強制性規定的民事法律行為無效。但是，該強制性規定不導致該民事法律行為無效的除外。（4）違背公序良俗的民事法律行為無效。（5）行為人與相對人惡意串通，損害他人合法權益的民事法律行為無效。從總則編的規定看，這些無效情形涵蓋了行為人行為能力欠缺、意思表示不真實、違法性等各個方面，是總則編對於民事法律行為效力否定性評價的主要依據。收養作為具有人身性質的民事法律行為，自然應當受到總則編有關民事法律行為效力評價規定的約束。如果送養人與收養人之間的收養行為具有上述情形的，則行為應屬無效。第二，違反本編規定的收養行為無效。除具有總則編無效情形的收養行為應屬無效收養之外，如果收養行為違反了婚姻家庭編的規定，也應屬於無效的收養行為。例如，收養行為違反了有關被收養人、送養人、收養人的條件，以及收養人數的限制以及無配偶者收養異性子女的年齡限制等。又如，未依法向縣級以上民政部門辦理收養登記。再如，違反有關收養應當遵循最有利於被收養人的原則，保障被收養人和收養人的合法權益的規定，違反禁止借收養名義買賣未成年人的規定等，均為無效收養。

本條第2款規定，無效的收養行為自始沒有法律約束力。根據本法總則編第155條規定，無效的民事法律行為自始沒有法律約束力。收養作為具有人身性質的民事法律行為，也應遵循法律行為制度的基本原理，一旦被認定無效，也應當是從行為一開始便沒有法律約束力。

第三節　收養關係的解除

> 第一千一百一十四條　收養人在被收養人成年以前，不得解除收養關係，但是收養人、送養人雙方協議解除的除外。養子女八周歲以上的，應當徵得本人同意。
>
> 收養人不履行撫養義務，有虐待、遺棄等侵害未成年養子女合法權益行為的，送養人有權要求解除養父母與養子女間的收養關係。送養人、收養人不能達成解除收養關係協議的，可以向人民法院提起訴訟。

■ 條文主旨

本條是關於收養人、送養人協議解除及訴訟解除收養關係的規定。

■ 條文釋義

　　收養是在收養人、被收養人之間成立擬製父母子女關係的制度。收養關係自成立之日起，就需要遵循最有利於被收養人的原則，保障被收養人和收養人的合法權益。可以說，最有利於被收養人的原則，需要貫穿收養行為的始終。收養關係成立後，收養人與被收養人之間成立了父母子女關係，收養人作為養父母，應當依法承擔起撫養、教育、保護未成年子女的義務，盡心竭力履行監護職責，為未成年子女的健康成長創造良好的條件。同時，這種職責的承擔也使得收養人能夠真正分享為人父母的快樂，符合收養的初衷。因此，從有利於未成年子女成長的角度考慮，本條確立了原則上在被收養人成年之前，收養人不得單方解除收養關係的規定。這主要是出於確保被收養人能夠正常獲得生活來源得以健康成長的考慮。如果允許收養人在被收養人成年之前隨意解除收養關係，就有可能出現被收養人無人撫養的情形，勢必會影響被收養人的生活及成長。當然，這種對收養關係解除的禁止也並非絕對，如果作為收養關係雙方當事人的收養人與送養人能夠就解除收養關係達成一致協議，被收養人就不會陷入無人撫養的境地，此時，是可以解除收養關係的。但對於被收養人達到八周歲以上的，還需要徵得被收養人本人的同意。這裏要求徵得八周歲以上的被收養人同意，同樣也是出於未成年人利益最大化的考慮。未成年的被收養人儘管不是訂立收養協議的當事人，但是對於限制民事行為能力的被收養人而言，其已經具備了一定的認知能力，在決定是否解除收養關係的時候，要求徵得被收養人的意見，充分體現了對於未成年子女利益的重視和尊重。

　　在有的情形下，收養人不履行撫養義務，甚至可能存在虐待、遺棄等損害未成年養子女合法權益的現象。在這種情況下，如果不允許解除收養關係，可能更不利於未成年子女的健康成長。同時，送養人作為送養主體，儘管在收養關係成立後就與被收養人不再具有撫養與被撫養的關係，但賦予送養人必要的「監督」職責，仍是必要的。送養人在收養人具有上述情形時，可以向收養人提出解除收養關係；如果送養人與收養人無法就解除收養關係達成協議，可以通過向法院提起訴訟的方式申請解除。

　　從本條第 1 款規定看，協議解除收養關係存在以下特點，需要準確把握：一是原則上，在被收養人成年以前，收養人不得單方解除收養關係。這一規定主要是出於對未成年利益的保護，防止因收養人推卸責任而致使未成年人無人撫養的狀況出現。二是收養人與送養人經協商一致，可以解除收養關係。在收養人不得隨意解除收養關係的原則要求之下，如果收養人與送養人能夠協商一致，意味着對未成年人的撫養不會出現問題，從尊重雙方當事人意思自治的角度出發，可以允許解除收養關係。三是養子女八周歲以上的，應當徵得其同意。在送養人、收養人就解除收養關係達成一致的前提下，如果養子女屬於八周歲以上的限制民事行為能力人，則還需要徵得養子女的同意才可解除收養關係。這是因為收養關係的解除不能只考慮送養人、收養人的意願。養子女八周歲以上的，能夠基於被撫養經歷及情感聯繫選擇最有利於自己的成長環境，此時就需要徵得其同意方可解除收養關係。四是收養人、送養人協商解除收養關係只能通過協議解除的方式，不能通過訴訟方式解除。

本條第 2 款是通過訴訟解除收養關係的規定。理解本款需要注意以下幾點：一是適用本款規定的前提是被收養人尚未成年。二是本款適用的對象僅為送養人，不適用於收養人或者被收養人。其立法初衷在於，為保護被收養人的合法權益，賦予送養人在一定條件下提起解除收養關係之訴的權利。三是本款的適用情形有嚴格限制，即收養人不履行撫養義務，有虐待、遺棄等侵害未成年養子女合法權益的行為。如果收養人不存在這些行為，則送養人無權提起解除收養關係的訴訟。

> **第一千一百一十五條　養父母與成年養子女關係惡化、無法共同生活的，可以協議解除收養關係。不能達成協議的，可以向人民法院提起訴訟。**

■ 條文主旨

本條是關於養父母與成年養子女解除收養關係的規定。

■ 條文釋義

本法第 1114 條規定了兩種解除收養關係的形式：一種是收養人與送養人之間的協議解除；另一種是收養人有特定侵害被收養人利益的情形時，送養人通過訴訟解除收養關係。這兩種收養關係的解除形式，均是從保障未成年養子女利益的角度出發所作的規定，對於有效保障未成年人利益、確保子女處於健康的成長環境，有重要意義。那麼，除了上述兩種情形之外，是否還存在其他通過協議或者訴訟解除收養關係的規定呢？本條即是在前條規定的基礎上，針對養子女成年後與養父母關係惡化、無法共同生活所作的解除收養關係的規定，可以協議解除，協議不成的，也可以通過訴訟解除。

收養在收養人與被收養人之間成立了擬製的父母子女關係。收養關係成立後，收養人作為養父母承擔起撫養、教育和保護未成年養子女的職責，能夠為養子女提供溫暖的家庭氛圍及良好的成長環境，養子女在這樣的氛圍和環境中，獲得了來自身體、心理各方面的撫慰和照顧，同時，收養人作為養父母也能夠通過自己的付出，體會為人父母的幸福，感受天倫之樂。此外，不可否認的一點是，我國的收養制度還是養老制度的重要補充。許多養父母收養子女的初衷，除了為國家和社會減輕負擔，自願承擔撫養、教育下一代的重任之外，也是為了今後自己能夠老有所依、老有所養。然而，家庭生活是複雜的，所謂「家家有本難唸的經」。收養關係成立後，尤其是在養父母含辛茹苦，付出巨大時間、金錢、精力將被收養人撫養成年後，被收養人卻可能因為各種原因與養父母交惡，以致無法共同生活。原本養父母所抱有的被收養人成年後能夠履行對自己的贍養、扶助義務的期待，也會因這種關係的惡化而化為泡影。在這種情形之下，收養就失去了其原本的意義。此時，允許雙方協商解除收養關係，是對於彼此都有益的做法。如果經過協商，無法就解除收養關係達成協議，比如，一

方堅決要求解除收養關係而對方不同意解除時，要求解除收養關係的一方可以向人民法院提起訴訟來解除收養關係。

正確理解和適用本條，需要注意以下幾點：第一，本條解決的是養父母與成年養子女關係惡化、無法共同生活時收養關係的解除，不包括養子女為未成年人時的情形。根據本法第1114條的規定，收養人在養子女未成年時，原則上不得解除收養關係，除非收養人、送養人協議解除。如果收養人因無法解除收養關係而對未成年子女不履行撫養義務，甚至虐待、遺棄未成年子女的，送養人可以要求解除收養關係。第二，本條所規範的養父母與成年養子女之間收養關係的解除，既包括協議解除，也包括訴訟解除。當養父母與成年養子女雙方關係惡化、無法共同生活時，可以由一方提出解除收養關係的意思表示，另一方如果同意，則雙方就可以協議解除。如果一方提出解除，另一方不同意解除或者對解除收養關係的具體內容不認可，則可以通過向法院提起訴訟的方式解除收養關係。無論是養父母還是成年養子女，均享有訴權。第三，養父母與成年養子女解除收養關係的原因是雙方關係惡化、無法共同生活，以至於引起關係惡化的具體原因在所不問。實踐中，成年養子女既可能因為生活方式、價值理念的不同而與養父母關係惡化，也可能存在成年後為逃避贍養義務而故意與養父母交惡，無論出於何種原因，此時勉強維持收養關係都於雙方無益，都應允許解除收養關係。對於解除收養關係後養父母的生活保障，本法第1118條作了規定，即經養父母撫養的成年養子女，對缺乏勞動能力又缺乏生活來源的養父母，應當給付生活費。

> **第一千一百一十六條　當事人協議解除收養關係的，應當到民政部門辦理解除收養關係登記。**

■ 條文主旨

本條是關於解除收養關係登記的規定。

■ 條文釋義

根據本法第1105條的規定，收養應當向縣級以上人民政府民政部門登記，收養關係自登記之日起成立。作為一種在收養人與被收養人之間成立擬製父母子女關係的民事法律行為，收養需要經登記成立。那麼，在收養關係解除後，作為一種民事法律行為的終止方式，也應當在程序上通過登記予以確認。根據《中國公民收養子女登記辦法》第9條的規定，收養關係當事人協議解除收養關係的，應當持居民戶口簿、居民身份證、收養登記證和解除收養關係的書面協議，共同到被收養人常住戶口所在地的收養登記機關辦理解除收養關係登記。該辦法第10條還規定，收養登記機關收到解除收養關係登記申請書及有關材料後，應當自次日起30日內進行審查；對符合收養法規定的，為當事人辦理解除收養關係的登記，

收回收養登記證，發給解除收養關係證明。

理解本條需要注意以下幾點：第一，本條的規範對象是協議解除收養關係。根據本法第1114條、第1115條的規定。協議解除收養關係包括以下幾種情形：一是收養人與送養人協議解除收養關係。如果被收養人八周歲以上的，解除收養關係還須得到被收養人本人的同意。二是收養人不履行撫養義務，有虐待、遺棄等侵害未成年養子女合法權益行為的，送養人有權要求解除養父母與養子女之間的收養關係。此種情況下，送養人與收養人也可以通過協議的方式解除收養關係。三是養父母與成年養子女關係惡化、無法共同生活的，養父母與成年養子女可以通過協議的方式解除收養關係。因此，在上述三種情形下，如果雙方達成了解除收養關係的協議，應當到民政部門辦理解除收養關係登記。第二，按照有關程序要求，雙方應攜帶必要的材料，共同到民政部門辦理解除收養關係登記。同收養關係成立一樣，收養關係的協議解除體現的也是雙方的共同合意，只有雙方同時到民政部門辦理解除收養關係登記，才便於民政部門準確查明雙方合意，正確辦理登記。第三，民政部門查明雙方的協議解除符合有關規定，依法辦理登記，收養關係自登記之日起解除。民政部門在辦理解除收養關係登記時，應當按照收養的有關規定進行審核，只有符合規定的，才可以辦理解除登記。同時，與收養關係自登記之日起成立一樣，收養關係的解除效力也應自解除收養關係登記之日起算。

> **第一千一百一十七條**　收養關係解除後，養子女與養父母以及其他近親屬間的權利義務關係即行消除，與生父母以及其他近親屬間的權利義務關係自行恢復。但是，成年養子女與生父母以及其他近親屬間的權利義務關係是否恢復，可以協商確定。

■ 條文主旨

本條是關於收養關係解除法律後果的規定。

■ 條文釋義

收養關係解除後，面臨的首要問題就是未成年的養子女撫養、教育和保護。因為收養關係一旦解除，收養人與被收養人之間擬製的父母子女關係即告消除。從收養人的角度來說，其不可能再自願承擔起對被收養人的撫養、教育和保護義務。即使法律作了強制性規定，也無法再像收養關係存在時那般盡心竭力。因此，為了保護收養關係解除後被收養人的撫養教育問題，立法需要作出規定。

一方面，考慮到生父母與被收養人之間始終存在無法割捨的血緣聯繫，在收養關係解除後，立法要求生父母承擔起對於未成年子女的撫養教育責任，以確保未成年子女的利益不受侵犯。因此，本條規定了在收養關係解除後，養子女與養父母以及其他近親屬的權利義務關

係即行消除，而與生父母以及其他近親屬的權利義務關係自行恢復，無須辦理任何手續。同時，也不區分協議解除還是訴訟解除，均產生此種法律後果。這樣一來，對於未成年被收養人的撫養、教育就不會出現真空，能夠自動得以接續，未成年人可以繼續在良好的環境下健康成長。另一方面，如果收養關係解除後，養子女已經成年，意味着該子女已經具備完全民事行為能力，具有獨立的思考和認知能力，可以自主決定未來的生活安排，能夠依據自己的所思所想規劃未來，包括與誰確立親子關係等。因此，立法有必要賦予成年養子女與生父母以及其他近親屬在收養關係解除後是否恢復權利義務關係的選擇權，尊重雙方的自由意志和選擇。這既體現了對成年養子女及其生父母獨立人格的尊重，也在一定程度上體現了權利義務相對等的原則：一方面，成年養子女會對生父母將自己送養別人而未盡撫養教育之責心有不滿；另一方面，成年養子女長期與養父母共同生活，與生父母之間沒有太多生活經歷，雙方很難建立深厚的情感。

我國在收養關係解除法律後果的規定方面，比較符合國際上的趨勢，既把未成年人利益的保護放在突出和首要的位置，也尊重了生父母與成年養子女的人格獨立與自由選擇，具有合理性。

> 第一千一百一十八條　收養關係解除後，經養父母撫養的成年養子女，對缺乏勞動能力又缺乏生活來源的養父母，應當給付生活費。因養子女成年後虐待、遺棄養父母而解除收養關係的，養父母可以要求養子女補償收養期間支出的撫養費。
>
> 生父母要求解除收養關係的，養父母可以要求生父母適當補償收養期間支出的撫養費；但是，因養父母虐待、遺棄養子女而解除收養關係的除外。

■ 條文主旨

本條是關於收養關係解除後生活費、撫養費支付的規定。

■ 條文釋義

收養關係存續期間，收養人除了付出時間和精力盡心照顧未成年子女之外，還要為子女的健康成長支出生活費、教育費、醫療費等各方面費用。在收養關係一直維持的情況下，收養人在精神和物質方面的付出可以通過將來養子女成年後履行贍養、扶助義務得到回報和補償。但是，在收養關係解除後，收養人在收養關係存續期間所付出的各項費用便無法通過被收養人將來履行贍養義務的方式進行補償。此時，從權利義務相對等的角度出發，立法需要對雙方進行利益上的平衡。

本條第 1 款即是對此所作的針對性規定：收養關係解除後，經養父母撫養的成年養子女，對缺乏勞動能力又缺乏生活來源的養父母，應當給付生活費。因養子女成年後虐待、遺

棄養父母而解除收養關係的，養父母可以要求養子女補償收養期間支出的撫養費。作出這樣的規定，主要是為了保護收養人的合法權益，妥善處理解除收養關係後的事宜。對於生父母要求解除收養關係的，本條第 2 款作出規定，養父母可以要求生父母適當補償收養期間支出的撫養費；但是，因養父母虐待、遺棄養子女而解除收養關係的除外。正確理解和適用本條，需要注意以下幾點：一是收養關係解除後，成年養子女應對撫養過自己的、缺乏勞動能力又缺乏生活來源的養父母給付生活費。這裏不區分協議解除還是訴訟解除，只要養父母盡了對於養子女的撫養義務，養子女成年後，對於缺乏勞動能力又缺乏生活來源的養父母，都應當給付生活費。這裏需要滿足幾項條件：（1）收養關係已經解除。既包括協議解除，也包括訴訟解除。（2）養父母須實際撫養過養子女。如果收養關係成立後，養父母並未對養子女盡撫養義務，則其無權在養子女成年後要求支付生活費。這裏體現的仍然是權利義務相對等的原則。（3）養父母具有缺乏勞動能力又缺乏生活來源的情形。由於收養關係解除後，養父母與養子女間已經不再具有父母子女關係。此時，要求成年養子女向養父母給付生活費，更多是基於養父母之前的撫養事實。因此，這一情形應該加以限制，即只有在養父母既缺乏勞動能力又缺乏生活來源時，成年養子女才負有給付生活費的義務。二是根據本法第 1115 條規定，養父母與成年養子女關係惡化、無法共同生活的，既可以協議解除收養關係，也可以通過訴訟方式解除收養關係。此種情況下收養關係的解除，既可能確因雙方生活觀念不符所致，也可能是因成年養子女虐待、遺棄養父母而解除。在後一種情況下，儘管收養關係最終解除，但養父母可以要求養子女補償收養期間支出的撫養費。這種補償，一方面是考慮權利義務的對等，另一方面也是體現對養子女虐待、遺棄養父母行為的一種懲戒，是合理的。三是生父母提出解除收養關係要求的，養父母可以要求生父母適當補償收養期間支出的撫養費。在生父母提出解除收養關係要求的情形下，考慮到養父母對於養子女的成長付出了經濟、時間等各方面的巨大成本，賦予養父母對於生父母撫養費的補償請求權是合適的，但這種請求權有兩個方面限制：第一，養父母可以要求適當補償撫養費支出。在長期的收養關係存續期間，養父母的具體支出是難以準確計算的。因此，養父母可以結合自己撫養教育養子女的具體情況，提出一個適當、大致的補償標準。第二，解除收養關係的請求雖由生父母提出，但原因在於養父母虐待、遺棄養子女的，由於養父母自身存在過錯，其無權提出補償撫養費的請求。

■ 條文釋義

　　收養是在收養人與被收養人之間成立擬製父母子女關係的法律制度，其牽涉送養人、收養人、被收養人等多方主體的權益。從本質上看，收養屬於民事法律行為，需要體現當事人的意思自治，最大程度遵從當事人的自願。根據本法有關收養制度的規定，這種意思自治須體現在送養人、收養人以及被收養人等各方主體是否同意收養的主觀意志方面。本法第 1093 條、第 1094 條、第 1098 條分別對被收養人、送養人及收養人的範圍或條件作了規定。這些主體在成立有效的收養關係時，必須真實、明確地表達收養意願，如果這種意願的表達並非出於內心真意，則會影響收養關係的效力。

　　本條與收養法的規定相比，僅在被收養人自己同意的年齡標準方面作了修改，其他未作實質修改。根據本條規定，收養人收養與送養人送養，應當雙方自願。收養八周歲以上未成年人的，應當徵得被收養人的同意。理解本條，需要注意以下幾點：一是成立有效的收養關係，首先需要收養人有真實、自願的收養意思表示。關於這一點，應該是不言自明的道理。作為收養人而言，如果其沒有作出收養的意思表示，就不會有後續行為的形成及生效。從本章關於收養程序的規定看，如果沒有收養人最初的收養意願，就不可能有這些程序的啟動。這裏需要強調的是，收養人收養意願的作出必須是真實、自願的，如果這種收養意思表示是受脅迫、欺詐等作出的，就不會產生有效的收養關係，也必將有損被收養人的合法權益。當然，如果有關主體借收養之名行牟利之實，是被嚴格禁止的，要依法承擔相應的法律責任。二是成立有效的收養關係，還需要送養人同意送養的真實意願。根據本法第 1094 條規定，可以擔任送養人的個人和組織包括孤兒的監護人、兒童福利機構以及有特殊困難無力撫養子女的生父母。這些主體在依法送養未成年人時，必須要有同意送養的真實意思表示。以孤兒的監護人為例，即使孤兒的監護人喪失了監護能力，也不得強制其送養未成年人，此時可以通過變更監護人的方式實現對未成年人合法權益的保護。對於送養人同意送養意願的強調，也再次彰顯了對法律行為本質的尊重。三是如果被收養人屬於八周歲以上的未成年人，還必須徵得被收養人的同意才可收養。首先，本法總則編第 19 條規定，八周歲以上的未成年人為限制民事行為能力人，實施民事法律行為由其法定代理人代理或者經其法定代理人同意、追認；但是，可以獨立實施純獲利益的民事法律行為或者與其年齡、智力相適應的民事法律行為。本條根據總則的這一規定，修改了收養法「收養年滿十周歲以上未成年人的，應當徵得被收養人的同意」這一規定，將「同意」的年齡標準由十周歲修改為八周歲。其次，收養的未成年人如果在八周歲以上，則其同意是收養能夠有效成立的前提條件。換言之，即使送養人與收養人達成了收養合意，如果被收養人不同意被收養，則不得進行收養。之所以對限制民事行為能力的未成年人收養附加「同意」要件，主要是考慮到這一年齡段的未成年人相較於無民事行為能力的未成年人而言，已經有了比較成熟的自我意識，尤其是在涉及人身關係的變動方面，能夠表達自己的真實意願，作出符合自己內心真實意思的判斷，這也是收養應當最有利於被收養人利益原則的體現。

> **第一千一百零五條**　收養應當向縣級以上人民政府民政部門登記。收養關係自登記之日起成立。
>
> 　　收養查找不到生父母的未成年人的，辦理登記的民政部門應當在登記前予以公告。
>
> 　　收養關係當事人願意簽訂收養協議的，可以簽訂收養協議。
>
> 　　收養關係當事人各方或者一方要求辦理收養公證的，應當辦理收養公證。
>
> 　　縣級以上人民政府民政部門應當依法進行收養評估。

■ **條文主旨**

　　本條是關於收養登記、收養協議、收養公證以及收養評估的規定。

■ **條文釋義**

　　所謂收養登記，是國家通過主管部門對申請建立收養關係的當事人，依照收養法規定的收養條件進行審查，對符合法定收養條件的准予登記，收養關係隨之成立的一項制度。它是中國公民收養查找不到生父母的未成年人以及兒童福利機構撫養的孤兒和外國人收養中國兒童取得合法收養關係的必經程序。從這一規定看，收養登記屬於一種行政確認行為，行政機關只負責對當事人遵循平等自願原則所建立收養關係的合法性及其結果進行審查確認。國家建立收養登記制度意義重大，通過這一制度，國家能夠對收養關係的建立進行監督，及時發現和糾正違反收養制度的行為，依法保護收養關係當事人尤其是被收養人的合法權益，促進家庭和睦和社會穩定。國家要求對收養關係進行登記，還體現了國家對公民收養子女的關心，通過收養登記，亦可對公民進行有關收養的法治宣傳，防止違反收養法律規定的行為發生。

　　本條第 1 款首先對收養登記作出規定。根據本款規定，收養應當向縣級以上人民政府民政部門登記。收養關係自登記之日起成立。負責代表國家進行收養登記的職能部門是民政部門，且在部門層級上必須是縣級以上人民政府的民政部門。因此，辦理收養登記的法定機關是縣級以上人民政府的民政部門。由於被收養人的情況不一，針對不同類型的被收養人，承擔具體登記職責的民政部門也有所不同。

　　本條第 2 款規定，收養查找不到生父母的未成年人的，辦理登記的民政部門應當在登記前予以公告。本款是 1998 年修改收養法新增加的條款，是對於收養查找不到生父母的未成年人的登記程序的特殊要求。對於查找不到生父母的未成年人而言，儘管在送養人提交申請文件及材料環節已經要求其提交相關的原始記錄、報案證明等，但為了在正式辦理登記前再次確認該未成年人確屬查找不到生父母的狀況，本款對於辦理登記的民政部門附加了應予公告的義務，其目的在於最大限度地查找未成年人的生父母，儘可能使未成年人回歸原始家庭，以最大程度保護其合法權益。根據《中國公民收養子女登記辦法》第 7 條第 2 款規定，收養查找不到生父母的棄嬰、兒童的，收養登記機關應當在登記前公告查找其生父母；自公

告之日起滿 60 日，棄嬰、兒童的生父母或者其他監護人未認領的，視為查找不到生父母的

棄嬰、兒童。公告期間不計算在登記辦理期限內。因此，對於查找不到生父母的未成年人的

收養程序的辦理，除遵從一般的程序性要求外，還必須按要求進行公告。

　　本條第 3 款是關於收養協議的規定。即收養關係當事人願意簽訂收養協議的，可以簽訂

收養協議。與收養登記不同，本法對於收養協議的簽訂並非強制性規定，而是可以由當事人

根據具體情況自願選擇是否簽訂。鑒於收養是變更身份的民事法律行為，如果當事人選擇簽

訂收養協議，必須由收養人與送養人雙方親自進行，不得由他人代理。收養協議中，無論是

收養人、送養人還是被收養人，必須符合法律規定的條件要求，其內容也必須符合相關的規

定。如果被收養人已年滿 8 周歲，收養協議中還必須包含被收養人同意收養的意思表示。從

形式上講，收養協議應當採用書面形式，雙方當事人各執一份，協議自雙方當事人簽字蓋章

之日起生效。

　　本條第 4 款是關於收養公證的規定，即收養關係當事人各方或者一方要求辦理收養公證

的，應當辦理收養公證。從這一規定看，收養公證並非收養的必經程序，只有收養關係的各

方當事人或應當事人一方提出辦理收養公證的要求時，才依法予以辦理。從辦理順序上看，

公證一般應當在簽訂收養協議並且辦理收養登記後進行；如果尚未辦理收養登記，僅就收養

協議進行公證，只能證明協議是真實合法的，並不能證明收養關係已經成立。根據《司法部

關於貫徹執行〈中華人民共和國收養法〉若干問題的意見》的規定，新收養法施行後，收養

關係的成立和協議解除收養關係以登記為準。公證機構辦理收養協議或解除收養關係協議公

證時，應告知當事人有關辦理登記的法律規定並歸入登記檔案，但已經登記的除外。因此，要

年把握收養關係成立以登記為準的原則，避免以收養公證代替收養登記來認定收養關係的

成立。

　　本條第 5 款是關於收養評估的規定，即縣級以上人民政府民政部門應當依法進行收養評

估。本法第 1044 條確立了收養應當遵循最有利於被收養人的原則，第 1098 條規定了收養

人應具備的條件。通過收養評估，能夠更加準確、客觀地確定收養人所具備的撫養教育被

收養未成年人的能力，使更符合條件、更具備能力的主體成為收養人，能夠從程序和實體兩

方面保障被收養人的利益，體現最有利於被收養人的收養原則。從世界上其他國家和地區的

立法看，美國、加拿大、西班牙、荷蘭、法國、挪威等國家都有對收養人能力的調查了解程

序，我國香港特別行政區、澳門特別行政區、台灣地區也均在收養工作中建立了收養能力評

估機制。我國民政部已分兩批啟動開展了收養能力評估工作。從實踐情況看，收養評估的內容包括收養動機、家

庭狀況、品德品行等方面，評估結果更具科學性和可行性。考慮到收養評估所具有的重要意

義，結合各地已經較為成熟的試點經驗情況，本款對收養評估作了規定。根據這一規定，收

養評估由縣級以上人民政府民政部門負責實施，且應當依法進行。關於收養評估的標準、程

序、條件等，可由國務院有關部門根據本款的規定制定具體的實施辦法。

第一千一百零六條　收養關係成立後，公安機關關應當按照國家有關規定為被收養人辦理戶口登記。

■ 條文主旨

本條是關於為被收養人辦理戶口登記的規定。

■ 條文釋義

收養關係成立後，收養人與被收養人之間就成立了擬製的父母子女關係，適用一切同父母子女關係有關的規定。從戶籍管理的角度，既然在法律上被收養人已經成為收養人的子女，收養關係成立後，需要為被收養人辦理戶口登記或者遷移手續，由收養人持有關證記登記到戶口登記機關按照國家有關規定辦理。

圍繞本條，需要明確以下幾點：第一，為被收養人辦理戶口登記的前提是必須成立收養關係。根據本法第 1105 條的規定，收養關係自登記之日起成立。只有通過合法的收養記成立收養關係後，收養人才能申請公安機關為被收養人辦理有關的戶口登記。第二，辦理登記的職能部門是公安機關。這一點是由我國的戶籍管理體制所決定的，無須多言。第三，根據被收養人的不同情況，需要辦理的戶口登記類型既包括原始的戶口登記，也包括原來的戶籍所在地，此時需要為被收養人辦理的就是原始的戶籍登記手續。第四，為被收養人辦理戶口登記，應當按照這些規定的要求，依法辦理。尤其是近些年來城鎮化進程的加快，大城市「落戶難」的情況日益突出。如果對於被收養人不加區別地一律准予在收養戶籍時，應當按照這些規定的要求，依法辦理。尤其是近些年來城鎮化進程的加快，大城市口遷移。比如，孤兒、生父母有特殊困難無力撫養的子女辦理戶口登記手續，因其戶籍原來可能已落在其生父母處，因此，需要隨著近些年來城鎮化進程的加快，大城市人辦理戶口登記。我國有不少關於戶口登記的管理制度，這些制度對於規範公眾的戶口關係，提升戶籍管理水平發揮了重要作用，為被收養人辦理戶口登記，甚至在個別的一些地方，會出現借收養達到落戶的目的等。在這種情況下，嚴格依照有關規定辦理被收養人的戶口口登記，就顯得尤為重要。

第六編

繼承

繼承制度是關於自然人死亡後財富傳承的制度。1985年六屆全國人大三次會議通過了繼承法。繼承法制定實施以來，隨着人民群眾生活水平不斷提高，個人和家庭擁有的財產日益增多，因繼承引發的糾紛也越來越多。根據我國社會家庭結構、繼承觀念等方面的發展變化，繼承編在繼承法的基礎上，修改完善了我國的繼承制度，以滿足人民群眾處理遺產的現實需要。繼承編共四章、四十五條，對法定繼承、遺囑繼承和遺贈、遺產的處理等制度作了規定。

第一章　一般規定

　　第一章共七條，是有關繼承制度的一般規定，內容包括繼承編的調整範圍、繼承開始的時間、死亡推定、喪失繼承權等。本章與繼承法總則一章大致相同，根據實踐發展的需要，作了進一步的修改完善，主要增加了有關死亡時間推定的規定，修改了遺產範圍的規定，增加了寬恕制度，同時為了適應民法典的體系性要求，刪除了繼承法有關無民事行為能力人和限制民事行為能力人繼承權代理的規定、繼承糾紛訴訟時效的規定。

> **第一千一百一十九條　本編調整因繼承產生的民事關係。**

■ 條文主旨

　　本條是關於繼承編調整範圍的規定。

■ 條文釋義

　　民法典總則編規定的是民事行為的普遍性、共通性規範。民法典其他各編所調整的都是特定領域的民事關係。繼承編所調整的就是繼承領域的民事關係，即因繼承產生的民事關係。

　　繼承是自然人死亡後，按照法律規定或者遺囑處理分配其所遺留的個人財產的制度。繼承編所調整的就是因繼承產生的民事關係。因繼承產生的民事關係就是繼承關係。繼承法律關係包括三個方面內容：一是繼承法律關係的主體，即依法享有繼承權利、承擔相應義務的人，主要包括被繼承人和繼承人、受遺贈人。被繼承人就是死亡時遺留財產的自然人。被繼承人只能是自然人。因為法人、非法人組織解散或者破產後，需要按照法律規定清算以處理其財產。繼承人就是繼承遺產或者有權繼承遺產的人。受遺贈人就是根據被繼承人的遺囑接受其贈與的人。二是繼承法律關係的客體，就是遺產，即被繼承人死亡時所遺留的個人合法財產。繼承法律關係所指向的對象，就是被繼承人的遺產。繼承法律關係圍繞遺產的分割與處分展開。三是繼承法律關係的內容，就是繼承法律關係當事人之間的權利義務關係。在繼承法律關係中，繼承人享有繼承權，同時也承擔着相應的法律義務，如在遺產分割前妥善保管存有的遺產，根據遺囑的要求履行被繼承人對繼承所附加的義務等。

　　繼承編調整繼承關係，並不意味着其他各編或者其他民事法律就不調整繼承關係。相反，有些法律還對特定領域的繼承問題作了相應規定。在涉及這些領域的繼承關係時，還需要適用特別法中的有關規定。比如，農村土地承包法第 32 條規定，承包人應得的承包收

益，依照繼承法的規定繼承。林地承包的承包人死亡，其繼承人可以在承包期內繼續承包。公司法第 75 條規定，自然人股東死亡後，其合法繼承人可以繼承股東資格；但是，公司章程另有規定的除外。

第一千一百二十條　國家保護自然人的繼承權。

■ 條文主旨

本條是關於保護繼承權的規定。

■ 條文釋義

一、繼承權

繼承權是民事權利的一種，繼承權是自然人依法享有繼承被繼承人死亡時遺留的遺產的權利。繼承權的具體內容包括：一是接受與放棄繼承的權利。繼承權作為一種財產性權利，繼承人有權接受繼承，也有權放棄繼承。任何人不能強迫繼承人接受、放棄繼承。根據繼承編第 1124 條第 1 款的規定，繼承開始後，繼承人放棄繼承的，應當在遺產處理前，以書面形式作出放棄繼承的表示；沒有表示的，視為接受繼承。二是取得遺產的權利。繼承人如果不放棄繼承，即可依法取得被繼承人所遺留的遺產。至於繼承人取得遺產的份額多少，則需要根據法律規定或者遺囑內容判斷。三是繼承權受到侵害時獲得救濟的權利。繼承權作為財產權利，在受到不法侵害時，繼承人當然有權依法尋求救濟，理論上此種權利被稱為繼承恢復請求權。繼承人根據繼承恢復請求權可以要求法院確認自己依法享有繼承權，並可以請求返還其依法應得的遺產。

繼承權可以由自然人本人行使，也可以由其代理人行使。完全民事行為能力人可以獨立從事民事法律行為，自然可以行使繼承權。對於限制民事行為能力人和無民事行為能力人而言，由於不具有完全民事行為能力，故無法獨立行使繼承權。繼承法規定：「無行為能力人的繼承權、受遺贈權，由他的法定代理人代為行使。限制行為能力人的繼承權、受遺贈權，由他的法定代理人代為行使，或者徵得法定代理人同意後行使。」總則編對於限制民事行為能力人和無民事行為能力人如何實施民事法律行為已經有了相關規定，即限制民事行為能力人實施民事法律行為由其法定代理人代理或者經其法定代理人同意、追認，無民事行為能力人由其法定代理人代理實施民事法律行為。因此，繼承編刪除了繼承法的此條規定。

二、繼承權的保護

本條規定，國家保護自然人的繼承權。在繼承編徵求意見過程中，有的意見提出，本條內容與總則編第 124 條規定重複，建議刪除。總則編第 124 條規定：「自然人依法享有繼承權。自然人合法的私有財產，可以依法繼承。」需要注意的是，總則編第 124 條是從權利享

有的角度規定，本條重點突出的繼承權的保護，二者的立法目標不同。還有意見建議增加規定，「保護胎兒的繼承權益」。鑒於總則編第 16 條已經明確規定「涉及遺產繼承、接受贈與等胎兒利益保護的，胎兒視為具有民事權利能力」，因此沒有必要重複規定。

　　保護自然人繼承權不僅是民法典的重要內容，是民法典繼承編的基本原則之一，同樣也是我國憲法規定的公民基本權利之一。憲法第 13 條第 2 款規定，國家依照法律規定保護公民的私有財產權和繼承權。民法典繼承編保護繼承權的規定是落實憲法規定的具體體現。

> **第一千一百二十一條　繼承從被繼承人死亡時開始。**
>
> 　　**相互有繼承關係的數人在同一事件中死亡，難以確定死亡時間的，推定沒有其他繼承人的人先死亡。都有其他繼承人，輩份不同的，推定長輩先死亡；輩份相同的，推定同時死亡，相互不發生繼承。**

■ 條文主旨

　　本條是關於繼承開始時間和死亡時間推定的規定。

■ 條文釋義

一、繼承的開始

　　本條第 1 款規定，繼承從被繼承人死亡時開始。繼承的開始意味着繼承法律關係的形成。繼承從被繼承人死亡時開始，繼承開始的時間非常重要，繼承開始的時間決定着以下重要問題：一是繼承人、受遺贈人範圍。繼承人有哪些、受遺贈人是否能夠獲得遺贈，都需要根據繼承開始時有關當事人的法律狀態來判斷。比如，被繼承人死亡時，其配偶已離婚的，則其配偶就不再是法定繼承人，因而不享有繼承權。如果被繼承人死亡時，遺囑所確定的受遺贈人在此前已經死亡的，則遺囑指定的受遺贈人不能享有受遺贈權。因此，一個民事主體是否享有繼承權或者受遺贈權，需要根據被繼承人死亡之時該民事主體的法律狀態具體判斷。二是遺產的範圍。被繼承人死亡的時間是確定被繼承人所遺留遺產的時點。被繼承人生前可以根據自己的意志自由處分其所有的財產，因此，財產狀況是變化的，難以確定。而一旦被繼承人死亡，此時，被繼承人遺留財產的種類、數量、範圍、債權債務等才能最終確定。三是遺產所有權的轉移。被繼承人死亡後，被繼承人不再具有民事權利能力，也就不能成為民事權利的主體，其所遺留的財產的所有權即應轉移給繼承人。物權編第 230 條規定，因繼承取得物權的，自繼承開始時發生效力。因此，繼承人死亡的時間就是遺產所有權移轉的時間。四是遺囑的效力。遺囑訂立後並不發生效力，只有在被繼承人死亡時，遺囑才生效。因此，繼承開始的時間也就是遺囑生效的時間。如果被繼承人留有數份遺囑，各遺囑之間的內容有牴觸的，根據繼承編的有關規定，應當以被繼承人生前所立最後的那份遺囑為

準。因此，一份遺囑是否發生效力、是否有效，需要根據被繼承人死亡時的具體情況判斷。五是繼承權的放棄。繼承人有權放棄繼承，但是根據繼承編的規定，放棄繼承必須在繼承開始後遺產分割之前，繼承人不能在繼承開始之前表明放棄繼承。因此，繼承開始的時間決定着一個人所作的放棄繼承的意思表示是否有效。

繼承開始取決於被繼承人死亡的時間。因此，如何確定被繼承人死亡的時間至關重要。死亡從法律上而言，包括自然死亡與宣告死亡。總則編第 15 條對出生時間和死亡時間有明確的規定，自然人的出生時間和死亡時間，以出生證明、死亡證明記載的時間為準；沒有出生證明、死亡證明的，以戶籍登記或者其他有效身份登記記載的時間為準。有其他證據足以推翻以上記載時間的，以該證據證明的時間為準。因此，確定被繼承人死亡的時間應當以死亡證明所記載的時間為準，沒有死亡證明的，則應當以其他有效身份登記記載的時間為準。宣告死亡是自然人下落不明達到法定期限，經利害關係人申請，人民法院經過法定程序在法律上推定失蹤人死亡的一項民事制度。宣告自然人死亡，是對自然人死亡在法律上的推定，這種推定將產生與生理死亡基本一樣的法律效果。總則編對宣告死亡的時間也作了規定，第 48 條規定，被宣告死亡的人，人民法院宣告死亡的判決作出之日視為其死亡的日期；因意外事件下落不明宣告死亡的，意外事件發生之日視為其死亡的日期。因此，宣告死亡時死亡時間的確定需要根據具體情況判斷：如果被宣告死亡者是由於意外事件失蹤的，宣告死亡的時間以意外事件發生之日為死亡的日期；如果被宣告死亡是由於其他原因失蹤的，則以人民法院宣告死亡判決作出之日為死亡時間。

二、死亡時間的推定

本條第 2 款規定，相互有繼承關係的數人在同一事件中死亡，難以確定死亡時間的，推定沒有其他繼承人的人先死亡。都有其他繼承人，輩份不同的，推定長輩先死亡；輩份相同的，推定同時死亡，相互不發生繼承。之所以這麼規定，是從有利於保護繼承人的利益角度考慮的。相互有繼承關係的數人在同一事件中死亡的，根據本款規定，確定死亡時間需要根據具體情況判斷：首先，在同一事件中死亡的相互有繼承關係的數人，他們的死亡時間如果可以確定的，應當根據客觀證據來確定。其次，如果沒有證據能證明他們的死亡時間的先後的，則需要根據各自的具體情況進一步作出推定：第一種情況，如果有人沒有其他繼承人，僅有的繼承人都在同一事件中死亡的，推定此人先死亡。這樣規定就可以使其遺產能夠依法被繼承，而不會造成因無人繼承的狀況。第二種情況，如果他們都有其他繼承人的，就需要再進一步根據他們之間的輩份情況來推定，具體而言：其一，輩份不同的，推定長輩先死亡。例如，甲乙爺孫二人在同一事件中死亡，兩人均有其他繼承人，則推定爺爺甲先死亡，其孫子乙後死亡。其二，輩份相同的，推定同時死亡，相互之間不發生繼承。例如，兄弟丙丁在同一事件中死亡，兩人也都有其他繼承人，則推定二人同時死亡，相互之間不繼承對方的遺產。

> **第一千一百二十二條　遺產是自然人死亡時遺留的個人合法財產。**
>
> **依照法律規定或者根據其性質不得繼承的遺產，不得繼承。**

■ 條文主旨

本條是關於遺產的規定。

■ 條文釋義

一、遺產的含義和範圍

本條第 1 款規定，遺產是自然人死亡時遺留的個人合法財產。遺產是繼承法律關係的客體，也是繼承權的標的。

關於遺產的範圍，有不同立法例。一是概括式，即通過概括遺產的特徵明確遺產的定義，以抽象方式規定遺產的範圍；二是列舉式，就是通過一一列明的方式寫明哪些財產屬於遺產；三是概括式與列舉式相結合，在概括規定遺產定義的同時列出遺產的範圍。我國繼承法第 3 條規定，遺產是公民死亡時遺留的個人合法財產，包括：（1）公民的收入；（2）公民的房屋、儲蓄和生活用品；（3）公民的林木、牲畜和家禽；（4）公民的文物、圖書資料；（5）法律允許公民所有的生產資料；（6）公民的著作權、專利權中的財產權利；（7）公民的其他合法財產。

在立法過程中，就如何規定遺產的範圍，有不同意見。有的意見提出，概括式規定能更全面地涵蓋遺產範圍，更能適應市場經濟的發展和社會生活的變化，也是世界各國的普遍做法。有的建議詳細列明遺產的範圍包括，動產、不動產、建設用地使用權、財產性債權、知識產權中的財產權益、有價證券、股權和其他投資性權利、網絡虛擬財產以及其他合法財產和財產性權益。有的意見提出，明確農村宅基地使用權、土地承包經營權、城市公租房、死亡賠償金、冷凍胚胎、債權債務等是否可以繼承。

考慮到在繼承法起草制定時，我國的市場經濟尚未確立，人民群眾擁有的財產有限，私人財產觀念也不強，繼承法列明遺產的範圍在技術上易操作，也有利於提高人民群眾的權利意識。隨着社會主義市場經濟的不斷發展，經濟生活中財產的種類豐富多樣，新的財產類型不斷出現，總則編也規定了各種財產權的種類，沒有必要在繼承編重複列明各種財產類型為遺產的範圍。因此，本條概括規定了遺產的範圍，即遺產是自然人死亡時遺留的個人合法財產。理解遺產的範圍需要從三個方面把握：第一，遺產首先是財產或財產性權益，非財產性權利（人格權、人身權或相關權益）不得作為遺產繼承；第二，遺產必須是合法的財產權，非法的財產權不屬於遺產的範圍；第三，遺產必須是被繼承人個人的財產，非個人財產不屬於遺產的範圍。我國有些財產性權益屬於家庭共有，而非屬於個人。比如，土地承包經營權、宅基地使用權等，根據農村土地承包法、土地管理法的相關規定，獲得土地承包經營權、宅基地使用權的主體是以戶為單位，並不是屬於某個家庭成員。

二、不得繼承的遺產

本條在規定可以繼承的遺產同時，還進一步明確不得繼承的遺產範圍。第 2 款規定，依照法律規定或者根據其性質不得繼承的遺產，不得繼承。原因在於，能被繼承的遺產應當是能夠轉由他人承受的財產，有些個人財產性權益雖然合法，但由於法律上的特殊性質，不宜或者不能由他人承繼，在這種情況下，法律有必要將其排除在可繼承的遺產範圍外。根據本款規定，主要有兩類：第一類是根據其性質不得繼承的遺產，這主要是與被繼承人人身有關的專屬性權利，如被繼承人所簽訂的勞動合同上的權利義務，被繼承人所簽訂的演出合同上的權利義務。第二類是根據法律規定不得繼承的遺產。根據總則編第 8 條的規定，民事主體從事民事活動，不得違反法律，不得違背公序良俗。如果法律有明確規定某些財產不得繼承，繼承人自然不得繼承。

> **第一千一百二十三條　繼承開始後，按照法定繼承辦理；有遺囑的，按照遺囑繼承或者遺贈辦理；有遺贈扶養協議的，按照協議辦理。**

■ 條文主旨

本條是關於法定繼承、遺囑繼承和遺贈、遺贈扶養協議間效力的規定。

■ 條文釋義

一、遺產的處理方式

作為所有權人，每個人都可以按照自己的意願處分自己所有的財產。被繼承人也同樣如此，可以在生前對自己所有的財產提前做安排與處理。根據繼承方式與被繼承人的意思是否有關，繼承可以分為遺囑繼承和法定繼承。遺囑繼承就是根據被繼承人生前所立合法有效的遺囑指定特定繼承人繼承遺囑。法定繼承就是被繼承人未立遺囑或者所立遺囑未處分的部分遺產，根據法律規定由特定範圍的繼承人按照法律規定的順序、份額等繼承。

當然，被繼承人的遺產還可以因被繼承人自己生前的意思而由繼承人以外的人取得，有兩種方式：第一種是遺贈，即被繼承人在遺囑中明確自己死後將遺產的全部或者部分贈與某人；第二種是遺贈扶養協議，遺贈扶養協議是我國特有的一種遺產處理方式，是自然人與繼承人以外的組織或者個人簽訂協議，由該組織或者個人負責自然人的生養死葬，並在該自然人死後獲贈其遺產。

因此，被繼承人可以通過不同的方式處理自己的遺產，既可以在生前立遺囑處分自己的遺產，也可以與他人簽訂協議處分自己的遺產，還可以不做任何意思表示而根據法律規定處理遺產。

二、法定繼承、遺囑繼承或者遺贈、遺贈扶養協議間的效力

本條規定，繼承開始後，按照法定繼承辦理；有遺囑的，按照遺囑繼承或者遺贈辦理；有遺贈扶養協議的，按照協議辦理。

首先，繼承開始後，按照法定繼承辦理。在通常情況下，如果被繼承人生前沒有留有有效的遺囑，繼承開始後，就需要啟動法定繼承制度，根據繼承編所規定的繼承人範圍、順序、遺產分配方法等，確定各繼承人之間所得遺產的數額。這是最為常見的繼承方式。

其次，有遺囑的，按照遺囑繼承或者遺贈辦理。如果被繼承人生前留下了合法有效的遺囑，被繼承人的財產就需要優先根據遺囑的內容來分配。有遺囑的包括兩種情況：第一種就是遺囑指定了特定的繼承人繼承，此時，就需要啟動遺囑繼承程序，按照遺囑的要求來分配遺產；第二種就是被繼承人通過遺囑將遺產贈與繼承人以外的個人或者組織，處理遺產就必須尊重被繼承人的意思。被繼承人的遺囑可能是處理了自己的所有遺產，也可能是處理了部分遺產。不管哪種情況，只要有遺囑，就優先按照遺囑的指示來分配所涉及的部分遺產。法定繼承是在被繼承人意思缺位時，立法按照男女平等、養老育幼、權利義務相一致等公平合理的規則分配被繼承人的遺產。

最後，有遺贈扶養協議的，按照協議辦理。遺贈扶養協議是自然人生前與繼承人以外的個人或者組織簽訂的協議。當事人之間簽訂的協議，雙方當事人都必須遵守。在遺贈扶養協議中，扶養人有負責被扶養人生養死葬的義務，同時享有獲得遺贈的權利；被扶養人生前有權要求扶養人照顧自己，同時也有義務在死亡後將自己的遺產贈與扶養人。從法律性質上講，遺贈扶養協議是一種雙務合同。這種協議體現了被扶養人生前的自主意思，應當尊重，同時這種雙務合同體現了雙方當事人的意思，理應比僅體現一方意思的遺囑效力優先。因此，在自然人生前與他人簽訂了遺贈扶養協議時，應當依遺贈扶養協議優先處理所涉遺產。由於雙方當事人可以事先約定扶養人受遺贈的財產範圍，超過此範圍的遺產，如果被扶養人立有遺囑，則應當按照遺囑處理。如果沒有遺囑，則應當按照法定繼承辦理。需要注意的是，如果對於同一財產，遺贈扶養協議和遺贈都涉及時，應當優先按照遺贈扶養協議處理。

第一千一百二十四條　繼承開始後，繼承人放棄繼承的，應當在遺產處理前，以書面形式作出放棄繼承的表示；沒有表示的，視為接受繼承。

受遺贈人應當在知道受遺贈後六十日內，作出接受或者放棄受遺贈的表示；到期沒有表示的，視為放棄受遺贈。

■ 條文主旨

本條是關於繼承、受遺贈的接受與放棄的規定。

■ 條文釋義

一、繼承的放棄與接受

向遺產管理人作出放棄繼承就是繼承人作出不接受繼承、不參與遺產分割的意思表示。放棄繼承的繼承人既可以是遺囑繼承人，也可以是法定繼承人。放棄繼承的意思表示可以是繼承人本人作出，也可以通過其代理人作出。繼承權是繼承人依法享有的一種權利，繼承人可以放棄，也可以不放棄，應當尊重繼承人的內心意思，任何人不得脅迫、欺詐他人放棄繼承。

根據本條第 1 款的規定，放棄繼承必須在特定時間作出，即繼承開始後，遺產處理前。繼承人放棄繼承必須此時間段作出，既不能在繼承尚未開始前放棄，也不能在遺產分割之後放棄。本法第 1121 條第 1 款規定，繼承從被繼承人死亡時開始。因此，放棄繼承必須在被繼承人死亡後放棄。如果繼承人尚未死亡，被繼承人就作出放棄繼承的意思表示，這種放棄是無效的。放棄必須在遺產處理前作出，在遺產處理之後，遺產的所有權已經轉移給繼承人，此時繼承人放棄的不是繼承，而是所繼承遺產的所有權。

繼承人放棄繼承，必須以書面方式作出。一方面，放棄繼承意味着繼承人不參與遺產分割，是對自己權利的重大處分，要求繼承人以書面方式作出，也可以讓繼承人三思而行，謹慎作出。另一方面，放棄繼承後，繼承人不再參與遺產分割，其他繼承人將可以獲得更多的遺產份額，為了避免當事人之間就遺產分割發生爭議，以書面方式作出，更有利於保留證據。繼承人放棄繼承的書面意思表示，可以向遺產管理人作出，也可以在涉遺產的訴訟中向人民法院作出，也可以向其他繼承人作出。

放棄繼承必須以明示方式作出，不得以默示方式作出。根據本款規定，繼承人在繼承開始後，遺產處理前，對是否接受繼承沒有表示的，視為接受繼承。這與大多數國家的立法一樣。

繼承人放棄繼承後，其即不參與遺產分配。如果是遺囑繼承的繼承人放棄繼承，根據第 1154 條第 1 項的規定，所涉遺產即按照法定繼承辦理；如果是法定繼承人放棄繼承，那麼該繼承人本應分得的遺產份額就應由其他繼承人分割。繼承人放棄繼承，放棄的效力溯及繼承開始之時。

二、受遺贈的接受與放棄

本條第 2 款規定，受遺贈人應當在知道受遺贈後 60 日內，作出接受或者放棄受遺贈的表示；到期沒有表示的，視為放棄受遺贈。

作出接受或者放棄受遺贈的期限為 60 日，即從受遺贈人知道受遺贈後的 60 日內作出。在繼承編起草審議過程中，有的意見提出，應適當延長期限，建議修改為 6 個月。考慮到受遺贈人為繼承人以外的人，屬於外人，如果給予過長的時間決定是否接受遺贈，會使得遺產長期處於不確定狀態，且 60 日的期限是從受遺贈人知道之日起算，已經足夠一個人理性人作出判斷。因此，未對此期限作出修改。

接受遺贈必須以明示的方式作出意思表示，受遺贈人在法定期限不作出意思表示的視為放棄。在本編起草審議過程中，有的意見提出，受遺贈人作出接受與放棄的意思表示也應當以書面方式作出，不作出的視為接受遺贈。自然人以遺囑方式作出遺贈雖然是單方行為。但從法律的本質上而言，遺贈行為在某種程度上應當視為一種雙方法律行為，遺贈人作出贈與的意思表示，受遺贈人需要接受，雙方意思達成一致方能成立，遺贈人不得將自己的意思強加給另一方。因此，如果受遺贈人在法定期限內不作任何意思表示，贈與的合意難以形成，法律不宜強迫當事人達成合意，故不宜規定受遺贈人不作出接受表示即視為接受。同時，考慮到接受遺贈屬於行使權利的行為，不宜對當事人要求過高，在形式上法律不宜作硬性規定，只要受遺贈人作出意思表示即可，不必非得以書面方式作出。

> **第一千一百二十五條　繼承人有下列行為之一的，喪失繼承權：**
>
> （一）故意殺害被繼承人；
>
> （二）為爭奪遺產而殺害其他繼承人；
>
> （三）遺棄被繼承人，或者虐待被繼承人情節嚴重；
>
> （四）偽造、篡改、隱匿或者銷毀遺囑，情節嚴重；
>
> （五）以欺詐、脅迫手段迫使或者妨礙被繼承人設立、變更或者撤回遺囑，情節嚴重。
>
> 繼承人有前款第三項至第五項行為，確有悔改表現，被繼承人表示寬恕或者事後在遺囑中將其列為繼承人的，該繼承人不喪失繼承權。
>
> 受遺贈人有本條第一款規定行為的，喪失受遺贈權。

■ 條文主旨

本條是關於繼承權喪失的規定。

■ 條文釋義

繼承權喪失，是指繼承人因對被繼承人或者其他繼承人實施了法律所禁止的行為，而依法被取消繼承被繼承人遺產的資格。繼承權喪失意味着繼承人不再享有獲得被繼承人遺產的權利，繼承人在繼承開始後可以自主決定放棄繼承權，但繼承權喪失是法律規定取消繼承權的情形。

一、喪失繼承權的法定事由

本條第 1 款規定，喪失繼承權的法定事由包括以下五種：

一是故意殺害被繼承人。所謂故意殺害就是故意剝奪他人生命。首先，在主觀上，存在殺人的故意，但不包括過失犯罪，也不包括過失或者因正當防衛致被繼承人死亡。犯罪動機

上，不論繼承人是否為了取得被繼承人的遺產。其次，故意犯罪的對象必須是被繼承人。最後，在客觀上實施了殺害行為。只要繼承人實施了故意殺害被繼承人的犯罪行為，不論犯罪是既遂還是未遂，都將喪失繼承權。

二是為爭奪遺產而殺害其他繼承人。首先，在主觀上，繼承人必須有殺害的故意，且動機為爭奪遺產。其次，在客體上，所侵害的必須是其他繼承人的生命。最後，在客觀上，也是實施了殺害的行為，當然不論這種犯罪行為是否既遂，都構成喪失繼承權的法定事由。

三是遺棄被繼承人，或者虐待被繼承人情節嚴重。本項包括兩種情況：第一種是遺棄被繼承人。需要注意的是，只要行為人實施了遺棄被繼承人的行為，而不論這種行為是否嚴重，即依法失去繼承權。遺棄被繼承人的行為也可能構成犯罪。第二種是虐待被繼承人。如果繼承人虐待被繼承人情節嚴重，則構成喪失繼承權的法定事由。繼承人虐待被繼承人情節是否嚴重，可以從實施虐待行為的時間、手段、後果和社會影響等方面判斷。需要注意的是，實施本項規定的兩種行為的，只要實施了遺棄行為、虐待被繼承人情節嚴重的，就可以認定喪失繼承權，而不需要繼承人必須達到構成遺棄罪和虐待罪的程度。

四是偽造、篡改、隱匿或者銷毀遺囑，情節嚴重。遺囑是遺囑人處分自己遺產的意思表示。自然人有處分自己財產的權利，有遺囑自由。如果遺囑被他人篡改、隱匿或者銷毀，這歪曲了遺囑人的真實意思，偽造遺囑更是如此。因此，為尊重被繼承人的遺願，本項規定偽造、篡改、隱匿或者銷毀遺囑情節嚴重的，也構成喪失繼承權的法定事由。所謂偽造，就是被繼承人未立遺囑，繼承人無中生有地假冒被繼承人所立遺囑。所謂篡改，就是對被繼承人所立的遺囑的部分內容予以修改。所謂隱匿，就是將被繼承人的遺囑予以藏匿，不告知其他繼承人或者遺產管理人。所謂銷毀，就是將被繼承人所立的合法有效的遺囑予以損毀以致滅失。偽造、篡改、隱匿、銷毀遺囑的，都需要情節嚴重方可以成為喪失繼承權的原因。所謂情節嚴重，可以是繼承人通過偽造、篡改、隱匿或者銷毀遺囑的行為侵佔了被繼承人的巨額遺產，也可以是導致其他繼承人未能參與遺產分割以致生活困難等。

五是以欺詐、脅迫手段迫使或者妨礙被繼承人設立、變更或者撤回遺囑，情節嚴重。所謂欺詐，是指繼承人故意欺騙被繼承人，使被繼承人陷入錯誤判斷，並基於此錯誤判斷而立遺囑、變更遺囑內容或者撤回所立遺囑。所謂脅迫，就是繼承人通過威脅、恐嚇等不法手段對被繼承人思想上施加強制，由此使被繼承人產生恐懼心理並基於恐懼心理而立下遺囑、修改遺囑內容或者撤回所立遺囑。不論繼承人是採取欺詐手段，還是通過脅迫手段，只要導致被繼承人的真實意思歪曲，情節嚴重的，就構成喪失繼承權的法定事由。

二、繼承權的恢復

繼承人雖然實施了某些喪失繼承權的行為，但只要被繼承人對其表示寬恕或者在遺囑中仍將其列為繼承人，其喪失的繼承權即可以恢復。繼承權恢復的前提條件是：

第一，繼承人是因為實施了前款第 3 項至第 5 項的行為而喪失繼承權，即繼承人喪失繼承權是因為遺棄被繼承人，虐待被繼承人情節嚴重，偽造、篡改、隱匿或者銷毀遺囑情節嚴重，或者以欺詐、脅迫手段迫使或者妨礙被繼承人設立、變更或者撤回遺囑情節嚴重。只有

因為此三類事由喪失繼承權的，方可以恢復。如果繼承人因為故意殺害被繼承人或者為爭奪遺產殺害其他繼承人而喪失繼承權的，則不論如何是不能再恢復繼承權的。

第二，繼承人確有悔改。所謂確有悔改，就是繼承人在實施上述行為後，從內心認識到自己的錯誤，並積極主動改正。比如，曾經遺棄被繼承人，後醒悟認識自己的錯誤，即承擔起養老育幼、相互扶助的義務，以實際行動贍養、扶養、撫養被繼承人；或者繼承人隱匿了遺囑後，承認錯誤而交出遺囑。認定繼承人是否確有悔改，應該結合其行為及內心的主觀認識來判斷，不能僅僅從表面的行為分析，既要有悔改的外在行為，還要有內在的主觀態度改正。

第三，被繼承人作出了恢復繼承權的意思表示。被繼承人可以通過兩種方式恢復繼承人喪失的繼承權。第一種就是被繼承人表示寬恕，即被繼承人原諒繼承人所犯的錯誤，並予以饒恕。被繼承人寬恕的意思表示既可以是以書面方式作出，也可以是口頭的，只要其有此意思表示即可。寬恕的意思表示可以是向喪失繼承權的繼承人作出，也可以是向其他人作出。第二種就是被繼承人在遺囑中仍將喪失繼承權的繼承人列為繼承人。遺囑的形式不限，只要是合法有效的遺囑即可。在遺囑中列為繼承人，不一定是指定其為遺囑繼承人，也可以是在遺囑中確定繼承人仍可以參與法定繼承的遺產分割。寬恕制度的目的是尊重被繼承人的真實意思。如果繼承人實施了第 1 款後 3 項規定的行為，即便其確有悔改，如果被繼承人未作出恢復繼承權的意思表示，其繼承權仍無法恢復。

三、喪失受遺贈權

本條第 3 款規定，受遺贈人有本條第 1 款規定行為的，喪失受遺贈權。贈與雖然是單方法律行為，受贈人無須有積極的作為義務，但是根據合同法原理，如果受贈人實施了某些不利於贈與人或贈與人近親屬的行為，贈與人是可以撤銷贈與的。遺贈同樣如此，根據本款規定，如果受遺贈人實施了第 1 款的行為的，受遺贈人將喪失受遺贈權。需要注意的是，喪失受遺贈權屬於絕對喪失，受遺贈人一旦實施了第 1 款規定的行為，即永久喪失受遺贈權，不得再恢復。

第二章　法定繼承

本章共七條，規定了繼承權男女平等、法定繼承人的範圍以及順序、代位繼承、盡了主要贍養義務的喪偶兒媳或者喪偶女婿的繼承地位、遺產份額的分配原則、酌給遺產制度、處理繼承問題的精神以及遺產分割方式等內容。

> ## 第一千一百二十六條　繼承權男女平等。

■ 條文主旨

本條是關於繼承權男女平等原則的規定。

■ 條文釋義

新中國成立後，我國婦女地位得到了根本性改變，為實現繼承權男女平等提供了有利的條件，也在客觀上要求法律保護男女平等的繼承權。新中國成立後相繼頒佈的法律也突出了對婦女權益的保護：1950 年頒佈的婚姻法規定了男女權利平等，夫妻之間、父母子女之間有互相繼承遺產的權利。1982 年通過的憲法規定，中華人民共和國婦女在政治的、經濟的、文化的、社會的和家庭的生活等各方面享有同男子平等的權利。1985 年頒佈的繼承法規定，繼承權男女平等。1986 年頒佈的民法通則規定，婦女享有同男子平等的民事權利。1992 年頒佈的婦女權益保障法規定，實行男女平等是國家的基本國策。國家採取必要措施，逐步完善保障婦女權益的各項制度，消除對婦女一切形式的歧視。

在民法典的編纂過程中，有的意見提出，繼承法第 9 條「繼承權男女平等」的規定僅具有宣示意義，建議刪去。考慮到實踐中可能還存在一些重男輕女現象，為了彰顯立法平等保護男女權益的價值導向，發揮法律引導和規範現實生活和司法實踐的作用，民法典繼承編保留了繼承法的規定。

「繼承權男女平等」原則體現在以下幾個方面：

1．繼承權的取得不因自然人的性別不同而不同。婦女同男子享有平等的繼承權，不因婦女的婚姻、工作狀況而有所差別。

2．確定法定繼承人的範圍及繼承順序、繼承份額不因自然人的性別不同而不同。繼承編規定的法定繼承人範圍中，既有男性又有女性。繼承順序不因男女而有差別，在同一親等內，適用於男性的繼承順序同樣適用於女性。在繼承份額上，如果沒有法律規定的多分、少分或者不分遺產的情形，同一順序的繼承人繼承遺產的份額一般應當均等，不能以性別不同

作為劃分遺產多少的依據。

3. 代位繼承不因自然人的性別不同而不同。對於代位繼承，凡適用於男性的繼承，同樣適用於女性；適用於父系的繼承，也同樣適用於母系。

4. 在夫妻財產繼承中，夫妻繼承地位平等，處分所繼承的財產的權利平等。夫妻彼此是對方的第一順位法定繼承人。根據本編規定，夫妻共同所有的財產，除有約定的外，遺產分割時，應當先將共同所有的財產的一半分出為配偶所有，其餘的為被繼承人的遺產。即在沒有另外約定時，夫妻共同財產的一半為被繼承人的遺產，不因性別不同而有所差異。夫妻一方死亡後另一方再婚的，有權處分所繼承的財產，任何組織或者個人不得干涉。

第一千一百二十七條　遺產按照下列順序繼承：

（一）第一順序：配偶、子女、父母；

（二）第二順序：兄弟姐妹、祖父母、外祖父母。

繼承開始後，由第一順序繼承人繼承，第二順序繼承人不繼承；沒有第一順序繼承人繼承的，由第二順序繼承人繼承。

本編所稱子女，包括婚生子女、非婚生子女、養子女和有扶養關係的繼子女。

本編所稱父母，包括生父母、養父母和有扶養關係的繼父母。

本編所稱兄弟姐妹，包括同父母的兄弟姐妹、同父異母或者同母異父的兄弟姐妹、養兄弟姐妹、有扶養關係的繼兄弟姐妹。

■ 條文主旨

本條是關於法定繼承人範圍及繼承順序的規定。

■ 條文釋義

法定繼承，是指繼承人範圍、繼承順序、繼承份額等均由法律直接規定的繼承方式。法定繼承與遺囑繼承是繼承制度中的兩種繼承方式，在沒有遺贈扶養協議又沒有遺囑的情況下，被繼承人的遺產按照法定繼承處理。法定繼承有以下特徵：一是具有身份性，法定繼承人的範圍是基於一定的身份關係而確定，一般以血緣、婚姻關係為基礎；二是具有法定性，法定繼承中有關繼承人的範圍、繼承順序等的規定具有強行性，不得由當事人變更。法定繼承人範圍及繼承順序是法定繼承的重要內容，本條基本保留了繼承法第 10 條的規定，對法定繼承人的範圍和繼承順序作了規定。

一、關於法定繼承人的範圍

法定繼承人的範圍，是指應當賦予哪些人以法定繼承權從而使其依法定繼承方式繼承被繼承人的遺產。對於法定繼承人的範圍，各國一般都以婚姻和血緣關係為基礎，但是具體範

圍寬窄不一。根據本條規定，我國法定繼承人的範圍包括：配偶、子女、父母、兄弟姐妹、祖父母、外祖父母，根據本法第 1129 條的規定，對公婆盡了主要贍養義務的喪偶兒媳和對岳父母盡了主要贍養義務的喪偶女婿也是法定繼承人。

二、關於法定繼承的順序

法定繼承的順序，是指法律規定的法定繼承人繼承遺產的先後次序。由於法定繼承人通常為多人，法律需要明確法定繼承人之間應當優先取得繼承的人選。一般而言，被繼承人與繼承人之間血緣關係的遠近及共同生活關係的密切程度是各國法律確定法定繼承順序的主要依據。法定繼承順序具有優先性和排他性，只有在沒有前一順序的繼承人繼承時，後一順序的繼承人才能繼承遺產。

根據本條規定，在繼承開始後，由被繼承人的配偶、子女、父母繼承，只要被繼承人的第一順序繼承人中有至少一人繼承遺產的，第二順序繼承人就不能繼承。在第一順序繼承人中，子女的繼承還具有特殊性，如果子女先於被繼承人死亡，根據代位繼承制度，子女的直系晚輩血親可以代位繼承。在這種情況下，視為第一順序繼承人繼承，第二順序繼承人不能繼承。在沒有第一順序繼承人繼承時，由第二順序繼承人繼承。「沒有第一順序繼承人繼承」包括第一順序繼承人不存在、死亡、喪失繼承權、放棄繼承等，且不存在適用代位繼承的情形的，才由第二順序繼承人繼承。

三、對子女、父母和兄弟姐妹的界定

婚姻家庭編從權利義務關係的角度對父母子女關係和其他近親屬關係作了規定。由於在法定繼承需要明確哪些人可以繼承遺產，因此，需要對子女、父母和兄弟姐妹的具體範圍作出界定，繼承編規定的子女、父母和兄弟姐妹的範圍有其特殊性，因此，這些界定子女、父母和兄弟姐妹的範圍的規定只適用於因繼承產生的民事關係中。

1. 子女。本條第 3 款規定：「本編所稱子女，包括婚生子女、非婚生子女、養子女和有扶養關係的繼子女。」

各國都規定子女為第一順序繼承人，但是各國對子女範圍的界定有所不同。一般而言，子女既包括親生子女，也包括非親生子女。親生子女包括婚生子女與非婚生子女，非親生子女包括養子女和繼子女。出於對子女權利平等原則的遵循，現代國家一般都規定了婚生子女、非婚生子女和養子女都享有平等的繼承權。對於繼子女而言，一些國家認為繼子女與繼父母之間互不享有繼承權。

在我國，對於非婚生子女，婚姻家庭編規定，非婚生子女享有與婚生子女同等的權利，任何組織或者個人不得加以危害和歧視。對於養子女，婚姻家庭編規定，自收養關係成立之日起，養父母與養子女間的權利義務關係，適用本法關於父母子女關係的規定。對於繼子女，婚姻家庭編規定，繼父或者繼母和受其撫養教育的繼子女間的權利義務關係，適用本法關於父母子女關係的規定。根據婚姻家庭編的上述規定可以得出，非婚生子女與其生父母、養子女與其養父母、受繼父或者繼母撫養教育的繼子女與其繼父母的權利義務關係與婚生子女與其父母的權利義務關係沒有區別，根據本法父母和子女有相互繼承遺產的權利的規定，

非婚生子女、養子女、受繼父或者繼母撫養教育的繼子女可以繼承其生父母、養父母和繼父母的遺產。需要說明的是，繼承編界定的子女的範圍，要比婚姻家庭編的規定寬泛，因為繼承編的規定為「有扶養關係的繼子女」，這既包括繼子女受繼父母撫養的情形，也包括繼子女贍養繼父母的情形。如果一個繼子女在未成年時期並未受其繼父母的撫養，但是其對繼父母進行了贍養，雖然按照婚姻家庭編的規定該繼子女與繼父母之間不適用父母子女之間的權利義務關係的規定，但是按照繼承編的規定，該繼子女可以被認定為其繼父母的子女，具有第一順序繼承人的地位，這符合權利義務相一致的原則。

2. 父母。本條第 4 款規定：「本編所稱父母，包括生父母、養父母和有扶養關係的繼父母。」

婚姻家庭編規定父母和子女有相互繼承遺產的權利，子女有權繼承父母的遺產，父母也有權繼承子女的遺產。根據婚姻家庭編的規定，生父母與其非婚生子女、養父母與其養子女、繼父母與受其撫養教育的繼子女的權利義務關係適用父母子女關係的規定。需要說明的是，繼承編界定的父母的範圍，要比婚姻家庭編的規定寬泛，因為繼承編的規定為「有扶養關係的繼父母」，這既包括繼父母撫養繼子女的情形，也包括繼父母被繼子女贍養的情形。前一種情形根據婚姻家庭編可以適用父母子女關係的規定，後一種情形中如果繼子女在未成年時期並未受到繼父母的撫養，但其仍贍養繼父母的，按照婚姻家庭編該繼父母與繼子女之間不適用父母子女之間的權利義務關係，但是按照繼承編的規定，該繼父母可以被認定為其繼子女的父母，具有第一順序繼承人的地位。這主要是考慮到與被繼承人形成扶養關係的繼父母，彼此間有較多的感情和金錢投入，在被繼承人死亡後，扶養將無法進行，留有一定的遺產繼續對其繼父母進行扶養也符合被繼承人的意願。

3. 兄弟姐妹。本條第 5 款規定：「本編所稱兄弟姐妹，包括同父母的兄弟姐妹、同父異母或者同母異父的兄弟姐妹、養兄弟姐妹、有扶養關係的繼兄弟姐妹。」

兄弟姐妹是被繼承人最近的旁系血親。對於同父異母或者同母異父的兄弟姐妹，大多數國家規定其與同父母的兄弟姐妹繼承順序相同、繼承份額也相同，但也有一些國家的立法例規定其繼承順序後於同父母的兄弟姐妹，或者是雖處於同一繼承順序，但繼承份額與同父母的兄弟姐妹不同。對於養兄弟姐妹，因收養關係的成立產生法律擬製的血緣關係，親生子女與養子女以及養子女之間，也是兄弟姐妹。對於繼兄弟姐妹，現代國家大多不承認相互之間的繼承權。本編承認「有扶養關係的繼兄弟姐妹」享有繼承權，這既包括受被繼承人生前扶養的繼兄弟姐妹，也包括扶養被繼承人的繼兄弟姐妹。

> **第一千一百二十八條**　被繼承人的子女先於被繼承人死亡的，由被繼承人的子女的直系晚輩血親代位繼承。
>
> 　　被繼承人的兄弟姐妹先於被繼承人死亡的，由被繼承人的兄弟姐妹的子女代位繼承。
>
> 　　代位繼承人一般只能繼承被代位繼承人有權繼承的遺產份額。

■ 條文主旨

本條是關於代位繼承的規定。

■ 條文釋義

繼承法第 11 條規定了代位繼承制度，即被繼承人的子女先於被繼承人死亡的，由被繼承人的子女的晚輩直系血親代位繼承。代位繼承人一般只能繼承他的父親或者母親有權繼承的遺產份額。民法典繼承編在繼承法第 11 條的基礎上作了修改完善。繼承法規定的代位繼承制度中，被代位繼承人僅限於被繼承人的子女，代位繼承人僅限於被繼承人子女的直系晚輩血親。雖然該規定保障了遺產向被繼承人的直系晚輩血親流轉，但是考慮到一些意見認為我國法定繼承人的範圍狹窄，不利於遺產的流轉，容易導致遺產因無人繼承而收歸國家或者集體所有，因此，有必要擴大被代位繼承人的範圍。但是，也不能無限制地擴大被代位繼承人的範圍，否則容易使遺產過多地向較遠的旁系擴散。一般來說，兄弟姐妹是被繼承人血緣關係最近的旁系血親，兄弟姐妹具有深厚的情感基礎，在一定情況下還能盡扶養扶助義務，而兄弟姐妹的子女即被繼承人的姪子女、甥子女，與被繼承人在血緣和情感上有較為緊密的聯繫，讓姪子女、甥子女繼承遺產符合遺產向晚輩流傳的原則，也符合民間傳統上繼承遺產的習慣。可以通過賦予姪子女、甥子女代位繼承的權利間接起到擴大法定繼承人範圍的效果。為此，在編纂民法典繼承編的過程中，擴大了被代位繼承人的範圍，被繼承人的兄弟姐妹也可作為被代位繼承人，在其先於被繼承人死亡時，其子女可以代位繼承。

代位繼承制度是法定繼承中的一項重要制度，對於保障遺產在各支系中合理分配、發揮遺產育幼功能等方面具有重大作用。代位繼承也被稱為「間接繼承」，指具有法定繼承權的人因主客觀原因不能繼承時，由其直系晚輩血親按照該繼承人的繼承地位和順序，繼承被繼承人遺產的制度。在代位繼承中，具有法定繼承權的人稱為被代位繼承人；按照被代位繼承人的地位和順序繼承遺產的人稱為代位繼承人。關於代位繼承的法律性質，存在兩種學說：一種是代表權說，一種是固有權說。代表權說認為，代位繼承是代位繼承人代表被代位繼承人參加繼承，行使被代位繼承人的權利，取得被代位繼承人應當繼承的遺產份額。因此，代位繼承權是基於被代位繼承人享有的繼承權而派生的權利，在被代位繼承人喪失或者放棄繼承權的情況下，不能由他人代位繼承。固有權說認為，代位繼承權是法律賦予代位繼承人的固有權利，並不是基於被代位繼承人的繼承權而繼承。因此，只要被代位繼承人不能繼承，代位繼承人就可以代位繼承。

根據本條規定，我國的代位繼承制度有以下主要特徵：

一、代位繼承的發生原因為被代位繼承人先於被繼承人死亡

本法規定的代位繼承的發生原因為被代位繼承人先於被繼承人死亡，主要有兩種情況：一種是被繼承人的子女先於被繼承人死亡；另一種是被繼承人的兄弟姐妹先於被繼承人死亡。在這裏，死亡既包括自然死亡也包括宣告死亡。

對於代位繼承的發生原因，主要有三種立法例：一是僅以被代位繼承人先於被繼承人死亡為代位繼承發生的唯一原因；二是以被代位繼承人先於被繼承人死亡或者喪失繼承權為發生代位繼承的原因；三是以被代位繼承人先於被繼承人死亡、喪失繼承權或者放棄繼承為發生代位繼承的原因。

在民法典繼承編的編纂過程中，一些意見認為，繼承法規定的代位繼承的發生原因種類單一，建議增加繼承人喪失繼承權和放棄繼承作為代位繼承發生的原因。

我們研究認為，在確定代位繼承的發生原因時，要綜合考慮被繼承人的意願、遺產應發揮的功能、公序良俗等多方面的因素，允許繼承人在喪失繼承權時可以由其直系晚輩血親代位繼承，違背喪失繼承權制度的目的，容易引發道德風險，也不符合公平正義。對於喪失繼承權的繼承人的直系晚輩血親，可以通過酌分遺產請求權以及被繼承人立遺囑的方式，分給其一定的遺產。為此，繼承編沒有將繼承人喪失繼承權作為代位繼承的發生原因。對於繼承人放棄繼承的，並不是客觀上不能行使繼承權，而是對自己權利的一種處分，法律應當尊重當事人的選擇。如果允許代位繼承，可能違背繼承人的意願，也容易產生糾紛。為此，本法也沒有將繼承人放棄繼承作為代位繼承發生的原因。

二、被代位繼承人為被繼承人的子女或者兄弟姐妹

本法規定的被代位繼承人的範圍為被繼承人的子女或者兄弟姐妹。根據本法第 1127 條的規定，子女包括婚生子女、非婚生子女、養子女和有扶養關係的繼子女，兄弟姐妹包括同父母的兄弟姐妹、同父異母或者同母異父的兄弟姐妹、養兄弟姐妹、有扶養關係的繼兄弟姐妹。

三、代位繼承人為被繼承人的子女的直系晚輩血親或者被繼承人的兄弟姐妹的子女

本法規定的代位繼承人的範圍為被繼承人的子女的直系晚輩血親或者被繼承人的兄弟姐妹的子女。需要注意的是：一是被繼承人的子女的代位繼承人與被繼承人的兄弟姐妹的代位繼承人的親等限制有所不同。被繼承人子女的代位繼承人為其直系晚輩血親，不受輩份的限制，但是在代位繼承時以輩份大者優先。被繼承人的兄弟姐妹的代位繼承人僅限於其子女，這主要是由於兄弟姐妹屬於旁系血親，如果將旁系血親的代位繼承人的範圍規定得過於寬泛，就會使與被繼承人沒有太多血緣以及情感聯繫的人取得遺產，因此，要對旁系血親的代位繼承人採取限制。二是代位繼承人要根據被代位繼承人的地位和順序繼承遺產。被繼承人的子女為第一順序繼承人，因此，被繼承人的子女的直系晚輩血親在代位繼承時是以第一順序繼承人的身份參與繼承。被繼承人的兄弟姐妹為第二順序繼承人，被繼承人的兄弟姐妹的子女在代位繼承時是以第二順序繼承人的身份參與繼承，只有在沒有第一順序繼承人繼承，

也沒有被繼承人的子女的直系晚輩血親代位繼承時，才能根據法律規定代位繼承。

四、代位繼承的份額一般為被代位繼承人有權繼承的遺產份額

代位繼承的份額是指代位繼承人通過代位繼承的方式能夠取得的遺產份額。本法規定代位繼承人一般只能繼承被代位繼承人有權繼承的遺產份額，即被代位繼承人如果健在時能繼承多少份額，代位繼承人也一般只能繼承多少份額。代位繼承人只能繼承被代位繼承人有權繼承的遺產份額為一般原則，在存在法律規定的多分、少分或者不分等情形時，其繼承遺產的份額可能會有所變化，因此本法規定「代位繼承人一般只能繼承被代位繼承人有權繼承的遺產份額」。

第一千一百二十九條　喪偶兒媳對公婆，喪偶女婿對岳父母，盡了主要贍養義務的，作為第一順序繼承人。

■ 條文主旨

本條是關於盡了主要贍養義務的喪偶兒媳、喪偶女婿的繼承地位的規定。

■ 條文釋義

繼承法第 12 條規定，喪偶兒媳對公、婆，喪偶女婿對岳父、岳母，盡了主要贍養義務的，作為第一順序繼承人。

在民法典繼承編的編纂過程中，對於這一規定爭議較大，主要有三種意見：

有的意見認為，應當取消這一規定。法定繼承人一般為配偶和有血緣關係的親屬，兒媳與公婆、女婿與岳父母是姻親關係，姻親不應當屬於法定繼承人。並且無論喪偶與否，兒媳對公婆、女婿對岳父母在法律上都無贍養義務，通過立法來規範本屬於道德範疇的問題不科學。在被繼承人沒有負有法定義務的贍養人時，被繼承人生前的贍養可以通過遺贈扶養協議等途徑解決。喪偶兒媳和喪偶女婿基於此條規定成為法定繼承人，同時他們的子女可以根據代位繼承的規定參與繼承，這樣，喪偶一方就可以取得兩份遺產，對被繼承人的其他子女有失公平。對喪偶兒媳、喪偶女婿，可以通過酌情分給適當遺產的方式解決。

有的意見認為，這一規定應當予以保留。繼承法的這一規定在實踐中效果很好，廣受好評，不能因為其他國家沒有規定就加以廢棄。喪偶兒媳、喪偶女婿要成為法定繼承人，是有嚴格的條件限制的，一是在時間上，要對公婆或者岳父母有長期性、經常性的贍養，直至其身故；二是在程度上，這種贍養是公婆或者岳父母的主要生活支柱。滿足這兩個要求的喪偶兒媳、喪偶女婿作為第一順序繼承人參加繼承，完全合情合理。如果兒媳、女婿在喪偶的情況下不僅承擔起養育子女的責任，還對被繼承人盡了主要贍養義務，而被繼承人的其他子女卻只承擔了次要贍養義務甚至不盡贍養義務，那麼在財產繼承時有所差別也符合公平原則。

有的意見認為，繼承法的這一規定雖不盡合理，但為了達到贍養老人、淳化社會風俗的目的，又確有保留的必要，可以作一定修改，建議修改為：喪偶兒媳對公、婆，喪偶女婿對岳父、岳母，盡了主要贍養義務，沒有代位繼承人的，作為第一順序繼承人；有代位繼承人的，可以分給他們適當的遺產。

我們研究認為，法定繼承人一般與被繼承人存在血親、婚姻關係，繼承法除了高度重視這兩種關係外，還高度重視扶養關係在繼承中所起的作用。盡了主要贍養義務的喪偶兒媳和喪偶女婿可以作為第一順序繼承人參與繼承，這被認為是我國法定繼承制度中的一個重要特色，符合社會主義核心價值觀，符合中華民族傳統家庭美德和公序良俗，有利於弘揚優良家風，促進家庭內部互助友愛、團結和睦，使老年人能夠老有所養。同時，這一規定也充分符合權利義務相一致的原則。在相關的調研活動中，基層群眾普遍認為這一規定在實踐中效果很好，具有倡導性作用，應當堅持。為此，民法典繼承編對繼承法中關於盡了主要贍養義務的喪偶兒媳、喪偶女婿的繼承地位的規定予以了保留。

根據本條規定，對公婆盡了主要贍養義務的喪偶兒媳和對岳父母盡了主要贍養義務的喪偶女婿，屬於法定繼承人，並且為第一順序繼承人。是否盡了主要贍養義務，需要結合相關因素判斷：一是在時間上，要對公婆或者岳父母有長期性、經常性的贍養，直至其身故；二是在程度上，這種贍養是公婆或者岳父母的主要生活支柱。

第一千一百三十條　同一順序繼承人繼承遺產的份額，一般應當均等。

對生活有特殊困難又缺乏勞動能力的繼承人，分配遺產時，應當予以照顧。

對被繼承人盡了主要扶養義務或者與被繼承人共同生活的繼承人，分配遺產時，可以多分。

有扶養能力和有扶養條件的繼承人，不盡扶養義務的，分配遺產時，應當不分或者少分。

繼承人協商同意的，也可以不均等。

■ 條文主旨

本條是關於法定繼承中遺產份額的分配原則的規定。

■ 條文釋義

繼承法在規定繼承人應當取得的遺產份額時未區分血親繼承人和配偶繼承人，繼承法第13條第1款規定：「同一順序繼承人繼承遺產的份額，一般應當均等。」第13條第2款至第5款規定了在某些特殊的情況下，同一順序繼承人繼承遺產的份額可以不均等。

在民法典的編纂過程中，對於繼承法規定的法定繼承中遺產份額的分配原則大多持肯定

意見，認為這一規定基於繼承權平等的原則，規定繼承份額原則上應當均等，同時在具體分配遺產時，考慮到那些特別需要遺產的人以及對被繼承人所盡義務較多的人，防止了絕對平均主義，體現出真正的公平保護。堅持了原則性和靈活性的結合，既符合我國的實際情況，又符合被繼承人的願望，有利於發揚中華民族的優良傳統，促進家庭和睦團結。為此，民法典繼承編沿襲了繼承法第 13 條關於法定繼承中遺產份額的分配原則。

當繼承遺產的法定繼承人只有一人，就由該法定繼承人繼承全部遺產，不會發生遺產份額的分配問題。但是如果存在多個同一順序的法定繼承人，就應當確定多個法定繼承人之間所應繼承的遺產份額，這就涉及法定繼承中遺產份額的分配問題，即法定應繼份制度。法定應繼份額，是指多個法定繼承人在繼承過程中依法分配遺產時，法律規定其應當取得的遺產份額。根據本條規定，對於法定繼承中遺產份額的分配應當遵循以下原則：

一、一般情況下同一順序繼承人繼承遺產的份額應當均等

本條第 1 款為法定繼承中分配遺產份額應當遵循的一般原則，即遺產按照同一順序繼承人的人數平均分配，各繼承人取得的遺產份額均等，不因其他因素而有所不同。同一順序的繼承人之間繼承權是平等的，不應有所差異，繼承遺產的份額均等是對繼承權平等原則的體現。

二、特殊情況下同一順序繼承人繼承遺產的份額可以不均等

本條第 2 款至第 5 款規定了在某些特殊的情況下，同一順序繼承人繼承遺產的份額可以不均等，主要有以下四種情況：

1. 對生活有特殊困難的缺乏勞動能力的繼承人，分配遺產時，應當予以照顧。這一規定體現出遺產在被繼承人死亡後起到繼續扶養繼承人的功能，同時也體現了我國家庭成員之間團結互助的優良傳統。應當予以照顧的繼承人必須同時滿足以下兩個條件：一是生活有特殊困難，而不是有一般困難，例如，繼承人生活上沒有獨立的經濟來源或者經濟收入難以維持當地最低生活水平而導致生活有特殊困難；二是缺乏勞動能力，根本無法通過參加勞動改變生活困難的局面。對於生活有特殊困難的缺乏勞動能力的繼承人，在分配遺產時，本法規定「應當予以照顧」，這實際上也為其他繼承人在分配遺產時施加了對該繼承人予以照顧的義務。

2. 對被繼承人盡了主要扶養義務或者與被繼承人共同生活的繼承人，分配遺產時，可以多分。對被繼承人盡了主要扶養義務的繼承人是指對被繼承人在經濟上提供主要來源或者在生活上給予主要照顧的繼承人，在遺產分配時給予這類繼承人適當傾斜，有利於鼓勵尊老育幼，也符合權利義務相一致原則。與被繼承人共同生活的繼承人，相較其他繼承人而言，與被繼承人在經濟上、生活上、情感上存在更為密切的關係，因此，也可以多分遺產，這一般也符合被繼承人的意願。

3. 有扶養能力和有扶養條件的繼承人，不盡扶養義務的，分配遺產時，應當不分或者少分。對於這類繼承人不分或者少分遺產必須符合以下兩個條件：一是繼承人有扶養能力和扶養條件。如果繼承人自身無生活來源或者缺乏勞動能力等，根本不具備扶養被繼承人的能力

和條件，則不屬於應當不分或者少分遺產的情形。二是繼承人不盡扶養義務。繼承人是否盡到了扶養義務一般是從客觀上來判斷，但是實踐中也存在繼承人有扶養能力和扶養條件，願意盡扶養義務，但是被繼承人因有固定收入和勞動能力，明確表示不要求其扶養的情形。在這種情況下，儘管繼承人客觀上並沒有扶養被繼承人，但是在分配遺產時，一般不應當以此為依據對該繼承人不分或者少分遺產。如果被繼承人生前需要繼承人扶養，繼承人有扶養能力和扶養條件卻不盡扶養義務的，不僅違反公序良俗原則，而且還違反法律的規定，情節嚴重的甚至構成刑事犯罪，對這部分繼承人，應當不分或者少分遺產，情節嚴重的還應當喪失繼承權。

4. 繼承人協商同意的，也可以不均等。法定繼承人之間本着互諒互讓、和睦團結的精神，可以協商分配被繼承人的遺產。本法充分尊重當事人之間的意思自治。各法定繼承人經協商一致，同意不均分遺產的，繼承份額也可以不均等。

> **第一千一百三十一條**　對繼承人以外的依靠被繼承人扶養的人，或者繼承人以外的對被繼承人扶養較多的人，可以分給適當的遺產。

■ 條文主旨

本條是關於對繼承人以外的與被繼承人之間具有扶養關係的人分給適當遺產的規定。

■ 條文釋義

法定繼承制度具有身份性特徵，一般將被繼承人的遺產分配給與被繼承人具有血緣關係、婚姻關係的人。然而，如果將繼承活動僅僅限定在有一定的血緣關係、婚姻關係的人之間，有時可能會不公平，特別是如果與被繼承人形成扶養關係的人並不屬於繼承人，即使其與被繼承人有非常密切的經濟、生活和情感上的聯繫，在被繼承人沒有訂立遺囑的情況下，不能繼承任何遺產。為了避免上述不公平，一些國家的立法例規定了繼承人之外的人，特別是與被繼承人形成扶養關係的人可以在一定條件下分得適當的遺產。一些學者將這種制度稱之為酌給遺產制度。

繼承法第 14 條規定，對繼承人以外的依靠被繼承人扶養的缺乏勞動能力又沒有生活來源的人，或者繼承人以外的對被繼承人扶養較多的人，可以分給他們適當的遺產。在民法典的編纂過程中，多數意見認為對繼承人以外的與被繼承人之間具有扶養關係的人分給適當遺產的制度具有重要的意義和價值，應當予以保留。為此，民法典繼承編規定：「對繼承人以外的依靠被繼承人扶養的人，或者繼承人以外的對被繼承人扶養較多的人，可以分給適當的遺產。」

在民法典的編纂過程中，有的意見提出，應當對扶養關係的程度作出規定，以在一定時

間內持續性扶養作為判斷是否具有扶養關係的標準。我們研究認為，實踐中互相扶養的情況複雜，時間和程度也不一，無法進行量化，如果規定一個統一的時間作為判斷是否具有扶養關係的標準，會造成司法的機械化，為此繼承編沒有對扶養關係的成立規定統一時限，而是交由個案具體判斷。

還有一些意見提出，繼承法對依靠被繼承人扶養的繼承人以外的人分給適當遺產條件嚴苛，要求既缺乏勞動能力又沒有生活來源，這實質上排除了大部分受被繼承人扶養的人分得適當遺產的機會。我們研究認為，繼承法要求受被繼承人扶養的繼承人以外的人「缺乏勞動能力又沒有生活來源」才可以分得適當遺產，「缺乏勞動能力」指因智力或者身體未發育完全、年老等不具有勞動能力，或者因疾病、傷殘等完全喪失或者部分喪失勞動能力的情況，「沒有生活來源」指沒有收入或者經濟來源。以我國目前的社會保障情況來看，完全沒有生活來源的人已經很少出現。如果嚴格按照繼承法規定的條件確定可以適當分得遺產的人，可能會使很多受被繼承人扶養的繼承人以外的人不能分得任何遺產，使一些雖然有勞動能力但因其他原因導致生活來源較少的被扶養人以及雖然有一些生活來源但無勞動能力的被扶養人在被繼承人死亡後生活水平大幅下降，這也不符合被繼承人的意願。為此，民法典繼承編刪去了繼承法規定的依靠被繼承人扶養的繼承人以外的人分得適當遺產須符合「缺乏勞動能力又沒有生活來源」這一條件。對於繼承人以外的扶養被繼承人的人分給適當遺產的條件還是沿襲了繼承法的規定，即須為「對被繼承人扶養較多的人」。

對於本條，要從以下幾個方面進行理解：

一、可以分給適當遺產的人為繼承人以外的人

本條的宗旨即在於創造一種新的遺產取得方式，使繼承人以外的其他人基於正義、扶助的理念獲得一定數量的遺產，因此，可以分給適當遺產的人為繼承人以外的人。

二、可以分給適當遺產的條件為繼承人以外的人與被繼承人之間具有扶養關係

不是繼承人的人，只要其與被繼承人之間具有扶養關係，可以依據本條分得適當的遺產。與被繼承人之間具有扶養關係，既包括依靠被繼承人扶養的情形，也包括對被繼承人扶養較多的情形。在這裏，「扶養」指經濟來源的提供、勞務幫助等方面的扶助，包括扶養、撫養、贍養三種類型。

三、可以分給適當遺產的份額不具有確定性

本條規定，對於與被繼承人之間具有扶養關係的繼承人以外的人，可以分給適當的遺產，沒有對可以分得遺產份額的數額作明確規定。這主要是考慮到實踐中情況複雜，無法規定統一的標準，在分配遺產時，對於被繼承人以外的人，可以綜合考慮其與被繼承人之間扶養關係的程度、遺產數額以及法定繼承人的具體情況等因素，由當事人之間協商確定或者由法院確定適當的遺產份額。

四、可以分給適當遺產的適用情形為遺產按照法定繼承辦理時

本條規定在法定繼承這章，因此，與被繼承人有扶養關係的繼承人以外的人僅在遺產按照法定繼承辦理時可以請求分給適當遺產。如果被繼承人生前以有效的遺囑或者遺贈扶養協

議等處分了其全部遺產,而沒有為與其有扶養關係的繼承人以外的人保留遺產份額,則應尊重被繼承人的意思表示,不能以本條取代被繼承人已明示的有效的意思表示。如果被繼承人立了遺囑或者遺贈扶養協議,但是因存在本法第 1154 條規定的情形導致遺產中的有關部分按照法定繼承辦理的,對於這部分遺產可以適用本條規定。

> **第一千一百三十二條　繼承人應當本着互諒互讓、和睦團結的精神,協商處理繼承問題。遺產分割的時間、辦法和份額,由繼承人協商確定;協商不成的,可以由人民調解委員會調解或者向人民法院提起訴訟。**

■ 條文主旨

本條是關於處理繼承問題的精神和遺產分割方式的規定。

■ 條文釋義

在法定繼承中,如果繼承人為二人以上,就需要在繼承過程中平衡相互之間的利益關係。一般而言,法定繼承人之間具有親屬關係,為了避免繼承人之間因爭奪遺產而傷了和氣甚至反目成仇,影響家庭和睦與社會安定,本法規定繼承人應當以互諒互讓、和睦團結為指導原則協商處理繼承相關的問題,這既是踐行社會主義核心價值觀的要求,也是法律的倡導性規範。

繼承從被繼承人死亡時開始,在法定繼承中,法定繼承人直接取得被繼承人的遺產。當法定繼承人為二人以上時,遺產屬於各個繼承人共同所有。各個繼承人對遺產的共同所有是一種暫時性的共有關係,繼承遺產的目的是將遺產的所有權分配並轉移給各個繼承人。在這一過程中,遺產分割發揮着重要作用。遺產分割是指繼承開始後,依據法律或者按照遺囑在各繼承人之間進行遺產分配的民事法律行為。只有在遺產分割後,各個繼承人才能對所分配的遺產享有實際的佔有、使用、收益和處分的權利。對遺產進行分割時,主要涉及的問題為遺產分割的時間、辦法和份額。

遺產分割的時間,一般由繼承人之間協商確定,既可以在繼承開始後請求分割,也可以約定在一定的期間後或者特定的條件成就時再分割遺產。

遺產分割的辦法,主要有四種辦法,即實物分割、變價分割、折價補償分割、保留共有。實物分割,一般適用於可分物的遺產,即對作為遺產的原物直接進行分割並分配給各個繼承人。變價分割,既可以用於不宜進行原物分割的遺產,也可以用於繼承人均不願意取得該種遺產的情況,此時可以將該遺產變賣後換取變價款,各個繼承人按照應當繼承遺產的份額比例對變價款進行分割。折價補償分割,適用於繼承人中有人願意取得某項不宜進行原物分割的遺產的情況,由該繼承人取得該項遺產的所有權,然後由取得遺產所有權的繼承人按

照其他繼承人應當繼承遺產的份額比例，分別向其他繼承人補償相應的價款。保留共有，適用於遺產不宜進行原物分割，繼承人又均願意取得遺產，或者各個繼承人基於某種目的，願意保持共有狀態的情形，此時各個繼承人可以根據其應當繼承遺產的份額比例對遺產享有所有權。對於遺產進行分割時，無論選擇哪種辦法，都應當遵循本法規定的「遺產分割應當有利於生產和生活需要，不損害遺產的效用」的原則。

遺產分割的份額，應當以法律規定的或者當事人協商的各個繼承人應當繼承的遺產份額為依據。在分割遺產時，繼承人應當以本法規定的分配遺產份額的原則為依據協商確定各自應當取得的遺產份額，並以此為基礎分割遺產。

在分割遺產時，除了確定遺產分割的時間、辦法和份額外，還需要注意其他問題，例如，在遺產分割時，應當先分出配偶或者他人的財產、應當保留胎兒的繼承份額、應當清償被繼承人依法應當繳納的稅款和債務等。

在遺產分割時主要有兩種方式：一種為繼承人協商確定的方式；另一種為人民調解委員會調解或者法院裁判的方式。在分割遺產時，由於主要涉及繼承人之間的利益關係，法律鼓勵當事人通過協商的方式確定遺產分割的時間、辦法和份額。如果繼承人之間協商不成的，任一繼承人都可以向人民調解委員會申請調解或者向人民法院提起訴訟，通過調解的方式或者裁判的方式，確定遺產分割的時間、辦法和份額。

第三章　遺囑繼承和遺贈

本章共十二條，對遺囑繼承和遺贈的含義、自書遺囑、代書遺囑、打印遺囑、錄音錄像遺囑、口頭遺囑、公證遺囑、不能作為遺囑見證人的人員、必留份、遺囑的撤回與變更、遺囑的無效、附有義務的遺囑繼承和遺贈等作出了規定。

> **第一千一百三十三條**　自然人可以依照本法規定立遺囑處分個人財產，並可以指定遺囑執行人。
>
> 自然人可以立遺囑將個人財產指定由法定繼承人中的一人或者數人繼承。
>
> 自然人可以立遺囑將個人財產贈與國家、集體或者法定繼承人以外的組織、個人。
>
> 自然人可以依法設立遺囑信託。

■ 條文主旨

本條是關於自然人可以依法立遺囑處分個人財產以及遺囑繼承和遺贈含義的規定。

■ 條文釋義

繼承法第 16 條第 1 款規定，公民可以依照本法規定立遺囑處分個人財產，並可以指定遺囑執行人。本法沿襲了該條款，規定自然人可以依照本法規定立遺囑處分個人財產，並可以指定遺囑執行人，明確了自然人通過立遺囑的方式處分個人財產的權利。

關於遺囑繼承和遺贈，繼承法根據取得遺產的人的身份來區分二者：如果按照遺囑的內容，取得遺產的人為法定繼承人以內的人，則屬於遺囑繼承；如果按照遺囑的內容，取得遺產的人為法定繼承人以外的人，則屬於遺贈。大多數意見認為這種立法例在邏輯上不失嚴謹，較符合我國的實際情況，且已被民眾所熟悉，因此，民法典繼承編沿用了該標準，繼續以取得遺產的人的身份來區分遺囑繼承和遺贈。

在十三屆全國人大三次會議審議民法典草案時，有的意見提出，設立遺囑信託是自然人生前對自己的財產進行安排和處理的一種重要制度，建議在本條增加規定遺囑信託的內容。由於信託法對遺囑信託已經作了規定，遺囑信託應主要適用信託法進行規範，民法典作為民事領域基本法，可以對此作銜接性規定。據此，本條增加規定，自然人可以依法設立遺囑信託。自然人立遺囑處分個人財產，既可以指定某個法定繼承人繼承，也可以遺贈給繼承人以外的組織、個人，還可以依法設立遺囑信託。

立遺囑是指自然人生前依照法律規定預先處分其個人財產，安排與此有關的事務，並於

其死亡後發生效力的單方民事法律行為。自然人死亡後遺留的個人財產，既可以通過法定繼承方式進行分配，也可以按照自然人所立的遺囑內容進行分配，在自然人立有合法有效的遺囑時，優先適用遺囑分配遺產。相較於法定繼承由法律直接規定繼承人的範圍和順序、繼承遺產的份額等，依遺囑處分遺產，可以由自然人自主決定在其死後如何對其個人財產分配與處置，在分配的對象、方式、份額、條件等方面都具有較大的自由度和靈活性，充分體現了對自然人意思自治的尊重以及私有財產權利的保障。

立遺囑的主體為自然人，遺囑的內容為處分個人財產。自然人想要通過立遺囑的方式實現財產在其死後的分配，所立的遺囑必須合法有效。遺囑作為民事法律行為，需要符合總則編民事法律行為有效的條件，還須符合繼承編對其效力的特別規定，如在行為主體方面，無民事行為能力人或者限制民事行為能力人所立的遺囑無效。在意思表示真實方面，遺囑必須表示遺囑人的真實意思，受欺詐、脅迫所立的遺囑無效。遺囑作為死因民事法律行為、單方民事法律行為，為了確保行為人意思表示的真實，法律還對遺囑規定了較為嚴格的形式要件，即只能按照本法規定的自書遺囑、代書遺囑、打印遺囑、錄音錄像遺囑、口頭遺囑、公證遺囑等類型立遺囑，並且須符合相應的形式要求，否則會影響遺囑的效力。此外，遺囑還須為缺乏勞動能力又沒有生活來源的繼承人保留必要的遺產份額。

自然人可以在遺囑中指定遺囑執行人。遺囑執行人是遺囑人指定的負責實現遺囑的財產處分內容的人，主要職責為遺產管理、處理遺囑人的債權債務、按照遺囑內容分割與交付遺產等。遺囑執行人既可以是法定繼承人，也可以是法定繼承人以外的人。在繼承開始後，遺囑執行人即為遺產管理人，適用本法遺產管理人的相關規定。

對於遺囑繼承，本條第 2 款規定，自然人可以立遺囑將個人財產指定由法定繼承人中的一人或者數人繼承。對於遺贈，本條第 3 款規定，自然人可以立遺囑將個人財產贈與國家、集體或者法定繼承人以外的組織、個人。需要注意的是，遺囑可以對遺產取得人以及分配的份額、方式、條件等內容作出規定，這充分體現了遺囑自由的原則。對於遺囑信託，本條第 4 款規定，自然人可以依法設立遺囑信託，遺囑人設立遺囑信託的，應當遵守本法以及信託法等其他法律的有關規定。

第一千一百三十四條　自書遺囑由遺囑人親筆書寫，簽名，註明年、月、日。

■ 條文主旨

本條是關於自書遺囑的規定。

■ 條文釋義

繼承法在第 17 條規定了五種遺囑的形式，即公證遺囑、自書遺囑、代書遺囑、錄音遺

囑和口頭遺囑。在民法典的立法過程中,一些意見提出,現階段越來越多的公民選擇通過立遺囑的方式處理自己的個人財產,而隨着信息技術的發展與普及,人們的書寫、記錄方式產生較多改變,應當在繼承法的基礎上增加新的遺囑形式,為人們立遺囑提供更多的形式選擇。隨着遺囑形式的增加,只用一個條文已經難以容納相關規則,建議對各種遺囑形式分條加以規定。繼承編吸收了上述意見,在本法第 1134 條至第 1139 條分條規定了自書遺囑、代書遺囑、打印遺囑、錄音錄像遺囑、口頭遺囑、公證遺囑六種遺囑的形式。

繼承法在第 17 條第 2 款規定:「自書遺囑由遺囑人親筆書寫,簽名,註明年、月、日。」本條保留了繼承法的規定。

在民法典的立法過程中,一些意見建議,應當允許遺囑人在一些情況下用蓋章或者捺指印的方式取代簽名。我們研究認為,印章具有可複製性,並且可以被他人控制、支配。指印雖然具有身份識別上的唯一性,但是在遺囑人無意識、死亡時存在被強按指印的可能性,也可能存在因遺囑人的指紋樣本沒有留存而難以鑒定的情況。在遺囑沒有簽名時,以蓋章或者捺指印來確認遺囑的真實性並不可靠。尤其自書遺囑中,不要求見證人在場見證,如果允許以蓋章或者捺指印的方式取代簽名,可能會增加偽造遺囑的風險。為此,繼承編在遺囑的形式要件中,沒有採納蓋章和捺指印的方式。

還有一些意見提出,如果僅有一份遺囑,即使沒有註明年、月、日,也應當認為有效。也有一些意見認為,遺囑上註明日期對於認定遺囑的真實性和有效性具有重要作用,不宜開口子。基於在遺囑上註明日期的重要性,本法堅持將遺囑人在遺囑上註明年、月、日作為遺囑有效的形式要件,自書遺囑中未註明日期或者所註明的日期不具體的,遺囑不能生效。

遺囑是自然人生前按照法律規定的方式對其個人財產進行預先處分的民事法律行為,遺囑必須是遺囑人真實意思的反映。遺囑雖然是單方民事法律行為,但遺囑人所立的遺囑關係到誰可以取得遺產以及取得遺產的方式、條件、份額等問題,直接影響着遺囑繼承人、受遺贈人、法定繼承人等的切身利益,因此,遺囑必須清楚確切。然而,遺囑又是死因行為,即只有在遺囑人死亡時發生法律效力,當遺囑的真實性和內容產生爭議時,無法探知遺囑人的真實意思。因此,為了保證遺囑的真實性和可靠性,指導當事人正確審慎地設立遺囑,儘量減少糾紛,各國法律基本都對遺囑規定了嚴格的形式要件,強調遺囑應當按照法律規定的方式設立,並分別對其形式要件作了規定。自然人立遺囑時,可以任意選擇法律規定的遺囑形式,但是如果其所立的遺囑不符合法律規定的形式要求,就不能發生法律效力。因此,儘管遺囑的形式不影響遺囑的內容,但是會影響遺囑的效力,當事人在立遺囑時應注重遺囑形式方面的要求。

自書遺囑,是指遺囑人本人將處分遺產的意思表示親自用手寫出來的遺囑。自書遺囑由於是遺囑人本人親筆書寫,意思表示真實、自由並且容易鑒別真偽,因此,形式要求較為簡單,可以隨時設立,不需要有見證人在場見證,設立過程私密,是最簡便易行的遺囑形式。自書遺囑要有效成立,在形式上需要符合以下三個方面的要求:

1. 遺囑人必須親筆書寫。自書遺囑必須由遺囑人親筆書寫遺囑的全部內容。親筆書寫意

味着不能由他人代寫遺囑，也不能用打印等其他方式，只能由遺囑人本人親自用筆將自己處分財產的意思表示記錄下來。遺囑的全部內容都必須由遺囑人親筆書寫，如果有部分內容由他人書寫，則不構成自書遺囑。

2. 遺囑人必須簽名。自書遺囑必須由遺囑人簽名，即親筆書寫其姓名。遺囑人親筆簽名既可以將遺囑與遺囑人聯繫起來，表明遺囑人的身份，又可以表示遺囑人對遺囑內容的確認。因此，任何形式的書面遺囑都要求遺囑人簽名。由於人們在長時間的書寫過程中會形成自己獨特的書寫習慣，而自書遺囑是由遺囑人親筆手寫全部遺囑內容，可以通過筆跡鑒定的方式來認定遺囑內容是否由遺囑人書寫，因此，自書遺囑不要求遺囑人在遺囑每一頁簽名，也不要求有見證人在場見證。在自書遺囑中，儘管遺囑的內容可能確實是由遺囑人親筆書寫，但是如果沒有簽名，無法判斷遺囑人只是書寫了草稿還是作出了最終決定，因此，沒有簽名的自書遺囑無效。

3. 遺囑人必須註明年、月、日。遺囑人在自書遺囑中必須註明其設立遺囑的具體時間，即必須註明年、月、日。遺囑中必須註明年、月、日主要有以下作用：一是註明年、月、日可以確定遺囑設立的時間，如果在遺囑設立後遺囑人撤回、變更了該遺囑，或者遺囑人實施了與該遺囑內容相反的民事法律行為，那麼該遺囑的部分或者全部內容將不發生法律效力。二是在遺囑人立有數份遺囑時，如果遺囑之間內容相牴觸的，以最後的遺囑為準。三是遺囑中註明的年、月、日，還可以用來確定遺囑人在立遺囑時是否具有遺囑能力，從而判斷遺囑人所立的遺囑是否有效。

第一千一百三十五條　代書遺囑應當有兩個以上見證人在場見證，由其中一人代書，並由遺囑人、代書人和其他見證人簽名，註明年、月、日。

■ 條文主旨

本條是關於代書遺囑的規定。

■ 條文釋義

代書遺囑，是指根據遺囑人表達的遺囑內容，由他人代為書寫的遺囑。代書遺囑通常適用於遺囑人由於一些特殊的原因，不能親筆書寫遺囑，故委託他人代為書寫遺囑的情形。代書遺囑是我國法律規定的一種遺囑形式，繼承法第 17 條第 3 款規定：「代書遺囑應當有兩個以上見證人在場見證，由其中一人代書，註明年、月、日，並由代書人、其他見證人和遺囑人簽名。」在民法典的立法過程中，多數意見認為，代書遺囑形式能夠滿足我國民眾特別是廣大農村村民立遺囑的需要，繼續保留仍有必要。為此，本條對繼承法的規定作了一些文字修改並予以保留。

　　根據繼承的一般原理，遺囑人應當親自立遺囑，遺囑不適用代理制度，不能由他人代為設立。法律雖然允許遺囑人在特殊情形下由他人代為書寫遺囑，但是代書遺囑不是代書人代理遺囑人設立遺囑，遺囑人雖然不能親筆書寫遺囑，但是要親自、獨立作出處分個人財產的意思表示，而代書人的職責為如實地記錄遺囑人的意思表示，不能干涉遺囑人的意思表示，也不能在記錄的過程中扭曲、篡改遺囑人的意思表示。

　　根據本條規定，代書遺囑如果要有效成立，在形式上需要符合以下幾個方面的要求：

　　1. 有兩個以上見證人在場見證。見證人，是指證明遺囑真實性的第三人。為了保證遺囑的真實性、可靠性，各國繼承法普遍規定對於一些特定形式的遺囑必須有一定數量的見證人。與自書遺囑相比，代書遺囑除了書寫人不同外，有關見證人的要求也和自書遺囑具有顯著區別。法律之所以認可遺囑人在沒有見證人的情況下親筆書寫的自書遺囑的有效性，是由於每個人因教育程度、書寫習慣等方面的獨特性而使得其親筆書寫的遺囑具有不可複製性，可以通過筆跡鑒定辨別真偽。代書遺囑則是通過無利害關係的見證人來佐證遺囑人的意思表示，以確保遺囑人是在自願狀態下作出的真實意思表示，可以通過見證人來判斷遺囑的真實性與可靠性。

　　在代書遺囑中，見證人需要符合一定的條件。首先，見證人需要符合一定的資格條件：一方面必須要有見證遺囑真實性的能力；另一方面要有中立性，即與遺囑的內容沒有利害關係。本法規定，無民事行為能力人、限制民事行為能力人以及其他不具有見證能力的人，繼承人、受遺贈人以及與繼承人、受遺贈人有利害關係的人，不能作為見證人。其次，見證人還需要符合數量方面的要求，本法規定代書遺囑、打印遺囑、錄音錄像遺囑、口頭遺囑都需要兩個以上的見證人在場見證，「以上」包括本數，即這類遺囑的見證人最少為兩人。最後，符合資格、數量要求的見證人須在場見證，即必須在場全程參與立遺囑的過程。因此，代書遺囑如果不符合上述見證人的資格、數量、在場見證等方面的要求，則該遺囑無效。

　　2. 由見證人中的一人代書。代書人為見證人中的一人，需要符合見證人的資格條件。代書人在代書遺囑時，只能用親筆手寫的方式，不能運用打印等其他方式。代書人在書寫遺囑時要嚴格忠實於遺囑人的意思表示，將遺囑人表達的遺囑內容準確無誤地記錄在代書遺囑中。

　　3. 遺囑人、代書人和其他見證人簽名。代書人在書寫完遺囑後，應當交給遺囑人和其他見證人核對，遺囑人和其他見證人確認無誤後，遺囑人、代書人和其他見證人均須在遺囑上親筆書寫姓名。遺囑人、代書人和其他見證人簽名，既表明了自己的身份，也表明了對遺囑內容以及立遺囑過程的確認。

　　4. 註明年、月、日。在代書遺囑中必須註明立遺囑的具體日期，即註明年、月、日。遺囑上註明的日期對於認定遺囑的真實性和有效性具有重要作用，代書遺囑中未註明日期或者所註明的日期不具體的，遺囑不能生效。

> **第一千一百三十六條　打印遺囑應當有兩個以上見證人在場見證。遺囑人和見證人應當在遺囑每一頁簽名，註明年、月、日。**

■ 條文主旨

本條是關於打印遺囑的規定。

■ 條文釋義

打印遺囑，是指遺囑的內容由打印機等機器設備打印而成的遺囑。隨着科學技術的發展以及信息技術的普及，個人電腦及電子產品以其便利性、人性化的特點，部分替代了傳統的書寫方式。近些年來，司法實踐中出現了以打印的方式立遺囑的情況，由於繼承法沒有對打印遺囑作出規定，對打印遺囑的效力產生了一些爭議。

在民法典的編纂過程中，大多數意見認為法律應當允許通過打印的方式立遺囑，但是在涉及如何具體規定的問題上，有不同的意見。一些意見認為應當將打印遺囑規定為一種新的遺囑形式，與自書遺囑、代書遺囑等其他的遺囑形式並列。另一些意見認為，不應將打印遺囑作為獨立的遺囑形式，可以擴大書寫的含義使其包含打印的方式，允許自書遺囑、代書遺囑採用打印的方式。

我們研究認為，打印遺囑有以下特徵：一是打印遺囑既可以由遺囑人自己編輯、打印，也可以由他人代為編輯、打印，然而僅憑打印的遺囑內容難以判斷打印遺囑的具體製作人。因此，對於打印遺囑區分是遺囑人自己打印還是他人代為打印意義不大。二是即使是遺囑人自己編輯和打印的體現其真實意思表示的遺囑，也可能被他人通過技術手段篡改。因此，打印遺囑需要有嚴格的形式要件，例如，要求有一定數量的見證人在場見證、在遺囑的每一頁由遺囑人和見證人簽名等。如果不將打印遺囑作為獨立的遺囑形式，允許自書遺囑、代書遺囑採用打印的方式，就要對自書遺囑、代書遺囑的條文分別增加符合打印遺囑特點的形式要件，這會造成立法上的重複，還可能對已經被社會公眾所熟悉的自書遺囑、代書遺囑的形式要件造成衝擊。為此，繼承編將打印遺囑規定為新的一種遺囑形式，並具體規定了打印遺囑有效成立的要件，為當事人設立遺囑提供了便利以及多元的選擇。

打印遺囑實質上是一種書面遺囑，遺囑內容以數據電文形式存儲在計算機等設備上的不構成遺囑，遺囑人須將遺囑內容從電子數據形式通過打印機等轉換為書面形式。

根據本條規定，打印遺囑有效成立須符合下列要件：一是打印遺囑應當有兩個以上見證人在場見證，見證人須符合本法規定的資格、數量、在場見證等方面的要求。二是遺囑人和見證人應當在遺囑每一頁簽名。當遺囑有多頁時，如果僅在一頁簽名，其他頁的內容容易被篡改或者替換，為了保證遺囑的真實性，遺囑人和見證人應當對遺囑的每一頁仔細核對並簽名。如果遺囑人、見證人只在遺囑最後一頁簽名，沒有在每一頁簽名，則不能認定打印遺囑全部內容的有效性。三是註明年、月、日，由於遺囑的設立時間為判斷遺囑有效性的重要因

素，因此，未註明年、月、日的打印遺囑沒有法律效力。

第一千一百三十七條　以錄音錄像形式立的遺囑，應當有兩個以上見證人在場見證。遺囑人和見證人應當在錄音錄像中記錄其姓名或者肖像，以及年、月、日。

■ 條文主旨

本條是關於錄音錄像遺囑的規定。

■ 條文釋義

繼承法第17條第4款規定，以錄音形式立的遺囑，應當有兩個以上見證人在場見證。在民法典的立法過程中，有一些意見提出，隨着科學技術的發展與普及應用，除了錄音之外，錄像以及其他電子形式都可以成為製作遺囑的載體，有必要明確錄像遺囑這種形式。我們研究認為，用錄像形式製作而成的音像資料，比起單純的音頻資料能夠更加直觀地表達所記錄的內容。繼承法規定的錄音遺囑的適用範圍較為有限，不能滿足科技發展與生活豐富化需求。為此，民法典繼承編在保留錄音遺囑的同時，將繼承法中的錄音遺囑修改為錄音錄像遺囑，包含了以錄像方式所立的遺囑，從而增加了法定遺囑的形式。

錄音錄像遺囑分為錄音遺囑與錄像遺囑。錄音遺囑是遺囑人口述遺囑內容並用錄音的方式記錄而成的遺囑。錄像遺囑是遺囑人表達遺囑內容並用錄像的方式記錄而成的遺囑，遺囑人在表達遺囑內容時可以通過口述的方式從而同時記錄其聲音，在特殊情況下無法用口述方式的，例如，遺囑人為聾啞人的，可以通過打手語的方式表達遺囑內容。無論採用哪種形式，遺囑人在錄音錄像遺囑中都應該親自表達遺囑內容，不能由他人轉述。

鑒於錄音錄像遺囑容易被偽造或者篡改，本條對於錄音錄像遺囑規定了一些形式要件：（1）錄音錄像遺囑應當有兩個以上的見證人在場見證，見證人須具備相應的見證能力，並且與遺囑繼承人、受遺贈人無利害關係。符合要求的見證人要到場見證，參加錄音錄像遺囑製作的全過程。（2）遺囑人和見證人應當在錄音錄像中記錄其姓名或者肖像。由於錄音錄像遺囑不是書面遺囑，遺囑人和見證人無法簽名，因此，要用符合錄音錄像遺囑形式特點的方式表明遺囑人和見證人的身份、確認遺囑內容以及表明在場見證。在錄音遺囑中，遺囑人和見證人應當用口述的方式記錄其姓名，表明遺囑人與見證人的身份，並體現見證人在場見證。在錄像遺囑中，遺囑人和見證人應當展示其肖像，在記錄肖像的同時可以用口述或者其他方式表明其姓名，這樣可以通過視頻畫面得知遺囑人與見證人的身份、遺囑人立遺囑與見證人在場見證的過程。（3）遺囑人和見證人應當在錄音錄像中記錄年、月、日。由於遺囑的設立時間是判斷遺囑的真實性與有效性的重要因素，因此，錄音錄像遺囑也應當體現遺囑的設立時間。在以錄音錄像的形式立遺囑時，遺囑人和見證人應當在錄音錄像的過程中用口述或者

其他方式表明遺囑設立的時間，否則錄音錄像遺囑不能發生法律效力。

> **第一千一百三十八條**　遺囑人在危急情況下，可以立口頭遺囑。口頭遺囑應當有兩個以上見證人在場見證。危急情況消除後，遺囑人能夠以書面或者錄音錄像形式立遺囑的，所立的口頭遺囑無效。

■ 條文主旨

本條是關於口頭遺囑的規定。

■ 條文釋義

口頭遺囑，是指遺囑人用口述的方式表達其處分遺產的意思表示的遺囑形式。與其他形式的遺囑相比，口頭遺囑簡便易行，在一些危急情況下，遺囑人來不及或者沒有條件立其他形式的遺囑時，口頭遺囑成為了滿足遺囑人立遺囑願望的可行的遺囑形式。繼承法第 17 條第 5 款規定了口頭遺囑：「遺囑人在危急情況下，可以立口頭遺囑。口頭遺囑應當有兩個以上見證人在場見證。危急情況解除後，遺囑人能夠用書面或者錄音形式立遺囑的，所立的口頭遺囑無效。」本條在繼承法的基礎上，將該款中的「錄音形式」修改為「錄音錄像」形式，並作了一些文字修改。

一、關於口頭遺囑的形式要件

第一，遺囑人處在危急情況下。危急情況主要指遺囑人生命垂危或者遇到了重大災害或者意外等緊急情況，隨時有生命危險而來不及或者沒有條件立其他形式的遺囑。遺囑人處在危急情況下是立口頭遺囑的前提條件，在非危急情況下設立的口頭遺囑無效。

第二，口頭遺囑應當有兩個以上見證人在場見證。遺囑人在危急的情況下用口述的方式表達其處分遺產的意思表示，由於沒有記錄的載體，因此，需要由兩個以上見證人在場見證。見證人須符合本法規定的資格、數量、在場見證等方面的要求。

在民法典的立法過程中，有的意見認為，繼承法規定的口頭遺囑的形式不夠完備，沒有要求作成書面形式，完全依靠見證人記憶，實踐中不同見證人的見證內容也會出現不完全一致的情形，影響遺囑效力。建議增加規定見證人應當及時將其見證的遺囑內容作成書面形式，簽名並註明遺囑設立的時間。我們研究認為，如果對口頭遺囑增加見證人作成書面形式的要求，就增加了口頭遺囑的效力要件，口頭遺囑是應對危急情況時可以採用的遺囑形式，為了方便遺囑人立遺囑，口頭遺囑的形式要件相對簡單。如果遺囑人所立的口頭遺囑的效力還要取決於見證人是否將其口述的遺囑內容作成書面形式、簽名並註明時間，該遺囑的效力直接受見證人行為的影響，在見證人因一些原因沒有作成書面形式或者不符合簽名、註明年、月、日等要求時，該遺囑歸於無效，這既影響遺囑人願望的實現，也不符合口頭遺囑對

遺囑的訂立形式要求較為寬鬆的特徵。為此，繼承編對口頭遺囑沒有增加規定見證人須將口頭遺囑的內容作成書面形式、簽名並註明年、月、日的形式要求。

二、口頭遺囑的失效

遺囑是死因民事法律行為，遺囑在遺囑人死亡時發生效力。處在危急情況中的遺囑人在立口頭遺囑後死亡的，如果遺囑符合口頭遺囑的形式要件，口頭遺囑即發生法律效力。如果危急情況解除後，遺囑人沒有死亡，口頭遺囑不發生法律效力，但是該口頭遺囑是否可以有效成立直到遺囑人之後死亡時再發生效力呢？考慮到口頭遺囑的內容完全依靠見證人的表述證明，準確性與證明力低，容易發生糾紛，本條規定，危急情況消除後，遺囑人能夠以書面或者錄音錄像形式立遺囑的，所立的口頭遺囑無效。也就是說，遺囑人在危急情況下所立的口頭遺囑，在危急情況消除後，遺囑人在世並且能夠以其他形式立遺囑的，該口頭遺囑失效。如果遺囑人沒有另立其他形式的遺囑而死亡的，視為被繼承人未立遺囑，其遺產按法定繼承的方式分配。

在民法典繼承編的立法過程中，一些意見提出，繼承法對口頭遺囑的失效期間規定得過於原則，容易產生爭議，建議明確規定在遺囑人能夠採用其他方式訂立遺囑之日起一定期限內口頭遺囑失效。主要理由為：一是危急情況消除後，遺囑人能夠用其他形式立遺囑卻因一些原因沒有立的，如果突然死亡，由於先前所立的口頭遺囑已無效，其財產只能按照法定繼承分配，這可能不符合遺囑人的意願，對於剛脫離危急情況不久的遺囑人也有些苛刻，在危急情況消除後，應當給予口頭遺囑一段有效期限，從而為遺囑人另立其他形式的遺囑留下準備時間。二是其他國家和地區的立法例中，大部分都規定口頭遺囑在危急情況消除後一定期限內仍然有效。為此，繼承編一審稿曾規定：「遺囑人在危急情況下，可以立口頭遺囑。口頭遺囑應當有兩個以上見證人在場見證。危急情況解除後，遺囑人能夠用書面或者錄音錄像形式立遺囑的，所立的口頭遺囑經過三個月無效。」在十三屆全國人大常委會五次會議對民法典各分編草案進行審議和民法典各分編草案徵求意見過程中，有的意見提出，3個月期限的起算點不明確，且口頭遺囑僅在危急情況下才適用，危急情況消除後，遺囑人已經能夠用其他形式立遺囑，所立口頭遺囑即應無效，不必規定3個月的期限。還有一些意見提出，口頭遺囑畢竟是遺囑人在危急情況下作出的意思表示，遺囑人可能就遺囑中表述的相關事項缺乏足夠周密的考慮。此外，口頭遺囑形式要件簡單，既不需要經遺囑人認可、簽名，也不要求做成書面形式，容易被人遺忘、偽造或者篡改，規定危急情況消除後，遺囑人能夠以其他形式立遺囑的，所立的口頭遺囑無效，可以促使遺囑人積極立新遺囑取代口頭遺囑，從而能夠保障遺囑的真實性，避免不必要的糾紛。經研究，繼承編刪除了一審稿中「經過三個月」的規定。遺囑人在危急情況中所立的口頭遺囑，在危急情況消除後，且遺囑人能夠以其他形式立遺囑時，該口頭遺囑失效。

第一千一百三十九條　公證遺囑由遺囑人經公證機構辦理。

■ 條文主旨

本條是關於公證遺囑的規定。

■ 條文釋義

公證遺囑是遺囑人經公證機構辦理的遺囑，多數國家的立法例都規定了公證遺囑的遺囑形式。繼承法第 17 條第 1 款規定：「公證遺囑由遺囑人經公證機關辦理。」民法典繼承編沿襲了繼承法關於公證遺囑的規定。

公證遺囑的有效成立除了需要遵守本法關於遺囑效力的規定以外，還需要遵守我國有關公證的法律的相關規定。對於公證遺囑，公證法從規範公證活動、保障公證機構和公證員依法履行職責、預防糾紛以及保障民事主體的合法權益的角度作了規定；司法部頒佈的《遺囑公證細則》對設立公證遺囑的程序作了具體規定。

根據上述法律法規的相關規定，公證遺囑必須由遺囑人本人親自辦理，不得委託他人辦理公證。遺囑人辦理公證遺囑時，應當親自到住所地或者遺囑行為發生地的公證處提出申請。遺囑人親自到公證處有困難的，可以書面或者口頭形式請求有管轄權的公證處指派公證人員到其住所或者臨時處所辦理。公證遺囑應當由兩名公證人員共同辦理，由其中一名公證員在公證書上署名。因特殊情況由一名公證員辦理時，應當有一名見證人在場，見證人應當在遺囑和筆錄上簽名。遺囑人在辦理公證遺囑時，應當向公證機關提供書面遺囑或者向公證機關表述遺囑內容。公證人員在辦理遺囑公證時，要依法對遺囑人立遺囑行為的真實性、合法性予以審查，審查的內容包括：遺囑人是否具有完全民事行為能力，遺囑人的意思表示是否真實，遺囑的內容是否完備、文字表述是否準確，遺囑內容是否違反法律規定和社會公共利益，遺囑的簽名、製作日期是否齊全以及辦理公證的程序是否符合規定等。經審查認為遺囑人立遺囑行為符合法律規定的條件的，公證處應當出具公證書。公證遺囑採用打印形式。遺囑人根據遺囑原稿核對後，應當在打印的公證遺囑上簽名、蓋章或者按手印。

第一千一百四十條　下列人員不能作為遺囑見證人：
（一）無民事行為能力人、限制民事行為能力人以及其他不具有見證能力的人；
（二）繼承人、受遺贈人；
（三）與繼承人、受遺贈人有利害關係的人。

■ 條文主旨

本條是關於不能作為遺囑見證人的人員的規定。

■ 條文釋義

遺囑見證人，是指在現場親歷遺囑人立遺囑的過程，能夠證明遺囑真實性的人。為了保障自然人利用遺囑形式處分財產的權利，各個國家的法律規定了較多的遺囑形式。但是在這些遺囑形式中，有的不具有身份識別性，有的容易被篡改偽造，有的形式要件簡單。為了保障遺囑的真實性，法律要求一些形式的遺囑必須要有一定數量的見證人在場見證。根據本法的規定，代書遺囑、打印遺囑、錄音錄像遺囑、口頭遺囑均需要有兩個以上見證人在場見證。對於公證遺囑，司法部頒佈的《遺囑公證細則》規定，遺囑公證應當由兩名公證人員共同辦理，因特殊情況由一名公證員辦理時，應當有一名見證人在場。可見，遺囑見證人是大多數遺囑的形式要件。遺囑是死因民事法律行為，即只有在遺囑人死亡時才發生效力，在遺囑人死亡時對於遺囑真實性的認定要依靠見證人的證明，遺囑見證人的證明直接關係到遺囑的效力。為了確保遺囑見證人在證明遺囑的真實情況時是客觀公正的，各國繼承法除了對見證人的數量方面有要求以外，還對見證人的資格作了規定。各國繼承法一般規定遺囑見證人必須具備以下條件：一是見證人必須具有完全民事行為能力；二是見證人與遺囑沒有利害關係。繼承法第 18 條規定，下列人員不能作為遺囑見證人：（1）無民事行為能力人、限制民事行為能力人；（2）繼承人、受遺贈人；（3）與繼承人、受遺贈人有利害關係的人。民法典繼承編在繼承法的基礎上，對遺囑見證人的資格作了進一步完善。根據本條規定，以下人員不能作為遺囑見證人：

1. 無民事行為能力人、限制民事行為能力人以及其他不具有見證能力的人。遺囑見證人要在場見證遺囑人立遺囑的行為，並在事後對遺囑的內容、訂立情形等作出證明，遺囑見證人的證明對遺囑的效力具有重要影響，因此，見證人必須具有完全民事行為能力。根據本法規定，不具有完全民事行為能力的人有：不滿 18 周歲的未成年人，但是 16 周歲以上以自己的勞動收入為主要生活來源的未成年人除外；不能辨認或者不能完全辨認自己行為的成年人。上述無民事行為能力人、限制民事行為能力人對事物缺乏足夠的認識能力和判斷能力，不能作為遺囑見證人。

在民法典繼承編的立法過程中，一些意見提出，在一些情況下遺囑見證人雖然是完全民事行為能力人，但是可能不具有事實上的見證能力，例如，文盲以及對遺囑所使用的語言掌握不充分的人，因身體缺陷而不具有知曉遺囑內容的能力的人，這些人員對遺囑的具體內容的識別與理解上存在一定的欠缺，如果承認此類見證人的資格，對遺囑的真實性可能會產生一定的影響。經研究，民法典繼承編在繼承法第 18 條第 1 項的基礎上增加規定，「其他不具有見證能力的人」也不得擔任遺囑見證人。遺囑見證人除了為完全民事行為能力人外，還需要具有見證能力，而見證能力的有無要根據具體事實情況進行判斷。

2. 繼承人、受遺贈人。為了確保見證人能夠公正、客觀地對遺囑的真實性作出證明，法律一般要求見證人與遺囑內容沒有利害關係。受遺贈人是遺贈人在遺囑中指定的接受其遺贈的個人財產的法定繼承人以外的人，是遺囑的直接受益人，不能作為遺囑見證人。對於繼承人而言，遺囑人通過立遺囑處分個人財產的行為，會使繼承人的利益受益或者受損。由繼承人、受遺贈人擔任見證人，可能會給遺囑人造成影響，導致其作出的遺囑並非出於真實意

願。此外，繼承人、受遺贈人在知曉遺囑內容後還可能為了自己的利益而作出不真實的證明，製造因素使遺囑有效或者無效。因此，允許繼承人、受遺贈人擔任遺囑見證人難以確保遺囑內容的真實性。

3. 與繼承人、受遺贈人有利害關係的人。與繼承人、受遺贈人有利害關係的人雖然不是遺囑繼承法律關係或者遺贈法律關係中的當事人，但是由於其與繼承人、受遺贈人有利害關係，可能會因遺囑人對遺產的分配而間接地獲得利益。與繼承人、受遺贈人有利害關係的人有可能受利益驅動而作不真實的證明，因此，不宜擔任遺囑見證人。在民法典繼承編的立法過程中，一些意見提出，與繼承人、受遺贈人有利害關係的人範圍寬泛，建議予以明確。我們研究認為，與繼承人、受遺贈人有利害關係的人的情況比較複雜，其具體範圍無法通過立法明確規定，應當具體情況具體分析，為此沒有對與繼承人、受遺贈人有利害關係的人的範圍作出界定。

第一千一百四十一條　遺囑應當為缺乏勞動能力又沒有生活來源的繼承人保留必要的遺產份額。

■ 條文主旨

本條是關於必留份的規定。

■ 條文釋義

遺囑人立遺囑，可以自主決定在其死後如何對其個人財產進行分配與處置，在分配的對象、方式、份額等方面都具有較大程度的自由。遺囑自由原則是當事人意思自治原則以及保護私有財產原則在繼承法領域的具體化，是各國繼承法普遍確立的重要原則。但是遺囑自由不是完全無限制的自由，由於繼承制度還須發揮遺產的扶養功能和維護基本的家庭倫理的功能，因此，各國繼承立法也普遍對遺囑自由設有一定的限制。在我國，繼承法第 19 條規定了必留份制度，即「遺囑應當對缺乏勞動能力又沒有生活來源的繼承人保留必要的遺產份額」，對遺囑人以遺囑處分財產的權利進行了一定的限制。

一些大陸法系國家則通過特留份制度對遺囑人自由處分個人財產的權利作了適當限制。特留份制度，是指遺囑人立遺囑處分個人財產時，必須給特定的法定繼承人即特留份權利人保留的遺產份額。遺囑人只能對特留份以外的個人財產進行自由處分。大多數國家規定的特留份權利人的範圍一般都小於法定繼承人的範圍，僅限於與遺囑人關係密切的家庭成員。特留份制度不是把遺產的全部或者絕大部分保留給遺囑人的家庭成員，特留份權利人只是有權獲得適當的遺產份額。對於特留份權利人能夠獲得的遺產份額，主要有兩種立法例：一種是就遺囑人的遺產總量規定一定的比例；另一種是就各個特留份權利人在法定繼承情形下可以

獲得的應繼份規定一定的比例。為了保障權利人的特留份，規定特留份制度的國家還詳細規定了扣減制度。當遺囑人的遺囑處分行為或者生前贈與行為損害特留份時，特留份權利人可以請求扣減遺囑繼承、遺贈或者生前贈與的相應數額，以獲得足額的特留份額。

特留份制度與我國的必留份制度相比，有以下區別：一是功能定位不同。特留份制度側重於保護特定的法定繼承人的最低限度的繼承利益，協調特定的法定繼承人之間的利益平衡，使遺產保留於家庭之中。必留份制度則側重於保障有特殊困難的繼承人的基本生活需要，使遺產發揮對弱勢群體扶養的功能。二是權利主體不同。特留份權利人和必留份權利人雖然都是法定繼承人，但是範圍不同。特留份權利人的確定依據為血緣、婚姻等身份關係，大多為與遺囑人關係最為密切、繼承順序靠前的法定繼承人，而不考慮其是否有被扶養的需要。而必留份權利人的確定依據為身份關係以及受扶養的客觀需要，如我國的必留份權利人為同時具備缺乏勞動能力和沒有生活來源兩個條件的法定繼承人，該繼承人既可以是第一順序繼承人，也可以是第二順序繼承人。三是具體份額不同。對於特留份的份額，無論是以遺囑人的遺產總量為基數還是以特留份權利人的法定應繼份為基數，特留份的計算一般都有具體的標準。我國法律則未對必留份規定具體的份額，在實踐中要根據個案的具體情況而確定，以滿足必留份權利人的生活需要。四是權利的優先性不同。大部分規定特留份制度的國家，在計算特留份份額時都是先從被繼承人的遺產中扣除被繼承人的債務，被繼承人的債務優先於特留份。必留份則是法定繼承人基本生活的保障，為此本法規定如有缺乏勞動能力又沒有生活來源的繼承人，在遺產不足清償債務時，也應當為其保留必要的遺產。

在民法典繼承編的立法過程中，一些意見認為，我國的必留份制度存在一定局限性：一是享有必留份的主體範圍過窄；二是「保留必要的遺產份額」缺乏明確性，不易操作且標準較低。出於保障一定範圍內近親屬的繼承利益，平衡各繼承人之間的利益，使遺產儘量保留在家庭內部，維護社會公德等目的，一些意見建議以特留份制度取代必留份制度。還有一些意見認為，特留份與必留份的功能不同，建議在保留必留份制度的同時，增加規定特留份制度。

也有一些意見反對引入特留份制度，主要理由為：（1）遺囑自由在老齡化社會具有重要價值，而特留份制度使特定繼承人僅憑身份便可取得部分遺產，會使晚輩對長輩的贍養義務重視不夠。（2）特留份制度在適用上具有機械性的缺點，不考慮各個繼承人之間實際需求的差別，可能使遺產過度分散，使真正需要遺產來扶養的人不能獲得足夠的遺產來保障生活。（3）繼承規則應當儘量理順關係、簡單化，而特留份制度會使繼承制度複雜化，為保障特留份權利而規定的扣減制度，可能引起更多的糾紛，影響交易安全。（4）實踐中向法定繼承人以外的第三人遺贈的情形最常見於祖孫之間，違反公序良俗原則向第三人遺贈全部財產的情形不多見，引入特留份制度的實際需求不大。（5）特留份與必留份並行的模式雖然意在同時兼顧兩種制度的優點，但是在遺產總量不大的情況下，可能會不夠分配，不能實現兩種制度的價值目標，且對遺囑自由的限制過大。

我們研究認為，遺囑自由原則體現了繼承法的私法本質，也是世界各國遺囑立法的共性趨勢，對遺囑自由的限制應當以必要為限。繼承法規定遺囑應當對缺乏勞動能力又沒有生活

來源的繼承人保留必要的遺產份額，既充分尊重了遺囑人的財產處分權，又保障了有困難的繼承人的扶養需求，還有助於弘揚人人自食其力的社會風氣。由於繼承制度的特殊性，法律規定的繼承規則有的已經成為社會傳統，對於一些新制度的引入要充分考慮與現有繼承規則的協調、實踐需求、社會接受度等因素，而目前對引入特留份制度還存在較多不同意見。為此，民法典繼承編保留了必留份的規定，沒有規定特留份制度。

> **第一千一百四十二條　遺囑人可以撤回、變更自己所立的遺囑。**
>
> **立遺囑後，遺囑人實施與遺囑內容相反的民事法律行為的，視為對遺囑相關內容的撤回。**
>
> **立有數份遺囑，內容相牴觸的，以最後的遺囑為準。**

■ 條文主旨

本條是關於遺囑的撤回和變更的規定。

■ 條文釋義

遺囑的撤回，是指遺囑人在立遺囑後又對該遺囑加以取消。遺囑的變更，是指遺囑人在立遺囑後又對該遺囑作出修改。遺囑的撤回和變更產生的法律後果為遺囑中被撤回、被變更的內容不發生效力。遺囑人從立遺囑到遺囑生效的這段期間，可能會因種種原因，改變其當初立遺囑時的意願。法律允許並保障遺囑人撤回、變更自己所立的遺囑，是遺囑自由原則的必然要求，也是意思自治原則在繼承領域的具體體現。繼承法第 20 條規定：「遺囑人可以撤銷、變更自己所立的遺囑。立有數份遺囑，內容相牴觸的，以最後的遺囑為準。自書、代書、錄音、口頭遺囑，不得撤銷、變更公證遺囑。」

對於遺囑的撤銷和變更，民法典繼承編在立法過程中，根據各方面的意見和建議，對繼承法第 20 條作了以下三個方面的修改完善：

一、將遺囑的「撤銷」修改為「撤回」

根據意思表示的一般理論，民法上的「撤回」與「撤銷」是不同的概念。「撤回」是對還未生效的意思表示予以撤回，使其不發生法律效力；而「撤銷」是對已經生效的意思表示予以撤銷，使其具有溯及力的消滅。遺囑行為是死因民事法律行為，遺囑在遺囑人死亡時生效，遺囑人只能在其死亡前即遺囑生效前取消其意思表示，因此，用「撤回」遺囑更加準確。

二、增加規定了遺囑視為撤回的情形

在一些情況下，遺囑人雖然沒有以明示的意思表示撤回遺囑，但是其行為已經表明撤回遺囑時，應當承認遺囑人具有撤回遺囑的意思表示。《最高人民法院關於貫徹執行〈中華人民共和國繼承法〉若干問題的意見》第 39 條規定，遺囑人生前的行為與遺囑的意思表示相

反，而使遺囑處分的財產在繼承開始前滅失、部分滅失或所有權轉移、部分轉移的，遺囑視為被撤銷或部分被撤銷。其他國家和地區的繼承法律中也有相關規定。本法在借鑒國外立法例和吸收相關司法解釋的基礎上，增加規定了遺囑視為撤回的情形，即「立遺囑後，遺囑人實施與遺囑內容相反的民事法律行為的，視為對遺囑相關內容的撤回」。需要注意的是，本款強調遺囑人實施的行為是民事法律行為，即遺囑人要有設立、變更和終止民事法律關係的意思表示，如果遺囑人的行為並非出於自己的意願，如因過失而導致其遺囑處分的標的物滅失的，不構成對遺囑的撤回。

三、刪除了公證遺囑優先效力的規定

繼承法第 20 條第 3 款規定，自書、代書、錄音、口頭遺囑，不得撤銷、變更公證遺囑，突出了公證遺囑的優先效力。在民法典繼承編的立法過程中，對於是否要繼續賦予公證遺囑優先效力有不同意見。有的意見認為，目前社會上還存在誠信缺失的現象，公證遺囑能最大程度保證遺囑的合法性和真實性，且具有法定證明力，暫不能以其他形式的遺囑取代公證遺囑的效力。否則，不僅會大幅提高司法成本，也增加確認遺囑人真實意願的難度。該規定實施多年已被社會大眾接受，目前存量公證遺囑很多，如果取消其最高效力，如何處理也是一大難題。另一些意見則認為，公證遺囑效力優先規則極大地限制了遺囑自由，並且增加了立遺囑的成本，當事人立公證遺囑後只能以公證遺囑的形式撤回和變更前一公證遺囑，在遺囑人生命垂危難以辦理公證遺囑撤回或變更前一公證遺囑時，限制了遺囑人真實的意思表示。其他國家的立法例也未賦予公證遺囑優先效力。我們研究認為，公證遺囑與其他形式的遺囑相比，具有證明力更強的特點，然而繼承法賦予公證遺囑在適用效力位階上的優先性，不允許遺囑人以其他形式的遺囑撤回或者變更，存在使遺囑人的最終意願不能實現，不當限制遺囑自由等弊端，有悖於遺囑制度的宗旨。為切實保障遺囑人的真實意願，民法典繼承編刪除了繼承法關於自書、代書等形式的遺囑不得撤銷、變更公證遺囑的規定，保留了繼承法「立有數份遺囑，內容相牴觸的，以最後的遺囑為準」的規定，即對於遺囑人所立的內容相牴觸的數份遺囑，以立遺囑的時間作為認定遺囑有效的判斷標準，無論遺囑形式如何，遺囑人最後所立的遺囑具有優先適用的效力。

第一千一百四十三條　無民事行為能力人或者限制民事行為能力人所立的遺囑無效。

遺囑必須表示遺囑人的真實意思，受欺詐、脅迫所立的遺囑無效。

偽造的遺囑無效。

遺囑被篡改的，篡改的內容無效。

■ 條文主旨

本條是關於遺囑無效的規定。

■ 條文釋義

遺囑除了需要符合法律規定的形式方面的要求以外，遺囑的有效還需要具備民事法律行為有效的條件，這既包括總則編規定的一般條件，也包括繼承編規定的特別條件。本法第143條規定，具備下列條件的民事法律行為有效：（1）行為人具有相應的民事行為能力；（2）意思表示真實；（3）不違反法律、行政法規的強制性規定，不違背公序良俗。本條沿襲了繼承法第22條的規定，規定了在下列情形下遺囑無效：

1. 遺囑人不具有遺囑能力。遺囑能力，是指自然人依法享有的可以用遺囑形式處分個人財產的能力或資格。大多數國家的繼承法對遺囑能力都有規定，遺囑能力的確定主要是依據遺囑人的年齡和精神健康狀況兩個因素。繼承法以及本法沒有對遺囑人的遺囑能力作出專門規定，主要是適用民事行為能力的規定，即只有具有完全民事行為能力的人才可以立遺囑。沒有遺囑能力的人，即無民事行為能力人或者限制民事行為能力人所立的遺囑無效。

2. 遺囑並非遺囑人真實的意思表示。為了保障遺囑人的財產處分權以及遺囑自由，維護合法的遺囑繼承人及受遺贈人的利益，法律要求遺囑必須表示遺囑人的真實意思，這就體現在兩個方面：一是遺囑必須出於遺囑人的自願，是其內心自由意志的體現，遺囑人因受欺詐、脅迫所立的遺囑無效；二是遺囑的內容真實可靠，確實為遺囑人的意思表示，偽造的遺囑、遺囑被篡改的部分無效。

欺詐、脅迫均構成對當事人意思表示自由的干涉，對於因受欺詐、脅迫而實施的民事法律行為，本法第148條、第150條規定，一方以欺詐、脅迫手段，使對方在違背真實意思的情況下實施的民事法律行為，受欺詐方、受脅迫方有權請求人民法院或者仲裁機構予以撤銷。受欺詐方、受脅迫方需要在法律規定的期限內行使撤銷權，否則撤銷權消滅，因受欺詐、脅迫而實施的民事法律行為自此成為完全有效的民事法律行為。法律賦予受欺詐方、受脅迫方以撤銷權，可以使其對自己實施的民事法律行為的效力作出選擇，最大限度地尊重其意思自治、保護其合法權益。撤銷權針對的是已經生效的民事法律行為，使其具有溯及力的消滅，立遺囑的行為雖然也是一種民事法律行為，但是遺囑自被繼承人死亡時生效，已經死亡的遺囑人無法撤銷其有瑕疵的意思表示，為此，本法規定受欺詐、脅迫所立的遺囑無效，區別於一般的因受欺詐、脅迫而實施的民事法律行為的效力。

偽造的遺囑與遺囑被篡改的內容屬於虛假的遺囑，遺囑人並未作出相應的意思表示，因此無效。需要注意的是，偽造與篡改有所區別，偽造的遺囑是整個遺囑的意思表示都是假的，因此，遺囑全部無效；而篡改是在真實遺囑的基礎上對遺囑的部分內容進行改動，由於遺囑的內容可能是多方面的，並且各項內容之間可以是互相獨立的，因此，遺囑被篡改的，只是篡改的內容無效，不必然導致整個遺囑無效，遺囑中未篡改的內容仍然有效，這也體現了對遺囑人真實的意思表示尊重。

> **第一千一百四十四條**　遺囑繼承或者遺贈附有義務的，繼承人或者受遺贈人應當履行義務。沒有正當理由不履行義務的，經利害關係人或者有關組織請求，人民法院可以取消其接受附義務部分遺產的權利。

■ 條文主旨

本條是關於附有義務的遺囑繼承或者遺贈的規定。

■ 條文釋義

附有義務的遺囑繼承或者遺贈，是指遺囑繼承人或者受遺贈人在繼承遺囑人的財產時需要履行遺囑人對其附加的特定義務，否則其接受附義務部分遺產的權利可能被法院取消的遺囑繼承或者遺贈。

遺囑人用遺囑處分個人財產，將財產指定給他人繼承時，可以要求繼承其財產的人履行特定的義務，這種義務既可以是作為的義務，也可以是不作為的義務。只要遺囑人附加的義務不違反法律的強制性規定以及不違背公序良俗，遺囑人的這種安排是法律所允許的，這不僅能充分發揮遺囑人財產的價值，還能讓遺囑人的遺願得以實現，充分尊重遺囑人的意思表示。繼承法第 21 條規定，遺囑繼承或者遺贈附有義務的，繼承人或者受遺贈人應當履行義務。沒有正當理由不履行義務的，經有關單位或者個人請求，人民法院可以取消他接受遺產的權利。根據繼承法的規定，附有義務的遺囑既可以適用於遺囑繼承，也可以適用於遺贈。

民法典繼承編對於附有義務的遺囑繼承和遺贈在繼承法第 21 條的基礎上作了修改完善。在理解本條規定時，需要注意以下幾個方面：

一是遺囑繼承人或者受遺贈人履行遺囑所附的義務的前提為接受繼承或者遺贈。立遺囑是單方民事法律行為，遺囑人在遺囑中為遺囑繼承人或者受遺贈人附加義務時，並不需要和遺囑繼承人或者受遺贈人達成合意。由於遺囑所附的義務附隨於遺囑繼承權或者受遺贈權，在遺囑生效後，遺囑繼承人和受遺贈人可以通過接受或者放棄繼承和受遺贈的方式選擇是否履行遺囑所附加的義務。遺囑繼承人或者受遺贈人如果接受繼承或者受遺贈，則應當履行該義務；如果放棄繼承或者受遺贈，則沒有履行該義務的責任。

二是遺囑繼承人或者受遺贈人不履行遺囑所附義務的法律後果為由法院取消其接受附義務部分遺產的權利。如果遺囑人在遺囑中為繼承人或者受遺贈人接受遺產附加了義務，實際上為繼承人或者受遺贈人取得遺產設置了條件，繼承人或者受遺贈人只有履行了相關義務，才符合取得遺產的條件。如果繼承人或者受遺贈人無正當理由不履行遺囑所附義務的，就不符合取得遺產的條件，其取得遺產的行為違背了遺囑人意願，法律需要規定相應的救濟措施。本法規定，對於沒有正當理由不履行義務的遺囑繼承人或者受遺贈人，經相關主體申請，法院可以取消其接受附義務部分遺產的權利。繼承法規定法院可以取消不履行義務的繼承人或者受遺贈人「接受遺產的權利」，本法將其修改為「接受附義務部分遺產的權利」，

將可以取消接受的遺產範圍界定得更為明確。

　　三是可以向法院申請取消義務人接受遺產的權利的主體為利害關係人或者有關組織。由於遺囑生效時遺囑人已經死亡，為了保障遺囑中所附義務的履行和遺囑人意願的實現，就需要由相關主體監督義務人履行相應義務。本法規定如果遺囑繼承人或者受遺贈人不履行義務，利害關係人或者有關組織向法院申請取消義務人接受附義務部分遺產的權利。利害關係人或者有關組織可以為法定繼承人、遺囑執行人、因遺囑所附義務的履行而受益的自然人和組織等。

第四章　遺產的處理

本章共十九條，規定了遺產處理的程序和規則，並在繼承法的基礎上，進一步完善了有關遺產處理的制度：一是增加遺產管理人制度，明確了遺產管理人的產生方式、職責和權利等內容。二是完善遺贈扶養協議制度，適當擴大扶養人的範圍，明確繼承人以外的組織或者個人均可以成為扶養人，以滿足養老形式多樣化需求。三是完善無人繼承遺產的歸屬制度，明確歸國家所有的無人繼承遺產應當用於公益事業。

> 第一千一百四十五條　繼承開始後，遺囑執行人為遺產管理人；沒有遺囑執行人的，繼承人應當及時推選遺產管理人；繼承人未推選的，由繼承人共同擔任遺產管理人；沒有繼承人或者繼承人均放棄繼承的，由被繼承人生前住所地的民政部門或者村民委員會擔任遺產管理人。

■ 條文主旨

本條是關於遺產管理人選任的規定。

■ 條文釋義

遺產管理人是在繼承開始後遺產分割前，負責處理涉及遺產有關事務的人。被繼承人死亡後，如何處理遺產不僅涉及繼承人之間的利益分配，還涉及被繼承人生前的債權人的利益。因此，需要有人妥善保管遺產，並在不同主體之間分配好遺產。繼承法未規定遺產管理人，隨着我國經濟的快速發展，人民群眾的財富不斷增加，自然人死亡後，留下的遺產也往往很多，很多被繼承人在留下巨額遺產的同時，也還有很多債務需要償還，因此，建立遺產管理人制度顯得越來越有必要。

本條規定，繼承開始後，遺囑執行人為遺產管理人；沒有遺囑執行人的，繼承人應當及時推選遺產管理人；繼承人未推選的，由繼承人共同擔任遺產管理人；沒有繼承人或者繼承人均放棄繼承的，由被繼承人生前住所地的民政部門或者村民委員會擔任遺產管理人。根據本條規定，可以由以下主體擔任遺產管理人：

1. 由遺囑執行人擔任遺產管理人。遺囑執行人是遺囑人在遺囑中指定的執行遺囑事務的人。一般而言，遺囑執行人都是被繼承人信任之人，否則被繼承人是不會在遺囑中指定其為遺囑執行人。被繼承人在遺囑中指定有遺囑執行人的情況下，由遺囑執行人擔任遺產管理人更為合理：一方面，遺囑執行人是被繼承人信任的人，由其管理遺產更符合被繼承人意願。

另一方面，遺囑執行人執行遺囑本來就需要處理遺產，由其擔任遺產管理人也更為便利。

2. 由繼承人推選出遺產管理人。並非所有自然人生前都會立遺囑，即便立遺囑也未必指定遺囑執行人。沒有遺囑執行人還可能是因為遺囑執行人死亡。被繼承人對於由誰管理遺產並未作出任何意思表示。被繼承人死亡後，一般而言，為了處理被繼承人的後事，繼承人之間都會推選出主事之人，負責處理被繼承人的喪葬奠儀、遺產分割等善後事務。本條規定，沒有遺囑執行人時，由被繼承人推選出遺產管理人，這也符合通常做法。所謂推選，就是全體繼承人共同推舉出其中一名或者數名繼承人為遺產管理人。至於全體繼承人之間按照何種規則推選，是按照少數服從多數的規則還是全體一致同意的規則，則由繼承人之間協商確定。

3. 由繼承人共同擔任遺產管理人。如果繼承人未推選遺產管理人，則由全體繼承人共同擔任遺產管理人。沒有推選可能是由於以下兩種情況之一：第一，繼承人人數少，沒必要推選遺產管理人，或者繼承人達成一致由全體共同管理遺產；第二，繼承人之間無法推選出一致認可的遺產管理人。在全體繼承人擔任遺產管理人時，就涉及全體繼承人如何作出決策的問題，此時也需要由全體繼承人協商達成一致。

4. 由民政部門或者村民委員會擔任遺產管理人。被繼承人死亡後，如果沒有繼承人或者繼承人均放棄繼承時，遺產就屬於無人繼承的遺產，根據繼承編的規定，此種遺產的歸屬需要根據被繼承人的身份作不同的處理：如果被繼承人是集體所有制組織成員的，遺產歸其生前所在的集體所有制組織所有；如果被繼承人並非集體所有制組織成員的，則其遺產歸國家所有並用於公益事業。因此，為了妥善保管並更好處理被繼承人的遺產，城鎮的無人繼承遺產由民政部分擔任遺產管理人更為妥當；農村居民生前作為集體所有制組織成員，享受了集體所有制組織的很多權益，遺產由其所在的村民委員會管理也是合理的。

第一千一百四十六條　對遺產管理人的確定有爭議的，利害關係人可以向人民法院申請指定遺產管理人。

■ 條文主旨

本條是關於法院指定遺產管理人的規定。

■ 條文釋義

上條規定了遺產管理人選任的規則，如果遺囑執行人、繼承人之間就遺囑管理事務達成一致，按照法律規定的順序選任遺產管理人即可。但是遺產管理畢竟涉及諸多人的利益，難免會因為選任誰擔任遺產管理人而發生爭議。因遺產管理人確定發生的爭議，可能有三種：第一種就是遺囑執行人不願意參與遺產管理，或者多個遺囑執行人之間因遺產管理發生糾

紛;第二種就是繼承人之間因為遺產管理發生糾紛;第三種就是其他利害關係人對遺產管理人的確定有異議。所謂其他利害關係人是指遺囑執行人、繼承人之外的與遺產有利害關係的當事人,如受遺贈人。

1. 管轄法院。民事訴訟法第 33 條第 3 項規定,因繼承遺產糾紛提起的訴訟,由被繼承人死亡時住所地或者主要遺產所在地人民法院管轄。根據該規定,涉及繼承遺產的糾紛應當由特定法院專屬管轄。確定遺產管理人的糾紛也屬於因繼承遺產引發的糾紛,故也應由被繼承人死亡時的住所地或者主要遺產所在地法院管轄,由這兩類法院管轄,主要是被繼承人死亡時的住所地和主要遺產所在地的法院,與遺產存在密切聯繫,便於了解案情,能夠更便利地審理此類糾紛。

2. 提起訴訟的主體。本條規定利害關係人如果就遺產管理人的確定有疑義,均可以請求人民法院指定。這裏的利害關係人一般包括遺囑執行人、繼承人、被繼承人生前住所地的民政部門或者村民委員會,以及受遺贈人等與遺產有利害關係的人。

3. 人民法院指定遺產管理人的範圍。繼承編第 1145 條規定遺產管理人選任的範圍包括遺囑執行人、繼承人、民政部門或者村民委員會。因此,人民法院也可在這些主體中指定遺產管理人。如果是多個遺囑執行人因為擔任遺產管理人有爭議,則可以指定一名或者數名遺囑執行人為遺產管理人;如果是遺囑執行人與繼承人之間因遺產管理有糾紛,則可以在遺囑執行人與繼承人之間選擇一人或者數人擔任遺產管理人;如果是繼承人之間因遺產管理人的確定發生糾紛,則應當在繼承人之間指定合適的遺產管理人;如果是被繼承人生前住所地的民政部門或者村民委員會之間因遺產管理人的確定發生糾紛,則需要在兩者之間確定合適的機構擔任遺產管理人。人民法院確定遺產管理人應當結合被繼承人生前所立遺囑等有關文件,盡量尊重被繼承人的內心意願,同時應當根據候選人的能力水平、與被繼承人的關係親疏程度、公信力等來確定。

第一千一百四十七條　遺產管理人應當履行下列職責:

(一)清理遺產並製作遺產清單;

(二)向繼承人報告遺產情況;

(三)採取必要措施防止遺產毀損、滅失;

(四)處理被繼承人的債權債務;

(五)按照遺囑或者依照法律規定分割遺產;

(六)實施與管理遺產有關的其他必要行為。

■ 條文主旨

本條是關於遺產管理人職責的規定。

■ 條文釋義

遺產管理人選任之後，就要承擔起管理遺產的職責。遺產管理人管理遺產就要實施各種管理遺產的行為，法律也就有必要明確遺產管理人職責的權限和範圍。遺產管理人應當在法律規定的權限範圍內實施管理遺產的行為。

根據本條規定，遺產管理人的職責包括以下幾個方面：

一是清理遺產並製作遺產清單。遺產管理人要管理遺產，首先就必須掌握被繼承人所遺留的遺產有哪些。因此，遺產管理人的首要職責就是清理遺產。清理遺產就是要清查整理所有的遺產，既要清理被繼承人遺留的動產，也要清理不動產；既要清理有形財產，也要清理無形資產；既要清理債權，也要清理債務。清理遺產還包括應當將被繼承人的個人財產與家庭共有財產予以區分，將個人財產與夫妻共同財產予以區分。遺產管理人在清理遺產時，就要實施清點遺產的必要行為。比如，向佔有遺產的繼承人、利害關係人了解情況，查詢被繼承人投資的公司的財務狀況，向銀行查詢被繼承人的存款情況等。其他相關主體應當予以配合，確保遺產管理人能夠依法履行職責。遺產管理人在清理遺產後，應當製作書面的遺產清單，詳細列明被繼承人遺留的所有財產情況、債權債務情況等。

二是向繼承人報告遺產情況。繼承人是有權參與遺產分割的人，與遺產有密切的利害關係。遺產管理人清理遺產並製作遺產清單後，應當向繼承人報告遺產情況。首先，遺產管理人應當向全體繼承人報告，既包括遺囑繼承人，也包括法定繼承人。雖然被繼承人生前的債權人要通過遺產清償實現自己的債權，受遺贈人也可以獲得被繼承人所贈與的財產，但本項並未規定遺產管理人必須向債權人、受遺贈人報告遺產情況。因此，遺產管理人報告的對象限於繼承人，而不包括受遺贈人和被繼承人的債權人。其次，報告的形式應當是書面形式，因為第 1 項規定遺產管理人有製作遺產清單的義務，遺產管理人製作遺產清單後，就應當以書面形式向繼承人報告。最後，報告的內容。遺產管理人應當向繼承人全面報告遺產情況，就是要把所有的遺產情況告知全體繼承人，包括各種不同的遺產類型，以及被繼承人的債權債務等。當然，如果被繼承人在遺囑中特別說明某項遺產應當秘密歸屬於某個特定的繼承人，則不宜向全體繼承人公佈。

三是採取必要措施防止遺產毀損、滅失。遺產管理人不僅需要清點遺產，還需要承擔起積極妥善保管遺產的職責。在發現遺產存在毀損、滅失的風險時，就要採取必要的措施防止遺產毀損、滅失。遺產管理人在接受遺產後，應當妥善保管遺產，這是遺產管理人最基本的職責。遺產的毀損、滅失包括兩種情況：第一種就是物理上的毀損、滅失。比如，遺產中包括易腐爛的水果、海鮮等，此類遺產如果不及時採取措施處理，可能腐敗變質失去價值。遺產管理人此時就應當將此類遺產予以出售變現，保留其現金價值。第二種就是法律上的毀損、滅失。比如，遺產中的部分動產遭受侵權威脅，或者被侵權人佔有，甚至被犯罪分子盜竊等。遺產的完整權利受到威脅，此時遺產管理人也應當採取必要的法律措施，確保遺產不遭受非法侵害。需要注意的是，遺產管理人僅有防止遺產毀損、滅失的職責，而沒有確保遺產增值的義務。比如，遺產中有上市公司股票若干，若正值股票市場動蕩時期，股票價值波

動很大，遺產管理人是否有必要根據市場價格情況將此股票出售，以防止股票貶值呢？遺產管理人對遺產不宜有太大的處分權，只要確保遺產處於正常狀態，不至於毀損、滅失即可。當然，如果遺產管理人是由全體繼承人共同擔任，在全體繼承人協商一致的情況下對遺產實行必要的處分，也是可以的。

四是處理被繼承人的債權債務。遺產不僅包括各種動產、不動產，還包括被繼承人所享有的各種債權。遺產管理人的職責之一就是處理被繼承人的債權債務。首先是處理債權。遺產管理人在清理遺產時，發現被繼承人生前有債權的，應當依法向債務人主張債權，這種債權既包括合同之債，也包括侵權之債，還包括不當得利和無因管理之債。只要債務人未償還所欠被繼承人的債務，遺產管理人就可以通過各種方式（包括訴訟方式）依法請求債務人償還。其次是處理債務。在分割遺產之前，應當清償被繼承人生前債務。因此，遺產管理人如果發現被繼承人生前負有債務的，也應當以遺產償還此債務。當然，如果發現被繼承人所遺留的債權債務仍處於訴訟程序之中，尚未最終確定，此時，遺產管理人就應當積極參與相關訴訟，依法維護遺產所涉及的權益，確保遺產利益最大化。遺產管理人處理完債權債務後，也應當將處理情況向繼承人報告，以便繼承人掌握遺產的實際情況。

五是按照遺囑或者依照法律規定分割遺產。遺產管理人妥善保管遺產僅僅是暫時性職責，其最終任務就是分割遺產。遺產管理人分割遺產的依據包括：第一是遺囑要求。如果被繼承人生前留下了遺囑，遺產管理人首先需要根據被繼承人所立遺囑處理遺產。如果遺囑指定由特定繼承人繼承某些遺產，則應當將該等遺產分配給特定繼承人；如果遺囑中明確將某些遺產贈與特定的個人或者組織，遺產管理人應當遵從遺囑的要求，將該遺產交由遺囑指定的受遺贈人。第二是法律規定。如果被繼承人生前沒有留下遺囑，遺產管理人需要按照法定繼承的相關規則來分割遺產。此時，遺產管理人必須按照繼承編第二章法定繼承中所規定的繼承人範圍、順序、分配原則等分割遺產。當然，如果被繼承人生前簽訂了遺贈扶養協議，那麼遺產管理人就應當優先按照遺贈扶養協議的約定來處理遺產。

六是實施與管理遺產有關的其他必要行為。遺產管理人除了實施前面 5 項管理遺產的必要行為之外，還應當實施其他與管理遺產有關的必要行為，比如，參與涉及遺產的有關事項，對遺產情況開展必要的調查等。本項為兜底性的規定，只要基於管理遺產的需要，遺產管理人就可以實施相關的行為，確保遺產得到妥善有效的管理。

第一千一百四十八條　遺產管理人應當依法履行職責，因故意或者重大過失造成繼承人、受遺贈人、債權人損害的，應當承擔民事責任。

■ 條文主旨

本條是關於遺產管理人責任的規定。

■ 條文釋義

一、遺產管理人應當依法履行職責

遺產管理人在管理遺產過程中，應當依法履行職責。遺產管理人在管理遺產時，首先，應當遵守繼承編的相關規定，按照上條規定的權限實施管理遺產的各項行為，包括清理遺產、製作遺產清單、報告遺產情況、處理債權債務、分割遺產等。不管遺產管理人實施哪種行為，都應當盡職盡責，不得濫用管理權限。其次，遺產管理人在管理遺產時，不得違反法律，也不得違背公序良俗。不得違反法律就是應當遵守有關法律的規定，比如，被繼承人生前欠有稅款，遺產管理人就應當依法繳納所欠稅款，而不得違法偷稅漏稅。此外，如果遺產所在地對處理特定遺產有特殊的風俗習慣，遺產管理人也應當尊重這些習俗。

二、遺產管理人的法律責任

遺產管理人如果未依法履行職責，根據本條規定，如果是因故意或者重大過失造成繼承人、受遺贈人、債權人損害的，應當承擔民事責任。因此，遺產管理人承擔民事責任的構成要件包括：第一，遺產管理人在客觀上實施了不當的遺產管理行為。遺產管理人必須是在實施遺產管理過程中給利害關係人造成了損害。如果不是因為遺產管理行為損害了繼承人、受遺贈人、債權人的利益，則不屬於本條規定的範疇，應當按照侵權責任編或者其他法律的規定承擔責任。第二，遺產管理人在主觀上有故意或者重大過失。所謂故意，就是明知會侵害他人權益而為之。所謂重大過失，就是違反一般正常管理者應盡的謹慎注意義務。第三，遺產管理人的行為給繼承人、受遺贈人、債權人造成了損害，也就是遺產管理人的不當管理行為造成遺產的損失，進而損害了繼承人、受遺贈人、債權人的利益。遺產管理人的前述行為造成繼承人、受遺贈人、債權人損害的，需要承擔民事責任，即需要承擔賠償損失等責任。

第一千一百四十九條　遺產管理人可以依照法律規定或者按照約定獲得報酬。

■ 條文主旨

本條是關於遺產管理人獲得報酬的規定。

■ 條文釋義

遺產管理人管理遺產必然需要耗費時間和精力，特別是對於巨額遺產的管理人而言，需要花費更多的精力。遺產管理人不僅要履行法律規定的職責，還需要承擔因過錯造成利害關係人損失的責任。權利應當與義務相匹配，賦予遺產管理人獲得報酬的權利是有必要的，也是合理的。

本條規定，遺產管理人可以依照法律規定或者按照約定獲得報酬。首先，遺產管理人可以獲得報酬，也可以不收取報酬。是否獲得報酬，需要視具體情況而定，遺產管理人可以要

求獲得報酬，也可以不要求有報酬。其次，如果法律規定遺產管理人有權獲得報酬的，遺產管理人可以要求獲得報酬；如果當事人之間約定遺產管理人可以獲得報酬的，根據此約定，遺產管理人也可以獲得報酬。最後，遺產管理人報酬的多少可以由當事人約定，如果是人民法院指定遺產管理人的，人民法院可以酌情確定遺產管理人的報酬。

> **第一千一百五十條**　繼承開始後，知道被繼承人死亡的繼承人應當及時通知其他繼承人和遺囑執行人。繼承人中無人知道被繼承人死亡或者知道被繼承人死亡而不能通知的，由被繼承人生前所在單位或者住所地的居民委員會、村民委員會負責通知。

■ **條文主旨**

本條是關於繼承開始通知的規定。

■ **條文釋義**

一、繼承開始通知的重要性

繼承開始意味着繼承人範圍的確定、繼承人和受遺贈人能夠作出接受與放棄的意思表示等。繼承開始的通知直接影響利害關係人權利的行使與放棄。首先，繼承開始通知對於繼承人而言，意味着繼承人是否享有繼承權，能否作出接受與放棄的意思表示。因為只有在繼承開始後，繼承人才能判斷自己是否在繼承人的範圍內，是否享有繼承權，能否作出接受與放棄繼承的意思表示，如果繼承人未收到繼承開始的通知，將無法作出判斷。其次，繼承開始通知對遺囑執行人也很重要，繼承開始，意味着遺囑生效，遺囑執行人就需要開始執行遺囑。如果遺囑執行人沒有收到繼承開始通知，就無法判斷遺囑是否開始生效，是否需要執行遺囑。再次，繼承開始的通知對於受遺贈人而言同樣重要，因為受遺贈人在知道受遺贈後，即接到繼承開始通知並知悉受遺贈的事實，就必須在法定期限內作出是否接受遺贈的意思表示，如果沒有作出的視為拒絕接受。如果受遺贈人未收到繼承開始的通知，其無從知道是否受遺贈，作出是否接受遺贈的意思表示也就無從談起。最後，繼承通知對於遺贈扶養協議中的扶養人、債權人等其他利害關係人而言，也很重要。對於遺贈扶養協議一方的扶養人而言，在繼承開始後，就可以根據協議約定取得受遺贈的財產。對於債權人而言，在收到繼承開始的通知後，就可以向遺產管理人主張通過遺產實現債權。

二、繼承開始通知的義務人

本條規定，繼承開始後，知道被繼承人死亡的繼承人應當及時通知其他繼承人和遺囑執行人。首先，負有繼承開始通知義務的人是繼承人。通常來說，與被繼承人共同生活的繼承人最先知道被繼承人死亡的事實。因此，繼承人知道被繼承人死亡時，有義務及時通知其他繼承人和遺囑執行人。

本條還規定，繼承人中無人知道被繼承人死亡或者知道被繼承人死亡而不能通知的，由被繼承人生前所在單位或者住所地的居民委員會、村民委員會負責通知。被繼承人死亡時，可能沒有繼承人知道被繼承人死亡的事實，或者因為繼承人是無民事行為能力人而無法通知，在此情況下，法律規定被繼承人生前所在單位或者住所地的居民委員會、村民委員會有通知義務。因此，負有繼承開始通知義務的主體還包括被繼承人生前所在單位、住所地的居民委員會或者村民委員會。被繼承人生前所在單位就是被繼承人生前最後工作的單位，可能是被繼承人尚在服務的單位，也可能是被繼承人退休的單位。由於很多企業的人員退休後，養老都轉入社保部門，與單位不再有聯繫，所以被繼承人生前所在單位也未必知道其死亡的事實，在這種情況下，就由被繼承人住所地的居民委員會或者村民委員會負責通知。

當然，除了法律規定的通知義務人之外，其他知曉被繼承人死亡事實的主體，也可以告知利害關係人被繼承人死亡的事實。

三、繼承開始通知的發出

本條規定，繼承人應當及時通知其他繼承人和遺囑執行人。根據第 1121 條第 1 款規定，繼承從被繼承人死亡時開始。因此，從時間上而言，在繼承人等通知義務人知悉被繼承人死亡的事實後，應當及時通知其他繼承人、遺囑執行人。所謂及時通知就是立刻而不遲延地發出繼承開始的通知。

發出繼承開始通知的方式，既可以是口頭通知，也可以是書面通知。隨着現代信息技術的發展，通知方式可以靈活多樣，可以是電話通知、短信通知或者借助其他互聯網即時通訊工具發出通知。

第一千一百五十一條　存有遺產的人，應當妥善保管遺產，任何組織或者個人不得侵吞或者爭搶。

■ 條文主旨

本條是關於遺產保管的規定。

■ 條文釋義

遺產是被繼承人遺留的個人遺產，是被繼承人生前享有所有權的財產。被繼承人死亡後，遺產的所有權隨之轉移。被繼承人生前可能佔有控制着自己所有的財產，這些財產也可能被其他人佔有控制。繼承人死亡後，就涉及遺產的保管問題。

本條規定，存有遺產的人，應當妥善保管遺產，任何組織或者個人不得侵吞或者爭搶。

一、妥善保管遺產

根據本條規定，只要是存有遺產的人，都有義務妥善保管遺產。一是負有保管義務的主

體是存有遺產的人。不管什麼人,只要存有遺產,都有保管義務。被繼承人死亡後,有的遺產可能由繼承人佔有,有的遺產可能是銀行存款,有的遺產可能是由他人承租的不動產,有的遺產可能被他人借用,有的遺產可能被被繼承人所投資公司其他股東所控制,有的專利可能被其他許可人使用着。不論是什麼人存有遺產,都有義務對這些遺產予以保管。即便繼承人放棄了繼承,如果繼承人存有遺產,也有義務保管好直至其他繼承人接手。二是必須妥善保管。存有遺產的人,必須像善良管理人一樣保管好遺產,確保遺產不被損害、毀損或者滅失。妥善保管就是維持遺產的正常狀態。這種保管僅僅是一種消極性的義務,保管人並沒有義務確保遺產保值增值。比如,存有的遺產是有價證券,市場價值波動很大,保管人沒有義務根據市場行情予以變現防止價值貶損。但是,如果存有的是易腐敗的食品等遺產,保管人就有義務予以變賣、拍賣,防止遺產腐敗喪失價值。如果存有遺產的人與被繼承人沒有合同或者其他法律關係,此時即構成無因管理關係,需要根據無因管理的法律規定承擔義務,享有權利。

存有遺產的人如果不願意保管遺產,在遺產管理人確定之後,就應當將遺產交給遺產管理人保管。

二、不得侵吞或者爭搶遺產

本條還規定,任何組織和個人都不得侵吞或者爭搶。存有遺產的人有妥善保管遺產的義務,而對於其他人而言,則不得侵害遺產。一方面,對於存有遺產的人來說,其必須妥善保管遺產,但不得侵吞遺產。所謂侵吞就是不能據為己有,不論誰存有遺產,都必須如實告知遺產管理人其存有遺產的事實,在其不願意繼續保管時,還應當將遺產交由遺產管理人保管。即便根據繼承人所留下的遺囑該遺產由其繼承或者受遺贈,存有遺產的繼承人或者受遺贈人也必須告知遺產管理人,遺產由其存有。比如,甲生前留有一份遺囑,遺囑中將其所有的名人字畫一幅 A 指定由其孫子乙繼承。乙由於辦畫展需要,曾向甲借用 A 字畫,畫展結束後未歸還給甲而是繼續留在自己家中。甲死亡後,乙得知遺囑指定了 A 字畫由其繼承,此時,乙也應當將其存有 A 字畫的事實告知其他繼承人或者遺囑執行人。另一方面,不論遺產由誰保管,其他任何組織和個人都不得爭搶。雖然遺產最終都將由繼承人分割,但只要遺產不是由繼承人存有,任何繼承人都不得爭搶,繼承人之外的人也不得爭搶。不僅個人不得爭搶,任何組織也不得爭搶。當然,如果遺產被依法徵收、徵用的,需要由享有法定權限的機關按照法定程序實施,也必須依法給予補償。

侵吞或者爭搶遺產,都需要依法承擔責任。不僅可能需要承擔相應的民事責任,甚至可能因為其實施的行為構成犯罪而需要承擔刑事責任。

當然,如果遺產管理人因為清理、管理遺產的需要,要求存有遺產的人交出遺產,存有遺產的人就應當將遺產交由遺產管理人統一管理,以便遺產管理人清理遺產、製作遺產清單並依法對遺產進行分割。

> 第一千一百五十二條　繼承開始後，繼承人於遺產分割前死亡，並沒有放棄繼承的，該繼承人應當繼承的遺產轉給其繼承人，但是遺囑另有安排的除外。

■ 條文主旨

本條是關於轉繼承的規定。

■ 條文釋義

繼承根據繼承人是否本人實際繼承，可以分為本繼承、代位繼承和轉繼承。本繼承就是繼承人自己在繼承順序之中直接繼承被繼承人財產。代位繼承就是在繼承順位之中的繼承人於被繼承人死亡前死亡，而由其特定晚輩親屬代位繼承。被代為繼承的人稱為被代位繼承人，實際繼承的人稱為代位繼承人。轉繼承就是繼承人本人在遺產分割前死亡，其應得的遺產份額轉由其繼承人繼承。被轉為繼承的人稱為被轉繼承人，實際繼承的人稱為轉繼承人。

本條規定，繼承開始後，繼承人於遺產分割前死亡，並沒有放棄繼承的，該繼承人應當繼承的遺產轉給其繼承人，但是遺囑另有安排的除外。根據本條規定，發生轉繼承的條件包括：一是被轉繼承人在被繼承人死亡後，遺產分割前死亡。被轉繼承人只有在此特定的時段死亡才發生轉繼承的問題。如果在被繼承人死亡前死亡，則可能發生代位繼承的問題；如果在遺產分割之後死亡的，則是一個新的繼承問題，不存在轉繼承。二是被轉繼承人未放棄繼承。如果被繼承人死亡後，繼承人放棄繼承的，繼承人的繼承權已經不復存在，所謂的轉繼承也就無從談起。三是遺囑沒有其他安排。所謂遺囑沒有其他安排，就是被繼承人在其遺囑中，沒有特別說明所留遺產僅限於給繼承人本人，不得轉繼承給其他人。

轉繼承的法律後果是，繼承人應當繼承的遺產轉給其繼承人。所謂繼承人應當繼承的遺產，就是不管根據法定繼承還是遺囑繼承，只要應由繼承人繼承的財產，都適用轉繼承。轉給其繼承人，就是被轉繼承人應得到的一切遺產都轉由其繼承人繼承。如被繼承人甲有兩個兒子，大兒子乙和小兒子丙。甲死亡後，留有遺囑指定將其中的一古董瓷瓶傳給其長子乙，對於其他財產未作處理。在遺產分割前，乙也不幸死亡，生前未作任何放棄繼承的意思表示。乙的繼承人中僅有已出嫁的女兒丁。在分割遺產時，丁欲取走該瓷瓶。丙認為該古董系傳家之寶，應當由其繼承，故拒絕交給已經外嫁的丁。根據轉繼承的有關規定，由於甲在遺囑中明確指定該古董由乙繼承，雖然乙在遺產分割前死亡，但因其並未放棄繼承，故其應得的遺產應通過轉繼承來繼承。作為乙的繼承人丁，有權經轉繼承取得該瓷瓶，丙不得拒絕。

代位繼承與轉繼承有一定的相似之處，代位繼承和轉繼承發生的前提都是繼承人死亡，但二者也有諸多不同：一是基礎事實不同。雖然代位繼承與轉繼承中繼承人死亡是基礎，但代位繼承中繼承人是先於被繼承人死亡，而轉繼承中繼承人是後於被繼承人死亡。二是繼承人的範圍不同。代位繼承的代為繼承的繼承人範圍限於特定晚輩血親；轉繼承人包括所有法定繼承人。三是適用範圍不同。代位繼承僅限於法定繼承；轉繼承則既適用於法定繼承，也

適用於遺囑繼承。

> **第一千一百五十三條　夫妻共同所有的財產，除有約定的外，遺產分割時，應當先將共同所有的財產的一半分出為配偶所有，其餘的為被繼承人的遺產。**
>
> **遺產在家庭共有財產之中的，遺產分割時，應當先分出他人的財產。**

■ 條文主旨

本條是關於遺產確定的規定。

■ 條文釋義

遺產是被繼承人死亡時遺留的個人合法財產。確定個人遺產時，對於所有權明確屬於被繼承人個人所有的財產，自然屬於遺產範疇。比如，被繼承人生前個人使用的珠寶等。但在大多數情況下，被繼承人都不是獨自生活的，而是與其他繼承人共同生活，財產也往往是共同使用、共同所有。本條的規定就是針對被繼承人與其他人共有財產時應當如何確定遺產的問題。

一、遺產從夫妻共同財產中劃分

本條第 1 款規定，夫妻共同所有的財產，除有約定的外，遺產分割時，應當先將共同所有的財產的一半分出為配偶所有，其餘的為被繼承人的遺產。因此，對於共同生活的夫妻而言，首先需要區分個人財產與夫妻共同財產。這需要根據夫妻財產制來判斷：如果夫妻實行分別財產制，由於夫妻雙方約定財產歸各自所有，任何一方的財產都比較好確定；如果實行的是夫妻共同財產制，那就需要根據財產的狀況來判斷屬於共同財產還是個人財產。

婚姻家庭編第 1063 條規定了屬於夫妻一方財產的情形，具體包括：（1）一方的婚前財產；（2）一方因受到人身損害獲得的賠償或者補償；（3）遺囑或者贈與合同中確定只歸一方的財產；（4）一方專用的生活用品；（5）其他應當歸一方的財產。根據該條規定，被繼承人的婚前財產、明確指定受贈人為其個人的財產、專用生活用品等，這些都屬於個人財產，因此，也就屬於遺產的範疇。

第 1062 條規定了夫妻共同財產的範圍，該條第 1 款規定：「夫妻在婚姻關係存續期間所得的下列財產，為夫妻的共同財產，歸夫妻共同所有：（一）工資、獎金、勞務報酬；（二）生產、經營、投資的收益；（三）知識產權的收益；（四）繼承或者受贈的財產，但是本法第一千零六十三條第三項規定的除外；（五）其他應當歸共同所有的財產。」對於這些夫妻共同財產，必須先予以分割，才能確定哪些屬於被繼承人的個人財產。根據本條第 1 款的規定，對於夫妻共同財產，除有約定的外，遺產分割時，應當先將共同所有的財產的一半分出為配偶所有，其餘的為被繼承人的遺產。因此，對於夫妻共同財產，除非被繼承人與其配偶

另有約定，應當按各分一半的原則予以分割，故需要將其中的一半分給其配偶，剩下的一半才屬於被繼承人的遺產。

二、遺產從家庭共同財產中劃分

本條第 2 款規定，遺產在家庭共有財產之中的，遺產分割時，應當先分出他人的財產。被繼承人與家庭成員共同生活，勢必與其他家庭成員有家庭共同財產在分割遺產時，也必須將其個人的共有份額劃分出來，確定為遺產。比如，在承包土地經營的農戶中有一家庭成員死亡，由於土地承包經營是以家庭為單位，在分割遺產時，就需要根據農村土地承包法的規定予以分割。農村土地承包法第 32 條第 1 款規定：「承包人應得的承包收益，依照繼承法的規定繼承。」因此，可以繼承的僅為被繼承人應得的承包收益，即開展承包經營獲得的部分收益。再比如，甲一家四口在城市購買商品房一套，該房產的所有權屬於按份共有產權，其中甲享有 70% 的所有權，其餘三口人各佔 10% 的所有權份額。甲死亡後，就應當將其所有的 70% 的產權劃分出來，只有這 70% 的商品房的建築物區分所有權屬於遺產。

> **第一千一百五十四條** 有下列情形之一的，遺產中的有關部分按照法定繼承辦理：
> （一）遺囑繼承人放棄繼承或者受遺贈人放棄受遺贈；
> （二）遺囑繼承人喪失繼承權或者受遺贈人喪失受遺贈權；
> （三）遺囑繼承人、受遺贈人先於遺囑人死亡或者終止；
> （四）遺囑無效部分所涉及的遺產；
> （五）遺囑未處分的遺產。

■ 條文主旨

本條是關於按法定繼承辦理的規定。

■ 條文釋義

根據本法第 1123 條的規定，在涉及遺產處理的各種方式中，遺贈扶養協議最具優先效力，如果被繼承人生前簽訂了遺贈扶養協議，應當先按遺贈扶養協議處理遺產；如果被繼承人立了遺囑，則應該再按照遺囑的內容處理遺產；最後才是按照法定繼承來處理遺產。但是遺贈扶養協議、遺囑都可能因為種種原因而無法或者不用執行，這就涉及這些遺產應當如何處理的問題。

法定繼承作為法律規定的繼承方式，能夠填補被繼承人的遺願空白。因此，在被繼承人未就遺產作處分或者所作處分因特定原因而不實際發生效力時，就需要按照法定繼承處理被繼承人的遺產。根據本條規定，在以下幾種情況下，應當按照法定繼承處理被繼承人的遺產：

一是遺囑繼承人放棄繼承或者受遺贈人放棄受遺贈。根據本法1124條的規定，繼承開始後，繼承人可以放棄繼承，受遺贈人可以放棄受遺贈。如果遺囑繼承人放棄遺囑繼承，那麼遺囑所涉及的部分遺產，就轉為根據法定繼承辦理；同樣，如果受遺贈人在知道受遺贈後明確表示放棄受遺贈的，或者在60日內未作出接受遺贈的意思表示的，就視為放棄受遺贈，被繼承人遺贈的那部分遺產應按照法定繼承辦理。比如，甲在遺囑中說明，將其所藏名人字畫一幅贈與好友乙。甲死亡後，乙不願意接受此名人字畫，表示此字畫還是留給甲的家人更為合適。乙作出了放棄受遺贈的意思表示，故此名人字畫就應當由甲的繼承人按照法定繼承處理。

二是遺囑繼承人喪失繼承權或者受遺贈人喪失受遺贈權。本法第1125條規定了繼承人喪失繼承權、受遺贈人喪失受遺贈權的法定事由。遺囑繼承人如果實施了法律規定的會導致喪失繼承權的行為，喪失繼承權後也未得到被繼承人的寬恕，繼承權未能恢復，本來根據遺囑應由其繼承的遺產，因其喪失繼承權而轉為按照法定繼承辦理。同樣，如果受遺贈人實施了特定行為，喪失了受遺贈權，本應由其接受的遺產也需要法律明確應當如何處理。繼承法未對喪失受遺贈權作出規定，繼承編在第1125條第3款增加規定後，本項作了相應修改，明確受遺贈人喪失受遺贈權的，有關部分遺產也應按照法定繼承辦理。

三是遺囑繼承人、受遺贈人先於遺囑人死亡或者終止。遺囑繼承人先於遺囑人死亡的，遺囑人可能並不知道這一事實，此時，遺囑所指定的繼承人已經死亡，喪失民事主體資格，也就無法獲得遺囑繼承權。需要注意的是，在法定繼承情況下，繼承人先於被繼承人死亡的，可能將會發生代位繼承，繼承人的特定晚輩親屬將因代位繼承而獲得遺產。受遺贈的自然人先於遺囑人死亡的，受遺贈的組織先於遺囑人死亡即已終止的話，在遺囑人死亡後，因為受遺贈人已經死亡或者終止，不再具有民事主體資格，也就無法就是否接受遺贈作出意思表示，同樣不能獲得遺贈的遺產。此時，遺囑人所遺贈的此部分遺產，同樣需要按照法定繼承辦理。

四是遺囑無效部分所涉及的遺產。遺囑繼承優先於法定繼承，但遺囑繼承優先的前提是遺囑合法有效，如果遺囑無效，那麼，遺囑就不具有執行的法律效力，遺囑繼承也就無從談起。本法第1143條規定了遺囑無效的法定情形，包括無民事行為能力人和限制民事行為能力人所立的遺囑，遺囑人受欺詐所立遺囑，遺囑人受脅迫所立遺囑，偽造的遺囑，遺囑被篡改的部分。不論遺囑是因為哪種原因導致無效，那麼遺囑所涉及的那部分遺產都必須按照法定繼承辦理。比如，老年人甲因老年癡呆失去民事行為能力，甲享有一套房產的所有權，同時還有銀行存款30萬元。甲因患病住院，住院期間某護士乙為其提供了非常周到細緻的照顧，甲遂立下遺囑，寫明將其銀行存款贈與護士乙。甲因治療無效逝世。對於甲在遺囑中所寫的銀行存款的處理，因甲係無民事行為能力人，其所立遺囑無效，故應按照法定繼承處理。同樣，因為遺囑還存在部分無效的情形，此時，僅所涉部分遺產應按照法定繼承辦理。比如，丙有A、B兩處房產的所有權，因丙的女兒丁非常孝順，故丙在一份遺囑中明確A處房產歸其女兒丁繼承。此後，不孝之子戊獲悉此事，遂脅迫丙立遺囑聲明B房產歸戊繼承。

丙死亡後，由於後一份遺囑係戊脅迫丙所立，該遺囑無效，故該遺囑所涉及的 B 房產應按法定繼承辦理，而不能由戊單獨繼承。但因前一份遺囑合法有效，故 A 房產仍應按照遺囑繼承辦理，應當由丁繼承。

五是遺囑未處分的遺產。被繼承人死亡時如果立了遺囑，遺囑可能會處分全部遺產，此時就應按遺囑執行。如果遺囑仍有部分未處分的遺產，對這部分遺產就應按照法定繼承辦理。

所謂按照法定繼承辦理，就是根據第二章法定繼承所規定的繼承人範圍、順序、份額等依法對遺產進行分割。

第一千一百五十五條　遺產分割時，應當保留胎兒的繼承份額。胎兒娩出時是死體的，保留的份額按照法定繼承辦理。

■ 條文主旨

本條是關於保留胎兒繼承份額的規定。

■ 條文釋義

總則編第 16 條規定，涉及遺產繼承、接受贈與等胎兒利益保護的，胎兒視為具有民事權利能力。但是，胎兒娩出時為死體的，其民事權利能力自始不存在。因此，根據本條的規定，胎兒在遺產繼承方面是具有民事權利能力的。

根據總則編第 16 條的規定，既然視胎兒具有繼承方面的權利能力，也就意味着胎兒可以享有繼承權。因此，只要受孕在身，作為具有權利能力的一分子，胎兒就擁有依法獲得遺產的權利。但畢竟胎兒尚未出生，為了確保胎兒的繼承權不受影響，本條專門進行規定。

首先，遺產分割時，應當保留胎兒的繼承份額。胎兒享有繼承權，但是畢竟胎兒尚未出生，無法確認胎兒是否能夠正常出生。因此，本條規定在遺產分割的時候，需要保留胎兒的繼承份額。所謂保留胎兒的繼承份額，就是在計算參與遺產分割的人數時，應該將胎兒列入計算範圍，作為參與分割的一分子，將其應得的遺產劃分出來。需要注意的是，這裏的繼承份額既包括法定繼承時的繼承份額，也包括遺囑繼承時的份額。在法定繼承時，如果胎兒在繼承人範圍和順序之內，應當按照法定或者協商確定的分割原則、比例計算胎兒的應繼承遺產份額。在遺囑繼承時，如果遺囑中明確哪些遺產屬於受孕之胎兒的，那麼在分割遺產時，就應將此部分遺產予以保留，而不得以胎兒尚未出生為由予以瓜分。保留的是胎兒應得的遺產份額，就是將胎兒按照一個普通繼承人計算所應獲得的遺產。如果遺產是不動產，對不動產實行價值分割時，就要保留胎兒應得的那份價值；如果是對動產進行實物分割，就應保留胎兒應得的那部分實物。

其次，本條同時規定，胎兒娩出時是死體的，保留的份額按照法定繼承辦理。胎兒畢竟尚未出生，能否順利分娩尚未可知。在分娩胎兒時可能有兩種情況：第一種是順利分娩，即順利出生，胎兒即成為活的嬰兒，也就成為獨立的民事主體。這時，為胎兒所保留的遺產即成為出生之嬰兒的財產。第二種情況就是分娩失敗，娩出的胎兒為死體。根據總則編第16條規定，胎兒娩出時為死體的，其民事權利能力自始不存在。在這種情況下，胎兒的民事權利能力自始不存在，因此，包括繼承的權利能力在內的所有權利能力都溯及地消滅。所保留的遺產自然無法為沒有權利能力者取得。根據本條的規定，胎兒娩出時是死體的，為胎兒所保留的遺產份額就需要按照法定繼承辦理，即由被繼承人的法定繼承人繼承。如被繼承人甲死亡，留下價值600萬元的房產一套。考慮到其妻子乙已懷胎，甲特地在遺囑中明確將自己的存款100萬元作為遺腹子的撫育資金，指定由遺腹子繼承。甲的父母、妻子對該房產進行價值分割時，依法對乙腹中的胎兒保留了其中的一份150萬元。由於乙生產不順導致胎兒未能順利出生，胎死腹中。此時，為乙腹中胎兒所保留的遺囑繼承中的銀行存款100萬元、法定繼承中的房產價值分割150萬元，都需要按照法定繼承辦理，即由甲的法定繼承人（包括甲的配偶乙、甲的雙親）按照法定繼承進行分割。

第一千一百五十六條　遺產分割應當有利於生產和生活需要，不損害遺產的效用。不宜分割的遺產，可以採取折價、適當補償或者共有等方法處理。

■ 條文主旨

本條是關於遺產分割的規定。

■ 條文釋義

繼承人在大多數情況下都不是只有一人，所以遺產往往是數人參與繼承。遺產的分割就是在共同參與繼承的數個繼承人之間，按照繼承人應當繼承的份額予以分配。遺產分割前由全體繼承人共有，分割之後，各繼承人所獲得的遺產即轉為其個人財產。正常情形下，遺產分割應該是繼承的最後一個環節。繼承從被繼承人死亡後，即需要啟動繼承開始通知程序，確定繼承人範圍，選任遺產管理人，遺產管理人開始清點遺產、製作遺產清單、處理債權債務等，在清理完畢所有債權債務之後，最終剩下的遺產就是由繼承人共同繼承的遺產，各繼承人要實現自己的繼承權，最終就需要對遺產予以分割。

一、遺產分割的原則

本條首先規定，遺產分割應當有利於生產和生活需要，不損害遺產的效用。遺產可能是動產、不動產，也可能是有價證券、銀行存款，還可能是投資性資產。對於不同的遺產，在分割時，需要根據遺產的具體情況進行分割。但不管分割什麼遺產，都要遵循這一原則，即

有利於生產和生活、物盡其用。

首先，遺產分割要有利於生產。對生產資料型遺產的分割而言，在分割時，就應該按照有利於生產的原則進行。有利於生產可以從兩個方面考慮：一方面，不能損害遺產本身的生產性用途，確保遺產分割後還能用於正常的生產經營。比如，農民甲死亡後，遺產包括耕地用的拖拉機一台。對於這台拖拉機，繼承人在分割時，就需要根據其農業用途進行分割，而不宜將拖拉機拆解用於其他用途。另一方面，就是在分割遺產時，還要考慮繼承人的能力、職業等因素，確保遺產分割後能得到繼承人的合理充分利用。比如，對於前面所說甲遺留的拖拉機，如果甲的繼承人中僅有乙在農村從事農業生產，其他繼承人均在城市居住，從事非農業工作。在分割遺產時，即應儘量將該拖拉機分割給乙，這樣乙就可以充分實現該遺產的使用價值。

其次，遺產分割要有利於生活。對於生活性用途的遺產，則應該考慮如何分割更便利於繼承人的生活。比如，對於被繼承人日常使用的電視機、洗衣機等生活物品，應將這些遺產儘量分割給予被繼承人共同生活的繼承人，這樣便於繼承人繼續使用這些遺產。總之，繼承人之間應當相互體諒，從有利於生產、生活的角度考慮各種遺產的分割。

最後，遺產分割要物盡其用。所謂物盡其用就是要根據物本身的屬性、特徵來分割，確保實現遺產的使用價值、經濟價值最大化，充分實現遺產的效用。比如，被繼承人死亡時遺留有明代古董家具一套，如果予以拆分，價值將明顯減少，此時就應由一個繼承人繼承這一套家具更適宜，更能實現該遺產的經濟價值。

二、遺產分割的方法

本條還規定，不宜分割的遺產，可以採取折價、適當補償或者共有等方法處理。有些遺產可以直接分割，就需要按照遺產分割的原則進行分割。但是有些遺產不適宜分割，或者分割後會損害其效用，導致價值貶損，就需要採取其他方式予以分割。

一般而言，遺產分割的方式包括四種：一是實物分割。實物分割就是對遺產進行物理上的分離，繼承人按照各自份額分別佔有不同部分。比如，被繼承人遺留有貴重首飾若干，即可以採取實物分割的方法，由每個繼承人各分得若干件首飾。二是變價分割。有的遺產不適合進行實物分割，進行實物分割可能導致該遺產失去價值，或者所有繼承人都不想取得該遺產的實物，就可以變賣該遺產取得價款，由繼承人按照各自的繼承份額對價款進行分割。比如，被繼承人甲死亡後留有大型運輸卡車一輛，由於繼承人均不會開運輸卡車，也不願意利用該卡車進行運輸經營。此時，就可以將該卡車予以出售變現，各繼承人再對取得的價款進行分割。三是補償分割。對於不宜進行實物分割的遺產，如果其中有繼承人願意取得該遺產，就可以由該繼承人取得遺產的所有權。再由取得遺產所有權的繼承人根據其他繼承人對該遺產的價值所應取得的比例，支付相應的價金，對其他繼承人予以補償。四是保留共有。有的遺產不宜進行實物分割，所有繼承人都願意取得該遺產的，或者繼承人基於某種生產或生活的目的，願意繼續維持遺產的共有狀況，就可以由繼承人對該遺產繼續共有。這時的共有屬於按份共有，即根據各繼承人應繼承的份額共同享有所有權。保留共有的可能是對家

庭具有特殊紀念意義的物品。比如，甲死亡後遺留有傳家古董一個，該古董無法進行實物分割，其繼承人均不願意對該古董進行價值分割，各繼承人都想繼續讓全家共有此古董，即可以達成共識，繼續保持對該古董的共有狀態。

> **第一千一百五十七條　夫妻一方死亡後另一方再婚的，有權處分所繼承的財產，任何組織或者個人不得干涉。**

■ 條文主旨

本條是關於配偶再婚時有權處分繼承財產的規定。

■ 條文釋義

在遺產分割之後，繼承人所分得的遺產就屬於個人財產，即便是保留共有遺產，共有人之間也是按份共有。因此，從理論上而言，不論被繼承人生前與繼承人是何種法律關係，在被繼承人死亡後，被繼承人的民事權利能力消滅，民事主體資格喪失，其與繼承人的法律關係即告消滅。同樣，在遺產分割之後，繼承人之間對遺產的共有關係發生變化，繼承人通過遺產分割取得的遺產作為個人所有的財產，其對此當然依法享有處分權。即便繼承人再婚，也是可以自由處分自己所繼承的財產。因此，在繼承編起草審議過程中，有的意見提出，本條沒有必要規定，可以刪除。考慮到我國的特殊國情，在有的地方還有些落後習俗，「寡婦帶產改嫁」仍受到一定的限制，保留本條規定還是有必要的。

本條規定，夫妻一方死亡後另一方再婚的，有權處分所繼承的財產，任何組織或者個人不得干涉。首先需要說明的是，夫妻任何一方死亡，另一方均有再婚的權利。原因在於，首先，自然人死亡的，其民事主體資格消滅，其他人與其的身份關係也告終止。因此，夫妻關係隨着一方的死亡也就消滅了，在世一方有權再婚，與其他人締結新的婚姻關係。這種婚姻自主權是受到法律保護的。其次，在世的配偶一方不論是否再婚，都有權處分自己繼承取得的財產。繼承的遺產不管是動產，還是不動產，在法律上而言都是其個人所有的財產。根據法律的規定，所有人有權處分自己的財產。再次，如果在世配偶一方再婚，有權依法處分自己繼承所獲得的財產。這裏的處分，既可以是轉移佔有、拋棄，也可以是贈與、出售，甚至銷毀。總之，當事人可以按照自己的意志自由處分。最後，任何組織或者個人都不得干涉。不論是再婚者的子女、公婆或者岳父母、兄弟姐妹，還是妯娌或者其他姻親、血親，以及其他家族人員等，都不得干涉。所謂干涉就是施加影響力，包括阻止、破壞、阻擾。比如，被繼承人甲死亡後，其妻子乙繼承獲得位於 A 村的房產一套。後乙與 B 村的丙再婚，因丙無房，故丙搬來 A 村與乙共同居住。甲的哥哥丁認為，乙所繼承的房屋為其家族的祖屋，外人不得入住，遂欲阻止丙入住。丁的行為即違反了本條的規定，乙繼承取得了房產後，有權與

再婚配偶共同居住使用，丁的行為屬於非法干涉乙對財產的處分權。

> **第一千一百五十八條** 自然人可以與繼承人以外的組織或者個人簽訂遺贈扶養協議。按照協議，該組織或者個人承擔該自然人生養死葬的義務，享有受遺贈的權利。

■ 條文主旨

本條是關於遺贈扶養協議的規定。

■ 條文釋義

遺贈扶養制度是具有中國特色的一種法律制度。遺贈扶養協議制度源於我國農村地區的「五保戶」制度。「五保戶」就是在農村地區無勞動能力、無生活來源又無法定贍養、扶養義務人，或者其法定贍養、扶養義務人無贍養、扶養能力的，由集體經濟組織負責其供養及死後的喪葬。繼承法制定時，將此項制度予以法律化，規定了遺贈扶養協議制度。隨着我國社會保障制度的不斷完善，國家逐步完善了農村的養老保險等相關制度。同時，為了促進農村社會保障制度的發展，國務院還專門制定了《農村五保供養工作條例》，從職責分工、供養對象、供養內容、供養形式等方面予以規範。遺贈扶養協議在特定歷史時期曾發揮着實現老有所養的功能。隨着我國人口結構步入老齡化，人民群眾的養老需求多樣化，養老模式不斷變化，養老產業不斷發展。繼承編適應我國養老形式多樣化的需要，對繼承法的遺贈扶養協議的規定進行了適當修改，擴大了供養人的範圍，進一步完善了遺贈扶養協議制度。

一、遺贈扶養協議的特徵

遺贈扶養協議就是自然人（遺贈人、受扶養人）與繼承人以外的組織或者個人（扶養人）簽訂的，由扶養人負責受扶養人的生養死葬，並享有受遺贈權利的協議。

首先，遺贈扶養協議是一種協議。協議是一種雙方法律行為，因此，需要雙方當事人意思表示達成一致方能成立。這是遺贈扶養協議與遺贈、遺囑的本質區別。遺贈、遺囑都是單方法律行為，遺贈人、遺囑人單方作出意思表示即可。遺贈扶養協議作為雙方法律行為，一旦成立生效，對雙方當事人都有法律約束力，雙方必須嚴格遵守，否則將構成違約。遺贈扶養協議的雙方當事人一方是受扶養人，另一方是扶養人。其次，遺贈扶養協議是雙務有償法律行為。不僅扶養人有扶養另一方的義務，受扶養人也需要按照約定將自己的遺產贈與對方。遺贈扶養協議是有償的，雙方都需要向對方支付對價。扶養人支付對價的方式就是負責受扶養人的生養死葬，受扶養人就是通過死後將遺產贈與扶養人的方式支付對價。最後，遺贈扶養協議為要式法律行為。遺贈扶養協議需要以書面方式作出。因為雙方達成遺贈扶養協議後，協議的履行期限往往較長，且扶養人在受扶養人死亡後才能取得遺產，如果沒有書面協議，受扶養人死亡後，將死無對證，無法確認雙方是否存在真實的遺贈扶養關係。

根據本條規定，自然人可以與繼承人以外的組織或者個人簽訂遺贈扶養協議。需要注意的是，遺贈扶養協議的雙方當事人比較特殊：一方為自然人，即受扶養人。受扶養的自然人不論基於何種原因，只要其本人欲通過此種方式養老，即可以採取，而不論其是否有法定的扶養義務人。另一方必須為繼承人以外的組織或者個人。因此，法定繼承人是不能與被繼承人簽訂遺贈扶養協議的。在繼承編起草制定過程中，有的意見提出，應當允許繼承人與被繼承人簽訂繼承協議。考慮到贍養老人是中華民族的傳統美德，如果允許一部分繼承人與另一部分繼承人及被繼承人簽訂協議，部分繼承人放棄繼承而不承擔贍養義務，另一部分繼承人贍養被繼承人而繼承遺產，這有悖於法律規定的贍養義務，也不符合傳統美德。故本條規定，遺贈扶養協議必須是受扶養人與繼承人之外的人簽訂。繼承法規定扶養人只能是個人或者集體經濟組織。本條規定扶養人除繼承人之外的個人外，將集體經濟組織擴大到各種組織。這裏的組織既可以是法人，也可以是非法人組織。當然，應當是具備承擔養老職能的組織。

二、遺贈扶養協議的主要內容

本條規定，遺贈扶養協議就是按照協議，作為扶養人的組織或者個人承擔受扶養人生養死葬的義務，享有受遺贈的權利。根據合同法的一般原理，遺贈扶養協議應當包括以下主要內容：

一是協議雙方當事人。協議應當載明受扶養人的姓名、身份證號碼、住址等基本信息，以及扶養人個人的姓名、身份證號碼、住址或者組織的名稱、住所等基本信息。

二是扶養人的義務和受扶養人的權利。扶養的主要義務包括兩個方面：一方面就是「生養」。在受扶養人生存期間，扶養人需要承擔對受扶養人生活上的照料和扶助義務，特別是在受扶養人生病時應當提供的照護，在協議中應儘量寫明照料的標準和水平。另一方面就是「死葬」。在受扶養人死亡後，扶養人應當負責辦理受扶養人的喪事，包括按照受扶養人的遺願辦理遺體火化、埋葬等事宜。這些扶養人的義務，同時也是受扶養人的權利。

三是受扶養人的義務，也就是扶養人的權利。扶養人的權利主要就是根據協議取得受扶養人所贈與的遺產。因此，雙方應當在協議中寫明，受扶養人擬將哪些遺產贈與扶養人。同時還應約定受扶養人在世期間不得擅自處分協議所涉及的財產。

四是協議的解除。雙方可以在協議中約定，如果一方違反約定，另一方有權要求解除遺贈扶養協議，並要求對方承擔相應的補償責任。比如，約定如果扶養人拒絕履行扶養義務，受扶養人有權解除合同，且不必向扶養人支付費用；還可以約定如果受扶養人擅自處分協議所涉及的財產，扶養人可以解除協議，並要求受扶養人支付相應的供養費用。

五是爭議解決條款。雙方可以在協議中約定一旦發生爭議，可以通過哪些途徑解決，通過仲裁，還是調解，還是訴訟方式。同時應儘量明確約定爭議解決的具體機構。

三、遺贈扶養協議的效力

遺贈扶養協議與一般的財產性合同有較大差別，不僅在合同內容上有很大不同，在法律效力上也是如此。首先，在一般合同中，如果合同締約一方當事人死亡，合同主體就消亡，合同因缺少主體而告終止。遺贈扶養協議則不同，在受扶養人死亡後，扶養人才開始根據協

議獲得受遺贈權，這種權利並不會因為對方死亡而消滅。其次，一般合同的效力都具有相對性，即合同通常僅對締約的雙方當事人具有法律約束力，對其他第三人沒有法律效力。遺贈扶養協議則不同，不僅對簽訂遺贈扶養協議的雙方具有法律約束力，對受扶養人的繼承人、其他受遺贈人也有約束力。受扶養人的繼承人不得根據法定繼承排斥扶養人的受遺贈權。受扶養人的遺囑不能與遺贈扶養協議內容相矛盾，如有相牴觸的，應當執行遺贈扶養協議的內容。因此，遺贈扶養協議的效力優先於遺囑，也優先於法定繼承。

> **第一千一百五十九條　分割遺產，應當清償被繼承人依法應當繳納的稅款和債務；但是，應當為缺乏勞動能力又沒有生活來源的繼承人保留必要的遺產。**

■ 條文主旨

本條是關於分割遺產應當繳納稅款、保留必要遺產的規定。

■ 條文釋義

遺產是被繼承人遺留的合法財產，一般而言，被繼承人在生前不僅會留有財產，有的被繼承人還會留下債務或者其他義務。被繼承人生前所負擔的各種債務，理論上稱為遺產債務。遺產債務是被繼承人個人所欠的債務。這種債務可能完全是被繼承人個人的債務，也可能是共同債務中被繼承人應當分擔的那部分債務。遺產債務是被繼承人生前所欠的，被繼承人死亡後因處理善後事務而發生的各種費用不屬於遺產債務。遺產債務需要用遺產來償還。遺產管理人的職責之一就是清理並處理被繼承人的債權債務。故本條首先規定，分割遺產，應當清償被繼承人依法應當繳納的稅款和債務。

1. 清償應繳納的稅款。我國憲法第 56 條規定：「中華人民共和國公民有依照法律納稅的義務。」根據稅收徵收管理法第 4 條的規定，納稅人必須依照法律、行政法規的規定繳納稅款。稅收具有強制性，依法納稅是公民的憲法義務，這種義務是強制性的；稅收還具有無償性，個人繳納稅款時並不能直接獲得對價，但可以享受政府提供的公共服務。如果被繼承人生前有未繳納的稅款，所欠的稅款可以視為其對國家所欠的債務。被繼承人死亡後，就需要用其遺產來清償所欠稅款。稅款，可能是被繼承人生前未繳納的個人所得稅，也可能是其出售不動產應繳納的印花稅、增值稅，等等。只要是被繼承人個人生前未繳納的稅款，並不會因為其死亡而消失，仍需要以其遺留的個人財產來支付。

2. 清償債務。債務就是被繼承人生前對其他民事主體所負的私法上的各種債務。債務包括合同之債，也包括侵權之債，還可以是不當得利或者無因管理之債；債務可能是主債務，也可能是因為提供保證、抵押、質押而形成的從債務；債務可能純屬個人債務，也可能是與他人形成的共同債務、連帶債務。不論是哪種類型的債務，只要是被繼承人生前所負，都需

要以遺產清償。

被繼承人生前所欠稅款和債務，應當是在分割遺產之前予以清償。遺產管理人在清理被繼承人的債權債務後，需要及時予以處理，該繳納的稅款應當繳納，該清償的債務必須及時清償，在清理完債權債務之後，再按照遺囑的內容處分剩餘遺產，或贈與，或按照遺囑繼承，或按照法定繼承分割遺產。如果在分割遺產之前，不知道被繼承人存在遺產債務的，在遺產分割之後，仍需要依法以遺產予以清償。

3. 保留必要的遺產。本條中的但書規定，清償所欠稅款和債務，應當為缺乏勞動能力又沒有生活來源的繼承人保留必要的遺產。根據此規定，不論是以遺產繳納所欠稅款還是償還所負債務，需要注意的是，必須為缺乏勞動能力又沒有生活來源的繼承人保留必要的遺產。保留必要遺產需要從以下幾個方面理解：首先，需要保留的前提是遺產可能不足以清償債務和繳納稅款。如果遺產比較多，繳納稅款和償還債務後仍綽綽有餘，則沒有必要專門予以保留。其次，保留遺產指向的對象是缺乏勞動能力又沒有生活來源的繼承人。作出保留必須同時滿足三個條件：第一，獲得保留遺產的人必須是繼承人，繼承人以外的人不能享有此權利。第二，繼承人缺乏勞動能力。缺乏勞動能力就是因種種原因無法參與生產勞動而獲得經濟收入維持生計。缺乏勞動能力可能是因為年齡尚小而無勞動能力，也可能是因年齡太大或者因病殘而喪失勞動能力。沒有勞動能力必須是客觀上造成的無法勞動，而不是繼承人主觀上不願意就業造成的。第三，繼承人沒有生活來源。沒有生活來源就是繼承人無法通過自身勞動獲取收入養活自己，或者沒有其他經濟收入用以維持生計。如果繼承人雖然沒有勞動能力，但是其在銀行有巨額存款或者已經專門為其設立了生活基金，足以為其提供生活所需之費用，此時就不能說其沒有生活來源。之所以要為這種繼承人保留遺產份額，體現的就是一種人文關懷。最後，保留的是必要的遺產。就數量而言，為缺乏勞動能力又沒有生活來源的繼承人保留的是必要的遺產。必要遺產就是維持其正常生活所需的必要的遺產，而不是全部遺產或者要確保其過超出一般人正常生活的奢侈生活。

保留必要遺產具有優先於稅款和債務的效力，只要被繼承人的遺產可能不足以清償所欠稅款和債務，就必須予以保留。這也是我國很多立法所堅持的一貫立場。比如，民事訴訟法第 243 條第 1 款規定，被執行人未按執行通知履行法律文書確定的義務，人民法院有權扣留、提取被執行人應當履行義務部分的收入。但應當保留被執行人及其所扶養家屬的生活必需費用。稅收徵收管理法第 40 條第 3 款規定，個人及其所扶養家屬維持生活必需的住房和用品，不在強制執行措施的範圍之內。稅收徵收管理法第 42 條規定，稅務機關採取稅收保全措施和強制執行措施必須依照法定權限和法定程序，不得查封、扣押納稅人個人及其所扶養家屬維持生活必需的住房和用品。

> **第一千一百六十條　無人繼承又無人受遺贈的遺產，歸國家所有，用於公益事業；死者生前是集體所有制組織成員的，歸所在集體所有制組織所有。**

■ 條文主旨

本條是關於無人繼承遺產的規定。

■ 條文釋義

一、無人繼承遺產

無人繼承遺產就是沒有繼承人或者受遺贈人接收遺產。被繼承人的遺產無人接收，原因可能是多種多樣的：第一，無人繼承的遺產，可能客觀上既沒有繼承人，也沒有受遺贈人。沒有法定繼承人就是法律規定的第一順序、第二順序繼承人都沒有，被繼承人也未留有遺囑指定受遺贈人。第二，雖然被繼承人有繼承人或者通過遺囑確定了受遺贈人，但是繼承人全部放棄繼承，受遺贈人也都放棄受遺贈。第三，被繼承人死亡後，雖然有繼承人，但繼承人全部喪失繼承權且未得以恢復。第四，被繼承人死亡後，沒有法定繼承人或者法定繼承人喪失繼承權，僅在遺贈中處理了部分遺產，其餘遺產也構成無人繼承遺產。

不論基於何種原因，只要被繼承人的遺產實際上無人受領，就會形成無人繼承遺產，此種情況下，遺產不能任由他人先佔取得。

二、無人繼承遺產的歸屬

為了明確我國無人繼承遺產的歸屬，本條規定，無人繼承又無人受遺贈的遺產，歸國家所有，用於公益事業；死者生前是集體所有制組織成員的，歸所在集體所有制組織所有。根據此規定，在我國無人繼承的遺產需要根據不同情況分別處理：如果死者生前是集體所有制組織成員的，其遺產歸集體所有制組織所有；如果死者生前為其他人員的，則其遺產歸國家所有，應用於公益事業。

1.歸國家所有，用於公益事業。一般情況下，如果死者為城鎮居民而非農村居民，其遺留的無人繼承遺產歸國家所有。歸國家所有就是收歸國庫，由政府有關部門負責處理。但政府主管部門處理無人繼承遺產需要堅持一個原則，即將這些財產用於公益事業。這項要求是繼承法沒有的，在繼承編起草過程中，考慮到無人繼承遺產由國家無償取得，為了充分發揮這部分財產的價值，更好地體現「取之於民用之於民」的宗旨，故明確必須用於公益事業。這裏的公益事業可以是教育事業、醫療事業、慈善事業等。用於公益事業就不能用於非公益事業，比如，用於行政辦公經費支出。至於具體用於何種公益事業，則由政府主管部門具體分配。

2.歸集體所有制組織所有。如果死者生前是集體所有制組織成員的，因其生前一般都會從集體所有制組織獲得土地承包經營權、分紅等經濟利益，將其遺產確定歸集體所有制組織也合情合理，且土地承包收益、宅基地上的房產等具有特殊性質的財產，規定由集體所有制組織所有，也便於集體所有制組織根據本集體的具體情況作出妥善處理。

> **第一千一百六十一條**　繼承人以所得遺產實際價值為限清償被繼承人依法應當繳納的稅款和債務。超過遺產實際價值部分，繼承人自願償還的不在此限。
>
> 　　繼承人放棄繼承的，對被繼承人依法應當繳納的稅款和債務可以不負清償責任。

■ 條文主旨

本條是關於繼承人對遺產債務的清償責任的規定。

■ 條文釋義

一般來說，應當在遺產分割前償還遺產債務。但是，也可能因為遺產分割之後，債權人才知道被繼承人死亡的事實，由於此時遺產已經分割，債權人無法再直接從遺產中實現債權，這時就涉及如何償還遺產債務的問題，是由全體繼承人共同償還，還是部分繼承人償還，繼承人之間對遺產債務承擔何種責任的問題。

關於繼承人對遺產債務所承擔的責任問題，各地區立法模式有所不同，主要有兩種立法模式：一是限定繼承，即繼承人僅以遺產為限對被繼承人的債務承擔責任。繼承人可以在承認繼承時專門作出意思表示。二是無限繼承，即繼承人無條件繼承被繼承人的一切權利義務，繼承人對被繼承人債務承擔無限責任。

一、繼承人對遺產債務的清償責任

本條首先規定，繼承人以所得遺產實際價值為限清償被繼承人依法應當繳納的稅款和債務。超過遺產實際價值部分，繼承人自願償還的不在此限。根據本條規定，我國的繼承原則上屬於限定繼承，繼承人對被繼承人的遺產債務不負無限清償責任，而僅以所繼承遺產的實際價值為限負清償責任。也就是說，繼承人繼承多少遺產，其償還遺產債務的限額也就是多少。繼承人並不會因為繼承遺產而需要無限清償被繼承人的遺產債務。

限定繼承是基本原則，但本條作了例外規定，即對超過遺產實際價值部分的債務，繼承人自願償還的不在此限。也就是說，繼承人繼承的遺產不足以清償被繼承人的遺產債務時，如果繼承人自願替被繼承人償還其他債務，法律尊重當事人的這種自主選擇。但這種選擇必須是繼承人自願、自主作出的，債權人不可以強制要求繼承人償還超出所獲得遺產部分的被繼承人生前所欠債務。

二、繼承人對遺產債務不負清償責任的情形

本條還規定，繼承人放棄繼承的，對被繼承人依法應當繳納的稅款和債務可以不負清償責任。這裏的放棄繼承是指既放棄了遺囑繼承，也放棄了法定繼承。因此，如果繼承人放棄了繼承，就無須對被繼承人的債務承擔償還責任。原因在於，繼承了遺產的繼承人僅須對遺產債務承擔有限清償責任，如果繼承人放棄了繼承，並沒有從被繼承人的遺產中獲得任何利益，要求其對被繼承人的債務承擔清償責任，相當於將他人的民事責任強加於繼承人，這有違民法的意思自治原則，顯然不合適。

如果一部分繼承人參與遺產分割獲得了遺產，另外一部分繼承人放棄了繼承。在清償被繼承人的遺產債務時，則參與遺產分割的部分繼承人負有清償責任，需要以所得遺產的實際價值為限予以償還；放棄了繼承的繼承人無須承擔任何清償責任。

第一千一百六十二條　執行遺贈不得妨礙清償遺贈人依法應當繳納的稅款和債務。

■ 條文主旨

本條是關於遺贈與遺產債務清償的規定。

■ 條文釋義

遺贈是遺贈人無償贈與受遺贈人遺產的行為，雖然遺產屬於遺贈人的個人財產，其有權處分，但這種無償處分行為不應損害債權人的利益。根據合同編第 538 條的規定，債務人以無償轉讓財產等方式無償處分財產權益，影響債權人的債權實現的，債權人可以請求人民法院撤銷債務人的行為。債務人無償處分財產的行為不應危及債權人利益，如果法律允許債務人這麼做，債務人將會藉此逃債，不利於保護債權人利益。本條也作了類似規定，要求執行遺贈不得妨礙清償遺贈人依法應當繳納的稅款和債務。遺贈人的遺贈行為也不能損害債權人利益。所謂執行遺贈不得妨礙清償遺贈人依法應當繳納的稅款和債務，就是遺囑執行人或者遺產管理人在執行遺贈時，不應使遺贈人的遺產債務無法得到償還。在執行遺贈之前，應當先用遺產償還遺贈人所欠稅款和債務，清償之後，如果遺產尚有剩餘則再執行遺贈；同樣，如果執行遺贈之後，債權人才知道遺贈人死亡、遺產被分割的事實，債權人有權要求受贈人將所得遺產用於償還債務。

第一千一百六十三條　既有法定繼承又有遺囑繼承、遺贈的，由法定繼承人清償被繼承人依法應當繳納的稅款和債務；超過法定繼承遺產實際價值部分，由遺囑繼承人和受遺贈人按比例以所得遺產清償。

■ 條文主旨

本條是關於既有法定繼承又有遺囑繼承、遺贈時債務清償的規定。

■ 條文釋義

本法第 1123 條規定了遺贈扶養協議、遺囑繼承和法定繼承之間的優先效力，遺贈扶養

協議優先於遺囑繼承，遺囑繼承優先於法定繼承。在遺產債務未得到有效清償，遺產卻已經分割時，就涉及如何用已經分割的遺產清償債務的問題，遺產債務如何在受遺贈人、遺囑繼承人、法定繼承人之間分配清償。本條針對的就是這種情形。本條規定，由法定繼承人清償被繼承人依法應當繳納的稅款和債務；超過法定繼承遺產實際價值部分，由遺囑繼承人和受遺贈人按比例以所得遺產清償。根據此規定，即遺產債務應先由法定繼承人負責清償，不足部分由遺囑繼承人、受遺贈人按比例清償。

　　1. 法定繼承人的清償責任。本條首先規定，由法定繼承人清償被繼承人依法應當繳納的稅款和債務。因此，如果遺產已經分割，清償遺產債務需要先以法定繼承人獲得的遺產清償。假如被繼承人甲死亡後遺留有遺產 100 萬元，負債 60 萬元。甲在遺囑中將其中的 40 萬元指定由繼承人乙繼承，其餘遺產未作安排。遺產分割時，乙根據遺囑繼承獲得了 40 萬元；其餘遺產按照法定繼承分割，繼承人丙和丁各分得 30 萬元。遺產分割之後，甲的債權人戊發現遺產已經被分割，遂向甲的繼承人主張債權。此時，即應由丙和丁用經法定繼承所獲得的 60 萬元遺產予以清償。

　　2. 遺囑繼承人和受遺贈人的清償責任。本條還規定，超過法定繼承遺產實際價值部分，由遺囑繼承人和受遺贈人按比例以所得遺產清償。所謂超過法定繼承遺產實際價值部分，就是法定繼承人所獲得遺產的實際價值不足以償還被繼承人的遺產債務。遺囑繼承人和受遺贈人按比例清償，是指由遺囑繼承人和受遺贈人按照所獲得遺產的實際價值的比例來清償。如果有多個遺囑繼承人，則由各遺囑繼承人之間按比例清償；如果只有多個受遺贈人時，則由各受遺贈人按比例清償。如甲死亡後留有價值 500 萬元的遺產，在遺囑中指定由繼承人乙繼承價值 50 萬元的遺產；將其中 150 萬元贈與好友丙。其餘遺產未作處理。遺產分割時，將遺產中的 150 萬元給了丙，乙按照遺囑繼承獲得了 50 萬元，其餘 300 萬元由繼承人乙、丁各分得 150 萬元。後來發現甲尚有 400 萬元的債務未償還。此時，就需要先由乙、丁用經法定繼承取得的 300 萬元償還，其餘 100 萬元，則應由受遺贈人丙和遺囑繼承人乙按比例分擔。因為乙按遺囑繼承了 50 萬元，丙受遺贈金額為 150 萬元，所以乙和丙需要按照 1：3 的比例清償剩餘的 100 萬元債務，即乙償還其中的 25 萬元，丙償還其中的 75 萬元。

第七編

侵權責任

　　侵權責任是民事主體侵害他人權益應當承擔的法律後果。2009年通過的侵權責任法實施以來，在保護民事主體合法權益、明確侵權責任、預防和制裁侵權行為方面發揮了重要作用。民法典侵權責任編在總結侵權責任法實踐經驗的基礎上，針對侵權領域出現的新情況，回應社會關切，廣泛聽取和吸收各方面意見，借鑒司法解釋的有益做法，體現法學理論研究的最新成果，對侵權責任制度作了必要的補充和完善。侵權責任編共十章、九十五條。

第一章　一般規定

　　本章共十五條，主要規定了侵權責任編的調整對象、過錯責任和過錯推定責任、無過錯責任、侵權責任的承擔方式、共同侵權及其責任承擔、教唆幫助他人侵權的責任承擔、共同危險行為及責任承擔、無意思聯絡承擔連帶責任的分別侵權、無意思聯絡的分別侵權、過錯相抵、受害人故意、第三人侵權、自甘風險、自力救濟等。

第一千一百六十四條　本編調整因侵害民事權益產生的民事關係。

■ 條文主旨

　　本條是關於侵權責任編調整對象的規定。

■ 條文釋義

　　第一，侵權責任編的保護對象為「民事權益」。在民法典的編纂過程中，有的意見提出，侵權責任編首先應當明確法律保護什麼權利和利益。侵權責任法第 2 條第 2 款的規定，清晰明確地指出了侵權責任編的保護對象，具有理論價值和實踐價值，建議在民法典侵權責任編中保留這一規定。經研究認為，一是侵權責任法第 2 條第 2 款的規定，與民法典總則編關於民事權利權益的邏輯分類和表述不盡一致。如果保留侵權責任法的表述，則與總則編的表述存在矛盾，一部法律中不應如此；如果按照總則編的邏輯分類再表述一遍，則形成贅述，立法技術不高。二是對侵權責任編的保護對象，應當放在民法典的宏觀角度看待和把握。總則編規定了民事權利權益，侵權責任編保護哪些民事權利權益可看總則編的規定，不需要再行規定。因此，民法典侵權責任編並未保留侵權責任法的相關規定。

　　從民法典總則編第五章「民事權利」的規定可以看出，民事主體享有的權益主要有：第 110 條規定自然人享有的生命權、身體權、健康權、姓名權、肖像權、名譽權、榮譽權、隱私權、婚姻自主權等權利；法人、非法人組織享有的名稱權、名譽權和榮譽權。第 111 條規定自然人的個人信息。第 112 條規定自然人因婚姻家庭關係等產生的人身權利。第 113 條規定的財產權利。第 114 條規定的物權。第 118 條規定的債權。第 123 條規定的知識產權。第 124 條規定的繼承權。第 125 條規定的股權和其他投資性權利。第 126 條規定的法律規定的其他民事權利和利益。第 127 條規定的數據、網絡虛擬財產。

　　第二，在保護程度和侵權構成要件上，侵權責任編對民事權利和民事利益沒有作區分。考慮實踐中，權利和利益的界限較為模糊，很難清楚地加以劃分；對於什麼是權利，意見紛

紜。從權利的形式上看，法律明確規定某某權的當然屬於權利，但法律沒有明文規定某某權而又需要保護的，不一定就不是權利。而且，權利和利益本身是可以相互轉換的，有些利益隨着社會發展糾紛增多，法院通過判例將原來認定為利益的轉而認定為權利，即將利益「權利化」。所以，本條沒有區分權利和利益，而是統一規定：「本編調整因侵害民事權益產生的民事關係。」

第三，侵權責任編不調整違約責任問題。合同債權也是一種民事權益，但它原則上不屬於侵權責任編的保護範圍。本條規定「侵害民事權益」不涉及違約責任問題。對於第三人侵害債權是否受侵權責任編調整，沒有形成共識，因此，仍沒有明確規定。我們認為，如果第三人侵害債權的行為足夠惡劣，有了過錯，能夠構成相應侵權行為的，可以適用本編規定。

> **第一千一百六十五條**　行為人因過錯侵害他人民事權益造成損害的，應當承擔侵權責任。
>
> 依照法律規定推定行為人有過錯，其不能證明自己沒有過錯的，應當承擔侵權責任。

■ 條文主旨

本條是關於過錯責任和過錯推定責任歸責原則的規定。

■ 條文釋義

我國於 1986 年頒佈的民法通則確認了過錯責任原則，2009 年頒佈的侵權責任法重申過錯責任原則是侵權責任法的基本歸責原則。民法典侵權責任編編纂過程中，有的意見提出，侵權責任法對過錯責任的規定，在構成要件上不完整，建議補充上關於行為後果的表述。民法典侵權責任編草案二審稿採納了這一建議，將侵權責任法的規定修改為「行為人因過錯侵害他人民事權益造成損害的」。2020 年 5 月民法典草案提請十三屆全國人大三次會議審議過程中，有的提出，本條第 2 款用了兩個「行為人」，略顯重複。經研究，將第二個「行為人」修改為「其」。

根據本條第 1 款的規定，只要同時滿足以下條件，行為人就應承擔侵權責任：

一是行為人實施了某一行為。這裏的行為包括作為和不作為。

二是行為人行為時有過錯。過錯是確定行為人是否承擔侵權責任的核心要件。過錯是行為人行為時的一種應受譴責的心理狀態。正是由於這種應受譴責的心理狀態，法律要對行為人所實施的行為作否定性評價，讓其承擔侵權責任。過錯分為故意和過失。故意，是指行為人預見到自己的行為會導致某一損害後果而希望或者放任該後果發生的一種主觀心理狀態。過失，是指行為人因疏忽或者輕信而使自己未履行應有注意義務的一種心理狀態。故意與過失的主要區別是：故意表現為行為人對損害後果的追求、放任心態，而過失表現為行為人不

希望、不追求、不放任損害後果的心態。

三是受害人的民事權益受到損害,即要求有損害後果,這一點是民法典侵權責任編與以往立法相比的重大變化。損害,是指行為人的行為對受害人的民事權益造成的不利後果,通常表現為:財產減少、生命喪失、身體殘疾、名譽受損、精神痛苦等。需要強調的一點是,這裏的「損害」是一個範圍比較廣的概念,不但包括現實的已經存在的「現實損害」,還包括構成現實威脅的「不利後果」,如某人的房屋傾斜,如其不採取防範措施,導致房屋隨時有可能倒塌損害他人的人身、財產安全。實踐中,受害人大多數情況下受到的是現實損害,這種損害相對容易被認定和證明。在一些情況下,行為人的行為也可能對受害人的民事權益造成現實威脅,為防止其轉化成現實損害,行為人也應當承擔侵權責任,這有利於保護受害人,體現了侵權責任編預防侵權行為的立法目的,也是現代侵權責任法的發展趨勢,本法第1167條規定的內容就包含了這層意思。根據該規定,侵權行為危及他人人身、財產安全的,被侵權人可以請求侵權人承擔停止侵害、排除妨礙、消除危險等侵權責任。但是,必須明確,排除妨害、消除危險等侵權責任的承擔方式,是基於物權、人格權等絕對權而產生的保護性請求權,不要求有損害結果。本法第1165條第1款中的過錯針對的是損害賠償來說的,因此要「造成損害」。

四是行為人的行為與受害人的損害之間有因果關係。因果關係是指行為人的行為作為原因,損害事實作為結果,在二者之間存在的前者導致後者發生的客觀聯繫。因果關係是侵權責任的重要構成要件,在行為與損害事實之間確定存在因果關係的,就有可能構成侵權責任,沒有因果關係就必然地不構成侵權責任。

在過錯責任原則中,通常由受害人證明行為人是否有過錯,但在一些情況下也適用過錯推定。所謂過錯推定,是指根據法律規定推定行為人有過錯,行為人不能證明自己沒有過錯的,應當承擔侵權責任。在傳統的過錯責任原則下,受害人向加害人行使請求權時必須證明加害人具有過錯,但過錯是行為人的一種主觀心理狀態,受害人證明起來比較困難。加之,進入現代社會後,各種機器設備大量出現,專業分工亦極為細密,礙於專業知識所限,受害人證明加害人的過錯就更為困難。為了既能維持過錯責任原則的地位不被動搖,又能有效保護和救濟受害人,一些國家和地區發展出了減輕受害人舉證責任的規則,我國在司法實踐中採用了「過錯推定」。過錯推定實質就是從侵害事實中推定行為人有過錯,免除了受害人對過錯的舉證責任,加重了行為人的證明責任,更有利於保護受害一方的利益,也可更有效地制裁侵權行為。對此,本條第2款明確規定了過錯推定。過錯推定包含在過錯責任原則中,但與一般過錯責任有較大的不同。近百年來,過錯推定與無過錯責任原則共同發展,從其他國家過錯推定實施和發展的結果看,過錯推定近似於無過錯責任原則。因此,對行為人而言,這是一種較重的責任,不宜被濫用,需要由法律對適用範圍作嚴格限定,否則就有可能限制人們的行動自由。本條第2款也強調,法律規定行為人有過錯,行為人不能證明自己沒有過錯的,才應當承擔侵權責任。法律沒有規定過錯推定的,仍應由受害一方承擔過錯的證明責任。

> **第一千一百六十六條　行為人造成他人民事權益損害，不論行為人有無過錯，法律規定應當承擔侵權責任的，依照其規定。**

■ 條文主旨

本條是關於無過錯責任歸責原則的規定。

■ 條文釋義

無過錯責任是指不以行為人的過錯為要件，只要其活動或者所管理的人、物損害了他人的民事權益，除非有法定的免責事由，否則行為人就要承擔侵權責任。在法律規定適用無過錯責任原則的案件中，法官判斷被告應否承擔侵權責任時，不考慮被告有無過錯，不要求原告證明被告有過錯，也不允許被告主張自己無過錯而請求免責。只要審理查明，被告的行為與原告損害之間存在因果關係，即可判決被告承擔侵權責任。由於這種責任的承擔，並不考慮行為人的主觀意識狀態，而只考慮損害結果和免責事由，故又被稱為客觀責任；與過錯責任原則相比，這種責任在承擔條件和責任後果上更為嚴格，故也被稱為嚴格責任。適用無過錯責任原則的意義在於加重行為人責任，及時救濟受害人，使其損害賠償請求權更容易實現。

我國 1986 年頒佈的民法通則第 106 條第 3 款確立了無過錯責任原則，具有重大實踐意義和理論意義。侵權責任法第 7 條繼承了民法通則的規定，並在此基礎上進一步明確了無過錯責任原則的內涵。在民法典侵權責任編的編纂過程中，有的意見提出，侵權責任法第 7 條中「行為人損害他人民事權益，不論行為人有無過錯」的表述，用了兩個「行為人」有贅語之嫌疑，建議刪除一個。我們研究認為，這種觀點在侵權責任法制定時就有，侵權責任法的這一表述是有明確用意的。無過錯責任原則的精髓並不是行為人沒有過錯也要承擔侵權責任，而是在確定行為人是否承擔侵權責任時，不管其有無過錯，受害一方也不用證明行為人是否有過錯。這一條用了兩個「行為人」，第一個「行為人」重在排除第三人侵權的情形；第二個「行為人」意在明確承擔無過錯責任不考慮行為人有無過錯，只要法律明確規定應當承擔侵權責任，就需要承擔。該表述不僅準確體現了無過錯責任原則的內涵，解決了對「無過錯」的理解問題，也解決了無過錯責任原則的責任構成要件問題。民法典侵權責任編基本繼承了侵權責任法的規定，僅將「行為人損害他人民事權益」修改為「行為人造成他人民事權益損害」，以與過錯責任的表述相一致。

根據本條規定，無過錯責任的構成要件有四個：一是行為；二是受害人的損害；三是行為與損害之間具有因果關係；四是法律規定應當承擔侵權責任，即不存在法定的免責任的情形。

在許多適用無過錯責任原則的領域，法律使行為人承擔無過錯責任，並非因為其從事了法律禁止的活動，而恰恰相反，這些活動是社會經濟發展所必需的，社會允許其存在。但

是，由於這些活動有較高的危險風險，且多數是不可控制的，即使採取所有預防意外的措施，也不可能避免危險，如飛機遇到空中的飛鳥、突遇惡劣天氣而墜機等，法律允許這些活動的條件是行為人必須對這種風險產生的後果負責。

這裏需要強調以下幾點：

一是設立無過錯責任原則的主要政策目的，絕不是要使「沒有過錯」的人承擔侵權責任，而主要是為了免除受害人證明行為人過錯的舉證責任，使受害人易於獲得損害賠償，使行為人不能逃脫侵權責任。事實上，從我國審判實踐的情況看，適用無過錯責任原則的大多數案件中，行為人基本上都是有過錯的。

二是無過錯責任並不是絕對責任，在適用無過錯責任原則的案件中，行為人可以向法官主張法定的不承擔責任或者減輕責任的事由。法律根據行為的危險程度，對適用無過錯責任原則的不同侵權類型規定了不同的不承擔責任或者減輕責任的事由。例如，在產品責任案件中，產品製造者可以證明產品投入流通時，引起損害的缺陷尚不存在而免除自己的侵權責任；在高度危險物致損案件中，高度危險作業人可以證明受害人故意造成損害而免除自己的責任，等等。

三是在適用無過錯責任原則的侵權案件中，只是不考慮行為人過錯，並非不考慮受害人過錯。如果受害人對損害的發生也有過錯的，在有的情況下可減輕，甚至免除行為人的侵權責任。

四是本條關於無過錯責任原則的規定，是為了在一些特定領域排除過錯責任原則的適用。本條的規定只是為了表明無過錯責任原則在我國是與過錯責任原則並列的歸責原則，其並不直接具有作為裁判根據的意義。要對某一案件適用無過錯責任，必須是民法典或者其他法律明確規定該類案件不以過錯為承擔責任的條件。適用無過錯責任原則的案件，所適用的是本法或者其他法律關於無過錯責任的具體規定。本法或者其他法律未明確規定適用無過錯責任原則的案件，均屬於過錯責任原則的適用範圍。法官不能在法律沒有明確規定適用無過錯責任原則的情況下，擅自適用該原則。強調這一點，主要是考慮到無過錯責任是一種極為嚴格的責任，若由法官自由決定是否適用該原則，有可能妨礙人們的行為自由和社會進步。立法者在決定哪些領域應當適用無過錯責任原則時比較慎重。侵權責任編明確規定了幾種適用無過錯責任原則的特殊侵權行為，如第四章的產品責任、第七章的環境污染和生態破壞責任以及第八章的高度危險責任。其他法律也可以根據實踐發展和社會需要規定適用無過錯責任原則的領域。這裏需要注意的是，第八章規定的高度危險責任比較特殊，根據本法第 1236 條的規定，從事高度危險作業造成他人損害的，應當承擔侵權責任。該規定沒有限制高度危險責任的具體適用範圍，是開放和動態的，只要從事高度危險作業的，就要承擔無過錯責任。高度危險作業的內涵和外延可以隨着社會的發展而擴展。出現新的高度危險作業的，根據實踐需要，可用司法解釋或者立法解釋的方式，也可用單行法的方式包含進來。該規定可以說為將來無過錯責任原則的擴大適用留有餘地。

五是適用無過錯責任原則在賠償數額上可能存在限制。許多適用無過錯責任原則的活動

是社會所需要的，法律允許這些活動的存在，但如果法律對這些領域發生的事故賠償數額沒有限制，就有可能過分加重行為人的負擔，阻礙經濟發展和企業壯大，且無過錯責任原則往往與責任保險相連，責任保險可以確保無過錯責任制度得以順利實施，若賠償額度過高，保險人的負擔過於沉重，就可能放棄責任保險，不利於無過錯責任制度的順利實施。所以，在某些適用無過錯責任原則的領域，對賠償額度予以限制，是十分必要的。例如，根據本法第1244條規定，承擔高度危險責任，法律規定賠償限額的，依照其規定，但是行為人有故意或者重大過失的除外。我國的航空、海運等方面的特別法規，基於特定行業的風險性和保護該行業發展的需要，往往規定了最高賠償數額。

> **第一千一百六十七條**　侵權行為危及他人人身、財產安全的，被侵權人有權請求侵權人承擔停止侵害、排除妨礙、消除危險等侵權責任。

■ 條文主旨

本條是關於危及他人人身、財產安全責任承擔方式的規定。

■ 條文釋義

侵權責任法律制度的作用，可從多個角度闡述，有保護被侵權人的作用，有減少侵權和糾紛的作用，還有預防侵權行為及侵權後果發生的作用。從保護被侵權人的角度看，本法第120條規定，民事權益受到侵害的，被侵權人有權請求侵權人承擔侵權責任。這是關於侵權損害後果實際發生的救濟，賦予被侵權人在其權利受到侵害時享有請求權，規定民事主體在權益受到侵害怎麼辦，例如，承擔賠償損失、消除影響、恢復名譽、賠禮道歉等具體的民事責任。在侵權行為的後果還沒有出現時，賦予被侵權人一定的請求權以發揮預防性的功能，防止損害後果的擴大，維護被侵權人的合法權益，能夠更加及時地、充分地發揮法律的功能，獲得更好的社會和法律效果。

本條規定來源於侵權責任法第21條。因為本條也是對責任構成要件的規定，民法典侵權責任編編纂時，將本條移至「一般規定」中，體系上更為科學。

一、理解本條規定的「危及」應注意三點：

第一，侵權行為正在實施和持續而非已經結束。

第二，侵權行為已經危及被侵權人的人身、財產安全而非不可能危及。

第三，侵權行為係侵權人所為，而非自然原因造成。對正在危及他人的人身、財產安全的侵權行為發生的情況下，賦予被侵權人請求停止侵害、排除妨礙、消除危險等責任方式。

1. 停止侵害。當侵權人正在實施侵權行為人時，被侵權人可依法請求其停止侵害。停止侵害適用於各種正在進行的侵權行為，對於已經終止和尚未實施的侵權行為不適用停止侵害

的民事責任方式。

2. 排除妨礙。是指侵權行為人實施某種行為妨害他人正常行使權利或者妨害他人合法利益的，被侵權人請求人民法院排除侵權人的侵權行為。

3. 消除危險。消除危險，是指在負有責任的人支配下的物對他人人身和財產安全構成威脅，或者存在侵害他人人身或者財產現實可能性的情況下，受到威脅的人有權請求法院責令對構成危險的責任人採取有效措施消除侵害他人人身或者財產的威脅和現實可能性的承擔民事責任的方式。侵害雖未發生，但其人身、財產面臨遭受侵害的可能，對於這種可能發生的侵害，可能被侵權的人有權請求相對人為一定行為或者不為一定行為。

二、本法第 1165 條、第 1166 條和第 1167 條的關係

本法第 1165 條規定了過錯責任原則、第 1166 條規定了無過錯責任原則，第 1167 條規定了危及他人人身、財產安全責任承擔方式。三條內容相互銜接、相互補充、相互協調，組成了我國民事侵權責任的基本制度。

第 1165 條規定了過錯責任原則是最常見的侵權責任歸責原則，民法典侵權責任編在侵權責任法第二章「責任構成和責任方式」的基礎上，修改為「損害賠償」一章，這意味着在適用該條時，必須有造成損害的後果。相比之下，第 1166 條是無過錯責任的規定，只有在法律有明確規定時，才能適用該條規定。第 1167 條是基於物權、人格權等絕對權而產生的保護性請求權，不要求有損害結果。

> **第一千一百六十八條**　二人以上共同實施侵權行為，造成他人損害的，應當承擔連帶責任。

■ 條文主旨

本條是關於共同侵權制度的規定。

■ 條文釋義

共同侵權，是指數人共同不法侵害他人權益造成損害的行為。對共同侵權行為，有的學者稱為「共同致人損害」；有的學者稱為「共同過錯」；還有的學者稱為「共同不法行為」。

我國於 1986 年頒佈實施的民法通則第 130 條規定首次在立法上使用了「共同侵權」這一制度性概念。2003 年頒佈的《最高人民法院關於審理人身損害賠償案件適用法律若干問題的解釋》對這一規定進行了細化。2009 年頒佈的侵權責任法第 8 條規定：「二人以上共同實施侵權行為，造成他人損害的，應當承擔連帶責任。」民法典侵權責任編繼承了侵權責任法的規定，未作修改。

在數人侵權情形下，如果構成一般侵權，數個行為人分別根據各自行為造成損害後果

的可能性承擔按份責任。如果構成共同侵權，數個行為人對受害人承擔連帶責任，受害人可以要求任一行為人承擔全部侵權責任，法律後果更重。連帶責任的重要意義在於增加責任主體的數量，加強對受害人請求權的保護，確保受害人獲得賠償。如果每個行為人都具有相應的清償能力，要求數個行為人對受害人承擔連帶責任或者按份責任，最終結果都是一樣的。但是，如果部分行為人不具有清償能力，這就凸顯出了連帶責任在保護受害人方面的重要作用，但這也可能使對外承擔全部責任的部分行為人無法從其他行為人處獲得相應的清償。

如果共同侵權制度的適用範圍過於寬泛，會使行為人動輒與他人承擔連帶責任，哪怕其本身只需要承擔一小部分的份額，他也必須首先對外承擔全部責任，然後再向其他行為人追償，不僅增加了訴訟成本，而且可能使具有清償能力的人承擔其本不應承擔的份額，蒙受不公平，反而使本應承擔更多份額的行為人得以逃脫。如果共同侵權制度的適用範圍過於狹窄，將不利於充分發揮該制度迅捷救濟受害人的設計初衷，受害人需要證明數個行為人的侵權行為在損害後果中所佔的份額，增加了訴訟難度。也正因為此，在構建共同侵權制度時，需要在行為人與受害人之間尋找到一個合適的平衡點。

根據本條規定，構成共同侵權行為需要滿足以下幾個要件：

一是主體複數。共同侵權行為的主體必須是兩人或者兩人以上，行為人可以是自然人，也可以是法人。

二是共同實施侵權行為。這一要件中的「共同」主要包括三層含義：其一，共同故意。數個行為人基於共同故意侵害他人合法權益的，應當成立共同侵權行為。其二，共同過失。「共同過失」主要是數個行為人共同從事某種行為，基於共同的疏忽大意，造成他人損害。其三，故意行為與過失行為相結合。需要特別強調的是，上述三種形態均可以構成本條所說的「共同實施」，不能狹義理解為，本條所指的共同實施只有共同故意實施。

三是侵權行為與損害後果之間具有因果關係。在共同侵權行為中，有時各個侵權行為對造成損害後果的比例有所不同，但必須存在法律上的因果關係，如果某個行為人的行為與損害後果之間沒有因果關係，不應與其他行為人構成共同侵權。

四是受害人具有損害。這是受害人請求加害人承擔侵權責任的一個基本要件。無損害，則無救濟，如果沒有損害，根本不可能成立侵權責任。

根據本條規定，一旦滿足上述構成要件，成立共同侵權行為，數個行為人就必須對外承擔連帶責任，被侵權人有權請求部分或者全部行為人承擔全部責任。

需要說明的是，在我國，共同侵權與連帶責任的適用範圍並不完全重合，兩者並不是一一對應關係。根據本法第 178 條第 3 款的規定，連帶責任由法律規定或者當事人約定。在法律規定方面，除了共同侵權行為外，還有其他情形的規定。例如，侵權責任編第五章規定的拼裝或者已經達報廢標準的機動車的轉讓人和受讓人承擔連帶責任；第八章規定的高度危險物的所有人與管理人承擔連帶責任等。

第一千一百六十九條　教唆、幫助他人實施侵權行為的，應當與行為人承擔連帶責任。

教唆、幫助無民事行為能力人、限制民事行為能力人實施侵權行為的，應當承擔侵權責任；該無民事行為能力人、限制民事行為能力人的監護人未盡到監護職責的，應當承擔相應的責任。

■ 條文主旨

本條是關於教唆侵權和幫助侵權的規定。

■ 條文釋義

我國民法通則僅僅規定了共同侵權制度，沒有對教唆、幫助侵權作出具體規定。《最高人民法院關於貫徹執行〈中華人民共和國民法通則〉若干問題的意見（試行）》彌補了這一空白，第 148 條規定：「教唆、幫助他人實施侵權行為的人，為共同侵權人，應當承擔連帶民事責任。教唆、幫助無民事行為能力人實施侵權行為的人，為侵權人，應當承擔民事責任。教唆、幫助限制民事行為能力人實施侵權行為的人，為共同侵權人，應當承擔主要民事責任。」2009 年頒佈的侵權責任法第 9 條對教唆侵權和幫助侵權作了具體規定。民法典侵權責任編繼承了侵權責任法的規定，未作變更。

教唆和幫助行為屬於法定的共同侵權行為中的一種類型。

一、對本條第 1 款的理解及行為的構成要件

本條第 1 款中的「他人」指的是完全民事行為能力人。教唆、幫助完全民事行為能力人實施侵權行為需要滿足以下構成要件：

一是教唆人、幫助人實施了教唆、幫助行為。教唆行為，是指對他人進行開導、說服，或通過刺激、利誘、慫恿等方法使該他人從事侵權行為。教唆行為只能以積極的作為方式作出，消極的不作為不能成立教唆行為，教唆行為可以通過口頭、書面或其他形式加以表達，可以公開進行也可以秘密進行，可以當面教唆也可以通過別人傳信的方式間接教唆。幫助行為，是指給予他人幫助，如提供工具或者指導方法，以便使該他人易於實施侵權行為。幫助行為通常是以積極的作為方式作出，但具有作為義務的人故意不作為時也可能構成幫助行為。幫助的內容可以是物質上的，也可以是精神上的，可以在行為人實施侵權行為前，也可以在實施過程中。一般認為，教唆行為與幫助行為的區別在於：教唆行為的特點是教唆人本人不親自實施侵權行為，而是唆使他人產生侵權意圖並實施侵權行為或危險行為；而幫助行為可能並不對加害行為起決定性作用，只是對加害行為起促進作用。

二是教唆人、幫助人具有教唆、幫助的主觀意圖。一般來說，教唆行為與幫助行為都是教唆人、幫助人故意作出的，教唆人、幫助人能夠意識到其作出的教唆、幫助行為所可能造成的損害後果。在幫助侵權中，如果被幫助人不知道存在幫助行為，也並不影響幫助行為的

成立。

三是被教唆人、被幫助人實施了相應的侵權行為。這一要件要求教唆行為、幫助行為與被教唆人、被幫助人實施的侵權行為之間具有內在的聯繫。如果被教唆人、被幫助人實施的侵權行為與教唆行為、幫助行為沒有任何聯繫，而是行為人另外實施的，那麼，就該行為所造成的損害不應要求教唆人、幫助人承擔侵權責任。這一點與刑法中的教唆犯罪存在明顯區別，在刑法中，即便被教唆人沒有按照教唆人的意圖實施犯罪行為，教唆人的教唆行為仍然可能構成教唆未遂的犯罪。

根據本款規定，教唆人、幫助人實施教唆、幫助行為的法律後果是，教唆人、幫助人與行為人承擔連帶責任。受害人可以請求教唆人、幫助人或者行為人中的一人或者數人賠償全部損失。

二、對本條第 2 款的理解及行為的構成要件

本條第 2 款是針對被教唆、被幫助對象是無民事行為能力人或者限制民事行為能力人所作出的特別規定。相比第 1 款的規定，法律後果有所不同。

一是教唆人、幫助人明知被教唆人、被幫助人為無民事行為能力人或者限制民事行為能力人時，仍然實施教唆、幫助行為的，應當承擔侵權責任。即便教唆人、幫助人主觀上不知道被教唆人、被幫助人是無民事行為能力人或者限制民事行為能力人的，為了體現法律對教唆、幫助行為的否定性評價，也應當適用本款規定，由教唆人、幫助人承擔侵權責任。

二是如果被教唆、被幫助的無民事行為能力人或者限制民事行為能力人的監護人未盡到監護責任的，應當承擔相應的責任。監護，是為保護無民事行為能力人和限制民事行為能力人的人身和財產權利而由特定公民或組織對其予以監督、管理和保護的制度。如果監護人未盡到教育和照顧被監護人的職責，疏於履行監護責任，應當對被監護人給他人造成的損害承擔侵權責任。

在侵權責任法起草過程和民法典編纂過程中，有意見提出，無論監護人是否盡到監護責任，都應當由監護人與教唆人或者幫助人承擔連帶責任。我們研究認為，在存在教唆人、幫助人的情形下，監護人承擔連帶責任過於嚴厲。還有意見提出，應當對教唆幫助無民事行為能力人實施侵權行為和教唆幫助限制民事行為能力人實施侵權行為的責任作出區分規定。教唆幫助無民事行為能力人實施侵權行為的，被教唆的無民事行為能力人實際被當成實施侵權的工具，應由教唆人、幫助人承擔全部責任。與無民事行為能力人相比，限制民事行為能力人有一定程度的判斷力，仍然由教唆人、幫助人承擔侵權責任，有失妥當，應當根據各自過錯和原因力，對內合理劃分各方責任。我們研究認為，本款「教唆、幫助無民事行為能力人、限制民事行為能力人實施侵權行為的，應當承擔侵權責任」是從侵權人與被侵權人相互關係的角度上作出規定的，即側重外部關係。即使要考慮侵權人的內部關係，教唆人、幫助人的責任，不因其教唆或者幫助的對象不同，而體現出主觀故意的區別。上述這些意見，雖然都有一定道理，但並未被立法採納。

> **第一千一百七十條**　二人以上實施危及他人人身、財產安全的行為，其中一人或者數人的行為造成他人損害，能夠確定具體侵權人的，由侵權人承擔責任；不能確定具體侵權人的，行為人承擔連帶責任。

■ 條文主旨

本條是關於共同危險行為的規定。

■ 條文釋義

學說上指的共同危險行為，是指數人的危險行為對他人的合法權益造成了某種危險，但是對於實際造成的損害無法查明是具體由何人所為，法律為保護被侵權人的利益，數個行為人視為侵權行為人。

我國民法通則沒有對共同危險行為制度作出明確規定。《最高人民法院關於審理人身損害賠償案件適用法律若干問題的解釋》第 4 條規定：「二人以上共同實施危及他人人身安全的行為並造成損害後果，不能確定實際侵害行為人的，應當依照民法通則第一百三十條規定承擔連帶責任。共同危險行為人能夠證明損害後果不是由其行為造成的，不承擔賠償責任。」2009 年頒佈的侵權責任法第 10 條規定了共同危險行為。民法典侵權責任編繼承了侵權責任法第 10 條的規定，未作變更。

根據本條規定，構成共同危險行為應當滿足下列幾個要件：

一是二人以上實施危及他人人身、財產安全的行為。行為主體是複數，這是最基本的條件，這才有可能不能確定誰是具體加害人。

在侵權責任法起草及民法典編纂過程中，均有意見提出，建議加上「共同」二字，即「二人以上共同實施侵權行為」。經研究，我們認為，在共同危險行為制度中，「共同」的含義要求數個行為人的行為必須是在同一時間、同一場所的行為，即「時空上的共同性」。如果數個行為人的行為在時間上、場所上發生了分離，就不屬於「共同」危險。我國侵權責任制度共同侵權規定中的「共同」與上述的「共同」的含義是不一樣，不要求時空上的共同性。例如，本法第 1168 條規定，二人以上共同實施侵權行為，造成他人損害的，應當承擔連帶責任。這一條中的「共同」不要求數個侵權人在同一時間、同一場所實施侵權行為。因此，為了防止在同一部法律中出現表述相同但含義不同的法律術語，本條沒有採取「共同實施」的表述。

有的意見提出，共同危險行為人負連帶責任的根據在於數個行為人具有共同過錯，這種共同過錯表現為共同過失。還有的意見認為，把行為人連接在一起的是共同過錯，這種共同過錯既非共同故意也非單獨故意，而只能表現為共同過失，即共同地疏於對他人權利保護的注意義務。經研究，我們認為，我國法律上的共同危險行為制度是來源於最高人民法院的司法解釋，該司法解釋的初衷是防止因無法指認具體加害人而使受害人的請求權落空。本條的着眼點是每個行為人都實施了危及他人人身、財產安全的行為。

　　二是其中一人或者數人的行為造成他人損害。雖然實施危及他人人身、財產行為的是數人，但真正導致受害人損害後果發生的只是其中一個人或者幾個人的行為。

　　三是不能確定具體加害人。一般而言，受害人只能請求加害人就其侵權行為所造成的損失予以賠償，加害人也僅對其侵權行為所造成的損失進行賠償。但在共同危險行為制度中，數個行為人實施的危及行為存在偶合性，事實上只有部分行為人的行為造成了損害後果。但是，由於受害人無法掌握各個行為人的行為動機、行為方式等證據，無法準確判斷哪個行為才是真正的加害行為，為了保護受害人的合法權益，降低受害人的舉證難度，避免其因不能指認真正加害人而無法行使請求權，同時由於每個行為人都實施了危及行為，在道德上具有可責難性，所以規定由所有實施危及行為的人承擔連帶責任是合理的。如果受害人能夠指認或者法院能夠查明具體加害人，那就是普通的侵權責任，由具體加害人承擔侵權責任。

　　根據本條規定，適用共同危險行為制度的法律後果是，數個行為人對受害人承擔連帶責任。共同危險行為不僅在一般過錯責任中適用，在過錯推定責任、無過錯責任中也有適用餘地。

　　對於是否規定部分行為人能通過證明其不可能是加害人或者其行為與損害後果之間不存在因果關係來免除責任，學術界歷來都有兩種主張：一種是肯定說。認為只要數人中有人能夠證明自己根本沒有加害他人的可能的，也就證明了自己沒有實施危險行為，此時即便其他人中仍然不能確知誰為加害人，也應當將該人排除在共同危險人之外，使其免除責任。另一種是否定說。認為即便數人中的某人能夠證明自己沒有加害行為，也不能當然地免除其責任，因為其他人也如法炮製地證明自己沒有加害行為，則勢必會發生全體危險行為人逃脫責任的現象，受害人所受損害根本無法獲得補救，因此，行為人能夠證明自己並非加害人並不能免責。

　　關於本條應當採納哪種主張，在起草過程中也曾有過不同意見。有的認為，為了保護受害人的利益，共同危險行為制度將部分不應承擔責任的行為人作為責任人，應當給予這部分人免除責任的機會，如果必須指明誰是加害人，失之過嚴。還有的認為，相對受害人而言，行為人容易證明誰是加害人，如果允許行為人通過證明自己不可能是加害人來免責，可能導致法官過大的自由裁量權、行為人輕易從責任中逃逸，使受害人無法得到救濟。這兩種觀點都有其合理性。本條最終規定，不能確定具體加害人的，由行為人承擔連帶責任。換言之，只有在確定具體加害人的情形下，其他行為人才可以免除責任。

> **第一千一百七十一條**　二人以上分別實施侵權行為造成同一損害，每個人的侵權行為都足以造成全部損害的，行為人承擔連帶責任。

■ 條文主旨

　　本條是關於無意思聯絡分別實施侵權行為，但是都能造成全部損害時，承擔連帶責任的規定。

■ 條文釋義

適用本條規定需要符合以下構成要件：

一是二人以上分別實施侵權行為。行為主體的複數性是最基本的條件，每個人的行為都必須是侵權行為。相比本法第1168條規定的共同侵權行為，本條要求數個侵權行為之間相互獨立。本條中的「分別」是指實施侵權行為的數個行為人之間不具有主觀上的關聯性，各個侵權行為都是相互獨立的。每個行為人在實施侵權行為之前以及實施侵權行為過程中，沒有與其他行為人有意思聯絡，也沒有認識到還有其他人也在實施類似的侵權行為，這就是所謂的「無意思聯絡」。如果行為人主觀具有關聯性，存在共同故意或者共同過失，應當適用本法第1168條共同侵權行為的規定，而不能適用本條。

二是造成同一損害後果。「同一損害」指數個侵權行為所造成的損害的性質是相同的，都是身體傷害或者財產損失，並且損害內容具有關聯性。如甲的侵權行為造成了丙左腿受傷，乙的侵權行為也造成了丙左腿受傷。如果乙的侵權行為造成了丙右腿受傷，那麼，甲、乙兩人的侵權行為造成的就不是同一損害，而是不同損害。本條強調損害的同一性。本條與共同侵權制度是有區別的。在共同侵權制度中，即便每個侵權行為所造成的損害後果不同，如甲的侵權行為造成了丙身體上的傷害，乙的侵權行為造成了丙的財產損失，只要數個行為人主觀上具有關聯性，同樣構成共同侵權，由數個行為人對受害人的全部損失承擔連帶責任。此外，如果各個行為人對受害人所造成的損害是不同的，即便因偶然原因而同時發生在一個人身上，行為人也應當就各自所致的損害承擔賠償責任。

三是每個人的侵權行為都足以造成全部損害。判斷每個侵權行為是否足以造成全部損害是適用本條的關鍵。本條中的「足以」並不是指每個侵權行為都實際上造成了全部損害，而是指在沒有其他侵權行為的共同作用的情況下，獨立的單個侵權行為也有可能造成全部損害。如甲、乙兩人分別從不同方向向同一房屋放火，將該房屋燒毀，根據兩個方向的火勢判斷，如果不存在另一把火，每把火都有可能將整棟房屋燒毀，但事實上兩把火共同作用燒毀了該房屋，所以只能說每把火都「足以」燒毀整棟房屋。

根據本條規定，一旦滿足本條規定的上述三個構成要件，數個行為人必須對造成的損害承擔連帶責任。

第一千一百七十二條　二人以上分別實施侵權行為造成同一損害，能夠確定責任大小的，各自承擔相應的責任；難以確定責任大小的，平均承擔責任。

■ 條文主旨

本條是關於無意思聯絡的分別侵權行為承擔按份責任的規定。

■ 條文釋義

一、我國規定的沿革與適用本條的構成要件

我國民法通則沒有對無意思聯絡的分別侵權行為作出規定，《最高人民法院關於審理人身損害賠償案件適用法律若干問題的解釋》第 3 條第 1 款規定，二人以上沒有共同故意或者共同過失，但其分別實施的數個行為間接結合發生同一損害後果的，應當根據過失大小或者原因力比例各自承擔相應的賠償責任。侵權責任法吸收了最高人民法院司法解釋的規定，第 12 條規定了無意思聯絡的分別侵權行為承擔按份責任的情形。民法典侵權責任編繼承了侵權責任法的規定，對個別字詞作了調整。

適用本條規定應當符合下列構成要件：

一是二人以上分別實施侵權行為。這一要件與本法第 1171 條中「二人以上分別實施侵權行為」的含義相同，要求數個侵權行為相互之間是獨立的，不存在應當適用本法第 1168 條共同侵權制度的情形。

二是造成同一損害後果。這一要件與本法第 1171 條中「造成同一損害」的含義一樣。如果數個侵權行為造成的損害後果不同，可以明顯區分，應當適用本法第 1165 條或者第 1166 條的規定。本條與本法第 1171 條同屬分別侵權制度，但在構成要件上有所不同，本法第 1171 條的構成要件更加嚴格，要求「每個人的侵權行為都足以造成全部損害」。

二、適用本條的法律後果

在法律後果上，本條數個行為人的責任與本法第 1171 條在法律後果上有本質區別，本法第 1171 條要求各個行為人承擔連帶責任，更為嚴厲。本條確定各個行為人應當承擔的責任，分兩個層次規定：

一是能夠確定責任大小的。雖然數個侵權行為結合造成了同一損害，但是在大部分案件中，可以根據各個侵權行為對造成損害後果的可能性（蓋然性）來確定責任份額。判斷這種可能性，可以綜合各個行為人的過錯程度、各個侵權行為與損害後果因果關係的緊密程度、公平原則以及政策考量等因素。有的學者將這種可能性稱為「原因力」，是指在構成損害結果的共同原因中，每一個原因對於損害結果發生或擴大所發揮的作用力。法律不可能脫離具體案件，事先抽象出各種確定責任份額的標準，只能由法官在具體案件中綜合考慮各種因素來確定。

二是難以確定責任大小的。責任分配的尺度很難有一個可以數量化的標準，在某些情形下，由於案情複雜，很難分清每個侵權行為對損害後果的作用力究竟有多大。侵權責任法第 12 條規定的是「平均承擔賠償責任」。民法典侵權責任編編纂過程中，考慮到侵權責任的承擔方式除了最常適用的賠償損失以外，還有賠禮道歉、消除影響、恢復名譽等其他方式，因此，將「賠償」二字刪除，規定為「平均承擔責任」。

三、本條與第 1168 條、第 1171 條的關係

一是本條與第 1168 條共同侵權的規定在適用範圍上呈現互補關係。第 1168 條要求數個行為人共同實施侵權行為，而本條要求數個行為人分別實施侵權行為。現代民法中「共同」

與「分別」的區別越來越模糊。

二是在處理數人實施侵權行為的具體案件時，首先需要看是否滿足第 1168 條共同侵權制度規定的構成要件；不符合的，看其是否滿足第 1171 條的構成要件；還不符合的，再看能否適用本條規定。需要特別強調的是，在邏輯關係上，並不存在不適用第 1168 條、第 1171 條，就一定適用本條的關係。

第一千一百七十三條　被侵權人對同一損害的發生或者擴大有過錯的，可以減輕侵權人的責任。

■ 條文主旨

本條是關於「與有過失」制度的規定。

■ 條文釋義

被侵權人對於損害的發生也有過錯的情況下，使侵權人承擔全部侵權責任有失公允。因此，侵權人可以以被侵權人的過錯為由進行抗辯，要求減輕自己的侵權責任，實踐中主要是減少損害賠償的數額。嚴格來說，「與有過失」制度與「損益相抵」制度是不同的兩項制度。「與有過失」中的「與」指的是侵權人與被侵權人雙方，該制度是雙方均有過錯的情況下如何承擔責任。侵權責任法第 26 條一個「也」字說明一切。「損益相抵」是指被侵權人因同一侵權行為受到損害又獲得利益的，計算損害賠償額時，除非利益的性質或者依照法律的規定不得扣除的除外，應當扣除所獲利益。侵權責任法與民法典侵權責任編均沒有規定「損益相抵」制度，主要考慮侵權行為中極少有侵權人因同一侵權行為受到損害又獲得利益的情形。

在侵權責任法立法過程中，對「與有過失」制度規定在哪一章有過爭議。最終侵權責任法規定在不承擔責任和減輕責任的情形一章中。在民法典侵權責任編編纂過程中，整合了侵權責任法第一章至第三章的規定，因此，「與有過失」制度被吸收到了侵權責任編第一章一般規定中。

一、關於本條的適用

民法典侵權責任編對侵權責任法「與有過失」制度作了拓展。侵權責任法第 26 條規定，「被侵權人對損害的發生也有過錯的，可以減輕侵權人的責任」。本法第 1173 條規定，「被侵權人對同一損害的發生或者擴大有過錯的，可以減輕侵權人的責任」。兩條比較，主要變化有兩點：

一是侵權責任編對損害作了限定，必須是「同一」損害才能適用本條。對「同一」的理解，在一部法律中是一脈相承的，指對一個性質相同的損害結果的發生，侵權人與被侵權人均有責任。這次作出修改，主要是有意見提出，實踐中不同法院對侵權責任法第 26 條的理

解和適用不一，為了維護司法裁判的統一性，應當有所限定。二是增加了損害的「擴大」。侵權責任法第 26 條「被侵權人對損害的發生」的表述中，發生是包含擴大的含義的，擴大是後續的損害，是新發生的損害，也是損害的一種形態，正確理解侵權責任法的規定，這一點必須明確。民法典編纂過程中，有意見提出，損害發生後，其範圍並非立即確定，而是有可能隨着時間的發展而變化。從損害發生到損害範圍擴大的全部階段，都有可能發生受害人違反對自己的不真正義務，故受害人過錯制度適用的範圍，不限於損害的發生，也應包括損害的擴大。經研究，民法典侵權責任編將「擴大」從「損害的發生」中獨立出來了。侵權人造成了損害，被侵權人因為自己的原因，致使同一損害擴大，對擴大的部分，可以減輕侵權人的責任。

「與有過失」制度的適用範圍問題一直存在爭論。特別是該制度是否適用於無過錯責任，我國理論界的爭論由來已久。從比較法的角度來看，在絕大多數國家和地區「與有過失」制度都適用於無過錯責任。民法典侵權責任編在本條明確了無過錯責任也可以適用「與有過失」制度。不過，需要特別指出的是，法律明確針對特定的無過錯責任類型規定了特殊免責事由的，不適用本條規則。例如，依照本法第 1237 條的規定，民用核設施或者運入運出核設施的核材料發生核事故造成他人損害的，民用核設施的營運單位能夠證明損害是因戰爭、武裝衝突、暴亂等情形或者受害人故意造成的，不承擔責任。如果損害是由受害人的過失，哪怕是重大過失造成的，也不能減輕民用核設施經營人的責任。

二、「與有過失」與受害人故意造成損害的關係

侵權責任法立法過程和民法典編纂過程中，有的建議將本條中的「過錯」改為「過失」。理由是「過錯」包括「故意」和「過失」，如果是受害人故意造成自己損害，則不是減輕行為人責任的問題，而應當免除行為人的責任。

本法沒有採納上述意見，理由主要是如果損害完全是由於受害人故意造成的，即損害發生的唯一原因是受害人的故意，應完全免除行為人的責任。只有在侵權人對於損害的發生有故意或者重大過失，受害人對於同一損害的發生或者擴大也有責任時，才能減輕侵權人責任的問題。

立法過程中還有的建議將本條中的「可以減輕侵權人的責任」中的「可以」修改為「應當」。我們研究認為，在損害主要是由侵權人造成，被侵權人對同一損害僅有輕微責任的情況下，就不一定要免除侵權人的責任。例如，責任認定上，侵權人佔 99% 的原因，被侵權人佔 1% 的原因。這種情況下，如果規定「應當」減輕侵權人的責任，是不公平的。因此立法沒有採納上述建議。

第一千一百七十四條　損害是因受害人故意造成的，行為人不承擔責任。

■ 條文主旨

本條是關於受害人故意造成損害，行為人免責的規定。

■ 條文釋義

受害人故意造成損害，是指受害人明知自己的行為會發生損害自己的後果，而希望或者放任此種結果的發生。受害人故意分為直接故意和間接故意。直接故意，是指受害人從主觀上追求損害自己的結果發生，如受害人摸高壓線自殺；間接故意，是指受害人已經預見到自己的行為可能發生損害自己的結果，但也不停止該行為，而是放任損害結果的發生，如受害人盜割高壓線，導致自己傷亡。

本條規定對行為人免責，是指損害完全是因為受害人的故意造成的，即受害人故意的行為是其損害發生的唯一原因。例如，本法第 1238 條規定，民用航空器造成他人損害的，民用航空器的經營者應當承擔侵權責任；但是，能夠證明損害是因受害人故意造成的，不承擔責任。

本條規定適用於過錯責任自不待言，從現有法律規定來看，本條也適用於無過錯責任，上述第 1238 條的規定即是無過錯責任的一例。此外，本編第八章高度危險責任的很多條文都規定了受害人故意造成損害，行為人免責。侵權責任法中，本條規定在不承擔責任和減輕責任的情形一章中。民法典侵權責任編整合了侵權責任法第一章至第三章的內容，因此，本條被吸收到了侵權責任編第一章一般規定中。

第一千一百七十五條　損害是因第三人造成的，第三人應當承擔侵權責任。

■ 條文主旨

本條是關於第三人過錯的規定。

■ 條文釋義

第三人過錯的概念往往在訴訟中體現，指受害人起訴被告以後，被告提出該損害完全或者部分不是由自己造成，是第三人的過錯造成，從而提出免除或者減輕自己責任的抗辯事由。第三人的過錯包括故意和過失。第三人應當與被告不存在任何隸屬關係，如用人單位的工作人員在工作過程中造成他人損害的，用人單位不能以其工作人員作為第三人，提出第三人過錯的抗辯。用人單位應當對工作人員造成的損害，承擔替代責任。

本條在適用上把握以下幾點：

一、第三人過錯是造成損害的唯一原因

在過錯責任和過錯推定責任範圍內，被告能夠證明損害完全是由於第三人的過錯行為造成的，應免除被告的責任，由第三人對原告承擔侵權責任。

在無過錯責任範圍內，情況比較複雜。在某些無過錯責任情形之下，即使完全由第三人過錯造成的損害，也應首先由被告承擔責任，即被告不能以第三人造成損害為由，對原告受害人進行抗辯。在某些無過錯責任情形之下，第三人的過錯造成損害，被侵權人可以選擇行為人或者第三人之一承擔責任。例如，本法第 1233 條規定，因第三人的過錯污染環境、破壞生態的，被侵權人可以向侵權人請求賠償，也可以向第三人請求賠償。侵權人賠償後，有權向第三人追償。在某些無過錯責任情形之下，完全由第三人造成的損害，由第三人承擔責任，即被告可以「第三人過錯」造成損害為由，對原告進行抗辯。例如，我國電力法第 60 條第 2 款規定：「因用戶或者第三人的過錯給電力企業或者其他用戶造成損害的，該用戶或者第三人應當依法承擔賠償責任。」

二、第三人過錯是造成損害的部分原因

本條規定的「第三人過錯」與本法第 1168 條共同侵權行為、第 1170 條共同危險行為、第 1171 條無意思聯絡承擔連帶責任的侵權行為、第 1171 條無意思聯絡承擔按份責任的侵權行為等多數人侵權制度有着緊密的聯繫，同時也極易造成混淆。在何時、何種條件下，被告可以援用「第三人過錯」而要求減輕自己責任的問題上，在侵權責任法立法過程中也有不少爭論，侵權責任法頒佈以來，在司法實踐中也有不少錯誤認識。因此，有必要對以下幾個問題進行澄清：

一是與第 1168 條共同侵權行為的關係。例如，甲和乙合謀將丙打傷，丙將乙起訴到法院，乙不能以甲參與了侵權為由，要求適用本條的規定。即構成共同侵權行為的，應當適用本法第 1168 條的規定，由侵權人承擔連帶責任，即被侵權人有權要求侵權人中的一人承擔全部責任，而不能適用第三人過錯免責。

二是與第 1170 條共同危險行為的關係。例如，甲在農田耕作時遭受槍傷，甲將其受傷時發現的非法狩獵人乙告上法庭。乙在庭上陳述，其在開槍的同時，還有另一名非法狩獵人丙也開了槍。但甲的槍傷只有一處，乙提出槍傷可能是自己所為，但也可能是丙的行為所致。這種情況下，依照本法第 1170 條的規定，乙的行為和丙的行為構成共同危險行為，在不能確定具體加害人的情況下，乙和丙承擔連帶責任，乙不能以第三人丙的行為為由，對受害人甲進行抗辯，要求與丙分擔甲的損失，免除或者減輕自己的責任。當然，乙在承擔連帶責任後，可以起訴丙，以進一步分清二者的責任，但那是另一個法律關係。

三是與第 1171 條無意思聯絡承擔連帶責任的侵權行為的關係。例如，甲、乙二人分別在丙的房舍的東西兩面放火燒荒，甲、乙二人沒有意思聯絡，但兩股火同時向丙的房舍蔓延，致使丙的房舍焚毀。丙將甲起訴到法院，甲提出乙的放火行為也是房屋被焚的原因之一，要求減輕自己的責任。本案中，甲、乙的行為直接結合，是構成丙的損害的共同原因，

依照第 1171 條的規定，甲乙應對丙承擔連帶責任。甲以第三人侵權行為造成損害為由的抗辯不能成立。

四是與第 1171 條無意思聯絡承擔按份責任的侵權行為的關係。這兩種情形最難以區分，第 1175 條規定「損害是因第三人的原因造成的，第三人應當承擔侵權責任」，這種情況下，被告是否仍然要承擔部分責任，法律對此沒有明確規定。這就需要司法實踐中結合個案進行仔細分析，在「被告的過錯」與「第三人的過錯」分別構成同一損害的原因的情況下，被告可以以造成的損害還有「第三人的過錯」為由，向原告行使抗辯權，要求減輕自己的責任。

第一千一百七十六條　自願參加具有一定風險的文體活動，因其他參加者的行為受到損害的，受害人不得請求其他參加者承擔侵權責任；但是，其他參加者對損害的發生有故意或者重大過失的除外。

活動組織者的責任適用本法第一千一百九十八條至第一千二百零一條的規定。

■ 條文主旨

本條是關於自甘風險制度的規定。

■ 條文釋義

一、有關概念辨析

自甘風險和自願承擔損害容易混淆，是既有共同點又有區別的兩個概念。

1. 自甘風險又稱自願承受危險，是指受害人自願承擔可能性的損害而將自己置於危險環境或場合，造成損害行為人不承擔責任。其構成要件是：第一，受害人作出了自願承受危險的意思表示，通常是將自己置於可能性的危險狀況之下；第二，這種潛在的危險不是法律、法規所禁止的，也不是社會公序良俗所反對的，且此種危險通常被社會所認可存在或者難以避免的。例如，參加拳擊比賽而自願承受可能受到的人身傷害的危險。

2. 自願承擔損害又稱受害人同意，是指受害人自願同意他人對其人身或財產施加某種損害。關於自願對其人身實施損害，例如，病人同意醫生對其手術，手術將造成失血，而手術對於挽救病人生命與失血的損害相比是利大於弊，於是選擇手術的情形；汶川地震中，為了施救，先鋸斷某人的腿，然後才能將其救出的例子等。此種損害是不違反法律或公共道德的，如果受害人以此種損害請求賠償，被告應享有抗辯權。但是，如果甲同意乙打其一記耳光，如果乙真的打了，則乙的行為具有違法性，不能適用受害人同意。關於自願他人對其財產進行損害，例如，同意他人對自己的財產拋棄或毀損的情形，由於財產權的權利人有權處分自己的財產，同意他人對自己財產的損害，如同自己損害自己的財產一樣，一般情況下

此種情形不構成對法律或公共道德的違反。自願承擔損害的構成要件是：第一，受害人明確作出了同意對其實施加害的意思表示，知道或者應當知道對其實施加害行為的法律後果；第二，同意加害的內容不違反法律和公序良俗，且不超出受害人同意的範圍。

3. 自甘風險與受害人同意的區別主要為：一是適用領域不同。自甘風險主要適用於危險性的文體、探險等活動；受害人同意的適用範圍比較廣泛，不違反法律和公序良俗的一般行為，只要受害人同意，均可產生免責效果。二是受害人對損害後果的知情程度不同。在自甘風險制度中，受害人對其參加什麼文體活動、該活動通常具有什麼危險或者損傷、自己的競技水平和身體健康情況是知曉的，只是不能具體預測自己參加活動是否一定會遭受損害、遭受多大程度的損害。自甘風險制度中，受害人往往沒有明確作出自願接受損害結果的意思表示。在受害人同意制度中，受害人對損害的發生、損害的性質、損害的範圍一般都是知情、能夠預測到的。三是損害發生是否符合受害人的意願不同。受害人同意制度中，受害人必須以明示或者默示的意思表示作出處分行為，放棄法律的保護。四是損害的發生是否符合受害人的意願不同。自甘風險制度中，受害人不希望損害後果的發生。受害人同意制度中，損害的發生符合受害人的意思。

二、國內有關規定及民法典規定自甘風險制度的考慮

侵權責任法立法過程中，有的建議規定自甘風險作為免責事由。對於是否規定，各方面有過激烈爭論，沒有達成一致性意見。贊成規定的理由主要是：權利人有權處分自己的權利，該處分行為只要不違反法律和公共道德，就應認可該種意思表示的效力。自甘風險往往是為了博弈一個較大的利益，或者在兩個不利後果中選擇一個較小的不利後果。受害人同意承受相應風險的，應可以作為被告方的抗辯事由。不同意規定的理由主要是：自甘風險是處分自己權益的行為，被告的行為不構成侵權，也就不存在免責的問題。實踐中自甘風險的情況非常複雜，比如，核設施等危險區域提示不得入內，但受害人進去了，管理人就沒有責任嗎？因此，由司法實踐根據個案的情況確定被告方的責任比較妥當。在自甘風險的情況下，被告方要不要承擔責任還是看其有沒有過錯，有過錯的承擔責任，沒過錯的不承擔，並不是說只要是受害人同意或者自甘風險，受害人有過錯也不承擔責任。既然已將過錯作為承擔責任原則，因此沒有必要規定。本着謹慎負責的態度，經過反覆研究，侵權責任法沒有規定自甘風險制度。

民法典編纂過程中，有建議提出，參加對抗性較強的體育等活動容易發生受傷等情況，實踐中，對傷害由誰承擔責任經常產生糾紛。如參加馬拉鬆競賽活動中參賽者去世，要求組織者承擔侵權責任等。為了滿足具有風險性的體育競技等方面的需要，建議增加規定自甘風險制度。我們研究認為，參加者自願參與這些活動應當充分認識到其危險性，由此產生的正常風險原則上應當由參加者自己承擔。在法律中確立「自甘風險」規則，對於自願參加對抗性、風險性較強的體育活動，以及學校等機構正常組織開展體育課等活動學生受傷發生糾紛時，明確責任的界限是有利的。據此，民法典侵權責任編草案二審稿增加了一條規定：自願參加具有危險性的活動受到損害的，受害人不得請求他人承擔侵權責任，但是他人對損害的

發生有故意或者重大過失的除外。活動組織者的責任適用本法第 973 條的規定，即活動組織者就未盡到安全保障義務承擔侵權責任。對這一規定，各方面提出了很多意見，主要是建議自甘風險的適用範圍不宜過寬，應限定為體育比賽等具有一定風險的文體活動。同時，建議明確教育機構在組織這類活動時應當如何承擔責任。因此，民法典侵權責任編草案三審稿對自甘風險的規定作了修改：一是自願參加具有一定風險的文體活動，因其他參加者的行為受到損害的，受害人不得請求其他參加者承擔侵權責任，但是其他參加者對損害的發生有故意或者重大過失的除外。二是如果活動組織者為學校等教育機構，應當適用學校等教育機構在學生受到人身損害時的相關責任規定。

本條適用中應把握的幾點問題：

一是受害人必須意識到所參加的文體活動的風險。這種風險必然存在，但是否會產生損害結果不確定。例如，參加籃球運動一定會存在衝撞，參加足球運動必然有剷球，這些行為都有可能會造成倒地的風險，有可能會造成骨折的風險，是否必然出現這樣的後果是不一定的，運動的劇烈程度、衝撞的角度、剷球的力度、雙方是否遵守規則、運動護具的穿戴、參加者運動技能和身體素質等因素的不同，會產生很大的變數。本質上講，參加任何文體活動都有可能存在風險、造成損害。侵權責任編本着謹慎的精神，僅規定了「自願參加具有一定風險的文體活動」中才能適用自甘風險制度。「具有一定風險」應當理解為風險性較高、對自身條件有一定要求、對抗性較強等的文體活動。

二是在正常情況下，因為其他參加者的行為受到損害的，其他參加者不承擔侵權責任。具有一定風險的文體活動的參加者在了解風險的前提下，仍自願參加，在文體活動中受到損害的，其他參加者不承擔侵權責任，也就說法律規定這種情況下直接免責。但是，其他參加者對損害的發生有故意或者重大過失的，這種情形下損害是由於行為人的侵權行為造成的，已經超過其自甘風險的範圍，法律規定了除外條款，對此應當根據雙方的過錯程度，確定損害的承擔。為了防止侵權人不當地援用「自甘風險」條款免責，應限定其適用範圍，這也是本條將侵權人承擔責任的主觀要件限定於故意或者重大過失的重要原因。

三是活動組織者的責任承擔上，法律規定適用安全保障義務的規定。但是應當明確，有些文體活動需要組織者詳細明確告知參加者各種風險；有些活動是按照經驗不需要組織者告知參加者風險的，因為這些活動的固有危險已經為社會一般人所知曉，更為參加者所熟知。這在確定文體活動組織者責任時，應當予以考慮。但是，固有風險之外的意外損害，應當由組織者承擔。例如，參加馬拉松活動，正常跑步過程中的曬傷、膝關節損傷、碰撞等運動傷害，是不需要組織者特別告知的。此外，在整個活動過程中，組織者是否盡到了必要的安全保障義務、採用了足夠安全的措施、設計了突發情況的預案、損害發生後及時採取了合理措施等，是考慮活動組織者是否盡到了責任的因素。當然，還要考慮受害人是否有過錯以及過錯程度。

四是適用本條規定需要結合具體的案件，從案件的具體情況出發，審慎確定文體活動是否具有一定的風險性，是否屬於自甘風險的情況，當事人雙方、活動組織者是否有過錯以及過錯程度，從各方面從嚴認定和把握。

> **第一千一百七十七條**　合法權益受到侵害，情況緊迫且不能及時獲得國家機關保護，不立即採取措施將使其合法權益受到難以彌補的損害的，受害人可以在保護自己合法權益的必要範圍內採取扣留侵權人的財物等合理措施；但是，應當立即請求有關國家機關處理。
>
> 　　受害人採取的措施不當造成他人損害的，應當承擔侵權責任。

■ 條文主旨

本條是關於自力救濟制度的規定。

■ 條文釋義

一、關於自力救濟制度的沿革與概念

自力救濟是一項古老的制度，屬於私力救濟的範疇，希臘羅馬時期的法典中即有明文規定。現代文明國家建立後，公民的權利主要由公權力保障，私力救濟逐漸演變為公力救濟，通過司法程序解決糾紛成為最主要的方式之一。從私力救濟到公力救濟的演變是一個漫長而交錯的歷史過程。兩者長期並存，既對立衝突，也交錯互補。你中有我，我中有你，私力救濟中有「公力」因素，公力救濟中有「私力」因素，其間存在一種融合兩者特徵的社會型救濟，如調解和仲裁。隨着歷史的發展和社會經濟進步，私力救濟法律化，逐漸被納入法律框架。相比於私力救濟，公權力救濟具有文明性、穩定性、強制性等諸多優點。

現代社會中的自力救濟，主要指在民事法律關係中，權利人在特殊情況下不借助國家機關的公力，而以自己的力量來保護自己或他人權利的行為。民法通則、侵權責任法等法律中，沒有規定自力救濟制度。

二、民法典對自力救助制度規定的情況

民法典編纂過程中，有的建議規定自力救濟制度，主要理由有：一是司法最終解決是現代法治的基本要求，但司法最終解決不等於唯一解決，只有糾紛達到一定的條件或標準後，才會納入司法的視野。有些私力救濟方式經過長期的演化已經形成一定的習慣和規範，有時候更能實現公正。二是我國法律中規定的正當防衛、緊急避險等制度，在性質上應當屬於自力救濟的範圍。因此，將這一制度進一步擴大有法律、理論和實踐基礎。三是實踐中，自力救濟行為廣泛存在，會導致濫用自力救濟的情況，引發更大的糾紛，反而不利於社會的穩定。實踐中就出現了在合法權益受到侵害，來不及請求國家機關保護的情況下，受害人自己採取措施保護權益，反而被他人起訴侵權的案件。

我們研究認為，「自助行為」制度可以賦予公民在一定條件下的自我保護權利，是對國家權力在維護社會秩序和保護公民權益不及時情況下的有益補充。明確規定這種制度，對保護公民人身、財產權益安全具有重要的現實意義，也有利於對這種自力救濟行為進行規範。因此，在民法典侵權責任編草案二審稿中增加了該制度，二審稿的表述為：自己的合法權益

受到不法侵害，情況緊迫且不能及時獲得國家機關保護的，可以在必要範圍內採取扣留侵權人的財物等合理措施。行為人實施前款行為後，應當立即請求有關國家機關處理。採取的措施不當造成他人損害的，行為人應當承擔侵權責任。對該規定，各方面提出了很多意見和建議。有的建議對「合法權益」進行限定，將「合法權益受到侵害」修改為「因自己的合法權益受到侵害」，以進一步明確實施自助行為的前提條件，防止被濫用。有的建議明確「情況緊迫」的內涵。有的提出，自助行為人只有在侵權人逃跑或轉移財產、日後難以查找等緊迫情況下，為保全或恢復自己的權利，而對他人財產採取的予以扣留等措施，否則完全可以在事後通過民事訴訟等其他方式向國家機關尋求救濟，建議明確「情況緊迫」的內涵，在「情況緊迫且不能及時獲得國家機關保護的」後增加規定「如不採取自助行為，則以後權利無法實現或難以實現」。

針對這些意見和建議，民法典侵權責任編三審稿作了修改完善，規定：合法權益受到侵害，情況緊迫且不能及時獲得國家機關保護，不立即採取措施將使其權益受到難以彌補的損害的，受害人可以在必要範圍內採取扣留侵權人的財物等合理措施，但是應當立即請求有關國家機關處理。受害人採取的措施不當造成他人損害的，應當承擔侵權責任。2019 年 12 月形成民法典草案時，在三審稿的基礎上進一步修改完善，將「不立即採取措施將使其權益」修改為「不立即採取措施將使其合法權益」。此後，根據各方面的意見，又在民法典草案的基礎上進一步完善，主要是進一步明確受害人可以實施自助行為的範圍：「在保護自己合法權益的」的必要範圍內。

一是情況緊迫且不能及時獲得國家機關保護，這是前提條件。例如，走在路上發現自己被盜的自行車，此時不馬上扣下自行車，以後將很難找到；馬上去報案或者撥打「110」，時間上來不及。

二是不立即採取措施將使其合法權益受到難以彌補的損害的，這是必要條件。如前例所述，如果不馬上扣下自行車，騎車人騎着車走了，以後再去尋找車在哪裏就很困難了。我國民事訴訟法、專利法等法律均使用了「難以彌補」的表述，為保持法律之間的一致性，本條使用了該表述。

三是只能在保護自己合法權益的必要範圍內採取扣留侵權人的財物等合理措施，這是範圍條件。「保護自己合法權益」把自助行為的目的揭示出來，實施自助行為不能超越保護自己合法權益這個範圍；「必要範圍」「合理措施」主要是自助行為扣留的財物應當與保護的利益在價值上大體相當。例如，餐館老闆發現有人吃「霸王餐」，不交錢準備離去。為了維護自己的合法權益，可以扣留與餐費價值差不多的物品，要求將來送餐費時再歸還物品。

四是應當立即請求有關國家機關處理，這是合法條件。自助行為結束後，行為人必須及時尋求公權力機關救濟。若行為人怠於尋求公權力機關救濟，或被公權力機關駁回，或被公權力機關認定行為超出必要限度，則不排除其行為不法性，仍須依侵權行為承擔相應後果。「立即請求」指自助行為完成後，「情況緊迫」的阻卻事由消失，受害人應當立刻、無遲延地向有關國家機關報告自己實施了自力救濟的事實，由公權力及時介入處理。只有這樣，自力

救濟才具有正當性，成為民法上的免責事由。同時本條明確規定，受害人採取的措施不當造成他人損害的，就突破了自力救濟的必要性，應當承擔侵權責任。

> **第一千一百七十八條　本法和其他法律對不承擔責任或者減輕責任的情形另有規定的，依照其規定。**

■ 條文主旨

本條是關於民法典和其他法律在責任承擔上銜接的規定。

■ 條文釋義

我國規範侵權責任的法律有兩個層次：第一個層次是民法典侵權責任編。從基本法的角度對侵權責任作出三類規定：一是普遍適用的共同規則；二是典型的侵權種類的基本規則；三是其他單行法不可能涉及的一些特殊規則。第二個層次是相關法律。許多單行法都從自身調整範圍的角度對侵權責任作出一條或者幾條規定。如道路交通安全法第 76 條規定了交通事故賠償原則。有關侵權責任的法律在憲法統率下相輔相成，共同規範侵權責任。

侵權責任法第 5 條規定，「其他法律對侵權責任另有特別規定的，依照其規定」。民法典編纂過程中，對侵權責任法的規定進行了必要的拓展，草案三次審議稿第 955 條曾規定，本編和其他法律對不承擔責任或者減輕責任的情形另有規定的，依照其規定。有的提出，本條是不承擔責任或者減輕責任的兜底條款。除侵權責任編以外，民法典總則編、物權編、合同編、繼承編等分編，以及其他法律中對不承擔或者減輕責任的情形均有明確規定，建議兜底條款囊括這些情形。經研究，我們採納了這一意見，最終規定為：本法和其他法律對不承擔責任或者減輕責任的情形另有規定的，依照其規定。

適用過錯責任歸責原則和無過錯責任歸責原則的侵權行為，能否以及如何適用本條，需要分別討論。

1. 本法第 1165 條對過錯責任作了規定。過錯責任是侵權責任領域中最常見的歸責原則，生活是複雜的、豐富多樣的，過錯責任的具體表現也就相差很大。因此，適用過錯責任歸責原則的侵權行為的減輕或者免除責任事由，在民法典侵權責任法律的幾個高度概括的條文中無法涵蓋和窮盡羅列，所有規範和涉及民事生活的民法基本法、民事單行法、各特別法中，都有大量的除外情形。本章規定的這幾種不承擔責任或者減輕責任的情形，適用過錯責任歸責原則的侵權行為當然要適用，但是，如果本法和其他法律另有規定的，也要依照其規定。

2. 本法第 1166 條對無過錯責任作了規定。對於無過錯責任能否適用本條，需要區分兩種情形：

　　一是法律在相應條文中對責任的免除或者減輕事由作了明確規定的，應當適用該條中的相關規定。換句話說，本章規定的這幾種不承擔責任或者減輕責任的情形，在該規定中就不能全部適用。例如，本法第1237條規定，民用核設施或者運入運出核設施的核材料發生核事故造成他人損害的，免責事由為「能夠證明損害是因戰爭、武裝衝突、暴亂等情形或者受害人故意造成的」。對民用核設施或者運入運出核設施的核材料發生核事故造成他人損害的，只能是「能夠證明損害是因戰爭、武裝衝突、暴亂等情形或者受害人故意造成的」。又如，本法第1240條規定，從事高空、高壓、地下挖掘活動或者使用高速軌道運輸工具造成他人損害的，免除責任的事由為「能夠證明損害是因受害人故意或者不可抗力造成的」，減輕責任的事由只能為「被侵權人對損害的發生有重大過失的」。

　　二是法律規定某行為適用無過錯責任歸責原則，但是在相應條文中對責任的免除或者減輕責任事由未作規定，則不適用本條規定，其不承擔責任或者減輕責任的情形，適用本章規定的這幾種情形。例如，本法第1229條規定，因污染環境、破壞生態造成他人損害的，侵權人應當承擔侵權責任。該條是無過錯責任歸責原則的情形，但沒有規定免除或者減輕責任事由，可以適用本章規定的這幾種不承擔責任或者減輕責任情形的規定，當然，如果環境法律、行政法律等其他法律對不承擔責任或者減輕責任的情形另有規定的，依照其規定。

　　單行法對不承擔責任或者減輕責任規定了很多情形，此處不再贅述。本法中也規定了一些不承擔責任或者減輕責任的情形，例如，本法第316條規定，拾得人在遺失物送交有關部門前，有關部門在遺失物被領取前，應當妥善保管遺失物。因故意或者重大過失致使遺失物毀損、滅失的，應當承擔民事責任。根據此規定，拾得人一般過失是不承擔責任的。又如，本法第897條規定，保管期內，因保管人保管不善造成保管物毀損、滅失的，保管人應當承擔賠償責任。但是，無償保管人證明自己沒有故意或者重大過失的，不承擔賠償責任。根據此規定，無償保管人一般過失是不承擔責任的。再如，本法第1148條規定，遺產管理人應當依法履行職責，因故意或者重大過失造成繼承人、受遺贈人、債權人損害的，應當承擔民事責任。根據此規定，遺產管理人一般過失是不承擔責任的。

第二章　損害賠償

　　本章共九條，主要規定了人身損害賠償範圍、以相同數額確定死亡賠償金、請求權的轉移、侵害人身權益造成財產損失的賠償、精神損害賠償、財產損失的計算方式、嚴重侵犯知識產權的懲罰性賠償、公平分擔損失、賠償費用支付方式等內容。

　　本章是在侵權責任法第二章「責任構成和責任方式」的基礎上，增刪編纂形成的，民法典侵權責任編一審稿中章名為「責任承擔」。有的意見提出，本章絕大部分條文解決的都是損害賠償問題，而且侵權責任編的責任形式也主要是損害賠償。應當將侵權損害賠償請求權與絕對權請求權相區分，有關絕對權請求權主要由物權編和人格權編作出規定，侵權責任編主要規定侵權損害賠償。經研究我們採納了這一建議，從民法典侵權責任編二審稿開始，本章的章名修改為「損害賠償」。

> **第一千一百七十九條**　侵害他人造成人身損害的，應當賠償醫療費、護理費、交通費、營養費、住院伙食補助費等為治療和康復支出的合理費用，以及因誤工減少的收入。造成殘疾的，還應當賠償輔助器具費和殘疾賠償金；造成死亡的，還應當賠償喪葬費和死亡賠償金。

■ 條文主旨

　　本條是關於人身損害賠償範圍的規定。

■ 條文釋義

　　人身損害賠償是指行為人侵犯他人的生命健康權益造成致傷、致殘、致死等後果，承擔金錢賠償責任的一種民事法律救濟制度。侵權責任法第 16 條規定了人身損害賠償制度，消費者權益保護法、產品質量法等法律以及相關司法解釋在侵權責任法的基礎上對人身損害賠償制度作了補充。本條在侵權責任法等法律規定的基礎上作了完善。

一、侵害他人造成人身損害的一般賠償範圍

　　這是指侵犯他人生命健康權益造成人身損害一般都要賠償的項目。無論是致傷、致殘還是致死，凡是有一般賠償範圍內所列項目的費用支出，行為人均應賠償。本條在侵權責任法的基礎上，吸收最高人民法院司法解釋，增加了「營養費」「住院伙食補助費」這兩項賠償項目；為了與殘疾人保障法的表述一致，將「殘疾生活輔助具」修改為「輔助器具」。行為人的行為造成他人人身傷害但並未出現殘疾或者死亡後果的，原則上行為人僅須賠償本

條規定的一般賠償範圍內的賠償項目。這裏需要強調的是，本條所列舉的一般賠償範圍內的賠償項目僅是幾種比較典型的費用支出，實踐中並不僅限於這些賠償項目，只要是因為治療和康復所支出的所有合理費用，都可以納入一般賠償的範圍，但前提是合理的費用才能予以賠償，否則既會增加行為人不應有的經濟負擔，也會助長受害人的不正當請求行為，有失公正。因此，在司法實踐中，法官必須在查清事實的基礎上，結合醫療診斷、鑒定和調查結論，準確確定人身損害的一般賠償範圍。對人身損害的賠償要堅持賠償與損害相一致的原則，既要使受害人獲得充分賠償，又不能使其獲得不當利益。基於這一原則，對醫療費、護理費、交通費、營養費、住院伙食補助費等為治療和康復支出的合理費用，以及因誤工減少的收入的賠償，因一般都有具體衡量的標準，應當全部賠償，即損失多少就賠償多少。

二、造成殘疾的賠償範圍

對於殘疾的賠償範圍，我國的立法有一個發展變化的過程。根據民法通則第119條的規定，受害人殘疾的，應當賠償醫療費、因誤工減少的收入、殘廢者生活補助費等費用，對於是否賠償被扶養人生活費和殘疾賠償金沒有明確規定。1993年頒佈的產品質量法、消費者權益保護法則明確規定，受害人殘疾的，除應當賠償醫療費、治療期間的護理費、因誤工減少的收入等費用外，還應當支付殘疾者生活自助具費、生活補助費、殘疾賠償金以及由其扶養的人所必需的生活費等費用，但是沒有明確生活補助費、殘疾賠償金以及由其扶養的人所必需的生活費三者之間的關係。對此，理論界有不同認識，法官在司法實踐中也有不同做法。例如，《最高人民法院關於審理人身損害賠償案件適用法律若干問題的解釋》第17條規定，受害人因傷致殘的，除賠償醫療費、誤工費、護理費、交通費、住宿費、住院伙食補助費、必要的營養費外，還應當賠償其因增加生活上需要所支出的必要費用以及因喪失勞動能力導致的收入損失，包括殘疾賠償金、殘疾輔助器具費、被扶養人生活費，以及因康復護理、繼續治療實際發生的必要的康復費、護理費、後續治療費等，賠償義務人也應當賠償。侵權責任法規定，造成受害人殘疾的，除應當賠償醫療費、護理費、交通費等為治療和康復支出的合理費用，以及因誤工減少的收入外，還應當賠償殘疾生活輔助具費和殘疾賠償金。民法典侵權責任編在造成殘疾的賠償範圍上，與侵權責任法保持一致，只是將「殘疾生活輔助具」的表述修改為「輔助器具」。

三、造成死亡的賠償範圍

人身損害死亡賠償制度是指自然人因生命權受侵害而死亡，侵權人承擔金錢賠償責任的一種民事法律救濟制度。對死亡賠償的範圍，民法通則第119條規定，除應當賠償醫療費、因誤工減少的收入等費用外，還應當支付喪葬費、死者生前扶養的人必要的生活費等費用。1993年頒佈的消費者權益保護法、產品質量法和1994年頒佈的國家賠償法規定，因侵權行為造成他人死亡的，除賠償醫療費、護理費等費用外，應當支付喪葬費、人身損害死亡賠償金以及由死者生前扶養的人所必需的生活費等費用。上述三部法律，均採取在喪葬費和被扶養人生活費以外，同時給付死亡賠償金的模式。《最高人民法院關於審理人身損害賠償案件適用法律若干問題的解釋》規定，受害人死亡的，賠償義務人除應當根據搶救治療情況賠償醫療

費、護理費、營養費等相關費用外，還應當賠償喪葬費、被扶養人生活費、死亡補償費以及受害人親屬辦理喪葬事宜支出的交通費、住宿費和誤工損失等其他合理費用。司法解釋對死亡賠償項目的列舉，比法律明確列舉的賠償項目要更多一些。侵權責任法在立法和司法實踐經驗基礎上，借鑒國外做法，規定侵害他人造成死亡的，除應當賠償一般人身損害賠償項目外，還應當賠償喪葬費和死亡賠償金。民法典侵權責任編在這一方面與侵權責任法的規定一致。

　　民法典侵權責任編編纂過程中，有意見提出法律規定統一的殘疾賠償金和死亡賠償金計算標準。侵權責任編曾經嘗試作出規定：殘疾賠償金的確定以國家上年度職工平均工資為基礎，並可以綜合考慮被侵權人喪失勞動能力的程度、受傷時的年齡、受傷前的收入狀況、被扶養人的生活狀況等因素。死亡賠償金的確定以國家上年度職工平均工資為基礎，並可以綜合考慮被侵權人死亡時的年齡、死亡前的收入狀況、被扶養人的生活狀況等因素。對這一規定，在徵求意見過程中，各方面有不同的認識，存在較大爭議。有的提出，全國統一標準使計算數額過高，西部省區的侵權責任人難以承受。有的提出，我國幅員遼闊，各地區之間的經濟發展水平和職工收入存在較大差距，全國採用單一的全國統一標準不利於解決實際的個案糾紛。我們認真分析收到的各種意見建議，又嘗試將殘疾賠償金和死亡賠償金的確定基礎修改為「受訴的省級法院所在地國家上年度職工平均工資」。對此有的提出，這一規定又產生了「地區歧視」，也不公平。還有的提出，這一規定還可能造成當事人為獲得較高賠償而選擇管轄法院的情況。綜合來看，殘疾賠償金、死亡賠償金的問題十分複雜，無論是侵權責任法還是民法典侵權責任編，都無法簡單規定一個「放之全國而皆準」的標準，宜由法官在處理具體案件時，根據個案的特殊情況，運用自由裁量權進行裁判。據此，民法典也沒有規定殘疾賠償金和死亡賠償金的計算標準。殘疾賠償金和死亡賠償金的決定，宜由法官在司法實踐中，根據案件的具體情況，綜合考慮各種因素後確定數額；也可以由最高人民法院結合近些年來的司法經驗，修改目前適用的司法解釋的規定。但是，為了便於解決糾紛，使受害人及時有效地獲得賠償，對因同一侵權行為造成多人死亡的情況，法律規定了可以以相同數額確定死亡賠償金。

> **第一千一百八十條　因同一侵權行為造成多人死亡的，可以以相同數額確定死亡賠償金。**

■ 條文主旨

　　本條是關於以相同數額確定死亡賠償金的規定。

■ 條文釋義

　　在侵權責任法立法中，有的提出，在許多情況下，根據死者年齡、收入狀況等情形，確

定的死亡賠償數額有所不同，但在因同一事故造成多人死亡時，為便於解決糾紛，實踐中，不少採用相同數額予以賠償。例如，有的地方，對藥物損害事故中的多個死者統一賠償每人20萬元，這樣的做法起到了較好的社會效果和法律效果。侵權責任法吸收實踐中的這些有益做法，在第17條規定，因同一侵權行為造成多人死亡的，可以以相同數額確定死亡賠償金。民法典編纂過程中，有的建議刪除本條規定。經過研究，民法典侵權責任編保留了侵權責任法的規定。立法中作出這一規定主要有以下考慮：

在境外，也有的國家採用了類似做法，如日本自20世紀70年代以來，在環境污染、藥物損害、交通事故等導致多人死亡的侵權案件中，常常採用「概括的一攬子賠償方式」解決死亡賠償問題。「概括的一攬子賠償方式」將受害人受到的所有社會、經濟、精神損害作為一個損害，不區分財產損害與非財產損害，也不將財產損害細化為若干項目，而賦予受害人統一的賠償請求權。

從國外經驗以及我國實踐情況看，在因同一侵權行為造成多人死亡的案件中，以相同數額確定死亡賠償金主要有以下好處：一是在因同一侵權行為造成多人死亡引發的眾多訴訟中，對眾多的損害項目和考慮因素逐一舉證比較繁瑣，而且有時證明較為困難。以相同數額確定死亡賠償金可以避免原告的舉證困難，並防止因此而導致的訴訟遲延，讓其可以及時有效地獲得賠償。二是考慮每個死者的具體情況分別計算死亡賠償金，不但未必能計算到損害的全部內容，而且讓法院面臨較為沉重的負擔，不利於節省司法資源。以相同數額確定死亡賠償金不但可將受害人及其親屬受到的肉體、社會生活、精神生活等損害覆蓋其中，有效避免掛一漏萬，更好地保護受害人利益，還可以減輕法院負擔，節約司法資源。三是以相同數額確定死亡賠償金可以維護眾多原告之間的團結。在處理導致多人死亡的侵權案件時，以同一數額確定死亡賠償金，既迅速救濟了原告，也防止了原告之間相互攀比，避免同一事故中的眾多原告之間賠償數額差距過大引發社會爭論。實際上，從我國近些年的司法實踐看，在一些因同一事故導致多人死亡的侵權案件中，由於法院最終判決的死亡賠償金在眾多原告之間差異較大，引起了當事人不滿，社會效果也不是很好。

在本條的理解上需要注意：

一是以相同數額確定死亡賠償金並非確定死亡賠償金的一般方式，若分別計算死亡賠償金較為容易，可以不採用這種方式。

二是根據本法的規定，以相同數額確定死亡賠償金原則上僅適用於因同一侵權行為造成多人死亡的案件。

三是本條特別強調，對因同一侵權行為造成多人死亡的，只是「可以」以相同數額確定死亡賠償金，而不是任何因同一侵權行為造成多人死亡的案件都「必須」或者「應當」以相同數額確定死亡賠償金。至於什麼情況下可以，什麼情況下不可以，法院可以根據具體案情，綜合考慮各種因素後決定。實踐中，原告的態度也是一個重要的考慮因素，多數原告主動請求以相同數額確定死亡賠償金的，當然可以；原告沒有主動請求，但多數原告對法院所提以相同數額確定的死亡賠償金方案沒有異議的，也可以適用這種方式。

四是以相同數額確定死亡賠償金的，原則上不考慮受害人的年齡、收入狀況等個人因素。

這裏還需要強調一點，本條只是規定，因同一侵權行為造成多人死亡的，可以對「死亡賠償金」以相同數額確定，對死者在死亡前產生的醫療費、護理費等合理費用支出，以及喪葬費支出，宜根據實際支出情況單獨計算，損失多少，賠償多少。

> **第一千一百八十一條** 被侵權人死亡的，其近親屬有權請求侵權人承擔侵權責任。被侵權人為組織，該組織分立、合併的，承繼權利的組織有權請求侵權人承擔侵權責任。
>
> 被侵權人死亡的，支付被侵權人醫療費、喪葬費等合理費用的人有權請求侵權人賠償費用，但是侵權人已經支付該費用的除外。

■ 條文主旨

本條是關於被侵權人死亡後，誰可以成為請求權主體的規定。

■ 條文釋義

被侵權人僅僅受到傷害、殘疾，或者被侵權人作為組織仍存在的情況下，請求權人原則上是被侵權人本人。但是，被侵權人死亡的，其權利能力消滅，法律主體資格不復存在，死者不可能以權利主體資格請求侵權人承擔侵權責任。同樣，被侵權人為組織，其分立、合併的，被侵權人的法律主體資格也消失，也不可能以權利主體資格請求侵權人承擔侵權責任。因此，在這兩種情況下，請求權人都只能是被侵權人以外的主體。

從國外的立法來看，將被侵權人死亡情況下的請求權人分為以下兩種情況：一是經濟損失的請求權人。被侵權人死亡的情況下，請求權人為死者近親屬、受扶養人和喪葬費支付人，但對被扶養人的範圍，規定不完全相同。二是精神損害的請求權主體。受害人死亡導致其近親屬精神損害的，該近親屬可以為請求權人。這裏的近親屬一般指父母、子女及配偶。

侵權責任法在總結我國立法經驗和司法實踐經驗基礎上，參考國外立法，在第18條分兩款作了規定：被侵權人死亡的，其近親屬有權請求侵權人承擔侵權責任。被侵權人為單位，該單位分立、合併的，承繼權利的單位有權請求侵權人承擔侵權責任。被侵權人死亡的，支付被侵權人醫療費、喪葬費等合理費用的人有權請求侵權人賠償費用，但侵權人已支付該費用的除外。因為民法總則將單位修改為法人、非法人組織，民法典侵權責任編在繼承侵權責任法第18條的基礎上，應與編纂入民法典的總則編保持用語一致。考慮到法人、非法人組織與自然人相比，均為組織形態，為了用語表述簡單，本條將侵權責任法第18條中的「單位」修改為「組織」。

根據本條第 1 款的規定，被侵權人死亡的，其近親屬有權請求侵權人承擔侵權責任。近親屬的範圍在本法第 1045 條作了明確規定，包括配偶、父母、子女、兄弟姐妹、祖父母、外祖父母、孫子女、外孫子女。

根據本條第 2 款的規定，被侵權人死亡，支付被侵權人醫療費、喪葬費等合理費用的人有權請求侵權人賠償費用，但是，侵權人已經支付該費用的除外。在司法實踐中，支付被侵權人死亡前的醫療費等合理費用的，不一定是被侵權人本身，而是其親屬、朋友或者其他人；對於喪葬費，由於受害人已經死亡，只能是其親屬、朋友或者其他人支付。若支付這些費用的是被侵權人的近親屬，這些近親屬當然可以依據本條第 1 款的規定請求侵權人賠償這些費用，若支付這些費用的並非其近親屬，而是其朋友、其他人或者某一組織的，實際支付費用的主體也可以作為獨立的請求權人請求侵權人賠償這些費用，但若侵權人已將這些費用賠償給被侵權人近親屬的，實際支付這些費用的主體就不能再向侵權人請求賠償，而只能要求獲得賠償的近親屬返還這些費用。賦予實際支付醫療費、喪葬費等費用的主體獨立請求權，有利於弘揚幫扶幫襯的社會美德，保護善良的社會風俗，也可以防止侵權人獲得不當利益。

在民法典侵權責任編編纂過程中，有的提出，本條第 2 款僅考慮法人和其他組織的分立、合併情形，沒有考慮到這些主體的被撤銷、解散和破產清算等情形的請求權主體問題。我們研究認為，本條的立法目的是解決被侵權人死亡後請求權主體的確定以及費用的追償問題。對於組織的解散和破產清算等情形中權利如何承繼，已經在企業破產法等單行法中作出了明確規定，不需要在此作出規定。

> **第一千一百八十二條**　侵害他人人身權益造成財產損失的，按照被侵權人因此受到的損失或者侵權人因此獲得的利益賠償；被侵權人因此受到的損失以及侵權人因此獲得的利益難以確定，被侵權人和侵權人就賠償數額協商不一致，向人民法院提起訴訟的，由人民法院根據實際情況確定賠償數額。

■ 條文主旨

本條是關於侵害他人人身權益造成財產損失賠償的規定。

■ 條文釋義

人身權益是民事主體最基本的權益，侵害他人人身權益應當依法承擔侵權責任。本條在侵權責任法第 20 條的基礎上，增加了被侵權人的選擇，對於侵害他人人身權益如何計算財產損失作了較為具體的規定。

一、按照被侵權人受到的損失賠償

根據侵害行為及侵害人身權益內容的不同，侵害他人的人身權益造成財產損失的賠償範圍也不盡相同。主要包括：

1. 侵害他人生命、健康、身體等權益造成的財產損失的賠償範圍，一般包括積極的財產損失和可得利益的損失。依照本法第 1179 條規定的為積極的財產損失。被侵權人因誤工而減少的收入以及受害人死亡辦理喪事其親屬誤工所減少的收入；被侵權人因全部或者部分喪失勞動能力而減少的預期收入；被侵權人死亡的，其因死亡而不能獲得的未來一定期限內的預期收入等為可得利益的損失，即因侵權行為的發生導致被侵權人本應獲得而無法獲得的可得利益損失。

2. 侵害他人名譽權、榮譽權、姓名權、肖像權和隱私權等人身權益造成的財產損失。這些可以根據不同的侵權行為和相關證據具體判斷處理，有實際財產損失的，按照實際損失賠償，沒有實際損失的，可以根據法律的相關規定給予救濟。

二、按照侵權人因此獲得的利益

一些侵害人身權益的行為財產損失難以確定，尤其是在被侵權人的名譽受損、知識產權被侵害等情況下，很難確定財產損失。在總結我國的司法實踐經驗的基礎上，侵權責任法第 20 條明確規定，「被侵權人的損失難以確定，侵權人因此獲得利益的，按照其獲得的利益賠償」。民法典侵權責任編編纂過程中，有的提出，隨着社會發展和利益多元化，侵權行為具體樣態愈發複雜。侵權責任法規定只有在「被侵權人的損失難以確定」的情形下，才能適用「侵權人因此獲得利益的，按照其獲得的利益賠償」，在某些情形下對保護被侵權人的權益不利。建議不再規定先後順序，賦予被侵權人一定的選擇權，在被侵權人因侵權行為受到的損失或者侵權人因侵權行為獲得的利益賠償中進行選擇，這樣既能有效獲得賠償實現公平正義，又能有效遏制與震懾侵權行為。

我們慎重研究後認為，從總體上考慮，本條賦予被侵權人一定的選擇權比較好。一是這樣便於被侵權人選擇對自己有利的賠償方案，從而有利於保護受害人的權益。二是這樣規定便於案件爭議迅速有效的解決。三是從理論上講，這裏構成了侵權損害賠償和不當得利損害賠償的競合。既然是競合，顯然是選擇賠償的問題。侵權責任法第 20 條確立規定的實際損失賠償、侵權所得賠償和法院根據實際情況確定賠償數額三種方式漸次展開，雖然只是將「侵權人獲得的利益難以確定」作為酌定賠償的適用條件，但酌定賠償適用的條件實際上是被侵權人的損失和侵權人獲得的利益均難以確定。因為在這一模式下，只有被侵權人的損失難以確定，才需要考慮侵權人獲得的利益能否確定。被侵權人獲得的利益難以確定，侵權人的損失自然也難以確定。此時由被侵權人進行選擇，被侵權人肯定選擇最能彌補其損害的計算方式，因此不違反填平原則。

三、由人民法院根據實際情況確定賠償數額

該規定主要針對損人不利己等獲利難以計算的情況。例如，有的侵權人將別人的隱私放在網絡上造成很壞的影響，他自己並沒有獲利，如果依照「按照被侵權人因此受到的損失」

或者「侵權人因此獲得的利益」賠償，不能很好地保障被侵害人的權益，侵權人也得不到懲罰。當出現被侵權人因此受到的損失以及侵權人因此獲得的利益難以確定時，被侵權人與侵權人可以就賠償數額進行協商，協商不一致的，被侵權人可以向人民法院提起訴訟，由法院根據實際情況賠償數額。這項規定表達了三層含義：一是侵權人損人沒有獲利或者獲利難以計算的情況下，當事人可以就賠償數額進行協商；二是賦予被侵權人獲得賠償的請求權，侵權人不能因為沒有獲利或者獲利難以計算就不負賠償責任；三是如何確定賠償數額由法院根據侵權人的過錯程度、具體侵權行為和方式、造成的後果和影響等確定。

> **第一千一百八十三條　侵害自然人人身權益造成嚴重精神損害的，被侵權人有權請求精神損害賠償。**
>
> **因故意或者重大過失侵害自然人具有人身意義的特定物造成嚴重精神損害的，被侵權人有權請求精神損害賠償。**

■ 條文主旨

本條是關於精神損害賠償的規定。

■ 條文釋義

精神損害賠償是受害人因人格利益或身份利益受到損害或者遭受精神痛苦而獲得的金錢賠償。

我國民法通則中沒有規定精神損害賠償制度。2001 年最高人民法院在民事侵權精神損害賠償責任的司法解釋中，對精神損害賠償作了較為詳盡的規定，以指導司法實踐。該司法解釋規定，具有人格象徵意義的特定紀念物品，因侵權行為而永久性滅失或者毀損，物品所有人以侵權為由，向人民法院起訴請求賠償精神損害的，人民法院應當依法予以受理。同時，該解釋規定了確定精神損害賠償數額的考慮因素。2009 年頒佈的侵權責任法第一次在民事法律中對精神損害賠償作了規定，即侵害他人人身權益，造成他人嚴重精神損害的，被侵權人可以請求精神損害賠償。在 2013 年修改的消費者權益保護法中進一步規定，經營者有侮辱誹謗、搜查身體、侵犯人身自由等侵害消費者或者其他受害人人身權益的行為，造成嚴重精神損害的，受害人可以要求精神損害賠償。

隨着實踐的發展，社會公眾對精神損害賠償的認知有加深也有誤讀，人民法院受理的請求承擔精神損害賠償的案件不斷增多，司法實踐反映現行法仍存在一些問題。為滿足實踐需要，在民法典侵權責任編編纂過程中，結合各方面提出的意見和建議，在侵權責任法第 22 條的基礎上更進一步，作出修改完善：一是將「他人」修改為「自然人」，明確我國精神損害賠償的主體只能是自然人。二是將「被侵權人可以請求精神損害賠償」修改為「被侵權人

有權請求精神損害賠償」，在侵權責任編中統一規範請求權術語的表達。三是擴大了精神損害賠償的適用範圍，增加一款，規定「因故意或者重大過失侵害自然人具有人身意義的特定物造成嚴重精神損害的，被侵權人有權請求精神損害賠償」。

1. 根據本條第 1 款的規定，侵害自然人人身權益造成嚴重精神損害的，被侵權人有權請求精神損害賠償。第一，精神損害賠償的範圍是人身權益，侵害財產權益不在精神損害賠償的範圍之內。第二，需要造成嚴重精神損害。並非只要侵害他人人身權益被侵權人就可以獲得精神損害賠償，偶爾的痛苦和不高興不能認為是嚴重精神損害。之所以強調「嚴重」的精神損害，是為了防止精神損害賠償被濫用。對「嚴重」的解釋，應當採容忍限度理論，即超出了社會一般人的容忍限度，就認為是「嚴重」。第三，被侵權人有權請求精神損害賠償。一般來說，請求精神損害賠償的主體應當是直接遭受人身權侵害的本人，自不待言。民法典侵權責任編編纂過程中，有的提出，被侵權人因侵權行為死亡的，其近親屬能不能主張精神損害賠償，不夠明確，建議予以明確。我們認為，自侵權責任法明確規定精神損害賠償制度開始，我國民事立法對這一問題態度就是明確的：被侵權人因侵權行為死亡而導致近親屬受到嚴重的精神損害的，此時，本條第 1 款中規定的「侵害自然人人身權益」中「自然人」就是被侵權人的近親屬。因被侵權人已經死亡，不存在本人精神損害的問題，是因為其死亡，給其近親屬造成了嚴重精神損害，因此本條第 1 款已經解決了這個問題。

2. 根據本條第 2 款的規定，因故意或者重大過失侵害自然人具有人身意義的特定物造成嚴重精神損害的，被侵權人有權請求精神損害賠償。在編纂過程中，民法典侵權責任編曾將本款與第 1 款放在一起規定。有的建議，不要將「自然人人身權益」與「具有人身意義的特定物」混在一起規定。我們研究認為，侵害自然人人身權益在很多情形下會造成嚴重精神損害，但是對「具有人身意義的特定物」應當嚴格限定，即使侵害了，也給受害人造成了嚴重精神損害，未必一定要承擔精神損害賠償責任。因為對侵權人而言，自己的行為侵害了被侵權人的物權，自己對此是非常清楚的。但是，除了遺體、遺骨等極少數物品之外，法律不能一般性地期待侵權人認知該物對被侵權人具有人身意義。只有當侵權人明知是「具有人身意義的特定物」而故意加以侵害，且造成嚴重精神損害的，才能要求其承擔精神損害賠償。因此，將此內容單列一款作了規定。第一，本款規定了侵害行為的主觀要件，即故意或者重大過失。在民法理論中，重大過失基本等同於故意。第二，「具有人身意義的特定物」的範圍，在實踐中主要涉及的物品類型為：（1）與近親屬死者相關的特定紀念物品（如遺像、墓碑、骨灰盒、遺物等）；（2）與結婚禮儀相關的特定紀念物品（如錄像、照片等）；（3）與家族祖先相關的特定紀念物品（如祖墳、族譜、祠堂等）。這些物品對被侵權人具有人身意義。

3. 關於精神損害賠償的數額。精神損害本身無法用金錢數額進行衡量，但是精神損害賠償的數額應該與精神損害的嚴重程度相一致。侵權人的過錯程度、侵害手段、場合、行為方式、侵權行為所造成的後果，是衡量被侵權人精神損害程度的重要因素。越是故意甚至惡意的主觀狀態，在更為公開的場合、以更為惡劣的加害手段侵害被侵權人，對被侵權人造成越為嚴重的後果，則被侵權人所受精神損害的程度就越深，侵權人應承擔的賠償數額也就越

高。同時應當承認，侵權人的獲利情況、侵權人承擔責任的經濟能力與司法政策、法官結合具體案件自由裁量密不可分，因此精神損害賠償的數額，宜在具體案件中，結合個案情況靈活處理。隨着社會經濟的發展變化，精神損害賠償的數額也會隨之發生變化。

> **第一千一百八十四條　侵害他人財產的，財產損失按照損失發生時的市場價格或者其他合理方式計算。**

■ 條文主旨

本條是關於財產損失計算的規定。

■ 條文釋義

財產權益是民事權益中的重要組成部分，包括物權、知識產權、股權和其他投資性權利、網絡虛擬財產等具有財產性質的權益。

因侵權行為導致財產損失的，一般按照財產損失發生時的市場價格計算。也就是以財產損失發生的那個時間，該財產在市場上的價格為計算標準，完全毀損、滅失的，要按照該物在市場上所對應的標準全價計算，如果該物已經使用多年的，其全價應當是市場相應的折舊價格。例如，一輛已經開了 5 年的汽車被毀壞，其全價應當是二手車市場與該種車型及使用年限相對應的價格；財產部分毀損的，應當按照由於毀損使該物價值減損的相應的市場價格標準計算。如果該財產沒有在市場上流通，沒有市場的對應價格，可以採用其他合理方式計算，包括評估等方式。如家傳的古董，沒有市場價格，就可以按照有關部門的評估價格計算。

本條係繼承了侵權責任法第 19 條的規定，未作變更。在民法典侵權責任編編纂過程中，有的提出，實踐中，從財產受到損失到法院作出判決一般都會經歷較長時間，財產價格因市場因素很可能會發生較大變化，若只能按照損失發生時的市場價格計算賠償額，對被侵權人不是很公平。還有的建議明確「其他合理方式」的具體類型是什麼，以增強可操作性。

我們經研究認為，一般說來，市場價格會有上升或下降的可能，一個侵權案件審判終結需要一段時日，如果對於價格標準不作確定，則可能在司法實踐中引起混亂，侵權行為發生時、訴訟開始時、訴訟終結時等都可能成為法官考慮的時間點，由於市場價格的波動，不同的時間點可能賠償的數額就會不同。為了避免司法實踐中可能出現規則運用上的不統一，本條需要明確對財產損失的計算標準，最終規定以財產損失發生的時間點計算賠償價格，主要考慮兩點：一是這個時間點相比較其他時間點最容易固定和掌握。其他時間點上，例如，起訴之日、立案之日、判決作出之日等均有各種訴訟法上的不確定性，有可能存在同一類型案件確定時間不同的情況，不利於對統一財產損失的計算點。二是本條還規定了「或者其他合理方式計算」確定損失的方法。當價格波動較大時，為了使被侵權人獲得充分的救濟，法官

可以以其他合理方式確定損失。社會不斷發展，實踐極其複雜，法律沒有限定「其他合理方式」的範圍，由法官結合具體案情自由裁量。

第一千一百八十五條　故意侵害他人知識產權，情節嚴重的，被侵權人有權請求相應的懲罰性賠償。

■ 條文主旨

本條是關於故意侵害他人知識產權懲罰性賠償的規定。

■ 條文釋義

懲罰性賠償也稱懲戒性賠償，是侵權人給付給被侵權人超過其實際受損害數額的一種金錢賠償。作為一種集補償、制裁、遏制等功能於一身的制度，在一些國家和地區得到了廣泛運用。

民法典編纂之前，我國現行法律對懲罰性賠償的具體規定主要體現在消費者權益保護法、食品安全法、商標法、電子商務法等單行法中，民法總則對懲罰性賠償作了原則性規定。2018 年 8 月民法典各分編草案提請十三屆全國人大常委會五次會議一審後，有的提出，加強知識產權保護是完善產權保護制度的重要內容，建議進一步加大對知識產權的保護力度。我們研究認為，以習近平同志為核心的黨中央高度重視知識產權保護工作，多次指示和批示要求加強對侵犯知識產權行為的懲罰力度。為了切實加強對知識產權的保護，必須顯著提高侵犯知識產權的違法成本，把法律的威懾作用充分發揮出來。據此，2018 年 12 月提請十三屆全國人大常委會七次會議審議的民法典侵權責任編草案二審稿增加一條規定：「故意侵害知識產權，情節嚴重的，被侵權人有權請求相應的懲罰性賠償。」2019 年 8 月提請十三屆全國人大常委會十二次會議審議的民法典侵權責任編草案三審稿，在二次審議稿的基礎上作了文字完善，規定故意侵害「他人」知識產權，情節嚴重的，被侵權人有權請求相應的懲罰性賠償。這一規定延續至民法典本條最終的表述。

目前，我國知識產權法律主要是著作權法、專利法和商標法。此外，國務院頒佈的《中華人民共和國商標法實施條例》《集成電路佈圖設計保護條例》《中華人民共和國植物新品種保護條例》分別對地理標誌、集成電路佈圖和植物新品種作出規定和保護。著作權法沒有規定懲罰性賠償制度，著作權法修改已列入十三屆全國人大常委會立法規劃第一類項目，著作權法修正案草案於 2020 年 4 月提請十三屆全國人大常委會十七次會議進行了審議。專利法修改正在進行中，草案對於故意侵犯專利權情節嚴重的，擬懲罰性賠償。商標權法規定了 1 倍以上 5 倍以下的懲罰性賠償數額。地理標誌、集成電路佈圖和植物新品種規定在國務院行政法規中，因行政法規不宜規定懲罰性賠償，對這三種知識產權的保護可以適用本條的規定。

> **第一千一百八十六條　受害人和行為人對損害的發生都沒有過錯的，依照法律的規定由雙方分擔損失。**

■ 條文主旨

本條是關於公平分擔損失的規定。

■ 條文釋義

我國民法通則和最高人民法院的司法解釋對公平分擔作了規定。侵權責任法第 24 條規定：「受害人和行為人對損害的發生都沒有過錯的，可以根據實際情況，由雙方分擔損失。」

在民法典侵權責任編編纂過程中，有的提出，本條適用範圍不明確，實踐中爭議大、裁判不統一，出現了一些問題。一是適用範圍寬泛化。一些法院出現了對行為人與受害人都有過錯，受害人有過錯或行為人、第三人有過錯的案件，依據該條予以判定的情況。二是自由裁量空間過大。「實際情況」的確定體現了對多重因素的綜合考慮，一般包括受害人所受損失的嚴重程度、受害人與行為人的具體情況、社會道德準則與和諧等因素。司法判決中，由於侵權責任法的規定有些抽象，法官自由裁量的過程中，出現了認定過於隨意、標準失之寬鬆的情況，導致了公平分擔損失原則的濫用。因此，還應妥當限定。為進一步明確公平分擔損失原則的適用範圍，統一裁判尺度，避免自由裁量尺度過寬等弊端，侵權責任編草案一審稿將侵權責任法規定的「可以根據實際情況，由雙方分擔損失」修改為「可以依照法律的規定，由雙方分擔損失」。對此規定，有的意見提出，受害人和行為人對損害的發生都沒有過錯的情況下，要求分擔損失只能依照法律規定，因此，不應再規定「可以」依照法律規定。經研究，我們在侵權責任編草案三審稿開始，採納這一建議，刪除「可以」的表述。

公平責任是不是與過錯責任、無過錯責任並列的侵權責任的歸責原則，要不要在侵權責任法中規定公平責任，這個問題在侵權責任法的立法以及民法典侵權責任編中都有不同意見。有的認為，公平責任原則是我國民法公平原則的必然引申，是由民法所擔負的保護公民和法人的合法權利的任務決定的，是市場發展的內在要求，也是淳化道德風尚、建設社會主義精神文明的需要。該責任原則既不同於過錯責任，也有別於嚴格責任，具有相當的特殊性、功能和自身獨有的適用範圍。有的認為，公平責任不是侵權責任法的歸責原則。因為過錯責任原則和無過錯責任原則，均體現了公平原則的精神。公平原則屬於指導性原則，不能成為法院裁判的依據。有的認為，公平責任的適用不具有法律上的確定性，將其作為歸責原則，將會背離過錯責任這一基本原則，造成另一種形式的不公平。考慮到實踐中有適用公平負擔的特殊需求，民法通則和最高人民法院的司法解釋也都對公平責任作了規定，因此，民法典保留了關於公平分擔的規定，但將民法通則規定的「分擔民事責任」修改為「分擔損失」。該修改主要基於理論和實踐兩方面考慮：從理論層面來看，無過錯即無責任是承擔侵權責任的基本原則，既然雙方當事人對損害的發生都沒有過錯，那麼行為人就不應承擔責

任，而只能是分擔損失。從實踐層面來看，有些情況下讓無過錯的當事人承擔責任，他們比較難以接受。因此，民法典沒有將公平分擔損失規定為一項侵權責任歸責原則。

在本條的理解上需要注意：

1. 公平分擔損失的規定是侵權責任編根據實際情況作出的特別規定，與過錯責任原則和無過錯責任原則均有不同。與過錯責任的區別主要有：（1）過錯責任原則以行為人的過錯作為承擔責任的前提，而公平分擔行為人並沒有過錯。（2）承擔過錯責任以填補受害人全部損失為原則，公平分擔只是根據實際情況適當給受害人以補償。與無過錯責任的區別主要有：（1）無過錯責任不問行為人是否有過錯，其適用以法律的特殊規定為根據。也就是說，承擔無過錯責任，行為人可能有過錯，也可能無過錯。而公平分擔，行為人沒有過錯，也不屬於法律規定的適用無過錯責任的情形。（2）無過錯責任適用於法律明確規定的幾種情形。而公平分擔只是原則規定適用條件，沒有具體界定所適用的案件類型。（3）承擔無過錯責任，有的是填補受害人的全部損失，有的法律規定了最高責任限額。公平分擔只是分擔損失的一部分，沒有最高額限制。

2. 公平分擔適用於行為人和受害人對損害的發生均無過錯的情況。如果損害由受害人過錯造成，應當由其自己負責；如果由行為人或者第三人過錯造成，應當由行為人或者第三人負責；如果行為人和受害人對損害的發生都有過錯，應當根據他們的過錯程度和原因力分配責任。也就是說，只要有過錯責任人，都不適用本條規定。公平分擔不是說加害人與受害人「各打五十大板」，而是平均分擔損失。確定損失分擔，應當考慮行為的手段、情節、損失大小、影響程度、雙方當事人的經濟狀況等實際情況，達到公平合理、及時化解矛盾、妥善解決糾紛、促進社會和諧的目的。

3.「法律的規定」可以是本法的規定，例如，「因緊急避險造成損害的，由引起險情發生的人承擔民事責任。危險由自然原因引起的，緊急避險人不承擔民事責任，可以給予適當補償」「完全民事行為能力人對自己的行為暫時沒有意識或者失去控制造成他人損害有過錯的，應當承擔侵權責任；沒有過錯的，根據行為人的經濟狀況對受害人適當補償」。除了本法外，「法律的規定」還可以是其他法律根據實踐需要作出的相應規定。

　　第一千一百八十七條　損害發生後，當事人可以協商賠償費用的支付方式。協商不一致的，賠償費用應當一次性支付；一次性支付確有困難的，可以分期支付，但是被侵權人有權請求提供相應的擔保。

■ 條文主旨

本條是關於賠償費用支付方式的規定。

■ 條文釋義

侵權責任制度的一項重要功能就是填補受害人的損失。由於損失既包括實際損失，例如，侵害他人造成人身損害，因此產生的醫療費、護理費、交通費、營養費等為治療和康復支出的合理費用，也包括預期利益的損失，例如，因誤工減少的收入；既涉及賠償的額度，例如，有的賠償費用只有百十元，有的卻有幾十萬元、上百上千萬元，也涉及侵權人的支付能力，例如，有的侵權人拿不出錢，有的財富充裕。因此，賠償費用的支付方式成為能否有效地保護受害人利益的重要問題。

我國民法通則和最高人民法院相關司法解釋對賠償費用的支付方式也作了規定。侵權責任法借鑒有關國家和地區的立法經驗，結合我國已有規定和司法實踐的做法，作了規定。民法典侵權責任編繼承了侵權責任法的規定。

本條對賠償費用的支付方式作了三個層面的規定：

1. 由當事人協商確定賠償費用的支付方式。當事人對賠償費用支付方式的協商可以包括：是一次性支付還是分期支付；如果是分期支付，分幾期，每次付多少，要不要考慮物價變化因素；要不要支付利息，利息如何計算等。當事人可以根據賠償數額的多少，受害人對賠償費用的需求程度，侵權人的支付能力等實際情況對賠償費用的支付進行協商。

由當事人協商確定賠償費用的支付方式：一是有利於賠償費用的按時支付。比如，有的賠償數額不是很高，侵權人一次支付沒有問題，可以協商一次支付，而有的賠償數額超出侵權行為人的支付能力，強求其一次支付，可能會陷入執行難的困境或者導致侵權行為人破產，最終損害受害人的利益。協商確定支付方式，當事人可以根據雙方實際情況作出合情合理的支付安排，避免支付障礙。二是有利於合理確定賠償費用的數額。損害賠償的目的是彌補受害人的損失，但有時損失多少並不確定，比如，一次性賠償受害人預期收入的，通常以賠償費用支付時受害人的收入標準計算賠償數額，這樣就失去了對受害人將來的身體狀況、發展機遇、收入調整等變化因素的考量，賠償數額不一定合理。又如，一次性賠償難以預測未來物價變動，將來受害人很難以物價上漲為由要求侵權人增加支付，侵權人也不能因物價下降要求退還已支付的賠償費用。協商確定支付方式，當事人可以通過支付方式的選擇，規避賠償費用未來的風險敞口，保全自己的利益。三是有利於預防糾紛。協商確定支付方式，當事人可以充分表達自己的意願、需求、面臨的困難等，在尊重對方利益的基礎上，達成雙方都能接受的方案，從而避免因支付而產生新的爭議。

當事人協商確定支付方式後，侵權行為人應當按照約定的方式支付賠償費用，不能將協商作為拖延給付賠償費用的手段。如果以合法形式掩蓋非法目的，違反約定到期不履行支付賠償費用的義務，受害人有權請求人民法院宣告該約定無效，強制侵權人履行付款義務。

2. 協商不一致的一次性支付。侵權行為發生後，受害人的損失應當得到全面和及時的彌補，因此，如果當事人就賠償費用的支付方式協商後，受害人不同意分期支付，侵權人就應當一次性支付全部賠償費用。一次性支付，可以徹底了結糾紛，避免受害人對侵權人未來能

否按照約定支付的擔心。

　　3. 一次性支付確有困難的，可以分期支付，但是，被侵權人有權請求提供相應的擔保。雖然本條規定當事人就賠償費用支付協商不成的應當一次性支付，但在實踐中確實存在行為人一次性支付確有困難的情況，比如，有的侵權人生活困難；有的侵權人雖可竭盡全力一次性支付，但支付後不能保證自己的基本生活需要，或者造成企業停業甚至破產，帶來新的社會問題。侵權責任法雖然要填補受害人損失，但也要兼顧侵權人的合法權益。民事訴訟法也規定，強制執行被執行人的財產，應當保留被執行人及其所扶養家屬的生活必需品。因此，本條規定一次性支付確有困難的，可以分期支付。分期支付應當具備以下兩個條件：一是一次性支付確有困難。確有困難應當由侵權人舉證證明，由人民法院作出判斷。二是被侵權人有權請求提供相應的擔保。該擔保是應被侵權人請求提供的，可以是保證人提供的保證，也可以是侵權人以自己的財產抵押、質押。

第三章　責任主體的特殊規定

本章共十四條，主要規定了監護人的侵權責任，委託監護時監護人的侵權責任，完全無民事行為能力人暫時喪失意識後造成他人損害的侵權責任，用人單位的侵權責任，個人之間因勞務產生的侵權責任，承攬關係中的侵權責任，網絡侵權責任，賓館、商場、銀行等的安全保障義務，學校、幼兒園等教育機構的責任等。

> 第一千一百八十八條　無民事行為能力人、限制民事行為能力人造成他人損害的，由監護人承擔侵權責任。監護人盡到監護職責的，可以減輕其侵權責任。
>
> 有財產的無民事行為能力人、限制民事行為能力人造成他人損害的，從本人財產中支付賠償費用；不足部分，由監護人賠償。

■ 條文主旨

本條是關於監護人責任的規定。

■ 條文釋義

民事行為能力是民事主體從事民事活動所具備的資格。只要達到一定的年齡，能夠理智地處理自己事務的人，就具有民事行為能力。公民的民事行為能力依據其年齡和精神健康狀況分為完全民事行為能力、限制民事行為能力和無民事行為能力。

設立監護制度的目的是保護被監護人的人身、財產及其他合法權益不受損害，同時監護人也要承擔起管教好未成年人和無民事行為能力人、限制民事行為能力的精神病人的責任，對於被監護人給他人造成損害的，監護人應當承擔責任。

民法典侵權責任編有關監護人責任的規定，沿襲了侵權責任法第 32 條的規定。

本條第 1 款主要規定責任能力和監護人承擔監護責任的問題。監護責任是無過錯責任還是過錯責任，一直以來都有爭議。本條第 1 款規定，無民事行為能力人和限制民事行為能力人造成他人損害的，由監護人承擔民事責任，是由監護人的職責所決定的。由於大多數監護人與被監護人有血緣等密切關係，監護人有責任通過教育、管理等方式來減少或者避免被監護人侵權行為的發生。無民事行為能力或者限制民事行為能力人造成他人損害的，應當由監護人承擔侵權責任。

依照本條第 2 款的規定，在具體承擔賠償責任時，如果被監護人有財產的，比如，未成年人接受了親友贈與的財產或者擁有其他價值較大的財產等，那麼應當首先從被監護人的財

產中支付賠償費用，不足的部分再由監護人承擔賠償責任。雖然從我國的情況來看，無民事行為能力人或者限制民事行為能力人有自己獨立財產的情況不多，但是隨着經濟和社會的多元化發展，無民事行為能力人或者限制民事行為能力人通過創作、接受贈與或者繼承等方式取得獨立財產的情況將會越來越多，因此，以自己的財產對自己造成他人的損害承擔賠償責任，也是公平的。在侵權責任法立法和民法典編纂過程中，一直有意見質疑本款的合理性。本款的一個重要意義，在於解決父母等親屬之外的人員或者單位承擔監護人的情況下，被監護人造成他人損害的，如果要求監護人承擔責任，那麼實踐中很多個人或者單位可能不願意擔任監護人，這對被監護人的成長、生活會造成負面影響。為了打消這種顧慮，考慮到父母等親屬之外的人員或者單位承擔監護人的情況下，可能會給被監護人留有獨立財產。在這種情況下，先從被監護人的財產中支付賠償費用更有制度安排上的意義。當然，從被監護人的財產中支付賠償費用的，應當保留被監護人基本的生活費用，保障其正常的生活和學習不受影響。被監護人的財產不足以支付賠償費用的，其餘部分由監護人承擔。

> **第一千一百八十九條** 無民事行為能力人、限制民事行為能力人造成他人損害，監護人將監護職責委託給他人的，監護人應當承擔侵權責任；受託人有過錯的，承擔相應的責任。

■ 條文主旨

本條是關於委託監護時監護人的責任的規定。

■ 條文釋義

侵權責任法並未規定監護人將監護職責委託給他人時，無民事行為能力人、限制民事行為能力人造成他人損害的，如何承擔責任的問題。《最高人民法院關於貫徹執行〈中華人民共和國民法通則〉若干問題的意見（試行）》第 22 條規定，監護人可以將監護職責部分或者全部委託給他人。因被監護人的侵權行為需要承擔民事責任的，應當由監護人承擔，但另有約定的除外；被委託人確有過錯的，負連帶責任。這一規定確定了委託監護中監護人承擔無過錯責任、受託人在有過錯時承擔連帶責任的規則，司法實踐中一直沿用，較好地保護了被侵權人的利益，有利於督促監護人履行監護職責。但該司法解釋的規定存在兩個問題，一是「另有約定的除外」為監護人規避監護人責任提供了藉口，不利於監護人責任的承擔，且「約定」具有對內性，不能對抗被侵權人的損害賠償請求。二是監護人是承擔監護職責的第一責任人，享有履行監護職責產生的權利。實踐中，委託監護大量存在於親朋好友之間，且基本是無償的。承擔義務時要求其「確有過錯的，負連帶責任」，過分強調了對被侵權人的保護而沒有平衡委託人與受託人的利益，使監護的權利與義務失衡。

因此，民法典侵權責任編在吸收司法解釋規定和有關意見的基礎上，在本條對委託監護情形下責任承擔進行了明確，以突出權利與義務的一致性。2019年12月的民法典草案本條曾規定，「監護人將監護職責委託給他人的，由監護人承擔侵權責任；受託人有過錯的，承擔相應的責任」。對此，有的意見提出，本條在語言邏輯上有瑕疵，既然「由監護人承擔侵權責任」了，受託人有過錯的情況下，為何「承擔相應的責任」？經研究，將民法典草案該條中「由監護人承擔侵權責任」修改為「監護人應當承擔侵權責任」，表明有可能由監護人承擔，也有可能由其他人承擔，這樣與後面一句「受託人有過錯的，承擔相應的責任」在邏輯上更加清楚，避免誤解和語言邏輯問題。

委託監護是指監護人委託他人代行監護的職責，是一種雙方的民事法律行為，是被監護人的監護人與受託人之間關於受託人為委託人履行監護職責、處理監護事務的協議，須有監護人委託與受委託人接受委託的意思表示一致才能成立。因此，很多學者將委託監護認定為一種合同關係。

委託監護當事人之間的委託協議一旦成立，受託人即負有依約定為委託人履行監護職責的義務；委託人負有依其約定支付必要費用的義務，如果合同中約定了支付報酬的內容，則還應當向受託人支付辦理受託事務的報酬。委託人和受託人任何一方違反義務，都應當向對方負違約責任。但實踐中，我國委託監護一般發生在親朋好友之間，所以這種合同往往是口頭的，也基本上是無償的。

在委託監護中，委託人可以將部分監護職責委託給受託人行使，也可以將全部監護職責委託給受託人行使。《最高人民法院關於貫徹執行〈中華人民共和國民法通則〉若干問題的意見（試行）》第10條規定，監護人的職責包括：保護被監護人的身體健康，照顧被監護人的生活，管理和保護被監護人的財產，代理被監護人進行民事活動，對被監護人進行管理和教育，在被監護人合法權益受到侵害或者與人發生爭議時，代理其進行訴訟。這些行為都是可以由他人來行使的，而並非須由監護人本人親自行使不可的。受託人可以和應當行使何種職責，應完全由當事人之間委託監護的協議確定。

需要特別說明的是，委託監護不同於意定監護。意定監護是在監護領域對自願原則的貫徹落實，是具有完全民事行為能力的成年人對自己將來的監護事務，按照自己的意願事先所作的安排。本法第33條規定了這一制度：具有完全民事行為能力的成年人，可以與其近親屬、其他願意擔任監護人的個人或者組織事先協商，以書面形式確定自己的監護人，在自己喪失或者部分喪失民事行為能力時，由該監護人履行監護職責。由此可以看出兩者主要有以下不同點：

第一，委託監護是監護人與非監護人之間確定非監護人代行監護職責的協議，而意定監護是法定監護人之間確定監護人的協議。

第二，委託監護中，儘管委託人可以將監護職責全部委託給受託人，但即使在此情況下，受託人也不是監護人。也就是說，監護人不能依照委託監護的協議將監護人的資格轉讓給他人，他人也不能通過委託監護的協議來取得監護資格。因此，在委託監護中即使監護職

責全部由受託人行使，監護人的監護資格也不喪失。在意定監護中，依當事人之間的協議所確定的監護人對被監護人負監護人責任，其就是被監護人的監護人。

第三，委託監護適用於無民事行為能力人、限制民事行為能力人的未成年人或者成年人。意定監護只適用於具有完全民事行為能力的成年人。

根據本條規定，無民事行為能力人、限制民事行為能力人造成他人損害，監護人將監護職責委託給他人的，監護人應當承擔侵權責任。這意味着，實行監護人責任首負原則。除了監護人外，如果受託人有過錯的，也要承擔相應的責任。具體承擔責任的範圍，由司法機關根據結合具體案件情況依法裁量。

第一千一百九十條　完全民事行為能力人對自己的行為暫時沒有意識或者失去控制造成他人損害有過錯的，應當承擔侵權責任；沒有過錯的，根據行為人的經濟狀況對受害人適當補償。

完全民事行為能力人因醉酒、濫用麻醉藥品或者精神藥品對自己的行為暫時沒有意識或者失去控制造成他人損害的，應當承擔侵權責任。

■ **條文主旨**

本條是關於完全民事行為能力人暫時喪失意識後侵權責任的規定。

■ **條文釋義**

過錯是行為人承擔侵權責任的要件，過錯的前提是行為人有意識能力。民法典侵權責任編繼承了侵權責任法第 33 條的規定。

1. 完全民事行為能力人對於自己喪失意識存在過錯。如果是因為自己的過錯，喪失了意識後造成了他人的損害，那麼行為人應當根據其過錯承擔賠償責任。比如，某人患有心臟病，須每天按時服藥，醫生禁止其騎自行車外出，但是，該人未按醫囑服藥，並騎車外出，結果途中心臟病發作，喪失意識後摔倒並撞傷一行人。那麼，在這種情況下，由於該人對於失去意識存在過錯，所以應當根據其過錯的程度來承擔侵權責任。本條第 1 款中的過錯，是指「過錯」導致其喪失意識，因為失去意識之後確實沒有過錯可言。完全民事行為能力人是由於其過錯導致意識喪失，那麼對於喪失意識後的行為造成他人損害的，則要承擔相應的侵權責任。

2. 完全民事行為能力人對於自己的行為暫時沒有意識或者失去控制沒有過錯。如果行為人暫時沒有意識或者失去控制不是由於自己的過錯造成，而是由於其他原因導致發生，在這種情況下，行為人可以不承擔侵權責任，不過需要根據公平分擔的規定，適當分擔被侵權人的損失。需要說明的是，這裏對受害人是「補償」而不是「賠償」。因為賠償原則上採取「填平」的原則，受害人損失多少賠多少，而補償通常行為人沒有過錯，是根據行為人的經濟能

力，適當彌補受害人的損失。本條第 1 款的規定是本法第 1186 條公平分擔損失在具體制度中的體現。

3. 完全民事行為能力人因醉酒、濫用麻醉藥品或者精神藥品導致自己暫時沒有意識或者失去控制造成他人損害的。根據我國刑法的規定，醉酒的人應當承擔刑事責任。治安管理處罰法規定，醉酒的人違反治安管理的，應當給予處罰。醉酒的人在醉酒狀態中，對本人有危險或者對他人的人身、財產或者公共安全有威脅的，應當對其採取保護性措施約束至酒醒。麻醉藥品是具有一定依賴性潛力的藥品，連續使用、濫用或者不合理使用，易產生身體依賴性和精神依賴性，能成癮癖。精神藥品是直接作用於中樞神經系統，使之極度興奮或抑制的藥品。我國對於精神藥品一直實行嚴格管理並嚴禁濫用，但為了治療有關的病人，醫院和藥房也要保證精神藥品正常銷售。目前，一些侵權行為都是發生在行為人醉酒、濫用麻醉藥品或者精神藥品後。特別是在交通事故中，雖然道路交通安全法規定，飲酒、服用國家管制的精神藥品或者麻醉藥品，不得駕駛機動車，但是，全國每年發生的交通事故中不少都是因為駕駛員酒駕、醉駕所致。作為完全民事行為能力人，應當預見到醉酒或者濫用麻醉藥品或者精神藥品後會難以控制自己的行為，可能會危害公共安全和他人的生命健康，但行為人放任結果的發生，仍然駕車或者採取其他方式造成他人人身權和財產權的損害。雖然侵權行為發生時，行為人已經喪失意識，似乎沒有「過錯」可言，但是，其行為本身具有違法性，應當對此發生的侵權行為承擔責任。本條第 2 款規定「醉酒、濫用麻醉藥品或者精神藥品對自己的行為暫時沒有意識或者失去控制造成他人損害的」，其實也屬於第 1 款「有過錯」的一種情形。為了強調醉酒、濫用麻醉藥品或者精神藥品的行為和一般的過錯相比，具有違法性，且危害性較大，第 2 款對醉酒、濫用麻醉藥品或者精神藥品導致自己暫時沒有意識或者失去控制造成他人損害的責任專門作出了規定。

> 　　第一千一百九十一條　　用人單位的工作人員因執行工作任務造成他人損害的，由用人單位承擔侵權責任。用人單位承擔侵權責任後，可以向有故意或者重大過失的工作人員追償。
> 　　勞務派遣期間，被派遣的工作人員因執行工作任務造成他人損害的，由接受勞務派遣的用工單位承擔侵權責任；勞務派遣單位有過錯的，承擔相應的責任。

■ 條文主旨

本條是關於用人單位責任、勞務派遣單位和勞務用工單位責任的規定。

■ 條文釋義

用人單位的工作人員因工作造成他人損害的，由用人單位對外承擔侵權責任，這種責任

在理論上被稱為替代責任，即由他人對行為人的行為承擔責任。由於工作人員是為用人單位工作，用人單位可以從工作人員的工作中獲取一定的利益，因此，工作人員因工作所產生的風險，需要用人單位承擔。用人單位與工作人員相比，一般經濟能力較強，讓用人單位承擔責任，有利於更好地保護被侵權人的合法權益，也有利於用人單位在選任工作人員時能盡到相當的謹慎和注意義務，加強對工作人員的監督和管理。

侵權責任法第 34 條對用人單位責任作了規定。需要特別說明的是，是否規定用人單位的追償權，在侵權責任法立法過程中就有很大爭議，最終侵權責任法沒有規定。當時研究認為，在侵權責任法中規定追償權是一把「雙刃劍」。雖然侵權責任法對追償權沒有作出規定，但是不影響用人單位依照法律規定，或者根據雙方的約定來行使追償權。民法典侵權責任編編纂過程中，又有不少意見提出，建議在侵權責任法規定的基礎上，增加規定用人單位的追償權。因為根據誠實信用的原則，勞動者對用人單位負有忠實和勤勉的義務，當勞動者未盡到基本的注意義務造成用人單位損害的，應當承擔適當的責任。但追償比例應根據過錯程度等因素綜合考慮，而不應由勞動者承擔所有的損害後果。建議以重大過失作為責任承擔與否的分界線，合理地強化了工作人員的注意義務，也會促進工作人員在工作時的認真負責態度，從而有利於減少工作人員在工作中造成損失發生的情形，也有利於在用人單位與工作人員之間公平分配責任。我們經過考慮，採納了這一意見。本條在繼承侵權責任法的基礎上，在第 1 款增加了用人單位追償權的規定。

我國對用人單位採取的是無過錯責任，只要工作人員實施侵權行為造成他人的損害，用人單位就要首先承擔賠償責任。用人單位不能通過證明自己在選任或者監督方面盡到相應的義務來免除自己的責任。當然，用人單位承擔侵權責任後，可以向有故意或者重大過失的工作人員追償。

一、對第 1 款的理解和適用

本條中的「用人單位」，包括企業、事業單位、國家機關、社會團體等，也包括個體經濟組織等。「工作人員」既包括用人單位的正式員工，也應當包括臨時在單位工作的員工。

用人單位承擔侵權責任的前提是工作人員的行為與「執行工作任務」有關。工作人員應當按照用人單位的授權或者指示進行工作。與工作無關的行為，即使發生在工作時間內，用人單位也不承擔侵權責任，該責任由工作人員自己承擔。比如，一職工在上班時間因私事將一朋友打傷，受害人就應當直接找該職工要求賠償。為了更準確地界定工作人員的行為與職務之間的關係，本條明確用人單位承擔侵權責任的前提是工作人員「因執行工作任務」造成他人損害。

需要指出的是，國家機關以及工作人員因工作造成他人損害的：一類屬於履行公職權的行為；另一類不屬於履行公職權的行為，是國家機關為了維持國家機關正常運轉所進行的民事行為。對於第一類屬於履行公職權的行為，依據國家賠償法的規定，有的需要國家機關承擔國家賠償責任。對於第二類國家機關在民事活動中侵害他人合法權益的，國家機關需要承擔民事侵權責任。比如，國家機關的司機外出辦理公務，發生了交通事故，應當由國家機關

承擔侵權責任。本法調整國家機關及工作人員在民事活動中發生的侵權行為，對於屬於國家賠償法調整範圍的，適用國家賠償法的規定。

二、對第 2 款的理解和適用

勞務派遣是指勞動派遣機構與員工簽訂勞務派遣合同後，將工作人員派遣到用工單位工作。勞務派遣的主要特點就是員工的僱用和使用分離。勞動派遣機構不是職業介紹機構，是與勞動者簽訂勞動合同的一方當事人。派遣的員工到用工單位工作，但不與用工單位簽訂勞動合同，產生勞動關係。勞務派遣從制度上切斷了員工與用工單位的依附關係，減少了用工單位的人力資源管理成本，為用工單位搭建了「集天下優才為我用」的平台，有利於用工單位提高勞動生產率。這種新的用人方式在一定程度上也有利於解決就業問題。

勞務派遣的用人形式不同於一般的用人單位，勞務派遣單位雖然與被派遣的員工簽訂了勞動合同，但不對被派遣員工進行使用和具體的管理。在勞務派遣期間，被派遣的工作人員是為接受勞務派遣的用工單位工作，接受用工單位的指示和管理，同時由用工單位為被派遣的工作人員提供相應的勞動條件和勞動保護，所以，被派遣的工作人員因工作造成他人損害的，其責任應當由用工單位承擔。勞務派遣單位在派遣工作人員方面存在過錯，應當承擔相應的責任。例如，某商場要求派來的員工具有電工操作證和高級電工資質，以負責檢測和維修商場的照明設備，但勞務派遣單位派來的員工不僅沒有合格的資質，也沒有任何的實踐經驗，結果該員工在工作時發生了火災，造成店內租戶的商品受損。在這種情況下，雖然用工單位作為直接使用員工的單位，需要賠償租戶的損失，但是勞務派遣單位在選派員工方面有一定的過錯，也應當承擔相應的責任。

侵權責任法第 34 條第 2 款規定，勞務派遣單位承擔的是「相應的補充責任」，即首先由用工單位承擔賠償責任，用工單位不能全部賠償的，才由勞務派遣單位賠償。民法典侵權責任編編纂過程中，有的提出，勞務派遣單位的責任類型大致有三種情形：一是用工單位是第一順位的責任人，勞務派遣單位是第二順位的責任人，在用工單位承擔了全部賠償責任的情況下，勞務派遣單位對被侵權人就不再承擔賠償責任。二是在用工單位財力不足，無法全部賠償的情況下，剩餘的部分由勞務派遣單位來承擔。三是勞務派遣單位存在過錯，勞務派遣單位應當按照過錯程度直接承擔侵權責任。侵權責任法第 34 條第 2 款「相應的補充責任」的表述涵蓋不了第三種情形，建議修改為「承擔相應的責任」。經研究，我們採納了這一建議。

> 　　**第一千一百九十二條**　個人之間形成勞務關係，提供勞務一方因勞務造成他人損害的，由接受勞務一方承擔侵權責任。接受勞務一方承擔侵權責任後，可以向有故意或者重大過失的提供勞務一方追償。提供勞務一方因勞務受到損害的，根據雙方各自的過錯承擔相應的責任。
>
> 　　提供勞務期間，因第三人的行為造成提供勞務一方損害的，提供勞務一方有權請求第三人承擔侵權責任，也有權請求接受勞務一方給予補償。接受勞務一方補償後，可以向第三人追償。

■ 條文主旨

　　本條是關於個人之間因提供勞務造成他人損害和自己損害的責任的規定。

■ 條文釋義

　　勞務關係是指提供勞務一方為接受勞務一方提供勞務服務，由接受勞務一方按照約定支付報酬而建立的一種民事權利義務關係。勞務關係的建立可以採取書面形式，也可以採取口頭或者其他形式。勞務關係不同於勞動關係，主要表現在：（1）勞務關係由民法進行規範和調整。企業和個體經濟組織與形成勞動關係的勞動者之間的勞動關係，由勞動法規範和調整。（2）勞務關係的主體可以是兩個自然人或者自然人與單位之間，但本條僅調整個人之間形成的勞務關係。勞動關係中的一方應是符合法定條件的用人單位，另一方必須是符合勞動年齡條件，且具有與履行勞動合同義務相適應的能力的自然人。（3）勞務關係中，提供勞務一方不是接受勞務一方的職工，雙方不存在隸屬關係。勞動關係中的用人單位與員工之間存在隸屬關係。（4）勞務關係中，接受勞務一方可以不承擔提供勞務一方的社會保險。比如，國家沒有規定要求居民必須為其僱用的保姆繳納社會保險。勞動關係中的用人單位必須按照相關規定為職工購買社會保險。（5）勞務關係中，接受勞務的一方有權中斷勞務關係，但沒有用人單位對職工處分等權利。用人單位對職員違反用人單位勞動紀律和規章制度等行為，有權依法進行處理。（6）勞務關係中，報酬完全由雙方當事人協商確定。勞動關係中，用人單位對職工有工資、獎金等方面的分配權利。用人單位向員工支付的工資應遵循按勞分配、同工同酬的原則，並遵守當地有關最低工資標準的規定。當然，如何界定個人之間形成的勞務關係，還需要根據具體情況來判斷。如果是公司安排的上門服務，例如，某人購買了空調或者家具後，廠家派工人上門安裝，那麼在安裝期間工人不慎將工具掉到樓下砸到一行人，那麼係工人因工作造成他人傷害的情形，應當由工人所在的工廠依照本法的規定賠償被侵權人的損失。

　　本條中「接受勞務一方」僅指自然人，個體工商戶、合夥的僱員因工作發生的糾紛，按照本法用人單位的規定處理。

　　接受勞務一方對提供勞務一方造成他人損害承擔賠償責任的，前提是提供勞務一方的行

為是因勞務產生；如果提供勞務一方的行為純屬個人的行為，與勞務無關，那麼接受勞務一方無須承擔責任。例如，某人家裏僱的保姆週末休息外出遊玩，騎車不慎將一路人撞傷，其行為與勞務無關，保姆應當自己承擔賠償責任。

一、對本條第 1 款的理解和適用

侵權責任法對接受勞務一方承擔責任後，能否向提供勞務一方追償的問題沒有作出規定。民法典侵權責任編編纂過程中，有的建議增加規定此種情形下的追償權。我們研究認為，個人之間形成的勞務關係，雙方經濟能力都較為有限，接受勞務一方對外承擔責任後，原則上是可以向有過錯的提供勞務一方追償的，比如，王某請小時工來家裏擦玻璃，告知小時工幹活前要將花盆從窗台挪開，但小時工未聽王某的指示，未挪開花盆，結果幹活時不小心將花盆摔到樓下，將停放在樓下的一汽車擋風玻璃砸裂，那麼，王某應當賠償車主的損失，不過承擔賠償責任後可以向小時工追償。因此，本條第 1 款在侵權責任法的基礎上，增加了接受勞務一方承擔侵權責任後的追償權，但僅限於可以向有故意或者重大過失的提供勞務的一方追償。

本條除了明確提供勞務過程中，造成他人損害的責任外，還規定了提供勞務一方因勞務受到損害時雙方責任的承擔。根據本條規定，提供勞務一方因勞務受到損害的，根據雙方各自的過錯承擔相應的責任。這一規定和工作人員在用人單位受到損害的規定有所不同。《工傷保險條例》規定，中華人民共和國境內的企業、事業單位、社會團體、民辦非企業單位、基金會、律師事務所、會計師事務所等組織和有僱工的個體工商戶應當依照本條例規定參加工傷保險，為本單位全部職工或者僱工繳納工傷保險費。從現有的規定來看，工作人員在工作過程中受到工傷損害的，用人單位原則上承擔無過錯責任。只要工作人員是因工作遭受事故傷害或者患職業病的，職工就可以依照相關規定獲得醫療救治和經濟補償。由於本條中「個人之間形成勞務關係的」，不屬於依法應當參加工傷保險統籌的情形，提供勞務一方受到損害後，不能適用《工傷保險條例》。個人之間勞務關係的損害，跟僱主情形下損害不一樣，個人之間勞務，提供勞動的一方有較大的自主權，不像僱主對僱員的控制力那麼強。造成損害的，接受勞務的一方承擔無過錯責任太重。所以提供勞務一方因勞務受到損害的，不宜採取無過錯責任的原則，要求接受勞務的一方無條件地承擔賠償責任。實踐中因勞務受到損害的情況比較複雜，應當區分情況，根據雙方的過錯來處理比較合理。例如，張某家僱的保姆不聽張某的勸阻，執意要站在椅子上打掃衛生，結果不小心將腿扭傷，那麼，僱用保姆的張某可以從人道主義的角度，帶保姆看病，適當承擔一定的責任，但是張某承擔無過錯責任，則責任過重，有失公允。所以，本法規定雙方根據各自的過錯承擔責任，比較公平，也符合現實的做法。

二、對本條第 2 款的理解和適用

侵權責任法沒有規定在個人之間形成的勞務關係中，因第三人的行為造成提供勞務一方損害的責任承擔。民法典侵權責任編編纂過程中，有的意見建議補充規定這一情形。我們研究認為，根據本法第 1175 條的規定，損害是因第三人造成的，第三人應當承擔侵權責

任。在個人之間形成的勞務關係中，因第三人的行為造成提供勞務一方損害的責任承擔，第三人應當承擔侵權責任，這一點沒有疑問；關鍵是提供勞務一方是在為接受勞務一方工作過程中受傷的，能否請求接受勞務一方承擔責任。有的意見提出，提供勞務一方受損害時，應有權請求接受勞務一方承擔侵權責任，但是，只能在第三人或者接受勞務一方中擇一行使請求權，第三人與接受勞務的人承擔不真正連帶責任。民法典各分編草案一審稿採納了這一建議，增加一款，規定因第三人的行為造成提供勞務一方損害的，提供勞務一方有權請求第三人承擔侵權責任，也有權請求接受勞務一方承擔侵權責任。接受勞務一方承擔侵權責任後，可以向第三人追償。2020 年 5 月民法典草案提請十三屆全國人大三次會議審議過程中，有的意見提出，個人之間形成勞務關係一般不購買相應的工傷保險，這與本法第 1191 條規定的用人單位責任有較大不同。因此，要求接受勞務一方承擔不真正連帶責任，責任分配過重。經研究，我們採納了這一意見，將上述方案修改為「提供勞務一方有權請求第三人承擔侵權責任，也有權請求接受勞務一方給予補償。接受勞務一方補償後，可以向第三人追償」。

> **第一千一百九十三條　承攬人在完成工作過程中造成第三人損害或者自己損害的，定作人不承擔侵權責任。但是，定作人對定作、指示或者選任有過錯的，應當承擔相應的責任。**

■ 條文主旨

本條是關於承攬關係中的侵權責任的規定。

■ 條文釋義

本法規定的承攬合同是承攬人按照定作人的要求完成工作，交付工作成果，定作人給付報酬的合同。承攬包括加工、定作、修理、複製、測試、檢驗等工作。在履行承攬合同的過程中，承攬人對第三人造成損害或者自身遭受損害的侵權責任如何承擔，我國法律沒有規定。最高人民法院關於審理人身損害賠償案的司法解釋第 10 條規定，承攬人在完成工作過程中對第三人造成損害或者造成自身損害的，定作人不承擔賠償責任。但定作人對定作、指示或者選任有過失的，應當承擔相應的賠償責任。這一解釋明確了承攬人對第三人造成損害或者自身遭受損害的侵權責任的承擔規則。

考慮到在大多數情況下，承攬人主要依靠自己的技術和專業技能獨立完成承攬工作，不受定作人的支配，承攬人對第三人造成損害或者造成自身損害時，不應要求定作人承擔侵權責任。但是，定作人對定作、指示或者選任存在過錯的，需要承擔相應的過錯責任，這是指定作人的指示過失責任。

需要指出的是，本法第 1192 條個人之間形成勞務關係，提供勞務一方因提供勞務造成

他人損害責任的規定，不適用本條因承攬關係產生的糾紛。根據合同法的規定，承攬合同是承攬人按照定作人的要求完成工作，交付工作成果，定作人給付報酬的合同。承攬包括加工、定作、修理、測試、檢驗等工作。承攬合同與勞務合同的區別在於：承攬合同的勞動者所交付的標的是勞動成果，而勞務合同的勞動者交付的標的是勞動，定作人與承攬人之間不存在勞務關係。

> **第一千一百九十四條　網絡用戶、網絡服務提供者利用網絡侵害他人民事權益的，應當承擔侵權責任。法律另有規定的，依照其規定。**

■ 條文主旨

本條是關於網絡侵權的一般規定。

■ 條文釋義

2009 年通過的侵權責任法第一次在我國民法中規定網絡侵權制度，施行多年來，對解決網絡民事侵權問題提供了有效方案，發揮了重要作用。但隨着互聯網的快速發展，網絡侵權行為越來越複雜，起草民法典侵權責任編過程中，不少意見建議進一步完善、充實網絡侵權責任制度，細化相關規定。為了更好地保護權利人的利益，同時平衡網絡用戶和網絡服務提供者之間的利益，侵權責任編在侵權責任法規定的基礎上，細化了網絡侵權責任的具體規則：一是修改完善了網絡侵權的通知規則，規定「通知應當包括構成侵權的初步證據及權利人的真實身份信息」，以減少或者避免惡意通知損害網絡用戶正當利益的情況。增加反通知程序，規定「網絡用戶接到轉送的通知後，可以向網絡服務提供者提交不存在侵權行為的聲明」。對權利人行使權利作出時間要求，規定「網絡服務提供者在轉送聲明到達權利人後的合理期限內，未收到權利人已經投訴或者提起訴訟通知的，應當及時終止所採取的措施」，以平衡權利人、網絡用戶、網絡服務提供者之間的權利義務關係。二是現實中濫用「通知 — 取下」制度進行不正當競爭的情形時有發生，不僅給網絡用戶造成損害，也造成網絡服務提供者的流量損失和廣告收入損失。對網絡服務提供者的合法權益也應當加以保護，增加規定「權利人因錯誤通知造成網絡用戶或者網絡服務提供者損害的，應當承擔侵權責任。法律另有規定的，依照其規定」。三是將侵權責任法第 36 條中的「知道」修改為「知道或者應當知道」，以指導人民法院更好地適用法律，力求法院公正裁判和保護當事人合法權益。

本條是關於網絡侵權的一般規定，互聯網技術的發展和應用已經深入社會生活各個方面，一部手機具有交友、購物、支付等多種功能，網絡侵權行為有增無減，日益成為社會突出問題，有必要繼續維持一般性規定，突出顯示網絡並非法外之地；增加「法律另有規定的，依照其規定」，是為了與著作權法、專利法、商標法、電子商務法等法律的衡接，根據侵害

客體的不同，適用不同的法律規定和歸責原則。

一、網絡用戶利用網絡侵害他人民事權益

網絡用戶利用網絡侵害他人民事權益，大體可以分為以下幾種類型：

一是侵害人格權。主要表現為：（1）盜用或者假冒他人姓名，侵害姓名權；（2）未經許可使用他人肖像，侵害肖像權；（3）發表攻擊、誹謗他人的文章，侵害名譽權；（4）非法侵入他人電腦、非法截取他人傳輸的信息、擅自披露他人個人信息、大量發送垃圾郵件，侵害隱私權和個人信息受保護的權利。

二是侵害財產利益。基於網絡活動的便捷性，通過網絡侵害財產利益的情形較為常見，如竊取他人網絡銀行賬戶中的資金，而最典型的是侵害網絡虛擬財產，如竊取他人網絡遊戲裝備、虛擬貨幣等。

三是侵害知識產權。主要表現為侵犯他人著作權、商標權和專利權等知識產權：（1）侵犯著作權。如擅自將他人作品進行數字化傳輸，規避技術措施，侵犯數據庫等。（2）侵犯商標權。如惡意搶註與他人商標相同或相類似的域名，在電商平台上銷售假冒他人商標或者使用足以使消費者混淆的商標的商品等。（3）侵犯專利權。如未經專利人授權，在網站上銷售專利產品。

二、網絡服務提供者利用網絡侵害他人民事權益

網絡服務提供者是一個概括性表述，既包括提供接入、緩存、信息存儲空間、搜索以及鏈接等服務類型的技術服務提供者，也包括主動向網絡用戶提供內容的內容服務提供者，還包括在電子商務中為交易雙方或者多方提供網絡經營場所、交易撮合、信息發佈等服務，供交易雙方或者多方獨立開展交易活動的電子商務平台經營者。

不同類型的網絡服務提供者通過網絡實施侵權行為的表現也不一樣。根據「技術中立」原則，技術服務提供者一般無須對他人通過網絡侵犯他人民事權益的行為承擔責任，如中國移動、中國電信、中國聯通等電信服務運營商無須對經由其網絡傳輸的信息承擔責任，百度等搜索引擎提供者無須對搜索結果負責，但若其行為高度介入傳輸行為、編排搜索結果等，則須對其行為承擔責任，電子商務平台經營者一般無須對其平台出現的侵權行為承擔責任。此外，破壞他人技術保護措施、利用技術手段攻擊他人網絡、竊取他人個人信息的，也要承擔侵權責任。內容服務提供者應當對所上傳內容的真實性與合法性負責，如果提供了侵權信息，如捏造虛假事實誹謗他人、發佈侵犯著作權的影視作品等，應當承擔侵權責任。

> 第一千一百九十五條　網絡用戶利用網絡服務實施侵權行為的，權利人有權通知網絡服務提供者採取刪除、屏蔽、斷開鏈接等必要措施。通知應當包括構成侵權的初步證據及權利人的真實身份信息。
>
> 網絡服務提供者接到通知後，應當及時將該通知轉送相關網絡用戶，並根據構成侵權的初步證據和服務類型採取必要措施；未及時採取必要措施的，對損害的擴大部分與該網絡用戶承擔連帶責任。
>
> 權利人因錯誤通知造成網絡用戶或者網絡服務提供者損害的，應當承擔侵權責任。法律另有規定的，依照其規定。

■ 條文主旨

本條是關於「通知 — 取下」制度的規定。

■ 條文釋義

「通知 — 取下」制度首先規定在《千禧年數字版權法》（以下簡稱 DMCA）中，被侵權人在獲知侵權事實後，可以向提供信息存儲空間和信息定位服務的網絡服務提供者發出符合 DMCA 規定的侵權通知，網絡服務提供者在接到侵權通知後，應當迅速移除或屏蔽對侵權信息的訪問。《最高人民法院關於審理涉及計算機網絡著作權糾紛案件適用法律若干問題的解釋》（現已失效）首次引入「通知 — 取下」程序。國務院 2006 年出台的《信息網絡傳播權保護條例》對在著作權領域適用這一程序作出了詳細規定。2009 年侵權責任法第一次在民法領域確立這一制度。2018 年電子商務法則在電子商務平台經營者侵權責任領域中適用這一制度。

一、通知的要件

根據本條規定，通知應當包括構成侵權的初步證據及權利人的真實身份信息。實踐中，大多數網絡服務提供者都非常重視通知書的形式和內容，很多網站提供了格式化的通知模板、專門的投訴途徑，極大地簡化了通知流程，提高了處理效率。一般而言，一份合格的權利通知應當包括兩方面內容：

首先是權利人的真實身份信息，包括但不限於權利人的姓名、名稱、住址、聯繫方式、電話、電子郵箱等，沒有真實身份信息和有效聯繫方式，網絡服務提供者無法與其取得聯繫，也無法發送網絡用戶聲明不存在侵權行為的通知。

其次是構成侵權的初步證據，通知是權利人主張權利的重要依據，應當附有證明其權利的證據或者相關信息涉嫌侵權的初步證據，如著作權登記證書、專利證書、商標權證書、明顯超出正常言論自由範圍的誹謗、攻擊等言辭。另外，通知中一般還應當附有涉嫌侵權信息的網址鏈接或其他可以定位侵權商品或信息的有效方法等，曾有權利人向網絡服務提供者發送書面通知，將包含上千個字符的 URL 打印出來，給網站造成不必要的負擔，這顯然不是

正常的維權方式。

二、網絡服務提供者的義務

權利人一旦發出合格通知，就觸發了網絡服務提供者的義務。根據本條規定，網絡服務提供者接到通知後，應當及時將該通知轉送相關網絡用戶，並根據構成侵權的初步證據和服務類型採取必要措施。

1. 及時將該通知轉送相關網絡用戶。「通知 ─ 取下」制度不是孤立的，而是與其他制度配合而生的，權利人有權發出通知主張權利，要求網絡服務提供者採取相應措施，這只是權利人的一面之詞，是「自稱」，無法確定相關信息是否侵犯了權利人的權利，上傳相關信息的網絡用戶有權提出申辯。所以，網絡服務提供者應當及時將該權利人發出的通知轉送相關網絡用戶，使其知曉，要求其作出回應。

2. 根據構成侵權的初步證據和服務類型採取必要措施。根據所提供網絡服務的類型不同，不同類型的網絡服務提供者在接到侵權通知後所應承擔的義務也應當有所區別，對此，本條沒有採取「一刀切」的方法，而是由網絡服務提供者根據其掌握的證據以及提供服務的類型採取必要措施，所取得的效果應當是在技術能夠做到的範圍內避免相關信息進一步傳播。對於提供信息存儲空間、搜索、鏈接服務的網絡服務提供者，其在接到侵權通知後，應當對侵權信息採取刪除、屏蔽、斷開鏈接等必要措施。對於電子商務平台經營者，其在接到侵權通知後，應當根據電子商務法的要求，對相關商品或者服務採取刪除、屏蔽、斷開鏈接、終止交易和服務等必要措施。對於提供接入、緩存服務的網絡服務提供者，其在接到侵權通知後，應當在技術可能做到的範圍內採取必要措施，如果採取這些措施會使其違反普遍服務義務，在技術和經濟上增加不合理的負擔，該網絡服務提供者可以將侵權通知轉送相應網站。

三、網絡服務提供者的責任

根據本條規定，未及時採取必要措施的，對損害的擴大部分與該網絡用戶承擔連帶責任。

這一規定的核心在於如何認定「及時」。實踐中，以淘寶、京東、百度、新浪等為代表的網絡服務提供者每天收到大量的侵權通知，需要耗費大量人力物力對這些通知進行整理、甄別和審查，這就涉及對「及時」的理解，《最高人民法院關於審理侵害信息網絡傳播權民事糾紛案件適用法律若干問題的規定》要求權利人提交通知的形式，通知的準確程度，採取措施的難易程度，網絡服務的性質，所涉作品、表演、錄音錄像製品的類型、知名度、數量等因素綜合判斷。《最高人民法院關於審理利用信息網絡侵害人身權益民事糾紛案件適用法律若干問題的規定》要求，根據網絡服務的性質、有效通知的形式和準確程度，網絡信息侵害權益的類型和程度等因素綜合判斷。以著作權為例，實踐中，有的法院認為應當考慮作品的知名度和傳播範圍。例如，熱門的電視劇或者電影，很短的侵權時間就可能給權利人造成巨大損失，對於熱門作品，其合理刪除期限應當較短，對於非熱門作品，期限可以適當放寬。

四、權利人錯誤通知的法律後果

「通知 — 取下」制度在我國實施以來，對於維護權利人合法權益，打擊網絡侵權違法行為，淨化網絡空間，起到重要作用，但是權利人錯誤通知甚至惡意通知的事件也時常出現，甚至有人將這一制度作為打擊競爭對手的重要手段，有人借用特殊銷售節點，以投訴方式達到下架競爭對手的商品的方式，使其短期內喪失經營資格。2016 年僅阿里巴巴知識產權投訴平台上就共發現疑似惡意投訴方賬號 5862 個，因其惡意投訴行為造成的賣家資損約 1.07 億元。

為此，本條在侵權責任法第 36 條基礎上，特別增加這一規定，警示權利人不得濫用「通知 — 取下」制度，促使權利人維權行為更為理性，因錯誤通知造成網絡用戶、網絡服務提供者損失的，權利人應當承擔侵權責任。增加「法律另有規定的，依照其規定」這一銜接性表述，主要是考慮到本條為一般規定，根據被侵害的權利類型的不同，其他法律可能作出細化或者特別規定。

> **第一千一百九十六條**　網絡用戶接到轉送的通知後，可以向網絡服務提供者提交不存在侵權行為的聲明。聲明應當包括不存在侵權行為的初步證據及網絡用戶的真實身份信息。
>
> 網絡服務提供者接到聲明後，應當將該聲明轉送發出通知的權利人，並告知其可以向有關部門投訴或者向人民法院提起訴訟。網絡服務提供者在轉送聲明到達權利人後的合理期限內，未收到權利人已經投訴或者提起訴訟通知的，應當及時終止所採取的措施。

■ 條文主旨

本條是關於反通知制度的規定。

■ 條文釋義

本條是此次編纂民法典新增加的條文。侵權責任法第 36 條沒有規定反通知制度，在起草侵權責任編過程中，有些意見提出，反通知制度對於平衡權利人與網絡用戶之間的利益至關重要，權利人有權發出侵權通知，相對應地，網絡用戶應當有權進行申辯。反通知程序是「通知 — 取下」制度的重要組成部分，設置反通知制度，就是賦予網絡用戶以抗辯的權利。未經正當程序，僅憑自稱權利人的一紙通知，就將涉嫌侵權的信息從網絡上取下，是對網絡用戶合法權益的重大限制，若不對權利人的權利加以適當限制，將會對信息自由流動構成極大威脅。因此，為了平衡和保障網絡用戶的合法權益，本條增加規定了反通知制度。

一、反通知的要件

根據本條規定，網絡用戶提交的聲明應當包括不存在侵權行為的初步證據及網絡用戶的

真實身份信息。

1. 不存在侵權行為的初步證據。有的意見對這一要件提出不同看法，認為根據民事訴訟一般舉證規則，積極的構成要件由原告提出證據，被告沒有義務提出消極的構成要件，有時也難以拿出證據。這一意見有一定道理，但在大部分權利類型下，初步證據是可以提出的，如著作權、專利權、商標權等，涉嫌侵權的網絡用戶可以提供文章底稿、著作權登記證書、專利證書、商標權證書、原產地證明、授權法律文書等，證明其具有相應的權利；誠然，有些情形下確實難以提出，如權利人主張某篇文章侵犯了其隱私權，這既是一個事實問題，更是一個法律問題，即使在法庭上，也不是三言兩語能夠判斷清晰的。

2. 網絡用戶的真實身份信息。不少網絡用戶對外表現為昵稱、筆名，而非其真實身份，實踐中，這使得很多權利人在起訴時，無法準確確定被告，維權十分困難。網絡不是法外之地，每個人都需要對自己的行為負責，在網絡上也是一樣。在權利人表明自己真實身份，指稱其涉嫌侵權時，網絡用戶有義務表明其真實身份。

二、網絡服務提供者的義務

1. 轉送義務。根據本條規定，網絡服務提供者接到聲明後，應當將該聲明轉送發出通知的權利人，並告知其可以向有關部門投訴或者向人民法院提起訴訟。

糾紛主要發生在權利人與網絡用戶之間，網絡服務提供者接到反通知後，立即產生轉送義務，應當及時將反通知轉送發出通知的權利人，讓權利人及時知道網絡用戶提出了抗辯；同時履行告知義務，讓權利人知曉應當及時向有關部門投訴或者向法院起訴，以解決糾紛。

2. 及時終止所採取的措施。根據本條規定，網絡服務提供者在轉送聲明到達權利人後的合理期限內，未收到權利人已經投訴或者提起訴訟通知的，應當及時終止所採取的措施。

網絡用戶的聲明到達權利人後，權利人應當作出適當反應，可以表示認可，也可以表示反對，可以明示，也可以默示。如果在合理期限內，權利人通知網絡服務提供者，其已經向有關部門投訴或者向法院起訴，表明權利人以明示方式對反通知的內容表示反對，網絡服務提供者應當繼續維持此前採取的必要措施，直至有關部門或者法院有進一步指令；如果權利人在合理期限內沒有投訴或者起訴，表明權利人默示認可反通知，網絡服務提供者應當及時終止所採取的措施，恢復相關信息。這樣規定，既是為了促使權利人儘快行使權利，避免相關權利糾紛長期處於不確定狀態，也是為了儘量減少因錯誤通知給網絡用戶和網絡服務提供者增加的負擔。

需要說明的是，通知與反通知程序只是為快速應對糾紛而採取的一種程序性救濟手段，網絡服務提供者並非司法機關，其沒有能力具體判斷當事人之間的爭議。即便權利人在合理期限內沒有採取相應的法律行動，也不影響其實體權利，權利人仍然可以在合理期限屆滿後向有關部門投訴或者向法院起訴。

> **第一千一百九十七條　網絡服務提供者知道或者應當知道網絡用戶利用其網絡服務侵害他人民事權益，未採取必要措施的，與該網絡用戶承擔連帶責任。**

■ 條文主旨

本條是關於網絡服務提供者與網絡用戶承擔連帶責任的規定。

■ 條文釋義

此次編纂民法典，將侵權責任法第 36 條中的「知道」修改為「知道或者應當知道」。

一、本條的歸責原則

根據本條規定，網絡服務提供者與網絡用戶承擔連帶責任的主觀構成要件為「知道或者應當知道」，採用的是過錯責任。

我國在互聯網技術發展和運用上成功實現彎道超車，從 20 世紀 90 年代末起，大量涉互聯網技術和網站的案件進入法院，經過多年的司法實踐，我國法院已經建立起適應我國國情的審判政策，在過錯責任歸責原則上也早已取得共識。

侵權責任法第 36 條中使用的是「知道」，從解釋上，包括「明知」和「應知」兩種主觀狀態，多年來，法院在審判實踐中也是這樣操作的。在編纂民法典過程中，有的意見建議將「知道」修改為「知道或者應當知道」，表述更清楚。經研究採納了這個建議，這樣修改內涵沒有變化，但更清楚明了，也保持了不同法律之間用語的統一。

二、「知道」的含義

在新的語境下，「知道」即為「明知」。明知是一種主觀狀態，表明行為人的內心對侵權行為這一事實的發生具有明確而充分的認識，甚至放任或者積極追求損害後果的發生。如何證明行為人的主觀狀態為「明知」？一般有兩種途徑：一是行為人自認。行為人明確表示其主觀狀態為「明知」，當然可以認定，只是這種情形實踐中較少出現。二是通過「通知─取下」制度來證明。這也是多數國家和地區司法機關判斷網絡服務提供者主觀狀態的核心標準，權利人發送的合格通知到達網絡服務提供者時，即視為網絡服務提供者知曉了存在通知中所指出的侵權事實，網絡服務提供者有義務採取必要措施，未採取必要措施的，即屬本條知道而未採取必要措施的情形，需要對損害擴大部分承擔連帶責任。

三、「應當知道」的含義

目前各國都不要求網絡服務提供者承擔普遍審查義務，但這並不意味着網絡服務提供者可以完全躲進「避風港」。美國國會眾議院在 DMCA 立法報告中提出「紅旗規則」，也為我國學者廣泛接受。所謂「紅旗規則」是指當侵權事實在網絡空間中像紅旗一樣明顯時，我們便可以根據侵權事實發生的具體環境推定網絡服務提供者對侵權事實應當知曉並要求其承擔採取必要措施制止侵權行為的義務。這也是本條中「應當知道」的含義。

但是，「紅旗規則」如何適用，「應當知道」如何判斷？這是一個極具實務操作的難題，

法官在具體案件中應當綜合各種因素，以一個合理標準去判斷，需要在促進網絡行業健康發展與保護權利人合法權益之間尋找合適的平衡點，既不能失之過嚴，也不能操之過寬，法律難以規定一個普遍適用的標準。在掌握判斷標準時大體應當遵循以下三大原則：

第一，根據提供技術服務的網絡服務提供者的類型不同，判斷標準應當有所不同。相比提供其他類型技術服務的網絡服務提供者，認定提供接入、緩存服務的網絡服務提供者「應當知道」的標準應當更加嚴格。接入服務連接着網站和網絡用戶，所有網絡信息包括侵權信息都需要通過接入服務才能得以傳輸，但這種傳輸是即時的，信息量十分龐大，該類型網絡服務提供者無法一一核實，如果認定標準過於寬泛，可能會使接入服務提供者承擔過重的責任，影響普遍接入服務。隨着互聯網技術的創新和運用不斷發展，網絡服務提供者提供的服務類型也在不斷拓展，「應當知道」的適用標準也應當隨之發展。

第二，根據保護對象的不同，判斷標準也應當有所不同。對於著作權而言，只要網絡服務提供者沒有對網絡用戶上傳的信息進行人工編排等，一般不應認定構成侵權行為；同時還要考慮涉案作品的知名度、影響力等因素，專業視頻網站應當具備甄別當前熱播影視作品的能力。對於專利權而言，專利權侵權判斷技術性較強，非專業人士難以作出準確判斷，當前利用「通知 — 取下」制度打擊競爭對手的現象仍然存在，具體如何適用，還有不同意見，有待進一步探討與完善。對於商標權而言，商標權侵權判斷不似專利權那樣複雜，但也並非一目了然，不應令網絡服務提供者承擔過高的審查義務。涉嫌詆譭他人名譽、不當使用他人肖像、違法公佈他人個人信息等行為，不經法院審理，有時難以準確判斷是否為侵權行為，網絡服務提供者不是司法機關，不應當要求其具有專業的法律素養，更不能要求其對用戶發佈的信息一一核實，通常人認為不應屬於侵權信息即可免除責任。

第三，提供技術服務的網絡服務提供者沒有普遍審查義務。在審判實踐中，應當謹慎認定此類網絡服務提供者「應當知道」網絡用戶利用其網絡服務實施侵權行為。如果判斷標準過寬，可能會使網絡服務提供者實際上承擔了普遍審查的義務。事實上，由於網絡具有開放性的特質，網絡信息十分龐雜，要求此類網絡服務提供者逐一審查，可能大量增加網絡服務提供者的運營成本，阻礙網絡產業的發展。但同時也要尋找促使網絡服務提供者適當履行監管義務的平衡點，比如，是否通過成熟的技術手段對網站傳輸的特定信息進行監控，是否建立了較為完善的投訴響應機制，是否對多次侵權人建立黑名單制度等。

> 第一千一百九十八條　賓館、商場、銀行、車站、機場、體育場館、娛樂場所等經營場所、公共場所的經營者、管理者或者群眾性活動的組織者，未盡到安全保障義務，造成他人損害的，應當承擔侵權責任。
>
> 因第三人的行為造成他人損害的，由第三人承擔侵權責任；經營者、管理者或者組織者未盡到安全保障義務的，承擔相應的補充責任。經營者、管理者或者組織者承擔補充責任後，可以向第三人追償。

■ 條文主旨

本條是關於經營場所、公共場所的經營者、管理者或者群眾性活動的組織者未盡到安全保障義務的侵權責任的規定。

■ 條文釋義

在 2009 年侵權責任法的制定過程中，對於什麼是安全保障義務，哪些人負有安全保障義務，哪些人是安全保障義務的保護對象，未盡到安全保障義務應當承擔什麼樣的侵權責任等問題，各方面有不同意見。

侵權責任法在總結司法實踐經驗的基礎上，借鑒國外相關規定，在第 37 條對未盡到安全保障義務的侵權責任作出了明確規定。

民法典侵權責任編編纂過程中，有的提出，侵權責任法第 37 條的規定，與此後修改的消費者權益保護法等法律的表述略有不同，建議統一。侵權責任法第 37 條第 1 款表述為「公共場所的管理人或者群眾性活動的組織者」，消費者權益保護法第 18 條第 2 款規定為「賓館、商場、餐館、銀行、機場、車站、港口、影劇院等經營場所的經營者，應當對消費者盡到安全保障義務」。按照後法優於先法、特別法優於一般法的規則，在表述上我們向消費者權益保護法靠攏。

根據本條規定，安全保障義務，是指賓館、商場、銀行、車站、機場、體育場館、娛樂場所等經營場所、公共場所的經營者、管理者或者群眾性活動的組織者，所負有的在合理限度範圍內保護他人人身和財產安全的義務。理解安全保障義務，須注意以下問題：

一、安全保障義務人的範圍

第一，賓館、商場、銀行、車站、機場、體育場館、娛樂場所等經營場所、公共場所的經營者、管理者。公共場所包括以公眾為對象進行商業性經營的場所，也包括對公眾提供服務的場所。例如，本條列舉的賓館、商場、銀行、車站、機場、體育場館、娛樂場所等。除了本條列舉的這些場所外，碼頭、公園、餐廳等也都屬於公共場所。

第二，群眾性活動的組織者。群眾性活動，是指法人或者其他組織面向社會公眾舉辦的參加人數較多的活動。例如，體育比賽活動，演唱會、音樂會等文藝演出活動，展覽、展銷等活動，遊園、燈會、廟會、花會、焰火晚會等活動，人才招聘會、現場開獎的彩票銷售等

活動。

二、保護對象的範圍

安全保障義務所保護的對象與安全保障義務人之間應存在某種關係，但是否要在法律中作出明確規定有不同意見。有的建議規定為「顧客或參與活動者」或者「進入公共場所或者參與活動的人」，有的建議規定為「合法進入公共場所或者參加活動的人」，有的建議不作明確規定。考慮到司法實踐中的情況較為複雜，僅僅進入商場上洗手間、問路或者躲雨的人能不能界定為顧客，上錯了公交車又準備下車的人是否屬於保護對象，特別是對於非法進入者如到賓館裏打算偷竊的人是否給予保護等，爭議很大。在法律中明確哪些人屬於保護對象較為困難，因此，本法對安全保障義務的保護對象規定為「他人」，沒有明確具體的範圍，實踐中哪些人屬於保護對象應根據具體情況判斷。

三、安全保障義務的內容和判斷標準

安全保障義務的目的在於保護他人的人身和財產安全，其主要內容是作為，即要求義務人必須採取一定的行為來維護他人的人身或者財產免受侵害。這種義務的具體內容既可能基於法律的明確規定，也可能基於合同義務，也可能基於誠實信用原則而產生。由於安全保障義務人的範圍很廣，涉及多個行業、多類主體，不同義務人對不同保護對象所負有的安全保障義務是不同的，在法律中無法明確其具體內容。對於實踐中需要確定義務人應當負有的具體安全保障義務的內容，進而判斷安全保障義務人是否已經盡到安全保障義務的，可以參考該安全保障義務人所在行業的普遍情況、所在地區的具體條件、所組織活動的規模等各種因素，從侵權行為的性質和力度、義務人的保安能力以及發生侵權行為前後所採取的防範、制止侵權行為的狀況等方面，根據實際情況綜合判斷。

四、未盡到安全保障義務的侵權責任

根據安全保障義務的內容不同，可以將安全保障義務分為以下兩類：一是防止他人遭受義務人侵害的安全保障義務。這是指安全保障義務人負有不因自己的行為而直接使他人的人身或者財產受到侵害的義務。例如，賓館負有不因自己提供的服務或者設施存在危險而使前來住宿的客人受傷的安全保障義務。二是防止他人遭受第三人侵害的安全保障義務。這是指安全保障義務人負有的不因自己的不作為而使他人的人身或者財產遭受自己之外的第三人侵害的義務。例如，賓館對在本賓館住宿的旅客負有使其人身或者財產安全免受第三人侵害的義務。他們之間的區別主要是造成損害後果的直接侵害人不同，未盡到前一類義務造成他人損害的，其直接加害人就是安全保障義務人，沒有第三人的介入；未盡到後一類義務的並不必然導致他人的損害，只有當這種未盡到義務的行為與第三人的侵權行為相互結合時才導致了他人的損害。本條規定根據所未盡到的義務種類的不同，規定了安全保障義務人不同的侵權責任。

1. 安全保障義務人未盡到防止他人遭受義務人侵害的安全保障義務的，應當承擔侵權責任。這是本條第 1 款規定的情形。如果損害結果的發生沒有第三人的介入，安全保障義務人就應當自己承擔全部侵權責任。例如，顧客到餐廳吃飯，由於餐廳的地板有油漬導致顧客摔

倒受傷的，餐廳就應當承擔侵權責任。

2. 安全保障義務人未盡到防止他人遭受第三人侵害的安全保障義務的，應當承擔相應的補充責任。這是本條第 2 款規定的情形。在實踐中，存在不少第三人的侵權行為和安全保障義務人未盡到安全保障義務兩個因素結合在一起而造成他人損害的情形。例如，儲戶到銀行取錢或者存款，遭到第三人搶劫，銀行的保安人員未盡到安全保障義務，沒有及時注意或者制止，導致儲戶錢款被搶或者人身受到傷害；又如，賓館沒有完善的保安措施或者沒有認真履行保安職責，導致住宿旅客被外來人員毆打等。在這種情形下，根據本條第 2 款的規定，第三人的行為是造成損害的直接原因，應當首先由第三人承擔侵權責任。在上述例子中，應當先由搶劫者和打人者承擔侵權責任，安全保障義務人未盡到安全保障義務也是造成損害的因素，應當承擔相應的補充責任。理解這一規定，應當注意以下兩點：

第一，第三人的侵權責任和安全保障義務人的補充責任有先後順序。首先由第三人承擔侵權責任，在無法找到第三人或者第三人沒有能力全部承擔賠償責任時，才由安全保障義務人承擔補充責任。如果第三人已經全部承擔侵權責任，則安全保障義務人不再承擔責任。

第二，侵權責任法並未規定經營者、管理者或者組織者承擔補充責任後，是否可以向第三人追償的問題，主要是考慮本條中負有安全保障義務的主體承擔補充責任是因為其本身有過錯，有過錯一方承擔補償責任不應有追償權。民法典侵權責任編編纂過程中，不少建議增加追償權的規定。我們研究認為，增加追償權的規定：一是符合不真正連帶責任的法理。二是有利於避免司法中的爭議，為實踐中出現的具體案例提供法律依據。

> **第一千一百九十九條**　無民事行為能力人在幼兒園、學校或者其他教育機構學習、生活期間受到人身損害的，幼兒園、學校或者其他教育機構應當承擔侵權責任；但是，能夠證明盡到教育、管理職責的，不承擔侵權責任。

■ 條文主旨

本條是關於無民事行為能力人受到人身損害時，幼兒園、學校或者其他教育機構的侵權責任的規定。

■ 條文釋義

幼兒園、學校和其他教育機構的侵權責任，是指在幼兒園、學校和其他教育機構的教育、教學活動中或者在其負有管理責任的校舍、場地、其他教育教學設施、生活設施中，由於幼兒園、學校或者其他教育機構未盡教育、管理職責，致使學習或者生活的無民事行為能力人和限制民事行為能力人遭受損害或者致他人損害的，學校、幼兒園或者其他教育機構應當承擔的與其過錯相應的侵權責任。

導致在校無民事行為能力人和限制民事行為能力人人身損害發生的原因很多，主要有以下情況：（1）因幼兒園、學校和其他教育機構的教學和生活設施、設備不符合安全標準或者管理、維護不當引起的人身損害；（2）因幼兒園、學校和其他教育機構提供的食品、藥品、飲用水、教學用具或者其他物品不合格引起的人身損害；（3）因幼兒園、學校和其他教育機構教師或者其他工作人員體罰、變相體罰學生或者其他侮辱學生人格尊嚴的行為引起的人身損害；（4）幼兒園、學校和其他教育機構組織學生進行實驗教學或者勞動時發生的人身損害；（5）學生之間互相嬉戲、玩耍造成的人身損害；（6）幼兒園、學校和其他教育機構組織學生外出活動時出現的人身損害；（7）校外人員在校內造成的人身損害；（8）因學生自身原因造成的人身損害；（9）其他因幼兒園、學校和其他教育機構未盡到教育、管理職責而發生的人身損害。在校無民事行為能力人和限制民事行為能力人遭受的人身損害，幼兒園、學校和其他教育機構存在過錯的，應當承擔與其過錯相應的侵權責任；幼兒園、學校和其他教育機構沒有過錯的，應當由第三人或者無民事行為能力人、限制民事行為能力人及其監護人承擔責任。

法律中幼兒園、學校或者其他教育機構承擔責任採用什麼歸責原則，一直以來就有爭議，有的主張採用過錯推定原則；有的主張採用過錯責任原則。對學校、幼兒園和其他教育機構的侵權責任作出適當的界定，以做到既維護未成年人和其他受害人的合法權益，又維護幼兒園、學校和其他教育機構的正常教學秩序和管理秩序。侵權責任法最終在借鑒境外立法例和最高人民法院司法解釋的基礎上，根據未成年人的年齡和民事行為能力的不同，規定了幼兒園、學校和其他教育機構侵權責任的不同的歸責原則，即第 38 條規定的過錯推定原則以及第 39 條規定的過錯責任原則。

民法典侵權責任編繼承了侵權責任法的規定，僅對個別字詞表述作了調整。

一、本條採用過錯推定原則

採用這一原則的主要考慮是：無民事行為能力人智力發育還很不成熟，對事物的認知和判斷上存在較大不足，不能辨認或者不能充分理解自己行為的後果，必須加以特別保護，這就要求學校更多地履行保護孩子身心健康的義務。無民事行為能力人在幼兒園、學校或者其他教育機構學習、生活期間，超越了監護人的控制範圍，如果受到人身損害，基本無法對事故發生的情形準確地加以描述，此時要讓無民事行為能力人或者其監護人來證明學校的過錯，幾乎是不可能的。採用過錯推定原則，學校也能舉證反駁，可以通過證明已經盡到了相當的注意並且實施了合理的行為，以達到免責的目的。同時，學校等教育機構更有可能通過保險等方式來向社會轉移風險。

二、承擔責任的範圍

由幼兒園、學校和其他教育機構承擔侵權責任的侵權行為的範圍，應當限於發生在幼兒園、學校和其他教育機構的教育、教學活動中或者其負有管理責任的校舍、場地、其他教育教學設施、生活設施中的侵權行為。但具體範圍究竟有多寬，存有不同意見，如學生自行到校或者放學後滯留學校發生的損害，幼兒園、學校和其他教育機構是否應當承擔侵權責任

等。由於這個問題較為複雜，與幼兒園、學校和其他教育機構所應負有的教育、管理職責密切相關，實踐中個案的情況也千差萬別，作出統一、具體的規定較為困難，宜由人民法院在具體案件審判過程中作出判斷更為合適。

三、如何確定責任

如何確定教育、管理職責的範圍，進而判斷幼兒園、學校和其他教育機構是否已盡教育、管理職責，也存在一定爭議。我們認為，教育法、未成年人保護法以及其他法規、規章中，對於幼兒園、學校和其他教育機構的教育、管理職責已經作了廣泛、具體的規定，出現糾紛時，應當參考這些規定結合具體情況由人民法院作出最終判斷，法律對此沒有也很難作出具體規定。

四、關於免責事由

在制定侵權責任法和編纂民法典的過程中，有的建議明確幼兒園、學校和其他教育機構不承擔賠償責任的具體情形，如在自行上學、放學、返校、離校途中發生損害的，學生參加體育鍛煉正常對抗中造成的損害等。我們研究認為，這些情形有的根據本法規定明顯不屬於幼兒園、學校和其他教育機構的責任，有的在侵權責任編一般規定一章中已經有所規定，沒有必要再作重複規定。

第一千二百條　限制民事行為能力人在學校或者其他教育機構學習、生活期間受到人身損害，學校或者其他教育機構未盡到教育、管理職責的，應當承擔侵權責任。

■ 條文主旨

本條是關於限制民事行為能力人受到人身損害時，學校或者其他教育機構的侵權責任的規定。

■ 條文釋義

本法第 1199 條規定了在受侵害人是無民事行為能力人的情況下，幼兒園、學校或者其他教育機構應當承擔的侵權責任。本條則規定了在受侵害人是限制民事行為能力人的情況下，學校或者其他教育機構應當承擔的侵權責任。

根據本條規定，限制民事行為能力人在學校或者其他教育機構學習、生活期間受到人身損害的，如果該限制民事行為能力人或者其監護人能夠證明學校或者其他教育機構沒有盡到教育、管理職責，對該限制民事行為能力人所發生的人身損害有過錯，學校或者其他教育機構就要承擔責任。與第 1199 條採用過錯推定原則不同，對限制民事行為能力人的情況，本條採用了過錯責任原則，主要是考慮：與無民事行為能力人相比，限制民事行為能力人的心智已漸趨成熟，對事物已有一定的認知和判斷能力，能夠在一定程度上理解自己行為的後

果，對一些容易遭受人身損害的行為也有了充分認識，應當在構建和諧的成長環境的同時，鼓勵其廣泛地參加各類學校活動和社會關係，以利於其更好、更有效地學習、成長。如果適用過錯推定原則，課以學校較重的舉證負擔，為避免發生意外事故，有的學校會採取消極預防的手段，如減少學生體育活動、勞動實踐，不再組織春遊、參觀等校外活動，嚴格限制學生在校時間，甚至不允許學生在課間互相追逐打鬧等，一些措施甚至與素質教育目標背道而馳，成為推行素質教育的一大障礙，最終不利於學生的成長、成熟。同時，在判斷學校盡到教育、管理職責時也可以通過採用客觀化的判斷標準，如學校的各種教學設施是否符合安全要求，對存在的各種安全隱患是否及時排除、是否已採取必要的防範措施，學校是否制定了合理、明確的安全規章制度等來緩和舉證責任，減輕被侵權人的舉證負擔，以利於對學生的救濟。

教育法、未成年人保護法以及其他法規、部門規章中，對於學校和其他教育機構的教育、管理職責已經作了廣泛、具體的規定，只要能夠證明學校或者其他教育機構違反了這些職責，使限制民事行為能力人在學習、生活期間受到人身損害的，就基本可以認定學校沒有盡到教育、管理職責，要依法對限制民事行為能力人受到的人身損害承擔責任。

> 　　**第一千二百零一條**　無民事行為能力人或者限制民事行為能力人在幼兒園、學校或者其他教育機構學習、生活期間，受到幼兒園、學校或者其他教育機構以外的第三人人身損害的，由第三人承擔侵權責任；幼兒園、學校或者其他教育機構未盡到管理職責的，承擔相應的補充責任。幼兒園、學校或者其他教育機構承擔補充責任後，可以向第三人追償。

■ 條文主旨

本條是關於無民事行為能力人或者限制民事行為能力人受到校外人員人身損害時的責任分擔的規定。

■ 條文釋義

本法第 1199 條和第 1200 條對未成年人在幼兒園、學校或者其他教育機構學習、生活期間遭受人身損害時幼兒園、學校或者其他教育機構的侵權責任，區分無民事行為能力人和限制民事行為能力人分別規定了不同的歸責原則。本條則區分造成損害的主體為幼兒園、學校或者其他教育機構以外的人員的情況，規定幼兒園、學校或者其他教育機構應當承擔的侵權責任。

1. 幼兒園、學校或者其他教育機構以外的人員承擔的侵權責任幼兒園、學校或者其他教育機構以外的人員是指幼兒園、學校或者其他教育機構的教師、學生和其他工作人員以外

的人員。如果未成年人在幼兒園、學校或者其他教育機構學習、生活期間遭受人身損害，是由於幼兒園、學校或者其他教育機構本身的人員的行為造成的，幼兒園、學校或者其他教育機構未盡到教育、管理職責時，就要承擔責任。如因學校的教學和生活設施、設備不符合安全標準或者管理、維護不當引起的學生人身損害；因學校提供的食品、藥品、飲用水、教學用具或者其他物品不合格引起的學生人身損害；因學校教師或者其他工作人員體罰、變相體罰學生或者其他侮辱學生人格尊嚴的行為引起的學生人身損害；學生之間互相嬉戲、玩耍，教師管理不當造成學生人身損害等。但在某些情況下，幼兒園、學校或者其他教育機構以外的人員可能進入校園內或者在幼兒園、學校或者其他教育機構組織學生外出活動期間直接造成學生人身傷害，如社會人員進入學校毆打學生，校外車輛在校園內撞傷學生等。在這種情況下，該幼兒園、學校或者其他教育機構以外的人員的侵權行為直接造成人身損害後果的發生，其作為侵權人就應當依法承擔侵權責任。

2. 幼兒園、學校或者其他教育機構承擔的相應補充責任無民事行為能力人或者限制民事行為能力人在幼兒園、學校或者其他教育機構學習、生活期間，受到幼兒園、學校或者其他教育機構以外的人員人身損害的，該人員作為侵權人應當承擔侵權責任。但由於此時受到人身損害的無民事行為能力人或者限制民事行為能力人仍在幼兒園、學校或者其他教育機構監管之下，幼兒園、學校或者其他教育機構仍負有管理職責，如果幼兒園、學校或者其他教育機構未盡到管理職責的，對損害的發生也具有過錯，其未盡到管理職責的行為是造成損害發生的間接原因，應當承擔補充責任。幼兒園、學校或者其他教育機構是否盡到管理職責，要根據人身損害發生時的具體情況判斷，如幼兒園、學校或者其他教育機構的安全管理制度是否有明顯疏漏，或者是否管理混亂，存在重大安全隱患。如果幼兒園、學校或者其他教育機構的安全保衛工作存在過失，如學校門衛管理制度欠缺或者門衛管理不善，導致校外人員隨意進入學校毆打學生，或者學校為改善經濟條件將學校校舍、場地租給他人使用，甚至將學校操場關為停車場，致使校內常有車輛來往，出現車輛撞傷、撞死學生等情況的，學校就應承擔補充責任。理解這一規定應當注意第三人的侵權責任和安全保障義務人的補充責任有先後順序。首先由第三人承擔侵權責任，在無法找到第三人或者第三人沒有能力全部承擔侵權責任時，才由幼兒園、學校或者其他教育機構承擔侵權責任。如果第三人已經全部承擔侵權責任，則幼兒園、學校或者其他教育機構不再承擔侵權責任。

3. 侵權責任法沒有規定幼兒園、學校或者其他教育機構承擔補充責任後，是否可以向第三人追償。主要是考慮本條中負有安全保障義務的主體承擔相應的補充責任是因為其本身有過錯，有過錯一方承擔補償責任不應有追償權。民法典侵權責任編編纂過程中，不少建議增加追償權的規定。我們研究認為，增加追償權的規定：一是符合不真正連帶責任的法理。二是有利於避免司法中的爭議，為實踐中出現的具體案例提供法律依據，更好地保障無民事行為能力人或者限制民事行為能力的成長，也為平安校園建設提供支撐。

第四章　產品責任

　　本章共七條，主要規定了生產者、銷售者、運輸者、倉儲者及第三人等承擔產品責任的歸責原則及侵權責任，被侵權人的索賠途徑，先行賠償人的追償權，被侵權人有權要求生產者、銷售者承擔的侵權責任，對已投入流通後發現缺陷產品的警示、召回等補救措施及侵權責任，故意生產、銷售缺陷產品的懲罰性賠償等。

　　本章「產品責任」是指產品存在缺陷發生侵權，造成他人損害，生產者、銷售者等所應當承擔的侵權責任，而不是指合同中的產品質量不合格的民事責任。「缺陷」並非指產品有瑕疵，而是指產品質量不好達到危害人民生命和財產安全的程度。例如，汽車制動有缺陷，致使剎車不靈，造成交通事故，導致人身、財產損害，對此生產者、銷售者等應當承擔侵權責任。汽車空調不製冷，為產品有瑕疵，對此生產者、銷售者等應當承擔合同責任。

第一千二百零二條　因產品存在缺陷造成他人損害的，生產者應當承擔侵權責任。

■ 條文主旨

　　本條是關於產品生產者侵權責任的規定。

■ 條文釋義

　　侵權責任法制定過程中，產品責任應採用何種歸責原則，有較大爭議。在廣泛借鑒國際通行做法並充分調查研究國內實際情況下，侵權責任法第 41 條採用了無過錯責任的歸責原則。本條規定繼承了侵權責任法的歸責原則及規定。

　　依據本條的規定，構成產品責任須具備三個要件：第一，產品具有缺陷；第二，須有缺陷產品造成受害人損害的事實；第三，缺陷產品與損害事實之間存在因果關係。

　　一、關於產品缺陷

　　產品缺陷是構成產品責任的首要條件。我國產品質量法第 46 條規定了缺陷。侵權責任法起草及民法典編纂過程中，對是否將產品質量法關於缺陷產品的含義在民法中作出規定，存在不同意見。有的認為，民法典是基本法，不應再援引其他法律的規定。有的認為，民法不宜對某些概念作過細、過於具體的規定，否則會限制產品的更新與發展，隨着科學技術的發展，對產品的缺陷會有不同的認識。此外，還會造成法律之間規定的重複。

　　侵權責任法沒有對產品缺陷作出定義性的規定。實踐中可以產品質量法第 46 條關於缺陷的規定為標準判斷產品是否為缺陷產品。民法典侵權責任編繼承了侵權責任法的規定，也

沒有規定缺陷的含義。

二、關於缺陷產品造成受害人損害的事實

缺陷產品造成受害人損害的事實，是指缺陷產品的使用人或者第三人因缺陷產品造成損害的客觀存在。損害事實包括人身損害、財產損害。財產損害是否包括缺陷產品本身的損失，在立法中存在爭論。有的認為，多數國家產品責任中的財產損害僅指缺陷產品以外的其他財產的損失，不包括缺陷產品本身。缺陷產品本身的損害，屬於合同責任問題，應當通過合同解決，缺陷產品以外的其他財產損害，才是本章所稱的財產損害。有的認為，財產損害應當包括缺陷產品本身的損害。有的提出，立法應當從我國國情出發，從保護用戶、消費者的角度出發，財產損害不應區分缺陷產品本身的損害及缺陷產品以外的其他財產的損害。我們認為本條的財產損害，既包括缺陷產品以外的其他財產的損害，也包括缺陷產品本身的損害，這樣，有利於及時、便捷地保障用戶、消費者的合法權益。

三、關於缺陷產品與損害事實之間的因果關係

產品責任中的因果關係，是指產品的缺陷與受害人損害事實之間存在引起與被引起的關係。在一般侵權案件中，原則上是「誰主張誰舉證」。產品責任是一種特殊的侵權，考慮到用戶、消費者與生產者之間存在信息上的不對稱，特別是對於高科技產品致害原因不易證明等特點，通常要求生產者就缺陷不存在，或缺陷與損害之間不存在因果關係舉證。如果生產者不能舉證證明，則認定產品存在缺陷及缺陷與損害之間存在因果關係。

> **第一千二百零三條**　因產品存在缺陷造成他人損害的，被侵權人可以向產品的生產者請求賠償，也可以向產品的銷售者請求賠償。
>
> 產品缺陷由生產者造成的，銷售者賠償後，有權向生產者追償。因銷售者的過錯使產品存在缺陷的，生產者賠償後，有權向銷售者追償。

■ 條文主旨

本條是關於被侵權人要求損害賠償的途徑和先行賠償人追償權的規定。

■ 條文釋義

被侵權人因產品存在缺陷造成損害後，往往不清楚這一缺陷究竟是誰造成的，因此，也就不知道應當向誰請求賠償。為解決實踐中這一問題，使得被侵權人儘快得到賠償，本條規定，因產品存在缺陷造成損害的，被侵權人可以向產品的生產者請求賠償，也可以向產品的銷售者請求賠償。產品缺陷由生產者造成的，銷售者賠償後，有權向生產者追償。因銷售者的過錯使產品存在缺陷的，生產者賠償後，有權向銷售者追償。

1. 本條所講被侵權人，是指因產品存在缺陷造成人身、財產損害之後，有權要求獲得賠

償的人，包括直接購買並使用缺陷產品的人，也包括非直接購買使用缺陷產品但受到缺陷產品損害的其他人。

2. 本條從方便被侵權人維護自己合法權益的角度出發，規定了被侵權人請求賠償的兩個途徑：一個是可以向產品的生產者請求賠償；另一個是可以向產品的銷售者請求賠償。也就是說，只要是缺陷產品引起的損害，被侵權人可以向生產者和銷售者中的任何一方提出賠償請求。

3. 根據本條規定，生產者、銷售者中先行賠償的一方有權向應當承擔責任的一方追償自己已經向被侵權人墊付的賠償費用。預先墊付了賠償費用的一方有權要求有責任的一方支付自己已經墊付的費用。需要明確的是，生產者和銷售者承擔產品責任的原則是不同的，生產者承擔無過錯責任，銷售者承擔過錯責任，對此本條明確規定「產品缺陷由生產者造成的，銷售者賠償後，有權向生產者追償。因銷售者的過錯使產品存在缺陷的，生產者賠償後，有權向銷售者追償」。先行墊付賠償費用的一方只有在另一方符合承擔產品侵權責任條件的情形下，才可以向對方行使追償權。

4. 編纂過程中的一點考慮。侵權責任法第 42 條規定，因銷售者的過錯使產品存在缺陷，造成他人損害的，銷售者應當承擔侵權責任。銷售者不能指明缺陷產品的生產者也不能指明缺陷產品的供貨者的，銷售者應當承擔侵權責任。在民法典侵權責任編編纂過程中，有的提出，本條對銷售者責任的歸責原則表述模糊，「因銷售者的過錯」的表述易產生歧義，並且第 42 條的實際意義是解決銷售者與生產者的內部最終責任承擔問題。我們研究認為，侵權責任法對產品責任中生產者、銷售者責任的歸責原則是不同的，銷售者承擔產品責任採用過錯責任原則。但是，該條第 1 款「因銷售者的過錯使產品存在缺陷，造成他人損害的，銷售者應當承擔侵權責任」的表述確實與第 43 條第 3 款「因銷售者的過錯使產品存在缺陷的，生產者賠償後，有權向銷售者追償」的表述重複；第 42 條第 2 款「銷售者不能指明缺陷產品的生產者也不能指明缺陷產品的供貨者的，銷售者應當承擔侵權責任」也主要解決責任內部分配的問題，並且第 43 條第 2 款、第 3 款能夠涵蓋第 42 條的內容。由此看出，刪除第 42 條並不影響侵權責任編關於產品責任的嚴密規定。為了使表述更加清晰簡潔、上下文邏輯更加通順，民法典侵權責任編編纂過程中，刪除了侵權責任法第 42 條的規定。

> **第一千二百零四條**　因運輸者、倉儲者等第三人的過錯使產品存在缺陷，造成他人損害的，產品的生產者、銷售者賠償後，有權向第三人追償。

■ 條文主旨

本條是關於第三人過錯致使產品存在缺陷造成他人損害的侵權責任及生產者、銷售者先行賠償後追償權的規定。

■ 條文釋義

產品在運輸流通過程中，運輸者、倉儲者等應當按照有關規定和產品包裝上標明的儲藏、運輸等標準進行儲存、運輸。如果運輸者、倉儲者等不按上述規定運輸或者倉儲，有可能造成產品缺陷。對此有過錯的，行為人應當對因自己的過錯產生的損害負賠償責任，因此，因運輸者、倉儲者等第三人導致產品缺陷造成他人損害的，應當按照過錯責任原則承擔賠償責任。

現實生活中，產品從生產到使用人手中，要經過生產、儲存、運輸、銷售等許多環節，被侵權人往往不知道運輸者、倉儲者是誰，也不清楚產品缺陷究竟是誰造成的，損害發生後，找生產者或者銷售者請求賠償最簡單、方便。因為產品使用人通常清楚從何處購買的產品，即使非直接購買者，也容易找到產品生產者。為了充分保護被侵權人的利益，方便被侵權人請求賠償，根據本條的規定，即使是因運輸者、倉儲者等第三人的過錯使產品存在缺陷造成損害，被侵權人仍然可以先找產品的生產者或者銷售者請求賠償。生產者、銷售者承擔賠償責任後，可以依據本條的規定，向造成產品缺陷的有過錯的運輸者、倉儲者等第三人行使追償權，要求其支付賠償費用。本條繼承了侵權責任法第44條的規定，未作修改。

第一千二百零五條　因產品缺陷危及他人人身、財產安全的，被侵權人有權請求生產者、銷售者承擔停止侵害、排除妨礙、消除危險等侵權責任。

■ 條文主旨

本條是關於因產品缺陷危及他人人身、財產安全的侵權責任的規定。

■ 條文釋義

產品存在缺陷對他人可能產生兩種影響：一是造成他人損害，這種損害是已經發生的，是現實存在的，被侵權人有權請求生產者、銷售者承擔停止侵害、排除妨礙等侵權責任。二是對他人人身、財產安全產生一種危險，存在不安全因素。從某種角度說，這是一種尚未發生、非現實存在的損害，如果不採取相應措施，這種潛在的損害隨時都有可能發生，造成受害人的實際損害。為了避免這種潛在損害實際發生，給受害人造成真正的損害，杜絕、減少或者減輕受害人的損失，也為了便利被侵權人請求損害賠償，因產品缺陷危及他人人身、財產安全的，被侵權人有權要求生產者、銷售者承擔排除妨礙、消除危險等侵權責任。

排除妨礙、消除危險是承擔產品侵權責任的兩種方式。妨礙，是指侵權人實施的妨礙他人合法權益的行為或者造成的妨礙他人合法權益正常行使的某種有害狀況。排除妨礙，是指依據被侵權人的請求，侵權人以一定的積極行為除去妨礙，以使被侵權人正常行使合法權益的民事責任方式。被侵權人在請求排除妨礙時，應當注意以下幾個問題：第一，妨礙必須是

不法的。至於妨礙人主觀是否預見妨礙後果，均不影響被侵權人提出請求。但如果妨礙是合法的，即正當行使權利的行為，則妨礙人可以拒絕當事人的請求。第二，妨礙既可以是已經發生的，也可以是可能出現的。被侵權人不僅可以對已經發生的妨礙要求排除，對尚未發生但又確有可能發生的也有請求排除的權利。第三，妨礙是權利人行使權利的障礙，只要不法行為妨礙他人行使物權、人身權等，被侵權人均可請求排除妨礙。

侵權人的侵權行為或者其他行為構成對他人人身、財產的現實威脅，為侵權責任法規定的危險。這裏的危險是指現實威脅，即隨時可能發生的、發生概率極大的危險而不是遙不可及的危險。消除危險，是指人身或者財產受到現實威脅的當事人請求造成危險或對危險負有責任的人消除危險狀況，保障請求權人人身、財產安全的民事責任方式。適用這種責任方式，能有效地防止損害的發生，充分保護民事主體的民事權利。

需要明確的是，產品責任中，被侵權人承擔排除妨礙、消除危險侵權責任有兩個條件：一是產品存在缺陷；二是危及他人人身、財產安全。在這兩個條件同時具備的情況下，被侵權人可以要求產品生產者或者銷售者承擔包括但不限於停止侵害、排除妨礙、消除危險的侵權責任。此外，還可以依據本法總則編的規定，要求生產者或者銷售者以其他方式承擔侵權責任，如恢復原狀等。

第一千二百零六條　產品投入流通後發現存在缺陷的，生產者、銷售者應當及時採取停止銷售、警示、召回等補救措施；未及時採取補救措施或者補救措施不力造成損害擴大的，對擴大的損害也應當承擔侵權責任。

依據前款規定採取召回措施的，生產者、銷售者應當負擔被侵權人因此支出的必要費用。

■ 條文主旨

本條是關於生產者、銷售者應當採取補救措施及費用承擔的規定。

■ 條文釋義

產品投入流通時，生產者、銷售者可能因某種原因或者技術水平等未能發現產品有缺陷，在產品售出已經進入流通後才發現產品存在缺陷。在這種情形下，生產者、銷售者應當及時以合理、有效的方式向使用人發出警示，或者採取召回缺陷產品等補救措施，以防止損害的發生或者進一步擴大。對此本條規定，產品投入流通後發現存在缺陷的，生產者、銷售者應當及時採取停止銷售、警示、召回等補救措施。

停止銷售是對正在銷售的產品採取下架、封存等不再出售的措施。停止銷售可以避免侵權行為的擴大化，最大限度做到減少新產生損失。

警示是對產品有關的危險或產品的正確使用給予說明、提醒，提請使用者在使用該產品時注意已經存在的危險或者潛在可能發生的危險，避免危險的發生，防止或者減少對使用者的損害。警示的作用有兩個：一是告知使用者產品有危險，明示產品的缺陷；二是讓使用者知道在使用該產品時如何避免危險的發生，以保證人身、財產的安全。

召回是產品的生產者、銷售者依法定程序，對其生產或者銷售的缺陷產品以換貨、退貨、更換零配件等方式，及時消除或減少缺陷產品危害的行為。召回的意義在於防患於未然，就此而言，有些類似於消除危險的侵權責任方式，是生產者、銷售者將缺陷產品從流通環節中撤回，阻斷可能發生的危害，一般而言是停止銷售的下一步措施。

侵權責任法第 46 條規定，未及時採取補救措施或者補救措施不力造成損害的，應當承擔侵權責任。民法典侵權責任編編纂過程中，有的提出，因產品存在缺陷造成他人損害的，生產者應當承擔侵權責任；因銷售者的過錯使產品存在缺陷，造成他人損害的，銷售者應當承擔侵權責任，這些內容已經在本章其他條款中明確規定了。本條應當旨在解決生產者、銷售者對產品跟蹤服務的義務，要求生產者、銷售者對投入流通後的產品不能撒手不管。因此，建議將侵權責任法第 46 條「未及時採取補救措施或者補救措施不力造成損害的，應當承擔侵權責任」修改為「未及時採取補救措施或者補救措施不力造成損害擴大的，對擴大的損害也應當承擔侵權責任」。經研究，我們採納了這一建議，在 2018 年 12 月提請審議的侵權責任編草案二審稿時作了相應的修改。

此外，還有的提出，為更好地保障被侵權人的權益，建議借鑒消費者權益保護法的相關規定，明確被侵權人因相關產品被召回支出的必要費用由生產者、銷售者負擔。我們研究認為，消費者權益保護法第 19 條規定，經營者發現其提供的商品或者服務存在缺陷，有危及人身、財產安全危險的，應當立即向有關行政部門報告和告知消費者，並採取停止銷售、警示、召回、無害化處理、銷毀、停止生產或者服務等措施。採取召回措施的，經營者應當承擔消費者因商品被召回支出的必要費用。消費者權益保護法規定了召回費用承擔的內容，對維護產品生產經營秩序、救濟被侵權人具有積極意義，可以吸收到基本法裏。因此，採納了這一意見，在本條中增加了召回費用承擔的規定。

> **第一千二百零七條**　明知產品存在缺陷仍然生產、銷售，或者沒有依據前條規定採取有效補救措施，造成他人死亡或者健康嚴重損害的，被侵權人有權請求相應的懲罰性賠償。

■ **條文主旨**

本條是關於產品責任中懲罰性賠償的規定。

■ **條文釋義**

　　根據本條的規定，產品責任中適用懲罰性賠償的條件是：

　　第一，侵權人具有主觀故意。明知是缺陷產品仍然生產或者銷售，這一點在侵權責任法第 46 條中已經明確規定。民法典侵權責任編編纂過程中，有的提出，侵權責任法第 46 條要求生產者、銷售者採取補救措施。實踐中，有些企業、銷售者置他人的生命財產安全於不顧，置法律規定於不顧，主觀惡性極大，這種行為應當予以嚴懲，建議規定懲罰性賠償。我們採納了這一建議，在本條增加規定，沒有依照前條規定採取有效補救措施，造成他人死亡或者健康嚴重損害的，被侵權人有權請求相應的懲罰性賠償。

　　第二，要有損害事實。這種損害事實不是一般的損害事實，而應當是造成嚴重損害的事實，即造成他人死亡或者健康受到嚴重損害。

　　第三，要有因果關係，即被侵權人的死亡或者健康嚴重受損害是因為侵權人生產或者銷售的缺陷產品造成的，或者生產者、銷售者沒有依照前條規定採取有效補救措施。本條還規定了懲罰性賠償的適用範圍，即在被侵權人死亡或者健康受到嚴重損害的範圍內適用，除此之外的其他損害不適用懲罰性賠償，如被侵權人的財產損害。為防止濫用懲罰性賠償，避免被侵權人要求的賠償數額畸高，本條規定，被侵權人有權請求相應的懲罰性賠償。這裏的「相應」，主要指被侵權人要求的懲罰賠償金的數額應當與侵權人的惡意相當，應當與侵權人造成的損害後果相當，與對侵權人威懾相當，具體賠償數額由人民法院根據個案具體判定。

　　需要指出的是，懲罰性賠償的主要目的不在於彌補被侵權人的損害，而在於懲罰有主觀故意的侵權行為，並遏制這種侵權行為的發生。從賠償功能上講，其主要作用在於威懾，其次才是補償。雖然從個案上看，被侵權人得到了高於實際損害的賠償數額，但從侵權人角度來看，這種賠償能夠提高其注意義務，從而避免類似情況再次發生。

第五章　機動車交通事故責任

　　本章共十條，主要規定了機動車發生交通事故造成損害承擔賠償責任的原則；因租賃、借用等情形機動車所有人、管理人與使用人不是同一人時，發生交通事故後如何承擔賠償責任；以買賣等方式轉讓並交付機動車但未辦理登記，發生交通事故後如何承擔賠償責任；以掛靠形式從事道路運輸經營活動的機動車發生交通事故造成損害如何承擔賠償責任；未經允許駕駛他人機動車發生交通事故造成損害如何承擔賠償責任；機動車發生交通事故造成損害的賠償順序；以買賣或者其他方式轉讓拼裝或者已達到報廢標準的機動車，發生交通事故造成損害如何承擔責任；盜竊、搶劫或者搶奪的機動車發生交通事故造成損害的如何承擔賠償責任；強制保險責任限額範圍內墊付搶救費用的追償權；機動車駕駛人發生交通事故後逃逸的責任承擔；好意同乘情形下的責任承擔。

　　民法典侵權責任編編纂過程中，有的建議本章明確規定電動車的侵權責任類型。根據我國道路交通安全法的規定，非機動車，是指以人力或者畜力驅動，上道路行駛的交通工具，以及雖有動力裝置驅動但設計最高時速、空車質量、外形尺寸符合有關國家標準的殘疾人機動輪椅車、電動自行車等交通工具。結合《電動自行車通用技術條件》對於電動自行車以及摩托車的規定，時速 20km/h 以下且車重不大於 40kg 的判定為非機動車，而最高設計時速在 20km — 50km/h 之間且車重大於 40kg 的判定為輕便摩托車，最高設計時速大於 50km/h 的判定為摩托車。因此，判定電動車的責任，以及電動車是否屬於機動車主要取決於驅動方式、最高時速以及車重。

> **第一千二百零八條**　機動車發生交通事故造成損害的，依照道路交通安全法律和本法的有關規定承擔賠償責任。

■ 條文主旨

　　本條是關於機動車發生交通事故造成損害承擔賠償責任的原則規定。

■ 條文釋義

一、依照道路交通安全法律有關規定承擔賠償責任

　　道路交通安全法律，主要是道路交通安全法的規定。

　　1. 首先由保險公司在機動車第三者責任強制保險責任限額範圍內予以賠償。道路交通安全法第 17 條規定，國家實行機動車第三者責任強制保險制度。機動車第三者責任強制保

險是解決道路交通事故賠償問題的重要制度。機動車發生交通事故，包括機動車與機動車之間，機動車與非機動車駕駛人、行人之間，都是先由保險公司在機動車第三者責任強制保險責任限額內予以賠償，不足的部分才由機動車一方承擔賠償責任。這對及時充分地使受害人獲得賠償，分散機動車駕駛人的風險，有重要意義。

2. 在強制保險責任限額範圍內賠償後不足部分的責任承擔。

（1）機動車之間發生交通事故的賠償責任，由有過錯的一方承擔賠償責任；雙方都有過錯的，按照各自過錯的比例分擔責任。這一規定表明，機動車之間發生交通事故的，適用過錯責任原則。由於機動車之間沒有強弱之分，發生交通事故的，應當適用侵權責任的一般歸責原則，由有過錯的一方承擔賠償責任；如果雙方都有過錯的，應當按照各自過錯的比例分擔責任。

（2）機動車與非機動車駕駛人、行人之間發生交通事故的賠償責任。在歸責原則上，機動車與非機動車駕駛人、行人之間發生交通事故，主要適用過錯推定原則，同時，機動車一方還要承擔一部分無過錯責任。過錯推定源於過錯責任原則，但在適用上與一般的過錯責任原則有所不同。發生損害後，首先推定行為人有過錯，同時給予其舉證證明自己沒有過錯以及對方有過錯的機會，如果能夠證明自己沒有過錯的，可以免除責任；不能證明自己沒有過錯的，就要承擔損害賠償責任。過錯推定與一般過錯責任的最大不同就是採用了舉證責任倒置的方法。

根據道路交通安全法第 76 條第 1 款規定，機動車一方沒有過錯的，承擔不超過 10% 的賠償責任。這是機動車在沒有過錯的情況下，也要承擔一小部分的賠償責任的規定。就此部分而言，機動車承擔的是無過錯責任。

3. 機動車一方不承擔責任的情形。道路交通安全法第 76 條第 2 款規定，交通事故的損失是由非機動車駕駛人、行人故意碰撞機動車造成的，機動車一方不承擔賠償責任。這是關於機動車一方免責事由的規定。機動車與非機動車駕駛人、行人之間發生交通事故，如果交通事故的損失是因非機動車駕駛人、行人自殺、自傷、有意衝撞（「碰瓷」）等行為故意造成的，機動車一方不承擔賠償責任。

二、依照本法的有關規定承擔賠償責任

本法總則編「民事責任」規定了不可抗力、正當防衛、緊急避險等不承擔責任的情形；侵權責任編「一般規定」規定了與有過失、受害人故意、第三人侵權等減輕或者免除責任的情形。這些責任承擔的特殊情況，需要在確定機動車交通事故責任時，結合具體案件考慮和適用。因此，民法典侵權責任編增加了依照「本法」有關規定承擔賠償責任的規定。

需要說明的是，本條係沿襲侵權責任法第 48 條規定的基礎上進行了完善。本條規定的「依照道路交通安全法律」與侵權責任法該條規定的「依照道路交通安全法」係同一含義，只是民法典編纂時根據立法技術規範進行了規範性表述。

> **第一千二百零九條**　因租賃、借用等情形機動車所有人、管理人與使用人不是同一人時，發生交通事故造成損害，屬於該機動車一方責任的，由機動車使用人承擔賠償責任；機動車所有人、管理人對損害的發生有過錯的，承擔相應的賠償責任。

■ 條文主旨

本條是關於因租賃、借用等情形機動車所有人、管理人與使用人不是同一人時，發生交通事故後如何承擔賠償責任的規定。

■ 條文釋義

一、有關術語介紹

機動車租賃，是指機動車所有人將機動車在一定時間內交付承租人使用、收益，機動車所有人收取租賃費用，不提供駕駛勞務的行為。機動車管理，是指將機動車存放在某一場所，或者將機動車交付維修，機動車暫時脫離所有人佔有時，保管、佔有機動車的行為。機動車借用，是指機動車所有人將機動車在約定時間內交由借用人使用的行為。現實生活中，機動車租賃主要是出租人僅將機動車交付承租人使用，出租人收取租金，但不提供駕駛人員。例如，汽車租賃公司在一定期間內按約定的租金將機動車出租給其他單位或個人使用。

機動車發生交通事故，屬於該機動車一方責任的，當機動車所有人、管理人與使用人是同一人時，損害賠償責任由所有人承擔，這是一種常態。在現實生活中，因出租、管理、出借等情形使機動車與其所有人、管理人分離，機動車承租人或者借用人為使用人、實際控制人的形態也是常見的。這就面臨機動車發生交通事故後，是由機動車所有人、管理人還是使用人承擔賠償責任的問題。

二、對本條的理解和適用

根據本條規定，因租賃、借用等情形機動車所有人、管理人與使用人不是同一人時，發生交通事故後屬於該機動車一方責任的，如何承擔責任，需要把握以下幾點：

第一，本法刪除了侵權責任法第49條「由保險公司在機動車強制保險責任限額範圍內予以賠償」的規定。侵權責任法第六章「機動車交通事故責任」在第49條、第50條都規定了機動車強制保險責任限額範圍內先行賠償的內容。為了使條文表述簡練、避免重複，同時系統規定機動車發生交通事故造成損害的賠償順序，本法將機動車強制保險責任限額範圍內先行賠償的內容單獨寫了一條。因此，本條不再規定相關內容，但在適用上不受影響，根據本法第1213條的規定，機動車發生交通事故造成損害，屬於該機動車一方責任的，仍然先由承保機動車強制保險的保險人在強制保險責任限額範圍內予以賠償。不足部分，如果機動車一方購買了商業保險的，由承保機動車商業保險的保險人按照保險合同的約定予以賠償；仍然不足或者沒有投保機動車商業保險的，由機動車使用人賠償。這是因為，租賃、借用後，機動車所有人、管理人喪失對機動車的控制，機動車使用人直接使用、支配、管理、佔

有機動車，成為承擔責任的主體。

本條中的「使用人」不僅包括承租人、管理人、借用人，還包括機動車出質期間的質權人、維修期間的維修人、由他人保管期間的保管人等。在機動車出質、維修和由他人保管期間，機動車由質權人、維修人和保管人佔有，他們對機動車享有運行支配力，而所有人、管理人則喪失了運行支配力。質權人、維修人、保管人擅自駕駛機動車發生交通事故的，應由質權人、維修人、保管人承擔賠償責任。

第二，機動車所有人、管理人對損害的發生有過錯的，承擔相應的賠償責任。機動車所有人在將機動車出租、出借時應當對承租人、借用人進行必要的審查，比如，承租人、借用人是否有駕駛資格。同時，還應當保障機動車性能符合安全的要求，比如，車輛制動是否靈敏等。機動車管理人在保管、佔有機動車過程中，負有妥善保管、管理的義務，不得擅自使用或者許可他人使用機動車。機動車所有人、管理人沒有盡到上述應有的注意義務，便有過錯，該過錯可能成為該機動車造成他人損害的一個因素，機動車所有人、管理人應當對因自己的過錯造成的損害負相應的賠償責任。

> **第一千二百一十條　當事人之間已經以買賣或者其他方式轉讓並交付機動車但是未辦理登記，發生交通事故造成損害，屬於該機動車一方責任的，由受讓人承擔賠償責任。**

■ 條文主旨

本條是關於已經轉讓並交付但未辦理登記的機動車發生交通事故，承擔責任主體的規定。

■ 條文釋義

根據道路交通安全法第 12 條的規定，機動車所有權發生轉移的，應當辦理登記。在現實生活中，存在機動車已經通過買賣、贈與等方式轉讓，也向買受人交付了機動車，但是沒有辦理登記手續，甚至還存在連環轉讓機動車但都沒有辦理登記的情形。本條正是針對這種情況，明確規定了承擔賠償責任的主體。

第一，侵權責任法第 50 條規定了機動車強制保險責任限額範圍內先行賠償的內容。為了使條文表述簡練、避免重複，同時系統規定機動車發生交通事故造成損害的賠償順序，本法將機動車強制保險責任限額範圍內先行賠償的內容單獨寫了一條。因此，本條不再規定相關內容，但在適用上不受影響，根據本法第 1213 條的規定，機動車發生交通事故造成損害，屬於該機動車一方責任的，仍然先由承保機動車強制保險的保險人在強制保險責任限額範圍內予以賠償。不足部分，如果機動車一方購買了商業保險的，由承保機動車商業保險的保險人按照保險合同的約定予以賠償；仍然不足或者沒有投保機動車商業保險的，由機動車

使用人賠償。

第二，侵權責任法第 50 條規定的是「未辦理所有權轉移登記」。在編纂民法典的過程中，有的提出，根據本法物權編的有關規定，動產物權的設立和轉讓，自交付時發生效力，但是法律另有規定的除外。船舶、航空器和機動車等的物權的設立、變更、轉讓和消滅，未經登記，不得對抗善意第三人。這些規定表明，機動車所有權的轉移在交付時發生效力，未經登記，只是缺少公示而不產生社會公信力，在交易過程中不能對抗善意第三人。本條立法目的規範的情形，不是物權是否發生變動，事實上機動車所有權已經發生轉移。即使在附所有權保留特別約定的分期付款買賣機動車的情形下，如果機動車已交付購買人，雖然出賣人仍保留機動車所有權，但並不影響購買人取得機動車的實際支配力和使用收益。該所有權僅在購買人不依約定支付價金時才發生效力，即要求購買人返還出賣人享有所有權的機動車。因此，在發生道路交通事故後，應當由購買人承擔賠償責任，保留機動車所有權的出賣人不承擔賠償責任。本條的情形應當只是行政管理上的登記沒有變更，這種管理性登記不影響侵權責任的承擔。因此，建議將侵權責任法第 50 條「所有權轉移」刪除。經研究，我們採納了這一建議。當事人之間已經以買賣、贈與等方式轉讓並交付機動車但未辦理登記的，原機動車所有人已經不是真正的所有人，更不是機動車的佔有人，他不具有機動車的實質所有權，喪失了對機動車運行支配的能力，不具有防範事故發生的控制力。在機動車發生事故後，仍然要求其承擔賠償責任，是不合理、不公平的。賠償義務應當由買受人、受贈人等對機動車運行有實質影響力和支配力的機動車的實際所有人、佔有人來承擔。

第三，本條中的「交付」與物權編中的「交付」不應完全等同。物權理論中的擬製交付有簡易交付、指示交付和佔有改定等的區分。簡易交付可以適用本條的規則；指示交付中，第三人不將機動車交給受讓人，受讓人無法實際控制機動車；佔有改定中，出讓人仍然繼續佔有該機動車，受讓人無法實際控制機動車。但是，我國法律中並未出現實際交付、簡易交付、指示交付和佔有改定這些學理術語。因此，本條的「交付」主要是指「實際交付」。

> **第一千二百一十一條**　以掛靠形式從事道路運輸經營活動的機動車，發生交通事故造成損害，屬於該機動車一方責任的，由掛靠人和被掛靠人承擔連帶責任。

■ 條文主旨

本條是關於掛靠車輛引發交通事故時的責任主體的規定。

■ 條文釋義

機動車掛靠從事運輸經營活動，是指為了交通營運過程中的方便，將車輛登記為某個具有運輸經營權資質的經營主體名下，以該主體的名義進行運營，並由掛靠者向被掛靠主體支

付一定的費用的形式。掛靠形式從事道路運輸經營活動一般有三個特點：一是「四證統一」，即車輛行駛證、道路運輸證、駕駛證、營業性道路運輸駕駛員從業資格證上的車主、業戶、單位、服務單位都統一為被掛靠主體的名稱。二是掛靠機動車向被掛靠主體交納費用。三是具有隱蔽性，雖然掛靠雙方簽訂有關運輸經營的合同或內部協議，但發生交通事故造成損害時，被侵權人無法從外觀上區別掛靠機動車是否屬於被掛靠主體。

實踐中以掛靠方式從事道路運輸經營活動屢見不鮮。正因為這種方式涉及多個主體且具有隱蔽性，發生交通事故後極易引發糾紛，在吸收司法解釋相關規定的基礎上，本條作出了規定。一是被掛靠主體接受車輛掛靠，應當對該車輛有沒有從事運輸活動的能力進行核查和負責，從而控制風險；並且與掛靠機動車明確約定機動車發生交通事故造成損害時責任如何承擔。二是在車輛掛靠時，有可能使乘客或者託運人因信賴被掛靠主體的管理能力及責任能力，而對掛靠機動車產生信賴，對這種信賴應當保護，被掛靠主體因為被信賴而有責任。三是區分經營性掛靠與行政強制性掛靠作出不同規定，可能導致受害人舉證不能，而被掛靠人事先採取各種措施以便在訴訟中提出各項證據證明自己未收取任何費用進而達到免責的目的。

第一千二百一十二條　未經允許駕駛他人機動車，發生交通事故造成損害，屬於該機動車一方責任的，由機動車使用人承擔賠償責任；機動車所有人、管理人對損害的發生有過錯的，承擔相應的賠償責任，但是本章另有規定的除外。

■ 條文主旨

本條是關於未經允許駕駛他人機動車，發生交通事故造成損害時責任主體的確定。

■ 條文釋義

侵權責任法僅規定了盜竊、搶劫或者搶奪機動車發生交通事故造成損害時的責任規則。這些行為中，非法佔有人均以取得機動車所有權為目的。實踐中，尚存在非以取得所有權為目的而僅未經允許而駕駛他人機動車，發生交通事故導致損害的情形，例如，親朋好友有車輛的鑰匙，沒有告知機動車所有人的情況下駕車外出；機動車所有人將車輛送維修廠修理，修好後還沒有取回時，維修廠工人擅自駕駛車輛。這些行為均不是犯罪行為，主觀惡性顯然較小。發生交通事故造成損害時，屬於該機動車一方責任的，在承擔賠償責任方面應與盜搶機動車發生道路交通事故時有較大區別。

《最高人民法院關於審理道路交通事故損害賠償案件適用法律若干問題的解釋》（法釋〔2012〕19 號）第 2 條規定，未經允許駕駛他人機動車發生交通事故造成損害，當事人依照侵權責任法第 49 條的規定請求由機動車駕駛人承擔賠償責任的，人民法院應予支持。機動車所有人或者管理人有過錯的，承擔相應的賠償責任，但具有侵權責任法第 52 條規定情

形的除外。侵權責任法第 49 條即因租賃、借用等情形機動車所有人、管理人與使用人不是同一人時責任主體的確認;第 52 條即盜竊、搶劫或者搶奪的機動車發生交通事故造成損害是責任主體的確認。由此可見,最高人民法院的司法解釋已經區分了未經允許而駕駛他人機動車發生交通事故導致損害與盜竊、搶劫或者搶奪的機動車發生交通事故造成損害的責任承擔,該規定具有合理性。在吸收借鑒司法解釋的基礎上,本條全面規定了未經允許駕駛他人機動車,發生交通事故造成損害,屬於該機動車一方責任時的責任承擔問題。

理解本條需要注意:

一是未經允許駕駛他人機動車,發生交通事故造成損害,屬於該機動車一方責任的,由機動車使用人承擔賠償責任。未經允許駕駛他人車輛,車主對此不知情,因此,一般不應承擔侵權責任,由機動車使用人承擔。

二是機動車所有人、管理人對損害的發生有過錯的,承擔相應的賠償責任。此處的「對損害的發生有過錯」可理解為機動車所有人、管理人沒有履行一般人應有的謹慎注意義務。例如,機動車所有人將車停在路邊,為圖方便沒有熄火即下車買東西,車上同行人在等待時閒極無聊,坐在駕駛位上操作,導致發生交通事故。這種情形下,機動車所有人是有過錯的,應當在過錯範圍內承擔相應的責任。

三是本條規定了但書,而且是僅限於「本章」另有規定的除外。該但書僅指一種情形,即本法第 1215 條第 1 款規定的「盜竊人、搶劫人或者搶奪人與機動車使用人不是同一人,發生交通事故造成損害,屬於該機動車一方責任的,由盜竊人、搶劫人或者搶奪人與機動車使用人承擔連帶責任」。

第一千二百一十三條　機動車發生交通事故造成損害,屬於該機動車一方責任的,先由承保機動車強制保險的保險人在強制保險責任限額範圍內予以賠償;不足部分,由承保機動車商業保險的保險人按照保險合同的約定予以賠償;仍然不足或者沒有投保機動車商業保險的,由侵權人賠償。

■ 條文主旨

本條是關於機動車發生交通事故造成損害賠償順序的規定。

■ 條文釋義

實踐中,不少機動車既投保了機動車強制保險又投保了商業保險,當發生交通事故造成損害時,如何確定機動車強制保險與商業保險的賠償順序是實踐中亟須解決的一個問題。侵權責任法第 49 條、第 50 條都規定了發生交通事故後屬於該機動車一方責任的,由保險公司在機動車強制保險責任限額範圍內予以賠償。不足部分,由受讓人承擔賠償責任的內容。雖

然分散規定了機動車強制保險賠償，但並未規定機動車商業保險，也沒有規定強制保險與商業保險的賠償順序，實踐中發生糾紛較多，適用法律存在空白。對此，有的意見建議民法典進行規定。

在吸收司法解釋和行政法規規定的基礎上，本條區分三個層次作了規定：

一是先由承保機動車強制保險的保險人在強制保險責任限額範圍內予以賠償。機動車強制保險具有一定的公共政策性質，賠償的範圍比較廣、賠付較為及時，其主要目的是及時、有效地救助機動車交通事故中的受害人。

二是機動車強制保險賠償不足部分，由承保機動車商業保險的保險人根據保險合同的約定予以賠償。機動車強制保險賠償額度要與國民經濟發展水平和消費者支付能力相適應，而且其公益性決定了賠償額度不會太高，在一些較為嚴重的交通事故侵權案件中，機動車強制保險賠償無法涵蓋全部賠償額。此時，如果機動車購買了商業保險的，根據保險合同的約定予以賠償。目前，我國機動車商業保險種類繁多，賠付標準、範圍、額度有很大不同。商業保險合同往往約定了很多免責條款，列明了許多保險人不承擔賠償的情形。在被保險人無責任或者無過錯的情況下，保險人不承擔賠償責任。因此，只能根據機動車購買的保險合同的約定進行賠償。商業保險的成立基礎在於契約自由，其主要目的在於分散機動車駕駛人的事故責任風險，由投保人自願購買。因此，在賠償的時候，由強制保險先行賠付，不足的部分再由商業保險賠付，是符合法理的。

三是機動車商業保險賠償仍然不足的，由侵權人賠償。這種保險前置、侵權人託底的規定，充分體現了保險的作用和及時救濟受害人，分散機動車使用人風險的目的，符合強制保險的賠償替代性和商業保險的補充性的性質，也在最大程度上平衡了強制保險、商業保險和侵權人的責任與義務。

> **第一千二百一十四條　以買賣或者其他方式轉讓拼裝或者已經達到報廢標準的機動車，發生交通事故造成損害的，由轉讓人和受讓人承擔連帶責任。**

■ 條文主旨

本條是關於以買賣或者其他方式轉讓拼裝的或者已經達到報廢標準的機動車，發生交通事故造成損害如何承擔責任的規定。

■ 條文釋義

本條所稱「已經達到報廢標準的機動車」，包括國務院《報廢汽車回收管理辦法》中所指的兩類報廢機動車，主要是指「達到國家報廢標準，或者雖未達到國家報廢標準，但發動機或者底盤嚴重損壞，經檢驗不符合國家機動車運行安全技術條件」的機動車。

研製、生產機動車，需要有很高的技術水平。而拼裝車輛很難達到機動車應有的安全技術標準，這樣的車上路行駛，會造成很大的事故隱患。根據道路交通安全法第100條的規定，駕駛拼裝的機動車或者已經達到報廢標準的機動車上道路行駛的，公安機關交通管理部門應當予以收繳，強制報廢。對駕駛人處200元以上2000元以下罰款，並吊銷機動車駕駛證。

拼裝和已經達到報廢標準的機動車，由於其不能達到機動車上路行駛的安全標準，上路行駛後極易造成其他機動車、非機動車駕駛人和行人的損害。轉讓拼裝的或者已經達到報廢標準的機動車，本身即具有違法性，上路行駛又具有更大的危險性，因此，對以買賣、贈與等方式轉讓拼裝的或者已經達到報廢標準的機動車，由買賣、贈與等轉讓人和受讓人、贈與人和受贈人承擔連帶責任。這樣規定有利於預防並制裁轉讓、駕駛拼裝的或者已經達到報廢標準的機動車的行為，更好地保護人民群眾的生命財產安全；在受害人有損害時，也可以根據本條獲得較為充分的損害賠償。

第一千二百一十五條　盜竊、搶劫或者搶奪的機動車發生交通事故造成損害的，由盜竊人、搶劫人或者搶奪人承擔賠償責任。盜竊人、搶劫人或者搶奪人與機動車使用人不是同一人，發生交通事故造成損害，屬於該機動車一方責任的，由盜竊人、搶劫人或者搶奪人與機動車使用人承擔連帶責任。

保險人在機動車強制保險責任限額範圍內墊付搶救費用的，有權向交通事故責任人追償。

■ 條文主旨

本條是關於盜搶的機動車發生交通事故造成損害的賠償責任主體，以及墊付搶救費用後追償權的規定。

■ 條文釋義

機動車被盜竊、搶劫或者搶奪，也是所有人與機動車相分離的形態之一。駕駛被盜竊、搶劫或者搶奪的機動車，又是擅自駕駛中最極端的情形。

1. 在吸收司法解釋規定的基礎上，侵權責任法第52條規定，盜竊、搶劫或者搶奪的機動車發生交通事故造成損害的，由盜竊人、搶劫人或者搶奪人承擔賠償責任，沒有規定機動車所有人的賠償責任。這樣規定主要考慮：一是機動車被盜竊、搶劫或搶奪後，機動車所有人喪失了對機動車的運行支配力，而這種支配力的喪失是盜搶者的違法行為造成的，又是所有人不情願的，有時還是所有人不知悉、未預想到的。二是在機動車被盜的情形下，即使所有人對機動車保管上的疏忽，導致機動車丟失，這也與機動車發生交通事故沒有直接的因果

關係。因此，應當由盜搶者承擔發生交通事故後的損害賠償責任，機動車所有人不承擔賠償責任。駕駛盜搶的機動車上道路行駛，通常會給他人的生命財產安全和公共安全帶來極大的危害。由於盜搶人不是車輛的擁有者，自認為輕易可以逃脫法律的制裁，因此，常發生不遵守交通法規，任意違章，甚至漠視他人生命財產安全的情況。法律在對機動車盜搶人課以刑罰的同時，規定其民事責任，有利於保護受害人的權益，制裁此類侵權行為。

民法典侵權責任編在這方面繼承了侵權責任法的規定，並且本法第1212條對未經允許駕駛他人機動車侵權責任，其中對「機動車所有人、管理人對損害的發生有過錯的，承擔相應的賠償責任」也明確作了排除規定「本章另有規定的除外」，即是指本條規定的情形。也就是說，在未經允許駕駛他人機動車發生交通事故造成損害，屬於該機動車一方責任的，如果機動車所有人、管理人對損害的發生有過錯的，需要承擔相應的賠償責任。但是本條下的機動車所有人、管理人不承擔責任。

2. 盜竊人、搶劫人或者搶奪人與機動車使用人不是同一人，發生交通事故造成損害，屬於該機動車一方責任的，由盜竊人、搶劫人或者搶奪人與機動車使用人承擔連帶責任。這裏規定的「機動車使用人」，指的是盜竊人、搶劫人或者搶奪人將機動車出售、出租、借用、贈送，從而實際使用該機動車的人。一般而言，駕駛機動車發生交通事故屬於該機動車一方責任的，應當由機動車使用人承擔賠償責任。但是，為了懲罰盜竊人、搶劫人或者搶奪人的行為，使他們不能逃脫法律的制裁，本條規定他們需要承擔連帶賠償責任。

3. 機動車被盜搶後發生交通事故造成損害，保險人在機動車強制保險責任限額範圍內墊付搶救費用的，有權向交通事故責任人追償。一般而言，機動車發生交通事故後，應當依照本法第1213條規定的順序，首先由保險人在強制保險限額範圍內承擔賠償責任。但是，駕駛人無駕駛資格、醉酒、被盜期間肇事、故意製造交通事故等行為，嚴重漠視他人生命財產安全，屬於明顯且嚴重的過錯，對道路交通安全構成了嚴重威脅。為了預防和懲罰這類行為的發生，加強對生命健康的保護，營造良好的社會氛圍，及時救濟受害人，駕駛人無駕駛資格、醉酒、被盜期間肇事、故意製造交通事故等情形下，應當允許強制保險的保險人在承擔賠償責任後向駕駛人追償。在借鑒相關行政法規的基礎上，本條明確規定了有上述情形的，保險人可行使追償權。

第一千二百一十六條　機動車駕駛人發生交通事故後逃逸，該機動車參加強制保險的，由保險人在機動車強制保險責任限額範圍內予以賠償；機動車不明、該機動車未參加強制保險或者搶救費用超過機動車強制保險責任限額，需要支付被侵權人人身傷亡的搶救、喪葬等費用的，由道路交通事故社會救助基金墊付。道路交通事故社會救助基金墊付後，其管理機構有權向交通事故責任人追償。

■ **條文主旨**

本條是關於機動車駕駛人發生交通事故後逃逸的，對受害人的救濟、道路交通事故社會救助基金追償權的規定。

■ **條文釋義**

一、機動車駕駛人發生交通事故後逃逸情形下對受害人的救濟

機動車肇事逃逸，是指發生道路交通事故後，道路交通事故當事人為逃避法律追究，駕駛車輛或者遺棄車輛逃離道路交通事故現場的行為。

第一，機動車駕駛人發生交通事故後逃逸，該機動車參加強制保險的，由保險人在機動車強制保險責任限額範圍內予以賠償。這一規定表明，發生交通事故的機動車參加了機動車強制保險，並且發生交通事故後能夠確定機動車的，由保險公司在機動車強制保險責任限額範圍內予以賠償。

第二，機動車不明、該機動車未參加強制保險或者搶救費用超過機動車強制保險責任限額，需要支付被侵權人人身傷亡的搶救、喪葬等費用的，由道路交通事故社會救助基金墊付。

機動車不明，如機動車駕駛人駕車逃逸，一時難以查明是哪一輛機動車肇事。需要明確的是，法律規定的是機動車不明，而不是駕駛人不明。因為本條規定的前提是「機動車駕駛人發生交通事故後逃逸」，駕駛人已經不明了，此時如果交通事故現場有機動車，可以通過機動車號牌、發動機編號的信息反查機動車駕駛人、所有人或者管理人，從而確定肇事者。但是，當機動車也不明的情況下，很難確定肇事者，這才需要道路交通事故社會救助基金墊付費用。

機動車未參加強制保險，因此無法通過強制保險賠償被侵權的損失，只能由道路交通事故社會救助基金墊付費用。

搶救費用超過機動車強制責任保險責任限額的，根據道路交通安全法的規定，由道路交通事故社會救助基金先行墊付超過限額部分的費用。

二、道路交通事故社會救助基金的追償權

道路交通事故社會救助基金墊付後，其管理機構有權向交通事故責任人追償。為體現公平原則，引導機動車參加強制保險，本條規定，道路交通事故社會救助基金墊付被侵權人人

身傷亡的搶救、喪葬等費用後，其管理機構有權向逃逸的機動車駕駛人、應當購買而未購買強制責任保險的機動車所有人或者管理人等交通事故責任人追償。道路交通安全法和機動車交通事故責任強制保險條例也作了同樣的規定。

> **第一千二百一十七條　非營運機動車發生交通事故造成無償搭乘人損害，屬於該機動車一方責任的，應當減輕其賠償責任，但是機動車使用人有故意或者重大過失的除外。**

■ 條文主旨

本條是關於好意同乘情形下的責任承擔的規定。

■ 條文釋義

關於好意同乘的概念，學界主要存在三種觀點：

第一種觀點是「好意施惠行為」說，認為好意人是基於善意的願望，同意同乘人免費乘車的請求。好意同乘關係中只有兩方主體，一方是提供搭乘車輛的施惠人，另一方是接受施惠的搭乘人。並且好意同乘中的車輛必須是不具備營運資質的車輛，在經過施惠人的同意後，搭乘人才可免費搭乘，施惠人沒有盈利目的，完全出於好意，讓搭乘人純粹的收益而不需付出相應的對價。

第二種觀點是「同乘致損」說，認為好意同乘中的車輛可以是營運車輛也可以是非營運車輛，但是否構成好意同乘決定於搭乘行為本身是否具有無償性，如果是有償搭乘則不得認定好意同乘，而是屬於一般的民事客運合同。如果是搭乘人僅僅是基於答謝而饋贈禮物或者是負擔油費，仍然屬於好意同乘。

第三種觀點是「純無償搭乘」說，認為好意同乘中不能有給付行為的發生，即使是搭乘人出於謝意或者其他目的給予相應的對價，都不應被認定為好意同乘。

1. 是否適用於營運機動車。好意同乘主要是指非營運機動車的駕駛人基於親情或者友情在上下班、出遊途中無償搭載自己的親朋好友、鄰居同事的情形，生活中老百姓稱之為「搭便車」。好意同乘可以緩解交通壓力、實現資源最大化利用、節約資源等。但是，實踐中，就好意同乘引發的損害賠償問題，司法裁判結果不一，引發了較大爭議。對於好意同乘過程中造成損害的責任承擔的規定，既要保護受害者的權益，也要尊重我國助人為樂的傳統美德，保護民事主體之間的信賴關係，為解決民事糾紛設定切實可行的規則。營運性車輛搭載乘客，雙方之間形成客運合同關係，機動車使用人應當有較高的注意義務，按照客運合同的目的，將乘客安全運送至目的地。如果發生交通事故造成損害，屬於該機動車一方責任的，乘客既可以依照合同請求機動車駕駛人承擔違約責任；也可以依照侵權行為請求機動車駕駛人承擔賠償責任，不存在一般性免責或者減輕責任的需要。因此，好意同乘不適用於營運機

動車。但是，出租汽車在上班前或者下班後等非營運的時間，免費搭乘鄰居、朋友的，可以參照適用本條規定。民法典草案該條規定，「非營運機動車發生交通事故造成無償搭乘人損害」。對此有的意見提出，好意同乘與否並不體現在車輛本身，而是體現在車輛的運營狀態。2019 年 12 月民法典草案的規定不易讀出這一層意思。我們研究認為，「非營運機動車」包括「處於非營運狀態的營運機動車」這一情形。

2. 減輕責任的理由。我們研究認為：一是好意同乘既然屬於好意，如果不減輕被搭乘人的責任，有違民事活動應尊重公序良俗、社會公德的原則。二是出現交通事故後，往往駕駛人自己受傷、車輛受損，於此情況下還要求駕駛人對無償乘客盡到嚴格的注意義務，完全賠償無償乘客損失，有些苛求。這樣會導致機動車駕駛人拒絕無償搭乘，親戚、朋友、同事概不例外，造成社會的冷漠，世態炎涼。這不符合社會目的，也不符合公序良俗。為了維護社會公德，弘揚社會公平正義，為了環保，減少汽車數量，減少空氣污染，好意同乘應當是我們社會讚許並值得提倡的互助行為。實踐中被搭乘人多數是出於好心而做錯了事，如果讓做好事的人反而卻得不到好的結果，這其實與「公序良俗」原則相違背。

3. 只能減輕而不能免除機動車一方的責任。好意同乘者無償搭乘的行為並不意味着其自甘冒險，機動車使用人對好意同乘者的注意義務不因為無償而完全不存在，只是不同於無償客運合同或者無償委託合同中注意義務。好意同乘中，機動車使用人的責任適用過錯責任原則。同時，也應明確區分，好意同乘不同於網絡順風車，網絡順風車的合乘者分攤部分合乘出行成本屬於共享出行方式，是有償的、營運性的。因此，好意同乘中發生交通事故造成無償搭乘人損害，屬於該機動車一方責任的，應當減輕其賠償責任，卻不可以完全免除，在鼓勵人際友善利他與承擔法律責任方面尋求平衡。

4. 對「無償搭乘人」減輕賠償責任。本章規定的侵權責任，除了本條以外均是對機動車外人員或者財產的責任，只有本條規定，是對機動車內責任分配的規定。根據本條，減輕的是對「無償搭乘人」的賠償責任。至於對機動車外人員或者財產的賠償責任的承擔，適用本法和其他法律的一般規定。

5. 好意同乘中，如果機動車使用人有故意或者重大過失的，不減輕其對無償搭乘人的賠償責任。

第六章　醫療損害責任

　　本章共十一條，主要規定了醫療損害責任歸責原則，醫療機構說明義務和患者知情同意權，緊急情況下實施醫療措施，醫務人員過錯造成損害由醫療機構賠償，推定醫療機構有過錯的情形，因藥品、消毒產品、醫療器械的缺陷輸入不合格的血液造成患者損害的損害賠償請求權，醫療機構不承擔賠償責任的情形，醫療機構對病歷的義務及患者對病歷的權利，患者隱私和個人信息保護，醫療機構及其醫務人員不得違反診療規範實施不必要檢查，維護醫療機構及其醫務人員合法權益等內容。

　　本章採用了「醫療損害責任」的章名，這裏的「損害」指的是依照本法規定，醫療機構應當承擔侵權責任的患者損害，不包括實施正常的醫療行為無法避免的患者肌體損傷或者功能障礙。

> **第一千二百一十八條　患者在診療活動中受到損害，醫療機構或者其醫務人員有過錯的，由醫療機構承擔賠償責任。**

■ 條文主旨

　　本條是關於醫療損害責任歸責原則的規定。

■ 條文釋義

　　在侵權責任法立法過程中，對醫療損害責任採用何種歸責原則，爭議較大。疾病的發生有患者原因，疾病的治療需要患者配合，在診療糾紛中不能適用無過錯責任；一律實行過錯推定，將助長保守醫療，不利於醫學科學進步。因此，對診療活動引起的糾紛，宜適用一般過錯責任。醫療機構及其醫務人員有過錯的，醫療機構才承擔賠償責任，原則上由原告承擔過錯的舉證責任。只在特殊情況下如醫務人員有違規治療行為或者隱匿、拒絕提供與糾紛有關的醫學資料，才適用過錯推定責任原則，發生舉證責任倒置。患者和醫院之間信息不對稱問題，應當通過信息交流和信息公開等辦法解決。最終，侵權責任法對醫療損害責任採用了過錯責任歸責原則。民法典侵權責任編繼承了這一規定。

　　侵權責任法第 54 條規定，患者在診療活動中受到損害，醫療機構及其醫務人員有過錯的，由醫療機構承擔賠償責任。在民法典侵權責任編編纂過程中，有的提出，醫務人員是醫療機構的工作人員，依照本法第 1191 條第 1 款「用人單位的工作人員因執行工作任務造成他人損害的，由用人單位承擔侵權責任」的規定，醫療機構有過錯的，由醫療機構承擔賠償

責任自不待言；醫務人員有過錯的，也應當由醫療機構承擔賠償責任。因此，建議將侵權責任法第 54 條中的「及其」修改為「或者」。經研究，我們採納了這一意見。

還有一點需要說明，患者在診療活動中受到損害，除了醫療機構及其醫務人員有過錯的條件外，醫療機構或者其醫務人員的過錯還要與患者的損害具有因果關係，醫療機構才承擔賠償責任。

第一千二百一十九條　醫務人員在診療活動中應當向患者說明病情和醫療措施。需要實施手術、特殊檢查、特殊治療的，醫務人員應當及時向患者具體說明醫療風險、替代醫療方案等情況，並取得其明確同意；不能或者不宜向患者說明的，應當向患者的近親屬說明，並取得其明確同意。

醫務人員未盡到前款義務，造成患者損害的，醫療機構應當承擔賠償責任。

■ 條文主旨

本條是關於醫療機構的說明義務和患者知情同意權的規定。

■ 條文釋義

現行法律、行政法規、規章中規定了有關醫務人員告知說明義務和患者知情同意權的內容，這些規定普遍為醫療機構的診療活動所遵循，並取得了很好的實踐效果。本條借鑒、吸收了這些現有規定。本條規定在侵權責任法第 55 條的基礎上略作修改完善。侵權責任法第 55 條第 1 款規定，醫務人員在診療活動中應當向患者說明病情和醫療措施。需要實施手術、特殊檢查、特殊治療的，醫務人員應當及時向患者說明醫療風險、替代醫療方案等情況，並取得其書面同意；不宜向患者說明的，應當向患者的近親屬說明，並取得其書面同意。在民法典侵權責任編編纂過程中，有的提出：一是醫務人員「說明病情和醫療措施」應當具體、清楚，以便患者能夠作出決定。二是近年來發生一些醫患糾紛，很重要的矛盾點是醫院機構要求患者或者其近親屬簽署「書面」同意，一旦無法取得，往往不敢或者不願意開展緊急措施，從而延誤了最佳治療時機。侵權責任法等法律、法規要求的「書面」同意，主要目的應當是要求醫患雙方對病情和醫療措施嚴肅對待、謹慎決策，對各自的行為負責。如果追求「書面」形式而延誤治療，實乃捨本逐末。因此，建議將「書面」同意修改為「明確」同意。至於同意的形式，可結合診療規範、操作經驗等綜合認定。三是「不宜向患者說明」是否包括「不能向患者說明」的情形不清楚，在實踐中常常引發爭議，應當予以明確。在患者昏迷或者由於生理、精神狀態無法作出有效判斷時，屬於「不能」向患者說明的情形。因此，建議將「不宜向患者說明」修改為「不能或者不宜向患者說明」。我們研究後認為，這些建議均有道理，遂採納。

本條第 1 款規定，醫務人員在診療活動中應當向患者具體說明病情和醫療措施。這是醫務人員在診療活動中一般應盡的義務。除此以外，如果需要實施手術、特殊檢查、特殊治療的，還應當及時向患者說明醫療風險、替代醫療方案等情況，並取得其明確同意；如果向患者說明將造成患者悲觀、恐懼、心理負擔沉重，不利於治療的，就不能或者不宜向患者說明，這種情況下醫務人員應當向患者的近親屬說明，並取得其明確同意。侵權責任法第 55 條即規定了「不宜向患者說明的，應當向患者的近親屬說明」的義務。民法典編纂過程中，一直有意見提出，如果患者沒有近親屬的怎麼辦，建議將「不宜向患者說明的，應當向患者的近親屬說明」修改為「不宜向患者說明的，應當向患者的近親屬或者監護人說明」。對此應當明確，本條欲解決的問題，不是在法律邏輯上窮盡或者對應患者近親屬或者監護人，而是在於當出現「需要實施手術、特殊檢查、特殊治療的」情況時，醫務人員應當解釋和說明這些情況，使得照顧患者有關的人員有相應的準備。一般而言，照顧患者的是其近親屬。對於沒有近親屬的，例如，居委會或者民政部門作監護人的情形，如何說明、如何徵得其明確同意，往往與患者近親屬是不一樣的。

本條第 2 款規定，醫務人員未盡到前款義務，造成患者損害的，醫療機構應當承擔賠償責任。這裏需要說明一點，不是說醫務人員盡到了本條第 1 款規定的義務，在後續的診療活動中造成患者損害的，醫療機構就可以不承擔賠償責任了。本法第 1221 條規定，醫務人員在診療活動中未盡到與當時的醫療水平相應的診療義務，造成患者損害的，醫療機構應當承擔賠償責任。

> **第一千二百二十條**　因搶救生命垂危的患者等緊急情況，不能取得患者或者其近親屬意見的，經醫療機構負責人或者授權的負責人批准，可以立即實施相應的醫療措施。

■ 條文主旨

本條是關於緊急情況下實施醫療措施的規定。

■ 條文釋義

本法前一條規定了醫療機構的說明義務和患者的知情同意權，本條是針對搶救危急患者等緊急情況所作的特殊規定。《醫療機構管理條例》第 33 條規定，醫療機構施行手術、特殊檢查或者特殊治療時，必須徵得患者同意，並應當取得其家屬或者關係人同意並簽字；無法取得患者意見時，應當取得家屬或者關係人同意並簽字；無法取得患者意見又無家屬或者關係人在場，或者遇到其他特殊情況時，經治醫師應當提出醫療處置方案，在取得醫療機構負責人或者被授權負責人員的批准後實施。本法與《醫療機構管理條例》的規定在本質上是一致的。

本條規定的「不能取得患者或者其近親屬意見」，主要是指患者不能表達意志，也無近親屬陪伴，又聯繫不到近親屬的情況。因此，不包括患者或者其近親屬明確表示拒絕採取醫療措施的情況。對患者或者其近親屬明確表示拒絕採取醫療措施的，如何處理，能否開展緊急醫療救治，侵權責任法立法過程中就有過爭論，分歧較大。

在民法典侵權責任編編纂過程中，有的提出，對實踐中近親屬的意見明顯不利於患者時，醫療機構是否有權採取相應醫療措施，法律沒有規定。為了避免產生爭議，建議在本條「不能取得患者或者其近親屬意見的」後增加規定「或者近親屬的意見明顯不利於患者的」的表述。我們經過反覆慎重研究後認為，在搶救生命垂危的患者等緊急情況下，「不能取得患者或者其近親屬意見的」情況是多種多樣，比較複雜的。有的情況是近親屬的決策對患者不利；有的情況是患者病重，家庭負擔較重，患者或者其近親屬不願意繼續治療；還有的情況是，在患者意識清醒時曾經立下遺囑或者對近親屬明確表示，生命臨終要有尊嚴，不想遭受各種治療上的痛苦；此外，肯定還有其他一些情形。因此，如果一概規定醫療機構可以實施強行治療，不但違反了意思自治原則，同時對患者及其家庭也不一定有益。故此，本法沒有採納這一建議。

第一千二百二十一條　醫務人員在診療活動中未盡到與當時的醫療水平相應的診療義務，造成患者損害的，醫療機構應當承擔賠償責任。

■ 條文主旨

本條是關於醫務人員過錯造成損害由醫療機構賠償的規定。

■ 條文釋義

本法第 1219 條規定，患者在診療活動中受到損害，醫療機構或者其醫務人員有過錯的，由醫療機構承擔賠償責任。民法上的過錯包括故意和過失，故意容易理解，如何界定過失是本條的主要着眼點。「盡到與當時的醫療水平相應的診療義務」體現了侵權責任法上的重要概念，即注意義務。

在我國侵權責任法律中，依照本條規定，醫務人員的注意義務就是應當盡到與當時的醫療水平相應的診療義務。盡到診療義務的一個重要方面，是診療行為符合法律、行政法規、規章以及診療規範的有關要求。需要說明的是，醫務人員的注意義務並非與診療行為合法合規完全等同，這是兩個概念。醫務人員應當具有的診療水平，並非完全能夠被法律、行政法規、規章以及診療規範的有關要求所涵蓋。醫務人員完全遵守了具體的操作規程，仍然有可能作出事後證明是錯誤的判斷。醫療行為具有未知性、特異性和專業性等特點，不能僅憑事後證明錯誤這一點來認定醫務人員存在診療過錯，不能唯結果論；關鍵要看是不是其他的醫

務人員一般都不會犯這種錯誤。因此，本條規定的診療義務可以理解為一般情況下醫務人員可以盡到的，通過謹慎的作為或者不作為避免患者受到損害的義務。

民法典侵權責任編編纂過程中，對本條的意見主要集中在，建議將「當時的醫療水平」修改為「當時、當地、不同資質的醫療水平」。類似的建議在侵權責任法立法時曾經討論過。侵權責任法立法時，草案曾經規定，「判斷醫務人員注意義務時，應當適當考慮地區、醫療機構資質、醫務人員資質等因素」。後來考慮到診療行為的實際情況很複雜，刪去了這一規定。我們認為，社會公眾對本條的立法目的可能存在一定的誤讀。誠然，我國幅員遼闊、各地區之間的醫療資源分佈不平均，各地區之間的醫療水平存在差異，這一點應當承認。本條的立法目的，在於醫務人員造成患者損害發生醫患糾紛時，具體地認定侵權責任的問題。換言之，承擔侵權責任需要滿足四個要件：醫務人員實施了未盡到診療義務的行為，醫務人員有過錯，患者有損害，行為與損害之間有因果關係，本條就是解決醫務人員過錯的。理解了這一點，就能理解本條的條旨：醫務人員的診療行為有行政法規、規章和醫療行業的操作規程，這些應當普遍遵守，全國皆準。診療行為是否有過錯，不因醫療機構處在何地、醫療機構資質如何而不同。同樣的手術，不能在北京這樣操作就沒有過錯，在西藏操作就有過錯；不能在三級醫院操作就沒有過錯，在二級醫院操作就有過錯。因此，在探究醫務人員是否盡到診療義務時，不宜考慮地區、醫療機構資質的差異。同時，因為醫療糾紛解決的時間可能較長，特別是進入訴訟之後，歷經一審、二審乃至再審，可能需要數年的時間。數年間診療水平肯定發生了進步，判斷是否盡到診療義務，應當以診療行為發生時的診療水平為參照才公平合理。

醫務人員有過錯造成患者損害的，由醫療機構應當承擔賠償責任，這與本法第 1219 條的規定是一致的。

> **第一千二百二十二條** 患者在診療活動中受到損害，有下列情形之一的，推定醫療機構有過錯：
> （一）違反法律、行政法規、規章以及其他有關診療規範的規定；
> （二）隱匿或者拒絕提供與糾紛有關的病歷資料；
> （三）遺失、偽造、篡改或者違法銷毀病歷資料。

■ 條文主旨

本條是關於推定醫療機構有過錯的情形的規定。

■ 條文釋義

本法第 1218 條規定，患者在診療活動中受到損害，醫療機構或者其醫務人員有過錯

的，由醫療機構承擔賠償責任。這表明醫療損害一般適用過錯責任歸責原則。本條即規定了例外情形：在本條規定情況下，推定醫療機構有過錯。

本條與侵權責任法相比，有三處變化：

一是侵權責任法第 58 條規定的是「患者有損害，因下列情形之一的，推定醫療機構有過錯」。考慮到侵權責任法第 54 條和本法第 1218 條均規定「患者在診療活動中受到損害」，為了明確本條的適用情形，經研究將侵權責任法第 58 條的相關表述修改為「患者在診療活動中受到損害」，以使得條文之間避免矛盾、銜接緊密。

二是侵權責任法第 58 條規定的是「因」下列情形之一的 …… 本法編纂過程中，有的提出，不是「因」本條列舉的三種情形，推定醫療機構有過錯，應當是醫療機構「有」這三種情形之一的，推定其有過錯。經研究，我們採納這一建議，將「因」修改為「有」。

三是侵權責任法第 58 條第 3 項規定了「偽造、篡改或者銷毀」病歷資料三種行為。《醫療機構病歷管理規定》第 29 條規定：門（急）診病歷由醫療機構保管的，保存時間自患者最後一次就診之日起不少於 15 年；住院病歷保存時間自患者最後一次住院出院之日起不少於 30 年。也就是說，病例的保管有明確的時間要求。實踐中醫療機構不按照規定保管病例，或者謊稱病例已經遺失而拒不提供的，應當推定為醫療機構有過錯。因此，本條第 3 款將「銷毀病歷資料」修改為「違法銷毀病例資料」，並增加了「遺失」的情形。

本條規定，患者在診療活動中受到損害，有下列情形之一的，推定醫療機構有過錯，並非當然認定醫療機構有過錯。也就是說，醫療機構可以提出反證證明自己沒有過錯。本條第 1 項規定的違反法律、行政法規、規章以及其他有關診療規範的規定，是醫療機構存在過錯的表面證據，並且是一種很強的表面證據，因此，本條規定這種情形下推定存在過錯。但醫務人員有過錯與違反法律、行政法規、規章以及診療規範的規定畢竟不是等同的概念。例如，遇有搶救危急患者等特殊情況，醫務人員可能採取不太合規範的行為，但如果證明在當時情況下該行為是合理的，也達到了搶救的目的，就可以認定醫療機構沒有過錯。

本條第 2 項和第 3 項規定的情形：一方面反映了醫療機構的惡意；另一方面使患者難以取得與醫療糾紛有關的證據資料，這時再讓患者舉證已不合理。因此，推定醫療機構有過錯。

第一千二百二十三條　因藥品、消毒產品、醫療器械的缺陷，或者輸入不合格的血液造成患者損害的，患者可以向藥品上市許可持有人、生產者、血液提供機構請求賠償，也可以向醫療機構請求賠償。患者向醫療機構請求賠償的，醫療機構賠償後，有權向負有責任的藥品上市許可持有人、生產者、血液提供機構追償。

■ 條文主旨

本條是關於因藥品、消毒產品、醫療器械的缺陷輸入不合格的血液造成患者損害的損害

賠償請求權的規定。

■ 條文釋義

對藥品、消毒產品、醫療器械等概念，法律法規中均有定義。2019 年修訂的藥品管理法規定了藥品上市許可持有人制度。對藥品上市許可持有人的責任，藥品管理法第 144 條作了規定。因此，本法為了與藥品管理法的最新規定相銜接，在侵權責任法的基礎上增加了藥品上市許可持有人責任的規定。

藥品、消毒產品、醫療器械、輸入的血液都屬於本法規定的產品。因產品存在缺陷造成損害的，可以依照「產品責任」一章的規定確定請求賠償的主體。之所以規定醫療機構，係侵權責任法立法過程中了解到，許多患者因藥品、消毒產品、醫療器械的缺陷，或者輸入不合格的血液受到損害後，都有被相互推諉，求償困難的經歷。當時由於法律缺乏明確的規定，患者在這方面尋求司法保護的效果也不理想。侵權責任法考慮到當時的醫療管理體系情況，患者使用藥品、消毒產品、醫療器械或者輸入的血液絕大多數都是在醫院進行的。對輸入不合格的血液，醫療機構因過錯致使患者受到輸血損害的，應當承擔侵權責任；無過錯輸血造成患者損害的，因醫療機構與其他銷售者相比，更具專業性，對於血液和血液製品，醫療機構都應負有最終的把關責任，這種責任關係着患者的生死存亡，作為專業機構和專業人員，醫院和醫生有能力與責任對血液和血液製品進行鑒別，而患者比一般消費者而言，在專業性方面更處於劣勢，醫療機構的責任不應當比一般銷售者的責任更低。因此，也應當承擔賠償責任。所以，為了更好地維護患者的權益，便利患者受到損害後主張權利，侵權責任法第 59 條明確規定「患者可以向生產者或者血液提供機構請求賠償，也可以向醫療機構請求賠償」。同時規定，如果患者向醫療機構請求賠償，醫療機構賠償後，有權向負有責任的生產者或者血液提供機構追償。本法繼承了侵權責任法的規定，結合藥品管理法對藥品上市許可持有人的規定，作了必要的補充完善。

本法編纂過程中，有的提出，隨着我國醫藥衛生體制改革，醫療機構僅是醫療用品的使用單位，而不應視為經營者。建議在「生產者」後增加「經營者」。有的建議將「患者可以向藥品上市許可持有人、生產者、血液提供機構請求賠償，也可以向醫療機構請求賠償」修改為「患者可以向藥品上市許可持有人、生產者、血液提供機構、醫療機構請求共同賠償」，即列為共同被告，理由是實踐中醫療機構承擔的賠償費用太高，追償時有的生產者、經營者已經破產，只能自己承擔相關費用。經反覆研究後我們認為，一是本條是產品責任在醫療損害責任領域的細化與強調，是為在患者遭受損失時給予明確的、直接的法律指引。醫療機構使用了缺陷醫療產品或者不合格血液製品，患者面對的是醫療機構，產品上寫明的是生產者，並不能知道誰是經營者。因此，本條並沒有規定經營者。當然，對經營者並不是不能追責。依照本法第 1203 條的規定，缺陷醫療產品或者不合格血液製品也屬於產品，當然可以依據這一條的規定追究經營者的責任。二是本條的法理基礎是給予患者兩種選擇權，是給患者多一條救濟的渠道；同時也賦予醫療機構的追償權，向真正的責任人進行追償。

> 第一千二百二十四條　患者在診療活動中受到損害，有下列情形之一的，醫療機構不承擔賠償責任：
>
> （一）患者或者其近親屬不配合醫療機構進行符合診療規範的診療；
>
> （二）醫務人員在搶救生命垂危的患者等緊急情況下已經盡到合理診療義務；
>
> （三）限於當時的醫療水平難以診療。
>
> 前款第一項情形中，醫療機構或者其醫務人員也有過錯的，應當承擔相應的賠償責任。

■ 條文主旨

本條是關於醫療機構不承擔賠償責任的情形的規定。

■ 條文釋義

本條與侵權責任法相比，有三處變化：

一是侵權責任法第 60 條規定的帽子是「患者有損害，因下列情形之一的，醫療機構不承擔賠償責任」。考慮到侵權責任法第 54 條和本法第 1218 條、第 1222 條均規定「患者在診療活動中受到損害」，為了明確本條的適用情形，經研究將侵權責任法第 60 條的帽子的相關表述修改為「患者在診療活動中受到損害」，以使得條文之間避免矛盾、銜接緊密。

二是侵權責任法第 58 條規定的是「因」下列情形之一的 …… 本法編纂過程中，有的提出，不是「因」本條列舉的三種情形，醫療機構才不承擔賠償責任；應當是醫療機構「有」這三種情形之一的，不承擔賠償責任。經研究，我們採納這一建議，將「因」修改為「有」。

三是與本法第 1218 條的表述保持一致，將「醫療機構及其醫務人員」修改為「醫療機構或者其醫務人員」。

侵權責任編第一章規定了一般情況下免責和減責情形的情形。例如，本法第 1174 條規定，損害是因受害人故意造成的，行為人不承擔責任。本法第 1175 條規定，損害是因第三人造成的，第三人應當承擔侵權責任。這些規定對於醫療損害責任也是適用的。除了上述規定，鑒於醫療損害責任的特殊性，本條規定了三種醫療機構不承擔責任的情形。

1. 患者或者其近親屬不配合醫療機構進行符合診療規範的診療因患者一方不配合醫療機構進行符合診療規範的診療而導致患者損害的，是否可以完全免除醫療機構的賠償責任，不能一概而論。醫療損害責任的歸責原則是過錯責任，醫務人員是否合理地履行了說明義務及相應的診療義務，這是醫療機構最終是否承擔責任的基礎。因此，儘管有患者或者其近親屬不配合醫療機構進行符合診療規範的診療行為，如果醫療機構或者其醫務人員也有過錯的，醫療機構仍應對患者的損害承擔相應的責任；反之，若醫務人員已經盡到相應義務，患者的損害是因患者或者其近親屬不配合的行為所致，則醫療機構對此不應當承擔賠償責任。

2. 醫務人員在搶救生命垂危的患者等緊急情況下已經盡到合理診療義務。一是搶救生命

垂危的患者等緊急情況。對患者的緊急救治是醫療機構及其醫務人員的職責之一。緊急性可以概括為兩類：一是時間上的緊急性，它是指醫師的診療時間非常短暫，在技術上不可能作出十分全面的考慮及安排；二是事項上的緊急性，它是指採取何種治療措施直接關係到患者的生死存亡需要醫師作出緊急性的決斷。判斷是否構成緊急情況，除了依據法律、法規和規章的規定外，還需要考慮患者的生命健康受到傷病急劇惡化的威脅，患者生命受到的威脅是正在發生和實際存在的，不立即採取緊急救治措施必然導致患者死亡的後果。

　　在理解本條第 2 項的內容時，必須同《醫療事故處理條例》的規定區別開來。《醫療事故處理條例》第 33 條第 1 項解決是否構成醫療事故的問題；本項解決是否承擔賠償責任的問題。

　　3. 限於當時的醫療水平難以診療的。醫療行為具有高技術性、高風險性、複雜性以及不可控因素，還有很多未知領域需要探索。有時，醫療結果具有不確定性和不可預見性。因此，法律對醫務人員採取的診療行為是否存在過錯的判斷，只能基於當時的醫學科學本身的發展，即是否盡到與當時的醫療水平相應的診療義務，盡到該項義務的，就視為醫療機構及其醫務人員沒有過錯，對於患者的損害不承擔賠償責任。

　　需要特別說明的問題：一是醫療機構及其醫務人員對患者進行診療，並不負有保證治癒的義務。二是本條規定的幾項免責事由，並不是單純向醫方利益傾斜的表現，而是考慮到廣大患者利益以及整個醫療行業健康發展的需要而在法律制度上所作的平衡。對醫療機構的責任，如果法律規定得過於嚴格，可能會導致醫務人員在診療活動中大量採取保守性甚至防禦性治療措施，對於存在風險的治療方案畏首畏尾，最終犧牲的還是廣大患者的利益。法律在制度上為醫務人員在醫學科學技術的探索和創新上提供保障，也是最終為廣大患者利益服務的需要。

第一千二百二十五條　醫療機構及其醫務人員應當按照規定填寫並妥善保管住院誌、醫囑單、檢驗報告、手術及麻醉記錄、病理資料、護理記錄等病歷資料。

　　患者要求查閱、複製前款規定的病歷資料的，醫療機構應當及時提供。

■ 條文主旨

　　本條是關於醫療機構對病歷的義務及患者對病歷的權利的規定。

■ 條文釋義

　　病歷資料在發生醫患糾紛時是醫療侵權訴訟中極為關鍵的證據，必須在合理的限度內賦予患者查閱和複製這類資料的權利，以平衡雙方在舉證責任能力上的懸殊，侵權責任法第 61 條對此作了規定。

在民法典侵權責任編編纂過程中，有的提出，實踐中有些醫療機構以種種藉口拖延向患者提供病例資料的時間：一是激化了醫患雙方的矛盾；二是導致患者提供證據不能，建議對醫院向患者提供病歷資料作時限方面的要求。我們研究認為，強調醫療機構履行提供病例資料義務的時限是必要的，但是究竟規定定多長時間合適，還要考慮病例資料數量的多少、形成時間、病情等情況，以及相關診療規範、不同醫療機構習慣做法的差別。因此，民法典中較難作統一規定，可原則性提出要求和上位法依據，由有關行政法規規章、診療規範詳細規定。因此，本條將侵權責任法第 61 條第 2 款「醫療機構應當提供」的規定修改為「醫療機構應當及時提供」。

一、「病歷資料」的含義和範圍

《醫療機構病歷管理規定》第 19 條作了規定。這一版本的《醫療機構病歷管理規定》將「醫療費用」從病歷資料中刪除，因此，本條在侵權責任法的基礎上相應刪除了「醫療費用」。

二、患者查閱、複製權利的保障和行使

1. 查閱、複製權利的保障。對於診療活動中產生的病歷資料，必須在公平、合理的限度內保障患者一方的查閱和複製權利。《醫療糾紛預防和處理條例》第 16 條第 2 款規定作了詳細規定。

2. 查閱、複製權利的行使主體。患者本人當然是行使這一權利的主體。除患者本人外，《醫療糾紛預防和處理條例》第 16 條第 3 款、第 17 條規定了可以查閱、複製的其他主體。

3. 醫療機構向患者提供查閱、複製病歷資料的範圍。《醫療機構病歷管理規定》作了明確和具體的規定，

4. 拒絕提供相關病歷資料的法律後果。在民事責任上，依照本法第 1222 條第 2 項的規定，患者在診療活動中受到損害，醫療機構隱匿或者拒絕提供與糾紛有關的病歷資料的，推定醫療機構有過錯。在推定過錯的情況下，如果醫療機構沒有相反證明，則「推定」的過錯將被「認定」為過錯，醫療機構將承擔不利的法律後果。

第一千二百二十六條　醫療機構及其醫務人員應當對患者的隱私和個人信息保密。洩露患者的隱私和個人信息，或者未經患者同意公開其病歷資料的，應當承擔侵權責任。

■ 條文主旨

本條是關於患者隱私和個人信息保護的規定。

■ 條文釋義

本法總則編第五章民事權利規定了隱私權和個人信息，人格權編第六章詳細規定了隱私

權和個人信息的保護的內容。基於醫患關係的特殊性以及醫患糾紛中的現實矛盾，本條醫療領域的隱私和個人信息保護作了專門規定。

正確理解本條的規定，需要從以下幾個問題把握：

一、醫療機構及其醫務人員侵害患者隱私和個人信息的表現形式

醫務人員在其執業活動中極易掌握患者的隱私和個人信息。醫療機構及其醫務人員侵犯患者隱私權和個人信息的情況可大體分為兩種：一是洩露患者的隱私和個人信息；二是未經患者同意公開其醫學文書及有關資料。

二、關於承擔侵權責任的條件

侵權責任法第 62 條規定，無論是洩露患者隱私和個人信息，還是未經患者同意公開醫學文書及有關資料，只有在造成患者損害的情況下，醫療機構才承擔侵權責任。在民法典侵權責任編編纂過程中，有的提出，醫療機構及其醫務人員洩露患者的隱私和個人信息，或者未經患者同意公開其病歷資料是一種較為嚴重的侵權行為，有可能對患者的生活、工作和學習造成重大影響。為遏制這種行為，加強對診療活動中自然人隱私和個人信息的保護，法律應當明確規定，無論該行為對患者是否造成損害，醫療機構及其醫務人員都應當承擔侵權責任。經研究，我們採納了該意見，刪去侵權責任法第 62 條的「造成患者損害」才承擔侵權責任的規定。

> **第一千二百二十七條　醫療機構及其醫務人員不得違反診療規範實施不必要的檢查。**

■ 條文主旨

本條是關於醫療機構及其醫務人員不得違反診療規範實施不必要檢查的規定。

■ 條文釋義

本條所針對的「不必要的檢查行為」是社會上比較關注的「過度檢查」問題。侵權責任法起草過程中，曾經使用了「過度檢查」的表述。但是，有意見認為，「過度檢查」非法律用語，並且何為「過度檢查」，含義不明確，難以判斷，建議刪除。但也有意見認為，「過度檢查」的現象當前確實存在，不僅給患者造成不必要的經濟負擔，有的過度檢查甚至對患者身體帶來不良影響。因此，為了維護患者的合法權益，對該問題作出禁止性規範是必要的。還有意見認為，不僅應當對「過度檢查」作出禁止性規範，還應當規定其法律後果，如醫療機構應當退回不必要診療的費用，造成患者損害的，還應當承擔賠償責任。也有不同意見認為，在何為「過度檢查」不明確的情況下，退費問題難以操作，同時，建議以「不必要的檢查」代替「過度檢查」的表述，並進一步明確「不必要的檢查」的判斷標準。在對各方意見進行綜合考量的基礎上，侵權責任法第 63 條規定，醫療機構及其醫務人員不得違反診療規

範實施不必要的檢查。民法典侵權責任編繼承了侵權責任法的規定，判斷「檢查」是否為「不必要」，標準是是否符合診療規範即診療需求。

過度檢查一般是指由醫療機構提供的超出患者個體和社會保健實踐需求的醫療檢查服務，醫學倫理學界把它稱為「過度檢查」。過度檢查具有以下特徵：（1）為診療疾病所採取的檢查手段超出疾病診療的基本需求，不符合疾病的規律與特點。（2）採用非「金標準」的診療手段，所謂「金標準」，是指當前臨床醫學界公認的診斷疾病的最可靠方法。較為常用的「金標準」有活檢、手術發現、微生物培養、特殊檢查和影像診斷，以及長期隨訪的結果等。（3）費用超出與疾病對基本診療需求無關的過度消費。有的意見提出，近年來，公立醫院公益性質淡化，有過分追求經濟利益傾向。由於政府投入不足，不少公立醫院運行主要靠向患者收費，出現過分依賴市場的導向。有人錯誤地認為醫療改革就是賺錢，把醫療引入商業化道路。與醫院服務相關的藥品和醫療器材生產流通秩序混亂，價格虛高，這些都成為誘發過度檢查問題的社會因素。對於患者來說，過度檢查導致醫療費用激增。過度檢查不僅給患者造成過重經濟負擔，對其身體也帶來不必要的風險和損害。

> **第一千二百二十八條　醫療機構及其醫務人員的合法權益受法律保護。**
>
> **干擾醫療秩序，妨礙醫務人員工作、生活，侵害醫務人員合法權益的，應當依法承擔法律責任。**

■ 條文主旨

本條是關於維護醫療機構及其醫務人員合法權益的規定。

■ 條文釋義

當前醫患矛盾屬於社會關注的焦點問題之一，近年來醫療糾紛明顯增多。當前醫患雙方的極度不信任導致醫患關係的緊張，這種緊張狀態又促使醫療糾紛不斷升級。法律介入醫療活動的目的是實現醫患雙方權利的平衡和利益的協調，並非去解釋或者解決本屬於醫學理論和醫療科學方面的問題。因此，在法律制度設計上，既要考慮患者作為醫療活動中弱勢一方的利益保護，也應兼顧到醫學行業本身的特點，如醫學科學的局限性、醫療行業的高風險性。法律不僅僅為遭受醫療過錯損害的患者提供保護，同樣，對於醫療機構及其醫務人員的合法權益，法律也要保護，醫療行業的健康、有序發展是整個社會公益的需要。因此，本法對醫療機構及其醫務人員的合法權益的保護作了規範。立法過程中，不斷有意見提出，本條規定屬於行政法上的內容，與侵權責任法無關，建議本法不作規定。但是，也有意見認為，考慮到當前醫患矛盾較為突出的現狀，尤其是「醫鬧」「傷醫」事件屢有發生，已經嚴重干擾了正常的醫療秩序，對醫務人員的生命財產安全、工作和生活安寧造成很大影響。在這種

情況下，民法典不僅要對正在發生的權利義務關係作出調整和平衡，還應對將來可能發生的衝突作出法律上的指引，這也符合侵權責任法「預防和制裁侵權行為」的立法目的。

　　本條在侵權責任法第 64 條的基礎上，將「干擾醫療秩序，妨礙醫務人員工作、生活，侵害醫務人員合法權益的，應當依法承擔法律責任」單作一款進行規定，以突出民法對醫務人員人身財產安全的保護和重視。需要說明的是，干擾醫療秩序，妨礙醫務人員工作、生活，侵害醫務人員合法權益的，除了承擔民事賠償責任，還涉及行政責任和刑事責任。2015 年，刑法修正案（九）已正式將「醫鬧」入刑；2016 年，原國家衛生計生委、中央綜治辦、公安部和司法部印發了《關於進一步做好維護醫療秩序工作的通知》；2019 年年底，基本醫療衛生與健康促進法經全國人大常委會表決通過。暴力傷醫是文明之恥，社會之傷，法律法規不斷為醫生撐起保護傘，但問題的關鍵在於：一是要採取必要措施防患於未然，例如，加強醫生工作環境的安全防範系統建設，加強醫院及周邊巡邏防控，健全警醫聯動機制。二是要有法必依、執法必嚴，對各類傷醫、鬧醫等行為依法果斷處置，嚴厲打擊傷害醫務人員的違法犯罪行為。

第七章　環境污染和生態破壞責任

　　本章專章規定了環境污染和生態破壞責任。此次制定侵權責任編過程中，對本章進行了修改、補充和完善。本章共七條，主要包括兩個方面內容：一是私益損害，行為人因污染環境、破壞生態造成他人合法權益損害的，應當承擔侵權責任。二是生態環境損害，行為人違反國家規定造成生態環境損害的，應當依法承擔修復責任。

> **第一千二百二十九條　因污染環境、破壞生態造成他人損害的，侵權人應當承擔侵權責任。**

■ 條文主旨

　　本條是關於環境污染和生態破壞侵權責任的一般規定。

■ 條文釋義

　　當前，我國面臨環境污染嚴重、生態系統退化的嚴峻形勢，對此，人民群眾反映強烈，黨中央高度關注。黨的十八大以來，以習近平同志為核心的黨中央高度重視生態文明建設，把生態文明建設作為統籌推進「五位一體」總體佈局和協調推進「四個全面」戰略佈局的重要內容，加快推進生態文明頂層設計和制度體系建設，十八屆三中、四中全會和十九大、十九屆四中全會通過的決定，均強調「用嚴格的法律制度保護生態環境」，相繼出台《關於加快推進生態文明建設的意見》《生態文明體制改革總體方案》，制定了 40 多項涉及生態文明建設的改革方案，從總體目標、基本理念、主要原則、重點任務、制度保障等方面對生態文明建設進行全面系統部署安排。

　　2009 年通過的侵權責任法第 65 條規定：「因污染環境造成損害的，污染者應當承擔侵權責任。」在侵權責任編草案徵求意見過程中，一些單位和學者建議增加破壞生態侵權責任的內容。對此曾有不同意見，一種意見認為，侵權責任法第 65 條中的「環境」是廣義上的環境，既包含狹義上的生活環境，也包括生態環境，沒有必要作出修改。另一種意見認為，2013 年黨的十八屆三中全會通過的《中共中央關於全面深化改革若干重大問題的決定》提出「完善環境治理和生態修復制度」，2014 年修訂的環境保護法第 64 條規定：「因污染環境和破壞生態造成損害的，應當依照《中華人民共和國侵權責任法》的有關規定承擔侵權責任。」2017 年年底中央正式發佈《生態環境損害賠償制度改革方案》也作同樣的表述。這幾個文件都將「環境」與「生態」兩個詞並列使用，為保持法律規定以及與中央文件表述的

一致性，作出修改為宜。經反覆研究討論，採納後一種意見，將原「污染環境」修改為「污染環境、破壞生態」。「污染環境」指對生活環境的污染，「破壞生態」指對生態環境的破壞。既包括對大氣、水體、海洋、土地等生活環境的污染，也包括對生物多樣性的破壞、破壞生態環境和自然資源造成水土流失等生態環境的破壞；既包括水污染、大氣污染、噪聲污染等傳統的污染，也包括光污染、輻射污染等新型污染。總而言之，侵權人因污染環境、破壞生態造成他人損害的，應當承擔侵權責任。

根據本條規定，環境侵權責任繼續作為一種特殊類型侵權責任，適用無過錯責任歸責原則。根據無過錯責任原則，在受害人有損害、污染者的行為與損害有因果關係的情形下，不考慮侵權人是否存在過錯，都應當對其污染行為造成的損害承擔侵權責任。在起草侵權責任編過程中，對這一問題基本沒有爭議，學術界和實務界等各方面意見基本一致。主要考慮到，在環境侵權中，造成損害的污染物主要來源於現代工業生產排放的廢水、廢氣、固體廢物等污染物，受害人並不具有專業知識，很難證明加害人具有過錯，只有實行無過錯責任原則，才能有效保護受害人的合法權益。需要注意的是，本條主要規範因工業生產或者其他人為活動造成環境污染、生態破壞而對他人的人身、財產造成損害的行為，相鄰關係人之間的生活污染行為不包括在內，相鄰關係人的環境污染發生在相鄰不動產所有人或者佔有人之間，由物權法調整，造成損失主張賠償的，適用侵權責任一般過錯原則。

對企業排污符合規定的標準但造成損害的情況是否應當承擔侵權責任的問題，在 2009 年制定侵權責任法時有不同意見，這次編纂民法典過程中也有意見提出這個問題。有的認為，企業排污符合規定的標準時應減輕或者免除企業的侵權責任，如果符合規定的標準也應承擔侵權責任，會削弱企業的環保意識，加重企業的負擔，就有經營困難甚至破產的可能，如果符合排放標準仍造成損害，應由國家出台更高的標準，否則應由國家承擔相應的責任。有的意見認為，即使排污符合規定的標準，造成損害也應當承擔侵權責任。環境侵權責任採用無過錯責任原則，侵權人承擔責任的理由在於其從事的活動所具有的危險性，並不要求污染行為本身具有違法性；國家或者地方規定的污染物排放標準，是環境保護主管部門決定排污單位是否需要繳納排污費和進行環境管理的依據，並不是確定排污者是否承擔賠償責任的界限；即使排污符合標準，給他人造成損害的，也應當根據有損害就要賠償的原則，承擔侵權責任。2015 年《最高人民法院關於審理環境侵權責任糾紛案件適用法律若干問題的解釋》也堅持這一立場，其中第 1 條規定，污染者以排污符合國家或者地方污染物排放標準為由主張不承擔責任的，人民法院不予支持。從侵權責任法到侵權責任編，對這一問題的看法是一致的。

> **第一千二百三十條**　因污染環境、破壞生態發生糾紛，行為人應當就法律規定的不承擔責任或者減輕責任的情形及其行為與損害之間不存在因果關係承擔舉證責任。

■ 條文主旨

本條是關於環境污染和生態破壞侵權舉證責任的規定。

■ 條文釋義

我國對環境侵權實行因果關係的舉證責任倒置。所謂舉證責任倒置，是指在法律規定的一些特殊情形下，將通常應由提出事實主張的當事人所負擔的舉證責任分配給對方，由對方對否定該事實承擔舉證責任，如果該方當事人不能就此舉證證明，則推定事實主張成立的一種舉證責任分配制度。它是舉證責任分配的一種特殊表現形式，是相對於一般舉證責任分配規則的正常分配結果而言的。其實質便是免除本應由原告承擔的舉證責任，而就待證事實的反面事實，由被告承擔舉證責任。將污染行為與損害之間的因果關係的舉證義務加於污染者，有利於保護受害人的合法權益。

一、行為人應當就法律規定的不承擔責任或者減輕責任的情形承擔舉證責任

在起草過程中，有的意見提出，根據民事訴訟舉證責任的分配規則，「法律規定的不承擔或者減輕責任的情形」的舉證責任本來就在污染者一方，建議刪除這句話。實際上，這句話是有其內在意義的，一般而言，不承擔或者減輕責任的情形當然由被告方承擔舉證責任，這不需要法律特別強調，但是環境侵權廣義上屬於高度危險作業，適用無過錯責任歸責原則，每種高度危險作業的免責事由是不一樣的，多數情形不可抗力可以免責，有的則不可以，如根據本法第1237條規定，民用核設施造成他人損害的，除戰爭、武裝衝突、暴亂、受害人故意可以免責，因地震等不可抗力造成損害的，仍然應當承擔侵權責任。所以，這句話實際上是明確了侵權人的免責事由。

二、行為人應當就其行為與損害之間不存在因果關係承擔舉證責任

侵權責任構成中的因果關係，是指違法行為作為原因，損害事實作為結果，在它們之間存在的前者引起後果，後者被前者所引起的客觀聯繫。環境侵權適用無過錯責任原則，過錯不是構成環境侵權責任的要件，所以，因果關係是確定環境侵權能否成立的最重要的要件。

在一般侵權關係中，加害行為與損害結果之間是否存在法律上的因果關係，學界通說主張採用相當因果關係說，其關鍵在於，作為原因被考察的事件是否通常會增加損害後果出現的客觀可能性。法官依據一般社會見解，按照當時社會所達到的知識和經驗，只要一般人認為在同樣情形有發生同樣結果之可能性即可，存在這種因果關係的舉證責任由受害人承擔。但是，在環境侵權責任中，由受害人對行為人的行為與其損害之間存在因果關係進行舉證非常困難，如果仍然按照民事訴訟中「誰主張，誰舉證」原則，由受害人承擔因果關係的舉證義務，則受害人很難獲得救濟，這是由環境污染侵權的特殊性決定的。

第一，環境污染損害一般具有長期性、潛伏性、持續性、廣泛性的特點，有的環境污染損害地域廣泛，污染源與損害結果地距離很遠，有的損害結果往往不是即時完成的，而是日積月累慢慢形成的，所以即使產生損害，往往時過境遷，證據滅失，很難判斷損害事實是否由某侵權行為造成，使因果關係的證明非常困難。

第二，環境污染造成損害的過程具有複雜性，損害並非總是由污染物直接作用人身和財產造成的，往往是污染物與各環境要素或者其他要素相互之間發生物理、化學、生物的反應，經過遷移、擴散、轉化、代謝等一系列中間環節後才起作用。甚至有的時候，污染物本身是不會致害的，但和其他因素一起作用就產生了損害，使因果關係表現得十分隱蔽和不緊密，認定十分困難。

第三，有的環境污染侵權涉及一系列的物理、化學、生物、地理、醫學等專業知識甚至一些高科技知識，要證明行為與損害事實之間的因果關係，必須具備相關的專門科學技術知識和儀器設備，這些知識、技術和儀器並非平常人所能具備。甚至在一些時候，在現在的科學技術條件下，一些環境污染損害的因果關係還無法認定。

第四，在確定因果關係時，多因一果的現象經常出現，如數家工廠向同一河流排污，河水被污染致使飲用該河水的居民感染疾病，在這種情況下，受害人很難或根本無法證明誰是致害人，證明因果關係更困難。

正因為環境污染侵權的這些特殊性，導致環境污染的因果關係鏈條十分複雜，所以要證明這些因果關係鏈條就更為複雜，由受害人承擔因果關係的舉證責任有非常大的難度。為了減輕環境侵權受害人的舉證負擔，更迅速地救濟受害人，舉證責任轉移或倒置制度便應運而生。

需要注意的是，在環境侵權責任中適用因果關係舉證責任倒置，並不意味着受害人就不用負擔任何舉證義務，在訴訟中，受害人應當首先證明污染行為與損害結果之間存在聯繫，即存在因果關係的可能性和初步證據，只是這種可能性並不需要如相當因果關係理論要求的那樣達到高度蓋然性。

> **第一千二百三十一條**　兩個以上侵權人污染環境、破壞生態的，承擔責任的大小，根據污染物的種類、濃度、排放量，破壞生態的方式、範圍、程度，以及行為對損害後果所起的作用等因素確定。

■ 條文主旨

本條是關於兩個以上侵權人造成損害的責任的規定。

■ 條文釋義

實踐中，很多環境侵權往往不是由某一個企業排污造成的，而是多個企業排放污染共同

造成的，這就是環境共同侵權行為。關於兩個以上行為人污染環境、破壞生態造成損害，行為人對外是承擔連帶責任還是按份責任有不同意見。一種意見認為，應當規定污染者對外承擔連帶責任，再根據污染物排放量等因素確定排污者的內部責任，這樣有利於救濟受害人。另一種意見認為，應當規定污染者承擔按份責任。經研究認為，環境共同侵權較為複雜，不能一概而論，本條主要規範兩個以上侵權人造成他人損害時的內部責任劃分，多個侵權人對外如何承擔責任，應當根據侵權責任編一般規定確定。民法典侵權責任編一般規定對多人侵權分別不同情形作了規定，本法第 1168 條規定了共同侵權，本法第 1171 條規定了分別實施侵權行為承擔連帶責任的情形，本法第 1172 條規定了分別侵權。

適用本條環境共同侵權需要滿足以下要件：一是多個侵權主體，有兩個或者兩個以上的行為人實施了污染環境、破壞生態行為。二是行為人實施了污染環境、破壞生態的行為，因環境侵權採用無過錯責任，不需要考慮行為人的主觀過錯，行為人之間是否存在意思聯絡，都不影響適用本條。當然，如果受害人能夠證明多個行為人之間存在「故意」的意思聯絡，根據本法第 1168 條規定：「二人以上共同實施侵權行為，造成他人損害的，應當承擔連帶責任。」毫無疑問構成共同侵權，但實踐中，「共同故意」的情形極為罕見。三是數個侵權行為與損害有總體上的因果關係，並不是單個侵權行為與損害之間有因果關係。四是造成了同一損害。多個侵權人分別排放污染，造成不同種類的損害，如一個企業排放污水，另一個企業排放有毒氣體，造成的損害存在明顯區別，不構成環境共同侵權，而是根據各自行為造成的損害後果承擔侵權責任。

環境共同侵權不僅要解決多個侵權人的外部責任，也要解決多個侵權人內部如何劃分責任。從理論上講，每個侵權人承擔責任大小的依據是侵權人的污染行為在導致損害的結果中所佔的原因力的比例。但是，環境污染中原因力的確定比較複雜，要綜合根據污染物的種類、濃度、排放量，破壞生態的方式、範圍、程度，以及行為對損害後果所起的作用等因素確定。排放污染物的種類是指導致損害結果的污染物的種類，如一家企業既排放 A 有害物質又排放 B 有害物質，在確定致害污染物只是 A 有害物質的情況下，只考慮 A 有害物質的排放來確定。污染物濃度是指單位體積內所含污染物的量，排放量是排放污染物總量乘以排放濃度，如一家企業排放污水 10 噸，濃度是 0.1%，另一家企業排放污水 5 噸，濃度是 0.2%，排放量的計算是排放污水總量乘以排放濃度，並非單指排放污水總量。破壞生態的方式包括但不限於亂捕濫獵、亂砍濫伐、毀林造田，範圍指受到損害的生態環境因素，如動物種群、植物種群、植物覆蓋等，程度指與物種種群數量、密度、結構等與生態環境基線的差異。

當然，除了本條列舉的外，排放物質的致害性、排放地與損害發生地的距離、排放時間、排放頻率等多種因素也會對判斷行為人的責任大小產生影響。《最高人民法院關於審理環境侵權責任糾紛案件適用法律若干問題的解釋》第 4 條規定：「兩個以上污染者污染環境，對污染者承擔責任的大小，人民法院應當根據污染物的種類、排放量、危害性以及有無排污許可證、是否超過污染物排放標準、是否超過重點污染物排放總量控制指標等因素確定。」

> **第一千二百三十二條　侵權人違反法律規定故意污染環境、破壞生態造成嚴重後果的，被侵權人有權請求相應的懲罰性賠償。**

■ **條文主旨**

本條是關於侵權人承擔懲罰性賠償的規定。

■ **條文釋義**

填平原則，又稱補償性賠償原則，一直是民法特別是侵權損害賠償堅持的基本原則，是指在確定損害賠償時應以受害人的實際損失為準，損失多少賠多少，受害人不能從中獲取超過損失的利益。環境侵權同樣遵從這一原則，但在司法實踐中，受害人多處於弱勢地位，經濟實力不足；由於環境侵權訴訟專業性較強，即便實行因果關係舉證責任倒置，受害人只須證明污染行為與損害後果之間存在關聯性，由於信息不對稱，也是困難重重；損害鑒定評估周期長、費用高，有些案件中鑒定費用甚至超過賠償金額。所以，總體而言，環境損害賠償數額較低，往往不足以彌補實際損害，更難以震懾企業排污行為。

一、建立環境侵權懲罰性賠償制度的意義

一是有利於充分救濟受害人，鼓勵受害人積極維權。正如前面所述，由於環境侵權訴訟存在種種困難，環境侵權賠償數額往往不足以覆蓋受害人的實際損害，甚至低於律師費、鑒定費等，使得很多受害人存在畏難情緒，不願意提起訴訟。增加規定懲罰性賠償，能夠增加受害人對賠償數額的預期，提高受害人的維權積極性。

二是有利於懲罰惡意侵權人。有些污染環境和破壞生態行為惡劣，損害後果嚴重，而且嚴重影響社會的可持續發展。儘管環境侵權適用無過錯責任，不考慮侵權人主觀是否有過錯，都要承擔侵權責任，但在計算賠償數額時，行為人是否有過錯以及過錯程度是需要重點考量的因素之一。侵權人主觀有惡意，其行為的非難性更強，更應當受到法律的否定性評價，懲罰性賠償制度主要聚焦於此，惡意侵權人付出的賠償數額要高於一般侵權人，從經濟上給予其嚴厲打擊，彰顯懲罰性，遏止惡意侵權行為。

三是有利於警示他人不得實施類似行為。懲罰性賠償不僅具有懲罰作用，還有阻嚇作用，使可能的行為人對侵權後果望而生畏，不敢再重蹈覆轍，避免類似行為再次發生。

二、環境侵權懲罰性賠償的構成要件

1. 侵權人實施了不法行為。根據本條規定，侵權人的環境污染和破壞生態行為應當違反了法律規定。在起草過程中，有的學者認為將「違反法律規定」作為懲罰性賠償的構成要件不合理，加重了受害人的舉證負擔，不利於對受害人的全面救濟。有的學者認為，只有行為人的行為違反了國家環境行政法律法規的規定，才有可能構成懲罰性賠償，如果民法懲罰合法排污行為，則與環境行政法律發生衝突，法律對企業行為的指引功能會發生錯亂，企業將無所適從。

　　經研究認為，懲罰性賠償不同於普通環境侵權，其賠償數額更高，具有普通環境侵權不具備的懲罰功能，構成要件應當更為嚴格。企業的排污行為只要符合國家環境行政法律法規的要求，從行政法的角度看，那就是合法的，企業的正常生產經營活動不僅是社會正常發展所必需的，也應當為法律所保護和鼓勵，對企業的排污行為施以懲罰，必須以企業違反法律規定為前提，否則不具有正當性。

　　2. 侵權人主觀具有故意。根據本條規定，侵權人的主觀狀態應當是故意。這是懲罰性賠償與普通環境侵權的又一點顯著不同，在起草過程中，大家一致認為，懲罰性賠償制度的設計初衷就是針對惡意侵權人，但對如何定義惡意，也有不同看法。有的建議規定為故意或者重大過失，若僅規定故意，不恰當地縮小了懲罰性賠償的適用範圍，降低受害人主張的積極性。

　　經研究認為，在環境侵權引入懲罰性賠償制度之初，不宜將範圍擴得過大。「故意」作為一種主觀狀態，難以直接證明，實踐中一般通過侵權人的行為來認定，如侵權人多次非法排污並受到行政機關處罰，侵權人將未經處理的廢水廢氣廢渣直接排放或者傾倒，侵權人關閉環境在線監測系統或者故意干擾監測系統，侵權人在正常排污設施外留有偷排孔等，這些都能證明侵權人對其排污行為可能造成的後果，絕對不是因為疏忽大意，而是故意為之，放任嚴重後果的發生。

　　3. 造成嚴重後果。根據本條規定，侵權人的行為造成嚴重後果的，才可能構成懲罰性賠償。懲罰性賠償具有懲罰功能，在適用上應當遵循謙抑原則，不能對侵權人動輒就處以懲罰性賠償。懲罰性賠償制度應當聚焦於損害後果嚴重的侵權行為，不僅對受害人的人身、財產造成嚴重損害，還可能對生態環境造成嚴重損害甚至不可逆轉的損害。2009 年侵權責任法第 47 條規定：「明知產品存在缺陷仍然生產、銷售，造成他人死亡或者健康嚴重損害的，被侵權人有權請求相應的懲罰性賠償。」第一次明確在民法中引入懲罰性賠償概念，同樣要求「嚴重損害」的後果。

> **第一千二百三十三條　因第三人的過錯污染環境、破壞生態的，被侵權人可以向侵權人請求賠償，也可以向第三人請求賠償。侵權人賠償後，有權向第三人追償。**

■ 條文主旨

　　本條是關於因第三人的過錯污染環境和破壞生態責任的規定。

■ 條文釋義

　　本條規定的是如果污染環境造成損害是由於第三人的過錯引起的，責任如何承擔的問題。多數意見認為屬於不真正連帶責任。不真正連帶責任，是指多數行為人違反法定義務，

對一個受害人實施加害行為，或者不同行為人基於不同的行為而致使受害人的權利受到損害，各個行為人對產生的同一內容的侵權責任，各負全部賠償責任，並因行為人之一的履行而使全體責任人的責任歸於消滅的侵權共同責任形態。

本條規定的第三人，是指除污染者與被侵權人之外的第三人，對被侵權人損害的發生具有過錯，包括故意和過失。符合本條規定的第三人需具備兩個條件：首先，第三人是指被侵權人和污染者之外的第三人，即第三人不屬於被侵權人和污染者一方，第三人與受害者和污染者之間不存在法律上的隸屬關係，如僱傭關係等。其次，第三人和污染者之間不存在意思聯絡。如果第三人與污染者有意思聯絡，則第三人與污染者構成共同侵權，不屬於本條規範。

1. 被侵權人可以向侵權人請求賠償。根據本編規定，環境侵權責任適用無過錯責任歸責原則，只要符合本法第 1229 條的構成要件，侵權人就要承擔侵權責任，不考慮其主觀是否存在過錯。根據本法第 1175 條規定，損害是因第三人造成的，第三人應當承擔侵權責任。一般而言，第三人就是真正的侵權人，被請求承擔侵權責任的人可以因此而免責。但是，在環境侵權責任中，侵權人的環境侵權行為即便是因第三人行為介入引起的，如有人偷偷關閉污水、廢氣淨化設施，企業採購的排污淨化設備質量不合格等，導致排污嚴重超標，侵權人無法據此主張免責。此前，單行法對侵權人是否因第三人過錯行為而免責，有着不同的規定，如水污染防治法第 96 條第 4 款規定：「水污染損害是由第三人造成的，排污方承擔賠償責任後，有權向第三人追償。」1999 年海洋環境保護法第 90 條第 1 款規定：「造成海洋環境污染損害的責任者，應當排除危害，並賠償損失；完全由於第三者的故意或者過失，造成海洋環境污染損害的，由第三者排除危害，並承擔賠償責任。」但在 2009 年制定侵權責任法時，對此進行了研究，認為第三人過錯行為不應當是侵權人的免責事由。《最高人民法院關於審理環境侵權責任糾紛案件適用法律若干問題的解釋》第 5 條第 3 款也作出類似規定：「污染者以第三人的過錯污染環境造成損害為由主張不承擔責任或者減輕責任的，人民法院不予支持。」

2. 被侵權人也可以向第三人請求賠償。侵權人承擔環境侵權責任的同時，因第三人的過錯行為與損害後果之間存在法律上的因果關係，被侵權人也可以直接請求第三人承擔侵權責任。但需要注意的是，第三人承擔責任與侵權人承擔責任存在明顯區別，侵權人承擔的是無過錯責任，被侵權人無須證明侵權人的主觀過錯，不存在因果關係的舉證責任由侵權人承擔；而請求第三人承擔責任，適用過錯責任，需要符合一般侵權的構成要件，即不法行為、主觀過錯、損害後果、不法行為與損害後果之間存在因果關係，都需要由被侵權人承擔舉證責任，不適用舉證責任倒置的規定。

3. 被侵權人可以選擇請求對象。根據本條規定，被侵權人既可以向侵權人請求賠償，也可以向第三人請求賠償，也可以同時向侵權人和第三人請求賠償。賦予被侵權人選擇權，方便被侵權人主張權利，及時獲得賠償，有利於加強對被侵權人的保護，避免侵權人或者第三人其中一方沒有賠償能力而無法得到充分救濟。但是，被侵權人對侵權人和第三人的賠償請

求權，只能擇一行使，因其只有一個「損害後果」，向被侵權人主張權利或者向第三人主張權利，選擇的一個請求權實現之後，另一個請求權消滅，不能分別行使兩個請求權，獲得雙份賠償。《最高人民法院關於審理環境侵權責任糾紛案件適用法律若干問題的解釋》第 5 條第 1 款對此也有規定：「被侵權人根據侵權責任法第六十八條規定分別或者同時起訴污染者、第三人的，人民法院應予受理。」

4. 侵權人有權向第三人追償。根據本條規定，侵權人賠償後，有權向第三人追償。因第三人行為的介入發生環境侵權行為，第三人的行為與損害後果之間存在因果關係，基於「自己行為自己負責」的樸素道理，第三人應當對其不法行為承擔相應的責任。通常情況下，被侵權人會首先向侵權人請求賠償，侵權人賠償後，有權請求第三人承擔責任。但第三人行為介入的情形比較複雜，損害後果可能完全由第三人的故意或者過失行為引起，也可能是由第三人的故意或者過失行為與侵權人的過失行為共同引起，第三人行為對損害後果的原因力可能很大也可能很小。具體到個案，第三人最終應當承擔多少份額的責任，需要結合具體案情具體分析，侵權人有權向第三人追償。《最高人民法院關於審理環境侵權責任糾紛案件適用法律若干問題的解釋》第 5 條第 2 款規定：「被侵權人請求第三人承擔賠償責任的，人民法院應當根據第三人的過錯程度確定其相應賠償責任。」

> **第一千二百三十四條　違反國家規定造成生態環境損害，生態環境能夠修復的，國家規定的機關或者法律規定的組織有權請求侵權人在合理期限內承擔修復責任。侵權人在期限內未修復的，國家規定的機關或者法律規定的組織可以自行或者委託他人進行修復，所需費用由侵權人負擔。**

■ 條文主旨

本條是關於生態環境損害賠償制度和民事生態環境修復制度的規定。

■ 條文釋義

生態環境損害賠償制度是生態文明制度體系的重要組成部分。2015 年年底，作為生態文明體制改革六大配套方案之一的《生態環境損害賠償制度改革試點方案》出台，經過兩年試點，2017 年年底中央正式發佈《生態環境損害賠償制度改革方案》，在全國試行生態環境損害賠償制度，提出到 2020 年，力爭在全國範圍內初步構建責任明確、途徑暢通、技術規範、保障有力、賠償到位、修復有效的生態環境損害賠償制度。

一、生態環境損害制度與一般環境侵權的不同

改革方案建立的生態環境損害賠償制度與一般環境侵權在很多方面存在不同之處，主要有：

　　1. 適用範圍不同。一般環境侵權適用於因污染環境、破壞生態導致或者有可能導致的人身、財產損害的情形，一定是某個民事主體的權益遭受了損害。而根據改革方案，生態環境損害，是指因污染環境、破壞生態造成大氣、地表水、地下水、土壤、森林等環境要素和植物、動物、微生物等生物要素的不利改變，以及上述要素構成的生態系統功能退化。這裏的損害不對應某個民事主體，是對生態環境整體造成的損害。兩種損害之間存在關聯，多數情況下，造成人身、財產損害的，生態環境或多或少都會有所損害，但反過來，造成生態環境損害的，未必一定會對人身、財產造成具體損害。比如，對途經某地的候鳥濫捕濫獵，造成當地生態惡化，很難說當地居民的人身、財產遭受了何種損害。

　　2. 責任主體不同。在一般環境侵權中，承擔環境污染責任的主要是污染者或者破壞者，也即具體從事排污行為的侵權人，根據案件具體情形，環境影響評價機構、環境監測機構以及從事環境監測設備和防治污染設施維護、運營的機構等第三人，也有可能承擔侵權責任。在生態環境損害侵權中，根據改革方案，違反法律法規，造成生態環境損害的單位或個人是責任主體，第三人不承擔生態環境損害賠償責任。

　　3. 歸責原則不同。根據本法第 1229 條規定，一般環境侵權適用無過錯責任，不考慮侵權人主觀是否存在過錯，而且即使侵權人的排污行為符合國家規定，也要承擔侵權責任。根據改革方案規定，違反法律法規，造成生態環境損害的單位或個人，應當承擔生態環境損害賠償責任。所以，主流觀點認為，這意味着生態環境損害賠償制度適用過錯責任，只有違反法律法規才有可能被追責。

　　4. 權利主體不同。一般環境侵權由受害人提起侵權之訴。根據本條規定，生態環境損害賠償制度的權利主體是「國家規定的機關或者法律規定的組織」，「國家規定的機關」主要指改革方案規定的省級、市地級政府以及民事訴訟法規定的檢察機關，「法律規定的組織」主要指符合環境保護法以及其他單行法律規定的社會組織。

二、本條構成要件

　　1. 違反國家規定。根據本條規定，違反國家規定是承擔生態環境損害賠償的要件之一。在起草過程中，對於是否將此作為構成要件，存在不同意見。有的意見認為，生態環境損害賠償應當與環境侵權一樣，只要有損害，就應當賠償，不論其行為是否違反國家規定。有的意見認為，改革方案中規定，違反法律法規，造成生態環境損害的單位或個人，應當承擔生態環境損害賠償責任。

　　對此，經認真研究認為，生態環境損害賠償與一般環境侵權不能等量齊觀，兩種制度的價值取向有所不同，一般環境侵權注重於私人權益的保護，國家規定的排污標準有可能滯後於社會經濟發展，不能放任私人權益遭受侵害。而在生態環境侵權中，環境保護法第 45 條規定：「國家依照法律規定實行排污許可管理制度。實行排污許可管理的企業事業單位和其他生產經營者應當按照排污許可證的要求排放污染物；未取得排污許可證的，不得排放污染物。」根據這一規定，只要經營者依法申請排污許可證並實現達標排放，便不應當承擔行政法上的責任，生態環境損害賠償的權利主體主要是國家機關，國家機關不能一方面發放排污

許可證，一方面對排污行為主張損害賠償，行政機關可以通過排污許可證制度實現污染物排放總量和生態環境標準控制，所以，不宜令其承擔生態損害賠償責任。從這個意義上講，主流觀點認為，生態環境侵權實行過錯責任。

2. 生態環境損害。有損害才有賠償，生態環境侵權依然要遵守民法這一基本原則。但生態環境損害與一般環境侵權中的損害多有不同。長期以來，環境侵權主要關注個體權益的損害，生態環境因其具有公共屬性而被忽視。生態環境損害與個人權益損害既有關聯也存在區別，關聯主要表現在，個體權益受到損害很多是以生態環境受到損害為前提的，侵權人污染環境、破壞生態的行為，首當其衝受到損害的就是生態環境，如污染了空氣、地下水、土壤，破壞了植物或動物種群等，以這些被污染的空氣、水、土壤和被破壞的生態系統為媒介，侵害了個體權益，具體表現為人畜生病、種植物減產等。兩者的區別主要表現在，個體權益有明確的權利人，有動力主張損害賠償，可以用金錢來計算；而生態環境具有明顯的公共屬性，是人們賴以生存的基礎，但在民法中，公共產品缺乏明確的權利主體，難以主張損害賠償，而且，生態環境損害的計算也並非易事，難以用金錢來補償。

3. 因果關係。因果關係是構成侵權責任的必要條件，問題的關鍵在於由誰承擔因果關係舉證責任。有的意見提出，生態環境侵權本質上與環境侵權一樣，因果關係舉證責任應當由侵權人承擔。對這一問題，改革方案沒有明確規定，也沒有現成的方案可循。主流意見認為由權利人承擔更為合適，在環境侵權中，將因果關係舉證責任分配給侵權人，主要是考慮到受害人在經濟上和專業知識上的不足，侵權人更有舉證能力，據此推論，在生態環境損害賠償訴訟中，國家機關和有關組織作為原告，其實力與環境侵權人相比，顯然更為強大，不僅有公共財政作為支撐，人員、技術能力也更為專業，完全有能力對因果關係進行舉證。

三、民事生態環境修復制度

根據本條規定，生態環境修復責任承擔主要有兩種方式：

1. 請求侵權人在合理期限內承擔修復責任。環境修復並不是簡單修補了事，具有很強的專業性、技術性和複雜性，修復的目的是使受損的生態環境復原至基線水平，是一種技術目標，一般企業或者個人難以完成，多數侵權人不具備修復生態環境的能力。侵權人作為始作俑者，是修復責任的當然承擔者，權利人有權請求侵權人在合理期限內承擔修復責任。這句話的意思並不是說侵權人必須獨立完成修復工程，如果侵權人有能力有資質，可以憑一己之力完成；如果侵權人沒有修復能力，可以出資請他人完成修復工程。

2. 自行或者委託他人進行修復。考慮到生態環境保護有及時性、有效性等特點，不能無限期等待侵權人履行修復責任，據此，本條規定，侵權人在期限內未修復的，權利人可以自行或者委託他人履行修復義務，所需費用由侵權人負擔。這實際上借鑒了執行程序中代履行制度，從形式上看，完成生態環境修復工程的是權利人或者其委託的第三人，但修復責任仍然由侵權人承擔。

第一千二百三十五條　違反國家規定造成生態環境損害的，國家規定的機關或者法律規定的組織有權請求侵權人賠償下列損失和費用：

（一）生態環境受到損害至修復完成期間服務功能喪失導致的損失；

（二）生態環境功能永久性損害造成的損失；

（三）生態環境損害調查、鑒定評估等費用；

（四）清除污染、修復生態環境費用；

（五）防止損害的發生和擴大所支出的合理費用。

■ 條文主旨

本條是關於生態環境損害賠償範圍的規定。

■ 條文釋義

根據《生態環境損害賠償制度改革方案》，生態環境損害賠償範圍包括清除污染費用、生態環境修復費用、生態環境修復期間服務功能的損失、生態環境功能永久性損害造成的損失以及生態環境損害賠償調查、鑒定評估等合理費用。賠償義務人自行修復或委託修復的，賠償權利人前期開展生態環境損害調查、鑒定評估、修復效果後評估等費用由賠償義務人承擔。賠償義務人造成的生態環境損害無法修復的，其賠償資金作為政府非稅收入，全額上繳同級國庫，納入預算管理。賠償權利人及其指定的部門或機構根據磋商或判決要求，結合本區域生態環境損害情況開展替代修復。

根據本條規定，國家規定的機關或者法律規定的組織有權請求侵權人賠償下列損失和費用：

一是生態環境受到損害至修復完成期間服務功能喪失導致的損失。生態系統服務功能是指生態系統通過自身的作用循環提供給人類的效益或者對生態環境的效益，生態系統服務功能包括生態物質提供功能、生態控制功能、生命維持功能與文化欣賞功能等。生態環境修復需要經歷較長一段時間，在此期間生態環境服務功能是不完整的，根據《環境損害鑒定評估推薦方法（第Ⅱ版）》，期間損害界定為「生態環境損害發生至生態環境恢復到基線狀態期間，生態環境因其物理、化學或生物特性改變而導致向公眾或其他生態系統提供服務的喪失或減少，即受損生態環境從損害發生到其恢復至基線狀態期間提供生態系統服務的損失量」。生態系統服務功能作為一項獨立的價值也應當得到賠償。

二是生態環境功能永久性損害造成的損失。並不是所有生態環境損害都是可以修復的，比如，濫捕濫殺導致某些物種滅絕，這是不可逆轉的，有些生態環境損害雖然可以修復，但無法修復到原來的狀態。根據《環境損害鑒定評估推薦方法（第Ⅱ版）》，永久性損害指受損生態環境及其服務難以恢復，其向公眾或其他生態系統提供服務能力的完全喪失。改革方案也規定，生態環境損害無法修復的，其賠償資金作為政府非稅收入，全額上繳同級國庫，

納入預算管理，權利人結合本區域生態環境損害情況開展替代修復。生態系統功能的永久性損害只能通過價值估算予以賠償。

三是生態環境損害調查、鑒定評估等費用。生態環境損害調查是指生態環境損害發生後，權利人為了評估生態環境損害情況進行信息收集的過程。生態環境損害鑒定評估是指鑒定評估機構通過技術方法對生態環境損害情況、賠償費用、修復行為、修復效果等進行分析評價的行為。調查、鑒定評估等費用也是由生態環境侵權行為而衍生的費用，應由侵權人賠償。

四是清除污染、修復生態環境費用。污染行為發生後，清除污染是當務之急，一般來說清除污染費用包括清污方案制定費用、清除污染操作費用。修復生態環境費用則複雜得多，包括修復方案制定費用、修復實施費用，司法實踐對如何計算或確定做了大量探索，主要有環境違法利益計算法、以排污費一定比例計算法、危險消除計算法、鑒定機構確定法等，由於生態環境修復工作專業性強，有的時間跨度也比較長，法官很難作出精確計算，較為依賴司法鑒定，以鑒定機構評估的費用為基礎，綜合考慮若干因素計算而成。《最高人民法院關於審理環境民事公益訴訟案件適用法律若干問題的解釋》第 20 條第 3 款規定：「生態環境修復費用包括制定、實施修復方案的費用和監測、監管等費用。」第 23 條規定：「生態環境修復費用難以確定或者確定具體數額所需鑒定費用明顯過高的，人民法院可以結合污染環境、破壞生態的範圍和程度、生態環境的稀缺性、生態環境恢復的難易程度、防治污染設備的運行成本、被告因侵害行為所獲得的利益以及過錯程度等因素，並可以參考負有環境保護監督管理職責的部門的意見、專家意見等，予以合理確定。」

五是防止損害的發生和擴大所支出的合理費用。生態環境損害發生後，必須及時採取合理預防、防止損害擴大的措施，將損害控制在最小範圍內，也有利於後續治理與修復工作的開展。《最高人民法院關於審理環境民事公益訴訟案件適用法律若干問題的解釋》第 19 條第 2 款中也有這一規定：「原告為停止侵害、排除妨礙、消除危險採取合理預防、處置措施而發生的費用，請求被告承擔的，人民法院可以依法予以支持。」

第八章　高度危險責任

本章共九條，主要對高度危險責任的一般規定和幾種典型的高度危險作業致害責任作出規定。其中，第 1236 條是關於高度危險責任的一般規定。第 1237 條至第 1240 條大致按照危險程度的高低，區分不同的高度危險作業類型，分別對民用核設施、民用航空器、高度危險物和從事高空、高壓、地下挖掘活動、高速軌道運輸工具的致害責任及其不承擔或者減輕責任的情形作了規定。第 1241 條規定了對遺失、拋棄危險物致害責任。第 1242 條規定了非法佔有高度危險物的致害責任。第 1243 條規定了未經許可進入高度危險作業區域受到損害作業人的責任減免情形。第 1244 條對賠償限額作了規定。

> **第一千二百三十六條　從事高度危險作業造成他人損害的，應當承擔侵權責任。**

■ 條文主旨

本條是關於高度危險責任的一般規定。

■ 條文釋義

民法通則第 123 條作為高度危險責任的一般規定，為其後制定有關涉及高度危險責任的單行法和司法實踐發揮了積極的指導作用。本法繼承了侵權責任法在第 69 條的規定。

在起草本章時，首先考慮的一個問題是，需不需要規定高度危險責任的一般條款。我們研究認為，應當規定高度危險責任的一般條款。這樣做的好處是，對目前已有法律規範的高度危險行為侵權責任的共性問題作出規定，可以為司法實踐處理尚未有法律明確規範的高度危險行為提供一個指導性原則。因此，本條規定：從事高度危險作業造成他人損害的，應當承擔侵權責任。這就明確了高度危險責任為無過錯責任。

一、關於調整的範圍

這裏講的「高度危險作業」，既包括使用民用核設施、高速軌道運輸工具和從事高壓、高空、地下採掘等高度危險活動，也包括佔有、使用易燃、易爆、劇毒和放射性等高度危險物的行為。「高度危險作業」的表述是個開放性的概念，包括一切對周圍環境產生高度危險的作業形式。一般認為，具體行為構成高度危險作業應具備以下三個條件：

第一，作業本身具有高度的危險性。也就是說，危險性變為現實損害的概率很大，超過了一般人正常的防範意識，或者說超過了在一般條件下人們可以避免或者躲避的危險。

第二，高度危險作業即使採取安全措施並盡到了相當的注意也無法避免損害。日常生活

中，任何一種活動都可能對周圍人們的財產或人身產生一定的危險性，但高度危險作業則具有不完全受人控制或者難以控制的危害性。

第三，不考慮高度危險作業人對造成損害是否有過錯。

二、關於歸責原則

高度危險作業造成他人損害的，應當承擔無過錯責任，這也是大部分國家的普遍做法。

三、關於減免責任事由

作為高度危險責任的一般規定，本條沒有寫明哪些情形可以不承擔責任或者減輕責任。這不是說高度危險責任沒有任何的不承擔責任或者減輕責任情形。如果針對具體的高度危險責任，法律規定不承擔責任或者減輕責任的，應當依照其規定。如鐵路法第58條規定，因鐵路行車事故及其他鐵路運營事故造成人員傷亡的，鐵路運輸企業應當承擔賠償責任；如果人身傷亡是因不可抗力或者受害人自身原因造成的，鐵路運輸企業不承擔賠償責任。違章通過平交道口或者人行過道，或者在鐵路線路上行走、坐臥造成的人身傷亡，屬於受害人自身的原因造成的人身傷亡。又如，電力法第60條規定，電力運行事故由下列原因之一造成的，電力企業不承擔賠償責任：（1）不可抗力；（2）用戶自身的過錯。民用航空法第124條規定，因發生在民用航空器上或者在旅客上、下民用航空器過程中的事件，造成旅客人身傷亡的，承運人應當承擔責任；但是，旅客的人身傷亡完全是由於旅客本人的健康狀況造成的，承運人不承擔責任。

還有一點需要注意，侵權責任編第一章規定了一些不承擔責任和減輕責任的情形，這些規定是否也適用於本章規定呢？我們認為，如果單行法和本章具體規定了不承擔責任和減輕責任的情形，侵權責任編第一章的規定原則上不適用。如果單行法和本章對某個高度危險行為沒有作出具體規定，侵權責任編第一章的規定原則上可以適用，如損害是因受害人故意造成的，行為人不承擔責任。

四、關於責任方式

本條規定，從事高度危險作業造成他人損害的，應當承擔侵權責任。這裏的「侵權責任」不僅僅是損害賠償責任。由於高度危險作業一旦造成損害，可能對周圍環境帶來很大的危害，因此，作業人不僅在事後應向受害人進行損害賠償，而且在事發時就應當積極採取停止侵害、消除危險等措施並積極救助受害人，因此，我們在這裏強調的是「侵權責任」而不是僅要求高度危險作業人承擔賠償責任。

> **第一千二百三十七條**　民用核設施或者運入運出核設施的核材料發生核事故造成他人損害的，民用核設施的營運單位應當承擔侵權責任；但是，能夠證明損害是因戰爭、武裝衝突、暴亂等情形或者受害人故意造成的，不承擔責任。

■ 條文主旨

本條是關於民用核設施致害責任的規定。

■ 條文釋義

侵權責任法第 70 條對民用核設施的致害責任作出明確規定，核安全法於 2017 年 9 月進行了修改。本條在繼承了侵權責任法第 70 條規定的基礎上，結合核安全法的規定，作了必要的修改。

1. 本條調整的主體是民用核設施或者運入運出核設施的核材料核安全法第 2 條對核設施、核材料作了明確規定。

2. 針對的是民用核設施或者運入運出核設施的核材料發生核事故造成的損害核安全法第 93 條對核事故作了明確規定。

3. 承擔責任的主體是民用核設施的營運單位核安全法第 93 條對核設施營運單位作了明確規定。第 5 條規定，核設施營運單位對核安全負全面責任。第 90 條核事故責任作了明確規定。

4. 歸責原則。實行無過錯原則，按照本條和核安全法第 90 條第 1 款的規定，只有在能夠證明損害是能夠證明損害是因戰爭、武裝衝突、暴亂等情形或者受害人故意造成的，才可以不承擔責任。

關於不可抗力是否免責的問題，在侵權責任法起草和本法編纂過程中有不同意見。我們研究認為，為了更好地保護受害人，本條將受害人故意之外的不承擔責任情形限制在「戰爭、武裝衝突、暴亂等情形」，而沒有一般規定為「不可抗力」，這與國際上的通行做法也是一致的。

5. 關於責任方式。本條規定，民用核設施的營運單位應當承擔侵權責任，這裏的「侵權責任」不僅僅是損害賠償責任。由於發生核事故，可能對周圍環境帶來很大的危害，因此，民用核設施的經營者不僅在事後向受害人進行損害賠償，而且在事發時就應當積極採取停止侵害、消除危險等措施並開展積極救助受害人。在損害賠償責任上，由於核事故造成的危害面比較廣，為了兼顧核工業的正常發展和保護受害人的權益，國際通行做法是通過立法規定民用核設施的賠償限額。本法也在第 1244 條對賠償限額作了規定。

第一千二百三十八條　民用航空器造成他人損害的，民用航空器的經營者應當承擔侵權責任；但是，能夠證明損害是因受害人故意造成的，不承擔責任。

■ 條文主旨

本條是關於民用航空器致害責任的規定。

■ 條文釋義

我國最早處理民用航空器致害責任的法律依據是民法通則第 123 條。1995 年我國頒佈了民用航空法，對民用航空器造成乘客人身、財產損害和對地面第三人損害的民事責任作了具體規定。考慮到民用航空器高速、高空帶來的高風險，侵權責任法第 71 條在民法通則和民用航空法的基礎上，對民用航空器致害責任作出了規定，本條繼承了侵權責任法的規定。

一、本條調整範圍限定在民用航空器

民用航空器是指除用於執行軍事、海關、警察等飛行任務外的航空器。民用航空器主要用途有兩個方面：一是專門從事運送旅客、行李、郵件或者貨物的運輸飛行。二是通用航空，包括從事工業、農業、林業、漁業和建築業的作業飛行，以及醫療衛生、搶險救災、氣象探測、海洋監測、科學實驗、教育訓練、文化教育等方面的飛行活動。

二、責任主體是民用航空器的經營者

這裏的「經營者」主要包括從事運輸旅客、貨物運輸的承運人和從事通用航空的民用航空器使用人。

三、承擔責任前提是民用航空器在使用中造成他人損害

民用航空器造成他人損害的，包括兩種情形：一種情形是民用航空器在從事旅客、貨物運輸過程中，對所載運的旅客、貨物造成的損害。按照民用航空法的規定，在從事公共運輸航空中，因發生在民用航空器上或者在旅客上、下民用航空器過程中的事件，造成的旅客人身傷亡和其隨身攜帶物品毀滅、遺失或者損壞的，承運人應當依法承擔侵權責任。對託運的行李、貨物而言，因發生在航空運輸期間的事件，造成貨物毀滅、遺失或者損壞的，承運人應當依法承擔侵權責任。這裏的「航空運輸期間」，是指在機場內、民用航空器上或者機場外降落的任何地點，託運行李、貨物處於承運人掌管之下的全部期間。另一種情形是，民用航空器對地面第三人的人身、財產造成的損害。具體說來，就是飛行中的民用航空器或者從飛行中的民用航空器上落下的人或者物，造成地面（包括水面）上的人身傷亡和財產損害。這裏的「飛行中」，是指自民用航空器為實際起飛而使用動力時起至着陸衝程終了時止；就輕於空氣的民用航空器而言，「飛行中」是指自其離開地面時起至其重新着地時止。

需要特別說明的是，在侵權責任法適用及民法典編纂過程中，對本條一直有錯誤的認識。在這裏，必須申明本條的立法原意：本條既適用於民用航空器在航空運輸期間造成的損害，又適用於民用航空器在飛行中對地、水面的損害。既適用於民用航空器對機上的損害，

也適用於民用航空器對機外的損害。

四、民用航空器的經營者承擔無過錯責任

民用航空器作為一種高速運輸工具，民法通則和民用航空法都規定了民用航空器的經營者應當承擔無過錯責任，這與國際公約和世界上通行做法是一致的。本條也堅持這個原則。關於不承擔責任的情形，根據本條規定，能夠證明損害是因受害人故意造成的，民用航空器經營者不承擔責任；即使是因為自然原因引起的不可抗力事件，造成他人損害的，民用航空器的經營者也要承擔責任。當然，民用航空法針對不同情況，規定了較為詳細的不承擔責任和減輕責任情形的具體規定，仍然適用。

> **第一千二百三十九條**　佔有或者使用易燃、易爆、劇毒、高放射性、強腐蝕性、高致病性等高度危險物造成他人損害的，佔有人或者使用人應當承擔侵權責任；但是，能夠證明損害是因受害人故意或者不可抗力造成的，不承擔責任。被侵權人對損害的發生有重大過失的，可以減輕佔有人或者使用人的責任。

■ 條文主旨

本條是關於高度危險物致害責任的規定。

■ 條文釋義

侵權責任法第 72 條在民法通則規定的基礎上，結合實踐經驗，規定因易燃、易爆、劇毒、放射性等高度危險物造成他人損害責任應當承擔無過錯責任，並根據其危險性特點，明確限定了其不承擔責任和減輕責任情形。本法在侵權責任法的基礎上，加強高度危險物和生物安全管理，完善高度危險責任，將「放射性」修改為「高放射性」，並增加「強腐蝕性」「高致病性」的列舉。

1. 本條調整的範圍涉及的是易燃、易爆、劇毒、高放射性、強腐蝕性、高致病性等高度危險物。本條調整的高度危險物，不僅僅涉及易燃、易爆、劇毒、高放射性、強腐蝕性、高致病性等這幾類，其他因其自然屬性極易危及人身、財產的物品也適用本條的規定。

2. 本條規範的行為是對高度危險物的佔有或者使用，承擔責任的主體是佔有人和使用人。高度危險物本身具有危及他人人身、財產的自然屬性，但往往是因為在佔有和使用當中造成他人損害。高度危險物的佔有人和使用人必須採取可靠的安全措施，避免高度危險物造成他人損害。

3. 佔有人或者使用人承擔無過錯責任。這裏的「侵權責任」並不限於賠償損失，而且應當包括在事故發生後，佔有人或者使用人應當迅速採取有效措施，如組織搶救，防止事故擴大，減少人員傷亡和財產損失等。

4. 不承擔責任和減輕責任情形。本條規定，能夠證明損害是因受害人故意或者不可抗力造成的，佔有人或者使用人不承擔責任。本條規定這一免責事由主要考慮兩點：第一，高度危險物雖然本身具有危險屬性，但危險程度不及民用核設施和民用航空器，因此，在不承擔和減輕責任上，應有所區別。第二，本條規定不可抗力作為不承擔責任情形，符合實踐中的實際情況。需要指出的是，不承擔責任情形的舉證責任在於佔有人或者使用人，由其來證明損害是因為受害人故意或者不可抗力引起的，才能依法不承擔責任。

此外，本條還明確規定了減輕責任的情形：被侵權人對損害的發生有重大過失的，可以減輕佔有人或者使用人的責任。本條將減輕責任的情形，嚴格限定在受害人的「重大過失」，受害人有一般過失的，不能減輕佔有人或者使用人的賠償責任。至於什麼是「重大過失」，可以在實踐中根據佔有人或者使用人是否已經盡到注意義務、受害人行為方式、因果關係等因素作具體判斷。

> **第一千二百四十條**　從事高空、高壓、地下挖掘活動或者使用高速軌道運輸工具造成他人損害的，經營者應當承擔侵權責任；但是，能夠證明損害是因受害人故意或者不可抗力造成的，不承擔責任。被侵權人對損害的發生有重大過失的，可以減輕經營者的責任。

■ 條文主旨

本條是關於從事高空、高壓、地下挖掘活動或者使用高速軌道運輸工具致害責任的規定。

■ 條文釋義

我們認為，由於從事高空、高壓、地下挖掘活動、使用高速軌道運輸工具，同使用民用核設施、民用航空器和佔有、使用易燃、易爆、劇毒、放射性等高度危險物相比，危險性稍低，因此，在不承擔責任尤其是減輕責任的情形上，應當與本章規定的其他高度危險作業有所區別。因此規定，被侵權人對損害的發生有「過失」而不是「重大過失」的情況下，可以減輕責任人的賠償責任。

在民法典編纂過程中，有的提出，本法第 1239 條規定的是高度危險物造成他人損害，本條規定的是高度危險活動造成他人損害，兩者的危險程度應當差不多，建議兩條在因被侵權過失免責上，規定一致。經研究，我們在本條將侵權責任法第 73 條規定的「被侵權人對損害的發生有過失的」修改為「被侵權人對損害的發生有重大過失的」。

一、高空作業及責任承擔

高空作業又稱為高處作業，根據高處作業分級規定，凡距墜落高度基準面 2 米及其以

上，有可能墜落的在高處進行的作業，稱為高處作業。根據這裏的解釋，民用航空運輸不屬於高空作業，在民用航空器飛行中因墜落物體造成地面人員損害的，應當適用民用航空法和本法關於民用航空器致人損害責任。如果是高空纜車造成他人損害的，則應屬於高空作業，適用本條規定。

根據本條規定，從事高空活動造成他人損害的，應當承擔無過錯責任。如果能夠證明損害因受害人故意或者不可抗力造成的，作業人不承擔責任。如果從事高空活動的經營者能夠證明被侵權人對損害的發生有重大過失的，可以減輕經營者的責任。

二、高壓作業及責任承擔

本條裏的「高壓」屬於工業生產意義上的高壓，包括高壓電、高壓容器等，在不同行業裏認定高壓的標準不同。

從事高壓活動造成他人損害的，經營者應當承擔侵權責任。本法侵權責任編編纂過程中，有的提出，本條「經營者」內涵不清，既然民法典合同編已經明確供電設施產權的概念，為保持前後內容一致，建議將「經營者」修改為「產權人」。我們研究認為，產權人的範圍比經營者窄。有些設施不屬於產權人，但在經營人管理之下的，仍然屬於本條規定的承擔責任的主體，因此沒有對此進行修改。

在責任免除方面，從事高壓作業的經營者能夠證明損害是由受害人故意或者不可抗力造成的，不承擔責任。受害人對損害的發生有重大過失的，可以減輕經營者的責任。

三、地下挖掘及責任承擔

地下挖掘就是在地表下一定深度進行挖掘的行為。這裏的「經營者」就是從事挖掘活動的作業單位。如果能夠證明損害是因受害人故意或者不可抗力造成的，經營者不承擔責任；能夠證明被侵權人對損害的發生有重大過失的，可以減輕經營者的責任。需要指出的是，現實中，因地下挖掘如採礦而造成人員傷亡的，受害人多屬於作業企業的職工。對受害職工的賠償，應當依據工傷保險有關規定處理。

四、高速軌道運輸工具及責任承擔

高速軌道運輸工具就是沿着固定軌道行駛的車輛。根據本條規定，責任主體是經營者，具體到高速軌道運輸工具而言，經營者就是從事高速軌道運輸的運輸企業。如在鐵路運輸中，責任主體就是鐵路運輸企業。

根據本條規定，只有能夠證明損害是因受害人故意或者不可抗力造成的，經營者才不承擔責任。被侵權人對損害的發生有重大過失的，可以減輕經營者的責任。

> **第一千二百四十一條**　遺失、拋棄高度危險物造成他人損害的，由所有人承擔侵權責任。所有人將高度危險物交由他人管理的，由管理人承擔侵權責任；所有人有過錯的，與管理人承擔連帶責任。

■ 條文主旨

本條是關於遺失、拋棄高度危險物造成他人損害的侵權責任的規定。

■ 條文釋義

一、遺失、拋棄高度危險物造成他人損害的，由所有人承擔侵權責任

按照有關高度危險物的生產、儲存和處置的安全規範，所有人應當採取必要的安全措施保管或者處置其所有的高度危險物。如果違反有關規定拋棄或者遺失高度危險物造成他人損害的，就應當承擔侵權責任。這裏的「侵權責任」不僅包括對受害人的賠償，也包括應當積極採取補救措施，立即將拋棄的高度危險物妥善回收，防止損害擴大。如果遺失高度危險物的，應當立即組織力量追查尋找遺失的高度危險物，採取一切可能的警示措施，同時還要立即報告公安、環保等有關主管部門並配合採取應急措施。由於高度危險物本身的危險特性，這裏的「侵權責任」是無過錯責任。同時，考慮到遺失、拋棄高度危險物，其所有人往往是違反有關安全規範，本身有過錯，因此，這裏的責任應當更嚴格。

二、所有人將高度危險物交由他人管理的，由管理人承擔侵權責任

現實中，所有人根據生產、經營需要，將其所有的高度危險物交由他人管理。如所有人可能不具備大量儲存高度危險物的條件，將生產所需的高度危險物交由符合條件的儲存單位保管。有的因生產、經營需要將高度危險物通過運輸交由他人佔有、使用。管理人在這裏就是指根據所有人的委託，對高度危險物進行佔有並進行管理的單位，如專業的危險化學品倉儲公司、危險化學品運輸公司等。高度危險物的管理人應當具有相應的資質，並應當按照國家有關安全規範，妥善管理他人所交付的高度危險物。如果因為管理不善，遺失、拋棄高度危險物的，管理人應當承擔侵權責任。

三、所有人有過錯的，與管理人承擔連帶責任

所有人將高度危險物交由他人管理的，應當選擇有相應資質的管理單位，並如實說明高度危險物的名稱、性質、數量、危害、應急措施等情況。如果所有人未選擇符合資質的管理人，或者未如實說明有關情況，所有人即有過錯。如果管理人拋棄、遺失高度危險物造成他人損害的，所有人與管理人承擔連帶責任。被侵權人可以要求所有人承擔侵權責任，或者要求管理人承擔侵權責任，也可以要求所有人和管理人共同承擔侵權責任。在對內關係上，所有人和管理人根據各自的責任大小確定各自的賠償數額；難以確定的，平均承擔賠償責任。支付超出自己賠償數額的連帶責任人，有權向其他連帶責任人追償。

> 　　**第一千二百四十二條**　非法佔有高度危險物造成他人損害的，由非法佔有人承擔侵權責任。所有人、管理人不能證明對防止非法佔有盡到高度注意義務的，與非法佔有人承擔連帶責任。

■ 條文主旨

　　本條是關於非法佔有高度危險物造成他人損害的侵權責任的規定。

■ 條文釋義

一、非法佔有高度危險物造成他人損害的，由非法佔有人承擔侵權責任

　　非法佔有，是指明知自己無權佔有，而通過非法手段將他人的物品佔為己有。現實中，盜竊、搶劫、搶奪都是非法佔有的主要形式。按照高度危險物致害責任原理，一般由實際控制人承擔侵權責任。在高度危險物被非法佔有的情況下，高度危險物已經脫離所有人或者管理人的實際佔有，由非法佔有人實際控制。因此，應當由非法佔有人承擔侵權責任。為了加重非法佔有人的責任，非法佔有高度危險物造成他人損害的，非法佔有人承擔無過錯責任。

二、所有人、管理人與非法佔有人的連帶責任

　　所有人或者管理人對其佔有的高度危險物要盡到高度注意義務，採取嚴格的安全措施，妥善保管高度危險物，將高度危險物放置在特定的區域，並由專人看管，防止高度危險物被盜或者非法流失。如果所有人或者管理人未盡到高度注意義務，一旦導致高度危險物被非法佔有，將對社會產生巨大危害，嚴重威脅周圍人民群眾的人身財產和公共安全。因此，應當加重所有人、管理人的責任，使其對自己的過失行為負責。此外，考慮到非法佔有人可能沒有賠償能力，如果僅讓其承擔侵權責任，受害人得不到合理的賠償，對受害人保護不力，也不利於促使高度危險物的所有人或者管理人加強管理，採取有效的安全措施。所以，所有人、管理人不能證明對防止非法佔有盡到高度注意義務的，與非法佔有人承擔連帶責任。如果是所有人自己的原因導致他人非法佔有高度危險物的，由所有人與非法佔有人承擔連帶責任。如果所有人將高度危險物交由他人管理，管理人的原因造成他人非法佔有高度危險物的，由管理人與非法佔有人承擔連帶責任。如果所有人和管理人都有過錯的，所有人、管理人和非法佔有人一起承擔連帶責任。需要指出的是，是否盡到高度注意義務的舉證責任在所有人、管理人，如果他們不能證明已盡到高度注意義務，就推定其有過錯，應當與非法佔有人承擔連帶責任，受害人可以要求所有人、管理人、非法佔有人中任何人，部分或者全部承擔侵權責任。

> **第一千二百四十三條**　未經許可進入高度危險活動區域或者高度危險物存放區域受到損害，管理人能夠證明已經採取足夠安全措施並盡到充分警示義務的，可以減輕或者不承擔責任。

■ 條文主旨

本條是關於未經許可進入高度危險活動區域或者高度危險物存放區域致害責任承擔的規定。

■ 條文釋義

高度危險責任的類型非常複雜，一般來說，對於高度危險作業活動，即高度危險作業人積極、主動地對周圍環境實施具有高度危險的活動，作業人應當承擔無過錯責任。高度危險責任中除了這一類對周圍環境實施積極、主動危險活動的高度危險作業外，還包括另一類，它並非積極、主動實施對周圍環境造成高度危險的活動，而是因其管理控制的場所、區域具有高度危險性，如果未經許可擅自進入該區域，則易導致損害的發生，即高度危險活動區域或者高度危險物存放區域責任。如果將對高度危險場所、區域的控制和管理也視為高度危險活動，這一類高度危險活動是靜態的，不像高度危險作業活動一樣對周圍環境實施了積極、主動的危險。雖然二者都屬於高度危險責任，但在免責和減責事由上，二者應有所區別。因此，本條規定，未經許可進入高度危險活動區域或者高度危險物存放區域受到損害，管理人能夠證明已經採取足夠安全措施並盡到充分警示義務的，可以減輕或者不承擔責任。

本條是在侵權責任法第 76 條的基礎上修改完善而來：一是有的提出，侵權責任法「管理人已經採取安全措施並盡到警示義務的」的表述看不出舉證責任是否應當由管理人負擔。因此，本法將「管理人已經採取」修改為「管理人能夠證明已經採取」，以明確舉證責任，這並沒有改變侵權責任法第 76 條的規則，只是更明確而已。二是有的提出，本章的高度危險責任，針對的是高度危險行為。應當提高高度危險活動區域或者高度危險物存放區域的管理人的義務。經研究，將侵權責任法第 76 條中「採取安全措施」修改為「採取足夠安全措施」，將「盡到警示義務」修改為「盡到充分警示義務」。這一修改意在突出行為的高度危險性，也係採納學界和司法實踐各方意見。

一般來說，高度危險活動區域或者高度危險物存放區域都同社會大眾的活動場所相隔絕。如果在管理人已經採取足夠安全措施並且盡到充分警示義務的情況下，受害人未經許可進入該高度危險區域這一行為本身就說明受害人對於損害的發生具有過錯。例如，出於自殺的故意積極追求損害的發生；或者出於過失，雖然看到警示標識但輕信自己能夠避免。上述兩種情況下，高度危險活動區域或者高度危險物存放區域的管理人可以減輕或者不承擔責任。

> **第一千二百四十四條**　承擔高度危險責任，法律規定賠償限額的，依照其規定，但是行為人有故意或者重大過失的除外。

■ 條文主旨

本條是關於高度危險責任賠償限額的規定。

■ 條文釋義

高度危險責任屬於無過錯責任，其重要特點之一就是不論行為人對損害的發生是否具有過錯，高度危險責任人都必須對損害承擔責任，除非法律另有規定。因此，法律對於高度危險責任人的要求非常嚴格。但是，從行業的發展和權利義務平衡的角度來看，法律必須考慮在這種嚴格責任的前提下，有相應責任限額的規定，這也是許多國家在高度危險責任立法上的一致態度。我國現行法律對於高度危險責任賠償限額問題也有比較明確的規定，對此，如果法律對不同類型的高度危險責任有賠償限額規定的，要依照其規定。目前，我國主要在航空、鐵路和核事故中規定了高度危險責任賠償限額。雖然海上運輸損害賠償有《港口間海上旅客運輸賠償責任限額規定》，但海上運輸方式是否為高度危險作業，尚有爭議。

一、關於民用航空器致人損害的賠償限額

民用航空法第 128 條至第 130 條規定了民用航空器致人損害的賠償限額。除此之外，相關的規範性文件還有《國內航空運輸承運人賠償責任限額規定》第 3 條至第 5 條的規定。

二、關於民用核設施發生核事故致人損害的賠償限額

《國務院關於核事故損害賠償責任問題的批覆》第 7 項對此作了規定。

三、高度危險責任賠償限額的例外

侵權責任法第 76 條並未規定高度危險責任賠償限額的例外。本法編纂過程中，有的提出，高度危險責任是無過錯責任，承擔這種責任無須考慮侵權人的過錯；但是，如果受害人舉證證明侵權人存在過錯，那麼在受害人損失明顯大於賠償標準時，仍然適用限額標準存在不公平。我們對此研究認為，民用航空法第 132 條規定：「經證明，航空運輸中的損失是由於承運人或者其受僱人、代理人的故意或者明知可能造成損失而輕率地作為或者不作為造成的，承運人無權援用本法第一百二十八條、第一百二十九條有關賠償責任限制的規定；證明承運人的受僱人、代理人有此種作為或者不作為的，還應當證明該受僱人、代理人是在受僱、代理範圍內行事。」該條已經以立法的形式明確了承擔高度危險責任的人有過錯時，不適用責任限額的規定。可以認為，此時受害人主張的是一般侵權責任，當適用無過錯責任的責任限額會導致明顯不公平時，應當允許對責任限額制度作出例外規定，即無過錯責任與過錯責任相互之間變通適用。如果被侵權人能夠舉證證明侵權人有過錯，可以適用過錯責任；而在被侵權人不能或者難以舉證證明侵權人有過錯時，可以適用嚴格責任要求依照賠償限額標準獲得賠償。這種有限度的突破限額賠償制度，使受害人權益之保護愈加完善，同時也能

有效督促危險責任保有人盡安全注意義務，努力避免損害之發生。因此，本條在侵權責任法第 76 條的基礎上增加了但書規定。

第九章　飼養動物損害責任

本章共七條，主要規定了飼養的動物致人損害的一般規定，未對動物採取安全措施的責任承擔，禁止飼養的危險動物致害的責任，動物園的責任，遺棄、逃逸動物造成損害後的責任主體，第三人過錯致使動物造成他人損害責任等問題進行了規定。

> **第一千二百四十五條**　飼養的動物造成他人損害的，動物飼養人或者管理人應當承擔侵權責任；但是，能夠證明損害是因被侵權人故意或者重大過失造成的，可以不承擔或者減輕責任。

■ 條文主旨

本條是關於飼養的動物致人損害的一般規定。

■ 條文釋義

飼養動物致人損害是間接侵權引發的直接責任的責任形態，加害行為是人的行為與動物的行為的複合。人的行為是指人對動物的所有、佔有、飼養或者管理。動物的行為是直接的加害行為。這兩種行為相結合，才能構成侵權行為。

一、飼養的動物致人損害的歸責原則

動物致人損害是過錯推定責任，構成要件是：飼養的動物；動物的加害行為；造成他人損害的事實；動物加害行為與損害之間的因果關係。

侵權責任法第 78 條規定的目的就是要促使動物飼養人或者管理人能夠認真、負責地擔負起全面的注意、防範義務，以保護公眾的安全。任何動物，其本性都決定了不同程度地存在致人損害的危險。由於動物的飼養人或者管理人對動物負有管束的義務，因而也就必須對動物所具有的危險性負責，保證其動物不至於造成他人損害。而一旦這種危險性造成損害，動物的飼養人或者管理人就應承擔民事責任，除具有法定的抗辯事由外，不能免責。侵權責任法第 78 條同時規定法定抗辯事由。本條繼承了侵權責任法第 78 條的規定。

二、「飼養的動物」範圍

普遍認為，「飼養的動物」應同時具備：為特定的人所有或者佔有；飼養人或者管理人對動物具有適當程度的控制力；依動物自身的特性，有可能對他人或者財產造成損害；該動物為家畜、家禽、寵物或者馴養的野獸、爬行類動物等。對於自然保護區或者野生動物保護區的野獸，雖然可能為人們在一定程度上所飼養或者管理，如定期投放食物，甚至為其生存

和繁殖提供了適宜的條件和環境，但人們對牠的控制力較低。因此，野生動物不能列入本法所說「飼養的動物」。

三、動物致害責任的賠償主體

動物的飼養人或者管理人都是責任主體。動物的飼養人是指動物的所有人，即對動物享有佔有、使用、收益、處分權的人；動物的管理人是指實際控制和管束動物的人，管理人對動物不享有所有權，而只是根據某種法律關係直接佔有和控制動物。當動物的飼養人與管理人為不同人時，管束動物的義務由飼養人轉移給管理人，這時的賠償主體應為管理人。至於管理人是有償管理還是無償管理，是長期管理還是臨時管理，在所不問。

有的意見提出，「動物飼養人或者管理人」說明不了物權關係，建議修改為「所有人」「管理人」「佔有人」「保有人」。有人認為，還是沿用民法通則「動物飼養人或者管理人」為好。侵權責任法沿襲了民法通則的表述，本法沿襲了侵權責任法的表述，仍用「動物飼養人或者管理人」。本條的目的是規定承擔責任的主體，而不是規範物的歸屬關係。

四、抗辯事由

因被侵權人自己故意或者重大過失造成損害的，動物的飼養人或者管理人可以不承擔或者減輕責任。

在動物致害中，有時被侵權人故意或者重大過失是誘發動物致害的直接原因，是引起損害的全部或者主要原因。也就是說，被侵權人致害，是因自己挑逗、刺激等誘發動物的行為直接造成的，如果被侵權人的行為不足以誘發動物，其過失只是引起損害的部分原因或者次要原因，則不能認為被侵權人在該損害中存在故意或者重大過失。例如，甲明知乙有一條性情暴躁的狗且經常咬人，但甲必須從乙的家門路過，當甲路過乙的門口時，乙的狗突然躥出來把甲咬傷。此案中就不得認定甲是有重大過失的。因為甲的行為本身不能直接誘發動物損害，與動物損害沒有必然的因果關係。

被侵權人是否存在故意或者重大過失，具體行為在不同的案件中是不相同的。在動物侵權案件中，對於被侵權人有故意或者重大過失的認定都是非常嚴格的，否則，任何主動接近動物的行為如果被認定為是故意或者重大過失的行為，那就會造成對動物飼養人或者管理人的偏袒，失去社會的公平。同時，被侵權人有故意或者重大過失的，動物飼養人或者管理人可以不承擔或者減輕責任，這對飼養人或者管理人也是公平的。

五、舉證責任倒置

動物飼養人或者管理人如果想要減輕或者不承擔責任，就必須證明被侵權人的損害是因為他自己行為的故意或者重大過失造成的。如果舉證不足或者舉證不能，動物飼養人或者管理人就應承擔動物致害的賠償責任。

六、動物飼養人或者管理人的義務

動物飼養人或者管理人應該謹慎管束，肩負起對自己、對社會、對公眾負責任的義務，這樣有利於切實保障廣大人民群眾的人身和財產安全，維護社會的穩定和正常秩序。

> 　　**第一千二百四十六條**　違反管理規定，未對動物採取安全措施造成他人損害的，動物飼養人或者管理人應當承擔侵權責任；但是，能夠證明損害是因被侵權人故意造成的，可以減輕責任。

■ 條文主旨

　　本條是關於未對動物採取安全措施造成他人損害的責任承擔的規定。

■ 條文釋義

　　隨着飼養寵物人群的不斷增多，社會上無序養寵物、違規養寵物的情況日益突出，動物傷人的事件逐年呈上升趨勢。基於此問題的嚴重性，為維護百姓的人身和財產安全，侵權責任法第 79 條對動物致人損害的侵權責任作了嚴格的規定，但並未規定免責事由，即使被侵權人對損害的發生有過失，動物飼養人或者管理人也不能減輕或者不承擔責任。民法典編纂過程中，有的意見提出，違反管理規定飼養動物，造成損害的，動物飼養人或者管理人承擔的是無過錯責任；但如果損害確係被侵權人的原因造成的，這種情況下動物飼養人或者管理人不能減免責任，會出現被侵權人因為沒有責任，去主動挑逗、觸摸動物，從而引發更多的損害情形發生。為了督促被侵權人正確認識自己的行為及可能產生的後果，應當規定責任減免條款。我們研究認為，在違反管理規定的情況下免除動物飼養人或者管理的責任顯然是不合適的，但是可以適當減輕其責任。所以，在繼承侵權責任法第 79 條的基礎上，本條增加規定，「但是，能夠證明損害是因被侵權人故意造成的，可以減輕責任」。該規定同樣是舉證責任倒置。

> 　　**第一千二百四十七條**　禁止飼養的烈性犬等危險動物造成他人損害的，動物飼養人或者管理人應當承擔侵權責任。

■ 條文主旨

　　本條是關於對禁止飼養的烈性犬等危險動物致人損害的責任規定。

■ 條文釋義

　　飼養烈性動物有較大的危害性。我國很多的地方性法規對禁止飼養的烈性犬和大型犬作了明確的規定。為確保群眾人身安全，本條對動物傷人的侵權行為作出了非常嚴格的規定，只要違反管理規定飼養了烈性犬等危險動物，並造成他人損害的，動物飼養人或者管理人就應當承擔侵權責任，沒有任何的免責事由可以援引。本條規定了如此嚴格的責任就是引導飼養危險動物的人認識到自己的社會責任和法律責任，為動物、為自己、為他人着想，不要違

反規定飼養危險動物。

另外，需要說明一下屬於大型犬的導盲犬的問題。導盲犬作為一種特殊的工作犬，必須要具備非常嚴格的條件，不僅要性情溫和，喜歡與人在一起，不具有攻擊性，不會對他人安全產生威脅。我國殘疾人保障法強調對殘疾人各項「自立生活」權利的保護。第 58 條專門規定：「盲人攜帶導盲犬出入公共場所，應當遵守國家有關規定。」

第一千二百四十八條　動物園的動物造成他人損害的，動物園應當承擔侵權責任；但是，能夠證明盡到管理職責的，不承擔侵權責任。

■ 條文主旨

本條是關於動物園的動物致人損害責任承擔的規定。

■ 條文釋義

本條繼承了侵權責任法第 81 條的規定。在侵權責任法起草過程中，對動物園的動物造成他人損害，動物園應當承擔什麼責任，就有較大爭論。有的認為，作為一個公共場所，動物園應承擔比較嚴格的責任。有人提出，被侵權人的傷害，有些時候是因為自己不遵守動物園的規定，無視警示牌、不聽工作人員的勸阻，擅自挑逗動物造成的，如果動物園已盡到管理責任的，應減輕或者不承擔責任。

民法典編纂過程中，有的提出，本條為過錯推定責任，但會造成動物園的動物致害責任與普通人飼養動物致害責任之間的評價矛盾。第一，動物園飼養的動物比普通人飼養的動物可能更危險，能夠證明盡到管理職責的，不承擔侵權責任，根據本法第 1245 條的規定，普通動物飼養人能夠證明損害是因被侵權人故意或者重大過失造成的，可以不承擔或者減輕責任，這樣不夠合理。第二，動物園擁有專業的設施和人員，相對於普通動物飼養人來說，風險防範能力更強。我們採納這一意見，作了相應修改。

本條規定，動物園的動物造成他人損害的，動物園應當承擔侵權責任，但能夠證明盡到管理職責的，不承擔責任。也就是說，本條適用過錯推定責任，動物園負有高度注意義務，只有能夠證明已經採取足夠的安全措施，並盡到充分的警示義務，才能認定為沒有過錯。如果動物園能夠證明設施、設備沒有瑕疵、有明顯的警示牌，管理人員對遊客挑逗、投打動物或者擅自翻越欄杆靠近動物等行為進行了勸阻，該盡的管理職責已經做到了，那麼動物園就可以不承擔侵權責任。

還有一個問題需要說明，關於野生動物致人損害的問題。野生動物保護法第 14 條規定：「各級野生動物保護主管部門應當監視、監測環境對野生動物的影響。由於環境影響對野生動物造成危害時，野生動物保護主管部門應當會同有關部門進行調查處理。」第 19 條

規定：「因保護本法規定保護的野生動物，造成人員傷亡、農作物或者其他財產損失的，由當地人民政府給予補償。具體辦法由省、自治區、直轄市人民政府制定。有關地方人民政府可以推動保險機構開展野生動物致害賠償保險業務。有關地方人民政府採取預防、控制國家重點保護野生動物造成危害的措施以及實行補償所需經費，由中央財政按照國家有關規定予以補助。」從上述規定可以看出，實踐中對受到損害的單位和個人已經有了相關的救濟措施。因此，本法對野生動物致害問題就沒有再作專門規定。

第一千二百四十九條　遺棄、逃逸的動物在遺棄、逃逸期間造成他人損害的，由動物原飼養人或者管理人承擔侵權責任。

■ 條文主旨

本條是關於遺棄、逃逸的動物在遺棄、逃逸期間造成他人損害的責任規定。

■ 條文釋義

對流浪動物的問題作出規定，明確飼養人和管理人的管理責任，有助於從源頭遏制遺棄飼養的動物，看管好自己飼養的動物以防丟失的情況發生。鑒於流浪動物問題的嚴重性，侵權責任法第 82 條規定了遺棄、逃逸的動物在遺棄、逃逸期間造成他人損害的，由原動物飼養人或者管理人承擔侵權責任。本條繼承了侵權責任法第 82 條的規定。

動物的遺棄是指動物飼養人拋棄了動物。逃逸的動物是指飼養人暫時地喪失了對該動物的佔有和控制。

對動物在失去飼養人或者管理人控制下造成他人損害的，無論動物飼養人或者管理人遺棄動物，還是未盡到管理責任致使動物逃逸，其行為都是加劇了動物對人和社會的危險性，而損害的事實正是由於動物在失去人為的管理和控制下任意流動的危險性所導致。因此，為了社會公眾利益，為了充分保護被侵權人利益，遺棄、逃逸動物的原飼養人或者管理人就應當對自己遺棄動物的行為，以及疏於管理沒有盡到管理義務的行為承擔責任。

第一千二百五十條　因第三人的過錯致使動物造成他人損害的，被侵權人可以向動物飼養人或者管理人請求賠償，也可以向第三人請求賠償。動物飼養人或者管理人賠償後，有權向第三人追償。

■ 條文主旨

本條是關於因第三人的過錯致使動物造成他人損害責任承擔的規定。

■ **條文釋義**

　　現實中經常發生的動物傷人事件，並非被侵權人自己有過錯，也非動物獨立行為致人傷害，很多情形是由於第三人的原因致使動物傷及他人。如某甲故意在馬身邊按車喇叭，致使拴在木樁上的馬受驚掙脫繩子，衝出去撞傷了行人。本條就是要解決因第三人的原因，造成動物傷害他人的賠償問題。

　　一、第三人的過錯

　　第三人的過錯是指被侵權人和動物飼養人或者管理人以外的人對動物造成損害有過錯。第三人的過錯在大多數場合表現為：有意挑逗、投打、投餵、誘使動物，其後果致使他人受到人身或者財產的損害，其實質是實施了誘發動物致害的行為。

　　二、對被侵權人救濟的選擇權

　　本條賦予了被侵權人的選擇權，被侵權人既可以請求第三人承擔賠償責任，也可以請求動物飼養人或者管理人承擔賠償責任。賦予被侵權人的選擇權，一方面可使被侵權人獲得法律救濟、得到實際賠償的可能性增大；另一方面也會使動物飼養人對動物的管理更加盡到注意義務，從而減少動物傷人的機會。這樣的設計可以讓被侵權人受到更多的保護。

　　三、動物飼養人或者管理人的追償權

　　動物飼養人或者管理人之所以享有追償權，是因為動物飼養人或者管理人實際上是代替第三人履行的賠償義務，在動物飼養人或者管理人與第三人之間，第三人仍然是責任的最終承擔者。這樣規定，一方面有利於被侵權人及時獲得救濟，另一方面也是維護動物飼養人或者管理人自身權益的一項重要手段。

　　第一千二百五十一條　飼養動物應當遵守法律法規，尊重社會公德，不得妨礙他人生活。

■ **條文主旨**

　　本條是關於飼養動物應當遵守法律的規定。

■ **條文釋義**

　　動物的一切行為約束全部靠動物飼養人或者管理人的管制。既然飼養了動物，飼養人就應該意識到自己擔負着遵守社會公德和保護公共環境的雙重社會責任，不能放任寵物侵擾他人的正常生活，應該按照規定飼養動物：一是動物飼養人或者管理人在攜犬出戶時，應當對犬束犬鏈，由成年人牽領，並應當避讓老年人、殘疾人、孕婦和兒童。二是動物飼養人或者管理人不得讓動物干擾他人正常生活。犬吠影響他人休息時，養犬人應當採取有效措施予以制止。三是不得攜寵物進入市場、商店、商業街區、飯店、公園、公共綠地、學校、醫院、

展覽館、影劇院、體育場館、社區公共健身場所、遊樂場、候車室等公共場所；不得攜寵物乘坐除小型出租汽車以外的公共交通工具；攜寵物乘坐小型出租汽車時，應徵得駕駛員的同意，並作好防護安全措施。四是飼養寵物要定期為其注射預防疾病疫苗、狂犬病疫苗和必要的醫療保健措施；不拋棄、不放棄飼養的寵物。五是攜寵物出戶時，對在戶外排泄的糞便應當立即清除等。

第十章　建築物和物件損害責任

本章共七條，主要規定了建築物、構築物或者其他設施倒塌、塌陷造成他人損害責任，建築物、構築物或者其他設施及其擱置物、懸掛物發生脫落、墜落造成他人損害責任，從建築物中拋擲物品或者從建築物上墜落的物品造成他人損害責任，堆放物造成他人損害責任，在公共道路上堆放、傾倒、遺撒妨礙通行的物品造成他人損害責任，林木造成他人損害責任，在公共場所或者道路上挖坑、修繕安裝地下設施等造成他人損害責任，窨井等地下設施造成他人損害責任。

侵權責任法第十一章的章名為「物件損害責任」，民法典侵權責任編編纂過程中，有的提出，從語義上看，「物件」似乎無法涵蓋有關「建築物」等情形，可能使人造成誤解。因此，本法將侵權責任法的「物件損害責任」修改為「建築物和物件損害責任」。本章所指建築物和物件包括建築物、構築物或者其他設施及其擱置物、懸掛物，堆放物，妨礙通行物和林木等。建築物和物件損害責任，是指建築物、構築物或者其他設施及其擱置物、懸掛物，堆放物，妨礙通行物和林木等由於存在缺陷或者疏於管理、維護等，造成他人損害，侵權人應當承擔的侵權責任。

第一千二百五十二條　建築物、構築物或者其他設施倒塌、塌陷造成他人損害的，由建設單位與施工單位承擔連帶責任，但是建設單位與施工單位能夠證明不存在質量缺陷的除外。建設單位、施工單位賠償後，有其他責任人的，有權向其他責任人追償。

因所有人、管理人、使用人或者第三人的原因，建築物、構築物或者其他設施倒塌、塌陷造成他人損害的，由所有人、管理人、使用人或者第三人承擔侵權責任。

■ 條文主旨

本條是關於建築物、構築物或者其他設施倒塌、塌陷造成他人損害責任的規定。

■ 條文釋義

侵權責任法第 86 條對建築物、構築物或者其他設施倒塌造成他人損害的情形作了規定。針對實踐中有的地方發生地面坍塌致人損害問題，嚴重危害人民群眾的人身財產安全。民法典本條在侵權責任法的基礎上增加了「坍塌」這種情形。

本條所說的倒塌、塌陷，是指建築物、構築物或者其他設施坍塌、倒覆，造成該建築物、構築物或者其他設施喪失基本使用功能。例如，樓房倒塌、橋樑的橋墩坍塌、電視塔從

中間折斷、煙囪傾倒、地面塌陷等。

一、建設單位與施工單位的連帶責任、例外情形以及追償權

（一）連帶責任

侵權責任法立法過程中，有的意見認為，應當規定由建設單位、設計單位、施工單位、監理單位等承擔連帶責任。經研究，侵權責任法第 86 條第 1 款，將勘察單位、設計單位和監理單位作為「其他責任人」處理。民法典侵權責任編繼承了侵權責任法的規定。

一是建設單位。實踐中，房地產開發企業、機關和工廠是比較常見的建設單位。建設單位是建設工程合同的發包人，參與工程建設的很多環節，對建設工程的質量有很大的影響。二是施工單位。實踐中，建築公司是比較常見的施工單位。施工單位負責建設工程的具體施工工作，對建設工程質量有比較直接的影響，應當對建設工程的質量負責。

根據本條第 1 款的規定，由建設單位與施工單位承擔連帶責任。

（二）除外情形

民法典編纂過程中，有的提出，一律規定建設單位與施工單位承擔連帶責任，在不存在工程質量的情況下，是否有必要。經過綜合考慮，在本條增加了但書規定，即建設單位與施工單位能夠證明不存在質量缺陷的，不承擔連帶責任。

（三）建設單位和施工單位賠償後，有其他責任人的，有權向其他責任人追償

一般來講，本條第 1 款規定的「其他責任人」，主要包括：一是勘察單位、設計單位等。二是監理單位。三是勘察、設計、監理單位以外的責任人。例如，負責頒發建築工程施工許可證的部門。

二、因所有人、管理人、使用人或者第三人的原因，建築物、構築物或者其他設施倒塌、塌陷造成他人損害的，由所有人、管理人、使用人或者第三人承擔侵權責任

建築物、構築物或者其他設施倒塌、塌陷有多種原因，有的是因質量不合格，有的是由於年久失修，有的是業主擅自改變承重結構，不宜都由建設單位、施工單位承擔責任。因此，本條第 2 款規定，因所有人、管理人、使用人或者第三人的原因，建築物、構築物或者其他設施倒塌、塌陷造成他人損害的，由所有人、管理人、使用人或者第三人承擔侵權責任。侵權責任法第 86 條規定的是因「其他責任人的原因」，在民法典侵權責任編編纂過程中，有的提出，本條第 1 款、第 2 款均有「其他責任人」的表述，含義不同，容易引起誤解。我們認為，第 1 款中的「其他責任人」主要是指與建築物、構築物或者其他設施的建設、施工相關的主體，如建設單位、施工單位、監理單位、勘查單位等。第 2 款中的「其他責任人」主要是指暴力裝修的所有權人等房屋的使用人。為了避免誤解與理解上出現混淆，我們將第 2 款中的「其他責任人」修改為「所有人、管理人、使用人或者第三人」。

> **第一千二百五十三條**　建築物、構築物或者其他設施及其擱置物、懸掛物發生脫落、墜落造成他人損害，所有人、管理人或者使用人不能證明自己沒有過錯的，應當承擔侵權責任。所有人、管理人或者使用人賠償後，有其他責任人的，有權向其他責任人追償。

■ 條文主旨

本條是關於建築物、構築物或者其他設施及其擱置物、懸掛物發生脫落、墜落造成他人損害責任的規定。

■ 條文釋義

在民法通則、司法解釋和司法實踐經驗的基礎上，侵權責任法第85條對建築物、構築物或者其他設施及其擱置物、懸掛物脫落、墜落造成他人損害責任作了規定。在編纂民法典侵權責任編時，在繼承侵權責任法第85條、第86條規定的同時，將兩條的順序互換，使得本條與下一條關於「建築物拋物墜物」責任的規定更為緊密。

一、有關術語

建築物是指人工建造的、固定在土地上，其空間用於居住、生產或者存放物品的設施，如住宅、寫字樓、車間、倉庫等。

構築物或者其他設施，是指人工建造的、固定在土地上、建築物以外的某些設施，如道路、橋樑、隧道、城牆、堤壩等。

建築物、構築物或者其他設施上的擱置物、懸掛物，是指擱置、懸掛在建築物、構築物或者其他設施上，非建築物、構築物或者其他設施本身組成部分的物品。例如，擱置在陽台上的花盆、懸掛在房屋天花板上的吊扇、腳手架上懸掛的建築工具等。

建築物、構築物或者其他設施及其擱置物、懸掛物脫落、墜落，是指建築物、構築物或者其他設施的某一個組成部分以及擱置物、懸掛物從建築物、構築物或者其他設施上脫落、墜落。例如，房屋牆壁上的瓷磚脫落、房屋天花板墜落、吊燈墜落、屋頂瓦片滑落、房屋窗戶玻璃被風颳碎墜落、陽台上放置的花盆墜落等。

二、責任主體

建築物、構築物或者其他設施的所有人、管理人或者使用人應當對建築物、構築物或者其他設施及其擱置物、懸掛物進行合理的管理、維護，避免給他人造成損害。本條規定了三個侵權責任主體：一是所有人，承擔維護、管理的義務，應當依法承擔侵權責任。二是管理人，指對建築物等設施及其擱置物、懸掛物負有管理、維護義務的人。三是使用人，指因租賃、借用或者其他情形使用建築物等設施的人。

三、歸責原則

1. 本條採用過錯推定原則，既符合社會生活的實際情況，也有利於保護被侵權人的合法

權益。

2. 所有人、管理人或者使用人賠償後，有其他責任人的，有權向其他責任人追償。實踐中，有時損害的發生除了與所有人、管理人或者使用人的過錯有關外，還與其他人有關，只是該其他人不直接對被侵權人承擔侵權責任。但是，所有人、管理人或者使用人向被侵權人賠償後，有權向該其他責任人追償。

第一千二百五十四條　禁止從建築物中拋擲物品。從建築物中拋擲物品或者從建築物上墜落的物品造成他人損害的，由侵權人依法承擔侵權責任；經調查難以確定具體侵權人的，除能夠證明自己不是侵權人的外，由可能加害的建築物使用人給予補償。可能加害的建築物使用人補償後，有權向侵權人追償。

物業服務企業等建築物管理人應當採取必要的安全保障措施防止前款規定情形的發生；未採取必要的安全保障措施的，應當依法承擔未履行安全保障義務的侵權責任。

發生本條第一款規定的情形的，公安等機關應當依法及時調查，查清責任人。

■ 條文主旨

本條是關於從建築物中拋擲物品或者從建築物上墜落的物品造成他人損害責任的規定。

■ 條文釋義

實踐中，從建築物上拋擲物、墜落物致人損害的情形時有發生，「頭頂上的安全」引起社會的廣泛關注。對侵權責任法第 87 條的規定各方面一致有很大意見。在民法典侵權責任編的編纂過程中，如何對本條修改，是否刪除本條規定，是各方面關注的焦點之一。經過反覆研究、慎重考慮、大量調研、聽取意見和建議後認為，從建築物中拋擲物品或者從建築物上墜落的物品造成他人損害的民事責任主要涉及兩種情況：一是責任人容易明確的情形。建築物的構成部分或者建築物上的擱置物、懸掛物發生脫落、墜落，這種情形下責任人較容易被發現。二是責任人不容易明確的情形。對於這種情形，「由可能加害的建築物使用人給予補償」。「可能加害的建築物使用人」必須限定在一定的合理範圍內，不能機械地無限擴大至建築物中的所有人。

民法典侵權責任編草案三審稿對侵權責任法第 87 條作了重大修改。對修改稿的內容，有的提出，實踐中建築物管理人主要是物業服務企業，建議明確列舉出物業服務企業。經研究，我們採納這一意見。2020 年 5 月民法典提交十三屆全國人大三次會議審議過程中，有的提出，高空拋物或者墜物行為危害公共安全，公安機關有責任進行調查以查清責任人。經研究，我們採納了這一建議。

一、禁止從建築物中拋擲物品

我國的民事法律規範極少使用「禁止」性的表述，蓋因民事法律是調整平等主體之間權利義務的規範，以自由意志為導向。本條規定禁止性規定，是對從建築物中拋擲物品行為的嚴厲譴責和禁止。

二、從建築物中拋擲物品或者從建築物上墜落的物品

如果物體並非從建築物中拋擲或墜落，不適用該規定。

三、由侵權人依法承擔侵權責任

從建築物中拋擲物品或者從建築物上墜落的物品造成他人損害的，應當由侵權人依法承擔侵權責任，這是過錯責任的體現。只有難以確定具體侵權人的，才適用本條的補償規定。

四、經調查難以確定具體侵權人

難以確定具體侵權人是指無法確定物品具體是從哪一個房間拋擲、墜落的，因此無法確定具體的侵權人。本條在侵權責任法第 87 條的基礎上，增加了「經調查」的表述。我們認為，從建築物中拋擲物品或者從建築物上墜落的物品，造成他人損害的，小區物業管理企業、公安等機關均及時、縝密的調查取證，儘量查明侵權人。

五、關於可能加害的建築物使用人

按照社會生活實踐經驗、科學手段等方法，可以推測認為拋擲物、墜落物有可能是從某人使用的建築物中拋擲或墜落的，則該使用人就是本條所說的「可能加害的建築物使用人」。當然，這種可能性必須在一定的合理範圍內。

六、除能夠證明自己不是侵權人的外，由可能加害的建築物使用人給予補償

本條採用舉證責任倒置，由建築物使用人證明自己不是侵權人。建築物使用人不能證明自己不是侵權人的，要對被侵權人受到的損害進行補償。如果有證據能夠確定具體的侵權人，則其他可能加害的建築物使用人無須再舉證證明自己不是侵權人。

七、發現真正侵權人後，承擔了補償的建築物使用人具有追償權

由可能加害的建築物使用人對被侵權人給予補償的，各個可能加害的建築物使用人之間不承擔連帶責任，而是按份分別對被侵權人進行補償。被侵權人不能要求某一個或一部分可能加害的建築物使用人補償其全部的損害，可能加害的建築物使用人按照自己應承擔的份額對被侵權人進行補償後，也不能向其他可能加害的建築物使用人追償。但是，發現了真正侵權人的，可以向真正的侵權人進行追償，以體現責任自負、社會公平。

八、物業服務企業等建築物管理人的義務

物業服務企業與業主簽訂物業服務合同，應當履行合同約定的義務，及時採取合理措施制止、向有關行政主管部門報告並協助處理。因此，物業服務企業具有一定的安全保障義務，應當採取必要的安全保障措施。未採取必要的安全保障措施的，應當依法承擔未履行安全保障義務的侵權責任。

九、公安等機關的及時調查義務

公安等機關是具有偵查權的機關，應當積極履職、為民服務，立案偵查，調查清楚具體

的侵權人，儘可能減少難以確定具體侵權人的情形，不能推諉扯皮。

第一千二百五十五條　堆放物倒塌、滾落或者滑落造成他人損害，堆放人不能證明自己沒有過錯的，應當承擔侵權責任。

■ 條文主旨

本條是關於堆放物造成他人損害責任的規定。

■ 條文釋義

本條在繼承侵權責任法第 88 條的基礎上，根據實踐的需要和有關建議，增加列舉了「滾落或者滑落」兩種情形。

堆放物，是指堆放在土地上或者其他地方的物品。堆放物須是非固定在其他物體上，如建築工地上堆放的磚塊、木料場堆放的圓木等。

本條所說的倒塌、滾落或者滑落，包括堆放物整體或者部分的倒塌、脫落、墜落、滑落、滾落等。例如，碼頭堆放的集裝箱倒塌、建築工地上堆放的建築材料倒塌、伐木場堆放的圓木滾落等。

堆放人，是指將物體堆放在某處的人。堆放人可能是所有人，也可能是管理人。堆放人應當合理選擇堆放地點、堆放高度，要堆放穩固並看管好堆放的物品，防止被他人隨意挪動，防止他人特別是限制民事行為能力人和無民事行為能力人攀爬等。

本條採用過錯推定原則。堆放人不能證明自己沒有過錯的，承擔侵權責任。符合本法第 1178 條規定的，可以不承擔或者減輕責任。

第一千二百五十六條　在公共道路上堆放、傾倒、遺撒妨礙通行的物品造成他人損害的，由行為人承擔侵權責任。公共道路管理人不能證明已經盡到清理、防護、警示等義務的，應當承擔相應的責任。

■ 條文主旨

本條是關於在公共道路上堆放、傾倒、遺撒妨礙通行的物品造成他人損害責任的規定。

■ 條文釋義

一、關於公共道路

公共道路是指公共通行的道路，主要依照根據公路法和公路管理條例確定。

二、關於堆放、傾倒、遺撒妨礙通行物

本條規定的堆放、傾倒、遺撒妨礙通行物，是指在公共道路上堆放、傾倒、遺撒的物品，影響他人對該公共道路正常、合理的使用。公共道路的使用關係到公眾的利益，在道路上堆放、傾倒、遺撒妨礙通行物，會對他人的安全造成不合理的危險。

在公共道路上堆放、傾倒、遺撒妨礙通行物，既可以是堆放、傾倒、遺撒固體物，也可以是傾倒液體、排放氣體。

三、直接侵權人與公共道路管理人

侵權責任法第89條使用了「有關單位或者個人」的表述。民法典侵權責任編編纂過程中，有的提出，本條應當對承擔責任的主體作進一步細分。我們研究認為，在公共道路上堆放、傾倒、遺撒妨礙通行的物品的主體大致可分為兩類：一類是具體實施該行為的侵權人；另一類是對公共道路具有養護、管理職責的主體。公共道路涉及公共安全，公共道路管理人對道路的管理職責中當然就包括了法定的防止因第三人的堆放、傾倒、遺撒等行為造成他人損害的義務。為了保障公共道路具有良好的使用狀態，公共道路的管理、維護者要及時發現道路上出現的妨礙通行的情況並採取清理、防護、警示等合理的措施。如果沒有盡到這種義務，應在未盡到職責的範圍內承擔相應的侵權責任。本條在侵權責任法第89條的基礎上，區分了直接侵權人和公共道路管理人兩種情況，作了進一步的細分和完善，公共道路管理人承擔的是過錯推定責任。

> **第一千二百五十七條**　因林木折斷、傾倒或者果實墜落等造成他人損害，林木的所有人或者管理人不能證明自己沒有過錯的，應當承擔侵權責任。

■ 條文主旨

本條是關於林木造成他人損害責任的規定。

■ 條文釋義

一、關於林木折斷、傾倒或者果實墜落等情形

林木造成他人損害，不僅包括林木枝蔓等的掉落造成他人損害，還包括果實墜落砸傷路人、樹木倒伏壓壞路旁汽車等。侵權責任法第90條規定了「林木折斷」，沒有規定兜底情形。在民法典侵權責任編編纂過程中，有的提出，侵權責任法的規定不夠全面，也沒有「等」字兜底，林木傾倒、果實墜落等基於物件自身危險致人損害的情形無法囊括。本條增加列舉

了「傾倒或者果實墜落等」的情形。

二、關於林木的所有人或者管理人

林木的所有人或者管理人主要依照森林法確定，應當對林木進行合理的維護，防止林木出現危害他人安全的情形。

三、歸責原則

適用過錯推定的歸責原則，林木的所有人或者管理人不能證明自己沒有過錯的，應當承擔侵權責任。

所有人或者管理人要證明自己沒有過錯，通常要證明其對林木已經盡到了管理、維護的義務。需要說明的是，很多時候，林木的折斷表面上是由於自然原因或者第三人等的原因造成的，但實質上與所有人或者管理人的過錯有關。如果林木的折斷完全是因自然原因、第三人或者受害人的過錯造成，林木的所有人或者管理人能夠證明自己沒有過錯的，不承擔侵權責任。

> **第一千二百五十八條**　在公共場所或者道路上挖掘、修繕安裝地下設施等造成他人損害，施工人不能證明已經設置明顯標誌和採取安全措施的，應當承擔侵權責任。
>
> 　　窨井等地下設施造成他人損害，管理人不能證明盡到管理職責的，應當承擔侵權責任。

■ 條文主旨

本條是關於在公共場所或者道路上挖坑、修繕安裝地下設施等造成他人損害責任，以及窨井等地下設施造成他人損害責任的規定。

■ 條文釋義

一、關於第 1 款規定的理解和使用

民法典侵權責任編在繼承侵權責任法的基礎上，作了一定的完善：一是調整了語序，明確了「造成他人損害」是「在公共場所或者道路上挖坑、修繕安裝地下設施等」的後果，使本條表述更加清晰。二是將「沒有設置」修改為「施工人不能證明已經設置」，使得過錯推定歸責原則的表示與本章其他條文的表述保持一致。

（一）在公共場所或者道路施工

公共場所是不特定人聚集、通行的場所，在這些場所施工，很有可能對他人造成損害，因此，需要更加注意保護他人的安全。在公共場所或者道路上施工，應當設置明顯標誌和採取安全措施，包括以下幾個方面的內容：第一，設置的警示標誌必須具有明顯性。第二，施工人要保證警示標誌的穩固並負責對其進行維護，使警示標誌持續地存在於施工期間。第

三，僅設置明顯的標誌不足以保障他人的安全的，施工人還應當採取其他有效的安全措施。

（二）關於施工人

公共場所或者道路施工致人損害的責任人是施工人。施工人直接控制着施工場地，因此應當承擔對施工場地的管理和維護義務，保障他人的安全。

（三）在公共場所或者道路上施工與在公共道路上設置妨礙通行物

本條第 1 款與本法第 1256 條規定的情形，主要有如下區別：

一是發生的原因不同。公共場所或者道路上施工致人損害責任，是施工人在施工過程中沒有設置明顯標誌和採取安全措施，造成他人損害時應當承擔的侵權責任。在公共道路上設置妨礙通行物致人損害責任，是在公共道路上堆放、傾倒、遺撒妨礙通行的物品造成他人損害，有關的單位和個人應當承擔的侵權責任。

二是責任主體不同。公共場所施工致人損害的責任主體是施工人，在公共道路上堆放、傾倒、遺撒妨礙通行的物品造成他人損害的責任主體是行為人和公共道路管理人。

（四）歸責原則

採用過錯推定歸責原則，理由主要有：一是公共場所是人們經常聚集、活動和通行的地方，施工人必須採取嚴格的安全措施方能避免，採用過錯推定與在公共場所施工的危險程度是相符合的。二是從救濟受害人的角度考慮，施工人距離證據較近，有利於查明事實真相，採用過錯推定更利於對受害人的救濟。三是從體系解釋的角度來看，本章規定的主要是過錯推定責任，該條也應適用過錯推定原則。

二、關於第 2 款規定的理解和使用

（一）窨井、地下設施及其管理人

窨井是指上下水道或者其他地下管線工程中，為便於檢查或疏通而設置的井狀構築物。其他地下設施包括地窖、水井、下水道以及其他地下坑道等。

窨井等地下設施的管理人，是指負責對該地下設施進行管理、維護的單位或者個人。城市地下設施複雜，例如有輸水、輸油、輸氣、輸電設施等，不同的地下設施可能屬於不同的單位管理，在損害發生後要明確具體的管理人，由相關的管理人依法承擔侵權責任。

（二）歸責原則

適用過錯責任推定歸責原則，這樣有利於保護被侵權人的利益，也有利於促使地下設施的管理人認真履行職責，確保窨井等地下設施的安全，保護公眾合法權益。

附則

附則共兩條，規定了民法有關術語的含義，民法典的施行日期和此前頒佈的各單行民法的廢止。

> 第一千二百五十九條　民法所稱的「以上」、「以下」、「以內」、「屆滿」，包括本數；所稱的「不滿」、「超過」、「以外」，不包括本數。

■ 條文主旨

本條是關於法律術語含義的規定。

■ 條文釋義

本條繼承自民法總則第 205 條。在漢語詞義的解釋中，「以上」指的是位置或者數目等在某一點之上；「以下」指的是位置或者數目不高於某一點；「以內」指的是介於一定的時間、數量、範圍之中；「屆滿」指的是規定的期限已滿、到期；「不滿」指的是不充滿，量不足；「超過」指的是高出、超出；「以外」指的是一定的限制、界限或者範圍之外。從上面的基本含義可以得知，「以上」「以下」「以內」「屆滿」，應當包括本數；「不滿」「超過」「以外」，不包括本數。

在民法典編纂過程中，有的建議將本條中「民法」修改為「本法」「民法典」。我們研究認為，本條關於法律術語的含義，不僅僅是在民法典中適用，在民法典外的民商事單行法中均應適用，體現的是民商事法律基本準則。本法第 2 條規定的「民法調整平等主體的自然人、法人和非法人組織之間的人身關係和財產關係」使用的也是「民法」這一術語。因此，我們沒有採納上述意見。

> 第一千二百六十條　本法自 2021 年 1 月 1 日起施行。《中華人民共和國婚姻法》、《中華人民共和國繼承法》、《中華人民共和國民法通則》、《中華人民共和國收養法》、《中華人民共和國擔保法》、《中華人民共和國合同法》、《中華人民共和國物權法》、《中華人民共和國侵權責任法》、《中華人民共和國民法總則》同時廢止。

■ 條文主旨

本條是關於民法典的施行日期和此前頒佈的各單行民法廢止的規定。

■ 條文釋義

由於民法典在中國特色社會主義法律體系中具有非常重要的地位，是民事生活領域的基本法，有些制度是對過去各個時期民事單行法的重大修改完善，有些制度是創設性的全新制度，關係平等主體的日常生活、生產，內容豐富，涉及面廣，需要在通過後留出一定的時間供社會各界學習、準備。因此，反覆研究後，全國人大憲法和法律委員會建議民法典在

2020 年 5 月通過後，預留約 7 個月的時間，自 2021 年 1 月 1 日起施行，對此前的民事關係，民法典沒有溯及力。

民法典系統編纂整合了《中華人民共和國婚姻法》等不同歷史時期頒佈的 9 部重要民事法律。自民法典施行之日，婚姻法、繼承法、民法通則、收養法、擔保法、合同法、物權法、侵權責任法和民法總則將被替代，不再適用。需要說明的是，2014 年十二屆全國人大常委會十一次會議通過的《全國人民代表大會常務委員會關於〈中華人民共和國民法通則〉第九十九條第一款、〈中華人民共和國婚姻法〉第二十二條的解釋》，作為民法通則和婚姻法的立法解釋，也同步廢止。

為了配合民法典的學習、宣傳，幫助讀者更好地理解民法典的立法原意和各項規定，保證民法典的順利實施，全國人大常委會法制工作委員會民法室參與民法典編纂的同志編寫了這本書，供大家學習參考。

本書由全國人大常委會法制工作委員會民法室主任黃薇同志任主編，參加本書撰寫工作的作者還有楊明侖、杜濤、石宏、段京連、莊曉泳、孫娜娜、李恩正、朱書龍、宋江濤、孫藝超、馬吾葉、羅鑫煌、魏超傑、王燈、朱虎、龍俊等。

因時間和水平有限，不妥和疏漏之處在所難免，敬請讀者批評指正。

□責任編輯：李茜娜
□裝幀設計：吳丹娜
□排　版：時潔
□印　務：劉漢舉

中華人民共和國民法典釋義及適用指南

□
主編
黃薇

□
出版
中華書局（香港）有限公司
香港北角英皇道 499 號北角工業大廈一樓 B
電話：(852) 2137 2338　傳真：(852) 2713 8202
電子郵件：info@chunghwabook.com.hk
網址：http://www.chunghwabook.com.hk

□
發行
香港聯合書刊物流有限公司
香港新界荃灣德士古道 220-248 號
荃灣工業中心 16 樓
電話：(852) 2150 2100　傳真：(852) 2407 3062
電子郵件：info@suplogistics.com.hk

□
印刷
美雅印刷製本有限公司
香港觀塘榮業街 6 號 海濱工業大廈 4 樓 A 室

□
版次
2022 年 12 月初版
© 2022 中華書局（香港）有限公司

□
規格
特 16 開（260 mm×187 mm）

□
ISBN：978-988-8760-24-4

本書原由中國民主法制出版社有限公司出版，經授權由中華書局（香港）有限公司
在香港、澳門、台灣地區出版發行。